NOMOSANWALT

Axel Nordemann | Jan Bernd Nordemann |
Anke Nordemann-Schiffel

Wettbewerbsrecht Markenrecht

11. Auflage

Begründet, bis zur 7. Auflage allein fortgeführt und von
der 8. bis zur 10. Auflage mitverfasst von Prof. Dr. Wilhelm Nordemann

Prof. Dr. Axel Nordemann, Rechtsanwalt, Honorarprofessor an der Universität
Konstanz | **Prof. Dr. Jan Bernd Nordemann,** LL.M. (Cambridge), Rechtsanwalt, Fach-
anwalt für Gewerblichen Rechtsschutz sowie für Urheber- und Medienrecht, Hono-
rarprofessor an der Humboldt-Universität zu Berlin | **Dr. Anke Nordemann-Schiffel,**
maître en droit (Paris I), Rechtsanwältin

Gesetzesmaterialien und Näheres zu den Autoren unter www.nordemann.de

Die Deutsche Nationalbibliothek verzeichnet diese Publikation in der Deutschen Nationalbibliografie; detaillierte bibliografische Daten sind im Internet über http://dnb.d-nb.de abrufbar.

ISBN 978-3-8329-4172-7

11. Auflage 2012

Vorwort zur 11. Auflage

Das Wettbewerbsrecht des UWG und seiner Nebengesetze hat sich in den letzten Jahren stark verändert. Einige wollen es nur noch als „Lauterkeitsrecht" begreifen, weil es nicht mehr nur den Wettbewerb um den Kunden, sondern auch vertragliches Verhalten regelt. Jedenfalls ist die Europäisierung des Wettbewerbsrechts durch EU-Richtlinien weiter vorangeschritten. Die Richtlinie Unlautere Geschäftspraktiken dominiert jetzt die Bewertung geschäftlicher Handlungen gegenüber Verbrauchern. Es genügt nicht mehr nur der Blick in das UWG allein. Die 11. Auflage hat das nachvollzogen.

Das Markenrecht ist schon länger europäisiert, sieht man einmal vom Recht der Unternehmenskennzeichen ab. Die europäische Fallpraxis wurde deshalb genauso wie die deutsche Fallpraxis auch in der 11. Auflage umfassend berücksichtigt. Aber Markenstrategien denken heute vielfach über Deutschland und die EU hinaus. Wir haben deshalb den Teil über die internationale Marke stark ausgebaut.

Wie bisher hat das Buch einen zusätzlichen prozessrechtlichen Teil mit zahlreichen Beispielen und Formularmustern als Arbeitserleichterung für Praxis und Studium.

Die Autoren danken Herrn Rechtsreferendar Stanislaus Jaworski für die kompetente Hilfe bei der Erstellung des Stichwort-, Abkürzungs- und Literaturverzeichnisses sowie für sein unermüdliches Korrekturlesen. Bei der Manuskripterstellung haben außerdem Herr Rechtsanwalt Dr. Andreas Schulz und Frau Rechtsanwältin Beatrice Brunner geholfen. Dank gebührt auch dem Verlag und insbesondere seinem umsichtigen Lektor Herrn Rechtsanwalt Frank Michel.

Diese Auflage widmen wir unserem Vater Prof. Dr. Wilhelm Nordemann. Er hat dieses Lehrbuch 1971 in der 1. Auflage begonnen und bis zur 7. Auflage allein fortgeschrieben. Mit der 10. Auflage ist er auch als Mitautor ausgeschieden. Die 11. Auflage ist immer noch geprägt von seinen unvergleichlich plastischen Formulierungen und seiner sehr verständlichen Sprache. Wir werden das Buch in seinem Sinn fortführen: Als verständlich formuliertes und praxisorientiertes Lehrbuch für Anwälte, Justiziare, Richter, Studenten, aber auch für interessierte Unternehmer.

Anregungen und Kommentare zur 11. Auflage sind wie immer herzlich willkommen (a.nordemann@boehmert.de; j.nordemann@boehmert.de; nordemann-schiffel@boehmert.de).

Berlin/Potsdam, Oktober 2011

Axel Nordemann

Jan Bernd Nordemann

Anke Nordemann-Schiffel

Inhaltsverzeichnis

Abkürzungs- und Literaturverzeichnis

(Lehrbücher und Kommentare zum Wettbewerbsrecht und Markenrecht sind hervorgehoben)

aA	andere Ansicht
aaO	am angegebenen Ort
ABl	Amtsblatt
aE	am Ende
AEUV	Vertrag über die Arbeitsweise der Europäischen Union (Sartorius Nr. 1001)
aF	alte Fassung
AfP	Archiv für Presserecht (Jahr und Seite)
AG	Amtsgericht
AG	Zeitschrift Die Aktiengesellschaft (Jahr und Seite)
AGBG	Gesetz über Allgemeine Geschäftsbedingungen (Schönfelder Nr. 26)
AGS	Zeitschrift Anwaltsgebühren Spezial (Jahr und Seite)
Ahrens	**Der Wettbewerbsprozess, 6. Aufl. Köln - Berlin - Bonn - München (Heymanns) 2009**
AMG	Arzneimittelgesetz (Sartorius Nr. 272)
AnwBl.	Anwaltsblatt (Jahr und Seite)
ArbG	Arbeitsgericht
ArbGG	Arbeitsgerichtsgesetz (Schönfelder Nr. 83)
AWG	Außenwirtschaftsgesetz (Sartorius Nr. 890)
Az.	Aktenzeichen
BAG	Bundesarbeitsgericht
BAGE	Entscheidungen des Bundesarbeitsgerichts (Band und Seite)
BAnz	Bundesanzeiger (Jahr und Nummer)
BayObLG	Bayerisches Oberstes Landesgericht
Bayreuther	**Fälle zum Urheberrecht und zum Gewerblichen Rechtsschutz, 2. Aufl. München (Beck) 2008**
Beater	**Unlauterer Wettbewerb, 1. Aufl. München (Beck) 2002**
Beater	Nachahmen im Wettbewerb - Eine rechtsvergleichende Studie zu § 1 UWG, Tübingen (Mohr Siebeck) 1995
Benkard	Patentgesetz, Kommentar, 10. Aufl. München (Beck) 2006
BB	Der Betriebsberater (Jahr und Seite)
BDSG	Bundesdatenschutzgesetz (Sartorius Nr. 245)
BeckRS	Beck-Rechtsprechung – Online-Sammlung von Urteilen (Jahr und Seite)
Berlit, Markenrecht	**Das neue Markenrecht, 8. Aufl. München (Beck) 2010**
Berlit	**Wettbewerbsrecht, 8. Aufl. München (Beck) 2011**
Berneke	**Die einstweilige Verfügung in Wettbewerbssachen, NJW-Schriftenreihe Heft 57, 2. Aufl. München (Beck) 2003**

Bettin	Unerlaubte Abwerbung, Berlin (Berlin Verlag Arno Spitz) 1999
BFH	Bundesfinanzhof
BGB	Bürgerliches Gesetzbuch (Schönfelder 20)
BGBl.	Bundesgesetzblatt (Jahr, Teil und Seite)
BGHSt	Entscheidungen des Bundesgerichtshofes in Strafsachen
BGHZ	Entscheidungen des Bundesgerichtshofes in Zivilsachen
BKartA	Bundeskartellamt
Bl.f.PMZ	Blätter für Patent-, Muster- und Zeichenwesen (Jahr und Seite)
Böhm	Demoskopische Gutachten als Beweismittel in Wettbewerbsprozessen, Bd. 7 der Berliner Hochschulschriften zum Gewerblichen Rechtsschutz und Urheberrecht, Frankfurt - Bern - New York (Lang) 1985
Boesche	**Wettbewerbsrecht, 3. Aufl. (C.F. Müller) 2009**
BPatG	Bundespatentgericht
BRAGO	Bundesrechtsanwalts-Gebührenordnung (Schönfelder Nr. 117), mittlerweile aufgehoben zu Gunsten des Rechtsanwaltsvergütungsgesetzes (RVG)
BRAO	Bundesrechtsanwaltsordnung (Schönfelder Nr. 98)
Bröcker/Czychowski/ Schäfer	Praxishandbuch Geistiges Eigentum im Internet, 1. Aufl. München (Beck) 2003
Brömmelmeyer	Internetwettbewerbsrecht, (Mohr Siebeck) 2007
BT DS	Bundestags-Drucksache (Nr. der Legislatur-Periode und der Drucksache, Seite)
BVerfG	Bundesverfassungsgericht
BVerwG	Bundesverwaltungsgericht
BMW	Bundeswirtschaftsministerium
Cordes	Umweltwerbung. Wettbewerbsrechtliche Grenzen der Werbung mit Umweltschutzargumenten, Köln - Berlin - Bonn - München (Heymanns) 1994
CR	Computer und Recht (Jahr und Seite)
DB	Der Betrieb (Jahr und Seite)
DJ	Deutsche Justiz (Jahr und Seite)
Doepner	Heilmittelwerbegesetz, Kommentar, 2. Aufl. München (Vahlen) 2000
DR	Deutsches Recht (Jahr und Seite)
Dreier/Schulze	Urheberrechtsgesetz, Kommentar, 3. Aufl. München (Beck) 2008
DPMA	Deutsches Patent- und Markenamt
Dustmann	Die privilegierten Provider : Haftungseinschränkungen im Internet aus urheberrechtlicher Sicht, 1. Aufl. Baden-Baden (Nomos) 2001

DVO	Durchführungsverordnung
DW	Der Wettbewerb (frühere Beilage der Zeitschrift WRP, Jahr und Seite)
DZWir	Deutsche Zeitschrift für Wirtschafts- und Insolvenzrecht (Jahr und Seite)
EG	Vertrag über die Gründung der Europäischen Gemeinschaft (EG-Vertrag)
EGMR	Europäischer Gerichtshof für Menschenrechte
Eisenführ/Schennen	Gemeinschaftsmarkenverordnung, Kommentar, 3. Aufl. Köln - Berlin - Bonn - München (Heymanns) 2010
Eisenmann/Jautz	Grundriss Gewerblicher Rechtsschutz und Urheberrecht, 8. Aufl. Heidelberg - München (C.F. Müller) 2009
Ekey/Klippel/Kott-hoff/Meckel/Plaß	Wettbewerbsrecht, Kommentar, 2. Aufl. Heidelberg (C.F. Müller) 2005
Ekey/Klippel/Bender	Markenrecht, Kommentar, Band 1, 2. Aufl. Heidelberg (C.F. Müller) 2008
Emmerich	Kartellrecht, 11. Aufl. München (Beck) 2008
Emmerich	Unlauterer Wettbewerb, 8. Aufl. München (Beck) 2009
Emmerich/Sosnitza	Fälle zum Wettbewerbs- und Kartellrecht, 5. Aufl. München (Beck) 2007
EMRK	Europäische Menschenrechtskonvention
ErstreckungsG	Gesetz zur Erstreckung von gewerblichen Schutzrechten vom 23. April 1992 (BGBl. I 938)
EuG	Gericht der Europäischen Union
EuGH	Gerichtshof der Europäischen Union
EuZW	Europäische Zeitschrift für Wirtschaftsrecht (Jahr und Seite)
EWS	Europäisches Wirtschafts- & Steuerrecht (Jahr und Seite)
Fezer	Markenrecht, Kommentar, 4. Aufl. München (Beck) 2009
Fezer	Lauterkeitsrecht: UWG, Kommentar, 2. Aufl. München (Beck) 2010
Fn	Fußnote
Fromm/Nordemann	Urheberrecht (Kommentar), 10. Aufl. Stuttgart - Berlin - Köln - Mainz (Kohlhammer) 2008
FS 50 Jahre Bundesge-richtshof	Canaris, Heldrich (Hrsg.), München (Beck) 2000
FS Erdmann	Ahrens/Bornkamm/Gloy, Festschrift für Willi Erdmann, München (Heymann) 2002
FS Gaedertz	Wild/Schulte-Franzheim/Lorenz-Wolf (Hrsg.), Festschrift für Alfred-Carl Gaedertz zum 70. Geburtstag, München (Beck) 1992
FS v. Gamm	Festschrift für Otto-Friedrich Fhr. v. Gamm, Köln - Berlin - Bonn - München (Heymanns) 1990

FS Klaka	Georg Herbst (Hrsg.), Festschrift für Rainer Klaka, SGRUM Bd. 16, München (Schweitzer) 1987
FS Kraft	Hönn/Konzen/Kreutz (Hrsg.), Festschrift für Alfons Kraft zum 70. Geburtstag, Neuwied (Luchterhand) 1998
FS Nirk	Bruchhausen/Hefermehl/Hommelhoff/Messer (Hrsg.), Festschrift für Rudolf Nirk zum 70. Geburtstag, München (Beck) 1992
FS W. Nordemann	Loewenheim (Hrsg.), Urheberrecht im Informationszeitalter, Festschrift für Wilhelm Nordemann zum 70. Geburtstag, München (Beck) 2004
FS Piper	Erdmann/Gloy/Herber (Hrsg.), Festschrift für Henning Piper, München (Beck) 1996
FS Stauder	Kur (Hrsg.), "... und sie bewegt sich doch!" - patent law on the move: Festschrift für Gert Kolle und Dieter Stauder zum 65. Geburtstag, Köln - Berlin - Bonn - München (Heymanns) 2005
FS Traub	Loewenheim/Raiser (Hrsg.), Festschrift für Fritz Traub zum 65. Geburtstag, Frankfurt/Main (Dt. Fachverlag) 1994
FS Tilmann	Keller/Plassmann/von Falck (Hrsg.), Festschrift für Winfried Tilmann zum 65. Geburtstag, Köln - Berlin - Bonn - München (Heymanns) 2003
FS Vieregge	Jürgen F. Baur, Rainer Jacobs, Manfred Lieb, Peter-Christian Müller-Graff (Hrsg.), Festschrift für Ralf Vieregge zum 70. Geburtstag am 6. November 1995, Berlin (de Gruyter) 1995
v. Gamm NebG	Wettbewerbsrechtliche Nebengesetze, Heymanns Taschen-kommentare zum gewerblichen Rechtsschutz, Köln - Berlin - Bonn - München (Heymanns) 1977
v. Gamm RWS	Neue höchstrichterliche Rechtsprechung zum Wettbewerbs-recht (UWG), RWS-Skript 36, 5. Aufl. Köln (Kommunikati-onsforum) 1987
v. Gamm WBR	Wettbewerbsrecht, mit Zugabe- und Rabattrecht sowie mit Nebengesetzen und kartellrechtlichen Vorschriften, 5. völlig neu bearbeitete und erweiterte Aufl. 2 Halbbände, Köln - Berlin - Bonn - München (Heymanns) 1987
GebrMG	Gebrauchsmustergesetz (Schönfelder Nr. 71)
GeschmMG	Geschmacksmustergesetz (Schönfelder Nr. 69)
GG	Grundgesetz (Schönfelder und Sartorius Nr. 1)
gl. A.	gleiche Ansicht
GmS OGB	Gemeinsamer Senat der obersten Gerichte des Bundes
GMV	Gemeinschaftsmarkenverordnung
GoA	Geschäftsführung ohne Auftrag
Götting	**Wettbewerbsrecht, (Beck) 2005**
Götting/Nordemann	**UWG, Handkommentar, 1. Aufl. Baden-Baden (Nomos) 2010**

Gröning	Heilmittelwerberecht, Loseblattkommentar, 3. Ergänzungslieferung Stuttgart (WVG) Stand 2009
Großkommentar	Jacobs/Lindacher/Teplitzky (Hrsg.), UWG Großkommentar, Berlin 2007
GRUR	Zeitschrift Gewerblicher Rechtsschutz und Urheberrecht (Jahr und Seite)
GRUR Int	Zeitschrift Gewerblicher Rechtsschutz und Urheberrecht, Internationaler Teil (Jahr und Seite)
GRUR Prax	Zeitschrift Gewerblicher Rechtsschutz und Urheberrecht. Praxis im Immaterialgüter- und Wettbewerbsrecht (Jahr und Seite)
GRUR-RR	Rechtsprechungs-Report der Zeitschrift Gewerblicher Rechtsschutz und Urheberrecht (Jahr und Seite)
Gutsch	Die Stellung der Postbank im nationalen und internationalen Bankenwettbewerb, Baden-Baden (Nomos) 1994
GVG	Gerichtsverfassungsgesetz (Schönfelder Nr. 95)
GWB	Gesetz gegen Wettbewerbsbeschränkungen (Schönfelder Nr. 74)
HABM	Harmonisierungsamt für den Binnenmarkt
Handbuch	Gloy/Loschelder/Erdmann, Handbuch des Wettbewerbsrechts (zitiert Handbuch/Bearbeiter), 4. Aufl. München (Beck) 2010
Harte-Bavendamm/ Henning-Bodewig	Gesetz gegen den unlauteren Wettbewerb: UWG, Kommentar (zitiert Harte/Henning), 2. Aufl. München (Beck) 2009
Hasselblatt	Münchener Anwaltshandbuch Gewerblicher Rechtsschutz, 3. Aufl. München (Beck) 2009
Heinemann	Immaterialgüterrechtsschutz in der Wettbewerbsordnung, Tübingen (Mohr Siebeck) 2002
Henning-Bodewig	Die wettbewerbsrechtliche Haftung von Werbeagenturen und Massenmedien nach deutschem und amerikanischem Recht, Köln - Berlin - Bonn - München (Heymanns) 1981
HGB	Handelsgesetzbuch (Schönfelder Nr. 50)
Himmelsbach	Beck's sches Mandatshandbuch Wettbewerbsrecht, 3. Aufl. München (Beck) 2009
HOAI	Honorarordnung für Architekten und Ingenieure
Hönn	Klausurenkurs im Wettbewerbs- und Kartellrecht, 5. Aufl. Heidelberg (C.F. Müller) 2010
HWG	Heilmittelwerbegesetzt
iE	im Ergebnis
Ilzhöfer/Engels	Patent-, Marken- und Urheberrecht, Leitfaden für Ausbildung und Praxis, 8. Aufl. München (Vahlen) 2010
Immenga/Mestmäcker	Wettbewerbsrecht, Kommentar, 2. Band GWB 4. Aufl. München (Beck) 2007

27

Ingerl/Rohnke	MarkenG, Kommentar, 3. Aufl. München (Beck) 2010
IPRax	Praxis des Internationalen Privat- und Verfahrensrechts (Jahr und Seite)
JR	Juristische Rundschau (Jahr und Seite)
Jungeblut	Abmahnung, Schutzschrift und Unterlassungserklärung im gewerblichen Rechtsschutz, 2. Aufl. München (Beck) 1995
Jur Büro	Das juristische Büro (Jahr und Seite)
jurisPR-WettbR	Juris PraxisReport Wettbewerbs- und Immaterialgüterrecht (Monat/Jahr)
JW	Juristische Wochenschrift (Jahr und Seite)
JZ	Juristenzeitung (Jahr und Seite)
K&R	Kommunikation & Recht (Jahr und Seite)
KG	Kammergericht
Kling/Thomas	**Grundkurs Wettbewerbs- und Kartellrecht, München (Beck) 2004**
Knaak, Umfragen	Demoskopische Umfragen in der Praxis des Wettbewerbs- und Warenzeichenrechts, GRUR-Abhandlungen, Weinheim (VCH) 1986
Köhler/Bornkamm	**UWG. Gesetz gegen den unlauteren Wettbewerb (Kommentar). 29. Aufl. München (Beck) 2011**
Köhler	Wettbewerbs- und kartellrechtliche Kontrolle der Nachfragemacht, Heidelberg 1979
Kraft	Interessenabwägung und gute Sitten im Wettbewerbsrecht, München und Berlin, 1963
KrW-/AbfG	Gesetz zur Förderung der Kreislaufwirtschaft und Sicherung der umweltverträglichen Beseitigung von Abfällen (Sartorius Nr. 298)
L	Leitsatz
LAG	Landesarbeitsgericht
LadenschlußG	Gesetz über den Ladenschluß (Sartorius Nr. 805)
Lambsdorff/Skora	Handbuch des Werbeagenturrechts, Frankfurt (Brockmann) 1975
Lehmler	**Kommentar zum Wettbewerbsrecht - UWG, Neuwied (Luchterhand) 2007**
Lettl	**Wettbewerbsrecht, 1. Aufl. München (Beck) 2009**
LG	Landgericht
LMBG	Lebensmittel- und Bedarfsgegenständegesetz (Sartorius Nr. 280)
LMMR	Lebensmittelrecht Rechtsprechung (Jahr und Seite)
Löffler	Presserecht, 5. Aufl. München (Beck) 2006
Loewenheim	Handbuch des Urheberrechts, 2. Aufl. München (Beck) 2010
Loewenheim/Meessen/ Riesenkampff	Kartellrecht, Kommentar, München 2. Aufl. (Beck) 2009

MarkenG	Gesetz über den Schutz von Marken und sonstigen Kennzeichen (Schönfelder Nr. 72)
Marshall	Unlauterer Wettbewerb, Materielles Recht und Verfahren, 2. Aufl. München 1993
MDR	Monatsschrift für deutsches Recht (Jahr und Seite)
MedR	Zeitschrift Medizinrecht (Jahr und Seite)
Melullis	**Handbuch des Wettbewerbsprozesses, 3. Aufl. Köln (Schmidt) 2000**
Merz	Die Vorfeldthese, Baden-Baden (Nomos) 1988
Mestmäcker	A Legal Theory without Law, Tübingen (Mohr Siebeck) 2007
Mitt.	Mitteilungen der deutschen Patentanwälte (Jahr und Seite)
MMR	MultiMedia und Recht (Jahr und Seite)
Möschel	Pressekonzentration und Wettbewerbsgesetz, Tübingen (Mohr Siebeck) 1978
MSchG	Markenschutzgesetz (1874)
	Münchener Kommentar zum Bürgerlichen Gesetzbuch, Band 2, 5. Aufl. München (Beck) 2007
	Münchener Kommentar zum Lauterkeitsrecht (zitiert MüKo-UWG), 2. Aufl. München (Beck) 2006
MuW	Markenschutz und Wettbewerb (zunächst Jahrgang und Seite - römische Ziffern -, dann Jahr und Seite)
mwN	mit weiteren Nachweisen
NJOZ	Neue Juristische Online Zeitschrift (Jahr und Seite)
NJW	Neue Juristische Wochenschrift (Jahr und Seite)
NJW-RR	NJW-Rechtsprechungs-Report Zivilrecht, ab 1986 (Jahr und Seite)
NStZ	Neue Zeitschrift für Strafrecht (Jahr und Seite)
NZM	Neue Zeitschrift für Miet- und Wohnungsrecht (Jahr und Seite)
OGH	Oberster Gerichtshof (Österreich)
OLG	Oberlandesgericht
ORDO	Jahrbuch für die Ordnung von Wirtschaft und Gesellschaft (Band und Seite)
OVG	Oberverwaltungsgericht
Palandt	BGB, Kommentar, 70. Aufl. München (Beck) 2011
PAngV	Preisangabenverordnung
PatG	Patentgesetz (Schönfelder Nr. 70)
Piper/Ohly/Sosnitza	**UWG. Gesetz gegen den unlauteren Wettbewerb (Kommentar). 5. Aufl. München (Beck) 2010**
PreisangabenVO	Preisangabenverordnung
ProduktpiraterieG	Gesetz zur Stärkung des Schutzes des geistigen Eigentums und zur Bekämpfung der Produktpiraterie (PrPG) vom 7.3.1990, BGBl. I 422

PVÜ	Pariser Verbandsübereinkunft zum Schutz des gewerblichen Eigentums
RabattG	Rabattgesetz (aufgehoben)
RAnz	Reichsanzeiger
RegE	Regierungsentwurf
RGBl.	Reichsgesetzblatt (Jahr und Seite, später Jahr, Teil und Seite)
RGSt	Entscheidungen des Reichsgerichts in Strafsachen (Band und Seite)
RGZ	Entscheidungen des Reichsgerichts in Zivilsachen (Band und Seite)
Rittner/Kulka	**Wettbewerbs- und Kartellrecht, 8. Aufl. Heidelberg - Karlsruhe (C. F. Müller) 2010**
RPfl.	Der deutsche Rechtspfleger (Jahr und Seite)
RStV	Rundfunkstaatsvertrag
RVG	Rechtsanwaltsvergütungsgesetz (Schönfelder 117)
Rn	Randnummer(n)
Schricker/Loewenheim	Urheberrecht, Kommentar, 4. Aufl. München (Beck) 2010
Schricker/Stauder	Handbuch des Ausstattungsrechts, Festgabe für Friedrich-Karl Beier zum 60. Geburtstag, Weinheim (VCH) 1986
Schricker, Helmut	Wirtschaftliche Tätigkeit der Öffentlichen Hand und unlauterer Wettbewerb, 2. Aufl. Köln - Berlin - Bonn - München (Heymanns) 1987
v. Schultz	**Markenrecht, Kommentar, 2. Aufl. Heidelberg (Recht und Wirtschaft) 2007**
Schünemann	**Wettbewerbsrecht, 2. Aufl. München (Vahlen) 2002**
SSchG	Sortenschutzgesetz
Schuschke/Walker	Vollstreckung und Vorläufiger Rechtsschutz, Kommentar zum Achten Buch der Zivilprozessordnung Band II: Arrest und Einstweilige Verfügung §§ 916-945 ZPO, 3. Aufl. Köln - Berlin - Bonn - München (Heymanns) 2005
StGB	Strafgesetzbuch (Schönfelder Nr. 85)
StPO	Strafprozessordnung (Schönfelder Nr. 90)
St. Rspr	ständige Rechtsprechung
Ströbele/Hacker	**Markengesetz, 9. Aufl. Köln - Berlin - Bonn - München (Heymanns) 2009**
TDG	Teledienstegesetz
Teplitzky	**Wettbewerbsrechtliche Ansprüche, Unterlassung-Beseitigung-Schadenersatz, Anspruchsdurchsetzung und Anspruchsabwehr, 9. Aufl. Köln - Berlin - Bonn - München (Heymanns) 2007**
TMG	Telemediengesetz
TRIPS	**Übereinkommen über handelsbezogene Aspekte der Rechte des geistigen Eigentums**

Tz.	Teilzeichen
Ullmann	(Hrsg.) juris PraxisKommentar UWG, 2. Aufl. Saarbrücken (Juris) 2009
Ulmer	Urheber- und Verlagsrecht, 3. Aufl. Berlin - Heidelberg - New York (Springer) 1980
Ulmer-Reimer	**Das Recht des unlauteren Wettbewerbs in den Mitgliedstaaten der EWG, Band III: Deutschland, München und Berlin 1968**
UrhG	Urheberrechtsgesetz (Schönfelder Nr. 65)
uU	unter Umständen
UWG	Gesetz gegen den unlauteren Wettbewerb (Schönfelder Nr. 73)
VO	Verordnung
Völker	**Preisangabenrecht, 2. Aufl. München (Beck) 2002**
WiVerw	Wirtschaft und Verwaltung – Beilage zur Zeitschrift Gewerbearchiv (Jahr und Seite)
WRP	Wettbewerb in Recht und Praxis (Jahr und Seite)
WuW/E	Wirtschaft und Wettbewerb, Entscheidungsteil (lfd. Nr. der Entscheidung)
WZG	Warenzeichengesetz
ZfBR	Zeitschrift für deutsches und internationales Bau- und Vergaberecht (Jahr und Seite)
ZEuP	Zeitschrift für Europäisches Privatrecht (Jahr und Seite)
ZHR	Zeitschrift für das gesamte Handels- und Wirtschaftsrecht (Band und Seite)
ZIP	Zeitschrift für Wirtschaftsrecht (Jahr und Seite)
Zipfel/Rathke	Lebensmittelrecht, Loseblattkommentar, München (Beck) Stand 2011
ZLR	Zeitschrift für das gesamte Lebensmittelrecht (Jahr und Seite)
Zöller	ZPO, Kommentar, 28. Aufl. Köln (Schmidt) 2010
ZPO	Zivilprozessordnung (Schönfelder Nr. 100)
ZugabeVO	Zugabeverordnung (aufgehoben)
ZUM	Zeitschrift für Urheber- und Medienrecht (früher Film und Recht; Jahr und Seite)
ZUM-RD	Rechtsprechungsdienst der Zeitschrift für Urheber- und Medienrecht (Jahr und Seite)
ZVglRWiss	Zeitschrift für Vergleichende Rechtswissenschaft (Band und Seite)
ZWeR	Zeitschrift für Wettbewerbsrecht (Jahr und Seite)

Erster Teil:
Wettbewerbsrecht

Erstes Kapitel: Ausgangspunkt – Was ist Wettbewerb?

Die Wurzel unseres Wettbewerbsrechts liegt in Art. 2 Abs. 1 GG: *Jeder hat das Recht* 1 *auf die freie Entfaltung seiner Persönlichkeit, soweit er nicht die Rechte anderer verletzt und nicht gegen die verfassungsmäßige Ordnung oder das Sittengesetz verstößt.* Art. 2 Abs. 1 GG sichert als Auffanggrundrecht die Freiheit der wirtschaftlichen Betätigung, wenn nicht schon speziellere Grundrechte greifen.[1] Speziellere Grundrechte sind zB die Freiheit der Berufswahl und Berufsausübung (Art. 12 GG),[2] die Glaubens- und Gewissensfreiheit (Art. 4 GG),[3] die Meinungs- und Pressefreiheit (Art. 5 Abs. 1 GG),[4] die Kunstfreiheit (Art. 5 Abs. 3 GG)[5] und die Gewährleistung des Eigentums (Art. 14 GG).[6] Die **Grundrechte** schließen also im Grundsatz das Recht ein, **sich im Wirtschaftswettbewerb frei zu betätigen.**[7]

Jeder Gewerbetreibende ist danach grundsätzlich frei in der Art und Form seiner wirtschaftlichen Betätigung. Erst dort, wo die **Rechte anderer** berührt werden, endet seine Freiheit. Die Rechte anderer sind zunächst die der **Marktgegenseite:** Der einzelne Kunde hat das Recht der freien und informierten Entscheidung. Es darf ihm nicht durch Täuschung, durch physischen oder psychischen Zwang verkürzt werden. Die Rechte anderer sind ferner die der **Mitbewerber:** Jeder hat die gleiche Freiheit der gewerblichen Betätigung. Niemand darf demgemäß seinen Konkurrenten direkt oder indirekt daran hindern, sich ebenso wie er selbst um den Kunden zu bewerben. Es findet kein Kampf gegeneinander, sondern nur ein Kampf nebeneinander um die Gunst des Publikums statt.

Allerdings garantiert die Verfassung nicht den privatwirtschaftlichen Wettbewerb. Das Grundgesetz ist wirtschaftspolitisch neutral.[8] Das bedingt, dass ein gewisser verfassungsmäßiger Spielraum zur Einschränkung der vorgenannten „Grundrechte auf Wettbewerb" besteht.

Die wettbewerblichen Freiheiten der Marktteilnehmer liegen allerdings im **Interesse der** 2 **Allgemeinheit.** Denn wettbewerbliche Handlungsfreiheiten produzieren **gesamtwirt-**

---

1 BVerfG GRUR 1993, 751, 753 *Großmarkt-Werbung I.*
2 BVerfG GRUR 2008, 806, 807 *Architektur*; BVerfG GRUR 1999, 1014, 1015 *Verkaufsschütten vor Apotheken*; BVerfG GRUR 1993, 751 *Großmarkt-Werbung I.*
3 BVerfG GRUR 1969, 137, 138 *Aktion Rumpelkammer.*
4 Grundlegend: BVerfG GRUR 2003, 442 *Benetton-Werbung II*; ferner: BVerfG GRUR 2008, 81, 82 *Pharmakartell*; BVerfG GRUR 2002, 455 *Tier- und Artenschutz*; BVerfG GRUR 2001 170, 172 *Schock-Werbung*; BVerfG GRUR 2001, 1058, 1059 *Therapeutische Äquivalenz.*
5 BGH GRUR 1995, 744, 749 f. *Feuer, Eis & Dynamit.*
6 BVerfG GRUR 1993, 751, 753 *Großmarkt-Werbung I.* Da im Wettbewerb erreichte Stellung grundsätzlich keinen Eigentumsschutz genießt, ist die praktische Bedeutung des Art. 14 GG allerdings gering.
7 Wie hier ausdrücklich OLG Karlsruhe WRP 2001, 1238, 1240. S. auch Ullmann GRUR 1991, 789, 791.
8 BVerfGE 4, 7, 17 f. *Investitionshilfe*; BVerfGE 50, 290, 338 *Mitbestimmung.*

schaftliche Vorteile:[9] Ausgelöst werden sog. statische Wettbewerbsfunktionen (Gewährleistung eines Gleichgewichts von Angebot und Nachfrage, eines wirtschaftlichen Einsatzes der Produktionsmittel und gerechte Einkommensverteilung durch Belohnung der besten Leistung mit dem größten Gewinn). Weiter löst der Wettbewerb auch sog. dynamische Wettbewerbsfunktionen aus (ständige Anpassung an die Präferenzen der Marktgegenseite sowie Gewährleistung möglichst schnellen technischen Fortschrittes).

3 Wie müssen wir danach **Wettbewerb** im Sinne des „Wettbewerbsrechts" **definieren**? Was ist danach *der* Wettbewerb, den das Wettbewerbsrecht schützen soll?

■ Die unbestreitbaren gesamtwirtschaftlichen Vorteile des Wettbewerbs haben vielfach zu der Forderung geführt, ihnen das entscheidende Gewicht bei der Definition des schützenswerten Wettbewerbs einzuräumen. Zunächst versuchte die Lehre vom „funktionsfähigen Wettbewerb" (auch **workable competition**), einen bestimmten gesamtwirtschaftlichen Idealzustand zu beschreiben, den das Wettbewerbsrecht fördern und schützen sollte.[10] Jedoch existiert kein solches Idealmodell eines funktionsfähigen Wettbewerbs mit bestimmten Marktstrukturen, bestimmtem Marktverhalten und optimalen gesamtwirtschaftlichen Marktergebnissen.[11]

■ Eine andere heute im Vordringen befindliche Auffassung des „**more economic approach**" will dem Verbrauchernutzen („consumer welfare") entscheidendes Gewicht geben. Wenn ein Verhalten aus Sicht der Konsumenten effiziente Marktergebnisse produziert, sollen dahinter Einschränkungen der wettbewerblichen Handlungsfreiheit der Marktbeteiligten zurücktreten.[12] Vor allem in der kartellrechtlichen Entscheidungspraxis hat diese Lehre inzwischen einen erheblichen Einfluss. Es erscheint aber als sehr zweifelhaft, ob sich überhaupt verlässliche Aussagen über den abschließenden Verbrauchernutzen treffen lassen.[13] Außerdem wird den Rechtsanwender eine eingehende Analyse des Verbrauchernutzens oft überfordern. Justiziabilität und Rechtsicherheit leiden.[14] Zur Auslegung von wettbewerbsrechtlichen Normen erscheint damit auch der „more economic approach" wenig geeignet.

Einen justiziablen Ansatz bietet nur der Schutz der oben erwähnten Handlungsfreiheiten der Marktbeteiligten (Rn 1). Damit ist der **Konzeption der Wettbewerbsfreiheit** zu

---

9 Vgl Begr. zum RegE eines GWB BT DS II/1158, S. 21; Begr. zum RegE 2. GWB-Novelle, BT DS VI/2520, S. 15 f; Begr. zum RegE 4. GWB-Novelle, BT DS 8/2136, S. 12; Schwalbe/Zimmer, Kartellrecht und Ökonomie, 2006, S. 3 ff; Ingo Schmidt, Wettbewerbspolitik und Kartellrecht, 8. Aufl. 2005, S. 11 f; Jan Bernd Nordemann in Loewenheim/Messen/Riesenkampff, Kartellrecht, § 1 GWB Rn 7; Haucap/Stühmeier WuW 2008, 413 ff; Bartling WuW 1993, 16 ff;.
10 Siehe die Nachweise bei Ingo Schmidt, Wettbewerbspolitik und Kartellrecht, 8. Aufl. 2005, S. 11 ff; *Emmerich*, Kartellrecht, § 1 Rn 22 ff; Herdzina in: FS Benisch, S. 3, 4 ff. Bedeutendster Vertreter in Deutschland ist Kantzenbach, Funktionsfähigkeit des Wettbewerbs, 2.Aufl. 1967, S. 46 f, 129: Er schlägt als Idealzustand ein weites Oligopol mit unvollkommener Produkthomogenität vor.
11 Schwintowski ZVglRWiss 92 (1993), 4053; Herdzina in: FS Benisch, 1969, S. 3, 4 ff; Hoppmann, Wirtschaftsordnung und Wettbewerb, 1988, S. 16 f.
12 Eingehend Podszun WRP 2009, 509 ff; Schimdtchen WuW 2005, 285.
13 Grundlegend im Hinblick auf das Kartellrecht: Immenga ZWeR 2008, 1, 14; Basedow WuW 2007, 712; Christiansen WuW 2006, 66; Möschel, FS Mestmäcker, 2006, 356 ff; Zimmer in Immenga/Mestmäcker, GWB, § 1 Rn 16 ff;. AA aber v. Weizsäcker WuW 2007, 1078. Siehe auch die Abhandlungen von Zimmer WuW 2007, 1198, und von Mestmäcker, A Legal Theory without Law, 2007, letzterer insbesondere in Auseinandersetzung mit Posner als prominentestem Vertreter der Ökonomisierung des Rechts; s. auch die Besprechung des Werkes Mestmäckers bei Kerber WuW 2008, 424 ff.
14 Köhler in Köhler/Bornkamm Einl. UWG Rn 1.15 a; Podszun WRP 2009, 509, 513, 517.

folgen. **Wettbewerb ist die Summe der Handlungsfreiheiten auf einem Markt,** in die ständig neue Aktionen und Reaktionen der Marktbeteiligten einfließen[15] und die jeden Tag neue „Entdeckungen" produzieren.[16] Die gesamtwirtschaftlichen Vorteile stellen sich bei Gewährleistung von Wettbewerbsfreiheit automatisch ein.

Wettbewerb ist damit gleichsam eine unaufhörliche „Tour de France" des Wirtschaftslebens, in der der Unternehmer seine Leistung der Marktgegenseite anbietet. Wie jene will er der Leistung des einzelnen Raum schaffen: „Freie Bahn dem Tüchtigen". Jeder darf, jeder soll sogar danach trachten, dem anderen den Rang streitig zu machen oder ihm gar das Gelbe Trikot des Spitzenreiters abzujagen. Wer die Bergetappen nicht schafft, wird erbarmungslos ausgeschieden. Wer das Tempo der anderen nicht mithalten kann, muss sehen, wo er bleibt. Die Bildung von Teams, die miteinander das Tempo und den „Sieger" abstimmen, ist als Wettbewerbsbeschränkung verboten. Unzulässig ist es auch, den freien Wettbewerb dadurch zu verfälschen, dass man – wie beim Doping – über seine eigene Leistungsfähigkeit irreführt, dass man den Kunden, den eigentlichen Schiedsrichter des freien Wettbewerbs, unlauter beeinflusst, dass man sich an fremde Leistung wie an den Sattel des Nebenmannes einfach anhängt, dass man versucht, den Konkurrenten durch direkte Attacke in den Graben zu drängen, dass man schließlich die zur Ordnung des Wettbewerbs dienenden Regeln verletzt.

Der Vergleich ließe sich beliebig fortsetzen. Er macht zunächst deutlich, dass **der** **4** **Grundgedanke unseres gesamten Wettbewerbsrechts die Sicherung des freien unverfälschten Wettbewerbs** ist. Er zeigt ferner, dass die Stoßrichtung jeder Beeinträchtigung des Wettbewerbs nach zwei Seiten geht:

- Immer sind einzelne oder alle **Mitbewerber** betroffen, weil jede Verfälschung des Wettbewerbs, mag sie nun durch unlautere Kundenbeeinflussung, durch direkte Behinderung der Konkurrenz oder durch Regelverstoß geschehen, die Konkurrenten benachteiligt, die sich korrekt verhalten.
- In vielen Fällen ist auch die Marktgegenseite, meist also der **Kunde,** betroffen, weil er nicht mehr frei und informiert zu entscheiden imstande ist.

Die Allgemeinheit ist nur im Rahmen dieser Interessen der Marktteilnehmer reflexartig geschützt; sie hat kein eigenständiges Interesse am Wettbewerb (Rn 48 ff).

Die grundrechtliche Verwurzelung des Wettbewerbsrechts (Rn 1) hat zur Folge, dass **5** die darin enthaltenen Beschränkungen als Ausnahmen gegenüber dem Grundsatz der allgemeinen Handlungsfreiheit **eng auszulegen** sind: „Zu vermuten ist die Freiheit, nachzuweisen ist die Unfreiheit" (Kitzinger). Dies gilt vor allem bei der Auslegung von Generalklauseln; sie hat den grundrechtlichen Wertmaßstäben Rechnung zu tragen.[17]

---

15 Emmerich, Kartellrecht, § 1 Rn 2 ff; Herdzina in: FS Benisch, 1989, S. 3, 7 ff;.
16 Siehe v. Hayek, Der Wettbewerb als Entdeckungsverfahren, 1968; hierzu *Streit* ORDO Band 43 (1992), 1 ff; *Schmidtchen,* Wettbewerbspolitik als Aufgabe, 1978, S. 122 ff.
17 BVerfG GRUR 2002, 455 *Tier- und Artenschutz;* BVerfGE 18, 85, 92 = NJW 1964, 1715, 1716 *Patentakteneinsicht.* Dass die Generalklausel des § 3 UWG als solche verfassungsrechtlich nicht zu beanstanden ist, hat BVerfGE 32, 311, 316 = GRUR 1972, 358, 360 *Grabsteinwerbung III* für die frühere Generalklausel des § 1 UWG aF festgestellt.

Zweites Kapitel: Das System des Wettbewerbsrechts

A. Gesetzliche Grundlagen im deutschen Recht

6   Der Gesetzgeber hat der Aufgabe, den freien und unverfälschten Wettbewerb zu sichern, vor allem zwei Gesetze gewidmet:

- das **Gesetz gegen den unlauteren Wettbewerb (UWG)** vom 3.7.2004 (BGBl. I S. 1414). Im Zuge der UWG-Novelle 2004 hatte es das überkommene Gesetz gegen den Unlauteren Wettbewerb vom 7.6.1909 (RGBl. 499) abgelöst.[1] **Zum 1.1.2009** wurde das UWG 2004 durch die **UWG-Novelle 2008** einer ersten grundlegenden Überarbeitung unterzogen.[2] Das war der Umsetzung der EU-Richtlinie unlautere Geschäftspraktiken geschuldet (Rn 17). Die Modernisierung des UWG ab dem Jahr 2004 war schon ein zweiter Schritt nach Abschaffung von ZugabeVO und RabattG (dazu Rn 793). Im Jahr 2009 wurde das UWG aufgrund des Gesetz zur Bekämpfung unerlaubter Telefonwerbung (BGBl. I 2413) nochmals geringfügig geändert. Materialien zu den UWG-Novellen 2004 und 2008 sowie zum Gesetz zur Bekämpfung unerlaubter Telefonwerbung finden sich auf www.nordemann.de.
- das **Gesetz gegen Wettbewerbsbeschränkungen (GWB)** vom 27.7.1957 in der Fassung der 7. GWB-Novelle (Bekanntmachung vom 15.7.2005), auch **Kartellgesetz** genannt.[3]
- Ferner – nach der Aufhebung von Rabattgesetz und Zugabeverordnung zum 25.7.2001 – noch **wettbewerbsrechtliche Nebengesetze** wie die PreisangabenVO,[4] das Heilmittelwerbegesetz (HWG),[5] das Lebensmittel-, Bedarfsgegenstände- und Futtermittelgesetzbuch (LFGB)[6] sowie eine Reihe von Einzel- und Spezialnormen in anderen Gesetzen und Verordnungen, die meist eine Irreführung des Publikums verhindern sollen.
- Daneben gibt es Sondergesetze wie das **Markengesetz** vom 25.10.1994 (BGBl. I S. 3082) und die EU-Gemeinschaftsmarkenverordnung Nr. 40/94 vom 20.12.1993. Das Markenrecht ist im zweiten Teil dieses Buches ausführlich erläutert.

7   Die vorliegende Darstellung klammert das Kartellrecht, das sich seit Langem zu einem selbständigen Spezialgebiet entwickelt hat, aus und beschränkt sich neben der Darstellung des Markenrechts auf das **Wettbewerbsrecht im engeren Sinne**. also das UWG und seine Nebengesetze. In diesem Sinne wird der Begriff nachfolgend verwendet.

Neuerdings wird allerdings teilweise der Begriff des Wettbewerbsrechts für das UWG und seine Nebengesetze nicht mehr als passend angesehen. **Seit der UWG-Novelle 2008** richte sich das UWG gem. § 3 UWG nicht mehr gegen unlautere Wettbewerbs-

---

1 Das Gesetz gegen den Unlauteren Wettbewerb vom 7.6.1909 in der zuletzt geltenden Fassung ist in Anlage (2) der 10. Aufl. 2004 abgedruckt.

2 Überblicksartige Darstellungen bei Köhler in Augenhofer, Die Europäisierung des Kartell- und Lauterkeitsrechts, 2009, S. 101 ff.; Lettl GRUR-RR 2009, 41 ff.

3 Zum Verhältnis UWG und GWB siehe Rn 21 ff.

4 In der Fassung der Bekanntmachung vom 18.10.2002 (BGBl. I S. 4197), zuletzt geändert am 3.7.2004 (BGBl. I S. 1414).

5 In der Fassung der Bekanntmachung vom 19.10.1994 (BGBl. I S. 3068), zuletzt geändert am 24.4.2006 (BGBl. I S. 984).

6 In der Fassung der Bekanntmachung vom 26.4.2006 (BGBl. I S. 945), zuletzt geändert am 26.2.2008 (BGBl. I S. 215).

handlungen, sondern gegen unlautere geschäftliche Handlungen. Deshalb sei das UWG künftig als **Lauterkeitsrecht** zu bezeichnen.[7] Daran ist richtig, dass der Übergang zum Begriff der „geschäftlichen Handlung" Folge einer Erweiterung des Anwendungsbereiches des UWG ist. Jetzt werden auch unlautere Handlungen während und nach Vertragsabschluss generell vom UWG erfasst (Rn 60), die nicht mehr notwendigerweise einen unmittelbaren Bezug zum Wettbewerb um den Kunden haben. Jedoch dürfte die praktische Bedeutung dieser Erweiterung begrenzt sein. Außerdem erfasst das UWG nicht erst seit der Novelle 2008 Belästigungshandlungen ohne Einfluss auf die Entscheidungsfreiheit der Marktgegenseite (§ 7 UWG, vgl Rn 511 ff), was streng genommen auch nicht Teil des Wettbewerbsrechts sein kann. Denn Wettbewerb ist die Gewährleistung von Wettbewerbsfreiheit (Rn 3), nicht der Schutz vor Belästigungen, die diese nicht berühren. Der Begriff „Wettbewerbsrecht" darf deshalb – neben dem Begriff des Lauterkeitsrechts – weiter verwendet werden, auch wenn er nicht alle Facetten des UWG abdeckt.

B. Europarechtliche Grundlagen des UWG

Der Vorrang des **Europäischen Gemeinschaftsrechts** (Art. 24 Abs. 1 GG) gilt auch gegenüber dem nationalen deutschen Wettbewerbsrecht. Hier ist zwischen sog. primärem und sog. sekundärem Gemeinschaftsrecht zu unterscheiden.   8

I. Primäres Gemeinschaftsrecht (Art. 34, 56 AEUV)

Als primäres Gemeinschaftsrecht sind neben den kartellrechtlichen Bestimmungen der   9
Art. 101, 102 AEUV insbesondere die Warenverkehrsfreiheit (Art. 34 AEUV) sowie die Dienstleistungsfreiheit (Art. 56 AEUV) von Bedeutung. Voraussetzung ist allerdings für die Anwendung dieser Bestimmungen, dass ein zwischenstaatlicher Sachverhalt innerhalb der EU vorliegt.

Art. 34 AEUV[8] verbietet mengenmäßige Einfuhrbeschränkungen, sowie Maßnahmen mit gleicher Wirkung und will damit den freien Warenverkehr innerhalb der EU sicherstellen. Echte mengenmäßige Einfuhrbeschränkungen können für die Anwendung des Art. 34 AEUV vernachlässigt werden, weil alle Mitgliedstaaten im Zuge der Integration diese offensichtlich diskriminierenden Regelungen abgeschafft haben. Die Anwendung des Art. 34 AEUV konzentriert sich vielmehr auf die Maßnahmen gleicher Wirkung. Nach der berühmten *Dassonville*-Formel des EuGH ist jede Regelung von Mitgliedstaaten, die geeignet ist, den innergemeinschaftlichen Handel unmittelbar oder mittelbar, tatsächlich oder potentiell zu behindern,[9] eine Maßnahme gleicher Wirkung. Bei grenzüberschreitendem Handel innerhalb der EU ist Art. 34 AEUV damit **an sich auf alle Regelungen des nationalen UWG anwendbar**, weil ein Verbot nach UWG schon aus seiner Natur heraus den Import der Ware behindert. Die Anwendbarkeit des

---

7 Köhler in Köhler/Bornkamm § 1 UWG Rn 5.
8 Allgemein zum Verhältnis zwischen Art. 34, 36 AEUV und dem Lauterkeitsrecht Schricker/Henning-Bodewig WRP 2001, 1367; Fezer JZ 1994, 317; Möschel NJW 1994, 429; Sack WRP 1994, 281; Dauses EuZW 1995, 425; Bornkamm, FS zum 50-jährigen Bestehen des Bundesgerichtshofs, S. 343 ff.
9 EuGH Slg 1974, 837 *Dassonville* = EuGH GRUR Int. 1974, 467 *Scotch Whisky/Dassonville*.

Art. 34 AEUV unterliegt aber **drei Einschränkungen**, die für das nationale Lauterkeitsrecht von Bedeutung sind.

10 Die **erste** Einschränkung ergibt sich aus dem AEUV selbst, weil **Art. 36 AEUV** Bestimmungen aus Gründen des gewerblichen oder kommerziellen Eigentums von der Anwendung des Art. 34 AEUV ausnimmt. Damit sind aber nicht Belange des Verbraucherschutzes oder der Lauterkeit des Handelsverkehrs gemeint,[10] sondern nur die absoluten gewerblichen Schutzrechte und vergleichbare Rechtspositionen. Art. 36 AEUV dürfte deshalb vor allem für den unternehmerischen Leistungsschutz nach UWG[11] (Rn 702 ff), für den Geheimnisschutz nach UWG[12] (Rn 750 ff) und für den in diesem Buch ebenfalls behandelten Marken- und Kennzeichenschutz[13] die Anwendung des Art. 34 AEUV begrenzen.

11 **Zweitens** hat der EuGH in seiner neueren Rechtsprechung eine Restriktion des Tatbestands des Art. 34 AEUV iVm der *Dassonville*-Formel vorgenommen. Seit *Keck* sollen nur noch **produktbezogene Regulierungen** von Art. 34 AEUV erfasst werden. **Allgemeine Verkaufsbedingungen** sind hingegen von Art. 34 AEUV ausgenommen, sofern sie EU-Ausländer gegenüber Inländern rechtlich und praktisch nicht schlechter stellen.[14] Die Abgrenzung ist aber teilweise schwierig. Allgemeine Verkaufsmodalitäten betreffen die Frage, wann, wo, wie, durch wen und zu welchem Preis verkauft werden darf. Das bedeutet, dass Art. 34 AEUV einerseits auf allgemeine Verkaufsbedingungen wie zB die Regelungen zur Preisgegenüberstellung in § 5 Abs. 4 UWG[15] genauso wenig anwendbar ist wie auf einen Verstoß gegen das Transparenzgebot für Verkaufsfördermaßnahmen in § 4 Nr. 4 UWG. Andererseits bleibt Art. 34 AEUV einschlägig, wenn das deutsche UWG produktbezogene Regelungen aufstellt. Das sind Vorschriften über Bezeichnung, Form, Abmessung, Gewicht, Zusammensetzung, Aufmachung, Ausstattung, Beschriftung und Verpackung von Waren. Ebenfalls von Art. 34 AEUV erfasst wird auch das Verbot des Versandhandels mit apothekenpflichtigen Arzneimitteln.[16]

Beispiel: Eine produktbezogene Regelung liegt danach vor, wenn das UWG über das Irreführungsverbot eine europaweit einheitliche Marke kosmetischer Produkte[17] oder eine mitgliedsländerübergreifende Gestaltung von Eiskremverpackungen[18] verhindert.

12 Sofern eine Regelung unter Art. 34 AEUV fällt, gilt schließlich eine **dritte** Einschränkung. Nach der *Cassis de Dijon*-Doktrin des EuGH kann sich ein Mitgliedsstaat auf **zwingende Erfordernisse** berufen. Als zwingende Erfordernisse gelten auch der Schutz der Lauterkeit des Handelsverkehrs sowie Verbraucherschutz.[19] Ob die Regelung zwingend ist, beurteilt sich anhand einer Verhältnismäßigkeitsprüfung, in der das gemein-

---

10 EuGH GRUR Int. 1979, 468, 471 *Cassis de Dijon*; EuGH GRUR Int. 1984, 291, 300 f. *Bocksbeutel*.
11 Ebenso Sack GRUR 1998, 871, 874; siehe auch EuGH Slg 1982, 707, 716 *Beele*.
12 Ohly in Piper/Ohly/Sosnitza Einf. C Rn 18; Beater § 7 Rn 40; Gaster CR 2005, 247, 248.
13 Vgl dazu Rn 1002 ff.
14 EuGH Slg I 1993, 6097 = GRUR 1994, 296, 297 *Keck und Mithouard*; ferner EuGH GRUR 1994, 299 *Hünermund*; EuGH GRUR Int. 1997, 913, 917 *de Agostini*.
15 BGH GRUR 1997, 379, 380 *Wegfall der Wiederholungsgefahr I*, zum alten § 6 e UWG; Vgl auch Sack GRUR 1998, 871, 872; Bornkamm GRUR 1994, 297. Anders noch EuGH GRUR Int. 1993, 747, 748 *Yves Rocher*.
16 EuGH GRUR 2004, 174 Tz. 76 *Doc Morris*.
17 EuGH GRUR Int. 1994, 303 *Clinique* mit Anmerkung Meyer WRP 1994, 382.
18 EuGH WRP 1995, 677, 678 *Mars* mit Anmerkung Fezer WRP 1995, 671.
19 EuGH GRUR Int. 1979, 468, 471 *Cassis de Dijon*; ferner EuGH GRUR Int. 1984, 291, 300 *Bocksbeutel*; OLG Köln GRUR 1994, 737, 740 *Schoko-Linsen*.

schaftliche Interesse am freien Warenverkehr gegen das nationale Regelungsinteresse abgewogen wird. Insbesondere die früheren Anforderungen an eine Irreführung im Sinne des UWG sind im Rahmen dieser Interessenabwägung immer wieder durch den EuGH beanstandet worden.[20] Der Bundesgerichtshof hat hier allerdings längst einen Schwenk vollzogen (vgl unten Rn 122 f).

Sofern das beanstandete Verhalten nicht den EU-Warenverkehr, sondern eine grenz-   13
übergreifende **Dienstleistung** betrifft, ist **Art. 56 AEUV** einschlägig. Hier gelten nach der Rechtsprechung des EuGH[21] die für Art. 34 AEUV aufgestellten Grundsätze entsprechend.[22] Anwendbar ist Art. 56 AEUV also nur, wenn das nationale Verbot die Dienstleistung als solche reguliert (produktbezogene Regelung nach *Keck*) und die Dienstleistung deshalb inhaltlich geändert werden muss. Nicht unter Art. 56 AEUV fallen hingegen Regelungen, die lediglich die Art und Weise des Dienstleistungsangebotes beeinflussen und dabei die EU-Ausländer rechtlich und praktisch nicht im Vergleich zu den Inländern benachteiligen.

Für das nationale Verbot von Telefonwerbung[23] hat der EuGH entschieden, dass dieses jedenfalls keine allgemeine Verkaufsbedingung iSd *Keck*-Rechtsprechung darstellt, weil das nationale Verbot nicht nur die Telefonwerbung im eigenen Land, sondern auch in andere Mitgliedsländer hinein verbietet. Damit liege jedenfalls für die Telefonwerbung in den anderen Mitgliedsstaat hinein eine von Art. 56 AEUV erfasste Benachteiligung gegenüber den dort tätigen Inländern vor.[24]

Wenn die Anwendbarkeit des Art. 56 AEUV auf das nationale Verbot bejaht wird, ist wie bei einer Anwendung des Art. 34 AEUV zu prüfen, ob es durch zwingende Erfordernisse gerechtfertigt ist.[25]

II. Sekundäres Gemeinschaftsrecht (Verordnungen, Richtlinien)

Die **Vorschriften des primären Gemeinschaftsrechts**, also insbesondere Art. 34 und   14
Art. 56 AEUV, treten jedoch dort zurück, **wo ein Bereich abschließend durch sekundäres Gemeinschaftsrecht harmonisiert** wurde.[26] Das ist in verschiedenen Bereichen des Wettbewerbsrechts der Fall.[27]

Zu nennen sind hier zunächst **Verordnungen,** die unmittelbare Wirkung in jedem Mit-   15
gliedsstaat haben (Art. 288 Abs. 2 AEUV) wie zB die sog. „Health Claims Verordnung",[28] die nährwert- und gesundheitsbezogene Angaben in der Etikettierung und in

---

20 EuGH WRP 1995, 677, 678 f. *Mars*; EuGH GRUR 1994, 303, 304 *Clinique*; Vgl auch die Erklärung des Angeklagten Prantl bei EuGH GRUR Int. 1984, 291, 293 *Bocksbeutel*.
21 EuGH GRUR Int. 1995, 900 *Alpine Investments*.
22 Großkopf WRP 1995, 803; anders Sack GRUR 1998, 871, 874; offen Schricker/Henning-Bodewig WRP 2000, 1367, 1372 mwN.
23 Zur Zulässigkeit nach UWG Vgl Rn 516 ff.
24 EuGH GRUR Int. 1995, 900 *Alpine Investments*.
25 Zur Rechtfertigung aufgrund zwingender Erfordernisse grundlegend zB EuGH Slg 1974, 1299, 1309 *Van Binsbergen;* EuGH Slg 1981, 3305, 3325 *Webb;* EuGH GRUR Int. 1995, 900 *Alpine Investments*.
26 EuGH GRUR 2004, 174 Tz. 64 *Doc Morris*.
27 Eine detaillierte Übersicht zum Wettbewerbsrecht findet sich in der Begr. RegE UWG-Novelle 2008 BT DS 16/10145, S. 13, abrufbar unter www.nordemann.de.
28 Verordnung (EG) Nr. 1924/2006 vom 20.12.2006 über nährwert- und gesundheitsbezogene Angaben über Lebensmittel, ABl. L 12/3 vom 18.1.2007, abrufbar unter www.nordemann.de.

der Werbung für Lebensmittel regelt (dazu auch Rn 822). Flugpreisangaben werden durch Art. 23 EU-VO 1008/2008 vom 24.9.2008 reguliert.[29] Solche verbraucherschützenden Bestimmungen brechen über §§ 3 Abs. 1, 4 Nr. 11 UWG (Rn 774 ff) und bei Verletzung von verbraucherschützenden Informationspflichten auch über §§ 3 Abs. 2, 5 a Abs. 4 in das UWG ein (Rn 400).

Genauso hätte eine Verordnung über Verkaufsförderung im Binnenmarkt, die weit reichende Informationspflichten im Rahmen des Irreführungsverbots aufstellt, aber auch nationale Beschränkungen von Verkaufsförderungsmaßnahmen unmöglich macht, Vorrang vor deutschen Regeln. Eine solche Verordnung wurde früher auf EU-Ebene diskutiert.[30] Der entsprechende Vorschlag wurde jedoch durch die EU-Kommission am 17.3.2006 zurückgezogen. Sie entfaltet damit keinerlei Wirkung.[31]

16 **EU-Richtlinien** (Art. 288 Abs. 3 AEUV) hingegen bieten nur einen Regelungsrahmen für den nationalen Gesetzgeber und haben deshalb grundsätzlich keine unmittelbaren Auswirkungen auf eine Anwendung des nationalen Lauterkeitsrechts. Richtlinien haben im Zivilrecht insbesondere keine unmittelbare Drittwirkung,[32] so dass sich Konkurrenten im Wettbewerbsprozess untereinander nicht auf die Richtlinie berufen können. Zu denken ist aber stets an eine **richtlinienkonforme Auslegung**[33] des Lauterkeitsrechts, soweit eine entsprechende EU-Richtlinie existiert. Dabei sind jedoch zwei Zeiträume zu unterscheiden: Ist die Umsetzungsfrist noch nicht abgelaufen, kommt eine richtlinienkonforme Auslegung nur in Betracht, wenn die deutsche Regelung durch Auslegung Konformität mit der Richtlinie herstellen kann und dem Gesetzgeber ohnehin kein Spielraum bei der Umsetzung verbleibt. Das war beispielsweise der Fall für die Richtlinie zur vergleichenden Werbung,[34] deren Inhalt über eine Auslegung in die Generalklausel des § 1 UWG aF hineingelesen werden konnte, während dem Gesetzgeber ohnehin kein Regelungsspielraum verblieb. Die Richtlinie zur vergleichenden Werbung wurde damit schon vor Ablauf der Umsetzungsfrist herangezogen;[35] die spätere Umsetzung in § 2 UWG aF (jetzt § 6 UWG) hatte keine rechtsändernde Bedeutung. Ist die Umsetzungsfrist hingegen abgelaufen, so ist die richtlinienkonforme Auslegung ohne die vorgenannten Einschränkungen zwingend.[36] Insoweit kann sogar eine richtlinienkonforme Fortbildung durch einschränkende Auslegung des Wortlautes richtlinienwidriger nationaler Normen erfolgen. [37] Gewisse Grenzen sind hier jedoch zu beachten.[38] Was dann noch bleibt, sind Schadenersatzansprüche gegen den Staat.[39]

---

29 Verordnung (EG) über gemeinsame Vorschriften für die Durchführung von Luftverkehrsdiensten in der Gemeinschaft, ABl. EG Nr. L 293/3 vom 31.10.2008, abrufbar unter www.nordemann.de.
30 Vgl Göhre WRP 2002, 36 ff.
31 EuGH GRUR 2010, 244 Tz. 22 *Plus Warenhandelsgesellschaft.*
32 EuGH Slg 1986, 723 Rn 48 *Marshall I*; Nettesheim in Grabitz/Hilf, Kommentar zur EU, München (Beck) 2009, Art. 249 EGV Rn 173 mwN.
33 Hierzu Auer NJW 2007, 1106 ff.
34 97/55/EG vom 6.10.1997.
35 BGH GRUR 1998, 824, 826 f. *Testpreis-Angebot.*
36 BGH GRUR 1993, 825, 826 *Dos*; BGH WRP 1998, 600, 603 *SAM.*
37 BGH NJW 2009, 427 Tz. 19 ff. *Quelle.*
38 BGH GRUR 1996, 202, 204 *UHQ*; BGH WRP 1998, 600, 603 *SAM*; Vgl EuGH NJW 2006, 2465 Rn 110 *Adelener*; EuGH NJW 1994, 2473, 2474 *Paola Faccini Dori.*
39 EuGH Slg. 1991 I – 5357 *Francovich.*

Von herausragender Bedeutung für die Auslegung des UWG sind vor allem die Richtlinie 2005/29/EG über unlautere Geschäftspraktiken zwischen Unternehmen und Verbrauchern und die Richtlinie 2006/114/EG zur irreführenden und vergleichenden Werbung.

1. Richtlinie 2005/29/EG über unlautere Geschäftspraktiken[40]

Die Richtlinie unlautere Geschäftspraktiken regelt nach ihrem Art. 1 lediglich unlautere   17
Geschäftspraktiken von Unternehmern **gegenüber (privaten) Verbrauchern ("B2C")**.
Nicht erfasst werden unlauteres Verhalten gegenüber der unternehmerischen Marktgegenseite oder gegenüber Konkurrenten ("B2B"). Dementsprechend werden die relevanten „Geschäftspraktiken" durch die Richtlinie von vornherein als „Geschäftspraktiken im Geschäftsverkehr zwischen Unternehmen und Verbrauchern" definiert (Art. 2 d Richtlinie), wobei Verbraucher nur private natürliche Personen sein können (Art. 1 a Richtlinie).

Art. 5 Abs. 1 Richtlinie verbietet generalklauselartig: „Unlautere Geschäftspraktiken sind verboten". Art. 5 Abs. 2 Richtlinie konkretisiert das dadurch, dass eine Geschäftspraxis dann unlauter ist, wenn sie **(a) den Erfordernissen der beruflichen Sorgfalt widerspricht und (b) geeignet ist, die Verbraucherentscheidung für eine Ware oder Dienstleistung wesentlich zu beeinflussen.** Das können nach der Richtlinie insbesondere **irreführende Handlungen** (Art. 6), **irreführende Unterlassungen** (Art. 7) und **aggressive Geschäftspraktiken** (Art. 8) sein. Für sie ist die Eignung zur Verbraucherbeeinflussung dann in jedem Einzelfall festzustellen.

Art. 5 Abs. 5 verweist auf Anhang 1 der Richtlinie, in dem verschiedene irreführende und aggressive Geschäftspraktiken aufgeführt sind. Dabei handelt es sich um die sog. **„schwarze Liste"**. Eine Eignung zur Verbraucherbeeinflussung muss für die darin aufgelisteten Fälle nicht festgestellt werden, weil sie „unter allen Umständen als unlauter anzusehen sind". Offensichtlich ging der Richtliniengeber davon aus, dass die aufgelisteten Fälle stets die Verbraucherentscheidung beeinflussen.

Die Richtlinie über unlautere Geschäftspraktiken bezweckt in ihrem Anwendungsbereich schon wegen Art. 4 eine **Vollharmonisierung**.[41] Deutsches Recht darf also den durch die Richtlinie vorgegebenen Schutzstandard weder unter- noch überschreiten. In Zweifelsfällen ist – sofern zulässig – richtlinienkonform auszulegen (Rn 16). Folgende **Regelungsbereiche des UWG** sind danach abschließend durch die Richtlinie unlautere Geschäftspraktiken harmonisiert hat:

- ■ **Vorliegen einer Geschäftspraxis gegenüber einem privaten Verbraucher.** Der deutsche Gesetzgeber nennt sie etwas abweichend „geschäftliche Handlung", die er in

---

40 Richtlinie 2005/29/EG des Europäischen Parlaments und des Rates vom 11. Mai 2005 über unlautere Geschäftspraktiken im binnenmarktinternen Geschäftsverkehr zwischen Unternehmen und Verbrauchern und zur Änderung der Richtlinie 84/450/EWG des Rates, der Richtlinien 97/7/EG, 98/27/EG und 2002/65/EG des Europäischen Parlaments und des Rates sowie der Verordnung (EG) Nr. 2006/2004 des Europäischen Parlaments und des Rates (Richtlinie unlautere Geschäftspraktiken), ABl. L 149/22 vom 11.6.2005, abrufbar unter www.nordemann.de.

41 Allgemeine Auffassung: EuGH GRUR 2010, 244 Tz. 41, *50 Plus Warenhandelsgesellschaft*; RegE UWG-Novelle 2008 BT DS 16/10145, S. 10, abrufbar unter www.nordemann.de; BGH GRUR 2011, 532 Tz. 19 *Millionen-Chance II*; Sosnitza WRP 2006, 1, 3; ders. WRP 2008, 1014, 1015; Ohly WRP 2006, 1401, 1410; Köhler in Köhler/Bornkamm Einl. UWG Rn 3.56.

§ 2 Abs. 1 Nr. 1 UWG definiert. Sämtliche Geschäftspraktiken gegenüber Unternehmen (Marktgegenseite, Mitbewerber; „B2B") sind also nicht durch die Richtlinie harmonisiert. Eine ganze Reihe von Tatbeständen im UWG richten sich sowohl an den Verbraucher als auch an die unternehmerische Marktgegenseite. Von der Richtlinie her gesehen sind solche Tatbestände gespalten, weil sie nur teilweise – soweit sie den Verbraucher schützen – durch die Richtlinie harmonisiert sind. Das trifft zunächst auf die Generalklausel des § 3 Abs. 1 UWG zu, die sowohl geschäftliche Handlungen gegenüber Verbrauchern als auch gegenüber unternehmerischen Marktbeteiligten und Mitbewerbern erfasst. Weitere Beispiele für gespaltene Vorschriften sind § 4 Nr. 1, § 4 Nr. 3, § 4 Nr. 4 und § 4 Nr. 5 UWG; sie regeln neben Verhalten gegenüber Verbrauchern auch Verhalten gegenüber unternehmerischen Marktbeteiligten. § 5 und § 5 a UWG sind zwar im generellen Ausgangspunkt ebenfalls gespaltene Vorschriften, die sich an private und unternehmerische Abnehmer richten; verschiedene Spezialtatbestände regeln aber nur das Verhalten gegenüber Verbrauchern, zB § 5 Abs. 1 Nr. 7 sowie § 5 a Abs. 1 bis Abs. 4 UWG. Überhaupt kein Richtlinienrecht sind § 4 Nr. 7, § 4 Nr. 8, § 4 Nr. 9 und § 4 Nr. 10 UWG sowie § 6 UWG, weil sie lediglich die Mitbewerber schützen.

- Vorliegen einer Geschäftspraxis gegenüber einem privaten Verbraucher, die sich in der schwarzen Liste in Anhang 1 der Richtlinie wieder findet. Das deutsche UWG hat die schwarze Liste über § 3 Abs. 3 UWG in den Anhang zum UWG umgesetzt. Es fehlt lediglich Nr. 26 aus der Liste der Richtlinie, der in § 7 Abs. 2 Nr. 1 UWG umgesetzt ist, also auch vollharmonisiertes Recht darstellt.

- Vorliegen einer sonstigen unlauteren Geschäftspraxis gegenüber einem privaten Verbraucher, die geeignet ist, seine Entscheidung für eine Ware oder Dienstleistung zu beeinflussen. Der deutsche Gesetzgeber hat diese Vorgabe der Richtlinie in der Generalklausel des § 3 Abs. 2 S. 1 UWG umgesetzt, die also richtlinienkonform auszulegen ist. Vor allem irreführende Handlungen, irreführende Unterlassungen und aggressive Geschäftspraktiken können dieses Beeinflussungspotenzial aufweisen. Diese Fälle sind in § 4 Nr. 1 bis 6, § 5 und § 5 a UWG geregelt. Geschäftspraktiken, die ein solches Beeinflussungspotenzial nicht haben, können also richtlinienwidrig sein. Deshalb war auch die allgemeine Regel des § 4 Nr. 6 UWG, die Kopplung von Waren- oder Dienstleistungsabsatz und Gewinnspiel weise immer die Eignung auf, die Entscheidung des Verbrauchers zu beeinflussen, richtlinienwidrig (Rn 473). Der EuGH sah jedenfalls eine solche Eignung bei einer Kopplung von Absatz und Gewinnspiel nicht generell als gegeben an; vielmehr komme es auf die Umstände des Einzelfalles an.[42] Durch die Richtlinie nicht erfasst wird der gesamte Bereich der Belästigung (§ 7 UWG), weil die Belästigung gerade nicht voraussetzt, dass die geschäftliche Entscheidung des Belästigten beeinflusst wird (Rn 513). Nach zutreffender Auffassung duldet die Richtlinie wegen Erwägungsgrund 7 solche Be-

---

42 EuGH GRUR 2010, 244 Tz. 47 ff. *Plus Warenhandelsgesellschaft.*mit Anm. Köhler GRUR 2010, 177; nachfolgend BGH GRUR 2011, 532 Tz. 19 *Millionen-Chance II.*

lästigungstatbestände im nationalen Recht, weil sie diese Form der unlauteren Geschäftspraxis nicht reguliert.[43] § 7 UWG ist also richtlinienkonform.[44]

■ **Keine spezielle Regelung in einer anderen Richtlinie.** Die Richtlinie unlautere Geschäftspraktiken tritt zurück, wenn andere Richtlinien speziellere Bestimmungen enthalten (Art. 3 Abs. 4 Richtlinie). Siehe hierzu unten Rn 18 f. Dann müssen die Bestimmungen des UWG auf der Grundlage dieser spezielleren Richtlinien richtlinienkonform ausgelegt werden.

■ Bei Bestimmungen des UWG, die Richtlinienrecht sind, muss damit stets die Richtlinie beachtet werden, weil die Bestimmungen richtlinienkonform auszulegen sind (Rn 16) und die Richtlinie sogar eine Vollharmonisierung vorgibt. Der Rechtsanwender ist gleichsam gezwungen, in der einen Hand das UWG und in der anderen Hand die Richtlinie unlautere Geschäftspraktiken zu halten.[45] Die Umsetzungsfrist endete am 17.12.2007 (Art. 19 Richtlinie).

■ Für die Auslegung der Richtlinie hat die **Europäische Kommission** im Jahr 2009 **unverbindliche Leitlinien** veröffentlicht, allerdings bislang leider nur in englischer Sprache.[46]

2. Richtlinie 2006/114/EG über irreführende und vergleichende Werbung[47]

Die Richtlinie über irreführende und vergleichende Werbung nahm ihren Ausgangs- **18**
punkt in der Irreführungsrichtlinie 84/450/EWG, die später durch die Richtlinie 97/55/EG für vergleichende Werbung ergänzt wurde. Nachdem die Richtlinie unlautere Geschäftspraktiken (Rn 17) weitere Änderungen gebracht hatte, entschied sich der Richtliniengeber im Jahr 2006, die Richtlinie über irreführende und vergleichende Werbung „aus Gründen der Übersichtlichkeit und Klarheit" neu zu kodifizieren.[48] Die Richtlinie zerfällt in zwei Regelungsbereiche, die irreführende Werbung einerseits und die vergleichende Werbung andererseits.

Irreführende Werbung reguliert die Richtlinie **nur zum Schutz von Unternehmen** (Business-to-Business = „B2B"). Art. 1 Richtlinie nennt sie Gewerbetreibende. Danach ist im Bereich irreführender Werbung eine trennscharfe Unterscheidung zur Richtlinie unlautere Geschäftspraktiken möglich, die nur die irreführende Werbung zum Schutz des (privaten) Verbrauchers regelt („B2C"; vgl Rn 17). Die Richtlinie über irreführende und vergleichende Werbung enthält für irreführende Werbung zum Schutz von Unter-

---

43 Ohly WRP 2006, 1401, 1410 f; Köhler GRUR 2005, 796, 800; Ullmann jurisPK-UWG/Koch § 7 Rn 8; Ubber in Harte/Henning § 7 Rn 5; Köhler in Köhler/Bornkamm § 7 UWG Rn 9. Anderes Verständnis bei Sosnitza WRP 2006, 1, 6 und Leistner ZEuP 2009, 56, 70 f, die annehmen, dass die Richtlinie auch die nicht beeinflussende Belästigung reguliert hat und Erwägungsgrund 7 eine Öffnungsklausel für abweichende nationale Regelungen aus allgemeinen „kulturellen Gründen" vorsieht. § 7 UWG wäre danach wohl richtlinienwidrig, sofern eine Belästigung nicht aus kulturellen Gründen in Deutschland als unzulässig anzusehen ist.

44 Nicht ganz konsequent und als Ausdruck einer gewissen „normativen Unordnung" erscheint es allerdings, dass der deutsche Gesetzgeber einen Tatbestand der schwarzen Liste (Nr. 26 S. 1) aus der Richtlinie in § 7 Abs. 2 Nr. 1 UWG übernommen hat, obwohl § 7 UWG eigentlich außerhalb des Regelungsbereiches der Richtlinie steht.

45 So anschaulich Köhler WRP 2009, 109, 110.

46 Europäische Kommission SEC(2009) 1666 vom 3. Dezember 2009: „Commission Staff Working Document – Guidance on the Implementation/Application of the Directive 2005/29/EC on Unfair Commercial Practices".

47 Richtlinie 2006/114/EG des Europäischen Parlaments und des Rates vom 12. Dezember 2006 über irreführende und vergleichende Werbung (kodifizierte Fassung), ABl. L 376/21 vom 27.12.2006, abrufbar unter www.nordemann.de.

48 Erwägungsgrund 1 der Richtlinie über irreführende und vergleichende Werbung.

nehmen nur eine **Teilharmonisierung**: Die Mitgliedsstaaten dürfen das von der Richt-linie vorgegebene **Mindestniveau** nicht unterschreiten.[49] Zusätzlich sind die Vorgaben des Art. 34 AEUV, insbesondere in Form einer Verhältnismäßigkeitsprüfung gemäß „Cassis des Dijon", zu beachten (dazu im einzelnen oben Rn 9 ff).[50] Umgesetzt ist die Richtlinie in § 3 Abs. 1 iVm §§ 5, 5 a UWG, die also richtlinienkonform auszulegen sind, soweit es um Werbung gegenüber Unternehmen geht.

Demgegenüber erreicht die Richtlinie im Bereich der **vergleichenden Werbung** eine **Vollharmonisierung**. Das ergibt sich aus Art. 8 Abs. 1 S. 2 Richtlinie. Damit darf der nationale Gesetzgeber von der Vorgaben der Richtlinie weder nach oben noch nach unten abweichen. § 6 UWG ist in diesem Sinne richtlinienkonform anzuwenden.

3. Weitere EU-Richtlinien

19 Daneben haben noch verschiedene andere EU-Richtlinien Bedeutung für Bestimmun-gen des UWG. Richtlinienrecht und damit richtlinienkonform auszulegen sind die Vor-schriften zu unerbetenen Nachrichten gem. § 7 Abs. 2 Nr. 2 bis Nr. 4 und § 7 Abs. 3 UWG. Sie basieren auf der **Datenschutzrichtlinie** für elektronische Kommunikation und dort auf Art. 13.[51] Einfluss auf das UWG hat außerdem die **Richtlinie 98/27/EG über Unterlassungsklagen zum Schutz von Verbraucherinteressen**,[52] die durch die Regelung zur Aktivlegitimation für Verbraucherschutzverbände in § 8 Abs. 3 Nr. 3 UWG umge-setzt ist. Nur mittelbar auf das UWG wirkt die **Richtlinie 98/6/EG über den Schutz der Verbraucher bei der Angabe der Preise** der ihnen angebotenen Erzeugnisse,[53] die ins-besondere in der Verpflichtung zur Angabe von Grundpreisen nach § 2 Preisangaben-VO umgesetzt ist. Verstöße gegen die PreisangabenVO werden durch § 4 Nr. 11 UWG (Rechtsbruch) in das UWG importiert (Rn 774 ff; 805 ff). Die Informationspflichten der §§ 5, 6 TMG (insbesondere Impressumsangaben für Internetseiten; vgl Rn 837) und das Herkunftslandprinzip für kommerzielle Kommunikation (§ 3 TMG; vgl Rn 33 f) fußen auf der **E-Commerce-Richtlinie** 2000/31/EG.[54] Verstöße gegen §§ 5, 6 TMG sind gem. § 4 Nr. 11 UWG durch das UWG sanktioniert (Rn 774 ff, 837). Das Gleiche gilt für die **Richtlinie über audiovisuelle Mediendienste** 2007/65/EG,[55] deren Vorschriften u.a. in Art. 10 ff eine Werbe- und Teleshoppingregulierung enthalten. Darüber hinaus sehen Art. 2 und 3 ein Herkunftslandprinzip (im Sinne der Anwendbarkeit des Rechts des Sendestaates) vor.

---

49 So ausdrücklich Erwägungsgrund 7, ferner Art. 8 Abs. 1 S. 1 Richtlinie; siehe auch EuGH GRUR 2003, 533, 536 Tz. 40 *Pippig Augenoptik/Hartlauer*; EuGH GRUR 1994, 303 *Clinique*.

50 Köhler in Köhler/Bornkamm Einl. UWG Rn 3.42 unter zutreffendem Verweis auf EuGH GRUR Int. 1993, 951, 952 *Nissan/Neue Kraftfahrzeuge*, dort insbesondere Tz. 9.

51 Micklitz/Schirmbacher WRP 2006, 148, 154 ff; Köhler/Lettl WRP 2003, 1019, 1025; Leistner/Pohlmann WRP 2003, 815, 824.

52 Vom 19. Mai 1998, ABl. L 166/51 vom 11.6.1998, abrufbar unter www.nordemann.de.

53 Vom 16.2.1998, ABl. L 80/27, abrufbar unter www.nordemann.de.

54 Vom 4.5.2000, ABl. L 178/1 vom 17.7.2000, abrufbar unter www.nordemann.de.

55 Vom 11.12. 2007, ABl. L 332/37 vom 18.12.2007, abrufbar unter www.nordemann.de; dazu Stender-Vor-wachs/Theißen ZUM 2007, 613 ff; zum Herkunftslandprinzip auch Sack WRP 2000, 269, 284.

C. Verhältnis des UWG zu anderen Rechtsnormen

I. Verhältnis zu den Immaterialgüterrechten

Innerhalb des **nationalen deutschen Rechts** gibt es gegenüber den allgemeinen Regeln   20
des UWG für Nachahmungen (Vgl Rn 230 ff, 694 ff, 723 ff) die besonderen Regeln des
Immaterialgüterrechts im **PatG, GebrMG, UrhG, GeschmMG und MarkenG** für die
diesen Gesetzen unterstehenden Waren und Leistungen. Nach bisherigem herrschen-
dem Verständnis handelt es sich um Spezialregelungen, die dem allgemeinen Wettbewerbsrecht vorgehen. Es soll insoweit lediglich ergänzend neben sie treten, soweit sie
Lücken enthalten und die Schließung dieser Lücken mit Hilfe des Wettbewerbsrechts
nicht der gesetzgeberischen Zielsetzung bei der Schaffung dieser Sonderregelungen widerspricht (Näheres Rn 733).[56]

Insbesondere Irreführungen über die betriebliche Herkunft oder über die Qualität
durch Verwendung von verwechslungsfähigen Zeichen sind bis zur UWG-Novelle 2008
grundsätzlich nur über das MarkenG gelöst worden (§§ 14 Abs. 2 Nr. 1 bis 2, 15
Abs. 2 MarkenG).[57] Besonders hervorgehoben hat der Bundesgerichtshof eine Spezialität des MarkenG gegenüber dem UWG aber auch noch für andere Bereiche. Das betrifft die Irreführung über geografische Herkunftsangaben (§§ 126 ff. MarkenG),[58] den
Verwässerungs- und Rufausbeutungsschutz für bekannte Zeichen (§ 14 Abs. 2 Nr. 3
und § 15 Abs. 3 MarkenG)[59] und den Titelschutz (§§ 5 Abs. 3, 15 MarkenG).[60] Aus
dem missglückten Wortlaut des § 2 MarkenG ergibt sich dies aber nicht.[61] Seit der EU-
Richtlinie unlautere Geschäftspraktiken von 2005 ist allerdings wieder **Bewegung in
die Diskussion um die Spezialität** des MarkenG gegenüber dem UWG gekommen.[62]
Die Richtlinie sieht nämlich eine Spezialität des Markenrechts bei Irreführungen über
Zeichen nicht vor. So erfasst Art. 6 Abs. 2 a der Richtlinie *„jegliche Art der Vermarktung eines Produkts, einschließlich vergleichender Werbung, die eine Verwechslungsgefahr mit einem anderen Produkt, Warenzeichen, Warennamen oder anderen Kennzeichen eines Mitbewerbers begründet"*. Der Gesetzgeber der UWG-Novelle 2008 hat
das Problem gesehen,[63] überlässt es aber (entgegen der nachdrücklichen Aufforderung
des Bundesrates)[64] der Rechtsprechung, das Verhältnis zwischen kennzeichenrechtlichen und lauterkeitsrechtlichen Ansprüchen „im Einzelfall"[65] zu konkretisieren und
die bisher in ständiger Rechtsprechung entwickelten Grundsätze entsprechend zu mo-
difizieren.[66] Art. 6 Abs. 2 a der Richtlinie ist durch die UWG-Novelle 2008 in § 5

---

56 Vgl etwa BGH GRUR 2006, 346 Tz. 7 *Jeans II* (für das Geschmacksmusterrecht).
57 BGH GRUR 2008, 793 Tz. 26 *Rillenkoffer*; BGH GRUR 2006, 329 Tz. 36 *Gewinnfahrzeug mit Fremdemblem*; BGH GRUR 2005, 583, 585 *Lila-Postkarte*; BGH GRUR 2002, 622, 623 *shell.de*.
58 BGH GRUR 1999, 252 *Warsteiner II*.
59 BGH GRUR 1999, 161 *Mac Dog*; Vgl auch Rn 1258 ff.
60 BGH GRUR 2000, 70 *Szene*.
61 Kritisch zur BGH-Rechtsprechung Fezer WRP 2000, 863, 867 ff.
62 Vgl Schreiber GRUR 2009, 113, 118; Büscher GRUR 2009, 230 ff; Fezer WRP 2008, 1, 7; Köhler GRUR
2007, 548, 550; Ohly GRUR 2007, 731 ff.
63 So schon Köhler GRUR 2007, 548, 550.
64 Stellungnahme des Bundesrates zum RegE UWG-Novelle 2008 BT DS 16/10145, S. 37, abrufbar unter
www.nordemann.de.
65 Gegenäußerung BReg BT DS 16/10145, S. 40.
66 Begr. RegE UWG-Novelle 2008 BT DS 16/10145, S. 17.

Abs. 2 UWG umgesetzt. Dadurch ist in jedem Fall die frühere Spezialität des MarkenG im Bereich der Irreführung über Kennzeichen durchbrochen (eingehend Rn 235 ff).

II. Verhältnis zum Kartellrecht

21 Anspruchskonkurrenz wird mittlerweile auch für das Verhältnis des UWG und seiner Nebengesetze zum **GWB** und den kartellrechtlichen Bestimmungen des Europarechts (Art. 101 und 102 AEUV) angenommen.[67] Lauterkeitsrecht und Kartellrecht stehen in dem Sinne gleichrangig nebeneinander, dass die Tatbestände des Kartellrechts und die des UWG nicht ausschließen und umgekehrt: Eine kartellrechtswidrige Handlung muss nicht notwendig auch wettbewerbswidrig, ein Verstoß gegen das UWG muss nicht notwendig zugleich ein Kartellverstoß sein, während Fälle denkbar sind, die sowohl das Kartellrecht als auch das UWG berühren.

Beispiel: Ein Vergleich, den Konkurrenten miteinander zur Beilegung von UWG-Streitigkeiten schließen, kann wettbewerbsbeschränkenden Charakter im Sinne des Art. 101 AEUV und des § 1 GWB haben.[68]

22 Die Teilüberschneidung der Regelungsbereiche von Lauterkeitsrecht und Kartellrecht bedingt, dass die Auslegungsprinzipien im gemeinsamen Regelungsbereich nicht voneinander abweichen dürfen. Es bestehen insoweit wechselseitige Abhängigkeiten.

23 Auf der einen Seite schützt das GWB nur den lauteren Wettbewerb. Deshalb verstoßen Absprachen, sich im Wettbewerb nicht unlauter zu verhalten, nicht gegen Art. 101 AEUV bzw § 1 GWB.[69]

24 Auf der anderen Seite können jedoch auch die Wertungen des Kartellrechts für das Unlauterkeitsurteil entscheidend sein. Vor allem für die Beurteilung einer wettbewerbsbeschränkenden Ausübung von Marktmacht kommt dem Kartellrecht ein **Wertungsvorrang** gegenüber dem UWG zu.[70]

Das hat vor allem Bedeutung für die UWG-Fallgruppe der objektiven Behinderung, die an eine **gemeinschaftsschädigende Störung des Wettbewerbs** anknüpft und über die Generalklausel des § 3 UWG erfasst wird (vgl Rn 565 ff). Der speziellere Anknüpfungspunkt liegt hier in § 20 Abs. 2 GWB, der die Wettbewerbsfreiheit der Marktteilnehmer vor der Ausnutzung überlegener Marktmacht schützen will. Deshalb ist § 20 **GWB vor** § 3 UWG zu prüfen, wenn das zu beanstandende Verhalten von einem marktbeherrschenden oder relativ marktmächtigen Unternehmen iSd §§ 19, 20 GWB ausgeht. Ein danach unbilliges Verhalten dürfte dann auch unlauter iSd § 3 Abs. 1 UWG sein, Unterhalb der Marktmachtschwelle verbleibt für eine Anwendung des UWG wenig Raum.[71] Eine objektive Behinderung nach § 3 UWG kann sich dann nur

---

67 Tilmann GRUR 1979, 825; v. Gamm NJW 1980, 1489; Hefermehl GRUR Int. 1983, 507, vgl auch Handbuch/Holtorf, § 16 Rn 5.
68 BGHZ 65, 147, 151 ff. *Thermalquelle*.
69 Vgl die Regierungsbegründung zum Entwurf des GWB 1952, BTDrucks. IV/2564, S. 31; ferner BGHZ 36, 105, 111; Jan Bernd Nordemann in Loewenheim/Meessen/Riesenkampff. § 1 GWB Rn 93 mwN.
70 BGH GRUR 2006, 773 Tz. 13 *Probeabonnement*; BGH GRUR 2004, 602, 603 *20 Minuten Köln*; Merz, Die Vorfeldthese, S. 239 f mwN; v. Gamm NJW 1980, 2489, 2491; Immenga NJW 1995, 1921; Wolf WRP 1995, 543, 545.
71 Im Einzelnen streitig: Vgl die Nachweise bei Merz, aaO; Möschel, Pressekonzentration und Wettbewerbsgesetz, S. 131 ff; Ebert-Weidenfeller in Hasselblatt § 12 Rn 6.

aus anderen Erwägungen, wie etwa der Ausschaltung des Wettbewerbs, ergeben (vgl Rn 566).

In Fällen einer **zielgerichteten Behinderung eines bestimmten Unternehmens** (§ 4 Nr. 10 UWG) durch ein marktmächtiges Unternehmen sind ebenfalls die Art. 102 AEUV, §§ 19, 20 GWB vorrangig zu prüfen. § 4 Nr. 10 UWG folgt dann allerdings dem Urteil des Kartellrechts. Es spricht allerdings nicht dagegen, § 4 Nr. 10 UWG in solchen Fällen neben Art. 102 AEUV, §§ 19, 20 GWB anzuwenden.[72]

Die Rechtsprechung hat die Prüfungsreihenfolge Kartellrecht vor UWG früher teilweise nicht eingehalten[73] oder hat nur UWG geprüft,[74] obwohl machtbedingte Veränderungen der Marktstruktur zu beurteilen waren. Dies ist zwar wegen der Einheitlichkeit von Unbilligkeits- und Unlauterkeitsurteil nicht falsch. Es bedingt jedoch die Gefahr, dass die Regelungszwecke des Kartellrechts bei der vorab erfolgenden Prüfung des UWG vernachlässigt werden. Neuerdings betont der Bundesgerichtshof jedoch die Spezialität des Kartellrechts.[75]

Trotz der Wertungsspezialität des Kartellrechts ist zu beachten, dass im Kartellrechts für die Entscheidung von Zweifelsfragen als Wertungshilfe auch das Leitbild des UWG herangezogen werden kann, weil das UWG insoweit die spezielleren Regelungen enthält. Das gilt vor allem für die Interessenabwägung im Rahmen des § 20 GWB, für die die Rechtsprechung immer wieder auch auf lauterkeitsrechtliche Wertungen zurückgegriffen hat.[76]

Zu Verstößen gegen Kartellrecht und einem daraus folgenden unlauteren **Rechtsbruch** 25 **gem. § 4 Nr. 11 UWG** unten Rn 824.

III. Verhältnis zum Bürgerlichen Recht und Handelsrecht

Das UWG ist mit seinen Nebengesetzen seinerseits Spezialregelung gegenüber den all- 26 gemeinen Vorschriften des bürgerlichen und des Handelsrechts einschließlich des Gesellschaftsrechts. Da es allerdings im Wesentlichen die Haftung aus unerlaubten Handlungen regelt, gilt insoweit der Grundsatz, dass zwischen mehreren Haftungstatbeständen, deren Voraussetzungen eine Handlung erfüllt, Anspruchskonkurrenz gegeben ist. Etwas anderes gilt nur, wenn aus besonderen Gründen anzunehmen ist, dass einer von ihnen eine abschließende Regelung bezweckt; dies ist für den Fall angenommen worden, dass ein Wettbewerbsverstoß lediglich deshalb auch mit § 823 Abs. 1 BGB kollidiert, weil er zugleich einen Eingriff in den eingerichteten und ausgeübten Gewerbebetrieb darstellt.[77] Ebenso tritt § 823 Abs. 2 BGB grundsätzlich zurück, wenn das verletzte

---

72 BGH GRUR 2006, 773 Tz. 17 *Probeabonnement.*
73 BGH GRUR 1999, 256, 257 *1000,– DM Umwelt-Bonus*; BGHZ 101, 72, 75 ff. *Krankentransporte*; BGH GRUR 1987, 116, 117 *Kommunaler Bestattungswirtschaftsbetrieb I*; BGH GRUR 1994, 516 *Auskunft über Notdienste.* GWB vor UWG aber bei BGHZ 96, 337, 340 ff. *Abwehrblatt II,* und bei BGH GRUR 1999, 278, 280 *Schilderpräger im Landratsamt.*
74 BGHZ 82, 375, 395 ff. *Brillen-Selbstabgabestellen*; OLG Köln WRP 1985, 511, 512 *Heizungsmodernisierungen durch Unternehmen der öffentlichen Hand.* Kritisch dazu auch Immenga NJW 1995, 1921, 1922.
75 BGH GRUR 2006, 773 Tz. 14-17 *Probeabonnement*; BGH GRUR 2004, 602, 603 *20 Minuten Köln.*
76 BGHZ 96, 337, 346 *Abwehrblatt II.* Der Umfang und die Nützlichkeit einer Berücksichtigung des Leistungswettbewerbs im Rahmen der Interessenabwägung sind allerdings umstritten, Vgl Markert in Immenga/Mestmäcker, § 20 Rn 138 ff mwN.
77 BGHZ 36, 252, 257 *Gründerbildnis*; BGH GRUR 1968, 205, 206 *Teppichreinigung.*

Schutzgesetz eine UWG-Bestimmung ist.[78] Nur Verstöße gegen §§ 17, 18, 19 UWG können über § 823 Abs. 2 UWG verfolgt werden (Rn. 771). Die Konkurrenzfrage ist vor allem wegen der unterschiedlichen Verjährungsfristen des § 11 UWG und des § 852 BGB bedeutsam (Rn 974).

D. Räumlicher Geltungsbereich des UWG und seiner Nebengesetze

I. Grundsatz: Marktortprinzip

Rechtsgrundlage: Art. 3 EGBGB, Art. 6 Verordnung (EG) Nr. 864/2007 („Rom II")

27 Nach dem **Territorialitätsprinzip** beschränkt sich der **Geltungsbereich des UWG** und seiner Nebengesetze grundsätzlich auf das **Inland**, also auf die Bundesrepublik Deutschland; ohnehin hat die Bundesrepublik räumlich nur Gesetzgebungskompetenz für das eigene Staatsgebiet. Innerhalb dieses Bereiches spielt es keine Rolle, ob die zur Beurteilung stehende Handlung von einem Deutschen oder von einem Ausländer begangen wurde oder einem deutschen oder einem ausländischen Unternehmen anzulasten ist. Außerhalb der Bundesrepublik gilt grundsätzlich das jeweils nach dem Territorialitätsprinzip anwendbare ausländische Recht.

Nicht selten berührt eine Handlung sowohl das Inland als auch das Ausland. Dann kommt es nach Art. 3 Abs. 1 EGBGB auf das in Deutschland geltende „**Internationale Privatrecht**" an. Für außervertragliche Schuldverhältnisse – wie zB wegen unlauteren Wettbewerbs – ergeben sich die Kollisionsnormen für alle Handlungen des unlauteren Wettbewerbs **seit dem 11.1.2009**[79] nicht mehr aus den Regelungen des EGBGB, sondern unmittelbar aus EU-Recht, nämlich der Verordnung (EG) Nr. 864/2007 vom 11. Juli 2007 über das auf außervertragliche Schuldverhältnisse anzuwendende Recht („**Rom-II-Verordnung**"),[80] Art. 3 Nr. 1 lit. a) EGBGB.

Beispiele:

- Ein Holländer inseriert in einer deutschen Lokalzeitung des Grenzbereichs[81] oder lässt Werbespots von deutschen Sendern ausstrahlen.[82]
- In deutschsprachigen Zeitschriften der Schweiz, die regelmäßig nach Deutschland eingeführt werden, wird irreführend geworben.[83]
- Eine deutsche Firma bietet für Auslandsreisen deutscher Kunden „Clubrabatte" in Hotels, Geschäften, Restaurants und Dienstleistungsbetrieben Südeuropas und wirbt dafür in der Bundesrepublik.[84]
- Ein deutsches Unternehmen tritt auf dem belgischen Markt in Wettbewerb zu einem dort ansässigen Unternehmen.[85]
- Zwei deutsche Exporteure begegnen einander auf dem britischen Markt.[86]

---

78 BGHZ 36, 252, 257 *Gründerbildnis*; BGH GRUR 1959, 31, 34 *Feuerzeug* mwN.
79 Inkrafttreten der Verordnung (EG) Nr. 864/2007 vom 11. Juli 2007 über das auf außervertragliche Schuldverhältnisse anzuwendende Recht („Rom II"), verfügbar über www.nordemann.de. Übergangsregel in Art. 31 Rom-II-VO.
80 Verfügbar über www.nordemann.de.
81 Beispiel von Schricker GRUR Int. 1982, 720, 721.
82 Vgl OLG Düsseldorf WRP 1970, 149 = GRUR Int. 1970, 164.
83 BGH GRUR 1971, 153 *Tampax*, Vgl Rn 1680.
84 BGH GRUR 1977, 672 *Weltweit-Club*.
85 Vgl OLG Hamm WRP 1970, 77 = GRUR Int. 1970, 199 *Stilschränke*.
86 BGH GRUR 1982, 495 *Domgarten-Brand*.

- Eine deutsche Stahlexporteurin nimmt in einem Rundschreiben an ausländische Kunden auf eine deutsche Konkurrentin Bezug.[87]
- Ein in Belgien zugelassenes und damit grundsätzlich in der gesamten EG verkehrsfähiges Produkt führt durch seine Aufmachung den deutschen Verbraucher irre.[88]
- Ein ausländisches Erzeugnis, dessen Herstellung im Fernen Osten an die kostenträchtigen deutschen Arbeitsschutzvorschriften nicht gebunden ist, kommt als Billigprodukt hier auf den Markt.[89]
- Deutsche Verbraucher werden auf Gran Canaria durch einen spanischen Händler in deutscher Sprache zum Kauf von Oberbetten und Kissen eines deutschen Herstellers geworben.[90]

Durch die europarechtlich einheitliche Regelung soll sichergestellt werden, dass innerhalb der EU – mit Ausnahme Dänemarks, vgl Erwägungsgrund 40 Rom-II-VO – überall dieselben Verweisungsnormen das anwendbare Recht bestimmen und so die Gerichte jedes Staates grundsätzlich auf einen identischen Sachverhalt ein und dasselbe nationale Recht anwenden. Die Kollisionsnormen der Rom-II-VO sind

- allseitig, dh sie regeln das anwendbare Recht abstrakt, und
- universell anwendbar, dh sie kommen in allen EU-Mitgliedsstaaten (mit Ausnahme Dänemarks, s.o.) auch dann zur Anwendung, wenn der betreffende Sachverhalt Bezüge außerhalb der EU hat und das anwendbare Recht nicht das eines Mitgliedsstaates der EU ist (Art. 3 Rom-II-VO).

Das anwendbare Recht bestimmt sehr umfassend über alle materiell-rechtlichen Aspekte des Rechtsverhältnisses (vgl Art. 15 Rom-II-Verordnung,[91] unten Rn 32). Selbst wenn also die eigentlichen Wettbewerbsnormen der in Betracht kommenden Rechtsordnungen übereinstimmen, kann die Frage, welches Recht anwendbar sei, gleichwohl noch bedeutsam sein, etwa wegen unterschiedlicher Verjährungsvorschriften oder im Verfügungsverfahren, weil ausländisches Recht dort vom Antragsteller dargelegt und glaubhaft gemacht werden muss (Rn 1568).

Man hat früher auf Wettbewerbshandlungen (geschäftliche Handlungen) ebenso wie 28
auf sonstige unerlaubte Handlungen allgemein das Recht des Begehungsortes (*lex loci delicti*) angewendet, Art. 40 – 42 EGBGB aF.[92] Danach war das Recht des Handlungsortes (in dem erwähnten *Stahlexport*-Beispiel also der Ort der Abfassung und Absendung des Rundschreibens) und des Erfolgsortes (im gleichen Beispiel der Empfangsort) anwendbar; fielen beide auseinander, wurde das dem Verletzten günstigere Recht zugrunde gelegt.[93] Eine Ausnahme galt lediglich für den Fall, dass an einer Wettbewerbshandlung als Täter und als Verletzte allein inländische Unternehmen beteiligt waren; dann wurde inländisches Recht angewendet, auch wenn der Begehungsort im Ausland lag.[94] Mit den beiden Entscheidungen BGHZ 35, 329 *Kindersaugflaschen* und BGHZ

87 BGHZ 40, 391 *Stahlexport*.
88 OLG Köln GRUR 1983, 71, 72 *Apfelkorn*.
89 BGH GRUR 1980, 858 *Asbestimporte*.
90 BGH GRUR 1991, 463, 464 *Kauf im Ausland*.
91 Inkrafttreten der Verordnung (EG) Nr. 864/2007 vom 11. Juli 2007 über das auf außervertragliche Schuldverhältnisse anzuwendende Recht, verfügbar über www.nordemann.de.
92 Zur früheren Rechtslage ausführlich Köhler in Köhler/Bornkamm, UWG, Einl. Rn 5.4 ff.
93 BGH NJW 1964, 2012.
94 Vgl die Nachweise in BGHZ 40, 391, 396, 397 *Stahlexport*; zu beachten ist auch die VO vom 7.12.1942 – RGBl. I 706 – über die Rechtsanwendung bei Schädigungen deutscher Reichsangehöriger außerhalb des Reichsgebiets, zu der sich der Bundesgerichtshof aaO. S. 398 äußert. Zur Problematik insgesamt Sack GRUR Int. 1988, 320.

40, 391 *Stahlexport* passte der Bundesgerichtshof diese Rechtsprechung den Besonderheiten des Wettbewerbsrechts an, ohne allerdings von dem Grundsatz abzugehen,
dass Wettbewerbsverstöße auch im internationalen Privatrecht als unerlaubte Handlungen anzusehen sind.[95] **Unlauterer Wettbewerb ist danach nur dort begangen, wo
wettbewerbliche Interessen der Wettbewerber aufeinanderstoßen („Marktortprinzip").**[96] Das ist die zutreffende Konsequenz aus dem Grundsatz unseres Wettbewerbsrechts, dass der unverfälschte Wettbewerb nur dort beeinträchtigt sein kann, wo das
Handeln des Unternehmers die Wettbewerbslage zu verändern geeignet ist.

Auch die nunmehr anwendbare **Rom-II-Verordnung**[97] folgt dem **Marktortprinzip.**
Dementsprechend formuliert die Rom-II-Verordnung in ihrem Erwägungsgrund 21:
*„(...) Im Bereich des unlauteren Wettbewerbs sollte die Kollisionsnorm die Wettbe-
werber, die Verbraucher und die Öffentlichkeit schützen und das reibungslose Funk-
tionieren der Marktwirtschaft sicherstellen. Durch eine Anknüpfung an das Recht des
Staates, in dessen gebiet die Wettbewerbsbeziehungen oder die kollektiven Interessen
der Verbraucher beeinträchtigt worden sind oder beeinträchtig zu werden drohen,
können diese Ziele im Allgemeinen erreicht werden."*

Für alle Fälle seit dem 11. Januar 2009 finden sich die Kollisionsregeln des unlauteren
Wettbewerbs in Art. 6 Abs. 1 und 2 Rom-II-Verordnung. Nach **Art. 6 Abs. 1 Rom-II-
Verordnung** ist auf außervertragliche Schuldverhältnisse aus unlauterem Wettbewerbsverhalten das Recht des Staates anzuwenden, **in dessen Gebiet die Wettbewerbsbeziehungen oder die kollektiven Interessen der Verbraucher beeinträchtigt worden sind
oder wahrscheinlich beeinträchtigt** werden. Art. 6 Abs. 2 verweist für Handlungen, die
ausschließlich **die Interessen eines *bestimmten* Wettbewerbers** berühren, auf die Regelung des Art. 4 Rom-II-Verordnung, dh grundsätzlich auf das **Recht am Ort des Schadenseintritts**, ggf auf das Recht des gemeinsamen gewöhnlichen Aufenthalts (dazu unten Rn 31). Erfasst werden nur die zivil- und uU handelsrechtlichen Aspekte, nicht jedoch strafrechtliche Konsequenzen, Art. 1 Abs. 1 Satz 1 Rom-II-VO.

29 Nach Art. 6 Abs. 1 Rom-II-Verordnung ist also auf außervertragliche Schuldverhältnisse aus unlauterem Wettbewerbsverhalten das Recht des Staates anzuwenden, in dessen Gebiet die Wettbewerbsbeziehungen oder die kollektiven Interessen der Verbraucher beeinträchtigt worden sind oder wahrscheinlich beeinträchtigt werden.

Der **Begriff des außervertraglichen Schuldverhältnisses** ist gemeinschaftsrechtlich au-
tonom auszulegen, Erwägungsgrund 11 Rom-II-Verordnung. Rechtsverhältnisse aus
unlauterem Wettbewerb gehören jedenfalls hierher, da Erwägungsgründe 19 mit 21 ff
deutlich machen, dass unlauterer Wettbewerb ein „besondere unerlaubte Handlung"
(Erwägungsgrund 19) darstellt.

---

95 Zuletzt BGH WRP 2002, 532, 533 *Meißner Dekor.*
96 BGH GRUR 2006, 513, 515 *Arzneimittelwerbung im Internet*; BGHZ 35, 329, 334 *Kindersaugflaschen* bzw
    BGHZ 40, 391, 396, 395 f. *Stahlexport*; BGHZ 113, 11, 15 *Kauf im Ausland;* dazu v. Gamm EWS 1991, 166.
    Lehrreich OLG Koblenz GRUR 1993, 763 f einerseits (Vorwurf wettbewerbswidrigen Verhaltens auf dem US-
    Markt), OLG Düsseldorf NJW-RR 1993, 171 andererseits (Wettbewerb im Inland); vgl auch Glöckner/Hen-
    ning-Bodewig WRP 2005, 1311, 1318.
97 Verordnung (EG) Nr. 864/2007 vom 11. Juli 2007 über das auf außervertragliche Schuldverhältnisse anzu-
    wendende Recht, verfügbar über www.nordemann.de.

„Unlauteres Wettbewerbsverhalten" iSd Rom-II-Verordnung ist wiederum gemeinschaftsautonom – im Ergebnis also durch Auslegung durch den EuGH – zu bestimmen. Vor allem nachdem das UWG in den letzten Jahren zahlreiche Änderungen auf europäischer Grundlage erfahren hat, dürfte der Begriff im wesentlichen dem des UWG entsprechen,[98] und zwar auch dort, wo das UWG noch nicht auf harmonisiertem EU-Recht beruht – wie zB die unzumutbare Belästigung nach § 7 UWG (Rn 514).[99]

Eine **Beeinträchtigung der Wettbewerbsbeziehungen** bedeutet eine Beeinträchtigung der Marktchancen der Mitbewerber durch das betreffende Verhalten. Die „kollektiven Interessen der Verbraucher" sind beeinträchtigt, wenn das betreffende Verhalten entweder an eine Vielzahl von Verbrauchern gerichtet oder darauf angelegt oder dazu geeignet ist, die wirtschaftlichen Interessen mehrerer Verbraucher zu schädigen, also potentiell nicht nur den Einzelfall betrifft. Obwohl Art. 6 Abs. 1 Rom-II-Verordnung nur von Mitbewerbern und Verbrauchern spricht, ist die Kollisionsnorm auch auf alle Fälle der Beeinträchtigung anderer Marktteilnehmer (Händler, Zulieferer) zumindest analog anwendbar;[100] anderenfalls liefe die gewollte Harmonisierung des Kollisionsrechts für wesentliche Bereiche leer. In allen Fällen genügt eine wahrscheinliche, dh drohende Beeinträchtigung.

Art. 6 Abs. 1 Rom-II-Verordnung legt als anwendbares Recht das Recht am **Ort der** **(drohenden) Beeinträchtigung** fest. Da Art. 6 nach Erwägungsgrund 21 keine Ausnahme zu der Grundregel des Art. 4 Rom-II-Verordnung darstellt, sondern die Grundregel präzisieren soll, kommt es nicht auf den Ort der schädigenden Handlung, sondern den Ort des schädigenden Erfolgs, des Schadenseintritts an (vgl Art. 4 Abs. 1 Rom-II-Verordnung). In Deutschland bietet sich nach wie vor der **Begriff des Marktortes** an,[101] denn **entscheidend ist der Ort und damit der Markt, an bzw auf dem auf die Wettbewerbsbeziehungen oder die Verbraucherinteressen eingewirkt wird.** 30

Bei Handlungen, die sich nur in einem Staat auswirken, ist das der Markt, auf dem im europarechtlich weiten Sinne geworben oder das Produkt oder die Dienstleitung angeboten oder nachgefragt wird, die Mitbewerber allgemein behindert werden oder sich ein möglicher Verstoß gegen Marktverhaltensregeln auf die Marktteilnehmer auswirken kann. Stets kommt es dabei auf den **Ort** an, an dem die Marktteilnehmer die betreffende Werbung, das Vertragsangebot, die irreführende Äußerung usw **bestimmungsgemäß zur Kenntnis nehmen** (können), nicht auf den tatsächlichen Ort der Kenntnisnahme im Einzelfall.

Beispiele: Ein polnischer Verbraucher nimmt in der Friedrichstrasse in Berlin mit einer Gratiszeitung einen irreführenden Handzettel entgegen, liest diesen aber erst nach seiner Rückkehr nach Polen.

Der Geschäftsführer eines Unternehmens ruft seine E-Mails während einer Geschäftsreise in der ausländischen Niederlassung ab und sieht dort das irreführende Angebot.

---

98   Köhler in Köhler/Bornkamm, UWG. Einl. Rn 5.31; zu eventuellen Abweichungen Sack WRP 2008, 845, 846 f.
99   Köhler in Köhler/Bornkamm, UWG. Einl. Rn 5.31.
100 Köhler in Köhler/Bornkamm, UWG. Einl. Rn 5.32.
101 Ebenso Sack WRP 2008, 845, 846 ff; Götting in Götting/Nordemann Einl. Rn 129 f.

Fraglich ist allerdings, wie nach Art. 6 Abs. 1 Rom-II-Verordnung die sog. „Kaffee-fahrten-Fälle" zu behandeln sind.

Beispiele: (1) Ein deutscher Veranstalter organisiert für eine deutsche Seniorengruppe eine Bus-fahrt von Köln nach Gent und Antwerpen. Zwischen Gent und Antwerpen werden mit irreführenden Beschreibungen Waren zum Kauf angeboten und die Senioren nicht über ihr Widerrufs-recht belehrt.

(2) Wie (1); allerdings bietet ein spanischer Anbieter die Waren in deutscher Sprache an, und die Fahrt findet während eines Tagesausflugs im Rahmen eines Urlaubs in Spanien statt.

Im beiden Fällen haben relevanten Handlungen haben zwar im Ausland stattgefunden; der wirtschaftliche Schaden für die betroffenen Verbraucher tritt aber in Deutschland ein. Im ersten Fall ist allerdings nach Art. 6 Abs. 1 mit 4 Abs. 2 Rom-II-Verordnung deutsches Recht anwendbar. Art. 6 ist ausdrücklich – vgl Erwägungsgrund 21 der Verordnung – keine Sonderregelung, sondern nur eine Präzisierung der Grundregel des Art. 4. Nach der Regelung des Art. 4 Abs. 2, der bei gemeinsamem gewöhnlichem Aufenthalt von Haftendem und Geschädigtem in einem Staat die Anwendung des Rechts dieses Staates vorsieht, muss in den Fällen, in denen sich alle wettbewerbsrechtlich relevanten Bezugspunkte – Marktteilnehmer, wirtschaftliche Auswirkungen bei diesen Marktteilnehmern, sogar Handelnder – gewöhnlich innerhalb eines Staates befinden und lediglich willkürlich in das Ausland verlagert worden sind, das Recht dieses gemeinsamen Staates Anwendung finden. Im Fall (2) ist danach hingegen spanisches Recht anwendbar, weil der Anbieter der Produkte in Spanien sitzt und also das Marktumfeld in Spanien liegt. Anders als im ersten Fall nehmen hier die deutschen Reisenden in einem im Übrigen vollständig spanischen Umfeld, also erkennbar auf dem spanischen Markt, ein Angebot entgegen.

Bei Handlungen, die sich nicht nur zufällig in mehreren Staaten auswirken (sog. **Multi-State-Fälle**), ist für die Bestimmung des anwendbaren Rechts danach zu unterscheiden, ob die behauptete unlautere Handlung eine einzige, grundsätzlich unteilbare ist oder es um eine Vielzahl gleichgelagerter Handlungen geht.

Beispiele: Der deutsche „Spiegel" wird auch in der deutschsprachigen Schweiz vertrieben und verstößt mit der enthaltenen Werbung dort gegen geltende Irreführungsvorschriften.

Ein französisches Unternehmen verschickt massenhaft Werbe-E-Mails nach Deutschland, Großbritannien, Schweden und weitere europäische Länder. Diese sind in einigen wettbewerbswidrig (zB § 7 UWG), in anderen nicht (vgl Rn 532 ff zur Rechtslage in Deutschland).

Im zweiten Fall (Werbe-E-Mails) ist nach Art. 6 Abs. 1 das Recht jedes Staates, in den eine E-Mail verschickt wird, für die Prüfung dieser E-Mail-Sendung anzuwenden. Danach kann also das Versenden etlichen unterschiedlichen Rechtsordnungen unterliegen und für eine zulässig, für andere unzulässig sein. Das Unternehmen muss mithin bei der Absendung differenzieren.

Im ersten Fall sind eventuelle Schadensersatzansprüche grundsätzlich ebenfalls zu parzellieren, dh sie unterliegen jeweils dem Recht am Sitz des Geschädigten.[102] Unterlassungsansprüche gegen eine tatsächlich einheitliche Handlung (eine Zeitschrift wird in identischer Ausgabe im In- und Ausland vertrieben und identisch vermarktet) hingegen können kaum geteilt werden. Teilweise kann für bestimmte Sachverhalte das Her-

---

102 Vgl EuGH Slg 1995, Rs. I-415 Tz. 33 *Fiona Shevill*, zu Art. 5 Nr. 3 EuGVÜ.

kunftslandprinzip eingreifen (vgl § 3 TMG; für Funk- und Fernsehwerbung Art. 2, 2 a Richtlinie Nr. 65/2007 über audiovisuelle Mediendienste), was insbesondere für den Bereich des E-Commerce und damit der Werbung im Internet allerdings sehr streitig ist.[103] Soweit dies nicht der Fall ist und also Art. 6 Abs. 1 Anwendung findet, müssen die anwendbaren Rechtsordnungen ggf kumuliert werden.[104] Im Ergebnis wird also das strengste Recht bzw aus jeder Rechtsordnung die strengsten Bestimmungen zur Anwendung kommen. Dies kann durch den Einsatz von Disclaimern verhindert werden, wenn der Disclaimer ernst gemeint ist und auch umgesetzt wird, also zB keine Lieferungen in bestimmte Länder erfolgen.[105]

Für die Fälle, in denen das unlautere Wettbewerbsverhalten **ausschließlich die Interessen eines bestimmten Wettbewerbers beeinträchtigt**, verweist Art. 6 Abs. 2 Rom-II-Verordnung auf Art. 4. Anwendbar ist damit das grundsätzlich Recht am Ort des unmittelbaren Schadenseintritts (nicht indirekter Folgen!), dh am Erfolgsort. Das ist in der Regel der Sitz oder die relevante Niederlassung des betroffenen Unternehmens (vgl Art. 23 Rom-II-Verordnung). Art. 6 Abs. 2 verweist aber auf Art. 4 insgesamt, so dass bei gemeinsamem gewöhnlichem Aufenthalt bzw Sitz (vgl Art. 23) in demselben Staat das Recht dieses Staates anwendbar ist, Art. 4 Abs. 2 Rom-II-Verordnung. Außerdem kommt ausnahmsweise die Anwendung des Rechts, mit dem eine noch engere Verbindung besteht, Art. 4 Abs. 3 Rom-II-Verordnung, in Betracht.

Beispiele: Ein britisches Unternehmen lässt während einer Geschäftsreise der Mitarbeiter nach Österreich dort unlauter Mitarbeiter eines britischen Unternehmens abwerben (Art. 6 Abs. 2 mit Art. 4 Abs. 2).

Art. 6 Abs. 2 erfasst alle betriebs- oder mitbewerberbezogenen Handlungen, soweit sie nicht gleichzeitig einen Bezug zum Markt im allgemeinen haben („ausschließlich die Interessen eines Mitbewerbers"), also zB mit bestimmten öffentlichen Äußerungen über einen Mitbewerber dieser nicht nur angeschwärzt, sondern die Verbraucher gleichzeitig irregeführt werden.

Beispiele: Ein britischer Unternehmer wirbt unlauter Mitarbeiter eines schwedischen Unternehmens ab (Art. 6 Abs. 2).

Ein französisches Unternehmen spioniert einen österreichischen Betrieb aus (Art. 6 Abs. 2).

Ein deutsches Unternehmen behauptet – unrichtig – in einer niederländischen Zeitung über ein niederländisches Unternehmen, dieses bringe regelmäßig Medikamente mit zu geringer Wirkstoffdosierung auf den Markt.

Ein deutsches Unternehmen schickt Schreiben an eine ausschreibende Behörde in Bulgarien, die einen deutschen Konkurrenten, der sich auch bewirbt, diskreditieren sollen. Hier ist deutsches Wettbewerbsrecht nicht anwendbar.[106]

Bei unbegründeten Schutzrechtsverwarnungen, die sich nur an den verwarnten Hersteller richten, greift Art. 6 Abs. 2 mit Art. 4 ein. Werden auch die Abnehmer des Herstellers verwarnt, ist fraglich, ob Art. 6 Abs. 2 oder nicht vielmehr Art. 6 Abs. 1 greift,

---

103 Vgl Sack WRP 2008, 845, 855; dazu auch BGH GRUR 2006, 513 Tz. 29 f. *Arzneimittelwerbung im Internet.*
104 Köhler in Köhler/Bornkamm, UWG, Einl. Rn 5.41 mwN.
105 Dazu BGH GRUR 2006, 513 Tz. 25 *Arzneimittelwerbung im Internet.*
106 BGH GRUR 2010, 847 Tz. 19 ff. *Ausschreibung in Bulgarien.*

weil mit den Interessen der Abnehmer nicht mehr „ausschließlich" die Interessen des Mitbewerbers berührt sind.[107]

32 Das nach **Art. 6 Abs. 1 und Abs. 2 Rom-II-Verordnung** bestimmte anwendbare Recht ist **nur das nationale Sachrecht**; anders als sonst regelmäßig im internationalen Privatrecht (vgl Art. 4 Abs. 1 EGBGB) ist eine Anwendung der Kollisionsregeln des anwendbaren Rechts und damit Rück- und Weiterverweisung ausgeschlossen, Art. 24 Rom-II-Verordnung. Auch eine **Rechtswahl** (Art. 14 Rom-II-VO) ist im Bereich des unlauteren Wettbewerbs **ausgeschlossen**, Art. 6 Abs. 4 Rom-II-Verordnung. Marktverhaltensregelungen im weiteren Sinne stehen nicht zur Disposition der Marktteilnehmer.

Nach Art. 15 Rom-II-Verordnung ist das **anzuwendende Recht maßgeblich** für **Grund und Umfang der Haftung**, für die Frage, **wer haftet** – einschließlich der Haftung für Handlungen Dritter – und **wer ersatzberechtigt** ist, für **Haftungsausschluss- oder -beschränkungsgründe**, für die **Bemessung des Schadens und des Ersatzes**, für alle Fragen im Zusammenhang mit der **Übertragbarkeit der Ansprüche** sowie schließlich für alle Fragen des **Verzichts, der Verwirkung oder Verjährung** der Ansprüche. Auch gesetzliche Vermutungen oder Regelungen der **Beweislast**[108] sind dem anwendbaren nationalen Recht zu entnehmen, Art. 22 Abs. 1 Rom-II-Verordnung.[109] Auch die **Formerfordernisse**, die eine Unterlassungserklärung zu erfüllen hat, richten sich grundsätzlich nach dem über Art. 6 anwendbaren Recht, Art. 21 Rom-II-Verordnung.

Nach Art. 16 Rom-II-Verordnung sind die sog. **Eingriffsnormen** (auch „international zwingende Vorschriften") der Rechtsordnung des erkennenden Gerichts unabhängig von dem nach Art. 6 bezeichneten Recht anwendbar. Eingriffsnormen sind Regelungen, die nach dem Willen des Gesetzgebers die betreffende Situation unabhängig von dem im Übrigen anwendbaren Recht regeln sollen; sie verdrängen das anwendbare Recht also nur punktuell. Eine Eingriffsnorm liegt nicht schon dann vor, wenn die betreffende Regelung national zwingend ist. In erster Linie betrifft dies zB Exportverbote, Regelungen des Außenwirtschaftsrechts uä. Angesichts der umfassenden Regelungen in Art. 6 Rom-I-Verordnung[110] und im materiellen Recht der EU ist jedoch zweifelhaft, inwiefern verbraucherschützende Regelungen noch als Eingriffsnormen gewertet werden können.[111]

Ist die Anwendung des nach Art. 6 bezeichneten Rechts mit dem sog. *ordre public* des erkennenden Gerichts unvereinbar, darf das Gericht ausnahmsweise stattdessen eigenes materielles Recht anwenden, Art. 26 Rom-II-Verordnung. Dies kann allerdings nur ganz ausnahmsweise einmal der Fall sein. Erforderlich ist stets, dass gegen Grundwerte der Rechts- und öffentlichen Ordnung verstoßen würde. Eine Abweichung von (auch grundlegenden) Regelungen des UWG oder anderer wettbewerbsrechtlicher Normen reicht nicht aus. Insgesamt dürfte daher Art. 26 – wie ein Eingreifen des *ordre public*

---

107 So aber wohl Köhler in Köhler/Bornkamm, UWG, Einl. Rn 5.44 mwN.
108 Nicht jedoch die Regelung der Frage, wie, also zB durch welche Beweismittel, Beweis geführt werden kann; dies ist eine Frage der *lex fori*, des Rechts des angerufenen Gerichts (Art. 22 Abs. 2, Art. 1 Abs. 3 Rom-II-VO).
109 Verordnung (EG) Nr. 864/2007 vom 11. Juli 2007 über das auf außervertragliche Schuldverhältnisse anzuwendende Recht, verfügbar über www.nordemann.de.
110 Verordnung (EG) Nr. 593/2008 vom 17. Juni 2008 über das auf vertragliche Schuldverhältnisse anzuwendende Recht (Rom I), verfügbar über http://eur-lex.europa.eu.
111 Dazu Thorn in Palandt, Art. 9 Rom-I-VO, Rn 1 ff und Art. 16 Rom-II-VO, Rn 1 ff.

innerhalb der EU in den letzten Jahrzehnten ebenfalls – kaum praktische Bedeutung haben.

II. Ausnahme: EU-Herkunftslandprinzip im elektronischen Geschäftsverkehr; EU-Sendelandprinzip

Rechtsgrundlage: § 3 TMG, Art. 3 E-Commerce-Richtlinie; Art. 2a Richtlinie audiovisuelle Mediendienste

Die **E-Commerce-Richtlinie** vom 8.6.2001,[112] die von der Bundesrepublik mit dem Elektronischen-Geschäftsverkehr-Gesetz (EGG) umgesetzt wurde,[113] hat über § 3 TMG erhebliche Auswirkungen auf das internationale Wettbewerbsrecht,[114] soweit es internationale Werbung mit elektronischen Medien regelt („kommerzielle Kommunikation"). Betroffen ist die **internationale Werbung per Internet** innerhalb der EU-Mitgliedsstaaten, nicht aber die E-Mail- und Gewinnspielwerbung sowie Verteildienste (im Gegensatz zu Abrufdiensten), § 3 Abs. 4 TMG, Art. 3 Abs. 3 E-Commerce-Richtlinie. 33

Durch § 3 TMG wird die im deutschen Wettbewerbsrecht bisher generell praktizierte Anwendung des Rechts des Marktortes (Rn 27 ff) durch die **Anwendung des Rechts des Herkunftslandes** ersetzt. Art. 2 lit. h) der Richtlinie erstreckt ihren Geltungsbereich, „Koordinierter Bereich" genannt, auf alle

- für die Anbieter von Diensten der Informationsgesellschaft und die Dienste der Informationsgesellschaft in den Rechtssystemen der Mitgliedsstaaten festgelegten Anforderungen, ungeachtet der Frage, ob sie allgemeiner Art oder speziell für sie bestimmt sind,
- also (auch) auf das jeweilige nationale Wettbewerbsrecht.[115] Art. 3 Abs. 2 der Richtlinie bestimmt knapp und klar:

Die Mitgliedsstaaten dürfen den freien Verkehr von Diensten der Informationsgesellschaft aus einem anderen Mitgliedsstaat nicht aus Gründen einschränken, die in den koordinierten Bereich fallen.

Mit anderen Worten: Als Herkunftsland ist derjenige Mitgliedsstaat der EU anzusehen, in dem der Anbieter seine Niederlassung hat.

Dieses Herkunftslandprinzip wird allerdings durch eine „gelinde gesagt schwierige"[116] rechtliche Konstruktion in deutsches Recht umgesetzt. Es ist umstritten, wie das Herkunftslandprinzip rechtlich eingeordnet werden soll:[117]

---

112 ABl. EG 2000 L 178/1 = GRUR Int. 2000, 1004.
113 BGBl. 2001 I 3721; Vgl dazu Begr. RegE BT-Drucks. 14/6098.
114 Zum Internationalen Lauterkeitsrecht nach der Rom II-VO: *Sack* WRP 2008, 845 ff; *ders.* WRP 2008, 1405 ff.
115 Näheres bei *Henning-Bodewig* GRUR 2004, 822; *Fritze/Holzbach* WRP 2000, 872; *Bernreuther* WRP 2001, 513; *Sack* WRP 2001, 1408; *ders.* WRP 2002, 271; *Bodewig* GRUR Int. 2000, 475; *Ahrens* CR 2000, 835; *Fezer/Koos* IPRax 2000, 349.
116 *Henning-Bodewig* GRUR 2004, 822, 823.
117 Zusammenfassende Darstellung des Streitstandes bei BGH (VI. ZS) GRUR 2010, 261 Tz. 31 ff (EuGH-Vorlage). Offen BGH GRUR 2006, 513 Tz. 29 *Arzneimittelwerbung im Internet*.

- Eine Auffassung spricht sich für eine kollisionsrechtliche Anknüpfung aus. Das bedeutet, dass ausschließlich das Recht des Herkunftslandes zur Anwendung kommt – und nicht deutsches Recht.[118]
- Eine andere – materiell-rechtliche orientierte – Auffassung lässt die allgemeinen Regeln der gerichtlichen Zuständigkeit und des internationalen Privatrechts unberührt. Das Herkunftslandprinzip ist danach kein Kollisionsrecht, sondern materielles Recht.[119] Das deutsche Gericht wendet mithin nach den allgemeinen Regeln der Rom-II-Verordnung (Rn 27 ff) deutsches Lauterkeitsrecht an. Dann ist jedoch – im Rahmen der Anwendung materiellen deutschen Lauterkeitsrechts – zu prüfen, ob das Recht des Landes der Herkunft liberaler ist. Wenn das zutrifft, darf kein Verbot nach deutschem Recht erfolgen („Günstigkeitsprinzip"). Henning-Bodewig fasst das zutreffend wie folgt zusammen: *„Das Gericht wendet also sein eigenes (hier: deutsches) Recht an, überprüft jedoch, ob das Recht des Herkunftslandes möglicherweise in einem bestimmten Punkt liberaler ist und modifiziert dann gegebenenfalls sein eigenes Recht entsprechend."*[120]

Beispiel: Ein in den Niederlanden niedergelassenes Unternehmen bietet über das Internet ein Gerätesystem für biometrische Messungen an. Den Geräten fehlte jedoch die nach einer EU-Richtlinie erforderliche CE-Kennzeichnung. Die erste (kollisionsrechtliche) Auffassung wendet hier ausschließlich niederländisches Recht an. Nach der zweiten Auffassung ist zunächst zu untersuchen, ob eine Unlauterkeit nach deutschem UWG gegeben ist. Wird das angenommen, ist zusätzlich zu fragen, ob niederländisches Recht möglicherweise liberaler ist. Da das niederländische Recht jedoch in dem fraglichen Punkt parallel mit dem deutschen Recht läuft, steht einem Verbot nach deutschem Recht nichts im Weg.[121]

Welcher Auffassung der Vorzug zu geben ist, wird der EuGH auf eine Vorlage des VI. Zivilsenates des Bundesgerichtshofes entscheiden.[122]

Ausnahmen gelten nach **§ 3 Abs. 5 TMG, Art. 3 Abs. 4 Richtlinie** für Maßnahmen, die zum Schutz der öffentlichen Ordnung, der Gesundheit, der öffentlichen Sicherheit und der Verbraucher einschließlich der Anleger erforderlich und angemessen sind. Das relativiert die Bedeutung des Herkunftslandprinzips in erheblicher Weise, weil vor allem über das Merkmal des Verbraucherschutzes deutsches Wettbewerbsrecht einbrechen wird. Vor allem gilt das für das **Irreführungsverbot**, mindestens insoweit, als es das in der Irreführungsrichtlinie 2006/114/EG festgelegte Mindestschutzniveau umfasst.[123] Außerdem sollten alle **Strafnormen** des UWG Teil der deutschen „Öffentlichen Ordnung" sein. Auch für das **Markenrecht** gilt das Herkunftslandprinzip nach § 3 Abs. 4 Nr. 6 TMG, Art. 3 Abs. 2 nicht. Vielmehr müssen bei grenzüberschreitender Werbung für jedes EU-Mitgliedsland die dort bestehenden Markenrechte beachtet werden. Ungewiss ist aber das Schicksal des deutschen ergänzenden Leistungsschutzes (**Nachahmungsschutz**) aus §§ 3 Abs. 1, 4 Nr. 9 UWG, der von der Ausnahmebestimmung des

---

118 KG AfP 2006, 258, 259; Dethloff JZ 2000, 179, 181; Mankowski, IPrax 2002, 257, 262; Lurger/Vallant RIW 2002, 188, 196; möglicherweise auch OLG Hamburg GRUR 2004, 880.
119 OLG Hamburg ZUM 2008, 63; Henning-Bodewig GRUR 2004, 822, 823; Fezer/Koos, IPrax 2000, 349 ff; Halfmeier ZEuP 2001, 837, 841 ff; Bornkamm/Seichter CR 2005, 747, 748; ähnlich Martiny in Münch-Komm-BGB, 4. Aufl., Art. 34 EGBGB Anh. III Rn 36 f; Köhler in Köhler/Bornkamm Einl. UWG Rn 5. 24.
120 Henning-Bodewig GRUR 2004, 822, 823.
121 OLG Hamburg GRUR 2004, 880 *Active Two.*
122 BGH GRUR 2010, 261 Tz. 31 ff.
123 Vgl zur Vorgängerrichtlinie 84/450/EWG idF durch 97/55/EG Sack WRP 2001, 1408, 1422; Henning-Bodewig WRP 2001, 771, 776; aA Leupold/Bräutigam/Pfeffer WRP 2000, 575, 583.

§ 3 Abs. 4 Nr. 6 TMG nicht genannt wird. Zwar nimmt die Richtlinie in Art. 3 Abs. 2 nur auf nationale Schutzrechte Bezug. Damit ist aber nicht ausgeschlossen, auch den UWG-Nachahmungsschutz zu privilegieren,[124] weil er weitgehend den Immaterialgüterrechten gleichgestellt ist (vgl Rn 706, 711).

Ob auch für eine Werbung, die nur auf ausländische Märkte zielt, das Herkunftsland- 34 prinzip gilt oder ob wenigstens insoweit eine Ausnahme zugunsten des „Marktortprinzipes" gilt, wenn das Kollisionsrecht des Herkunftslandes das so vorsieht, ist streitig.[125] Henning-Bodewig bezweifelt ferner mit beachtlichen Argumenten, dass die Bereiche der Irreführung und der vergleichenden Werbung überhaupt noch von Art. 3 Abs. 2 der E-Commerce-Richtlinie erfasst werden, nachdem sie bereits europarechtlich geregelt sind.[126]

Die EU-Richtlinie für audiovisuelle Mediendienste 2007/65/EG (früher Fernsehrichtli- 35 nie 89/552/EWG) schreibt in Art. 2 a über dies eine weitere Ausnahme vom Marktortprinzip (Rn 27 ff) vor. Für den durch die Richtlinie koordinierten Bereich findet ausschließlich des Recht Anwendung, aus dem die Sendung stammt („**Sendelandprinzip**"). Damit soll eine Doppelkontrolle im Sendeland und in den Empfangsstaaten vermieden werden. Das Lauterkeitsrecht ist in der Richtlinie allerdings nicht abschließend erfasst; insbesondere irreführende und vergleichende Werbung wird nicht nach dem Sendelandprinzip beurteilt.[127]

Drittes Kapitel: Die Systematik des UWG

Die Systematik des UWG hatte sich mit der UWG-Novelle 2004 grundlegend geändert 36 und ist durch die UWG-Novelle 2008 nochmals modifiziert worden. Das UWG gliedert sich (von den Schlussbestimmungen abgesehen) in vier Kapitel und verfügt jetzt über einen amtlichen Anhang („Anhang-UWG"). Kapitel 1 (Allgemeine Bestimmungen) und Kapitel 2 (Rechtsfolgen) enthalten das **materielle Lauterkeitsrecht**, während das **Wettbewerbsverfahrensrecht** in Kapitel 3 zu finden ist. Kapitel 4 widmet sich den **Strafvorschriften**. Der Anhang-UWG ergänzt die Regelungen von Kapitel 1, ist also dem materiellen Lauterkeitsrecht zuzurechnen.

Dem **materiellen Lauterkeitsrecht** vorangestellt ist nicht mehr – wie noch mit § 1 UWG 37 aF bis zur UWG-Novelle 2004 – eine alle unlauteren geschäftlichen Handlungen als Anspruchsgrundlage erfassende Generalklausel.

---

124 AA Sack WRP 2001, 1408, 1422.
125 Zugunsten der Ausnahme Sack WRP 2001, 1408, 1416, gegen Mankowski ZVglRWiss Bd. 100 (2001), 137, 140 f.
126 GRUR Int. 2000, 475, 481 unter Hinweis auf EuGH GRUR Int. 1997, 913 *De Agostini*, wo die Anwendung des Herkunftslandprinzips der Fernsehrichtlinie auf Irreführungstatbestände deshalb verneint worden ist, weil die diese regelnde Irreführungs-Richtlinie „ihren Sinn verlöre, wenn der Empfangsstaat gegenüber einem Werbetreibenden keine Maßnahmen mehr treffen könne".
127 Sack WRP 2000, 269, 284; Köhler in Köhler/Bornkamm Einl. UWG Rn 5.23; Ohly in Piper/Ohly/Sosnitza Einl. C Rn 70; jeweils mwN aus der EuGH-Rechtsprechung, insbesondere EuGH GRUR Int. 1997, 913 *De Agostini*.

Vielmehr beginnt das Gesetz nun mit einer Definition des Schutzzweckes des UWG in § 1. Danach soll das UWG Mitbewerber,[1] Verbraucher und sonstige Marktteilnehmer vor unlauteren geschäftlichen Handlungen (S. 1) sowie zugleich das Interesse der Allgemeinheit an einem unverfälschten Wettbewerb (S. 2) schützen.

Es folgen in § 2 UWG wichtige Definitionen von Tatbestandmerkmalen (Geschäftliche Handlung, Marktteilnehmer, Mitbewerber, Nachricht, Verbraucher, Unternehmen, Verhaltenskodex, fachliche Sorgfalt usw.), wie dies der „modernen"[2] Gesetzestechnik entspricht.

38 Erst in § 3 Abs. 1 UWG findet sich eine **Generalklausel**, die allerdings so umfassend ist, dass – wenn man von den Strafnormen absieht – grundsätzlich auch ohne die weiteren Bestimmungen des 1. Kapitels auszukommen wäre. Dem fügt sich in § 3 Abs. 2 S. 1 UWG eine weitere Generalklausel an, die den Mindestschutz („jedenfalls") für Verbraucher durch Lauterkeitsrecht umschreibt.

Schon bei Einführung der Generalklausel des § 1 UWG aF im Jahr 1909 hatte der Gesetzgeber eingesehen, dass es für ihn nicht möglich ist, den Erfindungsreichtum der Kaufleute vorherzusehen und sämtliche Fälle unlauteren Wettbewerbs tatbestandlich zu erwähnen. Das war auch für den Gesetzgeber der UWG-Novellen 2004 und 2008 der Grund, das Lauterkeitsrecht weiterhin über Generalklauseln zu regeln:

> „Ein solches allgemein gehaltenes Verbot ist sinnvoll, weil der Gesetzgeber nicht alle denkbaren Fälle unlauteren Handelns im Einzelnen regeln kann."[3]

Es kann deshalb keine Lücken bei der zivilrechtlichen Erfassung unlauteren Wettbewerbs durch das UWG geben. Findet sich die betreffende Regelung nicht bereits in einer besonderen Vorschrift des UWG, so können solche Handlungen dennoch von der Generalklausel des § 3 Abs. 1 oder des § 3 Abs. 2 S. 1 UWG erfasst werden.

39 Das UWG bietet allerdings nicht nur Generalklauseln, deren Ausfüllung dem Rechtsanwender – vor allem den Gerichten – überlassen bliebe. Der Gesetzgeber des UWG hat sich in besonderem Maße bemüht, die **Generalklauseln näher zu erläutern:**

In § 3 Abs. 3 UWG wird jetzt auf einen **Anhang** zum UWG verwiesen, in dem insgesamt 30 irreführende (Nrn. 1 bis 24) und aggressive[4] (Nrn. 25 bis 30) geschäftliche Handlungen aufgelistet sind. Diese sind gem. § 3 Abs. 3 UWG zumindest „gegenüber Verbrauchern stets unzulässig".

- Zu erwähnen ist weiter der **Beispielskatalog** unlauterer geschäftlicher Handlungen in § 4 UWG.[5]

---

1 Nach BGH GRUR 2005, 519, 520 *Vitamin-Zell-Komplex* sind Mitbewerber sogar dann durch das UWG geschützt, wenn die Tätigkeit, die ihre Mitbewerbereigenschaft (Wettbewerbsverhältnis) gerade begründet, gesetzwidrig oder sonst wettbewerbswidrig ist; zum Begriff: Dreyer GRUR 2008, 123 ff.
2 So Begr. RegE UWG-Novelle 2004 BT DS 15/1487, S. 13, abrufbar unter www.nordemann.de.
3 Begr. RegE UWG-Novelle 2004 BT DS 15/1487, S. 16, abrufbar unter www.nordemann.de.
4 Vgl hierzu Steinbeck WRP 2008, 865, 866.
5 Hierzu Köhler GRUR 2008, 841 ff; Steinbeck GRUR 2008, 848 ff.

- Der folgende § 5 UWG regelt die Tatbestände der **Irreführung.** Ergänzt wird § 5 UWG durch § 5 a UWG, der **Irreführungen durch Unterlassung** regelt.
- Hinzu kommen besondere Regelungen zur unlauteren **vergleichenden Werbung** (§ 6).

Die §§ 4 bis 6 UWG sind keine Regelungen, die dem früheren Lauterkeitsrecht unbekannt gewesen wären. Vielmehr hat der Gesetzgeber Fallgruppen kodifiziert, die sich bei der einhundertjährigen Anwendungspraxis des UWG aF seit 1909 entwickelt hatten bzw vom Europäischen Richtliniengeber als unlauter angesehen wurden. Insbesondere die §§ 4 bis 6 UWG sollen die Generalklausel des § 3 Abs. 1 UWG lediglich präzisieren und eine größere Transparenz schaffen.

Gleichwohl ist ein Verstoß gegen die Vorschriften der §§ 4 bis 6 UWG lediglich mit   **40** dem Makel der „Unlauterkeit" und noch nicht der „Unzulässigkeit" belegt.[6] Nach der Systematik des UWG stellen die §§ 4 bis 6 UWG also **kein eigenständiges Unwerturteil** auf, sondern erfordern eine abschließende Bewertung auf Grundlage von § 3 Abs. 1 UWG. **Eine Handlung ist nur dann nur unzulässig, wenn auch die weiteren Tatbestandsvoraussetzungen des § 3 Abs. 1 UWG vorliegen.**[7] Insbesondere muss die Spürbarkeitsschwelle (Wettbewerbsrelevanz) geprüft werden. Damit ist auch die Frage der **Konkurrenzen** zwischen den §§ 4 bis 6 UWG und § 3 Abs. 1 beantwortet. Es kann kein Spannungsverhältnis zwischen Generalklausel einerseits und den §§ 4 bis 6 UWG andererseits geben. Sie werden vielmehr miteinander angewendet.

Ein Eigenleben führt jedoch § 3 Abs. 3 UWG. **§ 3 Abs. 3 UWG mit seinen 30 Fällen aus**   **41** **dem Anhang des UWG ist unabhängig von § 3 Abs. 1. Die im Anhang-UWG genannten Verhaltensweisen sind stets unzulässig,** ohne dass es auf das Überschreiten der Spürbarkeitsschwelle des § 3 Abs. 1 ankäme. Allerdings kann der allgemeine[8] Grundsatz der Verhältnismäßigkeit nach Ansicht des Gesetzgebers der UWG-Novelle 2008 dazu führen, dass es auch künftig Fallgestaltungen gibt, bei denen ein eigentlich stets unzulässiges Verhalten keine wettbewerbsrechtlichen Sanktionen auslöst.[9] Ob diese Ansicht mit dem Ziel der Richtlinie über unlautere Geschäftspraktiken zur Vollharmonisierung vereinbar ist, erscheint zumindest zweifelhaft.[10] Der Gesetzgeber hat seine Aussage leider nicht mit Beispielen untermauert.

Gegenüber § 3 UWG **eigenständig** ist auch das **Verbot der unzumutbaren Belästigung**   **42** (**§ 7 UWG**), welches nunmehr in § 7 Abs. 1 S. 1 UWG auf einer eigenen Generalklausel aufbaut, also nicht mehr auf § 3 UWG verweist.

Zum materiellen Lauterkeitsrecht rechnen auch die **Strafbestimmungen der §§ 16**   **43** **bis 19 UWG.** Sie können aber u.a. über 4 Nr. 11 UWG in die zivilrechtlichen Bestimmungen der §§ 4 bis 6 UWG importiert werden (Rn 771 ff, 794).

---

6   Vgl Sosnitza WRP 2008, 1014, 1019.
7   Vgl Begr. RegE UWG-Novelle 2004 BT DS 15/1487, S. 17, abrufbar unter www.nordemann.de.
8   Also nicht nur ein verfassungsrechtlicher, sondern auch ein gemeinschaftsrechtlicher Grundsatz.
9   Begr. RegE UWG-Novelle 2008 BT DS 16/10145, S. 30, abrufbar unter www.nordemann.de.
10 Wie hier Sosnitza WRP 2008, 1014, 1021.

Viertes Kapitel: Der Schutzzweck des UWG

Rechtsgrundlage: § 1 UWG

44 Nach der Definition des § 1 S. 1 UWG gilt sein Schutzzweck allen am Wettbewerb Beteiligten, also den Mitbewerbern **ebenso wie Verbrauchern und sonstigen Marktbeteiligten auf der** Marktgegenseite. Das wird auch als **Schutzzwecktrias des UWG** bezeichnet. § 1 UWG schreibt mit seiner Definition die Rechtsprechung fest, die die Schutzzwecktrias Mitbewerber, Marktgegenseite und Allgemeinheit schon vorher herausgearbeitet hatte.[1]

A. Schutz der Mitbewerber

45 Zu Gunsten der **Mitbewerber** wird ihre freie wettbewerbliche Betätigung geschützt. Das bezieht sich auf alle wettbewerblichen Aktionsparameter, die im Konkurrenzkampf eingesetzt werden, also zB Absatz, Bezug, Werbung, Produktion, Finanzierung oder Personal.[2] Seinen Ausdruck findet diese Schutzrichtung in § 4 Nr. 7 bis 10 und in § 6 UWG. Aber auch § 5 UWG (Irreführungsverbot) schützt – neben der Marktgegenseite – den Mitbewerber.[3]

B. Schutz der Marktgegenseite

46 Eine andere Schutzrichtung des UWG geht zur **Marktgegenseite**, seien es **private Verbraucher** („Verbraucher") oder **Unternehmen** („sonstige Marktbeteiligte"). Dabei umfasst der Schutz nicht nur die Abnehmerseite, sondern auch die Anbieter auf der Marktgegenseite. Das UWG schützt die Marktgegenseite *erstens* in ihrer geschäftlichen Entscheidungsfreiheit: Ihr Wille darf nicht unangemessen beeinflusst werden (**Schutz der Entscheidungsfreiheit**). Ferner muss sie in die Lage versetzt werden, eine ausreichend informierte Entscheidung zu treffen (**Informationsinteresse**). Im Hinblick auf Verbraucher ordnet § 3 Abs. 2 S. 1 UWG deshalb ausdrücklich eine Unzulässigkeit an, wenn die „Fähigkeit des Verbrauchers, sich aufgrund von Informationen zu entscheiden", spürbar beeinträchtigt ist und er damit zu einer geschäftlichen Entscheidung veranlasst wird, „die er anderenfalls nicht getroffen hätte." Diesem Schutzzweck dienen §§ 4 Nr. 1 bis Nr. 6, § 4 Nr. 11 sowie §§ 5 und 5 a UWG. *Zweitens* schützt das UWG die Marktgegenseite auch vor bloßer unzumutbarer **Belästigung**, die ihre Entscheidungsfreiheit nicht beeinflusst (Rn 513). Das kommt in § 7 UWG zum Ausdruck.

Für die Bewertung, ob diese Verbraucherinteressen verletzt sind, kommt dem sog. **Verbraucherleitbild** entscheidende Bedeutung zu (Rn 121 ff). Richtet sich eine geschäftliche Handlung an alle Verbraucher, ist danach auf den **durchschnittlich informierten, situationsadäquat aufmerksamen und verständigen Durchschnittsverbraucher** abzustellen (Rn 122 ff). Nur wenn die geschäftliche Entscheidungsfreiheit dieses Verbrauchers

---

1 Begr. RegE UWG-Novelle 2004 BT DS 15/1487, S. 15, abrufbar unter www.nordemann.de, unter Verweis auf BGH GRUR 1999, 1128 *Hormonpräparate;* BGH GRUR 2000, 237 *Gift-Notrufbox;* BVerfG GRUR 2002, 455 *Tier- und Artenschutz.*
2 So wörtlich BGH GRUR 2004, 877, 878 *Werbeblocker* für § 4 Nr. 10 UWG; im Anschluss an Köhler in Köhler/Bornkamm § 1 UWG Rn 10.
3 BGH GRUR 2011, 82 Tz. 30 *Preiswerbung ohne Umsatzsteuer.*

unangemessen beeinflusst wird, kommt eine Unlauterkeit gem. § 3 Abs. 2 S. 1 UWG in Betracht; nur wenn er sich unzumutbar belästigt fühlt, ist das nach § 7 Abs. 1 S. 1 UWG unzulässig. Richtet sich eine geschäftliche Handlung nur an bestimmte Verbraucher, ist auf ein durchschnittliches Mitglied dieser Gruppe abzustellen (§ 3 Abs. 2 S. 2 UWG; vgl Rn 134 f).

Auf das Verständnis der angesprochenen sonstigen Marktbeteiligten kommt es an, wenn sich eine geschäftliche Handlung nicht an Verbraucher, sondern an die **unternehmerische Marktgegenseite** richtet. Dann kommt es für die Gruppe der angesprochenen Unternehmen darauf an, ob der **durchschnittlich informierte, situationsadäquat aufmerksame und verständige Durchschnittsunternehmer** in seiner Entscheidungsfreiheit unangemessen beeinträchtigt ist oder unzumutbar belästigt wird.   47

C. Schutz der Allgemeinheit

Der Schutz der einzelnen Wettbewerbsteilnehmer bewirkt in der Summe mehr; unverfälschter Wettbewerb leistet wichtige gesamtwirtschaftliche Aufgaben (Rn 2). Durch das UWG wird deshalb zu Recht „zugleich das **Interesse der Allgemeinheit an einem unverfälschten Wettbewerb**" erfasst, wie § 1 S. 2 UWG ausdrücklich seit der Novelle 2004 formuliert.   48

Damit hat der Gesetzgeber 2004 klargestellt, dass nur das Interesse der Allgemeinheit an einem unverfälschten Wettbewerb geschützt wird. Sonstige, darüber hinausgehende Interessen der Allgemeinheit wie zB Umwelt-, Jugend-, Arbeitnehmer-, Pietäts- oder Tierschutz sind irrelevant.[4]

Beispiele: Es kann für eine Verletzung des UWG nicht mehr genügen, dass ein Verstoß gegen einen für allgemeinverbindlich erklärten Tarifvertrag vorliegt, weil dieser nur Arbeitnehmerschutz (und damit keinen Verbraucherschutz) bezweckt.[5]

Auch die durch die Allgemeinheit unerwünschte menschenverachtende Werbung kann nicht allein wegen ihres menschenverachtenden Charakters aus UWG verboten werden. Nach UWG sind danach alkoholische Getränke mit der Bezeichnung „Busengrapscher" oder „Schlüpferstürmer" nicht schon deshalb unzulässig, weil solche Bezeichnungen menschenverachtend sind. Wie § 4 Nr. 1 UWG in seinem Wortlaut zum Ausdruck bringt, bedarf es für ein Verbot aus § 4 Nr. 1 UWG dafür zusätzlich unangemessenen unsachlichen Einflusses auf die Verbraucher oder sonstigen Marktteilnehmer, was zB im Fall „Busengrapscher" und „Schlüpferstürmer" ausschied.

Unzulässig kann menschenverachtende Werbung dann allenfalls als unzumutbare Belästigung gem. § 7 UWG sein, weil dafür keine Beeinflussung der Verbraucherentscheidung erforderlich ist (Rn 513).[6]

Fraglich ist allerdings, ob der auf das Interesse der Allgemeinheit an einem unverfälschten Wettbewerb verengte Schutzzweck des UWG eine eigenständige Bedeutung erlangt. Nach einer Auffassung schützt das UWG den Wettbewerb als Institution auch eigen-   49

---

4 Begr. RegE UWG-Novelle 2004 BT DS 15/1487, S. 14 f, abrufbar unter www.nordemann.de. Genauso: Lettl Rn 118; Emmerich § 3 Rn 9-10; Boesche Rn 1; Harte/Henning/Schünemann § 1 Rn 87 ff; Münchener Kommentar/Sosnitza § 1 UWG Rn 30 ff; Piper in Piper/Ohly/Sosnitza § 1 Rn 30; Köhler in Köhler/Bornkamm § 1 UWG Rn 41.

5 Köhler GRUR 2004, 381, 384; Ullmann GRUR 2003, 817, 822; aA noch nach altem Recht BGHZ 120, 320, 324 *Tariflohnunterschreitung*; vgl auch Rn 827.

6 Siehe BGH GRUR 1995, 592, 594 *Busengrapscher* nach altem Recht, das eine unlautere Belästigung annahm. Siehe zum neuen Recht Scherer WRP 2007, 594, 601, und Köhler in Köhler/Bornkamm § 4 UWG Rn 1.218 ff.

ständig gegenüber den Interessen der Mitbewerber, Verbraucher und sonstigen Markt-teilnehmern.[7] Das soll sich dadurch äußern, dass nach § 3 Abs. 1 UWG eine „Markt-störung" (objektive Behinderung) als unzulässig anerkannt ist, wenn sie die ernstliche Gefahr der Ausschaltung des Wettbewerbs auf dem betreffenden Markt auslöst (siehe hierzu Rn 565 ff, 624 ff, 645 ff). Früher wurde das Interesse der Allgemeinheit an einem unverfälschten Wettbewerb auch zur Begründung dafür herangezogen, dass im Wett-bewerbsrecht nur in beschränktem Umfang eine Verwirkung von Ansprüchen eintreten kann,[8] dass der Abwehreinwand versagen kann,[9] oder dass geschäftliche Handlungen deshalb unlauter sein können, weil sie bei Nachahmung durch andere Wettbewerber zu einer Verwilderung der Wettbewerbssitten führen würden.[10] Selbst bei Streitwert-festsetzungen wird das Interesse der Allgemeinheit strapaziert.[11]

Allerdings spricht mehr für die Annahme, dass sich letztlich hinter dem anspruchsvollen Begriff der „Allgemeinheit" richtigerweise doch nur der **Schutzzweck zugunsten der Mitbewerber, der Verbraucher und der sonstigen Marktgegner** an einem unverfälschten Wettbewerb verbirgt.[12] Der Schutz vor unlauteren Handlungen reicht nur so weit, wie es um den Schutz der Marktbeteiligten geht. Dies kommt im Wortlaut des § 1 UWG dadurch zum Ausdruck, dass neben den Mitbewerbern, Verbrauchern und sonstigen Marktteilnehmern die Allgemeinheit lediglich „zugleich" geschützt ist. Das kann so verstanden werden, dass der **Schutz der Allgemeinheit** nur ein **Reflex des Schutzes der Marktteilnehmer** ist. Das wird schon deutlich, wenn man sich die Bedeutung des Be-griffes vergegenwärtigt: Die „Allgemeinheit" ist in Wahrheit die in unserem Staat le-bende Gesamtheit von Menschen, also das Volk. Seine Repräsentation ist der Staat; er vertritt durch die staatlichen Organe die Interessen des Volkes und damit der Allge-meinheit. Das geschieht, indem zur Wahrung der Allgemeininteressen Gesetze erlassen werden, zB das UWG. Was dort geregelt ist, sieht demnach die Allgemeinheit als in ihrem Interesse regelungsbedürftig an. Da also bei jedem Gesetz die Interessen der All-gemeinheit Berücksichtigung finden, bleibt ein auf die Allgemeinheit ausgerichteter Schutzzweck eine leere Worthülse, sofern er nicht konkretisiert wird. Dabei kommt man aber wieder zum ursprünglichen Ausgangspunkt des UWG – Schutz der Markt-beteiligten, also der Mitbewerber und der Marktgegenseite – zurück.[13] Bei genauer Betrachtung lassen sich in den Entscheidungen, in denen mit dem Schutzzweck zu-gunsten der Allgemeinheit argumentiert wird, auch immer relevante Interessen der Marktbeteiligten ausmachen: Bei der Streitwertfestsetzung und in den Fällen der un-lauteren Irreführung[14] war das Verbraucherinteresse unmittelbar berührt; die „Allge-meinheit" war hier also mit der Marktgegenseite identisch. In den anderen Fällen ver-deckt der Begriff den die jeweilige Entscheidung eigentlich tragenden Grund: Eine Ver-wirkung scheidet im Wettbewerbsrecht dort, wo es sich nicht lediglich um zwei Betei-

7 Piper in Piper/Ohly/Sosnitza § 1 Rn 31; Köhler in Köhler/Bornkamm § 1 UWG Rn 49; wohl auch Münchener Kommentar/Sosnitza § 1 UWG Rn 40.
8 BGH GRUR 1966, 267, 271 *White Horse*.
9 BGH GRUR 1955, 541, 543 *Bestattungsinstitut*.
10 BGHZ 54, 188, 192 *Telefonwerbung*; Vgl auch KG NJWE 2000, 5, 6.
11 OLG Köln WRP 1977, 49; dagegen schon OLG Karlsruhe WRP 1969, 82, 83.
12 So auch Ullmann GRUR 2003, 817, 821; Harte/Henning/Schünemann § 1 Rn 112 ff.
13 Kritisch auch Beater JZ 1997, 916, 921; ders., Unlauterer Wettbewerb, § 25 Rn 6.
14 BGH GRUR 1966, 445, 449 f. *Glutamal*.

ligte handelt (wie zB bei der bezugnehmenden Werbung), schon deshalb aus, weil niemand auf Ansprüche verzichten kann, die ihm nicht allein zustehen, auch wenn das ausdrücklich geschieht; umso weniger kann er durch bloß konkludentes Verhalten eine solche Rechtsfolge herbeiführen (Rn 984 f). Auch die Fälle der Marktstörung lassen sich erfassen, wenn nur die Interessen der Marktbeteiligten eigenständigen Schutz genießen: es läuft selbstredend auch ihren Interessen zuwider, wenn der Wettbewerb auf dem betreffenden Markt aufgehoben wird.

D. Verhältnis der Schutzzwecke zueinander

Die Interessen der Mitbewerber, der Verbraucher und der sonstigen Marktbeteiligten **50** sind **selbständig nebeneinander** geschützt. Keinesfalls müssen sie alle betroffen sein, damit das UWG eingreifen kann. Beispielsweise verletzt eine Produktnachahmung, die wegen unredlicher Erlangung der für die Nachahmung erforderlichen Kenntnisse unlauter ist (§ 4 Nr. 9 c UWG), regelmäßig nur die Interessen eines Mitbewerbers, nämlich des nachgeahmten Mitbewerbers. Interessen sonstiger Mitbewerber oder der Verbraucher sind nicht berührt. Werbung, die nach § 7 UWG Verbraucher unzumutbar belästigt, berührt vor allem dann nicht die Interessen der Mitbewerber, wenn die Verbraucher nicht in ihrer wettbewerblichen Entscheidung beeinflusst werden.

E. Interessenabwägung

Oft tritt ein **Konflikt zwischen den Interessen der Marktbeteiligten** auf. In solchen Fäl- **51** len ist eine **Interessenabwägung** durchzuführen. Dafür gelten folgende Leitlinien für die drei vom UWG erfassten Fallgruppen:

Unlauteres Verhalten gegenüber Kunden: Regelmäßig prallen hier die Interessen der Kunden (Entscheidungsfreiheit; Informationsinteresse; keine Belästigung; vgl Rn 46) und das Interesse des Unternehmers aufeinander, ein möglichst günstiges Geschäftsergebnis zu erzielen.[15] Diese Interessen sind umfassend gegeneinander abzuwägen. Prägendes Gewicht hat dabei das Verbraucherleitbild der angesprochenen Verkehrskreise (Rn 121 ff). Mit der schwarzen Liste gem. § 3 Abs. 3 iVm dem Anhang, aber auch mit den Tatbeständen in § 4 Nr. 1 bis 6, § 5, § 5 a und § 7 UWG hat der Gesetzgeber versucht, Hilfestellungen zu geben, teilweise hat er das Ergebnis der Interessenabwägung auch schon vorgegeben.

Beispiele: Es darf nicht mit der unwahren Angabe geworben werden, der Werbende werde demnächst sein Geschäft aufgeben (Anhang Nr. 15).

Auch darf nicht der Eindruck erweckt werde, der Verbraucher könne bestimmte Räumlichkeiten nicht ohne vorherigen Vertragsabschluss verlassen (Anhang Nr. 25).

Kinder dürfen in der Werbung nicht unmittelbar aufgefordert werden, eine bestimmte Ware zu erwerben (Anhang Nr. 28).

Der Werbecharakter von geschäftlichen Handlungen darf nicht verschleiert werden (§ 4 Nr. 3 UWG).

Bei Verkaufsfördermaßnahmen müssen die Bedingungen für ihre Inanspruchnahmen klar und eindeutig angegeben werden (§ 4 Nr. 4 UWG).

---

15 Piper in Piper/Ohly/Sosnitza § 1 Rn 24.

Verbraucher dürfen ohne dessen vorherige Einwilligung nicht zu Werbezwecken angerufen werden (§ 7 Abs. 2 Nr. 2 UWG).

Werbeemails dürfen ohne vorherige ausdrückliche Einwilligung nicht an Verbraucher und sonstige Marktbeteiligte versandt werden (§ 7 Abs. 2 Nr. 3 und Abs. 3 UWG).

Teilweise sind die Tatbestände aber auch offener formuliert, so dass Raum für eine umfassendere Interessenabwägung bleibt.

Beispiele: Bei Prüfung des Irreführungstatbestandes als (kleine) Generalklausel (§ 5 Abs. 1 UWG) ist regelmäßig eine Interessenabwägung durchzuführen (Rn 146 ff). Der Verbraucher kann zB ein Interesse haben, eine irreführende Werbung für ein „Kloster Pilsner" zu verhindern, das nur neben einem ehemaligen Kloster gebraut wird; der damit seit 150 Jahren Werbende hat ein Interesse an der Erhaltung seines wertvollen Besitzstandes. Es überwog hier (ausnahmsweise) das Interesse des Mitbewerbers am wertvollen Besitzstand.[16]

Eine Interessenabwägung erfolgt grundsätzlich auch im Rahmen der Generalklausel der „unzumutbaren Belästigung" gem. § 7 Abs. 1 S. 1 UWG (vgl Rn 511 f).

Unlauteres Verhalten gegenüber Mitbewerbern: Auch hier müssen die wechselseitigen Interessen gegeneinander abgewogen werden. Als Leitbild kann die Interessenabwägung durch die Sicht des betroffenen Mitbewerbers als „durchschnittlich empfindsamer Unternehmer" prägen.[17] Gewisse Konkretisierungen ergeben sich aus § 4 Nr. 7 UWG (pauschale Herabsetzung von Mitbewerbern), § 4 Nr. 8 UWG (falsche Tatsachenbehauptung über Mitbewerber), § 4 Nr. 9 UWG (unlautere Nachahmung) und aus § 6 UWG (vergleichende Werbung). Aber bei weitem nicht alle Konflikte sind dadurch geregelt.

Beispiele: In EuGH *Pippig Augenoptik/Hartlauer* griff sich der Werbende für seine Preisvergleiche immer wieder Produkte heraus, bei denen der Preisunterschied zum Mitbewerber besonders groß war; hier steht das Interesse der Verbraucher, darüber aufgeklärt zu werden, dem Interesse des Mitbewerbers gegenüber, eine Herabsetzung (§ 6 Abs. 2 Nr. 5 UWG) zu verhindern; der EuGH entschied die Interessenabwägung zu Gunsten der Verbraucherinteressen.[18]

Der als (kleine) Generalklausel formulierte § 4 Nr. 10 UWG (Verbot der zielgerichteten Behinderung von Mitbewerbern) gibt noch weniger Hilfestellung. Es ist dem Wettbewerb immanent, dass der Konkurrent dadurch in seinem Wettbewerb behindert wird. Hilfe gewährt das Abstellen auf die Unlauterkeit des Mittels oder des Zwecks der Behinderung (Rn 558). Interessenkonflikte können zB bei Abwerbung von Mitarbeitern auftreten; sie haben als Marktbeteiligte grundsätzlich ein Interesse daran, dass neue Beschäftigungsmöglichkeiten an sie herangetragen werden; der Mitbewerber hat gerade ein Interesse daran, unlautere Abwerbungen zu verhindern. Ein Spannungsverhältnis ergibt sich auch bei der Preisunterbietung; der Verbraucher hat ein Interesse an möglichst geringen Preisen, der Mitbewerber daran, nicht dadurch aus dem Markt gedrängt zu werden (vgl Rn 573 ff).[19] Bei der Abwerbung von Mitarbeitern kommt es darauf an, ob das Mittel oder der Zweck der Abwerbung zu missbilligen waren (Rn 579). Im Fall der Preisunterbietung kommt im Rahmen der Interessenabwägung entscheidendes Gewicht zu, ob ein unlauterer Zweck verfolgt wird (Rn 577).

Rechtsbruch: Der Rechtsbruchtatbestand (§ 4 Nr. 11 UWG) ist ein Spiegelbild der Schutzzwecktrias (Rn 44), weil er nur den Bruch von Recht erfasst, das Mitbewerber, Verbraucher oder sonstige Marktteilnehmer zumindest sekundär schützt (Rn 780 ff). Deshalb gilt hier nichts anderes als bei unlauterem Verhalten gegenüber Kunden und

---

16 BGH GRUR 2003, 628, 630 *Klosterbrauerei.*
17 Lettl § 1 Rn 77; Köhler in Köhler/Bornkamm § 1 UWG Rn 11.
18 Siehe Köhler in Köhler/Bornkamm § 1 UWG Rn 47 mit dem selben Beispiel aus EuGH GRUR 2003, 533 Tz. 82 *Pippig Augenoptik/Hartlauer.*
19 Lettl Rn § 1 120.

unlauterem Verhalten gegenüber Mitbewerbern. Es ist eine Interessenabwägung vorzunehmen. Eine Hilfestellung bietet die Wertung, die die verletzte Norm vorgibt (im Einzelnen vgl Rn 792 ff). Dabei wird unterschiedlich Hilfestellung gegeben.

Beispiele: Das Sachlichkeitsgebot des § 43 b BRAO ist selbst eine Generalklausel (Rn 800), während die Mindestgebührensätze der HOAI (Rn 826) sehr konkret sind; das Gleiche gilt für die Bestimmungen zum Widerrufsrecht im Fernabsatz nach § 312 d BGB (Rn 837).

F. Leitbild des Leistungswettbewerbs

Eine gewisse Hilfestellung für die Interessenabwägung und damit für die Feststellung der Unlauterkeit bietet das Leitbild des Leistungswettbewerbs. Das Leitbild des Leistungswettbewerbs besagt folgendes: **Die bessere Leistung soll sich durchsetzen.** Dabei ist auf die bessere Leistung **aus Kundensicht** abzustellen. Der Kunde entscheidet, was er als bessere Leistung empfindet.   52

Beispiel: Es entspricht – entgegen der jahrzehntelangen früheren Rechtsprechung[20] – dem Leistungswettbewerb, dass der Kunde Schokolade kauft, weil der Hersteller sich dem Tierschutz verpflichtet hat, auch wenn das eigentlich gar nichts mit dem Produkt Schokolade zu tun hat.[21]

Wird der Kunde jedoch irregeführt (Rn 139 ff), also getäuscht, ist das Ziel des Leistungswettbewerbs in Frage gestellt. Dann setzt sich aus Kundensicht nicht die bessere Leistung durch, sondern die bessere Irreführung. Das Gleiche gilt, wenn der Kunde gezwungen wird, eine bestimmte Leistung abzunehmen (Rn 411 ff), weil sich der Kunde dann nicht nach Leistungskriterien entscheidet. Die bessere Leistung setzt sich auch nicht durch, wenn im Nachahmungsfall der Kunde sich deshalb für die Leistung entscheidet, weil er auf sie den guten Ruf der Leistung eines Dritten überträgt (Rufausbeutung, Rn 734 ff).

Der Begriff Leistungswettbewerb als Formel für die Abgrenzung von lauterem und unlauterem Verhalten sollte aber nicht den Blick dafür verstellen, dass der Begriff schillernd ist. Es ist im Hinblick auf das Lauterkeitsrecht zwar keine Leerformel,[22] wie sich an den eben genannten Beispielen für nicht leistungsgerechten Wettbewerb sehr schön illustrieren lässt. Insoweit ist er zumindest eine Wertungshilfe. Er wird insoweit auch ständig vom BVerfG herangezogen,[23] vom BGH allerdings zuletzt kaum noch.[24] An seine Grenzen stößt die Feststellung, wann Leistungswettbewerb und wann Nicht-Leistungswettbewerb vorliegt, vor allem in den **Grenzbereichen zum Kartellrecht.**[25] Das Problem der Abgrenzung zwischen leistungsgerechten und leistungsfremden Maßnahmen stellt sich primär bei Wettbewerbsverhalten, die auf Marktmacht beruhen. Das UWG erfasst solche Fälle als „objektive Behinderung" (Rn 565 ff). Jedoch kommt dem Kartellrecht für die Beurteilung von Marktmacht ohnehin ein Wertungsvorrang ge-

---

20 ZB BGH GRUR 1987, 534, 535 *McHappy Tag;* BGH GRUR 1991, 545 *Tageseinnahme für Mitarbeiter;* BGH GRUR 1976, 308, 309 *UNICEF Grußkarten.* Siehe auch Rn 681 ff; 721 ff.

21 BVerfG GRUR 2002, 455, 456 f. *Tier- und Artenschutz.* Das gilt grundsätzlich auch im Arzneimittelbereich und im Gesundheitswesen: LG Ulm GRUR-RR 2007, 300, 301 *WORLD IN BALANCE.*

22 So aber Schünemann Rn 97; siehe auch Emmerich § 5 Rn 15; Köhler in Köhler/Bornkamm § 1 UWG Rn 44 mwN; Ohly in Piper/Ohly/Sosnitza Einf. A Rn 23. Wie hier Rittner, FS Kraft, 519, 530.

23 BVerfG GRUR 2008, 81, 82 *Pharmakartell;* BVerfG GRUR 2002, 455, 456 f. *Tier- und Artenschutz.*

24 Zuletzt BGH GRUR 2002, 360, 367 *H.I.V. POSITIVE II.*

25 Siehe zum Ganzen Rittner, FS Kraft, 519, 530 mwN; ders. § 2 Rn 18; Möschel in Immenga/Mestmäcker § 19 Rn 102 mwN AA vor allem Peter Ulmer GRUR 1977, 565 ff; dazu kritisch Merz, Die Vorfeldthese, S. 266 ff; Markert BB 1981, 1113.

genüber dem UWG zu (Rn 24 ff), so dass zumindest für die originär dem UWG vorbehaltenen Bereiche das objektive Leitbild des Leistungswettbewerbs zumindest eine Orientierungshilfe sein kann.

G. Schutzzweckdreiklang und Sanktionensystem

53 Das Kartellrecht verwirklicht seinen Schutzzweck der Sicherung der Wettbewerbsfreiheit und der Offenhaltung der Märkte auch mit den Mitteln des öffentlichen Rechts. Der Staat setzt – im objektiven Interesse aller Marktteilnehmer – mit staatlichen Mitteln über die von ihm eingerichteten Kartellbehörden bestimmte Verhaltensnormen durch (§§ 32 ff, 54 ff, 81 ff GWB). Daneben existieren auch noch privatrechtliche Ansprüche einzelner Betroffener (vgl § 33 GWB). Dagegen setzt das **UWG** bei der Durchsetzung ausschließlich auf Mittel des Privatrechts, sieht man einmal von den wenigen Strafnormen ab (vgl Rn 997 ff). In Deutschland gibt es **keine „Lauterkeitsbehörde"**, die über die Einhaltung des UWG mit Mitteln des Verwaltungs- und Ordnungswidrigkeitsrechts wachen würde.

Das grundsätzlich privatrechtliche System der Durchsetzung des UWG sollte aber nicht darüber hinweg täuschen, dass der **Schutzzwecktrias** (Schutz der Mitbewerber, Verbraucher und sonstigen Marktteilnehmer und damit zugleich des Interesses der Allgemeinheit am unverfälschten Wettbewerb; vgl Rn 44 ff) im **Sanktionensystem** des UWG **keinen entsprechenden Niederschlag** gefunden hat. Zwar gewährt das UWG dem konkret betroffenen Mitbewerber weitreichenden Rechtsschutz zumindest für Unterlassungs- und Beseitigungsansprüche (§ 8 Abs. 1 und Abs. 3 Nr. 1 UWG) sowie für Schadensersatzansprüche (§ 9 S. 1 UWG). Das ist auch der Hauptfall der Anwendung des UWG. Die UWG-Novelle 2004 hat allerdings den eigenen Anspruch des nur abstrakt betroffenen Mitbewerbers abgeschafft. Diese können nur noch über Verbände (§ 8 Abs. 1 und Abs. 3 Nr. 2 UWG, § 10 UWG) vorgehen. Konkret betroffene Wettbewerber haben die Wahl zwischen eigenem Vorgehen und Verband. Demgegenüber stehen Verbrauchern und sonstigen Marktbeteiligten gar keine Ansprüche zu. Ihnen gewährt das UWG bei Verträgen, die durch Irreführung zustande gekommen sind, seit der UWG-Novelle 2004 noch nicht einmal mehr ein besonderes Rücktrittsrecht wie nach § 13 a UWG aF (Rn 867); Ansprüche der Marktgegenseite können sich insoweit allenfalls aus allgemeinem Zivilrecht ergeben (Rn 877). Dazu zählen Ansprüche aus Gewährleistungsrecht oder bei Anfechtung aus ungerechtfertigter Bereicherung, nicht Ansprüche aus § 823 **Abs. 2 BGB**. Denn das UWG ist insoweit **kein Schutzgesetz**. Etwas anderes gilt nur für die §§ 16 bis 19 UWG, weil damit keine erschöpfende Regelung der zivilrechtlichen Rechtsfolgen verbunden ist.[26] Verbraucher können Ansprüche aus UWG also grundsätzlich nur über Verbände geltend machen. Das sind die Verbraucherschutzverbände, denen Unterlassungs- und Beseitigungsansprüche (§ 8 Abs. 1 und Abs. 3 Nr. 3 UWG) sowie Gewinnabschöpfungsansprüche (§ 10 UWG) zustehen. Schließlich können die Industrie- und Handelskammern sowie die Handwerkskammern selbst Unterlassungsansprüche gegenüber Wettbewerbsverstößen geltend machen (§ 8 Abs. 1 und Abs. 3 Nr. 4 UWG); daneben können sie Gewinnabschöpfung bean-

---

26 Begr. RegE UWG-Novelle 2004 BT DS 15/1487, S. 14, 22, abrufbar unter www.nordemann.de.

spruchen (§ 10 UWG). Die Industrie- und Handelskammern errichten auch die Einigungsstellen (§ 15 UWG).

Fünftes Kapitel: § 3 UWG – Generalklauseln und Schwarze Liste

Damit das UWG lückenlos unlautere geschäftliche Handlungen erfassen kann, setzt das **54** UWG auf Generalklauseln (vgl Rn 38). Der Gesetzgeber kann nicht alle denkbaren Fälle unlauteren Wettbewerbs konkret regeln.[1] Eine allgemeine Generalklausel findet sich in § 3 Abs. 1 UWG (dazu nachfolgend A.). § 3 Abs. 2 S. 1 UWG enthält im Verhältnis dazu eine spezielle Generalklausel, die nur für geschäftliche Handlungen gegenüber Verbrauchen gilt, die nicht von den §§ 4 bis 5 a UWG erfasst sind (nachfolgend B.). Ausnahmsweise kommen die Generalklauseln des § 3 Abs. 1 und Abs. 2 S. 1 UWG aber nicht zu Anwendung, wenn das Verhalten gegenüber Verbrauchern schon nach der Schwarzen Liste des § 3 Abs. 3 UWG iVm dem Anhang-UWG unzulässig ist (dazu unten C.).

A. Die Generalklausel des § 3 Abs. 1 UWG

I. Geschäftliche Handlung

Rechtsgrundlage: § 2 Abs. 1 Nr. 1 UWG; Art. 2 d Richtlinie unlautere Geschäftspraktiken

Erstes Tatbestandsmerkmal der Generalklausel des § 3 Abs. 1 UWG ist die „geschäft- **55** liche Handlung". Mit dieser Wendung legt der Gesetzgeber den **objektiven Anwendungsbereich** des UWG fest. Es findet sich eine **Legaldefinition in § 2 Abs. 1 Nr. 1 UWG**. Danach ist eine geschäftliche Handlung zu verstehen als jedes Verhalten einer Person zugunsten des eigenen oder eines fremden Unternehmens. Das Verhalten kann vor, bei oder nach einem Geschäftsabschluss zu beobachten sein. Es muss mit der Förderung des Absatzes oder des Bezugs von Waren oder Dienstleistungen oder mit dem Abschluss oder der Durchführung eines Vertrags über Waren oder Dienstleistungen objektiv zusammenhängen.

Die Definition der geschäftlichen Handlung in § 2 Abs. 1 Nr. 1 UWG ist **Richtlinienrecht**. Der Gesetzgeber hat die Definition mit der **UWG-Novelle 2008** Art. 2 d Richtlinie unlautere Geschäftspraktiken nachgebildet (Rn 17). Davor sprach das UWG von „Wettbewerbshandlung". Der heute verwendete Begriff der „geschäftlichen Handlung" ist zumindest nicht enger als der Begriff der Wettbewerbshandlung.[2]

1. (Geschäftliches) Verhalten

Rechtsgrundlage: § 2 Abs. 1 Nr. 1 UWG; Art. 2 d Richtlinie unlautere Geschäftspraktiken

Der Umstand, dass der Gesetzgeber der UWG-Novelle 2008 bei der Definition der ge- **56** schäftlichen Handlung an ein bestimmtes „Verhalten" einer Person angeknüpft hat, rührt daher, dass von dem Begriff nicht nur positives Tun, sondern **auch gleichwertiges**

---

1 Begr. RegE UWG-Novelle 2004 BT DS 15/1487, S. 16, abrufbar unter www.nordemann.de.
2 BGH vom 29.4.2010, Az I ZR 66/08 Tz. 11 *Holzhocker*.

Unterlassen erfasst sein soll.[3] Das war freilich schon vor der Novelle 2008 anerkannt, so dass sich diesbezüglich keine inhaltlichen Änderungen ergeben.

57 § 2 Abs. 1 Nr. 1 UWG spricht ferner von „jedem" Verhalten einer Person. Wenn das Tatbestandsmerkmal seine Funktion erfüllen soll, den Anwendungsbereich des UWG im Sinne einer „geschäftlichen Handlung" abzustecken, so kann damit **nur „geschäftliches" Verhalten** gemeint sein. Das war auch für das UWG aF anerkannt, und es ist nicht ersichtlich, dass der Gesetzgeber durch die UWG-Novelle 2008 anderes als geschäftliches Verhalten in den Anwendungsbereich des UWG einbeziehen wollte.[4] Schon durch die Formulierung, dass das Verhalten „zugunsten des eigenen oder eines fremden Unternehmens" vorliegen muss, kommt zum Ausdruck, dass lediglich geschäftliches Verhalten einbezogen sein soll. Im Rahmen des UWG aF übernahmen die Tatbestandsmerkmale „Handeln im geschäftlichen Verkehr"[5] bzw „Wettbewerbshandlung" die entsprechende Abgrenzungsfunktion, so dass auf die diesbezügliche Fallpraxis zurückgegriffen werden kann. **Geschäftlich ist danach alles, was mit Erwerb oder Berufsausübung eines Einzelnen zusammenhängt,[6] was sich also nicht im rein privaten Bereich abspielt, rein betriebsintern oder rein hoheitlich[7]** ist.

Berufsausübung ist dabei nur die unternehmerische (**selbständige**) Berufsausübung.[8] Die **Berufsausübung des abhängigen Arbeitnehmers** fällt **nicht** unter den Begriff der „geschäftlichen Handlung". Der Verkauf eines Computers, den ein Arbeitnehmer für seine abhängige Arbeit benutzt hat, fällt also nicht unter das UWG. Allerdings können Arbeitnehmer geschäftlich für ihren Arbeitgeber handeln, so dass *beim Arbeitgeber* eine geschäftliche Handlung zu beobachten ist. Der Arbeitgeber haftet für alle Handlungen seines Arbeitnehmers zumindest auf Unterlassung gem. § 8 Abs. 2 UWG (Rn 906).

Rein betriebsinterne Handlungen sind auch keine „geschäftlichen" Handlungen.[9] Sie können aber dazu führen, dass Begehungsgefahr für eine geschäftliche Handlung besteht (Rn 916).

Die Abgrenzung geschäftlicher von rein privaten Handlungen ist teilweise schwierig. Häufiger Streitpunkt ist heute, wann Verkäufer von **Internet-Plattformen** wie eBay geschäftlich handeln und damit unter die strengen Regeln des UWG fallen.[10] Das ist aufgrund einer Gesamtschau der relevanten Umstände zu beurteilen. Für eine geschäftliche Handlung können wiederholte, gleichartige Angebote, gegebenenfalls auch von neuen Gegenständen, Angebote erst kurz zuvor erworbener Waren, eine ansonsten gewerbli-

---

3 Begr. RegE UWG-Novelle 2008 BT DS 16/10145, S. 20, abrufbar unter www.nordemann.de. Die Einbeziehung gleichwertigen Unterlassens ist auch wegen Art. 2 d Richtlinie unlautere Geschäftspraktiken zwingend.
4 BGH vom 29.4.2010, Az I ZR 66/08 Tz. 11 *Holzhocker*: Begriff der „geschäftlichen Handlung" nicht enger als der davor verwendete Begriff der „Wettbewerbshandlung".
5 Nach wie vor in § 16 Abs. 2 UWG zu finden.
6 BGH GRUR 1971, 119 *Branchenverzeichnis*; OLG Hamburg WRP 1985, 651, 652 (Rundschreiben an Vertragshändler) und OLG Koblenz WRP 1988, 557 (Rundschreiben an Handelsvertreter); Vgl aber OLG Stuttgart WRP 1983, 446 f.
7 Eingehend Rn 59.
8 RegE UWG-Novelle 2008 BTDS 16/10145, S. 11, abrufbar unter www.nordemann.de.
9 BGH GRUR 1971, 119 *Branchenverzeichnis*.
10 Zu beachten sind dann zB Irreführungsverbote (§§ 5. 5 a UWG), Regulierung der vergleichenden Werbung § 6 UWG, insbesondere aber über § 4 Nr. 11 UWG Preisangabepflichten (Rn 805 ff), Kennzeichnungs- und Impressumspflichten (Rn 823) oder Belehrungspflichten nach BGB (Rn 837). Siehe zum Ganzen Fischer WRP 2008, 193, 197 f; Schlömer/Dittrich K&R 2009, 145, und K&R 2006, 102.

che Tätigkeit des Anbieters, häufige sogenannte Feedbacks und Verkaufsaktivitäten für Dritte sprechen.[11]

Beispiele: Verkaufsangebote auf eBay für 18 Schmuckstücke, acht Handtaschen, vier Sonnenbrillen und drei Paar Schuhe innerhalb eines Monats und 66 Verkäufe in 9 Monaten genügten dem BGH für eine geschäftliche Handlung, wobei noch zahlreiche Feedbacks für abgeschlossene Geschäfte hinzukamen.[12] 484 Verkaufsgeschäfte in einem Jahr sprechen für eine geschäftliche Tätigkeit, insbesondere wenn 369 Artikel zeitgleich angeboten wurden.[13] Wer 100 Kinderbekleidungsstücke innerhalb eines Monats verkauft bzw 76 in gut 3 Monaten kauft, dabei sogar Sachen als „neu" anbietet und einige Artikel kauft und später wieder verkauft, wird nicht mehr nur gelegentlich für seinen privaten Fundus tätig. Das ist vielmehr eine geschäftliche Handlung, auch wenn es sich um eine vierfache Mutter handelt und die Bekleidungsstücke die Größen ihrer Kinder oder eine Größe darunter hatten.[14] Bei Bekleidungsstücken spricht außerdem insbesondere für eine geschäftliche Handlung, wenn der Verkäufer das gleiche Bekleidungsstück in verschiedenen Größen anbietet, weil es dann eher unwahrscheinlich ist, dass nur der private Fundus veräußert wird. „Powerseller" bei eBay handeln grundsätzlich im geschäftlichen Verkehr, ohne dass es auf die Umstände des Einzelfalls ankommt.[15]

Geschäftlich wird auch tätig, wer ein Entgelt zwar nicht fordert, aber regelmäßig annimmt.[16] Das Gleiche gilt für eine Unterhaltung unter Bekannten oder im Lokal, der man eine geschäftliche Wendung gibt,[17] für einen Leserbrief[18] oder für eine Antwort auf eine Kundenreklamation, die zusätzlich werbenden Charakter aufweist.[19] Sogar in einer so genannten „ad-hoc" – Mitteilung nach § 15 WpHG kann eine geschäftliche Handlung gesehen werden.[20] Die Ausübung von Nutzungsrechten durch den Urheber dient der Erzielung von Einnahmen und ist daher geschäftlicher Natur.[21]

Wenn **Unternehmer** geltend machen, nicht geschäftlich gehandelt zu haben, gelten besonders strenge Voraussetzungen, um zu einem privaten Handeln zu kommen. Rein private Verkäufe, die Gewerbetreibende aus ihrem Privatbesitz vornehmen, fallen nur dann nicht unter das UWG, wenn das nach **außen deutlich gemacht** wird.[22]

Beispiel: Ein Makler, der aus seinem Privateigentum ein Grundstück verkauft, muss also in geeigneter Form darauf hinweisen, will er die Anwendung des UWG ausschließen.[23]

Das UWG erfasst insoweit nicht nur **Kaufleute, sondern auch Landwirte, Künstler,** **58** **Wissenschaftler und die Angehörigen der freien Berufe.**[24] Das folgt aus der neuen lauterkeitsrechtlichen Definition des „Unternehmers" in § 2 Abs. 1 Nr. 6 UWG, unter die, anders als bei § 14 BGB, nicht nur gewerbliche, sondern auch handwerkliche und berufliche Tätigkeiten sowie sogar solche Personen fallen, die im Namen oder im Auftrag

---

11 BGH GRUR 2009, 597 Tz. 16, 23 ff. *Ohrclips*.
12 BGH GRUR 2009, 597 Tz. 25 *Ohrclips*.
13 OLG Frankfurt MMR 2007, 378 *Stempel*.
14 LG Berlin MMR 2007, 401.
15 OLG Frankfurt MMR 2007, 378 *Stempel* mwN aus der Rspr des OLG Frankfurt.
16 BGH GRUR 1981, 665, 666 *Knochenbrecherin*.
17 BGH GRUR 1960, 384, 386 *Mampe*.
18 OLG Koblenz AfP 1989, 552.
19 OLG Jena GRUR 2008, 264 *Kundenreklamation*.
20 OLG Hamburg GRUR-RR 2006, 377, 377 *ad-hoc-Mitteilung*.
21 BGHZ 26, 52, 58 *Sherlock Holmes*.
22 BGH GRUR 2009, 597 Tz. 22 *Halzband*.
23 BGH GRUR 1993, 761, 762 *Makler-Privatangebot*.
24 BGH GRUR 1976, 635 *Sonderberater in Bausachen*; BGH GRUR 1981, 529 f. *Rechtsberatungsschein*, Rechtsanwälte.

eines Unternehmers handeln.[25] Die Kammern der Angehörigen der freien Berufe[26] werden ebenso wie andere Berufsorganisationen (zB Gewerkschaften)[27] oder sonstige Idealvereine[28] geschäftlich tätig, soweit sie geschäftliche Interessen ihrer Mitglieder verfolgen oder selbst zu Erwerbszwecken handeln; ausgenommen ist daher praktisch nur die reine Mitgliederwerbung als ideelle Handlung[29] oder bei Gewerkschaften die Tätigkeit für ihre Mitglieder, soweit sie Arbeitnehmer sind.

59 Nicht geschäftlich handelt die **öffentliche Hand**, wenn sie amtlich oder hoheitlich am Markt teilnimmt.[30] Da ein hoheitliches Handeln in privater Rechtsform nicht denkbar ist, stellt sich die Frage einer Anwendbarkeit des UWG daher nur, wenn die öffentliche Hand das **Leistungsverhältnis** zum Kunden öffentlich-rechtlich ausgestaltet.[31]

Beispiel: Wenn die Kfz-Zulassungsstellen zu einem Eigenverkauf der Kfz-Schilder übergehen, handeln sie erwerbswirtschaftlich und damit in aller Regel privatrechtlich. Darauf ist das UWG ohne weiteres anwendbar.[32]

Beispiel: Eine Kommune betreibt in der Rechtsform der GmbH ein Internetangebot mit Veranstaltungstipps im Kulturbereich. Damit findet darauf UWG Anwendung.

Selbst wenn die Leistungsbeziehung der öffentlichen Hand zu den Bürgern öffentlich-rechtlicher Natur ist, sagt dies aber noch nichts über die Anwendbarkeit des UWG auf diese Sachverhalte aus. Vielmehr wird heute mit Rücksicht auf den Schutzzweck des UWG nicht auf die Rechtsnatur der Leistungsbeziehung, sondern auf die **Rechtsnatur der Wettbewerbsbeziehung** abgestellt.[33] Als privatrechtlich und damit im geschäftlichen Verkehr ist die Wettbewerbsbeziehung zu qualifizieren, wenn sich öffentliche Hand und private Wettbewerber mit gleichen Leistungen an den gleichen Kreis von Abnehmern wenden.[34] Das UWG ist demnach immer dann anwendbar, wenn für die Kunden **Wahlfreiheit** zwischen privaten Unternehmen und der öffentlichen Hand besteht.

Keine Wahlfreiheit besteht im Bereich der **hoheitlichen Handlungen** der öffentlichen Hand. Das gilt insbesondere bei der Eingriffsverwaltung. Insoweit ist auch auf Private, die im hoheitlichen Auftrag handeln, das UWG nicht anwendbar. Ein Beispiel sind private Abschleppunternehmen, die im Polizeiauftrag Kostenansprüche geltend machen.[35] Auch die Erhebung von Steuern fällt genauso wenig unter das UWG wie ge-

25 Vgl Begr. RegE UWG-Novelle 2008 BT DS 16/10145, S. 21, abrufbar unter www.nordemann.de; Kritik bei Sosnitza WRP 208, 1014, 1015 f.
26 BGHZ 90, 232, 240 und GRUR 1993, 837, 838 Lohnsteuerberatung I und II; OLG Karlsruhe WRP 1979, 883, 884. Für Landesinnungsverbände: OLG Saarbrücken WRP 1988, 624, 626.
27 BGH GRUR 1972, 427, 428 Mitgliederwerbung; BGH GRUR 1953, 446, 447 Verein der Steuerberater.
28 BGH GRUR 1976, 370 f und 1978, 180 Lohnsteuerhilfevereine I und II; BGH GRUR 1984, 283, 284 Erbenberatung; OLG Koblenz GRUR 1983, 515 Rechtshilfe für Mieter; Michael Lehmann WRP 1986, 63; anders – zu Unrecht – für Wettbewerbsvereine OLG Hamburg GRUR 1983, 389.
29 BAG GRUR 2006, 244, 245 Mitgliederwerbung von Gewerkschaften; BGH GRUR 1972, 427, 428 Mitgliederwerbung und WRP 1998, 624, 625 f. Maßnahmen der Mitgliederwerbung; OLG Koblenz GRUR 1983, 515 Rechtshilfe für Mieter; OLG Nürnberg NJWE 1998, 178, 179.
30 BGHZ 19, 299, 303 Bad Ems mwN.
31 BGH GRUR 1964, 210, 211 Landwirtschaftsausstellung; BGH GRUR 1987, 116, 117 Kommunaler Bestattungswirtschaftsbetrieb I.
32 Vgl BGH GRUR 1974, 733 Schilderverkauf; Immenga NJW 1995, 1921, 1922.
33 BGHZ 66, 229, 233 f. Studenten-Versicherung; BGHZ 67, 81, 86 Autoanalyzer; BGHZ 82, 375, 383 Brillen-Selbstabgabestellen; GmS OGB BGHZ 102, 280, 285; BGHZ 110, 278, 284 f. Werbung im Programm.
34 BGHZ 82, 375, 382 Brillen-Selbstabgabestellen; Harms BB 1986, Beilage 17, S. 5.
35 BGH GRUR 2006, 428 Tz. 14 Abschleppkosten-Inkasso; aA OLG Naumburg GRUR-RR 2006, 169, 169 Abschleppinkasso.

setzgeberische Akte. Subventionen und Beihilfen sind ebenfalls nicht vom UWG kontrollierte hoheitliche Akte.[36]

Bei der **schlicht-hoheitlichen Leistungserbringung** ist die **Abgrenzung** etwas schwieriger. Grundsätzlich handelt sich jedoch auch dabei um Leistungen, die im Über-/Unterordnungsverhältnis durch die öffentliche Hand erbracht werden, so dass das UWG nicht anwendbar ist.

Beispiele: Keine geschäftlichen Handlungen sind Empfehlungen von öffentlich-rechtlichen Krankenkassen an Ärzte, ein anderes preiswerteres Arzneimittel zu verschreiben.[37]

Auch amtliche Warnungen von Behörden, zB zur Krankheitsvorsorge, sind nicht geschäftlich; es besteht hier auch keine Wahlfreiheit für den Bürger, solche amtlichen Leistungen von Privaten zu beziehen.

Amtliche Informationen in einem öffentlich-rechtlichen Internetportal unterfallen nicht dem UWG.[38]

Anders ist die Lage, wenn die öffentliche Hand **im wirtschaftlichen Eigeninteresse oder wirtschaftlichen Fremdinteresse** tätig wird. Dann ist Wahlfreiheit gegeben und das UWG anwendbar.

Beispiele: Die Kommune betreibt eine Hotelauskunft, die eigene Hotels bevorzugt nennt.[39]

Wenn die Kfz-Zulassungsstellen beim Eigenverkauf von Kfz-Schildern in öffentlich-rechtlicher Form Gebühren aufgrund einer Satzung erheben, wäre das Wettbewerbsrecht anwendbar, solange die Kfz-Halter ihre Schilder auch bei einem privaten Schilderverkäufer beziehen könnten.

Verbreitet die Kommune ihre kulturellen Veranstaltungstipps im Internet als öffentlich-rechtliche Körperschaft, so bleibt das UWG anwendbar, weil die Kommune bei solchen (nicht-amtlichen) Informationen im Wettbewerb mit Privaten steht.

2. Bei oder nach einem Geschäftsabschluss

Rechtsgrundlage: § 2 Abs. 1 Nr. 1 UWG; Art. 2 d Richtlinie unlautere Geschäftspraktiken

Keine Wettbewerbshandlung lag bis zur UWG-Novelle 2008 indes in aller Regel bei 60 geschäftlicher Tätigkeit vor, wenn das Handeln lediglich der **Vertragsabwicklung** diente. Das hat sich im Zuge der UWG-Novelle 2008 grundlegend geändert. Denn die neue Definition der geschäftlichen Handlung umfasst ausdrücklich **auch Verhalten bei und nach einem Geschäftsabschluss, wenn es mit dem Abschluss oder der Durchführung des Vertrags zusammenhängt.**

Im neuen Nr. 27 Anhang-UWG (§ 3 Abs. 3 UWG) findet sich ein Fallbeispiel. Danach sind Maßnahmen unzulässig, durch die der Verbraucher von der Durchsetzung seiner vertraglichen Rechte aus einem Versicherungsverhältnis dadurch abgehalten werden soll, dass von ihm bei der Geltendmachung seines Anspruchs die Vorlage von Unterlagen verlangt wird, die zum Nachweis dieses Anspruchs nicht erforderlich sind, oder dass Schreiben zur Geltendmachung eines solchen Anspruchs systematisch nicht beantwortet werden.

---

36 OLG München GRUR 2004, 169, 171; aA Köhler in Köhler/Bornkamm § 4 UWG Rn 13.26.
37 BGH GRUR 1965, 110, 114 *EU-MED.*
38 KG GRUR-RR 2002, 198, 200 *Berlin.de.*
39 BGHZ 19, 299, 303 *Bad Ems.*

Leistungsverweigerungen dieser Art waren, wenn es sich um rein bilaterales vertragliches Verhalten handelt, im UWG bisher nicht geregelt.[40] Denn solche Handlungen während und nach Vertragsschluss haben eigentlich nichts mit Wettbewerb zu tun, weil es nur um das zweiseitige Vertragsverhältnis geht.[41] Mit der Aufnahme von Verhalten bei und nach Geschäftsabschluss ist die bisherige Rechtsprechung überholt, die aus dem bisher maßgeblichen Merkmal „Absatzförderung" geschlossen hatte, eine Wettbewerbshandlung sei im Regelfall mit dem Vertragsabschluss beendet.[42]

Beispiele: Das UWG kann auch Maßnahmen zur Durchsetzung vertraglicher Ansprüche erfassen, zB die Ankündigung des Besuches eines auf Inkasso spezialisierten Mitarbeiter-Teams.[43]

Ein Anbieter von Computern behauptet, dass er eine spezielle technische Unterstützung (zB eine Hotline) anbietet, stellt diese nach Abschluss des Kaufvertrages jedoch ein.[44]

Das Gleiche gilt, wenn ein Gewerbetreibender einen Verbraucher durch irreführende Angaben zB über eine Kündigungsfrist in einem nach Vertragsabschluss verfassten Schreiben von einer Vertragsauflösung abhalten will.[45]

Eine unterlassene Umstellung eines Telefonkunden, der zu einem Mitbewerber wechseln möchte, war früher nur dann eine geschäftliche Handlung, wenn Umstellungsaufträge bewusst auftragswidrig so ausgeführt werden, dass nicht die Dienstleistungen des Konkurrenten, sondern die eigenen in Anspruch genommen werden.[46] Heute können sogar Handlungen erfasst werden, die nicht auf einem solchen bewussten System beruhen, jedoch kann dann eine Unlauterkeit fehlen.[47]

Eine geschäftliche Handlung wird nunmehr auch sanktioniert, wenn sie gegen die §§ 309, 308, 307 BGB verstößt, also unzulässige Allgemeine Geschäftsbedingungen enthält, die sich idR immer erst bei Durchführung des Vertrages auswirken.[48]

Auch die Ankündigung eines gegen § 475 Abs. 1 S. 1 BGB verstoßenden Gewährleistungsausschlusses nach Kauf ist eine geschäftliche Handlung nach § 2 Abs. 1 Nr. 1 UWG.[49]

Der Anwendungsbereich des UWG war allerdings auch schon nach altem Recht eröffnet, wenn die konkrete Vertragsabwicklung systematisch als Mittel des Wettbewerbs eingesetzt wurde. Das ist zB der Fall, wenn durch eine falsche Kontoinformation eine Vielzahl von Kontoinhabern über den Stand ihrer Girokonten irregeführt werden.[50]

---

40 Begr. RegE UWG-Novelle 2008 BT DS 16/10145, S. 34, abrufbar unter www.nordemann.de.
41 Begr. RegE UWG-Novelle 2008 BT DS 16/10145, S. 20, abrufbar unter www.nordemann.de; vgl zur früheren Rechtslage BGH GRUR 2002, 1093, 1094 *Kontostandsabfrage*; BGH GRUR 1994, 126 *Folgeverträge I*.
42 Begr. RegE UWG-Novelle 2008 BT DS 16/10145, S. 21, abrufbar unter www.nordemann.de; weiterführend: Ahrens, FS Loewenheim, 2009, 407, 411 ff.; Köhler WRP 2009, 898; Lettl GRUR-RR 2009, 41, 42; Sosnitza WRP 2008, 1014, 1017; Köhler WRP 2007, 1393, 1395; Glöckner/Henning-Bodewig WRP 2005, 1311, 1326.
43 OLG München GRUR-RR 2010, 50 Besuch durch Inkasso-Team.
44 Vgl Köhler/Lettl WRP 2003, 1019, 1035.
45 Köhler/Lettl WRP 2003, 1019, 1035 (Rn 68); aA zur bisherigen Rechtslage insoweit noch OLG Jena GRUR-RR 2008, 83, 83 f. *Kundenreklamation*.
46 BGH GRUR 2009, 876 Tz. 14 *Änderung der Voreinstellung II*.
47 Vgl BGH GRUR 2007, 987 Tz. 24 f. *Änderung der Voreinstellung I* zum alten Recht; dazu Isele GRUR 2009, 727.
48 So auch Köhler in Köhler/Bornkamm § 4 UWG Rn 11.156 d; Axel Nordemann in Götting/Nordemann § 5 UWG Rn 48. Nach altem Recht vor der UWG-Novelle 2008 noch anders: OLG Köln GRUR-RR 2007, 285, 286 *Schriftformklauseln*; OLG Hamburg GRUR-RR 2007, 287, 289 *Horse-Equipe*; offen KG GRUR-RR 2007, 291, 292 Tz 4 ff. *Postwegvorbehalt*.
49 BGH GRUR 2010, 1117 Tz. 18 *Gewährleistungsausschluss im Internet*.
50 BGH GRUR 2002, 1093, 1094 *Kontostandsabfrage*.

3. Förderung des eigenen oder eines fremden Unternehmens

Rechtsgrundlage: § 2 Abs. 1 Nr. 1 UWG; Art. 2 d Richtlinie unlautere Geschäftspraktiken

Voraussetzung für eine Anwendung des UWG ist weiter, dass das Verhalten zugunsten   **61** eines Unternehmens vorgenommen wird. § 2 Abs. 1 Nr. 1 UWG unterscheidet dabei zwischen der Förderung eigener und fremder unternehmerischer Leistungen.

Das Vorliegen eines **Wettbewerbsverhältnisses ist nicht erforderlich.** Schon nach der Gesetzesbegründung von 2004 sollten auch Unternehmer mit Monopolstellung vom UWG erfasst werden.[51] Nichts anderes gilt nach der UWG-Novelle 2008.

Eine Wettbewerbsbeziehung kann allerdings in anderer Hinsicht relevant sein: wer als Mitbewerber wettbewerbsrechtliche Ansprüche stellt (§ 8 Abs. 3 Nr. 1 UWG; vgl Rn 865 ff), muss als Mitbewerber unmittelbar von der fördernden Handlung betroffen sein. Klagt ein Rechtsanwalt gegen eine für konkurrierende Anwälte positive Verlagsveröffentlichung, kommt es nur auf die Wettbewerbsförderung des Verlages gegenüber den Anwälten, nicht auf die Wettbewerbsförderung gegenüber Verlagen an,[52] bei der wettbewerbsrechtlichen Beurteilung von Restaurantführern auf Klage eines Restaurants nur auf die Wettbewerbsförderung von Restaurants, nicht auf den Wettbewerb mit anderen Verlagen, die auch Restaurantführer verlegen.[53]

a) Förderung des eigenen Unternehmens

Rechtsgrundlage: § 2 Abs. 1 Nr. 1 UWG; Art. 2 d Richtlinie unlautere Geschäftspraktiken

Bei seiner **eigenen** geschäftlichen **Tätigkeit** kann der Unternehmer in vielfältiger Weise   **62** an den Rechtsbereich anderer stoßen oder ihn verletzen. Im Regelfall ist das Verhalten des Unternehmens geeignet, seine unternehmerische Tätigkeit zu fördern. Er wirbt in einer Zeitungsanzeige für seine Leistungen, stellt auf einer Messe aus oder verkauft ein Produkt an einen Verbraucher. Es besteht deshalb eine Vermutung dafür, dass Verhalten des Unternehmers sein eigenes Unternehmen fördert.[54] Auch mittelbare Wirkungen zählen: Damit sind auch bloße Image-Werbung (Aufmerksamkeitswerbung) oder Sponsoring erfasst. Denn sie führen dazu, das Unternehmen bekannt zu machen.[55] Das gleiche gilt für Stellenanzeigen.[56]

b) Förderung fremden Wettbewerbs

Rechtsgrundlage: § 2 Abs. 1 Nr. 1 UWG; Art. 2 d Richtlinie unlautere Geschäftspraktiken

Kein Wettbewerbsverhältnis zwischen dem Handelnden und dem Betroffenen besteht   **63** dort, wo jemand ausschließlich zur Förderung fremden Wettbewerbs tätig wird. Hier kommt es auf das Verhältnis zwischen dem Geförderten und dem Betroffenen an. Ent-

---

51 Begr. RegE UWG-Novelle 2004 BT DS 15/1487, S. 16, abrufbar unter www.nordemann.de.
52 BGH GRUR 2006, 875 Tz. 24 *Rechtsanwalts-Ranglisten.*
53 BGH GRUR 1998, 167, 168 *Restaurantführer.*
54 BGH GRUR 1993, 761, 762 *Makler-Privatangebot;* Lettl § 1 Rn 136.
55 BGH GRUR 1997, 761, 763 *Politikerschelte.*
56 BGH GRUR 2005, 877, 879 – *Werbung mit Testergebnis.*

sprechend ist dann auch hier zu fragen, ob das Handeln geeignet ist, dem Dritten einen Vorteil im Wettbewerb oder zumindest bei der Vertragsabwicklung zu verschaffen.

Beispiele:

■ Ein Lizenzgeber eines Unternehmens schreibt einen Fachaufsatz.[57]
■ Eine Zeitung berichtet positiv über ein Unternehmen.
■ Ein Sachverständiger wird für die Erstellung eines Gutachtens durch den im Gutachten Begünstigten bezahlt.[58]
■ Ein Verband äußert sich zu Gunsten seiner Mitglieder.[59]

Für die **Förderung fremden Wettbewerbs** durch die **öffentliche Hand** ist ebenfalls auf die Wettbewerbsbeziehung abzustellen. Sobald die öffentliche Hand gleichgeordneten Wettbewerb beeinflusst, können sich die Wettbewerber auf das Wettbewerbsrecht berufen. Das gilt unabhängig davon, ob die Einflussnahme öffentlich-rechtlicher oder privatrechtlicher Natur ist.[60]

4. Objektiver Zusammenhang (mit der Förderung des Absatzes oder Bezuges von Leistungen)

Rechtsgrundlage: § 2 Abs. 1 Nr. 1 UWG; Art. 2 d Richtlinie unlautere Geschäftspraktiken

64 Die frühere Definition der „Wettbewerbshandlung" in § 2 Abs. 1 Nr. 1 UWG-2004 enthielt zugleich ein subjektives Moment. Auch wenn objektiv eine Förderung eigener oder fremder Leistung vorlag, wurde doch nur solches Handeln erfasst, das auf diese Beeinflussung *zielte*. Das war die sog. Wettbewerbsabsicht (dazu ausführlich in der Vorauflage unter Rn 112 ff). Das Merkmal der **Wettbewerbsabsicht ist mit der UWG-Novelle 2008 entfallen.** Ein rein subjektiv-finales Element widerspricht Art. 2 d Richtlinie unlautere Geschäftspraktiken.[61]

Nunmehr wird auf einen **objektiven Zusammenhang** der geschäftlichen Handlung mit der Förderung des Absatzes und des Bezugs von Waren oder Dienstleistungen oder mit dem Abschluss oder der Durchführung eines Vertrages über Waren oder Dienstleistungen abgestellt.[62] Das Merkmal ist **funktional** zu verstehen und gegeben, **wenn das Verhalten bei objektiver Betrachtung unter Berücksichtigung der Umstände des Einzelfalls geeignet und darauf gerichtet ist, durch Beeinflussung der geschäftlichen Entscheidungen der Verbraucher oder sonstiger Marktteilnehmer den Absatz oder Bezug zu fördern.**[63]

Es kommt also auf die objektive Zielsetzung der Handlung an. Soweit dadurch nach wie vor ein finales Element relevant wird, ist das nicht systemwidrig. Das verdeutlicht

---

57 BGH GRUR 1964, 389, 391 *Fußbekleidung.*
58 Vgl BGH GRUR 1961, 189, 190 f. *Rippenstreckmetall.*
59 BGH GRUR 1997, 916 *Kaffeebohne;* OLG Hamburg GRUR-RR 2002, 113, 114 *Windkraftanlage.*
60 BGHZ 67, 81, 85 ff. *Autoanalyzer;* BGH GRUR 1985, 1063, 1064 *Landesinnungsmeister;* OLG Frankfurt WRP 1997, 592, 593 *Zuschuss für wassersparende Waschmaschine;* anders offenbar BGH GRUR 1965, 110, 112 *EU-MED.*
61 Begr. RegE UWG-Novelle 2008 BT DS 16/10145, S. 21 und 40, abrufbar unter www.nordemann.de.
62 Der Referentenentwurf präferierte noch die Formulierung „unmittelbarer" Zusammenhang, Erläuterungen bei Sosnitza WRP 2008, 1014, 1017.
63 OLG Hamm MMR 2008, 750, 751 (Veröffentlichung eines ungeschwärzten Urteils durch Mitbewerber); Köhler in Köhler/Bornkamm § 2 Rn 48.

schon ein Blick in Nr. 11 Anhang-UWG, welcher Nr. 11 Anhang I Richtlinie über unlautere Geschäftspraktiken entspricht. Danach ist ein vom Unternehmer verdeckt finanzierter Einsatz redaktioneller Inhalte „zu Zwecken der Verkaufsförderung" unzulässig. Auch wird der Begriff der „kommerziellen Kommunikation", den Art. 2 d Richtlinie unlautere Geschäftspraktiken zur Definition des Begriffs „Geschäftspraxis" verwendet, in Art. 2 f E-Commerce-Richtlinie an dem Element „die der Förderung des Absatzes dienen" aufgehängt.[64] Das Merkmal der Wettbewerbsförderungsabsicht ist somit nicht gänzlich verschwunden, sondern einer objektivierten Betrachtungsweise unterstellt worden. Die Feststellung, dass bestimmte Verhaltensweisen bei objektiver Betrachtung auf eine bestimmte Zielsetzung schließen lassen, war freilich schon bisher maßgeblicher Anknüpfungspunkt für die Wettbewerbsabsicht. Damit bleibt es im Wesentlichen bei den bisher von der Rechtsprechung zum Vorliegen der Wettbewerbsabsicht entwickelten Grundsätzen:[65]

Im Hinblick auf den objektiven Zusammenhang (die objektive Zielsetzung) muss wieder zwischen der Förderung der eigenen Leistung und der Förderung fremder Leistung unterschieden werden.

a) Bei Förderung des eigenen Unternehmens

Rechtsgrundlage: § 2 Abs. 1 Nr. 1 UWG; Art. 2 d Richtlinie unlautere Geschäftspraktiken

Für den Unternehmer, der sich in Ausübung seines Berufes dem Wettbewerb ausgesetzt sieht, steht letztlich fast jedes Tun im geschäftlichen Bereich in einem objektiven Zusammenhang mit der Verbesserung oder Erhaltung der eigenen wettbewerblichen Position. Es wäre eine Ausnahme, wenn ein Unternehmer geschäftlich handelt, dies auch objektiv vorteilhaft für ihn ist (Rn 62), aber kein objektiver Zusammenhang mit der Förderung des Absatzes oder des Bezuges seiner Leistungen bestehen soll. Das Gleiche gilt für die (geschäftliche) Betätigung von Idealvereinen[66] und gemeinnützigen Organisationen;[67] Gewinnstreben ist keine Voraussetzung für das Bestehen eines objektiven Zusammenhangs zur Förderung eigener Leistung.[68] Nur die reine Mitgliederwerbung eines Vereins rechnet nicht dazu.[69]

Im Zivilprozess ist deshalb von einer tatsächlichen **Vermutung** für den objektiven Zusammenhang auszugehen, die der handelnde Unternehmer widerlegen muss, sofern die Voraussetzung erfüllt ist, dass das Verhalten vorteilhaft für den Unternehmer ist. Das war jedenfalls im Hinblick auf die „Wettbewerbsabsicht" bis zur UWG-Novelle 2008 anerkannt,[70] und es ist nicht ersichtlich, weshalb jetzt etwas anderes gelten sollte.

65

66

---

64 Vgl Glöckner/Henning-Bodewig WRP 2005, 1311, 1325.
65 RegE UWG-Novelle 2008 BT DS 16/10145, S. 21, abrufbar unter www.nordemann.de. Vgl auch BGH vom 29.4.2010, Az I ZR 66/08 Tz. 11 *Holzhocker*: Begriff der „geschäftlichen Handlung" nicht enger als der davor verwendete Begriff der „Wettbewerbshandlung".
66 OLG Stuttgart NJWE 1996, 197, 198 *International Christian Chamber of Commerce.* Anders im Regelfall zwischen Vereinen zur Bekämpfung unlauteren Wettbewerbs, OLG Stuttgart NJWE 1999, 197 (zweifelhaft).
67 OGH Wien ÖBl. 1998, 335 ff. *Niederösterreichisches Hilfswerk.*
68 Entsprechend zum bisherigen Recht: BGH GRUR 1974, 733, 734 *Schilderverkauf;* BGHZ 110, 278, 284 f. *Werbung im Programm.*
69 BGH GRUR 1972, 472 *Mitgliederwerbung.*
70 BGH GRUR 2003, 800, 801 *Schachcomputerkatalog;* BGH GRUR 2002, 1093, 1094 *Kontostandsauskunft.*

67 Der Bundesgerichtshof war bisher streng, das Fehlen einer geschäftlichen Handlung (Wettbewerbshandlung) anzunehmen. BGH GRUR 1992, 450, 452 *Beitragsrechnung* weist zB zutreffend darauf hin, dass auch die bloße Sicherung der eigenen Wettbewerbsposition der Förderung des eigenen Wettbewerbs dient. Auch für einen Katalog, der neben der Bewerbung von eigenen Produkten das Ziel verfolgt, das interessierte Publikum sachlich über Vor- und Nachteile der verschiedenen auf dem Markt erhältlichen Produkte zu informieren, wird in objektivem Zusammenhang mit der Förderung des eigenen Unternehmens verbreitet.[71] Eine negative Äußerung eines Wettbewerbers über seinen unmittelbaren Konkurrenten ist, zumal wenn sie in aller Öffentlichkeit und in polemischer Form getan wird, stets objektiv geeignet, die Wettbewerbslage zu Lasten des Betroffenen zu beeinflussen.[72] Ein Beispiel für einen fehlenden objektiven Zusammenhang zur Förderung des eigenen Unternehmens bietet BGH GRUR 1983, 374, 375 *Spendenbitte*: Rundschreiben eines Geschäftsmanns an seine Lieferanten mit der Bitte, dem damals hoch verschuldeten Fußballbundesligaverein 1. FC Nürnberg, dessen Präsident er geworden war, durch Spenden zu helfen.[73]

Erfasst werden auch alle Konstellationen, die das **Verhältnis zwischen Unternehmen** betreffen, wie etwa in den Fallgruppen der **gezielten horizontalen Behinderung** (§ 4 Nr. 10 UWG). Denn entsprechende Verhaltensweisen eines Unternehmens gegenüber einem Mitbewerber mögen zwar in der Regel keine unmittelbaren Auswirkungen auf den Absatz oder auf den Bezug von Waren und Dienstleistungen haben. Der Gesetzgeber nimmt hier aber zu recht jedenfalls einen objektiven Zusammenhang an, weil die Verhaltensweisen trotz gewisser zeitlicher Verzögerungen letztlich doch den Absatz oder den Bezug zugunsten des handelnden Unternehmens beeinflussen.[74] Unter dieser Prämisse fallen auch **Sponsoring und Image-Werbung** in den Anwendungsbereich des UWG, wie durch die entsprechende Erwähnung in § 5 Abs. 1 S. 2 Nr. 4 verdeutlicht wird.[75] Auch die ungeschwärzte Internetveröffentlichung von Gerichtsentscheidungen, die man gegen Mitbewerber erstritten hat, erfolgt mit dem Ziel der (zumindest mittelbaren) Förderung des eigenen Absatzes.[76]

68 Vorwiegend konzentrieren sich die Fälle eines ausnahmsweise fehlenden objektiven Zusammenhanges zunächst auf **redaktionelle, weltanschauliche, wissenschaftliche oder verbraucherpolitische Äußerungen** von Unternehmen.[77] Für sie kann zunächst **keine Vermutung eines objektiven Zusammenhanges** bestehen. In der Praxis am wichtigsten sind **redaktionelle Äußerungen**. Für sie muss auch mit Rücksicht auf die Presse- und Rundfunkfreiheit sowie die öffentliche Aufgabe der Presse (Art. 5 GG) ein objektiver Zusammenhang positiv festgestellt werden. Das gilt gleichermaßen für gedruckte[78] und

---

71 BGH GRUR 2003, 800, 801 *Schachcomputerkatalog*.
72 Unrichtig OGL Hamburg WRP 2000, 647, 648 *Beißhemmungen*. Vgl dagegen – zutreffend – OLG Köln NJWE 2000, 182 f.
73 Allgemein zu Spendenwerbungen: Köhler GRUR 2008, 281 ff.
74 Begr. RegE UWG-Novelle 2008 BT DS 16/10145, S. 21, abrufbar unter www.nordemann.de.
75 Begr. RegE UWG-Novelle 2008 BT DS 16/10145, S. 21, abrufbar unter www.nordemann.de; Vgl auch Glöckner/Henning-Bodewig WRP 2005, 1311, 1326.
76 OLG Hamm MMR 2008, 750, 751.
77 Begr. RegE UWG-Novelle 2008 BT DS 16/10145, S. 21, abrufbar unter www.nordemann.de.
78 BGH GRUR 1995, 270, 272 *Dubioses Geschäftsgebaren*.

für elektronische Medien, dh für Rundfunk[79] und redaktionelle Internetplattformen.[80] Damit einem redaktionellen Bericht eines Presseorgans über ein anderes Presseorgan (sog. Pressefehde) ein objektiver Zusammenhang zugeschrieben werden kann, muss der Zweck der Förderung des Absatzes bzw des Bezuges mehr als eine notwendig begleitende Rolle spielen. Es muss der redaktionellen Berichterstattung vornehmlich um einen Vorsprung im Wettbewerb und nicht darum gehen, auf die öffentliche Meinungsbildung einzuwirken.[81]

Beispiele: Für die Kritik der Wochenzeitschrift „ECHO DER ZEIT" an der nach ihrer Auffassung zu populistischen Berichterstattung der Zeitschrift „STERN" über die katholische Kirche war zunächst der objektive Zusammenhang mit dem Warenabsatz der Zeitschrift „ECHO DER ZEIT" nicht zu vermuten, sondern positiv festzustellen. Der BGH verneinte schließlich einen objektiven Zusammenhang und damit eine Anwendung des UWG, weil es der Zeitschrift nicht um einen Vorsprung im Wettbewerb gegenüber dem „STERN", sondern darum gegangen sei, einen Angriff auf ihre weltanschaulichen Anschauungen abzuwehren und die öffentliche Meinung in diesem Sinne zu beeinflussen.[82]

Die Website „autoren-magazin.de" enthielt im redaktionellen Teil Kritik am Geschäftsgebaren eines Konkurrenten und zugleich in einer separaten Spalte Anzeigen für eigene konzernverbundene Produkte. Wenn dadurch die eigenen Produkte als Alternative der kritisierten konkurrierenden Leistung empfohlen werden, spricht das für einen objektiven Zusammenhang mit der Absatzförderung. Finden sich die Anzeigen jedoch in keinem unmittelbaren räumlichen Zusammenhang mit der Mitbewerberkritik zB auf einer anderen tiefer liegenden Internetseite, liegt eine Empfehlung als wettbewerbliche Alternative und damit ein objektiver Zusammenhang eher fern.[83]

Im Gegensatz zu den Privaten (Rn 66) kann man den objektiven Zusammenhang zur Förderung der eigenen unternehmerischen Leistung im Wettbewerb bei der **öffentlichen Hand** nicht vermuten, weil die Handlungen der öffentlichen Hand regelmäßig durch die öffentliche Zwecksetzung geprägt sind. Deshalb ist eine **positive Feststellung des objektiven Ziels der Leistungsförderung** für die öffentliche Hand notwendig. Das Vorhandensein muss also anders als bei Privaten von der Gegenpartei im Streitfall bewiesen werden. Allein der Zweck der Erfüllung öffentlicher Aufgaben schließt den objektiven Zusammenhang zur Förderung der eigenen unternehmerischen Leistung freilich nicht aus. Es genügt, wenn die Beeinflussung nicht völlig zurücktritt.[84] Insbesondere wenn der Wettbewerb der notwendige Zwischenschritt ist, um das öffentliche Ziel zu erreichen, handelt die öffentliche Hand in objektivem Zusammenhang mit der Förderung der eigenen unternehmerischen Leistung. Auf eine Gewinnerzielungsabsicht kommt es dabei nicht an.[85]

---

79 BGH GRUR 2002, 987, 993 *Wir Schuldenmacher.*
80 OLG Hamburg GRUR-RR 2005, 385 *Ladenhüter;* OLG Frankfurt, Urteil vom 29.3.2007, Az 6 U 154/06 *Autoren-Magazin,* zit. nach juris Rn 6.
81 BGH GRUR 2000, 703, 706 *Mattscheibe;* BGH GRUR 1966, 693, 695 *Höllenfeuer.*
82 BGH GRUR 1966, 693, 696 *Höllenfeuer.*
83 OLG Frankfurt, Urteil vom 29.3.2007, Az 6 U 154/06 *Autoren-Magazin,* zit. nach juris Rn 6.
84 Entsprechend zum bisherigen Recht: BGH GRUR 1969, 418, 419 f. *Standesbeamter;* OLG Frankfurt WRP 1997, 592, 593 *Zuschuss für wassersparende Waschmaschine.*
85 So schon BGH GRUR 1974, 733, 734 *Schilderverkauf;* BGHZ 82, 375, 395 *Brillen-Selbstabgabestellen;* v. Gamm WRP 1984, 303, 307; Harms BB 1986, Beilage 17, S. 6.

Angaben **in gerichtlichen oder behördlichen Verfahren** haben regelmäßig ebenfalls keinen hinreichenden objektiven Zusammenhang mit der Förderung des Absatzes oder des Bezugs von Waren. Das gilt beispielsweise für Angaben in Patentanmeldungen.[86]

b) Bei Förderung eines fremden Unternehmens

Rechtsgrundlage: § 2 Abs. 1 Nr. 1 UWG; Art. 2 d Richtlinie unlautere Geschäftspraktiken

69 Die Förderung von Leistungen ist auch hinsichtlich fremder Leistungen denkbar. Hier lässt sich aber aus der Tatsache, dass jemand im wirtschaftlichen Bereich außerhalb der Privatsphäre gehandelt hat, noch nicht automatisch auf einen objektiven Zusammenhang mit der Förderung eines fremden Unternehmens schließen.

Beispiel: Der Redakteur, der die Geschäftspraktiken einer bestimmten Branche ans Licht der Öffentlichkeit bringt, fördert direkt in der Regel nicht oder nur am Rande die Position bestimmter Unternehmen dieser Branche im Wettbewerb. Er bewirkt zunächst weiter nichts, als zu informieren.[87]

Allerdings kommt es immer wieder vor, dass unter dem Deckmantel redaktioneller Beiträge getarnte Werbung betrieben wird, sei es, dass ein Wettbewerber ein Presseorgan für sich gewinnen konnte, sei es, dass eine Zeitung von sich aus einem großen Anzeigenkunden einen Gefallen tun oder neue Kunden gewinnen wollte (Vgl Rn 174 ff).

70 Auch hier ist allerdings zunächst die **abstrakte Eignung** des Handelns, die Wettbewerbslage des begünstigten Dritten in irgendeiner Weise zu beeinflussen, festzustellen. Allerdings besteht **nicht von vornherein eine Vermutung für das Bestehen einer objektiven Zielsetzung der konkreten Förderung eines fremden Unternehmens.** Vielmehr müssen dafür **Beweisanzeichen** für den unmittelbaren Zusammenhang vorliegen. Anhaltspunkte dafür, dass eine solche objektive Zielsetzung besteht, können vor allem aus den Beziehungen zu dem begünstigten Wettbewerber ergeben, etwa bei Bezahlung des Dritten dafür, dass er sich äußert (zB bei bezahlten Gutachtenaufträgen,)[88] wenn der Lizenzgeber eines Unternehmens einen Fachaufsatz schreibt,[89] oder bei Äußerungen eines Verbandes zu Gunsten seiner Mitglieder,[90] sofern es sich nicht um eine Mitgliederwerbung handelt.[91] Auch der Einsatz unsachlicher Mittel oder Methoden spricht für die objektive Zielsetzung der Förderung eines fremden Unternehmens.[92]

71 Entsprechend der bisherigen Rechtsprechungspraxis sollte dort, wo **Presse** oder **Rundfunk** in erkennbarer Erfüllung der ihnen von Art. 5 GG zugewiesenen Informationsaufgaben handeln, eine objektive Zielsetzung der Förderung eines fremden Unternehmens nur dann angenommen werden, wenn dafür gewichtige Beweisanzeichen vorliegen, dass vornehmlich der Wettbewerb des fremden Unternehmens gefördert werden

86 BGH GRUR 2010, 253 Tz. 28 ff. *Fischdosendeckel.*
87 Vgl Begr. RegE UWG-Novelle 2008 BT DS 16/10145, S. 21, abrufbar unter www.nordemann.de.
88 Vgl BGH GRUR 1961, 189, 190 f. *Rippenstreckmetall.*
89 BGH GRUR 1964, 389, 391 *Fußbekleidung.*
90 BGH GRUR 1997, 916 *Kaffeebohne*; OLG Hamburg GRUR-RR 2002, 113, 114 *Windkraftanlage.*
91 BGH GRUR 1972, 472 *Mitgliederwerbung.*
92 Entsprechend der bisherigen Recht BGH GRUR 1981, 658, 660 *Preisvergleich*; BGH GRUR 1982, 234, 236 *Großbanken-Restquoten*; OLG München GRUR 1992, 409 *Die besten Scheidungsanwälte*; ferner die Fälle des Boykottaufrufs (Rn 608 ff).

soll und nicht die informierende oder meinungsbildende Aufgabe der Presse im Vordergrund steht.

Beispiele: Solche gewichtige Beweisanzeichen für einen objektiven Zusammenhang der Absatzförderung liegen vor, wenn einer Zeitung eine Gegenleistung für positive redaktionelle Berichterstattungen gewährt wird. Das kann in Form einer direkten Bezahlung geschehen. Denkbar ist aber auch eine indirekter Vergütung über Anzeigenaufträge[93] oder bei der Zusammenarbeit einer öffentlich-rechtlichen Rundfunkanstalt gegen Entgelt mit einem Verlag im sog. Medienverbund.[94] Oft lassen sich Gegenleistungen des begünstigten Mitbewerbers allerdings nicht nachweisen. Dann hilft sich die Rechtsprechung mit einer Einzelfallbetrachtung, bei der insbesondere berücksichtigt wird, wenn der betroffene Wettbewerber polemisch abqualifiziert wird oder die Kritik sonst unsachlich oder überzogen ist,[95] oder umgekehrt pauschale Lobhudelei eine bestimmte Leistung anpreist oder ein – eigentlich neutraler – Warentest in einer Zeitschrift eindeutig irreführend ist,[96] während bei wissenschaftlich-nüchterner Darstellung,[97] aber auch bei positiver Empfehlung[98] die objektive Zielsetzung zu verneinen ist.

Entsprechendes gilt für Handlungen von **Verbraucherorganisationen**.[99]

Auch bei Förderung fremden Wettbewerbs durch die **öffentliche Hand** lässt sich eine   72
abstrakte Eignung zur Förderung eines fremden Unternehmens meist bejahen; denn jede Förderung fremden Wettbewerbs wird in der Regel andere Wettbewerber zu behindern oder gar auszuschalten geeignet sein.[100] Auch hier kommt es auf die objektive Zielsetzung des Verhaltens an.

Beispiele: Erfolgt die Aktion nur im eigenen Interesse, wie etwa die Aufforderung an Architekten, unter den Sätzen der HOAI anzubieten,[101] ist die objektive Zielsetzung der Förderung der fremden unternehmerischen Leistung wie bisher zu verneinen. Entsprechendes gilt bei Äußerungen in Gemeinderatssitzungen.[102]

In der Praxis mag deshalb die **Faustregel** hilfreich sein, dass im Prozess von den Ge-   73
richten, wenn es um einen **objektiven Zusammenhang mit der Förderung fremder unternehmerischer Leistung** geht,

- bei Presse und Rundfunk, bei den Verbraucherorganisationen, dem Staat und in wissenschaftlichen Werken das **Fehlen** eines objektiven Ziels der Förderung,

- in allen anderen Fällen dagegen das **Vorhandensein** des objektiven Ziels der Förderung

die Regel ist.

---

93 Die allgemeine Erwartung von Anzeigenaufträgen genügt aber nicht, BGH GRUR 2006, 875 Tz. 28 *Rechtsanwalts-Ranglisten*.
94 BGHZ 110, 278 *Werbung im Programm*.
95 Vgl BGH GRUR 1969, 304, 305 f. *Kredithaie I* (vgl BVerfG GRUR 1982, 498 *Kredithaie II*); BGH GRUR 1990, 373, 374 *Schönheits-Chirurgie*; BGH WRP 1994, 862, 864 *Bio-Tabletten*; BGH GRUR 1995, 270, 272 *Dubioses Geschäftsgebaren*. Das Privileg gilt auch für Interviewgäste, OLG Hamburg AfP 1989, 678.
96 OLG Frankfurt GRUR-RR 2007, 16, 17 *Öko-Test*.
97 OLG Hamburg GRUR-RR 2007, 206, 207 *Emissionsprospekt* (zu Äußerungen eines rechtsanwaltlichen Dozenten in einer Lehrveranstaltung); KG WRP 1996, 1162, 1163.
98 BGH GRUR 2006, 875 Tz. 23 ff. *Rechtsanwalts-Ranglisten* für die Ranglisten im JUVE-Handbuch; BGH GRUR 1998, 947, 948 *AZUBI '94*; BGH GRUR 1997, 473, 475 *Versierter Ansprechpartner*; BGH GRUR 1986, 898, 899 *Frank der Tat*.
99 Vgl BGH GRUR 1968, 314, 316 *Fix und clever*.
100 Entsprechend zum bisherigen Recht BGH GRUR 1964, 210, 213 *Landwirtschaftsausstellung*; BGH GRUR 1989, 430, 431 *Krankentransportbestellung* mwN; OLG München NJW-RR 1995, 1004, 1005; LG Leipzig K&R 1998, 452.
101 Vgl BGH GRUR 1991, 769, 770 *Honoraranfrage*.
102 Vgl OLG Naumburg GRUR-RR 2003, 375 *Brückenbau*.

74 Auch bei **Verneinung der objektiven Zielsetzung der Wettbewerbsförderung und damit des objektiven Zusammenhangs** kommt allerdings bei unrichtigen Angaben eine Haftung aus § 823 Abs. 1 BGB (Eingriff in den eingerichteten und ausgeübten Gewerbebetrieb), § 824 BGB oder § 823 Abs. 2 BGB in Verbindung mit §§ 186, 187 StGB in Betracht. Bei einem willentlichen und adäquat kausalen Beitrag zur Schaffung oder Aufrechterhaltung eines wettbewerbswidrigen Zustandes kann der Handelnde darüber hinaus gegebenenfalls als Störer haften (im Einzelnen Rn 893 ff).

II. Unlauterkeit

Rechtsgrundlage: § 3 Abs. 1 UWG

75 Die **Generalklausel** des § 3 Abs. 1 UWG verbietet nur solche geschäftliche Handlungen, die „unlauter" sind. In der früheren Generalklausel des § 1 UWG aF waren bis zur UWG-Novelle 2004 noch Handlungen untersagt, die „gegen die guten Sitten verstoßen". Ein materieller Unterschied ist mit diesem Wechsel der Begriffe nicht verbunden. Der Gesetzgeber der UWG-Novelle 2004 empfand den Begriff der guten Sitten als antiquiert, weil er den Wettbewerber unnötig mit dem Makel der Unsittlichkeit belaste.[103]

76 Unzulässig im Sinne des § 3 Abs. 1 UWG ist also nur ein Handeln, das zugleich **unlauter** ist. Das ist keineswegs dasselbe. Damit eine geschäftliche Handlung des Unternehmers (Rn 56 ff) unzulässig ist, muss zusätzlich die Spürbarkeitsschwelle überschritten sein (Rn 88 ff).

77 Die Generalklausel in § 3 Abs. 1 UWG definiert den Begriff der Unlauterkeit nicht. Vielmehr ergeben sich aus § 3 Abs. 1 UWG nur die Voraussetzungen, unter denen ein unlauteres Verhalten unzulässig ist.[104] Es handelt sich also um einen unbestimmten Rechtsbegriff, dessen konkreter Inhalt im Wege der Auslegung zu ermitteln ist.

Nach der Gesetzesbegründung zur UWG-Novelle 2004 sind **alle Handlungen unlauter, die den anständigen Gepflogenheiten in Handel, Gewerbe, Handwerk oder selbständiger beruflicher Tätigkeit zuwiderlaufen.** Es muss sich um „anständige" Gepflogenheiten handeln. Nicht ohne weiteres ist deshalb das, was „immer so gemacht" wurde und was von den Beteiligten als verbindlich angesehen wird, automatisch mit § 3 UWG vereinbar. Der Bundesgerichtshof hat mehrfach Gelegenheit genommen festzustellen, dass die in einer bestimmten Branche herrschenden Berufsanschauungen nicht ohne weiteres von § 3 UWG geschützt seien.[105]

78 Der Definitionsversuch des Gesetzgebers wäre von vornherein unbrauchbar, wenn der Richter frei darin wäre, seine eigene Vorstellung von Anständigkeit zum Maßstab der Unlauterkeit zu machen. Man hätte Schwierigkeiten bei der Feststellung, was eine **„anständige" Gepflogenheit** ist. Gerade im Wettbewerbsrecht verlässt sich kaum mehr ein durchschnittlicher, geschweige denn ein kluger Unternehmer auf sein Anstands- und Rechtsgefühl, sondern lieber auf seinen Anwalt. In sehr vielen Fällen versagt heute sogar schon das Gefühl des wettbewerbsrechtlich versierten Anwalts, ja sogar des mit der

---

103 Begr. RegE UWG-Novelle 2004 BT DS 15/1487, S. 16, abrufbar unter www.nordemann.de.
104 Begr. RegE UWG-Novelle 2008 BT DS 16/10145, S. 22, abrufbar unter www.nordemann.de.
105 Vgl BGH GRUR 1969, 474, 476 *Bierbezug*; BGHZ 81, 291, 297 *Bäcker-Fachzeitschrift*.

Sache befassten Gerichts: Was das Berufungsgericht für unlauter hält, lässt der Bundesgerichtshof anstandslos passieren[106] und umgekehrt.[107] Das Rechtsempfinden des Richters, seine Vorstellung davon, was wohl anständig sei oder was nicht, gibt also vordergründig den Ausschlag. Sack[108] umschreibt diese Feststellung dahin, der Richter sei „kraft seines Amtes als *Repräsentant* der gerecht und billig Denkenden" berufen. Fezer und Köhler nennen die Generalklausel eine Delegationsnorm zur Rechtssetzung durch Richterrecht[109] oder sprechen von Delegation der Rechtssetzungsbefugnis auf die Gerichte.[110] Doch hat gerade unser Land zwar auf bittere Weise, aber dafür in umso reicherem Maße Erfahrungen im Umgang mit Generalklauseln sammeln müssen, die dem richterlichen Ermessen freien Raum lassen. Noch am 27.11.1933 hatte das OLG Köln den Mut auszusprechen, dass der Hinweis auf die Rassenzugehörigkeit eines Mitbewerbers gegen § 3 (§ 1 UWG aF) verstoße.[111] Aber schon am 25.1.1935 meinte das Reichsgericht, der Hinweis auf die politische Einstellung des Konkurrenten könne gerechtfertigt sein, wenn daraus Rückschlüsse auf dessen Vertrauenswürdigkeit im Geschäftsverkehr möglich seien.[112] Schließlich fälschte der Große Zivilsenat des Reichsgerichts die „guten Sitten" nach § 1 UWG aF in das „gesunde Volksempfinden" und die „Belange der Volksgemeinschaft" um,[113] mit der Folge, dass die Diskriminierung jüdischer Konkurrenten ausdrücklich zum lauteren Wettbewerb erklärt wurde.[114] Selbst wenn das unter den damals herrschenden Machtverhältnissen geschah und möglicherweise der Überzeugung nicht einmal aller beteiligten Richter entsprach, so lässt sich doch nicht leugnen, dass die Umdeutung der Generalklauseln unseres Zivilrechts nach nationalsozialistischen Gesichtspunkten durch die unbestimmte, ja verwaschene Definition der guten Sitten entscheidend begünstigt wurde. Eine nach objektiven Merkmalen gebildete und nach ebensolchen Merkmalen im Einzelfall nachweisbare Definition der „guten Sitten" hätte diese Verfälschung jedenfalls erheblich erschwert.

Die heutige Rechtsprechung ist über alle Instanzen davon weit entfernt. Insgesamt lebt jedoch jeder Richter viel zu sehr in seiner Zeit, um sich dem Einfluss des herrschenden Zeitgeschmacks und des jeweiligen politischen Trends ganz entziehen zu können. Vor vierzig Jahren nahm der Bundesgerichtshof zwar einen Wendepunkt in der Tabuisierung der Sexualität in der gesellschaftlichen Diskussion an und sah die unverlangte Zusendung der Publikation „Die erotische Liebesvollendung in der Ehe" auch nicht mehr als unlauter an. Er berichtete aber gleichzeitig über einen wegen seines Inhaltes unzulässig unverlangt zugesandten Eheratgeber; dieser sogar strafrechtliche relevante Eheratgeber bot chemische und mechanische Präparate zur Empfängnisverhütung und Mittel zur geschlechtlichen Anregung und Stärkung an und bewarb insbesondere vier "Spezialkondome" für den Mann, die neben der Empfängnisverhütung "der Erhöhung

79

---

106 Beispiele: BGH GRUR 2009, 416 *Küchentiefstpreis-Garantie;* BGH GRUR 2003, 349 *Anwaltshotline;* siehe auch früher schon BGH GRUR 1970, 422 *Tauchkühler.*
107 Beispiele: BGH GRUR 2003, 356 *Präzisionsmessgeräte;* früher zB BGH GRUR 1970, 250 *Hummel II.*
108 NJW 1985, 761, 763.
109 Fezer JZ 1998, 265, 267 links oben.
110 Köhler in Köhler/Bornkamm § 3 UWG Rn 67 mwN.
111 GRUR 1934, 202. Ebenso noch RGZ 150, 298, 303 (25.2.1936).
112 GRUR 1935, 445, 447 f. *Plakatanschlagswesen.*
113 RGZ 150, 1, 5, 6.
114 RG JW 1938, 3052 (30.11.1938).

der Reizintensität bei der Partnerin dienen" und helfen sollten, "Störungen der Harmonie körperlichen Erlebens zu beseitigen".[115] Ein weiteres Beispiel war die Veränderung der Rechtsprechung des Bundesgerichtshofes zu Ost-West-Problemen im Bereich des Wettbewerbsrechts in der Entspannungsphase nach Abschluss der Berlin-Verträge 1972.[116] Die Gerichte sehen denn auch eine „vernünftige Fortentwicklung der Kaufmannssitte" als ihre Aufgabe an.[117]

80   Die Notwendigkeit von Begriffen, die dem richterlichen Ermessen Spielraum lassen, soll damit freilich nicht allgemein geleugnet werden.[118] Im Bereich des Lauterkeitsrechts kann der Gesetzgeber nicht alle denkbaren Fälle unlauteren Handelns im Einzelnen regeln (vgl auch Rn 38).[119] Doch sollte man, wo immer das möglich ist, im Interesse der Rechtssicherheit und des Rechtsbewusstseins der Bevölkerung zu objektiv feststellbaren Kriterien zurückkehren, schon um für den Fall einer Veränderung der politischen Verhältnisse in der Bundesrepublik einer Verfälschung von Recht durch Macht keinen Vorschub zu leisten. Bei der Konkretisierung der Generalklausel und insbesondere dem Tatbestandsmerkmal der „Unlauterkeit" nehmen die Gerichte Aufgaben der Rechtssetzung wahr. „Sie müssen daher den Anforderungen an die legislative Rechtssetzung genügen."[120] Deshalb ist die Unlauterkeit auf folgender **Grundlage** zu beurteilen:[121]

■ **Schutzzweck des UWG:** Schutz der Interessen der Mitbewerber (Rn 45), der Interessen der Marktgegenseite (Rn 46 f) und des Interesses der Allgemeinheit an einem unverfälschten Wettbewerb (Rn 48 f). Diese Interessen müssen im Konfliktfall gegen einander abgewogen werden (Rn 51). Auch der Bundesgerichtshof hat den Schutzzweckgedanken bei der Auslegung der Generalklausel mehrfach hervorgehoben. Besonders augenscheinlich ist dies bei der Fallgruppe Rechtsbruch. Danach sind Verstöße gegen Rechtsvorschriften nur noch dann unlauter, wenn eine zumindest sekundär wettbewerbsschützende Norm verletzt ist.[122] Der Gesetzgeber hat diese schutzzweckorientierte Auslegung der Generalklausel nicht nur im speziellen Fall des Rechtsbruchs aufgegriffen. Er stellt den Schutzzweck dem gesamten UWG in § 1 voran. Dadurch bringt er zum Ausdruck, dass die Auslegung des UWG sich nach dessen Schutzzweck zu richten hat.[123]

■ **EU-Recht (Gemeinschaftsrecht):** Soweit Richtlinien das UWG harmonisiert haben, gilt der Grundsatz der richtlinienkonformen Auslegung des UWG (Rn 29). Insbesondere die Richtlinie unlautere Geschäftspraktiken (Rn 17) und die Richtlinie über

---

115 BGH GRUR 1970, 557, 558 *Erotik in der Ehe.* Zu erotischer Werbung s. aber BGH GRUR 1995, 592 *Busengrapscher* einerseits und OLG München WRP 1996, 788 f. *Wodka-Nixe* andererseits.
116 Vgl zB nach BGH GRUR 1969, 487 *Ihagee* gegen BGH GRUR 1974, 665 *Germany.*
117 OLG Frankfurt WRP 1982, 335, 338. Ähnlich BGHZ 81, 291, 296 *Bäcker-Fachzeitschrift:* Die Auffassung des redlichen Durchschnittsgewerbetreibenden sei „nicht unwandelbar feststehend, sondern unterliegt wie jedes andere Geschehen einer Entwicklung".
118 BVerfG GRUR 1972, 358, 360 *Grabsteinwerbung III* hat § 1 UWG aF zu Recht für verfassungsrechtlich unbedenklich erklärt. Allgemein zur Notwendigkeit von Generalklauseln Sack WRP 1985, 1.
119 Begr. RegE UWG-Novelle 2004 BT DS 15/1487, S. 16, abrufbar unter www.nordemann.de.
120 Köhler in Köhler/Bornkamm § 3 UWG Rn 68.
121 Wie hier: Lettl § 2 Rn 9; Köhler in Köhler/Bornkamm § 3 UWG Rn 69 ff; Sosnitza in Piper/Ohly/Sosnitza § 3 Rn 17 ff.
122 BGH GRUR 2002, 825, 826 *Elektroarbeiten;* BGH GRUR 2002, 269, 270 *Sportwetten-Genehmigung;* Vgl aber BVerfG GRUR 2006, 688 *ODDSET;* BGHZ 144, 255, 267 *Abgasemissionen.* Siehe auch unten Rn 774 ff.
123 Henning-Bodewig GRUR Int. 2004, 183, 185.

irreführende und vergleichende Werbung (Rn 18)[124] sind heranzuziehen. Zu nennen sind außerdem EU-Verordnungen (Rn 15). Außerhalb des durch das Sekundärrecht geregelten Bereiches ist auf das EU-Primärrecht zurückzugreifen. Das gilt in erster Linie in grenzüberschreitenden Sachverhalten (Rn 9 ff). Insbesondere die Waren- und Dienstleistungsfreiheit sind hier von Bedeutung (Art. 34, 56 AUEV).

■ **Wertordnung des Grundgesetzes:** Das Tatbestandsmerkmal der Unlauterkeit muss schließlich auch verfassungskonform ausgelegt werden. Relevant sind vor allem die grundrechtlichen Freiheiten aus Art. 2 Abs. 1, 4, 5 Abs. 1 und Abs. 3, 12 und 14 GG (vgl Rn 1). Daneben gehört zur verfassungskonformen Auslegung auch die Beachtung der Menschenwürde, insbesondere in ihrer die grundrechtlichen Freiheiten begrenzenden Funktion.[125] Die Menschenwürde darf aber nicht zu einer isolierten Berücksichtigung von Allgemeininteressen losgelöst vom Schutzzweck des UWG missbraucht werden (Rn 48). Schließlich müssen die Gerichte bei der Bestimmung der Unlauterkeit auch den allgemeinen Gleichheitssatz (Art. 3 GG) beachten.[126] Die Entscheidungspraxis der Gerichte muss also widerspruchsfrei sein, was auch das auf Art. 20 GG zu stützende Gebot der Rechtssicherheit verlangt.[127] Allerdings kann deutsches Verfassungsrecht nur begrenzt in das UWG einbrechen. Es gilt nicht für geschäftliche Handlungen, die der Richtlinie unlautere Geschäftspraktiken unterfallen (Rn 17). Denn diese Richtlinie eröffnet für das nationale Recht keine Umsetzungsspielräume, so dass auch die Anwendung deutschen Verfassungsrechts zurückgedrängt ist.[128] Die Rechte der **Charta der Grundrechte der Europäischen Union** sind seit 2009 als verbindliches EU-Verfassungsrecht relevant. Gleiches gilt für die **Europäische Menschenrechtskonvention (EMRK)**, weil sie auch für die EU Wirkung entfaltet.[129]

Auf dieser Grundlage (Schutzzweck des UWG, EU-Recht, Wertordnung des Grundgesetzes) muss im Rahmen einer **umfassenden Güter- und Interessenabwägung** festgestellt werden, ob das Verhalten als unlauter eingestuft werden muss.

Beispiel: Entgegen der jahrzehntelangen Rechtsprechung[130] ist nichts dagegen einzuwenden, dass der Kunde Schokolade kauft, weil der Hersteller sich dem Tierschutz verpflichtet hat und damit wirbt. Zwar mag der Tierschutz eigentlich gar nichts mit dem Produkt Schokolade zu tun haben. Die Werbung mit dem Tierschutz unterfällt jedoch der Meinungsfreiheit des Art. 5 Abs. 1 GG. Die Grenze verläuft erst dort, wo die Entschließungsfreiheit des Kunden beschränkt wird und damit der Schutzweck des UWG verletzt ist.[131]

Das UWG lässt den Rechtsanwender bei der Bestimmung der Unlauterkeit allerdings 81 nicht ganz allein. Die Beispielskataloge der §§ 4, 5, 5 a und 6 UWG konkretisieren den Unlauterkeitstatbestand des § 3 Abs. 1 UWG. Deshalb ist stets zuerst zu prüfen, ob das

---

124 Zu weiteren Richtlinien vgl Rn 19.
125 BVerfG GRUR 2003, 442, 443 *Benetton-Werbung II*; Köhler in Köhler/Bornkamm § 3 UWG Rn 73 mwN.
126 BVerfG GRUR 1993, 751, 753 *Großmarkt-Werbung*.
127 Köhler in Köhler/Bornkamm § 3 UWG Rn 68.
128 BVerfG NJW 2010, 833, 835 Tz. 181 *Vorratsdatenspeicherung* mwN.
129 EGMR GRUR-RR 2009, 173 *Gebührenhöchstbetrag*; EGMR GRUR-RR 2009, 175 *Verkehrsspezialist*: Dort Art. 10 EMRK (Meinungsfreiheit) bei Anwaltswerbung mit der Bezeichnung „Verkehrsspezialist".
130 ZB BGH GRUR 1987, 534, 535 *McHappy Tag*; BGH GRUR 1991, 545 *Tageseinnahme für Mitarbeiter*; BGH GRUR 1976, 308, 309 *UNICEF Grußkarten*. Siehe auch Rn 430 ff.
131 BVerfG GRUR 2002, 455, 456 f. *Tier- und Artenschutz*.

Verhalten unter die §§ 4 bis 6 UWG fallen könnte. Erst danach kann der Unlauter-keitstatbestand des § 3 Abs. 1 UWG als Auffangtatbestand wirken (Rn 38).

Die **wichtigsten anerkannten Fallgruppen** unlauteren Verhaltens, die der Gesetzgeber **nicht in §§ 4 bis 6 UWG** erwähnt hat, sind die objektive Behinderung (Rn 565 ff), die pauschale Herabsetzung – auch genannt unsachlicher Systemvergleich – (Rn 679 f) und die Haftung für die Verletzung wettbewerblicher Verkehrspflichten (Rn 892 ff).

Im Übrigen ist noch **Raum für die Entwicklung weiterer ungeschriebener Fallgruppen.** Dabei ist jedoch eine Einschränkung zu beachten. Die Ableitung von Ansprüchen aus der wettbewerbsrechtlichen Generalklausel setzt nicht nur voraus, dass die geschäftliche Handlung den anständigen Gepflogenheiten in Gewerbe und Handel zuwiderläuft. Zusätzlich **muss** die betreffende Verhaltensweise von ihrem **Unlauterkeitsgehalt** her den **in den §§ 4 bis 6 UWG** aufgeführten Beispiels- bzw Anwendungsfällen unlauteren Verhaltens **entsprechen.** Ein Rückgriff auf die Generalklausel ist insbesondere in Fällen geboten, in denen die Tatbestände der §§ 4 bis 6 UWG zwar bestimmte Gesichtspunkte der lauterkeitsrechtlichen Beurteilung erfassen, aber keine umfassende Bewertung der Interessen der durch das Wettbewerbsverhältnis betroffenen Marktteilnehmer ermöglichen.[132] Die eben genannten Fallgruppen (objektive Behinderung, unsachlicher Systemvergleich und Haftung für Verkehrspflichtverletzungen) erfüllen diese Voraussetzung. Völlig neue Unlauterkeitstatbestände, die im UWG derzeit noch nicht angelegt sind, wird man deshalb nicht aus § 3 Abs. 1 UWG herleiten können.

Ob danach ein immaterialgütergleicher „unmittelbarer Leistungsschutz" überall dort § 3 Abs. 1 UWG entnommen werden kann, wo die Immaterialgüterrechte *planwidrig* versagen, bedarf noch eingehender Diskussion.[133] Dafür könnte sprechen, dass es Ansätze für einen solchen ergänzenden wettbewerbsrechtlichen Leistungsschutz im UWG bereits gibt (Rn 702 ff).

§ 3 Abs. 2 S. 1 UWG und sein etwas anderer Wortlaut (nicht der fachlichen Sorgfalt entsprechend statt Unlauterkeit) ist zwar theoretisch spezieller als § 3 Abs. 1 UWG; inhaltlich laufen beide jedoch parallel (Rn 101). Die Unlauterkeit gem. § 3 Abs. 1 UWG muss **gar nicht geprüft** werden, wenn eine „Katalogtat" nach § 3 Abs. 3 UWG iVm dem Anhang UWG vorliegt (Rn 105 ff).

82   Da die Unlauterkeit im Sinne des § 3 Abs. 1 UWG ein objektives Merkmal ist, bedarf es **keines** besonderen **Bewusstseins der Unlauterkeit.** Der Handelnde braucht lediglich die Tatumstände seines Handelns gekannt zu haben.[134] Der Kenntnis gleichgestellt ist allerdings der Fall, dass der Handelnde sich ihr bewusst verschließt;[135] liegt das nicht

---

132   BGH GRUR 2009, 1080 Tz. 13 *Auskunft der IHK.*
133   Dafür Ohly GRUR 2010, 487, 490 ff; dagegen Köhler GRUR 2010, 657, 658.
134   BGH GRUR 1969, 292, 294 *Buntstreifensatin II*; BGH GRUR 1983, 587, 588 *Letzte Auftragsbestätigung*; BGH WRP 1994, 387, 390 *Indizienkette*; Sack WRP 1985, 1, 12 mwN in Fn 142; Vgl Utescher GRUR 1967, 599 f zu BGH GRUR 1967, 596, 597 *Kuppelmuffenverbindung.*
135   BGH GRUR 1991, 914, 915 *Kastanienmuster* und BGH GRUR 1992, 448, 449 *Pullovermuster* (fehlende Kenntnis des in Anspruch genommenen Händlers von der Nachahmung; nach Kenntniserlangung aber volle Haftung); BGH WRP 1994, 387, 390 *Indizienkette.*

vor, so reicht selbst grob fahrlässige Unkenntnis nicht aus.[136] Mangelnde Rechtskenntnis entlastet allerdings nicht.[137]

Der Bundesrat hatte im Gesetzgebungsverfahren zur UWG-Novelle 2004 im Anschluss an Baumbach/Hefermehl[138] gefordert, dass eine Haftung auch ohne Kenntnis der Tatumstände erfolgen müsse.[139] Die Bundesregierung lehnte dies in ihrer Gegenäußerung ab und wollte die weitere Entwicklung der Rechtsprechung überlassen.[140]

Für den Ausschluss der Rechts- und Sittenwidrigkeit durch besondere **Rechtfertigungs-** **83** **gründe** gilt im Wettbewerbsrecht an sich nichts Besonderes. Eine Art wettbewerbliches **Notwehrrecht** ist die Abwehr (Rn 660, 992). Grundsätzlich aber ist der unlautere Wettbewerb anderer kein Rechtfertigungsgrund für eigenes unlauteres Verhalten.[141]

Die **Wahrnehmung berechtigter Interessen** (vgl § 193 StGB) spielt bei § 4 Nr. 8 UWG **84** (vgl Rn 669 ff) und bei den Rechtfertigungsgründen für die sonst unzulässige bezugnehmende Werbung (vgl Rn 657 ff) eine besondere Rolle.

III. Spürbare Beeinträchtigung zum Nachteil der Marktteilnehmer

Rechtsgrundlage: § 3 Abs. 1 UWG

Eine unlautere geschäftliche Handlung ist für sich genommen grundsätzlich noch nicht **85** ausreichend für einen Verstoß gegen § 3 Abs. 1 UWG. § 3 Abs. 1 UWG verbietet seit der UWG-Novelle 2004 nur unlautere geschäftliche Handlungen, die (zusätzlich) geeignet sind, die Interessen von Mitbewerbern, Verbrauchen oder sonstigen Marktteilnehmern spürbar zu beeinträchtigen.

1. Konkrete Eignung

Rechtsgrundlage: § 3 Abs. 1 UWG

Die Formulierung „**Interessen von Marktteilnehmern zu beeinträchtigen**" soll zum **86** Ausdruck bringen, dass die Lauterkeit im Wettbewerb nicht um ihrer selbst Willen geschützt wird. Vielmehr wird sie nur insoweit geschützt, als die **Wettbewerbsmaß-** **nahmen tatsächlich geeignet** erscheinen, zu einer spürbaren Beeinträchtigung geschützter Interessen der Marktteilnehmer zu führen.[142] Da es nur auf die Eignung ankommt, braucht der tatsächliche Eintritt einer Beeinträchtigung nicht nachgewiesen zu werden.[143] Entsprechend dem Schutzzweck des UWG (§ 1; oben Rn 44 ff) beschränkt sich die Prüfung auf eine mögliche Beeinträchtigung der freien wettbewerblichen Betätigung von Mitbewerbern. Im Hinblick auf die Marktgegenseite ist relevant, ob eine Beein-

---

136 Piper GRUR 1992, 803, 806 und 1996, 147, 155.
137 BGH GRUR 1988, 382, 383 *Schelmenmarkt*; BGH GRUR 1993, 222, 224 *Flaschenpfand I*; BGH GRUR 1995, 603, 604 *Räumungsverkauf an Sonntagen*.
138 Wettbewerbsrecht, 22. Auflage, Einl. UWG Rn 126 ff.
139 Stellungnahme des Bundesrates zum RegE UWG-Novelle 2004 BT DS 15/1487, S. 30, abrufbar unter www.nordemann.de.
140 Gegenäußerung der Bundesregierung zur Stellungnahme des Bundesrates zum RegE UWG-Novelle 2004 BT DS 15/1487, S. 40, abrufbar unter www.nordemann.de.
141 BGH GRUR 1960, 431, 433 *Kraftfahrzeugnummernschilder*.
142 Begr. RegE UWG-Novelle 2004 BT DS 15/1487, S. 16 f, abrufbar unter www.nordemann.de.
143 Köhler/Lettl WRP 2003, 1051 mit Fn 194.

trächtigung der Entscheidungsfreiheit und des Informationsinteresse der Verbraucher und sonstiger Marktteilnehmer möglich ist.

Die Beeinträchtigung muss ein hinreichend konkretes Szenario darstellen, es muss also eine **konkrete Beeinträchtigung** drohen. Das gilt nicht nur bei Verstößen im Bereich der Gesundheitswerbung, bei denen wegen der überragenden Bedeutung des Rechtsgutes ohnehin besonders strenge Maßstäbe gelten. Auch hier ist jedoch – worauf das Bundesverfassungsgericht hingewiesen hat[144] – stets zu fordern, dass die unlautere Werbung konkret geeignet ist, das Laienpublikum unsachlich zu beeinflussen und damit zumindest eine mittelbare Gesundheitsgefährdung bewirken kann.[145]

87   Von einer bloßen Eignung zur Beeinträchtigung des **Mitbewerbers** wird immer dann auszugehen sein, wenn das Verhalten geeignet ist, den eigenen Wettbewerb des Handelnden zu fördern (dazu oben Rn 62). Eine Eignung, den Wettbewerb des Unternehmers zu fördern, ist zu verneinen, wenn es um eine Handlung geht, die den Unternehmer schädigt.

Beispiel: Dem Verbraucher wird die (falsche) telefonische Auskunft erteilt, ein beworbenes Elektrogerät sei nicht vorrätig, so dass der Kunde sich dann gar nicht erst auf den Weg macht.[146]

Gegenbeispiel: Ein Lohnsteuerhilfeverein machte in einer Anzeige nicht hinreichend deutlich, dass sich sein darin beworbenes Beratungsangebot nur an seine Mitglieder richtet. Die Irreführung war aber relevant, weil dem Lohnsteuerhilfeverein darüber der Vorteil erwuchs, mit Nicht-Mitgliedern einen ersten Kontakt zu erhalten, um sie als Mitglieder werben zu können.[147]

Die Eignung zur Beeinträchtigung der Interessen der **Verbraucher oder sonstiger Marktbeteiligter** dürfte regelmäßig dann vorliegen, wenn ihre Entschließungsfreiheit beeinträchtigt ist oder ihr berechtigtes Informationsinteresse nicht gewahrt wird. Sie sind die Schiedsrichter im Leistungswettbewerb und sollen frei entscheiden, welche Leistung sich durchsetzt (Rn 46). Der **Beeinträchtigung von Allgemeininteressen** kommt insoweit keine eigenständige Bedeutung zu. Sie sind nur Ausfluss der Interessen der Marktteilnehmer am Wettbewerb. Beeinträchtigungen von Allgemeininteressen, die nicht zugleich Interessen von Marktteilnehmern sind, werden also nicht erfasst[148] (siehe auch Rn 49).

2. Spürbarkeitsschwelle

Rechtsgrundlage: § 3 Abs. 1 UWG

88   Geschäftliche Handlungen, die zur Beeinträchtigung der Interessen der Marktteilnehmer geeignet sind, werden allerdings nur unter der weiteren Voraussetzung vom UWG erfasst, dass diese **Beeinträchtigung spürbar ist**. Damit soll zum Ausdruck kommen, dass die Wettbewerbsmaßnahme von einem gewissen Gewicht für das Wettbewerbsgeschehen und die Interessen der Parteien sein muss.[149] Schon nach früherem Recht vor Einführung dieser allgemeinen Spürbarkeitsschwelle durch die UWG-Novelle 2004

---

144   BVerfG GRUR 2004, 797 *Botox-Faltenbehandlung.*
145   BGH GRUR 2007, 809, 810 Tz.19 *Krankenhauswerbung.*
146   Vgl BGH GRUR 2002, 1091, 1092 *Telefonische Vorratsanfrage,* dort allerdings zur Relevanz der Irreführung.
147   BGH GRUR 2008, 186 Tz. 31 *Telefonaktion,* auch zur Relevanz der Irreführung.
148   Köhler/Lettl WRP 2003, 1051 mit Fn 194.
149   Begr. RegE UWG-Novelle 2004 BT DS 15/1487, S. 17, abrufbar unter www.nordemann.de.

hatte das Bundesverfassungsgericht die Wettbewerbsgerichte, allen voran den BGH, angewiesen, bei der Anwendung des UWG stets darzulegen, inwieweit eine unlautere Handlung eine Gefährdung für den Leistungswettbewerb darstelle.[150] Auch Art. 5 Abs. 2 b **Richtlinie unlautere Geschäftspraktiken**, die den Bereich B2C regelt (Rn 17), schreibt vor, dass eine Eignung gegeben sein muss, das Verbraucherverhalten „**wesentlich**" zu beeinflussen.

Die Schwelle war nach dem Willen des Gesetzgebers der UWG-Novelle 2004, der auf die „nicht nur unerhebliche" Beeinträchtigung abstellte, nicht zu hoch anzusetzen.[151] Das sollte auch nach Einführung der Formulierung „spürbare Beeinträchtigung" im Jahr 2009 der Fall sein.[152] Denn ausweislich der Gesetzesbegründung der Novelle 2008 war das Ziel der Anpassung lediglich die Ersetzung des „sperrigen" Tatbestandsmerkmales der „nicht nur unerheblichen" Beeinträchtigung[153] durch die griffigere Formulierung „spürbare Beeinträchtigung". Damit liegt eine rein sprachliche Änderung vor. **89**

Bei der Prüfung der Spürbarkeit kommt es nicht auf quantitative Aspekte an, sondern auf die **Qualität der Handlung**.[154] Dabei ist primär auf den **Schutzzweck des UWG** abzustellen.[155] **90**

Die Beurteilung erfolgt im Rahmen einer **alle Umstände des Einzelfalles berücksichtigenden Wertung**. Der Gesetzgeber nennt als Kriterien:[156]

■ Die **Art und Schwere des Verstoßes**; mithin ist also der Unrechtsgehalt zu ermitteln. Ob dabei auch das Verschulden eine Rolle spielt, ist noch nicht geklärt,[157] aber eher zu verneinen. Denn Verschulden spielt für den Unterlassungsanspruch keine Rolle. Deshalb ist auch das Argument grundsätzlich unbeachtlich, es habe sich um einen einmaligen Ausreißer gehandelt;[158] hier kommt es allein darauf an, wie sich der Verstoß qualitativ auf die Marktteilnehmer oder die Mitbewerber ausgewirkt hat.

■ **Die zu erwartenden Auswirkungen auf den Wettbewerb.** Hier spielt insbesondere die Anreizwirkung oder Anlockwirkung auf die umworbene Marktgegenseite[159] oder bei Handlungen gegenüber Mitbewerbern das Ausmaß der Mitbewerberbehinderung eine Rolle.

■ **Betroffenheit einer Vielzahl von Marktteilnehmern.** Nach dem Wortlaut der Bagatellklausel könnte man versucht sein, geschäftliche Handlungen gegenüber nur einem Mitbewerber, nur einem Verbraucher oder nur einem sonstigen Marktteilneh-

150 BVerfG GRUR 2002, 455, 457 *Tier- und Artenschutz*; BVerfG WRP 2003, 69, 71 *Veröffentlichung von Anwalts-Ranglisten*.
151 Begr. RegE UWG-Novelle 2004 BT DS 15/1487, S. 17, abrufbar unter www.nordemann.de.
152 Zur richtlinienkonformen Auslegung: Köhler WRP 2008, 10, 12 f.
153 Begr. RegE UWG-Novelle 2008 BT DS 16/10145, S. 22, abrufbar unter www.nordemann.de.
154 Köhler in Köhler/Bornkamm § 3 UWG Rn 122 mwN; einschränkend: Schünemann in Harte/Henning § 3 Rn 390 ff, der „durchaus auch Aspekte fehlender qualitativer Relevanz zur Geltung bringen" will.
155 BGH GRUR 2008, 187 Tz. 25 *Telefonaktion*; s. auch BGH v. 29.4.2010, Az I ZR 99/08 Tz. 30 *Preiswerbung ohne Umsatzsteuer*.
156 Begr. RegE UWG-Novelle 2004 BT DS 15/1487, S. 17, abrufbar unter www. nordemann.de. Siehe auch OLG Jena GRUR 2006, 246, 247 *Kaffeepreisauszeichnung*.
157 Dafür Fezer in Fezer § 3 UWG Rn 102; ebenso wohl Sosnitza in Münchener Kommentar Lauterkeitsrecht § 3 UWG Rn 117. AA Köhler in Köhler/Bornkamm § 3 UWG Rn 124.
158 Köhler in Köhler/Bornkamm § 3 UWG Rn 124 mwN; aA Schünemann in Harte/Henning § 3 Rn 392; Mankowski WRP 2008, 15, 19.
159 BGH GRUR 2011, 532 Tz. 16 *Millionen-Chance II*; BGH GRUR 2000, 1087, 1089 *Ambulanter Schlussverkauf*.

mer herauszunehmen, weil diese im Wortlaut der Vorschrift im Plural genannt sind. Das griffe aber zu kurz, weil es nicht um die tatsächliche Betroffenheit, sondern darum geht, ob mehr als nur einer der Marktteilnehmer von der Maßnahme betroffen sein kann.[160] Auch der einzelne wettbewerbswidrige Anruf bei einem Verbraucher kann daher grundsätzlich wettbewerbsrechtlich verfolgt werden, sofern das Potenzial besteht, dass auch andere – zB von späteren Aktionen – betroffen sein können. Im Übrigen kommt es auch hier auf die Qualität an, dh eine Aktion ist nicht schon deshalb spürbar, weil sie sich an viele Kunden richtete.

■ **Nicht unerhebliche Nachahmungsgefahr.** Sie ist ein qualitatives Merkmal, weil bei Nachahmungsgefahr droht, dass auch noch andere Marktteilnehmer Opfer der unlauteren Handlung werden. Sie hat deshalb nach wie vor Bedeutung.[161] Umgekehrt muss sie nicht zwingend vorliegen. Auch eine nicht nachgeahmte unlautere Handlung kann schon die Interessen der Marktteilnehmer nennenswert berühren. Die Nachahmungsgefahr darf nicht floskelhaft unterstellt, sondern muss aufgrund konkreter Umstände festgestellt werden. Sie ist bei besonderer Werbewirksamkeit der Handlung[162] oder dann gegeben, wenn Wettbewerber gezwungen sind, das unlautere Verhalten zu übernehmen, weil sie sonst im Wettbewerb benachteiligt wären.[163]

91 Schon nach altem Recht existierte in § 13 Abs. 2 Nr. 1 und Nr. 2 UWG aF für die Geltendmachung von Ansprüchen durch abstrakte Mitbewerber und Wirtschaftsverbände eine Bagatellgrenze, nach der die angegriffene Handlung geeignet sein musste, den Wettbewerb auf diesem Markt wesentlich zu beeinträchtigen. Verbraucherverbände konnten nach § 13 Abs. 2 Nr. 3 UWG aF ihre Ansprüche nur geltend machen, wenn wesentliche Verbraucherbelange betroffen waren.

Ob die Fallpraxis zu diesen Bagatellgrenzen nach früherem Recht vor der UWG-Novelle 2004 uneingeschränkt auch für die Auslegung der allgemeinen Bagatellgrenze in § 3 UWG herangezogen werden kann, ist nach der Gesetzgebungsgeschichte offen. In der Regierungsbegründung zur Novelle 2004 findet sich noch die Formulierung, dass die § 13 Abs. 2 Nr. 1 bis 3 UWG aF eine „zum Teil weiter gehende Einschränkung der Verfolgbarkeit" von Wettbewerbsverstößen beinhaltet habe. Auf den Vorschlag des Bundesrates, diese Differenz der alten und neuen Bagatellgrenze dadurch zu unterstreichen, dass die alten Bagatellgrenzen aus § 13 Abs. 2 Nr. 2 UWG aF zusätzlich zu allgemeinen Bagatellgrenze in § 3 in die entsprechende Regelung der Aktivlegitimation in § 8 Abs. 3 Nr. 2 übernommen werden,[164] reagierte die Bundesregierung aber ablehnend. Zur Begründung führte die Bundesregierung an, eine Differenzierung zwischen wesentlicher Beeinträchtigung und nicht unerheblicher Beeinträchtigung sei nicht möglich.[165] Das legt nahe, von einem **grundsätzlichen Gleichlauf** der früheren Bagatell-

160 Zutreffend Lettl GRUR 2004, 449, 450.
161 Kritisch zur Relevanz der Nachahmungsgefahr seit der UWG-Novelle 2008 Köhler in Köhler/Bornkamm § 3 UWG Rn 131; Ullmann jurisPK-UWG/Ullmann § 3 Rn 70.
162 BGH GRUR 1997, 767, 770 *Brillenpreise II.*
163 BGH GRUR 2001, 1166, 1169 *Fernflugpreise.*
164 Stellungnahme des Bundesrates zum RegE UWG-Novelle 2004 BT DS 15/1487, S. 32 f, abrufbar unter www.nordemann.de.
165 Gegenäußerung der Bundesregierung zur Stellungnahme des Bundesrates zum RegE UWG-Novelle 2004 BT DS 15/1487, S. 42, abrufbar unter www.nordemann.de.

grenze in § 13 Abs. 2 Nr. 1 und Nr. 2 UWG aF und der neuen allgemeinen Bagatellgrenze auszugehen.[166]

Mithin kann die bislang zur Bagatellgrenze des § 13 Abs. 2 Nr. 1 und Nr. 2 UWG ergangene Rechtsprechung fruchtbar gemacht werden. Dennoch wird die Schwelle aller Voraussicht nach in der erforderlichen Einzelfallbewertung (Rn 90) **ausnahmsweise** anders gezogen werden als unter § 13 Abs. 2 UWG aF.

Folgende Beispiele lassen sich im Hinblick auf die Erheblichkeitsschwelle des § 3 **92** Abs. 1 UWG bilden:

Beispiele für Bagatellverstöße: 93

- In der Regel einzelne Kleinanzeigen, insbesondere Immobilienkleinanzeigen.[167] Etwas anderes gilt, wenn eine Informationspflicht nach § 5 a Abs. 2, Abs. 3, Abs. 4 UWG besteht, zB bei PKW-Kleinanzeigen im Hinblick auf den Kraftstoffverbrauch nach §§ 1, 5 m. Anl. 4 PKW-EnVKV.[168]
- Bei falschen Widerrufsbelehrungen im Fernabsatz, wenn sich der Unternehmer auf einen Formulierungsvorschlag gem. BGB-InfoVO verlässt, weil er nicht schlauer sein muss als der Gesetzgeber.[169]
- Die fehlende Angabe der Aufsichtsbehörde für bestimmte Finanzdienstleistungen im Internetimpressum gem. § 5 Abs. 1 Nr. 3 TMG, weil die Aufsichtsbehörde für die Verbraucher auch anderweitig leicht zu ermitteln ist;[170] anders ist das aber bei Fehlen jeglichen Impressums oder bei Fehlen von wesentlichen Angaben im Impressum (Rn 837).
- Die Verwendung der Bezeichnung „PS" ohne gleichzeitige Hervorhebung der gesetzlich vorgeschriebenen Einheit „KW".[171]
- Die Verwendung von Zollangaben für Computerbildschirme anstelle der vorgeschriebenen Angabe „cm".[172]
- Das In-Verkehr-Bringen von 1-Liter-Perlweinflaschen, was gegen die FertigverpackungsVO verstößt.[173]
- Irreführung über Teilleistung, die tatsächlich fehlt, im Wert von EUR 2.500 bei einem Gesamtwert von EUR 77.000.[174]
- Um einen Tag falsche Angabe des Fristbeginns für das Widerrufsrecht gem. § 312 c BGB.[175]
- Angaben auf Werbemitteln, die eine geringe Relevanz haben, zB die (wegen Werbung mit Selbstverständlichkeiten) irreführende Angabe „Vertretungsberechtigt bei allen Amts-, Land- und Oberlandesgerichten" auf einem Anwaltsbriefkopf; denn mit Anwaltsbriefköpfen komme der Rechtsuchende erst nach Mandatierung in Berührung (str.).[176] Das überzeugt nicht; auch eine nur erhöhte Bindungswirkung des Mandanten an seinen Rechtsanwalt während des Mandates kann relevant sein; Mandate können eben auch gekündigt werden.

166   AA wohl Engels/Salomon WRP 2004, 32, 34.
167   Vgl J. B. Nordemann/Blum NZM 2002, 148, 152.
168   BGH GRUR 2010, 852 Tz. 21 *Gallardo Spyder*.
169   OLG Hamburg MMR 2008, 44; aA BGH vom 29.4.2010, Az I ZR 66/08 Tz. 23 f. *Holzhocker*, allerdings ohne jede Auseinandersetzung mit der Frage; KG MMR 2007, 185.
170   OLG Koblenz MMR 2006, 624.
171   BGH GRUR 1993, 679 *PS-Werbung I*; BGH GRUR 1994, 220 *PS-Werbung II*.
172   OLG Hamm NJW-RR 1994, 623; LG Bochum K&R 2010, 430, 431.
173   OLG Frankfurt WRP 1994, 879.
174   OLG Rostock OLGR 2006, 367 (eher zweifelhaft, weil die qualitative Beurteilung im Vordergrund steht, vgl Rn 90).
175   OLG Hamm MMR 2008, 176; zweifelhaft, weil es auf solche quantitativen Erwägungen nicht ankommt, s. Rn 90. Kritisch auch Schünemann in Harte/Henning § 3 Rn 393 m. Fn 717.
176   LG Aschaffenburg BRAK-Mitt. 2009, 37, 39 mwN. zum Streitstand.

■ Verstöße gegen die PreisangabenVO, sofern der einfach zu errechnende Endpreis ohne Irreführung des Verkehrs nicht vollständig ausgerechnet,[177] oder der Grundpreis nach § 2 nicht auch angegeben wird,[178] vgl auch Rn 806.
■ Irreführungen zum (alleinigen) Nachteil des Werbenden, zB Angabe „Kunstledersofa" statt „Ledersofa".[179] Bei für den Werbenden auch nachteiligen Irreführungen liegt demgegenüber eine Spürbarkeit vor, wenn bei ungezwungener Sichtweise ein Nachteil für den Verbraucher als naheliegend erscheint, zB wenn sich der Verbraucher dann nach einem ihn ungünstigen Alternativkauf umsieht.[180]

94   Beispiele für fehlenden Bagatellcharakter (spürbare Beeinträchtigung):

■ Alle Verstöße im Bereich der Gesundheitswerbung[181] wegen der Bedeutung des geschützten Rechtsguts Gesundheit, sofern die unlautere Werbung konkret geeignet ist, das Laienpublikum unsachlich zu beeinflussen und damit zumindest eine mittelbare Gesundheitsgefährdung bewirken kann;[182] (vgl auch Rn 86, 811 ff).
■ Staatlich geförderte Aktion zur schnelleren Hilfe bei Vergiftungsfällen von Kindern, bei deren Unterstützung ein Pharmahersteller einen geringfügigen Gesetzesverstoß begangen hatte.[183]
■ Verstöße gegen das RechtsberatungsG,[184]
■ Werbeaktionen mit großer Anreizwirkung auf den Kunden,[185] beispielsweise intensiv beworbene Gewinnspiele;[186]
■ Verletzungen, die eine Nachahmungsgefahr durch Konkurrenten bewirken,[187] zB bei Versendung einer einzigen Werbe-E-Mail eines Unternehmens.[188]
■ Werbung mit Preisherabsetzungen, weil der Kunde davon besondere Vorteile erwartet.[189]
■ Eine Irreführung kann spürbar sein, auch wenn der Verbraucher davon keine Nachteile hat, wenn sie den Mitbewerber in ein schlechtes Licht rückt. Denn das Irreführungsverbot des § 5 UWG schützt auch den Mitbewerber.[190]

95   Die **Bedeutung der Spürbarkeitsschwelle in der Praxis ist begrenzt.** Es scheitern nur relativ wenige wettbewerbsrechtliche Ansprüche an fehlender Spürbarkeit. In der Tendenz neigen die Gerichte dazu, eine Spürbarkeit anzunehmen, wenn eine Handlung unlauter ist. *Ullmann* will sogar erlauben, die Spürbarkeit „formelhaft" zu begründen, wenn keine Zweifel an der Erheblichkeit angezeigt sind.[191]

Für **Irreführungsfälle** (§§ 5, 5 a UWG) hat die Bagatellklausel schon deshalb regelmäßig keine Bedeutung, weil dort die Spürbarkeit der Irreführung im Rahmen der „Relevanz" der Irreführung geprüft wird.[192] Zur Relevanz der Irreführung unten Rn 145.

177 BGH GRUR 2004, 435, 436 *FrühlingsgeFlüge*, BGH GRUR 2001, 258, 259 *Immobilienpreisangaben*.
178 OLG Koblenz GRUR-RR 2007, 23 *Grundpreisangabe*; OLG Köln GRUR-RR 2002, 304 *Sprudelwasserpreis*; aA OLG Jena GRUR 2006, 246 *Kaffeepreisauszeichnung*.
179 Bornkamm in Köhler/Bornkamm § 5 UWG Rn 2.171.
180 KG GRUR-RR 2009, 349 *5 Euro-Startguthaben*.
181 BGH GRUR 1997, 761, 765 *Politikerschelte*; BGH GRUR 1998, 487, 488 *Professorenbezeichnung in der Arztwerbung*.
182 BGH GRUR 2007, 809 Tz.19 *Krankenhauswerbung* im Anschluss an BVerfG GRUR 2004, 797 *Botex-Faltenbehandlung* (unter Aufgabe von BGH GRUR 2001, 453, 455 *TCM-Zentrum*).
183 BGH GRUR 2000, 237 *Giftnotrufbox*.
184 BGH GRUR 2004, 253, 254 *Rechtsberatung durch Automobilclub*.
185 BGH GRUR 2011, 532 Tz. 16 *Millionen-Chance II*; BGH GRUR 1995, 122 *Laienwerbung für Augenoptiker*.
186 BGH GRUR 2011, 532 Tz. 16 *Millionen-Chance II*.
187 BGH GRUR 2004, 253, 254 *Rechtsberatung durch Automobilclub*; BGH GRUR 1995, 122 *Laienwerbung für Augenoptiker*.
188 BGH GRUR 2009, 980 Tz. 11 ff *E-Mail-Werbung II*.
189 BGH GRUR 2000, 337 *Preisknaller*.
190 BGH v. 29.4.2010, Az I ZR 99/08 Tz. 30 *Preiswerbung ohne Umsatzsteuer*.
191 Ullmann jurisPK-UWG/Ullmann § 3 Rn 75.
192 BGH GRUR 2010, 936 Tz. 23 *Espressomaschine*.

Die Bagatellgrenze des § 3 UWG hat allerdings etwas gesteigerte Bedeutung für die Fallgruppe „**Rechtsbruch**" (Rn 774 ff). § 4 Nr. 11 UWG regelt als hierzu gehörende Sondervorschrift nur die Frage, welcher Rechtsbruch vom UWG grundsätzlich sanktioniert werden soll. Die Frage, ob durch den danach unter das UWG fallenden Rechtsbruch auch ein **relevanter Vorsprung** des rechtsbrüchigen Unternehmers ausgelöst wurde, beantwortet sich aber nach der **Bagatellklausel** des § 3 UWG.[193] Beispiele Rn 93, 775.

Die **Spürbarkeitsschwelle ist nicht zu prüfen** im Rahmen des § 3 Abs. 3 UWG iVm dem   96
Anhang-UWG (Rn 107). Im Rahmen des § 7 UWG kommt es nur auf die „Unzumutbarkeit" der Belästigung an; die Unzumutbarkeit beinhaltet eine eigene Spürbarkeitskontrolle (Rn 511 ff), so dass auf § 3 Abs. 1 UWG nicht zurückgegriffen wird.

B. Die Generalklausel des § 3 Abs. 2 S. 1 UWG

Seit der UWG-Novelle 2008 kennt das UWG für geschäftliche Handlungen gegenüber   97
Verbrauchern eine eigene Generalklausel gem. § 3 Abs. 2 S. 1 UWG. Sie wurde eingeführt, um Art. 5 Abs. 2 und Abs. 3 Richtlinie unlautere Geschäftspraktiken umzusetzen (vgl Rn 17).

§ 3 Abs. 2 S. 1 UWG stellt zunächst – wie § 3 Abs. 1 UWG – auf eine „**geschäftliche**   98
Handlung" ab (dazu ausführlich Rn 55 ff).

Diese muss **gegenüber Verbrauchern** erfolgen. Der Verbraucherbegriff ist in § 2 Abs. 2   99
UWG iVm § 13 BGB legal definiert. Der Begriff „Verbraucher" muss allerdings richtlinienkonform (Rn 16) gem. der Definition des Art. 2 a Richtlinie unlautere Geschäftspraktiken (Rn 17) ausgelegt werden.

Kein Verbraucher ist insbesondere der **unternehmerische Abnehmer**; ihn nennt das UWG „sonstiger Marktbeteiligter" (vgl Rn 46). Eine Legaldefinition des Begriffs „Unternehmer" findet sich in § 2 Abs. 1 Nr. 7 UWG. Dabei fingiert das UWG auch eine Privatperson als Unternehmer, wenn sie im Namen oder im Auftrag eines Unternehmers handelt. Ansonsten kann für die Frage, wann unternehmerisches Handeln auf Abnehmerseite vorliegt, spiegelbildlich auf die Ausführungen zum „geschäftlichen" Verhalten verwiesen werden (Rn 56 ff).

Eine geschäftliche Handlung **richtet sich an Verbraucher,** wenn sie unmittelbar mit der   100
Absatzförderung, dem Verkauf oder der Lieferung eines Produkts oder einer Dienstleistung an Verbraucher zusammenhängt (vgl Art. 2 d Richtlinie unlautere Geschäftspraktiken). Dass *auch* sonstige (unternehmerische) Marktbeteiligte im Fokus der geschäftlichen Handlungen liegen, sollte unbeachtlich sein. Richtet sich eine geschäftliche Handlung allerdings **nur an Unternehmer,** scheidet eine geschäftliche Handlung gegenüber Verbrauchern aus. Entscheidend ist – wie auch sonst im UWG (Rn 120 ff) – die Sicht der angesprochenen Verkehrskreise, also ob sie das Angebot als (auch) an Verbraucher gerichtet ansehen.[194] Es kommt nicht darauf an, wen der Werbende ansprechen wollte.[195] Ein paralleles Abgrenzungsproblem enthält § 9 Abs. 1 Nr. 1 Preis-

---

193   Köhler GRUR 2004, 381, 386; vgl auch BGH GRUR 2004, 435, 436 *FrühlingsgeFlüge*.
194   BGH GRUR 1990, 617, 623 *Metro III*.
195   BGH GRUR 2011, 82 Tz. 23 *Preiswerbung ohne Umsatzsteuer*.

angabenVO (Rn 805, 809), die nur auf Handlungen gegenüber (privaten) Letztverbrauchern Anwendung findet. Danach wird der Unternehmer, der für seine private Lebensführung kauft, wie ein Verbraucher behandelt. Abgrenzungsprobleme gibt es insbesondere bei Händlern, die sich nur an unternehmerische Marktbeteiligte richten; wie bei § 9 Abs. 1 Nr. 1 PreisangabenVO müssen stationäre Händler für eine Unanwendbarkeit des § 3 Abs. 2 S. 1 UWG sicherstellen, dass nur unternehmerische Marktbeteiligte Zutritt haben und diese nur für ihren unternehmerischen Bedarf einkaufen.[196] Bei Fernabsatz kommt es darauf an, ob schon aus der Natur der Sache eine private Nachfrage ausgeschlossen ist (zB bei juristischen Seminaren, Vermietung von Büroräumen oder Verkauf von LKW). Bei auch privat verwendbaren Waren und Dienstleistungen genügt nicht der bloße Hinweis im Katalog „nur für Unternehmen"; vielmehr muss durch geeignete Maßnahmen sichergestellt sein, dass nur Unternehmen nachfragen (zB strenge Adressauswahl bei Mailings; Lieferverweigerung bei erkennbar privaten Bestellungen).[197] Bei internetgestütztem Handel muss bei Registrierung zuverlässig geprüft werden, ob Unternehmenseigenschaft gegeben ist. Bei frei im Internet zugänglichen Seiten muss „eindeutig und unmissverständlich" eine Beschränkung zB auf Wiederverkäufer (und damit ein Ausschluss privater Nachfrage) vorgegeben werden.[198]

Neben der Ausrichtung der geschäftlichen Handlung (auch) an Verbraucher muss das geschäftliche Verhalten zumindest auch die Interessen der Verbraucher beeinträchtigen. Damit ist **§ 3 Abs. 2 S. 1 UWG nicht anwendbar auf Fallgruppen** unlauteren Wettbewerbs, **die ausschließlich die Interessen der Mitbewerber** schützen.[199] Das sind im Grundsatz die Herabsetzung (§ 4 Nr. 7 UWG), die Anschwärzung (§ 4 Nr. 8 UWG), der ergänzende wettbewerbsrechtliche Leistungsschutz (§ 4 Nr. 9 UWG), die gezielte Behinderung (§ 4 Nr. 10 UWG) sowie einige Fälle des Rechtsbruchs (§ 4 Nr. 11 UWG)[200] und der unlauteren vergleichenden Werbung (§ 6 UWG).[201] Solche Fälle unlauteren Wettbewerbs erfasst die Richtlinie unlautere Geschäftspraktiken nicht, so dass auch § 3 Abs. 2 S. 1 UWG nicht eingreifen muss.

101 Anders als § 3 Abs. 1 UWG stellt § 3 Abs. 2 S. 1 UWG nicht auf die „Unlauterkeit", sondern darauf ab, dass die geschäftliche Handlung nicht der geltenden fachlichen Sorgfalt entspricht. „**Fachliche Sorgfalt**" ist gemäß § 2 Abs. 1 Nr. 7 UWG der Standard an Fachkenntnissen und Sorgfalt, von dem billigerweise angenommen werden kann, dass ein Unternehmer ihn in seinem Tätigkeitsbereich gegenüber Verbrauchern nach Treu und Glauben *unter Berücksichtigung* der Marktgepflogenheiten einhält. Der Begriff der fachlichen Sorgfalt wurde aus Klarstellungsgründen aus der Richtlinie über

---

196 Nicht nur § 9 Abs. 1 Nr. 1 PreisangabenVO, sondern auch §§ 6 a, 6 b UWG aF (und dort der Begriff: „letzter Verbraucher") haben insbesondere für die Metro-Großmärkte umfassende Praxis hierzu produziert, vgl BGH GRUR 1978, 173, 174 ff. *Metro I*; BGH GRUR 1979, 411, 412 *Metro II*; BGH GRUR 1990, 617, 623 *Metro III*; BGH GRUR 2001, 846, 847 *Metro V*; siehe auch Völker in Harte/Hennig § 9 PAngV Rn 3 ff.
197 BGH GRUR 1979, 61, 62 *Schäfer-Shop*; vertiefend Völker in Harte/Hennig § 9 PAngV Rn 10.
198 BGH GRUR 2011, 82 Tz. 23 *Preiswerbung ohne Umsatzsteuer*.
199 Fezer WRP 2010, 677, 684.
200 Sofern die gebrochene Norm ausschließlich mitbewerberschützend ist.
201 Ausschließlich mitbewerberschützend sind § 6 Abs. 2 Nr. 4 bis 6 UWG; auch auf die Nr. 1 bis 3 kann § 3 Abs. 2 S. 1 UWG aber nicht angewendet werden, weil sie nicht zum Regelungsgegenstand der Richtlinie unlautere Geschäftspraktiken gehören, sondern der Richtlinie irreführende und vergleichende Werbung entspringen, vgl Rn 18.

unlautere Geschäftspraktiken übernommen. Er entspricht nach Auffassung des Gesetzgebers im Wesentlichen dem, **was bisher unter** „Unlauterkeit" verstanden wurde.[202] Es kann deshalb auf die obigen Ausführungen zur Unlauterkeit und insbesondere auf seine schutzzweck-, verfassungs- und EU-orientierte Auslegung verwiesen werden (Rn 75 ff). Anders als die Richtlinie hat sich der deutsche Gesetzgeber aber dazu entschlossen, nicht den engeren Begriff „berufliche" Sorgfalt gem. Art. 5 Abs. 2 a, Art. 2 h Richtlinie unlautere Geschäftspraktiken zu verwenden. Der deutsche Gesetzgeber fürchtete, es könne anderenfalls der unzutreffende Eindruck entstehen, dass sich nicht auch juristische Personen an die entsprechenden Sorgfaltspflichten halten müssen.[203]

Die **Spürbarkeitsschwelle** des § 3 Abs. 2 S. 1 UWG ist auch anders als in § 3 Abs. 1   **102** UWG formuliert und erfasst Handlungen, die geeignet sind, „die Fähigkeit des Verbrauchers, sich aufgrund von Informationen zu entscheiden, spürbar zu beeinträchtigen und ihn damit zu einer geschäftlichen Entscheidung zu veranlassen, die er anderenfalls nicht getroffen hätte." Beide Spürbarkeitsschwellen laufen jedoch gleich, so dass sich in der Praxis kein Unterschied durch die Einführung des § 3 Abs. 2 S. 1 UWG ergibt. Der Gesetzgeber hat die Spürbarkeitsschwelle des § 3 Abs. 2 S. 1 UWG lediglich deshalb anders formuliert, um nach außen gegenüber „Marktteilnehmern aus anderen Mitgliedsstaaten" klarzustellen, dass die Spürbarkeitsschwelle der Richtlinie unlautere Geschäftspraktiken in deutsches Recht umgesetzt ist.[204] Deshalb kann auf die vorstehenden Ausführungen zur Spürbarkeitsschwelle des § 3 Abs. 1 UWG verwiesen werden (Rn 85 ff). Zu beachten ist jedoch, dass bei Anwendbarkeit des § 3 Abs. 2 S. 1 UWG, also bei geschäftlichen Handlungen gegenüber Verbrauchern, immer eine richtlinienkonforme Auslegung im Lichte der Richtlinie unlautere Geschäftspraktiken erfolgen muss (Rn 16 f).

Zum **Verhältnis zwischen § 3 Abs. 1 und § 3 Abs. 2 S. 1 UWG** vgl Rn 111.   **103**

Zu **§ 3 Abs. 2 S. 2 und S. 3 UWG** vgl unten Rn 134 ff.   **104**

C. § 3 Abs. 3 UWG und die Schwarze Liste im Anhang-UWG

Geschäftliche Handlungen (Rn 55 ff) gegenüber Verbrauchern (Rn 99), die bestimmte   **105** typische Fälle unzulässigen Verhaltens darstellen, hat der deutsche Gesetzgeber im Anhang-UWG als Katalog aufgelistet.[205] § 3 Abs. 3 UWG erklärt dieses „Katalogtaten" für „stets unzulässig". Die Regelung ist auf die Richtlinie unlautere Geschäftspraktiken (Rn 17) zurückzuführen. **Art. 5 Abs. 5 Richtlinie unlautere Geschäftspraktiken** verweist auf **Anhang I** der Richtlinie und eine dort zu findenden Liste „jener Geschäftspraktiken, die unter allen Umständen als unlauter anzusehen sind". Allerdings hat der deutsche Gesetzgeber statt der 31 Katalogtaten aus Anhang I der Richtlinie nur 30 in seinen Anhang-UWG übernommen. Die Nr. 26 aus Anhang I der Richtlinie wurde in § 7 Abs. 2 UWG verschoben (Rn 514).

---

202 Begr. RegE UWG-Novelle 2008 BT DS 16/10145, S. 15, abrufbar unter www.nordemann.de.
203 Begr. RegE UWG-Novelle 2008 BT DS 16/10145, S. 21 f, abrufbar unter www.nordemann.de.
204 Begr. RegE UWG-Novelle 2008 BT DS 16/10145, S. 15, abrufbar unter www.nordemann.de.
205 Ausführlich dazu Scherer NJW 2009, 324; Schöttle WRP 2009, 673.

106 Der Anhang-UWG differenziert zwischen **Irreführung** (Nr. 1 bis 24) und **sonstiger unlauterer Beeinflussung** des Verbrauchers (Nr. 25 bis 30). Systematisch richtig hat der deutsche Gesetzgeber Nr. 31 der Richtlinie deshalb in die Irreführungstatbestände bei Nr. 17 Anhang-UWG eingeordnet.

Die einzelnen Katalogtaten des Anhang-UWG sind im sachlichen Zusammenhang bei den einschlägigen Irreführungstatbeständen (Rn 139 ff), beim Zwang (Rn 411 ff) oder bei der Ausnutzung menschlicher Vorzüge und Schwächen (Rn 427 ff) erläutert. Siehe dort.

107 Wenn der Tatbestand einer Katalogtat nach Anhang-UWG erfüllt ist, erfolgt **keine gesonderte Prüfung der Spürbarkeit.** Vielmehr ist „stets" Unzulässigkeit anzunehmen. Es handelt sich um „**Per-se-Verbote ohne Relevanzprüfung**", also Verbote ohne Wertungsvorbehalt im Hinblick auf die Spürbarkeit.[206] Der deutsche Gesetzgeber geht allerdings davon aus, dass im Einzelfall die Verfolgung dem Gebot der Verhältnismäßigkeit widersprechen kann.[207] Konkrete Anwendungsfälle nennt er nicht; sie sollten sich auch – schon wegen des Zwangs zur richtlinienkonformen Auslegung – auf seltene Ausnahmen beschränken. Ohnehin erscheint es als zweifelhaft, ob die Auffassung des deutschen Gesetzgebers mit dem Ziel der Richtlinie über unlautere Geschäftspraktiken (Vollharmonisierung) vereinbar ist.[208]

108 Eine **analoge Anwendung auf sonstige Marktteilnehmer**, also insbesondere auf unternehmerische Verbraucher, **scheidet aus.**[209] Der deutsche Gesetzgeber hat § 3 Abs. 3 UWG auf geschäftliche Handlungen gegenüber Verbrauchern (Rn 99) beschränkt und wollte dabei ausdrücklich den Grundsatz der einheitlichen Anwendung des Gesetzes auf Mitbewerber, Verbraucher und sonstige Marktteilnehmer durchbrechen.[210] Geht es um geschäftliche Handlungen gegenüber sonstigen (also unternehmerischen) Marktbeteiligten, muss damit die übliche Prüfung des § 3 Abs. 1 UWG erfolgen, insbesondere muss die Spürbarkeit festgestellt werden. Zulässig sollte aber sein, den Katalogtaten eine Bedeutung dahingehend zuzusprechen, dass sie für das Unlauterkeitsurteil eine Tendenz vorgeben: wenn die Handlung gegenüber Verbrauchern stets unzulässig ist, sollte das ein **Indiz für eine Unlauterkeit auch gegenüber Unternehmern** sein; allerdings muss dennoch eine Einzelfallprüfung des § 3 Abs. 1 UWG vorgenommen werden und insbesondere seine Spürbarkeitsschwelle überschritten sein.[211]

D. Verhältnis von § 3 Abs. 1, Abs. 2 S. 1 und Abs. 3 UWG zueinander (Prüfungsreihenfolge)

109 Bei geschäftlichen Handlungen gegenüber Verbrauchern (Rn 99) ist § 3 Abs. 3 UWG vorrangig zu prüfen, weil § 3 Abs. 3 gegenüber § 3 Abs. 2 S. 1 UWG spezieller ist.[212]

---

206 Begr. RegE UWG-Novelle 2008 BT DS 16/10145, S. 30, abrufbar unter www.nordemann.de.
207 Begr. RegE UWG-Novelle 2008 BT DS 16/10145, S. 30, abrufbar unter www.nordemann.de.
208 Wie hier Sosnitza WRP 2008, 1014, 1021.
209 Schünemann in Harte/Hennig § 3 Rn 461 ff; Köhler/Bornkamm in Köhler/Bornkamm Anh. zu § 3 III Einf. Rn 0.8; anders wohl Lettl § 3 Rn 2: Unzulässigkeit „allein nach § 3 Abs. 1 UWG" zu beurteilen.
210 Begr. RegE UWG-Novelle 2008 BT DS 16/10145, S. 22, abrufbar unter www.nordemann.de.
211 Etwas weitergehender: Köhler/Bornkamm in Köhler/Bornkamm Anh. zu § 3 III Einf. Rn 0.12: „Starkes Indiz" auch für die Überschreitung der Spürbarkeitsschwelle gegenüber Unternehmern.
212 Ullmann jurisPK-UWG/Ullmann § 3 Rn 95; Köhler WRP 2010, 1293, 1295; ders. in Köhler/Bornkamm § 3 UWG Rn 6.

Ist § 3 Abs. 3 UWG und seine schwarze Liste im Fall von geschäftlichen Handlungen **110** gegenüber Verbrauchern nicht einschlägig, sind die Generalklauseln des § 3 Abs. 1 und Abs. 2 S. 1 UWG anwendbar. Allerdings prüft man nicht sogleich die Generalklauseln, sondern die **Tatbestände der §§ 4 bis 6 UWG**. Denn sie **konkretisieren die Generalklauseln** in § 3 Abs. 1 und Abs. 2 S. 1 UWG in punkto „Unlauterkeit" bzw „nicht der fachlichen Sorgfalt entsprechend". Die Tatbestände der §§ 4 bis 6 UWG können indes ein eigenständiges Urteil der Unzulässigkeit nicht tragen; insbesondere für die Prüfung der Spürbarkeit fällt die Prüfung wieder auf die Generalklauseln zurück.

Das **Verhältnis der Generalklausel des § 3 Abs. 2 S. 1 UWG zur Generalklausel des** **111** **§ 3 Abs. 1 UWG** ist etwas unklar. Der Wortlaut von § 3 Abs. 2 S. 1 UWG („jedenfalls") legt nahe, dass eine Spezialität des Abs. 2 S. 1 anzunehmen ist.[213] Andere meinen, die Spürbarkeit sei bei geschäftlichen Handlungen gegenüber Verbrauchern immer zusätzlich zu § 3 Abs. 1 UWG (Rn 85 ff) auch nach § 3 Abs. 2 S. 1 UWG zu bestimmen, so dass ihr nur die Funktion einer speziellen Spürbarkeitsschwelle zukomme.[214] Diese beiden Ansätze können aber nicht überzeugen. § 3 Abs. 2 S. 1 UWG regelt nur Fälle, die nicht irreführende oder aggressive Geschäftspraktiken gem. Art. 5 Abs. 4, Art. 6 bis 9 Richtlinie unlautere Geschäftspraktiken sind. Denn § 3 Abs. 2 S. 1 UWG will nur Art. 5 Abs. 2 und Abs. 3 Richtlinie unlautere Geschäftspraktiken umsetzen, nicht aber die irreführenden und aggressiven Geschäftspraktiken des Art. 5 Abs. 4 Richtlinie und seine Konkretisierung in Art. 6 bis 9 Richtlinie.[215] Auch nach der Rechtsprechung des EuGH trifft Art. 5 Abs. 4 mit seinen Konkretisierungen in Art. 6 bis 9 Richtlinie eine abschließende Regelung der Unlauterkeit für irreführende und aggressive Geschäftspraktiken;[216] Art. 5 Abs. 2 muss hier nicht bemüht werden. Die Richtlinie gibt deshalb nicht vor, dass § 3 Abs. 2 S. 1 UWG als Norm, die Art. 5 Abs. 2 UWG umsetzt, stets auch auf Fälle irreführenden oder aggressiver Geschäftspraktiken anzuwenden wäre. Das hat zur Konsequenz, dass die Umsetzung der irreführenden und aggressiven Geschäftspraktiken in §§ 4 bis 5 a UWG nicht über § 3 Abs. 2 S. 1 UWG, sondern über § 3 Abs. 1 UWG angeknüpft ist. Dafür spricht auch, dass die Tatbestände der §§ 4, 5 und 5 a UWG nicht die Formulierung des § 3 Abs. 2 S. 1 UWG „nicht der fachlichen Sorgfalt entsprechend", sondern den Begriff „Unlauterkeit" aus § 3 Abs. 1 UWG aufnehmen. Der Gesetzgeber wollte also offensichtlich nicht § 3 Abs. 2 S. 1 UWG durch §§ 4, 5, 5 a UWG konkretisieren. Vielmehr sollten sie § 3 Abs. 1 UWG spezifizieren.

§ 3 Abs. 2 S. 1 UWG fungiert deshalb – wie Art. 5 Abs. 2 Richtlinie unlautere Geschäftspraktiken – als spezielle **Generalklausel** lediglich für alle **geschäftlichen Handlungen** gegenüber Verbrauchern, **die nicht von den §§ 4, 5, 5 a UWG erfasst** werden.[217] Eine **Ausnahme** muss allerdings für **§ 5 a Abs. 2 UWG** gemacht werden. Hier

213 Dafür Fezer WRP 2010, 677, 683, der dies aus der Richtlinie herleitet; Kulka DB 2008, 1552, 1554.
214 Wirtz in Götting/Nordemann § 3 UWG Rn 10, 20; Schünemann in Harte/Henning § 3 UWG Rn 432: „spezielle Bagatellklausel".
215 Köhler WRP 2010, 1293, 1296 ff; ders. in Köhler/Bornkamm § 3 UWG Rn 8 mwN zum Streitstand; Scherer WRP 2010, 586 ff; dies. NJW 2010, 1849, 1850.
216 EuGH GRUR 2010, 244 Tz. 42 ff. *Plus Warenhandelsgesellschaft*, insbesondere Tz 44 „präzise Kriterien" von unlauteren Geschäftspraktiken in Art. 5 Abs. 4 festgelegt; EuGH GRUR 2009, 599 Tz. 53 *VTB/Total Belgium und Galatea/Sanoma*.
217 Köhler WRP 2010, 1293, 1296 ff; ders. in Köhler/Bornkamm § 3 UWG Rn 8.

ist statt § 3 Abs. 1 UWG ausschließlich § 3 Abs. 2 S. 1 UWG zu prüfen, weil das der Tatbestand des § 5 a Abs. 2 UWG ausdrücklich fordert.[218]

112 Der Generalklausel des **§ 3 Abs. 1 UWG** kommt dann eine völlig **eigenständige Bedeutung** zu, wenn **geschäftliche Handlungen gegenüber sonstigen Marktbeteiligten** (insbesondere unternehmerischen Verbrauchern) **oder Mitbewerbern** zu beobachten sind.

113 Damit ergibt sich folgende **Prüfungsreihenfolge** für die Unzulässigkeit nach § 3 UWG:

- Zunächst ist festzustellen, ob eine **geschäftliche Handlung** vorliegt (Rn 55 ff).
- Danach muss geklärt werden, ob sie **gegenüber Verbrauchern** (Rn 99) erfolgt.
  - Ist dies der Fall, wird § 3 Abs. 3 UWG mit seiner schwarzen Liste im Anhang-UWG geprüft. Erfüllt die geschäftliche Handlung einen gelisteten Tatbestand, ist die Handlung unzulässig. Eine Spürbarkeitsprüfung findet grundsätzlich nicht statt.
  - Ansonsten ist bei geschäftlichen Handlungen gegenüber Verbrauchern die Generalklausel des § 3 Abs. 1 UWG in Verbindung mit ihren Konkretisierungen in §§ 4, 5 und 5 a UWG zu bemühen. Die Unlauterkeit wird also über die Wertungshilfen der §§ 4, 5 und 5 a UWG geprüft. Ist die Handlung danach unlauter, springt man auf § 3 Abs. 1 UWG zurück und prüft die Spürbarkeitsschwelle des § 3 Abs. 1 UWG (Rn 85 ff). Nur für § 5 a Abs. 2 UWG wird statt § 3 Abs. 1 UWG § 3 Abs. 2 UWG bemüht.
  - Fällt eine geschäftliche Handlung gegenüber Verbrauchern nicht unter §§ 4, 5 oder 5 a UWG, ist § 3 Abs. 1 UWG nicht einschlägig, sondern allein die Generalklausel des § 3 Abs. 2 S. 1 UWG zu prüfen.
- Für geschäftlichen Handlungen (Rn 55 ff) gegenüber sonstigen Marktbeteiligten (insbesondere unternehmerischen Verbrauchern) oder Mitbewerbern ist allein § 3 Abs. 1 UWG und niemals § 3 Abs. 3 UWG oder § 3 Abs. 2 S. 1 UWG einschlägig. Für die „Unlauterkeit" (Rn 75 ff) wird zunächst auf §§ 4 bis 6 UWG abgestellt; sind sie nicht einschlägig, kann aber auch ein Unlauterkeitsurteil allein aus § 3 Abs. 1 UWG erfolgen. Stets (also auch bei Unlauterkeit nach §§ 4 bis 6 UWG) muss die Spürbarkeit gem. § 3 Abs. 1 UWG gesondert festgestellt werden.

Sechstes Kapitel: Unlauterkeit nach Fallgruppen

114 Die größten Probleme für die Praxis bereitet die Feststellung der „Unlauterkeit" einer geschäftlichen Handlung. Dem Einfallsreichtum der Unternehmer sind keine Grenzen gesetzt, selten gleichen früher entschiedene Fälle exakt dem zu beurteilenden Fall. Schon der Gesetzgeber des UWG aF von 1909 wusste sich deshalb nicht anders zu helfen, als eine Generalklausel einzuführen, die alle denkbaren Fälle unlauteren Handelns regeln sollte (vgl Rn 43).[1] Seitdem bemüht sich die wettbewerbsrechtliche Wissenschaft um Systematisierung der als unlauter erkannten Fälle. Der Gesetzgeber hat darauf mit der UWG-Novelle 2004 reagiert und seinerseits die Beispielsfälle für die Unlauterkeit in den §§ 4 bis 6 UWG geschaffen. Daneben führen die Katalogtaten der schwarzen Liste

---

218 Vgl nur BGH GRUR 2010, 248 Tz. 31 *Kamerakauf im Internet,* wo nur § 3 Abs. 2 S. 1 UWG, nicht aber § 3 Abs. 1 UWG erörtert wird.
1 Begr. RegE UWG-Novelle 2004 BT DS 15/1487, S. 16, abrufbar unter www.nordemann.de.

gem. § 3 Abs. 3 iVm Anhang-UWG ein Eigenleben. Das Gleiche gilt für die Strafbestimmungen der §§ 16 bis 19 UWG; sie können aber u.a. über § 4 Nr. 11 UWG in die Beispielsfälle der §§ 4 bis 6 UWG importiert werden (Rn 771, 835).

Jedoch ist angesichts des unterschiedlichen Gewichts und Regelungsgehalts der gesetzlich normierten Tatbestände ist eine Systematisierung des Wettbewerbsrechts anhand der Struktur des UWG nicht durchführbar. Zu bunt sind die einzelnen Fallgruppen für eine systematische Darstellung aus nahe liegenden gesetzgebungstechnischen Gründen durcheinander gewürfelt. So listet zB § 4 Nr. 3 UWG die Verschleierung des Werbecharakters von geschäftlichen Handlungen auf, obwohl dies eigentlich ein Fall der Irreführung gem. § 5 UWG ist[2] und dort aufgeführt sein sollte. Die Verunglimpfung des Mitbewerbers ist in § 4 Nr. 7 UWG und im Fall der vergleichenden Werbung auch in § 6 Abs. 2 Nr. 5 UWG geregelt. Die unlautere Nachahmung als Unterfall der Nachahmung findet Erwähnung in § 4 Nr. 9 UWG, die Ausbeutung in Form des Geheimnisverrates und der Vorlagenfreibeuterei in §§ 17, 18 UWG.

Ein transparentes System des Wettbewerbsrechts ergibt sich, wenn man sich auf die eigentliche Bedeutung dieses Rechtsgebietes und seinen Schutzzweck (§ 1 UWG) besinnt. Es ist bei Rn 4 bereits dargelegt worden, dass das Wettbewerbsrecht das **Recht der Beziehungen von Marktteilnehmern** ist. Die Allgemeinheit wird nur reflexartig mit geschützt, sofern die Interessen der Marktteilnehmer berührt sind (vgl Rn 48 f).[3] Dabei liegt die Besonderheit des Wettbewerbsrechts darin, dass es fast durchweg keine positiven Rechte gewährt, sondern in der Art einer **Negativliste** von der grundsätzlich bestehenden Freiheit des Gewerbetreibenden durch Verbotsnormen hier und da ein Stück wegnimmt. Die Rechtsverhältnisse, die das Wettbewerbsrecht regelt, sind also stets negativer Art: Ein bestimmtes Verhalten *gegen* den Kunden zum Nachteil auch des Mitbewerbers oder *gegen* den Mitbewerber unmittelbar ist verboten oder erlaubt. Die Wettbewerbsverhältnisse lassen sich also am einfachsten nach der **Angriffsrichtung** der konkreten Verhaltensweise gruppieren, die sie entstehen ließ. Das wettbewerbsrechtlich verbotene Tun eines Unternehmers kann sich primär richten gegen

- **den Kunden:** Der Kunde wird durch Irreführung oder durch andere unlautere Beeinflussungsmittel in seiner Entschließungsfreiheit beeinträchtigt; dadurch wird zugleich die Konkurrenz benachteiligt. Erfasst werden aber auch bloße Belästigungen der Kunden, die zwar ihre Entschließungsfreiheit nicht beeinträchtigen, jedoch in andere Rechtsgüter des Kunden wie allgemeines Persönlichkeitsrecht, Eigentum, Besitz, Freiheit und Vermögen eingreifen.

- **Mitbewerber:** Durch Behinderungshandlungen wird ihre eigene Freiheit zu wettbewerblicher Betätigung beeinträchtigt.

- **Die Rechtsordnung (Allgemeinheit), soweit sie (auch) die Beziehung der Kunden oder Mitbewerber regelt:** Der Unternehmer begeht einen Rechtsbruch. Das UWG kann hier aber nicht alle Rechtsverstöße erfassen, weil die Allgemeinheit nur re-

---

2 Siehe insbesondere § 5 Abs. 1 Nr. 3 UWG: „Beweggründe für die geschäftliche Handlung".
3 Dieser Reflex führt ebenso wenig dazu, dass sich ein potentieller Kläger bei dem Antrag auf Gewährung von Prozesskostenhilfe darauf stützen kann, die Unterlassung der Rechtsverfolgung liefe immer auch den „allgemeine Interessen" iSv § 116 S. 1 Nr. 2 ZPO entgegen: OLG Köln GRUR 2007, 86, 86 *Prozesskostenhilfe für Wettbewerbsklage*.

115

flexartig am Schutz des UWG für die Marktbeteiligten teilnimmt (Rn 48 f). Das UWG kann deshalb nur Rechtsbruch erfassen, der die Interessen der Kunden oder der Mitbewerber verletzt.

116 Wir haben deshalb die Darstellung des materiellen Wettbewerbsrechts in die drei Kapitel

1. **Unlauteres Verhalten gegenüber Kunden** durch
   - Irreführung
   - Ausübung unmittelbaren oder mittelbaren Zwanges
   - Ausnutzung menschlicher Vorzüge oder Schwächen
   - Belästigung
2. **Unlauteres Verhalten gegenüber Mitbewerbern** durch
   - Vernichtungswettbewerb
   - Bezugnehmende Werbung
   - unlautere Ausnutzung fremder Leistung (Ausbeutung)
3. **Rechtsbruch**

gegliedert. Der Leser, der mit ihrer Hilfe einen konkreten Fall klären will, wird diesen also zunächst in eine der genannten Fallgruppen einzuordnen und sodann dort nachzulesen haben. Unlauteres Verhalten gegenüber Kunden ist im siebten Kapitel (Rn 118 ff), unlauteres Verhalten gegenüber Mitbewerbern im achten Kapitel (Rn 551 ff) und der Rechtsbruch im neunten Kapitel (Rn 774 ff) beschrieben.

117 Auch *Emmerich*[4] hat eine Systematisierung vorgeschlagen, die zu einer Dreiteilung nach der Angriffsrichtung wettbewerblichen Verhaltens kommt. Maßgeblich soll sein, ob der Schwerpunkt der Handlung in einem Verstoß gegen die Interessen der Mitbewerber, gegen die der Abnehmer oder gegen die der Allgemeinheit liegt, wobei in der dritten Gruppe neben dem Rechtsbruch auch die Fälle der Erhaltung des Wettbewerbssystems (vgl Rn 565 ff) zusammengefasst werden. Sie lassen sich jedoch zwanglos in die hier vorgeschlagene zweite Gruppe des Angriffs gegen bestimmte Mitbewerber (Behinderungswettbewerb) einordnen (Rn 551 ff). Der besondere Schutzzweck zugunsten der Allgemeinheit hat ohnehin keinen eigenständigen Gehalt (Rn 48 f). Ganz ähnlich schlägt *Beater*[5] vor, nach Schutzrichtungen (Schutzinteressen der Verbraucher, der Konkurrenten, der unternehmerischen Marktgegenseite; Bestand des Wettbewerbs; Allgemeininteressen) zu unterscheiden. Daran ist überzeugend, dass wiederum nach Schutzrichtungen und damit – als andere Seite der Medaille – nach Angriffsrichtungen unterschieden wird. Dass diese jedoch schon in den Oberbegriffen so stark ausdifferenziert werden (zB Unterscheidung von Schutzinteressen der Verbraucher und der unternehmerischen Gegenseite), birgt die Gefahr, dass das System schwer verständlich ist. Er selbst räumt ein, dass er die Fallpraxis zu § 3 UWG nicht einheitlich darstellen kann.[6]

---

4 Emmerich, Unlauterer Wettbewerb, § 5 Rn 53 f.
5 Beater, Unlauterer Wettbewerb, § 10 Rn 25 ff.
6 Beater, Unlauterer Wettbewerb, § 10 Rn 27.

Siebtes Kapitel: Unlauteres Verhalten gegenüber Kunden

Der Unternehmer fördert seinen Absatz am unmittelbarsten durch die Arbeit am Kun- **118** den. Es ist daher der Sinn jeder Werbung, die Kauflust des Publikums zugunsten des Werbenden zu beeinflussen oder auch erst zu wecken. Dagegen ist grundsätzlich nichts einzuwenden. Die Einflussnahme durch die Werbung darf nur nicht so weit gehen, dass der freie Leistungswettbewerb dadurch beeinträchtigt wird. Das ist stets dann der Fall, wenn der Kunde nicht mehr leistungsgerecht, dh sachgerecht, entscheiden kann, etwa weil er getäuscht wurde, also von unrichtigen sachlichen Voraussetzungen ausgeht oder weil er unter Druck wirtschaftlicher, intellektueller oder physischer Art gesetzt oder sonst unsachlich beeinflusst wurde, also (auch) nach Kriterien entscheidet, die mit der Leistung des Anbietenden nichts mehr zu tun haben (Rn 52): Unlauter ist jede Beeinflussung des Kunden, die ihm eine sachgerechte Entscheidung erschwert oder unmöglich macht (**Schutz der Entscheidungsfreiheit**). Das UWG schützt die Marktgegenseite ferner darin, eine ausreichend informierte Entscheidung treffen zu können (**Schutz des Informationsinteresses**). Schließlich gewährt das UWG der Marktgegenseite auch Schutz vor geschäftlichen Handlungen, die zwar die Entschließungsfreiheit nicht beeinträchtigen, aber in andere Rechtsgüter des Kunden wie das allgemeine Persönlichkeitsrecht, Eigentum, Besitz, Freiheit und Vermögen belästigend eingreifen (**Schutz vor Belästigung**).

Die **Systematisierung** dieses Bereiches bereitet Schwierigkeiten. Hier soll deshalb fol- **119** gende Unterscheidung vorgeschlagen werden:

- ■ Die Irreführung des Kunden; sie ist grundsätzlich unlauter (nachfolgend B.),
- ■ die Ausübung unmittelbaren oder mittelbaren Zwanges; sie ist ebenfalls grundsätzlich unlauter (nachfolgend C.),
- ■ die Ausnutzung menschlicher Vorzüge und Schwächen; sie ist nur unlauter, wenn sie tatsächlich die Entscheidungsfreiheit der Marktgegenseite beeinträchtigen kann, also missbräuchlich ist (nachfolgend D.),
- ■ die Belästigung ist ebenfalls nur unzulässig, wenn sie für die Marktgegenseite unzumutbar ist (nachfolgend E.).

Bevor etwas zu diesen einzelnen Fallgruppen gesagt wird, muss der gemeinsame Ausgangspunkt bestimmt werden, also das Verkehrsverständnis (nachfolgend A.).

A. Ausgangspunkt: Verkehrsverständnis

Rechtsgrundlage: § 3 Abs. 2 S. 2 und S. 3 UWG; Erwägungsgrund 18 Richtlinie unlautere Geschäftspraktiken; ständige Rechtsprechung von EuGH und BGH

I. Allgemeines

Ob ein unlauteres Verhalten gegenüber Kunden gegeben ist, bestimmt sich aus der **Sicht** **120** **des angesprochenen Verkehrskreises**, kurz nach dem **Verkehrsverständnis**. Für die Frage, ob eine Irreführung vorliegt, kommt es also nicht darauf an, was objektiv oder nach dem reinen Wortsinn gemeint war. Vielmehr ist entscheidend, wie der angesprochene Verkehr die Angabe versteht. Auch unlauterer Zwang kann nur gegeben sein, wenn nach dem Verkehrsverständnis die Kundenentscheidung erzwungen wurde, sich also der angesprochene Verkehr zur Entscheidung gezwungen fühlte. Das gleiche gilt für die Ausnutzung menschlicher Vorzüge und Schwächen; es ist für das Unlauterkeitsurteil auf den Horizont der angesprochenen Kunden abzustellen. Schließlich kann nur dann eine zumutbare Belästigung vorliegen, wenn sich der angesprochene Verkehr unzumutbar belästigt fühlt.

121 Der für das Verbraucherverständnis zu Grunde zu legende Verbraucher wird auch als **Verbraucherleitbild** bezeichnet. Der Verbraucher aus diesem Leitbild ist nicht zwingend eine wirklich existierende Person. Vielmehr handelt es sich um ein rechtliches Konstrukt, das verschiedenen normativen Wertungen genügen muss.

122 Der **Gesetzgeber** der UWG-Novellen 2004 und 2008 geht von dem Verbraucherleitbild des durchschnittlich informierten, aufmerksamen und verständigen Durchschnittsverbrauchers aus.[1]

Die Rechtsprechung des BGH[2] stellt ab auf den **durchschnittlich informierten** und **verständigen Verbraucher** bzw Angehörigen eines anderen angesprochenen Verkehrskreises, der das Verhalten mit einer der Situation **angemessenen Aufmerksamkeit** verfolgt.[3] Dass es auf den durchschnittlichen Verbraucher oder das durchschnittliche Mitglied einer speziellen Verbrauchergruppe ankommt, ergibt sich nunmehr seit der Reform 2008 auch aus § 3 Abs. 2 S. 2 und 3 UWG.

123 Mit diesem Verbraucherleitbild folgen der deutsche Gesetzgeber und der BGH dem Verbraucherleitbild, das der **Europäische Gerichtshof** zunächst in der *Mars*-Entscheidung vom 6.7.1995[4] angedeutet und sodann in den Fällen *6-Korn-Eier/Gut Springenheide*,[5] *Sektkellerei Kessler*,[6] *Lifting-Creme*[7] und *naturrein*[8] konkretisiert hat. Danach hat das nationale Gericht bei der Beurteilung, ob eine Angabe... geeignet ist, den Käufer... irrezuführen, darauf abzustellen..., wie ein durchschnittlich informierter, aufmerksamer und verständiger Durchschnittsverbraucher diese Angabe wahrscheinlich auffassen wird.[9] Relevant ist die Auffassung des Personenkreises in dem Mitgliedstaat, in dem diese Personen angesprochen sind. Wegen der kulturellen Unterschiede kommt es daher nicht darauf an, wie dieselbe Personengruppe eines anderen Mitgliedstaates die geschäftliche Handlung versteht: die jeweils angesprochene und erreichte Bevölkerungsgruppe ist maßgeblich.[10] Eine Übereinstimmung von Nationalität der Bevölke-

---

1   Begr. RegE UWG-Novelle 2004, BT DS 15/1487, S. 19, abrufbar unter www.nordemann.de.
2   BGH GRUR 2000, 619, 621 *Orient-Teppichmuster*. Ferner: BGH GRUR 2004, 162, 163 *Mindestverzinsung*; BGH GRUR 2003, 247, 248 *Thermal Bad*; BGH GRUR 2002, 982, 984 *Die Steinzeit ist vorbei*; OLG Hamburg NJOZ 2007, 5153, 5157 *Zulassungsstudien*.
3   Fezer WRP 2007, 1021, 1024; Ulbrich WRP 2005, 940, 941.
4   EuGH GRUR Int. 1995, 804 Tz. 16 ff. *Mars + 10%*.
5   EuGH GRUR Int. 1998, 795 Tz. 31 f *6-Korn-Eier/Gut Springenheide*.
6   EuGH GRUR Int. 1999, 345 Tz. 38 *Sektkellerei Keßler, Hochgewächs*.
7   EuGH GRUR Int. 2000, 354 Tz. 5 und 17, 356, Tz. 32 *Lifting-Creme*.
8   EuGH GRUR Int. 2000, 756 Tz. 20 *Naturrein*.
9   Das vorhergehende deutsche Schrifttum dazu ist bei Sack WRP 1998, 264 wiedergegeben. Seither sind zahlreiche weitere Stellungnahmen erschienen, von denen hier stellvertretend nur genannt seien: Sönke Ahrens WRP 1999, 389; Hans-Jürgen Ahrens WRP 2000, 812; Groeschke/Kiethe WRP 2001, 230 – mit vollständiger Literaturangabe in Fn 1; Wilhelm Nordemann WRP 2000, 977; Schweizer GRUR 2000, 923; Spätgens WRP 2000, 1023; Rosenow WRP 2001, 370; Ulbrich WRP 2005, 940.
10 Köhler WRP 2003, 1019, 1032 Tz. 54.

rung mit dem einzelnen Mitgliedstaat kann in diesem Zusammenhang vorliegen, muss aber nicht.[11]

Der **EU-Richtliniengeber** hat leider dieses Verbraucherleitbild nicht in die Richtlinie   124 unlautere Geschäftspraktiken (Rn 17) hineingeschrieben. Immerhin findet sich in Erwägungsgrund 18 der Hinweis, dass der Durchschnittsverbraucher als Maßstab genommen werde, der „angemessen gut unterrichtet und angemessen aufmerksam und kritisch ist, unter Berücksichtigung sozialer, kultureller und sprachlicher Faktoren." Das sollte indes nur eine sprachliche, keine inhaltliche Abweichung vom Leitbild des „durchschnittlich informierten, aufmerksamen und verständigen Durchschnittsverbrauchers" sein. Insbesondere die englische und französische Sprachfassung der Richtlinie sind bei der früheren Formulierung geblieben, so dass offenbar nur die deutsche Übersetzung anders ausgefallen ist.

II. Informiertheit

Rechtsgrundlage: § 3 Abs. 2 S. 2 und S. 3 UWG; Erwägungsgrund 18 Richtlinie unlautere Geschäftspraktiken; ständige Rechtsprechung von EuGH und BGH

Aus der Sicht eines durchschnittlich Informierten beurteilt sich, ob die entsprechende   125 Handlung irreführend ist. Informiertheit steht im Zusammenhang mit dem **Kenntnisstand** einer Person.[12] Dieser lässt sich schwer bestimmen; der Informationsstand in der Bevölkerung weist zahlreiche Facetten auf.[13] Widersinnige oder unqualifizierte Angaben führen grundsätzlich bei dem Durchschnittskunden keine Irreführung herbei,[14] können keine unlauteren Zwangsvorstellungen auslösen oder menschliche Vorzüge oder Schwächen unlauter ausnutzen.

Beispiele: Die angesprochene Durchschnittsperson **weiß nicht** (und wird deshalb irregeführt):

■ Kontoauszüge, die als Saldo einen **neuen Kontostand** ausweisen, versteht der Kunde so, dass er darüber zinsfrei verfügen kann, so dass er irregeführt wurde, weil die Bank das Guthaben zwar vollständig gebucht, ein Teil des Guthabens aber erst einige Tage später wertgestellt wurde;[15]

■ der Kunde eines Baumarktes kennt in der Regel dessen Vertriebssystem nicht und nimmt deshalb an, dass ein beworbener Nachlass **20% auf alles** das gesamte Sortiment umfasst; er wird daher irregeführt, wenn sich die Preisankündigung nicht auch auf gesonderte Verkaufsflächen Shop-in-the-Shops bezieht;[16]

■ der Nutzer einer Preissuchmaschine im Internet erwartet „höchstmögliche Aktualität"; er rechnet nicht damit, dass eine Anzeige, die ein Anbieter dort schaltet, im Zeitpunkt des Aufrufes nicht mehr aktuell ist. Auch wenn der Preis erst vor 3 Stunden erhöht wurde, ist er irregeführt.[17] Hinweise wie „Alle Angaben ohne Gewähr!" beseitigen die Irreführung nicht, weil der Verbraucher sie nicht auf den Preis bezieht.[18]

---

11 Köhler WRP 2003, 1019, 1032 Tz. 54.
12 Omsels GRUR 2005, 548, 551.
13 Omsels GRUR 2005, 548, 551.
14 BGH GRUR 1999, 1011, 1012 *Werbebeilage.*
15 BGH GRUR 2007, 805 Tz. 21 *Irreführender Kontoauszug;* ähnlich schon BGH GRUR 2002, 1093, 1094 *Kontostandsauskunft* zu der irreführenden Angabe des Kontostandes am Geldautomaten, der einen noch nicht wertgestellten Betrag als verfügbar angab.
16 OLG Saarbrücken GRUR-RR 2007, 161, 162 *20% auf alles;* ähnlich OLG Stuttgart WRP 2009, 236, 237 *12% auf alles!*
17 BGH GRUR 2010, 936 Tz. 10 ff. *Espressomaschine.*
18 BGH GRUR 2010, 936 Tz. 13 *Espressomaschine.*

- ein Anrufer der **Telefonauskunft** weiß nicht, dass er bei Weitervermittlung zur Bahnauskunft ein 10 % höheres Entgelt für die Dienstleistung zahlen muss, als hätte er sich die entsprechende Nummer geben lassen und die Bahnauskunft direkt angewählt;[19]
- unbekannt ist einem potentiellen Zeitungsabonnenten, dass die **Berliner Zeitung**, die mit **günstigste** Abonnementzeitung wirbt, nur werktags erscheint und die konkurrierenden Zeitungen Tagesspiegel und Morgenpost täglich;[20]
- bei **DSL-Flatrate für 9,90 EURO** vermutet der angesprochene Kunde, dass damit keine Zusatzkosten durch einen damit gekoppelten weiteren Vertrag über einen Telefontarif verbunden sind; anders bei einem Mobiltelefonvertrag, bei dem der Kunde weiß, dass mit dem Erwerb eines Mobiltelefons zu einem sehr günstigen Preis regelmäßig ein Netzkartenvertrag abgeschlossen werden muss.[21] Ähnlich weiß der Kunde nicht, dass ein DSL-Internetzugang eines Telefonanschlusses bedarf, der Zusatzkosten verursacht, da Zugänge auch über W-Lan oder Satellit vermittelt werden könnten.[22]

Die angesprochene Durchschnittsperson **weiß hingegen** (und wird deshalb nicht irregeführt):

- dass Herstellerpreisempfehlungen **empfohlener Verkaufspreis** (des Herstellers) unverbindlich sind;[23]
- dass **COLOR-RADO** ein Mischprodukt ist und nicht nur Lakritz enthält;[24]
- dass besonders beworbene Computerware in einem Katalog unter der Angabe **Sommer 1995** nicht zu jeder Zeit uneingeschränkt zur sofortigen Mitnahme erhältlich ist, sondern ggf. nachbestellt werden muss, sofern die Ware für einige Zeit nach Erscheinen der Werbung zur Verfügung stand;[25]
- dass bei der Aussage „... surfen Sie mit 1MBit/s so lange und so viel Sie wollen" der Internetzugangsanbieter keine Gewähr dafür übernimmt, diese Geschwindigkeit auch trotz außerhalb seiner Kontrolle liegende Umstände – etwa eine hohe Belastung der allgemeinen Internetinfrastruktur außerhalb des Netzes des Werbenden – ständig anzubieten.[26]
- dass **Europas größtes People-Magazin** sprachlich und regional begrenzt verbreitet wird. Er weiß daher, dass die in der Landessprache verbreiteten Zeitschriften maßgeblich in dem jeweiligen Sprachraum verbreitet werden und sich daher dahinter die Auflagenstärke verbirgt und nicht die Verbreitung in allen Teilen Europas;[27]
- dass eine Aussage, „**Wer auf Erdgas umstellt, spart**", nicht generalisierend dahin zu verstehen ist, dass auch in Zukunft dieselben Sparpotentiale vorhanden sind. Die Angaben betreffen lediglich die Vergangenheit und lassen eine Prognose zu, deren Unsicherheit der Kunde wegen der Schwankungen kennt;[28]
- dass der Begriff **Umschuldung**, der von einem Finanzdienstleister benutzt wird und erst auftaucht, wenn der Kunde sich über eine Internetseite über Konsumfinanzierung zu der Vermittlung eines günstigeren Kredites vorklickt, nicht Rechtsberatung mit umfasst. Der gesamte Internetauftritt des Finanzdienstleisters lässt gerade nicht die Vermutung zu, dass Rechtsberatung übernommen würde;[29]

---

19 OLG Köln GRUR-RR 2003, 350, 351 *Bahnauskunft.*
20 KG GRUR-RR 2003, 319, 319 *Berliner Zeitung.*
21 OLG Frankfurt GRUR-RR 2007, 165, 166 *Surf + Phone*; vgl auch BGH GRUR 1999, 264, 267 *Handy für 0,00 DM*: Irreführend, wenn die mit Abschluss des Netzkartenvertrages verbundenen Kosten nicht deutlich kenntlich gemacht werden.
22 OLG Köln GRUR-RR 2006, 285, 285 f *DSL-Internetzugang.*
23 BGH GRUR 2007, 603 Tz. 21 *UVP.*
24 BGH GRUR 2007, 605 Tz. 16 *Umsatzwachstum.*
25 BGH GRUR 1999, 1011, 1012 *Werbebeilage.*
26 BGH GRUR 2010, 744 Tz. 48 *Sondernewsletter* (zw., der Internetzugangsanbieter könnte auch mit „bis zu" werben).
27 OLG Hamburg GRUR-RR 2006, 170, 171 *Europas größtes People-Magazin.*
28 OLG Oldenburg WRP 2007, 1000, 1002 *Wer auf Erdgas umstellt, spart.*
29 OLG Hamburg GRUR-RR 2007, 20, 21 *Umschuldung/Ratenkredit.*

- dass **Liefer- und Versandkosten** im Internetversandhandel anfallen, ohne dass diese bereits unmittelbar neben der beworbenen Ware aufgeführt werden müssten.[30] Vor allem weil die Warenmenge die Höhe der Versandkosten oder den generellen Anfall beeinflussen kann, was der durchschnittliche Kunde weiß, muss die Angabe lediglich vor dem Abschluss des Bestellvorganges erfolgen.[31] So weiß der Durchschnittskunde, dass bei einem Kauf im Internet Informationen über mehrere miteinander verlinkte Seiten verteilt sein können. Gleichwohl muss der Preis des Angebots bei näherer Befassung mit dem Angebot offenbar werden und nicht erst bei Abschluss eines Bestellvorganges. Weitere Preisangaben in Allgemeinen Geschäftsbedingungen sind irreführend;[32]
- **ohne Fett** ist nicht gleichzusetzen mit **macht nicht fett** – der angesprochene Verkehrskreis weiß, dass sich die Aussage nur auf den Fettgehalt, aber nicht auf weitere kohlenhydratreiche Stoffe bezieht, die wiederum fett machen können.[33]

III. Verständigkeit

Rechtsgrundlage: § 3 Abs. 2 S. 2 und S. 3 UWG; Erwägungsgrund 18 Richtlinie unlautere Geschäftspraktiken; ständige Rechtsprechung von EuGH und BGH

Verständigkeit weist auf die intellektuellen Fähigkeiten des Durchschnittsverbrauchers   126
hin.[34] Beispielsweise weiß der verständige Verbraucher, dass Werbeaufdrucke, die auf die Erhöhung der Menge hindeuten, nicht zwingend genau das Ausmaß der Erhöhung wiedergeben.[35] Auch in Parfümerien, Kaufhäusern (oder sogar Apotheken) vertriebene Kosmetika wirken nicht medizinisch – das erkennt der angesprochene Kunde.[36]

Humorvolle, ersichtlich nicht ernst gemeinte Werbeaussagen nimmt der Verbraucher   127
nicht wörtlich, sondern relativiert sie.[37] Die Eigenschaft des Durchschnittsverbrauchers, „verständig" zu sein, schließt es allerdings nicht unbedingt aus, auch Vorstellungen ohne Realitätsgehalt wettbewerbliche Relevanz zuzusprechen und damit die auf ihnen beruhenden Nachfragentscheidungen vor einer Beeinflussung durch Irreführungen zu schützen.[38] Denn die Kaufentscheidungen verständiger Verbraucher können maßgeblich durch Erwägungen beeinflusst werden, die sich einer rationalen Überprüfung entziehen. Z.B. ist etwa unklar, weshalb ein Kloster-Bier besser als andere Biere sein soll.[39]

Beispiel: Das OLG Düsseldorf erkannte eine Irreführung trotz mangelnder Ernstlichkeit: Auch bei einer Werbung mit mangelnder Ernstlichkeit verstehe der angesprochene Durchschnittsempfänger die Anpreisung eines Edelsteines, dass dieser Müdigkeit vertreibe; es komme nicht darauf an wie ein rational denkender Verbraucher die Sendung verstanden hätte. Vielmehr seien Durch-

---

30 BGH GRUR 2008, 84 Tz. 30 *Versandkosten*; OLG Hamburg GRUR-RR 2005, 27, 28 f. *Umsatzsteuer und Versandkosten*, deren Angabe bei einer online-Buchung nicht unmittelbar neben dem Produkt wegen der Übersichtlichkeit auf der Seite geschehen muss, sondern auf eine der weiter notwendigerweise anzuklickenden Seiten bei Vornahme des Bestellvorganges aufgezeigt werden müssen.
31 BGH GRUR 2008, 84 Tz. 31 f. *Versandkosten*.
32 OLG Hamburg GRUR-RR 2005, 27, 28 f. *Umsatzsteuer und Versandkosten*.
33 OLG Düsseldorf GRUR-RR 2006, 235, 236 *ohne Fett*.
34 Lettl GRUR 2004, 449, 455; Sack WRP 2004, 521, 524; Kemper/Rosenow WRP 2001, 370, 376; Beater JZ 2000, 973, 977.
35 EuGH WRP 1995, 677, 678 *Mars*.
36 EuGH GRUR 1994, 231 Tz. 23 *Clinique*.
37 OLG Frankfurt GRUR-RR 2005, 137, 137 *Vergleich mit Stachelschwein*; BGH GRUR 2002, 828 *Lottoschein*.
38 OLG Düsseldorf GRUR-RR 2009, 71, 72 *Macht über die Karten*.
39 BGH, GRUR 2003, 628 *Klosterbrauerei*.

schnittsverbraucher mit einem gewissen Glauben an die (nicht zutreffende) Wirkung des Edelsteinschmuckes Adressaten gewesen (zweifelhaft).[40]

IV. Situationsadäquate Aufmerksamkeit

Rechtsgrundlage: § 3 Abs. 2 S. 2 und S. 3 UWG; Erwägungsgrund 18 Richtlinie unlautere Geschäftspraktiken; ständige Rechtsprechung von EuGH und BGH

128 Wie gesehen (Rn 122) kommt es für das Verkehrsverständnis auf die situationsadäquate Aufmerksamkeit des Verbrauchers an. Damit ist auf den **Zeitpunkt** abzustellen, in dem ein Interesse geweckt ist: Der Grad der Aufmerksamkeit des durchschnittlich informierten und verständigen Verbrauchers ist abhängig von der jeweiligen Situation. Diese **situationsadäquate Aufmerksamkeit** des Durchschnittsverbrauchers ist für die Ermittlung des Verkehrsverständnisses maßgebend. Mögliche Missverständnisse flüchtiger oder uninteressierter Leser haben dabei zurückzutreten.[41]

129 Die frühere Rechtsprechung vor der *Orient-Teppichmuster*-Entscheidung[42] beurteilte die Irreführung noch aus der Sicht eines flüchtigen Kunden.[43] Schon länger gilt aus europäischer Sicht[44] und seit der BGH-Entscheidung *Orient-Teppichmuster* auch in Deutschland die durchschnittliche Aufmerksamkeit des Empfängers als Maßstab.[45]

130 Der Grad der Aufmerksamkeit ist nicht in jeder Kaufsituation oder Inanspruchnahme einer Dienstleistung identisch, sondern orientiert sich an einem in vernünftigem Umfang aufmerksamen Konsumenten unter Berücksichtigung der heutigen Konsumgesellschaft.[46] Der Aufmerksamkeitsgrad richtet sich nach den Einzelfallumständen und berücksichtigt die Art der Ware oder Dienstleistung, dh deren wirtschaftliche Rolle[47] und das Medium der geschäftlichen Handlung. Welcher Aufmerksamkeitsgrad zu Grunde zu legen ist, kann nur auf Grund einer **Gesamtbetrachtung**[48] festgestellt werden.

131 Bei der vorzunehmenden Gesamtbetrachtung sind insbesondere die folgenden Faktoren zu berücksichtigen, die die situationsadäquate Aufmerksamkeit beeinflussen können:

---

40 OLG Düsseldorf Urt. v. 27.3.2007, Az: I-20 U 168/06, Tz. 26 f, BeckRS 2007, 10080 *Edelstein vertreibt Müdigkeit.*
41 BGH GRUR 2000, 619, 621 *Orient-Teppichmuster*; ebenso BGH GRUR 1997, 304, 306 *Energiekosten-Preisvergleich II*; BGH GRUR 1998, 1037, 1038 *Schmuck-Set.*
42 BGH GRUR 2000, 619, 621 *Orient-Teppichmuster.*
43 BGH GRUR 1959, 365, 366 *English Lavendel*; BGH GRUR 1983, 564, 566 *Elsässer Nudeln*; BGH GRUR 1993, 127, 127 *Teilzahlungspreis*; Bornkamm in Köhler/Bornkamm § 5 UWG Rn 2.87.
44 EuGH GRUR Int. 1993, 763, 765 *Yves Rocher*; EuGH GRUR Int. 1998, 795 Tz. 37 *Gut Springenheide.*
45 Urteile zum Durchschnittsempfänger: BGH GRUR 2008, 442 Tz. 10 *fehlerhafte Preisauszeichnung*; BGH GRUR 2004, 162, 163 *Mindestverzinsung*; BGH GRUR 2004, 244, 245 *Marktführerschaft*; BGH GRUR 2004, 604, 606 *Dauertiefpreise*; BGH GRUR 2003, 361, 362 *Sparvorwahl*; BGH GRUR 2002, 715, 716 *Scanner-Werbung.*
46 Lettl GRUR Int. 2004, 85, 87.
47 EuGH GRUR Int. 2003, 533 Tz 52 *LTJ Diffusion/Sadas.*
48 BGH GRUR 2007, 605 Tz. 15 *Umsatzzuwachsm*; BGH GRUR 2005, 438, 440 f. *Epson Tinte*; BGH GRUR 2004, 244, 245 *Marktführerschaft*; BGH GRUR 2003, 631, 632 *L-Glutamin.*

- die **Bedeutung** der Ware[49] oder Dienstleistung,[50] also ihre wirtschaftliche Funktion;
- durch welches **Medium**[51] an den Adressaten herangetreten wird, zB Zeitungsanzeigen,[52] Werbeprospekte[53] oder über das Internet.[54]

Vor allem dem **Werbemedium** kommt eine bedeutende Rolle zu. Die Blickfangwerbung **132** an Schnellstraßen oder Gehwegaufsteller können nur flüchtig wahrgenommen werden. Der BGH nimmt dies auch bei Prospektwerbung für EDV-Zubehör an.[55] Auch eine Zeitungsanzeige nimmt der Leser im Allgemeinen eher beiläufig oder nur in den ihn interessierenden Teilen entgegen.[56] In diesen Fällen kann deshalb eine Irreführung auch dann anzunehmen sein, wenn nach vollständiger Lektüre des gesamten Textes eine Irreführung hätte vermieden werden können.

Im Übrigen spielt der **Gegenstand der beworbenen Leistung** eine Rolle. Man kann hier **133** wie folgt differenzieren:[57] **Suchgüter** sind selten erworbene und hochwertige Produkte, vor deren Erwerb sich der Verbraucher eingehend unterrichtet. Bei hochpreisigen Waren von nicht geringem Wert,[58] bei Gütern von nicht geringer Lebensdauer bzw bei Gütern, für die nicht täglicher Bedarf besteht[59] und bei einem besonderen Interesse des Kunden an bestimmten Angaben[60] ist deshalb grundsätzlich von Aufmerksamkeit des Kunden auszugehen. Dieser Linie bleibt die Rechtsprechung nicht immer treu, sondern macht Ausnahmen auch bei höherwertigen Artikeln, die nicht dem täglichen Lebensbedarf zuzuordnen sind und spricht dem Verbraucher berechtigte Flüchtigkeit zu, so dass eine Werbung für einen Computer mit Monitor irreführend ist, wenn der Preis ohne Monitor angegeben wird;[61] anders dagegen *Computerwerbung II*, bei der der BGH dem Verkehrskreis auftrug, auch die Fußnoten zu lesen.[62] Größere Aufmerksamkeit darf man im Rahmen einer Aussage einer Bank zu einem Zinssatz – hier *150 % Zinsbonus* – erwarten.[63] **Erfahrungsgüter** wie **Verbrauchsgüter** (Lebensmittel) kauft der Verbraucher häufig; sie sind billig und vergleichsweise kurzlebig. Hier besteht eher eine flüchtige Wahrnehmung.[64] Flüchtig darf der Empfänger Alltagsgegenständen[65] und deren Bewerbung durch das Fernsehen oder Prospekten entgegentreten. Blickfangangeboten für Flatrate-Angebote im Internet und in Werbeprospekten tritt der Kunde

---

49 BGH GRUR 2000, 619, 621 *Orient-Teppichmuster*.
50 BGH GRUR 2007, 807 Tz. 12 ff. *Fachanwälte*; BGH GRUR 2002, 81, 83 *Anwalts- und Steuerkanzlei*; OLG Hamburg GRUR-RR 2007, 85, 85 *Homezone im O2-Netz*.
51 OLG Hamburg WRP 2007, 342, 344 *Der debitel Sommerhit*; Köhler GRUR-RR 2006, 73.
52 BGH GRUR 2004, 244, 245 *Marktführerschaft*; BGH GRUR 2004, 605, 606 *Dauertiefpreise*.
53 BGH GRUR 2002, 715, 716 *Scanner-Werbung*.
54 BGH GRUR 2005, 438, 440 *Epson-Tinte*.
55 BGH GRUR 2002, 715, 716 *Scanner-Werbung*.
56 BGH GRUR 2004, 244, 245 *Marktführerschaft*; BGH GRUR 2004, 605, 606 *Dauertiefpreise*.
57 Lettl GRUR 2004, 449, 454.
58 BGH GRUR 2000, 619, 621 *Orient-Teppichmuster*.
59 BGH GRUR 2002, 81, 82 f. *Anwalts- und Steuerkanzlei*.
60 BGH GRUR 2002, 160, 162 *Warsteiner III*; siehe auch EuGH GRUR Int. 2000, 756 Tz. 22 *Darbo: naturrein*.
61 BGH GRUR 2003, 249, 250 *Preis ohne Monitor*.
62 BGH GRUR 2003, 163, 164 *Computerwerbung II*.
63 BGH GRUR 2007, 981 Tz. 23 ff *150% Zinsbonus*.
64 BGH GRUR 2004, 605, 606 *Dauertiefpreise*.
65 BGH GRUR 2000, 619, 621 *Orient-Teppichmuster*; BGH GRUR 2002, 81, 83 *Anwalts- und Steuerkanzlei*; BGH GRUR 2002, 160, 162 *Warsteiner III*; BGH GRUR 2004, 244, 245 *Marktführerschaft*; zwar nicht Alltagsgegenstandswerbung, aber gleichwohl Leichtgläubigkeit und Irreführung bejahend OLG Düsseldorf Urt. v. 27.3.2007, 20 U 168/06, BeckRS 2007, 10080 *Edelstein vertreibt Müdigkeit*.

mit einem geringen Aufmerksamkeitsgrad gegenüber.[66] Die Aufmerksamkeit eines Kunden in einem Supermarkt muss nicht soweit reichen, dass dieser ohne weitere Kennzeichnung der Ware von einer Überschreitung des Mindesthaltbarkeitsdatums ausgehen können müsste bzw dies überprüfen muss.[67] Seine Erwartung geht vielmehr dahin, Ware vor Ablauf des Mindesthaltbarkeitsdatums kaufen zu können.[68] Herkömmlicherweise ist der Kunde daran gewöhnt, dass an dem Stichtag ablaufende Waren in gesonderten Regalen mit reduziertem Preis angeboten werden, so dass er der „normalen" Ware keine besondere Aufmerksamkeit schenkt.

V. Angesprochene Verkehrskreise

Rechtsgrundlage: § 3 Abs. 2 S. 2 und S. 3 UWG; Erwägungsgrund 18 Richtlinie unlautere Geschäftspraktiken; ständige Rechtsprechung von EuGH und BGH

134   Insbesondere § 3 Abs. 2 S. 2 UWG stellt ausdrücklich klar, dass auf den durchschnittlichen Verbraucher oder, wenn sich die geschäftliche Handlung an eine bestimmte Gruppe von Verbrauchern wendet, auf ein durchschnittliches Mitglied dieser Gruppe abzustellen ist.[69] Gemäß § 3 Abs. 2 S. 3 UWG ist entsprechend auf die Sicht eines durchschnittlichen Mitglieds einer auf Grund von geistigen oder körperlichen Gebrechen, Alter oder Leichtgläubigkeit besonders schutzbedürftigen und eindeutig identifizierbaren Gruppe von Verbrauchern abzustellen, wenn für den Unternehmer vorhersehbar ist, dass seine geschäftliche Handlung nur diese Gruppe betrifft.

Beispiele:[70] Eine Haustürwerbung kann speziell auf ältere Verkehrskreise ausgerichtet sein, weil sie besonders druckempfindlich sind. Das Gleiche gilt für Busverkaufsfahrten, in denen die Druckempfindlichkeit von älteren Verbrauchern ausgenutzt werden soll.

Kinder können aufgrund ihrer geringeren Verständigkeit durch eine Compuerspielwerbung irregeführt werden, auch wenn eine Irreführung bei Erwachsenen ausgeschlossen ist.

Jugendliche sind aufgrund ihrer noch nicht so stark ausgeprägten Verständigkeit mehr als Erwachsene gefährdet, Versprechungen von Mobilfunkbetreibern zu glauben, durch bestimmte Kundenbindungsprogramme könnten sie einfacher Freundschaften schließen und halten.

Aber auch bei einer nicht an Verbraucher gerichteten geschäftlichen Handlung ist auf das Verständnis der angesprochenen Unternehmer abzustellen. Maßgebend ist also der **Gesamteindruck** der **angesprochenen** Verkehrskreise.[71]

135   Bei einer nur an **Fachleute** gerichteten Werbung ist es deshalb ohne Bedeutung, ob der Laie sie missverstehen könnte.[72] Bei einer nur an bestimmte Verkehrskreise gerichteten

---

66 OLG Frankfurt GRUR-RR 2007, 165, 166 *Surf + Phone.*
67 OLG Hamburg GRUR-RR 2002, 302, 303 *Mindesthaltbarkeitsdatum.*
68 OLG Hamburg GRUR-RR 2002, 302, 303 *Mindesthaltbarkeitsdatum.*
69 St. Rspr: BGH GRUR 2006, 776 Tz. 19 *Werbung für Klingeltöne*; BGH GRUR 2004, 244 *Marktführerschaft*; BGH GRUR 2002, 976 *Kopplungsangebot I.*
70 Nach Europäische Kommission, Leitlinien Richtlinie Unlautere Geschäftspraktiken, SEC(2009) 1666, S. 30.
71 BGH GRUR 1974, 729, 731 *Sweepstake*; BGH GRUR 1983, 654, 655 *Kofferschaden*; BGH GRUR 1984, 590, 591 f. *Sonderangebote auf 3000 qm*; BGH GRUR 1988, 459, 460 *Teilzahlungsankündigung.*
72 BGHZ 27, 1, 10 *Emaillelack*; BGH GRUR 1981, 672, 673 *gemeinnützig*; BGH GRUR 1983, 256 *Sauerteig*; BGH GRUR 1988, 700, 701 *Messpuffer.* Verkannt von OLG Saarbrücken WRP 1988, 343, 344 *Bundesprüfer:* Jeder Briefmarkensammler weiß, dass das kein bundesamtlicher Prüfer ist; nur diesen gegenüber wird aber die Bezeichnung gebraucht.

Werbung kommt es nur auf das Verständnis dieser an.[73] Ist eine Werbung nur an Frauen gerichtet, ist deren Verständnis entscheidend.[74] Wird das Werbemedium sowohl **von Fachkreisen als auch von der Allgemeinheit** wahrgenommen, kommt es auf den Inhalt der Werbung an. Ist dieser auch für die Allgemeinheit relevant, ist sowohl auf die Auffassung der Allgemeinheit als auch auf die Verkehrsauffassung der Fachkreise abzustellen.[75]

Beispiel: Eine Anzeige des Nachrichtenmagazins „FOCUS" in der Frankfurter Allgemeinen Zeitung, in der mit den Ergebnissen einer Media-Analyse im Hinblick auf Auflage und Reichweite geworben wird, ist nicht nur für die Anzeigenkunden (Fachkreise) relevant. Auch der gemeine Leser des „FOCUS" verbindet mit der Auflagen- und Reichweitenzahl eine Bestätigung dafür, dass es sich beim „FOCUS" um ein erfolgreiches, lesenswertes Produkt handelt.[76]

Es genügt, wenn für einen der angesprochenen Verkehrskreise die Werbung unlauter ist.[77]   **136**

Die Frage, **welche Verkehrskreise** angesprochen sind, beurteilt sich aus der Sicht des Empfängers der Werbung. Es kommt nicht darauf an, an welchen Abnehmerkreis der Werbende sich richten wollte.[78] Bei Internetangeboten, die für jedermann zugänglich sind, muss deshalb eindeutig und unmissverständlich auf eine Beschränkung des Angebotes (zB auf Fachleute) hingewiesen werden, damit auf die spezielle Gruppe abzustellen ist. Vgl zur Abgrenzung geschäftlicher Handlungen gegenüber Unternehmern von geschäftlichen Handlungen (auch) gegenüber Verbrauchern oben Rn 99 f.

Teilweise können hier aber auch Normzwecküberlegungen einfließen. Richtet sich eine geschäftliche Handlung **gerade darauf, unaufmerksame Verbraucher einzufangen,** muss deren Verkehrsverständnis zu Grunde gelegt werden.[79]

Beispiel: Bei Abo-Fallen oder sonstige Kostenfallen im Internet wird der – hier situationsadäquat flüchtige – Verbraucher, der Sternchenhinweise auf die Kostenpflichtigkeit übersieht, darüber irregeführt, dass die Nutzung bestimmter Inhalte in Wahrheit kostenpflichtig ist.[80] Das Geschäftsmodell ist aber gerade darauf ausgerichtet, solche Verbraucher irrezuführen. Es kommt damit nur auf sie an.

VI. Feststellung des Verkehrsverständnisses

Man darf und wird in Deutschland wie den anderen Mitgliedstaaten der Europäischen   **137** Union davon ausgehen können, dass die Mehrheit der Verbraucher durchschnittlich informiert, aufmerksam und verständig ist; eine Minderheit könnte kein repräsentativer Durchschnitt sein. Bei **demoskopischen Erhebungen** zum Verbraucherverständnis wird es also nicht mehr negativ auf das Missverständnis einer Minderheit, sondern positiv

---

73   BGH GRUR 2007, 605 Tz. 18 *Umsatzzuwachs*; OLG Hamburg Urt. v. 21.12.2006, Az: 3 U 77/06, BeckRS 2007, 05376 – B ® 150 mg Filmtabletten *Erhöhung der Knochendichte*; OLG Hamburg Urt. v. 14.4.2005, 3 U 162/04, Tz. 32, 38 (juris) *das erste Atypikum*; OLG Köln GRUR-RR 2002, 76 *federnd gelagerte Klingen.*
74   OLG Köln GRUR-RR 2002, 76, 76 *federnd gelagerte Klingen*; Lettl NJW-Sonderheft 100 Jahre Markenverband S. 44.
75   BGH GRUR 2004, 244, 246 *Marktführerschaft*; Vgl auch OLG Köln GRUR-RR 2005, 94, 94 *Lakritz für Erwachsene* (für Werbung, die sich auch an Kinder richtet).
76   Vgl BGH GRUR 2004, 244, 246 *Marktführerschaft.*
77   BGH WRP 2010, 759 Tz. 11 *Firmenbestandteil „Bundes-".*
78   BGH v. 29.4.2010, Az I ZR 99/08, Tz. 23 *Preiswerbung ohne Umsatzsteuer.*
79   So auch Europäische Kommission, Leitlinien Richtlinie Unlautere Geschäftspraktiken, SEC(2009) 1666, S. 30.
80   Zuletzt OLG Frankfurt MMR 2010, 614 *Kostenfalle im Internet*; ferner OLG Frankfurt GRUR-RR 2009, 265, 267 *Abo-Fallen*; OLG Hamm GRUR-RR 2008, 435.

auf das **Verständnis der Mehrheit** ankommen. Jedenfalls für die Entscheidung von Grenzfällen kann die Beurteilung durch die Mitglieder des erkennenden Gerichts in ihrer Eigenschaft als Verbraucher bedenklich sein; in letzteren Fällen hält der BGH eine Beweisaufnahme und damit im Regelfall eine Verkehrsbefragung für erforderlich.[81] In den überwiegenden Fällen reicht zur Bestimmung der Irreführung die **Sachkunde des Spruchkörpers** des entscheidenden Gerichts, zB die Auffassung der Senatsmitglieder eines Oberlandesgerichtes[82] oder des Bundesgerichtshofes,[83] wenn diese dem angesprochenen Verkehrskreis zugehörig sind. Die Gerichte schöpfen bei der Beurteilung der Irreführung damit gleichsam aus eigenen Erfahrungen. Vgl im einzelnen Rn 1639, in Markenrechtsteil Rn 1044.

Dieser Ansatzpunkt der Rechtsprechung findet sich bestätigt durch Erwägungsgrund 18 RL unlautere Geschäftspraktiken, wo es heißt, dass der Begriff des Durchschnittsverbrauchers nicht auf einer statistischen Grundlage beruhe, sondern sich die nationalen Gerichte und Verwaltungsbehörden bei der Beurteilung der Frage, wie der Durchschnittsverbraucher in einem gegebenen Fall typischerweise reagieren würde, auf ihre eigene Urteilsfähigkeit unter Berücksichtigung der Rechtsprechung des EuGH verlassen müssten.

VII. Überblick

138 Mit diesem **Verbraucherleitbild** wird für die Beurteilung der Unlauterkeit also stets zu fragen sein,

(1) an wen sich die geschäftliche Handlung richtet,

(2) wie der angesprochene Kreis – bei einer geschäftlichen Handlung gegenüber Verbrauchern der aufmerksame und verständige Durchschnittsverbraucher – die konkrete Werbeaussage/ das Verhalten versteht, und

(3) ob nach diesem Verständnis eine unlautere Irreführung, ein unlauterer Zwang, eine unlautere Ausnutzung menschlicher Vorzüge und Schwächen oder eine unzumutbare Belästigung anzunehmen ist.

B. Irreführung

Rechtsgrundlage: § 3 Abs. 3 UWG iVm Anhang-UWG; §§ 3, 5, 5 a UWG; Art. 6 und 7 Richtlinie unlautere Geschäftspraktiken

I. Allgemeines

139 Angaben im geschäftlichen Verkehr müssen wahr und klar sein. Wer die Unwahrheit sagt, täuscht die Kunden. Aber auch wer missverständlich wirbt, macht Geschäfte mit dem Irrtum. Die missverständliche Werbung ist daher nichts weiter als die verfeinerte Form der unwahren Werbung.

---

81 BGH GRUR 2002, 550, 552 *Elternbriefe*; BGH GRUR 1982, 491, 492 *Möbel-Haus*. Zur Frage der Notwendigkeit der Beweiserhebung unten Rn 1641.

82 OLG Köln GRUR-RR 2008, 448, 448 *Dolo Extra*; OLG Köln GRUR-RR 2008, 404, 405 *TV-Premiere*; OLG Hamburg GRUR-RR 2006, 285, 285 *DSL-Internetzugang*; OLG Saarbrücken GRUR-RR 2007, 161, 161 *20% auf alles*.

83 BGH GRUR 2002, 182, 184 – *Das Beste jeden Morgen*.

Das UWG enthält im Definitionskatalog von § 2 UWG keine Begriffsbestimmung zur **140**
Irreführung. § 5 UWG erklärt solche geschäftlichen Handlungen für irreführend, die
unwahre oder sonstige zur Täuschung geeignete Angaben über bestimmte, in § 5 dann
näher aufgeführte Umstände enthalten. Auch das Verschweigen einer Tatsache kann
irreführend sein; die Voraussetzungen hierfür sind in § 5 a UWG geregelt.

Demgegenüber definiert Art. 2 b Richtlinie irreführende und vergleichende Werbung **141**
(Rn 18) als „**irreführende Werbung**" jede Werbung, die in irgendeiner Weise – einschließlich ihrer Aufmachung – die Personen, an die sie sich richtet oder die von ihr
erreicht werden, täuscht oder zu täuschen geeignet ist und die in Folge der ihr inne-
wohnenden Täuschung ihr wirtschaftliches Verhalten beeinflussen kann oder aus diesen Gründen einen Mitbewerber schädigt oder zu schädigen geeignet ist. Nach Art. 6
Richtlinie unlautere Geschäftspraktiken (Rn 17) gilt eine Geschäftspraxis als irreführend, wenn sie **falsche Angaben** enthält und somit unwahr ist oder wenn sie **in irgendeiner Weise**, einschließlich sämtlicher Umstände ihrer Präsentation, selbst mit sachlich
richtigen Angaben den Durchschnittsverbraucher im Bezug auf einen oder mehrere im
einzelnen näher aufgelistete Punkte **täuscht** oder ihn **zu täuschen geeignet ist** und ihn
in jeden Fall tatsächlich oder voraussichtlich zu einer geschäftlichen Entscheidung veranlasst, die er ansonsten nicht getroffen hätte. Art. 6 Richtlinie unlautere Geschäftspraktiken geht also weiter als Art. 6 b Richtlinie irreführende und vergleichende Werbung, weil über die Werbung hinaus jegliche Geschäftspraxis vom Irreführungsverbot
erfasst wird und des Weiteren eine Schädigung oder Schädigungsabsicht nicht erforderlich ist.

1. Verkehrsverständnis

*Rechtsgrundlage: § 3 Abs. 2 S. 2 und S. 3 UWG; Erwägungsgrund 18 Richtlinie un-
lautere Geschäftspraktiken; ständige Rechtsprechung von EuGH und BGH*

Für die Irreführung von (mindestens potenziellen) Kunden kommt es auf ihr Verkehrs- **142**
verständnis (Rn 120 ff) an. Damit folgt das UWG einer subjektiven Betrachtungsweise:
Missverständlich ist das, was der Umworbene falsch versteht, mag es auch objektiv
oder nach dem reinen Wortsinn richtig sein.[84] Abgestellt wird auf einen Kunden, der
durchschnittlich informiert (Rn 125), verständig (Rn 126 f) und situationsadäquat (situationsbedingt) aufmerksam (Rn 128 ff) ist.

Beispiele:

- Die zutreffende Angabe der Lebensdaten des Firmengründers (1773–1847) führt zu der irrigen
  Annahme des Publikums, das Unternehmen bestehe schon seit dem Ende des 18. Jahrhun-
  derts.[85]
- Die (objektiv richtige) Angabe eines Zahnarztes „Master of Science Kieferorthopädie" kann zu
  der Fehlvorstellung der privaten Verbraucher führen, der Zahnarzt sei Facharzt für Kieferor-
  thopädie.[86]
- Bei einer Zehnjahresgarantie für ein Fassadenschutzmittel glaubt das Publikum, die ganze
  Fassade bleibe nach dessen Verwendung mindestens zehn Jahre einwandfrei; wenn nur das

---

84 BGH GRUR 2010, 1024 Tz. 25 *Master of Science Kiefernorthopädie*; BGH GRUR 1990, 609, 610 *Monatli-
    cher Ratenzuschlag*.
85 Vgl BGHZ 36, 252 ff. *Gründerbildnis*.
86 BGH GRUR 2010, 1024 Tz. 25 *Master of Science Kiefernorthopädie*.

Mittel selbst so lange hält, der Untergrund aber weiterhin Risse bildet oder ausblüht, wird der Verbraucher irregeführt.[87]

■ Der zutreffenden Werbeangabe „TÜV-geprüft" für Brillenfassungen entnahm mehr als die Hälfte der Verbraucher, diese seien qualitativ besser als andere, was nicht stimmte.[88] Die Angabe „teilweise TÜV geprüft" ist irreführend, wenn nicht gleichzeitig in der Werbung unmissverständlich klar gemacht wird, welche konkreten Teile TÜV geprüft sind.[89]

■ Bei der **Werbung mit Selbstverständlichkeiten** ist die Rechtsprechung früher in der gleichen Weise verfahren. Wurde eine Eigenschaft der Ware oder eine Leistung, die bei den Produkten der Konkurrenz ebenso vorhanden war bzw erbracht wurde, also handelsüblich war, in der Werbung eines einzelnen Herstellers besonders betont, so dass das Publikum annehmen konnte, es handele sich um eine besondere Leistung nur dieses Herstellers, so wurde eine solche Werbung als irreführend angesehen.[90] Aber dem Unternehmer kann nicht verboten sein, auf die Wesensmerkmale dessen, was er anbietet, hinzuweisen. Deshalb sieht der Bundesgerichtshof inzwischen die Hervorhebung nur noch dort als unzulässige Werbung mit Selbstverständlichkeiten an, wo es sich um einen **gesetzlich vorgeschriebenen** oder **zum Wesen der Ware gehörenden** Umstand handelt und das Publikum *deshalb* die Hervorhebung eines Vorzugs gegenüber anderen Erzeugnissen der gleichen Gattung annimmt.[91] Das entspricht Nr. 10 Anhang-UWG („Schwarze Liste"), vgl Rn 371. Für Eigenschaften oder Leistungen, die zwar handelsüblich sind, aber freiwillig erbracht werden, gilt das Verbot nicht; sonst müsste – wie der Bundesgerichtshof mit Recht sagt – konsequenterweise auch die Werbung mit Niedrigpreisen unzulässig sein, zu denen auch die Konkurrenz anbietet.[92] Die Herausstellung einer an sich handelsüblichen Nebenleistung als **kostenlos** ist deshalb entgegen der früheren Rechtsprechung[93] als zulässig anzusehen. Die Angabe **„incl. MwSt."** lässt der Bundesgerichtshof passieren, wenn sie im Fließtext erscheint,[94] nicht jedoch, wenn sie hervorgehoben wird, als sei sie etwas Besonderes.[95]

■ Eine an sich einwandfreie Werbeaussage kann deshalb irreführend wirken, weil sie sich nicht genügend von einer früheren irreführenden Werbung abhebt und dadurch Assoziationen hervorruft (sog. **Fortwirkung** irreführender Werbung).[96]

143 Umgekehrt kann eine an sich **unzutreffende Angabe einwandfrei** sein, wenn das Publikum – das sich an dem zu orientieren pflegt, was ihm in der Branche ständig begegnet[97] – sie richtig versteht[98] oder ihren Fehler sofort erkennt[99] oder überhaupt keine klare

---

87 OLG Frankfurt WRP 1984, 211.
88 BGH GRUR 1991, 552, 553 f *TÜV-Prüfzeichen.*
89 OLG Stuttgart WRP 2005,1191, 1192.
90 BGH GRUR 1961, 288, 293 *Zahnbürsten* für das Schlagwort „Massageborsten", das auch auf die Konkurrenzerzeugnisse zutraf; BGH GRUR 1981, 206, 208 für *Sie haben 4 Monate Preisschutz* bei langfristig lieferbaren Kraftfahrzeugen, da ohnehin durch das AGBG (§§ 305 ff BGB) gewährleistet.
91 BGH GRUR 2008, 532 Tz. 29 *Umsatzsteuerhinweis*; BGH GRUR 1987, 916, 917 *Gratis-Sehtest.* Ebenso OLG Hamburg GRUR-RR 2001, 170, 171 für das Angebot einer Immobilie „ohne Maklergebühr" durch deren Verwalter. Beispiele für weiterhin gegebenen Verstoß gegen §§ 3, 5 UWG: OLG Hamm GRUR-RR 2006, 105 für Tierarztnotdienst, der „ganztägig zu erreichen" ist, da Notdienst nur außerhalb der Öffnungszeiten Sinn macht; OLG Hamm WRP 1982, 424 für Brot „ohne Konservierungsstoffe", die ohnehin verboten sind (aA noch OLG Frankfurt GRUR 1985, 232, 233 für Brot „ohne chemische Zusätze"); OLG Frankfurt WRP 1985, 271, 273 „Poroton-Ziegel sind unbedenklich für die Gesundheit der Hausbewohner" (was für alle anderen Ziegel ebenso zutrifft). Zu streng OLG Karlsruhe NJWE 1997, 121, 122 „standsichere Fundamentierung" für Grabsteine; OLG Köln NJWE 1999, 101.
92 BGH GRUR 1987, 916, 917 *Gratis-Sehtest.*
93 OLG Düsseldorf GRUR 1985, 68, 69 f. *Kostenlose Beratung*; OLG Koblenz WRP 1986, 422. Heute wohl ohnehin durch die Abschaffung der ZugabeVO überholt.
94 BGH GRUR 1990, 1027, 1028 und 1029, 1030 *Incl. MwSt. I* und *III*; BGH GRUR 1991, 323 *Incl. MwSt. IV.*
95 BGH GRUR 1990, 1028, 1029 *Incl. MwSt. II.*
96 BGH GRUR 1964, 686, 688 f. *Glockenpackung II*; BGH GRUR 1982, 685, 686 *Ungarische Salami II.*
97 BGH GRUR 2000, 239, 240 *Last-Minute-Reise.*
98 BGH 1958, 444, 447 *Emaillelack.*
99 OLG Frankfurt NJWE-WettbR 1998, 129, 130 für eine nicht zum Text passende Abbildung.

Vorstellung damit verbindet[100] (zu mehrdeutigen Aussagen Rn 168). Hierher gehören vor allem **reklamehafte Übertreibungen** und humoristische Anpreisungen, die niemand wörtlich nimmt, wie das Marktgeschrei des Bananenjockeys oder des Bauchladenverkäufers. Provokante Äußerungen wie: *...GEHT NICHT! ES LEBE BILLIG!* fallen ebenso unter Übertreibungen und führen idR nicht zu einer Irreführung.[101] Der **Wortlaut des § 5 Abs. 1 S. 2 UWG** scheint allerdings nahe zu legen, dass jede unwahre Angabe unabhängig davon, wie sie der Verkehr versteht, irreführend ist; es genügt nach dem Wortlaut, wenn die Angabe „unwahre Angaben enthält".[102] Jedoch schließt diese unglückliche Formulierung nicht aus, den Wortlaut nach dem Sinn und Zweck einzuschränken und nur dann zu einer Irreführung zu gelangen, wenn der Verkehr die Angabe falsch versteht.[103]

Im Allgemeinen ist allerdings davon auszugehen, dass das Publikum jede Werbung, zumal die eines angesehenen Unternehmens, ernst nimmt wie bei: **Die Nr. 1.., zur Leistungssteigerung, sichtbar verjüngt.**[104] So auch bei der Anpreisung für ein Nahrungsergänzungsmittel X, das den Wirkstoff Resveratrol enthält (üblicherweise in Trauben zu finden): **Wissenschaftler entdecken das erstaunliche Molekül der „Unsterblichkeit" in einem Glas Rotwein.**[105] Denn die Aussage enthält insoweit einen Tatsachenkern, als dass der Verbraucher zwar nicht die Unsterblichkeit selbst annimmt, aber zumindest eine erhebliche Lebenszeitverlängerung vermittelt wird. Eine Übertreibung kann allerdings nur vorliegen, wenn keinerlei tatsächlicher Kerngehalt einer Aussage inne wohnt, sondern eine bloße Werbeaussage gegeben ist.

Was und welcher Personenkreis maßgeblich ist, ob ein Fehlverständnis vorliegt und eine Irreführung greift, richtet sich nach dem **Gesamteindruck** der **angesprochenen Verkehrskreise**.[106] In diesem Zusammenhang kann sich der Verkehrskreis unterscheiden, indem eine Aufforderung, Aussage oder Werbung sich an alle möglichen Kunden, an **Fachleute** oder nur **geschlechtsspezifische** Personen richtet. Bei einer nur an bestimmte Kreise (zB Fachleute; Frauen) gerichteten Werbung ist es bedeutungslos, ob

---

100 BGH GRUR 1967, 600, 601 *Rhenodur I*; BGH GRUR 1981, 656, 657 f. *Schlangenzeichen*; BGH GRUR 1985, 555 f. *Abschleppseile*; OLG Hamm GRUR 1988, 772 *Brillant-Collier*; OLG München NJWE-WettbR 1999, 254, 254 f. Werbung für ein Nahrungsergänzungsmittel mit: „was das Leben wirklich besser macht".

101 OLG Hamburg LMRR 2005, 63 *Tiefpreisgarantie*.

102 Genauso Art. 6 Abs. 1 Richtlinie unlautere Geschäftspraktiken.

103 So auch Wiring NJW 2010, 580, 581.

104 OLG Stuttgart GRUR 1961, 630, 631 *Mühlstein-Fabrik* und GRUR 1955, 50, 51 *Gütermanns Nähseide*; OLG Hamburg WRP 1007, 864 f *für Immer sehen, was Sie wollen – wann Sie wollen*; Cyrus GRUR 1961, 11, 12 FN 16 Marktschreierei: zB Rücksichtsloser Preisabbau, ewige Haltbarkeit, Ganz Hamburg schwört auf x, Backwunder, Die Krone der Teppiche ist der Kronen-Teppich; OLG Hamburg Urt. v. 23.11.2006, Az: 3 U 110/06, Tz. 38 f, 44 (juris); BeckRS 2007, 05373 *ROLAND*; OLG Frankfurt WRP 2007, 697, 697 *Die Nr. 1*; OLG Karlsruhe LMR 2006, 79 *Algenpulverprodukt*; OLG Hamburg LMR 2005, 65 *sichtbar verjüngt*.

105 LG Berlin Urt. v. 9.11.2007, Az: 15 O 564/06, Tz. 20 f (juris), BeckRS 2008, 02054 *Unsterblichkeit*.

106 BGH GRUR 2007, 981, 982, Tz. 20 *150% Zinsbonus*; BGH GRUR 2005, 438, 440 f. *Epson-Tinte*; BGH GRUR 2004, 244, 246 *Marktführerschaft*; BGH GRUR 1974, 729, 731 *Sweepstake*; BGH GRUR 1983, 654, 655 *Kofferschaden*; BGH GRUR 1984, 590, 591 f. *Sonderangebote auf 3000 qm*; BGH GRUR 1988, 459, 460 *Teilzahlungsankündigung*.

andere sie missverstehen könnten.[107] Bei einer **an mehrere Verkehrskreise gerichteten Werbung** genügt es, wenn für einen der angesprochenen Verkehrskreise die Werbung missverständlich ist.[108] Im einzelnen Rn 136.

144 Anlass zu gerichtlichen Auseinandersetzungen geben meist nur die Fälle, in denen nicht von vornherein klar ist, wie die angesprochenen Verkehrskreise eine bestimmte Werbeaussage verstehen, in denen vielmehr zu erwarten ist, dass ein Teil der Umworbenen ihr etwas Falsches entnimmt, durch sie also irregeführt wird, während ein anderer Teil sie richtig versteht.

2. Relevanz

Rechtsgrundlage: § 3 Abs. 1, § 5 Abs. 1 UWG

145 Das UWG soll den Verbraucher wie auch die sonstigen Marktteilnehmer nicht vor jeder Fehlvorstellung schützen. Unlauter kann eine irreführende geschäftliche Handlung nur dann sein, wenn sie überhaupt **geeignet ist, die wirtschaftliche Entscheidung der Verbraucher oder angesprochenen Verkehrskreise zu beeinflussen.**[109] Schließlich ist die Funktionsfähigkeit des Wettbewerbes nur dann betroffen, wenn sich das Verhalten des Handelnden als unfair auf die Entschließungsfreiheit auswirkt bzw auswirken kann. Bleibt die rechtsgeschäftliche Selbstbestimmung trotz irreführender Angaben erhalten, so bedarf es des Schutzes durch das UWG nicht.

Ein schönes Beispiel für eine fehlende Relevanz sind Irreführungen, die für den Unternehmer nachteilhaft sind, aber nicht für den Verbraucher.[110]

Beispiel: Der Werbende schreibt falsch an sein Sofa, es handele sich um ein „Kunstledersofa", obwohl es sich tatsächlich um ein Ledersofa handelt.[111] Der Unternehmer zeichnet irrtümlich seine Waren im Schaufenster zu hoch aus, an der Kasse wird der richtige niedrigere Preis berechnet.

Bei für den Verbraucher auch nachteiligen Irreführungen liegt demgegenüber eine Spürbarkeit vor, wenn bei ungezwungener Sichtweise ein Vorteil für den Werbenden als naheliegend erscheint, zB wenn sich der Verbraucher dann nach einem für ihn ungünstigen Alternativkauf umsieht.[112]

Mit Fragen der Relevanz verknüpft sind auch die **Interessenabwägung** (Rn 146 ff) und die **Irreführungsquote** (Rn 149 ff).

---

107 BGH 1958, 444, 447 *Emaillelack;* BGH GRUR 1981, 672, 673 *gemeinnützig;* BGH GRUR 1983, 256, 256 – Sauerteig; BGH GRUR 1988, 700, 701 *Messpuffer.* BGH GRUR 2007, 605, 606 *Umsatzzuwachs.* OLG Hamburg NJOZ 2007, 5179, 5181 *Komplex-Homöopathikum, klinisch nachgewiesene Wirksamkeit.* Verkannt von OLG Saarbrücken WRP 1988, 343, 344 *Bundesprüfer:* Jeder Briefmarkensammler weiß, dass es kein bundesamtlicher Prüfer ist; nur diesen gegenüber wird aber die Bezeichnung gebraucht; OLG Hamburg CR 2008, 673, 674 *A-Protect,* Bannerwerbung für Arzneimittel bei unterstützender Software für Ärzte.
108 BGH WRP 2010, 759 Tz. 11 *Firmenbestandteil „Bundes-".*
109 BGH GRUR 2007, 251 Tz. 18, 20 und 33 *Regenwaldprojekt II;* BGH GRUR 2004, 437, 438 *Fortfall einer Herstellerpreisempfehlung;* BGH GRUR 2000, 436, 438 *Ehemalige Herstellerpreisempfehlung;* BGH GRUR 1982, 564, 566 *Elsässer Nudeln;* Henning-Bodewig GRUR Int. 2007, 986, 989.
110 Bornkamm in Köhler/Bornkamm § 5 UWG Rn 2.171.
111 Bornkamm in Köhler/Bornkamm § 5 UWG Rn 2.171.
112 KG GRUR-RR 2009, 349 *5 Euro-Startguthaben.*

Dem **Relevanzerfordernis** kommt nach der herrschenden Auffassung **eine eigenständige Bedeutung** zu.[113] Sie nimmt insbesondere die Prüfung der Bagatellschwelle des § 3 Abs. 1 UWG in sich auf, so dass der **Bagatellschwelle des § 3 Abs. 1 UWG** (Rn 85 ff) ihrerseits bei Irreführungsfällen keinen eigenständigen Anwendungsspielraum hat.[114]

3. Interessenabwägung

Rechtsgrundlage: § 3 Abs. 1, § 5 Abs. 1 UWG

In engem Zusammenhang mit der Relevanz der Irreführung (Rn 145) steht das Erfordernis einer **Interessenabwägung** für die Feststellung einer unlauteren Irreführung. Ergibt sich im Rahmen einer Interessenabwägung, dass die Interessen der Marktgegenseite zurücktreten müssen, muss eine insoweit etwa bestehende Fehlvorstellung als irrelevant übergangen werden. Zu den Aufgaben des Lauterkeitsrechts gehört es nicht, den Verkehr vor jedweder Fehlvorstellung zu schützen. Das Verbot irreführender Werbung dient vielmehr allein der Wahrung schützenswerter Interessen.[115]   **146**

Abgewogen werden die **Interessen der Marktgegenseite, des Werbenden, der Allgemeinheit** und die **Bedeutung der Irreführung** samt ihrer **Auswirkungen auf den Markt**.[116] Die Interessen der Marktgegenseite liegen in erster Linie darin, nicht in ihrer wirtschaftlichen Entscheidung irregeführt zu werden. Diese haben vor allem dann großes Gewicht, wenn es sich um **überragende Gemeinschaftsgüter** handelt, wie vor allem die Gesundheit,[117] aber auch den Umweltschutz.[118] Demgegenüber liegen die Interessen des Werbenden nicht nur darin, weiter so werben zu können, sondern können auch durch einen wertvollen Besitzstand geprägt sein. Ein **wertvoller Besitzstand** kann insbesondere durch jahrelange unbeanstandete Werbung mit einer Angabe geschaffen werden.[119] Das kann für eigentlich irreführende geschäftliche Bezeichnungen nach § 5 MarkenG (zB Firma)[120] oder für eigentlich irreführende Marken nach § 4 MarkenG (zB die Marke „Kloster Pilsener" bei 150 Jahren unbeanstandeter Benutzung),[121] aber auch für bloße Werbeangaben[122] Bedeutung erlangen. Der Werbende kann außerdem ein berechtigtes Interesse daran haben, seine **Werbung aus Raumgründen kurz und bündig** zu halten.[123] Irreführungen durch bloß lückenhafte Information können danach tolerierbar sein. Wenn es sich um eine **objektiv wahre**, nur für Teile des Verkehrs mög-   **147**

---

113 BGH GRUR 2010, 936 Tz. 23 *Espressomaschine*; Peifer in Fezer § 5 UWG Rn 240 ff; Bornkamm in Köhler/Bornkamm § 5 Rn 2.170 ff; Piper in Piper/Ohly/Sosnitza § 5 Rn 210 ff; Ullmann jurisPK-UWG/Link § 5 Rn 196 f.; zutr. Ahrens in Hasselblatt § 22 Rn 56 und 58 aE.
114 BGH GRUR 2010, 936 Tz. 23 *Espressomaschine*; BGH GRUR 2009, 888 Tz. 18 *Thermoroll*.
115 BGH GRUR 2004, 613, 614 *Schlauchbeutel*; BGH GRUR 2000, 73, 75 *Tierheilpraktiker*; BGH GRUR 1995, 125, 126 *Editorial I*; BGH GRUR 1994, 519, 521 *Grand Marnier*.
116 BGH GRUR 2010, 1024 Tz. 28 *Master of Science Kieferorthopädie*; BGH GRUR 2004, 613, 614 *Schlauchbeutel*; BGH GRUR 2000, 73, 75 *Tierheilpraktiker*.
117 Vgl BGHZ 47, 259, 261 *Ein gesunder Genuss*; BGH GRUR 1975, 664, 665 *Idee-Kaffee III*; BGH GRUR 1980, 797, 799 *Topfit Boonekamp*; BGHZ 124, 230, 235 *Warnhinweis* (Vgl Rn 207). Milder dagegen BGH GRUR 1981, 656, 658 *Schlangenzeichen*, BGH WRP 1988, 237, 238 *In unserem Haus muss alles schmecken* und BGH WRP 1995, 480, 482 *Kindertee III*.
118 Vgl BGHZ 105, 277, 280 *Umweltengel*; BGH GRUR 1991, 546, 547 *aus Altpapier*.
119 BGH GRUR 1994, 519, 521 *Grand Marnier*.
120 BGH GRUR 1977, 159, 161 *Ostfriesische Teegesellschaft*.
121 BGH GRUR 2003, 628, 630 *Klosterbrauerei*.
122 BGH GRUR 1995, 612, 614 *Sauerstoff-Mehrschritt-Therapie*.
123 OLG Frankfurt GRUR 2003, 1059, 1061; OLG Karlsruhe NJW-RR 1997, 1472, 1473; Sack WRP 2004, 521, 528.

licherweise missverständliche Werbeaussage handelte, hatte der Bundesgerichtshof ebenfalls stets eine Interessenabwägung vorgenommen: Wer – zu Mauerzeiten – unter „Germany" nur die Alt-Bundesrepublik verstand, war ebenso wenig schutzwürdig[124] wie derjenige, der aus der negativen Angabe „PVC-frei" auf eine positive Umweltverträglichkeit des so beworbenen Produkts schloss.[125] Es ist zulässig, mit der (objektiv zutreffenden) Bezeichnung „Master of Science Kiefernorthopädie" zu werben, auch wenn der Verkehr das als Facharzttitel für Kiefernorthopädie missverstehen kann; ein solches Missverständnis beruht eher auf „Unklarheiten" und „Vermutungen" des Verbrauchers, so dass keine hinreichend schwerwiegenden Verbraucherinteressen berührt sein können, um die Angabe zu verbieten.[126] Bei **unwahren Behauptungen** dürfte hingegen im Regelfall kein berechtigtes Interesse des Werbenden gegeben sein.[127] Demgegenüber kann **bei neuen bzw neu interpretierten Begriffen** des Rechts- und Wirtschaftslebens eine vorübergehende Irreführung der Verbraucher gerechtfertigt sein.[128] Das Irreführungsverbot ist nicht dazu da, sinnvolle neue Begriffe und sinnvolle Änderungen des Inhaltes bekannter Begriffe zu blockieren.[129]

Beispiel: Nach Abschaffung der zwingenden zeitlichen Befristung von Sommer- und Winterschlussverkauf (Rn 256 ff) kann der Verbraucher über eine in Wahrheit nicht bestehende zeitliche Befristung eines Schlussverkaufes irregeführt werden. Eigentlich müsste deshalb ein ausdrücklicher Hinweis des Werbenden erfolgen, dass sein Schlussverkauf zeitlich nicht befristet ist, um eine Irreführung auszuschließen. Das wird aber nicht verlangt, weil anderenfalls die alte Rechtslage „mit Hilfe des Irreführungsverbotes perpetuiert" würde.[130]

Außerdem können auch noch **normative Interessen** in die Interessenabwägung einfließen, beispielsweise die Warenverkehrsfreiheit gemäß Art. 34 AEUV.[131] Insoweit kann auch die grundrechtlich abgesicherte (Art. 5 Abs. 1 GG) sachliche Unterrichtung und Meinungsbildung Bedeutung erlangen, beispielsweise in sehr ausführlichen Werbeprospekten mit großem redaktionellen Teil.[132] Das Gleiche gilt für das normativ in § 6 VerpackungsVO zum Ausdruck gekommene Interesse, ein flächendeckendes System für die Wiederverwertung von Verpackungen schrittweise einzuführen („Grüner Punkt"); die Fehlvorstellung des Verkehrs, alle so gekennzeichnete Produkte würden wiederverwertet, muss dahinter zurücktreten.[133]

148 Schon seit der UWG-Reform 2004, erst recht aber nach der UWG-Reform 2008 ist die Interessenabwägung nicht mehr im Rahmen von § 5 quasi als „ungeschriebenes Tatbestandsmerkmal" durchzuführen, sondern **im Rahmen von § 3 UWG zu prüfen.**[134] Denn § 5 UWG erscheint insoweit abschließend formuliert, als sich seinem Tatbestand

---

124 BGH GRUR 1974, 665, 666 *Germany*. Vgl Traub, FS Nirk, S. 1017.
125 BGH GRUR 1996, 985, 986 *PVC-frei*.
126 BGH GRUR 2010, 1024 Tz. 28 f. *Master of Science Kiefernorthopädie*.
127 BGH GRUR 2003, 800, 802 *Schachcomputerkatalog*.
128 BGH GRUR 1981, 137, 138 f. *Tapetenpreisempfehlung*; BGH GRUR 1980, 108, 109 *unter empf. Preis*; BGH GRUR 1965, 96, 98 f *20 % unter empfohlenen Richtpreis*.
129 Sack GRUR 1998, 871, 875.
130 BGH GRUR 2008, 1114 Tz. 14 *Räumungsfinale*.
131 BGH GRUR 1996, 910, 912 *Der meistverkaufte Europas*; BGH GRUR 1999, 1122, 1124 *EG Neuwagen I*; BGH GRUR 1999, 1125, 1126 *EG Neuwagen II*; BGH GRUR 1994, 519, 521 *Grand Marnier*.
132 BGH GRUR 2003, 800, 801, 803 *Schachcomputerkatalog*.
133 BGH GRUR 2004, 613, 614 *Schlauchbeutel*.
134 Peifer in Fezer § 5 UWG Rn 245 f; aA wohl Ahrens in Hasselblatt § 22 Rn 69 ff; Bornkamm in Köhler/Bornkamm § 5 Rn 2.199; Ullmann jurisPK-UWG/Link § 5 Rn 199 f; Piper in Piper/Ohly/Sosnitza § 5 Rn 223 ff.

kein Anhaltspunkt dafür entnehmen lässt, dass eine Interessenabwägung durchzuführen ist.[135] Demgegenüber verlangt § 3 Abs. 1 UWG ausdrücklich, dass für eine unzulässige unlautere geschäftliche Handlung die Interessen von Wettbewerbern, Verbrauchern oder sonstigen Marktteilnehmern spürbar beeinträchtigt sein müssen. Die Interessenabwägung ist dort im Rahmen der Spürbarkeitsschwelle nach § 3 Abs. 1 UWG vorzunehmen (Rn 85 ff).

4. Irreführungsquote

Rechtsgrundlage: § 3 Abs. 1, 2, §§ 5, 5 a UWG

Die sog. Irreführungsquote bezeichnet die Quote der Marktteilnehmer auf der Marktgegenseite, die die Werbung tatsächlich falsch verstanden haben. Diese Quote kann insbesondere durch Meinungsumfragen ermittelt werden (zu Meinungsumfragen Rn 1641).   **149**

Nach dem früheren Verbraucherleitbild setzte die deutsche Rechtsprechung den für ein Verbot genügenden Anteil der irregeführten Kunden quantitativ sehr niedrig an: Nur wenn so gut wie jeder Angesprochene die fragliche Werbeaussage richtig und nur ein ganz unerheblicher Teil sie unzutreffend verstand, entging sie einem Verbot.[136] Wie viele das genau waren, wurde nicht geklärt; die Obergrenze lag im Regelfall aber wohl bei 10 %,[137] teilweise hielt der Bundesgerichtshof allerdings 12–18 % nicht für ausreichend.[138]   **150**

Das **geänderte Verbraucherleitbild** (Rn 121 ff) hat Einfluss auch auf die Irreführungsquote. Man wird in unserem Land ebenso wie in den anderen Mitgliedsstaaten der Europäischen Union davon ausgehen können, dass die **Mehrheit der Verbraucher** durchschnittlich informiert, aufmerksam und verständig ist; eine Minderheit könnte kein repräsentativer Durchschnitt sein. Bei demoskopischen Erhebungen zum Verbraucherverständnis wird es also nicht mehr negativ auf das Missverständnis einer Minderheit,[139] sondern positiv auf das Verständnis der Mehrheit ankommen. Auch der Bundesgerichtshof ist der Auffassung, dass es, wenn die Vorstellung des situationsadäquat aufmerksamen Durchschnittsverbrauchers maßgeblich sei, nicht auf die möglicherweise davon abweichenden Anschauungen einer Minderheit von Verbrauchern ankomme.[140] Es kann dann insbesondere ein Prozentsatz von 15–20 % Irregeführter nicht mehr ausreichend sein, weil das kein erheblicher Teil der angesprochenen Verkehrskreise ist.[141] Der BGH stellt in Übereinstimmung mit dem EuGH[142] auf die **Erheblichkeit** ab[143] und nicht mehr nur auf einen „nicht unerheblichen Teil". Die Frage, wie sich Erheblichkeit bestimmt, ist nach wie vor nicht quantifiziert. Denn auch eine   **151**

135 Zutr. Peifer in Fezer § 5 UWG Rn 246.
136 BGH GRUR 1966, 445, 449 *Glutamal*; BGH GRUR 1983, 512, 513 *Heilpraktikerkolleg*.
137 Vgl BGH GRUR 1979, 716, 718 *Kontinent-Möbel*; Piper GRUR 1992, 803, 815.
138 BGH GRUR 1995, 60, 62 *Napoleon IV*. S. ferner OLG Köln GRUR 1990, 293 f und OLG München WRP 1983, 293, 294 mwN; OLG Hamburg WRP 1998, 225, 227; Ullmann GRUR 1991, 789, 792.
139 Vgl Rn 137.
140 BGH GRUR 2003, 247, 248 *Thermal Bad*; BGH GRUR 2002, 550, 552 *Elternbriefe*; Sosnitza ZLR 2003, 482, 483.
141 BGH GRUR 2004, 162, 163 *Mindestverzinsung*.
142 EuGH GRUR Int. 1993, 952 Tz. 15 *Neue Kraftfahrzeuge – Nissan*.
143 BGH GRUR 2010, 744 Tz. 48 *Sondernewsletter*.

starre 50% Grenze darf nicht gezogen werden. Das neue Verbraucherleitbild ist selbst normativ geprägt und führt deshalb dazu, dass je nach berücksichtigungsfähigen Interessen unterschiedliche Grenzen für eine Erheblichkeit gelten können. Das OLG Saarbrücken und das OLG München gingen dennoch von einer Quote von 25% – ca. 33% (ein Drittel) aus.[144] Der BGH hat bislang bei einer Quote von 66% eine relevante Irreführung angenommen.[145] Ansonsten hat er sich aber mit einer eindeutigen Grenzziehung zurückgehalten und davon gesprochen, dass die verständigen, durchschnittlich informierten und aufmerksamen Verkehrskreise „zumindest zu einem erheblichen Teil" irregeführt werden müssten.[146] Der Irreführungsquote jegliche Bedeutung für die Feststellung der Irreführung abzusprechen, dürfte aber zu weit gehen.[147] Irreführung kann im Ergebnis nur nach einer Abwägung aller relevanten Faktoren entschieden werden. Insoweit steht die Irreführungsquote in einer direkten Wechselbeziehung zur Relevanz der Irreführung (Rn 145) und zur erforderlichen Interessenabwägung (Rn 146 ff). Die Irreführungsquote ist dabei nur einer von vielen Faktoren. Je größer sie ist, desto stärker müssen die gegen eine Irreführung sprechenden Interessen wiegen, um ein Verbot zu vermeiden.[148]

5. Tatsachenbehauptung – Werturteil

Rechtsgrundlage: § 5 UWG

152 Nur die Behauptung einer **Tatsache** kann wahr oder unwahr und damit irreführend sein.

Den Gegensatz bilden Werturteile. Ein Werturteil ist bloße Meinungsäußerung und daher nicht nachprüfbar. Der Richter, der sie werten wollte, würde im Ergebnis nur seine eigene Meinung an ihre Stelle setzen. **Reine Werturteile sind deshalb wettbewerbsrechtlich für § 5 UWG irrelevant.**

153 Entscheidend für eine Abgrenzung zwischen Tatsachenbehauptung einerseits und Werturteil andererseits ist zunächst auch hier, wie die **angesprochenen Verkehrskreise die Äußerung verstehen** (allgemein zum Verkehrsverständnis Rn 120 ff). Wird sie vom Publikum als bloße subjektive Meinung gewertet, so lässt man sie passieren, auch wenn sie einen tatsächlichen Kern hat.[149] Der Werbende kann das Risiko, dass der Verkehr seine Angabe entgegen seinem Willen als Tatsachenbehauptung – und damit als nach § 5 UWG zu kontrollierende Angabe – versteht, im Regelfall dadurch ausschließen, dass er seine Angabe ausdrücklich als Meinungsäußerung oder als „subjektive" Einschät-

---

144 OLG Saarbrücken GRUR-RR 2007, 161, 162 f *20% auf alles, ausgenommen Tiernahrung;* OLG München WRP 2005, 522 L *Gelomyrtol forte;* so auch Ahrens in Hasselblatt § 22 Rn 66.
145 BGH WRP 2010, 759 Tz. 12 *Firmenbestandteil „Bundes-".*
146 BGH GRUR 2004, 162, 163 *Mindestverzinsung;* vgl auch BGH GRUR 2010, 744 Tz. 48 *Sondernewsletter.*
147 So aber Lettl ZGR 2003, 853, 866; Scherer WRP 1999, 991, 994 ff; kritisch dazu Sack WRP 2004, 521, 526 ff; Schweizer JZ 2000, 923, 926.
148 BGH GRUR 1994, 519, 521 *Grand Marnier;* BGH GRUR 1992, 66, 68 *Königl. Bayr. Weisse;* BGH GRUR 1971, 313, 315 *Bockbeutelflasche.*
149 BGH GRUR 1970, 254, 255 f. *Remington;* BGHZ 43, 140, 142 f. *Lavamat II* für den Werbespruch „Den und keinen anderen" und BGH GRUR 1965, 363, 364 f. *Fertigbrei* für „Mutti gibt mir immer nur das Beste"; OLG Frankfurt WRP 1977, 270 für „unbezahlbare Vorteile" und 1989, 319 für „nicht gerade herausragend". Gegenfall: BGH GRUR 1988, 402 *Mit Verlogenheit zum Geld.* S. auch BGH GRUR 1995, 595, 597 *Kinderarbeit.*

zung verstanden wissen will.[150] Denn dann wird der Verkehr regelmäßig auch von einer Meinungsäußerung ausgehen.

Dennoch bleibt die Frage der Abgrenzung von Tatsachenbehauptung und Werturteil schwierig. Es gibt hier oft kein Schwarz (Tatsachenbehauptung) oder Weiß (Werturteil). Das gilt vor allem dann, wenn es sich nicht um ein „reines" Werturteil handelt, sondern die Meinungsäußerung einen tatsächlichen Kern enthält. Wer meint, diese Maschine sei besser als jene, fällt damit ein Werturteil, behauptet aber möglicherweise auch, die Qualität der einen Maschine sei höher als die der anderen.

Schon seit jeher beschäftigt deshalb die Frage der Abgrenzung von Tatsachenbehauptungen und Werturteilen die Rechtsprechung. Es kann hier auch auf die Rechtsprechung zum allgemeinen Äußerungsrecht (§§ 823, 824 BGB, § 186 StGB) zurückgegriffen werden,[151] wobei in der Praxis allerdings zu beobachten ist, dass der UWG-Richter im Regelfall schneller zu einer Tatsachenbehauptung gelangt als der Richter im allgemeinen Äußerungsrecht. Auch für § 4 Nr. 8 UWG muss die Tatsachenbehauptung von der Meinungsäußerung abgegrenzt werden (Rn 663 ff).

Die Abgrenzung zwischen Werturteil und Tatsachenbehauptung ist nicht immer eindeutig und daher in nicht wenigen Fällen äußerst schwierig. Ausschlaggebendes Kriterium ist die Antwort auf die Frage, ob die in Rede stehende Äußerung – nach dem Verkehrsverständnis (Rn 120 ff) – dem (Wahrheits-)Beweis zugänglich ist oder nicht.[152] Kann man dies bejahen, liegt eine Tatsachenbehauptung, anderenfalls ein Werturteil vor. In den problematischen Fällen, in denen die Äußerung sowohl Werturteil als auch Tatsachenbehauptung enthält, gilt es auf den Gesamteindruck abzustellen.[153] Danach ist entscheidend, ob die Äußerung vorwiegend durch die Elemente der Stellungnahme, des Dafürhaltens oder Meinens geprägt ist, mithin der tatsächliche Gehalt der Äußerung so substanzarm ist, dass er gegenüber der subjektiven Wertung in den Hintergrund tritt oder ob sich der Kern der Äußerung letztlich als Tatsachenbehauptung erweist.[154] Vielfach ist die Behauptung einer Tatsache in eine Meinungsäußerung gekleidet, oder enthält ein Werturteil einen tatsächlichen Kern. In solchen Fällen hat der BGH bisher auf den Gesamteindruck abgestellt, den die fragliche Äußerung auf den unbefangenen durchschnittlichen Hörer oder Leser machte,[155] je nachdem ob die in ihr enthaltene Tatsachenbehauptung oder die Meinungsäußerung stärker substantiiert war und damit das größere Gewicht hatte, wurde das eine oder das andere angenommen.[156] Wenn Tatsachenbehauptung und Meinung in einer zusammengesetzten Äußerung jeweils selbständige Bedeutung hatten, sich also trennen ließen, fand eine getrennte Bewertung statt.[157]

150   BGH GRUR 2006, 875 Tz. 27 *Rechtsanwaltsranglisten*; so schon die Vorinstanz OLG München GRUR 2003, 719, 720 *Juve-Handbuch*.
151   Vgl grundlegend BVerfG NJW 2006, 207 Tz. 34 und 41 f „*IM-Sekretär" Stolpe*; ferner die Erläuterungswerke zu §§ 823, 824 BGB.
152   BVerfG ZUM-RD 2003, 1, 1 f *JUVE-Handbuch II/ Anwaltsranking II*; BGH GRUR 1988, 402, 403 *Mit Verlogenheit zum Geld*.
153   BGH GRUR 1975, 89, 91 *Brüning Memoiren I*.
154   BVerfG ZUM-RD 2003, 1, 2 *JUVE-Handbuch II/Anwaltsranking II*; BGH GRUR 1994, 915, 917 *AND/Börsenjournal S*; BGH GRUR 1975, 89, 91 *Brüning Memoiren I*; BGH GRUR 1969, 555, 557 *Cellulitis*.
155   BGH GRUR 1993, 412, 413 f. *Ketten-Mafia*; BGH GRUR 1966, 693, 695 *Höllenfeuer*.
156   BGH GRUR 1993, 409, 410 f. *Illegaler Fellhandel*.
157   BVerfG NJW 1992, 1439, 1442 *Kritische Bayer-Aktionäre*; BGH GRUR 1968, 314, 316 *Fix und Clever*.

154

155 Die Rechtsprechung nimmt **Meinungsäußerungen** insbesondere bei der Beurteilung eines Verhaltens als rechtmäßig oder rechtswidrig an.[158] Aus dem gleichen Grunde werden wissenschaftliche Äußerungen – insbesondere die Ergebnisse wissenschaftlicher Untersuchungen – in der Regel nicht als Tatsachenbehauptungen, sondern als Meinungsäußerungen angesehen (sog. **Wissenschaftsprivileg**).[159]

156 Außerhalb des wissenschaftlichen Bereichs ist die Rechtsprechung aber streng, insbesondere bei der Superlativwerbung („einmalig", „unzerreißbar" usw.) und bei Vergleichen mit der Konkurrenz (zur Alleinstellungs- und Spitzengruppenwerbung s. Rn 184 ff).

Beispiele: Als unzulässig, falls nicht nachgewiesenermaßen richtig, wurden beispielsweise angesehen:

- „absolute Spitze",[160]
- „Es gibt keinen besseren",[161]
- „einmaliges Sonderangebot",[162]
- „Die ideale Kur zum Abnehmen",[163]
- „Die modernste Mühlsteinfabrik des Kontinents",[164]
- „Europas größtes People-Magazin",[165]
- „von Weltruf",[166]
- „Weltmarktführer",[167]
- „selbst hochgeschraubte Erwartungen übertreffend",[168]
- „unschlagbar",[169]
- „Das optimale Haftetikett",[170]
- „Die gründlichste Rasur",[171]
- „Spitzenerzeugnis",[172]
- „High End" – Server,[173]
- „Unerreicht",[174]
- „Technologieführerschaft".[175]

---

158 BGH GRUR 1982, 631 f. *Klinikdirektoren* für „illegal"; BGH GRUR 1987, 397, 399 f. *Insiderwissen* für „unlauter"; OLG Köln WRP 1982, 110 *Gong-Affäre*. Näheres Rn 663.

159 BGH GRUR 1978, 258, 259 *Schriftsachverständiger*; BGH NJW 1989, 774 *Ärztliche Diagnose*; OLG München ZUM 1989, 310, 311. Offen gelassen von KG WRP 1994, 185, 188 *Wiener Block* (Beuys-Fälschungen).

160 OLG Hamm WRP 1980, 500, 501.

161 BGH GRUR 1970, 425, 426 *Melitta-Kaffee*; OLG Frankfurt GRUR 1981, 603, 604 f. *Bausparkasse*; OLG München WRP 1981, 340, 341 (sog. negativer Komparativ).

162 OLG Düsseldorf GRUR 1953, 132, 133; OLG Koblenz WRP 1986, 168 f.

163 OLG München NJW-RR 1986, 199.

164 OLG Stuttgart GRUR 1961, 630, 631 *Mühlstein-Fabrik*.

165 OLG Hamburg GRUR-RR 2006, 170, 171 *Europas größtes People-Magazin*. ähnliche Werbung: „Europas größtes Kunstmagazin" („ART"), „Europas größtes Nachrichten-Magazin" („Der SPIEGEL"), „Europas größte Sportzeitschrift" („SPORT BILD"), „Europas auflagenstärkste Programmzeitschrift" („TV-MOVIE"), „Europas größtes Jugendmagazin" („BRAVO"), „Europas größte Wohnzeitschrift", „das meistgelesene Einrichtungsmagazin Europas" („SCHÖNER WOHNEN"), „Europas größtes Wellness-Magazin" („VITAL ") und „Europas größtes Strickjournal" („SABRINA").

166 LG Frankfurt GRUR 1951, 82, 83.

167 KG GRUR-RR 2004, 269 *Weltmarktführer Webhosting*.

168 OLG Düsseldorf DB 1963, 1640.

169 BGH GRUR 1975, 141, 142.

170 OLG Köln WRP 1983, 514, 515.

171 OLG Hamburg GRUR-RR 2005, 286, 287 *Die gründlichste Rasur*.

172 BGH GRUR 1973, 594, 595 *Ski-Sicherheitsbindung*; andererseits: OLG Hamburg GRUR-RR 2004, 267 *Leistungsspitze*.

173 OLG Köln GRUR-RR 2007, 243, 243 *dedicated server*.

174 OLG Frankfurt GRUR 1984, 365 f. *Unerreichter Anzeigenteil*.

175 OLG Hamburg GRUR-RR 2002, 71 *Technologieführerschaft*.

Besonders häufig sind die Fälle, in denen der Werbende sein Produkt für **das Beste** hält. **157** Die Gerichte verbieten eine solche Angabe (als falsche Tatsachenbehauptung) häufig dann, wenn das Adjektiv „beste" mit einem bestimmten Artikel verbunden ist, also eine (unzutreffende) Alleinstellung behauptet wird.

Beispiele:

- „Die beste Zigarette der Welt",[176]
- „Die besten Möbel zum günstigsten Preis",[177]
- „Der beste Preis der Stadt",[178]
- „Die besten Ärzte Deutschlands",[179]
- „Die 500 besten Anwälte",[180]
- „Vom Erfinder – Das beste Stück",[181]
- „Die besten deutschen Shareware-Programme".[182]

Ausnahmsweise – wegen des Wortspiels – ist

- „Radio Diehl – The best deal"

unbeanstandet geblieben.[183] Dasselbe gilt dann, wenn der Verkehr die Aussage nicht als Alleinstellungsbehauptung, sondern als bloße reklamehafte Anpreisung versteht:

- „Das beste Bier"[184]
- „Kellogg's – Das Beste jeden Morgen"[185]
- „Das Beste für Ihren Raum",

letzteres als allgemeine Überschrift über einer Einrichtungs-Anzeige mit vielen Waren in allen Preislagen.[186] Auch der unbestimmte Artikel

- „Beste Auswahl, beste Lage, beste Übersicht"

blieb unbeanstandet.[187]

Auch Tatsachenangabe und nicht etwa Werturteil ist die Behauptung **übersinnlicher Eigenschaften**. Die Behauptung ist kein Werturteil, weil objektiv nicht nachweisbar und dies nach früherer Auffassung stets irreführend war.[188] (Siehe auch Rn 207). Der verständige und durchschnittlich informierte Verbraucher des neuen Leitbildes (Rn 122 ff) wird aber die mangelnde Substanz solcher Angaben erkennen und nicht irregeführt sein; anders fällt die Beurteilung allenfalls im Bereich der Heilmittelwerbung aus (Rn 811 ff). Genauso sind **astrologische Prognosen** oder Wettervorhersagen zulässig, solange sie nicht als sicher und zuverlässig ausgegeben werden.[189]

176 OLG Düsseldorf DB 1963, 1603.
177 OLG Nürnberg BB 1968, 1399.
178 OLG Hamburg GRUR-RR 2007, 369, 369 *Der beste Preis der Stadt* (mit zusätzlichen instruktiven Ausführungen zur Darlegungs- und Beweislast); ebenso: OLG Köln GRUR 2006, 203 *Der beste Preis der Stadt.*
179 BGH GRUR 1997, 912 f. *Die Besten I.*
180 BGH GRUR 1997, 914, 915 *Die Besten II.*
181 OLG Köln NJWE 1998, 105.
182 OLG Hamburg NJWE 1998, 218, 219.
183 OLG Frankfurt NJW-RR 1999, 770.
184 OLG Köln WRP 1983, 174 f.
185 BGH GRUR 2002, 182, 183 *Das Beste jeden Morgen.*
186 BGH GRUR 1989, 608, 609 *Raumausstattung.*
187 KG GRUR 1999, 1021, 1022.
188 KG WRP 1976, 372, 374 *Glücksbringer* und NJW-RR 1987, 624, 625 *Talismane*; OLG Frankfurt WRP 1981, 467, 468 *Wunderbares Wasser aus Lourdes.*
189 OLG Stuttgart NJW-RR 1988, 934, 935 *Gewinntageberechnung.*

Werturteile oder **marktschreierische Anpreisungen**[190] unterliegen der Meinungsbildung und sind Meinungsäußerungen und damit regelmäßig nicht nachprüfbar. Selbst wertlose oder falsche wie emotionale Äußerungen sind dem Grunde nach irrelevant für § 5 UWG – sie werden nicht erfasst. Meinungsrelevanz und die Eigenschaft als Werturteil sind für den Schutz durch Art. 5 GG von Bedeutung, der § 5 UWG im Rahmen der Interessenabwägung scheitern lässt. Fußen diese allerdings auf einem Tatsachenkern, der nachweislich unrichtig ist und enthält die Äußerung diese nachweislich unrichtige Angabe, so sind Werturteile relevant und irreführend.[191] Bezeichnet ein Unternehmer beispielsweise in seinem Internetauftritt die Patente eines Wettbewerbers als trivial, so dass der Eindruck entsteht, diese erreichten nicht die Schützfähigkeit nach dem PatG, ist dies eine irreführende Angabe gem. § 5 UWG.[192]

Weitere Beispiele aus dem Bereich der Alleinstellungswerbung, der vergleichenden Werbung und der kreditschädigenden Behauptungen (§ 4 Nr. 8 UWG) s. Rn 184 ff, 354 f, 663, 681, 172. Zu den sog. „offenen" und „verdeckten" Tatsachenbehauptungen s. die BGH-Entscheidungen *Medizin-Syndikat*.[193]

6. Ausdrucksmittel (Angabe)

Rechtsgrundlage: § 5 Abs. 1 S. 2, Abs. 3 UWG

158 Legaldefinitionen des Tatbestandsmerkmals „Angabe" im UWG oder in der Richtlinie unlautere Geschäftspraktiken (Rn 17) fehlen. Der Regelfall einer Angabe im Rahmen des § 5 Abs. 1 S. 2 UWG ist das **geschriebene** oder **gesprochene Wort**. Eine Angabe hat regelmäßig die Ware oder die Dienstleistung (= Produkt) zum Gegenstand (Nr. 1, Nr. 2), die Art und Weise ihrer Abgabe, sie trifft Aussagen über den Handelnden (Nr. 3) selbst, den Preis (Abs. 4) oder über weitere mit dem Produkt oder dem Unternehmen zusammenhängende Leistungen wie Verantwortlichkeiten.

159 Nach **§ 5 Abs. 3 UWG** können Angaben aber auch sein

„bildliche Darstellungen und sonstige Veranstaltungen, die darauf zielen und geeignet sind, solche Angaben zu ersetzen".

Neben der Sprache, zB in Form einer eine bestimmte Herkunft suggerierenden Mundart,[194] kommen dafür vor allem Bild und Ton in Betracht: Die Abbildung eines Herzens symbolisiert eine gesundheitsfördernde Wirkung,[195] das Gackern von Hühnern im Hintergrund der Funkwerbung für Teigwaren lässt auf die Verwendung von Eiern bei deren Herstellung schließen,[196] die Verwendung der Europaflagge symbolisiert die europaweite Bedeutung des werbenden Unternehmens.[197] Auch eine bloße Kontostandsauskunft kann, ebenso wie ein Kontoauszug, irreführend sein, wenn dem Kontoinhaber

---

190 BGH NJW 2007, 357 Tz. 24 *Eigentumswohnung*; BGH NJW-RR 2007, 1202 Tz. 30 *Immobilienfond-Modell*.
191 BGH GRUR 1952, 410, 413 f. *Constanze I*; Ellenberger in Palandt, § 123 Rn 3.
192 OLG München GRUR-RR 2006, 268, 271, 274 f. *Trivial-Patente*.
193 BGH GRUR 1980, 1091 (I), 1099 (II), 1105 (III) und 1981, 80 (IV).
194 LG München I GRUR Int. 1980, 667 *Alpia*; Werbung in Schweizer Mundart für deutsche Schokolade.
195 BGH GRUR 1962, 97, 99 *Tafelwasser*. Vgl auch OLG München WRP 1986, 303, 304: Abbildung eines Huhns auf grünem Untergrund mit in Stroh gelegten Eiern; symbolisiert Freilaufhaltung.
196 BGH GRUR 1961, 544 *Hühnergegacker* meint sogar, es müssten frische Eier, nicht Eipulver sein.
197 OLG Hamburg NJWE 1999, 172.

ein höheres als das tatsächliche Guthaben vorgespiegelt wird,[198] genauso wie die Abbildung einer branchenbekannten Persönlichkeit in Werbeprospekten, die dem werbenden Unternehmen nicht mehr angehört, irreführend ist.[199] Weiter kann auch die Verpackung eine „**Mogelpackung**" (Rn 220) oder sonst irreführend sein.[200] Schließlich ist es selbstverständlich, dass auch **Domainnamen** irreführend sein können,[201] wie zB „Steuererklärung.de" für einen Lohnsteuerhilfeverein, der nur begrenzt bei Steuererklärungen mitwirken kann,[202] oder „Deutsches-Handwerk.de" für ein Internetportal, obwohl es keinen Internetauftritt einer offiziellen und berufsständischen Organisation des Deutschen Handwerks darstellt.[203] Insoweit gilt nichts anderes als für irreführende Markenwörter oder Firmen (Rn 290 ff).

Mit einer kommentarlosen oder zustimmenden **Bezugnahme auf eine fremde Äußerung** macht man sich diese zu Eigen.[204] Vgl Rn 644. Zur (irreführenden) Angaben in der vergleichenden Werbung, siehe Rn 170.

Seit der UWG-Novelle 2008 **bezieht sich § 5 UWG nicht nur auf die irreführende Werbung, sondern auch auf andere irreführende geschäftliche Handlungen.** Der Gesetzgeber nennt hier als Beispiel Angaben über das Bestehen oder die Höhe einer Forderung.[205] Hintergrund dieser sachlichen Erweiterung des Anwendungsbereiches der „kleinen" Generalklausel ist, dass die Richtlinie über unlautere Geschäftspraktiken auch solche Handlungen zwingend zur Umsetzung in den Mitgliedsstaaten vorsieht. 160

7. Formen der Irreführung

a) Irreführung durch Unterlassen

Rechtsgrundlage: § 5 a UWG; Art. 7 Richtlinie unlautere Geschäftspraktiken

Die Irreführung durch Unterlassen ist seit der UWG-Novelle 2008 gesondert in § 5 a UWG geregelt. Vgl dazu unten Rn 376 ff. 161

b) Beurteilung der gesamten Werbung oder von Teilen (Blickfangwerbung)

Rechtsgrundlage: §§ 5, 5 a UWG; §§ 3 Abs. 1, 4 Nr. 10 UWG iVm § 1 Preisangaben-VO; Art. 6 und 7 Richtlinie unlautere Geschäftspraktiken

Werbung muss grundsätzlich in ihrer Gesamtheit beurteilt werden, wenn davon auszugehen ist, dass der Verkehr die Werbung vollständig zur Kenntnis nimmt. 162

Beispiel: Ein mehrseitiges Werbeschreiben an Fachabnehmer werden diese vollständig lesen.[206]

Anders kann das aber sein, wenn die Hervorhebung bestimmter Angaben den angesprochenen Verkehr dazu bringen, nur einzelne Angaben wahrzunehmen. Die sog. **Blickfangwerbung** hebt einzelne Angaben durch auffälligen Druck oder in anderer 163

---

198 BGH GRUR 2007, 805 *Irreführender Kontoauszug;* BGH GRUR 2002, 1093, 1094 *Kontostandsauskunft.*
199 OLG Köln ZUM-RD 1999, 444 f.
200 BGH GRUR 1988, 636, 637 *Golddarm:* Verwendung einer für Qualitätswurst eingeführten Verpackungsfarbe für Freibankwurst – dort verneint. OLG Frankfurt GRUR-RR 2003, 192 *10 frische Eier.*
201 BGH GRUR 2001, 1061 *Mitwohnzentrale.de.*
202 OLG Nürnberg K&R 2002, 155, 156 *Steuererklärung.de.*
203 OLG Hamburg GRUR-RR 2007, 93 *Deutsches-Handwerk.de.*
204 BGH GRUR 1966, 92, 94 *Bleistiftabsätze;* Vgl auch OLG Stuttgart WRP 1984, 442.
205 Begr. RegE UWG-Novelle 2008, BT DS 16/10145, S. 16, abrufbar unter www.nordemann.de.
206 BGH GRUR 2010, 352 Tz. 11 ff. *Hier spiegelt sich Erfahrung.*

Weise besonders hervor. Dafür gilt nach wie vor der **Grundsatz, dass der Blickfang für sich genommen nicht irreführend sein darf.**[207] Dann sind auch spätere Klarstellungen irrelevant, weil es ausschlaggebend ist, dass sich der Verkehr aufgrund des irreführenden Blickfangs überhaupt mit der Werbung beschäftigt hat.[208]

Allerdings muss genau hingesehen werden, was am Blickfang zu beanstanden ist:

164 Ein Blickfang kann bereits für sich genommen eine **falsche (positive) Aussage** enthalten. Das ist eine Irreführung nach § 5 UWG. Auch eine Aufklärung in einer **Fußnote** hilft dann nichts, insbesondere wenn die Fußnote den Blickfang praktisch **in sein Gegenteil verkehrt.**[209]

Beispiele: Das ist etwa der Fall, wenn ein Unternehmen mit der blickfangmäßigen Angabe „Internet zum Festpreis" wirbt, dann aber in der dazugehörigen Fußnote nutzungsabhängige Entgelte angibt.[210] Dasselbe gilt für die blickfangmäßige Herausstellung DSL-Flatrate für 9,90 mit der Angabe in der Fußnote, dass dieses Angebot nur im Zusammenhang mit weiteren Zusatzkosten (Koppelung mit einem Telefontarif) erhältlich sei[211] oder Telefonieren für 0,00 Cent!.[212]

Die Angabe im Internet **Flüge nach Korfu ab € 59,-*** mit plakativer Hervorhebung und einem Sternchenhinweis ist irreführend und verstößt gegen die Preisangabenverordnung, wenn die Kerosinzuschläge nicht angeben sind und lt. Fußnote Flüge nur ab € 81,- zu buchen sind.[213]

165 Außerdem kommt eine Irreführung auch durch einen **unvollständigen Blickfang** in Betracht. Das ist eine Irreführung durch Unterlassen gem. § 5 a UWG, weil der Schwerpunkt der Vorwerfbarkeit auf der Auslassung liegt (Rn 376). Werden Verbrauchern wesentliche Informationen gem. § 5 a Abs. 2 bis 4 UWG vorenthalten, liegt ein Verstoß gegen § 5 a Abs. 2 UWG vor (Rn 376 f), in anderen Fällen ein Verstoß gegen § 5 a Abs. 1 iVm § 5 Abs. 1 UWG. Gleichzeitig kann bei anderen gesetzlichen Aufklärungspflichten auch ein Verstoß gegen §§ 3 Abs. 1, 4 Nr. 11 (Rechtsbruch, vgl Rn 774 ff) gegeben sein, insbesondere bei fehlender Endpreisangabe ein Verstoß gegen § 1 PreisangabenVO (Rn 806).

Allerdings kann ein unvollständiger Blickfang nur irreführend wirken, wenn der **Verkehr ihn für abschließend hält.** Insoweit hat die Rechtsprechung zur Blickfangwerbung nach der Änderung des Verbraucherleitbildes eine gewisse Liberalisierung erfahren. Das, was auf den allerersten, flüchtigen Blick missverständlich ist, ist künftig nicht mehr als verbotene Irreführung zu qualifizieren: Die situationsadäquate Aufmerksamkeit des Durchschnittsverbrauchers für die Ermittlung des Verkehrsverständnisses ist maßge-

---

207 BGH GRUR 2006, 164 Tz. 21 f *Aktivierungskosten II*; BGH GRUR 2003, 249, 249 *Preis ohne Monitor*; BGH GRUR 2003, 163, 164 *Computerwerbung II*; BGH GRUR 2000, 239, 241 *Last-Minute-Reise*; BGH GRUR 2000, 911, 913 f. *Computerwerbung*, wo allerdings noch auf einen „nicht unerheblichen Teil" der Verbraucher (S. 913 links unten) und einschränkungslos auf die Zugehörigkeit der OLG-Richter zum angesprochenen Verkehrskreis (S. 914 links Mitte) abgestellt wird (vgl Rn 1640); OLG Hamburg Urt. v. 9.6.2006, Az: 5 U 159/05, Tz. 23 (juris) BeckRS 2006, 14943 *Operation Preis*; OLG Hamburg WRP 2007, 342, 345 *Der debitel Sommerhit*; OLG Schleswig K&R 2000, 151, 152 *Telefontarif*.
208 BGH GRUR 2003, 163, 164 *Computerwerbung II*; BGH GRUR 2000, 911, 913 *Computerwerbung I*; aA Michel WRP 2002, 389 ff, der mit dem neuen Verbraucherleitbild die gesamte Rechtsprechung im Sinne von *Computerwerbung* für obsolet hält.
209 OLG Hamburg GRUR-RR 2007, 85 *Homezone im O2-Netz*.
210 OLG Köln GRUR-RR 2001, 17.
211 OLG Frankfurt GRUR-RR 2007, 165, 166 *Surf + Phone*; ähnlich die Bewerbung einer DSL Flatrate ohne Angabe einer Mindestvertragslaufzeit, Versandkosten OLG Hamburg Urt. v. 6.9.2006, Az: 5 U 159/05, Tz. 23 ff (juris), BeckRS 2006, 14943 *Operation Preis*.
212 BGH GRUR 2009, 75 Tz. 21 ff. *Telefonieren für 0 Cent!*.
213 OLG Düsseldorf Urt. vom 30.10.2007, Az: I-20 U 86/07, Tz. 36 (juris), BeckRS 2008, 00086 *Flugpreise*.

bend; mögliche Missverständnisse flüchtiger oder uninteressierter Leser sind irrelevant.[214] Allerdings sind hier **medienbezogene Unterschiede** zu machen:

- **Printmedien:** Auch die kleingedruckte Klarstellung genügt, solange der Blickfang nur unvollständig ist.[215] Um sicherzustellen, dass der Verkehr den Blickfang als unvollständig erkennt, sollte er deutlich sichtbar durch Fußnotenzeichen oder einen *-Hinweis, die bereits im Blickfang verwendet werden, eingeschränkt sein.[216] Der dazugehörige Text sollte leicht auffindbar sein.[217] Die Verknüpfung des Blickfanges mit der Fußnote über ein Fußnotenzeichen kann entfallen, wenn der Fußnotentext zB in einer ganzseitigen Werbeanzeige leicht lesbar ist und sofort ins Auge fällt.[218] Umgekehrt kann die fehlende Lesbarkeit wegen zu winziger Schrift eine Irreführung auslösen, wenn in der Fußnote weitere Preisbestandteile enthalten sind.[219]

- Im **Internet** kann die Fußnote durch einen Hyperlink auf eine andere (Unter-)Seite ersetzt werden. Das setzt allerdings bei dem Link einen eindeutigen Hinweis an den Nutzer voraus, dass der Link zu weiteren vertragsrelevanten Informationen führt (sog. „sprechender" Link); auch muss im Online-Bestellvorgang sichergestellt sein, dass spätestens bei Vertragsabschluss der Nutzer zwingend die Informationen erhält.[220] Bei der Google-Adwords-Werbung geht der Internetnutzer allerdings wegen der begrenzten Werbefläche davon aus, dass der Blickfang unvollständig ist; hier muss dann noch nicht einmal darüber aufgeklärt werden, dass weitere Informationen verfügbar sind. Es genügt, wenn vor der Bestellung die Aufklärung zwingend erfolgt.[221]

- Angebote im **Fernsehen, Hörfunk** oder per **SMS** können zuweilen auf die **Internetseite** des Anbieters verweisen.[222]

- Bei Fernsehwerbung genügt ein (lesbarer) schriftlicher Hinweis in der Fußzeile; einer Aufklärung in Bild und gleichzeitig Ton bedarf es nicht.[223] Jedoch muss der erforderliche Hinweis im Fernsehen wahrnehmbar sein.[224]

Beispiele für unzulässige und zulässige (unvollständige) Blickfangwerbung: „Vergleichen Sie … sparen Sie bei uns … 9,5%" in großer fetter, schwarzer Schrift, der Preisunterschied sogar mit rot unterlegt. Dieser Preisunterschied traf nur an einem Tag zu, die Werbung jedoch noch über diesen

---

214 Vgl BGH GRUR 2000, 619 *Orient-Teppichmuster*.
215 Anders noch BGH GRUR 1987, 45, 47 *Sommerpreiswerbung*. Wie hier OLG Hamburg ZUM-RD 2000, 242 *ab 6 Pfennig* und BGH GRUR 2000, 911, 913 f. *Computerwerbung*.
216 BGH GRUR 2011, 340 Tz. 23 *Irische Butter*; BGH GRUR 2010, 744 Tz. 35 ff. *Sondernewsletter*; BGH GRUR 1999, 261, 264 *Handy für 0,00 DM*.
217 Vgl die Anforderungen von BGH GRUR 1999, 261, 264 *Handy für 0,00 DM*: eindeutig zugeordnet, leicht erkennbar, deutlich lesbar; ferner BGH GRUR 2006, 164 *Aktivierungskosten II*. Genauso: BGH GRUR 2011, 340 Tz. 23 *Irische Butter*.
218 In BGH GRUR 2003, 163, 164 *Computerwerbung II* bejaht, in BGH GRUR 2003, 249, 250 *Preis ohne Monitor* verneint; ferner: BGH GRUR 2006, 164 Tz. 21 *Aktivierungskosten II*; OLG Frankfurt GRUR-RR 2007, 165, 166 *Surf + Phone*.
219 OLG Hamburg WRP 2007, 342, 345 *Der debitel Sommerhit*.
220 BGH GRUR 2005, 438, 441 *Epson-Tinte*; BGH GRUR 2003, 889, 890 *Internet-Reservierungssystem*; OLG Hamburg NJWE 2000, 57, 60; offen OLG Frankfurt GRUR-RR 2002, 113 *Null Pfennig*. Siehe auch BGH GRUR 2008, 84 *Versandkosten* und BGH GRUR 2008, 532 *Umsatzsteuerhinweis*, jeweils zur PreisAngVO.
221 OLG Hamm GRUR-RR 2010, 36, 36 *24 Stunden Lieferservice*.
222 BGH GRUR 2010, 158 Tz. 20 *FIFA WM-Gewinnspiel*; BGH GRUR 2009, 1064 Tz. 37 *Geld-zurück-Garantie II*; Hoeren BB 2008, 1182, 1186 mit Verweis auf OLG Frankfurt Urt. v. 1.2.2007, Az: 6 U 118/06; Peifer WRP 2008, 556, 559.
223 BGH GRUR 2009, 418 Tz. 17 *Fußpilz*.
224 BGH GRUR 2010, 158 Tz. 23 *FIFA WM-Gewinnspiel*.

Tag hinaus verwendet; ein kleiner Hinweis Stand vom 1.4.2002 positioniert in kleiner Schrift in der linken Ecke nahm nicht am Blickfang teil, so dass der Durchschnittskunde mit der für Lebensmittel eher geringeren Aufmerksamkeit irregeführt wurde.[225]

Wer Verbrauchsmaterialien (Toner für Drucker) für Originalprodukte Dritter (Drucker der Marke „Epson") mit der Bezeichnung des Originalproduktes („Epson-Tinte") im Internet zur Online-Bestellung bewirbt, handelt irreführend, wenn er nur auf einer nicht zwingend vor Bestellung aufzurufenden Internetseite darüber aufklärt, dass er nicht der Originalhersteller ist.[226]

Die Werbung mit einem Handynetzkartenvertrag, bei der die Tarifbedingungen in einer wesentlich verkleinerten Fußnote wiedergegeben sind und das Angebot 0,00 Grundgebühr und 15 Cent pro Minute in deutlich größerer Schrift bewirbt, löst den Blickfang des beworbenen Kartenvertrages nicht auf und erweist sich daher zumindest als missverständlich.[227] Vgl auch § 5a Abs. 3 Nrn. 3 und 4 UWG, Rn 395 ff, 398 ff.

Wer mit einem blickfangmäßig herausgestellten Preis für einen Telefonanschluss und für eine Internetflatrate wirbt, muss direkt bei diesen Preisen auf den Preis hinweisen, der für den zwingend damit gekoppelten Kabelanschluss anfällt. Das kann durch einen *-Hinweis direkt bei den blickfangmäßigen Preisangaben erfolgen.[228] Eine blickfangmäßig beworbene DSL-Flatrate zum Preis von € 9,90 lässt keine weiteren Zusatzkosten erwarten, die in einem kleinen fußnotenartigen Sternchen mit relativ umfangreicher, ungegliederter und sehr kleiner Schrift angegeben werden, das sich außerhalb des Blickfanges befindet und daher nicht wahrgenommen wird.[229] Vgl auch § 5a Abs. 3 Nrn. 3 und 4 UWG, Rn 395 ff, 398 ff.

Ein Unternehmen, das auf der Titelseite eines Prospektes mit großer Schrift Operation Preis – Echte DSL Flat für € 9,95 mtl. – kein Einrichtungspreis! ankündigt und dabei eine Kopplung von ISDN-Anschluss wie DSL-Anschluss darüber hinaus vorsieht, ohne deren Kosten auf derselben Seite zu benennen, noch deutlich lesbar hervorzuheben, handelt irreführend. Die Fußnote, die die DSL Flat um weitere Tarife ergänzt und zur Auflösung beitragen soll, genügt nicht, wenn deren Inhalt vor allem auf einer anderen Seite (Innenseite) positioniert ist.[230] Der Preis des Gesamtpakets, das für die benannte DSL Flat erforderlich war, betrug schlussendlich € 39,90 ohne Einrichtungspreis, der darüber hinaus nur für einen bestimmten Zeitraum entfiel.[231] Vgl auch § 5a Abs. 3 Nrn. 3 und 4 UWG, Rn 395 ff, 398 ff.

166   Keine Klarstellung des Blickfanges zB durch eine Fußnote ist danach erforderlich, wenn der Blickfang für sich genommen noch **keine abschließende Aussage** enthält. Dann kann der Kunde nämlich durch den Blickfang nicht irregeführt sein.

Beispiele: Der Blickfang „Geld-zurück-Garantie" im Zusammenhang mit der Werbung für Möbel war so schillernd, dass der Kunde noch nicht durch diese Formulierung irregeführt sein konnte.[232]

Die blickfangmäßig herausgestellte Angabe „THERMAL BAD" für einen Badezusatz ist unklar. Eine spätere kleiner gedruckte Erläuterung auf der Verpackung darüber, dass es sich um ein künstlich gewonnenes Produkt handelt, genügt deshalb.[233]

167   Auch ohne blickfangartige Hervorhebung können einzelne Werbeaussagen irreführend wirken, wenn auch der aufmerksame, verständige Durchschnittsverbraucher sie isoliert registrieren wird.

225   BGH GRUR 2007, 802 Tz. 21 *Testfotos III.*
226   BGH GRUR 2005, 438, 441 *Epson-Tinte.*
227   OLG Hamburg WRP 2007, 342, 344 f *debitel Sommerhit.*
228   BGH GRUR 2010, 744 Tz. 35 ff, 43 ff. *Sondernewsletter.*
229   OLG Frankfurt GRUR-RR 2007, 165, 167 *Surf + Phone.*
230   OLG Hamburg Urt. vom 6.9.2006, Az: 5 U 159/05, Tz. 24 (juris), BeckRS 2006, 14943 *Operation Preis.*
231   OLG Hamburg Urt. vom 6.9.2006, Az: 5 U 159/05, Tz. 25 f (juris), BeckRS 2006, 14943 *Operation Preis.*
232   BGH GRUR 2000, 1106 *Möbel-Umtauschrecht;* vgl andererseits OLG Frankfurt GRUR-RR 2007, 156, 156 *Geld-zurück-Garantie*, auf dessen Etikett lediglich auf der Innenseite die genauen Bedingungen der „Garantie" abgedruckt waren).
233   BGH GRUR 2003, 247, 248 *THERMAL BAD.*

Beispiele:

- Kennzeichnende **Firmenbestandteile** (aus der Firma „Möbelhaus des Handwerks, Industrie- und Handwerkserzeugnisse e.G.m.b.H." wird bald das kürzere, aber irreführende „Möbelhaus des Handwerks"),[234]

- **Marken** („Silberal" für Aluminiumgeschirr wirkt trotz aufklärender Werbung irreführend, weil auch der aufmerksame Durchschnittsverbraucher nicht unbedingt beides zusammen sieht).[235]

c) Mehrdeutigkeit

Rechtsgrundlage: §§ 5, 5 a UWG; Art. 6 und 7 Richtlinie unlautere Geschäftspraktiken

Eine häufige Form der irreführenden Werbung ist die mehrdeutige Aussage. Der Werbende hofft auf das ihm günstige Missverständnis, will sich aber im Streitfall auf eine ebenfalls mögliche, einwandfreie Deutung zurückziehen können. Die Rechtsprechung ist hier relativ streng: **Bei mehrdeutigen Werbeaussagen** muss **jede nicht fern liegende Deutung richtig sein.**[236] Das gilt auch dann, wenn ein Begriff sich in einem Bedeutungswandel befand und die beteiligten Verkehrskreise ihn teils in der bisherigen, teils in der neuen Bedeutung verstanden, wie das vor allem bei Herkunfts- oder Beschaffenheitsangaben vorkommt.[237] Jedoch kommt es auch hier auf den aufmerksamen, verständigen Durchschnittsverbraucher an. Nur diejenige von mehreren möglichen Deutungen, die die Mehrheit der Durchschnittsverbraucher (vgl Rn 137) einem Begriff als nicht fernliegend beilegt, ist maßgebend. Entsprechendes gilt für die Fälle des Bedeutungswandels. 168

Beispiele: Wird Verbrauchern der unabgesprochene Besuch eines Inkasso-Teams zur Eintreibung von Außenständen angedroht, enthält diese mehrdeutige Aussage auch die nicht fernliegende Deutungsvariante, dass die Forderung notfalls mit Gewalt durchgesetzt wird. Das ist indes eine unlautere Drohung gem. § 4 Nr. 1 und Nr. 2 UWG.[238]

Vor allem bei Umweltwerbung steht der Wahrheitsaspekt im Vordergrund und pauschale Behauptungen sind zu vermeiden: „Die Umwelt, die wir schützen, heißt Berlin, und mit unseren hochmodernen Kraftwerken halten wir die Berliner Luft sauber" ist irreführend, weil nur ein Teil und nicht der vollständige Strom aus KWK-geförderten Anlagen stammt.[239]

Gegenbeispiel: „L bietet Ihnen sauberen Strom zum sauberen Preis. Kein Atomstrom. Kein Kohlestrom. Dafür ausschließlich sauberer Strom aus erneuerbaren Energien..." lässt bei verständigen Verbrauchern, die wissen, dass alle Stromerzeuger in Gesamtnetze liefern, bei ihnen also stets ein „Strommix" ankommt, keine abweichende Erwartung entstehen.[240]

Bei wahren, aber missverständlichen Werbeaussagen werden im Übrigen regelmäßig die Anforderungen an die Irreführungsquote erhöht sein, weil das Interesse des Werbenden zu berücksichtigen ist, prägnante, wahre Werbeaussagen treffen zu dürfen.[241]

---

234 BGH GRUR 1961, 425, 427 f.
235 BGH GRUR 1955, 251, 252.
236 Zuletzt OLG München GRUR-RR 2010, 50, 51 *Besuch durch Inkasso-Team* unter Verweis auf die Rechtsprechung zum allgemeinen Persönlichkeitsrecht, zB BVerfG NJW 2006, 207 Tz. 34 f. *IM-Sekretär/Stolpe.* Siehe ferner BGH GRUR 1964, 397, 398 *Damenmäntel;* BGH GRUR 1970, 609, 610 *regulärer Preis;* BGH GRUR 1992, 66, 67 *Königl. Bayerische Weisse;* OLG Frankfurt WRP 1986, 279, 280 für die Ortsangabe „Rüdesheim" durch eine Kellerei, die nicht in Rüdesheim am Rhein, sondern in dem gleichnamigen Ort an der Nahe ansässig ist; OLG Köln GRUR 1989, 528, 530 für „eines der reinsten Mineralwässer der Erde".
237 BGH GRUR 1960, 567, 569 *Kunstglas.*
238 Zuletzt OLG München GRUR-RR 2010, 50, 51 *Besuch durch Inkasso-Team.*
239 LG Berlin und im Anschluss an KG WRP 1996, 750, 751 f. *Für den Schutz der Umwelt.*
240 OLG Hamburg GRUR-RR 2001, 169, 170.
241 Vgl Rn 147.

d) Unrichtig gewordene Werbung

Rechtsgrundlage: §§ 5, 5 a UWG; Art. 6 und 7 Richtlinie unlautere Geschäftspraktiken

169   Auch eine ursprünglich richtige Werbeaussage wird unzulässig, wenn sie trotz veränderter Verhältnisse fortgesetzt wird und dadurch eine Irreführung bewirkt, zB bei einer unrichtig gewordenen Firma,[242] bei einer überholten Katalogangabe,[243] einem nicht mehr existierenden Sonderpreis[244] oder bei einer ursprünglich gegebenen Alleinstellung, nachdem die Mitbewerber gleichgezogen haben.[245] Ob allerdings ein Lebensmittel-Markt, der im Regal befindliche, leicht verderbliche Ware nach Ablauf von deren Haltbarkeitsdatum nicht sogleich entfernt, seine Kunden irreführt, weil auf dieses Datum auch der aufmerksame, verständige Durchschnittsverbraucher nicht achte, wie das OLG Hamburg ohne Beweiserhebung von sich aus meint,[246] erscheint denn doch einigermaßen lebensfremd.

Für den umgekehrten Fall s. Rn 1637.

e) Irreführender Werbevergleich

Rechtsgrundlage: § 5 Abs. 3 UWG; Art. 6 und 7 Richtlinie unlautere Geschäftspraktiken, Richtlinie über irreführende und vergleichende Werbung (soweit gegenüber Unternehmern)

170   Eine Beeinflussung des Kunden zugunsten des eigenen Produkts ist schließlich auch dadurch möglich, dass der Werbende seine Leistung erkennbar mit denen der Konkurrenz vergleicht, zB die negativen Seiten der Produkte seiner Mitbewerber hervorhebt. Diese Fälle des direkten Angriffs auf die Konkurrenz sind in § 6 UWG geregelt und werden dort (Rn 681 ff) eingehend behandelt.

Daneben kann vergleichende Werbung aber auch **irreführend** sein. Das stellt § 5 **Abs. 3 UWG** klar. Die **schwarze Liste** des Anhang-UWG (§ 3 Abs. 3 UWG) enthält kein direkt anwendbares Per-se-Verbot im Hinblick auf irreführende vergleichende Werbung.

Für den Bereich der vergleichenden Werbung existieren gleich **zwei EU-Richtlinien**, deren Anwendungsbereich sich aber sauber voneinander trennen lässt: Die Richtlinie unlautere Geschäftspraktiken (Rn 17) regelt die Irreführung von (privaten) Verbrauchern („B2C") durch vergleichende Werbung in Art. 6 und 7 Richtlinie abschließend. Die irreführende Werbung gegen Unternehmern („B2B") im Rahmen vergleichender Werbung erfasst die Richtlinie über irreführende und vergleichende Werbung (Rn 18); diese Richtlinie regelt darüber hinaus auch die Voraussetzungen für die Zulässigkeit vergleichende Werbung, die nicht irreführend ist. Das gilt auch, wenn diese Werbung gegenüber Verbrauchern erfolgt („B2C") weil das die Richtlinie unlautere Geschäftspraktiken nicht reguliert.

171   Zur Frage, wann eine vergleichende Werbung vorliegt, ist auf **§ 6 Abs. 1 UWG** abzustellen (dazu unten Rn 681 ff).

---

242   BGHZ 53, 65, 68 ff. *Doktor-Firma;* Vgl auch Rn 303.
243   BGH GRUR 1958, 30, 31 *Außenleuchte.*
244   OLG Stuttgart MMR 2008, 754 *Preissuchmaschine;* OLG Frankfurt NJW-RR 1996, 945.
245   OLG Hamburg WRP 1986, 17.
246   WRP 2001, 423, 424.

Eine irreführende vergleichende Werbung nach § 5 Abs. 3 Alt. 1 UWG kommt immer   **172**
dann in Betracht, wenn eine vergleichende Werbung im Sinne von § 6 Abs. 1 UWG
Angaben enthält, die dazu geeignet sind, die angesprochenen Verkehrskreise irrezuführen, also bei ihnen Fehlvorstellungen hervorzurufen.[247] Diese Fehlvorstellungen
können sich auf alle Angaben beziehen, die in § 5 Abs. 1 S. 2 UWG genannt sind, also
auf wesentliche Merkmale einer Ware oder Dienstleistung (Nr. 1), den Anlass des Verkaufs, einen Preisvorteil etc. (Nr. 2), den Unternehmer und seine Person, Eigenschaften
oder Rechte (Nr. 3), Sponsoring oder Zulassungen (Nr. 4), die Notwendigkeit einer
Leistung, eines Ersatzteiles etc. (Nr. 5), die Einhaltung eines Verhaltenskodexes (Nr. 6)
oder die Rechte des Verbrauchers (Nr. 7).

Beispiele: Ein Unternehmen behauptet irreführend in einem Werbevergleich über **Saugeinlagen** für die Verpackungen von frischem Fleisch, Fisch und Geflügel, die Produkte des Mitbewerbers
verstießen gegen lebensmittelrechtliche Bestimmungen.[248]

Preisvergleichslisten für Arzneimittel müssen die Preise aller vergleichbaren Pharmaka nennen,
damit nicht der Irrtum entsteht, das teuerste genannte Mittel sei überhaupt am teuersten, obwohl
es noch teurere Mittel gibt.[249]

Im Einzelfall kann auch die **Nichtangabe einer bekannten Marke** im Rahmen eines Vergleiches
eine Irreführung auslösen, wenn die bekannte Marke ein wesentlich höheres Ansehen als die
Marke des Werbenden hat und dem Verkehr daher die Unterschiede zwischen beiden Leistungen
nicht hinreichend deutlich werden.[250]

Keine Irreführung ist darin zu sehen, wenn ausgesuchte Produkte ständig wiederholend im
Preis verglichen werden und der Vergleich den durchschnittlichen Preisabstand des Gesamtsor-
timents der Unternehmen nicht widerspiegelt. Die Werbung soll die tatsächlichen und nicht irgendwelche durchschnittlichen Preisunterschiede transparent machen;[251] der Vergleichende
kann sich grundsätzlich die verglichenen Leistungen und insoweit auch die für ihn vorteilhaften
Eigenschaften, die er vergleicht, aussuchen.[252]

Wird für ein **Arzneimittel** mit Ergebnissen einer **Studie** geworben, die das Beworbene und andere
Präparate miteinander vergleicht, so ist dieser Werbevergleich irreführend, wenn sich die tatsächlichen Grundlagen der Studie inzwischen wesentlich geändert haben und auf diesen Umstand in der Werbung nicht deutlich hingewiesen wird.[253] Ähnlich, aber nicht irreführend, ist der
direkte **Tarifvergleich** einer **Risikolebensversicherung** im Internet mit Tarifen ihrer Konkurrenz,
der erst ab einer bestimmten Versicherungssumme korrekt war.[254] Das OLG lehnte einen irreführenden Vergleich aufgrund des informierten Verbrauchers ab, der sich über die Mindestversiche-
rungssumme informieren könne. Allerdings bewarb sich das Unternehmen irreführend als bester
Direkt-Lebensversicherer Deutschlands (§ 5 Abs. 1 S. 2 Nr. 3 UWG).

Ein **Telefonkostenvergleich** ist irreführend, wenn ein Anbieter sein monatliches Grundentgelt für
ISDN-Anschlüsse nicht mit einem tatsächlich verlangten Grundentgelt eines Mitbewerbers vergleicht, sondern mit einem vermeintlichen Grundpreis, den er aus den Preisen des Mitbewerbers
für zwei verschiedene Versionen von dessen Angebot gebildet hat.[255]

Beruft sich ein pharmazeutisches Unternehmen im Rahmen einer vergleichenden Werbung gegenüber Fachkreisen auf einen **wissenschaftlichen Beitrag**, so kommt es für die Frage der Irre-

---

247   BGH GRUR 2008, 444 Tz. 29 *Saugeinlagen*.
248   BGH GRUR 2008, 443 Tz. 29 *Saugeinlagen*.
249   BGH GRUR 1992, 61, 62 *Preisvergleichsliste*; s.a. BGH GRUR 1989, 668, 669 *Generikum-Preisvergleich*.
250   EuGH GRUR 2003, 533 Tz. 46 *Pippig Augenoptik./. Hartlauer*.
251   EuGH GRUR 2003, 533 Tz. 84 *Pippig Augenoptik./. Hartlauer*.
252   BGH GRUR 2002, 633, 635 *Hormonersatztherapie*.
253   OLG Hamburg GRUR 2000, 530, 531 f *CSE-Hemmer*; oder der verglichene Tarif gilt nicht mehr OLG
         Hamm MMR 2008, 476, 477 *bis zu 52% sparen*.
254   OLG Saarbrücken Urt. v. 29.10.2008, Az: 1 U 361/08, BeckRS 2008, 23621 *Risikolebensversicherung*.
255   OLG Hamburg GRUR 2000, 532, 533 *Telefonkostenvergleich*.

führung in erster Linie darauf an, ob der fachliche Beitrag wissenschaftlichen Anforderungen genügt.[256]

Eine irreführende vergleichende Werbung kann ferner vorliegen, wenn die Ergebnisse eines **Vergleichstests** unter extremen Bedingungen beworben werden und so der Eindruck erweckt wird, die verglichenen Produkte verhielten sich unter den in ihrer Bedienungsanweisung vorgesehenen bzw unter normalen Einsatzbedingungen ebenso wie unter den Testbedingungen.[257]

§ 5 Abs. 2 UWG regelt noch den Sonderfall eines Sonderfalls: Während die irreführende vergleichende Werbung bereits mit § 5 Abs. 3 UWG eine Sonderregelung zu § 6 UWG erfahren hat, ist es nach § 5 Abs. 2 UWG im speziellen irreführend, wenn im Rahmen vergleichender Werbung eine Produktverwechslung oder eine Marken- oder sonstige Kennzeichenverletzung hervorgerufen wird. Dieser Fall ist jedoch wohl ein gesetzgeberisches Missgeschick, hervorgerufen bereits durch Art. 6 Abs. 2 a RL unlautere Geschäftspraktiken (Rn 17, 20). Denn gemäß § 6 Abs. 2 Nr. 3 UWG ist eine vergleichende Werbung ohnehin unlauter, wenn der Vergleich im geschäftlichen Verkehr zu Verwechslungen zwischen dem Werbenden und einem Mitbewerber oder zwischen den von diesen angebotenen Waren oder Dienstleistungen oder den von ihnen verwendeten Kennzeichen führt. Irgendein eigenständiger Anwendungsbereich von § 5 Abs. 2 UWG ist – anders als bei § 5 Abs. 3 UWG – nicht erkennbar, so dass die Erwähnung der vergleichenden Werbung in § 5 Abs. 2 UWG schlicht überflüssig ist.

f) Getarnte Werbung

Rechtsgrundlage: §§ 3 Abs. 1, 4 Nr. 3, 5 Abs. 1 S. 2 Nr. 3 UWG; §§ 3 Abs. 1, 4 Nr. 11 UWG; § 3 Abs. 3 UWG iVm Nr. 11 Anhang-UWG; Art. 6 Richtlinie unlautere Geschäftspraktiken

173 Das UWG hat mit der UWG-Novelle 2004 in § 4 Nr. 3 UWG ausdrücklich klargestellt, dass verschleierte Werbung unlauter ist. Eigentlich ist die verschleierte Werbung ein Fall des Irreführungsverbotes und hätte deshalb seinen Platz besser allein in § 5 UWG gefunden. Jetzt wird sie sowohl von § 4 Nr. 3 als auch von § 5 UWG erfasst. Innerhalb von § 5 UWG kommt insbesondere eine Irreführung über den Beweggrund der geschäftlichen Handlung nach Abs. 1 S. 2 Nr. 3 UWG in Betracht. Ergänzt werden diese Regelungen durch die spezielle Katalogtat gem. § 3 Abs. 3 UWG iVm Nr. 11 Anhang-UWG, die stets ohne weitere Prüfung der Erheblichkeitsschwelle des § 3 Abs. 1 UWG unlauter ist (Rn 41, 105 ff).

174 Der Verbraucher stellt bei der offenen Werbung in Rechnung, dass sie stets subjektiv gefärbt ist, und ist deshalb geneigt, gewisse Abstriche zu machen.[258] Jedoch bringt er Stellungnahmen von neutraler Seite – Zeitungsberichten, Reportagen im Funk oder Fernsehen, Äußerungen der Wissenschaft – oft unbegrenztes Vertrauen entgegen. Ein Unternehmer, der sich das zunutze macht und mit bezahlten Gutachten[259] oder unter dem Deckmantel einer kirchlichen Veranstaltung[260] oder – das sind die Hauptfälle –

---

256 BGH GRUR 2002, 633, 634 *Hormonersatztherapie*.
257 BGH GRUR 2005, 172, 175 *Stresstest*.
258 Vgl BGH GRUR 1952, 416, 417 *Dauerdose*.
259 BGH GRUR 1961, 189, 191 *Rippenstreckmetall*. Vgl Rn 251.
260 OLG Karlsruhe NJW-RR 1994, 817, das irrig § 1 UWG aF anwenden zu sollen glaubt (mwN), freilich ohne dafür eine Fallgruppe nennen zu können.

eines **redaktionellen Beitrags**[261] oder mit **redaktionell gestalteten Anzeigen**[262] wirbt, führt das Publikum irre.[263] Das gilt auch für die Werbung in kostenlosen Anzeigenblättern.[264]

In jedem Fall unzulässig ist daher nach § 3 Abs. 3 UWG iVm **Nr. 11 Anhang-UWG** ein vom Unternehmer finanzierter[265] Einsatz redaktioneller Inhalte „zu Zwecken der Verkaufsförderung", ohne dass sich dem (Durchschnitts-)Verbraucher dieser Zusammenhang aus dem Inhalt oder aus der Art der optischen oder akustischen Darstellung eindeutig erschließt („**getarnte Werbung**"). Die Regelung gilt nach dem Willen des Gesetzgebers nicht nur für Printmedien, sondern auch für sämtliche elektronischen Medien wie Hörfunk, Fernsehen und Telemedien und für redaktionelle Beiträge im Internet. Erfasst wird zudem das sogenannte „**product placement**" (teilweise auch **Schleichwerbung** genannt), wenn für die Einbeziehung der Ware oder Dienstleistung in einen redaktionellen Kontext ein Entgelt gefordert wird und dem Erkennbarkeitsgebot nicht genügt wird.[266] Nr. 11 entspricht damit den Grundsätzen, welche die Rechtsprechung schon bisher für die getarnte Werbung entwickelt hat[267] und sollte den großen Teil der Fallpraxis erfassen. Ansonsten stehen die Auffangnormen der § 4 Nr. 3 UWG und § 5 Abs. 1 S. 2 Nr. 3 UWG zur Verfügung; es muss dann allerdings noch eine Prüfung der Erheblichkeit nach § 3 Abs. 1 UWG erfolgen (Rn 85 ff).

Fehlt es an einer **Gegenleistung** des Begünstigten für die Veröffentlichung (oder kann   **175** sie nicht nachgewiesen werden), so sind die Anforderungen an eine Wettbewerbswidrigkeit deutlich höher. Auch kommt die Katalogtat des § 3 Abs. 3 UWG iVm Nr. 11 Anhang-UWG nicht mehr in Betracht, weil dort ein vom Unternehmer „finanzierter Einsatz" der redaktionellen Inhalte vorausgesetzt wird. § 4 Nr. 3 UWG und § 5 Abs. 1 S. 2 Nr. 3 UWG bleiben aber anwendbar. Als unzulässig sieht die Rechtsprechung dabei jeden redaktionellen Beitrag an, der in derselben Ausgabe wie eine Anzeige oder eine Mehrzahl von Anzeigen der begünstigten Firma erscheint.[268] Auch stellt es redaktionelle Werbung dar, wenn eine Anzeige direkt neben einem redaktionellen Inhalt, der über den Werbenden berichtet, platziert wird.[269] Etwas anderes gilt aber, wenn kein konkreter Bezug zwischen Textbeitrag und Anzeige besteht, wie er durch Nennung der

---

261 BGHZ 81, 247, 250 f. *Getarnte Werbung II;* BGH GRUR 1998, 481, 482 *Auto '94* mwN; OLG München NJWE 1996, 218, 219 *Geschenke in letzter Minute;* OLG Zweibrücken NJWE 2000; 89 f. *Ballonfahrt als Geschenkidee;* BGH GRUR 2006, 875 *Rechtsanwaltsranglisten.*

262 BGH GRUR 1975, 75, 77 *Wirtschaftsanzeigen – Public Relations.* Beispiele LG Stuttgart WRP 2006, 773, 774 *Anzeigenkennzeichnung;* LG München WRP 2006, 284, 285 *Gesundheitsmagazin;* LG München WRP 2006, 775, 776 *Sonderveröffentlichung;* LG Berlin NJW 1985, 1646: Werbesonderdruck der Bildzeitung war wie normale Ausgabe aufgemacht; vgl auch Lorenz WRP 2008, 1494.

263 Einzelheiten bei Henning-Bodewig, GRUR 1981, 867; Piper, FS Vieregge, S. 715 und GRUR 1996, 147, 156; Ahrens GRUR 1995, 307; Köhler WRP 1998, 349.

264 OLG Frankfurt WRP 1985, 37, 38; OLG Saarbrücken NJWE 2000, 89 *Ballonfahrt als Geschenkidee;* OLG Hamburg ZUM-RD 2000, 168, 172.

265 Verneint von OLG Hamburg GRUR-RR 2006, 15, 16 *TV Digital* für die Vertriebskooperation der Fernsehzeitschrift „TV-Digital" mit dem Pay-TV-Sender „Premiere" (heute „Sky"), die redaktionelle Freiheit des Verlages nicht beschränkt.

266 Begr. RegE UWG-Novelle 2008, BT DS 16/10145, S. 32, abrufbar unter www.nordemann.de.

267 Etwa KG GRUR 2007, 254, 255 *Getarnte Link-Werbung;* OLG München GRUR-RR 2006, 603 *Getarnte Werbung* (product placement); KG GRUR-RR 2005, 320 *Schleichwerbung im Rundfunk.*

268 BGH GRUR 1996, 502, 507 *Energiekosten-Preisvergleich;* OLG München AfP 1997, 801, 802; großzügiger OLG Hamburg AfP 1997, 806 f und 813 f; s. ferner OLG Frankfurt AfP 1985, 41, 42; OLG Hamm AfP 1985, 43, 44 und GRUR 1988, 769; OLG Saarbrücken WRP 1987, 507, 508 f; Fuchs GRUR 1988, 736.

269 OLG Saarbrücken WRP 2008, 688, 689.

in der Anzeige beworbenen Produkte oder durch sonstige Hinweise auf diese oder auf den Inserenten regelmäßig hergestellt wird.[270] Allerdings darf eine Zeitung auch neutral und sachlich über Unternehmen berichten,[271] zumal wenn dies nicht der Produktwerbung, sondern der Vermittlung von Ausbildungsplätzen dient;[272] sie muss ihre Redakteure auch einen Einkaufsbummel durch eine Geschäftsstraße machen lassen[273] und Beispiele in einem redaktionellen Beitrag bringen dürfen.[274] Deshalb genügt es für eine unzulässige redaktionelle Werbung auch noch nicht, wenn trotz des Vorhandenseins einer Vielzahl von Produkten entsprechender Art nur bestimmte Fabrikate in dem redaktionellen Beitrag genannt werden.[275] Als Gewinne aus einem Preisrätsel darf sie bestimmte Produkte nennen oder abbilden.[276]

Ist die Grenze der unlauteren redaktionellen Werbung überschritten, handeln die Medien mit dem objektiven Ziel, eine fremde Leistung zu fördern, so dass dann auch eine „geschäftliche Handlung" gem. § 3 Abs. 1 UWG vorliegt (Rn 55 ff). Geschäftliche Handlung und Unlauterkeit fallen damit im Regelfall zusammen.

Zu Füllanzeigen s. Rn 207; zur (Mit-)Verantwortung des Informanten s. Rn 898.

176 In **Printmedien** zulässig sind redaktionell gestaltete Anzeigen, die ausdrücklich und in unmittelbarem Zusammenhang mit dem Text als „Anzeige" gekennzeichnet sind;[277] ein Hinweis im Kopf der Zeitung oder Impressum genügt freilich ebenso wenig wie der bloße Hinweis „Verlagssonderseite".[278] Das Wort „Anzeige" muss hinreichend lesbar sein.[279] Es ist irreführend, wenn _alle_ Seiten der Zeitschrift mit „Anzeige" gekennzeichnet werden, also auch die, auf denen sich keine Anzeigen befinden, weil damit dem Hinweis keine klarstellende Funktion mehr zukommt.[280] Zeitungsbeilagen sind im Regelfall ohne weiteres als Werbung zu erkennen und brauchen daher nicht einzeln als Werbung gekennzeichnet zu werden.[281] Für sog. _Specials_ gilt das nicht; sie sind deshalb bei einer Koppelung mit Anzeigen des oder der Begünstigten unzulässig.[282] Ebenso sind vorgefertigte PR-Artikel als Anzeigen anzusehen und als solche kenntlich zu machen.[283] Auch Werberückseiten von Zeitschriften dürfen nicht so aufgemacht sein, dass sie der (redaktionellen) Titelseite ähneln.[284] Es wird auch als unlauter angesehen, wenn einem (redaktionell aufgemachten) Interview mit einem Zahnarzt über Implantate und

---

270 BGH GRUR 1992, 463, 465 _Anzeigenplatzierung;_ BGH GRUR 1998, 481, 482 _Auto'94._
271 BGH GRUR 1998, 489, 490 _Unbestimmter Unterlassungsantrag III_ mwN.
272 BGH GRUR 1998, 947, 948 _Azubi'94._
273 AA OLG Karlsruhe WRP 1988, 757, 758 f. _Einkaufen mit Petra._
274 OLG Dresden WRP 1995, 38, 40.
275 OLG München WRP 2010, 433 unter Verweis auf BGH GRUR 1997, 541, 542 f. _Produktinterview,_ und Hoeren in Fezer § 4-3 UWG Rn 38.
276 BGH GRUR 1996, 804, 805 und 1997, 145, 146 _Preisrätsel-Gewinnauslobung III_ und _IV._
277 BGH GRUR 1996, 791, 793 _Editorial II;_ OLG München WRP 2010, 433, 434; OLG Hamburg K&R 1999, 328; OLG Hamm WRP 1991, 813, 814; vgl auch für die periodische Presse die einschlägigen Bestimmungen der Landespressegesetze, zB § 9 Berliner PresseG, § 10 NRW PresseG, abgedruckt bei Sedelmeyer in Löffler, PresseR, § 10; insoweit kommt dann auch ein Rechtsbruch (§§ 3 Abs. 1, 4 Nr. 11 UWG) in Betracht, Rn 828 ff.
278 OLG Hamm WRP 1985, 651, 652.
279 OLG Düsseldorf WRP 2009, 1155, 1156 _Sedariston._
280 OLG Hamburg ZUM-RD 2000, 168, 171 f.
281 OLG München ZUM-RD 1998, 543, 544.
282 OLG Hamburg NJWE 1998, 149; OLG München NJWE 1996, 243.
283 LG Köln AfP 1989, 572.
284 OLG Hamburg GRUR-RR 2004, 46 _Rexona._

seine Forschungstätigkeit unmittelbar eine Werbeanzeige für Implantate beigefügt wird;[285] insoweit liegt die Gegenleistung für die redaktionelle Werbung im Entgelt für die Werbeanzeige.

Bei der Werbung im **Fernsehen und im Hörfunk** gilt zunächst der gleiche Trennungs- 177
grundsatz, wie wir ihn schon für die Printmedien kennen (Rn 176). Insbesondere muss hier bei Werbung, die auch als redaktioneller Inhalt angesehen werden kann, eine eindeutige Kennzeichnung als „Werbung" (oder gleichwertig) erfolgen; der Begriff „Promotion" genügt zur Kennzeichnung einer Dauerwerbesendung (§ 7 Abs. 5 RStV) nicht.[286] Ansonsten liegt ein Verstoß gegen § 4 Nr. 3 UWG, § 5 Abs. 1 S. 2 Nr. 3 UWG und als unlauterer Rechtsbruch gegen § 7 RStV iVm § 4 Nr. 11 UWG (Rn 823) vor; § 7 RStV schreibt den Trennungsgrundsatz gesetzlich vor. Die *offene* Werbung innerhalb einer regulären Sendung kann schon begrifflich nicht als „getarnte" oder „verschleierte" Werbung angesehen werden. Sie verstößt nicht gegen §§ 4 Nr. 3, 5 UWG, kann möglicherweise aber gegen §§ 3 Abs. 1, 4 Nr. 11 UWG unter dem Gesichtspunkt des Rechtsbruches (vgl Rn 823) verstoßen, da die Trennung von Programm und Werbung in den Rundfunkgesetzen (§ 7 RStV) vorgeschrieben bzw vorausgesetzt wird.[287] Eigene Sachverhalte für den Rundfunkbereich stellen aber Product Placement und Sponsoring dar. Für das **Product Placement** (auch **Schleichwerbung**) existiert in § 7 Abs. 6 RStV eine Spezialregelung. Grundsätzlich ist es zwar möglich, Waren im Programm zu zeigen, weil viele Produkte kulturell codiert sind und in die Alltagswelt eindringen. Die Grenze zur unzulässigen Schleichwerbung verläuft dort, wo die Ware übermäßig herausgestellt wird.[288] Eine unzulässige Schleichwerbung kann zB vorliegen, wenn im Programmteil eines lokalen Rundfunksenders ein Interview mit einem Unternehmensinhaber über dessen Unternehmen als redaktioneller Beitrag ausgestrahlt wird und der Moderator am Anfang und am Ende des Interviews das Unternehmen werbemäßig anpreist, beispielsweise wie folgt: *Und hier hat Genuss einen ganz bestimmten Namen, nämlich Landfleischerei K....*[289] Unlauterkeit ist hier gem. § 4 Nr. 11 UWG auch dann gegeben, wenn der Verkehr den Werbecharakter erkennt. **Sponsoring** im Rundfunkbereich ist die finanzielle Unterstützung einer Rundfunksendung durch einen nicht an der Produktion beteiligten Dritten. Eine Spezialregelung enthält § 8 RStV. Es darf auf den Sponsor zum Beginn und zum Ende in vertretbarer Kürze deutlich hingewiesen werden.[290] Besondere Regelungen gelten gem. § 7 Abs. 6 S. 2 RStV für sog. **virtuelle Werbung**, also für Werbung, die real gar nicht existiert und nur simuliert wird, zB der Ersatz von real existierender Bandenwerbung durch virtuelle Bandenwerbung. Es muss am Anfang und Ende der Sendung darauf hingewiesen werden und es darf nur eine real existierende Werbung ersetzt werden.

285 OLG Saarbrücken WRP 2008, 688, 689.
286 OVG Berlin-Brandenburg K&R 2008, 770, 771.
287 BGHZ 110, 278, 291 *Werbung im Programm;* OLG Frankfurt GRUR 1994, 131 und 133; KG GRUR 1988, 40 f. *Sponsornennung* und AfP 1994, 313 (Trikotwerbung).
288 OVG Lüneburg ZUM 1999, 347, 350 *Barbie-Puppe;* Platho ZUM 2000, 46, 48; Sack ZUM 1987, 103, 116; Ladeur ZUM 1999, 672, 674.
289 KG GRUR-RR 2005, 320, 322 *Landfleischerei K.*
290 Siehe OLG Frankfurt ZUM 1995, 800 *Isostar;* Henning-Bodewig ZUM 1997, 633, 637; C. Hackbarth ZUM 1998, 974; Brog ZUM 1991, 55; Böckenholdt in Hasselblatt, § 15 Rn 29 ff mwN; vgl auch BVerwG ZUM-RD 1998, 287 *Anpfiff extra.*

178   Für Werbung in **Kinofilmen** gelten die vorstehenden Ausführungen sinngemäß.[291] Der RStV findet allerdings keine Anwendung, so dass insoweit ein Verstoß gegen § 4 Nr. 11 UWG ausscheidet. Die Grenze bildet also die Irreführung des Verkehrs nach § 4 Nr. 3 UWG, § 5 Abs. 1 S. 2 Nr. 3 UWG über den werblichen Charakter der Inhalte.

179   Im **Internet** gilt ebenfalls der Grundsatz der Trennung von redaktionellen und werblichen Inhalten. Für Online-Angebote, die unter den Rundfunkbegriff fallen, gilt der eben genannte **Trennungsgrundsatz** aus dem Rundfunkstaatsvertrag unmittelbar (§ 7 RStV), bei Mediendiensten aus § 6 TMG.[292] Jeder Verstoß dagegen ist ein Rechtsbruch (Rn 774 ff). Online-Angebote, die nicht unter RStV oder TMG fallen, verstoßen bei mangelnder Trennung gegen §§ 3 Abs. 1, 4 Nr. 3, 5 UWG bzw § 3 Abs. 3 UWG iVm Nr. 11 Anhang-UWG. Neue Erscheinungsformen von getarnter Werbung im Internet sind Links von redaktionellen Teilen auf Webesites ohne Kennzeichnung des Werbecharakters oder die bevorzugte Nennung in Suchmaschinen oder Datenbanken gegen Entgelt ohne entsprechende Kennzeichnung, die allerdings erleichtert, zB durch Darstellung des Herstellernamens in Markenform, erfolgen kann.[293] Wegen der Gewöhnung des Nutzers an Werbung sollten im Internet etwas großzügigere Maßstäbe gelten.[294] Ein Beispiel für einen unlauteren Link: Eine Zeitung (online) verlinkt im Rahmen ihres redaktionellen Teils auf eine Bank, die dann auf dieser verlinkten Seite mit Finanzprodukten wirbt; das ist Schleichwerbung, wenn die Werbeanzeige als redaktioneller Beitrag präsentiert wird.[295] Wird der Link oder die bevorzugte Nennung allerdings nicht vom Begünstigten bezahlt, sondern erfolgt aus redaktionellen Gründen der Information durch das Medium, liegt keine getarnte Werbung, sondern eben nur redaktionelle Berichterstattung vor.[296] Es sind dann nur die Grenzen der redaktionellen Berichterstattung einzuhalten, Rn 175, 71.

180   Bisweilen tarnen **Versandfirmen** Ihre **Werbepost** entweder als Privatsendung („Probier das mal, das funktioniert wirklich, Frank")[297] oder als amtliches Schreiben mit Zustellungsurkunde („Bescheid" von Lotterieunternehmen). Sie versuchen mit solchen Täuschungsmanövern, die ungelesene Entsorgung ihrer Werbeträger zu verhindern. Darin liegt eine Irreführung der Empfänger über die Angebotsqualität der Sendung und damit über Beschaffenheit des Angebots selbst.[298] Das verletzt § 4 Nr. 3 UWG und § 5 Abs. 1 S. 2 Nr. 3 UWG, aber nicht § 3 Abs. 3 UWG iVm Nr. 11 Anhang-UWG, weil es sich nicht um „redaktionelle" Inhalte handelt. Für den elektronischen Geschäftsverkehr schreibt § 7 Abs. 2 Nr. 4 UWG aus entsprechenden Gründen die Nennung des Auftraggebers ausdrücklich vor (Rn 535).

---

291   BGH GRUR 1995, 744, 747 *Feuer, Eis & Dynamit I*. Dort ist das Verbot solcher Werbung allerdings nicht auf § 5 UWG (§ 3 UWG aF), sondern auf § 3 UWG (§ 1 UWG aF) gestützt; dazu Henning-Bodewig GRUR 1996, 321, 325 f sowie Böckenholt in Hasselblatt, § 15 Rn 27.
292   Vgl hierzu auch die zugrunde liegende E-Commerce-Richtlinie, dort Art. 6 a und b.
293   Vgl Böckenholt in Hasselblatt, § 15 Rn 35 ff; Niebler in Loewenheim/Koch, Praxis des Onlinerechts, 1998, Kap. 6.4.1.4, S. 256; Leupold/Bräutigam/Pfeffer WRP 2000, 575, 590.
294   Zum Anlegen großzügiger Maßstäbe bei Gewöhnung an Werbung BGH GRUR 1995, 744, 747 *Feuer, Eis & Dynamit*; KG WRP 2007, 1392 L *B....de*.
295   KG GRUR 2007, 254, 255 – Getarnte Link-Werbung.
296   KG MMR 2002, 119, 120 *Schöner Wetten*.
297   LG Hannover WRP 2001, 839.
298   OLG Wien ÖBl. 2000, 214, 216 sah darin zugleich eine Verletzung des § 1 öst. UWG wegen Verstoßes gegen das allgemeine Persönlichkeitsrecht.

Schließlich kann auch verschleierte Werbung vorliegen, wenn Verbrauchern in **Verbraucherumfragen**, die von einem Hersteller veranstaltet werden, suggeriert wird, eine Werbeaussage entspreche seiner eigenen aus der Umfrage gewonnenen Erkenntnis. Wird die Umfrage dann noch mit einer Gratisverteilung der betreffenden Produkte verbunden, liegt nichts anderes vor als eine verschleierte Verteilung von Probegaben.[299] Eine (verschleierte) Werbung ist von der Rechtsprechung auch für den Fall angenommen worden, dass ein Marktforschungsunternehmen im Auftrag eines Pharmaunternehmens per Telefax Ärzte zur Teilnahme an einer **Befragung zu einem wissenschaftlichen Thema** veranlassen will.[300]

Vgl auch zur Werbung durch Vertrauensleute unten Rn 441 ff.

g) Unterschwellige Werbung

Rechtsgrundlage: §§ 3 Abs. 1, 4 Nr. 3 UWG; § 3 Abs. 3 UWG iVm Nr. 11 Anhang UWG; Art. 6 Richtlinie unlautere Geschäftspraktiken

Bei der **unterschwelligen Werbung** handelt es sich um eine Form der Werbung, die erst durch Film und Fernsehen technisch möglich geworden ist: Ein Bild oder ein Slogan wird so kurzfristig in eine laufende Vorführung oder Sendung eingeblendet, dass das Publikum sie zwar wahrnimmt, sich dieser Wahrnehmung aber nicht bewusst wird. Sie setzt sich lediglich im Unterbewusstsein fest und beeinflusst den Einzelnen von dort her. Hier wird das Publikum nicht über den Gegenstand der Werbung, sondern über die **Art des Zustandekommens seines Kaufentschlusses** getäuscht. In Deutschland ist solche Werbung bisher – glücklicherweise – noch nicht in Erscheinung getreten. Die unterschwellige Werbung fällt, wenn sie – gegen Bezahlung durch den Werbenden – in das redaktionelle Programm eingestreut wird, unter § 3 Abs. 3 UWG iVm Nr. 11 Anhang UWG, ansonsten auch unter § 4 Nr. 3 UWG. Ein geeigneter Irreführungstatbestand in § 5 UWG scheint indes nicht zu existieren.

h) Allein- und Spitzenstellungswerbung

Rechtsgrundlage: § 3 Abs. 1 oder Abs. 2 UWG im Regelfall iVm § 5 Abs. 1 S. 2 Nr. 1, Nr. 2 oder Nr. 3 UWG; Art. 6 Richtlinie unlautere Geschäftspraktiken

Die Bedeutung einer Leistung oder eines Unternehmens ist für die Kaufentscheidung des Verbrauchers oft von ausschlaggebendem Gewicht: Was groß und erfolgreich ist, wird wohl auch gut sein. „Bedeutung" ist aber zugleich ein relativer Begriff; das Kaufhaus in der Kleinstadt ist möglicherweise bedeutender als alle örtlichen Einzelhandelsgeschäfte zusammen, aber im Vergleich mit den Kaufhäusern der Großstädte bedeutungslos. Die Versuchung ist deshalb für jeden am Wettbewerb Beteiligten groß, die eigene relative Bedeutung im Vergleich mit der weniger bedeutenden Konkurrenz herauszustellen. Hier müssen zwei verschiedene Formen unterschieden werden:

---

299 OLG München GRUR-RR 2002, 141, 142 *Folgemilch-Umfrage;* vgl auch OLG Köln GRUR 2000, 78.
300 OLG Oldenburg GRUR-RR 2006, 239, 239 *Pharma-Marktforschung.*

■ Bei der **Alleinstellungswerbung** (auch Spitzenstellungswerbung)[301] behauptet der Unternehmer, allein an der Spitze im Hinblick auf die angebotene Ware oder Dienstleistung („Nur unser Produkt hat...", „Testsieger", „das meistgekaufte..."), im Hinblick auf den Preis („der niedrigste Preis in...") oder im Hinblick auf sein Unternehmen („das älteste Unternehmen", „der größte Anbieter von...") zu stehen.

■ Bei der **Spitzengruppenwerbung** geht die Behauptung lediglich dahin, zu einer Gruppe zu gehören, die an der Spitze steht („einer der Größten", „gehört zu den günstigsten Anbietern").

185 Es kann dem Unternehmer nicht verwehrt sein, die Vorzüge der eigenen Ware oder die Bedeutung der eigenen Leistung herauszustellen. Wenn er damit zum Vergleich anregt, so entspricht das dem Wesen des freien Leistungswettbewerbs, weil es eine sachliche Entscheidung des Kunden begünstigt. Die **Alleinstellungs- und die Spitzengruppenwerbung unterliegen daher nur den Schranken der Irreführung, dh sie sind zulässig, wenn sie wahr sind.**[302] Bei Unwahrheit ist sie irreführend. Welcher Irreführungstatbestand einschlägig ist, richtet sich danach, worauf sich die Alleinstellungs- oder Spitzengruppenwerbung bezieht.

Bezieht sie sich auf **wesentliche Merkmale der Ware oder Dienstleistung,** liegt eine Irreführung nach § 5 Abs. 1 S. 2 **Nr. 1** UWG vor. „Führendes deutsches Fachmagazin" für den Lebensmittelhandel stellt eine Spitzenstellungsbehauptung für die Ware „Fachmagazin im Lebensmittelhandel" im Sinne einer Marktführerschaft dar.[303]

Wird unwahr mit einer **preislichen** Spitzenstellung oder preislichen Zugehörigkeit zu einer Spitzengruppe geworben, ist § 5 Abs. 1 S. 2 **Nr. 2** einschlägig. „Der beste Preis der Stadt" behauptet eine Preisführerschaft mit den niedrigsten Preisen in der Stadt und damit eine Spitzenstellung.[304] Demgegenüber ist die Angabe „beste Preise" zu unspezifisch, um eine Spitzenstellungsbehauptung zu sein.[305] Vgl. auch Rn 188.

Unternehmensbezogene Angaben fallen schließlich unter § 5 Abs. 1 S. 2 **Nr. 3** UWG, beispielsweise die Werbung mit unternehmensbezogenen Altersangaben („ältestes" Unternehmen).[306]

§ 6 UWG (vergleichende Werbung) kommt nur zum Tragen, wenn die Werbung eine erkennbare Bezugnahme auf einen bestimmten Konkurrenten enthält (vgl Rn 681).

186 Wer eine **Alleinstellung** behauptet, muss seine Mitbewerber in allen in Betracht kommenden Beziehungen **mit offenbarem Abstand** überragen.[307] Die Beantwortung dieser Frage richtet sich wiederum nach der Verkehrsauffassung.

---

301 Begrifflich zwischen Alleinstellungswerbung und Spitzenstellungswerbung differenzierend: A. Nordemann in Götting/Nordemann § 5 Rn1.92: Spitzenstellungswerbung bei Behauptung, dass das Produkt allein bestimmte Vorzüge genieße, Alleinstellungswerbung bei Behauptung eines Vorsprunges gegenüber allen Mitbewerbern; ohne Differenzierung: Bornkamm in Köhler/Bornkamm § 5 Rn 2.137f; Piper in Piper/Ohly/Sosnitza § 5 Rn 265ff; Ullmann jurisPK-UWG/Link § 5 Rn 201.

302 BGH ständig seit GRUR 1968, 433ff. *Westfalenblatt II*; BGH GRUR 2004, 786, 788 *Größter Online-Dienst*; BGH GRUR 1998, 951, 953 *Die große deutsche Tages- und Wirtschaftszeitung.*

303 OLG Köln GRUR-RR 2005, 324, 324f. *Fachmagazin für den Lebensmittelhandel.*

304 OLG Köln GRUR-RR 2006, 203, 204 und LG Würzburg WRP 2004, 1516, 1517 *Der beste Preis der Stadt.*

305 OLG Hamm GRUR-RR 2010, 36, 37 *24 Stunden Lieferservice.*

306 BGH GRUR 1991, 680, 682 *Porzellanmanufaktur.*

307 BGH GRUR 1985, 140, 141 *Größtes Teppichhaus der Welt;* BGH GRUR 1996, 910, 911 *Der meistverkaufte Europas;* BGH GRUR 2004, 786, 788 *Größter Online-Dienst.*

Beispiele: Bei der Alterswerbung („ältestes") muss das werbende Unternehmen also beispielsweise seine Konkurrenten mit deutlichem zeitlichen Abstand überragen,[308] bei der „Technologieführerschaft" mit bedeutenden Neuentwicklungen, die alle wesentlichen Technologiemerkmale umfassen und an denen sich die Branche orientiert.[309]

Mit „Europas größter Online-Dienst" darf nicht werben, wer nicht in allen Ländern Europas – und nur in Deutschland und Österreich – präsent ist.[310] Eine Irreführung kann dadurch ausgeschlossen werden, dass die Länder, in denen das Unternehmen präsent ist, ausdrücklich genannt werden. Die Angabe wird nach Auffassung des Bundesgerichtshofes aber auch dann zulässig, wenn sie in Zusammenhang mit einer – wahren –, aber nicht belanglosen qualitativen Aussage gebracht wird, zB „Mit mehr als ... Kunden ist T-Online Europas größter Online-Service".[311] Eine Spitzenstellung in allen relevanten Ländern ist ohnehin nicht Voraussetzung.[312]

„Europas größtes People-Magazin" ist zwar eine Spitzenstellungsbehauptung; da bei einer deutschsprachigen Illustrierten wie der „BUNTE" die Verkehrserwartung jedoch nicht dahin ging, dass sie in allen wesentlichen nationalen Märkten Europas erscheint und in diesem Sinne eine europäische Bedeutung habe, war die Spitzenstellungswerbung nicht irreführend, weil der „BUNTE" im deutschsprachigen Raum tatsächlich in Europa die nationale Zeitschrift mit der höchsten Auflage und Reichweite gewesen ist.[313]

Die Sportwette mit festen (Gewinn)Quoten, „nur bei Lotto"[314] hielt der BGH für eine unlautere Alleinstellungsbehauptung, weil auch andere Sportwettenanbieter feste Gewinnquoten offerierten. Die Fehlvorstellung lag darin, dass nur der Lottoblock der Anbieter solcher Wetten sei.

„Der beste Preis der Stadt" behauptet eine Preisführerschaft mit den niedrigsten Preisen in der Stadt und damit eine Spitzenstellung, was irreführend war, weil Mitbewerber nachweisen konnten, dass sie die beworbenen Waren günstiger anboten.[315]

Teilweise sind Alleinstellungsbehauptungen so offen formuliert, dass sie vom Verkehr als Alleinstellungsbehauptungen in verschiedenen Hinsichten verstanden werden. Dann muss jede der behaupteten Alleinstellungen in Form eines offenbaren Abstandes vor der Konkurrenz gegeben sein, damit keine Irreführung vorliegt. Anhand der Verkehrsauffassung ist also stets danach zu fragen, worauf der Verkehr die Behauptung bezieht.[316]

Beispiele: Angeblich versteht der Verkehr die Aussage „Nr. 1" nach dem OLG Frankfurt primär umsatzbezogen, weil das wichtigste Kriterium für die Größe der Umsatz sei. Deshalb war eine Werbung eines Möbelhauses „Die Nr. 1 zwischen Aachen und Berlin" irreführend, weil es nicht das umsatzstärkste im gesamten Bundesgebiet war.[317] Das erscheint aber als zu eng. Vielmehr liegt nahe, dass der Verkehr unter der „Nr. 1" noch weitere quantitative Spitzenstellungsbehauptungen versteht, insbesondere das Handelsunternehmen mit der größten Handelsfläche, den meisten Filialen, dem größten Warenangebot und den meisten Mitarbeitern. Daneben bezieht der Verkehr solche Behauptungen auch auf die Qualität der Leistung, also auf Warenpräsentation, Beratungsqualität, Service etc. Das OLG Frankfurt hat in einem anderen Fall deshalb zu Recht betont, dass „je nach Branche und Art des Begleittextes" auch eine qualitative Spitzenstellung behauptet sein

---

308 BGH GRUR 1991, 680, 682 *Porzellanmanufaktur.*
309 OLG Hamburg GRUR-RR 2002, 71, 72 *Technologieführerschaft.*
310 BGH GRUR 2004, 786, 788 *Größter Online-Dienst.*
311 BGH GRUR 2004, 786, 788 *Größter Online-Dienst.*
312 BGH GRUR 1996, 910, 911 *Der meistverkaufte Europas;* anders, allerdings nicht auf Europa (Binnenmarkt!), sondern auf die gesamte Welt bezogen, BGH GRUR 1972, 129, 130 *Der meistverkaufte der Welt.*
313 OLG Hamburg GRUR-RR 2006, 170, 171 *Europas größtes People-Magazin.*
314 BGH GRUR 2005, 176, 177 *nur bei Lotto.*
315 OLG Köln GRUR-RR 2006, 203, 204 und LG Würzburg WRP 2004, 1516, 1517 *Der beste Preis der Stadt.*
316 Weidert in Harte/Henning § 5 E Rn 124.
317 So OLG Frankfurt WRP 2007, 697, 698 *Die Nr. 1 zwischen Aachen und Berlin.* Dabei stellt das Gericht nicht – wie vom Werbenden gefordert – auf eine gedachte Linie zwischen Aachen und Berlin, sondern auf das gesamte Bundesgebiet ab.

kann.[318] Insoweit würde es allerdings zu kurz zu greifen, Alleinstellungsbehauptungen *nur* qualitativ zu verstehen. Wer mit das „führende Filmtheater" wirbt, muss nicht nur das qualitativ beste Filmangebot bieten,[319] sondern *auch* das größte sein (Anzahl der Plätze, Anzahl der Vorstellungen, Umsatz).

Erster Fachanwalt ist nicht lediglich zeitbezogen als „ältester Fachanwalt" zu verstehen, sondern gerade als Qualitätsbehauptung auszulegen iSe besonders herausragenden Qualifikation der Person.[320]

Für die Werbenden sei insoweit empfohlen, die Spitzenstellungbehauptung eindeutig auf den (wahren) Umstand zu beziehen. Beispielsweise bezieht sich „Die Nr. 1 in M! Wir sind davon überzeugt: Weit und breit ist keiner günstiger"[321] allein auf eine Spitzenstellung beim Preis und nicht auf andere Umstände.

Als zu einer **Spitzengruppe** gehörig sieht der Verkehr ein Unternehmen an, das zu den führenden Geschäften gehört und mit anderen eine **in sich geschlossene Gruppe mit offenbarem Abstand** bildet; dass es deutlich kleiner ist als sein größter Konkurrent, schadet dann nicht.[322]

187 Da ferner die Alleinstellungs- und Spitzengruppenwerbung nicht einen aktuellen Vorgang oder ein kurzfristiges Faktum, sondern einen Dauerzustand behaupten, muss die behauptete Spitzenstellung zugleich von einer gewissen **Stetigkeit** sein.[323] Wie stetig der Vorsprung sein muss, richtet sich nach der Verkehrsauffassung.

Beispiele: Ein Packungsaufdruck, der dem Käufer zB bei einer Spielzeugrennbahn jahrelang entgegentritt, muss wesentlich langfristiger gesichert sein[324] als Prospektwerbung eines Internet-Providers, für dessen Branche der Verkehr die schnelle Änderung der Marktverhältnisse antizipiert.[325]

Auf Systemunterschiede, die der Verkehr nicht beachtet, kommt es nicht an.[326] Vgl Rn 156, (Beispiele) und zur Beweislast Rn 1631.

188 Nicht immer ist unzweifelhaft, ob das **Publikum** eine Werbeaussage überhaupt als Behauptung einer Allein- oder Spitzengruppenstellung **versteht** (Vgl Rn 120 ff). **Reklamehafte Übertreibungen** sind grundsätzlich nicht als Allein- oder Spitzenstellungswerbung aufzufassen, weil sie sich einer objektiven Nachprüfbarkeit entziehen. So hat der BGH die Werbeaussage **„Das Beste jeden Morgen"** nicht als Allein- oder Spitzenstellungswerbung eingeordnet, weil für die Beantwortung der Frage, was das Beste jeden Morgen sei, subjektive Einschätzungen und Wertungen eine Rolle spielen würden und sich die Werbeaussage daher einer objektiven Nachprüfbarkeit entziehe.[327] **„Beste Preise"** soll ohne weitere Konkretisierung auch keine Spitzenstellungsbehauptung darstellen.[328]

318 OLG Frankfurt WRP 1992, 328.
319 So aber Bornkamm in Köhler/Bornkamm § 5 Rn 5.83; genauso für „das führende Hotel": nicht das Haus mit den meisten Betten, sondern das Hotel, das seinen Gästen an Komfort, Service und Küche das Beste bietet.
320 OLG Bremen GRUR-RR 2007, 209, 209 *Erster Fachanwalt*.
321 OLG Hamm GRUR 1988, 768.
322 BGH GRUR 1969, 415, 416 *Kaffeerösterei*; OLG Karlsruhe GRUR 1985, 300, 301.
323 BGH GRUR 1985, 140, 141 *Größtes Teppichhaus der Welt*; BGH GRUR 1991, 850, 851 *Spielzeug-Autorennbahn*. Die Behauptung von Spitzenpreisen oder Spitzenproduktion wird regelmäßig nicht als Alleinstellungs-, sondern nur als Spitzengruppenwerbung verstanden; hier genügt die Spitzenstellung für die Dauer der Werbung, vgl die Fälle „Höchstpreise" und „Tiefstpreise" bei Rn 270.
324 Vgl BGH GRUR 1991, 850, 851 *Spielzeugrennbahn*.
325 Vgl OLG Hamburg GRUR-RR 2002, 73, 74 *Europas größter Online-Dienst*, wo diese Frage letztlich offen gelassen wird.
326 BGH GRUR 1992, 404, 406 *Systemunterschiede*.
327 BGH GRUR 2002, 182, 183 *Das Beste jeden Morgen*.
328 OLG Hamm GRUR-RR 2010, 36, 37 *24 Stunden Lieferservice*.

Ebenso hat das OLG Bamberg die Werbeaussage **Deutschlands bestes Einrichtungshaus** für zulässig gehalten, weil der durchschnittlich aufmerksame Verbraucher dies ohne weiteres als Übertreibung und reines Werturteil auffasse; denn entziehe sich einer objektiven Nachprüfbarkeit, welche Anforderungen ein Einrichtungshaus erfüllen müsste, um das Beste in Deutschland zu sein, so dass es nur um eine allgemeine suggestive Anpreisung mit erkennbar subjektivem Gepräge handele.[329] Das mag für ein Einrichtungshaus zutreffen, weil in der Tat schwer nachprüfbar erscheint, welche Kriterien das beste Einrichtungshaus eigentlich erfüllen muss. Diese Entscheidung sollte jedoch nicht zu der Annahme verleiten, derartige Werbungen seien immer reklamehafte Übertreibungen; denn gerade bei Produkten, die objektive Eigenschaften besitzen, ist häufig **das Beste** ohne weiteres zu ermitteln, beispielsweise durch Warentests (vgl Rn 248). Als reklamehafte Übertreibungen wurden ferner eingeordnet die Werbeaussagen „Radio Diehl The Best Deal",[330] „Irgendwie Besser"[331] und „Das Beste für Ihren Raum".[332]

Aber auch bei anderen Formulierungen kann es auf den Einzelfall ankommen. Die beworbene **„optimale** Interessenvertretung"[333] durch eine Sozietät ist zulässig, da bei optimal eine gute bis überdurchschnittliche Beratung erwartet werden kann, und im Sachkontext keine marktschreierische Reklame vorliege. Ferner kann optimal auch auf den Umfang des Beratungsangebots in verschiedenen Rechtsgebieten bezogen werden, weshalb im Zusammenhang keine Unlauterkeit gegeben sei. Das Sprachverständnis des angesprochenen Verkehrskreises begreife optimal auch abgeschwächt und nicht mehr als Superlativ aufgrund der vielfältigen Verwendung.

Die **Verwendung des bestimmten Artikels** wird vom Bundesgerichtshof[334] nur als Alleinstellungsbehauptung gewertet, wenn besondere Umstände hinzutreten.

Beispiele: Solche besagten Umstände können vorliegen, wenn neben den bestimmten Artikel das nicht gesteigerte Adjektiv „groß" gesetzt und außerdem eine geografische Bezugsgröße wie „Bielefelds" verwendet wird.[335] Je größer jedoch der Markt ist, auf den die geografische Bezugnahme abstellt, desto geringer ist die Wahrscheinlichkeit, dass der Verkehr eine Alleinstellungswerbung annimmt.[336]

Die Ankündigung einer „Höchstpreis"-Inzahlungnahme versteht OLG Düsseldorf[337] als (zulässige) Spitzengruppen-, OLG Köln[338] als (unzulässige) Alleinstellungswerbung.

---

329 OLG Bamberg GRUR-RR 2003, 344, 344 *Deutschlands bestes Einrichtungshaus.*
330 OLG Frankfurt NJWE-WettbR 1999, 220 L *the best deal.*
331 OLG Rostock WRP 1995, 658, 659 f *irgendwie besser Möbel.*
332 BGH GRUR 1989, 608, 609 *Raumausstattung.*
333 BGH GRUR 2005, 520, 521 f *optimale Interessenvertretung.*
334 BGH GRUR 1998, 951, 953 *Die große deutsche Tages- und Wirtschaftszeitung;* OLG Stuttgart NJWE 1997, 98, 99 *Das neue Telefonbuch;* KG GRUR-RR 2001, 60 *Die Stimme Berlins;* OLG Köln ließ „Die Zeitung im Netz" ohne Prüfung der Alleinstellung passieren, GRUR-RR 2001, 313. Auch der Bundesgerichtshof lässt den bestimmten Artikel allerdings dort zu, wo der Verkehr – also nunmehr der durchschnittlich informierte und verständige Durchschnittsverbraucher (Rn 121 ff) – die Werbeaussage als bloße reklamehafte Anpreisung versteht, BGH GRUR 2002, 182, 183 *Das Beste jeden Morgen* mwN.
335 BGH GRUR 1957, 600 *Westfalen-Blatt I.*
336 BGH GRUR 1998, 951, *Die große deutsche Tages- und Wirtschaftszeitung,* ganz offensichtlich auf Distanz zu BGH GRUR 1971, 365 *Das große deutsche Wörterbuch.*
337 OLG Düsseldorf WRP 1988, 741, 742.
338 OLG Köln WRP 1986, 425.

Wer behauptet, die „Nr. 1" zu sein, macht eine Alleinstellung geltend,[339] auch wenn er hinzufügt „weit und breit ist keiner günstiger".[340] Erst recht gilt das für „konkurrenzloser Preis"[341] oder „wo die Preise am tiefsten sind".[342]

„Die starke Marke" ist Spitzengruppenwerbung,[343] ebenso „Beste Auswahl, beste Lage, beste Übersicht";[344] „Das beste Stück" oder „Das schnellste Suchgerät" signalisiert aber wiederum Alleinstellung.[345] Eindeutig bloße Spitzengruppenwerbung sind „Wir spielen ganz oben mit"[346] und „In unübertroffener Qualität",[347] eindeutig Alleinstellungswerbung dagegen „Entfernt signifikant mehr Plaque als jede andere führende Handzahnbürste".[348]

Die Angabe „Sparvorwahl" stellt nach Auffassung des Bundesgerichtshofs keine Spitzenstellungs- oder Spitzengruppenberühmung für Telefontarife dar.[349]

Eine unzutreffende Alleinstellungsbehauptung kann schließlich unter engen Voraussetzungen in der **Monopolisierung eines Gattungsbegriffs** durch Eintragung einer **Marke** oder einer **Domain** liegen.[350] Vgl auch Rn 1464.

II. Besondere (positive) Irreführungstatbestände

Rechtsgrundlage: §§ 3 Abs. 1, 5 Abs. 1 S. 2 Nr. 1 bis 7 UWG; Art. 6 Richtlinie unlautere Geschäftspraktiken

189 Bis zur UWG-Novelle 2008 enthielt § 5 Abs. 2 S. 1 Nr. 1 bis Nr. 3 UWG eine Liste mit insgesamt 3 Irreführungstatbeständen, die allerdings wegen der „insbesondere"-Formulierung nicht abschließend zu verstehen waren. Das hat sich grundlegend geändert. Die **Irreführungstatbestände der § 5 Abs. 1 S. 2 Nr. 1 bis 7 UWG sind** nach zutreffender Auffassung **abschließend**.[351] Aus dem früheren Beispielkatalog mit 3 Tatbeständen ist im Gegensatz zur Vorgängerregelung eine **Sammlung von 7 abschließenden Regeltatbeständen** geworden, die in § 5 UWG nicht um weitere Fälle erweiterbar sind. Allerdings können Fälle, die nicht unter § 5 UWG gefasst werden können, – bei geschäftlichen Handlungen gegenüber Verbrauchern – nach der Generalklausel des § 3 Abs. 2 S. 1 UWG (Rn 97 ff) oder – bei geschäftlichen Handlungen gegenüber sonstigen Marktbeteiligten – nach der Generalklausel des § 3 Abs. 1 UWG (Rn 55 ff) unzulässig sein (siehe auch Rn 111 f zum Verhältnis der beiden Generalklauseln zueinander). Abschließend geregelt ist in § 5 Abs. 1 S. 2 Nr. 1 bis 7 UWG aber nur die Irreführung und damit die Unlauterkeit. Zusätzlich dazu muss noch im Rahmen des § 3 Abs. 1 UWG die Spürbarkeit (Rn 85 ff) festgestellt werden.

---

339 OLG Hamburg WRP 1988, 616; OLG Schleswig WRP 1996, 1223, 1224.
340 OLG Hamm GRUR 1988, 768, 769.
341 OLG Stuttgart NJW 1988, 1192. S. auch OLG Stuttgart WRP 1989, 56, 57 für *„Preisknüller des Jahres"*.
342 OLG Bremen WRP 1999, 214.
343 OLG Düsseldorf GRUR 1984, 887, 888.
344 KG GRUR 1999, 1021, 1022.
345 OLG Köln NJW 1998, 105 bzw KG AfP 1998, 314. S. auch OLG Hamburg NJWE 1998, 218, 219 *Die besten aktuellen deutschen Shareware-Programme*.
346 OLG Hamburg ZUM-RD 1999, 539 f.
347 OLG Schleswig NJWE 1997, 200.
348 OLG Hamburg GRUR-RR 2001, 84 f.
349 BGH GRUR 2003, 361, 362 *Sparvorwahl*. AA noch OLG Köln NJWE 1999, 103.
350 BGH GRUR 2001, 1061, 1064 *Mitwohnzentrale.de*. Näheres Bücking MMR 2000, 656, 660 ff und Schreibauer/Mulch WRP 2001, 481, 487 f; Schmidt-Bogatzky GRUR 2002, 941, 943 ff.
351 A.A. Wiring NJW 2010, 580, 581 f.; Sosnitza WRP 2008, 1014, 1029; Bornkamm in Köhler/Bornkamm § 5 Rn 1.25 b.

Das ist anders bei den spezielleren und damit gegenüber § 5 UWG vorrangigen **Katalogtaten** gem. Anhang-UWG (Rn 105 ff). Dort beziehen sich die **Nr. 1 bis 24 Anhang-UWG** auf Irreführungsfälle; sie sind ohne Prüfung der Spürbarkeit stets nach § 3 Abs. 3 UWG unlauter. Die Katalogtaten der Nr. 1 bis 24 Anhang-UWG werden zur Vereinfachung aber nachfolgend gemeinsam mit den Irreführungstatbeständen des § 5 Abs. 1 S. 2 Nr. 1 bis Nr. 7 UWG dargestellt.

1. Irreführung über waren- oder dienstleistungsbezogene Merkmale (§ 5 Abs. 1 S. 2 Nr. 1)

Rechtsgrundlage: §§ 3 Abs. 1, 5 Abs. 1 S. 2 Nr. 1 UWG; Art. 6 Abs. 1 a, b und c Richtlinie unlautere Geschäftspraktiken

Das, wofür der Käufer zahlt, steht naturgemäß im Mittelpunkt seines Interesses. Die **190** Werbung mit dem Angebot zielt deshalb unmittelbar auf den Kaufentschluss. Umso größer ist die Versuchung für den Werbenden, durch irreführende Angaben über seine Ware oder Dienstleistung den Entschluss des Publikums zu seinen Gunsten zu beeinflussen. § 5 Abs. 1 S. 2 UWG beginnt deshalb durchaus zu Recht in Nr. 1 seine Aufzählung der möglicher Irreführungsformen mit der Irreführung über wesentliche[352] Merkmale der Ware oder Dienstleistung. Zu den schon in der Fassung von 2004 genannten Merkmalen sind mit der UWG-Novelle 2008 noch „Vorteile", „Risiken", „Zubehör", „Kundendienst" und „Beschwerdeverfahren" hinzugekommen, so dass nunmehr in Nr. 1 folgende Merkmale genannt sind:

Verfügbarkeit, Art, Ausführung, Vorteile, Risiken, Zusammensetzung, Zubehör, Verfahren oder Zeitpunkt der Herstellung, Lieferung oder Erbringung, Zwecktauglichkeit, Verwendungsmöglichkeit, Mängel, Beschaffenheit, Kundendienst und Beschwerdeverfahren, geografische oder betriebliche Herkunft, von der Verwendung zu erwartende Ergebnisse über die Ergebnisse oder wesentlichen Bestandteile von Test der Waren oder Dienstleistungen.

Da die Vorschrift **offen formuliert** ist („ …. wie …. ") können auch andere Merkmale der Ware oder Dienstleistung, die nicht in der Nr. 1 genannt sind, wesentlich im Sinne der Vorschrift sein. Allerdings bedarf es insoweit in jedem Einzelfall der Feststellung, dass eine Wesentlichkeit vorliegt. Wesentlich dürften alle die Merkmale sein, die dazu geeignet sind, die geschäftliche Entscheidung zu beeinflussen. Dabei geht es im Rahmen von § 5 Abs. 1 S. 2 Nr. 1 UWG aber nur um die abstrakte Eignung, die geschäftliche Entscheidung zu beeinflussen; damit ist nur etwas über die Irreführungstatbestand ausgesagt. Ob damit auch eine spürbare Beeinträchtigung verbunden, die irreführende Handlung also wettbewerbsrechtlich auch unzulässig ist, bestimmt sich allein nach § 3 Abs. 1 UWG (Rn 85 ff).

Wegen der Gefahr für die Allgemeinheit, die in irreführenden Angaben über die Ware **191** und Leistung liegt, stellen § 16 Abs. 1 UWG (nur Absicht) bzw §§ 17, 58 f LFGB (nur direkter Vorsatz), §§ 95 f AMG und die §§ 143, 143 a, 144 MarkenG sie beim Vorliegen bestimmter Voraussetzungen unter **Strafe** (vgl Rn 998).

---

352 Vgl Begr. RegE UWG-Novelle 2008, BT DS 16/10145, S. 23, abrufbar unter www.nordemann.de.

192 Soweit die Irreführung über die betriebliche oder geografische Herkunft von Waren oder Dienstleistungen bzw über ihre Qualität vom Markenrecht erfasst wird, war dies früher eine abschließende Regelung. Nunmehr steht die Irreführung durch Hervorrufen einer **Marken- oder sonstigen Kennzeichenverletzung** gem. § 5 Abs. 2 UWG **neben den Vorschriften des Markenrechts** (vgl im einzelnen Rn 235 ff).

193 Der Schutzgegenstand **Waren und Dienstleistungen** ist umfassend zu verstehen. Zu den Waren rechnen nicht nur alle körperlichen Gegenstände, die das Unternehmen veräußert, sondern auch diejenigen, die es erwirbt, um sie entweder – unverändert oder verarbeitet – weiterzuveräußern oder um sie selbst zu nutzen. Waren und Dienstleistungen sind unter dem **Produktbegriff** der Richtlinie unlautere Geschäftspraktiken zu fassen und § 5 UWG entsprechend auszulegen (vgl auch Art. 19 S. 3 Richtlinie unlautere Geschäftspraktiken);[353] gem. Art. 2 c Richtlinie unlautere Geschäftspraktiken ist das Produkt der Oberbegriff für jede Ware oder Dienstleistung, einschließlich Immobilien, Rechten und Verpflichtungen.

Der Begriff **Dienstleistungen** umfasst die Tätigkeiten des Handelnden gegenüber seinen Kunden. Dienstleistung ist jede geldwerte Arbeit im Verhältnis Unternehmer-Kunde, die entweder in der Herstellung, Bereitstellung oder Betreuung **materieller** oder in der Schaffung, Darbietung oder Betreuung **immaterieller** Güter für den Kunden liegt, kurzum jede geldwerte Arbeit im Verhältnis Unternehmer-Kunde, die sich nicht bloß in der Veräußerung einer Ware an den Kunden selbst erschöpft. Darunter fallen einerseits alle Tätigkeiten von Gewerbebetrieben, aber andererseits auch die Leistungen von Freiberuflern, wie Ärzten, Architekten, Rechtsanwälten sowie künstlerische und geistige Leistungen, sofern sie einen „Geldwert" haben, wie zB die Aufführungen eines Opern-Ensembles. Eine genaue Differenzierung zwischen Waren und Dienstleistungen ist in der Praxis zumeist entbehrlich, weil die Schutzgegenstände gleichberechtigt nebeneinander stehen.

a) Irreführung über Verfügbarkeit, Zeitpunkt der Herstellung, Lieferung oder Erbringung (Warenvorrat)

Rechtsgrundlage: §§ 3 Abs. 1, 5 Abs. 1 S. 2 Nr. 1; § 3 Abs. 3 iVm Nr. 5, Nr. 6 und Nr. 7 Anhang-UWG; Art. 6 Abs. 1 a und b Richtlinie unlautere Geschäftspraktiken

194 Falsche Angaben über die Verfügbarkeit von Waren oder Dienstleistungen können die Kauflust des Publikums in verschiedene, durchaus entgegengesetzte Richtungen beeinflussen: übertriebene Angaben über den Vorrat spiegeln dem Verkehr eine große Auswahl vor, die das Kaufen erleichtere; ein untertriebener Vorrat wird den Verkehr möglicherweise dazu bringen, schneller zuzugreifen, um die günstige Gelegenheit nicht zu versäumen; ist das besonders herausgestellte Sonderangebot schon nach kurzer Zeit vergriffen, können Verbraucher geneigt sein, irgendetwas anderes zu kaufen. Man kann danach verschiedene Varianten unterscheiden.

aa) Nicht ausreichender oder überhaupt kein Vorrat

195 Der Gesetzgeber erwähnte in § 5 Abs. 5 UWG-2004 ausdrücklich die Variante der Irreführung über einen **nicht ausreichenden Warenvorrat**. Diese Vorschrift ist mit der

---

353 Für den Produktbegriff im UWG Köhler GRUR 2005, 793, 796; Lettl WRP 2008, 155, 157.

Novelle im Jahr 2009 in **Nr. 5 Anhang-UWG** verlegt worden. Danach ist es nun unabhängig von dem Überschreiten der Erheblichkeitsschwelle des § 3 Abs. 1 UWG[354] unzulässig, gegenüber Verbrauchern Waren- oder Dienstleistungsangebote iSv § 5 a Abs. 3 UWG zu einem bestimmten Preis zu machen, wenn der Unternehmer nicht darüber aufklärt, dass er hinreichende Gründe für die Annahme hat, er werde nicht in der Lage sein, diese oder gleichartige Waren oder Dienstleistungen für einen angemessenen Zeitraum in angemessener Menge zum genannten Preis bereitzustellen oder bereitstellen zu lassen (**"Lockangebote"**).[355] Relevant ist hier nur die fehlende Aufklärung über den mangelnden Warenvorrat, nicht die mangelnde Bevorratung selbst.[356]

In Abgrenzung zu Nr. 6 Anhang-UWG ("bait-and-switch-Technik") ist der Begriff "gleichartige Waren oder Dienstleistungen" in Nr. 5 eng auszulegen. Nach dem Willen des Gesetzgebers soll eine solche Gleichartigkeit nur dann anzunehmen sein, wenn die Waren oder Dienstleistungen tatsächlich gleichwertig und aus Sicht des Verbrauchers austauschbar sind.[357] Dabei sind auch subjektive Gesichtspunkte, wie der Wunsch nach Erwerb eines bestimmten Markenprodukts, zu berücksichtigen.

Beispiel: Ein Lebensmittelhändler bewarb irische Butter der Marke „Milbona" als Sonderangebot in Zeitungsanzeigen, ohne hinreichend darüber aufzuklären, dass der Vorrat noch nicht einmal einen halben Verkauftag reicht. Es konnte den Lebensmittelhändler nicht entlasten, dass er ein gleichwertiges Handelsmarkenprodukt vorrätig hatte.[358]

Ist die Bevorratung kürzer als zwei Tage, obliegt es nach Nr. 5 S. 2 Anhang-UWG dem Unternehmer, die Angemessenheit nachzuweisen.

Wird im Handel für den Verkauf bestimmter Waren öffentlich geworben, so erwartet der Verbraucher, dass die angebotenen Waren zu den angekündigten[359] oder nach den Umständen zu erwartendem Zeitpunkt in einer Menge vorhanden ist, die die zu erwartende Nachfrage deckt.[360] Damit stellt der Gesetzgeber – wie im Übrigen auch die einschlägige Rechtsprechung – hier wie in allen Irreführungstatbeständen auf die durch die Werbung erzeugten **Erwartungen der angesprochenen Verkehrskreise** ab (Rn 134 ff). **196**

Die Verkehrsauffassung ist zunächst dafür entscheidend, über welchen **Zeitraum** der Unternehmer die Ware bevorraten muss. Die Rechtsprechung hat diesen Zeitraum immer flexibel gehandhabt. Dabei trug sie der Tatsache Rechnung, dass der Verkehr unterschiedliche Erwartungen hinsichtlich des Zeitraums hat, in dem die beworbene Ware seit der Ankündigung tatsächlich vorhanden sein werde, je nachdem, ob die Ankündigung in einem Sonderprospekt oder einer Beilage zu einer Tageszeitung einerseits, oder in der wöchentlichen Anzeigenwerbung andererseits publiziert wurde,[361] ob sie als Sonderangebot oder im normalen Sortiment erfolgt ist, ob es sich um frische, leicht verderbliche oder um haltbare Waren handelt, wie die Werbung im Einzelnen gestaltet **197**

354 Begr. RegE UWG-Novelle 2008, BT DS 16/10145, S. 24 f, abrufbar unter www.nordemann.de.
355 Hierzu: Lettl WRP 2008, 155, 164.
356 BGH GRUR 2011, 340 Tz. 18 *Irische Butter.*
357 Begr. RegE UWG-Novelle 2008, BT DS 16/10145, S. 31, abrufbar unter www.nordemann.de; BGH GRUR 2011, 340 Tz. 25 *Irische Butter.*
358 BGH GRUR 2011, 340 Tz. 25 *Irische Butter.*
359 OLG Hamburg GRUR-RR 2007, 372 *PULSE.*
360 Begr. RegE UWG-Novelle 2004, BT DS 15/1487, S. 20, abrufbar unter www.nordemann.de.
361 BGH GRUR 1999, 1011, 1012 *Werbebeilage.*

ist, welche Warengruppen beworben werden und ob es sich um teure Produkte oder um Pfennigartikel handelt.[362] Der von der Werbung eines Internet-Versandhauses angesprochene Durchschnittsverbraucher erwartet nach Ansicht des BGH in der Regel, dass die beworbene Ware unverzüglich versandt werden kann, wenn nicht auf das Bestehen einer abweichenden Lieferfrist unmissverständlich hingewiesen wird.[363] Im Lebensmitteleinzelhandel hat der Bundesgerichtshof für ein preiswertes Mitnahmeprodukt (Tomatenmark) schon eine Publikumserwartung der Vorrätigkeit am zweiten Tag verneint, für teurere Artikel (Kabinettwein) die entsprechende Annahme des Berufungsgerichts jedoch für unbedenklich erklärt.[364] Für ein anderes Mitnahmeprodukt (irische Butter), das in einer Tageszeitung per Anzeige beworben wurde, ging der BGH davon aus, dass der Verbraucher einen Warenvorrat erwartet, der bis mindestens 14.00 Uhr desselben Tages reicht.[365] Für den **Lebensmitteleinzelhandel** wird danach häufig von einer Regel gesprochen, dass bei Lebensmitteln ein **ausreichender Vorrat** gegeben sein muss, um am Tag der Bewerbung die **Nachfrage bis 14.00 Uhr** bedienen zu können. Teilweise haben Oberlandesgerichte in anderen Branchen versucht, die Regel von mindestens drei Tagen seit Erscheinen der Ankündigung aufzustellen.[366] Der Bundesgerichtshof hat jedoch zutreffend stets auf den Einzelfall abgestellt und sich zB bei teuren Fotoapparaten mit dem Vorhandensein am Erscheinungstag der Anzeige in einer Tageszeitung zufrieden gegeben,[367] während nach seiner Auffassung in einem anderen Fall in einer gesondert entnehmbaren Werbebeilage beworbene Artikel grundsätzlich eine Woche vorrätig sein müssen, auch wenn die Werbebeilage einer Tageszeitung beigefügt war.[368]

Gelegentlich erliegt insoweit freilich sogar der Bundesgerichtshof dem deutschen Hang zur Überperfektion: BGH GRUR 2002, 187, 189 **Lieferstörung** sieht es als einen Verstoß gegen das Irreführungsverbot an, wenn von fünf in der Werbung besonders herausgestellten CDs auch nur eine einzige ("Schlümpfe 4") am Tag des Erscheinens der Werbung nicht sogleich bei Geschäftseröffnung, sondern erst gegen Mittag zur Verfügung gestanden habe. Zumindest nach der UWG-Reform wird man sich insoweit fragen müssen, ob eine nicht nur unerhebliche Wettbewerbsbeeinträchtigung nach § 3 UWG vorliegt. (Vgl auch Rn 278 f zu Lockvogelangeboten.)

198 Der Gesetzgeber der UWG Reform 2004 hat mit der Vermutung des § 5 Abs. 5 S. 2 UWG aF eine **Regelfrist von zwei Tagen** eingeführt, die ein Bevorratung reichen müsse. Diese Vermutung findet sich seit der UWG-Novelle 2008 in abgewandelter Form als eine Beweislasterleichterung in **Nr. 5 S. 2 Anhang-UWG** wieder: Ist die Bevorratung kürzer als zwei Tage gegeben, obliegt es dem Unternehmer, die Angemessenheit nachzuweisen. Gerechnet wird der **Beginn dieser Frist**, ohne dass dies ausdrücklich in Gesetz oder Begründung klargestellt wäre, wiederum nach der Verkehrsauffassung. In Medien,

---

362 BGH GRUR 1987, 52, 53 *Tomatenmark*.
363 BGH GRUR 2005, 690, 692 *Internet-Versandhandel*.
364 BGH GRUR 1987, 52, 54 *Tomatenmark*, bzw BGH GRUR 1987, 371, 372 *Kabinettwein*. Ebenso für einen Jogginganzug, der in einer Zeitungsbeilage beworben worden war, OLG München WRP 1991, 744, 745.
365 BGH GRUR 2011, 340 Tz. 19 ff *Irische Butter*.
366 OLG München WRP 1975, 535, 536; OLG Köln WRP 1984, 40 f mwN.
367 BGH GRUR 1989, 609, 611 *Fotoapparate*. Für Österreich im gleichen Sinne OGH Wien ÖBl. 2000, 259, 260 f. *Computer-Verkaufsaktion*.
368 BGH GRUR 1999, 1011, 1012 *Werbebeilage*.

die der Werbende aktualisieren kann (zB Internet; Direktmarketing beispielsweise Flyer und Werbebriefe) läuft die Frist ab Zugänglichmachen beim Verbraucher, anderenfalls vom Tag der Erstveröffentlichung der Werbung (zB Werbung in einer monatlich erscheinenden Zeitschrift).

Die 2-Tages-Regel steht offensichtlich nicht im Einklang mit der bisherigen vorerwähnten Rechtsprechung des BGH, die stets eine Einzelfallbetrachtung nach der jeweiligen Verkehrsauffassung in den Vordergrund stellte. Es mutet auch als etwas merkwürdig an, dass der Gesetzgeber sogar bei einer Werbung für leicht verderbliche Lebensmittel in einer Tageszeitung eine 2-Tages-Regel aufstellen wollte, obwohl die Verkehrsauffassung doch gerade in solchen Fällen eher von einer Begrenzung des Angebots auf einen Tag ausgeht. Umgekehrt gilt, dass ein Vorrat von nur zwei Tagen für ein besonders herausgestelltes Sonderangebot, das in einer nur monatlich verbreiteten Zeitschrift erscheint, kaum ausreichend sein kann. Dennoch wird man den Gesetzgeber beim Wort nehmen müssen, so dass den Unternehmer neuerdings die **Darlegungs- und Beweislast** dafür trifft, dass eine unter zwei Tagen liegende Bevorratung keine Irreführung bewirkt, während sie beim Kläger liegt, wenn dieser eine Irreführung trotz zweitägiger Bevorratung geltend macht.

Der Gesetzgeber nennt als Gründe, die ausnahmsweise eine **Widerlegung der Vermutung** rechtfertigen können: 199

- unerwartet außergewöhnlich hohe Nachfrage,
- unvorhergesehene Lieferschwierigkeiten, die der Unternehmer nicht zu vertreten hat, oder
- wenn es sich um ein Produkt handelt, das der Unternehmer im Verhältnis zu seiner üblichen Produktpalette nicht gleichermaßen bevorraten konnte.[369]

Es handelt sich insoweit um eine **beispielhafte und nicht abschließende Aufzählung.**

Auch die Rechtsprechung geht in die gleiche Richtung. Durchaus kann eine **unerwartet hohe Nachfrage** eine Irreführung über die vorhandene Vorratsmenge ausschließen. Der Erwartung des Verkehrs entsprechend muss der Unternehmer die beworbene Ware **disponieren**; dabei darf er sich an seinen bisherigen Erfahrungen mit dem Absatz gleichartiger, in ähnlicher Weise beworbener Waren orientieren.[370] Einzelne Fehlschläge in der Disposition werblich nicht besonders herausgestellter Waren begründen noch nicht den Vorwurf der Irreführung.[371] Bei **Filialbetrieben** muss die Ware aber grundsätzlich in allen Filialen verfügbar sein;[372] die unverzügliche Nachlieferung an einzelne Filialen bei unerwartet raschem Absatz ist sicherzustellen.[373]

Bleiben danach noch die Fälle, in denen trotz guten Willens des Werbenden **wegen unvorhergesehener Lieferschwierigkeiten** die Ware nicht ankündigungsgemäß in ausreichendem Maß zur Verfügung stand, sei es, dass die Lieferung wegen höherer Gewalt oder wegen mangelnder Vertragserfüllung des Lieferanten ausblieb, oder sei es auch

---

369 BT DS 15/1487, S. 20, abrufbar unter www.nordemann.de.
370 BGH GRUR 1987, 371, 372 *Kabinettwein*; BGH GRUR 1989, 609, 610 f. *Fotoapparate*; LG Siegen WRP 2002, 1191 *Handyvorrat*.
371 BGH GRUR 1987, 52, 54 *Tomatenmark* und GRUR 1988, 310, 312 *Beilagen-Werbung*.
372 BGH GRUR 1983, 553, 554 *Tonbandgerät*.
373 BGH GRUR 1985, 980, 981 *Tennisschuhe*.

nur, dass dem Disponenten im eigenen Betrieb ein Fehler unterlaufen war. Mit Recht unterschied der Bundesgerichtshof bislang danach, ob die fragliche Ware **werblich besonders herausgestellt** war oder es sich nur um einzelne Artikel aus einem umfassenden Angebot gehandelt hat. Bei letzteren rechnet das Publikum eher mit Fehldispositionen mit der Folge, dass ein Vorwurf wettbewerbswidrigen Verhaltens bei nur leichtem Verschulden des Werbenden nicht erhoben werden kann.[374] Die besondere werbliche Herausstellung – auch die Werbung aus besonderem Anlass, etwa zur Neueröffnung[375] oder zu einer Internet-Versteigerung[376] – wird dagegen als Behauptung ausreichenden Vorrats aufgefasst, so dass hier ein Verstoß gegen § 5, 5 a UWG bzw § 3 Abs. 3 iVm Nr. 5 Anhang-UWG nur dann ausscheidet, wenn höhere Gewalt vorlag oder den Werbenden sonst keinerlei Verschulden traf.[377] Fehlendes Verschulden kann gegeben sein, wenn ein beworbener Tonträger später veröffentlicht wird, als zunächst vom Hersteller angegeben; allerdings scheidet eine Berufung auf unverschuldete Lieferunfähigkeit aus, wenn der Händler das im Zeitpunkt der Schaltung der Werbung wusste.[378] Demgegenüber differenziert die Regierungsbegründung zur UWG-Novelle 2004 nicht und nennt lediglich die unverschuldete Lieferstörung als Rechtfertigungsgrund.[379] Es erscheint aber wegen des nur beispielhaften Charakters der Aufzählung in der Regierungsbegründung nicht als angezeigt, die bisherige Praxis des BGH zu ändern, zumal die Regierungsbegründung auch mit keinem Wort eine Abweichung von der bisherigen Fallpraxis erwähnt.

Der Rechtfertigungsgrund für den Kaufmann, dass es sich um **ein Produkt handelt, das der Unternehmer im Verhältnis zu seiner üblichen Produktpalette nicht gleichermaßen bevorraten konnte,**[380] erfasst vor allem die Fälle leicht verderblicher Ware. Bei Bewerbung solcher Ware erwartet der Verkehr schon gar nicht, dass die Ware über einen Zeitraum von zwei Tagen verfügbar ist (oben Rn 197 f).

200   Bei **Dienstleistungen** entspricht dem Warenvorrat die Verfügbarkeit der angebotenen Dienstleistungen. Nr. 5 Anhang-UWG wendet die **2-Tages-Regel** (oben Rn 198) auch darauf an. Der Zugriff des Reiseveranstalters, der die Unterbringung in einem bestimmten Hotel bewirbt, auf dessen Bettenkontingent muss rechtlich gesichert sein.[381] Die im Katalog angebotene Reise darf bei seinem Erscheinen nicht etwa schon ausgebucht sein.[382]

201   Davon zu unterscheiden ist die **Werbung für einen überhaupt nicht vorhandenen Warenvorrat.** Nach **Nr. 6 Anhang-UWG** ist es immer unzulässig, Waren- oder Dienstleistungsangebote iSv § 5 a Abs. 3 zu einem bestimmten Preis zu machen, wenn der Unternehmer sodann in der **Absicht,** stattdessen eine andere Ware oder Dienstleistung

---

374 BGH GRUR 1987, 52, 54 *Tomatenmark*; BGH GRUR 1987, 371, 372 *Kabinettwein*; BGH GRUR 1988, 310, 311 *Beilagen-Werbung*. Bei der Katalogwerbung der großen Versandhäuser rechnet das Publikum allerdings bei *allen* Angeboten mit ihrer sofortigen Lieferbarkeit, BGH GRUR 1983, 777, 778 *Möbel-Katalog*.
375 BGH GRUR 1992, 858, 859 *Clementinen*.
376 LG Hamburg GRUR-RR 2001, 315.
377 BGH GRUR 1982, 681, 682 f. *Skistiefel*; BGH GRUR 1983, 650, 651 *Kamera*; BGH GRUR 2002, 187, 189 *Lieferstörung*; KG GRUR 1983, 676, 677 *Matomod-Pullis*.
378 OLG Hamburg GRUR-RR 2007, 372 L *Brutto-Umsatz*.
379 Begr. RegE UWG-Novelle 2004, BT DS 15/1487, S. 20, abrufbar unter www.nordemann.de.
380 Begr. RegE UWG-Novelle 2004, BT DS 15/1487, S. 20, abrufbar unter www.nordemann.de.
381 OLG München NJWE 1997, 201, 202.
382 OLG Düsseldorf WRP 1986, 33, 34 f; OLG Karlsruhe WRP 1987, 401.

abzusetzen, eine fehlerhafte Ausführung der Ware oder Dienstleistung vorführt oder sich weigert zu zeigen, was er beworben hat, oder sich weigert, Bestellungen dafür anzunehmen oder die beworbene Leistung innerhalb einer vertretbaren Zeit zu erbringen. Es handelt sich bei dieser „bait-and-switch-Technik"[383] im Grunde genommen um den Extremfall des nicht ausreichenden Warenvorrates. Anders als nach Nr. 5 Anhang-UWG kommt es hier nicht darauf an, welche Vorstellungen sich der Unternehmer von der Verfügbarkeit der beworbenen Waren oder Dienstleistungen gemacht hat oder hätte machen müssen. Unerheblich ist zudem, ob es sich bei den beworbenen Leistungen um Sonderangebote handelt.[384] Es muss allerdings stets die „Absicht" beim Unternehmer vorliegen, stattdessen eine andere Ware oder Dienstleistung an den Verbraucher abzusetzen.

Beispiel: Das dürfte regelmäßig der Fall sein bei Immobilienwerbung mit Objekten, die dem Makler gar nicht an die Hand gegeben sind.[385]

Damit ist der Tatbestand des Nr. 6 UWG-Anhang doch so eng gefasst, dass Spielraum für eine Anwendung des § 5 Abs. 1 S. 2 Nr. 1 UWG bleibt, vor allem weil es in der Praxis schwierig werden dürfte, dem Unternehmer eine Absicht nachzuweisen. Unter § 5 Abs. 1 S. 2 Nr. 1 UWG können danach insbesondere Fälle gefasst werden, in denen der Unternehmer die Bestellmöglichkeit eröffnet.

Beispiele: Die Werbung mit nicht vorhandener Ware, die zumindest bestellt werden müsste, ist irreführend,[386] ebenso wenig genügt im Regelfall das Vorhandensein von Musterstücken, dies auch dann nicht, wenn Lieferung nach Bestellung innerhalb weniger Tage erfolgt.[387]

In der Werbung wird der Eindruck erweckt, als sei das erst noch zu bauende Haus schon bezugsfertig.[388]

Von dem Grundsatz, dass der Unternehmer nicht mit Waren oder Dienstleistungen werben darf, die er überhaupt nicht vorrätig hat, gibt es nur die folgenden **Ausnahmen:**

- Es handelt sich um Gegenstände einmaliger Großanschaffung, wie Fertighäuser, Autos, Möbelgarnituren und Teppich-Auslegware, bei denen das Publikum nicht erwartet, sie einfach mitnehmen zu können.[389]
- In der Werbung war ausdrücklich darauf hingewiesen worden, dass die beworbene Ware erst „demnächst lieferbar" sei,[390] oder dass kurzfristige Vorratslücken entstehen könnten.[391] In diesen Fällen erwartet der Verkehr allerdings die kurzfristige (Wieder-) Herstellung der Lieferbereitschaft.[392]

---

383 Hierzu: Lettl WRP 2008, 155, 164.
384 Begr. RegE UWG-Novelle 2008, BT DS 16/10145, S. 31, abrufbar unter www.nordemann.de.
385 OLG Köln WRP 1982, 356.
386 BGH GRUR 1998, 949, 950 *D-Netz-Handtelefon;* BGH GRUR 1996, 800, 801 *EDV-Geräte;* BGH GRUR 2000, 907, 909 *Filialleiterfehler.* Unrichtig OLG Köln NJWE 2000, 283 f: Wenn statt des beworbenen das technisch bessere Nachfolgegerät zum gleichen Preis vorhanden ist, liegt jedenfalls keine *relevante* Irreführung vor.
387 BGH GRUR 2000, 911, 912 f. *Computerwerbung;* OLG Hamburg WRP 1978, 906 *Sofort lieferbar.*
388 KG WRP 1988, 165, 166.
389 OLG Hamm WRP 1979, 323, 325 für eine teure, nicht besonders beworbene HiFi-Anlage und OLG Karlsruhe WRP 1980, 431 für Teppich-Auslegware.
390 KG WRP 1981, 211, 212.
391 BGH GRUR 1999, 1011, 1012 *Werbebeilage: „Produkt mal nicht vorhanden? Kein Problem – wir bestellen sofort für Sie!".*
392 KG WRP 1981, 211, 212 *Binnen zwei Wochen;* BGH GRUR 1999, 1011, 1012 *Werbebeilage: Binnen einer Woche.*

- Auch bei wenig auffällig beworbenen Computern, die noch individuell zu konfigurieren sind, erwartet der Verkehr nicht, sie zur sofortigen Mitnahme im Laden vorzufinden;[393] anders ist es dagegen, wenn es sich um ein ganz bestimmtes, gerade nicht individuell zu perfektionierendes Gerät handelt, das in der Werbung besonders hervorgehoben wurde.[394]
- Bei einer Internet-Versteigerung ist eine sofortige Aushändigung schon denkgesetzlich ausgeschlossen. Der Erwerber erwartet jedoch die **unverzügliche** Auslieferung sogleich nach Bezahlung.[395]

Hat der Unternehmer keinerlei Vorteil von der Irreführung über die Verfügbarkeit, entfällt zwar nicht die Irreführung. Es kann aber die Relevanz der Irreführung für den Verbraucher fehlen (siehe Rn 85 ff, 145). Das ist aber nur der Fall, wenn der Unternehmer die Irreführung in keiner Weise dazu ausnutzen kann, um mit dem Kunden ein Geschäft zu machen.

Beispiel: Ein Lohnsteuerhilfeverein machte in einer Anzeige nicht hinreichend deutlich, dass sich sein darin beworbenes Beratungsangebot nur an seine Mitglieder richtete. Die Irreführung war aber relevant, weil dem Lohnsteuerhilfeverein darüber der Vorteil erwuchs, mit Nicht-Mitgliedern einen ersten Kontakt zu erhalten, um sie als Mitglieder werben zu können.[396]

Ein Unternehmen wirbt versehentlich mit Sportschuhen, die es überhaupt nicht anbietet. Wenn dem Kunden beim Ladenbesuch keine Alternativen angeboten werden können, ist die Enttäuschung der Verkehrserwartung möglicherweise irrelevant, weil für den Unternehmer bloß nachteilhaft. Allerdings erhält der Unternehmer die Möglichkeit, den Kunden vom Kauf anderer Schuhe zu überzeugen. Wenn das nicht völlig unrealistisch ist, liegt Relevanz vor.

Ohnehin können Angaben unzulässig nach §§ 3 Abs. 1, 5 Abs. 1 S. 2 Nr. 1 UWG sein, wenn sie das Angebot als ungerechtfertigt günstig erscheinen lassen.

Beispiele: Der Werbende täuscht eine nicht vorhandene Auswahl vor, behauptet also etwa eine „Riesenauswahl" bei nur 40 bis 60 Teppichen.[397] „1000 Paar Damenschuhe" bei nur 600 vorhandenen ist dagegen zulässig, weil auch 600 Paar Schuhe das Auswahlvermögen eines einzelnen Kunden bei weitem übersteigen, die in der Übertreibung enthaltene Irreführung also jedenfalls irrelevant bleibt.[398]

Darunter fällt aber auch die einschränkungslose bundesweite Werbung für Telefondienstleistungen, wenn größere räumliche Abdeckungslücken gegeben sind.[399]

bb) Untertriebene Angaben über den Warenvorrat

202   Immer unzulässig ist **nach Nr. 7 Anhang-UWG** die *unwahre* Angabe, bestimmte Waren oder Dienstleistungen seien allgemein oder zu bestimmten Bedingungen **nur für einen sehr begrenzten Zeitraum** verfügbar, um den Verbraucher zu einer sofortigen geschäftlichen Entscheidung zu veranlassen, ohne dass dieser Zeit und Gelegenheit hat, sich auf Grund von Informationen zu entscheiden. Es handelt sich um Fälle der Ausübung psychologischen Kaufzwangs durch übertriebenes Anlocken, da der für die geschäftliche

---

393   BGH GRUR 1999, 509, 511 *Vorratslücken.*
394   BGH GRUR 1996, 800, 802 *EDV-Geräte;* BGH GRUR 2000, 911, 912 f. *Computerwerbung;* OLG Köln NJWE 2000, 283 f.
395   LG Hamburg GRUR-RR 2001, 315 f.
396   BGH GRUR 2008, 186 Tz. 31 *Telefonaktion.*
397   LG Stuttgart WRP 1955, 246.
398   AA RG MuW XIII, 389; wie hier A. Nordemann in Götting/Nordemann § 5 Rn 1.15.
399   OLG Hamburg GRUR-RR 2007, 85, 87 f. *Homezone im O2-Netz.*

Entscheidung maßgeb- liche Zeitdruck objektiv nicht besteht.[400] Der Tatbestand ist eng; er setzt u.a. folgendes voraus:

■ „Unwahre Angabe" muss eine ausdrückliche Angabe sein; eine nur konkludente Angabe genügt nicht.[401]

■ Der „sehr begrenzte Zeitraum" muss unter dem üblichen Zeitraum liegen. Besteht eine Übung, dass Sonderangebote 2 Tage gültig sind, muss mit einem deutlich darunter liegenden Zeitraum geworben werden, also zB mit einem 1-Tages-Zeitraum.[402]

■ Ferner muss der Unternehmer in der Absicht handeln, den Verbraucher zu einer sofortigen Entscheidung zu veranlassen, was durch die Formulierung „um ... zu" zum Ausdruck kommt. Geht der Unternehmer fälschlicherweise davon aus, seine Ware sei nur kurz verfügbar und er in gutem Glauben den Verbraucher darauf hinweist, fällt das nicht unter Nr. 7 Anhang-UWG.[403] Genauso wenig handelt der Unternehmer unzulässig, der sich erst nachträglich entschließt, ein vorher eng befristetes Sonderangebot fortzusetzen.[404]

Beispiel: Ein Gemüsehändler weist den Verbraucher wider besseres Wissen darauf hin, dass er die angebotenen Restbestände an Spargel sofort kaufen müsse, weil sein Lieferant für den Rest der Saison ausverkauft sei.

Quantitativ untertriebene Angaben über den Warenvorrat wie „Restposten", „nur noch Einzelstücke" dürften bei wohlgefülltem Lager zumindest nach §§ 3 Abs. 1, 5 Abs. 1 S. 2 Nr. 1 UWG auch stets irreführend sein. Dagegen ist die vielfach benutzte Floskel „solange der Vorrat reicht" nur eine rechtlich irrelevante Banalität. **203**

Allerdings kann die Relevanz (siehe Rn 85 ff, 145) fehlen, wenn die Irreführung nicht geeignet ist, den Verbraucher zu einem Geschäftsabschluss zu verleiten, den er sonst nicht getätigt hätte.

Beispiel: Dem Verbraucher wird die (falsche) telefonische Auskunft erteilt, ein beworbenes Elektrogerät sei nicht vorrätig, so dass der Kunde sich dann gar nicht erst auf den Weg macht.[405]

Wer die **Abgabemenge** einer besonders beworbenen Ware auf einen angemessenen, dem üblichen Verbraucherbedarf entsprechenden Umfang beschränkt, handelt schon deshalb rechtmäßig, weil ihn rechtlich kein Abschlusszwang trifft;[406] anders ist es nur, wenn er in der Werbung zum „Vorratskauf" aufgefordert und damit entsprechende Erwartungen geweckt hat.[407] **204**

---

400 Bejaht bei OLG Hamm GRUR 2006, 86, 87 *Sonntagsrabatt*; vgl auch Begr. RegE UWG-Novelle 2008, BT DS 16/10145, S. 31, abrufbar unter www.nordemann.de.

401 Weidert in Harte/Henning Anh. § 3 Abs. 3 Nr. 7 Rn 6; aA Sosnitza in Piper/Ohly/Sosnitza Anhang zu § 3 Abs. 3 Rn 5, 22.

402 Wirtz in Götting/Nordemann § 3 Rn 122; aA Weidert in Harte/Henning Anh. § 3 Abs. 3 Nr. 7 Rn 14, der allein darauf abstellen will, ob die Zeit zu kurz für eine informierte Entscheidung ist.

403 Weidert in Harte/Henning Anh. § 3 Abs. 3 Nr. 7 Rn 16.

404 Sosnitza in Piper/Ohly/Sosnitza Anh. § 3 Abs. 3 Rn 20; Bornkamm in Köhler/Bornkamm Anh. § 3 III Rn 7.4.

405 Vgl BGH GRUR 2002, 1091, 1092 *Telefonische Vorratsanfrage*, dort allerdings zur Relevanz der Irreführung.

406 OLG Karlsruhe GRUR 1999, 769, 770 f.

407 BGH GRUR 1984, 597 f. *Vorratskauf*.

b) Irreführung über Beschaffenheit

Rechtsgrundlage: §§ 3 Abs. 1, 5 Abs. 1 S. 2 Nr. 1 UWG; Art. 6 Abs. 1 a und b Richtlinie unlautere Geschäftspraktiken

205 Die Irreführung über die Beschaffenheit kann als Oberbegriff einen großen Teil des in § 5 Abs. 1 S. 2 Nr. 1 UWG genannten beispielhaften Kataloges erfassen. Das ist die Irreführung über **Art, Ausführung, Vorteile, Risiken, Zusammensetzung, Zubehör, Zwecktauglichkeit, Verwendungsmöglichkeit oder Beschaffenheit** (im engeren Sinne). Dass die Aufzählung in § 5 Abs. 1 S. 2 Nr. 1 WG insoweit viele Synonyme enthält, ist der Umsetzung der Richtlinie unlautere Geschäftspraktiken (Rn 17) geschuldet, die einen entsprechenden Wortlaut verwendet.

Bei der Irreführung über die Beschaffenheit der angebotenen Ware oder Leistung geht es grundsätzlich nur um die direkte Täuschung im Hinblick auf die Ware oder Dienstleistung selbst, etwa durch Überlackieren von Roststellen, durch Appreturen, durch die Art der Verpackung und durch irreführende Warenbezeichnungen, schließlich durch Unterschieben anderer Ware.

Daneben können Fälle der *indirekten* Vorspiegelung einer nicht vorhandenen Beschaffenheit durch irreführende Angaben treten. Hierzu rechnen alle Angaben, die der Käufer als Indiz oder Kennzeichen für die Qualität der angebotenen Ware oder Leistung wertet, wie Auszeichnungen, wissenschaftliche Gutachten, die Art der Herstellung der Ware, Kundenzuschriften und behördliche Anerkennungen. Diese werden weiter unten behandelt (Rn 247 ff). Auch Herkunftsangaben sind für das Publikum Anzeichen der Qualität; sie werden ebenfalls in einem an anderer Stelle behandelt (Rn 228 ff).

206 Die direkte Täuschung an der Ware oder Leistung ist im Wirtschaftsleben durchaus häufig, obwohl meist Betrug (§ 263 StGB) oder strafbare Irreführung iSv § 16 Abs. 1 UWG (vgl Rn 998). Dabei ist, von den allgemein verurteilten Unsitten im Gebrauchtwagenhandel einmal abgesehen, das Unrechtsbewusstsein der werbenden Unternehmen oft erstaunlich schwach entwickelt:

Beispiele: Niemand findet etwas dabei, Anzüge aus knitterndem, nicht Form beständigen Stoff so mit Appretur „aufzubessern", dass der ahnungslose Käufer die Minderwertigkeit der Qualität erst nach dem ersten Regen merkt.

Briefmarkenhändler pflegen im Sichtfenster ihrer Pakete schöne Sondermarken zu platzieren; dahinter findet sich oft billigste Massenware.

Möbel werden mit Kunststoff-Folie furniert, die wie Holzfurnier aussieht.[408]

Der angebotene (und berechnete) „Edelholzsarg" ist aus billigem Kiefernholz.[409]

In Zeitungsanzeigen wird ein teureres oder anderes Gerät als das zu verkaufende abgebildet.[410]

Ein wesentlich teurerer Scanner als angeboten wird im Prospekt abgebildet.[411]

In der Werbung für eine entgeltliche Kaffeefahrt wird ein „leckeres reichhaltiges Mittagsmenü" versprochen, das jedoch nur aus einer verschlossenen(!) Konservendose mit einer Suppe oder Brechbohnen zum Mitnehmen besteht.[412]

---

408 OLG Düsseldorf GRUR 1975, 146 *Kunststofffolie*.
409 OLG Zweibrücken WRP 1996, 951, 953.
410 OLG Hamburg WRP 1983, 281; OLG Düsseldorf WRP 1987, 731.
411 BGH WRP 2002, 977, 978 *Scanner-Werbung*.
412 BGH NJW 2002, 3415 f.

Der Hauptanwendungsfall der direkten Täuschung an der Ware oder Leistung ist die 207
Vorspiegelung qualitativer Eigenschaften durch eine irreführende Bezeichnung. Die
Rechtsprechung dazu ist fast unübersehbar. Einige Beispiele:

- **Angora-Ausrüstung** deutet auf Herstellung aus Angorawolle, nicht nur auf Angora-Effekt hin.[413]
- Füllanzeigen, dh kostenfrei und meist ohne Vorwissen des Werbenden aufgenommene (Wiederholungs-)**Anzeigen**, täuschen dann über den Wert der Zeitschrift als Werbeträger, wenn ihre Größe, Art und Menge mögliche Anzeigenkunden über den Umfang des bezahlten Anzeigenvolumens und damit die Einschätzung der Werbewirksamkeit der Zeitung durch andere Gewerbetreibende irreführt;[414] davon kann keine Rede sein, wenn dreimal innerhalb eines Vierteljahres in einer Tageszeitung je ein oder zwei Anzeigen (versehentlich) erneut abgedruckt wurden[415] oder wenn der gesamte Immobilienanzeigenteil von Samstag, für die Inserenten kostenlos, in der Sonntagsausgabe wiederholt wird.[416] Es ist irreführend, wenn in der Anzeigenakquisition für eine neue Zeitschrift von einem „bisher leeren Markt" gesprochen wird, obwohl es schon einschlägige Zeitschriften gibt.[417] Zu den redaktionell gestalteten Anzeigen s. Rn 174, zur Auflagenhöhe Rn 221.
- **Astrologie**, vgl „übersinnliche Eigenschaften" unten.
- **Aus einer Hand** heißt noch nicht, dass der Fertighaus-Hersteller nur selbst, ohne jede Mitwirkung von Subunternehmern, tätig würde.[418]
- **Auslese** darf nur für besonders gute Qualität verwendet werden.[419]
- Wird für ein Produkt eine **ausländische Qualitätsbezeichnung** verwendet, so muss es ihr entsprechen.[420]
- Zu **Auslaufmodellen** s. Rn 391.
- **Beratungskompetenz vor Ort** heißt noch nicht, dass der örtliche Händler über ebenso viel Fachwissen verfüge wie der – so werbende – Hersteller.[421]
- Einfach **billiger telefonieren** darf nur werben, wer **durchweg** billiger ist als die Konkurrenz.[422]
- Der Begriff „**bio**" darf für landwirtschaftliche Erzeugnisse und Lebensmittel nur nach den Vorgaben der EU-Verordnung (EG) 834/2007 benutzt werden. Vgl eingehend unten zu dem Synonym „Öko-". „Biosphärenwasser" soll irreführend sein, wenn das beworbene Wasser nicht gesünder oder besonderer ist als andere Mineralwässer.[423] Zur Werbung mit Umweltschutz siehe auch Rn 208.

---

413 OLG Stuttgart WRP 1970, 227.
414 OLG Stuttgart AfP 2000, 365.
415 BGH GRUR 1997, 380, 381 *Füllanzeigen*. Gegenfall: OLG Stuttgart NJWE 1999, 200. Grenzfall (Einführung im Internet): OLG München NJWE 1999, 199.
416 KG NJWE 2000, 153 f.
417 LG München I AfP 1994, 240 f.
418 OLG Stuttgart NJWE 1998, 11.
419 OLG Hamburg GRUR 1977, 113, 114 *Mocca-Auslese*.
420 OLG Hamburg WRP 1983, 426, 427 *Crème fraiche*.
421 BGH GRUR 1997, 229 *Beratungskompetenz*.
422 OLG Köln WRP 1999, 222, 223.
423 OLG Frankfurt WRP 2007, 1386, 1388 f. *Biosphärenwasser*, ohne jegliche Erörterung der EG-Verordnung; im Übrigen zweifelhaft, weil der Verkehr „Biosphäre" als feststehenden Begriff erkennt, der nicht unbedingt auf ein Bioprodukt schließen lässt.

- **Blitzschnell** muss stimmen, ist aber weitergehend und deshalb nicht gleichbedeutend mit „in Sekunden".[424]

- Bei **Büchern** kann die unrichtige Copyright-[425] oder Verfasserangabe[426] irreführend sein.

- Auf die Tatsache, dass ein angebotener Flug ein **Charterflug** und kein Linienflug ist, muss nicht hingewiesen werden, da beide in den Augen des Publikums gleichwertig sind.[427]

- **Complete Sightseeing** in der Werbung eines Reisebüros lässt erwarten, dass **alle** Besichtigungen im Reisepreis eingeschlossen sind.[428]

- Der Hinweis auf **DIN-Normen** ist nur zulässig, wenn das Produkt tatsächlich unter deren Beachtung hergestellt ist.[429] Entsprechendes gilt für **internationale Normen**.[430]

- **Doktor** deutete für den flüchtigen Verbraucher wohl bei Nahrungs- und Genussmitteln auf gesundheitsfördernde Wirkung hin;[431] mit der Änderung des Verbraucherleitbildes (Rn 121 ff) erscheint das als nicht mehr gerechtfertigt, so dass das OLG Oldenburg[432] die Bezeichnung „Dr. K.'s Harkos Kaffee" zu Recht für eine normale Kaffeesorte durchgehen ließ.

- **echt** weist in der Regel auf die geografische Herkunft hin (s. Rn 1474 Markenrecht), kann aber auch eine bestimmte Qualität andeuten: „echt Skai" wertet das Publikum als Leder,[433] als „echt Gold" darf nicht etwa Doublé angepriesen werden.[434] „Echt versilbert" kann eine bessere Versilberung als üblich andeuten.[435]

- Angaben auf **Englisch** sind jedenfalls für gewerbliche Abnehmer ohne weiteres verständlich und deshalb nicht irreführend.[436] Bei der Werbung gegenüber Verbrauchern ist allerdings Nr. 8 Anhang-UWG zu beachten, wonach es immer unzulässig ist, Kundendienstleistungen in einer anderen Sprache als derjenigen, in der die Verhandlungen vor dem Abschluss des Geschäfts geführt worden sind, zu machen, wenn die ursprünglich verwendete Sprache nicht Amtssprache des Mitgliedstaats ist, in dem der Unternehmer niedergelassen ist; dies gilt nicht, soweit der Verbraucher vor dem Abschluss entsprechend aufgeklärt wurde. Siehe dazu Rn 223.

- Wer unzutreffende Angaben über den Zeitpunkt des **Erfolgseintritts** macht, täuscht über die Qualität seiner Leistung. Deshalb darf eine Fahrschule nicht mit „Ausbildungsdauer 3 Wochen" werben, wenn dies nicht für die große Mehrzahl ihrer Aus-

---

424 BGH WRP 1997, 1067, 1069 f. *Sekundenschnell.*
425 Borck WRP 1978, 864.
426 KG WRP 1977, 187, 189 f. *Köhnlechner.*
427 KG WRP 1987, 559 f.
428 OLG Zweibrücken NJWE 1998, 267, 268.
429 BGH GRUR 1985, 973, 974 *DIN 2093;* BGH GRUR 1988, 832, 834 *Benzinwerbung.*
430 BGH GRUR 1992, 117, 119 *IEC-Publikation.*
431 DPA Bl. 1954, 145.
432 GRUR 1959, 192 f, freilich noch zum alten Verbraucherleitbild.
433 BGH GRUR 1963, 539, 541; Vgl auch OLG Hamburg WRP 1970, 155, 156 f. *Echter Klarer.*
434 So aber KG WRP 1982, 26, 27, das später zu Recht wieder strenger ist: „*22 Karat Goldauflage*" erweckt den Eindruck einer nicht bestehenden Hochwertigkeit (KG GRUR 1987, 448 *vergoldeter Schmuck*).
435 BGH GRUR 1987, 124 *echt versilbert.*
436 OLG Celle NJWE 1998, 1, 2 *rebuilt, remanufactured.*

bildungsverträge zutrifft.[437] Das Gleiche gilt für die Werbebehauptung „bis 20 Pfund schlanker in nur 23 Tagen".[438]

- zu **EG-Neuwagen** s. Rn 391.
- Als **elektronisch** darf eine nur elektromechanische Vorrichtung nicht bezeichnet werden.[439]
- **extra** wird als Hinweis auch auf Qualität und Güte verstanden.[440]
- **fabrikneu** ist ein Kraftfahrzeug, wenn das Modell unverändert weiterhin hergestellt wird und keine durch eine längere Standzeit bedingten Mängel aufweist;[441] es darf auch keine Beschädigung erlitten haben, selbst wenn diese behoben wurde[442] (s. auch „Neuwagen").
- **Erster Fachanwalt** ist nicht lediglich zeitbezogen zu verstehen, sondern gerade als Qualitätsbehauptung auszulegen iSe. besonders herausragenden Qualifikation der Person.[443]
- Bei **Fernreise-Angeboten** muss der Ort des Reisebeginns (Hafen bzw Abflughafen) angegeben werden, weil anderenfalls der Kunde die ihm entstehenden Kosten nicht bestimmen kann.[444]
- **Ohne Fett** als Aufdruck beim Verkauf von Süßigkeiten bezeichnet diese nicht als absolut fettfrei und vor allem nicht ohne weitere fettmachende Zusatzstoffe.[445] Es ist bekannt, dass ohne Fett nicht gleichzusetzen ist mit der Aussage **macht nicht fett**[446] wegen weiterer kohlenhydratreicher Nährstoffe, zB Zucker.
- Zu **frisch**, vgl Rn 215.
- **Gästeblock** im Zusammenhang mit Fußballspielen wird von den angesprochenen Verkehrskreisen so verstanden, dass es sich um Bereiche handelt, in denen die „echten" Fans stehen, die vielfach Mitglied des jeweiligen Fanclubs sind und für eine Aufheizung der Stimmung zu Gunsten ihrer Mannschaft sorgen. Daher darf mit der Bezeichnung nicht für neutrale Blocks geworben werden, in denen Anhänger zwar auch Gleichgesinnte finden, die sich aber wesentlich gemäßigter und ruhiger verhalten als echte Fans.[447]
- Zu irreführenden Angaben über **Gewährleistung** und **Garantie** vgl unten Rn 370 ff.
- **Gesundheit:** Für hochprozentige Getränke darf selbst dann nicht mit ihrer angeblich gesundheitsfördernden Wirkung geworben werden, wenn sie heilkräftige Zusätze enthalten.[448] „Spezialsalz" kann auf gesundheitsfördernde Wirkung hindeuten.[449]

---

437 OLG Düsseldorf GRUR 1984, 61 *Fahrschul-Werbung.* Überzogen aber OLG Stuttgart NJW-RR 1986, 847 f, das schon in der Angabe „Osterferien: Führerschein-Intensiv-Kurs" eine Angabe über den Zeitpunkt des Erfolgseintritts sieht.
438 OLG Hamm GRUR 1984, 140 *Gewichtsreduzierung.*
439 OLG Stuttgart WRP 1989, 128, 129.
440 OLG Frankfurt GRUR 1985, 226, 227.
441 BGH NJW 1980, 1097 und 2127; OLG Köln WRP 1983, 112; s. ferner BGH GRUR 1995, 610, 611 *Neues Informationssystem.*
442 OLG Nürnberg BB 1985, 485.
443 OLG Bremen GRUR-RR 2007, 209, 209 *Erster Fachanwalt.*
444 KG NJW-RR 1995, 1256.
445 OLG Düsseldorf GRUR-RR 2006, 235, 236 *ohne Fett.*
446 OLG Düsseldorf GRUR-RR 2006, 235, 236 *ohne Fett.*
447 OLG Düsseldorf GRUR-RR 2008, 64, 66 *Fußballticket-Weiterverkauf.*
448 BGHZ 47, 259, 261 *Ein gesunder Genuss für „Echt Stonsdorfer Gebirgskräuterlikör";* BGH GRUR 1980, 797, 799 *Topfit Boonekamp.*
449 BGH GRUR 1967, 362, 369.

Die Rechtsprechung ist hier besonders streng,[450] Vgl Rn 147, 245, 811 ff (HeilmittelwerbeG), Rn 984 ff (Verwirkung), Rn 1634 (Beweislast).

■ **Gold** ist irreführend, wenn bei weniger als 333/1000 Feingoldgehalt auf diesen Umstand nicht gleichzeitig eindeutig und unübersehbar hingewiesen wird;[451] schon deshalb könnte Doublé nicht „echt Gold" sein (S. oben „echt").

■ Auf die Überschreitung des **Haltbarkeitsdatums** muss gesondert hingewiesen werden[452] (zweifelhaft, siehe auch oben Rn 133).

■ **Herzbild** deutet auf gesundheitsfördernde, zumal herzstärkende Wirkung.[453]

■ **Jahreswagen** darf nicht länger als zwölf Monate nach der Erstzulassung als solcher verkauft werden und muss bei der Erstzulassung fabrikneu gewesen sein.[454]

■ Über den **Kontostand** darf die Bank ihren Kunden nicht irreführen (und sodann Überziehungsinsen kassieren).[455]

■ „**Kreuzfahrt**" ist für eine bloße Hin- und Rückfahrt mit einem Fährschiff irreführend.[456]

■ Zu irreführenden Angaben über den **Kraftstoffverbrauch** unten Rn 246.

■ mit der Angabe, es sei in einem anderen Mitgliedstaat der EU als dem des Warenverkaufs oder der Dienstleistung ein **Kundendienst** verfügbar, darf gegenüber Verbrauchern nur geworben werden, wenn das tatsächlich zutrifft (§ 3 Abs. 3 UWG iVm Nr. 24 Anhang-UWG).

■ „**COLOR-RADO**" und die Angabe „größer als alle Katjes-**Lakritz**produkte" täuscht nicht darüber, dass es sich dabei nicht um ein nur aus Lakritz bestehendes Produkt, sondern um ein Mischprodukt schon wegen der Aufmachung (durchsichtige Verpackung) handelt und wegen der Anzahl der Lakritzbestandteile zu diesen zugehörig ist.[457]

■ Für eine **Last-Minute-Reise** darf auch schon mehr als 14 Tage vor Reisebeginn geworben werden.[458]

■ **Luxus** zeigt entgegen OLG Hamm[459] auch heute noch eine gute, über das Standardmaß hinausgehende Qualität an.

■ Dass **Markenqualität** gesagt werden darf, wenn es sich tatsächlich um Markenware handelt, ist mittlerweile geklärt.[460]

■ **med.** weist auf medizinische Verwendung oder Wirkung hin.[461]

■ **Meistverkauft** muss stimmen: **Der meistverkaufte Europas** darf auch in der für deutsche Leser bestimmten Werbung gesagt werden, wenn die Angabe für Europa

---

450 Und zwar grundsätzlich verfassungskonform: BVerfG GRUR 2007, 1083, 1084 *Dr. R's Vitaminprogramm*; einschränkend für gesundheitspolitische Meinungsäußerungen: BVerfG GRUR 2008, 81, 82 *Pharmakartell*.
451 BGH GRUR 1983, 651, 652 *Feingoldgehalt*.
452 OLG Hamm GRUR 1992, 714.
453 BGH GRUR 1962, 97, 99 *Tafelwasser*.
454 BGH NJW 2006, 2694 Tz. 8 und 10 *Jahreswagen*.
455 BGH GRUR 2007, 805 Tz. 15, 17 *Irreführender Kontoauszug*; BGH GRUR 2002, 1093, 1094 *Kontostandsauskunft*; KG GRUR 2000, 11, 12 *Kontostandsabfrage*.
456 OLG Hamburg GRUR 1993, 845, 846.
457 BGH GRUR 2007, 605 Tz. 16 *Umsatzwachstum*.
458 BGH GRUR 2000, 239, 241 *Last-Minute-Reise*.
459 BB 1965, 1202.
460 BGH GRUR 1989, 754, 755 f. *Markenqualität*; anders noch OLG Karlsruhe WRP 1987, 491, 492 *Markenmöbel* und OLG Düsseldorf WRP 1986, 337, 338 *Markenuhr*.
461 BGH GRUR 1969, 546, 547 f. *Blend-a-med*.

richtig ist, für den deutschen Markt allein aber nicht zuträfe.[462] **Meistverkaufter Mini-Van: Weltweit über sechs Millionen Fahrzeuge** ist aber unwahr, wenn es sich dabei nicht um den speziell für den europäischen Markt hergestellten Fahrzeugtyp, sondern um verschiedene Fahrzeugmodelle handelt.[463]

■ **„Bei Misserfolg Geld zurück"**; siehe dazu Rn 373

■ **... mit...**, zB „Pepsodent mit Irium", darf nach älterer Rechtsprechung nur gesagt werden, wenn der Zusatz eine neue Wirkung entfaltet.[464] Das erscheint heute für den verständigen Verbraucher eher als zweifelhaft.

■ **natürlich** ist für maschinelle Kunstprodukte nicht zulässig;[465] ein „natürliches Hautöl" darf nicht zu mehr als 50 % aus synthetischen Wirkstoffen bestehen.[466]

■ **naturrein** sind nur naturbelassene, nicht „geschönte" Produkte.[467] Bei bloßem Zusatz eines Geliermittels und dem Vorhandensein geringer Spuren von Blei, Cadmium und Pestiziden, wie sie auch in reinen Naturprodukten vorhanden zu sein pflegen, ist jedoch die Bezeichnung als naturrein noch zulässig.[468]

■ **naturrot** bedeutet naturgegebene Färbung.[469]

■ **Neuheit** darf man bei einer schon länger zurückliegenden Verbesserung nicht mehr sagen;[470] **neu** meint fabrikneu (siehe dort).

■ Ein **Neuwagen** darf schon im Ausland zugelassen gewesen sein, wenn er dort nicht benutzt wurde[471] (s. auch „fabrikneu"). Er muss aber die gleiche Ausstattung haben wie ein regulär im Inland angebotenes Fahrzeug.[472] Siehe auch „Jahreswagen".

■ Der Begriff **„öko-"** darf – genauso wie „Bio-" – für landwirtschaftliche Erzeugnisse und Lebensmittel nur nach den Vorgaben der EU-Verordnung (EG) 834/2007 benutzt werden.[473] Andere Produkte und Dienstleistungen sind nicht speziell reguliert; jedoch gelten hier strenge Aufklärungspflichten, weil der Verkehr dazu neigt, Produktbezeichnungen mit „Öko-" oder „Bio-" absolut zu verstehen, zB im Sinne von ausschließlich natürlich wirkend, frei von chemischen Stoffen.[474] Zur Werbung mit Umweltschutz vgl auch Rn 208.

■ **„Original"** als Erklärung von Marken (§ 4 MarkenG; Art. 6 GMV) oder geschäftlichen Kennzeichen (§ 5 MarkenG) verstärkt den damit verbundenen Herkunftshinweis.[475] Das ist auch dann zulässig, wenn ein Konkurrent, der die Bezeichnung

---

462 BGH GRUR 1996, 910, 911 f. *Der meistverkaufte Europas.*
463 OLG Köln GRUR 1999, 360, 361.
464 OLG Düsseldorf GRUR 1956, 471, 472.
465 OLG Hamburg GRUR 1967, 108 *Vollmilchschokolade.*
466 OLG Nürnberg GRUR 1989, 128.
467 OLG Hamburg WRP 1979, 733.
468 EuGH WRP 2000, 489 *Adolf Darbo,* Erwägungsgründe 22 und 27; dazu Leible/Sosnitza WRP 2000, 610 und Groeschke/Kiethe WRP 2001, 230, 233 f.
469 OLG Köln WRP 1984, 430, 431 f *naturrot II.*
470 BGH GRUR 1968, 433, 437 *Westfalenblatt II:* drei Monate; OLG Hamburg WRP 1977, 35, 37: für *Möbel sechs Monate*; s. auch OLG Köln GRUR 1993, 567 für *aktuell.*
471 EuGH WRP 1993, 233 f. *Nissan.*
472 BGH GRUR 1992, 171, 172 *Vorgetäuschter Vermittlungsauftrag.*
473 Verordnung (EG) Nr. 834/2007 des Rates vom 28. Juni 2007 über die ökologische/biologische Produktion und die Kennzeichnung von ökologischen/biologischen Erzeugnissen und zur Aufhebung der Verordnung (EWG) Nr. 2092/91.; Weidert in Harte/Henning § 5 UWG C Rn 188; ferner OLG München GRUR-RR 2001, 90 *biobronch.*
474 KG GRUR 1993, 766 *BIO-GOLD* für ein Waschmittel auf chemischer Basis; OLG Düsseldorf GRUR 1988, 55, 57 *bio-FIX* für einen Haushaltsreiniger; Weidert in Harte/Henning § 5 UWG C Rn 187.
475 Helm in Handbuch § 56 Rn 23.

ebenfalls benutzen darf, nicht mit „Original"-Zeichen wirbt.[476] Bei geografischen Herkunftsangaben wirkt „original" als Betonung, dass die geografische Herkunft eingehalten ist.[477] Als Erklärung eines Gattungsbegriffs kann es sich aber um einen zutreffenden Hinweis auf eine Vorzugsstellung handeln. „**Das Original**" wird in der Regel als das erste Produkt seiner Art verstanden.[478] „Echt" ist mit „original" regelmäßig gleichzusetzen.[479] Zu „Original-Ersatzteilen" vgl Rn 737.

- **prima** als qualitätsbezogenes Adjektiv deutet auf gute Qualität, darf also für minderwertige Ware nicht gebraucht werden.

- Ein **Probeabonnement** darf nicht automatisch zum Vollabonnement werden.[480]

- **Qualitätsmöbel** verlangen überdurchschnittliche Arbeit und bestes Material.[481] Ein **Qualitätssymbol** deutet auf eine besondere Befähigung seines Trägers hin[482] (siehe auch Rn 252).

- „**Sahne zum Schlagen** mit 20 % Fett" soll irreführend sein, weil für „Schlagsahne" 30 % Fettgehalt vorgeschrieben ist;[483] der Verbraucher wird mit dieser Angabe aber über nichts irregeführt. In Betracht kommt allenfalls ein Verstoß gegen § 4 Nr. 11 UWG, sofern die verletzte lebensmittelrechtliche Vorschrift verbraucherschützend ist (vgl. Rn 780 ff).

- **seidenweich** ist, wenn zutreffend, auch für Produkte zulässig, in denen Seide nicht enthalten ist.[484]

- Die Werbung mit einer **Service-Nummer,** die man zu Bestellungen oder zu weiteren Informationen anrufen kann, ist irreführend, wenn verschwiegen wird, dass solche Anrufe über die herkömmlichen Festnetztarife („Basistarife", Vgl auch § 7 Abs. 2 Nr. 4 UWG) hinaus gebührenpflichtig sind.[485]

- Beim Angebot von **Software** darf nicht verschwiegen werden, wenn es sich um eine Testversion handelt, zu der es keine *Updates* gibt.[486]

- **Sonntagsausgabe** darf auch eine Zeitung genannt werden, die schon samstags in den Verkehr kommt.[487]

- Ein **Spezial-Reisebüro** muss ein entsprechend spezialisiertes Angebot haben.[488]

- **Spezialzucker** muss reiner Zucker sein.[489]

---

476 OLG Frankfurt WRP 1980, 338 für die Bezeichnung eines Spiels als „Original Spiel". Wohl anders und ohne Auseinandersetzung mit der vorstehenden Rechtsprechung: OLG Köln GRUR-RR 2006, 286, 286 *Das Original.*
477 BGH GRUR 1982, 111, 114 *Original Maraschino.*
478 OLG Köln GRUR-RR 2006, 286, 286 *Das Original*; OLG München GRUR 1997, 393 *Original Chiemsee*; vgl auch OLG Hamburg GRUR-RR 2006, 67 *Original Patienten-Aufklärungsbögen.*
479 OLG Frankfurt GRUR 1963, 539, 540 *echt Skai*; OLG Frankfurt WRP 1980, 338; OLG Hamburg GRUR 1987, 719, 720 *Imported/Original Mexiko* erweckt den Eindruck dort abgefüllter Fertigprodukte. Zu streng KG GRUR 1985, 298, 299 *Originalware*, das die Verwendung dieses Begriffs für Auslaufware verbietet; letzteres braucht nur hinzugesetzt zu werden (Rn 391).
480 OLG Nürnberg ZUM-RD 1998, 383, 384.
481 OLG Hamm JW 1928, 1236.
482 LG Köln GRUR 1989, 527, 528.
483 OLG Bremen WRP 1997, 790, 794.
484 OLG Frankfurt WRP 1981, 218.
485 OLG Stuttgart NJWE 2000, 107 f.
486 OLG München GRUR 2000, 339.
487 OLG Hamm WRP 1983, 695, 696.
488 LG München I GRUR 1985, 303, 304.
489 BGH GRUR 1972, 132, 134; Vgl auch OLG Köln WRP 1976, 257 für „Diät-Zucker".

- **Spitzenerzeugnis** muss zu der Spitzengruppe aller in Deutschland angebotenen Waren dieser Gattung gehören.[490]
- **Steuervorteil** muss für jeden Interessenten zutreffen.[491]
- **Synthetik-Wildleder** lässt das Publikum irrig annehmen, das Produkt habe alle oder fast alle Eigenschaften des Wildleders, und ist daher unzulässig, wenn unzutreffend.[492]
- Die **Typenbezeichnung des Herstellers** ist kein Qualitätsmerkmal und braucht deshalb in der Händlerwerbung nicht angegeben zu werden.[493] Das vom OLG Köln gesehene „Informationsdefizit" des Verbrauchers[494] indiziert noch keinen Verstoß gegen §§ 5, 5 a UWG; wo nichts gesagt wird, entsteht noch nicht zwangsläufig ein Irrtum.
- Die Behauptung **übersinnlicher Eigenschaften** ist kein Werturteil, sondern Tatsachenangabe, die – weil objektiv nicht nachweisbar – nach früherer Auffassung stets irreführend war.[495] Der verständige und durchschnittlich informierte Verbraucher des neuen Leitbildes (Rn 122 ff) wird aber die mangelnde Substanz solcher Angaben erkennen und nicht irregeführt sein; anders fällt die Beurteilung allenfalls im Bereich der Heilmittelwerbung aus (Rn 245, 811 ff). Genauso sind **astrologische Prognosen** oder Wettervorhersagen zulässig, solange sie nicht als sicher und zuverlässig ausgegeben werden.[496]
- Wer eine **Umschuldung** anbietet, muss auch die dazu erforderlichen Leistungen erbringen.[497] Umschuldung bedeutet aber nicht immer gleichzeitig auch die Vornahme von Rechtsberatung, wenn die Internetseite eines Kreditvermittlers lediglich den Aufschluss darüber zulässt, dass günstige Kredite (eine Umfinanzierung) angeboten wird.[498] Dies kann zB durch die Gestaltung und Hinweise im Internetauftritt geschehen.[499]
- Über ein – in der Werbung einschränkungslos zugesichertes – **Umtauschrecht** führt irre, wer das entsprechende Verlangen seiner Kunden nicht sofort und anstandslos erfüllt.[500] Siehe auch Rn 370 ff.
- Auf **Veränderungen** an einer vom Hersteller mit einer bestimmten Bezeichnung versehenen Ware (Warenzeichen, Typenbezeichnung) muss stets hingewiesen werden.[501]

---

490 BGH GRUR 1961, 538, 539 f. *Feldstecher*; BGH GRUR 1973, 594, 595 *Ski-Sicherheitsbindung*.
491 Überblick Seeberger WRP 1983, 326. Ferner OLG Karlsruhe WRP 1985, 288.
492 BGH GRUR 1977, 729, 731 *Synthetic-Wildleder*.
493 OLG Hamm WRP 1982, 43, 44; OLG Koblenz WRP 1982, 657, 658; weitere Nachweise bei Booz WRP 1982, 313.
494 WRP 1981, 118.
495 KG WRP 1976, 372, 374 *Glücksbringer* und 1987, 109, 110 *Talisman*; OLG Frankfurt WRP 1981, 467, 468 *Wunderbares Wasser aus Lourdes*.
496 OLG Stuttgart NJW-RR 1988, 934, 935.
497 OLG Bremen WRP 1998, 414; OLG München NJWE 2000, 9.
498 OLG Hamburg GRUR-RR 2007, 20, 21 *Umschuldung/Ratenkredit*.
499 OLG Hamburg GRUR-RR 2007, 20, 21 *Umschuldung/Ratenkredit*.
500 BGH GRUR 2000, 1106, 1107 f. *Möbel-Umtauschrecht*.
501 OLG Düsseldorf GRUR 1987, 723, 724 für eine nachgerüstete Muting-Schaltung. Vgl auch oben *fabrikneu* und *Typenbezeichnung des Herstellers*.

- **Verkaufs- und Werbefahrten** müssen als solche unmissverständlich und unübersehbar gekennzeichnet sein.[502] Es dürfen zur Teilnahme an der Fahrt auch keine falschen Versprechungen gemacht werden.[503] Vgl auch Rn 424, 460, 998.

- **„1. Wahl"** darf für fehlerhafte Ware auch dann nicht gesagt werden, wenn es zu dem Preis bessere Qualität nicht gibt.[504]

- Ein **Warnhinweis** muss nur gegeben werden, wenn andernfalls der Eindruck der (absoluten) gesundheitlichen Unbedenklichkeit erweckt wird.[505]

- **werkstattgeprüft** wird vom Käufer als Zusicherung dahin verstanden, der Wagen sei von einem Fachmann in der Werkstatt untersucht, und dabei festgestellte Mängel seien behoben worden.[506]

- **„Kein zeitraubendes Einchecken"** darf bei 30 Minuten Dauer nicht mehr gesagt werden.[507]

- Im **Zeitschriftenwesen** täuscht über die Qualität, wer Reportagen fälschlich als „Interviews" deklariert[508] oder eine nicht vorhandene „Exklusivität" behauptet.[509] Allerdings wird – was in der *Lengede*-Entscheidung nicht geschehen ist – im Einzelfall stets zu prüfen sein, ob durch diese irreführende Angabe die „Kauflust" des Publikums irgendwie beeinflusst wurde, etwa wegen eines entsprechenden Hinweises auf der Umschlagseite, oder ob die Täuschung erst bei der Lektüre, dh nach Kaufabschluss, bemerkbar wurde. Im letzteren Falle wäre die Täuschung jedenfalls wettbewerbsrechtlich irrelevant.

- **Zeitung** darf sich auch ein Anzeigenblatt nennen,[510] wenn es nicht lediglich aus Anzeigen und Veranstaltungshinweisen besteht.[511]

208 Die **Werbung mit dem Umweltschutz** wurde, ähnlich wie die Gesundheitswerbung (Rn 811 ff), von der Rechtsprechung früher nach besonders strengen Maßstäben beurteilt. Begriffe wie umweltfreundlich, umweltverträglich, umweltschonend[512] oder entsprechende Zeichen[513] durften danach nur verwendet werden, wenn dem gesteigerten Aufklärungsbedürfnis über Bedeutung und Inhalt dieser Begriffe und Zeichen im konkreten Einzelfall Rechnung getragen wurde; an die erforderlichen Aufklärungshinweise wurden strenge Anforderungen gestellt. Dabei hatte der Werbende die Darlegungslast für die Richtigkeit seiner Angaben.[514] Nur über allgemein bekannte oder vom Verkehr ohne weiteres vorausgesetzte Gegebenheiten brauchte nicht besonders aufgeklärt zu werden; dass Ziegel, die als Fertigprodukt besonders umweltverträglich sind, zu ihrer Gewinnung als Rohstoff Eingriffe in die Natur erforderlich machen, weiß jeder.[515]

---

502 BGH GRUR 1988, 130, 131 *Verkaufsreisen*. Vgl auch LG Wuppertal WRP 1988, 705.
503 Für entgeltliche Kaffeefahrten BGH NJW 2002, 3415, 3416.
504 OLG Karlsruhe WRP 1968, 36.
505 BGH GRUR 1996, 793, 795 f. *Fertiglesebrillen*.
506 BGH NJW 1983, 2192, 2193.
507 OLG Düsseldorf NJWE 1998, 268, 269.
508 BGH GRUR 1968, 209 f. *Lengede*. Vgl auch BGH GRUR 1995, 224 *Erfundenes Exklusiv-Interview*.
509 Vgl BGH GRUR 1965, 254 ff. *Exklusiv-Interview*.
510 OLG Hamm WRP 1979, 148 gegen OLG Düsseldorf GRUR 1979, 123 *Emmericher Kurier*.
511 OLG Köln NJWE 1999, 126 f.
512 BGH GRUR 1991, 546, 547 aus *Altpapier*; OLG Köln GRUR 1993, 690 und 1995, 362, 363.
513 BGHZ 105, 277, 280 f. *Umweltengel*; BGH GRUR 1991, 550, 551 *Zaunlasur* (für den „*Blauen Engel*"); KG NJW-RR 1995, 1446 für „*Der grüne Punkt*".
514 OLG Stuttgart NJW-RR 1989, 556.
515 BGH GRUR 1994, 828, 829 *Unipor-Ziegel*; Piper GRUR 1996, 147, 164.

Nachdem sodann Ullmann die Strenge des eigenen Senats in der Entscheidung aus *Altpapier* zwar zurückhaltend, aber doch deutlich für unangemessen erklärt hatte,[516] stellten weitere Entscheidungen des Bundesgerichtshofs das richtige Maß wieder her: Bei der Verwendung des Begriffs „umweltfreundlich" genügt die konkrete Benennung des jeweiligen Umweltvorzugs; diese muss freilich stimmen.[517] Dass es eine absolute Umweltverträglichkeit nicht gibt, vielmehr stets Restbelastungen verbleiben, ist allgemein bekannt; die Werbeaussage „Damit Mensch und Natur eine Chance haben" kann deshalb nicht in einem solchen Sinne missverstanden werden.[518] Mit dem Schlagwort **„ohne Tierversuche"** darf allerdings nur werben, wer nicht einmal solche Roh- oder Hilfsstoffe verwendet, die von dritter Seite nach den Ergebnissen von Tierversuchen hergestellt sind.[519] Die Begriffe „**öko**" oder „**bio**" dürfen nur nach den Vorgaben der EU-Verordnung (EG) 2092/91 benutzt werden.[520] Zu Stromwerbung mit Umweltbezug oben Rn 168.

Eine besondere Gruppe der irreführenden Warenbezeichnungen bilden die **Stoffbezeichnungen**. Das Publikum pflegt, wenn der Name eines ihm bekannten Stoffes in der Bezeichnung eines Erzeugnisses verwendet wird oder auch nur anklingt, anzunehmen, das Erzeugnis sei aus dem Stoff hergestellt oder habe doch die gleichen Eigenschaften.[521] So lassen zusammengesetzte Bezeichnungen wie „Kunstglas", „organisches Glas" oder „Acrylglas" für durchsichtige Kunststoffe den Eindruck entstehen, es handele sich um Glas;[522] auch Ledernamen wie „Nappa"[523] oder Ableitungen davon[524] für Kunststoffe sind unzulässig. „Betonklinker" lässt an Klinkersteine denken.[525] Die Rechtsprechung neigte allerdings früher gelegentlich zu Übertreibungen: „Ia Markenbenzin" oder „westdeutsche Markenqualität" für Benzin, das tatsächlich aus demselben Großtank wie „Esso" oder „Aral" stammt, führt niemanden irre.[526] Vgl Rn 240. **209**

Zahlreiche Warenbezeichnungen sind **gesetzlich geschützt** oder vorgeschrieben, oft ist auch die Beschaffenheit eines Produkts, insbesondere im Lebensmittelrecht (dazu Rn 819) normiert.[527] Ein Verstoß dagegen kann irreführend sein;[528] stets kommt jedoch ein Verstoß gegen §§ 3, 4 Nr. 11 UWG unter dem Gesichtspunkt des Rechtsbruchs in Betracht,[529] Rn 817 ff. **210**

---

516 GRUR 1996, 948, 956 f.
517 BGH GRUR 1996, 367 f. *Umweltfreundliches Bauen.*
518 BGH GRUR 1997, 666, 667 *Umweltfreundliches Reinigungsmittel.* Vgl Rn 207 zu „*naturrein*".
519 OLG Stuttgart NJWE 1999, 273 f; OLG München NJW-RR 1997, 1268.
520 Siehe dazu auch Zipfel/Rathke, Lebensmittelrecht, Kommentar zur Verordnung (EG) 2092/91; ferner OLG München GRUR-RR 2001, 90 *biobronch.*
521 BGH GRUR 1969, 422, 424 *Kaltverzinkung.*
522 BGH GRUR 1960, 567, 569 *Kunstglas*; GRUR 1968, 200, 203 *Acrylglas*; dagegen aber GRUR 1972, 360, 362 *Kunststoffglas*; s. ferner BGH GRUR 1974, 158 *Rhenodur II* für „*Kunststofffurnier*".
523 BGH GRUR 1961, 545, 547 *Plastic-Folie*; Vgl oben und *Spezialzucker* Rn 207.
524 OLG Hamburg WRP 1983, 629, 630 f für „*Napanova*".
525 BGH GRUR 1982, 563 f.
526 AA BGH GRUR 1966, 45, 46 *Markenbenzin* und OLG Hamm GRUR 1968, 318, 319 *Markenqualität.* Wie hier jetzt BGH GRUR 1989, 754, 755 f. *Markenqualität.*
527 Siehe auch Zipfel/Rathke, Lebensmittelrecht, Loseblattkommentar.
528 BGH GRUR 1979, 415 *Cantil-Flasche*; OLG Hamburg GRUR 1983, 137 *Zahnprothesenreinigungsmittel*; OLG Hamburg WRP 1987, 183, 184 *Exklusive Dessous.*
529 BGH NJW-RR 1989, 1060 *Zahnpasta*; OLG Köln GRUR 2000, 350 *Frischer Naturjoghurt mild*; LG Frankfurt GRUR-RR 2001, 243 *Echtkristall.*

c) Irreführung über die Beschaffenheit von Gewinnspielen

Rechtsgrundlage: § 3 Abs. 3 UWG iVm Nr. 17 und Nr. 20 Anhang-UWG; §§ 3 Abs. 1, 5 Abs. 1 S. 2 Nr. 1 UWG; Art. 5 Abs. 5 und Art. 6 Abs. 1 a und b Richtlinie unlautere Geschäftspraktiken

211   Ein spezieller Fall der Irreführung über die Beschaffenheit ist die Täuschung über Gewinne, die bei einem Wettbewerb oder einem Preisausschreiben ausgelobt werden.

Beispiele: Die in einem Preisausschreiben ausgelosten Gewinne sind nur einen Bruchteil dessen wert, was behauptet wird.[530]

Ein auf einer entgeltlichen Kaffeefahrt versprochener wertvoller Gewinn ist nur ein Gutschein zur Inzahlungnahme bei Buchung einer den „gewonnenen" Betrag übersteigenden Reise.[531]

Im Zusammenhang mit der Mitteilung, der angeschriebene Verbraucher habe einen der abgebildeten Gewinne auf jeden Fall gewonnen, war eine unwiderrufliche Gewinnanforderung enthalten, die allerdings mit einem „Organisationsbeitrag" von 50 DM verbunden war; nach Zahlung dieses Betrages wurde dem Anfordernden als Gewinn eine Vier-Tages-Busreise nach Paris mitgeteilt, die – bis auf einen einzigen Abreisetermin – nur unter Zuzahlung eines weiteren Betrages zwischen 60 und 150 DM angetreten werden konnte.[532]

Diese Fälle sind nun ausdrücklich in **Nr. 20 Anhang-UWG** geregelt, wonach solche Werbungen gegenüber Verbrauchern immer unzulässig sind, die das Angebot eines Wettbewerbs oder Preisausschreibens enthalten, obwohl weder die in Aussicht gestellten Preise noch ein angemessenes Äquivalent vergeben werden. Wegen § 3 Abs. 3 UWG sind solche Fälle stets unzulässig, ohne dass eine Prüfung der Spürbarkeit erforderlich ist.

Andere Irreführungssachverhalte werden von § 5 Abs. 1 S. 2 Nr. 1 UWG (iVm § 3 Abs. 1 UWG) aufgefangen. Das gilt insbesondere für Fälle, in denen der Verbraucher zu Aufwendungen veranlasst wird, um am Gewinnspiel teilzunehmen, die Aufwendungen aber nicht zu diesem Erfolg führen.

Beispiel: Im Zusammenhang mit der Mitteilung, der angeschriebene Verbraucher habe einen der abgebildeten Gewinne auf jeden Fall gewonnen, wird auf eine „Gewinn-Auskunft" unter Angabe einer kostenpflichtigen 0190-Telefonnummer hingewiesen, dem Verbraucher unter der Telefonnummer aber die Gewinne nur allgemein beschrieben, ohne dass er darüber am Gewinnspiel teilnehmen könnte.[533]

Zur Irreführung über die (Teilnahme)Bedingungen für Gewinnspiele und das hierfür bestehende Transparenzgebot nach § 4 Nr. 5 UWG, die diese Teilnahmebedingungen von Preisausschreiben und Gewinnspielen klar und eindeutig anzugeben, vgl Rn 289. § 4 Nr. 5 UWG tritt allerdings im Anwendungsbereich des spezielleren Nr. 20 Anhang-UWG zurück.[534]

212   § 661 a BGB verpflichtet einen Unternehmer, der durch die Gestaltung von Zusendungen an Verbraucher auch nur den **Eindruck erweckt, dass sie einen Preis gewonnen hätten**, ihnen diesen Preis zu leisten.[535] Gemäß § 3 Abs. 3 UWG iVm **Nr. 17 Anhang-UWG** ist eine Werbung gegenüber Verbrauchern immer unzulässig, wenn sie die un-

---

530   BGH WRP 1995, 591 *Gewinnspiel II.*
531   BGH NJW 2002, 3415 f.
532   BGH GRUR 2005, 1061, 1063 *Telefonische Gewinnauskunft.*
533   BGH GRUR 2005, 1061, 1063 *Telefonische Gewinnauskunft.*
534   Wirtz in Götting/Nordemann § 3 UWG Rn 136.
535   Den Fall, dass solche Zusendungen aus dem Ausland kommen, erörtert Lorenz NJW 2000, 3305.

wahre Angabe enthält oder den unzutreffenden Eindruck erweckt, der Verbraucher habe bereits einen Preis gewonnen oder werde ihn gewinnen oder werde durch eine bestimmte Handlung einen Preis gewinnen oder einen sonstigen Vorteil erlangen, obwohl es einen solchen Preis oder Vorteil tatsächlich nicht gibt, oder wenn jedenfalls die Möglichkeit, einen Preis oder sonstigen Vorteil zu erlangen, von der Zahlung eines Geldbetrags oder der Übernahme von Kosten abhängig gemacht wird. Auf dieser Linie liegt auch die bisherige Rechtsprechung des BGH.[536]

Zur unzulässigen Anlockwirkung von Gewinnspielen, vgl unten Rn 469 ff.   **213**

d) Irreführung über die Verkehrsfähigkeit

Rechtsgrundlage: § 3 Abs. 3 UWG iVm Nr. 9 Anhang-UWG; Art. 5 Abs. 5 Richtlinie unlautere Geschäftspraktiken

Verkehrsfähigkeit ist die rechtliche Zulässigkeit, die Ware (oder Dienstleistung) ver-   **214**
treiben oder weiter vertreiben zu dürfen, zB das Fehlen einer Betriebserlaubnis für ein technisches Gerät oder das Bestehen gesetzlicher Verbote, die Ware zu besitzen oder zu nutzen.[537] Letzteres kommt beispielsweise für **Arzneimittel ohne Zulassung** nach AMG in Betracht. Streng genommen ist die Verkehrsfähigkeit der Ware eine rechtliche Beschaffenheit (zur Irreführung über die Beschaffenheit oben Rn 205 ff). Der Anhang-UWG widmet ihr allerdings eine gesonderte Regelung in Nr. 9.

Nach **Nr. 9 Anhang-UWG** ist es gegenüber Verbrauchern stets unzulässig (§ 3 Abs. 3 UWG), unwahr anzugeben oder zumindest den unzutreffenden Eindruck zu erwecken, eine Ware oder Dienstleistung sei verkehrsfähig. Damit erfasst Nr. 9 auch eine **konkludente Behauptung der Verkehrsfähigkeit**, wie sie durchaus schon bei einschränkungsloser Weiterveräußerung gegeben sein kann. Die Verkehrsfähigkeit ist dabei für den Mitgliedsstaat zu prüfen, im dem die Ware oder Dienstleistung angeboten wird; etwas anderes gilt nur, wenn eine darüber hinausgehende Verkehrsfähigkeit behauptet wird.[538]

Wird falsch behauptet, ein Produkt sei nicht verkehrsfähig, so fällt das nicht unter Nr. 9. Vielmehr liegt eine Irreführung über die Verwendungsmöglichkeit vor (dazu Rn 246).

e) Irreführung über Verfahren der Herstellung, Lieferung oder Erbringung

Rechtsgrundlage: §§ 3 Abs. 1, 5 Abs. 1 S. 2 Nr. 1 UWG; Art. 6 Abs. 1 b Richtlinie unlautere Geschäftspraktiken

Die Art der Herstellung der Ware ist für den Kunden oft entscheidendes Kennzeichen   **215**
für ihre Qualität. Darüber darf deshalb nicht irregeführt werden. Eine Katalogtat nach der schwarzen Liste im Anhang-UWG gibt es nicht. Jedoch erwähnt § 5 Abs. 1 S. 2 **Nr. 1 UWG** ausdrücklich die Irreführung über „Verfahren ... der Herstellung, Lieferung oder Erbringung" als Irreführung über ein wesentliches Merkmal der Ware oder Dienstleistung.

---

536 BGH GRUR 2008, 818 Tz. 52 *Strafbare Werbung im Versandhandel.*
537 Vgl Begr. RegE UWG-Novelle 2008, BT DS 16/10145, S. 32, abrufbar unter www.nordemann.de.
538 Vgl Begr. RegE UWG-Novelle 2008, BT DS 16/10145, S. 65, abrufbar unter www.nordemann.de; Wirtz in Götting/Nordemann § 3 WG Rn 124.

Beispiel: Es darf nicht Handarbeit oder doch Einzelanfertigung nach Maß vorgetäuscht werden, wo in Wahrheit maschinelle Fertigung, zB Konfektion vorliegt.[539] „**Hohe handwerkliche Qualität**" lässt einen erheblichen Anteil an Handarbeit erwarten.[540] **Manufaktur** ist Herstellungsstätten mit langer Tradition und Handfertigung hoher Qualitäten vorbehalten;[541] bei bemaltem Porzellan muss die Bemalung von Hand stattfinden.[542] Auch „**Bäcker-Nudeln**" für industriell gefertigte Nudeln ist unzulässig.[543] **Klosterbrauerei** darf sich nur eine Brauerei nennen, die von einem Kloster betrieben oder wenigstens aus einem inzwischen aufgehobenen Kloster hervorgegangen ist.[544] **Weingut, Weinkellerei** erfordern einerseits Weinbau aus überwiegend selbsterzeugten Trauben (höchstens 20 % Zukauf), andererseits Ausbau fremderzeugter Weine in entsprechendem Umfang. Auch beides nebeneinander kann zulässig sein.[545] Eine **Weinbergslage** als Firmenbestandteil ist allerdings in der Regel dann irreführend, wenn auch andere Weingüter Anbauflächen in diese Lage besitzen und Wein unter dieser Lagenbezeichnung vermarkten.[546]

Bei „**Fabrik**" schließt der Verkehr auf industrielle Fertigung, wie sie nur in einem Betrieb mit arbeitsteiliger Organisation, einem größeren Maschinenpark und entsprechenden Betriebsanlagen möglich ist.[547] Wer nicht selbst herstellt, sondern gebrauchte Maschinen nur aufarbeitet, darf nicht von „Fabrikation" sprechen.[548] **Industrie** dürfen sich nur fabrikmäßig arbeitende Produktionsbetriebe nennen, nicht jedoch Händler.[549] Die Unternehmen der Urproduktion führen mit dieser Bezeichnung niemanden irre;[550] jedermann spricht heute von Holz-, Kali- und Steinindustrie. **Werk, Werke** dürfen sich in der Regel nur großindustrielle Betriebe nennen;[551] „Werke" kann auch ein an einem einzigen Ort ansässiges Unternehmen von überragender Bedeutung mit mehreren Fabrikationsbereichen sein, zB „Bayerwerke Leverkusen".[552] Ohne Rücksicht auf die Größe des Betriebes ist „Werk" in der Urproduktion zulässig (Bergwerk, Sägewerk, Betonsteinwerk).[553] Wo diese Bezeichnung sonst außerhalb der Großindustrie branchenüblich sein sollte, muss ein so bezeichneter Betrieb jedenfalls den Durchschnitt seiner Branche größenmäßig überragen.[554]

„**Bauernbrot**" muss aber nicht mehr vom Lande stammen, sondern kann auch „nach Bauernart" bedeuten.[555]

„**Frisch**" heißt „in frischem Zustand";[556] das ist Kaffee nicht, der durch Vakuum-Verpackung für längere Zeit haltbar gemacht wurde;[557] entsprechendes gilt für rote Grütze, die aus tiefgekühlten Früchten hergestellt und pasteurisiert worden ist.[558] „Fast wie frisch gepresst" ist aber zulässig, weil korrekt.[559] Wo dies gesetzlich nicht erlaubt ist, darf „frisch", auch wenn es stimmt, dennoch nicht gesagt werden.[560]

---

539 BGH GRUR 1957, 274, 275 *Maßkonfektion*.
540 KG GRUR 1995, 133, 134 f.
541 KG GRUR 1976, 640, 642 *Porzellan-Manufaktur*.
542 Vgl BGH GRUR 1991, 680, 681 f. *Porzellanmanufaktur*.
543 OLG Stuttgart WRP 1979, 577 f.
544 BGH GRUR 2003, 628, 630 *Klosterbrauerei*, allerdings im konkreten Fall Unzulässigkeit wegen wertvollen Besitzstandes dennoch verneint; vgl auch OLG Hamburg WRP 1998, 76, 78.
545 BayObLG WRP 1975, 470 f.
546 BGH GRUR 2001, 73, 75 f. *Stich den Buben*.
547 OLG Celle BB 1966, 1244 f. Einzelheiten Haberkorn WRP 1966, 125.
548 OLG Celle GRUR 1970, 185 *Rekonstruktion*.
549 RG MuW 1911, 535.
550 Anders früher KG GRUR 1913, 112, 113.
551 OLG Hamm BB 1960, 968.
552 Wie hier RG JW 1937, 2983.
553 OLG Stuttgart WRP 1982, 433, 434; LG Mannheim BB 1958, 929.
554 OLG Stuttgart BB 1981, 1669 mwN.
555 BGH GRUR 1956, 550 *Tiefenfurter Bauernbrot*.
556 KG NJW-RR 1990, 54: „*aus frischem Knoblauch*" darf nur das zerkleinerte Urprodukt genannt werden; auch LG Düsseldorf WRP 2005, 766, 767 f: „*aus tagesfrisch gepressten Orangen*". Zur Problematik des Begriffs „*frisch*" eingehend Kiethe/Groeschke WRP 2000, 431.
557 OLG Hamburg GRUR 1978, 313 und BGH GRUR 1979, 63, 64 *vakuum-frisch I* und *II*.
558 OLG Hamburg GRUR 1999, 777 L.
559 KG GRUR 1987, 737 *frisch gepresst*.
560 OLG Köln GRUR 2000, 350 *Frischer Naturjoghurt mild*.

Der Begriff „**Bio-**" oder „**öko-**" darf nur nach den Vorgaben der EU-Verordnung (EG) 2092/91 benutzt werden.[561] Zur Werbung mit Umweltschutz vgl auch Rn 208.

Im **Zeitschriftenwesen** täuscht über das Verfahren der Herstellung des redaktionellen Teils, wer Reportagen fälschlich als „Interviews" deklariert.[562]

Vgl auch Rn 207 zu „natürlich", „naturrein" und „hohe handwerkliche Qualität", Rn 201 zur Bezugsfertigkeit von Immobilien, sowie Rn 159 („Hühnergegacker").

Eine Irreführung über die **Erbringung der Leistung** ist gegeben, wenn das Geschäft in der Landessprache des Unternehmers angebahnt, dann aber in einer anderen **Sprache** abgewickelt wird. In diesem Fall muss danach unterschieden werden, ob die Abwicklungssprache dem Verbraucher geläufig ist. Wenn das der Fall ist, liegt zwar eine Irreführung, aber keine Spürbarkeit vor.[563] Vgl auch Rn 223 zur Irreführung über die Sprache des Kundendienstes. 216

f) Irreführung über Menge

Rechtsgrundlage: §§ 3 Abs. 1, 5 Abs. 1 S. 2 Nr. 1 UWG; Art. 6 Abs. 1 b Richtlinie unlautere Geschäftspraktiken

§ 5 Abs. 1 S. 1 Nr. 1 UWG listet ausdrücklich ferner eine Irreführung über die „Menge" als Irreführung über ein wesentliches Merkmal der Ware oder Dienstleistung auf. Die **Mengen- oder Gewichtsangabe** muss deshalb **genau** sein. Die frühere Ansicht des OLG Bremen,[564] bei der Abfüllung von Massenerzeugnissen seien kleinere Abweichungen nicht zu vermeiden und daher unschädlich, ist zumindest überholt; der heutige Stand der Technik erlaubt auch für Abfüllmaschinen höchste Präzision. Ein Vorgehen gegen sehr kleine Abweichungen dürfte allerdings an der Spürbarkeitsgrenze (Rn 85 ff) scheitern. 217

Für den Einzelhandel sind durch Rechtsverordnung vielfach feste Einheiten von Maß, Zahl und Gewicht der Ware vorgeschrieben.[565] Die Nichtbeachtung dieser Vorschriften kann als Rechtsbruch, gegen §§ 3 Abs. 1, 4 Nr. 11 UWG verstoßen (Rn 774 ff). Im Bereich des § 5 UWG kommt es darauf an, wie das Publikum das angegebene Maß versteht. 218

Beispiele: Bei „500 g Kaffee" erwartet es exakt diese Menge, nicht aber 470 g zuzüglich 30 g Verpackung.[566] Eine Maß Bier ist eine Maß Bier, nicht mehr und nicht weniger.[567]

Der für eine **Sachgesamtheit** angegebene Preis muss sich auf alle abgebildeten Einzelteile beziehen.[568] 219

Von Relevanz sind die Vorschriften zum Eichgesetz (**EichG**, § 7 Abs. 2), die vor allem iVm § 5 Abs. 1 S. 2 Nr. 1 UWG Verpackungen sanktionieren, die eine Mindermenge enthalten trotz entgegenstehender Angaben. Über die Warenmenge kann auch durch 220

---

561 Siehe dazu auch Zipfel/Rathke, Lebensmittelrecht, Kommentar zur Verordnung (EG) 2092/91; ferner OLG München GRUR-RR 2001, 90 *biobronch*.
562 BGH GRUR 1968, 209 f. *Lengede*. Vgl auch BGH GRUR 1995, 224 *Erfundenes Exklusiv-Interview*.
563 Begr. RegE UWG-Novelle 2008, BT DS 16/10145, S. 32, abrufbar unter www.nordemann.de.
564 GRUR 1954, 277.
565 Aufgrund des Gesetzes über Einheiten im Messwesen (BGBl. I 1992, 711).
566 OLG Düsseldorf GRUR 1961, 45.
567 Missverständlich BGH GRUR 1983, 451 f. *Ausschank unter Eichstrich I* (im Ergebnis nur dann richtig, wenn bloßes Versehen vorlag). Klargestellt von BGH GRUR 1987, 180, 181 *Ausschank unter Eichstrich II*.
568 OLG Hamm BB 1981, 1790.

eine unverhältnismäßig große, sachlich nicht gerechtfertigte Verpackung getäuscht werden (**Mogelpackung**).[569]

221 Die „Warenmenge" im Verlagswesen ist die **Auflagenhöhe**. Bei Zeitungen und Zeitschriften unterrichtet sie über die Verbreitung und regt damit vor allem zum Inserieren an. Dabei ist die tatsächlich verbreitete, nicht die verkaufte und nicht die Druckauflage maßgebend. Den Inserenten interessiert, wen seine Anzeige erreicht, nicht aber, wer dafür bezahlt und was der Verleger wieder einstampft.[570] Wer „überall Westfalenblatt" sagt, suggeriert damit eine Auflagenhöhe, die der der Konkurrenz zumindest nahe kommt.[571] Streuverluste können allerdings unberücksichtigt bleiben.[572]

222 Der Warenmenge entspricht in der **Reisebranche** der **Leistungsumfang**.

Beispiele: Eine 10-Tage-Reise kann schlecht weniger als 9 x 24 Stunden dauern.[573] Bei einer Werbung mit „Complete Sightseeing" erwartet der Urlauber, dass *alle* Besichtigungen im Reisepreis eingeschlossen sind,[574] bei einer solchen für eine „Flugreise nach Jamaica", dass diese von einem deutschen Abflughafen aus stattfindet.[575] Ein „Spezial-Reisebüro" muss ein entsprechend spezialisiertes Angebot haben.[576] Weitere Beispiele s. Rn 207.

g) Irreführung über Kundendienst und Beschwerdeverfahren

Rechtsgrundlage: § 3 Abs. 3 UWG iVm Nrn. 8, 24 Anhang-UWG; §§ 3 Abs. 1, 5 Abs. 1 S. 2 Nr. 1 UWG; Art. 6 Abs. 1 b Richtlinie unlautere Geschäftspraktiken

223 Bei der Werbung gegenüber Verbrauchern ist zunächst § 3 Abs. 3 UWG iVm **Nr. 8 Anhang-UWG** zu beachten. Danach ist es stets ohne Prüfung der Spürbarkeit unzulässig, **Kundendienstleistungen in einer anderen Sprache** zu erbringen als derjenigen, in der die Verhandlungen vor dem Abschluss des Geschäfts geführt worden sind, wenn die ursprünglich verwendete Sprache nicht Amtssprache des Mitgliedstaats ist, in dem der Unternehmer niedergelassen ist. Die Irreführung liegt in der enttäuschten Erwartung des Verbrauchers, auch die Kundendienstleistungen würden in der von der Landesprache des Unternehmers abweichenden, vor Abschluss des Geschäfts verwendeten Sprache abgewickelt. Etwas anderes gilt nur, wenn der Verbraucher vor dem Abschluss entsprechend aufgeklärt wurde.

Nicht erfasst ist hiermit der Fall, dass das Geschäft selbst in der Landessprache des Unternehmers angebahnt, dann aber in einer anderen Sprache abgewickelt wird. In diesem Fall muss danach unterschieden werden, ob die Abwicklungssprache dem Verbraucher geläufig ist, so dass für ein Verbot ohne Spürbarkeitsprüfung kein Raum ist.[577] Das wäre dann ein Fall der Irreführung über das Verfahren der Lieferung und §§ 3 Abs. 1, 5 Abs. 1 S. 2 Nr. 1 UWG wäre zu prüfen, vgl Rn 215.

---

569 Sondervorschrift § 7 Abs. 2 EichG. Dazu BGHZ 82, 138, 141 f. *Kippdeckeldose*; KG GRUR 1983, 591, 592 *Pralinenpackung*; LG Frankfurt am Main GRUR-RR 2002, 80, 81 *Tipp-Ex Rapid*; Vgl ferner Zipfel/Rathke, Lebensmittelrecht, C 115, § 7 EichG Rn 16 ff; dort auch abgedruckt verschiedene amtlich bekannt gemachte Richtlinien.
570 Vgl BGH GRUR 1963, 34, 36. Abweichend OLG Hamm AfP 1982, 75 (Druckauflage). Einzelheiten bei Wollemann WRP 1980, 529.
571 BGH GRUR 1983, 588, 589 *Überall Westfalen-Blatt*.
572 KG AfP 1989, 546, 547.
573 OLG Hamm NJW-RR 1987, 423 f.
574 OLG Zweibrücken NJWE 1998, 267, 268.
575 KG NJW-RR 1995, 1256, 1257.
576 LG München I GRUR 1985, 303, 304.
577 Begr. RegE UWG-Novelle 2008, BT DS 16/10145, S. 32, abrufbar unter www.nordemann.de.

Ein weiteres Verbot ohne Relevanzprüfung enthält **Nr. 24 Anhang-UWG**. Unzulässig ist danach die unwahre Angabe oder das Erwecken des unzutreffenden Eindrucks, es sei im Zusammenhang mit Waren oder Dienstleistungen in einem anderen Mitgliedstaat der Europäischen Union als dem des Warenverkaufs oder der Dienstleistung ein Kundendienst verfügbar. Das betrifft solche geschäftlichen Handlungen, die dazu führen, dass sich der Verbraucher vor allem deshalb mit einem Produkt befasst, weil ihm ein Kundendienst in seinem Heimatland vorgespiegelt wird. Denn ein Vorortservice ist von wirtschaftlicher Bedeutung, v.a. für technisch komplexe Erzeugnisse oder Dienstleistungen.[578] In Betracht kommt auch die Irreführung nach § 5 Abs. 1 S. 2 Nr. 7 UWG, sofern in der Verfügbarkeit des Kundendienstes in einem anderen Mitgliedstaat eine Irreführung über die Rechte des Verbrauchers zu sehen ist.

Andere irreführende Angaben über Kundendienst und Beschwerdeverfahren werden von § 5 Abs. 1 S. 2 Nr. 1 UWG erfasst, so dass eine gesonderte Spürbarkeitsprüfung nach § 3 Abs. 1 UWG erforderlich ist. Anders als bei den nun in § 5 Abs. 1 S. 2 Nr. 7 UWG geregelten Garantie- und Gewährleistungsrechten, erfassen die Merkmale „Kundendienst" und „Beschwerdeverfahren" neben Angaben über den klassischen Kundendienst – wie etwa die Werbung mit einem Vorortservice – Irreführungen über alle nachvertraglichen Serviceleistungen wie zB die Kundenbetreuung über eine „Hotline" beim Vertrieb technisch komplexer Erzeugnisse.[579]

h) Irreführung über die geografische Herkunft

Rechtsgrundlage: §§ 3 Abs. 1, 5 Abs. 1 S. 2 Nr. 1 UWG; §§ 3 Abs. 1, 5 Abs. 2 Alt. 2 UWG; Art. 6 Abs. 1 b Richtlinie unlautere Geschäftspraktiken

Für den Verbraucher ist die Herkunft der Ware oft die allein zuverlässige Orientierungshilfe bei der Feststellung der Qualität. Er weiß oder glaubt zu wissen, dass Schweizer Uhren besser seien als deutsche.   **224**

Der Schutz der geografischen Herkunftsangaben ist weitgehend **außerhalb des UWG**   **225** geregelt: Auf nationaler Ebene findet sich ein wettbewerbsrechtlich ausgestalteter Schutz geografischer Herkunftsangaben vor Irreführung (sog. einfache geografische Herkunftsangaben), bei besonderen Eigenschaften oder einer besonderen Qualität von Produkten der geografischen Herkunft bei fehlender Irreführung auch dann, wenn die Produkte die Eigenschaften oder die Qualität nicht aufweisen (sog. qualifizierte geografische Herkunftsangaben) und schließlich gegen Rufausbeutung und Verwässerung (Bekanntheitsschutz sowohl einfacher als auch qualifizierter geografischer Herkunftsangaben) durch § **127 MarkenG**, auf europäischer Ebene grundsätzlich unabhängig von jeglicher Irreführung nach erfolgter Eintragung in das bei der Europäischen Kommission geführte Register als Ursprungsbezeichnung oder geografische Angabe im Sinne von **Art. 2 EU-VO geografische Angaben und Ursprungsbezeichnungen**.[580] Während der nationale Schutz der geografischen Herkunftsangaben wettbewerbsrechtlicher Natur ist,[581] ist der EU-rechtliche Schutz ein solcher subjektiver Rechte; denn im Ge-

---

578 Vgl auch Begr. RegE BT-Drucks. 16/10145, S. 47.
579 Begr. RegE UWG-Novelle 2008, BT DS 16/10145, S. 24, abrufbar unter www.nordemann.de.
580 VO (EG) Nr. 510/2006.
581 BGH GRUR 1999, 251, 252 *Warsteiner I*; BGH GRUR 1999, 252, 253 *Warsteiner II*.

gensatz zum Schutz der geografischen Herkunftsangaben nach § 127 MarkenG, die keinen Rechtsträger aufweisen, sondern gemäß § 128 Abs. 1 MarkenG nur von den nach § 8 Abs. 3 UWG Aktivlegitimierten durchgesetzt werden können, besitzen Ursprungsbezeichnungen und geografische Angaben gem. Art. 5 Abs. 1 VO geografischer Angaben und Ursprungsbezeichnungen eine Vereinigung als Inhaber und damit einen Träger subjektiver Rechte. Vgl eingehend zum Schutz der geografischen Herkunftsangaben nach MarkenG sowie der Ursprungsbezeichnungen und geografischen Angaben nach der VO geografischer Angaben und Ursprungsbezeichnungen, Rn 1470 ff, 1488 ff.

226 Der Schutz der geografischen Herkunftsangaben nach MarkenG und nach EU-VO geografische Angaben und Ursprungsbezeichnungen war früher im Verhältnis zu § 5 UWG spezieller,[582] so dass § 5 UWG bis auf wenige Ausnahmefälle verdrängt wurde. Ab der UWG-Novelle 2008 (1. Januar 2009) hat sich das geändert. Jedenfalls im Anwendungsbereich von § 5 Abs. 2 UWG wird sich ein Zurücktreten des UWG infolge der klaren Vorgabe von Art. 6 Abs. 2 a Richtlinie unlautere Geschäftspraktiken (Rn 17) nicht mehr aufrechterhalten lassen. § 5 Abs. 2 Alt. 2 UWG ordnet ausdrücklich an, dass es eine unter das UWG fallende Irreführung ist, wenn die Vermarktung von Waren und Dienstleistungen zu einer Verwechslungsgefahr mit „sonstigen Kennzeichen" führt. Da § 1 Nr. 3 MarkenG als „sonstige Kennzeichen" auch die **geografischen Herkunftsangaben** aufführt, sind unter § 5 Abs. 2 Alt. 2 UWG auch zu fassen

- nicht-eingetragene geografische Herkunftsangaben nach § 126 MarkenG und
- eingetragene geografische Angaben und Ursprungsbezeichnungen nach Art. 2 VO geografische Angaben und Ursprungsbezeichnungen.

Damit verdrängt der Schutz der Ursprungsbezeichnungen und geografischen Angaben nach der VO geografischer Angaben und Ursprungsbezeichnungen den nationalen Schutz selbst dann nicht mehr, wenn eine Eintragung erfolgt und diese auch wirksam ist.

227 Ohnehin blieb das UWG schon immer anwendbar, wenn eine geografische Herkunftsangabe nicht die Voraussetzungen der Ursprungsbezeichnung oder geografischen Angabe nach Art. 2 VO geografische Angaben und Ursprungsbezeichnungen erfüllt.[583] Auch kann das UWG Anwendung finden, wenn die Schutzvoraussetzungen für eine Ursprungsbezeichnung oder eine geografische Angabe nach Art. 2 VO geografische Angaben und Ursprungsbezeichnungen erfüllt sind, die Kennzeichnung aber nicht zur Eintragung angemeldet wurde, oder die Eintragung unwirksam ist.[584] **Anwendbar ist § 5 UWG** damit in den Fällen, in denen das Markengesetz oder die VO geografische Angaben keinen Schutz bieten kann. Das sind vor allem folgende Fälle:

Eine bloße Aussage ohne Kennzeichenfunktion lässt auf eine bestimmte geografische Herkunft des beworbenen Produkts schließen.

---

582 BGH GRUR 2002, 160, 161 *Warsteiner III*; BGH GRUR 1999, 252, 254 *Warsteiner II*; Ahrens in Hasselblatt § 22 Rn 136.
583 EuGH GRUR-Int. 2004, 131 Tz. 74 *American Bud*; EuGH GRUR 2001, 64 Tz. 54 *Warsteiner*; BGH GRUR 2008, 413 Tz. 38 *Bayerisches Bier*.
584 Vgl dazu BGH GRUR 2008, 413 Tz. 39 f. *Bayerisches Bier*.

Beispiel: Im „Bayern-Zelt" eines Düsseldorfer Schützenfestes erwartet das Publikum den Ausschank bayerischen Bieres.[585]

Ein Bier trägt den Namen „Desperados" und wird in einer Aufmachung unter Verwendung der Farben Grün, Weiß und Rot vertrieben, so dass die beteiligten Verkehrskreise in relevantem Maße von einer Herkunft des Bieres aus Mexiko ausgehen, während es tatsächlich aus Frankreich stammt; das LG Hamburg hatte noch auf der Basis der §§ 126 ff. MarkenG verurteilt, das OLG Hamburg hat zutreffend auf § 5 UWG abgestellt,[586] weil Desperados selbst keine geografische Herkunftsangabe ist und die Verwendung bestimmter Farben in einer Aufmachung wohl auch nicht als sonstige Angabe oder Zeichen im Sinne von § 126 Abs. 1 MarkenG angesehen werden kann.

Deutsch setzt die Herstellung wesentlicher Teile des Produktes in Deutschland voraus, ohne dass das Unternehmen selbst ein solches sein muss.[587]

Irreführend ist nicht die Verwendung der Bezeichnungen Riserve, Grande Réserve oder Réserve für einen deutschen Wein, weil damit nur die Vorstellung einer gehobenen Qualität verbunden ist, nicht jedoch einer Herkunft aus Italien, Spanien oder Frankreich.[588]

Ferner kommen Herkunftsangaben in Betracht, die nicht mehr nach dem MarkenG geschützt werden, weil der Ortsname nicht mehr verwendet wird oder dieser nicht mehr existiert.

Beispiel: „Rügenwalder Teewurst" wird nicht im jetzigen Polen hergestellt und auch nicht im Wesentlichen von dort vor 1945 ansässigen Firmen.[589]

„Hochrhein-Strom" verweist auf Erzeugung im genannten Gebiet.[590]

i) Irreführung über die betriebliche Herkunft und über Kennzeichen

Rechtsgrundlage: § 3 Abs. 3 UWG iVm Nr. 13 Anhang-UWG; §§ 3 Abs. 1, 5 Abs. 1 S. 2 Nr. 1 UWG, 5 Abs. 2 UWG; Art. 6 Abs. 1 b und Abs. 2 a Richtlinie unlautere Geschäftspraktiken

Neben der geografischen Herkunft (Rn 224 ff) ist für den Verbraucher die betriebliche Herkunft der Ware eine wichtige Orientierungshilfe bei der Feststellung der Qualität. Der Verkehr schließt von der Form einer Ware auf die betriebliche Herkunft und damit auf deren Qualität, so dass eine Irreführung über die betriebliche Herkunft relevant ist. Er weiß, dass „Persil" von Henkel kommt, und hält deshalb ein anderes Waschmittel schon deshalb für gut, weil auf der Packung steht „von Henkel".

228

---

585 OLG Köln NJWE 1997, 282. Gegenfall: Die Verwendung der ursprünglich italienischen Bezeichnung *Mozzarella* für das identische Käseprodukt durch einen deutschen Hersteller führt nicht (mehr) zu Herkunftsverwechslungen, OLG Frankfurt WRP 2001, 558, 560 f.

586 OLG Hamburg, Urt. v. 23.12.2004, 5 U 198/03, BeckRS 2005, 02143 *Desperados*.

587 OLG Düsseldorf WRP 2008, 1270, 1271 *Homecare Apotheke Deutschland*; OLG Stuttgart NJWE-WettbR 1996, 53, 54 *Germany*.

588 OVG Koblenz Urt. v. 22.10.2008, Az: 8 A 10809/08, BeckRS 2008, 40206 *Réserve*; zuvor BVerwG NJW 2008, 3589, und EuGH EuZW 2008, 243, zur Auslegung der Weinvorschriften.

589 BGH GRUR 1995, 354, 356 f. *Rügenwalder Teewurst II*, Irreführung aber verneint.

590 OLG Karlsruhe GRUR-RR 2001, 217 (allerdings ohne Prüfung, für wessen Kaufentschluss diese Annahme eigentlich wesentlich sein soll).

aa) Irreführung durch Ähnlichkeit der Ware oder Dienstleistung

Rechtsgrundlage: § 3 Abs. 3 UWG iVm Nr. 13 Anhang-UWG; §§ 3 Abs. 1, 5 Abs. 1 S. 2 Nr. 1 UWG, 5 Abs. 2 Alt. 1 UWG; Art. 6 Abs. 1 b und Abs. 2 a Richtlinie unlautere Geschäftspraktiken

229 Nach § 3 Abs. 3 UWG iVm **Nr. 13 Anhang-UWG** ist die Werbung für eine Ware oder Dienstleistung, die der Ware oder Dienstleistung eines Mitbewerbers ähnlich ist, immer unzulässig, wenn dies in der Absicht geschieht, über die betriebliche Herkunft der beworbenen Ware oder Dienstleistung zu täuschen. Anknüpfungspunkt für die Irreführung ist allerdings ausschließlich die Ähnlichkeit der Ware oder Dienstleistung, nicht die Irreführung durch die Verwendung verwechslungsfähiger Kennzeichen.[591] Eine ähnliche Regelung enthält § 5 Abs. 2 Alt. 1 UWG. Danach sind Waren oder Dienstleistungen irreführend, die eine Verwechslungsgefahr mit einer anderen Waren oder Dienstleistung hervorrufen. Da im Regelfall zusätzlich eine Irreführung über die betriebliche Herkunft vorliegt, ist außerdem § 5 Abs. 1 S. 2 Nr. 1 UWG einschlägig. Die Regelung des § 3 Abs. 3 UWG iVm Nr. 13 Anhang-UWG ist die speziellere Vorschrift und verdrängt die beiden Regelungen aus § 5 UWG, für die beide noch gesondert die Spürbarkeit der Irreführung festgestellt werden muss (vgl Rn 85 ff).

230 Für den Bereich der Nachahmung von Waren- oder Dienstleistungen enthält das UWG mit § 4 **Nr. 9** eine weitere Spezialvorschrift, die weitläufig als „ergänzender wettbewerbsrechtlicher Leistungsschutz" bezeichnet wird (vgl Rn 713 ff). Denn die Sonderschutzrechte Urheberrecht, Patentrecht und Markenrecht gehen § 4 Nr. 9 UWG als *leges speciales* in ihren Anwendungsbereichen grundsätzlich vor; erst, wenn besondere Unlauterkeitsmerkmale wie vermeidbare Herkunftstäuschung (§ 4 Nr. 9 a UWG), Rufausbeutung (§ 4 Nr. 9 b UWG) und Erschleichen von Kenntnissen (§ 4 Nr. 9 c UWG) hinzutreten, greift das Wettbewerbsrecht ein (dazu eingehend Rn 706, 733). Die Irreführungstatbestände des Nr. 13 Anhang-UWG und der §§ 5 Abs. 1 S. 2 Nr. 1, 5 Abs. 2 Alt. 1 UWG überschneiden sich jedoch nicht mit Rufausbeutung gem. § 4 Nr. 9 b UWG oder dem Erschleichen von Kenntnissen gem. § 4 Nr. 9 c UWG, sondern nur mit den Fällen der Produktnachahmung, in denen eine vermeidbare Herkunftstäuschung gem. § 4 Nr. 9 a UWG verbunden ist. Aber auch insoweit besteht nur eine teilweise Deckungsgleichheit: Zwar geht das Hervorrufen einer Verwechslungsgefahr regelmäßig mit einer **Herkunftstäuschung** einher, so dass sich die Tatbestände der §§ 5 Abs. 2 Alt. 1 und 4 Nr. 9 a UWG insoweit entsprechen. Während bei § 4 Nr. 9 a UWG aber der Tatbestand nur dann erfüllt ist, wenn die Herkunftstäuschung auch *vermeidbar* war, stellt § 5 Abs. 2 UWG eine solche (zusätzliche) Voraussetzung für das Vorliegen einer Verwechslungsgefahr nicht auf: Wenn **Verwechslungsgefahr** (§ 5 Abs. 2 Alt. 1 UWG) **oder Irreführung** (§ 5 Abs. 1 S. 2 Nr. 1 UWG) vorliegt, ist der Tatbestand von § 5 UWG erfüllt, egal, ob die Verwechslungsgefahr nun vermeidbar war oder nicht. Auch in einem anderen Punkt unterscheidet sich § 5 UWG maßgeblich von § 4 Nr. 9 a UWG: Während Tatbestandsvoraussetzung für § 4 Nr. 9 a UWG das Vorliegen einer Nachahmung ist, enthält § 5 UWG ein solches Tatbestandsmerkmal nicht. Die Vorschrift geht deshalb erheblich **weiter** als § 4 Nr. 9 a UWG, weil § 5 UWG auch dann

---

591 Begr. RegE UWG-Novelle 2008, BT DS 16/10145, S. 32, abrufbar unter www.nordemann.de.

anwendbar ist, wenn man nicht von einer „Nachahmung" im rechtlichen Sinne sprechen kann, aber durch andere Merkmale dennoch eine Verwechslungsgefahr zwischen Waren oder Dienstleistungen hervorgerufen wird, beispielsweise durch ähnliche Werbeanzeigen oder ähnliche Produktverpackungen. Das Vorliegen einer wettbewerblichen Eigenart (Rn 714 ff) ist – entsprechend der Kennzeichnungskraft bei Marken und geschäftlichen Bezeichnungen – bei der Beurteilung der Verwechslungsgefahr zwischen Produkten auch im Rahmen von § 5 UWG zu überprüfen.

Zwischen § 4 Nr. 9 a UWG und § 5 Abs. 2 Alt. 1 UWG besteht auch noch in anderer Hinsicht ein maßgeblicher Unterschied: Während der ergänzende wettbewerbsrechtliche Leistungsschutz nach § 4 Nr. 9 UWG nur die Individualinteressen des durch die Nachahmung Verletzten schützt und deshalb wie bei den Sonderschutzrechten auch nur der Verletzte gegen die Nachahmung vorgehen kann (Rn 711), bezweckt die Vorschrift des § 5 UWG allgemein den **Schutz aller Marktteilnehmer**. Da zudem § 5 Abs. 2 UWG in Umsetzung von Art. 6 Abs. 2 a RL unlautere Geschäftspraktiken in das UWG aufgenommen und die Vorschrift daher europäisch auszulegen ist (Rn 16), die RL unlautere Geschäftspraktiken aber den Schutz der Verbraucher bezweckt, kann eine Beschränkung der Aktivlegitimation mit § 5 Abs. 2 UWG nicht verbunden sein, zumal auch der (nicht nachgeahmte) Mitbewerber, der sich auf eine Verletzung von § 5 Abs. 2 UWG beruft, insoweit den Schutz des Verbrauchers durchsetzt. Im Gegensatz zu § 4 Nr. 9 UWG kann daher aus § 5 Abs. 2 UWG jeder Aktivlegitimierte gem. § 8 Abs. 3 UWG vorgehen.[592] Dem Nachgeahmten ist insoweit auch seine Dispositionsbefugnis entzogen: Während unlautere Nachahmungen, die zu einer vermeidbaren Herkunftstäuschung führen, nach § 4 Nr. 9 a UWG ungesühnt bleiben, wenn der Nachgeahmte dagegen nicht vorgeht, können die nach § 8 Abs. 3 UWG Aktivlegitimierten unabhängig vom Verhalten des tatsächlich Nachgeahmten oder dessen, zu dessen Produkten Verwechslungen hervorgerufen werden, dagegen vorgehen, und zwar auch dann, wenn sich der Nachgeahmte mit dem Nachahmer verständigt oder der Vermarktung von dessen Produkt (s. Rn 232) sonst wie zugestimmt hat. Denn die Harmonisierung des Binnenmarktes durch RL und VO soll gerade keine Benachteiligung, sondern Steigerung des Verbraucherschutzes aus RL unlautere Geschäftspraktiken erzeugen, die eine **Gleichstellung des Schutzes** über § 5 UWG mit § 4 Nr. 9 UWG und MarkenG verlangt.

Soweit Nr. 13 Anhang-UWG einschlägig ist, stellt diese Vorschrift zwar mit der **Täuschungsabsicht ein zusätzliches Tatbestandsmerkmal** zu §§ 5 Abs. 1 S. 2 Nr. 1, 5 Abs. 2 Alt. 1 UWG auf; liegt Täuschungsabsicht vor und ist Nr. 13 Anhang-UWG auch ansonsten erfüllt, bedarf es nicht mehr der Prüfung der Spürbarkeit nach § 3 Abs. 1 UWG. Im Vergleich zu § 4 Nr. 9 a UWG darf nicht übersehen werden, dass im Rahmen von § 4 Nr. 9 a UWG zwar eine Kenntnis der Nachahmung vorliegen muss, nicht jedoch eine Täuschungsabsicht; für das Hervorrufen einer vermeidbaren Herkunftstäuschung genügt vielmehr einfache Fahrlässigkeit. Demgegenüber verlangt Black-List UWG Nr. 13 gerade, absichtlich über die betriebliche Herkunft zu täuschen. Eine solche Absicht wird teilweise schwierig zu belegen sein. Sie liegt aber jedenfalls dann vor, wenn

231

---

592 Vgl Köhler NJW 2008, 3032, 3036; Köhler WRP 2009, 110, 115.

der Unternehmer vom Originalhersteller abgemahnt wird und trotzdem die Waren oder Dienstleistungen weiter vertreibt, obwohl eine Täuschungsgefahr offensichtlich ist.

232 Die **Vermarktung** von Produkten (Waren und Dienstleistungen) umfasst nahezu jede geschäftliche Handlung des Unternehmens. Sie äußert sich vornehmlich in Werbung (vgl Begriff Art. 2 a RL irreführende und vergleichende Werbung). Vermarktung beinhaltet gleichzeitig auch **jegliche Kommunikationsform** mit Kunden, Verbrauchern und anderen potentiellen Abnehmern. Ziel ist die Absatzförderung der Produkte. Vermarktung ist ein absatzpolitisches Aktionsinstrument der Unternehmen und kann schon in der Produktgestaltung allein liegen. Die endgültige Stufe der Vermarktung bildet schließlich der **Verkauf.**

233 Das Hervorrufen einer **Verwechslungsgefahr** wird vor allem darin bestehen, dass Waren oder Dienstleistungen eines Originalherstellers oder Originalanbieters nachgeahmt werden und die Nachahmung so beschaffen ist, dass der Verbraucher denkt, die Nachahmung sei das Original. Insoweit besteht ein **Gleichlauf** zwischen §§ 5 Abs. 1 S. 2 Nr. 1, 5 Abs. 2 Alt. 1 UWG und § 4 Nr. 9 a UWG und dort insbesondere zwischen Verwechslungsgefahr bzw Irreführung einerseits und Herkunftstäuschung andererseits, so dass auf die Beispielsfälle dort in Rn 723 verwiesen werden kann. Vgl aber zu den tatbestandlichen Unterschieden oben Rn 230 f (Vermeidbarkeit der Herkunftstäuschung; Nachahmungstatbestand). Allerdings ist im Rahmen der Beurteilung der Verwechslungsgefahr die Kennzeichnungskraft zu beurteilen, deren direkte Anwendung auf Produkte Schwierigkeiten bereiten dürfte. Bei Produkten ist deshalb entsprechend der Kennzeichnungskraft des älteren Zeichens auf den Grad der wettbewerblichen Eigenart abzustellen: nicht wettbewerblich eigenartige Allerweltsprodukte kann der Verbraucher nicht mit anderen Allerweltsprodukten verwechseln, gering wettbewerblich eigenartige Produkte wohl nur im Identitäts- oder Quasi-Identitätsbereich, je wettbewerblich eigenartiger ein Produkt ist, desto eher wird der Verbraucher einer Verwechslungsgefahr mit einem ähnlichen jüngeren Produkt unterliegen.

Beispiele: Der Verkauf von Bauhaus-Klassikern/Bauhaus-Möbeln/Bauhaus-Design-Objekten, obwohl keine Originalware oder Ware von Original-Lizenznehmern angeboten wurde.[593]

Das Original-Produkt wird als einziges seiner Art umfangreich im Fernsehen beworben, das ähnliche Konkurrenzprodukt, bei dem es sich nicht um eine Nachahmung des Originals handelt, sondern um ein eigenständiges Produkt, wird auf der Produktverpackung oder in Werbeanzeigen mit einem Hinweis „as seen on TV" beworben, so dass die Verbraucher, die das Produkt kaufen, denken, es handele sich um das im Fernsehen beworbene Original.

Ein Unternehmer legt in eine Auslage mit Socken, die mit der Marke des Herstellers FALKE gekennzeichnet ist, auch No-Name-Produkte, so dass die Verbraucher zu der Annahme verleitet werden, auch das No-Name-Produkt sei von FALKE.[594]

Unterschieben von Waren gleicher Qualität in der Hoffnung, der Käufer werde es nicht merken.[595]

---

593   OLG Hamburg BB 2008, 509 L, BeckRS 2008, 03920 *Bauhaus-Klassiker.*
594   Köhler NJW 2008, 3032, 3036.
595   Vgl OLG Karlsruhe GRUR 1969, 141 f: Verkauf von *Euzella*-Taschentüchern statt der verlangten *Tempo*-Taschentücher; s. ferner BGH GRUR 1966, 564, 565 *Hausverbot I.*

bb) Irreführung über Marken und sonstige Kennzeichen

Rechtsgrundlage: §§ 3 Abs. 1, 5 Abs. 1 S. 2 Nr. 1 UWG, 5 Abs. 2 Alt. 2 UWG; Art. 6 Abs. 1 b und Abs. 2 a Richtlinie unlautere Geschäftspraktiken

Wer über die Herkunft der Ware aus einem bestimmten Betrieb irreführen will, wird dies in der Regel dadurch tun, dass er den Namen, die Firma oder ein sonstiges Unternehmenskennzeichen benutztes Kennzeichen benutzt oder sich solchen Zeichen in einer Weise annähert, die zu Verwechslungen führen kann.   234

Gem. § 5 Abs. 2 Alt. 2 UWG ist seit der Reform 2008 auch das Hervorrufen einer Verwechslungsgefahr mit der Marke oder einem anderen Kennzeichen eines Mitbewerbers als irreführende geschäftliche Handlung anzusehen. Dieser Regeltatbestand ist in Umsetzung von Art. 6 Abs. 2 a RL unlautere Geschäftspraktiken (Rn 17) in das UWG aufgenommen worden. Daneben können Täuschungen über Marken und andere Kennzeichen auch zu einer Irreführung über die betriebliche Herkunft nach § 5 Abs. 1 S. 2 Nr. 1 UWG führen, weil Marken (§ 4 MarkenG; Art. 6 GMV) und geschäftliche Kennzeichen (§ 5 MarkenG) grundsätzlich für den angesprochenen Verkehr einen Herkunftshinweis enthalten.[596] Insoweit laufen beide Irreführungsverbote parallel. Nachfolgend gehen wir zur Vereinfachung nur auf § 5 Abs. 2 Alt. 2 UWG ein.

Durch § 5 Abs. 2 Alt. 2 UWG stellt sich zunächst die Frage, in welchem Verhältnis diese Regelung zum **MarkenG und zur GMV** steht. Im Wettbewerbsrecht war man **bislang** davon ausgegangen, dass das MarkenG und die GMV in ihrem Anwendungsbereich das UWG als *lex specialis* (spezielleres Gesetz) vollständig verdrängt.[597] Eine Anwendbarkeit des UWG sollte nur noch dann in Betracht kommen, wenn das Markenrecht versagte.[598] Jedenfalls im Anwendungsbereich von § 5 Abs. 2 UWG wird sich dies infolge der klaren Vorgabe von Art. 6 Abs. 2 a RL unlautere Geschäftspraktiken nicht mehr aufrechterhalten lassen; vielmehr sind MarkenG und UWG **zukünftig** insoweit **nebeneinander** und unabhängig voneinander anwendbar. Dies geht sogar soweit, dass der durch das Markenrecht gewährte ausschließliche Schutz zugunsten des Markeninhabers teilweise seiner Disposition entzogen ist: Während der Markeninhaber grundsätzlich allein entscheidungsbefugt darüber ist, ob er von seinem durch § 14 Abs. 1 MarkenG, Art. 9 Abs. 1 GMV gewährten ausschließlichen Recht Gebrauch macht oder nicht, es also allein der Entscheidung des Markeninhabers obliegt, ob er gegen die Benutzung einer identischen (§ 14 Abs. 1 Nr. 1 MarkenG, Art. 9 Abs. 1 S. 2 a GMV) oder verwechslungsfähigen (§ 14 Abs. 2 Nr. 2 MarkenG, Art. 9 Abs. 1 S. 2 b GMV) jüngeren Marke vorgeht, ihre Benutzung duldet oder sich mit dem Benutzer der identischen oder verwechslungsfähigen jüngeren Marke verständigt (zB durch Abschluss einer Abgrenzungsvereinbarung oder Gewährung einer Aufbrauchs- und Umstellungsfrist), ist ihm   235

---

596 Vgl unten Rn 1060; eine Ausnahme gilt jedoch für geschäftliche Kennzeichen nach § 5 Abs. 3 MarkenG, die im Regelfall nur der Werkunterscheidung, nicht aber der Herkunftsunterscheidung dienen, siehe Rn 1429, 1444.

597 BGH GRUR 2006, 329 Tz. 36 *Gewinnfahrzeug mit Fremdemblem*; BGH GRUR 2005, 163, 165 *Aluminiumräder*; BGH GRUR 1999, 161, 162 *MAC Dog*; kritisch Deck in Hasselblatt § 19 Rn 16 ff zu § 4 Nr. 9 UWG; *Deutsch* WRP 2000, 854, 856; abweichend BGH zur gleichzeitigen Anwendbarkeit von MarkenG und UWG wegen unterschiedlicher Schutzgegenstände in GRUR 2003, 332, 336 *Abschlussstück*.

598 BGH GRUR 1999, 161, 162 *MAC Dog*; BGH GRUR 1998, 935, 936 *Wunderbaum*.

diese Dispositionsbefugnis im Anwendungsbereich von § 5 Abs. 2 UWG entzogen:[599] Liegt eine irreführende geschäftliche Handlung durch Hervorrufen einer Verwechslungsgefahr im Sinne von § 5 Abs. 2 UWG vor, die geeignet ist, die Interessen von Mitbewerbern, Verbrauchern oder sonstigen Marktteilnehmern spürbar zu beeinträchtigen (§ 3 Abs. 1 UWG), kann dagegen jeder Aktivlegitimierte aus § 8 Abs. 3 UWG vorgehen. Das gilt auch dann, wenn der Markeninhaber sich mit dem Benutzer des jüngeren Zeichens verständigt, dessen Benutzung genehmigt oder sonst wie auf seine Ansprüche verzichtet hatte.

236 Allerdings muss das UWG bestimmte Entscheidungen des Markenrechts hinnehmen. Das sollte schon deshalb kein Problem mit der Richtlinie unlautere Geschäftspraktiken und ihrem Anspruch der vollständigen Harmonisierung (Rn 17) aufwerfen, weil die Richtlinie in Erwägungsgrund 9 ausdrücklich die Tür für eine praktisches Nebeneinander mit dem Markenrecht eröffnet, das seinerseits EU-Recht ist (GMV; MarkenG, das auf der EU-Markenrechtsrichtlinie beruht). Insoweit ergibt sich doch **in begrenztem Umfang ein Vorrang des Markenrechts** vor dem UWG. Das betrifft folgende Aspekte:[600]

- **Prioritätsgrundsatz** des Markenrechts: Das UWG muss bei seiner Wertung beachten, welchem Zeichenrecht das Markenrecht die Priorität einräumt.
- Auch andere spezielle markenrechtliche Regelungen wie **§ 23 MarkenG** (erlaubte Benutzungsformen) müssen dem UWG vorgehen.
- Gegenstand einer Marken- oder sonstigen Kennzeichenverwechslung im Sinne von § 5 Abs. 2 Alt. 2 UWG können **nur Marken und sonstige Kennzeichen sein, die das MarkenG schützt**, nämlich eingetragene Marken (§ 4 Nr. 1 MarkenG) einschließlich Kollektivmarken (§ 97 MarkenG), internationale Registrierungen mit Schutz in Deutschland (§ 112 MarkenG) und natürlich auch Gemeinschaftsmarken (§ 125 d MarkenG), nicht-eingetragene Marken, die Verkehrsgeltung besitzen (§ 4 Nr. 2 MarkenG), notorisch bekannte Marken im Sinne von Art. 6 bis PVÜ (§ 4 Nr. 3 MarkenG); Unternehmenskennzeichen, dh Namen, Firmen und besondere Bezeichnungen eines Geschäftsbetriebes oder eines Unternehmens sowie Geschäftsabzeichen (§ 5 Abs. 2 MarkenG); Werktitel (§ 5 Abs. 3 MarkenG). Da § 1 Nr. 3 MarkenG als „sonstige Kennzeichen" auch die **geografischen Herkunftsangaben** aufführt, sind unter § 5 Abs. 2 Alt. 2 UWG auch zu fassen nicht-eingetragene geografische Herkunftsangaben nach § 126 MarkenG und eingetragene geografische Angaben und Ursprungsbezeichnungen nach Art. 2 VO geografische Angaben und Ursprungsbezeichnungen. Siehe zur Irreführung über geografische Herkunftsangaben oben Rn 224 ff.
- Vollkommen unklar bleibt allerdings, wie mit Kennzeichen zu verfahren ist, die gar nicht nach MarkenG geschützt sind, also beispielsweise mit nur benutzten, aber **nicht eingetragenen Produktkennzeichnungen**, die auch keine Verkehrsgeltung besitzen. Auch bei diesen Produktnamen handelt es sich natürlich um Kennzeichen, da sie dieselben Funktionen erfüllen wie eine eingetragene oder eine nicht-einge-

---

599   Vgl Köhler WRP 2009, 110, 115; Henning-Bodewig GRUR-Int. 2007, 986, 990. Differenzierend Bornkamm GRUR 2011, 1, 4 ff.
600   Eingehend Bornkamm GRUR 2011, 1 ff.

tragene Marke mit Verkehrsgeltung. Der sie verwendende Unternehmer hat sie lediglich nicht eintragen lassen, wozu natürlich auch keine Verpflichtung besteht. Da § 5 Abs. 2 Alt. 2 UWG letztendlich zu einer Art „absoluten" Verbraucherschutz vor der Marken- oder sonstigen Kennzeichenverletzung führt und die Marke oder das sonstige Kennzeichen der Dispositionsbefugnis ihres Inhabers entzieht, weil die nach § 8 Abs. 3 UWG Aktivlegitimierten unabhängig vom Willen des Zeicheninhabers gegen die verwechslungsfähige Verwendung jüngerer Zeichen vorgehen können (Rn 873), wird man nicht umhin kommen, auch die nicht-eingetragenen und nach MarkenG ungeschützten Marken unter die Vorschrift fassen müssen.[601] Mit anderen Worten: Ob eine Marke eingetragen ist oder nicht, interessiert für die Frage, ob der Verbraucher zwei auf Produkten verwendete Kennzeichen miteinander verwechselt, nicht. Um den markenrechtlichen Schutz nicht vollständig auszuhebeln und auf dem Umweg über § 5 Abs. 2 Alt. 2 UWG auch einen indirekten Schutz für nach MarkenG gar nicht eintragungsfähige Zeichen zu gewähren, ist allerdings zu fordern, dass nach § 5 Abs. 2 Alt. 2 UWG nur solche Zeichen berücksichtigungsfähig sind, die nach den Vorschriften des MarkenG auch als Marke **schutzfähig** wären, dh die Eintragungsvoraussetzungen der §§ 3 und 8 MarkenG erfüllen. Dasselbe gilt für die anderen Kennzeichen: Auch für Unternehmenskennzeichen, Werktitel und geografischen Herkunftsangaben ist zu fordern, dass ihre Schutzfähigkeit gegeben ist.[602]

Hinzuweisen ist darauf, dass sich die Tatbestände einer Markenverletzung nach § 14 **237** Abs. 2 MarkenG und einer unlauteren irreführenden geschäftlichen Handlung nach § 5 Abs. 2 UWG nur teilweise decken: So spricht § 5 Abs. 2 UWG nur von **Verwechslungsgefahr** und deckt sich daher tatbestandlich mit dem Verwechslungsschutz aus § 14 Abs. 2 Nr. 2 MarkenG, Art. 9 Abs. 1 S. 2 b GMV (vgl Rn 239). Soweit das MarkenG darüber hinaus mit § 14 Abs. 1 Nr. 1 MarkenG auch noch einen **Identitätsschutz** gewährt, für dessen Vorliegen eine Verwechslungsgefahr nicht Voraussetzung ist, liegt allerdings dennoch eine gewisse Deckungsgleichheit hervor, weil unterstellt werden kann, dass die Verwendung einer identischen Marke für identische Waren oder Dienstleistungen erst recht auch eine Verwechslungsgefahr hervorruft: Dass diese im Rahmen von § 14 Abs. 2 Nr. 1 MarkenG, Art. 9 Abs. 1 S. 2 a GMV nicht Tatbestandsvoraussetzung ist, hindert nicht, bei identischen Marken für identische Waren oder Dienstleistungen und Vorliegen einer Verwechslungsgefahr § 5 Abs. 2 UWG anzuwenden. Keine Deckungsgleichheit liegt allerdings vor, soweit der **Bekanntheitsschutz** nach § 14 Abs. 2 Nr. 3 MarkenG, Art. 9 Abs. 1 S. 2 c GMV betroffen ist; die Fälle der Rufausbeutung und Verwässerung, wie sie von dem markenrechtlichen Bekanntheitsschutz erfasst werden, erwähnt § 5 Abs. 2 UWG nicht.

Während bei Vorliegen der Tatbestandsvoraussetzungen von § 14 Abs. 2 Nr. 1 **238** und 2 MarkenG für die Durchsetzbarkeit der markenrechtlichen Ansprüche im Prinzip keine weiteren Voraussetzungen vorliegen müssen (abgesehen von den markenrechtlichen Schrankenbestimmungen, die eine Markenverletzung entfallen lassen können), ist

---

601 A.Nordemann in Götting/Nordemann § 5 Rn 8.34; aA Bornkamm GRUR 2011, 1, 5 .
602 A.Nordemann in Götting/Nordemann § 5 Rn 8.35.

dies bei § 5 Abs. 2 UWG anders: Der Schutz vor Irreführung durch Hervorrufen einer **Verwechslungsgefahr** ist nur dann auch wettbewerbsrechtlich unzulässig, wenn das Hervorrufen der Verwechslungsgefahr geeignet ist, die Interessen von Mitbewerbern, Verbrauchern oder sonstigen Marktteilnehmern **spürbar** zu beeinträchtigen (§§ 5 Abs. 2, 3 Abs. 1 UWG). Insoweit knüpft das UWG an die Unzulässigkeit einer hervorgerufenen Verwechslungsgefahr also zusätzliche Voraussetzungen, die für das Vorliegen einer Markenverletzung nach § 14 Abs. 2 Nr. 1 und 2 MarkenG, Art. 9 Abs. 1 S. 2 a und b GMV irrelevant sind.[603]

239 Der **Begriff der Verwechslungsgefahr** in § 5 Abs. 2 UWG ist nicht eigenständig, sondern vielmehr **einheitlich mit den kennzeichnungsrechtlichen Vorschriften** auszulegen, weil sowohl der Verwechslungsschutz für Marken nach § 14 Abs. 2 Nr. 2 MarkenG, Art. 9 Abs. 1 S. 2 b GMV als auch die Irreführung nach § 5 Abs. 2 UWG harmonisiertes Recht darstellen und keine Anhaltspunkte dafür ersichtlich sind, dass der Begriff der Verwechslungsgefahr in Art. 6 Abs. 2 a RL unlautere Geschäftspraktiken anders auszulegen ist als der entsprechende in Art. 5 Abs. 1 S. 2 b RL Markenrecht[604] verwendete Begriff; dasselbe gilt nach der Rechtsprechung des EuGH[605] für die Auslegung des Begriffes der Verwechslungsgefahr in Art. 4 h RL irreführende und vergleichende Werbung.[606] Der EuGH geht von dem Erfordernis einer **konkreten Verwechslungsgefahr** im Markenrecht aus.[607] Für § 5 Abs. 2 UWG kann also nichts anderes gelten. Vgl eingehend zur Verwechslungsgefahr nach § 14 Abs. 2 Nr. 2 MarkenG unten Rn 1042 ff. Ergänzend hervorzuheben ist noch, dass der Identitätsschutz der Marken in § 14 Abs. 2 Nr. 1 MarkenG einen eigenen Tatbestand besitzt, der das Vorliegen einer Verwechslungsgefahr nicht voraussetzt; werden identische Marken für identische Waren oder Dienstleistungen verwendet, dürfte jedoch auch Verwechslungsgefahr vorliegen, so dass letztendlich auch der Identitätsschutz der Marken in § 5 Abs. 2 Alt. 2 UWG enthalten ist, allerdings mit der Maßgabe, dass das Bestehen einer Verwechslungsgefahr gesondert festgestellt werden muss.

j) Irreführung über Bezugsart, Bezugsquelle und Marktbedingungen

Rechtsgrundlage: § 3 Abs. 3 iVm Nrn. 15, 19, 23 Anhang-UWG; §§ 3 Abs. 1, 5 Abs. 1 S. 2 Nr. 1 und Nr. 2 UWG; Art. 6 Abs. 1 b und c Richtlinie unlautere Geschäftspraktiken

240 Dem Publikum ist es oft keineswegs gleichgültig, woher es die Ware bezieht: Bei „ab Fabrik" erwartet es möglicherweise Preisvorteile, bei „direkt vom Erzeuger" besonders frische Ware, bei „von Privat an Privat" größere Zuverlässigkeit oder jedenfalls einen günstigeren Preis; auch „eigene Herstellung" muss stimmen.[608] Wer „Markenbenzin" oder „Markenmöbel" anbietet, muss nachweisen können, dass es sich tatsächlich um ein Produkt handelt, das von einem Markenhersteller stammt und von diesem norma-

---

603 Der Unterlassungsanspruch nach § 14 Abs. 5 MarkenG ist verschuldensunabhängig, der Schadensersatzanspruch nach § 14 Abs. 6 MarkenG setzt bereits bei Fahrlässigkeit ein.
604 2008/95/EG, vormals 89/104/EWG.
605 EuGH GRUR 2008, 698 Tz. 49 O2.
606 Aktuelle Fassung vom 12. Dezember 2006; vormals Art. 3 a Abs. 1 d.
607 Vgl a. Blanckenburg WRP 2008, 1294, 1295.
608 OLG Stuttgart NJW-RR 1987, 163 f (Grenzfall).

lerweise unter einer der bekannten Marken verkauft wird, mit dem Markenprodukt also identisch ist.[609] Trifft das nicht zu, so täuscht der Werbende über seine Bezugsquelle (und über die Qualität der Ware, Rn 205).

Die Irreführung über den **Privatbezug** gegenüber Verbraucher reguliert vorrangig die **Nr. 23 Anhang-UWG**. Black-List UWG Nr. 23 erfasst daher nicht nur die Irreführung über die Unternehmereigenschaft nach § 5 Abs. 1 S. 2 Nr. 3 UWG (Rn 294), sondern auch die damit verknüpfte Herkunft des angebotenen Produkts dieses Unternehmers nach § 5 Abs. 1 S. 2 Nr. 1 UWG. Nach Nr. 23 ist gegenüber Verbrauchern stets unzulässig die unwahre Angabe oder das Erwecken des unzutreffenden Eindrucks, der Unternehmer sei Verbraucher oder nicht für Zwecke seines Geschäfts, Handels, Gewerbes oder Berufs tätig. 241

Einen Privatbezug darf der Gewerbetreibende deshalb nicht durch bloße Angabe der Telefonnummer,[610] der Straße mit Hausnummer[611] oder einer Chiffrenummer[612] oder durch die Setzung von Einzelanzeigen unter einen gemeinsamen Hinweis[613] oder durch Angaben wie „Lehrerin sucht...“[614] vortäuschen. „Firma“ oder „gewerblich“ in einer Kleinanzeige ist aber unmissverständlich; auch die Abkürzung „Fa.“ ist eindeutig,[615] „Hdl.“ dagegen nicht.[616] Ein Makler, der ein ihm privat gehörendes Grundstück privat veräußert, braucht auf seinen Beruf allerdings nicht hinzuweisen;[617] anders ist es natürlich, wenn er ein provisionspflichtiges Geschäft machen will.[618] Ein Werbeschreiben darf nicht durch den Zusatz in der Adresse „persönlich/vertraulich“ als Privatbrief getarnt sein.[619] Zur getarnten Werbung Rn 173 ff.

Die schwarze Liste nach § 3 Abs. 3 UWG iVm Anhang-UWG enthält in **Nr. 19 Anhang-UWG** ein weiteres einschlägiges per-se-Verbot für eine Irreführung über die Bezugsquelle und die Marktbedingungen. Gegenüber Verbrauchern sind unwahre Angaben über die Marktbedingungen oder Bezugsquellen immer unzulässig, um damit den Verbraucher dazu zu bewegen, eine Ware oder Dienstleistung zu weniger günstigen Bedingungen als den allgemeinen Marktbedingungen abzunehmen oder in Anspruch zu nehmen. Marktbedingungen sind die wirtschaftlichen Rahmenbedingungen des Marktes,[620] so dass zB falsche Aussagen über das allgemeine Preisniveau oder über gestiegene Rohstoffkosten unter Nr. 19 fallen können. Eine Irreführung über die Bedingungen der angebotenen Leistung fällt hingegen nicht darunter (dazu siehe Rn 282 ff). Es genügt für Nr. 19 Anhang-UWG nicht, wenn nur der einschlägige Eindruck erweckt wird. Das fällt unter § 5 UWG, erfordert also eine Spürbarkeitsprüfung (Rn 85 ff). Im Rahmen von **§ 5 Abs. 1 S. 2** wird neben **Nr. 1** auch **Nr. 2** erfüllt sein, wenn die Irreführung über 242

609 OLG Hamburg BB 2008, 509 L, BeckRS 2008, 03920 *Bauhaus-Klassiker*.
610 BGH GRUR 1987, 748, 749 *Getarnte Werbung II*; OLG München WRP 1977, 278; OLG Frankfurt WRP 1979, 468 f; OLG Hamm WRP 1984, 494.
611 EA Hannover DW 1956, 8.
612 LG Stuttgart NJW 1969, 1257.
613 KG GRUR 1984, 137, 138 *x-Immobilien bietet an* und NJW-RR 1987, 489, 490.
614 OLG Karlsruhe GRUR 1984, 602 *Immobilien-Privatanzeige*.
615 OLG München nach Marshall S. 67; OLG Hamm GRUR 1984, 885 (Fa.).
616 OLG Hamm GRUR 1984, 60.
617 BGH GRUR 1993, 760 *Provisionsfreies Maklerangebot* und 761 *Makler-Privatangebot*.
618 OLG Stuttgart NJWE 1996, 269.
619 KG GRUR 1999, 778 L.
620 Henning-Bodewig in Harte/Henning Anh. § 3 Abs. 3 Nr. 19 Rn 9.

die Bezugsquelle oder die Marktbedingungen sich (auch) in einer Irreführung über den Preis niederschlägt.

243 Mit dem Hinweis auf den **Direktbezug vom Hersteller oder Großhändler** (etwa „Direkt ab Werk") darf nur dann geworben werden, wenn keine Zwischenhandelsstufe vorliegt, der Kunde also – wenn auch durch einen Vertreter – in unmittelbare Vertragsbeziehungen zum Hersteller[621] oder Großhändler[622] tritt. Ansonsten liegt ein Verstoß gegen § 5 Abs. 1 S. 2 Nr. 1 UWG vor.

Bis zur UWG-Novelle 2004 enthielt § 6 a UWG aF weitere Einschränkungen zu Lasten des Herstellers bzw des Großhändler. Es handelte sich um einen abstrakten Gefährdungstatbestand, der also noch nicht einmal das konkrete Vorliegen einer Irreführungsgefahr voraussetzte. Beim Verkauf an den Letztverbraucher durfte der Hersteller nach § 6 a Abs. 1 UWG aF nur dann auf diese seine Eigenschaft, also auf den Direktbezug hinweisen, wenn er entweder *nur* an den Endverbraucher oder doch an ihn zu den gleichen Preisen verkaufte, wie er sie von Wiederverkäufern fordert, oder wenn er unmissverständlich darauf aufmerksam macht, dass seine Endverbraucherpreise höher liegen als seine Wiederverkaufspreise.[623] Dem Großhändler legte § 6 a Abs. 2 UWG aF noch weiter gehende Beschränkungen auf. Er durfte in der Verbraucherwerbung nur dann auf seine Eigenschaft als Großhändler hinweisen, wenn er **überwiegend** Wiederverkäufer oder gewerbliche Verbraucher belieferte[624] **und** entweder einheitliche Preise für beide Abnehmergruppen berechnet oder die höhere Preisgestaltung gegenüber Letztverbrauchern deutlich machte. Selbst wenn diese Voraussetzungen sämtlich erfüllt waren, durfte er sich nicht mehr ausschließlich als Großhändler,[625] sondern allenfalls noch als Groß- und Einzelhändler bezeichnen.[626] Der Gesetzgeber der UWG-Novelle 2004 bescheinigte § 6 a UWG bei seiner Streichung, das er ein „überholtes Verbraucherleitbild" (siehe auch Rn 122) zu Grunde lege. Nach aktuellem Recht sind solche Werbemaßnahmen jetzt also grundsätzlich zulässig, weil sie im Regelfall keine konkrete Gefahr der Irreführung bewirken.

Mit der Abschaffung des § 6 a UWG aF hat sich grundsätzlich auch die wettbewerbsrechtliche Problematik von **Factory Outlet Centers (FOC)** erledigt. Diese beurteilen sich jetzt ausschließlich nach § 3 Abs. 3 iVm Nr. 19 Anhang-UWG und §§ 3 Abs. 1, 5 Abs. 1 S. 2 Nr. 1 und Nr. 2 UWG. Unterhalten die Hersteller darin eigene Verkaufsstellen, so ist für den aufmerksamen, verständigen Durchschnittsverbraucher (Rn 121 ff) **offenkundig**, dass die Preise im FOC zwangsläufig höher sein müssen als im Verkaufsraum der möglicherweise viele hundert Kilometer entfernt liegenden Fabrik; zu den Transportkosten kommen die im FOC anfallenden Raumkosten.[627] Sind die Betreiber des FOC dagegen letztlich Zwischenhändler,[628] so dürfen sie jetzt nach Ab-

---

621 BGH GRUR 1976, 596, 597 *Aluminiumrollläden.*
622 LG Stuttgart WRP 1999, 972 L.
623 Vgl OLG Saarbrücken GRUR 1976, 98, 99 *Fabriklager-Preis.*
624 BGH GRUR 1990, 617, 619 *Metro III;* dazu kritisch Schricker GRUR 1990, 567 und Nordemann WRP 1990, 498. Eine Verfassungsbeschwerde gegen dieses Urteil blieb ohne Erfolg, BVerfG GRUR 1993, 751 ff. *Großmarktwerbung I.* S. auch BVerfG GRUR 1993, 754 ff. *Großmarktwerbung II.*
625 BGHZ 50, 169, 174 *Wiederverkäufer.*
626 BGH GRUR 1978, 477, 479 *Groß- und Einzelhandel;* s. auch Rn 327 und 332.
627 Ebenso schon BGH GRUR 1964, 397, 399 *Damenmäntel.*
628 Das berichtet Schmitz-Temming WRP 1998, 680, 681.

schaffung des § 6 a UWG aF einen Direktbezug vom Hersteller angeben; genau dies geschieht schon mit der Bezeichnung des jeweiligen Einkaufszentrums als **Factory Outlet**. Für den aufmerksamen, verständigen Durchschnittsverbraucher ist es freilich nicht relevant, ob in dem – im Vergleich zum fiktiven Preis direkt ab Fabrik – höheren FOC-Preis auch noch eine Gewinnspanne für den Zwischenhändler steckt. Er vergleicht die FOC-Preise vielmehr mit denjenigen des Einzelhandels in der Stadt, vor deren Toren das FOC liegt. Dieser Vergleich allein ist letztlich für seinen Kaufentschluss maßgeblich. Anders liegt es, wenn der Werbende **besondere Angaben zum Preis aufgrund Direktbezug** macht. So hält der BGH es zu Recht für unlauter, wenn ein Einzelhändler Fahrräder mit den Angaben „Direkt ab Werk! Kein Zwischenhandel! Garantierter Tief-Preis" bewirbt, obwohl er in die von ihm verlangten Preise auch seine eigene Gewinnspanne als Händler einrechnet.[629]

Der **unzutreffende Hinweis** darauf, dass die angebotene Ware aus einer **Insolvenzmasse** stamme oder es sich dabei um **Pfand- oder Sicherungsgut** handele, verstößt ohne weiteres gegen §§ 3 Abs. 1, 5 Abs. 1 S. 2 Nr. 1 UWG. In diesem Zusammenhang ist auch **Nr. 15 Anhang-UWG** zu beachten, wonach die *unwahre* Angabe, der Unternehmer werde demnächst sein Geschäft aufgeben oder seine Geschäftsräume verlegen, nach § 3 Abs. 3 UWG in jedem Fall unzulässig ist. Dabei kommt es nicht darauf an, ob der Unternehmer im Hinblick auf die angebliche Geschäftsaufgabe oder Verlegung seiner Geschäftsräume mit besonders günstigen Angeboten geworben hat.[630] Irreführend nach § 5 Abs. 1 S. 2 Nr. 1 und Nr. 2 UWG ist ein Verkauf von Möbeln mit der Ankündigung von **Insolvenzwarenverkäufen**, obwohl das Möbelhaus das eigene übliche Warensortiment mit lediglich reduzierten Preisen zum Kauf stellt und nicht Insolvenzware.[631] „Insolvenz-Verwertung" darf nicht gesagt werden, wenn der Verkauf nicht durch einen Insolvenzverwalter angeordnet wurde.[632]

Bis zur UWG-Novelle 2004 war auch die **zutreffende** Angabe im Regelfall ausgeschlossen. Das hat sich grundlegend geändert:

■ Heute darf jeder mit dem Hinweis auf die Insolvenzmasse als Bezugsquelle werben; früher war dies nach § 6 Abs. 1 UWG aF dem Insolvenzverwalter vorbehalten.

■ Auch Sonderaktionen zum beschleunigten Abverkauf der Insolvenzware sind heute grundsätzlich nicht zu beanstanden.[633] Nach der frühere Rechtsprechung des Bundesgerichtshofes konnte eine Bank, die Pfand- oder Sicherungsgut selbst verwertet, das zulässigerweise nur dann tun, wenn sie auf eine einmalige Verkaufsaktion, die allein werbewirksam sein würde, verzichtete; sie verstieß sonst gegen § 1 UWG aF unter dem Gesichtspunkt des übertriebenen Anlockens, weil sie damit besonderes Vertrauen in Anspruch nehme.[634] Nachdem die Fallgruppe des übertriebenen Anlockens vom Bundesgerichtshof selbst wesentlich restriktiver angewendet wird (Rn 449) und der Gesetzgeber durch die Abschaffung des § 6 Abs. 1 UWG aF den Bereich des Insolvenzwarenverkaufes liberalisieren wollte, dürfte diese Rechtspre-

244

---

629 BGH GRUR 2005, 442, 443 *Direkt ab Werk.*
630 Begr. RegE UWG-Novelle 2008 BT DS 16/10145, S. 33, abrufbar unter www.nordemann.de.
631 OLG Hamm WRP 2007, 1389, 1390 ff. *Konkurswarenverkauf.*
632 LG Heilbronn WRP 2006, 620.
633 Das galt nach alter Rechtslage nur uU: BGH GRUR 2006, 780 Tz. 18 f. *Konkurswarenverkauf.*
634 BGH GRUR 1985, 975, 976 *Sparkassenverkaufsaktion.* Kritisch dazu Koch WRP 1995, 286, 290.

chung aber überholt sein. Genauso ist mit der Abschaffung der §§ 7, 8 UWG aF ein Verbot von Insolvenzwarenverkauf ("sicherungsübereignete Orientteppiche aus Bankauftrag") als unzulässige Sonderveranstaltung überholt.[635]

Weitere Fälle einer **irreführenden Angabe** der Bezugsquelle:

- "Montage durch Fachpersonal" suggeriert die Erbringung der Montageleistung durch eigenes Personal.[636]
- Im Verlagswesen kann die Publikation eines Buches unter dem (zugkräftigen) Namen eines Nicht-Verfassers irreführend sein.[637]

k) Irreführung über Zwecktauglichkeit, über Verwendungsmöglichkeit und über von der Verwendung zu erwartende Ergebnisse

aa) Gesundheitswerbung, Werbung für Heilmittel und Lebensmittel

245 Bei der Werbung zum Thema Gesundheit ist die Rechtsprechung besonders streng (Rn 204 „Gesundheit"). Es scheint auch ein Phänomen zu sein, dass der Verkehr bei einem persönlich so wichtigen Gut wie Gesundheit schon deshalb leichtgläubiger gegenüber Werbung ist, weil er den Erfolg des Heilmittels selbst in starkem Maße wünscht. Insbesondere das **Heilmittelwerbegesetz (HWG)** stellt deshalb für den Bereich der Werbung für Heilmittel **strenge Irreführungstatbestände, besondere Informationspflichten und Werbeverbote** auf, um den Verkehr quasi vor sich selbst zu schützen.[638] Daneben regelt das HWG auch die Werbung gegenüber den professionell mit Heilmitteln umgehenden Verkehrskreisen (sog. Fachkreise nach § 2 HWG), also insbesondere den Ärzten, Apotheken und Krankenhäusern. Zum HWG ausführlich Rn 811 ff.

Spezielle Irreführungsvorschriften enthält überdies das Lebensmittelrecht im Lebensmittel- und Futtermittelgesetzbuch (**LFGB**) und in der **EU-Health-Claims-VO.** Zum Ganzen Rn 817 ff.

bb) Andere Fälle der Irreführung über Zwecktauglichkeit, über Verwendungsmöglichkeit und über von der Verwendung zu erwartende Ergebnisse

Rechtsgrundlage: § 3 Abs. 3 UWG iVm Nr. 12 Anhang-UWG; § 3 Abs. 1, 5 Abs. 1 S. 2 Nr. 1 UWG; Art. 6 Abs. 1 b Richtlinie unlautere Geschäftspraktiken

246 Schon nach der „schwarzen Liste" ist eine Werbung nach **Nr. 12 Anhang-UWG** stets unzulässig (§ 3 Abs. 3 UWG), wenn sie unwahre Angaben über Art und Ausmaß einer Gefahr für die persönliche Sicherheit des Verbrauchers oder seiner Familie für den Fall enthält, dass er die angebotene Ware nicht erwirbt oder die angebotene Dienstleistung nicht in Anspruch nimmt; das ist ein Fall der Irreführung über die **Zwecktauglichkeit.** Vgl auch Rn 492 ff zur unlauteren Werbung mit Angst, ohne dass irregeführt wird.

Die Fälle der Irreführung über die **Verwendungsmöglichkeit** beurteilen sich demgegenüber allein nach § **5 Abs. 1 S. 2 Nr. 1 UWG.** Über die Verwendungsmöglichkeit täuscht, wer irreführend den Eindruck erweckt, bestimmte Konkurrenzprodukte, die eine neu

---

635   OLG Köln WRP 1994, 51, 52; OLG Hamburg WRP 1995, 334 f.
636   OLG Nürnberg GRUR 1985, 566.
637   KG WRP 1977, 187, 189 f. *Köhnlechner.*
638   Verurteilungen zur Unterlassung nach dem HWG unzulässiger Werbung sind sogar bei „*Geistheilern*" verfassungskonform, Vgl BVerfG GRUR 2007, 721, 722 *Geistheiler.*

in Kraft getretene Norm nicht erfüllen, dürften nicht mehr abgesetzt werden.[639] Das ist der umgekehrte Fall im Vergleich zur Irreführung über die (in Wirklichkeit nicht bestehende) Verkehrsfähigkeit (dazu Rn 214).

Nach § 5 Abs. 1 S. 2 Nr. 1 UWG irreführende Angaben über die „bei der Verwendung zu erwartenden Ergebnisse" können insbesondere Angaben zum Energieverbrauch von Produkten sein. Hier existiert insbesondere Rechtsprechung zur Angabe des Kraftstoffverbrauches bei Kraftfahrzeugen. Werden diese ausdrücklich auf der Grundlage einer Norm (zB DIN 70030) gemacht, erkennt der Verkehr, dass es sich dabei um einen Norm- und keinen echten Verbrauchswert handelt. Auch wenn nur der 90 km/h-Wert angegeben wird, entsteht nicht der Eindruck, als handele es sich um die tatsächlichen Verbrauchswerte.[640] Überholt ist die Auffassung des Kammergerichts, die Angabe „ABC-PKW, Meister im Benzinsparen unter den deutschen Autos" sei irreführend, weil ein PKW als solcher nicht sparsam sein könne, sondern es komme auf die Fahrweise an.[641]

l) Irreführung über Testergebnisse, Empfehlungen Dritter, Behördenprüfung

Rechtsgrundlage: § 3 Abs. 3 UWG iVm Nrn. 2, 4 Anhang-UWG; §§ 3 Abs. 1, 5 Abs. 1 S. 2 Nr. 1 UWG; § 5 a UWG; Art. 6 Abs. 1 b Richtlinie unlautere Geschäftspraktiken

Der Durchschnittsverbraucher tritt Werbung im Regelfall durchaus kritisch gegenüber. **247** Er weiß, dass der Unternehmer parteiisch sein eigenes Produkt in günstigem Licht darstellen wird. Der Unternehmer darf beispielsweise nur mit den Vorzügen seiner Leistung werben; eine Pflicht zur Vollständigkeit trifft ihn grundsätzlich nicht (Rn 376). Äußern sich jedoch neutrale Dritte über eine Leistung, bringt der Verbraucher dem oft unbegrenztes Vertrauen entgegen. Deshalb darf zunächst der Werbecharakter von vermeintlich neutralen Äußerungen nicht verschleiert werden (dazu Rn 173). Werbung mit Äußerungen objektiver Dritter wird wettbewerbsrechtlich besonders **streng** beurteilt.

aa) Werbung mit Testergebnissen

Für die Werbung mit Testergebnissen[642] kommt sowohl eine positive Irreführung (§ 5 **248** Abs. 1 S. 2 Nr. 1 UWG) als auch eine Irreführung durch Unterlassung (§ 5 a Abs. 1 und Abs. 3 Nr. 1 UWG) in Betracht, je nachdem, wo der Schwerpunkt der Verwerfbarkeit liegt. Es lassen sich folgende Grundsätze für eine Irreführung bilden:

Irreführend ist die Werbung mit einen Testergebnis, wenn ein **jüngerer Test mit einem anderen (schlechteren) Testergebnis** existiert.[643] Irreführend ist die Bewerbung mit einem vormaligen Testergebnis auch dann, wenn ein erneuter Test der Vergleichsprodukte stattfand, indem weitergehende Kategorien überprüft wurden, die in das Gesamtergebnis beim Test eingestellt wurden.[644] Denn das alte beworbene Ergebnis ist dann falsch, weil es zu diesem Zeitpunkt anderen Prüfungsschwerpunkten unterlag.

639 BGH GRUR 1991, 921, 922 *Sahnesiphon.*
640 BGH GRUR 1985, 450, 451 *Benzinverbrauch.*
641 KG WRP 1980, 627.
642 Zum Ganzen: Koppe/Zagouras WRP 2008, 1035 ff.
643 OLG Frankfurt NJWE-WettbR 1996, 54, 54 f. *Überholter Test.*
644 OLG Hamm Urt. v. 15.2.2007, Az: 4 U 165/06, BeckRS 2007, 04390 *Matratzentest.*

Wegen Verschweigens wichtiger Informationen liegt darin im Wesentlichen ein Irreführen durch Unterlassen, § 5 a Abs. 1 und Abs. 3 Nr. 1 UWG.[645]

Beispiel: Der Prüfungsparameter Waschbarkeit spielte bei einem früheren Gesamttest einer Matratze, mit dem geworben wurde, noch keine Rolle, bei einem späteren Gesamttest führte dies zur Abwertung der Matratze.[646] Der jüngere Test ist damit relevant; mit dem alten Test darf ohne Verstoß gegen § 5 a UWG nicht gegenüber Verbrauchern geworben werden.

Irreführung ist auch gegeben, wenn sich der Test nicht auf die beworbene, sondern auf eine andere Ware bezog.[647] Mit einem wegen Produktänderung oder aus anderen Gründen **überholten Testergebnis** darf deshalb überhaupt nicht mehr geworben werden,[648] auf geringe Änderungen muss zumindest hingewiesen werden.[649]

Wurde die **beworbene Ware gar nicht getestet**, so ist eine Werbung mit einem Testergebnis ebenfalls irreführend..[650]

Dem gegenüber darf mit einem Einzelmerkmal eines Gesamttests unter bestimmten Voraussetzungen geworben werden. Die **Angabe von Teilergebnissen aus dem Gesamttest** macht die Anzeige noch nicht irreführend, wenn ausdrücklich darauf hingewiesen wird, dass sich das Testurteil nur auf ein Teilmerkmal bezieht und dadurch auch nicht mittelbar ein falscher Eindruck erweckt wird, in dem die Werbung etwa überdeckt, dass die getestete Maschine im Vergleich insgesamt eher durchschnittlich oder sogar schlecht abgeschnitten hat.[651]

Beispiel: Die Angabe, dass ein sehr gut für das Kaffeearoma einer Maschine in einem Test erreicht wurde, ist nicht irreführend, wenn dies nur ein Einzelmerkmal darstellt und die Maschine insgesamt mit gut abschloss. OLG Celle hat die Werbung nicht als irreführend beanstandet, obwohl sie den Empfehlungen der Stiftung Warentest zur Werbung mit Untersuchungsergebnissen nicht in allen Punkten entsprach, weil keine Mitteilung des Gesamturteils erfolgte;[652] das ist wohl richtig, weil der durchschnittlich informierte und verständige Verbraucher durch die Angabe des Testurteils für einen Einzelgesichtspunkt des Tests, der eine besondere Bedeutung besitzt, noch nicht irregeführt ist. Der Verbraucher weiß, dass ein abweichendes Gesamturteil vorliegen muss, das die Testnote des Einzelmerkmales nicht erreicht; sonst hätte der Werbetreibende das Einzelmerkmal nicht hervorgehoben. Relevant war zudem, dass die getestete Maschine insgesamt nicht etwa unterdurchschnittlich abgeschnitten hatte, sondern das beste Gerät im Test war.

Die **pauschale** (einschränkungslose) **Werbung mit Warentests** ist irreführend, soweit der Test das **Produkt oder** die **Dienstleistung** gar **nicht vollständig bewertet** und der Verkehr darüber nicht aufgeklärt wird.

Beispiele: Es handelte sich um einen Warentest, der gar keine Wirksamkeitsüberprüfung enthielt, sondern nur um einen Test über die gesundheitliche oder ökologische Unbedenklichkeit der Ware. Dann kann auch Irreführung durch Unterlassung vorliegen (§ 5 a Abs. 1 und Abs. 2, Abs. 3 Nr. 1 UWG), weil der Addressatenkreis ein umfassendes Testergebnis mit Wirksamkeitsprüfung erwartete, was nicht gegeben war.[653]

---

645 OLG Hamm Urt. v. 15.2.2007, Az: 4 U 165/06, BeckRS 2007, 04390 *Matratzentest.*
646 OLG Hamm Urt. v. 15.2.2007, Az: 4 U 165/06, BeckRS 2007, 04390 *Matratzentest.*
647 OLG Köln GRUR-RR 2004, 57 L = NJOZ 2003, 3311 *Kinderfahrradhelm;* OLG Köln GRUR 1988, 556, 556 f. *Waschmaschine.*
648 OLG Düsseldorf WRP 1984, 554, 556 f.
649 OLG Köln WRP 1988, 392.
650 OLG Köln GRUR-RR 2004, 57 L = NJOZ 2003, 3311 *Kinderfahrradhelm;* OLG Köln GRUR 1988, 556, 556 f. *Waschmaschine.*
651 OLG Celle GRUR-RR 2005, 286 *sehr gut für Kaffeearoma.*
652 OLG Celle GRUR-RR 2005, 286 *sehr gut für Kaffeearoma.*
653 OLG Frankfurt GRUR-RR 2007, 16, 18 *Öko-Test.*

Genauso handelt ein Lohnsteuerhilfeverein wettbewerbswidrig, der mit dem Testergebnis der Stiftung Warentest um Mitglieder wirbt, wenn das Ergebnis des Tests sich lediglich auf einzelne Beratungsstellen bezieht und nicht auf die gesamte Organisation.[654]

Außerdem verlangt der Bundesgerichtshof, dass, wenn die **beworbene Note unter dem Notendurchschnitt** des jeweiligen Tests liegt, auch alle übrigen in dieser Testserie erteilten Prädikate mit angegeben werden.[655] Das geht zu weit. Niemand kann genötigt sein, das eigene Produkt gegenüber besseren anderen Produkten bloßzustellen; ein „gut" bleibt auch dann ein „gut", wenn alle anderen ein „sehr gut" erzielt haben.

Schließlich verlangt der Bundesgerichtshof *stets* die Angabe der **Fundstelle** des Tests, mit dem geworben wird.[656] Das ergibt sich aus § 5 a Abs. 2 UWG (Irreführung durch Unterlassen Rn 376 ff), weil das detaillierte Testergebnis eine für den Verbraucher wesentliche Information darstellt.[657] Auf eine Fundstelle ist deshalb – genauso wie zB auf weitere Preisbestandteile – zumindest über ein Sternchentext oder einen sprechenden Link lesbar[658] hinzuweisen (vgl Rn 165). Über die Fundstelle muss das Testergebnis nachprüfbar sein, und zwar „leicht und eindeutig",[659] was nichts anderes als „mit zumutbarem Aufwand" bedeutet.[660] Grundsätzlich genügt die Angabe des Zeitschriftentitels mit der Ausgabennummer (zB Zeitschrift „Test 10/2010" oder „Computerbild 05/2010") oder der Firma, über die das Testergebnis bezogen werden kann (zB Deutsches Institut für Servicequalität – disq GmbH & Co KG). Die Angabe einer Internetadresse als Bezugsquelle (zB test.de; disq.de) kann nur dann verlangt werden, wenn die Bezugsquelle anders nicht „leicht" zu finden ist. Der Bezug von Testergebnisse darf von einem Entgelt abhängig gemacht werden, das allerdings in Relation zum Wert der getesteten Ware oder Dienstleistung stehen muss.[661] Werbung mit Testergebnissen, die nicht allgemein zugänglich sind, sondern lediglich aus einer Erhebung einer beauftragten Firma resultieren, entbehren der Nachprüfbarkeit und sind daher grundsätzlich geeignet, gegen § 5 a Abs. 2 UWG zu verstoßen.[662] Mit einem **länger zurückliegenden Testergebnis** darf ohnehin nur unter Angabe des Datums geworben werden.[663]

Die **Stiftung Warentest** hat **Empfehlungen zur Werbung mit Testergebnissen** aus ihren Publikationen veröffentlicht,[664] die im Rahmen der rechtlichen Bewertung nach dem UWG berücksichtigt werden.[665] Zur Zulässigkeit von Warentests allgemein S. Rn 698 ff.

654 BGH GRUR 2005, 877, 879 f. *Werbung mit Testergebnis.*
655 BGH GRUR 1982, 437, 438 *Test gut.* „Sehr gut" lässt OLG Frankfurt WRP 1985, 495 f allerdings in Alleinstellung zu. Einschränkend auch OLG Köln GRUR 1983, 514.
656 BGH GRUR 2010, 248 Tz. 29 ff. *Kamerakauf im Internet;* BGH GRUR 1991, 679 f. *Fundstellenangabe.*
657 BGH GRUR 2010, 248 Tz. 31 *Kamerakauf im Internet.*
658 KG WRP 2011, 497 wendet entsprechend die Grundsätze zu § 4 Abs. 4 HWG an; dazu Rn 813.
659 BGH GRUR 2010, 248 Tz. 30 *Kamerakauf im Internet;* die Anforderungen an die Nachprüfbarkeit sollten genauso wie bei 6 Abs. 2 Nr. 2 UWG gehandhabt werden, vgl Rn 688.
660 LG Hamburg MD 2009, 388.
661 OLG Saarbrücken GRUR-RR 2008, 312.
662 Vgl SG Frankfurt vom 9.2.2006, Az: S 21 KR 103/06 ER, Tz. 29 ff. BeckRS 2006, 44386 *Kundenmonitor Deutschland* (bei der vergleichenden Werbung der Krankenkasse sah das SG § 6 Abs. 1, 2 Nr. 2 UWG als erfüllt an und hat einen Verstoß gegen § 5 UWG deshalb dahinstehen lassen.).
663 BGH GRUR 1985, 932 f. *Veralteter Test;* OLG Frankfurt GRUR 1992, 538.
664 Siehe www.test.de/unternehmen/werbung/; über einen Link auch abrufbar auf www.nordemann.de.
665 BGH GRUR 1991, 679 *Fundstellenangabe.*

bb) Kundenzuschriften und andere Empfehlungen Dritter

249 **Kundenzuschriften** dürfen weder fingiert noch auch nur erkauft sein. Ansonsten wird gegen § 5 Abs. 1 S. 2 Nr. 1 UWG verstoßen. Man darf auch nicht von „Tausenden von Anerkennungsschreiben" sprechen, wenn es sich nur um einige Hundert handelt. In jedem Fall haftet der Gewerbetreibende für den Inhalt der Kundenzuschriften, die er in der Werbung benutzt (vgl Rn 664).

250 Im Übrigen ist jedoch die Werbung mit **Empfehlungen Dritter** („vom Deutschen Fußball-Bund empfohlen") zulässig, dies freilich nur, wenn die Empfehlung sich konkret auf das beworbene Produkt bezieht.[666]

251 **Wissenschaftlichen Gutachten** misst das Publikum besondere Objektivität bei. Sie dürfen daher werbemäßig nur dann verwendet werden, wenn ihr Verfasser entweder unabhängig ist oder wenn in der Werbung auf ein etwa bestehendes Abhängigkeitsverhältnis hingewiesen wird;[667] sonst liegt unzulässige Werbung vor (s. Rn 174). Sie müssen zudem das wissenschaftlich gebotene Maß an Objektivität auch tatsächlich einhalten, dürfen also nicht etwa gewichtige Gegenmeinungen einfach übergehen.[668]

cc) Gütezeichen, Qualitätssiegel und Behördenprüfungen

252 **Gütezeichen**, Qualitätssiegel und dgl. werden vom Publikum als Hinweis auf eine durch Verbände, Gütegemeinschaften oder sonstige neutrale Stellen garantierte Qualitätskontrolle gewertet.[669] § 3 Abs. 3 UWG iVm Nr. 2 Anhang-UWG bestimmt ausdrücklich, dass die Verwendung von Gütezeichen, Qualitätskennzeichen oder Ähnlichem ohne die erforderliche Genehmigung ohne Spürbarkeitsprüfung stets unzulässig ist. Dabei kommt es nicht darauf an, ob die angebotenen Waren oder Dienstleistungen die durch das Zeichen verbürgte Qualität aufweisen. Der Vorwurf von Nr. 2 knüpft allein an die Behauptung an, zu den autorisierten Zeichennehmern zu gehören.[670] Die Behauptung kann auch in schlüssiger Form aufgestellt werden. Gütezeichen sind beispielhaft **Energieeffizienzklassen**,[671] **Hauben** für Köche und **Sterne** für Hotels, die für eine Zertifizierung des Restaurants oder der Hotels sprechen und Anforderungen unterliegen.

Beispiele: Deswegen ist ein Busunternehmen, das Sterne auf ihren Bussen abbildet, zur Unterlassung verpflichtet, wenn die **Gütegemeinschaft Buskomfort e.V.** diese Klassifizierung nicht erteilte.[672] Denn der angesprochene Verkehrskreis vermutet hinter den Gütezeichen, dass diese offiziell verliehen wurden.

Auch eine nicht existente Energieeffizienzklasse darf nicht behauptet werden.[673] Das fällt unter Nr. 2 Anhang-UWG, weil der Verkehr unterstellt, für diese Klasse sei ein Gütesiegel verliehen worden.

---

666 OLG Hamburg WRP 1985, 649 f und GRUR 1986, 550, 551.
667 BGH GRUR 1962, 45, 49 *Betonzusatzmittel.*
668 BGH GRUR 1961, 189, 191 *Rippenstreckmetall;* OLG Karlsruhe NJWE 1997, 174, 175 *Slim-Line-Ohrringe* für die Gesundheitsgefahren solcher Produkte.
669 DPA GRUR 1961, 538 *Qualitätssiegel;* für „VDE-geprüft" OLG Nürnberg GRUR 1991, 141, 142 *Alarmanlage.* Zum markenrechtlichen Schutz BGH GRUR 1977, 488 *DIN-GEPRÜFT.* Zur Benutzung von Zeichen, die wie Gütesiegel wirken, siehe OLG Frankfurt NJW-RR 1988, 103 und GRUR 1994, 523 *Touristik-Gütesiegel.*
670 Begr. RegE UWG-Novelle 2008 BT DS 16/10145, S. 31, abrufbar unter www.nordemann.de.
671 LG München CR 2008, 673, 674 *A Plus.*
672 LG Oldenburg WRP 2007, 474 L *Buskomfort.*
673 LG München CR 2008, 673, 674 *A Plus.*

Ebenso stets unzulässig ist die unwahre Angabe, der Unternehmer, eine von ihm vorgenommene geschäftliche Handlung oder eine Ware oder Dienstleistung sei **von einer öffentlichen oder privaten Stelle bestätigt, gebilligt oder genehmigt** worden, bzw die unwahre Angabe, den Bedingungen für die Bestätigung, Billigung oder Genehmigung werde entsprochen (**§ 3 Abs. 3 iVm Nr. 4 Anhang-UWG**). Das kann sich zunächst mit Nr. 2 Anhang-UWG (Rn 252) überschneiden, weil Gütezeichen und andere Qualitätszeichen aussagen können, es liege eine Bestätigung der vergebenden (öffentlichen oder privaten) Stelle vor. Allerdings verlangt Nr. 4 Anhang-UWG schon nach seinem Wortlaut eine (positive) unwahre Angabe, eine bloß schlüssige Angabe aus den Umständen genügt nicht; insoweit ist Nr. 4 enger als Nr. 2. Wenn nur eine schlüssige Behauptung vorliegt und auch Nr. 2 Anhang-UWG nicht greift, findet jedoch zumindest §§ 3 Abs. 1, 5 Abs. 1 S. 2 Nr. 1 WG Anwendung. Nr. 4 Anhang-UWG geht insoweit über den Anwendungsbereich von Nr. 2 Anhang-UWG hinaus, als Nr. 4 auch Genehmigungen und Zulassungen erfasst. Insoweit kann sich Nr. 4 allerdings mit Nr. 9 Anhang-UWG überschneiden (dazu Rn 214). **253**

Das Vortäuschen nicht vorhandener **behördlicher Anerkennungen** ist auch dann nach § 3 Abs. 3 UWG iVm Nr. 4 Anhang-UWG stets irreführend, wenn angesichts der Eigenschaften der Ware der positive Abschluss eines etwaigen behördlichen Prüfungsverfahrens erwartet werden kann.[674] Das Publikum erwartet vielmehr gerade in solchen Angaben größte Korrektheit.[675]

Der Einsatz von Gütezeichen in der Werbung verstößt zwar nicht gegen Nr. 2 oder Nr. 4 Anhang-UWG, aber gegen §§ 3 Abs. 1, 5 Abs. 1 S. 2 Nr. 1 UWG, wenn die Genehmigung zur Führung des Zeichens zu Unrecht erteilt worden ist.[676] Andere Fälle sind: Gütesiegel müssen für die Waren verliehen sein, für deren Werbung sie benutzt werden.[677] Ein Rechtsnachfolger darf sie weiterbenutzen, wenn sie nicht eigens an die Person des Ausgezeichneten gebunden waren.[678] Hat eine ernsthafte Prüfung durch sachkundige Preisrichter gar nicht stattgefunden, dann liegt eine „Auszeichnung", mit der durch ein Gütesiegel oder Qualitätssiegel geworben werden könnte, nicht vor.[679] **254**

2. Irreführung über den Anlass des Verkaufes, den Preis und die Bedingungen der Leistung (§ 5 Abs. 1 S. 2 Nr. 2 UWG)

Rechtsgrundlage: § 3 Abs. 3 UWG iVm Nr. 14, 15, 16, 17, 19, 21, 22, 24; §§ 3 Abs. 1, 5 Abs. 1 S. 2 Nr. 2, Abs. 4 UWG; §§ 3 Abs. 1, 5 a UWG; §§ 3 Abs. 1, 4 Nr. 4, 4 Nr. 5, 4 Nr. 11 iVm PreisangabenVO; Art. 6 Abs. 1 b, c und d Richtlinie unlautere Geschäftspraktiken

Unter die Gruppe der Irreführungstatbestände des § 5 Abs. 1 S. 2 Nr. 2 fasst das UWG Irreführungen über **255**

---

674 BGH GRUR 1961, 541, 543 *Buschbohne*.
675 BGH GRUR 1975, 442, 443 *Vaasbüttel*.
676 BGH GRUR 1998, 1043, 1044 *GS-Zeichen*.
677 BGH GRUR 1961, 193, 196 *Medaillenwerbung*; OLG München GRUR 1983, 339, 340 *Eder-Alt* und GRUR 1989, 123, 124 *Premium-Pils*.
678 RGZ 109, 50, 52.
679 RGSt. 41, 161, 163; OLG Koblenz GRUR 1984, 603 Nr. 2 L.

- den Anlass des Verkaufes,
- den Preis oder die Art und Weise, in der er berechnet wird, oder
- die Bedingungen, unter denen eine Ware geliefert oder eine Dienstleistung erbracht wird.

Diese drei verschiedenen Tatbestände sind also voneinander zu trennen.

Der Gesetzgeber wollte damit Art. 6 Abs. 1 d Richtlinie unlautere Geschäftspraktiken (Rn 17) umsetzen.[680] Allerdings finden sich dort weder die Irreführung über den Anlass des Verkaufes noch die Irreführung über die Bedingungen der Leistung. Die Regelung erscheint dennoch als richtlinienkonform, weil der Anlass des Verkaufes mit den Beweggründen für die Geschäftspraxis (Art. 6 Abs. 1 c Richtlinie) und die Bedingungen der Leistung mit den wesentlichen Merkmalen des Produkts (Art. 6 Abs. 1 b Richtlinie) gleichgesetzt werden kann.

a) Irreführung über Anlass des Verkaufs, insbesondere über Sonderveranstaltungen

Rechtsgrundlage: § 3 Abs. 3 UWG iVm Nr. 7, 15 Anhang-UWG; §§ 3 Abs. 1, 5 Abs. 1 S. 2 Nr. 2 UWG; §§ 3 Abs. 1, 4 Nr. 4 UWG; Art. 6 Abs. 1 c Richtlinie unlautere Geschäftspraktiken

256   Man braucht nur an den Käuferansturm zu denken, der am ersten Tag des Sommer- oder Winterschlussverkaufs über die Geschäftszentren der Großstädte hereinzubrechen pflegte, um sich zu vergegenwärtigen, in welchem Maß die Ankündigung solcher Sonderveranstaltungen geeignet ist, die Kauflust des Publikums zu beeinflussen. Der Gesetzgeber glaubte sich deshalb schon früh genötigt, die Flut von „billigen Wochen", „Ausverkäufen", „Sonderangeboten" und „Räumungsverkäufen" zu verbieten. Sie wurden 1987 in das UWG eingearbeitet (§§ 7, 8 UWG aF). Erlaubt waren nur einzelne Sonderangebote (§ 7 Abs. 2 UWG aF), Winter- und Sommerschlussverkäufe für bestimmte Waren zu ganz bestimmten Zeiten im Winter bzw im Sommer (§ 7 Abs. 3 Nr. 1 UWG aF), Jubiläumsverkäufe jeweils alle 25 Jahre (§ 7 Abs. 3 Nr. 2 UWG aF) und Räumungsverkäufe unter sehr engen Voraussetzungen und mit größerem bürokratischem Anzeigeaufwand (§ 8 UWG aF). Vgl hierzu im Einzelnen die 9. Aufl.

257   Mit der **UWG-Novelle 2004** hat der Gesetzgeber **dieses generelle Verbot von Sonderveranstaltungen aufgehoben**. Es bestehen damit grundsätzlich **keinerlei besonderen Beschränkungen** mehr.

Zunächst ist das **Sortiment** der Sonderveranstaltung damit völlig freigegeben. Einen Winter- oder Sommerschlussverkauf dürfen jetzt also auch Teppichhändler, Baustoffhändler oder Schreibwarengeschäfte durchführen. Früher durften nur Textilien, Bekleidungstücke, Schuhwaren, Lederwaren oder Sportartikel am Winter- oder Sommerschlussverkauf teilnehmen (vgl noch § 7 Abs. 3 Nr. 1 UWG aF).

Auch den **Anlass** kann der Unternehmer jetzt grundsätzlich völlig frei bestimmen. Er kann zur Räumung seiner Läger Sommer- und Winterschlussverkäufe durchführen. Er ist aber auch frei, zum Gewinn einer Fußballweltmeisterschaft, zum Geburtstag der Bundesrepublik oder eines Familienangehörigen, wegen andauernden Regenwetters,

---

680   Begr. RegE UWG-Novelle 2004 BT DS 15/1487, S. 24, abrufbar unter www.nordemann.de.

wegen seines 444-monatigen Jubiläums oder wegen Renovierungsarbeiten im Haus, von denen das Lager betroffen ist, einen Sonderverkauf durchzuführen.

Beispiele (nach früherem Recht grundsätzlich verbotene Sonderveranstaltungen, jetzt erlaubt): „Angebot der Woche",[681] „Angebot des Monats";[682] „Ausnahmetage";[683] „alles muss raus";[684] „Lagerräumung";[685] „Massive Sonderangebote";[686] „Sensationelle Preissenkungen";[687] „Eine Fülle von Sonderangeboten";[688] „Spartage",[689] „Super-Sonder-Preise in einer Riesen-Auswahl";[690] „Tagesangebot";[691] „Time to say Goodbye" (Räumungsverkauf);[692] „Tolle Aktionen – alles zu Tiefstpreisen";[693] „Umbauarbeiten – als Dank gibt's sensationelle Sonderangebote";[694] „Urlaubspreis",[695] „Zum Urlaubsbeginn: Sonderangebote";[696] „10.000 Matratzen zum halben Preis",[697] „Zurück zur Schule – Spezielle Preise".[698]

Anders als vor der UWG-Novelle 2004 sind insbesondere **Räumungsverkäufe** völlig entbürokratisiert worden, obwohl wegen der vielfachen Missbräuche der Regelungen über Räumungsverkäufe vor der Novelle die Beibehaltung der restriktiven Regelungen einschließlich von Kontrollbefugnissen der zuständigen amtlichen Berufsvertretung gefordert wurde. Mit Recht ging der Gesetzgeber der Novelle 2004 aber davon aus, dass es mit der allgemeinen Freigabe der Sonderveranstaltungen ohnehin wesentlich weniger attraktiv wird, fingierte Räumungsverkäufe durchzuführen, wenn man auch durch legale Sonderveranstaltungen seine Läger räumen kann.[699]

Schließlich kann der Unternehmer den **Zeitrahmen** jetzt völlig frei bestimmen. Er muss nicht mehr am letzten Montag im Juli oder Januar beginnen (wie bislang bei Sommer- bzw Winterschlussverkauf). Der Gesetzgeber hat sogar ausdrücklich darauf verzichtet, einem Sonderverkauf ab dem letzten Montag im Juli bzw Januar das Monopol auf die Bezeichnung „Schlussverkauf" zu gewähren; denn das wurde im Zuge der allgemeinen Liberalisierung den Verbraucher nur verwirren.[700] Genauso wenig müssen Sonderveranstaltungen wie früher Räumungsverkäufe oder Schlussverkäufe nur zwölf Werktage dauern. Sie können über einen Tag oder 15 Werktage erstreckt werden, sie können auch ohne jede zeitliche Beschränkung erfolgen[701] (vgl aber Rn 258). Eine Sonderveranstaltung kann sich auch regelmäßig wiederholen; zB kann der Unternehmer jeden Montag sein gesamtes Geschäft um 20 % reduzieren.

---

681 OLG München WRP 1980, 580, 581; OLG Köln GRUR 1983, 73 *Deko-Stoff;* zugelassen von OLG Hamm WRP 1982, 348, 349 f.
682 OLG Hamm GRUR 1980, 732, 733 *Kadett 80;* OLG Hamburg WRP 1982, 230 f und GRUR 1985, 226 *Brille des Monats;* OLG München WRP 1987, 134.
683 BGH GRUR 1958, 395, 397 *Sonderveranstaltung I – Hähnchen.*
684 LGe Freiburg und Oldenburg WRP 1995, 357 L; LG Ellwangen WRP 1997, 885 L.
685 LG Ellwangen und LG Göttingen WRP 1999, 250 L; LG Stuttgart WRP 1999, 972 L.
686 OLG Stuttgart GRUR-RR 2001, 224.
687 BGH GRUR 1980, 112, 113 f. *Sensationelle Preissenkungen.*
688 BGH GRUR 1983, 184, 185 *Eine Fülle von Sonderangeboten.*
689 OLG Dresden WRP 2001, 191.
690 OLG Hamm NJW-RR 1987, 34.
691 OLG Schleswig WRP 2001, 730, 731 f.
692 OLG Hamm WRP 2001, 55, 56.
693 OLG Stuttgart WRP 1995, 256, 257.
694 OLG Celle GRUR 1976, 598 *Trostpflaster.*
695 OLG Frankfurt WRP 1978, 896.
696 KG GRUR 1983, 783, 784.
697 KG WRP 2001, 48, 49 f.
698 OLG Düsseldorf GRUR 1976, 149 f. *Tandy.*
699 Begr. RegE UWG-Novelle 2004 BT DS 15/1487, S. 14, abrufbar unter www.nordemann.de.
700 Begr. RegE UWG-Novelle 2004 BT DS 15/1487, S. 14, abrufbar unter www.nordemann.de.
701 BGH GRUR 2008, 1114, 13 *Räumungsfinale.*

258 Ihre **Grenze** findet die Liberalisierung der Sonderveranstaltungen erst im **Irreführungsverbot**[702] des § 5 Abs. 1 S. 2 Nr. 2 UWG und im **Transparenzgebot des § 4 Nr. 4 UWG.**[703]

Insbesondere darf der **Anlass** nicht falsch angegeben sein. So ist eine Werbung mit einem Räumungsverkauf wegen **Geschäftsaufgabe**, dem keine Geschäftsaufgabe zu Grunde liegt, irreführend.[704] Das gleiche gilt für die falsche Angabe der Geschäftsverlegung. Solche Irreführungsfälle sind gem. § 3 Abs. 3 UWG iVm **Nr. 15 Anhang-UWG** stets unzulässig, wenn der Geschäftsinhaber von vornherein keine Geschäftsaufgabeabsicht hatte. Lässt sich die fehlende Absicht – wie häufig – vom Anspruchsteller nicht nachweisen, liegt zumindest eine objektive Irreführung nach §§ 3 Abs. 1, 5 Abs. 1 S. 2 Nr. 2 UWG vor.[705] Andere Fälle eines falsch angegebenen Anlasses für den Verkauf werden ebenfalls über §§ 3 Abs. 1, 5 Abs. 1 S. 2 Nr. 2 UWG erfasst:

- Ein Ausverkauf mit überwiegend vor- oder nachgeschobener Ware führt über einen wesentlichen Umstand der Preisbemessung irre und ist daher insgesamt irreführend.[706] „Verkauf aus Versicherungsschäden" ist irreführend, wenn (auch) nachgeschobene Ware verkauft wird.[707]
- Wer mit „Notverkauf" wirbt, muss sich in einer Zwangslage befinden.[708]
- Von einer „Neu-Eröffnung" darf man nicht sprechen, wenn das Geschäft lediglich vorübergehend wegen eines Umbaus geschlossen war und nunmehr wiedereröffnet wird.[709]
- Umgekehrt muss man einen Ausverkauf unter Umständen als solchen kennzeichnen; jedenfalls den Sonderverkauf von Auslaufmodellen muss man im Regelfall als solchen kennzeichnen; sonst erwartet der Verkehr, gängige Modelle zu erhalten.[710]
- Als Auktion dürfen hingegen alle Verkäufe bezeichnet werden, die zu einem bestimmten Zeitpunkt gegenüber dem Meistbietenden erfolgen; es kommt nicht darauf an, ob der Verkauf durch Zuschlag (§ 156 BGB) oder durch einen gewerblichen Auktionator zustande kommt (§ 34 b GewO).[711]

Eine Irreführung kann auch im Hinblick auf den **Zeitrahmen** einer Sonderveranstaltung vorliegen. Nach **Nr. 7 Anhang-UWG** (iVm § 3 Abs. 1 UWG) handelt stets unzulässig, wer unwahr angibt, dass bestimmte Waren oder Dienstleistungen allgemein oder zu bestimmten Bedingungen nur für einen sehr begrenzten Zeitraum verfügbar seien, um den Verbraucher zu einer sofortigen Entscheidung zu veranlassen, ohne dass dieser Zeit

---

702 Begr. RegE UWG-Novelle 2004 BT DS 15/1487, S. 14, abrufbar unter www.nordemann.de.
703 BGH GRUR 2009, 1185 Tz. 11 ff. *Totalausverkauf;* BGH GRUR 2009, 1183 Tz. 7 ff. *Räumungsverkauf wegen Umbau;* BGH GRUR 2008, 1114 *Räumungsfinale.*
704 Begr. RegE UWG-Novelle 2004 BT DS 15/1487, S. 14, abrufbar unter www.nordemann.de; OLG Stuttgart GRUR-RR 2008, 11, 13 *Totalausverkauf.*
705 OLG Köln GRUR-RR 2010, 250 *Die letzten 6 Ausverkaufstage.*
706 OLG Düsseldorf WRP 1983, 97.
707 OLG Hamburg WRP 1972, 558; Bornkamm in Köhler/Bornkamm § 5 Rn 6.12.
708 LG Bochum WRP 2008, 1396 L; Münker/Kaestner BB 2004, 1689, 1696; Bornkamm in Köhler/Bornkamm § 5 Rn 6.12.
709 OLG Koblenz WRP 1988, 689, 690. AA OLG Stuttgart WRP 1994, 333, 335.
710 BGH GRUR 1982, 374, 375 f. *Ski-Auslaufmodelle;* OLG Hamm GRUR 1983, 593, 594 *Marken-Jeanshosen;* anders für Schulranzen: KG GRUR-RR 2005, 204, 205 *Schulranzen.*
711 BGH GRUR 2003, 626, 627 *Umgekehrte Versteigerung II;* Bornkamm in Köhler/Bornkamm § 5 Rn 6.12; A. Nordemann in Götting/Nordemann § 5 Rn 2.25; Sosnitza in Piper/Ohly/Sosnitza § 5 Rn 435; Weidert in Harte/Henning § 5 C. Rn 135.

und Gelegenheit hat, sich aufgrund von Informationen zu entscheiden. Das ist allerdings eine eher enge Fallgruppe, weil sie das Herbeiführen einer psychologischen Zwangslage durch Irreführung voraussetzt (dazu näher Rn 202).

Die bloße Irreführung ohne Herbeiführen einer Zwangslage fällt zumindest unter §§ 3 Abs. 1, 5 Abs. 1 S. 2 Nr. 2 UWG, eine fehlende Transparenz der zeitlichen und inhaltlichen Bedingungen der Sonderaktion lässt sich über § 4 Nr. 4 UWG erfassen. Im Regelfall laufen aber Irreführungsverbot und Transparenzgebot parallel. Insbesondere bei **über sehr lange Zeit durchgeführten Sonderveranstaltungen**, die gegenüber dem Verbraucher als Sonderaktion dargestellt werden, kann ein Verstoß gegen das Irreführungsverbot vorliegen.[712] Es genügt aber für eine Irreführung nicht, dass der Verbraucher – fälschlicher Weise – unterstellt, die Sonderaktion laufe wie nach früherem Recht (Rn 256) nur für zwei Wochen.[713] Irreführend wäre es hingegen, eine **dauerhafte Preissenkung** als Sonderveranstaltung zu bewerben, weil es dann an der Sonderstellung der Veranstaltung fehlt. Einen allgemein üblichen Preis darf man nicht als „mein Sonderangebot" herausstellen.[714] Auch ein herabgesetzter Preis, der länger als der höhere Preis verlangt wird, ist kein Sonderangebot.[715] Wenn der Unternehmer aber den Zeitrahmen in der Werbung transparent macht, kann insoweit keine Irreführung mehr vorliegen (zB „Dauertiefpreis"). Jedoch gelten die Erleichterungen des § 9 Abs. 2 Preisangaben-VO wohl nach dem Willen des Gesetzgebers regelmäßig nur für Zeiträume bis 15 Werktage (Rn 809). Schließlich liegt eine Irreführung auch in folgendem Szenario vor: Der Unternehmer erweckt den **Eindruck einer länger andauernden Sonderaktion**, beendet diese aber schon nach kurzer Zeit. Dies beurteilt sich dann nach § 5 a Abs. 1 und Abs. 3 Nr. 3 UWG, Art. 7 RL unlautere Geschäftspraktiken.[716]

Räumungsverkäufe muss der Unternehmer nicht kalendermäßig befristen. Er kann auch einfach so lange die Sonderaktion durchführen, bis das Lager leer ist.[717] Ihm steht sogar offen, sich erst im Laufe des Räumungsverkaufes zu entscheiden, ob er kalendermäßig befristet oder das Lager (mehr oder weniger) vollständig räumt; auf die fehlende Festlegung muss der Unternehmer nicht hinweisen.[718] Besteht jedoch eine kalendermäßige Befristung, muss er darauf hinweisen. Den Tag des Beginns des Räumungsverkaufes muss er aber nur dann nennen, wenn der Räumungsverkauf noch nicht begonnen hat.[719]

Außerdem führte die UWG-Novelle 2004 für die weitgehende Freigabe der **Preisherabsetzung** im Rahmen von Sonderveranstaltungen mit § 5 Abs. 4 UWG ein „Korrektiv"[720] ein, das zu einer Erhöhung der Preistransparenz führen soll. Nunmehr liegt bei   **259**

---

712 Beschluss Rechtsausschuss UWG-Novelle 2004, BT DS 15/2795, S. 24, abrufbar unter www.nordemann.de; LG Konstanz WRP 2007, 222 L *unwiderruflich letzter Tag*.
713 BGH GRUR 2008, 1114 Tz. 14 *Räumungsfinale*.
714 OLG Oldenburg BB 1963, 494.
715 LG Arnsberg WRP 2005, 1192, 1193 *Rausverkauf*; LG Konstanz WRP 2007, 222 L *unwiderruflich letzter Tag*.
716 OLG Stuttgart GRUR-RR 2008, 11, 13 *Totalausverkauf*; OLG Oldenburg MDR 2007, 1088, 1089 *bis zu 70%*; LG Heilbronn WRP 2006, 620 L *Insolvenzverkauf*, (ohne Datumsangabe unzulässig).
717 BGH GRUR 2009, 1185 Tz. 15 *Totalausverkauf*; BGH GRUR 2008, 1114 Tz. 13 *Räumungsfinale*.
718 BGH GRUR 2009, 1185 Tz. 15 *Totalausverkauf*; BGH GRUR 2009, 1183 Tz. 11 *Räumungsverkauf wegen Umbau*.
719 BGH GRUR 2009, 1185 Tz. 11 *Totalausverkauf*.
720 Begr. RegE UWG-Novelle 2004 BT DS 15/1487, S. 14, abrufbar unter www.nordemann.de.

Werbung mit Preisherabsetzungen die Darlegungs- und Beweislast dafür, dass der Unternehmer den früheren Preis für eine angemessen lange Zeit tatsächlich gefordert hat, bei ihm selbst (dazu Rn 271).

b) Irreführung über den Preis und seine Berechnung

Rechtsgrundlage: § 3 Abs. 3 UWG iVm Nr. 21 Anhang-UWG; §§ 3 Abs. 1, 5 Abs. 1 S. 2 Nr. 2 UWG; Art. 6 Abs. 1 d Richtlinie unlautere Geschäftspraktiken

260 Neben der Beschaffenheit dessen, was er kauft, interessiert den Kunden naturgemäß am meisten, was er dafür zu zahlen hat. Irreführende Angaben des Verkäufers über den Preis sind deshalb ein besonders nahe liegendes Mittel, um den Kaufentschluss des Publikums auf unlautere Weise zu beeinflussen. Der Gesetzgeber hat in **§ 5 Abs. 1 S. 2 Nr. 2 UWG** ein allgemeines Verbot irreführender Angaben über die Preisbemessung vorgesehen. Außerdem gibt es Sondernormen für bestimmte Bereiche, in denen besonders häufig gegen das Gebot der Preisklarheit und -wahrheit verstoßen wurde. Nach der **Abschaffung von § 6 UWG aF (Werbung für Verkauf von Insolvenzwaren)** und **§ 6 b UWG aF (Werbung unter Hinweis auf Hersteller- oder Großhändlereigenschaft)** durch die UWG-Novelle 2004 sowie der vorherigen **Aufhebung von ZugabeVO und RabattG** ist hier vor allem noch zu nennen:

■ die **PreisangabenVO** vom 14.3.1985, deren § 1 die Preisangabe gegenüber dem Letztverbraucher einschließlich Mehrwertsteuer und sonstiger Preisbestandteile, also die Angabe des Endpreises, vorschreibt; ferner müssen alle Waren, die sichtbar zum Verkauf an Letztverbraucher ausgestellt sind, mit gut lesbaren Preisschildern ausgezeichnet sein. Näheres Rn 805 ff.

261 Ein Verstoß gegen diese Bestimmungen ist freilich nicht automatisch auch ein Verstoß gegen § 5 Abs. 1 S. 2 Nr. 2 UWG. Vielmehr muss der Kunde im Einzelfall tatsächlich irregeführt worden sein. Dagegen verstößt die Verletzung der PreisangabenVO unter dem Gesichtspunkt des Rechtsbruchs (Rn 774 ff, 805 ff) regelmäßig auch gegen §§ 3 Abs. 1, 4 Nr. 11 UWG (wegen der Konkurrenzen siehe Rn 40).

Zur Frage der **Preisschleuderei** und des **systematischen Unterbietens** s. Rn 574 und 577.

aa) Täuschung am Preis selbst

Rechtsgrundlage: § 3 Abs. 3 UWG iVm Nr. 21 Anhang-UWG; §§ 3 Abs. 1, 5 Abs. 1 S. 2 Nr. 2 UWG; §§ 3 Abs. 1, 4 Nr. 11 iVm PreisangabenVO; Art. 6 Abs. 1 d Richtlinie unlautere Geschäftspraktiken

262 Die Formen der Irreführung am Preis (§ 5 Abs. 1 S. 2 Nr. 1 UWG) selbst sind vielfältig.[721] Ein plumper Fall ist die **Benennung falscher Preise**: Die im Schaufenster ausgezeichnete Ware ist im Laden teurer,[722] oder dem Kunden wird ein zu niedriger Preis genannt, der dann später auf dem Kassenzettel stillschweigend „berichtigt" ist. Hierher gehört auch das Schalten von Anzeigen mit falschen Preisen in Preissuchmaschinen (wie zB idealo.de). Für den Verbraucher ist das vor allem dann ärgerlich, wenn Platz 1 bei tiefergehender Recherche gar nicht den billigsten Preis bietet. Der Bundesgerichtshof

---

721 Vgl Kisseler, Preiswahrheit und Preisklarheit in der Werbung, FS Traub, S. 163.
722 RG JW 1905, 507. Vgl auch BGH GRUR 1988, 629 f. *Konfitüre*: Preisauszeichnung an der Ware war höher als in der Werbung angegeben. Ähnlich schon KG GRUR 1979, 725, 726.

war deshalb auch streng. Der Nutzer einer **Preissuchmaschine** im Internet erwarte „höchstmögliche Aktualität"; er rechne damit, dass eine Anzeige, die ein Anbieter dort schalte, im Zeitpunkt des Aufrufes aktuell sei. Auch wenn der Preis erst vor 3 Stunden erhöht wurde, sei er irregeführt.[723] Hinweise wie „Alle Angaben ohne Gewähr!" beseitigen die Irreführung nicht, weil der Verbraucher sie nicht auf den Preis beziehe.[724] Genauso ist es irreführend, wenn der im Prospekt genannte Preis unter einem Ensemble sich nur auf ein einzelnes Stück daraus bezieht[725] oder eine besonders herausgestellte Leistung nicht im Preis inbegriffen ist.[726] Allerdings ist die **falsche Preisauszeichnung** im Regal trotz angegebenen günstigeren Preises in einer Zeitungsanzeige keine Täuschung am Preis, wenn tatsächlich nur der niedrige Preis gefordert wird.[727]

Zahlreiche wettbewerbsrechtliche Fälle ranken sich um das irreführende **Weglassen von Preisbestandteilen.** Hier überschneidet sich das Irreführungsverbot des § 5 Abs. 1 S. 2 Nr. 2 UWG mit der **PreisangabenVO** und der dortigen **Verpflichtung,** gegenüber privaten Endverbrauchern den **Endpreis anzugeben** (§ 1 Abs. 1 S. 1 PreisangabenVO; vgl dazu Rn 805 ff). Allerdings muss nicht jede fehlende Angabe des Endpreises auch irreführend sein. Wer beispielsweise gegenüber privaten Endverbrauchern mit Preisen ohne Mehrwertsteuer (Umsatzsteuer) wirbt, aber unmissverständlich darauf hinweist, dass „19% Mehrwertsteuer" hinzukommen, führt nicht irre, verstößt aber gegen § 1 Abs. 1 S. 1 PreisangabenVO. In Fällen fehlender Irreführung ist allerdings besonders sorgfältig zu fragen, ob eine spürbare Wettbewerbsverletzung gem. §§ 3 Abs. 1, 4 Nr. 11 UWG iVm § 1 Abs. 1 S. 1 PreisangabenVO vorliegt (Rn 810). Außerdem kann auch § 5 a UWG (**Irreführung durch Unterlassen**) erfüllt sein. Eine Aufklärungspflicht gegenüber dem Verbraucher mit verpflichtenden Angaben gem. § 1 Abs. 2 Preisangaben VO fällt unter § 5 a Abs. 2 und 3 Nr. 3 UWG als wesentliche Information (zu § 5 a UWG Rn 376 ff).

Folgende Fallpraxis hat sich für die verschiedenen Preisbestandteile herausgebildet:

- ■ **Flugpreise:** Die Angabe von Flugpreisen muss den vollständigen Endpreis enthalten, um dem Kunden den Preisvergleich der Anbieter zu ermöglichen. Nicht nur die Angabe von Steuern und Gebühren wie eventueller Servicecharge muss der Preis bereits anfänglich enthalten, sondern auch Gebühren beim Einsatz von Kreditkarten bei der online Flugbuchung[728] oder Gepäckgebühren.[729] Wenn es sich um Bewerbung von **ab-Preisen** handelt, müssen auch hier für jeden Mindestpreis die Ticket- und Treibstoffgebühr sowie Steuern angegeben sein.[730] Dass der Endpreis erst am Ende des Buchungsvorganges durch ein notwendigerweise mehrstufiges Reser-

263

---

723 BGH GRUR 2010, 936 Tz. 10 ff. *Espressomaschine.*
724 BGH GRUR 2010, 936 Tz. 13 *Espressomaschine.*
725 OLG Stuttgart WRP 1983, 300, 301 (*Polstergarnitur mit Tisch*; der Preis bezog sich nur auf die Couch).
726 LG Wuppertal WRP 1988, 705 für eine Fahrt ins Blaue mit „*Köstlichem Gänsebratenessen*".
727 BGH GRUR 2008, 442 Tz. 11 f. *Fehlerhafte Preisauszeichnung.*
728 LG Berlin WRP 2005, 1569, 1570: Einwegflüge sind ab 18,90 € zu haben, Retourflüge ab 45,12 €, alles inbegriffen, ohne Angabe der Kreditkartengebühr, wenn keine kostenlose Bezahlung möglich ist.
729 OLG Hamburg WRP 2008, 149, 150 f. *Gepäckgebühr.*
730 BGH GRUR 2004, 435, 436 *FrühlingsgeFlüge*; anders BGH GRUR 2003, 889, 890 *Internet-Reservierungssystem*, nach diesem der Endpreis bei der Buchung am Ende notwendiger Buchungsschritte angegeben werden kann, dies jedoch nur, wenn deutlich wurde, dass nur Preisbestandteile eines Flugpreises angegeben wurden; OLG Frankfurt NJOZ 2008, 3508, 3509 f *ab 6,00 €, 29,00 €, 99,00 €*, hier fehlt es an einem deutlichen Hinweis und der Blickfang lässt Preise günstiger erscheinen.

vierungssystem angegeben wird,[731] bedarf eines ausdrücklichen klaren Hinweises.[732] Keine Irreführung war deshalb zu beobachten, wenn eine Fluglinie auf einer Internetseite „Angebote" einen Ausgangspreis „zuzüglich Steuern und Gebühren/ zuzüglich Kerosinzuschlag" benennt und der Kunde mittels übersichtlicher Links vor Abschluss des Buchungsvorgangs über den Endpreis unterrichtet wird.[733] Neuerdings werden Flugpreisangaben allerdings durch den vorrangig zu beachtenden Art. 23 EU-VO 1008/2008 vom 24.9.2008 reguliert (Rn 15),[734] der über §§ 3 Abs. 1, 4 Nr. 11 UWG in das UWG einbricht (Rn 777 ff, 826).

■ **Kredit- und Finanzierungskosten:** Dem Publikum wurde irreführend der Kauf auf Abzahlung angeboten, ohne ihm deutlich zu machen, wie viel mehr das kosten würde.[735] Auch bei anderen Kreditangeboten beschränkte sich die Werbung oft auf die Angabe verlockend niedriger Monatsraten, ohne deren Anzahl und die entstehende Gesamtbelastung erkennen zu lassen.[736] Eine Kaufimmobilie, die im Zusammenhang mit einem finanzierten Kauf steht, enthält ebenso die Aussage über eine Kreditfinanzierung.[737] Allerdings ist für § 5 Abs. 1 S. 2 Nr. 2 UWG stets zu fragen, ob eine positive (zumindest schlüssige) Irreführung gegeben ist. Das ist nicht der Fall bei fehlendem effektivem Jahreszins, was aber einen Verstoß gegen §§ 1 Abs. 1 S. 1, 6 Abs. 1 PreisangabenVO und § 5 a UWG darstellt, der spürbar gem. § 3 Abs. 1 UWG ist, auch wenn lediglich die Finanzierungsleistung Dritter hiermit vermittelt wird.[738] Dies widerspricht nicht dem BGH-Urteil über eine Wohnimmobilie,[739] die lediglich den Quadratmeterpreis enthielt, ohne den Gesamtpreis zu benennen. Hier erkannte der BGH eine Bagatellverletzung wegen der Berechnungsmöglichkeit des Endpreises.[740] Bei fehlenden Kreditangaben und der Belastung durch den Jahreszins fehlt es an einer eigenständigen Berechnungsmöglichkeit. Vgl auch Rn 810.

■ **Mehrwertsteuer (Umsatzsteuer):** Wer nur den Nettopreis ohne Mehrwertsteuer angibt[741] oder nur den Nettopreis blickfangartig (vgl Rn 165) herausstellt, um dann bescheiden hinzuzufügen „+ MwSt.",[742] handelt irreführend.

■ **Telekommunikationsangebote:** Irreführend ist die blickfangmäßige Herausstellung eines Handynetzkartenvertrages mit unzureichend lesbaren Tarifbedingungen für die Beanspruchung dieses Angebotes.[743] Das Gleiche gilt für eine fehlende Aufklä-

731 BGH GRUR 2003, 889, 890 *Internet-Reservierungssystem*.
732 OLG Frankfurt NJOZ 2008, 3508, 3510 *ab 6,00 €, 29,00 €, 99,00 €*.
733 OLG Köln GRUR-RR 2007, 329, 330 *Flugpreistarife*.
734 EU-Verordnung über gemeinsame Vorschriften für die Durchführung von Luftverkehrsdiensten in der Gemeinschaft, ABl. EG Nr. L 293/3 vom 31.10.2008, abrufbar unter www.nordemann.de.
735 BGH GRUR 1957, 280 f. *Kassa-Preis*.
736 BGH GRUR 1980, 304, 305 f. *Effektiver Jahreszins*.
737 OLG Köln WRP 2008, 679 L *Immobilienkauf*.
738 OLG Köln WRP 2008, 679 L *Immobilienkauf*.
739 BGH GRUR 2001, 258, 259 *Immobilienpreisangaben*; mit Anmerkung *J.B. Nordemann/Blum* NZM 2002, 148 ff.
740 BGH GRUR 2001, 258, 259 *Immobilienpreisangaben*; mit Anmerkung *J.B. Nordemann/Blum* NZM 2002, 148 ff.
741 OLG Karlsruhe WRP 1977, 420, 421.
742 OLG Düsseldorf GRUR 1975, 665.
743 BGH GRUR 2009, 1180 Tz. 22 ff *0,00 Grundgebühr*; OLG Hamburg WRP 2007, 342, 345 *Der debitel Sommerhit*; ähnlich OLG Hamburg Urt. v. 9.6.2006, Az: 5 U 159/05, Tz. 23 (juris), BeckRS 2006, 14943 *Operation Preis*.

rung darüber, dass ein Netzkartenvertrag abgeschlossen werden muss, um ein subventioniertes Handy zu erhalten.[744] Eine Einschränkung des Blickfanges durch einen „Sternchentext" ist zulässig, er darf den Blickfang aber nicht in sein Gegenteil verkehren (Rn 165 ff).Vgl auch Rn 806.

■ **Überführungskosten:** Beim Autokauf wurde der Verkaufspreis irreführend ohne die Überführungskosten[745] angegeben.

■ **Üblicherweise in Anspruch genommene Leistungen:** Bei einem Fitnessstudiovertrag muss zur Vermeidung einer Irreführung angegeben werden, dass zusätzliche Kosten für die Benutzung der Dusche anfallen.[746] Denn üblicherweise duscht man nach Benutzung des Fitnessstudios. Nur was der Verbraucher nicht in Anspruch nehmen muss und auch üblicherweise nicht nutzt, ist kein Preisbestandteil.[747] Siehe auch Rn 806 zur Bestimmung dessen, was Preisbestandteile sind.

■ **Versandkosten:** Schon aus § 312 c BGB ergibt sich, dass beim Versandhandel im Fernabsatz dem Kunden die Versandkosten in bezifferter Form genannt werden müssen,[748] wobei allerdings keine Gesamtpreisangabe (Warenpreis und Versandkosten) wie nach der PreisangabenVO erforderlich ist,[749] siehe auch Rn 806, 837. Soweit konkret genannte Produkte mit Preisen auf einer Homepage eines Internetversandhandels beworben werden, müssen diese nach § 1 Abs. 1 S. 1 PreisangabenVO den Gesamtpreis angeben, indem in zumindest räumlicher Nähe die Steuer wie auch eventuelle Versandkosten aufgeführt sind.[750] Bei Anzeigen in Preissuchmaschinen müssen die Versandkosten bereits dort neben dem Preis angeben werden.[751] Eine bloße **Verweisung auf die Allgemeinen Geschäftsbedingungen** des Unternehmens und darin enthaltene Bestimmungen über Liefer- und Versandkosten ist Irreführung über den Preis, da dieser preisgünstiger dargestellt wird, als er tatsächlich ist.[752] Allerdings genügt es, dass noch vor dem Bestellvorgang die Liefer- und Versandkosten angezeigt werden, weil der angesprochene durchschnittliche Verkehrskreis weiß, dass bei Bestellungen im Internetversandhandel Liefer- und Versandkosten anfielen.[753] Allerdings bedarf es einer leicht erkennbaren und gut wahrnehmbaren Angabe, ggf auf einer gesonderten Seite. **Abholpreise** (bei sperrigen Waren, zB Möbeln) sind als solche zu kennzeichnen.[754]

---

744 BGH GRUR 1999, 264 *Handy für 0,00 DM.*
745 OLG Frankfurt GRUR 1980, 730, 731 *Kfz-Preise.*
746 OLG Karlsruhe WRP 2009, 107, 108 *Fitness ohne Dusche (Discount-Fitness-Studio).*
747 Dazu eingehend Völker § 1 PreisangabenVO Rn 43 ff.
748 BGH GRUR 2008, 84 Tz 26 *Versandkosten*; OLG Stuttgart GRUR-RR 2009, 31 L *Preissuchmaschine*; OLG Hamburg GRUR-RR 2005, 236, 238 *madeleine.de*; OLG Hamburg Urt. v. 6.9.2006, Az: 5 U 159/05, BeckRS 2006, 14943 *Operation Preis*; OLG Hamburg GRUR-RR 2008, 137 L *Sofort Kaufen*; LG Frankfurt am Main WRP 2002, 1309 *zzgl Versandkosten.*
749 BGH GRUR 1997, 479, 480 *Münzangebot*; vgl auch KG GRUR 1988, 931 L *Versandkosten.*
750 OLG Hamburg GRUR-RR 2005, 27, 28 f. *Umsatzsteuer und Versandkosten*, nachfolgend BGH GRUR 2008, 84 Tz. 29 *Versandkosten*; BGH GRUR 2003, 889, 890 *Internet-Reservierungssystem.*
751 BGH GRUR 2010, 251 Tz. 12 ff, 17 *Versandkosten bei Froogle.*
752 OLG Hamburg GRUR-RR 2005, 27, 28 f. *Umsatzsteuer und Versandkosten*, nachfolgend BGH GRUR 2008, 84 Tz. 32 *Versandkosten*; BGH GRUR 2003, 889, 890 *Internet-Reservierungssystem.*
753 BGH GRUR 2008, 84 Tz. 31 *Versandkosten*; BGH NJW 2008, 1595 Tz. 23 *Umsatzsteuerhinweis.*
754 OLG Köln WRP 1986, 51, 52 *Abholpreise*; OLG Stuttgart WRP 1987, 271, 272 *Selbstabholer*; OLG Hamburg WRP 1998, 225, 226 *Einbauküchen.*

Gegenfall zur fehlenden Angabe von Preisbestandteilen ist – zur Rechtfertigung überhöhter Preise – die Behauptung von Abgaben, die überhaupt nicht, oder doch nicht in der angegebenen Höhe, entstanden.[755]

264   Eine Werbung mit der Aufforderung, Bestellungen telefonisch aufzugeben, oder auf die gleiche Weise weitere Informationen einzuholen, ist für sich genommen nicht unlauter, wenn dabei eine übliche Rufnummer mit Ortsvorwahl angegeben wird. Etwas anderes soll aber für „01805"-Nummern" gelten, weil auch der verständige Durchschnitts-Verbraucher diese mit kostenlosen „0800"-Nummern verwechseln könne.[756] Überzeugender ist es, hier nur dann eine Irreführung anzunehmen, wenn die Telefongebühren für die Sonderrufnummern über denen für ein Ferngespräch liegen.[757] Gemäß § 66 a S. 1 TKG ist bei der Werbung gegenüber Endnutzern mit **Telefon-Premium-Dienste**, also insbesondere Auskunftsdiensten, Massenverkehrsdiensten, Geteilte-Kosten-Diensten, Kurzwahldiensten und vergleichbaren neuartigen Diensten der für die Inanspruchnahme des Dienstes zu zahlenden Preis zeitabhängig je Minute oder zeitunabhängig je Inanspruchnahme einschließlich der Umsatzsteuer und sonstiger Preisbestandteile anzugeben (vgl auch die verwandten §§ 66 b, 66 c TKG).[758]

265   Einen Sonderfall behandelt § 3 Abs. 3 UWG iVm **Nr. 21 Anhang-UWG**. Danach ist es immer unzulässig, das Angebot einer Ware oder Dienstleistung an Verbraucher als „gratis", „umsonst", „kostenfrei" oder dergleichen zu bezeichnen, wenn hierfür gleichwohl Kosten zu tragen sind. Allerdings soll das nach Nr. 21 S. 2 nicht für Kosten gelten, die im Zusammenhang mit dem Eingehen auf das Waren- oder Dienstleistungsangebot oder für die Abholung oder Lieferung der Ware oder die Inanspruchnahme der Dienstleistung unvermeidbar sind. Nr. 21 betrifft einen Sonderfall der Irreführung über die Berechnung des Preises im Sinne des § 5 Abs. 1 S. 2 Nr. 2 UWG.[759]

Beispiel: Gratisproben dürfen nicht mit einer Abnahme- oder Abonnementsverpflichtung gekoppelt werden.[760] Bei **Gratisproben** dürfen auch keine Kosten für Verpackung und Transport anfallen.[761]

Telefonieren für o Cent![762] stimmt nicht und ist damit stets unzulässig, wenn nur eine Teilleistung unentgeltlich ist.

Internet umsonst ist stets unzulässig, wenn jedenfalls nutzungsabhängige Telefongebühren anfallen und darauf nicht hingewiesen wird.[763]

Anders als nach bisheriger Rechtsprechung[764] dürfte es aber nunmehr gem. Anhang-UWG Nr. 21 S. 2 nicht per se unzulässig sein, dass die Kosten für Verpackung und Transport berechnet werden, wenn darauf hingewiesen wird.

---

755   Vgl OLG Düsseldorf NJWE 1998, 104; OLG Hamburg NJWE 1997, 52 f „Preise zzgl 55 DM Tax".
756   OLG Frankfurt NJWE WettbR 1997, 217, Revision vom BGH nicht angenommen, S. WRP 1998, 338; dem folgend OLG Stuttgart WRP 2001, 169, 171.
757   OLG Frankfurt WRP 1999, 454 Fax-Abruf 0190; OLG Stuttgart WRP 2001, 169, 172.
758   Zum Ganzen: Wegmann WRP 2008, 628 ff.
759   Begr. RegE UWG-Novelle 2008 BT DS 16/10145, S. 33, abrufbar unter www.nordemann.de.
760   KG GRUR 1984, 286, 287 Garten-ABC.
761   RG GRUR 1930, 337 Gedächtnisausgabe.
762   BGH GRUR 2009, 73 Tz. 18 und 20 f. Telefonieren für 0 Cent!, allerdings nur wegen Verstoßes gegen die PreisangabenVO iVm §§ 3, 4 Nr. 11 UWG, wahrscheinlich da es sich um einen Altsachverhalt vor Ablauf der Umsetzungsfrist der Richtlinie unlautere Geschäftspraktiken handelte (Rn 17).
763   OLG Hamburg CR 2000, 828, 829. Gegenfall (zulässig) OLG Hamburg GRUR-RR 2001, 111, 111: Grundgebühr 19,90 DM, Internet-Tarif 0 Pf/min.
764   RG GRUR 1930, 337 Gedächtnisausgabe.

Kein Fall des Nr. 21 Anhang-UWG liegt vor, wenn Nebenleistungen als „gratis" oder „umsonst" angekündigt werden. Das Angebot **kostenloser Nebenleistungen** wird inzwischen nicht mehr als irreführend gem. § 5 Abs. 1 S. 2 Nr. 2 UWG angesehen (Rn 142, 280) und verstößt seit Abschaffung der ZugabeVO auch nicht mehr gegen andere Bestimmungen.[765] Die Ankündigung einer Wochenendbeilage ohne jeden Preisaufschlag kann also nicht irreführend sein, weil sie im Verkaufspreis der Zeitung einkalkuliert sei.[766]

Wird **nicht ausdrücklich** mit „gratis", „umsonst", „kostenfrei" oder dergleichen geworben, wird aber dennoch darüber getäuscht, dass das Angebot kostenlos ist, kann § 5 Abs. 1 S. 2 Nr. 2 UWG eingreifen. Im Regelfall sollte auch eine Irreführung über die Beweggründe für die geschäftliche Handlung (§ 5 Abs. 1 S. 2 Nr. 3 UWG, vgl Rn 321), ein Verstoß gegen §§ 4 Nr. 11 UWG, 1 PreisangabenVO (Rn 806) und gegen § 5 Abs. 2 und Abs. 3 Nr. 3 UWG (Rn 380, 395 ff) vorliegen.

Beispiel: Ein (ärgerliches) Phänomen sind **Abo-Fallen** oder **sonstige Kostenfallen im Internet**.[767] Bei ihnen wird der Verbraucher darüber irregeführt, dass die Nutzung bestimmter Inhalte in Wahrheit kostenpflichtig ist. Vgl zur Unlauterkeit der Forderungseinziehung Rn 858.

Mischangebote, zB „Kleider und Mäntel von 30 bis 300 EUR", sind nur zulässig, wenn wirklich Kleider und Mäntel auch zum niedrigsten Preis von 30 EUR in angemessener Menge zu haben sind. **266**

Preislisten dienen vor allem dann zur Irreführung, wenn sie dem Händler nicht zur Einhaltung der Preise, sondern zur Gewährung von Abschlägen dienen sollen.[768] **267**

Unbestimmte Preisangaben, wie „20% auf alles"[769] sind nur zulässig, wenn das gesamte beworbene Sortiment im Preis herabgesetzt ist, „Inzahlungnahme bis zu ... EUR"[770] nur, wenn der genannte Höchstsatz erreicht und nicht nur ein unbedeutender Teil des Gesamtangebots zum Höchstsatz angeboten wird.[771] Auch das willkürliche Herauf- und Herabsetzen der Preise (Preisschaukelei) führt das Publikum über die tatsächlich geltenden Preise irre.[772] Unbestimmte Endpreisangaben können auch gegen die PreisangabenVO verstoßen (Rn 806). **268**

Eine Irreführung scheidet aus bei **Doppelgebinden** (mehrere Stücke *derselben* Ware in einer Packung), weil sich hier der Einzelpreis unschwer und verlässlich ermitteln lässt.[773] Hierzu gehören auch die Angebote von Restaurants „one for two",[774] bei de- **269**

---

765 BGH GRUR 2006, 161 Tz. 14 *Zeitschrift mit Sonnenbrille.*
766 Bornkamm in Köhler/Bornkamm § 5 UWG Rn 7.116; aA noch OLG Stuttgart NJW 1954, 925, 926 *Wochenendbeilage.*
767 Zuletzt OLG Frankfurt MMR 2010, 614 *Kostenfalle im Internet;* ferner OLG Frankfurt GRUR-RR 2009, 265, 267 *Abo-Fallen;* OLG Hamm GRUR-RR 2008, 435.
768 BGH GRUR 1966, 687 f. *Richtpreiswerbung III,* Vgl Rn 271 ff.
769 OLG Saarbrücken GRUR-RR 2007, 161, 162 *20% auf alles.*
770 OLG Köln GRUR 1995, 277, 278 f. *Ex-DDR-Fahrzeuge.*
771 BGH GRUR 1966, 382, 384 *Jubiläum;* BGH GRUR 1983, 257, 258 *bis 40 %.*
772 BGH GRUR 1974, 341, 343 *Campagne;* BGH GRUR 1986, 322 *Unterschiedliche Preisankündigung;* s. aber OLG Hamm GRUR 1990, 627.
773 BGH GRUR 1985, 392 f. *Sparpackung;* OLG Frankfurt GRUR 1971, 123 *Doppelgebinde.*
774 OLG Köln GRUR 1988, 151; KG NJW-RR 1988, 1191 f.

nen der Bundesgerichtshof früher eine verbotene Zugabe annahm.[775] Zu Lockvogel-angeboten Rn 278 f, zu Vorspannangeboten Rn 456 ff.

bb) Preis-Schlagwörter

Rechtsgrundlage: §§ 3 Abs. 1, 5 Abs. 1 S. 2 Nr. 2 UWG; §§ 3 Abs. 1, 5 a UWG; §§ 3 Abs. 1, 4 Nr. 11 UWG iVm § 1 Abs. 1 PreisangabenVO; Art. 6 Abs. 1 d Richtlinie unlautere Geschäftspraktiken

270 Mit schlagwortartigen Hinweisen auf ihre Preisgestaltung versuchen besonders viele Gewerbetreibende, Käufer anzulocken. Irreführende Angaben nach § 5 Abs. 1 S. 2 **Nr. 2 UWG** sind in folgenden Fällen häufig (**weitere Beispiele in Rn 257**):

- ■ „**Dauertiefpreise**" darf derjenige sagen, der lagerfähige Produkte unter den sonst üblichen Marktpreisen anbietet; der Verkehr erwartet, dass die entsprechenden Waren für eine gewisse Zeitspanne – ca. ein Monat – zu diesem Preis angeboten werden. Preisänderungen innerhalb dieser Zeitspanne sind zulässig, wenn in der Werbung deutlich gemacht wird, dass Preisänderungen für den Fall der Änderung der Einkaufskonditionen vorbehalten bleiben (und dann auch nur in diesen Fällen erfolgen).[776] Für nicht lagerfähige Produkte wie Obst und Gemüse geht der Verkehr nach Auffassung des Bundesgerichtshofes aber davon aus, dass die Angabe „Dauertiefpreis" nur für die vom Händler eingekaufte Menge, also nicht für den Ein-Mo-nats-Zeitraum, gilt.[777]

- ■ „**Direktverkaufspreis des Großhandels**" und „**Großhandelsdirektpreis**" klingen im Ohr des Verbrauchers so sehr nach „Großhandelspreis", dass sie diesem entsprechen müssen.[778] Heute erscheint das seit Abschaffung des § 6 a UWG aF als zweifelhaft, zumindest wenn der Verbraucher situationsbedingt aufmerksam ist[779] (siehe zum Verbraucherleitbild Rn 121 ff); vgl ferner Rn 243 zur Werbung mit Großhändler- oder Herstellereigenschaft.

- ■ „**Discountpreis**" ist zwar nicht den Discountern vorbehalten, lässt aber einen – im Vergleich zum sonst üblichen – besonders niedrigen Preis erwarten. Das gilt erst recht für den „**Super-Discountpreis**".[780] Weshalb allerdings nicht auch für „Discount-Grabsteine" sollte geworben werden können, ist nicht einzusehen;[781] Discountpreise braucht es keineswegs nur für Waren des täglichen Bedarfs zu geben (wie der Fall selbst zeigt). Vgl Rn 325.

- ■ Kein **Einrichtungspreis**, echte DSL-Flatrate ohne Einrichtungspreis[782] ist insoweit ein irreführender Preisnachlass, wenn nicht deutlich im räumlichen Zusammenhang mit der Angabe auf eine **Mindestvertragslaufzeit** hingewiesen wird.

---

775 BGH GRUR 1991, 933, 934 *One for Two*; BGH GRUR 1992, 116 *Topfgucker-Scheck*. Vgl auch KG GRUR 1989, 769 f.
776 BGH GRUR 2004, 605, 606 f. *Dauertiefpreise*.
777 BGH GRUR 2004, 605, 606 f. *Dauertiefpreise*.
778 OLG Oldenburg GRUR 1960, 250 *Direkt-Kauf*.
779 Vgl OLG München GRUR-RR 2004, 81 *Matratzenfabrik*.
780 OLG Hamm BB 1963, 1234 f.
781 So aber OLG Oldenburg GRUR 1987, 300.
782 OLG Hamburg Urt. v. 9.6.2006, Az: 5 U 159/05, Tz. 23 (juris), BeckRS 2006, 14943 *Operation Preis*.

- **Einführungspreis** ist zulässig, wenn er für ein neues[783] Produkt genannt wird. Er kann auch für Waren zeitlich befristet werden, darf einem höheren späteren Preis jedoch nur dann gegenübergestellt werden, wenn der Zeitpunkt genannt wird, von dem ab der spätere Preis gilt.[784]

- **„einmalig preisgünstig"** weist zwar nicht auf eine Alleinstellung des Werbenden hin, was die Vorteilhaftigkeit seiner Preise angeht, besagt aber doch, dass er jedenfalls zur Spitzengruppe der Preisbrecher gehört.[785]

- Ein **Endpreis** muss alle Bestandteile enthalten, die der Verkehr erwartet.[786] Vgl § 1 Abs. 1 PreisangabenVO.

- **„Fabrikpreis"** sollte nach früherer Auffassung nur der reine Fabrikabgabepreis, wie er Wiederverkäufern berechnet wird, sein;[787] nach Abschaffung des § 6 a UWG aF (Rn 243) und dem geänderten Verbraucherleitbild (Rn 121 ff) ist das aber nicht mehr haltbar; es muss nur noch eine gewisse Preisgünstigkeit vorliegen.[788]

- **„Finanzierungspreis**, keine Anzahlung, keine Zinsen" ist irreführend, wenn Zinsen bereits einkalkuliert sind.[789]

- **Festpreis** – ein monatlicher Festpreis mit einem bestimmten Transfervolumen mit unzureichendem Hinweis, dass erhöhte Preise bei Überschreitung des Volumens gelten, führt zur Fehlvorstellung über den Preis dieses Angebots.[790] **Internet zum Festpreis** lässt ein alles einschließendes Entgelt erwarten.[791] **Internet zum Pauschalpreis** lässt dagegen offen, ob neben diesem noch nutzungsabhängige Einzelentgelte zu zahlen sind,[792]

- **Flatrate** bedeutet regelmäßig unbeschränktes Surfen/Telefonieren (national) zu dem angegebenen Preis; wenn der Preis nur abgefordert werden kann mit weiteren verbundenen Kopplungsangeboten, die Zusatzkosten verursachen, liegt eine Irreführung vor.[793]

- **Geld-zurück-Garantie** . **Preisgarantie.**

- **Großhandelspreis** ist nur der vom Großhändler dem Einzelhändler berechnete Preis; zulässig ist es jedoch, weil klar, vom „Großhandelspreis zuzüglich Umsatzsteuer und 5 % Kostenaufschlag" zu sprechen,[794] wenn das zutrifft und daneben auch der Einzelpreis (Endpreis) genannt wird. Der reine Einzelhändler darf überhaupt nicht vom „Großhandelspreis" sprechen.[795]

---

783 Vgl Rn 207 zu „Neuheit". Anzeigen-Einführungspreise sind danach jedenfalls für einen Zeitraum von acht Wochen neu und damit angemessen, KG NJWE 2000, 8, 9. OLG Hamburg WRP 1989, 115 f lässt einen Anzeigen-Einführungspreis auch bei Verlagswechsel zu.
784 BGH GRUR 1985, 929 f. *Späterer Preis.* Vgl auch BGH GRUR 1994, 390 *Anzeigen-Einführungspreis.*
785 OLG Hamm GRUR 1968, 318, 320 *Markenqualität.*
786 OLG Hamm GRUR 1987, 921, 922 *Beerdigungs-Endpreis* (in GRUR 1988, 707 erneut abgedruckt).
787 OLG Oldenburg GRUR 1960, 250 f.
788 OLG München GRUR-RR 2004, 81 *Matratzenfabrik;* Vgl auch OLG Nürnberg MDR 2002, 286 *factory outlet center;* OLG Hamburg GRUR 2001, 42 *Designer Outlet.*
789 OLG Düsseldorf NJW-RR 1987, 29.
790 OLG Hamburg GRUR-RR 2007, 169, 172 *Webhosting-Produkte.*
791 OLG Köln GRUR-RR 2001, 17 f. *Festpreis.*
792 OLG Hamburg GRUR-RR 2001, 19, 19 *Pauschalpreis.*
793 BGH GRUR 2010, 744 Tz. 43 *Sondernewsletter;* OLG Bremen Urt. v. 5.9.2008, Az: 2 W 48/08, Tz. 13 (juris), BeckRS 2008, 21639 *Ein Leben lang gratis telefonieren;* OLG Frankfurt GRUR-RR 2007, 165, 166 *Surf + Phone.*
794 OLG Hamm BB 1960, 801, 803.
795 OLG Köln WRP 1961, 126, 127 f.

- „Höchstrabatt" war früher unzulässig, da der gesetzlich zulässige Höchstrabatt von 3 % keine besondere Vergünstigung darstellte;[796] seit Aufhebung des RabattG läge in einer solchen Angabe ein Preisvergleich, der zutreffen müsste (Vgl Rn 681 ff).

- „Höchstpreise" für die Inzahlungnahme gebrauchter Geräte wird ebenso toleriert wie „Tiefstpreise" für Billigangebote.[797]

- „Jetzt nur" setzt voraus, dass bisher ein höherer Preis gefordert worden ist.[798]

- „Konkurrenzloser Preis" ist Alleinstellungsbehauptung (dazu Rn 184 ff).

- Zu „kostenlos" s Rn 265.

- Schlagwörter wie „durchschnittlicher Marktpreis"[799] oder „Netto-Preis"[800] sind diffus und daher unzulässig (Rn 168, 263).

- Mehrwert in einer Einzelhandelsfirma ist unzulässig, wenn das Warenangebot nicht insgesamt preisgünstiger ist als bei der Konkurrenz.[801]

- „notarieller Festpreis" wird jedenfalls von einem nicht völlig unerheblichen Teil der angesprochenen Verkehrskreise dahin verstanden, dass der Notar den Festpreis auf seine Angemessenheit überprüft habe, was nicht zutrifft.[802]

- „Zum Nulltarif" wird bei Kassenbrillen als „ohne Zuzahlung" verstanden, ist also zulässig.[803]

- Pauschalpreis: siehe oben bei Festpreis.

- „Preisbrecher" lässt eine vom Üblichen demonstrativ abweichende, niedrige Preisgestaltung erwarten, führt also irre, wenn das Absinken der Preise schon eine allgemeine Markterscheinung ist.[804]

- „Preise wie vor zehn Jahren" ist unzulässig, wenn es die so beworbene Ware damals noch gar nicht gab, muss aber auch im Übrigen stimmen.[805]

- Preisgarantie wird meist in der Form angekündigt, dass die Ware anderswo nicht preiswerter zu haben ist („Geld zurück, wenn anderswo billiger"). Diese Angabe wird in dem Augenblick unzutreffend, in dem ein Konkurrent den Preis unterbietet,[806] ist aber im Übrigen zulässig,[807] wenn ein Preisvergleich für den Kunden möglich ist.[808] Bei exklusiv angebotener Ware scheidet dies freilich aus.[809] Eine Preisgarantie in der Weise, dass ein „Umtauschrecht für fünf Jahre zum vollen Preis" gewährt wird, ist nach Aufhebung der ZugabeVO zulässig.[810] Ein Voraus-

---

796 OLG Frankfurt WRP 1973, 42 f; aA OLG Nürnberg WRP 1968, 458.
797 OLG Frankfurt WRP 1991, 176 und OLG Nürnberg GRUR 1991, 857 bzw OLG Köln GRUR 1990, 131, das allerdings früher „Höchstpreise" verboten hatte (WRP 1986, 425).
798 BGH GRUR 2000, 337, 338 Preisknaller.
799 OLG Stuttgart Urt. v. 13.12.2007, 2 U 52/07, BeckRS 2008, 04926 durchschnittlicher Marktpreis.
800 OLG Köln WRP 1981, 44 f.
801 BGH GRUR 1973, 534, 535 Mehrwert II.
802 BGH GRUR 1990, 532, 533 notarieller Festpreis.
803 KG WRP 1994, 184 f.
804 LG Bielefeld WRP 1962, 139.
805 OLG Koblenz WRP 1995, 150 L.
806 OLG Hamm BB 1969, 64. Dabei genügt es, dass eine einzelne Ware oder Leistung beim Konkurrenten günstiger ist, BGH GRUR 1991, 468, 469 Preisgarantie II.
807 BGH GRUR 1975, 553 f und 1991, 468, 469 Preisgarantie I und II; BGH GRUR 1990, 371, 373 Preiskampf; Vgl OLG Hamm WRP 1977, 199.
808 OLG Hamburg WRP 1984, 32, 33.
809 BGH GRUR 1994, 57, 58 Geld-zurück-Garantie.
810 Vgl J. B. Nordemann NJW 2001, 2505, 2507; zum früheren Recht: OLG Stuttgart WRP 1974, 286 f; OLG Frankfurt NJWE 1998, 171, 172 (einjährige Geld-Zurück-Garantie bei Kreditkarte).

Verzicht auf die Rückgabe der Ware bei Inanspruchnahme der Garantie liegt in einer solchen Werbung nicht.[811]

■ „Preisknaller" darf nur sagen, wer den eigenen früheren Preis *erheblich*, dh unter das sonst übliche Preisniveau gesenkt hat.[812]

■ „Preisknüller des Jahres" ist im Regelfall schon als unzutreffende Alleinstellungsbehauptung, zumindest aber dann irreführend, wenn der fragliche Preis schon seit drei Jahren von dem so Werbenden gefordert wird.[813]

■ „Regulärer Preis" ist im Rahmen einer Gegenüberstellung mit einem niedrigeren Preis mehrdeutig und daher unzulässig[814] (Rn 168, 272).

■ „Sensationell preisniedrig" darf nur bei außergewöhnlich niedrigen Preisen gesagt werden.[815]

■ „Sonderangebot" ist irreführend, wenn ein echter Preisvorteil nicht geboten wird.[816]

■ „Sonderpreise" müssen nicht mehr die Zulassungsvoraussetzungen von Sonderveranstaltungen erfüllen (S. Rn 257). Die Bezeichnung ist in jedem Falle unzulässig, wenn es sich in Wahrheit um den normalerweise geforderten Preis (Normalpreis) des Werbenden handelt.[817]

■ „Statt… EUR jetzt… EUR" sollte ohne nähere Angabe irreführend sein,[818] dies aber doch wohl nur, wenn der „Statt"-Preis zuvor nicht ernstlich gefordert worden war (Rn 271).

■ „Superpreis" lässt nur einen besonders günstigen, keinen einmaligen Preis erwarten.[819]

■ „Traumpreis" soll nach OLG Hamm[820] eine reklamehafte Übertreibung sein, kündigt aber jedenfalls einen besonders günstigen Preis an.

■ „umsonst" ist auch für Kassenbrillen nicht zulässig, weil jedenfalls Privatpatienten irregeführt werden.[821] „Internet umsonst" ist irreführend, wenn jedenfalls nutzungsabhängige „Telefongebühren" anfallen.[822]

■ unentgeltlich S. „kostenlos".

■ Vorteil: Der Werbeslogan „Moderne Vertriebsformen mit geringem Aufwand … bringen dem Verbraucher erhebliche Vorteile" ist unzulässig, wenn es sich nur um ein Etagengeschäft handelt.[823]

■ „Wahnsinn für nur … EUR" ist irreführend, wenn der geforderte Preis der unverbindlichen Preisempfehlung des Herstellers entspricht.[824]

---

811 KG NJWE 1997, 97 f.
812 Vgl BGH GRUR 2000, 337, 338 *Preisknaller*.
813 OLG Stuttgart WRP 1989, 56, 57.
814 BGH GRUR 1970, 609 *regulärer preis*.
815 OLG Düsseldorf DB 1963, 1640.
816 OLG Oldenburg BB 1963, 994.
817 BGH GRUR 1962, 461, 466 *Werbeveranstaltung mit Filmvorführung*.
818 BGH GRUR 1980, 306, 307 *Preisgegenüberstellung III*; OLG Düsseldorf WRP 1985, 215, 216 f.
819 OLG München WRP 1981, 667, 668.
820 WRP 1983, 304 L.
821 OLG Nürnberg WRP 1995, 752.
822 OLG Hamburg CR 2000, 828, 829. Gegenfall (zulässig) OLG Hamburg GRUR-RR 2001, 111 *Grundgebühr 19,90 DM, Internet-Tarif 0 Pf/min*.
823 OLG Köln GRUR 1961, 45, 47 *Verkaufslager*.
824 OLG Düsseldorf GRUR 1988, 712, 713.

■ **20% auf alles, ausgenommen Tiernahrung** ist unlauter, wenn die Preisreduzierung nicht auf das wesentliche Warensortiment vorgenommen wird.[825]

cc) Irreführende Gegenüberstellung von Preisen

Rechtsgrundlage: §§ 3 Abs. 1, 5 Abs. 1 S. 2 Nr. 2, Abs. 4 UWG; Art. 6 Abs. 1 d Richtlinie unlautere Geschäftspraktiken

271 Dass der Unternehmer dem bisherigen **eigenen Preis** den neuen eigenen Preis gegenüberstellt, ist nach der Abschaffung des Verbots von Sonderveranstaltungen (Rn 257) grundsätzlich erlaubt;[826] er darf damit nur nicht irreführen. Das ist gegeben,

■ wenn er einen höheren Preis fingiert, den er zuvor überhaupt nicht gefordert hat,[827] oder

■ wenn er den höheren Preis nur für kurze Zeit fordert, um ihn dann herabsetzen zu können;[828] denn der Verbraucher verbindet mit der Angabe eines durchgestrichenen höheren Preises über einem jetzt geltenden niedrigeren Preis regelmäßig die Erwartung, dass der angegebene höhere Preis in der Vergangenheit bereits geraume Zeit verlangt worden ist.[829]

Für den letzteren Fall hat der Gesetzgeber der UWG-Novelle 2004 mit § 5 Abs. 4 S. 1 UWG eine **Vermutungsregel** zu Lasten des Unternehmers geschaffen: Es wird vermutet, dass es irreführend ist, mit der Herabsetzung des Preises zu werben, sofern der Preis nur **für eine unangemessen kurze Zeit** gefordert worden ist. Warum das einer gesonderten Regelung bedurfte, bleibt unklar, weil die Rechtsprechung schon vorher entsprechende Regeln aufgestellt hatte.[830] Der Gesetzgeber verstand die Einführung des § 5 Abs. 4 UWG vor allem als Korrektiv nach der Aufhebung des Verbots von Sonderveranstaltungen.[831]

Wie lange der höhere Preis gegolten haben muss, damit der Vorwurf eines Verstoßes gegen § 5 UWG ausscheidet, richtet sich nach dem Verkehrsverständnis (Rn 120 ff), das wiederum von der Art des Produktes einerseits und den Marktverhältnissen andererseits geprägt wird.[832] Bei kurzlebigen Produkten, insbesondere bei Verbrauchsgütern, können das wenige Tage sein, bei langlebigen Konsumgütern mehrere Wochen.

Beispiel: Bei Möbeln geht man von einer Regel-Untergrenze von einem Monat aus.[833]

Auch bei kurzlebigen Baumarktartikel dürfen Sonderpreise nicht an dem Tag heraufgesetzt werden, ab dem das gesamte Sortiment des Baumarktes um 20% herabgesetzt wird.[834]

Je nach der Marktentwicklung – ein Konkurrent wirbt etwa plötzlich mit Niedrigpreisen – kann aber auch eine kurzfristige Preisherabsetzung nötig werden, mit der dann

---

825 OLG Saarbrücken GRUR-RR 2007, 161, 162 f *20% auf alles*; OLG Stuttgart WRP 2009, 236, 237 *12% auf alles!*.
826 Vgl BGH GRUR 1976, 250 *Preisgegenüberstellung II*; BGH GRUR 1981, 833, 834 f. *Alles 20 % billiger*.
827 BGH GRUR 1975, 78, 79 *Preisgegenüberstellung I*; BGH GRUR 1996, 796, 798 *Setpreis* mwN.
828 BGH GRUR 1975, 78, 79 *Preisgegenüberstellung I*; OLG Hamm WRP 1977, 814.
829 OLG Köln GRUR-RR 2006, 57, 58 *So lange der Vorrat reicht*.
830 BGH GRUR 1975, 78, 79 *Preisgegenüberstellung I*; OLG Hamm WRP 1977, 814.
831 Begr. RegE UWG-Novelle 2004 BT DS 15/1487, S. 14, abrufbar unter www.nordemann.de.
832 BGH GRUR 2009, 788 Tz. 16 *20% auf alles*; OLG Stuttgart WRP 1996, 469, 472, 473 (Möbelpreise erst 13 Tage vor der Herabsetzung entsprechend erhöht).
833 OLG Stuttgart WRP 1996, 469, 472.
834 BGH GRUR 2009, 788 Tz. 17 *20% auf alles*.

auch geworben werden darf.[835] Die Marktsituation kann auch Anlass dafür sein, eine frühere, dann wieder aufgegebene Herabsetzung erneut vorzunehmen.

Oft kommt es zum Streit, **ob und in welchem Zeitraum** der frühere Preis gefordert worden ist. § 5 Abs. 4 S. 2 UWG bürdet dafür dem werbenden Unternehmer die **Beweis- und Darlegungslast** auf.[836] Das bedeutet, dass der Unternehmer seine frühere Preisstellung **dokumentieren** sollte. Ansonsten wird es ihm kaum möglich sein, den Nachweis zu erbringen.

Auch dem in der Branche **sonst üblichen Preis**[837] oder dem von der Stiftung Warentest ermittelten Durchschnittspreis[838] darf man den eigenen Preis gegenüberstellen. Es muss nur klar sein, welcher Preis gemeint ist.[839] „Regulärer Preis" ist im Rahmen einer Gegenüberstellung mit einem niedrigeren Preis mehrdeutig und daher unzulässig.[840]   272

Bei der Gegenüberstellung der **Preisempfehlungen der Hersteller** mit den eigenen Preisen müssen erstere natürlich überhaupt im Zeitpunkt des Erscheinens der Werbung existieren[841] oder bei Werbung unter Hinweis auf eine „ehemalige" Empfehlung existiert haben;[842] ihre Angabe muss auch ziffernmäßig stimmen.[843] Die Bezeichnung muss bei mehrseitigen Prospekten auf jeder Seite deutlich erfolgen;[844] die Artikel, bei denen die Preisempfehlung unterschritten wird, sind einzeln zu bezeichnen.[845]   273

Preisempfehlungen waren früher nur für **Markenware** überhaupt zulässig (Begriff § 23 GWB aF). Der Händler durfte auf sie nur Bezug nehmen, soweit das zutraf.[846] Zur Kennzeichnung durfte zudem nur die Formulierung des § 23 GWB „unverbindliche Preisempfehlung" benutzt werden. Im Rahmen der 7. GWB-Novelle sind die **Bestimmungen über die Preisempfehlungen in §§ 22, 23 GWB aF allerdings ersatzlos gestrichen** worden, so dass nunmehr im Blick auf die kartellrechtliche Regelung eine differenzierte Beurteilung der Frage, ob durch eine von der früher in § 23 Abs. 1 Nr. 1 GWB aF vorgeschriebenen Formulierung abweichende Wortwahl die Gefahr einer Irreführung des Verkehrs begründet wird, nicht mehr angebracht ist.[847] Andere Bezeichnungen als „unverbindliche Preisempfehlung" (zB „empfohlener Preis", „empfohlener Verkaufspreis des Herstellers" oder die Abkürzung „UVP") sind daher nicht mehr unzu-

---

835 BGH WRP 1999, 657, 659 *Teppichpreiswerbung* (dort auch ausdrücklich gegen eine Regel-Untergrenze für Teppiche von sechs Monaten).

836 OLG Karlsruhe WRP 2007, 819, 820 *Heute zahlt Deutschland keine MwSt.*

837 BGH GRUR 1970, 609, 610 *regulärer Preis.*

838 BGH GRUR 1981, 654 f. *Testpreiswerbung.*

839 OLG Stuttgart NJW-RR 1998, 622, 623.

840 BGH GRUR 1970, 609 *regulärer Preis.*

841 BGH GRUR 2004, 437, 438 *Fortfall einer Herstellerempfehlung;* OLG Köln WRP 1997, 347, 349. OLG Hamm NJWE 2000, 63, 64 verneint das schon bei Alleinvertrieb; aA OLG Karlsruhe NJWE 2000, 64, 65. Überzogen streng BGH GRUR 2001, 78 f. *Falsche Herstellerpreisempfehlung* (ein Druckfehler, den jeder verständige Verbraucher sogleich erkennt, kann kein Wettbewerbsverstoß sein).

842 BGH GRUR 2000, 436, 437 f *ehemalige Herstellerpreisempfehlung.*

843 OLG Braunschweig nach WRP 1995, 537.

844 KG GRUR 1983, 589, 590 *Hinweise auf Preisempfehlungen.*

845 OLG Saarbrücken WRP 1976, 331, 333 f; OLG München WRP 1979, 889.

846 BGH GRUR 1987, 367, 370 f. *Einrichtungs-Pass* (in BGHZ 99, 314 nicht mit abgedruckt); OLG Karlsruhe NJWE 2000, 64, 65 f.

847 BGH GRUR 2007, 603 Tz. 19 *UVP.*

lässig, denn dem Durchschnittsverbraucher ist (mittlerweile) bekannt, dass die Empfehlungen unverbindlich sind.[848]

Die Bezugnahme auf die unverbindliche Preisempfehlung ist im Übrigen nur zulässig, wenn die unverbindliche Preisempfehlung **auf der Grundlage einer ernsthaften Kalkulation als angemessener Verbraucherpreis** ermittelt worden ist. Das ist nicht der Fall, wenn es sich um eine Empfehlung für Sondermodelle handelt, die nur einem begrenzten Händlerkreis angeboten wurden; von einer zulässigen unverbindlichen Preisempfehlung kann nur ausgegangen werden, wenn die Preisempfehlung sich grundsätzlich an alle Marktteilnehmer richtet.[849] Ferner muss die gegenübergestellte Preisempfehlung **im Zeitpunkt der Werbung noch als Verbraucherpreis in Betracht kommen.**[850] Anderenfalls handelt es sich um einen sog. **Mondpreis.** Diese Feststellung richtet sich nach den konkreten Marktverhältnissen:[851] ein Preis, den 50 % der Händler tatsächlich einhalten, ist kein Mondpreis,[852] eine Preisempfehlung, die der Werbende um volle 80 % unterbietet, kann dagegen nur eine Mondpreisempfehlung sein.[853] Die Darlegungs- und Beweislast für das Vorliegen eines Mondpreises trägt der Kläger.[854]

274 Die **blickfangmäßige Hervorhebung** der unverbindlichen Preisempfehlung kann irreführend sein, wenn der Verbraucher die Angabe des eigenen Preises erwartet.[855] Das soll aber nach der Rechtsprechung des BGH nicht der Regelfall sein. Nach dem BGH gehe der Durchschnittsverbraucher mittlerweile immer davon aus, dass der Verkäufer die Herstellerpreise seinen Preisen gegenüberstelle, ohne dass der Verkäufer gesondert darauf hinweisen muss, dass es sich beim Vergleichspreis um den Herstellerpreis handelt und nicht um seinen eigenen: Preisempfehlungen stammen üblicherweise vom Hersteller, wenn der Verkäufer damit wirbt.[856]

275 Ein **Sammelvergleich,** in dem das eigene günstige **Preisniveau** hervorgehoben wird, ist grundsätzlich möglich.[857] Er ist jedoch irreführend, wenn eine Supermarktkette ihre eigenen Preise hervorhebt und Preisen von Konkurrenten gegenüberstellt, die Gegenüberstellung aber nur eine Musterauswahl beinhaltet und noch lange nicht alle Preise der vergleichbaren Einzelprodukte günstiger sind als die der Mitbewerber;[858] denn der durchschnittliche Verbraucher durfte aus der Hervorhebung erwarten, dass sich der Vergleich auf das Gesamtsortiment bezog.[859] Auch ist es irreführend, wenn in Sammelvergleichen relevante Produktunterschiede (zB Herstellungsort, Art und Weise der Herstellung) verschwiegen werden.[860]

---

848 BGH GRUR 2007, 603 Tz. 21 *UVP;* insofern überholt: OLG Hamburg GRUR-RR 2003, 290; BGH GRUR 1980, 108 f *unter empf. Preis;* nunmehr zweifelhaft: OLG Karlsruhe NJWE 1997, 105 „Listenpreis" unzulässig.
849 BGH GRUR 2003, 446, 447 *Preisempfehlung für Sondermodelle.*
850 BGH GRUR 2004, 246, 247 *Mondpreise;* BGH GRUR 2003, 446, 446 *Preisempfehlung für Sondermodelle;* BGH GRUR 2000, 436, 437 *Ehemalige Herstellerpreisempfehlung.*
851 KG GRUR 1999, 359 f. *Mikrowelle.*
852 BGH GRUR 1981, 137, 138 f. *Tapetenpreisempfehlung.*
853 OLG Köln GRUR-RR 2001, 239 *Ca. 80 % unter Empfehlung.*
854 BGH GRUR 2004, 246, 247 *Mondpreise.*
855 KG WRP 1987, 630, 631 f.
856 BGH GRUR 2007, 603 Tz. 21 ff *UVP.*
857 EuGH GRUR 2011, 159 Tz. 50 *Lidl/Vierzon Distribution;* EuGH GRUR 2007, 69 Tz. 34 f. *Lidl Belgium.*
858 EuGH GRUR 2007, 69 Tz. 37 ff und Tz. 61 f. *Lidl Belgium.*
859 EuGH GRUR 2007, 69 Tz. 85 *Lidl Belgium.*
860 EuGH GRUR 2011, 159 Tz. 54 *Lidl/Vierzon Distribution.*

Die Bewerbung von Preisherabsetzungen kann ebenfalls irreführend sein, wenn mit der 276
Preisherabsetzung bereits über einen längeren Zeitraum geworben wird, so dass sich
der **herabgesetzte Preis** sich letztlich **als Normalpreis** darstellt oder früher teils noch
höhere Rabatte in aufeinanderfolgenden Aktionen gewährt worden sind, weil der Verbraucher dann in seiner Erwartung enttäuscht wird, ein besonders vorteilhaftes Angebot zu erhalten.[861] Desweiteren stellt sich die Frage der Irreführung und damit der
Fehlvorstellung des angesprochenen Verkehrskreises, wenn dauerhaft mit Rabatten auf
ein Sortiment geworben wird, wie dies der Slogan des Praktiker-Baumarktes „20% auf
alles" verdeutlicht: Bereits im Jahr 2006 entschied das OLG Saarbrücken, dass diese
Werbung irreführend sei, weil nicht das ganze Sortiment heruntergesetzt war.[862] **Dau-
errabatte** führen indes wegen ihrer Stetigkeit zu einem Normalpreis der Ware,[863] weil
Rabatt behauptet wird, der eigentlich gar keiner ist, wenn der rabattierte Preis zum
Normalpreis wird.

Im Übrigen **muss** die behauptete **Preisersparnis** selbstverständlich **stimmen**. Bei unzu- 277
treffender Angabe liegt eine Irreführung vor, die bei wesentlicher Abweichung von der
Wirklichkeit auch spürbar ist.

Beispiel: Irreführend ist die Herausstellung der **Sparquote** bei den eigenen Produkten gegenüber
dem Wettbewerber, wenn der eigene Preis zum Zeitpunkt der Behauptung nicht mehr der Sparquote von 9,5% entspricht, zB wenn der Preis nur an einem Tag um 9,5% niedriger war, aber dann
nicht mehr.[864]

dd) Lockvogelangebot

*Rechtsgrundlage: §§ 3 Abs. 1, 5 Abs. 1 S. 2 Nr. 2 UWG; Art. 6 Abs. 1 d Richtlinie un-
lautere Geschäftspraktiken*

Als typischer Fall eines Lockvogelangebots wird immer wieder eine Werbung behan- 278
delt, bei der die günstig angebotenen Waren nicht oder in unzureichender Menge zur
Verfügung stehen.[865] Das ist aber eher ein Fall der Irreführung über den Warenvorrat
und wird dort „Lockangebot" genannt (siehe Rn 194 ff). Den eigentlichen Fall des
Lock*vogel*angebots behandelt BGHZ 52, 302 ff. **Lockvogel:**

> Ein Händler verkaufte „Scharlachberg Meisterbrand" und „Doornkaat" zu einem
> Preis, der noch unter dem Fabrikabgabepreis lag, und hob dies in der Werbung
> ausdrücklich hervor. Da sein Sortiment in der Preisgestaltung sonst dem örtlichen
> Durchschnitt entsprach, lag in dieser Werbung eine Irreführung nach § 5 Abs. 1
> S. 2 Nr. 2 UWG heutige Fassung; zumindest ein nicht unerheblicher Teil der ange-
> sprochenen Verkehrskreise musste annehmen, die Preisgestaltung des Händlers
> entspreche allgemein den in der Werbung herausgehobenen Beispielen.

Die Entscheidung ist allerdings in der Art des Verbots bedenklich.[866] In einem neueren
Fall lehnte das Kammergericht ein Lockvogelangebot ab, weil das Preisniveau des Anbieters unterhalb des Preisniveaus der verglichenen Konkurrenz lag.[867]

---

861 OLG Köln, Urt. v. 15.2.2008, Az: 6 U 140/07 (bei juris erhältlich = MD 2008, 802) *XXL-Wochenende*.
862 OLG Saarbrücken GRUR-RR 2007, 161, 162 *20% auf alles*.
863 BGH GRUR 2000, 337, 338 *Preisknaller*; Münker/Kaestner BB 2004, 1689, 1696.
864 BGH GRUR 2007, 802 Tz 20 ff. *Testfotos III*.
865 OLG Hamm GRUR 1995, 221 *Autotelefon*; Lettl WRP 2008, 155, 156; Sosnitza WRP 2008, 1014, 1030.
866 Dazu eingehend Weber WRP 1970, 130 ff und Peter Ulmer WRP 1987, 299 ff.
867 KG MMR 2005, 245, 245 *Aktionsangebot*.

279 Wird in der Werbung ausreichend deutlich gemacht, dass es sich um ein Sonderangebot handelt, das aus dem Rahmen der sonstigen Preisbildung herausfällt, ist auch gegen den Verkauf unter Selbstkosten nichts einzuwenden.[868] Die Lockvogelwirkung entfällt ebenfalls, wenn das Preisniveau des Anbieters insgesamt deutlich unter dem örtlichen Durchschnitt liegt; aus der Abgabe einzelner Waren unter Selbstkosten schließt das Publikum keineswegs, dass der Anbieter überall mit Verlust verkaufe,[869] und zwar auch dann nicht, wenn es sich um bekannte Markenartikel handelt.[870] Kartellrechtlich kann die Beurteilung aber wegen § 20 Abs. 4 GWB anders ausfallen. Zu den verwandten Erscheinungsformen Sonderangebot Rn 257 f, Koppelungsangebot Rn 280, Vorspannangebot Rn 456 ff.

ee) Kopplungsangebote (Gesamtpreisangebote)

Rechtsgrundlage: §§ 3 Abs. 1, 5 Abs. 1 S. 2 Nr. 2 UWG; §§ 3 Abs. 1, 5 a UWG; §§ 3 Abs. 1, 4 Nr. 11 iVm PreisangabenVO; Art. 6 Abs. 1 d Richtlinie unlautere Geschäftspraktiken

280 Koppelungsangebote (Gesamtpreisangebote), bei denen zwei **unterschiedliche** Waren zu einem Gesamtpreis angeboten werden, ohne dass die Einzelpreise genannt werden, wurden früher als unzulässig nach § 5 Abs. 1 S. 2 Nr. 2 UWG angesehen,[871] vor allem wenn sachfremde Produkte gekoppelt wurden. Inzwischen gilt das nur noch dann, wenn über das Ausmaß der mit der Koppelung verbundenen Preissenkung irregeführt wird,[872] was gerade nicht anzunehmen ist, wenn die Einzelpreise zugleich angegeben werden.[873] Der Bundesgerichtshof stellte allerdings zwischenzeitlich noch die Forderung auf, der angesprochene Verkehrskreis müsse die Einzelpreise ohne weiteres in Erfahrung bringen können.[874] Warum, wenn er das nicht kann, das Angebot stets irreführend sein soll, ist allerdings nur für den Fall nachvollziehbar, dass eine Preissenkung überhaupt nicht vorliegt.[875] Heute scheint der Bundesgerichtshof auf den zutreffenden Standpunkt eingeschwenkt zu sein, dass Kopplungsangebote **generell** unabhängig davon **zulässig** sind, ob die Einzelpreise leicht ermittelbar sind, so zB die Kombination aus Pauschalreise und Skiausrüstung.[876] Im Einzelfall wird es dem Kunden bei Kopplungsangeboten zuzumuten sein, auch eine längere Zeit Vergleichsangebote und Preise

---

868 BGH GRUR 1974, 344 *Intermarkt* und GRUR 1979, 116, 117 f. *Superhit*; Vgl Rn 574. Beispiele bei Lorenz und Gaedertz GRUR 1976, 512 bzw GRUR 1980, 613 und WRP 1999, 31.
869 KG WRP 1976, 471, 472, in der Frage der Darlegungslast gegen OLG Koblenz WRP 1972, 265 f.
870 BGH GRUR 1978, 649 *Elbe-Markt* und BGH GRUR 1978 652 *mini-preis; Lehmann* GRUR 1979, 368; aA OLG Frankfurt WRP 1979, 870, 871 f und 1980, 38, 40, unter Berufung auf Meinungsumfragen.
871 BGH GRUR 1962, 415, 418 *Glockenpackung I;* BGH GRUR 1971, 582, 582 *Kopplung im Kaffeehandel;* OLG Frankfurt WRP 1976, 476; OLG Köln NJW-CoR 1995, 47.
872 BGH GRUR 1996, 796, 798 *Setpreis* mwN; Vgl auch OLG Köln GRUR-RR 2002, 300 *Punto.*
873 BGH GRUR 1995, 165, 166 *Kosmetikset;* Vgl auch OLG Hamburg NJWE 2000, 57, 58 *ISDN-Endgerät mit Netzzugang.* Verkannt von OLG Hamburg NJW 1998, 1085, 1086.
874 BGH GRUR 1996, 363, 364 *Sausterke Angebote.*
875 S. auch die beiden Fälle eines Koppelungsangebots fabrikneuer Autos mit Reisen: OLG Karlsruhe WRP 2001, 1238, 1240 f (zulässig, weil Einzelpreise leicht ermittelbar) und OLG München WRP 2001, 319, 320 f (unzulässig, weil nicht ermittelbar).
876 BGH GRUR 2003, 538, 539 *Gesamtpreisangebot* unter ausdrücklicher Aufgabe von BGH GRUR 1971, 582, 582 *Kopplung im Kaffeehandel.*

zu recherchieren.[877] Auch die Verbindung von Produkten (auch ohne Berechnung der Zusatzleistung)[878] mit einer Förderung sozialer, sportlicher, kultureller oder ökologischer Belange (sog. Sponsoring) statt mit einem Zusatzprodukt ist grundsätzlich nicht verwehrt.[879] Inwieweit es für die kostenlose Zugabe weiterer Informationen bedarf, wie die Unterstützung erfolgt, folgt gegenüber Verbrauchern aus § 5 a UWG.[880]

Beispiele: Die Kopplung von Schweinehälfte und Gefriertruhe zu einem „saustarken Angebot" ist zulässig.[881]

Ein Kasten Krombacher-Bier darf mit der kostenlosen Leistung, einen qm Regenwald mit dem Kauf eines Kastens zu schützen, beworben werden.[882]

EUR 0,- statt UVP EUR 189,- ohne Angabe weiterer Voraussetzungen für die Vergünstigung des DSL-Internetzuganges ist nicht irreführend, da keine allgemeine Pflicht bei Kopplungsangeboten besteht, die zusätzlichen Leistungsmerkmale für ein gekoppeltes DSL Plus-Paket in der Aussage mit anzugeben.[883] Bei der Bewerbung ist der Anbieter den gesetzlichen Angaben nachgekommen. Im Weiteren darf von dem Durchschnittsverbraucher erwartet werden, dass dieser sich über die Einzelleistungen gesondert erkundigt, bevor er den Vertrag unter dem aufgeführten Gesamtpreis abschließt.[884]

Vgl zur abweichenden Rechtsprechung in der Heilmittelwerbung Rn 813.

Wenn der Charakter der Leistung als Gesamtpreisangebot verschwiegen wird, also nicht gesagt wird, dass oder zu welchen Bedingungen noch eine andere abgenommen werden muss, liegt eine Irreführung über die Bedingung der Leistung vor, vgl Rn 282 ff.

ff) Irreführung über das Preissystem (Kaufscheinhandel)

Rechtsgrundlage: §§ 3 Abs. 1, 5 Abs. 1 S. 2 Nr. 2 UWG; §§ 3 Abs. 1, 4 Nr. 11 iVm PreisangabenVO; Art. 6 Abs. 1 d Richtlinie unlautere Geschäftspraktiken

Das Klein- und Einheitspreissystem ist im heutigen Wirtschaftsleben angesichts der Vielfalt des Warenangebots kaum noch vertreten. Dagegen war das Kaufscheinsystem weit verbreitet,[885] bis die Fachverbände 1969 sein Verbot in § 6 b UWG aF durchsetzten. Es handelte sich um einen Gefährdungstatbestand wie § 6 a UWG aF, der die abstrakt von diesem System ausgehende Gefahr der Irreführung bannen sollte. Die dagegen eingelegte Verfassungsbeschwerde blieb ohne Erfolg.[886] Die **UWG-Novelle 2004** hat das Verbot des Kaufscheinhandels ersatzlos **gestrichen**. Bis zur Grenze der konkreten Irreführung können daher jetzt Waren gegen Kaufscheine oder andere Berechtigungsscheine ausgegeben werden. Insbesondere „graue Verbrauchermärkte", die vorgeben, nur an Gewerbetreibende zu verkaufen, ihr Kontrollsystem aber so handhaben,

281

---

877 BGH 1967, 530, 532 *Fahrschule*; BGH GRUR 1991, 468, 469 *Preisgarantie II*; BGH GRUR 1994, 57, 58 *Geld-Zurück-Garantie*; BGH GRUR 1996, 363, 364 *Saustarke Angebote*; BGH GRUR 2003, 538, 539 *Gesamtpreisangebot*; BGH GRUR 2003, 77, 78 *Fernwärme für Börnsen*; BGH GRUR 2004, 343 *Playstation*; OLG Karlsruhe GRUR-RR 2001, 272, 274 *Warenpaket: Auto, Mobiltelefon, Kamera.*
878 BGH GRUR 2006, 161 Tz. 14 *Zeitschrift mit Sonnenbrille.*
879 BGH GRUR 2007, 247 Tz. 21 *Regenwaldprojekt I*; BGH GRUR 2007, 251 Tz. 18 *Regenwaldprojekt II.*
880 BGH GRUR 2007, 247 Tz. 24 *Regenwaldprojekt I* und BGH GRUR 2007, 251 Tz. 21 *Regenwaldprojekt II.*
881 BGH GRUR 1996, 363, 364 *Saustarke Angebote.*
882 BGH GRUR 2007, 247 Tz. 21 *Regenwaldprojekt I* und BGH GRUR 2007, 251 Tz. 18 *Regenwaldprojekt II.*
883 OLG Köln MMR 2006, 472, 472 *UEFA-Championsleague.*
884 OLG Köln MMR 2006, 472, 472 *UEFA-Championsleague.*
885 Vgl BGH GRUR 1965, 431 *Wickel.*
886 BVerfG GRUR 1973, 319 f und erneut BVerfG GRUR 1993, 751 und 754 *Großmarktwerbung I und II.*

dass praktisch jedermann bei ihnen einkaufen kann,[887] konnten von der Aufhebung des § 6 b UWG aF profitieren; das gilt auch für die Ladengeschäfte von Buchgemeinschaften.[888] Cash-and-Carry-Großmärkte, in denen der Einkauf gewerblicher Abnehmer für den eigenen Privatbedarf eine Toleranzgrenze von 10 % nicht überschreitet, konnten im praktischen Ergebnis trotz § 6 b UWG aF existieren.[889] Die Verwendung von Kundenkarten zur Kreditierung und späteren Verrechnung des Kaufpreises[890] oder von Code-Karten zur Entnahme von Benzin an Tankstellen[891] war ebenfalls schon immer unbedenklich genauso wie grundsätzlich Rabattgutscheine und Rabattkarten.[892] Der Kaufscheinhändler muss heute vor allem noch die durch die **PreisangabenVO** gezogenen Grenzen beachten[893] (siehe auch Rn 806).

c) Irreführung über die Bedingungen der Leistung

Rechtsgrundlage: §§ 3 Abs. 1, 4 Nr. 4, 5 Abs. 1 S. 2 Nr. 2 UWG;; §§ 3 Abs. 1, 5 a UWG; §§ 3 Abs. 1, 4 Nr. 11 iVm PreisangabenVO; Art. 6 Abs. 1 b Richtlinie unlautere Geschäftspraktiken

282   Die Irreführung über den Preis ist oft eng verknüpft mit einer Irreführung über die Bedingung der Leistung. Sie verbietet § 5 Abs. 1 S. 2 Nr. 2 UWG. Der Unternehmer stellt die Bedingung der Leistung unzutreffend oder missverständlich dar. Dadurch erscheint der Preis der Leistung günstiger, als er tatsächlich ist.

283   Ein wichtiges Beispiel sind **Gesamtangebote** (auch Koppelungsangebote; dazu auch Rn 280). Es wird nur der besonders günstige Einzelpreis für einen Teil der Ware oder Leistung angegeben, der teurere Preis des anderen damit gekoppelten Teils aber verschwiegen.

Beispiele: Handy-Werbungen, bei denen – meist als Blickfang – zwar auf den günstigen Handypreis, nicht aber auf die Verpflichtung zum Abschluss eines Netzvertrages hingewiesen wird,[894]

Blickfangmäßige Werbung für preislich günstige Telefonanschlüsse und Internetflatrates, für deren Inanspruchnahme aber zwingend ein (entgeltlicher) Kabelanschluss vorhanden sein muss, ohne dass direkt bei den Preisangaben für Telefonanschluss und Internetflatrate darauf hingewiesen wird,[895]

Werbung für einen Telefontarif mit der Angabe „Telefonieren für o Cent!", wenn nicht die für die Bereitstellung des erforderlichen Telefonanschlusses aufzuwendenden Kosten sowie die monatlich anfallenden Grundgebühren für diesen Anschluss angegeben werden.[896]

Werbung für einen Internetzugang mit Null-Telefongebühren ohne Klarstellung, dass Grundgebühren anfallen,[897] es sei denn, der Verkehr schließt aus den Umständen der Werbung, dass mit

---

887 Einzelheiten siehe W. Nordemann BB 1980, 71 mwN.
888 BGH GRUR 1982, 613, 614 *Buchgemeinschafts-Mitgliedsausweis.*
889 BGHZ 70, 18, 23 ff. *Metro I;* BGH GRUR 1979, 61 *Schäfer-Shop;* BGH GRUR 1979, 411 *Metro II* mit Anm. Schricker. BGH GRUR 1990, 617, 622 f. *Metro III* hatte außer einer Verschärfung der Kontrollen und damit einer für die Kunden lästigen Komplikation im Geschäftsablauf bei den Metro-Großmärkten für die klagende Konkurrenz nichts gebracht. Vgl BVerfG NJW 1998, 2011; s. auch BGH GRUR 2001, 846 ff. *Metro V.* Zur Problematik eingehend W. Nordemann BB 1989, 88, und Piper GRUR 1996, 147, 165.
890 BGH GRUR 1991, 936, 938 *Goldene Kundenkarte* (in BGHZ 115, 57 nicht mit abgedruckt).
891 BGH GRUR 1985, 292 f. *Code-Karte.*
892 J.B. Nordemann NJW 2001, 2505, 2509; Berneke WRP 2001, 615.
893 OLG Stuttgart WRP 1993, 202, 204 f.
894 BGH GRUR 1999, 261, 262 *Handy-Endpreis;* BGHZ 139, 368, 376 *Handy für 0,00 DM.*
895 BGH GRUR 2010, 744 Tz. 43 ff. *Sondernewsletter.*
896 BGH GRUR 2009, 73 *Telefonieren für 0 Cent!.*
897 OLG Frankfurt GRUR-RR 2002, 113 *Null Pfennig.*

„kostenlos telefonieren" nur eine Flatrate gemeint sein kann, für die naturgemäß verbrauchsunabhängige Grundgebühren anfallen.[898] Die blickfangmäßige Werbung für eine Internet-Flatrate mit einen nicht am Blickfang teilnehmenden Angebot um DSL-Telefonieren ist irreführend.[899] Werbung im Internet für Webhosting-Produkte zu einem Festpreis; allerdings umfasste dies ein beschränktes Leistungsangebot: Bei Überschreitung des Leistungsumfanges wurden Mehrkosten fällig, die erst auf tiefer verzweigten Seiten erläutert wurden, ohne dass der Kunde diese bei Abschluss des Vertrages (automatisch) zur Kenntnis bekam.[900]

Keine Angabe von zusätzlichen Kosten für die Benutzung der Dusche bei einem Fitnessstudiovertrag.[901]

Werbung für Dauerniedrigpreise bei Farbbildern, ohne zu erwähnen, dass auch die Filmentwicklung in Auftrag gegeben werden musste.[902]

Werbung für ein Geschenk von fünf Büchern, ohne hinreichend transparent zu machen, dass dieses Geschenk an eine entgeltliche Mitgliedschaft in einem Buchclub gekoppelt ist.[903]

Das verstößt nicht nur gegen § 5 Abs. 1 S. 2 Nr. 2 UWG, sondern auch gegen die **Preisangaben**VO. § 5 UWG hat aber eigenständige Bedeutung, wenn die PreisangabenVO (zB bei Gewerbetreibenden) keine Anwendung findet. § 5 UWG ist auch (ggf neben der PreisangabenVO) anwendbar, wenn sich weitere zwingende entgeltliche Bestandteile erst durch weiteres Blättern im Prospekt oder weiteres Klicken (Link) auf der Internetseite ergeben, selbst wenn direkt bei der ersten Bewerbung der Hinweis „weitere Details siehe" o.ä. erfolgt, siehe oben Rn 165. Über dies kann auch § 5 a UWG einschlägig sein (dazu Rn 376 ff).

Überschneidungen der irreführenden Werbung für Bedingungen von Gesamtpreisangeboten gibt es mit **Verkaufsfördermaßnahmen** durch Preisnachlässe, Zugaben oder Geschenken. Auch eine „Geld-zurück-Garantie" kann danach eine Verkaufsfördermaßnahme sein.[904] **§ 4 Nr. 4 UWG** erwähnt solche Verkaufsfördermaßnahmen ausdrücklich als unlauter, sofern die Bedingungen für die Inanspruchnahme der Preisnachlässe, Zugaben und Geschenke etc. nicht „klar und eindeutig" angegeben sind. Die Bestimmung des § 4 Nr. 4 UWG verletzt nicht die Richtlinie unlautere Geschäftspraktiken (Rn 17).[905]

Nach § 4 Nr. 4 UWG muss der Verbraucher die Gelegenheit haben, sich vor Kaufentscheidung über alle Voraussetzungen für die Inanspruchnahme der Verkaufsfördermaßnahme zu informieren.[906] Nicht genügend ist es, wenn die Teilnahmebedingungen sich erst aus dem Verpackungsinneren ergeben, das der Verbraucher vor dem Kauf nicht zur Kenntnis nehmen kann,[907] oder aus einer Internetseite, die der Verbraucher im Lebensmittelgeschäft nicht einsehen kann.[908] In der Fernsehwerbung reicht ein sol-

284

---

898 OLG Frankfurt OLGR 2007, 334, 335 *kostenlos telefonieren.*
899 OLG Frankfurt GRUR-RR 2007, 165, 166 *Sparpaket Surf + Phone.*
900 OLG Hamburg GRUR-RR 2007, 169, 172 *Webhosting-Produkte.*
901 OLG Karlsruhe WRP 2009, 107, 108 *Fitness ohne Dusche.*
902 OLG Celle WRP 2001, 1249, 1250.
903 BGH GRUR 2003, 890, 891 *Buchclub-Koppelungsangebot.*
904 BGH GRUR 2009, 1064 Tz. 23 ff. *Geld-zurück-Garantie II.*
905 BGH GRUR 2009, 1064 Tz. 14 ff. *Geld-zurück-Garantie II.*
906 BGH GRUR 2009, 1064 Tz. 28 *Geld-zurück-Garantie II.*
907 BGH GRUR 2009, 1064 Tz. 30 *Geld-zurück-Garantie II.*
908 BGH GRUR 2009, 1064 Tz. 31 *Geld-zurück-Garantie II.*

cher Hinweis aber aus, weil dann der Verbraucher Gelegenheit hat, vor Kauf in das Internet zu gehen.[909]

Inhaltlich muss beispielsweise deutlich werden, auf welche Waren sich ein allgemein beworbener Rabatt („bis zu x %") konkret bezieht.[910] Genauso besteht eine Verpflichtung, auf eine bestehende zeitliche Begrenzung der Verkaufsfördermaßnahme hinzuweisen.[911] Das bedeutet allerdings nicht, dass Verkaufsfördermaßnahmen immer zeitlich begrenzt sein müssten.[912] Auch die Vorratsmenge, also ob die beworbene Zugabe im Zeitpunkt des Kaufes der Ware bzw Einlösung des Gutscheins noch vorrätig ist, kann eine Bedingung iSv § 4 Nr. 4 UWG sein.[913] So ist es unlauter, wenn ein Elektro-Discounter in der Werbung für eine auf einen Tag befristete Rabattaktion für Fotogeräte nicht bekannt gibt, dass der Rabatt nur für an diesem Tag vorrätige, nicht aber für zu bestellende Geräte gewährt wird.[914]

Bei § 4 Nr. 4 UWG handelt es sich um ein spezielles **Transparenzgebot** des UWG, dessen Verletzung zu einer Irreführung durch Unterlassen führt (Rn 376 ff). Dieser unterschiedliche juristische Ausgangspunkt ist wohl auch der Grund, weshalb der Gesetzgeber diesen Irreführungstatbestand in § 4 Nr. 4 UWG und nicht im eigentlichen Irreführungsverbot des § 5 UWG verankert hat. Gesamtangebote unterscheiden sich von Verkaufsfördermaßnahmen mit Zugaben und Geschenken durch die Gestaltung des Angebotes. Gesamtangebote bewerben die im Paket enthaltenen Leistungen als gleichwertig, Verkaufsfördermaßnahmen durch Zugaben und Geschenke behandeln die Zugabe oder das Geschenk als Nebenleistung. Eine Werbung mit Zugaben und Geschenken wird auch als **Wertreklame** bezeichnet. Zur allgemeinen Zulässigkeit der Wertreklame außerhalb der Irreführung unten Rn 447 ff.

285 Unzulässig nach § 4 Nr. 4 UWG, aber gleichzeitig wegen Irreführung auch nach § 5 Abs. 1 S. 2 Nr. 2 UWG kann die Werbung mit Verkaufsfördermaßnahmen sein, wenn dem Kunden eine Kalkulation der Werthaltigkeit des Geschäfts (Hauptleistung *und* Zugabe) verwehrt wird. Deshalb müssen **alle Angaben** in der Werbung enthalten sein, die notwendig sind, um den **Wert der Zugabe** zu ermitteln.[915] So ist zB die Bewerbung einer Traumreise beim Kauf einer Küche ohne Rücksicht auf die Wertrelation zur Hauptleistung unlauter, wenn die wesentlich wertbildenden Faktoren der Reise (zB Zielort, Zeitpunkt der Reise) nicht angegeben sind. Die Möglichkeit, sich beim Werbenden zu erkundigen, genügt nicht.[916] Wird ein Farbfernseher quasi verschenkt, so

---

909 BGH GRUR 2009, 1064 Tz. 32 ff. *Geld-zurück-Garantie II.*
910 OLG Köln GRUR-RR 2006, 196, 196 *Urlaubsgewinnspiel* (beanstandet: „ausgenommene Werbeware"; nicht beanstandet: „*Nur auf Neukäufe*" und „*ausgenommen bereits reduzierte Ware*"); vgl auch OLG München GRUR-RR 2005, 356, 357 „*Unsere Polstermöbel-Bestseller*".
911 OLG Köln GRUR-RR 2006, 57, 58 *Zugabe „solange der Vorrat reicht*"; OLG Brandenburg GRUR-RR 2005, 227, 227 („nur 24 Tage gültig" lässt die zeitlichen Bedingungen für die Inanspruchnahme der Verkaufsfördermaßnahme nicht erkennen).
912 BGH GRUR 2008, 1114 Tz. 13 *Räumungsfinale*; OLG Stuttgart GRUR-RR 2008, 11, 13 *Totalausverkauf.*
913 OLG Köln, Urt. v. 7.3.2008, 6 U 190/07, BeckRS 2008, 09087; OLG Köln GRUR-RR 2006, 57.
914 OLG Stuttgart GRUR-RR 2007, 361 *Abholpreise*; Vgl andererseits: OLG Karlsruhe GRUR-RR 2007, 363 *Rabatt an einem Tag.*
915 Köhler GRUR 2001, 1067, 1068 f.
916 OLG Frankfurt WRP 2002, 109, 110 *Traumreise bei Kauf einer Küche;* aA möglicherweise OLG Stuttgart WRP 2002, 580, 582 *5-teiliges Schmuckset.*

muss der Stromvertrag, der gekoppelt abgeschlossen werden muss, in seinen wesentlichen Einzelheiten, insbesondere Preisen, dargelegt werden.[917] Vgl auch Rn 280.

Nebenleistungen können schließlich auch Gewährleistungs- und sonstige besondere Kundenrechte sein. Deswegen ist gegenüber Verbrauchern die unwahre Angabe oder das Erwecken des unzutreffenden Eindrucks, gesetzlich bestehende Rechte stellten eine Besonderheit des Angebots dar, nach Nr. 10 Anhang-UWG immer unzulässig. Vgl auch Rn 371.

Das Transparenzgebot des § 4 Nr. 4 UWG und des § 5 Abs. 1 S. 2 Nr. 2 UWG **gilt** nach   **286** zutreffender Auffassung auch für die Werbung mit **altruistischen Zwecken** (dazu allgemein Rn 430 ff). Wer den Slogan **Mit jedem verkauften Kasten Krombacher unterstützen Sie 1 m² Regenwald in Dzanga Sangha** verwendet, bewirbt eine mit dem Kasten Bier gekoppelte Leistung, nämlich ein soziales Engagement. Damit muss auch in diesen Fällen der Wert der Gesamtleistung aus Bier und sozialem Engagement durchsichtig bleiben.[918] Der BGH hat das Transparenzgebot bei Kopplungsgeschäften ausdrücklich nicht auf Fälle der Kopplung verschiedener Waren beschränkt.[919] Damit hätte im Krombacher-Fall eigentlich gesagt werden müssen, welcher Betrag genau vom Entgelt für den guten Zweck abgeführt und in welcher Weise das Geld verwandt wird. Der BGH hat die Werbung liberaler beurteilt. Es bestehe **keine allgemeine Informationspflicht**, so der BGH,[920] was für § 5 a Abs. 1 und Abs. 3 Nr. 3 UWG von Relevanz ist. Eine Irreführung liege nur vor, wenn die Behauptung über die Zusatzleistung, die mit dem Kauf eines Kasten Bieres verbunden ist, tatsächlich in der entsprechenden Höhe des behaupteten Betrages nicht zum Umweltschutz zur Verfügung gestellt werden würde. Per se sei eine Irreführung jedoch nicht zu erkennen.

Noch liberaler sind geschäftliche Handlungen außerhalb der konkreten Produktwerbung in **allgemein gehaltenen Pressemitteilungen** zu beurteilen.[921] Hier muss nur stimmen, dass sich das Unternehmen in der Weise engagiert hat; Angaben zu konkreten Beträgen müssen grundsätzlich nicht erfolgen. Auch reine **Imagewerbung**, die nicht unmittelbar an den Warenabsatz gekoppelt ist, wird so zu beurteilen sein.

Beispiele: Die Angabe „B. Optik unterstützt die Aktionsgemeinschaft Artenschutz e.V."[922] oder „Choc for Life/Eine Initiative von Ritter-Sport/Denn die Natur geht uns alle an" für eine Sonderedition von Schokoladensorten, die jeweils einer bestimmten gefährdeten Tierart gewidmet waren,[923] erfordert also nicht zugleich eine Aufklärung darüber, welcher konkrete Betrag gespendet wurde.

Enthält die Werbung allerdings konkrete Angaben zum Sponsoring (etwa welche Organisation mit welchem Geldbetrag wo und wie den Regenwald schützen wird), kann sich eine Verpflichtung des werbenden Unternehmens zu aufklärenden Hinweisen er-

---

917   BGH GRUR 2002, 979, 982 *Kopplungsangebot II*.
918   OLG Hamm GRUR 2003, 975, 976 *Regenwald-Projekt*; BGH GRUR 2007, 247 Tz. 19 f. *Regenwaldprojekt I*; BGH GRUR 2007, 251 Tz. 21 f. *Regenwaldprojekt II*.
919   BGH GRUR 2002, 979, 981 f. *Kopplungsangebot II*.
920   BGH GRUR 2007, 247 Tz. 22 *Regenwaldprojekt I* und BGH GRUR 2007, 251 Tz. 19 *Regenwaldprojekt II*.
921   OLG Hamburg GRUR-RR 2003, 51, 52 *Bringt die Kinder durch den Winter*.
922   Zulässig erachtet von BGH GRUR 2006, 75 Tz. 16 *Artenschutz*; aA in der Vorinstanz: OLG Stuttgart WRP 1996, 628, 631 f.
923   OLG Stuttgart WRP 1999, 456, 458.

geben, wenn es ansonsten zu einer wettbewerbsrechtlich relevanten Fehlvorstellung des Verkehrs kommt.[924]

287 Wer die **Kontostandsauskunft** gibt, auf einem Kontokorrentkonto befinde sich ein Guthaben, obwohl nach der Wertstellung der Zahlungseingänge nach ein negatives Saldo besteht, führt den Verbraucher darüber irre, dass er nicht ohne Sollzinsen zu zahlen vom Konto Geld abheben kann.[925] Über ein – in der Werbung einschränkungslos zugesichertes – **Umtauschrecht** führt irre, wer das entsprechende Verlangen seiner Kunden nicht sofort und anstandslos erfüllt.[926] Siehe hierzu unten Rn 370 ff zu einer Irreführung über Rechte der Verbraucher gem. § 5 Abs. 1 S. 2 Nr. 7 UWG.

Sofort kaufen auf der eBay-Verkaufsangebotsseite fasst der Kunde als bindenden Vertragsantrag (§ 145 BGB) auf. Eine in den AGB des Verkäufers befindliche Freizeichnung von der Bindungswirkung des Antrags ist eine Irreführung gem. § 5 Abs. 1 S. 2 Nr. 2 UWG über die Bedingung der Leistung, weil das Angebot zum sofortigen Kaufvertragsabschluss sich lediglich als *invitatio ad offerendum* darstellte, also als Einladung zur Abgabe eines eigenen Angebots.[927]

288 Keine Irreführung über die (konkreten) Bedingungen der Ware oder Dienstleistung regelt Nr. 19 Anhang-UWG. Nr. 19 stellt vielmehr auf eine Irreführung über die allgemeinen Marktbedingungen ab (dazu Rn 242).

d) Irreführung über die Teilnahmebedingungen für Gewinnspiele

Rechtsgrundlage: §§ 3 Abs. 1, 4 Nr. 5; §§ 3 Abs. 1, 5 Abs. 1 S. 2 Nr. 2 UWG; Art. 6 Abs. 1 b Richtlinie unlautere Geschäftspraktiken

289 Durch Irreführung über die Teilnahmebedingungen für Gewinnspiele verstößt der Unternehmer nicht nur gegen das nach § **4 Nr. 5** UWG bestehende Gebot, die Teilnahmebedingungen von Preisausschreiben und Gewinnspielen klar und eindeutig anzugeben,[928] sondern auch gegen § 5 Abs. 1 S. 2 Nr. 2 UWG. In der Fernsehwerbung kann es genügen, wenn für die Teilnahmebedingungen auf eine Internetseite oder auf übliche Teilnehmerkarten im Handel verwiesen wird.[929] Unerwartete Beschränkungen oder sonstige überraschende Teilnahmebedingungen müssen aber schon unmittelbar in der Werbung offenbart werden.[930] Das Transparenzgebot des § 4 Nr. 5 UWG findet bereits Anwendung, wenn im Vorfeld eines Preisausschreibens oder Gewinnspiels für die Veranstaltung geworben wird.[931] Der Verstoß gegen § 4 Nr. 5 UWG tritt insoweit gleichberechtigt neben den Verstoß gegen § 5 Abs. 1 S. 2 Nr. 1 UWG.

Beispiel: Im Zusammenhang mit der Mitteilung, der angeschriebene Verbraucher habe einen der abgebildeten Gewinne auf jeden Fall gewonnen, war eine unwiderrufliche Gewinnanforderung

---

924 BGH GRUR 2007, 251 Tz. 20 *Regenwald-Projekt II*; BGH GRUR 2007, 247 Tz. 23 *Regenwald-Projekt I*.
925 BGH GRUR 2007, 805 Tz. 22 *Irreführender Kontoauszug*; BGH GRUR 2002, 1093, 1094 *Kontostandsauskunft*.
926 BGH GRUR 2000, 1106, 1107 f. *Möbel-Umtauschrecht*.
927 OLG Hamburg WRP 2008, 383, 384 *Sofort Kaufen*.
928 Vgl BGH GRUR 2005, 1061, 1063 *Telefonische Gewinnauskunft*; Begr. RegE UWG-Novelle 2008, BT DS 16/10145, S. 33, abrufbar unter www.nordemann.de.
929 BGH GRUR 2010, 158 Tz. 20 *FIFA WM-Gewinnspiel*.
930 BGH GRUR 2010, 158 Tz. 17 *FIFA WM-Gewinnspiel*.
931 OLG Köln GRUR-RR 2006, 196 *Urlaubsgewinnspiel*.

enthalten. Diese war allerdings mit einem „Organisationsbeitrag" von 50 DM verbunden, was für den Verbraucher nicht hinreichend transparent gemacht wurde.[932]

§ 4 Nr. 5 UWG tritt allerdings im Anwendungsbereich des spezielleren Nr. 20 Anhang-UWG zurück.[933] Dazu oben Rn 211.

3. Irreführung über die Person, Eigenschaften oder Rechte des Unternehmers (§ 5 Abs. 1 S. 2 Nr. 3 UWG)

Rechtsgrundlage: § 3 Abs. 1 iVm Nr. 4, Nr. 23 Anhang-UWG; §§ 3 Abs. 1, 5 Abs. 1 S. 2 Nr. 3 UWG; Art. 5 Abs. 5 und 6 Abs. 1 c und f. Richtlinie unlautere Geschäftspraktiken

Die Verhältnisse des einzelnen Unternehmens sind für den Kaufentschluss des Publikums oft von großer Bedeutung. Der Kunde kauft lieber bei einer Firma, von deren Seriosität er überzeugt ist, weil er von ihr größere Zuverlässigkeit in der Qualität und Preiswürdigkeit der angebotenen Ware erwartet. Größe und Alter des Unternehmens, akademischer Grad des Inhabers, staatliche Trägerschaft oder Förderung sind für ihn Kennzeichen solcher Seriosität. Die Versuchung, sich durch übertriebene oder schlechthin falsche Angaben in der Werbung ein besseres „Image" zu verschaffen, ist daher für alle Unternehmer groß. **290**

Oft gießt der Unternehmer Angaben über sein Unternehmen auch in die Form einer **Spitzenstellungsbehauptung oder Spitzengruppenbehauptung.** Dafür gelten besondere Anforderungen. Insbesondere muss hierfür in der relevanten Hinsicht ein deutlicher und stetiger Abstand bestehen (eingehend Rn 184 ff; ferner Rn 351 ff).

Eine alte Firma bietet oft den willkommenen Vorwand, veränderte Verhältnisse vor dem Publikum zu verschleiern. **Jedes Firmenfortführungsrecht – wie immer es erworben und wie lange es ausgeübt sein möge – endet jedoch, sobald die geschäftlichen Verhältnisse des Firmenträgers in Widerspruch zu dem Firmennamen treten und der Verkehr dadurch gem. § 5 Abs. 1 S. 2 Nr. 3 UWG irregeführt wird.**[934] Die wettbewerbsrechtliche Beurteilung einer Firma ist demnach unabhängig von ihrem registerrechtlichen Status;[935] insbesondere kommt eine analoge Anwendung des § 22 HGB nicht in Betracht, weil UWG und Firmenrecht nach HGB selbständig nebeneinander stehen;[936] doch kann die Löschung eines unzulässig gewordenen Firmenbestandteils auch von Amts wegen erfolgen.[937] **291**

Grundlage für § 5 Abs. 1 S. 2 Nr. 3 UWG ist **Art. 6 Abs. 1 f. Richtlinie unlautere Geschäftspraktiken** (Rn 17). Teilweise wird in Nr. 3 aber auch Art. 6 Abs. 1 c Richtlinie unlautere Geschäftspraktiken umgesetzt, soweit in Nr. 3 Verpflichtungen des Unternehmers, seine Beweggründe für die geschäftliche Handlung und die Art des Vertriebsverfahrens einbezogen werden. Das bringt indes die Regelungsstruktur des § 5 Abs. 1 **292**

932 BGH GRUR 2005, 1061, 1063 *Telefonische Gewinnauskunft.*
933 Wirtz in Götting/Nordemann § 3 UWG Rn 136.
934 Grundlegend BGHZ 10, 196, 201 *Dun-Europa* und BGHZ 53, 65, 69 *Doktor-Firma.* Ferner BGH GRUR 2003, 448, 449 *Gemeinnützige Wohnungsbaugesellschaft.*
935 Weber, S. 146 (Fn 12) und S. 161 mwN; Canaris GRUR 1989, 711.
936 BGH GRUR 2003, 448, 449 *Gemeinnützige Wohnungsbaugesellschaft.*
937 BayObLG BB 1983, 1494.

durcheinander, weil damit produkt- oder dienstleistungsbezogene Irreführungen in Nr. 3 einbezogen werden, die in Nr. 1 und Nr. 2 geregelt sind.

Denn § 5 Abs. 1 S. 2 Nr. 3 UWG will grundsätzlich (nur) die **Irreführung über alle unternehmensbezogenen Umstände** erfassen,[938] die noch nicht über die schwarze Liste geregelt und deshalb über § 3 Abs. 3 UWG erfasst werden (Rn 105 ff). Letztere sind Nr. 4 und Nr. 23 Anhang-UWG. Ansonsten werden in anderen Nummern des § 5 Abs. 1 S. 2 noch spezieller geregelt: Irreführung über die Einhaltung eines Verhaltenskodex, sofern auf dessen Bindung hingewiesen wird, § 5 Abs. 1 S. 2 Nr. 6 UWG (dazu Rn 368 f). Spezieller ist auch die Regelung zur Sponsoring-Werbung gem. § 5 Abs. 1 S. 2 Nr. 4 UWG (dazu Rn 361 ff). Zu weit ginge allerdings die Auffassung, dass § 5 Abs. 1 S. 2 Nr. 3 UWG ein Auffangtatbestand für jegliche Irreführung über geschäftliche Verhältnisse darstelle, die noch nicht von anderen Vorschriften des § 5 UWG erfasst werde.[939] Schon der Wortlaut von Nr. 3 lässt das nicht zu; er erfasst nur die Irreführung über „die Person, Eigenschaften oder Rechte des Unternehmers".

Danach muss § 5 Abs. 1 S. 2 Nr. 3 UWG so verstanden werden, dass die **Irreführung über „die Person, Eigenschaften oder Rechte des Unternehmers" den Grundtatbestand** bildet, während die nachfolgend genannte Begriffe wie „Identität, Vermögen einschließlich der Rechte des geistigen Eigentums, den Umfang von Verpflichtungen, Befähigung, Status, Zulassung, Mitgliedschaften oder Beziehungen, Auszeichnungen oder Ehrungen, Beweggründe für die geschäftliche Handlung oder die Art des Vertriebs" nur Beispiele für den Grundtatbestand sein sollen.[940] Nachfolgend werden deshalb insbesondere die Beispiele erläutert. Sofern die Beispiele nicht einschlägig sind, ist es aber stets möglich, „nur" eine Irreführung im Grundtatbestand „Person, Eigenschaften oder Rechte des Unternehmers" anzunehmen; in Nr. 3 insoweit nicht erwähnte Beispiele sind Alterswerbung (Rn 342 ff), geografische Ausdehnung (Rn 347) und Marktstellung (Rn 349 ff).

a) Irreführung über Identität des Unternehmers

Rechtsgrundlage: §§ 3 Abs. 1, 5 Abs. 1 S. 2 Nr. 3 UWG, § 3 Abs. 3 UWG iVm Nr. 23 Anhang-UWG; Art. 5 Abs. 5 und 6 Abs. 1 f. Richtlinie unlautere Geschäftspraktiken

293 Die Irreführung über die Identität des Unternehmers ist vor allem in drei Richtungen denkbar:

- Verwechslung des Unternehmers mit einer Privatperson oder einem anderen nicht unternehmerisch Handelnden („Irreführung über die Unternehmenseigenschaft");
- Verwechslung des Unternehmers mit einem anderen Unternehmen („Herkunftstäuschung");
- Verwechslung des Unternehmens mit einer nicht existierenden Person.

294 Die Irreführung über die **Unternehmereigenschaft** ist schon deswegen besonders wettbewerbsrelevant, weil Verbraucher einem Werbenden mehr Vertrauen entgegen brin-

---

938 Dreyer in Harte/Henning § 5 E. Rn 1.
939 So auch Peifer in Fezer § 5 UWG Rn 368.
940 Dreyer in Harte/Henning § 5 E. Rn 1; Emmerich § 15 Rn 58; ähnlich Peifer in Fezer § 5 UWG Rn 368, der fordert, dass die Irreführung nach Nr. 3 eine Beziehung zu Person, Eigenschaften und Rechten des Unternehmers haben.

gen, wenn es sich um einen uneigennützigen Rat zu handeln scheint. Deswegen ist es nun auch ausdrücklich gemäß § 3 Abs. 3 UWG iVm **Nr. 23 Anhang-UWG** als immer unzulässig anzusehen, wenn gegenüber Verbrauchern der unzutreffende Eindruck erweckt wird, der Unternehmer sei Verbraucher oder nicht für Zwecke seines Geschäfts, Handels, Gewerbes oder Berufs tätig. Dies kommt etwa in Betracht, wenn wahrheitswidrig behauptet wird, der Vertrieb einer Ware oder einer angebotenen Dienstleistung diene sozialen oder humanitären Zwecken.[941] Häufig wird hier auch ein Fall der verschleierten Werbung iSv § 4 Nr. 3 UWG vorliegen. Siehe zur getarnten Werbung eingehend Rn 173 ff. Überschneidungen sind insoweit auch mit dem Beispielstatbestand des § 5 Abs. 1 S. 2 Nr. 3 „Beweggründe für geschäftliche Handlung" gegeben (dazu Rn 319 ff unten).

Die **Herkunftstäuschung**, also die Verwechslung des Werbenden mit einem anderen Unternehmen, wird auch von § 5 Abs. 1 S. 2 Nr. 1 UWG, dort Irreführung über die betriebliche Herkunft", erfasst. Überschneidungen gibt es auch mit § 5 Abs. 2 UWG. Zu Herkunftstäuschung kann deshalb auf Rn 228 ff verwiesen werden. 295

Hauptregelungsgegenstand dürfte danach die **Verwechslung des Werbenden mit einer nicht existierenden Person** durch den angesprochenen Verkehr sein. 296

Darunter fallen zunächst die Fälle, in denen der Unternehmer trotz **Aufklärungspflicht** seine Identität nicht offenbart. Solche Aufklärungspflichten bestehen gegenüber Verbrauchern nach § 5a Abs. 2, Abs. 3 Nr. 2 UWG (dazu Rn 383 ff). Die Aufklärungspflichten können sogar dann bestehen, wenn gar keine Irreführung des Verbrauchers, sondern nur „Unwissenheit" droht. Gegenüber Unternehmern bestehen solche Aufklärungspflichten hingegen nur dann, wenn ansonsten eine Irreführungsgefahr über die Person des Werbenden besteht.[942]

Es kommen aber auch Irreführungen durch positive Handlungen in Betracht. Das Publikum bevorzugt vielfach Gesellschaften gegenüber Einzelfirmen, weil es hinter einer Gesellschaft ein größeres Unternehmen vermutet; gelegentlich wird auch die Haftung mehrerer Gesellschafter statt eines einzelnen Inhabers eine Rolle spielen.

Beispiele: Die Endung -ag oder -AG in der Firma einer GmbH wird kann irreführend auf eine Aktiengesellschaft hindeuten und daher unzulässig sein.[943]

Die Firma „Unfallversorgung Deutscher Ärzte und Zahnärzte" lässt zu Unrecht auf eine berufsständische Organisation schließen.[944]

GbR mit beschränkter Haftung kann entweder als neuer Gesellschaftstyp oder dahin missdeutet werden, dass es sich um eine GmbH handele.[945]

Auch die unveränderte **Fortführung einer Gesellschaftsfirma** durch einen Einzelkaufmann als Rechtsnachfolger ist eine unzulässige Irreführung. Mit Recht lässt der Bundesgerichtshof den Gesichtspunkt des Bestandsschutzes für eine eingetragene Firma

---

941 Begr. RegE UWG-Novelle 2008 BT DS 16/10145, S. 34, abrufbar unter www.nordemann.de.
942 Zutreffend Dreyer in Harte/Henning § 5 UWG E. Rn 7 unter Verweis auf OLG Hamburg MMR 2008, 855 (L, Volltext über juris abrufbar), allerdings erörtert das OLG dort § 5 UWG nicht.
943 Bejaht von BGHZ 22, 88, 89 f *INDROHAG* sowie OLG Hamburg GRUR-RR 2005, 199 *tipp.ag*; verneint von OLG Köln GRUR-RR 2007, 163, 164 *WISAG*.
944 BGH GRUR 1968, 431 f.
945 OLG München GRUR 1999, 429.

zurücktreten und verlangt einen klarstellenden Nachfolgezusatz.[946] Das Gleiche gilt für die Fortführung einer Einzelfirma als GmbH & Co.[947] Schließlich führt auch eine Rechtsanwaltskanzlei irre, die den Namen einer Kanzlei im Briefkopf verwendet, die sie überhaupt nicht fortführt.[948]

297 In besonderen Fällen ist auch eine **Irreführung über den Gesellschafterkreis** denkbar: „Vom Bäcker für Bäcker" darf eine GmbH nicht werben, deren Hauptgesellschafter (75 %) eine Kaffeerösterei ist.[949]

Bundes- ist auch bei bundesweiter Tätigkeit irreführend, wenn nicht ein klarstellender Zusatz erfolgt, dass es sich nicht um eine staatliche Institution handelt;[950] bei mit anderen Betrieben im Wettbewerb stehenden Wirtschaftsunternehmen, die in der Firmenbezeichnung den Bestandteil „Bundes-" führen, ist nach Ansicht des BGH davon auszugehen, dass der Verkehr im Allgemeinen annehmen wird, die Bundesrepublik Deutschland sei bei dem Unternehmen zumindest Mehrheitsgesellschafterin.[951] Auch **staatlich, städtisch** ist solchen Unternehmen vorbehalten, die unter staatlicher oder kommunaler Beteiligung oder Leitung stehen.[952] Das Gleiche gilt für **Stelle** mit Ausnahme der „Annahmestellen" und „Verkaufsstellen" von Kleiderreinigungen, Lotterien und anderen Filialunternehmen, wo jedes Missverständnis ausgeschlossen ist.[953]

Institut ist nur zulässig, wo jeder Eindruck staatlicher Einrichtung, Förderung oder Aufsicht ausgeschlossen ist, wie bei „Massageinstitut", „Schönheitsinstitut", „Beerdigungsinstitut", „Heiratsinstitut" usw[954] Der Zusatz „GmbH" genügt allein noch nicht;[955] der nachgestellte Zusatz „Institut für..." ist sogar besonders geeignet, den unzutreffenden Eindruck zu erwecken;[956] dagegen können der Personenname des Inhabers, die Angabe des Tätigkeitsbereichs, die Bezeichnung der Zugehörigkeit zu Berufsvereinigungen oder ein Werbeemblem eine Irreführung ausschließen.[957] Je nach den Umständen erwartet das Publikum von einem „Institut" auch, dass es fachmännisch auf wissenschaftlicher Basis arbeitet.[958]

Kammer ist öffentlich-rechtlichen Institutionen vorbehalten[959] (auch kirchlichen, wie das Beispiel der „Klosterkammer" der ev. Landeskirche Hannover zeigt). **Kolleg** weist ebenfalls auf eine staatliche Einrichtung hin.[960]

---

946 BGHZ 53, 65, 68 *Doktor-Firma*; OLG Stuttgart GRUR-RR 2006, 293 *Mandatsübernahme* (für den Anschein der Fortführung einer traditionsreichen Rechtsanwaltskanzlei).
947 BGHZ 62, 216, 266 ff; 65, 103, 105; 71, 354.
948 OLG Stuttgart GRUR-RR 2006, 293 L *ausgeschiedene Kanzleimitglieder*.
949 OLG München GRUR 1988, 846.
950 BGH GRUR 1980, 794, 796 *Bundeszentrale für Fälschungsbekämpfung*. Siehe auch BGH WRP 2010, 759 Tz. 12 *Firmenbestandteil „Bundes-"*.
951 BGH GRUR 2007, 1079 Tz. 37 *Bundesdruckerei*. Siehe auch BGH WRP 2010, 759 Tz. 12 *Firmenbestandteil „Bundes-"*.
952 BGH GRUR 1986, 316, 318 *Urselters I*.
953 OLG Karlsruhe WRP 1981, 225, 226.
954 Vgl OLG Hamm BB 1965, 520.
955 BayObLG BB 1985, 2269.
956 OLG Düsseldorf WRP 1977, 796, 797; OLG Celle WRP 1988, 243, 244.
957 BGH GRUR 1987, 365, 366 *Gemologisches Institut*.
958 LG Frankfurt BB 1963, 833. Einzelheiten bei v. Olenhusen WRP 1996, 1079.
959 LG Dresden WRP 2000, 664, 666 *Europäische Wirtschaftskammer*; OLG Stuttgart WRP 1996, 945, 948 *International Christian Chamber of Commerce*.
960 BGH GRUR 1983, 512, 513 *Heilpraktikerkolleg*.

Selbsthilfeeinrichtung der Beamten darf ein Unternehmen sich nicht nennen, das gewerblich tätig ist und in dem nur ein geringer Prozentsatz von Angehörigen des öffentlichen Dienstes tätig ist.[961]

b) Irreführung über das Vermögen einschließlich Rechte des Geistigen Eigentums

Rechtsgrundlage: §§ 3 Abs. 1, 5 Abs. 1 S. 2 Nr. 3 UWG; Art. 6 Abs. 1 f. Richtlinie unlautere Geschäftspraktiken

aa) Rechte des geistigen Eigentums

Auch Rechte des Werbenden können für die Entscheidung des Kunden von Bedeutung   298
sein, § 5 Abs. 1 S. 2 Nr. 3 UWG. Deshalb legt die Rechtsprechung zB bei Angaben über
gewerbliche Schutzrechte strenge Maßstäbe an.[962] Ein zwar angemeldetes, aber noch
nicht erteiltes **Patent** darf nicht mit „DBPa" oder „DBPang." bezeichnet werden, weil
das missverstanden werden kann.[963] Zulässig ist das deutlichere „DBP angem." oder
„DBP angemeldet", und auch das nicht schon nach der Anmeldung, sondern erst nach
der Offenlegung.[964] Am besten ist – nach Offenlegung – die ausgeschrieben Variante
„Patent beim DPMA angemeldet", weil sie die aktuelle Abkürzung des Amtes verwendet. Bei Europäischen Patenten auch „Patent beim EPO angemeldet". „Pat. Pend." wird
man in diesen Fällen ebenfalls sagen dürfen,[965] wenn Schutz in Deutschland besteht.
Bezieht sich das Patent nur auf einen Teil des Produkts, so muss das für die angesprochenen Verkehrskreise erkennbar sein,[966] wenn es sich nicht um den wesentlichen Teil
des Produkts handelt.[967] „Patentamtlich/patentrechtlich geschützt" darf zu einem bloßen (und stets amtlich nicht inhaltlich geprüften) Gebrauchsmuster nicht behauptet
werden.[968] Mit Ausdrücken wie „gesetzlich geschützt" o.ä. darf ein bestehender Gebrauchsmusterschutz aber bezeichnet werden,[969] wobei die formelle Eintragung freilich
nicht genügt, wenn die Schutzunfähigkeit offenkundig ist.[970] Auf ausländische Patente
darf nur Bezug genommen werden, wenn den Umständen nach (zB aus der Ausstattung
der Ware) der Irrtum des Publikums, es sei ein deutsches Patent erteilt, ausscheidet.[971]

Eine für zulassungspflichtige Ware erteilte Zulassungsnummer darf nicht für ein auch
nur geringfügig abweichendes Produkt verwendet werden.[972] Die Angabe, nach DIN-

---

961 BGH GRUR 1997, 927, 928 f. *Selbsthilfeeinrichtung der Beamten.*
962 Beachte auch die Sondervorschrift des § 146 PatG.
963 BGH GRUR 1966, 92, 93 *Bleistiftsätze.*
964 OLG Hamburg GRUR 1974, 398, 399 *Stammelemente;* OLG Düsseldorf NJWE 1997, 5, 6 f. *Pasofast.*
965 AA OLG Düsseldorf NJWE 1997, 5, 7 mit dem Argument, derjenige Teil der angesprochenen deutschen
  Verkehrskreise, der nicht die englische Sprache beherrsche, könne diese Abkürzung dahin missverstehen, dass
  es sich um ein bereits erteiltes Patent handele; aber Gewerbetreibende, für die allein der patentrechtliche
  Status eines Produkts relevant sein kann, *können* hierzulande mittlerweile Englisch.
966 BGH GRUR 1957, 372, 373 2 DRP.
967 OLG Karlsruhe GRUR 1980, 119 f. *Balkongeländer.*
968 OLG München NJWE 1997, 37, 38.
969 RG GRUR 1938, 723, 724; aA OLG Düsseldorf GRUR 1978, 437 *Im Inland geschützt.*
970 OLG Düsseldorf GRUR 1984, 883 f und NJWE 2000, 131 *Schaukelpferd.*
971 BGH GRUR 1984, 741, 742 *patented;* OLG Celle BB 1969, 106; OLG München WRP 1969, 122. Einzelheiten bei Lambsdorff/Skora, Die Werbung mit Schutzrechthinweisen, Frankfurt (Brockmann) 1978 und
  GRUR 1985, 244.
972 OLG Köln GRUR 1984, 363, 364 *Ortho Difotalan.* Weicht das Produkt von der angemeldeten Erfindung
  ab, so darf für es nicht unter Hinweis auf das Patent geworben werden, BGH GRUR 1985, 520, 521 *Konterhauben-Schrumpfsystem.*

Normen zu arbeiten, muss stimmen.[973] Ein TÜV-Prüfzeichen darf werblich nur verwendet werden, wenn der TÜV aufgrund eines generellen Überwachungsmandats, nicht lediglich als bezahlter Privatgutachter, tätig geworden ist.[974]

Wer ein ® verwendet, ohne Inhaber der Marke zu sein oder über eine Lizenz zu verfügen, handelt relevant irreführend.[975] Das trifft auch zu, wenn nur eine ähnliche Marke eingetragen ist, zB die Marke „Termorol" existiert, aber mit „Thermoroll®" geworben wird.[976] Das ® setzt jedoch das Bestehen einer international geltenden Marke nicht voraus;[977] vielmehr genügt schon die nationale Registrierung,[978] ja sogar schon die Anmeldung, wenn eine Eintragung alsbald folgt, weil keine Eintragungshindernisse ersichtlich sind.[979] Ist die Verpackung auf Englisch gehalten, geht der Verkehr von einer Eintragung der Marke in Großbritannien aus; eine bloße Eintragung in den USA ist eine irrelevante Irreführung.[980] Ausdrücke wie „gesetzlich geschützt" oder „geschützt" sind – anders als bei Patent- oder Gebrauchsmusterschutz, siehe oben – nicht zulässig, wenn nur ein Marken- oder Ausstattungsschutz besteht.[981]

Das © hatte eigentlich den Zweck, gem. Art. III Abs. 1 Welturheberrechtsabkommen Formererfordernisse für die Erlangung urheberrechtlichen Schutzes als erfüllt mitzuteilen, insbesondere eine Eintragung in das US-Copyright-Register.[982] Heute wird es indes vielfach verwendet, um entweder den Urheber oder – bei Benennung einer juristischen Person, die nach § 7 UrhG nicht Urheber sein kann – den ausschließlichen Rechtsinhaber zu benennen. Über dies versteht der Verkehr das © auch dahin gehend, dass urheberrechtlicher Schutz in Deutschland besteht.[983] Ist das unzutreffend, liegt eine Irreführung vor.

bb) Sonstiges eigenes Vermögen

299 Irreführen kann man auch im Hinblick auf das **sonstige eigene Vermögen**. Das betrifft alle Informationen über die Vermögenssituation oder die finanzielle Leistungsfähigkeit. Der Unternehmer ist allerdings nicht verpflichtet, etwas zu seinem Vermögen in der Werbung zu sagen.[984] Auch Unternehmen, die in finanziellen Schwierigkeiten stecken und kurz vor der Insolvenz stehen, müssen darüber nicht aufklären, weil sie dann überhaupt keine Geschäftschance mehr hätten. Wenn sie allerdings Angaben machen, müssen diese zutreffend verstanden werden.

Beispiele: Ein Vergleich mit den **Umsatzzahlen** des Mitbewerbers ist irreführend, wenn er nur für den Netto-Umsatz, nicht aber für den Brutto-Umsatz zutreffend ist.[985]

---

973 BGH GRUR 1985, 973, 974 f *DIN 2093.*
974 OLG Frankfurt WRP 1989, 316, 317. S. auch BGH GRUR 1991, 552 *TÜV-Prüfzeichen.*
975 BGH GRUR 2009, 888 Tz. 15 f. *Thermorol.*
976 BGH GRUR 2009, 888 Tz. 17 ff. *Thermorol.*
977 AA BGH GRUR 1990, 364, 366 *Baelz;* Öst. OGH ÖBl. 1994, 115, 116 *Crystal;* OLG München WRP 1994, 136, 137.
978 OLG Düsseldorf NJWE 1997, 5, 6 *Pasofast;* OLG München NJWE 1997, 107; OLG Hamburg WRP 1997, 101, 102.
979 OLG München NJWE 1997, 107.
980 OLG Köln GRUR-RR 2010, 390 (L) *Medisoft.*
981 BGH GRUR 1957, 358, 360 *Kölnisch Eis.*
982 Siehe nur A. Nordemann in Fromm/Nordemann § 10 UrhG Rn 13.
983 OLG Düsseldorf ZUM-RD 2008, 594, 595 *Spielkarten.*
984 Dreyer in Harte/Henning § 5 UWG E. Rn 29.
985 OLG Hamburg MD 2007, 815 (abrufbar auch bei juris).

Wer in der Werbung ein **Fabrikgebäude abbildet**, das er nur teilweise selbst nutzt, führt über sein Vermögen irre.[986]

Die **Anzahl der Filialen** muss stimmen: „9 x in Berlin" ist unwahr, wenn nur sieben im Stadtgebiet, zwei weitere aber im Umland belegen sind.[987] **Ärztehaus** soll ein fast ausschließlich von Arztpraxen belegtes Gebäude nicht genannt werden dürfen, obwohl diese Bezeichnung sowohl allgemein gebräuchlich als auch zutreffend ist.[988]

Zum Vermögen zählt auch der **Kundenstamm**, so dass die Täuschung über Kundenzahl oder Kundenbeziehungen eine Täuschung über das eigene Vermögen darstellt.

Beispiele: Das ist der Fall, wenn ein Zeitungsverleger über die Höhe der verkauften Auflage irreführt, ein Buchclub mit unzutreffenden Mitgliederzahlen[989] oder ein Messeveranstalter mit unzutreffenden Besucher- oder Ausstellerzahlen wirbt.[990]

Eine exakte Ermittlung der Kundenzahlen ist allerdings dann nicht erforderlich, wenn eine exakte Zählung mit erheblichem personellem und materiellem Aufwand verbunden wäre und der angesprochene Verkehr mit der Werbebehauptung erfahrungsgemäß keine völlig exakten, sondern nur einigermaßen zuverlässige Angaben erwartet. Die Berechnungsmethode darf aber nicht so unzuverlässig sein, dass die Ergebnisse großenteils auf bloßen Schätzungen beruhen und ihre Richtigkeit oder Unrichtigkeit mehr oder weniger vom Zufall abhängt.[991]

c) Irreführung über den Umfang von Verpflichtungen

Rechtsgrundlage: §§ 3 Abs. 1, 5 Abs. 1 S. 2 Nr. 2 und Nr. 3 UWG; Art. 6 Abs. 1 c Richtlinie unlautere Geschäftspraktiken

Dieses Beispiel für eine unternehmensbezogene Irreführung hat der deutsche Gesetzgeber in § 5 Abs. 1 S. 2 Nr. 3 UWG falsch eingeordnet.[992] Es basiert auf Art. 6 Abs. 1 c Richtlinie unlautere Geschäftspraktiken (Rn 17), der die Irreführung über die vertraglich geschuldete Leistung regelt. Deshalb ist die Irreführung über die Bedingungen der Leistung einschlägig, die unter § 5 Abs. 1 S. 2 Nr. 2 UWG fällt (Rn 282 ff). 300

d) Irreführung über Befähigung, Status, Zulassung

Rechtsgrundlage: §§ 3 Abs. 1, 5 Abs. 1 S. 2 Nr. 3 UWG; Art. 6 Abs. 1 f. Richtlinie unlautere Geschäftspraktiken

Geschäftspartnern, die eine abgeschlossene Berufsausbildung, einen Doktortitel oder eine staatliche Zulassung vorweisen können, bringt das Publikum mehr Vertrauen entgegen. Die Benutzung nicht zustehender geschützter Berufsbezeichnungen, die Berühmung mit nicht erworbenen Diplomen, die Angabe nicht zustehender akademischer Grade oder die Werbung mit einer nie erteilten oder nicht mehr bestehenden staatlichen Zulassung ist deshalb, abgesehen von den für die jeweilige Bezeichnung geltenden besonderen Schutzvorschriften, irreführend im Sinne des § 5 Abs. 1 S. 2 Nr. 3 UWG. 301

---

986 OLG Stuttgart WRP 1982, 547, 548; OLG Nürnberg WRP 1961, 272, 273; Dreyer in Harte/Henning § 5 UWG E. Rn 42; Sosnitza in Piper/Ohly/Sosnitza § 5 UWG Rn 570 („Grundbesitz").
987 OLG Brandenburg WRP 2000, 794, 795.
988 LG Cottbus NJW 1997, 2458 f unter Berufung auf die schon seinerzeit der Lebenswirklichkeit nicht mehr entsprechende Entscheidung BGH GRUR 1988, 458 f. *Ärztehaus*.
989 BGH GRUR 1961, 825 *Werbung mit Mitgliederzahlen*.
990 OLG Dresden, Urt. v. 9.2.2010, Az 14 U 1324/09, 14 U 1325/09.
991 BGH GRUR 1961, 825 *Werbung mit Mitgliederzahlen*.
992 Genauso: Dreyer in Harte/Henning § 5 E. Rn 48. Vgl auch oben Rn 673.

302 Unter **Befähigung** versteht man üblicherweise die Qualifikation, einen bestimmten Beruf auszuüben.

Beispiele: Ein **Diplom** kann nur durch eine Prüfung an einer öffentlich-rechtlichen oder zumindest öffentlich-rechtlich anerkannten Hochschule erworben werden.[993] **Diplom-Tierpsychologe** suggeriert eine abgeschlossene akademische Ausbildung an einer Hochschule oder Fachhochschule, die es für Tierpsychologie überhaupt nicht gibt.[994]

Kaufleute können kein „Ingenieurbüro" bilden.[995]

„Optometrist" für einen normalen Augenoptikermeister täuscht weiter gehende Qualifikationen vor.[996]

Wer sich als **Anwalt** als Spezialist für Mietrecht tituliert, muss theoretisches Fachwissen und einen erheblichen praktischen Erfahrungsschatz nachweisen, zB über Jahrzehnte gewonnene Erkenntnisse.[997] Diese müssen den durchschnittlichen Kenntnisstand anderer Anwälte bei weitem übersteigen. Hierzu genügt nicht allein eine 10jährige Tätigkeit auf dem Gebiet des Mietrechts, sondern zusätzlich die Bearbeitung einer entsprechenden jährlich hohen Anzahl an Mietrechtsproblemstellungen. Mitunter wird seitens der Gerichte aber übertrieben: nicht gerechtfertigt ist es, höhere Anforderungen an die Spezialität als an einen Fachanwalt zu stellen.[998] Das **Anwaltsrecht** bringt allerdings **zusätzliche Einschränkungen** – neben dem Irreführungsverbot – mit sich. Beispielsweise darf ein Rechtsanwaltsbüro nur die gewonnenen Prozesse auf der eigenen Homepage unter Nennung der Gegenseite angeben, wenn das der Wahrheit entspricht *und* darin kein ausschließlich gewinnorientiertes Verhalten zu erblicken ist,[999] dh so lang die Werbung nicht allzu reißerisch aufgemacht ist (vgl ferner Rn 307, 800).

Im medizinischen Bereich versteht sich als Spezialist ein – über den Anforderungen eines Facharztes (förmlich erworbener Titel) hinaus – tätiger Arzt mit überdurchschnittlichen über Jahre hinweg erworbenes Wissen und praktischen Erfahrungen.[1000] Zulässig ist es, mit der (objektiv zutreffenden) Bezeichnung „Master of Science Kiefernorthopädie" zu werben, auch wenn der Verkehr das als Facharzttitel für Kiefernorthopädie missverstehen kann; ein solches Missverständnis beruht eher auf „Unklarheiten" und „Vermutungen" des Verbrauchers, so dass keine hinreichend schwerwiegenden Verbraucherinteressen berührt sein können, um die Angabe zu verbieten.[1001] Es bestehen weitere Einschränkungen aufgrund Berufsrechts (Rn 795 ff, dort auch zu anderen werberechtlich regulierten Berufen).

Warenangaben in der Firma werden vom Publikum dahin verstanden, dass sie den Schwerpunkt im Sortiment des Unternehmens bilden und dieses somit über besondere Facherfahrung verfügt.[1002]

---

993 OLG Köln GRUR-RR 2003, 160 *Diplom;* KG WRP 1964, 89, 91 *Diplom-Kosmetikerin;* OLG Oldenburg GRUR 1986, 178 f (für „staatlich geprüft").
994 OLG Hamm WRP 2007, 1276, 1278 f. *Diplom-Tierpsychologe.*
995 OLG Frankfurt WRP 1972, 328, 329.
996 OLG Stuttgart GRUR 1994, 229 f; kritisch Schricker GRUR 1994, 173.
997 OLG Stuttgart GRUR-RR 2008, 177, 178 f. *Spezialist für Mietrecht;* OLG Nürnberg GRUR-RR 2007, 292, 293 f. *Versicherungsrechtsspezialist.*
998 Siehe OLG Nürnberg GRUR-RR 2007, 292, 293 f. *Versicherungsrechtsspezialist.*
999 BVerfG GRUR 2008, 352, 353 *Gegnerliste.*
1000 BVerfG NJW 2002, 1331, 1332 *Spezialist.*
1001 BGH GRUR 2010, 1024 Tz. 28 f. *Master of Science Kiefernorthopädie.*
1002 BGH GRUR 1977, 159, 161 *Ostfriesische Tee-Gesellschaft.*

Das Publikum erwartet bei einer „**Fachschule**" jedenfalls, dass es bei erfolgreichem Abschluss die üblichen Bescheinigungen und Fähigkeitsnachweise erhält.[1003]

Der **Status des Unternehmers**, insbesondere **der akademische Grad** des Inhabers eines   303
Unternehmens darf nur dann ohne Zusatz der Fachrichtung geführt werden, wenn es bei der Führung eines Geschäftsbetriebes in keinem Falle auf eine damit zusammenhängende wissenschaftliche Ausbildung ankommen kann. So gestattete der Bundesgerichtshof die Führung des Doktortitels ohne den Zusatz „med." für ein Radiogeschäft.[1004] Ein Dr. rer. pol. als Inhaber einer Fabrik für hygienische Erzeugnisse müsste die Fakultät jedoch angeben.[1005] Die Führung eines im Ausland erworbenen Professorentitels ist ohne Zustimmung des zuständigen Kultusministers jedenfalls im Bereich der Heilwerbung unzulässig, wenn nicht auch die den deutschen qualitativ entsprechenden Voraussetzungen des Titelerwerbs vorliegen;[1006] dazu gehört u.a. die Eingliederung in die den Titel verleihende ausländische Universität und eine nennenswerte Tätigkeit als Professor.[1007] – Der akademische Grad eines früheren Firmeninhabers darf von seinem Rechtsnachfolger nicht ohne Nachfolgezusatz fortgeführt werden.[1008] Gab es nie einen Titelträger in bestimmender Funktion im Unternehmen, so ist die weitere Führung des Titels erst recht unzulässig, auch wenn es sich um ein sehr altes, stark benutztes Kennzeichen handelt.[1009] Zulässig ist allerdings die Führung von humorigen Fantasiebezeichnungen, die vom Durchschnittsverbraucher offenkundig nicht als echte akademische Grade verstanden werden.[1010]

Schließlich kommt auch eine **Irreführung über eine bestimmte Zulassung** in Betracht.   304
Das kann auch die Zulassung einer privaten Stelle sein. Im Regelfall geht es jedoch um öffentlich-rechtliche Zulassungen.

Bank, Sparkassen, Bausparkasse darf sich nur ein vom Bundesaufsichtsamt für das Kreditwesen zugelassenes Unternehmen nennen.[1011] Das gilt auch für abgeleitete Bezeichnungen wie „Bankenrepräsentanz".[1012] **Agentur** in Alleinstellung reicht nicht aus, um die Vermittlungstätigkeit eines Kreditvermittlers eindeutig klarzustellen.[1013] Fi-

---

1003 OLG Frankfurt WRP 1976, 178, 179.
1004 BGH GRUR 1959, 375, 376 *Doktor-Titel*.
1005 DPA Mitt. 1955, 22.
1006 BGH GRUR 1998, 487, 488 *Professorenbezeichnung in der Arztwerbung III*; BGH GRUR 1992, 525, 526 *Professorenbezeichnung in der Arztwerbung II*; BGH WRP 1989, 491, 492 *Professorenbezeichnung in der Arztwerbung I*; BGH GRUR 1987, 839, 840 *Professorentitel in der Arzneimittelwerbung I*; Vgl auch OLG Hamburg NJOZ 2002, 1573, 1574 *Prof. h.c. (GCA)*; OLG Köln Magazindienst 2002, 1045 (Unzulässiges Führen eines med. Prof.-Titels einer russischen Hochschule); zweifelhaft: LG Bremen WRP 2001, 854, das lediglich auf das förmliche Ausscheiden aus dem Beamtenverhältnis eines ordnungsgemäß in Deutschland ernannten Professors (für Augenheilkunde) abstellt.
1007 BGH GRUR 1992, 525, 526 *Professorenbezeichnung in der Arztwerbung II* und BGH GRUR 1998, 487, 488 *Professorenbezeichnung in der Arztwerbung III*. Großzügiger BGH WRP 1995, 701, 703 f. *Sauerstoff-Mehrschritt-Therapie* (für Manfred v. Ardenne).
1008 BGH GRUR 1998, 391, 393 *Dr. St... Nachf.*; BGHZ 53, 65, 68 f. *Doktor-Firma I*; BGH GRUR 1992, 121, 122 *Dr. Stein... GmbH*; BGH GRUR 1965, 610 f. *Diplom-Ingenieur*; OLG Koblenz GRUR 1988, 711, 712 *Doktortitel*.
1009 BGH GRUR 1990, 604, 605 *Dr. S.-Arzneimittel*; BGH GRUR 1998, 391, 393 *Dr. St... Nachf*.
1010 OLG Jena GRUR-RR 2005, 354, 354 *Lackdoktor*.
1011 § 39 Abs. 1, § 40 Abs. 1, Abs. 2 KreditwesenG.
1012 OLG Stuttgart WRP 1993, 841 f.
1013 OLG Karlsruhe WRP 1977, 655 f; OLG Hamm NJW-RR 1986, 717, 718.

nanz- sollen sich nur zugelassene Bankgeschäfte nennen dürfen;[1014] **Finanzmakler** ist aber jedenfalls allgemein gebräuchlich.[1015] Auch **Kredit-** sollen nur zugelassene Bankgeschäfte in der Firma führen dürfen.[1016]

Akademie durfte sich früher nur eine behördlich anerkannte Schule nennen, die zur Ausstellung amtlicher Zeugnisse befugt ist;[1017] inzwischen hat sich der Begriff auch für private Bildungsstätten durchgesetzt (Beispiel: Anwaltakademie).[1018] **Hochschule** oder **Universität** darf eine private Ausbildungsstätte ohne staatliche Ermächtigung nicht genannt werden.[1019]

Anstalt ist in allen Branchen so verbreitet, dass die Assoziation eines staatlichen oder staatlich beaufsichtigten Betriebes ausscheidet.[1020] Es muss sich lediglich um einen größeren Betrieb handeln. **Anerkannt** kann auf staatliche Anerkennung oder auf führende Stellung in der Branche hindeuten; das, was der Verkehr im Einzelfall als gegeben ansieht, muss zutreffen.

305 **Börse** wurde früher für ein Einzelhandelsgeschäft als schlechthin unzulässig angesehen.[1021] Es erscheint jedoch kaum denkbar, dass das Publikum durch Bezeichnungen wie „Krawatten-Börse" oder „Schuh-Börse" irregeführt werden könnte. Inzwischen wird nur noch verlangt, dass durch die Art der Verwendung der Bezeichnung nicht der Eindruck einer amtlichen Tätigkeit entsteht.[1022]

306 **Dienst** legt meist die Vorstellung amtlicher Aufgaben nahe und kann daher für Privatfirmen unzulässig sein.[1023] Doch gibt es einzelne Branchen, in denen die Bezeichnung gebräuchlich ist, so dass eine Irreführung des Publikums ausscheidet (Pressedienst, Frachtdienst, Oberhemden-Schnelldienst).

307 Die Verwendung des Begriffs „**Fachanwälte**" als Zusatz zu der Kurzbezeichnung einer überörtlichen Anwaltssozietät auf einem Praxisschild oder auf dem Briefkopf setzt voraus, dass eine den Plural rechtfertigende Zahl von Sozietätsmitgliedern Fachanwälte sind, wobei es nicht erforderlich ist, dass an jedem Standort, an dem der Zusatz verwendet wird, ein oder mehrere Fachanwälte tätig sind.[1024] Ein „Attorney for European Trademarks, Designs and Patents" oder ein „European Patent & Trademark Attorney" muss nach dem OLG Düsseldorf in die Liste der zugelassenen Vertreter beim Europäischen Patentamt eingetragen sein.[1025] Eine „Jus-Steuerberatungsgesellschaft" deutet

---

1014 OLG Köln WRP 1980, 439 gegen OLG Bremen WRP 1977, 267. „Fachbüro für Baufinanzierung" lässt OLG Hamm WRP 1987, 186 dagegen zu.
1015 OLG Bremen WRP 1998, 414.
1016 OLG Köln WRP 1980, 439.
1017 OLG Bremen NJW 1972, 164, 165.
1018 OLG Düsseldorf GRUR-RR 2003, 49 *Akademie*; OLG München WRP 1985, 446, 447; LG Frankfurt/Main NJWE 1998, 244.
1019 OLG Hamburg JZ 1978, 225.
1020 Feuerversicherungsanstalt, Pfandleihanstalt, Reinigungsanstalt usw., Vgl RG MuW 1933, 122.
1021 Baumbach/Hefermehl, 18. Aufl., § 3 UWG Rn 370; LG Berlin WRP 1973, 675.
1022 OLG Köln GRUR 2000, 454 L; OLG Düsseldorf GRUR 1984, 880 für „Bergische Auto-Börse" (Gebrauchtwagen-Anzeigenblatt).
1023 KG DR 1942, 1501 für *Schädlingsbekämpfungsdienst Sachsen-Anhalt*.
1024 BGH GRUR 2007, 807 Tz. 13 *Fachanwälte*.
1025 OLG Düsseldorf GRUR-RR 2009, 74 *Attorney for European Trademarks*; zweifelhaft, weil die Eintragung in die Liste nur Patentanwälten ohne nennenswerte Eintragungsvoraussetzungen offensteht, zugelassene Rechtsanwälte aber auch ohne Eintragung diese Qualifikation haben.

auf Rechtsberatung hin.[1026] Ein **„Bilanz- und Lohnbuchhalter"** muss zur selbständigen Erstellung von Bilanzen befugt sein.[1027] Die in § 6 Nr. 4 StBerG bezeichneten Personen dürfen unter Verwendung der Begriffe „Buchführung" und/oder „Buchführungsbüro" werben, wenn sie im unmittelbaren räumlichen Zusammenhang mit diesen Angaben darauf hinweisen, dass mit diesen Begriffen nur die in § 6 Nr. 4 StBerG aufgeführten Tätigkeiten gemeint sind.[1028] Wirbt ein **Diplom-Wirtschaftsjurist** mit den Bezeichnungen „Wirtschaftsjuristenkanzlei" und „Wirtschaftsjurist", erwartet der Verkehr anwaltliche Dienstleistungen, was eine Anwaltszulassung erfordert, die bei einem Dipl.-Wirtschaftsjurist (FH) nicht gegeben ist.[1029]

Die Bezeichnung **Männerarzt** ist eine Irreführung über die Befähigung des Arztes, da das Publikum darin ein Pendant zum „Frauenarzt" und damit eine Facharztbezeichnung sieht bzw den Begriff mit der Bezeichnung „Androloge" verwechselt.[1030] Besonders häufig erliegen **Heilpraktiker** der Versuchung, ihre Leistungen denen der (öffentlich-rechtlich zugelassenen) Ärzte werblich gleichzustellen. Die Rechtsprechung hat das stets missbilligt: Der Heilpraktiker darf sich nicht das Attribut „Praktischer Psychologe" zulegen oder von „Intern-Medizin" sprechen.[1031] Er darf sein Unternehmen auch nicht „Praxis für Naturheilverfahren" nennen.[1032] Die Bezeichnung **Tierheilpraktiker** ist als solche unbedenklich, auch wenn es einen solchen staatlich anerkannten Beruf nicht gibt;[1033] aber auch dessen Tätigkeitsbereich darf nicht als „Naturheilpraxis für Tiere" bezeichnet werden.[1034] Die Verwendung der Bezeichnung „**Diplom-Tierpsychologe**" ist ohne abgeschlossenes Studium an einer Hochschule oder Fachhochschule irreführend.[1035] „**Fachexperte für Psychologie**" ist irreführend, wenn der Erlangung dieser Bezeichnung keine qualifizierten theoretischen Kenntnisse auf dem Gebiet der Psychologie zu Grunde liegen, die einer akademischen Ausbildung, insbesondere der Ausbildung eines Diplom-Psychologen entsprechen.[1036]

Gebäudereiniger darf sich nur ein in die **Handwerksrolle** eingetragener Unternehmer nennen.[1037] **Hardware-Betreuung** setzt eine Eintragung in die Handwerksrolle nicht voraus.[1038]

Innenarchitektur darf nur von Architekten gesagt werden.[1039]

308

309

310

1026 BGH GRUR 1985, 930, 931.
1027 BGH GRUR 1991, 554, 555 *Bilanzbuchhalter*; OLG Köln WRP 1994, 130, 131 f für „Geprüfter Bilanzbuchhalter".
1028 BGH GRUR 2008, 815 Tz. 17 f. *Buchführungsbüro*; Vgl OLG Brandenburg GRUR-RR 2006, 167 *Buchführungsbüro*.
1029 OLG Hamm GRUR-RR 2007, 294, 295 *Wirtschaftsjuristenkanzlei*.
1030 OLG Hamm GRUR-RR 2008, 434; Vgl OLG München GRUR-RR 2005, 59 *Brustzentrum*.
1031 BGH GRUR 1985, 1064, 1065 *Heilpraktikerbezeichnung*.
1032 OLG Düsseldorf WRP 1999, 700, 701.
1033 BGH GRUR 2000, 73, 74 *Tierheilpraktiker*.
1034 OLG München WRP 1996, 603, 604.
1035 LG Bochum WRP 2007, 358, 359.
1036 OLG Karlsruhe GRUR-RR 2008, 179 *Fachexperte für Psychologie*.
1037 OLG Stuttgart WRP 1982, 608 L; Vgl auch OLG Nürnberg GRUR-RR 2007, 45, 45 *Spenglerei und Installation*; OLG Frankfurt GRUR 2005, 695, 695 *Verstoß gegen Handwerksordnung*; Für ausländischer Unternehmer aus der EU kann etwas anderes gelten: EuGH EuZW 2000, 763, 767 *Josef Corsten*.
1038 LG Karlsruhe GRUR 1999, 80.
1039 BGH GRUR 1980, 855, 857 *Innenarchitektur*.

311 **Meisterbetrieb** lässt erwarten, dass der Inhaber (Komplementär, Geschäftsführer) Meister ist, nicht dass überhaupt ein Meister im Betrieb tätig ist,[1040] und dass dieser auch für die angebotenen Leistungen die Meisterprüfung hat.[1041]

312 Die Führung der Bezeichnung **Sachverständiger** ist zwar nicht gesetzlich geschützt. So nennen darf sich aber nur, wer über eine überdurchschnittliche Erfahrung verfügt und sich damit aus der Masse der im einschlägigen Berufsfeld Tätigen heraushebt;[1042] diese Qualifikation wird meist durch entsprechende Berufsabschlüsse erreicht, kann aber auch autodidaktisch erworben sein.[1043]

Öffentlich bestellte Sachverständige dürfen auf diese Eigenschaft nur in dem Bereich hinweisen, für den die Bestellung erfolgt ist.[1044] Nicht öffentlich bestellte Sachverständige dürfen keinen Rundstempel benutzen[1045] und sich nicht „anerkannter Sachverständiger"[1046] oder gar „Gerichts-Sachverständiger"[1047] nennen; ein Juwelier darf nicht als „geprüfter Diamanten-Fachmann" auftreten.[1048] Wo allerdings eine Irreführung ausscheidet, weil eine Bezeichnung nur gegenüber Fachkreisen gebraucht und dort nicht missverstanden wird, bleibt ihre Führung zulässig.

Beispiel: Von den Bundesfachverbänden bestellte „Bundesprüfer" werden nur gegenüber Briefmarkensammlern tätig; diese wissen natürlich, dass es sich dabei nicht um amtliche Prüfer einer Bundesbehörde handelt, weil es eine solche nicht gibt.[1049]

e) Irreführung über Mitgliedschaften

Rechtsgrundlage: §§ 3 Abs. 1, 5 Abs. 1 S. 2 Nr. 3 UWG; Art. 6 Abs. 1 f. Richtlinie unlautere Geschäftspraktiken

313 Der Unternehmer darf – nach dem ausdrücklichen Beispiel in § 5 Abs. 1 S. 2 Nr. 3 UWG – über seine Mitgliedschaften in Verbänden und Vereinen keine irreführenden Angaben machen. Eine spürbare Beeinträchtigung der Interessen der Marktbeteiligten nach § 3 Abs. 1 UWG (Rn 85 ff) kann darin aber nur liegen, wenn es sich um Mitgliedschaften handelt, die für die geschäftliche Entscheidung der Verbraucher relevant sind. Wenn der Unternehmer mit seiner Mitgliedschaft wirbt, wird man allerdings im Regelfall diese Relevanz unterstellen dürfen, sonst hätte er nicht damit geworben.

Hauptfall dürfte die Werbung mit der **Mitgliedschaft in einem Berufsverband oder einem Fachverband** sein. Diese ist im Regelfall für die angesprochenen Verkehrskreise relevant, weil das für den Verkehr eine vertrauensbildende Maßnahme ist. Eine falsche Werbung mit einer solchen Mitgliedschaft ist damit im Regelfall eine spürbare Irre-

1040 OLG Düsseldorf WRP 1972, 437. Etwas großzügiger OLG Köln NJW-RR 1987, 1325, 1326: Er darf Angestellter sein, muss aber bestimmenden Einfluss auf die Gesamtleitung des Unternehmens haben.
1041 OLG Karlsruhe WRP 1988, 631 L.
1042 OLG Hamm WRP 1997, 972, 974; OLG Köln nach WRP 1997, 1121 f.
1043 BGH GRUR 1997, 758, 760 *Selbsternannter Sachverständiger.*
1044 BGHZ 92, 30, 32 f. *Bestellter Kfz-Sachverständiger.* DDR-Sachverständige sind als solche schon wegen Zeitablaufs nicht mehr öffentlich bestellt, OLG Dresden WRP 1996, 1168, 1171.
1045 OLG München WRP 1981, 483 f; OLG Bamberg WRP 1982, 158 f; Bleutge WRP 1979, 777; OLG Düsseldorf WRP 1988, 278 f mwN; einschränkend OLG Hamm NJW-RR 1986, 1370 f (andere Gestaltung des Rundstempels genügt), ähnlich OLG Stuttgart WRP 1987, 334, 335 mwN.
1046 LG Bonn WRP 1978, 922. „Anerkannt von der FIEA und von dem BVSK" lässt OLG Hamm NJW-RR 1987, 233 aber zu, wenn die Qualifikation des Sachverständigen im Übrigen außer Zweifel steht.
1047 LG München I WRP 1984, 235, 236.
1048 BGH GRUR 1978, 368, 369 *Gemmologe DGemG.*
1049 Unzutreffend OLG Saarbrücken WRP 1988, 343, 344 *Bundesprüfer.*

führung. Ist der Unternehmer Mitglied, darf er dies mit der Abkürzung des Berufs- oder Fachverbandes kennzeichnen (zB Architekt BDA, Designer AGD). Es ist heute nicht mehr Voraussetzung, dass die Zugehörigkeit zu diesem Berufsverband eine besondere Qualifikation voraussetzt,[1050] weil in vielen Bereichen eine Kennzeichnung der Verbandsmitgliedschaft allgemein üblich geworden ist und der Verbraucher den Hinweis eher auf die Nachhaltigkeit der Berufsausübung bezieht. **Links** auf der Website eines Unternehmens zu Fachverbänden, denen das Unternehmen nicht angehört, müssen aber so ausgestaltet sein, dass eine besondere Nähebeziehung zum Verband nicht suggeriert wird.[1051]

Zur Irreführung über den Verhaltenskodex eines Verbandes, vgl unten Rn 368 f.

Von der Irreführung über Mitgliedschaften nach § 5 Abs. 1 S. 2 Nr. 3 UWG nicht erfasst **314** wird die Täuschung über die Mitgliedschaften *beim Unternehmer*, zB wenn Buchclubs mit einer überhöhten Zahl an Mitgliedern werben. Insoweit sind Mitgliedschaften vielmehr Teil des Vermögens, so dass eine Irreführung über das Vermögen einschlägig ist (vgl Rn 299).

f) Irreführung über Beziehungen, Auszeichnungen oder Ehrungen des Unternehmens

Rechtsgrundlage: § 3 Abs. 1 iVm Nr. 4 Anhang-UWG; §§ 3 Abs. 1, 5 Abs. 1 S. 2 Nr. 3 UWG; Art. 5 Abs. 5 und 6 Abs. 1 f. Richtlinie unlautere Geschäftspraktiken

Nicht nur die Größe, sondern auch die Leistungsfähigkeit und das Vorhandensein besonderer Beziehungen zum Staat, zu anderen öffentlichen Rechtsträgern oder zu anerkannten privaten Institutionen kennzeichnen die Person und die Eigenschaften eines Unternehmens. Nicht umsonst ist in den Monarchien Europas der Titel „Hoflieferant" noch immer sehr begehrt. **315**

Vertragswerkstatt darf sich nur die vom Hersteller autorisierte Werkstatt nennen.[1052] **316** S. Rn 366. Wer Neuwagen verkauft, ohne Vertragshändler zu sein, soll das sagen müssen.[1053] „Werkstatt für Ihren Opel", „Fachmann für BMW" oder „spezialisiert auf BMW" muss aber werben dürfen, wer sich auf diese Marke spezialisiert hat, ohne Partner dieser Marke zu sein.[1054] **Fachwerkstatt** wird vom Verkehr heute nicht mehr zwingend wie „Vertragswerkstatt" verstanden.[1055] Das Gleiche gilt für **Spezialwerkstatt**.[1056] Insoweit bestehen Überschneidungen mit § 5 Abs. 1 S. 2 Nr. 4 UWG und dort „Zulassung" (Rn 366).

Klosterbrauerei darf sich nur eine Brauerei nennen, die von einem Kloster betrieben **317** oder wenigstens aus einem inzwischen aufgehobenen Kloster hervorgegangen ist.[1057] Ausnahmsweise kann die Verwendung der Bezeichnung allerdings gerechtfertigt sein,

---

1050 AA früher von BGH GRUR 1978, 368, 370 für *Gemmologe DGemG*.
1051 OLG Jena GRUR 2003, 978 *Verbandslink*.
1052 BGH GRUR 1970, 467, 469 *Vertragswerkstatt*; OLG Hamm WRP 1983, 169, 170; Vgl auch KG WRP 1984, 204 *Technischer Kundendienst*.
1053 OLG München GRUR 1988, 708 (zu weitgehend).
1054 EuGH WRP 1999, 407 *BMW/Deenik*, Erwägungsgründe 10, 25, 32, 39–42, 50, 64.
1055 AA noch OLG Hamm WRP 1983, 169, 170.
1056 AA hier noch KG WRP 1978, 54, 56; OLG Karlsruhe WRP 1980, 574, 575. „Kfz-Meisterbetrieb speziell für X-Fahrzeuge" ist aber zulässig, OLG Hamm GRUR 1989, 285, 286 f s. auch Rn 366.
1057 BGH GRUR 2003, 626, 629 *Klosterbrauerei*; OLG Nürnberg GRUR-RR 2001, 61, 63 *Kloster Dinkel*; OLG Hamburg WRP 1998, 76, 78 *Klosterbrauerei*.

wenn die Belange der Allgemeinheit nicht in erheblichem Maße und ernsthaft in Mitleidenschaft gezogen werden, weil eine nur geringe Irreführungsgefahr vorliegt und wenn durch ein Verbot ein wertvoller Besitzstand an einer Individualkennzeichnung zerstört werden würde (hier: Bezeichnungen **Klosterpilsner** und **Klosterbrauerei** wurden seit über 150 Jahren unbeanstandet benutzt).[1058]

318 Zu unterscheiden ist die Irreführung über Beziehungen, Auszeichnungen oder Ehrungen eines Unternehmens von der Irreführung über Testergebnisse, Empfehlungen Dritter und Behördenprüfungen gem. § 5 Abs. 1 S. 2 Nr. 2 UWG (Rn 247 f); letztgenannte Fallgruppe bezieht sich auf Produkt oder Dienstleistungsmerkmale, nicht auf unternehmensbezogene Merkmale. Insbesondere bei Dienstleistungen lassen sich dienstleistungs- und unternehmensbezogene Merkmale aber häufig schwierig auseinanderhalten.

g) Irreführung über Beweggründe für die geschäftliche Handlung und Art des Vertriebes

Rechtsgrundlage: § 3 Abs. 1 iVm Nr. 23 Anhang-UWG; §§ 3 Abs. 1, 5 Abs. 1 S. 2 Nr. 3 UWG; Art. 5 Abs. 5 und 6 Abs. 1 d Richtlinie unlautere Geschäftspraktiken

319 Mit der UWG-Novelle 2008 hat der Gesetzgeber zur Klarstellung auch noch die als wesentlich anzusehenden Merkmale „Beweggründe für die geschäftliche Handlung" und „Art des Vertriebs" übernommen.

320 Wegen einer Irreführung über „Beweggründe für die geschäftliche Handlung" handelt gemäß § 3 Abs. 3 UWG iVm **Nr. 23 Anhang-UWG** (Rn 105 ff) stets unzulässig, wer gegenüber Verbrauchern den unzutreffenden Eindruck erweckt, der Unternehmer sei Verbraucher oder nicht für Zwecke seines Geschäfts, Handels, Gewerbes oder Berufs tätig. Dies kommt etwa in Betracht, wenn wahrheitswidrig behauptet wird, der Vertrieb einer Ware oder einer angebotenen Dienstleistung diene sozialen oder humanitären Zwecken.[1059] **Gemeinnützige** sind nur die nach der AbgabenO von den Finanzbehörden als solche anerkannten Unternehmen.[1060]

Alle anderen Fälle werden von §§ 3 Abs. 1, 5 Abs. 1 S. 2 Nr. 3 UWG erfasst, bedürfen also der gesonderten Spürbarkeitsprüfung (Rn 85 ff).

Die Irreführung über „Beweggründe für die geschäftliche Handlung" ist häufig auch eine Irreführung die Unternehmereigenschaft (dazu eingehend Rn 294).

321 Eine Täuschung über die Beweggründe für die geschäftliche Handlung entsteht auch bei der **Zusendung unwahrer Auftragsbestätigungen** oder **als Rechnung getarnter Vertragsangebote**. Ein Buchclub mahnt bei ganz unbeteiligten Dritten, mit denen nicht einmal Vertragsverhandlungen geführt wurden, die Unterzeichnung und Rückgabe der beigefügten „Letzten Auftragsbestätigung" an.[1061] Ein Verleger wirbt mit rechnungsähnlich gestalteten Werbeschreiben für Eintragungen in eine von ihm geplante Handelsinformationsdatei.[1062]

1058 BGH GRUR 2003, 628, 630 *Klosterbrauerei.*
1059 Begr. RegE UWG-Novelle 2008 BT DS 16/10145, S. 34, abrufbar unter www.nordemann.de.
1060 BGH GRUR 2003, 448, 449 *Gemeinnützige Wohnungsbaugesellschaft.*
1061 BGH GRUR 1983, 587, 588 *Letzte Auftragsbestätigung.* Vgl auch BGH GRUR 1992, 450, 452 *Beitragsrechnung.*
1062 BGH WRP 1998, 383 ff. *Wirtschaftsregister.*

Mit dieser „Masche" arbeitet inzwischen nahezu eine ganze Branche. Schon der Bericht der **Zentrale** über unseriöse **Branchenverzeichnisse** in WRP 1993, 638 f nannte über 30 Unternehmen; inzwischen sind sie noch mehr geworden. Die Gerichte haben mehrfach Fälle aus diesem Bereich entschieden.[1063] Die so Werbenden sind allerdings im Laufe der Zeit „schlauer" geworden und klären jetzt die angesprochenen Marktbeteiligten – zumindest im Kleingedruckten – darüber auf, dass es sich nur um ein Vertragsangebot handelt. Da insbesondere unternehmerische Marktbeteiligte generell als kritischer und weniger leicht irrezuführen eingestuft werden (Rn 134 ff), besteht die Gefahr, dass ein Geschäftsmodell auf eine tatsächliche Täuschung aufgebaut werden könnte, wo der (fiktive) Normabnehmer nicht irregeführt ist. Die Rechtsprechung hat deshalb richtigerweise reagiert. Für eine Irreführung kann ausnahmsweise auch die Täuschung eines eher geringen Teils des angesprochenen Verkehrs ausreichen, wenn nach den Gesamtumständen die Werbung gezielt auf eine solche Täuschung angelegt ist und schützenswerte Interessen des Unternehmens, in dieser Weise werben zu dürfen, nicht ersichtlich sind. Solche schützenswerten Interessen fehlen insbesondere dann, wenn die Werbeadressaten, die das Angebot richtig verstehen, eine Inanspruchnahme der angebotenen Leistung nicht ernsthaft in Betracht ziehen werden,[1064] wie dies regelmäßig bei (unvollständigen) Branchenverzeichnissen zu überteuerten Preisen der Fall ist.

Gegenüber Verbrauchern (Rn 99) ist es gemäß **Nr. 22 Anhang-UWG** ohnehin stets unzulässig, Werbematerial unter Beifügung einer Zahlungsaufforderung zu übermitteln, wenn damit der unzutreffende Eindruck vermittelt wird, die beworbene Ware oder Dienstleistung sei bereits bestellt. Das Verbot nach Nr. 22 erfasst auch rechnungsähnlich aufgemachte Angebotsschreiben, die nach § 4 Nr. 3 UWG unlauter sind. Nr. 22 ist jedoch insoweit weiter gefasst, als es – anders als nach der bisherigen Rechtsprechung – nicht darauf ankommt, ob es sich bei der Übersendung der Rechnung oder des rechnungsähnlich aufgemachten Angebots um ein von Anfang an auf Täuschung angelegtes Gesamtkonzept handelt, um von Folgeverträgen zu profitieren.[1065]

Zur Irreführung über die Beweggründe für die geschäftliche Handlung gehören schließlich auch **Abo-Fallen** oder **sonstige Kostenfallen im Internet**.[1066] Bei ihnen wird der Verbraucher darüber irregeführt, dass die Nutzung bestimmter Inhalte in Wahrheit kostenpflichtig ist. Das verstößt nicht nur gegen § 5 Abs. 1 S. 2 Nr. 3 UWG, sondern auch gegen § 5 Abs. 1 S. 2 Nr. 2 UWG (Rn 265), § 5 Abs. 3 Nr. 3 UWG (Rn 395 ff) und die PreisangabenVO (Rn 805 ff). Vgl zur Unlauterkeit der Forderungseinziehung Rn 858.

Die Irreführung über die „**Art des Vertriebs**" kann sich vor allem aus falsch verstandenen Schlagworten ergeben. 322

1063 BGHZ 123, 330, 334 und GRUR 1995, 358, 360 *Folgeverträge I* und *II;* BGH WRP 1998, 383, 385 *Wirtschaftsregister;* OLG Hamburg GRUR 1995, 65; OLG Schleswig WRP 1995, 521; LGe Fulda und Bochum WRP 2000, 327 und 330. Eingehend v. Ungern-Sternburg WRP 2000, 1057. Strafurteil: LG Berlin WRP 2001, 986.

1064 OLG Frankfurt MMR 2009, 553.

1065 Begr. RegE UWG-Novelle 2008, BT DS 16/10145, S. 34, abrufbar unter www.nordemann.de.

1066 Zuletzt OLG Frankfurt MMR 2010, 614 *Kostenfalle im Internet;* ferner OLG Frankfurt GRUR-RR 2009, 265, 267 *Abo-Fallen;* OLG Hamm GRUR-RR 2008, 435.

323 ■ **Center** lässt auf das Vorhandensein von Fachkräften schließen,[1067] die in einem einheitlichen Geschäftslokal als eigene Angestellte arbeiten;[1068] mittelpunktartig und überragend muss die Stellung aber nicht mehr sein.[1069]

324 ■ **Designer-Outlet** ist den eigenen Vertriebsstellen der Hersteller vorbehalten.[1070] **Factory** versteht angesichts der auch in Deutschland weithin bekannten **Factory Outlets** der durchschnittlich informierte, aufmerksame und verständige Durchschnittsverbraucher (Rn 121 ff) auch als die Vertriebsstelle eines Herstellers. Vgl auch Rn 270. Die Benutzung dieses Begriffs war durch den abgeschafften § 6 a UWG aF stark eingeschränkt (Rn 243).[1071]

325 ■ **Discount** lässt den Verbraucher lediglich eine im Großen und Ganzen besonders niedrige Preisgestaltung erwarten.[1072] Dass es sich um ein Unternehmen mit einem besonderen Vertriebssystem handelt – Wegfall des Service, Vereinfachung der Verkaufsräume usw. –, ist nicht erforderlich: Niemand wird irregeführt, wenn er zu einem besonders niedrigen Preis auch noch einen nicht erwarteten Service erhält.[1073] Vgl Rn 270.

326 ■ **Fachgeschäft, Spezialgeschäft** ist nur ein spezialisiertes Unternehmen, das über geschultes Personal verfügt und daher zur fachlichen Beratung des Kunden in der Lage ist, und das außerdem über ein besonders reiches und vollständiges Angebot der Waren seiner Branche verfügt.[1074] „Qualifizierter Fachhandel" soll noch mehr als das erfordern,[1075] „kompetenter Fachhändler" aber nicht.[1076] **Fachabteilung** muss bei einem Handwerksbetrieb von einem Meister geführt sein.[1077] **Fachklinik** muss mit Fachärzten der betreffenden Fachrichtung besetzt sein.[1078] **Fachkrankenhaus** kann auch ein solches sein, das auf eine nicht institutionalisierte Fachrichtung spezialisiert ist.[1079] **Fachverband**: Der werbende Hinweis auf die Zugehörigkeit zu einem Fachverband lässt das Publikum annehmen, der Werbende sei selbst ein Fachbetrieb.[1080] S. auch Rn 359.

327 ■ **Großhandel**: Seit Aufhebung des § 6 a UWG aF mit der UWG-Novelle 2004 darf in der Verbraucherwerbung jetzt grundsätzlich auf die Eigenschaft als Großhändler hingewiesen werden, wenn der Werbende überwiegend Wiederverkäufer oder gewerbliche Verbraucher beliefert und entweder auch den Letztverbraucher zum Großhandelspreis beliefert oder die höhere Preisgestaltung kenntlich macht (Rn 270). Der Bundesgerichtshof verbietet darüber hinaus dem Großhändler, der

---

1067   OLG Köln WRP 1979, 575.
1068   KG GRUR-RR 2002, 79, 80 *Greencard-Center.*
1069   BGH GRUR 1986, 903, 904 *Küchen-Center.*
1070   OLG Hamburg GRUR-RR 2001, 42.
1071   Näheres Schmitz-Temming WRP 1998, 680.
1072   BGH GRUR 1971, 164, 165 f. *Discount-Geschäft.*
1073   Ebenso schon OLG Düsseldorf BB 1963, 364.
1074   OLG Nürnberg BB 1959, 251; OLG Koblenz WRP 1982, 45, 46 f.
1075   OLG Frankfurt BB 1981, 11. Näheres Weyhenmeyer WRP 1982, 443.
1076   BGH GRUR 1997, 141.
1077   OLG Koblenz WRP 1988, 555, 556 f für „Karosserie- und Lackierabteilung".
1078   OLG Hamm NJWE 1999, 76.
1079   BGHZ 104, 384, 387 f. *Fachkrankenhaus* (Psychosomatik und Durchblutungserkrankungen).
1080   OLG Frankfurt BB 1966, 262.

auch Einzelhandel betreibt, sich gegenüber den bei ihm kaufenden Einzelhändlern ausschließlich als Großhändler zu bezeichnen.[1081] „Groß- und Einzelhandel" ist aber ebenso zulässig geblieben wie „Großimporteur";[1082] dagegen weist „ohne Zwischenhandel" jedenfalls im Teppichgewerbe auf einen (reinen) Großhandel hin.[1083]

■ **Großmarkt** dürfen nur reine Großhändler sagen (Rn 243). Die Bezeichnung verlangt für jede einzelne Filiale entsprechende Größe.[1084]   328

■ **Haus** hat in solchen Branchen des breiten Konsums keine kennzeichnende Funktion   329
mehr, wo die einzelnen Geschäfte nach Warenangebot und Verkaufsfläche etwa gleich groß zu sein pflegen (Schuhhaus, Reformhaus, Blumenhaus). In anderen Branchen versteht das Publikum darunter Unternehmen, denen eine überdurchschnittliche Bedeutung jedenfalls gegenüber der örtlichen Konkurrenz zukommt (Kaufhäuser und größere Spezialgeschäfte, wie Möbelhaus, Fahrradhaus, Auktionshaus).[1085] **Möbelhof** muss wie „Möbelhaus" einen größeren Betrieb kennzeichnen, dem eine überdurchschnittliche Bedeutung gegenüber der örtlichen Konkurrenz zukommt.[1086]

■ **Inter-, international** setzt neben einer gewissen Größe des Unternehmens seine Aus-   330
richtung auf den zwischenstaatlichen Verkehr voraus.[1087] **Kontinent-Möbel** verlangt kontinentale Bedeutung.[1088]

■ **Klinik** setzt zwar das Vorhandensein von Einrichtungen zur stationären Behand-   331
lung voraus;[1089] diese Art der Behandlung muss jedoch nicht überwiegen.[1090]

■ **Lager** verlangt einen besonders umfangreichen Warenvorrat, der ständig oder doch   332
für längere Zeit vorhanden ist. Einzelhändler halten in der Regel solche Lager nicht.[1091] Das gilt auch für zusammengesetzte Bezeichnungen wie „Großlager",[1092] „Fabrikauslieferungslager", „Verkaufslager".[1093] Diese Bezeichnungen deuten zudem auf besonders enge Beziehungen zum Hersteller hin, so dass das Publikum in der Erwartung entsprechend günstiger Preise irregeführt wird.[1094] „Teppichhandelslager" erweckt den Eindruck, es werde Großhandel betrieben.[1095]

1081   BGHZ 50, 169, 174 *Wiederverkäufer.*
1082   BGH GRUR 1978, 477, 479 *Groß- und Einzelhandel;* BGH WRP 1996, 1102, 1104 *Großimporteur.*
       S. auch BGH GRUR 1974, 474 *Großhandelshaus* und Rn 207.
1083   LG Stuttgart WRP 1999, 972 L.
1084   OLG München WRP 1975, 457.
1085   BGH GRUR 1980, 61, 62 *10 Häuser warten auf Sie;* BGH GRUR 1982, 491, 492 *Möbel-Haus;* OLG
       Hamm GRUR 1993, 764 f. *Auktionshaus.*
1086   KG BB 1963, 1397. Ebenso für „Möbelhallen" OLG Stuttgart WRP 1983, 447.
1087   OLG Stuttgart GRUR 1970, 36, 37 *Interbau.* S. auch BGH WRP 1996, 897, 898 *Internationale Sozietät*
       und OLG Frankfurt NJW 1996, 1065.
1088   BGH GRUR 1979, 716, 718 *Kontinent-Möbel.*
1089   OLG Düsseldorf WRP 2009, 104, 106 *Augenklinik.*
1090   BGH GRUR 1996, 802, 803 f. *Klinik.*
1091   OLG Köln GRUR 1961, 43, 44; Ausnahme zB: Kohlenlager, RGZ 156, 16, 22.
1092   OLG Karlsruhe BB 1960, 1113; LG Oldenburg WRP 1970, 123; aA OLG Hamburg WRP 1968, 119.
1093   OLG Köln GRUR 1962, 363, 365.
1094   BGH GRUR 1974, 225, 226 *Lager-Hinweiswerbung.*
1095   OLG Celle WRP 1977, 718, 719.

333 ■ **Markt** wurde früher stets als das Zusammentreffen einer Vielzahl von Käufern *und* Verkäufern an einem bestimmten Ort zu bestimmten Zeiten verstanden.[1096] Das geht zumindest dann zu weit, wenn „Markt" nicht in Alleinstellung, sondern zusammengesetzt wie in „Supermarkt", „Ratio-Markt" usw gebraucht wird; hier erwartet das Publikum nur eine die üblichen Verhältnisse weit übersteigende Konzentration von Kaufgelegenheiten zu besonders günstigen Bedingungen,[1097] einen „Giganten der Branche",[1098] dessen Angebot einen Überblick über die am Markt erhältlichen Modelle der verschiedenen Fabrikate mit ihren Ausstattungsvarianten ermöglicht.[1099] Der Bundesgerichtshof lässt allerdings schon „eine gewisse Größe und Angebotsvielfalt" genügen.[1100]

334 ■ **Messe** deutet auf einen Zusammenhang mit öffentlichen Ausstellungen hin.[1101]

335 ■ **Rechenzentrum** darf sich nur die Datenverarbeitungszentrale eines großen Unternehmens oder ein eigenständiger Betrieb nennen, der diese Funktion für andere Betriebe im Wege des Outsourcings übernimmt.[1102]

336 ■ **Selbstbedienung:** Der Kunde erwartet bei einer solchen Unternehmensbezeichnung, dass er vom Verkaufspersonal nicht angesprochen wird. Die Ware muss so ausgezeichnet sein, dass Rückfragen bei der Verkäuferin über Material, Verarbeitung, Herkunft der Ware usw in der Regel nicht mehr erforderlich sind.[1103]

337 ■ **Shop-in-the-shop:** Der Eindruck, es handele sich um eine Abteilung des Kaufhauses, darf nicht erweckt werden.[1104]

338 ■ **Unternehmensgruppe** versteht sich als eine Anzahl von rechtlich und wirtschaftlich selbständigen Betrieben, die durch die Zielsetzung und eine gleichartige Steuerung wie Unternehmenskultur zusammengefasst sind; demnach die Verbindung mehrerer Unternehmen von gewisser Größe und Bedeutung.[1105] Dem wird der Werbende nicht gerecht, wenn er nur ein einzelnes Unternehmen betreibt.[1106]

339 ■ **Wohnwelt** deutet auf eine besondere Größe des Unternehmens hin.[1107]

340 ■ **Zentrale, Zentrum** setzten früher eine mittelpunktartige überragende Stellung in der Branche voraus.[1108] Das ist heute fraglich. „Alarmzentrale" soll zumindest für ein kleines Büro irreführend sein.[1109] Möglich ist auch eine Irreführung über die Marktstellung, vgl. Rn 360.

1096 So noch LG Oldenburg GRUR 1963, 543 *Automarkt.*
1097 OLG Hamm NJW 1964, 160.
1098 AG Haltern BB 1963, 1399.
1099 KG WRP 1980, 204, 205 f (verneint noch bei einem regionalen Marktanteil von über 40 %).
1100 BGH GRUR 1983, 779, 780 *Schuhmarkt.*
1101 LG Köln GRUR 1951, 79, 80 *Messehof.*
1102 OLG Köln NJWE 1999, 196, 197.
1103 BGH GRUR 1970, 515, 516 *Selbstbedienung.*
1104 BGH GRUR 1989, 211, 211 *shop-in-the-shop II.*
1105 BAGE 112, 166 ff/ ZIP 2005, 915, 917 (BeckRS 2005, 40982) *Gemeinschaftsunternehmen.*
1106 OLG Köln GRUR-RR 2006, 237, 238 *Produktionsunternehmen.*
1107 OLG Karlsruhe WRP 1985, 357.
1108 OLG Oldenburg WRP 1961, 16; OLG Zweibrücken BB 1966, 1244; BGH GRUR 1977, 503, 504 *Datenzentrale.*
1109 OLG München MD 2006, 1213 *Alarmzentrale.*

h) Sonstige Irreführung über Person, Eigenschaften oder Rechte des Unternehmers
aa) Irreführende Alterswerbung

Rechtsgrundlage: § 3 Abs. 1, 5 Abs. 1 S. 2 Nr. 3 UWG; Art. 6 Abs. 1 f. Richtlinie unlautere Geschäftspraktiken

Kunden schätzen meist, wenn ein Unternehmen lange kontinuierlich am Markt existiert. Damit kann zB die Erwartung verbunden sein, das Unternehmen verfüge über große Erfahrung oder die Qualität habe sich langfristig am Markt bewährt und durchgesetzt. 341

Werbende stellen deshalb gerne das Alter des Unternehmens werblich heraus. Umso erstaunlicher ist, dass es diese Form der unternehmensbezogenen Werbung nicht in die Beispiele des § 5 Abs. 1 S. 2 Nr. 3 UWG geschafft hat. Unproblematisch lässt sich die Alterswerbung aber als Werbung mit der Person oder mit Eigenschaften des Unternehmers einordnen, so dass irreführende Alterswerbung in jedem Fall unter § 5 **Abs. 1 S. 2 Nr. 3 UWG** fällt – wenn auch als **ungeschriebenes Beispiel**. 342

Jedermann weiß, dass ein Geschäft nicht „seit 100 Jahren" oder auch nur „seit 1900" in der Hand desselben Inhabers geblieben sein kann. Aus der Altersangabe schließt man vielmehr in erster Linie auf die Kontinuität des Unternehmens.[1110] Eine Werbung mit dem Alter ist daher zulässig, wenn das Unternehmen seit dem angegebenen Gründungsjahr wirtschaftlich ununterbrochen[1111] bestanden hat; ob die Inhaber, die Firmenbezeichnung und/oder die Rechtsform gewechselt haben, ist gleichgültig,[1112] vorausgesetzt, dass mit dem Wechsel die kontinuierliche, organische Entwicklung des Unternehmens nicht entscheidend verändert worden ist.[1113] Erzwungene Unterbrechungen durch Kriegsereignisse, Naturkatastrophen, Todesfälle, Zwangsversteigerungen und Insolvenzen bleiben außer Betracht, wenn ein Fortsetzungswille bestand.[1114] 343

Mit dem Namen eines nicht mehr bestehenden Unternehmens darf deshalb überhaupt nicht geworben werden.[1115]

Die vom Publikum vermutete Kontinuität bezieht sich auf den Geschäftszweig, den die werbende Firma heute vertritt. Hat sie in der Zwischenzeit die Branche gewechselt, so darf sie nicht mehr mit dem ursprünglichen Gründungsjahr, sondern nur mit dem Jahr der Aufnahme des neuen Geschäftszweiges werben.[1116] Hat sie dem ursprünglichen erst später einen weiteren Geschäftszweig hinzugefügt, so ist die Werbung mit dem Grün- 344

1110 Freilich nicht etwa auf die bloße Berufskontinuität der Familie; „!Familientradition seit 1910" daher unzulässig, auch wenn Vater und Großvater schon (anderswo) Goldschmiede waren, OLG Hamburg GRUR 1984, 290 f.

1111 Geschäftsaufgabe für ca. fünf Jahre lässt Annahme der Kontinuität nicht mehr zu, LG Stuttgart WRP 2001, 189, 191.

1112 BGH GRUR 1951, 412, 413 *Werbetext*; BGH GRUR 1991, 680, 681 f. *Porzellanmanufaktur*.

1113 BGH GRUR 1981, 69, 71 *Alterswerbung für Filialen*: Ein seit 1863 bestehendes Stammhaus hatte sich nach dem Inhaberwechsel ein Netz von über 40 Filialen im ganzen Bundesgebiet angegliedert, die sodann mit „Christ seit 1863" bezeichnet wurden. OLG München NJWE 1999, 52, 54 *Käthe Kruse* (= GRUR 2000, 541): Das 1953 zum VEB umgewandelte Unternehmen hatte die Produktion der weltberühmten Käthe-Kruse-Puppen 1964 eingestellt und stattdessen Stofftiere und Plastikspielzeug produziert.

1114 BGH GRUR 1956, 212, 215 *Wirtschaftsarchiv*; OLG Dresden GRUR 1998, 171, 173 *Seit 1460*.

1115 OLG Köln WRP 1994, 201, 203 f. *Trierer Winzer-Verein*.

1116 BGH GRUR 1960, 563, 565 *Sektwerbung*; Vgl auch BGH GRUR 1986, 316, 317 f und 1990, 1035, 1037 f. *Urselters I* und *II* für „seit 772" bei einem mit der früheren Qualität nicht mehr übereinstimmenden Mineralwasser aus einem anderen als dem ursprünglichen Brunnen.

dungsjahr nur dann zulässig, wenn jeder Irrtum des Publikums, das Gründungsjahr gebe den Beginn dieses neuen Zweiges an, ausgeschlossen ist.[1117]

345 Enthält die Altersangabe zugleich die Berühmung, das älteste Unternehmen seiner Art zu sein, so ist dies eine Alleinstellungsbehauptung, die den für diese geltenden Anforderungen entsprechen muss[1118] (Rn 185 ff).

346 Seltener ist die unzutreffende Berühmung mit der Dauer einer Berufs- oder Produkt-Erfahrung; auch dafür gelten die vorstehend skizzierten Grundsätze.[1119]

bb) Geografische Ausdehnung

Rechtsgrundlage: § 3 Abs. 1, 5 Abs. 1 S. 2 Nr. 3 UWG; Art. 6 Abs. 1 c und f Richtlinie unlautere Geschäftspraktiken

347 Häufig benutzen Unternehmen in ihrer Firma geografische Angaben wie **Deutsch oder Deutschland**. Das ist – wie die irreführende Alterswerbung – nicht als Beispiel in § 5 Abs. 1 S. 2 Nr. 3 UWG erwähnt, fällt aber unproblematisch unter eine Werbung mit den Eigenschaften des Werbenden. Früher forderte die Rechtsprechung, dass das Unternehmen auf seinem Fachgebiet in weiten Teilen Deutschlands bekannt ist und eine gewisse Sonderstellung einnimmt.[1120] Auch eine kleinere Firma, die ein ausländisches Produkt exklusiv für Deutschland herstellt oder vertreibt oder die gar die deutsche Tochter einer ausländischen Gesellschaft ist, führt mit dem Zusatz „deutsch" aber niemanden irre.[1121] Demgemäß verlangt der Bundesgerichtshof inzwischen nur noch, dass das Unternehmen „nach Ausstattung und Umsatz auf den deutschen Markt als Ganzes zugeschnitten" ist und eine entsprechende Größe und Ausstattung hat.[1122] Die Verwendung des Firmenzusatzes „Deutschland" ist nach Auffassung des OLG Zweibrücken irreführend, wenn es sich um ein Unternehmen von lediglich regionaler Bedeutung handelt, das vom Zuschnitt her nicht in der Lage ist, im Wesentlichen den Anforderungen des deutschen Marktes gerecht zu werden.[1123] Bei Vereinen gilt grundsätzlich nichts anderes.[1124] Gleiches gilt für **Berliner, Bayerisch** und andere Landschafts- und Ortsangaben. Auch dafür wurde früher eine führende Stellung des Unternehmens in dem betreffenden Gebiet gefordert.[1125] Auch das dürfte heute zu eng sein; es genügt, wenn das Geschäft auf das betreffende Gebiet in seiner Gesamtheit zugeschnitten ist. Das Gleiche gilt für **Süd**, weil das nach BayObLG[1126] zutreffender Weise kein Hinweis auf eine regional führende Stellung ist.

348 Auch bei Verwendung von Firmenangaben wie **Euro-, Europa** gilt Ähnliches: Der Bundesgerichtshof verlangt ein Unternehmen nicht nur mit europäischen Geschäftsbezie-

1117 BGH GRUR 1961, 485, 487 *Fleschereimaschinen*.
1118 BGH GRUR 1991, 680, 682 *Porzellanmanufaktur*.
1119 OLG Köln GRUR 1996, 222 *Alterswerbung:* Der Lieferant von Gussrohren hatte damit nicht die behaupteten 50 Jahre, sondern „nur" 30 Jahre Erfahrung.
1120 OLG Karlsruhe BB 1964, 572; BayOLG NJW 1959, 45, 47.
1121 OLG Düsseldorf NJWE 1998, 245, 246 f *MDJ Deutschland GmbH*.
1122 BGH GRUR 1982, 239, 240 *Allgemeine Deutsche Steuerberatungsgesellschaft;* OLG Düsseldorf GRUR 1992, 187 *Deutsche Ausstellungsgesellschaft;* ausdrücklich großzügiger OLG Celle NJWE 1997, 81, 82.
1123 OLG Zweibrücken GRUR-RR 2007, 89, 90 *R. Post Deutschland*.
1124 BGH GRUR 1987, 638, 639 *Deutscher Heilpraktiker*.
1125 BGH GRUR 1975, 380 f. *Die Oberhessische* und GRUR 1973, 486 f. *Bayerische Bank;* OLG Düsseldorf GRUR 1980, 315, 317 *Düsseldorfer;* KG WRP 1984, 473, 474 *Berlin-Verlag*.
1126 BB 1979, 184.

hungen, sondern auch von europäischer Bedeutung.[1127] Entsprechendes gilt, wenn auf Geschäftsbögen, Verpackungen usw die **Europaflagge** gezeigt wird.[1128]

cc) Marktstellung

Rechtsgrundlage: § 3 Abs. 1, 5 Abs. 1 S. 2 Nr. 3 UWG; Art. 6 Abs. 1 c und f. Richtlinie unlautere Geschäftspraktiken

Einer guten Marktstellung des Werbenden entnimmt der Verbraucher, dass die Waren oder Dienstleistungen des Werbenden in den Augen anderer Verbraucher kaufwürdig sind.   **349**

Zahlenangaben über Umsatz, Auflagenhöhe, Marktanteil, Beschäftigte, Verkaufsfläche usw werden häufig in der Werbung verwendet, um die Bedeutung des Unternehmens zu unterstreichen. Sie müssen genau sein; Aufrundungen sind nur in sehr beschränktem Umfang zugelassen. So hat der Bundesgerichtshof eine Aufrundung von 1,8 Millionen auf „fast zwei Millionen" bereits als irreführend angesehen.[1129] Lokalausgaben einer Tageszeitung dürfen der Gesamtauflage nicht ohne Kenntlichmachung zugerechnet werden.[1130] Vgl auch Rn 299.   **350**

Das Herausstellen der eigenen Marktposition ist für den Werbenden besonders vorteilhaft, wenn der Werbende über eine **Spitzenstellung** verfügt oder zumindest zur **Spitzengruppe** gehört. Solche Marktpositionen stellen sich gleichsam als eine Empfehlung großer Verkehrskreise für den Werbenden dar. Spitzen- bzw Spitzengruppenwerbung ist deshalb vielen Marketingabteilungen ein äußerst beliebtes Werbemittel.   **351**

Im Hinblick auf eine Werbung mit einer Spitzenstellung am Markt oder zumindest einer Zugehörigkeit zur Spitzengruppe des Marktes gelten die in Rn 184 ff zur Spitzenstellungs- und Spitzengruppenwerbung dargestellten Grundsätze. Sie muss insbesondere wahr sein, um zulässig zu sein. Folgende zusätzliche Beispiele seien noch genannt:

Domain: Eine beschreibende (generische) Domain beinhaltet für sich genommen im Regelfall noch keine Alleinstellungsbehauptung für die betreffende Leistung, weil die Domain als solche nicht hinreichend aussagekräftig ist. Die Domain „mitwohnzentrale.de" stellt deshalb noch keine Alleinstellungsbehauptung dar.[1131] Allenfalls kann eine solche Berühmung in Zusammenschau der Domain-Bezeichnung und der konkreten inhaltlichen Gestaltung der Homepage entstehen. Ein solcher Eindruck ist jedoch in jedem Fall ausgeschlossen, wenn auf der ersten Seite der Homepage ein unmissverständlicher Hinweis erfolgt, zB „Auf dieser Seite werden nur Mitglieder des Rings europäischer Mitwohnzentralen e.V. aufgeführt."[1132] Zur möglichen Behinderungswirkung von beschreibenden Domains Rn 644.   **352**

1127   BGH GRUR 1997, 669 f. *Euromint;* BGHZ 53, 339, 343 *Euro-Spirituosen;* BGH GRUR 1978, 251, 252 *Euro-Sport.* Näheres Völp WRP 1971, 2. Abweichend OLG Koblenz GRUR 1993, 133 *eurotec.*
1128   OLG Hamburg NJWE 1999, 172.
1129   BGH GRUR 1961, 284, 287 *Werbung mit Mitgliederzahlen.*
1130   BGH GRUR 1968, 433, 436 *Westfalenblatt II.*
1131   OLG Hamburg GRUR 2003, 1058, 1058 *Mitwohnzentrale II.*
1132   OLG Hamburg GRUR 2003, 1058, 1058 *Mitwohnzentrale II.*

353 Erster kann sowohl zeitlich („erstes Leasing-Unternehmen")[1133] als auch qualitativ („erstes Haus am Platz") zu verstehen sein. Beides muss stimmen.[1134]

354 Führend ist ein Unternehmen, das entweder quantitativ, dh nach Umsatz und Menge des Warenangebots[1135] oder wenigstens qualitativ einen deutlichen Vorsprung vor dem Angebot seiner Mitbewerber aufweist; im letzteren Fall muss es auch größenmäßig zur Spitzengruppe zählen (vgl Rn 355).

355 Größtes, bedeutendstes und ähnliche Behauptungen einer Alleinstellung darf nur ein Unternehmen benutzen, das von Umsatz oder Auflage und Angebot seine Mitbewerber mit einem offenbaren Abstand von einer gewissen Stetigkeit überragt.[1136] „Eines der größten" ist nur ein Unternehmen, das zur Spitzengruppe zählt und hinter den übrigen dazu gehörenden Firmen nur unwesentlich, keinesfalls um die Hälfte zurückbleibt.[1137] Vgl Rn 184 ff, auch wegen der in der Behauptung einer Allein- oder Spitzengruppenstellung liegenden Bezugnahme auf die Mitbewerber.

Europas größter Online-Dienst[1138] war eine irreführende Spitzenstellungsbehauptung, weil die beteiligten Verkehrskreise annähmen, dass T-Online mit seinem Dienst in Europa nicht nur die meisten Kunden habe, sondern auch, dass diese den Dienst am häufigsten und umfangreichsten nutzten und vergleichbare Unternehmen beim Nutzungsumfang erst mit erheblichem Abstand folgten, und zudem der Dienst auch europaweit, dh in den maßgeblichen Bereichen des Kontinents vertreten sei, was jedoch nicht zutraf.[1139] Entsprechend für irreführend wurde die Spitzenstellungsbehauptung T-Online ist der größte Internet-Provider Europas erklärt, zulässig waren dagegen auf die Kundenzahl konkretisierte Spitzenstellungsbehauptungen wie T-Online ist der größte Online-Service Europas mit über ... Kunden oder Mit mehr als ... Kunden ist T-Online Europas Nummer 1.[1140]

356 Mit der Werbeaussage der neue Marktführer verbindet der Verbraucher nicht nur eine erreichte Größe, sondern auch Vorstellungen über die Leistungsfähigkeit des Werbenden im Sinne einer qualitativen Überlegenheit, bei einem Lohnsteuerhilfeverein beispielsweise, dass er über ein besseres Know-How, bessere persönliche und sachliche Ausstattung verfügt sowie mehr Steuersachen und diese besser als seine Mitbewerber bearbeitet, der also an Erfahrung und Wissen überlegen ist. Wird eine solche qualitative Überlegenheit weder vorgetragen noch nachgewiesen, liegt eine unzulässige Spitzenstellungswerbung vor.[1141]

357 Die Nr. 1 behauptet eine Spitzenstellung, die einer erheblichen Sonderstellung mit merklichem Überragen der Konkurrenz auch im anliegenden Umkreis (Nachbargemeinde) bedarf.[1142] In die Vergleichsbetrachtung sind umliegende Unternehmen ein-

1133 OLG Düsseldorf WRP 1980, 419, 420.
1134 Rn 168.
1135 BGH GRUR 1964, 33, 36 Bodenbeläge.
1136 BGH GRUR 1985, 140, 141 Größtes Teppichhaus der Welt; OLG Düsseldorf WRP 1982, 271, 273 Der große Schuhmarkt; OLG München NJWE 1997, 265, 266 Größtes Münzhandelshaus der Welt.
1137 BGH GRUR 1969, 415 Kaffeerösterei.
1138 BGH GRUR 2004, 786 ff. Größter Online-Dienst.
1139 BGH GRUR 2004, 786, 788 Größter Online-Dienst.
1140 BGH GRUR 2004, 786, 787 f. Größter Online-Dienst.
1141 OLG Zweibrücken NJW-RR 2002, 1066, 1066 f neuer Markführer.
1142 OLG Celle WRP 2008, 1484, 1484 f. Die Nr. 1.

zubeziehen (angrenzende Gemeinde), wenn Wechselwirkungen zwischen den Gemeinden bestehen, zB 500 m Entfernung von der relevanten Gemeinde.[1143] **Die größte Möbelschau** bzw **die Nr. 1** ist unzulässige Spitzenstellungswerbung, wenn ein Mitbewerber des so beworbenen Möbelhauses eine ungefähr doppelt so große Verkaufsfläche besitzt wie der Werbende und er auch nach Umsatz, Warenangebot und Zahl der Beschäftigten den Mitbewerber nicht merklich überragt;[1144] dasselbe gilt für die Werbeaussage **die Nr. 1 … zwischen … und …, wenn ….**[1145]

Riese muss im Werbegebiet zur Gruppe der größten Geschäfte mit vergleichbarem Warenangebot gehören.[1146]   358

Verband soll nach einer verbreiteten Ansicht eine Organisation von nicht unerheblicher Größe vermuten lassen.[1147] Es gibt jedoch viele kleine Verbände; der Verkehr verbindet mit dem Begriff deshalb zumindest keine einheitlichen Vorstellungen. Mit Recht lässt das Kammergericht seine Verwendung auch bei nur 20 Mitgliedern zu.[1148] Erst Zusätze wie „Bundesverband" oder „Gesamtverband" wecken besondere Erwartungen an Größe und Bedeutung.[1149] s. auch Rn 326.   359

Zentrale, Zentrum setzten früher eine mittelpunktartige überragende Stellung in der Branche voraus.[1150] Ob das heute noch gilt, erscheint indes fraglich. „Alarmzentrale" soll zumindest für ein kleines Büro irreführend sein.[1151] Zugleich kann auch eine Irreführung über die Vertriebsart vorliegen, vgl. Rn 340.   360

4. Irreführung über Sponsoring und Zulassung von Waren (§ 5 Abs. 1 S. 2 Nr. 4 UWG)

Rechtsgrundlage: § 3 Abs. 3 UWG iVm Nr. 4 Anhang-UWG; §§ 3 Abs. 1, 5 Abs. 1 S. 2 Nr. 4 UWG; Art. 6 Abs. 1 c Richtlinie unlautere Geschäftspraktiken

§ 5 Abs. 1 S. 2 Nr. 4 UWG setzt Art. 6 Abs. 1 c der Richtlinie über unlautere Geschäftspraktiken um (Rn 17). Die Bestimmung fasst die Verwendung von Symbolen und Aussagen zusammen, die entweder mit direktem oder indirektem Sponsoring zu tun haben oder auf eine Zulassung des Unternehmers oder seiner Waren oder Dienstleistungen hinweisen.[1152]   361

Sponsoring kommt in **zwei Alternativen** vor: Der Gesponserte wirbt mit dem Sponsor, beispielsweise durch Hinweise oder Einblendungen wie **„mit freundlicher Unterstützung von …"** oder der Sponsor erklärt sein **Engagement** mit einem Projekt oder Unternehmen.[1153] Wird eine bekannte Persönlichkeit in der Werbung eingesetzt, liegt in   362

1143 OLG Celle WRP 2008, 1484, 1485 *Die Nr. 1.*
1144 OLG Celle WRP 2008, 1484, 1484 f. *Die Nr. 1.*
1145 OLG Frankfurt WRP 2007, 697, 698 *Nr. 1.*
1146 OLG Köln WRP 1983, 44 f.
1147 BayObLG DB 1974, 1857.
1148 NJWE 2000, 33 f.
1149 BGH GRUR 1984, 457, 460 *Deutsche Heilpraktierschaft*; BGH GRUR 1973, 371, 373 *Gesamtverband*. BGH GRUR 1987, 638, 640 *Deutsche Heilpraktiker* wieder ein: „Bundesverband" drücke nur aus, dass der Verband über das ganze Bundesgebiet verteilt sei.
1150 OLG Oldenburg WRP 1961, 16; OLG Zweibrücken BB 1966, 1244; BGH GRUR 1977, 503, 504 *Datenzentrale.*
1151 OLG München MD 2006, 1213 *Alarmzentrale.*
1152 Begr. RegE UWG-Novelle 2008 BT DS 16/10145, S. 24, abrufbar unter www.nordemann.de.
1153 Geschehen im Fall Krombacher mit Günther Jauch: BGH GRUR 2007, 249 ff und 251 ff. *Regenwaldprojekt I und II*; Schaub GRUR 2008, 955, 955.

der Regel kein echtes Sponsoring vor, sondern eine bloße übliche Werbemaßnahme.[1154]

Sponsoring ist nicht gleichbedeutend mit Werbung, sondern begleitet diese, indem es zur Verkaufsförderung von Produkten beiträgt. Unter Sponsoring fasst Art. 2c der RL Sponsoring Tabak als **Legaldefinition** Folgendes auf: Sponsoring ist jede Art von öffentlichem oder privatem Beitrag zu einer Veranstaltung oder Aktivität oder jede Art von Unterstützung von Einzelpersonen mit dem Ziel oder der direkten oder indirekten Wirkung, den Verkauf (eines Tabakerzeugnisses) zu fördern. Im Fall des Sponsorings im UWG ist Tabakerzeugnis durch Produkt bzw Ware oder Dienstleistung zu ersetzen. Eine allgemeine nicht produktbezogene Begriffsbestimmung zum Sponsoring enthält Art. 1k RL Fernsehtätigkeit. Sponsoring iSd Art. 1k RL Fernsehtätigkeit ist jeder Beitrag von nicht im Bereich der Bereitstellung von audiovisuellen Mediendiensten (Art. 1a) oder in der Produktion von audiovisuellen Werken tätigen öffentlichen oder privaten Unternehmen oder natürlichen Personen zur Finanzierung von audiovisuellen Mediendiensten oder Sendungen mit dem Ziel, ihren Namen, ihre Marke, ihr Erscheinungsbild, ihre Tätigkeiten oder ihre Leistungen zu fördern. Kurzum jeder entgeltliche Beitrag eines Dritten im Rahmen eines Fernsehprogrammes oder fernsehähnlicher Dienstleistungen.

363 Werbung mit dem Sponsoring beispielsweise von Sport- und Kulturveranstaltungen hat schon seit geraumer Zeit eine erhebliche Bedeutung. **Die beteiligten Verkehrskreise** sind deshalb **vor irreführende Angaben im Zusammenhang mit dem Sponsoring zu schützen**: Der Verbraucher wird dem Sponsor eines Sport- oder Kulturereignisses einen gewissen Vertrauensvorschuss gewähren, weil er sich für die Durchführung des Sport- oder Kulturereignisses engagiert oder sich gerade wegen des Sponsorings für die Produkte des Sponsors interessiert, weil er sich eben für das Sport- oder Kulturereignis begeistert. Ist die Angabe über das Sponsoring unzutreffend oder wird durch sonstige Zusammenhänge nur der Eindruck des Sponsorings erweckt, dass eigentlich gar nicht vorliegt, wird die Erwartungshaltung des Verbrauchers enttäuscht. Desweiteren besitzen natürlich auch die Sponsoren selbst ein Interesse daran, dass nicht Dritte „auf den Zug aufspringen" und sich als Sponsor eines Sport- oder Kulturereignisses gerieren, obwohl sie gar keine diesbezüglichen Leistungen erbracht haben.

364 **Nr. 4 Anhang-UWG iVm § 3 Abs. 3 UWG** enthält deshalb ein *Per-se*-Verbot unwahrer Angaben gegenüber Verbrauchern (Rn 99), die direkt in die Unzulässigkeit führen, ohne dass es noch auf die spürbare Beeinträchtigung ankäme (Rn 105 ff):

> *Die unwahre Angabe, ein Unternehmer, eine von ihm vorgenommene geschäftliche Handlung oder einer Ware oder Dienstleistung sei von einer öffentlichen oder privaten Stelle bestätigt, gebilligt oder genehmigt worden, oder die unwahre Angabe, den Bedingungen für die Bestätigung, Billigung oder Genehmigung werde entsprochen.*

Hauptfall einer stets unzulässigen Sponsoringwerbung ist danach die unwahre Angabe gegenüber privaten Verbrauchern, man sei Sponsor einer bestimmten Leistung oder

---

1154 A. A. Schaub GRUR 2008, 955, 955.

Ware, ohne dass das zutreffend ist. Bloß missverständliche Angaben fallen lediglich unter § 5 Abs. 1 S. 2 Nr. 4 UWG, erfordern also eine Spürbarkeitsprüfung (Rn 85 ff). **Ambush Marketing** – der Werbende wirbt beispielsweise unter Bezugnahme auf ein Sport-Großereignis, ohne selbst Sponsor zu sein[1155] – fällt damit nur dann unter Nr. 4 Anhang-UWG, wenn ausdrücklich behauptet wird, dass man Sponsor sei, obwohl das nicht zutrifft; missverständliches Ambush-Marketing erfordert eine Prüfung des § 5 Abs. 1 S. 2 Nr. 4 und der Spürbarkeitsschwelle des § 3 Abs. 1 UWG. Irreführende Angaben über das Sponsoring werden auch von § 5 Abs. 1 S. 2 Nr. 4 UWG dann erfasst, wenn der Handelnde gegenüber Nicht-Verbrauchern sich als **Sponsor, Partner** oder **Ausrüster** geriert, ohne es zu sein.[1156]

Neben § 5 Abs. 1 S. 2 Nr. 4 UWG kann auch § 5 Abs. 2 UWG einschlägig sein, wenn **365** der Name oder das Logo der Veranstaltung als Marke oder Unternehmenskennzeichen geschützt ist und die unberechtigte Verwendung durch den Nicht-Sponsor eine Verwechslungsgefahr, vor allem eine solche im weiteren Sinne (Vermutung wirtschaftlicher Beziehungen) hervorruft; vgl hierzu Rn 234 ff.

Überdies erfasst § 5 Abs. 1 S. 2 Nr. 4 UWG auch die Irreführung über „Zulassungen". **366** Welche **Zulassung** des Unternehmens oder Produktes gemeint ist, erklärt der Gesetzgeber nicht. Nur Zulassungen unter § 5 Abs. 1 S. 2 Nr. 4 UWG zu fassen, denen behördliche Verwaltungsakte vorausgehen, ist zu eng. Denn bereits § 5 Abs. 1 S. 2 Nr. 3 UWG erwähnt die Zulassung (Rn 304), so dass sich Nr. 4 von dieser abgrenzen muss. Zulassung meint daher lediglich die **vertragliche Einwilligung** in die Werbung mit Symbolen. Auch insoweit bestehen dann allerdings Überschneidungen mit „Beziehungen" in Nr. 3 (Rn 315).

Beispiele: Ein Unternehmen wirbt irreführend mit „**Hoflieferant**" einer europäischen Monarchie, obwohl das unzutreffend ist.

„**Vertragswerkstatt**" darf sich nur die vom Hersteller autorisierte Werkstatt nennen.[1157]

Übernimmt ein Unternehmer zur Bezeichnung einer Software zur Lohn- und Gehaltsabrechnung den Zeitschriftentitel des Publikationsorgans **Praxis Aktuell** der AOK, mit der diese ihre Aufklärungspflicht als Sozialversicherungsträger gem. § 13 SGB I erfüllt, so haben die angesprochenen Verkehrskreise Anlass zu der Annahme, dass diese Software von der AOK autorisiert ist und eine besondere aufgabenbezogene Qualifizierung besitzt; dadurch macht sich der Unternehmer das besondere Vertrauen zunutze, dass der AOK als quasi-öffentlichem Institut entgegengebracht wird und handelt unlauter, wenn tatsächlich keine geschäftlichen Beziehungen bestehen.[1158]

5. Irreführung über Notwendigkeit einer Leistung, eines Ersatzteils, eines Austausches oder einer Reparatur (§ 5 Abs. 1 S. 2 Nr. 5 UWG)

Rechtsgrundlage: §§ 3 Abs. 1, 5 Abs. 1 S. 2 Nr. 5 UWG; Art. 6 Abs. 1 e Richtlinie unlautere Geschäftspraktiken

§ 5 Abs. 1 S. 2 Nr. 5 UWG übernimmt Art. 6 Abs. 1 e der Richtlinie über unlautere Ge- **367** schäftspraktiken und dort die Merkmale „**Notwendigkeit einer Leistung, eines Ersatzteils, eines Austauschs oder einer Reparatur**". Zwar hat der Gesetzgeber gesehen, dass

---

1155 Körber/Mann GRUR 2008, 737, 737.
1156 Körber/Mann GRUR 2008, 737, 740.
1157 BGH GRUR 1970, 467, 469 *Vertragswerkstatt*; OLG Hamm WRP 1983, 169, 170; Vgl auch KG WRP 1984, 204 *Technischer Kundendienst*.
1158 OLG Hamburg GRUR-RR 2008, 245, 246 ff. *Praxis Aktuell*.

einzelne geschäftliche Handlungen, durch die der unrichtige Eindruck vermittelt wird, eine bestimmte Leistung oder Reparatur sei notwendig, auch unter dem Gesichtspunkt der Ausnutzung der geschäftlichen Unerfahrenheit von Verbrauchern nach § 4 Nr. 2 UWG als unlauter angesehen werden können. Jedoch soll diese Bestimmung des § 5 Abs. 1 S. 2 Nr. 5 UWG dem Schutz vor unnötigen oder überteuerten Anschaffungen dienen, § 4 Nr. 2 UWG hingegen vor allem dem Schutz bestimmter Verbrauchergruppen.[1159]

Wie gesehen, sollen durch Nr. 5 Verbraucher und gewerbliche Abnehmer davor bewahrt werden, **unnötige Leistungen** in Anspruch zu nehmen, wenn durch die Werbung oder eine andere geschäftliche Handlung der falsche Eindruck erweckt wird, eine Leistung, ein Ersatzteil, ein Austausch oder eine Reparatur sei notwendig.

Beispiele: Die Auto-Reparaturwerkstatt tauscht Bremsbeläge und Bremsscheiben an einem Auto aus und behauptet gegenüber dem Kunden, die Bremsbeläge seien so weit abgefahren gewesen, dass die Bremsscheiben bereits mit angegriffen worden seien, obwohl beides nicht stimmt.

Der EDV-Lieferant behauptet, der Laserdrucker im Büro sei nicht mehr zu reparieren, es müsse daher ein neues Gerät angeschafft werden, obwohl lediglich das Netzteil defekt war, das unproblematisch hätte ausgetauscht werden können.

Der Kfz-Händler empfiehlt in einem Werberundschreiben oder einem direkten Gespräch mit den Kunden, zur besonderen Pflege des Motors einen Ölwechsel nicht zu den vom Hersteller vorgeschriebenen Intervallen vorzunehmen, sondern jeweils schon nach der Hälfte der gefahrenen Kilometer bzw der abgelaufenen Zeit.

Ebenso wäre es irreführend, bei Scheibenwischern mit integrierter Verschleißanzeige (im LKW-Bereich vorhanden) deren Gebrauchstauglichkeit mittels einer Farbskala angezeigt wird und diese entgegen der tatsächlichen Abnutzung verfrüht bewusst „rot" für einen Wechsel anzeigt.

Ob § 5 Abs. 1 S. 2 Nr. 5 UWG eine eigenständige Bedeutung zukommen wird, darf bezweifelt werden, weil häufig unwahre Angaben über die Notwendigkeit einer Leistung entweder auch solche über wesentliche Merkmale des Produkts im Sinne von § 5 Abs. 1 S. 2 Nr. 1 UWG darstellen[1160] oder der Unternehmer seinen Informationspflichten nicht genügend nachgekommen ist, so dass § 5 a Abs. 1 und 2 UWG einschlägig ist.

6. Irreführung über einen Verhaltenskodex (§ 5 Abs. 1 S. 2 Nr. 6 UWG)

Rechtsgrundlage: § 3 Abs. 3 UWG iVm Nr. 1 und Nr. 3 Anhang-UWG; §§ 3 Abs. 1, 5 Abs. 1 S. 2 Nr. 6 UWG; Art. 6 Abs. 2 b Richtlinie unlautere Geschäftspraktiken

368 Der Begriff des **Verhaltenskodex** ist in § 2 Abs. 1 Nr. 5 UWG **legal definiert** und meint Vereinbarungen oder Vorschriften über das Verhalten von Unternehmern, zu welchem diese sich in Bezug auf Wirtschaftszweige oder einzelne geschäftliche Handlungen verpflichtet haben, ohne dass sich solche Verpflichtungen aus Gesetzes- oder Verwaltungsvorschriften ergeben.[1161]

Beispiele: Verhaltenskodex der in der „Gesellschaft zur freiwilligen Kontrolle von Messe- und Ausstellungszahlen" (FKM) zusammengeschlossenen Messeveranstalter, insbesondere mit Regelungen zur Zählung der Besucher und der Aussteller bei Messen.[1162]

1159 Begr. RegE UWG-Novelle 2008 BT DS 16/10145, S. 24, abrufbar unter www.nordemann.de.
1160 Vgl Sosnitza WRP 2008, 1014, 1029.
1161 Hierzu Begr. RegE UWG-Novelle 2008 BT DS 16/10145, S. 12, abrufbar unter www.nordemann.de.
1162 Abrufbar unter www.fkm.de. Siehe dazu auch OLG Dresden, Urt. v. 9.2.2010, Az 14 U 1325/09.

Wettbewerbsregeln, zB Wettbewerbsregeln für den Vertrieb von abonnierbaren Tages- und Wochenzeitungen des Bundes Deutscher Zeitungsverleger (BDZV).[1163] Wettbewerbsregeln des Verbandes Deutscher Zeitschriftenverleger (VDZ) für den Vertrieb von abonnierbaren Publikumszeitschriften.[1164]

In Bezug auf den **Jugendmedienschutz** sind Selbstverpflichtungen auch bekannt aus dem Pressebereich und Fernsehen.[1165]

Zwischen einem Verhaltenskodex im Sinne von § 2 Abs. 1 Nr. 5 UWG und einer **Wettbewerbsregel** im Sinne von § 24 Abs. 2 GWB besteht zunächst kein maßgeblicher Unterschied,[1166] dh eine Wettbewerbsregel im Sinne von § 24 Abs. 2 GWB ist ein Verhaltenskodex im Sinne von § 2 Abs. 1 Nr. 5 UWG. Verhaltenskodizes und Wettbewerbsregeln im Sinne von § 24 Abs. 2 GWB werfen immer auch das Problem auf, ob es sich dabei um wettbewerbsbeschränkende Vereinbarungen im Sinne von § 1 GWB oder Art. 101 AEUV handelt.[1167]

Verhaltenskodizes wie Wettbewerbsregeln haben grundsätzlich nur eine indizielle Bedeutung für die Frage der Unlauterkeit, weil das Übliche, das in solchen Verhaltenskodizes und Wettbewerbsregeln normalerweise festgelegt ist, nicht ohne weiteres zur Norm erhoben werden darf; ansonsten würde der Wettbewerb in bedenklicher Weise beschränkt werden.[1168] **369**

Das UWG sanktioniert auch nicht etwa die generelle Nichteinhaltung eines Verhaltenskodexes, zu dessen Einhaltung sich der Unternehmer etwa verpflichtet hat, sondern nur die folgenden **drei Fälle:**

- Der Unternehmer weist in der Werbung oder durch andere Angaben ausdrücklich darauf hin, dass er zu den **Unterzeichnern** eines Verhaltenskodexes gehört, obwohl das gar nicht stimmt. Eine solche Werbung ist ohne Spürbarkeitsprüfung stets unzulässig nach § 3 Abs. 3 UWG iVm Nr. 1 Anhang-UWG (Rn 105 ff).
- Der Unternehmer behauptet unwahr in der Werbung oder durch andere Angaben, ein Verhaltenskodex sei von einer öffentlichen oder einer anderen **Stelle gebilligt** worden. Das ist ohne Spürbarkeitsprüfung stets unzulässig nach § 3 Abs. 3 UWG iVm Nr. 3 Anhang-UWG (Rn 105 ff).
- Der Unternehmer **hält** einen Verhaltenskodex **nicht ein**, auf den er sich verbindlich verpflichtet hat, obwohl er in der Werbung oder durch andere Angaben auf die Einhaltung des Verhaltenskodexes hinweist (**§ 5 Abs. 1 S. 2 Nr. 6 UWG**). Im letztgenannten Fall von § 5 Abs. 2 S. 2 Nr. 6 UWG muss für die Unzulässigkeit der irreführenden Angabe hinzukommen, dass die Interessen der Mitbewerber, Verbraucher oder sonstigen Marktteilnehmer **spürbar** beeinträchtigt werden (§ 3 Abs. 1 UWG; vgl Rn 85 ff).

Da „Schwarze Liste" des Anhang-UWG Nr. 1 und 3 einerseits sowie § 5 Abs. 1 S. 2 Nr. 6 UWG anderseits nicht deckungsgleich sind, besteht scheinbar eine Lücke: Nr. 1

1163 Abrufbar unter www.bdzv.de.
1164 Abrufbar unter www.vdz.de.
1165 Peifer WRP 2008, 556, 561; Hoeren BB 2008, 1182, 1187: FSM und FSK.
1166 Bornkamm in Köhler/Bornkamm § 5 Rn 5.163; Ahrens in Hasselblatt § 22 Rn 169.
1167 Vgl Bornkamm in Köhler/Bornkamm § 5 Rn 5.165 f; BGH GRUR 2006, 773 Tz. 13 ff. *Probeabonnement.*
1168 BGH GRUR 2006, 773 Tz. 19 *Probeabonnement* mwN; ähnlich schon BGH GRUR 1991, 462, 463 *Wettbewerbsrichtlinie der Privatwirtschaft.*

und Nr. 3 Anhang-UWG sanktionieren die unwahre Angabe des Unternehmers, zu den Unterzeichnern eines Verhaltenskodexes zu gehören, sowie die unwahre Angabe, ein Verhaltenskodex sei von einer öffentlichen oder anderen Stelle gebilligt. Sie gelten aber nur für Angaben gegenüber dem Verbraucher (§ 3 Abs. 3 UWG). Demgegenüber ist die Vorschrift des § 5 Abs. 2 S. 2 Nr. 6 UWG, die gleichermaßen für Angaben gegenüber Verbrauchern, Mitbewerbern und sonstigen Marktteilnehmern gilt, tatbestandlich nur dann erfüllt, wenn der Unternehmer einen Verhaltenskodex nicht einhält, auf den er sich verbindlich verpflichtet hat und auf diese Bindung in der Werbung hinweist. Behauptet er demgegenüber, zu den Unterzeichnern eines Verhaltenskodexes zu gehören oder der Verhaltenskodex sei von einer öffentlichen oder anderen Stelle gebilligt, obwohl das nicht stimmt, ist § 5 Abs. 1 S. 2 Nr. 6 UWG tatbestandlich nicht erfüllt. Das hat dann zur Folge, dass solche irreführenden Angaben, wenn sie nicht gegenüber dem Verbraucher, sondern gegenüber einem Mitbewerber oder sonstigen Marktteilnehmern getätigt werden würden, sanktionslos blieben. Gesetzgeberisch war das jedoch mit Sicherheit nicht beabsichtigt. Sowohl die unwahre Angabe des Unternehmers, zu den Unterzeichnern eines Verhaltenskodexes zu gehören, als auch die unwahre Angabe, der Verhaltenskodex sei von einer öffentlichen oder anderen Stelle gebilligt, kann auch die Marktgegenseite, die nicht Verbraucher ist (gewerbliche Abnehmer), irreführen. Da aber § 5 Abs. 1 S. 2 Nr. 6 UWG wegen seiner abschließenden Formulierung nicht einfach erweiternd ausgelegt werden kann, unterfallen solche irreführenden Angaben § 5 Abs. 1 S. 2 Nr. 3 UWG. Denn der Unternehmer, der wahrheitswidrig behauptet, zu den Unterzeichnern eines Verhaltenskodexes zu gehören oder der Verhaltenskodex sei von einer öffentlichen oder anderen Stelle gebilligt, täuscht über den Umfang von Verpflichtungen, Mitgliedschaften oder Beziehungen (Rn 368 f).

Beispiele: Banken, die im Zuge der Finanzkrise ihr neues Geschäft damit beleben wollen, sich auf Verhaltenskodizes zu berufen, zB dass ihre Manager ein gedeckeltes Gehalt beziehen, erreichen damit sicher das Vertrauen der Kundschaft. Die verpflichtende Beschränkung zur Einhaltung der Gehaltsbegrenzung ergibt sich jedoch grundsätzlich nur für solche Banken, die Gelder aus dem Finanzmarktstabilisierungsfond der Bundesregierung in Anspruch nehmen, § 10 Abs. 2 FMStG iVm (von der Bundesregierung zu erlassene) RVO.[1169] Die Behauptung einer Bank, sich auch außerhalb der Inanspruchnahme an die Bedingungen der Deckelung halten zu wollen, ohne dass dies tatsächlich der Fall ist, führt irre, wenn es nicht stimmt.

Die Angabe auf der Rückseite eines Werbeprospektes, Mitglied bei einem bestimmten Verband zu sein, genügt noch nicht für die Annahme des Verkehrs nach § 5 Abs. 1 S. 2 Nr. 6 UWG, die Werbung im Prospekt halte die Werberegeln des Verbandes ein.[1170]

7. Irreführung über Rechte des Verbrauchers (§ 5 Abs. 1 S. 2 Nr. 7 UWG)

Rechtsgrundlage: § 3 Abs. 3 UWG iVm Nr. 8, Nr. 10, Nr. 27, Nr. 29 Anhang-UWG; §§ 3 Abs. 1, 5 Abs. 1 S. 2 Nr. 7 UWG; Art. 5 Abs. 5 und 6 Abs. 1 g Richtlinie unlautere Geschäftspraktiken

370 § 5 Abs. 1 S. 2 Nr. 7 UWG geht aus Art. 6 Abs. 1 g Richtlinie unlautere Geschäftspraktiken hervor und sanktioniert irreführende Angaben über die Rechte des Verbrauchers. Das neue UWG konkretisiert ferner die bereits ergangene Rechtsprechung in einem

---

1169 BT-Drucks. 16/10600 Entwurf eines Gesetzes zur Umsetzung eines Maßnahmenpakets zur Stabilisierung des Finanzmarktes (Finanzmarktstabilisierungsgesetz – FMStG) und BR-Drucks. 750/08.
1170 OLG Dresden, Urt. v. 09.2.2010, Az 14 U 1325/09.

eigenständigen Irreführungstatbestand und schützt offensiv die Verbraucher im Geschäftsverkehr. Denn fälschliche oder zur Täuschung geeignete, also missverständliche Angaben über **Garantien** oder **Leistungsrechte**, lassen glauben, die durch das Unternehmen angebotene Ware oder Dienstleistung biete mehr als gleiche Produkte anderer Unternehmen.

Zunächst ist allerdings im Hinblick auf die Irreführung über Verbraucherrechte auf die **371** **Schwarze-Liste** im Anhang-UWG zu verweisen. Er enthält einige *Per-se*-Verbote unwahrer Angaben, die, wenn sie gegenüber Verbrauchern verwendet werden, direkt in die Unzulässigkeit führen, ohne dass es noch auf die spürbare Beeinträchtigung ankäme (Rn 105 ff). Rechte sind betroffen bei folgenden *Per-se*-Verboten:

■ **Nr. 8 Anhang-UWG:** *Kundendienstleistungen in einer anderen Sprache als derjenigen, in der die Verhandlungen vor dem Abschluss des Geschäfts geführt worden sind, wenn die ursprünglich verwendete Sprache nicht Amtssprache des Mitgliedstaats ist, in dem der Unternehmer niedergelassen ist; dies gilt nicht, soweit Verbraucher vor dem Abschluss des Geschäfts darüber aufgeklärt werden, dass diese Leistungen in einer anderen als der ursprünglich verwendeten Sprache erbracht werden.*

Vgl hierzu eingehend bei der Irreführung über Kundendienst und Beschwerdeverfahren Rn 223.

■ **Nr. 10 Anhang-UWG:** *die unwahre Angabe oder das Erwecken des unzutreffenden Eindrucks, gesetzlich bestehende Rechte stellten eine Besonderheit des Angebots dar.*

Hebt beispielsweise ein Unternehmen besonders hervor, dass bei diesem Gewährleistungsrechte für bewegliche Sachen 2 Jahre beträgen, so ist dies eine Angabe mit **Selbstverständlichkeiten** und gibt die gesetzliche Lage aus § 438 Abs. 1 Nr. 3 BGB wieder. Eine Besonderheit ist dies nicht und daher irreführend. Vgl auch Rn 142.

■ **Nr. 27 Anhang-UWG:** *Maßnahmen, durch die der Verbraucher von der Durchsetzung seiner vertraglichen Rechte aus einem Versicherungsverhältnis dadurch abhalten werden soll, dass von ihm bei der Geltendmachung seines Anspruchs die Vorlage von Unterlagen verlangt wird, die zum Nachweis dieses Anspruchs nicht erforderlich sind, oder dass Schreiben zur Geltendmachung eines solchen Anspruchs systematisch nicht beantwortet werden.*

Hierbei handelt es sich allerdings nicht um einen Irreführungstatbestand, sondern es geht um eine unlautere Ausnutzung menschlicher Schwächen, die unten behandelt wird (Rn 427 ff).

■ **Nr. 29 Anhang-UWG:** *Die Aufforderung zur Bezahlung nicht bestellter Waren oder Dienstleistungen oder eine Aufforderung zur Rücksendung oder Aufbewahrung nicht bestellter Sachen, sofern es sich nicht um eine nach den Vorschriften über Vertragsabschlüsse im Fernabsatz zusätzliche Ersatzlieferung handelt.*

Auch das ist keine Irreführungs-, sondern ein Belästigungstatbestand, dazu unten Rn 537 ff.

372 Neben diesen *Per*-Se-Verboten der Schwarzen Liste ist allerdings noch Raum für zahlreiche Fallgestaltungen, die „nur" unter § 5 Abs. 1 S. 2 Nr. 7 UWG fallen, also eine gesonderte Spürbarkeitsprüfung nach § 3 Abs. 1 erfordern (Rn 85 ff).

373 Die Werbung mit einer extrem langen **Garantie** (40 Jahre für ein Aluminiumdach) ist jedenfalls dann nicht wettbewerbswidrig, wenn sie sich auf eine Sache bezieht, die bei normaler Benutzung eine entsprechend lange Lebensdauer hat.[1171] Ansonsten kommt seit Entfall der ZugabeVO[1172] eine Garantie aber auch für lange Zeiträume in Betracht, es sei denn, es können im Laufe der Zeit so viele nicht von der Garantie umfasste Schadensursachen auftreten, dass die Garantie auf lange Sicht wertlos ist.[1173] „Volle Garantie" heißt Herstellergarantie,[1174] ebenso „mit Garantiekarte".[1175] Bei Neuwagenangebot muss auf die etwa fehlende Herstellergarantie ausdrücklich hingewiesen werden,[1176] dagegen nicht bei Gebrauchtwagen.[1177] Hat die Garantiezeit schon zu laufen begonnen, etwa weil sie – bei EG-Neuwagen – an die erste sog. Tageszulassung im Ausland anknüpft und diese schon länger als zwei Wochen zurückliegt, so muss das in der Werbung klargestellt werden.[1178] Dass sich eine über die Händlergarantie hinaus gewährte Werksgarantie auf Nachbesserungsansprüche beschränkt, braucht nicht gesagt zu werden, weil zu dem Zeitpunkt, in dem sie relevant wird, also nach Ablauf der Händlergarantie, andere Ansprüche ohnehin nicht mehr in Betracht kommen.[1179]

Die Bewerbung von Non-Food-Produkten in einer Anzeige mit dem Schlagwort „**Leistungsgarantie**" ist nach Ansicht des OLG Nürnberg nicht dahingehend irreführend, dass eine zusätzliche Leistungsgarantie gewährt wird, sondern werde als übertriebene Selbstanpreisung verstanden.[1180]

„**Bei Misserfolg Geld zurück**" ist nach dem BGH ein Garantieversprechen, mit dem der Erfolg garantiert werde; ein Misserfolg müsse also praktisch ausgeschlossen sein, wenn eine solche Werbung zulässig sein solle;[1181] das erscheint nach neuem Verbraucherleitbild (Rn 221 ff) kaum noch als haltbar, weil das Versprechen, das Geld zurück zu zahlen, für den verständigen Verbraucher nur das Risiko des Vertragsschlusses mindert, jedoch keine darüber hinausgehenden Versprechen enthält.

374 Die **Gewährleistung** darf nicht über 30 Jahre hinaus gewährt werden, weil eine unbefristete, über 30 Jahre hinausgehende Gewährleistungsfrist gegen § 202 Abs. 2 BGB und damit auch gegen §§ 3 Abs. 1, 5 Abs. 1 S. 2 Nr. 7 UWG verstößt.[1182] Auf Garantien

---

1171 BGH GRUR 2008, 915 Tz. 18 *40 Jahre Garantie*; aA: OLG Frankfurt GRUR 2006, 247, 248 f *40 Jahre Garantie*.
1172 Vgl J. B. Nordemann NJW 2001, 2505, 2510.
1173 BGH GRUR 1976, 146 *Kaminisolierung*: 15 Jahre; bedenklich.
1174 OLG Düsseldorf WRP 1977, 193, 195; aA KG WRP 1981, 99 f.
1175 OLG Köln WRP 1979, 887.
1176 OLG Düsseldorf GRUR 1977, 261, 262 *Alfa Romeo*; OLG Köln NJWE 1997, 145 f.
1177 OLG Frankfurt BB 1983, 1495 f.
1178 BGH GRUR 1999, 1122, 1123 *EG-Neuwagen I*. Zu diesem Problemkreis: Leible WRP 1997, 517; Metzger WRP 1999, 1237; Sack WRP 2000, 23.
1179 BGH GRUR 1997, 929, 930 f. *Herstellergarantie*.
1180 OLG Nürnberg WRP 2005, 917, 917.
1181 BGH GRUR 1983, 254, 255 *Nachhilfeunterricht*.
1182 BGH GRUR 1994, 830 *Zielfernrohr*; Vgl den Nachfolgeprozess OLG Koblenz GRUR 1995, 499. Vgl OLG Saarbrücken WRP 1999, 224, 226 (Revision nicht angenommen, WRP 1999, 1203).

findet § 202 Abs. 2 BGB jedoch keine Anwendung, weil Garantien Verträge, aber keine Ansprüche sind und daher nicht der Verjährung unterliegen.[1183]

Über ein – in der Werbung einschränkungslos zugesichertes – **Umtauschrecht** führt irre, wer das entsprechende Verlangen seiner Kunden nicht sofort und anstandslos erfüllt.[1184] Siehe auch Rn 370 ff.

Wegen nicht abschließender Regelung („insbesondere") der Nr. 7 fallen auch **weitere** **375** **Verbraucherrechte** darunter, über die irregeführt werden kann. Hauptbeispiel ist die irreführende **Widerrufsbelehrung**: Entspricht sie nicht den gesetzlichen Anforderungen von § 355 BGB, liegt darin regelmäßig eine Irreführung über das Widerrufsrecht.[1185] Die Rechtsprechung stellt in diesen Fällen allerdings regelmäßig auf einen Rechtsbruch gem. §§ 3 Abs. 1, 4 Nr. 11 UWG ab.[1186] Außerdem führt angeblich über Verbraucherrechte irre, wer ein Abonnement-Widerrufs-Formular als „Gutschein" überschreibt.[1187]

III. Irreführung durch Unterlassen

Rechtsgrundlage: § 3 Abs. 1, § 5a UWG; Art. 7 Richtlinie unlautere Geschäftspraktiken

Die Irreführung durch Unterlassen stellt eine häufige Form unlauterer Beeinflussung **376** dar. Selten wird der Werbende direkt etwas Falsches behaupten. Häufig übt er sich in der Kunst der Auslassung. Er sagt nicht die Unwahrheit, sondern nur die halbe Wahrheit. Das muss nicht gleich unlauter sein. Man wird keinem Unternehmer verübeln können, dass er nur die Vorzüge seiner Ware betont. Ein allgemeines Gebot der Vollständigkeit einer Werbeaussage besteht nicht.[1188] Wann unvollständige Angaben dennoch als unlauter anzusehen sind, soll die Regelung des § 5a UWG klären.

Bei § 5a UWG handelt es sich – schon nach der amtlichen Überschrift – um einen Unterlassungstatbestand. In einigen Fällen ist die Abgrenzung schwierig, ob die Irreführung durch eine fehlende Information oder durch eine missverständliche (positive) Information ausgelöst wird. Dann ist zu werten, wo der **Schwerpunkt der Vorwerfbarkeit** liegt, auf dem Vorenthalten der Information oder auf der missverständlichen positiven Information.[1189]

Beispiele: Bei einem Fitnessstudiovertrag wurde nicht angegeben, dass zusätzliche Kosten für die Benutzung der Dusche anfallen.[1190] Hier muss bewertet werden, ob es schwerpunktmäßig um

---

1183 BGH GRUR 2008, 915 Tz. 14 *40 Jahre Garantie.*
1184 BGH GRUR 2000, 1106, 1107 f. *Möbel-Umtauschrecht.*
1185 Bornkamm in Köhler/Bornkamm § 5 Rn 7.140.
1186 BGH GRUR 2003, 252, 253 *Widerrufsbelehrung VI*; BGH GRUR 2002, 1085, 1087 *Belehrungszusatz*; KG GRUR-RR 2008, 23, 23 f. *Versand nach Europa*; OLG Naumburg NJW-RR 2008, 776, 777 *Textform der Widerrufsbelehrung*; OLG Jena GRUR-RR 2006, 283, 283 f. *Pflichtbelehrung.*
1187 KG AfP 1987, 695.
1188 Begr. RegE UWG-Novelle 2004, BT DS 15/1487, S. 19, abrufbar unter www.nordemann.de. St. Rspr seit BGH GRUR 1957, 491, 493 *Wellaform*; S. BGH GRUR 1999, 1122, 1123 *EG-Neuwagen I*; BGH GRUR 1999, 1125, 1126 *EG-Neuwagen II.*
1189 So strafrechtliche Grundsätze, die auch im Zivilrecht Anwendung finden: BGH (Strafsenat) NStZ 2003, 657, 657, Tz. 5 *Arzthaftung*; BGH GRUR 2008, 702 Tz. 46 f. *Internet-Versteigerung III*; BGH GRUR 2007, 890 Tz. 39 *jugendgefährdende Medien bei eBay*; OLG Hamburg GRUR-RR 2008, 427 L *Tripp Trapp Stuhl.*
1190 OLG Karlsruhe WRP 2009, 107, 108 *Fitness ohne Dusche (Discount-Fitness-Studio).*

eine konkludente positive Irreführung ging oder ob die unterlassene Aufklärung im Mittelpunkt des Wettbewerbsverstoßes steht.

Wirbt ein Telekommunikationsunternehmen mit einem Internetzugang via Satellit und bezeichnet diesen als „DSL"-Anschluss („T-DSL via Satellit"), so erweckt das bei den angesprochenen Verkehrskreisen die Vorstellung, bei der Inanspruchnahme der beworbenen Leistung komme der Internetnutzer in den Genuss der wesentlichen Vorteile, die ihm die DSL-Technik bieten könne, dh eine Beschleunigung des Downstreams *und* des Upstreams. Tatsächlich wurde jedoch nur der Downstream beschleunigt.[1191] Ob das eine (positive) Irreführung durch missverständliche Werbung oder eine (negative) Irreführung durch Unterlassen durch fehlende Aufklärung ist, lässt sich nur aufgrund einer Wertung sagen, wo der Schwerpunkt des Vorwurfes liegt.

377   § 5 a UWG enthält vier Absätze, wobei Abs. 1 und Abs. 2 jeweils eigenständige Bedeutung zukommt. § 5 a UWG gliedert sich damit in **zwei Hauptbestandteile:**

■ **Erstens: irreführendes Unterlassen gegenüber allen Marktteilnehmern** (§ 5 a Abs. 1 iVm § 5 UWG, allerdings mit dem Hauptanwendungsgebiet gegenüber gewerblichen Abnehmern). Insoweit hat der Gesetzgeber die frühere Regelung des § 5 Abs. 2 S. 2 UWG aF in § 5 a Abs. 1 UWG verschoben.[1192] Dabei hat er aber übersehen, der Vorschrift einen eigenen Unterlauterkeitstatbestand zu geben: § 5 a UWG, der zu den Spezialtatbeständen unlauteren Wettbewerbs iSv § 3 Abs. 1 UWG gehört, beginnt praktisch im Nichts. Bei § 5 a Abs. 1 UWG fehlt der einleitende Satz *„Unlauter handelt, wer eine irreführende geschäftliche Handlung gem. § 5 dadurch vornimmt, dass er eine Tatsache verschweigt".*[1193] § 5 a Abs. 1 UWG korrespondiert also mit § 5 UWG, dh sämtliche in § 5 aufgeführten Regeltatbestände können auch durch ein Unterlassen gem. § 5 a Abs. 1 UWG verwirklicht werden. Einen eigenen, über § 5 hinausgehend offen formulierten Tatbestand enthält § 5 a Abs. 1 UWG nicht.

■ **Zweitens: irreführendes Unterlassen gegenüber Verbrauchern** (§ 5 a Abs. 2 iVm Abs. 3 und 4 UWG); vgl zum Verbraucherbegriff Rn 99; § 5 a UWG dient weitgehend der Umsetzung von **Art. 7 Richtlinie unlautere Geschäftspraktiken** (Rn 17), die einen Paradigmenwechsel hin zu einem Informationsmodell des lauterkeitsrechtlichen Verbraucherschutzes vollzieht.[1194] Das wird besonders deutlich in § 5 a Abs. 2 UWG, nach dem unlauter handelt, wer die Entscheidungsfähigkeit von Verbrauchern im Sinne von § 3 Abs. 2 UWG dadurch beeinflusst, dass er eine Information vorenthält, die im konkreten Fall unter Berücksichtigung aller Umstände einschließlich der Beschränkungen des Kommunikationsmittels wesentlich ist. Es ist mithin nunmehr unlauter, insbesondere dem Verbraucher wichtige Informationen vorzuenthalten.

378   Infolge des Anwendungszwangs der Richtlinie (vgl Rn 17) und ihres spezielleren Regelungsgehalts **gehen § 5 a Abs. 2 bis 4 UWG der Regelung des Abs. 1 vor,** dh bei einer geschäftlichen Handlung, die sich an den Verbraucher richtet, sind § 5 a Abs. 2 bis 4 UWG vorrangig zu prüfen. Vor allem enthält § 5 a Abs. 3 UWG detaillierte Pflichten, die als Informationspflichten einzuhalten sind, wenn der Geschäftsabschluss bevorsteht und der Verbraucher gerade deswegen in die Lage versetzt werden muss, diesen Ge-

---

1191   OLG Hamburg MD 2008, 660.
1192   Begr. RegE BT-Drucks. 16/10145, S. 25.
1193   Genauso A.Nordemann in Götting/Nordemann § 5 a Rn 4.
1194   Fezer WRP 2007, 1021, 1026.

schäftsabschluss informiert und frei von Willensmängeln zu tätigen. § 5 a Abs. 1 UWG kommt demgegenüber erst dann zur Anwendung, wenn die geschäftliche Handlung gegenüber dem Verbraucher tatbestandlich nicht unter § 5 a Abs. 2 UWG fällt oder sich die geschäftliche Handlung an gewerbliche Kunden richtet. Da fast alle geschäftlichen Handlungen die informierte Entscheidung des Verbrauchers beeinflussen und § 5 a Abs. 2 iVm Abs. 3 u. 4 UWG eine ausführliche Pflichtenregelung enthalten, welche Informationen gegeben werden müssen, dürften fast alle Fälle, bei denen der Unternehmer den Verbraucher durch eine Unterlassung irreführt, unter § 5 a Abs. 2 UWG zu subsumieren sein. Dadurch reduziert sich die Anwendbarkeit von § 5 a Abs. 1 in der Praxis auf geschäftliche Handlungen gegenüber unternehmerischen Abnehmern oder Lieferanten.

Wegen der durch die Reform 2008 geänderten Struktur des UWG mit per-se-Verboten **379** (§ 3 Abs. 3 iVm der „Schwarzen Liste" im Anhang-UWG; § 7; vgl Rn 36 ff) einerseits und einer abgestuften Prüfung auf Unlauterkeit (§§ 4-6) und Unzulässigkeit (§ 3 Abs. 1 u. 2) andererseits, geht bei der **Prüfungsreihenfolge** zunächst § 3 Abs. 3 iVm der Schwarzen Liste vor, die bestimmte Verhaltensweisen per se verbietet, ohne dass es auf ein Erreichen der Spürbarkeitsschwelle ankommt (vgl Rn 105 ff). Als speziellere Norm ist im Weiteren dann zunächst § 5 a Abs. 2 iVm Abs. 3 u. 4 zu prüfen, der die Unlauterkeit einer geschäftlichen Handlung in Form einer Irreführung durch eine Unterlassung gegenüber dem **Verbraucher** bestimmt. Lediglich dann, wenn sich die geschäftliche Handlung, die eine Irreführung durch eine Unterlassung enthält, an **unternehmerische Abnehmer** richtet oder der seltene Ausnahmefall vorliegt, dass sie sich zwar an den Verbraucher richtet, aber seine Entscheidungsfähigkeit nicht durch die Vorenthaltung einer wesentlichen Information beeinflusst worden ist, gelangt man in den Anwendungsbereich von § 5 a Abs. 1.

1. Vorenthalten wesentlicher Informationen gegenüber Verbrauchern

Rechtsgrundlage: § 3 Abs. 3 iVm Nr. 5 Anhang-UWG; § 3 Abs. 2, § 5 a Abs. 2 bis 4 UWG; Art. 7 Richtlinie unlautere Geschäftspraktiken

Wer das Vorliegen einer Irreführung durch Unterlassen gegenüber Verbrauchern gem. **380** § 5 a Abs. 2 UWG zu untersuchen hat, findet die Tatbestandsmerkmale hierfür in drei verschiedenen, aufeinander aufbauenden Normen:

- die Definition der geschäftlichen Handlung gem. § 2 Abs. 1 Nr. 1 (Rn 55 ff), und zwar gegenüber Verbrauchern (Rn 99);
- die Unlauterkeit der geschäftlichen Handlung gem. § 5 a Abs. 2 iVm den Beispielstatbeständen für wesentliche Informationen in Abs. 3 u. 4 (unten Rn 389 ff) und
- die Unzulässigkeit der unlauteren geschäftlichen Handlung gem. § 3 Abs. 2 (= Spürbarkeitsschwelle, allgemein Rn 85 ff, ferner Rn 402).

Ausgangspunkt ist also – wie bei allen anderen Unlauterkeitstatbeständen der §§ 4, 5, **381** 6 – das geschäftliche Handeln des Unternehmers, dh eine geschäftliche Handlung iSd § 2 Abs. 1 Nr. 1.[1195] Einschränkend verlangt § 5 a Abs. 3 UWG aber eine **qualifizierte**

[1195] § 5 a UWG nimmt Bezug auf die „Unlauterkeit", die in § 3 UWG ihre Generalklausel findet und mit Bezugnahme darauf, alle Tatbestände eine geschäftliche Handlung verlangen.

geschäftliche Handlung, die in besonderer Form auf den Verbraucher ausgerichtet ist, nämlich als Angebot, zB in Form einer Bestellmöglichkeit (Rn 387 f).

a) Vorenthalten

Rechtsgrundlage: § 3 Abs. 2, § 5 a Abs. 2 bis 4 UWG; Art. 7 Abs. 1 Richtlinie unlautere Geschäftspraktiken

382 § 5 a Abs. 2 UWG setzt ein „Vorenthalten" voraus. Das umfasst als Oberbegriff das Verheimlichen oder das Bereitstellen unklarer Information und kommt damit Art. 7 Abs. 2 Richtlinie unlautere Geschäftspraktiken nach.[1196] Erweitert ist der Tatbestand, indem die Irreführung auch bei unklaren Informationen gegeben ist (soweit wesentlich).

Unklar meint missverständlich oder diffus. Das Risiko der Missverständlichkeit trifft den Unternehmer. Ob etwas missverständlich ist, beurteilt sich aus der Sicht des verständigen Durchschnittsverbrauchers (zum Verbraucherleitbild siehe Rn 121 ff).

Beispiel: „Bauhaus-Designobjekte/Top Design zu Factory-Outlet-Preisen" ist missverständlich, weil eine Qualitätsvorstellung hervorgerufen wurde, ohne dass der Handelnde eine Lizenz für Bauhaus-Möbel hatte.[1197]

Vorenthalten beinhaltet außerdem die Unvollständigkeit der Angabe. Der Werbende verschweigt ein wichtiges Detail in einer Werbeanzeige. Unvollständigkeit kann aber auch vorliegen, wenn die Information nicht ohne weiteres für den Verbraucher in der Werbung auffindbar ist. Das kann zB bei der Werbung mit einer unvollständigen Angabe im Blickfang gegeben sein, die der Verbraucher aber für vollständig hält. Deshalb muss bei einem solchen unvollständigen Blickfang stets eine hinreichende Verknüpfung mit einem Aufklärungstext in der Werbung gegeben sein; ansonsten liegt ein „Vorenthalten" nach § 5 a Abs. 2 UWG vor. Vgl eingehend zur Blickfangwerbung Rn 163 ff.

b) Wesentliche Informationen

Rechtsgrundlage: § 3 Abs. 2, § 5 a Abs. 2 bis 4 UWG; Art. 7 Abs. 1 Richtlinie unlautere Geschäftspraktiken

383 Der eigentliche Unlauterkeitstatbestand von § 5 a Abs. 2 UWG ist das Vorenthalten von **wesentlichen Informationen** für den Verbraucher. Was im Einzelnen als wesentlich gilt, findet sich dann in den Absätzen 3 und 4. Das sind aber nicht-abschließende Kataloge wesentlicher Informationen.[1198] Je nach den Umständen des Einzelfalls kann es also über die in Abs. 3 u. 4 genannten wesentlichen Informationen noch weitere geben, die als wesentlich im Sinne von Abs. 2 einzuordnen sind. Eine über Abs. 3 und 4 hinausgehende Definition, was wesentlich bedeutet, beinhalten das UWG und die Richtlinie unlautere Geschäftspraktiken nicht. Zutreffender Weise ist eine Interessenabwägung unter Berücksichtigung des Verbraucherleitbildes (Rn 121 ff) anzustellen; vom informierten, verständigen und situationsbedingt aufmerksamen Durchschnittsverbraucher darf ein durchschnittlicher Kenntnisstand erwartet werden, so dass nicht jede Information wesentlich ist.[1199] Vielmehr kann nur das als wesentlich angesehen werden, was

---

1196 BT Drucks. 16/10145, S. 49 f; Sosnitza WRP 2008, 1014, 1031.
1197 OLG Hamburg BB 2008, 509 L, BeckRS 2008, 03920 *Bauhaus-Klassiker* mit Verweis auf BGH GRUR 1982, 563, 564 *Betonklinker* und BGH GRUR 2004, 162, 163 *Mindestverzinsung*.
1198 Begr. RegE BT-Drucks. 16/10145, S. 25.
1199 Köhler WRP 2009, 110, 116.

für den Verbraucher von „maßgeblicher Bedeutung"[1200] oder „von großer Bedeutung"[1201] für den Geschäftsabschluss ist. Mit anderen Worten: Wenn der Verbraucher über den verschwiegenen Umstand sagen kann: *„Wenn ich das gewusst hätte, hätte ich nicht abgeschlossen"*, liegt eine Verletzung der Aufklärungspflicht im Regelfall vor, wenn nicht berechtigte Interessen des Werbenden ausnahmsweise entgegenstehen. Vgl auch die Beispiele unten Rn 391.

Bei der Interessenabwägung sind auch **Beschränkungen des** für die Werbung eingesetzten **Kommunikationsmittels** zu berücksichtigen, wie § 5 a Abs. 2 UWG am Ende ausdrücklich klarstellt. Gegen eine Aufklärungspflicht spricht es, wenn der Verbraucher weiß, dass das Kommunikationsmittel dem Werbenden **nur begrenzten Raum** bietet. Typischerweise weniger Raum lassen folgende Medien: Fernsehen, Hörfunk, SMS, Internet-Domain (nicht aber Homepage), Anzeigen in Zeitungen, vor allem Kleinanzeigen. In der Fernsehwerbung erwartet der Verbraucher danach weniger Aufklärung als in einem mehrseitigen Werbeprospekt. Bei begrenztem Raum muss der Werbende eine Auswahlentscheidung treffen: Sehr wichtige Informationen muss er nach wie vor geben, weniger wichtige darf er herauslassen.[1202] Er kann darüber hinaus auch eine **alternative zumutbare Informationsquelle (erkennbar) anbieten,** zB **bei Fernseh-, Hörfunk oder SMS-Werbung auf eine Internetwebsite**; das kann im Rahmen der Angemessenheitsprüfung dazu führen, dass er weniger wichtige Informationen erst dort geben muss.[1203] Bei **Fernsehwerbung** kann ein schriftlicher Hinweis in der Fußzeile genügen; einer Aufklärung in Bild und gleichzeitig Ton bedarf es dann nicht.[1204] Der erforderliche Hinweis muss aber wahrnehmbar sein.[1205] **Online-Angebote** können weiterführende Links für ihre aufklärenden Hinweise nutzen, v.a. dann, wenn Kenntnis über das Anfallen weiterer Preisbestandteile vorausgesetzt werden kann.[1206] **Prospektangebote** dürfen mit *-Hinweisen auf erläuternde Fußnoten hinweisen.[1207]

Werden die Informationspflichten nach Abs. 3 und 4 nicht eingehalten, ist das Angebot irreführend unabhängig von der konkreten Vorstellung des Empfängers.[1208] Die **Kausalität** der unterlassenen Information für die geschäftliche Entscheidung des Verbrauchers wird **vermutet** („...unlauter handelt, ... wer vorenthält..."), wenn es sich um wesentliche Informationen handelt.

384

385

1200   Siehe BGH GRUR 2000, 239, 241 *Last-Minute-Reise.*
1201   So OLG Hamburg NJWE-WettbR 1998, 196, 197.
1202   Dreyer in Harte/Henning § 5 a UWG Rn 41; siehe auch BGH GRUR 2010, 158 Tz. 23 *FIFA WM-Gewinnspiel.*
1203   BGH GRUR 2010, 158 Tz. 20 *FIFA WM-Gewinnspiel;* BGH GRUR 2009, 1064 Tz. 37 *Geld-zurück-Garantie II;* Hoeren BB 2008, 1182, 1186, mit Verweis auf OLG Frankfurt Urt. v. 1.2.2007, Az: 6 U 118/06; Peifer WRP 2008, 556, 559; Dreyer in Harte/Henning § 5 a UWG Rn 42; A. Nordemann in Götting/Nordemann § 5 a UWG Rn 60.
1204   BGH GRUR 2009, 418 Tz. 17 *Fußpilz.*
1205   BGH GRUR 2010, 158 Tz. 23 *FIFA WM-Gewinnspiel.*
1206   BGH GRUR 2008, 84 Tz. 30 f. *Versandkosten.*
1207   BGH GRUR 2003, 249, 249 f. *Preis ohne Monitor;* BGH GRUR 2003, 163, 164 *Computerwerbung* II; BGH GRUR 2002, 979, 981 f. *Koppelungsangebot II.*
1208   Peifer WRP 2008, 556, 559.

386 Sofern eine Information wesentlich ist, verweist § 5 a Abs. 2 UWG auf § 3 Abs. 2 und verlangt eine **spürbare Beeinflussung.**[1209] Die Spürbarkeit muss also stets noch gesondert geprüft und festgestellt werden (Rn 85 ff; speziell zu § 5 a UWG Rn 402).

c) Die Informationspflichten des § 5 a Abs. 3 UWG

Rechtsgrundlage: § 3 Abs. 2, § 5 a Abs. 3 UWG; Art. 7 Abs. 4 Richtlinie unlautere Geschäftspraktiken

387 Die Informationspflichten des § 5 a Abs. 3 UWG sind nicht auf jede geschäftliche Handlung des Unternehmers gegenüber Verbrauchern anwendbar. Vielmehr bedarf es eines **Angebotes** zum Geschäftsabschluss, das den Verbraucher veranlasst und in die Lage versetzt, eine wirtschaftliche Entscheidung zu treffen, zB Kaufvertrag, Werkvertrag, Dienstleistungsvertrag etc. Der **Geschäftsabschluss** muss also **hinreichend konkret** sein. Das Angebot soll die Verbraucher auffordern, ihrerseits verbindliche Anträge zum Erwerb der Ware oder Dienstleistung abzugeben. Angebot nach Abs. 3 meint die **unmittelbare Bestell- oder Abrufmöglichkeit** für die angebotene Ware oder Dienstleistung.[1210] Dies muss qualitativ noch nicht mal die Voraussetzungen einer *invitatio ad offerendum* erfüllen, sondern kann weniger sein – zumal der europäische Gesetzgeber diesen Begriff nicht kennt. „Angebot" ist weit zu verstehen.[1211] Bei **richtlinienkonformer Auslegung** kommt es darauf an, ob der Verbraucher aufgrund der mitgeteilten Angaben (Preis, Waren- oder Dienstleistungsmerkmale) die Möglichkeit hat, eine auf den Erwerb der Ware gerichtete Willenserklärung abzugeben.[1212] Grundsätzlich sollte hier mit dem Begriff des „Anbietens" nach § 1 Abs. 1 S. 1 PreisangabenVO ein Gleichlauf bestehen,[1213] auch damit die Endpreisangabepflicht nach § 5 a Abs. 3 Nr. 3 UWG und nach § 1 Abs. 1 S. 1 PreisangabenVO einheitlich entstehen.

Die Aufmerksamkeitswerbung kann also nach § 5 a Abs. 3 UWG keine Irreführung begründen, wenn diese für die angesprochene Person keine entscheidungsrelevanten Angaben enthält und daher schon nicht Einfluss auf eine geschäftliche Entscheidung genommen werden kann.

Beispiele: „Tolle Angebote; Prepaid-Paket mit Simlock-Handy und 25,- DM Startguthaben" ist kein „Angebot", wenn weder das Mobiltelefon noch andere Preisbestandteile angegeben waren.[1214]

Auch wenn weitere Verhandlungen wegen der Wertigkeit des Produktes (zB Auto) erforderlich sind, ist dies bloße Werbung[1215] und kein Angebot.

Das befreit den Unternehmer allerdings nicht davon, auch schon bei Aufmerksamkeitswerbung transparent zu sein oder zu bleiben,[1216] weil § 5 a Abs. 2 UWG als Auf-

---

1209 Noch zur Erheblichkeit KG GRUR-RR 2008, 131, 133 *Eigentümergebrauch*; KG GRUR-RR 2007, 326 *Link mich*; Ahrens in Hasselblatt § 22 Rn 112, der bei einer wesentlichen Information die Spürbarkeit als regelmäßig gegeben ansieht.
1210 Peifer WRP 2008, 556, 559; Ahrens in Hasselblatt § 22 Rn 112.
1211 Sosnitza WRP 2008, 1014, 1031.
1212 Sosnitza WRP 2008, 1014, 1031; Ahrens in Hasselblatt § 22 Rn 112.
1213 So noch der alte RefE des BMJ vom 27.7.2007, S. 45 – inoffiziell.
1214 BGH GRUR 2004, 960, 961 *500 DM-Gutschein für Autokauf*; OLG Köln MMR 2002, 469, 470 *XTRA PAC*.
1215 BGH GRUR 2004, 960, 961 *500 DM-Gutschein für Autokauf*; OLG Stuttgart MMR 2008, 754, 755 *Produktsuchmaschine*.
1216 Insoweit entgegen Ahrens in Hasselblatt § 22 Rn 112, der bei Abs. 2 ebenso ein Angebot verlangt, um Informationspflichten zu begründen.

fangnorm diese Fälle erfassen kann; freilich mit geringeren Anforderungen an die Hinweispflicht. § 5 a Abs. 3 UWG normiert spezielle einschneidende Informationspflichten nur, wenn ein fortgeschrittenes Verhältnis ähnlich einer Vertragsanbahnung entsteht.

Anders als § 5 a Abs. 3 UWG formuliert die **Richtlinie unlautere Geschäftspraktiken** in Art. 7 Abs. 4 enger, die lediglich dann die Angabe wesentlicher Informationen verlangt, wenn das Unternehmen **zum Kauf auffordert**. Das UWG ersetzt die „Aufforderung zum Kauf" durch „Angebot". Das erscheint als richtlinienkonform. Das Wort „Kauf" ist insoweit **nicht wörtlich** zu nehmen. Erfasst wird damit der Absatz, aber auch das **Nachfrageverhalten** des Verbrauchers wird geschützt, indem innerhalb dessen auch bei einem Ankauf irregeführt werden kann. Denn auch beim Ankauf beispielsweise eines Gebrauchtwagenhändlers[1217] von Gegenständen des Verbrauchers im Rahmen eines weiteren Rechtsgeschäftes muss der Verbraucher vor Irreführung geschützt werden, so dass Angebot zum Geschäftsabschluss nicht nur Verkauf des Verkäufers an den Käufer meinen kann, sondern auch das Nachfrageverhalten erfassen muss. Denn Aufforderung zum Kauf nach Art. 2 i RL unlautere Geschäftspraktiken, der Maßstab für das UWG ist, meint jegliche kommerzielle Kommunikation und daher richtlinienkonform auch die Nachfrage. „Kauf" ist dabei erweiternd auszulegen. | 388

aa) § 5 a Abs. 3 Nr. 1 UWG – Wesentliche Merkmale des Produkts (Waren und Dienstleistungen)

Rechtsgrundlage: § 3 Abs. 3 iVm Nr. 5, Nr. 6, Nr. 8 Anhang-UWG; § 3 Abs. 2, § 5 a Abs. 3 Nr. 1 UW; Art. 7 Abs. 4 a Richtlinie unlautere Geschäftspraktiken

Bei einem „Angebot" nach § 5 a Abs. 3 UWG müssen dem Verbraucher zunächst | 389

alle wesentlichen Merkmale der Ware oder Dienstleistung in dem dieser und dem verwendeten Kommunikationsmittel angemessen Umfang

mitgeteilt werden.

Was wesentliche Merkmale eines Produktes (einer Ware oder Dienstleistung) sind, ergibt sich bereits aus den Ausführungen zu § 5 Abs. 1 S. 2 Nr. 1 UWG (Rn 190 ff). In § 5 a Abs. 3 Nr. 1 UWG werden diese nicht nochmalig aufgezählt. | 390

Deshalb gehen § 5 a Abs. 3 Nr. 1 UWG auch die **Unlauterkeitstatbestände der „Schwarzen Liste"** gem. § 3 Abs. 3 UWG iVm Anhang-UWG vor, die sich auf wesentliche Merkmale des Produktes beziehen (Rn 109).

Beispiele:

- Die Vorratsmenge gehört zu den wesentlichen Merkmalen. Ist die mengenmäßige Bevorratung im Vergleich zu der Art und Weise der Bewerbung unzureichend und klärt der Unternehmer nicht darüber auf, dass er hinreichende Anhaltspunkte hat, die Bevorratung genügt nicht für 2 Tage, so greift § 3 Abs. 3 UWG iVm **Nr. 5 Anhang-UWG**, ohne dass es auf eine Spürbarkeit nach § 3 Abs. 2 ankommt.
- Ebenso vorrangig ist § 3 Abs. 3 UWG iVm Nrn. 6 und 8 Anhang-UWG, wenn die Absicht verschwiegen wird, das beworbene Produkt überhaupt nicht zur Verfügung stellen zu wollen, sondern ein ganz anderes (**Nr. 6 Anhang-UWG**) oder eine andere Sprache verwandt wird für die Ausführung des Vertrages (**Nr. 8 Anhang-UWG**).

1217 Köhler WRP 2009, 110, 116.

Allerdings ist zu beachten, dass sich diejenigen Tatbestände der „Schwarzen Liste" nicht für eine Anwendung auf § 5 a Abs. 3 Nr. 1 UWG eignen, die eine „unwahre Angabe" verlangen. Denn das verlangt ein positives Tun und kann nicht bloß durch Unterlassen verwirklicht werden.

391 Jedoch gilt die Mitteilungspflicht nur in „**angemessenen Umfang**". Diese Angemessenheit muss für die Ware (oder Dienstleistung) selbst und für das verwendete Kommunikationsmittel beurteilt werden. Hierzu findet eine Interessenabwägung zwischen dem Verbraucherinteresse an aufgeklärter Entscheidung und den Interessen des Werbenden statt (siehe auch Rn 383).

Folgende Umstände lassen sich **für eine Mitteilungspflicht** gegenüber Verbrauchern anführen:

- Verschweigt ein Unternehmer, dass es sich um Ware aus **zweiter Hand** handelt, nimmt der Kunde im Regelfall an, er kaufe fabrikneue Ware.[1218]
- **Auslaufmodelle** sind zu kennzeichnen, weil sie die Aktualität, Brauchbarkeit und Qualität beeinträchtigen können.[1219]
- **Parallel- und Reimporte** sind dann als solche zu kennzeichnen, wenn damit erhebliche Abweichungen von verbraucherschützenden Regelungen verbunden sind.[1220]
  Beispiele: Dass EG-Neuwagen in manchen Details geringer ausgestattet sind als deutsche Autos, braucht in der Werbung nicht ohne besonderen Anlass hervorgehoben zu werden, wenn es sich nicht gerade um das Fehlen einer in Deutschland selbstverständlichen Serienausstattung handelt;[1221] auch wenn nur um bis zu 14 Tage verkürzte Dauer der Werksgarantie durch eine im Ausland erfolgte **Tageszulassung** ist noch unwesentlich.[1222] Dass aber bei einem Neuwagen aus den USA eine Herstellergarantie gänzlich ausgeschlossen ist, darf der Händler nicht verschweigen.[1223] Sind die Unterschiede vernachlässigbar, weil sie den Standards entsprechen, besteht keine Aufklärungspflicht über einen Re- oder Parallelimport.[1224]
- **Verwendungsbeschränkungen** müssen angegeben werden, wenn sie die Tauglichkeit der Ware oder Dienstleistung für den Verbraucher mehr als unerheblich mindern. Hier bestehen Überschneidungen mit der Irreführung durch Unterlassen im Hinblick auf Leistungsbedingungen (§ 5 a Abs. 3 Nr. 4 UWG; dazu Rn 398).

1218 Irrig aM OLG Frankfurt WRP 1974, 418, 421; wie hier OLG Düsseldorf GRUR 1977, 261, 262 *Alfa Romeo*; genauso: A. Nordemann in Götting/Nordemann § 5 a UWG Rn 88.

1219 BGH GRUR 2000, 616, 618 *Auslaufmodelle III*, vor allem für hochwertige Unterhaltungselektronik, da sich hier die technischen Parameter schnell ändern; BGH GRUR 1999, 760, 761 f *Auslaufmodelle II*; BGH GRUR 1999, 757, 758 f. *Auslaufmodelle I*; abgelehnt für Schulrucksäcke KG GRUR-RR 2005, 204, 205 *Schulranzen*; abgelehnt für Gegenstände, die baugleich weiterproduziert werden OLG Köln GRUR-RR 2004, 27 L *Waschmaschine*.

1220 BGH GRUR 1982, 115, 118 *Öffnungshinweis bei reimportierten Arzneimitteln*; Bornkamm in Köhler/Bornkamm § 5 a Rn 18 f.

1221 BGH GRUR 1999, 1125, 1127 *EG-Neuwagen II*; BGH GRUR 1992, 171, 173 *Vorgetäuschter Vermittlungsauftrag für abweichende Ausrüstungs- und Ausstattungsmerkmale*.

1222 BGH GRUR 1999, 1122, 1124 *EG-Neuwagen I*; zu beiden Urteilen s. Sack WRP 2000, 23 und Leible NJW 2000, 1242; zu Tageszulassungen ferner BGH GRUR 2000, 914, 915 *Tageszulassung II*.

1223 OLG Köln NJWE-WettbR 1997, 145, 146 *Herstellergarantie*.

1224 BGH GRUR 1994, 228, 229 *Importwerbung*; ähnlich für nicht erhebliche Abweichungen in Garantiebestimmungen OLG Stuttgart NJW-RR 1994, 552, 554 *japanischer PKW/Sidekick* insoweit auch § 5 a Abs. 3 Nr. 4 UWG, weil kein Abweichen von fachlicher Sorgfalt; Bornkamm in Köhler/Bornkamm § 5 a Rn 18 f.

Beispiele: Dem Verbraucher muss gesagt werden, wenn im Inland eine Benutzung der Ware verboten ist.[1225] Auf eine Strafbarkeit bei Benutzung ist ggf gesondert hinzuweisen.[1226] Der Verkauf von Gas-Heizkesseln bedarf zum Betrieb in Deutschland einer Abgasemissionsbescheinigung (BImSchV). Auf die fehlende Zulassung dieser Geräte muss hingewiesen werden.[1227]
Ein beworbener Mobilfunkdienst funktioniert nur mit einem bestimmten Handy, ohne dass der Werbende darauf hinweist.[1228] Wird der Verkauf eines Mobiltelefons zusammen mit einer Prepaid-Card einschließlich eines festen Startguthabens beworben und ist das Mobiltelefon mit einem SIM-Lock verriegelt, so ist auf die Dauer der Verriegelung und die Kosten einer vorzeitigen Freischaltung hinzuweisen.[1229]

■ **Naheliegende Gefahren** beim Umgang mit Produkten verpflichten den Unternehmer zu Warnhinweisen. Das gilt vor allem für Gesundheitsgefahren.[1230] Auf für den durchschnittlich informierten, verständigen und angemessen aufmerksamen Verbraucher (Rn 121 ff) erkennbare Gefahren muss aber nicht hingewiesen werden. Mitteilungspflichten können (müssen aber nicht) sich auch aus gesetzlichen Bestimmungen außerhalb des UWG ergeben. Im Regelfall sind dann bei Verletzung solcher Bestimmungen gleichzeitig § 5 a Abs. 4 UWG (dazu Rn 400) sowie §§ 3 Abs. 1, 4 Nr. 11 UWG (zum Rechtsbruch Rn 774 ff) einschlägig.

Beispiel: Hinweispflichten und damit relevante Angaben nach § 5 Abs. 3 (Art. 7 Abs. 4 a) Richtlinie unlautere Geschäftspraktiken enthält § 15 a Abs. 2 ChemG, indem **Biozid-Produkte** wie Anti-Marder-Spray zu kennzeichnen sind und folgende Angabe zu enthalten haben: Biozide sicher verwenden. Vor Gebrauch stets Kennzeichnung und Produktinformation lesen.[1231]

Folgende Umstände sprechen **gegen eine Mitteilungspflicht**:

■ Handelt es sich um eine Ware oder Dienstleistung von einfacher Art und des täglichen Bedarfs, so wird eine Informationspflicht auf das Minimum zu beschränken sein oder sich sogar ganz erübrigen. Beschränkungen sind daher bei **geringwertigen Gegenständen des täglichen Bedarfs** anzunehmen,[1232] zB bei Brot.

■ Unangemessen sind auch Informationen, die der Kunde **leicht selbst erkennen** kann und die deshalb **selbstverständlich** sind.[1233]

Beispiel: Es ist selbstverständlich und bedarf keiner Aufklärung, dass bei Ratenzahlungsangeboten ein Vertragsschluss nicht mit Kunden erfolgt, deren wirtschaftliche Leistungsfähigkeit zweifelhaft ist.[1234]

■ Ferner ist der Unternehmer nicht verpflichtet, auf **schlechtere Merkmale im Vergleich zur Konkurrenz** hinzuweisen.

1225 OLG München GRUR 1987, 181, 181 *Funktelefon*.
1226 KG GRUR 1991, 690, 692 *Modem ohne Postzulassung*; zustimmend Bornkamm in Köhler/Bornkamm § 5 a UWG Rn 21; A. Nordemann in Götting/Nordemann § 5 a UWG Rn 134.
1227 OLG Frankfurt Urt. v. 10.1.2008, Az: 6 U 167/06, Tz. 28 ff (juris), BeckRS 2008, 08169 *Gas-Heizkessel*.
1228 OLG Köln GRUR-RR 2003, 118 *i-mode*.
1229 BGH GRUR 2009, 690 Tz. 18 f. *XtraPac*; es besteht aber keine Verpflichtung, außer dem Paketpreis für Mobiltelefon und Prepaid-Card auch die Tarife für die Nutzung der Card anzugeben, BGH aaO. Tz. 10 f.
1230 BGH GRUR 1964, 269, 271 *Grobdesin*; Dreyer in Harte/Henning § 5 a UWG Rn 45.
1231 OLG Hamburg GRUR-RR 2008, 94, 95 *Anti-Marder-Spray*.
1232 Sosnitza WRP 2008, 1014, 1032.
1233 Bornkamm in Köhler/Bornkamm § 5 a UWG Rn 23; A. Nordemann in Götting/Nordemann § 5 a UWG Rn 132.
1234 BGH GRUR 1988, 459, 460 *Teilzahlungsankündigung*.

Beispiel: In der Werbung muss ungefragt kein Hinweis auf einen Test der Stiftung Warentest hingewiesen werden, in dem der Unternehmer schlechter als die Konkurrenz abgeschnitten hat,[1235] sofern das Produkt keinen Mangel aufweist.

- Gegen eine Aufklärungspflicht kann das **Kommunikationsmittel** sprechen, wenn der Verbraucher weiß, dass es dem Werbenden **nur begrenzten Raum** bietet. Typischerweise weniger Raum lassen folgende Medien: Fernsehen, Hörfunk, SMS, Internet-Domain (nicht aber Homepage), Anzeigen in Zeitungen, vor allem Kleinanzeigen. Vgl zum Ganzen Rn 384.

bb) § 5 a Abs. 3 Nr. 2 UWG – Identität und Anschrift des Unternehmens

Rechtsgrundlage: § 3 Abs. 2, § 5 a Abs. 3 Nr. 2 UWG; §§ 3 Abs. 1, 4 Nr. 11 UWG iVm § 312 c Abs. 1 BGB, § 1 Abs. 1 Nr. 1, Nr. 2 und Nr. 3 BGB-InfoV, §§ 5 f TMG; Art. 7 Abs. 4 b Richtlinie unlautere Geschäftspraktiken

392   Wesentlich ist nach Nr. 2 außerdem die Anschrift und Identität des Unternehmers, der handelt, und erforderlichenfalls des Unternehmers, der wirtschaftlich das Geschäft tätigt.[1236] Denn der potentielle Kunde soll wissen, wer sein Vertragspartner wird, um die geschäftliche Entscheidung treffen zu können.

Die Informationslast trifft dem Wortlaut nach und im Vergleich zu Nr. 1 den Unternehmer unabhängig vom verwendeten Kommunikationsmittel, solange er das Produkt anbietet. Denn Nr. 2 enthält keinen einschränkenden Zusatz wie Nr. 1, der eine Abwägung von Kommunikationsmittel und Art der Informationsdarstellung verlangt (dazu Rn 391). Allerdings wird die Informationslast dadurch erleichtert, dass sich die Identifizierung des Unternehmers aus den Umständen ergeben kann. Insoweit bedarf es einer Abwägung mit Blick auf das verwendete Medium.

Beispiel: Die Pflicht gem. § 5 a Abs. 3 Nr. 2, die Identität und Anschrift des Unternehmers anzugeben, ist nicht verletzt, wenn die Unternehmensdaten im Impressum angegeben sind, weil der verständige Kunde erfahren ist mit dem Umgang im Internet und weiß, dass dort die relevanten Angaben vorhanden sind.[1237]

393   Auch außerhalb des UWG in § 312 c Abs. 1 BGB iVm § 1 Abs. 1 Nr. 1, Nr. 2 und Nr. 3 BGB-InfoV, §§ 5 f TMG (§ 6 TDG aF) oder §§ 15 a, 15 b GewO kennt das Recht solche Informationspflichten, so dass § 5 Abs. 3 Nr. 2 UWG im Regelfall keine eigenständige Bedeutung zukommt.[1238] Die Verletzung der vorgenannten Normen außerhalb des UWG verstößt gegen § 5 a Abs. 4 UWG (sofern gemeinschaftsrechtlicher Natur, Rn 400) bzw § 4 Nr. 11 UWG (Rn 774 ff). Daraus zieht das OLG Düsseldorf die Konsequenz, es wäre unlauter im Sinne des § 3 Abs. 2 iVm § 5 a Abs. 3 Nr. 2 UWG (vormals §§ 3 iVm 5 Abs. 2 S. 2 UWG aF), die Identität als Vertragspartner systematisch zu verschleiern.[1239] Die Anforderungen an die Hinweisgestaltung, in welchem Wirtschaftsraum ein Unternehmen tätig ist, zB Wirtschaftsraum Nord oder Süd bei

---

1235   Köhler WRP 2009, 110, 117; Bornkamm in Köhler/Bornkamm § 5 a UWG Rn 32; A. Nordemann in Götting/Nordemann § 5 a UWG Rn 132.

1236   Das bedeutet, wenn in Stellvertretung (§§ 164 ff BGB) das Geschäft geschlossen wird und die Verpflichtungen einen anderen treffen, so soll dessen Identität offen gelegt werden.

1237   So im Ansatz auch BGH GRUR 2007, 159 Tz. 20 f. *Anbieterkennzeichnung im Internet.*

1238   Ähnlich Bornkamm in Köhler/Bornkamm § 5 a UWG Rn 33.

1239   OLG Düsseldorf GRUR-RR 2004, 25, 25 f. *Schlüsselnotdienst.*

zwei getrennten Bekleidungsfirmen mit identischer Firmierung, sind nicht zu niedrig anzusetzen.[1240]

Für den er handelt meint im Rahmen der Stellvertretung (§ 164 BGB) die Angabe des   394
Vertragspartners, dh des Vertretenen. Denn der Vertretene wird gemäß § 164 Abs. 1 BGB durch das Rechtsgeschäft gebunden und nicht der Stellvertreter. Deshalb ist die Angabe des Vertragspartners wettbewerbsrechtlich gem. § 5 a Abs. 3 Nr. 2 UWG relevant.

cc) § 5 a Abs. 3 Nr. 3 UWG – Endpreis und weitere Preisbestandteile

Rechtsgrundlage: § 3 Abs. 3 iVm Nr. 21 Anhang-UWG; § 3 Abs. 2, § 5 a Abs. 3 Nr. 3 UWG; §§ 3 Abs. 1, 4 Nr. 11 iVm PreisangabenVO; Art. 7 Abs. 4 c Richtlinie unlautere Geschäftspraktiken

Ein Hauptanwendungsfall der Irreführung durch Unterlassen wird die intransparente   395
Preisgestaltung bleiben. Der Preis als unbedingter Vertragsbestandteil bietet hinreichenden Anlass durch Gestaltung, Art und Aufmachung der geschäftlichen Handlung, Kunden anzulocken und zu einer geschäftlichen Entscheidung zu bewegen. § 5 a Abs. 3 Nr. 3 UWG verpflichtet den Unternehmer deshalb gegenüber dem Verbraucher zu Aufklärung

- über den Endpreis;
- in Fällen, in denen der Endpreis nicht berechnet werden kann, über die Art der Preisberechnung;
- über die Berechnung zusätzlicher Fracht-, Liefer- oder Zustellkosten oder bei fehlender Berechnungsmöglichkeit im Voraus zumindest über die Tatsache, dass sie anfallen.

Allerdings ist das Regelungsfeld von § 5 a Abs. 3 Nr. 3 UWG dadurch seiner Eigen-   396
ständigkeit beraubt, dass die PreisangabenVO parallele Regelungen enthält.[1241] Verstöße gegen Nr. 3 sind damit grundsätzlich auch immer Verstöße gegen §§ 3 Abs. 1, 4 Nr. 11 UWG (Rn 774 ff, 805 ff). Der deutsche Gesetzgeber hat § 5 a Abs. 3 Nr. 3 UWG nur eingeführt, weil er klarstellen wollte, dass er Art. 7 Abs. 4 Richtlinie unlautere Geschäftspraktiken (Rn 17) umgesetzt hat; außerdem sollte die Bedeutung der Preisinformation hervorgehoben werden.[1242]

Für Einzelheiten kann deshalb auf die Erläuterung der PreisangabenVO verwiesen wer-   397
den (Rn 805 ff). Die PreisangabenVO kann allerdings ausnahmsweise strenger als § 5 a Abs. 3 Nr. 3 UWG sein.

Beispiel: Eine **fehlerhafte Preisauszeichnung** ist nicht unlauter trotz Verstoßes gegen die Preisangabenvo (§ 1 Abs. 6), wenn der Kunde den günstigeren Preis an der Kasse erhält.[1243]

1240   OLG Hamburg GRUR-RR 2008, 345 L *ein Hemd von P & C* und 342, 344 – *powered by P & C.*
1241   Gl.A. Sosnitza in Piper/Ohly/Sosnitza § 5 a UWG Rn 29; Bornkamm in Köhler/Bornkamm § 5 a UWG Rn 34; Peifer in Fezer § 5 a UWG Rn 52.
1242   RegE, BT DS 16/10145, S. 26, abrufbar unter www.nordemann.de.
1243   BGH GRUR 2008, 442 Tz. 10 f. *Fehlerhafte Preisauszeichnung.*

Allerdings geht § 3 Abs. 3 iVm Nr. 21 Anhang-UWG sowohl § 4 Nr. 11 iVm Preisangaben VO als auch § 5 a Abs. 3 Nr. 3 UWG vor (allgemein zum Vorrang der „Schwarzen Liste" Rn 109 ff):

> 21. *das Angebot einer Ware oder Dienstleistung als „gratis", „umsonst", „kostenfrei" oder dergleichen, wenn hierfür gleichwohl Kosten zu tragen sind; dies gilt nicht für Kosten, die im Zusammenhang mit dem Eingehen auf das Waren- oder Dienstleistungsangebot oder für die Abholung oder Lieferung der Ware oder die Inanspruchnahme der Dienstleistung unvermeidbar sind.*

Dazu Rn 265.

dd) § 5 a Abs. 3 Nr. 4 UWG – Leistungs- und Lieferbedingungen, Beschwerdeverfahren

Rechtsgrundlage: § 3 Abs. 2, § 5 a Abs. 3 Nr. 4 UWG; Art. 7 Abs. 4 d Richtlinie unlautere Geschäftspraktiken

398 Die positive Irreführung über Zahlungs-, Liefer und Leistungsbedingungen ist in § 5 Abs. 1 S. 2 Nr. 2 UWG geregelt (dazu Rn 282 ff), die positive Irreführung über Beschwerdeverfahren in § 5 Abs. 1 S. 2 Nr. 1 UWG (dazu Rn 223). § 5 a Abs. 3 Nr. 4 UWG ist das Pendant dazu, wenn der Schwerpunkt des Vorwurfes nicht auf der positiven Irreführung, sondern auf der unterlassenen Aufklärung liegt (Rn 376).

Eine Irreführung durch Unterlassen kann aber nur begehen, wer „von den Erfordernissen der fachlichen Sorgfalt abweicht". Die „fachliche Sorgfalt" ist in § 2 Abs. 1 Nr. 7 UWG legal definiert (Rn 101). Im Zusammenhang mit § 5 a Abs. 3 Nr. 4 UWG bedeutet fachliche Sorgfalt, dass der Unternehmer den Verbraucher nach den „anständigen Marktgepflogenheiten" aufklären muss. Eine Aufklärungspflicht besteht also, wenn das Angebot vom Üblichen abweicht und der Verbraucher damit nicht rechnen muss.[1244] Ähnlich wie bei § 307 Abs. 2 Nr. 1 BGB geht es um ein Abweichen vom wesentlichen Grundgedanken des Üblichen.[1245]

Beispiele: Der Erwerber eines Computerprogramms erwartet, es auf Dauer ohne weiteres benutzen zu können. Dass nach 25-maligem Aufruf der Software das Programm gesperrt wird, darf ihm beim Erwerb nicht verschwiegen werden.[1246]

Ein Fitnessstudio bietet die Benutzung der Duschen nur gegen Zuzahlung an, worauf in der Werbung nicht hingewiesen wurde.[1247]

Wenn eine Bank die Verfügung über einen Betrag erlaubt, der schon verbucht, aber erst zu einem späteren Zeitpunkt wertgestellt wird, muss sie darauf hinweisen, dass ein zinsloses Verfügen über den gebuchten aber noch nicht wertgestellten Geldbetrag nicht möglich ist.[1248]

1244 Köhler NJW 2008, 177, 179 f; Bornkamm in Köhler/Bornkamm § 5 a UWG Rn 35.
1245 Ähnlich Sosnitza WRP 2008, 1014, 1032 f.
1246 OLG München GRUR 2001, 1184 L *Programmsperre*.
1247 OLG Stuttgart WRP 2009, 107.
1248 BGH GRUR 2008, 805 Tz. 21 f. *Irreführender Kontoauszug*.

ee) § 5 a Abs. 3 Nr. 5 UWG – Rücktritts- und Widerrufsrecht

Rechtsgrundlage: § 3 Abs. 2, § 5 a Abs. 3 Nr. 5 UWG; Art. 7 Abs. 4 e Richtlinie unlautere Geschäftspraktiken

§ 5 a Abs. 3 Nr. 5 UWG kommt lediglich klarstellende Funktion in Bezug auf die Rücktritts- und Widerrufsrechte zu.[1249] Eine Belehrungspflicht ergibt sich schon aus § 355 Abs. 2 BGB, wenn dem Verbraucher ein gesetzliches Widerrufsrecht zusteht, zB bei Haustürgeschäften (§ 312 BGB), Fernabsatzverträgen (§ 312 d BGB) oder § 495 BGB (Verbraucherdarlehnsvertrag). Ein Verstoß gegen § 355 BGB im Wege einer unterbliebenen, falschen oder unzureichenden Widerrufsbelehrung ist gleichzeitig unlauter § 4 Nr. 11 UWG. Siehe dort Rn 837 für Einzelheiten.

399

d) § 5 a Abs. 4 UWG – Informationspflichten nach EU-Recht

Rechtsgrundlage: § 3 Abs. 2, § 5 a Abs. 4 UWG; Art. 7 Abs. 5 Richtlinie unlautere Geschäftspraktiken

§ 5 a Abs. 4 setzt Art. 7 Abs. 5 Richtlinie unlautere Geschäftspraktiken (Rn 17) um. Verstößt der Unternehmer gegen die Informationspflichten aus dem europäischen Sekundärrecht (Richtlinie oder Verordnung, siehe Rn 14 ff), so liegt darin ein Verstoß gegen § 5 a Abs. 4 iVm 2 UWG, sofern der Verstoß die Spürbarkeitsschwelle des § 3 Abs. 2 UWG überschreitet. Der Anhang II der Richtlinie unlautere Geschäftspraktiken benennt beispielhaft folgende Informationsgebote im Zusammenhang mit kommerzieller Kommunikation:

400

- Richtlinie Fernabsatz[1250] mit vorvertraglichen Informationspflichten in Art. 4 zur Identität des Unternehmers (lit. a), Eigenschaften des Produkts (lit. b), Preis (lit. c) etc. und Art. 5 (schriftliche Bestätigung des Vertragsschlusses), umgesetzt in § 312 c BGB, § 1 BGB-InfoVO;
- Art. 3 Richtlinie Pauschalreisen[1251] mit seinem Irreführungsverbot gem. Abs. 1 und die besondere Informationspflichten im Prospekt gem. Abs. 2, umgesetzt in § 4 BGB-InfoVO;
- Art. 3 Abs. 3 Teilnutzugsrechterichtlinie,[1252] umgesetzt in § 482 BGB, § 2 BGB-InfoVO.
- Art. 3 Abs. 4 (Grundpreisangabepflicht) Richtlinie über den Schutz der Verbraucher bei der Angabe der Preise der ihnen angebotenen Erzeugnisse,[1253] umgesetzt in § 2 PreisangabenVO (dazu Rn 807).
- Die Werbevorschriften der Art. 86 bis 100 Richtlinie Humanarzneimittel,[1254] umgesetzt im HWG (dazu Rn 811 ff).
- Richtlinie elektronischer Geschäftsverkehr[1255] mit Informationspflichten in Art. 5 über die Identität des Diensteanbieters (lit. a und c) und Art. 6 mit Anforderungen

---

1249   RegE BT DS 16/10145, S. 26, abrufbar unter www.nordemann.de.
1250   97/7/EG.
1251   90/314/EWG.
1252   94/47/EG.
1253   98/6/EG.
1254   2004/27/EG (ex 2001/83/EG).
1255   2000/31/EG.

an die Informationsgestaltung und Informationen über Bedingungen der Leistung (lit. c und d), umgesetzt in §§ 5 f TMG (Rn 837);

■ Art. 1 d Verbraucherkreditrichtlinie 98/7/EG, jetzt ersetzt durch Art. 4 Richtlinie 2008/48/EG, umgesetzt in § 6 Abs. 1 PreisangabenVO.

■ Richtlinie über den Fernabsatz von Finanzdienstleistungen an Verbraucher[1256], dort Art. 3 und 4 mit den Anforderungen an die Unterrichtung des Verbrauchers vor Vertragsschluss, umgesetzt in § 312 c BGB, § 1 BGB-InfoVO.

■ Die Informationspflichten gegenüber Anlegern gem. Art. 1 Nr. 9 Richtlinie betreffend bestimmte Organismen für gemeinsame Anlagen in Wertpapieren (OGAW),[1257] umgesetzt in § 42 InvestmentG (InvG).

■ Richtlinie über Versicherungsvermittlung[1258] mit seinen Informationspflichten in Art. 12 und 13, umgesetzt in §§ 42 b bis 42 d VersicherungsvertragsG (VVG).

■ Richtlinie über Lebensversicherungen[1259] und dort Art. 36 (Informationen, die der Versicherungsnehmer vor Abschluss und während der Laufzeit der Lebensversicherung erhalten muss), umgesetzt in Anlage D zu § 10 a VersicherungsaufsichtsG (VAG).

■ Finanzmarktrichtlinie,[1260] dort Art. 19 mit seiner Informationspflichten, umgesetzt in §§ 34, 34 a WertpapierhandelsG.

■ Dritte Richtlinie Schadensversicherung (Direktversicherungsrichtlinie),[1261] dort Art. 31 und 43 mit bestimmten Informationspflichten, umgesetzt in Anlage D zu § 10 a VersicherungsaufsichtsG (VAG).

■ Wertpapierprospektrichtlinie[1262] mit seinen Informationspflichten in Art. 5, 7 und 8, umgesetzt in §§ 5 bis 8, 12 Wertpapierhandelsgesetz.

Die Aufzählung in Anhang II Richtlinie unlautere Geschäftspraktiken ist allerdings nicht erschöpfend (Art. 7 Abs. 5 Richtlinie unlautere Geschäftspraktiken), so dass auch noch andere Informationspflichten aus sekundärem EU-Recht unter § 5 Abs. 4 UWG fallen können, zB:

■ Die Informationspflichten gem. Art. 4 und 5 Haustürrichtlinie,[1263] umgesetzt in § 355 Abs. 1 S. 2 BGB.

■ Die Informationspflichten gem. Dienstleistungsrichtlinie,[1264] umgesetzt in der Dienstleistungs-Informationspflichten-VO.

■ Flugpreis-VO[1265] mit seiner Verpflichtung in Art. 23, die Flugpreise einschließlich aller Gebühren, Zuschläge und Entgelte anzugeben.

■ Die Richtlinie 1999/94/EG und die dortigen Informationspflichten über den offiziellen Kraftstoffverbrauch von Kraftfahrzeugen, um gesetzt in § 1 Abs. 1 und § 5 Abs. 1 mit Anl. 4 PKW-ENVKV, zB bei Kleinanzeigen für PKW.[1266]

1256 2002/65/EG
1257 2001/107/EG.
1258 2002/92/EG.
1259 2002/83/EG.
1260 2004/39/EG.
1261 92/49/EWG.
1262 2003/71/EG.
1263 85/577/EWG.
1264 2006/123/EG.
1265 VO 1008/2008.
1266 BGH GRUR 2010, 852 Tz. 21 *Gallardo Spyder*.

Die Nichtbeachtung der vorgenannten Vorschriften ist allerdings im Regelfall zugleich 401
unzulässig nach §§ 3 Abs. 1, 4 Nr. 11 UWG. Denn es existiert zu jeder der vorgenannten
Informationspflichten aus Richtlinien eine direkt in Deutschland anwendbare Umsetzungsnorm, deren Verletzung einen unlauteren Rechtsbruch auslöst (Rn 774 ff). Sofern
EU-Verordnungen Informationspflichten aufstellen, ist ihre Verletzung unmittelbar
über §§ 3 Abs. 1, 4 Nr. 11 UWG sanktioniert, weil es sich um unmittelbar geltendes
Recht handelt (Rn 15, 779).

e) Spürbarkeit bei Vorenthalten wesentlicher Informationen nach § 5 a Abs. 2 bis 4 UWG

*Rechtsgrundlage: § 3 Abs. 2, § 5 a Abs. 2 bis 4 UWG; Art. 5 Abs. 2 b und 7 Richtlinie
unlautere Geschäftspraktiken*

Sofern nicht der Tatbestand der „Schwarzen Liste" (§ 3 Abs. 3 WG iVm Anhang-UWG, 402
vgl Rn 105 ff) gegeben ist, muss das Vorenthalten der wesentlichen Information gegenüber dem Verbraucher spürbar sein (§ 3 Abs. 2 S. 1 UWG, vgl allgemein dazu
Rn 85 ff). Man darf im Regelfall davon ausgehen, dass die Spürbarkeit nach § 3
Abs. 2 S. 1 UWG gegeben ist, wenn dem Verbraucher eine wesentliche Information
gem. § 5 a Abs. 2 bis 4 UWG vorenthalten worden ist.[1267] Denn wenn dem Verbraucher
eine wesentliche Information für seine informierte Entscheidung vorenthalten worden
ist, kann unterstellt werden, dass er dadurch zu einer geschäftlichen Entscheidung veranlasst wurde, die er anderenfalls nicht getroffen hätte.

Dabei ist allerdings zu beachten, dass für die geschäftliche Entscheidung im Sinne von
§ 3 Abs. 2 S. 1 nicht immer auf den Abschluss des Ausgangsgeschäfts abzustellen ist,
also im Falle von § 5 a Abs. 3 beispielsweise auf das Angebot zum Abschluss eines
Kaufvertrages. Wird der Verbraucher entgegen § 5 a Abs. 3 Nr. 5 UWG beim Ausgangsgeschäft nicht über das Bestehen eines Widerrufsrechts aufgeklärt, hätte er bei
erfolgter Aufklärung das Ausgangsgeschäft erst recht abgeschlossen. Denn ein Rück-
tritts- oder Widerrufsrecht ist ein zusätzlicher positiver Begleitumstand. Dasselbe gilt
beispielsweise für § 5 a Abs. 3 Nr. 2 UWG (beim Ausgangsgeschäft unterlassene Aufklärung über die Identität und Anschrift des Unternehmers). Für die Spürbarkeit ist in
solchen Fällen aber nicht auf das Ausgangsgeschäft abzustellen. Wird dem Verbraucher
eine wesentliche Information wie das Widerrufsrecht oder die Identität des Unternehmers vorenthalten, verhindert der Unternehmer, dass der Verbraucher sein Widerrufsrecht ausübt bzw überhaupt Ansprüche oder Rechte gegenüber seinem Verkäufer geltend machen kann; er verhindert damit eine geschäftliche Entscheidung *nach* Abschluss
des Rechtsgeschäfts, was ebenfalls unter § 3 Abs. 2 S. 1 UWG fällt;[1268] denn gem. § 2
Abs. 1 Nr. 1 bedeutet geschäftliche Handlung „jedes Verhalten einer Person … vor, bei
oder nach einem Geschäftsabschluss, das mit der Förderung des Absatzes oder des Bezugs von Waren oder Dienstleistungen oder mit dem Abschluss oder der Durchführung
eines Vertrages über Waren oder Dienstleistungen objektiv zusammenhängt".

1267   A. Nordemann in Götting/Nordemann § 5 a UWG Rn 28; Ahrens in Hasselblatt § 22 Rn 112; noch wei-
       tergehender Bornkamm in Köhler/Bornkamm § 5 a UWG Rn 55 unter Verweis auf Bergmann, FS Krämer,
       2009, S. 163, 171: unwiderlegliche Vermutung bei Vorenthalten wesentlicher Informationen, dass auch
       § 3 Abs. 2 S. 1 UWG erfüllt ist.
1268   A.Nordemann in Götting/Nordemann § 5 a UWG Rn 27 ff.

2. Sonstige Irreführung durch Unterlassen (gegenüber allen Marktteilnehmern)

Rechtsgrundlage: § 3 Abs. 1, § 5 a Abs. 1 iVm § 5 UWG; Art. 7 Richtlinie unlautere Geschäftspraktiken

403 § 5 a Abs. 2 Abs. 2 bis 4 UWG regeln das Vorenthalten wesentlicher Informationen gegenüber Verbrauchern. Daneben findet sich in § 5 a Abs. 1 UWG noch eine Auffangnorm, die allerdings nur Anwendung findet, wenn § 5 a Abs. 2 bis 4 UWG nicht einschlägig sind (Rn 378). § 5 a Abs. 1 UWG erfasst also alle in den Abs. 2 bis 4 nicht geregelten Fallgruppen. Insbesondere ist Abs. 1 nicht auf den Verbraucherschutz beschränkt, sondern reguliert das **irreführende Unterlassen gegenüber allen Marktteilnehmern**. In der Praxis sollte damit § 5 a Abs. 1 UWG vor allem für die Irreführung durch Unterlassen **gegenüber unternehmerischen Abnehmern und Lieferanten** von Bedeutung sein (Rn 378).

Der Gesetzgeber hat allerdings bei § 5 a Abs. 1 UWG übersehen, der Vorschrift einen eigenen Unterlauterkeitstatbestand zu geben. Bei § 5 a Abs. 1 UWG fehlt der einleitende Satz *„Unlauter handelt, wer eine irreführende geschäftliche Handlung gem. § 5 dadurch vornimmt, dass er eine Tatsache verschweigt"*.[1269] § 5 a Abs. 1 UWG korrespondiert also mit § 5 UWG, dh sämtliche in § 5 aufgeführten Regeltatbestände können auch durch ein Unterlassen gem. § 5 a Abs. 1 UWG verwirklicht werden (Rn 377).

404 Eine unzulässige und unlautere Irreführung durch eine Unterlassung gem. § 5 a Abs. 1 UWG hat unter gedanklicher Hinzunahme des Einleitungssatzes „Unlauter handelt, wer eine irreführende geschäftliche Handlung gem. § 5 dadurch vornimmt, dass er eine Tatsache verschweigt" die folgenden Voraussetzungen:

- Geschäftliche Handlung gem. § 2 Abs. 1 Nr. 1 UWG (Rn 55 ff).
- Es wird eine Tatsache gem. § 5 Abs. 1 S. 2 Nr. 1, Nr. 2, Nr. 3, Nr. 4, Nr. 5, Nr. 6 oder Nr. 7 UWG oder § 5 Abs. 2 bis 4 UWG (dazu Rn 190 ff) verschwiegen.
- Dieses Verschweigen ist für den anderen Marktteilnehmer (in der Regel den unternehmerischen Kunden) gem. § 5 a Abs. 1 UWG irreführend, weil
- die verschwiegene Tatsache besondere Bedeutung für die geschäftliche Entscheidung hatte und
- das Verschweigen geeignet war, die Geschäftsentscheidung des anderen Marktteilnehmers zu beeinflussen, was bei Verschweigen von besonderer Bedeutung für die geschäftliche Entscheidung allerdings den Regelfall bilden sollte.
- Ferner muss die Unzulässigkeit der unlauteren geschäftlichen Handlung gem. § 3 Abs. 1 festgestellt werden (= Spürbarkeitsschwelle); siehe Rn 85 ff allgemein.

405 Zunächst muss also eine Tatsache gem. § 5 Abs. 1 bis 4 UWG verschwiegen worden sein (zu § 5 Abs. 1 bis 4 UWG vgl Rn 190 ff). **„Verschweigen"** findet sich nur in § 5 a Abs. 1 UWG, der gegenüber anderen Gewerbetreibenden oder sonstigen Kunden Anwendung findet. Gegenüber Verbrauchern in § 5 a Abs. 2 bis 4 UWG spricht das Gesetz von „Vorenthalten", ohne das damit inhaltliche Abweichungen verbunden wären.

1269 Genauso A.Nordemann in Götting/Nordemann § 5 a Rn 4.

Wie beim Vorenthalten kann ein Verschweigen tatbestandlich nur dann als solches **406** gewertet werden, wenn den Handelnden eine **Aufklärungspflicht** trifft.[1270] Allerdings finden sich in § 5 a Abs. 1 UWG andere Voraussetzungen als in Abs. 2 bis 4, wann eine solche Aufklärungspflicht besteht. Nach Abs. 1 besteht keine allgemeine Aufklärungspflicht,[1271] ja noch nicht einmal ein allgemeines Gebot der Vollständigkeit eines Angebotes.[1272] Es muss also stets für jeden Einzelfall festgestellt werden, ob eine Aufklärungspflicht besteht. Demgegenüber ordnen Abs. 3 und Abs. 4 gegenüber Verbrauchern Aufklärungspflichten generell an. Dies unterscheidet Abs. 1 von Abs. 2 bis 4.

Ob im Einzelfall eine Aufklärungspflicht besteht, beurteilt sich anhand einer umfas- **407** senden, **auf den Einzelfall bezogenen Interessenabwägung**. In Abwägung der widerstreitenden Interessen ist zu klären, ob die Information von Bedeutung für den anderen Teil ist und dem Unternehmer zumutbar, darüber aufzuklären.

In die Abwägung mit einzubringen sind die **Art des Produkts** und das **verwendete Medium**, vgl Rn 384. **Selbstverständliches** bedarf keiner Aufklärung, weil der Gesamtzusammenhang und das Verkehrsverständnis zugrunde zu legen sind, zB bei dem Produkt anhaftenden selbstverständlichen Eigenschaften (Rn 391). Angaben, die dem Publikum letztlich **gleichgültig** sind, seine Kauflust also nicht beeinflussen, brauchen auch nicht gemacht zu werden.[1273] Eine Irreführung scheidet auch aus, wenn zwar wesentliche Tatsachen verschwiegen werden, die angesprochenen Verkehrskreise jedoch von diesen auch **ohne Aufklärung Kenntnis** haben; nur dann ist das Verschweigen überhaupt geeignet, die Entscheidung der angesprochenen Verkehrskreise zu beeinflussen, wie § 5 a Abs. 1 ausdrücklich klarstellen soll.[1274]

Bei der Beurteilung, ob dem Handelnden Hinweise aufzuerlegen sind, so dass ein Verschweigen als irreführend einzustufen ist, kommt es auch hier auf das **Verkehrsverständnis** an (Rn 120 ff). Werden Unternehmer angesprochen, ist deren Verständnis und nicht das Laienverständnis entscheidend (vgl Rn 135). Unternehmer gelten dann als besonders schwierig irrezuführen, wenn sie über einen gewissen Kenntnisstand verfügen, zB Ärzte über medizinische Sachverhalte und das HWG.

Eine Aufklärungspflicht ist vor allem dann gegeben, wenn der angesprochene Verkehr **408** eine **Aufklärung redlicher Weise erwarten durfte**, § 242 BGB.[1275]

1270 So schon allgemein RG 77, 314; BGH GRUR 2002, 979, 981 f. *Koppelungsangebot II*; BGH GRUR 2002, 976, 978 f. *Koppelungsangebot I*, allerdings noch zum alten UWG und Verbrauchentscheidung.

1271 BGH GRUR 2007, 251 Tz. 21 *Regenwaldprojekt II*; BGH GRUR 2002, 182, 184 *Das Beste jeden Morgen*; BGH GRUR 1999, 1100, 1101 *Generika-Werbung*.

1272 Begr. RegE UWG-Novelle 2004, BT Drucks. 15/1487, S. 19, abrufbar unter www.nordemann.de. St. Rspr seit BGH GRUR 1957, 491, 493 *Wellaform*; s. BGH GRUR 1999, 1122, 1123 *EG-Neuwagen I*; BGH GRUR 1999, 1125, 1126 *EG-Neuwagen II*.

1273 Richtig OLG Hamm WRP 1986, 108, 109: Bei einem gewerblichen Schülerhilfe-Unternehmen interessiert niemanden, ob das eine GmbH ist. Unzutreffend dagegen KG WRP 1986, 85, 86 f, das von einem im Hertie-Kaufhaus tätigen selbständigen Friseur den Hinweis auf seine Selbständigkeit verlangt, und OLG Düsseldorf NJW-RR 1986, 341, das einen „Fabrik-Direktverkauf" verbietet, weil er nicht auf dem Fabrikgelände stattfindet.

1274 Gegenäußerung Bundesregierung auf Stellungnahme Bundesrat zur UWG-Novelle 2004, BT Drucks. 15/1487, S. 41, abrufbar unter www.nordemann.de.

1275 So letztendlich im Ergebnis auch ohne lange Ausführung BGH GRUR 2008, 1114 Tz. 14 *Räumungsfinale*; BGH GRUR 2007, 251 Tz. 20 f. *Regenwaldprojekt II*; BGH NJW 1989, 763, 764 *Praxisübernahmevertrag*; OLG Köln NJW-RR 2002, 120, 122 *Miles & More Card*.

Das kann sich zunächst **aus gesetzlichen Vorschriften, Vertrag oder vorangegangenes Tun** ergeben.[1276] Als gesetzliche Vorschriften relevant sind im Rechtsverkehr zwischen Unternehmern allerdings nicht die rein verbraucherschützenden Bestimmungen der PreisangabenVO, des Pauschalreiserechts (§§ 651 a ff BGB) oder des Fernabsatzrechts (§§ 312 b ff BGB). Von Belang sind allerdings gegenüber jedermann die Aufklärungspflichten des HWG (dazu Rn 811 ff), die Impressumspflicht der § 5 f TMG (Rn 837) sowie die Hinweispflichten in ChemG oder TabakVO. Die Firmenangabe auf Geschäftsbriefen ohne Inhaberbezeichnung (Vor- und Zuname, § 15 b Abs. 1 GewO) ist jedoch keine wesentliche Information.[1277] Verstöße gegen die vorgenannten Informationspflichten können auch über § 4 Nr. 11 UWG verfolgt werden (Rn 774 ff), so dass § 5 a Abs. 1 UWG hier keine eigenständige Bedeutung erlangt.

Gegenüber Unternehmern (und Verbrauchern) ergeben sich auch direkt aus dem UWG gesetzliche Aufklärungspflichten. In § 4 Nr. 5 UWG für Preisausschreiben und Gewinnspiele (Rn 483) und in § 4 Nr. 4 UWG für sonstige Verkaufsförderungsmaßnahmen wie zB Preisnachlässe, Zugaben und Geschenke (Rn 284) stellt das UWG **Informationspflichten** auf. § 5 a Abs. 1 UWG hat hier allerdings keine eigenständige Bedeutung.

Will man dennoch § 5 a Abs. 1 UWG anwenden, muss in diesen Fällen nicht mehr gesondert geprüft werden, ob ein Weglassen wesentlicher Angaben vorliegt. Das Fehlen der Information löst automatisch eine Unlauterkeit aus. Allerdings muss wegen § 3 Abs. 1 UWG die Spürbarkeit für die Unzulässigkeit gesondert festgestellt werden (Rn 85 ff).

409 Der Kunde darf eine Aufklärung aber auch dann redlicher Weise erwarten, wenn die Aufklärung für ihn von maßgeblicher Bedeutung ist. § 5 a Abs. 1 UWG formuliert deshalb auch, bei der Beurteilung, ob das Verschweigen einer Tatsache irreführend ist, insbesondere deren Bedeutung für die Entscheidung zum Vertragsschluss nach der Verkehrsauffassung sowie die Eignung des Verschweigens zur Beeinflussung der Entscheidung zu berücksichtigen sind. Das schließt an Formulierungen des BGH an, die – in den Fällen der hier erörterten Art durch das Fehlen der Angabe erzeugte – Fehlvorstellung müsse für die Kaufentscheidung **von maßgeblicher Bedeutung** sein.[1278] Insoweit ist der Handelnde zur Aufklärung verpflichtet.[1279] Die unvollständige Werbung verstößt also dann gegen die guten kaufmännischen Sitten, wenn sie durch das Weglassen wesentlicher Angaben unrichtig wird.

1276 BGH GRUR 2000, 616, 618 *Auslaufmodelle III*; BGH GRUR 1999, 757, 758 *Auslaufmodelle I*; OLG Hamburg BB 2008, 509 L, BeckRS 2008, 03920 *Bauhaus-Klassiker*; Ahrens in Hasselblatt § 22 Rn 109.
1277 OLG Brandenburg GRUR-RR 2008, 136, 136 *Namensangaben auf Geschäftsbriefen*; Leuering/ Rubel NJW-Spezial 2008, 47 f.
1278 BGH GRUR 2000, 239, 241 *Last-Minute-Reise*. Ähnlich schon OLG Hamburg NJWE-WettbR 1998, 196, 197 mwN: „Von großer Bedeutung". Mit dem früheren Sprachgebrauch allerdings wieder BGH GRUR 2000, 914, 915 *Tageszulassung II*.
1279 BGH GRUR 1973, 206, 207 *Skibindungen*; OLG Koblenz WRP 1994, 896, 897; s. aber den Gegenfall BGH GRUR 1994, 228, 229 *Importwerbung*. Vgl auch OLG Stuttgart WRP 2001, 169, 171, das den in der Werbung fehlenden Hinweis darauf, dass der Anruf des interessierten Kunden gebührenpflichtig sein werde, als irreführend ansieht, siehe zu Sonderrufnummern und Irreführung Rn 264. Zur Umkehr der Beweislast beim Verschweigen von Gegenmeinungen s. Rn 1634.

Folgende Fallgruppen lassen sich bilden:

■ Der Werbende muss über **wesentliche Merkmale der Ware oder Dienstleistung** (§ 5 Abs. 1 S. 2 Nr. 1 UWG) aufklären. Dabei kommen Aufklärungspflichten insbesondere bei fehlender hinreichender Bevorratung, oder Ausführung des Vertrages in einer anderen Sprache als der Vertragsabschluss sowie für bei Verkauf von Second Hand Waren, Auslaufmodellen, Gewährleistungseinschränkungen bei Parallel- und Reimporten, Verwendungsbeschränkungen oder naheliegenden Gefahren in Frage. Über schlechtere Merkmale als die Konkurrenz muss aber nicht aufgeklärt werden. Insgesamt gilt hier in der Tendenz nichts anderes als gegenüber Verbrauchern (vgl dazu ausführlich Rn 390 f), wobei allerdings gegenüber Unternehmern wegen größerer Informiertheit und Kritikfähigkeit geringere Aufklärungspflichten bestehen können (Rn 407).

Beispiele: Der Kauf eines Lieferwagens umfasst regelmäßig das Merkmal der serienmäßigen Ausstattung mit Hupe und Reifen. Hat der LKW diese Ausstattung nicht, muss darüber aufgeklärt werden.

Ein Kaffeevollautomat, der in einem Spezialgeschäft für Gastronomiebedarf angeboten wird, eignet sich von der Leistungsfähigkeit her allenfalls für einen Barbetrieb, nicht aber für ein Restaurant oder Kaffee; eine solche Information muss dem gewerblichen Abnehmer gegeben werden.

Das Weglassen der vorgeschriebenen Aufschrift Gift kann bei den angesprochenen Abnehmern die irrige Vorstellung erwecken, das Desinfektionsmittel sei nicht giftig.[1280] Sofern es sich um gewerbliche Abnehmer handelt, dürfte ein solcher Eindruck aber eher fernliegen.

Der Verkauf von Gas-Heizkesseln bedarf zum Betrieb in Deutschland einer Abgasemissionsbescheinigung (BImSchV). Auf die fehlende Zulassung dieser Geräte muss hingewiesen werden.[1281] Das gilt auch gegenüber gewerblichen Abnehmern, weil diese im Regelfall solche Detailkenntnisse nicht haben.

In der Anzeigenwerbung für einen Ausstellungskatalog wird verschwiegen, dass dieser kein vollständiges Verzeichnis der Aussteller enthält.[1282]

■ Genauso kann eine Aufklärungspflicht für **wesentliche preisbezogene Umstände** (§ 5 Abs. 1 S. 2 Nr. 2 UWG) gelten. Auch im rechtsgeschäftlichen Verkehr mit gewerblichen Abnehmern sind die Unternehmen gehalten, preisrelevante Angaben so vollständig wie möglich zu machen. Denn auch beispielsweise bei dem Verkauf von Büromöbeln oder technischem Zubehör gegenüber Freiberuflern oder gewerblichen Abnehmern sind diese vor Irreführung zu schützen. Ob eine Hinweispflicht des Unternehmers besteht, ist aus der Sicht einer Durchschnittsperson des angesprochenen Verkehrskreises zu bestimmen, was diese erwarten darf oder ggf selbst zu recherchieren hat.

Beispiele: Gegenüber Verbrauchern darf sich eine Zeitung nicht als die günstigste im Abonnement benennen, wenn sie nicht ausdrücklich darauf hinweist, dass sie im Gegensatz zur Konkurrenz nur 6 x die Woche erscheint und nicht 7 x.[1283] Bei Werbung für Fachzeitschriften gegenüber Unternehmern wäre allerdings zu fragen, ob der Verkehr die Erscheinungsweise nicht kennt.

Der Prospekt über Nutzfahrzeuge mit „der Ankündigung" bis zu 8000 Euro Einführungsrabatt ... und ferner ab 15800 Euro zzgl MwSt. richtet sich an gewerbliche Abnehmer und ist im Kontext der Anzeige nicht irreführend, weil für einen wirtschaftlich denkenden Unternehmer

---

1280 BGH GRUR 1964, 269, 271 *Grobdesin*.
1281 OLG Frankfurt Urt. v. 10.1.2008, Az: 6 U 167/06, Tz. 28 ff (juris), BeckRS 2008, 08169 *Gas-Heizkessel*.
1282 Anders – zu Unrecht – OLG Frankfurt WRP 1978, 893, 894.
1283 KG GRUR-RR 2003, 319, 319 *Berliner Zeitung*.

erkennbar ist, dass die 8000 Euro nicht auf jedes Nutzfahrzeug – das Günstigste – anzurechnen sind.[1284] Bei der Angabe war auch zu erwarten, dass der Angesprochene den Hinweis weiter verfolgt.

- Auch **unternehmensbezogene Umstände** (§ 5 Abs. 1 S. 2 Nr. 3 UWG) können eine Aufklärungspflicht auslösen.

Beispiele: Ein öffentlich bestellter und vereidigter Bausachverständiger muss seine Sachgebiete (zB für die Bereiche Mauer- und Betonbauerhandwerk) angeben und den Ort der Zuständigkeit, wenn die Bestellung nur für einige Gebiete erfolgte.[1285] Irreführend sind Berechtigungsanfragen an Abnehmer des Konkurrenzunternehmens ohne zu erwähnen, dass das Patenterteilungsverfahren wegen Einspruchs noch nicht vollständig abgeschlossen ist.[1286] Demgegenüber darf sich „Buchführungsbüro" nennen, wer auf Hilfeleistungen in Steuersachen hinweist und damit erkennbar macht, nicht Steuerberater (§§ 3, 4 StBerG) zu sein, sondern die erlaubten Tätigkeiten ausübt (§ 8 StBerG).[1287] Weder sonstige Marktteilnehmer (§ 5a Abs. 1) noch Verbraucher (§ 5a Abs. 2, 3 Nr. 2) werden irregeführt.

- Schließlich kann auch im Rahmen **vergleichender Werbung** (§ 5 Abs. 3 UWG) eine Aufklärungspflicht bestehen. Auch hier ist allerdings zu berücksichtigen, ob die angesprochenen Unternehmen die Aufklärung benötigen, um nicht irregeführt zu werden.

Beispiele: In BGH GRUR 2002, 633 *Hormonersatztherapie* (eine an Fachkreise gerichtete Werbung) wurde eine Irreführung bei einem Vergleich von zwei Medikamenten verneint, bei dem das Beworbene als wirkungsvoller angepriesen wurde. Allerdings wird man sagen müssen, dass es unlauter ist, zwei medizinische Präparate hinsichtlich ihrer Wirksamkeit zu vergleichen, wenn die medizinische Wirksamkeit des beworbenen Produktes noch nicht vollständig belegt ist und darüber im Vergleich nicht aufgeklärt wird.
Ein Gesamtvergleich von Strompreistarifen wurde von Verbrauchern dahin missverstanden, dass der Werbende immer günstiger ist. Insbesondere wurden keine Hinweise auf preisrelevante Konditionen wie Laufzeit und Kündigungsfrist gegeben und auch keine Preisunterschiede benannt, die bei unterschiedlichem Jahresverbrauch auftreten können, wenn der Konkurrent zB bei einem geringeren Verbrauchsverhalten durchweg günstiger ist als der Werbende, der günstiger bei einem höheren Verbrauchsverhalten ist.[1288] Jedoch müssen gegenüber Gewerbetreibenden aufklärende Hinweise nur erteilt werden, wenn die kritischeren Gewerbetreibenden der Werbung keine Hinweise zur Ausräumung des Missverständnisses entnehmen können.

410 Weil beim Verschweigen wesentlicher Umstände nicht mit objektiv falschen, sondern nur mit unvollständigen Angaben geworben werde, hielt der Bundesgerichtshof hier bisher einen höheren Anteil tatsächlich Irregeführter für erforderlich, der deutlich über der Untergrenze des nicht ganz unerheblichen Teils der angesprochenen Verkehrskreise (Rn 134 ff) liegen müsse.[1289] Dieser Gesichtspunkt dürfte sich mit der Änderung der Rechtsprechung zum Verbraucherleitbild und Irreführungsquote erledigt haben (Rn 121 ff, 151).

1284 OLG Köln GRUR-RR 2008, 250, 250 *bis zu 8000 Euro Einführungsrabatt.*
1285 OLG Stuttgart WRP 2008, 151, 153 *Bausachverständiger.*
1286 OLG Karlsruhe GRUR-RR 2008, 197, 198 *Berechtigungsanfrage.*
1287 BGH GRUR 2008, 815 Tz. 17 f. *Buchführungsbüro.*
1288 OLG Brandenburg Urt. v. 25.9.2007, Az: 6 U 6/07, BeckRS 2008, 08110 *Strompreisvergleich/Strom ist gelb.*
1289 BGH WRP 1993, 239 *Sofortige Beziehbarkeit;* BGH GRUR 1992, 66, 68 *Königlich Bayerische Weisse;* BGH GRUR 1995, 60, 62 *Napoleon IV.*

C. Ausübung unmittelbaren oder mittelbaren Zwanges

Wer gezwungen wird, etwas zu tun, tut das nicht mehr aus freien Stücken. Jede Art von   411
Zwang schließt also das Grundprinzip des Leistungswettbewerbs, die freie Entscheidung des Kunden, aus. Zwang ist regelmäßig unlauter.

I. Unmittelbarer Zwang

Rechtsgrundlage: § 3 Abs. 3 ivm Nr. 25 und Nr. 26 Anhang-UWG, § 3 Abs. 1, § 4
Nr. 1 und Nr. 2 UWG; Art. 5 Abs. 5 und 8, 9 b und e Richtlinie unlautere Geschäftspraktiken

Die schärfste Form des Zwanges ist der unmittelbare Zwang am Kunden, um ihn zu   412
einem Geschäft zu bewegen. Allerdings wird das Hineinzerren des Kunden in den Laden
mit anschließender Leerung seiner Brieftasche gegen Füllung seines Einkaufskorbes
wohl in unseren Breiten nicht eben häufig sein. § 3 Abs. 3 UWG ivm **Nr. 25 und**
Nr. 26 Anhang-UWG (Art. 5 Abs. 5 Richtlinie unlautere Geschäftspraktiken ivm Anhang I Nr. 24 und Nr. 25) führen jedoch zwei Fallgruppen auf, in denen gegenüber
Verbrauchern das gleiche Ergebnis mit etwas perfideren Mitteln erreicht wird:

25. das Erwecken des Eindrucks, der Verbraucher könne bestimmte Räumlichkeiten
nicht ohne vorherigen Vertragsabschluss verlassen;

26. bei persönlichem Aufsuchen in der Wohnung die Nichtbeachtung einer Aufforderung des Besuchten, diese zu verlassen oder nicht zu ihr zurückzukehren, es sein
denn, der Besuch ist zur rechtmäßigen Durchsetzung einer vertraglichen Verpflichtung gerechtfertigt;

Gegenüber Verbrauchern sind solche Verhaltensweisen nach § 3 Abs. 3 UWG stets unzulässig, also ohne Spürbarkeitsprüfung (Rn 105 ff).

Für sonstige Fälle kommt eine ergänzende Anwendung von §§ 3 Abs. 1, **4 Nr. 2**   413
UWG in Betracht. § 4 Nr. 2 UWG stellt explizit auf das Ausnutzen der Angst oder
Zwangslage von Verbrauchern ab. Sonstige Marktteilnehmer können sich auf §§ 3
Abs. 1, **4 Nr. 1 UWG** berufen.

Beispiel: Wird Verbrauchern der unabgesprochene Besuch eines Inkasso-Teams zur Eintreibung
von Außenständen androht, enthält diese mehrdeutige Aussage auch die nicht fernliegende Deutungsvariante, dass die Forderung notfalls mit Gewalt durchgesetzt wird. Das ist indes eine unlautere Drohung mit unmittelbarem Zwang gem. § 4 Nr. 1 und Nr. 2 UWG.[1290]

Zwar kann körperliche Gewalt zivilrechtlich auch über §§ 123, 142, 823 BGB, die
Ausnutzung eines Monopols gegenüber privaten Verbrauchern über § 826 BGB, der
Missbrauch einer marktmächtigen Stellung gegenüber Unternehmen über §§ 19, 20
GWB, Art. 102 AEUV verfolgt werden. Fälle unmittelbaren Zwanges, die „nur" unter
das UWG fallen, gibt es nicht; § 4 Nr. 1 und 2 UWG eröffnen jedoch über ihre ergänzende Anwendung insbesondere die Möglichkeit, dass sich auch nicht unmittelbar vom
Zwang betroffene Mitbewerber, Wirtschaftsverbände, Verbraucherschutzverbände
oder Kammern (vgl zur Klagebefugnis solcher Rn 862 ff) einschalten. Insbesondere ist
hier aus Sicht der Allgemeinheit interessant, dass sie ein nicht nur auf den individuell

---

1290   Zuletzt OLG München GRUR-RR 2010, 50, 51 *Besuch durch Inkasso-Team.*

Betroffenen beschränktes Verbot für die Zukunft erreichen können. Sofern die durch die Ausübung des unmittelbaren Zwanges zum Schutz des direkt Betroffenen berührten Vorschriften aber spezielle Wertungen beinhalten, muss sich auch das UWG daran halten. Das gilt insbesondere für die Marktmachttatbestände des GWB (Rn 24) und des Art. 102 AEUV (Rn 9).

II. Mittelbarer Zwang (Psychologischer Kaufzwang)

Rechtsgrundlage: §§ 3 Abs. 1, 4 Nr. 1 und Nr. 2 UWG; Art. 8, 9 Richtlinie unlautere Geschäftspraktiken

414 Häufiger wird der Kunde in eine Lage gebracht, in der er zwar noch selbst entscheiden kann, in der er aber aus Gründen, die nichts mehr mit der Leistung des Anbietenden zu tun haben, glaubt, dessen Angebot folgen zu „müssen". Das fällt zumindest unter § 4 Nr. 1 UWG, teilweise aber auch unter § 4 Nr. 2 UWG.

1. Autoritätsmissbrauch

Rechtsgrundlage: § 3 Abs. 1, 2, § 4 Nr. 1 und Nr. 2 UWG; Art. 5 Abs. 5 und 8, 9 Richtlinie unlautere Geschäftspraktiken

415 Hier versucht der Gewerbetreibende, ohne eigenes unmittelbares Tätigwerden den Kunden gleichsam um die Ecke herum zum Abschluss zu zwingen. Das geschieht mit Hilfe Dritter, die ihrerseits Autorität gegenüber dem Kunden besitzen (Dienstvorgesetzter, Lehrer, Bürgermeister, Chef). Man kauft, um es sich nicht mit einer so einflussreichen Persönlichkeit zu verderben.

Die Fälle des Autoritätsmissbrauchs erfordern jedoch nach mehreren Seiten eine genaue Abgrenzung:

416 Wo die Autoritätsperson **im Rahmen ihrer Befugnisse Weisungen** erteilt, scheidet ein Autoritätsmissbrauch in aller Regel aus. Wenn etwa der Lehrer anordnen darf oder soll, dass ein bestimmtes Schulbuch von allen Schülern gekauft wird, liegt hierin grundsätzlich kein Missbrauch seiner Autorität.

Hat er sich hingegen von einem Schulbuchverlag Vorteile dafür versprechen oder gewähren lassen, dass er gerade dessen Werk einführe, so ist das ein Fall des Autoritätsmissbrauchs, nämlich ein solcher der Bestechung (§§ 299, 300 StGB). Dann kommt insbesondere ein unlauterer Rechtsbruch (§ 4 Nr. 11 UWG) in Betracht, weil die §§ 299, 300 StGB marktverhaltensregelnde Vorschriften darstellen.[1291] Zu prüfen ist in solchen Fällen auch, ob schon die übergeordnete Autoritätsperson (Behörde) durch rechtswidrige Weisung oder Vergabepraxis[1292] in unlauterer Weise fremden Wettbewerb fördert. Voraussetzung dafür ist allerdings, dass sie geschäftlich und nicht rein hoheitlich handelt (vgl Rn 59).[1293] Überschreitet eine Autoritätsperson bei der Erteilung von Weisungen ihre Befugnisse, so liegt ohnehin kein mittelbarer, sondern unmittel-

---

1291 Köhler in Köhler/Bornkamm, § 4 UWG Rn 11.175; Vgl auch BGH GRUR 2006, 77, 78 *Schulfotoaktion* (für §§ 331, 333 StGB).

1292 Vgl BGH GRUR 2008, 810 ff. *Kommunalversicherer*; OLG Köln GRUR 2005, 780, 782 *In-House-Geschäft*.

1293 Siehe: BGH GRUR 2006, 428 Tz. 11 *Abschleppkosten-Inkasso*; BGH GRUR 1953, 293, 294 *Fleischbezug*; BGH GRUR 1960, 384, 386 *Mampe Halb und Halb*; OLG München GRUR 2004, 169, 171.

barer Zwang unter Förderung fremden Wettbewerbs (Rn 69 ff) vor. Das gilt etwa, wenn ein Behördenchef eine rechtswidrige Anweisung erteilt, eine bestimmte Dienstkleidung oder- ausrüstung anzuschaffen, oder ein Sportverband seinen Mitgliedern außerhalb seiner Satzungsbefugnisse für Wettkämpfe eine von einem bestimmten Hersteller stammende Ausrüstung vorschreibt.

Wo eine Autoritätsperson **außerhalb ihrer Befugnisse** zu einem bestimmten Verhalten **auffordert**, ist mittelbarer Zwang gem. § 4 Nr. 1 UWG gegeben: Auch der selbständig denkende Untergebene wird geneigt sein, der Aufforderung nachzukommen, schon um unliebsame Diskussionen oder andere Unannehmlichkeiten zu vermeiden. **417**

Beispiel: Eine Sparkasse forderte ihre 2.700 Mitarbeiter auf, unter Inanspruchnahme des Sonderkündigungsrechts zum Jahresende von ihrer bisherigen Krankenkasse zu „unserer Betriebskrankenkasse LWV/Naspa" zu wechseln.[1294]

Wo nur eine bloße **Empfehlung** gegeben worden ist, kommt es auf die genaue Feststellung an, ob nach den Umständen des Einzelfalles auch der selbständig denkende Teil der Angesprochenen (Rn 134 ff) sich zum Kauf verpflichtet fühlte, um es sich mit der Autoritätsperson nicht zu verderben,[1295] oder ob die Betroffenen nicht einfach nur der Empfehlung vertrauten: „Wenn mein Chef das empfiehlt, wird es schon in Ordnung sein". Nur im ersten Fall liegt mittelbarer Zwang nach § 4 Nr. 1 UWG vor. Deshalb lässt sich auch nicht pauschal sagen, die Einschaltung von **Betriebsräten, Vertrauensleuten** usw in die Werbung sei unzulässig; sie haben keine Autorität, von der bei Nichtbeachtung ihrer Empfehlung Nachteile zu befürchten wären, sondern genießen nur Vertrauen.[1296] Erst wenn man befürchten muss, sich unter den Kollegen, in der Gemeinde, unter den Eltern in der Klasse oder im Kindergarten unbeliebt zu machen, falls man der Empfehlung nicht folgen würde, liegt mittelbarer Zwang vor.[1297] **418**

Keine Frage mittelbaren Zwanges ist es, wenn Vertrauensleute das ihnen entgegengebrachte Vertrauen missbrauchen, zB wenn sie sich für ihre Einflussnahme Provisionen versprechen lassen[1298] oder wenn Gewerbetreibende öffentliche Informationsveranstaltungen (etwa der Feuerwehr) zielgerichtet für eigene Absatzzwecke instrumentalisieren..[1299] Ähnliches gilt für die **Kanzelwerbung.** Vgl zum Ganzen Rn 441.

Durch die bloße **Bezugnahme** auf eine Autoritätsperson in der Werbung fühlt sich niemand genötigt.[1300] In Betracht kommt allenfalls eine Verletzung des allgemeinen Persönlichkeitsrechts der Bezugsperson (Problem: Rechtsbruch, Rn 841).[1301] **419**

1294 OLG Frankfurt NJWE WettbR 1998, 124, 125.
1295 Das unterstellt KG NJW-RR 1998, 187 den Unternehmen, an die das Bundespresseamt die Empfehlung gerichtet hatte, auf einer Anzeigen-Sonderseite zu inserieren (sehr zweifelhaft).
1296 OLG Nürnberg BB 1963, 166; aA OLG Zweibrücken NJWE 2000, 40, 41; OLG Frankfurt WRP 1977, 726, 727 f und OLG Hamburg WRP 1979, 729, 731, das sogar nur auf die Vertrauenslage abstellen will. Vgl Rn 445.
1297 BGH GRUR 1979, 157, 158 *Kindergarten-Malwettbewerb.*
1298 OLG München GRUR 1989, 280 *Provisionsversprechen:* Altenpfleger erhielten 10 % Provision für alles, was ihre Pfleglinge kauften. Vgl auch OLG Frankfurt WRP 2000, 220, 223. Vgl Rn 441.
1299 OLG Saarbrücken GRUR-RR 2005, 283, 284 *Brandschutzwerbung.*
1300 OLG Frankfurt GRUR 1994, 149 L (Bundeskanzler bzw Ministerpräsident); OLG Nürnberg WRP 1995, 877 f („Vertragspartner der Stadt O.").
1301 Dazu ausführlich Strothmann GRUR 1996, 693.

420 Werbeaktionen in der Schule, die die Schulverwaltung erlaubt hat, dürften kaum jemals die Entschließungsfreiheit der Eltern nach § 4 Nr. 1 UWG beeinträchtigen.[1302] Etwas anderes hat der BGH lediglich für den Fall angenommen, dass Kinder und Jugendliche gezielt im Rahmen einer den Gruppenzwang innerhalb einer Schulklasse ausnutzenden Werbeaktion als Kaufmotivatoren eingesetzt werden.[1303] Kein mittelbarer Zwang liegt vor, wenn die Schule nicht in den Entscheidungsprozess der Eltern eingreift und die Eltern nach wie vor die freie Wahl haben, zB ob sie Schulfotos von ihren Kindern vom Fotografen bestellen.[1304] Zudem kann die Unerfahrenheit von Kindern und Jugendlichen ausgenutzt werden, § 4 Nr. 2 UWG (Rn 495 ff). Entsprechendes gilt für das Ansprechen von Kindern auf der Straße und die sonstige Werbung gegenüber Kindern (Rn 496). Der *Einsatz* von Kindern stellt in aller Regel unlautere Laienwerbung dar (vgl Rn 436 ff). – Vom mittelbaren Zwang zu trennen ist der Vertrauensmissbrauch durch Annahme von (verdeckten) Provisionen für eine Empfehlung (Rn 441).

2. Stillschweigende Lieferung einer anderen als der bestellten Ware

Rechtsgrundlage: § 3 Abs. 3 iVm Nr. 29 Anhang-UWG; §§ 3 Abs. 1, 4 Nr. 1 und Nr. 2 UWG; Art. 5 Abs. 5 und Art. 8, 9 Richtlinie unlautere Geschäftspraktiken

421 Nach § 3 Abs. 3 UWG iVm Nr. 29 Anhang-UWG ist es gegenüber Verbrauchern stets unzulässig (Rn 105 ff),

> *zur Bezahlung nicht bestellter Waren oder Dienstleistungen oder zur Rücksendung oder Aufbewahrung nicht bestellter Sachen aufzufordern, sofern es sich nicht um eine nach den Vorschriften über Vertragsabschlüsse im Fernabsatz zulässige Ersatzlieferung handelt.*

Der Verbraucher wird hier in die Zwangslage versetzt, sich mit dem Absender auseinanderzusetzen. Deshalb ist es auch zutreffend, dass die Vorschrift – entgegen ihrem Wortlaut – nicht greift, wenn der Absender ausdrücklich darauf hinweist, dass keine Verpflichtung zur Aufbewahrung oder Bezahlung besteht, wenn die Ware oder Dienstleistung nicht gefällt.[1305] Auch dann kommt allerdings noch ein Verstoß gegen § 7 Abs. 1 UWG wegen unzumutbarer Belästigung in Betracht (Rn 537 ff).

Ist wegen fehlender Aufforderung Nr. 29 Anhang-UWG nicht einschlägig, kann dennoch mittelbarer Zwang nach § 4 Nr. 1 und Nr. 2 UWG gegeben sein.

Beispiele: In dem vom BGH entschiedenen Fall Funkmietwagen[1306] war statt des bestellten Taxis, das einen Taxameter hat, jeweils ein Mietwagen gekommen, bei dem der Fahrpreis schwerer nachprüfbar ist. Auch hier befindet der Kunde sich in einer Zwangslage: Lehnt er ab, so versäumt er seinen Zug oder sein Flugzeug, oder er muss noch einmal eine neue Lieferfrist in Kauf nehmen.

1302 BGH GRUR 1984, 665, 666 f. *Werbung in Schulen;* OLG Frankfurt WRP 2001, 294, 295 f (Zahnhygieneprogramm für Schulen, das auch Werbung für *blend-a-med* enthielt); Vgl auch OLG Hamburg GRUR-RR 2005, 224 *STERN* (für Werbeschreiben an die Schule, den Schülern Kurzabonnements für Zeitschriften anzubieten).
1303 BGH GRUR 2008, 183 Tz. 16 ff. *Tony Taler.* Zum Ausnutzen eines „Gruppenzwangs" bei Erwachsenen: OLG Celle GRUR-RR 2005, 387, 388 *Klassensparbuch* (Revision unter Az I ZR 148/05 anhängig).
1304 BGH GRUR 2006, 77 Tz. 16 ff. *Schulfotoaktion;* aA Vorinstanz OLG Brandenburg WRP 2003, 903.
1305 Sosnitza WRP 2008, 1014, 1026.
1306 GRUR 1965, 607 f.

BGH Fußstützen[1307] – stillschweigende Lieferung anderer als der bestellten orthopädischen Hilfsmittel. Es liegt wiederum mittelbarer Zwang vor.

3. Anzapfen

Rechtsgrundlage: §§ 3 Abs. 1, 4 Nr. 1 UWG

Marktstarke Händler versuchen häufiger, von ihren Lieferanten Sonderzuwendungen für Jubiläen, Filialeröffnungen usw zu erhalten oder verlangen „Eintrittsgelder" für Aufnahme oder Verbleib der Ware des Lieferanten in ihrem Sortiment. Die ältere Rechtsprechung[1308] und zahlreiche Organisationen der gewerblichen Wirtschaft[1309] hielten das für unzulässig, auch wenn kein Fall der Bestechung (jetzt §§ 299, 300 StGB) vorlag. Der Bundesgerichtshof[1310] teilte diese Auffassung mit der unzutreffenden Begründung, dass „der Einzelhändler mit einem solchen Verhalten seiner im Allgemeininteresse liegenden Funktion innerhalb der Wirtschaftsordnung in schwerwiegender Weise zuwiderhandelt". Die Wirtschaftsordnung ist durch das UWG ebenso wenig festgeschrieben wie die Funktionen der einzelnen Handelsstufen darin. Aber der Lieferant gerät in eine psychologische Zwangslage: Lässt er sich nicht anzapfen, muss er damit rechnen, den Kunden zu verlieren.[1311]

Später betont der Bundesgerichtshof stärker den Hinweis schon aus der „Eintrittsgeld"-Entscheidung, es seien zusätzliche Umstände wettbewerbsrechtlicher Art erforderlich, also etwa der Missbrauch einer besonders starken oder gar beherrschenden Marktposition.[1312] Dann sind solche Fälle aber zunächst kartellrechtlich zu prüfen (Rn 24). Den kartellrechtlichen Tatbeständen kommt insoweit eine Sperrwirkung gegenüber § 4 Nr. 1 UWG zu, als nicht die bloße Ausübung von Druck allein genügen kann, weil diese schon durch das Kartellrecht (§§ 19, 20 GWB, Art. 102 AEUV) reguliert ist.[1313] § 4 Nr. 1 UWG kann danach noch eigenständige Bedeutung haben bei Drohung mit Anschwärzung bei Dritten, Preisgabe von Vertragsinterna, Schädigung des Markenimages (zB durch Verramschen) oder die Drohung, berechtigte Forderungen nicht zu erfüllen.[1314]

4. Werbeaktionen

Rechtsgrundlage: §§ 3 Abs. 1, 4 Nr. 1 UWG

Eine Einführungs- oder Werbeaktion des Herstellers zu attraktiven Konditionen lässt dem Einzelhändler schon aus Konkurrenzgründen oft keine Wahl; er muss mitmachen. Gleichwohl ist dieser „Zwang" die bloße Folge der Attraktivität der Werbeaktion und

1307 GRUR 1970, 510, 512.
1308 OLG Düsseldorf GRUR 1974, 161 *Bettelbriefe* und OLG Hamm WRP 1977, 200, 202; BGH GRUR 1977, 619, 620 f. *Eintrittsgeld*. Kritisch dazu Wirtz GRUR 1985, 15.
1309 *Gemeinsame Erklärung* Ziffer 1, WRP 1975, 594.
1310 BGH GRUR 1977, 619, 621 *Eintrittsgeld*.
1311 So zutreffend OGH Wien WRP 1980, 582, 583. Ähnlich OLG Köln WRP 1989, 192, 195: Die Lieferanten fürchten eine Benachteiligung beim Absatz ihrer Waren. Näheres Sack WRP 1975, 261; Loewenheim GRUR 1976, 224; Köhler, Wettbewerbs- und kartellrechtliche Kontrolle der Nachfragemacht, Heidelberg 1979.
1312 BGH GRUR 1982, 737, 738 *Eröffnungsrabatt*.
1313 Genauso Köhler in Köhler/Bornkamm § 4 UWG Rn 1.34, 1.69.
1314 Köhler WRP 2005, 645, 649 unter Verweis auf OLG Hamm WRP 2002, 747, und OLG Zweibrücken GRUR-RR 2003, 17, 18.

ihres sachlichen Inhalts.[1315] Nicht die Entschließungsfreiheit, sondern die Entscheidung selbst wird beeinflusst, was der Sinn jeder Werbung ist. Eine Unlauterkeit scheidet im Regelfall aus.

5. Werbefahrten

Rechtsgrundlage: § 3 Abs. 3 iVm Nr. 25 Anhang-UWG, § 3 Abs. 1, § 4 Nr. 1 und Nr. 2 UWG; Art. 5 Abs. 5 und 8, 9 b und e Richtlinie unlautere Geschäftspraktiken

424 sind an sich zulässig.[1316] Sie werden in der Regel zu stark verbilligten Tarifen durchgeführt ("fast geschenkt") und sprechen daher überwiegend die Dankbarkeit der Teilnehmer an (Rn 460). Sie werden unter dem Gesichtspunkt des psychologischen Kaufzwangs unzulässig, wenn der Teilnehmer sich auf der Fahrt der Werbeveranstaltung faktisch nicht entziehen kann; die Freiwilligkeit der Teilnahme auch an dieser muss gewährleistet sein.[1317] Dass der Kunde, wenn er sich in Kenntnis des Charakters der Werbefahrt dem Druck der Werbung aussetzt, gewissermaßen "selbst schuld" ist,[1318] ist insoweit allerdings von Bedeutung. Wird der mitfahrende Verbraucher – was leider vorkommt – unterwegs in einen Raum gesperrt und der Eindruck erweckt, er dürfe ihn erst nach Geschäftsabschluss wieder verlassen, geht die Regelung des § 3 Abs. 3 iVm Nr. 25 Anhang-UWG § 4 Nr. 1 und Nr. 2 UWG vor.

Ist die Fahrt nicht unmissverständlich als Verkaufsfahrt gekennzeichnet, so liegt jedenfalls ein Verstoß gegen § 5 UWG und § 3 Abs. 1, § 4 Nr. 3 UWG vor[1319] (vgl Rn 207).

6. Versteckte Drohung

Rechtsgrundlage: §§ 3 Abs. 1, 4 Nr. 1 und Nr. 2 UWG; Art. 8, 9 Richtlinie unlautere Geschäftspraktiken

425 Der Brancheninformationsdienst "markt intern" stellte seinen Abonnenten Aufkleber in Form eines Warndreiecks nach Zeichen 101 der StVO mit der Bezeichnung "m.i." zur Verfügung. Die Aufkleber sollten auf Reklamationsschreiben u.ä angebracht werden: "Der Adressat weiß sofort, dass hinter Ihnen der Einfluss von Europas größtem Informationsdienst-Verlag steht", erläuterte die Gebrauchsanweisung. Mit Recht sah das OLG Düsseldorf[1320] darin mittelbaren Zwang; denn angesichts des bekannten publizistischen Prinzips dieses Verlages, interne geschäftliche Vorgänge in die Öffentlichkeit zu tragen, musste der Adressat befürchten, auch seinerseits zum Gegenstand kritischer öffentlicher Diskussion gemacht zu werden, wenn er der Reklamation nicht entsprach. Vgl auch Rn 609 ff zum Boykottaufruf.

Ein anderes Mittel einer versteckten Drohung kann es sein, wenn Gläubigern Schuldnern "schwarze Schatten" folgen lassen, um sie zur Bezahlung ihrer Schulden zu nöti-

1315 BGH GRUR 1978, 445, 446 4 *zum Preis von 3;* aA – ohne Auseinandersetzung mit dieser Entscheidung – OLG Düsseldorf GRUR 1980, 62, 63 *Altbier-Prospektwerbung.*
1316 BGH GRUR 1986, 318, 319 *Verkaufsfahrten I;* BGH GRUR 1988, 130, 131 *Verkaufsreisen.*
1317 BGH GRUR 1986, 318, 320 *Verkaufsfahrten I;* OLG Celle WRP 1986, 211.
1318 OLG Hamm GRUR 1970, 427, 428 und OLG Oldenburg WRP 1976, 631, 632; Weiler WRP 2002, 871, 873; aA OLG Celle GRUR 1975, 444 *Porzellanpferdchen.*
1319 BGH GRUR 1988, 130, 131 *Verkaufsreisen* und BGH GRUR 1988, 829, 830 *Verkaufsfahrten II.* S. auch LG Wuppertal WRP 1988, 705.
1320 GRUR 1987, 920, 921 *mi-Warndreiecke.*

gen. Das ist unlauter nach § 4 Nr. 1 (Ausübung von Druck) und Nr. 2 (Ausnutzen von Angst).[1321]

7. Einbehalten von Kundeneigentum

Rechtsgrundlage: § 3 Abs. 1, 2, § 4 Nr. 1 und Nr. 2 UWG; Art. 8, 9 Richtlinie unlautere Geschäftspraktiken

Ein Kaufhaus behielt ihm zur Reparatur übergebene Fotoapparate ein, schickte den 426 Kunden Gutscheine über kleine Summen (im Streitfall ca. 15 EUR) und empfahl ihnen, sich anstelle ihres alten Apparats, der nicht mehr repariert werden könne, unter Vorlage des Gutscheins einen neuen in seiner eigenen Fotoabteilung zu kaufen. Die Kunden gerieten damit in die Zwangslage, den Gutschein verfallen lassen zu müssen, wenn sie ein neues Gerät woanders kauften, dort aber ihren alten Apparat nicht in Zahlung geben zu können.[1322] Das ist unlauter nach § 4 Nr. 1 UWG.

D. Ausnutzung menschlicher Vorzüge oder Schwächen

Rechtsgrundlage: § 3 Abs. 1, 2, § 4 Nr. 1 und Nr. 2 UWG; Art. 5 Abs. 2, Art. 8, 9 Richtlinie unlautere Geschäftspraktiken

Eine Werbung, die sich an menschliche Empfindungen wendet, um aus ihnen Kapital 427 zu schlagen, kann nicht schlechthin verboten sein. Sonst gäbe es weder die Werbung für UNICEF-Weihnachtskarten noch die Tabak- und Spirituosenreklame. Gerade die Abschaffung des Zugabeverbotes der ZugabenVO durch den Gesetzgeber im Jahr 2001 zeigt zudem, dass die Werbung mit Geschenken, die Dankbarkeit auslöst, nicht generell unzulässig ist. Andererseits ist ein freier Wettbewerb, bei dem der Kunde eine informierte Entscheidung trifft, nicht mehr möglich, wo Geschäfte *ausschließlich* mit dem Mitleid, der Dankbarkeit, der Spiellust oder der Angst gemacht werden.

Das UWG greift diese Fälle vornehmlich über § 4 Nr. 1 und Nr. 2 UWG, teilweise auch über Spezialtatbestände wie § 4 Nr. 6 UWG auf. Für die Unzulässigkeit der konkreten Handlung ist dann zusätzlich noch § 3 Abs. 1 UWG zu prüfen (Rn 85 ff, 109 ff).

Die Arten der Werbung, die aus menschlichen Vorzügen oder Schwächen Kapital zu 428 schlagen versucht (oft auch bezeichnet als **gefühlsbetonte Werbung**) sind zahlreich. Unter den menschlichen **Vorzügen** kommen vor allem die vier Eigenschaften Mitleid, Freundschaft, Vertrauen und Dankbarkeit in Betracht. Die Mitleidswerbung macht sich vornehmlich im Hausierer- und Straßenhandel breit. Die familiäre Bindung und die Freundschaft werden vor allem bei der Beziehungswerbung durch Laienwerber ausgenutzt. Das Vertrauen spielt bei der Einschaltung von sogenannten Vertrauenspersonen eine Rolle. Dankbarkeit schließlich erwartet, wer Werbegeschenke verteilt. Die wichtigsten menschlichen **Schwächen**, die in der gefühlsbetonten Werbung angesprochen zu werden pflegen, sind die Bestechlichkeit (früher § 12 UWG aF, jetzt § 299 StGB), die Spielleidenschaft, die Angst und die – meist sexuelle – Neugier.

1321 LG Leipzig NJW 1995, 3190, 3191 *Schwarze Schatten.*
1322 BGH GRUR 1992, 855 f. *Gutscheinübersendung.*

429 Die **Rechtsprechung** zur Ausnutzung menschlicher Vorzüge und Schwächen hat sich dabei – wie sogleich aufgezeigt wird – in den letzten Jahren **erheblich liberalisiert.** Das lässt sich teilweise auf das **geänderte Verbraucherleitbild** zurückführen (Rn 121 ff); der etwas kritischere Verbraucher erliegt eben nicht mehr so schnell den Versuchungen seiner Schwächen und Vorzüge. Die Rechtsprechung geht allerdings sehr weit und sieht nur noch dann eine unlautere Beeinflussung des Verbrauchers, wenn die Maßnahme geeignet ist, auch beim angesprochenen Verkehr **die Rationalität der Nachfrageentscheidung völlig in den Hintergrund zu drängen.**[1323] Das gilt vor allem für das übertriebene Anlocken (Rn 447 ff), aber auch für die Ausnutzung der Spielleidenschaft (Rn 469 ff). Das Bundesverfassungsgericht hat dieses Verbraucherleitbild noch dahin ergänzt, dass der Verbraucher allein entscheiden solle, weshalb er eine bestimmte Leistung wählt; das macht es zukünftig generell überflüssig, nach einem sachlichen Zusammenhang zwischen dem Motiv für die Verbraucherentscheidung und der erworbenen Leistung zu suchen und hat vor allem für die Werbung mit altruistischen Zwecken eine erhebliche Liberalisierung gebracht (Rn 430 ff).

Auch die **Richtlinie unlautere Geschäftspraktiken,** umgesetzt durch die UWG-Novelle 2008, kommt hier zum Tragen (siehe auch Rn 17). Für Fälle einer Belästigung, Nötigung oder die Ausnutzung einer Machtposition sind die **Art. 8 und 9 Richtlinie (aggressive Geschäftspraktiken)** einschlägig; für Fälle einer besonderen Anlockwirkung ohne Druckausübung kann auf **Art. 5 Abs. 2 Richtlinie (Verstöße gegen die berufliche Sorgfalt)** zurückgegriffen werden.[1324] Sowohl nach Art. 8, 9 als auch nach Art. 5 Abs. 2 Richtlinie ist aber eine nachhaltige Verbraucherbeeinträchtigung Voraussetzung: Die Geschäftspraktik muss geeignet sein, den Verbraucher zu einer Entscheidung führen, die er sonst nicht getroffen hätte (Art. 8 a.E.Richtlinie) bzw. die Verbraucherentscheidung wesentlich zu beeinträchtigen (Art. 5 Abs. 2 b Richtlinie). Demgemäß muss die **Rationalität der Verbraucherentscheidung beeinträchtigt** sein. Letztlich läuft das auf eine Abwägung zwischen den Interessen der Verbraucher und des Werbenden hinaus (vgl auch Rn 51). Man wird nach bestrittener, aber zutreffender Auffassung auch bei richtlinienkonformer Auslegung so weit gehen dürfen, dass eine wesentliche Beeinträchtigung im Sinne der Richtlinie erst gegeben ist, wenn die Rationalität der Verbraucherentscheidung völlig in den Hintergrund gedrängt ist. Die aktuelle Schwelle, die die Rechtsprechung des Bundesgerichtshofes herausgearbeitet hat, muss also nicht herabgesetzt werden.[1325] Letztlich wird diese Frage aber der EuGH beantworten müssen.

Abgesenkt ist die **Schwelle** der unlauteren Beeinflussung nur in Fällen, in denen der Beeinflusste (auch) die Interessen Dritter wahren muss. Dann genügt es, wenn ein **Vorteil in Aussicht gestellt wird, der den Beeinflussten dazu veranlassen kann, seine Interessenwahrungspflicht zu verletzen.**[1326] Seine Rationalität muss gerade nicht ausge-

---

1323 BGH GRUR 2010, 455 Tz. 17 *Stumme Verkäufer II* mwN; BGH GRUR 2006, 161 Tz. 17 *Zeitschrift mit Sonnenbrille*; BGH GRUR 2006, 949 Tz. 16 *Kunden werben Kunden*; BGH GRUR 2003, 890, 891 *Buchclub-Kopplungsangebot.*
1324 So BGH GRUR 2011, 532 Tz. 22 f. *Millionen-Chance II.*
1325 BGH GRUR 2010, 455 Tz. 17 *Stumme Verkäufer II*; Götting in Götting/Nordemann § 4 Nr. 1 UWG Rn 1.35; aA Henning-Bodewig WRP 2006, 621, 625; offen Köhler GRUR 2010, 177, 183. Auch BGH GRUR 2011, 532 Tz. 25 *Millionen-Chance II* setzt der BGH diese Schwelle an, ohne seine europarechtliche Zulässigkeit zu problematisieren.
1326 BGH GRUR 2010, 850 Tz. 17 *Brillenversorgung II.*

schaltet sein, weil es in solchen Fällen sogar sehr rational sein kann, sein Interessenwahrungspflicht zu verletzen. Dazu Rn 441 ff.

I. Werbung mit altruistischen Zwecken, mit Mitleid

Rechtsgrundlage: § 3 Abs. 3 UWG iVm Nr. 30 Anhang-UWG, §§ 3 Abs. 1, 4 Nr. 1 UWG; Art. 5 Abs. 5 und Art. 5 Abs. 2, 8, 9 Richtlinie unlautere Geschäftspraktiken

An positive menschliche Gefühle wird appelliert, wo der Werbende betont, dass, wer **430** bei ihm kaufe, zugleich ein gutes Werk tue:

- „Ein Baum für Köln" sollte bei jedem Verkauf eines bestimmten Autos gepflanzt werden.[1327]
- Am „McHappy-Tag" sollte von jedem verkauften Hamburger eine Spende für das Deutsche Kinderhilfswerk e.V. abgezweigt werden.[1328]
- Der am verkaufsoffenen Samstag erzielte Gewinn sollte den Mitarbeitern des Werbenden zufließen.[1329]
- „B. Optik unterstützt die Aktionsgemeinschaft Artenschutz e.V.".[1330]
- „Choc for Life/Eine Initiative von Ritter-Sport/Denn die Natur geht uns alle an" für eine Sonderedition von Schokoladensorten, die jeweils einer bestimmten gefährdeten Tierart gewidmet waren.[1331]
- „Mit jedem verkauften Kasten Krombacher Bier schützen Sie 1 m^2 Regenwald in Dzanga Sangha".[1332]

Mit der Sache, also der eigentlich zu verkaufenden Ware oder Dienstleistung, hat das **431** alles nichts zu tun. Die vorstehend genannten Beispielsfälle waren deshalb **nach früherer Auffassung unlautere Werbung** gem. § 4 Nr. 1 UWG nF (bzw § 1 UWG aF).[1333] Die damals ganz herrschende Auffassung ging davon aus, dass für die Unzulässigkeit der gefühlsbetonten Werbung entscheidend auf den **sachlichen Zusammenhang** mit dem Angebot abgestellt werden müsse. Macht jemand Reklame für eine Zigarette, so steht das menschliche Laster des Rauchens damit in unmittelbarem Zusammenhang; an die Schwäche, die man befriedigen will, zu appellieren, ist sachgerecht. Ebenso sachgerecht ist es, bei der Werbung für das Kinderhilfswerk der Vereinten Nationen das menschliche Gefühl des Mitleids und damit der Hilfsbereitschaft zu wecken; denn Hilfe für andere ist das erklärte Ziel dieser Organisation.[1334] Dagegen ist die Entscheidung der Hausfrau an der Tür, ob sie diese Seife kaufen wolle oder jene, keine Frage des Mitleids, sondern zB der Qualität der Seife; die persönlichen Verhältnisse des Vertreters, mögen sie auch noch so beklagenswert sein, haben keinerlei sachliche Beziehung zu seinem Angebot. Die Zeitschriftenwerbung durch Studenten unter Hinweis auf ihre Hilfsbe-

---

1327 KG GRUR 1984, 605.
1328 BGH GRUR 1987, 534, 535.
1329 BGH GRUR 1991, 545 f. *Tageseinnahme für Mitarbeiter.*
1330 OLG Stuttgart WRP 1996, 628, 631 f.
1331 OLG Stuttgart WRP 1999, 456, 458.
1332 BGH GRUR 2007, 247 *Regenwaldprojekt I*; OLG Hamm GRUR 2003, 975 *Regenwald-Projekt.* Siehe auch BGH GRUR 2007, 251 *Regenwaldprojekt II.*
1333 Weitere Fälle: OLG Hamburg GRUR 1989, 614 f. *Umweltengagement,* GRUR 1987, 386, 387 *Bäumchen-Aktion* und GRUR 1988, 41, 42 *Sportfördermarken;* OLG Stuttgart AfP 1988, 41; KG NJW-RR 1987, 675 und WRP 1991, 302 „Schützt unsere Umwelt – wie wir von Kaiser's".
1334 BGH GRUR 1976, 308, 309 f *UNICEF-Grußkarten.*

dürftigkeit war danach unlauter, weil es an einem sachlichen Zusammenhang fehlte.[1335] Das Gleiche galt für den Hausierhandel mit Schnürsenkeln usw., wenn der Hausierer dabei durch aktives Tun – Worte, Gebärden usw. – an das Mitleid appellierte.

432 Das **Bundesverfassungsgericht** hatte jedoch bereits kurz vor der UWG-Novelle 2004 eine Trendwende eingeläutet. Es erkannte den **sachlichen Zusammenhang** der gefühlsbetonten Werbung mit dem Angebot **nicht mehr** als **entscheidendes Abgrenzungskriterium** an. Nach dem Bundesverfassungsgericht spricht nichts dagegen, auch das soziale Engagement des Käufers als zulässiges Kaufmotiv anzusehen. Es sei „gesondert begründungsbedürftig, Werbung als sittenwidrig einzuordnen, wenn die Anbieter der Leistungen sich nicht nur auf Preis und Qualität beziehen, sondern durch weitere Informationen zum Kauf motivieren wollten".[1336]

Damit ist **nunmehr** – entgegen der eben in Rn 430 aufgeführten früheren Rechtsprechung – gefühlsbetonte Werbung nur noch nach § 4 Nr. 1 UWG unlauter, wenn sie **aus besonderen Gründen als anstößig** erscheint und damit **die freie Entscheidung des Verbrauchers wesentlich beeinträchtigt,**[1337] zB durch **Kaufzwang, unzumutbare Belästigung, Persönlichkeits- und Menschenwürde-Verletzungen** (vgl auch Rn 411 ff), oder sie über die Art und Weise der Förderung **irreführt** (Rn 286).

Das ergibt sich im Übrigen seit Ablauf der Umsetzungsfrist am 12.12.2007[1338] auch aus der **Richtlinie unlautere Geschäftspraktiken.** Nach der (nationales Recht vollständig harmonisierenden) Richtlinie sind geschäftliche Handlungen gegenüber Verbrauchern grundsätzlich nur noch dann unzulässig, wenn sie geeignet sind, die Entscheidung für eine Ware oder Dienstleistung wesentlich zu beeinflussen (Rn 17). Das findet zB in § 3 Abs. 2 S. 1 UWG seinen Niederschlag. Also kann bei richtlinienkonformer Auslegung (Rn 16) nach § 4 Nr. 1 UWG eine Werbung mit altruistischen Zwecken nur noch unlauter sein, wenn sie zur Beeinflussung der freien Verbraucherentscheidung geeignet ist. Dafür ist aber erforderlich, dass über die Werbung mit altruistischen Motiven hinaus zB durch Kaufzwang, unzumutbare Belästigung, Persönlichkeitsrechtsverletzungen, Menschenwürdeverletzungen oder Irreführung in konkret anstößiger Weise die Verbraucherentscheidung beeinträchtigt wird. Die **Rationalität der Kaufentscheidung muss dadurch völlig in den Hintergrund treten** (Rn 429).

433 In **keinem** der vorstehend wiedergegebenen Beispielsfälle (Rn 430) kann danach ein unlauteres Handeln erblickt werden:

■ Kein auch nur halbwegs verständiger Autokäufer, der sonst einen VW oder Opel bevorzugt hätte, entschließt sich statt dessen zum Erwerb einer Ford-Autos, nur weil dessen Hersteller versprochen hat, für jedes verkaufte Auto in Köln einen Baum pflanzen zu lassen. War es ausnahmsweise doch die entscheidende Kaufmotivation, steht dem Kunden eine solche Entscheidung ohne Weiteres zu.

1335 Ebenso LG Frankfurt WRP 1970, 37 *Aktion Kinder in Not;* OLG Hamburg WRP 1981, 469 f (Zeitschriftenwerbung durch „dringend hilfsbedürftige ehemalige Strafgefangene"); OLG Karlsruhe WRP 1981, 542 („Behindertenarbeit").
1336 BVerfG GRUR 2002, 455, 457 *Tier- und Artenschutz;* dazu Kießling/Kling WRP 2002, 615 ff; W. Nordemann/Dustmann, FS Tilmann, S. 207 ff.
1337 Zum Ganzen: Scherer GRUR 2008, 490 ff.
1338 Art. 19 Richtlinie unlautere Geschäftspraktiken, vgl Rn 17.

- Zu McDonald's fahren einerseits geplagte Eltern (oder Großeltern) zum Essen, weil ihre Zöglinge darauf bestehen; andererseits tun dies Favoriten dieser Art der Verköstigung und solche, die sich teure Speiselokale nicht leisten können. Niemand wird gezwungen, genötigt oder belästigt, weil die Geschäftsleitung von ihren Einnahmen irgendwohin irgendetwas spendet; die angebotenen Ham- und Cheeseburger werden dadurch keineswegs billiger.
- Entsprechendes gilt für die Ikea-Reklame: Kein Kunde hat selbst etwas davon, wenn die Tageseinnahmen eines Samstags den Mitarbeitern zufließen. Allenfalls verschiebt er, um den Arbeitnehmer-Kollegen von Ikea etwas zukommen zu lassen, seinen ohnehin geplanten Einkauf bei Ikea von Donnerstag auf Samstag. Das erfolgt freiwillig, so dass kein Anhalt für eine Sittenwidrigkeit erkennbar ist.
- Auch bei den beiden Fällen der Werbung mit Tierschutz handelt es sich um bloße Aufmerksamkeits- oder Imagewerbung, die als solche ohne weiteres zulässig ist und die noch dazu eine von Art. 5 GG geschützte Meinungsäußerung enthält; zu sachfremden Entschlüssen wird durch sie wiederum niemand veranlasst.[1339] Im Falle „Aktionsgemeinschaft Artenschutz" hatte deshalb die Verfassungsbeschwerde beim **Bundesverfassungsgericht** gegen den das OLG Stuttgart bestätigenden Nichtannahmebeschluss des Bundesgerichtshofs aus denselben Gründen wie im Falle **Schockwerbung**[1340] Erfolg.[1341] Der Bundesgerichtshof hat daraufhin seine Rechtsprechung an das Bundesverfassungsgericht angepasst und die Werbung für lauter gehalten, weil die freie Entscheidung des Verbrauchers nicht beeinträchtigt werde.[1342]
- Die – vom Bundesverfassungsgericht eingeläutete – **Trendwende** hat der **Bundesgerichtshof** inzwischen auch in weiteren Fällen nachvollzogen, zB in den vorgenannten Fällen der Bierwerbung für einen gleichzeitigen Schutz des Regenwaldes. Wer einen Kasten Krombacher Bier deshalb kauft, weil er den Regenwald schützen möchte, hält das für eine sinnvolle zusätzliche Leistung des Bierherstellers; es ist nach Auffassung des BGH nichts mehr dagegen einzuwenden, dass der Verbraucher dies freiwillig zu seiner Kaufmotivation werden lässt.[1343] Jedenfalls ist darin keine unlautere Beeinträchtigung der Entscheidungsfreiheit des Verbrauchers ohne Hinzutreten besonderer Umstände zu sehen, die die Rationalität der Kaufentscheidung völlig verdecken.

Ein Sonderfall bleibt allerdings die Werbung des Unternehmers, die **wirtschaftliche**   434
Existenz des Unternehmers hänge davon ab, **dass der Verbraucher** die **Ware oder Dienstleistung abnehme.**

Nach § 3 Abs. 3 UWG iVm **Nr. 30 Anhang-UWG** ist stets (ohne Spürbarkeitsprüfung, vgl Rn 105 ff) unzulässig

---

1339   Kritisch u.a. auch Menke GRUR 1995, 534; Fezer JZ 1998, 265; Hartwig WRP 1999, 744.
1340   BVerfG GRUR 2001, 170 ff; siehe unten Rn 508.
1341   BVerfG GRUR 2002, 455, 456 f. *Tier- und Artenschutz.*
1342   BGH GRUR 2006, 75 Tz. 17 ff. *Artenschutz.*
1343   So auch BGH GRUR 2007, 247 Tz. 22 *Regenwaldprojekt I* und BGH GRUR 2007, 251 Tz. 19 – *Regenwaldprojekt II.* Im konkreten Fall stand jedoch auch ein Irreführungsvorwurf wegen mangelnder Transparenz im Raum; dazu Rn 286.

die ausdrückliche Angabe, dass der Arbeitsplatz oder Lebensunterhalt des Unternehmers gefährdet sei, wenn der Verbraucher die Ware oder Dienstleistung nicht abnehme.

Die Regelung bezieht auch die Gefährdung des Arbeitsplatzes oder des Lebensunterhaltes der im Namen oder Auftrag für den Unternehmer Handelnden mit ein (§ 2 Abs. 1 Nr. 6 UWG), also zB seiner Mitarbeiter.[1344] Merkwürdig an Nr. 30 ist allerdings, dass sich der durchschnittlich informierte, verständige und angemessen aufmerksame Verbraucher (Rn 121 ff) kaum von solchen ausdrücklichen Aussagen in seiner Kaufentscheidung beeinflussen lassen wird. Insoweit ist Nr. 30 ein Fremdkörper und eng auszulegen.[1345] Mithin kommt es darauf an, dass konkret eine Beeinflussung der Kaufentscheidung zu befürchten sein muss. Auch erfasst Nr. 30 Fälle der Irreführung über den Zusammenhang.

Kein Fall des Nr. 30 ist der Hinweis eines Lebensmittelhändlers auf die **Schaffung von „Arbeitsplätzen bei uns"** durch bestimmte von ihm angebotene Produkte. Denn hier geht es nicht um die Arbeitsplätze beim Werbenden, sondern bei seinen Lieferanten. Sie sind nach § 2 Abs. 1 Nr. 6 nicht dem Unternehmer zuzurechnen, weil sie nicht in seinem Namen oder Auftrag handeln. Auch wird nicht ausdrücklich mit der Gefährdung von Arbeitsplätzen geworben, sondern positiv mit deren Schaffung. Demnach ist die Werbung also nach §§ 3 Abs. 1, 4 Nr. 1 UWG zu beurteilen. Der Bundesgerichtshof hat zu Recht die Angabe selbst dann als lauter eingestuft, wenn damit ein Appell an das Solidaritätsgefühl verbunden ist.[1346] Jedenfalls begründete die Angabe keine unzumutbare Nötigung oder Belästigung nach seiner neueren Rechtsprechung.

435 Eine gesetzliche Sonderregelung galt bis 2007 für die **Blindenwerbung.** § 1 Abs. 1, Abs. 3 des Blindenwarenvertriebsgesetzes (BliwaG) vom 9.4.1965 (BGBl. I 311) gestattete ausdrücklich den Vertrieb von Blindenwaren oder Zusatzwaren unter Hinweis auf die Beschäftigung von Blinden oder die Fürsorge für Blinde, und zwar unter anderem auf öffentlichen Plätzen, von Haus zu Haus oder auf Märkten, Messen und ähnlichen Veranstaltungen.[1347] Nachdem das Gesetz ersatzlos außer Kraft getreten ist, gelten nur noch die vorgenannten allgemeinen Regelungen, insbesondere des Nr. 30 Anhang-UWG sowie des § 4 Nr. 1 UWG. Der Verweis auf die Herstellung durch Blinde ist damit grundsätzlich erlaubt. Die Grenze liegt – wie auch sonst – erst dort, wo die freie Entscheidung des Verbrauchers zB durch Kaufzwang, unzumutbare Belästigung, Persönlichkeitsrechtsverletzungen, Menschenwürdeverletzungen oder Irreführung in konkret anstößiger Weise beeinträchtigt wird.

1344 Sosnitza in Piper/Ohly/Sosnitza Anhang zu 3 § Abs. 3 UWG Rn 65.
1345 Scherer NJW 2009, 324, 331; Sosnitza WRP 2008, 1014, 1027.
1346 Zustimmend Menke GRUR 1995, 534.
1347 Dazu BGH GRUR 1959, 143, 144 *Blindenseife*; Vgl auch BGH GRUR 2001, 1181, 1182 f. *Telefonwerbung für Blindenwaren.*

II. Einsatz von Laienwerbern

Rechtsgrundlage: §§ 3 Abs. 1, 4 Nrn. 1, 2, 3 UWG; Art. 8, 9 und Art. 6 Abs. 1 c Richtlinie unlautere Geschäftspraktiken

Die Werbung neuer Kunden durch Dritte erfolgt in der Regel durch Vertreter, also **436** Personen, die diese Tätigkeit beruflich ausüben (§§ 84 ff HGB). Seltener bedient sich der Werbende auch anderer Gewerbetreibender, zB Einzelhändlern, um sich von ihnen neue Kunden gegen Provision zuführen zu lassen.[1348] Alle diese Fälle sind vom System her wettbewerbsrechtlich unbedenklich; die Gefahr einer unsachlichen Beeinflussung des neuen Kunden ist nicht größer, als wenn der Werbende selbst tätig würde. Anders kann es dagegen sein, wenn nicht oder nicht in dieser Branche gewerblich tätige Personen (Laien) in die Werbung eingeschaltet werden. Ihr werbliches Tätigkeitsfeld beschränkt sich von vornherein auf ihren eigenen Lebenskreis, auf **Freunde, Bekannte, Nachbarn und Arbeitskollegen.** Diese werden häufig nicht um der angebotenen Leistung willen, sondern um ihrer persönlichen Beziehung zu dem Werber willen kaufen.[1349] Auch wenn damit das Motiv der Freundschaft oder Kollegialität in keinem sachlichen Zusammenhang mehr mit dem Gegenstand des Angebots steht, macht der fehlende sachliche Zusammenhang die Laienwerbung für sich noch nicht unlauter nach § 4 Nr. 1 UWG. Insoweit gilt nichts anderes als für die Werbung mit altruistischen Zwecken (Rn 432). Die Werbung durch Laien birgt allerdings schon die Gefahr einer übersteigerten Beeinflussung und deshalb die Gefahr einer unlauteren Beeinflussung stets in sich.

Die Beeinflussung ist grundsätzlich umso größer, je stärker der Anreiz für den Werber ist, sich mit einem Abschluss die Werbeprämie zu verdienen;[1350] auch besteht die Gefahr, dass der Werber das eigene Prämieninteresse verschweigt und damit das Vertrauen des Umworbenen missbraucht.[1351] Schon eine – im Verhältnis zum Gegenwert des Angebots – wertvolle Werbeprämie machte daher die Laienwerbung nach der früheren Rechtsprechung regelmäßig ebenso unzulässig wie das Angebot des Unternehmers, die Anonymität des Werbers zu wahren.

Beispiele aus der früheren Rechtsprechung: BGH GRUR 1959, 285, 287 Bienenhonig: Prämie im Wert von 2,– DM für die Werbung eines neuen Kunden, der nur ein Glas Honig zu 3,50 DM zu kaufen brauchte. BGH GRUR **1981**, 665 **Laienwerbung für Makl234aufträge:** 1000 DM Belohnung für die Vermittlung eines Bauplatzes.

BGH GRUR 1992, 622 Verdeckte Laienwerbung: Zwar wurden für die Vermittlung eines Autokäufers nur 100 DM geboten, doch wurde Anonymität des Werbers zugesichert und dieser auch noch aufgefordert, persönliche Gewohnheiten und Neigungen der Interessenten auszuspähen.

Diese Rechtsprechung kann für § 4 Nr. 1 UWG nicht mehr uneingeschränkt[1352] zu- **437** grunde gelegt werden. Denn der BGH lehnt mittlerweile eine zu starke Fokussierung auf die Anreizwirkung der Werbeprämien ab. Hintergrund ist die Aufhebung des Rabattgesetzes und der Zugabeverordnung. Seit deren Wegfall und aufgrund des neuen

---

1348   Vgl BGH GRUR 1968, 600 ff. *Ratio-Markt II;* ferner OLG München GRUR 1989, 354 f. *Kunden-Vermittlungsaktion.*
1349   BGH GRUR 1974, 341, 343 *Campagne;* Hartlage WRP 1997, 1, 3.
1350   Auf diese Anreizwirkung stellen BGH GRUR 1991, 150, 151 *Laienwerbung für Kreditkarten* und BGH GRUR 1995, 122, 123 *Laienwerbung für Augenoptiker* ausdrücklich ab.
1351   BGH GRUR 1991, 150 *Laienwerbung für Kreditkarten.*
1352   BGH GRUR 2006, 949 Tz. 16 *Kunden werben Kunden.*

Verbraucherleitbildes geht der BGH davon aus, dass eine **Unlauterkeit der Laienwerbung nicht mehr schon aus der Gewährung nicht unerheblicher Werbeprämien** hergeleitet werden darf, sondern auf andere die Unlauterkeit begründende Umstände gestützt werden muss.[1353] Diese können darin liegen, dass eine konkrete **Gefahr einer Irreführung (§ 5 UWG) oder einer unzumutbaren Belästigung (§ 7 UWG)** des umworbenen Kunden durch den Laienwerber besteht, die Werbung auf eine Verdeckung des Prämieninteresses und damit auf eine Täuschung über die Motive des Werbenden angelegt ist („**verdeckte Laienwerbung**"), oder sie sich auf Waren oder Dienstleistungen bezieht, für die **besondere Maßstäbe** (etwa bei der Werbung im Gesundheitswesen nach § 7 HWG) gelten.[1354]

Der BGH hält es allerdings trotz der grundsätzlichen Abkehr von der früheren Rechtsprechung zu recht weiterhin für denkbar, dass *im Einzelfall* zumindest eine von einer „besonders attraktiven" Prämie ausgehende Anreizwirkung die Gefahr ausgehen kann, dass der Laienwerber unlautere Mittel nach **§ 4 Nr. 1 UWG** einzusetzen versucht.[1355]

438 Entgegen OLG Celle[1356] ist danach die Gewährung von **Prämien an die eigenen Arbeitnehmer** für die Gewinnung neuer Mitarbeiter (Kopfprämie, Schlepperprämie) nicht ohne weiteres nach § 4 Nr. 1 UWG unlauter; den Arbeitsplatz wird kaum jemand nur aus lauter Freundschaft wechseln.

439 Für **Sammelbesteller**, die vor allem für große Versandhäuser Kundenbestellungen und Reklamationen entgegennehmen und gesammelt weiterleiten, gilt an sich nichts Besonderes. In der Praxis haben sich keine nennenswerten Beanstandungen ergeben, da die werbende Information praktisch allein durch den Katalog erfolgt und auch die Höhe der Vergütung – durchschnittlich 5 % vom Umsatz – eine missbräuchliche Beeinflussung des Kunden des Sammelbestellers kaum erwarten lässt. Der Bundesgerichtshof[1357] hat denn auch nur die Frage behandelt (und verneint), ob die Versandhäuser die Verletzung einer Ordnungsvorschrift durch die Sammelbesteller (Meldepflicht nach § 14 GewO) für sich in sittenwidriger Weise ausnutzen (vgl Rn 775).

440 Der **Einsatz von Laien** als Werber oder als Verkäufer in einem Verkaufssystem, das über mehrere Stufen mit Umsatzboni läuft,[1358] ist jedenfalls in der Form eines sog. Schneeballsystem sogar **strafbar** (§ 16 Abs. 2 UWG). Vgl Rn 487.

III. Werbung durch Vertrauensleute und Interessenwahrungsverpflichtete

Rechtsgrundlage: §§ 3 Abs. 1, 4 Nr. 1, 3 UWG; Art. 5 Abs. 2, Art. 6 Abs. 1 c, Art. 8, 9 Richtlinie unlautere Geschäftspraktiken

441 Das Warenangebot ist heute so spezialisiert, dass der einzelne Kunde sich selbst oftmals kein Bild über die Qualität mehr machen kann. Er vertraut daher dem Rat einer Person, die er für vertrauenswürdig hält: dem Kollegen, dem Pfarrer, dem Arzt, dem Vorgesetzten, dem Betriebsrat, dem vermeintlich neutralen Fachmann oder der angesehenen

---

1353 BGH GRUR 2006, 949 Tz. 16 *Kunden werben Kunden*.
1354 BGH GRUR 2006, 949 Tz. 17 *Kunden werben Kunden*.
1355 BGH GRUR 2006, 949 Tz. 17 *Kunden werben Kunden*.
1356 GRUR 1962, 366, 368 *Druckfarbenfabrik-Angestellte*.
1357 GRUR 1963, 578, 582 ff. *Sammelbesteller*.
1358 OLG Hamburg WRP 1986, 41, 45 f.

Firma. Die werbende Wirtschaft appelliert daher immer wieder an das Vertrauen des Publikums: „Uhrenkauf ist Vertrauenssache" oder „Ihr Kleiderberater", oder „25 Jahre Bestehen unserer Firma – 25 Jahre Vertrauen unserer Kundschaft". Dagegen, dass jemand seine Vertrauensstellung benutzt, um eine Empfehlung zu geben, lässt sich ernsthaft nichts einwenden. Deshalb ist auch die sog. **Kanzelwerbung** der Kirchen grundsätzlich zulässig.[1359] Die Grenze zur Unlauterkeit gem. § 4 Nr. 1 UWG wird hier – wie sonst auch – erst dann überschritten, wenn die Rationalität der Kaufentscheidung völlig in den Hintergrund tritt, also der Einfluss der Vertrauensperson sehr massiv ist.

Jedoch ist die **Schwelle** der unlauteren Beeinflussung gem. § 4 Nr. 1 UWG in Fällen abgesenkt, in denen der Beeinflusste (auch) die Interessen Dritter wahren muss. Dann genügt es, wenn dem Beeinflussten ein **Vorteil in Aussicht gestellt wird, der den Beeinflussten dazu veranlassen kann, seine Interessenwahrungspflicht zu verletzen.**[1360] Hier ist also ein Dreiecksverhältnis zu fordern: Beeinflussender, Beeinflusster und Dritter, gegenüber dem der Beeinflusste durch die Beeinflussung möglicherweise eine Interessenwahrungspflicht verletzt. Das ist dann ein regelrechter **Missbrauch** des Vertrauens des Dritten. Hier kann unterstellt werden, dass die bei richtlinienkonformer Auslegung des § 4 Nr. 1 und Nr. 3 UWG erforderliche Beeinflussung der freien Verbraucherentscheidung (Rn 17, auch Rn 429) gegeben ist, zumindest wenn gesagt werden kann, dass der Verbraucher bei Kenntnis der Verletzung der Interessenwahrungspflicht möglicherweise nicht abgeschlossen hätte. Richtlinientechnisch ist das aber wohl keine aggressive Geschäftspraxis nach Art. 8, 9 Richtlinie unlautere Geschäftspraktiken, sondern ein Verstoß gegen die berufliche Sorgfalt nach Art. 5 Abs. 2 Richtlinie.[1361]

Eine Unlauterkeit nach § 4 Nr. 1 UWG ergibt sich danach insbesondere in Fällen, in denen der Anschein der neutralen Erfüllung der Interessenwahrungspflicht erweckt wird, in Wahrheit aber die Beratung von Zuwendungen des Begünstigten beeinflusst ist.

Beispiele: Eine Brillenanbieterin stellt Augenärzten ihr Brillensortiment zur Verfügung. Bestellen die Patienten des Augenarztes bei ihr Brillen aus diesem Sortiment, erhält der Augenarzt eine Vergütung von EUR 80 bis EUR 160, je nach Modell. Der Arzt hat eine Interessenwahrungspflicht gegenüber dem Patienten und wird deshalb unlauter durch ein solches Angebot beeinflusst.[1362]

Nach Ansicht des OLG Köln verleitet ein Hörakustikunternehmen HNO-Ärzte zum Vertrauensmissbrauch gegenüber deren Patienten, wenn es damit wirbt, dass eine Aktienbeteiligung des Arztes an dem Unternehmen umso lukrativer werde, je mehr Patienten er an „seine Gesellschaft" verweise.[1363] Ähnlich hält der BGH es für unzulässige Beeinflussung, wenn ein Laborarzt niedergelassenen Ärzten seine Laboruntersuchungen unter Selbstkosten in der Erwartung anbietet, dass diese ihm im Gegenzug Patienten für Untersuchungen überweisen, die nur von einem Laborarzt durchgeführt werden können.[1364]

Altenpfleger lassen sich 10 % Provision für alles, was ihre Pfleglinge kaufen, versprechen.[1365]

1359   BVerfG GRUR 1969, 137, 138 ff. *Aktion Rumpelkammer*. Vgl Rn 418.
1360   BGH GRUR 2010, 850 Tz. 17 *Brillenversorgung II*; BGH GRUR 2009, 969 Tz. 10 *Winteraktion*.
1361   Vgl. die enge Auslegung von Art. 8 und 9 Richtlinie in BGH GRUR 2011, 532 Tz. 22 f. *Millionen-Chance II*.
1362   BGH GRUR 2010, 850 Tz. 17 ff. *Brillenversorgung II*.
1363   OLG Köln GRUR 2006, 600, 602 *Hörgeräte-Aktien*.
1364   BGH GRUR 2005, 1059 *Quersubventionierung von Laborgemeinschaften*.
1365   OLG München GRUR 1989, 290 *Provisionsversprechen*.

Eine Firma, die Vorratsgesellschafter vermittelt, ködert Rechtsanwälte, Steuerberater und Wirtschaftsprüfer damit, dass sie bei Vermittlung einer Gesellschaft an einem Gewinnspiel mit einem attraktiven Gewinn in Form eines Smart-Cabriolets teilnehmen.[1366]

Ein Autoglasunternehmen gewährt Kunden einen Rabatt auf die Selbstbeteiligung mit dem Ziel, dass der Versicherer davon nichts erfährt und der Betrag nicht an den Versicherer weitergeleitet wird.[1367]

Auch der **(Fach-)Einzelhandel** soll eine neutrale Funktion insoweit haben, als der Verbraucher von ihm erwartet, dass er entsprechend seiner Sachkunde für solche Erzeugnisse bevorzugt wirbt, die nach Art, Qualität und Preis für den Verbraucher vorteilhaft sind. Deshalb wird der Kunde nach Auffassung des Bundesgerichtshofes irregeführt, wenn der Hersteller den Händler gegen Gewährung von **Schaufenstermieten** oder Boni verpflichtet, seine Produkte auszustellen.[1368] Das Gleiche soll bei der Gewährung von **Verkäuferprämien** außerhalb der Mengenrabatte gelten, zumal wenn sie Angestellten gewährt werden[1369] oder diesen doch letztlich zugutekommen.[1370]

Beispiel: Ein Mitarbeiter eines Reisebüros, das der Kunde für neutral hält, erhält vom Reiseveranstalter zusätzlich zur Agenturprovision einen persönlichen Warengutschein, so dass die Gefahr nicht mehr objektiver Beratung besteht.[1371]

Aber erwartet der Kunde in solchen Konstellationen tatsächlich eine neutrale Beratung, dh dass der Unternehmer allein die Interessen des Kunden wahrt? Weiß nicht zumindest der verständige und informierte Verbraucher (Rn 121 ff), dass Unternehmer profitorientiert und nicht unbedingt neutral handeln? In solchen Fällen sollte erst die Bestechung nach §§ 299, 300 StGB (§ 4 Nr. 11 UWG; vgl Rn 835) eine Grenze bilden.

442   Danach kann auch die **werbliche Herausstellung** eines bestimmten Produkts durch den Einzelhändler noch keine unlautere Empfehlung sein, der der Kunde vertraut; jeder weiß, dass dergleichen auch andere Gründe haben kann (Räumung des Vorrats, Werbeaktion des Herstellers). Auch bei fehlender eigener Prüfung durch den Einzelhändler liegt also kein Wettbewerbsverstoß vor.[1372]

443   **Kein Vertrauensmissbrauch** gem. § 4 Nr. 1 UWG ist gegeben, wo die Vertrauensperson eine sachlich gerechtfertigte Empfehlung gibt – dies auch dann nicht, wenn die Befolgung der Empfehlung ihr Einnahmen verschafft. Denn dann kann nicht unterstellt werden, dass der Vertrauensmissbrauch (durch die verdeckten Einnahmen) die Verbraucherentscheidung beeinflusst hätte. Das ist aber bei richtlinienkonformer Auslegung des § 4 Nr. 1 UWG erforderlich (Rn 17, 441).

Beispiel: Ein HNO-Arzt empfiehlt seinen Patienten, sich das benötigte Hörgerät im sog. verkürzten Versorgungsweg unter seiner Mitwirkung von einem auswärtigen Hörgeräteakustiker liefern zu lassen, was den Ablauf beschleunigt.[1373]

1366 BGH GRUR 2009, 969 Tz. 10 *Winteraktion.*
1367 OLG Brandenburg WRP 2010, 427, 430 *Autoglasreparatur.*
1368 BGH GRUR 1977, 257, 258 f. *Schaufensteraktion.*
1369 BGH GRUR 1974, 394, 395 *Verschlusskapsel-Prämie;* BGH GRUR 1979, 779 *Wert-Coupons;* OLG Hamm NJW-RR 1986, 1235. Die sog. Incentive-Veranstaltungen wertet Engel WRP 1986, 639 zu Recht unter diesem Gesichtspunkt.
1370 OLG Hamburg WRP 1999, 1197, 1198 *Verkaufswettbewerb.*
1371 OLG Düsseldorf WRP 1999, 1197, 1198; OLG Hamburg WRP 1987, 482.
1372 AA BKartA BB 1969, 63.
1373 BGH GRUR 2002, 271, 272 *Hörgeräteversorgung.*

Allenfalls eine Empfehlung liegt freilich vor, wenn ein **Prominenter** sich in die **Auf-** **444** **merksamkeitswerbung** einspannen lässt: *Boris Becker* „empfiehlt" in einem Werbe-spot des Baumarktes *Praktiker* „Geranien für Deutschland", oder der Freiburger Oberbürgermeister lässt sich vor einem Kaufhaus in Schokolade aufwiegen. In solchen Fällen besteht schon keine Interessenwahrungspflicht des Prominenten. Niemand ent-nimmt aus solcher Werbung eine sachliche Empfehlung oder lässt sich gar zu einem unüberlegten Kauf bestimmen.[1374]

Bei der Werbung durch **Betriebsräte** ist nach dem Gesagten zu unterscheiden: Die bloße **445** Vermittlung von Einkaufsmöglichkeiten ohne eigene Empfehlung, zB Auslegen oder Verteilen von Kaufscheinen (s. Rn 281), ist nicht zu beanstanden. Eine eigene Empfeh-lung dagegen muss überprüft sein.[1375] Vgl Rn 418.

In die Fallgruppe gehört schließlich auch ein **Vertrauens- oder auch Autoritätsmiss-** **446** **brauch der öffentlichen Hand**, wenn sie **zu ihren Gunsten Empfehlungen** ausspricht. Das ist allerdings insoweit nicht vergleichbar mit dem Vertrauensmissbrauch durch Private, weil hier kein Dreiecksverhältnis besteht, in dem eine Person eine andere Person dahingehend beeinflusst, ihre Interessenwahrungspflicht gegenüber einem Dritten zu verletzen. Hier ist vielmehr die öffentliche Hand Beeinflussender und Beeinflusster in einer Person; es besteht nur ein Zwei-Personen-Verhältnis. Das Besondere an diesem Verhältnis ist aber, dass die öffentliche Hand eine spezielle Autorität besitzt, die aus ihrer Stellung als neutrale Verwalterin der Interessen der Allgemeinheit resultiert und daher nicht im Leistungswettbewerb gewachsen ist. Aus der Fürsorgepflicht, die die öffentliche Hand gegenüber seinen Bürgern hat, ergibt sich die Pflicht, sich **neutral und** **nach sachgerechten Kriterien** zu verhalten und das Vertrauen des Bürgers nicht auszu-nutzen. Es besteht also eine entsprechende Interessenwahrungspflicht zu Gunsten des Verbrauchers. Wenn er sich parteiisch zu Gunsten seiner eigenen Leistung gegenüber dem Kunden äußert, so liegt darin eine sittenwidrige psychologische Einwirkung auf die freie Entscheidung des Nachfragers. Ein derartiger Missbrauch stellt einen eigenen Sondertatbestand für die öffentliche Hand innerhalb der nicht leistungsgerechten Be-einflussung von Kunden gem. § 4 Nr. 1 UWG dar.

Beispiele: Schulfall ist *Bad Ems*. Die staatliche Kurverwaltung in Bad Ems nannte auf Anfrage von Kurgästen nur staatliche Hotels in der Stadt.[1376]

Genauso ist es unlauter, wenn eine IHK, die gleichzeitig Prüfungsbehörde und Anbieterin von entgeltlichen Vorbereitungskursen ist, bei Anfragen verschweigt, dass es konkurrierende Kurse gibt.[1377]

Zurückhaltung ist auch für einen Verwaltungsstellenleiter einer öffentlich-rechtlichen Ersatzkas-se geboten, der in Doppelfunktion als Vertreter einer privaten Versicherung handelt. Allerdings

---

1374 BGH GRUR 1980, 793 f. *Wein-Wiege-Aktion;* anders noch OLG Karlsruhe WRP 1977, 114, 116, das zwischen bezahlten Schauspielern und öffentlichen Amtsträgern unterscheiden wollte. Näheres, auch zu möglichen Verstößen gegen § 5 UWG im Einzelfall, Henning-Bodewig BB 1983, 605.
1375 OLG Nürnberg NJW 1963, 656, 657 f; aA OLG Frankfurt WRP 1977, 726, 727, das die Einschaltung von Betriebsräten pauschal für unzulässig hält.
1376 BGHZ 19, 299, 304 ff. *Bad Ems;* ferner BGH GRUR 1964, 210, 212 f. *Landwirtschaftsausstellung;* BGH GRUR 1973, 530, 531 *Crailsheimer Stadtblatt;* BGHZ 85, 85, 98 *ADAC-Verkehrsrechtsschutz;* OLG Karlsruhe WRP 1984, 340, 346.
1377 BGH GRUR 2009, 1080 Tz. 19 *Auskunft der IHK.*

soll allein die Doppelfunktion nicht wettbewerbswidrig sein, auch wenn sie „günstige Nebenwirkungen" hat.[1378]

Ein krasser Fall ist die Bezeichnung von erwerbswirtschaftlichen Betrieben der öffentlichen Hand als „staatlich", weil hier das besondere Vertrauen der Bürger in hoheitliche Leistungen ungerechtfertigter Weise ausgenutzt wird.[1379]

Weitere Beispiele: Die Gemeindeverwaltung nennt auf Anrufbeantworter nur ein bestimmtes Bestattungsunternehmen.[1380] Genauso war es nach den Tatumständen eine unlautere amtliche Empfehlung, wenn ein Amt für soziale Dienste ihren Informationsbriefen an Eltern zu pädagogischen Problemen Werbung der städtischen Sparkasse zu Bausparverträgen mitsandte; zwar konnten die Empfänger die Werbung von der amtlichen Information eindeutig unterscheiden. Ausnahmsweise lag aber dennoch eine unlautere Ausnutzung amtlicher Autorität vor, weil amtliches Schreiben und Werbung dieselbe Zielrichtung hatte: beide appellierten an die Verantwortung der Eltern für die Zukunft ihrer Kinder.[1381] Auch darf die Schulleitung keine (verdeckten) Provisionen für das Vermitteln oder Empfehlen von Angeboten Dritter annehmen.[1382] Das ist aber wegen der erforderlichen Beeinträchtigung der freien Verbraucherentscheidung (Rn 441) zulässig, wenn die Schule nicht in den Entscheidungsprozess der Eltern eingreift und die Eltern nach wie vor die freie Wahl haben, zB ob sie Schulfotos von ihren Kindern vom Fotografen bestellen.[1383]

IV. Übertriebenes Anlocken

Rechtsgrundlage: §§ 3 Abs. 1, 4 Nr. 1 UWG; Art. 5 Abs. 2 Richtlinie unlautere Geschäftspraktiken

447 Jeder Unternehmer wird bestrebt sein, den Kunden mit seiner Leistung anzulocken. Das ist Teil des Leistungswettbewerbs (Rn 52). Dagegen kann also grundsätzlich nichts einzuwenden sein. Die lange Geschichte des Wettbewerbsrechts zeigt jedoch, dass es immer wieder Exzesse gibt, in denen ein Unternehmer „übertrieben" anlockt.

448 Ein Beispiel sind Geschenke. Für ein Werbegeschenk kann es viele Anlässe geben: Der Unternehmer will seinen Dank für die gute Zusammenarbeit ausdrücken. Er will ein neues Produkt „unter die Leute" bringen. Er will den Nachteil der örtlichen Entfernung seines Geschäfts durch Freifahrten für seine Kunden ausgleichen. Er will Kunden mit einem Geschenk locken, sich seine Werbung überhaupt erst einmal anzuhören (Werbeveranstaltungen). Er will für bessere Werbung im Geschäft des Einzelhändlers sorgen und gibt ihm deshalb Werbehilfen. Er will sich den Kunden verpflichten.

Ein Geschenk kann ein – wenn auch oft nur leises – Gefühl der Dankbarkeit erzeugen. Wer aus reiner Dankbarkeit oder weil ihm die Annahme des Geschenks sonst peinlich wäre, also „anstandshalber" kauft, entscheidet unter sachfremden Einflüssen. Daneben kann bei Kopplung des Geschenkes mit der Hauptleistung auch die Gefahr bestehen, dass der Kunde die Hauptware „blind" erwirbt, nur um in den Genuss des Geschenkes zu gelangen.[1384] Die Wertreklame kann daher die Gefahr bedingen, die Entschließungsfreiheit des Kunden zu beeinträchtigen und damit den Wettbewerb zu verfälschen. Da-

---

1378 BGH GRUR 1999, 267, 270 *Verwaltungsstellenleiter*.
1379 Österreichischer OGH ÖBl. 1996, 80, 86 *Städtische Bestattung*.
1380 OLG München WRP 1988, 194 f.
1381 BGH GRUR 2002, 550, 552 *Elternbriefe*; Verstoß gegen § 3 Abs. 1 UWG allerdings wegen unzulässiger Randnutzung einer öffentlichen Einrichtung, Rn 645, 842 f.
1382 OLG Karlsruhe GRUR-RR 2003, 191, 192: Provision an Schulleitung für Empfehlung eines bestimmten Vertragspartners.
1383 BGH GRUR 2006, 77 Tz. 16 ff. *Schulfotoaktion*; aA Vorinstanz OLG Brandenburg WRP 2003, 903.
1384 Vgl BGH GRUR 2002, 976, 979 *Kopplungsangebot I*; BGH GRUR 2002, 979, 982 *Kopplungsangebot II*.

neben hat sie noch einen weiteren negativen Effekt: Zumindest das massenweise Verschenken von Ware zu Probezwecken kann den Markt verstopfen und so zu einer Behinderung der Mitbewerber führen (dazu näher unter Rn 624 ff).

Die Fallgruppe des „übertriebenen Anlockens" ist nicht auf Geschenke beschränkt. Auch übermäßiger Zeitdruck (Rn 463) oder Vermeidung von anders als durch Geschenke verursachter Peinlichkeit (Rn 459 ff) können ein unlauteres Anlocken bedingen.

Die Rechtsprechung ist seit Jahren bei der Annahme eines übertriebenen Anlockens vor dem Hintergrund des veränderten Verbraucherleitbildes (Rn 121 ff) zunehmend zurückhaltend. Die angesprochenen Verkehrskreise werden danach nur dann in ihren wirtschaftlichen Entschließungen in unsachlicher Weise beeinflusst, wenn die Maßnahme des Unternehmers **zum die Rationalität völlig verdeckenden Motiv des Kaufentschlusses wird**.[1385] Der Gesetzgeber der UWG-Novelle 2004 hat sich dem angeschlossen.[1386] Auch nach der UWG-Novelle 2008 (Rn 6) kann nichts anderes gelten.[1387] Das ergibt sich aus der der Novelle 2008 zugrunde liegenden Richtlinie unlautere Geschäftspraktiken (Rn 17). Zwar ist ein übertriebenes Anlocken keine aggressive Geschäftspraxis nach Art. 8 oder Art. 9 Richtlinie, weil darunter nur Belästigungen, Nötigungen oder die Ausnutzung einer Machtposition fallen, nicht aber besondere Anreizwirkungen auf den Kunden. Besondere Anreizwirkungen können aber als Verstoß gegen die berufliche Sorgfalt gem. Art. 5 Abs. 2 Richtlinie unzulässig sein.[1388] Das sind dann die Fälle, in denen die Anreizwirkung so groß ist, dass die Rationalität der Nachfrageentscheidung beim Verbraucher völlig verdeckt wird[1389] (Rn 429).

Wo ein – auch späterer – Kaufentschluss nicht in Betracht kommt, der Werbende also nicht auf eine Gegenleistung des Umworbenen spekuliert, kann eine relevante Beeinträchtigung der freien Verbraucherentscheidung schon denkgesetzlich nicht vorliegen: Eine Zeitung wird stets kostenlos abgegeben (Anzeigenblatt).[1390] Ein Kaufhaus verschenkt Restposten an Asylbewerberheime oder stiftet Weihnachtsgeschenke für ein Kinderheim. Ein Heiratsinstitut wirbt mit dem Slogan „Wir vermitteln für Damen kostenlos".[1391]

1. Geschenke (Art und Ausgestaltung)

Rechtsgrundlage: §§ 3 Abs. 1, 4 Nr. 1 UWG; Art. 5 Abs. 2 Richtlinie unlautere Geschäftspraktiken

Die Art und Ausgestaltung eines Werbegeschenkes macht dessen Attraktivität für den Kunden aus. Je wertvoller das Geschenk ist, umso stärker fühlt sich der Beschenkte

449

450

451

1385 BGH GRUR 2008, 530 Tz. 13 *Nachlass bei der Selbstbeteiligung*; BGH GRUR 2006, 511 Tz. 21 *Umsatzsteuererstattungs-Modell*; BGH GRUR 2004, 343, 344 *Playstation*; BGH GRUR 2003, 890, 891 *Buchclub-Koppelungsangebot*; BGH GRUR 2003, 804, 805 *Foto-Aktion*; BGH GRUR 2002, 976, 979 *Kopplungsangebot I*; BGH GRUR 2002, 979, 982 *Kopplungsangebot I*.
1386 Begr. RegE UWG-Novelle 2004, BT DS 15/1487, S. 17, abrufbar unter www.nordemann.de.
1387 BGH GRUR 2010, 455 Tz. 17 *Stumme Verkäufer II*.
1388 BGH GRUR 2011, 532 Tz. 22 f. *Millionen-Chance II*.
1389 BGH GRUR 2011, 532 Tz. 26 *Millionen-Chance II*.
1390 BGH GRUR 2004, 602, 603 *20 Minuten Köln*.
1391 BGH GRUR 1993, 483, 484 *Unentgeltliche Partnervermittlung*.

angezogen. Das Wertverhältnis zwischen dem Geschenk und der Ware, deren Verkauf sich der Werbende erhofft, kann deshalb ein Gradmesser für seine Zulässigkeit sein.

452 Rechtlicher Ausgangspunkt muss sein, dass eine relevante Kundenbeeinflussung gegeben ist, also die Möglichkeit besteht, dass ein Kunde durch das Geschenk eine Entscheidung trifft, die er sonst nicht getroffen hätte. Für private Verbraucher ergibt sich dies für das deutsche Recht zwingend aus der Richtlinie unlautere Geschäftspraktiken (Rn 17), die die Auslegung von § 4 Nr. 1 UWG bestimmt. Ein allgemeines Verbot, neben Waren oder Dienstleistungen unentgeltlich Zugaben abzugeben, ist danach richtlinienwidrig, weil nicht auf die konkrete Verbraucherbeeinflussung abgestellt wird.[1392]

Beispiele: Das grundsätzliche Zugabeverbot des § 9 a österreichisches UWG war danach richtlinienwidrig.[1393] Der deutsche Gesetzgeber tat danach gut daran, das grundsätzliche Zugabeverbot nach der ZugabeVO schon 2001 abzuschaffen (Rn 6, 468, 793).

Der Bundesgerichtshof folgt allerdings einer eher liberaleren Linie. Danach ist das Werbegeschenk dann unzulässig, wenn die angesprochenen Verkehrskreise durch die Art und Ausgestaltung des Werbegeschenks in ihren wirtschaftlichen Entschließungen in unsachlicher Weise beeinflusst werden können, insbesondere dazu veranlasst werden, ihre Wahl nicht in erster Linie nach ihren Vorstellungen über die Preiswürdigkeit und Qualität der konkurrierenden Waren zu treffen, sondern „blind" danach, wie sie in den Genuss des Werbegeschenks kommen können.[1394] **Das bedeutet, dass** – abgesehen von der Frage der Behinderung von Mitbewerbern (Rn 551 ff, 565) – gemäß den unter Rn 447 ff dargestellten Grundsätzen **das Geschenk** für den verständigen Durchschnittsverbraucher (Rn 121 ff) **nicht zum die Rationalität völlig verdeckenden Motiv des Kaufentschlusses werden darf.** Auch der Gesetzgeber der UWG-Novelle 2004 nimmt nur dann eine unzulässige Wertreklame an, wenn sie die Rationalität der Verbraucherentscheidung ausschaltet.[1395]

Bis zur Abschaffung der ZugabeVO im Jahr 2001 war der Bundesgerichtshof strenger und forderte nur, dass der Kaufentschluss „vornehmlich" danach getroffen wurde, um das Geschenk zu erhalten.[1396]

Maßstab für die Beurteilung sind dabei grundsätzlich **alle Teilnehmer eines Verkehrskreises**, es sei denn, es ein Verkehrskreis wird nur ausschnittsweise angesprochen (vgl § 3 Abs. 2 S 2 und 3). Die Wirkung eines Einkaufsgutscheines von 5 EUR, der von einem Versandhaus zum Geburtstag der Empfänger verschickt wurde, ist deshalb im Hinblick auf alle Verbraucher zu beurteilen und nicht nur im Hinblick auf Geburtstagskinder mit geringem Einkommen wie Rentner, Arbeitslose oder Sozialhilfeempfänger.[1397] Etwas anders würde gelten, wenn die Gutscheine nur an die Letztgenannten gegangen wären. Insbesondere bei **Werbung**, die sich **an Kinder** richtet, gelten danach erheblich strengere Maßstäbe; hier ist die Grenze des „übertriebenen Anlockens" durch

---

1392 EuGH EuZW 2010, 947 *Mediaprint.*
1393 EuGH EuZW 2010, 947 *Mediaprint.*
1394 BGH GRUR 2004, 343, 344 *Playstation;* BGH GRUR 2003, 890, 891 *Buchclub-Koppelungsangebot;* BGH GRUR 2003, 804, 805 *Foto-Aktion;* BGH GRUR 2002, 976, 979 *Kopplungsangebot I;* BGH GRUR 2002, 979, 982 *Kopplungsangebot II.*
1395 Begr. RegE UWG-Novelle 2004, BT DS 15/1487, S. 17, abrufbar unter www.nordemann.de.
1396 BGH GRUR 1999, 755, 756 *Altkleider-Wertgutscheine;* BGH GRUR 1998, 1037, 1038 *Schmuckset;* BGH GRUR 1974, 345, 346 *geballtes Bunt.*
1397 BGH GRUR 2003, 1057, 1057 *Einkaufsgutschein.*

Geschenke schon sehr viel schneller überschritten (Rn 495 ff). Zur Frage des angesprochenen Verkehrskreises vgl auch Rn 134 ff.

In der Praxis zeigt sich, dass mit der neuen grundsätzlich liberalen Rechtsprechung eine   **453**
Unlauterkeit durch die Gewährung von Geschenken kaum noch in Betracht kommt.
Folgende **Beispiele**:

- (Fast) **kostenlose Fotoabzüge** für 0,01 DM locken nicht übertrieben an. Der verständige Verbraucher (Rn 121 ff) weiß, dass Geschenke Anlockmittel für Käufe sind; er wird sich deshalb nicht in der Pflicht sehen, „anstandshalber" etwas zu kaufen.[1398] Gleiches gilt für den Ausschank von **Freibier**[1399] oder gar nur einem Glas Bier[1400] oder einem solchen mit einem Paar Weißwürste;[1401] das ist auch nicht anders bei der Ankündigung „Zur Stärkung gibt's erst mal ein unmögliches Frühstück".[1402]

- 5 EUR **Einkaufsgutschein** eines Versandhauses verdecken bei Verbrauchern allgemein nicht die Rationalität des Kaufentschlusses.[1403]

- Durch ein kostenloses **Monatsabonnement** einer Tageszeitung für Neuvermählte fühlt sich niemand besonders angezogen,[1404] bei Monatszeitschriften auch nicht durch kostenlosen Probebezug von drei Heften.[1405]

- Eine Disco, die bei Lösen einer Eintrittskarte für 18 DM einen **Getränkegutschein** über 50 DM ausgab, macht nicht diesen Gutschein zum entscheidenden Motiv, gerade diese Disco aufzusuchen.[1406] Vielmehr betrachtet der durchschnittlich informierte, verständige und angemessen aufmerksame Verbraucher (Rn 121 ff) das Gesamtangebot aus Eintritt *und* Gutschein, ob er es für preiswürdig hält.

- **Werbegaben aus besonderem Anlass**, zB zu Weihnachten, waren nach der früher strengeren Rechtsprechung nur zulässig, wenn sie sich in einem Rahmen hielten, der nach der Art der bestehenden Geschäftsbeziehungen und nach dem, was auch die Konkurrenz üblicherweise schenkt, den Empfänger nicht verpflichtete. [1407] Heute kommt es nur noch darauf an, ob durch das Geschenk die Rationalität der Verbraucherentscheidung ausgeschaltet ist, was nur ausnahmsweise selbst bei wertvolleren Geschenken anzunehmen ist.

- **Verkaufs- und Werbehilfen** an Einzelhändler (Schaustücke, Attrappen, Ständer usw.) können einen besonderen, außerhalb des Werbezwecks liegenden Wert haben, sie können den Einzelhändler verleiten, diese Ware aus sachfremden Gründen zu bevorzugen. Die Eignung zur Zweitnutzung im privaten Bereich macht die Werbehilfe aber nicht stets unzulässig, wie früher angenommen wurde.[1408] Denn nach

---

1398   BGH GRUR 2003, 804, 805 *Foto-Aktion.*
1399   OLG Köln GRUR 1980, 1079 f. *Freibier.*
1400   OLG Hamm WRP 1980, 425 f.
1401   OLG Stuttgart NJWE 1998, 148 f.
1402   AA noch nach alter Rechtsprechung: OLG Hamburg WRP 1983, 163, 164 f; OLG Düsseldorf NJW-RR 1997, 42 („Einkaufen und Frühstücken bei Kaiser's").
1403   BGH GRUR 2003, 1057, 1057 *Einkaufsgutschein.*
1404   BGH GRUR 1957, 600, 601 *Westfalenblatt I.*
1405   OLG Hamburg WRP 1985, 89, 90 f und AfP 1986, 63, 65.
1406   So aber OLG Stuttgart WRP 2000, 336 L, allerdings noch nach alter Auffassung..
1407   BGH GRUR 1959, 31, 32 f. *Feuerzeug als Werbegeschenk.*
1408   OLG Hamburg WRP 1968, 117 f für aufblasbare Gummiboote, LG Stuttgart WRP 1969, 251 f für einen als Sessel verwendbaren Weidenkorb, LG Hamburg GRUR 1968, 56, 57 *Thekenaufsteller* für Kosmetikkoffer. Weitere Beispiele bei Gerstenberg GRUR 1980, 618.

Aufhebung des Zugabeverbotes ist der Zweitnutzen grundsätzlich nicht mehr zu beanstanden.[1409] Zu **Verkaufsprämien** s. Rn 441.

■ **Eröffnungsgeschenke** (Polohemden zu 10 EUR an die ersten 300 Besucher einer neuen Boutique) waren früher ein Grenzfall,[1410] sind heute aber ohne weiteres zulässig. Ein Schlüsselkasten als Geschenk für eine erste Bestellung war früher zu viel,[1411] wäre heute aber zulässig.

■ Bei **kostenloser Erprobung** eines teuren Geräts für einen Monat[1412] wird nach heutigem Verständnis die Rationalität der Kaufentscheidung nicht verdeckt, sondern durch die Erprobung sogar gefördert. Das Gleiche gilt für eine kostenlose Probestunde in einer Tanzschule.[1413]

■ Auch **Treueprämien** sind nur noch in Ausnahmefällen der völligen Verdeckung der Rationalität der Nachfrageentscheidung unlauter. Damit sind Entscheidung überholt, die Unlauterkeit bei 5 DM Prämie bei einem Einkaufswert von 20 DM[1414] oder bei einem Vorteil von 12,5 % gegenüber dem Einkaufspreis bei gleichzeitiger zeitlicher Befristung[1415] annahmen. **Miles & More**-Prämien der Lufthansa, zB in Form von Freiflügen, Upgrades, „Gourmetfreuden zu Hause" (bei 70.000 „Meilen") oder Bereitstellung eines Mietwagens (ab 20.000 „Meilen") locken ebenfalls regelmäßig nicht übertrieben an. Früher wurde argumentiert, sie richteten sich in der Praxis an besonders aufmerksame und geschäftlich erfahrene Vielflieger.[1416] Nach heutigem Verständnis wäre auch der Durchschnittsverbraucher nicht übertrieben angelockt.

■ **Stark verbilligte Tagesnetzkarten im öffentlichen Nahverkehr**, die nur an die eigenen Versicherungsnehmer abgegeben werden, führen nach einer früheren Entscheidung des BGH zu nicht sachbezogenen Abschlüssen.[1417] Heute kann ein übertriebenes Anlocken nicht mehr angenommen werden.

■ **Stumme Verkäufer**, aus denen Verbraucher Tageszeitungen kostenlos entwenden, führen ebenfalls nicht dazu, dass die Verbraucher zukünftig bei der Entscheidung, welche Tageszeitung sie erwerben, nicht mehr rational entscheiden könnten. Vielmehr handelt es sich genau genommen um Diebstahl, der ohnehin kein Gefühl der Dankbarkeit auf Seiten des Verbrauchers erzeugt. Auch übermäßige Schuldgefühle der Verbraucher sollten nicht entstehen, jedenfalls keine, die die Rationalität zum entgeltlichen Erwerb der Tageszeitung ausschließen.[1418]

454 Die vorgenannten Beispiele zeigen, dass sich die Auffassung durchgesetzt hat, grundsätzlich unabhängig von bestimmten Wertrelationen Geschenke als lauter zu behan-

1409 J. B. Nordemann NJW 2001, 2505, 2507.
1410 OLG Köln WRP 1987, 691, 692.
1411 OLG Karlsruhe NJWE 1996, 272.
1412 Zulässig auch schon nach OLG Frankfurt WRP 1981, 27, 28 (Mikrowellenherd).
1413 Zulässig auch nach OLG Dresden GRUR 2000, 80, 81.
1414 OLG Stuttgart WRP 1976, 568, 570.
1415 OLG Jena GRUR-RR 2002, 32, 34 *Abokosten für Haarfärbungen.*
1416 OLG Köln GRUR-RR 2002, 115, 116 *Miles & More-Prämien;* Vgl aber Borck WRP 2002, 1131.
1417 BGH GRUR 1995, 353 f. *Super-Spar-Fahrkarten* m.Anm. Wiebe WRP 1995, 445.
1418 BGH GRUR 2010, 455 Tz. 17 f. *Stumme Verkäufer II.*

deln, wenn sich die Aktion an den Durchschnittsverbraucher richtet (anders bei Kindern und anderen stärker schutzbedürftigen Personengruppen, vgl Rn 495 ff).[1419]

Danach wird sich in der Praxis eine Unlauterkeit eher aus einer Irreführung über die Werthaltigkeit des Geschenks (Rn 280, 282 ff) und aus anderen Umständen wie der Art der Aushändigung ergeben (Rn 459 ff).

Kostenlose oder stark vergünstigte Leistungen, die Teil eines **Gesamtangebotes** („Kopplungsangebot") sind, können im Regelfall keine unlautere Wertreklame wegen übertriebenen Anlockens darstellen, weil der Kunde nichts geschenkt bekommt, sondern ein „Paket" mit allen Leistungen erwirbt. **Selbst wenn es dem Verbraucher nur um die Prämie geht, kann seine Entscheidung noch rational sein.**[1420] Ob in besonders krassen Ausnahmefällen sich *allein* aus dem Wert des Geschenkes eine Unlauterkeit ergeben kann, ist umstritten, sollte aber denkbar sein, wenn der Wert der kostenlosen (Teil-)Leistung die Rationalität tatsächlich völlig ausblendet.[1421]

455

Beispiele: Klassisches Beispiel für ein zulässiges Gesamtangebot sind kostenlose Handys, die nur in Verbindung mit einem Kartenvertrag abgegeben werden.[1422] Der verständige Verbraucher wird das Angebot insgesamt beurteilen; durch das „geschenkte" Handy wird seine Rationalität nicht ausgeblendet.

Ähnliches gilt für ein Geschenk von fünf Büchern, das nur durch die – entgeltliche – Mitgliedschaft in einem Buchclub erhältlich ist.[1423] Auch das Angebot der Kopplung des Abschlusses eines Zweijahres-Stromvertrages mit einem tragbaren Fernsehgerät für 1 DM war danach mit dem Bundesgerichtshof[1424] nach gegenteiligen Entscheidungen der OLGe Köln und Celle[1425] zulässig.

Das Angebot der **Zeitschrift** „Pasta" für 4,90 DM zusammen **mit Pasta-Zubehör** (Heber usw.) zu 1 DM war, auch wenn letzteres besonders billig ist, ein zulässiges Koppelungsangebot[1426] genauso wie eine Zeitschrift mit Sonnenbrille.[1427] Einen „pocket case" im Wert von 10– 20 DM für das **Jahresabonnement einer Zeitschrift**, die pro Ausgabe 21 DM kostete, hielt das OLG Hamburg 1986 gerade noch für zulässig.[1428] Inzwischen liegt der Wert der Prämien, die von den Zeitungs- und Zeitschriftenverlagen für die Werbung eines neuen Abonnenten ausgelobt werden, in der Regel bei mindestens der Hälfte des Preises für ein Jahresabonnement, teilweise auch darüber. Nach dem OLG Düsseldorf war die Gewährung von Gratisaktien im Werte eines Jahresabonnements unzulässig.[1429] Auch bei so wertvolleren Prämien ist allerdings nach heutigem Verständnis ein

---

1419   Eingehend J. B. Nordemann NJW 2001, 2505, 2511 mwN aus der Rspr; Lange/Spätgens, Rabatte und Zugaben im Wettbewerb, 2001, Rn 439, wollen die Grenze bei 20 % bis 25 % ziehen; großzügiger offenbar Cordes WRP 2001, 867, 870; kritisch OLG Stuttgart WRP 2002, 580, 582 *5-teiliges Schmuckset*, allerdings nur im Hinblick auf „starre" Wertgrenzen; genauso BGH GRUR 2002, 976, 978 *Kopplungsangebot I*.

1420   BGH GRUR 2006, 161 Tz. 19 *Zeitschrift mit Sonnenbrille*.

1421   Zutreffend BGH GRUR 2002, 976, 978 *Kopplungsangebot I*; BGH GRUR 2002, 979, 981 *Kopplungsangebot II*; OLG Köln GRUR-RR 2002, 115, 116 *Miles & More-Prämien*; OLG Stuttgart WRP 2002, 580, 582 *5-teiliges Schmuckset*; J. B. Nordemann NJW 2001, 2505, 2511; Lange/Spätgens, Rabatte und Zugaben im Wettbewerb, 2001, Rn 439, wollen die Grenze bei 20 % bis 25 % ziehen; großzügiger offenbar Cordes WRP 2001, 867, 870. AA und gegen eine Unlauterkeit allein wegen des Wertes der „kostenlosen" Leistung Köhler GRUR 2001, 1067, 1068 ff.

1422   BGHZ 135, 368 *Handy für 0,00 DM*; BGH GRUR 1999, 261, 263 *Handy-Endpreis*; BGH GRUR 1994, 743, 744 *zinsgünstige Kfz-Finanzierung durch Hersteller*; siehe auch BGH GRUR 2004, 344, 343 *Playstation*; BGH GRUR 1998, 500, 502 *Ski-Bindungsmontage*; BGH GRUR 2001, 446, 447 *1-Pfennig-Farbbild*; Vgl auch J. B. Nordemann NJW 2001, 2501, 2505 f.

1423   BGH GRUR 2003, 890, 891 *Buchclub Kopplungsangebot*.

1424   BGH GRUR 2002, 979 *Kopplungsangebot II*.

1425   GRUR 2001, 853 f (verboten) bzw 855, 856 (erlaubt).

1426   Verkannt von OLG Hamburg NJW 1998, 1085, 1086.

1427   BGH GRUR 2006, 161 Tz. 19 *Zeitschrift mit Sonnenbrille*.

1428   NJW-RR 1986, 267, 268. S. auch BGH GRUR 1989, 366 *Wirtschaftsmagazin*; siehe auch Mann AfP 2001, 174; J. B. Nordemann NJW 2001, 2505, 2511.

1429   OLG Düsseldorf GRUR-RR 2001, 171 f.

übertriebenes Anlocken nicht gegeben. Denn der verständige Verbraucher sieht das Gesamtangebot aus Zeitung bzw Zeitschrift und Prämie; er wird nur darauf eingehen, wenn es ihm *insgesamt* als preisgünstig erscheint. Sofern **Wettbewerbsregeln**, zB des VDZ oder des BDZV, bestimmte Wertgrenzen festlegen, ist damit kein lauterkeitsrechtliches Urteil verbunden, weil solche festen Wertgrenzen die rechtliche Lage nicht zutreffend widerspiegeln.[1430]
Grenzen gelten hier allerdings aufgrund des Irreführungsverbotes (Rn 280).

2. Vorspannangebote

Rechtsgrundlage: § 3 Abs. 1, 2, § 4 Nr. 1 UWG; Art. 5 Abs. 2 Richtlinie unlautere Geschäftspraktiken

456 Eng verwandt mit der Wertreklame sind die **Vorspannangebote**. Vor allem Kaffeeröstereien mit Verkaufsfilialen haben in den siebziger Jahren den Kaffeeumsatz dadurch zu steigern gesucht, dass sie andere Waren günstig anboten und mit dieser Vergünstigung Kunden anzulocken suchten. Zunächst geschah das dadurch, dass eine **extrem billige, meist branchenfremde Nebenware** nur zusammen mit der Hauptware oder nur bei Erreichung eines Mindesteinkaufswerts abgegeben wurde. Die Rechtsprechung neigte zu Verboten, weil diese Erscheinungsform der Wertreklame – man bekam die Nebenware ja „fast geschenkt" – vor allem dann die Gefahr in sich barg, dass „die angesprochenen Verkehrskreise in ihren wirtschaftlichen Entschließungen unsachlich beeinflusst werden, insbesondere dazu veranlasst werden können, ihre Wahl nicht in erster Linie nach ihren Vorstellungen über die Preiswürdigkeit und Qualität der konkurrierenden Waren zu treffen, sondern vor allem danach, wie sie in den Genuss der Vergünstigung gelangen können",[1431] wenn die Nebenware als branchenfremd anzusehen ist, weil hier die Annahme einer besonderen Vergünstigung noch verstärkt wird.[1432] Noch nicht einmal ein extrem niedriger Preis der Nebenware brauchte im Einzelfall vorzuliegen, wenn der Anbieter in kurzen Abständen mehrere Vorspannangebote mit zum Teil auffallend günstigen Preisen herausbrachte, so genügte dies für ein übertriebenes Anlocken.[1433] Diese Fälle sind indes nach Liberalisierung der Rechtsprechung völlig anders zu beurteilen; denn auch günstigste und branchenfremde Vorspannangebote verdecken im Regelfall nicht die Rationalität des Verbrauchers. Im Einzelnen sei auf die Ausführungen zu Gesamtangeboten (Rn 455) verwiesen.

Erst recht gilt dies für die schon nach überkommener Rechtsprechung überzogenes Fallpraxis einiger Oberlandesgerichte: Das OLG Koblenz[1434] hielt es für ein unzulässiges Vorspannangebot, wenn ein Reisebüro für eine Ferienflugreise ab Frankfurt einen verbilligten Transfer zum Flughafen für 200 DM anbot – als ob sich jemand wegen des billigen Transfers zu einer Flugreise entschlösse.

457 Seit mittlerweile gut zwei Jahrzehnten geben die Kaffee-Filialisten die Nebenware **ohne** Bindung an die Hauptware ab. Der zeitlich begrenzte, stoßweise Vertrieb an sich branchenfremder, ständig wechselnder Nebenwaren ohne jede Koppelung, wie er heute vielfach, nicht nur bei Kaffee-Filialisten, gebräuchlich ist, wurde vom Bundesgerichts-

---

1430 BGH GRUR 2006, 773 Tz. 27 *Probeabonnement.*
1431 Vgl auch Rn 449.
1432 BGHZ 65, 68, 74 *Vorspannangebot*; siehe auch BGH GRUR 1983, 781, 782 *Buchclub-Vorspannangebot.*
1433 BGH GRUR 1976, 637, 639 *Rustikale Brettchen.*
1434 WRP 1983, 636.

hof schon immer als eine zulässige Vertriebsart anerkannt.[1435] Es kann grundsätzlich keinem Unternehmer durch das UWG verwehrt sein, mit jeder beliebigen Ware zu handeln. Allenfalls kann bei Vorliegen besonderer Umstände etwas anderes gelten.[1436]

Kein Vorspannangebot liegt vor, wenn ein Produkt oder eine Leistung als Teil eines **458** Gesamtpaketes angeboten wird, zB eine Kühltruhe zu einem Gesamtpreis mit einer Schweinehälfte.[1437] Unlauter sind solche Koppelungsangebote allenfalls wegen Preisverschleierung nach §§ 3 Abs. 1, 4 Nr. 4, 5 Abs. 1 S. 2 Nr. 2 UWG, wenn der Käufer den Einzelpreis nicht ohne Schwierigkeiten in Erfahrung bringen kann (Rn 280).

3. Art der Aushändigung der Ware, Peinlichkeit, Zeitdruck

Rechtsgrundlage: § 3 Abs. 1, 4 Nr. 1 UWG; Art. 5 Abs. 2, Art. 8, 9 Richtlinie unlautere Geschäftspraktiken

Auch durch die Art und Weise Überreichung kann der Kunde in eine Lage gebracht **459** werden, in der er sich verpflichtet fühlt, etwas zu kaufen. Muss der Kunde erst in das Geschäft des Werbenden kommen, um beispielsweise ein Geschenk dort abzuholen, kann es ihm nach den Umständen des Einzelfalls peinlich sein, es wieder zu verlassen, ohne etwas gekauft zu haben.[1438] Das wäre dann ein Fall, in dem die **Rationalität der Verbraucherentscheidung völlig ausgeblendet** ist, so dass Unlauterkeit gegeben wäre (vgl Rn 452). Seine Grundlage findet das in § 4 Nr. 2 (Zwangslage) oder § 4 Nr. 1 UWG. Europarechtlich sind Art. 8 und 9 Richtlinie unlautere Geschäftspraktiken (Rn 17) einschlägig, weil es um eine Drucksituation für den Verbraucher geht.

Allerdings müssen die Umstände des Einzelfalls genau betrachtet werden. Peinlichkeit, trotz Geschenk nichts zu kaufen, kann insbesondere durch die **räumliche Situation** erzeugt werden, zB in Geschäften, in denen eine größere Intimität des Kunden mit dem Verkäufer zu beobachten ist. Bietet ein großer Elektrodiscounter Farbbilder für 0,01 DM je Abzug an, ist ohne Hinzutreten besonderer Umstände nicht davon auszugehen, dass der Kunde sich zum Kauf weiterer Produkte genötigt[1439] fühlt.[1440] Auch in kleineren Läden ist nicht von einem „Peinlichkeitseffekt" auszugehen, wenn der Kunde anonym ist, also zB das Verkaufspersonal dem Verbraucher gänzlich unbekannt ist. Auch im Versandhandel kann mangels persönlichen Kontaktes grundsätzlich keine Situation entstehen, in der der Kunde sich aus „Peinlichkeit" zum Kauf verpflichtet fühlt.[1441] Bei der „kostenlosen Öltankprüfung" im *Privathaus* des Kunden[1442] kann der

1435 BGH GRUR 1979, 55, 56 f. *Tierbuch*; BGH GRUR 1981, 422, 423 *Orion Swiss*.
1436 Vgl KG WRP 1975, 448, 450 f: unzulässige Sonderveranstaltung; OLG Frankfurt WRP 1977, 645, 647 f: Fortwirkung früherer unzulässiger Werbung.
1437 BGH GRUR 1996, 363 *Saustarke Angebote*.
1438 BGH GRUR 2003, 805, 805 *Foto-Aktion*; BGH GRUR 1998, 475, 476 *Erstcoloration* mwN; OLG Braunschweig WRP 2002, 356 *Friseurgutscheine*. Vgl aber OLG Stuttgart NJW-RR 1988, 292 f: Verschenken von Taucherbrillen u.a. an Kinder im Optikergeschäft kann diese nicht zum Kauf veranlassen, da es für sie dort nichts zu kaufen gibt.
1439 Es wäre aber natürlich auch nicht erforderlich, dass eine Nötigung iSv § 240 StGB vorliegt, Vgl Begr. RegE UWG-Novelle 2008 BT DS 16/10145, S. 34, abrufbar unter www.nordemann.de.
1440 BGH GRUR 2003, 804, 805 *Foto-Aktion*.
1441 BGH GRUR 2002, 1000, 1002 *Testbestellung*.
1442 OLG München GRUR 1988, 770, 772 *Tank-Schmutztest*; OLG Hamm GRUR 1989, 212; aA OLG Hamburg GRUR 1985, 146.

Kunde hingegen leicht in eine solche Zwangssituation geraten; den Öllieferanten, der schon in den Privaträumen ist, schickt man nicht gern wieder weg.

Gegen einen Kauf aus Peinlichkeit kann sprechen, wenn das **Geschenk einen bestimmten Anlass hat** (zB Geschenk aus Kundentreue) oder das **Geschenk geringwertig** ist.[1443]

460 **Freifahrten** zum weiter entfernt liegenden Geschäft des Werbenden sind wettbewerbswidrig, wenn nach den Umständen davon auszugehen ist, dass der Kunde „anstandshalber" irgendetwas kaufen wird. Früher nahm die Rechtsprechung an, dies treffe in der Regel zu, wenn der Kunde **einzeln** befördert werde, falls es sich nicht nur um eine kurze Fahrt zum eigenen Lager am gleichen Ort handele.[1444] Heute wird man zurückhaltender sein müssen, weil die Grenze erst dort liegt, wo die Freifahrt die Rationalität der Kaufentscheidung völlig verdeckt (Rn 459). Bleibt der Kunde anonym und findet keine Kontrolle über einen tatsächlich erfolgten Einkauf statt, so ist die Gewährung einer freien oder verbilligten Fahrt von vornherein unbedenklich.[1445] Durch die kostenlose Beförderung begleitender Kinder fühlt sich in beiden Fällen niemand verpflichtet.[1446] Der **kostenlose Transfer** zum Flughafen bei Ferienreisen ist Teil der Leistung des Veranstalters und fällt deshalb nicht unter die Fälle der unzulässigen Wertreklame.[1447] Bei **kostenlosen Besichtigungsreisen** ist nicht mehr nur der Wert des Geschenks in Relation zur Hauptleistung zu berücksichtigen,[1448] sondern auch die räumliche Situation und die Anonymität der Verbraucher. Nur wenn danach gesagt werden kann, dass anstandshalber etwas gekauft wird, liegt keine rationale Entscheidung und damit Unlauterkeit vor. Diese Grundsätze gelten erst recht für die sog. **Kaffeefahrten**, die allerdings wegen der faktischen Unmöglichkeit für die Teilnehmer, sich der dabei stattfindenden Werbung zu entziehen, oft sogar mittelbaren Zwang darstellen dürften (Rn 424). – Dagegen ist es nicht richtig, die sog. **Butterfahrten** den Kaffeefahrten gleichzusetzen, wie dies die OLGe Hamburg, Frankfurt und Bremen früher taten;[1449] hier fährt der Kunde von vornherein deshalb mit, weil er von den verbilligten Einkaufsmöglichkeiten auf dem „Butterdampfer" Gebrauch machen will, kauft also nicht etwa anstandshalber aus Dankbarkeit gegenüber dem Busunternehmer.

461 Bei der Bewertung der vorgenannten Sachverhalte ist stets auch zu berücksichtigen, ob sich der Verbraucher selbst bewusst in die „Peinlichkeitssituation" gebracht hat. Denn das UWG muss den Verbraucher grundsätzlich nicht vor sich selbst schützen.[1450]

462 Die **Inzahlungnahme eines Parkscheins** ist wettbewerbsrechtlich nicht zu beanstanden. Ihr Zweck ist die Freihaltung des Parkhauses von Nichtkunden; die geringe Gebühr wird zudem kaum jemanden veranlassen, etwas zu kaufen, was er nicht haben

---

1443 LG Dresden GRUR-RR 2005, 232, 234, für Puls- und Blutdruckmessen; für wettbewerbswidrig hielt das noch OLG Düsseldorf WRP 1979, 794.
1444 BGH GRUR 1972, 603, 605 *Kunden-Einzelbeförderung*.
1445 BGH GRUR 1971, 322 f. *Lichdi-Center* und BGH GRUR 1972, 364, 365 f. *Mehrwertfahrten*. Anders BGH GRUR 1984, 463, 465 *Mitmacher-Tour* (wegen der Entfernung von 20 km) und OLG Hamburg WRP 1986, 103 f, das Butterfahrten für 3 DM als „übertriebenes Anlocken" verbot.
1446 OLG Düsseldorf WRP 1976, 248, 250.
1447 AA OLG Hamm BB 1987, 1838.
1448 So aber noch BGH GRUR 1972, 367, 368 f und 1976, 316, 317 *Besichtigungsreisen I* und *II*; S. auch Rn 468.
1449 WRP 1981, 532 und 533 sowie WRP 1986, 103 f bzw GRUR 1988, 137, 138. S. auch Fn 47.
1450 Zutreffend Weiler WRP 2002, 871, 873.

will.[1451] Entsprechendes gilt für die Inzahlungnahme eines **Bus- oder Straßenbahnfahrscheins**.

Unlauter kann es allerdings sein, wenn der Unternehmer den Verbraucher unter einen   463
besonderen **Zeitdruck** setzt. Der Druck muss so groß sein, dass er die Rationalität der
Kaufentscheidung völlig verdeckt (Rn 452) und es zu „unüberlegten Kaufentschlüssen"[1452] kommt. Danach wird nur in Ausnahmefällen eine Unlauterkeit anzunehmen
sein. Denkbar ist aber, dass das Zeitelement in Kombination mit anderen Umständen
(räumliche Situation, fehlende Anonymität) zu einem Unauterkeitsurteil führt.

Beispiele: Für sich genommen nicht unlauter ist nach Auffassung des Bundesgerichtshofes ein
auf einen Tag begrenztes Sonderangebot.[1453] Auch die Angabe „Abgabe nur in haushaltsüblichen
Mengen, solange Vorrat reicht" genügt nicht.[1454] Das Gleiche gilt für die Verpflichtung, Treuepunkte über einen Zeitraum von 15 Tagen einzulösen.[1455]

Keinen Fall des Ausnutzen menschlicher Vorzüge und Schwächen (Dankbarkeit; Pein-   464
lichkeit) beschreibt § 3 Abs. 3 UWG iVm **Nr. 25 Anhang-UWG**. Danach ist es immer
unzulässig, einem Verbraucher gegenüber den Eindruck zu erwecken, er könne bestimmte Räumlichkeiten nicht ohne vorherigen Vertragsabschluss verlassen. Das ist
indes ein Fall des unmittelbaren Zwanges (Rn 412 ff).

4. Probegaben

*Rechtsgrundlage: §§ 3 Abs. 1, 4 Nr. 1 und 4 UWG; Art. 5 Abs. 2, Art. 8, 9 Richtlinie
unlautere Geschäftspraktiken*

Verschenkt ein Unternehmer Warenproben in dem Umfang, wie es **zur Erprobung er-**   465
forderlich ist, so fühlt sich dadurch niemand verpflichtet. Probegaben scheiden deshalb
aus dem Bereich der unzulässigen Beeinflussung aus. Das gilt auch dann, wenn Originalware verschenkt wird, soweit dies erforderlich ist, um ein sachgerechtes Ausprobieren zu gewährleisten.[1456] Dass der Kunde sich bei wiederholter oder massenweiser Verteilung möglicherweise an die Ware gewöhnt und dadurch veranlasst wird, die Angebote der Mitbewerber nicht mehr unbeeinflusst auf ihre Güte und Preiswürdigkeit zu
prüfen, ist entgegen einer schon 35 Jahre alten Entscheidung des Bundesgerichtshofs[1457] für die Beurteilung als zulässige oder unzulässige Beeinflussung unerheblich.
Es ist das erklärte Ziel jeder Werbung, möglichst endgültig das Vertrauen des Kunden
zu gewinnen, ihn also von immer neuen Vergleichen abzuhalten. Vgl Rn 624 ff. Erst
Recht ist die Entscheidung überholt, seitdem Maßstab für § 4 Nr. 1 UWG ist, ob die
Rationalität des Nachfragers völlig ausgeblendet wird (Rn 452). Bequemlichkeit des
Kunden ist aber nicht mit Irrationalität gleichzusetzen.

Geht eine Probegabe über das hinaus, was zur Erprobung erforderlich ist, kann insbes   466
eine unlautere Behinderung gegeben sein. Das gilt vor allem dann, wenn Gebrauchs-

---

1451   Vgl BGH GRUR 1964, 509, 511 *Wagenwaschplatz*.
1452   BGH GRUR 2010, 1022 Tz. 16, 19 *Ohne 19% Mehrwertsteuer*.
1453   BGH GRUR 2010, 1022 Tz. 16, 19 *Ohne 19% Mehrwertsteuer*.
1454   BGH GRUR 2004, 343, 344 *Playstation*.
1455   BGH GRUR 2004, 344, 345 *Treue-Punkte*.
1456   Vgl BGHZ 23, 365, 375 *SUWA*; OLG Köln NJWE 1997, 55, 56. Zu Weinproben: Borck, 1980, 184.
1457   BGH GRUR 1975, 26, 28 *Colgate*.

artikel zum bestimmungsgemäßen Gebrauch verschenkt werden, weil hier keine bloße Probe, sondern eine endgültige Deckung des Bedarfs stattfindet (Rn 551 ff, 560).

5. Zuwendungen an vermeintlich neutrale Dritte

Rechtsgrundlage: §§ 3 Abs. 1, 4 Nr. 1 UWG; Art. 5 Abs. 2 Richtlinie unlautere Geschäftspraktiken

467 Geschenke an Dritte, die dann für den Schenker als vermeintlich neutrale Dritte werben, können unlauter sein. Dazu Rn 441.

6. Sonderregelungen für Werbegeschenke

Rechtsgrundlage: §§ 3 Abs. 1, 4 Nr. 11 UWG iVm verletzter Norm

468 Werbegeschenke können zwar nach §§ 3 Abs. 1, 4 Nr. 1 UWG zulässig, aber **nach anderen Gesetzen verboten** sein. In Betracht kommen

- § 56 a Abs. 1 S. 2 GewO: Danach dürfen im Zusammenhang mit der Veranstaltung von Wanderlagern unentgeltliche Zuwendungen (Waren oder Leistungen) einschließlich Preisausschreiben, Verlosungen und Ausspielungen nicht angekündigt werden;[1458]
- Das Zugabeverbot in § 7 Abs. 1 HWG, das die gleichen Ausnahmetatbestände nennt wie früher § 1 Abs. 2 ZugabeVO (mit Ausnahme des § 1 Abs. 2 g ZugabeVO). Auch eigentlich unbedenkliche Gesamtpreisangebote werden vom Bundesgerichtshof im Bereich der Heilmittelwerbung auf der Grundlage einer einschlägigen EU-Richtlinie strenger beurteilt (vgl. Rn 813).

Seit Aufhebung der **ZugabeVO** gibt es gelegentlich sehr wertvolle Geschenkangebote beim Kauf einer Ware. Sie sind nach den zum **übertriebenen Anlocken** entwickelten Grundsätzen grundsätzlich zulässig (Rn 447 ff, 459 ff). Die Aufhebung des **RabattG** hat die Gewährung von Preisnachlässen ermöglicht. Dass von ihnen eine Anlockwirkung ausgeht, ist selbstverständlich; mit **dieser** Begründung können sie also nicht erneut verboten werden.[1459] So kann ein 10 %-Barzahlungsrabatt kein übertriebenes Anlocken sein.[1460] Es müssen nach § 4 Nr. 4 UWG bei Preisnachlässen die Bedingungen für ihre Inanspruchnahme klar und eindeutig angegeben werden (zu § 4 Nr. 4 UWG oben Rn 282 ff).

Bei Werbegaben an Angestellte oder Beauftragte kann (strafbare) **Bestechung** vorliegen (§§ 299, 300 StGB).

Schließlich sei auf die Verbote der Gewährung von Geldgeschenken in den ärztlichen Berufsordnungen verwiesen, zB für die Verweisung von ambulant behandelten Patienten zur stationären Behandlung.[1461]

1458   Vgl OLG Hamburg GRUR 1985, 460 f.
1459   J. B. Nordemann NJW 2001, 2505, 2510 f.
1460   OLG Frankfurt GRUR 2002, 460 *10 %-Barzahlungsrabatt.*
1461   OLG Schleswig GRUR 2004, 171, 173 *Pauschalengelte.*

V. Spielleidenschaft

1. Glückspiele

Rechtsgrundlage: § 3 Abs. 3 iVm Nr. 16 Anhang-UWG, §§ 3 Abs. 1, 4 Nr. 11 UWG, §§ 3 Abs. 1 4 Nr. 1 UWG; Art. 5 Abs. 5 und Abs. 2 Richtlinie unlautere Geschäftspraktiken

Es ist nach § 3 Abs. 3 UWG iVm **Nr. 16 Anhang-UWG** stets unzulässig (Rn 105 ff),   **469** gegenüber Verbrauchern mit der Angabe zu werben, durch eine bestimmte Ware oder Dienstleistung ließen sich die Gewinnchancen bei **Glücksspielen** erhöhen. Nr. 16 Anhang-UWG steht zwar bei irreführenden Tatbeständen der schwarzen Liste; jedoch setzt ihr Wortlaut eindeutig nicht voraus, dass die Angabe falsch sein muss. Der Werbende kann sich also nicht damit entlasten, dass tatsächlich der Erwerb die Gewinnchancen erhöht. Vielmehr ist die Werbung als solche unabhängig von ihrem Richtigkeitsgehalt verboten.[1462]

Der Begriff des Glücksspiels ist gemeinschaftsrechtlich auszulegen und ist nach Ansicht des Gesetzgebers gegeben, wenn der Gewinn vom Zufall abhängt und die Aussicht auf einen Gewinn – anders als bei Wettbewerben, Preisausschreiben und Gewinnspielen – einen *geldwerten* Einsatz voraussetzt.[1463] Eine analoge Anwendung der Vorschrift auf Gewinnspiele verbietet sich,[1464] so dass insbesondere keine Überschneidungen mit der Regelung für Gewinnspiele in § 4 Nr. 6 UWG bestehen.[1465] Es fällt also nicht unter Nr. 16 Anhang-UWG, wenn ein Produktanbieter damit wirbt, durch einen Erwerb der Ware ließe sich die Gewinnchance bei einem von ihm durchgeführten (kostenlosen) Preisausschreiben erhöhen. Das wird vielmehr von § 4 Nr. 6 UWG erfasst (dazu Rn 473). Hauptanwendungsfall sollten vielmehr „Lotteriebetrügereien" sein.

Beispiele: Unzulässig ist ein „Bio-Lotto-Programm", mit dem sich die individuellen Lotto-Glückszahlen ermitteln lassen.[1466] Verbrauchern werden für das Mitspielen bei Lotterien Gewinngarantien gegeben oder ihnen wird ein sicherer Gewinnplan dafür verkauft.

Eine Lotto-Spielgemeinschaft wirbt damit, bei einer Teilnahme verbessere sich die Gewinnchance.[1467]

Allgemein sind nicht genehmigte Glückspiele **strafbar** (§§ 284, 287 StGB). Verstöße   **470** gegen § 287 StGB können über §§ 3 Abs. 1, 4 Nr. 11 UWG verfolgt werden (Rn 835). In der Praxis häufiger anzutreffen sind eigentlich genehmigungsfreie Gewinnspiele, die die Grenze zum Glücksspiel überschreiten. Das gilt beispielsweise für **Gewinnspiele**, an denen nur teilnehmen kann, wer eine **Rufnummer** mit Tarifen nutzt, die **über den üblichen Übermittlungskosten** liegen.

Beispiel: Ein (ohne Erlaubnis strafbares) Glücksspiel liegt in der Kopplung von Gewinnspiel und kostenpflichtigem Anruf von 1,86 EUR/Minute.[1468]

1462 Köhler in Köhler/Bornkamm Anhang zu § 3 Abs. 3 UWG Rn 16.3; Ullmann jurisPK-UWG/Seichter Anhang zu 3 § Abs. 3 Nr. 16 Rn 1; Hecker in Fezer Anhang UWG Nr. 16 Rn 28; aA Sosnitza in Piper/Ohly/Sosnitza, Anhang zu § 3 Abs. 3 Rn 38.

1463 Begr. RegE UWG-Novelle 2008, BT DS 16/10145, S. 33, abrufbar unter www.nordemann.de.

1464 Köhler in Köhler/Bornkamm Anhang zu § 3 Abs. 3 UWG Rn 16.4; Hecker in Fezer Anhang UWG Nr. 16 Rn 36 f.

1465 Hecker in Fezer Anhang UWG Nr. 16 Rn 36; aA Scherer NJW 2009, 324, 328.

1466 KG GRUR 1988, 223; Köhler in Köhler/Bornkamm Anhang zu § 3 Abs. 3 UWG Rn 16.5.

1467 Hecker in Fezer Anhang UWG Nr. 16 Rn 34.

1468 Hecker in Fezer § 4-6 UWG Rn 121 mwN.

471 In Einzelfällen können bestimmte Werbemaßnahmen für Glücksspiele, gerade wenn sie an die Spielleidenschaft appellieren, auch gegen §§ 3 Abs. 1, 4 Nr. 1 UWG verstoßen. Dann muss die Werbung aber so abgefasst sein, dass sie die Rationalität der Verbraucher völlig in den Hintergrund treten lässt (Rn 429), was bei Glückspielwerbung einfacher anzunehmen sein sollte als bei anderen Fallgruppen gefühlsbetonter Werbung, weil die Glücksspielleidenschaft in besonderem Maße geeignet ist, die Rationalität der Entscheidung zu verdecken.

2. Gewinnspiele

Rechtsgrundlage: §§ 3 Abs. 1, 4 Nr. 1, Nr. 2, Nr. 5 und Nr. 6 UWG, § 3 Abs. 2 S. 1 UWG; Art. 5 Abs. 2 Richtlinie unlautere Geschäftspraktiken

472 Glücksspielen stehen bloße **Gewinnspiele** gegenüber. Ein Unterfall von Gewinnspielen sind Preisausschreiben, bei denen nur teilgenommen werden kann, wenn bestimmte qualifizierende Leistungen nachgewiesen werden, zB die Beantwortung von Fragen oder die Lösung von Rätseln. Im Gegensatz zu Glücksspielen erfolgt bei Gewinnspielen die **Teilnahme** entweder **kostenlos** oder die Teilnahme ist **abhängig vom Erwerb einer Ware oder Dienstleistung.** Letzteres macht für sich genommen ein Gewinnspiel noch nicht zum einem Glücksspiel. Allerdings kann der für ein Glücksspiel erforderliche geldwerte Einsatz (Rn 469) auch darin bestehen, dass man eine Ware oder Dienstleistung kaufen muss (versteckter Einsatz),[1469] so dass es zu Abgrenzungsschwierigkeiten kommen kann. Dass ein Zuschlag zum sonst üblichen Preis nicht gefordert wird, ändert nichts. Es genügt, dass die Ware gekauft wird, um an der Ausspielung teilnehmen zu können.[1470] Die strafrechtliche Bagatellgrenze ist schon immer dann überschritten, wenn der aufzubringende Einsatz „mehr als unerheblich" ist.[1471] **Der Unternehmer sollte sich jedenfalls klar sein, dass eine Kopplung von Warenabsatz und Teilnahmemöglichkeit ihn an die Grenze zum (ohne Erlaubnis strafbaren) Glücksspiel bringt.**[1472] Bessere Argumente gegen ein Glücksspiel hat möglicherweise der Unternehmer, der die Teilnahmemöglichkeit an der Verlosung durch den Warenerwerb eindeutig als bloße Nebenleistung („Zugabe") bewirbt.

Liegt – bei Kopplung des Gewinnspiels mit dem Waren- oder Dienstleistungsabsatz – ein strafbares Glücksspiel nach §§ 284, 287 StGB vor, ist das auch ein Rechtsbruch nach § 4 Nr. 11 UWG (Rn 835).

473 Daneben sind Gewinnspiele in § 4 Nr. 6 UWG reguliert. Nach § 4 Nr. 6 UWG handelt **unlauter, wer die Teilnahme am Spiel vom Erwerb einer Leistung abhängig macht.** § 4 Nr. 6 UWG bezweckt, den Verbraucher davor zu schützen, dass seine Spiellust für den Waren- oder Dienstleistungsabsatz missbraucht wird, der Verbraucher also nicht

---

1469 OLG Saarbrücken GRUR 1955, 101, 102; OLG Düsseldorf NJW 1958, 760; OLG Hamburg WRP 1984, 216, 217 (auch eine kostenlose Probebestellung, die sich ohne Widerspruch in ein festes Abonnement umwandelt, enthält einen Einsatz des Teilnehmers); Hecker in Fezer § 4-5 UWG Rn 59.
1470 BGHSt 11, 209, 210.
1471 Hecker in Fezer § 4-5 UWG Rn 62 mwN.
1472 So auch Hecker in Fezer § 4-5 UWG Rn 59; demgegenüber sorgloser offenbar Köhler in Köhler/Bornkamm § 4 UWG Rn 11.176, nach dem es nicht ausreicht, dass die Teilnahme von Warenerwerb abhängig gemacht werde.

mehr frei und rational seine Auswahlentscheidung trifft.[1473] Ob diese Annahme noch *abstrakt* ohne Berücksichtigung des Einzelfalls angesichts des neuen Leitbildes des kritischeren Verbrauchers zutreffend ist, mag bezweifelt werden.[1474] Jedenfalls ist § 4 Nr. 6 UWG **europarechtswidrig.** Die Bestimmung verstößt gegen die Vorgabe der Richtlinie unlautere Geschäftspraktiken, dass Geschäftspraktiken (wie die Kopplung von Absatz und Gewinnspiel) nur unzulässig sein dürfen, wenn sie geeignet sind, den Verbraucher in seiner geschäftlichen Entscheidung wesentlich zu beeinträchtigen (Rn 17). Auf Vorlage des BGH[1475] sah der EuGH eine solche Eignung bei einer Kopplung von Absatz und Gewinnspiel nicht generell als gegeben an; vielmehr komme es auf die Umstände des Einzelfalles an.[1476]

Das weitere Schicksal von § 4 Nr. 6 UWG ist ungewiss. Art. 4 Richtlinie unlautere Geschäftspraktiken ordnet eine Vollharmonisierung im Bereich der unzulässigen Beeinflussung an (Rn 17). Damit muss jedenfalls sichergestellt sein, dass auch nach den konkreten Umständen des Einzelfalls eine Eignung gegeben ist, den Verbraucher spürbar zu beeinflussen und ihn zu einem Geschäftsabschluss zu bewegen, den er sonst nicht getätigt hätte. Insoweit muss § 4 Nr. 6 UWG nicht zwingend abgeschafft werden; § 4 **Nr. 6 UWG muss** aber **richtlinienkonform ausgelegt werden.**[1477] es genügt, wenn die Prüfung des konkreten Einzelfalls anhand von **§ 3 Abs. 2 S. 1 UWG** vorgenommen wird, der die vorgenannten Spürbarkeitskriterien bereits in sich trägt.[1478] Allerdings ist als Maßstab – wegen der Richtlinienwidrigkeit der abstrakten Unlauterkeitsregel des § 4 Nr. 6 UWG – auf die allgemeine Regel des **§ 4 Nr. 1 UWG** abzustellen, nämlich ob die Kopplung von Warenerwerb und Gewinnspiel die Rationalität der Verbraucherentscheidung völlig verdeckt;[1479] denn diese Regel ist richtlinienkonform (Rn 429). § 4 Nr. 6 UWG und § 4 Nr. 1 UWG laufen deshalb parallel.

Der bloße Einsatz von Spielanreizen reicht dabei für sich genommen nicht aus, um den Vorwurf der Unlauterkeit zu rechtfertigen.[1480] Wettbewerbswidrig ist eine Werbung vielmehr erst dann, wenn die freie Entscheidung der angesprochenen Verkehrskreise durch den Einsatz von Spielanreizen so nachhaltig beeinflusst wird, dass ein Kaufentschluss nicht mehr von sachlichen Gesichtspunkten, sondern maßgeblich durch das Streben nach der in Aussicht gestellten Gewinnchance bestimmt ist,[1481] die **Rationalität der Nachfrageentscheidung** also **völlig in den Hintergrund gedrängt** wird.[1482] Häufig wird man dies bei besonders schutzwürdigen Personengruppen (zB Kindern) annehmen müssen (Rn 495 ff). Demgegenüber ist nach der Rechtsprechung des Bundesgerichts-

---

1473 BGH GRUR 2007, 981 Tz. 27 *150% Zinsbonus.*Vgl auch RegE BT DS 15/1487, S. 18, abrufbar unter www.nordemann.de.
1474 Für eine Abschaffung Seichter BB 2005, 1087, 1095; Sosnitza WRP 2008, 1014, 1024.
1475 BGH GRUR 2008, 807 *Millionenchance.*
1476 EuGH GRUR 2010, 244 Tz. 47 ff. *Plus Warenhandelsgesellschaft.*mit Anm. Köhler GRUR 2010, 177; ferner EuGH GRUR 2011, 76 Tz. 46 f. *Mediaprint.*
1477 BGH GRUR 2011, 532 Tz. 25 *Millionen-Chance II.*
1478 Vgl Köhler GRUR 2010, 181, 182 f; in diese Richtung auch schon – vor der EuGH-Entscheidung – BGH GRUR 2009, 875 Tz. 9 *Jeder 100. Einkauf gratis.*
1479 Anders wohl Köhler GRUR 2010, 181, 181 f.; offen BGH GRUR 2011, 532 Tz. 26 f. *Millionen-Chance II.*
1480 Vgl BGH GRUR 2007, 981 Tz. 33 *150% Zinsbonus;* BGH GRUR 2006, 161 Tz. 16 *Zeitschrift mit Sonnenbrille.*
1481 BGH GRUR 2009, 875 Tz. 12 *Jeder 100. Einkauf gratis;* BGH GRUR 2004, 249, 250 f. *Umgekehrte Versteigerung im Internet.*
1482 BGH GRUR 2011, 532 Tz. 26 *Millionen-Chance II.*

hofes beim Durchschnittsverbraucher Zurückhaltung mit der Annahme geboten, dass die Rationalität seiner Kaufentscheidung völlig in den Hintergrund gedrängt wird.

Beispiel: Das hat der Bundesgerichtshof für einen Fall verneint, in dem in einem Verbrauchermarkt jeder 100. Käufer nichts bezahlen musste. Die Chance für den Verbraucher, dass gerade er den 100. Einkauf tätigen werde, sei zu klein. Selbst wenn sich der Durchschnittsverbraucher dadurch zu einem Einkauf verleiten lasse und im Hinblick auf die angekündigte Chance eines Gratiseinkaufs möglichst viel einkaufe, werde dadurch die Rationalität der Kaufentscheidung nicht völlig in den Hintergrund gedrängt. Der Durchschnittsverbraucher sei vielmehr in der Lage, mit diesem Gewinnanreiz bei seiner Kaufentscheidung umzugehen.[1483]

Die menschliche Schwäche der Spielleidenschaft entfaltet jedoch eine erhebliche Anlockwirkung; der deutsche Gesetzgeber hat § 4 Nr. 6 UWG nicht ohne jeden Grund in das UWG hineingeschrieben. Deshalb mag es bei Kopplung von Absatz und Gewinnspiel bei übersteigerter Werbung durchaus Fälle geben, in denen auch beim Durchschnittsverbraucher die Grenze der völligen Verdeckung der Rationalität gem. § 3 Abs. 2 S. 1 UWG bzw §§ 3 Abs. 1, 4 Nr. 1 UWG überschritten ist, zB wenn – anders als im vorgenannten Fall – jeder 10. oder gar jeder 3. Einkauf gratis wäre.

474 Auch im vorgenannten Vorlagefall des BGH an den EuGH *Millionenchance*[1484] wäre es vertretbar, einen solchen Fall der unlauteren Kopplung gem. § 3 Abs. 2 S. 1 oder §§ 3 Abs. 1, 4 Nr. 1 UWG anzunehmen.[1485] Kunden konnten im genannten Zeitraum „Bonuspunkte" sammeln; sie erhielten bei jedem Einkauf für 5 € Einkaufswert je einen Bonuspunkt. Ab 20 Bonuspunkten bestand die Möglichkeit, kostenlos an den Ziehungen des Deutschen Lottoblocks am 6. oder 27. November 2004 teilzunehmen. Hierzu mussten die Kunden auf einer in den Filialen der Beklagten erhältlichen Teilnahmekarte unter anderem die Bonuspunkte aufkleben und sechs Lottozahlen nach ihrer Wahl ankreuzen. Auf den Teilnehmerkarten fanden sich Angaben wie „ihre Millionenchance", „Ja, ich will die Lotto-Millionenchance" oder „Ja, ich habe 20 Bonuspunkte gesammelt und spiele jetzt um die Lotto-Millionen". Der BGH nahm schon im Vorlagebeschluss an, dass nach § 3 Abs. 2 S. 1 UWG (Art. 5 Abs. 2 b Richtlinie unlautere Geschäftspraktiken) eine wesentliche Beeinflussung der Verbraucherentscheidung bewirkt werde. „Denn die breit gestreute Werbung stellt den möglichen Millionengewinn in den Mittelpunkt und erzeugt damit eine erhebliche Anlockwirkung."[1486]

475 Der Werbende muss aber **nicht mehr** stets – wie früher – **eine Bezugsmöglichkeit ohne Zwang zum Leistungserwerb** anbieten (beispielsweise „Teilnahmekarten auch bei Firma XY, Berlin" oder „Teilnahme auch unter www.xy.de"). Insoweit hat sich die Rechtslage nach der EuGH-Entscheidung geändert. Denn nach dem EuGH ist der bloße Umstand der Kopplung von Absatz und Gewinnspiel ohne Hinzutreten einer besonderen Anlockwirkung nicht mehr unlauter. Auch kann es nicht mehr als solches unlauter sein, ausschließlich auf Produkten aufgedruckte Teilnahmekarten zu verwenden. Selbst die einheitliche Gestaltung des Bestellscheins mit dem Teilnahme-Coupon für ein Gewinnspiel ist nicht mehr ohne weiteres zu beanstanden, auch wenn bei den angespro-

---

1483 BGH GRUR 2009, 875 Tz. 12 *Jeder 100. Einkauf gratis*.
1484 BGH GRUR 2008, 807.
1485 Die Entscheidung des BGH lag bei Redaktionsschluss noch nicht vor.
1486 BGH GRUR 2008, 807 Tz. 15 *Millionenchance*.

chen Verbrauchern der Eindruck einer Abhängigkeit der Gewinnchance von einer Warenbestellung hervorgerufen wird.[1487]

Nach dem Willen des Gesetzgebers von § 4 Nr. 6 UWG zählte zu den unlauteren Kopplungen auch die Kopplung einer Teilnahme an einem **Gewinnspiel mit einem kostenpflichten Anruf** bei einer Mehrwertdienstrufnummer, es sei denn, die Telefongebühren für den Anruf liegen nur in Höhe des Basistarifes.[1488] Mit anderen Worten: sofern der Werbende (nicht unbedingt der Gewinnspielveranstalter)[1489] durch den Anruf Geld verdient, liege eine unlautere Kopplung vor. Die Grenze sollte dort liegen, wo die üblichen Übermittlungskosten überschritten werden.[1490] Nach der EuGH-Entscheidung (Rn 473) liegt allein in der Kopplung noch keine Unzulässigkeit; auch kann bezweifelt werden, dass bei Mitteilung der Anrufkosten im Regelfall der Verbraucher trotz Aufklärung noch unzulässig nach § 4 Nr. 1 UWG beeinflusst wird. Allerdings liegt bei Telefonkosten, die das Übliche übersteigen, ein (ohne Erlaubnis verbotenes) Glücksspiel nahe (Rn 470). **476**

Auch **Zufallszugaben** (Geschenk bei Kauf abhängig von Verlosung oder anderem Zufall) können mit einem Leistungserwerb gekoppelte Gewinnmöglichkeiten sein.[1491] Hierunter kann beispielsweise das sogenannte Rabatt-Würfeln subsumiert werden, bei dem der Kunde an der Kasse um die Höhe eines Rabatts auf die zu kaufende Ware würfelt.[1492] Entsprechendes gilt für Werbung mit der Angabe, dass jeder 20. Käufer einen Hin- und Rückflug bei einer Fluglinie gewinnt.[1493] Als Zugabe sind solche Kopplungen nach Abschaffung der ZugabeVO grundsätzlich erlaubt.[1494] Es kommt hier für eine Beurteilung nach § 4 Nr. 1 UWG nach der EuGH-Entscheidung (Rn 473) allein darauf an, ob auch Sicht der einschlägigen Verkehrskreise (Rn 134 ff) eine Anlockwirkung gegeben ist, die die Rationalität der Kaufentscheidung völlig verdeckt. Das dürfte nicht der Fall sein, wenn beispielsweise jeder eine Zugabe mit einem gleichen Wert, jedoch nach dem Zufallsprinzip in unterschiedlichen Ausgestaltungen erhält (Blumenstrauß, Zigarren oder Eiskrem zu je 15,00 EUR). **477**

Eine unlautere Beeinflussung der Verbraucherentscheidung nach § 4 Nr. 1 UWG – durch völlige Verdeckung der Rationalität der Kaufentscheidung – kann sich auch aus der **Art der Aushändigung des Gewinns** ergeben (siehe auch Rn 459 ff). Für Preisausschreiben, die in Zeitungsanzeigen, Prospekten, Flugblättern usw mitgeteilt werden, kann eine Unlauterkeit angenommen werden, wenn das Publikum, um teilnehmen zu können, sich unter den unmittelbaren Einfluss des Werbenden begeben muss und von diesem dann so beeinflusst wird, dass es „anstandshalber" etwas kauft. Bei einer Modenschau, die in einem Textilgeschäft stattfindet, werden sich die nur Schaulustigen **478**

1487 BGH GRUR 2005, 599, 600 *Traumcabrio*.
1488 Begr. RegE UWG-Novelle 2004, BT DS 15/1487, S. 18, abrufbar unter www.nordemann.de. Siehe auch LG Memmingen GRUR-RR 2001, 135 f (Gewinnspiel mit 0190er Nummer); Bahr WRP 2002, 501, 502; ausführlich Hecker in Fezer § 4-6 UWG Rn 121 ff. Vgl auch BGH GRUR 2005, 1061, 1063 *Telefonische Gewinnauskunft*.
1489 OLG Celle GRUR-RR 2008, 349 *Reparaturkosten-zurück-Aktion*.
1490 Hecker in Fezer § 4-6 UWG Rn 125.
1491 Siehe OLG Stuttgart WRP 1985, 365, 366 und offenbar auch OLG Saarbrücken WRP 2000, 791, 793.
1492 OLG Köln GRUR-RR 2007, 364 *Das Große Rabatt-Würfeln*.
1493 OLG Köln GRUR-RR 2007, 48, 48 *Jeder 20. Käufer gewinnt*.
1494 J. B. Nordemann NJW 2001, 2505, 2507.

durch einen dabei stattfindenden Preiswettbewerb um die schönsten Kleider zwar zur Teilnahme daran, nicht aber zum Kauf von Kleidern veranlasst fühlen.[1495] Grundsätzlich liegt Unlauterkeit auch dann noch nicht vor, wenn der Kunde zur Teilnahme am Gewinnspiel das Ladenlokal betreten muss, selbst wenn nahe liegt, dass er dann einige Gelegenheitskäufe tätigt.[1496] Gegen Gewinne in Form von **Warengutscheinen** ist deshalb nichts einzuwenden, wenn sich im Angebot tatsächlich genügend Waren in entsprechender Preislage finden, so dass der Gewinner nicht genötigt ist zuzuzahlen.[1497] Anders ist es, wenn sich das Gewinnspiel an Kinder richtet[1498] (Rn 496), man die Teilnahmekarten, Gutscheine oder Gewinne nur an der Kasse,[1499] am Packtisch, wo die bezahlte Ware ausgeliefert wird[1500] oder sonst in sehr enger, persönlicher Atmosphäre im Laden, zB in einem kleinen Friseurladen,[1501] ausgibt, oder der Inhaber eines auf der Straße gezogenen Loses erst in den Werbewagen gehen muss, um festzustellen, ob er gewonnen hat.[1502] Jedoch wird der Gewinner eines Doppel-Cheeseburgers in einem (eher anonymen) Schnellimbiss nicht zum Kauf von anderen Speisen veranlasst.[1503]

479 § 4 Nr. 1 UWG war von vornherein nicht einschlägig, wenn der (mögliche) Gewinn sich unmittelbar auf die vertragliche Leistung oder Gegenleistung auswirkt. Dann handelt es sich nicht um ein an ein Absatzgeschäft gekoppeltes Gewinnspiel, sondern um ein besonderes Verfahren der Preisgestaltung.[1504]

Beispiel: Ein Verbrauchermarkt hatte damit geworben, dass jeder 100. Einkauf bei ihm gratis sei. Der BGH verneinte eine Anwendung des § 4 Nr. 6 UWG mangels Kopplung von Warenabsatz und Gewinnspiel. Der Eintritt des ungewissen Ereignisses (100. Einkauf) wirke sich lediglich auf die vertragliche Gegenleistung für den Warenerwerb aus, indem in diesem Fall auf die Zahlung des Kaufpreises verzichtet werde.[1505]

Dann entfällt allerdings nur die Anwendung der Regelung des § 4 Nr. 6 UWG, der ohnehin europarechtswidrig ist (Rn 473). Eine Prüfung nach § 4 Nr. 1 und Nr. 2 UWG erübrigt sich nicht. Auch dafür ist jedoch danach zu fragen, ob die Rationalität der Kaufentscheidung des Verbrauchers völlig in den Hintergrund gedrängt wird, was im Beispielfall nicht gegeben war.[1506]

480 Überhaupt kein „Spiel" – und damit auch kein Spielanreiz – liegt vor, wo der Gewinn nicht überwiegend vom Zufall, sondern maßgeblich **von einer Leistung des Teilnehmers abhängt**, zB wenn ein Wettbewerb um die beste Schaufensterdekoration stattfindet[1507] oder die schwerste Frau in Wein aufgewogen wird.[1508] Allerdings genügt das Stellen einer Aufgabe allein nicht; ist sie so leicht, dass das Los unter den vielen richtigen Antworten entscheiden muss, so spielt der Zufall die entscheidende Rolle.

1495 BGH GRUR 1959, 544, 546 und 606 *Modenschau.*
1496 BGH GRUR 2000, 820, 821 *Space Fidelity Peep-Show;* BGH GRUR 1998, 735, 736 *Rubbelaktion.*
1497 Vgl auch KG NJW-RR 1987, 420, 421.
1498 OLG München WRP 2000, 1321, 1322, Revision nicht angenommen WRP 2001, 986 f.
1499 BGH GRUR 1977, 727, 728 *Kaffee-Verlosung I.*
1500 OLG Düsseldorf NJW 1931, 474, 475.
1501 OLG Braunschweig WRP 2002, 356 *Friseurgutscheine.*
1502 BGH GRUR 1967, 202, 203 *Gratisverlosung.*
1503 BGH GRUR 1989, 757 f. *McBacon;* v. Gamm GRUR 1990, 313, 319.
1504 BGH GRUR 2009, 875 Tz. 9 f. *Jeder 100. Einkauf gratis;* BGH GRUR 2007, 981 Tz. 31 *150% Zinsbonus.*
1505 BGH GRUR 2009, 875 Tz. 9 f. *Jeder 100. Einkauf gratis.*
1506 BGH GRUR 2009, 875 Tz. 12 *Jeder 100. Einkauf gratis.*
1507 BGH GRUR 1959, 139, 141 *Italienische Note.*
1508 BGH GRUR 1980, 793 f. *Wein-Wiege-Aktion.*

Der Gesetzgeber der UWG-Novelle 2004 hat den **Anwendungsbereich** des § 4 Nr. 6   **481**
UWG **nur** auf **Verbraucher** (§ 2 Abs. 2 UWG iVm § 13 BGB) verengt. Gegenüber sonstigen Marktteilnehmern, insbesondere gegenüber Unternehmern, durfte also schon immer mit Gewinnspielen geworben werden, die einen Erwerb der Ware voraussetzen. Der Gesetzgeber hielt solche Marktteilnehmer für weniger schutzwürdig im Hinblick auf die Ausnutzung der Spielleidenschaft,[1509] was sicherlich zutreffend ist. Nach zutreffender Ansicht des OLG Köln bedeutet die herabgesetzte Schutzbedürftigkeit von sonstigen Marktteilnehmern allerdings nicht, dass ein unangemessener unsachlicher Einfluss durch die Kopplung von Absatzgeschäft und Gewinnspiel nach § 4 Nr. 1 UWG bei solchen Personen gänzlich ausgeschlossen ist.[1510] Eine derartige Beeinträchtigung kann etwa vorliegen, wenn die Teilnahme an dem Gewinnspiel für die Vermittlung des Absatzgeschäfts Personen angetragen wird, die – wie Rechtsanwälte, Steuerberater und Wirtschaftsprüfer – zu einer objektiven Beratung verpflichtet sind.[1511] Denn dann reicht die Gefahr aus, dass der Berater das Angebot eingehender als sonst prüft und ihm den Vorzug bei Gleichwertigkeit zu anderen Angeboten gibt. § 287 StGB muss ohnehin in jedem Fall beachtet werden (Rn 470).

Gehört ein **Gewinnspiel** zum **Inhalt der Leistung,** so kommt ein übertriebenes Anlocken   **482**
mit einer anderen Leistung grundsätzlich nicht mehr in Betracht.[1512] § 4 Nr. 6 2. **Halbsatz UWG** stellt das klar. Deswegen sind **Preisrätsel** in Zeitungen und Zeitschriften[1513] oder Radiogewinnspiele[1514] als Bestandteil des Unterhaltungsangebots des betreffenden Mediums grundsätzlich zulässig, wenn sie nicht aus anderen Gründen als dem des psychologischen Kaufzwangs im Einzelfall unlauter sind. In Betracht kommt insoweit zunächst ein Verstoß gegen § 3 Abs. 3 iVm Nr. 11 Anhang-UWG oder §§ 3 Abs. 1, 4 Nr. 3 UWG unter dem Gesichtspunkt der getarnten bzw verschleierten Werbung (Rn 173 ff): Der Leser glaubt, die angebotenen Preise seien von der Redaktion ausgewählt, obwohl sich hinter der Aktion die Werbung eines bestimmten Herstellers verbirgt.[1515] Als unangemessene unsachliche Beeinflussung iSd § 4 Nr. 1 UWG hat es das OLG Köln auch angesehen, wenn die Teilnahme des Verbrauchers an einer Verlosung von seiner Erklärung abhängig gemacht wird, mit der Weitergabe von persönlichen Daten an Drittunternehmen und mit Werbeanrufen einverstanden zu sein und diese Kopplung dem Verbraucher erst mitgeteilt wird, nachdem er sich bereits für die Teilnahme an der Verlosung entschieden hat.[1516]

Ohnehin sieht § 4 Nr. 5 UWG für die Veranstaltung von Gewinnspielen ein allgemeines   **483**
Transparenzgebot vor, wie es auch für elektronische Medien in § 6 Abs. 1 Nr. 4 TMG und § 8 a Rundfunkstaatsvertrag vorgesehen ist. Das Transparenzgebot erfasst dabei

---

1509   Begr. RegE UWG-Novelle 2004, BT DS 15/1487, S. 18, abrufbar unter www.nordemann.de.
1510   OLG Köln GRUR-RR 2007, 49, 49 *Smart-Cabrio-Gewinnspiel.*
1511   OLG Köln GRUR-RR 2007, 49, 49 *Smart-Cabrio-Gewinnspiel*; in diese Richtung auch BGH GRUR 2008, 530, 531 *Nachlass bei der Selbstbeteiligung.*
1512   BGH GRUR 2002, 1003, 1004 *Gewinnspiel im Radio.*
1513   Begr. RegE UWG-Novelle 2004, BT DS 15/1487, S. 18, abrufbar unter www.nordemann.de; BGH GRUR 1996, 804, 806 *Preisrätselgewinnauslobung III*; KG ZUM-RD 2000, 22, 23.
1514   BGH GRUR 2002, 1003, 1004 *Gewinnspiel im Radio.*
1515   BGH GRUR 1994, 821, 822 f bzw 823, 824 f bzw GRUR 1997, 145, 147 *Preisrätselgewinnauslobung I, II* und *IV.* Für Radio-Preisrätsel S. KG AfP 1998, 311, 312.
1516   OLG Köln GRUR-RR 2008, 62, 63 *Verlosung von WM Tickets* (Revision beim BGH unter I ZR 173/07); weiterführend: Pauli WRP 2009, 245 ff.

die Teilnahmebedingungen, die „klar und eindeutig" angegeben werden müssen. Das Transparenzgebot betrifft allerdings **nicht** die tatsächlichen **Gewinnchancen**;[1517] dh es besteht insoweit keine Aufklärungspflicht des Veranstalters. Finden sich allerdings positive Angaben über Gewinnchancen, die falsch oder missverständlich sind, sind diese wiederholt verboten worden.[1518]

484 **§ 661 a BGB** verpflichtet einen Unternehmer, der durch die Gestaltung von Zusendungen an Verbraucher auch nur den **Eindruck erweckt, dass sie einen Preis gewonnen hätten**, ihnen diesen Preis zu leisten.[1519] Gemäß § 3 Abs. 3 UWG iVm **Nr. 17 Anhang-UWG** ist eine Werbung gegenüber Verbrauchern immer unzulässig, wenn sie die unwahre Angabe enthält oder den unzutreffenden Eindruck erweckt, der Verbraucher habe bereits einen Preis gewonnen oder werde ihn gewinnen oder werde durch eine bestimmte Handlung einen Preis gewinnen oder einen sonstigen Vorteil erlangen, obwohl es einen solchen Preis oder Vorteil tatsächlich nicht gibt, oder wenn jedenfalls die Möglichkeit, einen Preis oder sonstigen Vorteil zu erlangen, von der Zahlung eines Geldbetrags oder der Übernahme von Kosten abhängig gemacht wird. Vgl dazu Rn 212. Auch ist es stets unzulässig, mit einem Preisausschreiben oder anderen Gewinnspielen zu werben, wenn die ausgelobten Preise (oder ein angemessener Ersatz) gar nicht vergeben werden (**Nr. 20 Anhang-UWG**). Dazu Rn 211.

485 Ist die Ankündigung eines Preisausschreibens wettbewerbswidrig, so soll nach älteren Entscheidungen auch die **Preisverteilung** verboten sein.[1520] Aber die Fruchtziehung aus einem wettbewerbswidrigen Verhalten ist nicht generell, sondern nur in solchen Fällen ihrerseits ein Wettbewerbsverstoß, die darauf angelegt sind, den Umworbenen in eine „Vertragsfalle" zu locken.[1521]

486 **Sondergesetzlich untersagt** ist die Ankündigung von Preisausschreiben, Verlosungen und Ausspielungen im Zusammenhang mit der Veranstaltung von Wanderlagern (§ 56 a Abs. 1 S. 2 GewO). Dasselbe gilt für Gewinnspiele in der Absatzwerbung von Heilmittelherstellern (§ 7 HWG).[1522] Verstöße gegen diese Verbote dürften wegen des wettbewerbsregelnden Charakters der Sondervorschriften zugleich ein Verstoß gegen §§ 3 Abs. 1, 4 Nr. 11 UWG sein (zum Rechtsbruch allgemein unten Rn 774 ff).

3. Schnellballsysteme

Rechtsgrundlage: § 3 Abs. 3 iVm Nr. 14 Anhang-UWG, §§ 16 Abs. 2 UWG iVm § 4 Nr. 11 UWG, §§ 3 Abs. 1, 4 Nr. 1 und Nr. 2 UWG

487 **Schneeball- und Pyramidensysteme** (progressive Kundenwerbung) wurden schon immer für schlechthin unzulässig gehalten[1523] und können[1524] sogar **strafbar**

1517 Begr. RegE UWG-Novelle 2004, BT DS 15/1487, S. 18, abrufbar unter www.nordemann.de.
1518 Zuletzt BGH WRP 1995, 591, 593 *Gewinnspiel II*; weitere Nachweise in BGH GRUR 1998, 735, 736 *Rubbelaktion*.
1519 Den Fall, dass solche Zusendungen aus dem Ausland kommen, erörtert Lorenz NJW 2000, 3305.
1520 LG München I GRUR 1970, 367 *d-c-fix-Wettbewerb* und LG Hamburg GRUR 1970, 368 *Kinder-Schokolade*. Vgl Rn 857 ff, 933.
1521 BGH GRUR 2001, 1178, 1180 *Gewinnzertifikat*.
1522 OLG Karlsruhe WRP 2001, 562, 565 f.
1523 BGHZ 15, 356, 360 *Indeta*; für Zwischenhandelsstufen OLG München NJW 1986, 1880 f S. auch OLG Hamburg WRP 1986, 41, 45 f.
1524 Begr. RegE UWG-Novelle 2008, BT DS 16/10145, S. 33, abrufbar unter www.nordemann.de.

(§ 16 Abs. 2 UWG) sein. Unter „Schneeballsystemen" werden solche Verkaufsförderungsmaßnahmen verstanden, bei denen der Veranstalter mit einem für ihn geworbenen Erstkunden, und dann mit den durch dessen Vermittlung geworbenen weiteren Kunden, Verträge abschließt, aufgrund derer jeder Beteiligte für die Akquirierung weiterer Kunden besondere vermögenswerte Vorteile versprochen bekommt.[1525] Bei „Pyramidensystemen" schließen die geworbenen Kunden selbst die entsprechenden Verträge mit den nachfolgenden Verbrauchern ab.[1526] Diese Wettbewerbssysteme sind in aller Regel bereits gemäß § 4 Nr. 1 und Nr. 2 UWG und § 5 UWG unlauter, weil die Chancen, neue Kunden zu werben, wegen des progressiven Charakters des Systems sinken, was (nicht nur) unerfahrene oder leichtfertige Verbraucher nicht erkennen.[1527] Die Einführung, der Betrieb oder die Förderung eines Systems zur Verkaufsförderung, das den Eindruck vermittelt, allein oder hauptsächlich durch die Einführung weiterer Teilnehmer in das System könne eine Vergütung erlangt werden, ist auch nach § 3 Abs. 3 UWG iVm Nr. 14 Anhang-UWG immer unzulässig. Mit Recht: Der Kunde kauft – oder überredet seine Freunde und Bekannten zum Kauf, s. Rn 436 – nicht wegen der Qualität der Ware, sondern wegen der Gewinnchance, aufgrund der Verkaufsbemühungen der Nachfolgenden reich zu werden. Vgl ebenfalls Nr. 16 Anhang-UWG, wonach die Angabe unzulässig ist, durch eine bestimmte Ware oder Dienstleistung ließen sich die Gewinnchancen erhöhen. Auch progressive Systeme ohne Kundenwerbung, aber zu Erwerbszwecken nutzen die Spiellust in aller Regel unsachlich aus.[1528]

Das aus den USA stammende **Multi-Level-Marketing (MLM)-System**, bei dem der Kunde mehr Ware als selbst benötigt zum Zwecke des Weiterverkaufs beziehen kann („**inventory loading**") und dann überproportional an den Verkaufserfolgen seines Kunden sowie dessen Kunden partizipiert, muss sich ebenfalls an den genannten Grundsätzen messen lassen (vgl Rn 487). Es ist ungeachtet der Rechtfertigungsversuche von Leible,[1529] Thume[1530] oder Mäsch/Hesse[1531] § 16 Abs. 2 UWG nicht von vorne herein entzogen.[1532] Insbesondere **Strukturvertriebssysteme** (die Multi-Level-Marketing-Systeme der Finanzbranche) laufen Gefahr, als unlautere progressive Kundenwerbung zu gelten, wenn besondere vermögenswerte Vorteile für das bloße Rekrutieren neuer Mitarbeiter („**Kopfprämien**") versprochen werden.[1533]

488

Verstöße gegen § 16 Abs. 2 UWG und gegen § 16 Abs. 1 UWG sind als **Rechtsbruch** (dazu unten Rn 794) gleichzeitig unlauter nach §§ 3 Abs. 1, 4 Nr. 11 UWG. Denn die Strafnormen des UWG haben einen primär wettbewerbsregelnden Charakter; es genügt die Erfüllung des objektiven Tatbestandes für die Geltendmachung von zivilrechtli-

489

1525   Vgl den Wortlaut von § 16 Abs. 2 UWG; Begr. RegE UWG-Novelle 2008, BT DS 16/10145, S. 32, abrufbar unter www.nordemann.de.
1526   Vgl Begr. RegE UWG-Novelle 2008, BT DS 16/10145, S. 32 f, abrufbar unter www.nordemann.de.
1527   Begr. RegE UWG-Novelle 2008, BT DS 16/10145, S. 33, abrufbar unter www.nordemann.de.
1528   BGH WRP 1997, 783, 784 f. *Schneeballprinzip* (WTS). OLG Karlsruhe GRUR 1989, 614, 615 *Karlsbacher Goldkreis*. Vgl auch OLG Frankfurt nach WRP 1994, 848 f. Eingehend Kisseler WRP 1997, 625.
1529   WRP 1998, 18, 20; zuvor schon Brammsen/Leible Beilage 10/1997 zu BB 32/1997.
1530   WRP 1999, 280, 284.
1531   GRUR 2010, 10.
1532   OLG München WRP 1996, 42, 45; aA LG Offenburg WRP 1998, 85, 86 f.
1533   Zum Ganzen: A. Schulz, Der Strukturvertrieb von Versicherungen (Diss. HU Berlin), 2009.

chen[1534] Ansprüchen,[1535] weshalb die Straftatbestände des § 16 UWG in der Praxis eine auffällig geringe Bedeutung haben.[1536]

4. Umgekehrte Versteigerungen, Powershopping

Rechtsgrundlage: §§ 3 Abs. 1, 4 Nr. 1 UWG; Art. 5 Abs. 2 Richtlinie unlautere Geschäftspraktiken

490 Der durch den Spieltrieb mitbestimmte Kaufanreiz kann dann besonders groß sein, wenn eine beworbene Ware „täglich um 100 EUR billiger bis zum Verkauf" wird (**Versteigerung in umgekehrter Richtung**). Nachdem früher die Rechtsprechung dies generell als unlauter beurteilt hatte,[1537] setzte sich im Zuge der allgemeinen Liberalisierung der Fallgruppe der Ausnutzung menschlicher Vorzüge und Schwächen (Rn 429) beim Bundesgerichtshof die Erkenntnis durch, dass auch solche Vermarktungsformen nicht grundsätzlich unlauter sein müssen.[1538] Im entscheidenden Fall ging es um einen gebrauchten PKW, der wöchentlich 300 DM billiger wurde. Ein durchschnittlich informierter, situationsadäquat aufmerksamer und verständiger Verbraucher (Rn 121 ff) wird insoweit nicht zu unsachlichen Kaufentschlüssen verführt. Erst Recht gilt das, wenn der „Zuschlag" durch den Teilnehmer nicht verpflichtend ist, sondern der Kaufvertrag erst hinterher abgeschlossen wird, so dass er es sich auch noch anders überlegen kann.[1539] Umgekehrte Versteigerungen können deshalb nur noch ausnahmsweise gem. § 4 Nr. 1 UWG unlauter sein, wenn Formen benutzt werden, die die **Rationalität des Kaufentschlusses völlig verdecken** (Rn 449). Das gilt jedenfalls aus dem Gesichtspunkt der Peinlichkeit bei einer Investition wie einem Autokauf nicht allein deshalb, weil der Käufer sich zur Besichtigung seines unverbindlich (umgekehrt) ersteigerten Wagens zum Unternehmer begeben muss.[1540] Niemand gibt mehrere tausend Euro allein aus Peinlichkeit aus.

491 Mit den Fällen der umgekehrten Versteigerung allenfalls entfernt verwandt sind diejenigen des **Power-Shopping**: Der Interessent für eine angebotene Ware kann bestimmen, in welcher von mehreren Preisstufen er sie zu erwerben bereit ist. Finden sich für diese – oder für eine niedrigere Preisstufe – genügend Käufer, so erhält er die Ware zum gleichen Preis wie alle anderen, also gegebenenfalls sogar billiger als von ihm geboten. Die bisherige Rechtsprechung ist, wie leider häufig bei neuartigen Marktvorgängen, dem nicht gerecht geworden: Das OLG Hamburg[1541] glaubte, der mögliche Zuschlag in einer niedrigeren Preisstufe sei ein Rabattverstoß, der freilich nach Abschaffung des RabattG nicht mehr relevant sein kann, und das OLG Köln[1542] meint sogar, das System

---

1534 Hierzu BGH WRP 2008, 1071 *Strafbare Werbung mit Gewinnmitteilungen*; BGH WRP 2008, 961 *Schenkkreis II*.
1535 Begr. RegE UWG-Novelle 2004, BT DS 15/1487, S. 26, abrufbar unter www.nordemann.de.
1536 Kunkel WRP 2008, 292, 293.
1537 BGH GRUR 1986, 622 *Umgekehrte Versteigerung*; OLG Köln WRP 1988, 326 f; OLG Hamburg GRUR-RR 2001, 113, 114 f; OLG Hamm NJW-RR 1986, 718, 719 sieht darin – zu Unrecht – eine Sonderveranstaltung.
1538 BGH GRUR 2003, 626, 627 *Umgekehrte Versteigerung II* unter ausdrücklicher Abweichung von BGH GRUR 1986, 622 *Umgekehrte Versteigerung*.
1539 BGH GRUR 2004, 249, 250 *Umgekehrte Versteigerung im Internet*.
1540 BGH GRUR 2004, 249, 250 *Umgekehrte Versteigerung im Internet*.
1541 GRUR 2000, 549, 550 f.
1542 GRUR-RR 2002, 40, 42; Revision eingelegt, zwischenzeitlich aber wieder zurückgezogen.

trage Züge eines Wettkampfes oder Wettlaufs in sich, bei dem die Gefahr bestehe, dass die Interessenten ihr eigentliches Ziel des Erwerbs der Ware aus den Augen verlören und sich allein von seinen spielerischen Elementen zu verbindlichen Geboten verleiten ließen. Dem ist nicht beizutreten. Ohne das Hinzutreten *besonderer* Umstände ist das Power-Shopping nicht nach § 4 Nr. 1 UWG unlauter.[1543] Der vermeintliche „Spieltrieb" des Interessenten ist nichts weiter als sein Interesse, die begehrte Ware so günstig wie möglich zu erstehen. An der Grenze liegt ein Fall wiederum des OLG Hamburg:[1544] Für das Power-Shopping war ein Mindestgebot von 1 DM für ein hochwertiges Fernsehgerät (unverbindliche Preisempfehlung 4.598 DM) angegeben worden. Ein so niedriger Einstieg reizt stark zum Mitmachen, führt aber keineswegs zwangsläufig zu unsachgemäßen Kaufentschlüssen des Interessenten.

VI. Werbung mit der Angst

Rechtsgrundlage: § 3 Abs. 3 UWG iVm Nr. 12 Anhang-UWG, §§ 3 Abs. 1 § 4 Nr. 1 und Nr. 2 UWG; Art. 5 Abs. 5, Art. 8, 9 Richtlinie unlautere Geschäftspraktiken

Eine andere menschliche Schwäche ist Angst. Werbung mit Angst ist unlauter, wenn sie das Publikum dazu veranlasst, ohne Rücksicht auf den tatsächlichen Bedarf aus Angst zu kaufen. **492**

Schon nach der „schwarzen Liste" ist eine Werbung nach **Nr. 12 Anhang-UWG** stets unzulässig, wenn sie schon unwahre Angaben über Art und Ausmaß einer Gefahr für die persönliche Sicherheit des Verbrauchers oder seiner Familie für den Fall enthält, dass er die angebotene Ware nicht erwirbt oder die angebotene Dienstleistung nicht in Anspruch nimmt; das ist zugleich ein Fall der Irreführung über die Zwecktauglichkeit (Rn 246). **493**

Wahre Angaben über dem potenziellen Abnehmer drohende Gefahren sind nach § 4 Nr. 1 und Nr. 2 UWG reguliert. § 4 Nr. 2 UWG dient nur dem Schutz **privater Verbraucher** (Rn 99), für die Werbung mit Angst gegenüber **unternehmerischen Verbrauchern** ist auf die Generalklausel des § 4 **Nr. 1 UWG** zurück zu greifen. In Betracht kommen Angaben über alle Gefahren, mit denen Verbrauchern Angst gemacht werden kann, also Gefahren für das Leben, die Gesundheit, das Vermögen, den Arbeitsplatz, den Frieden, die Umwelt etc. Es muss sich nicht notwendig um eigene Rechtsgüter handeln; es genügt, wenn mit Gefahren für Dritte geworben wird, für die sich der Verbraucher verantwortlich fühlt. **494**

Der Werbende darf **nur sachliche Hinweise** auf tatsächlich vorhandene Umstände geben.[1545] Die Grenze liegt allerdings – wie auch sonst bei der Werbung mit menschlichen Vorzügen und Schwächen – dort, wo die **Rationalität der Kaufentscheidung völlig verdeckt** wird (Rn 429, 432, 449). Einige Fälle wurden danach in der Vergangenheit zu streng beurteilt, jedenfalls nach heutigen Maßstäben.

1543 Ebenso kritisch schon Knut Werner Lange WRP 2001, 888 ff und Leible/Sosnitza ZIP 2000, 732; siehe auch J. B. Nordemann NJW 2001, 2505, 2511.
1544 GRUR-RR 2002, 39, 40.
1545 Einzelheiten und Nachweise bei Schnorbus GRUR 1994, 15.

Beispiele: „Sie können es jetzt ganz einfach vermeiden, der nächste zu sein... in ihrer kritischen Phase als Gründer" in der Werbung für ein „Handbuch für Selbständige und Unternehmer" (unzulässig,[1546] nach heutigen Maßstäben wäre eine völlige Verdeckung der Rationalität kaum anzunehmen).

„Aufgrund der enormen Nachfrage und der damit verbundenen Lieferschwierigkeiten empfiehlt sich Ihr baldiger Besuch bei..." (zulässig).[1547]

„Eine völlige Neuorientierung unseres Geldsystems ist bereits beschlossene Sache. Viele Vermögen und Sparguthaben werden wieder über Nacht vernichtet. Auch Ihr Geld ist in Gefahr. Denn das neue Geld ist bereits gedruckt. Geldbrief dagegen zeigt Ihnen, wie Sie Geld und Vermögen dem Strudel der kommenden Ereignisse entreißen und ihre Habe retten können" (unzulässig, wohl auch heute noch).[1548]

„Kaufen Sie Sachwerte... tun Sie was. Ihr Geld tut nämlich schon lange was. Es läuft weg" hat OLG Hamm[1549] mit Recht für zulässig gehalten.

„Erkältung und grippale Infekte überrollen Berlin – sofort besorgen" als Werbung für „Klosterfrau Melissengeist" (zulässig);[1550] denn der werbliche Hinweis auf Krankheiten ist noch keine Angstwerbung.[1551]

„Unser Fachpersonal garantiert Sicherheit" in der Werbung für Fotoarbeiten (zulässig).[1552]

Für Verbraucher, die besonders einfach mit Angst zu verführen sind (zB Kinder), gelten strengere Maßstäbe (siehe dazu sogleich Rn 495 ff).

VII. Ausnutzung der Unerfahrenheit, Leichtgläubigkeit, Zwangslage, Gebrechen sowie des Alters bei privaten Verbrauchern, insbesondere bei Kindern und Jugendlichen

Rechtsgrundlage: § 3 Abs. 3 UWG iVm Nr. 28 Anhang-UWG; §§ 3 Abs. 1, 4 Nr. 2 UWG; Art. 5 Abs. 2, Art. 5 Abs. 5, Art. 8, 9 Richtlinie unlautere Geschäftspraktiken

495 Die UWG-Novelle 2004 wollte durch die Einführung des § 4 Nr. 2 UWG den Schutz von schutzbedürftigen Verbraucherkreisen betonen. Dazu zählen Kinder, Jugendliche (so noch ausdrücklich § 4 Nr. 2 UWG aF), aber auch sprach- und geschäftsungewandte Mitbürger.[1553] Seit der Neufassung von § 4 Nr. 2 UWG im Jahr 2009 sind in Nr. 2 ausdrücklich solche Werbe-Adressaten erwähnt, die **wegen geistiger oder körperliche Gebrechen bzw aufgrund ihres Alters besonders schutzbedürftig** sind. Die Streichung der Wörter „insbesondere von Kindern und Jugendlichen" bedeutet keine inhaltliche Änderung des § 4 Nr. 2 UWG, weil diese Fallgruppe ohne weiteres unter den Beispielstatbestand subsumiert werden kann, etwa unter Anknüpfung an das ausdrücklich erwähnte Alter.[1554]

496 Eine unlautere Ausnutzung der geschäftlichen Unerfahrenheit von **Kindern** kommt dann in Betracht, wenn eine Werbung auf einen Vertragsschluss gerichtet ist, der rechtswirksam nur von einer voll geschäftsfähigen Person abgeschlossen werden könn-

---

1546 OLG Köln WRP 1997, 869 (zweifelhaft).
1547 JW 1960, 16.
1548 LG Frankfurt WRP 1980, 456 f. Näheres bei Girth-Sack, Die Werbung mit der Inflation, WRP 1974, 181.
1549 GRUR 1975, 318 *Mensch sei Fuchs*.
1550 BGH GRUR 1986, 902, 903 *Angstwerbung*; aA Vorinstanz KG WRP 1984, 686, 687.
1551 BGH GRUR 1999, 1007, 1008 *Vitalkost*.
1552 OLG Hamburg WRP 1999, 349, 352 f.
1553 Begr. RegE UWG-Novelle 2004, BT DS 15/1487, S. 17, abrufbar unter www.nordemann.de.
1554 Begr. RegE UWG-Novelle 2008, BT DS 16/10145, S. 22, abrufbar unter www.nordemann.de.

te. Denn gemäß § 3 Abs. 3 UWG iVm **Nr. 28 Anhang-UWG** ist es immer unzulässig, wenn eine Werbung die **unmittelbare Aufforderung an Kinder** enthält,[1555] selbst die beworbene Ware zu erwerben oder die beworbene Dienstleistung in Anspruch zu nehmen oder ihre Eltern oder andere Erwachsene dazu zu veranlassen. Da Nr. 28 Anhang-UWG auf Nr. 28 Anhang I der Richtlinie unlautere Geschäftspraktiken beruht (Rn 17), ist der Begriff des Kindes nach Gemeinschaftsrechts und nicht nach dem deutschen Rechtsverständnis auszulegen.[1556] Jedoch ist umstritten, welches das richtige gemeinschaftsrechtliche Verständnis des Begriffs „Kind" ist. Eine Auffassung will alle Personen unter 18 Jahren erfassen,[1557] während die wohl herrschende Meinung die Grenze bei 14 Jahren zieht.[1558]

Die Rechtslage in Deutschland vor der Richtlinie unlautere Geschäftspraktiken war anders. Davor konnte eine an Minderjährige gerichtete Werbung mit unmittelbarem Kaufappell nach § 4 Nr. 2 UWG nur dann wettbewerbswidrig sein, wenn sie in ihrer konkreten Ausgestaltung geeignet war, die Unerfahrenheit von Kindern auszunutzen.[1559] An dieser Voraussetzung fehlte es etwa, wenn die Minderjährigen in der Lage waren, eine Sammelaktion für Schokoriegel hinsichtlich wirtschaftlicher Bedeutung, Preiswürdigkeit und finanzieller Belastung hinreichend zu überblicken.[1560] Der BGH hat in der entsprechenden Entscheidung allerdings dahin stehen lassen, ob die Berücksichtigung der Richtlinie über unlautere Geschäftspraktiken nunmehr eine andere Herangehensweise gebietet. Der Gesetzgeber geht jedenfalls davon aus, dass **Nr. 28 Anhang-UWG weiter als § 4 Nr. 2 UWG** ist, weil nunmehr die konkrete Eignung zum Ausnutzen der geschäftlichen Unerfahrenheit nicht mehr erforderlich ist.[1561] Mit Blick auf das Ziel der Vollharmonisierung durch die Richtlinie erscheint es einzig richtig, auf dieses Merkmal zukünftig zu verzichten, wenn in einer Werbung *unmittelbar* Kinder angesprochen werden. Es wird dann darauf ankommen, ob Kinder gezielt, also nicht nur reflexartig, dem Adressatenkreis einer Werbung zuzurechnen sind. Hinreichend, aber nicht erforderlich wird sein, dass der Aufruf zum Kauf schon dem Wortlaut nach an Kinder gerichtet ist. Ausreichend wird es wohl aber auch sein, wenn sich die Werbung der Sache nach nur an Kinder richten kann.

Beispiele: Die Werbemethode der Aufforderung an Kinder, eine „Hotline" anzurufen, um dort näheres über „tolle neue Spielzeuge" zu erfahren (**„umgekehrte Telefonwerbung"**), ist unzulässig.[1562]

1555 Hierzu Scherer WRP 2008, 430, 433; Manchowski WRP 2008, 421 ff; Köhler WRP 2008, 700, 702; Steinbeck WRP 2008, 865, 868.

1556 Begr. RegE UWG-Novelle 2008, BT DS 16/10145, S. 22 f und 34, abrufbar unter www.nordemann.de.

1557 Mankowski WRP 2007, 1398, 1404.

1558 Sosnitza WRP 2008, 1014, 1026; Scherer, WRP 2008, 430, 431; Köhler WRP 2008, 700, 703; ders. FS Ullmann, 2006, S. 685, 698; Steinbeck WRP 2008, 865, 868.

1559 Bejaht etwa von: BGH GRUR 2006, 776 Tz. 22 ff. *Werbung für Klingeltöne* (für intransparente Telefonkosten); OLG Hamm MMR 2005, 112; OLG Frankfurt GRUR 2005, 785, 786 *Skoda-Autokids-Club*; Verneint von: OLG Frankfurt GRUR 2005, 782, 783 *Milchtaler*.

1560 BGH GRUR 2009, 71 Tz. 16 ff. *Sammelaktion für Schoko-Riegel*; Vorinstanz: OLG Frankfurt GRUR 2005, 1064, 1065 *Lion-Sammelaktion*; Vgl auch BGH GRUR 2006, 161 Tz. 22 *Zeitschrift mit Sonnenbrille*; Zum Ganzen: Fuchs WRP 2009, 255 ff.

1561 Begr. RegE UWG-Novelle 2008, BT DS 16/10145, S. 34, abrufbar unter www.nordemann.de.

1562 OLG Frankfurt GRUR 1994, 522 *Lego-Hotline*. Genauso OLG Hamburg GRUR-RR 2003, 317 *BRAVO-Girl* für Jugendliche.

Nach neuem Recht liegt eine an Kinder gerichtete unzulässige unmittelbare Aufforderung zum Kauf von Schokoriegel vor, wenn eine Zugabeaktion mit einem für Kinder und Jugendliche gestalteten „Computer-Männchen" wirbt und außerdem ständig die „Du"-Form verwendet.[1563]

497 Richtet sich die Werbung unmittelbar nicht (auch) an Kinder, sondern **an Jugendliche**, gelten liberalere Maßstäbe. Hier ist mit der bisherigen Rechtsprechung danach zu fragen, ob eine konkrete Eignung zum Ausnutzen der geschäftlichen Unerfahrenheit nach § 4 **Nr. 2 UWG** gegeben ist. Das dürfte regelmäßig bei Angeboten zu verneinen sein, an die die Jugendlichen gewöhnt sind und die sie von ihrem Taschengeld kaufen können.[1564]

Beispiele: Eine Jugendzeitschrift wurde gekoppelt mit einer Sonnenbrille angeboten. Es handelte sich um Produkte, die auch von Jugendlichen regelmäßig nachgefragt werden. Bei derartigen Produkten kann eine ausreichende Kenntnis des Marktes und der Werthaltigkeit der Angebote vorausgesetzt werden. Der Preis von 4,50 DM bewegte sich nach der Lebenserfahrung im Rahmen des Taschengelds der angesprochenen jugendlichen Verbraucher. Selbst wenn die Zeitschrift nur deshalb erworben wird, um in den Besitz der Sonnenbrille zu gelangen, sind mit dem Kauf keine nennenswerten wirtschaftlichen Belastungen verbunden. Es ist auch nicht ersichtlich, warum ein Jugendlicher eine Zeitschrift oder eine Sonnenbrille für 4,50 DM sollte erwerben können, nicht aber auch für denselben Preis eine Zeitschrift mit Sonnenbrille.[1565]

Anders ist es bei Ansprechen von Jugendlichen durch eine Bank, wenn sie in die Geschäftsräume der Bank ohne ihre Erziehungsberechtigten gelockt werden sollen.[1566] Das ist unlauter, weil es sich nicht um übliche (Taschengeld-)Geschäfte von Jugendlichen handelt. Bei Werbung für Handyklingeltöne, die an Jugendliche gerichtet ist, verlangt der Bundesgerichtshof genaue und nachvollziehbare Angaben. Kostet ihr Bezug € 1,86 / Minute, muss gesagt werden, wie lange der Ladevorgang dauert.[1567]

498 Der **Vertreterbesuch in Aussiedlerheimen** hat die gleiche Wirkung wie die Durchführung von Verkaufsveranstaltungen in diesen Heimen. Für beides gilt deshalb das vom Bundesgerichtshof mit Recht ausgesprochene Verbot; wer dergleichen tut, nutzt die **geschäftliche Unerfahrenheit** der Angesprochenen hinsichtlich der hiesigen Geschäftsgewohnheiten und des hier bestehenden Wirtschafts- und Rechtssystems ebenso aus wie ihre mangelnde Vertrautheit mit der deutschen Sprache.[1568]

499 § 4 **Nr. 2 UWG** richtet sich ferner gegen eine **Ausnutzung der Zwangslage** von Verbrauchern Weshalb nicht auch die Ausnutzung der Zwangslage von Unternehmern (§ 2 Abs. 1 Nr. 6 UWG) oder anderen Marktteilnehmern (§ 2 Abs. 1 Nr. 2 UWG) unlauter sein soll, erschließt sich allerdings dem unbefangenen Leser nicht. Möglicherweise hielt der Gesetzgeber die Marktmachttatbestände der §§ 19, 20 GWB bzw des Art. 82 AEUV für ausreichend. Zumindest können solche Fälle aber auch über § 4 Nr. 1 UWG verfolgt werden.

Die Richtlinie unlautere Geschäftspraktiken (Rn 17) erwähnt in Art. 9 c ausdrücklich die Ausnutzung von „Unglückssituationen" als ein wesentliches Kriterium für die Er-

---

1563 BGH GRUR 2009, 71 Tz. 12 ff. *Sammelaktion für Schoko-Riegel*, dort allerdings noch nach altem Recht beurteilt und deshalb für zulässig erachtet.
1564 BGH GRUR 2006, 161 Tz. 19 *Zeitschrift mit Sonnenbrille*.
1565 BGH GRUR 2006, 161 Tz. 19 *Zeitschrift mit Sonnenbrille*. Der BGH nahm allerdings einen Verkehrskreis der 12 – 20 Jährigen an; da 12-13 Jährige Kinder sind, gilt für sie jedoch das Verbot der unmittelbaren Bewerbung gem. § 3 Abs. 3 UWG iVm Nr. 28 Anhang-UWG, Rn 1232 a.
1566 OLG Nürnberg GRUR-RR 2003, 315, 316 *Werbeschreiben an Jugendliche*.
1567 BGH GRUR 2006, 776 Tz. 24 *Werbung für Klingeltöne*.
1568 BGH GRUR 1998, 1041, 1042 *Verkaufsveranstaltung in Aussiedlerwohnheimen*.

mittlung der unzulässigen Beeinflussung. Ein besonders schwerwiegender Fall der unsachlichen Beeinflussung nach § 4 Nr. 2 UWG ist deshalb das **Ansprechen von Unfallgeschädigten** noch am Unfallort. Hier kommt noch hinzu, dass der Angesprochene regelmäßig unter der Schockwirkung des Unfalls steht und für jedes „Hilfsangebot" glaubt, besonders dankbar sein zu müssen.[1569] Hingegen macht die fehlende Kenntnis der Rechtsprechung zur Erstattung von Sachverständigengutachten den durchschnittlichen Unfallgeschädigten noch nicht „geschäftlich unerfahren", so dass eine dahingehende Rechtsberatung nach dem Unfall durch die Haftpflichtversicherung § 4 Nr. 2 UWG nicht unterfiele.[1570] Der **Vertreterbesuch von Bestattungsunternehmen** usw nach einem Todesfall ist schon vom Reichsgericht grundsätzlich als ein Verstoß gegen das Wettbewerbsrecht angesehen worden.[1571] Allerdings ist hier heute auf die Umstände des Einzelfalls abzustellen und die konkrete Eignung zur unzulässigen Beeinflussung zu prüfen. Für eine Unlauterkeit spricht, dass Trauernde vielfach keinen rechten Sinn für die nüchterne Prüfung des Angebots haben; einige können glauben, für jedes „Hilfsangebot" dankbar sein zu müssen, oder sie unterschreiben, nur um den Vertreter wieder los und mit ihrem Schmerz allein zu sein. Die Gefahr eines Entschlusses aus sachfremden Motiven liegt hier deshalb besonders nahe.[1572] Bei schriftlichen Angeboten besteht die Gefahr sachfremder Entschlüsse dagegen jedenfalls dann nicht, wenn sie auf die Empfindsamkeit der Leidtragenden Rücksicht nehmen und dementsprechend zurückhaltend gestaltet sind.[1573]

Erfasst vom Verbot der Vornahme von geschäftlichen Handlungen, die geeignet sind, die geschäftliche Unerfahrenheit oder Zwangslagen auszunutzen, sind auch Handlungen **im Vorfeld**. Ein Beispiel ist die Erhebung von Daten von Kindern und Jugendlichen zu Werbezwecken.[1574]   500

VIII. Sexuelle Neugier

Rechtsgrundlage: §§ 3, 4 Nr. 1 UWG; Art. 5 Abs. 2, Art. 8, 9 Richtlinie unlautere Geschäftspraktiken

Werbung ist häufig sexualbetont. Das hat in der Regel nur Aufmerksamkeitswert und   501
ist daher wettbewerbsrechtlich nicht zu beanstanden. Die Grenze zur Unlauterkeit gem. § 4 Nr. 1 UWG verläuft auch dort, wo die rationale Kaufentscheidung der Verbraucher völlig verdeckt wird (Rn 429, 432, 449). Das kommt insbesondere gegenüber unternehmerischen Abnehmern vor, zB wenn sie durch die Einschaltung von Prostituierten „gefügig" gemacht werden und nicht mehr rational entscheiden können. Soweit ersichtlich hat seit 40 Jahren kein Gericht mehr das unlautere Ausnutzen sexueller Neu-

---

1569 BGH GRUR 1975, 264 und 266 *Werbung am Unfallort I* und *II* (Reparaturauftrag, Mietwagen); BGH GRUR 1980, 790, 791 *Werbung am Unfallort III* (Abschleppdienst); BGH GRUR 2000, 235, 236 *Werbung am Unfallort IV*.
1570 BGH GRUR 2007, 978 Tz. 27 *Rechtsberatung durch Haftpflichtversicherer*.
1571 RGZ 145, 396, 402: „Vor der Heiligkeit des Todes haben alle Wettbewerbshandlungen... halt zu machen".
1572 Vgl BGHZ 56, 18, 20 f. *Grabsteinwerbung II*.
1573 OLG München NJWE WettbR 2000, 156; OLG Düsseldorf WRP 1982, 274 f. Für ein generelles Verbot jeder schriftlichen Werbung noch OLG Hamburg WRP 1976, 708, 709.
1574 Begr. RegE UWG-Novelle 2004, BT DS 15/1487, S. 17, abrufbar unter www.nordemann.de.

gier bejaht. Die unverlangte Beifügung erotischer Werbung ohne beleidigenden Charakter zu Warensendungen war noch nicht einmal in den 1970er Jahren unlauter.[1575]

502 Die Rechtsprechung musste sich über dies mit pornografischen Bilder auf Schnapsflaschen befassen, die „Busengrapscher" oder „Schlüpferstürmer" hießen.[1576] Das ist allerdings nur unlauter aufgrund des belästigenden Elements dieser Werbung, nicht wegen Ausnutzung des Sexualtriebes nach § 4 Nr. 1 UWG (vgl Rn 507). Denn allein durch die Aufmachung und Kennzeichnung wird – zumindest beim Durchschnittsverbraucher, vgl Rn 121 ff – die Rationalität der Kaufentscheidung nicht verdeckt. Er ist verständig genug, derlei Versprechen als nicht ernst gemeint zu erkennen.

IX. Exzessive Werbung

Rechtsgrundlage: §§ 3 Abs. 1, 4 Nr. 1 UWG; Art. 8, 9 Richtlinie unlautere Geschäftspraktiken

503 In einer Welt, in der dem Kunden ständig und überall Werbung begegnet, ist die Versuchung für den Werbenden groß, die Aufmerksamkeit des Kunden durch eine Übersteigerung der Werbung zu gewinnen. Freilich ist nicht jeder Exzess unlauter.

1. Menschenverachtende Werbung

Rechtsgrundlage: §§ 3 Abs. 1, 4 Nr. 1 UWG; Art. 5 Abs. 2 Richtlinie unlautere Geschäftspraktiken

504 Die äußerste Grenze zieht immer die Menschenwürde, Art. 1 Abs. 1 GG. Es war ein besonderes Anliegen des Gesetzgebers der UWG-Reform 2004, die menschenverachtende Werbung in § 4 Nr. 1 UWG als Regelfall unlauterer Werbung zu verankern.[1577] Menschenverachtende Werbung liegt dann vor, wenn sie dem Betroffenen durch Erniedrigung, Brandmarkung, Verfolgung, Ächtung oder andere Verhaltensweisen seinen Achtungsanspruch als Mensch abspricht.

505 Insoweit erscheint die menschenverachtende Werbung als Fremdkörper in der Aufzählung des § 4 Nr. 1 UWG. Das UWG schützt grundsätzlich nur Mitbewerber- und Verbraucherinteressen einschließlich der Interessen der gewerblichen Marktgegenseite und insoweit – als andere Seite derselben Medaille – auch die Allgemeinheit. Ein selbstständiger Schutz von nicht wettbewerbsbezogenen Allgemeininteressen ist dem UWG fremd (Rn 48). Ganz offensichtlich stellt die Menschenverachtung jedoch einen außerwettbewerblichen Ausgangspunkt dar. Die Bruchstelle ist dadurch zu erklären, dass erst der Rechtsausschuss des Bundestages § 4 Nr. 1 UWG um ein Verbot der menschenverachtenden Werbung ergänzte und dadurch den streng wettbewerblichen Ausgangspunkt des Gesetzentwurfes nicht konsequent durchhielt.

506 Ohnehin ist Vorsicht geboten: Damit menschenverachtende Werbung nach § 4 Nr. 1 UWG aufgegriffen werden kann, **muss** sie **zugleich** auch die **Kaufentscheidung** der an-

---

1575 BGH GRUR 1970, 557, 558 *Erotik in der Ehe*.
1576 BGH GRUR 1995, 592, 594 f. *Busengrapscher*; abgrenzend OLG München WRP 1996, 788 f (zweideutige, aber zurückhaltende Werbung zulässig).
1577 Begr. Beschlussempfehlung Rechtsausschuss des BT, BT DS 15/2795, S. 21, abrufbar unter www.nordemann.de.

gesprochenen Verkehrskreise **unzulässig beeinflussen**. § 4 Nr. 1 UWG setzt eine solche Eignung zur Beeinflussung schon nach seinem Wortlaut voraus (vgl auch Rn 427 ff). Alles andere wäre zudem bei Werbung gegenüber Verbrauchern richtlinienwidrig, weil die Richtlinie unlautere Geschäftspraktiken für den Bereich der aggressiven Werbung und damit für § 4 Nr. 1 UWG voraussetzt, dass die Werbung geeignet ist, den Verbraucher zu einer geschäftlichen Entscheidung zu veranlassen, die er anderenfalls nicht getroffen hätte (Art. 8 Richtlinie unlautere Geschäftspraktiken aE; vgl auch Rn 17). Als Maßstab ist zu untersuchen, **ob die menschenverachtende Werbung die Rationalität der Kaufentscheidung völlig verdeckt** (Rn 429, 432, 449).

Menschenverachtend kann zunächst die **anstößige Werbung** sein. Auch hier jedoch immer gem. § 4 Nr. 1 UWG zu fragen, ob eine hinreichende Beeinflussung der Kaufentscheidung gegeben ist.   **507**

Beispiele: Sexuell anzügliche Bilder auf Schnapsflaschen, die auch noch „Busengrapscher" oder „Schlüpferstürmer" heißen, verletzen die von Art. 1 Abs. 3 und Art. 2 Abs. 1 GG geschützte Menschenwürde der Frauen, deren sexuelle Verfügbarkeit nach dem Genuss solcher Getränke suggeriert wird. Jedoch kann eine solche Werbung nicht unter § 4 Nr. 1 UWG gefasst werden. Jedenfalls bei Bewerbung gegenüber dem (verständigen) Durchschnittsverbraucher kann nicht davon ausgegangen werden, dass er solcher Werbung Glauben schenkt und beeinflusst wird. Die Werbung wirkt nur belästigend, aber nicht kaufbeeinflussend.[1578] Das gilt jedenfalls für die normative Kunstfigur des Durchschnittsverbrauchers (Rn 121 ff).

Das Abstellen eines LKW mit Werbung für ein Bestattungsunternehmen auf dem Friedhofsgelände ist allenfalls belästigend, nicht aber unlauter nach § 4 Nr. 1 UWG.[1579]

Zur unlauteren Belästigung (ohne Erfordernis der Eignung zur Kaufbeeinflussung) unten Rn 550).

Die früher kaum anzutreffende **schockierende Werbung** wurde durch die *Benetton*-   **508**
Fälle gerichtsnotorisch. Das Unternehmen hatte eine Werbekampagne mit Bildern blutender, gequälter, sterbender Menschen oder Tiere und mit anderen Darstellungen entsetzlicher oder grauenhafter Vorgänge gestartet, die – ohne jeden Sachbezug zu den in den Benetton-Läden angebotenen Produkten – Aufmerksamkeit erregen sollten, was unzweifelhaft gelang: Viele blieben daraufhin vor den Benetton-Schaufenstern stehen, an denen sie sonst achtlos vorüber gegangen wären, oder sahen die Anzeige an, die sie sonst überblättert haben würden. Deshalb hatten die Gerichte – nicht immer mit nachvollziehbarer Begründung[1580]– die *Benetton*-Werbung mit Menschen in höchster Not[1581] bzw mit dem stigmatisierenden Stempel „HIV positive"[1582] bzw mit einem ölgetränkten, verendenden Wasservogel[1583] als unlauter angesehen; die Literatur war dem überwiegend gefolgt.[1584] Das Bundesverfassungsgericht beanstandete die Revisi-

---

1578 BGH GRUR 1995, 592, 594 f. *Busengrapscher*. Gegenfall: OLG München WRP 1996, 788 f (allenfalls zweideutig). Eingehend Ahrens JZ 1995, 1096.

1579 Vgl OLG München GRUR-RR 2008, 355.

1580 Darauf hat u.a. Fezer JZ 1998, 265, 270 zu Recht hingewiesen.

1581 OLG Frankfurt GRUR 1993, 130 f. *Benetton-Werbung*; S. auch BGH GRUR 1995, 595, 596 *Kinderarbeit*.

1582 OLG Frankfurt GRUR 1994, 522; OLG Düsseldorf nach WRP 1994, 69 f; bestätigt von BGH GRUR 1995, 600 f *H.I.V. POSITIVE*.

1583 OLG Frankfurt WRP 1994, 405, 406 f; OLG München ZUM 1994, 732, 733 f; bestätigt von BGH GRUR 1995, 598, 599 *Ölverschmutzte Ente*.

1584 Ebenso Henning-Bodewig WRP 1992, 533 und GRUR 1993, 950; Sevecke AfP 1994, 196; Reinhold WRP 1994, 219; Ahrens JZ 1995, 1096; S. auch Sosnitza GRUR 1993, 540 einerseits und WRP 1994, 786 andererseits. Gegen die Rspr: Hartwig WRP 1997, 825; kritisch auch Fezer JZ 1998, 265 ff.

onsentscheidungen des Bundesgerichtshofs aber als verfassungswidrig, weil die in solchen Bildern enthaltene Meinungsäußerung des Werbenden von Art. 5 Abs. 1 S. 1 GG geschützt sei.[1585] Sein früheres *HIV-positive*-Urteil bestätigte der Bundesgerichtshof gleichwohl mit dem Argument, dass diese Werbung die Menschenwürde AIDS-Kranker verletze.[1586] Das Bundesverfassungsgericht widersprach dem Bundesgerichtshof abermals.[1587]

Davon abgesehen ist jedoch schon unter § 4 Abs. 1 UWG zweifelhaft, ob überhaupt irgendeine Beeinflussung des Käuferverhaltens zugunsten des werbenden Unternehmens von dieser Art Werbung ausgehen konnte: Kaum jemand wird sich zum Kauf eines Kleidungsstücks in einem Benetton-Laden ausgerechnet wegen der fraglichen Bilder entschlossen haben. Sachfremde Kaufentschlüsse, die auch eine reine Aufmerksamkeitswerbung unlauter werden lassen würden, veranlassten sie jedenfalls nicht. Für § 4 Nr. 1 UWG genügt menschenverachtende Werbung, ohne dass ein Einfluss auf den Kaufentschluss vorliegen muss, nicht (Rn 506). Menschenverachtende Werbung scheint, wie auch sonstige vom Adressaten als störend empfundene Werbung,[1588] besser bei einer Prüfung auf unzumutbare Belästigung anhand § 7 Abs. 1 UWG aufgehoben (Rn 550). Allerdings sind auch hier die vom BVerfG aufgezeigten Grenzen des Art. 5 Abs. 1 S. 1 GG zu beachten.

2. Sonstige anstößige Werbung

Rechtsgrundlage: §§ 3 Abs. 1, 4 Nr. 1 UWG; Art. 8, 9 Richtlinie unlautere Geschäftspraktiken

509 Andere anstößige, aber nicht menschenverachtende Werbung wird regelmäßig nicht unlauter sein. Zwar kann die **Verwendung biblischer Motive** in der Werbung religiöse Gefühle verletzen. Soweit darin nicht eine Beschimpfung religiöser Bekenntnisse liegt, die nach § 166 StGB strafbar wäre, ist das aber grundsätzlich kein Verstoß gegen §§ 3 Abs. 1, 4 Nr. 11 UWG, weil § 166 StGB nicht wettbewerbsschützend ist (zum Rechtsbruch Rn 774 ff). Wenn eine echte übersteigerte Beeinflussung des Kunden damit einhergeht, kann aber die Grenze des § 4 Nr. 1 UWG („sonstiger unangemessener Einfluss") erfüllt sein (Rn 506). Im Regelfall ist gegen solche Werbung also wettbewerbsrechtlich nichts auszurichten, so unerfreulich dergleichen auch sein mag.[1589] In Extremfällen ist allenfalls an § 7 Abs. 1 UWG zu denken,[1590] vgl Rn 550. Die Verbindung der Unternehmenswerbung mit **politischer Meinungsäußerung** ist – schon wegen des besonderen Gewichts des Grundrechts des Art. 5 Abs. 1 S. 1 GG – grundsätzlich zulässig.[1591]

1585 BVerfG GRUR 2001, 170, 172 f. *Schockwerbung* mit Anm. Wassermeyer GRUR 2002, 126 ff.
1586 BGH GRUR 2002, 360 *HIV Positive II.*
1587 BVerfG GRUR 2002, 442 *Benetton-Werbung II.*
1588 Vgl OLG München GRUR-RR 2008, 355, 356 *Friedhofswerbung* (auf einem LKW).
1589 OLG Frankfurt WRP 1994, 407, 408 *Paradise now.*
1590 OLG München GRUR-RR 2008, 355, 356 *Friedhofswerbung* (auf einem LKW).
1591 BGH GRUR 1997, 761, 763 f. *Politikerschelte*; OLG München WRP 1994, 413, 416 *Togal-Werbung* m. krit. Anm. Sosnitza; dazu Reichardt WRP 1995, 796 und Fischer GRUR 1995, 641.

3. Schreiende Werbung

Rechtsgrundlage: §§ 3, 4 Nr. 1 UWG; Art. 8, 9 Richtlinie unlautere Geschäftspraktiken

Die **schreiende Reklame** führt ebenfalls in aller Regel nicht zu einer unlauteren Beein- **510** flussung des Kunden nach **§ 4 Nr. 1 UWG.**

Beispiele: Ein Schuhgeschäft, das mit dem Slogan „Gestohlen haben wir unsere Schuhe für den Schlussverkauf nicht – trotz der unglaublich niedrigen Preise" wirbt, veranlasst niemand zu sachfremdem Kaufentschluss.[1592]

Die Werbung „Ich bin doch nicht blöd" ist zwar etwas marktschreierisch (die Schlussfolgerung „und kaufe deshalb bei M" muss sich der so Angesprochene erst noch hinzudenken), aber jedenfalls wettbewerbsrechtlich insoweit bedenkenfrei;[1593] zu erwägen ist nur eine pauschale Herabsetzung der Konkurrenten (Rn 679 f).

Auch „Markenparfums – unverschämt günstig" erregt nicht mehr als Aufmerksamkeit.[1594]

E. Belästigung

Rechtsgrundlage: § 7 UWG; Art. 5 Abs. 5 i.V. Nr. 26 Anhang I Richtlinie unlautere Geschäftspraktiken, Art. 13 Datenschutzrichtlinie

Keineswegs ist alles, was der Einzelne als Belästigung empfindet, verboten. Das gilt auf **511** allen Rechtsgebieten: Klavierspielen zur Tageszeit in der Nachbarwohnung und Baulärm auf dem Grundstück nebenan müssen ebenso – zumindest im Grundsatz – geduldet werden wie Kindergeschrei im Eisenbahnabteil. Die Grenzen des Erlaubten sind schwer zu bestimmen. Man hilft sich meist mit der „Zumutbarkeitslehre": Eine Belästigung wird unzulässig, wo die Belästigung unzumutbar wird. Sicherer wird die Abgrenzung dadurch freilich nicht; denn darüber, was noch zumutbar und was schon unzumutbar sei, wird sich immer trefflich streiten lassen. Auch für die lauterkeitsrechtliche Belästigung gem. § 7 UWG hat der Gesetzgeber auf die Zumutbarkeitslehre zurückgegriffen. Nach § 7 Abs. 1 S. 1 UWG sind **„unzumutbare"** Belästigungen eines Marktteilnehmers verboten.

§ 7 UWG hat folgende **Struktur:** § 7 Abs. 1 S. 1 UWG enthält eine **Generalklausel,** die **512** alle unzumutbaren Belästigungen gegenüber Marktteilnehmern verbietet. Marktteilnehmer sind dabei sowohl private als auch unternehmerische Verbraucher als auch Mitbewerber, vgl § 2 Abs. 1 Nr. 2 UWG (zur Abgrenzung der privaten von den unternehmerischen Verbrauchern Rn 99). An die Generalklausel schließt sich eine **„kleine"** **Generalklausel** in S. 2 an; danach ist Werbung unzulässig, wenn erkennbar ist, dass der angesprochene Marktteilnehmer sie nicht wünscht. In Abs. 2 findet sich dann eine **„schwarze Liste"** mit Belästigungen, die stets – also ohne Prüfung der „Zumutbarkeit" – als unzulässig gelten. Diese Liste ist vergleichbar mit der schwarzen Liste im Anhang-UWG.

Allerdings ist die schwarze Liste im Anhang-UWG nicht auf Belästigungen nach § 7 UWG anwendbar. Es fehlt schon an einer Anwendbarkeit des § 3 Abs. 3 UWG, der auf den Anhang-UWG verweist. **§ 7 UWG ist ein eigenständiger Tatbestand der Unzulässigkeit, der nicht auf § 3 zurückgreift.** Das bedeutet auch, dass für eine unzulässige

---

1592 BGH GRUR 1997, 761, 763 f. *Politikerschelte* (Togal-Werbung); OLG Frankfurt BB 1970, 860.
1593 OLG Karlsruhe WRP 1997, 865, 867.
1594 Vgl OLG Stuttgart WRP 1996, 791, 793 (dort wie selbstverständlich vorausgesetzt).

Belästigung nicht auf die Generalklausel des § 3 Abs. 1 oder § 3 Abs. 2 UWG zurückgegriffen werden muss. Die Eigenständigkeit des § 7 UWG gegenüber § 3 UWG zeigt
sich daran, dass in den Anspruchsgrundlagen der §§ 8, 9, 10 UWG jeweils § 7 UWG
als eigenständiger Unzulässigkeitstatbestand erwähnt ist.

513 Die Belästigung in § 7 UWG setzt nach zutreffender Auffassung **keine Eignung** voraus,
**den Verbraucher (oder unternehmerischen Marktbeteiligten) in seiner freien Entschei-
dung wesentlich zu beeinflussen.**[1595] Ansonsten wäre § 7 UWG einer eigenständigen
Bedeutung neben § 4 Nr. 1 und Nr. 2 UWG beraubt.

Beispiel: Ein unerbetener Werbeanruf ist gegenüber einem Verbraucher stets nach § 7 Abs. 2
Nr. 2 UWG eine unzumutbare Belästigung. Es kommt nicht darauf an, ob der Anruf das Potenzial
hat, den Verbraucher in seiner Kaufentscheidung wesentlich zu beeinflussen, also ihn zu einer
Kaufentscheidung zu veranlassen, die er sonst nicht getroffen hätte.

Sofern eine Belästigung den Verbraucher in seiner Kaufentscheidung wesentlich beeinflussen kann, handelt es sich um eine aggressive Geschäftspraktik nach Art. 8, 9 Richtlinie unlautere Geschäftspraktiken. Deren Umsetzung ist in § 4 Nr. 1 und Nr. 2 UWG
erfolgt (Rn 429 ff). zusätzlich gelten die Tatbestände der schwarzen Liste, insbesondere
§ 3 Abs. 3 UWG iVm Nr. 26 Anhang-UWG (Rn 546), die ebenfalls voraussetzen, dass
ein Beeinflussungspotenzial besteht.

Der – gegenüber § 4 Nr. 1 und Nr. 2 UWG – eigenständige **Schutzweck** des § 7 UWG
liegt vielmehr darin, den privaten Verbraucher in seiner privaten Sphäre und den unternehmerischen Verbraucher in seiner beruflichen Sphäre vor unzumutbaren Belästigungen zu schützen. Diese Sphäre ist beeinträchtigt, wenn sie sich gegen ihren Willen
mit der Werbebotschaft des Unternehmers auseinandersetzen müssen und damit in ihrer Beschäftigung (oder Ruhe) gestört werden. Hinzu kann kommen, dass auch noch
ihre Ressourcen in Anspruch genommen werden, zB ihr elektronisches Postfach bei
einer unerbetenen Werbeemail oder ihr Faxgerät samt Papier bei einem unerbetenen
Werbefax. **§ 7 UWG schützt gegen unzulässige Methoden, § 4 Nr. 1 und Nr. 2 UWG
schützen gegen einen unzulässigen Erfolg.**[1596]

Eine trennscharfe Abgrenzung zwischen § 4 Nr. 1 und Nr. 2 UWG einerseits und § 7
UWG andererseits ist nicht erforderlich. § 7 UWG ist **daneben anwendbar (Idealkonkurrenz).**[1597]

514 Die lauterkeitsrechtliche Belästigung in § 7 UWG hat keine generelle Grundlage im
sekundären **EU-Recht;** insbesondere die Richtlinie unlautere Geschäftspraktiken
(Rn 17) ist nicht einschlägig. Sie regelt ausschließlich unlautere Geschäftspraktiken, die
geeignet sind, die geschäftliche Entscheidung von Verbrauchern wesentlich zu beein-

---

1595 Ohly in Piper/Ohly/Sosnitza § 7 UWG Rn 1; Leible in Münchener Kommentar § 7 UWG Rn 1; etwas einschränkend Köhler in Köhler/Bornkamm § 7 UWG Rn 3: nur mittelbarer Schutzweck der Entscheidungsfreiheit der Verbraucher, aber kein Beeinflussungspotenzial erforderlich. AA Mankowski in Fezer § 7 UWG
Rn 43; Menebröcker in Götting/Nordemann § 7 UWG Rn 14; Ullmann/jurisPK-UWG/Koch § 7 UWG Rn
4; Lettl § 7 Rn 10; wohl auch Ubber in Harte/Henning § 7 UWG Rn 21; die jeweils dem § 7 UWG einen
unmittelbaren Schutz der Entscheidungsfreiheit des Verbrauchers entnehmen.
1596 Mankowski in Fezer § 7 UWG Rn 420.
1597 Menebröcker in Götting/Nordemann § 7 UWG Rn 20; Mankowski in Fezer § 7 UWG Rn 420; Ubber in
Harte/Henning § 7 UWG Rn 227; Ohly in Piper/Ohly/Sosnitza § 7 UWG Rn 5; Köhler in Köhler/Bornkamm
§ 7 UWG Rn 10.

flussen (Art. 5 Abs. 2 a Richtlinie). Damit werden von ihr auch nur Geschäftspraktiken erfasst, die dieses Beeinflussungspotenzial aufweisen.

Die Existenz eines Unzulässigkeitstatbestandes in § 7 UWG für eine unzumutbare Belästigung neben dem Regelungsbereich der Richtlinie unlautere Geschäftspraktiken ist nicht richtlinienwidrig, auch wenn die Richtlinie eine Vollharmonisierung anordnet (Rn 17). Erwägungsgrund Nr. 7 sagt: „Mitgliedsstaaten sollten daher in ihrem Hoheitsgebiet weiterhin Geschäftspraktiken aus Gründen der guten Sitten und des Anstands verbieten können, auch wenn diese Praktiken die Wahlfreiheit des Verbrauchers nicht beeinträchtigen."

Europarechtlich sind hingegen die Reglungen aus der „schwarzen Liste" des § 7 Abs. 2 Nr. 2 bis 4 UWG. Sie dienen der Umsetzung des Art. 13 Datenschutzrichtlinie (Rn 19). Durch § 7 Abs. 2 Nr. 1 UWG umgesetzt wird außerdem Anhang I Nr. 26 (Art. 5 Abs. 5) Richtlinie unlautere Geschäftspraktiken. Das ist systematisch falsch, weil § 7 UWG und damit auch § 7 Abs. 2 Nr. 1 UWG gerade nicht – wie die Richtlinie unlautere Geschäftspraktiken – voraussetzt, dass ein Potenzial zur Beeinflussung der Geschäftsentscheidung besteht. § 7 Abs. 2 Nr. 1 UWG kann demnach (auch) dann erfüllt sein, wenn ein solche Potenzial nicht gegeben ist.

Auch wenn insbesondere die Generalklausel des § 7 Abs. 1 S. 1 UWG keine spezielle EU-rechtliche Grundlage hat, sind die Grenzen der Art. 34, 56 AEUV zu beachten (Rn 9 ff).

I. Erkennbare Ablehnung von Werbung

Rechtsgrundlage: § 7 Abs. 1 S. 2, § 7 Abs. 2 Nr. 1 UWG; Art. 5 Abs. 5 iVm Nr. 26 Anhang I Richtlinie unlautere Geschäftspraktiken

Der Paradefall der wettbewerblichen Belästigung ist Werbung, die den Empfänger **trotz** 515 **erkennbarer Ablehnung** trifft, § 7 Abs. 1 S. 2 UWG. Mit dieser Regelung wollte der deutsche Gesetzgeber Art. 26 Anhang I Richtlinie unlautere Geschäftspraktiken in das UWG umsetzen (Rn 17, 514). **§ 7 Abs. 2 Nr. 1 UWG** geht noch darüber hinaus und verbietet *stets* Werbung unter Verwendung eines (allerdings nicht bereits in § 7 Abs. 2 Nr. 2 und Nr. 3 UWG aufgeführten) für den Fernabsatz geeigneten Mittels der kommerziellen Kommunikation, durch die ein **Verbraucher hartnäckig angesprochen wird, obwohl er dies erkennbar nicht wünscht.**

Beispiel: Ein Verbot des Empfängers durch **Aufkleber am Briefkasten** muss der Werbende beachten, sofern es sich um nicht adressiertes Werbematerial handelt (sog. Briefkastenwerbung).[1598] Vgl dazu auch Rn 542.

Zur Umsetzung der Richtlinie über unlautere Geschäftspraktiken sah sich der Gesetzgeber gezwungen, in § 7 Abs. 2 Nr. 1 UWG nur noch hartnäckige Belästigungen und auch nur solche durch Kommunikationsmedien, die zum Fernabsatz geeignet ist, zu erfassen.[1599] Insofern sollte der Begriff „angesprochen" nicht wortwörtlich verstanden werden. Unter § 7 Abs. 2 Nr. 1 fallende Medien sind insbesondere Briefe, Kataloge und

---

1598 BGHZ 106, 229, 232 *Handzettelwerbung*; Vgl auch BGH GRUR 1992, 916 *Postwurfsendung*; Jahn/Gonzalez WRP 1991, 1.
1599 Begr. RegE UWG-Novelle 2008, BT DS 16/10145, S. 29, abrufbar unter www.nordemann.de.

Prospekte. Andere Sachverhalte (wie das Ansprechen in der Öffentlichkeit oder die „Scheibenwischerwerbung") können nur noch von § 7 Abs. 1 UWG erfasst werden.[1600]

II. Telefonwerbung

Rechtsgrundlage: § 7 Abs. 2 Nr. 2 und Nr. 3 UWG; Art. 13 Datenschutzrichtlinie

516 Wer potentielle Kunden zB nach dem Telefonbuch einfach anruft, um sie für eine Zeitung, eine Weinsendung, ein neues Auto zu gewinnen, spekuliert darauf, dass er seinen Gesprächspartner am anderen Ende der Leitung individuell mit seiner Werbung erreicht. Der Angerufene wird veranlasst, dass Gespräch zunächst anzunehmen. Wegen der Ungewissheit über den Zweck des Anrufes ist der Angerufene im Regelfall genötigt, sich auf das Gespräch persönlich einzulassen und erst dann zu entscheiden, ob er das Gespräch fortsetzt. Der Angerufene kann sich also gegen das Eindringen von Werbung in seine Privat- oder Geschäftssphäre nicht von vornherein wehren. Solche Werbung ist unter den Voraussetzungen von § 7 Abs. 2 Nr. 2 UWG **stets als unzulässig** zu werten. Das gilt sowohl gegenüber Verbrauchern (§§ 2 Abs. 2 UWG, 13 BGB) als auch gegenüber sonstigen (unternehmerischen) Marktteilnehmern. Eine unzumutbare Belästigung ist erst recht anzunehmen, wenn eine automatische Anrufmaschine benutzt wird (§ 7 Abs. 2 Nr. 3 UWG).

517 Der deutsche Gesetzgeber hat sich in Umsetzung von Art. 13 Abs. 3 EU-Datenschutzrichtlinie für elektronische Kommunikation[1601] für die sog. „Opt-in-Lösung" entschieden, nach der der Angerufene für Telefonwerbung optieren bzw bei anderen Marktteilnehmern zumindest eine mutmaßliche Einwilligung vorliegen muss.[1602] Der Bundesrat favorisierte ohne Erfolg die sog. „Opt-out-Lösung": wer nicht angerufen werden wolle, könne dies im Verlauf des Telefonates kundtun und werde nicht mehr angerufen.[1603] Auch die Richtlinie über unlautere Geschäftspraktiken zieht in Nr. 26 Anhang I die Grenze zur unzumutbaren Belästigung erst bei „hartnäckigem … Ansprechen über Telefon". Nach zutreffender Ansicht des deutschen Gesetzgebers[1604] lässt Nr. 26 Anhang I Richtlinie unlautere Geschäftspraktiken aber weiterhin Raum für eine strengere nationale Vorschrift.[1605] Nach S. 2 von Nr. 26 Anhang I Richtlinie unlautere Geschäftspraktiken bleibt Art. 13 Datenschutzrichtlinie mit seinen Wahlmöglichkeiten für den nationalen Gesetzgeber gerade unberührt. Es wird sich auch schwerlich behaupten lassen, dass Verbraucher nicht schon den ersten Werbeanruf eines Unbekannten als Belästigung empfinden, zumal die Gefahr von Nachahmungen auf der Hand liegt.

1600 Begr. RegE UWG-Novelle 2008, BT DS 16/10145, S. 29, abrufbar unter www.nordemann.de; eingehend dazu Wasse WRP 2010, 191.

1601 EU-Richtlinie 2002/58/EG über den Datenschutz bei der elektronischen Kommunikation, Abl. EG Nr. l 201 vom 31. Juli 2002; Vgl auch Begr. RegE UWG-Novelle 2008, BT DS 16/10145, S. 29, abrufbar unter www.nordemann.de.

1602 Siehe Begr. RegE UWG-Novelle 2008, BT DS 16/10145, S. 29, abrufbar unter www.nordemann.de.

1603 Stellungnahme Bundesrat zur Begr. RegE UWG-Novelle 2004, BT DS 15/1487, S. 31 f, abrufbar unter www.nordemann.de. Der Einspruch des Bundesrates wurde jedoch vom Bundestag mit Regierungsmehrheit überstimmt.

1604 IE zustimmend Steinbeck WRP 2008, 865, 866.

1605 Begr. RegE UWG-Novelle 2008, BT DS 16/10145, S. 29, abrufbar unter www.nordemann.de. Köhler/Lettl WRP 2003, 1030, 1034. AA Engels/Brunn GRUR 2010, 886, 888: Cold Calling durch Richtlinie unlautere Geschäftspraktiken abschließend geregelt.

§ 7 Abs. 2 Nr. 2 UWG regelt nur die Werbung mit einem Telefonanruf, also Mittei- **518** lungen durch Sprachtelefonie. Die bei Mobiltelefonen bestehende Möglichkeit, durch SMS- und MMS- Dienste Texte und Bilder übertragen zu lassen, fällt unter § 7 Abs. 2 Nr. 3 UWG.[1606]

Entscheidend ist für § 7 Abs. 2 Nr. 2 UWG, ob der Angerufene eine hinreichende **Ein-** **519** **willigung** erteilt hat. Dafür trägt der Werbende die Darlegungs- und Beweislast.[1607]

Im Hinblick auf die Einwilligung ist **zwischen angerufenen Verbrauchern und angeru-** **fenen sonstigen Marktteilnehmern zu unterscheiden.**

Bei **Verbrauchern** (§§ 2 Abs. 2 UWG, 13 BGB, vgl Rn 99) ist **allein die ausdrückliche** **520** **Einwilligung** genügend. Die Einwilligung kann also **nicht konkludent** erteilt werden. Die UWG-Novelle 2008 hatte noch bloß konkludente Einwilligungen erlaubt. Seit 2009 und dem Gesetz zur Bekämpfung der unerlaubten Telefonwerbung genügt nur noch eine ausdrückliche Einwilligung.[1608]

Wegen des Ausschlusses bloß konkludenter Einwilligungen ist in folgenden Fällen von **521** vornherein kein Werbeanruf mehr zulässig: Nach vorheriger schriftlicher Ankündi- gung[1609] und selbst bei Vorliegen einer Bitte des potenziellen Kunden, ihm Informati- onsmaterial zu schicken,[1610] ja sogar bei bestehender Geschäftsverbindung zu einem privaten Kunden[1611] darf das Telefon nicht benutzt werden, auch nicht etwa, um auf eine Privatanzeige mit Telefonnummer die eigenen Vermittlungsdienste oder privaten Versicherungskunden Änderungs-, Ergänzungs- bzw Verlängerungsoptionen anzubie- ten.[1612] Zur Nachbearbeitung eines Kunden, der den Liefervertrag gekündigt hat, darf der Vertreter diesen zwar aufsuchen (zu Vertreterbesuchen unten Rn 546 ff), sich aber nicht vorher telefonisch anmelden.[1613] Mit dem Ausschluss der konkludenten Einwil- ligung erlag der deutsche Gesetzgeber freilich dem verhängnisvollen deutschen Hang zur Übertreibung. Warum soll der Versicherungsagent, bei dem meine ganze Familie versichert ist, mich nicht anrufen und mich darauf aufmerksam machen dürfen, dass es eine neue Rundum-Reiseversicherung für junge Leute gibt, die für meine Kinder nützlich wäre, oder dass nach dem Umzug in die größere Wohnung bei der Hausrat- versicherung Unterdeckung eingetreten ist? Ich **erwarte** von ihm sogar, dass er das tut; sonst fühle ich mich nicht richtig betreut. Erst recht erwarte ich von dem **Getränke-** **heimdienst**-Fahrer oder dem **Lesezirkel**-Vertreter, dem gegenüber ich die Belieferung mit Getränken oder Zeitschriften aufgekündigt habe, dass er mich gefälligst anruft,

---

1606 Begr. RegE UWG-Novelle 2008, BT DS 16/10145, S. 30, abrufbar unter www.nordemann.de.
1607 BGH GRUR 2004, 517, 519 *E-Mail-Werbung.*
1608 Vgl. BT DS 16/10734, S. 13, abrufbar unter www.nordemann.de; dazu auch Köhler NJW 2009, 2567, 2568.
1609 BGH GRUR 1989, 753, 754 *Telefonwerbung II.*
1610 BGH GRUR 1990, 280, 281 *Telefonwerbung III;* OLG Köln GRUR 1993, 562, 563; KG WRP 1995, 107, 110.
1611 BGH GRUR 1995, 220, 221 *Telefonwerbung V* m.Anm. Steinbeck; erneut BGH GRUR 2000, 818, 819 f. *Telefonwerbung VI;* siehe auch OLG Köln K&R 2002, 254 *Aktiv Plus,* für cold calling der Telekom ge- genüber ihren eigenen Telefonkunden; siehe OLG Stuttgart GRUR 2002, 457 *Umfrage,* zur Nachbearbei- tung einer vorher versandten Werbung durch eine telefonische „Meinungsumfrage".
1612 OLG Frankfurt GRUR 2005, 964, 964 *Telefonisches Versicherungsangebot;* OLG Stuttgart NJW-RR 1994, 1534 f.
1613 BGH GRUR 1994, 380, 381 f. *Lexikothek.*

statt einfach zu kommen.[1614] Die Störung am Telefon ist gegenüber derjenigen durch einen Hausbesuch geradezu geringfügig.

522 Zulässig nach der derzeitigen Gesetzeslage ist nach alledem nur der Anruf, wenn der Verbraucher dem Anruf vorher ausdrücklich zugestimmt hat. Das kann mündlich oder schriftlich erfolgen. Eine ausdrückliche Einwilligung liegt vor bei telefonischer Reaktion auf Gesuche in der Zeitung, in denen die Telefonnummer angegeben war. Unzulässig sollen Anrufe nach telefonischen Anfragen sein, wenn der Verbraucher nicht ausdrücklich um Rückruf gebeten hat.[1615] Auch im eigenen Bekanntkreis sind nach der aktuellen Gesetzeslage keine Anrufe mehr möglich, ohne dass der angerufene Verbraucher vorher zugestimmt hat.

523 Die vorherige (ausdrückliche) **Einverständniserklärung** kann auch in **AGB** erteilt werden. Allerdings ist man bei der Kontrolle nach §§ 305 ff BGB streng. Die Rechtsprechung fordert eine „spezifische Einwilligungserklärung".[1616] Unwirksam sind formularmäßige Einverständnisse, wenn sie überraschend nach § 305 c Abs. 1 BGB, also an versteckter Stelle in den AGB angebracht sind,[1617] zumindest intransparent (§ 307 Abs. 1 S. 2 BGB) sind Textpassagen, die auch andere Erklärungen oder Hinweise enthalten. Der BGH fordert, dass der Kunde entweder ein bestimmtes Kästchen anzukreuzen hat oder sonst eine vergleichbar eindeutige Erklärung seiner Zustimmung abgibt. Eine solche Erklärung liegt nicht allein schon in der Unterschrift, mit der der Kunde das auf Rabattgewährung gerichtete Vertragsangebot annimmt. **Die geforderte spezifische Angabe verlangt vielmehr eine gesonderte Erklärung durch zusätzliche Unterschrift oder individuelles Markieren eines entsprechenden Feldes („Opt-in"-Erklärung).**[1618]

Inhaltlich muss die Klausel hinreichend bestimmt sein. Das ergibt sich aus dem Verbot der unangemessenen Benachteiligung des § 307 Abs. 1 S. 1 BGB und des Transparenzgebotes des § 307 Abs. 1 S. 2 BGB. „Generaleinwilligungen", die in keinem Zusammenhang mit dem (angebahnten) Vertragsverhältnis stehen oder eine Werbung für Angebote Dritter ermöglichen, sind danach grundsätzlich nicht möglich.

Beispiel: Formulierungen bei dem Kästchen zur Angabe der Telefonnummer wie „zur Gewinnbenachrichtigung und für weitere interessante telefonische Angebote der Z. GmbH, freiwillige Angabe, das Einverständnis kann jederzeit widerrufen werden", sind danach nicht genügend.[1619]

Bankkunden erteilen keine wirksame Einwilligung in Telefonwerbung, wenn sie in den formularmäßigen Kontoeröffnungsanträgen Einwilligungen für telefonische Werbung „für Produkte der Bank und ihrer Kooperationspartner" oder auch nur „in Geldangelegenheiten" erklären.[1620]

Bei Verletzung von AGB-Recht der §§ 305 ff BGB kann zugleich eine Verletzung der §§ 3 Abs. 1, 4 Nr. 11 UWG vorliegen (Rechtsbruch, Rn 839).

1614 Das verbietet auch OLG Koblenz WRP 1991, 332 f unter Zustimmung von Steinbeck GRUR 1995, 492, 493. Vgl schon W. Nordemann AfP 1991, 484, 486.
1615 Lettl GRUR 2000, 977, 980.
1616 BGH GRUR 2008, 1010 Tz. 29 *Payback*; OLG Hamburg MMR 2009, 557.
1617 Köhler in Köhler/Bornkamm § 7 Rn 141.
1618 BGH GRUR 2008, 1010 Tz. 29 *Payback*.
1619 OLG Hamburg MMR 2009, 557.
1620 BGH WRP 1999, 660, 662 (XI. Senat) bzw BGH GRUR 2000, 818, 819 *Telefonwerbung VI*.

Der **Anruf** bei einem **Arbeitnehmer** an seinem **Privatanschluss** mit dem Ziel, ihn für 524 einen Arbeitsplatz zu gewinnen, dient seinem persönlichen Fortkommen; mit einem Arbeitsplatzwechsel, der auf den Wunsch des neuen Arbeitgebers zurückgeht, ist regelmäßig auch eine Einkommensverbesserung verbunden. Anrufe solcher Art kommen zudem so selten vor, dass sie nicht belästigend wirken können.[1621] Die telefonische Abwerbung über den Privatanschluss ist deshalb keine unzumutbare Belästigung (zur telefonischen Abwerbung am Arbeitsplatz siehe dagegen Rn 592).

Bei **sonstigen (also unternehmerischen) Marktteilnehmern** reicht neben der ausdrück- 525 lichen Einwilligung auch eine **konkludente oder zumindest mutmaßliche Einwilligung** (§ 7 Abs. 2 Nr. 2 Alt. 2 UWG). § 7 Abs. 2 UWG erfasst dabei grundsätzlich auch Nachfragehandlungen gegenüber Gewerbetreibenden oder Freiberuflern.[1622] Auf das mutmaßliche Interesse des angerufenen Marktteilnehmers stoßen Anrufe, soweit aufgrund konkreter Umstände ein sachliches Interesse des Anzurufenden vermutet werden kann.[1623] **Maßgeblich ist, ob der Werbende bei verständiger Würdigung der Umstände annehmen durfte, der Anzurufende erwarte einen solchen Anruf oder werde ihm jedenfalls positiv gegenüberstehen.**[1624] Entscheidend ist insoweit das **Empfinden des Durchschnittsmarktteilnehmers.**[1625] Ein bloß allgemeiner Sachbezug reicht nicht; dann wären Werbeanrufe fast immer von einer mutmaßlichen Einwilligung gedeckt.[1626] Es ist auf die Umstände vor dem Anruf sowie auf die Art und den Inhalt der Werbung abzustellen. Dabei ist insbesondere zu prüfen, ob die Einwilligung des Angerufenen sich mutmaßlich gerade auch auf die *telefonische* Kontaktaufnahme bezog – oder ob auch eine schriftliche Kontaktaufnahme genügt hätte.[1627]

Beispiele: Ein Unternehmer erzählt einem Bekannten, dass er wegen einer wettbewerbsrechtlichen Abmahnung einen Fachanwalt für gewerblichen Rechtsschutz benötige; über Umwege hört ein solcher Fachanwalt davon; er darf ein mutmaßliches Interesse des Unternehmers – auch an einem Anruf – unterstellen.[1628]

Ein Bürobedarfshändler darf aber nicht ein mutmaßliches Interesse eines Übersetzungsbüros an einem Werbeanruf unterstellen.[1629] Das allgemeine Interesse des Übersetzungsbüros reicht nicht. Überdies kann eine Werbung auch auf schriftlichem Weg erfolgen. Etwas anders würde aber dann gelten, wenn der Bürobedarfshändler konkret weiß, dass dringender Bedarf für bestimmte Büroartikel besteht.

Bei einem Bauhandwerksunternehmen kann nicht davon ausgegangen werden, dass es mutmaßlich an einer telefonischen Werbung für hinsichtlich ihres Inhalts und Umfangs nicht näher bestimmte Vermittlungsleistung interessiert ist, die durch eine nicht unbeträchtliche und zudem im Voraus zu erbringende Gegenleistung entgolten werden soll.[1630] Ein Arbeitnehmer-Vermittler (Notdienst) erwartet nicht, dass ihm Arbeitskräfte für seinen eigenen Betriebszweck telefonisch

1621 OLG Stuttgart GRUR 2002, 459 *Ausspannen von Beschäftigten;* Quiring WRP 2000, 33, 37.
1622 BGH GRUR 2008, 923 Tz. 14 *Faxanfrage im Autohandel;* Vgl OLG Hamm GRUR-RR 2006, 379 *Fahrzeugsuche;* Vgl auch Glöckner/Henning-Bodewig WRP 2005, 1311, 1325.
1623 BGH GRUR 2008, 189 Tz. 14 *Suchmaschineneintrag;* BGH GRUR 1995, 220, 221 *Telefonwerbung IV.*
1624 BGH GRUR 2010, 939 Tz. 21 *Telefonwerbung nach Unternehmenswechsel.*
1625 BGH GRUR 2010, 939 Tz. 24 *Telefonwerbung nach Unternehmenswechsel.*
1626 BGH GRUR 2010, 939 Tz. 25 *Telefonwerbung nach Unternehmenswechsel;* BGH GRUR 2007, 607 Tz. 20 *Telefonwerbung für „Individualverträge".*
1627 BGH GRUR 2010, 939 Tz. 32 *Telefonwerbung nach Unternehmenswechsel.*
1628 Genauso Köhler in Köhler/Bornkamm § 7 UWG Rn 170 mit dem Beispiel der Äußerung des Bedarfs an Büroräumen gegenüber Dritten.
1629 OLG Köln WRP 1991, 836.
1630 BGH GRUR 2007, 607 L *Telefonwerbung für Individualverträge.*

angeboten werden.[1631] Ein Bauunternehmer rechnet nicht mit Angeboten eines Finanzierungsberaters.[1632] Die schlichte Einrichtung einer Telefonnummer und deren Bekanntgabe auf der Internetseite eines Sportvereins ist noch keine mutmaßliche Zustimmung zu allen möglichen telefonischen Anfragen.[1633]

Veröffentlicht ein Unternehmen die Nummer seines Telefonanschlusses in allgemein zugänglichen Verzeichnissen, so erwartet es in der Regel, dass Kunden den Anschluss auch für Kaufanfragen benutzen.[1634] Insoweit liegt schon eine konkludente (und nicht nur eine mutmaßliche) Zustimmung nahe.

Ein Unternehmer soll nach der Rechtsprechung des BGH ein mutmaßliches Interesse daran haben, dass sein persönlicher Berater bei einem Kunden den Unternehmer anruft, um zu berichten, dass er zur Konkurrenz gewechselt ist.[1635] Das erscheint jedoch nur dann als gerechtfertigt, wenn es sich um eine sehr enge persönliche Kundenbeziehung zwischen Berater und Unternehmer handelte.[1636] Es wäre jedenfalls zweifelhaft, generell – auch ohne eine enge persönliche Kundenbeziehung – ein mutmaßliches Interesse des Unternehmers gerade an einem Anruf anzunehmen; der Berater könnte seinen Unternehmenswechsel auch brieflich anzeigen und bei Interesse des Unternehmers um dessen Rückruf bitten.

Etwas großzügigere Maßstäbe gelten bei **laufender Geschäftsverbindung** und einem sachlichen Zusammenhang des Anrufes damit.[1637] Eine solche Geschäftsverbindung nimmt der Bundesgerichtshof großzügig schon bei einem kostenlosen Grundeintrag in ein Telefonverzeichnis an, so dass ein Anruf wegen eines kostenpflichtigen Zusatzeintrages auf das mutmaßliche Einverständnis des Angerufenen trifft.[1638] Der kostenlose Eintrag eines Gewerbetreibenden im Verzeichnis einer Internetsuchmaschine allerdings, die nur eine unter einer Vielzahl gleichartiger Suchmaschinen ist, rechtfertigt auch nach Ansicht des BGH nicht die die Annahme, der Gewerbetreibende werde mit einem Anruf einverstanden sein, bei dem die Umwandlung des kostenlosen Eintrags in einen erweiterten, entgeltlichen Eintrag angeboten wird.[1639] Einen früheren Kunden hingegen wird man erneut ansprechen können, ob er wieder Bedarf habe („Nachfassen"/„Nachbearbeiten"), dies aber auch nur dann, wenn es sich nicht um einen bloßen Gelegenheitskunden handelte, sondern mit einem fortbestehenden Interesse auf seiner Seite gerechnet werden kann.[1640]

526 Eine Ausnahme von dem allgemeinen Verbot der telefonischen Werbung galt bis 2007 für **Blindenwaren,** die Gewerbetreibenden angeboten wurden. Mit dem Blindenwarenvertriebsgesetzes 1965 verfolgte der Gesetzgeber die Absicht, den Absatz solcher Produkte zu erleichtern. Der BGH wollte in seiner Entscheidung **Telefonwerbung für Blindenwaren** aus dem Jahr 2001 - unter Berücksichtigung des im Blindenwarenvertriebsgesetz geschützten sozialen Zwecks des Absatzes von Blindenwaren - den Vortrag der Beklagten, alle Blindenwerkstätten bedienten sich seit Jahrzehnten der beanstandeten

---

1631 OLG Düsseldorf WRP 1997, 853; aA Schricker GRUR Int. 1998, 541, 554.
1632 OLG München NJW-RR 1994, 1054 f.
1633 Vgl BGH GRUR 2008, 925 Tz. 21 ff *FC Troschenreuth* für eine E-Mail-Adresse und Werbeanfragen per E-Mail.
1634 Vgl BGH GRUR 2008, 923 L *Faxanfrage im Autohandel* zu Anfragen per Fax.
1635 BGH GRUR 2010, 939 Tz. 29 ff. *Telefonwerbung nach Unternehmenswechsel.*
1636 Die im Streitfall möglicherweise gegeben war.
1637 BGH GRUR 2004, 520, 521 *Telefonwerbung für Zusatzeintrag;* BGHZ 113, 282, 284 ff. *Telefonwerbung IV;* OLG Zweibrücken GRUR 1997, 77, 79 *TAK 18;* OLG Hamburg NJWE 1997, 3, 4.
1638 BGH GRUR 2004, 520, 521 *Telefonwerbung für Zusatzeintrag.*
1639 BGH GRUR 2008, 189 Tz. 17 ff. *Suchmaschineneintrag.*
1640 KG WRP 1988, 304, 306 (bei jährlicher Bestellung); großzügiger OLG Hamburg WRP 1978, 553, 554 f.

Werbemethode, als zusätzlichen Rechtfertigungsgrund gelten lassen.[1641] Nachdem das Blindenwarenvertriebsgesetz 2007 ersatzlos außer Kraft getreten ist, kann an BGH Telefonwerbung für Blindenwaren nicht mehr festgehalten werden, sodass nunmehr für Blindenwaren uneingeschränkt das allgemeine Verbot des § 7 Abs. 2 Nr. 2 UWG gilt.

Der wettbewerbsrechtliche Unterlassungsanspruch umfasst ein Unterlassen der konkreten Verletzungshandlung generell, also gegenüber allen relevanten Marktbeteiligten. Einschränkungen können sich aber ergeben, weil immer die konkrete Verletzungsform Eingang in den **Antrag** finden muss (Rn 1611 ff). Handelt es sich bei den Angerufenen um unternehmerische Marktbeteiligte, muss das fehlende Vorliegen eines konkludenten oder mutmaßlichen Einverständnisses konkret beschrieben werden. Folgender Klageantrag ist nicht hinreichend bestimmt (§ 253 Abs. 2 ZPO): Verbot, unaufgefordert Telefonwerbung zu betreiben, ohne dass ein vorheriges Einverständnis des Adressaten besteht oder zumindest Umstände vorliegen, auf Grund deren das Einverständnis mit einer solchen Kontaktaufnahme vermutet werden kann.[1642] Auch muss im Regelfall der Gegenstand des Anrufes in den Antrag als konkrete Verletzungsform aufgenommen werden, also welche Leistungen beworben wurden;[1643] das rechtfertigt sich schon daraus, dass für jede beliebige beworbene Leistung die Aktivlegitimation des Anspruchstellers gar nicht feststeht (Rn 862 ff), außerdem kann eine andere beworbene Leistung eine abweichende rechtliche Beurteilung im Hinblick auf eine eventuelle Zustimmung erfordern. | 527

Unzulässige Anrufe können auch **bürgerlich-rechtliche Unterlassungsansprüche** der Betroffenen (§§ 823 Abs. 1, 1004 BGB) auslösen. Für private Verbraucher ist das unproblematisch,[1644] für Unternehmer muss man sich aber fragen, ob durch *einzelne* Telefonanrufe wirklich ein hinreichender Eingriff in den eingerichteten und ausgeübten Gewerbebetrieb vorliegt.[1645] Der Unterlassungsanspruch des Betroffenen reicht allerdings bedeutend weniger weit als der wettbewerbsrechtliche Unterlassungsanspruch: Der Betroffene kann nur Unterlassung *seiner* zukünftigen Belästigung verlangen. | 528

Die **Werbeunterbrechung am Telefon** ist nach der Rechtsprechung des BGH zulässig, wenn sie sich der Anschlussinhaber als Gegenleistung dafür erkauft hat, dass die von ihm geführten Gespräche kostenfrei bleiben; der Gesprächspartner am anderen Ende der Leitung, der sein Einverständnis nicht erteilt hat, werde dadurch nicht ebenso genötigt, wie wenn ihn ein direkter Werbeanruf erreichen würde. Denn es sei damit zu rechnen, dass der Anrufer den Angerufenen aufkläre.[1646] | 529

Zu **Fernabsatzverträgen** s. Rn 263, 837. | 530

1641 BGH GRUR 2001, 1181, 1183 f. *Telefonwerbung für Blindenwaren.*
1642 BGH GRUR 2007, 607 Tz. 16 f. *Telefonwerbung für „Individualverträge".*
1643 Vgl die Neufassung des Antrages in der Berufungsinstanz bei OLG Köln GRUR-RR 2002, 237; siehe ferner OLG Karlsruhe OLGR 2003, 215, das ein Abstellen auf „werbliche Zwecke" für „zu weit gefasst" hielt; ferner zur Formulierung des Antrages: OLG Frankfurt GRUR-RR 2009, 37.
1644 OLG Stuttgart NJW 1988, 2615.
1645 Bejahend BGH GRUR 2009, 980 Tz. 11 ff *E-Mail-Werbung II* für eine einzelne Email; OLG München NJW-RR 1994, 1054, 1055 zur Telefaxwerbung gegenüber Unternehmern; aA Schricker GRUR Int. 1998, 541, 547 ff; Böhm MMR 1999, 643, 544.
1646 BGH GRUR 2002, 637, 639 *Werbefinanzierte Telefongespräche;* aA noch LG Berlin WRP 1999, 1188 f; dazu Hartwig/Ferschl WRP 1999, 1083.

III. Faxwerbung, Anrufmaschinen

Rechtsgrundlage: § 7 Abs. 2 Nr. 3 UWG; Art. 13 Datenschutzrichtlinie

531 Die Inanspruchnahme des Fax mit unverlangter Werbung beeinträchtigt die Nutzungsfreiheit des Gerätes. Darüber hinaus kommt es im geschäftlichen Bereich oft zu zusätzlichen Belastungen dadurch, dass eingehende Telefaxe eine bevorzugte Eilbehandlung erhalten.[1647] Deswegen ist die Lauterkeit von Telefaxwerbung auch nicht alleine daran zu messen, ob das Fax auf dem Gerät ausgedruckt oder nach Empfang auf den PC weitergeleitet wird.[1648] Der Gesetzgeber hat sich deshalb – anders als bei der Werbung per Telefon – entschieden, unerbetene **Werbefaxe an Private und an Unternehmen gleich zu behandeln.** Sie sind nach § 7 Abs. 2 Nr. 3 UWG nur noch dann zulässig, wenn eine **vorherige ausdrückliche Einwilligung** des Adressaten vorliegt. Damit ist auch eine konkludente Zustimmung nicht mehr genügend (anders noch § 7 Abs. 2 Nr. 3 a.F, der auch eine konkludente bzw mutmaßliche Einwilligung abdeckte).[1649]

Beispiel: Veröffentlicht ein Unternehmen die Nummer seines Telefonfaxschlusses in allgemein zugänglichen Verzeichnissen, so mag das eine konkludente Einwilligung sein.[1650] Das reicht aber nicht (mehr) aus.

Nach dem Wortlaut des § 7 Abs. 2 Nr. 3 UWG gilt das Vorstehende entsprechend für automatische Anrufmaschinen, die dem Angerufenen vorgefertigte Werbebotschaften übermitteln.

Zu bürgerlich-rechtlichen Ansprüchen der betroffenen Empfänger von Telefaxen und Anrufen von Anrufmaschinen Rn 528, zum Anspruchsumfang Rn 527.

IV. E-Mail-Werbung, SMS-Werbung

Rechtsgrundlage: § 7 Abs. 2 Nr. 3 und Nr. 4, Abs. 3 UWG; Art. 13 Datenschutzrichtlinie

532 Die tatsächliche Situation hat sich bei E-Mails weder gegenüber dem Fax noch gegenüber der früheren Problematik bei Telex-, Teletext- und Btx-Geräten[1651] geändert, sondern allenfalls verschlimmert: E-Mail-Anschlüsse werden inzwischen von unerbetenen „Nachrichten", in der Regel also unerbetener Werbung, in einem Masse überschwemmt, wie man sich das noch zu Btx-Zeiten nicht hätte vorstellen können, und wie das auch die ersten Äußerungen in der Literatur offensichtlich nicht erwartet haben.[1652] Das **grundsätzliche gesetzliche Verbot** der **E-Mail-Werbung** in **§ 7 Abs. 2 Nr. 3 UWG** hielt der Gesetzgeber deswegen zur Sicherung der Nutzungsfreiheit der

---

1647 Zu den Möglichkeiten eines Vorgehens der Regulierungsbehörde für Telekommunikation und Post: Hoeren NJW 2002, 1521.
1648 BGH GRUR 2007, 164 L *Telefax-Werbung II,* noch zum alten Recht.
1649 Dazu noch OLG Bamberg GRUR 2007, 167 *Gewerbe-E-Mail*; LG München GRUR-RR 2007, 59 *Abmahnerfordernis.*
1650 Vgl BGH GRUR 2008, 923 Tz. 16 ff. *Faxanfrage im Autohandel* zu Anfragen per Fax.
1651 BGHZ 59, 317, 319 ff. *Telex-Werbung*; KG NJW-RR 1986, 122, 123 *Teletex-Werbung*; BGHZ 103, 202 ff. *Btx-Werbung I.*
1652 Vgl Schmittmann K&R 2002, 135; Reichelsdorfer GRUR 1997, 191, 197 f; Leupold WRP 1998, 270, 275 ff; Busche/Kraft WRP 1998, 1142, 1145 f. Wie hier aber schon Hoeren WRP 1997, 993, 994 f mwN.

Anschlussinhaber für unumgänglich;[1653] es fällt auch nicht unter das Herkunftslandprinzip (Rn 33 f). Der deutsche Gesetzgeber hat von den ihm nach der Datenschutzrichtlinie für die elektronische Kommunikation zustehenden Liberalisierungsmöglichkeiten keinen Gebrauch gemacht.[1654] Für unerbetene **SMS-Mitteilungen** auf das Handy gilt nichts anderes.[1655]

Eine Ausnahme vom Verbot gilt (wie bei der Telefaxwerbung wiederum) nur, wenn   533 eine **vorherige ausdrückliche Einwilligung** des Angemailten vorliegt. Eine konkludente Einwilligung oder gar ein lediglich mutmaßliches Einverständnis reichen – anders als bei der Telefonwerbung gegenüber Unternehmern (Rn 525) – nicht aus (vgl Rn 531).

Beispiel: Die schlichte Einrichtung einer E-Mail-Adresse und deren Bekanntgabe auf der Internetseite eines Sportvereins ist noch keine konkludente Zustimmung zu allen möglichen Anfragen per E-Mail.[1656] Sie war damit auch schon nach altem Recht keine konkludente Einwilligung, heute genügt ohnehin nur noch ein ausdrückliches Einverständnis.

Der zur Konkurrenz gewechselte Berater darf seinen früheren (unternehmerischen) Kunden nicht anmailen, auch wenn ein mutmaßliches Interesse des früheren Kunden an der Information besteht, dass der Berater gewechselt ist. Anrufen darf er den Unternehmer jedoch, wenn ein mutmaßliches Interesse an der telefonischen Information unterstellt werden kann.[1657]

Abweichende formularmäßige Klauseln können nach den §§ 305 ff BGB nichtig sein.[1658] Insoweit gilt nichts anderes als für die Einwilligung zur Telefonwerbung, vgl Rn 523. Die Beweislast für den Rechtfertigungsgrund der Einwilligung trägt der Werbende.[1659]

Eine **Ausnahme** vom Erfordernis des ausdrücklichen Einverständnisses enthält § 7   534 Abs. 3 Nr. 1 UWG. Es handelt sich wiederum um Richtlinienrecht.[1660] Hat ein Unternehmen im Zusammenhang mit dem Verkauf einer Ware oder Dienstleistung vom privaten oder unternehmerischen Kunden dessen elektronische Adresse erhalten, kann der Unternehmer die Adresse zur Direktwerbung für eigene ähnliche Waren oder Dienstleistungen (§ 7 Abs. 3 Nr. 2 UWG) verwenden. Der Kunde darf allerdings trotz eines klaren und deutlichen Hinweises auf diese Möglichkeit der Verwendung nicht widersprochen haben (§ 7 Abs. 3 Nr. 3 UWG). Die Widerspruchsmöglichkeit muss zu Basistarifen, also wiederum ohne Inanspruchnahme von Mehrwertrufnummern, gewährt sowie klar und deutlich mitgeteilt (§ 7 Abs. 3 Nr. 4 UWG) werden.

1653 Genauso BGH GRUR 2004, 517, 519 *E-Mail-Werbung*; KG K&R 2002, 547, 548 *Internet News Report*; LG Traunstein NJW 1998, 1648; LG Berlin NJWE 2000, 91; LG Ellwangen MMR 1999, 675; aA LGe Braunschweig NJW-CoR 2000, 235 f, und Kiel C&R 2000, 848, 849 ff m. abl. Anm. Schmittmann; unklar LG Augsburg NJW 2000, 593.
1654 Begr. RegE UWG-Novelle 2004, BT DS 15/1487, S. 21, abrufbar unter www.nordemann.de. Vgl Art. 13 Abs. 1 EU-Richtlinie 2002/58/EG über den Datenschutz bei der elektronischen Kommunikation, Abl. EG Nr. l 201 vom 31. Juli 2002.
1655 LG Berlin ZUM-RD 2003, 479.
1656 Vgl BGH GRUR 2008, 925 Tz. 21 ff *FC Troschenreuth*.
1657 BGH GRUR 2010, 939 Tz. 21 ff (zur Zulässigkeit der Telefonwerbung) und Tz. 35 ff (zur Unzulässigkeit der E-Mail-Werbung) *Telefonwerbung nach Unternehmenswechsel.*
1658 BGH GRUR 2008, 1010 Tz. 26 ff. *Payback*; OLG Köln GRUR-RR 2008, 316 *Einverständnis mit Telefonwerbung per AGB* (für den Fall, dass sich sämtliche Konzernunternehmen auf das Einverständnis berufen wollen).
1659 OLG Hamburg WRP 2007, 1246, 1247 *Unerwünschte E-Mail-Werbung.*
1660 Art. 13 Abs. 2 EU-Richtlinie 2002/58/EG über den Datenschutz bei der elektronischen Kommunikation, Abl. EG Nr. l 201 vom 31. Juli 2002.

535 Für den Fall der Erteilung eines hinreichenden Einverständnisses – und erst Recht ohne Vorliegen eines Einverständnisses- ist allerdings auch bei der elektronischen Werbung noch zusätzlich das **Transparenzgebot** des § 7 Abs. 2 Nr. 4 UWG zu beachten. Die Identitäts- und Adressangabepflicht soll sicherstellen, dass der Adressat jederzeit die Möglichkeit hat, die Einstellung der Nachrichten zu verlangen.[1661] Ferner muss die Aufforderung zu Basistarifen, also nicht zu teureren Mehrwertdienstnummern,[1662] übermittelbar sein. Mit dieser Begründung kann deshalb die Angabe einer Telefonnummer durch den Absender genügen.

536 Zu **bürgerlich-rechtlichen Ansprüchen** der betroffenen Empfänger von E-Mails und SMS Rn 528, zum Anspruchsumfang Rn 527.

V. Zusendung unbestellter Ware

Rechtsgrundlage: § 7 Abs. 1 S. 1 UWG, § 3 Abs. 3 UWG iVm Nrn. 22, 29 Anhang-UWG, §§ 5, 5 a UWG; Art. 5 Abs. 5, Art. 8, 9 Richtlinie unlautere Geschäftspraktiken

537 Werden einem Privat- oder Geschäftsmann unbestellte Waren ins Haus geschickt, in der Regel gekoppelt mit einem Kaufvertragsangebot, wird er dadurch gezwungen, sich mit diesen zu beschäftigen. Der Geschäftsmann ist verpflichtet, die unbestellte Ware mit der Sorgfalt eines ordentlichen Kaufmanns aufzubewahren, was lästig ist und unter Umständen Kosten verursacht. Den Verbraucher treffen gemäß § 241 a Abs. 1 BGB zwar weder Herausgabe-[1663] noch Aufbewahrungspflichten,[1664] jedoch besteht die Gefahr, dass der rechtsunkundige Verbraucher von einer Rücksendepflicht oder gar von einer Zahlungspflicht nach Ablauf einer bestimmten, vom Versender angegebenen Frist ausgeht.

538 Die Rechtsprechung **verbietet** deshalb **jede Zusendung unbestellter Ware** als unzumutbare Belästigung aus § 7 Abs. 1 S. 1 UWG,[1665] gleich ob an Geschäftsleute oder an Private. Denn § 7 Abs. 1 S. 1 UWG spricht von der Belästigung eines „Marktteilnehmers".[1666] Das gilt auch dann, wenn der Empfänger vorher durch Bestellung von Prospektmaterial ein gewisses Interesse bekundet hatte,[1667] oder gar Abonnent eines Vorgängerprodukts war,[1668] oder Rückporto beigefügt ist.[1669]

Die Kundenwerbung durch das Vortäuschen einer vertraglichen Beziehung wird als Verschleierung des Werbecharakters der geschäftlichen Handlung auch durch § 4 **Nr. 3 UWG** erfasst. Die Zusendung nicht bestellter Gegenstände ist nur ausnahmsweise rechtmäßig, wenn es sich um Ersatzleistungen nach den Vorschriften über Vertragsabschlüsse im Fernabsatz handelt. Da allerdings Ersatzlieferungsklauseln zu Lasten von

---

1661 Begr. RegE UWG-Novelle 2004, BT DS 15/1487, S. 21, abrufbar unter www.nordemann.de.
1662 Begr. RegE UWG-Novelle 2004, BT DS 15/1487, S. 21, abrufbar unter www.nordemann.de.
1663 Grüneberg in Palandt § 241 a Rn 7.
1664 Schulze in NomosKomm BGB, § 241 a Rn 7, vgl auch Kramer in MüKo BGB, § 241 a BGB Rn 19.
1665 BGH GRUR 1977, 157, 158 *Filmzusendung*.
1666 Vgl BGH GRUR 1960, 383 *Verbandstoffe*.
1667 BGH GRUR 1966, 47, 48 *Indicator*.
1668 OLG Köln AfP 1997, 824, 825.
1669 BGH GRUR 1960, 383 *Verbandstoffe*.

Verbrauchern in AGB in der Regel unwirksam sind, hat die Ausnahme kaum praktische Bedeutung.[1670]

Erst recht ist es unzulässig, Verbraucher zur Bezahlung nicht bestellter Waren/Dienstleistungen oder zur Rücksendung/Aufbewahrung nicht bestellter Sachen aufzufordern. Das ist seit der UWG-Novelle 2008 sogar ein Fall der „schwarzen Liste" im Anhang-UWG, der stets unlauter ist (§ 3 Abs. 3 UWG iVm **Nr. 29 Anhang-UWG**).

Ausnahmen können bei laufender Geschäftsverbindung bestehen, in denen der Absen- 539
der annehmen kann, der Empfänger sei mit unverlangten Zusendungen einverstanden, zB im **Buchhandel**.[1671]

Die Versendung von **Gratisproben** ist schon begrifflich keine Zusendung unbestellter 540
Waren (zum Werbegeschenk vgl Rn 448 ff).

Wie Gratisproben sind unbestellte **Waren** zu behandeln, die **im Zeitpunkt der Zusendung wertlos** sind und erst durch weitere Schritte des Verbrauchers Wert erhalten. Wird der Verbraucher darüber aufgeklärt und nicht irregeführt, ist dem Verbraucher die Vernichtung der wertlosen Ware zuzumuten.

Beispiel: Ein Verbraucher erhält unbestellt eine auf seinen Namen **geprägte Kreditkarte** zugesandt. Damit diese funktioniert, muss er aber erst einen Kreditkartenvertrag abschließen. Wird er darüber hinreichend aufgeklärt, liegt in der bloßen Zusendung keine unzumutbare Belästigung.[1672] Auch die Entsorgung kann über den Hausmüll einfach erfolgen; denn das Missbrauchsrisiko entsorgter Karten trägt der Absender.

Eine ähnliche Situation wie bei der Zusendung unbestellter Ware entsteht bei der **Zu-** 541
sendung unwahrer Auftragsbestätigungen oder **als Rechnung getarnter Vertragsangebote**. Gehäuft treten diese Fälle für Angebote zum **Eintrag in Branchenverzeichnisse** auf. Insoweit geht es primär um die Irreführung des Verbrauchers oder sonstigen Marktteilnehmers (dazu Rn 321).

VI. Briefwerbung, Flyerwerbung

Rechtsgrundlage: § 7 Abs. 1 S. 2 UWG

Die **Zusendung von Werbeprospekten oder Werbebriefen** und die Verteilung von 542
Handzetteln und Postwurfsendungen wird von vielen als lästig empfunden, belästigt den Empfänger aber jedenfalls nicht unzumutbar und ist deshalb wettbewerbsrechtlich regelmäßig irrelevant.[1673] Ein Verbot des Empfängers – etwa durch Aufkleber am Briefkasten – muss der Werbende aber wegen § 7 Abs. 1 S. 2 UWG beachten, sofern es sich um nicht adressiertes Werbematerial handelt (sog. Briefkastenwerbung).[1674] Dem entspricht es, dass ein Verteilen von Werbeflyern an roten Ampeln nur dann für zulässig gehalten wird, wenn das werbende Personal eine Reaktion der KFZ-Insassen abwartet, das eine Abnahmebereitschaft erkennen lässt.[1675] Ein vereinzelt gebliebener Verstoß

1670 Begr. RegE UWG-Novelle 2008, BT DS 16/10145, S. 35, abrufbar unter www.nordemann.de.
1671 Einschränkend LG München I DW 1955, 35, 36.
1672 OLG Köln MD 2010, 392.
1673 So schon BGHZ 60, 296, 299 f. *Briefwerbung*; dazu Alt WRP 1985, 319.
1674 BGHZ 106, 229, 232 *Handzettelwerbung*; Vgl auch BGH GRUR 1992, 916 *Postwurfsendung*; Jahn/Gonzalez WRP 1991, 1.
1675 LG Kiel GRUR 2005, 446, 446 *Frühstücksaktion*.

dürfte auch nach Einführung der Singularform in § 7 Abs. 1 S. 2 UWG die Schwelle der Unzumutbarkeit noch nicht überschreiten.[1676]

Die **Scheibenwischerwerbung** wurde früher für zulässig gehalten.[1677] Heute wird im Rahmen von § 7 Abs. 1 UWG überwiegend von einer Unzulässigkeit ausgegangen.[1678]

VII. Ansprechen auf der Straße

Rechtsgrundlage: § 7 Abs. 1 S. 1 und S. 2 UWG, §§ 3 Abs. 1, 4 Nr. 1 UWG; Art. 8, 9 Richtlinie unlautere Geschäftspraktiken

543 Der Passant, der auf der Straße **persönlich angesprochen** und zum Besuch eines Geschäfts, einer Ausstellung, eines Werbewagens eingeladen wird, kann sich dieser unmittelbaren Einwirkung nur schwer entziehen. Manche gehen daraufhin sogar den Weg des geringsten Widerstandes und leisten der Einladung Folge, auch wenn sie sich eigentlich nicht für die angebotenen Bücher, Waschkugeln oder Teppiche interessieren. Der Kunde kommt jedenfalls nicht mit der Werbung in Berührung, weil er dies entschieden hat, sondern weil sie ihm aufgedrängt wird. Das Ansprechen Einzelner auf der Straße kann daher unzulässig sein.

Da der Verkehr allerdings heute durchaus daran gewöhnt ist, auf der Straße persönlich zu Werbezwecken angesprochen zu werden, kann für den verständigen Durchschnittsverbraucher nicht mehr pauschal gesagt werden, dass ihm wettbewerbsfremd Werbung aufgedrängt wird. Eine generelle Unzulässigkeit scheidet daher – wohl im Gegensatz zur früheren Rechtsprechung[1679] – aus.[1680] Ein Fall der unzumutbaren Belästigung nach § 7 Abs. 1 S. 1 UWG ist aber gegeben, wenn der Angesprochene offensichtlich Bedarf hat, zB in einer Kfz-Zulassungsstelle gerade neue Kennzeichen benötigt[1681] oder Brautleute von Hochzeitsfotografen angesprochen werden;[1682] denn dann kann sich der Angesprochene nicht mit der einfachen Ausflucht entschuldigen, er habe keinen Bedarf. Mittlerweile fordert die Rechtsprechung generell, **dass der Angesprochene dem Werber gleichsam auf einen Blick ansehen können muss, dass dieser sich zu Wettbewerbszwecken an ihn wendet.**[1683] Ist das nicht Fall, so ist grundsätzlich von einer wettbewerbswidrigen Belästigung nach **§ 7 Abs. 1 S. 1 UWG** auszugehen.

Unzumutbar belästigend kann es auch sein, wenn der Werber nicht auf eindeutige Hinweise des Beworbenen reagiert, nicht behelligt werden zu wollen. Das ist dann ein Fall des § 7 Abs. 1 S. 2 UWG (Rn 515).

1676 Zum früheren Recht noch BGH GRUR 1992, 617 f. *Briefkastenwerbung.*
1677 OLG Hamm GRUR 1991, 229.
1678 Wasse WRP 2010, 191 ff., Köhler in Köhler/Bornkamm § 7 UWG Rn 117 mwN.; Mankowski in Fezer § 7 UWG Rn 349 mwN.; Ohly in Piper/Ohly/Sosnitza § 7 Rn 78; aA Ullmann/jurisPK/Koch § 7 Rn 124; Schwab GRUR 2002, 579, 585.
1679 BGH GRUR 1965, 315, 316 *Werbewagen.*
1680 So auch OLG Frankfurt GRUR 2002, 639; ebenso Schwab GRUR 2002, 579 ff; aA OLG Köln GRUR 2002, 641, im Hauptsacheverfahren zu OLG Frankfurt aaO.
1681 BGH GRUR 1960, 431, 432 *Kraftfahrzeugnummernschilder.*
1682 KG WRP 1973, 156 *Hochzeitsfoto.*
1683 BGH GRUR 2005, 443, 444 *Ansprechen in der Öffentlichkeit II*; BGH GRUR 2004, 699, 701 *Ansprechen in der Öffentlichkeit I*; OLG Frankfurt GRUR 2008, 353, 354 *Ansprechen von Passanten*; vgl Isele GRUR 2008, 1061 ff.

Ist das Ansprachen auf der Straße derart stark, dass das Potenzial besteht, den Verbraucher zu Entscheidungen zu veranlassen, die er sonst nicht getroffen hätte, können neben § 7 Abs. 1 UWG auch §§ 3 Abs. 1, 4 Nr. 1 UWG Anwendung finden (Rn 513).

Für das **Ansprechen auf Privatgelände** (Kraftverkehrsamt, Bahnhof) gilt – abgesehen von dem privaten Verbotsrecht des Eigentümers – nichts Besonderes.[1684] 544

Das **Verteilen von Werbezetteln** auf der Straße ist, da keine unmittelbare persönliche Einwirkung erfolgt, zulässig.[1685] Allenfalls kann – bei gezielten Aktionen – eine unzulässige Behinderung bestimmter Mitbewerber vorliegen, vgl Rn 580; auch die Verletzung von Straßenreinhaltungsbestimmungen kommt in Betracht, was aber mangels wettbewerbsregelnden Charakters dieser Normen grundsätzlich keinen Verstoß gegen §§ 3 Abs. 1, 4 Nr. 11 UWG wegen Rechtsbruchs bedeutet (Rn 774 ff). Eine Unlauterkeit scheidet von vornherein aus, wenn anlässlich einer Neueröffnung oder eines „kleinen" Jubiläums vor dem Geschäft an Passanten **kleine Werbegeschenke** verteilt werden, ohne dass diese sonst angesprochen würden.[1686] 545

VIII. Vertreter- und Hausbesuche

Rechtsgrundlage: § 7 Abs. 1 S. 1 und S. 2 UWG, §§ 3 Abs. 1, 4 Nr. 1 UWG, § 3 Abs. 3 UWG iVm Nr. 26 Anhang-UWG; Art. 5 Abs. 5, Art. 8, 9 Richtlinie unlautere Geschäftspraktiken

Vertreterbesuche brauchen an sich keine unzumutbare Belästigung zu bedingen. Sie werden von der Rechtsprechung traditionell recht liberal beurteilt.[1687] Ein Vertreterbesuch soll bereits dann keine unzumutbare Belästigung darstellen, wenn der Vertreter sich schriftlich angemeldet und eine frankierte Rückantwortkarte beigelegt hat, mit deren Hilfe der Kunde den Besuch ablehnen soll.[1688] Ein Vertreter soll auch zur „Nachbearbeitung" nach gekündigtem Liefervertrag kommen dürfen.[1689] Ob solche Rechtsprechung uneingeschränkt Bestand haben kann, sollte aber fortwährend überprüft werden. Denn in den genannten Fällen ist nicht von der Hand zu weisen (und damit erkennbar: vgl § 7 Abs. 1 Satz 2 UWG), dass Verbraucher die entsprechende Werbung nicht wünschen. Insbesondere bei der „Nachbearbeitung" spricht doch der erste Anschein der (meist schriftlichen) Kündigung dafür, dass der Verbraucher nicht erneut beworben werden möchte. Auch in dem Fall, in dem ein Vertreter sich vor einem Hausbesuch anmeldet, ist der Verbraucher ohne eigenes Zutun gezwungen, aktiv abwehrend tätig zu werden. Er muss erst eine Karte, die er in der Regel ohnehin nicht erhalten wollte, ausfüllen und auf den Postweg bringen, damit ihm kein unerwünschter Verteterbesuch aufgedrängt wird. Es dürfte zudem schwer bestreitbar sein, dass ein Besuch an der Haustür jedenfalls eine höhere potenzielle Belästigungsqualität aufweist als eine E-Mail, die man einfach löschen kann. Es bedarf daher zukünftig zumindest 546

1684 OLG Hamburg BB 1970, 1275 (Bahnhof); OLG Hamm WRP 1975, 45 (Kraftverkehrsamt).
1685 OLG Koblenz WRP 1974, 283, 285.
1686 BGH GRUR 1994, 639, 649 *Pinguin-Apotheke* und 656, 657 *Stofftragetasche*.
1687 BGH GRUR 1959, 277, 280 *Künstlerpostkarten*; BGH GRUR 1994, 380, 382 *Lexikothek*. Einzelheiten zur Werbung durch Vertreterbesuche: Krüger-Nieland GRUR 1974, 561; Hefermehl GRUR 1980, 622.
1688 BGH GRUR 1994, 818, 819 *Schriftliche Voranmeldung*; anders hingegen BGH GRUR 1989, 753, 754 *Telefonwerbung II*.
1689 BGH NJW 1992, 1958. Anzeigenblätter fallen darunter aber nicht, OLG Stuttgart AfP 1994, 226.

einer sorgfältig(er)en Begründung, wenn Gerichte bei Hausvertreterbesuchen deutlich weniger strenge Maßstäbe anlegen möchten als beim Ansprechen in der Öffentlichkeit[1690] oder bei der Werbung mit Mitteln der für den Fernabsatz geeigneten Kommunikation.[1691]

Schon wegen § 7 Abs. 1 S. 2 UWG grundsätzlich unlauter ist die Missachtung eines Werbeverbotsschildes („Hausieren verboten"), ebenso wie diejenige des Werbeverbots am Briefkasten („keine Werbung"). Unlauter ist es auch, dem Kunden unaufgefordert erst die Ware und dann einen Vertreter zu schicken.[1692]

Leider setzt der Vertreter nur zu häufig den Fuß in die Tür oder wird sonst aufdringlich, so dass der Verbraucher, nur um ihn wieder loszuwerden, unterschreibt. Gemäß § 3 Abs. 3 UWG iVm **Nr. 26 Anhang-UWG** ist die Nichtbeachtung einer **Aufforderung** des besuchten Verbrauchers, **die Wohnung zu verlassen** oder nicht zu ihr zurückzukehren, immer unzulässig. Solches Verhalten iSv Nr. 26 Anhang-UWG stellt regelmäßig auch einen Verstoß gegen § 4 Nr. 1 und Nr. 11 UWG dar und kann sogar als Hausfriedensbruch nach § 123 StGB oder Nötigung nach § 240 StGB strafbar sein.[1693] Es kommt aber für eine lauterkeitsrechtliche Unzulässigkeit nicht darauf an, ob die Schwelle zur Strafbarkeit erreicht wird. Eine Ausnahme gilt für Besuche, die der Durchsetzung vertraglicher Rechte des Unternehmers dienen und deshalb rechtlich nicht zu beanstanden sind. Dies ist jedenfalls dann anzunehmen, wenn den Verbraucher eine vertragliche Mitwirkungspflicht trifft, die das Aufsuchen seiner Wohnung erforderlich macht.[1694]

547   Der Fall, dass dem Kunden bei Rücksendung einer Anfragekarte Informationsmaterial versprochen, dann aber ein Vertreter geschickt wird, gehört in den Bereich der Irreführung (Rn 206), nicht in den der Belästigung,[1695] ebenso wenn im Teilnahmeschein für eine Verlosung die „Bitte" des Kunden um einen Vertreterbesuch vorgedruckt ist,[1696] oder wie andere Schwindeleien, um sich den Zutritt zu verschaffen.[1697]

548   Das **Aufsuchen von Arbeitnehmern** in der Privatwohnung zum Zwecke der Anwerbung wird von OLG Karlsruhe[1698] und von OLG Celle[1699] zu Unrecht für stets unlauter gehalten; es kommt darauf an, ob sich ein angesprochener Durchschnittsverbraucher in der konkreten Situation genötigt fühlt, was zB dann der Fall sein kann, wenn er wiederholt aufgesucht wird, wenn ihm wertvolle Geschenke gemacht oder versprochen

1690   So soll nach BGH GRUR 2005, 443, 444 *Ansprechen in der Öffentlichkeit II* das gezielte Ansprechen in der Öffentlichkeit unzulässig sein, wenn der Angesprochene nicht auf den ersten Blick erkennt, dass es um Werbung geht. Dass der Verbraucher, der erst die Wohnungstür öffnen muss, diese Wahlfreiheit niemals hat, stört den BGH wiederum nicht.

1691   So hält BGH GRUR 1989, 753, 754 *Telefonwerbung II* die schriftliche Voranmeldung nur eines Telefonanrufes für unbeachtlich; aber der Besuch des Vertreters aufgrund eines unlauteren Anrufes soll zulässig sein: BGH GRUR 1994, 380, 381 *Lexikothek*.

1692   BGH GRUR 1959, 277, 280 *Künstlerpostkarten*.

1693   Begr. RegE UWG-Novelle 2008, BT DS 16/10145, S. 34, abrufbar unter www.nordemann.de.

1694   Begr. RegE UWG-Novelle 2008, BT DS 16/10145, S. 34, abrufbar unter www.nordemann.de.

1695   BGH GRUR 1971, 320 *Schlankheitskur*; OLG Stuttgart NJW-RR 1986, 787.

1696   BGH GRUR 1976, 32, 33 *Präsentation*.

1697   OLG Stuttgart WRP 1976, 400, 401.

1698   GRUR 1963, 80, 81 *Verzahnungsmaschinen*.

1699   GRUR 1962, 366, 368 *Druckfarbenfabrik-Angestellte*.

werden oder wenn ihm ein fertiges Kündigungsschreiben zur Unterzeichnung vorgelegt wird.[1700] Vgl dazu und zur telefonischen Ansprache Rn 591 f.

IX. Unaufgeforderte Botschaften zur Wahl von Nummern über den Basistarifen

Rechtsgrundlage: § 7 Abs. 1 S. 1 UWG

Der Bundesrat hatte im Zuge der Beratungen der UWG-Novelle 2004 vorgeschlagen, **549** ein generelles Verbot von unaufgeforderten Botschaften einzuführen, Mehrwertdienstnummern über den Basistarifen anzuwählen.[1701] Die unlautere Belästigung gem. § 7 **Abs. 1 S. 1 UWG** sollte also – als erste solche Fallgruppe – nicht an die Art und Weise der Übermittlung der Botschaft, sondern an deren Inhalt angeknüpft werden. Der Bundestag hat das mit Recht abgelehnt. Der durchschnittlich informierte, aufmerksame und verständige Verbraucher (Rn 121 ff) kann selbst entscheiden, ob er einer solchen Aufforderung nachkommt. Deshalb erscheint ein generelles Verbot als nicht gerechtfertigt.[1702] Sofern Kinder, Jugendliche oder sonstwie geschäftlich Unerfahrene systematisch aufgefordert werden, kann dies über §§ 3, 4 Nr. 2 UWG erfasst werden (Rn 495 ff). Eine andere Beurteilung kann auch bei Gewinnspielen greifen, für deren Teilnahme Telefonnummern über den Basistarifen angewählt werden müssen (Rn 470).

X. Sonstige Fälle der unzumutbaren Belästigung

Rechtsgrundlage: § 7 Abs. 1 S. 1 UWG

Anders als § 4 Nr. 1 UWG erfordert der Belästigungstatbestand des § 7 Abs. 1 S. 1 **550** UWG keine Eignung der geschäftlichen Handlung, den Marktteilnehmer zu einer geschäftlichen Handlung zu veranlassen, die er sonst nicht vorgenommen hätte (Rn 513). Vielmehr soll § 7 Abs. 1 S. 1 UWG den privaten Verbraucher in seiner privaten Sphäre und den unternehmerischen Verbraucher in seiner beruflichen Sphäre vor unzumutbaren Belästigungen zu schützen. Diese Sphäre ist beeinträchtigt, wenn sie sich gegen ihren Willen mit der Werbebotschaft des Unternehmers auseinandersetzen müssen und damit in ihrer Beschäftigung (oder Ruhe) gestört werden (Rn 513). Das ermöglicht es, menschenverachtende oder sonst anstößige Werbung auf der Grundlage des UWG zu kontrollieren. Allerdings darf dabei keine Geschmackszensur über das UWG ausgeübt werden.[1703] Nur dort, wo die private oder berufliche Sphäre wirklich beeinträchtigt ist, eröffnet sich eine Anwendbarkeit des UWG; nur dann ist der Schutzzweck des UWG tangiert, der auf einen Schutz der Marktteilnehmer und nicht auf einen isolierten Schutz von Allgemeininteressen gerichtet ist (Rn 44 ff, 48). Damit dürfte eine Anwendung des UWG nur in wenigen Ausnahmefällen in Betracht kommen.

1700 Wie hier Klaka GRUR 1966, 266, 267. BGH GRUR 1966, 263, 264 *Bau-Chemie* und 1967, 104, 106 *Stubenhändler* stellten noch auf die Geschäftsgewandtheit der Arbeitnehmer ab; dagegen zu Recht Bettin, S. 102.

1701 Bundesrat Stellungnahme zur Begr. RegE UWG-Novelle 2004, BT DS 15/1487, S. 32, abrufbar unter www.nordemann.de.

1702 Gegenäußerung der Bundesregierung zur Stellungnahme Bundesrat zur Begr. RegE UWG-Novelle 2004, BT DS 15/1487, S. 42, abrufbar unter www.nordemann.de.

1703 BGH GRUR 1995, 592, 594 *Busengrapscher*; BGH GRUR 1970, 557 *Erotik in der Ehe*; Götting in Götting/Nordemann § 4 Nr. 1 Rn 1.25; Sosnitza in Piper/Ohly/Sosnitza § 4.1 Rn 1/44.

Beispiele: Sexuell anzügliche Bilder auf Schnapsflaschen, die auch noch „Busengrapscher" oder „Schlüpferstürmer" heißen, verletzen die von Art. 1 Abs. 1 GG geschützte Menschenwürde der Frauen, deren sexuelle Verfügbarkeit nach dem Genuss solcher Getränke suggeriert wird. Der Bundesgerichtshof bewertete solche Werbung als unzumutbar belästigend.[1704] Vgl auch Rn 507.

Das Abstellen eines LKW mit Werbung für ein Bestattungsunternehmen auf dem Friedhofsgelände war im konkreten Fall hingegen für die trauernden Friedhofsbesucher nicht belästigend.[1705]

Ein Angebot von „Grabsteinen zu Discountpreisen" kann entgegen OLG Oldenburg GRUR 1987, 300 nicht unlauter sein, weil nicht ersichtlich ist, dass dadurch einem toten Menschen sein Achtungsanspruch als Mensch abgesprochen wird und damit die Angehörigen (als Marktteilnehmer) unzumutbar belästigt werden.

In den *Benetton*-Fällen hatte der Bekleidungshändler eine Werbekampagne mit Bildern blutender, gequälter, sterbender Menschen oder Tiere und mit anderen Darstellungen entsetzlicher oder grauenhafter Vorgänge gestartet, die – ohne jeden Sachbezug zu den in den Benetton-Läden angebotenen Produkten – Aufmerksamkeit erregen sollten (Rn 508). Es handelte sich allerdings um Fotos, die Gegenstand der öffentlichen Diskussion waren wie Menschen in höchster Not[1706] bzw mit dem stigmatisierenden Stempel „HIV positive"[1707] bzw mit einem ölgetränkten, verendenden Wasservogel.[1708] Das Bundesverfassungsgericht bemühte deshalb für diese Werbung den Schutz des Art. 5 Abs. 1 S. 1 GG.[1709] Sein früheres *HIV-positive*-Urteil bestätigte der Bundesgerichtshof gleichwohl mit dem Argument, dass diese Werbung die Menschenwürde AIDS-Kranker verletze.[1710] Das Bundesverfassungsgericht widersprach dem Bundesgerichtshof abermals.[1711]

Achtes Kapitel: Unlauteres Verhalten gegenüber Mitbewerbern

A. Allgemeines

I. Grundsatz

Rechtsgrundlage: §§ 3 Abs. 1, 4 Nr. 7, Nr. 8, Nr. 9 und Nr. 10 UWG, § 6 UWG

551   Die Eroberung des Marktes wäre selbst für den weniger tüchtigen Unternehmer meist kein Problem, wenn die Konkurrenz nicht wäre. Sein natürliches Bestreben wird es sein, dieses Hindernis zu überwinden. Er kann das dadurch tun, dass er für die Marktgegenseite mehr und Besseres leistet und so den Mitbewerber überflügelt. Das führt, wenn der andere nicht mithalten kann, möglicherweise zu dessen endgültiger Ausschaltung. Jede leistungsgerechte Konkurrenz behindert naturgemäß die Mitbewerber. Der Unternehmer kann aber auch versuchen, den Konkurrenten auf andere Weise, also außerhalb des eigentlichen Wettbewerbs, zu überrunden oder auszuschalten, um den ersten Platz am Markt sodann gewissermaßen unabhängig von einem Erfolg im Wettbewerb einnehmen zu können. Davor bietet das UWG Schutz.

552   Denn der Schutzzweck des UWG richtet sich nicht nur an die Verbraucher und die sonstige Marktgegenseite, sondern auch an den Mitbewerber. Wer Mitbewerber ist, defi-

---

1704 BGH GRUR 1995, 592, 594 f. *Busengrapscher.* Gegenfall: OLG München WRP 1996, 788 f (allenfalls zweideutig). Eingehend Ahrens JZ 1995, 1096.

1705 Vgl OLG München GRUR-RR 2008, 355, 356 *Friedhofswerbung.*

1706 OLG Frankfurt GRUR 1993, 130 f. *Benetton-Werbung;* S. auch BGH GRUR 1995, 595, 596 *Kinderarbeit.*

1707 OLG Frankfurt GRUR 1994, 522; OLG Düsseldorf nach WRP 1994, 69 f; bestätigt von BGH GRUR 1995, 600 f *H.I.V. POSITIVE.*

1708 OLG Frankfurt WRP 1994, 405, 406 f; OLG München ZUM 1994, 732, 733 f; bestätigt von BGH GRUR 1995, 598, 599 *Ölverschmutzte Ente.*

1709 BVerfG GRUR 2001, 170, 172 f. *Schockwerbung* mit Anm. Wassermeyer GRUR 2002, 126 ff.

1710 BGH GRUR 2002, 360 *HIV Positive II.*

1711 BVerfG GRUR 2002, 442 *Benetton-Werbung II.*

niert das UWG in § 2 Abs. 1 Nr. 3 UWG; der Mitbewerber steht in einem konkreten Wettbewerbsverhältnis zum handelnden Unternehmer (eingehend Rn 865 ff).

Das UWG schützt die freie wettbewerbliche Betätigung dieser Mitbewerber (Rn 45). Wo die freie Betätigung im Wettbewerb aufhört und das unlautere Verhalten gegenüber Mitbewerbern anfängt, ist schwieriger zu bestimmen als bei unlauterem Verhalten gegenüber der Marktgegenseite. Das **Leitbild des Leistungswettbewerbs** als Wertungshilfe (Rn 52) ist hier **in großen Bereichen untauglich**, die Grenze zum unlauteren Verhalten zu identifizieren; oft liegt in einer den Mitbewerber behindernden Aktion aus Sicht der Marktgegenseite eine bessere Leistung, zB wenn ein finanzstarkes Unternehmen seine Mitbewerber unter Einstandspreis unterbietet, um sie zu vernichten. Deshalb kann ein unlauteres Verhalten abschließend nur durch eine **Interessenabwägung** festgestellt werden (Rn 558). Neben den Interessen des Behindernden sind die Interessen des betroffenen Mitbewerbers als „durchschnittlich empfindsamer Unternehmer" einzustellen (Rn 51). **Wertungshilfen** ergeben sich dabei aus den speziell auf den Mitbewerberschutz ausgerichteten Unlauterkeitstatbeständen der **§§ 4 Nr. 7, Nr. 8, Nr. 9 und Nr. 10 sowie § 6 UWG.** § 4 Nr. 10 UWG fungiert dabei als „kleine Generalklausel", die alle gezielten Behinderungen verbietet. **Alle übrigen Fälle** können zur Not auch durch die (große) **Generalklausel des § 3 Abs. 1 UWG** aufgefangen werden.

Theoretisch kann daneben ein Mitbewerber (da gem. § 2 Abs. 1 Nr. 2 UWG auch „Marktteilnehmer") auch unlauter durch einen Konkurrenten belästigt werden; in der Praxis spielen Belästigungsfälle allerdings durchgehend im Vertikalverhältnis zur Marktgegenseite (Rn 511 ff).

Das unlautere Verhalten gegenüber Mitbewerbern ist nur im Bereich der vergleichenden Werbung **EU-rechtlich** harmonisiert (Richtlinie über irreführende und vergleichende Werbung, vgl Rn 18). Bei § 6 UWG handelt es sich also um (vollharmonisiertes) Richtlinienrecht (Rn 16). Alle übrigen Unlauterkeitstatbestände unterliegen nicht der richtlinienkonformen Auslegung; sie sind jedoch bei zwischenstaatlichen Sachverhalten an den Art. 34, 56 AEUV (Waren- bzw Dienstleistungsfreiheit) zu messen (Rn 9), die bei der erforderlichen Interessenabwägung einbrechen. **553**

II. Prüfungsreihenfolge

Ein unlauteres Verhalten gegenüber Mitbewerbern ist danach auf der Grundlage des § 3 Abs. 1 UWG vorzunehmen. Dafür gilt folgende Prüfungsreihenfolge: **554**

- Es muss eine geschäftliche Handlung vorliegen (Rn 55 ff).
- So dann sind die Wertungshilfen des § 4 (Nr. 7 bis Nr. 10) und § 6 UWG heranzuziehen. Fällt das Verhalten in keine der dortigen Kategorien, kann auch nur auf § 3 Abs. 1 UWG abgestellt werden.
- Für eine abschließende Prüfung des § 3 Abs. 1 UWG ist noch eine Spürbarkeitsprüfung anzustellen (Rn 85 ff).

Niemals werden § 3 Abs. 3 UWG und § 3 Abs. 2 S. 1 UWG relevant. Denn diese Tatbestände regeln nur Verhalten gegenüber (privaten) Verbrauchern, also im Vertikalverhältnis, nicht im Horizontalverhältnis zu Mitbewerbern. Es liegt insoweit nicht die für ihre Anwendung erforderliche geschäftliche Handlung *gegenüber Verbrauchern* vor, weil § 4 Nr. 7 bis 10 und § 6 UWG ausschließlich mitbewerberschützend sind (Rn 100).

III. Eignung zur Behinderung

555 Zunächst muss das Handeln des Unternehmers objektiv **geeignet** sein, **eine behindernde Wirkung gegenüber Mitbewerbern zu erzielen.** Eine Handlung, die den Mitbewerber nicht in seiner Handlungsfreiheit berührt oder berühren kann, wird vom Schutzzweck des UWG nicht erfasst und kann daher auch nicht unlauter sein.

556 **Behinderung** ist dabei **jede Beeinträchtigung des wettbewerblichen Fortkommens des Konkurrenten.** Es bezieht sich auf alle denkbaren Wettbewerbselemente (sog. Wettbewerbsparameter) des Konkurrenten, beispielsweise Gestaltung von Preis, Absatz, Bezug, Werbung, Produktion, Qualität, Kundendienst, Personal oder Finanzierung. Damit kann der Eignung zur Behinderung keine echte Eingrenzungsfunktion zukommen; denn schon eine für § 3 Abs. 1 UWG stets erforderliche geschäftliche Handlung muss geeignet sein, den Wettbewerb des Unternehmers zu fördern (Rn 61). Umgekehrt ist eine solche Handlung natürlich im Regelfall auch geeignet, den Wettbewerb der Konkurrenten zu beeinträchtigen. **Schon mit dem Vorliegen einer geschäftlichen Handlung ist damit regelmäßig eine Eignung zur Behinderung gegeben.**

IV. Gesamtwürdigung und Interessenabwägung

Rechtsgrundlage: § 3 Abs. 1 UWG

557 Mit der Feststellung, dass ein behinderndes geschäftliches Verhalten gegeben sein muss (Rn 555), verbindet sich allerdings noch kein wirklicher Durchbruch bei der Beantwortung der Frage, was eigentlich unlauter ist. Immer wieder bereitet es Schwierigkeiten, eine unlautere Behinderung zu identifizieren. Denn auch jede wettbewerbskonforme Maßnahme kann Konkurrenten beeinträchtigen.

558 Deshalb bedarf es einer umfassenden **Gesamtwürdigung aller Umstände des Einzelfalls**, ob eine zur Behinderung geeignete Maßnahme noch als lauter oder schon als unlauter beurteilt werden kann. Im Rahmen dieser Gesamtwürdigung fließen insbesondere die Interessen der Behinderten und des Behindernden ein. Nur wenn das Ergebnis der Abwägung ergibt, dass die Interessen des Behindernden weniger schutzwürdig als der Behinderten sind, kann die Behinderung wettbewerbswidrig sein. Beispielhaft seien hier nur die umfassenden Interessenabwägungen erwähnt, die die Rechtsprechung bei den Nachahmungstatbeständen fordert (Rn 747 ff). Außerdem kann teilweise die Unlauterkeit des Mittels (Rn 562 f) nur nach einer umfassenden Interessenabwägung festgestellt werden. Insbesondere kommt das in Betracht, wenn eine gezielte Behinderung nicht feststellbar ist, der behinderte Mitbewerber aber dennoch seine Leistung am Markt durch eigene Anstrengung nicht mehr in angemessener Weise zur Geltung bringen kann.[1] Beispiele sind die Behinderung in den Neuen Medien und der EDV (Rn 581) oder die Werbung vor dem Konkurrenzgeschäft (Rn 580). Lediglich wenn das Interesse

---

[1] BGH (Kartellsenat) CR 2010, 642 Tz. 58 *GSM-Wandler*; BGH GRUR 2007, 800 Tz. 22 *Außendienstmitarbeiter*; BGH GRUR 2002, 902, 905 *Vanity-Nummern*; BGH GRUR 2001, 1061, 1062 *mitwohnzentrale.de*.

des Behindernden in dem ausschließlichen Zweck besteht, den Mitbewerber zu beeinträchtigen, erscheint das Ergebnis der Interessenabwägung vorprogrammiert; denn in diesen Fällen besteht kein schutzwürdiges Interesse des Behindernden (Rn 560).

V. Konkretisierung nach Fallgruppen

1. Individuelle Behinderung

Rechtsgrundlage: §§ 3 Abs. 1, 4 Nr. 10 UWG

Nach der Rechtsprechung kommen Behinderungen zunächst in Bezug auf *bestimmte* Mitbewerber in Betracht. Dabei kann es sich um einen oder mehrere bestimmte Mitbewerber handeln. Das wird als „**individuelle Behinderung**" bezeichnet.[2]   559

a) Unlauterer Zweck der Behinderung

Rechtsgrundlage: §§ 3 Abs. 1, 4 Nr. 10 UWG

Eine an sich leistungsgerechte Maßnahme ist regelmäßig unlauter, wenn sie **ausschließlich oder überwiegend bezweckt**, bestimmte Mitbewerber zu behindern. Das ist der Fall, wenn die Maßnahme bei objektiver Würdigung aller Umstände erkenntlich nicht auf die Förderung der eigenen wettbewerblichen Entfaltung, sondern auf die Störung der fremden wettbewerblichen Entfaltung gerichtet ist.[3] In diesen Fällen kann der Behindernde im Rahmen der erforderlichen Gesamtwürdigung kein eigenes schutzwürdiges Interesse vorbringen. Beispiele sind die Werbung vor dem Konkurrenzgeschäft (Rn 580) oder das Ausspannen von Arbeitnehmern in größerem Umfang (Rn 592).   560

Damit steht die **Absicht**, den Konkurrenten **zu behindern**, für die Feststellung eines unlauteren Zwecks im Mittelpunkt.   561

b) Unlauteres Mittel der Behinderung

Rechtsgrundlage: § 3 Abs. 1, § 4 Nr. 8, Nr. 9, Nr. 10, § 6 Abs. 2, §§ 17, 18 UWG

Die Feststellung einer unlauteren Absicht ist aber nicht zwingend, um zu einer unlauteren Behinderung bestimmter Konkurrenten zu kommen. Insbesondere durch das Tatbestandsmerkmal des gezielten Handelns in § 4 Nr. 10 UWG soll lediglich klargestellt werden, dass eine Behinderung von Mitbewerbern als bloße Folge des Wettbewerbs nicht ausreicht, um den Tatbestand der unlauteren individuellen Mitbewerberbehinderung zu verwirklichen.[4] „Damit ist nicht gesagt, dass der Tatbestand der individuellen Behinderung von subjektiven Erfordernissen, insbesondere einer auf die Behinderung gerichteten Absicht, abhängig sein soll."[5]   562

Eine gewichtige Abgrenzungsfunktion kann – zumindest teilweise – deshalb neben der Absicht auch das **Mittel** der Behinderung leisten: Ist es nicht wettbewerbskonform, so ist die Behinderung grundsätzlich auch unlauter.

Typische Beispiele sind die **unlautere Nachahmung** gem. § 4 Nr. 9 (Rn 713 ff) bzw **Geheimnisverrat oder Vorlagenfreibeuterei** gem. §§ 17, 18 UWG (Rn 750 ff) oder **un-**   563

---

2 Vgl BGH GRUR 2007, 800 Tz. 21 *Außendienstmitarbeiter.*
3 BGH WRP 2005, 881, 884 *The Colour of Elégance*; BGH GRUR 2007, 800 Tz. 23 *Außendienstmitarbeiter.*
4 Begr. RegE, BT-Dr 15/1487, S. 19 (zu § 4 Nr. 10 UWG), abrufbar unter www.nordemann.de.
5 BGH GRUR 2007, 800 Tz. 21 *Außendienstmitarbeiter* mwN.

wahre Behauptungen nach § 4 Nr. 8 UWG. Ferner zählt zu den unlauteren Mitteln der Konkurrentenbehinderung auch die **wettbewerbswidrige bezugnehmende Werbung**, insbesondere in Form der unzulässigen vergleichenden Werbung nach § 6 Abs. 2 UWG (Rn 681 ff) oder in Form der pauschalen Herabsetzung nach § 3 Abs. 1 UWG (Rn 679 f).

564 Im Rahmen der **gezielten Behinderung** gem. **§ 4 Nr. 10 UWG** ist die Einordnung des Mittels als „unlauter" im Regelfall komplexer, weil das UWG kein Mittel als tendenziell unlauter vorgibt. Es findet deshalb eine **Interessenabwägung** statt: Ist eine ausschließliche Motivation, den Mitbewerber zu behindern, nicht feststellbar, kann jedoch der behinderte Mitbewerber seine Leistung am Markt durch eigene Anstrengung „**nicht mehr in angemessener Weise zur Geltung bringen**", so ist das unlauter.[6] Als Beispiele seien die Behinderung in den Neuen Medien und der EDV (Rn 581), das Ausnutzen fremder Einrichtungen (Rn 583) oder die Werbung vor dem Konkurrenzgeschäft (Rn 580) genannt.

Auch **im Fall von machtbedingten Behinderungen**, beispielsweise durch marktbeherrschende Unternehmen (§§ 19, 20 GWB, Art. 102 AEUV), lässt sich nicht sicher sagen, ob Mittel der Behinderung die angemessene Leistung des Marktbeherrschers war oder eine unlautere Behinderung. Ein Beispiel bilden nicht umsatzbezogene Treuerabatte des Marktbeherrschers: sie stellen sich gegenüber dem Kunden regelmäßig als Preisnachlass und damit als bessere Leistung dar. Gepaart mit Marktmacht sind sie jedoch für die Mitbewerber ein gefährliches Mittel, das deshalb unter kartellrechtlichen Gesichtspunkten mehrfach untersagt wurde.[7] Insoweit kommt in Fragen machtbedingter Behinderung dem **GWB ein Wertungsvorrang** gegenüber dem UWG zu (Rn 24).

2. Objektive Behinderung (Marktstörung)

Rechtsgrundlage: § 3 Abs. 1 UWG

565 Nach der Rechtsprechung kommen Behinderungen nicht nur in Bezug auf bestimmte Mitbewerber in Betracht. Es kann auch unlautere Behinderungen geben, deren Erfolg alle Wettbewerber gleichmäßig trifft (**objektive Behinderung**). Ein an sich zulässiges, aber immerhin bedenkliches Wettbewerbsverhalten ist dann unzulässig, wenn es nach den Gesamtumständen für sich allein oder in Verbindung mit zu erwartenden gleichartigen Maßnahmen von Mitbewerbern die ernstliche Gefahr begründet, dass der auf der unternehmerischen Leistung beruhende Wettbewerb in erheblichem Maß eingeschränkt wird („**Marktstörung**").[8] In neueren Entscheidungen haben die Gerichte klargestellt, dass hierbei eine rein abstrakte Gefährdung des Wettbewerbs nicht ausreicht,

---

6 BGH GRUR 2007, 800 Tz. 21 *Außendienstmitarbeiter*; BGH GRUR 2002, 902, 905 *Vanity-Nummern;* BGH GRUR 2001, 1061, 1062 *mitwohnzentrale.de.*

7 KG WuW/E OLG 831, 833 *Baukeramik*; KG WuW/E OLG 2403, 2407 *Fertigfutter*; ferner Markert in Immenga/Mestmäcker, GWB, § 20 Rn 182 mwN.

8 So fast wörtlich BGH GRUR 2010, 455 Tz. 20 aE *Stumme Verkäufer II* und BGHZ 43, 278, 285 *Kleenex*; sinngemäß BGH GRUR 2004, 602, 603 *20 Minuten Köln*; BGH GRUR 1975, 26, 28 f. *Colgate*; BGH GRUR 1977, 257, 259 *Schaufensteraktion*; BGHZ 82, 375, 397 *Brillen-Selbstabgabestellen*; BGHZ 85, 85, 95 *ADAC-Verkehrsrechtsschutz*; BGH GRUR 2001, 752, 753 *Eröffnungswerbung*. Vgl auch Rn 626 f zur Gefährdung des Bestands der Pressevielfalt durch kostenloses Verteilen von Presseerzeugnissen und/oder kostenlosen Anzeigenabdruck.

sondern „greifbare" Anhaltspunkte für das Vorliegen einer Gefährdung (etwa des Bestandes der Presse, Art. 5 Abs. 2 GG) erforderlich sind.[9]

Diese weitgefasste Formulierung des Bundesgerichtshofs zur objektiven Gefährdung des Leistungswettbewerbs bedarf einer begrenzenden Erläuterung. Die „ernstliche Gefahr einer Ausschaltung des Leistungswettbewerbs" wird oftmals schon durch die wirtschaftliche Potenz großer Unternehmen begründet. Ein großer Konzern kann in größerem Stile werben als sein kleiner oder mittlerer Konkurrent; er kann einen scharfen Preiswettbewerb auch länger durchhalten als dieser. Gegen den Missbrauch einer marktmächtigen Stellung geben § 20 Abs. 4 und §§ 19, 20 GWB (Rn 24) und Art. 102 AEUV (Rn 9, 24) eine rechtliche Handhabe. Im Übrigen aber gehört es zum Wesen des freien Wettbewerbs, dass der Schwächere, wenn er nicht mehr mithalten kann, auf der Strecke bleibt. Deshalb bietet das UWG für sich genommen auch kaum eine eigenständige Handhabe zum Aufgreifen von Fällen einer objektiven Behinderung; das Leitbild des Leistungswettbewerbs bietet keine Konkretisierungshilfe für die Lösung von Fällen einer objektiven Behinderung (Rn 52). Vielmehr ist hier das Kartellrecht des GWB und des Art. 102 AEUV mit seinen spezifischen Wertungen berufen (Rn 24). **Eine an sich erlaubte Werbemaßnahme wird also nicht etwa schon deshalb wegen ernstlicher Gefährdung des Leistungswettbewerbs unzulässig, weil die mittleren und kleineren Mitbewerber wirtschaftlich nicht in der Lage sind, ein Gleiches zu tun.[10] Nur ganz ausnahmsweise kommen dem UWG eigenständige Wertungen zu, wenn Mitbewerber aus anderen, außerhalb ihres Leistungsvermögens liegenden Gründen daran gehindert sind mitzuhalten, etwa weil der erste Anbieter den Markt völlig überschwemmt hat (Marktverstopfung; S. Rn 624 ff), weil die benutzte Werbemethode die Benutzung durch alle Mitbewerber schon ihrer Art nach nicht zulässt[11] oder weil die öffentliche Hand durch ihr Eingreifen in den Wettbewerb unter Ausnutzen ihrer nicht im Leistungswettbewerb gewachsenen Vorteile den Wettbewerb verzerrt (Rn 645 ff).** 566

Wegen der sehr begrenzten eigenständigen Anwendbarkeit des UWG auf Fälle objektiver Behinderung erscheint es auch konsequent, dass das UWG weder in der Novelle 2004 noch in der Novelle 2008 solche Fälle einer objektiven Behinderung ausdrücklich erwähnt. Deshalb kann ein Aufgreifen **nur nach § 3 Abs. 1 UWG** erfolgen.[12] Das gilt außerhalb der eigenständigen Anwendungsbereiche des UWG auch für die Fälle, in denen das UWG neben kartellrechtlichen Tatbeständen unter Beachten des kartellrechtlichen Wertungsvorranges zur Anwendung kommt (dazu Rn 24). 567

Eine Anwendung des § 3 Abs. 2 S. 1 UWG scheidet im Grundsatz selbst dann aus, wenn die behindernde Handlung gegenüber Verbrauchern als Abnehmern erfolgt. Denn die objektive Behinderung ist ein ausschließlich mitbewerberschützender Tatbestand, so dass eine geschäftliche Handlung gegenüber Verbrauchern nicht gegeben sein kann (Rn 100).

---

9   BGH GRUR 2010, 455 Tz. 25 *Stumme Verkäufer II*; KG GRUR-RR 2008, 171, 172 *Mediaboxen* (Revision eingelegt: I ZR 180/07).
10 So ausdrücklich BGHZ 43, 278, 283 *Kleenex*.
11 Vgl Rn 516 ff, 531, 532 ff zur Telefon-, Fax- und E-Mail-Werbung und die nachfolgend erörterten Fälle des Vernichtungswettbewerbs.
12 Begr. RegE UWG-Novelle 2004, BT DS 15/1487, S. 19, abrufbar unter www.nordemann.de.

568 In der Argumentation gerichtlicher Entscheidungen kommt das grundsätzliche Versagen des UWG für Fälle der objektiven Behinderung allerdings nicht mit der erforderlichen Klarheit zum Ausdruck. Im „Kleenex"-Urteil wird davon gesprochen, eine „schon ihrer Art nach umstrittene" Werbemaßnahme werde dann unzulässig, wenn sie „wegen des Ausmaßes oder der Intensität... (ihrer) Anwendung oder aus sonstigen Gründen" die Grenze der Gefährdung des Leistungswettbewerbs überschreite.[13] In „Stumme Verkäufer II" hat der Bundesgerichtshof von „für sich genommen zwar nicht unlauterem, aber immerhin bedenklichem Wettbewerbsverhalten" gesprochen.[14] Das erscheint als problematisch. Ein bestimmtes Verhalten ist entweder zulässig oder unzulässig; das Charakteristikum „seiner Art nach umstritten" ist juristisch unbrauchbar. In neueren Entscheidungen hat der Bundesgerichtshof allerdings zutreffend die Spezialität des GWB in Marktmachtfragen betont und festgehalten, dass die Anwendung des § 3 Abs. 1 UWG wegen Marktstörung nicht dazu führen darf, diese Wertungen zu umgehen.[15]

3. Ausnahmen: erlaubte Behinderung

569 Die Behinderung oder Ausschaltung von Konkurrenz kann gerade der Erhaltung des freien Leistungswettbewerbs dienen, so paradox das klingen mag. Der wichtigste Beispielsfall dafür liegt im Bereich der **bezugnehmenden Werbung**: Angesichts der Tendenz in der heutigen Wirtschaft, mehr und mehr durch nicht nachprüfbare, allgemein gehaltene Angaben zu werben, liegt eine zutreffende, sachbezogene Aufklärung im Interesse des Verbrauchers. Oftmals ermöglicht erst sie eine sachliche, dh an der Leistung orientierte Entscheidung. **Die wahrheitsgemäße, sachbezogene Aufklärung des Kunden fördert damit den freien Wettbewerb auch dann, wenn sie direkt oder indirekt auf die Erzeugnisse der Konkurrenz Bezug nimmt.** Die in einer solchen Bezugnahme liegende Behinderung einzelner Mitbewerber muss im allgemeinen Interesse an der Erhaltung des freien Leistungswettbewerbs jedenfalls so lange in Kauf genommen werden, wie die Aufklärung wahrheitsgemäß und sachbezogen erfolgt und den Mitbewerber nicht über das erforderliche Maß hinaus unnötig herabsetzt. Deshalb ist inzwischen – unter eben diesen Voraussetzungen – die vergleichende Werbung in großem Umfang zugelassen.[16] Das Gleiche gilt, wenn die Verbraucher von berufener Seite, dh durch die Presse mit Hilfe der Konkurrenz, über Missstände aufgeklärt werden (Rn 659).

570 Darüber hinaus sind Sonderfälle denkbar, die das gegen einen Mitbewerber gerichtete Verhalten gerechtfertigt erscheinen lassen, weil es ausnahmsweise zur Erhaltung des freien Leistungswettbewerbs notwendig ist. Es handelt sich um das **Recht der Abwehr** wettbewerbswidrigen Verhaltens von Mitbewerbern: Ein an sich nicht erlaubtes Handeln wird durch die Notwendigkeit gerechtfertigt, dem unlauteren Wettbewerb anderer wirksam zu begegnen (wettbewerbliches Notwehrrecht). Hierunter fällt auch das Anfertigen von Fotos innerhalb der Geschäftsräume eines vermeintlich unlauter handelnden Mitbewerbers, wenn die Wettbewerbswidrigkeit nur durch diese Fotoauf-

---

13 BGHZ 43, 278, 284.
14 BGH GRUR 2010, 455 Tz. 20 aE *Stumme Verkäufer II.*
15 BGH GRUR 2004, 602, 603 f *20 Minuten Köln.*
16 Näheres unter Rn 681 ff.

nahmen hinreichend bestimmt dargelegt und bewiesen werden kann.[17] S. dazu auch die Beispielsfälle in Rn 660 und 677 zur bezugnehmenden Werbung sowie in Rn 746 zur Abwehr durch Nachahmung fremder Werbung oder Erzeugnisse, ferner Rn 992.

Schließlich erlaubt das GWB die Ausschaltung von Konkurrenz durch Gebiets- oder Preisabsprachen oder durch ähnliche **Übereinkünfte der beteiligten Wettbewerber untereinander**, wenn das zur Erhaltung des Wettbewerbs als angemessen erscheint, vgl Art. 101 Abs. 3 AUEV für das EU-Kartellrecht und die §§ 2 und 3 GWB.   571

4. Systematisierung

Nachfolgend werden die Fälle der Behinderung von Mitbewerbern im Bereich des Wettbewerbskampfes unter dem Begriff des Vernichtungswettbewerbs zusammengefasst (B.). Die Behinderung mit unlauteren Mitteln begegnet dem Leser in der bezugnehmenden Werbung, zu der auch die Anschwärzung als die unmittelbarste Form der Bezugnahme auf den Mitbewerber rechnet (C.), und in der unlauteren Ausnutzung fremder Leistung (D.).   572

B. Vernichtungswettbewerb

I. Preiskampf

Rechtsgrundlage: §§ 3 Abs. 1, 4 Nr. 10 UWG

Die häufigste Form des Versuchs, einen bestimmten Konkurrenten durch bessere eigene Leistung aus dem Rennen zu werfen, ist die Preisunterbietung. Dagegen ist grundsätzlich nichts einzuwenden.[18] Wenn ein Preiswettbewerb nicht möglich wäre, gäbe es zumindest dort, wo die angebotenen Waren oder Dienstleistungen gleichwertig sind, keinen Leistungswettbewerb mehr. Allerdings spürt der Unternehmer die Konkurrenz am empfindlichsten am Preis. Qualitätsunterschiede oder andere Nachteile der eigenen gegenüber der Konkurrenzware lassen sich durch die Überzeugungskraft eines guten Verkäufers vielfach ausgleichen. Am Preis dagegen gibt es kaum etwas zu deuteln. Es hat deshalb schon in der Vergangenheit nicht an Versuchen gefehlt, den Preiswettbewerb einzuengen und zumindest auf Teilgebieten ganz auszuschalten. Seit der Aufhebung der Erlaubnis zur Preisbindung für Markenartikel in § 16 GWB aF im Jahre 1973 gibt es nur noch wenige Bereiche, in denen aus kulturellen, sozialen oder standesrechtlichen Gründen Preise sogar vorgeschrieben worden sind, zB im Buchbereich (BuchpreisbindungsG) oder in den Gebührenordnungen für bestimmte freie Berufe. Die Verletzung der Preisbindung und der staatlichen Preisvorschriften[19] verstößt nicht unter dem Gesichtspunkt der Behinderung von Mitbewerbern, sondern allenfalls unter dem des „Rechtsbruchs" gegen §§ 3 Abs. 1, 4 Nr. 11 UWG (vgl Rn 774 ff, 856).   573

---

17 BGH GRUR 2007, 803 Tz. 26 ff. *Testfotos III*; Vgl Hagenkötter WRP 2008, 39 ff; Isele GRUR 2008, 1064 ff.
18 BGH GRUR 2009, 416 Tz. 13 *Küchentiefstpreis-Garantie*; BGH GRUR 2006, 596 Tz. 13 *10% billiger*; BGHZ 44, 288, 302 *Apfelmadonna*; BGH GRUR 1980, 858, 860 *Asbestimporte*.
19 Hierzu Gabriel/Schulz ZfBR 2007 448.

1. Verkauf unter Selbstkosten

Rechtsgrundlage: §§ 19 Abs. 1, 20 Abs. 1, Abs. 4 GWB, Art. 102 AEUV, §§ 3 Abs. 1, 4 Nr. 10 UWG

574 So wie man es dem Radrennfahrer überlassen muss, seine Kräfte selbst einzuteilen, und es allein seine Sache ist, ob er sich streckenweise Anstrengungen zumutet, die seine Kräfte übersteigen, so liegt es auch im Bereich der eigenen Verantwortung des Unternehmers, wie er seine Preise kalkuliert. Verkauft er mit zu geringem Gewinn oder gar mit Verlust, so wird er die Folgen zu tragen haben. Auch ein Verkauf unter Selbstkosten ist deshalb für sich allein nicht wettbewerbswidrig,[20] es sei denn, es käme das Unlauterkeitsmoment der Vernichtungsunterbietung (Rn 577) hinzu. Fälle dieser Art werden inzwischen in ihrem wichtigsten Teilbereich, dem Verkauf unter Einstandspreis durch marktmächtige Unternehmen, von § 20 Abs. 4 GWB erfasst (Rn 578), der gegenüber dem UWG die spezielleren Wertungen enthält (Rn 24).

575 Da der Verkauf unter Selbstkosten schon für sich allein unbedenklich ist, ist dies erst recht die **Mischkalkulation**, bei der der Unternehmer den Verlust bei der einen Ware durch Gewinne bei einer anderen, gleichzeitig verkauften Ware wieder auszugleichen hofft.[21] Allerdings kann darin im Einzelfall ein unzulässiges Lockvogelangebot wegen der Gefahr einer Irreführung des Publikums über die Preisgestaltung liegen (Rn 278).

2. Unterschiedliche Preisgestaltung

Rechtsgrundlage: §§ 19 Abs. 1, 20 Abs. 1, Abs. 2 GWB, Art. 102 AEUV, §§ 3 Abs. 1, 4 Nr. 10 UWG

576 Da der Unternehmer in der Kalkulation seiner Preise grundsätzlich frei ist, kann es ihm auch nicht verwehrt sein, **örtlich** bzw **regional** unterschiedliche Preise zu fordern. Ob ein so gespaltener Preis durch die örtliche Konkurrenzsituation geboten oder aus anderen Gründen wirtschaftlich sinnvoll ist oder nicht, entzieht sich der rechtlichen Beurteilung.[22] Das Gleiche gilt für die unterschiedliche Preisgestaltung **gegenüber Abnehmern**.[23] Hier gibt es allerdings die wichtige Ausnahme der §§ 19 Abs. 1, 20 Abs. 1 GWB, Art. 102 AEUV: **Marktbeherrschende Unternehmen** dürfen gewerbliche Abnehmer auch bei der Preisgestaltung nicht unbillig unterschiedlich behandeln. Das Gleiche gilt für marktstarke Unternehmen gem. § 20 Abs. 2 GWB.

3. Vernichtungsunterbietung

Rechtsgrundlage: §§ 19 Abs. 1, 20 Abs. 1, Abs. 4 GWB, Art. 102 AEUV, §§ 3 Abs. 1, 4 Nr. 10 UWG

577 Unzulässig nach § 4 Nr. 10 UWG ist somit lediglich diejenige Unterbietung der Preise des Konkurrenten, die sich zu dessen **Ausschaltung eignet** und diese Ausschaltung allein

---

20 BGH GRUR 2009, 416 Tz. 13 *Küchentiefstpreis-Garantie*; BGH GRUR 1979, 55, 56 *Tierbuch* und 321, 322 *Verkauf unter Einstandspreis I*; BGH GRUR 1984, 204, 205 f. *Verkauf unter Einstandspreis II*; BGHZ 85, 85, 94 f *ADAC-Verkehrsrechtsschutz*; BGH GRUR 1990, 371, 372 *Preiskampf*; OLG Hamburg ZUM-RD 1999, 280, 281 ff für eine Programmzeitschrift. S. auch Eser BB 1985, 699.

21 OLG Frankfurt WRP 1977, 105, 108.

22 AA OLG Hamm GRUR 1983, 453, 454 *Simultane Preisschaukelei* (Ergebnis allerdings aus § 5 UWG – Irreführung über den Preis – richtig) und LG Frankfurt BB 1960, 228, 229.

23 BGH GRUR 1958, 487, 489 *Antibiotica*.

oder überwiegend **bezweckt** (Rn 560 f).[24] Grundvoraussetzung hierfür ist zunächst objektiv, dass ein Verkauf unter Selbstkosten vorliegt.[25] Da es sich ansonsten aber um ein rein subjektives Unlauterkeitsmoment handelt, bereitet seine Feststellung in tatsächlicher Hinsicht Schwierigkeiten. Die Rechtsprechung war lange Zeit auf Indizien angewiesen, die auf die Absichten des Werbenden schließen ließen.[26] Keine hinreichende Absicht liegt vor, wenn die Preise (unter Selbstkosten) „nach kaufmännischen Gesichtspunkten vertretbar kalkuliert" sind.[27]

Beispiele: Im **Benzinkampf**-Fall[28] hatten sich mehrere Konkurrenten zusammengeschlossen, um einen bestimmten Mitbewerber planmäßig zu unterbieten. Das ließ nur den Schluss zu, dass sie ihn entweder ganz ausschalten oder zum Einschwenken auf ihre Preise zwingen, dh jedenfalls als Wettbewerber ausschalten wollten.

Die drei Tageszeitungen einer Region gründeten gemeinsam ein Anzeigenblatt, nachdem ein auswärtiger Konkurrent mit einem eigenen Anzeigenblatt auf dem Markt erschienen war. Ihre Anzeigenpreise lagen so viel niedriger als die des Konkurrenten, dass dieser auf die Dauer nicht mithalten konnte. Da sie ihrer Kalkulation der Anzeigenpreise keine *ersichtlich* nicht vertretbare Umsatzerwartung zugrunde gelegt hatten, war dies als bloßer Vorwand anzusehen, um die gegen den Konkurrenten gezielte wettbewerbswidrige Preisgestaltung zu verdecken.[29]

Nachdem ein **Newcomer** angekündigt hatte, ein für die Bezieher kostenloses, weil aus Anzeigen finanziertes, Telefonbuch für den Landkreis X herauszugeben, publizierte die Telekom ebenfalls ein Kreistelefonbuch, in das sie die Anzeigen aus den „Örtlichen" kostenfrei übernahm. Die Verdrängungsabsicht entnahm das OLG Stuttgart der Tatsache, dass die Telekom eine solche Ausgabe zuvor nie publiziert hatte, sie nunmehr aber im engen zeitlichen Zusammenhang mit dem Konkurrenzwerk herausbrachte.[30]

Eine „Tiefstpreis-Garantie", nach der jedes Mitbewerberangebot um 13% unterboten würde, beinhaltete nur eine „abstrakte Gefahr", dass es zu einem Verkauf unter Selbstkosten kommen würde. Der damit verbundene (lediglich) bedingte Vorsatz einer Vernichtung ist für § 4 Nr. 10 UWG nicht genügend.[31]

§ 20 Abs. 4 GWB trifft die folgende Regelung:　　　　　　　　　　　　　578

Unternehmen mit gegenüber kleinen und mittleren Wettbewerbern überlegener Marktmacht dürfen ihre Marktmacht nicht dazu ausnutzen, solche Wettbewerber unmittelbar oder mittelbar unbillig zu behindern. Eine unbillige Behinderung im Sinne des Satzes 1 liegt insbesondere vor, wenn ein Unternehmen

1. Lebensmittel im Sinne des § 2 Abs. 2 des Lebensmittel- und Futtermittelgesetzbuches unter Einstandspreis oder
2. andere Waren oder gewerbliche Leistungen nicht nur gelegentlich unter Einstandspreis oder
3. von kleinen oder mittleren Unternehmen, mit denen es auf dem nachgelagerten Markt beim Vertrieb von Waren oder gewerblichen Leistungen im Wettbewerb

24 BGH GRUR 2009, 416 Tz. 13 *Küchentiefstpreis-Garantie*.
25 Ohly in Piper/Ohly/Sosnitza § 4 Rn 10/94.
26 Eingehend: Gloy, FS Gaedertz, S. 209.
27 BGH GRUR 2009, 416 Tz. 14 *Küchentiefstpreis-Garantie*; BGH GRUR 2006, 596 Tz. 13, 22 *10% billiger*.
28 RGZ 134, 342 (auch als *Benrather Tankstellen*-Fall bekannt). Heute würde dieser Fall primär nach § 1 GWB, Art. 101 AEUV beurteilt; §§ 3 Abs. 1 4 Nr. 10 UWG gilt allerdings daneben.
29 BGH GRUR 1985, 883, 885 *Abwehrblatt I*; BGHZ 96, 337, 347 *Abwehrblatt II*; OLG Hamm AfP 1986, 129, 130 f. Näheres zur kostenlosen Verbreitung von Presseerzeugnissen Rn 626 f. Vgl auch den Fahrschul-Fall OLG Bamberg WRP 1970, 395 *Fahrschulwerbung*.
30 K&R 1998, 456, 457 m.Anm. Stefan Vogt.
31 BGH GRUR 2009, 416 Tz. 14 *Küchentiefstpreis-Garantie*.

steht, für deren Lieferung einen höheren Preis fordert, als es selbst auf diesem Markt anbietet, es sei denn, dies ist jeweils sachlich gerechtfertigt. Das Anbieten von Lebensmitteln unter Einstandspreis ist sachlich gerechtfertigt, wenn es geeignet ist, den Verderb oder die drohende Unverkäuflichkeit der Waren beim Händler durch rechtzeitigen Verkauf zu verhindern sowie in vergleichbar schwerwiegenden Fällen. Werden Lebensmittel an gemeinnützige Einrichtungen zur Verwendung im Rahmen ihrer Aufgaben abgegeben, liegt keine unbillige Behinderung vor.

Eine Regel für die Darlegungs- und Beweislast in solchen Fällen enthält § 20 Abs. 5 GWB. Für § 20 GWB sei auf die Erläuterungswerke zum GWB verwiesen. Nur wenn die Marktmachtschwellen der §§ 19, 20 GWB nicht erreicht sind, kommt eine eigenständige Anwendung des § 3 Abs. 1 UWG bei Unterpreisstrategien in Betracht (Rn 24), die jedoch nicht mit einer Anwendung von Marktmachtvorteilen unterhalb der Schwellen des GWB begründet werden darf. Denn das GWB erklärt solchen Einsatz von Marktmacht gerade für zulässig. Unterhalb dieser Schwellen kann deshalb grundsätzlich nur mit dem besonderen subjektiven Element der ausschließlichen Vernichtungsabsicht (Rn 560 f), mit Marktverstopfung (Rn 624) oder mit einer Wettbewerbsverzerrung durch die öffentliche Hand (Rn 645) im Rahmen des § 3 Abs. 1 UWG argumentiert werden, vgl auch Rn 565.

II. Ausspannen von Kunden oder Mitarbeitern

Rechtsgrundlage: §§ 3 Abs. 1, 4 Nr. 10 UWG

579 Ein Leistungswettbewerb wäre nicht denkbar, wenn jeder Unternehmer wie in einem Naturschutzpark Anspruch auf die Erhaltung seines einmal gewonnenen Kundenstammes hätte. Vielmehr ist es gerade Sinn und Zweck jeden Wettbewerbs, in den Kundenkreis des Mitbewerbers einzudringen und dessen Kunden zu sich herüberzuziehen.[32] Das Ausspannen und Abfangen von Kunden ist nur wettbewerbswidrig nach § 4 **Nr. 10 UWG**, wenn besondere, die Unlauterkeit begründende Umstände hinzutreten. Eine unlautere Behinderung des Mitbewerbers ist gegeben, wenn auf **Kunden**, die bereits **dem Wettbewerber zuzurechnen** sind, in unangemessener Weise eingewirkt wird, um sie als eigene Kunden zu gewinnen oder zu erhalten.[33] **Das Gleiche gilt für Beschäftigte**; schon im Interesse des Arbeitnehmers muss hier der freie Leistungswettbewerb der Arbeitgeber nebeneinander um die Gunst des Mitarbeiters erhalten bleiben.[34] Unzulässig wird ein solches Ausspannen zunächst dann, wenn es mittels unsachlicher Beeinflussung des Umworbenen geschieht (Rn 548). Im Bereich des Behinderungswettbewerbs kommt es darauf an, ob das Ausspannen mit dem ausschließlichen **Zweck** der Konkurrentenbehinderung (Rn 560) oder mittels nicht wettbewerbskonformer **Mittel** erfolgt (Rn 562).[35]

---

32 BGH GRUR 2009, 500 Tz. 23 *Beta Layout*; BGH GRUR 2002, 548, 549 *Mietwagenkostenersatz* BGH GRUR 1970, 182, 183 *Bierfahrer*; OGH Wien ÖBl. 1999, 275, 277 *Anzeigenzeitung „GO".*
33 BGH GRUR 2009, 416 Tz. 16 *Küchentiefstpreis-Garantie* mwN.
34 OLG Düsseldorf GRUR 1961, 92, 93 *Glasbläser* und OLG Celle GRUR 1962, 366, 367 *Druckfarbenfabrik-Angestellte;* OLG München WRP 1980, 284, 285.
35 Vgl BGH GRUR 1966, 263, 264 *Bau-Chemie/Bautenschutzmittel.* Lehrreich BGH GRUR 1987, 532, 533 f. *Zollabfertigung*: Abfangen der für einen Spediteur bestimmten Frachtpapiere durch die Konkurrenz. S. auch v. Maltzahn GRUR 1981, 788; Piper GRUR 1990, 643; sowie Erik Bettin, Unlautere Abwerbung, Berlin 1999.

§ 4 Nr. 10 UWG kann hierbei als Regelbeispiel dienen, wenn die Begründung der Unlauterkeit allein darauf beruht, dass die Maßnahme zu dem **ausschließlichen Zweck** der Behinderung erfolgte (Rn 560). Beruht das Unlauterkeitsurteil auf dem **Mittel des Wettbewerbs,** muss eine umfassende Interessenabwägung stattfinden (Rn 557 f), ob der behinderte Mitbewerber seine Leistung am Markt durch eigene Anstrengung „nicht mehr in angemessener Weise zur Geltung bringen" kann.[36] Jedoch ist auch dann § 4 Nr. 10 UWG einschlägig (Rn 564).

1. Abfangen und Umleiten von Kunden

Rechtsgrundlage: §§ 3 Abs. 1, 4 Nr. 10 UWG

Eine unangemessene Einwirkung auf den Kunden gem. § 4 Nr. 10 UWG liegt nach der Rechtsprechung insbesondere dann vor, wenn sich der **Werbende** gewissermaßen **zwischen den Mitbewerber und dessen Kunden stellt,** um diesem eine **Änderung seines Entschlusses,** die Waren oder Dienstleistungen des Mitbewerbers in Anspruch zu nehmen, **aufzudrängen.**[37]   580

Das kann zunächst bei **Werbung vor dem Geschäft des Mitbewerbers** gegeben sein.

Beispiele: Dass jemand sich vor dem Geschäft seines Mitbewerbers oder in dessen unmittelbarer Nähe aufstellt, um Kunden zu werben, lässt in der Regel nur den Schluss zu, er wolle gerade die Kunden des Mitbewerbers abfangen, sich also zwischen den Kaufinteressenten und den Wettbewerber schieben, um dem Kunden einen anderen Kaufentschluss aufzudrängen.[38] Dasselbe gilt, wenn er auf dem Betriebsgelände des Konkurrenten einen LKW mit einer werbenden Plakatwand aufstellt,[39] oder hinter die Scheibenwischer der auf dessen Kundenparkplatz stehenden Fahrzeuge eigenes Werbematerial klemmt.[40]

Hinweisschilder in der Nähe des anderen Geschäfts können, wenn für sie ein besonderer Anlass besteht, zulässig sein.[41] Auch lässt sich aus der Verteilung von Werbezetteln in den Geschäftsstraßen[42] oder der Plakatwerbung an Litfaßsäulen,[43] die dann zwangsläufig hier und da auch in unmittelbarer Nähe von Konkurrenzgeschäften erfolgt,[44] noch nicht ohne weiteres[45] auf eine Absicht schließen, sich in die Kundenbeziehung zu drängen; sie ist daher zulässig. Gleiches gilt für die Aufstellung von Firmenfahrzeugen vor dem benachbarten Betrieb des Konkurrenten, wenn es keine andere Parkmöglichkeit gibt.[46]

Die virtuelle Welt des **Internet** oder anderer neuer Medien hat hier ebenfalls umfassende Fallpraxis für die Frage produziert, ob ein unlauteres Abfangen von Kunden gem. § 4 Nr. 10 UWG gegeben ist. Auch hier liegt Unlauterkeit jedoch nur vor, wenn sich der Werbende virtuell zwischen den Mitbewerber und dessen schon zum Kauf entschlossenen Kunden stellt.   581

---

36 BGH GRUR 2007, 800 Tz. 21 *Außendienstmitarbeiter;* BGH GRUR 2002, 902, 905 *Vanity-Nummern;* BGH GRUR 2001, 1061, 1062 *mitwohnzentrale.de.*
37 BGH GRUR 2009, 500 Tz. 23 *Beta Layout;* BGH GRUR 2007, 987 Tz. 25 *Änderung der Voreinstellung.*
38 Vgl BGH GRUR 1960, 431, 433 *Kraftfahrzeugnummernschilder.*
39 OLG Brandenburg NJW-RR 1996, 1514.
40 OLG Stuttgart NJW-RR 1996, 1516, 1517.
41 OLG Hamm WRP 1973, 538 f.
42 OLG Hamburg GRUR 1954, 409.
43 OLG Hamburg GRUR 1955, 434.
44 BGH GRUR 1986, 547, 548 *Handzettelwerbung:* Auf einer Verkehrsinsel ca. 15 m von der Einfahrt des Konkurrenten entfernt.
45 Anders bei gezielter Einkreisung des Konkurrenten, Vgl KG GRUR 1984, 601, 602 *Handzettel-Verteilung.*
46 OLG Düsseldorf WRP 1985, 217, 219.

Beispiele: Die Registrierung eines Gattungsbegriffs als **Domain** ist hingegen zulässig, weil eine unzumutbare Kanalisierung von Kundenströmen dadurch nicht eintritt.[47] Der Internutzer weiß, dass sich hinter einer Gattungsbegriff-Domain nicht das gesamte Branchenangebot befindet.

Bei Google können Unternehmer bestimmte Suchbegriffe mit Werbeanzeigen koppeln (**Adwords-Werbung**), die dann bei Eingabe des Suchbegriffs bei Google neben den Suchergebnissen erscheinen. Lauterkeitsrechtlich besteht grundsätzlich keine Verpflichtung, es zu unterlassen, fremde Kennzeichen bei der Adwords-Werbung zu verwenden. Das gilt selbst für den Fall, dass eine Werbeanzeige eines Unternehmers auch dann erscheint, wenn ein Internetnutzer als Suchbegriff eine Domain oder eine Firmenbezeichnung eines Wettbewerbers eingibt, die die gleichen Begriffe enthält.[48] Bei Adwords ist auch eine Kennzeichenverletzung grundsätzlich ausgeschlossen.[49]

Die Manipulation des Rankings in den Trefferlisten von Suchmaschinen – wie zB Google – kann auch unlauter nach § 4 Nr. 10 UWG sein (sog. **Suchmaschinenmanipulation**). Ein Anhaltspunkt kann die Installation einer Vielzahl von für den Internetnutzer nicht sichtbarer Seiten sein, die nur dafür bestimmt sind, in den Trefferlisten von Suchmaschinen höher gelistet zu werden.[50] Ein anderes Mittel der Umlenkung von Kunden im Internet zum eigenen Angebot sind **Metatags**. Das sind Suchbegriffe in der eigenen Homepage, die von Internetsuchmaschinen erkannt werden. Unternehmer können versucht sein, die Kennzeichen des Mitbewerbers (Marken gem. § 4 MarkenG; Unternehmenskennzeichen gem. § 5 MarkenG) als Metatag für die eigene Website zu nutzen. Das stellt zunächst eine Kennzeichenverletzung dar.[51] Das UWG greift zusätzlich, wenn eine Irreführung gegeben ist,[52] (§§ 3 Abs. 1, 5 UWG) oder sie für eine verbotene Tätigkeit werben.[53] (§§ 3 Abs. 1, 4 Nr. 11 UWG). Genauso wie bei Adwords liegt darin aber keine unlautere Behinderung gem. §§ 3 Abs. 1, 4 Nr. 10 UWG.

Unlauter ist schließlich die Einstellung in einem **EDV-Programm**, durch die ein bereits durch den Kunden über die Software ausgewähltes Produkt durch ein anderes ersetzt wird. Das gilt jedenfalls, solange das EDV-Programm eine entsprechende Voreinstellung besitzt. Im konkreten Fall ging es um Arztsoftware, die während des Rezeptierungsvorganges das vom Arzt ausgewählte Arzneimittel durch ein anderes ersetzte.[54] Insoweit liegt ein unlauteres Schieben in die bereits angebahnte Geschäftsbeziehung vor. Anders ist es, wenn der Nutzer der EDV von sich aus die Ersetzungsfunktion aktiviert.[55] Sofern der begünstigte Anbieter die Aufnahme der Ersetzungsfunktion in die Software bezahlt, liegt außerdem unzulässige verschleierte Werbung vor, wenn der Werbecharakter nicht offensichtlich ist.[56]

Eine unterlassene Umstellung eines Telefonkunden, der zu einem Mitbewerber wechseln möchte, ist jedenfalls dann keine unlautere Behinderung, wenn es sich lediglich um einen versehentlichen Vertragsbruch gegenüber dem Mitbewerber handelt.[57] Anderes gilt jedoch, wenn Umstellungsaufträge bewusst auftragswidrig so ausgeführt werden, dass nicht die Dienstleistungen des Konkurrenten, sondern die eigenen in Anspruch genommen werden.[58]

582 Das **Werben bei Kunden des bisherigen Geschäftsherrn** ist grundsätzlich lauter. Da das Eindringen in einen fremden Kundenkreis wettbewerbsgerecht ist, darf grundsätzlich auch der frühere Angestellte, Handelsvertreter oder Pächter, der sich selbständig ge-

---

47 BGH GRUR 2001, 1061 *Mitwohnzentrale.de*; OLG Köln GRUR-RR 2006, 19, 19 *schlüsselbänder.de*; LG Frankenthal GRUR-RR 2006, 13, 14 *guenstig.de/günstig.de*.
48 BGH GRUR 2009, 500 Tz. 23 *Beta Layout*. Zum Ganzen: Ott WRP 2009, 351 ff.
49 BGH GRUR 2009, 500 *Beta Layout*, für Kennzeichenrechte nach § 5 MarkenG; für Markenrechte nach § 4 MarkenG BGH GRUR 2009, 498 Tz. 16 ff. *Bananabay*, mit Vorlage an den EuGH.
50 OLG Hamm MMR 2010, 36 *Suchmaschinenmanipulation*.
51 BGH GRUR 2007, 65 Tz. 16 ff. *Impuls*.
52 LG Düsseldorf MMR 2002, 557; Dustmann in Bröcker/Czychowski/Schäfer, Praxishandbuch Geistiges Eigentum im Internet, 2003, § 11 Rn 98.
53 LG Hamburg MMR 2001, 624.
54 OLG Hamburg GRUR 2002, 278, 279 *AK Umed*; OLG Frankfurt GRUR 2001, 763 *Kohlliste*.
55 OLG Frankfurt GRUR 2001, 763 *Kohlliste*; OLG Hamburg GRUR-RR 2004, 211 *Arzneimitteltausch*.
56 Im konkreten Fall von OLG Frankfurt GRUR 2001, 763 *Kohlliste* Unlauterkeit verneint.
57 BGH GRUR 2007, 987 Tz. 24 f. *Änderung der Voreinstellung I*.
58 BGH GRUR 2009, 876 Tz. 21 ff, 24 ff. *Änderung der Voreinstellung II*.

macht hat, bei den Kunden seines bisherigen Tätigkeitsbereiches werben. Dass dies für den früheren Geschäftsherrn sehr gefährlich werden kann, schon weil der Verkaufsleiter oder Vertreter meist den besseren persönlichen Kontakt zur Kundschaft hatte – vom Fall des Pächters, bei dem der Verpächter überhaupt keine eigene Verbindung zum Kunden hat, ganz zu schweigen –, ändert daran nichts. Wenn der Geschäftsherr so unvorsichtig war, dieser Gefahr nicht durch ein vertraglich vereinbartes Wettbewerbsverbot vorzubeugen, muss er die Folgen eben tragen.

Eine Werbung, die sich an den Kundenkreis des eigenen früheren Geschäftsherrn wendet, ist daher nur dann unlauter, wenn besondere Umstände darauf schließen lassen, der Werbende habe damit die Behinderung oder gar Ausschaltung seines früheren Brotgebers absichtlich herbeiführen wollen.

Beispiele: Die Mitteilung durch **Zeitungsanzeige**, man habe sich jetzt selbständig gemacht oder arbeite woanders, ist danach nicht zu beanstanden.[59]

Entsprechendes gilt, wenn ein ausgeschiedener Vertreter Kundenadressen verwertet, die ihm im Gedächtnis geblieben sind, oder sich solche Anschriften von Kunden nutzbar macht, die keinen dauerhaften geschäftlichen Kontakt zu dem bisher von ihm vertretenen Unternehmen hatten.[60]

Ein **Rundschreiben** *nur* an die bisherigen Kunden oder die **Benutzung interner Geschäftsunterlagen** (zB Kundenlisten), auch wenn ihm diese während seiner Tätigkeit zur Verfügung gestellt worden waren, wäre dagegen ebenso unlauter wie jeder andere Versuch, dem bisherigen Geschäftsherrn schlagartig nahezu seinen gesamten Kundenkreis wegzunehmen.[61]

Das Gleiche gilt, wenn der Pächter den Hauptlieferanten veranlasst, nur noch ihn selbst zu beliefern.[62]

Vgl ferner Rn 592. Zum Geheimnisverrat allgemein Rn 750 ff.

2. Ausnutzung fremder Einrichtungen

Rechtsgrundlage: §§ 3 Abs. 1, 4 Nr. 10 UWG

Ein weiterer Unterfall des unlauteren Ausspannens von Kunden ist die Ausnutzung von (fremden) Einrichtungen zur Kundengewinnung, obwohl der Mitbewerber diese Einrichtungen geschaffen hat. Hier kann es auch um eine zielgerichtete Behinderung gehen, die **wegen ihres allein auf Behinderung gerichteten Zwecks** bereits **unlauter** ist (Rn 560).

583

Beispiele: Ein Busunternehmer fährt die vom Konkurrenten entwickelten Fahrtrouten jeweils kurz vor ihm ab und sammelt darüber alle relevanten Kunden ein.[63] Das gleiche gilt, wenn ein Tiefkühlheimdienstunternehmen kurz vor seinem Konkurrenten die vom Konkurrenten entwickelte Strecke bedient.

Häufiger sind jedoch die Fälle, in denen nicht der Behinderungszweck, sondern das eigene Geschäft des Behindernden bei der Ausnutzung fremder Einrichtungen im Mittelpunkt steht. Dann ist fraglich, ob die Ausnutzung fremder Einrichtungen ein **unlauteres Mittel** des Wettbewerbs ist. Das ist der Fall, wenn der behinderte Mitbewerber seine Leistung am Markt durch eigene Anstrengung „nicht mehr in angemessener Weise

---

59 OLG Düsseldorf GRUR 1969, 143 *Coiffeur Heinz*.

60 BGH GRUR 1999, 934, 935 *Weinberater*.

61 Vgl BGH GRUR 1964, 215, 216 *Milchfahrer*; BGH GRUR 1987, 532, 533 *Zollabfertigung*; BGH GRUR 1994, 447, 448 *Sistierung von Aufträgen*.

62 BGH GRUR 1970, 182, 183 *Bierfahrer*.

63 Köhler in Köhler/Bornkamm § 4 UWG Rn 10.27 b unter Verweis auf österreichischer OGH ÖBl. 1977, 154 *Austriatrans II* und ÖBl. 1972, 91 *Autobus-Linienverkehr*.

zur Geltung bringen" kann.[64] Hierfür ist also eine umfassende Interessenabwägung erforderlich. Die Rechtsprechung geht hier allerdings bedenklich weit und erlaubt im Regelfall nicht, dass ein Mitbewerber sein Geschäftsmodell auf Leistungen seines Konkurrenten aufbaut.

Beispiele: Klar liegen die Fälle von **Adressmanipulationen:** Ein Unternehmer wählt seine Adresse, Telefonnummer oder andere Kontaktdaten so, dass sie von einem flüchtigen Kunden mit denen des Mitbewerbers verwechselt werden.[65] Hierher gehören auch „Tippfehler-Domains", also Domains, die so gestaltet sind, dass sie beim Vertippen von Kunden angewählt werden.[66]

Der Bundesgerichtshof hat jedoch eine unlautere Ausnutzung fremder Einrichtungen auch in folgendem Fall angenommen:[67] Ein Festnetzbetreiber bietet seinen Kunden eine Rufumleitung an, durch die Anrufe aus dem Festnetz nicht zu der gewählten Mobilfunknummer des Kunden, sondern unmittelbar zu seinem Festnetzanschluss geschaltet wurden, wenn der Kunde auch über seinen Festnetzanschluss telefonieren kann. Hier soll sich der Festnetzbetreiber bei der Schaltung der Rufumleitung Leistungen seines Mitbewerbers (Mobilfunkprovider) unlauter zunutze machen, die in der Bereitstellung eines Mobilfunkanschlusses und der Unterhaltung des Mobilfunknetzes bestehen. Das erscheint noch als vertretbar, weil der Anfall des Zusammenschlussentgelts zu Gunsten des konkurrierenden Mobilfunkproviders verhindert wird und damit die **Nutzung der fremden Einrichtung kostenlos** erfolgt.

In einem weiteren Fall benutzte ein Mitbewerber die (günstigen) Tarife für ein netzinternes Mobilfunktelefonat, um darüber Kunden ein preiswertes Telefonat vom Festnetz zu diesem Mobilfunknetz anzubieten. Der Bundesgerichtshof hielt auch das für unlauter. Hierdurch werde der Mobilfunkbetreiber daran gehindert, das marktübliche Entgelt für seine Terminierungsleistung zu erzielen. Der Mitbewerber verschaffe sich die Terminierungsleistung des Mobilfunkbetreibers zu Konditionen, zu denen der Mobilfunkbetreiber diese Leistung zu erbringen weder bereit noch verpflichtet ist, und veräußere diese auf eigene Rechnung gewinnbringend weiter. Die darin liegende Beeinträchtigung seiner wettbewerblichen Entfaltungsmöglichkeiten müsse der Mobilfunkbetreiber „nicht hinnehmen".[68] Das erscheint jedoch nicht als hinreichende Rechtfertigung, weil der Mitbewerber für die Leistung des Mobilfunkproviders den Preis bezahlt, den der Mobilfunkprovider bei einer anderen Verwendung (netzinternes Telefonat) von seinen Kunden verlangt. Der Mobilfunkprovider kann deshalb seine Leistung im Markt durchaus „angemessen zur Geltung bringen", nur seine Preisdifferenzierung für unterschiedliche Verwendungen der gleichen Leistung schützt der BGH deliktisch durch Lauterkeitsrecht.

Ebenso zweifelhaft erscheint es danach, eine Unlauterkeit anzunehmen, wenn es ein Unternehmen zu seinem Geschäftsmodell macht, eine kostenpflichtige Flatrate für einen Internetzugang zu bestellen und die Teilhabe daran an Kunden zu veräußern.[69]

Klar wettbewerbswidrig ist demgegenüber der Vertrieb von „Piratenkarten", die den kostenlosen Empfang von Pay-TV ermöglichen, weil hier gar kein Entgelt an den Pay-TV-Sender fließt.[70]

Geht die Ausnutzung fremder Einrichtungen mit einer **Irreführung des Kunden** über die Identität des Unternehmers einher – wie zB im o.g. Fall der Adressmanipulation – liegt zugleich ein Fall der Irreführung über die betriebliche Herkunft vor (§ 5 Abs. 1 Nr. 1 UWG). Bei Verwendung des ähnlichen Kennzeichens – wie zB bei Tippfehlerdomains – kommen auch Ansprüche wegen § 5 Abs. 2 UWG in Betracht (Rn 228 ff). Über dies kann in letztem Fall auch Markenrecht einschlägig sein.

---

64 BGH GRUR 2007, 800 Tz. 21 *Außendienstmitarbeiter*; BGH GRUR 2002, 902, 905 *Vanity-Nummern*; BGH GRUR 2001, 1061, 1062 *mitwohnzentrale.de*.
65 OLG Hamburg GRUR-RR 2004, 151; Ullmann/jurisPK/ Müller-Bidinger/Seichter UWG § 4 Nr. 10 Rn 50.
66 Thüringisches OLG MMR 2005, 776; Köhler in Köhler/Bornkamm § 4 UWG Rn 10.27 b.
67 BGH GRUR 2010, 346 Tz. 15, 18 *Rufumleitung*.
68 BGH (Kartellsenat) CR 2010, 642 Tz. 59 *GSM-Wandler*.
69 Unlauter nach OLG Köln GRUR-RR 2009, 339, 340 *Gemeinschaftliche Internetnutzung*.
70 OLG Frankfurt NJW 1996, 264.

3. Herbeiführung und Ausnutzung fremden Vertragsbruchs

a) Verleitung zum Vertragsbruch

Rechtsgrundlage: §§ 3 Abs. 1, 4 Nr. 10 UWG

Ein Unternehmer, der **gezielt und bewusst darauf hinwirkt**, dass der Vertragspartner eines anderen Unternehmers[71] seinen **Vertragspflichten zuwiderhandelt**, bezweckt die Behinderung des Konkurrenten. Die **Verleitung zum Vertragsbruch ist** daher **unlauter**.[72] Es kann sich dabei um den Vertragsbruch eines Mitarbeiters[73] oder um den Bruch von Verträgen, insbesondere Vertriebsbindungen, durch Unternehmer[74] handeln. Nur dann, wenn es sich um eine unwesentliche Nebenpflicht aus dem Vertrag handelt, deren Verletzung den Konkurrenten nicht behindert, kann die Verleitung dazu ausnahmsweise durchgehen.[75]   584

Der Verleitungstatbestand setzt zunächst die **Kenntnis** von der Existenz des fremden Vertrages und der vom Umworbenen zu brechenden Verpflichtung voraus; der Handelnde muss den rechtlichen Bestand des Vertrages zumindest für möglich halten.[76]   585

Hinzutreten muss dann noch ein „**Verleiten**". Das ist mehr als die Aufnahme von Vertragsbeziehungen mit der Kenntnis, dass der andere dadurch vertragsbrüchig wird. Die Unlauterkeit des Ausnutzens eines fremden Vertragsbruchs kann nicht allein aus der Kenntnis oder dem Kennenmüssen des ausgenutzten Vertragsbruchs hergeleitet werden.[77]   586

Beispiel: Kein Verleiten liegt vor, wenn ein Unternehmer Mitarbeiter eines Konkurrenten beschäftigt, von denen er weiß, dass sie gegenüber dem Konkurrenten vertragsbrüchig sind.[78] Dem Unternehmer muss vielmehr ein gezieltes und bewusstes Hinwirken auf diesen Vertragsbruch angelastet werden können.

Auch reichen für eine „Verleitung" an die Allgemeinheit gerichtete (Such-)Anzeigen für vertriebsgebundenen Produkte nicht aus, selbst wenn ein beträchtlicher Teil der Beworbenen nur unter Verletzung von vertraglichen Verpflichtungen liefern kann. Denn der Anzeigende wird nicht auf jedes Belieferungsangebot eingehen, so dass es dann an einer hinreichend gezielten Einwirkung auf konkrete Vertragspartner des Dritten fehlt.[79] Genügend ist auch noch nicht, wenn an einen konkreten Lieferanten eine Lieferanfrage gestellt wird.[80]

---

71   Nicht zwingend eines direkten Konkurrenten: OLG Schleswig GRUR-RR 2007, 242, 243 *Beteiligung an der Selbstbeteiligung* (für die Werbung eines Reparaturbetriebes unter Inkaufnahme von Vertragsbrüchen seiner Kunden gegenüber deren (Teil)Kaskoversicherern; dazu BGH GRUR 2008, 530 ff. *Nachlass bei der Selbstbeteiligung*; Vgl OLG Celle GRUR-RR 2006, 57 *Werbebonus*.

72   BGH GRUR 2009, 173 Tz. 30 *bundesligakarten.de*; BGH GRUR 2007, 800 Tz. 14 *Außendienstmitarbeiter*; BGH GRUR 1994, 447, 448 *Sistierung von Aufträgen*; BGH GRUR 1969, 474 *Bierbezug*.

73   BGH GRUR 2007, 800 Tz. 16 *Außendienstmitarbeiter*.

74   BGH GRUR 2009, 173 Tz. 30 *bundesligakarten.de*.

75   Vgl BGH GRUR 1960, 558, 559 *Eintritt in Kundenbestellung – Volkswagen*. Vgl auch BGH GRUR 1988, 619 *Lieferantenwechsel*: Übernahme der noch vorhandenen Bestände des Altlieferanten durch den Neulieferanten.

76   BGH GRUR 1957, 219, 221 *Bierbezugsvertrag-Westenberg*; OLG Stuttgart NJWE 1999, 93, 95.

77   BGH GRUR 2007, 800 Tz. 18 *Außendienstmitarbeiter*.

78   BGH GRUR 2007, 800 Tz. 18 *Außendienstmitarbeiter*.

79   BGH GRUR 2009, 173 Tz. 32 *bundesligakarten.de*.

80   OLG Düsseldorf GRUR-RR 2003, 89 Lieferanfrage; Köhler in Köhler/Bornkamm § 4 UWG Rn 10.36.

Beispiele: Wer in Anzeigen nach Fußballbundesligakarten sucht, die die Beworbenen Personen nur unter Verletzung der AGB des Veranstalters liefern können, verleitet nicht zum Vertragsbruch.[81]

Vielmehr muss der Werbende die Initiative ergreifen. Ein konkretes Angebot, das der Umworbene nur unter Vertragsbruch annehmen kann, muss deshalb genügen.[82] Ob der Verleitete seinerseits schon zum Vertragsbruch entschlossen war und etwa nur noch auf eine Gelegenheit wartete, ist allerdings ohne Bedeutung.[83]

Teilweise wird gefordert, den Tatbestand des Verleitens noch enger zu fassen und darin nur noch Verhaltensweisen einzubeziehen, die von einer Schädigungsabsicht gegenüber dem Konkurrenten getragen sind oder die Rationalität der Entscheidung des Umworbenen unlauter beeinträchtigen.[84] Eine Schädigungsabsicht wird sich aber selten feststellen lassen, häufig hat der Werbende eigene Interessen, das für den Umworbenen vertragswidrige Geschäft zu machen.[85] Bleibt damit nur noch die unlautere Beeinträchtigung des Umworbenen. Damit liefe das Verleiten zum Vertragsbruch mit § 4 Nr. 1, Nr. 2 und § 5 UWG parallel und wäre endgültig einer eigenständigen Bedeutung beraubt. Es sollte jedoch deliktsrechtlich sanktionierbar bleiben, wenn ein Unternehmer bewusst und gezielt die Initiative ergreift, dass ein Dritter gegenüber einem Konkurrenten vertragsbrüchig wird.

587   Einen Sonderfall der Verleitung zum Vertragsbruch behandelt BGH Maschinenbeseitigung:[86] Der bisherige Geschäftsführer eines Unternehmens veranlasste dessen Mitarbeiter, ausgemusterte Maschinen pflichtwidrig nicht zu verschrotten, sondern ihm zur rascheren Eröffnung eines Konkurrenzbetriebes zu überlassen.

b) Ausnutzung fremden Vertragsbruchs

Rechtsgrundlage: §§ 3 Abs. 1, 4 Nr. 10 UWG

588   Anders liegt es, wenn der Unternehmer den Vertragsbruch des Kunden gegenüber dem Mitbewerber, den dieser bereits begangen hat, lediglich ausnutzt. Die im Vertragsbruch liegende Behinderung des Mitbewerbers ist hier bereits eingetreten. Die **Ausnutzung fremden Vertragsbruchs** ist daher nicht **unlauter**, solange nicht **besondere Umstände** hinzutreten, die erkennen lassen, dass es dem Ausnutzenden gerade um eine Behinderung oder Ausschaltung des betroffenen Mitbewerbers ging.[87]

Beispiele: Unlauter: Werbeflächen, die schon vermietet und mit Werbeschildern versehen sind, werden von einem Konkurrenten gemietet.[88]

---

81   BGH GRUR 2009, 173 Tz. 32 *bundesligakarten.de*.
82   Lubberger WRP 2000, 139, 142; Sack WRP 2000, 447, 452; aA Köhler in Köhler/Bornkamm § 4 UWG Rn 10.36 mwN; offen: BGH GRUR 2009, 173 Tz. 32 *bundesligakarten.de*.
83   BGH GRUR 1969, 474 *Bierbezug* und GRUR 1994, 447, 448 *Sistierung von Aufträgen*.
84   Köhler in Köhler/Bornkamm § 4 UWG Rn 10.36 a.
85   Vgl Scherer WRP 2009, 518, 524.
86   WRP 1993, 396.
87   BGH GRUR 2009, 173 Tz. 35 ff *bundesligakarten.de*; BGH GRUR 2007, 800 Tz. 16 ff. *Außendienstmitarbeiter*. Zum Ganzen: Sosnitza WRP 2009, 373 ff.
88   BGH GRUR 1967, 138, 141 *Streckenwerbung* – Außenwerbung an Gebäudeflächen.

Unlauter: Eine Brauerei beliefert einen zum Alleinbezug bei der Konkurrenz verpflichteten Gastwirt, obwohl sie weiß, dass mit dem Bezug bei der Vertragsbrauerei die Abzahlung eines Darlehens gekoppelt ist und dessen Rückzahlung gefährdet wird.[89]

Unlauter: Die Doppelbeschäftigung des Handelsvertreters eines Konkurrenten ohne dessen Wissen ist zumindest dann unlauter, wenn sie im gleichen Bezirk für den Absatz der gleichen Ware geschieht; es liegt auf der Hand, dass der Einsatz des Vertreters für den Konkurrenten praktisch mindestens halbiert, dieser also teilweise ausgeschaltet wird.[90]

Lauter: Erwerb von Eintrittskarten für die Fußballbundesliga zur gewerblichen Weiterveräußerung von Privatpersonen in Kenntnis, dass der Veranstalter diesen Privatpersonen einen solchen Weiterverkauf vertraglich untersagt. Es spielt keine Rolle, wenn der Werbende dies systematisch als Geschäftsmodell betreibt, weil ein systematisches Handeln allein nicht unlauter ist. Auch ein Unterbinden des „Schwarzhandels" ist nicht rechtlich geschützt, weil kein einschlägiges gesetzliches Verbot existiert. Die Grenze zieht der BGH erst dort, wo der Kartenhändler unter Verschleierung seiner Händlereigenschaft direkt vom Veranstalter kauft („Schleichbezug", vgl Rn 854).[91]

Lauter: Der Geschäftsführer eines Verlages wechselt zu einem anderen Verlag. Ein Autor, der aufgrund einer Optionsklausel in einem früheren Verlagsvertrag verpflichtet ist, dem ersten Verlag sein neues Werk anzubieten, bittet den Geschäftsführer, diese nunmehr bei seinem neuen Arbeitgeber erscheinen zu lassen. Damit verletzt er zwar seine vertraglichen Verpflichtungen; dem Geschäftsführer geht es aber in erster Linie darum, seine Bitte zu erfüllen, und nicht etwa um eine Behinderung seines früheren Arbeitgebers.[92]

Hat der Ausnutzende nicht einmal gewusst oder sich doch der Erkenntnis bewusst verschlossen, dass sein Vertragspartner einem Mitbewerber gegenüber vertragsbrüchig war, so ist eine Behinderungsabsicht nicht denkbar.[93] Selbst wenn er weiß, dass der andere Vertragsbeziehungen zu einem Dritten hat, braucht er sich über deren Inhalt nur beim Vorliegen besonderer Umstände Gewissheit zu verschaffen,[94] so wenn er weiß, dass in der Branche Ausschließlichkeitsverträge üblich sind,[95] oder wenn das Interesse des Dritten an der Ausschließlichkeit der bestehenden Vertragsbeziehung für den Ausnutzenden offenkundig ist.[96] Ein Unternehmer, der durch Beschäftigung eines bei einem Mitbewerber angestellten Mitarbeiters, dem wegen eines Wettbewerbsverbots eine Tätigkeit für Konkurrenten nicht gestattet ist, den Vertragsbruch des Mitarbeiters lediglich ausnutzt, ohne ihn zu dem Vertragsbruch zu verleiten, handelt allerdings nicht alleine wegen seiner Kenntnis oder Kennen-Müssens des Wettbewerbsverbotes unlauter.[97] Eine (an sich) zulässige Beeinträchtigung wird nicht dadurch unlauter, dass sie in Kenntnis ihrer Wirkungen herbeigeführt wird.[98]

589

Vgl zum Ausnutzen des Bruchs von Vertriebsbindungen Rn 852 ff.

590

---

89 BGH GRUR 1969, 474, 475 *Bierbezug.* Vgl OLG Frankfurt WRP 1996, 1192 f, wo zur Kenntnis des Getränkehändlers nichts vorgetragen war, so dass der gegen ihn gerichtete Verfügungsantrag erfolglos blieb. Zur Dauer von Bierlieferungsverträgen: OLG Frankfurt GRUR 1988, 482 f.
90 RG MuW 1926, 97 f; Vgl BGH GRUR 1965, 310, 312 *Speisekartoffeln.*
91 BGH GRUR 2009, 173 Tz. 22 ff (zum Schleichbezug) und Tz. 34 ff (zur Ausnutzung des Vertragsbruches) *bundesligakarten.de.*
92 KG NJWE 1998, 269, 270 f.
93 BGH GRUR 1976, 372, 374 *Möbelentwürfe*; OLG Koblenz GRUR 1988, 43 *Weingut.*
94 BGH GRUR 1975, 555, 557 *Speiseeis.*
95 BGH GRUR 1974, 97, 99 *Spielautomaten II.*
96 BGH GRUR 1980, 296, 298 *Konfektions-Stylist;* OLG Hamburg ZUM-RD 1998, 116, 118 ff (Fall Böttcher).
97 BGH GRUR 2007, 800 Tz. 16 ff. *Außendienstmitarbeiter.*
98 BGH GRUR 2007, 800 Tz. 16 ff. *Außendienstmitarbeiter.*

4. Verleitung zu ordnungsgemäßer Vertragsauflösung (Mitarbeiter und Kunden)

Rechtsgrundlage: §§ 3 Abs. 1, 4 Nr. 10 UWG

591 Im Regelfall ist die Verleitung zu ordnungsgemäßer Vertragsauflösung nicht unlauter (Rn 579).[99] Der Bundesgerichtshof stellt darauf ab, ob „die dabei angewandten Mittel oder der erstrebte Zweck sittlich zu missbilligen sind",[100] bzw ob „besondere Unlauterkeitsumstände hinzutreten".[101] Die „angewandten Mittel" machen das Ausspannen dann unzulässig, wenn eine unlautere Beeinflussung des Umworbenen vorliegt;[102] diese Fälle wurden an anderer Stelle (zB Rn 448 ff und 548) behandelt. Der „erstrebte Zweck" ist dann unlauter, wenn er auf die Behinderung oder Ausschaltung des betroffenen Mitbewerbers gerichtet ist.[103]

592 Das gilt zunächst für das Verleiten von **Mitarbeitern** zur ordnungsgemäßen Vertragsauflösung. Dass mit der Verleitung zur ordnungsgemäßen Vertragsauflösung die Behinderung oder Ausschaltung des benachteiligten Mitbewerbers bezweckt war, ist mit dem Bundesgerichtshof dann anzunehmen, wenn ein **Abwerbungsplan vorlag, der auf ein bestimmtes Unternehmen gezielt** und **auf einen größeren Umfang angelegt** war und der **das betroffene Unternehmen ernsthaft gefährdete** (planmäßige Abwerbung).[104]

Beispiele: Der ausgeschiedene Teilhaber eines Unternehmens lud **alle Arbeitnehmer** in ein Gasthaus ein und bot ihnen an, sie in seinen neuen Betrieb zu übernehmen. Sie müssten jedoch sofort kündigen; wer nach Ablauf der ordentlichen Kündigungsfrist komme, den könne er nicht mehr nehmen.[105] Die deutsche Tochtergesellschaft eines weltweit tätigen US-Konzerns warb auf einen Schlag **20 von 21 Mitarbeitern** eines Konkurrenzunternehmens mit Hilfe von dessen Niederlassungsleiter ab.[106] Der Sohn des Mitgesellschafters eines Zahnlabors veranlasste mit dessen Unterstützung, dass **alle 15 Mitarbeiter** sowie alle vier Auszubildenden zum nächstmöglichen Termin kündigten, um in seiner neu gegründeten Konkurrenzfirma zu arbeiten.[107] Keine Behinderungsabsicht kann aber angenommen werden, wenn **nur 5 von 100** Beschäftigten angesprochen werden.[108]

Auch **besonders wertvolle Kräfte** dürfen abgeworben werden, solange nicht die Absicht dahintersteht, ein bestimmtes Unternehmen gezielt zu schädigen.[109] Das ist dann anzunehmen, wenn der neue Betrieb die abgeworbene Fachkraft nicht benötigt oder sie auf einem bedeutungslosen Posten beschäftigt;[110] der Fall macht deutlich, dass schon die Abwerbung eines einzigen Mitarbeiters unlauter sein kann, wenn die Voraussetzungen gegeben sind.[111]

---

99   BGH GRUR 2004, 704, 705 *Verabschiedungsschreiben*; BGH GRUR 1966, 263, 264 *Bauchemie*; BGH GRUR 1968, 95, 100 *Büchereinachlass*; BGHZ 110, 156, 171 f *HBV-Familien- und Wohnungsrechtsschutz*; OLG Koblenz GRUR 1988, 43 f. *Weingut*. Eine gründliche Darstellung dieses Problembereichs findet sich bei Bettin, Unlautere Abwerbung, Berlin 1999.

100 BGH GRUR 1966, 263, 264 *Bauchemie*.

101 BGH GRUR 2004, 704, 705 *Verabschiedungsschreiben*.

102 BGH GRUR 1988, 764, 767 *Krankenkassen-Fragebogen*; Vgl OLG Düsseldorf GRUR-RR 2006, 100, 100 *Switch & Profit* (für Umleitungen von Telefonkunden in das Festnetz).

103 OLG Köln WRP 1984, 571, 573. Vgl OLG Oldenburg BB 1969, 136, 137.

104 BGH GRUR 1976, 306, 307 *Baumaschinen* einerseits, BGH GRUR 1971, 358, 359 und OLG Hamm GRUR 1973, 421, 422 *Textilspitzen* andererseits. Zu eng OLG München WRP 1980, 284, 285, das dahinstehen ließ, ob ein Abwerbungsplan vorlag, weil jedenfalls eine Existenzgefährdung der Antragstellerin nicht glaubhaft gemacht sei.

105 BGH BB 1968, 41 f.

106 OLG Oldenburg WRP 1996, 612, 617 f.

107 OLG Jena WRP 1997, 363, 364 f.

108 OLG Brandenburg GRUR-RR 2008, 14.

109 BGH GRUR 1961, 482, 483 *Spritzgussmaschine*.

110 LG Frankfurt WRP 1962, 18, 20.

111 BGH GRUR 1966, 263, 265 f. *Bau-Chemie/Bautenschutzmittel*.

Beim **Zuschleppen früherer Arbeitskollegen** durch einen bereits abgeworbenen Mitarbeiter ist zu unterscheiden: Wenn ein Abgeworbener auf Nachfrage früherer Kollegen diesen Auskunft über seine neue Stelle und die dortigen Bedingungen gibt, so fehlt es schon am Abwerbungsplan.[112] Spricht er Kollegen noch vor seinem Ausscheiden von sich aus an, um sie zum Mitgehen zu bewegen, so verletzt er seine arbeitsvertragliche Treuepflicht.[113] Spricht er sie später an, so ist das nur unlauter, wenn sich etwa aus besonderen Umständen – wiederholte unerbetene Hausbesuche bei zahlreichen Kollegen, Übergabe vorgefertigter Kündigungsschreiben – ein groß angelegter Abwerbungsplan ergibt, der die frühere Firma empfindlich schädigt.[114] Dem **Einsatz von Werbern im Betriebsbereich** der Konkurrenz lässt sich im Übrigen schon durch das Hausrecht des Inhabers begegnen.

Die Gewährung von **Kündigungshilfe** durch den Abwerbenden (Aufsetzen des Kündigungsbriefes, Rechtsberatung) ist nach Ansicht des BGH in aller Regel zulässig, es sei denn, es treten besondere Umstände hinzu.[115]

Die Verabredung mehrerer Mitarbeiter eines Unternehmens, gemeinsam zur Konkurrenz zu wechseln, wäre nur bei Vorliegen besonderer Umstände unlauter.[116]

Ein Unternehmer, der mit einem Mitbewerber in **Vertragsverhandlungen** stand, darf diese nicht ausnutzen, um Arbeitnehmer abzuwerben.[117]

Die Abwerbung von Arbeitskräften durch **Telefonanrufe am Arbeitsplatz**[118] sehen die Oberlandesgerichte München[119] und Stuttgart[120] mit Billigung des Bundesgerichtshofs[121] selbst dann als unlautere Behinderung an, wenn der Anruf nicht von einem Konkurrenten, sondern von einem selbständig tätigen **Headhunter** (Personalberater) kam. Dem tritt Köhler mit Recht entgegen;[122] die Inanspruchnahme der Möglichkeiten der Telekommunikation ist heute für jedermann so selbstverständlich geworden, dass sich daraus allein auf unlautere Absichten nicht mehr schließen lässt. Ruft der Interessent den Arbeitnehmer auf dessen privatem Handy an, was wohl niemand für rechtswidrig hält, so kann er nicht einmal wissen, ob dieser sich nun gerade am Arbeitsplatz, in der Kantine, irgendwo unterwegs oder gar zu Hause befindet; die rechtliche Beurteilung solchen Tuns kann aber nicht von der Benutzung des einen oder des anderen Telefonanschlusses abhängig sein.[123] Nur wenn besondere Umstände hinzukommen, wie sie etwa in den vorstehenden Beispielen genannt wurden, ist eine abweichende Beurteilung gerechtfertigt,[124] vgl auch Rn 524. Der BGH hat hierzu zwischenzeitlich konkretisiert, dass eine erste Kontaktaufnahme durch einen Personalberater dann nicht wettbewerbswidrig ist, wenn er den Mitarbeiter lediglich nach seinem Interesse an einer neuen Stelle befragt, diese kurz beschreibt und eine Kontaktmöglichkeit außerhalb des

---

112 OLG Düsseldorf GRUR 1961, 92, 93 *Glasbläser*.
113 *Rechtsbruch*, Vgl Rn 774 ff; LAG Baden-Württemberg DB 1961, 508; Vgl den besonders schwerwiegenden Fall BGH GRUR 1976, 306 *Baumaschinen*.
114 OLG Frankfurt NJW 1963, 862; teilweise zu weitgehend OLG Karlsruhe GRUR 1963, 80, 81 *Verzahnungsmaschinen* und OLG Celle GRUR 1962, 366, 367 *Druckfarbenfabrik-Angestellte*.
115 BGH GRUR 2005, 603, 604 *Kündigungshilfe*; aA OLG Celle WRP 1971, 377; OLG München GRUR 1994, 136, 137 *Fachbuchhandlung*.
116 OLG Wien ÖBl. 1997, 159, 160 f *S-Powerfrauen*.
117 BGH GRUR 1961, 482 f. *Spritzgussmaschine*; wegen der darin liegenden Verletzung der §§ 242, 276 BGB dürfte Unlauterkeit auch unter dem Gesichtspunkt des *Rechtsbruchs* gegeben sein, Vgl Rn 774 ff.
118 Hierzu Sosnitza/Kostuch WRP 2008, 166 ff.
119 NJW-RR 1994, 1954, 1955.
120 WRP 2000, 318, 321 f.
121 Nichtannahmebeschluss zu OLG Stuttgart vom 2.11.2000 – I ZR 22/00 –, S. Köhler WRP 2002, 1 bei Fn 5.
122 WRP 2002, 1, 9 f. Ebenso Quiring WRP 2000, 33, 40 und Reufels GRUR 2001, 214. AA Trube WRP 2001, 97, 99 ff und Schmidt WRP 2001, 1138, 1140.
123 So ausdrücklich BGH GRUR 2006, 426 L *Direktansprache am Arbeitsplatz II*.
124 OLG Karlsruhe WRP 2001, 1092, 1093 mwN aus der älteren BGH-Rechtsprechung und der Literatur.

derzeitigen Unternehmens besprochen wird.[125] Über dieses beim Erstkontakt Notwendige geht der Personalberater unlauterweise hinaus, wenn er den Angerufenen mit einzelnen Stationen aus dessen Lebenslauf konfrontiert.[126]

593 Die Verleitung von **Kunden** zur ordnungsgemäßen Vertragsauflösung kommt nur bei Dauerschuldverhältnissen wie Bierlieferungsverträgen, Zeitschriftenabonnements und Versicherungsverträgen in Betracht: Für die Versicherungsbranche gibt es Sonderregeln (Rn 846), die allerdings zu einem Verbot nach § 3 Abs. 1 UWG nur dann führen, wenn unlautere Mittel angewendet werden.[127] Im Übrigen müsste schon der Sonderfall einer gezielten Aktion größeren Umfanges gegen einen bestimmten Konkurrenten gegeben sein, um das Ausspannen als unlauter erscheinen zu lassen.[128] Das Angebot, die bisherigen Lieferungen eines konkurrierenden Sammelwerkes oder gar das bisherige Auto unter Ablösung der etwa noch laufenden Finanzierung in Zahlung zu nehmen, reicht dafür keinesfalls aus.[129] Schon gar nicht kann es verboten sein, bei Kunden der Konkurrenz zu werben, solange sie noch vertraglich gebunden sind.[130] S. aber Rn 584 ff.

5. Beschäftigungsverbot/Beschäftigungspflicht für Arbeitnehmer
Rechtsgrundlage: §§ 3 Abs. 1, 8 Abs. 1 UWG

594 Wer Arbeitnehmer der Konkurrenz unter Verstoß gegen § 3 Abs. 1 UWG abgeworben hat, darf sie (befristet) nicht beschäftigen;[131] durch das bloße Verbot der bereits geschehenen Abwerbung ließe sich die eingetretene Störung nicht beseitigen (Rn 933). Dem Beschäftigungsverbot des verletzten Mitbewerbers kann der Beschäftigungsanspruch des abgeworbenen Arbeitnehmers nicht entgegengesetzt werden; er war wenn nicht Anstifter, so doch stets Gehilfe des Abwerbenden (§ 830 BGB) und ist daher wie dieser zur Beseitigung verpflichtet (Rn 891).[132]

III. Betriebs- und Absatzhinderung
1. Verwarnung und Abmahnung
Rechtsgrundlage: §§ 3 Abs. 1, 4 Nr. 7, Nr. 8 und Nr. 10 UWG, §§ 823 Abs. 1, 1004 BGB

595 Die **Verwarnung** an denjenigen, der angeblich ein gewerbliches Schutzrecht oder ein Urheberrecht verletzt oder angeblich einen Wettbewerbsverstoß begangen hat, kann dessen Betrieb empfindlich stören. Der Verwarnte muss Recherchen anstellen und in der Regel einen Rechts- oder Patentanwalt einschalten. Er wird unter dem Eindruck

---

125 BGH GRUR 2004, 696, 696 *Direktansprache am Arbeitsplatz I.*
126 BGH GRUR 2008, 262 Tz. 12 *Direktansprache am Arbeitsplatz III.*
127 OLG Köln WRP 1985, 235, 236 und GRUR 1990, 536.
128 Davon kann noch keine Rede sein, wenn der Verpächter eines Lokales dem Pächter ordnungsgemäß kündigt, um in der neuen Pachtzeit die Automaten selbst aufzustellen, BGH GRUR 1997, 920, 921 *Automatenaufsteller.*
129 Unrichtig OLG Celle GRUR 1962, 528 f. *Neue Wirtschaftsbriefe;* wie hier OLG Hamm GRUR 1993, 402 *Vertrags-Ablösung.*
130 BGH GRUR 1967, 104, 106 *Stubenhändler.*
131 BGH GRUR 1961, 212, 214 *Spritzgussmaschine;* BGH GRUR 1971, 358, 359 *Textilspitzen,* Piper GRUR 1990, 643, 649 f (einschränkend) und Wedemeyer, FS Traub, S. 437, 439 mwN.
132 OLG Oldenburg WRP 1996, 612, 615 ff m.Anm. Mankowski; OLG Jena WRP 1997, 363, 365 f (aber nicht mehr nach 6 Wochen). Einschränkend auch Wedemeyer, FS Traub, S. 437, 439; Piper GRUR 1990, 643, 649 f.

der Verwarnung dazu neigen, zumindest vorsichtiger zu disponieren; möglicherweise wird er das beanstandete Verhalten bis zur Klärung ganz unterlassen. Das gilt insbesondere für sog. **Abnehmerverwarnungen**, also für Verwarnungen an die Abnehmer einer angeblich rechtsverletzenden Ware. Sie haben als bloße Händler, „typischerweise ein geringes Interesse", sich nicht in Rechtsstreitigkeiten ihres Lieferanten mit dem Abmahnenden hereinziehen zu lassen.[133] Die Eignung zur Behinderung lässt sich Abmahnungen deshalb im Regelfall kaum absprechen.

Auch bloße „**Informationsschreiben**" mit dem Vorwurf, der Verkauf oder eine andere Nutzung eines Produktes könne Schutzrechte verletzten, gelten als Verwarnungen in dem o.g. Sinne.[134] Das gilt jedenfalls insoweit, als ihnen die genannten Gefährdungspotenziale aus Sicht des Herstellers des angeblich rechtsverletzenden Produktes zukommen, sie also zB dazu führen können, dass die „Informierten" das Produkt nicht mehr kaufen.

a) Unberechtigte Abmahnungen aus absoluten Schutzrechten

Rechtsgrundlage: §§ 3 Abs. 1, 4 Nr. 7, Nr. 8 und Nr. 10 UWG, §§ 823 Abs. 1, 1004 BGB

Eine eigene Fallgruppe bilden zunächst unberechtigte Abmahnungen aus absoluten Schutzrechten. Absolute Schutzrechte sind vor allem **Patente, Gebrauchsmuster, Geschmacksmuster, Marken und Urheberrechte**. Nach hiesiger Auffassung rechnet auch **der ergänzende wettbewerbsrechtliche Leistungsschutz** nach UWG wie insbesondere §§ 17, 18 UWG und die Nachahmungstatbestände der §§ 3 Abs. 1, 4 Nr. 9 UWG dazu, weil auch dieser Leistungsschutz Immaterialgüterrechten vergleichbare absolute Rechtspositionen schafft (siehe Rn 709). Einer Abmahnung aus (absoluten) Markenrechten nicht gleichzustellen ist demgegenüber die Abmahnung aus § 5 Abs. 2 UWG (Rn 228 ff); denn es handelt sich hierbei um einen Irreführungstatbestand, der nicht aus einer immaterialgüterrechtsgleichen Rechtsposition gebildet ist. 596

Wer **grundlos aus absoluten Schutzrechten** verwarnt, handelt nach Auffassung des Bundesgerichtshofes (per-se) rechtswidrig.[135] Richtig daran ist, dass das Interesse des Abmahnenden in diesen Fällen grundsätzlich nur geringer zu bewerten sein kann als das Interesse des zu Unrecht Abgemahnten.[136] Abmahnungen aus absoluten Schutzrechten sind also mit einem hohen Risiko behaftet: Wer die Rechtslage falsch bewertet, dessen Handeln ist grundsätzlich nicht aufgrund des Irrtums gerechtfertigt. Eine grundlose Abmahnung ist auch dann gegeben, wenn die Abmahnung nur zum Teil Nutzungen unberechtigt als rechtswidrig angreift.[137] 597

Beispiel: Wer mit seinem Schreiben den Eindruck erweckt, der Vertrieb einer Fräsmaschine sei generell patentrechtlich unzulässig, obwohl die Maschine auch in nicht patentverletzender Weise verwendet werden kann, mahnt rechtsgrundlos ab.[138]

---

133 BGH GRUR 2009, 878 Tz. 17 *Fräsautomat*.
134 BGH GRUR 2009, 878 Tz. 19 *Fräsautomat*.
135 BGH GRUR 2005, 882, 885 *Unberechtigte Schutzrechtsverwarnung*. Eine Interessenabwägung fordern: OLG Düsseldorf GRUR 2003, 1027, 1028; Teplitzky GRUR 2005, 9, 13 f; ders. WRP 2005, 1433; Bedenken wegen der EU-Enforcement-Richtlinie bei J.B. Nordemann in Fromm/Nordemann § 97 a UrhG Rn 45.
136 BGH GRUR 1996, 812, 813 *Unterlassungsurteil gegen Sicherheitsleistung*.
137 BGH GRUR 2009, 878 Tz. 20 *Fräsautomat*.
138 BGH GRUR 2009, 878 Tz. 20 *Fräsautomat*.

Nicht differenziert werden sollte zwischen der **Herstellerabmahnung** (also der Quelle) und der **Abnehmerverwarnung** (also der Abmahnung von Kunden des Herstellers).[139] Die Abnehmerverwarnung ist allerdings aus Sicht des Herstellers gefährlicher, weil viele Abnehmer sich nicht in Rechtstreite verwickeln lassen möchten, selbst wenn die Abmahnung unberechtigt ist; unberechtigte Abnehmerverwarnungen haben deshalb sogar ein erhöhtes Gefährdungspotenzial.[140]

598 Eine Unlauterkeit kann sich für Herstellerabmahnung aus § 4 Nr. 10 UWG (gezielte Behinderung) ergeben. Für Abnehmerverwarnungen kommen neben § 4 Nr. 10 UWG[141] auch § 4 Nr. 7 und § 4 Nr. 8 UWG in Betracht.[142] Allerdings wird eine Anschwärzung gem. § 4 Nr. 8 meist daran scheitern, dass es an relevanten (falschen) Tatsachenbehauptungen fehlt, da die Abmahnung dem Grunde nach eine Rechtsauffassung ausdrückt und damit eine Meinungsäußerung darstellt,[143] also unter § 4 Nr. 7 UWG fällt. Vorgehen aus UWG kann allerdings nur derjenige Unternehmer, der aktivlegitimiert ist; dafür muss der Abmahnende in einem konkreten Wettbewerbsverhältnis zum Betroffenen stehen (§ 8 Abs. 3 Nr. 1 iVm § 2 Abs. 1 Nr. 3 UWG; Rn 865 ff). Fehlt es daran, kommt ein Anspruch aus §§ 823 Abs. 1, 1004 BGB in Betracht.

599 Das **Verhältnis** zwischen Ansprüchen aus UWG und aus § 823 Abs. 1, 1004 BGB ist noch nicht abschließend geklärt. Insbesondere wegen der Dringlichkeitsvermutung (§ 12 Abs. 2 UWG; vgl Rn 1557 f), der gerichtlichen Zuständigkeit (§§ 13, 14 UWG, Rn 1677 ff) und der kürzeren Verjährung (§ 11 UWG, Rn 974 ff) könnte eine Subsidiarität der Ansprüche aus BGB von praktischer Bedeutung sein. Der Große Senat des BGH hat trotz der dahingehenden Vorlagefrage des I. Zivilsenats[144] keine Veranlassung gesehen, zum Verhältnis ausdrücklich Stellung zu beziehen.[145] Dennoch dürfte davon auszugehen sein, dass keine Subsidiarität, sondern Anspruchskonkurrenz gegeben ist.[146] Allerdings ist der I. Zivilsenat in einer nachfolgenden Entscheidung von „an sich vorrangigen" wettbewerbsrechtlichen Vorschriften ausgegangen.[147] Freilich hat der I. Zivilsenat dabei festgestellt, dass §§ 3, 4 Nr. 8 UWG das Unterlassungsbegehren des Klägers nicht vollständig zu erfassen geeignet war, womit es auf die Subsidiarität von § 823 I BGB nicht mehr ankam. Mithin bleibt eine abschließende Entscheidung abzuwarten.

600 Bei unberechtigten Abmahnungen bestehen zunächst **Unterlassungsansprüche** aus § 8 Abs. 1 UWG. Ansonsten fungieren die §§ 823 Abs. 1, 1004 BGB (Eingriff in den ein-

---

139 So auch Köhler in Köhler/Bornkamm § 4 UWG Rn 10.176 ff; J.B. Nordemann in Fromm/Nordemann § 97 a UrhG Rn 43; einschränkend: Teplitzky Kap. 41 Rn 79 b.
140 BGH GRUR 2009, 878 Tz. 17 *Fräsautomat.*
141 BGH GRUR 2009, 878 Tz. 15 ff. *Fräsautomat.*
142 BGH GRUR 2006, 433 Tz. 16 – *Unbegründete Abnehmerverwarnung*; Ullmann WRP 2006, 1070; Köhler in Köhler/Bornkamm § 4 UWG Rn 10.176 a; aA Deutsch GRUR 2006, 374, 375.
143 Siehe *Teplitzky* GRUR 2005, 9, 13.
144 Siehe BGH GRUR 2004, 958, 959 *Unberechtigte Schutzrechtsverwarnung.*
145 BGH GRUR 2005, 882 ff. *Unberechtigte Schutzrechtsverwarnung*; siehe dazu Deutsch GRUR 2006, 374, 375.
146 Meier-Beck WRP 2006, 790, 793; Ullmann WRP 2006, 1070; Köhler in Köhler/Bornkamm § 4 UWG Rn 10.176 a; J.B. Nordemann in Fromm/Nordemann § 97 a UrhG Rn 49; aA Deutsch GRUR 2006, 374, 375.
147 BGH GRUR 2006, 433 Tz. 16 – *Unbegründete Abnehmerverwarnung.*

gerichteten und ausgeübten Gewerbebetrieb) als Anspruchsgrundlage. Vgl Rn 599. Neben Unterlassung kann **Beseitigung** verlangt werden.[148]

Schadensersatzansprüche sind vor allem für die Erstattung der Kosten des auf die Abmahnung eingeschalteten Anwaltes von Bedeutung, können aber auch entgangenen Gewinn bei Produktionseinstellung oder Verlust des zu Unrecht abgemahnten Kunden erfassen. Für Schadensersatzansprüche ist **Verschulden** erforderlich. Dieses liegt (selbstverständlich) vor, wenn die Abmahnung bewusst unberechtigt erfolgte.[149] Das Gleiche gilt, wenn der Abmahnende blindlings ohne Prüfung vorgeht[150] oder eine spätere erneute Prüfung, ob die ursprüngliche Verwarnung noch aufrechterhalten werden kann, trotz gegebenen Anlasses unterlässt,[151] sich also der Erkenntnis, dass die Verwarnung bzw ihre Aufrechterhaltung ungerechtfertigt ist, bewusst entzieht.

601

Hat der Verwarnende an sein Recht geglaubt, so sollte er nach der früheren Rechtsprechung selbst bei leichter Fahrlässigkeit dem Verwarnten auf Schadenersatz haften.[152] Das war unbillig; in einem Rechtsstaat muss es jedermann freistehen, sein vermeintliches Recht sogar vor den Gerichten zu suchen.[153] Der Bundesgerichtshof hat bei anderer Gelegenheit selbst darauf hingewiesen, dass, wer sich eines vom Gesetz vorgesehenen Verfahrens bedient, nicht rechtswidrig handelt, mag sein Begehren auch sachlich ungerechtfertigt sein und dem anderen Nachteile bringen.[154] Seit **Maschenfester Strumpf**[155] tendiert die Rechtsprechung in diese Richtung. Dabei stellt sie bei Verwarnungen aus **nicht materiell geprüften Schutzrechten** (also vor allem Gebrauchsmustern, Urheber- und Geschmacksmusterrechten) höhere Anforderungen als bei Verwarnungen etwa aus Patenten und Marken: Bei den nicht materiell geprüften Schutzrechten muss der Verwarnende sich

> durch eine gewissenhafte und sorgfältige Prüfung des Standes der Technik ein verlässliches Bild vom Rechtsbestand seines Schutzrechtes machen, bevor er zur Verwarnung schreitet.[156]

Demgemäß handelt nur der nicht schuldhaft, der

> „irrig nach gründlicher Recherche und unter Ausschöpfung aller ihm zur Verfügung stehenden Erkenntnismittel zu der Überzeugung gelangt, bei Anwendung der anerkannten Beurteilungsgrundsätze könne ihm der begehrte Schutz nicht verweigert werden".[157]

---

148 OLG Hamburg NJW-RR 1999, 1080.
149 BGH GRUR 1963, 255, 257 *Kindernähmaschinen*, in BGHZ 38, 200 nicht mit abgedruckt.
150 OLG Frankfurt WRP 1965, 303, 305 *Brotröster*.
151 BGHZ 71, 86, 93 *Fahrradgepäckträger II*.
152 BGHZ 38, 200, 204 ff. *Kindernähmaschinen*; Vgl auch BGH GRUR 1977, 805, 806 *Klarsichtverpackung* und OLG Braunschweig Mitt. 1999, 314, Letzteres ohne Berücksichtigung der neueren BGH-Rechtsprechung (nachfolgende Fußnoten).
153 Ebenso OLG Frankfurt GRUR 1975, 492, 493 *Kenitex* unter Hinweis auf Art. 5 Abs. 1 GG; Deutsch WRP 1999 25, 28 und Kunath WRP 2000, 1074, 1076.
154 Vgl BGHZ 36, 18, 20 f: fahrlässig unbegründeter Konkursantrag.
155 BGHZ 62, 29, 34 ff.
156 Wörtliches Zitat aus dem Berufungsurteil des OLG Frankfurt in BGH GRUR 1997, 741, 742 *Chinaherde*.
157 So wörtlich BGH GRUR 1979, 332, 336 *Brombeerleuchte* (Urheberrecht) unter Hinweis auf BGHZ 62, 29 ff. *Maschenfester Strumpf* (Gebrauchsmuster). Vgl auch OLG München ZUM 1994, 734, 735 f (Urheberrecht).

Bei **Patenten** und auch **Marken** genügt dagegen eine „gewissenhafte Prüfung"[158] und erst recht die Übereinstimmung mit der Entscheidung des Deutschen Patentamts zur Erteilung des Patents[159] oder der Eintragung einer Marke,[160] um ein Verschulden auszuschließen. Auf die Existenz einer Offenlegungsschrift darf man in sachlicher Form hinweisen.[161]

602 Hat der Verwarnte seinerseits auf die Abmahnung hin ohne nähere Prüfung die Unterlassungserklärung abgegeben, so muss er sich ein **Mitverschulden** anrechnen lassen, wenn sich später herausstellt, dass er unberechtigt verwarnt worden war.[162] Allerdings besteht der Schadenersatzanspruch auch dann, wenn der Verwarnte nach Erlass eines ihm ungünstigen erstinstanzlichen Urteiles die Produktion eingestellt hat, obwohl der Verwarner die zur Vollstreckung dieses Urteils erforderliche Sicherheit nicht geleistet hat.[163]

603 Die **Abnehmerverwarnung** wegen der vermeintlichen **Verletzung von Schutzrechten** ist nach den gleichen Grundsätzen zu behandeln: Das gilt sowohl für die Geltendmachung von Unterlassungs- als auch für Schadensersatzansprüche. Handelt es sich um nicht materiell geprüfte Schutzrechte, so stellt der Bundesgerichtshof im Hinblick auf das Verschulden an die Abmahner dieselben strengen Anforderungen.[164] Bei geprüften gewerblichen Schutzrechten ist er dagegen – wie bei der direkten Verwarnung – sehr viel großzügiger. Es sei das gute Recht des Patentinhabers, Dritte – auch in Bezug auf deren eigene Interessen – vor den Folgen der Verletzung eines Patents zu warnen; der Hinweis müsse allerdings den Umständen nach angemessen und zur Abwehr drohender Patentverletzungen erforderlich sein.[165]

b) Unberechtigte Abmahnungen aus UWG

604 Im Gegensatz dazu sieht der Bundesgerichtshof bei der **unberechtigten Abmahnung von Wettbewerbsverstößen** im Regelfall keine Rechtswidrigkeit.[166] Das ist zutreffend, weil an einen Wettbewerbsverstoß im Regelfall ganz andere Konsequenzen als an einen Verstoß gegen absolute Schutzrechte gebunden sind. In aller Regel drohen dem Verletzer bei Fortsetzung des Verhaltens nach Abmahnung – im Gegensatz zu absoluten Schutzrechten – insbesondere keine nennenswerten Schadensersatzansprüche, weil ein entgangener Gewinn des Verletzten regelmäßig nicht zu berechnen ist (Rn 949). Etwas anderes gilt nur für (unberechtigte) Abmahnungen aus § 4 Nr. 9 UWG, weil dieser Unlauterkeitstatbestand immaterialgüterrechtsgleich ist (Rn 596, 709); deshalb sind ausnahmsweise solche Abmahnungen wie Schutzrechtsverwarnungen zu behandeln. Die grundsätzliche Rechtmäßigkeit unberechtigter UWG-Abmahnungen wird darüber hi-

---

158 BGHZ 62, 29, 34 *Maschenfester Strumpf.*
159 BGH GRUR 1976, 715, 717 *Spritzgießmaschine.*
160 BGH GRUR 2006, 432 Tz. 25 *Verwarnung aus Kennzeichenrecht II.*
161 BGH GRUR 1975, 315, 316 f. *Metacolor.*
162 BGH GRUR 1997, 741, 742 und 743 *Chinaherde* (dort 30 %).
163 BGH GRUR 1996, 812, 813 f. *Unterlassungsurteil gegen Sicherheitsleistung* (in BGHZ 131, 233 nicht mit abgedruckt).
164 BGH GRUR 1979, 332, 336 *Brombeerleuchte.* Ebenso OLG Dresden NJWE 1999, 49, 50 f. *Erzgebirgische Volkskunst I,* sowie OLG Hamburg GRUR-RR 2002, 145 *Cat Stevens II.*
165 BGH GRUR 1995, 424, 425 *Abnehmerverwarnung.*
166 BGH WRP 1965, 97, 98 *Kaugummikugeln.* Vgl auch OLG Hamm WRP 1980, 216, 218. Ferner Ahrens NJW 1982, 2477; Quirnig WRP 1983, 317.

naus mit der Meinungsfreiheit des Art. 5 Abs. 1 S. 1 GG begründet,[167] was allerdings keinen eigenständigen Rechtfertigungsgrund bilden kann, weil eine vergleichbare Interessenlage auch bei absoluten Schutzrechten vorläge, für die jedoch eine grundsätzliche Rechtswidrigkeit unberechtigter Abmahnungen angenommen wird.

Die unberechtigte wettbewerbsrechtliche Abmahnung ist lediglich dann **ausnahmsweise** rechtswidrig, wenn sie in **Kenntnis der fehlenden Berechtigung** ausgesprochen wird oder sich der Abmahnende dieser **Kenntnis bewusst verschließt.**[168]

Der unberechtigt Verwarnende hat deshalb im Grundsatz nicht die beim Verwarnten entstandenen **Kosten** zu tragen, selbst wenn der Verwarnte den Abmahnenden über das Unrecht der Abmahnung aufklärt.[169] Dem zu Unrecht Verwarnten bleibt danach nur die **negative Feststellungsklage,** um auf diesem Weg die Rechtslage zu klären und nach gewonnenem Verfahren auch eine Kostenerstattung für die gerichtlichen Gebühren geltend machen zu können. Vor Erhebung der negativen Feststellungsklage sollte er diese allerdings unmissverständlich androhen, um nicht in die Gefahr des § 93 ZPO zu geraten.   605

Für die **unberechtigte Verwarnung an Dritte** (sog. **Abnehmerverwarnung**) wegen des vermeintlichen **Wettbewerbsverstoßes** eines Konkurrenten gilt grundsätzlich das Gleiche. Allerdings kann diese auch unter weiteren Gesichtspunkten ausnahmsweise unzulässig sein. Sofern der Abmahnende mit der unberechtigten Abmahnung eine bezugnehmende Werbung verbindet, unterfällt dies dem Verbot der wahren bezugnehmenden Werbung (vgl Rn 676), im Übrigen auch der Anschwärzung gem. § 4 Nr. 8 UWG oder – wenn bloße Meinungsäußerung – der Herabsetzung gem. § 4 Nr. 7 UWG (Rn 663 ff), es sei denn, es läge Abwehr vor (Rn 660, 677 ff, 992).   606

c) Berechtigte Abmahnungen

Berechtigte Abmahnungen können **nur ganz ausnahmsweise unzulässig** sein, weil es das Recht jedes Unternehmers ist, die ihm zustehenden Rechte im Wettbewerb geltend zu machen. Für wettbewerbsrechtliche Abmahnungen sieht § 12 Abs. 1 S. 1 UWG die Abmahnung als Regelfall sogar ausdrücklich vor. Nur wenn sich neben dem Umstand der Abmahnung und der von ihr ausgehenden behindernden Wirkung zusätzliche Unlauterkeitsmerkmale einstellen, kann danach ausnahmsweise eine berechtigte Abmahnung unlauter sein. Das kann beispielsweise der Fall sein, wenn eine Abmahnung **ausschließlich zum Zweck der Behinderung** ausgesprochen wird. Ansonsten kann § 4 Nr. 10 UWG bei Abmahnungen nicht erfüllt sein, weil Abmahnungen regelmäßig nicht zu Behinderungszwecken, sondern auch zur Rechtsverfolgung ausgesprochen werden (Rn 1527 ff). Wenn die Verwarnung aber auf den psychologischen Effekt hin besonders angelegt ist, etwa durch ihren aggressiven Ton oder durch die **(falsche) Behauptung,** man habe schon eine Einstweilige Verfügung beantragt, ist sie unlauter.[170]   607

---

167 BGH GRUR 1994, 841, 843 *Suchwort*; BGH GRUR 1985, 571, 573 *Feststellungsinteresse*; BGH GRUR 1969, 479, 481 *Colle des Cologne.*
168 LG Bremen WRP 1999, 570, 571; Teplitzky Kap. 41 Rn 76 mwN.
169 AA Kunath WRP 2000, 1074, 1076 f.
170 BGH WRP 1965, 97, 98 f. *Kaugummikugeln.*

2. Sperre und Boykott

Rechtsgrundlage: §§ 3 Abs. 1, 4 Nr. 10 UWG, 21 GWB

608 Der Abbruch einer bestehenden Geschäftsverbindung (**Sperre**) ist Ausdruck der Vertragsfreiheit und daher nicht zu beanstanden, falls nicht gerade die Ausschaltung des Gesperrten vom Wettbewerb, dh seine Existenzvernichtung, bezweckt wird. Jedoch sind Monopole aus § 826 BGB, marktbeherrschende Unternehmen, Unternehmensvereinigungen, Kartelle und Preisbinder aus § 20 Abs. 1 GWB, marktstarke Unternehmen gem. § 20 Abs. 2 GWB, der Staat und seine Organe aus Art. 3 GG zur Gleichbehandlung verpflichtet; daraus kann sich insbesondere ein Zwang zum Vertragsschluss ergeben.

609 Der **Boykott** erfordert ein Dreiecksverhältnis. Er beschreibt die Aufforderung eines Unternehmers an einen Dritten oder die Absprache mehrerer untereinander, ein bestimmtes Unternehmen vom üblichen Geschäftsverkehr auszuschließen[171] oder gegen das Unternehmen in einer Weise vorzugehen, die seinen Geschäftsablauf empfindlich stören würde.[172] Auch dafür gibt es eine besondere Bestimmung im GWB (§ 21):

> „Unternehmen und Vereinigungen von Unternehmen dürfen nicht ein anderes Unternehmen oder Vereinigungen von Unternehmen in der Absicht, bestimmte Unternehmen unbillig zu beeinträchtigen, zu Liefersperren oder Bezugssperren auffordern."

§ 21 GWB und §§ 3 Abs. 1, 4 Nr. 10 UWG sind nebeneinander anwendbar (Idealkonkurrenz).[173]

610 Der Boykottaufruf durch den Konkurrenten oder durch einen Verband ist schon nach § 21 GWB unzulässig, wenn er, was im Regelfall anzunehmen ist, bei objektiver Betrachtung zu als geschäftliche Handlung erfolgt (Rn 55 ff),[174] es sei denn, es läge ausnahmsweise ein Rechtfertigungsgrund vor[175] (vgl Rn 570).

611 Fast immer wird **indirekt** oder **getarnt** zum Boykott aufgerufen.

Beispiele: Die „Kauft-am-Ort"-Werbung läuft auf einen Boykott auswärtiger Mitbewerber hinaus.[176] In der (zutreffenden) Angabe „nur deutsche Ware" liegt aber noch kein allgemeiner Appell, ausländische Ware nicht zu kaufen.[177]

Der Leiter einer Laborgemeinschaft fordert die ihr angeschlossenen Ärzte mit der schriftlichen Äußerung „Unterstützen Sie keinen Vertragsbruch!" auf, Laborproben nicht mehr einem bestimmten Laborarzt zur Untersuchung zu geben, mit dem er Streit hat.[178]

Die Telekom erbietet sich, Betreibern großer Telefonanlagen (Hotels, Behörden, große Unternehmen) bei der Einrichtung einer Sperre gegen Telefonate über andere Netze behilflich zu sein.[179]

---

171 BGH GRUR 1965, 440, 442 *Milchboykott;* OLG München NJWE 1996, 264.
172 BGH GRUR 1960, 331, 334 f. *Schleuderpreise;* BGH GRUR 1996, 920, 923 *Fremdleasingboykott II.*
173 OLG München NJWE 1996, 264 mwN.
174 BGH GRUR 1996, 920, 922 *Fremdleasingboykott II.*
175 OLG Jena GRUR-RR 2006, 134, 135 *sportwetten.de* (für den Abwehrboykott eines bereits zur Unterlassung der Geschäftstätigkeit verurteilten Vermittlers von Sportwetten); LG Berlin GRUR-RR 2005, 325, 328 *Manipulation von Musik-Hitlisten* (für den zeitlich begrenzten Ausschluss eines Tonträgerherstellers aus den Tonträger-Charts, der diese manipuliert hatte).
176 OLG Düsseldorf GRUR 1953, 295, 296; OLG Frankfurt NJW 1997, 2391.
177 OLG Rostock WRP 1995, 970, 971.
178 OLG Saarbrücken NJWE 1997, 129 f.
179 OLG Düsseldorf NJWE 1999, 123 f.

Eine Krankenkasse fordert die Ärzte eines bestimmten Bezirks auf, Patienten nur von solchen Taxiunternehmen befördern zu lassen, mit denen sie Vergütungsvereinbarungen getroffen hat.[180]

Ein **Verband** fordert seine Mitglieder auf, Geschäfte mit einer Firma nur nach Rückfrage bei ihm zu tätigen.[181] Ein Verband verschickt an seine Mitglieder Listen langsamer Zahler.[182] Ein fachorientierter Informationsdienst veranstaltet eine „Hersteller-Denkzettel-Aktion" mit dem Ziel der Streichung von Herstellern, die Großabnehmer (Märkte oder Konzerne) zu bevorzugten Konditionen beliefern, aus dem „Fachhandelskalender".[183] Ein fachorientierter Informationsdienst fordert Uhrenfachhändler auf, den Service an Uhren abzulehnen, die in den Filialen der Kaffeeröstereien verkauft wurden, um so die Kunden, bei denen sich das herumspricht, vom Kauf solcher Uhren abzuhalten.[184] Wiederum derselbe Informationsdienst bietet Interessenten an, ihnen Bezugsquellen nachzuweisen, wo sie 10–15 % billiger einkaufen können als bei einem bestimmten Hersteller.[185] Ein Verbandsvorsitzender suggeriert den Krankenkassen, die Hersteller leisteten nur über autorisierte Händler Garantien, und veranlasst die Hersteller, nur Verbandsangehörige zu autorisieren, um auf diese Weise einen Außenseiter auszuschalten.[186]

In besonders gelagerten Ausnahmefällen ist ein Wettbewerbsverstoß durch einen Boy-   612
kottaufruf deswegen verneint worden, weil dieser schon **objektiv nicht geeignet** war,
die freie Willensentscheidung des oder der Adressaten zu beeinflussen.[187]

Geht der Boykottaufruf nicht von einem Mitbewerber oder von einem Fachverband   613
(zu Gunsten seiner Mitglieder),[188] sondern **von einem** am Wettbewerb nicht beteiligten
Dritten aus, so ist zu unterscheiden:

a) Boykottaufruf als geschäftliche Handlung

Wer zum Boykott eines Unternehmens aufruft, um damit Vorteile für dessen Konkur-   614
renten zu bewirken, will den Wettbewerb verfälschen. Das UWG ist auf solche Boykottaufrufe anwendbar, weil eine geschäftliche Handlung im Sinne des § 2 Abs. 1
Nr. 1 UWG vorliegt (Rn 55 ff). Ein solches auf die Ausschaltung des freien Wettbewerbs
gerichtetes Verhalten ist gem. **§ 4 Nr. 10 UWG** unlauter.[189] Dagegen lässt sich auch mit
Art. 5 Abs. 1 GG (Meinungs- und Pressefreiheit) nichts ausrichten.[190]

b) Boykottaufruf ohne geschäftliche Handlung

Viele Boykottaufrufe haben ideelle Beweggründe; ihre Beurteilung liegt also außerhalb   615
des Wettbewerbsrechts. Es liegt keine geschäftliche Handlung vor, weil keine Ziele
verfolgt werden, eigene oder fremde Leistungen zu fördern. Sie sind als freie Meinungsäußerung insbesondere dann durch Art. 5 Abs. 1 S. 1 GG geschützt, dh rechtmäßig,
wenn sie als Mittel des geistigen Meinungskampfes in einer die Öffentlichkeit wesentlich berührenden Frage eingesetzt werden, wenn ihnen also keine private Auseinander-

---

180 BGH WRP 1999, 941, 943 *Sitzender Krankentransport.*
181 BGH GRUR 1956, 212, 213 *Wirtschaftsarchiv.*
182 BGHZ 8, 142, 144 f. *Schwarze Listen;* Vgl auch BGH GRUR 1995, 427 *Schwarze Liste.*
183 BGH GRUR 1980, 242 *Denkzettel-Aktion.*
184 BGH GRUR 1984, 461, 462 *Kundenboykott.*
185 BGH GRUR 1984, 214, 215 *Copy-Charge.*
186 BGH GRUR 1967, 526, 528 *Hörmittelhändler.*
187 BGH GRUR 1984, 214, 215 *Copy-Charge;* OLG München NJWE 1996, 264.
188 Vgl OLG Frankfurt nach WRP 1998, 98 f.
189 BGH NJW 1954, 147 f. *Innungsboykott.*
190 BVerfG GRUR 1984, 357, 360 *markt intern;* BGH GRUR 1984, 461, 463 *Kundenboykott.*

setzung, sondern die Sorge um politische, wirtschaftliche, soziale, ökologische oder kulturelle Belange der Allgemeinheit zugrunde liegt.[191]

Beispiel: Das Mineralölunternehmen Shell hatte angekündigt, eine Ölbohrplattform in der Nordsee zu versenken, was nach Auffassung von Greenpeace die Umwelt erheblich gefährdete. Greenpeace rief deshalb zum Boykott der Shell-Tankstellen in Deutschland auf. Das kann keine geschäftliche Handlung nach UWG sein, weil die objektive-finale Zielrichtung des Eingriffs in den Wettbewerb fehlt (Rn 61 ff). Grundsätzlich ist eine solche Aktion auch von Art. 5 GG privilegiert und nicht rechtswidrig nach den allgemeinen Vorschriften (zB §§ 823, 824 BGB).

Der Boykottaufruf muss aber auf die geistige Auseinandersetzung, also auf die Überzeugungskraft von Argumenten, Darlegungen und Erklärungen beschränkt bleiben; wird er mit der Ankündigung schwerer Nachteile, etwa des offenen Rechtsbruchs,[192] verbunden oder wird zu seiner Durchsetzung eine etwa bestehende soziale oder wirtschaftliche Abhängigkeit ausgenutzt, so verletzt er das Recht der Angesprochenen auf eigene freie Meinungsbildung und wird damit nach § 823 BGB unzulässig.[193] Das Gleiche gilt, wenn der Boykottaufruf unrichtige Tatsachenbehauptungen enthält;[194] die Meinungsbildung ist nur dann wirklich frei, wenn sie nicht durch unrichtige tatsächliche Grundlagen verfälscht wird. Der Boykottaufruf ist ferner dort kein Mittel der Meinungsbildung mehr, wo er den Sinn hat, den Betroffenen für ein in der Vergangenheit liegendes Verhalten nachträglich zu bestrafen; das ist allein Sache der dafür zuständigen staatlichen Organe.[195]

616 Boykottaufrufe sind also stets darauf zu prüfen,

1. ob sie von einem Unternehmen oder von einem Verband ausgehen; dann sind sie nach § 4 Nr. 10 UWG unzulässig, falls nicht eindeutig allein geistige Motive vorliegen; oder

2. ob sie von nicht am Wettbewerb beteiligten Dritten ausgehen; dann sind sie zulässig, falls

   a) keine Förderung fremder Leistung gewollt ist,

   b) keinerlei Druck auf die Adressaten ausgeübt wird,

   c) keine unrichtigen Tatsachenbehauptungen aufgestellt werden,

   d) nicht eine Bestrafung, sondern eine Meinungsbildung gewollt ist.

3. Psychischer Zwang

Rechtsgrundlage: §§ 3 Abs. 1, 4 Nr. 10 UWG

617 In der Androhung gesellschaftlicher, privater oder beruflicher Nachteile mit dem Ziel, den Mitbewerber zur Unterlassung erlaubten Verhaltens im Wettbewerb zu bringen,

---

191 So fast wörtlich BVerfGE 25, 256, 264 *Blinkfüer* und BVerfG GRUR 1984, 357, 359 *markt intern*; Vgl auch OLG Stuttgart GRUR-RR 2006, 20, 21 *Absperrband-Aktion*; OLG Stuttgart WRP 1975, 611 *Schleichwerbung*; LG Köln GRUR 1994, 741 f. *Rechtsradikale Musikgruppe*; OLG München NJWE 1999, 274 *Tierversuchs-Positivliste*.

192 BGH GRUR 1985, 470, 471 *Mietboykott*.

193 BVerfGE 25, 256, 265 *Blinkfüer* und BVerfG GRUR 1984, 357, 360 *markt intern*.

194 OLG Frankfurt NJW 1969, 2095, 2097 *Jungrobben/Seehundfelle* und NJW-RR 1988, 52, 53 (gegen die Pelzbranche gerichtete Aufrufe eines Tierschutzvereins zur Weihnachtszeit).

195 BGHZ 24, 200, 207 *Spätheimkehrer*.

liegt die Behinderungsabsicht offen zutage.[196] Zur Behinderung des Mitbewerbers durch psychischen Zwang gegenüber gemeinsamen Abnehmern s. Rn 422.

4. Aufhetzen fremder Arbeitskräfte

Rechtsgrundlage: §§ 3 Abs. 1, 4 Nr. 10 UWG

Die „Stimmungsmache" im fremden Betrieb kann nur den Zweck einer Behinderung oder Ausschaltung des Konkurrenten haben; sie ist daher stets unlauter nach § 4 Nr. 10 UWG. Erst recht trifft dies zu, wenn fremde Arbeitskräfte sogar zu Straftaten angestiftet werden, um deren Arbeitgeber einen Wettbewerbsverstoß vorwerfen zu können.[197]   **618**

5. Rohstoffaufkauf, Ausmieten, Überbieten

Rechtsgrundlage: §§ 3 Abs. 1, 4 Nr. 10 UWG

Grundsätzlich kann jeder Unternehmer seinen Betriebsbedarf nach Belieben decken und Vorräte anlegen, auch wenn er damit etwa einem Mitbewerber die letzten knappen Einkaufsmöglichkeiten nimmt und auf diese Weise möglicherweise gar die Stilllegung verursacht. Ein solches Verhalten wird erst dann nach § 4 Nr. 10 UWG unlauter, wenn sein Zweck gerade auf die Behinderung oder Ausschaltung des Mitbewerbers gerichtet ist. Das wird man dann anzunehmen haben, wenn ohne erkennbaren Grund Vorräte in einem Maße angelegt werden, das eine Verarbeitung in angemessener Zeit gar nicht zulässt, und der Mitbewerber leer ausgeht, oder wenn der Konkurrent die ausgeteilten Säcke für die Altkleidersammlung einen Tag vor dem Sammeltermin kurzerhand abholt.[198]   **619**

Im Handel tritt an die Stelle des Rohstoffs die Ware, mit der der Unternehmer handelt. Kauft ein Konkurrent die gesamte Produktion eines Herstellers auf, die zu führen auch für andere unumgänglich ist, so ist das erst dann unlauter, wenn dabei der Behinderungszweck im Vordergrund steht. Ein lehrreiches Beispiel gibt BGH *Torch*:[199] Ein Importeur japanischer Feuerzeuge hatte deren Warennamen in der Bundesrepublik als Marke angemeldet, um damit ihren Import durch Konkurrenten zu verhindern. Zwar ist ein **Zeichenerwerb** nicht automatisch deswegen unlauter, weil der Eintragende weiß, dass andere Unternehmer Waren unter diesem Zeichen bereits anbieten. Etwas anderes gilt aber, wenn dabei Behinderungsabsicht im Vordergrund steht. Das kann etwa der Fall sein, wenn der Eintragende in Kenntnis eines schutzwürdigen Besitzstands des Vorbenutzers ohne zureichenden sachlichen Grund für gleiche oder ähnliche Waren die gleiche oder eine verwechselbar ähnliche Bezeichnung mit dem Ziel der Störung des Besitzstands des Vorbenutzers oder in der Absicht, für diesen den Gebrauch der Bezeichnung zu sperren, anmeldet.[200] Ist die Absicht, die mit der Eintragung eines Zei-   **620**

---

196 BGH GRUR 1976, 427 *Einfirmenvertreter*: Drohung an den Konkurrenzvertreter, man werde dessen Nebengeschäfte seinem Unternehmer mitteilen; OLG Düsseldorf WuW/E OLG 132: Boykottdrohung; OLG Hamm WRP 1975, 456: Drohung mit Unterpreiskauf.

197 BGH GRUR 1989, 113, 114 *Mietwagen-Testfahrt* (zur Abgrenzung: BGH GRUR 1989, 115 *Mietwagen-Mitfahrt*).

198 OLG Hamm GRUR 1985, 144.

199 GRUR 1980, 110; ein vergleichbar gelagerter Fall, in dem der BGH die unlautere Behinderung bejaht hat: BGH GRUR 2005, 414 *Russisches Schaumgebäck*.

200 Vgl BGH GRUR 1998, 1034, 1036 *Makalu*; BGH GRUR 1998, 423 *Analgin*.

chens entstehende Sperrwirkung zweckwidrig als Mittel des Wettbewerbskampfes gegen einen Mitbewerber einzusetzen, zwar ein wesentlicher Beweggrund für die Anmeldung einer Marke, will der Anmelder die Marke aber auch für eigene Waren benutzen, ist auf Grund einer Würdigung der Umstände des Einzelfalls zu beurteilen, ob in der Anmeldung der Marke eine wettbewerbswidrige Behinderung liegt.[201] Steht als Ergebnis dieser Würdigung fest, dass bereits die Anmeldung und nicht lediglich die Geltendmachung des Markenrechts unter dem Gesichtspunkt der Behinderung wettbewerbswidrig war, so folgt daraus ein Anspruch auf Einwilligung in die Löschung.[202] Vgl Rn 1308 ff. Denkbar ist in solchen Fällen auch eine Unlauterkeit der Benutzung der Marke unter dem Gesichtspunkt der Herkunftstäuschung oder Rufausbeutung (§ 4 Nr. 9 a und b UWG).[203]

621 Für den Schutz von Konkurrenz im engsten örtlichen Geschäftsbereich besteht ein legitimes Interesse. Deshalb ist es zulässig, Konkurrenzverbote zum Gegenstand von **Dienstbarkeiten** oder obligatorischen Verträgen zu machen, soweit es sich um Grundstücke in der Nachbarschaft handelt.[204] Das **Ausmieten** aller in Betracht kommenden Geschäftsräume läuft wirtschaftlich auf dasselbe hinaus, ist also innerhalb dieses Nachbarschaftsbereichs ohne Rücksicht darauf zulässig, ob der Mieter die Räume selbst gebrauchen kann oder nicht. Das Gleiche gilt für das Anmieten von Verkaufsflächen innerhalb eines Warenhauses (shop-in-shop-System).[205] Konkurrenzverbote haben allerdings kartellrechtliche Grenzen, wenn sie den Wettbewerb erheblich beeinträchtigen.[206]

622 Das **Überbieten** ist, da es auf größerer Leistung beruht, im Leistungswettbewerb zulässig. Fälle der Unlauterkeit gem. § 4 Nr. 10 UWG sind grundsätzlich nur dann denkbar, wenn das Überbieten primär in Schädigungsabsicht gegenüber dem Konkurrenten erfolgt, zB wenn der Überbietende die Ware gar nicht benötigt, der Konkurrent darauf aber zwingend angewiesen ist.

6. Aufkauf von Konkurrenzware

Rechtsgrundlage: §§ 3 Abs. 1, 4 Nr. 10 UWG

623 Ware, die schon bis zum Verbraucher gelangt ist, ist für den Unternehmer absatzmäßig uninteressant geworden. Wenn ein Konkurrent sie aufkauft oder in Zahlung nimmt, kann ihm das gleich sein; irgendeine Behinderung erfährt er dadurch nicht,[207] es sei denn, der Konkurrent machte auf diese Weise gezielt die Werbewirkung eines Sonderangebots zunichte[208] oder verhinderte die Entstehung des einkalkulierten Ergänzungsbedarfs, zB bei Lego-Bausteinen oder elektrischen Eisenbahnen (Rn 738). Anders liegt

---

201 BGH GRUR 2008, 917 Tz. 23 *EROS*; BGH WRP 2008, 785 Tz. 32 *AKADEMIKS*.
202 Bejaht von LG Hamburg GRUR-RR 2006, 29, 30 *Fußballsammelbilder*; verneint in der Berufung: OLG Hamburg GRUR-RR 2008, 50, 51 *WM-Marken*.
203 Vgl OLG Hamburg GRUR-RR 2008, 50, 52 *WM-Marken* (dort abgelehnt).
204 BGH GRUR 1962, 198, 200 *Franziskaner*. Zum Konkurrentenschutz im gewerblichen Mietrecht allgemein Joachim BB 1986, Beilage 6 zu Heft 19.
205 Von BGH GRUR 1984, 129, 130 *shop-in-the-shop I* stillschweigend vorausgesetzt.
206 Statt aller J.B. Nordemann in Loewenheim/Meessen/Riesenkampff § 1 GWB Rn 154 ff, zu Miet- und Pachtverträgen Rn 164.
207 Vgl BGH GRUR 1960, 558, 559 *Eintritt in Kundenbestellung*.
208 OLG Celle WRP 1974, 277, 278.

es, wenn der Mitbewerber die Ware schon beim Zwischenhandel aufkauft; hier verhindert er, dass die Ware an den Endverbraucher gelangt, und schaltet die Konkurrenz damit von jenem Markt aus.[209] Zugleich liegt darin eine Werbebehinderung (Rn 635), da die Ware selbst der stärkste Werbeträger ist.

7. Marktverstopfung (Verschenken von Ware; systematische Unterbietung des Marktes)

Rechtsgrundlage: § 3 Abs. 1 UWG

Das massenweise **Verschenken von Ware** kann – abgesehen von einer etwaigen unlauteren Beeinflussung des Verbrauchers (Rn 465 f) – unzulässige Behinderung von Mitbewerbern sein. Der Werbende deckt auf diese Weise zumindest dann, wenn er Originalware verschenkt, zeitweise völlig den Verbraucherbedarf des Gebietes, in dem die Aktion durchgeführt wird. Er macht es damit seinen Mitbewerbern von vornherein unmöglich, mit ihm in Konkurrenz zu treten, mögen sie auch noch so leistungsfähig sein. Das billigste Angebot, die höchste Qualität nützt nichts mehr, wenn der Kunde schon hat, was er braucht. Der Wettbewerb wird also aus Gründen ausgeschaltet, die mit dem eigentlichen Leistungsvermögen der Mitbewerber nichts mehr zu tun haben. Eine solche Behinderung ist unzulässig, mag der Werbende sie nun bezweckt haben oder nicht.[210] Das Gleiche gilt für einen Preiskampf, der die Preise auf ein Niveau sinken lässt, auf dem kein Wettbewerber überleben könnte.[211]

Das entscheidende Merkmal liegt insoweit in der **Gefährdung des Wettbewerbsbestandes**. Der Betroffene muss **konkrete ("greifbare") Tatsachen**, insbesondere Umsatzeinbußen, vortragen.[212] Je länger ein Marktverhalten zu beobachten ist, ohne dass sich die Marktstruktur nachhaltig verändert, desto weniger kann eine unlautere Behinderung angenommen werden.[213] Allerdings darf eine **Nachahmungsgefahr** einbezogen werden, allerdings auch nur, wenn für eine Nachahmung „greifbare" Anhaltspunkte bestehen.[214] Diese hohen Anforderungen an die Darlegungs- und Beweislast haben dazu geführt, dass der Tatbestand derzeit **keine praktische Rolle spielt**.

Es handelt sich allerdings nicht um eine gezielte Konkurrentenbehinderung im Sinne des § 4 Nr. 10 UWG, weil diese nur gegenüber ausgewählten Mitbewerbern möglich ist. Vielmehr richtet sich die Marktverstopfung als objektive (allgemeine) Behinderung **allein nach § 3 Abs. 1 UWG**.

Von der Gefahr einer Ausschaltung des Leistungswettbewerbs kann allerdings keine Rede sein, wo es sich um ein **neues Produkt** handelt, dessen massenweises Verschenken

624

625

---

209 OLG Düsseldorf GRUR 1950, 191, 193. Sonderfall Übernahme des Restbestandes des Vorlieferanten durch Nachfolger beim Einzelhändler (zulässig): BGH GRUR 1988, 619, 620 *Lieferantenwechsel.*
210 Vgl Rn 465 f, 566 ff und die dortigen Zitate sowie BGH GRUR 2001, 80 f *ad-hoc-Meldung;* ferner OLG Stuttgart K&R 1998, 456, 457 ff (kostenlose Anzeigen in Telefonbüchern). Die Entscheidung des OLG Köln NJWE 97, 54, mit der eine Marktverstopfung durch das Verschenken von Nassrasieren trotz der Möglichkeit ihres mehrjährigen Gebrauchs verneint wurde, erklärt sich nur daraus, dass eine massenweise Verteilung, die eine Verstopfung des Marktes erst hätte bewirken können, nicht dargelegt worden war (aaO. S. 56).
211 BGH GRUR 1990, 371, 372 *Preiskampf.*
212 BGH GRUR 2010, 455 Tz. 25 *Stumme Verkäufer II*; BGH GRUR 2004, 877, 880 *Werbeblocker.*
213 BGH GRUR 1985, 881, 882 *Bliestal-Spiegel.*
214 BGH GRUR 2010, 455 Tz. 25 *Stumme Verkäufer II*; Köhler in Köhler/Bornkamm § 4 UWG Rn 12.11 gegen BGH GRUR 1990, 371, 372 *Preiskampf* und BGH GRUR 1991, 616, 617 *Motorboot-Fachzeitschrift.*

den Markt erst aufschließen soll; hier wird der Leistungswettbewerb nicht behindert, sondern gerade erst ermöglicht.[215] Die Gefahr einer Marktverstopfung besteht ferner dort nicht, wo keine Originalware, sondern nur eigens hergestellte Proben verschenkt werden, oder wo zur schon gekauften Zeitung ein Anzeigenblatt kostenlos hinzu gegeben wird.[216]

626 Für die **unentgeltliche Abgabe von Presseerzeugnissen** gelten einige Besonderheiten. Dass kostenfrei verteilte Presseprodukte durch Anzeigen finanziert und damit ihre Verleger und Herausgeber von ihren großen Anzeigenkunden wirtschaftlich abhängig sind, soll nach Auffassung des Bundesgerichtshofes keine strengere wettbewerbsrechtliche Beurteilung wegen Art. 5 Abs. 1 S. 2 GG auslösen.[217] Auch Verleger von entgeltlichen Presseerzeugnissen seien einem Einfluss ihrer Anzeigenkunden ausgesetzt. Das massenweise Verschenken von Presseprodukten kann aber den Bedarf des Leserpublikums derart abdecken, dass andere Blätter, die man bezahlen muss, gar keinen oder keinen genügenden Absatz mehr finden; dann liegt ein Unterfall der Marktverstopfung vor (§ 3 Abs. 1 UWG). Der Bundesgerichtshof hat deshalb schon sehr früh (1956 und 1968)[218] und danach immer wieder, wenn auch nicht ganz schwankungsfrei,[219] zwischen meinungsbildenden, also unter dem besonderen Schutz des Grundgesetzes stehenden Zeitungen und Zeitschriften einerseits und bloßen Anzeigenblättern andererseits unterschieden, deren redaktioneller Teil so gering ist, dass er den Bezug und die Lektüre der ersteren nicht ersetzt.[220] Letztere dürfen in jedem Fall kostenlos verteilt werden,[221] während meinungsbildende Tages- und Wochenzeitungen, Zeitschriften und Fachorgane dann kostenlos verteilt werden dürfen, wenn der Bestand der Presse in dem jeweiligen Bereich nicht existentiell bedroht ist. Für eine solche **Bedrohung** müssen **greifbare Anhaltspunkte** vorliegen.

Beispiel: Werden Tageszeitungen über sog. „Stumme Verkäufer" abgegeben und dabei ca. 60% ohne Entgelt entwendet, ist damit noch keine konkrete Bestandsgefährdung verbunden; denn das macht „nur" 10% der insgesamt auf dem räumlichen Markt verkauften Tageszeitungen aus. Zu einer Nachahmungsgefahr war nichts ausreichendes vorgetragen.[222]

Entgeltliche Tageszeitungen, die über ein Monopol verfügen, sind durch kostenlose Zeitungen mit einem bedeutenden redaktionellen Teil nicht in ihrer Existenz bedroht. Eine kostenlos verteilte Zeitung ist vielmehr regelmäßig die einzige Möglichkeit, dem Verleger der Monopolzeitung noch Konkurrenz zu machen.[223]

---

215 BGH GRUR 1969, 295, 297 *Goldener Oktober.*
216 Vgl OGH Wien ÖBl. 1999, 275, 277 *Anzeigen-Zeitung „GO"* (dort verneint).
217 BGH GRUR 2004, 602, 604 *20 Minuten Köln,* der ausdrücklich klarstellt, dass auch aus der Entscheidung BGH GRUR 1996, 778, 780 *Stumme Verkäufer* nichts anderes entnommen werden kann. Vgl aber BGHZ 114, 82, 85 ff. *Motorboot-Fachzeitschrift;* siehe auch weitere Nachweise bei Gounalakis/Rhode AfP 2000, 321, 325 f. Fn 86–91.
218 BGHZ 19, 392, 394 ff. *Freiburger Wochenbericht* und BGHZ 51, 236, 244 *Stuttgarter Wochenblatt I.*
219 Teplitzky GRUR 1999, 108 (lesenswerte Gesamtdarstellung!). Ausdruck dieser Schwankungen ist auch die zur bisherigen Fallpraxis überaus distanzierte Entscheidung BGH GRUR 2004, 602, 604 *20 Minuten Köln.*
220 Nach BGHZ 19, 392, 394 ff. *Freiburger Wochenbericht* und BGHZ 51, 236, 244 *Stuttgarter Wochenblatt I* vor allem BGH GRUR 1971, 477, 478 *Stuttgarter Wochenblatt II;* BGHZ 81, 291, 294 *Bäcker-Fachzeitschrift;* BGH GRUR 1985, 881, 882 *Bliestal-Spiegel;* BGH GRUR 1996, 778, 780 *Stumme Verkäufer.* Literatur: Neben Teplitzky GRUR 1999, 108, Brandner GRUR 1996, 531; Gloy GRUR 1996, 585; Ikas WRP 1997, 392; Köhler WRP 1998, 455.
221 Überblick auch in KG NJWE 1997, 84.
222 BGH GRUR 2010, 455 Tz. 28 *Stumme Verkäufer II.*
223 So jedenfalls BGH GRUR 2004, 602, 605 *20 Minuten Köln.*

Die Rechtsprechung einiger Oberlandesgerichte hat diesen Aspekt der Wettbewerbsöffnung durch die unentgeltliche Verteilung von Presseorganen nicht hinreichend beachtet. Eigentlich entgeltliche Publikationen dürfen nach dieser Rechtsprechung allenfalls zur kurzfristigen Erprobung umsonst,[224] sonst aber nur für ein höchstens dreimonatiges Probeabonnement verbilligt[225] abgegeben werden dürfen.

Die Beurteilung, ob ein kostenloses Blatt den Bezug und die Lektüre einer käuflich zu erwerbenden Zeitung oder Zeitschrift zu ersetzen geeignet ist und damit eine etwas strengere wettbewerbsrechtliche Beurteilung angezeigt ist, macht den Instanzgerichten noch immer Schwierigkeiten.[226] Sie wird vor allem die folgenden Ansatzpunkte zu berücksichtigen haben: **627**

- Der **Umfang** des redaktionellen Teils des Blattes muss jedenfalls weit unter dem der im gleichen Absatzgebiet verbreiteten verkauften Zeitungen bleiben, ohne dass sich feste Prozentsätze ermitteln ließen[227] (eine verbreitete Faustregel geht von deutlich unter 50 % des Gesamtumfanges aus). Reine Anzeigenblätter sind danach unproblematisch.[228]

- Der **Inhalt** des redaktionellen Teils muss entsprechend beschränkt sein; eine auch nur annähernde Vollständigkeit der Information und Mitwirkung an der Meinungsbildung in einem kostenlos verbreiteten Blatt kann die reguläre Presse gefährden; dafür müssen aber „greifbare Anhaltspunkte" vorliegen Das ist allerdings nicht der Fall, wenn Zeitungen mit einem Marktanteil von „nur" 10% verschenkt werden oder wenn das Verschenken die einzige Möglichkeit der Marktöffnung ist (Rn 626). Generell unbedenklich sind bloße lokale oder Vereinsmitteilungen, Artikel über das Briefmarkensammeln, Veranstaltungs- oder Programmhinweise, weil sie den Bezug auch der Tageszeitung oder des Fachblattes für den Leser noch nicht entbehrlich machen.[229]

- Schließlich ist der **Zeitpunkt** des Erscheinens des Anzeigenblattes von erheblicher Bedeutung. Erscheint es nur sonntags, während die Verkaufszeitungen nur wochentags erscheinen, beeinträchtigt es diese nicht.[230] Ebenso ist etwa ein montags erscheinendes Anzeigenblatt, das auf jegliche Sportmeldungen verzichtet, für Montagszeitungen nicht gefährdend.

- **Vereins- und Verbandszeitungen** werden (auch) über die Mitgliedsbeiträge finanziert; bei ihnen liegt der Gedanke an eine Bestandsgefährdung des Leistungswettbewerbs deshalb von vornherein ferner.[231]

---

224 OLG Koblenz WRP 1988, 385, 386 f; OLG Hamburg GRUR 1988, 135 f. *Steckaktion*; noch strenger KG ZUM-RD 1999, 345, 347 f (nicht einmal eine einzige Ausgabe darf kostenlos verteilt werden).
225 OLG Hamburg NJWE 1998, 172; KG NJWE 2000, 113 f; OLG Köln AfP 1998, 316, 317. Einschränkend OLG München NJW-RR 1996, 490: vier Wochen.
226 Überblick bei Gesellensetter GRUR 2001, 707.
227 OLG Hamm GRUR 1985, 63, 64 f. *Sonntag in Lippe*. OLG Karlsruhe NJWE 1996, 81 f und KG ZUM 2000, 402, 403 f lassen sogar die Überwiegen des redaktionellen Teils zu, solange negative Auswirkungen auf den Absatz entgeltlicher Tageszeitungen nicht erkennbar werden.
228 Vgl OLG Köln NJWE 1999, 126.
229 KG NJWE 1997, 84, 85.
230 OLG Bremen WRP 1999, 1052, 1053 f; OLG Karlsruhe ZUM-RD 2000, 430, 436 f „*Zeitung zum Sonntag*".
231 BGHZ 56, 327, 333 f. *Feld und Wald I* und BGH GRUR 1971, 168, 170 f. *Ärztekammer*.

628 Die **kostenlose Aufnahme von Anzeigen** hat sich mittlerweile für Blätter, die sich auf Kleinanzeigen spezialisiert haben, als mögliche Konzeption durchgesetzt.[232] Wenn jedoch Fachzeitschriften dies tun, werden ihre Konkurrenten nach einer Entscheidung des Bundesgerichtshofes gefährdet.[233]

629 Anzeigenblätter sind von Werbeverboten an Briefkästen („Keine Werbung") nicht betroffen.[234]

630 **Das systematische Unterbieten aller Mitbewerber** ist nur unter engen Voraussetzungen eine objektive Behinderung (Marktstörung).

Zunächst müssen die **Selbstkosten unterschritten** sein. Oberhalb der Selbstkosten kann keine Unlauterkeit gegeben sein.[235] Vgl auch Rn 577 zur individuellen Behinderung.

Außerdem darf kein „**nachvollziehbares Interesses an der Förderung des eigenen Absatzes**" gegeben sein. Dieses fehlt, wenn die Unterbietung mittel- oder langfristig dazu dient, dass Mitbewerber aus dem Markt gedrängt werden und dann danach auskömmliche Preise erzielt werden können. Eine solche Strategie kann der Behindernde nur erfolgreich umsetzen, wenn er über einen hohen Marktanteil und große Finanzkraft verfügt und hohe Marktzutrittsschranken bestehen.[236] In aller Regel greift dann hier § 20 GWB (Rn 566, 573 f), so dass eine eigenständige Anwendung von § 4 Nr. 10 UWG nur in Ausnahmefällen in Betracht kommt.

631 Die **Schaufenstermiete** wäre nur dann ein Fall des Behinderungswettbewerbs, wenn sich aus den Umständen, zB der langfristigen Blockierung der Konkurrenz, eine Behinderungsabsicht ergäbe.[237] Sie kann jedoch eine Irreführung des Kunden darstellen, wenn er davon ausgeht, das Schaufenster sei nach Wahl des Einzelhändlers dekoriert (vgl Rn 441).

8. Verhinderung von Testkäufen

Rechtsgrundlage: §§ 3 Abs. 1, 4 Nr. 10 UWG

632 Zum Recht des Gewerbetreibenden, sich im Wettbewerb frei zu betätigen, gehört auch das Recht auf Feststellung von Wettbewerbsverstößen der Konkurrenz. Wer durch ein generelles Hausverbot[238] oder durch ein Verbotsschild,[239] durch Testbeobachtungen[240] oder durch Vereinbarungen mit den Kunden[241] **Testkäufe** zu unterbinden sucht, will den Konkurrenten gem. § 4 Nr. 10 UWG unlauter behindern. Das gilt auch für Hausverbote an Einzelne, bereits als solche erkannte Testpersonen.[242] Auch virtuelle Hausverbote für bestimmte Internetwebsites (zB über IP-Adressensperrung) sind da-

---

232 BGH GRUR 1990, 44, 45 *Annoncen-Avis;* OLG Dresden GRUR 1994, 649 f.
233 BGHZ 114, 82, 83 ff. *Motorboot-Fachzeitschrift.*
234 OLG Stuttgart AfP 1994, 226.
235 BGH GRUR 2009, 416 Tz. 25 *Küchentiefstpreis-Garantie.*
236 BGH GRUR 2009, 416 Tz. 25 *Küchentiefstpreis-Garantie.*
237 So noch BGH GRUR 1959, 138, 142 *Italienische Note.*
238 BGH GRUR 1966, 564 *Hausverbot I;* OLG Hamburg GRUR-RR 2007, 365 *„Hausverbot" im Internet;* LG GRUR-RR 2007, 94 *Elektronisches Hausverbot.*
239 BGH GRUR 1965, 612 *Warnschild.*
240 OLG Nürnberg GRUR 1982, 571 *Testbeobachtungen;* OLG Karlsruhe GRUR 1994, 62, 63.
241 BGH GRUR 1981, 827, 828 f. *Vertragswidriger Testkauf.*
242 BGH GRUR 1979, 859, 860 *Hausverbot II* gegen KG WRP 1976, 769, 770. Zu Testkäufen Rojahn WRP 1984, 241.

nach unlauter.[243] Die Testperson darf allerdings nicht mit verwerflichen Mitteln auf einen Verstoß hinzuwirken versuchen;[244] sie darf auch den Betriebsablauf nicht stören,[245] sondern muss sich grundsätzlich wie ein normaler Kunde verhalten, sonst kann ihm Hausverbot erteilt werden.[246] Das **Fotografieren** in den Geschäftsräumen wird heute jedenfalls dann als zulässig erachtet, wenn es keine konkrete Gefährdung einer erheblichen Betriebsstörung mit sich bringt und der Wettbewerbsverstoß nicht anders zu dokumentieren ist.[247] Auch Testfahrten zur Ermittlung von Verstößen gegen Beförderungsbestimmungen sind zulässig.[248] Zum Verkauf von Ware an bereits erkannte Testpersonen ist der Unternehmer nicht verpflichtet.[249]

9. Betriebsspionage

Rechtsgrundlage: §§ 3 Abs. 1, 4 Nr. 10 UWG

Das Ausspähen der Konkurrenz durch eingeschleuste Vertrauensleute kann auch dann   633
den unlauteren Zweck ihrer Behinderung gem. § 4 Nr 10 UWG haben, wo es sich nicht
um die Fälle der §§ 17, 18 UWG (Rn 750 ff) handelt.[250]

10. Umgehung des Kopierschutzes

Rechtsgrundlage: § 69 f Abs. 2, 95 a ff. UrhG; §§ 3 Abs. 1, 4 Nr. 10 UWG

So wie Raubkopien von Büchern deren Absatz beeinträchtigen, wenn nicht gar faktisch   634
unmöglich machen können, machen Einrichtungen, mit denen der Kopierschutz von
Computerprogrammen umgangen werden kann, diese für den Vertrieb wertlos. Die
Herstellung, Lieferung und Nutzung solcher Umgehungsprogramme verstößt als Behinderung des Herstellers des Originalprogramms gegen § 3 Abs. 1, 4 Nr. 10
UWG.[251] Allerdings stellt das UrhG mit § 69 f Abs. 2 UrhG (für Software) und mit
§§ 95 a ff. UrhG jetzt speziellere Vorschriften zur Verfügung, die die praktische Bedeutung des UWG zurückdrängen.[252]

---

243 Vgl LG Hamburg GRUR-RR 2007, 365, 366, und nachgehend OLG Hamburg MMR 2010, 178; dagegen OLG Frankfurt MMR 2009, 400; allerdings ging es dort nicht um Testkäufe. Vgl zum Schleichbezug Rn 894.
244 OLG Karlsruhe WRP 1986, 112, 113 (im konkreten Falle unzutreffend die Verwerflichkeit verneint).
245 Vgl OLG Hamburg GRUR-RR 2007, 365 *„Hausverbot" im Internet.*
246 BGH GRUR 1979, 859, 860 *Hausverbot II.*
247 BGH GRUR 2007, 803 Tz. 28 *Testfotos III*; offen noch BGH WRP 1996, 1099, 1100 f. *Testfotos II.*
248 BGH GRUR 1989, 113, 114 *Mietwagen-Testfahrt.*
249 BGH GRUR 1987, 835, 837 *Lieferbereitschaft.*
250 BGH GRUR 1973, 483, 484 *Betriebsspionage.*
251 BGH GRUR 1996, 78 *Umgehungsprogramm*; OLG Karlsruhe GRUR 1996, 587, 588 f; OLG Frankfurt NJW 1996, 264 („Piratenkarten" zur Entschlüsselung von Programmen); OLG Düsseldorf WRP 1997, 1103, 1104 f m.Anm. Raubenheimer.
252 Dreier in Dreier/Schulze § 69 f UrhG Rn 3 mwN geht sogar von Spezialität aus; offener und für eine parallele Anwendung: Czychowski in Fromm/Nordemann § 69 f UrhG Rn 14 mwN; vgl auch Alt MMR 2005, 148, 152 f.

IV. Vereitelung fremder Werbung

1. Werbebehinderung

Rechtsgrundlage: §§ 3 Abs. 1, 4 Nr. 10 UWG

635 Der gröbste Fall der Werbebehinderung gem. § 4 Nr. 10 UWG ist das Abreißen oder Überkleben[253] der Plakate des Mitbewerbers. In gleicher Weise wird die Werbung der Konkurrenz ausgeschaltet, wenn ein Unternehmer kostenlos Schutzumschläge für das amtliche Fernsprechbuch, auf dessen Heftumschlag der Konkurrent wirbt, in großem Umfang verteilt[254] oder Telefonkarten, die fremde Werbung enthalten, überdruckt,[255] oder Aufkleber für Briefkästen „Bitte keine Werbung, nur W einwerfen" verteilt.[256]

636 „Werbeblocker" zur Ausschaltung der Fernsehwerbung sind dagegen zulässig, weil sie gegen *alle* Werbetreibenden gerichtet sind, die Wettbewerbsposition einzelner Mitbewerber also nicht verändern.[257] Damit schied eine individuelle Behinderung gem. § 4 Nr. 10 UWG aus (Rn 560). Für eine objektive Behinderung (Marktstörung, vgl Rn 565) war nichts Ausreichendes vorgetragen.

637 Unlautere Werbebehinderung liegt auch vor, wenn die Wirkung der Werbung bewusst zunichte gemacht wird (**Gegenwerbung**).

Beispiele: Ein Unternehmer ahmt jede wie auch immer geartete neue Werbemaßnahme des Mitbewerbers alsbald nach.[258]

Im Fernsprechbuch wird (nur) auf der Seite des Konkurrenten ein Inserat untergebracht, obwohl der Werbende zu einem anderen Buchstaben gehört.[259]

Das Beipacken von Konkurrenzproben schaltet die Werbung für die gekaufte Ware dagegen nicht aus, sondern ermöglicht nur einen Vergleich; das ist, da es den Leistungswettbewerb nicht behindert, sondern fördert, nicht unlauter.[260]

Werbeaufkleber der Konkurrenz werden entfernt.[261]

In der Verunglimpfung einer bekannten Marke („Nivea" oder „Mars" für die Kondomwerbung) liegt zwar auch eine Rufausbeutung (Rn 734), in erster Linie aber eine Beeinträchtigung von deren Werbewert.[262] Jetzt werden diese Fälle grundsätzlich (vgl Rn 20) über § 14 Abs. 2 Nr. 3 MarkenG erfasst (Rn 1049, 1252, 1265).

Vgl auch Rn 588 (Werbeflächen), Rn 580 (Gegenreklame) und Rn 623 (Aufkauf der Konkurrenzware beim Zwischenhändler).

2. Kennzeichenbeseitigung

Rechtsgrundlage: §§ 3 Abs. 1, 4 Nr. 10 UWG

638 Die Beseitigung von **Marken, Firmen- und Herkunftsangaben** des Herstellers durch den Zwischenhändler ist nicht als solche eine unlautere Behinderung nach § 4 Nr. 10

---

253 OLG Köln WRP 1984, 506; OLG Stuttgart NJW-RR 1996, 1515.
254 OLG Stuttgart BB 1963, 709 und OLG Oldenburg BB 1963, 1274.
255 OLG Hamburg GRUR 1994, 316 f.
256 OLG Stuttgart NJWE 1999, 97 f („W" war ein Anzeigenblatt).
257 OLG Frankfurt GRUR 2000, 152, 153 f.
258 BGH GRUR 1961, 244, 246 *natürlich in Revue.*
259 OLG Düsseldorf NJW 1956, 64 und LG Berlin WRP 1979, 237 (zweifelhaft).
260 Vgl BGH GRUR 1963, 197, 200 ff. *Zahnprothesen-Pflegemittel.*
261 OLG München WRP 1995, 247 f.
262 BGHZ 124, 91, 102 und GRUR 1995, 57, 59 *Markenverunglimpfung I* und *II.*

UWG.[263] Vielmehr bedarf es einer Würdigung aller Umstände des Einzelfalles und insbesondere einer Abwägung des Interesses des Markeninhabers, dass die von ihm in Verkehr gebrachte Ware mit seiner Marke weiter vertrieben wird, mit der Freiheit des Händlers, seine Ware ohne Marke anzubieten und zu verkaufen.[264] Aus § 903 BGB ergibt sich, dass grundsätzlich auch der Zwischenhändler mit der von ihm gekauften Ware machen kann, was er will. Nur dann, wenn besondere Umstände ergeben, dass die an sich erlaubte Kennzeichenbeseitigung den Zweck hat und dazu geeignet ist, den Hersteller in seiner Werbung zu behindern oder gar auszuschalten, wird man von unlauterer Behinderung sprechen können. Das trifft nur dann zu, wenn die Beseitigung in großem Umfang erfolgt, der auch im Verhältnis zum Gesamtumsatz des Herstellers ins Gewicht fällt; einige Einzelhändler in verschiedenen Orten reichen dafür keineswegs aus.

Jedenfalls liegt dann trotz Beseitigung des Kennzeichens keine unlautere Behinderung vor, wenn der Verkehr die Ware weiterhin dem Kennzeicheninhaber und nicht dem Händler zurechnet und ein schutzwürdiges Interesse des Herstellers an der Verwendung gerade der beseitigten Kennzeichnungen nicht besteht.[265]

Beispiel: Das Veredeln von Büchern anderer Verlage durch Neueinbinden ist nicht unlauter, weil es die Marken des Erstverlages nur auf dem Umschlag beseitigt, aber im Buchinneren die Marken erhält; der Leser ist damit in der Lage; das Buchinnere nach wie vor dem Erstverlag zuzuordnen.[266]

Nicht unlauter ist auch das Umetikettieren von Anstaltspackungen für den Einzelverkauf an Letztverbraucher.[267]

Neben dem Aspekt der Behinderung nach § 4 Nr. 10 UWG kommt freilich der Gesichtspunkt der Irreführung des Verbrauchers über die Herkunft der Ware in Betracht (Rn 228).   639

Bei **Kontrollzeichen**, die keinerlei Werbefunktion haben, kommt im **Regelfall** eine unlautere Behinderung des Herstellers nicht in Betracht. Nicht einmal unter dem – außerhalb des Wettbewerbsrechts liegenden – Gesichtspunkt des Eingriffs in den eingerichteten und ausgeübten Gewerbebetrieb (§ 823 Abs. 1 BGB) lässt sich ein Verbot ihrer Beseitigung rechtfertigen; der Wunsch des Herstellers, den Vertriebsweg seiner Ware auch nach deren Veräußerung noch kontrollieren zu können, gehört – um es zu wiederholen: im Regelfall – nicht zu seinem geschützten Besitzstand und würde im Rahmen der Güter- und Interessenabwägung auch hinter dem Recht des Händlers, in seiner eigenen Geschäftssphäre von Kontrollen Dritter frei zu sein, zurückstehen müssen. Gegen eine Entfernung von Kontrollzeichen ist deswegen grundsätzlich nichts auszurichten.[268] Auch aus Beschädigungen der Ware, die die Entfernung der Kontrollzeichen verursacht, kann der Hersteller nichts herleiten, weil er selbst die Kontrollzeichen so   640

---

263 BGH GRUR 2004, 1039, 1041 *SB-Beschriftung.*
264 Vgl statt aller J.B. Nordemann ZUM 2009, 809, 813; Omsels, in: Harte/Henning § 4 Nr. 10 Rn 74; Köhler in Köhler/Bornkamm § 4 UWG Rn 10.72.
265 BGH GRUR 2004, 1039, 1041 *SB-Beschriftung.*
266 J.B. Nordemann ZUM 2009, 809, 813.
267 AA OLG Köln GRUR 2000, 81, 82, mit der erstaunlichen Begründung, durch das Umetikettieren werde „das Preisgefüge in verschiedener Hinsicht gestört".
268 BGHZ 104, 185, 190 ff und BGH GRUR 1988, 826, 828 *Entfernung von Kontrollnummern I* und *II.*

anbringen kann, dass diese Gefahr ausgeschlossen wird.[269] Das Gleiche gilt, wenn mit der Entfernung des Kontrollzeichens die Marke verschwindet oder beschädigt wird.[270] Allerdings rechtfertigt die Beschädigung der Verpackung anlässlich der Entfernung von Kontrollzeichen nicht etwa eine Irreführung der Verbraucher, die erwarten, unbeschädigte Ware zu erhalten.[271]

641 Eine **Ausnahme** gilt zunächst dort, wo die Anbringung einer Nummer oder eines sonstigen Kennzeichens zur Identifizierung der Herstellung durch eine Rechtsnorm vorgeschrieben ist, wie das für Kosmetika zutrifft (§ 4 KosmetikVO).[272] Der Bundesgerichtshof sieht in der Entfernung von Kontrollnummern ferner dann eine gegen §§ 3 Abs. 1, 4 Nr. 10 UWG verstoßende Behinderung des Herstellers, wenn diese zur Überwachung der Vertriebswege in einem auf wirksamen Verträgen beruhenden und auch sonst rechtlich nicht zu missbilligenden Vertriebsbindungssystem (Rn 855) dienen, das allerdings nach Änderung der Rechtsprechung durch den Bundesgerichtshof nicht praktisch, wohl aber gedanklich lückenlos sein muss.[273] Außerdem kommt mangels Erschöpfung nach § 24 Abs. 2 MarkenG ein Verstoß gegen § 14 MarkenG in Betracht (vgl Rn 1288).

642 Ist die Kontrollnummer mit der **Fabrikationsnummer** identisch, so kann in ihrer Entfernung eine wettbewerbswidrige Behinderung des Herstellers deshalb liegen, weil er aus der Herstellerhaftung dem Endverbraucher unmittelbar haftet,[274] ohne die Nummer aber den Fabrikationsvorgang möglicherweise nicht präzise aufklären kann.[275] Letzteres erschwert zugleich dem Endverbraucher die Geltendmachung seiner Ansprüche; er wird also irregeführt, wenn er beim Kauf nicht über die Entfernung aufgeklärt wird.[276] Die **Fälschung** von Fabrikationsnummern ist natürlich erst recht unlauter.[277]

Das bloße Feilhalten von Produkten, auf denen die Fabrikationsnummern schon von dritter Seite (unlauter) entfernt worden sind, ist wettbewerbswidrig; solche Ware ist praktisch verkehrsunfähig.[278]

3. Kennzeichenvereitelung

Rechtsgrundlage: §§ 3 Abs. 1, 4 Nr. 10 UWG

643 Das frühere Warenzeichenrecht knüpfte den materiellen Anspruch aus einem Warenzeichen lediglich an die formellen Voraussetzungen der Priorität und der Eintragung:

---

269 BGH GRUR 1988, 826, 828 *Entfernung von Kontrollnummern. II;* BGH GRUR 1989, 110, 112 f. *Synthesizer.*
270 BGH WRP 1989, 369, 372 und 366, 368 *Entfernung von Kontrollnummern. III* und *IV.*
271 BGH GRUR 1992, 406, 408 *Beschädigte Verpackung I;* OLG Hamburg GRUR 1993, 765 f. *Entfernte Codierung.* Einschränkend BGH GRUR 2001, 448 *Kontrollnummernbeseitigung:* Unauffällige Beschädigung enthält keine relevante Irreführung.
272 BGHZ 142, 192, 197 ff. *Entfernung der Herstellungsnummer I.*
273 BGH GRUR 1999, 1113 *Außenseiteranspruch I:* Anfrage des I. Zivilsenates an den Kartellsenat; nach dessen Einverständnis: BGHZ 143, 232 *Außenseiteranspruch II;* BGH GRUR 2001, 448 *Kontrollnummernbeseitigung.*
274 Vgl BGHZ 51, 91 ff und den Hinweis in BGH GRUR 2000, 724, 725 *Außenseiteranspruch II* auf Art. 5 Abs. 1 Nr. 1 a der GruppenfreistellungsVO Nr. 1475/95 EG.
275 BGH GRUR 1978, 364, 366 *Golfrasenmäher.* Vgl auch OLG Hamm NJW-RR 1987, 358.
276 BGH GRUR 1988, 461 f. *Radio-Recorder;* BGH GRUR 1989, 110, 113 *Synthesizer.*
277 OLG Hamburg WRP 1989, 323, 324.
278 BGHZ 142, 192, 198 ff. *Entfernung der Herstellungsnummer II;* BGH GRUR 2000, 724, 727 *Außenseiteranspruch II.*

Wer sich als erster ein Warenzeichen hatte eintragen lassen, konnte jedem anderen die Benutzung eines gleichen oder verwechslungsfähigen Zeichens verbieten, ohne Rücksicht darauf, ob der andere es schon vor ihm benutzt hatte[279] und ob er selbst es benutzte (vgl §§ 1, 11 Abs. 1 Nr. 1, 15, 24 WZG aF). Ein nicht benutztes Zeichen konnte dem Inhaber frühestens nach fünf Jahren aus der Hand genommen werden (§ 11 Abs. 1 Nr. 4 WZG aF, Benutzungszwang). Das führte gelegentlich zu Missbräuchen, denen die Rechtsprechung über § 1 UWG aF zu begegnen suchte.[280] Inzwischen ist auch eine nicht eingetragene Marke geschützt, die Verkehrsgeltung erworben hat (§ 4 Nr. 2 und 3 MarkenG; Rn 1049 ff, 1173 ff, 1318). In Betracht kommt nunmehr nur noch die Vereitelung der Benutzung einer nicht eingetragenen Marke ohne Verkehrsgeltung.

Das Recht jedes Mitbewerbers, das in der Entstehung begriffene Markenrecht (Markenanwartschaft) des Benutzers durch eigene Benutzung[281] oder Markenanmeldung[282] an der Vollendung zu hindern, kann dort als entfallen angesehen werden, wo wiederum ein Missbrauch vorliegt, wo also das Verhalten des Mitbewerbers allein den Zweck hat, den Benutzer zu behindern (Rn 560). Letztlich handelt es sich um einen Fall der **unzulässigen Rechtsausübung**, §§ 3 Abs. 1 UWG, 826 BGB. Vgl im Einzelnen unten Rn 1308 ff. Wurde die Marke durch den Vorbesitzer auch als Zeichen nach § 5 MarkenG (zB als Firma) benutzt, kommen daneben auch Ansprüche nach § 15 MarkenG in Betracht (Rn 1421 ff).

Der **Erwerb von Internet-Domains** kann ausnahmsweise[283] wettbewerbswidrig iSd **644** §§ 3 Abs. 1, 4 Nr. 10 UWG sein. So zB, wenn der Erwerber weiß, dass diese Bezeichnung nach § 4 oder § 5 MarkenG für einen anderen geschützt ist. Ebenso kann es liegen, wenn ein Unternehmer mehrere, mit dem Namen eines anderen Unternehmers (ganz oder fast) gleichlautende Namen mit unterschiedlichen Top-Level-Domains für sich registrieren lässt („**Domain-Grabbing**"),[284] insbesondere wenn dies in der Absicht geschieht, sich die Domains später abkaufen zu lassen.[285] Nicht unlauter ist es jedoch, wenn zum Zeitpunkt des Domainerwerbs noch gar kein berechtigtes Interesse des Interessenten an der Domainnutzung bestand.[286] Vgl zudem unten Rn 1461 f.

V. Wettbewerbsverzerrung durch die öffentliche Hand

Rechtsgrundlage: § 3 Abs. 1 UWG

Wenn der französische Präsident bei der Tour de France mitfahren will, so steht ihm **645** dies – bei entsprechender sportlicher Qualifikation – grundsätzlich offen. Das gilt al-

---

279 BGH GRUR 1984, 210, 211 *AROSTAR.*
280 BGH GRUR 1966, 427, 431 *Prince Albert;* BGH GRUR 1980, 110, 111 *Torch;* OLG Stuttgart BB 1968, 1056 *Thermaflex* und GRUR Int. 1988, 592, 594 mwN.
281 Verneint von OLG Köln GRUR 2008, 79, 80 *Zeichen 4E* für den Fall, dass dem Benutzer die Kollision mit einem nicht geschützten Kennzeichen eines Mitbewerbers lediglich bekannt war.
282 Verneint von BGH GRUR 2008, 160, Tz. 21 ff *CORDARONE* für die Eintragung einer Marke durch einen Parallelimporteur im Inland, obwohl ein Arzneimittelhersteller diese Marke schon länger im Ausland benutzt.
283 BGH GRUR 2009, 685 Tz. 41 *ahd.de.*
284 BGH GRUR 2005, 517, 518 *Literaturhaus;* OLG Hamburg GRUR-RR 2006, 193, 193 *Advanced Microwave Systems;* ähnlich für Telefonnummern: OLG Frankfurt GRUR-RR 2009, 65 *Kundenhotline* und Verbindungsnetzbetreiberkennzahlen: OLG Köln GRUR-RR 2006, 191, 192 *01058/01059;* verneint für insgesamt nur zwei Domains: OLG Düsseldorf GRUR-RR 2007, 147, 149 *professional-nails.de.*
285 BGH GRUR 2009, 685 Tz. 43 *ahd.de;* BGH GRUR 2008, 1099 Tz. 33 *afilias.de.*
286 BGH GRUR 2009, 685 Tz. 41 *ahd.de.*

lerdings nur dann, wenn er sich wie jeder andere Fahrer behandeln lässt. Sperrt der Präsident aber durch décret eine Straße für den Privatverkehr, so dass nur er sie benutzen kann und alle anderen Fahrer einen Umweg nehmen müssen, so würde das den sportlichen Wettstreit zu seinen Gunsten verfälschen.

Ähnlich verhält es sich mit einer Wettbewerbsteilnahme der öffentlichen Hand. **Die öffentliche Hand darf grundsätzlich in Wettbewerb mit Privaten treten.** Dies folgt aus der wirtschaftspolitischen Neutralität des GG,[287] das sich gerade nicht für ein rein privatwirtschaftliches Wirtschaftssystem entschieden hat. Allerdings darf die öffentliche Hand dabei ihre besondere Stellung, die ihr durch die Zuweisung gesetzlicher Aufgaben zukommt, nicht zur Ausschaltung des Leistungswettbewerbs benutzen.[288]

646   Ein Sondertatbestand[289] für die öffentliche Hand im Rahmen der Behinderung bestimmter Mitbewerber ist deshalb die **Wettbewerbsverzerrung,** teilweise auch als **Verquickung öffentlicher und erwerbswirtschaftlicher Interessen**[290] bezeichnet. Die Fallgruppe ist gesetzlich nicht spezifisch geregelt und deshalb unter die Generalklausel des **§ 3 Abs. 1 UWG** zu fassen. Durch die Fallgruppe werden die Verhaltensweisen der öffentlichen Hand erfasst, mit denen sie sich einen unlauteren Vorsprung im Wettbewerb durch ihre öffentliche Stellung verschafft, ohne ihre amtliche Autorität auszunutzen. Der Einsatz von öffentlichen Mitteln im Wettbewerb kann aber nicht per se sittenwidrig sein, weil dies einem Verbot staatlicher Wirtschaftstätigkeit gleichkäme.[291] Die Fallgruppe der Verquickung verengt sich deshalb auf Sachverhalte, in denen nach einer **Interessenabwägung** eine unlautere Wettbewerbsbeziehung zwischen amtlicher und wirtschaftlicher Tätigkeit festzustellen ist.

647   Im Rahmen der Interessenabwägung muss es zu einem gerechten Ausgleich zwischen dem öffentlichen Interesse und dem Schutz des Leistungswettbewerbs kommen.[292] Allerdings kann der öffentliche Zweck dem UWG nicht generell vorgehen, weil dann jedes Wettbewerbsverhalten der öffentlichen Hand der Anwendung des Lauterkeitsrechts entzogen werden könnte.[293] Deshalb kann das öffentliche Interesse nur dann entscheidend sein, wenn es **Ausdruck** einer **normativen Entscheidung** des zuständigen Gesetzgebers ist. Bei **wirtschaftlicher Betätigung** der **Landkreise und Gemeinden** kann es deshalb relevant sein, ob die Tätigkeit den Regelungen der Kreis- bzw Gemeindeordnungen für eine wirtschaftliche Betätigung der öffentlichen Hand entspricht,[294] bei wettbewerblicher Tätigkeit der öffentlich-rechtlichen **Krankenkassen,** ob die Tätigkeit noch von den Zuständigkeitsregelungen des SGB gedeckt ist.[295] *Für sich genommen* kann ein solcher Normverstoß aber nur dann einen Wettbewerbsverstoß begründen, wenn die verletzte Norm drittschützend in Bezug auf die Konkurrenten und (auch) auf einen

---

287   BVerfGE 4, 7, 17 f. *Investitionshilfe*; BVerfGE 50, 290, 338 *Mitbestimmung*.
288   Zum „geschäftlichen" Handeln der öffentlichen Hand oben Rn 59.
289   Vgl zum Missbrauch amtlicher Autorität schon oben Rn 441, zum Rechtsbruch Rn 842.
290   Vgl Peter Ulmer ZHR 146 (11982), 466, 483.
291   BGH GRUR 2003, 164, 166 *Altautoverwertung*.
292   BGH GRUR 2003, 164, 166 *Altautoverwertung*. Eingehend Gutsch, Die Stellung der Postbank im nationalen und internationalen Bankenwettbewerb, S. 237 mwN.
293   Vgl BGH GRUR 2003, 77, 78 *Fernwärme für Börnsen*.
294   Vgl BGH GRUR 1974, 733 *Schilderverkauf*; BGH GRUR 1987, 116, 119 *Kommunaler Bestattungswirtschaftsbetrieb I*.
295   BGHZ 82, 375, 384 ff. *Brillen-Selbstabgabestellen*; BGH GRUR 1999, 267, 269 *Verwaltungsstellenleiter*.

Schutz des Leistungswettbewerbs gerichtet ist (vgl hierzu eingehend Rn 842 ff). Allerdings ist es auch nicht zwingend, dass der öffentlichen Hand ein öffentlich-rechtlicher Normverstoß vorzuwerfen ist. Auch ohne einen solchen Verstoß kann es – vor allem wegen der Marktfolgen, Rn 649 – zu einem Unlauterkeitsurteil kommen.[296]

Im Rahmen der Interessenabwägung ist außerdem zu beachten, dass sich der öffentliche Zweck nur dann gegenüber dem Schutz des Leistungswettbewerbs nach UWG durchsetzen kann, wenn die Anwendung des UWG die Verfolgung der öffentlichen Zwecke **wesentlich erschwert**.[297]   648

Beispiel: Daran lässt sich beispielsweise zweifeln, wenn Seniorenreisen von den Kommunalbehörden zum Selbstkostenpreis angeboten werden. Das KG hielt sie für zulässig, weil damit ein neuer Kundenkreis erschlossen wurde: Normal kalkulierte Reisen würden viele Rentner sich gar nicht leisten können.[298] Das ist kein durchgreifendes Argument; solchen Rentnern könnten Zuschüsse zu normal kalkulierten Reisen gewährt werden.

Schließlich sind bei der Interessenabwägung auch immer die **Marktfolgen** der Wettbewerbsteilnahme der öffentlichen Hand zu berücksichtigen. Man kann für die öffentliche Hand folgende Grundregel aufstellen: Desto mehr sich der Markt durch die Teilnahme der öffentlichen Hand zu ihren Gunsten monopolisiert, desto eher ist ihre Wettbewerbsteilnahme auch unlauter. Das gilt unabhängig davon, ob die öffentliche Hand als Marktbeherrscher bzw marktstark iSd §§ 19, 20 GWB, Art. 102 AEUV Adressat des kartellrechtlichen Behinderungsverbotes ist oder ob sie unterhalb der Marktmachtschwellen liegt und eine Beurteilung nur nach UWG stattfindet.[299] Die Berücksichtigung von Marktfolgen in § 3 Abs. 1 UWG auch unterhalb der Marktmachtschwellen erstaunt nur vordergründig. Zwar erlaubt das GWB Privaten den Gebrauch von Marktmacht unterhalb der Schwelle von Marktstärke und Marktbeherrschung, weil insofern der Gebrauch von Marktmacht wettbewerblich nicht eindeutig positiv oder negativ ist (sog. Ambivalenz; dazu auch Rn 566). Diese Wertung des GWB gilt aber bei Wettbewerbsteilnahme der öffentlichen Hand nicht, wenn negative Marktfolgen nur durch die hoheitliche Sonderstellung verursacht werden und nicht auf einer besseren Leistung beruhen. Störungen des Marktes durch die hoheitlich agierende öffentliche Hand sind daher grundsätzlich negativ und nicht wettbewerblich ambivalent.[300] Unbedenklich sind in solchen Fällen erhebliche Störungen des Wettbewerbsbestandes nur dann, wenn es sich um eine Hilfstätigkeit zur hoheitlichen Aufgabe handelt *und* die Versorgung der Bürger durch private Anbieter nicht zuverlässig gewährleistet erscheint.[301]   649

Beispiele: Das bekannteste Beispiel ist der Fall **Brillen-Selbstabgabestellen**. Hier waren Krankenkassen dazu übergegangen, Brillen kostenlos an ihre Mitglieder abzugeben, ohne den Umweg über die Optiker zu nehmen. Dies war sittenwidrig, weil dadurch der Bestand des Wettbewerbs   650

---

296 Vgl BGH GRUR 2003, 167, 168 *Kommunaler Schilderprägebetrieb*, wo offen gelassen wird, ob ein Verstoß gegen § 107 GO NW gegeben war, aber eine Unlauterkeit bejaht wird.
297 Vgl insoweit BGHZ 82, 375, 397 f. *Brillen-Selbstabgabestellen*. Dort wird die Berücksichtigung öffentlicher Interessen abgelehnt, wenn sie zur Aufgabenerfüllung nicht geboten sind. Siehe ferner BGH GRUR 2003, 164, 167 *Altautoverwertung*, wo ein Verhalten auch wegen der Erfüllung wichtiger öffentlicher Aufgaben gerechtfertigt wird.
298 KG WRP 1986, 207, 209 *Seniorenreisen*.
299 Vgl zum Verhältnis GWB und UWG oben Rn 20.
300 So im Ergebnis auch Immenga NJW 1995, 1921, 1924; J. B. Nordemann WRP 1996, 383, 384.
301 BGH GRUR 2003, 167, 169 *Kommunaler Schilderprägebetrieb*.

auf dem Markt für die Abgabe von Brillen ernstlich gefährdet war, ohne dass ersichtlich gewesen wäre, dass private Optiker den Markt nicht genauso zuverlässig bedienen konnten.[302]

651 Weitere Fallpraxis findet man überall dort, wo es für die öffentliche Verwaltung eine naheliegende erwerbswirtschaftliche Fortsetzung ihrer hoheitlichen Tätigkeit gibt:

Beispiele: Das LG Stuttgart hielt die Unterbringung der hoheitlichen Bestattungsverwaltung in einem Raum mit dem öffentlichen Bestattungsunternehmen für unlauter.[303] Das ist überzeugend, weil sonst nicht mehr mit einer leistungsgerechten und freien Wahl des Kunden zu rechnen wäre.[304] Es ist es insoweit zweifelhaft, wenn der BGH die gemeinsame Unterbringung des hoheitlichen Standesamtes und des erwerbswirtschaftlichen Bestattungsunternehmens in einem Gebäude für unbedenklich hält.[305] Weniger relevant für die privaten Konkurrenten dürfte die Unterbringung des erwerbswirtschaftlichen Bestattungsbetriebes auf dem städtischen Friedhof sein.[306]

Genauso lehnte der BGH ein generelles Verbot der Vermietung von Geschäftslokalen an private Schilderpräger in der Kfz-Zulassungsstelle ab. Der Wettbewerbsvorteil für die berücksichtigten Mieter war nicht groß genug, um den Bestand der anderen Schilderpräger gefährden zu können.[307] Etwas anderes gilt jedoch, wenn die Geschäftslokale ohne sachliches Auswahlverfahren an ein eigenes Unternehmen der Kommune vergeben werden.[308]

Es ist für sich genommen wettbewerbsrechtlich nicht zu beanstanden, dass sich ein Standesamt gegenüber einem Verlag verpflichtet, allen Heiratswilligen bei Anmeldung der beabsichtigten Eheschließung ein von dem Verlag herausgegebenes, durch Werbung finanziertes Kochbuch zu übergeben. Die Unlauterkeit eines solchen Geschäftsmodells kann sich daraus ergeben, dass es dem Verlag mit Hilfe der Behörde einen Vorsprung im Wettbewerb verschafft. Dies kann insbesondere der Fall sein, wenn das Standesamt Wettbewerbern, die ebenfalls an einer solchen Zusammenarbeit interessiert sind, keine entsprechenden Möglichkeiten einräumt.[309]

Ein nicht unerheblicher Zuschuss durch die Stadtwerke bei Umrüstung von Erdöl- auf Erdgasheizung ist solange nicht unlauter, wie nicht eine Bestandsgefährdung für die Ölhändler droht.[310]

Ferner ist es nicht unlauter, wenn amtlichen Briefen Werbung für Bausparkassen beigelegt wird, sofern das Amt auch anderen Bausparkassen die Möglichkeit hierzu bietet und deshalb keine Wettbewerbsverzerrung zu befürchten ist.[311]

Selbst wenn durch Zusammenarbeit einer Zulassungsstelle mit einem Altautoverwerter letzterer einen erheblichen Wettbewerbsvorteil erlangt, ist diese Zusammenarbeit zumindest dann nicht unlauter, wenn für sie ein erhebliches öffentliches Interesse besteht und nicht ersichtlich ist, dass Konkurrenten ohne sachlichen Grund von einer vergleichbaren Zusammenarbeit ausgeschlossen gewesen wären.[312]

Siehe im Übrigen auch Rn 842 ff.

---

302 BGHZ 82, 375, 397 *Brillen-Selbstabgabestellen;* daran anschließend BGHZ 123, 157, 161 ff. *Abrechnungssoftware für Zahnärzte;* OLG Stuttgart WRP 1980, 101, 102 *Schulbuchverkauf;* OLG Köln WRP 1985, 511, 512 f. *Heizungsmodernisierung durch Unternehmen der öffentlichen Hand;* OLG Köln GRUR 1991, 381, 383 *Kfz-Schilder.* Vgl auch BGH GRUR 1987, 116, 118 *Kommunaler Bestattungswirtschaftsbetrieb I;* OLG Hamm GRUR 1993, 840, 843 *KABELCOM.*
303 LG Stuttgart bei BGH GRUR 1987, 116, 116 *Kommunaler Bestattungswirtschaftsbetrieb I.*
304 AA BGH GRUR 2005, 960, 962 *Friedhofsruhe.*
305 BGH GRUR 1987, 117, 118 *Kommunaler Bestattungswirtschaftsbetrieb I.*
306 Ebenfalls zugelassen von BGH GRUR 2005, 960, 962 *Friedhofsruhe.*
307 BGH GRUR 1999, 278, 281 *Schilderpräger im Landratsamt.*
308 BGH GRUR 2003, 167 *Kommunaler Schilderprägebetrieb.*
309 BGH GRUR 2009, 606 Tz. 20 ff. *Buchgeschenk vom Standesamt.*
310 BGH GRUR 1999, 256, 258 *1000,– DM Umwelt-Bonus.*
311 BGH GRUR 2002, 550, 553 *Elternbriefe.* Vgl aber Rn 441.
312 BGH GRUR 2003, 164, 167 *Altautoverwertung.*

C. Bezugnehmende Werbung

I. Allgemeines

1. Grundsatz

Rechtsgrundlage: §§ 3 Abs. 1, 4 Nr. 7, Nr. 8; §§ 3 Abs. 1, 5; §§ 3 Abs. 1, 6 UWG, Art. 2 c und Art. 4 Richtlinie irreführende und vergleichende Werbung

Das natürliche Bestreben des Unternehmers, den Mitbewerber zu überflügeln, bringt   **652** die Versuchung mit sich, ihn beim Kunden „auszustechen". Die gröbste Form eines solchen Versuchs ist die Anschwärzung, der geistige Brachialwettbewerb: Man behauptet Unwahres über den Konkurrenten selbst, über seinen Betrieb, über seine Waren oder Leistungen, um den Kunden zu sich herüberzuziehen. Ein solches Vorgehen ist in der Regel schon wegen der auf der Hand liegenden Irreführungsgefahr unlauter.

Die Bezugnahme auf den Konkurrenten ist dem freien Wettbewerb jedoch auch dann   **653** im Prinzip wesensfremd, wenn die gemachten Angaben wahr sind. Kennzeichen des freien Wettbewerbs ist der Kampf der Wettbewerber nebeneinander, nicht gegeneinander um die Gunst des Publikums (Rn 1). Der Kunde soll nach der in seinen Augen besseren Leistung frei entscheiden. Die **persönlichen Verhältnisse** des Mitbewerbers sind auf sie in aller Regel ohne Einfluss und gehen deshalb seine Kunden nichts an, solange der Mitbewerber nicht selbst entscheidet, sie zum Gegenstand des Wettbewerbs zu machen oder sie zweifellos einen nicht unerheblichen Einfluss auf dessen angebotene Leistung haben. Auch die wahre bezugnehmende Werbung ist daher grundsätzlich unlauter, soweit sie auf die persönlichen Verhältnisse des Mitbewerbers Bezug nimmt (Rn 674 ff).

Für die werbliche Bezugnahme auf Produkte oder Leistungen der Konkurrenz, die sog.   **654** **vergleichende Werbung**, galt früher derselbe Grundsatz mit nur wenigen, allerdings nicht unbedeutenden Ausnahmen (notwendiger Vergleich und Abwehrvergleich). Seit 1969 ließ der Bundesgerichtshof daneben auch den sog. nützlichen Vergleich zu, wenn ein besonderes Interesse der Verbraucher gegeben war, weil der fragliche Marktbereich für sie entweder Neuland oder nicht transparent war und ein Überblick nur mit Mühe zu gewinnen gewesen wäre. Nach dem Inkrafttreten der Richtlinie 97/55/EG vom 6. Oktober 1997 (jetzt Richtlinie 2006/114/EG vom 12. Dezember 2006) gab er diese Rechtsprechung ausdrücklich auf und legte der Anwendung des UWG auf die vergleichende Werbung seitdem die materiellen Bestimmungen der Richtlinie zugrunde. Die von der Richtlinie vorgegebene Regelung ist inzwischen mit der Einfügung einer ausdrücklichen Norm Gesetz geworden,[313] **§ 6 UWG.** Vgl zum Ganzen Rn 684 ff.

Das grundsätzliche Verbot der persönlichen Bezugnahme mit wahren Angaben einer-   **655** seits und die für die Zulassung der vergleichenden Werbung geltenden Regeln andererseits finden auch dort Anwendung, wo die Bezugnahme von Dritten, die selbst nicht am Wettbewerb beteiligt sind, ausgeht, falls damit zumindest auch die Förderung fremden Wettbewerbs bezweckt ist (Rn 70 ff).

Bezugnehmende Werbung erfolgt meist in Form der herabsetzenden (kritisierenden)   **656** Bezugnahme. Die **Bezugnahme auf fremde Werbung** kann jedoch auch, insbesondere

---

313   Vgl Gesetzestext und -begründung in WRP 2000, 555 ff, sowie WRP 2000, 1318 f.

wenn sie positiv Bezug nimmt, ein unlauteres Anhängen und damit ein Unterfall der Behinderung durch unlautere Ausnutzung fremder Leistung sein (Rn 713 ff).

2. Ausnahmen

657 In den Fallgruppen, in denen die Bezugnahme auf die Konkurrenz nicht schon von § 6 UWG zugelassen ist, ist sie jedenfalls unter den nachfolgenden Voraussetzungen erlaubt:

a) Vertrauliche Mitteilungen

658 Eine vertrauliche Mitteilung ist, wenn der Werbende oder der Empfänger an ihr ein berechtigtes Interesse hat, solange erlaubt, wie nicht ihre Unwahrheit feststeht. Sie braucht also nicht einmal nachweislich richtig zu sein (§ 4 Nr. 8 2. Halbsatz, Rn 669).

b) Information der Presse durch Mitbeweber

659 Eine zweite Ausnahme ist bei Presseberichten gegeben. Hier kollidiert das grundsätzliche Bezugnahmeverbot mit der verfassungsgemäßen Informationsaufgabe der Presse. Sie ist zur Erfüllung dieser ihrer Aufgabe auf sachkundige Informationsquellen angewiesen. Sachkundig sind vielfach nur die Mitbewerber. Wollte man das Verbot der Bezugnahme auf die Konkurrenz auch insoweit streng durchführen, so würde der Presse oftmals die einzige sachkundige Informationsquelle verschlossen; sie würde damit in der Erfüllung ihrer im Grundgesetz verankerten Aufgaben behindert. Der Bundesgerichtshof lässt deshalb mit Recht die sachgerechte, wahre Information an die Presse in den Fällen zu, in denen ein ernsthaftes Interesse an der Aufklärung der Allgemeinheit über wettbewerbliche Fragen besteht.[314] Dies gilt jedenfalls, wenn der Mitbewerber **auf Anfrage** die erbetenen Informationen erteilt hat. Von sich aus darf er die Presse jedoch nur informieren, wenn es sich um **Missstände** handelt, „die das Allgemeininteresse in schwerwiegender Weise berühren und von denen nur die Mitbewerber Kenntnis haben".[315]

c) Abwehr

660 Schließlich kann die Bezugnahme ausnahmsweise dort erlaubt sein, wo sie unter den gegebenen Umständen **erforderlich ist, um einem rechtswidrigen Angriff wirksam zu begegnen.**[316] Es handelt sich um eine Art Notwehrrecht im Wettbewerb, das, weiter gehend als § 227 BGB, auch den Zweck der Schadensverhütung oder Schadensbeseitigung nach geschehenem Angriff haben kann (Abwehrrecht, Rn 992). Auch ein danach zulässiger Abwehrvergleich hat jedoch das Gebot der Sachlichkeit zu beachten.[317]

---

314 BGHZ 50, 1, 3 f. *Pelzversand*. An einer Einstweiligen Verfügung zwischen zwei Konkurrenten besteht ein solches Interesse der Allgemeinheit in der Regel nicht, OLG Frankfurt GRUR 1982, 739, 740 *Printkompress*.

315 So wörtlich BGHZ 50, 1, 6 *Pelzversand*; Vgl dazu OLG Hamburg WRP 1970, 155, 157 *Elektro-Dauer-Service*. Zusammenfassend Messer, FS Vieregge, S. 629. Unrichtig OLG Hamburg WRP 2000, 647, 649 f. *Beißhemmungen*: Ein Missstand lag nicht vor. Es handelte sich vielmehr um die Herabsetzung des Hauptkonkurrenten mit Hilfe pauschaler Unterstellungen.

316 Vgl die Beispiele zur persönlichen Werbung Rn 677 ff.

317 OLG Hamburg AfP 1991, 539, 540 f.

II. Unwahre bezugnehmende Werbung

Rechtsgrundlage: §§ 3 Abs. 1, 4 Nr. 8 UWG, §§ 3 Abs. 1, 5 UWG

§§ 3 Abs. 1, 4 Nr. 8 UWG regeln einen großen Bereich der unwahren Bezugnahme auf   **661** Wettbewerber, nämlich die Behauptung von falschen Tatsachen in Bezug auf einen *bestimmten* Mitbewerber oder ein *bestimmtes* Konkurrenzprodukt. Kurz wird § 4 Nr. 8 UWG auch „Anschwärzung" genannt.[318]

Schon vom Wortlaut des § 4 Nr. 8 UWG nicht erfasst wird hingegen der unwahre Systemvergleich, also ein Vergleich, der den Mitbewerber oder seine Leistung nicht erkennbar macht, aber auf falschen Tatsachen beruht (dazu Rn 673). Dafür muss auf §§ 3 Abs. 1, 5 UWG zurückgegriffen werden.

Ferner regeln die §§ 3 Abs. 1, 4 Nr. 8 UWG nicht den – seltenen – Sonderfall der **unwahren Lobhudelei**, weil sie voraussetzen, dass die behauptete oder verbreitete Tatsache zur „Schädigung" des Betroffenen geeignet ist. Das unwahre Lob eines Unternehmers fällt, wenn eine geschäftliche Handlung (zB durch eine Konzerngesellschaft oder in einer Bankauskunft, vgl Rn 55 ff) vorliegt, unter §§ 3 Abs. 1, 5 UWG, sonst ausschließlich unter § 3 Abs. 1 UWG, falls es – wie im Zweifel anzunehmen ist – dem Betroffenen Vorteile im Wettbewerb verschaffen sollte (der Wettbewerber lobt die Produkte des Konkurrenten in unwahrer Weise, um dann zu erklären, seine Produkte seien ebenso gut); vgl auch Rn 656.

Scheidet eine geschäftliche Handlung nach § 3 UWG aus, kommt vor allem eine An-   **662** wendung von § 187 StGB in Verbindung mit § 823 Abs. 2 BGB oder § 824 BGB in Betracht.

1. Anschwärzung

Rechtsgrundlage: §§ 3 Abs. 1, 4 Nr. 8 UWG

a) Tatsachenbehauptung – Werturteil

§ 4 Nr. 8 UWG fordert, dass „Tatsachen" behauptet oder verbreitet wurden. Reine   **663** Werturteile sind deshalb von § 4 Nr. 8 UWG nicht betroffen. Sie werden jedoch von § 4 Nr. 7 UWG reguliert; liegt also ein Werturteil und keine Tatsachenbehauptung vor, muss § 4 Nr. 7 UWG geprüft werden (s. Rn 678). Zur Abgrenzung Tatsachenbehauptung/Werturteil allgemein Rn 152 ff.

Die Frage, ob der **Vorwurf der Rechtsverletzung** eine Tatsachenbehauptung oder ein Werturteil enthalte, beantwortet sich danach, ob der Vorwurf als Rechtsauffassung kenntlich gemacht ist oder beim Adressaten zugleich die Vorstellung von konkreten, in die Wertung eingekleideten Vorgängen hervorruft, die als solche einer Überprüfung mit den Mitteln des Beweises zugänglich sind; nur im letzteren Falle liegt eine – ggf auch widerrufsfähige – Tatsachenbehauptung vor.[319]

---

318 Eingehend Brammsen/Apel WRP 2009, 1464 ff.
319 BGH GRUR 1982, 631, 632 *Klinikdirektoren* (für „illegal") und 633, 634 *Geschäftsführer* (für „betrügt"); bejaht auch von OLG Hamm GRUR-RR 282, 283 f. *Google-Spamfilter* (für die Qualifizierung, ob eine Domain als „Spam" anzusehen ist, was sich an Tatsachen, wie u.a. anhand der sinnlosen Häufung von Schlüsselwörtern. auf der Domain überprüfen lässt).

Beispiele: Ein Plagiatsvorwurf enthält als Tatsachenbehauptung die Nachahmung; der Unlauterkeitsvorwurf ist dagegen ein Werturteil.[320]

Wird behauptet, es finde ein illegaler Fellhandel wegen Fehlens der erforderlichen Dokumente statt, ist letzteres (Fehlen der Dokumente) Tatsachenbehauptung.[321]

Grundsätzlich liegt auch in der Geltendmachung einer Schutzrechtsverletzung in einer Abmahnung nur ein Werturteil und keine Tatsachenbehauptung (Rn 598).

Die Behauptung künftigen Verhaltens enthält die tatsächliche Angabe einer gegenwärtig bestehenden Absicht.[322]

b) Behaupten und Verbreiten

664   Behaupten heißt aus eigenem Wissen mitteilen, **Verbreiten** heißt eine empfangene Mitteilung weitergeben, ohne sich eindeutig von ihr zu distanzieren.[323] Die Form ist gleichgültig (Gebärden, schlüssige Handlung, Beantwortung einer Frage usw.). Daher ist auch das farbliche Hinterlegen eines Suchergebnisses über eine Domain im Internet mit einer für Spam stehenden (roten) Farbe ein Behaupten bzw Verbreiten iSd Vorschrift.[324] Es spielt auch keine Rolle, ob man sich direkt oder indirekt äußert (in der Wendung „die modernste Mühlsteinfabrik des Kontinents" liegt die Behauptung, alle anderen Fabriken seien weniger modern, vgl Rn 156). Einschränkungen, Abschwächungen oder Vorbehalte („wie ich mir habe sagen lassen")[325] nützen ebenso wenig wie die Berufung auf eine Quelle.[326] Die Äußerung eines Verdachts,[327] ja sogar einer bloßen Möglichkeit oder Frage[328] und die Weitergabe eines Gerüchts oder eines Zeitungsartikels[329] reichen aus.[330] Auch mit dem bloßen Hinweis auf die Äußerung eines Dritten, zB eine wissenschaftliche Abhandlung, macht man sich diese zu Eigen.[331] Das Gleiche gilt, wenn man das Urteil, mit dem die Behauptung verboten wurde, weitergibt.[332]

Behauptungen **in gerichtlichen oder behördlichen Verfahren** fallen nicht unter die §§ 3 Abs. 1, 4 Nr. 8 UWG.[333] Es fehlt hier schon an einer geschäftlichen Handlung, die in einem objektiven Zusammenhang mit der Absatzförderung steht (Rn 64 ff). Das gilt auch für Angaben in Patentanmeldungen.[334] Im Regelfall ergibt sich aus solchen Äußerungen auch keine Begehungsgefahr für eine Äußerung außerhalb eines gerichtlichen oder behördlichen Verfahrens.[335]

---

320 So auch Ohly in Piper/Ohly/Sosnitza § 4.8 Rn 8/12 unter Verweis auf BGH GRUR 1992, 527, 529 *Plagiatsvorwurf II.*
321 BGH GRUR 1993, 409, 410 *Illegaler Fellhandel.*
322 BGH WRP 1998, 303, 305; BGHZ 128, 1, 11.
323 BGH GRUR 1969, 624, 627 *Hormoncreme* – zu § 824 BGB.
324 OLG Hamm GRUR-RR 2007, 282, 283 *Google-Spamfilter.*
325 RG MuW 1934, 235 f.
326 BGH GRUR 1958, 448, 449 *Blanko-Verordnungen.*
327 OLG Düsseldorf GRUR 1985, 224, 225.
328 BGH GRUR 1969, 624, 629 *Hormoncreme.*
329 OLG Hamburg NJWE 1996, 221, 222.
330 BGH GRUR 1951, 283, 285 *Möbelstoffe.*
331 BGH WRP 2002, 828, 831 *Hormonersatztherapie;* BGH GRUR 1966, 92, 94 *Bleistiftabsätze;* OLG Celle GRUR 1989, 119 *Kundenanfrage.* Rn 159.
332 OLG Köln WRP 1986, 626.
333 BGH GRUR 1998, 587 *Bilanzanalyse Pro 7* mwN; siehe auch Wilhelm Nordemann in Fezer § 4-8 UWG Rn 72 zu Recht gegen OLG Naumburg GRUR-RR 2003, 375.
334 BGH GRUR 2010, 253 Tz. 11 ff. *Fischdosendeckel.*
335 BGH GRUR 2010, 253 Tz. 28 ff. *Fischdosendeckel.*

c) Gegenstand der Mitteilung

Zu den **Unternehmen** zählen auch wissenschaftliche, künstlerische und freie Berufsträ-   665
ger (vgl Rn 58). Unter den Begriff des **Unternehmers** oder ein **Mitglied der Unterneh-
mensleitung** fallen auch der Insolvenzverwalter, der Liquidator, ein Einzelner unter
mehreren Vorständen einer AG, der stellvertretende Geschäftsführer einer GmbH, der
Leiter einer – auch unselbständigen – Zweigniederlassung oder Filiale; die Anschwärzung anderer Mitarbeiter in dieser ihrer Eigenschaft (dh nicht etwa als Privatperson)
betrifft das Unternehmen. Unter die Begriffe **Waren oder Dienstleistungen** gehört alles,
was für ihre Beurteilung von Bedeutung ist, also nicht nur die Qualität, sondern auch
die Herkunft, der Absatzweg, die Preisbemessung, die Lagerhaltung, der Besitz von
Auszeichnungen usw. **§ 4 Nr. 8 UWG erfasst demnach alles, was Gegenstand einer Irreführung im Sinne des § 5 sein kann** (vgl Rn 139 – 410), allerdings unter der Voraussetzung einer

d) Eignung zur Schädigung

des Betroffenen. Dieser Begriff umfasst jede Art der Beeinträchtigung im gewerblichen   666
Bereich, sei es auch nur im allgemeinen Ansehen des Betroffenen[336] oder im Absatz
eines einzelnen Produkts.[337] Ein konkreter Schaden ist nur für den Schadenersatzanspruch, nicht für den Unterlassungsanspruch Voraussetzung.

Beispiele: Der betroffene Mitbewerber habe zweimal Pleite gemacht.[338] Der Konkurrent sei wegen Unterschlagung gegenüber Kunden entlassen worden.[339]

Bestimmte Spielzeuge erfüllten die relevanten DIN-Normen nicht.[340]

Ein Präparat führe zu einer höheren Dichtigkeit des Gewebes, wodurch Krebsvorsorgeuntersu-
chungen erschwert würden.[341]

e) Nicht erweislich wahr

§ 4 Nr. 8 UWG enthält eine **Beweisregel:** Es ist nicht nötig, dass die Unwahrheit der   667
schädigenden Behauptung feststeht. Es genügt, dass der Behauptende ihre Wahrheit
nicht beweisen kann. Der Gesetzgeber nimmt – mit Recht – in Kauf, dass eine nach
§ 4 Nr. 8 UWG verbotene Behauptung vielleicht doch wahr sein könnte, um den Leistungswettbewerb so weit wie möglich von direkten Angriffen gegen Wettbewerber
freizuhalten (Gefährdungstatbestand). Das gilt selbst dann, wenn der Betroffene dem
Behauptenden an sich auskunftspflichtig ist.[342]

Dagegen kann, wenn es um den Beweis **negativer Tatsachen** geht, dem Behauptenden
die ihm grundsätzlich obliegende Beweisführung dadurch erleichtert sein, dass der Verletzte im Rahmen der Zumutbarkeit zur Darlegung verpflichtet ist, welche tatsächlichen

---

336 Vgl BGH GRUR 1968, 262, 264 f. *Fälschung* wegen des Vorwurfs, in einem konkreten Einzelfall „unwahr,
     böswillig und leichtfertig" gehandelt zu haben; OLG Karlsruhe WRP 1980, 220, 221 f (Rufschädigung durch
     falsche Angaben in wissenschaftlicher Abhandlung, die zu Wettbewerbszwecken verbreitet wird); BVerfG
     ZUM-RD 2000, 271 ff (Vorwurf, dass zu den Mitarbeitern der Zeitung „Junge Freiheit" auch Mitglieder
     der rechtsradikalen FAP gehörten).
337 Vgl BGH GRUR 1966, 633, 635 *Teppichkehrmaschine*: „zerpflückt jeden Teppich" (§ 824 BGB).
338 BGH GRUR 1994, 915, 918 *Börsenjournalist* zu § 824 BGB.
339 BGH GRUR 1957, 93, 95 *Jugendfilmvertrieb*.
340 OLG Hamburg WRP 2007, 443, 445 *Spielzeugrennbahn*.
341 BGH GRUR 2002, 633, 635 *Hormonersatztherapie*.
342 BGH GRUR 1957, 93, 94 *Jugendfilmverleih*: Behauptung der Unterschlagung gegen einen abrechnungs-
     pflichtigen Vertragspartner, der seiner Abrechnungspflicht noch nicht nachgekommen ist.

Umstände für das Vorliegen des Positiven sprechen; das gilt vor allem dann, wenn der Behauptende berechtigten Anlass hatte, seine Angaben gerade in die Form einer sog. negativen Tatsache zu kleiden.[343]

668   Ob etwas wahr ist oder nicht, richtet sich danach, wie der Empfänger der Mitteilung diese versteht (vgl Rn 121 ff). Auch eine objektiv wahre Behauptung kann also im Sinne des § 4 Nr. 8 UWG nicht erweislich wahr sein.[344] Unwahr sein kann auch eine unvollständige, also nicht „die ganze Wahrheit" umfassende Darstellung.[345]

Eine wahre Behauptung, die der Verkehr zutreffend versteht, kann nicht unlauter gem. § 4 Nr. 8 UWG sein; in Betracht kommt allerdings ein Verstoß gegen § 4 Nr. 7 und Nr. 10 UWG, die auch wahre Behauptungen erfassen.[346]

f) Vertrauliche Mitteilungen

Rechtsgrundlage: § 4 Nr. 8 2. Halbsatz UWG

669   Die Beweislastregel des „nicht erweislich wahr" gilt nur für den Regelfall des § 4 Nr. 8 UWG. Ist die schädigende Mitteilung vertraulich gemacht worden *und* hat der Mitteilende oder der Empfänger an ihr ein berechtigtes Interesse (kumulativ),[347] so muss ihre Unwahrheit feststehen, wenn sie verboten werden soll[348] (§ 4 Nr. 8 2. Halbsatz).

670   **Vertraulichkeit** liegt nur vor, wenn

■   sie sich aus den Umständen von selbst ergibt, zB weil die Mitteilung nur für den Empfänger selbst bestimmt war und nur für ihn Interesse hatte, so dass eine Verbreitung durch ihn ernsthaft nicht in Betracht kam,[349] oder wenn

■   dem Empfänger die vertrauliche Behandlung ausdrücklich zur Pflicht gemacht und zu erwarten ist, dass er diese Verpflichtung beachtet; das ist wegen der großen Anzahl der Empfänger nicht gegeben, wenn die Mitteilung in einer Vereinszeitung gemacht wurde, auch wenn diese nur für Mitglieder bestimmt ist.[350] Das Reichsgericht hat die Vertraulichkeit mit Recht schon bei einer Mitteilung an sieben Firmen nicht mehr für gewährleistet gehalten.[351]

671   Bei Anzeigen oder Eingaben an **Behörden** ist von vertraulicher Behandlung in der Regel auszugehen. Unrichtig daher OLG Düsseldorf WRP 1968, 403 f, wo die Anzeige gegen einen Handwerker, der mit unrichtigen Angaben den Zuschlag in der Ausschreibung erschlichen hatte, durch einen benachteiligten Konkurrenten gegenüber der Ausschreibungsbehörde wegen ihrer etwas drastischen Formulierung und der Ankündigung weiterer Schritte als unlauter angesehen wurde, ohne dass die Ausnahme der vertraulichen

---

343   BGH NJW-RR 1993, 746, 747 f. *Fehlende Lieferfähigkeit.*
344   RG GRUR 1936, 685, 687.
345   BGH GRUR 2000, 247, 248 *Vergabepraxis.* Vgl auch OLG Hamburg ZUM-RD 2000, 240, 241.
346   Wilhelm Nordemann in Fezer § 4-8 UWG Rn 19.
347   BGH GRUR 1992, 860, 861 *Bauausschreibungen.*
348   An der weiteren Verbreitung einer als unwahr feststehenden Behauptung kann niemand mehr ein schützenswertes Interesse haben, BVerfGE 54, 208, 219; BGH GRUR 1960, 135, 136 *Druckaufträge*; OLG Düsseldorf GRUR 1985, 224, 225.
349   BGH GRUR 1960, 135, 136 *Druckaufträge.*
350   BGH GRUR 1956, 212, 215 *Wirtschafts-Archiv.*
351   RG GRUR 1941, 382.

Mitteilung auch nur geprüft worden wäre,[352] ganz abgesehen davon, dass §§ 3 Abs. 1, 4 Nr. 8 UWG auf Behauptungen im gerichtlichen oder behördlichen Verfahren ohnehin nicht anwendbar sind.[353]

Der Begriff des **berechtigten Interesses** ist weit zu fassen. Es genügt jede nach objektiven Maßstäben vernünftige, an sich rechtmäßige Erwägung. Das Interesse daran, den Konkurrenten auszuschalten, wäre niemals berechtigt.[354] Doch braucht überhaupt kein eigenes berechtigtes Interesse beim Mitteilenden vorzuliegen, wo ein solches auf Seiten des Empfängers gegeben ist.[355]   672

2. Unwahre Systemvergleiche

Rechtsgrundlage: §§ 3 Abs. 1, 5 Abs. 1 UWG

Unter Systemvergleichen versteht man Vergleiche, die im Rahmen einer vergleichenden Gegenüberstellung einen **Mitbewerber oder dessen Leistungen nicht erkennbar** machen, sondern nur bestimmte **Systeme allgemein miteinander vergleichen**, zB Produktionssysteme, Vertriebssysteme (Fachgeschäft/Discounter) oder andere Strukturen, die die Systematik der Leistung ausmachen.[356] Maßstab für solche Systemvergleiche ist allein das Irreführungsverbot des § 5 Abs. 1 UWG; denn § 4 Nr. 8 UWG erfasst nur Äußerungen über die Waren oder Dienstleistungen bzw das Unternehmen „eines" Mitbewerbers.   673

Ein unwahrer Systemvergleich verstößt gegen § 5 Abs. 1 UWG (in der jeweils einschlägigen Fallgruppe der Nr. 1 bis 7), wenn er auf unwahren Tatsachen (Rn 663) aufbaut. Er darf noch nicht einmal wahre Tatsachen enthalten, wenn sie beim angesprochenen Verkehr einen unrichtigen oder irreführenden Gesamteindruck erwecken.[357] Dies kann insbesondere dann der Fall sein, wenn die miteinander verglichenen Tatsachen entgegen den Erwartungen des Verkehrs nicht miteinander vergleichbar sind, weil die Tatsachengrundlagen in für den Vergleich wesentlichen Punkten voneinander abweichen.

Beispiel: Auf dieser Grundlage hat der Bundesgerichtshof die Zulässigkeit eines Systemvergleichs einer Belegklinik mit normalen Krankenhäusern geprüft.[358]

Zu Systemvergleichen mit pauschalen, herabsetzenden Werturteilen unten Rn 679.

III. Sonstige bezugnehmende Werbung

1. Wahre persönliche Bezugnahme

Rechtsgrundlage: §§ 3 Abs. 1, 4 Nr. 7 und Nr. 10 UWG

Der Hinweis auf persönliche Eigenschaften oder interne Verhältnisse des Konkurrenten in der Werbung behindert diesen mit Mitteln, die außerhalb der Leistung liegen und dem freien Leistungswettbewerb daher auch dann wesensfremd sind, wenn der Hinweis   674

---

352 Wie hier Fritze WRP 1969, 100 f. Zutreffend auch OLG Frankfurt WRP 1985, 162, 163 f.
353 BGH GRUR 1998, 587 *Bilanzanalyse Pro 7* mwN.
354 Insoweit zutreffend OLG Düsseldorf WRP 1968, 403 f.
355 Vgl vorstehend Rn 670.
356 BGH RUR 2003, 353, 355 *Klinik mit Belegärzten;* BGHZ 49, 325, 329 *40 % können Sie sparen;* Grundlegend EuGH GRUR 2007, 511, 513 ff. Rs. C-381/05..
357 BGH GRUR 1988, 764, 767 *Krankenkassen-Fragebogen;* BGH GRUR 1986, 548, 549 *Dachstein-Werbung;* OLG Oldenburg WRP 2007, 1000 *Wer auf Erdgas umstellt, spart.*
358 BGH GRUR 2003, 353, 355 *Klinik mit Belegärzten.*

an sich zutrifft. Dabei ist es gleichgültig, ob man auf persönliche Dinge aus dem **geschäftlichen Bereich**

Beispiele: Gegen die Bonität des Konkurrenten bestünden Bedenken.[359]

Die Konkurrenz erfinde nicht, sondern plappere nur nach.[360]

Der Konkurrent betreibe den Verkauf seines Unternehmens an neue Inhaber.[361]

„Sämtliche Mitarbeiter der Konkurrenz haben gekündigt und werden bei uns tätig".[362]

Auch rechtliche oder wettbewerbliche Probleme der Mitbewerber untereinander zählen zu den persönlichen Umständen: Ein Mitbewerber verschickt Abdrucke eines gegen einen Mitbewerber erwirkten Urteils.[363]

oder aus dem **privaten Bereich** Bezug nimmt.

Beispiel: Der Inhaber eines Möbelversandhauses ließ seinem wichtigsten Konkurrenten durch einen Dritten die Würde eines Konsuls von Zypern gegen Zahlung eines hohen Geldbetrages anbieten. Der Konkurrent fiel auf den Schwindel herein. Die Fotos von der „Verleihungszeremonie" erschienen anschließend in einem Bildbericht der Hauszeitschrift des Veranlassers über den Vorfall, die nicht nur an Mitarbeiter, sondern auch an Dritte verteilt wurde, mit der weiteren Folge, dass fast die gesamte Presse, darunter eine große Illustrierte, den Bericht übernahm. Dass die Bloßstellung des Betroffenen nicht nur in der ganzen Branche, sondern zugleich in der breiteren Öffentlichkeit diesen auch geschäftlich schwer schädigen musste, liegt auf der Hand.[364]

Solche Bezugnahmen auf persönliche Verhältnisse sind grundsätzlich unzulässig, auch wenn sie wahr sind.

675   Ausnahmsweise kommt jedoch eine **Rechtfertigung** in Betracht. Möglich ist, abgesehen von der vertraulichen Mitteilung im berechtigten Interesse (Rn 658) und der erlaubten Presseinformation (Rn 659), vor allem die **Abwehr** (Rn 660, 992).

Beispiele: Ein großer Hersteller von Elektrogeräten hatte gegen ein Niedrigpreisgeschäft, das seine unverbindlichen Preisempfehlungen nicht beachtete, durch Rundschreiben an ca. 3500 Elektrogroßhändler eine Liefersperre verhängt. Das betroffene Unternehmen wehrte sich nicht nur gegen die Liefersperre,[365] sondern veröffentlichte gleichzeitig in einer regionalen Tageszeitung zwei Anzeigen, in denen es darauf hinwies, dass der – namentlich genannte – Hersteller zwar wegen der niedrigen Preise eine Liefersperre verhängt habe, es aber weiterhin die Geräte des Herstellers anzubieten in der Lage sei. Das OLG Koblenz[366] sah die Anzeigen mit Recht als das adäquate Abwehrmittel des Händlers gegen die unzulässige Liefersperre an. In der Tat konnten selbst gerichtliche Schritte nur die Liefersperre für die Zukunft beseitigen, nicht aber die durch das Rundschreiben des Herstellers eingetretene Verwirrung in der Öffentlichkeit ausgleichen, und auf das Ergebnis eines jahrelangen Schadensersatzprozesses zu warten, war dem Händler nicht zuzumuten.

---

359 BGH GRUR 1954, 404, 405 *Fachmann.*

360 BGH GRUR 1995, 427 *Schwarze Liste.*

361 OLG Frankfurt WRP 1979, 726, 727, freilich unter Berufung auf den verständigen Durchschnittsgewerbetreibenden (Rn 121 ff).

362 LG Düsseldorf K&R 1996, 474, 475 f.

363 OLG Hamm MMR 2008, 750, 750 (zwar nicht vom Prozessgegner, aber dafür ungeschwärzt); OLG Düsseldorf GRUR 1958, 94, 95 *Garantiezusage*; OLG Koblenz BB 1968, 5 f. *Liefersperre*; OLG Frankfurt GRUR 1982, 739, 741 *Printkompress* (nicht einmal auf Anfrage darf die Presse ein solches Urteil gegeben werden; zur Information der Presse vgl Rn 898; zur Anonymisierung von Presseberichten: OLG Braunschweig NJW-RR 2005, 199); OLG Karlsruhe WRP 1989, 40, 42 (großzügiger aber in NJWE 1998, 102, 103; ähnlich OLG Saarbrücken NJWE 1998, 30, 31); OLG Koblenz WRP 1989, 43, 44; andererseits darf eine Körperschaft die eigenen Mitglieder über den Ausgang von Gerichtsverfahren unter namentlicher Nennung des Prozessgegners unterrichten: OLG Brandenburg GRUR-RR 2006, 199, 200 *Anonymisierung.*

364 LG Frankfurt BB 1969, 559.

365 Mit Erfolg: OLG Stuttgart BB 1968, 4.

366 BB 1968, 5, 6 *Liefersperre.*

Eine Illustrierte hatte unter dem Titel „Jacqueline Kennedy: Mein Mann John" eine Collage aus Archivmaterial als angeblichen Originalbericht der Witwe des ermordeten US-Präsidenten Kennedy veröffentlicht. Der zutreffende Vorwurf einer anderen Illustrierten, dieser Bericht sei eine „Fälschung", war unter dem Gesichtspunkt der Abwehr gerechtfertigt. Die erste Illustrierte durfte darauf nicht mit der Behauptung antworten, der Vorwurf der Fälschung sei „unwahr, böswillig und leichtfertig erhoben".[367]

Daneben kann **für die Öffentlichkeit ein berechtigtes Aufklärungsinteresse** bestehen. **676** Allerdings muss dafür eine umfassende Interessenabwägung vorgenommen werden, ob das Schadenspotenzial beim Betroffenen das Aufklärungsinteresse der Öffentlichkeit und die Meinungsfreiheit des Äußernden (Art. 5 GG) überwiegt.[368] Dabei ist der Maßstab strenger als bei Äußerungen, die keine geschäftliche Handlung iSd § 3 Abs. 1 UWG sind (vgl Rn 69 ff) und die damit nach §§ 823 f BGB zu beurteilen sind; denn bei geschäftlichen Handlungen gem. § 3 Abs. 1 UWG wird die Meinungsfreiheit und das Informationsinteresse der Allgemeinheit zur Förderung eigener Wirtschaftsinteressen instrumentalisiert.[369]

■ Am häufigsten tritt die persönliche Werbung in der Form des **Vorwurfs von Rechtsverletzungen** auf. Man verschickt Warnschreiben mit dem Hinweis auf Schutzrechtsverletzungen (dazu Rn 596 ff),[370] behauptet Wettbewerbsverstöße,[371] verschickt Abdrucke eines gegen einen Mitbewerber erwirkten Urteils,[372] oder veröffentlicht – umgekehrt – in herabsetzender Form ein Urteil, das ein Mitbewerber gegen den Werbenden erwirkt hat[373] oder berichtet im Fernsehen über prozessuale Auseinandersetzungen mit der Konkurrenz.[374] Grundsätzlich ist ein Bericht über rechtliche Streitigkeiten unzulässig. Es gibt regelmäßig kein schützenswertes Interesse, über rechtliche Probleme mit Mitbewerbern der Öffentlichkeit werblich zu berichten.[375] Nur wenn ein dringendes Interesse der Öffentlichkeit an Aufklärung gegeben ist, kann Werbung mit Rechtstreiten zulässig sein.

Beispiele: Werbekolonnen eines Konkurrenten betrieben irreführende Werbung; dagegen **677** konnte wirksam nur mit Zeitungsanzeigen vorgegangen werden.[376] Ein Wettbewerber war gegen seinen Konkurrenten rechtskräftig erfolgreich wegen unlauterer Nachahmung vorgegangen; darüber durfte der Kläger sachlich Abnehmer unterrichten, weil er nur so die Einhaltung des gerichtlichen Verbots sicherstellen konnte.[377] Vor Rechtskraft wäre ein solcher Fall aber anders zu beurteilen.

---

367 BGH GRUR 1968, 262, 265 *Fälschung*.
368 Wilhelm Nordemann in Fezer § 4-7 UWG Rn 67 ff; Ohly in Piper/Ohly/Sosnitza § 4-7 Rn 7/19, jeweils mwN.
369 BGH GRUR 1966, 92, 94; Köhler in Köhler/Bornkamm § 4 UWG Rn 7.18 mwN.
370 BGH WRP 1968, 50 *Spielautomat*; Vgl aber BGH GRUR 1975, 315, 317 *Metacolor*.
371 OLG Hamburg WRP 1961, 368 *Kundenkartei* und ZUM-RD 2000, 240 („So täuschte der SPIEGEL die Leser"); OLG Stuttgart WRP 1984, 47.
372 OLG Hamm MMR 2008, 750 (zwar nicht vom Prozessgegner, aber dafür ungeschwärzt); OLG Düsseldorf GRUR 1958, 94, 95 *Garantiezusage*; OLG Koblenz BB 1968, 5 f. *Liefersperre*; OLG Frankfurt GRUR 1982, 739, 741 *Printkompress* (nicht einmal auf Anfrage darf der Presse ein solches Urteil gegeben werden; zur Information der Presse Vgl Rn 898; zur Anonymisierung von Presseberichten: OLG Braunschweig NJW-RR 2005, 195); OLG Karlsruhe WRP 1989, 40, 42 (großzügiger aber in NJWE 1998, 102, 103; ähnlich OLG Saarbrücken NJWE 1998, 30, 31); OLG Koblenz WRP 1989, 43, 44.
373 OLG Hamm GRUR 1980, 311, 312 *Pressebericht in eigener Sache*.
374 OLG München ZUM-RD 1999, 85, 87 f.
375 OLG Hamm MMR 2008, 750, 751 unter Berufung auf BGH GRUR 1968, 645, 647 *Pelzversand*; OLG Koblenz WRP 1989,43; OLG Karlsruhe WRP 1989, 40; Omsels in Harte/Henning, § 4 Nr. 7 Rn 21. Gegen ein grundsätzliches Verbot: OLG Schleswig OLGR 2008, 287; Ohly in Piper/Ohly/Sosnitza § 4.7 Rn 7/19.
376 BGH GRUR 1971, 259, 260 W.A.Z.und OLG Frankfurt WRP 1974, 98, 99 f.
377 OLG Saarbrücken NJWE 1998, 30, 31.

Nicht gerechtfertigt ist die ungeschwärzte Veröffentlichung eines gegen einen Mitbewerber erstrittenen Urteils, wenn es sich um einen „Standardfall" handelt, der keine eindeutige Irreführung beinhaltet.[378] Eine öffentlich-rechtliche Körperschaft darf allerdings die eigenen Mitglieder über den Ausgang von Gerichtsverfahren unter namentlicher Nennung des Prozessgegners unterrichten.[379]

■ Ein (wahrer) Hinweis auf die **fehlende Zahlungsfähigkeit** oder die Eröffnung eines Insolvenzverfahrens trifft den Mitbewerber hart; das kann nur zulässig sein, wenn es für die Öffentlichkeit ein dringendes Bedürfnis gibt, darüber informiert zu werden. Ein solches dringendes Bedürfnis fehlt, wenn für die Öffentlichkeit kein Risiko besteht, zB beim Kauf in einem Supermarkt. Anders kann dies sein, wenn gezielt Kunden angeschrieben werden, die bei Insolvenz mit Ausfällen zu rechnen hätten.[380]

■ An Informationen aus der **Intimsphäre des Konkurrenten** besteht grundsätzlich niemals ein berechtigtes öffentliches Interesse.

Beispiele: Die Homosexualität des Mitbewerbers ist für die Öffentlichkeit ohne Interesse. Auch Vorstrafen dürfen nicht erwähnt werden.

Genauso kommt kein Szenario in Betracht, bei dem im vorgenannten „Konsul"-Fall (Rn 674) ein berechtigtes Interesse der Öffentlichkeit bestünde, von den Eitelkeiten des hinter das Licht geführten Mitbewerbers zu erfahren.

678 § 4 Nr. 7 UWG finde auch Anwendung auf **Werturteile;**[381] es muss sich nicht nur – wie bei § 4 Nr. 8 UWG – um Tatsachenbehauptungen zu handeln (Rn 663). Die Meinungsfreiheit darf nicht zu Wettbewerbszwecken missbraucht werden.[382]

Eine erste Gruppe stets unlauterer Werturteile ist die Schmähkritik oder zumindest unangemessen unsachliche, abfällige oder abwertende Werturteile über Konkurrenten.

Beispiele: Schmähkritik: Bezeichnung der Produkte des Mitbewerbers als „Scheiß des Monats".[383] Angabe, dass sich die Konkurrenzzeitung „in erster Linie als Toilettenpapier" eigne.[384]

Die Verwendung der Angabe „Zahnbürstenhaus" als Beschreibung der Sortimentsgröße eines konkurrierenden Möbelhändlers ist unlauter.[385] Auch „Lüge" wird man für eine unzutreffende Aussage eines Konkurrenten nicht sagen dürfen.[386]

Grenzfälle sind die Schlagzeile „Fremdgehen kann teuer werden" im Zuge eines Preisvergleiches[387] oder wenn Ärzte eine Krankenkasse ohne sachlichen Grund als weniger leistungsbereit beurteilen und zum Wechsel auffordern.[388]

378 OLG Hamm MMR 2008, 750, 751.
379 OLG Brandenburg GRUR-RR 2006, 199, 200 *Anonymisierung.* Hier fehlt es schon an einer geschäftlichen Handlung der Körperschaft, vgl Rn 55 ff.
380 Vgl OLG Schleswig OLGR 2008, 287.
381 BGH GRUR 1962, 45, 47 *Betonzusatzmittel;* Vgl auch BGH GRUR 1982, 234, 236 *Großbanken-Restquoten,* wo angesichts des Vorwurfs mangelnder Seriosität zu Recht offen gelassen wird, ob es sich um ein Werturteil oder um eine wahre und unwahre Tatsachenbehauptung handelte; OLG Frankfurt AfP 1986, 58 („überzogenes Vorteilsdenken"); OLG München NJWE 1996, 177 („Ein Eingreifen der Aufsichtsbehörden scheint angezeigt") mit zu Unrecht ablehnender Anm. Rüßmann in NJW 1997, 1620.
382 OLG München NJW-RR 1997, 743.
383 OLG München WRP 1996, 925.
384 OGH Wien ÖBl. 1991, 64, 66.
385 OLG Hamburg WRP 1970, 226.
386 OLG Hamm OLGR 2008, 568 *Lüge.*
387 OLG Jena GRUR-RR 2003, 254.
388 OLG München GRUR 2001, 762 *geringe Leistungsbereitschaft.*

Ansonsten muss immer eine Interessenabwägung stattfinden, ob für das Werturteil im Licht der Meinungsfreiheit (Art. 5 GG) ein dringendes Informationsbedürfnis der Öffentlichkeit, also ein hinreichender Anlass, gegeben ist. Hier gilt nichts anderes als für die Werbung mit (wahren) Tatsachenbehauptungen (Rn 676). Werden indes nur Werturteile und gar keine Tatsachen transportiert, kann kaum ein dringendes Informationsbedürfnis gestillt werden.

Finden die Herabsetzung eines bestimmten Konkurrenten **im Rahmen vergleichender Werbung** statt (Rn 681 ff), ist § 6 UWG einschlägig (Rn 693).

2. Pauschale Herabsetzung (unsachlicher Systemvergleich)

Rechtsgrundlage: §§ 3 Abs. 1, 4 Nr. 7 UWG; § 3 Abs. 1 UWG

Unzulässig ist auch jede unsachliche pauschale Herabsetzung aller Konkurrenten. Es handelt sich dabei entweder um (wahre) Tatsachenbehauptungen oder um Werturteile, die aufgrund ihres Inhalts als pauschal herabsetzend und damit unzulässig eingestuft werden. Erfasst werden von dieser Fallgruppe außerdem nur **Systemvergleiche** (zum Begriff Rn 673), die Mitbewerber nicht erkennbar machen, so dass der Anwendungsbereich des § 4 Nr. 7 UWG nicht eröffnet ist; denn schon nach seinem Wortlaut wird vorausgesetzt, dass die Kennzeichen, Waren, Dienstleistungen oder Verhältnisse „eines" Mitbewerbers herabgesetzt werden. Auch kommt § 4 Nr. 10 UWG nicht zur Anwendung, weil alle Konkurrenten betroffen sind. Während die unwahren Systemvergleiche von der Regelung der §§ 3 Abs. 1, 5 UWG aufgefangen werden (oben Rn 673), bleibt damit der wahre, aber herabsetzende oder verunglimpfende Systemvergleich ohne konkrete Regelung im UWG. Er muss über **§ 3 Abs. 1 UWG** erfasst werden.

679

Es gelten jedoch die gleichen Grundsätze wie für die Herabsetzung „eines" Mitbewerbers nach § 4 Nr. 7 UWG (vgl Rn 674 ff):

680

Beispiele: Die gegen die öffentlich-rechtlichen Rundfunkanstalten gerichtete Werbung von Privatsendern: *Ich zahle viel Geld für viele andere Sender. Ob ich das tun will, hat mich keiner gefragt. Für mich ist das vorbei, mit der Gebührenschneiderei. Radio privat, ich bin dabei* war unlauter.[389]

„Wieso in Blechschlangen zu überfüllten Kaufstätten fahren, wenn Sie vor der Stadt ruhiger und günstiger einkaufen können" erscheint auch als pauschale Herabsetzung der Mitbewerber in der fraglichen Stadt.[390]

„Keine Verkaufsveranstaltung – kein psychologischer Druck – keine Nötigung durch Reiseveranstalter" richtet sich als pauschale Herabsetzung gegen die Veranstalter von Verkaufsfahrten.[391]

„Lieber zu Sixt als zu teuer" wurde ebenfalls als unlauter eingestuft.[392]

In der in einem Informationsblatt enthaltenen Aufforderung, Werbungen mit durchgestrichenen Preisen – unter Hinweis auf mögliche „Unseriosität, Lockvogel, Ladenhüter und Finten" – „misstrauisch zu prüfen", liegt im Allgemeinen noch keine nach UWG zu beanstandende pauschale Herabsetzung ungenannter Mitbewerber.[393]

Eine Werbeagentur, die eine auf Kosteneinsparung bei der Telefonbuchwerbung gerichtete Beratung anbietet, setzt die Kundenberater der Telefonbuchverlage nicht in unlauterer Weise herab,

---

389 OLG Dresden ZUM 1995, 633 f.
390 OLG München WRP 1976, 566, 567.
391 OLG Karlsruhe WRP 1983, 698, 699.
392 OLG Hamburg GRUR 1992, 531; aA OLG Oldenburg WRP 1993, 128 f.
393 BGH GRUR 2002, 75 *SOOOO .... BILLIG!?*

wenn sie in ihrer Werbung Kunden anspricht, die „sich schlecht, einseitig oder gar nicht beraten fühlen".[394]

„Die Steinzeit ist vorbei" als (humorvoller) Systemvergleich eines Herstellers von Häusern in Holz-rahmenbauweise mit Häusern in Steinbauweise ist nicht unlauter.[395] „Die Zeit des Modeschmucks ist vorbei" wurde früher allerdings anders beurteilt, enthielt allerdings auch keinen besonderen Witz.[396]

3. Vergleichende Werbung (Produkt- und Leistungsvergleich)

Rechtsgrundlage: §§ 3 Abs. 1, 6 UWG; Art. 2 c und Art. 4 Richtlinie irreführende und vergleichende Werbung

a) Erkennbarkeit des Mitbewerbers

Rechtsgrundlage: § 6 Abs. 1 UWG; Art. 2 c Richtlinie irreführende und vergleichende Werbung

681 Vergleichende Werbung ist nach § 6 Abs. 1 UWG jede Werbung, die unmittelbar oder mittelbar einen Mitbewerber oder die von einem Mitbewerber angebotenen Waren oder Dienstleistungen erkennbar macht.[397] Eine vergleichende Werbung kann also nur vorliegen, wenn für die Angesprochenen **erkennbar** ist, **wer oder welche Waren/Dienstleistungen gemeint** sind.[398] Eine namentliche Nennung führt stets zu einer Erkennbarkeit. Sie ist aber nicht zwingende Voraussetzung. Es genügen auch Andeutungen, wenn aus ihnen selbst oder aus den Begleitumständen der Betroffene bzw seine Leistung erkennbar wird.[399] Die Erkennbarkeit ist großzügig anzunehmen.[400] Nicht genügend ist jedoch ein Vergleich bloßer Warengattungen, weil es dann an einer Erkennbarkeit eines **bestimmten Mitbewerbers** (oder mehrerer bestimmter Mitbewerber) fehlt.[401]

Beispiele für (mittelbare) Erkennbarkeit: Ein Unternehmen vergleicht die von ihr vertriebenen Saugeinlagen aus reiner Zellulose mit Polymer-Saugeinlagen und fügt seiner Werbung eine Polymer-Saugeinlage eines Mitbewerbers bei, der damit erkennbar wird.[402]

Ein Anbieter von Ersatzteilen und Verbrauchsmaterialien für bestimmte elektronische Geräte gibt in seinem Katalog die Artikelnummern an, die der Hersteller der elektronischen Geräte selbst für seine eigenen Ersatzteile und Verbrauchsmaterialien verwendet.[403]

Ein Anbieter wirbt damit, dass sein Produkt ein bestimmtes anderes Produkt „ersetzt".[404]

„Nur reguläre Ware wird verkauft, keine Ramschwaren, wie in Warenhäusern vielfach üblich" in der Anzeige eines Geraer Unternehmers musste sich, da es in Gera nur ein Warenhaus gab, auf dieses beziehen.[405]

---

394 BGH GRUR 2005, 609 *Sparberaterin II.*
395 BGH GRUR 2002, 982 *Die Steinzeit ist vorbei.*
396 Dennoch wohl zu streng OLG Hamm WRP 2000, 1316, 1317 f.
397 Zum Ganzen: Sack WRP 2008, 170 ff; ders. WRP 2008, 1141 ff.
398 BGHZ 138, 56, 59 *Testpreis-Angebot* mwN; BGH GRUR 1999, 1100, 1101 *Generika-Werbung.*
399 EuGH GRUR 2007, 511 Tz. 17, 51 *De Landtsheer/Comité Interprofessionnel;* EuGH GRUR 2003, 533, 535 *Pippig Augenoptik/Hartlauer;* EuGH GRUR 2002, 354 *Toshiba/Katun;* BGH GRUR 2010, 343 Tz. 28 *Oracle;* BGH GRUR 2008, 628 Tz. 21 *Imitationswerbung;* BGH GRUR 2008, 666 Tz. 15 *Saugeinlagen.*
400 EuGH GRUR 2003, 533, 535 *Pippig Augenoptik/Hartlauer;* EuGH GRUR 2002, 354 *Toshiba/Katun;* BGH GRUR 2010, 343 Tz. 28 *Oracle;* BGH GRUR 2008, 628 Tz. 21 *Imitationswerbung.*
401 EuGH GRUR 2007, 511 Tz. 50 ff. *De Landtsheer/Comité Interprofessionel.*
402 BGH GRUR 2008, 443 Tz. 15 f. *Saugeinlagen.*
403 EuGH GRUR 2002, 354, 355 *Toshiba/Katun;* vgl auch EuGH GRUR 2006, 345. Kritisch zur Einstufung als vergleichende Werbung: Sack WRP 2002, 363, 364 ff.
404 BGH GRUR 2003, 444, 445 „*Ersetzt".*
405 RG GRUR 1930, 200, 301.

„Diese Teppichkehrmaschine zerpflückt jeden Teppich" mit der Abbildung der Maschine bezieht sich auch ohne Namensnennung auf einen bestimmten Hersteller, wenn die besonderen, nur für ihn typischen Konstruktionsmerkmale der Maschine auf dem Bild sichtbar werden.[406]

Ein Grenzfall ist BGH *Imitationswerbung*: Der BGH nahm eine Erkennbarkeit an, weil die Zwischen- und Großhändler die Übereinstimmungen zwischen dem Duft des Werbenden und bestimmten Markenparfüms kennen würden und deshalb anhand der vom Werbenden verwendeten Produktbezeichnungen in der Lage seien, einen Bezug zu bestimmten Markendüften herzustellen. Diese Produktbezeichnungen dienten insoweit als „Übersetzungscode" oder „Eselsbrücke" für die Händler.[407]

„Echter Großeinkauf. Viele reden davon, doch Möbel-… hat ihn wirklich" in einer Zeitungsanzeige im unmittelbaren Anschluss an die Werbung eines Konkurrenten mit dem Schlagwort „Großeinkauf" in derselben Zeitung wird vom Publikum als **Gegenreklame** verstanden, also auf den Konkurrenten bezogen.[408] Auch die Werbeschlagzeile „Markenparfums – nur unverschämt günstig? Bei uns spottbillig" richtete sich als Gegenreklame gegen den Konkurrenten, der zuvor mit der Schlagzeile „Markenparfums – unverschämt günstig" geworben hatte.[409]

Beispiele für eine fehlende Erkennbarkeit: Eine Bierwerbung verwendet Angaben wie „Champagnerbier" oder „Bier, gebraut nach Méthode Champenoise". Darin ist ein Vergleich des Biers mit der Warengattung Champagner enthalten, jedoch wird dadurch kein bestimmter Mitbewerber aus dem Champagnerbereich erkennbar gemacht.[410]

Die Empfehlung „Onko-Kaffee können Sie getrost statt Blumen verschenken" nimmt auf keinen bestimmten Mitbewerber ausreichend konkret Bezug.[411]

Dasselbe gilt für „Ja zur Autowäsche mit weichem Textil – Nein zu Kratzern im Lack".[412]

Auch „Schiefer macht mehr aus Dach und Wand" ist nur eine allgemeine Floskel.[413]

„Die Steinzeit ist vorbei" als Werbung für Häuser in Holzrahmenbauweise enthält ebenfalls keinen hinreichend bestimmten Bezug auf irgendwelche bestimmten Mitbewerber, die Steinhäuser bauen.[414]

Fehlt es an einer Erkennbarkeit, ist ein unwahrer Systemvergleich (Rn 673) oder ein unsachlicher Systemvergleich (Rn 679) zu prüfen.

b) Vergleich

Rechtsgrundlage: § 6 Abs. 1 UWG; Art. 2 c Richtlinie irreführende und vergleichende Werbung

Nach dem Wortlaut des § 6 Abs. 1 UWG genügt für eine Anwendung des § 6 UWG, dass die betreffende Werbung den Mitbewerber oder dessen Leistungen erkennbar macht (dazu Rn 681). Der Wortlaut greift insoweit aber deutlich zu kurz, weil die Anwendbarkeit des § 6 UWG zusätzlich (**ungeschrieben**) voraussetzt, dass die durch die Werbung erkennbaren Mitbewerber bzw Leistungen auch **in Beziehung zu anderen Unternehmen oder anderen Produkten gesetzt** wird,[415] diesen also **als Alternative ge-**

682

---

406 BGH GRUR 1966, 633, 635 *Teppichkehrmaschine*.
407 BGH GRUR 2010, 343 Tz. 28 *Oracle*; BGH GRUR 2008, 628 Tz. 21 *Imitationswerbung*.
408 OLG Frankfurt GRUR 1968, 320 *Großeinkauf*, Vgl auch OLG Hamburg WRP 1970, 155, 157 *Echter Klarer*.
409 OLG Stuttgart WRP 1996, 791, 793 f.
410 EuGH GRUR 2007, 511 Tz. 50 ff. *De Landtsheer/Comité Interprofessionel*.
411 BGH GRUR 1972, 553 *Statt Blumen – Onko-Kaffee*.
412 BGH WRP 1997, 709, 710 *Kfz-Waschanlagen*.
413 OLG Hamburg GRUR 1994, 61.
414 BGH GRUR 2002, 982, 983 *Die „Steinzeit" ist vorbei*.
415 Begr. RegE Einführung des mit § 6 UWG fast wortgleichen § 2 UWG aF WRP 2000, 555, 560; BGH GRUR 1999, 1100, 1101 *Generika-Werbung*.

genüber gestellt wird. Meist wird der Werbende dabei sich selbst oder seine eigene Leistung als Bezugsobjekt wählen; zwingend ist das aber nicht.[416] Ein solcher Vergleich fehlt insbesondere in folgenden Fällen:

- Die Werbung kritisiert den Mitbewerber nur, vergleicht aber nicht.[417]
- Die Werbung bezieht sich nur auf das eigene Unternehmen oder die eigene Leistung. Danach enthält insbesondere die Alleinstellungs- oder Spitzengruppenwerbung (Rn 184 ff) im Regelfall keine hinreichende Gegenüberstellung mit Mitbewerbern, sondern stellt eben nur die eigene Leistung als Spitze oder Teil der Spitzengruppe dar.[418] Auch Werbung, die sich „nur" an einen fremden (guten) Ruf anlehnt, sich aber nicht als Alternative darstellt, ist keine vergleichende Werbung.[419]

  Beispiel: Ein Anbieter von Aluminiumfelgen bewirbt diese unter Abbildung eines Porsche. Vergleichende Werbung gem. § 6 Abs. 1 UWG kann nicht einschlägig sein, weil der Porsche nur als Verwendungsmöglichkeit der Räder, aber nicht als Alternative dargestellt wird.[420]

- Die Werbung fordert nur zum Vergleich mit den eigenen Leistungen auf, enthält aber keinen Vergleich.[421]
- Die Werbung enthält nur einen Vergleich zwischen jeweils fremden Leistungen, der Vergleich bezieht sich aber nicht auf die (redaktionelle) eigene Leistung des Zusammenstellens der Vergleiche.[422]
- Die Werbung stellt die gegenüber gestellten Leistungen nicht als konkurrierend, sondern als sich ergänzend dar.[423]

Fehlt es an der Voraussetzung des Vergleiches, kommen ergänzend die übrigen Bestimmungen zur Regelung bezugnehmender Werbung zur Anwendung (Rn 661 ff).[424]

683　Für jeden Vergleich ist zwingende Voraussetzung, dass er im Rahmen einer geschäftlichen Handlung erfolgt. Dafür ist erforderlich, dass das eigene oder ein fremdes Unternehmen gefördert wird und ein objektiver Zusammenhang zwischen der geschäftlichen Handlung und der Förderung besteht (Rn 61 ff). Ein redaktioneller Preisvergleich einer Zeitschrift kann damit nicht unter das UWG fallen, genauso wenig wie vom Geförderten unabhängige Software, die dem Nutzer einen Preisvergleich ermöglicht.[425]

416　Vgl BGH GRUR 1999, 69, 70 *Preisvergleichsliste II* für eine vergleichende Werbung zu Gunsten eines Dritten.
417　BGH GRUR 2002, 75 *SOOOO... BILLIG!?*.
418　Lehment GRUR 1999, 503, 504.
419　BGH GRUR 2005, 163, 165 *Aluminiumräder*.
420　BGH GRUR 2005, 163, 165 *Aluminiumräder*.
421　BGH GRUR 1999, 501, 502 *Vergleichen Sie;* BGH GRUR 1987, 49, 50 *Cola-Test*.
422　BGH GRUR 2006, 875 Tz. 21 ff. *Rechtsanwaltsranglisten;* so schon die Vorinstanz OLG München GRUR 2003, 719, 719 *Juve-Handbuch.*
423　OLG Stuttgart NJW-RR 1999, 266, 267.
424　BGH GRUR 2005, 163, 165 *Aluminiumräder*.
425　Zu Preisvergleichssoftware KG WRP 2000, 103, 106; Heydn GRUR 2000, 657.

c) Kriterien für eine Lauterkeit

Rechtsgrundlage: §§ 3 Abs. 1, 6 Abs. 2 UWG; Art. 4 Richtlinie irreführende und vergleichende Werbung

Art. 4 Richtlinie irreführende und vergleichende Werbung 2006/114/EG[426] regelt detailliert die Zulässigkeit von Werbevergleichen. Danach gilt vergleichende Werbung, was den Vergleich anbelangt, als zulässig, sofern folgende Bedingungen erfüllt sind: **684**

a) Sie ist nicht irreführend im Sinne der Artikel 2 b, Artikel 3 und Artikel 8 Absatz 1 der Werberichtlinie 2006/114/EG oder im Sinne der Artikel 6 und 7 der Richtlinie 2005/29/EG über unlautere Geschäftspraktiken;

b) sie vergleicht Waren oder Dienstleistungen für den gleichen Bedarf oder dieselbe Zweckbestimmung;

c) sie vergleicht objektiv eine oder mehrere wesentliche, relevante, nachprüfbare und typische Eigenschaften dieser Waren und Dienstleistungen, zu denen auch der Preis gehören kann;

d) durch sie werden weder die Marken, die Handelsnamen oder andere Unterscheidungszeichen noch die Waren, die Dienstleistungen, die Tätigkeiten oder die Verhältnisse eines Mitbewerbers herabgesetzt oder verunglimpft;

e) bei Waren mit Ursprungsbezeichnung bezieht sie sich in jedem Fall auf Waren mit der gleichen Bezeichnung;

f) sie nutzt den Ruf einer Marke, eines Handelsnamens oder anderer Unterscheidungszeichen eines Mitbewerbers oder der Ursprungsbezeichnung von Konkurrenzerzeugnissen nicht in unlauterer Weise aus;

g) sie stellt nicht eine Ware oder eine Dienstleistung als Imitation oder Nachahmung einer Ware oder Dienstleistung mit geschützter Marke oder geschütztem Handelsnamen dar;

h) sie begründet keine Verwechslungsgefahr bei den Gewerbetreibenden, zwischen dem Werbenden und einem Mitbewerber oder zwischen den Warenzeichen, Warennamen, sonstigen Kennzeichen, Waren oder Dienstleistungen des Werbenden und denen eines Mitbewerbers."

§ 6 Abs. 2 UWG[427] entspricht, wenn auch in der Negativform, in etwas anderer Reihenfolge und in teils etwas geänderter Formulierung, im Wesentlichen dieser Bestimmung; Buchstabe a (Irreführung) wird durch § 5 Abs. 3 umgesetzt (vgl Rn 170 ff), und Buchstabe e (Ursprungsbezeichnung) ist nicht umsetzungsbedürftig, da anderweitig geregelt[428] (vgl auch Rn 1471). Der Katalog des Art. 4 der Richtlinie ist nach Auffassung des EuGH[429] sowohl ein Zulässigkeits- als auch ein Verbotskatalog, weshalb nicht nur beim Verbot vergleichender Werbung, sondern auch bei einer Einordnung als zulässig

---

426 Früher Art. 1 Ziffer 4, Art. 3 a Richtlinie 97/55/EG vom 6. Oktober 1997, durch die u.a. die Irreführungs-Richtlinie 84/450 EWG vom 10. September 1984 um einen Art. 3 a ergänzt worden war. Art. 3 a RL 84/450 EWG entsprach weitgehend dem heutigen Art. 6 der Richtlinie 2006/114/EG.

427 Vgl Gesetzestext und -begründung zur Einführung der wortgleichen Vorgängernorm § 2 UWG aF in WRP 2000, 555 ff sowie WRP 2000, 1318 f.

428 VO Nr. 510/2006.

429 Zu Art. 3 a Abs. 1 RL 84/450 EWG aF: EuGH GRUR 2002, 354 *Toshiba/Katun.*

die Richtlinie stets Maßstab sein muss (sog. **richtlinienkonforme Auslegung**, vgl auch Rn 16).[430]

Die Regelungen des § 6 Abs. 2 UWG sind **abschließend**, sofern nicht (auch) eine Irreführung gegeben ist. Im Rahmen der Prüfung der Irreführung kann neben § 5 UWG auch noch § 4 Nr. 8 UWG angewendet werden.[431]

685 Art. 4 Richtlinie irreführende und vergleichende Werbung verlangt, wie der Satzbeginn deutlich macht, die kumulative Erfüllung *aller* Kriterien der Buchstaben a bis h, wenn die konkrete Werbeaussage zulässig sein soll.[432] Demgegenüber formuliert § 6 Abs. 2 UWG negativ, scheint also davon auszugehen, dass vergleichende Werbung **nur unzulässig** ist, wenn **eines** der Kriterien für eine Unzulässigkeit nach § 6 Abs. 2 UWG erfüllt ist. Das macht aber wohl nur theoretisch einen Unterschied, zumal der EuGH die Zulässigkeitskriterien in dem für sie günstigsten Sinn ausgelegt wissen will, ohne dass Mitgliedstaaten strengere Regelungen aufstellen dürften. Das gilt auch für irreführende Werbevergleiche, selbst wenn für die irreführende Werbung allgemein die EU-Richtlinie strengere nationale Vorschriften erlaubt.[433]

686 Maßstab für die Beurteilung der Zulässigkeit eines Werbevergleichs ist die **mutmaßliche Wahrnehmung der angesprochenen Verkehrskreise** (Rn 134 ff), also bei Werbung gegenüber Durchschnittsverbrauchern (Rn 99, 121 ff) der Maßstab eines durchschnittlich informierten, aufmerksamen und verständigen Durchschnittsverbrauchers.[434]

aa) Vergleich von Leistungen für den gleichen Bedarf oder dieselbe Zweckbestimmung

Rechtsgrundlage: §§ 3 Abs. 1, 6 Abs. 2 Nr. 1 UWG; Art. 4 b Richtlinie irreführende und vergleichende Werbung

687 In verschiedenen Entscheidungen konnten der EuGH bzw der Bundesgerichtshof Klarstellungen zu § 6 Abs. 2 Nr. 1 UWG (Buchstabe b der Richtlinie) vornehmen: Waren oder Dienstleistungen für den gleichen Bedarf oder dieselbe Zweckbestimmung sind auch solche Produkte, die nur funktionsidentisch sind, aber **aus der Sicht der Verbraucher** „ernsthaft" als **Substitutionsprodukte** in Betracht kommen[435] oder einen „gewissen Grad" der Substituiton aufweisen.[436] Danach ist der Vergleich nicht identischer Produkte also mit § 6 Abs. 2 Nr. 1 UWG vereinbar.[437] Für eine hinreichende Substitution spricht insbesondere, wenn es sich um Produkte derselben Zweckbestimmung handelt.[438] Ob die Waren auf unterschiedlichen Vertriebswegen in den Handel gelangen, ist ebenfalls unerheblich.[439] Auch Nahrungsmittel können verglichen werden,

---

430 Vgl auch Sack WRP 2002, 363, 365.
431 Vgl BGH GRUR 2002, 633, 635 *Hormonersatztherapie*.
432 EuGH GRUR 2003, 533, 536 *Pippig Augenoptik/Hartlauer*: Kriterien müssen „kumulativ" vorliegen; Lehment GRUR 1999, 503, 504 (Anm. zum Urteil „*Vergleichen Sie*").
433 EuGH GRUR 2003, 533, 536 *Pippig Augenoptik/Hartlauer*.
434 EuGH GRUR 2007, 511 Tz. 16 – *De Landtsheer*; EuGH GRUR 2007, 69 Tz. 78 *LIDL Belgium*; EuGH GRUR 2003, 533 Tz. 55 *Pippig Augenoptik/Hartlauer*; BGH GRUR 2010, 161 Tz. 20 *Gib mal Zeitung*.
435 BGH GRUR 2002, 828 *Lottoschein*.
436 EuGH GRUR 2011, 159 Tz. 32 *Lidl/Vierzon Distribution* mwN; EuGH aaO. Tz. 33: Die Feststellung, ob ein hinreichender Grad der Substituierbarkeit vorliegt, ist Sache der nationalen Gerichte.
437 EuGH GRUR 2011, 159 Tz. 34 *Lidl/Vierzon Distribution*.
438 BGH GRUR 2005, 172, 175 *Stresstest* mwN; vgl zu nicht funktionsidentischen Internetzugängen OLG Hamburg GRUR-RR 2002, 169 *Speedway*.
439 EuGH GRUR 2003, 533, 537 *Pippig Augenoptik/Hartlauer*.

selbst wenn sie sich hinrichtlich Essbarkeit und Genuß unterscheiden.[440] Es müssen nicht einzelne konkrete Waren, sondern es können auch ganze Warengattungen verglichen werden.[441] Das Kriterium des § 6 Abs. 2 Nr. 1 UWG dürfte deshalb praktisch nie eine Unzulässigkeit des Vergleiches auslösen; nur die **Behauptung der Substituierbarkeit** in der Werbung ist Voraussetzung.[442]

Beispiel: Die Behauptung einer Substituierbarkeit ist evident, wenn mit der Angabe „ersetzt" geworben wird.[443]

Allerdings muss bei fehlender Identität regelmäßig auf die Unterschiede hingewiesen werden, was aber eine Frage des Irreführungsverbotes ist[444] (Rn 170 ff).

bb) Vergleich von wesentlichen, relevanten, nachprüfbaren und typischen Eigenschaften

Rechtsgrundlage: §§ 3 Abs. 1, 6 Abs. 2 Nr. 2 UWG; Art. 4 c Richtlinie irreführende und vergleichende Werbung

§ 6 Abs. 2 Nr. 2 UWG (Buchstabe c der Richtlinie) will sicherstellen, dass der Werbevergleich auf seine sachliche Berechtigung hin überprüft werden kann. Das Gebot objektiven Vergleichens ist nichts anderes als eine Bekräftigung des **Sachlichkeitsgebots**.[445] Deshalb können zwar auch Aussagen gemacht werden, die sich äußerlich als Werturteile darstellen; sie müssen aber einen nachprüfbaren Tatsachenkern haben. Die **Eigenschaft** muss insgesamt wesentlich, relevant, nachprüfbar und typisch für die Leistung sein. Es erfolgt eine sehr großzügige Auslegung zu Gunsten des Werbenden. Eine Eigenschaft ist **wesentlich**, wenn aus der Sicht der relevanten Verkehrskreise diese Eigenschaft nicht völlig unerheblich ist, **relevant**, wenn sie eine nicht unerhebliche Zahl von Kunden in der Kaufentscheidung beeinflussen kann, und **typisch**, wenn sie aussagekräftig für den Wert der Leistung als Ganzes ist.[446] **Nachprüfbar** heißt nicht, dass der Verbraucher die im Werbevergleich angeführten Eigenschaften ohne weiteres und ohne jeden Aufwand soll nachprüfen können; ihm ist zuzumuten, sich beim Werbenden oder bei Dritten durch Nachfrage Klarheit zu verschaffen.[447] Der Werbende muss dem angesprochenen Verkehrsteilnehmer wenigstens mitteilen, auf welche Art er sich über die dem Werbevergleich zu Grunde liegenden Einzelheiten leicht informieren kann.[448] Das gilt auch für Preisvergleiche; es genügt aber, wenn der Umworbene durch die Verbindung der eigenen Preise des Werbenden mit den Bestellnummern der entsprechenden Produkte der Konkurrenz erstere nachprüfbar macht.[449] Liegen diese Voraussetzungen vor, so spricht auch grundsätzlich nichts gegen einen Preisvergleich zwischen kompletten Sortimenten.[450] Die Nachprüfbarkeit fehlt allerdings, wenn die in der Werbung

688

---

440 EuGH GRUR 2011, 159 Tz. 39 *Lidl/Vierzon Distribution.*
441 BGH GRUR 1999, 501, 502 *Vergleichen Sie* mwN aus der Literatur.
442 EuGH GRUR 2002, 354, 356 *Toshiba/Katun* m.Anm. Sack WRP 2002, 363.
443 BGH GRUR 2003, 444, 445 *„Ersetzt".*
444 EuGH GRUR 2011, 159 TZ. 49 ff. *Lidl/Vierzon Distribution*; OLG Hamburg GRUR-RR 2007, 244, 246 *Neuwahlen* (für nicht ohne weiteres vergleichbare Telefongebühren); OLG Frankfurt GRUR-RR 2001, 89 *Komfortanschluss.*
445 BGH GRUR 1999, 69, 71 *Preisvergleichsliste II* mwN aus der Literatur.
446 BGH GRUR 2004, 607, 612 *Genealogie der Düfte.*
447 BGH GRUR 2004, 607, 612 *Genealogie der Düfte.*
448 BGH GRUR 2007, 605 L *Umsatzzuwachs*; vgl auch EuGH GRUR 2007, 69, 70 *Lidl Belgium.*
449 BGH GRUR 2001, 350, 351 *OP-Lampen* (unter Aufgabe von BGH GRUR 1996, 781, 784 *Verbrauchsmaterialien*). Vgl auch EuGH WRP 2001, 1432, 1434 ff. *Toshiba Europe.*
450 EuGH GRUR 2011, 159 Tz. 49 ff. *Lidl/Vierzon Distribution*; EuGH GRUR 2007, 69 ff. *Lidl Belgium.*

verglichenen Waren nicht genau erkennbar sind, zB weil die in der Werbung verwendete Bezeichnung auf mehrere Produkte zutreffen kann.[451] An einer objektiven Überprüfbarkeit fehlt es nicht alleine deswegen, weil der Werbende in dem Werbevergleich letztlich von ihm selbst festgesetzte Preise für unter seiner Hausmarke vertriebene Produkte und für Produkte anderer Markenartikelhersteller gegenüberstellt.[452] Der Vergleich kann sich schließlich auch auf eine einzige vom Werbenden ausgewählte Eigenschaft beschränken.[453] Eine Aufklärungspflicht über sämtliche, auch über negative Eigenschaften, besteht nämlich grundsätzlich nicht. Die Objektivität des Vergleiches wird nicht dadurch aufgehoben, dass ein einseitiger oder unvollständiger Vergleich vorliegt; das ist keine Frage des § 6 Abs. 2 Nr. 2 UWG, sondern der Irreführung gem. § 5 Abs. 3 UWG[454] (Rn 170 ff).

Beispiele: Der Preis ist nach dem Wortlaut des § 6 Abs. 2 Nr. 2 UWG stets eine wesentliche, relevante und typische Eigenschaft. Ob sie auch hinreichend nachprüfbar ist, muss hingegen gesondert festgestellt werden. Die Anforderungen sind hier aber gering und zB schon gegeben, wenn der Umworbene durch die Verbindung der eigenen Preise mit den Bestellnummern der entsprechenden Produkte der Konkurrenz erstere nachprüfbar macht.[455] Eine Drogeriekette darf in einem Werbevergleich der Hausmarkenprodukte mit Markenartikeln die jeweiligen Preise in den eigenen Läden vergleichen, selbst wenn sie diese Preise selbst festgesetzt hat.[456]

Bei an Facheinkäufer gerichteter Werbung können nach Ansicht des BGH sogar Umsatzzuwächse Eigenschaften iSv § 6 Abs. 2 Nr. 2 UWG darstellen.[457]

Wegen nicht objektiv nachprüfbarer Eigenschaften der verglichenen Leistungen wurde ein „Punktevergleich" privater Krankenversicherungen beanstandet;[458]

Auch die vergleichende Werbung eines Kfz-Händlers mit der Kundennähe seiner Niederlassungen und mit seinen günstigen Preisen für in Zahlung genommene Gebrauchtwagen war nicht zu beanstanden.[459]

Demgegenüber kann es keine objektiv nachprüfbare Eigenschaft eines Whoppers sein, dass er sogar noch einer schon „satten Mehrheit" von Testpersonen (62 %) besser schmeckt als die gleichartigen Produkte anderer Fast-Food-Konzerne;[460] Geschmack war schon immer Privatsache.

Duft-Vergleichslisten betreffen dagegen sehr wohl objektiv nachprüfbare und typische Eigenschaften für Händler mit betreffenden Waren, nicht aber für Verbraucher, die mit einer grob benannten Duftnote wenig anfangen können.[461]

Auch das Fliegen von Warteschleifen durch Fluggesellschaften kann danach zum Gegenstand eines Vergleichs durch die Deutsche Bahn gemacht werden,[462] weil die Pünktlichkeit des Verkehrsmittels eine Eigenschaft nach § 6 Abs. 2 Nr. 2 UWG ist.

---

451 EuGH GRUR 2011, 159 Tz. 63 *Lidl/Vierzon Distribution*.
452 BGH GRUR 2007, 896 Tz. 16 ff. *Eigenpreisvergleich*.
453 BGH GRUR 2002, 633, 635 *Hormonersatztherapie*.
454 BGH GRUR 2010, 658 Tz. 12, 14 *Paketpreisvergleich* mwN aus der Literatur.
455 BGH GRUR 2001, 350, 351 *OP-Lampen* (unter Aufgabe von BGH GRUR 1996, 781, 784 *Verbrauchsmaterialien*). Vgl auch EuGH WRP 2001, 1432, 1434 ff. *Toshiba Europe*.
456 BGH GRUR 2007, 896 Tz. 16 f. *Eigenpreisvergleich*.
457 BGH GRUR 2007, 605 L *Umsatzzuwachs*.
458 KG GRUR 2000, 242 f.
459 OLG Hamburg NJWE 1999, 276 f bzw OLG Saarbrücken NJW-RR 1999, 1424, 1425.
460 OLG München WRP 1999, 692, 694. AA nach früherem Recht noch BGH GRUR 1987, 49 *Cola-Test*.
461 BGH GRUR 2004, 607, 612 *Genealogie der Düfte*. Vgl auch BGH GRUR 2008, 828 Tz. 18 ff. *Imitationswerbung*.
462 AA OLG Frankfurt GRUR-RR 2001, 221.

cc) Verwechslungen zwischen dem Werbenden und dem verglichenen Mitbewerber

Rechtsgrundlage: §§ 3 Abs. 1, 6 Abs. 2 Nr. 3 UWG; Art. 4 h Richtlinie irreführende und vergleichende Werbung

Das Herbeiführen von **Verwechslungen** gemäß **§ 6 Abs. 2 Nr. 3 UWG** (Art. 4 h) der **689** Richtlinie irreführende und vergleichende Werbung) überschneidet sich in mehrfacher Hinsicht mit anderen Tatbeständen innerhalb und außerhalb des UWG. §§ 5 Abs. 2, 5 Abs. 1 S. 2 Nr. 1 UWG (vgl dazu Rn 234 ff) verdrängten im Bereich der geschäftlichen Handlung gegenüber Verbrauchern (Rn 99) § 6 Abs. 2 Nr. 3 UWG;[463] denn § 5 UWG basiert für geschäftliche Handlungen gegenüber Verbrauchern auf der Richtlinie unlautere Geschäftspraktiken, die im Verhältnis zur Richtlinie irreführende und vergleiche Werbung insoweit ebenfalls vorrangig ist (vgl Rn 17 f). Damit erfasst § 6 Abs. 2 Nr. 2 UWG nur geschäftliche Handlungen gegenüber Unternehmen („B2B").

Außerdem bestehen Überschneidungen zu § 14 Abs. 2 Nr. 1, Nr. 2 MarkenG und zu § 15 Abs. 1, Abs. 2 MarkenG. Diese Vorschriften setzen einen kennzeichenmäßigen Gebrauch voraus (Rn 1189), der bei vergleichender Werbung aber nicht zwingend ausgeschlossen ist.[464] Eine vergleichende Werbung, die nach § 6 Abs. 2 Nr. 3 UWG unzulässig ist, kann also auch nach §§ 14, 15 MarkenG verboten sein, sofern ein kennzeichenmäßiger Gebrauch vorliegt. Eine Anwendung des MarkenG ist aber ausgeschlossen, wenn die vergleichende Werbung nach § 6 Abs. 2 UWG zulässig ist.[465]

Zu den von § 6 Abs. 2 Nr. 3 UWG erfassten Kennzeichen gehören neben den Kennzei- **690** chen nach §§ 4, 5 MarkenG auch geografische Herkunftsbezeichnungen nach § 127 MarkenG.[466] Auch hier sind die Tatbestände der § 127 f. MarkenG neben § 6 Abs. 2 Nr. 3 UWG anzuwenden.

Der Begriff der Verwechslungsgefahr in §§ 14, 15 MarkenG bzw der Irreführung in § 127 MarkenG ist genauso auszulegen wie in § 6 Abs. 2 Nr. 3 UWG.[467] Das gleiche gilt für § 5 Abs. 2 UWG (Rn 239). Deshalb sei auf die Ausführungen zum MarkenG verwiesen, vgl Rn 1203 ff. Allerdings ist eine Anwendung des § 6 Abs. 2 Nr. 3 UWG in der Praxis eher selten, schon weil er nur auf den „B2B"-Bereich Anwendung findet.[468] Ohnehin ist es in der Praxis regelmäßig Ziel eines Werbevergleiches, sich vom Mitbewerber abzugrenzen, was eine Verwechslungsgefahr in der Regel ausschließt. In jedem Fall ausgeschlossen ist eine Verwechslungsgefahr, wenn der Werbende ausdrücklich auf den Umstand des Vergleiches hinweist.

Beispiel: Keine Verwechslungsgefahr liegt vor, wenn der Werbende seine Produkte als Ersatz für bestimmte konkurrierende Produkte mit der Angabe „dies sind „S"-Teile, die Originalnummern dienen nur Vergleichszwecken" anpreist.[469]

---

463 Ebenso Köhler GRUR 2009, 445, 448 f; aA Koehler in Götting/Nordemann § 6 UWG Rn 86.
464 EuGH GRUR 2008, 698 Tz. 33 f *O2/Hutchinson*; Köhler in Köhler/Bornkamm § 6 UWG Rn 143; Koehler in Götting/Nordemann § 6 Rn 86; Ohly in Piper/Ohly/Sosnitza § 6 UWG Rn 57; aA Begr. RegE zur Einführung des § 2 UWG, WRP 2000, 555; Ingerl/Rohnke, § 14 Rn 89: keine markenmäßige Benutzung.
465 EuGH GRUR 2008, 698 Tz. 51 *O2/Hutchinson*; ferner EuGH GRUR 2002, 354, 356 Tz. 53 *Toshiba/Katun*; Koehler in Götting/Nordemann § 6 UWG Rn 87; Köhler in Köhler/Bornkamm § 6 UWG Rn 143.
466 Begr. RegE zur Einführung des insoweit mit § 6 UWG wortgleichen § 2 UWG aF WRP 2000, 555, 560.
467 Zu Markenrechten (§§ 4, 14 MarkenG): EuGH GRUR 2008, 698 Tz. 49 *O2/Hutchinson*.
468 Vgl zu einem der wenigen Fälle: LG Erfurt, Urt. v. 8.5.2007, Az 1 HKO 28/07, abrufbar über juris.
469 BGH GRUR 2003, 444, 445 *„Ersetzt".*

dd) Rufausnutzung und Rufbeeinträchtigung

Rechtsgrundlage: §§ 3 Abs. 1, 6 Abs. 2 Nr. 4 UWG; Art. 4 f) Richtlinie irreführende und vergleichende Werbung

691 Die **Rufausnutzung und Rufbeeinträchtigung**[470] (§ 6 Abs. 2 Nr. 4 UWG) setzt Art. 4 f. Richtlinie irreführende und vergleichende Werbung (Rufausnutzung) und Art. 4 d dieser Richtlinie (Rufbeeinträchtigung) um. Das liegt wiederum in der Nähe der markenrechtlichen Rufausbeutungstatbestände (§§ 14 Abs. 2 Nr. 3, 15 Abs. 3 MarkenG). Es gilt das schon oben (Rn 689) zu § 6 Abs. 2 Nr. 3 Gesagte: §§ 14, 15 MarkenG finden neben § 6 Abs. 2 Nr. 4 UWG Anwendung; wenn allerdings die vergleichende Werbung nach § 6 Abs. 2 UWG zulässig ist, scheidet auch ein Verstoß gegen §§ 14 Abs. 2 Nr. 3, 15 Abs. 3 MarkenG aus. Das dürfte aber keine praktische Bedeutung haben, weil die Beurteilung der Rufausbeutung sowohl nach UWG als auch nach MarkenG parallel läuft.[471] Innerhalb des UWG geht § 6 Abs. 2 Nr. 4 UWG der Bestimmung des § 4 Nr. 9 b UWG vor;[472] im Rahmen vergleichender Werbung scheidet eine Anwendung des § 4 Nr. 9 b UWG also aus (zu § 4 Nr. 9 b UWG, vgl Rn 734 f).

692 Der Kennzeichenbegriff ist der gleiche wie bei § 6 Abs. 2 Nr. 3 UWG (Rn 690). Kennzeichen gem. § 6 Abs. 2 Nr. 4 UWG ist allerdings grundsätzlich nur ein **bekanntes Kennzeichen**,[473] weil nur ein bekanntes Kennzeichen unlauter ausgenutzt oder beeinträchtigt werden kann. Allgemein ist bei unternehmerischen Abnehmern eine Rufausbeutung wesentlich weniger wahrscheinlich als bei Verbrauchern, weil Unternehmer kritischer prüfen.[474] Auch bei geschäftlichen Handlungen gegenüber Verbrauchern (Rn 99) dürfte die Zahl der Fälle des Nr. 3 begrenzt sein. Der Hinweis auf die Marken der in einen Vergleich einbezogenen Produkte ist für eine Unterscheidung der verglichenen Erzeugnisse und einen wirksamen Wettbewerb auf dem in Rede stehenden Markt erforderlich. Ein solcher Hinweis kann für sich genommen keine unlautere Ausnutzung des guten Rufs des fremden Kennzeichens begründen.[475] Vielmehr müssen über die bloße Nennung des Kennzeichens hinausreichende Umstände hinzutreten, um den Vorwurf wettbewerbswidriger Rufausnutzung zu begründen.[476] Eine Rufausnutzung ist danach bei **Imagetransfer** auf den Werbenden anzunehmen,[477] also wenn er das fremde Kennzeichen als „Zugpferd"[478] ausbeutet.

Beispiele: Die Bewerbung eines Produktes als Ersatz für ein anderes ist keine Rufausbeutung in diesem Sinne.[479] Auch Duftvergleichslisten, die namhafte Konkurrenzprodukte auflisten, beuten den Ruf dieser Produkte nicht aus, solange sie nur für die angesprochenen Händler eine Ver-

---

470 § 6 Abs. 2 Nr. 4 spricht nun ausdrücklich vom „Ruf" eines Kennzeichens und nicht mehr wie in der alten Fassung von der „Wertschätzung".
471 EuGH GRUR 2009, 756 Tz. 77 *L'Oréal*.
472 Koehler in Götting/Nordemann § 6 UWG Rn 93; aA Köhler in Köhler/Bornkamm § 6 UWG Rn 149; Fiebig WRP 2007, 1316, 1319.
473 Bornkamm GRUR 2005, 97, 101; Koehler in Götting/Nordemann § 6 UWG Rn 94; Sack in Harte/Henning § 6 UWG Rn 133.
474 BGH GRUR 2004, 607, 611 *Genealogie der Düfte*.
475 EuGH GRUR. 2006, 345 Tz 15 – *Siemens/VIPA*; BGH GRUR 2003, 444, 445 *„Ersetzt"*.
476 BGH GRUR 2007, 896 Tz. 24 *Eigenpreisvergleich*.
477 BGH GRUR 2006, 345 Tz. 18 *Siemens/VIPA*; BGH GRUR 2005, 348, 349 *Bestellnummernübernahme*.
478 So plastisch Köhler in Köhler/Bornkamm § 6 UWG Rn 156.
479 BGH GRUR 2003, 444, 445 *„Ersetzt"*; BGH GRUR 1999, 501 *Vergleichen Sie*.

gleichbarkeit herstellen sollen.[480] Gleiches gilt für das bloße Gegenüberstellen zwischen Preisen von unter eigener Hausmarke vertriebenen Produkten und denen anderer Markenartikelhersteller.[481]

ee) Herabsetzung oder Verunglimpfung

Rechtsgrundlage: §§ 3 Abs. 1, 6 Abs. 2 Nr. 5 UWG; Art. 4 d Richtlinie irreführende und vergleichende Werbung

Mit jeder anpreisenden Herausstellung des eigenen Angebots in einer vergleichenden Werbung ist **zwangsläufig** ein **Mindestmaß an Herabsetzung** der damit verglichenen Konkurrenz verbunden.[482] Deshalb genügt für **§ 6 Abs. 2 Nr. 5 UWG** noch nicht eine ständig wiederholte vergleichende Gegenüberstellung von Preisen ausgesuchter Produkte. Mit Recht merkt der EuGH an, dass der Preisvergleich zum Wesen der vergleichenden Werbung gehöre und grundsätzlich beliebig oft wiederholt werden könne.[483] Die Zulässigkeitsgrenze von Art. 4 d RL 2006/114/EG (§ 2 Abs. 2 Nr. 5 UWG) ist aber überschritten, wenn das Angebot des Mitbewerbers als minderwertig[484] oder als unangemessen abfällig[485] herausgestellt wird. Dabei gilt bei Werbung gegenüber Durchschnittsverbrauchern nach der Rechtsprechung des Bundesgerichtshofes ein relativ großzügiger Maßstab: Der relevante Durchschnittsverbraucher (Rn 121 ff) sei zunehmend an pointierte Aussagen in der Werbung gewöhnt und empfinde sie als Ausdruck lebhaften Wettbewerbs.[486]

693

Besonders **großzügig** ist der Bundesgerichtshof hier **bei ironisierender Werbung.** Ein humorvoller oder ironischer Werbevergleich muss sich nicht auf feinen Humor und leise Ironie beschränken. Eine humorvolle oder ironische Anspielung auf einen Mitbewerber oder dessen Produkte in einem Werbevergleich stellt vielmehr erst dann eine unzulässige Herabsetzung dar, wenn sie den Mitbewerber dem Spott oder der Lächerlichkeit preisgibt oder von den Adressaten der Werbung wörtlich und damit ernst genommen und daher als Abwertung verstanden wird.[487] Das steht im Widerspruch zu einigen offensichtlich strengeren Instanzgerichten:

Beispiele: Im Fall des BGH ging es um einen Werbevergleich der „Tageszeitung" („TAZ") mit der „Bild-Zeitung". Ein „Bild"-Leser wurde im Unterhemd bzw im Trainingsanzug an einem Kiosk in einem Neubaugebiet mit „schlichter und einfacher Persönlichkeitsstruktur" dargestellt, der von einer Lektüre der „TAZ" überfordert war, sich aber auf Späße darüber mit dem Kioskbesitzer einlässt. Das sei eine – lautere – „humorvolle Überspritzung" des Unterschiedes in den Leserkreisen.[488] Die Beurteilung des BGH erscheint als großzügig, war aber vor allem vor Respekt für die Meinungsäußerungsfreiheit getragen.[489]

---

480 BGH GRUR 2004, 607, 611 *Genealogie der Düfte*; zweifelhaft daher OLG Köln GRUR-RR 2008, 315 *Produktalternative.*
481 BGH GRUR 2007, 896 Tz. 23 ff. *Eigenpreisvergleich.*
482 EuGH GRUR 2003, 533, 537 *Pippig Augenoptik/Hartlauer;* BGH GRUR 2002, 633, 635 *Hormonersatztherapie* mwN; BGHZ 139, 378, 385 *Vergleichen Sie.*
483 EuGH GRUR 2003, 533, 536 *Pippig Augenoptik/Hartlauer.*
484 BGHZ 138, 55, 66; grundsätzlich ebenso BGH GRUR 2002, 72, 73 *Preisgegenüberstellung im Schaufenster.*
485 BGH GRUR 2008, 443 Tz. 18 *Saugeinlagen;* BGH GRUR 2002, 633, 635 *Hormonersatztherapie* mwN.
486 BGH GRUR 2010, 161 Tz. 20 *Gib mal Zeitung.*
487 BGH GRUR 2010, 161 Tz. 20 *Gib mal Zeitung.*
488 BGH GRUR 2010, 161 Tz. 22 f. *Gib mal Zeitung.* Spot abrufbar unter www.youtube.de Stichwörter „TAZ Bild Werbung".
489 BGH GRUR 2010, 161 Tz. 23 *Gib mal Zeitung.*

Eine pauschale Herabsetzung sah das OLG München[490] in der Werbeschlagzeile „Hängen Sie noch an der Flasche?" beim Vergleich Leitungswasser und Mineralwasser. Der Spruch wird aber von niemandem ernst genommen, wäre also nach dem BGH zulässig. Ebenso wurde das Bild einer „neidisch, niedergeschlagen und hilflos" wirkenden Person neben dem Konkurrenzprodukt – vom OLG Köln – als Herabsetzung verstanden,[491] was ebenfalls kaum in Übereinstimmung mit dem BGH stehen dürfte.

Bei fehlender Ironie kommt es vor allem auf die Wortwahl an. Ein rein sachlicher Vergleich im Regelfall nicht zu beanstanden. Ob ein solcher vorliegt, ist aufgrund einer Gesamtbeurteilung der Werbung – und nicht nur von Ausschnitten – zu beurteilen.[492]

Beispiel: Ein Werbevergleich stellte Saugeinlagen für Fleischverpackungen gegenüber. Folgende Aussage war nach Gesamtbetrachtung nicht unlauter: „Die so genannten Polymer-Saugeinlagen haben aber gerade in der Diskussion um QS-Fleisch Eigenschaften, die durch Auflagen in der Aufzucht von Schlachtvieh erzielten Verbesserungen in den Fleischqualitäten QS- und Biofleisch ad absurdum führen. …Die weiße Saugeinlage hat dazu noch eine Perforation an beiden Seiten, durch die sich mit Polymer kontaminierter Fleischsaft an das Packgut drückt. …Es macht also keinen Sinn, weitestgehend unbelastetes Fleisch vom Erzeuger zu verlangen, um es dann mit der Verpackung zu kontaminieren."[493]

ff) Darstellung der eigenen Ware als Imitation oder Nachahmung

Rechtsgrundlage: §§ 3 Abs. 1, 6 Abs. 2 Nr. 6 UWG; Art. 4 g Richtlinie irreführende und vergleichende Werbung

694 Schließlich enthält **§ 6 Abs. 2 Nr. 6 UWG** (Art. 4 g) Richtlinie irreführende und vergleichende Werbung) noch das Verbot, eine Leistung als Imitation oder Nachahmung einer unter einem geschützten Kennzeichen vertriebenen Leistung darzustellen. Auch diese Bestimmung findet neben dem Markenrecht, insbesondere neben § 14 Abs. 2 Nr. 3 MarkenG, Anwendung.[494]

695 Der Wortlaut lässt hier sowohl die Interpretation zu, dass der Werbende **seine eigene Leistung**[495] als Imitation der verglichenen Leistung bezeichnet als auch dass der Werbende die fremde Leistung[496] als Imitation darstellt. Da die Bezeichnung des fremden Produktes als Imitation schon unter das Verbot der pauschalen Herabsetzung des § 6 Abs. 2 Nr. 5 UWG fällt, spricht alles dafür, nur die Darstellung des eigenen Produktes als Imitation zu erfassen.

696 Die Darstellung als Imitation oder Nachahmung erfordert, dass die Ware oder Dienstleistung **mit einem besonderen Grad an Deutlichkeit,** der über ein bloßes Erkennbarmachen gem. § 6 Abs. 1 UWG (Rn 681) hinausgeht, **als eine Imitation oder Nachahmung** der Leistung eines Mitbewerbers **beworben** wird.[497] Der Tatbestand kann nicht nur gegenüber Endverbrauchern, sondern auch (nur) gegenüber Wiederverkäufern erfüllt werden.[498] Unproblematisch liegt ein ausreichend deutlicher Hinweis vor, wenn

---

490 NJWE 2000, 177 f.
491 OLG Köln NJWE 1999, 277.
492 BGH GRUR 2008, 443 Tz. 18 *Saugeinlagen.*
493 BGH GRUR 2008, 443 Tz. 18 *Saugeinlagen.*
494 BGH GRUR 2008, 628 Tz. 13 *Imitationswerbung.*
495 BGH GRUR 2008, 628 Tz. 23 *Imitationswerbung*; OLG Frankfurt WRP 2007, 1372; Begr. RegE für den wortgleichen § 2 Abs. 2 Nr. 6 UWG aF: WRP 2000, 555, 561; Plaß WRP 1999, 766, 771; Eck/Ikas WRP 1999, 251, 273; Berlit BB 2000, 1305, 1308.
496 Gloy/Bruhn GRUR 1998, 226, 238.
497 BGH GRUR 2008, 628 Tz. 25 f. *Imitationswerbung.*
498 BGH GRUR 2010, 343 Tz. 35 *Oracle.*

offen von „Imitation", „Nachahmung" oder ähnlichem gesprochen wird.[499] Aber auch mittelbar kann der Werbende eine hinreichend deutliche Imitationsangabe verwenden. Demgegenüber genügt nicht, wenn die angesprochenen Verkehrskreise lediglich aufgrund *außerhalb* der beanstandeten Werbung liegender Umstände oder aufgrund eines auf andere Weise als die vergleichende Werbung erworbenen Wissens in der Lage sind, die Produkte des Werbenden mit Hilfe der für sie verwendeten Bezeichnungen jeweils bestimmten Produkten des Mitbewerbers zuzuordnen.[500]

Beispiel: Eine Parfümanbieterin verwendete Bezeichnungen, die als „Übersetzungscode" oder „Eselsbrücke" zur Zuordnung bekannten Markenparfüms geeignet waren. So konnte die Bezeichnung „Icy Cold" als Hinweis auf das Originalprodukt „Cool Water" von Davidoff und „Sunset Boulevard" als Hinweis auf das Originalprodukt „Sun" von Jil Sander verstanden werden. Die Verwendung des Anfangsbuchstabens „J" bei einem Parfümprodukt der Dachmarke „Creation Lamis" sollte dahingehend gedeutet werden, dass es sich um eine Nachahmung eines Originalparfüms der Marke „JOOP!" handele. Der BGH sah diese Struktur nicht als für den Endverbraucher hinreichend deutliche Imitationswerbung an, weil quasi um „zehn Ecken gedacht" werden müsse. Auch gegenüber Wiederverkäufern genügte der Vortrag des klagenden Markenherstellers nicht, weil er nicht ausreichend belegen konnte, dass die Wiederverkäufer in den „Übersetzungscode" eingewiesen worden waren.[501]

Nr. 6 greift nur, wenn der Werbende seine Leistung als Imitation einer Leistung bezeichnet, die mit einem nach MarkenG (§ 1 MarkenG) geschützten Kennzeichen versehen ist. Bei **kennzeichenloser** („grauer") **Ware** des Mitbewerbers kann also offen mit einer Imitation geworben werden. **697**

4. Anhang: Waren- und Dienstleistungstests

Rechtsgrundlage: § 823 Abs. 1 BGB; teilweise §§ 3 Abs. 1, 5 UWG

Warentests und Dienstleistungstest sind seit Jahrzehnten in Deutschland eine wichtige Quelle der Verbraucherinformation. Einige Zeitschriften haben sich sogar fast vollständig Waren- und Dienstleistungstests verschrieben, zB die Zeitschrift „TEST" der „Stiftung Warentest". Bei anderen Zeitungen und Zeitschriften sind die Tests zumindest ein Teil der redaktionellen Berichterstattung. Deshalb kann das UWG im Regelfall nicht eingreifen, solange die Tests redaktioneller Natur sind und damit **keine geschäftliche Handlung** nach § 2 Abs. 1 Nr. 1 UWG (Rn 55 ff, 69 ff) vorliegt. **698**

Eine Bewertung erfolgt deshalb im Rahmen der §§ 823 Abs. 1, 824 BGB (Eingriff in den eingerichteten und ausgeübten Gewerbebetrieb bzw Kreditgefährdung). In den 1960iger Jahren hielt man die redaktionelle Veröffentlichung von Tests teilweise für generell unzulässig.[502] Mit den beiden Entscheidungen **Warentest I** und **II**[503] sind Warentests jedoch als rechtlich zulässig durchgesetzt. Entsprechendes gilt für andere Gegenüberstellungen, also etwa Preisvergleiche der Verbraucherzentralen,[504] ADAC-Er- **699**

499 BGH GRUR 2010, 343 Tz. 35 *Oracle*; BGH GRUR 2008, 628 Tz. 26 *Imitationswerbung*.
500 Zuletzt BGH v. 5.5.2011, Az. I ZR 157/09 *Creation Lamis*; BGH GRUR 2008, 628 Tz. 26 *Imitationswerbung*.
501 BGH GRUR 2008, 628 Tz. 27 ff. *Imitationswerbung*.
502 Nachweise bei Ulmer/Reimer, S. 332 f, Rn 320 und 322.
503 BGH GRUR 1966, 386 ff und BGHZ 65, 325.
504 KG WRP 1979, 202, 204 und OLG Köln WRP 1979, 230, 231 f.

hebungen[505] oder Werbeträgeranalysen.[506] Eine behauptete (also auch eine vom Publikum aus den Umständen gefolgerte) **Neutralität** des Tests muss tatsächlich gegeben sein.[507] An den Test wie an jeden anderen Vergleich werden zugleich **scharfe Anforderungen hinsichtlich der Sorgfalt und Gewissenhaftigkeit** bei seiner Durchführung und hinsichtlich seiner Richtigkeit gestellt;[508] er muss insbesondere repräsentativ sein.[509] Veränderungen, die der Hersteller inzwischen vorgenommen hat, dürfen nicht verschwiegen werden.[510] Dem Testinstitut steht ein von sachlichen Erwägungen bestimmter **Ermessensspielraum** zur Verfügung, der im Einzelfall auch zur Abweichung von DIN-Normen führen kann.[511] Das Testurteil darf aber nicht missverständlich sein. Bei einem Vergleichstest unter extremen Bedingungen liegt allerdings nach Ansicht des BGH die Gefahr einer Irreführung über die Eigenschaften der verglichenen Waren bei normaler oder empfohlener Nutzung nicht fern.[512] Auch ein nur eingeschränkter Testumfang kann missverständlich sein.

Beispiel: Ein Test der Zeitschrift „Öko-Test", der Pauschalnoten „sehr gut", „gut" etc. vergibt, dem aber (nur) Untersuchungen auf gesundheitlich oder ökologisch bedenkliche Inhaltsstoffe zugrunde liegen, nicht aber eine Wirksamkeitsprüfung, muss die Leser darüber aufklären. Erfolgt eine solche Aufklärung im Testbericht, kann die Zeitschrift dennoch verpflichtet sein, die Warenhersteller, die mit einem Label der Zeitschrift für ihre getesteten Waren mit der pauschalen Testnote werben wollen, darauf hinzuweisen, dass diese die Verbraucher über den eingeschränkten Testumfang informieren. [513]

700 **Behörden** dürfen Warentests ohne ausdrückliche gesetzliche Grundlage nicht durchführen, geschweige denn veröffentlichen.[514]

701 Die **Werbung mit Warentests** unterliegt zunächst dem Grundsatz, dass, wer auf Veröffentlichungen Dritter hinweist oder sonst darauf Bezug nimmt, sie sich zu eigen macht und sie daher auch zu verantworten hat, so wie das ganz allgemein für die Bezugnahme auf fremde Äußerungen gilt[515] (Rn 159, 664). Unter dieser Voraussetzung darf mit dem Test geworben werden, solange keine Irreführung damit verbunden ist (Einzelfälle vgl Rn 248), und soweit § 11 Nr. 2 HWG nicht entgegensteht.[516]

---

505 Vgl OLG Düsseldorf BB 1982, 62, 64 *Sicherheitsrisiko*.
506 BGH GRUR 1981, 748, 749 *Leserstrukturanalyse*; früher schon OLG Hamburg WRP 1976, 704, 707 und OLG Frankfurt WRP 1979, 720, 721 f; näheres Wissel WRP 1979, 690.
507 BGHZ 65, 325, 334 *Warentest II*; OLG Koblenz NJW-RR 1988, 166.
508 BGHZ 65, 325, 333 f. *Warentest II*; BGH GRUR 1986, 330, 331 *Warentest III*; BGH GRUR 1997, 942, 943 *Druckertest*; OLG Frankfurt GRUR-RR 2007, 16, 17 *Öko-Test*. Vgl auch LG Bonn GRUR-RR 2006, 111 *Unzutreffendes Testurteil*; OLG München AfP 1986, 74, 75. Unrichtig OLG Düsseldorf AfP 1985, 38, 39, das nur regional arbeitenden Presseorganen fahrlässig falsche Testergebnisse durchgehen lässt.
509 OLG Köln GRUR 2000, 78, 80 *Zahnarzt-Umfrage*; KG ZUM-RD 1999, 88, 90 *Testsieger*. Vgl auch Messer, Der unvollständige Testbericht, GRUR 1996, 647.
510 BGH GRUR 1989, 539 f. *Warentest V*; OLG Hamburg GRUR 2000, 530, 532 *CSE-Hemmer* für eine Vergleichsstudie, deren tatsächlichen Grundlagen sich inzwischen geändert haben.
511 BGH GRUR 1987, 468, 469 *Warentest IV*; dazu Vieweg NJW 1987, 2726 und Klette WRP 1987, 604.
512 BGH GRUR 2005, 172, 174 *Stresstest*.
513 OLG Frankfurt GRUR-RR 2007, 16, 17 *Öko-Test*.
514 BVerwG NJW 1996, 3161 f (Futtermitteltests der Landwirtschaftskammer Rheinland-Pfalz).
515 Vgl BGH GRUR 2002, 633, 635 *Hormonersatztherapie*; BGH GRUR 1962, 45, 49 *Betonzusatzmittel* und LG Bochum GRUR 1963, 437 *Nähmaschinentest* sowie OLG Stuttgart AfP 1987, 718.
516 BGH WRP 1998, 181, 183 f. *Warentest für Arzneimittel*.

D. Unlautere Ausnutzung fremder Leistung (Ausbeutung)

I. Allgemeines

1. Grundsatz

Dass jemand Leistungen, die andere vor ihm erbracht haben, für seine eigene gewerbliche Tätigkeit ausnutzt, gehört zu den Grundlagen jeder menschlichen Gesellschaftsordnung. Jeder Auszubildende lernt von den Leistungen seines Meisters und versucht, sie nachzuahmen, um sie später für sein eigenes Fortkommen benutzen zu können. Jeder Ingenieur geht bei seiner eigenen Arbeit von dem derzeit erreichten Stand der Technik, also von den Leistungen anderer aus. Letztlich beruht selbst das Verständigungsmittel der Menschen untereinander, die Sprache, auf einem Wortschatz, den andere Generationen gebildet haben. Die Ausnutzung fremder Leistungen für die eigene gewerbliche Tätigkeit kann also an sich nicht unlauter sein.

702

Allerdings hat sich inzwischen die Erkenntnis durchgesetzt, dass ein gewisser Schutz der besonderen Leistung eines Einzelnen gerechtfertigt ist und gleichzeitig sogar im Interesse aller liegen kann. Teilweise wird insoweit der natürliche Anspruch des Menschen bemüht, die Ergebnisse seiner Kreativität eigentumsgleich zu kontrollieren (Naturrecht- oder Eigentumstheorie).[517] Außerdem gilt: Wer damit rechnen muss, dass die Früchte einer von ihm nach oft jahrelangen Versuchen gemachten Erfindung anderen, die sie alsbald benutzen, zufallen, wird entweder versuchen, sie geheim zu halten, oder sich die Mühe der Forschung gar nicht erst machen. Beides hemmt den Fortschritt, der uns allen zugutekommt. Ein Nachahmungsschutz wird deshalb als Preis für die Veröffentlichung bzw Offenlegung der Neuerung begriffen (Vertrags- oder Offenbarungstheorie). Daneben soll ein Nachahmungsschutz aber auch die Innovation belohnen und dazu anspornen (Ansporns- und Belohnungstheorie).[518] Im künstlerischen Bereich kommt hinzu, dass den schöpferischen Urheber mit seinem geistigen Kind eine ebenso natürliche Beziehung verbindet, wie sie zwischen dem leiblichen Vater und seinem Kinde besteht; dieses naturgegebene Recht kann in einem Rechtsstaat nicht einfach geleugnet werden.[519] Darüber hinaus liegt es im Interesse eines geordneten Gemeinwesens, dass gewisse Kennzeichnungsmittel wie Marken, Werktitel und Unternehmenskennzeichen für den monopolisiert bleiben, der sie zuerst benutzt hat, und zwar zumindest so lange, wie diese Benutzung andauert; sonst würden sie ihre Kennzeichnungsfunktion nicht erfüllen können.

703

Der deutsche Gesetzgeber hat deshalb bestimmte Bereiche von der grundsätzlichen Benutzungsfreiheit durch jedermann ausgenommen und ihre Benutzung durch Sondergesetze zugunsten Einzelner monopolisiert. In Betracht kommen vor allem

704

---

517 Diese ist vor allem im Urheberrecht von Bedeutung, Dreier in Dreier/Schulze, Urheberrecht, Einl. Rn 10; A. Nordemann in Fromm/Nordemann, § 1 UrhG Rn 3 unter Verweis auf BGHZ 17, 266, 278 *Grundig-Reporter;* E. Ulmer, Urheber- und Verlagsrecht, § 16.

518 Dazu umfassend zuletzt Heinemann, Immaterialgüterrechtsschutz in der Wettbewerbsordnung, S. 15 ff; J.B. Nordemann in Loewenheim/Meessen/Riesenkampff, KartR, § 1 GWB Rn 203 mwN; zum Urheberrecht auch Dreier in Dreier/Schulze, Urheberrecht, Einl. Rn 10. Die Belohnungs- bzw Ansporngstheorie steht im Patentrecht im Vordergrund, vgl Bernhardt/Kraßer, Patentrecht, § 3; Oppenländer, Patentwesen, technischer Fortschritt und Wettbewerb, 1984, S. 47 ff.

519 Näheres bei Dustmann in Fromm/Nordemann, vor § 12 UrhG Rn 2 ff mwN.

- **Erfindungen** (PatG, GebrauchsmusterG und „Gesetz über den Schutz von Pflanzensorten" – Sortenschutzgesetz),
- **Marken** (MarkenG), siehe Rn 1059 ff,
- **Geschäftliche Kennzeichen** wie Name (§ 12 BGB), Firma (§ 37 HGB), die besondere Bezeichnung eines Erwerbsgeschäfts, eines gewerblichen Unternehmens oder eines Werkes, Geschäftsabzeichen und ähnliche kennzeichnende Einrichtungen (MarkenG), siehe Rn 1402 ff,
- **geografische Herkunftsangaben** (MarkenG), siehe Rn 1470 ff,
- urheberrechtlich geschützte **Werke** und **Leistungsschutzrechte** (UrhG),
- **Geschmacksmuster**, auch Designs genannt (GeschmacksmusterG).

Zu erwähnen sind daneben noch Regelungen auf **EU-Ebene** wie

- für **Marken** die Gemeinschaftsmarkenverordnung Nr. (EG) 40/94 vom 20. Dezember 1993, siehe Rn 1014 ff,
- für **Geschmacksmuster** die Gemeinschaftsgeschmacksmusterverordnung (EG) Nr. 6/2002 vom 12. Dezember 2001, siehe Rn 743.

Für Urheber- und Leistungsschutzrechte, Erfindungen, Marken und geografische Herkunftsbezeichnungen gibt es daneben noch eine Reihe internationaler Abkommen.

705 Soweit ein Sonderrechtsschutz danach nicht oder nicht mehr gegeben ist, steht die Benutzung der Leistung anderer für die eigene gewerbliche Betätigung grundsätzlich jedermann frei. Das Wettbewerbsrecht greift nur ein, wenn und soweit diese Benutzung dem Prinzip des lauteren Wettbewerb zuwiderläuft, also ein über die Wertung im Rahmen des Sonderrechtsschutzes hinausgehendes Unlauterkeitsmerkmal vorliegt.

2. Verhältnis zum Sonderrechtsschutz

Rechtsgrundlage: §§ 3 Abs. 1, 4 Nr. 9, 17, 18, 19 UWG

706 Vor jeder Beurteilung einer Nachahmung nach Wettbewerbsrecht ist also zu prüfen, ob die nachgeahmte Leistung etwa durch ein Sondergesetz gegen Nachahmung geschützt ist. Ist ein solcher Schutz gegeben, so kommt eine Anwendung des UWG – wenn überhaupt – nur ergänzend in Betracht.[520] Hat ein Sonderrechtsschutz zwar einmal bestanden, ist er aber inzwischen durch Ablauf der Schutzfrist, durch Löschung des Patents, Gebrauchsmusters, Geschmacksmusters, des Urheberrechts, des Leistungsschutzrechts oder der Marke oder durch Dereliktion seitens des Berechtigten weggefallen, so gilt nur noch das UWG.[521] Das Gleiche gilt, wenn eine Schutzmöglichkeit zwar bestanden hätte, ihre rechtzeitige Wahrnehmung (durch Anmeldung des Patents, Geschmacksmusters usw.) aber versäumt wurde.[522]

---

520 BGHZ 138, 349 *MAC Dog* (Markenrecht), siehe auch unten Rn 1252; BGH GRUR 2000, 70 *Szene* (Titelrecht); BGHZ 139, 138 *Warsteiner II* (für geografische Herkunftsbezeichnungen); BGH GRUR 1966, 97, 100 *Zündaufsatz* (Patentrecht); BGH GRUR 1980, 235, 237 f. *Play-Big-Figuren („Play-family")* und BGH WRP 1992, 160, 164 *Bedienungsanweisung* (Urheberrecht), für Datenbanken (§ 87 a UrhG) speziell BGH GRUR 1999, 923 *Tele-Info CD* und KG CR 2000, 812, 813, siehe auch Rn 20, 735. Ausführlich zum Ganzen auch A. Nordemann in Götting/Nordemann § 4 UWG Rn 9.21 ff.
521 BGH GRUR 1966, 97, 100 *Zündaufsatz*, und BGHZ 44, 288, 296 *Apfel-Madonna*.
522 BGH GRUR 2003, 973, 974 *Tupperwareparty*; OLG Nürnberg WRP 1987, 329, 331.

Ob danach ein immaterialgütergleicher „unmittelbarer Leistungsschutz" zumindest dort der Generalklausel des § 3 Abs. 1 UWG entnommen werden kann, wo die Immaterialgüterrechte **planwidrig versagen**, erscheint als eher zweifelhaft. Hier können im einschlägigen Immaterialgüterrecht Analogien gebildet werden.[523] Dazu auch Rn 81.

Mit Recht hat der Bundesgerichtshof angesichts einer Fehlentscheidung des Reichsgerichts[524] wiederholt darauf hingewiesen, dass das Wettbewerbsrecht nicht herangezogen werden dürfe, um einen nicht mehr bestehenden Sonderrechtsschutz zu ersetzen, da sonst dessen Begrenzungen ihren Sinn verlören.[525] Bei richtiger Anwendung des UWG ergeben sich insoweit allerdings auch keine Probleme. Beispielsweise erhöht zwar die Tatsache, dass einmal ein Benutzungsmonopol für einen bestimmten Wettbewerber bestanden hat, vielfach die Gefahr einer Herkunftstäuschung. Die Kundschaft, die während der gesamten Schutzdauer eines Patents daran gewöhnt war, dass eine mit ihm ausgerüstete Maschine nur aus einem bestimmten Betrieb stammen konnte, wird nach Ablauf der Schutzfrist auch weiterhin die durch das Patent gekennzeichneten Produkte diesem Hersteller zuschreiben, wenn sie über die anderweitige Herkunft nicht unmissverständlich aufgeklärt wird. Der Fall löst sich also unter dem Gesichtspunkt der Vermeidbarkeit der Herkunftstäuschung nach §§ 3 Abs. 1, 4 Nr. 9 a UWG von selbst (vgl Rn 726). 707

Am vorgenannten Beispiel wird auch deutlich, dass die Wertungen des Sonderrechtsschutzes im Hinblick auf Patente, Gebrauchsmuster, Geschmacksmuster, Marken oder geschäftliche Bezeichnungen nicht herangezogen werden dürfen, um die Unlauterkeit nach UWG zu begründen. Vielmehr verlangt der Bundesgerichtshof mit Recht **das Vorliegen eines über die Wertung im Rahmen des Sonderrechtsschutzes hinausgehenden Unlauterkeitsmerkmals** (vgl auch Rn 20).[526] Die andere Schutzebene gegen Ausbeutung, die das UWG zieht, geht vom unverfälschten Wettbewerb als Schutzgegenstand des UWG (Rn 4) aus und betrifft grundsätzlich nur die **Art und Weise der Ausbeutung**, also im Gegensatz zum Sonderrechtsschutz nicht die Ausbeutung als solche. 708

Die Fälle der unlauteren **Nachahmung** werden zunächst von §§ 3 Abs. 1, 4 Nr. 9 UWG erfasst. § 4 Nr. 9 UWG kennt **drei Unlauterkeitsmerkmale**, die grundsätzlich unabhängig von den Wertungen des Sonderrechtsschutzes sind: die vermeidbare Herkunftstäuschung (Buchst. a, vgl Rn 723 ff), die Ausnutzung oder Beeinträchtigung der Wertschätzung der nachgeahmten Ware oder Dienstleistung (Buchst. b, vgl Rn 734 f) und die unredliche Erlangung der für die Nachahmung verwendeten Kenntnisse (Buchst. c, vgl Rn 745). Wegen seines den Sonderrechtsschutz als zweite Ebene ergänzenden Charakters wird dieser Ausbeutungsschutz auch verbreitet als „**ergänzender wettbewerbsrechtlicher Leistungsschutz**" bezeichnet. Neben § 4 Nr. 9 UWG kann auch der Behinderungstatbestand des § 4 Nr. 10 UWG oder nur die Generalklausel des § 3 Abs. 1 UWG eine unlautere Nachahmung begründen, wenn sich die Nachahmung nicht 709

---

523 Dafür Ohly GRUR 2010, 487, 490 ff; dagegen Köhler GRUR 2010, 657, 658.
524 RGZ 120, 94, 97.
525 BGH GRUR 1966, 97, 100 *Zündaufsatz*, und BGHZ 44, 288, 296 *Apfel-Madonna*; BGH GRUR 1973, 478, 479 *Modeneuheit* – in BGHZ 60, 168 ff nicht mit abgedruckt; BGH GRUR 2000, 521, 525 *Modulgerüst*. Vgl auch OLG Düsseldorf GRUR 1999, 72, 73 *Fahrradkoffer*.
526 BGH GRUR 2003, 356, 357 *Präzisionsmessgeräte*; BGH GRUR 1996, 210, 211 *Vakuumpumpen*; BGH GRUR 1999, 923, 926 *Tele-Info-CD*; BGH GRUR 2000, 521, 523 *Modulgerüst*.

unter die drei Tatbestände unlauterer Nachahmung des § 4 Nr. 9 UWG fassen lässt. Dann ist aber wegen des Grundsatzes der Nachahmungsfreiheit besondere Sorgfalt bei der Feststellung eines eigenständigen Unlauterkeitsmerkmals geboten.[527] Vgl zu solchen Fallkonstellationen unten Rn 736 - 738, 744).

Für die speziellen Fälle der **Ausbeutung fremder Geheimnisse und Vorlagen** halten die §§ 17 bis 19 UWG Sondervorschriften bereit, die neben §§ 3 Abs. 1, 4 Nr. 9, 4 Nr. 10 UWG bzw § 3 Abs. 1 UWG zur Anwendung kommen[528] (Einzelheiten: Rn 751 f, 771 ff). Die Ausbeutung fremder Geheimnisse und Vorlagen wird deshalb gesondert dargestellt (Rn 750 ff).

3. Verhältnis zu anderen Tatbeständen im UWG

Rechtsgrundlage: §§ 3 Abs. 1, 4 Nr. 9, § 5 Abs. 2, § 6 Abs. 2 Nr. 3, Nr. 4, Nr. 6 UWG

710 Fällt eine Nachahmung mit einer vermeidbaren Herkunftstäuschung zusammen (§ 4 Nr. 9 a UWG), kann daneben § 5 Abs. 2 UWG Anwendung finden (zu § 5 Abs. 2 UWG Rn 234 ff). Das Verhältnis beider Normen ist etwas diffizil:[529] Beide verfolgen unterschiedliche Schutzzwecke. § 5 Abs. 2 UWG basiert auf der Richtlinie unlautere Geschäftspraktiken (Rn 17) und schützt Verbraucherinteressen, nicht über die betriebliche Herkunft irregeführt zu werden. § 4 Nr. 9 a UWG schützt die individuellen Interessen des Herstellers von Produkten oder Leistungen; sie liegt deshalb außerhalb des Anwendungsbereiches der Richtlinie unlautere Geschäftspraktiken. [530] § 4 Nr. 9 a UWG bleibt also grundsätzlich selbständig neben § 5 Abs. 2 UWG anwendbar.[531] Das gleiche gilt für den Anwendungsbereich des § 3 Abs. 3 UWG iVm Nr. 13 Anhang-UWG. § 4 Nr. 9 a UWG bleibt schon allein deshalb interessant, weil nur darüber eine dreifache Schadensberechnung möglich ist (Rn 951 ff).

Für Nachahmungsfälle, die **vergleichende Werbung** sind (§ 6 Abs. 1 UWG, vgl Rn 681 ff), tritt § 4 Nr. 9 UWG zurück und lässt insbesondere § 6 Abs. 2 Nr. 3, Nr. 4 und Nr. 6 UWG den Vortritt.[532]

4. Schutzberechtigter

711 Die ergänzende Funktion, die den wettbewerbsrechtlichen Bestimmungen der §§ 3 Abs. 1, 4 Nr. 9, §§ 17 bis 19 UWG neben den Sondergesetzen zukommt, **ordnet** sie eher **dem Lager der Immaterialgüterrechte** zu, die nur Individualinteressen des Nachgeahmten schützen.[533] Deshalb können diese Bestimmungen abweichend von den sonst geltenden Regeln für die **Aktivlegitimation** (Rn 862 ff) nach der bisherigen Rechtsprechung und der zutreffenden Auffassung in der Literatur nur von dem unmittelbar Be-

---

527 BGH GRUR 2008, 1115 Tz. 32 *ICON*; BGH GRUR 2007, 795 Tz. 50 *Handtaschen*.
528 BGH WRP 1999, 912, 914 *Kundenanschriften*; BGH GRUR 1964, 31, 32 *Petromax II*; siehe auch BGH GRUR 2002, 91, 92 ff. *Spritzgießwerkzeuge*.
529 Dazu Köhler GRUR 2009, 445; Fiebig WRP 2007, 1316, 1319; A. Nordemann in Götting/Nordemann § 4 UWG Rn 9.17.
530 BGH GRUR 2010, 80 Tz. 17 *LIKEaBIKE*.
531 BGH GRUR 2010, 80 Tz. 17 *LIKEaBIKE*; Köhler GRUR 2009, 445; A. Nordemann in Götting/Nordemann § 4 UWG Rn 9.17; aA Scherer WRP 2009, 1446, 1450.
532 Scherer WRP 2009, 1446, 1449; Koehler in Götting/Nordemann § 6 UWG Rn 93; aA Köhler in Köhler/Bornkamm § 6 UWG Rn 149; Fiebig WRP 2007, 1316, 1319.
533 Ausdrücklich zum Schutzzweck des § 4 Nr. 9 a UWG zu Gunsten der „individuellen Leistung des Herstellers": BGH GRUR 2010, 80 Tz. 17 *LIKEaBIKE*.

troffenen selbst in Anspruch genommen werden, nicht von anderen direkten Konkurrenten, nicht von Verbänden oder Kammern.[534] Aktivlegitimiert ist daher nur der Hersteller als Herr des Produktvorganges und der Entscheidung über die Marktzuführung[535] oder der Händler, der die nachgeahmte Ware anbietet, letzterer allerdings nur, wenn er alleinvertriebsberechtigt ist.[536] Nach der in der Gesetzesbegründung zur UWG-Novelle 2008 geäußerten Erwartung[537] wird diese Beschränkung auch mit Blick auf eine richtlinienkonforme Auslegung gem. Art. 6 Abs. 2 a Richtlinie unlautere Geschäftspraktiken nicht aufzugeben sein. Denn dieser ist in § 5 Abs. 2 UWG umgesetzt. In Fällen, in denen auch die Allgemeinheit durch Herkunftsverwechslungen betroffen ist, besteht also über § 5 Abs. 2 UWG eine Möglichkeit für sonstige Anspruchsberechtigte, dagegen vorzugehen (dazu Rn 235). Nichts anderes gilt für Nr. 13 Anhang-UWG (§ 3 Abs. 3 UWG).

5. Inhalt des Unterlassungsanspruchs

Eine weitere wichtige prozessuale Konsequenz daraus, dass das UWG nur die Art und   712
Weise der Ausbeutung sanktioniert (Rn 713) und nicht die Ausbeutung als solche, ergibt sich für den Inhalt des Unterlassungsanspruches. Es bestehen lediglich Ansprüche, den Vertrieb zu untersagen; dieser Anspruch umfasst – anders als zB §§ 97, 16 UrhG – **nicht** die **Herstellung** des nachgeahmten Produktes[538] (vgl zum Unterlassungsanspruch allgemein unten Rn 914 ff; zu den Besonderheiten beim Schadenersatzanspruch Rn 952 ff). Der Vertrieb beginnt allerdings mit der Auslieferung an den Zwischenhändler, nicht erst mit Bewerbung gegenüber dem Endverbraucher.[539]

II. Ergänzender wettbewerbsrechtlicher Leistungsschutz (Ausbeutung fremder Erzeugnisse und fremder Werbung)

Rechtsgrundlage: §§ 3 Abs. 1, 4 Nr. 9 UWG, § 3 Abs. 1 UWG

Wie erwähnt ist das Nachahmen fremder, nicht (mehr) unter Sonderrechtsschutz ste-   713
hender Leistungen grundsätzlich erlaubt und nur in bestimmten Fällen unlauter. Die Prüfung folgt **vier Stufen**:

- Unlauterkeit kann **erstens** nur in Betracht kommen, wenn die (nachgeahmte) Leistung von **wettbewerblicher Eigenart** ist, also etwas Besonderes im Wettbewerb zu Gunsten des Nachgeahmten darstellt (Rn 714 ff).
- **Zweitens** muss eine **Nachahmung** vorliegen. Diese muss **bewusst** geschehen sein. Dazu Rn 722.

---

534 Zutreffend BGH GRUR 2009, 416 Tz. 23 *Küchentiefstpreis-Garantie* zu § 4 Nr. 9 c UWG; Köhler in Köhler/ Bornkamm § 4 UWG Rn 9.86 mwN; Ohly in Piper/Ohly/Sosnitza § 4 Rn 9/84; A. Nordemann in Götting/ Nordemann § 4 UWG Rn 9.100; aA Münker, FS Ullmann, 2006, 781, 790; Bergmann in Harte/Henning § 8 UWG Rn 260.

535 BGH GRUR 2005, 519, 520 *Vitamin-Zell-Komplex;* BGH GRUR 1988, 620, 621 *Vespa-Roller;* OLG München GRUR-RR 2004, 85 *Stricktop.*

536 BGH GRUR 2005, 519, 520 *Vitamin-Zell-Komplex*; BGH GRUR 1994, 630, 634 *Cartier-Armreif;* BGH GRUR 1988, 620, 621 *Vespa-Roller;* BGH GRUR 1991, 223, 224 *Finnischer Schmuck;* Ullmann, FS v. Gamm, S. 315, 322.

537 Begr. RegE UWG-Novelle 2008, BT DS 16/10145, S. 17, abrufbar unter www.nordemann.de.

538 BGH GRUR 1999, 923, 927 f. *Tele-Info-CD.*

539 BGH GRUR 2003, 892, 893 *Alt-Luxemburg.*

■ Drittens müssen besondere Unlauterkeitsmerkmale hinzutreten, die Nachahmung als nicht leistungsgerecht und damit unlauter erscheinen lassen (Rn 723 ff).

■ Viertens spielt bei der abschließenden Gesamtbeurteilung insbesondere eine Rolle, ob es sich um eine unmittelbare Leistungsübernahme (sklavische Nachahmung) oder um eine durch Einsatz eigener Leistung nachschaffende Übernahme handelt (Rn 747 ff).

1. Wettbewerbliche Eigenart

Rechtsgrundlage: §§ 3 Abs. 1, 4 Nr. 9 UWG, § 3 Abs. 1 UWG

714 Nicht jede Leistung verdient Nachahmungsschutz nach UWG. Nur wenn die Leistung besondere Merkmale aufweist, die sie im Wettbewerb heraushebt, kann sie insoweit vor Nachahmung zu schützen sein. Die „wettbewerbliche Eigenart" ist stets Voraussetzung für ein Eingreifen des UWG und eine ungeschriebene Voraussetzung der Nachahmungstatbestände des § 4 Nr. 9 UWG.[540]

In der Entscheidung **Pulverbehälter** hatte der Bundesgerichtshof noch formuliert, wettbewerblich eigenartig sei „ein Erzeugnis, dessen Merkmale geeignet sind, dem Kunden die Unterscheidung von gleichen Waren oder Leistungen anderer Herkunft zu ermöglichen, die also als Träger von Herkunfts- und Gütevorstellungen dienen können".[541] Die neuere Rechtsprechung gesteht **wettbewerbliche Eigenart** kurz und treffend **jedem Leistungsergebnis zu, dessen konkrete Ausgestaltung oder einzelne Merkmale geeignet sind, im Verkehr auf seine betriebliche Herkunft oder Besonderheiten hinzuweisen.**[542] Abzustellen ist hier also erneut auf die Verkehrsauffassung (Rn 120 ff).

Solche Merkmale werden häufig gerade nicht technisch bedingt, sondern **willkürlich wählbar** (und damit austauschbar) sein.[543] Besonderen **ästhetischen Merkmalen** kommt daher regelmäßig wettbewerbliche Eigenart zu.

Die Merkmale können aber durchaus auch **technischer Natur** sein.[544] Hier ist jedoch **zu differenzieren:** Technische Merkmale, die für eine bestimmte technische Lösung zwingend notwendig sind, haben keine wettbewerbliche Eigenart.[545] Sind die technischen Merkmale jedoch frei austauschbar, liegt in ihnen eine wettbewerbliche Eigenart, wenn der Verkehr damit Herkunftsvorstellungen oder besondere Qualitätserwartungen verbindet.[546]

---

540 BGH GRUR 2005, 600 L *Handtuchklemmen.*

541 BGHZ 50, 125, 131 *Pulverbehälter*; später noch BGH GRUR 1988, 385, 387 *Wäsche-Kennzeichnungsbänder.*

542 BGH GRUR 2010, 80 Tz. 23 *LIKEaBIKE*; BGH GRUR 2007, 339 Tz. 26 *Stufenleitern*; BGH GRUR 2003, 359, 360 *Pflegebett*; BGHZ 138, 143 *Les-Paul-Gitarren*; BGH GRUR 2000, 521, 523 *Modulgerüst*; BGH GRUR 2002, 275, 276 *Noppenbahnen*; BGH GRUR 2002, 629, 632 *Blendsegel*; alle mwN. Die Schutzwürdigkeit verliert das nachgeahmte Produkt iü nicht dadurch, dass sein Vertrieb gegen ein gesetzliches Verbot verstößt oder selbst wettbewerbswidrig ist: BGH GRUR 519, 520 *Vitamin-Zell-Komplex.*

543 BGH GRUR 1999, 751, 752 *Güllepumpen*; BGH GRUR 2000, 521, 523 *Modulgerüst* mwN. Für ästhetisch bedingte Merkmale s. schon BGHZ 60, 168, 170 *Modeneuheit* und BGH GRUR 1986, 673, 675 *Beschlagprogramm*; OLG Köln GRUR 1996, 140 f. *Minidress* für Sportkleidung und GRUR 1994, 737, 738 *Schoko-Linsen* für die Gestaltung einer Verpackung; OLG Düsseldorf WRP 1997, 582, 584 *Caterpillar-Arbeitsstiefel.*

544 BGH GRUR 1999, 1106, 1108 *Rollstuhlnachbau.*

545 BGH GRUR 2008, 790 Tz. 36 *Baugruppe*; BGH GRUR 2007, 339 Tz. 27 *Stufenleitern.*

546 BGH GRUR 2010, 80 Tz. 27 *LIKEaBIKE*; BGH GRUR 2009, 1073 Tz. 10 ff. *Ausbeinmesser*; BGH GRUR 2007, 339 Tz. 27 *Stufenleitern*; BGH GRUR 2002, 820, 822 *Bremszangen*; BGH GRR 2000, 521, 523 *Modulgerüst.*

Das Erfordernis der wettbewerblichen Eigenart setzt nicht voraus, dass es sich um ein 715 Erzeugnis von „besonderer" Eigenart oder „überragender" technischer Qualität handelt. Wettbewerbliche Eigenart kann auch Alltagsprodukten, Dutzendware und Durchschnittserzeugnissen zukommen, die massenweise von den verschiedenen Herstellern in etwa gleicher Qualität auf den Markt gebracht werden. Eine massenweise Produktion ist noch kein Kennzeichen für fehlende wettbewerbliche Eigenart;[547] ein Volkswagen behält seine wettbewerbliche Eigenart, selbst wenn davon 10 000 Stück am Tag produziert werden. Ein no-name-Produkt in einer bestimmten Aufmachung oder Verpackung, dessen Qualität der Verbraucher kennt, kann schon deshalb von – wenn auch begrenzter – wettbewerblicher Eigenart sein.[548] Die Verleihung des Designpreises an eine ästhetische Gestaltung ist ein (starkes) Indiz für eine wettbewerbliche Eigenart.[549]

Entscheidend für die Bestimmung der wettbewerblichen Eigenart ist der **Wettbewerbs-** 716 **bestand auf dem deutschen Markt**; entsprechender Vortrag der Parteien hat in der Praxis erhebliche Bedeutung. Die Eigenart des nachgeahmten Produkts muss auf dem inländischen Markt vorliegen;[550] die ausschließliche Bekanntheit im Ausland reicht grundsätzlich nicht aus, ebenso wenig wie Internetangebote, die nicht für den deutschen Markt bestimmt sind.[551]

Beispiele für eine wettbewerbliche Eigenart: Chirurgische Instrumente, aber nur, wenn neben 717 den technischen Merkmalen besondere frei wählbare Elemente[552] vorliegen.[553]

Damenhandtaschen, und zwar auch als Modellreihen, die sich durch eine leicht wieder zu erkennende typische Form auszeichnen (bei seitlicher Sicht nach oben sich verjüngender Keil, bei frontaler Betrachtung leicht trapezförmig), am oberen Rand über eine überlappende Klappe und einen charakteristischen Taschengürtel verfügen (Kelly/Birkin Bag).[554]

Holztische, wenn ihr Erscheinungsbild durch die gestalterische Besonderheit einer Stabilität und Geradlinigkeit in besonderer Weise verbindenden Formensprache geprägt ist (in Abgrenzung zu üblichen Gartentischen), zumal, wenn die Gestaltung einen Designerpreis erhalten hat.[555]

Gartenliegen mit stofffreien Ecken und Scharnieren und einer leicht durchsichtigen textilen Bespannung, was der Liege den ästhetischen Eindruck einer Leichtigkeit verleiht; ferner als technisches Merkmal ein Metallbügel, der – technisch frei wählbar – die stabile Höhenverstellung des Kopfteils sichert und zugleich als weitere Stütze in der „Relaxstellung" dient.[556]

Gerüste in ihrer konkreten Gestaltung, insbesondere der sog. Gerüstknoten, zB Aussehen der Lochscheibe, ihrer Formung und derjenigen der Aussparung, das Aussehen der Riegelköpfe und der auf die Ausstanzungen in der Lochscheibe abgestimmten Keile.[557]

Gitarren, die ein zeitloses Design aufweisen und zu einem Designklassiker geworden sind.[558]

Kinderlaufräder wegen ihrer eigentümlichen Gestaltung des Holzrahmens, der den „Eindruck windschnittiger Schnelligkeit" vermittelt. Ferner besaß wettbewerbliche Eigenart die flächige

547 BGHZ 21, 266, 272 *Uhrenrohwerke.*
548 OLG Köln NJWE 1998, 97 f für Farbeimer mit Dispersionsfarben.
549 OLG Köln GRUR-RR 2008, 166, 168 *Bigfoot;* OLG Köln NJWE 2000, 132, 133 *Tischbock;* A.Nordemann in Götting/Nordemann § 4 UWG Rn 9.33.
550 BGH GRUR 2009, 79, 83 *Gebäckpresse.*
551 OLG Köln GRUR-RR 2004, 21 *Küchenseier.*
552 Hierzu BGH GRUR 2005, 600 *Handtuchklemmen.*
553 OLG Köln GRUR-RR 2006, 278, 279 *Arbeitselement für Resektoskopie.*
554 BGH GRUR 2007, 795 Tz. 24 ff. *Damenhandtaschen.*
555 OLG Köln GRUR-RR 2008, 166, 167 *Bigfoot.*
556 BGH GRUR 2007, 984 Tz. 18 *Gartenliege.*
557 BGH GRUR 2000, 521, 523 *Modulgerüst.*
558 BGHZ 143, 138 *Les-Paul-Gitarren.*

Lenkergable mit der Durchtrittsöffnung; auch wenn das technisch ein zu weites Einschlagen des Lenkers verhindere, gebe es zahlreiche andere technische Möglichkeit, davor zu schützen.[559]

Laubhefter für den Weinbau, deren Patentschutz abgelaufen ist, aufgrund ihres äußeren Erscheinungsbildes der Förderschnecken, des Befestigungssystems, des galgenförmigen Auslegearms, des portalartigen Trägerarmes mit der Form eines auf dem Kopf stehenden abgeflachten „U".[560]

Messerkennzeichnungen mit roter Farbe, lang gestreckt rechteckiger Form einschließlich umrandeter Linie und symmetrischem Aufbau mit einem in das Zentrum gestellten Bildzeichen sowie davon links und rechts angeordnete Beschriftungen.[561]

Noppenbahnen für den Gebäudeschutz wegen der technisch nicht zwingenden Gestaltung der Noppen und deren Anordnung.[562]

Rollstühle zB wegen der Gestaltung der Seitenteile samt darin angebrachter kreisrunder Vertiefungen zur Anbringung des Firmenzeichens und der Vorrichtung zur Aufhängung der Fußrasten mit ihren genauen Abmessungen.[563]

Schreibtische mit einer klaren Linienführung durch einen waagegerechten Querbalken verstärkt, der die Tischbeine verbindet, einer Tischplatte, die einen schwebenden Eindruck vermittelt, und paralleler Ausrichtung der Längsseite der rechteckigen Tischfüße zur Längsseite der Tischplatte.[564]

718 Wettbewerblich eigenartige Merkmale können auch ganz außerhalb des Produkts liegen; vom „amtlichen" Telefonbuch erwartet der Verbraucher „Daten aus erster Hand".[565] Schließlich kann wettbewerbliche Eigenart daraus erwachsen, dass ein Erzeugnis mit erheblichem Personal- und Kostenaufwand (beispielsweise umfassende Aufwendungen für einen Redaktionsbetrieb) erstellt wird.[566] Es muss sich aber um für den Verkehr erkennbare Merkmale handeln, also bei Produkten um **äußere Gestaltungsmerkmale**.[567]

719 Nicht nur im Hinblick auf Waren oder Dienstleistungen kann wettbewerbliche Eigenart bestehen, sondern auch im Hinblick auf die dafür betriebene **Werbung**. Wettbewerbliche Eigenart besteht dort, wo die Werbung **Kennzeichnungskraft** besitzt.[568]

Beispiele: Allerwelts-Werbesprüche wie „natürlich in Revue" oder „Gut rasiert – gut gelaunt"[569] oder „Das aufregendste Ereignis des Jahres"[570] haben keine kennzeichnende Wirkung, anders aber schon „Wärme fürs Leben".[571]

Ästhetisch gestaltete Marketingkonzepte werden dagegen im Regelfall Kennzeichnungskraft besitzen.[572]

Aber auch schon die Nachahmung einer eigenartig gestalteten **Zeitungsanzeige** kann beim Publikum die Erinnerung an das Vorbild auslösen.[573]

---

559 BGH GRUR 2010, 80 Tz. 24 ff *LIKEaBIKE*.
560 BGH GRUR 2002, 88, 90 *Laubhefter*.
561 BGH GRUR 2001, 251, 253 *Messerkennzeichnungen*.
562 BGH GRUR 2002, 275, 276 *Noppenbahnen*.
563 BGH GRUR 1999, 1106, 1108 *Rollstuhlnachbau*.
564 BGH GRUR 2008, 1115 Tz. 20 *ICON*.
565 BGH GRUR 1999, 923, 926 *Tele-Info-CD*.
566 BGH GRUR 1988, 308, 309 *Informationsdienst*; KG GRUR-RR 2001, 102, 103 *Stellenmarkt*.
567 BGH GRUR 2002, 820, 822 *Bremszangen*; BGH GRUR 1999, 751, 752 *Güllepumpen*.
568 BGH GRUR 1961, 244, 246 *natürlich in Revue*.
569 AA OLG Düsseldorf GRUR 1956, 510, 511.
570 OLG Frankfurt GRUR 1987, 44.
571 BGH GRUR 1997, 308, 310 *Wärme fürs Leben*.
572 OLG Karlsruhe GRUR 1995, 429; S. schon BGH GRUR 1977, 614 *Gebäudefassade*.
573 LG München I UFITA 56, 358, 361 *Kontakt*.

Dasselbe gilt für **Kataloge**, die sich nach Aufmachung und Gestaltung dem Publikum vielfach einprägen.[574]

Die Kennzeichnungskraft der Branchentelefonbücher „Gelbe Seiten" ist nicht so stark, dass der Verkehr einen telefonischen Brancheninformationsdienst „Yellow Phone" der Telekom zuordnen würde.[575]

Werbefotos schaffen bei Bekanntheit ein Erinnerungsbild.[576]

Einer **nicht eingetragenen Bezeichnung für Veranstaltungen** kommt bei Unterscheidungskraft eine wettbewerbliche Eigenart zu.[577]

Bestimmte Sondergesetze halten einen umfassenden Schutz vor der Nachahmung von kennzeichnungskräftiger Werbung bereit, so dass stets zu fragen ist, ob nicht Sondergesetze eine speziellere Regelung für den Nachahmungsfall bereithalten und insoweit ein möglicherweise nach dem UWG vorliegendes besonderes Unlauterkeitsmerkmal (Rn 723 ff) verdrängt wird (vgl Rn 706, 733). 720

2. Bewusste Nachahmung

Rechtsgrundlage: §§ 3 Abs. 1, 4 Nr. 9 UWG, § 3 Abs. 1 UWG

Eine **Nachahmung** liegt vor, wenn wettbewerblich eigenartige Merkmale übernommen wurden, sich also bei beim Produkt oder der Dienstleistung des Anderen wiederfinden. Es kommt hier noch nicht entscheidend darauf an, wie stark der Grad der Übernahme ist, also ob eine „unmittelbare Leistungsübernahme" oder nur eine „nachschaffende Übernahme" gegeben ist. Das spielt erst bei der endgültigen Bewertung der Nachahmung im Rahmen der Gesamtschau als unlauter eine Rolle (Rn 747 ff). 721

Die an sich erlaubte Nachahmung (Rn 702) wird jedoch erst dann unzulässig, wenn sie **bewusst** erfolgt. Damit scheiden alle Fälle der **selbständigen Zweitentwicklung** aus.[578] Erst Recht kann kein Fall einer unlauteren Nachahmung vorliegen, wenn der vermeintlich Nachahmende die Leistung zuerst geschaffen hatte.[579] Schwieriger einzuordnen ist die „unbewusste Entlehnung"; sie tritt besonders häufig im ästhetisch-künstlerischen Bereich auf:[580] ein Nachahmer hat die nachgeahmte Leistung schon einmal gesehen, ist sich deren Verwendung bei Schaffung der nachahmenden Leistung aber nicht bewusst. Auch das sollte indes den Nachahmungstatbestand erfüllen.[581] Erst Recht gilt das, wenn der Nachahmer sogar mit der Möglichkeit gerechnet hat, dass er nachahmt, sich dann aber einer Prüfung dieser Frage bewusst verschloss.[582] Andernfalls wäre Nachahmern eine bequeme Ausrede an die Hand gegeben (vgl Rn 82). – Stets kommt es auf das Bewusstsein **des Herstellers** an; der Wissenstand des Händlers ist unbeachtlich.[583] 722

---

574   OLG Hamburg GRUR 1938, 797, 798.
575   BGH GRUR 1997, 311, 313 *Yellow Phone.*
576   OLG Koblenz GRUR 1970, 95, 96 *Atriumphoto*; OLG Hamm WRP 1979, 568 f.
577   BGH GRUR 2003, 973, 974 *Tupperwareparty.*
578   BGH GRUR 2008, 1115 Tz. 24 *ICON.*
579   BGH GRUR 2002, 629, 633 *Blendsegel.*
580   A. Nordemann in Fromm/Nordemann §§ 23, 24 UrhG Rn 22 f.
581   A. Nordemann in Götting/Nordemann § 4 UWG Rn 9.49.
582   BGH GRUR 1991, 914, 915 *Kastanienmuster*; BGHZ 117, 115, 118 *Pullovermuster.*
583   Köhler in Köhler/Bornkamm § 4 UWG Rn 9.68; Ohly in Piper/Ohly/Sosnitza § 4 UWG Rn 9/46.

Umstritten ist, **zu welchem Zeitpunkt** das **Bewusstsein der Nachahmung** spätestens gegeben sein muss. Nach der heutigen Rechtsprechung des Bundesgerichtshofes genügt allerdings ein nachträglich entstandenes Bewusstsein der Nachahmung (etwa durch eine Abmahnung des Nachgeahmten) nicht; das Bewusstsein der Nachahmung müsse **im Zeitpunkt der Schaffung der nachgeahmten Leistung** gegeben gewesen sein.[584] Ein Bewusstsein bei Markteinführung oder gar erst während der Vermarktung genügt danach nicht. Das wird in vielen Fällen zu Beweisschwierigkeiten führen und ist deshalb abzulehnen. Es muss genügen, wenn der Nachahmer nach entsprechender Verwarnung durch den benachteiligten Mitbewerber sein Verhalten unverändert fortsetzt[585].

Die Beweisschwierigkeiten lassen sich allerdings dadurch etwas abmildern, dass **bei größerer Übereinstimmung** der nachahmenden mit der nachgeahmten Leistung ein **Anscheinsbeweis** für ein Bewusstsein im Zeitpunkt der Schaffung gegeben ist.[586] Lässt sich das Bewusstsein im Zeitpunkt der Schaffung nicht nachwiesen, kann der Nachgeahmte möglicherweise auf § 5 Abs. 2 UWG ausweichen (dazu Rn 234 ff). § 5 Abs. 2 UWG setzt überhaupt kein Bewusstsein der Nachahmung voraus. Vielmehr genügt es, dass der Verkehr irregeführt ist, was regelmäßig zumindest bei vermeidbarer Herkunftstäuschung gem. § 4 Nr. 9 a UWG der Fall ist. Allerdings eröffnet § 5 Abs. 2 UWG – anders als § 4 Nr. 9 UWG – keine dreifache Schadensberechnung (Rn 951 ff) und ist deshalb für den Nachgeahmten unattraktiver.

3. Besondere Unlauterkeitsmerkmale

a) Vermeidbare Herkunftstäuschung

Rechtsgrundlage: §§ 3 Abs. 1, 4 Nr. 9 a UWG

aa) Herkunftstäuschung

723 Eine Herkunftstäuschung liegt vor, wenn der Verkehr aus den ihm entgegentretenden wettbewerblich eigenartigen Elementen des Werkes den Schluss zieht, der Nachahmende stehe in **herstellermäßigen Beziehungen** zum Nachgeahmten.[587] In der Regel werden den Verkehr insbesondere wettbewerblich eigenartige Ausstattungen der Produkte, aber auch wettbewerblich eigenartige Verpackungen verleiten, ungerechtfertigter Weise auf herstellermäßige Beziehungen zwischen den Parteien schließen lassen.

Eine Einschränkung gilt im **Modebereich**: hier kann ein solcher Rückschluss nur bei besonders markanter Gestaltung angenommen werden, beispielsweise bei pfiffigen, besonders gelungenen Gestaltungen mit überraschendem Stilmittel wie ein Trachtenjanker mit aufgenähten kleinen Rucksäcken als Taschen.[588] Ansonsten rechnet der Verkehr die ästhetische Gestaltung von Modeerzeugnissen eher dem Saisongeschmack zu und erblickt darin keinen *herstellermäßigen* Hinweis (vgl zum

---

584 BGH GRUR 2008, 1115 Tz. 24 *ICON*; BGH GRUR 2002, 629, 633 *Blendsegel;* dem folgend A. Nordemann in Götting/Nordemann § 4 Rn 9.49;.

585 So auch noch BGHZ 117, 115, 118 f. *Pullovermuster.*

586 BGH GRUR 1998, 477, 480 *Trachtenjanker;* BGH GRUR 1991, 914, 916 *Kastanienmuster.*

587 BGHZ 138, 143 *Les-Paul-Gitarren;* BGH GRUR 1998, 477478 *Trachtenjanker;* BGH GRUR 2002, 275, 277 *Noppenbahnen;* dabei kommt es nicht unbedingt darauf an, ob gerade die (potentiellen) Abnehmer des täuschend echten Produkts irren; es genügt wenn zumindest das Publikum irrt, das andere mit einer Nachahmung sieht: BGH GRUR 2007, 795 Tz. 44 *Damenhandtaschen.*

588 BGH GRUR 1998, 477, 478 *Trachtenjanker.*

Schutz von solchen Modegestaltungen unten Rn 741). Anders als bei der vermeidbaren Herkunftstäuschung kann Nachahmungsschutz durch das UWG in solchen Fällen nur für eine begrenzte Zeit, zB für eine Saison, gewährt werden.

Die beiderseitigen Produkte oder Leistungen müssen also ungeachtet etwaiger Unterschiede im Detail so wirken, dass das eine wie eine Wiederholung des anderen erscheint oder zumindest den Irrtum entstehen lässt, beide gehörten zu derselben Produktserie oder gehörten sonst irgendwie zusammen (Verwechslungsgefahr, siehe Rn 724). Für diese **objektive Übereinstimmung** ist der **Gesamteindruck** entscheidend, den der unbefangene Betrachter von beiden Produkten gewinnt.[589] Genauso werden übrigens auch Nachahmungen in den Sondergesetzen (UrhG, GeschmMG) beurteilt, so dass es nahe liegt, die dort entwickelten Kriterien auch auf die Feststellung einer nur wettbewerbsrechtlich relevanten Nachahmung anzuwenden.[590] Beim Vergleich der beiderseitigen Erzeugnisse ist deshalb mehr auf die Gemeinsamkeiten als auf die Unterschiede zu achten.[591] Es ist nicht möglich, einzelne wettbewerblich eigenartige Elemente aus der Gesamtbetrachtung herauszulösen. Für sich genommen nicht wettbewerblich eigenartige Merkmale können jedoch in ihrer Gesamtheit wettbewerblich eigenartig sein, selbst wenn sie für sich genommen keine wettbewerbliche Eigenart aufweisen.[592]

Beispiel: Es ist danach nicht zulässig, bei der Prüfung der Herkunftstäuschung bei Kinderlaufrädern nur die Gestaltung des Holzrahmens als ausschlaggebend zu betrachten. Die bei den gegenüberzustellenden Laufrädern jeweils übereinstimmende Form der sich unterhalb des Rahmens nach unten verjüngenden Sattelstütze, die fast identische Form des Schmutzabweisers hinter dem Sattel, die jeweils vollflächigen Holzfelgen und die gleichartige Farbgebung bei den Lenkergummigriffen und dem Sattelbezug sind ebenfalls heranzuziehen, weil sie in ihrer Gesamtheit wettbewerblich eigenartig sind, mögen sie auch für sich genommen kein besonderes Merkmal darstellen.[593]

Ferner geht es bei der Gesamtbetrachtung nicht um abstrakte Gestaltungsideen, sondern um einen Vergleich der konkreten Umsetzung in die Leistung.[594] Die zu vergleichenden Produkte müssen in ihrer **konkreten Gesamtgestaltung** gegenübergestellt werden.[595]

Beispiel: Wenn bestimmte Tiere und eine bestimmte Landschaft auf der Verpackung eines Produkts dargestellt werden, um auf wesentliche Zutaten und auf die regionale Herkunft des Produkts hinzuweisen, kann eine Herkunftstäuschung nicht schon damit begründet werden, dass auf der beanstandeten Verpackung ebenso wie auf der Verpackung des Produkts der Klägerin Rinder und Schafe in türkischer Landschaft abgebildet sind. Nicht ausreichend ist es daher, dass auf beiden Verpackungen Tiere und Landschaft naiv-naturalistisch dargestellt sind, solange die konkrete Darstellung deutlich voneinander abweicht.[596]

---

589 BGH GRUR 2010, 80 Tz. 34 *LIKEaBIKE;* BGH GRUR 2002, 629, 632 *Blendsegel;* BGH GRUR 2001, 251, 253 f. *Messerkennzeichnung;* OLG München WRP 1987, 195, 196 *Betonpflastersteine.*
590 BGH GRUR 2003, 973, 974 *Tupperwareparty;* BGH GRUR 1984, 597, 598 *vitra-programm;* Vgl auch BGH GRUR 1980, 235, 237 *Play-Big-Figuren ("Play-family").*
591 BGH GRUR 2010, 80 Tz. 41 *LIKEaBIKE;* BGH GRUR 1983, 111, 113 *Original-Maraschino;* BGH GRUR 1980, 235, 237 *Play-Big-Figuren ("Play-family");* OLG München WRP 1987, 195, 196 *Betonpflastersteine;* weitere Nachweise zum Urheberrecht bei A. Nordemann in Fromm/Nordemann §§ 23/24 UrhG Rn 40 ff.
592 BGH GRUR 2010, 80 Tz. 34 *LIKEaBIKE.*
593 BGH GRUR 2010, 80 Tz. 33 f *LIKEaBIKE.*
594 BGH GRUR 2009, 1069 Tz. 21 f. *Knoblauchwürste.*
595 BGH GRUR 2002, 629, 633 *Blendsegel.*
596 BGH GRUR 2009, 1069 Tz. 21 *Knoblauchwürste.*

724 Eine Herkunftstäuschung löst nicht nur ein Produkt aus, das der Verkehr unmittelbar für das andere hält (**unmittelbare Verwechslungsgefahr**), sondern auch ein solches, das er mit letzterem irgendwie sonst in direkte Verbindung bringt, sei es, dass der umworbene Verbraucher glaubt, beide Produkte gehörten zu einer von demselben Hersteller stammenden Serie, oder dass er auch nur annimmt, das eine sei ein Lizenzprodukt des andern, also zwischen den Herstellern beider Produkte organisatorische oder wirtschaftliche Zusammenhänge unterstellt (**unmittelbare Verwechslungsgefahr im weiteren Sinne**).[597] Insoweit kann grundsätzlich auf die Erläuterung der Verwechslungsgefahr im Markenrecht verwiesen werden Rn 1042 ff. Insbesondere spielt es eine Rolle, wenn die nachgeahmte Leistung über andere Vertriebswege als das Original vertrieben wird.[598]

725 Der BGH verlangt in ständiger Rechtsprechung zusätzlich zur Herkunftstäuschung,[599] dass das nachgeahmte fremde Leistungsergebnis **im Verkehr eine „gewisse Bekanntheit"** aufweisen müsse, und der Verkehr mit ihm deshalb eine bestimmte Herkunfts- und Gütevorstellung verbinde. Erforderlich sei hierzu grundsätzlich mindestens, dass das Erzeugnis (neben der wettbewerblichen Eigenart) bei den maßgeblichen Verkehrskreisen schon eine gewisse Bekanntheit habe. Eine Herkunftstäuschung sei in aller Regel bereits begrifflich nicht möglich, wenn dem Verkehr nicht bekannt sei, dass es ein Original gebe.[600] Eine Verkehrsgeltung nach § 4 Nr. 2 MarkenG (Rn 1173) ist aber nicht erforderlich.[601] Die „gewisse" Bekanntheit muss im Zeitpunkt der Markteinführung der nachahmenden Leistung in Deutschland vorliegen.[602] Eine größere Bekanntheit führt zur Vergrößerung des Schutzbereiches.[603]

Das erscheint aus mehreren Gründen als zweifelhaft.[604] Auch im Markenrecht ist für eine Verwechslungsgefahr keine Bekanntheit der prioritätsälteren Marke Voraussetzung, allenfalls kann dadurch die Kennzeichnungskraft und damit der Schutzumfang vergrößert werden (Rn 1215). Problematisch ist auch, dass bei gerade erst eingeführten Leistungen eine Schutzlücke entstehen kann. Beispielsweise bei ausländischen Erzeugnissen kann ein auf dem deutschen Markt neu eingeführtes oder einzuführendes Erzeugnis an dem wettbewerbsrechtlichen Schutz nicht teilhaben.[605] Das nimmt der BGH ausdrücklich für die Herkunftstäuschung als Unlauterkeitsmerkmal hin.[606] Wer also ein neues Produkt auf der Messe sieht, das noch vor seiner Markteinführung steht oder mit ihr erstmals auf den Markt kommt, und es alsbald abkupfert, braucht danach die

---

597 BGH GRUR 2001, 251, 254 (rechts Mitte) *Messerkennzeichnung* mwN.
598 BGH GRUR 2003, 973, 974 *Tupperwareparty*; OLG Köln GRUR-RR 2004, 213 *Haushaltsdosen*.
599 Die „gewisse Bekanntheit" ist nach der BGH-Rechtsprechung nur für das besondere Unlauterkeitsmerkmal der vermeidbaren Herkunftstäuschung relevant, bei § 4 Nr. 9 c UWG ist es nicht zu prüfen, vgl BGH GRUR 2009, 79 Tz. 35 *Gebäckpresse*.
600 BGH GRUR 2010, 80 Tz. 36 *LIKEaBIKE*; BGH GRUR 2009, 79 Tz. 35 *Gebäckpresse*; BGH GRUR 2007, 984 Tz. 34 *Gartenliege*; BGH GRUR 2005, 600, 602 *Handtuchklemmen*.
601 BGH GRUR 2006, 79 Tz. 35 *Jeans*.
602 BGH GRUR 2009, 79 Tz. 35 *Gebäckpresse*.
603 BGH GRUR 2010, 80 Tz. 37 *LIKEaBIKE* mwN.
604 Genauso: A. Nordemann in Götting/Nordemann § 4 UWG Rn 9.58.
605 Vgl in diese Richtung noch BGH GRUR 1992, 523, 524 *Betonsteinelemente*.
606 BGH GRUR 2009, 79 Tz. 35 *Gebäckpresse*.

Durchsetzung von Ansprüchen des um seinen Erfolg gebrachten Ausstellers nicht zu fürchten. Das erscheint nicht als überzeugend.[607]

bb) Vermeidbarkeit der Herkunftstäuschung

Rechtsgrundlage: §§ 3 Abs. 1, 4 Nr. 9 a UWG

Nicht immer lässt es sich ganz ausschließen, dass der Markt das eine Produkt für das andere hält oder doch irgendeinen Zusammenhang zwischen beiden vermutet. Oftmals sind es technische Notwendigkeiten, die ein gleiches oder ähnliches Aussehen oder eine genau gleiche Konstruktion bedingen: 726

Beispiel: Eine Ersatz-Stoßstange für den „VW-Golf" muss einheitliche Abmessungen und einheitliche Chromtönungen haben, ganz gleich, von welchem Hersteller sie kommt. Gleichwohl kann ihre betriebliche Herkunft für die Werkstätten deshalb von Bedeutung sein, weil erhebliche Qualitätsunterschiede bestehen können (zB Bruchfestigkeit und Härte des verwendeten Stahls).

Bei einer patentierten Vorrichtung, die während der Dauer des Patentschutzes nur von einem bestimmten Fabrikanten produziert wurde, hat sich das Publikum vielfach so sehr an diese Herkunftsvorstellung gewöhnt, dass es auch nach Freiwerden des Patents jede Vorrichtung dieser Art dem Ersthersteller zuordnet. Gleichwohl würde es dem Sinn der Schutzfristregelung des § 16 PatG zuwiderlaufen, wenn man dem Ersthersteller mit dem Hinweis auf die entstehende Herkunftstäuschung ein zeitlich praktisch unbegrenztes Monopol über §§ 3 Abs. 1, 4 Nr. 9 a UWG zugestehen wollte (vgl Rn 707).

Der Bundesgerichtshof hält mit Recht eine Nachahmung nicht schon deshalb für unlauter, weil sie objektiv die Gefahr einer Herkunftstäuschung bewirkt.[608] Vielmehr greifen §§ 3 Abs. 1, 4 Nr. 9 a UWG erst dann ein, wenn der Nachahmer nicht alles Erforderliche und Zumutbare getan hat, um eine Herkunftstäuschung, die objektiv vermeidbar war, auch tatsächlich zu vermeiden; einer unvermeidlichen Herkunftstäuschung braucht er nur entgegenzuwirken.[609] Damit findet eine umfassende Verhältnismäßigkeitsprüfung statt. Insbesondere ist hier das der Geeignetheit (Rn 728) und der Zumutbarkeit (Rn 729) von Maßnahmen zu fragen.   727

Im Hinblick auf die **Geeignetheit** einer Maßnahme, die **Herkunftstäuschung zu vermeiden,** gilt folgendes: Ein **eigener Herkunftshinweis** (des Nachahmers) ist dann geeignet, der Herkunftstäuschung entgegen zu wirken, wenn der Verkehr sich an Herkunftshinweisen auf dem Produkt oder auf der Verpackung orientiert[610] *und* die gegenüberzustellenden Bezeichnungen hinreichend unterschiedlich sind.[611] Solche eigenen Herkunftshinweise sind insbesondere eigene Marken (§ 4 MarkenG) oder Unternehmenskennzeichen (§ 5 Abs. 2 MarkenG) des Nachahmenden.   728

Beispiele: Bei Designer-Brillen orientiert sich der Verkehr nicht nur an der äußeren Form, sondern auch an der Herstellermarke.[612]

Auch bei (verpackten) Lebensmitteln – wie zB Speiseeis – richtet sich der Verkehr maßgeblich nach Produkt- und Herstellerkennzeichen, weniger nach Produktform oder Verpackungsgestaltung.[613]

---

607 Kritisch auch Krüger/ E. v. Gamm WRP 2004, 978 ff.
608 BGH GRUR 2003, 359, 361 *Pflegebett*; BGH GRUR 2002, 629, 633 *Blendsegel*; BGHZ 35, 341, 348 *Buntstreifensatin I.*
609 BGHZ 50, 125, 130 *Pulverbehälter*; BGH GRUR 2002, 275, 277 *Noppenbahnen.*
610 BGH GRUR 2002, 275, 277 *Noppenbahnen.*
611 BGH GRUR 2010, 80 Tz. 43 *LIKEaBIKE.*
612 OLG Köln GRUR-RR 2003, 183, 186 *Designer-Brillen.*
613 BGH GRUR 2001, 443, 446 *Vienetta.*

Das Gleiche gilt auch bei Kinderlaufrädern. Allerdings muss die gewählte Bezeichnung einen deutlichen Abstand von der Bezeichnung des nachgeahmten Produktes haben. Nach dem BGH nicht genügend war die Wahl der Bezeichnung „bykie" für ein Kinderlaufrad, wenn das nachgeahmte Produkt „LIKEaBike" hieß und es deshalb sowohl klangliche als auch sinngemäße (bike=Fahrrad) Ähnlichkeiten gab.[614]

Auch kann es eine geeignete Maßnahme sein, die gesamte **Ausstattung**, also vor allem die Produktverpackung, hinreichend unterschiedlich zu gestalten.[615] Das ist auch konsequent, weil an sich Nachahmungsfreiheit herrscht. In anderen Fällen ist gefordert worden, einen etwa vorhandenen Gestaltungsspielraum, der nicht technisch bedingt ist, auch auszunutzen.

Beispiel: Bei einem Baugerüst-System kann einer Herkunftstäuschung dadurch entgegengewirkt werden, dass die Merkmale des Gerüstknotens in Verbindung mit den übrigen Gestaltungselementen des Gerüstes etwas anders gestaltet werden.[616]

Das ist trotz der grundsätzlich bestehenden Nachahmungsfreiheit zutreffend, da frei wählbare und nicht technisch bedingte Gestaltungsmerkmale, deren Nachahmung zu einer Herkunftstäuschung beim Verbraucher führt, ebenfalls geeignet sein können, eine Herkunftstäuschung zu vermeiden. Einen wettbewerbsrechtlichen Schutz für gemeinfreie Elemente und für den freien Stand der Technik darf es allerdings nicht geben; werden solche Elemente – auch in ihrer Kombination – als angemessene Lösung für die betroffenen Produkte übernommen, ist die Gefahr einer Herkunftstäuschung, die auch dann noch verbleibt, grundsätzlich hinzunehmen.[617]

729   Neben der Geeignetheit ist nach der **Zumutbarkeit** zu fragen. Das berechtigte Interesse des Erstherstellers, vor Herkunftsverwechslungen geschützt zu werden, begegnet sich mit dem ebenso berechtigten Interesse des Nachahmers, außerhalb der Sondergesetze vom Stande der Technik oder von der jeweiligen Geschmacksrichtung des Publikums zu profitieren; es muss also ein Ausgleich der Interessen stattfinden.[618] Der Bundesgerichtshof löst diesen Interessenkonflikt mit Recht unterschiedlich je nachdem, ob es sich um Erzeugnisse aus dem ästhetischen oder um solche aus dem technischen Bereich handelt:

730   Im **ästhetischen Bereich** besteht im Allgemeinen kein sachlich gerechtfertigter Grund zu einer auch nur fast identischen Nachahmung. Hier bleibt selbst bei Berücksichtigung des Zeitgeschmacks und der modischen Entwicklung zumeist ein ausreichender Spielraum für solche Gestaltungen, die einen erkennbaren Abstand von dem Erzeugnis des

---

614   BGH GRUR 2010, 80 Tz. 43 *LIKEaBIKE*, zweifelhaft: Die Bezeichnung „Bike" für ein Kinderlaufrad ist beschreibend und kann deshalb nichts zu einer Nähe der Bezeichnungen beitragen; insoweit erscheint es eher als zutreffend, dass die Unterschiede in den Bezeichnungen ausreichend waren.

615   BGH GRUR 2005, 166, 170 *Puppenausstattungen*.

616   BGH GRUR 2000, 521, 524 *Modulgerüst*.

617   BGH GRUR 2007, 339 Tz. 44 *Stufenleitern*; BGH GRUR 2005, 166, 170 *Puppenausstattungen*; BGH GRUR 2003, 359, 361 *Pflegebett*.

618   BGH GRUR 1961, 581, 583 *Hummel-Figuren II*; Vgl auch BGH GRUR 1977, 666, 668 *Einbauleuchten*.

Mitbewerbers[619] oder von dessen Verpackung[620] halten. Ob eine Nachahmung vorliegt, entscheidet sich nach dem Gesamteindruck des Publikums, für den eher die Übereinstimmungen als die Unterschiede maßgebend zu sein pflegen (Rn 723). Nicht zulässig ist es jedoch, nur einzelne Gestaltungselemente zu vergleichen.[621] Fast stets kann jedenfalls davon ausgegangen werden, dass durch auffallende Markierungen – bei Produkten für gewerbliche Abnehmer auch durch Vertreterhinweise und Preisunterschiede – Herkunftsverwechslungen sich auch bei weitgehender ästhetischer Übereinstimmung vermeiden lassen.[622]

Im technischen Bereich darf dagegen, um nicht außerhalb der Sondergesetze ein faktisches Benutzungsmonopol für den Ersthersteller zuzulassen bzw aufrechtzuerhalten, die Benutzung des freien Standes der Technik nicht erschwert werden.[623] Die Rechtsprechung verwendet deshalb hier zunächst einen etwas engeren Begriff der Nachahmung; sie liegt nur vor, wenn das Original identisch oder fast identisch nachgebildet ist, obwohl für Abweichungen ein hinreichend großer Spielraum bestanden hat.[624] Der Nachahmer braucht sich ferner nicht auf das Risiko verweisen zu lassen, es mit einer anderen Lösung zu versuchen. Unter mehreren zweckmäßig erscheinenden Lösungen darf er die „angemessene Lösung" frei wählen;[625] dazu rechnen alle technischen Lösungen, in denen unter Berücksichtigung des Gebrauchszwecks und der Verkäuflichkeit der Ware sowie der Verbrauchererwartung die angemessene Verwirklichung der technischen Aufgabe liegt.[626] **731**

Beispiel: Ein Bett für Pflegebedürftige darf man beispielsweise durchgängig mit Holz und die Füße quaderförmig verkleiden, auch wenn das sehr bekannte Konkurrenzprodukt dies ebenfalls tut.[627]

Jedoch ist der Nachahmende dann in der Pflicht, der durch die Übernahme von wettbewerblich eigenartigen Merkmalen hervorgerufenen Gefahr der Herkunftstäuschung durch zumutbare Maßnahmen entgegenzuwirken.[628] Hier kann man durch die äußere Aufmachung, die Farbgestaltung,[629] die Anbringung des Firmenzeichens,[630] gelegentlich auch durch die Art der Verpackung[631] einer Verwechslungsgefahr entgegenwirken.

---

619 BGH GRUR 2002, 629, 633 *Blendsegel*; BGH WRP 1976, 370, 371 *Puderdose*; BGH GRUR 1979, 119, 120 *Modeschmuck*; BGH GRUR 1985, 876 *Tchibo/Rolex I*; BGH GRUR 1991, 223, 225 *Finnischer Schmuck*; OLG Frankfurt WRP 1979, 446, 468 (Glückwunschkarte in Form eines Eurochecks); OLG Frankfurt WRP 1982, 232 („Rubik's Cube"-Zauberwürfel) einerseits und 227, 228 (Uhrendesign) andererseits; OLG Düsseldorf GRUR 1984, 139 *Garnieschneider* und WRP 1997, 582, 584 *Caterpillar-Arbeitsstiefel*; OLG Köln GRUR 1996, 140 f. *Minidress* für Sportkleidung. Vgl auch BGHZ 117, 115 *Pullovermuster* und BGH GRUR 1991, 914 *Kastanienmuster*.
620 OLG Köln GRUR 1994, 737, 738 *Schoko-Linsen*.
621 Instruktiv: BGH GRUR 2002, 629, 632 f. *Blendsegel*.
622 BGH GRUR 1988, 385, 387 *Wäsche-Kennzeichnungsbänder;* Vgl auch OLG München WRP 1997, 200, 202 (für die äußere Gestalt von Mini-Einbaustrahlern).
623 Zuletzt BGH GRUR 2002, 86, 90 *Laubhefter* und 1999, 1106, 1108 *Rollstuhlnachbau*; OLG Karlsruhe GRUR 1995, 495, 498 *Lüftungsgitter;* OLG Düsseldorf GRUR 1999, 72, 73 *Fahrradkoffer.*
624 BGH GRUR 2002, 86, 90 *Laubhefter* und 1999, 1106, 1108 *Rollstuhlnachbau* mwN.
625 BGH GRUR 2010, 80 Tz. 23 *LIKEaBIKE* mwN.
626 BGH GRUR 2000, 521, 523, 525 *Modulgerüst* und 2002, 86, 90 *Laubhefter.* Vgl auch OLG Stuttgart WRP 1985, 179, 180 f: Technisch bedingte Schneckenform für Käse.
627 BGH GRUR 2003, 359, 361 *Pflegebett.*
628 BGH GRUR 2010, 80 Tz. 27 *LIKEaBIKE.*
629 BGH GRUR 2002, 820, 823 *Bremszangen.*
630 BGH GRUR 2001, 251, 254 *Messerkennzeichnung.*
631 Vgl Henssler GRUR 1970, 247, 248.

732 Stets sollte im Auge behalten werden: Hat der Nachahmer alle geeigneten und zumutbaren Maßnahmen ergriffen, um eine Herkunftstäuschung zu vermeiden, muss die verbleibende Verwechslungsgefahr hingenommen werden.[632] Es besteht grundsätzlich keine allgemeine wettbewerbsrechtliche Pflicht, einen ausreichenden Abstand vom wettbewerblichen Umfeld einzuhalten;[633] im **Zweifel** ist **für den Grundsatz der Nachahmungsfreiheit** zu entscheiden.

cc) Verdrängung durch Sonderrechtsschutz

Rechtsgrundlage: §§ 3 Abs. 1, 4 Nr. 9 a UWG, Sonderrechtsschutz

733 Der Nachahmungsschutz vor vermeidbarer Herkunftstäuschung aus UWG ist grundsätzlich ein **ergänzender wettbewerbsrechtlicher Leistungsschutz** (Rn 709), kommt also in der Regel (Rn 20) nur zum Tragen, wenn der Sachverhalt nicht schon in anderen Spezialgesetzen außerhalb des UWG geregelt ist. Das gilt vor allem im Bereich der vermeidbaren Herkunftstäuschung durch Nachahmung kennzeichnungskräftiger Werbemittel. Bei Nachahmung eines kennzeichnungskräftigen Titels eines Stadtmagazins für eine Rubrik in einer Tageszeitung ist deshalb keine vermeidbare Herkunftstäuschung nach UWG geprüft, sondern allein § 15 MarkenG herangezogen worden.[634] Für ein Nachahmungsschutz wegen vermeidbarer Herkunftstäuschung bleiben danach übrig einfache **Werbeslogans**[635] und die noch nicht zur Verkehrsgeltung gelangte **Markenanwartschaft** (Rn 643) sowie die **nicht markenmäßige Benutzung einer fremden Marke**, zB als Reklameaufdruck auf T-Shirts,[636] oder eines sonstigen Kennzeichens.[637] Nicht verdrängt durch das MarkenG wird allerdings eine Anwendung des § 5 Abs. 2 UWG (Rn 706 ff).

Alle **übrigen Sondergesetze** sollten hingegen keine speziellen Regelungen im Hinblick auf eine vermeidbare Herkunftstäuschung enthalten. So schützt das UrhG die textliche Gestaltung, Zeichnungen wie das berühmte „HB-Männchen" oder Fotos schon gegen bloße Nachahmung, ohne dass eine vermeidbare Herkunftstäuschung hinzukommen muss. Das Gleiche gilt für das GeschmMG (für Muster und Modelle, also insbesondere für das Design in der Werbung). Insoweit ist auch das EU-Geschmacksmuster, das für einen dreijährigen Schutz noch nicht einmal eine Eintragung voraussetzt (Art. 11, 12 GemGeschmMVO), neben §§ 3 Abs. 1, 4 Nr. 9 a UWG anwendbar, zumal auch die Schutzvoraussetzungen in Form der „Eigenart" in beiden Rechtsinstituten nicht parallel laufen.[638] Für den wettbewerbsrechtlichen Schutz gegen Nachahmungen und Übernahmen ausschließlich bleibt vor allem die **Werbeidee**, die urheberrechtlich nicht

---

632 BGH GRUR 2005, 166, 170 *Puppenausstattungen*.
633 BGH GRUR 2008, 1115 Tz. 33 *ICON*.
634 BGH GRUR 2000, 70 *Szene*.
635 Erdmann GRUR 1996, 550.
636 OLG München GRUR Int. 1981, 180 *John Player* (dazu Helm GRUR 1981, 630); BGH GRUR 1996, 508, 509 *Uhrenapplikation*. Vgl auch OLG Hamburg ZUM-RD 1998, 121, 122 (zum Totenkopf verfremdete Shell-Muschel) und KG GRUR 1997, 295, 296 f. *Alles wird teurer* (Postkarte im Stil der Marke Telekom, § 1 UWG aF zu Recht verneint).
637 BGH GRUR 1988, 453, 455 *Ein Champagner unter den Mineralwässern*. für die Bezeichnung *Champagner*.
638 Bartenbach/Fock WRP 2002, 1119, 1123; möglicherweise einschränkend Kur GRUR 2002, 661, 665 m. Fn 48.

schützbar ist,[639] sofern deren Übernahme eine vermeidbare Herkunftstäuschung auslöst.

b) Rufausbeutung (Ausnutzung der Wertschätzung)

Rechtsgrundlage: §§ 3 Abs. 1, 4 Nr. 9 b UWG

Für die Rufausbeutung als besonderes Unlauterkeitsmerkmal ist nicht Voraussetzung, **734** dass sich der Verkehr falsche Gedanken über die Herkunft des nachahmenden Produktes macht. Eine Anlehnung an den guten Ruf eines Originalherstellers kann auch aus anderen Gründen als der Gefahr der Herkunftsverwechslung wettbewerbsrechtlich unlauter sein,[640] sofern sich der Nachahmende an den guten Ruf – § 4 Nr. 9 b UWG nennt das „Wertschätzung" – der wettbewerblich eigenartigen Merkmale (Rn 714 ff) anhängt.

Der gute Ruf ist nur geschützt, wenn er auf der eigenen Leistung des Anspruchstellers beruht. Das ist nicht der Fall bei Bezeichnungen, die der Verkehr selbst kreiert hat und die dann später nur in die Werbung übernommen werden.[641] Im Regelfall verfügt ein Produkt oder eine Dienstleistung über einen guten Ruf oder Wertschätzung gem. § 4 Nr. 9 b UWG, wenn es sich um **ein bekanntes Produkt oder eine bekannte Dienstleistung** handelt. Feste Prozentsätze gibt es hier nicht;[642] je höher aber die Bekanntheit, desto größer der Schutzbereich. Waren oder Dienstleistungen, die als Marke gem. § 14 Abs. 2 Nr. 3 UWG bekannt sind (vgl Rn 1252 ff), genießen die erforderlich Wertschätzung (vgl aber Rn 735).

Die Nutzung des guten Rufs (Wertschätzung) als solche genügt nicht; die Wertschätzung des Verkehrs muss vielmehr „**unangemessen**" ausgenutzt oder beeinträchtigt werden, wie § 4 Nr. 9 b UWG ausdrücklich sagt. Eine unangemessene Ausnutzung der Wertschätzung liegt im Regelfall vor, wenn ein **Imagetransfer** auf den Nachahmer stattfindet, eine unangemessene Beeinträchtigung, wenn dadurch auch noch der gute Ruf gefährdet wird. Dafür ist nicht zwingend, dass irgendeine Art von Herkunftstäuschung auftritt.[643]

Beispiele: Der Bundesgerichtshof hat im Fall **Tele-Info-CD** eine Unlauterkeit selbst bei Fehlen einer vermeidbaren Herkunftstäuschung im Hinblick auf das vertriebene nachahmende Produkt angenommen. Die besonderen Gütevorstellungen, die der Verkehr mit dem verwendeten (damit wettbewerblich eigenartigen) Telefonrohdaten der Deutschen Telekom als früherem Monopolisten im Telefonbereich verbinde, seien in unlauterer Weise ausgenutzt worden. Das konkurrierende Telefonverzeichnis des Nachahmenden baue auf diesen Gütevorstellungen auf und beruhe nicht auf eigenen Recherchen des Nachahmenden: *„Denn der Verkehr erwartet – mit Recht –, dass die elektronischen Verzeichnisse der Beklagten nicht auf eigenen Recherchen beruhen, die notgedrungen zu lückenhaften und fehlerbehafteten Ergebnissen führen müssten, sondern dass es sich um die „amtlichen" Teilnehmerdaten der Klägerin zu 2) handelt."*[644]

---

639 BGHZ 18, 175, 178 *Sammelwerk*.
640 BGH GRUR 1985, 876, 878 *Tchibo-Rolex*; BGH GRUR 1996, 508, 509 *Uhren-Applikation*; BGHZ 138, 143 *Les-Paul-Gitarren*.
641 BGH GRUR 2003, 973, 974 *Tupperwareparty*.
642 Köhler in Köhler/Bornkamm § 4 UWG Rn 9.52 mwN. Sambuc GRUR 1996, 675, 676, fordert mindestens 25% Bekanntheit bei den angesprochenen Verkehrskreisen.
643 BGH GRUR 2005, 349, 353 *Klemmbausteine III*.
644 BGH GRUR 1999, 923, 927 *Tele-Info-CD*.

Eine unlautere Rufausbeutung liegt auch vor, wenn der Verkehr erkennt, dass es sich lediglich um eine Kopie eines Designklassikers handelt, jedoch dem Originalhersteller des Designklassikers das Aufrechterhalten seines guten Rufes durch die umfassende Kopiertätigkeit erheblich erschwert wird.[645] Der BGH hält es auch für § 6 Abs. 2 Nr. 4 UWG nicht für erforderlich, dass es auf Grund des rufausnutzenden Vergleichs zu Verwechslungen zwischen den Unterscheidungszeichen oder Waren/Dienstleistungen kommt, weil auch Assoziationen unterhalb der Schwelle zur Verwechslung über das jedem Vergleich innewohnende Maß hinausgingen.[646]

Insbesondere die Gefahr, dass beim gar nicht am Erwerbsvorgang beteiligten Publikum falsche Assoziationen geweckt werden, kann relevant sein, zB wenn Freunde und Bekannte eines Uhrenkäufers (unzutreffend) denken, er habe sich eine teure Luxusmarkenuhr zugelegt und er dadurch ihnen gegenüber „angeben" kann.[647] Bei bestimmten Damenhandtaschen meinte der BGH jedoch, hier sei der Abstand so groß, dass auch der allgemeine Verkehr, der nicht selbst gekauft hat, keiner Verwechslung unterliegen würde.[648]

Zum Einschieben in eine fremde Serie, insbesondere den „Lego"-Fällen, unten Rn 738.

735 Früher rechnete man zur Rufausbeutung auch den **Schutz berühmter Kennzeichen** hinzu. Der Bundesgerichtshof ging davon aus, dass die Kennzeichenfunktion von Waren, Ausstattungen und Leistungen und ihr damit verbundener Ruf die Folge entsprechender Werbemaßnahmen ist und dass ihre unbefugte Benutzung durch Dritte als Vorspann für die eigene Werbung demnach unlautere Ausbeutung sein kann.[649]

Heute ist die Rufausbeutung von Kennzeichen grundsätzlich im MarkenG abschließend geregelt (siehe dort Rn 1252 ff), so dass das UWG in der Regel keine Anwendung findet[650] (vgl auch Rn 20, 704 und 733). Jedenfalls dort, wo das MarkenG nicht einschlägig ist, kann das UWG zur Geltung gelangen, also insbesondere bei der nicht markenmäßigen Benutzung einer fremden bekannten Marke zB zu Parodiezwecken auf Postkarten,[651] zur Darstellung eines Rolls-Royce Kühlergrills in einer Whiskey-Anzeige,[652] zur redaktionellen Erwähnung einer bekannten Marke in einem Pressebericht[653] oder bei als Marke nicht geschützten bekannten Werbeslogans[654] oder sonstigen Bezeichnungen,[655] sofern ein Schutz nach § 4 Nr. 2 MarkenG ausscheidet.

Das Gleiche gilt auch für die Rufausbeutung im Rahmen **vergleichender Werbung**, wenn die vergleichende Werbung – wie regelmäßig – keine markenmäßige Benutzung

645 BGHZ 143, 138 *Les-Paul-Gitarren*; genauso für Luxus-Uhren: BGH GRUR 1985, 876, 878 *Tchibo/Rolex*; BGH GRUR 1996, 508, 509 *Uhren-Applikationen*.
646 BGH GRUR 2005, 248, 349 *Bestellnummernübernahme*, zugleich Vorlagebeschluss an den EuGH.
647 BGH GRUR 1985, 876, 878 *Tchibo/Rolex*.
648 BGH GRUR 2007, 795 Tz. 48 *Handtaschen*.
649 BGHZ 86, 90, 95 *Rolls Royce*; BGHZ 93, 96, 98 *DIMPLE*; BGHZ 113, 82, 84 ff. *Salomon*; BGHZ 113, 115, 126 *SL*; BGHZ 114, 105, 111 f *AVON*; BGH GRUR 1990, 711, 712 f. *Telefonnummer 4711*; BGHZ 125, 91, 102 und GRUR 1995, 57, 59 *Markenverunglimpfung I* und *II*. Verneint: BGH GRUR 1987, 711, 713 *Camel-Tours*; BGHZ 126, 208, 212 ff. *McLaren*; BGH GRUR 1996, 508, 509 *Uhrenapplikation*; BGH GRUR 1997, 311, 313 *Yellow Phone*. Früher war BGH GRUR 1959, 25, 29 *Triumph* ebenso verfahren. Nach Bedenken Hefermehls (1. Festschrift für Nipperdey, 1955, S. 293) hatten BGHZ 28, 320, 328 f. *Quick* und BGH GRUR 1966, 623, 624 *Kupferberg* sich jedoch vorübergehend nur noch auf § 823 Abs. 1 BGB (Eingriff in den eingerichteten und ausgeübten Gewerbebetrieb) gestützt.
650 BGHZ 138, 349 *MAC Dog* für § 14 Abs. 2 Nr. 3 MarkenG; BGH GRUR 2000, 70 *Szene* für § 15 Abs. 3 MarkenG. Vgl zur Kritik Fezer, § 2 Rn 4 ff UWG, sowie Fezer WRP 2000, 863, 865, Deutsch WRP 2000, 854.
651 KG GRUR 1997, 295, 296 *Alles wird teurer* (Postkarte im Stil der Telekom, Unlauterkeit zu Recht verneint).
652 Ingerl/Rohnke, § 14 Rn 153 unter Verweis auf BGH GRUR 1983, 247, 249 *Rolls-Royce*.
653 OLG Frankfurt GRUR 2000, 1066, 1067 *ACC*.
654 Erdmann GRUR 1996, 550.
655 BGH GRUR 2003, 973, 974 *Tupperwareparty*.

der bekannten Marke darstellt.[656] Letzteres ergibt sich schon daraus, dass insoweit § 6 Abs. 2 Nr. 4 UWG spezielle Anforderungen an die Zulässigkeit des Werbevergleiches aufstellt, die das MarkenG zu beachten hat. § 6 UWG enthält für die vergleichende Werbung – abgesehen von Fällen der Irreführung – eine abschließende Wertung (Rn 691). Allerdings sollten über § 6 Abs. 2 Nr. 4 UWG nur bekannte Kennzeichen vor Rufausbeutung geschützt sein, weil eine Rufausbeutung denknotwendigerweise eine Bekanntheit voraussetzt[657] und ansonsten § 6 UWG den Schutz vor Rufausbeutung von Kennzeichen inhaltlich erweitern würde, was nirgends ersichtlich ist[658] (vgl aber Rn 20; allgemein zur vergleichenden Werbung oben Rn 681 ff).

c) Ausnutzen einer Markterschließung

Rechtsgrundlage: §§ 3 Abs. 1, 4 Nr. 10 UWG

In der heutigen Wirtschaft, die nicht nur auf Bedarfsdeckung, sondern auch auf Bedarfsweckung ausgerichtet ist, kommt es immer wieder vor, dass ein Wettbewerber den Markt für eine neue Produktlinie oder eine neue Geschmacksrichtung erst erschließt. Abgesehen davon, dass er damit vielfach eine besondere Leistung erbringt, lassen seine Werbeanstrengungen auch eine Herkunftsvorstellung zu seinen Gunsten bei den Abnehmern entstehen, solange er allein auf dem Markt ist. Wollte man ihm deswegen ein Monopol zugestehen, so würde das den Leistungswettbewerb in dieser neuen Warenart ausschließen. Von § 3 Abs. 1 UWG, insbesondere von § 4 Nr. 10 UWG, könnte eine solche Beurteilung also unmöglich gedeckt sein; nur der Gesetzgeber wäre in der Lage, durch eine sondergesetzliche Regelung im Allgemeininteresse einen besonderen Leistungsschutz für den Markterschließer zu begründen. Die Nachahmung neuer Produktarten ist deshalb **für sich allein** auch dann nicht unlauter, wenn der Markterschließer damit weitgehend um die Früchte seiner Entwicklungs- und Werbungsarbeit gebracht wird.[659]

d) Ersatzteile und Zusatzgeräte

Rechtsgrundlage: §§ 3 Abs. 1, 4 Nr. 10 UWG

Mit Recht lässt es der Bundesgerichtshof zu, dass **Ersatzteile** für das Produkt eines anderen geliefert werden, obwohl der andere doch den Markt für sein eigenes Produkt erst erschlossen und aufgebaut hat; sogar der kennzeichenmäßige Hinweis auf die Warenbezeichnung des anderen ist erlaubt (§ 23 Nr. 3 MarkenG). Das Gleiche gilt für **Zusatzgeräte**[660] und **Zusatzprogramme**,[661] auch wenn dadurch der Absatz eigener Zusatzgeräte bzw -programme durch den Originalhersteller beeinträchtigt wird.[662]

736

737

---

656 OLG München WRP 2001, 820, 828 *Duft-Vergleichsliste;* Ingerl/Rohnke, § 14 Rn 89; kritisch Fezer, § 14 MarkenG Rn 496 mwN; offen EuGH GRUR 2002, 354, 356 *Toshiba/Katun.*
657 Vgl OLG München WRP 2001, 820, 829 *Duft-Vergleichslisten.*
658 Plaß WRP 1999, 776; in diese Richtung auch OLG München WRP 2001, 820, 829 *Duft-Vergleichslisten.* AA Berlit BB 2000, 1305, 1308; Ohly in Piper/Ohly/Sosnitza, § 6 Rn 61.
659 BGH GRUR 1970, 244, 245 *Spritzgussengel* und GRUR 1970, 250, 253 *Hummel-Figuren III;* Vgl auch BGH GRUR 1976, 434, 436 *Merkmalklötze.*
660 BGH GRUR 1958, 343, 344 f. *Bohnergerät;* BGH GRUR 1977, 666, 667 *Einbauleuchten;* OLG Köln WRP 1980, 792 f. *Einbausteckdosen* und GRUR 1999, 765, 767 f. *Abziehgerät.*
661 OLG Hamburg ZUM-RD 1998, 272, 275 und OLG Düsseldorf NJWE 2000, 61, 62 für Spielergänzungen auf CD-ROM.
662 BGH GRUR 1984, 282 *Telekonverter;* OLG Düsseldorf NJWE 2000, 61, 62.

e) Ergänzungsbedarf (Einschub in fremde Serie)

Rechtsgrundlage: §§ 3 Abs. 1, 4 Nr. 9 b, Nr. 10 UWG

738 Allerdings soll die Befriedigung eines Ergänzungsbedarfs, den der Hersteller bewusst geschaffen und einkalkuliert hat, durch Konkurrenten (sog. **Einschub in eine fremde Serie**) nach der BGH-Entscheidung *Klemmbausteine I* unzulässig sein.[663]

Beispiel: Nach dieser Rechtsprechung handelt ein Anbieter von Plastik-Klemmbausteinen unlauter, wenn seine Klemmbausteine mit *LEGO*-Bausteinen verbaubar sind. Eine Herkunftstäuschung oder eine Rufausbeutung müssen nicht vorliegen.[664]

Damit wird der Leistungswettbewerb für den Bereich des Ergänzungsbedarfs, der wirtschaftlich sehr bedeutsam sein kann, ausgeschlossen, und zwar nicht nur zum Schaden des Verbrauchers, worauf v. Harder[665] zutreffend hingewiesen hat, sondern auch zum Schaden der wirtschaftlichen Entwicklung: Die *LEGO*-Entscheidung zwang andere Klemmbaustein-Hersteller, auf andere Abmessungen auszuweichen und verhindert so die Typisierung, dh Rationalisierung und damit die Verbilligung dieser Warenart. Zudem lässt sich die BGH-Rechtsprechung leicht **ad absurdum** führen: Auch eine Autofabrik schafft einen „Ergänzungsbedarf", weil ihre Fahrzeuge von vornherein auf einen fortlaufenden Benzinverbrauch ausgerichtet sind; wollte sie für ihre Fahrzeuge die Benzinlieferung monopolisieren, so wäre sie dazu nach den Grundsätzen der *LEGO*-Entscheidung ohne weiteres in der Lage. Die Unterscheidung zur Beurteilung von Ersatzlieferungen, die der Bundesgerichtshof in **Rekordspritzen**[666] versucht hat, überzeugt nicht. Es ist wirtschaftlich dasselbe, ob jemand bei einem Produkt einplant, dass es fortlaufend repariert oder ergänzt werden muss.

Zwischenzeitlich hatte der Bundesgerichtshof allerdings einmal die passgerechte Lieferung von Zubehörteilen, die mit Konkurrenzprodukten zusammengesetzt werden können, also diesen maßstabsgetreu nachgebildet sind, für zulässig erklärt, weil die abnehmende Industrie das so aus Rationalisierungsgründen verlangt hatte und dem Hersteller nicht zugemutet werden konnte, auf das Geschäft ganz zu verzichten; dagegen sei im *Lego*-Fall „eine Fülle von Abweichungsmöglichkeiten" gegeben gewesen.[667]

Der entscheidende Fehler der bisherigen BGH-Rechtsprechung liegt freilich darin, dass sie dem Hersteller eines auf Ergänzungsbedarf angelegten Produkts eine **Monopolstellung auf Dauer** verschafft, wie sie unser Immaterialgüterrecht nur für Kennzeichen, niemals aber für Produkte kennt: Selbst die revolutionärste Erfindung wird nach Ablauf der 20-Jahres-Schutzfrist des § 16 PatG frei und darf von jedermann nachgebaut werden (Rn 707).[668] Lego-Bausteine wären dagegen mittlerweile schon über 55 Jahre lang geschützt gewesen; das BGH-Urteil *Klemmbausteine I* datiert vom 6.11.1963.

---

663 BGHZ 41, 55, 58 ff. *Klemmbausteine I* für mit „Lego"-Steinen verbaubare fremde Ergänzungspackungen, bestätigt in BGH GRUR 1976, 434, 436 *Merkmalklötze*, BGH GRUR 1984, 282, 283 *Telekonverter* und erneut in BGH GRUR 1992, 619, 629 f. *Klemmbausteine II.* Dazu krit. Annette Kur GRUR Int. 1995, 409. Im gegenteiligen Sinne ist der letzte Fall auch in Frankreich und Norwegen entschieden worden, siehe GRUR Int. 1995, 505, 508 *Tomy Train.*
664 BGHZ 41, 55, 58 ff. *Klemmbausteine I*; BGH GRUR 1992, 619, 629 f. *Klemmbausteine II.* Vgl aber BGH GRUR 2005, 349, 352 *Klemmbausteine III.*
665 GRUR 1969, 659 ff.
666 BGH GRUR 1968, 698, 700 f.
667 BGH GRUR 1977, 666, 668 *Einbauleuchten*; ähnlich OLG Karlsruhe WRP 1980, 575, 576.
668 Darauf weist erstmals Annette Kur in ihrer Kritik an dem *Klemmbausteine II*-Urteil GRUR 1992, 619 hin. Wie hier auch OLG Karlsruhe GRUR 1995, 495, 498 (r. Sp. oben) *Lüftungsgitter.*

Zwischenzeitlich hat allerdings der I. Zivilsenat in der Entscheidung *Klemmbausteine* **739** *III* aus dem Jahr 2004 anerkannt, dass wettbewerbsrechtlicher **Schutz gegen das Einschieben in eine fremde Serie nicht zeitlich unbegrenzt** zu gewähren und jedenfalls für die Legobausteine abgelaufen ist.[669] Leider sah der Senat keine Notwendigkeit, zu der umfangreichen Kritik an seiner Rechtsprechung zum Einschieben in die Lego Serie „abschließend"[670] Stellung zu nehmen. Er ist ihr aber nun immerhin insoweit gefolgt, als der wettbewerbsrechtliche Schutz des Unternehmers vor einem Einschieben in seine Serie zeitlich jedenfalls nicht über die gesetzliche Befristung des Innovationsschutzes im Patentrecht, Gebrauchsmusterrecht bzw Geschmacksmusterrecht hinausgehend darf.[671]

Klarzustellen bleibt, dass eine Unlauterkeit auch im Hinblick auf Ergänzungsbedarf **740** nach anderen Unlauterkeitsmerkmalen wie vermeidbarer Herkunftstäuschung (Rn 723 ff) oder Rufausbeutung (Rn 734 f) weiterhin möglich ist, jedoch durch geeignete Maßnahmen ausgeschlossen werden kann; bei den im Streit befindlichen Klemmbausteinen lag jedoch weder eine Herkunftstäuschung noch ein unlauteres Anlehnen an einen guten Ruf vor.[672]

f) Modeneuheiten

Rechtsgrundlage: §§ 3 Abs. 1, 4 Nr. 10 UWG

In diesem Bereich geht es nur selten um die Markterschließung für neue Produktarten; **741** selbst die Einführung des Bikini statt des Badeanzugs und des T-Shirts statt des Oberhemds oder der Bluse liegt schon Jahrzehnte zurück. Auch geht es nicht um eine vermeidbare Herkunftstäuschung, sofern die (wettbewerblich eigenartigen) Modeelemente nicht ausnahmsweise herkunftshinweisend sind (Rn 723). Jede Frühjahrs- und jede Herbstsaison bringt jedoch neue Modelle oder Stoffmuster, die nicht nur dem allgemeinen Modetrend folgen, sondern durch individuelle ästhetische Gestaltungsmerkmale geprägt sind, und die nur mit überdurchschnittlichem Kosten-, Arbeits- und Zeitaufwand durch den Einsatz fähiger und einfallsreicher Gestalter geschaffen werden können, die also wettbewerblich eigenartig sind (Rn 714 ff).

Das rechtfertigt es nach der Rechtsprechung des BGH, dem Hersteller wenigstens für einen gewissen Zeitraum Schutz gegen Nachahmungen aus § 4 Nr. 10 UWG zuzubilligen, gleichgültig ob es sich um modisch neue Modelle oder um solche der sog. klassischen Linie handelt, weil anderenfalls die Konkurrenz – unter Ersparnis eigener Entwurfskosten – teure Modelle alsbald nachahmt, nachdem sie gerade auf den Markt gekommen sind.[673]

Beispiele: Bei kurzlebigen Modeerzeugnissen, die nur in einer bestimmten Saison als neu angeboten werden und dann dem Sommer- oder Winterschlussverkauf zum Opfer fallen, ist eine Behinderung des Erstherstellers nach dessen Ablauf nicht mehr zu erwarten; ihre Nachahmung nach

---

669 BGH GRUR 2005, 349, 352 *Klemmbausteine III.*
670 BGH GRUR 2005, 349, 352 *Klemmbausteine III.*
671 BGH GRUR 2005, 349, 352 *Klemmbausteine III.* Zustimmend Heyersch GRUR 2006, 23, 27; Schrader WRP 2005, 562, 563; Riesenhuber WRP 2005, 1118, 1122; Rauda EWiR 2005, 323. Die beiden letztgenannten kritisieren jedoch, dass der BGH sich nicht zur vollständigen Aufgabe der Rechtsfigur „Einschieben in fremde Serie" entscheiden konnte.
672 BGH GRUR 2005, 349, 352 (Herkunftstäuschung) und 353 (Rufausbeutung) *Klemmbausteine III.*
673 Zuletzt BGH GRUR 2006, 79 Tz. 22 *Jeans.*

einer Saison verstößt dann nicht mehr gegen §§ 3 Abs. 1, 4 Nr. 10 UWG.[674] Für Übergangsmode, die im Sommer und im Winter getragen werden kann, endet der wettbewerbsrechtliche Schutz gegen Nachahmungen nach Sommer und Winter.[675] Für bestimmte Modeerzeugnisse, zB Trachtenjanker, kann eine Saison auch zwei Jahre dauern.[676]

742 Dies alles gilt auch für andere Produkte, die der **Mode** folgen, also insbesondere **Schmuck**,[677] aber auch etwa **Plüschtiere**,[678] entsprechend, es sei denn, die Gestaltungselemente geben als solche schon einen Herkunftshinweis, so dass dann zeitlich unbegrenzter Schutz im Rahmen der vermeidbaren Herkunftstäuschung gewährt wird (Rn 723).

743 Der zeitlich begrenzte Schutz für Modeerzeugnisse aus UWG wird dadurch in Frage gestellt, dass seit einigen Jahren ein **Gemeinschaftsgeschmacksmuster**[679] in allen EU-Staaten zur Verfügung steht. Dieses gewährt auch Schutz für nicht eingetragene Geschmacksmuster für einen Zeitraum von drei Jahren ab dem Zeitpunkt, zu dem das Muster der Öffentlichkeit zugänglich gemacht wurde (Art. 11, 12 GemGeschmMVO). Die Vermeidung der Registrierung war ein wesentliches Argument für den wettbewerbsrechtlichen Modeneuheitenschutz, weil bei kurzlebigen Modemustern meist ein aufwendiges und Kosten verursachendes Registrierungsverfahren nicht lohnt. Auch schützt das Gemeinschaftsgeschmacksmuster nur neue und eigenartige Muster (Art. 4 Abs. 1 GemGeschmMVO), enthält also insoweit vergleichbare Anforderungen, wie sie an die wettbewerbliche Eigenart von Modeneuheiten gestellt werden.[680] Lediglich der originäre Inhaber ist mit dem Entwerfer im Vergleich zum Modeneuheitenschutz aus UWG (Inhaber: Hersteller oder ausschließlich Vertriebsberechtigter, Rn 711) unterschiedlich. **Ein ergänzender wettbewerbsrechtlicher Leistungsschutz für Modeneuheiten ist deshalb rechtlich nicht mehr erforderlich** und scheidet aus.[681] Auch in der Praxis wird praktisch nie mehr aus UWG, sondern fast durchweg aus Geschmacksmusterrecht vorgegangen.

---

674 BGHZ 60, 168, 170 *Modeneuheit* für modische Modelle, BGH GRUR 1984, 453, 454 *Hemdblusenkleid* für klassische Modelle, OLG München Schulze OLGZ 169 für Stoffmuster, BGHZ 117, 115 *Pullovermuster* für diese, OLG München WRP 1991, 514, 516 f für eine Jeanshose; OLG Hamburg GRUR 1986, 83 f. *Übergangsbluse* erstreckt für Sommerkollektionen, die auch im Herbst getragen werden können, den Saisonschutz bis Jahresende. Ebenso OLG Stuttgart WRP 1987, 573, 575.

675 OLG Düsseldorf GRUR 1989, 122, 123 *Sweat-Shirt;* OLG München GRUR 1995, 275, 277 *Parka-Modell;* OLG Köln WRP 1997, 343, 346; im Ergebnis auch OLG Karlsruhe GRUR 1994, 450, 451 f. *Seidenhemden.*

676 BGH GRUR 1998, 477, 479 f. *Trachtenjanker.*

677 BGHZ 125, 322, 328 *Cartier-Armreif.* Zur zeitlichen Befristung Erdmann, FS Vieregge, S. 197.

678 BGH GRUR 1992, 697, 699 *Alf.*

679 Verordnung (EG) Nr. 6/2002 des Rates vom 12. Dezember 2001 über das Gemeinschaftsgeschmacksmuster, Abl. Nr. L 003 vom 5/ 1/2002, Seite 1–24.

680 Etwas anderes gilt für die wettbewerbsrechtliche Eigenart im Rahmen der vermeidbaren Herkunftstäuschung oder der Rufausbeutung, Vgl Rn 733.

681 A. Nordemann in Götting/Nordemann § 4 UWG Rn 9.85; Ohly in Piper/Ohly/Sosnitza § 4 UWG Rn 9/76 mwN; in diese Richtung auch Kur GRUR 2002, 661, 665. Für eine Beibehaltung des UWG-Schutzes: Köhler GRUR 2007, 548; Kiethe/Groeschke WRP 2006, 794, 798; Vorauflage Rn 1643. Offen BGH GRUR 2006, 346, 347 *Jeans II;.*

g) Planmäßige Nachahmung

Rechtsgrundlage: §§ 3 Abs. 1, 4 Nr. 10 UWG

Unlauterkeit nach § 4 Nr. 10 UWG ist gegeben, wenn jemand planmäßig, dh nach einem erkennbaren System, das gesamte Sortiment oder eine gesamte Baureihe eines Konkurrenten nachahmt. Zu den relevanten Umständen gehört insoweit das   744

- zielbewusste Anhängen an eine Vielzahl von Produkten eines Konkurrenten,
- die freie Wählbarkeit einer Fülle von Gestaltungselementen und
- die auf Grund der Einsparung kostspieliger, eigener Entwicklungen mögliche erhebliche Preisunterbietung in Verbindung mit den daraus erzielten Wettbewerbsvorteilen.[682]

Weil es auf die zugrunde liegende Absicht ankommt, ist es gleichgültig, ob dieser Plan „auf einen Schlag" verwirklicht wird oder in einer Kette fortlaufender Nachahmungen besteht.[683]

Der Meinungsstreit, ob auch bei der planmäßigen Nachahmung eine wettbewerbliche Eigenart der nachgeahmten Erzeugnisse (zB Sortiment oder Baureihe) erforderlich ist oder ob es sich um Dutzendware handeln kann (vgl noch die 8. Aufl. in Rn 394 bei Fn 35–38), dürfte sich durch die neuere Rechtsprechung des Bundesgerichtshofs erledigt haben: Der Bundesgerichtshof erwähnt in *Vakuumpumpen*[684] zwar noch das Fallbeispiel der systematischen Nachahmung von Dutzendware, stellt aber mit Recht letztlich allein darauf ab, ob der Nachahmer im Falle des systematisch-zielbewussten Anhängens bei den einzelnen Produkten jeweils ohne Not eine Fülle technisch-funktionaler Einzelheiten übernommen hat, die frei wählbar sind und die jedenfalls in ihrer Gesamtheit wettbewerbliche Eigenart besitzen.

Jedoch geht es in dieser Fallgruppe nicht nur um die Übernahme ganzer Sortimente oder Baureihen. Hierhin gehören beispielsweise auch die Fälle, in denen eine mit erheblichen Kosten und Mühen erstellte Publikation eines Informationsdienstes systematisch durch ein Konkurrenzerzeugnis nachgeahmt wurde.[685] In neuerer Zeit haben sich dem Bundesgerichtshof mehrere Oberlandesgerichte angeschlossen und die Übernahme von fremden Inseraten in eine eigene Zusammenstellung von Inseraten als unlauter verboten.[686] Insoweit muss es sich noch nicht einmal um ein vollständig substituierendes Konkurrenzerzeugnis handeln. Es genügt, dass nur für einen bestimmten Personenkreis interessante Inserate übernommen werden, die dann nur diesem Personenkreis angeboten werden. Insoweit ist allerdings stets zu prüfen, ob nicht der speziellere Schutz für Datenbankwerke (§ 4 UrhG) oder für einfache Datenbanken (§§ 87 a ff. UrhG) einschlägig ist, weil danach schon die Sammlungsleistung hinreichend geschützt wird.

---

682 BGH GRUR 2002, 820, 823 *Bremszangen.*
683 So ausdrücklich schon BGHZ 28, 387, 395 *Nelkenstecklinge.*
684 BGH GRUR 1996, 210, 213.
685 BGH GRUR 1988, 308, 310 *Informationsdienst*; Vgl auch OLG Saarbrücken GRUR-RR 2005, 196 196 *Küchen-Tiefpreisgarantie* (planmäßige Ausnutzung schutzwürdiger Arbeitsergebnisse der Mitbewerber, indem deren konzeptionelle Gestaltung und Preiskalkulation übernommen wird).
686 KG GRUR-RR 2001, 102, 103 *Stellenmarkt*; dem folgend OLG München GRUR-RR 2001, 228, 229 *Übernahme fremder Inserate.*

h) Erschleichen und Vertrauensbruch

Rechtsgrundlage: §§ 3 Abs. 1, 4 Nr. 9 c UWG

745 Unlauter gem. **§ 4 Nr. 9 c UWG** handelt, wer bei Erlangung von Unterlagen für die Nachahmung entweder §§ 17, 18 UWG (Rn 750 ff) verletzt oder wenn die Weitergabe der Unterlagen einen Vertrauensbruch darstellt.[687] Eine Unlauterkeit scheidet also aus, wenn die Unterlagen nicht anvertraut sind.

Beispiele: Was offenkundig, dh allgemein zugänglich ist (Rn 753), kann nicht unlauter erschlichen sein.[688] Auch ist es kein Verstoß gegen § 4 Nr. 9 c UWG, wenn nicht die mit einem Vertraulichkeitsvermerk versehen Pläne der Konkurrenz, sondern eigene Zeichnungen für den Nachbau verwendet wurden.[689]

Der Bundesgerichtshof beurteilte es auch nicht als unlauter, dass ein Küchenanbieter Verbraucher aufforderte, Küchenplanungen der Mitbewerber vorzulegen, um sie preislich zu unterbieten; solche Planungsunterlagen sind für den Verbraucher nicht vertraulich, sind also frei verwendbar. Der Mitbewerber kann sich dadurch schützen, dass er die Planungsunterlagen dem Kunden nicht überlässt, ein (beim Kauf der Küche zu verrechnendes) Entgelt verlangt oder die Vertraulichkeit ausdrücklich vereinbart.[690]

Erst recht kommt keine Unlauterkeit in Betracht, wenn und soweit der ursprüngliche Rechtsinhaber an einer wettbewerbsrechtlich geschützten Leistung den sie verkörpernden Gegenstand an einen andern veräußert hat; die Benutzung durch diesen ist durch die eingetretene **Erschöpfung des Rechts an der Leistung** gedeckt.[691]

Vgl zur Ausbeutung fremder Geheimnisse und Vorlagen auch unten Rn 750 ff.

i) Abwehr

746 kann eine Nachahmung rechtfertigen, etwa als Gegenmaßnahme angesichts der gegen § 20 GWB verstoßenden Behinderung durch ein marktbeherrschendes Unternehmen.[692] Vgl Rn 992.

4. Gesamtschau (Interessenabwägung und Wechselwirkung)

Rechtsgrundlage: §§ 3 Abs. 1, 4 Nr. 9 a bis c, Nr. 10 UWG

747 Die vorgenannten drei Elemente des ergänzenden wettbewerbsrechtlichen Leistungsschutzes (wettbewerbliche Eigenart, bewusste Nachahmung dieser Eigenart, besondere Unlauterkeitsmerkmal) sind in einer **Interessenabwägung** umfassend für den Einzelfall zu würdigen. Zwischen dem für einen Schutz erforderlichen Grad der wettbewerblichen Eigenart und den die Unlauterkeit einer Nachahmung begründenden besonderen Tatumständen besteht eine **Wechselwirkung:** Ersterer kann umso geringer erscheinen, je ausgeprägter Letztere sind, und umgekehrt.[693]

---

687 BGH GRUR 2010, 536 Tz. 55 *Modulgerüst II.*
688 OLG Köln CR 1998, 199, 202.
689 BGH GRUR 2010, 536 Tz. 55 *Modulgerüst II.*
690 BGH GRUR 2009, 416 Tz. 118 ff. *Küchentiefstpreis-Garantie.*
691 OLG Frankfurt GRUR 2002, 96 *Kinder-Verkehrsübungsplätze.*
692 OLG Frankfurt GRUR 1973, 83, 85 *Kunststoffkästen.*
693 BGH GRUR 2010, 80 Tz. 21 *LIKEaBIKE*; BGH GRUR 2001, 443, 445 links oben *Viennetta* (m. Abb.).; BGH GRUR 1999, 751, 752 *Güllepumpen*; BGH GRUR 1999, 1106, 1108 *Rollstuhlnachbau* mwN; BGH GRUR 1986, 672, 675 *Beschlagprogramm* (m. Abb.);.

„Je größer die wettbewerbliche Eigenart und je größer der Grad der Übernahme, desto geringere Anforderungen sind an die besonderen Umstände zu stellen, die die Unlauterkeit der Nachahmung begründen."[694]

Ein Erzeugnis von **schwacher Eigenart** ist danach jedenfalls gegen identische Nachbildungen geschützt.[695] Geringe Abweichungen können jedoch aus dem Verletzungsbereich herausführen; auch eine hohe Verkehrsbekanntheit des nachgeahmten Produktes hilft dann nichts.[696]

Insoweit ist von Bedeutung, wie eng sich der Nachahmer an das Original anlehnt. Der Bundesgerichtshof unterscheidet zutreffend zwei Arten der Ausnutzung fremder Waren oder Leistungsergebnisse: Die **Nachahmung** oder Nachbildung, bei der ein Produkt durch eigene Leistung nachschaffend (**nachschaffende Leistungsübernahme**) wiederholt wird, und die **unmittelbare Leistungsübernahme**, die, wie das Wort schon sagt, durch die bloße Übernahme eines fertigen Leistungsergebnisses des Wettbewerbers gekennzeichnet ist.[697] Die Nachahmung lässt nur beim Vorliegen besonderer Umstände, die unmittelbare Leistungsübernahme in aller Regel auf eine Unlauterkeit schließen.

Auch die unmittelbare Leistungsübernahme erfordert allerdings eine Wiederholung des Originals: Ein Buch wird fotomechanisch nachgedruckt,[698] von plastischen Erzeugnissen werden Abgüsse genommen.[699] In der obigen Definition des Bundesgerichtshofes liegt die Betonung auf dem Wort „nachschaffend": Wer dem Original eine eigene Leistung hinzufügt, die sich nicht in der bloßen Vervielfältigung erschöpft, ahmt nach; wer nur vervielfältigt, übernimmt. Lehrfall ist *Apfel-Madonna*:[700] Der Nachahmer hatte die Vorlage nicht einfach abgegossen, sondern mit Hilfe einer Fräse zunächst ein Rohmodell hergestellt, das er dann von Hand zurecht schnitzte. **748**

Wer die fertige Leistung eines anderen einfach übernimmt, dh kopiert, abscannt oder sonst vervielfältigt, will diesen in aller Regel mit dessen eigenen Waffen schlagen, bezweckt also seine Behinderung. Die unmittelbare Leistungsübernahme – nicht zu verwechseln mit der *fast* identischen Nachahmung, die gleichwohl Nachahmung bleibt – ist daher in der Regel unzulässig, wenn die drei übrigen Voraussetzungen (bewusste Nachahmung, wettbewerbliche Eigenart, besonderes Unlauterkeitsmerkmal) vorliegen.

Beispiele: „**Blendsegel**": Die gestalterische und praktische Grundidee, eine Außenleuchte mit einer senkrecht gestellten Leuchtröhre auszustatten und mit einem halbrunden Blendsegel zu versehen, war gemeinfrei, so dass etwa auf der Übernahme dieser Grundidee beruhende Herkunftstäuschungen hinzunehmen waren.[701] **749**

---

694 BGH GRUR 2010, 536 Tz. 47 *Modulgerüst II*.
695 BGH GRUR 1996, 210, 211 *Vakuumpumpen*. Insofern besteht Parallelität zum Urheberrecht, Vgl etwa BGH GRUR 1960, 251, 253 *Mecki-Igel II* und BGH GRUR 1967, 315, 316 *Skai-Cubana*; weitere Nachweise bei A. Nordemann in Fromm/Nordemann §§ 23/2 24 UrhG Rn 49 mwN.
696 BGH GRUR 2003, 359, 360 *Pflegebett*.
697 BGHZ 44, 288, 297 *Apfel-Madonna*.
698 BGHZ 51, 41 *Reprint*.
699 BGH GRUR 1969, 618 *Kunststoffzähne*; Vgl auch BGH WRP 1976, 370, 371 *Puderdose*.
700 BGHZ 44, 288, 298.
701 BGH GRUR 2002, 629, 633 *Blendsegel*.

„Formulare": Der fotomechanische Nachdruck von Formularen auf Bestellung des alleinigen Interessenten (Bundeswehr) beeinträchtigt den Erstdrucker nicht mehr, wenn dieser die Entwicklungskosten durch mehrjährigen Absatz der Formulare in hoher Stückzahl hereingeholt hat.[702]

„Klemmbausteine III": Wenn ein Ersthersteller einen Markt für bestimmte Produkte erst erschlossen hat und auf diesem Markt jahrzehntelang ein Monopol besaß, können sich Assoziationen im Sinne einer Rufausbeutung als typische und nahezu zwangsläufige Folge des zuvor gewährten monopolartigen Schutzes darstellen; dann kann es insbesondere ausreichen, auf den Verpackungen der Produkte der Beklagten in deutlich lesbarer Form einen Hinweis anzubringen, dass ihr Bausystem nicht mit anderen Bausteinsystemen verwechselt werden sollte.[703]

„Notenstichbilder": Der fotomechanische Nachdruck von vor mehr als 50 Jahren hergestellten Notenausgaben beeinträchtigt den Erstverleger nicht mehr (lässt Besonderheiten der Musikverlagsbranche – langfristige Investitionen – unberücksichtigt).[704]

„McLaren": Vertrieb der Miniaturform eines Rennwagens für eine Spielzeug-Autorennbahn beeinträchtigt den Original-Autohersteller nicht.[705]

„Pflegebett": Die übereinstimmenden Merkmale waren freihaltebedürftig. Auch wenn es wegen der hohen Bekanntheit des nachgeahmten Produkts zu Herkunftsverwechslungen komme, gebe es kein berechtigtes Interesse, dies zu verhindern.[706]

„Puppenausstattungen": Die Beklagte hatte alle zur Vermeidung von Herkunftstäuschungen zumutbaren Maßnahmen getroffen, die vornehmlich in der Wahl sich klar unterscheidender Bezeichnungen und auch dem Anbringen ihrer eigenen Marke auf den Produktverpackungen lagen; eine restliche Gefahr der Herkunftstäuschung durch die Übernahme der „Ausstattungsidee" war hinzunehmen, damit kein wettbewerbsrechtlicher Schutz für gemeinfreie Elemente gewährt wurde.[707]

„Reprint": Der fotomechanische Nachdruck eines Werkes, das schon seit langer Zeit vergriffen ist, beeinträchtigt den Erstverleger nicht mehr, falls dieser nicht etwa konkrete Nachdruckpläne hatte und der Nachdrucker das wusste.[708]

III. Ausbeutung fremder Geheimnisse und Vorlagen

Rechtsgrundlage: §§ 17, 18, 19 UWG, §§ 3 Abs. 1, 4 Nr. 9 c UWG, § 3 Abs. 1 UWG

750   Die Wirtschaftsspionage war auch schon um die Jahrhundertwende so weit verbreitet, dass der Gesetzgeber sich veranlasst sah, sie im UWG besonders zu erfassen. Das besondere Unwerturteil kommt dabei darin zum Ausdruck, dass die §§ 17 bis 19 UWG als **Strafvorschriften** gestaltet sind.

751   Wegen des Analogieverbots im Strafrecht (Art. 103 Abs. 2 GG) enthalten die §§ 17, 18, 19 UWG eine in sich abgeschlossene Aufzählung der möglichen Strafbestände; danach kommt je nach den Umständen des Einzelfalles noch eine Verurteilung des Täters nach anderen Strafnormen wie zB §§ 203, 204, 355 Abs. 1 Nr. 2 StGB, 404 AktG, 85 GmbHG, 151 GenG, 120 BetrVerfG in Betracht. **Zivilrechtlich** dagegen stellen alle diese Strafnormen keine abschließende Regelung des Geheimnis- und Vorlagenschutzes

702 BGH GRUR 1972, 127 *Formulare*; ebenso: OLG Hamm GRUR 1980, 287, 288 *Prüfungsformulare* und OLG Hamm WRP 1980, 282, 283 *Display-Wand*.
703 BGH GRUR 2005, 349, 353 *Klemmbausteine III*.
704 BGH GRUR 1986, 895, 896 *Notenstichbilder*; s. die mit Recht abl. Anm. von *Gernot Schulze* aaO. S. 898; vgl OLG Frankfurt GRUR 1984, 543, 544 f. *Notennachdruck* (2. Instanz) wegen der hohen Kosten des Notenstichs und der jahrzehntelangen Absatzweise, im Übrigen wegen Bestandsgefährdung des Leistungswettbewerbs.
705 BGH GRUR 1994, 732, 736 *McLaren*.
706 BGH GRUR 2003, 359, 361 *Pflegebett*.
707 BGH GRUR 2005, 166, 170 *Puppenausstattungen*.
708 BGH GRUR 1969, 186, 189 *Reprint*.

dar; zB Analogien zur Lückenschließung sind danach möglich.[709] Sie können auch Gegenstand von zivilrechtlichen Ansprüchen sein (Rn 771 ff).

Strafbar sind   752

■ für Beschäftigte:
  – der Verrat von Geheimnissen (§ 17 Abs. 1 UWG; Rn 753 f, 757 ff),
  – die Beschaffung oder Sicherung sowie die unbefugte Verwertung von Geheimnissen (§ 17 Abs. 2 UWG; Rn 763 f), die Verwertung von anvertrauten Vorlagen (§ 18 UWG, Rn 755 ff, 763), das Erbieten oder die Annahme des Ansinnens zu einem Vergehen nach §§ 17, 18 UWG (§ 19 UWG, Rn 762, 770), sowie der Versuch eines Vergehens nach § 17 oder – seit der UWG-Novelle 2004 – der Versuch eines Vergehens nach 18 UWG (Rn 762);
■ für ehemalige Beschäftigte und jeden Dritten:
  – die Beschaffung oder Sicherung sowie die unbefugte Verwertung von Geheimnissen (§ 17 Abs. 2 UWG, Rn 763 f, 768 f, 770.),
  – der Verrat oder die unbefugte Verwertung anvertrauter Vorlagen (§ 18 UWG, Rn 755 ff, 768 f, 770),
  – die Annahme des Erbietens oder das Verleiten zu einem Vergehen gegen §§ 17, 18 UWG (§ 19 UWG, Rn 762, 770),
  – sowie der Versuch eines Vergehens gegen § 17 UWG oder § 18 UWG (Rn 762).

1. Geheimnisse (§ 17 UWG) und Vorlagen (§ 18 UWG)

a) Geheimnisse

Rechtsgrundlage: § 17 UWG

Geschäfts- oder Betriebsgeheimnis ist jede Tatsache, die in Zusammenhang mit einem   753
Geschäftsbetrieb steht und nicht offenkundig, sondern nur einem eng begrenzbaren, vom Betriebsinhaber bestimmten Personenkreis bekannt oder zugänglich ist und deren Geheimhaltung dem Willen und dem berechtigten wirtschaftlichen Interesse des Betriebsinhabers entspricht.[710] Was publiziert ist oder sonst von jedem Interessenten ohne größere Schwierigkeiten in Erfahrung gebracht werden kann, ist kein Geheimnis mehr,[711] mag auch die Zeitschrift wenig gelesen werden oder die Zahl der Interessenten gering sein.[712] Die bloße Tatsache, dass Informationen zum Stand der Technik gehören (und eine Patentierbarkeit damit ausscheidet), bedeutet allerdings nicht automatisch, dass sie kein Betriebsgeheimnis darstellen können.[713] Auch dass Außenstehende eine

---

709 Siehe BGH GRUR 1964, 31, 33 *Petromax II* für § 18 UWG und BGHZ 38, 391, 393 *Industrieböden* für § 17 UWG. BGH GRUR 1978, 485, 486 *Gruppenreisen* tritt allerdings „im Interesse der Rechtssicherheit und Rechtseinheit" für eine einheitliche Beurteilung der Analogiefrage ein (zum früheren § 1 Abs. 3 ZugabeVO). Eingehend Pfeiffer, FS Nirk, S. 861; Fezer, FS Traub, S. 81; Reimann GRUR 1998, 298. Vgl auch BGH GRUR 2002, 91, 92 *Spritzgießwerkzeuge* zur ergänzenden Anwendung des § 1 UWG aF auf die Verwertung von Geheimnissen.
710 BGH GRUR 2006, 1044 Tz. 19 *Kundendatenprogramm* mwN; BGH GRUR 1961, 40, 43 *Wurftaubenpresse*.
711 BGH NJW 2006, 830 Tz. 84 *Kirch/Deutsche Bank AG und Breuer*; BGH GRUR 1958, 297, 299 *Petromax I*; BayObLG GRUR 1991, 694, 695 *Geldspielautomat*; OLG Köln CR 1998, 199, 201 (Computertechnologie). Einzelheiten Reimann GRUR 1998, 298 (dort auch zur abweichenden Definition der Offenkundigkeit durch das BPatG).
712 RGSt. 28, 158, 160.
713 BGH GRUR 2008, 727 Tz. 19 *Schweißmodulgenerator*.

nur ungefähre Kenntnis haben, macht das Geheimnis noch nicht offenkundig,[714] insbesondere wenn ein Fachmann eine nicht zugängliche Konstruktionszeichnung für den Nachbau zumindest einmal in Augenschein genommen haben muss.[715] Der Geheimnischarakter wird im Allgemeinen auch noch nicht dadurch aufgehoben, dass Vorgänge in einem Produktionsbetrieb dort Beschäftigten bekannt werden.[716]

Dass ein **Geheimhaltungswille** des Betriebsinhabers besteht, braucht nicht ausdrücklich erklärt zu sein; es kann sich auch aus den Umständen und insbesondere aus der „Natur der geheim zu haltenden Tatsache" ergeben.[717] Ein Geheimhaltungsinteresse ist stets dort anzuerkennen, wo die Preisgabe den Betriebsinhaber im Wettbewerb beeinträchtigen würde[718] oder das Geheimnis sogar einen veräußerbaren Geschäftsgegenstand darstellt.[719]

754 **Gegenstand des Geheimnisses** kann also alles sein, was die Position des Betriebsinhabers im Wettbewerb zu erhalten oder zu fördern geeignet ist:

Beispiele: Anzeigen vor ihrer Veröffentlichung,[720]

Ausschreibungsunterlagen[721] und die darauf eingereichten Angebote,[722]

Bestellschreiben,[723]

Computerprogramme, insbesondere Quellcodes, und sonstige Computertechnologie,[724]

Datensätze mit Konstruktionszeichnungen,[725]

Einzelne Geschäftsvorgänge, zB Vertragsverhandlungen und Korrespondenzen,[726]

Elektronisch gespeicherte Daten (vgl § 87 a UrhG),

Entwürfe,[727]

Funktionsweise von Geräten[728]

Geheimverfahren,[729]

Geschäftsplanungen, wie beabsichtigte Vertragsabschlüsse,[730] Neuauflagen oder Kaufabsichten,

Jahresabschlüsse,[731]

Kalkulationsunterlagen,[732]

---

714 BGH GRUR 1958, 297, 299 *Petromax I* und Reimann GRUR 1998, 298.
715 BGH GRUR 2002, 91, 93 *Spritzgießwerkzeuge.*
716 BGH GRUR 2003, 356, 358 *Präzisionsmessgeräte.*
717 BGH GRUR 2006, 1044 Tz. 19 *Kundendatenprogramm;* hierzu: Maume WRP 2008, 1275, 1276 ff; ferner BGH GRUR 1977, 539, 540 *Prozessrechner;* ebenso BGH GRUR 1964, 31, 33 *Petromax II* für das „Anvertrautsein" des § 18 UWG.
718 OLG Köln WRP 1994, 197, 201: Die unbefugte Mitnahme von Konstruktionsunterlagen durch ausscheidende Mitarbeiter ermöglichte es der Konkurrenz, binnen kürzester Zeit den Verletzten nachzuahmen.
719 BGH GRUR 2006, 1044 Tz. 19 *Kundendatenprogramm.*
720 OLG München NJW-RR 1996, 1134.
721 BGH GRUR 1976, 367.
722 BGH NJW 1995, 2301 f.
723 BGH GRUR 1983, 34 *Bestellschreiben.*
724 OLG Köln NJWE 1998, 145, 147; BayObLG GRUR 1991, 694; Rupp WRP 1985, 676.
725 BGH GRUR 2008, 727 Tz. 19 *Schweißmodulgenerator.*
726 BGH GRUR 2003, 356, 358 *Präzisionsmessgeräte;* OLG Hamm WRP 1993, 118, 119.
727 OLG Köln GRUR 1958, 300 *Leuchtstoffröhren.*
728 BGH GRUR 2003, 356, 358 *Präzisionsmessgeräte.*
729 BGHZ 16, 162, 175 *Dücko.*
730 RG JW 1906, 497 Nr. 51.
731 RGSt. 29, 426, 430 f.
732 OLG Hamm WRP 1959, 182.

jedes „Know-How",[733]

Konditionen jeder Art,[734]

Kundenbefragungen,[735]

Kundenlisten,[736]

Manuskripte,

Modelle, deren Einzelheiten erst bei Zerlegung offenbar würden,[737]

Musterbücher,[738]

Planungsunterlagen,[739]

Rezepturen,[740]

Vertreterverzeichnisse.[741]

b) Vorlagen und Vorschriften technischer Art

Rechtsgrundlage: § 18 UWG

Vorlagen sind Gegenstände, die bei der Herstellung neuer Sachen als Vorbild dienen 755
sollen.[742] **Vorschriften technischer** Art sind alle Beschreibungen technischer Vorgänge
einschließlich Know-How.[743] Eine Abgrenzung ist nach dem Wortlaut des § 18 UWG
nicht erforderlich, weil es genügt, dass entweder eine Vorlage oder eine Vorschrift
technischer Art vorliegt.

Beispiele (siehe auch die Beispielliste in § 18 Abs. 1 UWG): Zeichnungen, insbesondere Bauzeich-
nungen, Bauunterlagen und sonstige Konstruktionszeichnungen,[744] auch Angebote größeren
Umfangs, wie sie auf die Ausschreibung von Bauarbeiten uä eingereicht zu werden pflegen; sie
enthalten zugleich genaue Anweisungen darüber, welche Materialien verwendet, welche Arbeiten durchgeführt und welche Aufwendungen an Material und Zeit dafür erbracht werden sollen;
da der Anbieter sie vorlegt, um den Auftrag zu erhalten, erwartet er vom Auftraggeber, dass dieser
sie nur zu diesem Zwecke, also im Interesse des Anbieters, nicht aber dazu verwendet, Mitbewerber zur Unterbietung zu veranlassen; dies wäre ein Verstoß gegen § 18 UWG;[745] technische Verfahren;[746]

Modelle; Schablonen; Schnitte; Stickvorlagen für Strickmuster;[747] Entwürfe für Damenkostü-
me;[748] Rezepte.

---

733 Vgl BGH GRUR 2002, 91, 93 *Spritzgießwerkzeuge*; BGH GRUR 1966, 152, 154 *Nitrolingual*, OLG Hamm
     WRP 1993, 36, 37 f mwN und Rupp WRP 1985, 676.
734 OLG Düsseldorf WRP 1959, 182.
735 AA OLG Stuttgart GRUR 1982, 315, 316 f.
736 BGH GRUR 2009, 603 Tz. 13 *Versicherungsuntervertreter*; BGH GRUR 2006, 1044 Tz. 19 *Kundendaten-
     programm*; BGH GRUR 2003, 356, 358 *Präzisionsmessgeräte*; BGH GRUR 1999, 934, 936 *Weinberater*;
     RG MuW 1933, 12; OLG Saarbrücken GRUR-RR 2002, 359 *Kundenlisten*. Aber kein Dauerschutz, OLG
     Celle WRP 1995, 114, 115.
737 Vgl RG JW 1936, 874; OLG Hamm WRP 1993, 26, 28 *Tier-Ohrmarken*.
738 RGSt. 42, 394, 396 f.
739 BGHZ 38, 391 ff. *Industrieböden*.
740 BAG BB 1982, 1792, 1793.
741 RG HRR 1927, Nr. 1367.
742 RGSt. 45, 385, 386.
743 Koehler/Hasselblatt in Götting/Nordemann § 18 UWG Rn 8 mwN; Lampe BB 1977, 1477.
744 BGH GRUR 1958, 297, 298 *Petromax I*.
745 OLG Karlsruhe WRP 1986, 623, 625.
746 OLG Hamm WRP 1993, 36, 38.
747 BGH GRUR 1958, 346 *Spitzenmuster*.
748 OLG Hamm NJW-RR 1990, 1380.

Umstritten ist, ob Werbeslogans Vorlagen im Sinne des § 18 UWG sein können.[749] Dafür spricht indes der Schutzweck des § 18 UWG, der nicht auf rein technische Vorlagen beschränkt ist.

756 Ob Vorlagen und Vorschriften über technische Verfahren stets zugleich Geheimnisse sein müssen, ist zweifelhaft. Der Bundesgerichtshof meinte früher, die Vorlage dürfe nicht offenkundig sein,[750] äußerte aber Bedenken dagegen, ob es sich bei § 18 UWG um ein Geheimnis handeln müsse, weil für die Anwendung dieser Bestimmung die – ggf stillschweigende – Verpflichtung genüge, von der Vorlage keinen freien Gebrauch zu machen, sondern sie nur im Interesse oder nach den Weisungen des Auftraggebers zu verwenden.[751] Inzwischen setzt er für die Anwendung des § 18 UWG nun doch voraus, dass die **anvertraute Vorlage ein Geheimnis verkörpere und nicht offenkundig ist**.[752]

Dem kann nicht zugestimmt werden.[753] **Entscheidendes Kriterium für das Unwerturteil des § 18 UWG ist der Vertrauensbruch.** Der Unternehmer kann vielfach auch dann noch ein schutzwürdiges Interesse an der Vertraulichkeit seines „Know-How" haben, wenn die anvertraute Vorlage schon in einer Fachzeitschrift beschrieben, im Ausland gebräuchlich oder sonst so bekannt ist, dass man sie nicht mehr als geheim bezeichnen kann. Würde in einem solchen Falle der Verhandlungs- oder Vertragspartner die Vorlage trotzdem weitergeben, so läge darin ein Verstoß gegen die allgemeine Fürsorgepflicht (§ 242 BGB). § 18 UWG ist daher zivilrechtlich nichts anderes als die wettbewerbsrechtliche Ausprägung von Treu und Glauben. Die unzutreffende Gegenauffassung dürfte darauf zurückzuführen sein, dass der Begriff „offenkundig" noch immer mehrdeutig verwendet wird: Man nennt einerseits Geheimnisse, die nur einem eng begrenzten Personenkreis bekannt sind, „nicht offenkundig",[754] während man bei Vorlagen unter „offenkundig" nur solche Tatsachen versteht, die „bereits in einer Weise an die Öffentlichkeit gelangt sind, die sie jedermann zugänglich machen".[755] Vorlagen im Sinne des § 18 UWG können somit zwar, müssen aber nicht zugleich Geheimnisse im Sinne des § 17 UWG sein. **Anvertraut** sind sie, wenn sich ihre Vertraulichkeit, dh die Verpflichtung, mit ihnen nur im Interesse oder nach den Weisungen des Auftraggebers zu verfahren, zumindest aus den Umständen ergibt.[756] **Im geschäftlichen Verkehr** anvertraut sind sie allerdings einem privaten Auftragnehmer nicht; dieser könnte somit nicht nach § 18 UWG bestraft, wohl aber zivilrechtlich aus den §§ 823 Abs. 2 BGB, 18 UWG in Anspruch genommen werden (Rn 771).

---

749 KG GRUR 1988, 702, 703 *Corporate Identity*; Köhler in Köhler/Bornkamm § 18 UWG Rn 9; aA LG Mannheim GRUR-RR 2010, 462, 464 *Thalia verführt zu Lesen* mwN. zum Streitstand.
750 BGH GRUR 1958, 297, 298 f. *Petromax I.*
751 BGH GRUR 1964, 31, 32 *Petromax II.*
752 BGH GRUR 1982, 225, 226 *Straßendecke II*. Ebenso OLG München NJWE 1997, 38, 39 (Vorlagen zur Neuentwicklung eines Kaltluftballons).
753 So wohl auch Koehler/Hasselblatt in Götting/Nordemann § 18 UWG Rn 13; aA Harte-Bavendamm in Handbuch, § 48 Rn 56.
754 Vgl BGH GRUR 1961, 40, 43 *Wurftaubenpresse.*
755 BGH GRUR 1958, 297, 298 f. *Petromax I.*
756 BGH GRUR 1964, 31, 33 *Petromax II*; OLG Hamm WRP 1993, 36, 38.

2. Verrat und Verwertung durch Beschäftigte

Rechtsgrundlage: § 17 Abs. 1, Abs. 2 UWG

§ 17 Abs. 1 UWG erfasst nur solche Handlungen Beschäftigter, die „während der Gel- **757**
tungsdauer des Dienstverhältnisses" begangen werden. Maßgebend ist das rechtliche,
nicht das tatsächliche Ende der Beschäftigung.[757] Wer ein über das Ende des Dienstverhältnisses hinausgehendes vertragliches Verratsverbot verletzt, verstößt nicht gegen
§ 17 Abs. 1 UWG, macht sich aber wegen Vertragsbruchs schadenersatzpflichtig. Zur
Strafbarkeit des Verrats oder der Verwertung nicht geheimer Vorlagen durch Beschäftigte aus § 18 UWG siehe Rn 763, zur Strafbarkeit des Geheimnisverrats durch ehemalige Beschäftigte siehe Rn 765 ff[758]

Hat der Beschäftigte die fristlose Kündigung bewusst provoziert, um sodann das Geheimnis noch vor dem Ende der regulären Vertragsdauer verraten zu können, so macht
er sich nicht nach § 17 Abs. 1 UWG (s. Rn 751), möglicherweise aber nach § 17
Abs. 2 oder § 18 UWG strafbar (s Rn 763). Zivilrechtlich haftet er stets, da die Berufung
auf das vorzeitige Ende des Dienstverhältnisses insoweit rechtsmissbräuchlich ist.

a) Beschäftigte Person

Rechtsgrundlage: § 17 Abs. 1 UWG

ist jeder, der in einem – auch faktischen – **Dienstverhältnis** zum Unternehmer steht, also **758**
auch der Anlernling, die Halbtagskraft oder Heimarbeiterin. Dienstverpflichtet sind
auch zB Organe einer Gesellschaft (AG-Vorstand und -Aufsichtsrat bzw GmbH-Ge-
schäftsführer).[759] Bei sonstigen Personen ohne Dienstvertrag im juristischen Sinne ist
zu differenzieren: Wegen des strafrechtlichen Analogieverbots (Rn 751) können sie
nicht nach § 17 Abs. 1 UWG bestraft werden, da sie mangels Dienstverhältnis nicht
unter die Angestellten gerechnet werden können. Zivilrechtlich haften sie jedoch aus
§ 823 Abs. 2 UWG iVm § 17 Abs. 1 UWG analog. Das gilt insbesondere für selbständige Unternehmer wie Rechtsanwälte, Handelsvertreter, Vertragshändler.[760] Für Insolvenzverwalter, Betreuer oder Testamentsvollstrecker sollte § 17 UWG als Strafnorm
ebenfalls nur dann greifen, wenn sie im Rahmen eines echten Dienstvertrages mit dem
Geheimnisträger tätig werden.[761]

b) Im Rahmen des Dienstverhältnisses

Rechtsgrundlage: § 17 Abs. 1 UWG

ist dem Beschäftigten das Geheimnis dann anvertraut oder zugänglich geworden, wenn **759**
er es ohne dessen Bestehen nicht erfahren hätte. Das, was man außerhalb der Dienstzeit
von einem Kollegen erfährt, ist also ebenso geheim zu halten wie die eigene im Dienst
gemachte Erfindung.[762]

---

757 BGH GRUR 1955, 402, 404 *Anreißgerät.*
758 Vgl BGH GRUR 1955, 402, 404 f. *Anreißgerät.*
759 Rengier in Fezer § 17 UWG Rn 28; Koehler/Hasselblatt in Götting/Nordemann § 17 UWG Rn 23; Köhler in
     Köhler/Bornkamm § 17 UWG Rn 14. AA Vorauflage Rn 1680.
760 AA, auch eine zivilrechtliche Haftung ablehnend: BGH GRUR 2009, 603 Tz. 10 *Versicherungsunterventre-*
     ter; Köhler in Köhler/Bornkamm § 17 UWG Rn 14.
761 Köhler in Köhler/Bornkamm § 17 UWG Rn 14 sieht das im Regelfall als gegeben an, so dass er § 17 Abs. 1
     UWG sowohl straf- als auch zivilrechtlich anwenden will.
762 BGH GRUR 1955, 402, 403 *Anreißgerät*; Köhler in Köhler/Bornkamm § 17 UWG Rn 15 ff.

c) Mitteilung („mitteilt")

Rechtsgrundlage: § 17 Abs. 1 UWG

760 Mitteiliung ist jede Ermöglichung der Kenntnisnahme, also auch durch bloßes Zurechtlegen von Material, wenn der Empfänger davon tatsächlich Kenntnis nimmt.[763] Eine Mitteilung für das Ausland wirkt strafverschärfend (§ 17 Abs. 4 UWG).

Unbefugt ist die Mitteilung dann, wenn sie nicht durch die Zustimmung des Betriebsinhabers[764] oder durch eine öffentlich-rechtliche Offenbarungspflicht gedeckt ist (zB Aussage vor Gericht, Anzeigepflicht nach § 138 StGB). **An wen** mitgeteilt wird, ist gleichgültig; „jemand" kann auch ein *agent provocateur* des Betriebsinhabers sein (§ 17 Abs. 2 Nr. 2 UWG).[765]

d) Zweck der Handlung

Rechtsgrundlage: § 17 Abs. 1 UWG

761 Subjektiv muss der Täter „zu Zwecken des Wettbewerbs (vgl 10. Auflage Rn 112 ff), aus Eigennutz, zugunsten eines Dritten oder in der Absicht, dem Inhaber des Unternehmens Schaden zuzufügen", handeln. Eine Mitteilung aus Eigennutz und zu Gunsten eines Dritten liegt vor, wenn das Geheimnis weitergeben wird, um sich bei einem zukünftigen Arbeitgeber beliebt zu machen. Im Gegensatz dazu ist Geschwätzigkeit gegenüber der Ehefrau oder am Stammtisch zwar Verletzung der allgemeinen Fürsorgepflicht aus dem Dienstvertrag (§ 242 BGB), aber keine Straftat. Allerdings braucht der Handelnde keinen wirtschaftlichen Vorteil von der Preisgabe des Geheimnisses zu haben; es genügen auch immaterielle Vorteile wie Erwirkung des Beischlafs oder Erhöhung des wissenschaftlichen Ansehens. Für das Merkmal der Schädigungsabsicht ist direkter, nicht nur bedingter Vorsatz erforderlich.[766]

e) Vorbereitung und Versuch der Verleitung

Rechtsgrundlage: § 19 UWG

762 § 19 UWG stellt bestimmte Vorbereitungs- und Versuchshandlungen zum Geheimnisverrat und Vorlagefreibeuterei unter Strafe, nämlich den Versuch der Verleitung dazu (Abs. 1), das Erbieten dazu (Abs. 2) sowie das Nachgeben gegenüber einer Verleitungshandlung (Abs. 2). Dem liegt die zutreffende Erwägung zugrunde, dass der Schaden, der durch den vollendeten Geheimnisverrat entsteht, oft irreparabel ist, vor allem dann, wenn das Geheimnis dadurch offenkundig wurde. Zum Einschleusen von Vertrauensleuten zu Zwecken der Betriebsspionage s. Rn 633.

f) Verwertung

Rechtsgrundlage: § 17 Abs. 2 Nr. 2 UWG, § 18 UWG

763 Die unbefugte Verwertung von Geheimnissen durch Beschäftigte ist jetzt einheitlich in § 17 Abs. 2 Nr. 2 UWG geregelt. Die Verwertung im Ausland wirkt strafverschärfend

---

763 OLG Hamm WRP 1959, 182.
764 Weitergehend BayObLG GRUR 1988, 634: Unbefugt auch dann nicht, wenn Handelnder einen zivilrechtlichen Anspruch auf Mitteilung des Geheimnisses hatte.
765 Köhler in Köhler/Bornkamm § 17 UWG Rn 20.
766 RGZ 92, 132, 136.

(§ 17 Abs. 4 S. 2 UWG). § 18 UWG wird allgemein auf den unternehmens*internen* Verkehr nicht für anwendbar gehalten, weil diese Bestimmung auf den Verkehr zwischen Unternehmen (Außenverhältnis), beschränkt sei.[767] Das darf aber nicht zu dem Missverständnis verleiten, dass ein Angestellter sich nicht nach § 18 UWG strafbar machen kann, wenn er die Vorlage an einen außerhalb des Unternehmens stehenden Dritten weitergibt. Insoweit liegt dann eine Förderung fremden Wettbewerbs vor (Rn 70 ff). Soweit es sich um den „Verrat" handelt, hat die Anwendung dieser Bestimmung allerdings neben § 17 Abs. 1 UWG nur die Bedeutung, dass auch nicht geheime Vorlagen, die dem Beschäftigten anvertraut wurden, gegen die Weitergabe an Dritte geschützt sind. Dazu und zum Begriff der Vorlage Rn 755 f, für ehemalige Beschäftigte Rn 768. – Besteht ein Verwertungsverbot, so gilt es auf Dauer; hinzuwachsende eigene Kenntnisse und Erfahrungen heben es nicht auf.[768]

g) Verschaffen und Sichern

Rechtsgrundlage: § 17 Abs. 2 Nr. 1 UWG

Das **Verschaffen und Sichern** (§ 17 Abs. 2 Nr. 1 UWG) ist nur bei unbefugter Anwen- 764
dung technischer Mittel (Kameras, Abhöranlagen, Chemikalien) oder bei Einsatz körperlicher Mittel (Abschreiben, Sammeln von Unterlagen usw.) durch den Dienstverpflichteten strafbar. Wenn der Beschäftigte also erlaubterweise kopiert, kann Nr. 1 nicht erfüllt sein. Das systematische Einprägen bleibt straflos, wird aber schon immer als unlauter nach §§ 3 Abs. 1, 4 Nr. 10 UWG angesehen.[769]

3. Verrat und Verwertung durch ehemalige Beschäftigte

Rechtsgrundlage: § 17 Abs. 2 Nr. 1 und Nr. 2 UWG, §§ 3 Abs. 1, 4 Nr. 9 c UWG

Hier kollidiert das schutzwürdige Interesse des Betriebsinhabers an der Geheimhaltung 765
mit dem ebenso schutzwürdigen Interesse des Arbeitnehmers, die erworbenen Kenntnisse und Fähigkeiten in seiner weiteren Berufslaufbahn verwerten zu können.[770] Die Weitergabe oder Verwertung der *redlich erworbenen* Kenntnis eines Geheimnisses nach dem Ende des Beschäftigungsverhältnisses ist daher, wenn keine Verpflichtung zur Geheimhaltung besteht, nicht rechtswidrig.[771] Für das frühere Recht folgte das aus dem Umkehrschluss zu § 17 Abs. 1 UWG.[772] Die Neuregelung stellt nur die „unbefugte" Verwertung unter Strafe; auch sie liegt nicht vor, wenn eine Pflicht zur Geheimhaltung nicht besteht.

767 So Köhler in Köhler/Bornkamm § 18 UWG Rn 12.
768 BGH GRUR 1985, 294, 296 *Füllanlage*; Vgl auch BGH GRUR 2002, 91, 93 *Spritzgießwerkzeuge*.
769 Vgl BGHZ 38, 391, 393 *Industrieböden*.
770 Eingehend Fezer, FS Traub, S. 81.
771 BGH GRUR 2006, 1044 Tz. 13 *Kundendatenprogramm*.
772 BGH GRUR 1955, 402, 403 *Anreißgerät*.

a) Unredliche Kenntniserlangung

Rechtsgrundlage: § 17 Abs. 2 Nr. 2 iVm § 17 Abs. 1 oder Abs. 2 Nr. 1 UWG

766 Für ehemalige Dienstverpflichtete enthält § 17 Abs. 2 Nr. 2 UWG zunächst ein Verwertungsverbot für Geheimnisse,

■ die er entweder gem. § 17 Abs. 1 UWG, also während der Dauer seines Dienstverhältnisses – selbst mitgeteilt hat oder ihm auf diese Weise unbefugt – zB von einem befreundeten früheren Arbeitskollegen – mitgeteilt wurden; zu § 17 Abs. 1 UWG vgl Rn 757 ff;

■ oder die er sich – oder ein Dritter – unbefugt verschafft oder gesichert hat gem. § 17 Abs. 2 Nr. 1 UWG, dazu Rn 764.

767 Daneben erfasst § 17 Abs. 2 Nr. 2 UWG aber auch die „sonst" unbefugte Verschaffung oder Sicherung, wenn die Verwertung unbefugt ist. Das wird relevant in Fällen, in denen der ehemalige Mitarbeiter **während** der früheren **Dienstzeit sich befugt Geheimnisse verschafft und gesichert** hat, diese aber **nach Ende der Dienstzeit nicht vernichtet oder löscht.** Der ehemalige Mitarbeiter ist nicht berechtigt, erworbene Kenntnisse nach Beendigung des Dienstverhältnisses auch zum Nachteil des früheren Dienstherrn einzusetzen, sofern er auf Informationen zurückgreift, die ihm nur deswegen noch bekannt sind, weil er auf schriftliche Unterlagen zurückgreifen kann, die er während der Beschäftigungszeit angefertigt hat.[773] Das gilt auch für Personen, die in gar keinem Dienstverhältnis standen, sondern die als Handelsvertreter tätig waren.[774]

Beispiel: Liegen einem ausgeschiedenen Mitarbeiter schriftliche Unterlagen in Form privater Aufzeichnungen oder in Form einer auf dem privaten Notebook gespeicherten Datei vor und entnimmt er ihnen ein Geschäftsgeheimnis seines früheren Arbeitgebers, verschafft er sich damit dieses unbefugt iSv § 17 Abs. 2 Nr. 2 UWG.[775]

Verwenden darf der ausgeschiedene Mitarbeiter bzw der ehemalige Handelsvertreter allerdings Informationen, die er in seinem Gedächtnis bewahrt.[776]

b) Unlautere nachvertragliche Geheimnisverwertung

Rechtsgrundlage: §§ 3 Abs. 1, 4 Nr. 10 UWG

768 Eine vertragliche Verpflichtung des ehemaligen Beschäftigten zur Geheimhaltung kann **ausdrücklich im Vertrag** verankert sein. Dann kann im Fall der Verletzung vertraglich vorgegangen werden.

Sie kann sich aber auch **stillschweigend** aus einer sog. Nachwirkung von Vertragspflichten ergeben, wie sie insbesondere für Geheimhaltungspflichten anerkannt ist;[777] § 90 HGB hat sie für Handelsvertreter ausdrücklich normiert. Das Bundesarbeitsgericht erlegt grundsätzlich jedem Arbeitnehmer auch ohne besondere Vereinbarung eine arbeitsrechtliche Verpflichtung auf, nach seinem Ausscheiden Geschäfts- und Betriebs-

---

773 BGH GRUR 2006, 1044 Tz. 14 *Kundendatenprogramm*; BGH GRUR 2003, 453, 454 *Verwertung von Kundenlisten.*
774 BGH GRUR 2009, 603 Tz. 16 *Versicherungsuntervertreter.*
775 BGH GRUR 2009, 603 Tz. 15 *Versicherungsuntervertreter*; BGH GRUR 2006, 1044 Tz. 14 *Kundendatenprogramm*; BGH GRUR 2003, 453, 454 *Verwertung von Kundenlisten.*
776 BGH GRUR 2009, 603 Tz. 15 *Versicherungsuntervertreter*; BGH GRUR 2006, 1044 Tz. 14 *Kundendatenprogramm*; BGH GRUR 1999, 934, 935 *Weinberater.*
777 BGHZ 38, 391, 394 f. *Industrieböden* mwN.

geheimnisse nicht zu verraten; dem Arbeitnehmer soll lediglich die Verwertung des erworbenen beruflichen Erfahrungswissens gestattet sein.[778] Wenn man das schutzwürdige Interesse des Arbeitnehmers an der Verwertbarkeit des Erlernten (s. Rn 765) nicht völlig beiseiteschieben will, wird man ein solches **nachwirkende Verwertungsverbot** mit dem Bundesgerichtshof allerdings nur dort anerkennen können, wo ein **besonderes Vertrauensverhältnis** gegeben war.[779] Dieses besondere Verhältnis kann auf einer Vertrauensstellung beruhen, die der ehemalige Beschäftigte als Geschäftsführer, Prokurist, Leiter der Forschungsabteilung oder in sonst verantwortlicher, hochbezahlter Position hatte.[780]

Auch wenn der Bundesgerichtshof – wie eben gesehen – grundsätzlich ohne besondere **769** Abrede kein vertragliches Verbot der Verwertung von Geheimnissen anerkennt, kann die **Verwertung** des Betriebsgeheimnisses unter besonderen Umständen zivilrechtlich gegen **§§ 3 Abs. 1, 4 Nr. 10 UWG** verstoßen. Dabei ist eine umfassende **Interessenabwägung** vorzunehmen, letztlich erfolgt die Abwägung also zwischen den Interessen des ausgeschiedenen Arbeitnehmers an seinem beruflichen Fortkommen (Art. 12 Abs. 1 GG) einerseits und des früheren Arbeitgebers an einer Geheimhaltung (Art. 2 Abs. 1, 14 GG) andererseits.[781] Folgenden Umständen kann insbesondere Bedeutung zukommen: Beitrag des Arbeitnehmers zum Geheimnis, Gründe für Ausscheiden, Beschäftigungsdauer, besondere Vertrauensstellung im Unternehmen, Vorbereitung der späteren Verwertung schon während Betriebszugehörigkeit, vollständige oder nur teilweise Nutzung der Geheimnisse, direktes oder nur entferntes Konkurrenzprodukt,[782] Zeitraum, der seit dem Ausscheiden vergangen ist.[783] Praktisch werden kann eine Anwendung des § 3 Abs. 1 UWG insbesondere, wenn sich nicht belegen lässt, dass der ausgeschiedene Mitarbeiter das Geheimnis entgegen § 17 Abs. 1, Abs. 2 oder § 4 Nr. 9 c UWG gesichert oder sich verschafft hat. Insbesondere kann deshalb nach § 3 Abs. 1 UWG die Verwertung eines Geheimnisses unzulässig sein, das der ausgeschiedene Mitarbeiter (angeblich) nur im Kopf mitgenommen hat, weil dies keine unbefugte Sicherung und auch kein unbefugtes sich Verschaffen sein kann (Rn 767).

4. Verrat und Verwertung durch Dritte

Rechtsgrundlage: § 17 Abs. 2 Nr. 1 und Nr. 2, 18 UWG

Dritte, die als selbständige Kaufleute dem geheim haltenden Unternehmen gegenüber- **770** treten, können nur nach den §§ 17 Abs. 2 Nr. 1 (Rn 764) und Nr. 2 (Rn 766 f), 18 UWG bestraft werden (Übersicht Rn 752). Der Versuch ist auch hier nach § 17 Abs. 3 UWG strafbar (Rn 762).[784]

---

778 BAG NJW 1983, 134, 135; BAG NJW 1988, 1686, 1687.
779 BGHZ 38, 391, 394 *Industrieböden*; BGH GRUR 1983, 179, 181 *Stapel-Automat;* siehe auch Kraßer GRUR 1977, 177, 186.
780 BGHZ 38, 391, 394 *Industrieböden.*
781 BGH GRUR 2002, 91, 93 *Spritzgießwerkzeuge*; BGHZ 140, 134, 139 *Hormonpräparate*; BGHZ 38, 391, 395 *Industrieböden*. Vgl auch BGH GRUR 2003, 356, 358 *Präzisionsmessgeräte.*
782 Zum Ganzen: BGH GRUR 2002, 91, 93 *Spritzgießwerkzeuge.*
783 BGH GRUR 2003, 356, 358 *Präzisionsmessgeräte*, wo allerdings ein Zeitraum von sechs Jahren im konkreten Fall nicht für ausreichend erachtet wurde.
784 Näheres bei Lampe BB 1977, 1477.

Einen Sonderfall behandelt BGH GRUR 1983, 34, 36 *Bestellschreiben*: Eine offensichtlich fehlgeleitete, für einen Mitbewerber bestimmte Bestellung war von dem Empfänger ausgenutzt worden. Der BGH stellt diesen Fall – zu Recht – der Beschaffung interner Geschäftsunterlagen eines Mitbewerbers gegen dessen Willen gleich: Was man sich nicht beschaffen darf, darf man auch nicht verwerten.

5. Zivilrechtliche Ansprüche

Rechtsgrundlage: §§ 17, 18, 19 UWG, §§ 3 Abs. 1, 4 Nr. 11 UWG, §§ 8, 9 UWG, §§ 823 Abs. 2, 1004 BGB

771 Zivilrechtliche Ansprüche basieren auf §§ 3 Abs. 1, 4 Nr. 11 UWG. Denn die Strafvorschriften der §§ 17 bis 19 UWG sind primär wettbewerbsschützende Normen, deren Verletzung einen unlauteren Rechtsbruch bewirkt.[785] Es muss allerdings eine geschäftliche Handlung im Sinne der §§ 2 Abs. 1 Nr. 1 UWG vorliegen (Rn 55 ff). Ansonsten greift § 823 Abs. 2 BGB ergänzend ein.[786]

772 **Unterlassungsansprüche** ergeben sich aus § 8 Abs. 1, 2 UWG, ansonsten aus §§ 1004, 823 Abs. 2 BGB. Aktivlegitimiert ist allerdings nur der Unternehmer, dem das Geheimnis oder die Vorlage ausschließlich zuzurechnen ist (vgl aber Rn 711). Daneben kommt allenfalls bei ausnahmsweiser Berührung von Allgemeininteressen nach § 3 Abs. 1 UWG (zB in besonders krassen Fällen) eine Aktivlegitimation für andere in § 8 Abs. 3 UWG Genannte in Betracht. **Schadenersatzansprüche** ergeben sich aus § 9 UWG oder bei mangelnder geschäftlicher Handlung aus § 823 Abs. 2 BGB. Es ist grundsätzlich auch der gesamte unter Einsatz des Know-Hows erzielte Gewinn herauszugeben.[787] Der durch eine Verwertung entstandene Schaden ist nach der dreifachen Berechnungsmöglichkeit (Rn 951 ff), also zB nach der Lizenzanalogie, zu ersetzen.[788] Allerdings darf so nur der Geheimnisträger berechnen, nicht andere nach § 8 Abs. 3 UrhG Aktivlegitimierte. Die in § 19 UWG unter Strafe gestellten Handlungen lassen als solche kaum jemals einen Schaden entstehen.

773 Soweit die §§ 17, 18 und 20 UWG vom Gesetzgeber nicht beabsichtigte Regelungslücken enthalten, sind sie zivilrechtlich analog anzuwenden (Rn 751). Auch kommt in Betracht, die Bestimmungen der § 4 Nr. 9 c UWG (unredliche Erlangung der für die Nachahmung erforderlichen Kenntnisse)[789] und § 4 Nr. 10 UWG (gezielte Behinderung von Mitbewerbern)[790] anzuwenden, wenn einzelne Tatbestandsmerkmale der §§ 17, 18 UWG nicht erfüllt sind.

Beispiel: Das Ausspähen des Betriebsgeländes des Mitbewerbers kann § 4 Nr. 10 UWG verletzten, auch wenn es nicht gegen § 17 Abs. 2 UWG verstößt. Dazu ist allerdings Voraussetzung, dass die Ausgespähten Daten nicht offenkundig sind.[791]

---

785 BGH GRUR 2009, 603 Tz. 22 *Versicherungsuntervertreter*; BGH GRUR 2006, 1044 Tz. 17 *Kundendatenprogramm*.
786 Begr. RegE UWG-Novelle 2004, BT DS 15/1487, S. 15, abrufbar unter www.nordemann.de.; BGH GRUR 1966, 152 *Nitrolingual*; Koehler/Hasselblatt in Götting/Nordemann § 17 UWG Rn 103; Köhler in Köhler/Bornkamm § 17 UWG Rn 53.
787 BGH WRP 2008, 938 Tz. 9 ff.
788 KG GRUR 1988, 702, 703 *Corporate Identity*.
789 Vgl BGH GRUR 2008, 727 Tz. 20 *Schweißmodulgenerator*.
790 BGH GRUR 2009, 1075 Tz. 20 *Betriebsbeobachtung*.
791 BGH GRUR 2009, 1075 Tz. 20 *Betriebsbeobachtung*.

Neuntes Kapitel: Rechtsbruch

Rechtsgrundlage: §§ 3 Abs. 1, 4 Nr. 11 UWG und Spezialnormen

A. Grundlagen

Jeder Wettbewerb hat notwendigerweise Spielregeln, nach denen er abläuft. Im „Tour de France"-Beispiel der Einleitung (Rn 3) sind das etwa die Teilnahmebedingungen, die Kleidungs- und Trainingsvorschriften, das Dopingverbot, das Verbot des Schneidens anderer Fahrer. Nicht alle diese Regeln sollen die Position der Teilnehmer im Wettbewerb regeln. Wenn ein Fahrer das vorgeschriebene Startgeld nicht bezahlt hat, so wird seine Fahrleistung dadurch um keinen Deut besser oder schlechter. Hat er jedoch gegen das Dopingverbot verstoßen, so gibt ihm das ein Leistungsvermögen, das er sonst nicht hätte aufbringen können. Es handelt sich um eine Regelung, die sein Wettbewerbsverhalten gegenüber den Konkurrenten regulieren soll und die ihm bei Eintritt der erhofften Wirkung den Wettbewerbsvorsprung auch tatsächlich verschafft. 774

I. Vorsprung

Rechtsgrundlage: § 3 Abs. 1 UWG

Das Beispiel macht zunächst deutlich, dass die „par conditio concurrentium" logische und unabdingbare Voraussetzung des freien Leistungswettbewerbs ist. **Regelverstöße, die die wettbewerbliche Ausgangslage nicht tangieren, sind wettbewerbsrechtlich irrelevant.** Der Gewerbetreibende, der die Anzeige gemäß § 14 GewO vergisst, wird deshalb nicht einen Pfennig mehr oder weniger umsetzen.[1] Der Apotheker verschafft sich keinen Wettbewerbsvorsprung, wenn er in der Weihnachtszeit UNICEF-Grußkarten verkauft, obwohl er damit gegen § 25 der Apotheken-Betriebsordnung verstößt,[2] der Autohändler nicht, wenn er der vorgeschriebenen kW-Angabe auch die dem Publikum geläufigere PS-Angabe hinzusetzt.[3] 775

Der unlautere Rechtsbruch ist in **§ 4 Nr. 11 UWG** geregelt. Die Frage nach einem tatsächlichen Vorsprung oder der Relevanz des Rechtsbruchs ist jedoch zunächst keine Frage des § 4 Nr. 11 UWG, der den Rechtsbruch eigentlich regelt. Für § 4 Nr. 11 UWG ist nur Voraussetzung, dass einer gesetzlichen Vorschrift zuwidergehandelt wurde, die auch dazu bestimmt ist, im Interesse der Marktteilnehmer das Marktverhalten zu regeln. Vielmehr ist die Relevanz des Rechtsbruchs im Rahmen der allgemeinen **Bagatellgrenze des § 3 Abs. 1 UWG** von Bedeutung. Dort ist zu prüfen, ob die unlautere geschäftliche Handlung geeignet ist, „die Interessen von Mitbewerbern, Verbrauchern oder sonstigen Marktteilnehmern spürbar zu beeinträchtigen". Deshalb soll diese Fallgruppe auch nicht – wie früher – „Vorsprung durch Rechtsbruch", sondern präziser nur mit „Rechtsbruch" benannt werden. 776

---

1 Vgl BGH GRUR 1963, 578, 583 *Sammelbesteller*; OLG Köln GRUR 1994, 651, 652. Unzutreffend OLG Frankfurt GRUR 1995, 222 *Wanderlager*. Sonderfall: OLG Köln GRUR 1994, 747 L.
2 OLG Karlsruhe WRP 1993, 825 f.
3 BGH GRUR 1993, 220, 222 *PS-Werbung II*.

II. Unlauterer Rechtsbruch

Rechtsgrundlage: § 4 Nr. 11 UWG

777 Wie wir oben (Rn 774) bereits illustriert haben, sind nicht alle Regelverstöße zugleich unlauterer Wettbewerb. Ansonsten könnte das UWG dazu eingesetzt werden, gegen jeden nur erdenklichen Rechtsverstoß vorzugehen. Das ist vor allem aus folgenden Gründen nicht erwünscht. Erstens soll das UWG nur Verstöße gegen gesetzliche Vorschriften, nicht jedoch Verstöße gegen andere Normen wie Verwaltungsakte oder privatautonome Regelungen erfassen (1.). Zweitens muss auch das Aufgreifen von Verletzungen gesetzlicher Vorschriften aus Schutzzwecküberlegungen eingeengt werden (2.). Drittens gebietet die Normenkonkurrenz, dass das UWG das Rechtsfolgeninstrumentarium bestimmter Gesetze beachtet und nicht mit seinen Rechtsfolgen in dieses Gefüge einbricht (3.). Viertens muss beachtet werden, dass – zumindest bei geschäftlichen Handlungen gegenüber Verbrauchern – nur Verstöße gegen Normen lauterkeitsrechtlich verboten dürfen, die eine EU-rechtliche Grundlage haben; ansonsten könnte die Richtlinie unlautere Geschäftspraktiken verletzt sein (4.).

1. Gesetzliche Vorschrift

Rechtsgrundlage: § 4 Nr. 11 UWG

778 § 4 Nr. 11 UWG gilt nur für Verstöße gegen „gesetzliche" Vorschriften, die weder gemeinschafts- noch verfassungswidrig sind.[4] Darunter fallen nicht nur **alle Gesetze im formellen Sinn**, also Gesetzesrecht des Bundes und der Länder, sondern auch **Rechtsverordnungen** (wie zB die PreisangabenVO[5] oder die BGB-InfoVO),[6] **autonome Satzungen** der kommunalen Körperschaften und **Gewohnheitsrecht**. Rechtsnormen sind auch **Anstaltsordnungen** und die von den Standesorganisationen der freien Berufe als Körperschaften des öffentlichen Rechts im Rahmen ihrer gesetzlichen Befugnisse erlassenen **Berufsordnungen** (Rn 795 ff).[7] Nicht unter § 4 Nr. 11 UWG fallen also

- nicht gesetzlich definierte Verhaltensregeln wie Verkehrssitten (§ 157 BGB), Handelsbräuche (§ 346 HGB) oder Wettbewerbsregeln von Verbänden (§ 24 GWB)
- Verwaltungsakte und Verwaltungsanordnungen,
- privatautonom gesetzte Normen, also zB Verträge,[8] Vereinssatzungen.

Sie können aber dennoch Einfluss auf die Feststellung der Unlauterkeit haben. Im Einzelnen Rn 846 ff, 850, 851 ff.

779 Mit gesetzlichen Vorschriften gemäß § 4 Nr. 11 UWG sind außerdem nur Rechtsnormen gemeint, die **in Deutschland Geltung** besitzen.[9] Landesrechtliche Regelungen können dabei nur innerhalb des entsprechenden Landes zu einem lauterkeitsrechtlich er-

---

4 BGH GRUR 2008, 438 L *ODDSET.*
5 BGH GRUR 2008, 84 Tz. 25 *Versandkosten.*
6 BGH GRUR 2008, 532 Tz. 33 *Umsatzsteuerhinweis*; Vgl auch OLG Hamburg MMR 2008, 44; OLG Hamburg GRUR-RR 2007, 402 *ungeöffnete Originalverpackungen*; OLG Frankfurt GRUR-RR 2007, 56 *sprechender Link.*
7 *Köhler* GRUR 2004, 381, 382.
8 Vgl OLG Dresden GRUR-RR 2005, 354, 355 *Rabattankündigung*: „In der Nichterfüllung vertraglicher Pflichten allein liegt kein Wettbewerbsverstoß".
9 BGH GRUR 2005, 960, 961 *Friedhofsruhe.*

heblichen Rechtsbruch gereichen.[10] Daher steht einem nur in einem Bundesland tätigen Unternehmer unter dem Gesichtspunkt eines Verstoßes gegen eine auf Landesrecht beruhende Regelung gegen ein Verhalten eines bundesweit tätigen Mitbewerbers auch kein bundesweiter Unterlassungsanspruch zu, wenn wegen der verschiedenen landesrechtlichen Regelungen eine einheitliche Beurteilung des beanstandeten Wettbewerbsgeschehens nicht möglich ist.[11] Entsprechendes gilt für die kommunalen Satzungen.[12]

Nicht erfasst werden **ausländische Rechtsnormen.** Eine Ausnahme bildet die Anwendung ausländischen Rechts für das Marktverhalten in Deutschland nach dem Herkunftslandprinzip (Rn 33). Insoweit kann das ausländische Recht zumindest mittelbar Bedeutung erlangen.[13]

EU-Recht ist nicht in allen Fällen direkt anwendbar. Richtlinien bedürfen einer Umsetzung in nationales Recht (Rn 16); nur die Verletzung der nationalen Umsetzungsnorm kann also einen Rechtsbruch nach § 4 Nr. 11 UWG auslösen. EU-Verordnungen hingegen sind unmittelbar in Deutschland geltendes Recht; Verstöße dagegen können daher ohne weiteres durch das UWG aufgegriffen werden. Die Verletzung von Informationspflichten in EU-Richtlinien und EU-Verordnungen kann gleichzeitig ein Verstoß gegen §§ 3 Abs. 2, 5 a Abs. 4 UWG auslösen (Rn 400).

2. Zur Regelung des Marktverhaltens

Rechtsgrundlage: § 4 Nr. 11 UWG

Das UWG will nur das Marktverhalten der Unternehmen im Interesse der Marktteilnehmer und davon als Reflex auch die Interessen der Allgemeinheit regeln. Eine isolierte Berücksichtigung von Allgemeininteressen kommt nicht in Frage (Rn 48). Es kann also nur ein Rechtsbruch durch das UWG verfolgt werden, der einen Verstoß gegen eine Marktverhaltensnorm betrifft. Alles andere würde dem Schutzzweck des UWG nicht gerecht. Es kann nicht Aufgabe des Wettbewerbsrechts sein, alle nur denkbaren Gesetzesverstöße im Zusammenhang mit geschäftlichen Handlungen (auch) wettbewerbsrechtlich zu sanktionieren.[14] Um gleichzeitig §§ 3 Abs. 1, 4 Nr. 11 UWG zu verletzen, **muss die verletzte Norm vielmehr (auch) darauf ausgerichtet sein, im Interesse der Marktteilnehmer das Marktverhalten zu regeln.** 780

Der Bundesgerichtshof umschreibt dies mit den Worten, dass die verletzte Norm zumindest eine **sekundär wettbewerbsbezogene,** dh eine auf die Lauterkeit des Marktverhaltens bezogene Schutzfunktion hat.[15] Dies entspricht der Formulierung des Gesetzgebers der UWG-Novelle 2004, dass es sich um eine Regelung handeln muss, die (auch) dazu bestimmt ist, das **Marktverhalten zu regeln.**[16] Damit kommt es darauf an, ob die Norm das Verhalten der vom UWG geschützten Marktbeteiligten reguliert, also

---

10 Für § 47 Abs. 3 des Brandenburgischen Schulgesetzes: BGH GRUR 2006, 77, 78 *Schulfotoaktion*; für die Landesbauordnungen: BGH GRUR 2006, 82, 84 *Betonstahl*.
11 BGH GRUR 2008, 438 Tz. 28 *ODDSET*.
12 Vgl BGH GRUR 2005, 960, 961 *Friedhofsruhe*.
13 Teplitzky § 1 Rn G 26; Köhler GRUR 2004, 381, 382.
14 Begr. RegE UWG-Novelle 2004, BT DS 15/1487, S. 19, abrufbar unter www.nordemann.de.
15 BGH GRUR 2002, 825, 826 *Elektroarbeiten*; BGHZ 144, 255, 267 *Abgasemissionen*.
16 Die Formulierung des Gesetzgebers geht auf den Vorschlag von Köhler/Bornkamm/Henning-Bodewig WRP 2002, 1317, zurück.

der **Marktgegenseite** (insbesondere der privaten Verbraucher und der unternehmerischen Verbraucher) sowie der **Mitbewerber** (§ 1 S. 1 UWG; vgl Rn 45 ff).

Beispiel: Im geschäftlichen Verkehr trifft das etwa dann zu, wenn der Kaufmann die Vorschriften des Ladenschlussgesetzes missachtet, die die Gleichheit der Wettbewerbslage für alle Einzelhändler gerade herstellen wollen.[17] Der Kaufmann, der sein Geschäft länger als erlaubt offen hielte, würde damit Kunden auf sich ziehen, die bei einheitlicher Schlusszeit für alle Geschäfte sonst möglicherweise zu einem Konkurrenten gegangen wären; die gesetzestreuen Mitbewerber wären also benachteiligt.

Im praktisch sehr relevanten Fall eines Verstoßes gegen die Widerrufsbelehrungspflichten des BGB werden Interessen der Verbraucher als Marktteilnehmer verletzt, so dass auch hier § 4 Nr. 11 greifen kann (Rn 837 ff).

781 Die Rechtsprechung des Bundesgerichtshofes hatte lange einen anderen Ausgangspunkt als der Gesetzgeber der UWG-Novelle 2004 gewählt, war aber schon vor der UWG-Novelle 2004 „im Umbruch".[18] Der Bundesgerichtshof hatte bis dahin im Anschluss an Baumbach/Hefermehl,[19] der von „sittlich-rechtlich fundierten" Normen spricht, unterschieden nach

- **wertbezogenen Normen,** denen entweder eine dem Schutzweck des UWG entsprechende sittlich-rechtliche Wertung zugrunde liegt oder die einen unmittelbaren Wettbewerbsbezug aufweisen; ihre Verletzung sollte grundsätzlich die Unlauterkeit indizieren, ohne dass es der Feststellung weiterer Unlauterkeitsumstände bedarf, und

- **wertneutralen Normen,** die lediglich Ausdruck ordnender Zweckmäßigkeit sind;[20] der Verstoß gegen sie verletzte erst dann § 1 UWG aF, wenn er bewusst und planmäßig – dh nicht nur versehentlich[21] – erfolgte, obwohl für den Handelnden erkennbar war, dass er dadurch einen Vorsprung im Wettbewerb gegenüber den gesetzestreuen Mitbewerbern erlangen konnte.[22]

Restlos hatte der Bundesgerichtshof diese Rechtsprechung aber auch bis zur UWG-Novelle 2004 noch nicht aufgegeben. Zumindest eine Indizwirkung für eine Verletzung der Generalklausel des § 1 UWG aF könne einem Verstoß gegen wertbezogene Normen zum Schutz wichtiger Gemeinschaftsgüter zukommen, wenn der Gesetzesverstoß mit dem wettbewerblichen Handeln zusammenfalle. Letztlich verneinte der BGH dies im konkreten Fall, weil der Verstoß gegen das Immissionsschutzrecht dem wettbewerblichen Handeln vorgelagert sei.[23]

---

17 BGHZ 45, 1, 4 *Ratio*; BGH GRUR 1995, 601, 603 *Bahnhofs-Verkaufsstellen*. Gegenfall: BGH GRUR 1995, 603, 604 *Räumungsverkauf an Sonntagen* (an verkaufsoffenen Sonntagen darf auch der Räumungsverkauf fortgesetzt werden).
18 So Köhler GRUR 2001, 777, unter Verweis auf BGHZ 144, 255, 267 *Abgasemissionen*; ähnlich BGH GRUR 2001, 354, 356 *Klage gegen Vielfachabmahner*; Vgl auch BGH GRUR 2002, 269, 270 *Sportwetten-Genehmigung*; beachte aber BVerfG GRUR 2006, 688 *ODDSET* und EuGH WRP 2007, 525, 533 *Rs. C-338 u.a./04*.
19 22. Aufl., § 1 UWG Rn 611 f, 613 ff, 630 ff.
20 Piper GRUR 1996, 147, 161.
21 BGH GRUR 1993, 62, 63 *Kilopreise III*; BGH GRUR 1994, 638, 639 *Fehlende Planmäßigkeit*.
22 BGH GRUR 1982, 236, 238 *Realkredite*; BGH GRUR 1982, 493, 495 *Sonnenring*. Dazu ferner BGH GRUR 1993, 222, 224 *Flaschenpfand*.
23 BGHZ 144, 255, 267 ff. *Abgasemissionen*. Vgl auch BGH GRUR 2003, 250, 251 *Massenbriefsendungen aus dem Ausland*; BGH GRUR 2000, 237, 238 *Giftnotruf-Box*; ähnlich BGHZ 140, 134, 139 *Hormonpräparate*; BGH GRUR 2002, 269, 270 *Sportwetten-Genehmigung*. Vgl aber BVerfG GRUR 2006, 688 *ODDSET*.

Auch diese letzten Inseln sind seit der UWG-Novelle 2004 beseitigt. Das UWG schützt Allgemeininteressen nicht mehr originär, sondern nur noch als Reflex der Interessen von Marktteilnehmer (Rn 48 f). Allgemeininteressen können deshalb im Rahmen des UWG und insbesondere in der Fallgruppe „Rechtsbruch" nicht mehr berücksichtigt werden,[24] auch nicht als Indiz.

Nach dem neuen Ansatz liegt der Schwerpunkt der Frage jetzt also darin, ob eine Vorschrift vorliegt, die das Marktverhalten im Interesse der Marktteilnehmer regelt. **Marktverhalten** ist dabei jede Tätigkeit, die eine geschäftliche Handlung gemäß § 2 Abs. 1 Nr. 1 UWG darstellt, also eine Handlung, die der Förderung der eigenen oder fremden Leistung auf dem Markt dient. **Im Interesse der Marktteilnehmer** erfolgt diese Regelung, wenn die Interessen der **Mitbewerber, der Verbraucher oder der sonstigen Marktteilnehmer**, die Waren oder Dienstleistungen auf dem Markt nachfragen oder anbieten, **reguliert** werden (siehe § 2 Abs. 1 Nr. 2 UWG). Ob eine Regelung (auch) diesem Zweck dient, entscheidet sich nach ihrem **Normzweck**.[25] **782**

Dabei muss der Normzweck allerdings die lautere Tätigkeit **auf dem Markt** regulieren; keinesfalls ausreichend ist, dass nur der Wettbewerb als Rahmen reguliert wird.[26] Markt einerseits und Wettbewerb andererseits haben zwar Schnittmengen, sind aber nicht notwendig das Gleiche. Das hat vor allem Konsequenzen für zwei Normgruppen:

- **Marktzutrittsregelungen**: Hier geht es nur um das „Ob" der Wettbewerbsteilnahme, so dass diese Normen grundsätzlich nicht die Lauterkeit auf dem Markt regulieren. Eine Anwendung des § 4 Nr. 11 UWG scheidet aus (Rn 785).
- Öffentlich-rechtliche Vorschriften, die zu Gunsten der (privaten) Konkurrenten der öffentlichen Hand **einen neutralen Rahmen für den Wettbewerb** auf dem Markt schaffen und insbesondere **eine Bevorteilung der öffentlichen Hand bei der Wettbewerbsteilnahme verhindern** sollen. Auch auf solche bloßen Rahmenbedingungen für den Wettbewerb soll § 4 Nr. 11 UWG nicht anwendbar sein.[27] Das können steuerliche Vorschriften sein (Rn 784) oder Konkurrenten schützende Regelungen aus den Gemeindeordnungen (Rn 843).

Danach kann ein Rechtsbruch also für Verstöße gegen folgende Normgruppen angenommen werden: **783**

- Spezialnormen des Wettbewerbsrechts, weil sie – wie das UWG (Rn 44) – Mitbewerber, Verbraucher oder sonstige Marktteilnehmer schützen. Beispiele sind die Straftatbestände des § 16 Abs. 1 und Abs. 2 UWG, des § 184 Abs. 1 StGB,[28] die Hinweispflicht in § 14 Abs. 2 LotterieStV,[29] das Verbot der Werbung für Prostitution nach §§ 119 Abs. 1, 120 Abs. 1 Nr. 2 OWiG,[30] sowie spezielles Wettbewerbsrecht in Standes- und Berufsordnungen, die PreisangabenVO, die Dienstleistungs-Informationspflichten-VO, das HeilmittelwerbeG, das MedizinproduktG, spezielle

---

24 Ebenso Köhler GRUR 2004, 381, 382.
25 BGHZ 144, 255, 267 ff. *Abgasimmissionen.*
26 BGH GRUR 2010, 654 Tz. 21 *Zweckbetrieb.*
27 BGH GRUR 2010, 654 Tz. 23 *Zweckbetrieb*; BGH GRUR 2003, 164, 166 *Altautoverwertung*; BGH GRUR 2002, 825 *Elektroarbeiten.*
28 BGH GRUR 2008, 534 Tz. 50 *ueber18.de.*
29 OLG Düsseldorf GRUR 2006, 782, 783 *Lottofonds.*
30 BGH GRUR 2006, 1042 L *Kontaktanzeigen.*

wettbewerbsrechtliche Regelungen im Lebensmittelrecht oder das Kartellrecht; im Einzelnen Rn 794, 795 ff, 805 ff, 817 ff, 823.

- Preisregelungen. Beispiele sind die Unterbietung von gesetzlichen Preisen wie der HOAI oder des RVG.[31] Das Gegenbeispiel bilden Preisregulierungen, die nicht im Interesse der Mitbewerber, Verbraucher oder sonstiger Marktteilnehmer existieren; es stellt deshalb keinen unlauteren Wettbewerb dar, allgemein verbindliche Tariflöhne zu unterschreiten,[32] weil diese Preisregelung nur die Arbeitnehmer schützt. Im Einzelnen zu Preisregelungen Rn 826 f.

- Verbraucherschützende Vorschriften des bürgerlichen Rechts, weil diese eben die Interessen der Verbraucher am Markt regulieren; im Einzelnen Rn 836 ff. Gerade diese Normgruppe verleiht dem „Rechtsbruch" im UWG eine große praktische Bedeutung.

- Regelungen zum Schutz des Geistigen Eigentums (Patentrecht, Geschmacksmusterrecht, Urheberrecht, Markenrecht etc.) sind zwar Regelungen mit Marktbezug, die auch die Interessen der Konkurrenten regeln, weil ihnen gegenüber aus den geistigen Eigentumsrechten Verbote erwachsen.[33] Diese Situation ist vergleichbar mit dem ergänzenden wettbewerbsrechtlichen Leistungsschutz (Rn 706, 711). Jedoch können Verstöße gegen solche Normen wegen des grundsätzlichen Vorranges ihrer spezielleren Sanktionsregelungen nicht über UWG (Rechtsbruch) verfolgt werden; Rn 788. Vgl zum Verhältnis der Sonderrechtsschutzgesetze zum UWG auch Rn 20.

784 Folgende Normgruppen müssen grundsätzlich von einer Sanktionierung durch UWG **ausgenommen** werden:

- Regelungen für die (interne) Produktion oder Leistungserbringung, zB Umweltschutzvorschriften[34] oder Tierschutzbestimmungen.[35] Sie mögen zwar eine zumindest mittelbare Auswirkung auf den Markt haben. Die Regelung dieses Marktbezuges erfolgt aber eben nicht im Interesse der Marktteilnehmer, sondern im Interesse der Allgemeinheit, was nicht ausreichend ist (Rn 48, 781).

- Vorschriften zum Schutz von Arbeitnehmern, weil die Regelung, auch wenn sie Marktbezug hat, nicht die Interessen der Marktteilnehmer, sondern der Arbeitnehmer regelt (Rn 827).

- Steuervorschriften,[36] weil sie nicht die Interessen der Marktteilnehmer regulieren, sondern allein Allgemeininteressen außerhalb des UWG. Ausnahmen werden für Lenkungssteuern diskutiert, die verbraucherschützende Wirkung haben, wie zB Steuern auf Alkopops[37] oder Tabaksteuern, die der Sache nach Preisvorschriften

---

31 BGH GRUR 2006, 955 Tz. 11 *Gebührenvereinbarung II*; OLG Köln GRUR 2006, 348, 348 *Pauschalvergütung*.
32 Ullmann GRUR 2003, 817, 822. Nach früherem Recht noch anders BGH GRUR 1993, 980 *Tariflohnunterschreitung*.
33 AA Köhler GRUR 2004, 381, 384 unter Berufung auf BGH GRUR 1999, 325, 326 *Elektronische Pressearchive*.
34 BGHZ 144, 255, 267 ff. *Abgasimmissionen*.
35 BGH GRUR 1995, 817 *Legehennenhaltung*.
36 BGH GRUR-RR 2010, 406 (L) Tz. 9 *Vermessungsbehörde*; BGH GRUR 2010, 654 Tz. 19 *Zweckbetrieb*; OLG München GRUR 2004, 169, 170 *Städtisches Krematorium*.
37 Dafür: Ullmann/jurisPK-UWG/Link § 4 Nr. 11 Rn 192; gegen eine Anwendung von § 4 Nr. 11 UWG: OLG Oldenburg WRP 2007, 685, 687; Köhler in Köhler/Bornkamm § 4 UWG Rn 11.39; offen BGH GRUR 2010, 654 Tz. 20 *Zweckbetrieb* mwN.

sind.[38] Bloß zu Gunsten der Konkurrenten wettbewerbsschützende, aber nicht marktregelnde Steuervorschriften unterfallen nach der Rechtsprechung des Bundesgerichtshofes nicht § 4 Nr. 11 UWG, zB § 65 Nr. 3 AO, der Konkurrenten der öffentlichen Hand vor einer ungerechtfertigten steuerlichen Vorzugsbehandlung als Zweckbetrieb schützt.[39]

■ Straßen- und Wegerecht, weil auch hier die Interessen der Marktteilnehmer keiner Regelung unterworfen sind. Eine Überschreitung der Geschwindigkeit durch einen Spediteur, auch wenn sie planmäßig zur Erzielung eines Wettbewerbsvorsprunges erfolgt, ist danach irrelevant für das UWG. Auch das Verbot des Aufstellens von Kfz-Anhängern zu Werbezwecken regelt nur Interessen, die außerhalb des UWG liegen.[40]

■ Die *allgemeinen* Vorschriften des Bundesdatenschutzgesetzes (v.a. §§ 3 a, 4 BDSG), da dieses alleine dem Schutz des allgemeinen Persönlichkeitsrechts dienen.[41] Umstritten ist allerdings, ob für die besonderen Regelungen der §§ 28, 29, 35 BDSG etwas anderes gilt.[42]

Eine besondere Normengruppe bilden **Marktzutrittsregelungen**. Marktzutrittsregelungen sind Bestimmungen, die das „Ob" des Marktauftritts betreffen, nicht jedoch die Art und Weise („wie"), also gerade nicht das Marktverhalten regeln. Es kann dafür, wer berechtigt die Tour de France (Rn 3, 774) gewinnt, keine Rolle spielen, ob das vom Sieger benutzte Fahrrad gestohlen ist. Die Benutzung des Rades ist dann zwar rechtswidrig. Das hat aber keine Auswirkungen auf das Marktverhalten, also das Rennverhalten, als solches. Deshalb sind Verstöße gegen reine Marktzutrittsregelungen nicht vom UWG erfassbar. Verstöße gegen Marktzutrittsregelungen können auch nicht allein über die Generalklausel (ohne Umweg über § 4 Nr. 11 UWG) vom UWG sanktioniert werden.[43]

Sie fallen nur dann unter das UWG, wenn sie (auch) Marktverhalten regeln. Hiervon ist nach dem Gesetzgeber der UWG-Novelle 2004 insbesondere bei Vorschriften auszugehen, die als Voraussetzung für die Ausübung bestimmter Tätigkeiten den Nachweis

785

---

38 Für eine Anwendung des § 4 Nr. 11 UWG: OLG Frankfurt GRUR-RR 2004, 255 *Internet-Versteigerung*; Köhler in Köhler/Bornkamm § 4 UWG Rn 11.39; Schaffert in MüKo-UWG § 4 Nr. 11 Rn 63, 333; aA OLG Hamburg OLGR 2006, 215; offen BGH GRUR 2010, 654 Tz. 20 *Zweckbetrieb* mwN.

39 BGH GRUR 2010, 654 Tz. 21 ff. *Zweckbetrieb* mwN; siehe auch BGH GRUR-RR 2010, 406 Tz. 10 *Vermessungsbehörde*.

40 BGH GRUR 2006, 872 Tz. 16 ff. *Kraftfahrzeuganhänger mit Werbeschildern*; so schon die Vorinstanz OLG Frankfurt GRUR-RR 2004, 56 *Werbetafelanhänger*. AA noch LG Frankfurt am Main GRUR-RR 2003, 180.

41 OLG Frankfurt (VI. Zivilsenat) GRUR 2005, 785, 786 *Skoda-Autokids-Club* mwN.

42 OLG Stuttgart GRUR-RR 2007, 330, 331 *Weitergabe von Kundendaten*; OLG Naumburg NJW 2003, 3566, 3568 (Aspekte des BDSG von BGH GRUR 2006, 960 nicht kommentiert); LG Hamburg NJW-RR 1997, 1407, 1408 *D-Info 2*; aA: OLG Frankfurt (XI. Zivilsenat) NJWE-WettbR 1997, 29, 34 *Telefonauskunft-CD-ROM* (Aspekte des BDSG von BGH GRUR 1999, 923 nicht kommentiert); wohl auch OLG Düsseldorf ZUM-RD 2004, 236; offen gelassen: OLG Hamburg MMR 2005, 617, 619; OLG Frankfurt (XIII. Zivilsenat) MMR 2001, 259 (nur L), Entscheidungsgründe Ziff. 52.

43 Begr. RegE UWG-Novelle 2004, BT DS 15/1487, S. 19. Auf der Grundlage seiner Stellungnahme hierzu (BT DS 15/1487, S. 31) legte der Bundesrat Einspruch ein mit dem Ziel, auch ein Bruch von Marktzutrittsregelungen durch das UWG zu erfassen, scheiterte damit jedoch. Sämtliche vorgenannten amtlichen Dokumente abrufbar unter www.nordemann.de. Ferner BGH GRUR 2010, 654 Tz. 25 *Zweckbetrieb*. Siehe auch den Meinungsstreit vor der Novelle: Gegen eine Anwendung des Rechtsbruchtatbestandes auf reine Marktzutrittsregelungen. Köhler GRUR 2001, 777 ff mwN; kritisch Gröning WRP 2002, 17, 26; heute noch dafür: Hasselblatt in Handbuch, § 58 Rn 33 ff.

besonderer fachlicher Fähigkeiten fordern,[44] zB die Zulassungsregelungen für Rechtsanwälte, Ärzte, Apotheker,[45] das Handwerk oder für Gastwirte. In diese Kategorie gehören auch Vorschriften, die den Markteintritt bestimmter Waren von einer bestimmten Qualität, Sicherheit oder Unbedenklichkeit abhängig machen,[46] zB das MedizinprodukteG.[47] Gleiches soll nach dem Bundesgerichtshof für Regelungen aus Allgemeinwohlüberlegungen gelten, die zugleich die Unternehmen vor dem Marktzutritt von nicht lizenzierten Mitbewerbern schützen, zB § 5 PostG, das zur Sicherung einer flächendeckenden Grundversorgung (Art. 87 f. Abs. 1 GG) eine Lizenzierungspflicht vorsieht.[48] Das erscheint als bedenklich, weil die geregelten Interessen Allgemeininteressen sind und damit ein hinreichender Marktbezug fehlt (Rn 781).

Reine Marktzutrittsregelungen ohne jeden Marktbezug, die für das UWG irrelevant sind, stellen beispielsweise folgende Vorschriften dar:

- Das Verbot für Idealvereine, ein Wirtschaftsunternehmen zu betreiben (§ 21 BGB);[49]
- Wettbewerbsverbote im Handels- und Gesellschaftsrecht (§§ 60, 112 HGB, 88, 284 AktG);
- kommunalrechtliche Tätigkeitsverbote (Rn 832, 843).

3. Normenkonkurrenz

Rechtsgrundlage: § 4 Nr. 11 UWG

786 Viele Normen weisen einen ganz eigenen, **anderen Sanktionsmechanismus** auf als das UWG. Zwar sperrt das noch nicht grundsätzlich die Anwendung des UWG bei Normverstößen. Es gibt kaum Normen ohne jede eigene Sanktion. Die Fallgruppe „Rechtsbruch" im UWG würde damit leer laufen, wenn eine bloße Sanktionierung im verletzten Gesetz schon ausreichend wäre. Einigen Gesetzen lässt sich aber durch **Auslegung** entnehmen, dass sie keinen weiteren Sanktionsmechanismus neben sich dulden.

787 So muss beispielsweise ein Verstoß gegen **öffentliches** Immissionsschutz-**Recht** grundsätzlich nach den dort vorgesehenen Mechanismen verfolgt werden und nicht durch Konkurrenten des Normverletzers über § 3 Abs. 1 UWG.[50] Abschließende Regelungen für Sanktionen enthält schließlich das Sozialrecht nach § 69 SGB V, auch wenn das SGB V eigentlich den Markt im Interesse der Leistungserbringer zu den Versicherten und untereinander regelt. Verstöße gegen das SBG V können deshalb nicht nach UWG verfolgt werden.[51]

Verstöße gegen öffentliches Recht können schließlich auch dann nicht nach UWG verfolgt werden, wenn ein **Verwaltungsakt** das zu beurteilende Marktverhalten konkret **erlaubt.** Sofern der Verwaltungsakt nur fehlerhaft ist, muss er in dem dafür vorgese-

44 Begr. RegE UWG-Novelle 2004, BT DS 15/1487, S. 19, abrufbar unter www.nordemann.de.
45 OLG Saarbrücken GRUR 2007, 344 L *Apothekenbetriebserlaubnis.*
46 BGH GRUR 2002, 825, 826 *Elektroarbeiten;* Ullmann GRUR 2003, 817, 824; Köhler GRUR 2004, 381, 385.
47 LG Berlin GRUR-RR 2003, 94 *Fertigbrillen.*
48 BGH GRUR 2003, 250, 251 *Massenbriefsendungen aus dem Ausland.*
49 Köhler GRUR 2004, 381, 385; K. Schmidt NJW 1983, 543; von Ungern-Sternberg, FS Erdmann, S. 741, 759 fn. Fn 89.
50 BGHZ 144, 255, 267 ff. *Abgasimmissionen.*
51 BGH GRUR 2006, 517 Tz. 22 *Blutdruckmessungen;* BGH GRUR 2004, 247, 249 *Krankenkassenzulassung.*

henen Verwaltungs- bzw Gerichtsverfahren aufgehoben werden.[52] Eine Baugenehmigung, die ein Konkurrent unter Verletzung des öffentlichen Baurechts im Außenbereich erhält und die ihm durch die hervorragende Lage der Verkaufsstätte einen erheblichen Wettbewerbsvorteil bringt, muss über die Instrumentarien des öffentlichen Baurechts, nicht jedoch des UWG beseitigt werden.

Etwas anderes mag für nichtige Verwaltungsakte gelten. Nach der neueren Rechtsprechung des Bundesgerichtshofes stellen jedoch **bloße Rechtsauffassungen von Behörden** den Rechtsverletzer nicht frei, selbst wenn sie von allen zuständigen Behörden vertreten werden. Einen Vertrauensschutz gibt es insoweit nicht, es genügt für eine Haftung nach UWG ein objektiver Gesetzesverstoß.[53] Allenfalls der (verschuldensabhängige) Schadensersatzanspruch kann entfallen.[54] Früher war der Bundesgerichtshof noch davon ausgegangen, dass eine Handlung nicht unlauter sein könne, wenn sich der Mitbewerber auf breite Zustimmung der insoweit fachlich befassten Behörden stützen konnte.[55]

Auch **geistige Eigentumsrechte** wie Patentrecht, Markenrecht, Geschmacksmusterrecht oder Urheberrecht haben grundsätzlich (vgl Rn 20) einen abschließenden Katalog von Sanktionen, der nicht über das UWG erweitert werden kann.[56] Insbesondere kommt nicht in Frage, den Kreis der Anspruchsberechtigten bei Unterlassungsansprüchen auch auf andere Mitbewerber als den Schutzrechtsinhaber, Verbände oder Kammern (§ 8 Abs. 3 UWG) auszudehnen oder den Verbänden und Kammern gar Gewinnabschöpfungsansprüche zuzugestehen (§ 10 UWG). Es wäre auch widersinnig, beim ergänzenden wettbewerbsrechtlichen Leistungsschutz, der den geistigen Eigentumsrechten vergleichbar ausgestaltet ist, nur dem Ausgebeuteten Anspruchsberechtigung zu gewähren (vgl aber Rn 711), in Fällen des eigentlichen geistigen Eigentums jedoch darüber hinaus zu gehen. Da der Gedanke der Planmäßigkeit des Rechtsbruchs nach der neuen Rechtslage (Rn 781 f) keine Rolle mehr spielt, ist auch die Auffassung überholt, die ausnahmsweise bei planmäßiger Verletzung von geistigen Eigentumsrechten Ansprüche nach § 1 UWG aF gewähren wollte.[57] Im Übrigen zum Verhältnis von UWG zum Sonderrechtsschutz Rn 20. Nicht ausgeschlossen sind Ansprüche aus UWG wegen Rechtsbruchs bei Verletzung der §§ **17, 18 UWG**, weil das UWG nur strafrechtliche Sanktionen bereit hält und nicht ersichtlich ist, warum der Gesetzgeber ein zivilrechtliches Vorgehen insoweit hätte ausschließen wollen.[58] Allerdings kann der zivilrechtliche An-

788

---

52 BGH GRUR 2005, 778, 779 *Atemtest*; BGH GRUR 2004, 166, 168 *Selbstentsorgergemeinschaft*; siehe auch BGH GRUR 2002, 269 *Sportwetten-Genehmigung*; Vgl aber BVerfG GRUR 2006, 688 *ODDSET;* OLG Hamburg GRUR-RR 2003, 181 *polyklonale Antikörper*; OLG Düsseldorf GRUR-RR 2003, 15, 16; Köhler GRUR 2004, 381, 388.
53 BGH GRUR 2006, 82 Tz. 21 *Betonstahl.*
54 Köhler in Köhler/Bornkamm § 4 UWG Rn 11.18.
55 BGH GRUR 2004, 166, 168 *Selbstentsorgergemeinschaft.* Vgl auch BGH GRUR 2000, 237, 239 *Giftnotruf-Box.*
56 Vgl BGH GRUR 1999, 325, 326 *Elektronische Pressearchive;* OLG Köln GRUR 1983, 517; OLG Hamm GRUR 1984, 539, 540.
57 So noch – allerdings zur alten Rechtslage – Seifert ZUM 1985, 81; ähnlich auch OLG Köln GRUR 1983, 133 *Schallplatten.*
58 Siehe nur Begr. RegE UWG-Novelle 2004, BT DS 15/1487, S. 15, abrufbar unter www.nordemann.de, zur Aufhebung des früheren § 19 UWG aF, der zumindest Schadensersatzansprüche gewährte.

spruch nur vom Inhaber des Geheimnisses bzw der Vorlage geltend gemacht werden (vgl aber Rn 711).

789 **Kartellrecht** hat eindeutig eine Regelung des Marktverhaltens im Interesse der Marktteilnehmer zum Zweck, ist also eine Vorschrift, die grundsätzlich über das UWG sanktioniert werden kann. Dennoch hat der BGH einer UWG-Sanktionierung von Kartellrechtsverstößen über § 4 Nr. 11 UWG in *Probeabonnement* eine Absage erteilt.[59] Insbesondere die Berufung auf eine abschließende Spezialregelung der Sanktionen im GWB überzeugt nicht ganz.[60] Eine parallele Anwendung des UWG neben dem GWB wäre wünschenswert: der Gesetzgeber der 7. GWB-Novelle 2005 begreift die Regelung der Aktivlegitimation in § 33 Abs. 2 GWB ähnlich § 8 Abs. 3 Nr. 2 und Nr. 3 UWG als Gewährleistung umfassenden zivilen Rechtsschutzes „mit Abschreckungswirkung" bei Kartellverstößen.[61] Im Hinblick auf Unterlassungsansprüche hat das UWG insbesondere den Vorteil, dass die Dringlichkeitsvermutung des § 12 Abs. 2 UWG zur Verfügung steht. Ferner sind auch Verbraucherschutzverbände legitimiert, deren Aktivlegitimation in § 33 Abs. 2 GWB-Entwurf zur 7. GWB-Novelle 2005 vorgesehen war, dann aber vor Inkrafttreten gestrichen wurde. Nicht konsequent ist jedenfalls, dass der Bundesgerichtshof das **UnterlassungsklageG**, das bewusst Mitbewerber von der Anspruchsberechtigung ausgenommen hat, nicht als abschließende Spezialregelung begreift und Ansprüche von Mitbewerbern aus UWG zulässt.[62] Nicht abschließend sind auch das **Vergaberecht**,[63] das **Beihilfenrecht**[64] und das **BuchpreisbindungsG**.[65]

4. Gegenüber Verbrauchern: EU-rechtliche Grundlage der Norm

Rechtsgrundlage: § 4 Nr. 11 UWG, § 5 a Abs. 4 UWG; Art. 3, 7 Abs. 5 Richtlinie unlautere Geschäftspraktiken

790 Bei geschäftlichen Handlungen gegenüber Verbrauchern (Rn 99) – allerdings nur dort[66] – gilt schließlich noch eine weitere Einschränkung: Die Richtlinie unlautere Geschäftspraktiken wollte das Lauterkeitsrecht bei geschäftlichen Handlungen gegenüber Verbrauchern im Bereich des Verbraucherschutzes vollständig harmonisieren („Vollharmonisierung", vgl Rn 17). Die Richtlinie kennt aber keine Fallgruppe „Rechtsbruch". Deshalb ist § 4 Nr. 11 UWG richtlinienkonform auszulegen. Bei geschäftlichen Handlungen gegenüber Verbrauchern („B2C") kann damit grundsätzlich nur ein unlauterer **Rechtsbruch** nach § 4 Nr. 11 UWG einer **Norm** relevant werden, **die den Vorgaben der Richtlinie unlautere Geschäftspraktiken entspricht**. Normen iSd § 4 Nr. 11 UWG müs-

---

59 BGH GRUR 2006, 773 Tz. 13 ff. *Probeabonnement*; dazu Gröning jurisPR-WettbR 10/2006, Anm. 5; Alexander ZWeR 2007, 239; Gaertner AfP 2006, 413; Bechtold WRP 2006, 1162; Emmerich in Augenhofer, Die Europäisierung des Kartell- und Lauterkeitsrechts, 2009, S. 82 f.. AA davor OLG Frankfurt GRUR-RR 2003, 59, 60; Weber GRUR 2002, 485, 488 f; vgl auch BGH GRUR 1978, 445 – *4 zum Preis von 3.*

60 J.B. Nordemann in Loewenheim/Meessen/Riesenkampff § 1 GWB Rn 258 und § 30 GWB Rn 70.

61 Begr. RegE 7. GWB-Novelle, BT DS 15/3640, S. 35.

62 BGH GRUR 2010, 1117 Tz. 31 *Gewährleistungsausschluss im Internet* mwN zum Streitstand. Auch Köhler NJW 2008, 177 mwN.

63 BGH GRUR 2008, 810 Tz. 11 *Kommunalversicherer*; OLG Köln GRUR 2005, 780, 782 *In-House-Geschäft*; Köhler GRUR 2004, 381, 387; aA Ullmann GRUR 2003, 817, 823 m. Fn 59.

64 Köhler GRUR 2004, 381, 384; Ullmann GRUR 2003, 817, 823 m. Fn 59; siehe auch OLG München GRUR 2004 S. 169 ff. *Städtisches Krematorium.*

65 OLG Hamburg GRUR-RR 2006, 200; aA Köhler GRUR 2004, 381, 387; Schaffert in Müko/UWG § 4 Nr. 11 Rn 24.

66 BGH GRUR 2010, 654 Tz. 15 *Zweckbetrieb.*

sen **im (harmonisierten) EU-Recht ihre Grundlage** haben.[67] Insoweit gilt allerdings die Einschränkung, dass dies nur für (auch) verbraucherschützende Normen gilt.[68] Soweit eine Norm (nur) mitbewerberschützend ausgestaltet ist, kann die Richtlinie unlautere Geschäftspraktiken nicht greifen, weil sie nur im Bereich des Verbraucherschutzes eine abschließende Regelung darstellt[69] (Rn 100).

Eine EU-rechtliche Grundlage müssen danach alle nationalen Normen haben, die **Informationspflichten** anordnen.[70] Das ordnet Art. 7 Abs. 5 Richtlinie unlautere Geschäftspraktiken (iVm Erwägungsgrund 15) ausdrücklich an. Insoweit läuft dann § 4 Nr. 11 UWG mit § 5 a Abs. 4 UWG parallel (vgl dazu und insbesondere zu den einzelnen Richtlinien und den daraus erwachsenden Informationspflichten Rn 400).

Der Bundesgerichtshof geht jedoch auch bei anderen Normverstößen als bei Verletzung von Informationspflichten davon aus, dass sie ihre Grundlage im EU-Recht haben müssen.[71] Dann gilt gem. § 3 Abs. 4 Richtlinie unlautere Geschäftspraktiken, dass die Richtlinie unlautere Geschäftspraktiken hinter **speziellere Regelungen in anderen Richtlinien** zurücktritt. Beispiele sind die Richtlinie über audiovisuelle Mediendienste 2007/65/EG, die Richtlinie elektronischer Geschäftsverkehr 2000/31/EG oder die Dienstleistungsrichtlinie 2006/123/EG.[72] Erlaubt ist außerdem den Mitgliedsstaaten gem. Art. 3 Abs. 5 Richtlinie unlautere Geschäftspraktiken, bis 12. Juni 2013 andere Regelungen im nationalen Recht vorzusehen, als die Richtlinie unlautere Geschäftspraktiken vorgibt, sofern die abweichende Regelung im nationalen Recht auf der Umsetzung einer anderen Richtlinie mit bloßer Mindestangleichung beruht. Das könnte Bedeutung für einige Bestimmungen der PreisangabenVO erlangen.[73]

Eine harmonisierte **EU-rechtliche Grundlage** ist teilweise für Bereiche **entbehrlich**, die die Richtlinie unlautere Geschäftspraktiken ausdrücklich aus ihrem Anwendungsbereich ausgenommen hat:

- ■ Gesundheits- und Sicherheitsaspekte von Produkten (Art. 3 Abs. 3 Richtlinie unlautere Geschäftspraktiken);[74] Erwägungsgrund 9 Richtlinie erwähnt beispielhaft Regeln zu Spirituosen, Tabakwaren und Arzneimitteln, wobei die nationalen Regeln im Einklang mit EU-Recht stehen müssen;

- ■ Niederlassungs-, Genehmigungsbedingungen, spezifische Regeln für reglementierte Berufe (Art. 3 Abs. 8 Richtlinie unlautere Geschäftspraktiken),[75] zB Rechtsdienstleistungen nach dem RechtsdienstleistungsG;[76]

- ■ Strengere nationale Regelungen im Bereich Finanzdienstleistungen, als dies die Richtlinie 2002/65/EG als Minimum vorgibt (Art. 3 Abs. 9 Richtlinie unlautere Geschäftspraktiken);

---

67 BGH GRUR 2010, 744 Tz. 26 *Sondernewsletter*; BGH GRUR 2010, 652 Tz. 11 *Costa Del Sol*.
68 Köhler in Köhler/Bornkamm § 4 UWG Rn 11.6 c.
69 BGH GRUR 2010, 654 Tz. 15 *Zweckbetrieb*.
70 BGH GRUR 2010, 744 Tz. 26 *Sondernewsletter*.
71 BGH GRUR 2010, 652 Tz. 11 *Costa Del Sol*.
72 Genauso Köhler in Köhler/Bornkamm § 4 UWG Rn 11.6 c.
73 Köhler in Köhler/Bornkamm § 4 UWG Rn 11.6 c.
74 BGH GRUR 2009, 984 Tz. 34 *Festbetragsfestsetzung*.
75 BGH GRUR 2009, 1077 Tz. 21 *Finanz-Sanierung*.
76 BGH GRUR 2009, 1077 Tz. 21 *Finanz-Sanierung*.

■ Zertifizierung und Angabe des Feingehalts von Artikeln aus Edelmetall (Art. 3 Abs. 10);

■ Die Regelungen über Glücksspiele sind nach Erwägungsgrund 9 Richtlinie unlautere Geschäftspraktiken weiterhin dem nationalen Gesetzgeber überlassen, soweit sie ihrerseits mit EU-Recht vereinbar sind.

Beispiele: Die verbraucherschützenden Informationspflichten über Widerrufsrecht nach BGB beruhen durchweg auf EU-Richtlinien (Rn 400) und sind deshalb im Verletzungsfall auch über § 4 Nr. 11 UWG sanktioniert. Auch die Preisinformationspflichten gem. PreisangabenVO beruhen auf der Richtlinie 98/6/EG über den Schutz der Verbraucher bei der Angabe von Preisen und können deshalb über § 4 Nr. 11 UWG erfasst werden.[77]

Verstöße gegen das HeilmittelwerbeG können weiterhin über § 4 Nr. 11 UWG sanktioniert werden; denn das HeilmittelwerbeG ist eine nationale Regulierung von Gesundheitsaspekten gem. Art. 3 Abs. 3 Richtlinie unlautere Geschäftspraktiken.[78]

Zulässig nach der Richtlinie unlautere Geschäftspraktiken ist eine Anwendung des § 4 Nr. 11 UWG im Fall der Verletzung des Verbotes mit Erlaubnisvorbehalt für Rechtsberatungsdienstleistungen gem. § 3 RechtsdienstleistungsG. Denn Art. 3 Abs. 8 Richtlinie lässt spezifische Regeln für reglementierte Berufe, zu denen auch der Rechtsanwaltsberuf gehört, ausdrücklich unberührt.[79] Damit sollten auch die Preisregelungen der HOAI oder des RVG (Rn 826) weiter über § 4 Nr. 11 UWG anknüpfbar sein.

Ein Verstoß gegen §§ 284, 287 StGB wegen verbotenen Glücksspiels kann nach wie vor über § 4 Nr. 11 UWG erfasst werden.

III. Vollständiger Verstoß gegen (objektiven) Tatbestand der Norm

Rechtsgrundlage: §§ 3 Abs. 1, 4 Nr. 11 UWG

791 Damit ein relevanter „Rechtsbruch" nach § 4 Nr. 11 vorliegt, muss die Norm vollständig verletzt sein.

Beispiele: Nicht genügend ist die straflose versuchte Anstiftung zum Betrug.[80]

Im Hinblick auf einen Rechtsbruch können nach der UWG-Novelle 2004 keine zusätzlichen subjektiven Anforderungen mehr im Hinblick auf die Verletzung der Norm gestellt werden. Entscheidend ist, dass alle objektiven Merkmale des Tatbestands der das Marktverhalten regelnden gesetzlichen Vorschrift erfüllt sind.[81] Der Unternehmer handelt also auch dann unlauter, wenn er die übertretene Norm gar nicht kannte,[82] sie anders auslegte[83] oder sie nur versehentlich schuldlos übertrat.[84] Er muss nur, wie für jeden Verstoß gegen das UWG, die tatsächlichen Tatumstände seines Handelns gekannt haben (Rn 82). Das setzt aber gerade nicht die Kenntnis der übertretenen Rechtsnormen voraus. Die Frage des Verschuldens kann danach nur für den Schadensersatzanspruch Bedeutung erlangen.

---

77 BGH GRUR 2010, 744 Tz. 26 *Sondernewsletter.*
78 BGH GRUR 2009, 984 Tz. 34 *Festbetragsfestsetzung.*
79 BGH GRUR 2009, 1077 Tz. 21 *Finanz-Sanierung.*
80 BGH GRUR 2008, 530 Tz. 11 *Nachlass bei Selbstbeteiligung.*
81 BGH GRUR 2005, 778, 779 *Atemtest.*
82 BGH GRUR 2003, 971, 972 *Telefonischer Auskunftsdienst.*
83 BGH GRUR 2002, 269, 270 *Sportwettengenehmigung*; vgl aber BVerfG GRUR 2006, 688 *ODDSET.*
84 Köhler GRUR 2004, 381, 386.

B. Verstöße gegen Rechtsnormen: Einzelfälle

Rechtsgrundlage: §§ 3 Abs. 1, 4 Nr. 11 UWG

Das Wettbewerbsrecht kennt zunächst eine Reihe besonders geregelter Spezialtatbe-   792
stände, deren Schutzzweck auf eine Lauterkeit des Wettbewerbs gerichtet ist und damit
in aller Regel auch bei ihrer Verletzung einen Verstoß gegen §§ 3 Abs. 1, 4 Nr. 11 UWG
bewirken (Rn 783). Diese sind nachfolgend unter I. dargestellt. Alle weiteren Rechtsnormen, bei denen von Fall zu Fall geklärt werden muss, ob sie (auch) das Marktverhalten im Interesse der Marktteilnehmer regeln, werden danach behandelt (II).

I. Verstöße gegen Spezialnormen des Wettbewerbsrechts

1. Liberalisierung (Sonderveranstaltungen, Rabatte und Zugaben)

Bis zur UWG-Novelle 2004 war das **Recht der Sonderveranstaltungen in §§ 7, 8 UWG**   793
aF ein herausragendes Gebiet bei der Erörterung von Verstößen gegen Spezialnormen
des Wettbewerbsrechts. Die §§ 7, 8 UWG aF wurden jedoch durch die UWG-Novelle
2004 mehr oder weniger ersatzlos abgeschafft. Im Einzelnen zur verbliebenen geringfügigen Regulierung durch das allgemeine Irreführungsverbot oben Rn 256 ff, 271.

Zum früheren Recht der §§ 7, 8 UWG aF 9. Auflage Rn 1331 ff.

Auch die Spezialregelungen des Rabattgesetzes und der Zugabeverordnung waren von
großer praktischer Bedeutung. Sie fielen schon am 25.7.2001.[85] Grenzen für Zugaben
und Rabatte können sich aber nach wie vor in begrenztem Umfang aus UWG ergeben,
zB Rn 447 ff, 469 ff. Die **Literatur** zur **Aufhebung** von **RabattG** und **ZugabeVO** ist
reichhaltig:

- In der WRP 2001: Berlit S. 349; Berneke S. 615; Heermann S. 855; Cordes S. 867;
  Heermann/Ruess S. 883.
- In der GRUR 2001: Köhler S. 1067.
- In der NJW 2001: Jan Bernd Nordemann S. 2505.

2. Spezialnormen des UWG

Rechtsgrundlage: §§ 3 Abs. 1, 4 Nr. 11 UWG, §§ 16 Abs. 1 und Abs. 2 UWG, §§ 17,
18, 19 UWG

Spezialnormen des Wettbewerbsrechts finden sich zunächst im **UWG** selbst. Soweit es   794
sich dabei um typische Irreführungstatbestände handelt, sind sie an anderer Stelle behandelt (**§ 16 Abs. 1 UWG; § 16 Abs. 2 UWG:** Rn 487 ff). Verstöße gegen diese Strafvorschriften können auch zivilrechtlich als Rechtsbruch gemäß §§ 3 Abs. 1, 4 Nr. 11
UWG verfolgt werden.[86] Auch die Straftatbestände der §§ **17, 18, 19 UWG** können
über §§ 3 Abs. 1, 4 Nr. 11 UWG aufgegriffen werden, Rn 711, 771, 788.

---

85 Vgl BGBl. I 1663.
86 Begr. RegE UWG-Novelle 2004, BT DS 15/1487, S. 26, abrufbar unter www.nordemann.de.

3. Standes- und Berufsordnungen

Rechtsgrundlage: §§ 3 Abs. 1, 4 Nr. 11 UWG in Verbindung mit Spezialregelungen

795 Standes- und Berufsordnungen werden vom Bundesgerichtshof auch nach seiner geänderten Rechtsprechung (Rn 780 f) dann wie Spezialnormen des Wettbewerbsrechts angewendet, wenn sie unmittelbar der Regelung des Wettbewerbs der Standesgenossen dienen.[87] Das gilt insbesondere für die **Werbeverbote und Werberegulierungen** der Ärzte,[88] Apotheker, Anwälte,[89] Notare, Steuerberater[90] und Architekten.[91] Sie gelten allerdings nur für die Standesgenossen selbst, nicht für andere Personen, die die gleiche Tätigkeit ausüben,[92] wie etwa Heilpraktiker[93] oder Optiker.[94]

Werberegelungen im Berufsrecht sind zu unterscheiden von den Zugangsbeschränkungen zur Berufsausübung, wie sie sich in RechtsdienstleistungsG, StberG oder dem ApothekenG ergeben. Dazu Rn 785, 831.

796 Die Lockerung der standesrechtlichen Werbeverbote in den letzten Jahren[95] hat die frühere Rechtsprechung großenteils obsolet werden lassen. Deshalb sei hier nur ein Überblick über die seither veröffentlichten Entscheidungen gegeben:

797 ■ Der **Arzt** durfte früher nicht werben,[96] auch nicht im Internet;[97] und nur im Notfalldienst durfte er sich nennen und über diesen vermitteln lassen.[98] Bundesverfassungsgericht und Bundesgerichtshof haben demgegenüber jetzt klargestellt, dass Ärzte nur dann berufswidrig werben, wenn sie nicht interessengerecht und sachangemessen informieren.[99] Ärzte dürfen jetzt grundsätzlich auch im Internet werben.[100] Für Schönheitschirurgen ist die Angabe „Schönheit ist das Ziel" nicht wettbewerbswidrig.[101] Auch sachbezogene Informationen über noch weitgehend unbekannte Behandlungsmethoden sind zulässig.[102] Gebietsbezeichnungen, die von der Kammer noch nicht anerkannt sind, darf er verwenden, wenn für Patienten darin

---

87 BGH GRUR 2002, 825, 826 *Elektroarbeiten*.
88 Vgl Berufsordnung für die deutschen Ärztinnen und Ärzte.
89 Für Rechtsanwälte gilt nicht mehr das frühere totale Werbeverbot, sondern nur noch das Gebot der Sachlichkeit und Zurückhaltung: § 43 b BRAO erlaubt Werbung, die über ihre berufliche Tätigkeit in Form und Inhalt sachlich unterrichtet und nicht auf die Erteilung eines Auftrags im Einzelfall gerichtet ist.
90 Steuerberatern verbietet § 57 Abs. 1 StBerG, berufswidrige Werbung zu betreiben; § 57 a StBerG stellt klar, dass es ihnen erlaubt ist, über ihre berufliche Tätigkeit in Form und Inhalt sachlich zu unterrichten.
91 Siehe die – landesgesetzlichen – Berufsordnungen der Architekten (vgl nachfolgend Rn 803).
92 BGH GRUR 1982, 575, 576 *Planungsbüro* (architektengleiche Tätigkeit).
93 BGH GRUR 1982, 311, 312 *Berufsordnung für Heilpraktiker*; BGHZ 89, 78, 80 *Heilpraktikerwerbung*; BGH GRUR 1989, 827 *Werbeverbot für Heilpraktiker*; BGH GRUR 1992, 175 *Ausübung der Heilkunde*; BGH GRUR 2000, 73 *Tierheilpraktiker*; KG AfP 1988, 346 f.
94 BGH GRUR 1999, 512 und 2001, 1170 *Optometrische Leistungen I* und *II*; BGH WRP 2001, 151 *Augenarztanschreiben*.
95 Eingehend Kleine-Cosack NJW 2010, 1921.
96 BGH GRUR 1999, 179, 180 *Patientenwerbung*; OLG München NJWE 1996, 273 f (zu einem „Schönheitsreport").
97 OLG Koblenz WRP 1997, 478, 490 *E-mail-doctor*.
98 BGH GRUR 1999, 1009, 1010 *Notfalldienst für Privatpatienten*.
99 BVerfG GRUR 2004, 797 *Botox-Faltenbehandlung*; BVerfG GRUR 2003, 966, 967 *Internetwerbung von Zahnärzten*; BGH GRUR 2003, 798, 799 *Sanfte Schönheitschirurgie* unter Bezugnahme auf BVerfG WRP 2002, 521, 522 *Tierarztwerbung*.
100 BVerfG GRUR 2003, 966, 967 *Internetwerbung von Zahnärzten*.
101 BGH GRUR 2003, 798, 799 *Sanfte Schönheitschirurgie*.
102 BVerfG GRUR 2006, 425, 426 *Informationen über Behandlungsmethoden*.

ein wertvoller Suchhinweise liegen kann.[103] Werbung für Fremdprodukte und fachkreisfremde Produkte darf der Arzt allerdings nach wie vor nicht unternehmen,[104] vgl auch §§ 11 Abs. 1 Nr. 4; 10 Abs. 1 HWG (Rn 245, 811 ff). Für gewerbliche medizinische Einrichtungen, weil sie keine Freiberufler sind, gelten noch weiter gehende Möglichkeiten der Werbung. Für medizinische Leistungen dürfen nur **Kliniken und Sanatorien**, aber auch ärztliche Bereitschaftsdienste für Private oder Hotels, umfassend Werbung betreiben.[105] Das bringt ein Abgrenzungsproblem mit sich. Eigenwerbung des Arztes liegt natürlich dann vor, wenn eine Belegklinik für ihre Leistungen wirbt, die in der Werbung angegebene Telefonnummer aber diejenige der Privatpraxis eines ihrer Belegärzte ist.[106] Weitergehend hält allerdings der Bundesgerichtshof die Werbung einer medizinischen Einrichtung schon dann für Arztwerbung, wenn in ihr oder für sie nur wenige bestimmte Ärzte tätig sind, weil dann letztlich für diese geworben werde.[107] Aber das benachteiligt zu Unrecht kleine Häuser gegenüber großen Krankenanstalten. Ist die Werbung einer Einrichtung im Einzelfall tatsächlich nur vorgeschoben, wird sich dies – wie im Falle *Klinik Sanssouci* – feststellen lassen; wo nicht, gibt es keinen rechtlichen Grund, die von Art. 12 Abs. 1 GG geschützte Werbefreiheit der Einrichtung „auf Verdacht" zu beschränken. Demgemäß erlaubt auch das Bundesverfassungsgericht Werbung von Kliniken mit namentlicher Nennung von Ärzten als Spezialisten, wenn es sich nur um eine Klinikwerbung und nicht um eine Werbung für den niedergelassenen Arzt handelt.[108] Das Angebot eines kostenlosen Botendienstes für andere Kollegen durch einen Pathologen ist vom Bundesgerichtshof zu Recht nicht als Werbung um Praxis, sondern als eine sachgerechte Leistung angesehen und für unbedenklich erklärt worden.[109]

■ Für **Zahnärzte**[110] und **Tierärzte**[111] gelten entsprechende Werbeverbote; auch sie **798** sind – teils mit „Nachhilfe" durch das Bundesverfassungsgericht – inzwischen deutlich gelockert.[112] Für Zahnärzte ist die Berufsausübung innerhalb einer GmbH

---

103 BVerfG GRUR 2003, 966, 967 *Internetwerbung von Zahnärzten;* im Fall ging es um die Bezeichnung „Implantologie" eines Zahnarztes, die das BVerfG für zulässig erachtete.
104 BVerfG GRUR 2003, 966, 967 *Internetwerbung von Zahnärzten;* OLG Frankfurt GRUR-RR 2007, 118, 119 *Faltenbehandlung mit Botox* (die durch eine HNO-Ärztin beworben wurde).
105 BVerfG NJW 2002, 1331, 1332; BGH GRUR 2009, 977 Tz. 15 ff. Brillenversorgung; BGH GRUR 2008, 816 Tz. 19 ff. Ernährungsberatung; BGH WRP 2005, 1240, 1241 *Diabetesteststreifen;* BGH GRUR 1999, 1102, 1104 *Privatärztlicher Bereitschaftsdienst;* BGH GRUR 1999, 1104, 1106 *Ärztlicher Hotelservice.*
106 BGH GRUR 2000, 613, 615 *Klinik Sanssouci.*
107 BGH GRUR 2000, 613, 615 *Klinik Sanssouci* und GRUR 1996, 905, 907 *GmbH-Werbung für ambulante ärztliche Leistungen;* OLG Karlsruhe WRP 1998, 1221 f.
108 BVerfG NJW 2002, 1331, 1332.
109 BGH GRUR 1996, 789, 790 f. *Laborbotendienst.* Vgl auch OLG Nürnberg WRP 1997, 1212, 1216 ff (verkürzter Versorgungsweg zur Belieferung von Patienten mit einem Hörgerät).
110 BVerfG GRUR 2003, 966, 967 *Internetwerbung von Zahnärzten;* BVerfG GRUR 2004, 164 *Arztwerbung im Internet;* BGH GRUR 2010, 1024 *Master of Science Kieferorthopädie;* BGH GRUR 1999, 504, 505 f. *Implantatbehandlungen;* BGH WRP 2001, 28, 31 *dentalästhetika I,* durch BGH GRUR 2007, 161 Tz. 6 *dentalästhetika II* wieder aufgehoben, weil BVerfG GRUR 2004, 68 *Werbung einer Zahnarzt-GmbH* hervorgehoben hat, dass für Kliniken nicht gleich strenge Anforderungen wie für niedergelassene Ärzte gelten dürfen; OLG Köln NJWE 2000, 286 f.
111 OLG Köln NJWE 1996, 196 f; OLG München NJWE 1999, 79, 80.
112 BVerfG NJW 2011, 665 für Preisvergleichsportale im Internet; BVerfG WRP 2001, 1064 *Implantologie* (für Praxisschilder) und 1437 *Zahnarztsuchservice;* BVerfG NJW 2002, 3091 *Werbebeschränkungen für Tierärzte;* BGH GRUR 2004, 164 *Arztwerbung im Internet;* OLG Hamm GRUR-RR 2002, 140 *Praxis für Ganzheitliche Zahnmedizin.*

schon seit längerem zugelassen.[113] Die Werbung eines Zahnarztes mit einem Kussmund ist auch nicht unlauter.[114] Zahnärzten kann auch das Führen eines im Ausland erworbenen „Master für Kieferorthopädie" nicht versagt werden.[115] Zahnärzte dürfen im Internet in Preisvergleichsportalen Kostenschätzungen abgeben.[116]Tierärzte dürfen auch über Praxiseröffnungen und Umzugsanzeigen hinaus Zeitungswerbung in sachlicher Form betreiben.[117]

799 ■ **Apotheker** sind durch das ApothekenG, die ApothekenbetriebsO und die BerufsO-en der Apothekerkammern reguliert. Auch diese Regelungen sind am Maßstab des Art. 12 GG (Berufsfreiheit) zu messen. Sie müssen dem – für sich genommen zulässigen – Zweck dienen, eine ordnungsmäße Versorgung der Bevölkerung mit Arzneimitteln zu gewährleisten und insoweit verhältnismäßig sein.[118] Apotheken dürfen Verkaufsschütten mit sog. apothekenüblichen Waren[119] (also nicht-Arzneimitteln) auch vor ihrem Laden aufstellen; das frühere Verbot der ApothekenbetriebsO hat der Bundesgerichtshof für nichtig erklärt.[120] Auch der Ausschluss der Apotheken von den Möglichkeiten des LadenschlussG für Sonntagsöffnungen war verfassungswidrig.[121] Die Missachtung der Apothekenpflicht bestimmter Medikamente nach §§ 43, 47 ArzneimittelG ist dann kein Wettbewerbsverstoß, wenn sich der Hersteller auf diese Weise in angemessenem Umfang an einer staatlich geförderten Aktion beteiligt, die dem eigentlichen Ziel des Gesetzes, einer besseren Gesundheitsvorsorge zu dienen, entspricht.[122]

800 ■ Für **Rechtsanwälte** gilt insbesondere die Regelung des § 43 b BRAO, deren Verletzung über § 4 Nr. 11 UWG verfolgt werden kann. Auch für Rechtsanwälte hat sich aber eine deutliche Lockerung der Werbevorschriften eingestellt.[123] Unbedenklich ist es daher mittlerweile, wenn Rechtsanwälte darauf hinweisen, dass sie beim OLG und LG zugelassen sind.[124] Sie dürfen mit ihren Tätigkeitsschwerpunkten werben,[125] und zwar auch auf dem Praxisschild;[126] oder etwa mit dem Interessenschwerpunkt „Sportrecht" auf Erfolge als Leistungssportler verweisen;[127] dass Rechtsanwälte mehrere Spezialgebiete „im Verbund" beherrschen, dürfen sie aber erst sagen, seitdem das Bundesverfassungsgericht so entschieden hat.[128] Das Bundesverfassungsgericht hält sogar ein Verbot von Versteigerungen anwaltlicher

---

113 BGHZ 124, 224, 225 f. *GmbH-Zahnbehandlungsangebot.*
114 OLG Hamm GRUR-RR 2005, 396, 396 *Darstellung eines Kussmundes.*
115 BGH GRUR 2010, 1024 Tz. 16 ff. *Master of Science Kiefernorthopädie.*
116 BVerfG NJW 2011, 665.
117 BVerfG NJW 2002, 3091 *Werbebeschränkungen für Tierärzte.*
118 BVerfG NJW 2003, 1027 *Impfstoffversand*; BVerfG GRUR 1996, 899 *Werbeverbot für Apotheker.*
119 Nach OLG Naumburg WRP 2006, 618, 619 soll darunter sogar ein Fleece-Schal fallen.
120 BGH GRUR 1999, 1014, 1015 f. *Verkaufsschütten vor Apotheken.*
121 BVerfG WRP 2002, 203, 205 ff.
122 BGH GRUR 2000, 237, 239 *Giftnotrufbox.*
123 Zum Ganzen: Möllers/Mederle WRP 2008, 871 ff; Grundlegend BVerfG GRUR 2003, 965, 966 *Interessenschwerpunkt „Sportrecht"*; OLG Naumburg GRUR-RR 2008, 173 *Anwalt sofort.*
124 OLG Saarbrücken GRUR-RR 2008, 176 *zugelassen am OLG und LG.*
125 BGH GRUR 1996, 365, 366 *Tätigkeitsschwerpunkte*; BGH WRP 1997, 1074 *Forderungseinzug.*
126 OLG Schleswig GRUR-RR 2001, 185.
127 BVerfG GRUR 2003, 965, 966 *Interessenschwerpunkt „Sportrecht".*
128 BVerfG WRP 2001, 1284, 1285 f *umfassende Rechtsberatung;* anders noch BGH GRUR 1997, 765, 767 *Kombinationsanzeige.*

Dienstleistungen in einem Internetauktionshaus, die nicht auf die Erteilung eines Mandats im Einzelfall abzielt,[129] für verfassungswidrig.[130] Das Verbot der Einzelmandatswerbung in § 43 b BRAO hat (noch) Bestand, muss aber verfassungskonform einschränkend ausgelegt werden.[131]

– Rechtsanwälte dürfen sich, da eine telefonische Beratung zulässig ist, zudem eine Anwalts-Hotline einrichten oder sich an einer solchen beteiligen, wenn sie dabei in der Werbung auf die nicht selbstverständlichen Einschränkungen und Besonderheiten der Berechnung hinweisen;[132] das darf auch über einen gebührenpflichtigen 0900-Anschluss geschehen.[133] Sie dürfen eine Vanity-Nummer, die mit Begriffen wie „Rechtsanwalt", „Anwaltskanzlei" oder „Rechtsanwaltskanzlei" belegt ist, benutzen.[134] Genauso darf ein Rechtsanwalt seine Internethomepage unter Domains wie „www.rechtsanwalt.de" betreiben, dort über rechtserhebliche Entwicklungen und den Chancen bzw Risiken der entsprechenden Rechtsberatung berichten,[135] ja sogar eingebettet in sachliche Informationen von „optimaler Vertretung" sprechen,[136] ohne gegen das Sachlichkeitsgebot der BRAO in § 43 b zu verstoßen.[137]

– Rechtsanwaltliche Werbung ist auch in der Form von Seminareinladungen an Nicht-Mandanten mit Imbiss erlaubt;[138] dasselbe gilt für den Versand einer Kanzleibroschüre an 30.000 Gewerbetreibende[139] und für Rundschreiben unter Hinweis auf möglichen Beratungsbedarf,[140] und zwar selbst dann, wenn gegenüber Personen, die bereits die eidesstattliche Versicherung abgegeben haben, mit der Mitwirkung bei deren Schuldenbereinigung geworben wird.[141] Fantasiebezeichnungen sind zulässig, solange sie neben die Anwaltsnamen auf dem Briefbogen gesetzt sind;[142] auch Rechtsanwalts-GmbHs ist das erlaubt.[143]

---

129 Hierzu eingehender OLG Naumburg WRP 2007, 1502, 1503 *Einzelfallmandatswerbung.*

130 BVerfG WRP 2008, 492, 493 *Versteigerung anwaltlicher Dienstleistungen.*

131 Vgl BGH NJW 2001, 2087; OLG Naumburg NJW-RR 2008, 445; zum Ganzen Kleine-Cosack NJW 2010, 1921, 1923 mwN.

132 BGH GRUR 2005, 433, 434 *Telekanzlei.*

133 BGH GRUR 2003, 349 *Anwaltshotline* (hier ging es noch um eine 0190-Nummer, welche 2006 durch die 0900-Nummern ersetzt wurden).

134 BGH GRUR 2002, 902, 905 *Vanity-Nummer.*

135 OLG Hamburg NJW 2004, 1686, 1668; OLG München NJW 2002, 760, 761 *rotter-rechtsanwälte.de*; Vgl andererseits OLG Hamburg NJW 2005, 2783, 2785 wonach das namentliche Anschreiben von Kapitalanlegern. unter Hinweis auf die Erforderlichkeit der Einleitung rechtlicher Schritte wegen eines angeblichen Beratungsschadens verbunden mit der Bitte um die Erteilung eines Mandates als unzulässig angesehen wird.

136 BGH GRUR 2005, 520, 521 *Optimale Interessenvertretung.*

137 BGH GRUR 2001, 1061 *Mitwohnzentrale*; BGH GRUR 2002, 902, 905 *Vanity-Nummer;* die Instanzgerichte wehren sich allerdings teilweise noch dagegen.

138 BGH GRUR 2002, 84 f. *Anwaltswerbung II* (unter Aufgabe von BGHZ 115, 105, 110 ff).

139 OLG München NJW 2000, 2824 f.

140 BGH WRP 2002, 71, 73 *Anwaltsrundschreiben*; Vgl aber OLG München GRUR-RR 2006, 201, 202 *Werbeflyer*, wonach die persönliche Verteilung von anwaltlichen Werbeflyern im Vorraum eines Hotelkonferenzraumes am Rande einer Gesellschafterversammlung unzulässig sein soll, wenn bei einem Teil der angesprochenen Personen konkreter Beratungsbedarf besteht.

141 OLG Jena GRUR 2006, 607 f. *Mandatswerbung*; anders hingegen ist das bei einer entsprechenden Werbung eines Unternehmens, das über keine Erlaubnis zur Rechtsberatung verfügt: OLG Oldenburg GRUR 2006, 605 f. *Entschuldigungsmöglichkeiten.*

142 BGH GRUR 2004, 615, 616 *Partnerschaftskurzbezeichnung*; die Firmierung als „Bodenseekanzlei" soll allerdings eine Irreführung über die Spitzenstellung in der Region darstellen: OLG Stuttgart GRUR-RR 2006, 342 *Bodenseekanzlei* (zweifelhaft, so schon Dahns in NJW-Spezial 2006, 335).

143 BGH GRUR 2004, 346, 346 f. *Rechtsanwaltsgesellschaft.*

- Dass anwaltliche Werbung nicht irreführend sein darf, sollte eigentlich selbstverständlich sein, gab aber wiederholt Anlass zu Entscheidungen des Bundesgerichtshofs;[144] das betrifft vor allem die Gestaltung des Briefbogens: Das Ruhen der Zulassung während einer Ministertätigkeit ist auf dem Briefkopf der Sozietät anzugeben,[145] „Anwalts- und Steuerkanzlei" auf dem Briefkopf muss zumindest durch die Nennung eines Fachanwalts für Steuerrecht klargestellt werden.[146] „European Patent Attorney" darf sich nur nennen, wer auch in der Liste der zugelassenen „Europäischen Patentvertreter" vor dem EPA eingetragen ist.[147] Der qualifizierende Zusatz „Spezialist" erfordert im Zweifelsfall den Nachweis, dass der Rechtsanwalt über entsprechende theoretische Kenntnisse verfügt und auf dem benannten Gebiet in erheblichem Umfang tätig gewesen ist.[148] Das verfassungsgemäße[149] Verbot des Führens von mehr als drei (früher 2) Fachanwaltstiteln (§ 43 c Abs. 1 S. 3 BRAO)[150] bedeutet aber nach zweifelhafter Ansicht des OLG Naumburg, dass ein Rechtsanwalt auf seiner Internetseite nicht einmal erwähnen darf, dass er eine Spezialisierung als Fachanwalt auf einem dritten Rechtsgebiet erworben hat.[151] Auch als „Erster Fachanwalt für Erbrecht" in einer bestimmten Stadt soll nicht geworben werden dürfen, selbst wenn der Werbende wirklich als (zeitlich) erster Fachanwalt im Erbrecht tätig war, weil die Verkehrskreise angeblich auch von einer fachlichen Spitzenstellung ausgehen würden.[152] Nach einem Urteil des LG Köln dürfen Rechtsanwälte nicht damit werben, dass sie von der „Dekra" für ein bestimmtes Rechtsgebiet[153] zertifiziert worden sind.[154]
- Das Sozietätsverbot mit Wirtschaftsprüfern ist vom Bundesverfassungsgericht aufgehoben worden;[155] das inzwischen sinnlos gewordene Zweigstellenverbot des § 28 Abs. 1 BRAO[156] wurde ebenfalls vom Gesetzgeber gestrichen.

801 ■ **Notare:** Nachdem der Notarsenat des BGH Anwaltsnotaren sogar die Benutzung farbig gestalteter, mit dem Logo der Sozietät versehener Briefbögen als standeswidrige Werbung verboten hatte[157] und BVerfG GRUR 1998, 71, 72 f. *Notarwerbung* diese Entscheidung als verfassungswidrige Verletzung der Berufsfreiheit aufgehoben hatte, verbietet § 29 Abs. 1 BNotO ihnen nur noch eine ihrem öffentlichen Amt widersprechende Werbung; Anwaltsnotaren, die überörtlichen Sozietäten angehören, wurden eigentlich entsprechende Beschränkungen auferlegt; durch BVerfG NJW 2005, 1483 wurde aber § 29 Abs. 3 S. 1 BNotO für nichtig erklärt,

---

144 BGH GRUR 1996, 917, 918 *Internationale Sozietät* und 925, 926 *Ausgeschiedener Sozius*.
145 BGH GRUR 1996, 922, 924 *Rechtsanwalt als Minister*.
146 BGH GRUR 2002, 81, 83.
147 OLG Düsseldorf GRUR-RR 2009, 74.
148 OLG Stuttgart GRUR-RR 2008, 177, 178 *Spezialist für Mietrecht*; OLG Nürnberg GRUR-RR 2007, 292 *Spezialist*.
149 BVerfG NJW 2005, 3558, 3558, damals noch für maximal 2 Fachanwaltsbezeichnungen.
150 BGH NJW 2005, 1711, 1712.
151 OLG Naumburg GRUR-RR 2007, 210, 210 *Dritter Fachanwaltstitel*.
152 OLG Bremen GRUR-RR 2007, 209, 209 *Erster Fachanwalt*.
153 Angeblich als „solide Alternative zur Fachanwaltschaft".
154 LG Köln BeckRS 2009, 5087; hierzu NJW-Spezial 2009, 126.
155 BVerfG WRP 1998, 962, 965 ff.
156 Vgl BGH GRUR 1998, 835, 837 *Zweigstellenverbot*.
157 BGH GRUR 1996, 908 f. *Notarwerbung I* mit – zu Recht – ablehnender Anmerkung von Ahrens.

soweit er bestimmte, dass ein Anwaltsnotar, der sich mit nicht an seinem Amtssitz tätigen Personen verbunden oder mit ihnen gemeinsame Geschäftsräume hat, seine Amtsbezeichnung als Notar auf Drucksachen und anderen Geschäftspapieren nur angeben darf, wenn sie von seiner Geschäftsstelle aus versandt werden. Vgl auch KG WRP 2008, 676, 677 *Amtsbezeichnung „Notar"*.

■ Die Teilnahme von **Steuerberatern** an Fachmessen und das Auslegen von Informationsmaterial verstößt nicht gegen § 57 a StBerG,[158] wohl aber ein – an sich sachlicher – Werbehinweis an einer Straßenbahn.[159] Auch mit einer „Fachberatung für den Automobilhandel" soll ein Steuerberater nicht werben dürfen,[160] obwohl er damit über seine berufliche Tätigkeit mindestens ebenso sachlich unterrichtet wie mit einer großen Zeitungsanzeige.[161] Das Verbot des § 57 a StBerG und § 10 Abs. 2 BOStB, sich um Einzelmandate zu bewerben, ist verfassungskonform einschränkend auszulegen.[162] Auch darf ein Steuerberater potenzielle Mandanten auffordern, die von ihren gegenwärtigen Steuerberatern erbrachten Leistungen zu überprüfen, sofern das in ausreichend sachlicher Form geschieht.[163] Eine Zweigstelle dürfen Steuerberater nur im „Nahbereich" unterhalten (§ 34 StBerG); 85 km Entfernung sind dafür angeblich zu viel.[164] **Lohnsteuerhilfevereine** müssen diese Bezeichnung im Vereinsnamen führen, sie aber nicht bei allen Werbeaktionen verwenden.[165]   802

■ Für **Architekten** gelten in einigen Bundesländern eigene Berufsordnungen, die unter anderem auch das Recht zur Führung dieser Bezeichnung regeln.[166] Eine Architekten-GmbH darf sich nur dann so nennen, wenn ihre sämtlichen Geschäftsführer Architekten sind.[167] Zur Preisregelung bei Architekten unten Rn 826.   803

■ **Ingenieure** haben nach den inzwischen in den meisten Bundesländern geltenden Ingenieur- bzw Baukammergesetzen ihren Beruf unabhängig und eigenverantwortlich auszuüben, dürfen also insbesondere keine Vorteile (Provisionen usw.) von Dritten, die nicht Auftraggeber sind, fordern oder annehmen.[168] Zur Preisregelung auch der HOAI unten Rn 826.   804

4. Regulierung von Preisangaben, insbesondere PreisangabenVO

Rechtsgrundlage: §§ 3 Abs. 1, 4 Nr. 11 UWG iVm PreisangabenVO

Die **PreisangabenVO** (vgl auch Rn 260 ff) gehört ebenfalls zu den Normen, die auch einen wettbewerblichen Schutzzweck haben. Denn die PreisangabenVO konkretisiert   805

---

158 BGH GRUR 1999, 748, 749 *Steuerberaterwerbung auf Fachmessen.*
159 OLG Naumburg GRUR-RR 2001, 141, 142.
160 So KG Mitt. 1999, 318 f.
161 Zugelassen BGH NJW 2000, 3000 f.
162 Kleine-Cosack NJW 2010, 1921, 1923 mwN.
163 BGH NJW 2010, 1968.
164 BGH GRUR 2001, 348 ff. *Beratungsstelle in Nahbereich.*
165 BGH GRUR 2008, 187 Tz. 33 ff. *Telefonaktion.*
166 Bornkamm in Köhler/Bornkamm, § 5 UWG Rn 5.151, nennt Bayern, Hessen, Baden-Württemberg und Nordrhein-Westfalen.
167 OLG Düsseldorf GRUR 1996, 370, 371 *Architekten-GmbH.*
168 OLG Düsseldorf WRP 2000, 130, 131 f (Prämienclub für Ingenieure).

den Grundsatz der Preisklarheit sowie der Preiswahrheit.[169] Ihre Verletzung stellt damit auch einen Rechtsbruch nach §§ 3 Abs. 1, 4 Nr. 11 UWG dar.[170] Häufig läuft die Anwendung der PreisangabenVO mit der Anwendung des Irreführungsverbotes parallel. Es sind aber auch Fälle denkbar, bei denen ohne Irreführung die PreisangabenVO verletzt ist (Rn 263); dann ist jedoch sorgfältig zu unterscheiden, ob eine Spürbarkeit gegeben ist (Rn 810).

Die PreisangabenVO gilt nur gegenüber (**privaten**) **Letztverbrauchern**,[171] §§ 1 Abs. 1 S. 1, 9 Abs. 1 Nr. 1 PreisangabenVO. Verbraucher können hier eine Doppelstellung einnehmen: Einerseits können sie (zB als Rechtsanwälte beim Kauf von Kopierpapier) unternehmerische Verbraucher sein, auf die die PreisangabenVO keine Anwendung findet. Andererseits ist die PreisangabenVO anzuwenden, wenn ihre private Lebensführung betroffen ist (zB Kauf von Nudeln für das Abendessen). Das löst Zuordnungsprobleme bei Handelsbetrieben aus, die Waren oder Leistungen nur für Unternehmer anbieten, die Waren oder Leistungen jedoch sowohl unternehmerisch als auch privat verbrauchbar sind. Deshalb ordnet § 9 Abs. 1 2. Halbsatz PreisangabenVO eine Kontrollpflicht für den Händler an. Praktisch relevant wurden diese Abgrenzungsfragen vor allem bei den *Metro*-Großmärkten.[172] Spezialgesetzliche Regelungen zu Preisangaben gegenüber unternehmerischen Verbrauchern, bestehen etwa in § 4 Abs. 1 Dienstleistungs-Informationspflichten-VO (vgl. hierzu Rn 823).

806 Von großer praktischer Bedeutung ist die **Endpreisangabepflicht** des § 1 Abs. 1 S. 1 PreisangabenVO. Sie gilt zunächst beim Angebot von Waren oder Leistungen oder bei der Werbung, sofern unter Angabe von Preisen geworben wird. Die Abgrenzung zwischen Angebot einerseits und Werbung unter Angabe von Preisen andererseits ist teilweise schwierig. Angebote sind Ankündigungen, die so konkret gefasst sind, dass sie nach Auffassung des Verkehrs den Abschluss eines Geschäfts ohne weiteres zulassen.[173] Wer für eine Telefonauskunft mit einer Telefonnummer wirbt, macht insoweit schon ein Angebot, ist also bei jeder Angabe der Telefonnummer auch zur Angabe der Endpreise für die Auskunft verpflichtet.[174] Zu Abo- und Kostenfallen im Internet vgl Rn 321. Werbung mit Preisen bedeutet die Nennung irgendwelcher Preise, die im Endpreis enthalten sind und damit dem Verkehr Preisvergleiche ermöglichen.[175] Beispiele sind Teilangaben über den Kaufpreis zB nur des qm-Preises für das Grundstück,[176] Werbung mit einem Tarif, der ein kostenloses Telefonieren an Sonn- und Feiertagen erlaubt,[177] Mitteilung der Höhe der Anzahlung oder der Überführungskosten. Keine

---

169 Vgl BGH GRUR 1999, 261, 262 *Handy-Endpreis*; BGHZ 139, 368, 376 ff. *Handy für 0,00 DM*; siehe auch Sosnitza in Piper/Ohly/Sosnitza in. PAngV Rn 12.

170 BGH GRUR 2010, 744 Tz. 25 *Sondernewsletter*; BGH GRUR 2008, 84 Tz. 25 *Versandkosten*; BGH GRUR 2003, 971, 972 *Telefonischer Auskunftsdienst*.

171 Eine Werbung, die sich nur an Angehörige eines bestimmten Berufes wendet, ist also auch ohne Endpreisangabe zulässig, auch wenn sie von privaten Dritten gelesen werden kann, KG WRP 1987, 171 f.

172 BGH GRUR 1990, 617 *Metro III*; BGH GRUR 1979, 411 *Metro II*; BGH GRUR 1978, 173 *Metro I*; zum Ganzen sehr ausführlich Völker in Harte/Henning § 9 PreisangabenVO Rn 3 ff.

173 BGH GRUR 2003, 971, 972 *Telefonischer Auskunftsdienst*; BGH GRUR 1983, 661, 662 *Sie sparen DM 4000*.

174 BGH GRUR 2003, 971, 972 *Telefonischer Auskunftsdienst*.

175 BGH GRUR 2009, 73 Tz. 16 ff. *Telefonieren für 0 Cent!*; BGH GRUR 1982, 493, 494 *Sonnenring*; BGH GRUR 1983, 661, 662 *Sie sparen DM 4000*.

176 BGH GRUR 1988, 699 f *qm-Preisangaben II*; dadurch wir die Endpreisangabepflicht nicht erfüllt.

177 BGH GRUR 2009, 73 Tz. 16 ff. *Telefonieren für 0 Cent!*.

Preisangabe ist jedoch die Nennung einer bloßen Preisersparnis, weil das noch nicht einen Preisvergleich ermöglicht.[178]

Endpreise sind das, was der Kunde letztendlich effektiv an der Kasse zu bezahlen hat,[179] einschließlich etwaiger unverzichtbarer Fracht-, Porto- oder Überführungskosten,[180] Versandkosten (§ 1 Abs. 2 Sätze 2 und 3),[181] Abflug- und Visagebühren,[182] des Flaschenpfandes,[183] der Mehrwertsteuer und etwaiger sonstiger Preisbestandteile (§ 1 Abs. 1),[184] wobei strenge Anforderungen an Preisklarheit und Preiswahrheit gestellt werden (§ 1 Abs. 5).[185] In jedem Fall sind alle Preise anzugeben, die der Kunde zwingend bezahlen muss, weil bestimmte Leistungen zwingend anfallen oder bestimmte Waren zwingend bezogen werden müssen.[186] Besteht eine zwingende Kopplung nur für einen Teil der beworbenen Verbraucher, wird dennoch die Preisangabepflicht für alle Paketbestandteile ausgelöst, weil sich die Werbung *auch* an aufklärungsbedürftige Verbraucher richtet.[187]

Beispiele: Eine Werbung für einen **Telefontarif** mit der Angabe „Telefonieren für 0 Cent!" verletzt § 1 Abs. 1 PreisangabenVO, wenn die für die Bereitstellung des erforderlichen Telefonanschlusses aufzuwendenden festen Kosten sowie die monatlich anfallenden fixen Grundgebühren für diesen Anschluss nicht gleichzeitig angegeben werden.[188]

Bei der Werbung für ein **kostenloses Mobiltelefon**, das nur in zwingender Kopplung mit einem Netzkartenvertrag abgegeben wird, müssen auch die Preise für den Netzkartenvertrag angegeben werden.[189] Der Bundesgerichtshof verlangt nicht die Angabe eines einheitlichen Endpreises, was wegen der unterschiedlichen Kostenstruktur auch gar nicht möglich wäre,[190] wohl aber die Beachtung des Gebots der Preisklarheit und Preiswahrheit (§ 1 Abs. 6 PreisangabenVO); der Werbende muss also insbesondere die mit dem Abschluss des Netzkartenvertrags verbundenen Kosten hinreichend deutlich machen.[191] Das Gleiche gilt bei anderen Gesamtangeboten: Wirbt ein **Anbieter von Internetzugängen** mit einem Internetanschluss, der – zumindest für einen Teil der Beworbenen – einen (entgeltlichen) Kabelanschluss voraussetzt, muss auch das Entgelt für den Kabelanschluss genannt werden.[192] Auch darf ein Zugangsanbieter nicht nur damit werben, dass

---

178 BGH GRUR 1983, 661, 662 *Sie sparen DM 4000.*

179 Unzutreffend BGH GRUR 1997, 767, 768 *Brillenpreise II:* Endpreis des Optikers soll nicht der Preis sein, den der Kunde bezahlt, sondern diesen zuzüglich der Summe, die der Optiker von der Krankenkasse erhält; aber das ist auf die Kaufentscheidung des Kunden ohne jeden Einfluss.

180 OLG Frankfurt GRUR 1988, 144, 145 f. *Ferienwohnungen* und NJWE 1999, 86; OLG Düsseldorf WRP 1995, 732, 734; LG Dresden WRP 2004, 260 *Überführungskosten.* Sonderfall OLG Stuttgart NJWE 1998, 78, 79: Wenn die Frachtkosten zwar verbindlich sind, aber wegen unterschiedlicher Entfernungen in unterschiedlicher Höhe anfallen, genügt es, wenn auf ihre gesonderte Berechnung unmissverständlich hingewiesen wird.

181 BGH GRUR 2010, 251 Tz. 12 Versandkosten bei *Froogle;* BGH GRUR 2008, 84 Tz. 32 f. *Versandkosten.*

182 BGH GRUR 2001, 1166, 1168 f. *Fernflugpreise;* KG GRUR-RR 2002, 80 L; OLG Hamburg NJWE 1997, 527; OLG Düsseldorf NJWE 1998, 104.

183 OLG Karlsruhe NJWE 1998, 98.

184 Auch Bearbeitungsgebühren (OLG Frankfurt WRP 1988, 43) und auch im Falle unterschiedlicher Mehrwertsteuersätze (OLG Hamburg GRUR 1988, 50, 51).

185 Preisangaben in ausländischer Währung sind zulässig, BGH GRUR 1995, 274, 275 *Dollar-Preisangaben.* Zur Auszeichnung in EUR s. den Überblick in WRP 1999, 459; eingehend Völker WRP 1999, 756. Ein Beispiel mangelnder Preisklarheit liefert BGH GRUR 2001, 446 *1-Pfennig-Farbbild:* Dass Entwicklung und Index-Abzug daneben 4,74 DM kosteten, wäre nur bei Angabe des Endpreises schon in der Werbung deutlich geworden.

186 BGH GRUR 2010, 744 Tz. 30 *Sondernewsletter;* BGH GRUR 2009, 73 Tz. 23 *Telefonieren für 0 Cent!.*

187 BGH GRUR 2010, 744 Tz. 33 *Sondernewsletter.*

188 BGH GRUR 2009, 73 Tz. 16 ff. *Telefonieren für 0 Cent!.*

189 BGH GRUR 2008, 79 Tz. 16 *Werbung für Telefondienstleistungen;* BGH GRUR 1999, 264, 267 *Handy für 0,00 DM.*

190 BGH GRUR 1999, 261, 262 *Handy-Endpreis;* ebenso OLG Köln WRP 1999, 1198, 1200.

191 BGH GRUR 1999, 261, 264 *Handy-Endpreis* und BGHZ 139, 368, 376 ff. *Handy für 0.00 DM.*

192 BGH GRUR 2010, 744 Tz. 30 ff. *Sondernewsletter.*

ohne Telefongebühren gesurft werden könne; er muss auch die dafür zwingend zu zahlende Grundgebühr nennen.[193] Bei der Werbung mit einem kostenpflichtigen Internetanschluss sind zusätzliche Angaben erforderlich, wenn der Zugangstarifpreis mit 0,00 EUR bei einem Datenvolumen bis zu 1.000 MB angegeben wird.[194]

Ein **Reiseveranstalter** muss zwingend anfallende Endreinigungskosten gemeinsam mit dem Reisepreis angeben.[195] Bei **Flugreisen** müssen zwingend anfallende Flughafen- und Sicherheitsgebühren, Treibstoffzuschläge etc. mit dem Flugpreis zu einem Endpreis zusammengezogen werden.[196] Dies hat nunmehr mit der neuen EU-VO Luftverkehr unabdingbar zu gelten, Art. 23.

Ohne zwingende Kopplung mehrerer Leistungen kommt es auf die Verkehrserwartung an, ob ein einheitliches Leistungsangebot vorliegt, das mit einer Endpreisangabe für alle Leistungen versehen sein muss.[197] Nicht dazu rechnen Nebenleistungen wie Verbrauchsmaterialien, Zubehör, Ersatzteile oder Kundendienst, wenn ein Erwerb für den bestimmungsgemäßen Gebrauch der Hauptleistung nicht zwingend ist und sie auch nicht zwingend mit dem Erwerb der Hauptware gekoppelt sind, zB beim optionalen Angebot von Telefongeräten und Telefonanschlussdienstleistungen zusätzlich zur Wahl eines bestimmten Telefontarifs.[198] Es besteht selbst dann keine Preisangabepflicht für die Nebenleistung, wenn der Werbende solche Nebenleistungen gemeinsam mit der Hauptleistung bewirbt.[199] Jedoch muss dann etwas anderes gelten, wenn bestimmte Nebenleistungen vom Verkehr als vorhanden vorausgesetzt werden; wer Reifen beim Kraftfahrzeugkauf separat berechnet, müsste also auch den Reifenpreis angeben.

Die Aufforderung an Kunden, den Preis zu nennen, den er bereit ist zu zahlen, ohne dass der Unternehmer einen eigenen Preis nennt, soll ebenfalls gegen die Endpreisangabepflicht verstoßen.[200] Bei der Werbung für Informationen über 0900-Anschlüsse müssen die entstehenden Gebühren nach Zeit (dh in der Regel pro Minute) angegeben werden,[201] vgl Rn 264.

Für die Angabe des Endpreises gilt § 1 Abs. 6 PreisangabenVO. Die Endpreisangabe muss **direkt** der Werbeangabe **zugeordnet** sein, beispielsweise durch einen *-Hinweis.[202] Bei Kopplungsangeboten, für die ein Preisbestandteil blickfangmäßig hervorgehoben wird, müssen die übrigen Preisbestandteile mit der Preisangabe im Blickfang durch einen *-Hinweis verknüpft sein.[203] Im **Internet** genügt es, wenn klar und unmissverständlich darauf hingewiesen wird, dass es sich noch nicht um die Endpreisangabe handelt und der Endverbraucher dann auf der nächsten Seite auf die Endpreisangabe gelangt („sprechender Link").[204] Bei Anzeigen in Preissuchmaschinen müssen die Versandkosten allerdings bereits dort neben dem Preis angeben werden.[205] Nicht aus-

---

193 OLG Frankfurt GRUR-RR 2002, 113 *Null Pfennig.*
194 OLG Düsseldorf CR 2005, 518, 519/ LSK 2005, 320154 – 0 Euro pro Monat.
195 BGH GRUR 1991, 845, 846 *Nebenkosten.*
196 BGH GRUR 2004, 435, 436 *Frühlingsgeflüge;* BGH GRUR 2003, 889, 890 *Internet-Reservierungssystem.*
197 BGH GRUR 2004, 73 Tz. 18 ff. *Telefonieren für 0 Cent!.*
198 BGH GRUR 2008, 729 Tz. 15 *Werbung für Telefondienstleistungen.*
199 BGH GRUR 2009, 73 Tz. 17 *Telefonieren für 0 Cent!.*
200 OLG Düsseldorf GRUR-RR 2002, 77 *B&F.*
201 OLG Frankfurt WRP 1999, 454 f. - hier ging es noch um eine 0190-Nummer, welche 2006 durch die 0900-Nummern ersetzt wurden.
202 BGH GRUR 2010, 744 Tz. 35 *Sondernewsletter;* BGH GRUR 1999, 261, 264 *Handy-Endpreis;* BGHZ 139, 368, 376 ff. *Handy für 0,00 DM.*
203 BGH GRUR 2010, 744 Tz. 38 ff. *Sondernewsletter.*
204 BGH GRUR 2003, 889, 890 *Internet-Reservierungssystem.*
205 BGH GRUR 2010, 251 Tz. 12 ff, 17 *Versandkosten bei Froogle.*

reichend ist auch, wenn der Kunde erst in den AGB oder im Laufe des Bestellvorganges auf Preisbestandteile wie Umsatzsteuer oder Versandkosten das erste Mal aufmerksam gemacht wird.[206]

Für die Bewertung der konkreten Ausgestaltung des „**sprechenden Links**" kommt allerdings etwas auf den Einzelfall an. Das OLG Köln hatte keine Bedenken, wenn neben dem im Internet angebotenen Produkt ein „i" (für Information) steht und über diesen weitergehenden Link die Tarifangaben für die Dienstleistung aufrufbar sind.[207] Ein Link bei Internet-Werbung unter dem Stichwort „Details" genügte dem OLG Frankfurt nicht,[208] bei Katalogwerbung genügte dem OLG Hamburg ein Hinweis auf „Details" auf einer anderen Seite.[209] Dem Kommunikationsmittel und der Darstellung von Festpreisangeboten für Webhosting-Dienstleistungen wird es nach dem OLG Hamburg dagegen nicht gerecht, wenn ein monatliches Transfervolumen bei dem Angebot angegeben wird, allerdings das Überschreiten dieses Volumens und dessen Preisbestandteile nicht auf der Übersichtsseite angegeben sind.[210] Zu diesen Preisbestandteilen kam man nur über weitere Links mit der Bezeichnung „Leistungen im Detail". Auf der Übersichtsseite des angebotenen Produktes fanden sich bereits eine Vielzahl von sonstigen Informationen wie auch Preise, so dass der Kunde nicht mit weiteren Details auf anderen Seiten rechnen musste.

Zur Frage, ob gleichzeitig ein Verstoß gegen §§ 3 Abs. 1, 5, 5 a UWG vorliegt (wichtig bei mangelnder Anwendung der PreisangabenVO, zB bei Gewerbetreibenden), vgl Rn 282 oben.

Seit Sommer 2000 müssen nach § 2 PreisangabenVO sog. **Grundpreise** neben den eigentlichen Preisen angegeben werden.[211] Sie müssen grundsätzlich in unmittelbarer Nähe des Endpreises angegeben werden, also auf einen Blick wahrgenommen werden können; die Angabe nur über einen „sprechenden Link" o.Ä. genügt nicht. Auch die Lockerung für Katalogpreisangaben etc. nach § 4 Abs. 4 PreisangabenVO spielen für die Grundpreisangabe keine Rolle.[212] **807**

Ansonsten enthält die PreisangabenVo noch verschiedene Spezialregelungen. Den Handel trifft eine genau festgelegte **Auszeichnungspflicht** (§ 4), die für Tankstellen nochmals in § 8 präzisiert ist. Dienstleister müssen Preisverzeichnisse auslegen (§ 5), Gaststätten sie sogar zusätzlich am Eingang aushängen (§ 7). Bei Online-Diensten ist der „Ort des Leistungsangebots" nach § 3 Abs. 1 S. 3 der VO die Bildschirmanzeige; dort müssen also die Preise angegeben werden. Bei **Krediten** tritt an die Stelle des Endpreises der „effektive Jahreszins" bzw – bei variablen Krediten – der „anfängliche effektive Jahreszins"; diese Bezeichnungen dürfen nur dann abgekürzt werden, wenn Missverständnisse ausgeschlossen sind.[213] **808**

206 BGH GRUR 2008, 84 Tz. 31 *Versandkosten*; vgl auch BGH GRUR 2008, 532 Tz. 23 *Umsatzsteuerhinweis* zu Printwerbung und Hörfunkwerbung.
207 OLG Köln GRUR-RR 2004, 307 *Preisinformation durch Link.*
208 OLG Frankfurt GRUR-RR 2002, 113 *Null Pfennig.*
209 OLG Hamburg NJWE 2000, 57, 60.
210 OLG Hamburg GRUR-RR 2007, 169, 172 f. *Webhosting-Produkte.*
211 OLG Hamm K&R 2010, 279; ferner die Beispiele in Rn 159, 810; vgl auch Völker NJW 2000, 2787 ff.
212 BGH GRUR 2009, 982 Tz. 11 ff. *Dr. Clauder's Hufpflege.*
213 BGH GRUR 1989, 59 f. *Anfängl. effekt. Jahreszinssatz* (reicht aus) bzw GRUR 1996, 421 f.

809 Aus dem **Ausnahmekatalog** des § 9 sei hervorgehoben, dass die VO *insgesamt* nicht für Preisangaben gegenüber Gewerbetreibenden (Abs. 1 Nr. 1) und auch nicht für mündliche Angebote (Abs. 1 Nr. 4) gilt; mündliche Angebote sind telefonische Angebote[214] genauso wie Angebote im Hörfunk, nicht aber Angebote im Fernsehen.[215] Auch für Versteigerungen gilt die PreisangabenVO nicht (Abs. 1 Nr. 5). Ferner ist zu beachten, dass die Auszeichnungspflicht des § 4 bei Freilandverkauf von Pflanzen und bei Werbevorführungen entfällt (Abs. 5 Nr. 1 und 2). Auch gelten § 1 Abs. 1 und § 1 Abs. 2 PreisangabenVO gemäß § 9 Abs. 2 PreisangabenVO erstens nicht bei individuellen Preisnachlässen (Individualrabatten) und zweitens nicht bei generellen Preisnachlässen, wenn diese generellen Preisnachlässe nach Kalendertagen zeitlich begrenzt und durch Werbung bekannt gemacht sind. Die letztgenannte Regelung steht in engem Zusammenhang mit der Abschaffung des Verbots von Sonderveranstaltungen (Rn 257) durch die UWG-Novelle 2004. Wenn Unternehmer jetzt beliebig oft und mit beliebigen Anlässen **Sonderveranstaltungen mit zeitlicher Befristung** durchführen dürfen, wäre es sehr hinderlich, wenn sie für jede Sonderveranstaltung sämtliche Preise im Geschäft neu auszeichnen müssten. „Zeitlich befristet" versteht der Gesetzgeber eng und nennt als Grundregel „10 bis 15 Werktage", auch davon können Ausnahmen nach Wirtschaftszweig und dort herrschenden Marktverhältnissen und Gepflogenheiten gemacht werden.[216] Über dies muss – auch wenn der Wortlaut des § 9 Abs. 2 UWG dies nicht ganz hergibt – diese zeitliche Befristung in der Werbung bekannt gemacht sein.[217]

810 Im Hinblick auf die Einführung einer allgemeinen **Bagatellschwelle in § 3 Abs. 1 UWG** durch die UWG-Novelle 2004, nach der eine spürbare Wettbewerbsbeeinträchtigung vorliegen muss (Rn 85 ff), bestehen Zweifel, ob bestimmte Verstöße gegen die PreisangabenVO noch über das UWG erfasst werden können.[218] Schon unter Geltung der alten speziellen Bagatellschwellen in § 13 Abs. 2 Nr. 1, Nr. 2 und Nr. 3 UWG aF hatten die Gerichte formale, wettbewerblich jedoch irrelevante Verstöße gegen die §§ 1 und 2 PreisangabenVO durchgehen lassen,[219] zB die fehlende Grundpreisangabe bei Sprudelwasser nach § 2 PreisangabenVO[220] oder die fehlende Endpreisangabe bei Angabe eines qm-Preises und der Grundstücksgröße;[221] die Ankündigung, die an der Ware angegebenen Endpreise seien an der Kasse nochmals um 20 % herabgesetzt, hat der Bundesgerichtshof jedoch mit dem kaum einsehbaren Argument für eine wesentliche Beeinträchtigung erklärt, mit dem Verzicht auf die erneute Preisauszeichnung erspare der Handelnde eigenen Aufwand und verbessere damit nicht unerheblich seine Position im Wettbewerb,[222] wesentlich ist auch eine fehlende Angabe der Steuern und

---

214 OLG Hamburg NJWE 2000, 37.
215 So zu Hörfunk- und Fernsehwerbung BGH GRUR 2003, 971, 972 *Telefonischer Auskunftsdienst.*
216 Beschluss Rechtsausschuss UWG-Novelle 2004, BT DS 15/2795, S. 23 f, abrufbar unter www.nordemann.de.
217 Beschluss Rechtsausschuss UWG-Novelle 2004, BT DS 15/2795, S. 24, abrufbar unter www.nordemann.de.
218 Siehe KG GRUR-RR 2007, 326, 328 *link „mich";* OLG Jena GRUR-RR 2006, 283, 284 *Pflichtbelehrung;* OLG Hamburg GRUR-RR 2007, 167 *sofort kaufen.*
219 BGH GRUR 2001, 258 *Immobilienpreisangaben* und OLG München NJWE 1998, 275 für die bloße qm-Angabe bei Immobilienangeboten; OLG Stuttgart NJWE 1997, 243, 244 für den sodann vom BGH gegenteilig entschiedenen Fall (GRUR 1999, 261, 264 *Handy-Endpreis*).
220 OLG Köln GRUR-RR 2009, 304 *Sprudelwasserpreis;* zu Saunaartikeln OLG Hamm K&R 2010, 279.
221 BGH GRUR 2001, 258, 259 *Immobilienpreisangaben.*
222 BGH GRUR 1999, 762, 763 *Herabgesetzte Schlussverkaufspreise.*

Flughafengebühren bei Flugpreisnennung,[223] jedoch möglicherweise nicht die fehlende Zusammenrechnung des Flugpreises, der Steuern und Gebühren.[224] Siehe außerdem zur Bagatellgrenze Rn 92 ff.

5. HeilmittelwerbeG, MedizinproduktG

Rechtsgrundlage: § 3 Abs. 3 UWG iVm Nr. 18 Anhang-UWG; HWG iVm §§ 3 Abs. 1, 4 Nr. 11 UWG; §§ 6, 7 MedizinprodukteG iVm §§ 3 Abs. 1, 4 Nr. 11 UWG; §§ 3 Abs. 1, 5 Abs. 1 S. Nr. 1 UWG; Art. 6 Abs. 1 Buchstabe b Richtlinie unlautere Geschäftspraktiken

Bei der Werbung zum Thema Gesundheit ist die Rechtsprechung besonders streng (Rn 204 „Gesundheit"). Es scheint auch ein Phänomen zu sein, dass der Verkehr bei einem persönlich so wichtigen Gut wie Gesundheit schon deshalb leichtgläubiger gegenüber Werbung ist, weil er den Erfolg des Heilmittels selbst in starkem Maße wünscht. Insbesondere das **Heilmittelwerbegesetz (HWG)** stellt deshalb für den Bereich der Werbung für Heilmittel **strenge Irreführungstatbestände, besondere Informationspflichten und Werbeverbote** auf, um den Verkehr quasi vor sich selbst zu schützen.[225] Daneben regelt das HWG auch die Werbung gegenüber den professionell mit Heilmitteln umgehenden Verkehrskreisen (sog. Fachkreise nach § 2 HWG), also insbesondere den Ärzten, Apotheken und Krankenhäusern.

811

Das HWG geht auf die **Richtlinie 2001/83/EG** zur Schaffung eines Gemeinschaftskodexes für Arzneimittel (zuletzt geändert durch Richtlinie 2008/29/EG) zurück, so dass es stets richtlinienkonform auszulegen ist (Rn 16). Die Fälle, in denen die Mitgliedsstaaten von den Regelungen abweichen dürfen, sind in der Richtlinie abschließend geregelt.[226]

Unter dem **Begriff „Heilmittel"** versteht der Gesetzgeber nach § 1 HWG einerseits Arzneimittel, also alles, was durch Anwendung am oder im menschlichen Körper die Beschaffenheit, den Zustand oder die Funktionen des Körpers oder den seelischen Zustand eines Menschen zu beeinflussen bestimmt ist (§ 2 AMG), mit Ausnahme von Lebensmitteln (§ 2 Abs. 3 Nr. 1 AMG), einschließlich aber der Medizinprodukte gemäß § 3 Medizinproduktegesetz. Daneben können Heilmittel auch andere Mittel, Verfahren, Behandlungen und Gegenstände sein, die zur Erkennung, Beseitigung oder Linderung von Krankheiten, Leiden, Körperschäden oder krankhaften Beschwerden bei Mensch und Tier dienen. Zu anderen Mitteln und Gegenständen können insbesondere kosmetische Mittel und Gegenstände der Körperpflege nach § 2 Abs. 5 LFGB zählen.[227] Das HWG findet nur Anwendung auf eine Werbung für Heilmittel, also die auf ein konkretes Produkt bezogene Absatzwerbung, unabhängig von der Person des Werbenden (also Hersteller, Händler, Apotheken, Ärzte, Verbände...). Es ist jedoch nicht

812

223 KG GRUR-RR 2002, 80 *Flugpreisangabe.*
224 BGH GRUR 2004, 435, 436 *FrühlingsgeFlüge,* allerdings zu § 13 Abs. 2 Nr. 3 UWG aF vor der UWG-Novelle 2004.
225 Verurteilungen zur Unterlassung nach dem HWG unzulässiger Werbung sind sogar bei „Geistheilern" verfassungskonform, Vgl BVerfG GRUR 2007, 721, 722 *Geistheiler.*
226 EuGH GRUR 2008, 267 Tz. 20, 39, 62 *Gintec;* BGH GRUR 2009, 984 Tz. 34 *Festbetragsfestsetzung;* s. auch den Vorlagebeschluß BGH GRUR 2009, 988 Tz. 7 ff. *Arzneimittelpräsentation im Internet.*
227 Zur Abgrenzung von Lebensmitteln und Arzneimitteln im Bereich der Fitness-Produkte BGH GRUR 2003, 631 *L-Glutamin.*

anwendbar auf eine Werbung für eine Apotheke. Letztere ist beispielsweise gegeben, wenn die Apotheke zu rezeptpflichtigen Arzneimitteln Zugaben gewährt, was also nicht nach den Regelungen des HWG zu beurteilen ist.[228]

813 Die Wirkung eines Heilmittels lässt sich erst bei seiner Anwendung, also *nach* dem Kauf, und auch das meist nur durch den Arzt, überprüfen. Die Gefahr einer Irreführung des Verbrauchers, der in aller Regel medizinischer Laie ist, über die Eigenschaften des ihm angepriesenen Heilmittels ist deshalb besonders groß. Die §§ 3 – 13 HWG unterwerfen die Werbung mit Heilmitteln außerhalb der Fachkreise demgemäß erheblichen Beschränkungen. Sie soll **streng sachlich** sein; jede emotionale Beeinflussung des Verbrauchers soll ausgeschaltet werden.[229] Insbesondere ist es grundsätzlich verboten, irreführend zu werben (§ 3 HWG), nicht zugelassene Arzneimittel oder von der Zulassung nicht umfasste Anwendungsgebiete oder Darreichungsformen zu bewerben (§ 3 a HWG),[230] in der Packungsbeilage für andere Arzneimittel zu werben (§ 4 a HWG), für homöopathische Mittel mit Anwendungsgebieten (§ 5 HWG) oder für eine Fernbehandlung (§ 9 HWG) zu werben. Für bestimmte Arzneimittel darf gar keine Publikumswerbung betrieben werden, § 10 HWG. Außerdem sind bestimmte Werbeformen in der Publikumswerbung generell unzulässig, § 11 HWG, zB die Werbung mit Gutachten[231] oder Fachveröffentlichungen, Empfehlungen,[232] Krankengeschichten, Krankheitsbildern, Bildern von Ärzten in Berufskleidung oder bei der Arbeit[233] oder eine Verwendung von Fachausdrücken, die nicht zum allgemeinen Sprachgebrauch gehören, in der Werbung außerhalb der Fachkreise,[234] die Werbung mit bildlichen Darstellungen über die Wirkung einer Behandlung oder mit Anleitungen zur Selbstbehandlung. Verboten ist es ferner, mit der Werbung Angstgefühle hervorzurufen (vgl nun auch die „schwarze Liste" in Nr. 12 Anhang-UWG) oder Jugendliche anzusprechen. § 12 HWG beschränkt die Publikumswerbung mit Bezug auf bestimmte Krankheiten.

Die sog. **Pflichtangaben** insbesondere zu Nebenwirkungen und Gegenanzeigen (§ 4 HWG) müssen „gut lesbar"[235] und allgemein verständlich[236] sein. Mengen- und Preisangaben verbietet das HWG nicht.[237]

Demgegenüber hat das **Zugabeverbot** in § 7 Abs. 1 HWG überlebt, genauso wie die früheren Ausnahmetatbestände des § 1 Abs. 2 ZugabeVO aF in § 7 Abs. 2 HWG. § 7 HWG soll insoweit durch eine weitgehende Eindämmung der Wertreklame (dazu

---

228 BGH GRUR 2002, 1088, 1091 *Zugabenbündel.*
229 BGH GRUR 1998, 495, 497 *Lebertran II* mwN.
230 BGH GRUR 2008, 1014 Tz. 28 ff *Amlodipin.*
231 Hierzu OLG München GRUR 2005, 695 *Gutachten.*
232 „Seit Jahrhunderten bekannt und bewährt" ist keine Empfehlung in diesem Sinne, BGH GRUR 1997, 936, 937 *Naturheilmittel.*
233 Wegen BVerfG GRUR 2004, 797 *Botox-Faltenbehandlung* verlangt BGH GRUR 2007, 809, 810 *Krankenhauswerbung* nun allerdings auch bei Verstößen gegen das HWG, dass die Werbung konkret geeignet ist, das Laienpublikum unsachlich zu beeinflussen und dadurch zumindest eine mittelbare Gesundheistgefährdung bewirken kann; daher wäre OLG Schleswig NJWE 2000, 112 f, das sogar die Abbildung einer Krankenschwester mit Stethoskop am Seniorenbett verboten hatte, weil darin eine Empfehlung für bestimmte Behandlungen liege, kaum mehr zu halten. Für Zahnärzte in Berufskleidung: OLG Hamburg LMRR 2006, 17.
234 Vgl BGH GRUR 1970, 448, 560 *Sanatorium.* Einzelheiten bei Bülow WRP 1995, 897.
235 BGH GRUR 1988, 68/70/71 *Lesbarkeit I–III;* BGH GRUR 1993, 52 *Lesbarkeit IV;* BGH NJWE 1996, 265 *Lesbarkeit V.*
236 BGHZ 114, 354, 357 *Katovit.* Dazu Gröning WRP 1994, 355.
237 BGH GRUR 1982, 684 f. *Arzneimittel-Preisangaben.*

Rn 447 ff) der abstrakten Gefahr einer unsachlichen Beeinflussung begegnen, die von einer Werbung mit Geschenken ausgehen kann.[238] Dafür muss die Werbegabe aber unentgeltlich oder quasi-unentgeltlich angeboten werden. Gesamtpreisangebote sind danach also eigentlich zulässig. Werden jedoch sachfremde Leistungen, die für die medizinische oder pharmazeutische Praxis ohne Belang sind und die mehr als nur geringen Wert[239] haben, im Rahmen solcher Gesamtpreisangebote beworben, liegt ein Verstoß gegen §§ 3 Abs. 1, 4 Nr. 1 UWG vor. Denn es besteht die Gefahr, dass der Angesprochene sich dann aus sachfremden Gründen entscheidet. Der Bundesgerichtshof führt diese – von seiner generellen Beurteilung von Gesamtpreisangeboten (Rn 280, siehe auch Rn 447 ff) abweichende – Beurteilung auf Art. 9 Abs. 1 der zwischenzeitlich aufgehobenen Richtlinie 92/28/EWG über die Werbung für Humanarzneimittel[240] zurück. Im Fall ging es um die Kopplung eines Fertigarzneimittels mit einem „wunderschönen Goldpfeil-Kleidersack".[241] § 7 HWG soll darüber hinaus auch Rabatte bei Abgabe von Heilmitteln, zB Altersrabatte bei der Brillenabgabe, erfassen.[242] Zur Anwendbarkeit des HWG auf Zugaben durch Apotheker Rn 812.

Korpulenz ist nur dann eine Krankheit, wenn krankhafte Fettsucht gegeben ist; deshalb fällt die Werbung für **Schlankheitskuren** nicht unter das HWG.[243] **814**

Nicht erfasst ist ferner die **allgemeine Unternehmenswerbung** (zB Imagewerbung) eines Herstellers oder Händlers von unter das HWG fallenden Produkten, zB eines Pharmaunternehmens. Die Abgrenzung zwischen Unternehmens- und Heilmittelwerbung nimmt die Rechtsprechung danach vor, ob nach dem Gesamtbild der Werbung die Darstellung des werbenden Unternehmens oder aber die eines konkreten oder zumindest erkennbaren Produktes im Vordergrund steht,[244] wobei es allerdings nach jüngster Rechtsprechung für die Annahme einer Heilmittelwerbung ausreichen soll, wenn die Werbung jedenfalls auch auf den Absatz eines konkreten Produkts gerichtet ist.[245] Von den Beschränkungen des HWG **ausgenommen** ist teilweise auch die sog. **Erinnerungswerbung** (§ 4 Abs. 6 S. 1 HWG),[246] bei der ein dem angesprochenen Verkehr schon bekanntes Arzneimittel nur noch einmal durch bloße Nennung des Arzneimittelnamens in Erinnerung gebracht wird; zusätzlich können auch noch der pharmazeutische Unternehmer oder der Hinweis „Wirkstoff" genannt werden. Eine Indikation darf aber noch nicht einmal mittelbar erwähnt werden.

Näheres zum HWG kann den allgemeinen Erläuterungswerken zum HWG entnommen werden, zB Bülow/Ring, HeilmittelwerbeG, Kommentar, 4. Aufl. 2011; Gröning/Weihe-Gröning, Heilmittelwerberecht, Loseblattkommentar, Lieferung 2005, oder Doep-

---

238   BGH GRUR 2003, 624, 625 *Kleidersack*.
239   Nach LG Karlsruhe MedR 2005, 418 bei Wert über 10 EUR überschritten.
240   ABl. EG Nr. L 113, S. 13; maßgeblich ist nun die Richtlinie 2001/83/EG zur Schaffung eines Gemeinschaftskodexes für Humanarzneimittel, ABl. EG 2001 Nr. L 311 S. 67; vgl hierzu BGH WRP 2009, 187 *Konsumentenbefragung II*; BGH WRP 2005, 1515 *Konsumentenbefragung I*.
241   BGH GRUR 2003, 624, 625 *Kleidersack*.
242   OLG Hamburg GRUR-RR 2005, 397 *AirView*; OLG Stuttgart GRUR-RR 2005, 235, 235 *Gratis-Brillenglas*; OLG Hamburg WRP 2004, 790 *Altersrabatt für Brillen*; Vgl OLG Frankfurt GRUR-RR 2005, 393, 393 *Barrabatt für Hörgeräte*.
243   BGH GRUR 1970, 420, 421 *DRT-Methode*.
244   BGH GRUR 2003, 353, 355 f. *Klinik mit Belegärzten*; BGH WRP 2009, 1385 – *DeguSmiles*.
245   BGH GRUR 2009, 984 *Festbetragsfestsetzung*.
246   Dazu Schnorbus GRUR 1995, 21.

ner, HeilmittelwerbeG, Kommentar, 2. Aufl. 2000. Vgl auch Köhler/Bornkamm, UWG, 29. Aufl. 2011, § 4 Rn 11.133 ff.

815 Zivilrechtlich sind Verstöße gegen das HWG nur über das UWG zu ahnden.

Dafür steht zunächst § 3 Abs. 1 iVm § 5 UWG (Irreführung) zur Verfügung. Ein Verstoß gegen das HWG ist freilich nur dann eine Irreführung, wenn die verbotene Angabe auch noch unrichtige Vorstellungen erweckt,[247] was bei den Beispielsfällen des § 3 HWG im Regelfall[248] anzunehmen ist. Auch ansonsten ist zunächst auf die spezielle Irreführungsvorschrift des § 3 HWG abzustellen.

Bei verbotenen wahren Angaben verstößt der Werbende gegen §§ 3 Abs. 1, 4 Nr. 11 UWG (Rechtsbruch,[249] Rn 774 ff), weil die Vorschriften des HWG (primär) marktregelnde Funktion haben.[250] Es handelt sich um eine Regelung, die genauso wie das UWG das Marktverhalten der für Heilmittel Werbenden im Interesse der Konkurrenten, Verbraucher und sonstigen Marktteilnehmer schützt. Ebenso kann ein Verstoß gegen die §§ 6, 7 MedizinprodukteG, die das Inverkehrbringen von Medizinprodukten regeln, grundsätzlich nach § 3 Abs. 1, 4 Nr. 11 UWG verfolgt werden.[251] Einer Anwendung des § 4 Nr. 11 UWG steht auch die Richtlinie unlautere Geschäftspraktiken (Rn 17) nicht entgegen. Insbesondere das HWG ist eine nationale Regulierung von Gesundheitsaspekten gem. Art. 3 Abs. 3 Richtlinie unlautere Geschäftspraktiken[252] (Rn 790).

816 Ungeachtet der Beurteilung der Rechtslage nach dem HWG sind Heil-Werbungen gegenüber Verbrauchern schon nach § 3 Abs. 3 UWG iVm Nr. 18 Anhang-UWG unzulässig, wenn sie die *unwahre* Angabe verwenden, eine Ware oder Dienstleistung könne Krankheiten, Funktionsstörungen oder Missbildungen heilen. Ein solches Verhalten fällt neben § 3 S. 2 Nr. 1 HWG[253] zugleich unter § 5 Abs. 1 S. 2 Nr. 1 UWG, da dann auch eine unwahre Angabe über die Zwecktauglichkeit der Ware bzw Dienstleistung vorliegt.[254]

6. Lebensmittelrecht

Rechtsgrundlage: §§ 11, 12, 27 LFGB, EU-Health-Claims VO, DiätV iVm §§ 3 Abs. 1, 4 Nr. 11 UWG; §§ 3 Abs. 1, 5 Abs. 1 S. 2 Nr. 1; Art. 6 Abs. 1 Buchstabe b Richtlinie unlautere Geschäftspraktiken

817 Im Lebensmittelrecht existieren **besondere lauterkeitsrechtliche Vorschriften**, deren Nichteinhaltung über §§ 3 Abs. 1, 4 Nr. 11 UWG auch nach UWG verfolgt werden kann (st. Rspr). Die grundlegenden Vorschriften finden sich für Lebensmittel in §§ 11

---

247 Vgl BGHZ 86, 277, 281: Die Werbeaussage „Bewährt auch bei Grippe und Erkältung" ist irreführend, wenn das Arzneimittel nur zur Bekämpfung der Symptome, nicht auch der Ursachen geeignet ist. S. ferner OLG Köln NJW-RR 1987, 1322: Werbung mit einer Indikation, die noch nicht gesichert ist.

248 Mit Blick auf BVerfG GRUR 2004, 797 *Botox-Faltenbehandlung* verlangt der BGH nun allerdings auch bei Verstößen gegen das HWG, dass die Werbung konkret geeignet ist, das Laienpublikum unsachlich zu beeinflussen und dadurch zumindest eine mittelbare Gesundheitsgefährdung bewirken kann: BGH GRUR 2007, 809, 810 *Krankenhauswerbung;* Hieran wird es indessen fast nie fehlen.

249 BGHZ 81, 130, 132 *Grippewerbung;* BGHZ 89, 78, 81 *Heilpraktikerwerbung;* BGH GRUR 1992, 874, 875 *Hyanit;* OLG Frankfurt WRP 1996, 338, 339.

250 St. Rspr, zuletzt zB BGH WRP 2009, 1385 f. *DeguSmiles.*

251 BGH GRUR 2008, 922, 923 *In-vitro-Diagnostika.*

252 BGH GRUR 2009, 984 Tz. 34 *Festbetragsfestsetzung.*

253 Vgl etwa BGH WRP 2005, 1519 *Ginseng-Präparate.*

254 Begr. RegE UWG-Novelle 2008 BT DS 16/10145, S. 33, abrufbar unter www.nordemann.de.

LFGB (Verbot irreführender Werbung),[255] 12 LFGB (Verbot krankheitsbezogener Werbung)[256] und für kosmetische Mittel in § 27 LFGB (Verbot der irreführenden Werbung für kosmetische Mittel).[257]

Bei Kosmetika und Lebensmitteln findet sich die dem Heilmittelrecht für den Krankheitsfall eigentümliche Ausgangslage (Rn 811) in der Alltagssituation wieder: Der Verbraucher sieht sich einem Produkt gegenüber, das ihm in Zusammensetzung und Wirkung als verheißungsvoll angepriesen wird, ohne dass er selbst auch nur eine dieser beiden Komponenten überprüfen könnte. Auch in diesem Bereich ist daher besonderer Schutz erforderlich. Das Lebensmittel- und Futtermittelgesetzbuch enthält in § 11 Abs. 1 S. 1 LFGB für Lebensmittel im Sinne des § 2 Abs. 2 LFGB ein **allgemeines Irreführungsverbot**. Danach ist es verboten, | 818

> „Lebensmittel unter irreführender Bezeichnung, Angabe oder Aufmachung gewerbsmäßig in den Verkehr zu bringen oder für Lebensmittel allgemein oder im Einzelfall mit irreführenden Darstellungen oder sonstigen Aussagen zu werben".

§ 11 Abs. 1 S. 2 LFGB nennt hierfür Regelbeispiele. Daneben bleibt der allgemeine Irreführungstatbestand des § 5 UWG uneingeschränkt anwendbar.[258]

Darüber hinaus kennt das Lebensmittelrecht **zahllose Sondertatbestände**: | 819

Im LFGB findet sich in § 11 Abs. 2 Nr. 1–4 ein spezielles Täuschungsverbot und in § 12 LFGB ein Verbot der krankheitsbezogenen Werbung.[259] Letzteres deckt sich weitgehend mit § 11 HWG (Rn 813). § 25 WeinG enthält ebenfalls ein Täuschungsverbot.

Auf der Grundlage des § 13 LFGB (früher § 19 LMBG) sind zum Schutz des Verbrauchers viele Rechtsverordnungen ergangen, die die Zusammensetzung, Herstellung und Kennzeichnung von Lebensmitteln regeln. Für Lebensmittel darf etwa mit der Bezeichnung „bilanzierte Diät" (§ 21 Abs. 1 DiätV) nur dann geworben werden, wenn das Lebensmittel die Voraussetzungen von § 1 Abs. 4 S. 1 DiätV erfüllt.[260] Der Nachweis, dass eine bilanzierte Diät wirksam in dem Sinne ist, ist durch allgemein anerkannte wissenschaftliche Daten zu führen. Eine entsprechend erstellte, in der Fachliteratur veröffentlichte, randomisierte, placebokontrollierte Doppelblindstudie ist nach Ansicht BGH grundsätzlich ausreichend.[261] Auch solche Vorschriften sind im Wechselspiel mit § 5 UWG zu sehen (vgl bereits Rn 210): Als gesetzlich vorgeschriebene Warenbezeich-

---

255 Dazu BGH WRP 2009, 300, Tz. 11 ff. *Erfokol-Kapseln*; BGH GRUR 2009, 75 *Priorin*; BGH GRUR 2008, 1118, Tz. 15 *MobilPlus-Kapseln*; zu § 17 Abs. 1 Nr. 5 LMBG noch BGH WRP 2003, 883 *L-Glutamin*; BGH GRUR 1997, 306, 307 f. *Naturkind*.

256 Dazu zB BGH GRUR 2008, 1118, Tz. 25 *MobilPlus-Kapseln*; OLG München GRUR-RR 2006, 139; noch zu § 18 LMBG BGH GRUR 1999, 1007, 1008 *Vitalkost*; BGH GRUR 1998, 493, 494 *Gelenk-Nahrung*; OLG Düsseldorf, 8.3.2010, 20 U 131/09 (verfügbar bei juris).

257 Dazu BGH GRUR 2010, 359, Tz. 9 ff. *Vorbeugen mit Coffein!*; BGH GRUR 1997, 537, 538 *Lifting-Creme*.

258 Vgl BGH GRUR 1967, 362, 368 *Spezialsalz I*; BGH GRUR 1980, 299, 300 *Keller-Geister*; BGH GRUR 1992, 70, 71 40 % *weniger Fett*. S. ferner OLG München GRUR 2000, 1103, 1104 f. *Collagen-Fit*; OLG Nürnberg GRUR 2000, 1105 f (Fruchtsaft); OLG Koblenz GRUR-RR 2001, 32 (Scampi); OLG Frankfurt WRP 2001, 558, 560 f (Mozzarella); KG PharmR 2010, 251 ff; KG MD 2009, 644 ff; Zum Einfluss des europäischen Lebensmittelrechts auf der Irreführungsschutz des § 17 LMBG äußern sich Kiethe/Groeschke in WRP 2001, 1035 (im Anschluss an EuGH GRUR 2001, 64, 66 *Warsteiner*).

259 Dazu KG MD 2010, 154 ff; OLG Hamm LMuR 2010, 30 ff; OLG Düsseldorf LMuR 2010, 84 ff; ausführlich: Meyer WRP 2008, 596 ff.

260 Dazu OLG Düsseldorf ZLR 2010, 87 ff; zu § 11 LFGB und der DiätV s. KG MD 2010, 284 ff.

261 BGH GRUR 2009, 75, 76 *Priorin*, Vgl auch BGH GRUR 2008, 1118, 1120 *MobilPlus-Kapseln*; BGH WRP 2009, 300, 301 *Erfokol-Kapseln*.

nungen wirken sie auch bestimmend für die Verkehrsauffassung, denn der Verbraucher erwartet, dass ein Produkt den einschlägigen gesetzlichen Bestimmungen entspricht, auch wenn er diese nicht näher kennt.[262]

820 Für **kosmetische Mittel** (§ 2 Abs. 5 LFGB) findet sich in § 27 LFGB ein allgemeines Irreführungsverbot, das § 11 LFGB teilweise wörtlich entspricht.[263]

821 Für Lebensmittel und Kosmetika existieren daneben **besondere Bezeichnungsvorschriften**, deren Verletzung nach § 4 Nr. 11 UWG verfolgt werden kann, ohne dass weitere Umstände hinzutreten müssten. Ein wichtiges Beispiel ist die **LebensmittelkennzeichnungsV**.[264] Die **KosmetikV**, die die Richtlinie 76/768/EG vom 27.7.1976 umsetzt, enthält wichtige und europarechtlich harmonisierte Bestimmungen zur Verpackung und Etikettierung von kosmetischen Mitteln.[265] Die in der Praxis wichtigsten Regelungen betreffen die Verpflichtung, Firma und Adresse oder Sitz des in der EU ansässigen Herstellers oder Vertreibers bzw Importeurs zu nennen (§ 5 Abs. 1 Nr. 1 KosmetikV),[266] und regeln die Angabe der Chargenbezeichnung[267] und bestimmter Inhaltsstoffe[268] auf dem Behältnis selbst (§ 4 KosmetikV). Wettbewerbsrechtlich relevante Kennzeichnungsvorschriften enthalten außerdem das **MedizinprodukteG**, die **FertigpackungsV**, die **Los-KennzeichnungsV** oder die **TabakproduktV**.

822 Die Verordnung 2006/1924/EG über nährwert- und gesundheitsbezogene Angaben über Lebensmittel, die sog. **Health-Claims-Verordnung**,[269] bestimmt, dass grundsätzlich nährwert- und gesundheitsbezogene Angaben in der Werbung, der Kennzeichnung und Aufmachung von Lebensmitteln gar nicht bzw nur unter engen Voraussetzungen verwendet werden dürfen. Die Verordnung sieht vor, dass das grundsätzliche Verbot durch Listen mit grundsätzlich zulässigen Aussagen, die allerdings zum großen Teil noch nicht vorliegen, gemildert und wohl den Anbietern gleichzeitig etwas mehr Rechtssicherheit gegeben werden soll. Die Verordnung ist neben § 12 LFGB anwendbar; sie enthält Marktverhaltensregelungen iSd § 4 Nr. 11 UWG.[270]

262 BGH GRUR 1969, 280, 281 *Scotch Whisky;* BGH GRUR 1984, 376, 377 *Johannisbeerkonzentrat;* BGH GRUR 1984, 455, 456 *Französischer Brandy.*
263 Dazu BGH GRUR 2010, 359 ff. *Vorbeugen mit Coffein!;* OLG Hamburg LMuR 2007, 134 ff.
264 KG WRP 1986, 327, 328 *Zaziki;* BGH GRUR 1992, 320 *RSA/Cape;* BGH GRUR 1998, 493 *Gelenk-Nahrung* (Verstoß gegen § 18 Abs. 1 LMBG aF); OLG Köln GRUR 1999, 1023 (fehlendes Mindesthaltbarkeitsdatum, Verstoß gegen § 6 LMBG aF). Beispiel aus der KosmetikVO: BGH GRUR 1990, 55 *Zahnpasta.*
265 EuGH GRUR 1994, 303 *Clinique;* EuGH GRUR Int 1999, 349, 351 *Unilever/Smithkline Beecham.*
266 BGH GRUR 1999, 1109 ff. *Entfernung der Herstellungsnummer I;* BGH GRUR 2001, 841 ff. *Entfernung der Herstellungsnummer II.*
267 BGH GRUR 1994, 642 ff. *Entfernung der Chargennummer;* BGH GRUR 2001, 841 ff. *Entfernung der Herstellungsnummer II.*
268 BGH GRUR 1989, 673 ff. *Zahnpasta.*
269 Dazu ausführlich Meisterernst/Haber WRP 2007, 363 ff; Hagenmeyer WRP 2009, 554 ff; Meyer WRP 2008, 596 ff.
270 OLG Celle MD 2010, 608 ff; OLG Düsseldorf GRUR-RR 2010, 291 ff; OLG Celle MD 2009, 1130 ff; OLG Düsseldorf MD 2009, 1042 ff; OLG Frankfurt, 16.4.2009, 6 U 238/08 (verfügbar bei juris); OLG Nürnberg MD 2009, 87 ff; LG Düsseldorf GRUR-RR 2008, 439; Köhler ZLR 2008, 135.

7. Sonstige Kennzeichnungsvorschriften

Rechtsgrundlage: §§ 3 Abs. 1, 4 Nr. 11 UWG iVm der verletzten Kennzeichnungsvorschrift

Für viele Waren bestehen besondere Kennzeichnungs- oder Beschaffenheitsvorschrif- **823** ten. Ihre Verletzung ist regelmäßig auch ein Rechtsbruch nach UWG, weil diese Bezeichnungsvorschriften das Marktverhalten insbesondere im Interesse der Verbraucher, aber auch der Mitbewerber regeln soll. Das gilt neben den Bezeichnungsvorschriften bei Lebensmitteln (wie LebensmittelkennzeichnungsV, vgl oben Rn 821) auch für Bezeichnungsvorschriften bei Bernstein, Kristallen, Tabak und Textilprodukten.[271] Im Bereich des MesseinheitenG war umstritten, ob die Motorleistung von Kraftfahrzeugen und Motorbooten noch in PS angegeben werden darf oder in kW erscheinen muss, weil letzteres schon seit längerem die vorgeschriebene Messeinheit ist. Zuvor war bereits höchstrichterlich entschieden, dass „PS" in Alleinstellung jedenfalls unzulässig sei, dass aber in einer Angabe „... kW/... PS" kein spürbarer Wettbewerbsverstoß liege.[272] Auch die altehrwürdige Angabe „Zoll" wird für Autofelgen[273] und Computer-Bildschirme[274] zugelassen. Heute erscheint fraglich, ob die vorgenannten Vorschriften überhaupt den erforderlichen zumindest sekundären Wettbewerbsschutz aufweisen, um Verstöße noch nach §§ 3 Abs. 1, 4 Nr. 11 UWG verfolgen zu können (Rn 780 ff). In jedem Fall muss aber geklärt werden, ob der betreffende Normverstoß die allgemeine **Bagatellgrenze** überwinden kann (Rn 85 ff). Für die eben genannten „PS"-Fälle trifft das jedenfalls nicht zu.[275]

Auch die Verletzung des Verbots der Vermischung von redaktionellem Teil und Werbung in der periodischen Presse nach den Landespressegesetzen (Rn 176) und von Rundfunksendung und Werbung nach §§ 7, 8 RundfunkstaatsV (Rn 177) gehört hierher; sie verpflichten zur **Kennzeichnung von Werbesendungen** (zum Rechtsbruch der öffentlichen Hand allgemein Rn 842).

Für Dienstleistungen besonders relevant ist die **Dienstleistungs-Informationspflichten-VO**, welche ebenfalls zu den Normen mit wettbewerblichem Schutzzweck gehört.[276] Die Dienstleistungs-Informationspflichten-VO wurde in Umsetzung der Richtlinie 2006/123/EG über Dienstleistungen im Binnenmarkt (Dienstleistungsrichtlinie) geschaffen und ist daher richtlinienkonform auszulegen.

Die Dienstleistungs-Informationspflichten-VO regelt stets obligatorische (§§ 2, 4) und auf Anfrage obligatorische (§ 3) Informationspflichten, welche im Vorfeld der Erbringung von Dienstleistungen gelten. Nach § 1 Dienstleistungs-Informationspflichten-VO

---

271 Für einen Verstoß gegen § 1 TextilkennzeichnungsG OLG Hamm GRUR-RR 2004, 115 *Warmfutter* sowie nach früherer Rechtslage BGH GRUR 1980, 302 *Rohstoffangabe in Versandhandelsanzeige.* Beispiele aus dem Lebensmittelrecht: KG WRP 1986, 327, 328 *Zaziki;* BGH GRUR 1992, 320 *RSA/Cape;* BGH GRUR 1998, 493 *Gelenk-Nahrung* (Verstoß gegen § 18 Abs. 1 LMBG aF); OLG Köln GRUR 1999, 1023 (fehlendes Mindesthaltbarkeitsdatum, Verstoß gegen § 6 LMBG aF). Beispiel aus der KosmetikVO: BGH GRUR 1990, 55 *Zahnpasta.* Beispiel aus dem KristallglaskennzeichnungsG: LG Frankfurt GRUR-RR 2001, 243 *Echt-Kristall.* DIN-Normen sind aber nur Empfehlungen, OLG Hamburg GRUR 1989, 281.
272 BGH GRUR 1993, 679, 681 und 1994, 638, 639 *PS-Werbung I und II.*
273 BGH GRUR 1995, 427, 428 *Zollangaben.*
274 KG GRUR 1995, 363, 364; OLG Hamm WRP 1995, 502 f.
275 BGH GRUR 1993, 679, 681 und 1994, 638, 639 *PS-Werbung I und II.*
276 Köhler in Köhler/Bornkamm § 1 DL-InfoV Rn 8; Lohbeck K & R 2010, 463, 466.

in Verbindung mit Art. 2 Abs. 2 Dienstleistungsrichtlinie sind einige ausdrücklich genannte Arten von Dienstleistungen jedoch ausgenommen. Unerheblich ist, ob die Dienstleistung gegenüber einem Verbraucher oder einem Unternehmer erbracht wird.[277] In Bezug auf die räumliche Anwendbarkeit, gilt das Herkunftslandprinzip.[278]

Gemäß § 4 Abs. 2 Dienstleistungs-Informationspflichten-VO geht die PreisangabenVO (Rn 805 ff.), sofern Letztverbraucher als Dienstleistungsempfänger betroffen sind, in ihrem Anwendungsbereich der Dienstleistungs-Informationspflichten-VO vor. Allerdings ist die PreisangabenVO konform mit der Dienstleistungsrichtlinie auszulegen, sofern vom Anwendungsbereich der Dienstleistungsrichtlinie erfasste Dienstleistungen betroffen sind.

Ansonsten ergänzt die Dienstleistungs-Informationspflichten-VO gemäß § 2 Abs. 1 und 3 Abs. 1 ("unbeschadet weitergehender Anforderungen aus anderen Rechtsvorschriften") andere bestehende Informationspflichten, sodass diese auch im Anwendungsbereich der Dienstleistungs-Informationspflichten-VO zu beachten sind.[279] Dies gilt vor allem auch in Bezug auf den § 5a Abs. 2 bis 4 UWG, der jedoch nur auf Verbraucher Anwendung findet und daher nicht im Konkurrenzverhältnis zu der Dienstleistungs-Informationspflichten-VO steht, sofern Dienstleistungen gegenüber Unternehmern betroffen sind. Im Rahmen des § 5a Abs. 4 UWG ist zu beachten, dass die von der Dienstleistungs-Informationspflichten-VO geforderten Informationen, solche sind, die dem Verbraucher nach Rechtsvorschriften zur Umsetzung gemeinschaftsrechtlicher Richtlinien für kommerzielle Kommunikation einschließlich Werbung und Marketing, nicht vorenthalten werden dürfen (Rn 400).

8. Kartellrecht, Vergaberecht

Rechtsgrundlage: §§ 3 Abs. 1, 4 Nr. 11 UWG iVm Art. 101, Art. 102 AEUV, GWB

824   Zu den Spezialnormen des Wettbewerbsrechts wird man schließlich auch das **Kartellrecht**, insbesondere das GWB sowie Art. 101 und Art. 102 AEUV zählen müssen. Verstöße gegen kartellrechtliche Normen (nicht jedoch gegen bloße Verfahrensvorschriften wie §§ 39, 41 GWB) stellen daher auch einen Verstoß gegen §§ 3 Abs. 1, 4 Nr. 11 UWG wegen Rechtsbruchs dar. Es ist auch nicht ersichtlich, weshalb das Kartellrecht die zivilrechtlichen Sanktionen von Kartellrechtsverstößen abschließend regeln sollte (Rn 789).

825   Verstöße gegen das **Vergaberecht**[280] können über §§ 3 Abs. 1, 4 Nr. 11 UWG erfasst werden (Rn 789), sofern die verletzte Regelung nicht nur eine bloße Ordnungsvorschrift ist. Insbesondere handelt es sich bei den Vorschriften der §§ 97 ff GWB, aus denen sich die Pflicht zur Ausschreibung öffentlicher Aufträge ergibt, um Marktverhalten regelnde Gesetze iSv § 4 Nr. 11 UWG.[281]

---

277   Dienstleistungsrichtlinie, Erwägungsgrund 33.
278   Vgl. Köhler in Köhler/Bornkamm § 1 DL-InfoV Rn 4 f..
279   Lohbeck K & R 2010, 463, 466.
280   Alexander WRP 2004, 700, 706 ff; Köhler GRUR 2004, 381, 387; aA Ullmann GRUR 2003, 817, 823 m. Fn 59.
281   BGH GRUR 2008, 810 Tz. 32 *Kommunalversicherer*; OLG Köln GRUR 2005, 780, 782 *In-House-Geschäft*.

9. Preisregelungen

Rechtsgrundlage: §§ 3 Abs. 1, 4 Nr. 11 UWG iVm der einschlägigen Spezialvorschrift

Preisregelungen erfolgen zumeist – so überraschend, wie dies teilweise klingen mag – im Interesse der Verbraucher, der Mitbewerber und der übrigen Marktteilnehmer. Auch verändert ein Verstoß gegen Festpreisvorschriften durch ihre Unterbietung die wettbewerbliche Ausgangslage.[282]   **826**

Deshalb sind Verstöße gegen **BuchpreisbindungsG** auch Verstöße gegen §§ 3 Abs. 1, 4 Nr. 11 UWG, weil auch nicht ersichtlich ist, dass das BuchpreisbindungsG seine zivilrechtlichen Sanktionen abschließend regeln wollte (Rn 789). Eine Unterbietung von Güterfernverkehrstarifen[283] und die Verletzung des Verbots der Weitergabe von Provisionen an Versicherungsnehmer durch Versicherungsmakler[284] sind unlauter. Auch die Unterbietung gesetzlicher Preise für Leistungen bestimmter Berufsstände, zB der Architekten und Ingenieure, gehört in diese Gruppe,[285] weil sie das Interesse der Mitbewerber und Verbraucher an der Verhinderung eines ruinösen Preiswettbewerbs regeln. Das Verbot der Unterschreitung der Mindestgebührensätze (§ 4 Abs. 1 **HOAI**) gilt allerdings für jedermann, der gleichartige Leistungen erbringt,[286] nicht hingegen für den Auftraggeber.[287] Ein Architekt, der diesem Verbot zuwiderhandelt, verstößt damit gegen §§ 3 Abs. 1, 4 Nr. 11 UWG, falls nicht gerade ein Ausnahmetatbestand im Sinne des § 4 Abs. 2 HOAI gegeben ist; dass dies allerdings nur gelten soll, wenn er sich „bewusst und planmäßig", also „systematisch", über die HOAI hinwegsetzt, wie der Bundesgerichtshof früher meinte,[288] begegnet erneut der schon unter Rn 781 geäußerten Kritik und entspricht damit auch nicht mehr dem aktuellen Stand des Lauterkeitsrechts. Auch Verbote der Entgeltweitergabe aus den ärztlichen Berufsordnungen gehören hierher.[289]

Nicht unlauter sind Verletzungen von Preisregelungen aufgrund von für **allgemeinverbindlich erklärten Tarifverträgen**. Diese Regelung erfolgt nur im Interesse der Arbeitnehmer, also nicht im Interesse der Marktteilnehmer(§ 2 Abs. 1 Nr. 2 UWG, Rn 784). Die frühere Rechtsprechung, die das UWG für anwendbar hielt,[290] hat sich durch die Veränderung der Aufgreifkriterien des UWG für Rechtsbruch überholt.[291]   **827**

---

282 BGH GRUR 1960, 193, 195 *Frachtenrückvergütung.*
283 BGH GRUR 1960, 193, 195 *Frachtenrückvergütung.*
284 BGH GRUR 1985, 447, 449 *Provisionsweitergabe durch Lebensversicherungsmakler* (in BGHZ 93, 177 nicht mit abgedruckt).
285 BGH GRUR 2003, 969, 970 *Ausschreibung von Vermessungsleistungen;* OLG Hamm GRUR 1987, 844 *Honorarnachlass* (für § 4 HOAI); BGH GRUR 1991, 769, 771 *Honoraranfrage* (HOAI); BGH GRUR 1991, 540, 541 f. *Gebührenausschreibung* (KostO für Vermessungsingenieure); OLG München NJW-RR 1996, 881. S. ferner Rn 795 ff und Locher BauR 1995, 146, 149. Vgl Rn 803 und Rn 804.
286 BGH NJW 1997, 2329, 2330 (VII. Senat). Für Landschaftsgärtner zuvor verneint durch OLG Stuttgart WRP 1996, 632, 633 f.
287 BGH GURR 2005, 171, 172 *Ausschreibung von Ingenieurleistungen.*
288 BGH GRUR 1997, 313, 315 *Architektenwettbewerb.*
289 OLG Schleswig GRUR 2004, 171, 173 *Pauschalentgelte.*
290 BGHZ 120, 320, 324 *Tariflohnunterschreitung;* OLG Hamburg GRUR 1987, 546; aA OLG Stuttgart NJW-RR 1988, 103.
291 Gl. A. Köhler GRUR 2004, 381, 384; Ullmann GRUR 2003, 817, 822.

II. Verstöße gegen andere gesetzliche Vorschriften

Rechtsgrundlage: §§ 3 Abs. 1, 4 Nr. 11 UWG iVm der einschlägigen Spezialvorschrift

828 Bei der Verletzung einer Norm des Strafrechts, des allgemeinen Zivilrechts oder des öffentlichen Rechts (Gewerberecht, Gaststättenrecht, Straßen und Wegerecht usw.) durch einen Unternehmer geht die erste Frage dahin, ob eine geschäftliche Handlung gegeben ist (Rn 55 ff).

829 Liegt eine geschäftliche Handlung vor, so sind ferner vier Voraussetzungen zu klären, nämlich ob

■ eine gesetzliche Norm gemäß § 4 Nr. 11 vorliegt (Rn 778 f),

■ die verletzte Norm zumindest auch eine Regelung des Marktverhaltens im Interesse der Marktteilnehmer (§ 2 Abs. 1 Nr. 2 UWG) bezweckt (Rn 780 ff),

■ eine Erfassung des Normverstoßes nicht etwa aus Konkurrenzgründen ausscheidet (Rn 786 ff) und

■ sofern eine geschäftliche Handlung gegenüber Verbrauchern vorliegt – ob die gebrochene verbraucherschützende Norm eine hinreichende EU-rechtliche Grundlage hat (Rn 790).

Der Unternehmer, der seinen Konkurrenten mit dem Auto überfährt und ihn so für Wochen oder Monate außer Gefecht setzt, verbessert zwar seine Position im Leistungskampf, haftet aber doch nur nach den allgemeinen Vorschriften des Zivil- und Strafrechts. Denn die insoweit einschlägigen Normen schützen in keiner Form den Mitbewerber oder die anderen Marktteilnehmer. Hat der Unternehmer seinen Konkurrenten gerade deshalb – oder zumindest auch deshalb – überfahren, um ihn als Konkurrenten auszuschalten, ist jedoch zusätzlich das Behinderungsverbot des §§ 3 Abs. 1, 4 Nr. 10 UWG (Rn 560), das unabhängig von einem Rechtsbruch besteht, verletzt.

830 Nachfolgend kann nur ein kursorischer Überblick gegeben werden, der eine erste Orientierung ermöglicht, die große Bedeutung dieses Gebiets für die wettbewerbsrechtliche Spruchpraxis aber allenfalls andeutet.

1. Öffentliches Recht

Rechtsgrundlage: §§ 3 Abs. 1, 4 Nr. 11 UWG iVm der einschlägigen Vorschrift

831 Die erste große Gruppe bilden Verstöße gegen gesetzliche **Zugangsbeschränkungen für Tätigkeiten**, die eine gesetzliche Erlaubnis für den Marktzugang im Interesse der Marktgegenseite, vor allem der Verbraucher, anordnen.

Beispiele: Darunter fallen etwa Verstöße gegen das Rechtsdienstleistungsgesetz bei Rechtsberatung trotz fehlender Erlaubnis,[292] gegen das StBerG,[293] gegen das FahrlehrerG,[294] gegen das PersonenbeförderungsG,[295] gegen das LuftVG,[296] § 34 d GewO[297] und gegen die HandwerksO.[298]

Marktzugangsbeschränkungen werden von § 4 Nr. 11 UWG erfasst, wenn sie nicht nur den Marktzutritt regeln, sondern *zugleich* auch Marktverhaltensregelungen darstellen, die vor allem den Interessen der Verbraucher und der übrigen Marktteilnehmer dienen (Rn 785). Gleiches soll nach dem Bundesgerichtshof für die Regelung des § 5 Abs. 1 PostG gelten, der zur Sicherung einer flächendeckenden Grundversorgung (Art. 87 f. Abs. 1 GG) eine Lizenzierungspflicht auch im Interesse der Mitbewerber vorsieht.[299] Das erscheint bedenklich, weil die geregelten Interessen Allgemeininteressen sind und damit der hinreichende Marktbezug fehlt (Rn 781).

Zulassungspflichten für Produkte sind jedenfalls dann Marktverhaltensregelungen iSd § 4 Nr. 11 UWG, wenn sie die Sicherheit und Gesundheit der Verbraucher schützen sollen.[300]

Beispiele: Zulassungspflicht für Arzneimittel gem. § 21 ArzneimittelG; Zulassungspflicht für Pflanzenschutzmittel gem. §§ 11, 20 PflanzenschutzG.

Außerdem sind öffentlich-rechtliche **Tätigkeitsregelungen** zu nennen. Hier ist danach   832
zu differenzieren, ob die öffentlich-rechtlichen Tätigkeitsregelungen (**auch**) **im Interesse von Marktteilnehmern** Geltung entfalten oder ob sie nur vom UWG nicht isoliert erfassten Allgemeininteressen (Rn 48) dienen.

Für § 6 **Verpackungsverordnung** und das dort geregelte Verbot von Selbstentsorgergemeinschaften hat der BGH mittlerweile bejaht, dass dadurch mehr als nur abfallwirtschaftliche und umweltpolitische Belange, nämlich auch Belange der Konkurrenten oder Verbraucher, geschützt werden sollen.[301] Bei Verstößen gegen die **LadenschlussG** der Länder dürfte schon deshalb auch §§ 3 Abs. 1, 4 Nr. 11 UWG verletzt sein, weil diese LadenschlussG (auch) das Marktverhalten regeln:[302] Es ist kein reines Arbeitnehmerschutzrecht, sondern regelt die Öffnungszeiten auch im Interesse der Konkurrenten. Die bisherige, umfangreiche Rechtsprechung zum LadenschlussG des Bundes ist durch die weitgehende Lockerung der Ladenschlusszeiten allerdings größtenteils obsolet geworden. Künftig werden allenfalls noch Verstöße gegen das Öff-

292 BGH GRUR 2009, 1077 Tz. 20 *Finanz-Sanierung*. Noch für das frühere – strengere – Rechtsberatungsgesetz: BGH GRUR 2007, 245 *Schulden Hulp*; BGH GRUR 2003, 886, 889 *Erbenermittler* (als Tätigkeit grundsätzlich zulässig); BGH GRUR 2003, 540, 541 *Stellenanzeige*.
293 BGHZ 98, 330, 336 und 337, 339 *Unternehmensberatungsgesellschaft I* und *II*.
294 BGH GRUR 1991, 768 *Fahrschulunterricht*.
295 BGH GRUR 1988, 130, 132 *Verkaufsreisen*; BGH GRUR 1988, 831, 1990, 49 und 1989, 835 *Rückkehrpflicht I* bis *III*. Vgl für die BO-Kraft BGH GRUR 1986, 621 *Taxenfarbanstrich*. S. ferner OLG München GRUR 1994, 396 L (Flughafentransfer); OLG Frankfurt GRUR 1995, 222 (Kaffeefahrten).
296 OLG Zweibrücken NJW 2000, 89 *Ballonfahrt*.
297 LG Wiesbaden GRUR-RR 2008, 359 *Versicherungsbox*.
298 OLG Frankfurt GRUR 2005, 695, 695 *Verstoß gegen Handwerksordnung*; BGH GRUR 1992, 123, 125 *Kachelofenbauer II*; BGH GRUR 1995, 127, 128 *Schornsteinaufsätze*.
299 BGH GRUR 2003, 250, 251 *Massenbriefsendungen aus dem Ausland*.
300 BGH GRUR 2006, 82 Tz. 22 *Betonstahl*.
301 BGH GRUR 2007, 162 Tz. 12 *Mengenausgleich in Selbstentsorgergemeinschaft*; zweifelnd noch BGH GRUR 2004, 166, 168 *Selbstentsorgergemeinschaft*; Bei dem Genehmigungserfordernis für die Vermittlung von Abfällen gemäß § 50 Abs. 1 KrW-/AbfG handelt es sich nach LG Memmingen GRUR-RR 2006, 63, 64 *Vermitteln von Abfällen* allerdings nicht um eine Marktverhalten regelnde Vorschrift.
302 So auch OLG Stuttgart WRP 2008, 977, 982 *Sonntagsverkauf in Apotheken*; für das sächsische Feiertagsgesetz: OLG Dresden WRP 2006, 1539, 1539 *Sonntagsöffnung einer Automatenvideothek*.

nungsverbot an Sonn- und Feiertagen eine gewisse Bedeutung haben können. Auch schützen die gesetzlichen **Versteigerungsverbote**[303] und die **Versand, Preis- und Abgabevorschriften** für Apotheker[304] und Ärzte[305] die Verbraucher und regeln deshalb Interessen von Marktteilnehmern. Entsprechendes gilt für das Verbot des In-Verkehr-Bringens nicht zugelassener Pflanzenschutzmittel nach §§ 11 Abs. 1, 20 Abs. 2 PflSchG[306] und den vergleichbaren § 15 a ChemG.[307]

Dagegen stellt das **Sonntagsarbeitsverbot** nur eine Regelung im Interesse der Arbeitnehmer und der Allgemeinheit auf, nicht aber im Interesse der Marktteilnehmer. Die frühere Rechtsprechung, die eine Unlauterkeit bei Verletzung annahm,[308] ist überholt. Auch **Tierschutzvorschriften**[309] oder **Umweltschutzvorschriften**[310] regeln grundsätzlich nicht die Interessen der Marktteilnehmer. Genauso wenig ist das öffentlich-rechtliche **Straßenrecht**[311] oder die öffentlich-rechtliche Pflicht von Angehörigen des öffentlichen Dienstes, ihre Arbeitskraft ausschließlich ihrem Dienstherrn zu widmen,[312] im Interesse der Marktteilnehmer und löst damit bei Übertretung keine Unlauterkeit nach UWG aus.

Bestimmungen des Jugendschutzes sollen im Regelfall eine besondere Verbrauchergruppe, nämlich die Kinder und Jugendlichen, schützen; deshalb handelt es sich um Marktverhaltensregelungen.[313] Verletzungen des JugendschutzG und des Jugendmedienstaatsvertrages können deshalb grundsätzlich über § 4 Nr. 11 UWG verfolgt werden.

Zu **öffentlich-rechtlichen Tätigkeitsregelungen für die öffentliche Hand selbst** vgl Rn 843.

833   Für Verstöße gegen öffentliches Recht kann das UWG aus Gründen der **Normenkonkurrenz** unanwendbar sein (Rn 786 f).

834   In jedem Einzelfall ist außerdem zu fragen, ob – bei geschäftlichen Handlungen gegenüber Verbrauchern – die Norm eine harmonisierte **EU-rechtliche Grundlage** hat oder zumindest aus dem Anwendungsbereich der Richtlinie unlautere Geschäftspraktiken herausgenommen ist. Letzteres gilt beispielsweise für berufsständische Regelungen nach Art. 3 Abs. 8 Richtlinie unlautere Geschäftspraktiken oder für Normen für Gesundheits- und Sicherheitsaspekte nach Art. 3 Abs. 3 Richtlinie (Rn 790).

---

303   OLG Karlsruhe WRP 1996, 34, 36 f. Zu Internet-Auktionen Bullinger WRP 2000, 253 und LG Wiesbaden K+R 2000, 152; zur umgekehrten Versteigerung OLGe München und Hamburg GRUR-RR 2001, 112 bzw 113 (letztere im Internet).
304   OLG Köln GRUR 2006, 88, 88 *Gutschein bei Arzneimittelkauf*; OLG Köln NJW-RR 1986, 784 f. Für den Versand an Betriebsärzte OLG Bremen WRP 1986, 391, 393; für Abgabe an ambulante Patienten durch eine Krankenhausapotheke KG GRUR 1995, 682, 683 f; zu sonstigen Apothekendienstleistungen OLG Nürnberg GRUR 1995, 681 f.
305   Näheres Schulte-Westenberg WRP 1998, 1155.
306   OLG Köln GRUR 2005, 962, 963 *Pflanzenschutzmittelimport aus Drittland*; OLG Frankfurt GRUR-RR 2006, 59, 60 *Produktidentität*.
307   OLG Hamburg GRUR-RR 2008, 94 *Anti-Marder-Spray*.
308   OLG Karlsruhe GRUR 1991, 777 f.
309   OLG München NJW-RR 1993, 686; S. aber noch zum alten Recht BGHZ 130, 182, 185 f. *Legehennenhaltung* und dazu Piper GRUR 1996, 147, 161.
310   BGHZ 144, 255, 267 ff. *Abgasemissionen*; OLG München GRUR.-RR 2004, 208 *Geräuschemissionen*.
311   LG Kiel GRUR 2005, 446 *Frühstücksaktion*; OLG Hamburg GRUR-RR 2004, 56 *Werbetafelanhänger*.
312   BGH GRUR 1994, 443, 444 f. *Versicherungsvermittlung im öffentlichen Dienst*.
313   BGH GRUR 2009, 845 Tz. 41 *Internet-Videorecorder*; BGH GRUR 2007, 890 Tz. 35 *Jugendgefährdende Medien bei eBay*.

Beispiel: Danach ist zB eine Anwendung des § 4 Nr. 11 UWG bei Verletzung des grundsätzlichen Verbotes des § 3 RechtsdienstleistungsG, ohne Erlaubnis Rechtsdienstleistungen zu erbringen, nicht richtlinienwidrig.[314] Das Verbot des § 21 ArzneimittelG, nicht zugelassene Arzneimittel in den Verkehr zu bringen, ist wegen seines Schutzwecks, die Gesundheit und Sicherheit der Verbraucher zu schützen, ebenfalls aus der Richtlinie unlautere Geschäftspraktiken herausgenommen. Auch ein Verstoß gegen Jugendschutzrecht sollte richtlinienkonform über § 4 Nr. 11 UWG sanktionierbar sein, weil diese Bestimmungen der Gesundheit und Sicherheit von Kindern und Jugendlichen dienen.

2. Strafrecht

Rechtsgrundlage: §§ 3 Abs. 1, 4 Nr. 11 UWG iVm der einschlägigen Vorschrift

Als Rechtsbruch nach § **4 Nr. 11 UWG** behandelt der Bundesgerichtshof ferner Verletzungen des Verbotes zur Veranstaltung von Glücksspielen in §§ 284, 287 StGB;[315] diese Norm sei sogar eine primär das Marktverhalten regelnde Bestimmung.[316] Daher ist jeder Verstoß dagegen zugleich ein Verstoß gegen § 4 Nr. 11 UWG. Auch vor dem Hintergrund der Vollharmonisierung durch die Richtlinie unlautere Geschäftspraktiken bestehen keine Bedenken, § 4 Nr. 11 UWG anzuwenden (Rn 790). 835

Das Gleiche sollte für die „Straftaten gegen den Wettbewerb" gelten, §§ 298 bis 300 StGB. Sie sind primär mitbewerberschützend und deshalb Marktverhaltensregelungen. Mit der Richtlinie unlautere Geschäftspraktiken entsteht bei Anwendung des § 4 Nr. 11 UWG kein Konflikt, weil die Richtlinie nur verbraucherschützende Bestimmungen harmonisieren wollte (Rn 790). Zu den Straftatbeständen des UWG Rn 794.

3. Zivilrecht

Rechtsgrundlage: §§ 3 Abs. 1, 4 Nr. 11 UWG iVm der einschlägigen Vorschrift

Auch im Zivilrecht ist für eine Anwendung des § **4 Nr. 11 UWG** stets danach zu fragen, ob die verletzte Norm im **Interesse der Marktteilnehmer das Marktverhalten reguliert** (Rn 780). 836

Vorrangig dem **Schutz der Verbraucher** und damit der Marktteilnehmer (§ 2 Abs. 1 Nr. 2 UWG) gewidmet sind 837

■ das **Haustürwiderrufsrecht** der §§ 312 BGB, wonach ein entgeltlicher Vertrag, den ein Letztverbraucher aufgrund mündlicher Gespräche in der Wohnung, am Arbeitsplatz, auf der Straße, in einem Verkehrsmittel oder anlässlich einer Werbeveranstaltung[317] schließt, erst wirksam wird, wenn er ihn nicht binnen zwei Wochen widerruft (§ 355 BGB), die Wochenfrist beginnt erst mit der schriftlichen Belehrung des Kunden, die getrennt und deutlich[318] herausgehoben zu erfolgen[319] und sowohl über das Widerrufsrecht als auch über den Fristlauf zu unterrichten hat[320] und zu unterschreiben ist; unterbleibt sie, so erlischt das Widerrufsrecht erst sechs Monate

---

314 BGH GRUR 2009, 1077 Tz. 21 *Finanz-Sanierung.*
315 Hierzu etwa BGH WRP 2007, 1363 *Gewerbliche Vermittlung von Sportwetten.*
316 BGH GRUR 2002, 269 *Sportwetten-Genehmigung;* Vgl aber BVerfG GRUR 2006, 688 *ODDSET.*
317 Darunter fallen Messen und Ausstellungen nicht, BGH GRUR 1992, 521, 522 *Grüne Woche.*
318 BGH GRUR 203, 252, 253 *Widerrufsbelehrung IV.*
319 BGH GRUR 1994, 59, 60 *Empfangsbestätigung;* BGH WRP 1996, 708, 710; OLG Köln WRP 1987, 226, 267 f.
320 BGHZ 121, 52, 54 f. *Widerrufsbelehrung.* Näheres Mögle NJW 2000, 103.

nach Vertragsschluss bzw Warenlieferung (§ 355 Abs. 3 BGB); mit dem Unterlassen der Widerrufsbelehrung verschafft sich der Handelnde einen unlauteren Vorsprung im Wettbewerb und verstößt damit zugleich gegen §§ 3 Abs. 1, 4 Nr. 11 UWG;[321]

- das **Fernabsatzrecht** der §§ 312 b ff BGB, zB mit der Verpflichtung für den Verkäufer nach § 312 c BGB iVm Art. 246 § 1 Abs. 1 Nr. 1 EGBGB (früher BGB-InfoV), seine Identität genau anzugeben oder nach Art. 246 § 1 Abs. 1 Nr. 8 EGBGB (früher BGB-InfoVO), die Versandkosten in bezifferter Form zu nennen; bei Verstoß gegen die Informationspflichten nach Art. 246 § 1 EGBGB liegt ein Verstoß gegen §§ 3 Abs. 1, 4 Nr. 11 UWG vor.[322] Vgl auch Rn 263. Deshalb verstößt es auch gegen § 4 Nr. 11 UWG – wie im Haustürwiderrufs-Recht –, wenn eine Aufklärung über das Widerrufsrecht nach §§ 312 d, 355 BGB entgegen § 312 c BGB, Art. 246 § 1 Abs. 1 Nr. 10 EGBGB (früher BGB-InfoVO) unterbleibt oder sich als unzureichend darstellt.[323] Eine Frage des Einzelfalls ist es dann allerdings, ob der konkrete Verstoß zugleich die Bagatellschwelle des § 3 Abs. 1 UWG überschreitet.[324] Siehe auch Rn 399, 402 zu § 5 a Abs. 3 Nr. 5 UWG;

- das **Verbraucherkreditrecht** der §§ 491 ff BGB, mit den gleichen Widerrufsregelungen und Belehrungspflichten;[325] allerdings ist ein Pay-TV-Vertrag kein Vertrag in diesem Sinn, weil lediglich Dienstleistungen erbracht werden;[326]

- das **Reiserecht** der §§ 651 a–651 l BGB; es ist ebenfalls verbraucherschützend, zB muss dem Kunden, der eine Vorauszahlung geleistet hat, gemäß § 651 k Abs. 4 S. 1 BGB ein Sicherungsschein ausgehändigt werden;[327]

- das **WohnvermittlG**, dessen § 6 Abs. 2 dem Vermittler vorschreibt, in Wohnungsangeboten den Mietpreis anzugeben und darauf hinzuweisen, ob Nebenleistungen besonders zu vergüten sind; die Angabe einer Mietsumme mit dem bloßen Zusatz „KM", der nicht ohne weiteres verständlich ist, lässt Interessenten glauben, es handele sich um die Gesamtleistung;[328]

- das **TelemedienG** (TMG), das in § 6 besondere Informationspflichten bei sog. kommerzieller Kommunikation aufstellt, da diese Regelungen verbraucherschützend sind, nach inzwischen vorherrschender Auffassung auch die Impressumspflichten

---

321 OLG Hamm MMR 2008, 469. Vgl auch BGH GRUR 2003, 252, 253 *Widerrufsbelehrung IV;* BGH GRUR 2002, 1085, 1087 f. *Belehrungszusatz.*.

322 BGH GRUR 2007, 159 Tz. 30 *Anbieterkennzeichnung im Internet;* KG GRUR-RR 2008, 83 *Kundenreklamation;* OLG Hamburg CR 2008, 396; LG Bielefeld BeckRS 2009, 3630. Vgl zur Frage des wie der Aufklärung bei Internetangeboten KG GRUR-RR 2008, 352 *Eigentümergebrauch II;* KG GRUR-RR 2008, 131 *Eigentümergebrauch I;* OLG Köln GRUR-RR 2008, 88.

323 BGH GRUR 2010, 1142 Tz. 12 ff. *Holzhocker;* bejaht auch von BGH GRUR 2006, 782, 785 *Lottofonds,* allerdings gestützt auf § 4 Nr. 2 UWG; für 312 c BGB ferner: KG GRUR-RR 2010, 215; KG GRUR-RR 2008, 129 *Unvollständige Widerrufsbelehrung;* OLG Stuttgart MMR 2008, 616; OLG Hamm GRUR-RR 2010, 216 und 217; OLG Hamm MMR 2005, 540. Vgl auch Witt NJW 2007, 3759.

324 BGH GRUR 2010, 1142 Tz. 12 ff. *Holzhocker* will allerdings bei fehlender oder mangelhafter Belehrung über das Widerrufsrecht offensichtlich stets einen spürbaren Wettbewerbsverstoß annehmen. Vgl auch KG GRUR-RR 2010, 215, einerseits und KG MMR 2008, 542, 545 *Bagatellverstoß im Onlinehandel* andererseits; siehe auch OLG Frankfurt BeckRS 2008, 18860 mwN; LG Bielefeld BeckRS 2009, 3630 (Berufung eingelegt).

325 BGH GRUR 2003, 622, 623 *Abonnentenvertrag.*

326 BGH GRUR 2003, 622, 623 *Abonnentenvertrag.*

327 BGH WRP 2000, 633, 635 *Sicherungsschein;* LG Köln GRUR-RR 2007 401, 402 *Ferienhäuser.*

328 OLG Stuttgart NJWE 1996, 267.

nach § 5 TMG, die auch verbraucherschützend sein sollen.[329] Die danach vorgeschriebenen Angaben in einem Internetauftritt sind „leicht erkennbar" und „unmittelbar erreichbar", wenn sie über zwei Klicks auf Links „Kontakt" und dann „Impressum" auffindbar sind.[330] Es ist umstritten, ob neben der Angabe der E-Mail-Adresse ein zweiter Kommunikationsweg, eröffnet sein muss; das wird nach Vorlage durch den Bundesgerichtshof durch den EuGH geklärt.[331] Einige Gerichte haben sich insbesondere für eine zwingende Angabe der Telefonnummer ausgesprochen.[332] Ob als Ersatz auch eine Anfragemaske oder eine Telefaxnummer ausreicht, ist ebenfalls bis zur EuGH-Entscheidung ungeklärt.[333]

Sämtliche vorgenannten verbraucherschützenden Vorschriften des BGB – allen voran die Bestimmungen des Fernabsatzrechts – haben große praktische Bedeutung im Rahmen des § 4 Nr. 11 UWG. Insbesondere kleinere eBay-Händler haben oft nicht zutreffend belehrt, was ganze Serien von Mitbewerberabmahnungen nach sich zog. Rechtsmissbräuchlich werden solche Abmahnungen nicht schon aufgrund ihrer Masse, sondern nur dann, wenn die Voraussetzungen des § 8 Abs. 4 UWG vorliegen (dazu Rn 987 ff).

Auch bei Verstößen gegen andere Impressumspflichten, zB aus den LandespresseGen für die periodische Presse oder § 35 a GmbHG für die GmbH, ist danach zu fragen, ob die jeweilige Bestimmung entweder Interessen der Verbraucher oder der Mitbewerber oder der sonstigen Marktteilnehmer schützt.[334] Für die Impressumspflichten nach den LandespresseGen wird ein hinreichender Marktbezug überwiegend verneint.[335]   838

Ein Verstoß gegen **AGB-Recht**, das dem Schutz der Verbraucher bzw der unternehmerischen Marktgegenseite dient, löst nach der herrschenden Auffassung bei Verletzung §§ 307, 308 oder 309 BGB eine Unlauterkeit nach § 4 Nr. 11 UWG aus;[336] das bestätige ein Blick in § 3 Abs. 2 S. 1 UWG. Denn der Verwender verbotener AGB handele regelmäßig unter Verletzung der gebotenen fachlichen Sorgfalt.[337] Andere wollen je nach unwirksamer Klausel danach differenzieren, ob die Klausel einen hinreichenden Marktbezug hatte; das wird verneint, soweit die AGB-Kontrolle nicht die Nachfrageentschei-   839

---

329   Für die entsprechenden Vorschriften im früheren TeledienesteG (TDG): BGH GRUR 2007, 159 Tz. 15 *Anbieterkennzeichnung im Internet*; OLG Koblenz ZUM-RD 2006, 336; OLG München AfP 2004, 147.
330   BGH GRUR 2007, 159 Tz. 20 ff. *Anbieterkennzeichnung im Internet*.
331   BGH GRUR 2007, 723 Tz. 13 ff. *Internet-Versicherung* mwN zum Streitstand.
332   OLG Oldenburg GRUR-RR 2007, 54 mwN zum Streitstand; OLG Köln GRUR-RR 2005, 24.
333   BGH GRUR 2007, 723 Tz. 13 ff. *Internet-Versicherung* mwN zum Streitstand.
334   Überholter Ausgangspunkt insoweit bei BGH GRUR 1989, 830, 832 *Impressumspflicht*, OLG Hamm AfP 1986, 343 f, OLG Düsseldorf GRUR 1987, 297, 299, sowie OLG Düsseldorf GRUR-RR 2004, 25 *Schlüsselnotdienst* (für § 35 a GmbHG).
335   OLG Hamburg GRUR-RR 2006, 23, 24; v. Jagow in Harte/Henning § 4 UWG Rn 128; Köhler in Köhler/Bornkamm § 4 UWG Rn 11.167.
336   KG GRUR-RR 2008, 308 *Teillieferungs- und Teilabrechnungsklauseln* (§§ 307 Abs. 2 Nr. 1, 309 Nr. 2 a BGB); OLG Frankfurt BeckRS 2008, 18860 (§ 308 Nr. 1, § 477 Abs. 1 BGB); OLG Frankfurt MMR 2007, 603 (§ 305 Abs. 2 Nr. 2 BGB); KG GRUR-RR 2007, 291 *Postwegvorbehalt* für alle Regelungen der AGB-Kontrolle, die hinreichende Transparenz gewährleisten sollen; ähnlich schon KG MMR 2005, 466. Zustimmend Köhler in Köhler/Bornkamm § 4 UWG Rn 11.156 c ff; Ebert-Weidenfeller in Götting/Nordemann § 4 UWG Rn 11.69.
337   Vgl Sosnitza WRP 2008, 1014, 1018; Köhler NJW 2008, 3032, 3035.

dung des Verbrauchers allgemein, sondern nur die Vertragsdurchführung betrifft.[338] Auf diese Weise wird man jedoch nach der UWG-Novelle 2008 nicht mehr argumentieren können, weil § 2 Abs. 1 Nr. 1 UWG jetzt ausdrücklich – richtlinienkonform, vgl Rn 17 – auch bloße Handlungen der Vertragsdurchführung erfasst (Rn 60). Dennoch überzeugt die generelle Anwendung des § 4 Nr. 11 UWG für jeden Verstoß gegen §§ 307, 308 oder 309 BGB nicht. Die Richtlinie unlautere Geschäftspraktiken erlaubt in Art. 7 Abs. 4 d nur noch dann eine Unzulässigkeit nach § 4 Nr. 11 BGB, wenn es sich um Zahlungs-, Liefer- oder Leistungsbedingungen handelt (vgl Rn 282 ff, 398) *und* eine „Aufforderung zum Kauf" (Rn 388) vorliegt, vgl die Umsetzung in § 5 a Abs. 3 Nr. 4 UWG. Die „AGB-Kontrolle" durch § 4 Nr. 11 UWG ist also zukünftig – entgegen der herrschenden Auffassung – auf den Anwendungsbereich des § 5 a Abs. 3 Nr. 4 UWG beschränkt und läuft mit ihm parallel. Eigenständige Bedeutung kann § 4 Nr. 11 UWG bei richtlinienkonformer Auslegung also nicht mehr erlangen. Ansonsten kann auf die Sanktionsmöglichkeiten des UnterlassungsklageG zurückgegriffen werden, die weiter gehen.

Der **Bundesgerichtshof** hat zum Meinungsstreit bislang nur für die Klauselverbote des **§ 475 Abs. 1 S. 1 BGB** Stellung genommen. Ein Verstoß gegen diese Norm stellt zugleich einen Verstoß gegen § 4 Nr. 11 UWG dar, weil es sich bei § 475 Abs. 1 S. 1 BGB um eine Norm handele, deren Schutzzweck auch auf die den Schutz von Verbraucherinteressen gerichtet sei.[339]

840   Da **§ 138 BGB** keinen verbraucherschützenden Regelungszweck hat, erscheint es heute als zweifelhaft, dann einen Rechtsbruch nach UWG anzunehmen, wenn sich eine Teilzahlungsbank Wucherzinsen versprechen lässt.[340] Zumindest wegen Normkonkurrenz (Rn 786) zu den BGB-Vorschriften erscheint es nicht als gerechtfertigt, zusätzlich zu den Individualansprüchen nach BGB hier noch das Sanktionsinstrumentarium des UWG zur Verfügung zu stellen.

841   Auch verstößt nicht gegen §§ 3 Abs. 1, 4 Nr. 11 UWG, wer sich durch die Verletzung des allgemeinen **Persönlichkeitsrechts** der von ihm umworbenen Kunden einen Vorsprung im Wettbewerb verschafft; denn die Regelung des § 823 Abs. 1 BGB ist nicht verbraucherschützend. Bei der Missachtung des Werbeverbots am Hausbriefkasten oder sonstiger Störung der Privatsphäre bei ungefragter Werbung dürfte aber eine unlautere Belästigung nach § 7 UWG vorliegen (Rn 515). Weder ein unlauterer Rechtsbruch noch eine unlautere Belästigung liegen bei der – ungefragten – Werbung mit bekannten Persönlichkeiten vor,[341] weil der Prominente hier nicht belästigt, sondern

---

338   So OLG Hamburg GRUR-RR 2007, 287 *Horse-Equipe*; ablehnend zu einer Anwendung des § 4 Nr. 11 UWG auch OLG Köln GRUR-RR 2007, 285 *Schriftformklauseln*, allerdings mit Sympathie für Marktbezug von Klauseln, die Nähe zu gesetzlichen Informationspflichten aufweisen oder durch die eine formularmäßige Einwilligung in Telefonwerbung kontrolliert wird. Gänzlich eine Anwendung des § 4 Nr. 11 UWG auf Verstöße gegen AGB-Recht ablehnend: Ohly in Piper/Ohly/Sosnitza § 4 UWG Rn 11/78 mwN; vgl auch Armgardt WRP 2009, 122 ff.

339   BGH GRUR 2010, 1120 Tz. 22 f. *Vollmachtsnachweis*; BGH GRUR 2010, 1117 Tz. 26 ff. *Gewährleistungsausschluss im Internet*.

340   KG WRP 1980, 492, 493 f, allerdings zur alten Rechtslage.

341   Vgl Rn 542. Zum Schutz der Privatsphäre durch das UWG S. Ulrich, FS Vieregge, S. 901, zur Werbung mit bekannten Persönlichkeiten Strothmann GRUR 1996, 693.

seine Persönlichkeit ausgebeutet wird. Er muss selbst entscheiden, ob er über § 823 Abs. 1 BGB vorgeht oder nicht.

Das Gleiche gilt grundsätzlich für die **geistigen Eigentumsrechte.** Geistige Eigentumsrechte wie Patentrecht, Markenrecht, Geschmacksmusterrecht oder Urheberrecht haben grundsätzlich (Rn 20) einen abschließenden Katalog von Sanktionen, der nicht über das UWG erweitert werden kann (Rn 788).

III. Verstöße der öffentlichen Hand

Rechtsgrundlage: §§ 3 Abs. 1, 4 Nr. 11 UWG iVm der einschlägigen Vorschrift

Bei Wettbewerbsteilnahme der öffentlichen Hand gelten **einige Besonderheiten** für die Fallgruppe Rechtsbruch. Ein Rechtsbruch der öffentlichen Hand kann vor allem in einer Verletzung von Normen liegen, die die Betätigung der öffentlichen Hand gesetzlich regeln. Eine Verletzung solcher Normen ist aber nicht automatisch mit einem Unlauterkeitsurteil verbunden.[342] Dies würde nämlich im Umkehrschluss bedeuten, dass die öffentliche Hand nur aufgrund einer besonderen gesetzlichen Ermächtigung wirtschaftlich tätig sein dürfte. Das widerspräche der wirtschaftspolitischen Neutralität des GG (Rn 645). Außerdem gelten öffentlich-rechtliche Normen nur für die öffentliche Hand und nicht für Private. Aus der Verletzung der einschlägigen Zuständigkeitsnorm kann sich kein Vorsprung gegenüber den gesetzestreuen Konkurrenten ergeben, weil die Privaten nicht an diese Norm gebunden sind.[343]

Die Rechtsprechung differenzierte früher für eine Unlauterkeit des Rechtsbruches nach denselben Grundsätzen, die sie auch für den Rechtsbruch der Privaten aufgestellt hatte (Rn 781 ff). Diese dogmatische Einteilung wird, wie wir an anderer Stelle ausgeführt haben, dem Schutzzweck des UWG aber nur bedingt gerecht und ist mittlerweile aufgegeben worden (Rn 780 ff). Vielmehr kann sich eine Unlauterkeit wegen Rechtsbruchs nur dann ergeben, wenn die verletzte öffentlich-rechtliche Vorschrift **drittschützend** in Bezug auf die Konkurrenten *und* (**auch**) **eine auf die Lauterkeit des Wettbewerbs bezogene Schutzfunktion aufweist, also auch die Interessen der Mitbewerber auf dem Markt regelt.**[344] Nicht jede Verletzung einer Konkurrenten schützenden Norm ist damit unlauter nach § 4 Nr. 11 UWG, insbesondere nicht, wenn sie lediglich die allgemeinen Rahmenbedingungen der Wettbewerbsteilnahme für die öffentliche Hand regelt (Rn 785).

842

843

---

342 Schünemann WRP 2001, 466, 469; aA Emmerich AG 1985, 293, 298; Hubmann WiVerw 1982, 41, 60.

343 OLG Hamm WRP 1991, 493, 494 *HUK Vertrauensmann*; H. Schricker, Wirtschaftliche Tätigkeit der öffentlichen Hand und unlauterer Wettbewerb, S. 157.

344 BGH GRUR 2010, 654 Tz. 23 *Zweckbetrieb*; BGH GRUR 2003, 164, 165 *Altautoverwertung*; BGH GRUR 2002, 825, 826 *Elektroarbeiten* m.Anm. Haslinger WRP 2002, 1023. Vgl auch Köhler NJW 2002, 2761 ff.

Beispiele: Drittschutz für Konkurrenten wird vor allem für die gemeinderechtlichen Regelungen, die das wirtschaftliche Tätigwerden der Gemeinden bestimmen, diskutiert, jedoch entweder abgelehnt oder zumindest ein hinreichender Bezug zum Marktverhalten verneint.[345] Als schon nicht drittschützend wurden die Vorschriften über die Nebentätigkeit von Angehörigen des öffentlichen Dienstes eingestuft. Allein aus der Verletzung dieser Vorschriften konnte also die Unlauterkeit nicht hergeleitet werden,[346] vgl Rn 647 ff. Die Unlauterkeit konnte nur in einer Wettbewerbsverzerrung liegen, für die eine Interessenabwägung durchzuführen war.

Weiter sind die Verbote redaktioneller Werbung aus den Rundfunkstaatsverträgen unmittelbar drittschützend (oben Rn 823). Verstöße sind auch über § 4 Nr. 11 UWG zu erfassen, weil die Regelungen auch verbraucherschützend sind und damit einen hinreichenden Marktbezug haben.

Jedoch können Verstöße gegen öffentlich-rechtliche Tätigkeitsvorschriften, die nicht drittschützend sind und/oder keinen hinreichenden Bezug zum Marktverhalten haben, dann unlauter sein, wenn eine unlautere Wettbewerbsverzerrung gegeben ist, zB bei einer nach öffentlichem Recht rechtswidrigen Marktteilnahme, die die Existenz der privaten Konkurrenten bedroht (Rn 647 ff).

844 Allerdings hat der Bundesgerichtshof eine Unlauterkeit auch aus einem Verstoß gegen Normen hergeleitet, die dem Schutz überragend wichtiger Gemeinschaftsgüter dienen, ohne dass es auf den drittschützenden Charakter der verletzten Norm ankäme. **Werbung im Programm** hielt er als Verstoß gegen die Rundfunkfreiheit (Art. 5 Abs. 1 S. 2 Alt. 2 GG) ohne weiteres für unlauter.[347] Das ist zumindest dogmatisch zweifelhaft, als dass damit die Unlauterkeit isoliert von dem eigentlichen Schutzzweck des UWG, den Leistungswettbewerb zu schützen, beurteilt wird. Im Ergebnis ist der Entscheidung aber zuzustimmen, weil neben der Rundfunkfreiheit auch Marktverhalten regelnde Normen aus dem Rundfunkstaatsvertrag verletzt waren.[348]

845 Überdies ist wiederum zu beachten, dass das UWG möglicherweise aus Gründen der **Normenkonkurrenz** zurücksteht, auch wenn die verletzten Regelungen drittschützend sind, so zB im Sozialrecht oder bei Vorliegen eines zwar fehlerhaften, aber nicht nichtigen Verwaltungsaktes, der die Handlung erlaubt (Rn 787).

---

345 Ablehnend: BGH GRUR 2003, 164, 165 *Altautoverwertung* für § 107 NWGO;BGH GRUR 2002, 825, 826 ff. *Elektroarbeiten;* BGH GRUR 1974, 733, 734 *Schilderverkauf* für die niedersächsische GO; BVerwG BVBl. 96, 152, 153; BayVGH JZ 1976, 641, 642 mwN; OLG Frankfurt GRUR 1999, 75, 75 *Ticket-Vorverkauf;* OLG München WRP 1998, 430, 433 *Photovoltaik-Anlagen;* OLG Karlsruhe, Urt. v. 14.11.2001, Az 6 U 43/01, S. 6, anderer Ansicht zur Rechtslage nach der GO BW Gröning WRP 2002, 17, 21; zustimmend für Drittschutz: OLG Hamm NJW 1998, 3504, 3504 f. *Stadtgrün;* OLG Düsseldorf WRP 1997, 42, 43 *Nachhilfeunterricht in der Volkshochschule;* allerdings ist die GO NRW zwischenzeitlich geändert und den anderen GOen angepasst, so dass die beiden Entscheidungen überholt sein dürften, vgl Köhler WRP 1999, 1205, 1207; aA Gröning WRP 2002, 17, 22 f.
346 BGH GRUR 1994, 443 *Versicherungsvermittlung im öffentlichen Dienst.*
347 BGHZ 110, 278, 290 *Werbung im Programm.*
348 BGHZ 110, 278, 291 *Werbung im Programm.*

C. Verstöße gegen sonstiges Recht

I. Handelsbräuche, Standesauffassungen, Wettbewerbsregeln

Rechtsgrundlage: § 3 Abs. 1 UWG

Der Bundesgerichtshof hat früher Handelsbräuche und Standesauffassungen faktisch **846** wie geltendes Recht behandelt:[349] Wurden sie „von einer einheitlichen und gefestigten Standesüberzeugung getragen", so sollte ihre Nichtachtung dann gegen UWG verstoßen, wenn ihnen „ein Rang zukommt, der eine Verletzung auch von dem insoweit zu berücksichtigenden Standpunkt der Allgemeinheit aus als verwerflich erscheinen lässt".[350] Dabei genügte es, dass es sich um Übereinkünfte, Bräuche oder Regeln handelte, die „nach dem Anstandsgefühl der beteiligten Gewerbetreibenden unerlässlich sind, um einen redlichen Geschäftsverkehr in dem betreffenden Berufs- oder Gewerbezweig zu gewährleisten".[351]

Diese Rechtsprechung scheint der Bundesgerichtshof inzwischen aufgegeben zu haben. Mit Recht hebt er gegenüber der Wettbewerbsrichtlinie der Versicherungswirtschaft (Wettbewerbsregel iSv § 29 Abs. 1 GWB aF), also einer durch Ausformulierung und schriftliche Fixierung verfestigten Sammlung von Standesauffassungen, hervor, dass diese nur für die durch sie gebundenen Wettbewerber, nicht für Außenseiter, Geltung haben könne; andernfalls würde **die Wettbewerbsregel an die Stelle des Gesetzes treten**.[352] Sie könne nur als **Indiz** dafür herangezogen werden, welches Wettbewerbsverhalten nach der Auffassung der beteiligten Verkehrskreise als unlauter anzusehen sei.[353] Für die Wettbewerbsregeln des Verbandes der Deutschen Zeitschriftenverleger (VDZ) hat der BGH nochmals klargestellt, dass Wettbewerbsregeln heute nur eine begrenzte Bedeutung haben und allenfalls eine indizielle Bedeutung für die Frage der Unlauterkeit besitzen können.[354] Das gilt selbstverständlich auch dann, wenn eine Kartellbehörde bestimmte Wettbewerbsregeln anerkannt hat.[355]

Beispiele: Die Zeitschrift „STERN" warb um Abonnenten mit einem im Vergleich zum regulären Hefteinzelverkaufspreis um 40% reduzierten Preis und versprach den Abonnenten auch noch attraktive Zugaben (Kaffeekanne, Armbanduhr etc.). Die Wettbewerbsregeln des Verbandes Deutscher Zeitschriftenverleger (VDZ) erklärten solche Werbemaßnahmen für unzulässig; dennoch war das Angebot nicht unlauter, weil sich die in den VDZ-Wettbewerbsregeln zu Grunde gelegte Auffassung nicht als konform mit den geltenden Regeln des Lauterkeitsrechts, insbesondere zum „übertriebenen Anlocken" (Rn 447 ff), erwies.[356]

---

349 Z.B. BGH GRUR 1969, 474, 476 *Bierbezug*; BGH GRUR 1982, 311, 312 *Berufsordnung für Heilpraktiker*; im Anschluss daran OLG Frankfurt GRUR 1983, 387, 389 *Heilpraktikerwerbung* und OLG Düsseldorf WRP 1983, 499, 500. Ähnlich OLG Koblenz GRUR 1987, 729 (Optiker-Hausbesuche).

350 BGH GRUR 1969, 477, 476 *Bierbezug* und OLG München WRP 1980, 284, 285 (dort verneint für die Wettbewerbsrichtlinien der Versicherungswirtschaft); OLG Hamm GRUR 1986, 172, 173 (dort teilweise verneint für die ZAW-Richtlinien). OLG Koblenz GRUR 1987, 729 stellte nicht einmal diese Voraussetzung auf.

351 BGH GRUR 1969, 477, 476 *Bierbezug*.

352 BGH GRUR 1991, 462, 463 *Wettbewerbsrichtlinie der Privatwirtschaft*.

353 Ebenso Piper GRUR 1992, 803, 813. In diesem Sinne ist wohl auch KG WRP 1992, 649, 651 zu verstehen (zu den Verhaltensregeln des Deutschen Werberates).

354 BGH GRUR 2006, 773 Tz. 19 ff. *Probeabonnement*.

355 BGH GRUR 2006, 773 Tz. 20 *Probeabonnement*.

356 BGH GRUR 2006, 773 Tz. 19 ff. *Probeabonnement*.

847 Handelsbräuche und Standesauffassungen sind, solange sie nicht zum Gewohnheitsrecht erstarkt sind, kein verbindliches Recht. Ihre Verletzung kann daher nicht per se unlauter sein.

848 Früher hat der Bundesgerichtshof gelegentlich auch von der „unlauteren Ausnutzung des internationalen Rechtsgefälles" gesprochen, die gegen UWG verstoßen könne.[357] Das konnte nicht zutreffen: Wer das geltende Recht beachtet, kann nicht rechtswidrig handeln.

849 DIN-Normen bedürfen, wenn sie für § 3 Abs. 1 UWG relevant werden sollen, der Branchenübung und der Durchsetzung bei den beteiligten Verkehrskreisen.[358]

II. Ministerielle Erlasse, Verwaltungsakte

Rechtsgrundlage: § 3 Abs. 1 UWG

850 **Ministerielle Erlasse** binden nur die nachgeordneten Behörden.[359] Ein Verstoß dagegen kann deshalb für sich genommen nicht unlauter sein. Gleiches gilt für **Verwaltungsakte**, zB für behördliche Genehmigungen. Ein Verstoß löst grundsätzlich nicht die Rechtsfolge des § 3 Abs. 1 UWG wegen Rechtsbruchs aus.[360] Ansonsten würde dem Konkurrenten (und den anderen nach dem UWG Aktivlegitimierten) ein zusätzlicher Rechtsschutz eröffnet, der dem Verwaltungsrecht fremd ist. Vgl zur Normenkonkurrenz auch Rn 786 ff.

III. Verträge

Rechtsgrundlage: § 3 Abs. 1 UWG

851 Ein **Verstoß gegen Vertragsrecht** ist für sich genommen **kein unlauterer Wettbewerb.**
Beispiel: Die für alle Versteigerer auf eBay verbindlichen „eBay-Grundsätze" sind keine gesetzlichen Vorschriften nach § 4 Nr. 11 UWG; eine Zuwiderhandlung ist nur vertragsrechtlich, aber grundsätzlich nicht wettbewerbsrechtlich relevant.[361]

Ein Delikt gem. UWG ist nur der Vertragsbruch, der **zugleich** auch **ein Unlauterkeitsmerkmal erfüllt**, also unlauteres Verhalten gegenüber Kunden (Rn 118 ff), ein unlauteres Verhalten gegenüber Mitbewerbern (Rn 551 ff) oder einen unlauteren Rechtsbruch (Rn 774 ff) darstellt.

1. Vertriebsbindungssysteme

Rechtsgrundlage: §§ 3 Abs. 1, 4 Nr. 10 UWG

852 Der Grundsatz, dass ein Vertragsbruch für sich genommen noch nicht unlauter ist, gilt auch für Vertriebsbindungssysteme. Die Rechtsprechung ist deshalb zu Recht mit einem Schutz des Vertriebssystems als solchem aus § 3 Abs. 1 UWG äußerst zurückhaltend. War es früher noch ein Verstoß gegen UWG, wenn ein nicht gebundener Außenseiter den Verstoß eines gebundenen Händlers gegen ein kartellrechtlich wirksames sowie

357 BGH GRUR 1980, 858, 860 *Asbestimporte* unter Hinweis auf BGH GRUR 1977, 672 *Weltweit-Club.*
358 BGH GRUR 1994, 640, 641 *Ziegelvorhangfassade.*
359 BGH GRUR 1984, 665, 667 *Werbung in Schulen.*
360 OLG Köln MMR 2002, 122, 123; aA OLG Hamburg GRUR 1997, 850, 852 *Digitales Fernsehen.*
361 OLG Hamm WRP 2011, 598 *Verstoß gegen eBay-Grundsätze.*

gedanklich und praktisch lückenloses Vertriebssystem bloß ausnutzte,[362] so hat der Bundesgerichtshof diese Rechtsprechung aufgegeben.[363] Das **Ausnutzen** eines solchen Verstoßes ist **nicht** mehr per se **unlauter**. Das gilt auch für das Ausnutzen von Vertragsverstößen außerhalb von Vertriebsbindungssystemen.[364]

Ein Verstoß gegen § 3 Abs. 1 UWG (iVm § 4 Nr. 10 UWG) ist aber anzunehmen, wenn **853** ein **Verleiten zum Vertragsbruch** gegeben ist (Rn 584 ff), wobei es auf die Lückenlosigkeit des Vertriebssystems nicht ankommt.

Ebenfalls ohne den Nachweis der Lückenlosigkeit wird der **Schleichbezug** vom Bundesgerichtshof stets als **wettbewerbswidrig** gem. §§ 3 Abs. 1, 4 Nr. 10 UWG beurteilt.[365] Schleichbezug liegt vor bei Vorschieben eines Strohmannes unter Verheimlichung des wahren Abnehmers, bei Vorgabe, lediglich Vermittler zu sein, obwohl er dem Endabnehmer gegenüber tatsächlich Verkäufer ist,[366] bei Verschweigen des Umstandes, dass man Wiederverkäufer ist, wenn der Verkäufer nur an Endabnehmer verkauft,[367] bei arglistigem Verschweigen einer gegen den Käufer verhängten Liefersperre, bei Zusammenwirken mit ungetreuen Angestellten. **854**

Beispiel: Ein in Hamburg ansässiger Fußballbundesligaverein verkaufte Eintrittskarten zu seinen Spielen nur mit dem unmissverständlichen und AGB-rechtlich zulässigen Hinweis, dass die Karten nur an Endabnehmer, nicht aber an Wiederverkäufer abgegeben werden. Wenn gewerbliche Wiederverkäufer selbst oder über einen Strohmann die Karten erwerben, ohne die Wiederverkaufsabsicht offenzulegen, so erfüllt das den Tatbestand des unlauteren Schleichbezuges. Denn sie täuschen über ihre Weiterverkaufsabsicht.[368]

Auch der Weiterverkauf der so beschafften Ware wird unter dem Gesichtspunkt der fortwirkenden Störung der Wettbewerbslage untersagt[369] (Rn 857 ff); dies lässt sich freilich auch aus dem Beseitigungsanspruch (Rn 933) und aus § 249 BGB (Rn 946) herleiten.

Fraglich ist indes, ob auch das sog. **Screen-Scraping** unlauteren Schleichbezug darstellt. Beim Screen-Scraping greift ein Unternehmer auf die Website eines Anbieters zu, um dessen Leistung an seine Kunden zu vermitteln. Beispielsweise kommt das für Flugbuchung vor, die Internetportale für ihre Kunden bei Fluggesellschaften buchen. Das OLG Hamburg hält dies für einen unlauteren Schleichbezug, wenn der kommerzielle Weiterverkauf der Flugtickets in den AGB der Fluggesellschaft verboten ist,[370] der OLG Frankfurt sieht keine Unlauterkeit.[371]

Zum unlauteren Ausnutzen der Einrichtungen des Vertragspartners vgl Rn 583.

---

362 Vgl 8. Aufl. Rn 540 ff.
363 BGH GRUR 1999, 1113 *Außenseiteranspruch I*; BGH GRUR 2000, 724, 725 *Außenseiteranspruch II*; BGH WRP 2002, 947, 949 *Entfernung der Herstellungsnummer III*.
364 OLG Köln MMR 2002, 122, 124.
365 BGH GRUR 2009, 173 Tz. 22 *bundesligakarten.de*; BGH GRUR 1988, 916, 917 *Pkw-Schleichbezug*; zum Handel mit Eintrittskarten: Körber/Heinlein WRP 2009, 266 ff.
366 BGH GRUR 1992, 171, 173 *Vorgetäuschter Vermittlungsauftrag*; BGH WRP 1994, 730, 731 *Tageszulassungen*.
367 BGH GRUR 2009, 173 Tz. 22 ff *bundesligakarten.de*.
368 BGH GRUR 2009, 173 Tz. 22 ff *bundesligakarten.de*.
369 BGH GRUR 1992, 171, 174 *Vorgetäuschter Vermittlungsauftrag*.
370 OLG Hamburg 28.5.2009, Az 3 U 191/08, verfügbar bei juris.
371 OLG Frankfurt MMR 2009, 400.

855 Schließlich kann sich eine Sittenwidrigkeit nach §§ 3 Abs. 1, 4 Nr. 10 UWG auch daraus ergeben, dass **Kontrollnummern** zur Überwachung eines kartellrechtlich wirksamen, aber nicht notwendigerweise praktisch lückenlosen Vertriebssystems **beseitigt oder unkenntlich gemacht werden.** Wohl aber ist gedankliche Lückenlosigkeit Voraussetzung.[372] Bei fehlender gedanklicher Lückenlosigkeit kommt eine Unlauterkeit nur unter besonderen Umständen, etwa bei rechtlicher Verpflichtung zu einer entsprechenden Kennzeichnung nach § 4 Abs. 1 KosmetikVO, in Betracht.[373] Ansprüche bestehen sowohl gegen den die Kontrollnummern unlauter Beseitigenden als auch gegen jeden, der solche Ware vertreibt.[374] Vgl zum Ganzen auch Rn 641.

856 In (erlaubten) **Preisbindungssystemen** gem. § 30 GWB (insbesondere Zeitungen, Zeitschriften) scheidet mit der Rechtsprechung des BGH[375] eine unlautere Handlung **des vertragsbrüchigen Händlers** selbst dann aus, wenn sich der vertragsbrüchige Händler einen erheblichen Wettbewerbsvorsprung gegenüber seinen vertragstreuen Konkurrenten verschafft.[376] Bei gezielter Behinderung von anderen Marktteilnehmern kann aber das Regelbeispiel des § 4 Nr. 10 UWG erfüllt sein, den der BGH neben dem GWB anwenden will.[377] Zu beachten ist jedoch, dass die Behinderung als bloße Folge des Verkaufs von Zeitungen oder Zeitschriften unter den vorgeschriebenen Preisen hierfür nicht genügt,[378] denn die Wettbewerbshandlung muss sich für § 4 Nr. 10 UWG „gezielt" gegen andere Marktteilnehmer richten.[379] Möglich sind aber vertragliche Ansprüche.[380] Problematisch ist, ob bei Verletzung des eigenen Preisbindungssystems auch **der Preisbinder** unlauter handeln kann. Der Bundesgerichtshof verneint sämtliche lauterkeitsrechtlichen Ansprüche, die sich allein aus dem Vorwurf des kartellrechtlichen Verstoßes speisen.[381] Die 7. GWB-Novelle 2005 habe eine abschließende Regelung der zivilrechtlichen Ansprüche gebracht, die im Fall von Verstößen gegen kartellrechtliche Normen geltend gemacht werden können. Danach scheiden UWG-Ansprüche wegen Verletzung der §§ 3, 4 Nr. 11 UWG aus, die sich auf einen Verstoß der Preisbindung gegen §§ 1, 20 Abs. 1 GWB oder auf ein Hinwegsetzen des Preisbinders über eine Verfügung des BKartA nach § 30 Abs. 3 GWB beziehen. Genauso scheidet damit eine Verletzung von § 3 UWG[382] aus, wenn durch den Verstoß gegen das eigene Preisbindungssystem ein erheblicher Wettbewerbsvorsprung vor den übrigen Markt-

---

372 BGHZ 142, 192, 202 *Entfernung der Herstellungsnummer;* BGH GRUR 2000, 724, 727 *Außenseiteranspruch II:* BGH WRP 2002, 947, 949 *Entfernung der Herstellungsnummer III,* dort auch eingehend auf markenrechtliche Problematik.

373 BGHZ 142, 192, 197 *Entfernung der Herstellungsnummer II.*

374 BGHZ 142, 192, 198 ff. *Entfernung der Herstellungsnummer II;* BGH GRUR 2000, 724, 727 *Außenseiteranspruch II.*

375 BGH GRUR 2006, 773 Tz. 17 *Probeabonnement.* Siehe im Einzelnen J.B. Nordemann in Loewenheim/Meessen/Riesenkampff § 30 GWB Rn 70.

376 AA noch BGH WuW/E BGH 218 *Buchhandel;* OLG Zweibrücken GRUR 1997, 77, 78; OLG Stuttgart WuW/E OLG 1173 *Tommy.*

377 BGH GRUR 2006, 773 Tz. 17 *Probeabonnement.*

378 Vgl Begr. RegE UWG-Novelle 2004 BT-Drucks. 15/1487 S. 19, abrufbar unter www.nordemann.de.

379 Vgl Begr. RegE UWG-Novelle 2004 BT-Drucks. 15/1487 S. 19, wo auf die von der Rechtssprechung gebildeten Fallgruppen verwiesen wird (abrufbar unter www.nordemann.de).

380 Dazu J.B. Nordemann in Loewenheim/Meessen/Riesenkampff § 30 GWB Rn 71.

381 BGH GRUR 2006, 773 Tz. 13 ff. *Probeabonnement;* dazu Gröning jurisPR-WettbR 10/2006, Anm. 5; Alexander ZWeR 2007, 239; Gaertner AfP 2006, 413; Bechtold WRP 2006, 1162.

382 Das Regelbeispiel des § 4 Nr. 11 UWG ist nicht einschlägig, weil es nicht um die Verletzung einer gesetzlichen Vorschrift geht; es bleibt daher nur der Rückgriff auf die Generalklausel.

beteiligten erreicht werden kann.[383] Restlos überzeugend ist das nicht (Rn 789, 824). In Betracht kommen allerdings vertragliche Ansprüche.[384] Den **vertraglich nicht gebundenen Außenseiter** können – wie auch sonst in Vertriebsbindungssystemen – nur Ansprüche aus UWG bei Verleitung zum Vertragsbruch oder bei Schleichbezug treffen (Rn.854).[385]

2. Systematischer Bruch von Vertragsrecht („Folgeverträge")

Rechtsgrundlage: § 3 Abs. 1 und Abs. 2 S. 1 UWG

Folgeverträge meint hier Verträge, die aufgrund einer Rechtsverletzung zustande gekommen sind. In der Regel handelt es sich um Fälle der Irreführung (§§ 3, 5, 5 a UWG) oder Belästigung von Kunden (§ 7 UWG). Der Verstoß gegen das UWG allein kann aber noch nicht zu einer Nichtigkeit des Folgevertrages führen. Denn die §§ 3, 5, 5 a UWG oder § 7 UWG sind kein gesetzliches Verbot im Sinne des § 134 BGB.[386]   **857**

Deshalb muss ein anderer Ausgangspunkt gewählt werden, nämlich der **Vorsprung durch systematischen Bruch einschlägiger Normen des UWG und die darauf begründete systematische Fehlerhaftigkeit nach Vertragsrecht.** Wenn der Unternehmer die Früchte unlauteren Verhaltens beispielsweise dadurch zieht, dass er etwa die aufgrund irreführender Werbung zustande gekommenen Kaufverträge den Kunden gegenüber durchsetzt, verstößt er jedenfalls dann auch gegen das UWG, wenn er   **858**

- systematisch und fortlaufend im Rahmen eines von vornherein auf Täuschung angelegten Gesamtkonzeptes tätig wird,
- das Zustandekommen von Verträgen auch und gerade als Folge der Irreführung anstrebt,
- Ansprüche aus diesen Verträgen durchzusetzen versucht und
- es bewusst unterlässt, die Kunden auf die Fehlerhaftigkeit dieser Verträge aufmerksam zu machen.[387]

Dies trifft nur in solchen Fällen zu, in denen die Irreführung unmittelbar auf den Vertragsschluss gerichtet ist, der Marktgegner also darüber getäuscht wird, dass mit der erschlichenen Handlung (zB der Bezahlung einer fingierten Rechnung) ein Vertrag zustande gekommen ist.[388] Denn mit diesem Verhalten verschafft sich der Handelnde zugleich einen Vorsprung vor seinen Mitbewerbern, denen die Kunden verloren gehen.

Beispiel: Die Buchgemeinschaft, die die Geltung der durch Irreführung zustande gekommen Mitgliedsverhältnisse beansprucht, und der Adressbuchverlag, der die in gleicher Weise erzielten Abonnements eintreibt, können also unter dem Gesichtspunkt des Verstoßes gegen das UWG in

---

383 Vor der BGH-Entscheidung noch dafür OLG Hamburg AfP 2005, 180 *13 Hefte Stern II*; OLG Hamburg AfP 2004, 129, 131 *Kurzabos*; OLG Hamburg GRUR 2003, 811, 813 *Zeitschriften-Test Abo*; OLG Düsseldorf AfP 2004, 274, 276 *Probeabonnement*; OLG Düsseldorf GRUR-RR 2004, 206, 207 *Wirtschaftswoche*; LG Konstanz AfP 2002, 449; kritisch auch jetzt noch J.B. Nordemann in Loewenheim/Meessen/ Riesenkampff § 30 GWB Rn 70. AA Gegen Ansprüche aus UWG gegen den Preisbinder Kröner WRP 2003, 1149, 1158.

384 J.B. Nordemann in Loewenheim/Meessen/Riesenkampff § 30 GWB Rn 68 ff mwN.

385 J.B. Nordemann in Loewenheim/Meessen/Riesenkampff § 30 GWB Rn 75 ff mwN.

386 Vgl BGH GRUR 1990, 522, 528 *HBV.Familien- und Wohnrechtsschutz*; OLG Hamburg GRUR 1994, 65.

387 BGH GRUR 1994, 126, 127 *Folgeverträge I*; BGH GRUR 1995, 358, 360 *Folgeverträge II*; BGH GRUR 1998, 415, 416 *Wirtschaftsregister*.

388 BGH GRUR 1999, 261, 264 *Handy-Endpreis*; BGH GRUR 2001, 1078, 1080 *Gewinn-Zertifikat* mwN.

Anspruch genommen werden.[389] Auch das Eintreiben von Forderungen aus (zugeschnappten) Abo- und Kostenfallen im Internet ist danach unlauter.[390] Entsprechendes gilt für Ware, die im Wege unlauteren Schleichbezuges erworben wurde; ihr Vertrieb würde die eingetretene Störung der Wettbewerbslage perpetuieren.[391] Hierher gehört auch das systematische Anlocken von Kunden durch einen Partnervermittler, der den in der Werbung benannten Partner überhaupt nicht vermitteln konnte.[392]

Ob die Kunden rechtzeitig nach BGB zurückgetreten sind (vgl auch Rn 876) oder von ihrem Anfechtungsrecht aus § 123 BGB Gebrauch gemacht haben oder nicht, spielt insoweit keine Rolle;[393] jedoch müssen dem Kunden solche Sekundäransprüche zustehen, damit der Vertrag fehlerhaft ist und deshalb ein systematischer Verstoß gegen Vertragsrecht vorliegen kann.

Da keine spezielle Regelung aus §§ 4 bis 6 UWG einschlägig ist, kann diese Konstellation nur über die Generalklauseln des § 3 UWG erfasst werden. Bei geschäftlichen Handlungen gegenüber Verbrauchern ist **§ 3 Abs. 2 S. 1 UWG**, bei geschäftlichen Handlungen gegenüber Marktbeteiligten **§ 3 Abs. 1 UWG** einschlägig (Rn 111 f). Da es sich um eine Regelung der Rechtsfolgen unlauteren Verhaltens handelt, bei der die Richtlinie unlautere Geschäftspraktiken Umsetzungsspielraum gewährt (Rn 17), ist diese Anwendung des § 3 UWG auch nicht richtlinienwidrig.

859   Das UWG kann jedoch Folgeverträge dann nicht erfassen, wenn die wettbewerbswidrige Werbung den Kunden nur angelockt hat, er jedoch vor Vertragsschluss genügend Zeit hatte, sich mit dem Angebot näher zu befassen.[394] Dann liegt keine Fehlerhaftigkeit nach Vertragsrecht vor.

3. Auf unlautere Inhalte gerichtete Verträge

Rechtsgrundlage: § 134 BGB

860   Eine ähnliche Frage ist, ob auf unlautere Handlungen gerichtete Verträge wirksam sind. Nach zutreffender Auffassung greift hier § 134 BGB, wenn die Verträge nur bei gleichzeitigem Verstoß gegen das UWG erfüllt werden können (dazu Rn 995). Zur Sittenwidrigkeit von Verträgen vgl Rn 996.

Zehntes Kapitel: Zivilrechtliche Folgen

861   Die im siebten bis neunten Kapitel getroffene Feststellung, dass und wann ein bestimmtes Verhalten im Wettbewerb rechtswidrig ist, nützt dem beeinträchtigten Mitbewerber allein noch nicht viel. Für ihn ist ebenso von Bedeutung, ob und welche Ansprüche sich für ihn aus diesem Verhalten ergeben und wie er sie durchsetzen kann. Dabei handelt es sich teilweise um Fragen des allgemeinen Zivilrechts. Die nachfolgende Darstellung

---

389   BGHZ 123, 330, 332 ff und GRUR 1995, 358, 360 *Folgeverträge I* und *II*; BGH GRUR 1998, 415, 416 *Wirtschaftsregister*; OLG Hamburg GRUR 1995, 65; Vgl Rn 933.
390   Vgl zuletzt OLG Frankfurt, MMR 2010, 614 – *Kostenfalle im Internet*.
391   BGH GRUR 1992, 171, 174 *Vorgetäuschter Vermittlungsauftrag*. S. auch BGH GRUR 1985, 294, 296 *Füllanlage* (Betriebsspionage, § 17 UWG) und BGH GRUR 1979, 119, 120 *Modeschmuck*.
392   Vgl BGH NJW 2008, 982 Tz. 10.
393   BGH GRUR 1998, 415, 416 r.Sp. *Wirtschaftsregister*; ebenso schon Piper GRUR 1996, 147, 155.
394   BGH GRUR 1999, 261, 264 *Handy-Endpreis*.

beschränkt sich auf einen Überblick, der die wettbewerbsrechtlichen Besonderheiten hervorhebt.

Die UWG-Novelle 2008, die der Umsetzung der **Richtlinie unlautere Geschäftsprakti-ken** diente (Rn 17), hat an den Regelungen zu den Rechtsfolgen nichts geändert. Zwar sehen Art. 11 bis 13 der Richtlinie bestimmte Regeln für Sanktionen und für deren Durchsetzung vor. Der deutsche Gesetzgeber ging aber mit Recht davon aus, dass die bisherigen Regelungen richtlinienkonform sind.[1]

A. Aktiv- und Passivlegitimation

I. Anspruchsberechtigter

Rechtsgrundlage: §§ 8 Abs. 3, 9 Abs. 1, 10 Abs. 1 UWG

Seit der UWG-Novelle 2004 ist die lauterkeitsrechtliche Anspruchsberechtigung aus- 862 drücklich und abschließend im UWG geregelt.

- Für den **Unterlassungsanspruch** und den Beseitigungsanspruch bestimmt § 8 Abs. 3 UWG, dass diese von **Mitbewerbern, Wirtschaftsverbänden, Verbraucher-schutzverbänden und Kammern** geltend gemacht werden können.

- **Schadenersatzansprüche** stehen nach § 9 S. 1 UWG nur **Mitbewerbern** zu.

- Demgegenüber sind **Gewinnabschöpfungsansprüche** gemäß § 10 Abs. 1 UWG auf **Wirtschaftsverbände, Verbraucherschutzverbände und Kammern** beschränkt.

Ausnahmsweise können Ansprüche auch im Wettbewerbsrecht im Wege der **gewill-** 863 **kürten Prozessstandschaft** geltend gemacht werden, wenn deren Voraussetzungen vor-liegen (Rn 914).

Gibt ein Unternehmer das Unternehmen auf oder beschließt ein Verband seine Auflö- 864 sung, so **erlischt** seine Aktivlegitimation.[2] Das Gleiche gilt, wenn ein Verband die Vor-aussetzungen für eine Aktivlegitimation nicht mehr erfüllt, zB entscheidende Mitglieder verliert. Prozessual kann sich ein Anspruchsteller bei Verlust der Aktivlegitimation dann noch in die Erledigungserklärung retten.

1. Einzelne Mitbewerber

Rechtsgrundlage: § 2 Abs. 1 Nr. 3 UWG, § 8 Abs. 3 Nr. 1 UWG, § 9 S. 1 UWG

Mitbewerber können nach § 8 Abs. 3 Nr. 1 UWG Unterlassungs- und Beseitigungsan- 865 sprüche sowie gemäß § 9 S. 1 UWG Schadensersatzansprüche geltend machen.

§ 2 Abs. 1 Nr. 3 UWG ordnet jedoch seit der UWG-Novelle 2004 an, dass als **Mitbe-werber** nur noch Konkurrenten zählen, die **in einem konkreten Wettbewerbsverhält-nis** mit einem oder mehreren Unternehmen als Anbieter oder Nachfrager von Waren oder Dienstleistungen stehen. Damit ist – entgegen dem insoweit missverständlichen Wortlaut – nicht gemeint, dass das konkrete Wettbewerbsverhältnis in Richtung zu einem beliebigen Unternehmen vorliegen kann. Der Anspruchsteller muss vielmehr **zum durch die geschäftliche Handlung geförderten Unternehmen** in einem konkreten Wett-

---

1 RegE UWG-Novelle 2008, BT DS 16/10145 S. 18 f, abrufbar unter www.nordemann.de.
2 BGH WRP 1995, 815, 818 *FUNNY PAPER*.

bewerbsverhältnis stehen.[3] Bei Förderung eigenen Wettbewerbs müssen Anspruchsteller und Anspruchsgegner konkrete Wettbewerber sein, bei Förderung fremden Wettbewerbs muss der Anspruchsteller zu dem Unternehmen in einem konkreten Wettbewerbsverhältnis stehen, das durch die geschäftliche Handlung gezielt gefördert wird (siehe auch Rn 61 ff).

866 Ein **konkretes Wettbewerbsverhältnis** ist nach ständiger Rechtsprechung des BGH immer dann gegeben, wenn beide Parteien gleichartige Waren oder gewerbliche Leistungen innerhalb desselben Endverbraucherkreises absetzen[4] oder abzusetzen versuchen und das Wettbewerbsverhalten des einen daher den anderen beeinträchtigen, dh im Absatz behindern oder stören kann.[5] Erforderlich ist also die potentielle **unmittelbare Betroffenheit** des Mitbewerbers durch die geschäftliche Handlung. Zum Begriff der geschäftlichen Handlung Rn 55 ff. Der einzelne Unternehmer ist nur dann unmittelbar in *seiner* wettbewerblichen Position beeinträchtigt, wenn sich der Wettbewerbsverstoß **direkt** und mit einer gewissen Wahrscheinlichkeit auf diese **auswirkt**[6] oder wenigstens **auswirken kann**.[7] Die Wettbewerbsbeziehung muss so eng sein, dass von einer **Wechselbeziehung** gesprochen werden kann: Die Kunden des einen sind die (potentiellen) Kunden des anderen.

Es ist eine **wirtschaftliche Gesamtbetrachtung** vorzunehmen. An das Bestehen eines konkreten Wettbewerbsverhältnisses sind im Interesse eines wirksamen wettbewerbsrechtlichen Schutzes **keine hohen Anforderungen** zu stellen.[8] Der Kundenkreis muss **in sachlicher und räumlicher Hinsicht** Berührungen aufweisen. Er muss aber nicht völlig übereinstimmen.[9] Ein konkretes Wettbewerbsverhältnis kann also auch dann vorliegen, wenn die Unternehmen nach kartellrechtlichen Grundsätzen in sachlicher oder räumlicher Hinsicht nicht einem Markt zuzurechnen wären, die gegenüberzustellenden Leistungen also nicht marktgleich sind.

867 Die Anforderungen an ein konkretes Wettbewerbsverhältnis gewinnen mehr Konturen, wenn man es negativ zu seinem **Gegensatz**, dem lediglich **abstrakten Wettbewerbsverhältnis**, abgrenzt. Das abstrakte Wettbewerbsverhältnis erfordert lediglich eine gewisse, aber eher entfernt liegende Möglichkeit einer Wettbewerbsbeziehung, deren praktische Wahrscheinlichkeit gering ist.[10] Beim nur abstrakten Wettbewerbsverhältnis besteht also eine erheblich geringere Wettbewerbsintensität als beim konkreten; die Wechselbeziehung ist eher theoretisch. **Lediglich abstrakte Mitbewerber sind seit der UWG-Novelle 2004 nicht mehr klagebefugt.**

---

3 Begr. RegE UWG-Novelle 2004, BT DS 15/1487, S. 22; ferner Stellungnahme Bundesrat, BT DS 15/1487, S. 29, und Gegenäußerung Bundesregierung, BT DS 15/1487, S. 40, sämtlich abrufbar unter www.nordemann.de.

4 Ein tatsächliches Absetzen genügt, auch wenn beispielsweise ein Internetauktionshaus seinen Mitgliedern den entsprechenden Verkauf (indizierten Bildmaterials) verboten hat: OLG Brandenburg GRUR-RR 2007, 18, 19 *Indiziertes Bildmaterial.*

5 BGH GRUR 2009, 980 Tz. 9 *E-Mail-Werbung II;* BGH GRUR 2004, 877, 878 *Werbeblocker.*

6 BGH GRUR 1999, 1007, 1008 *Vitalkost.*

7 BGH GRUR 1988, 620, 621 *Vespa-Roller;* BGH GRUR 1999, 69, 70 *Preisvergleichsliste II.*

8 BGH GRUR 2006, 1042 Tz. 16 *Kontaktanzeigen;* BGH GRUR 1985, 550, 552 *Dimple.*

9 BGH GRUR 2007, 1079 Tz. 22 *Bundesdruckerei.*

10 BGH GRUR 1997, 479, 480 *Münzangebote;* BGH GRUR 2000, 438, 440 *Gesetzeswiederholende Unterlassungsanträge.*

Die Feststellung des Wettbewerbsverhältnisses in **sachlicher** Hinsicht meint eine Beur-   868
teilung nach dem Gegenstand der Leistung. Es kommt also für ein konkretes Wettbewerbsverhältnis darauf an, ob die beworbene Ware oder Leistung mit derjenigen in
direktem Wettbewerb steht oder stehen kann, die der Anspruchsteller vertreibt.

Beispiele: Ein **konkretes** Wettbewerbsverhältnis besteht danach zwischen VW- und Opel-Auto-
händlern im Hinblick auf die Golf-Klasse, zwischen Herstellern von Computerbildschirmen einer
gemeinsamen Preisklasse, zwischen Anbietern von Satelliten-TV und von Kabel-TV. Auch Sende-
unternehmen und Anbieter von Online-Videorekordern stehen in einer konkreten Wettbewerbsbeziehung um den Fernsehzuschauer[11] genauso wie die Bundesdruckerei mit einem Unternehmen, das ebenfalls „sicherheitsrelevante Druckereierzeugnisse" gegenüber privaten Unternehmen anbietet.[12]

Ein Beispiel für ein lediglich **abstraktes** Wettbewerbsverhältnis sind Bauträger, die Immobilien
anbieten. Der Charakter der Immobilien als Einzelstücke verhindert ein konkretes Wettbewerbsverhältnis im Regelfall sogar innerhalb einer Stadt.[13] Auch nur abstrakt ist das Wettbewerbsverhältnis zwischen Kino und Videothek[14] oder gar zwischen Kino und Pizzeria im Hinblick auf die
Abendunterhaltung. Ein Telekommunikationsunternehmen, das Call by Call Tarife anbietet, steht
im Verhältnis zu einem Gewerbetreibenden, der für sein Angebot von Gewinnspielen einen Mehr-
wertdienstanschluss unterhält, in keinem konkreten Wettbewerbsverhältnis.[15] Ebenso hat das
OLG Hamburg ein konkretes Wettbewerbsverhältnis zwischen dem Betreiber eines Internetportals mit Hyperlinks zu Online-Spielcasinos und der bloßen Komplementärin einer Spielbanken-
betreiber-GmbH verneint.[16]

Räumlich müssen sich die Kundenkreise überschneiden.[17]   869

Beispiel: Ein Beispiel für ein lediglich abstraktes Wettbewerbsverhältnis in räumlicher Hinsicht
sind wiederum Anbieter von Immobilien. Immobilien sind aus Sicht der Anleger nicht beliebig
räumlich austauschbar, sondern Einzelstücke, weshalb regelmäßig kein
konkretes Wettbewerbsverhältnis vorliegt.[18] Das Gleiche gilt für Rechtsanwälte, die nicht in einem
Gerichtsbezirk zugelassen sind,[19] es sei denn, es geht um überörtlich tätige Spezialisten. Auch
Messen, die nur einen regionalen Einzugsbereich an Besuchern haben, stehen nicht mit allen
Messeveranstaltern bundesweit in einem konkreten Wettbewerbsverhältnis, sondern nur mit den
regionalen Konkurrenten.

Ein konkretes Wettbewerbsverhältnis liegt naturgemäß zwischen Unternehmen dersel-   870
ben **Absatzstufe**, also zwischen Hersteller und Hersteller oder zwischen Einzelhändler
und Einzelhändler vor. Jedoch folgt aus der großzügigen wirtschaftlichen Betrachtungsweise (Rn 866, vgl auch Rn 61), dass auch Unternehmen auf verschiedenen Wirt-
schaftsstufen, also etwa Hersteller und Händler[20] oder Vermittler[21] in einem konkreten
Wettbewerbsverhältnis stehen können. Sie sind durch ein sog. **mittelbares Wettbewerbsverhältnis** verbunden, weil die Kunden des einen mittelbar auch die Kunden des

---

11 LG Leipzig GRUR-RR 2007, 143 *virtueller Videorekorder*; bestätigt durch OLG Dresden GRUR-RR 2007,
     138 *Online Videorecorder*; allerdings ohne dass es auf das konkrete Wettbewerbsverhältnis ankam.
12 BGH GRUR 2007, 1079 Tz. 22 *Bundesdruckerei*.
13 BGH GRUR 2001, 258 *Immobilienpreisangaben* m.Anm. J. B. Nordemann/Blum NZM 2002, 148 ff.
14 Vgl Ebert-Weidenfeller in Hasselblatt, § 10 Rn 53 mit weiteren Beispielen.
15 OLG Düsseldorf GRUR 2005, 523, 524 *Mitbewerbereigenschaft*.
16 OLG Hamburg GRUR-RR 2005, 167, 167 *Mitbewerbereigenschaft*.
17 Vgl BGH WRP 2000, 389, 391 *Gesetzeswiederholende Unterlassungsanträge*; OLG Düsseldorf WRP 1994,
     877, 879; KG WRP 1994, 871, 873; OLG Frankfurt WRP 1995, 409; OLG Hamburg WRP 1995, 854, 856
     und – „derselbe Markt" verneint, da in Baden nicht tätig – OLG Karlsruhe GRUR 1995, 441 f.
18 BGH GRUR 2001, 258 *Immobilienpreisangaben*.
19 OLG Frankfurt GRUR-RR 2003, 248 *Hausanwälte*; LG Hamburg GRUR-RR 2001, 95, 96.
20 BGH GRUR 1989, 110, 111 *Synthesizer*; BGH GRUR 1993, 563, 564 *Neu nach Umbau*.
21 OLG Zweibrücken GRUR 1997, 77 f *TAK 18*.

anderen sind (man denke an die Herstellerwerbung, die in vielen Branchen neben die Händlerwerbung tritt oder sie gar ersetzt).

Beispiele: Zwischen einem PKW-Hersteller und einer PKW-Händler der gleichen PKW-Klasse besteht danach ein konkretes Wettbewerbsverhältnis.

Prostituierte stehen in einem konkreten Wettbewerbsverhältnis zu einer Bar, in der sexuelle Kontakte angebahnt werden.[22]

871 Der **Gegenstand des geltend gemachten Anspruchs** kann das konkrete Wettbewerbsverhältnis und damit auch die Anspruchsberechtigung **künstlich erweitern**, aber auch **begrenzen.** Dabei ist nach den drei Fallgruppen unlauteren Wettbewerbs (Rn 114 ff) zu unterscheiden:

872 ■ **Ein unlauteres Verhalten gegenüber Kunden** (Rn 118 ff) berührt im Regelfall auch die Interessen der Mitbewerber. Damit sind hier die Mitbewerber im Grundsatz immer anspruchsberechtigt. Denn eine **Unlauterkeit nach** § 4 Nr. 1 bis Nr. 6, 4 **Nr. 11 sowie** §§ 5, 5 a UWG setzt voraus, dass die geschäftliche Handlung geeignet ist, die geschäftliche Entscheidung des Kunden für eine bestimmte Leistung (und damit gegen den Mitbewerber) zu beeinflussen (Rn 46). Allenfalls bei unlauteren Handlungen in der Vertragsabwicklung (Rn 60) kann eine Beeinträchtigung der Absatzinteressen des Mitbewerbers fehlen. Auch hier sollte aber eine großzügige Auslegung vorherrschen. Beispielsweise eine irreführende Belehrung über ein Widerrufsrecht kann dazu führen, dass der Verbraucher nicht widerruft und in der Folge die Leistung nicht aus anderer Quelle bezieht. Das genügt für eine Anspruchsberechtigung aller Mitbewerber.[23] Von der unlauteren **Belästigung nach** § 7 **UWG** werden zwar auch Fälle ohne ein solches Beeinflussungspotenzial erfasst (Rn 513). Jedoch sind Mitbewerber schon deshalb im Grundsatz für Verletzungen des § 7 UWG aktivlegitimiert, weil die Mitbewerber über § 8 Abs. 3 Nr. 1 UWG auch dazu berufen sind, die Verletzung von Interessen der Marktteilnehmer insgesamt zu verfolgen. Für § 7 UWG sind Mitbewerber also uneingeschränkt anspruchsberechtigt.

873 ■ Bei **einem unlauteren Verhalten gegenüber Mitbewerbern** (Rn 551 ff) ergeben sich aber aus dem Schutzzweck der Unlauterkeitsgründe Erweiterungen und Beschränkungen der Anspruchsberechtigung für Mitbewerber.

– Eine **Erweiterung** der Anspruchsberechtigung liegt auf der Hand, soweit es sich um die gezielte Behinderung gem. § 4 Nr. 10 UWG (Vernichtungswettbewerb, Rn 573 ff), um einen Fall des ergänzenden wettbewerblichen Leistungsschutzes gem. § 4 Nr. 9 UWG (Rn 713 ff), um einen Fall der Anschwärzung gem. § 4 **Nr. 8 UWG** (Rn 663 ff) oder einer Herabsetzung nach § 4 **Nr. 7 UWG** (Rn 674 ff) oder einen Fall unlauterer vergleichender Werbung nach § 6 **Abs. 2 Nr. 4 bis Nr. 6 UWG** (Rn 681 ff) handelt. Diese Unlauterkeitsgründe schützen im Regelfall ausschließlich die Interessen eines bestimmten Unternehmens. Das erweitert die Anspruchsberechtigung von Betroffenen, wenn der Werbende den Wettbewerb mit dem Betroffenen künstlich sucht. Insoweit spielt es keine Rolle,

---

22 BGH GRUR 2006, 1042 Tz. 16 *Kontaktanzeigen.*
23 Genauso Köhler WRP 2009, 898, 911; Köhler in Köhler/Bornkamm § 8 UWG Rn 3.28.

ob die Beteiligten derselben oder einer verwandten Branche angehören;[24] der Parfümhersteller, der den guten Ruf einer Automarke für sich ausbeutet,[25] beeinträchtigt diesen ebenso wie der Kondomfabrikant, der in seiner Werbung einen bekannten Schokoladenriegel verunglimpft,[26] oder wie die Wirtschaftszeitung, die den aus ihrer Lektüre erzielbaren Gewinn mit den Gewinnchancen eines Lottoscheins vergleicht.[27] Der wohl berühmteste Fall ist die Werbung des Kaffeeanbieters „Onko" mit dem Slogan „**Onko statt Blumen**", der insoweit ein konkretes Wettbewerbsverhältnis zwischen dem Kaffeeanbieter und Blumenhändlern auslöste.[28] Das eigentlich branchenfremde Unternehmen „sucht" hier die Kunden des anderen Unternehmens und stellt so das Potential für die erforderliche unmittelbare Wechselbeziehung künstlich her.

– Der in der Regel ausschließliche Schutz für Individualinteressen führt aber gleichzeitig zu einer **Begrenzung** der Anspruchsberechtigung: Für den ergänzenden wettbewerblichen Leistungsschutz (§ 4 Nr. 9 UWG) ist nur der Nachgeahmte anspruchsberechtigt (Rn 711). Nur wenn gleichzeitig eine Irreführung nach § 5 Abs. 2 UWG gegeben ist, kommt ein Interessenschutz dritter Verbraucher in Betracht, mit der Folge, dass auch andere Mitbewerber und Verbände nach § 8 Abs. 3 UWG anspruchsberechtigt sind. Fälle des § 4 Nr. 8 UWG sind nur für den angeschwärzten Mitbewerber verfolgbar; die anderen nach § 8 Abs. 3 UWG Anspruchsberechtigten können nur vorgehen, wenn gleichzeitig auch eine Irreführung nach §§ 5, 5a UWG gegeben ist. Bei § 4 Nr. 10 UWG kommt im Regelfall auch erst einmal nur eine Anspruchsberechtigung des gezielt Behinderten in Frage;[29] in einigen Konstellationen kann aber auch das Interesse der Allgemeinheit berührt sein, weswegen dann auch alle in § 8 Abs. 3 UWG Genannten Ansprüche stellen könnten. Ein Beispiel soll das Abreißen der Plakate des Mitbewerbers sein, weil die Verbraucher ein Interesse daran hätten, sich daraus zu informieren.[30] Das dürfte indes zumindest voraussetzen, dass die Werbung einen wesentlichen Informationswert hat.

■ Beim **Rechtsbruch** (Rn 774 ff) ist nach dem Schutzzweck der gebrochenen Norm zu unterscheiden: Dient sie (ausschließlich) dem Schutz eines bestimmten Mitbewerbers, ist nur dieser anspruchsberechtigt; insoweit gilt nichts anderes als beim unlauteren Verhalten gegenüber Mitbewerbern. Sofern die Norm die Marktgegenseite schützt, ist grundsätzlich jeder Mitbewerber anspruchsberechtigt. **874**

Die **Vorbereitung** künftigen unlauteren Wettbewerbs, von dem ein Gewerbetreibender unmittelbar betroffen wäre, begründet stets ein konkretes Wettbewerbsverhältnis.[31] **875**

24 BGH GRUR 2004, 877, 879 *Werbeblocker*; BGH GRUR 1990, 375, 376 *Steuersparmodell* mwN.
25 BGHZ 86, 90, 95 *Rolls Royce*.
26 BGHZ 125, 91, 98 *Markenverunglimpfung I*.
27 BGH GRUR 2002, 828 *Lottoschein*; Vorinstanz: OLG Hamburg GRUR 2000, 243, 244f. *Lottoschein*.
28 BGH GRUR 1972, 553 *Statt Blumen Onko-Kaffee*.
29 BGH GRUR 2009, 416 Tz. 22 *Küchentiefstpreis-Garantie*.
30 Köhler in Köhler/Bornkamm § 8 UWG Rn 3.6.
31 BGH WRP 1993, 396, 397 *Maschinenbeseitigung*.

2. Einzelne Marktgegner

Rechtsgrundlage: §§ 8 Abs. 3, 10 Abs. 1 UWG; BGB

876   § 8 Abs. 3 Nr. 3 UWG nennt als zur Geltendmachung von Unterlassungs- und Beseitigungsansprüchen befugt nur Verbraucherverbände, nicht jedoch den einzelnen Angehörigen der Marktgegenseite, sei er nun Verbraucher, Wiederverkäufer oder Lieferant. Auch der Gewinnabschöpfungsanspruch des § 10 Abs. 1 UWG steht Verbrauchern oder Unternehmen auf der Marktgegenseite nicht zu. **Der Marktgegner ist nicht nach UWG klagebefugt.** Dem Kunden wird seit der UWG-Novelle 2004 noch nicht einmal mehr ein besonderes Rücktrittsrecht wie nach § 13 a UWG aF bei Verträgen, die durch Irreführung zustande gekommen sind, zugestanden.

877   Ansprüche können sich insoweit allenfalls **aus allgemeinem Zivilrecht** ergeben. Dazu zählen Ansprüche aus ungerechtfertigter Bereicherung nach Anfechtung gem. § 123 BGB wegen arglistiger Täuschung, die deckungsgleich mit der Irreführung nach §§ 5, 5 a UWG sein kann, oder wegen widerrechtlicher Drohung, die zB bei unlauterem Zwang vorliegen kann. Daneben sind Ansprüche aus allgemeinem Persönlichkeitsrecht (von privaten Verbrauchern) oder wegen Eingriffs in den eingerichteten und ausgeübten Gewerbebetrieb (von Unternehmern) insbesondere bei den Belästigungstatbeständen des § 7 UWG denkbar; dazu für unverlangte Werbeanrufe, Werbefaxe oder Werbeemails Rn 528, 531, 532.

Nicht denkbar sind aber Ansprüche aus **§ 823 Abs. 2 BGB iVm der verletzten UWG-Norm.** Denn das UWG ist insoweit **kein Schutzgesetz.** Etwas anderes gilt nur für die §§ 16 bis 19 UWG, weil damit keine erschöpfende Regelung der zivilrechtlichen Rechtsfolgen verbunden ist.[32]

3. Verbände

Rechtsgrundlage: §§ 8 Abs. 3 Nr. 2, Nr. 3 und Nr. 4 UWG, 10 Abs. 1 UWG

878   Ein Verband kann als solcher durch einen Wettbewerbsverstoß an sich nicht in seinen Rechten verletzt sein, es sei denn, ein konkurrierender Verband hätte den Verstoß begangen.[33] Deshalb bedurfte es einer ausdrücklichen Ausnahmeregelung im Gesetz, um den Verbänden zur Förderung gewerblicher Interessen (§ 8 Abs. 3 Nr. 2 UWG) und qualifizierten Einrichtungen (Verbraucherschutzverbände – § 8 Abs. 3 Nr. 3 UWG) sowie den Industrie- und Handels- und den Handwerkskammern (§ 8 Abs. 3 Nr. 4 UWG) wenigstens den **Unterlassungs- und Beseitigungsanspruch**[34] sowie den **Gewinnabschöpfungsanspruch** gemäß § 10 Abs. 1 UWG zu gewähren. Diese Regelung war erforderlich, weil nicht nur die Gefahr besteht, dass die Angehörigen einer Branche sich untereinander nach dem Motto „Tu du mir nichts, so tu ich dir auch nichts" stillschweigend arrangieren, sondern weil Verbände zur Beobachtung des Marktes und zu Sofortmaßnahmen oft auch besser in der Lage sind als der vom Geschäftsalltag voll in Anspruch genommene Unternehmer. Da § 8 Abs. 3 Nr. 2 bis 4 UWG die wettbewerb-

---

32   Begr. RegE UWG-Novelle 2004 BT DS 15/1487, S. 14, 22, abrufbar unter www.nordemann.de.
33   BGH GRUR 1953, 446 *Verein der Steuerberater.*
34   Einschließlich der damit verwandten Ansprüche auf Beseitigung der Störung, Rn 933 ff und auf Urteilsveröffentlichung, Rn 937 (zu Ersterem BGH GRUR 1998, 415, 416 *Wirtschaftsarchiv*; zu Letzterem BGH GRUR 1962, 315, 319 *Deutsche Miederwoche*).

lichen Interessen einer Vielzahl von Marktteilnehmern erfassen soll, beschränken sich die Ansprüche der Verbände auf die Unlauterkeitstatbestände, die mehr als ausschließlich Individualinteressen eines Mitbewerbers betreffen; **für § 4 Nr. 7, Nr. 8, Nr. 9, Nr. 10 und § 6 Abs. 2 Nr. 4 bis 6 UWG** haben die Verbände deshalb regelmäßig – wie auch andere Mitbewerber – keine Anspruchsberechtigung, es sei denn, die geschäftliche Handlung verletzt auch die Interessen der übrigen Marktteilnehmer (Rn 873).

a) Wirtschaftsverbände (§ 8 Abs. 3 Nr. 2 UWG)

Zu den **Verbänden zur Förderung gewerblicher Interessen** im Sinne des § 8 Abs. 3 **Nr. 2** UWG gehören die (freiwilligen) Verbände[35] und **Kammern**[36] der freien Berufe (welche Klagebefugnis auch gegenüber ihren eigenen Mitgliedern haben),[37] die Kreishandwerkerschaften[38] und die Landesinnungsverbände.[39] § 8 Abs. 3 Nr. 2 UWG stellt eine ganze Reihe von Voraussetzungen auf, damit eine Klagebefugnis besteht: 879

Zur Erfüllung des vom Gesetz geforderten satzungsmäßigen Zweckes „**Förderung gewerblicher Interessen**" ist nicht erforderlich, dass die Mitglieder und Vorstände der Verbände nach § 8 Abs. 3 Nr. 2 UWG ausschließlich Gewerbetreibende oder Freiberufler sind.[40] Andererseits kann der einzelne Verband nicht Ansprüche außerhalb seines satzungsmäßigen Interessenbereichs haben,[41] und er muss den in der Satzung angegebenen Zweck auch tatsächlich verfolgen,[42] was freilich vermutet wird,[43] solange nicht aufgrund des Sach- und Streitstoffes sowie entsprechender Darlegung des Prozessgegners der Verdacht entsteht, dass dies nicht der Fall sei.[44] Wird der Vereinszweck nur als Vorwand benutzt, um Wettbewerbsverstöße zu verfolgen und dabei im Interesse der für den Verein tätigen Mitarbeiter und Rechtsanwälte Gebühren und Vertragsstrafen einziehen zu können, ist die Aktivlegitimation zu verneinen (§ 8 Abs. 4 UWG; dazu Rn 987 f).[45]   880

Die außerdem erforderliche **personelle, sachliche und finanzielle Ausstattung**, die den Verband in die Lage versetzt, seine satzungsmäßigen Aufgaben tatsächlich wahrzuneh-   881

---

35 OLG Stuttgart BB 1970, 1229 für einen Anwaltsverein.
36 BGHZ 79, 390, 392 *Apotheken-Steuerberatungsgesellschaft* (Apothekerkammer); BGH GRUR 1997, 313, 314 *Architektenwettbewerb* (Architektenkammer); BGH GRUR 1999, 1009 *Notfalldienst für Patienten* bzw 1102, 1103 *Privatärztlicher Bereitschaftsdienst* bzw 1104, 1105 *Ärztlicher Bereitschaftsdienst* (Ärztekammer); BGHZ 109, 153, 155 f. *Anwaltswahl durch Mieterverein* (Rechtsanwaltskammer); BGH GRUR 1999, 748, 749 *Steuerberaterwerbung auf Fachmessen* (Steuerberaterkammer); BGH GRUR 2006, 598 L *Zahnarztbriefbogen*; BGH WRP 1994, 172, 173 f. *GmbH-Zahnbehandlungsangebot* (Zahnärztekammer); OLG Koblenz GRUR 1995, 144 (Kammer der Beratenden Ingenieure); OLG Hamm WRP 1995, 242, 243 (Tierärztekammer).
37 BGH GRUR 2006, 598 Tz. 14 *Zahnarztbriefbogen*.
38 OLG Zweibrücken NJWE 1998, 55.
39 OLG Koblenz GRUR 1988, 473.
40 BGH GRUR 1974, 729, 731 *SWEEPSTAKE*.
41 Vgl auch BGH GRUR 1966, 267, 279 *White Horse*.
42 BGH GRUR 1986, 320 und 678 *Wettbewerbsverein I* und *II; BGH GRUR 1986, 676 f. *Bekleidungswerk*; BGHZ 126, 145, 148 ff. *Verbandsausstattung II*. Gegenfall: OLG München GRUR 1999, 376 L. Die „Verfolgung unlauteren Wettbewerbs" braucht aber nicht unbedingt in der Satzung zu stehen, weil sie sich aus der Wahrnehmung der Verbandsinteressen von selbst ergibt, OLG Düsseldorf WRP 1996, 763, 764 f.
43 BGH WRP 2000, 1253, 1255 *Unternehmenskennzeichnung*; BGH GRUR 2000, 1093, 1095 *Fachverband*.
44 So schon BGH GRUR 1973, 78, 79 f. *Verbraucherverband*, der allerdings Neugründungen eine gewisse Schonfrist zubilligt; KG WRP 1982, 650, 651; BGH GRUR 1990, 282, 284 f. *Wettbewerbsverein IV*.
45 BGH GRUR 1988, 918 *Wettbewerbsverein III*; BGH GRUR 1991, 684 f. *Verbandsausstattung I*. Näheres Borck GRUR 1990, 249.

men, wird von den Gerichten vor allem im finanziellen Bereich überprüft.[46] Ein Verband kann aber auch an seiner nicht ausreichenden personellen Ausstattung scheitern; sein Geschäftsführer hatte schon das 1. juristische Staatsexamen nicht bestanden.[47] In kleinen Branchen dürfen Fachverbände aber durchaus mit ehrenamtlich tätigen Organen ohne juristische Vorbildung arbeiten.[48]

882 Weiter muss dem Verband eine **erhebliche Zahl** von Gewerbetreibenden angehören, die entweder schon als **konkrete Mitbewerber** nach § 8 Abs. 3 Nr. 1 UWG oder als ab-**strakte Mitbewerber** (zum Begriff oben Rn 867) aktivlegitimiert sein würden. Darunter versteht der Gesetzgeber *eine für das Wettbewerbsgeschehen auf dem Markt repräsentative Anzahl von Mitbewerbern aus der betroffenen Branche*, ohne dabei einen Prozentsatz oder auch nur eine Mindestzahl festlegen zu wollen.[49] Vielmehr erfolgt die Feststellung der „erheblichen Zahl" **qualitativ**. Die Mitglieder müssen **nach ihrer Anzahl und/oder Größe, Marktbedeutung oder ihrem wirtschaftlichen Gewicht** als repräsentativ angesehen werden können, so dass ein missbräuchliches Vorgehen des Verbandes ausgeschlossen werden kann.[50] Nach Ansicht des Bundesgerichtshofes kommt es jedoch nicht darauf an, ob diese Verbandsmitglieder nach ihrer Zahl und ihrem wirtschaftlichem Gewicht im Verhältnis zu allen anderen auf dem maßgeblichen Markt tätigen Unternehmern repräsentativ sind.[51] Der Verband muss nach der Rechtsprechung des Bundesgerichtshofes auch **im Prozess zu Bedeutung und Umsatz seiner Mitglieder nichts vortragen**. Dem Zweck des Gesetzes, die Klagebefugnis der Verbände auf Fälle zu beschränken, die die Interessen einer erheblichen Zahl von verbandsangehörigen Wettbewerbern berühren, werde schon dann hinreichend Rechnung getragen, wenn im Wege des Freibeweises festgestellt werden könne, dass es dem Verband bei der betreffenden Rechtsverfolgung **nach der Struktur seiner Mitglieder um die ernsthafte kollektive Wahrnehmung der Mitgliederinteressen** gehe.[52] Das ist kritikwürdig; denn es weicht das eigentlich strenge – auch qualitative – Erfordernis einer „erheblichen Zahl" bedenklich auf.

Auch sonst wird die Mitgliedschaft eines Fachverbandes der betroffenen Branche mit Recht zumindest dann als repräsentativ angesehen, wenn es sich um einen Spitzenverband handelt, in dem die regionalen Fachverbände auf Bundesebene zusammengeschlossen sind;[53] denn die Aktivlegitimation kann sich auch aus lediglich über Mitgliedschaften von Verbänden **vermittelten Mitgliedschaften** ergeben.[54] Das gilt sogar, wenn bestimmte Unternehmen wegen eines Beitrittsmangels bzgl des vermittelnden

---

46 OLG Nürnberg GRUR 1995, 279, 280; KG WRP 1999, 1302, 1305; vgl auch OLG München NJWE 1999, 240; BGH GRUR 1998, 489, 490 *Unbestimmter Unterlassungsantrag III;* BGH GRUR 1999, 1116, 1117 f. *Wir dürfen nicht feiern.*
47 KG WRP 1999, 1302, 1305.
48 OLG München NJWE 1999, 240; OLG Köln GRUR 1999, 93 L.
49 Begr. aaO., WRP 1994, 369, 378. Ebenso BGH GRUR 1997, 479 f. *Münzangebot* und 934, 935 f *50 % Sonder-AfA* mwN. Zur Frage der Branchengleichheit (Vertrieb von Waren/Dienstleistungen „gleicher oder verwandter Art"): BGH GRUR 2006, 778 Tz. 19 *Sammelmitgliedschaft IV.*
50 BGH GRUR 2004, 251, 252 *Hamburger Auktionatoren.*
51 BGH GRUR 2009, 692 Tz. 12 *Sammelmitgliedschaft VI;* BGH GRUR 2007, 809 Tz. 15 *Krankenhauswerbung.*
52 BGH GRUR 2009, 692 Tz. 12 *Sammelmitgliedschaft VI.*
53 OLG Hamburg GRUR 1996, 991; OLG Stuttgart WRP 1997, 60, 62.
54 BGH GRUR 2003, 454, 455 *Sammelmitgliedschaft;* BGH GRUR 1999, 1116, 1118 *Wir dürfen nicht feiern.*

Verbandes nur eine faktische (oder: „stille") Mitgliedschaft im Wettbewerbsverband aufweisen, weil sie dort kein individuelles Stimmrecht besitzen.[55] Die die Mitgliedschaft vermittelnden Verbände müssen ihrerseits nicht nach § 8 Abs. 3 Nr. 2 UWG klagebefugt und auch nicht ausdrücklich zur Geltendmachung von Wettbewerbsverstößen ermächtigt, aber zumindest von ihren Mitgliedern mit der Wahrnehmung gewerblicher Interessen (nicht unbedingt konkret mit der Beauftragung eines bestimmten Wettbewerbsverbandes)[56] satzungsgemäß (oder jedenfalls qua Natur der Mitgliedschaft)[57] beauftragt sein.[58] Das ist bei bloßen Einkaufsgemeinschaften zu verneinen, aber zu bejahen bei Mittelstandskreisen, die die Leistungsfähigkeit der Mitglieder gegenüber Großunternehmen fördern sollen.[59]

Geklärt ist, dass die **Zentrale zur Bekämpfung unlauteren Wettbewerbs**, die schon seit 1909 besteht, § 8 Abs. 3 Nr. 2 UWG für die meisten Bereiche genügt; ihr gehören alle Industrie- und Handelskammern des Bundesgebiets, der Deutsche Handwerkskammertag, zahlreiche Handwerkskammern und damit indirekt praktisch alle Gewerbetreibenden im engeren Sinne (ohne Landwirte, Künstler, Freiberufler, vgl Rn 58) an.[60] Für andere Bereiche, zB für die Verfolgung von Ansprüchen gegen Rechtsanwälte wegen irreführender Werbung erscheint eine Klagebefugnis aber als zweifelhaft und sollte im Einzelnen untersucht werden. Ebenso hat der Bundesgerichtshof dem Deutschen Schutzverband gegen Wirtschaftskriminalität e.V. eine relativ umfassende Anspruchsberechtigung zugestanden, er ist in § 1 Nr. 1 UnterlassungsklagenVO aufgeführt.[61]

Einzelne Beispiele: Ein einziger konkreter oder abstrakter Konkurrent in der betreffenden Region,[62] drei Auktionatoren, die sich nicht mit den streitgegenständlichen Gebrauchtwagenauktionen beschäftigen,[63] ganze zwei Autohändler im Ruhrgebiet, fünf im Großraum München oder sechs in Nürnberg[64] genügen ebenso wenig wie 22 von etwa 400 Immobilienhändlern im Berliner Raum,[65] wohl aber – und dies bundesweit – die Mitgliedschaft von Peugeot, Fiat und Audi[66] oder der 3.000 VAG-Vertragshändler.[67] Auch nur zwei Lebensmittelfilialketten in Berlin können ausreichend sein, wenn sie 240 Filialen in Berlin betreiben.[68]

Prozessual ist zu beachten, dass der klagende Verband seine Mitgliedsverhältnisse nach Namen und Anschriften in **Mitgliederlisten** angeben muss;[69] ohne diese Angaben könnten die Gerichte nicht feststellen, ob in ihm die Branche wirklich repräsentativ vertreten

---

55 BGH GRUR 2006, 873, Tz. 17 ff. *Brillenwerbung.*
56 BGH GRUR 2005, 689, 690 *Sammelmitgliedschaft III.*
57 BGH GRUR 2005, 522, 523 *Sammelmitgliedschaft II.*
58 BGH GRUR 2007, 610 Tz. 21 *Sammelmitgliedschaft V;* BGH GRUR 2005, 689, 690 *Sammelmitgliedschaft III;* BGH GRUR 2003, 454, 455 *Sammelmitgliedschaft;* BGH GRUR 1999, 1116, 1118 *Wir dürfen nicht feiern;* vgl auch OLG Celle GRUR 2006, 519, 520 *Verbandsmitgliedstöchter.*
59 BGH GRUR 2003, 454, 455 *Sammelmitgliedschaft.*
60 BGH GRUR 1995, 122 *Laienwerbung für Augenoptiker;* BGH GRUR 1997, 758, 759 *Selbsternannter Sachverständiger.*
61 BGH WRP 1995, 591, 593 f. *Gewinnspiel II;* BGH GRUR 1996, 290 f. *Wegfall der Wiederholungsgefahr I.*
62 BGH GRUR 2003, 454, 455 *Sammelmitgliedschaft.*
63 BGH GRUR 2004, 251, 252 *Hamburger Auktionatoren.*
64 BGH GRUR 1998, 170, 171 f. *Händlervereinigung;* LG München I WRP 1996, 810, 811; OLG Nürnberg WRP 1996, 358, 360 f.
65 KG WRP 1999, 1302, 1304.
66 OLGe Karlsruhe und Köln WRP 1996, 582, 583 und 594, 595.
67 OLG Frankfurt WRP 1996, 213 f; weitere Beispiele bei Ebert-Weidenfeller in Hasselblatt, § 10 Rn 66.
68 BGH GRUR 1997, 476, 476 *Geburtstagswerbung II.*
69 BGHZ 131, 90, 91 f. *Anonymisierte Mitgliederliste;* BGH GRUR 1998, 417, 418 *Verbandsklage in Prozessstandschaft.*

ist. Nach der neueren – und zweifelhaften, siehe oben – Rechtsprechung des Bundesgerichtshofes müssen solche Mitgliederlisten allerdings zu Bedeutung und Umsatz der Mitglieder nichts sagen; der Richter stellt das im Freibeweis fest.[70] Bei mittelbaren Mitgliedschaften von Gewerbetreibenden über ihre Fachverbände genügt die Angabe von deren Mitgliederzahl.[71] Zur Glaubhaftmachung im Verfügungsverfahren Rn 1566.

883   Außerdem ist seit der UWG-Novelle 2004 noch erforderlich, dass die **Zuwiderhandlung die Interessen der Verbandsmitglieder berührt.** Dieses Merkmal dürfte indessen nicht zu einer weiteren Einschränkung der Aktivlegitimation der Verbände führen. Denn die Interessen von konkreten oder abstrakten Mitbewerbern, die Mitglieder des Verbandes sind, werden stets bei Wettbewerbsverletzungen berührt.

Beispiele: Arzneimittelhersteller einerseits und Apotheker andererseits sind zwar keine Mitbewerber im Wortsinn. Da aber ein auf bestimmte Arzneimittel beschränkter Versand durch Apotheken sich auf die Wettbewerbslage der nicht einbezogenen Hersteller auswirkt, besteht zwischen ihnen und den Apotheken sogar ein konkretes Wettbewerbsverhältnis (Rn 866), so dass jedenfalls ein Verband, dem 58 Hersteller angehören, für die Geltendmachung eines Unterlassungsanspruchs aus UWG aktivlegitimiert ist.[72]

Die Wettbewerbslage von Teppichhändlern dagegen wird durch eine Werbung „10.000 Matratzen zum halben Preis" nicht tangiert; die Mitglieder sind noch nicht einmal abstrakte Konkurrenten, so dass ihre Mitgliedschaft in einem Verband allein diesen noch nicht aktivlegitimiert.[73]

Auch wird durch Gebrauchtwagenauktionen nicht das Interesse von drei Auktionatoren berührt, die sich nicht mit Gebrauchtwagenauktionen beschäftigen.[74] Diese Auktionatoren sind zumindest nach der Rechtsprechung des Bundesgerichtshofes keine abstrakten Mitbewerber (zweifelhaft).

884   Der Verband darf sich das gerichtliche Vorgehen gegen einen Verletzer zwar von einem anonym bleibenden Mitglied finanzieren lassen; er darf aber nicht für das Mitglied als Prozessstandschafter auftreten;[75] vgl zur Prozessstandschaft auch Rn 914. Bloße Fördermitglieder bleiben unberücksichtigt.[76]

885   **Verbände mit Sitz im Ausland** sind jedenfalls dann aus § 8 Abs. 3 Nr. 2 UWG prozessführungsbefugt, wenn sich dies aus zwischenstaatlichen Abkommen ergibt.[77] Allerdings dürfen sie über ihren Satzungszweck hinaus nicht tätig werden (Rn 880); wenn dieser Aktivitäten außerhalb ihres Heimatlandes nicht einschließt, sind sie in Deutschland nicht zur Geltendmachung von Ansprüchen in der Lage, ebenso wenig wie ein **deutscher Verband** hier Wettbewerbsverstöße verfolgen kann, die sich ausschließlich **im Ausland** ereignen.[78]

---

70 BGH GRUR 2009, 692 Tz. 12 *Sammelmitgliedschaft VI.*
71 So OLG Stuttgart WRP 1997, 60, 62 jedenfalls für besonders große Mitgliedsverbände des klagenden Verbandes (unter offenbarem Missverständnis der Entscheidung BGHZ 131, 90 ff. *Anonymisierte Mitgliederliste*, die sich nur auf die Mitglieder des klagenden Verbandes selbst bezieht); die OLGe Köln und Celle (WRP 1996, 226, 229 und 1167) haben sich allerdings die Listen der Mitglieds-Mitglieder vorlegen lassen; wie hier wiederum OLG Hamburg WRP 1996, 576, 579.
72 KG GRUR-RR 2001, 244, 245 *Internet-Apotheke.*
73 KG WRP 2001, 49, 50 m. abl. Anm. Koblitz.
74 BGH GRUR 2004, 251, 252 *Hamburger Auktionatoren.*
75 BGH GRUR 1998, 417, 418 *Verbandsklage in Prozessstandschaft.*
76 OLG Celle GRUR 1998, 77, 78.
77 OLG München GRUR 1985, 564, 565 und BGH GRUR 1988, 453, 454 *Ein Champagner unter den Mineralwässern.*
78 BGH GRUR 1998, 419, 420 *Gewinnspiel im Ausland.*

b) Verbraucherverbände (§ 8 Abs. 3 Nr. 3 UWG)

Völlig reformiert wurde im Jahr 2000 die Klagebefugnis der Verbraucherverbände nach den Vorgaben der Unterlassungsklagerichtlinie.[79] Klagebefugt sind jetzt alle qualifizierten Einrichtungen, die entweder nach § 4 UnterlassungsklagenG bzw im Verzeichnis der EU-Kommission nach Art. 4 der Richtlinie eingetragen sind.   886

Die inhaltlichen Anforderungen an den Verbraucherverband ergeben sich aus § 4 Abs. 2 UnterlassungsklagenG. Ein Verbraucherverband, der nicht in ausreichendem Umfang Publikumssprechstunden hält und auch sonst nicht in der Öffentlichkeit (zB publizistisch) tätig wird, erfüllt seinen Zweck, die Interessen der Verbraucher „durch Aufklärung und Beratung" wahrzunehmen, nicht,[80] insbesondere wenn er lediglich als Abmahnverein tätig ist.[81] Im Übrigen gelten die an gewerbliche Verbände gestellten Anforderungen zur Erfüllung des satzungsmäßigen Zwecks (Rn 880) sinngemäß.[82]

Einer inhaltlichen Prüfung dieser Anforderungen dürfte aber in der Praxis kaum noch Bedeutung zukommen. Die Erfüllung der Eintragungsvoraussetzungen in die relevanten Listen wird **gerichtlich** im Wettbewerbsprozess **nicht überprüft**. Das Gericht kann bei begründeten Zweifeln nur das Bundesamt für Justiz zur Überprüfung auffordern und das Verfahren bis zu dessen Entscheidung aussetzen (§ 4 Abs. 4 UnterlassungsklagenG). An das Vorliegen solcher Zweifel sind aber strenge Anforderungen zu stellen, um eine effektive Rechtsdurchsetzung zu gewährleisten.[83] Die Eintragung in die Liste kann durch das Bundesamt für Justiz aufgehoben werden.[84] Eine Liste über die derzeit eingetragenen Verbände ist im Internet veröffentlicht.[85] Für durch öffentliche Mittel geförderte Verbände wird die Erfüllung der Eintragungsvoraussetzungen jedoch unwiderleglich vermutet, § 4 Abs. 2 S. 2 UnterlassungsklagenG.   887

Früher konnten sich die Verbraucherverbände nur auf unlautere Wettbewerbshandlungen stützen, wenn wesentliche Verbraucherbelange berührt waren. Das konnten nur Wettbewerbsverstöße mit der Angriffsrichtung Kunde (nicht Konkurrent) sein, also der Kundenfang, Belästigung durch unerbetene Werbung[86] oder gefühlsbetonte Werbung.[87] Die UWG-Novelle 2004 hat diese Beschränkung in Ansehung der neuen für alle Klageberechtigten geltenden Bagatellschwelle aufgehoben, so dass Verbraucherschutzverbände jetzt auch Behinderungstatbestände verfolgen können. Die damit verbundene Ausweitung der Klagebefugnis war ausdrücklich gewollt,[88] mutet allerdings angesichts des klaren Auftrages solcher Verbände, Verbraucherinteressen zu schützen, als etwas befremdlich an. Dementsprechend wird ihre Anspruchsberechtigung zu Recht   888

---

79 98/27/EG vom 19. Mai 1998, ABl. EG Nr. L 166, 51.
80 OLG Frankfurt GRUR 1974, 228 (Sprechstunden); BGH GRUR 1973, 78, 80 *Verbraucherverband* (publizistische Tätigkeit); vgl auch OLG Frankfurt WRP 1981, 467, 468 (Verbraucherschutzverein Berlin); BGH GRUR 1983, 773, 774 *Ärztlicher Arbeitskreis;* BGH GRUR 1988, 822, 823 *Benzinwerbung* (ADAC als Verbraucherverband).
81 OVG Münster GRUR 2004, 347, 348 *Verbandseintragung.*
82 Vgl auch eingehend Ebert-Weidenfeller in Hasselblatt, § 10 Rn 74 ff.
83 BGH GRUR 2010, 852 Tz. 11 *Gallardo Spyder.*
84 Zu einem Verwaltungsverfahren um die Aufhebung der Eintragung in die Liste qualifizierter Einrichtungen OVG Münster GRUR 2004, 347, 348 *Verbandseintragung.*
85 http://www.bundesjustizamt.de/nn_258904/DE/Themen/Wirtschaft/Verbraucherschutz/Verbraucherschutz__node.html?__nnn=true.
86 OLG Frankfurt NJW-RR 1993, 39, 40.
87 Ebert-Weidenfeller in Hasselblatt, § 10 Rn 84 mwN.
88 Begr. RegE UWG-Novelle 2004, BT DS 15/1487, S. 23, abrufbar unter www.nordemann.de.

für Fälle verneint, in denen ausschließlich Interessen eines bestimmten Mitbewerbers betroffen sind (Rn 873). In krassen Fällen kann außerdem das Missbrauchsverbot des § 8 Abs. 4 UWG helfen.

c) Kammern (§ 8 Abs. 3 Nr. 4 UWG)

889 § 8 Abs. 3 **Nr. 4** UWG befugt neben den Verbänden auch die **Industrie- und Handelskammern** und die **Handwerkskammern**. Nr. 4 gilt nicht etwa auch für die Kammern der freien Berufe; diese sind nur nach Nr. 2 legitimiert (Rn 879). Die Regelung hat bisher keine praktische Bedeutung erlangt. Die Kammern sind (zumindest mittelbar über ihre Dachverbände) Mitglied bei der Zentrale zur Bekämpfung des unlauteren Wettbewerbs, die aus § 8 Abs. 3 Nr. 2 UWG vorgeht (Rn 882).

II. Anspruchsverpflichteter

1. Täter und Beteiligte (Allgemeines)

Rechtsgrundlage: Allgemeine deliktische Haftungsregeln, insbesondere § 830 BGB

890 Anspruchsverpflichteter ist zunächst der **unmittelbare Täter** der unzulässigen geschäftlichen Handlung. Der Täter muss den objektiven Tatbestand adäquat kausal verwirklicht haben, sein **Verhalten muss** also eine **geschäftliche Handlung** gem. § 2 Abs. 1 Nr. 1 UWG darstellen[89] (dazu Rn 55 ff). Danach kommen als Täter erst einmal nur **natürliche Personen** in Betracht.

Beispiele: Der irreführend werbende Inhaber eines Textilfachgeschäfts haftet als Täter, wenn er die Werbung geschaltet hat. Genauso haftet als Täter der Rechtsanwalt, der entgegen RVG unlauter (§ 4 Nr. 11 UWG) für einen Gerichtsprozess die Mindestsätze des RVG gegenüber einem Mandanten unterbietet.

Bei der GmbH haftet als Täter deren Geschäftsführer,[90] wenn er die unzulässige geschäftliche Handlung selbst veranlasst hat. Bei der KG gilt das Gleiche für den Komplementär.[91] Außerdem haftet der Leiter der Marketingabteilung als Täter, wenn er die unzulässige Werbung zur Schaltung freigegeben hat.

Der gesetzliche Vertreter kann auch dann als Täter in Anspruch genommen werden, wenn er nur einen Beschluss eines anderen Organs – zB des Aufsichtsrats – ausgeführt hat.[92]

Allerdings sind bei der Feststellung der Täterschaft auch Wertungen erforderlich. Tatsächlich an der Verletzung Mitwirkende werden nicht als Täter eingestuft, wenn sie nicht entscheidungsbefugt sind, nur in völlig untergeordneter Stellung ohne Entscheidungsspielraum tätig wurden *und* nicht vorsätzlich gehandelt haben.[93]

Beispiele: Plakatkleber oder Prospektverteiler, die nicht vorsätzlich handeln, haften danach nicht als Täter, obwohl sie tatsächlich die Verletzung erst herbeiführen.[94]

---

89 BGH GRUR 2011, 340 Tz. 27 *Irische Butter*.
90 BGH GRUR 1999, 504, 505 *Implantatbehandlungen*; OLG Frankfurt GRUR 1984, 371, 372 f. *Centipede*; OLG Nürnberg GRUR 1983, 595 *Abwesender Geschäftsführer*. Einschränkend Götting GRUR 1994, 6: nur bei einem aktiven Tun (mwN).
91 OLG Karlsruhe WRP 1975, 109, 112; der GbR-Gesellschafter aber nur, wenn er selbst einen Tatbeitrag geleistet hat, OLG Karlsruhe WRP 1998, 898, 899. S. auch OLG Hamm GRUR 1979, 807, 808 *Holzverarbeitung*.
92 OLG Hamburg GRUR-RR 2006, 182, 184 *Miss 17*; Klaka GRUR 1988, 729.
93 BGH GRUR 2011, 340 Tz. 27 *Irische Butter*.
94 BGH GRUR 2011, 340 Tz. 27 *Irische Butter*.

Wer jedoch seine Internetadresse in einer Print-Werbung angibt, übernimmt die Verantwortung für die Werbung, sofern niemand anders benannt ist; entlasten kann sich nur, wer darlegt, dass er trotz der Nennung keinen Einfluss darauf hat, ob sich die Werbung wiederholt.[95]

Die **juristische Person** haftet (zusätzlich), sofern ihr das Verhalten des Täters zugerechnet werden kann (Rn 906 f); für Täter, die Organe sind, kann im Regelfall unproblematisch eine Zurechnung über §§ 30, 31, 89 BGB erfolgen (dazu Rn 907).

Handeln mehrere Personen, kann auch eine Haftung als **Mittäter** (§ 830 Abs. 1 BGB) vorliegen, sofern der Mittäter die Tat beherrscht. Eine Abgrenzung zur Anstiftung oder Beihilfe (Rn 891) ist irrelevant, weil Mittäter und Beteiligte von § 830 Abs. 2 BGB gleichgestellt werden.

Beispiel: Bei der Gemeinschaftswerbung haften alle beteiligten Unternehmer als Mittäter, sofern sie die Werbung gemeinsam veranlasst haben.

Schließlich kommt auch eine Haftung als **mittelbarer Täter** in Betracht. Dafür ist erforderlich, dass die unzulässige geschäftliche Handlung durch einen Dritten unmittelbar begangen wurde, der Dritte jedoch nicht über die erforderliche Täterqualifikation verfügt.

Beispiel: Der Leiter einer Werbeabteilung entwirft eine Werbung mit falschen Produktangaben; seinem Geschäftsführer legt er gemeinsam mit der freizugebenden Werbung jedoch Informationen vor, nach denen die Produktangaben stimmen. Der Geschäftsführer verfügt nicht über eine Täterqualifikation, weil er die Unrichtigkeit der Produktangaben nicht kennt, der Leiter der Werbeabteilung handelt als mittelbarer Täter.

Anstifter und Gehilfen sind wie Täter verantwortlich (§ 830 Abs. 2 BGB). Als **Anstifter** kommt insbesondere der Hersteller in Betracht, der ein wettbewerbswidriges Verhalten seiner Abnehmer bewusst fördert,[96] der Busunternehmer bei Werbefahrten,[97] der Belegarzt bei einer von ihm veranlassten Werbung der Belegklinik, in der die Telefonnummer seiner Privatpraxis angegeben wird,[98] ferner die Werbeagentur,[99] seltener der Kunde[100] oder der Arbeitnehmer.[101] **Gehilfe** ist, wer ein Schneeballsystem (Rn 487) EDV-mäßig verwaltet und überwacht,[102] der Service-Provider bei ihm bekannter wettbewerbswidriger Werbung[103] oder der Vermieter, der die Räume für die unzulässige Fortsetzung des Geschäfts nach einem Räumungsverkauf zur Verfügung stellt,[104] nicht aber der Versandhändler, der ein wettbewerbswidriges Gewinnspiel lediglich abwi-

891

---

95 BGH GRUR 2011, 340 Tz. 28 *Irische Butter*.
96 OLG Stuttgart WRP 1970, 227 *Angora-Ausrüstung* im Anschluss an BGH GRUR 1961, 545, 547 *Plastic-Folien*. Kenntnis der Tatumstände genügt, OLG Frankfurt WRP 1987, 115, 116. Vgl auch OLG Stuttgart WRP 1987, 510.
97 OLG Frankfurt GRUR 1992, 711.
98 BGH GRUR 2000, 613, 616 *Klinik Sanssouci*.
99 BGH GRUR 1973, 208, 209 *Neues aus der Medizin*. Vgl auch OGH Wien GRUR Int. 1985, 58 *Pro Mota* und ÖBl. 1988, 28. Hinsichtlich der Tatsachen, die ihr vom Kunden mitgeteilt werden, darf sie sich jedoch grundsätzlich auf dessen Angaben verlassen, OLG Frankfurt GRUR-RR 2002, 77 *Anzeige für Räumungsverkauf*.
100 BGH GRUR 1989, 773, 774 *Mitarbeitervertretung*; BGH GRUR 1997, 313, 315 f. *Architektenwettbewerb*; OLG Frankfurt GRUR 2007, 612, 612 *Finanzierungsklinker*.
101 LG Memmingen GRUR-RR 2002, 110, 111 *CNC-Meister*.
102 OLG Frankfurt nach WRP 1994, 848 f.
103 OLG München GRUR 1999, 71, 72 *Werbung im Internet*. Zur bewussten Duldung eines unzulässigen Deeplinks auf die eigene Homepage S. LG Mannheim MMR 1998, 217, 218.
104 LG Oldenburg WRP 2000, 660.

ckelt, dh die Gewinne verschickt[105] oder der Adresshändler, von dem der illegal Werbende seine Adressen bezieht.[106] Einzelheiten bei Köhler WRP 1997, 897.

2. Störerhaftung, Verletzung von Verkehrspflichten und weitere Zurechnungsgründe
Rechtsgrundlage: § 3 Abs. 1, Abs. 2 S. 1 UWG; Allgemeines Deliktsrecht, teilweise §§ 823, 1004 BGB

892 **Sonstige mittelbare Verursacher** oder Mitverursacher eines Wettbewerbsverstoßes trifft nach ständiger Rechtsprechung eine Haftung dann, wenn

- *erstens* ihr Verhalten **adäquat kausal** für die Wettbewerbsverletzung war,
- *zweitens* sie die rechtliche Möglichkeit der Verhinderung hatten und
- *drittens* sie eine ihnen etwa obliegende **Prüfungspflicht (Verkehrspflicht) vernachlässigt** haben.[107] Die Feststellung einer solchen Pflichtverletzung bedarf einer umfassenden Interessenabwägung und wertenden Risikozuweisung, ob die Einhaltung **zumutbar** war. Das setzt in aller Regel voraus, dass der Wettbewerbsverstoß für den mittelbaren Störer **erkennbar** ist; es muss sich also entweder um eine grob rechtswidrige und offensichtliche Verletzung handeln oder der mittelbare Störer muss durch den Verletzten über die Verletzung in Kenntnis gesetzt werden.[108] Auch spielt die Funktion und Aufgabenstellung des als Störer in Anspruch genommenen mit Blick auf die **Eigenverantwortung des eigentlichen Wettbewerbsverletzers** eine Rolle.[109]

893 **Früher** wurden diese Haftungsgrundsätze aus §§ 823, 1004 BGB als sog. **Störerhaftung** hergeleitet.[110] Kritisiert wurde insbesondere die Anknüpfung an § 1004 BGB, der eigentlich auf die Haftung für Erfolgs- und nicht Verhaltensunrecht zugeschnitten ist. Der Sache nach war die Rechtsprechung den Grundsätzen angenähert, wie sie auch im allgemeinen Haftungs- und Unfallrecht für mittelbare Verletzungshandlungen gelten. Gemeint ist die Lehre von den Verkehrssicherungspflichten.[111] **Seit der Entscheidung „Jugendgefährdende Medien bei eBay"**[112] leitet der Bundesgerichtshof die Haftung von mittelbaren Verursachern und Mitverursachern, die nicht schon als Mittäter oder mittelbare Täter haften, aus einer Verletzung von **wettbewerblichen Verkehrspflichten**[113] her, ohne das Institut der Störerhaftung ausdrücklich aufzugeben.

Der Bundesgerichtshof entnimmt aus der Rechtsprechung zu Verkehrssicherungspflichten zu den unterschiedlichen Rechtsbereichen den „allgemeinen Rechtsgrundsatz", dass jeder, der in seinem Verantwortungsbereich eine Gefahrenquelle schafft oder andauern lässt, die ihm zumutbaren Maßnahmen und Vorkehrungen treffen muss, die zur Ab-

---

105 BGH GRUR 2001, 1178, 1180 *Gewinn-Zertifikat.*
106 OLG Karlsruhe GRUR-RR 2002, 78, 79 *Adresshändler.*
107 BGH GRUR 2003, 969, 970 f. *Ausschreibung von Vermessungsleistungen;* BGH GRUR 1997, 313 *Architektenwettbewerb;* vgl auch zum Urheberrecht BGH GRUR 1999, 418 *Möbelklassiker,* und zum Markenrecht BGH GRUR 1997, 909 *Branchenbuch-Nomenklatur.*
108 BGH GRUR 1999, 418, 419 *Möbelklassiker* zum Urheberrecht vgl BGHZ 42, 118, 142 *Personalausweise* zum Urheberrecht.
109 BGH GRUR 2003, 969, 970 f. *Ausschreibung von Vermessungsleistungen.*
110 Statt vieler Leistner GRUR 2006, 802; Schünemann WRP 1998, 124.
111 Haedicke GRUR 1999, 397, 401; Dustmann, Die privilegierten Provider, S. 57.
112 BGH GRUR 2007, 890 Tz. 22 ff *jugendgefährdende Medien bei eBay;* dazu Fürst WRP 2009, 378; Leistner/Stang WRP 2008, 533; Köhler GRUR 2008, 1.
113 Nicht: wettbewerbliche Verkehrs*sicherungs*pflichten.

wendung der daraus Dritten drohenden Gefahren notwendig sind. Dieser Rechtsgedanke gelte unabhängig davon, ob sich die Gefahr in einem Erfolgs- oder in einem Verhaltensunrecht realisiert. Auf der Grundlage dieser Erwägungen entwickelt der BGH für den Bereich des UWG – als Verhaltensunrecht – die **Formel, dass derjenige, der durch sein Handeln im geschäftlichen Verkehr die ernsthafte Gefahr begründet, dass Dritte durch das Wettbewerbsrecht geschützte Interessen von Marktteilnehmern verletzen, auf Grund einer wettbewerbsrechtlichen Verkehrspflicht dazu verpflichtet ist, diese Gefahr im Rahmen des Möglichen und Zumutbaren zu begrenzen.**[114]

Die Haftung für eine **Verletzung von wettbewerblichen Verkehrspflichten** ergibt sich insoweit **direkt aus § 3 UWG als täterschaftliche Haftung.** Die speziellen Unlauterkeitsgründe des §§ 4 bis 6 UWG müssen nicht erfüllt sein.[115] Vielmehr werden sie regelmäßig durch den unmittelbaren Verletzer verwirklicht.

Diese Rechtsprechung bewirkt **keine inhaltlichen Unterschiede zwischen** dem Inhalt der „Prüfpflichten" (der Störerhaftung) und den neuen „wettbewerblichen Verkehrspflichten". Der BGH verweist ausdrücklich darauf, dass die Verkehrspflichten „entsprechend den zur Störerhaftung entwickelten Grundsätzen" zu bestimmen sind.[116] Aus den genannten Gründen bleiben insbesondere auch die einschränkenden Grundgedanken der Rechtsprechung zur Prüfpflicht im Rahmen der Störerhaftung gültig.[117]

894

Beispiele für eine Verletzung der wettbewerblichen Verkehrspflicht (Prüfpflicht): Im Fall „Jugendgefährdende Medien bei eBay" hatten Nutzer der Internetauktionsplattform dort volksverhetzende bzw gewaltverherrlichende CDs und Spiele angeboten. Die Frage war, ob und inwieweit eBay für solche erheblichen Verstöße seiner Nutzer gegen Jugendschutzrecht (unlauter gem. § 4 Nr. 11 UWG; vgl Rn 832) haftet. Zwar verneinte der BGH sowohl eine Täterschaft als auch eine Teilnahme des Auktionshauses an den konkreten Verletzungen des Jugendschutzgesetzes durch seine Nutzer, weil keine hinreichende Kenntnis von den konkreten Verletzungshandlungen vorgelegen habe.[118] Allerdings nahm er unter Hinweis auf die Verletzung von „wettbewerbsrechtlichen Verkehrspflichten" eine täterschaftliche Haftung von eBay gem. § 3 UWG an. Denn eBay hatte es unterlassen, im Hinblick auf die ihr *konkret bekannt gewordenen* Verstöße zumutbare Vorkehrungen zu treffen, um derartige Rechtsverletzungen künftig soweit wie möglich zu verhindern; dadurch kam es entweder zu weiteren derartigen Verstößen von eBay-Nutzern gegen das Jugendschutzrecht oder derartige Verstöße waren zumindest ernsthaft zu besorgen.[119] Für Suchmaschinenbetreiber wie Google gelten vergleichbare Verkehrspflichten.[120]

Der Betreiber eines Internetportals für anonyme Kleinanzeigen hat eine wettbewersiche Verkehrspflicht, bei gewerblichen Kleinanzeigen für eine Erfüllung der Impressumspflicht seines Kunden zu sorgen.[121]

Wer für einen Wettbewerbsverstoß eines anderen durch Zurverfügungstellung dafür notwendiger Leistungen wie eine „0900er"-Nummer eine adäquate und wegen Risikoerhöhung zurechenbare Ursache setzt, hat durch seine vertragliche Verbindung zu dem eigentlichen Wettbewerbsverletzer auch die rechtliche Möglichkeit, die Wettbewerbsverletzung zu verhindern. Ferner werden auch zumutbare Prüfungspflichten verletzt, wenn er trotz Kenntnis des Wettbewerbsverstoßes nicht dagegen einschreitet. Er haftet grundsätzlich wegen Verkehrspflichtverletzung. In

114   BGH GRUR 2007, 890 Tz. 22, 36 *jugendgefährdende Medien bei eBay.*
115   BGH GRUR 2007, 890 Tz. 22, 36 *jugendgefährdende Medien bei eBay.*
116   BGH GRUR 2007, 890 Tz. 38 *jugendgefährdende Medien bei eBay.*
117   So auch Döring WRP 2007, 1131, 1137; Leistner/Stang WRP 2008, 533, 534; J.B. Nordemann, FS Loewenheim, 2009, S. 215, 222.
118   BGH GRUR 2007, 890 Tz. 21 *jugendgefährdende Medien bei eBay.*
119   BGH GRUR 2007, 890 Tz. 22 ff *jugendgefährdende Medien bei eBay.*
120   BGH GRUR 2010, 628 Tz. 39 *Vorschaubilder* zum UrhG.
121   OLG Frankfurt GRUR-RR 2009, 315 *Impressumspflicht.*

aller Regel dürfte in solchen Fällen auch eine außerordentliche Kündigung des Vertrages mit dem Wettbewerbsverletzer möglich sein; wer dieses Kündigungsrecht vertraglich ausschließt, bindet sich selbst ohne Not die Hände und haftet wegen dieser Vertragsgestaltung.[122]

Wegen Verletzung einer Verkehrspflicht haftet auch der Hersteller eines Arzneimittels, der an die Großhändler neben seinen Arzneimitteln andere Waren liefert, damit der Großhändler sie unlauter mit den Arzneimitteln koppelt.[123] Auch wenn der Hersteller die streitgegenständliche Werbung nicht selbst entworfen und die Abgabepreise nicht beeinflusst hat, muss er wettbewerbsrechtlich einstehen, weil sein Verhalten gerade die Gefahr auslöste, dass der Großhändler sich unlauter verhält; eigentlich kommt in diesen Fällen sogar eine Haftung als Anstifter (§ 830 Abs. 2 BGB, Rn 891) in Frage.

Weitere Beispiele für eine Verletzung von Verkehrspflichten (Prüfpflichten) sind die Durchführung von Verkaufsfahrten durch einen Busunternehmer für einen Dritten, obwohl er weiß, dass der Veranstalter dort unlauter wirbt,[124] die Herausgabe der „Gelben Seiten" im Hinblick auf Einträge, die offensichtlich wettbewerbswidrig sind[125] oder das mangelnde Einschreiten gegen eine wettbewerbswidrige, den Störer begünstigende Eintragung einer Telefonnummer durch die Gemeindeverwaltung, obwohl die Möglichkeit der Verhinderung bestanden hätte.[126] Auch das Schalten von (lauterer) Werbung neben unlauteren Inhalten führt nach Kenntniserlangung zu einer Verkehrspflicht, die Werbung dort abzuschalten.[127]

Demgegenüber scheidet die Verletzung einer Verkehrspflicht (Prüfpflicht) aus, wenn der als Störer in Anspruch Genommene nicht gezielt auf den Wettbewerbsverstoß hingewirkt hat, sondern der eigentliche Verletzer wesentliche eigenständige Beiträge zur Wettbewerbsverletzung beigesteuert hat.[128] Der DENIC als Vergabestelle für.de-Registrierungen ist nur zumutbar, die Registrierung zu unterlassen, wenn sie auf die Rechtsverletzung hingewiesen wurden *und* diese offenkundig ist.[129] Eine Haftung besteht nicht, wenn der mittelbare Verursacher unter den gegebenen Umständen davon ausgehen konnte, dass der oder die Wettbewerber als unmittelbare Verursacher selbständig die Zulässigkeit der fraglichen Werbung prüfen würden.[130] Gänzlich abgelehnt wird auch die wettbewerbsrechtliche Haftung des Herstellers, wenn sein Produkt in einer Fernseh-Shop-Verkaufssendung irreführend beworben wird und er weder beratend tätig war noch sonst Informationsmaterial zur Verfügung gestellt hat.[131]

Diese Beispiele zeigen, dass der Kenntnis von der Rechtsverletzung eine erhöhte Bedeutung zukommt, weil sie zur Erkennbarkeit der Verletzung der Verkehrspflicht führt (siehe auch Rn 892). **Wer grundsätzlich sicher gehen will, dass eine Haftung eintritt, muss den Mitverursacher von der unlauteren geschäftlichen Handlung Dritter in Kenntnis setzen.** Im praktisch relevanten Bereich der Contentprovider (Hostprovider) im Internet (Rn 900) heißt ein solches Schreiben „notice-and-takedown-letter". Danach ist allerdings im Regelfall bei fortdauernder Verletzung eine Haftung als Täter oder Teilnehmer gegeben, so dass der Haftung wegen Verkehrspflichtverletzung vor allem für den Anspruchsumfang Bedeutung zukommen kann (dazu Rn 896). Für das Schreiben, mit dem die Kenntnis vermittelt wird, kann – sofern nicht schon vorher eine Haftung bestand – aber keine Kostenerstattung verlangt werden.[132]

---

122 Instruktiv OLG Frankfurt GRUR 2003, 805, 806 *0190-Inkasso-Nummer*.
123 BGH GRUR 2003, 6254, 626 *Kleidersack*.
124 BGH GRUR 1988, 829 *Verkaufsfahrten II*.
125 BGH GRUR 1997, 909, 911 *Branchenbuch-Nomenklatur*.
126 BGH GRUR 1990, 463 *Firmenrufnummer*.
127 OLG München WRP 2008, 1471, 1474; LG Frankfurt am Main K&R 2008, 315, 316. Vgl aber LG München I ZUM 2009, 592.
128 BGH GRUR 2003, 969, 970 f. *Ausschreibung von Vermessungsleistungen*.
129 BGH GRUR 2001, 1038, 1039 *ambiente* (für DeNIC-Registrierung).
130 BGH GRUR 1995, 62, 64 *Betonerhaltung*; BGH GRUR 1997, 313, 316 *Architektenwettbewerb*.
131 OLG Köln GRUR-RR 2006, 205, 205 *Bluerate Tarif-Wunder*.
132 OLG Hamburg ZUM-RD 2000, 173, 179; LG Berlin MMR 2004, 195, 197; *Spindler/Volkmann* WRP 2003, 1, 14; J.B. Nordemann in Fromm/Nordemann § 97 UrhG Rn 158.

Auch wenn sich im Bereich der Pflichten keine nennenswerten Unterschiede ergeben, 895
hat das neue Konzept der Haftung für wettbewerbliche Verkehrspflichten eine bedeutende Änderung der Haftung mit sich gebracht. Anders als bei der Störerhaftung handelt es sich bei der Haftung wegen Verletzung wettbewerblicher Verkehrspflichten um
eine **täterschaftliche Haftung**.[133] Der in Anspruch Genommene muss also alle erforderlichen **Täterqualifikationen** aufweisen. Im UWG ist die entscheidende Täterqualifikation die „geschäftliche Handlung" des § 3 Abs. 1 bzw Abs. 2 S. 1 UWG iVm § 2
Abs. 1 Nr. 1 UWG (dazu Rn 55 ff). Wenn **keine geschäftliche Handlung** festgestellt
werden kann, scheidet ein Verstoß gegen § 3 UWG – anders als bei der Störerhaftung
– nach zutreffender Ansicht aus.[134]

Gerade für diese Fälle könnte es interessant sein, dass der Bundesgerichtshof in „Jugendgefährdende Medien bei eBay" das Haftungskonzept der Störerhaftung nicht ausdrücklich verworfen hat. Denn die Störerhaftung konnte auch angewendet werden,
wenn keine geschäftliche Handlung gegeben war. Als Anspruchsgrundlage für eine
Störerhaftung fungiert in solchen Fällen § 1004 BGB analog in Verbindung mit der
verletzten UWG Norm.[135]

Beispiele: Der bekannteste Fall sind zielgerichtete Anfragen der öffentlichen Hand an Architekten
zu Leistungen unterhalb der Sätze der HOAI, also direkte Anfragen nach wettbewerbswidrigem
Verhalten der angefragten Architekten. Hier handelte die öffentliche Hand nicht in der Absicht,
den unlauteren Wettbewerb der Architekten zu fördern, sondern ausschließlich im eigenen Interesse. Trotz fehlender geschäftlicher Handlung auf Seiten der öffentlichen Hand konnte man
ihr Verhalten wegen Störerhaftung untersagen.[136]

Eine solche Haftung scheidet aber in jedem Fall aus, wenn der Handlung – im Fall des Architekten – kein Wettbewerbsverstoß zu Grunde liegt. Ferner scheidet eine Haftung mangels Verletzung
einer Prüfpflicht (Rn 892) aus, wenn die störende Handlung objektiv nicht auf einen Wettbewerbsverstoß zielt, sondern die Handlung lediglich Raum für den eigentlichen Verletzer gibt, sich
wettbewerbswidrig zu verhalten. So haftet eine Gemeinde für eine Verletzung der HOAI eines
Ingenieurs nicht, wenn sie ihre Ausschreibungsunterlagen nur unvollständig erstellt hat und der
Ingenieur bei wertender Betrachtungsweise eigenverantwortlich diese Lücken zu einem Wettbewerbsverstoß ausgefüllt hat.[137]

Die Haftung wegen Verletzung wettbewerblicher Verkehrspflichten muss nicht bemüht
werden, wenn zwar eine geschäftliche Handlung des in Anspruch Genommenen vorliegt, er aber andere außerhalb von § 3 UWG liegende Täterqualifikationen nicht erfüllt. Denn die Haftung für eine Verletzung von wettbewerblichen Verkehrspflichten
ergibt sich direkt aus § 3 UWG und nicht aus anderen Unlauterkeitsgründen.[138] So
unterliegen zB werbende GmbHs nicht den geltenden Werbebeschränkungen für Ärzte.
Sie haften aber dennoch wegen Verletzung von Verkehrspflichten, wenn sie dazu bei-

---

133 BGH GRUR 2007, 890 Tz. 36 *jugendgefährdende Medien bei eBay*; dazu auch Leistner/Stang WRP 2008,
     533, 538 f; Köhler GRUR 2008, 1, 5; J.B. Nordemann, FS Loewenheim, 2009, S. 215, 223 und ders. in
     Fromm/Nordemann § 97 UrhG Rn 155.
134 Köhler GRUR 2008, 1, 5; Ohly in Piper/Ohly/Sosnitza § 8 UWG Rn 123; aA Ahrens, FS Canaris, 2007,
     S. 20; offen gelassen von BGH GRUR 2009, 597 Tz. 16 *Halzband*.
135 BGH GRUR 1991, 769, 770 *Honoraranfrage*; ferner BGH GRUR 1991, 540, 541 *Gebührenausschrei-*
     bung; BGH GRUR 1990, 373, 374 *Schönheitschirurgie*.
136 BGH GRUR 1991, 769, 770 *Honoraranfrage*.
137 BGH GRUR 2003, 969, 970 f. *Ausschreibung von Vermessungsleistungen*; ähnlich BGH GRUR 2005, 171,
     172 *Ausschreibung von Ingenieursleistungen*.
138 Köhler GRUR 2008, 1, 3 f; Ahrens WRP 2007, 1281, 1290; Leistner/Stang WRP 2008, 533, 538; Ohly in
     Piper/Ohly/Sosnitza § 8 UWG Rn 123.

tragen, dass ein bei ihnen beschäftigter Arzt gegen die Werbebeschränkung verstößt und damit gem. § 4 Nr. 11 UWG unlauter handelt.[139] Dafür genügt es, wenn ein Arzt die Werbung der GmbH duldet.[140]

896 Als **Rechtsfolge** haftet der Schuldner zunächst auf **Unterlassung und Beseitigung**. Diese Haftung geht über die Haftung eines Teilnehmers nach § 830 Abs. 2 BGB hinaus.[141] Als Teilnehmer hätte der Schuldner nur die Verhinderung der konkreten Rechtverletzungen geschuldet, von denen er wusste. Nach der Entscheidung des Bundesgerichtshofes haftet der Verletzer einer wettbewerblichen Verkehrspflicht darüber hinaus: Wer auf eine klare Rechtsverletzung hingewiesen wurde, ist nicht nur verpflichtet, die konkret bekannte unlautere geschäftliche Handlung zu verhindern. Er muss auch Vorsorge dafür treffen, dass es möglichst nicht zu weiteren gleichartigen Rechtsverletzungen kommt.[142]

Beispiele: Wenn eBay auf eine klare Verletzung von Jugendschutz auf seiner Versteigerungsplattform durch Angebote volksverhetzender und gewaltverherrlichender Medien hingewiesen wurde, ist eBay nicht nur verpflichtet, die konkreten jugendgefährdenden Angebote, von denen eBay Kenntnis erlangt hat, unverzüglich zu sperren. eBay muss auch Vorsorge dafür treffen, dass es möglichst nicht zu weiteren gleichartigen Rechtsverletzungen kommt.[143] Insoweit besteht jedenfalls eine hinreichende Begehungsgefahr für einen vorbeugenden Unterlassungsanspruch (Rn 916 ff).

Die Störerhaftung konnte nur diese Unterlassungsansprüche[144] und Beseitigungsansprüche[145] auslösen. Da es sich bei der Haftung wegen Verletzung wettbewerblicher Verkehrspflichten um eine täterschaftliche Haftung handelt, sind hier jetzt auch **Schadensersatzansprüche** möglich.[146] Insbesondere im Internet bestehen aber umfassende Haftungsprivilegierungen für Provider im Hinblick auf Schadensersatzansprüche (Rn 900).

897 Zusätzlich zur Haftung für die Verletzung wettbewerblicher Verkehrspflichten und die Störerhaftung[147] wendet der I. Zivilsenat des Bundesgerichtshofes noch **weitere „allgemeine Zurechnungsgründe"** für die Haftung mittelbarer Verursacher als Täter an. Das kann deshalb haftungsverschärfend sein, weil es bei einer solchen Zurechnung nicht mehr auf eine Verletzung von Verkehrspflichten und insbesondere nicht auf eine Kenntnis der unmittelbaren Verletzung (Rn 894) ankommt.[148]

Beispiele: Im Hinblick auf eBay-Konten stellte der Bundesgerichtshof in „Halzband" beispielsweise folgenden allgemeinen Zurechnungsgrund auf: „*Benutzt ein Dritter ein fremdes Mitgliedskonto bei eBay, nachdem er an die Zugangsdaten dieses Mitgliedskontos gelangt ist, weil der Inhaber sie nicht hinreichend vor dem Zugriff Dritter geschützt hat, muss der Inhaber des Mitgliedskontos sich so behandeln lassen, als wenn er selbst gehandelt hätte.*" Der Ehemann, der

139 BGH GRUR 2003, 798, 799 *Sanfte Schönheitschirurgie* noch zur Störerhaftung.
140 BGH GRUR 2003, 798, 799 *Sanfte Schönheitschirurgie*.
141 Ahrens WRP 2007, 1281 f; vgl noch BGH GRUR 2003, 969, 970 *Ausschreibung von Vermessungsleistungen*.
142 BGH GRUR 2007, 890 Tz. 42 f *jugendgefährdende Medien bei eBay*.
143 BGH GRUR 2007, 890 Tz. 42 f *jugendgefährdende Medien bei eBay*.
144 BGH GRUR 2004, 860, 864 *Internetversteigerung I*.
145 BGH GRUR 2002, 618, 619 *Meißner Dekor*; Ahrens WRP 2007, 1281.
146 Döring WRP 2007, 1131, 1137; Köhler GRUR 2008, 1, 3; J.B. Nordemann, FS Loewenheim, 2009, S. 215, 224; Ohly in Piper/Ohly/Sosnitza § 8 UWG Rn 123.
147 BGH GRUR 2009, 597 Tz. 16 *Halzband*.
148 BGH GRUR 2009, 597 Tz. 20 *Halzband*.

seiner Frau auf diese Weise sein Konto überlassen hatte, haftete also als Täter für die über das Konto begangenen Rechtsverletzungen, auch wenn er keine Kenntnis von ihnen hatte.[149]

Allerdings sollen nach der Rechtsprechung des I. Zivilsenates des Bundesgerichtshofes solche allgemeinen Zurechnungsgründe nur in eng gelagerten Konstellationen gerechtfertigt sein. Im vorgenannten Fall sei die Zurechnung geboten, weil dem eBay-Konto eine besondere Identifikationsfunktion zukomme. Das sei nicht der Fall für eine IP-Adresse, die der Zugangsprovider einem Kunden zugeteilt habe. Würden Verstöße gegen das UWG über eine bestimmte IP-Adresse durch einen Unbekannten wegen mangelnder Sicherung des Internetzuganges begangen, komme danach nur eine Haftung wegen Verletzung von wettbewerblichen Verkehrspflichten, aber keine Haftung nach den „Halzband"-Grundsätzen in Betracht.[150] Der Xa. Patentsenat des Bundesgerichtshofes scheint im Gegensatz dazu einer großzügigeren Anwendung der „Halzband"-Grundsätze zuzuneigen.[151]

3. Haftung des Presseinformanten und der Presse

Rechtsgrundlage: § 3 Abs. 1, Abs. 2 S. 1 UWG; Allgemeines Deliktsrecht, teilweise §§ 823, 1004 BGB

Diese Grundsätze der wettbewerblichen Verkehrspflicht (Rn 892 ff) finden grundsätzlich auch Anwendung bei der **Haftung des Presseinformanten** als mittelbaren Wettbewerbsverletzer.   898

- Bei Werbematerial zu (meist neuen) Produkten, also den sog. **Produktinformationen,** die an einen größeren Interessentenkreis, darunter auch verschiedene Presseorgane, verschickt werden, darf sich der Werbende darauf verlassen, dass die Presse ihre Eigenverantwortung für die redaktionelle Gestaltung der Zeitung oder Zeitschrift auch tatsächlich wahrnimmt und das Werbematerial nicht unter Verletzung des Gebots der sachlichen Berichterstattung verwertet.[152] Tut sie das dennoch – im BGH-Fall *Orangenhaut* hatte ausgerechnet der seriöse „Münchner Merkur" die Produktinformation samt Bild einfach unverändert übernommen –, so haftet der Werbende nur dann neben ihr, wenn seine Informationen sachlich unzutreffend waren.[153]

- Bei **gezielten Informationen** dagegen, die in der Regel nur *einem* bestimmten Presseorgan gegeben werden,[154] lässt der Bundesgerichtshof den Informanten seinerseits für den Inhalt der Presseveröffentlichung sowie für Ungenauigkeiten und Verallgemeinerungen auch dann einstehen, wenn er die Formulierung des mitgeteilten Sachverhalts dem Informierten überlassen hat, ohne sich eine Überprüfung vor der Ver-

---

149 BGH GRUR 2009, 597 Tz. 16 *Halzband.*
150 BGH (I. ZS) GRUR 2010, 633 Tz. 14 f. *Sommer unseres Lebens.*
151 BGH (Xa. ZS) GRUR 2009, 1142 Tz. 30 ff *MP3-Player-Import;* vgl insbesondere die Erwähnung der *Halzband*-Entscheidung des I. Zivilsenates in Tz. 34, ferner Tz. 38 sehr deutlich zu den Unterschieden in den Senatsrechtsprechungen.
152 BGH aaO. *Architektenwettbewerb* mwN; BGH GRUR 1994, 445, 446 f. *Beipackzettel.*
153 BGH GRUR 1997, 139, 140 *Orangenhaut* mwN; BGH GRUR 1997, 541, 543 *Produkt-Interview.*
154 BGH GRUR 1997, 139, 140 *Orangenhaut.* Dass die Informationen von *diesem* Informanten stammen, muss allerdings feststehen; die bloße Vermutung, die Information über ein Produkt müsse vom Hersteller gegeben worden sein, reicht nicht, BGH GRUR 1993, 561, 562 *Produktinformation,* dies selbst dann nicht, wenn sie auf von ihm stammendem Material beruht, BGH GRUR 1994, 445, 446 *Beipackzettel.*

öffentlichung vorzubehalten, *und* konkrete Anhaltspunkte für die wettbewerbswidrige Veröffentlichung vorlagen.[155]

899   Ähnlich beurteilt der Bundesgerichtshof – zu Recht – die **Haftung der Presse** für wettbewerbswidrige Veröffentlichungen von Werbung: Es müssen großzügige Maßstäbe für die Haftung bei wettbewerbswidrigen Anzeigen gelten, auf deren Gestaltung und Inhalt die Presse in aller Regel keinerlei Einfluss hat. Jedenfalls der **periodischen Presse** obliegt wegen des Zeitdrucks bei der Erstellung des Presseerzeugnisses lediglich eine wettbewerbliche Verkehrspflicht der Prüfung auf **grobe, eindeutige Wettbewerbsverstöße**;[156] das gilt auch dann, wenn es sich um überragende Gemeinschaftsgüter wie die Gesundheit[157] oder um Anzeigen-Auftraggeber aus dem Ausland[158] handelt. Der Zeitungsverleger darf allerdings nicht durch die Art seiner Verteidigung im Prozess eine Erstbegehungsgefahr begründen.[159] Sobald er positiv *weiß*, dass eine Anzeige wettbewerbswidrig sein könnte, darf er sie nicht erneut veröffentlichen;[160] damit ist der **Verleger nur bis zur ersten Verwarnung**, die allerdings mangels vorheriger Haftung kostenfrei ist (siehe ansonsten zum Kostenerstattungsanspruch Rn 1536 ff), privilegiert. Insoweit ergibt sich ein sehr ähnliches Privileg wie bei sonstigen Dritten, die ohne Kenntnis Wettbewerbsverstöße Dritter mit verursachen (Rn 894).

Zu beachten ist aber bei alledem, dass auch dann, wenn die Zeitung für eine Berichterstattung das Presseprivileg in Anspruch nehmen kann, der den Artikel lancierende Unternehmer seiner Verantwortung für sein eigenes wettbewerbswidriges Verhalten nicht enthoben ist.[161] Denn das **Presseprivileg ist nicht übertragbar.**

Auf **Schadenersatz** haftet die Presse im Bereich des § 3 UWG stets nur bei Vorsatz (§ 9 S. 2 UWG).[162]

4. Haftung im Internet und im Telekommunikationsbereich

Rechtsgrundlage: § 3 Abs. 1 UWG; §§ 7-10 TMG, §§ 54-58 RStV; § 45 o TKG; allgemeines Deliktsrecht, teilweise §§ 823, 1004 BGB

900   Im **Internet** sind die allgemeinen Haftungsregeln teilweise modifiziert, insbesondere für Teledienste und Mediendienste nach TelemedienG (TMG) und RundfunkStaatsV (RStV). Sie sind Dienste, die Informationen im Wege der Telekommunikation anbieten,

---

155   BGH GRUR 1997, 139, 140 *Orangenhaut*; BGH GRUR 1997, 941, 943 *Produktinterview*; vgl auch BGH GRUR 1967, 362, 365 *Spezialsalz I*; vgl auch BGHZ 50, 1, 3 *Pelzversand*; OLG Köln WRP 1981, 287 (Zeitungsanzeige) und AfP 1986, 143 sowie BGH GRUR 1987, 241, 243 *Arztinterview*; OLG Karlsruhe GRUR 1989, 138, 139; OLG Zweibrücken NJWE 2000, 89, 90 *Ballonfahrt*.

156   BGH GRUR 2006, 429 Tz. 13 *Schlank-Kapseln*; BGH GRUR 1990, 1012, 1014 *Pressehaftung I*; BGH GRUR 1995, 595, 597 f. *Kinderarbeit*. Zu den Begriffen „grob" und „offensichtlich" BGH WRP 1995, 302, 304 *Schlussverkaufswerbung II*, OLG Frankfurt ZUM 1990, 37, OLG Köln GRUR-RR 2002, 117, 118 *Konzernmarke T*, OLG Bamberg ZUM-RD 2002, 470. Die BGH-Rechtsprechung negiert OLG Stuttgart NJWE 1996, 125, 126, das den Verleger eines Gutscheinhefts für den Inhalt der Inserate haften lässt.

157   BGH GRUR 1994, 454, 456 *Schlankheitswerbung*; BGH GRUR 2001, 181, 184 *dental-ästhetika*; BGH GRUR 2001, 529, 531 *Herz-Kreislauf-Studie*.

158   BGH GRUR 1993, 53, 54 *Ausländischer Inserent*, OLG Bamberg ZUM-RD 2002, 470, 471.

159   BGH GRUR 1992, 618, 619 *Pressehaftung II*.

160   BGH GRUR 1999, 418, 420 *Möbelklassiker* (Werbung für Corbusier-Plagiate: Vorsprung durch Rechtsbruch, § 1 UWG); vgl auch OLG München WRP 1998, 795, 797 (für Service-Provider) und OLG Brandenburg AfP 1999, 360, 361. Zu BGH *Möbelklassiker* S. Haedicke GRUR 1999, 397; zu wettbewerbswidrigen Äußerungen in Online-Angeboten Mann AfP 1998, 129.

161   BGH GRUR 2008, 186 Tz. 21 *Telefonaktion*.

162   Einzelheiten bei Henning-Bodewig GRUR 1985, 285.

wobei bei Mediendiensten die redaktionelle Gestaltung der Meinungsbildung im Vordergrund steht (§§ 2 TMG, 2 RStV). Insbesondere können damit beide Dienste die Internetwerbung betreffen. Einer genauen Abgrenzung bedarf es indessen nicht, weil die Haftungsbegrenzungen für Tele- und für Mediendienste identisch sind.[163] Für die Übermittlung von Informationen wird differenziert:[164]

- Provider von Internetzugängen (sog. **Zugangsprovider** oder **Accessprovider**, zB von Internetzugängen wie DSL, aber auch ISDN und analog-Telefon) oder Netzwerken haften für die Durchleitung von Informationen durch ihre Netze nicht, sofern sie deren Übermittlung nicht veranlasst, den Adressaten oder die übermittelten Information nicht ausgewählt oder verändert haben, sich also als reiner passiver Durchleiter betätigt haben (§§ 8 Abs. 1 TMG, 60 Abs. 1 RStV).

- Provider von Zwischenspeicherungen zur Beschleunigung der Übermittlung (insbesondere **Proxy-Cache-Server**) haften nach § 9 S. 1 TMG für ihre Speicherungen nicht, sofern sie die Information nicht verändern, die Bedingungen für den Zugang zur Information und die Industriestandards zur Aktualisierung beachten, also die Speicherung löschen, sobald sie auf dem Ursprungsserver entfernt ist. Schließlich darf der Provider keine tatsächliche Kenntnis von den Informationen, zB nach einem Informationsschreiben eines Anspruchsberechtigten nach UWG (sog. notice-and-takedown-letter) haben.

- Provider von Speicherplatz von Informationen (sog. **Hostprovider** oder **Contentprovider**, zB Provider von Speicherplatz für Internetpräsenzen, aber auch Internetauktionatoren[165] und Suchmaschinen)[166] haften gemäß § 10 S. 1 TMG nicht, wenn sie die beispielsweise rechtswidrige Information nicht kennen, ihre Rechtswidrigkeit auch nicht offensichtlich ist und sie außerdem auf Aufforderung die Information unverzüglich entfernen oder sperren (sog. notice-and-takedown-letter). In der Praxis führt dies dazu, dass sie ganz ähnlich haften wie die Periodische Presse für Anzeigen (Rn 894, 899): Bis zur ersten Verwarnung sind sie privilegiert.

Die vorgenannten Haftungsregeln im Internet gelten allerdings **nur für Schadenersatz-** (§ 9 UWG, Rn 940 ff) und Bereicherungsansprüche (§ 812 BGB, Rn 958) sowie für Ansprüche aus unechter Geschäftsführung (§ 687 Abs. 2 BGB, Rn 957) sowie Gewinnabschöpfung (§ 10 UWG, Rn 959 ff). Für die **Unterlassungs- und Beseitigungshaftung** auch Löschung und Sperrung gelten gemäß § 7 Abs. 2 TMG die **allgemeinen Grundsätze**, insbesondere der Haftung wegen Verletzung von wettbewerblichen Verkehrspflichten (Rn 892 ff).[167] Gleiches sollte dann für daran angehängte Ansprüche wie den Auskunftsanspruch wegen Beseitigung (Rn 935, 965) und den nur eine Unterlassungshaftung voraussetzenden **Kostenerstattungsanspruch** nach § 12 Abs. 1 S. 2 UWG gelten.

901

163 Vgl auch § 60 Abs. 1 RStV.
164 Zum Ganzen eingehend Dustmann in Bröcker/Czychwoski/Schäfer, Praxishandbuch Geistiges Eigentum im Internet, 2003, § 4 Rn 69 ff; Spindler MMR 2002, 495.
165 Vgl BGH GRUR 2007, 890 Tz. 20 *Jugendgefährdende Medien bei eBay.*
166 BGH GRUR 2010, 628 Tz. 39 *Vorschaubilder* im Anschluss an EuGH GRUR 2010, 445 Tz. 114 *Google France/Louis Vuitton.*
167 BGH GRUR 2007, 890 Tz. 20 *jugendgefährende Medien bei eBay* mwN aus der Rechtsprechung des Senates; Spindler/Volkmann NJW 2004, 808, 809 mwN auch zur Gegenauffassung.

902 Für die **Unterlassungs- und Beseitigungshaftung** ist insbesondere die Haftung wegen Verletzung wettbewerblicher Verkehrspflichten von großer Bedeutung (Rn 892 ff). Eine die Haftung begründende Verletzung von wettbewerblichen Verkehrspflichten wird sich allerdings regelmäßig erst bei Kenntnis vom Wettbewerbsverstoß ergeben (Rn 894), so dass in jedem Fall auch bei Unterlassungs- und Beseitigungsansprüchen ein **notice-and-takedown-letter** ratsam ist. Für **Contentprovider**, zB Internetauktionatoren, nimmt der Bundesgerichtshof zwar im Anschluss an § 7 Abs. 2 TMG (§ 8 Abs. 2 S. TDG aF) an, dass sie nicht verpflichtet sind, jedes Angebot, das von Dritten in das Netz gestellt wird, zu überprüfen. Zumutbar ist jedoch eine Vorsorge, dass es in offensichtlichen Fällen nicht zu weiteren genauso offensichtlichen gleichartigen Rechtsverletzungen komme, sobald dem Contentprovider die Rechtsverletzung bekannt wird.[168] Für Suchmaschinenbetreiber gilt ähnliches.[169] Für **Zugangsprovider** besteht überdies wegen ihrer eingeschränkten technischen Möglichkeiten, den Verstoß zu unterbinden, auch bei Kenntnis das Problem, welche Löschungs- oder Sperrungshandlungen **zumutbar** sind.[170] Keine strengen Verkehrspflichten werden jedenfalls ausgelöst, wenn die Kunden des Zugangsproviders nur die Opfer, aber nicht die Täter der Wettbewerbsverletzung sind.[171]

903 Außerdem gelten die Haftungsprivilegien der §§ 8-10 TMG **nicht für die eigenen Informationen** der Diensteanbieter. Für diese haften sie wiederum nach den allgemeinen Vorschriften, § 7 Abs. 1 TDG. Eigene Informationen sind zB **Werbebanner**, die aber bei periodisch aktualisiertem presseähnlichem Restinhalt der Website unter das Presseprivileg fallen (Rn 899).[172] Auch liegen eigene Inhalte vor, wenn sich ein Internetportal eigentliche fremde Informationen zu eigen macht, zB wenn er die eingestellten Inhalte vor ihrer Freischaltung auf Vollständigkeit und Richtigkeit überprüft. Dies gilt auch dann, wenn für die Nutzer des Internetportals erkennbar ist, dass die Inhalte (ursprünglich) nicht vom Betreiber, sondern von Dritten stammen. Ein Hinweis darauf, dass sich der Portalbetreiber die Inhalte zu eigen macht, liegt auch darin, dass er sich umfassende Nutzungsrechte an den fremden Inhalten einräumen lässt und Dritten anbietet, diese Inhalte kommerziell zu nutzen.[173]

904 Eine Sonderregelung bietet § 45 o TKG (§ 13 a TKV aF) teilweise im **Telekommunikationsbereich** für die Störerhaftung. Schon seit Längerem lassen die Gerichte denjenigen haften, der seinen Telefaxanschluss bewusst für die Versendung wettbewerbswidriger Werbung („**Fax-Spamming**", Rn 531) zur Verfügung stellt.[174] Eigentlich müsste deshalb der Telekommunikationsanbieter, der Rufnummern (insbesondere 0900-Num-

---

168 BGH, Urteil vom 11. März 2004, Az I ZR 304/01 *ricardo*.
169 BGH GRUR 2010, 628 Tz. 39 *Vorschaubilder* im Anschluss an EuGH GRUR 2010, 445 Tz. 114 *Google France/Louis Vuitton*.
170 Dazu J.B. Nordemann/Dustmann CR 2004, 380, 385; J.B. Nordemann in Fromm/Nordemann § 97 UrhG Rn 170 f mwN zum UrhG; Schneider MMR 2004, 18; Spindler GRUR 2002, 105, 120; Sieber, Verantwortlichkeit Im Internet, 1999, Rn 128 f.
171 OLG Frankfurt GRUR-RR 2008, 93, 94 *Access-Provider*; vgl dazu J.B. Nordemann in Fromm/Nordemann § 97 UrhG Rn 170.
172 Dustmann in Bröcker/Czychwoski/Schäfer, Praxishandbuch Geistiges Eigentum im Internet, 2003, § 4 Rn 94 ff.
173 BGH GRUR 2010, 616 Tz. 23 ff. *Marions-Kochbuch.de*.
174 KG BB 1997, 2348; OLG Karlsruhe WRP 1984, 706; OLG Frankfurt GRUR 1987, 380; OLG Hamm GRUR 1992, 126.

mern) eingerichtet hat, als Störer haften, weil er alle Kriterien für die mittelbare Störerhaftung erfüllt, sofern er über eine Verwarnung vom Wettbewerbsverstoß in Kenntnis gesetzt wurde.[175] § 45 o Sätze 2 und 3 TKG schränken jedoch die allgemeine Störerhaftung erheblich ein:[176] Eine Sperrung wird nur dann verlangt, wenn der Telekommunikationsanbieter gesicherte Kenntnis von wiederholten Verstößen oder von schweren Zuwiderhandlungen hat.

Gar nicht anwendbar ist das deutsche Recht einschließlich der Haftungsregeln, wenn   905
wegen Anwendung des **Herkunftslandprinzips** das Recht eines anderen EU-Mitgliedsstaates Anwendung findet (Rn 33). Überdies ist darauf zu verweisen, dass Wettbewerbsrecht nur bei geschäftlichen Handlungen einschlägig ist (§ 2 Abs. 1 Nr. 1 UWG);
insoweit scheidet **rein redaktioneller Internetcontent** aus (Rn 68).

5. Haftung des Unternehmensinhabers für Angestellte und Beauftragte

Rechtsgrundlage: § 8 Abs. 2 UWG

Auch ohne jeden eigenen Tatbeitrag haftet der **Betriebsinhaber** auf Unterlassung und   906
Beseitigung,[177] wenn ein Angestellter oder Beauftragter gehandelt hat (§ 8 **Abs. 2**
UWG).[178] Mit dieser Regelung, die über § 831 BGB hinausgeht (dort gibt es jedenfalls
die Möglichkeit eines Entlastungsbeweises), wollte der Gesetzgeber verhindern, dass
sich der Betriebsinhaber, dem die Vorteile der Tat zugutekommen, hinter abhängigen
Dritten verstecken kann.[179] Die genannten Bestimmungen sind daher in doppelter Hinsicht weit auszulegen:[180]

Einerseits schließt der Anspruch auf **Unterlassung** denjenigen auf **Beseitigung** der Störung ein (Rn 933); das gilt auch für einen **Auskunftsanspruch**, der dessen Vorbereitung
dient.[181] Schadensersatzansprüche einschließlich darauf vorbereitende Auskunftsansprüche gewährt § 8 Abs. 2 UWG jedoch nicht.

Andererseits fallen nicht nur **Arbeitnehmer**,[182] sondern auch selbständige Gewerbetreibende als **Beauftragte** unter § 8 Abs. 2 UWG, soweit sie als Glied einer Betriebsor-

---

175 OLG Frankfurt GRUR 2003, 805, 806 *0190-Inkasso-Nummer* mwN auch zur Gegenauffassung; Spindler/
Volkmann NJW 2004, 808; Strömer K&R 2004, 135.

176 Vgl zu § 13 a TKV aF OLG Frankfurt GRUR 2003, 805, 806 *0190-Inkasso-Numme,* wo der Verletzte die
Hauptsache nach in Kraft Treten des § 13 a TKV aF für erledigt erklären musste; ferner Spindler/Volkmann
NJW 2004, 808; Strömer K&R 2004, 135.

177 Auf Schadensersatz könnte er aber über § 831 BGB haften, BGH GRUR 1980, 116, 117 *Textildrucke;* BGH
GRUR 1998, 167, 169 *Restaurantführer.* Schünemann in Großkommentar Einl. Rn 66 will § 13 Abs. 4 UWG
aF auch analog auf Schadensersatzansprüche anwenden. Dem ist mit der UWG-Reform 2004 der Boden
entzogen, weil es keine planwidrige Regelungslücke mehr gibt, Reichelshofer WRP 2004, 828 ff.

178 Solche Haftungsregelungen ohne Verschulden sind verfassungsgemäß, BVerfG NJW 1996, 2567 (für § 13
Abs. 4 UWG aF). Umgekehrt findet eine Zurechnung vom Unternehmen zulasten des Mitarbeiters/Beauf-
tragten nicht statt: OLG Köln GRUR-RR 2007, 367 *Fehlerhafte Auftragsbestätigung im Resalegeschäft.*

179 BGH GRUR 2009, 1167 Tz. 21 *Partnerprogramm* zu § 14 Abs. 7 MarkenG; BGH GRUR 2008, 186 Tz. 22
Telefonaktion. Ferner: BGH GRUR 1965, 155 *Werbefahrer;* BGH GRUR 1980, 116, 117 *Textildrucke.* Dem
Betriebsinhaber hilft es deshalb auch nichts, sich darauf zu berufen, dass der Filialleiter „freie Hand" gehabt
habe, BGH GRUR 2000, 907, 909 *Filialleiterfehler.*

180 Zum Begriff der Beauftragten s. OLG Frankfurt WRP 1987, 738, 739.

181 BGH GRUR 1995, 427, 428 *Schwarze Liste.* Allerdings können solche Ansprüche nur gegen diejenigen unter
mehreren Unterlassungsschuldnern gerichtet sein, die zur Beseitigung oder Auskunftserteilung tatsächlich in
der Lage sind, OLG Frankfurt NJW-RR 1994, 627, 629.

182 BGH GRUR 2009, 1080 Tz. 16 *Auskunft der IHK.*

ganisation erscheinen und der Betriebsinhaber auf ihr Verhalten bestimmenden Einfluss hat oder haben könnte.[183]

Beispiele für Beauftragte: Franchisenehmer,[184] Handelsvertreter, Betreuungsfirmen,[185] Werbeagenturen,[186] Presseagenturen,[187] Partner („Affiliates"), die Verkehr auf die Internetseite des Unternehmers lenken,[188] ja sogar der Hersteller[189] und – in besonderen Fällen – die Anzeigenredaktion der Zeitung.[190]

Ob der Betriebsinhaber von dem konkreten Handeln seiner Angestellten oder Beauftragten gewusst hat oder davon hätte wissen können, ist ohne Bedeutung.[191]

Da § 8 Abs. 2 UWG sich auf „Zuwiderhandlungen" bezieht, muss auch der **Angestellte oder Beauftragte** eine **geschäftliche Handlung** gem. § 2 Abs. 1 Nr. 1 UWG begangen haben (Rn 55 ff).[192] Regelmäßig hat er jedenfalls fremden Wettbewerb fördern wollen, so dass er auch selbst in Anspruch genommen werden kann (Rn 63).[193] Der Mitarbeiter oder Beauftragte darf die Zuwiderhandlung jedoch nicht in seinem eigenen privaten Bereich begangen haben. Das scheidet für private erteilte Steuerberatungsleistungen aus, auch wenn der Mitarbeiter dabei den Namen seines Arbeitgebers missbraucht.[194]

Unternehmensinhaber ist nur derjenige, für den der Angestellte oder Beauftragte tätig war. Der übernehmende Unternehmer haftet deshalb nicht für die Angestellten und Beauftragten des übernommen Unternehmens.[195] Als Betriebsinhaber sieht OLG Frankfurt GRUR 1985, 455 auch den Alleingesellschafter einer GmbH an.

Ein Unterlassungsanspruch gegen den Unternehmensinhaber setzt eine **Wiederholungs- oder Erstbegehungsgefahr** voraus. Für die Umstände, die eine solche Gefahr begründen, kommt es auch auf die Person des Unternehmensinhabers an, vgl Rn 923.

Die Haftung aus § 8 Abs. 2 UWG **tritt kumulativ neben die Haftung des Handelnden,** entfällt also nicht, wenn der Anspruch gegen den Handelnden untergeht, zB weil er eine hinreichend strafbewehrte Unterlassungserklärung abgibt.

---

183 BGH GRUR 2009, 1167 Tz. 21 *Partnerprogramm* zu § 14 Abs. 7 MarkenG; BGH GRUR 2008, 186 Tz. 22 *Telefonaktion.* Ferner: BGH GRUR 1973, 208, 209 *Neues aus der Medizin;* BGH GRUR 1980, 116, 117 *Textildrucke;* OLG Karlsruhe WRP 1979, 51, 53 f. *Vertriebsfirma;* OLG Koblenz WRP 1979, 814, 815 *Hersteller.* Die KG haftet jedoch nicht ohne weiteres für ihre selbständig tätigen Kommanditisten in deren Tätigkeitsbereich, vgl OLG Köln GRUR 1984, 881 f. *Europa-Möbel;* vgl auch eingehend Ebert-Weidenfeller in Hasselblatt, § 10 Rn 101 ff.
184 BGH GRUR 1995, 605, 607 f. *Franchisenehmer.*
185 BGH GRUR 1999, 183, 186 *HA-RA/Hariva.*
186 BGH GRUR 1991, 772, 774 *Anzeigenrubrik I;* BGHZ 124, 230, 237 *Warnhinweis.*
187 BGH GRUR 2008, 186 Tz. 22 *Telefonaktion.*
188 BGH GRUR 2009, 1167 Tz. 21 ff. *Partnerprogramm* zu § 14 Abs. 7 MarkenG.
189 Nach OLG Köln GRUR-RR 2006, 205, 206 *Bluerate Tarif-Wunder* allerdings nicht, wenn die in einer Fernsehsendung irreführend beworbenen Produkte von der die Verkaufsveranstaltung durchführenden Gesellschaft auf eigene Rechnung und im eigenen Namen veräußert werden.
190 BGH GRUR 1990, 1039, 1040 *Anzeigenauftrag* (nicht bei einfachem Anzeigenauftrag, wohl aber bei Dispositionsbefugnis der Redaktion wie bei einer Werbeagentur); OLG Düsseldorf WRP 1995, 121, 122; OLG Hamm WRP 1998, 327, 328; vgl schon Lindacher WRP 1987, 585.
191 BGH GRUR 1957, 606, 608 *Heilmittelvertrieb.*
192 RGZ 83, 424, 427 *Dünger.*
193 BGH GRUR 1973, 208, 209 *Neues aus der Medizin;* vgl aber OLG Nürnberg WRP 1981, 166.
194 BGH GRUR 2007, 994 Tz. 19 *Gefälligkeit.*
195 BGH GRUR 2007, 995 Tz. 12 ff. *Schuldnachfolge.*

6. Haftung der juristischen Person für ihre Organe

Rechtsgrundlage: §§ 30, 31, 89 BGB

Für juristische Personen und sonstige parteifähige Gesellschaften kommt die **Organ-** 907 **haftung** der §§ 30, 31, 89 BGB zum Zuge: Handlungen ihrer Organe sind ihre eigenen Handlungen. Das Gleiche gilt für nicht rechtsfähige Vereine (§ 54 BGB) und für die GbR.[196] Die Zurechnung erfolgt für alle Ansprüche, also nicht nur für Unterlassungsansprüche. Als Organ werden nicht nur die per Satzung oder Gesellschaftsvertrag bestimmten Personen, sondern alle angesehen, denen aufgrund allgemeiner unternehmerischer Handhabung bedeutsame Funktionen zur selbständigen und eigenverantwortlichen Ausführung, also „Führungsaufgaben" zugewiesen sind.[197]

Beispiele: Neben dem Handeln des Geschäftsführers einer GmbH oder dem Vorstand einer AG kommt eine Zurechnung deshalb auch bei Handeln von Filialleitern oder Handelsvertretern in Betracht, wenn sie Führungsaufgaben wahrnehmen.

Ein **gesetzlicher Vertreter des Betriebsinhabers** haftet nicht nach § 8 Abs. 2 UWG, son- 908 dern nach den allgemeinen Vorschriften. Er muss also Täter (Rn 890), Beteiligter (Rn 891) oder Verletzer von Verkehrspflichten (Rn 892 ff) sein, um in die Haftung genommen werden zu können.

Eine täterschaftliche Haftung der **öffentlichen Hand** ist dann möglich, wenn ihr Ver- 909 halten eine geschäftliche Handlung gem. § 2 Abs. 1 Nr. 1 UWG darstellt; dazu Rn 59.

7. Haftung der Organe und Gesellschafter

Rechtsgrundlage: allgemeines Deliktsrecht

Organe von juristischen Personen (Geschäftsführer und Vorstände) haften für in ihrem 910 Unternehmen begangene Urheberrechtsverletzungen **persönlich**, wenn sie Täter oder Beteiligte (vgl Rn 890 f) sind. Darüber hinaus haften sie auch ohne Kenntnis, also ohne Vorsatz, der Tat, wenn ihnen ein **Organisationsverschulden** vorzuwerfen ist. Sie sind verpflichtet, ihr Unternehmen so zu organisieren, dass sich die Mitarbeiter gesetzestreu verhalten.[198] Der Bundesgerichtshof vertritt hier möglicherweise einen strengeren Standpunkt. Denn er fordert, dass der Geschäftsführer **Kenntnis vom Verstoß und die Möglichkeit** haben müsse, **ihn zu verhindern,**[199] oder er zumindest über die Aktion unterrichtet gewesen sein muss.[200] Diese Anforderungen erscheinen jedoch bei wertender Betrachtung überzogen; sie privilegieren arbeitsteilige Großunternehmen gegenüber Kleinunternehmen, in denen das Organ über alles unterrichtet ist. Das OLG Frankfurt will deshalb nur noch Organe im Ausland oder im Gefängnis nicht haften lassen.[201] Der BGH – wenn auch der VI. Zivilsenat – operiert mit der Figur des Organisationsverschuldens bei Persönlichkeitsrechtsverletzungen.[202] Wenn der für das Lauterkeitsrecht zuständige I. Zivilsenat zunehmend auf das Institut der Verletzung von Verkehrs-

---

196 BGH GRUR 2006, 493 Tz. 21 – *Michel-Katalog:* wie die OHG.
197 Köhler in Köhler/Bornkamm § 8 UWG Rn 2.19 mwN; siehe ferner BGH NJW 1998, 1854, 1856.
198 OLG Hamburg GRUR-RR 2006, 182, 184 *Miss 17* für das Markenrecht; J.B. Nordemann in Fromm/Nordemann § 97 UrhG Rn 180 für das Urheberrecht.
199 BGH GRUR 2009, 845 Tz. 47 *Internet-Videorecorder;* BGH GRUR 1986, 248, 251 *Sporthosen* mwN für abweichende Rspr.
200 BGH GRUR 1980, 242, 245 *Denkzettel-Aktion.*
201 GRUR-RR 2001, 198, 199 *Verantwortlichkeit.*
202 BGH GRUR 1980, 1099, 1104 *Das Medizin-Syndikat II.*

pflichten, zu denen Organisationspflichten der Geschäftsführung zählen, abstellt (Rn 892 ff), spricht dies dafür, dass auch eine auf Verletzung von Organisationspflichten erweiterte Organhaftung besteht.

Ohnehin sind die **Anforderungen an den Vortrag** des Geschäftsführers, ihm sei die Verletzung unbekannt, sehr hoch: Er muss vortragen, mit welchen Aufgaben er befasst war und warum er trotz seiner Funktion nichts von den Rechtsverletzungen wusste und sie nicht verhindern konnte.[203] Besteht eine Aufteilung der Tätigkeitsbereiche zwischen mehreren Geschäftsführern, muss sich der eine das Wissen des anderen zurechnen lassen.[204]

Die **Gesellschafter** haften in ihrer Stellung (also unabhängig von Geschäftsführungsaufgaben) aber nur bei Kenntnis und Möglichkeit der Verhinderung; die Anordnung persönlicher Haftung in Personengesellschaften nach §§ 128, 129 HGB löst keine persönlichen deliktischen Ansprüche aus.[205] Sie haben auch sonst keine geschäftsführenden Organen vergleichbare Organisationspflichten.

8. Fortdauer der Haftung bei Arbeitsplatzwechsel und Unternehmensnachfolge

Rechtsgrundlage: allgemeines Deliktsrecht

911 Durch einen Arbeitsplatzwechsel des Anspruchsverpflichteten **entfällt weder seine eigene Haftung noch die des früheren Unternehmens.**[206] Auch der Geschäftsführer haftet nach Abberufung weiter, insbesondere auf Unterlassung, weil nicht ausgeschlossen werden kann, dass er allein oder erneut als Organ einer anderen Gesellschaft sich genauso unlauter verhält.[207] Nur Beseitigungsansprüche gehen bei Unmöglichkeit ins Leere.

Der neue Arbeitgeber des Anspruchsverpflichteten haftet nicht für Verletzungen, die vom neuen Mitarbeiter im früheren Unternehmen begangen wurden.[208]

912 **Bei Unternehmensnachfolge** haftet der Nachfolger nicht auf Unterlassung (§ 8 UWG), weil Unterlassungsansprüche höchstpersönlicher Natur sind.[209] Das gilt sogar dann, wenn das verletzende Unternehmen auf ein anderes Unternehmen verschmolzen wird; dann haftet der neue Rechtsträger nicht auf Unterlassung.[210] In solchen Fällen können Unterlassungsansprüche nur gegen die unmittelbar Handelnden und ggf gegen die früheren Organe gestellt werden. Schadensersatzansprüche (§ 9 UWG) sowie der Anspruch auf Gewinnabschöpfung (§ 10 UWG) sind jedoch nicht höchstpersönlicher Natur und gehen deshalb auf den neuen Rechtsträger über. **Bei bloßem Wechsel des Inhabers der Gesellschaftsanteile** an einem Unternehmen verändert sich der Rechtsträger

---

203 KG NJW-RR 2001, 185.
204 OLG Frankfurt GRUR-RR 2001, 198, 199 *Verantwortlichkeit*; kritisch Köhler in Köhler/Bornkamm § 8 UWG Rn 2.20.
205 BGH GRUR 2006, 493 Tz. 22 *Michel-Katalog* zum Urheberrecht.
206 Köhler in Köhler/Bornkamm § 8 UWG Rn 2.31 mwN, 2.54.
207 BGH GRUR 2009, 845 Tz. 47 *Internet-Videorecorder*.
208 BGH GRUR 2003, 453, 454 *Kundenlisten*.
209 BGH GRUR 2007, 995 Tz. 10 f. *Schuldnachfolge*; BGH GRUR 2006, 879 Tz. 17 *Flüssiggastank*; vgl zur Unternehmensnachfolge auch Köhler WRP 2000, 921 sowie Ahrens GRUR 1996, 518.
210 BGH GRUR 2007, 995 Tz. 10 f. *Schuldnachfolge*.

nicht, so dass in diesem Fall die Unterlassungsansprüche gegen das Unternehmen bestehen bleiben.

9. Wahlrecht bei mehreren Anspruchsverpflichteten

Rechtsgrundlage: §§ 421, 830, 840 BGB

Eine Anspruchsverpflichtung kommt für viele Personen nebeneinander in Betracht: un-   913
mittelbarer Täter, Mittäter, mittelbarer Täter, Täter durch Verletzung von wettbewerblichen Verkehrspflichten, Anstifter, Gehilfe, Unternehmensinhaber für Angestellte
und Beauftragte (§ 8 Abs. 2 UWG), juristische Personen für ihre Organe (Rn 890 ff).
Der Verletzte hat hier ein **Wahlrecht**. Es gibt keine Subsidiarität der Haftung; auch die
Haftung wegen Verletzung wettbewerblicher Verkehrspflichten ist nicht subsidiär zur
Haftung als unmittelbarer Täter oder als Beteiligter.[211] Der Anspruchsteller kann alle
in Anspruch nehmen oder nur einen von ihnen, zB den finanziell Leistungsfähigsten,
herausgreifen.[212] Das kommt insbesondere in einer Lieferkette in Betracht.[213] Oft wird
der **Geschäftsführer persönlich neben seiner GmbH** in Anspruch genommen,[214] was
vor allem dann Sinn macht, wenn das finanzielle Überleben der GmbH nicht als gesichert erscheint.

Für **Schadensersatzansprüche** haften mehrere Täter als Gesamtschuldner (§ 840
Abs. 1 BGB), ebenso mehrere Mittäter (§ 830 Abs. 1 BGB). Das gilt auch für den **Auskunfts- und Rechnungslegungsanspruch**. Auch für den **Beseitigungsanspruch** gilt gem.
§ 421 S. 1 BGB die Gesamtschuld, wenn eine Beseitigung durch nur einen Schuldner
genügt. Schuldner des **Unterlassungsanspruches** stehen sich aber nicht als Gesamtschuldner gem. § 421 S. 1 BGB gegenüber, weil es nicht ausreichend wäre, wenn nur
einer von Ihnen erfüllt.

B. Ansprüche

I. Unterlassungsanspruch

Rechtsgrundlage: § 8 UWG

Das UWG gibt den Unterlassungsanspruch ausdrücklich in § **8 Abs. 1 UWG** und kenn-   914
zeichnet damit seine zentrale Bedeutung im Wettbewerbsrecht. Schon die vom Gesetzgeber gewählte Formulierung (*„Wer... zuwiderhandelt,... kann bei Wiederholungsgefahr auf Unterlassung in Anspruch genommen werden. Der Anspruch besteht bereits
dann, wenn eine Zuwiderhandlung droht.“*) zeigt, dass eine bereits begangene Rechtsverletzung weder nötig noch ausreichend ist, um den Unterlassungsanspruch zu begründen: Nötig ist sie nicht, weil unter bestimmten Voraussetzungen auch ein erst
künftig drohender Rechtsverstoß verboten werden kann (1); ausreichend ist sie nicht,
weil der Unterlassungsanspruch auch nach begangener Rechtsverletzung eine Wiederholungsgefahr voraussetzt (2).

---

211 BGH (I. ZS) GRUR 2007, 890 Tz. 40 *jugendgefährdende Medien bei eBay*; für das Persönlichkeitsrecht:
     BGH (VI. ZS) GRUR 2007, 724 Tz. 13 *Meinungsforum*; für das Urheberrecht: J.B. Nordemann in Fromm/
     Nordemann § 97 UrhG Rn 158 mwN; enger Ahrens WRP 2007, 1281, 1287, 1290.
212 Siehe OLG Jena MMR 2004, 418, 419; KG NJW-RR 2001, 185, 186.
213 Zu den Möglichkeiten der Inanspruchnahme dort eingehend Götz GRUR 2001, 295 ff.
214 Z.B. in BGH GRUR 2009, 845 Tz. 47 *Internet-Videorecorder*.

Der Unterlassungsanspruch nach UWG erfordert wie sein Vorbild § 1004 BGB kein Verschulden des Verletzers, ist also **verschuldensunabhängig.**

Er ist schließlich ein höchstpersönlicher Anspruch und daher **nicht abtretbar.**[215] Der Unterlassungsanspruch kann aber als fremdes Recht im eigenen Namen unter den Voraussetzungen der **gewillkürten Prozessstandschaft** geltend gemacht werden. Der Anspruchsinhaber muss den Dritten (erstens) **dazu ermächtigt** haben.

Beispiel für eine Ermächtigungserklärung durch einen konkreten Mitbewerber: Hiermit erklärt die Fa. ABC gegenüber der Fa. DEF, dass sie die Fa. DEF ermächtigt, die der Fa. ABC wegen des Z-Sachverhaltes aus UWG gegen die Fa. GHI und ihren Geschäftsführer, Herrn Müller, zustehenden Unterlassungsansprüche und/oder Beseitigungsansprüche[216] im eigenen Namen außergerichtlich und gerichtlich geltend zu machen. Diese Ermächtigung bezieht sich auch auf Auskunftsansprüche, die der Vorbereitung von Unterlassungs- und/oder von Beseitigungsansprüchen dienen.[217]

Zugleich tritt die Fa. ABC sämtliche Schadensersatzansprüche sowie vorbereitende Auskunfts- und Rechnungslegungsansprüche aus UWG gegen die Fa. GHI und ihren Geschäftsführer, Herrn Müller, wegen des Z-Sachverhalts an die Fa. DEF ab. Die Fa. DEF nimmt diese Abtretung an.[218]

Außerdem muss der Dritte (zweitens) **ein berechtigtes Interesse** an der Geltendmachung des Anspruchs haben;[219] ein solches Interesse hat eine Konzern-Holding, die Unterlassungsansprüche der Töchter aufgrund einer bestimmten Aufgabenverteilung im Konzern verfolgt.[220] Hat der Ermächtigte einen eigenen gleichlautenden Anspruch, besteht kein berechtigtes Interesse an einer Prozessstandschaft. Ansonsten käme es zu einer unnötigen Vervielfältigung der Ansprüche und Streitgegenstände.[221] Ein schutzwürdiges Interesse, für einen Verband einen Unterlassungsanspruch geltend zu machen, kann grundsätzlich nicht bestehen, insbesondere nicht für ein Verbandsmitglied, das selbst nicht aktivlegitimiert ist.[222]

915 Eigentlich sind beide Arten des Unterlassungsanspruchs Unterfälle des Beseitigungsanspruchs, der ebenfalls in § 8 UWG geregelt ist. Durch die drohende oder bereits erfolgte Rechtsverletzung ist eine Beeinträchtigung der Rechte des Verletzten eingetreten, zu deren Beseitigung der Störer verpflichtet ist[223].

1. Vorbeugender Unterlassungsanspruch

Rechtsgrundlage: § 8 Abs. 1 S. 2 UWG

916 Die vom Gesetzgeber beabsichtigte Sicherung des freien Wettbewerbs (Rn 1 ff) wäre unvollkommen, wenn die Anspruchsberechtigten tatenlos zusehen müssten, bis eine zu erwartende Rechtsverletzung verwirklicht ist. Die Rechtsprechung gewährt deshalb hier wie auch sonst im Zivilrecht den Anspruch auf Unterlassung schon einer erst dro-

---

215 OLG Köln WRP 1987, 55.
216 Dazu Rn 933 ff.
217 Vgl dazu Rn 964 ff.
218 In aller Regel werden im Zuge der Abgabe der Ermächtigungserklärung für die Unterlassungsansprüche auch gleich die Schadensersatzansprüche mit an den Dritten abgetreten. Schadensersatzansprüche können mangels höchstpersönlichen Charakters abgetreten werden.
219 BGH GRUR 2006, 329 Tz. 21 *Gewinnfahrzeug mit Fremdemblem* mwN.
220 BGH GRUR 2006, 329 Tz. 21 *Gewinnfahrzeug mit Fremdemblem* zum Ferrari-Konzern; BGH GRUR 2000, 1089, 1092 *Missbräuchliche Mehrfachverfolgung.*
221 Köhler in Köhler/Bornkamm § 8 UWG Rn 3.19 und 3.22.
222 Köhler in Köhler/Bornkamm § 8 UWG Rn 3.23.
223 BGHZ 52, 393, 399 f. *Fotowettbewerb.*

henden Rechtsverletzung.[224] Die drohende Verletzungshandlung muss sich in tatsächlicher Hinsicht aber so konkret abzeichnen, dass eine zuverlässige rechtliche Beurteilung möglich ist,[225] anders ausgedrückt: Es muss **Begehungsgefahr** (auch „Erstbegehungsgefahr") gegeben sein.[226]

Beispiele: Eine Begehungsgefahr besteht, wenn der Betroffene konkrete Vorbereitungshandlungen trifft[227] oder sich des Rechts berühmt, in der fraglichen Weise handeln zu dürfen,[228] etwa wenn ein Handelsvertreter eine konkrete Anweisung des Unternehmers erhält, in deren Ausführung ein Wettbewerbsverstoß liegen würde,[229] oder der inländische Mitbewerber auf einer Auslandsmesse in Deutschland wettbewerbswidrige Prospekte verteilt,[230] oder jemand eine fremde Marke anmeldet,[231] oder eine inländische Marke vom Ausland aus als IR-Marke angemeldet wird,[232] oder der Veranlasser einer Titelschutzanzeige nach Abmahnung die Abgabe der Unterwerfungserklärung verweigert.[233]

Im Rahmen der Haftung für die **Verletzung wettbewerblicher Verkehrspflichten** (Rn 892 ff) kann sich daraus, dass unter Verletzung einer Verkehrspflicht ein UWG-Verstoß durch einen Dritten begangen wurde, eine Begehungsgefahr (und damit eine Verkehrspflicht zur Verhinderung) dafür ergeben, dass es zu weiteren derartigen Verstößen des Dritten oder anderer innerhalb derselben Kategorie kommt.[234]

Die **Verteidigung** eines Beklagten **im Prozess** angesichts einer ihm zu Unrecht vorgeworfenen Zuwiderhandlung kann aber nur ausnahmsweise eine vorbeugende Unterlassungsklage rechtfertigen;[235] der Bundesgerichtshof hat das dann bejaht, wenn eine in der Vergangenheit liegende Handlung damals zwar durch einen Rechtfertigungsgrund gedeckt war, dieser aber später weggefallen ist und der Beklagte im Prozess trotzdem das Recht zu ihrer Wiederholung bekräftigt.[236] Ähnlich liegt es, wenn eine früher begangene Verletzungshandlung verjährt ist, der Verletzer aber ein Recht zu ihrer Wiederholung behauptet.[237] Die Frage, ob eine Begehungsgefahr wegen Prozessverhaltens besteht, ist nach dem Stand der letzten mündlichen Verhandlung zu beantworten.[238] **Will der Angegriffene im Prozess keine Erstbegehungsgefahr auslösen, aber dennoch um die Rechtmäßigkeit streiten, sollte er klarstellen, dass die Ausführungen nur zur Rechtsverteidigung dienen und keine Berühmung darstellen.** 917

224 BGH GRUR 1970, 465, 467 *Prämixe.*
225 BGH GRUR 1977, 261 f. *Friedrich-Karl-Sprudel.*
226 BGH GRUR 1990, 687, 689 *Anzeigenpreis II*; BGH GRUR 1992, 404, 405 *Systemunterschiede*; OLG Frankfurt WRP 1979, 468, 469.
227 Beispiel OLG Zweibrücken WRP 1997, 611 f: Das Anbieten eines plagiierten Ringes begründet Begehungsgefahr für die ganze Schmuckserie.
228 BGH GRUR 1987, 125, 126 *Berühmung*; BGH GRUR 2001, 1175, 1176 *Berühmungsaufgabe.* Differenzierend BGH GRUR 1987, 45, 46 f. *Sommerpreiswerbung*: Nicht schon dann, wenn das nur geschieht, um einen Musterprozess zu ermöglichen, ohne dass ein Benutzungswille ernstlich gegeben ist.
229 BGH NJW 1970, 2294, 2295 *Branchenverzeichnis.*
230 OLG Karlsruhe GRUR 1980, 784 zum Patentrecht. Weitergehend OLG Hamburg GRUR 1987, 403, 404 *Informationsschreiben*: Auch eine von einem Ausländer im Ausland begangene Handlung kann schon genügen.
231 OLG Köln WRP 1997, 872 f.
232 BGH GRUR 1994, 530, 531 *Beta* (Vorlagebeschluss zum EuGH).
233 OLG Frankfurt ZUM 1991, 43 f.
234 BGH GRUR 2007, 890 Tz. 54 *Jugendgefährdende Medien bei eBay.*
235 BGH GRUR 2001, 1174, 1175 *Berühmungsaufgabe* mwN. Für Österreich ebenso: OGH Wien ÖBl. 1998, 53, 57 *Ramtha.*
236 BGH GRUR 1962, 34, 35 *Torsana*; BGH GRUR 1992, 618, 619 *Pressehaftung II* (dazu Teplitzky GRUR 1992, 821, 822).
237 BGH GRUR 1988, 313 *Auto F. GmbH*; BGH GRUR 1987, 125 *Berühmung.*
238 BGH GRUR 2001, 1174, 1175 f. *Berühmungsaufgabe.*

918 An den **Wegfall** der Begehungsgefahr stellt der Bundesgerichtshof geringere Anforderungen als im Falle der Wiederholungsgefahr (Rn 919). Bei vorbereitenden Handlungen oder Erklärungen genügt ein *actus contrarius*, also die Rückgängigmachung, der Widerruf[239] oder die Erklärung, man werde die beanstandete Handlung unterlassen,[240] bei der Berühmung deren Aufgabe durch entsprechende Erklärung.[241]

2. Wiederherstellender Unterlassungsanspruch

Rechtsgrundlage: § 8 Abs. 1 S. 1 UWG

919 Dies ist der **Hauptfall der wettbewerblichen Unterlassungsansprüche:** Eine gegen das Wettbewerbsrecht verstoßende Handlung ist begangen worden. Der Bundesgerichtshof setzt den Zeitpunkt der ersten Verletzungshandlung sehr früh an. Bei in Verkehr Bringen von wettbewerbswidriger Ware – unlautere Produkte, aber wohl auch unlauteres Werbematerial – liegt eine Verletzung schon in einer Auslieferung an den Zwischenhändler und nicht erst in der ersten Bewerbung gegenüber dem Endverbraucher.[242]

Der wiederherstellende Unterlassungsanspruch setzt voraus, dass **Wiederholungsgefahr** besteht. Diese braucht allerdings nicht besonders dargelegt zu werden. Im **Wettbewerbsrecht wird, wo jemand durch eine geschäftliche Handlung** (Rn 55 ff) **das UWG verletzt hat, das Bestehen einer Wiederholungsgefahr vermutet.**[243] An die Ausräumung dieser Vermutung werden strenge Anforderungen gestellt.[244] Die bloße Erklärung des Verletzers, er werde das beanstandete Verhalten einstellen, reicht dazu regelmäßig nicht aus, auch wenn es sich um ein angesehenes und bedeutendes Unternehmen handelt.[245] Selbst wenn feststeht, dass die Wiederkehr völlig gleichgearteter Umstände nicht zu erwarten ist, etwa weil der Verletzer die irreführenden Werbemittel nicht mehr verwendet[246] oder seine Werbung inaktuell geworden ist oder er eine organisatorische Änderung vorgenommen[247] oder gar den Geschäftsbetrieb oder Geschäftszweig aufgegeben hat,[248] ist die Wiederholungsgefahr noch nicht ausgeräumt (vgl aber Rn 923 ff). **Der Wegfall der Wiederholungsgefahr wird vielmehr regelmäßig erst dadurch herbeigeführt, dass der Verletzer sich unter Übernahme einer angemessenen Vertragsstrafe** (§ 12 Abs. 1 UWG) **für jeden Fall**[249] der schuldhaften[250] Zuwiderhandlung **unwider-**

---

239 BGH GRUR 1992, 116, 117 *Topfgucker-Scheck.*
240 BGH GRUR 1994, 454, 456 *Schlankheitswerbung*; BGH GRUR 2001, 1174, 1176 *Berühmungsaufgabe.*
241 BGH GRUR 1987, 125, 126 *Berühmung.*
242 BGH GRUR 2003, 892, 893 *Alt-Luxemburg.*
243 BGH GRUR 1980, 724, 727 *Grand Prix*; vgl auch OLG Stuttgart WRP 1989, 56, 58.
244 BGH GRUR 2002, 180 *Weit-Vor-Winter-Schluss-Verkauf*; BGH GRUR 1998, 483, 485 *Der M-Markt packt aus.*
245 BGH GRUR 1965, 198, 202 *Küchenmaschine.*
246 BGH GRUR 1961, 288, 290 *Zahnbürsten.*
247 BGH GRUR 1965, 690, 692 *Facharzt.*
248 BGH GRUR 1972, 550 f. *Spezialsalz II.*
249 Diese Formulierung schließt die Annahme eines Fortsetzungszusammenhangs nicht aus, OLG Düsseldorf GRUR 1987, 937 f.
250 Das ist keine Beschränkung, sondern entspricht der ohnehin bestehenden Rechtslage; vgl BGH GRUR 1982, 688, 691 *Seniorenpass*; BGH GRUR 1985, 155, 156 *Vertragsstrafe bis zu... I.*

ruflich[251] **zur Unterlassung verpflichtet.**[252] Das gilt auch dann, wenn der Anspruchsberechtigte ein Verband oder der Anspruchsgegner eine staatliche Institution ist.[253]

Im Zusammenhang mit dem Versprechen, „für jeden Fall der (schuldhaften) Zuwiderhandlung" eine Vertragsstrafe zu zahlen, wird häufig auch ein **Verzicht auf die Einrede des Fortsetzungszusammenhangs** verlangt. Darauf besteht jedoch kein Anspruch; entsprechende Vereinbarungen, die formularmäßig beansprucht werden, sind wegen Verstoßes gegen § 307 BGB unwirksam.[254] Auch bei Individualverträgen findet das Institut des Fortsetzungszusammenhanges keine Anwendung bei der Auslegung von Vertragsstrafeversprechen.[255] Wird der Verzicht auf die Einrede des Fortsetzungszusammenhanges (freiwillig) versprochen, ist eine solche Abrede unwirksam, kann aber umgedeutet werden (Rn 931). Generell wird jetzt auf die „rechtliche Einheit" abgestellt, die mehrere Handlungen zu einem Verstoß zusammenzieht.[256]

Die Unterwerfungserklärung als abstraktes Schuldversprechen bzw -anerkenntnis (§§ 780, 781 BGB) erfordert grundsätzlich die **Schriftform.**[257] Das Schriftformerfordernis gilt für den Kaufmann allerdings nicht (§§ 350, 343 HGB). Selbst in diesem Fall ist der Kaufmann aber mit Blick auf den Zweck der Unterwerfung angehalten, diese schriftlich zu bestätigen, da es andernfalls an der Ernstlichkeit der Unterwerfung mangeln könnte (siehe auch § 127 Abs. 2 S. 2 BGB). Bei telefonischer oder Fax-Erklärung kann der Verletzte also schriftliche Nachholung verlangen.[258] Zur Formulierung der Verpflichtungserklärung s. Rn 1530. Prozessuales s. Rn 1643.

Das Angebot einer **Vertragsstrafe,** die **an einen Dritten** auf Forderung des Gläubigers der Unterlassungsvereinbarung zu leisten wäre (§ 328 BGB), beseitigte früher die Wiederholungsgefahr nicht.[259] Nachdem inzwischen die Drittunterwerfung allgemein zugelassen wird, falls an ihrer Ernsthaftigkeit nicht im Einzelfall Zweifel bestehen (Rn 925), gibt es für die mangelnde Akzeptanz des Versprechens einer Vertragsstrafe etwa an eine gemeinnützige Organisation keine Rechtfertigung mehr; wer für einen Verstoß EUR 5.500 zahlen müsste, lässt ihn lieber, ganz gleich, wer das Geld bekommt. Allerdings sollte der Schuldner den Abmahnenden über die Abgabe der Drittunterwerfung informieren, weil er anderenfalls riskiert, die Prozesskosten für den Rechtsstreit zu tragen, den der Abmahnende anzustrengen sich gezwungen sieht.[260] Eine auflösend **befristete** Erklärung beseitigt allenfalls die Dringlichkeit, nicht aber die Wiederholungsgefahr;[261] für eine aufschiebend befristete Erklärung gilt das aber nur dann, wenn

---

251 Also ohne Befristung des Angebotes für den Anschluss eines Unterlassungsvertrages; BGH GRUR 2010, 355 Tz. 21 *Testfundstelle.*

252 BGH GRUR 1983, 127, 128 *Vertragsstrafeversprechen;* BGH GRUR 1994, 304, 306 *Zigarettenwerbung in Jugendzeitschriften.* Zu Inhalt und Umfang der Erklärung S. OLG Saarbrücken WRP 1997, 603.

253 BGH GRUR 1994, 516, 517 *Auskunft über Notdienste* (Stadtwerke); OLG Düsseldorf NJW-RR 1986, 1230, 1231 (Deutsche Bundespost).

254 BGHZ 121, 13, 17 ff. *Fortsetzungszusammenhang.*

255 Teplitzky Kap. 8 Rn 30 mwN.

256 BGH GRUR 2001, 758, 759 *Trainingsvertrag.*

257 Bornkamm in Köhler/Bornkamm § 12 UWG Rn 1.103.

258 BGH GRUR 1990, 530, 532 *Unterwerfung durch Fernschreiben.*

259 So für den Regelfall BGH GRUR 1987, 748, 749 f. *Getarnte Werbung II;* abweichende Einzelfälle hielt der Senat aber schon damals für denkbar (mwN aus der kontroversen Rechtsprechung der Instanzgerichte); siehe auch Teplitzky Kap. 8 Rn 28 f mwN.

260 LG Darmstadt GRUR-RR 2008, 375 *Drittunterwerfung.*

261 AA OLG Bremen WRP 1973, 337, 339.

die Bedingung noch nicht eingetreten, die Erklärung noch nicht wirksam und damit die Wiederholungsgefahr nicht vollständig beseitigt ist.[262] Die Abgabe der Erklärung unter der auflösenden **Bedingung** einer Änderung der Rechtslage ist zulässig, unter derjenigen des Prozessausgangs jedoch nicht.[263] **Räumliche Einschränkungen** der Unterlassungserklärung muss der Gläubiger grundsätzlich nicht hinnehmen. Selbst dann, wenn der Gläubiger nur regional begrenzt tätig ist, hat er einen Anspruch auf eine bundesweite Unterlassungserklärung.[264] Einige Oberlandesgerichte tendieren allerdings neuerdings dazu, eine räumliche Beschränkung der Erklärung bei „nachvollziehbaren Gründen" zuzulassen.[265]

920 **Angemessen** ist eine Vertragsstrafe, die so hoch bemessen ist, dass die Wiederholung der Verletzungshandlung sich aller Voraussicht nach für den Verletzer nicht mehr lohnt, also hinreichend abschreckende Wirkung hat.[266] Das ist nach verbreiteter Praxis normalerweise ein Betrag von EUR 5.100,[267] mindestens aber EUR 4.100,[268] bei Einzelverstößen (ein Verkaufsgespräch) ein Betrag von etwa EUR 3.000[269] genauso wie bei einzelnen öffentlichen Ankündigungen geringen Umfangs (Kleinanzeige, Schaufensterwerbung), bei Verstößen in größeren Werbeaktionen je nach Umfang und Bedeutung auch EUR 15.000 bis 20.000.[270] Je nach der Häufigkeit der Verletzung, der wirtschaftlichen Bedeutung des handelnden Unternehmens,[271] dem Maß des Verschuldens und den sonstigen Umständen kann die Summe auch erheblich höher, selten niedriger liegen.[272] EUR 1.100 sollten niemals ausreichen.[273] Das OLG Hamburg setzt 1/5 des Unterlassungsstreitwerts an, was aber eine allzu schematische Sichtweise ist.[274] – **Nicht angemessene** Vertragsstrafeversprechen[275] beseitigen die Wiederholungsgefahr nicht.[276] Will der Verletzer nur eine flexible Vertragsstrafe akzeptieren („bis zu ... EUR"), so muss der Höchstbetrag höher als der vom Verletzten geforderte Festbetrag, in der Regel beim Doppelten, liegen. Eine **zu hohe** Vertragsstrafeforderung des Verletzten braucht der Verletzer nicht zu akzeptieren. Er muss in diesem Falle dem

---

262 BGH GRUR 2002, 180, 181 *Weit-Vor-Winter-Schluss-Verkauf*.
263 BGH GRUR 1993, 676, 678 *Bedingte Unterwerfung*. Dazu Teplitzky GRUR 1993, 857, 859 und Wiebe WRP 1995, 75, 81. Für das Parallelproblem der Abschlusserklärung (Rn 1598) genauso BGH GRUR 2009, 1096 *Mescher weis*.
264 BGH GRUR 2001, 85 *Altunterwefung IV* mwN.
265 OLG Hamburg GRUR-RR 2009, 446, im konkreten Fall verneint; siehe auch Teplitzky Kap. 8 Rn 9; im Rahmen einer gütlichen Einigung in jedem Fall zulässig, vgl Bornkamm in Köhler/Bornkamm § 12 UWG Rn 1.134.
266 BGH GRUR 1994, 146, 147 *Vertragsstrafenbemessung*; BGH GRUR 2002, 180, 181 f. *Weit-Vor-Winter-Schluss-Verkauf*; OLG Oldenburg GRUR-RR 2010, 252 *PKW-Laufleistung*; OLG Hamm GRUR 1999, 361.
267 OLG Oldenburg GRUR-RR 2010, 252 *PKW-Laufleistung*.
268 AG Frankfurt am Main WRP 2002, 856, 857 *Angemessenheit der Vertragsstrafe*.
269 Die OLGe Stuttgart und Köln (WRP 1981, 231, 232 bzw 547) sahen 1.000,– DM schon vor 15 Jahren als *Untergrenze* an.
270 Vgl schon LG Berlin WRP 1975, 684 f und LG München II WRP 1980, 51, 52 (mit seinerzeit noch etwas niedrigeren Sätzen).
271 BGH GRUR 1983, 127, 129 *Vertragsstrafeversprechen*.
272 BGH GRUR 1994, 146, 147 *Vertragsstrafenbemessung*; BGH GRUR 2002, 180, 181 f. *Weit-Vor-Winter-Schluss-Verkauf*.
273 Nach OLG Oldenburg GRUR-RR 2010, 252 *PKW-Laufleistung* nicht ausreichend bei einer Zeitungsanzeige mit falscher Laufleistung (5 KM statt tatsächlich 500 KM oder mehr).
274 BGH GRUR 1985, 155, 157 und 937, 938 *Vertragsstrafe bis zu... I und II*.
275 Vgl hierzu BGH WRP 2009, 182, 184 *Kinderwärmekissen*.
276 BGH GRUR 2002, 180, 181 f. *Weit-Vor-Winter-Schluss-Verkauf*; OLG Hamm GRUR 1999, 361, 362. OLG Köln WRP 2001, 1101, 1102 bezweifelte sogar die Angemessenheit, wenn der Schuldner die verlangten 10.100 DM auf 9.000 DM herabsetzte.

Verletzten ein „Gegenangebot" machen. Fällt dieses zu niedrig aus, hat der Verletzte eine „Nachfasspflicht" zur Benennung eines angemessenen Betrages.[277]

Der frühere **Hamburger Brauch**, die Festsetzung der angemessenen Vertragsstrafe den Gerichten zu überlassen,[278] ist trotz seiner unbestreitbaren praktischen Vorteile vom Bundesgerichtshof verworfen worden.[279] Auch andere unbestimmte Vereinbarungen („Bis zu... DM") sind unwirksam.[280] Im hanseatischen Bereich wendet man seither den (neuen) Hamburger Brauch an, wonach **die Vertragsstrafe für jeden Fall der schuldhaften[281] Zuwiderhandlung vom Verletzten nach billigem Ermessen zu bestimmen und im Streitfall vom Landgericht Hamburg zu überprüfen ist.**[282] Die Abgabe einer Unterlassungserklärung nach neuem Hamburger Brauch hat für den Schuldner Vor- und Nachteile: Vorteil ist die größere Flexibilität bei geringfügigen Verstößen im Vergleich zu Unterlassungserklärungen mit fester Vertragsstrafe. Allerdings kann der neue Hamburger Brauch dazu führen, dass die Vertragsstrafe bei nicht geringfügigen Verstößen höher ausfällt als bei festen Vertragsstrafeversprechen. Das Gericht kann die vom Gläubiger festgesetzte Vertragsstrafe nur dann nach eigenem Ermessen überprüfen, wenn sie nicht „billig" ist.[283]

Hat der Verletzer unter Angebot einer angemessenen Vertragsstrafe nach Aufforderung[284] ein Unterlassungsversprechen oder die Abschlusserklärung (Rn 1594 ff)[285] abgegeben, so **entfällt die Wiederholungsgefahr,**[286] auch wenn der Anspruchsberechtigte das Angebot ablehnt. Einfordern kann der Gläubiger die Vertragsstrafe aber nur, wenn er das Angebot des Schuldners angenommen hat (Rn 930).   **921**

Die Wiederholungsgefahr entfällt nicht, wenn der Gläubiger einen triftigen Grund für die Ablehnung hatte,[287] etwa weil die Erklärung unklar ist oder das unlautere Verhalten des Verletzers nicht voll abdeckt;[288] sie muss so verallgemeinert sein, dass sie **alle im**

---

277 OLG Hamburg GRUR 1988, 929, 930.
278 OLG Hamburg WRP 1974, 686.
279 BGH GRUR 1978, 192, 193 *Hamburger Brauch*. Gleichwohl muss der Verletzte, wenn der Verletzer eine Erklärung nach diesem Brauch abgibt, „nachfassen" und ihn noch einmal zur Abgabe einer korrekten Erklärung auffordern, KG WRP 1987, 34, 35 f.
280 OLG Köln WRP 1982, 437 L und OLG Koblenz, zit. in OLG Karlsruhe WRP 1982, 595, 596, das den gegenteiligen Standpunkt einnimmt; aA ferner OLG Frankfurt WRP 1978, 829, 830.
281 Das ist keine Beschränkung, sondern entspricht der ohnehin bestehenden Rechtslage; vgl BGH GRUR 1982, 688, 691 *Seniorenpass*; BGH GRUR 1985, 155, 156 *Vertragsstrafe bis zu... I.*.
282 OLG Karlsruhe WRP 1980, 274, 275, bestätigt von BGH GRUR 1990, 1051 f. *Vertragsstrafe ohne Obergrenze*. Ebenso BGH GRUR 2010, 355 Tz. 30 *Testfundstelle*; BGH GRUR 1994, 146 *Vertragsstrafenbemessung*. Die Gerichtsstandsvereinbarung ist allerdings nur zulässig, wenn der Schuldner Kaufmann ist, § 38 ZPO; vgl Teplitzky GRUR 1994, 765, 766.
283 OLG Düsseldorf MD 2010, 609, 610.
284 Vgl aber Rn 925.
285 Er kann zwischen beiden frei wählen, OLG Karlsruhe NJWE 1998, 140.
286 BGH GRUR 2006, 878 Tz. 20 *Vertragsstrafenvereinbarung*.
287 BGH GRUR 1972, 558, 559 f. *Teerspritzmaschine*; BGH GRUR 1988, 459, 460 *Teilzahlungsankündigung*. Die Wiederholungsgefahr entfällt nicht alleine deswegen nicht, weil er sich weigert, die Kosten zu tragen, OLG Frankfurt WRP 1978, 829; aA OLG Hamm WRP 1982, 233, 234. Zu den Rechtsfolgen der unbegründeten Ablehnung Teplitzky GRUR 1983, 605. OLG Frankfurt GRUR 1985, 82, 83 sieht nicht die Wiederholungsgefahr, sondern das Rechtsschutzbedürfnis für den Verletzten als entfallen an.
288 OLG Hamm WRP 1995, 411, 412.

Kern gleichartigen Verletzungsformen mit abdeckt[289] (sog. Kerntheorie, vgl Rn 1613). Achtung: Die Erklärung umfasst – soweit nicht eine ausdrückliche oder konkludente Einschränkung gemacht wird – **auch nicht spürbare** (kerngleiche) Wettbewerbsverstöße; denn es ist davon auszugehen, dass die Parteien gerade Streit darüber vermeiden wollten.[290] Damit die Wiederholungsgefahr dauerhaft trotz Ablehnung beseitigt bleibt, darf die Erklärung nicht zurückgezogen werden, sondern muss dem Anspruchsteller ständig angeboten werden. Eine vordatierte Unterwerfungs- oder Abschlusserklärung lässt die Wiederholungsgefahr naturgemäß von diesem Datum an entfallen.[291]

922 **Die Wiederholungsgefahr entsteht jedoch neu,** wenn der Verletzer den gleichen oder einen im Kern gleichartigen Verstoß erneut begeht,[292] selbst wenn dann die Vertragsstrafe anfällt. Gerichtliche Ordnungsstrafen können ungleich höher und damit wirkungsvoller sein als Vertragsstrafen.

923 **Ausnahmsweise** kann die Wiederholungsgefahr auch ohne strafbewehrte Unterlassungsverpflichtung **wegfallen,** wenn ganz besondere Umstände die Wiederholung völlig unwahrscheinlich machen oder ausschließen:

- Der Verletzte hat einen rechtskräftigen Hauptsachetitel gegen den Verletzer erwirkt.[293]
- Die im Prozess umstrittene Wettbewerbswidrigkeit wird aufgrund einer Gesetzesänderung unstreitig, und der Verletzer stellt daraufhin klar, dass er sich an die neue Gesetzeslage halten werde.[294]
- Die beanstandete Werbeanzeige des Verletzers enthielt nur infolge eines Versehens der Zeitung einen Wettbewerbsverstoß und wurde schon vor der Abmahnung berichtigt.[295]
- Der für seine Angestellten nach § 8 Abs. 2 UWG haftende Unternehmer hatte, nachdem diese einen Wettbewerbsverstoß begangen hatten, ihnen nicht nur eine entsprechende schriftliche Belehrung erteilt, sondern zugleich jedes Mitglied seines Verkaufspersonals zur Zahlung einer Vertragsstrafe für den Fall einer erneuten Zuwiderhandlung verpflichtet; Verstöße waren seither nicht mehr vorgekommen.[296]
- Der für seinen Angestellten nach § 8 Abs. 2 UWG haftende Unternehmer hat diesen sofort entlassen, nachdem er von dem Verstoß erfuhr.[297] Überhaupt kommt es bei

---

289 BGH GRUR 1996, 290, 291 und 1997, 379, 380 *Wegfall der Wiederholungsgefahr I* und *II*. Ein dahin gehender Erklärungswille des Verletzers muss nicht unbedingt ausdrücklich betont worden sein; er kann sich aus ihrer Auslegung ergeben (BGH GRUR 1997, 931, 932 *Sekundenschnell*; BGH GRUR 1998, 471, 472 *Modenschau im Salvatorkeller*), aber auch aus Begleitschreiben oder -schriftsätzen (BGH GRUR 1998, 483, 485 *Der M-Markt packt aus*).
290 BGH GRUR 2010, 167 Tz. 21 *Unrichtige Aufsichtsbehörde* zur Spürbarkeitsschwelle nach § 13 Abs. 2 Nr. 1 UWG aF; zur Spürbarkeitsschwelle Rn 85 ff.
291 OLG Karlsruhe NJWE 1999, 116.
292 BGH GRUR 1980, 241 f. *Rechtsschutzbedürfnis*; OLG Stuttgart WRP 1983, 580, 581. Erneute Abmahnung dann nicht nötig, da Vorsatz, BGH GRUR 1990, 542, 543 *Aufklärungspflicht des Unterwerfungsschuldners*. Kritisch Schnepel WRP 1994, 467.
293 BGH GRR 2003, 450, 452 *Bedingte Unterwerfung*.
294 BGH GRUR 2002, 717, 719 *Vertretung der AnwaltsGmbH*.
295 OLG Frankfurt WRP 1969, 495 f und WRP 1986, 219, 220. Vgl auch BGH NJW 1981, 2413 (Änderung von beanstandeten AGB unter Mitteilung an die Kunden).
296 OLG Karlsruhe GRUR 1969, 141, 142 f *EUZELLA*. Vgl dagegen OLG Karlsruhe WRP 1979, 51, 55.
297 Vgl BGH GRUR 1965, 155 f. *Werbefahrer*. Vgl auch OLG Karlsruhe WRP 1979, 51, 55.

Zuwiderhandlungen von Angestellten oder Beauftragten für die Wiederholungsgefahr auch auf die in der Person des Unternehmers liegenden Umstände an.[298]

- Eine Wiederholung käme erst nach vielen Jahren wieder in Betracht, zB nach 25 Jahren im Hinblick auf das frühere Verbot der Jubiläumsverkäufe.[299]
- Nicht genügend ist im Regelfall, dass der Betrieb, in dem das unlauter nachgeahmte Produkt hergestellt oder für dessen Produkte geworben wurde, endgültig eingestellt wird.[300] Die bloße Einstellung der Produktion der beworbenen Gegenstände schließt ohnehin nicht aus, dass der Verletzer die Produktion mit Nachfolgemodellen fortsetzt und in der Werbung für diese auf die Eigenschaften seiner in der Vergangenheit angebotenen Erzeugnisse Bezug nimmt.[301]

Bei **Unternehmensnachfolge** ist die Rechtsprechung zurückhaltend mit der Annahme   **924** einer Wiederholungsgefahr beim Nachfolger. Wettbewerbswidrige Handlungen, die Mitarbeiter oder Beauftragte (§ 8 Abs. 2 UWG) in einem Betrieb begangen haben, bevor dessen Rechtsträger nach dem UmwG auf einen anderen Rechtsträger verschmolzen worden ist, begründen wiederum auch dann, wenn der Betrieb fortgeführt wird, bei dem übernehmenden Rechtsträger jedenfalls per se keine Wiederholungsgefahr mehr.[302] S Rn 912; ferner Rn 911 zur Wiederholungsgefahr bei **Arbeitsplatzwechsel** des Täters oder Teilnehmers.

Die Streitfrage, ob die **einem Dritten** gegenüber erklärte Unterwerfung (sog. **Drittun-**   **925** **terwerfung**) die Wiederholungsgefahr beseitigt, ist vom Bundesgerichtshof inzwischen teilweise entschieden: Die Unterwerfung gegenüber einem **Verband** lässt die Wiederholungsgefahr regelmäßig, dh dann entfallen, wenn sie geeignet erscheint, den Verletzer wirklich und ernsthaft von Wiederholungen abzuhalten.[303] Ob auch die einem **Mitbewerber** gegenüber abgegebene Erklärung die Wiederholungsgefahr beseitigt, ist noch offen. Die Entscheidung darüber wird zwar den gleichen Grundsätzen zu folgen haben; doch geht die ohnehin gebotene strenge Prüfung der Ernsthaftigkeit der Unterwerfung hier im Zweifelsfall zu Lasten des Verletzers,[304] der, da es um die Widerlegung der Vermutung des Fortbestands der Wiederholungsgefahr geht (Rn 919), ohnehin die Darlegungs- und Beweislast trägt.[305] Anders würde sich ein Missbrauch durch „abgesprochene" Abmahnungen unter Konkurrenten kaum verhindern lassen.

---

298 BGH GRUR 1994, 443, 445 *Versicherungsvermittlung im öffentlichen Dienst;* dazu Teplitzky GRUR 1994, 765.
299 BGH GRUR 1992, 318, 319 *Jubiläumsverkauf.*
300 BGH GRUR 1998, 1045, 1046 *Brennwertkessel:* „zurückhaltende Beurteilung", ob Wiederholungsgefahr dadurch entfallen.
301 BGH GRUR 1998, 1045, 1046 *Brennwertkessel.*
302 BGH GRUR 2007, 995 Tz. 10 f. *Schuldnachfolge.*
303 BGH GRUR 1983, 186, 187 und 1987, 640, 641 *Wiederholte Unterwerfung I* und *II.* Kritisch zuletzt Gruber GRUR 1991, 354 mwN. Zur Drittunterwerfung erst im Laufe des Prozesses S. KG WRP 1988, 773, 775. Im Revisionsverfahren kommt sie stets zu spät, BGH GRUR 1989, 758, 759 *Gruppenprofil.* Die Unterwerfung gegenüber einem Verband, der wettbewerbsrechtliche Ansprüche gar nicht geltend machen könnte, ist irrelevant, OLG Brandenburg WRP 2000, 427, 428 (karitative Organisation).
304 OLG Frankfurt WRP 1984, 413, 414; OLG Hamm NJW-RR 1987, 428 (Unterwerfung gegenüber einem räumlich weit entfernten Konkurrenten nicht ausreichend); OLG Koblenz GRUR 1988, 478 f (Geltendmachung eines zeitlich längeren Unterlassungsanspruchs); OLG Frankfurt NJW-RR 1987, 1180 (Geltendmachung eines sachlich weiter gehenden Unterlassungsanspruchs).
305 BGH GRUR 1983, 186 f und 1987, 640, 641 *Wiederholte Unterwerfung I* und *II.* Näheres Biermann WRP 1999, 1311.

Nicht endgültig geklärt ist auch die Frage, ob eine **unaufgefordert** abgegebene Dritt-unterwerfung die Wiederholungsgefahr gegenüber allen anderen Anspruchsberechtig-ten beseitigt. Handelt es sich bei dem Dritten um die Zentrale zur Bekämpfung unlau-teren Wettbewerbs, kann man von der Ernsthaftigkeit der Erklärung einerseits und von der Durchsetzung des Unterlassungsanspruchs durch die Zentrale andererseits ausge-hen.[306] Entsprechendes wird für andere seriöse, dem Verletzer gegenüber neutrale Ver-bände zu gelten haben. Bei Mitbewerbern dagegen ist die Ernsthaftigkeit der Erklärung im Einzelfall zu prüfen.[307]

Entsprechendes gilt für gerichtliche Verfahren, die Dritte gegen den Verletzer führen. Ein von einem Dritten erwirkter rechtskräftiger Hauptsachetitel lässt die Wiederho-lungsgefahr entfallen.[308] Genauso liegt es bei der einem Dritten gegenüber abgegebenen **Abschlusserklärung:** Ihr ging immerhin ein Verfügungsverfahren voraus, das niemand anstrengt, der es nicht ernst meint.[309]

Zur Kostenerstattung bei Abmahnung durch mehrere Gläubiger Rn 1544.

926   Die Rechtsprechung zur Drittunterwerfung hat Nachteile auf der Seite der Anspruchs-berechtigten zur Folge: Der Verband oder Mitbewerber, der von dem Wettbewerbs-verstoß erfährt, kann nicht wissen, ob schon ein Dritter dem Verletzer gegenüber tätig geworden ist. Der Bundesgerichtshof nimmt eine **Aufklärungspflicht des Abgemahn-ten** aus § 242 BGB an, bei deren schuldhafter Verletzung er sich schadenersatzpflichtig macht.[310] Der Kostenerstattungsanspruch aus §§ 9, 12 UWG des Mitbewerbers, der in Unkenntnis der Drittunterwerfung einen Rechtsanwalt eingeschaltet hat, bleibt davon unberührt.[311] Die Aufklärung ist innerhalb der mit der Abmahnung gesetzten Frist zu geben;[312] war diese zu kurz, ist eine angemessene Frist einzuhalten, dies aber wenigstens innerhalb der Abmahnungsfrist mitzuteilen.[313] Das alles soll auch zu Lasten eines Nichtstörers gelten, wenn er den Irrtum des Abmahnenden mitverursacht hat;[314] aber insoweit besteht kein gesetzliches Schuldverhältnis.[315]

3. Umfang der gesetzlichen Unterlassungshaftung

927   Der gesetzliche Unterlassungsanspruch des § 8 Abs. 1 UWG richtet sich nicht pauschal gegen die Begehung von Wettbewerbsverstößen, sondern gegen die jeweilige **konkrete Verletzungshandlung.** Der Unterlassungsanspruch dient hier dazu, künftige **Wieder-**

---

306   OLG Hamburg NJW-RR 1995, 678, 679; OLG Frankfurt WRP 1998, 895, 896 (Gegenfall: OLG Frankfurt NJWE 1998, 256).
307   Zu Recht bejaht: OLG Schleswig NJWE 1998, 91, 92 (Unterwerfung gegenüber einer Konzernschwester des Anspruchstellers).
308   BGH GRR 2003, 450, 452 *Bedingte Unterwerfung.*
309   OLG Frankfurt WRP 1997, 44, 46; OLG Zweibrücken NJWE 1999, 66, 67; beide mwN.
310   BGH GRUR 1987, 54, 55 *Aufklärungspflicht des Abgemahnten* und BGH GRUR 1987, 640, 641 *Wieder-holte Unterwerfung II.* Sonderfall der anderweitigen Unterwerfung vor Klageerhebung des Erstabmahners: OLG Stuttgart WRP 1994, 61.
311   LG Köln GRUR 1987, 741, 742 f mwN.
312   BGH GRUR 1990, 381 f. *Antwortpflicht des Abgemahnten;* BGH GRUR 1990, 542, 543 f. *Aufklärungs-pflicht des Unterwerfungsschuldners.*
313   Teplitzky GRUR 1990, 393, 394 unter Hinweis auf OLG Hamburg GRUR 1989, 297 L (S. auch OLG Hamburg GRUR 1991, 80).
314   OLG Köln GRUR 1991, 74, 75, vgl auch BGH WRP 1992, 160, 164 *Bedienungsanweisung;* OLG Frankfurt GRUR 1986, 626.
315   KG WRP 1991, 310, 311.

holungen der gleichen Handlung – und im Kern gleicher Handlungen (Kerntheorie) – auszuschließen und damit die eingetretene Störung für die Zukunft wieder zu beseitigen. Zur Kerntheorie siehe ausführlich Rn 1613.

Die **Abgrenzung zum Beseitigungsanspruch**, der den Schuldner nicht nur zur Unterlassung, sondern auch zu positivem Tun verpflichtet, ist mitunter schwierig. Das gilt vor allem für die Frage, ob aus dem Unterlassungsanspruch auch ein **Rückruf** verlangt werden kann. Zum Ganzen Rn 934.   928

Der Unterlassungsanspruch umfasst grundsätzlich nicht ein Verbot der Durchführung von Verträgen („**Folgeverträgen**"), es sei denn, es liegt ein Vorsprung durch Rechtsbruch wegen systematischen Herbeiführens der Fehlerhaftigkeit von Verträgen nach Vertragsrecht vor (Rn 857 ff).   929

4. Vertraglicher Anspruch auf Unterlassung

Rechtsgrundlage: §§ 339 ff BGB, § 348 HGB

Ein vertraglicher Unterlassungsanspruch setzt das Zustandekommen einer entsprechenden **Vereinbarung** durch die Parteien voraus. Es gelten die allgemeinen Vorschriften:[316]   930

■ Mithin bedarf es eines Angebots und dessen Annahme, damit eine Unterlassungsvereinbarung abgeschlossen wird. Nimmt der Schuldner die vom Gläubiger in der Abmahnung angebotene Unterlassungserklärung ohne Änderungen innerhalb der Abmahnfrist an, ist eine solche Vereinbarung geschlossen.

■ Nach Ablauf der Abmahnfrist kann das Angebot des Gläubigers nicht mehr angenommen werden; eine verspätete Annahme gilt als neues Angebot des Schuldners, das der Gläubiger annehmen muss (§ 150 Abs. 1 BGB).

■ Ein vom Schuldner verändert angenommenes Angebot ist ein neues Angebot des Schuldners; auch dieses muss der Gläubiger grundsätzlich annehmen (§ 150 Abs. 2 BGB).

■ Im Zweifel ist davon auszugehen, dass der Schuldner – um die Wiederholungsgefahr entfallen zu lassen (Rn 919) – sein Angebot unbefristet (trotz § 147 Abs. 2 BGB) abgibt. Die Annahme kann auch noch erfolgen, nachdem der Gläubiger eine Einstweilige Verfügung hat zustellen lassen.[317]

■ Die Übersendung einer Unterlassungserklärung beinhaltet nur dann den Verzicht auf den Zugang der Annahmeerklärung gem. § 151 BGB, wenn die Unterlassungserklärung nicht oder zumindest nicht in einem wesentlichen Punkt von demjenigen abweicht, was der Anspruchsteller insoweit verlangt hat.[318] Es würde zu weit gehen, für jede Unterlassungserklärung von einem Verzicht auf eine Annahme auszugehen.[319] Bei Formulierungen des Schuldners wie „Wir gehen davon aus, dass sich Angelegenheit damit erledigt ist und schließen unsere Akte" ist aber von einem Verzicht auszugehen. Auch in einem solchen Fall muss aber ein nach außen her-

---

316 BGH GRUR 2010, 355 Tz. 17 ff. *Testfundstelle.*
317 BGH GRUR 2010, 355 Tz. 22 *Testfundstelle.*
318 BGH GRUR 2002, 824, 825 *Teilunterwerfung*; OLG Köln GRUR-RR 2010, 339 *Matratzen im Härtetest.*
319 So aber wohl Köhler in Köhler/Bornkamm § 12 UWG Rn 1.118.

vortretendes Verhalten des Empfängers vorliegen, aus dem der Annahmewille unzweideutig hervorgeht.[320]

Nimmt der Gläubiger die Unterlassungserklärung an, kommt der Unterlassungsvertrag mit Strafbewehrung grundsätzlich erst **im Zeitpunkt der Annahme zustande**.[321] Die Vereinbarung wird also nicht rückwirkend zu dem **Zeitpunkt** wirksam, in dem der Schuldner die Unterlassungserklärung angeboten hat.[322] Das erlaubt dem Schuldner über kleine Änderungen der vom Gläubiger angebotenen Erklärung, noch einige Tage Zeitvorteil herauszuholen.

Unterlassungsverträge sind nach den auch sonst für die Vertragsauslegung geltenden Grundsätzen **auszulegen**. Maßgeblich ist danach der wirkliche Wille der Vertragsparteien (§§ 133, 157 BGB). Bei seiner Ermittlung sind neben dem Erklärungswortlaut die beiderseits bekannten Umstände wie insbesondere die Art und Weise des Zustandekommens der Vereinbarung, deren Zweck, die Wettbewerbsbeziehung zwischen den Vertragsparteien sowie deren Interessenlage heranzuziehen.[323] Dabei ist auch auf Auslegungsgrundsätze für Unterlassungsurteile zurückzugreifen. Unterlassungsverträge gelten damit – wie Unterlassungsurteile – im Zweifel für das gesamte Bundesgebiet.[324] Auch kann für die Frage, ob eine **Verletzung** vorliegt, auf die „**Kerntheorie**"[325] (Rn 1613) zurückgegriffen werden. Genauso wird man im Zweifel davon ausgehen müssen, dass sich der Schuldner vertraglich nicht weiter verpflichten wollte, als das gesetzliche Verbot reicht.[326] Allerdings ist im Zweifel davon auszugehen, dass die Parteien streitige Fragen abschließend klären wollten.[327]

Beispiel: Die Verwirkung der Vertragsstrafe setzt deshalb ohne eine ausdrückliche oder konkludente Einschränkung der Unterwerfungserklärung im Regelfall nicht voraus, dass der Verstoß gegen das Unterlassungsgebot geeignet ist, den Wettbewerb auf dem relevanten Markt spürbar zu beeinträchtigen. Denn es ist davon auszugehen, dass die Parteien gerade Streit darüber vermeiden wollten.[328] Zur Spürbarkeitsschwelle Rn 85 ff.

931 **Bei Verletzung** von strafbewehrten Unterlassungsverträgen **gilt folgendes:**

- ■ Der Gläubiger kann zunächst die **Vertragsstrafe einfordern.** Dafür muss eine schuldhafte Verletzung des strafbewehrten Unterlassungsvertrages vorliegen. Es kommt zunächst auf die Auslegung des Unterlassungsvertrages unter Berücksichtigung der Interessenlage auf beiden Seiten an (Rn 930). Bei Mehrfachverstößen ist die Annahme eines Fortsetzungszusammenhangs unzulässig (vgl Rn 1651), sondern nur die Berücksichtigung der etwaigen rechtlichen Einheit mehrerer Verstöße, möglicherweise spielt auch die Höhe der Vertragsstrafe eine Rolle.[329] Der Gläubiger hat

---

320 BGH GRUR 2006, 878 Tz. 16 *Vertragsstrafenvereinbarung* mwN.
321 BGH GRUR 2006, 878 Tz. 17 ff. *Vertragsstrafenvereinbarung.*
322 AA noch OLG Köln Mitt. 2003, 426 L.
323 BGH GRUR 2010, 167 Tz. 19 *Unrichtige Aufsichtsbehörde.*
324 BGH GRUR 2001, 85, 86 *Altunterwerfung IV.*
325 BGH GRUR 1996, 290, 291 *Wegfall der Wiederholungsgefahr I*; BGH WRP 1997, 1067, 1069 *Sekundenschnell*; BGH WRP 1998, 256, 301 *Der M. Markt packt aus.*
326 BGH GRUR 2003, 889, 889 *Internet-Reservierungssystem.*
327 BGH GRUR 2010, 167 Tz. 21 *Unrichtige Aufsichtsbehörde* zur Spürbarkeitsschwelle nach § 13 Abs. 2 Nr. 1 UWG aF.
328 BGH GRUR 2010, 167 Tz. 21 *Unrichtige Aufsichtsbehörde* zur Spürbarkeitsschwelle nach § 13 Abs. 2 Nr. 1 UWG aF.
329 Grundlegend BGH GRUR 2001, 758, 760 f. *Trainingsvertrag.*

deshalb keinen Anspruch auf Ausschluss der Einrede des Fortsetzungszusammenhanges. Vereinbaren die Parteien den Ausschluss der Einrede des Fortsetzungszusammenhanges, ist der Schuldner nicht daran gebunden;[330] erst recht kann der Gläubiger eine solche Abrede nicht formularmäßig vereinbaren (Rn 919). Anstelle eines Ausschlusses der Einrede des Fortsetzungszusammenhanges kann der Gläubiger aber auf einer Klarstellung durch den Schuldner bestehen, dass die Zusammenfassung von Verletzungshandlungen zu einer Handlung (und nur einer Verwirkung der Vertragsstrafe) Grenzen hat.[331]

■ Der Schuldner seinerseits, der oft Kaufmann im Sinne des § 1 HGB sein wird, kann sich gegen eine Anwendung des § 348 HGB auch für Kleinstverstöße dadurch wehren, dass er die Anwendung des § 348 HGB ausschließt.[332] Ohnehin darf der Gläubiger die Verstöße des Schuldners nicht „sammeln", um ihn zu gegebener Zeit mit der Geltendmachung seiner Ansprüche wirtschaftlich zu vernichten; § 242 BGB verpflichtet ihn, den Schuldner durch alsbaldige Geltendmachung des Anspruchs aus einem Verstoß von weiteren Verstößen abzuhalten.[333] Wenn der Gläubiger auch noch einen gerichtlichen Titel hat und das Gericht wegen seiner Verletzung ein Ordnungsgeld verhängt, muss das Ordnungsgeld auf die Vertragsstrafe angerechnet werden.[334]

■ Die Vertragsstrafe ist – ebenso wie die Ordnungsstrafe aus einem Unterlassungstitel – nur bei einem verschuldeten Verstoß verwirkt (Rn 1652). Der Vertragsstrafenschuldner muss sich aber nach den §§ 339, 286 Abs. 4 BGB entlasten, während im Ordnungsverfahren grundsätzlich der Gläubiger die Beweislast hat;[335] er haftet, wiederum weitergehend als nach § 890 ZPO (vgl Rn 1652, 1649), nach § 278 BGB auch für seine Erfüllungsgehilfen, zB seine Werbeagentur[336] und den Zeitungsverlag.[337] Es ist für den Schuldner auch nicht möglich, nur eine Haftung bei schuldhafter Zuwiderhandlung im Sinne des § 890 ZPO zu versprechen, es sei denn, der Gläubiger lässt sich darauf (freiwillig) ein.[338] Verstößt er durch *eine* Handlung gegen *zwei* Vertragsstrafeversprechen gegenüber demselben Gläubiger, so ist – entsprechend dem Grundsatz des § 52 Abs. 2 StGB – nur eine, und zwar die höhere Vertragsstrafe, verwirkt.[339] Für Verstöße gegen ein nach **Hamburger Brauch** (Rn 920) abgegebenes Vertragsstrafeversprechen gilt § 315 BGB. An eine einmal bestimmte Bezifferung ist der Gläubiger gebunden.[340] Auf Schadensersatzansprü-

---

330 Vgl Teplitzky Kap. 8 Rn 30 in Interpretation von BGH GRUR 2001, 758, 759 *Trainingsvertrag*.
331 Formulierungsvorschlag: „Die Zusammenfassung zu einer Rechtseinheit ist ausgeschlossen bei Vorsatztaten sowie solchen Handlungen, deren Schweregrad und wirtschaftliche Auswirkungen für den Gläubiger erheblich über diejenigen hinausgehen, für die die Vertragsstrafe angemessen sein soll" (nach Teplitzky Kap. 8 Rn 30).
332 Teplitzky Kap. 8 Rn 30 b.
333 BGH WRP 1998, 164, 167 *Modenschau im Salvatorkeller*.
334 BGH GRUR 2010, 355 Tz. 32 *Testfundstelle*.
335 Steinbeck GRUR 1994, 90, 92.
336 BGH GRUR 1985, 1065, 1066 *Erfüllungsgehilfe*. Auch für deren Erfüllungsgehilfen, OLG Karlsruhe GRUR 1992, 883 f. *Druckereiverschulden*. Einzelheiten bei Traub, FS Gaedertz, S. 563.
337 BGH GRUR 1988, 561, 562 f. *Verlagsverschulden*; BGH GRUR 1987, 648, 649 *Anwaltseilbrief*.
338 OLG Frankfurt GRUR-RR 2003, 198, 199 *Erlassvertrag*; Teplitzky Kap. 8 Rn 29; Melullis Rn 608 a; aA Traub, FS Gaedertz, S. 563, 572; offen BGH GRUR 1999, 501 *Vergleichen Sie*.
339 KG GRUR 1995, 144, 148; OLG Düsseldorf WRP 1997, 93, 95; OLG Frankfurt GRUR 1993, 997 f *ne bis in idem*.
340 OLG Hamburg AfP 2003, 56.

che des Gläubigers ist die Vertragsstrafe nur insoweit anzurechnen, als Interessenidentität besteht, was nach Ansicht des BGH jedenfalls bei solchen Anwaltskosten nicht der Fall ist, die durch die Geltendmachung der Vertragsstrafe entstanden sind.[341]

- Der Schuldner kann **zusätzlich** auch seinen **vertraglichen Unterlassungsanspruch** geltend machen. Das kann Sinn machen, um neben dem Unterlassungsvertrag eine zusätzliche Sanktion über § 890 ZPO zu erreichen; allerdings fließen bei § 890 ZPO die Ordnungsgelder in die Staatskasse.

- Schließlich kann der Gläubiger (zusätzlich zu der Vertragsstrafenforderung und dem vertraglichen Unterlassungsanspruch) einen **neuen gesetzlichen Unterlassungsanspruch** stellen. Dafür besteht ein Rechtsschutzbedürfnis auch bei bestehendem strafbewehrtem Unterlassungsvertrag.[342] Denn die bisherige Strafdrohung hat sich als nicht ausreichend erwiesen, so dass eine Wiederholungsgefahr neu entsteht. Dem entsprechend kann der Schuldner diesen gesetzlichen Unterlassungsanspruch nur dadurch erledigen, dass er eine neue **Unterlassungserklärung mit erheblich erhöhter Vertragsstrafe** anbietet.[343] In der Praxis wird das bisherige Vertragsstrafversprechen meist verdoppelt.

- **Einwand fehlender Wettbewerbswidrigkeit:** Die beiden vertraglichen Ansprüche (Zahlung der Vertragsstrafe und vertraglicher Unterlassungsanspruch) bestehen, auch wenn die Handlung gar nicht wettbewerbswidrig war (Ausnahmen Rn 932). Denn die Parteien wollten gerade Streit über diese Frage ausschließen.[344] Der zusätzliche *gesetzliche* Unterlassungsanspruch setzt allerdings voraus, dass das UWG verletzt wurde.

932   Bei **Änderung der Rechtslage**, die den durch das Vertragsstrafeversprechen abgesicherten Unterlassungsanspruch gegenstandslos macht oder auch nur die Aktivlegitimation des Verbandes entfallen lässt, ist das Vertragsstrafeversprechen wegen Wegfalls der Geschäftsgrundlage für die Zukunft gegenstandslos.[345] Eine Änderung der Rechtslage ist eine Gesetzesänderung oder eine entsprechende Änderung der höchstrichterlichen Rechtsprechung.[346] Grundsätzlich ist jedoch eine (außerordentliche und fristlose) Kündigung durch den Schuldner erforderlich.[347] Einer Kündigung bedarf es allerdings nicht, wenn ohne Zweifel feststeht, dass die von der Unterlassungserklärung umfasste Handlung jetzt legal ist.[348] Das dürfte regelmäßig auf Rabattverstöße nach altem Recht zutreffen oder auch auf einfache Verstöße gegen die ZugabeVO, sofern nicht der Grenzbereich zu den Verboten des UWG, zB übertriebenes Anlocken (Rn 447 ff), erreicht

---

341   BGH GRUR 2008, 929 Tz. 9 *Vertragsstrafeneinforderung.*
342   BGH GRUR 1980, 241, 242 *Rechtsschutzbedürfnis;* OLG Frankfurt GRUR-RR 2009, 412 *Abreißschreibtischunterlage.*
343   BGH GRUR 1990, 534, 534 *Abruf-Coupon.*
344   Zutreffend Köhler in Köhler/Bornkamm § 12 UWG Rn 1.158.
345   KG GRUR 1995, 144, 146 f; OLG Düsseldorf WRP 1995, 223, 225 f. Einschränkend Teplitzky WRP 1995, 275, 278; dagegen Nägele WRP 1995, 1023. S. auch Engler NJW 1995, 2185, 2188.
346   OLG Hamburg NJWE 2000, 129, 130 *Roy Black* mwN; im Fall Änderung der Rechtsprechung zum Verbraucherleitbild auf Veranlassung des EuGH, vgl Rn 121 ff.
347   BGHZ 133, 316, 327 f und 331, 337 *Altunterwerfung I* und *II;* etwas einschränkend BGH GRUR 1998, 953, 954 *Altunterwerfung III.* Dazu Borck WRP 2000, 18 und Ebert-Weidenfeller in Hasselblatt, § 10 Rn 50.
348   BGHZ 133, 316 *Altunterwerfung II.*

ist.[349] Gleiches gilt für Verstöße gegen die Sonderveranstaltungsverbote nach §§ 7, 8 UWG aF, es sei denn, es lag auch ein Fall der Irreführung über den Anlass der Sonderveranstaltung nahe. In letzteren Fällen genauso wie in Fällen mehrgliedriger Unterlassungsverpflichtungen, von denen eine obsolet ist, empfiehlt sich deshalb auch weiter eine Kündigung. Eine vor Änderung der Rechtslage schon verwirkte Vertragsstrafe kann noch gefordert werden.[350]

Auch ohne Änderung der Rechtslage kann ein Unterlassungsvertrag **wegen Verstoßes gegen das Kartellverbot** nach Art. 101 AEUV Abs. 1 (früher Art. 81 Abs. 1 EG), § 1 GWB, § 134 BGB **unwirksam** sein. Denn die Unterlassungsvereinbarung ist regelmäßig eine Vereinbarung zwischen Wettbewerbern, die dem Schuldner Wettbewerbsbeschränkungen auferlegt. Allerdings wird gesetzlich unzulässiger Wettbewerb nicht vom Kartellverbot erfasst.[351] Überdies billigt das Kartellverbot Vertragsparteien bei Vergleichen einen Beurteilungsspielraum zu.[352] Die Grenze ist damit erst dann überschritten, wenn keine ernsthaften Anhaltspunkte für einen UWG-Verstoß vorliegen.

Nicht kündbar – zB wegen Wegfalls der Geschäftsgrundlage – ist ein Unterlassungsvertrag, wenn der Schuldner nach Zustandekommen des Unterlassungsvertrages eine zuvor erlassene Einstweilige Verfügung als endgültige Regelung durch eine **Abschlusserklärung** (Rn 1594 ff) anerkennt.[353] Die doppelte Sicherung des Gläubigers hat sich der Schuldner in diesen Fällen selbst zuzuschreiben, weil er für eine Aufhebung der Einstweiligen Verfügung wegen Erledigung des Anspruches hätte sorgen können.

II. Beseitigungsanspruch

Rechtsgrundlage: § 8 Abs. 1 UWG

Wer zur Unterlassung künftiger Störungen verpflichtet ist, darf die durch sein Verhalten   933 bereits eingetretene, etwa noch fortwirkende Störung nicht einfach bestehen lassen; denn für das Ergebnis ist gleich, ob die Beeinträchtigung durch neue Handlungen oder durch das Fortwirken einer bereits geschehenen Handlung erfolgt. Mit Recht gewährt die Rechtsprechung dem Verletzten – in den Fällen des § 8 Abs. 3 UWG auch den Verbänden und Kammern[354] – deshalb überall dort, wo das Gesetz den Unterlassungsanspruch gewährt, auch **ohne jedes Verschulden des Verletzers** zugleich einen **Anspruch auf die Beseitigung einer fortwirkenden Störung**,[355] allerdings – natürlich – nicht darüber hinaus; der Beseitigungsanspruch kann deshalb nie weiter reichen, als die Störung noch fortwirkt, was ggf auf den Zeitpunkt der Entscheidung festzustellen ist.[356]

---

349 Vgl eingehend zum Schicksal von Unterlassungserklärungen nach Wegfall von Zugabe- und Rabattverbot J. B. Nordemann NJW 2001, 2505, 2508.
350 KG GRUR 1995, 144, 146 f; aA LG Frankfurt WRP 1995, 67 und Heckelmann WRP 1995, 166, 169.
351 J.B. Nordemann in Loewenheim/Meessen/Riesenkampff § 1 GWB Rn 93 mwN.
352 EuGH Slg 1985, I-363, 385 *BAT Cigaretten-Fabriken/Kommission;* BGH WuW/E BGH 2003, 2005 *Vertragsstrafenrückzahlung;* J.B. Nordemann in Loewenheim/Meessen/Riesenkampff § 1 GWB Rn 183 mwN; aA Säcker in Münchener Kommentar zum Kartellrecht, § 1 GWB Rn 37.
353 BGH GRUR 2010, 355 Tz. 25 *Testfundstelle.*
354 BGH GRUR 1998, 415, 416 *Wirtschaftsregister.*
355 Zum Verhältnis beider Ansprüche zueinander Lindacher GRUR 1985, 423; eingehend zum Beseitigungsanspruch auch Ahrens, S. 58 ff und Moll, FS Klaka, S. 16 ff.
356 BGH GRUR 1995, 424, 426 *Abnehmerverwarnung;* BGH GRUR 1998, 415, 417 *Wirtschaftsregister.*

934 Die **Abgrenzung des Beseitigungsanspruches vom Unterlassungsanspruch** begegnet in der Praxis einigen **Schwierigkeiten.** Die Abgrenzung hat jedoch erhebliche Bedeutung; denn grundsätzlich kann nur der Unterlassungsanspruch – nicht aber der Beseitigungsanspruch – im Wege des Einstweilen Verfügungsverfahrens durchgesetzt werden (Rn 1561). Auch sind Unterlassungsanspruch und Beseitigungsanspruch wesensverschieden mit der Folge, dass der Übergang vom einen zum anderen im Prozess eine Klageänderung darstellt.[357]

Für eine Abgrenzung kann zunächst als Leitfaden darauf abgestellt werden, ob ein positives Handeln zur Erfüllung erforderlich ist, was für einen Beseitigungsanspruch spricht. Der Beseitigungsanspruch im engeren Sinne erfasst grundsätzlich nur die Fälle, in denen eine fortdauernde Gefährdung nicht durch bloßes Unterlassen beseitigt werden kann. Dadurch kann eine Abgrenzung allerdings teilweise nicht erreicht werden, weil auch Unterlassungsgebote ein positives Handeln verlangen können.

Beispiel: Das Unterlassungsgebot, nicht mit irreführenden Preisangaben auf der Internetseite zu werben, erfordert auch ein aktives (Beseitigungs-)Tun, nämlich die Änderung der Preise im Internet. Dennoch ist eine solche Änderung vom Unterlassungsgebot umfasst, weil das Unterlassungselement überwiegt.

Es ist deshalb eine Wertung notwendig, ob das (negative) Unterlassungs- oder das (positive) Handlungselement überwiegt.[358]

Probleme bereitet diese Wertung vor allem bei der Frage, inwieweit der Schuldner bereits verbreitetes unlauteres Werbematerial oder bereits verbreitete unlautere Produkte **zurückrufen** muss. Der Unterlassungsanspruch enthält grundsätzlich die Verpflichtung, alles Zumutbare zu tun, um die Weiterverbreitung von rechtsverletzendem Werbematerial zu verhindern.[359] Insbesondere muss der Schuldner von ihm angelegte Störungsquellen beseitigen, die **innerhalb seiner Weisungsbefugnis** liegen.

Beispiel: Wer unlautere Prospekte verbreitet, muss schon zur Erfüllung des Unterlassungsanspruches dafür sorgen, dass seine von ihm weisungsabhängigen Handelsvertreter die Prospekte nicht mehr verwenden.

Zu weit geht es jedoch, aus dem Unterlassungsanspruch auch eine Rückrufpflicht außerhalb des Kreises der Weisungsempfänger herzuleiten. Ein Rückruf beispielsweise gegenüber unabhängigen Händlern, denen die Prospekte oder Produkte übereignet wurden, ist ein Beseitigungsanspruch. Er ist für die Immaterialgüterrechte auch jeweils gesondert als Beseitigungsanspruch geregelt (zB § 98 Abs. 2 UrhG, § 18 Abs. 2 MarkenG). Die Rechtsprechung zum Rückruf gegenüber nicht weisungsabhängigen Personen ist leider uneinheitlich;[360] in jüngerer Zeit ist jedoch eine (bedenkliche) Tendenz dahin zu erkennen, aus dem Unterlassungsanspruch auch eine Rückrufpflicht ge-

---

357 Teplitzky GRUR 1995, 627, 628 unter Hinweis auf BGH NJW-RR 1994, 1404.
358 Siehe auch Teplitzky Kap. 22 Rn 1 ff.
359 OLG Frankfurt GRUR-RR 2009, 412 *Abreißschreibtischunterlage*; OLG Hamm NJW-RR 1990, 1197; KG WRP 1986, 680; OLG Köln WRP 1983, 452.
360 Für einen Beseitigungsanspruch: OLG Hamburg NJWE-WettbR 1997, 56, 57 *Grigia* im Hinblick auf einen Buchrückruf von Händlern; wohl auch BGH GRUR 1974, 666, 669 *Reparaturversicherung*; aA OLG München WRP 1992, 809, 810 für Zeitschriften; OLG Saarbrücken GRUR 2000, 921 *Chronoslim*, für einen Verstoß gegen UWG und AMG.

genüber nicht weisungsgebundenen Personen anzunehmen.[361] Eine „Rückrufaktion" auf bloße Vermutung hin, dass rechtsverletzendes Material an eine bestimmte Stelle gelangt sein könnte, wird jedoch niemals verlangt.[362]

Weitere typische Beseitigungsansprüche sind: **935**

- War ein Teil des Werbematerials wettbewerbswidrig, so muss dieser Teil in den noch vorhandenen Beständen unkenntlich gemacht werden.[363] War das gesamte Material zu beanstanden, so ist es zu vernichten. Der Unterlassungsanspruch verpflichtet demgegenüber nur zur Unterlassung der Verteilung und in begrenztem Umfang – siehe Rn 934 f – auch zum Rückruf.
- Eine Firma, die gegen §§ 3 Abs. 1, 5, 5 a UWG verstößt, muss gelöscht werden; der Grundsatz der Verhältnismäßigkeit kann es aber gebieten, dass nur der irreführende Firmenbestandteil zu löschen ist;[364] auch die Rücknahme eines Eintragungsantrages zum Handels- oder Vereinsregister kann der Verletzte verlangen.[365]
- Der Schuldner muss gegebenenfalls seine **Abnehmer** auffordern, irreführende Angaben, mit denen die gelieferte Ware versehen ist, zu beseitigen.[366]
- Er muss falsche Angaben seinen Kunden gegenüber richtig stellen.[367]

Darüber hinaus kann von ihm **Auskunft** verlangt werden, soweit diese zur Vorbereitung des Beseitigungsanspruchs benötigt wird[368] (Rn 965).

Ist eine bestimmte Werbung unlauter oder sind Lieferungsverträge durch wettbewerbswidriges Handeln zustande gekommen, so ist auch der ihr entsprechende **Vertrieb der betroffenen Waren** unzulässig,[369] und der Verletzer ist zur nachträglichen Aufklärung der Vertragspartner über die Fehlerhaftigkeit der Verträge einschließlich etwaiger Rückzahlungsansprüche verpflichtet.[370]

Ein wichtiger Unterfall des Beseitigungsanspruchs ist der **Anspruch auf Widerruf oder** **936** **Richtigstellung** gegenüber ehrkränkenden oder kreditschädigenden Behauptungen. Die Rechtsprechung gibt ihn dann, „wenn die Behauptungen eine fortwirkende Quelle der Rufschädigung bilden und der Widerruf notwendig und geeignet ist, diesen störenden Zustand zu beseitigen oder doch zu mildern".[371] Ob diese Voraussetzungen noch vorliegen, muss in einem etwaigen Prozess ständig hinterfragt werden. Bei langer Prozessdauer wird es deshalb immer unwahrscheinlicher, dass Ansprüche noch bestehen, bedenkt man die Schnelligkeit des heutigen Wirtschaftslebens. Widerrufsansprüche sind deshalb nur selten Gegenstand von gerichtlichen Auseinandersetzungen.

---

361 OLG Frankfurt GRUR-RR 2009, 412 *Abreißschreibtischunterlage*; OLG Köln GRUR-RR 2008, 365 *Möbelhandel*: Der Schuldner müsse nicht weisungsabhängige Händler „eindringlich bitten".
362 OLG Frankfurt GRUR-RR 2009, 412 *Abreißschreibtischunterlage*.
363 BGH GRUR 1960, 563, 566 f. *Sektwerbung*.
364 BGH GRUR 2007, 1079 Tz. 41 *Bundesdruckerei*.
365 BGH GRUR 1974, 377 *Verleger von Tonträgern*.
366 OLG Koblenz GRUR 1987, 730, 731.
367 BGH GRUR 1998, 415, 416 *Wirtschaftsregister*.
368 BGH GRUR 1995, 427, 428 *Schwarze Liste*.
369 BGH GRUR 1980, 724, 727 *Grand Prix*; BGH GRUR 1992, 171, 174 *Vorgetäuschter Vermittlungsauftrag*; BGHZ 123, 330, 332 ff und GRUR 1995, 358, 360 *Folgeverträge I* und *II*; OLG Schleswig WRP 1995, 521, 523; Traub GRUR 1980, 673. Einschränkend OLG Frankfurt WRP 1995, 41 f.
370 Von Ungern-Strenberg WRP 2000, 1057.
371 BGH GRUR 1970, 254, 256 *Remington*; OLG Hamburg AfP 2002, 337.

Überdies muss die Unrichtigkeit der Behauptungen feststehen; der Widerruf lediglich „nicht erweislich wahrer" Behauptungen kann nicht verlangt werden, weil niemand gezwungen werden darf, etwas zu widerrufen, was möglicherweise doch wahr ist. Nach BGH GRUR 1957, 93, 95 *Jugendfilmverleih* soll in einem solchen Falle der Behauptende wenigstens zu der Erklärung gezwungen werden können, er halte die Behauptung nicht aufrecht. Das Publikum macht zwischen einer solchen Erklärung und einem formellen Widerruf jedoch keinen Unterschied.

Das Widerrufsverlangen kann unter den genannten Voraussetzungen zumindest in abgeschwächter Form sogar dann berechtigt sein, wenn der Behauptende in Wahrnehmung berechtigter Interessen, also rechtmäßig, gehandelt hat.[372] Stets ist dabei jedoch eine sorgfältige Interessenabwägung erforderlich; bei Behauptungen, die der Verkehr nicht als gravierend empfindet und die sich deshalb nicht so sehr dem Gedächtnis einprägen, wird ein Widerrufsanspruch kaum in Betracht kommen. Ist die zu widerrufende Behauptung durch eine Provokation des Widerrufsberechtigten veranlasst worden, kann dadurch der Widerrufsanspruch abgeschwächt werden oder sogar ganz entfallen.[373] Das Gleiche gilt, wenn der Sachverhalt inzwischen anderweitig geklärt ist.[374]

937 Einen weiteren Fall des Beseitigungsanspruchs regelt § 12 Abs. 3 UWG: Dem Inhaber eines Unterlassungsanspruchs kann vom Gericht die **Befugnis zur Veröffentlichung des Urteils** zugesprochen werden. Da hier eine ausdrückliche gesetzliche Regelung vorliegt, stellt der Bundesgerichtshof keine so hohen Anforderungen an die Feststellung einer fortwirkenden Störung wie sonst beim Beseitigungsanspruch.[375] Er begnügt sich vielmehr damit, dass im Zeitpunkt der letzten mündlichen Verhandlung vor der Tatsacheninstanz ein „begründetes Interesse" des Verletzten an der Veröffentlichung bestand,[376] wobei auch das Interesse der Allgemeinheit an der Richtigstellung zu berücksichtigen sei.[377]

938 In allen Fällen der Geltendmachung von Beseitigungsansprüchen ist neben der Frage der Fortwirkung der Störung (Rn 933 ff) die **Verhältnismäßigkeit** der verlangten Beseitigungsmaßnahme besonders zu prüfen.[378]

III. Recht auf eigene Richtigstellung

Rechtsgrundlage: §§ 8 Abs. 1 UWG, 1004 BGB analog

939 In entsprechender Anwendung des § 1004 BGB erlaubt der Bundesgerichtshof dem Verletzten, selbst den entstandenen unrichtigen Eindruck richtig zu stellen, auch wenn ihm unter keinem rechtlichen Gesichtspunkt ein Anspruch auf Widerruf oder Richtigstellung gegen den Verletzer zusteht, mit der Folge, dass der Verletzer die Richtigstel-

---

372 BGH GRUR 1970, 254, 256 *Remington*.
373 BGH GRUR 1992, 527, 529 *Plagiatsvorwurf II*.
374 BGH GRUR 1995, 424, 426 *Abnehmerverwarnung*.
375 BGH GRUR 1967, 362, 366 *Spezialsalz I*. S. zum allgemeinen Deliktsrecht BGH GRUR 1987, 189 f (VI. Senat): Veröffentlichung eines Unterlassungsurteils.
376 BGH GRUR 1968, 437, 439 *Westfalenblatt III*.
377 BGH GRUR 1972, 550, 551 f. *Spezialsalz II*.
378 BGHZ 135, 183, 188 ff. *Vernichtungsanspruch*; BGH GRUR 1998, 415, 417 *Wirtschaftsregister*. Einzelheiten bei Köhler GRUR 1996, 82, 85 ff.

lung zu dulden hat.[379] Das wird insbesondere bei der Mitteilung inzwischen aufgehobener oder sonst unwirksam gewordener einstweiliger Verfügungen durch den Betroffenen praktisch (im *Remington*-Fall hatte der beeinträchtigte Preisbindungs-Außenseiter nach Wegfall der Preisbindung unter dem Motto „Wir dürfen wieder" den Gang der gerichtlichen Auseinandersetzung in der Presse dargestellt). Zur Wahrnehmung dieses Rechts steht dem Verletzten ggf ein Auskunftsanspruch gegen den Verletzer auf Bekanntgabe der Empfänger der ersten Mitteilung zu.[380] Stets ist aber eine **noch andauernde Rufschädigung** Voraussetzung des Rechts auf eigene Richtigstellung.[381] Bei Verschulden hat der Verletzer die Kosten der Richtigstellung als Verwirrungsschaden zu ersetzen (Rn 947).

IV. Schadenersatzanspruch

Rechtsgrundlage: § 9 UWG

1. Anspruchsberechtigung

Anspruchsberechtigt im Hinblick auf Schadensersatzansprüche sind **nur Mitbewerber,** 940
wie § 9 S. 1 UWG ausdrücklich sagt. Zum Mitbewerberbegriff oben Rn 865 ff

Die Anspruchsberechtigung des Mitbewerbers erfasst grundsätzlich alle UWG-Verstöße, auch wenn sich der Schutzzweck der verletzten Norm gar nicht auf Mitbewerber bezieht. Das erlangt insbesondere für § 4 Nr. 11 UWG (Rn 774 ff) Bedeutung, wenn es um einen Bruch einer Norm geht, die ausschließlich verbraucherschützend ist. Auch dann kann der Mitbewerber aus § 9 UWG vorgehen.[382]

2. Verschuldenshaftung

Das UWG kennt seit der UWG-Reform 2004 mit § 9 UWG nur noch einen verschul- 941
densabhängigen Haftungstatbestand für Schadensersatz.

Wie auch sonst (vgl § 276 Abs. 1 BGB) hat der Verletzer im Rahmen von § 9 S. 1 UWG 942
Vorsatz und Fahrlässigkeit zu vertreten, die Presse bei irreführender Werbung sogar nur Vorsatz (§ 9 S. 2 UWG). Dabei ist jedoch zu beachten, dass im Wettbewerbsrecht zum Tatbestand regelmäßig ein „objektiv-finales" Handeln zur Förderung eigenen oder fremden Wettbewerbs (Rn 55 ff), gelegentlich auch ein Handeln aus Eigennutz oder in Schädigungsabsicht (vgl §§ 17, 18 UWG) gehört. Der Verletzer muss also jedenfalls bewusst zur Förderung eigenen oder fremden Wettbewerbs, aus Eigen- oder Fremdnutz oder in Schädigungsabsicht tätig geworden sein.

Vorsatz und Fahrlässigkeit beziehen sich auf den **Tatbestand** und auf die **Rechtswid-** 943
rigkeit dieses Tätigwerdens: Hat der Handelnde nicht geahnt und auch nicht wissen können, dass sein Tun tatbestandsmäßig und rechtswidrig war, so trifft ihn kein Verschulden mit der Folge, dass er nur auf Unterlassung (Rn 914 ff), Beseitigung (Rn 933 ff) oder Duldung eigener Richtigstellung (Rn 939) in Anspruch genommen

379 BGH GRUR 1970, 254, 257 *Remington.* Vgl auch BGH GRUR 1982, 489 f. *Korrekturflüssigkeit.*
380 BGH GRUR 1970, 254, 257 *Remington.*
381 BGH GRUR 1970, 254, 257 *Remington.*
382 BGH GRUR 2010, 754 Tz. 25 *Golly Telly.*

werden kann. Wusste er dagegen, dass sein Tun tatbestandsmäßig und rechtswidrig war (direkter Vorsatz), oder rechnete er jedenfalls damit (bedingter Vorsatz) oder hätte er es bei Anwendung gehöriger Sorgfalt erkennen können (Fahrlässigkeit), so ist er schadenersatzpflichtig.

944 An die **Sorgfaltspflicht** werden **strenge Anforderungen** gestellt.[383] In älteren Entscheidungen des Bundesgerichtshofs wurde ein Verschulden regelmäßig schon dann angenommen, wenn der Handelnde alle Tatumstände kannte, die sein Verhalten als unlauter erscheinen ließen.[384] Eine Ausnahme galt etwa dann, wenn man sich auf eine bisherige höchstrichterliche Rechtsprechung – auch des Reichsgerichts – verließ, auch wenn diese in der Literatur bekämpft, aber vom Bundesgerichtshof noch nicht revidiert worden war,[385] oder wenn es sich um die wettbewerbliche Beurteilung schwieriger neuer Tatbestände handelte, für die die Rechtsprechung noch keine festen Grundsätze entwickelt hatte.[386] Nach der neueren Spruchpraxis des Bundesgerichtshofs handelt – die Kenntnis aller Tatumstände vorausgesetzt – *bereits fahrlässig, wer sich erkennbar in einem Grenzbereich des rechtlich Zulässigen bewegt, in dem er eine von der eigenen Einschätzung abweichende Beurteilung der rechtlichen Zulässigkeit des fraglichen Verhaltens in Betracht ziehen muss.*[387] Der Handelnde darf also selbst dann nicht einfach die ihm günstige Rechtsansicht zugrunde legen, wenn sie von namhaften Fachjuristen oder einzelnen Instanzgerichten geteilt wird.[388] Selbst das gleichgesinnte Berufungsurteil entschuldigt nicht.[389] Nur eine höchstrichterliche Rechtsprechung kann das Verschulden ausschließen. Bei gewerblichen Schutzrechten muss der Benutzer sich durch Nachforschungen in den amtlichen Registern oder in anerkannten Nachschlagewerken vor der Benutzung vergewissern.[390] Das Risiko eines Rechtsirrtums trägt der Rechtsverletzer.[391] **Werbeagenturen** trifft eine eigene **Aufklärungs- und Beratungspflicht,** bei deren Verletzung sie sich schadenersatzpflichtig machen.[392] Zum Presseprivileg des § 9 S. 2 UWG s. Rn 942.

3. Umfang der Haftung

945 Der Ersatzpflichtige haftet nur, soweit sein Tun rechtswidrig war. Auf diese Selbstverständlichkeit ist deshalb besonders hinzuweisen, weil der Unterlassungsanspruch mit der konkreten Verletzungsform (Rn 1611) auch solche Handlungsteile erfasst, die für sich allein nicht wettbewerbswidrig wären. Besteht ein Wettbewerbsverstoß beispielsweise darin, dass ein aufklärender Zusatz unterblieben ist, so ist der Schaden nicht

---

383 BGH GRUR 1999, 1011, 1014 *Werbebeilage* mwN.
384 BGH GRUR 1969, 418, 422 *Standesbeamte*; BGH GRUR 1983, 587, 588 *Letzte Auftragsbestätigung;* Sack WRP 1985, 1, 12 mwN in Fn 142. Zur Wissenszurechnung von Mitarbeitern bei größeren Unternehmen mit aufgespaltener Organisation BGHZ 132, 30.
385 BGH GRUR 1961, 97, 99 *Sportheim.*
386 BGH GRUR 1969, 418, 422 *Standesbeamte.*
387 BGH GRUR 1999, 1011, 1014 *Werbebeilage* mwN.
388 BGH GRUR 1963, 197, 202 *Zahnprothesen-Pflegemittel* in ausdrücklicher Abweichung von der Rechtsprechung zu § 839 BGB.
389 BGH GRUR 1965, 198, 202 *Küchenmaschine.*
390 BGH GRUR 1961, 535, 538 *arko.*
391 BGH GRUR 1975, 667, 669 *Reichswehrprozess.*
392 BGH GRUR 1974, 286 *Bastei-Wettbewerb II.* Näheres Henning-Bodewig, Die wettbewerbsrechtliche Haftung von Werbeagenturen, Köln usw (Heymann) 1981; ferner Bülow GRUR 1978, 676. Vgl auch Wedemeyer WRP 1979, 619.

danach zu berechnen, welcher Zustand gegeben wäre, wenn die Werbung überhaupt nicht stattgefunden hätte, sondern danach, welcher Zustand bestehen würde, wenn der aufklärende Zusatz ordnungsgemäß angebracht worden wäre.[393]

Der Anspruchsteller handelt rechtswidrig, wenn er eine sog. Schutzrechtsverwarnung ohne sorgfältige Prüfung der Rechtslage ausspricht (Rn 597 ff). Dagegen löst die bloße Abmahnung wegen eines vermeintlichen Wettbewerbsverstoßes im Regelfall noch keinen Kostenerstattungsanspruch des zu Unrecht Abgemahnten aus (Rn 1546).

Der Lieferant verletzt aber noch keine Rechtspflicht gegenüber seinem Abnehmer, wenn er seinerseits in unlauterer Weise wirbt, macht sich also diesem gegenüber nicht schadenersatzpflichtig.[394]

Der aus einer Verletzung folgende Schadensersatzanspruch ist **zeitlich nicht durch die vom Gläubiger nachgewiesene erste Verletzungshandlung begrenzt**.[395]

Zu Schadenersatzansprüchen von Verbrauchern s. Rn 877.

4. Wiederherstellungsanspruch

Der allgemeine Anspruch auf Wiederherstellung des ursprünglichen Zustandes (§ 249 BGB) wird im Wettbewerbsrecht nur noch gelegentlich – zB bei der sittenwidrigen Abwerbung, Rn 584–594,[396] oder bei der Vorlagenfreibeuterei, Rn 750 ff – praktisch, nachdem die Rechtsprechung den Beseitigungsanspruch gegenüber fortwirkenden Schadensquellen außerhalb des Deliktsrechts als *actio quasi negatoria* gewährt (vgl Rn 933 ff). Dagegen kann der Wiederherstellungsanspruch darauf gerichtet sein, dass der Verletzer es unterlässt, die Früchte seines Verstoßes zu ziehen, also etwa Verträge durchzusetzen, die durch irreführende Werbung zustande gekommen sind, Rn 857 ff und 935 aE

5. Anspruch auf Geldersatz
a) Positiver Schaden (§ 251 BGB)

Um der schädigenden Fortwirkung einer Kennzeichenverletzung (Rn 1002 ff), einer unlauteren bezugnehmenden Werbung (Rn 652 ff), einer unlauteren Ausbeutung (Rn 702 ff) oder einer täuschenden Werbung (Rn 139 ff) entgegenzutreten und die entstandene Verwirrung wieder zu beseitigen, muss der Verletzte vielfach verstärkte oder aufklärende Werbung betreiben. Die dafür entstehenden notwendigen Aufwendungen sind ihm als sog. **Verwirrungsschaden** vom Täter zu ersetzen.[397] Allgemeiner, nicht

946

947

---

393 BGH GRUR 1966, 92, 93 *Bleistiftabsätze* (dort für *DBP angemeldet*). Weitere Einzelheiten und Nachweise bei Borck WRP 1986, 1.
394 BGH WRP 1997, 1096, 1100 f. *Benetton.*
395 BGH GRUR 2007, 877 Tz. 24 f. *Windsor Estate.* Anders vorher und in Windsor Estate ausdrücklich aufgegeben: BGH GRUR 2003, 892, 893 *Alt-Luxemburg;* BGH GRUR 1988, 307, 308 *Gaby;* BGH GRUR 1992, 61, 64 *Preisvergleichsliste* und 523, 525 *Betonsteinelemente.*
396 Vgl auch BGH GRUR 1976, 306, 307 *Baumaschinen.*
397 BGHZ 44, 372, 382 *Messmer-Tee II* für Marken; BGH GRUR 1961, 535, 538 *arko* und BGH GRUR 1991, 921, 923 *Sahnesyphon* für verwechslungsfähige Bezeichnungen; BGH GRUR 1982, 489, 490 *Korrekturflüssigkeit* und OLG Frankfurt WRP 1980, 150 für täuschende Werbung; BGHZ 66, 182, 192 *Der Fall Bittenbinder* für Persönlichkeitsrechtsverletzungen; BGHZ 70, 39, 43 *Alkoholtest* und BGH GRUR 1979, 804, 805 f. *Falschmeldung* für Presseangriffe auf Industrieprodukte. Einzelheiten bei Schramm GRUR 1974, 617. Zum Umfang des Auskunftsanspruchs BGH GRUR 1987, 364, 365 *Vier-Streifen-Schuh.*

speziell gegen die unlautere Werbung gerichteter Werbeaufwand fällt darunter allerdings nur, wenn ein erkennbarer Bezug der aufklärenden Werbemaßnahme zur Verletzungshandlung gegeben ist.[398] Unter dem gleichen Gesichtspunkt hat der Verletzer auch die Kosten einer eigenen Richtigstellung durch den Verletzten (Rn 939) zu tragen, wenn ihn ein Verschulden trifft.[399]

948 Der Verletzer haftet auch für die Kosten einer vorprozessualen **Abmahnung** (Rn 1536 ff),[400] jedenfalls soweit es nicht um einen Einzelverstoß, sondern um eine Dauerhandlung (vgl hierzu auch Rn 974) geht.[401] Insbesondere Verstöße im Internet[402] oder in der Prospektwerbung lösen deshalb eine Abmahnkostenerstattung als Schadensersatz nach § 9 UWG aus. Ansonsten kann – insbesondere bei Einzelverstößen – aus § 12 Abs. 1 S. 2 UWG vorgegangen werden.

Auch für sonstige zur Schadensfeststellung oder -behebung entstandene Kosten kann Schadensersatz aus § 9 UWG verlangt werden, beispielsweise für die Kosten eines **notice-and-takedown-letters** (Aufforderungsschreiben zur Herausnahme) gegenüber einem Internet-Hostprovider, der wettbewerbswidrige Inhalte eines Dritten speichert; hier ist der Dritte[403] schadensersatzpflichtig.[404] Ferner kommen als Schaden in Betracht die Kosten einer Wirtschaftsprüferauskunft (Rn 970), Testkaufauslagen (Rn 1646)[405] und die Kosten der Einforderung einer verwirkten Vertragsstrafe (Rn 919 ff),[406] unter Umständen auch Prozesskosten, wenn die Klagerücknahme aufgrund einer Unterwerfungserklärung des Verletzers[407] oder deshalb erfolgen musste, weil sein Anwalt den Sachverhalt wissentlich falsch dargestellt hatte.[408]

b) Entgangener Gewinn (§ 252 BGB)

949 Die Durchsetzung des Anspruchs auf Ersatz des entgangenen Gewinns stößt in Wettbewerbssachen in der Praxis meist auf die Schwierigkeit, seine Höhe auch nur annähernd und so verlässlich zu ermitteln, dass dem Richter wenigstens eine **Schadensschätzung aus** § 287 ZPO ermöglicht wird.[409] An die Darlegung von deren Mindestvoraussetzungen werden deshalb keine hohen Anforderungen gestellt;[410] die Darlegung

---

398 BGH GRUR 1982, 489, 490 *Korrekturflüssigkeit.*
399 OLG Hamburg ZUM-RD 2001, 551, 555 f: Nur ausnahmsweise und bei groben Verstößen (im konkreten Fall bejaht).
400 BGH GRUR 1982, 489 *Korrekturflüssigkeit*, und zwar im Falle ihrer Erfolglosigkeit wegen vorheriger Drittunterwerfung, Rn 926.
401 BGH GRUR 2007, 631 Tz. 21 *Abmahnaktion* mwN in Tz. 20 zum Streitstand für Einzelverstöße.
402 BGH GRUR 2007, 631 Tz. 21 *Abmahnaktion*; OLG Hamm MMR 2010, 330 *Schwarze Schafe im Matratzenhandel.*
403 Nicht der Contentprovider, weil der notice-and-takedown-letter seine Haftung im Regelfall erst begründet, vgl Rn 902.
404 OLG Hamm MMR 2010, 330 *Schwarze Schafe im Matratzenhandel.*
405 KG GRUR 1976, 665 gibt Anspruch aus § 91 ZPO (Prozessvorbereitungskosten); einschränkend OLG München WRP 1976, 395, 396.
406 BGH GRUR 1983, 602, 603 f. *Vertragsstrafenrückzahlung.* Einzelheiten bei Köhler, Vertragsstrafe und Schadensersatz, GRUR 1994, 260.
407 OLG Stuttgart WRP 1987, 200, 202, das mit Recht bemerkt, dass § 91 ZPO das materielle Schadensersatzrecht nicht berührt. S. auch KG WRP 1986, 429, 432.
408 OLG Hamburg WRP 1999, 969, 970 f.
409 Vgl Schwanhäusser GRUR 1979, 834 und – mit Berechnungsvorschlägen – Leisse/Traub GRUR 1980, 1. Teplitzky GRUR 1987, 215; Assmann BB 1985, 15; Motsch JZ 1984, 211.
410 BGH GRUR 1997, 741, 743 *Chinaherde.*

darf allerdings auch nicht fehlen.[411] Der Bundesgerichtshof lässt deshalb – über § 287 ZPO hinaus – die bloße Wahrscheinlichkeit des Schadenseintritts genügen; diese ist gegeben, wenn nach der Lebenserfahrung der Schadenseintritt in Zukunft mit einiger Sicherheit zu erwarten ist.[412] Über bestrittene Ausgangs- bzw Anknüpfungstatsachen ist allerdings Beweis zu erheben.[413]

§ 287 ZPO findet aber auch im umgekehrten Falle Anwendung, bei dem zwar der entgangene Gewinn als solcher nachweisbar ist, aber Zweifel daran bestehen, ob der Wettbewerbsverstoß für diesen Schaden überhaupt kausal gewesen ist. Bei Vorhandensein gesicherter Grundlagen für die Überzeugungsbildung lässt es der Bundesgerichtshof insoweit genügen, wenn mit erheblicher Wahrscheinlichkeit ein ursächlicher Zusammenhang besteht.[414]

Regelmäßig kommt es jedoch nicht zu einer Geltendmachung von Schadenersatzansprüchen, sofern nicht ausnahmsweise die dreifache Schadensberechnung möglich ist (dazu sogleich Rn 951 ff). **950**

Beispiel: Für den Verletzten ist es im Regelfall kaum möglich, bei einem Verstoß gegen §§ 3, 5, 5 a UWG zu belegen, dass ihm Geschäft abhanden gekommen ist, wenn die Kausalität der Irreführung für den Kaufabschluss nicht feststeht und außerdem noch weitere Konkurrenten auf dem Markt existieren, vgl zum dazugehörigen Auskunftsanspruch Rn 968.

Oft stellt der betroffene Mitbewerber indes zumindest einen **Schadensersatzfeststellungsantrag** (dazu auch Rn 1627). Dieser hemmt die Verjährung (6 Monate! Vgl Rn 974) und ermöglicht es dem Gläubiger abzuwarten, ob sich noch ein Schaden realisiert. Für seine Begründetheit genügt zwar nicht nur die theoretische Möglichkeit eines Schadenseintritts, aber jedenfalls eine gewisse Wahrscheinlichkeit, dass ein Schaden eingetreten ist oder eintreten wird. An diese Schadenswahrscheinlichkeit werden bei feststehenden Wettbewerbsverstößen grundsätzlich keine hohen Ansprüche gestellt.[415] Es genügt insbesondere auch, wenn wie hier nach der Lebenserfahrung der Eintritt des Schadens zumindest denkbar und möglich ist oder jedenfalls in der Zukunft mit einiger Sicherheit zu erwarten ist. In der Regel kommt es aber – siehe oben – auch nach rechtskräftiger Titulierung eines Schadensersatzfeststellungsanspruches nicht dazu, dass er auch konkret berechnet wird.

c) Angemessene Lizenzgebühr, Verletzergewinn

Für den Bereich **lizenzfähiger Vermögenswerte**, die Gegenstand von Wettbewerbsverstößen waren, ist die Schadensliquidation erleichtert. Für **Immaterialgüterrechte** wie das Patent- und Gebrauchsmusterrecht, das Urheberrecht, das allgemeine Persönlichkeitsrecht und das **Markenrecht** hatte die Rechtsprechung schon früher **drei Berechnungsarten** des entgangenen Gewinns entwickelt, für die der Verletzte das **Wahlrecht** **951**

411 BGH GRUR 1997, 468, 470 *NetCom* (letzter Satz); dazu Teplitzky GRUR 1997, 691, 694.
412 BGH GRUR 2001, 78, 79 *Falsche Herstellerpreisempfehlung* (dort verneint); etwas abweichend formuliert in BGH GRUR 2001, 849, 850 *Remailing-Angebot*.
413 BGH GRUR 1997, 741, 743 *Chinaherde*.
414 BGH GRUR 1981, 280, 281 *Apothekenbegünstigung*.
415 OLG Hamm MMR 2010, 330 *Schwarze Schafe im Matratzenhandel* mwN; Köhler in Köhler/Bornkamm § 12 UWG Rn 2.55; Ahrens/Loewenheim, Der Wettbewerbsprozeß, Kap. 71 Rn 8.

hat, das erst mit Erfüllung oder rechtskräftiger Zuerkennung eines der drei Ansprüche erlischt:[416]

■ Der Verletzte kann zunächst den **nach § 252 BGB zu berechnenden entgangenen Gewinn** geltend machen. Diese Schadensberechnungsform ist regelmäßig für den Verletzten unattraktiv; das gilt auch im Wettbewerbsrecht (Rn 949).

■ Er kann aber auch die **angemessene Lizenzgebühr** verlangen. Die Rechtsprechung begründet dies zu Recht mit der Erwägung, dass derjenige zur Entrichtung einer angemessenen Lizenzgebühr verpflichtet sein soll, der „zu Unrecht eine dem Rechtsinhaber ausschließlich vorbehaltene Befugnis in Anspruch genommen hat, für deren Ausübung bei vertraglicher Einräumung im Rechtsverkehr üblicherweise ein Entgelt an den Rechtsinhaber hätte gewährt werden müssen".[417]

■ Er kann endlich – dies freilich nicht über § 252 BGB, sondern über §§ 687 Abs. 2, 681 S. 2, 667 BGB, der bei Fahrlässigkeitstaten analog angewendet wird – die **Herausgabe des Verletzergewinns** beanspruchen. vgl Rn 954.

952 **Bei Wettbewerbsverstößen dürfen die zweite und dritte Berechnungsart jedoch lediglich dort angewendet werden, wo es sich um die Verletzung lizenzfähiger Vermögenswerte handelt** (sog. objektive Schadensberechnung).[418] Üblicherweise werden insbesondere im Bereich des ergänzenden wettbewerbsrechtlichen Leistungsschutzes, der für bestimmte Vermögensteile allein aus UWG immaterialgütergleichen Schutz vermittelt, Lizenzen gezahlt (vgl Rn 702 ff). Demnach kann die dreifache Schadensberechnung bei folgenden Unlauterkeitstatbeständen zur Anwendung gelangen:

■ Ausbeutung von Geschäfts- und Betriebsgeheimnissen aller Art (§§ 17, 18 UWG) wie das gesamte **Know-How**,[419] Vorlagen,[420] Muster, Pläne und Zeichnungen sowie **Kundenlisten**[421] einschließlich der Nachahmung aufgrund einer unredlichen Erlangung der dafür erforderlichen Kenntnisse (§ 4 Nr. 9b UWG).

■ Bei Ausbeutung von **Erzeugnissen von wettbewerblicher Eigenart, wenn die Nachahmung eine vermeidbare Herkunftstäuschung auslöst**, § 4 Nr. 9a UWG; *nicht* jedoch bei einer Verletzung der parallelen Vorschrift des § 5 Abs. 2 UWG, weil es sich dabei um eine Irreführungsvorschrift handelt, die im Allgemeininteresse besteht und deshalb keine Verletzung lizenzfähiger Vermögenswerte verkörpert.

■ In Fällen der **Rufausbeutung** durch Dritte, § 4 Nr. 9b UWG.[422]

---

416 BGH GRUR 2008, 93 Tz. 8, 12 *Zerkleinerungsvorrichtung*; BGH GRUR 2000, 226, 227 *Planungsmappe*; BGH GRUR 1974, 53, 54 *Nebelscheinwerfer*; BGH GRUR 1980, 227, 232 *Monumenta Germaniae Historica*; BGHZ 119, 20, 26 *Tchibo/Rolex II*; BGHZ 122, 262, 264 *Kollektion Holiday*. Ausführlich: J.B. Nordemann in Fromm/Nordemann § 97 UrhG Rn 69.

417 BGHZ 119, 20, 22 ff. *Tchibo/Rolex II*; ferner BGH GRUR 2009, 660 *Resellervertrag* (zum UrhG); BGH GRUR 2009, 407 *Whistling for a Train* (zum UrhG); BGHZ 44, 372, 376 *Messmer-Tee II* (Marke); BGHZ 81, 75, 81 f. *Carrera* (Name und Firma). Zur dinglichen Wirkung einfacher Lizenzen Forkel NJW 1983, 1764. Zum Schadensersatzanspruch des nichtausschließlichen Lizenznehmers Fischer GRUR 1980, 374.

418 Grundlegend BGH GRUR 2007, 431 Tz. 21 *Steckverbindergehäuse*; BGH GRUR 2009, 856 *Tripp-Trapp-Stuhl*; BGH GRUR 2001, 329, 331 *Gemeinkostenanteil* (zum Geschmacksmusterrecht); ferner BGHZ 122, 262, 266 ff. *Kollektion Holiday*; dazu Heil/Roos GRUR 1994, 26 und Fezer WRP 1993, 567 sowie Loewenheim WRP 1997, 913, 914 mwN in Fn 6–9.

419 Vgl Gaul WRP 1988, 215.

420 KG GRUR 1988, 702, 703 *Corporate Identity* für eine Präsentation möglicher Werbeaktivitäten.

421 BGH GRUR 1977, 539, 541 *Prozessrechner*; BGH GRUR 1965, 313, 314 *Umsatzauskunft*.

422 BGHZ 119, 20, 22 ff. *Tchibo/Rolex II*.

■ In anderen Fällen der unlauteren Ausbeutung, beispielsweise durch **Befriedigung von Ergänzungsbedarf** (Rn 738 ff) oder Verstoß gegen den wettbewerbsrechtlichen Schutz von **Modeneuheiten**[423] (Rn 741 ff).

In diesen Fällen liegt es allein in der Rechtsmacht desjenigen, dessen Vermögenswerte von einem Dritten genutzt werden, das Verhalten des Dritten zu unterbinden oder zu dulden; deshalb ist es sachgerecht, dass der Verletzte den ihm durch die wettbewerbswidrige Nutzung entstandenen Schaden auch nach der objektiven Schadensberechnung liquidieren kann.[424]

Bei der **Berechnung der Lizenzgebühr** sind gegebenenfalls auch solche vermögenswerten Vorteile, die der Verletzer gegenüber einem redlichen Lizenznehmer hat (zB Risikoverminderung, spätere Zahlung), durch einen entsprechenden Zuschlag zur sonst üblichen Lizenz zu berücksichtigen.[425] Da es sich um eine hypothetische Schadensberechnung handelt (sog. **Lizenzanalogie**), kommt es nicht darauf an, ob der Berechtigte die Benutzung bei vorheriger Anfrage des Verletzers auch nicht gegen Entgelt gestattet haben würde, oder ob der Verletzer bei Forderung einer Vergütung von der Benutzung Abstand genommen hätte.[426] Im Übrigen legt der Bundesgerichtshof hinsichtlich der Höhe der zu zahlenden Lizenz die Formel zugrunde, dass darauf abzustellen sei, *was bei vertraglicher Einräumung ein vernünftiger Lizenzgeber gefordert und ein vernünftiger Lizenznehmer gewährt hätte*, wenn beide die im Zeitpunkt der Entscheidung gegebene Sachlage gekannt hätten.[427] Wegen des Lizenzanspruchs bei schuldlosem Handeln des Verletzers s. Rn 958. 953

Den Anspruch auf **Herausgabe des Verletzergewinns** hatte der Bundesgerichtshof früher bei der Verletzung wettbewerbsrechtlicher Vermögenswerte nur in der Weise anerkannt, dass er den Gewinn des Verletzers zur Grundlage für eine Schätzung des Schadens des Verletzten nach § 287 ZPO machte, dies allerdings nur bei Vorsatz des Verletzers.[428] Nach der Änderung der Rechtsprechung scheidet eine Schadensliquidation über den Verletzergewinn allerdings weiterhin dann aus, wenn der Verletzte keinen Schaden hat[429] oder den Verletzer kein Verschulden trifft.[430] 954

Gewinn ist der **Reingewinn** *ohne* Abzug auch der Gemeinkosten; diese sind nur dann zu berücksichtigen, wenn und soweit sie ausnahmsweise der Verletzungshandlung unmittelbar zugerechnet werden können.[431] Diese Grundsätze der „Gemeinkostenanteil"-Entscheidung des BGH im Bereich des Geschmacksmusterrechts sind auch für die Be-

---

423 BGHZ 60, 168, 173 *Modeneuheit*; OLG Hamburg GRUR-RR 2009, 136 *Gipürespitze II*.
424 BGH GRUR 1995, 349, 350 *Objektive Schadensberechnung*.
425 BGH GRUR 1982, 286, 287 f. *Fersenabstützvorrichtung*.
426 BGHZ 81, 75, 82 *Carrera*; BGHZ 119, 20, 26 *Tchibo/Rolex II*.
427 Zur Berechnung: BGH GRUR 2009, 660 Tz. 13 ff. *Resellervertrag* (zum UrhG); BGH GRUR 2009, 407 Tz. 22 ff. *Whistling for a Train* (zum UrhG); BGH GRUR 2006, 143, 145 *Catwalk*; BGH GRUR 1993, 899, 900 *Dia-Duplikate* mwN; BGH GRUR 1991, 914, 917 *Kastanienmuster*; BGH GRUR 1990, 1008, 1009 *Lizenzanalogie*; BGHZ 119, 20, 22 ff. *Tchibo/Rolex II*. Eingehend zur Lizenzanalogie Rogge, FS Nirk, S. 929; J.B. Nordemann in Fromm/Nordemann § 97 UrhG Rn 86 ff.
428 GRUR 1960, 554, 556 *Handstrickverfahren*.
429 BGH GRUR 1995, 349, 352 *Objektive Schadensberechnung*; dazu Teplitzky GRUR 1995, 627, 630.
430 BGHZ 99, 244, 248 *Chanel Nr. 5 I*; BGHZ 82, 299, 305 f. *Kunststoffhohlprofil II*.
431 BGH GRUR 2009, 856 Tz. 36 ff. *Tripp-Trapp-Stuhl* für das Urheberrecht; BGH GRUR 2001, 329, 330 f. *Gemeinkostenanteil*, für das Geschmacksmusterrecht; für das UWG: OLG Hamburg GRUR-RR 2009, 136 *Gipürespitze*. Zum Ganzen J.B. Nordemann in Fromm/Nordemann § 97 UrhG Rn 74 ff.

messung des Gewinns in Fällen des wettbewerbsrechtlichen Leistungsschutzes anzuwenden.[432] Danach sind die Kosten zu berücksichtigen, die der Produktion des rechtsverletzenden Gegenstands unmittelbar zugerechnet werden können, neben den Produktions- und Materialkosten und den Vertriebskosten die Kosten des Personals, das für die Herstellung und den Vertrieb des Nachahmungsprodukts eingesetzt ist, sowie bei Investitionen in Anlagevermögen die Kosten für Maschinen und Räumlichkeiten (anteilig bezogen auf ihre Lebensdauer), die nur für die Produktion und den Vertrieb der Nachahmungsprodukte verwendet worden sind.[433] Nicht anrechenbar sind hingegen die Kosten, die unabhängig vom Umfang der Produktion und des Vertriebs durch die Unterhaltung des Betriebs entstanden sind.[434] Hierzu zählen allgemeine Marketingkosten, die Geschäftsführergehälter, die Verwaltungskosten sowie die Kosten für Anlagevermögen, das nicht konkret der Rechtsverletzung zugerechnet werden kann. Nicht anrechenbar sind ferner Anlauf- und Entwicklungskosten sowie Kosten für die nicht mehr veräußerbaren Produkte.[435]

Ist der Gewinn nur **teilweise** auf die Rechtsverletzung zurückzuführen (zB von einer Maschine beruht nur ein Teil auf unlauterer Nachahmung), so ist auch nur dieser Teil herauszugeben,[436] ggf ist er nach § 287 ZPO zu schätzen.

Beispiel: Der Gewinn, der mit einem wegen seines Designs rechtsverletzender Kinderstuhl erzielt wurde, ist nur zum Teil auf die Rechtsverletzung zurückzuführen. Denn einige Personen hätten den Stuhl auch unabhängig vom Design gekauft. Überdies wiesen das verletzte und das verletzende Produkt einige Unterschiede auf, die möglicherweise für die Kaufentscheidung für das Verletzungsprodukt ursächlich waren. Insoweit sah der BGH einen Abzug von 10% als zu gering an.[437]

Das unlautere modische Design von Damenunterwäsche ist zu 60% ursächlich für die Kaufentscheidung.[438]

d) Schadensersatz nach § 945 ZPO

955   Ob das Gericht, das über den Schadenersatzanspruch nach § 945 ZPO zu entscheiden hat, an die Beurteilung des Verfügungsgerichts gebunden ist, die getroffene Anordnung sei von Anfang an ungerechtfertigt gewesen, ist streitig. Gegenüber der bejahenden Rechtsprechung des IX. Senats des Bundesgerichtshofs[439] weist das OLG Karlsruhe[440] mit Recht darauf hin, dass nicht einmal im Hauptklageprozess eine Bindungswirkung gegenüber dem Verfügungsverfahren besteht. Eine lediglich auf Glaubhaftmachungsmittel gestützte Entscheidung kann stets nur vorläufigen Charakter haben.[441] Ein gezahltes Ordnungsgeld kann kein nach § 945 ZPO zu ersetzender Schaden

---

432 BGH GRUR 2007, 431 Tz. 21 *Steckverbindergehäuse*; OLG Hamburg GRUR-RR 2009, 136 *Gipürespitze*.
433 BGH GRUR 2007, 431 Tz. 31 *Steckverbindergehäuse*.
434 BGH GRUR 2007, 431 Tz. 32 *Steckverbindergehäuse*.
435 BGH GRUR 2007, 431 Tz. 32 *Steckverbindergehäuse*.
436 BGH GRUR 2009, 856 Tz. 40 ff. *Tripp-Trapp-Stuhl* für das Urheberrecht; BGHZ 34, 320, 323 *Vitasulfal*.
437 BGH GRUR 2009, 856 Tz. 43 ff. *Tripp-Trapp-Stuhl* für das Urheberrecht.
438 OLG Hamburg GRUR-RR 2009, 136, 139 *Gipürespitze*.
439 BGH NJW 1980, 189, 191; BGH NJW 1992, 2297, 2298. Der I. Senat hat die Frage bisher offen gelassen: BGH GRUR 1998, 1010, 1011 *WINCAD*. Eingehend Ahrens, FS Piper, S. 31.
440 GRUR 1984, 156, 157. Vgl auch OLG Hamburg WRP 1989, 256 und OLG Hamm GRUR 1989, 296.
441 Kritisch auch Handbuch/Spätgens, § 96 Rn 9 und Teplitzky GRUR 1992, 821, 824.

sein.[442] Die Kosten des Verfügungsverfahrens sind nicht über § 945 ZPO, sondern im Aufhebungsverfahren zu ersetzen.[443]

Ein Schadenersatzanspruch des Verfügungsgegners aus § 945 ZPO besteht jedenfalls dann *nicht*, wenn die Einstweilige Verfügung nicht vollzogen worden ist (vgl Rn 1579)[444] oder darin keine Ordnungsstrafe angedroht war[445] oder die angeordnete Sicherheitsleistung vom Gläubiger nicht erbracht worden ist.[446] Bei ordnungsgemäßer Vollziehung kann ein den Schadenersatzanspruch ausschließendes Mitverschulden darin gesehen werden, dass der Verfügungsgegner keinen Widerspruch hatte erheben lassen;[447] dies kann freilich nur richtig sein, wenn ihm die zur Aufhebung der Verfügung erforderlichen Glaubhaftmachungsmittel zur Verfügung standen, er also nicht auf die Beweismittel des Hauptklageverfahrens angewiesen war. Kein Mitverschulden ist allerdings zu anzunehmen, wenn der Antragsgegner in einer rechtlichen Grauzone handelt, die sich erst im Nachhinein als rechtlich einwandfrei herausstellt. Dann trifft den Antragsteller das alleinige Risiko, dem Antragsgegner das Handeln vor der endgültigen juristischen Klärung im Hauptsacheverfahren im Einstweiligen Verfügungsverfahren zu verbieten.[448]

Beispiel: Lange Zeit war heftig umstritten, ob Rechtsanwälte über sog. Anwaltshotlines Rechtsberatung anbieten dürfen. Der Bundesgerichtshof (GRUR 2003, 349 *Anwaltshotline*; vgl auch Rn 800) entschied, dass das grundsätzlich zulässig ist. Wer einem Anwalt im Vorfeld der BGH-Entscheidung die Teilnahme an einer Anwaltshotline untersagte, trug allein das Risiko, dem Anwalt den entgangenen Gewinn ersetzen zu müssen; ein Mitverschulden des Anwalts schied aus.[449]

V. Anspruch auf Abmahnkostenerstattung

Rechtsgrundlage: § 12 Abs. 1 S. 2 UWG; § 9 S. 1 UWG (für Mitbewerber)

Seit der UWG-Novelle 2004 gewährt § 12 Abs. 1 S. 2 UWG einen **Anspruch auf Erstattung der Abmahnkosten.** Nach dem Willen des Gesetzgebers ist dieser Anspruch dem Anspruch aus Geschäftsführung ohne Auftrag (§§ 677, 678, 681, 682 BGB) nachgebildet.[450] Der Anspruch ist also kein Schadenersatzanspruch. Der Kostenerstattungsanspruch ist danach vor allem für die **Anspruchsberechtigten nach § 8 Abs. 3 Nr. 2 bis 4 UWG** interessant, die keinen Schadenersatzanspruch gemäß § 9 UWG haben und deshalb über diesen Weg keine Kostenerstattung verlangen können (dazu Rn 878 ff). Ferner ist der Anspruch aus § 12 Abs. 1 S. 2 UWG **verschuldensunabhängig,** kann also in den seltenen Fällen eines schuldlosen Verstoßes gegen Wettbewerbsrecht auch Mitbewerbern zu einer Kostenerstattung verhelfen. Es handelt sich bei Abmahnkosten allerdings nicht um Kosten des Rechtsstreits, deren Erstattung nach erfolgreichem Prozess

956

442 KG GRUR 1987, 571 f.
443 BGHZ 122, 172, 178 *Verfügungskosten.* Im Einzelnen streitig: dazu Teplitzky GRUR 1993, 857, 860, 863 und Gröning WRP 1993, 768.
444 BGH NJW 1974, 642. Einzelheiten bei Ulrich WRP 1999, 82.
445 BGH WRP 1996, 104, 105.
446 BGH NJW 1996, 397; zur Frage des Nachweises der Sicherheitsleistung: BGH WRP 2008, 1454, 1455.
447 OLG München GRUR 1996, 998, 999; OLG Frankfurt WRP 1999, 888 L.
448 BGH NJW 2006, 2767 Tz 31 f.
449 BGH NJW 2006, 2767 Tz 31 f.
450 Begr. RegE UWG-Novelle 2004, BT DS 15/1487, S. 25, abrufbar unter www.nordemann.de.

im Kostenfestsetzungsverfahren geltend gemacht werden könnten.[451] Denn Abmahnkosten entstehen primär, weil ein Prozess vermieden werden soll, nicht damit dieser durchgeführt wird.

Voraussetzung für den Anspruch aus § 12 Abs. 1 S. 2 UWG ist, dass die **Abmahnung berechtigt** war. Dies muss zur Not inzident im Prozess um den Kostenerstattungsanspruch geprüft werden, falls der Verletzer die abgemahnte Unterlassungserklärung zur Streitbeilegung abgibt, sich aber weigert, die Kosten zu erstatten. In der Abgabe des Vertragsstrafeversprechens liegt der Verzicht auf Einwendungen hinsichtlich der sachlichen Rechtfertigung der Abmahnung.[452] Wer deshalb zur Vermeidung einer gerichtlichen Auseinandersetzung eine strafbewehrte Unterlassungserklärung abgibt, obwohl er sich eigentlich im Recht wähnt, sollte formulieren: „verpflichtet sich unsere Mandantin **ohne Anerkenntnis einer Rechtspflicht, aber rechtsverbindlich,**...", damit er sich den Streit um die Kosten offen hält.

Zu der Frage, ob bei mehreren Abmahnungen desselben Wettbewerbsverstoßes ein Kostenerstattungsanspruch besteht, Rn 1544.

Rechtsfolge ist der Ersatz der **erforderlichen** Aufwendungen für die Abmahnung (im Einzelnen Rn 1536 ff).

VI. Anspruch aus unechter Geschäftsführung (§ 687 Abs. 2 BGB)

Rechtsgrundlage: § 687 Abs. 2 BGB

957 Der Anspruch aus unechter Geschäftsführung nach § 687 Abs. 2 BGB ergänzt den Schadenersatzanspruch in Fällen der Verletzung von ergänzendem wettbewerbsrechtlichen Leistungsschutz im Hinblick auf die Möglichkeit, eine Herausgabe des Verletzergewinns zu verlangen (Rn 951, 954).

VII. Bereicherungsanspruch

Rechtsgrundlage: § 812 BGB

958 Wer einen **lizenzfähigen, wettbewerbsrechtlich geschützten Vermögenswert** (Rn 952)[453] ohne wirksame[454] Einwilligung des Berechtigten benutzt, ist auf dessen Kosten – weil auf dessen Seite eine entsprechende Erwerbsaussicht gestört wurde[455] – um die hierfür übliche, von ihm ersparte Lizenzgebühr bereichert. Er ist daher dem Verletzten auch **ohne Verschulden** unter dem Gesichtspunkt der **ersparten Aufwendungen** zur Zahlung verpflichtet (Eingriffskondiktion).[456] Die Bereicherung kann nicht nach § 818 Abs. 3 BGB wegfallen, da es sich um einen rein rechnerischen Vermögenszuwachs handelt.[457] Ebenso wenig kann der Verletzer geltend machen, er sei nicht be-

---

451 OLG Frankfurt GRUR 2005, 360, 360 *Abmahnkosten*.
452 KG WRP 1977, 793, 795.
453 Für andere unlautere Handlungen wird der Bereicherungsanspruch nicht gewährt, insbesondere nicht für Verletzungen des § 5 UWG.
454 Zum Bereicherungsanspruch bei unwirksamen Lizenzverträgen Jestaedt WRP 2000, 899.
455 Die Störung einer bloßen Verwertungschance reicht nicht aus, BGHZ 107, 117, 118 f. *Forschungskosten*.
456 BGH GRUR 1960, 554, 557 *Handstrickverfahren*; BGHZ 107, 117, 121 *Forschungskosten*. Eingehend Loewenheim WRP 1997, 913, 916 f.
457 Loewenheim WRP 1997, 913, 917 mwN in Fn 44.

reichert, da er sich bei Kenntnis der Sachlage anderweit beholfen haben würde; an der Sachlage, die er selbst geschaffen hat, muss er sich festhalten lassen.[458] Ein Verletzergewinn, der höher ist als die ersparte Lizenzgebühr, kann jedoch über § 812 BGB nicht heraus verlangt werden.[459]

VIII. Gewinnabschöpfungsanspruch

Rechtsgrundlage: § 10 UWG

Seit der UWG-Novelle 2004 sanktioniert § 10 UWG vorsätzliches wettbewerbswidriges Verhalten von Unternehmen, indem es den Verbänden und Kammern im Sinne des § 8 Abs. 3 Nr. 2 bis 4 UWG einen Gewinnabschöpfungsanspruch zur Verfügung stellt. Das soll der **Abschreckung** dienen und sicherstellen, dass sich **unlautere geschäftliche Handlungen** zu Lasten der Abnehmer **nicht auszahlen**. Im Gegensatz zum Schadensersatzanspruch dient der Gewinnabschöpfungsanspruch nicht dem individuellen Schadensausgleich. Vielmehr soll er die Fälle erfassen, in denen die Geschädigten Schadensersatzansprüche für unzweckmäßig halten. Der Gewinnabschöpfungsanspruch geht daher insoweit über den Schadensersatzanspruch (Rn 940 ff) hinaus, als dass mit diesem Fälle erfasst werden sollen, in denen durch wettbewerbswidriges Verhalten eine Vielzahl von Abnehmern geschädigt wird, die Schadenshöhe im Einzelnen jedoch gering ist.[460] Die bisherigen Durchsetzungsdefizite bei diesen so genannten Streuschäden sollen nunmehr der Vergangenheit angehören. Der abgeschöpfte Gewinn fließt dabei an den Bundeshaushalt, § 10 Abs. 1 UWG.

§ 10 Abs. 1 UWG setzt eine **vorsätzliche Zuwiderhandlung** gegen § 3 oder § 7 UWG voraus. Vorsatz umfasst das Bewusstsein der Rechtswidrigkeit und bei § 3 UWG das Bewusstsein der Unlauterkeit.[461] Handelt der Täter in Kenntnis der Unlauterkeit oder nimmt er diese in Kauf, so liegt Vorsatz vor. Bedingter Vorsatz liegt auch dann noch vor, wenn der Verletzer sein Verhalten fortsetzt, obwohl er sich auf Grund ihm bekannter Tatsachen, zu denen klare Hinweise in einer Abmahnung gehören können, nicht der Einsicht verschließen kann, dass dieses unlauter ist.[462] Fahrlässig handelt dagegen, wer sich erkennbar in einem Grenzbereich des rechtlich Zulässigen bewegt, in dem er eine von der eigenen Einschätzung abweichende Beurteilung der rechtlichen Zulässigkeit des fraglichen Verhaltens in Betracht ziehen muss.[463] Auf die Richtigkeit von Lieferantenangaben darf sich der werbende Händler allerdings grundsätzlich nicht ungeprüft verlassen.[464] Es wird daher regelmäßig zum Ausschluss des § 10 UWG erforderlich sein, aber auch genügen, wenn der Verletzer kompetenten, neutralen (nicht zwingend externen) wettbewerbsrechtlichen Rechtsrat eingeholt hat und dieser zu dem vertretbaren Ergebnis kam, das Verhalten sei wettbewerbskonform. Damit bleibt § 10

959

960

458 Vgl BGHZ 20, 349, 355 *Dahlke* für Persönlichkeitsrecht; Loewenheim WRP 1997, 913, 917.
459 BGH GRUR 1960, 554, 557 *Handstrickverfahren.*
460 Begr. RegE UWG-Novelle 2004, BT DS 15/1487, S. 23, abrufbar unter www.nordemann.de. Zur Rechtsnatur Wimmer-Leonhardt GRUR 2004, 12, 15 ff.
461 Köhler in Köhler/Bornkamm § 10 UWG Rn 6; Goldmann in Harte/Henning § 10 UWG Rn 44.
462 OLG Stuttgart GRUR 2007, 435 L *Veralteter Matratzentest.*
463 BGH GRUR 1999, 923, 928 *Tele-Info-CD.*
464 OLG Stuttgart GRUR 2007, 435 L *Veralteter Matratzentest.*

UWG für Irreführungsfälle primär auf Fälle zugeschnitten, die nicht nur unter §§ 3, 5 UWG, sondern auch unter § 16 Abs. 1 UWG fallen.

Beispiele: Verbrauchern wird eine Kaffeefahrt für 10 EUR mit einem „leckeren reichhaltigen Mittagsmenü", verschiedenen Sachgeschenken und einem wertvollen Gewinn versprochen; es gibt aber nur eine verschlossene (!) Konservendose mit Suppe oder Brechbohnen zum Mitnehmen und einen Gutschein zur Inzahlungnahme bei Buchung einer Reise, deren Preis den Gutscheinbetrag weit übersteigt.[465]

Wer Internetnutzer bewusst über die Entgeltlichkeit der Nutzung bestimmter Inhalte täuscht (§§ 3, 5 UWG; §§ 3, 4 Nr. 11 UWG iVm § 1 PreisangabenVO), insbesondere sog. Abo-Fallen im Internet aufstellt, handelt vorsätzlich. Er muss nicht erst abgemahnt werden, um vorsätzlich zu handeln.[466] Wer eine anders lautende Rechtsauskunft seines Anwalts erhalten hat, handelt zumindest nach Erhalt einer Abmahnung vorsätzlich.[467]

961 Unter den Begriff der **Abnehmer** fallen nicht nur die Verbraucher, sondern alle **Marktteilnehmer**.[468] Damit soll bekräftigt werden, dass sich der Abschöpfungsanspruch nicht gegen unbeachtliche individuelle Wettbewerbsverstöße, sondern gegen besonders gefährliche unlautere Handlungen, solche mit Breitenwirkung, richtet.

Eine **Vielzahl von Abnehmern** ist jedenfalls ein „größerer Personenkreis".[469] Ein solcher ist nicht bei nur 3 Personen gegeben,[470] sondern erfordert 50 geschädigte Abnehmer.[471] Meist wird es auf eine Feststellung der exakten Quantität aber nicht ankommen müssen. Jedenfalls bei großer Verbreitung in Drucksachen oder öffentlicher Zugänglichmachung im Internet ist für eine Handlung mit hohem Unlauterkeitspotential (zB wegen Irreführung) davon auszugehen, dass der Gewinn zu Lasten einer Vielzahl von Abnehmern erzielt wurde.[472]

962 Problematisch ist die **Berechnung** der Gewinnerzielung zu Lasten der Abnehmer. Insoweit lassen die Schwierigkeiten bei der Berechnung der Vorteilsabschöpfung in § 34 GWB[473] erahnen, dass die praktische Bedeutung des § 10 UWG erheblich begrenzt ist. Das Wort „schöner bunter Papiertiger"[474] erscheint insoweit für § 10 UWG nicht als unpassend, zumal der abgeschöpfte Gewinn noch nicht einmal dem Anspruchsteller, sondern dem Staat zufließt. In letzter Zeit nimmt die Praxis zu § 10 UWG allerdings etwas zu und betrifft vor allem ärgerliche Phänomene wie Abo-Fallen oder sonstige Kostenfallen im Internet.[475]

Ausweislich der Regierungsbegründung zur UWG-Novelle 2004 errechnet sich der Gewinn aus den Umsatzerlösen abzüglich der Herstellungskosten der erbrachten Leistungen sowie abzüglich eventuell angefallener Betriebskosten; dagegen sind Gemeinkosten

---

465 BGH NJW 2002, 3415 f.
466 OLG Frankfurt GRUR-RR 2009, 265, 268 *Abo-Fallen*.
467 OLG Frankfurt GRUR-RR 2010, 482 „*heute gratis!*".
468 Begr. RegE UWG-Novelle 2004, BT DS 15/1487, S. 24, abrufbar unter www.nordemann.de.
469 Begr. RegE UWG-Novelle 2004, BT DS 15/1487, S. 24, abrufbar unter www.nordemann.de.
470 So Köhler in Köhler/Bornkamm § 10 UWG Rn 12 mit wenig überzeugendem Verweis auf das AGB-Recht, das einen völlig anderen Schutzzweck als § 10 UWG verfolgt.
471 So auch Goldmann in Harte/Henning § 10 UWG Rn 70.
472 OLG Frankfurt GRUR-RR 2009, 265, 267 *Abo-Fallen*.
473 BKartA Tätigkeitsbericht 1974, 67, BKartA Tätigkeitsbericht 1977, 46; ferner Emmerich in Immenga/Mestmäcker, GWB, § 34 Rn 3 mwN.
474 Stadler/Micklitz, WRP 2003, 559, 562; skeptisch auch Köhler GRUR 2003, 265, 265.
475 Zuletzt OLG Frankfurt GRUR-RR 2010 482 „*heute gratis!*"; ferner OLG Frankfurt GRUR-RR 2009, 265, 267 *Abo-Fallen*; OLG Hamm GRUR-RR 2008, 435.

und sonstige betriebliche Aufwendungen, die auch ohne den Wettbewerbsverstoß angefallen wären, nicht abzugsfähig.[476] Die Verbände, denen die internen Betriebsverhältnisse des Schuldners unbekannt sind, müssen in den meisten Fällen zur Substantiierung der Höhe des Anspruchs zunächst **Auskunftsklage** erheben. Der Auskunftsanspruch ist in § 10 UWG nicht ausdrücklich geregelt, ergibt sich aber als Annex aus den allgemeinen Vorschriften §§ 242, 259, 260 BGB (vgl Rn 964). Auch für den Anspruch auf Gewinnabschöpfung nach § 10 UWG kann also als Hilfsanspruch Auskunft und Rechnungslegung verlangt werden.[477] Das vorherige Einholen der Auskunft führt natürlich zu einer Verkomplizierung der Prozesse und birgt für den Schuldner die Gefahr, interne Vorgänge der breiten Öffentlichkeit offen legen zu müssen.[478] Das Gericht hat von Amts wegen in diesen Fällen die Möglichkeit anzuordnen, dass die Auskünfte einer zur Verschwiegenheit verpflichteten Person erteilt werden müssen (so genannter **Wirtschaftsprüfervorbehalt**)[479] (Rn 970).

Weiterhin wird häufig unklar sein, **welcher Gewinn „zu Lasten" der Abnehmer** erzielt worden ist. Nach der Begründung des Gesetzgebers genügt jede wirtschaftliche Schlechterstellung, wobei jedoch die vom Zuwiderhandelnden erbrachte Gegenleistung zu berücksichtigen ist.[480] Danach soll es an einer Schlechterstellung grundsätzlich fehlen, wenn der vom Zuwiderhandelnden erzielte Preis völlig angemessen ist und der Abnehmer auch sonst keine Nachteile hat. Es besteht dabei jedoch die Gefahr, dass es zu einer völlig inakzeptablen Preiskontrolle durch die Gerichte kommt.[481] Im Beispiel (Rn 960) müsste aufwändig untersucht werden, ob die Busfahrt auch ohne die wahrheitswidrig versprochenen Leistungen 10 EUR wert war. Die Feststellung, ob der Gewinn „zu Lasten" der Abnehmer erzielt worden ist, würde häufig nur durch aufwändigen Sachverständigenbeweis erfolgen können. Deshalb erscheint es als zutreffend, allein auf den Abschluss des Vertrages abzustellen, der durch eine vorsätzlich unlautere Handlung bewirkt wurde.[482] In jedem Fall kann bei Abo-Fallen im Internet, die eine arglistige Täuschung einer Vielzahl von Verbrauchern und damit nach § 123 BGB anfechtbare Verträge zu ihrem Geschäftsmodell machen, ein solcher Nachteil unterstellt werden.[483]

Noch problematischer ist allerdings, wie der Gläubiger beweisen will, dass die Zuwiderhandlung für die wirtschaftliche Schlechterstellung **ursächlich** war. Das so genannte Problem der Feststellung von Werbewirkungen[484] beruht in erster Linie darauf, dass neben der konkreten unlauteren Werbung weitere Einflüsse und Umstände, wie zB vorangegangene Werbemaßnahmen, Image des Produkts, Medienberichte oder auch Umweltbedingungen wie ein kalter Winter oder ein heißer Sommer für die Kaufentscheidung von Bedeutung sind. In dem vorgenannten Beispiel (Rn 960) kann nicht ausgeschlossen werden, dass viele auch dann an der Fahrt teilgenommen hätten, wenn sie wahrheitsgemäß über die geschenkte Konservendose und den Gutschein für die An-

---

476 Begr. RegE UWG-Novelle 2004, BT DS 15/1487, S. 24, abrufbar unter www.nordemann.de.
477 OLG Stuttgart GRUR 2007, 435 *Veralteter Matratzentest*.
478 So Köhler, NJW 2004, 2121, 2126; Sack, WRP 2003, 549, 555.
479 Zum Wirtschaftsprüfervorbehalt Köhler in Köhler/Bornkamm § 9 UWG Rn 4.19 ff.
480 Begr. RegE UWG-Novelle 2004, BT DS 15/1487, S. 24, abrufbar unter www.nordemann.de.
481 So auch Sosnitza, GRUR 2003, 739, 746.
482 OLG Stuttgart GRUR 2007, 435, 437 *Veralteter Matratzentest*.
483 OLG Frankfurt GRUR-RR 2009, 265, 268 *Abo-Fallen*.
484 Vgl dazu auch Sack, WRP 2003, 549, 553.

zahlung der Reise aufgeklärt worden wären. Ein Anspruch besteht aber nur auf den Gewinn, der gerade durch die Zuwiderhandlung (Wortlaut: „hierdurch") erzielt worden ist; nicht dagegen auf den Gewinn, der auch ohne wettbewerbswidrige Handlung entstanden wäre. Die augenscheinliche Problematik einer solchen Vergleichsbetrachtung führte auch dazu, dass sich die in § 34 GWB vorgesehene Vorteilsabschöpfung als ausgesprochen schwer durchsetzbar erwiesen hat.[485] Letztlich bleibt auch hier nur der Sachverständigenbeweis.

Wenn ein Gewinn festgestellt worden ist, gilt es, von diesem gemäß § 10 Abs. 2 UWG die **Leistungen** wieder **abzuziehen**, die der Schuldner aufgrund der Zuwiderhandlung **an Dritte oder an den Staat** erbracht hat. Der Gewinnabschöpfungsanspruch möchte verhindern, dass dem Schuldner der aus der Zuwiderhandlung erzielte Gewinn verbleibt. Soweit dieser Gewinn jedoch durch die Befriedigung von Schadensersatzansprüchen der Mitbewerber oder durch Geldstrafen aufgezehrt ist, besteht keine Schutzlücke mehr, die durch den Gewinnabschöpfungsanspruch geschlossen werden müsste. Als nicht abzugsfähig erwähnt die Begründung des Gesetzgebers ausdrücklich die Kosten für die mit der Zuwiderhandlung verbundenen Rechtsstreitigkeiten, da dem Zuwiderhandelnden nicht noch der Anreiz gegeben werden soll, sich auf aussichtslose, kostenträchtige Prozesse einzulassen.[486]

Gegen § 10 UWG werden von *Sack*[487] schließlich verfassungsrechtliche Bedenken wegen des Verbots der Mehrfachbestrafung („ne bis in idem") gemäß Art. 103 Abs. 3 GG entgegengebracht. Wenn man dem Gewinnabschöpfungsanspruch wegen der staatlichen Sanktionswirkung Strafcharakter beimisst, dann besteht tatsächlich die Möglichkeit, dass neben einer Klage auf Gewinnabschöpfung gemäß § 10 UWG parallel ein Strafverfahren gemäß § 16 UWG geführt wird. Das Resultat wäre dann zumindest in dem Fall, in dem eine Freiheitsstrafe nach § 16 UWG verhängt wird und eine Anrechnung der Gewinnabschöpfung somit ausscheidet, eine doppelte Bestrafung.[488]

963 **Anspruchsberechtigt** sind die nach den § 8 Abs. 3 Nr. 2 bis 4 UWG klagebefugten Verbände und Kammern. Nicht dagegen die Mitbewerber, weil man dies vor dem Hintergrund des Sanktionscharakters nicht für angemessen hielt. Fraglich ist jedoch, ob nicht einer breiteren Anwendung von § 10 UWG damit geholfen wäre, auch Mitbewerbern eine Anspruchsberechtigung zu geben. Denn nicht nur die bereits beschriebenen Schwierigkeiten der Substantiierung der Höhe des Anspruchs und die regelmäßige Notwendigkeit des Sachverständigenbeweises wirken für oft finanziell und personell nicht üppig ausgestattete Verbände abschreckend. Auch die Tatsache, dass der Gewinn an den Bundeshaushalt abgeführt werden muss, stimuliert nicht gerade dazu, ein solch aufwendiges und kostenmäßig risikoreiches Verfahren zu beschreiten. Allein die Erstattung der Aufwendungen kann nach § 10 Abs. 4 S. 2 UWG bis zur Höhe des abgeführten Gewinns geltend gemacht werden.

---

485 Emmerich in Immenga/Mestmäcker, GWB, § 34, Rn 10.
486 Begr. RegE UWG-Novelle 2004, BT DS 15/1487, S. 24, abrufbar unter www.nordemann.de.
487 Sack WRP 2003, 549, 553; zu verfassungsrechtlichen Fragen ferner Wimmer-Leonhardt GRUR 2004, 16 ff.
488 Zum Verhältnis Gewinnabschöpfung nach § 10 UWG und strafrechtliche Folgen nach StGB Alexander WRP 2004, 408, 419 f.

Einzelheiten zum Gewinnabschöpfungsanspruch bei Gärtner GRUR Int. 2008, 817 ff; Wimmer-Leonhardt GRUR 2004, 12 ff; Köhler GRUR 2003, 265 ff; Sack WRP 2003, 549 ff; Stadler/Micklitz WRP 2003, 559 ff; Sosnitza GRUR 2003, 739 ff.

IX. Auskunft und Rechnungslegung

Rechtsgrundlage: §§ 242, 259, 260 BGB; § 8 Abs. 5 UWG

Gemäß dem schon von RGZ 108, 1, 7 *Lachendes Gesicht* im Anschluss an Dernburg und Rosenberg aus § 242 BGB entwickelten allgemeinen Grundsatz, dass ein **Auskunftsanspruch stets dort besteht, wo der Berechtigte entschuldbar über Bestand oder Umfang seines Rechts im ungewissen ist, der Verpflichtete aber unschwer Auskunft geben kann,**[489] wird auch im Wettbewerbsrecht ein Auskunfts- oder Rechnungslegungsanspruch stets dort gewährt, wo er zur Ermittlung oder Berechnung von Ansprüchen des Verletzten erforderlich ist. Das ist gegeben, wenn der Berechtigte die benötigten Informationen nicht anders erlangen kann.[490] Dieser Anspruch hat nach dem Bundesgerichtshof **gewohnheitsrechtlichen Rang.**[491]   964

Ein **Auskunftsanspruch** kommt namentlich für die Vorbereitung des Beseitigungsanspruchs,[492] für die Ermittlung entgangener Geschäfte (Rn 949) oder der eigenen Richtigstellung (Rn 939) und für die Berechnung der Lizenzgebühr,[493] aber auch zur Vorbereitung der Schadensschätzung (§ 287 ZPO)[494] in Betracht.   965

Der **Rechnungslegungsanspruch** – von Tilmann[495] mit Recht als „qualifizierter Auskunftsanspruch" bezeichnet – ist vor allem zur Vorbereitung des Anspruchs auf Herausgabe des Verletzergewinns erforderlich (Rn 954), geht auf Vorlage einer geordneten Aufstellung der Einnahmen und Ausgaben[496] und soll zugleich die Überprüfung der Auskunft erleichtern.[497] Ist kein lizenzfähiger Vermögenswert verletzt worden (Rn 951), scheidet ein Rechnungslegungsanspruch aus, weil insbesondere kein Anspruch auf Gewinnherausgabe bestehen kann.   966

Beide Ansprüche entfallen, wenn der Anspruch, den sie vorbereiten sollen, fehlt.[498]   967

In den meisten Fällen dienen Auskunfts- und Rechnungslegungsanspruch der Vorbereitung der Berechnung des **Schadensersatzanspruches.**   968

---

489 Bestätigt von BGHZ 10, 385, 387; BGH GRUR 1980, 227, 232 *Monumenta Germaniae Historica*; BGH GRUR 1987, 647 *Briefentwürfe*; siehe auch BGH GRUR 2001, 841, 842 *Entfernung der Herstellungsnummer II*.
490 BGH GRUR 2000, 907, 910 *Filialleiterfehler*. Gegenbeispiel: BGH GRUR 1994, 635, 637 *Pulloverbeschriftung* m.Anm. Ahrens. S. auch KG AfP 2001, 414, das den Anspruch verneint, wenn der Berechtigte die erforderlichen Informationen zumutbar selbst einholen könne.
491 BGHZ 125, 322, 329 *Cartier-Armreif*.
492 Rn 933 ff; vgl BGH GRUR 1995, 427, 429 *Schwarze Liste* (Auskunft, wer die Liste verfasst und wer sie versandt hat); BGHZ 125, 322, 329 *Cartier-Armreif*; OLG Köln GRUR 1970, 525 f. *Offenbarungseid*.
493 BGHZ 60, 168, 173 *Modeneuheit*; vgl auch BGH GRUR 1996, 78, 79 *Umgehungsprogramm*; ferner oben Rn 741.
494 BGH GRUR 1978, 52 f. *Fernschreibverzeichnisse*; zuletzt BGH WRP 1999, 534, 540 *Preisbindung durch Franchisegeber* mwN.
495 GRUR 1987, 251, 253.
496 BGH GRUR 1985, 472 *Thermotransformator*.
497 Tilmann GRUR 1987, 251, 254.
498 BGH GRUR 1974, 53, 54 *Nebelscheinwerfer*.

Der aus einer Verletzung folgende Schadensersatzanspruch sowie der der Bezifferung dieses Anspruchs dienende Auskunftsanspruch sind zeitlich nicht durch die vom Gläubiger nachgewiesene erste Verletzungshandlung begrenzt.[499]

Art und Umfang der Auskunft richten sich nach dem Bedürfnis des Verletzten unter schonender Rücksicht auf die Belange des Verletzers.[500] Dabei sind auch Art und Schwere der Rechtsverletzung von Bedeutung.[501] Das Interesse des Verletzten erfordert, dass die Auskunft drei Anforderungen erfüllt: Sie muss es ihm ermöglichen, zwischen den ihm unter Umständen (Rn 951) zur Verfügung stehenden Berechnungsarten zu wählen, sie muss ihn in die Lage versetzen, nach der danach gewählten Methode den Schaden konkret zu berechnen, und sie muss für ihn nachprüfbar sein.[502]

Bei irreführender Werbung genügt dazu in der Regel die Auskunft über Zeit und Umfang der Verletzungen, gegebenenfalls auch über die Empfänger der missbräuchlichen Werbung;[503] die Umsatzentwicklung braucht in der Regel nicht angegeben zu werden.[504] Unerträglich ist allerdings, dass Auskunftsansprüche insoweit kritiklos zugesprochen werden, obwohl es als unmöglich erscheint, dass der Verletzte – bei mangelnder Möglichkeit der dreifachen Schadensberechnung – einen entgangenen Gewinn geltend machen kann (vgl Rn 950). Jedenfalls fällt auf, dass der Zuerkennung und Erfüllung des Auskunftsanspruches praktisch nie ein bezifferter Schadenersatzanspruch folgt.[505] Auskunftsansprüche wegen Wettbewerbsverletzungen, die nicht die dreifache Schadensberechnung zulassen, sollten von daher nur zugesprochen werden, wenn der Verletzte darlegt, dass er einen Schadenersatzanspruch ausnahmsweise beziffern könnte, zB weil er der einzige Konkurrent auf dem Markt war und er deshalb ohne den Wettbewerbsverstoß das Geschäft gemacht hätte. Ansonsten droht, dass der Auskunftsanspruch insoweit zu einem bloßen Instrument der Ausforschung des Konkurrenten verkommt.[506]

Bei der Verletzung lizenzfähiger Vermögenswerte des Wettbewerbsrechts (Rn 951 ff) kann der Verletzte Auskunft zur Vorbereitung des Lizenzanspruchs und Rechnungslegung zur Vorbereitung des Anspruchs auf den Verletzergewinn nebeneinander, ja sogar nacheinander verlangen; andernfalls würde sein Wahlrecht (Rn 951 ff) verkürzt.[507] In solchen Fällen muss, um die Auskunft nachprüfbar zu machen, neben der Bekanntgabe der Mengen und Preise auch die Angabe der Namen und der Anschriften der gewerblichen Abnehmer sowie der Lieferdaten erfolgen,[508] und zwar genauso wie bei der Ver-

---

499 BGH GRUR 2007, 877 Tz. 24 f. *Windsor Estate.* Anders vorher und in Windsor Estate ausdrücklich aufgegeben: BGH GRUR 2003, 892, 893 *Alt-Luxemburg;* BGH GRUR 1988, 307, 308 *Gaby;* BGH GRUR 1992, 61, 64 *Preisvergleichsliste* und 523, 525 *Betonsteinelemente.*

500 BGH GRUR 1976, 367, 368 *Ausschreibungsunterlagen* – sehr lehrreich –; BGH GRUR 1991, 921, 924 *Sahnesyphon;* BGH NJW-RR 1994, 944; OLG Hamburg GRUR 1995, 432, 433.

501 BGH WRP 1976, 306, 307; BGH GRUR 1994, 635, 637 *Pulloverbeschriftung* m.Anm. Ahrens.

502 BGH GRUR 1962, 354, 356 *Furniergitter* für Patentverletzung; OLG Nürnberg WRP 1968, 37.

503 Vgl OLG Hamburg GRUR 1990, 136, 137.

504 BGH GRUR 1961, 288, 293 *Zahnbürsten* und OLG Hamburg GRUR 1995, 432, 433; vgl auch BGH GRUR 1970, 254, 257 *Remington* für die Auskunft über die Empfänger.

505 Vgl auch Köhler GRUR 1996, 83, 88.

506 BGH GRUR 2001, 78, 79 *Falsche Herstellerpreisempfehlung;* Köhler GRUR 1996, 83, 88; Teplitzky, Kap. 38 Rn 11.

507 BGH GRUR 1969, 283, 286 *Schornsteinauskleidung,* vgl auch BGH GRUR 1978, 54, 55 *Preisauskunft.*

508 OLG Nürnberg WRP 1968, 37. Einzelheiten bei Köhler WRP 1999, 1075, 1079; Knieper WRP 1999, 1116.

letzung von Kennzeichenrechten auch derjenigen der Hersteller, Lieferanten und anderen Vorbesitzer (§ 19 Abs. 1 und 2 MarkenG).[509]

Diese sog. **Drittauskunft** – auch selbständiger Auskunftsanspruch -, also ein Anspruch 969 auf Auskunft über Namen und Adressen Dritter, kann auch in Sonderfällen des Behinderungswettbewerbs in Betracht kommen, zB bei Boykottaufrufen,[510] bei geschäftsschädigenden Äußerungen[511] oder bei der unlauteren Entfernung von Herstellungsnummern im Rahmen eines gedanklich lückenlosen Vertriebsbindungssystems,[512] aber auch im Bereich des ergänzenden wettbewerbsrechtlichen Leistungsschutzes (Rn 713 ff).[513] Auf die Wahrung von Betriebsgeheimnissen kann sich der Verletzer grundsätzlich nicht berufen.[514] Andererseits kann eine Auskunft über Verbreitungshandlungen Dritter, die der Verletzer verursacht hat, nicht verlangt werden.[515]

Da die Bekanntgabe weitgehender Einzelheiten aus der eigenen geschäftlichen Tätigkeit 970 ausgerechnet an die Konkurrenz dem **Interesse des Verletzers** zuwiderlaufen kann, zumal wenn die missbräuchliche Verwertung der Auskunft möglich ist,[516] aber auch eine Nötigung zur Selbstbezichtigung gegeben sein könnte,[517] gibt der Bundesgerichtshof in geeigneten Fällen dem Verletzer die Möglichkeit, die Namen seiner Kunden statt an den Verletzer an einen vom Verletzten zu bestimmenden, zur Verschwiegenheit verpflichteten Wirtschaftsprüfer mitzuteilen, sofern er diesen zur Auskunft an den Verletzten darüber ermächtigt, ob eine bestimmte Lieferung oder ein bestimmter Abnehmer in der Rechnung enthalten ist, und sofern der Verletzer die Kosten des Wirtschaftsprüfers trägt (sog. **Wirtschaftsprüfervorbehalt**),[518] und zwar von Amts wegen auch ohne dahin gehenden Hilfsantrag des Betroffenen,[519] der die Voraussetzungen allerdings darlegen muss und die Beweislast für ihr Bestehen trägt.[520] Zur Formulierung eines solchen Klageantrages s. BGH[521] und OLG Nürnberg.[522] Allerdings muss der Verletzer auf die Aufnahme des Vorbehalts hinwirken.[523] Der Wirtschaftsprüfervorbehalt kommt allerdings dort nicht in Betracht, wo der Verletzer ohnehin keine relevanten Geschäftsgeheimnisse offenbaren muss,[524] ferner dort, wo die Parteien nicht in direkter Konkurrenz stehen, der Verletzer also das Produkt auf anderen Wegen absetzt als der Verletzte; hier geht das Interesse des letzteren vor.[525]

Zur Durchsetzung des Auskunftsanspruchs im Verfügungsverfahren s. Rn 1562. 971

---

509 Vgl BGH WRP 2002, 947, 949 *Entfernung der Herstellungsnummer III*; vgl auch Nieder GRUR 1999, 654.
510 BGH GRUR 1995, 427, 429 *Schwarze Liste*. Gegenbeispiel: BGH GRUR 1994, 635, 637 *Pulloverbeschriftung*. Näheres v. Gamm, FS Vieregge, S. 261 mwN.
511 BGH GRUR 1995, 427, 429 *Schwarze Liste*.
512 BGH WRP 2002, 947, 949 *Entfernung der Herstellungsnummer III*.
513 BGHZ 125, 322, 330 *Cartier-Armreif*.
514 BGH GRUR 2001, 841, 843 *Entfernung der Herstellungsnummer II*.
515 BGH GRUR 1987, 647, 648 *Briefentwürfe*.
516 Vgl BGHZ 10, 385, 387.
517 V. Ungern-Sternberg WRP 1984, 55: Die Auskunft könnte Vertragsstrafeansprüche oder Ordnungsmittel begründen.
518 BGH GRUR 1980, 227, 233 *Monumenta Germaniae Historica*.
519 BGH GRUR 1962, 354, 357 *Furniergitter*.
520 BGH GRUR 1981, 535 *Wirtschaftsprüfervorbehalt*. Gegenfall: OLG Köln GRUR 1986, 625 f.
521 GRUR 1999, 1106, 1107 *Rollstuhlnachbau*.
522 WRP 1968, 37 f.
523 BGH NJWE 1997, 230, 231 *Sixt*; BGH NJWE 1999, 139.
524 OLG München NJWE 1998, 64.
525 OLG Frankfurt WRP 1989, 321, 323.

972 Erfüllt ist der Auskunftsanspruch, wenn die Auskunftserklärung nach den objektiven Umständen und der Lebenserfahrung zutreffend ist.[526] Eine Erfüllung scheidet aus, wenn die Auskunftserklärung nicht ernst gemeint, unvollständig oder von vornherein unglaubhaft ist.[527] Dafür muss der Gläubiger aber Anhaltspunkte vorbringen; ein bloßer Verdacht oder gar nur die Behauptung, die Auskunft sei unzutreffend, reichen nicht.[528]

Ist der Auskunftsanspruch erfüllt, kommt zur endgültigen Absicherung des Gläubigers nur noch der Anspruch auf Abgabe der **eidesstattlichen Versicherung** (§ 260 Abs. 2 BGB) in Betracht.[529] Der Gläubiger muss allerdings beweisen, dass die Auskunft nicht hinreichend sorgfältig abgegeben wurde (§§ 259 Abs. 2, 260 Abs. 2 BGB). Das kann bei mehrfacher Korrektur oder Widersprüchlichkeit der Auskunft gegeben sein. Die eidesstattliche Versicherung hat bei juristischen Personen deren vertretungsberechtigtes Organ (Vorstand, Geschäftsführer) zu leisten; dieser hat nur selten eigene Kenntnisse zu den Einzelheiten, was in der Versicherungsformel zwar berücksichtigt wird,[530] aber die Auskunft nicht sicherer macht.[531] Deshalb sollte das zur Auskunft verpflichtete Unternehmen den mit eigener Kenntnis ausgestatteten Mitarbeiter benennen dürfen.

Zu Streitwert der Auskunftsklage und zur Beschwer bei deren Abweisung s. Rn 1674.

973 § 8 Abs. 5 UWG hält für Anspruchsberechtigte nach § 8 Abs. 3 Nr. 2 bis 4 UWG, also nicht für die Mitbewerber, einen besonderen Auskunftsanspruch bereit. Die nicht Anspruchsberechtigten müssen eine anspruchsberechtigte Stelle einschalten und können dann **Weiterleitung der Information** verlangen; allerdings sind die Auskunftsberechtigten nicht zur Einholung der Auskünfte verpflichtet.

Der Auskunftsanspruch richtet sich **gegen Unternehmen, die geschäftsmäßig Post-, Telekommunikations-, Tele- und Mediendienste erbringen** oder daran mit wirken, § 13 Abs. 1 UnterlassungsklagenG. Diese Unternehmen haben, weil sie grundsätzlich nicht Störer sind (Rn 900 für die Haftungsprivilegien), auch einen Anspruch auf angemessenen Ausgleich der Kosten für die Auskunft, § 13 Abs. 3 UnterlassungsklagenG.

Inhaltlich dient der Anspruch der **Identifizierung von Anspruchsverpflichteten** nach § 8 UWG. Beispielsweise lässt sich ein Inhaber einer Website über seinen Webhoster mit Namen und zustellungsfähiger Adresse identifizieren, weil er Kunde dieses Webhosters ist. Die Auskunftspflicht bezieht sich aber nur auf Bestandsdaten (vgl § 14 TMG). Der Verpflichtete muss seine Verbindungsdaten nicht zur Identifizierung einsetzen. Damit scheidet eine Identifizierung eines Internetnutzers aus, der nur über eine sog. dynamische IP-Adresse in Verbindung mit seinen Verbindungsdaten durch seinen Zugangsprovider identifiziert werden könnte.[532] Der Anspruchsberechtigte muss allerdings gegenüber dem Auskunftsverpflichteten schriftlich (§§ 126, 126 a BGB) versichern, dass er erstens die Information zur Durchsetzung von Ansprüchen nach § 8

---

526 BGH GRUR 2001, 841, 844 *Entfernung der Herstellungsnummer II*; OLG Hamburg GRUR-RR 2001, 197.
527 BGH GRUR 2001, 841, 844 *Entfernung der Herstellungsnummer II*.
528 BGH GRUR 2001, 841, 844 *Entfernung der Herstellungsnummer II*.
529 OLG München NJWE 1996, 134.
530 BGH GRUR 1984, 728, 729 f. *Dampffrisierstab II*.
531 Brandi-Dohrn GRUR 1999, 131, 132.
532 Vgl J.B. Nordemann/Dustmann CR 2004, 380, 385 f.

UWG benötigt und zweitens diese anderweitig nicht zu beschaffen ist (§ 13 Abs. 2 S. 1 UnterlassungsklagenG).

Durchsetzbar ist der Auskunftsanspruch mit der Leistungsklage. Auch ein **Einstweiliges Verfügungsverfahren** muss bei Vorliegen eines Verfügungsgrundes möglich sein. Dieser wird regelmäßig vorliegen, weil nur die schnelle Durchsetzung des Anspruchs diesen wertvoll macht.

X. Verjährung

Rechtsgrundlage: § 11 UWG

Die Verjährungsregelung des UWG wurden anlässlich der UWG-Novelle 2004 einer begrenzten Neuregelung unterworfen. **974**

Unterlassungsansprüche (§ 8 UWG), Schadensersatzansprüche (§ 9 UWG) und Kostenerstattungsansprüche (§ 12 Abs. 1 S. 2 UWG) verjähren – anders als in § 852 BGB – weiterhin bereits **nach sechs Monaten**. Die Frist beginnt mit der Entstehung des Anspruches *und* der Kenntnis des Berechtigten von der Handlung und von der Person des Verpflichteten;[533] der Kenntnis steht die grob fahrlässige Unkenntnis gleich; vgl § 11 Abs. 2 UWG.[534] Unterlassungsansprüche entstehen mit jeder Zuwiderhandlung neu. Praktisch kann damit die Verjährung bei sog. **Dauerhandlungen** damit erst beginnen, wenn die Handlung vom Verletzer eingestellt wird.[535] **Kenntnis** im Sinne des § 11 Abs. 2 Nr. 2 UWG ist gegeben, wenn die Tatsachen so vollständig und sicher bekannt sind, dass Ansprüche darauf mit einiger Sicherheit gestützt werden können.[536] Kommt es auf die Kenntnis innerer Tatsachen, zB der Behinderungsabsicht (vgl Rn 560 f), an, so ist der Zeitpunkt maßgebend, in dem der Verletzte von den äußeren Umständen erfährt, aus denen diese inneren Tatsachen herzuleiten sind,[537] wobei die Kenntnis eines von ihm Beauftragten genügt.[538] Die Wahrheit oder Unwahrheit der behaupteten geschäftsschädigenden Tatsache iSd § 4 Nr. 8 UWG gehört zu den anspruchsbegründenden Tatsachen, von deren Kenntnis oder grob fahrlässiger Unkenntnis der Beginn der Verjährungsfrist abhängt.[539]

Bei Schadenersatzansprüchen besteht gemäß § 11 Abs. 3 UWG eine absolute Grenze von zehn Jahren seit ihrer Entstehung, spätestens nach 30 Jahren seit der den Schadensersatz auslösenden Handlung. Andere Ansprüche, also der Unterlassungs-, Kostenerstattungs- und Gewinnabschöpfungsanspruch verjähren spätestens in drei Jahren von ihrer Entstehung an, ohne Rücksicht auf Kenntnis oder grob fahrlässige Unkenntnis, § 11 Abs. 4 UWG. Da der Gewinnabschöpfungsanspruch nicht der sechsmonatigen

---

533 OLG Köln GRUR 1987, 644. Zur Verjährung bei Fortsetzungstaten Foth, FS Nirk, S. 293.
534 In Anlehnung an § 199 Abs. 1 Nr. 2 BGB, vgl Begr. RegE UWG-Novelle 2004, BT DS 15/1487, S. 25, abrufbar unter www.nordemann.de.
535 BGH GRUR 2003, 448, 449 *Gemeinnützige Wohnungsbaugesellschaft*; BGH GRUR 1974, 99, 100 *Brüno-va*.
536 BGH GRUR 1988, 832, 834 *Benzinwerbung*; BGH NJW 1990, 2808.
537 BGH GRUR 1964, 218, 219 *Düngekalkhandel*.
538 OLG Stuttgart WRP 1985, 242, 243. Dies gilt auch, wenn der Beauftragte für die Geltendmachung von Ansprüchen nicht zuständig ist, BGH NJW 1994, 1150.
539 BGH GRUR 2009, 1186 Tz. 21 f. *Mecklenburger Obstbrände*.

Verjährung nach § 11 Abs. 1 und Abs. 2 UWG unterliegt, gilt für diesen also nur diese Drei-Jahres-Grenze.

Nur der Anspruch aus einem Unterlassungstitel, den der Schuldner befolgt, unterliegt nicht der Verjährung;[540] durch § 197 Abs. 1 Nrn. 3 bis 5 BGB ist insoweit nichts geändert worden.[541]

975 Soweit Wettbewerbsverstöße **zugleich auch nach anderen Vorschriften** unerlaubte Handlungen sind, verjähren die sich daraus ergebenden Ansprüche – wiederum einschließlich des Anspruchs auf Erstattung außergerichtlicher Kosten[542] – nach den für jene Vorschriften geltenden Verjährungsbestimmungen, soweit sie nicht allein auf dem Wettbewerbsrecht beruhen. So liegt im Vernichtungswettbewerb (Rn 573 ff) stets auch eine Verletzung des § 826 BGB; die Verjährung tritt also erst nach drei Jahren ein.[543] Das Gleiche gilt für Ansprüche, die gleichzeitig nach dem MarkenG[544] oder anderen Sondergesetzen begründet sind.[545] Auch die Anschwärzung (Rn 663 ff) verstößt in der Regel zugleich gegen § 824 BGB sowie §§ 186 StGB, 823 Abs. 2 BGB, so dass sie erst nach drei Jahren verjährt.[546] Der Schadenersatzanspruch eines *Konkurrenten* aus einem Verstoß gegen §§ 3, 5, 5 a, 7 UWG richtet sich nach § 11 UWG.[547] Der Anspruch aus einem **Vertragsstrafeversprechen** ist nicht aus dem UWG, sondern aus dem BGB herzuleiten und unterliegt deshalb der nunmehr Drei-jährigen Regel-Verjährungsfrist des § 195 BGB (Beginn am Ende des Jahres, in dem der Anspruch entstanden ist), dies jedoch nur, soweit es sich um den Anspruch auf Zahlung der Vertragsstrafe handelt; für Unterlassungsansprüche aus Verstößen gilt wiederum § 11 UWG analog, soweit die Vertragsverletzung zugleich eine Gesetzesverletzung ist.[548]

976 Im Verhältnis des Wettbewerbsrechts zu § 823 BGB gibt es jedoch zwei **Ausnahmen** von dem Grundsatz der Konkurrenz der Verjährungsvorschriften: **Soweit Wettbewerbsverstöße nur dadurch zugleich unter § 823 Abs. 1 BGB fallen, dass sie einen Eingriff in das Recht am eingerichteten und ausgeübten Gewerbebetrieb darstellen, oder soweit sie Schutzgesetze nach § 823 Abs. 2 BGB sind, bleibt es bei der kurzen Verjährungsfrist des Wettbewerbsrechts.** Der Bundesgerichtshof hat die frühere gegenteilige Rechtsprechung zu § 823 Abs. 1 BGB in BGHZ 36, 252, 256 f. *Gründerbildnis* ausdrücklich aufgegeben.[549] Die Lehre ist ihm gefolgt.[550] Für § 823 Abs. 2 BGB ist das von jeher angenommen worden.[551]

977 Die im Bereich des gewerblichen Rechtsschutzes und des Urheberrechts allgemein gebräuchliche, mit dem Unterlassungs- und Auskunftsanspruch verbundene **Schadener-**

540 BGH GRUR 1972, 721 *Kaffeewerbung.*
541 Vgl Mansel NJW 2002, 89, 94 links oben.
542 Teplitzky GRUR 1992, 821, 822.
543 BGHZ 36, 252, 256 *Gründerbildnis;* BGH GRUR 1977, 539, 541 *Prozessrechner.*
544 Vgl aber Rn 20.
545 BGH GRUR 1968, 367, 370 *Corrida* (Marke); BGH GRUR 1984, 820, 822 *Intermarkt II* (Unternehmenskennzeichen); BGH NJW 1996, 3005 (Beseitigungsanspruch aus § 35 GWB aF).
546 BGZ 36, 252, 256 *Gründerbildnis.*
547 BGH GRUR 1995, 608, 609 *Beschädigte Verpackung II.*
548 BGH GRUR 1995, 678, 680 f. *Kurze Verjährungsfrist;* kritisch dazu Köhler GRUR 1996, 231.
549 BGH GRUR 1974, 99, 100 *Brünova* gegen BGH GRUR 1959, 31, 34 *Feuerzeug als Werbegeschenk.* Ebenso OLG Köln GRUR-RR 2001, 110.
550 Köhler in Köhler/Bornkamm, § 11 UWG Rn 1.8.
551 Vgl schon BGH aaO. *Feuerzeug als Werbegeschenk.*

satz-Feststellungsklage (Rn 1627) hemmt die kurzen Verjährungsfristen von § 11 UWG und §§ 852, 204 BGB; der nur festgestellte, noch nicht bezifferte Schadenersatzanspruch verjährt erst 30 Jahre nach Rechtskraft des Urteils, § 197 Abs. 1 Nr. 3 BGB.

Ob der Verfügungsantrag eine **Unterbrechung der Verjährung** des Unterlassungsanspruchs nach früherem BGB bewirkte, war lange streitig.[552] Der Bundesgerichtshof sah nicht einmal die Vollziehung, geschweige denn die Beantragung, einer einstweiligen Verfügung als geeignet an, die Verjährung zu unterbrechen.[553] Mit dem In-Kraft-Treten des § 204 Abs. 1 Nr. 9 BGB hat sich die **Rechtslage geändert**: Schon der Verfügungs*antrag* hemmt die Verjährung, und dies für die gesamte Dauer des Verfahrens und weitere sechs Monate nach dessen Beendigung (§ 204 Abs. 2 BGB).[554] Die Hemmung betrifft nur den im Verfügungsverfahren anhängigen Anspruch, also regelmäßig den Unterlassungs-, *nicht* den Auskunfts- und Schadenersatzanspruch.[555]

978

Welche **prozessualen Folgen** der Eintritt **der Verjährung** hat, war schon nach früherem Recht streitig:

979

- Unternimmt der Gläubiger nach Zustellung der Einstweiligen Verfügung nichts und erhebt der Schuldner nach Fristablauf Widerspruch unter Berufung auf den Verjährungseintritt, so trägt der Schuldner die Kosten des Verfügungs-, der Gläubiger die des Aufhebungsverfahrens.[556]
- Der Gläubiger kann dem Widerspruch allerdings durch einen Verzicht auf die Rechte aus der einstweiligen Verfügung zuvorkommen.[557] Nach erhobener Verjährungseinrede kann er sich durch eine Erledigungserklärung retten; denn es besteht keine Verpflichtung zur Erhebung der Hauptsacheklage.[558]

Freilich wird es wegen des die Verjährung hemmenden Einstweiligen Verfügungsverfahrens nur noch selten zu solchen Konstellationen kommen, weil die **Hemmung** bis sechs Monate nach rechtskräftigem Abschluss oder anderweitiger Beendigung andauert (Rn 978). Kommt das Verfahren zum Stillstand, so tritt nach § 204 Abs. 2 S. 2 BGB an die Stelle der Beendigung des Verfahrens die letzte Verfahrenshandlung der Parteien, des Gerichts oder der sonst mit dem Verfahren befassten Stelle. Wird das Verfahren von einer der Parteien weiter betrieben, beginnt die Hemmung nach § 204 Abs. 2 S. 3 BGB erneut. Weiter ist zu beachten, dass schon die Anrufung der Einigungsstelle (Rn 1548 ff) durch den Verletzer[559] die Verjährung hemmt und dass die Klageeinreichung zur Hemmung ausreicht, wenn die Zustellung alsbald zu erwarten

980

---

552 Vgl die Nachweise bei OLG Hamm WRP 1977, 346, 347.
553 BGH GRUR 1979, 121 f. *Verjährungsunterbrechung*; dazu Traub WRP 1979, 186 und Teplitzky GRUR 1984, 307.
554 Mansel NJW 2002, 89, 98; Zimmermann/Leenen/Mansel/Ernst JZ 2001, 684, 696; Baronikians WRP 2001, 121; Schabenberger WRP 2002, 293 ff.
555 Mees WRP 2002, 137; Schabenberger WRP 2002, 293, 298.
556 OLG Celle WRP 1983, 96 will sogar sämtliche Kosten dem Schuldner auferlegen. Aber der Gläubiger konnte rechtzeitig auf die Rechte aus der Einstweiligen Verfügung verzichten oder den Rechtsstreit für erledigt erklären. Dass er nicht sämtliche Kosten zu tragen hat, liegt daran, dass die „veränderten Umstände" des § 927 ZPO auch solche sein können, die der Disposition des Gläubigers unterliegen; die Hauptsacheerledigung ist schon nach dem Gesetzestext nur *einer* der denkbaren Fälle. Vgl auch OLG München WRP 1984, 434.
557 Vgl OLG Stuttgart WRP 1981, 231 f.
558 OLG Stuttgart NJW-RR 1996, 1520; OLG Koblenz NJW-RR 1996, 1520; OLG Frankfurt WRP 2002, 466, 467; anders OLG Hamburg WRP 1989, 403.
559 OLG Koblenz NJW-RR 1989, 38, zum früheren BGB.

ist[560] (§ 204 BGB). Auch wird die Verjährung durch Vergleichsverhandlungen gehemmt (§ 203 BGB); sogar in der Rücknahme eines Rechtsmittels kann im Einzelfall ein Anerkenntnis des Verletzers liegen,[561] das den „Neubeginn" der Verjährung auslöst, § 212 BGB.

XI. Unzulässige Rechtsausübung

Rechtsgrundlage: § 242 BGB, § 8 Abs. 4 UWG

981 Der Einwand der unzulässigen Rechtsausübung kann jedem Anspruchsberechtigten von dem Verletzer entgegengehalten werden, wenn die Geltendmachung des dem Berechtigten formal zustehenden Anspruchs gegen Treu und Glauben verstößt (§ 242 BGB). Da unsere Rechtsordnung von dem Grundsatz ausgeht, dass der Inhaber eines Anspruchs zu dessen Geltendmachung legitimiert ist, muss dieser Einwand auf eng begrenzte, seltene **Ausnahmefälle** beschränkt bleiben. Dabei gelten im Wettbewerbsrecht mit Rücksicht auf die Tatsache, dass sein Schutzzweck über die Sicherung von Individualrechten einzelner Wettbewerber hinaus auf die Sicherung des unverfälschten Wettbewerbs gerichtet ist (vgl Rn 1 ff), noch engere Grenzen als sonst im Bereich des § 242 BGB.

1. Venire contra factum proprium, Unclean Hands

Rechtsgrundlage: § 242 BGB

982 So ist die **Berufung auf den eigenen gleichartigen Wettbewerbsverstoß des Anspruchsberechtigten**, also der wettbewerbliche Einwand des *venire contra factum proprium* (oder, in der heutigen Umgangssprache, der *unclean hands*), **grundsätzlich unzulässig**.[562] Das gilt jedenfalls für den Unterlassungsanspruch[563] und muss in gleicher Weise auch für den sonstigen Beseitigungsanspruch gelten. Ein Schadenersatzanspruch dessen, der im Wesentlichen gleichzeitig, in gleicher Weise und im gleichen Umfang wie ein Konkurrent unlauteren Wettbewerb betrieben hat, scheitert jedoch daran, dass ihm ein Schaden infolge der Rechtsverletzung des Konkurrenten nicht entstanden sein kann.[564]

983 Einem Verband zur Förderung wirtschaftlicher Interessen kann der Einwand der unzulässigen Rechtsausübung nicht mit der Begründung entgegengehalten werden, er gehe nur gegen Außenseiter vor, dulde aber die gleichartigen Wettbewerbsverstöße seiner Mitglieder.[565]

---

560 OLG Hamm GRUR 1982, 741, 742 *Einhand-Mischbatterien*, zum früheren BGB.
561 OLG Bremen GRUR 1986, 178, zum früheren BGB.
562 BGH GRUR 1967, 430, 432 *Grabsteinaufträge*; OLG Stuttgart NJW-RR 1996, 1515 f; KG GRUR 2000, 93, 94.
563 BGH GRUR 1977, 494, 497 *DERMATEX*; BGH GRUR 1970, 563, 564 *Beiderseitiger Rabattverstoß*; OLG Stuttgart NJWE 1996, 1515, 1516.
564 BGH GRUR 1971, 582, 584 *Kopplung im Kaffeehandel*.
565 BGH GRUR 1967, 430, 432 *Grabsteinaufträge*; OLG Köln NJWE 1999, 252, 253 f.

2. Verwirkung

Rechtsgrundlage: § 242 BGB

Gleich strenge Grundsätze gelten für die **Verwirkung**, und zwar ohne eine vom allgemeinen Recht abweichende Beurteilung.[566] Verwirkung ist Rechtsverzicht durch konkludentes Handeln.[567] Verzichten kann nur der Verfügungsberechtigte. Sind dies mehrere, so muss der Verzicht von allen bewirkt werden. Im Wettbewerbsrecht handelt es sich beim unlauteren Verhalten gegenüber Kunden (Rn 118 ff) und beim Rechtsbruch (Rn 774 ff) stets um eine Vielzahl von Anspruchsberechtigten; selbst wo nur zwei Mitbewerber existieren, sind neben ihnen doch die Verbände des § 8 Abs. 3 Nr. 2 bis 4 UWG aktivlegitimiert. Die längere, auch bewusste Duldung eines solchen Wettbewerbsverstoßes durch einen von ihnen kann daher keine Verwirkung herbeiführen. Das Gleiche gilt, wo die Behinderung sich nicht nur gegen einen, sondern gegen mehrere bestimmte Wettbewerber richtet.

984

Demgemäß wird eine Verwirkung, wenn auch unter Berufung auf angebliche „gewichtige Belange der Allgemeinheit", von der Rechtsprechung bei §§ 5, 5 a UWG grundsätzlich nicht anerkannt.[568] Das gilt sogar dann, wenn der Anspruchsberechtigte durch positives Tun die Benutzung der täuschenden Bezeichnung ermöglicht hat; so hat es der Bundesgerichtshof als unerheblich angesehen, dass die beteiligten Hersteller sich auf eine die Verbraucher täuschende Bezeichnung geeinigt hatten.[569] Längere bewusste Duldung eines Verstoßes gegen §§ 5, 5 a UWG spricht im Übrigen allenfalls gegen die Dringlichkeit eines Verfügungsantrages (Rn 1559), beseitigt aber nicht den materiellen Anspruch.[570] Der Bundesgerichtshof lässt den Einwand der Verwirkung nur **ausnahmsweise** in zwei Fällen zu:

985

- Eine **Interessenabwägung** ergibt, dass das Interesse des Verletzers an der Erhaltung eines wertvollen Besitzstandes an einer Angabe erheblich höher ist als das Interesse der Allgemeinheit an der Beseitigung einer nicht allzu schwerwiegenden Irreführungsgefahr[571] (zur Interessenabwägung oben Rn 146 ff).

- Es handelt sich ausnahmsweise im Grunde nur um **Individualinteressen** der Mitbewerber.[572]

Soweit es sich um **Rechtsbeziehungen zwischen nur zwei Wettbewerbern** handelt (bei der Behinderung eines bestimmten Mitbewerbers), wird dagegen die Verwirkungslehre

---

566 Grundlegend Neu GRUR 1987, 681.
567 In Rechtsprechung und Lehre ist eine sehr viel wortreichere Umschreibung üblich, die dasselbe sagt; vgl BGHZ 146, 217, 220 *Temperaturwächter;* BGH WRP 2002, 221, 223 *Rücktrittsfrist.*
568 BGH GRUR 2003, 448, 449 *Gemeinnützige Wohnungsbaugesellschaft;* BGH GRUR 1985, 140, 141 f. *Größtes Teppichhaus der Welt.* Das gilt vor allem bei gesundheitsbezogener Werbung, wo das Interesse der Allgemeinheit stets als vorrangig anzusehen ist, BGH GRUR 1980, 797, 799 f. *Topfit Booonekamp,* BGH GRUR 1991, 848, 850 *Rheumalind II.* S. auch BGHZ 126, 287, 295 *Rotes Kreuz;* OLG München WRP 1980, 440, 441 f; OLG Hamm NJW-RR 1987, 735, 737.
569 BGH GRUR 1967, 30, 32 *Rum-Verschnitt.*
570 OLG Frankfurt NJW 1970, 250.
571 BGH GRUR 2007, 1079 Tz. 33 *Bundesdruckerei,* im Fall allerdings Irreführung bejaht; BGH GRUR 1977, 159, 161 *Ostfriesische Tee-Gesellschaft:* über 60 Jahre bestehende Firma. Vgl aber den Gegenfall BGH GRUR 1982, 423, 425 *Schlossdoktor/Klosterdoktor:* Eine seit 1924 benutzte Weinbezeichnung kann gleichwohl nach § 3 Abs. 1 UWG unzulässig sein, weil „die Interessen der Verbraucher unter den hier gegebenen Umständen den Vorrang vor den wirtschaftlichen Belangen der Beklagten haben müssen". Im gleichen Sinne BGHZ 126, 287, 295 *Rotes Kreuz.*
572 BGH GRUR 1957, 285, 287 *Erstes Kulmbacher;* vgl auch BGH GRUR 1983, 245, 247 *naturrot I.*

ohne Rücksichtnahme auf wettbewerbliche Besonderheiten angewendet.[573] Vgl dazu im Einzelnen im Markenrecht Rn 1274 ff.

Das hat interessante Konsequenzen für die inhaltlich weitgehend parallel laufenden Tatbestände der vermeidbaren Herkunftstäuschung nach § 4 Nr. 9 a UWG (Rn 710, 723 ff) einerseits und die Irreführung über die betriebliche Herkunft nach § 5 Abs. 2 UWG (Rn 228 ff) andererseits. Ansprüche nach § 4 Nr. 9 a UWG kann der Anspruchsberechtigte verwirken, weil sie nur seinem Individualschutz dienen (Rn 711). § 5 Abs. 2 UWG schütz hingegen die Allgemeinheit vor Irreführung und ist durch die Anspruchsberechtigten grundsätzlich nicht verwirkbar.

986 Der **Vertragsstrafengläubiger** verwirkt seine Ansprüche, wenn er Zuwiderhandlungen mehrere Jahre lang sammelt, um sie sodann zum Gegenstand einer für den Schuldner wirtschaftlich bedrohlichen Zahlungsklage zu machen.[574]

3. Missbrauch der Anspruchsberechtigung

Rechtsgrundlage: § 8 Abs. 4 UWG

987 Für den **Missbrauch der Klagebefugnis** trifft § 8 Abs. 4 UWG eine generalklauselartige Regelung: *Unter Berücksichtigung der gesamten Umstände* kann stets ein Missbrauch festgestellt werden; das im Gesetz genannte überwiegende Kosteninteresse ist nur ein Beispiel für einen Missbrauch, das sich allerdings mit der früheren Spruchpraxis, die vor allem zu § 826 BGB erging, deckte.[575] Von einem Missbrauch nach § 8 Abs. 4 UWG ist nach dem Bundesgerichtshof auszugehen, wenn sich **der Gläubiger** bei der Geltendmachung des Unterlassungsanspruchs **von sachfremden Motiven leiten** lässt. Diese müssen allerdings nicht das alleinige Motiv des Gläubigers sein. Ausreichend ist, dass die sachfremden Ziele **überwiegen**.[576]

988 Ein solcher Missbrauch wurde bejaht:

- Bei der **Aufspaltung** einer einheitlich zu beurteilenden Werbemaßnahme (zB in einem Prospekt) in getrennte, nacheinander geltend gemachte Ansprüche („**Salami-Taktik**").[577] Das gleiche gilt für getrennte Werbemittel, sofern die Wettbewerbsverstöße gleich- oder zumindest ähnlich gelagert sind.[578] Die Trennung der Verfahren kann allerdings durch einen **sachlichen Grund** für die Mehrfachverfolgung gerechtfertigt werden.[579]

---

573 BGH GRUR 1985, 72, 73 *Consilia* und OLG Hamm NJW-RR 1985, 735, 736 (zu § 16 Abs. 1 UWG aF); OLG Celle BB 1968, 642, 643 für die Geltendmachung der Nichtigkeit eines gegen § 1 UWG aF verstoßenden Bierlieferungsvertrages.

574 BGH GRUR 1998, 471, 474 *Modenschau im Salvator-Keller*.

575 Eingehend Jackowski WRP 2010, 38 ff., und Solmecke/Dierking MMR 2009, 727 ff., insbesondere zu rechtsmissbräuchlichen Abmahnungen.

576 BGH GRUR 2010, 454 Tz. 19 *Klassenlotterie*; BGH GRUR 2009, 1180 Tz. 20 *0,00 Grundgebühr*; BGH GRUR 2006, 243 Tz. 16 *MEGA SALE*. „Eindeutig" überwiegen bei OLG Hamm GRUR-RR 2009, 444 *Generierung von Ansprüchen*.

577 BGH GRUR 2010, 454 Tz. 19 ff. *Klassenlotterie;* OLG Hamburg WRP 1985, 223 und 1996, 579, 580; OLG München NJWE 1998, 211 f. Das gilt auch bei einheitlicher Werbung verschiedener Konzernunternehmen: BGH GRUR 2006, 243 Tz. 16 ff *MEGA SALE*; OLG Hamburg GRUR-RR 2006, 374 200. *Neueröffnung.*

578 BGH GRUR 2010, 454 Tz. 19 ff. *Klassenlotterie;* BGH GRUR 2009, 1180 Tz. 20 *0,00 Grundgebühr*.

579 BGH GRUR 2010, 454 Tz. 19 ff. *Klassenlotterie;* OLG Hamburg GRUR 1995, 822; OLG Karlsruhe GRUR 1995, 504.

Beispiele für einen sachlichen Grund: Es werden zwei Wettbewerbsverstöße in einem Prospekt getrennt durch den Gläubiger verfolgt. Der eine Wettbewerbsverstoß liegt aber nicht völlig klar auf der Hand und bedarf näherer Überprüfung.

Ein Gläubiger hat auch zur getrennten Verfolgung in verschiedenen Prozessen im Hinblick auf eine unterschiedliche Beweissituation Anlass,[580] zB wenn angegriffene Werbeaussagen in einem Spielplan und einem Internetauftritt einerseits und im Rahmen von Telefon und Postmarketingmaßnahmen andererseits erfolgen, ist eine Verfahrenstrennung nicht rechtsmissbräuchlich.[581] Genauso darf ein unlauterer Handzettel getrennt von einem unlauteren Plakat verfolgt werden, weil der Gläubiger das Plakat nur durch Foto oder Zeugenbeweis belegen kann, über den Handzettel aber selbst verfügt.[582]

- Bei **abgestimmtem Tätigwerden** mehrerer regional tätiger Konzerngesellschaften, wenn diese 14 Verfügungs- und 14 Hauptsacheverfahren parallel eröffnen;[583] dem Argument, der von einer regional tätigen Konzerngesellschaft erwirkte Titel habe möglicherweise nur eine regional begrenzte Wirkung, war der Bundesgerichtshof schon vorher nachdrücklich entgegengetreten;[584] das gleiche gilt bei parallelem Vorgehen von zwei Konzerngesellschaften, die auf dem selben räumlichen und sachlichen Markt tätig sind,[585] oder bei zeitlich versetzter Geltendmachung des selben Wettbewerbsverstoßes durch Konzerngesellschaften mit dem selben Prozessbevollmächtigten.[586] In diesen Fällen obliegt es den Konzernunternehmen grundsätzlich, sich so zu koordinieren, dass dies den Gegner möglichst wenig belastet.[587] Gleiches gilt bei – wohl ohnehin kartellverbotswidriger – Verabredung von **mehreren klagebefugten Mitbewerbern**, die eng geschäftlich miteinander verbunden sind,[588] die Einschaltung von verschiedenen Rechtsanwälten der selben Bürogemeinschaft reicht aber nicht.[589] Die Mehrfachverfolgung – genauso wie die „Salami-Taktik" – ist jedoch zulässig, wenn ein **sachlicher Grund** dafür gegeben ist, zB wenn Konzernunternehmen einen Konkurrenten wegen unzureichender Vorratshaltung jeweils am Ort des fehlenden Warenvorrats nach der erforderlichen individuellen Überprüfung jeder Filiale in Anspruch nehmen.[590]

- Bei **gleichzeitiger Einleitung** von Verfügungs- und Hauptsacheverfahren;[591] der Anspruchsteller muss aber nicht warten, bis im Einstweiligen Verfügungsverfahren über einen Widerspruch entschieden oder gar das Einstweilige Verfügungsverfahren rechtskräftig abgeschlossen ist, sofern der Anspruchsgegner nach Erlass der Verfü-

---

580 BGH GRUR 2010, 454 Tz. 21 *Klassenlotterie;* BGH GRUR 2009, 1180 Tz. 20 *0,00 Grundgebühr.*
581 BGH GRUR 2010, 454 Tz. 21 *Klassenlotterie.*
582 BGH GRUR 2009, 1180 Tz. 20 *0,00 Grundgebühr.*
583 BGH GRUR 2002, 357 *Missbräuchliche Mehrfachabmahnung;* BGH GRUR 2000, 1089, 1090 f. *Missbräuchliche Mehrfachverfolgung;* anders noch OLG Karlsruhe NJWE 1996, 149, 150.
584 BGH GRUR 1999, 509, 510 *Vorratslücken.*
585 BGH GRUR 2002, 357, 358 ff. *Missbräuchliche Mehrfachabmahnung;* nicht allerdings, wenn die klagenden Konzerntöchter in ihrer Stellung als Mitbewerber unterschiedlich betroffen sind: OLG Frankfurt GRUR 2006, 247, 248 *40 Jahre Garantie.*
586 BGH WRP 2002, 980, 982 *zeitlich versetzte Mehrfachverfolgung;* allerdings war hier nicht die erste Klage unzulässig.
587 BGH GRUR 2004, 70, 71 *Preisbrecher.*
588 OLG Hamburg WRP 1981, 401; OLG Düsseldorf WRP 1983, 159; siehe auch OLG München GRUR-RR 2002, 119 *Rechtsmissbrauch.*
589 OLG Hamburg NJW-RR 1997, 1269.
590 BGH GRUR 2004, 70, 71 *Preisbrecher;* BGH GRUR 2002, 713, 714 *zeitlich versetzte Mehrfachverfolgung;* OLG Nürnberg GRUR-RR 2005, 169, 170 *Unterhaltungselektronik.*
591 BGH GRUR 2001, 82, 83 *Neu in Bielefeld I.*

gung eine angemessene Frist für die Abgabe der Abschlusserklärung (Rn 1594) verstreichen ließ.[592]

- Bei **systematischer Suche nach Wettbewerbsverstößen** im anwaltlichen Kosteninteresse,[593] zB bei Versendung von jährlich 150 Abmahnungen durch einen Rechtsanwalt, der gleichzeitig als Bauträger tätig und deshalb insoweit klagebefugt ist,[594] oder wenn sich der Klagebefugte seiner Herrschaft über die erhobenen Unterlassungsansprüche zu Gunsten seines Anwalts begeben hat,[595] oder die geltend gemachten Ansprüche sonst in keinem engeren Zusammenhang mit der Tätigkeit des Klagebefugten standen;[596]
- Ein Rechtsanwalt stellt seinen Auftraggeber völlig von jedem Kostenrisiko frei.[597] Das Gleiche gilt, wenn ein Prozessfinanzierer seinem Kunden jedes Kostenrisiko abnimmt, weil der Prozessfinanzierer sich aus späteren Vertragsstrafen refinanzieren will und über dies mit dem Prozessanwalt eng und fortlaufend zusammenarbeitet.[598] Bei solchen Modellen ist zu vermuten, dass die Prozesse aus sachfremden Motiven heraus geführt werden.
- Das Gericht gemäß § 14 Abs. 2 S. 1 UWG prinzipiell allein so ausgewählt, dass dieses vom Sitz des Gegners möglichst weit entfernt liegt.[599]
- Als nach den Umständen der Ausübung der Klagebefugnis erkennbar wurde, dass die Bekämpfung unlauteren Wettbewerbs nur als Vorwand diente und **eigentliches Ziel der Rechtsverfolgung die Erzielung von Geldeinnahmen** war.[600] Massenabmahnungen sind für sich alleine noch nicht missbräuchlich.[601]

Indizien für ein eigentliches Ziel der Erzielung von Geldeinnahmen: Der Klagebefugte greift vornehmlich solche Fälle auf, die wenig Ermittlungsaufwand bedeuten,[602] zB Durchforsten von Zeitungsanzeigen.
Er greift vornehmlich solche Fälle auf, die wenig wettbewerbsrechtlichen Beurteilungsaufwand erfordern, also schon höchstrichterlich entschieden sind.[603]
Es werden nach erfolgloser Abmahnung allenfalls Verfügungs-, jedoch keine Hauptsacheverfahren wegen des damit verbundenen Gerichtskostenvorschusses angestrengt oder es

592 OLG Köln GRUR-RR 2009, 183, 184 *Hauptsacheklage nach Widerspruch*; im Anschluss an: OLG München MD 2008, 724; Stickelbrock WRP 2001, 648, 658; Fritsche in MünchKomm-UWG § 8 Rn 466; zustimmend Bornkamm in Köhler/Bornkamm § 8 UWG Rn 4.15. AA OLG Nürnberg GRUR-RR 2004, 336: rechtskräftigen Abschluss des Verfügungsverfahrens abwarten.
593 BGH GRUR 2001, 260, 261 *Vielfachabmahner* (150 Abmahnungen jährlich); OLG Köln GRUR 1993, 571 (Teilung des Kostenrisikos mit dem beauftragten Anwalt); OLG Frankfurt WRP 1994, 881 (3.500 Abmahnungen an Reisebüros wegen geringfügigen Verstoßes gegen die PreisangabenVO).
594 BGH GRUR 2001, 260, 261 *Vielfachabmahner* mit Anm. J. B. Nordemann/Blum ZMR 2002, 148 ff; damit dürfte die großzügigere Auffassung vom OLG München GRUR 1984, 373, 374 *Klagefreudiger Immobilienmakler* überholt sein.
595 KG WRP 1984, 476, 477; OLG Karlsruhe 1986, 49, 50; LG Mannheim WRP 1986, 56 f.
596 OLG Köln GRUR 1993, 571; OLG München WRP 1986, 304, 305.
597 OLG Frankfurt GRUR 2007, 56, 57.
598 KG WRP 2010, 1177, 1178.
599 KG GRUR-RR 2008, 212, 212 *Fliegender Gerichtsstand*; vgl auch LG Braunschweig GRUR-RR 2008, 214, 215 *Massenabmahner* (Streuung der Gerichtsstände).
600 OLG Hamburg K&R 2000, 556 f. *Co-Shopping* (die Kl. hatte eine gegen die Bekl. erwirkte Verfügung zu dem Versuch benutzt, letztere unter Druck zu setzen, um ihr nicht zustehende Vermögensvorteile zu erlangen).
601 OLG Köln GRUR-RR 2010, 339, 341 *Matratzen im Härtetest*; OLG Hamm GRUR-RR 2009, 444 *Generierung von Ansprüchen*; OLG Frankfurt GRUR-RR 2007, 56, 57 *sprechender Link*; OLG München GRUR-RR 2007, 55, 55 *Media-Markt*; LG München GRUR-RR 2006, 418 *Preissuchmaschine*.
602 OLG München WRP 1996, 304; OLG München WRP 1993, 57; OLG Karlsruhe WRP 1986, 49.
603 OLG München WRP 1996, 304; OLG Karlsruhe WRP 1986, 49.

werden nach Ablauf der Dringlichkeitsfrist keine Hauptsacheklagen, sondern nur Klagen auf Erstattung der Abmahnkosten erhoben.

Es wird in einer Vielzahl von Abmahnungen ein pauschalierter Schadensersatz für entgangenen Gewinn – von zB EUR 100 – geltend gemacht, ohne dass irgendwelche nachvollziehbaren Anhaltspunkte dafür bestehen, dass ein solcher Anspruch berechenbar ist (vgl auch Rn 949 ff); auch werden keine vorbereitenden Auskunftsansprüche oder eine Feststellung der Schadensersatzpflicht dem Grunde nach eingeklagt.[604]

Das wettbewerbsrechtliche Vorgehen steht außer Verhältnis zur geschäftlichen Tätigkeit, was zB bei einer „Abmahnflut" und nur EUR 100.000 Umsatz/Jahr[605] oder bei 130 Rechtsstreiten wegen UWG trotz EUR 2.000.000 Umsatz/Jahr (angesichts des damit verbundenen relativ geringfügigen Gewinns) und trotz einer werbenden Internethomepage[606] angenommen wurde. Weiteres Beispiel: Der Bruder eines Onlinehändlers mahnt als dessen Rechtsanwalt die Verwendung der alten Muster-Widerrufsbelehrung des BMJ während des Übergangszeitraums (§ 16 BGB-InfoV) bei neun Konkurrenten auf Basis eines Streitwertes von EUR 10.000 ab, obwohl der Mandant monatlich lediglich einen Umsatz von knapp EUR 190 erzielt.[607]

Bei mehreren Verletzern hat der **Gläubiger** grundsätzlich die **Wahl**, gegen welchen Verletzer er vorgeht. Grundsätzlich steht es einem Verband ebenso wie einem Mitbewerber frei zu entscheiden, gegen wen er vorgeht. Er kann die gleiche Werbung bei einem Mitglied dulden und nur gegen einen Dritten vorgehen.[608] Ein Mitbewerber kann sich aussuchen, ob er nur gegen Händler und nicht auch gegen den Hersteller vorgeht.[609] Anderes gilt nur, wenn ein Verband grundsätzlich nur gegen Außenstehende und nicht gegen eigene Mitglieder vorgeht, vielmehr gleichartige Verletzungshandlungen, die von diesen begangen werden, planmäßig duldet.[610]   **989**

Zu § 8 Abs. 4 UWG ist es **Sache des Verletzten**, die Tatsachen **darzulegen und unter Beweis zu stellen**, aus denen sich ein Missbrauch der Klagebefugnis ergeben könnte.[611]   **990**

Auch wenn die **rechtsmissbräuchliche Rechtsverfolgung** einer Partei aufgrund bestimmter Umstände als rechtsmissbräuchlich **durch Gerichte festgestellt** worden ist, folgt daraus **nicht**, dass die Partei die **Klagebefugnis** als Wettbewerber **für alle Zeiten** verloren hat. Es kommt dann darauf an, ob die äußeren Umstände der jetzigen Rechtsverfolgung im Wesentlichen mit den früheren übereinstimmen oder ob der Abmahnende eine gewichtige Veränderung in den maßgeblichen Umständen darlegen kann, die einen Schluss auf eine redliche Rechtsverfolgung zulassen.[612]   **991**

---

604 OLG Hamm GRUR-RR 2009, 444, 445 *Generierung von Ansprüchen.*
605 Eingehend OLG Hamm v. 17.11.2009, Az I-U 148/09, L und Kurzwiedergabe in GRUR Prax 2010, 42, Volltext abrufbar über juris, dort Tz. 28 ff mwN aus der Rspr des Senates; ferner OLG Hamm GRUR-RR 2009, 444, 445 *Generierung von Ansprüchen.*
606 OLG Brandenburg v. 22.9.2009, Az 6 U 93/09, OLGR 2009, 914, abrufbar über juris.
607 LG Bielefeld BeckRS 2009, 3630 (Berufung eingelegt).
608 BGH GRUR 2004, 793, 795 *Sportlernahrung II* mwN.
609 Köhler in Köhler/Bornkamm § 8 UWG Rn 4.21; offen OLG Köln NJWE-WettbR 1999, 252.
610 BGH GRUR 1997, 681, 683 *Produktwerbung;* OLG Frankfurt MD 2009, 528, zit. nach juris Tz. 7. Kritisch und gegen eine solche Ausnahme Köhler in Köhler/Bornkamm § 8 UWG Rn 4.21.
611 OLG Köln NJWE 1999, 252, 253.
612 OLG Hamm v. 17.11.2009, Az I-U 148/09, L und Kurzwiedergabe in GRUR Prax 2010, 42, Volltext abrufbar über juris, dort Tz. 26; KG GRUR-RR 2004, 355.

XII. Abwehr

Rechtsgrundlage: § 227 BGB analog

992 In Sonderfällen können Ansprüche aus dem Wettbewerbsrecht durch den Einwand vernichtet werden, das an sich unzulässige Verhalten des Verletzers sei durch ein **Abwehrrecht** gerechtfertigt (Rn 570, 660, 677, 746). Es handelt sich um eine Art wettbewerbliches Notwehrrecht: Ein an sich nicht erlaubtes Handeln wird durch die Notwendigkeit gerechtfertigt, dem unlauteren Wettbewerb anderer wirksam zu begegnen. Notwendig ist die Abwehr, wenn und soweit durch gerichtliche Hilfe ein Ausgleich nicht möglich ist[613] und durch sie nicht in berechtigte Interessen Dritter eingegriffen wird; sie muss sich deshalb im Regelfall gegen den Angreifer selbst richten.[614] Sie muss sachlich zutreffend sein und sich in den Grenzen des Erforderlichen halten,[615] wobei allerdings die Grenzen dessen, was als unlauter anzusehen ist, weiter als sonst zu ziehen sind;[616] geht beispielsweise der Angriff von einem am Wettbewerb unbeteiligten Dritten – etwa einer Tierschutzorganisation – aus, kann auch ein (geringfügiger) Verstoß gegen das HeilmittelwerbeG durch Abwehr gerechtfertigt sein.[617] Gegenüber einem auf Irreführung gestützten Unterlassungsbegehren versagt der Abwehreinwand stets; eine Irreführung ist auch nicht durch unlautere Angriffe eines Mitbewerbers zu rechtfertigen.[618] Die eigenmächtige Entfernung eines „wild" angebrachten Plakats durch ein anderes Plakatierungsunternehmen ist allerdings rechtswidrig.[619]

C. Unwirksamkeit von Verträgen

Rechtsgrundlage: §§ 134, 138 BGB

993 Ein **Verstoß gegen das UWG** für sich genommen führt grundsätzlich **noch nicht zu einer Nichtigkeit** des daraufhin abgeschlossenen Vertrages. Denn die §§ 3 Abs. 1, 3 Abs. 2 S. 1 und 3 Abs. 3 UWG sowie § 7 Abs. 1 S. 1 UWG sind keine gesetzlichen Verbote im Sinne des § 134 BGB.[620] Das gilt insbesondere dann, wenn die wettbewerbswidrige Werbung den Kunden nur angelockt hat, er jedoch vor Vertragsschluss genügend Zeit hatte, sich mit dem Angebot näher zu befassen.[621] Es bleiben nur die üblichen zivilrechtlichen Sekundäransprüche, wenn die Verträge anfechtbar sind (§ 123 BGB), bzw. ein Rücktritt oder eine Kündigung.

994 Das UWG mit seinem Sanktionsmechanismus (insbesondere Unterlassungs-, Schadensersatz und Gewinnabschöpfungsansprüche) greift aber ein, wenn die **Regeln des UWG systematisch gebrochen** und auf diese Weise **systematisch zivilrechtlich fehlerhafte Verträge** produziert werden (sog. „**Folgeverträge**"). Das ist für sich genommen unlauter

---

613 BGH GRUR 1979, 157, 159 *Kindergarten-Malwettbewerb*; BGH GRUR 1990, 371, 373 *Preiskampf*; BGH GRUR 1988, 916, 918 *PKW-Schleichbezug*; BGHZ 140, 134 *Hormonpräparate*.
614 BGHZ 111, 188, 191 *Anzeigenpreis I*.
615 OLG Hamm WRP 1979, 477, 479 und AfP 1986, 129, 131; OLG Hamburg AfP 1991, 539, 541. Gegenbeispiel: BGH GRUR 1979, 804, 807 *Falschmeldung*.
616 BGHZ 140, 134 *Hormonpräparate*; BGH GRUR 1971, 259, 260 *WAZ*; OLG Dresden WRP 1995, 838, 842 f.
617 BGHZ 140, 134 *Hormonpräparate* m.Anm. Köhler in LM Nr. 793 zu § 1 UWG.
618 BGH GRUR 1983, 335, 336 *Trainingsgerät*.
619 OLG Karlsruhe GRUR-RR 2008, 350 *Wildes Plakatieren*.
620 Vgl BGH GRUR 1990, 522, 528 *HBV.Familien- und Wohnrechtsschutz*; OLG Hamburg GRUR 1994, 65.
621 BGH GRUR 1999, 261, 264 *Handy-Endpreis*.

und trifft beispielsweise in Fällen zu, in denen die Irreführung unmittelbar auf den Vertragsschluss gerichtet ist, der Marktgegner also darüber getäuscht wird, dass mit der erschlichenen Handlung (zB der Bezahlung einer fingierten Rechnung) ein Vertrag zustande gekommen ist. Insbesondere die systematische Täuschung über vermeintlich kostenlose Einträge in Branchenverzeichnissen oder Abo-Fallen im Internet gehören hierher. Im Einzelnen Rn 857 ff. Auch für Folgeverträge ergibt sich aber keine Nichtigkeit nach § 134 BGB.

Zu **unlauteren Handlungen** gem. § 3 UWG **verpflichtende Verträge** sind allerdings nach **995** § 134 unwirksam.[622] Das setzt aber voraus, dass es keine Form der Erfüllung gibt, die lauter ist.[623]

Beispiele: Ein Vertrag über die Platzierung getarnter und damit in jedem Fall unlauterer Werbung für einen Getränkehersteller in einen Kinofilm ist nach § 134 BGB nichtig.[624]

Demgegenüber muss eine Vereinbarung, Musiktitel durch wiederholtes Abspielen im Hörfunk bekannt zu machen, nicht zwingend durch ein unlauteres Verhalten wegen Verstoßes gegen die Trennung von redaktionellem und Werbeteil erfüllt werden. Eine Unwirksamkeit nach § 134 BGB scheidet deshalb aus.[625] Auch ein Vertrag, der ein Standesamt verpflichtet, Neuvermählten ein Buchgeschenk zu überreichen, kann auf lautere Weise erfüllt werden.[626]

Eine **Unwirksamkeit gem. § 138 BGB** wird nur in seltenen Fällen anzunehmen sein. **996** Der unbestimmte Rechtsbegriff der „guten Sitten", den § 138 BGB verwendet, hat nicht denselben Inhalt wie der Begriff der „Unlauterkeit" gem. § 3 UWG.[627] Während § 138 BGB der autonomen Rechtsgestaltung bei Abschluss von Verträgen Grenzen setzt und Missbräuchen der Privatautonomie entgegenwirkt, schützt § 3 UWG die Lauterkeit des Wettbewerbs und knüpft an einen Verstoß – anders als § 138 BGB – gerade nicht die Rechtsfolge der Nichtigkeit, sondern die Verpflichtung zur Unterlassung und – bei Verschulden – zum Schadensersatz.[628] Ein Verstoß gegen § 3 UWG kann damit nicht ohne weiteres die Nichtigkeit einer darauf gerichteten vertraglichen Vereinbarung gemäß § 138 BGB nach sich ziehen. Für die Beurteilung als sittenwidrig im Sinne des § 138 BGB ist entscheidend, ob das Rechtsgeschäft seinem Inhalt nach mit den grundlegenden Werten der Rechts- oder Sittenordnung unvereinbar ist.

Beispiel: Die Trennung von Werbung und Programm der Medien gehört nicht zu den grundlegenden Wertmaßstäben der Rechts- und Sittenordnung des gesellschaftlichen Zusammenlebens. Verträge, die den Trennungsgrundsatz unlauter verwischen (Rn 176 f, 823), sind deshalb nicht sittenwidrig gem. § 138 BGB.[629]

In Betracht kommt eine Sittenwidrigkeit bei einer progressiven Kundenwerbung, die gegen § 16 Abs. 2 UWG verstößt (Rn 487).[630]

---

622 BGH GRUR 2009, 606 Tz. 13 *Buchgeschenk vom Standesamt*; BGH GRUR 1998, 945, 947 *Co-Verlagsvereinbarung*; OLG München GRUR 2006, 603 *getarnte Werbung*.
623 BGH GRUR 1998, 945, 947 *Co-Verlagsvereinbarung*.
624 OLG München GRUR 2006, 603 *getarnte Werbung*.
625 BGH GRUR 1998, 945, 947 *Co-Verlagsvereinbarung*.
626 BGH GRUR 2009, 606 Tz. 15 ff. *Buchgeschenk vom Standesamt*.
627 BGH GRUR 1998, 945, 946 *Co-Verlagsvereinbarung*.
628 BGH GRUR 1998, 945, 946 *Co-Verlagsvereinbarung*; BGH GRUR 1990, 522 *HBV-Familien- und Wohnungsrechtsschutz*.
629 BGH GRUR 1998, 945, 946 *Co-Verlagsvereinbarung*.
630 Köhler in Köhler/Bornkamm § 3 UWG Rn 157.

Folgeverträge (Rn 994) sind im Regelfall nur anfechtbar (§ 123 BGB), nicht aber unwirksam nach § 138 BGB.[631]

Elftes Kapitel: Straf- und ordnungsrechtliche Folgen

A. Offizial- und Antragsdelikte

997 Lediglich die §§ 16 Abs. 1 und 16 Abs. 2 UWG enthalten Offizialdelikte, die von Amts wegen auch ohne Strafantrag verfolgt werden. In den Fällen der §§ 17, 18 und 19 UWG tritt die Strafverfolgung auf Antrag ein (§§ 17 Abs. 5, 18 Abs. 3, 19 Abs. 4 UWG), der stets zurückgenommen werden kann. Da alle Straftaten nach dem UWG auf dem Wege der Privatklage verfolgt werden dürfen (§ 374 Abs. 1 Nr. 7 StPO), hatte das angesichts der Überlastung der Staatsanwaltschaften in der Praxis früher zur Folge, dass der Anzeigeerstatter fast stets auf den Weg der Privatklage verwiesen wurde (vgl § 376 StPO). Für Geheimnisverrat und Vorlagenfreibeuterei sowie Verleiten und Erbieten hierzu ist deswegen nunmehr bei Vorliegen besonderen öffentlichen Interesses ein Einschreiten von Amts wegen vorgesehen (§§ 17 Abs. 5, 18 Abs. 3, 19 Abs. 4 UWG).

B. Einzelne Strafbestimmungen

998 Strafvorschriften, die nicht mit entsprechenden Zivilrechtsnormen korrespondieren würden, kennt das Wettbewerbsrecht nicht. Lediglich § 16 Abs. 1 UWG weicht von § 5 UWG insofern ab, als diese Strafbestimmung noch der alten, durch das Gesetz vom 26.6.1969 (BGBl. I 633) geänderten Fassung des Irreführungsverbotes (§ 3 UWG aF) folgt, insbesondere nach wie vor die Voraussetzung der „Absicht, den Anschein eines besonders günstigen Angebots hervorzurufen",[1] enthält. Insoweit ist erforderlich, dass zumindest ein wirtschaftlicher Zusammenhang zwischen den unwahren Angaben und der beworbenen Leistung besteht. Dieser liegt vor, wenn für eine Kaffeefahrt, die ca. EUR 10 kostete, ein Mittagessen, verschiedene Sachgeschenke und ein wertvoller Gewinn versprochen wurden, dieses Versprechen aber absichtlich gebrochen wird.[2] Im Übrigen genügt es, zu den einzelnen Strafbestimmungen auf die Darstellung des Siebten Kapitels wie folgt zu verweisen:

§ 16 Abs. 1 UWG: Rn 206[3] (§ 14 HWG; vgl zum HWG Rn 811 ff),

§ 16 Abs. 2 UWG: Rn 487 ff.

§§ 17, 18, 19 UWG: Rn 750–770.

999 Stets ist nur die vorsätzliche, nicht die fahrlässige Tat strafbar. Zum Vorsatz vgl auch Rn 960. Der Versuch wird nur in den Fällen der §§ 17 und 18 UWG verfolgt (vgl Rn 762).

---

631 BGH NJW 2008, 982 Tz. 11 für einen aufgrund Irreführung zustande gekommenen Partnervermittlungsvertrag.
1 Hierzu Dornis GRUR 2008, 742 ff.
2 BGH NJW 2002, 3415, 3416.
3 Keine Blankettnorm: OLG Stuttgart GRUR 1981, 750; siehe auch BGH NJW 2002, 3415. Allgemein zu § 16 Abs. 1 UWG und den Privatklagemöglichkeiten Kunkel WRP 2008, 292.

Eingehend zu den Strafbestimmungen Alexander WRP 2004, 407.

C. Ordnungswidrigkeiten

Seit 2009 kennt das UWG eigene Bußgeldvorschriften. Gem. § 20 Abs. 1 und Abs. 2 **1000**
UWG können Verstöße gegen das Verbot des „cold calling" iSd § 7 Abs. 2 Nr. 2 UWG
(Werbeanrufe gegenüber *Verbrauchern* ohne dessen vorherige ausdrückliche Einwilligung) mit einer Geldbuße von bis zu EUR 50.000 geahndet werden.[4] Zuständig ist die
Bundesnetzagentur (§ 20 Abs. 3 UWG). Die Bundesnetzagentur bebußt seitdem regelmäßig unzulässig anrufende Unternehmen. Die unlautere Telefonwerbung gegenüber
sonstigen (unternehmerischen) Marktteilnehmern (§ 7 Abs. 2 Nr. 2 UWG), die unlautere Faxwerbung oder die unlautere E-Mail-Werbung (jeweils § 7 Abs. 2 Nr. 3 UWG)
sind demgegenüber keine Bußgeldtatbestände.

Einige relevante Ordnungswidrigkeiten sind auch in Regelungen außerhalb des UWG **1001**
enthalten. Auch hier kann auf die Darstellung des Neunten Kapitel verwiesen werden:

§ 15 **HWG:** vgl Rn 811 ff.

§ 10 **PreisangabenVO** vgl Rn 805 ff.

---

4 Dazu Köhler NJW 2009, 2567, insbesondere zu den für die Ordnungswidrigkeit haftenden Personen.

Zweiter Teil: Kennzeichenrecht

Erster Abschnitt: Allgemeine Grundlagen

Erstes Kapitel: Ausgangspunkte

1002 Die unmittelbarste Form der Ausbeutung fremder Werbung (vgl auch Rn 713 ff) ist die Benutzung der Marken, des Namens, der Firma oder der sonstigen geschäftlichen Kennzeichen des Konkurrenten. Der Schutz dieser Werte ist für den Bestand des freien Leistungswettbewerbs unerlässlich.[1] **Der Kunde kann nur dann frei entscheiden, wenn er unterscheiden kann.** Benutzen mehrere dieselbe Marke oder die gleiche Firma, so steht es nicht anders, als wenn im „Tour-de-France"-Beispiel der Einleitung (Rn 3) zwei Fahrer die gleichen Rückennummern tragen würden: Der Schiedsrichter vermag nicht mehr zu erkennen, wem welcher Platz der Gesamtwertung gebührt. Eine Beurteilung der Wettbewerber nach ihrer Leistung ist nicht mehr möglich, ein Wettbewerb der Leistungen kann nicht mehr stattfinden. Im Vordergrund des Markenrechts steht anders als beim Urheberrecht nicht das Eigentum als solches, sondern die Marke oder früher „das Warenzeichen", das entgegen der schrankenlosen Wettbewerbsfreiheit für eine durchsichtige Gestaltung der unternehmerischen Leistung sorgen und die Interessen der Beteiligten im Wettbewerb ausgleichen soll.[2] Bereits im 15. Jahrhundert existierten die ersten Zeicheneintragungen für Schau- und Meisterzeichen, Fabrik- und Qualitätszeichen, allerdings mit einer anderen Funktion als heute.[3]

1003 Da der Schutz der geschäftlichen Kennzeichen demnach ein **Ordnungsprinzip ist, ohne das der freie Leistungswettbewerb nicht funktionsfähig wäre,** hat der Gesetzgeber Sonderregelungen geschaffen, die die Benutzung solcher Kennzeichen durch die Konkurrenz verhindern sollen. Das gesamte nationale Kennzeichnungsrecht hat mit dem am 1. Januar 1995 in Kraft getretenen **Gesetz über den Schutz von Marken und sonstigen Kennzeichen (Markengesetz – MarkenG) vom 25. Oktober 1994** eine umfassende Neuregelung erfahren, die den Schutz von Marken (§ 1 Nr. 1 MarkenG), geschäftlichen Kennzeichen (§ 1 Nr. 2 MarkenG) und geografischen Herkunftsangaben (§ 1 Nr. 3 MarkenG) regelt. Das MarkenG löste damit das Warenzeichengesetz (WZG) vom 5. Mai 1936, das auf einem früheren Gesetz vom 12. Mai 1894 fußte, ab und trat zum 31. Dezember 1994 außer Kraft. **Das MarkenG hat den wichtigsten Terminus des WZG geändert: Es spricht nun nicht mehr von „Warenzeichen", sondern nur noch von „Marken".**

1004 Die Marke kann außerdem nicht nur als nationales Markenrecht bestehen: Neben die nationale **deutsche Marke** tritt die **Internationale Registrierung** nach dem Madrider

---

1 So ausdrücklich auch EuGH GRUR 2001, 1148, 1149, Tz. 21 *Bravo.*
2 So schon BVerfG GRUR 1979, 773, 778 *Weinbergsrolle.*
3 Fezer WRP 2010, 165, 168: Zweck war die staatliche Kontrolle über Fabrikationsregeln, mit weiteren Ausführungen zu den Ursprüngen.

Markenabkommen (MMA) bzw dem Protokoll zum Madrider Markenabkommen (MMP) und – mit zunehmender Bedeutung – die EU-weit gültige **Gemeinschaftsmarke** nach der Gemeinschaftsmarkenverordnung (GMV).[4] Das deutsche MarkenG ist im Hinblick auf den Schutz der eingetragenen Marken harmonisiertes Recht und trat am 1. Januar 1995 in Kraft, noch vor der GMV, nach der Gemeinschaftsmarken erstmalig zum 1. April 1996 angemeldet werden konnten. Da auch die GMV letztlich Bestandteil des harmonisierten Markenrechts in der EU ist, sind viele Bestimmungen des MarkenG und der GMV **europäisch** gleichlaufend **auszulegen**, beispielsweise bei der Beurteilung des Schutzhindernisses der fehlenden Unterscheidungskraft oder der Voraussetzungen für die Beurteilung der Verwechslungsgefahr. Nachfolgend werden deshalb die jeweiligen Bestimmungen und Voraussetzungen dort, wo sie einheitlich auszulegen sind, auch einheitlich erläutert. Die Internationale Registrierung besitzt insoweit eine Sonderstellung. Da sie kein einheitliches Recht schafft, sondern lediglich zu einem **Bündel nationaler Markenrechte** führt (vgl Rn 1023), beurteilen sich sowohl die Voraussetzungen für die Schutzgewährung als auch diejenigen für den Schutzumfang jeweils nach den Bestimmungen des nationalen Rechts, also bei einer internationalen Registrierung mit Schutzbeanspruchung für Deutschland nach dem MarkenG und bei einer solchen mit Schutzbeanspruchung für die EU nach der GMV.

Zweites Kapitel: Das System des Kennzeichenrechts

I. Das nationale Kennzeichenrecht – MarkenG

Das MarkenG schützt eingetragene und nicht eingetragene **Marken** (§§ 3, 4 MarkenG), **1005**
geschäftliche Bezeichnungen (§ 5 MarkenG) und **geografische Herkunftsangaben** (§ 126 MarkenG). Die Marke kann geschützt werden im Hinblick auf Waren oder Dienstleistungen. Für **Name und Firma** treten neben die Vorschrift des § 5 MarkenG die §§ 12, 823 Abs. 1 BGB bzw 37 Abs. 2 HGB.

Den Regelungen des MarkenG ist gemeinsam, dass sie das Kennzeichen nicht nur gegen **1006**
die Benutzung identischer, sondern auch gegen die Benutzung *verwechslungsfähiger* Zeichen durch andere schützen (vgl §§ 9 Abs. 1 Nr. 2, 14 Abs. 2 Nr. 2, 15 Abs. 2 MarkenG); es ist im Ergebnis kein Unterschied, ob der Verkehr zwei Kennzeichen wegen ihrer Identität oder wegen ihrer Ähnlichkeit für ein und dasselbe hält. Während allerdings § 4 Nr. 1 MarkenG die formelle Eintragung einer Marke im Markenregister beim Deutschen Patent- und Markenamt und § 5 Abs. 2 und 3 MarkenG die tatsächliche Ingebrauchnahme eines Namens, einer Firma, einer besonderen Geschäftsbezeichnung oder eines Werktitels genügen lassen, verlangen § 4 Nr. 2 und 3 MarkenG „Verkehrsgeltung" bzw „notorische Bekanntheit" sowie § 5 Abs. 2 S. 2 ebenfalls „Verkehrsgeltung", ehe eines der dort genannten Zeichen Schutz erlangt. Bei Vorliegen von „Verkehrsbekanntheit" gewähren darüber hinaus die §§ 9 Abs. 1 Nr. 3, 14 Abs. 2 Nr. 3 und 15 Abs. 3 MarkenG einen erweiterten Schutz für Marken und geschäftliche Bezeichnungen selbst dann, wenn die jeweiligen Waren oder Dienstleistungen nicht

---

4 Verordnung (EG) Nr. 40/94 des Rates vom 20. Dezember 1993 über die Gemeinschaftsmarke, abgedruckt zB in GRUR Int. 1994, 402 bis 425, geändert durch die Verordnung (EG) Nr. 207/2009, ABl. (EU) vom 24.3.2009, Nr. L 78/1.

einmal ähnlich sind. Der Namensschutz der §§ 12, 823 Abs. 1 BGB und der Firmenschutz des § 37 Abs. 2 HGB verlangen demgegenüber weder Verwechslungsgefahr noch Verkehrsgeltung. Sie lassen genügen, dass jemand „unbefugt" den Namen oder die Firma eines anderen gebraucht und dadurch dessen berechtigte Interessen verletzt.

1007 Das neue deutsche Markengesetz ist unmittelbarer Ausfluss der EU-Markenrechtsrichtlinie[1] und damit **harmonisiertes Recht** (Rn 1004). Es wurde jedoch nicht nur schlicht die EU-Markenrechtsrichtlinie in deutsches Recht umgesetzt, sondern gleichzeitig das bislang über mehrere Gesetze verteilte deutsche Kennzeichnungsrecht in einem Gesetz zusammengefasst.[2] Eingeflossen in das MarkenG ist auch die EU-Verordnung zum Schutz von geografischen Angaben und Ursprungsbezeichnungen für Agrarerzeugnisse und Lebensmittel.[3] Erfasst werden im 5. Teil des MarkenG auch die Umsetzungsbestimmungen für die supranationalen Markeneintragungen nach dem Madrider Markenabkommen und dem Madrider Markenprotokoll sowie der Gemeinschaftsmarkenverordnung.[4]

1008 **Materiell** schützt das MarkenG gem. § 1

- eingetragene und nicht eingetragene Marken (Nr. 1),
- geschäftliche Bezeichnungen (Nr. 2) und
- geografische Herkunftsangaben (Nr. 3).

1009 Der Titel „Kennzeichnungsgesetz" wäre also für das MarkenG treffender gewesen. Es vereint damit den Schutz

- **eingetragener Waren-, Dienstleistungs- und Kollektivmarken,**[5]
- durch Benutzung und Verkehrsgeltung erworbener, **nicht eingetragener Markenrechte,**[6]
- **notorisch bekannter Marken** im Sinne von Art. 6bis der Pariser Verbandsübereinkunft (PVÜ),[7]
- **bekannter Marken** vor Rufausbeutung und Verwässerung,[8]
- der **Unternehmenskennzeichen** und **Werktitel,**[9]

---

1 Erste Richtlinie 89/104/EWG des Rates vom 21. Dezember 1988 zur Angleichung der Rechtsvorschriften der Mitgliedstaaten über die Marken vom 21. Dezember 1988 ("EG-Markenrechtsrichtlinie"), abgedruckt zB in Bl. f PMZ 1994 Sonderheft, 146 bis 150 und GRUR Int. 1989, 294-298, neu kodifiziert in der Fassung vom 22. Oktober 2008, Richtlinie 2008/95/EG, ABl. (EU) vom 8.11.2008, Nr. L 299/25.

2 Vgl auch die Gesetzesbegründung in Bl. f PMZ 1994 Sonderheft, 47 f.

3 Verordnung Nr. 2081/92/EWG des Rates zum Schutz von geografischen Angaben und Ursprungsbezeichnungen für Agrarerzeugnisse und Lebensmittel vom 14. Juli 1992, geändert durch Verordnung (EG) Nr. 510/2006 vom 20. März 2006, ABl. (EU) vom 31.3.2006, Nr. L 93/12; vgl auch die Durchführungsverordnung hierzu: Verordnung Nr. 2037/93/EWG der Kommission vom 27. Juli 1993. Beides abgedruckt zB in Bl. f PMZ 1994 Sonderheft, 150 bis 154, geändert durch die Verordnung (EG) Nr. 1898/2006 vom 14. Dezember 2006, ABl. (EU) vom 23.12.2006, Nr. L 369/1.

4 Verordnung (EG) Nr. 40/94 des Rates vom 20. Dezember 1993 über die Gemeinschaftsmarke, abgedruckt zB in GRUR Int. 1994, 402 bis 425, geändert durch die Verordnung (EG) Nr. 207/2009, ABl. (EU) vom 24.3.2009, Nr. L 78/1.

5 Früher: Warenzeichen, Dienstleistungsmarken, Verbandszeichen, geregelt im WZG.

6 Früher: Ausstattungsrecht gem. § 25 WZG.

7 Zur notorisch bekannten Marke vgl Kur GRUR 1994, 330, 334 ff.

8 Früher: wettbewerbsrechtlicher Schutz gegen vermeidbare Herkunftstäuschung und unlautere Rufausbeutung gem. § 1 UWG aF (1909) sowie Schutz berühmter Marken gegen Verwässerungsgefahr § 823 Abs. 1 BGB.

9 Früher: Schutz für geschäftliche Bezeichnungen einschließlich des Titels von Druckschriften gem. § 16 UWG.

- **IR-Marke** nach dem Madrider Markenabkommen (MMA) sowie nach dem Protokoll zum Madrider Markenabkommen (PMMA)[10] und
- der **geografischen Herkunftsangaben.**[11]

Formell enthält das MarkenG seit 1995 auch das gesamte markenrechtliche Verfahrensrecht (§§ 32 ff. MarkenG).[12]   1010

§ 16 UWG, der vormals den Schutz der Unternehmenskennzeichen und Werktitel regelte, ist durch das Markenrechtsreformgesetz aufgehoben worden, da er insofern in das MarkenG von seinem Regelungsumfang her vollständig übernommen worden ist (vgl Rn 1402 ff).   1011

Der Namensschutz der §§ 12, 823 Abs. 1 BGB und der Firmenschutz des § 37 Abs. 2 HGB bleiben neben den Bestimmungen des MarkenG anwendbar (§ 2 MarkenG). Der wettbewerbsrechtliche Leistungsschutz nach §§ 3, 4 Nr. 9 UWG wird durch das MarkenG als lex specialis in seinem Anwendungsbereich verdrängt, soweit sich die jeweiligen Wertungen decken, nämlich bei der vermeidbaren Herkunftstäuschung nach § 4 Nr. 9 lit. a UWG und der Rufausbeutung nach § 4 Nr. 9 lit. b UWG.[13] Die gilt nicht, wo etwa die Herkunftstäuschung nicht nur durch die Marke oder Produktbezeichnung, sondern etwa durch zusätzliche Ausstattungsmerkmale hervorgerufen wird, eine unredliche Kenntniserlangung nach § 4 Nr. 9 lit. c UWG vorliegt oder der Markenschutz versagt.[14] Die durch die Reform 2008 neu eingeführte Vorschrift des § 5 Abs. 2 UWG, nach der eine geschäftliche Handlung auch dann irreführend ist, wenn sie im Zusammenhang mit der Vermarktung von Waren oder Dienstleistungen einschließlich vergleichender Werbung eine Verwechslungsgefahr mit einer anderen Ware oder Dienstleistung oder mit der Marke oder einem anderen Kennzeichen eines Mitbewerbers hervorruft, ist allerdings selbständig neben dem MarkenG anwendbar und kann sogar von Mitbewerbern ohne irgendeinen Einfluss des Markeninhabers geltend gemacht werden (vgl Rn 235 ff).[15]   1012

Das Markenrecht und sein Schutz sind nicht, wie es das Urheberrecht kennt, an eine bestimmte natürliche Person gekoppelt (§§ 7, 29 Abs. 1 UrhG). So kommt es nicht darauf an, wer die Marke gestaltete bzw entwickelte, auch nicht, wer die Marke im geschäftlichen Verkehr benutzt, sondern Berechtigter ist der Markeninhaber, der die Marke frei veräußern, übertragen oder auch lizenzieren kann (vgl Rn 1056 ff).   1013

---

10 Früher: geregelt in der Verordnung über die internationale Registrierung von Fabrik- oder Handelsmarken vom 5. September 1968.
11 Früher: nur wettbewerbsrechtlicher Schutz über § 3 UWG aF unter dem Gesichtspunkt der Irreführung über die geografische Herkunft oder über den Gesichtspunkt der Anlehnung und Rufausbeutung bekannter Herkunftsangaben.
12 Früher: Verweisung gem. §§ 12 und 13 WZG auf das PatG.
13 BGH GRUR 2006, 329, 332, Tz. 36 – *Gewinnfahrzeug mit Fremdemblem*; BGH GRUR 2005, 163, 165 – *Aluminiumräder*.
14 BGH GRUR 1999, 161, 162 – *MAC Dog*; BGH GRUR 1998, 935, 936 – *Wunderbaum*.
15 Vgl Götting/ Nordemann/ A. Nordemann § 4 Nr. 9 Rn 9.27 und § 5 Rn 8.10ff; A. Nordemann FS Stauder S. 186ff ; Fezer GRUR 2010, 953, 954ff; einschränkend Bornkamm GRUR 2011, 1, 3ff.

II. Das Gemeinschaftsmarkenrecht

1014 Das System des Kennzeichenrechts besteht nicht nur aus dem nationalen MarkenG, sondern auch aus der Gemeinschaftsmarkenverordnung (GMV), die als gemeinschaftsweites Schutzrecht eingetragene Individualmarken und Kollektivmarken schützt.

1015 Mit der Verordnung (EG) Nr. 40/94 des Rates vom 20. Dezember 1993 über die Gemeinschaftsmarke"[16] (**Gemeinschaftsmarkenverordnung – GMV**) hat die Europäische Union den Grundstein für ein einheitliches europäisches Markenrecht geschaffen,[17] und zwar in Ergänzung zu den daneben bestehen bleibenden nationalen Markenrechten und dem Schutzsystem des **Madrider Markenabkommens (MMA)** sowie des Protokolls zum Madrider Markenabkommen (MMP), die keine einheitliche internationale Marke vorsehen, sondern vielmehr zu einer „Vielheit nationaler Markenrechte"[18] führen. Die GMV wurde mit der VO (EG) Nr. 207/2009 vom 26. Februar 2009 neu kodifiziert.[19]

1016 Die Gemeinschaftsmarke ist wegen des Eintragungserfordernisses der Art. 6, 36ff GMV **Registerrecht** und unterscheidet sich damit vom nationalen Markenrecht, das auch nicht eingetragene Marken schützt (Benutzungsmarke in § 4 Nr. 2 MarkenG als Ausnahme vom Eintragungserfordernis). Auch der Schutz der geschäftlichen Bezeichnungen aus § 5 MarkenG bleibt ausschließlich national geregelt; die GMV sieht zwar vor, dass auch aus geschäftlichen Bezeichnungsrechten Widerspruch gegen eine Gemeinschaftsmarkenanmeldung eingelegt, daraus ein Löschungsverfahren gegen eine eingetragene Gemeinschaftsmarke eingeleitet werden und sich der Inhaber eines solchen Rechtes der Benutzung einer Gemeinschaftsmarke widersetzen kann (Art. 8 Abs. 4, 53 Abs. 1 lit. c, 111 Abs. 1 GMV); einen eigenständigen gemeinschaftsweiten Schutz für geschäftliche Bezeichnungen gewährt die GMV jedoch nicht.

1017 Die Gemeinschaftsmarke besteht gem. Art. 1 GMV für Waren und Dienstleistungen und hat eine **einheitliche Wirkung für die gesamte Gemeinschaft**. Dies bedeutet, dass sie nur für die gesamte EU eingetragen oder übertragen werden kann; auf sie kann auch nur insgesamt verzichtet und sie kann nur insgesamt gelöscht werden. Man kann also bei Konflikten, die nur in einem einzelnen EU-Mitgliedsland bestehen, nicht etwa ein einzelnes Land aus der Eintragung oder dem Schutz der Gemeinschaftsmarke herauslösen. Außerhalb des Registers ist es aber natürlich möglich, geografisch auf einzelne EU-Mitgliedsländer begrenzte Lizenzen zu erteilen oder auch eine Nichtbenutzungsverpflichtung für einen Teil der EU einzugehen.

1018 Die GMV, die wie erwähnt materiell nur

eingetragene Gemeinschaftsmarken (Art. 6 GMV)

schützt, sieht neben dem Schutz für die „normale" Gemeinschaftsmarke, deren Schutzvorausetzungen in den Art. 4ff GMV geregelt sind, einen Schutz vor für

---

16 Abgedruckt in GRUR Int. 1994, 402-425 sowie in den Beck'schen Textausgaben Gewerblicher Rechtsschutz, Wettbewerbsrecht, Urheberrecht unter Nr. 680.

17 Vgl zur EG-Gemeinschaftsmarkenverordnung die Darstellungen bei v. Mühlendahl GRUR Int. 1989, 353-362 und Hansmann/Schmetz Mitt. 1990, 221-232.

18 Baumbach/Hefermehl, Warenzeichenrecht, 12. Aufl. 1985, Art. 1 MMA Rn 1.

19 Verordnung (EG) Nr. 207/2009 des Rates vom 26. Februar 2009 über die Gemeinschaftsmarke, ABl. (EU) vom 24.3.2009, Nr. L 78/1.

Gemeinschaftskollektivmarken (Art. 66ff GMV),

also solchen Gemeinschaftsmarken, die nicht dazu dienen sollen, die Waren und Dienstleistungen des oder der individuellen Markeninhaber von denen anderer Unternehmen zu unterscheiden, sondern die der Unterscheidung der Waren und Dienstleistungen der Mitglieder des Verbands, der Markeninhaber ist, von denen anderer Unternehmen dienen (Art. 66 Abs. 1 GMV; vgl Rn 1390).

Das Gemeinschaftsmarkenrecht steht als gleichrangiges **eigenständiges** Markenrecht neben dem nationalen Markenrecht.[20]   1019

Die Gemeinschaftsmarke besitzt gegenüber der nationalen Marke einige **ganz erhebliche Vorteile:** Sie schafft mit vergleichsweise überschaubarem Aufwand in einem einheitlichen Eintragungsverfahren ein einheitliches Markenrecht, dass in allen 27 EU-Mitgliedsländern gilt und sich bei dem Beitritt neuer Mitgliedsstaaten automatisch auf deren Hoheitsgebiet erstreckt (Art. 165 Abs. 1 GMV). Die Gemeinschaftsmarke ermöglicht ferner die Geltendmachung und Durchsetzung eines gemeinschaftsweiten Unterlassungsanspruchs durch das Gericht eines Mitgliedsstaates auch dann, wenn eine Verletzung der Gemeinschaftsmarke nur in einem oder wenigen EU-Mitgliedsländern nachgewiesen worden ist (Art. 1 Abs. 2 GMV iVm Art. 9 Abs. 1 GMV).[21] Für den Markeninhaber positiv ist ferner, dass für den Bekanntheitsschutz der Gemeinschaftsmarke gem. Art. 9 Abs. 1 lit. c sowie korrespondierend damit Art. 8 Abs. 5 und Art. 53 Abs. 1 lit. a GMV nicht etwa die Bekanntheit in der gesamten EU erforderlich ist, sondern es ausreicht, wenn die Gemeinschaftsmarke in einem wesentlichen Teil der EU bekannt ist, wofür schon die Bekanntheit in einem kleineren EU-Mitgliedsland wie Österreich genügt.[22] Daraus ist zu Recht die Schlussfolgerung zu ziehen, dass die selben Grundsätze auch für die rechtserhaltende Benutzung einer Gemeinschaftsmarke gem. Art. 15 GMV gilt, dh schon die Benutzung in einem wesentlichen Teil der EU, der auch ein kleines Mitgliedsland wie Österreich darstellen kann, erhält die Gemeinschaftsmarke insgesamt.[23] **Negativ** ist die oft unkalkulierbare Verfahrensdauer bis zur Eintragung und das erhöhte Risiko, wegen eines Widerspruchs zu scheitern: Da die Gemeinschaftsmarke nicht wie die nationale deutsche Marke zunächst eingetragen und dann zu Widerspruchszwecken veröffentlicht wird, sondern die Veröffentlichung während des Anmeldeverfahrens erfolgt und die Eintragung erst nach Abschluss der Widerspruchsverfahren stattfindet, kann schon ein Widerspruch, der die Instanzen durchschreitet, die Eintragung um Jahre verzögern; außerdem ist auch das Risiko, dass Widersprüche eingelegt werden, gegenüber der nationalen Marke schon allein deshalb unvergleichlich viel höher, weil eben nicht nur Widersprüche aus Marken- und sonstigen Kennzeichnungsrechten aus einem Land drohen, sondern Widersprüche aus insgesamt 27 Mitgliedsländern eingelegt werden können. In der Praxis allerdings ist dieses Risiko bislang nicht all zu groß gewesen: Nach der Statistik des Harmonisierungsamtes wurden 2010 insgesamt 98,305 Gemeinschaftsmarken angemeldet, während im glei-   1020

---

20 EuGH GRUR 2008, 339, 341, Tz. 65 *Develey.*
21 Vgl Erwägungsgrund 15 GMV sowie OGH GRUR Int 2007, 256 L.
22 EuGH GRUR Int. 2010, 134, 135, Tz. 27-30 – *PAGO International./. Tirolmilch.*
23 Vgl hierzu schon die gemeinsame Protokollerklärung des Rates und der Kommission zur GMV, (B)(9), abgedr. in ABl. HABM 1996, 606 sowie Eisenführ/Schennen S. 1506 ff.

chen Zeitraum „nur" 17.749 Widersprüche gegen Gemeinschaftsmarkenanmeldungen eingelegt wurden.[24]

III. Die Internationale Registrierung

1021 Das **Madrider Markenabkommen (MMA)** und das **Protokoll zum Madrider Markenabkommen (MMP)** geben einem Markeninhaber die Möglichkeit, für seine im Heimatland oder beim HABM eingetragene Marke den gleichen Schutz in den dem MMA bzw MMP angeschlossenen Staaten zu erlangen, indem er eine auf seiner Heimatmarke basierende International Registrierte Marke (IR-Marke) anmeldet. In dieser Anmeldung, die über das Deutsche Patentamt (§ 108 MarkenG) bzw das HABM (Art. 146 Abs. 1 GMV) an das Internationale Büro der Weltorganisation für Geistiges Eigentum (OMPI bzw WIPO) in Genf zu richten ist, muss der Markeninhaber die Länder angeben, in denen seine IR-Marke Schutz erhalten soll. Die Vorschriften über den Schutz von Marken nach dem Madrider Markenabkommen sind in das MarkenG (§§ 107 bis 125 MarkenG)[25] bzw die GMV (Artt. 145 ff GMV) integriert. Zum Eintragungsverfahren siehe unten Rn 1320 ff.

1022 Der Schutz Internationaler Marken richtet sich grundsätzlich nach dem Madrider Markenabkommen (MMA) und dem Protokoll zum Madrider Markenabkommen (MMP). Dabei handelt es sich um unabhängige, nebeneinander bestehende Verträge, die allerdings im Wesentlichen identisch sind. Beide Verträge können, müssen jedoch nicht nebeneinander unterzeichnet werden, so dass es insgesamt drei Gruppen von Unterzeichnerstaaten gibt: nämlich Staaten, die sowohl dem MMA als auch dem MMP angehören und Staaten, die entweder nur dem MMA oder nur dem MMP angehören. Deutschland gehört sowohl dem MMA als auch dem MMP, die Europäische Union nur dem MMP an.[26]

1023 Eine Internationale Registrierung nach MMA oder MMP gewährt – anders als die Gemeinschaftsmarke – keine international einheitlich geschützte Marke, sondern vielmehr ein **Bündel nationaler Markenrechte.**[27] Die IR-Marke ist während der ersten 5 Jahre ihres Bestehens **akzessorisch** zum Bestehen der Heimateintragung, wird also bei deren Löschung ebenfalls gelöscht, bei deren Einschränkung ebenfalls eingeschränkt (Art. 6 Abs. 2 und 3 MMA/MMP). Von Beginn an sind jedoch die in den einzelnen benannten Ländern entstehenden Markenrechte voneinander unabhängig. Die Voraussetzungen für die Schutzfähigkeit der Marke selbst und das Waren- und Dienstleistungsverzeichnis sowie Anmeldeerfordernisse und Ähnliches werden in den durch das MMA/ MMP gesetzten Grenzen (vgl Art. 5 Abs. 1 MMA/MMP) deshalb von der zuständigen Behörde jedes Landes, für das die Internationale Registrierung Schutz beansprucht, eigenständig geprüft. In diese Prüfung können auch etwa bestehende ältere Rechte Dritter einbezogen werden. So prüfen bspw. die USA und eine Reihe asiatischer Staaten wie zB Süd-

---

24 Abrufbar unter http://oami.europa.eu/ows/rw/resource/documents/OHIM/statistics/ssc009-statistics_of_community_trade_marks_2011.pdf.

25 Früher: Ausführungsverordnung vom 22. April 1988 zum Madrider Markenabkommen über die internationale Registrierung von Marken, abgedruckt zB in Bl.f.PMZ 1989, 2.

26 Eine Übersicht über die Mitglieder mit Stand vom 15. April 2011 ist abrufbar unter http://www.wipo.int/export/sites/www/treaties/en/documents/pdf/madrid_marks.pdf.

27 Münchener Anwaltshandbuch, Gewerblicher Rechtsschutz, 2. Aufl. 2005, *Karow*, § 36 Rn 1 ff.

korea, Singapur, China oder Japan unabhängig von einem Widerspruch von Amts wegen das Register auf mögliche entgegenstehende ältere Rechte und können auf dieser Grundlage den Schutz verweigern (Art. 5 MMA/ MMP; § 113 MarkenG). In Ländern, die relative Schutzhindernisse nicht von Amts wegen prüfen – so wie Deutschland und die meisten europäischen Staaten einschließlich der EU als solcher -, wird der Marke nach Prüfung absoluter Schutzhindernisse vorläufiger Schutz gewährt und die Marke wie eine nationale Eintragung veröffentlicht. Sodann beginnt die jeweilige nationale Widerspruchsfrist – in Deutschland drei Monate, § 114 MarkenG – zu laufen. Wird Widerspruch erhoben, verweigert die nationale Behörde ebenfalls vorläufig – bis zum Abschluß des Widerspruchsverfahrens – den Schutz (vgl Art. 5 MMA/ MMP).

Eine **Schutzverweigerung** teilt die zuständige nationale Behörde der Weltorganisation   1024
für geistiges Eigentum (WIPO/ OMPI) in Genf mit, die hierüber wiederum den Anmelder unterrichtet, Art. 5 Abs. 3 MMA/ MMP. Der Anmelder hat dann eine unterschiedlich lange, zumeist zwischen einem und sechs Monaten dauernde Frist, um zu der Schutzverweigerung unmittelbar gegenüber der betreffenden nationalen Behörde Stellung zu nehmen. Passt er dabei das Waren- oder Dienstleistungsverzeichnis an, so kann er dies auf das betreffende Land beschränkt tun; er hat aber parallel selbstverständlich die Möglichkeit, auf eine Schutzbeanstandung hin die Internationale Registrierung insgesamt einzuschränken. Die Einschränkung wird in diesem Fall automatisch für alle von der Internationalen Registrierung beanspruchten Länder wirksam.

Eine Internationale Registrierung ist grundsätzlich für 20 (MMA) bzw 10 (MMP) Jahre   1025
gültig, Art. Art. 6 MMA/MMP. Die Internationale Registrierung wird insgesamt – mit Wirkung für alle betroffenen Länder – beim **Internationalen Büro der WIPO/OMPI** verlängert (Art. 7 MMA/ MMP). Der große Vorteil einer Internationalen Registrierung liegt in ihrer großen geografischen Flexibilität. Der Anmelder kann nämlich jederzeit auf einzelne, ursprünglich beanspruchte Länder seiner Internationalen Registrierung verzichten oder aber den Schutz nachträglich auf weitere Länder erstrecken. So kann zB ein kleines Unternehmen, das zunächst nur Schutz etwa in Österreich und Benelux benötigt, den Schutz nach und nach auf einzelne weitere Länder und ggf die Europäische Union als solche erstrecken und also auch die Kosten verteilen. Da die Internationale Registrierung nach ihrer Eintragung in den einzelnen Ländern jeweils behandelt wird wie eine nationale Eintragung (vgl Art. 5 Abs. 1 MMA/MMP, §§ 107, 113 MarkenG), muss der Inhaber eine rechtserhaltende Benutzung für jedes betroffene Land – anders als bei der Gemeinschaftsmarke – grundsätzlich einzeln nachweisen; umgekehrt kann die Internationale Registrierung jedoch nur in den Ländern löschungsreif werden, in denen sie tatsächlich nicht benutzt worden ist. Des weiteren hat die Internationale Registrierung insbesondere gegenüber der Gemeinschaftsmarke den Vorteil, dass die Registrierung nicht als solche, sondern nur für jedes einzelne Land gesondert – und in einem nationalen Verfahren – angreifbar ist. Bestehen beispielsweise ältere Rechte für eine alle europäischen Länder einzeln beanspruchende Internationale Registrierung in Ungarn, so muss der Inhaber der Internationalen Registrierung diese ggf für Ungarn löschen lassen, während sie im übrigen bestehen bleibt. Eine Gemeinschaftsmarke hingegen scheitert vollständig, wenn in einem der 27 Mitgliedsländer ältere Rechte bestehen (zu den Möglichkeiten der Umwandlung von Gemeinschaftsmar-

ken und IR-Marken unten Rn 1392 f). Zum Eintragungs- und Schutzverweigerungs-verfahren siehe im übrigen unten Rn 1320 ff.

Drittes Kapitel: Zentrale Begriffe des Kennzeichnungsrechtes – kurz erläutert

A. Ämter und Gerichte

1026 Im Markenbereich gibt es verschiedene Ämter und Gerichte, die im Rahmen von Mar-kenanmelde-/ eintragungs- und -löschungsverfahren tätig werden sowie für Kennzei-chenverletzungen zuständig sind.

1027 Das **Deutsche Patent- und Markenamt** (DPMA)[1] mit Sitz in München ist zuständig für deutsche Markenanmeldungen und -eintragungen sowie damit zusammenhängende Widerspruchs- und Löschungsverfahren. Im Rechtszug folgen zunächst das **Bundespa-tentgericht** (BPatG)[2] mit Sitz ebenfalls in München und – lediglich noch für Verfahren der Rechtsbeschwerde – der **Bundesgerichtshof** (BGH).[3] Das DPMA ist ebenfalls zu-ständig für die Entgegennahme von Anträgen auf Internationale Registrierung nach dem Madrider Markenabkommen (MMA) und dem Protokoll zum Madrider Mar-kenabkommen (MMP) sowie für die Überprüfung der Schutzfähigkeit der deutschen Teile von aus dem Ausland stammenden Internationalen Registrierungen sowie von Widersprüchen hiergegen. Die Überprüfung der Anmeldung und ihre Eintragung sowie eventuelle Verlängerung wird allerdings besorgt durch die **Weltorganisation für geisti-ges Eigentum** (WIPO bzw OMPI) mit Sitz in Genf (wird teilweise auch als „Interna-tionales Büro" bezeichnet).[4]

1028 In den Zuständigkeitsbereich des **Harmonisierungsamtes für den Binnenmarkt – Mar-ken, Muster und Modelle** (HABM)[5] mit Sitz in Alicante/Spanien (Artt. 2, 115 ff GMV) fallen EU-weit gültige Gemeinschaftsmarkenanmeldungen und -eintragungen ein-schließlich der Widerspruchs- und Löschungsverfahren. Im Rechtszug folgen das **Ge-richt der Europäischen Union** (EuG; vormals Gericht 1. Instanz)sowie der **Europäische Gerichtshof** (EuGH), beide mit Sitz in Luxemburg. Das Harmonisierungsamt ist seit dem 1. April 2003 auch für die Eintragung und Verwaltung der seinerzeit neu einge-führten Gemeinschaftsgeschmacksmuster zuständig.

1029 Die **deutschen Zivilgerichte** entscheiden über alle Kennzeichenverletzungsverfahren, also die Verletzung von Marken (einschl. Gemeinschaftsmarken und Internationale

---

1 Achtung: Sagen oder schreiben Sie niemals Bundespatentamt! Das DPMA hat neben dem Hauptsitz in München noch Außenstellen in Jena und Berlin.
2 Das Bundespatentgericht ist zuständige Stelle für die Erteilung der Vollstreckungsklausel für Entscheidungen des Amtes über die Kostenfestsetzung in Gemeinschaftsgeschmacksmustersachen gemäß Art. 71 Abs. 2 GGV und auch nach Art. 86 Abs. 2 GMV (ex Art. 82 Abs. 2 GMV aF), abgerufen am 22.1.2010 im WWW unter URL: http://oami.europa.eu/office/aspects/communications/02-05.htm und http://oami.europa.eu/office/as-pects/communications/03-05.htm.
3 Vgl zum Verfahren Rn 1368.
4 Vgl im Einzelnen Rn 1021 ff.
5 Mit Inkrafttreten der Gemeinschaftsgeschmacksmusterverordnung zum 1. Januar 2003 wird das HABM auch zuständig für das Anmelde- und Eintragungsverfahren von Gemeinschaftsgeschmacksmustern, VO (EG) Nr. 6/2002, ABl. (EU) 2002, Nr. L 3/1. Das HABM ist rechts- und geschäftsfähig und damit juristische Person des öffentlichen Rechts, Art. 115 Abs. 1 und 2 GMV.

Registrierungen), geschäftlichen Bezeichnungen und geografischen Herkunftsangaben, wobei zu beachten ist, dass gem. § 140 MarkenG eine Konzentrationsermächtigung auf bestimmte Landgerichte besteht, von der die Länder auch Gebrauch gemacht haben; nicht jedes Landgericht ist also für Kennzeichenverletzungen auch zuständig (vgl Rn 1689 f), einige sogar nur für nationale Kennzeichenstreitsachen und nicht auch für Gemeinschaftsmarken: In Nordrhein-Westfalen beispielsweise sind die Landgerichte Köln, Düsseldorf, Bochum und Bielefeld zwar für Kennzeichenstreitsachen auf der Grundlage nationaler Kennzeichnungsrechte in ihren jeweiligen Gerichtsbezirken ausschließlich zuständig, für Rechtsstreitigkeiten auf der Basis einer Gemeinschaftsmarke jedoch landesweit ausschließlich das Landgericht Düsseldorf (vgl Rn 1697). Löschungsansprüche aus eingetragenen Marken können sowohl im Widerspruchsverfahren vor dem DPMA als auch im Klageverfahren vor den Zivilgerichten geltend gemacht werden, weitergehende Ansprüche wie solche auf Unterlassung, Vernichtung, Auskunft und Schadenersatz sowie Ansprüche aus älteren, nicht eingetragenen Rechten[6] jedoch nur vor den Zivilgerichten.[7] Verfall, Verzicht oder die Nichtigkeit der Gemeinschaftsmarke kann auf Antrag beim HABM oder auf Widerklage im Verletzungsverfahren vor den Gemeinschaftsmarkengerichten geltend gemacht werden, Artt. 50 bis 57 GMV, Artt. 95 f GMV. In der GMV befinden sich neben den Löschungs- und Unterlassungsansprüchen aus Art. 11 und 53 GMV keine gesonderten Ansprüche wegen der Verletzung der Gemeinschaftsmarke (außer Art. 9 Abs. 3 S. 2 GMV „angemessene Entschädigung"), so dass die nationalen Vorschriften des jeweiligen Mitgliedstaates anzuwenden sind, Artt. 101 Abs. 2, 102 Abs. 2, 110 Abs. 2 GMV.

B. Priorität, Entstehen und Erlöschen des Schutzes

Der Begriff der **Priorität** bestimmt den **Zeitrang** eines Kennzeichnungsrechtes und damit zugleich das Rangverhältnis kollidierender Kennzeichnungsrechte zueinander. Eingetragene Marken genießen die **Priorität ihres Anmeldetages** (§ 6 Abs. 2 MarkenG; Art. 28 und 31 GMV), so dass es für die Bestimmung des Zeitranges eingetragener Marken untereinander nicht darauf ankommt, wie lange das Eintragungsverfahren gedauert hat und wann die Eintragung schlussendlich erfolgt ist.[8] Bei der Anmeldung einer Marke kann ferner die Priorität einer **ausländischen Voranmeldung** oder eine **Ausstellungspriorität** in Anspruch genommen werden (§§ 34, 35 MarkenG; Art. 29, 33 GMV), so dass der Prioritätstag einer eingetragenen Marke maximal 6 Monate vor ihrem Anmeldetag liegen kann. Der Prioritätstag bedeutet allerdings nicht, dass damit auch der Markenschutz bereits entsteht; mit der Anmeldung einer Marke entsteht vielmehr nur ein **Anwartschaftsrecht** auf die Eintragung, die zu erfolgen hat, wenn sie den Anmeldungsvoraussetzungen entspricht (§ 41 MarkenG; Art. 45 GMV).[9] Das Markenrecht selbst wird aber immer erst mit der Eintragung erworben (§ 4 Nr. 1 MarkenG;

1030

---

6 Mit Ausnahme der notorisch bekannten Marke, vgl Rn 1049.
7 Vgl zum Widerspruchsverfahren Rn 1349 ff und zur Durchsetzung der Ansprüche Rn 1525 ff; KG Urt. v. 12.10.2010, 5 U 152/08, Tz 86 ff (juris) *clinique happy* Vernichtungsanspruch aus § 1004 BGB bejaht.
8 Ausnahme: Am Anmeldetag bestehendes Schutzhindernis, das im Laufe des Eintragungsverfahrens wegfällt, § 37 Abs. 2 MarkenG.
9 Bei Gemeinschaftsmarken kommt hinzu, dass kein Widerspruch erhoben oder ein erhobener Widerspruch rechtskräftig zurückgewiesen worden sein muss.

Art. 6 GMV); nach Art. 9 Abs. 3 S. 2 GMV besteht allerdings im Gegensatz zu nationalem Markenrecht ein Anspruch auf Bezahlung einer angemessenen Entschädigung für Handlungen, die nach Veröffentlichung der Anmeldung einer Gemeinschaftsmarke vorgenommen werden und die nach Veröffentlichung der Eintragung als Verletzung der Gemeinschaftsmarke verboten wären.

1031 Demgegenüber fallen bei den **nicht-eingetragenen Kennzeichnungsrechten** der Prioritätstag und das Entstehen des Schutzes regelmäßig zusammen: Die nicht-eingetragene Marke nach § 4 Nr. 2 MarkenG entsteht erst, wenn sie im geschäftlichen Verkehr benutzt wird und Verkehrsgeltung erlangt hat, bei den Unternehmenskennzeichen und den Werktiteln nach § 5 Abs. 2 S. 1 und Abs. 3 MarkenG mit der Benutzungsaufnahme, bei den Geschäftsabzeichen gem. § 5 Abs. 2 S. 2 MarkenG mit Benutzungsaufnahme und Entstehen der Verkehrsgeltung (§ 6 Abs. 3 MarkenG); lediglich für die Werktitel gem. § 5 Abs. 3 MarkenG ist anerkannt, dass ihre Priorität durch eine sogenannte „Titelschutzanzeige" vorverlagert werden kann (vgl Rn 1437 ff).

1032 Gehen zwei Markenanmeldungen am selben Tag beim Deutschen Patent- und Markenamt ein oder werden zwei geschäftliche Bezeichnungen oder Werktitel am selben Tag in Benutzung genommen, kommt ihnen jeweils **dieselbe Priorität** zu; sie können dann gegeneinander keine Ansprüche erheben (§ 6 Abs. 4 MarkenG).

1033 Der **Schutz endet**, wenn die eingetragene Marke gelöscht wird (§ 47 Abs. 6 MarkenG, Art. 80 Abs. 1 GMV), bei den nicht eingetragenen Kennzeichnungsrechten, wenn ihre Schutzvoraussetzungen entfallen, was regelmäßig bei der dauerhaften Einstellung der Benutzung bzw bei der nicht-eingetragenen Marke nach § 4 Nr. 2 MarkenG und den Geschäftsabzeichen nach § 5 Abs. 2 S. 2 MarkenG auch bei dem Entfall von Verkehrsgeltung der Fall ist (Einzelheiten bei Rn 1318 f).

C. Schutzfähigkeit

1034 Ein Kennzeichenrecht kann nur dann entstehen und bestehen, wenn es **schutzfähig** ist. Dabei ist zu unterscheiden zwischen **geprüften** und **ungeprüften** Kennzeichenrechten: Während das Deutsche Patent- und Markenamt und das Harmonisierungsamt für den Binnenmarkt die Schutzfähigkeit angemeldeter Marken vor der Eintragung (DPMA) bzw der Veröffentlichung (HABM) auf ihre Schutzfähigkeit hin von Amts wegen überprüfen müssen und die §§ 3 Abs. 2 und 8 MarkenG bzw Art. 7 GMV genau festlegen, welche Voraussetzungen eine Marke erfüllen muss, damit sie schutz- und damit eintragungsfähig ist, erfolgt bei den nicht-eingetragenen und damit ungeprüften Kennzeichenrechten die Feststellung ihrer Schutzfähigkeit erst im Rahmen einer gerichtlichen Auseinandersetzung: Ob die Schutzvoraussetzungen der nicht-eingetragenen Marke mit Verkehrsgeltung gem. § 4 Nr. 2 MarkenG oder der Unternehmenskennzeichen gem. § 5 Abs. 2 MarkenG sowie schließlich der Werktitel gem. § 5 Abs. 3 MarkenG vorliegen oder nicht, kann erst im Rahmen einer gerichtlichen Auseinandersetzung überprüft und dann gerichtlicherseits entschieden werden. Da es sich bei der eingetragenen Deutschen Marke und der Gemeinschaftsmarke um geprüfte Schutzrechte handelt, sind die Gerichte insoweit auch an die Eintragungsentscheidung von DPMA und HABM gebunden (vgl Rn 1211); wer der Auffassung ist, dass eine Marke an sich schutzunfähig ist und deshalb zu Unrecht eingetragen wurde, muss dies im Löschungsverfahren vor dem DPMA gem. § 54 MarkenG oder vor dem Harmonisierungsamt gem. Art. 52 GMV geltend machen; lediglich im Klageverfahren aus einer Gemeinschaftsmarke kann die Schutzunfähigkeit auch im Wege der Widerklage vor dem Gemeinschaftsmarkengericht geltend gemacht werden (Art. 52 Abs. 1 alt 2 GMV).

Die wichtigsten Voraussetzungen für die Schutzfähigkeit von **Marken** sind ihre **Unter** 1035 **scheidungskraft** (§ 8 Abs. 2 Nr. 1 MarkenG; Art. 7 Abs. 1 lit. b GMV) und ein **fehlendes Freihaltebedürfnis** (§ 8 Abs. 2Nr. 2 MarkenG), das im Gemeinschaftsmarkenrecht unter das Eintragungshindernis der beschreibenden Angaben zu fassen ist (Art. 7 Abs. 1 lit. c GMV); weitere Einzelheiten hierzu sowie zu den weiteren Schutzfähigkeitsvoraussetzungen ab Rn 1110. Bei der nicht-eingetragenen Marke gem. § 4 Nr. 2 MarkenG bestehen dieselben Voraussetzungen der Schutzfähigkeit wie bei eingetragenen Marken mit dem einzigen Unterschied, dass diese Schutzfähigkeitsvoraussetzungen eben nicht in einem Eintragungsverfahren, sondern erst bei der Durchsetzung der Marke durch das Verletzungsgericht überprüft werden; hinzu tritt die nachzuweisenden tatsächliche Benutzung der nicht-eingetragenen Marke im geschäftlichen Verkehr für konkret zu bezeichnende Waren und/ oder Dienstleistungen und der Erwerb von Verkehrsgeltung als Marke innerhalb der beteiligten Verkehrskreise (vgl Rn 1173 ff).

Geschäftliche Bezeichnungsrechte sind grundsätzlich dann schutzfähig, wenn sie im 1036 geschäftlichen Verkehr benutzt werden und Unterscheidungskraft besitzen; lediglich die Geschäftsabzeichen im Sinne von § 5 Abs. 2 S. 2 MarkenG müssen zusätzlich Verkehrsgeltung besitzen. Der Begriff der Unterscheidungskraft ist außerdem hinsichtlich der einzelnen Kennzeichnungsrechte nuanciert: So ist für Marken eine **markenmäßige** (vgl Rn 1116), für geschäftliche Bezeichnungen eine **namensmäßige** (vgl Rn 1416 f) und für Werktitel eine **titelmäßige** (vgl Rn 1441) Unterscheidungskraft erforderlich.[10] Deshalb kann beispielsweise das Zeichen *WINNETOU* als Marke für Bücher schutzunfähig sein, das Zeichen *WINNETOUS RÜCKKEHR* als Buchtitel aber sehr wohl Unterscheidungskraft und damit Schutzfähigkeit besitzen.[11]

D. Absolute und relative Schutz- bzw Eintragungshindernisse

Absolute und relative Schutzhindernisse sind Begriffe aus dem Bereich der eingetrage 1037 nen Marken: **Absolut** gemäß § 8 MarkenG, Art. 7 GMV ist ein Schutzhindernis dann, wenn es vom Deutschen Patent- und Markenamt oder dem Harmonisierungsamt **im Eintragungsverfahren** berücksichtigt werden **muss**, § 33 Abs. 2 MarkenG, Art. 37 GMV.

Die wichtigsten absoluten Schutzhindernisse sind fehlende Unterscheidungskraft gem. 1038 § 8 Abs. 2 Nr. 1 MarkenG und Art. 7 Abs. 1 lit. b GMV (vgl Rn 1116 ff) sowie ein bestehendes Freihaltebedürfnis gem. § 8 Abs. 2 Nr. 2 MarkenG bzw dazu korrespondierend der beschreibenden Angaben gem. Art. 7 Abs. 1 lit. c GMV (vgl Rn 1120 ff). In der jüngeren Rechtsprechung verstärkt eine Rolle gespielt hat auch das absolute Schutz-

---

10 BGH GRUR 1988, 211, 212 *Wie hammas denn?*; BPatG GRUR 2003, 1051, 1052 *rheuma-world*.
11 BGH GRUR 2003, 342, 342 f. *Winnetou*; BGH GRUR 2003, 440, 440 f. *Winnetous Rückkehr*; vgl a. Wilhelm, Axel und Jan Bernd Nordemann FS-Ullmann S. 347ff.

hindernis der technischen bedingten Formen gem. Art. 7 Abs. 1 lit. e (ii) GMV, das im nationalen Markenrecht in § 3 Abs. 2 Nr. 2 MarkenG unter die Markenfähigkeit subsumiert wird (vgl Rn 1083). Einzelheiten zu weiteren absoluten Schutzhindernissen finden sich ab Rn 1112.

1039 **Relativ** ist ein Schutzhindernis dann, wenn es sich um ein entgegenstehendes älteres Recht eines Dritten handelt; relative Schutzhindernisse werden nach § 9 MarkenG vom Deutschen Patent- und Markenamt im Eintragungsverfahren **nicht berücksichtigt**[12] und müssen vom Dritten im **Widerspruchsverfahren** gesondert geltend gemacht werden, § 42 MarkenG (vgl Rn 1182). Bei der Gemeinschaftsmarke muss ein relatives Schutzhindernis zwar auch durch Widerspruch geltend gemacht werden (Artt. 8, 41 GMV), wird aber dann im Eintragungsverfahren berücksichtigt. Denn nach Art. 8 GMV ist bei einem erfolgreichen Widerspruch die Eintragung der angemeldeten Marke ausgeschlossen. § 9 MarkenG hingegen formuliert, dass bei einem relativen Schutzhindernis die Marke gelöscht werden kann, dh es ist bereits zur Eintragung gekommen. Ein relatives Schutzhindernis kann auch noch nach Ablauf der Widerspruchsfrist geltend gemacht werden, im nationalen Markenrecht allerdings nur durch Löschungsklage vor den ordentlichen Gerichten gem. §§ 55, 51, 9 MarkenG. Im Gemeinschaftsmarkenrecht ist dies anders; gem. Art. 53 GMV sind ältere Rechte entweder in einem Löschungsverfahren vor dem Harmonisierungsamt oder auf Widerklage im Verletzungsverfahren geltend zu machen. Ein absolutes Schutzhindernis ist sowohl nach dem MarkenG als auch nach der GMV grundsätzlich nicht überwindbar, sofern sich das Zeichen nicht im Verkehr als Marke durchgesetzt hat (§ 8 Abs. 3 MarkenG, Art. 7 Abs. 3 GMV), während ein relatives Schutzhindernis immer dadurch überwunden werden kann, dass der Dritte der Eintragung der jüngeren Marke zustimmt und den Widerspruch zurücknimmt bzw seine Rechte gar nicht erst geltend macht. Weitere Einzelheiten zu den Rechten, die geltend gemacht werden können, finden sich ab Rn 1508, zu den Löschungstatbeständen ab Rn 1379 sowie zu den Verfahrensarten ab Rn 1320.

1040 Die wichtigste Bedeutung als **relatives Hindernis** sowohl nach dem MarkenG (§ 9 Abs. 1 Nrn. 1 und 2 MarkenG) als auch nach der GMV (Art. 8 Abs. 1 lit. a und b) GMV) nehmen die Identität und die **Verwechslungsgefahr** ein.

E. Kennzeichnungskraft

1041 Die **Kennzeichnungskraft** eines Zeichens ist seine Eignung, das mit ihm bezeichnete Produkt bzw Unternehmen im Verkehr von anderen Waren oder Geschäften unterscheidbar zu machen. Das Bestehen einer Verwechslungsgefahr setzt nicht nur Kennzeichnungskraft voraus, sondern erfordert auch eine Bestimmung ihres Grades, so dass sie den **Schutzumfang eines Zeichens** bestimmt: Je größer die Kennzeichnungskraft ist, desto weiter ist auch der Schutzumfang.[13] Sie ist keine konstante Größe, sondern variiert regelmäßig aufgrund der Intensität, der Dauer und dem Umfang der Benutzung

---

12 Ausnahmefall: amtsbekannt notorisch bekannte Marke gemäß Art. 6bis PVÜ, § 10 MarkenG = absolutes Schutzhindernis.
13 EuGH Urt. v. 11.4.2008, C-344/07, BeckRS 2008, 70630 Tz 53 f. *Focus*; EuGH GRUR 1998, 922, 923, Tz. 18 *Canon*; vgl auch Fezer, § 14 MarkenG Rn 121 ff und 271.

eines Zeichens im Markt.[14] Auf die Kennzeichnungskraft und ihre Bestimmung kommt es im Rahmen von §§ 9 Abs. 1 Nr. 2 und 14 Abs. 2 Nr. 2 MarkenG bzw Artt. 8 Abs. 1 lit. b und 9 Abs. 1 lit. b GMV an.

F. Verwechslungsgefahr

Der Begriff der Verwechslungsgefahr markiert den wohl wichtigsten Tatbestand einer Kennzeichenverletzung. Er stellt sowohl einen Löschungstatbestand gem. § 9 Abs. 1 Nr. 2 MarkenG oder im Gemeinschaftsmarkenrecht ein – allerdings relatives – Eintragungshindernis nach Art. 8 Abs. 1 lit. b GMV als auch einen Verletzungstatbestand gem. §§ 14 Abs. 2 Nr. 2 und 15 Abs. 2 MarkenG bzw Art. 9 Abs. 1 lit. b GMV dar. Der Begriff der Verwechslungsgefahr ist im MarkenG wie in der GMV ein **einheitlicher Begriff**, gilt also inhaltsgleich sowohl im Bereich der Marken des MarkenG sowie der GMV als auch bei den Unternehmenskennzeichen und Werktiteln nach dem MarkenG. **1042**

An der Einheitlichkeit des Begriffes der Verwechslungsgefahr ändert die Einbeziehung der **Gefahr der gedanklichen Verbindung** bei der Verwechslungsgefahr von Marken (vgl Rn 1203, 1208) nichts, weil solche Verwechslungen auch aus dem Bereich der geschäftlichen Bezeichnungen bekannt sind, nämlich dann, wenn die Gefahr besteht, dass die Verbraucher annehmen, es bestünden zwischen den beteiligten Unternehmen wirtschaftliche oder organisatorische Zusammenhänge.[15] **1043**

Verwechslungsgefahr ist die nahe liegende Möglichkeit einer Beeinträchtigung des Zeicheninhabers durch Verwechslungen mit gleichen oder ähnlichen Zeichen. Ob Verwechslungsgefahr gegeben ist, hängt von einer Vielzahl von Umständen ab, insbesondere dem Bekanntheitsgrad der Kennzeichnung im Markt, einer gedanklichen Verbindung, die das benutzte oder eingetragene Zeichen zu ihr hervorrufen kann sowie dem Grad der Ähnlichkeit zwischen der Kennzeichnung und dem Zeichen und den damit gekennzeichneten Waren oder Dienstleistungen bzw den Branchen, in denen sie benutzt werden; der Begriff der Ähnlichkeit ist dabei immer im Hinblick auf die Verwechslungsgefahr auszulegen.[16] **Die Verwechslungsgefahr ist zudem stets unter Berücksichtigung aller Umstände des Einzelfalls umfassend zu beurteilen hinsichtlich der Ähnlichkeit der betreffenden Zeichen in (Schrift-) Bild, Klang oder der Bedeutung.**[17] Bei der Beurteilung, ob für die beteiligten Verkehrskreise Verwechslungsgefahr besteht, ist **1044**

---

14 EuGH Urt. v. 3.9.2009, C-498/07 P, BeckRS 2009, 70911, Tz. 54, 64, 80 und 84 *La Española/Carbonell*; EuGH GRUR 1998, 922, 923, Tz. 18 *Canon*; BGH Urt. v. 19.7.2007, I ZR 47/06, BeckRS 2007, 15884 *evian./. revian* und vorhergehend OLG Hamburg GRUR-RR 2006, 219, 221 f; BGH GRUR 2000, 605, 606 *Comtes/Comtel*; BGH GRUR 1998, 935, 936 *Wunderbaum*; vgl auch Fezer, § 14 MarkenG Rn 46 ff und 286 ff ff, 358, 389.

15 BGH GRUR 2009, 1055, 1057, Tz. 37 *airdsl*; BGH GRUR 2004, 779, 783 *Zwilling/Zweibrüder*; BGH GRUR 2008, 903, 905, Tz. 31 *SIERRA ANTIGUO*; BGH GRUR 1995, 156, 157 *Garant-Möbel*.

16 EuGH GRUR-RR 2009, 356, 358, Tz. 41 ff. *Mobelix./. Obelix*; EuGH GRUR 2006, 237, 238, Tz. 18 *PICASSO/PICARO*; EuGH GRUR 2007, 700, Tz 32 ff. *Limoncello./. LIMONCHELO*; EuGH GRUR 1998, 922, 923, Tz. 15 *Canon*.

17 EuG GRUR-RR 2009, 420, 422, Tz. 44 *LiBRO/LIBERO*; EuGH GRUR-RR 2009, 356, 359 f,Tz. 93 ff. *Mobelix./. Obelix*; EuGH GRUR 2007, 700/GRUR Int. 2007, 833, 835, Tz. 35 *Limoncello./. LIMONCHE-LO*; EuGH GRUR 2005, 1042, 1044, Tz. 28 f. *Thomson-Life*; EuGH GRUR 1998, 922, 923, Tz. 16 *Canon*; EuGH GRUR 1998, 387, 389, Tz. 22 f. *Springende Raubkatze*.

auf einen **durchschnittlich informierten, aufmerksamen Verbraucher** abzustellen.[18] Allerdings begegnen auch dem Durchschnittsverbraucher Zeichen regelmäßig nicht nebeneinander, so dass er sich auf sein (unvollkommenes) Erinnerungsbild verlassen muss.[19] Ob Verwechslungsgefahr vorliegt, ist eine Rechtsfrage, die der BGH unabhängig von den Feststellungen des Tatrichters entscheidet (unbestimmter Rechtsbegriff).[20] Der EuGH verfolgt insoweit einen anderen Ansatz: Inwiefern die widerstreitenden Marken in bildlicher, begrifflicher und klanglicher Hinsicht Ähnlichkeiten aufweisen, unterliegt der Tatsachenwürdigung durch das EuG und somit nicht dem Rechtsmittel zum EuGH, weil dieses auf Rechtsfragen beschränkt ist.[21] Verglichen werden sollte chronologisch zunächst die Kennzeichnungskraft der älteren Marke, dann die Waren- oder Dienstleistungen (Produktähnlichkeit) der widerstreitenden Marken und anschließend die Ähnlichkeit der Zeichen unter Heranziehung der Bedeutung, Bild, Form und Klang, abschließend ist dann die Verwechslungsgefahr anhand der Kennzeichnungskraft und der ermittelten Ähnlichkeiten zu bestimmen.

1045   Mit dem Erfordernis der **nahe liegenden Möglichkeit** scheiden nur bloß abstrakte Möglichkeiten einer Verwechslung aus. Andererseits ist, da die Verwechslungsgefahr den tatsächlichen Eintritt von Verwechslungen nicht erfordert,[22] der Nachweis einzelner Verwechslungsfälle nicht erforderlich; sie wären auch nur ein Indiz für eine bestehende Gefahr.[23]

1046   Es gibt mehrere **Arten der Verwechslungsgefahr**. So wird von **Verwechslungsgefahr im engeren Sinne** gesprochen, wo die Möglichkeit nahe liegt, dass der Verkehr gekennzeichnete Waren irrtümlich einem anderen Unternehmen zuschreibt (Herkunftsverwechselbarkeit) oder das gekennzeichnete Unternehmen irrtümlich für ein anderes hält (Betriebsverwechselbarkeit), und zwar nicht nur in dieser Form der **unmittelbaren Verwechslungsgefahr**,[24] sondern auch als **mittelbare:**[25] Das Publikum verwechselt die Zeichen zwar nicht direkt, hält sie aber wegen ihrer Ähnlichkeit für mehrere Zeichen desselben Unternehmens (vgl Rn 1206). Von ebensolcher Bedeutung in der Rechtsprechung ist jedoch inzwischen die **Verwechslungsgefahr im weiteren Sinne.** Sie liegt vor, wenn das Publikum zwar weder die Unternehmen noch die Herkunft der Ware verwechselt, aber doch organisatorische oder wirtschaftliche Zusammenhänge zwischen

---

18 EuGH GRUR 2010, 143, 147 f, Tz. 89 ff. *American Bud II*; EuGH GRUR-RR 2009, 356, 360, Tz. 98 ff, 119 *Mobelix./. Obelix*; EuGH GRUR 2008, 608, 611, Tz. 67 ff. *Eurohypo*; EuGH GRUR-RR 2008, 47, 48, Tz. 36 ff *map&guide*; EuGH GRUR Int. 1999, 734, 736, Tz. 26 *Lloyd*; Schlussantrag (EuGH) Generalanwalt Jääskinen v. 9.12.2010, C-324/09, Tz. 97, 107 f *L`Oréal/eBay*; BGH GRUR 2001, 158, 160 *3-Streifen-Kennzeichnung.*

19 EuGH GRUR Int. 1999, 734, 736, Tz. 26 *Lloyd*; BGH GRUR 2001, 158, 160 *3-Streifen-Kennzeichnung*; BGH GRUR 2000, 506, 508 *ATTACHÉ/TISSERAND.*

20 EuGH Beschl. v. 11.4.2008, C-344/07, BeckRS 2008, 70630, Tz. 50 f *micro focus/FOCUS*; BGH NJW-RR 1993, 553, 554 *Apetito/Apitta*; BGH GRUR 1992, 110, 111 *dipa/dib*. Vgl auch Rn 1212.

21 EuGH Beschl. v. 11.4.2008, C-344/07, BeckRS 2008, 70630, Tz. 48 f, 50 f *micro focus/FOCUS.*

22 BGH GRUR 1962, 647, 650 *Strumpf-Zentrale.*

23 BGH GRUR 1960, 130, 133 *Sunpearl II.*

24 Verneint zwischen Turbo P.O.S.T. (turbo-post.de) und Post, BGH MMR 2009, 503 (L).

25 BGH GRUR 2009, 484, 488, Tz. 38 *Metrobus* grenzt nicht ganz genau ab, der die mittelbare Verwechslungsgefahr bei Serienzeichen mit dem gedanklichen Inverbindungbringen gleichsetzt; BGH GRUR 2000, 1032, 1033 *EQUI*; BPatG, Beschl. 19.10.2009, 24 W (pat) 47/08; BPatG, Beschl. v. 28.9.2009, 25 W (pat) 53/09; OLG Köln, Urt. v. 10.6.2009, 6 U 210/08, BeckRS 2009, 17538; BPatG Beschluss vom 16.3.2005 – 29 W (pat) 4/03, BeckRS 2009, 00504 *Schumi/Michael Schumacher*; detailliert zu den Systembildungen der Verwechslungsgefahr, Fezer § 14 MarkenG Rn 318 ff und 481.

den beiden Unternehmen vermutet (vgl Rn 1206). Daher kommt die Prüfung der mittelbaren Verwechslungsgefahr bzw Verwechslungsgefahr im weiteren Sinne (gedankliche Inverbindungbringen) erst nach der Prüfung der unmittelbaren Verwechslungsgefahr in Betracht, die insofern nicht vorgelegen haben muss. Ferner kommt es bei der mittelbaren Verwechslungsgefahr darauf an, dass die Zeichen in einem Bestandteil übereinstimmen, den der Verkehr als Stamm mehrerer Zeichen eines Unternehmens sieht und deshalb die nachfolgenden Bezeichnungen, die einen wesensgleichen Stamm aufweisen, demselben Inhaber zuordnet.[26]

Auf eine Verwechslungsgefahr kommt es allerdings dann nicht an, wenn die Zeichen und die Waren oder Dienstleistungen schon **identisch** sind, vgl §§ 9 Abs. 1 Nr. 1, 14 Abs. 2 Nr. 1 MarkenG bzw Artt. 8 Abs. 1 lit. a, 9 Abs. 1 lit. a GMV. Ebensowenig ist sie prüfungsrelevant bei geografischen Herkunftsangaben nach §§ 126 und 127 MarkenG und VO (EG) Nr. 510/2006, bei den schon jede Anspielung auf eine Ursprungsbezeichnung oder geografische Herkunftsangabe für ein vergleichbares Erzeugnis verboten ist, ohne dass es auf eine Verwechslungsgefahr ankommt.[27]   **1047**

Auch wenn der Begriff der Verwechslungsgefahr grundsätzlich einheitlich ist, finden   **1048** nicht alle Arten von Verwechslungsgefahr auch einheitlich auf alle Kennzeichnungsrechte Anwendung: So sind **Werktitel** beispielsweise nur gegen unmittelbare Verwechslungsgefahr im engeren Sinn geschützt, es sei denn, der Werktitel würde im Ausnahmefall auch auf eine bestimmte betriebliche Herkunft hinweisen (vgl Rn 1444). Unterschiedlich sind ferner die für die Beurteilung des Bestehens einer Verwechslungsgefahr in Betracht zu ziehenden **Kennzeichnungsobjekte**: Dies sind bei Marken die Waren und Dienstleistungen und ihre Identität bzw Ähnlichkeit zueinander (vgl Rn 1203), bei den Unternehmenskennzeichn die Geschäftsbereiche (vgl Rn 1421) und bei den Werktiteln die Werkkategorien (vgl Rn 1443 f). Da Marken, Unternehmenskennzeichen und Werktitel auch untereinander kollidieren können, also eine Marke beispielsweise mit einem Unternehmenskennzeichen oder ein Werktitel mit einer Marke, ist die Reichweite des Verwechslungsschutzes jeweils genau zu bestimmen (vgl Rn 1209).

G. Verkehrsgeltung, -durchsetzung und -bekanntheit, notorische Bekanntheit

Mit diesen Begriffen werden besondere Schutzerfordernisse umschrieben. Besitzt ein   **1049** Zeichen **Verkehrsgeltung**, führt dies gleichwohl zum Markenschutz, auch wenn es an einer Eintragung fehlt (Benutzungsmarke nach § 4 Nr. 2 MarkenG). Eine solche Benutzungsmarke und den Schutz ohne Eintragung kennt das Gemeinschaftsmarkenrecht nicht. Ist eine Marke im Verkehr **durchgesetzt**, wird sie trotz Bestehens eines absoluten Schutzhindernisses eintragungsfähig (§ 8 Abs. 3 MarkenG bzw Art. 7 Abs. 3 GMV).[28] Ist ein Zeichen schließlich **im Verkehr bekannt**, führt dies regelmäßig zu einem erweiterten Schutzumfang (§§ 9 Abs. 1 Nr. 3, 14 Abs. 2 Nr. 3, 15 Abs. 3 MarkenG; Artt. 8 Abs. 5, 9 Abs. 1 lit. c GMV). **Notorisch bekannte Marken** im Sinne von Art. 6bis der Pariser Verbandsübereinkunft (PVÜ) sind nicht nur auch ohne Eintragung

---

26 BGH GRUR 2009, 484, 488, Tz. 38 *Metrobus*; BGH GRUR 2007, 1071, 1074, Tz. 40 *Kinder II*.
27 EuGH GRUR 2008, 524, 525 f, Tz. 43 ff. *Parmesan*; EuGH GRUR 2010, 143, 146 f, Tz. 73 ff *American Bud II*.
28 EuGH GRUR Int. 2009, 917, 919, Tz. 42 ff *PURE DIGITAL*.

und Benutzung in Deutschland geschützt (§ 4 Nr. 3 MarkenG), sondern stellen ein absolutes Eintragungshindernis dar (§ 10 MarkenG); anders als bei allen anderen älteren Rechten Dritter muss das DPMA also von Amts wegen prüfen, ob einer Markenanmeldung eine notorisch bekannte Marke entgegensteht. Nach der GMV können notorisch bekannte Marken nur als relatives Schutzhindernis der Anmeldung eines jüngeren Zeichens entgegenstehen, müssen also im Eintragungsverfahren mittels Widerspruch geltend gemacht werden, Artt. 8 Abs. 1 und Abs. 2 lit. c, 41 Abs. 1 lit. a GMV. Einen selbstständigen Schutz wie im nationalen Recht nach § 4 Nr. 3 MarkenG sieht die GMV für notorisch bekannte Marken nicht vor. **Die vier Begriffe** – Verkehrsgeltung, Verkehrsdurchsetzung, Verkehrsbekanntheit und notorische Bekanntheit – **sind nicht synonym, sondern unterscheiden sich in ihren Maßstäben.** Während Verkehrsgeltung bei einem an sich unterscheidungskräftigen Zeichen schon bei einem niedrigen Prozentsatz gegeben sein kann, ist der erforderliche Grad an Verkehrsdurchsetzung zur Überwindung fehlender Unterscheidungskraft oder eines Freihaltebedürfnisses nicht nur regelmäßig höher, sondern hängt auch davon ab, wie stark das absolute Schutzhindernis zu bewerten ist.[29] Verkehrsbekanntheit stellt wohl grundsätzlich ein Mehr zur Verkehrsgeltung dar, ohne dass etwa Berühmtheit vorliegen müsste.[30] Notorische Bekanntheit schließlich erfordert allgemeine Kenntnis in den beteiligten Verkehrskreisen,[31] was wiederum qualitativ anders zu beurteilen sein dürfte als Verkehrsbekanntheit.

1050 **Die „beteiligten Verkehrskreise" sind in erster Linie die Abnehmer einer Ware, also die Kreise, in denen das Zeichen Verwendung finden soll.**[32] Dies sind beispielsweise bei Grundnahrungsmitteln alle Verbraucher,[33] für Finanzdienstleistungen in Deutschland der verständige deutsche Durchschnittsverbraucher[34] oder bei Spezialgeräten wie Windenergiekonvertern das spezialisierte Fachpublikum.[35] Soweit jedoch selbst bei Gegenständen des täglichen Bedarfs bestimmte Gründe dafür sprechen, dass nicht alle Verbraucher zu den „beteiligten Verkehrskreisen" zählen, können nur diese in Betracht gezogen werden, die tatsächlich zumindest ein potentielles Interesse an dem betroffenen Produkt haben: Wer etwa als Käufer oder Konsument von Bier überhaupt nicht in Frage kommt, gehört auch nicht zu den beteiligten Verkehrskreisen.[36] Als Maßstab der Beurteilung gilt dann die durchschnittlich informierte aufmerksame verständige Durchschnittsperson des angesprochenen Verkehrskreises.[37]

---

29 Vgl Fezer, § 4 MarkenG Rn 103 f.
30 OLG München MarkenR 2000, 65, 66 *Allianz.*
31 Vgl Fezer, § 14 MarkenG Rn 414 f, 742 ff.
32 EuGH GRUR-RR 2009, 356 ff *MOBELIX/OBELIX*; EuGH GRUR 2008, 608, Tz. 67 f. *Eurohypo*; EuGH, GRUR 2009, 757, 759, Tz. 36 *L´Oréal/Bellure*; EuG, Urt. v. 28.10.2009, T-273/08, BeckRS 2009, 71224 *First-On-Skin*; OLG Bremen, Beschl. v. 22.10.2009, 2 W 92/09, BeckRS 2009, 28873 *swb*; BGH GRUR 2007, 1071, 1072, Tz. 27 *Kinder*; OLG Hamburg GRUR-RR 2009, 224, 226 *Yoghurt Gums*; BGH GRUR 1993, 488, 490 *Verschenktexte II*; BGH GRUR 1986, 894, 895 *OCM*; BPatG GRUR 1994, 627, 628 *Erdinger.*
33 BGH GRUR 1971, 305, 307 *Konservendose II*; BPatG GRUR 1994, 627, 628 *Erdinger.*
34 EuGH GRUR 2008, 608, 611, Tz. 67 ff. *Eurohypo.*
35 EuGH GRUR 2010, 534, 536, Tz. 57 *Pranahaus*; EuGH GRUR-RR 2009, 238 (L) *Windenergiekonverter (dreidimensionale Marke).*
36 Zutreffend BPatG GRUR 1994, 627, 628 *Erdinger* gegen BGH GRUR 1974, 220, 222 *Club-Pilsener*. BGH *Club-Pilsener* dürfte in diesem Punkt allerdings überholt sein, weil § 8 Abs. 3 MarkenG nunmehr im Gegensatz zu § 4 Abs. 3 WZG ausdrücklich die "beteiligten" Verkehrskreise ausreichen lässt.
37 EuGH GRUR Int. 1999, 734, 736, Tz. 26 *Lloyd*; Schlussantrag (EuGH) Generalanwalt Jääskinen v. 9.12.2010, C-324/09, Tz. 107 f *L'Oréal/eBay*; EuG GRUR 2005, 597 (L)/GRUR 2004, 854, 855, Tz. 38 *Dieselit*; EuG GRUR-RR 2009, 420, 422 f, Tz. 47 f *LIBERO/LIBRO*.

Ob Verkehrsgeltung, -durchsetzung und -bekanntheit oder notorische Bekanntheit **1051** vorliegen, ist **Tatfrage**. Der Richter wird allerdings – sofern nicht bereits hinreichende Beweismittel vorliegen, die mit ausreichender Sicherheit auf das Vorliegen der Voraussetzungen schließen lassen – ohne eine Beweisaufnahme durch Einholung eines demoskopischen Gutachtens kaum auskommen (vgl aber Rn 1641). Die Feststellungen der Wahrnehmung der fraglichen Marke ist als Tatsachenwürdigung keine Rechtsfrage und daher nicht der Rechtsmittelkontrolle zugänglich.[38]

Für die Ermittlung, ob Verkehrsgeltung, Verkehrsdurchsetzung oder Verkehrsbekannt- **1052** heit vorliegen, ist jeweils eine **Gesamtschau** anzustellen, bei der alle maßgeblichen Umstände des Einzelfalles heranzuziehen sind. Hierzu gehören etwa der Marktanteil der Marke, die mit ihr erzielten Umsätze, die Intensität der Benutzung, ihre geografische Ausdehnung, die Dauer der Benutzung sowie der Umfang der Werbeaufwendungen für die Marke und die sonstigen Investitionen, die in die Marke getätigt wurden.[39] Wie erläutert (Rn 1049) können die Maßstäbe bei der Beurteilung dieser Kriterien allerdings unterschiedlich sein. Vgl zur Verkehrsdurchsetzung gemäß § 8 Abs. 3 MarkenG Rn 1128 und zum Bekanntheitsschutz der Marke Rn 1252 ff.

H. Schutzbereich/Schutzgebiet

Bei einer nationalen Marke ist nur eine im Geltungsbereich des deutschen Rechts be- **1053** stehende Verwechslungsgefahr von Bedeutung. Der deutsche Rechtsinhaber ist daher auch durch Artt. 34, 56, 101 AEUV[40] (Artt. 28, 49, 81 EGV aF) nicht gehindert, die Verwechslungsfähigkeit einer Bezeichnung in Deutschland geltend zu machen, obwohl die Kennzeichnung in einem anderen EU-Mitgliedsstaat befugt verwendet wird;[41] dies gilt auch für geografische Herkunftsangaben, sofern sie sich im Ursprungsland noch nicht zu einem Gattungsbegriff entwickelt haben.[42]

Die Gemeinschaftsmarkenverordnung geht von dem Grundsatz aus, dass die Gemein- **1054** schaftsmarke **einheitlich** ist und auch eine einheitliche **Wirkung für das gesamte Gemeinschaftsgebiet** entfaltet, so dass sie nur für dieses gesamte Gebiet eingetragen oder übertragen werden oder Gegenstand eines Verzichts oder einer Entscheidung über den Verfall der Rechte des Inhabers oder die Nichtigkeit sein und auch ihre Benutzung nur für das Gebiet der gesamten Gemeinschaft untersagt werden kann (Art. 1 Abs. 2 S. 2 GMV). Mit einer **einzigen Anmeldung** beim Harmonisierungsamt für den Binnenmarkt (Marken, Muster und Modelle), Art. 2 GMV,[43] erhält der Markeninhaber nach erfolgter Eintragung also ein einheitliches Markenrecht für alle Mitgliedsländer der Europäischen Union. Der Geltungsbereich der Union ist in Art. 299 EGV aF, Art. 52 EUV nF und Artt. 349, 355 AEUV des Vertrages von Lissabon[44] bestimmt.

---

38 EuGH GRUR-RR 2009, 238 (L) *Windenergiekonverter (dreidimensionale Marke)*.
39 EuGH GRUR Int. 2000, 73, 74, Tz. 25 ff. *Chevy*; BGH GRUR 2004, 331, 332 *Westie-Kopf*; BGH GRUR 2004, 151, 153 *Farbmarkenverletzung I*.
40 Vertrag über die Arbeitsweise der Europäischen Union des Vertrages von Lissabon vom 13. Dezember 2007, ABl. (EU) 9.5.2008, Nr. C 115/47.
41 EuGH GRUR 1994, 286, 287 f. *Quattro/Quadra*; BGH WRP 1995, 918, 921 f. *Torres*.
42 EuGH GRUR 1993, 76, 78 *Touron*.
43 Nachfolgend entsprechend der Richtlinie schlicht "Amt".
44 ABl. (EU) 9.5.2008, Nr. C 115/1, 13 und 47.

1055 Da die **Gemeinschaftsmarke** gem. Art. 1 Abs. 2 GMV einheitlich ist und ihre Benutzung für die gesamte Gemeinschaft untersagt werden kann, steht dem Inhaber einer Gemeinschaftsmarke grundsätzlich auch ein gemeinschaftsweiter Unterlassungsanspruch zu; eine Verletzungshandlung, die beispielsweise nur für Deutschland nachgewiesen werden kann, begründet deshalb trotzdem eine Begehungsgefahr für das gesamte Gebiet der Europäischen Union.[45] Vgl hierzu auch Rn 1017.

Einheitlich ist das Schutzgebiet dann nicht, wenn Lizenzen für die Gemeinschaftsmarke beschränkt (eingeschränkt) vergeben wurden, Art. 22 Abs. 1 S. 1 letzte Variante GMV.

I. Übertragung, Übergang und Lizenzen

1056 Die Marke ist ein Vermögensrecht (§§ 27 ff. MarkenG; Art. 16 Abs. 1 GMV) und daher grundsätzlich übertragbar oder belastbar. Gestattet der Inhaber eines Kennzeichnungsrechtes einem anderen, das Zeichen zu benutzen, bleibt er aber selbst Inhaber, spricht man von **Lizenz.** Man unterscheidet **einfache Lizenzen,** die dem Lizenznehmer nur ein Mitbenutzungsrecht neben dem Lizenzgeber und anderen Lizenznehmern gewähren (zB Franchise-System),[46] und **ausschließliche Lizenzen,** nach denen nur der Lizenznehmer zur Nutzung berechtigt ist, unter Ausschluss sowohl jedes Dritten als auch des Lizenzgebers selbst.[47] Lizenzen können befristet, räumlich und gegenständlich beschränkt vergeben werden (vgl § 30 Abs. 1 MarkenG bzw Art. 22 GMV und Rn 1179).

1057 Die nationale Marke und die Gemeinschaftsmarke können dinglich belastet (§ 29 Abs. 1 Nr. 1 Alt. 2 MarkenG bzw Art. 19 Abs. 1 Alt. 2 GMV) oder verpfändet werden (§ 29 Abs. 1 Nr. 1 Alt. 1 MarkenG bzw Art. 19 Abs. 1 Alt. 1 GMV).

1058 Soll der Dritte bzw ein anderer (auch) Inhaber des Kennzeichnungsrechtes werden, spricht man von **Übertragung.** Diese richtet sich im nationalen Recht grundsätzlich nach §§ 398 ff BGB und erfordert eine genaue Bezeichnung des übertragenen Kennzeichnungsrechtes (sog. „Bestimmtheitsgrundsatz"). Bei geschäftlichen Bezeichnungen ist eine Mitübertragung des zur Kennzeichnung gehörenden Geschäftsbetriebes erforderlich; bei Marken nicht (vgl Rn 1178). Die Eintragung des Rechtsübergangs erfolgt gemäß §§ 27 und 28 MarkenG und ist fakultativ. Vorteil der Eintragung ist die Inhabervermutung, § 28 Abs. 1 MarkenG. Die Übertragbarkeit der Gemeinschaftsmarke ist direkt im Gemeinschaftsmarkenrecht geregelt, Artt. 17 und 18 GMV.

---

45 BGH GRUR 2008, 254, 257, Tz. 39 *The Home Store;* ÖstOGH GRUR Int. 2007, 433, 434 *Cilgin Boga;* Entsprechendes gilt für das Gemeinschaftsgeschmacksmuster: BGH GRUR 2010, 718, 720, 722, Tz. 56 *verlängerte Limousinen.*

46 Vgl dazu die Stellungnahme der Deutschen Vereinigung für Gewerblichen Rechtsschutz und Urheberrecht, GRUR 1985, 25. Zur Kündigung eines Franchisevertrages wg. Zahlungsverzuges vgl KG NJWE-WettbR 1998, 111 *Burger King.* Zur schuldrechtlichen Gestattung der (Mit-) Benutzung eines fremden Kennzeichens s. BGH GRUR 1991, 780, 781 *Transatlantische,* BGH GRUR 1991, 393, 395 *Ott International* und BGH GRUR 1992, 574, 575 f. *Decker.*

47 BGH GRUR 2007, 877, 878 f, Tz. 16, 28 *Windsor Estate.*

Zweiter Abschnitt: Kennzeichenformen

Erstes Kapitel: Eingetragene und nicht eingetragene Marken[1]

Rechtsgrundlagen: §§ 3, 4 MarkenG; Artt. 4 bis 6 GMV

Eine Marke ist ein Zeichen, das im geschäftlichen Verkehr dazu dient, die Waren oder Dienstleistungen eines Unternehmens zu individualisieren[2] und mit der das Unternehmen deshalb seine Waren und Dienstleistungen kennzeichnet. Eine nationale Marke kann beim Deutschen Patent- und Markenamt in das Markenregister eingetragen werden; **sie erlangt Schutz mit der Eintragung.** Wird sie nicht eingetragen, bleibt sie gleichwohl eine Marke. Sie erlangt Schutz – und zwar sowohl aktiv gegen Verletzungen als auch passiv gegenüber Angriffen – jedoch nur dann, wenn sie Verkehrsgeltung erlangt hat oder in Deutschland „notorisch bekannt" ist (vgl Rn 1049, 1173). Die Gemeinschaftsmarke hingegen bedarf grundsätzlich der Eintragung nach Art. 6 GMV. Die Gemeinschaftsmarke ist ein Registerrecht. Nicht eingetragene Gemeinschaftsmarken-Anmeldungen können allerdings die Eintragung einer kollidierenden jüngeren Gemeinschaftsmarken-Anmeldung verhindern, Artt. 8 Abs. 4, 41 Abs. 1 lit. c GMV.[3]

1059

A. Funktionen der Marke

Rechtsgrundlage: § 3 Abs. 1 MarkenG; Erwägungsgrund 8 GMV, Art. 4 GMV

Grundfunktion der Marke ist die **Unterscheidungsfunktion,** dh die Waren und Dienstleistungen eines Unternehmens von den Waren und Dienstleistungen eines anderen Unternehmens zu unterscheiden[4] bzw die Unterscheidbarkeit gleicher oder ähnlicher Waren oder Dienstleistungen voneinander zu gewährleisten. Die Hauptfunktion der Marke ist jedoch die auf der Unterscheidungsfunktion aufbauende **Herkunftsfunktion,** dh die Gewährleistung der Herkunft der Ware oder Dienstleistung gegenüber den Verbrauchern von einem bestimmten Unternehmen.[5] **Diese Hauptfunktion der Marke besteht nach der Rspr von EuGH und BGH darin, dem Verbraucher oder Endabnehmer die Ursprungsidentität der gekennzeichneten Ware oder Dienstleistung zu garantieren, in dem sie ihm ermöglicht, diese Ware oder Dienstleistung ohne Verwechslungsgefahr von Waren oder Dienstleistungen anderer Herkunft zu unterscheiden.**[6]

1060

---

1 Zur Geschichte des Markenschutzes sowie des MarkenG vgl Fezer, Einl. MarkenG Rn 1 ff.
2 Fezer, Einl. MarkenG A. Geschichte des Markenrechts Rn 21 und Einl. MarkenG D. Funktionen der Marke Rn 1 ff und Rn 21.
3 EuG GRUR Int. 2010, 147, 150, Tz. 47 ff, 152, Tz. 89, 94 ff. *Last Minute Tour/Lastminute.com.*
4 EuG GRUR Int 2007, 853, 854, Tz. 42 ff. *Twist & Pour*; Fezer, Einl. MarkenG D. Die Funktionen der Marke Rn 1 ff.
5 EuGH GRUR 2010, 445, 448, Tz. 77 *Google und Google France*; EuGH GRUR 2009, 756, 761, Tz. 58 *L'Oréal/Bellure*; EuGH GRUR 2001, 1148, 1149, Tz. 22 *Bravo*; Fezer, Einl. MarkenG, D. Funktionen der Marke Rn 5 ff.
6 EuGH GRUR Int. 2010, 45, 47, Tz. 40 *American Clothing*; EuGH, GRUR 2003, 55, 57, Tz. 48 und 50 *Arsenal Football Club*; EuGH GRUR-RR 2008, 47, 48, Tz. 20 *map&guide*; EuGH GRUR Int. 2008, 43, 45 f, Tz. 36 ff. *Henkel*; EuGH GRUR Int. 2004, 631, Tz. 30 *Henkel*; EuGH GRUR 2002, 804, 806, Tz. 29 *Philips*; EuGH GRUR 1998, 922, 923, Tz. 28 *Canon*; BGH GRUR 2008, 801, 801 f, Tz. 15 ff. *Hansen-Bau*; BGH GRUR 1999, 731, 733 *Canon II*; BGH GRUR 1999, 496, 497 *TIFFANY.*

1061 Darüber hinaus hat die Marke in der Regel aber auch eine **Qualitäts- oder Vertrauens-funktion** – sie „garantiert" gleich bleibende Beschaffenheit und Güte – sowie eine **Wer-be-, Kommunikations- und Investitionsfunktion,** dh sie besitzt einen (oft enormen) Werbeeffekt für die darunter vermarkteten Produkte auf Grund ihrer **Suggestiv- und Attraktionskraft.**[7] Denn wenn die Marke für eine konkrete Herkunft steht, so kom-muniziert sie dies gegenüber dem angesprochenen Publikum. Allein daraus ergibt sich schon die produktbezogene und herkunftskennzeichnende Kommunikation einer Mar-ke.[8] Diese weiteren Funktionen der Marke sind inzwischen durch die Rspr auch aus-drücklich anerkannt worden.[9] Der EuGH hatte insoweit bereits in st. Rspr stets betont, dass sowohl das in Art. 5 Abs. 1 lit. a MarkenRL als auch das in Art. 9 Abs. 1 lit. a GMV gewährte ausschließliche Recht sicherstellen solle, dass die Marke ihre Funktio-nen erfüllen könne; die Ausübung des Rechts müsse daher auf Fälle beschränkt bleiben, in denen die Benutzung des Zeichens durch einen Dritten die Funktionen der Marke beeinträchtigten oder beeinträchtigen könnten.[10]

1062 Der EuGH legt deshalb auch die einzelnen **Schutztatbestände** des Markenrechts – Iden-titätsschutz, Verwechslungsschutz und Bekanntheitsschutz – jeweils eng orientiert dar-an aus, welche **Funktion der Marke** beeinträchtigt sein könnte und ob sie auch tat-sächlich beeinträchtigt ist. Im Rahmen des **Verwechslungsschutzes** nach Art. 9 Abs. 1 lit. b GMV und § 14 Abs. 2 Nr. 2 MarkenG (bzw Art. 8 Abs. 1 lit. b GMV und § 9 Abs. 1 Nr. 2 MarkenG im Widerspruchsverfahren) kommt dabei regelmäßig nur eine Beeinträchtigung der Herkunftsfunktion in Betracht, weil das spezifische Kriterium der Verwechslungsgefahr an die Beeinträchtigung der Hauptfunktion der Marke, nämlich die Ursprungsidentität der gekennzeichneten Ware oder Dienstleistung zu garantieren, anknüpft.[11] Der Verwechslungsschutz einer Marke besteht also nur im Hinblick auf ihre Herkunftsfunktion. Demgegenüber reicht der **Identitätsschutz** gem. Art. 9 Abs. 1 lit. a GMV und § 14 Abs. 2 Nr. 1 MarkenG (bzw Art. 8 Abs. 1 lit. a GMV und § 9 Abs. 1 Nr. 1 MarkenG im Widerspruchsverfahren) weiter und schützt auch die anderen Funktionen wie die Qualitäts-, die Kommunikations-, die Investitions- und die Wer-befunktion.[12] Im Einzelfall ist dann allerdings jeweils zu prüfen, ob tatsächlich eine Funktionenbeeinträchtigung im Rahmen des Identitätsschutzes vorliegt. Der EuGH hat dies beispielsweise für den Fall der Verwendung identischer Marken für identische Waren in Suchmaschinen verneint, wenn diese in Werbelinks (sog. „Google-Ads") er-scheinen;[13] da eine solche Verwendung allerdings die Werbefunktion der Marke sehr

---

7   Fezer, MarkenG, Einl. D Rn 1 ff und § 3 Rn 9 ff; Fezer WRP 2010, 165, 166; EuGH GRUR 2009, 756, 762, Tz. 58 und 66 ff *L'Oréal/Bellure*; EuGH Urt. v. 8.7.2010, C-558/08, *Portakabin*; Schlussantrag (EuGH) Ge-neralanwalt Jääskinen v. 9.12.2010, C-324/09, Tz. 46 *L'Oréal/eBay*; Schlussantrag (EuGH) Generalanwalt Jacobs v. 26. November 1998, C-375/97, Slg 1999, I-05421, Tz. 36 *General Motors Corporation gegen Yplon SA.*
8   Fezer WRP 2010, 165, 169.
9   EuGH GRUR 2009, 756, 761, Tz. 58 *L'Oréal/ Bellure*; daran anschließend EuGH GRUR 2010, 445, 448, Tz. 77 *Google und Google France.*
10 Grundlegend EuGH GRUR 2003, 55, 57, Tz. 51 *Arsenal Football Club*; darauf aufbauend u.a. EuGH GRUR 2007, 318, 319, Tz. 21 f. *Adam Opel/ Autec*; EuGH GRUR 2009, 756, 761, Tz. 58 *L'Oréal/ Bellure*; EuGH GRUR 2010, 445, 448, Tz. 75 *Google und Google France.*
11 EuGH GRUR 2009, 756, 761, Tz. 59 *L'Oréal/ Bellure.*
12 EuGH GRUR 2010, 445, 448, Tz. 78 *Google und Google France*; EuGH GRUR 2009, 756, 761, Tz. 59 u. 64 *L'Oréal/ Bellure.*
13 EuGH GRUR 2010, 445, 449, Tz. 91-98 *Google und Google France.*

wohl beeinträchtigen kann,[14] gilt dies nicht, wenn aus der Werbung für einen Durchschnittsinternetnutzer nicht oder nur schwer zu erkennen ist, ob die in der Anzeige beworbenen Waren oder Dienstleistungen von dem Inhaber der Marke oder einem mit ihm wirtschaftlich verbundenen Unternehmen oder vielmehr von einem Dritten stammen.[15]

Der **Bekanntheitsschutz** der Marke gem. Art. 9 Abs. 1 lit. c GMV und § 14 Abs. 2   **1063**
Nr. 3 MarkenG (Art. 8 Abs. 5 GMV und § 9 Abs. 1 Nr. 3 MarkenG im Widerspruchsverfahren) besitzt wiederum eigene spezielle Anwendungsvoraussetzungen, so dass ein Rückgriff auf eine Beeinträchtigung der Funktionen der Marke nicht erforderlich ist;[16] vielmehr greift der Bekanntheitsschutz unabhängig von einer Beeinträchtigung der Funktionen der Marke schon dann ein, wenn der gute Ruf einer bekannten Marke unlauter ohne rechtfertigenden Grund ausgenutzt wird, beispielsweise, wenn Imitate bekannter Markenparfüms in sog. „Duftvergleichslisten" jeweils den bekannten Parfummarken gegenübergestellt werden.[17]

Die **Qualitätsfunktion** hat schon länger Eingang in die Rspr von EuGH und BGH ge-   **1064**
funden, die betonen, dass die **Marke ihre Aufgabe als wesentlicher Bestandteil des Systems eines unverfälschten Wettbewerbs** nur erfüllen könne, wenn sie Gewähr dafür biete, dass alle Waren oder Dienstleistungen, die mit ihr versehen sind, unter der Kontrolle eines einzigen Unternehmens hergestellt oder erbracht worden sind, das für ihre Qualität verantwortlich gemacht werden kann.[18] Die Qualitätsfunktion drückt sich ferner aus in dem Recht des Lizenzgebers, gegen seinen Lizenznehmer bei Qualitätsabweichungen auch aus dem Markenrecht – gleichgültig, ob nationale Marke oder Gemeinschaftsmarke – vorzugehen (§ 30 Abs. 2 Nr. 5 MarkenG, Art. 22 Abs. 2 lit. e GMV). Der EuGH erkennt auch ein **Kontrollrecht** über das erste Inverkehrbringen der Produkte innerhalb der Gemeinschaft (Vertriebssteuerung wegen Qualitätssicherung) an.[19]

B. Markenfähigkeit und Markenformen

Rechtsgrundlage: § 3 MarkenG; Art. 4 GMV

I. Markenfähigkeit und Markenformen

Gemäß § 3 MarkenG sind Marken   **1065**

> *alle Zeichen, die geeignet sind, Waren oder Dienstleistungen eines Unternehmens von denjenigen anderer Unternehmen zu unterscheiden.*

---

14 EuGH GRUR 2010, 445, 449, Tz. 92 f. *Google und Google France.*
15 EuGH GRUR 2010, 445, 449, Tz. 99 *Google und Google France.*
16 EuGH GRUR 2009, 756, 761, Tz. 64 *L´Oréal/ Bellure.*
17 EuGH GRUR 2009, 756, 761, Tz. 78 f. *L´Oréal/ Bellure.*
18 EuGH GRUR 2009, 756, 762, Tz. 75 ff *L´Oréal/Bellure*; EuGH GRUR Int. 2008, 43, 45 f, Tz. 36 ff. *Henkel*; EuGH GRUR Int. 2004, 631, 633, Tz. 30 *Henkel*; EuGH GRUR 2002, 804, 806, Tz. 30 *Philips*; EuGH GRUR 1998, 922, 923, Tz. 28 *Canon*; BGH GRUR 2001, 240, 241 *SWISS-ARMY*; BGH GRUR 1999, 731, 733 *Canon II*; BGH GRUR 1999, 496, 497 *TIFFANY.*
19 EuGH GRUR 2006, 146, 147, Tz. 13 *Class International/Colgate-Palmolive*; Fezer MarkenG Einl. D. Funktionen der Marke Rn 26.

Das MarkenG definiert damit die **Markenfähigkeit**. Die **abstrakte Eignung** einer Marke, ohne Ansehung der Waren und Dienstleistungen unterscheidend zu wirken, reicht für diese grundsätzliche Markenfähigkeit aus,[20] wobei die Marke selbständig von der Ware[21] und einheitlich überschaubar sein muss.[22] Die Voraussetzung der Markenfähigkeit darf nicht verwechselt werden mit dem bereits erwähnten absoluten Schutzhindernis fehlender Unterscheidungskraft gem. § 8 Abs. 2 Nr. 1 MarkenG, dh ihrer fehlenden **konkreten Eignung**, unterscheidungskräftig zu wirken.[23]

Beispiel: Eine Marke DEUTSCHE BANK für die Waren „Gartenmöbel" ist abstrakt markenfähig im Sinne von § 3 Abs. 1 MarkenG, weil diese Bezeichnung selbständig von der Ware und einheitlich überschaubar ist. Die Marke DEUTSCHE BANK ist jedoch als herkunfts- und produktbeschreibender Hinweis als Marke für Gartenmöbel von der Eintragung ausgeschlossen, weil ihr gem. § 8 Abs. 2 Nr. 1 MarkenG jegliche Unterscheidungskraft fehlt und ihr damit ein absolutes Schutzhindernis entgegensteht. Darüber hinaus unterliegt sie aber auch einem relativen Schutzhindernis gem. § 9 Abs. 1 Nr. 3 MarkenG, weil sie den guten Ruf der Marke DEUTSCHE BANK der „Deutsche Bank AG" für sich ausnutzt und daher als Folge eines entsprechenden Vorgehens der Deutsche Bank AG löschungsreif ist.

1066 Gemäß Art. 4 GMV sind Gemeinschaftsmarken

alle Zeichen, die sich grafisch darstellen lassen, soweit solche Zeichen geeignet sind, Waren oder Dienstleistungen eines Unternehmens von denjenigen anderer Unternehmen zu unterscheiden.

Bereits im Vergleich von § 3 MarkenG und Art. 4 GMV fällt auf, dass die Gemeinschaftsmarke in der Markenfähigkeit die grafische Darstellbarkeit verlangt, § 3 MarkenG hingegen nicht. Im Weiteren sind die Voraussetzungen und Anforderungen an die Schutzfähigkeit identisch zum nationalen Markenrecht.

1067 Markenfähig können sodann die in § 3 Abs. 1 MarkenG und die in Art. 4 GMV aufgezählten Zeichen sein. Die Aufzählung ist jeweils **nicht abschließend**, so dass weitere Zeichen außerhalb des Katalogs ebenfalls Marken sein können. Für die Gemeinschaftsmarke ist insoweit allerdings wie erwähnt Voraussetzung, dass diese weiteren Markenformen auch grafisch darstellbar sind. Die Frage der grafischen Darstellbarkeit spielt im deutschen Markenrecht erst bei der Frage der Eintragungsfähigkeit in § 8 Abs. 1 MarkenG eine Rolle, im Gemeinschaftsmarkenrecht hingegen wie eben erwähnt schon bei der Markenfähigkeit. Der Unterschied erklärt sich dadurch, dass GMV und Marken-RL keinen Schutz nicht-eingetragener Marken kennen, sondern nur Regelungen über einem Eintragungsverfahren unterliegende Marken bzw Markenformen umfassen. Das Gemeinschaftsmarkenrecht ist ein Registerrecht, Art. 6 GMV. Da das MarkenG demgegenüber auch den Schutz nicht-eingetragener Marken regelt (§ 4 Nr. 2 MarkenG; vgl Rn 1049 und 1173), können nicht-eingetragene Marken deshalb nach deutschem Recht auch dann markenfähig sein, wenn sie nicht gemäß § 8 Abs. 1 MarkenG grafisch darstellbar sind.[24]

---

20 BGH GRUR 2001, 334, 335 *Gabelstapler*; BGH GRUR 2001, 240, 241 *SWISS-ARMY*.
21 BGH GRUR 2004, 502, 503 *Gabelstapler II*; BGH GRUR 2001, 334, 335 *Gabelstapler*.
22 Vgl Fezer, § 3 MarkenG Rn 210. S. a. Art. 2 der EU-Markenrechtrichtlinie (89/104 EWG) sowie EuGH GRUR Int. 2008, 43, 45 f, Tz. 36 ff und GRUR Int. 2004, 631, Tz. 19 *Henkel*; EuGH GRUR 2002, 804, 806, Tz. 32 und 37 *Philips/Remington*.
23 Vgl Fezer, § 3 MarkenG Rn 361 sowie zum Schutzhindernis fehlender Unterscheidungskraft unten Rn 1116 ff.
24 BGH GRUR 2009, 783, 785 f, Tz.26 ff *UHU*; vgl hierzu auch *Fezer*, § 3 MarkenG Rn 200 f.

II. Einzelne Markenformen

Mögliche und ausdrücklich genannte **Markenformen** sind gemäß § 3 Abs. 1 MarkenG   **1068**
und Art. 4 GMV

■ Wörter einschließlich Personennamen,   **1069**

MERCEDES, LUFTHANSA, MARC O'POLO;

aus der neueren Rspr: PROTECH, VAMOS, FOR YOU, YES, PREMIERE, Radio von hier, Radio wie wir oder RATIONAL SOFTWARE CORPORATION,[25] Nichols,[26] Shaolin,[27] Michael Schumacher,[28] Kinder[29] oder Post.[30]

■ Abbildungen,   **1070**

Karstadt-Logo, Darstellung eines Puma der Fa. PUMA, Darstellung eines Kranich der Lufthansa, Mercedes-Stern, Teekanne-Logo;

die zeichnerische Darstellung einer „springenden Raubkatze", die „Rolex-Krone", ferner chinesische Schriftzeichen, Jeanstaschen und Künstlersignaturen;[31] grds. auch Porträtfotos berühmter Persönlichkeiten wie Marlene Dietrich[32] oder Michael Schumacher.[33]

■ Buchstaben,[34]   **1071**

BMW, VW, DB;

aus der neueren Rspr: Z (für Tabakwaren),[35] K, UHQ, MAC,[36] α für alkoholische Getränke[37]

■ Zahlen,[38]   **1072**

525 (BMW) oder 600 (Mercedes); 6 für Tabakerzeugnisse.[39]

■ Kombinationen aus Buchstaben und Zahlen   **1073**

A 3 für Kraftfahrzeuge oder K 50 für Halbzeug aus Kupfer.[40]

---

25 BGH GRUR 1995, 408 *Protech*; BGH GRUR 1992, 515 *Vamos*; BGH GRUR 1999, 1093, 1094 *FOR YOU*; BGH GRUR 1999, 1089, 1090 *YES*; BGH GRUR 1999, 728, 729 *Premiere II*; BGH GRUR 2000, 321, 322 *Radio von hier*; BGH GRUR 2001, 162, 163 *RATIONAL SOFTWARE CORPORATION*.
26 EuGH GRUR 2004, 946, 947, Tz. 30 f. *Nichols*.
27 OLG Hamburg GRUR-RR 2009, 339 (L) *Die Rückkehr der Shaolin*.
28 BPatG NJWE-WettbR 1999, 153, 153 *Michael Schumacher Portraitfoto* oder BPatG Beschl. v. 16.3.2005, 29 W (pat) 4/03 BeckRS 2009, 00504 *Schumi/Michael Schumacher*.
29 BGH GRUR 2009, 954, 955, Tz. 11 *Kinder III*.
30 BGH GRUR 2009, 669, Tz. 9 *Post II*.
31 BGH GRUR 1996, 198 *Springende Raubkatze*; OLG Karlsruhe GRUR 1995, 417 *Rolex-Uhren*; BPatG GRUR 1997, 53, 53 f *chinesische Schriftzeichen*; BPatG NJWE-WettbR 1999, 153, 153 f. *Michael Schumacher*; BPatG GRUR 1998, 819, 820 f. *Jeanstasche mit Ausrufezeichen*; BPatG Bl.f.PMZ 2000, 384, 385 ff. *Fr. Marc*.
32 Im konkreten Fall wurde zwar die Markenfähigkeit bejaht, aber die Unterscheidungskraft abgelehnt, BGH GRUR 2008, 1093, 1094, Tz. 10 f und 13 f. *Marlene-Dietrich-Bildnis*; BPatG GRUR 2010, 73 *Porträtfoto Marlene Dietrich II*.
33 BPatG NJWE-WettbR 1999, 153, 153 *Michael Schumacher Portraitfoto*.
34 Früher nach allgemeiner Meinung wegen bestehenden generellen Freihaltebedürfnisses nicht schutzfähig (es sei denn, die Buchstabenfolge war aussprechbar, zB Agfa), vgl zB BGH Bl. f PMZ 1984, 113 *MSI*; in jüngerer Zeit durch Rechtsprechung allerdings teilweise als schutzfähig anerkannt, vgl BPatG GRUR 1993, 742 *UHQ*.
35 BGH WRP 2003, 517, 518 für Buchstabe „Z".
36 BGH GRUR 2001, 161 *Buchstabe „K"*; BGH GRUR 1996, 202 *UHQ*; BPatG Mitt. 1998, 103 *MAC*.
37 EuG, 29.4.2009, T-23/07, BeckRS 2009, 70450 α.
38 Früher nach allgemeiner Meinung wegen bestehenden generellen Freihaltebedürfnisses nicht schutzfähig, vgl zB BGH GRUR 1982, 383 *Zahl 17*; aber in jüngerer Zeit differenziert gehandhabt, vgl BGH GRUR 1993, 825 *Dos*; BGH GRUR 1993, 45 *11 er*. S. auch BGH GRUR 1995, 732 *Füllkörper* (hins. Zahl 8.).
39 BGH, Beschluss v. 18.4.2002, I ZB 22/99, BeckRS 2002, 06033, Tz. 17 „6".
40 BPatG GRUR 1998, 404 *A 3*; BPatG GRUR 1999, 999 *K 50*.

1074 ■ Hörzeichen,[41]

Die eingetragenen Deutschen Marken 39538330 EIN SCHÖNER TAG für Bier und 39408718 KOMM' DOCH MIT AUF DEN UNDERBERG für Magenbitter;

aus der Rspr: Die ersten 9 Töne der Klaviersonate „Für Elise" von Ludwig van Beethoven für diverse Waren und Dienstleistungen, u.a. für Software, Zeitungen, Seminare und Rechtsberatung.[42]

„Arzneimittel ihres Vertrauens: Hexal" ist als Schall-/Hörmarke mit gesprochenem Text markenfähig, Art. 4 GMV.[43]

Hörmarke kann auch die Stimme einer Person – meist bekannte – sein, wenn mit dieser bestimmte typische Redewendungen verknüpft werden: Heinz Erhardt mit „und noch'n Gedicht" oder „Fährt der alte Lord fort, fährt er nur im Ford fort".[44]

Hörzeichen sind nur in § 3 Abs. 1 MarkenG ausdrücklich genannt, nicht jedoch in Art. 4 GMV. Dass jedoch auch **Hörmarken** als mögliche Markenform nach der GMV anerkannt sind, ergibt sich aus Erwägungsgrund 6, Art. 1 Abs. 5 und 6 der Durchführungsverordnung GMV,[45] da sie zwar als solche nicht visuell wahrnehmbar sind, aber wahrnehmbar gemacht werden können. Für Hörmarken reicht eine einfache Notenschrift dann nicht aus, wenn es sich nicht um eine Melodie, sondern eher um einen „Schall" handelt; dann muss eine dreidimensionale Abbildung der Schallfolge durch ein vollständiges Sonagramm mit Skalierung eingereicht werden.[46]

1075 ■ **dreidimensionale Gestaltungen** einschließlich der Form einer Ware (Formmarke) oder ihrer Verpackung,[47]

Parker-„Pfeilclip", Coca-Cola Flasche; aus der neueren Rspr: Die Perrier-Flasche;[48] Kühlergrill;[49] Form einer Seife als Quader;[50] die ROCHER-Kugel,[51] die Dimple-Flasche, eine Uhr, ein Honigglas oder Taschenlampen;[52] dreidimensionale Gebäude,[53] zB bekannte Wahrzeichen

---

41 Durch das MarkenG neu eingeführte Markenform; Anmeldung durch zweidimensionale grafische Widergabe der Marke in einer üblichen Notenschrift oder einem Sonagramm sowie zusätzlich Einreichung einer klanglichen Wiedergabe der Marke, § 11 MarkenV. Früher nicht schutzfähig: BGH GRUR 1988, 306 *Hörzeichen*; jetzt aber grds. schutzfähig: EuGH GRUR 2004, 54, 56, Tz. 35 ff. *Shield Mark/Kist*; HABM GRUR 2003, 1054 ff. *Roar of a Lion*; HABM GRUR 2006, 343, 344, Tz. 11 ff. *Hexal* Anmeldung aber zurückgewiesen wegen ungenügender grafischer Darstellung.
42 EuGH GRUR 2004, 54, 55, Tz. 14 *Shield Mark/ Kist*.
43 HABM GRUR 2006, 343, 343, Tz. 9 ff. *Hexal*.
44 Götting GRUR 2001, 615, 619 mit Verweis auf OLG Hamburg GRUR 1989, 666, 666 *Heinz Erhardt*.
45 VO (EG) Nr. 1041/2005 (DurchführungsVO GMV) ABl. (EU) v. 5.7.2005, Nr. L 172/4: „Die ektronische Anmeldung und [...] für eine Gemeinschaftsmarke sollte [...] insbesondere das Anmelden von Farb- oder Hörmarken mittels einer Wiedergabe, die klar, eindeutig, in sich abgeschlossen, leicht zugänglich, verständlich, dauerhaft und objektiv ist, verbessern.".
46 EuGH GRUR 2004, 54, 57, Tz. 54 *Mark Shield/Kist*; HABM GRUR 2003, 1054, 1056, Tz. 29 ff. *Roar of a Lion*.
47 Durch das MarkenG neu eingeführte Markenform (vgl Eichmann, FS Vieregge, S. 125). *Früher* war es als "Notbehelf" möglich, ein Bildzeichen anzumelden, auf dem die Ware abgebildet war. Ansonsten nur Schutz als Ausstattung über § 25 WZG; hierfür war Verkehrsdurchsetzung erforderlich.
48 EuG GRUR Int. 2004, 326, 328, Tz. 41 f. *Form einer Flasche*, Unterscheidungskraft bejaht.
49 EuG GRUR Int. 2003, 462, Tz. 36 ff. *DaimlerChrysler Kühlergrill*, unterscheidungskräftig, weil bereits seit geraumer Zeit nicht auf die technische Funktion abgestellt wird in diesem Segment, sondern bereits ästhetische Wünsche dahinterstehen und daher ein Wiedererkennungseffekt und damit Herkunftshinweis gegeben ist.
50 EuG GRUR Int. 2003, 459, 462, Tz. 41 ff. *Form einer Seife*; nachgehend bestätigt durch EuGH ABl. (EU) 2004, Nr. C 284/3, Tz. 43 f/ MarkenR 2004, 456 ff und Unterscheidungskraft nach Art. 7 Abs. 1 lit. b GMV verneint.
51 BGH GRUR 2010, 138, 139, Tz. 12, 16 ff *ROCHER-Kugel*.
52 BPatG GRUR 1998, 580 *Dimple-Flasche*; BPatG GRUR 1998, 706 *Montre I*; BPatG GRUR 1998, 1018 *Honigglas*; BPatG GRUR 1999, 56 *Taschenlampen*.
53 HABM GRUR 2004, 1033, 1034, Tz. 11 *Glasgebäude (Smart-Turm)*.

von Städten wie der Berliner Fernsehturm, der 101 in Taipei oder der neue Turm in Dubai sind grafisch darstellbar und damit markenfähig.

Bis 1994 als „Ausstattung" über § 25 WZG bei entsprechender Verkehrsgeltung geschützt zB die „Odol"-Flasche[54] oder die „Ettaler Klosterlikör"-Flasche.[55]

Nicht als dreidimensionale Marke schutzfähig ist der Legostein, weil die Klemmnoppen auf der Oberseite ausschließlich technische Funktion haben, die im Interesse der Wettbewerber vom Markenschutz freigehalten werden müssen, § 3 Abs. 2 Nr. 2 MarkenG bzw Art. 7 Abs. 1 lit. e GMV;[56] Einzelheiten zu den Schutzhindernissen nach § 3 Abs. 2 MarkenG und Art. 7 Abs. 1 lit. e GMV finden sich unter Rn 1083 ff. Nicht markenfähig kann ferner die Form einer Jeanshose sein, wenn sie der Jeanshose einen wesentlichen Wert verleiht.[57]

- sowie **sonstige Aufmachungen** einschließlich **Farben** und Farbzusammenstellungen,[58] und zwar auch konturlose konkrete Farben und Farbzusammenstellungen, was zunächst umstritten war.[59]   1076

VIOLETT für Katzenfutter oder GELB/SCHWARZ für Messgeräte u.a.,[60] Grün-Gelb für Arbeitsmaschinen oder Lila für Tapetenkleister;[61] bei Farbmarken problematisch ist aber regelmäßig das Vorliegen von Unterscheidungskraft gem. § 8 Abs. 2 Nr. 1 MarkenG bzw Art. 7 Abs. 1 lit. b GMV, weil der Durchschnittsverbraucher Farben normalerweise nicht als Marken wahrnimmt, so dass Eintragungsvoraussetzung in der Regel Verkehrsdurchsetzung ist;[62] Einzelheiten bei Rn 1114, 1163 f.

Farben und Farbzusammenstellungen konnten vor Inkrafttreten des MarkenG als Ausstattung über § 25 WZG bei entsprechender Verkehrsgeltung geschützt sein, zB die Farben „Gelb/Rot" des Konzerns Shell,[63] die Farben „Rot/Gelb" für Maggi[64] oder die Farben „Blau/Weiß" für den Konzern Aral.[65]

Kombinationen der einzelnen Markenformen sind selbstverständlich möglich; überaus häufig sind zB Wort-/ Bildmarken wie beispielsweise Kombinationen eines Bildes oder Logos mit einem Wort oder grafisch ausgestaltete Wörter.   1077

Beispiele:

Die Marlboro-Zigarettenpackung, das Esso-Logo.

---

54 BGH GRUR 1964, 140 *Odol-Flasche*.
55 BGH GRUR 1956, 179 *Ettaler-Klosterliqeur*.
56 BGH GRUR 2010, 231, 233, f. Tz. 25 und 28 *Legostein*; EuGH GRUR 2010, 1008, 1009 f. Tz. 39 und 43 ff. *Roter Lego-Stein*; EuG GRUR Int. 2009, 508, 510 ff; HABM, 10.7.2006, R 856/2004-G *Legostein*.
57 EuGH GRUR 2007, 970, 971, Tz. 21ff *Benetton / G-Star*.
58 Früher nur über ein sogenanntes Ausstattungsrecht gemäß § 25 WZG geschützt. Hierfür war Verkehrsdurchsetzung erforderlich. Vgl die im Text folgenden Beispiele und BGH GRUR 1982, 51 *Rote-Punkt-Garantie* und BGH GRUR 1979, 853 *Lila*.
59 BGH GRUR 1999, 491, 491 f. *Farbmarke gelb/schwarz*; BPatG WRT 1999, 329, 331 ff *blau/weiß I*; BPatG WRP 1999, 334, 335 ff *blau/weiß II*; für eine einzelne Farbe: BGH, Beschl. v. 1. März 2001 – I ZB 57/98 – S. 5 *Farbmarke violettfarben*. Anders noch BPatG GRUR 1996, 881, 881 f. *Farbmarke*; BPatG GRUR 1998, 574, 575 f *schwarz/zink-gelb*; BPatG GRUR 1998, 1016, 1017 f *grün/gelb*.
60 BGH GRUR 2001, 1154, 1155 *Farbmarke violettfarben*; BGH GRUR 1999, 491 *Farbmarke gelb/schwarz*.
61 EuG GRUR Int 2010, 153, 154, Tz. 22, 25 ff. *Deere & Company*; BGH GRUR 2010, 637, 638, Tz. 10 f. *Farbe gelb* mit Farbklassifikationsnummer für ein verschiedene Dienstleistungen eines Energieversorgungsunternehmens (Yello); BPatG GRUR 2010, 71, 72 *Farbe Lila*.
62 EuGH GRUR 2003, 604, 608, Tz. 65 *Libertel*; EuG GRUR 2010, 153, 154, Tz. 25 ff. *Deere & Company*; BPatG GRUR 2010, 71, 72 *Farbe Lila*.
63 LG Düsseldorf GRUR 1987, 443 *Shell*; RG GRUR 1933, 39 *Shell*.
64 BGH GRUR 1968, 371 *Maggi*.
65 RG MuW 1930, 540 *Aral*.

Die logo-artig ausgestalteten Marken für die WM „2006", „WM 2010", „2010", „Deutschland 2006" und „Südafrika 2010"[66] oder andere logo-artig gestaltete Marken wie „U-KEY",[67] „Schöninger seit 1895"[68] oder die Abbildung einer Zigarettenpackung mit der Aufschrift „MANHATTAN",[69] die Gemeinschafts-Wort-Bildmarke „Limonchelo" als Wort-/Bildmarke für einen bekannten Zitronenlikör als Etikett auf Flaschen,[70] „Shaolin" in Wort und Bild für eine Theateraufführung.[71]

1078 Neben den dargestellten Markenformen gibt es noch einige **Sonderformen** von Marken, die weder in § 3 Abs. 1 MarkenG noch in Art. 4 GMV ausdrücklich genannt sind, wegen der offenen und nicht abschließenden Formulierung in § 3 Abs. 1 MarkenG und Art. 4 GMV (*„insbesondere"*) jedoch ebenfalls markenfähig sein können. So ist gemäß §§ 6 Nr. 4, 10 MarkenV zB auch eine **Kennfadenmarke**, die die Unterscheidbarkeit von Kabeln durch bestimmte Farbabfolgen gewährleistet und bereits unter Geltung des WZG anerkannt war, mögliche Markenform.

1079 Zu nennen ist ferner die **Geruchsmarke** (auch Riechmarke oder olfaktorische Marke), die grundsätzlich für markenfähig im Sinne von § 3 Abs. 1 MarkenG gehalten wird, weil auch Gerüche oder Düfte abstrakt betrachtet geeignet sein können, als betriebliches Unterscheidungsmittel zu dienen.[72] Der EuGH hat in seinem Urteil *Sieckmann* entschieden, dass ein Zeichen, das als solches nicht visuell wahrnehmbar ist, eine Marke sein kann, sofern es Gegenstand einer grafischen Darstellung, insbesondere mit Hilfe von Figuren, Linien oder Schriftzeichen, sein kann, die klar, eindeutig, in sich abgeschlossen, leicht zugänglich, verständlich, dauerhaft und objektiv ist.[73] Ein Geruch kann wohl prinzipiell grafisch darstellbar sein. Dafür genügt allerdings noch nicht die Hinterlegung einer Geruchsprobe, weil diese nicht von Dauer ist und auch nicht, dass der Geruch mit einer bloßen chemischen Formel dargestellt wird. Denn die chemische Formel kann die Zusammensetzung, aber nicht den Geruch wiedergeben.[74] Es genügt also nicht, eine Riechmarke anzumelden mit dem Abbild einer Erdbeere und der Beschreibung „Duft einer reifen Erdbeere", weil dies weder präzise noch eindeutig ist und maßgeblich subjektiv geprägt ist.[75] Das Problem, wie Geruchsmarken hinreichend grafisch dargestellt werden können, ist noch ungelöst.

1080 Des Weiteren ist aus dem Bereich der Sonderformen die **Positionierungsmarke** zu nennen. Hierbei handelt es sich um eine Marke, die dadurch gekennzeichnet ist, dass Gegenstand ihrer Anmeldung eine bestimmte Position der Marke auf einer Ware ist. Solche Positionierungsmarken sind ebenfalls grundsätzlich markenfähig.[76]

---

66 BGH GRUR 2010, 642, 643, Tz. 27 f *WM-Marken*, zum Titelschutz einer solchen Bezeichnung für eine Veranstaltung s. unten.
67 BGH GRUR 1995, 269 *U-Key*.
68 BPatG GRUR 1995, 411 *Seit 1895*.
69 BPatG GRUR 1995, 590 *Manhattan*.
70 EuGH GRUR 2007, 700, 701 *Limonchelo/Limoncello*.
71 OLG Hamburg GRUR-RR 2009, 339 (L) *Die Rückkehr des Shaolin*.
72 BPatG GRUR 2000, 1044, 1046 *Riechmarke*.
73 EuGH Urt. v. 12.12.2002, C-273/00, Slg 2002, I-11737, GRUR Int. 2003, 449, 452, Tz. 55 *Sieckmann*; EuGH v. 27.11.2003, C-283/01, Slg 2003, I-14313, Tz. 55 ff. *Shield Mark BV gegen Joost Kist h.o.d.n. Memex*; EuG GRUR Int. 2006, 134, 134, Tz. 24 *odeur de fraise mûre (Duft einer reifen Erdbeere)*.
74 EuGH GRUR Int. 2003, 449, 453, Tz. 69 *Sieckmann*.
75 EuG GRUR Int. 2006, 134, 135 f, Tz. 33, 43 und 45 *odeur de fraise mûre (Duft einer reifen Erdbeere)*; EuGH GRUR Int. 2003, 449, 453, Tz. 72 *Sieckmann*.
76 BPatG GRUR 1998, 819, 820 *Jeanstasche mit Ausrufezeichen*; BPatG Mit. 2000, 114, 115 f. *Positionierungsmarke*; BPatG 26.6.2009, 29 W (pat) 19/08, BeckRS 2009, 25613 *Schultütenspitze*.

Beispiel: Eine Schultütenspitze als beschriebenes stets rot gefärbtes kegelförmiges spitzes Abschlussstück.[77] Die Beschreibung der Position bzw Stellung ist zwingend für die Marke, die darüber hinaus noch unterscheidungskräftig sein muss.[78]

Schließlich wird auch eine **Bewegungsmarke** für markenfähig gehalten, dh eine Marke, 1081 deren Gegenstand bestimmte Bewegungsabläufe sind, etwa einer Figur in Werbespots.[79]

Beispiel: Das HABM hat allerdings den *Ablauf der Türbewegung eines Lamborghini–Sportwagens* wegen Wiedergabe einer rein technischen Funktion einer Autotür für nicht markenfähig gehalten.[80] Vgl hierzu auch Rn 1083. Demgegenüber könnte jedoch *Shakiras* Hüftschwung als Bewegungsmarke markenfähig sein, da er jedenfalls keine rein technische Funktion besitzt; dass er im Sinne von Art. 4 GMV auch grafisch darstellbar ist, ergibt sich schon aus dem Video *Waka Waka* zur Fußballweltmeisterschaft in Südafrika 2010.

Alle die in § 3 Abs. 1 MarkenG und Art. 4 GMV ausdrücklich genannten Markenformen sind per se markenfähig, dh diese Markenarten sind im Prinzip dazu geeignet, die 1082 Waren oder Dienstleistungen eines Unternehmens von denjenigen anderer Unternehmen zu unterscheiden.[81] Dies ist im Hinblick auf die in Rn 1078 ff genannten Sonderformen von Marken anders. Bei ihnen ist jeweils zu prüfen, ob die Markenart grundsätzlich dazu geeignet ist, unterscheidungskräftig zu wirken.[82] Der guten Ordnung halber sei aber noch einmal darauf hingewiesen, dass mit der Frage der Markenfähigkeit nur die Zeicheneigenschaft und die grundsätzliche Eignung, unterscheidend zu wirken, beantwortet wird; ob diese Zeichen auch konkret unterscheidungskräftig sind, ist erst im Rahmen der Schutzhindernisse der fehlenden Unterscheidungskraft gem. § 8 Abs. 2 Nr. 1 MarkenG bzw Art. 7 Abs. 1 lit. b GMV zu prüfen.

Nicht markenfähig sind gemäß § 3 Abs. 2 MarkenG solche Zeichen, deren Form durch 1083 die Art der Ware selbst bedingt ist, die zur Erreichung einer technischen Wirkung erforderlich ist oder die der Ware einen wesentlichen Wert verleiht; diese Ausschlussgründe sind nicht nur bei Warenformen, sondern auch bei Verpackungsformen in Betracht zu ziehen.[83] Der BGH wendet dieses Kriterium relativ zurückhaltend an: Sogar die Abbildung eines Gabelstaplers wurde als markenfähig anerkannt, weil der Gabelstapler eine Reihe von Gestaltungsmerkmalen aufwies, die weder ausschließlich durch die Art der Ware selbst noch ausschließlich technisch oder wertbedingt waren.[84]

---

77 BPatG 26.6.2009, 29 W (pat) 19/08, BeckRS 2009, 25613 *Schultütenspitze.*
78 BPatG 26.6.2009, 29 W (pat) 19/08, BeckRS 2009, 25613 *Schultütenspitze.*
79 OLG Frankfurt GRUR 2000, 1063, 1066 *Spee-Fuchs;* Schutz abgelehnt, weil bei fehlender Markeneintragung keine Verkehrsgeltung gem. § 4 Nr. 2 MarkenG vorlag.
80 HABM GRUR 2004, 63, 64, Tz 25 ff. *Lamborghini-Türbewegungsablauf.*
81 Vgl EuGH GRUR 2002, 804, 806, Tz. 39 f. *Philips.*
82 Vgl auch EuGH GRUR 2003, 145, 147, Tz. 43 ff. *Sieckmann.*
83 EuGH GRUR 2006, 233, 234, Tz. 31 *Standbeutel* nahm zunächst grundsätzlich eine Markenfähigkeit an, dh Art. 4 GMV, der dem § 3 MarkenG ähnlich ist, aber lehnte die Unterscheidungskraft gemäß Art. 7 Abs. 1 lit. b GMV ab, der § 8 Abs. 2 Nr. 1 MarkenG entspricht; EuGH GRUR 2002, 804, 809 Tz 37 *Philips/Remington;* BGH GRUR 2010, 231, 233 Tz 24 f. *Legostein;* BGH GRUR 2008, 510 Tz 11 *Milchschnitte;* BGH GRUR 2004, 502, 504 *Gabelstapler II;* BGH GRUR 2001, 56, 57 *Likörflasche.*
84 BGH GRUR 2001, 334, 335 *Gabelstapler;* S. a. EuGH GRUR 2002, 804, 807, Tz. 50 *Philips:* "Verzierung ohne funktionelle Bedeutung" nicht erforderlich.

Beispiele: Markenfähigkeit verneint: Eine durch die Art der Ware bedingte Verpackungsform wie eine Videokassetten-Hülle; der Lego-Baustein[85] oder die Form eines neu entwickelten Rasierers mit drei rotierenden Köpfen im gleichseitigen Dreieck.[86]

Im **Gegensatz dazu bejaht:** die ROCHER-Kugel, die weder technisch (§ 3 Abs. 2 Nr. 2 MarkenG) noch wertbedingt (§ 3 Abs. 2 Nr. 3 MarkenG) eine Kugelform aufweist mit raspeliger Oberfläche;[87] Porträtfoto von *Marlene Dietrich*, weil auch Bildnis einer Person grundsätzlich geeignet, unterscheidend zu wirken.[88]

1084   Während das MarkenG also bei solchen Markenformen schon die Markenfähigkeit verneint, ist die entsprechende Vorschrift des Art. 7 Abs. 1 lit. e GMV als absolutes Schutzhindernis ausgestaltet. Dieser Unterschied ist allerdings praktisch nicht von Bedeutung, wie das Beispiel des *roten* Legosteins zeigt: Da die Klemmnoppen auf der Oberseite eine ausschließlich technische Funktion besitzen, wurde die dafür eingetragene dreidimensionale Deutsche Marke wegen fehlender Markenfähigkeit gem. § 3 Abs. 2 Nr. 2 MarkenG ebenso gelöscht wie die korrespondierende Gemeinschaftsmarke wegen des Schutzhindernisses nach Art. 7 Abs. 1 lit. e GMV.[89]

1085   Der EuGH hat in seiner *Philips/Remington* Entscheidung[90] einige grundlegende Vorgaben für die Auslegung von Art. 3 Abs. 1 lit. e Marken-RL und damit auch von § 3 Abs. 2 MarkenG und Art. 7 Abs. 1 lit. e GMV gegeben. Danach genügt es für die in diesen Vorschriften festgelegten Schutzausschlussgründe, wenn nur eines der genannten Kriterien erfüllt ist, dh handelt es sich um eine **warenbedingte Form**, eine **technisch erforderliche Form** oder eine **wertverleihende Form**, ist ein Schutz als Marke immer ausgeschlossen.[91] Der EuGH hat sich ferner dezidiert zur Ratio des Schutzausschlussgrundes der technisch bedingten Form geäußert: Dadurch solle verhindert werden, dass das Markenrecht seinem Inhaber ein Monopol für technische Lösungen oder Gebrauchseigenschaften einer Ware einräumt, die der Benutzer auch bei Waren anderer Mitbewerber suchen könne; das Markenrecht solle nicht über den Schutz der Zeichen hinausgehen, dürfe nicht zu einem Hindernis für Mitbewerber werden, Waren mit entsprechenden **technischen Lösungen** oder Gebrauchseigenschaften im Wettbewerb frei anzubieten und solle es schließlich dem Einzelnen nicht erlauben, mit Hilfe der Eintragung einer Marke ausschließliche Rechte an technischen Lösungen zu erlangen oder fortbestehen zu lassen.[92] Dies hat der EuGH dann in seiner *Legostein* Entscheidung bestätigt und noch einmal betont, dass der Schutz der Form einer Ware nach Ablauf eines dafür bestehenden Patentes dem System der Rechte des geistigen Eigentums, nach dem technische Lösungen nur für eine begrenzte Dauer schutzfähig sind, zuwider laufen würde.[93] Für den Schutzausschlussgrund von § 3 Abs. 2 Nr. 2 MarkenG bzw Art. 7 Abs. 1 lit. e ii) GMV reicht es mithin aus, wenn alle wesentlichen Merkmale der Form

---

85   EuG GRUR Int. 2009, 508, 510, Tz. 39 ff. *Legostein*; BGH GRUR 2010, 231, 233 f, Tz. 24 f und Tz. 28 ff. *Legostein*.

86   EuGH GRUR 2002, 804, 805, Tz. 11 und 809, Tz. 83 *Philips/Remington*.

87   BGH GRUR 2010, 138, 139 f, Tz. 16 ff *ROCHER-Kugel*, aber Unterscheidungskraft wegen § 8 Abs. 2 Nr. 2 MarkenG abgelehnt und § 8 Abs. 3 MarkenG – Verkehrsdurchsetzung bejaht.

88   BGH GRUR 2008, 1093, 1094, Tz. 10 f. *Marlene-Dietrich-Bildnis*.

89   BGH GRUR 2010, 231, 233, Tz. 25 u. 28 *Legostein*; EuGH GRUR 2010, 1008, 1009 f., Tz. 39 u. 43 ff *Roter Lego-Stein*.

90   EuGH GRUR 2002, 804 *Philips/Remington*.

91   EuGH GRUR 2002, 804, 809, Tz. 76 *Philips/Remington*.

92   EuGH GRUR 2002, 804, 809, Tz. 78 u. 82 *Philips/Remington*.

93   EuGH GRUR 2010, 1008, 1009, Tz. 46 *Roter Lego-Stein*.

der technischen Funktion entsprechen, während das Vorhandensein nicht wesentlicher Merkmale ohne technische Funktion unerheblich bleibt;[94] nicht darauf abzustellen ist, ob auch eine andere technische Lösung möglich wäre, um die Wirkung zu erzeugen, es genügt also, wenn die als Marke angemeldete Form selbst technisch bedingt ist, selbst wenn sich dieselbe technische Wirkung auch durch andere Formen erzielen ließe.[95]

Während die Voraussetzungen für das Vorliegen des Schutzausschlussgrundes tech-   **1086** nisch bedingter Formen weitgehend geklärt sind, ist dies für den weiteren Schutzausschlussgrund der **wertbedingten Form** gem. § 3 Abs. 2 Nr. 3 MarkenG bzw Art. 7 Abs. 1 lit. e iii GMV nicht der Fall. Während das BPatG zunächst die Auffassung vertreten hatte, es handele sich bei dem Wert einer Ware im Sinne von § 3 Abs. 2 Nr. 3 MarkenG um einen wirtschaftlichen Wert, hat der BGH inzwischen klargestellt, dass auf den ästhetischen Wert abzustellen ist, den die Form der Ware verleiht und ein eventueller wirtschaftlicher Wert der Ware unberücksichtigt bleiben müsse.[96] Der BGH ist ferner der Auffassung, dass der Schutzausschlussgrund von § 3 Abs. 2 Nr. 3 MarkenG nur dann eingreife, wenn die Marke ausschließlich aus einer Form bestehe, die der Ware einen wesentlichen Wert verleihe, was nur dann gegeben sei, wenn der Verkehr allein in dem ästhetischen Gehalt der Form den wesentlichen Wert der Ware sehe und es deshalb von vornherein als ausgeschlossen angesehen werden könne, dass der Form neben ihrer ästhetischen Wirkung zumindest auch die Funktion eines Herkunftshinweises zukommen könne; hiervon könne in der Regel nur dann ausgegangen werden, wenn der Verkehr in der ästhetischen Formgebung selbst die eigentliche handelbare Ware sehe, was beispielsweise bei Kunstwerken der Fall sei, die der Verkehr ausschließlich nach ihrem ästhetischen und künstlerischen Gehalt werte, denn insoweit entstehe das Kunstwerk erst durch die Formgebung und stelle die handelbare Ware selbst dar. Stelle dagegen in den Augen der beteiligten Verkehrskreise nicht allein die ästhetische Formgebung die eigentliche Ware dar, sondern erscheine sie nur als eine Zutat, deren Nutz- oder Verwendungszweck auf anderen Eigenschaften beruhe, stehe dies der Eintragung der Form als Marke auch dann nicht entgegen, wenn es sich um eine ästhetisch besonders gelungene Gestaltung handele.[97] Allerdings darf diese Auffassung des BGH auch nicht missverstanden werden; ein Bild beispielsweise kann zwar wie ein urheberrechtliches Werk als Bild, Poster oder Postkarte benutzt werden, aber eben auch wie ein Logo oder ein Etikett beispielsweise für ein Bekleidungsstück, was für die Zuerkennung der Markenfähigkeit und damit das Fehlen eines Schutzausschlussgrundes der wertbedingten Form nach § 3 Abs. 2 Nr. 3 MarkenG ausreichen würde.[98]

Die Schutzausschlussgründe nach § 3 Abs. 2 MarkenG und nach Art. 7 Abs. 1 lit. e)   **1087** GMV können **nicht durch den Nachweis der Verkehrsdurchsetzung** überwunden werden, sondern sind absolut; eine dreidimensionale Form, die durch die Art der Ware

---

94   EuGH GRUR 2010, 1008, 1010, Tz. 51 *Roter Lego-Stein*; BGH GRUR 2010, 231, 234, Tz. 29 *Legostein*.
95   EuGH GRUR 2002, 804, 808 f, Tz. 67 und 83 *Philips/Remington*; EuGH GRUR 2010, 1008, Tz. 43 ff. *Roter Lego-Stein*; EuG GRUR Int. 2009, 508, 510 f, Tz. 40 und 43 *Legostein*; BGH GRUR 2010, 231, 233 f, Tz. 25, 29 ff. *Legostein*.
96   BGH GRUR 2008, 71, 72, Tz. 18 u. 20 *Fronthaube* gegen BPatG GRUR 2005, 333, 335 *Kraftfahrzeugteile*; vgl auch Fezer § 3 MarkenG Rn 232 u. Ströbele/ Hacker/ Hacker § 3 Rn 100.
97   BGH GRUR 2008, 71, 72, Tz. 18 *Fronthaube* unter Verweis auf Eisenführ/ Schennen/ Eisenführ Art. 7 GMV Rn 160.
98   BGH GRUR 2008, 1093, 1094, Tz. 11 u. 1096, Tz. 22 *Marlene-Dietrich-Bildnis*.

selbst bedingt ist, die zur Erreichung einer technischen Wirkung erforderlich ist oder die der Ware einen wesentlichen Wert verleiht, ist deshalb niemals markenfähig und kann auch nicht dadurch, dass sie sich etwa durch lang andauernde Benutzung, hohen Werbeaufwand und erhebliche Bekanntheit im Verkehr durchgesetzt hat, zur Marke werden.[99] Der Grund auch hierfür ist relativ simpel: Könnte ein Unternehmer solche Formen für sich markenrechtlich durch hohen Werbeaufwand und dann entstehende Verkehrsdurchsetzung monopolisieren, würde dies bedeuten, dass bestimmte Warenarten oder bestimmte technische Funktionen jenseits der technischen Schutzrechte und des freien Standes der Technik eben doch noch über einen „Umweg" über das Markenrecht dauerhaft monopolisiert werden könnten.[100] Der Gesetzgeber hat deshalb diese Schutzausschlussgründe mit Recht nach den Worten des EuGH „mit besonderer Strenge" festgelegt.[101] Im nationalen Markenrecht gelten die Voraussetzungen der abstrakten Markenfähigkeit übrigens nicht nur für eingetragene Marken nach § 4 Nr. 1 MarkenG, sondern auch für Benutzungsmarken nach § 4 Nr. 2 MarkenG.[102]

1088 Ist eine Marke grundsätzlich markenfähig im Sinne von § 3 MarkenG, aber nicht von Hause aus unterscheidungskräftig im Sinne von § 8 Abs. 2 Nr. 1 MarkenG, kann die **fehlende Unterscheidungskraft** gleichwohl durch den **Nachweis der Verkehrsdurchsetzung** überwunden werden und die Marke zur Eintragung gelangen (§ 8 Abs. 3 MarkenG; vgl Rn 1128). So ist auch nach dem Gemeinschaftsmarkenrecht eine ursprünglich nicht unterscheidungskräftige Marke eintragungsfähig, wenn sie infolge ihrer Benutzung Verkehrsgeltung und damit Unterscheidungskraft vor der Anmeldung der jüngeren Marke erlangt hat, Art. 7 Abs. 3 GMV.[103]

C. Entstehen des Markenschutzes und Priorität

Rechtsgrundlage: § 4 MarkenG; Art. 6 GMV

1089 Der Schutz eingetragener Marken entsteht nicht mit der Anmeldung, sondern erst mit der Eintragung in das Markenregister (§ 4 Nr. 1 MarkenG; Art. 6 GMV). Unabhängig hiervon genießt der Markeninhaber aber für sein Zeichenrecht die **Priorität des Anmeldetages** (vgl Rn 1090 ff). Nicht-eingetragene nationale Marken erlangen Schutz durch Benutzung eines Zeichens im geschäftlichen Verkehr *und* Verkehrsgeltung innerhalb der beteiligten Verkehrskreise (§ 4 Nr. 2 MarkenG; vgl Rn 1049, 1173). Schutz kann unabhängig von der Benutzung auch durch Erlangung notorischer Bekanntheit im Sinne von § 6bis PVÜ (§ 4 Nr. 3 MarkenG; vgl Rn 1049) erreicht werden.

1090 Mit **Priorität** bezeichnet man den **Zeitrang eines Kennzeichnungsrechtes**, dh den Tag, auf den sich ein Rechtsinhaber Dritten gegenüber berufen kann. Eine eingetragene

---

99 EuGH GRUR Int. 2010, 1008, 1009, Tz. 47 *Roter Lego-Stein*; EuGH GRUR 2007, 970, 971, Tz. 26 ff *Benetton/ G-Star*; EuGH GRUR 2002, 804, 809, Tz. 75 *Philips/ Remington*.
100 Vgl a. EuGH GRUR Int. 2010, 1008, 1009, Tz. 47 *Roter Lego-Stein*; EuGH GRUR 2002, 804, 809, Tz. 80 *Philips/Remington*. S. a. die neuere Rechtsprechung des BGH zur Freihaltebedürftigkeit des freien Standes der Technik im Rahmen der Prüfung sklavischer Nachahmungen bei Rn 728.
101 EuGH GRUR 2010, 1008, 1009, Tz. 47 *Roter Lego-Stein*.
102 BGH GRUR 2009, 783, 785, Tz. 22 *UHU*; BGH GRUR 2004, 151, 153 *Farbmarkenverletzung I*.
103 EuGH GRUR Int. 2009, 917, 919, Tz. 42 ff *PURE DIGITAL*; EuGH GRUR 1999, 723, 727, Tz. 50, 54 *Chiemsee*; EuG, v. 25.10.2007, C-238/06 P, Slg 2007, I-9375, Tz. 50 *Develey/HABM*.

Marke genießt zB die Priorität des Anmeldetages (**nicht** des Eintragungstages),[104] § 6 Abs. 2 MarkenG, eine geschäftliche Bezeichnung oder ein Werktitel die Priorität der Inbenutzungnahme (vgl Rn 1436 ff), § 6 Abs. 3 MarkenG.

Gehen zwei Markenanmeldungen am selben Tag beim Deutschen Patent- und Markenamt ein oder werden zwei geschäftliche Bezeichnungen oder Werktitel am selben Tag in Benutzung genommen, kommt ihnen jeweils **dieselbe Priorität** zu, § 6 Abs. 4 MarkenG.   1091

Kollisionen der einzelnen unter dem MarkenG geschützten Rechte bestimmen sich bei Vorliegen einer Rechtsverletzung **allein nach der Priorität** (§ 6 Abs. 1 MarkenG). Die Priorität ist damit **absolut**. Hierbei ist zu beachten, dass alle durch das MarkenG geschützten Rechte gleichwertig sind (§ 6 Abs. 4 MarkenG) und alle Kennzeichnungsrechte hinsichtlich ihrer Verbietungswirkung grundsätzlich sowohl einen firmenmäßigen als auch einen markenmäßigen oder einen titelmäßigen Gebrauch erfassen.[105] Das Recht an einer Firma gemäß § 5 Abs. 2 MarkenG kann also beispielsweise auch dadurch verletzt werden, dass sie von einem Dritten als Produktkennzeichnung, also als Marke, verwendet wird ebenso wie umgekehrt auch das Recht an einer Marke gemäß § 4 MarkenG durch die Verwendung einer Bezeichnung als Firma verletzt werden kann.[106] Voraussetzung ist allerdings immer, dass Verwechslungsgefahr (§§ 14 Abs. 2 Nr. 2, 15 Abs. 2) oder Bekanntheitsschutz (§§ 14 Abs. 2 Nr. 3, 15 Abs. 3) vorliegen. Diese Grundsätze gelten jedoch für die Verletzung einer Gemeinschaftsmarke nur eingeschränkt: Ein rein firmenmäßiger Gebrauch ist nämlich keine Benutzungshandlung iSv Art. 9 GMV.[107] Das betrifft aber wirklich nur die rein firmenmäßige Benutzung, also wenn die Firma nur für die Bezeichnung des Geschäftes verwendet wird.[108] Wird das Unternehmenskennzeichen auf der Ware selbst angebracht, kann ebenso eine rechtsverletzende Benutzung einer Gemeinschaftsmarke vorliegen wie aus anderen Gründen und Zusammenhängen durch die Benutzung einer Firma auch die Herkunftsfunktion einer Gemeinschaftsmarke beeinträchtigt sein kann.[109]   1092

Prioritätstag und das **Entstehen des kennzeichenrechtlichen Schutzes** fallen teilweise auseinander, teilweise auch zusammen: Bei eingetragenen nationalen Marken wie auch bei den Gemeinschaftsmarken liegt der Prioritätstag mit dem Anmeldetag in der Regel zeitlich erheblich vor dem Entstehen des Markenschutzes, der erst mit der Eintragung erfolgt, §§ 4 Nr. 1, 32 ff. MarkenG, Artt. 6 und 29, 31 GMV. Die Eintragung ist grundsätzlich rechtsbegründend, §§ 4 Nr. 1 iVm 41 MarkenG und Artt. 6, 45 GMV. Bei den nicht-eingetragenen, entweder verkehrsdurchgesetzten oder notorisch bekannten Marken nach dem MarkenG fallen Prioritätstag und Entstehen des Schutzes regelmäßig zusammen, weil die Priorität aufgrund der jeweils gegebenen besonderen Voraussetzung der Verkehrsdurchsetzung bzw des Entstehens der notorischen Bekanntheit   1093

---

104 Vgl aber Rn 1089.
105 BGH GRUR 2004, 512, 513 *Leysieffer*; Fezer § 14 MarkenG Rn 54 ff, 136 f.
106 BGH GRUR 2004, 512, 514 *Leysieffer*.
107 BGH GRUR 2008, 254, 255 f., Tz. 22 – *THE HOME STORE*; unter Berufung auf EuGH GRUR 2007, 971, 972, Tz. 21 – *Céline*; EuGH GRUR 2003, 143, 145, Tz. 34 – *Robelco/ Robeco*.
108 BGH GRUR 2008, 254, 255 f. – *THE HOME STORE*.
109 EuGH GRUR 2007, 971, 972, Tz. 22 – *Céline*; EuGH GRUR 2005, 153, 155, Tz. 62ff – *Anheuser-Busch/ Budvar*.

jeweils nicht vorverlagert werden kann. Bei den geschäftlichen Bezeichnungsrechten ist es jedenfalls für die Werktitelrechte anerkannt, dass die Priorität bis zu etwa 6 Monate vor das eigentliche Entstehen des Titelschutzrechtes vorverlagert werden kann, und zwar durch die Schaltung einer so genannten „**Titelschutzanzeige**" (vgl Rn 1437). Ansonsten fallen bei den geschäftlichen Bezeichnungsrechten, also Firma, besonderer Geschäftsbezeichnung und Internet-Domain Priorität und Entstehen des Schutzes zusammen, weil für beides die Aufnahme der Benutzung im geschäftlichen Verkehr erforderlich ist; allerdings ist unklar, ob im Bereich der Firmenrechte die Publikation der Handelsregistereintragung und im Bereich der Domains die Reservierung bei der Denic e.G. nicht doch zur Vorverlagerung der Priorität führen kann (vgl Rn 1414 sowie 1455).

1094 Wer eine Marke anmeldet, kann außerdem die **Priorität einer Auslandsanmeldung**, deren Anmeldetag **nicht länger als 6 Monate** vor dem Tag der Anmeldung der deutschen Marke oder der Gemeinschaftsmarke liegen darf, in Anspruch nehmen, § 34 MarkenG und Art. 29 GMV; ob die ausländische Voranmeldung zur Beanspruchung der Priorität berechtigt, richtet sich wiederum nach Art. 4 PVÜ sowie Art. 4 PVÜ sowie Art. 2 Abs. 1 TRIPS. Außerdem müssen die Anmeldungen identisch sein und auch die selben Waren oder Dienstleistungen betreffen; wird die Marke, für die die ausländische Priorität in Anspruch genommen wird, für weniger Waren als die Ursprungsanmeldung eingereicht, ist dies natürlich problemlos möglich, werden mehr Waren und Dienstleistungen als in der Ursprungsanmeldung beansprucht, gilt die ausländische Priorität nur für die Waren und Dienstleistungen, die sich mit der Ursprungsanmeldung decken, für die übrigen gilt dann nur die Priorität des Anmeldetages. Neben der Priorität einer ausländischen Voranmeldung kann auch eine sogenannte **Ausstellungspriorität** in Anspruch genommen werden, § 35 MarkenG und Art. 33 GMV. Ausstellungspriorität bedeutet, dass Waren oder Dienstleistungen unter der angemeldeten Marke auf einer amtlichen oder amtlich anerkannten internationalen Ausstellung im Sinne des am 22. November 1928 in Paris unterzeichneten Abkommens über internationale Ausstellungen oder andere Ausstellungen, die von den Mitgliedsstaaten als prioritätsbegründend für Markenanmeldungen anerkannt worden sind, ausgestellt wurden.[110] Die Priorität einer ausländischen Voranmeldung und die Ausstellungspriorität können miteinander kombiniert werden, allerdings nur für maximal 6 Monate, § 35 Abs. 5 MarkenG und Art. 33 Abs. 3 GMV.

1095 Mit der Anmeldung einer Marke entsteht zwar wie erwähnt noch nicht der Schutz; der Anmelder bekommt allerdings ein **Anwartschaftsrecht** auf die Eintragung, die erfolgen muss, wenn die Eintragungsvoraussetzungen gegeben sind (§ 41 MarkenG; Art. 45 GMV). Das MarkenG gewährt dem Markeninhaber für den Zeitraum zwischen Anmeldung und Eintragung also kein Recht; abweichend hierzu sieht aber Art. 9 Abs. 3 S. 2 GMV einen Anspruch auf Bezahlung einer angemessenen Entschädigung für Handlungen, die nach Veröffentlichung der Anmeldung einer Gemeinschaftsmarke vorgenommen werden und die dann nach der Eintragung als Verletzung der Gemeinschaftsmarke verboten wären, vor – die GMV gewährt insoweit einen Teilausgleich für die teilweise sehr lange Dauer, die Widerspruchsverfahren in Anspruch nehmen können.

---

110 Einige Nachweise finden sich bei Eisenführ/ Schennen Art. 33 GMV Rn 6.

Der Beginn und das Ende des Schutzes von Marken und anderen Kennzeichen wird 1096 markiert durch bestimmte Rechtshandlungen, die entweder durch ein Amt (zB Eintragung und Löschung von Marken durch das Deutsche Patent- und Markenamt oder das Harmonisierungsamt für den Binnenmarkt), den Anmelder bzw Inhaber (zB Verzichtserklärung, Benutzungsaufnahme, Benutzungsaufgabe) oder einen Dritten (zB Widerspruch, Löschungsantrag) vorgenommen werden. Das stellt sich im Überblick wie folgt dar:

1097

Kennzeichen	Evtl. vor Entstehen des Schutzes liegende Priorität	Entstehen des Schutzes	Erlöschen des Schutzes
Eingetragene Marken, § 4 Nr. 1 MarkenG Eingetragene Gemeinschaftsmarke, Art. 4, 6 GMV	Anmeldetag, §§ 6 Abs. 2, 33; ggf zus. ausl. Priorität oder Ausstellungspriorität, §§ 34, 35 MarkenG Anmeldetag, Art. 27, 29 GMV → Rn 1333 ff	Eintragungstag, § 4 Nr. 1, § 41 MarkenG Eintragungstag, Art. 45 GMV	Löschung aus dem Markenregister, §§ 47 Abs. 6, 48 ff. MarkenG Löschung, Art. 80 Abs. 1 und 2 iVm Artt. 50 ff GMV
Nicht-eingetragene Marken, § 4 Nr. 2 MarkenG Kein Schutz nach der GMV für nicht-eingetragene Marken, nur Eintragung möglich (Art. 7 Abs. 3 GMV)		Benutzung als Marke und Entstehen der Verkehrsgeltung, § 4 Nr. 2 → Rn 1049	Verlust der Verkehrsgeltung oder Benutzungsaufgabe als Marke § 4 Nr. 2

Kennzeichen	Evtl. vor Entstehen des Schutzes liegende Priorität	Entstehen des Schutzes	Erlöschen des Schutzes
Notorisch-bekannte Marken, § 4 Nr. 3 MarkenG Art. 8 Abs. 2 lit. c iVm Abs. 5 GMV, Art. 6bis PVÜ (als Eintragungshindernis – Widerspruchsmarke[111] gegenüber jüngerem Zeichen)		Entstehen der notorischen Bekanntheit, § 4 Nr. 3 MarkenG → Rn 1049 Art. 8 Abs. 2 lit. c iVm Abs. 5 GMV	Verlust der notorischen Bekanntheit, § 4 Nr. 3 MarkenG Verlust der notorischen Bekanntheit, wenn die Marke zu einer Gattungsbezeichnung wird oder nach Art. 6bis PVÜ
Firma, besondere Geschäftsbezeichnung, § 5 Abs. 2 S. 1 MarkenG keine Entsprechung im Gemeinschaftsmarkenrecht	evtl. Handelsregistereintragung der Firma, sofern innerh. von 6 Monaten vor Beginn der Benutzung → Rn 1414	Beginn der Benutzung im geschäftlichen Verkehr, § 5 Nr. 2 S. 1 → Rn 1414	Endgültige Benutzungsaufgabe → Rn 1426
Geschäftsabzeichen, § 5 Abs. 2 S. 2 MarkenG		Benutzung im geschäftlichen Verkehr und Entstehen von Verkehrsgeltung, § 5 Abs. 2 S. 2 → Rn 1415	Verlust der Verkehrsgeltung oder endgültige Benutzungsaufgabe → Rn 1426
Titelschutzrecht, § 5 Abs. 3 MarkenG	Veröffentlichung einer Titelschutzanzeige, sofern innerh. von 6 Monaten vor Beginn der Benutzung → Rn 1437	Beginn der Benutzung im geschäftlichen Verkehr, § 5 Abs. 3 → Rn 1436	Endgültige Benutzungsaufgabe → Rn 1449

---

111 EuGH GRUR Int. 2000, 73, 74, Tz. 23 ff. *Chevy.*

Kennzeichen	Evtl. vor Entstehen des Schutzes liegende Priorität	Entstehen des Schutzes	Erlöschen des Schutzes
Internet-Domain, § 5 Abs. 2 S. 1 oder Abs. 3 MarkenG	evtl. Registrierung der Domain, sofern innerh. von 6 Monaten vor Beginn der Benutzung → Rn 1455	Beginn der Benutzung im geschäftlichen Verkehr, § 5 Abs. 2 S. 1; Erreichbarkeit des Namensträgers über die Domain, § 12 BGB → Rn 1455 f	Endgültige Benutzungs-/Erreichbarkeitsaufgabe oder Löschung → Rn 1469

Es ist nochmals darauf hinzuweisen, dass **die Priorität nur über das Rangverhältnis** von **1098** Kennzeichenrechten zueinander entscheidet; sie ist nicht gleichzusetzen mit dem Entstehen des jeweiligen Rechtes, fällt damit aber teilweise zusammen. Grafisch lässt sich das zu den wichtigsten Kennzeichenrechten in etwa wie folgt darstellen:

Eingetragene Marke: **1099**

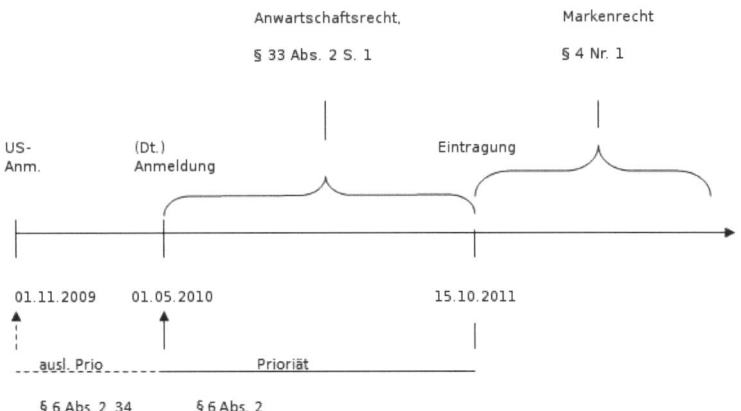

1100 Firma:

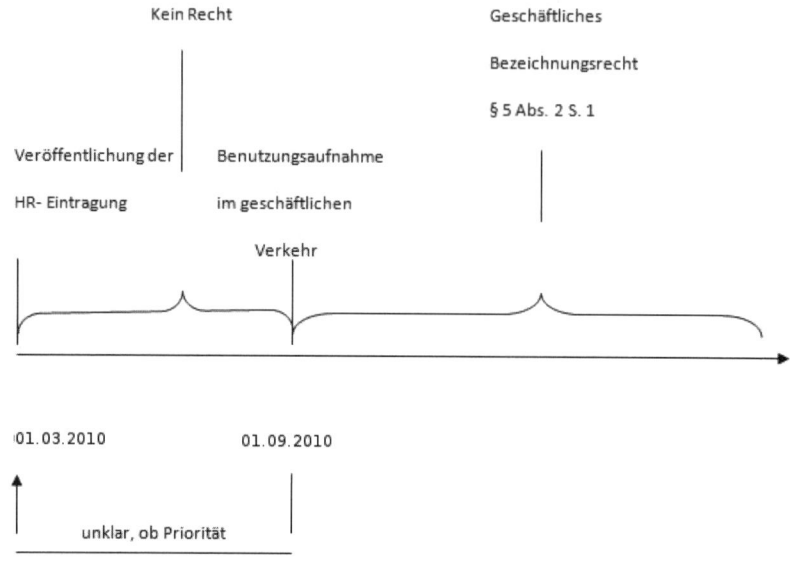

1101 Werktitel:

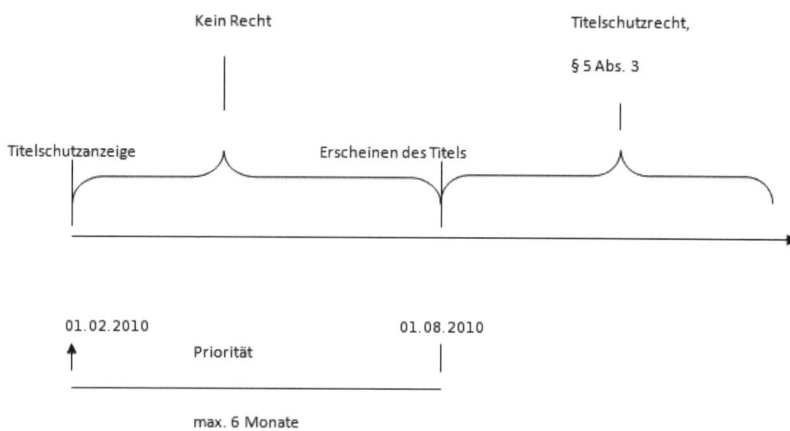

Domain: 1102

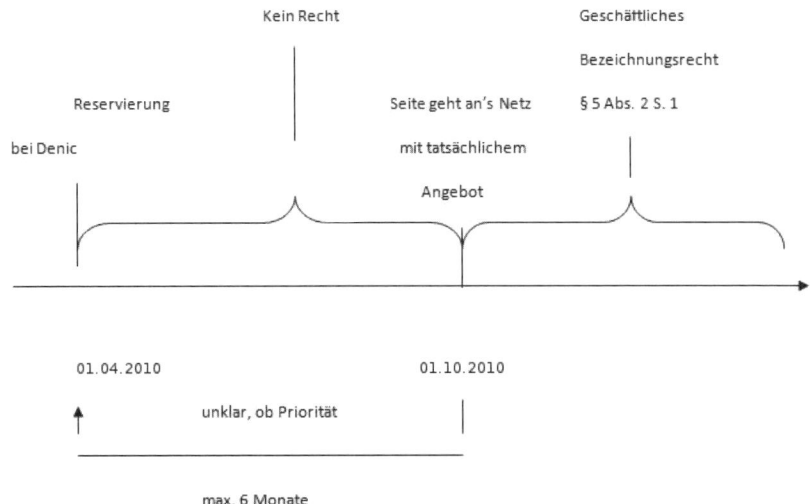

Einer Marke kann aber auch lediglich eine **relativ bessere** Priorität gegenüber einem 1103
anderen Kennzeichnungsrecht zukommen. Dies ist dann der Fall, wenn der Markeninhaber zwar ein älteres Markenrecht besitzt, er seine Marke aber im Zeitpunkt der
Entstehung des jüngeren Rechtes nicht **rechtserhaltend benutzt** hatte, dh seine an sich
ältere Marke wegen Nichtbenutzung löschungsreif war (§§ 25 und 26 MarkenG bzw
Artt. 15, 51 Abs. 1 lit. a GMV).[112]

Solange die Marke nicht **auf Antrag eines Dritten gelöscht** wird, bleibt sie trotz Nicht- 1104
benutzung formal bestehen; nimmt der Markeninhaber seine Marke später wieder in
Benutzung, wird die Löschungsreife geheilt, „erstarkt" das Markenrecht also wieder.
Dem jüngeren Zeichenrecht des Dritten, das während des Zeitraums der Nichtbenutzung der älteren Marke entstanden war, kommt dann die relativ bessere Priorität im
Verhältnis zur älteren Marke zu mit der Folge, dass beide Rechte gleichberechtigt nebeneinander stehen und keiner gegen den anderen Unterlassungs- oder Löschungsansprüche geltend machen kann[113] (sog. „**Prioritätsverschiebung**").[114]

---

112 BGH GRUR 2002, 59, 61 *ISCO*; BGH GRUR 1995, 54, 55 *Nicoline*; BGH GRUR 1994, 288, 290 f. *Malibu*.
113 BGH GRUR 2002, 59, 61 *ISCO*; BGH GRUR 1994, 288, 291 *Malibu*; vgl auch Baumbach/Hefermehl, Wa-
     renzeichenrecht, 12. Aufl. 1985, § 11 Rn 59 ff und v. Mühlendahl, FS Vieregge, S. 641.
114 Maßgeblich für die Entstehung des jüngeren Rechtes ist die Inbenutzungnahme bei geschäftlichen Bezeich-
     nungen sowie das Entstehen der Verkehrsdurchsetzung bei nicht eingetragenen Marken oder nicht unterschei-
     dungskräftigen geschäftlichen Bezeichnungen; bei eingetragenen Marken wird man nicht auf den Eintragungs-
     tag, sondern auf den Anmeldetag abzustellen haben, sofern es später zu einer Eintragung kommt, weil sich
     bereits in der Anmeldung die Inanspruchnahme des Markenrechtes manifestiert und der Eintragungszeit-
     punkt nicht im Einflussbereich des Markeninhabers liegt.

1105 Grafisch lässt sich das wie folgt veranschaulichen:

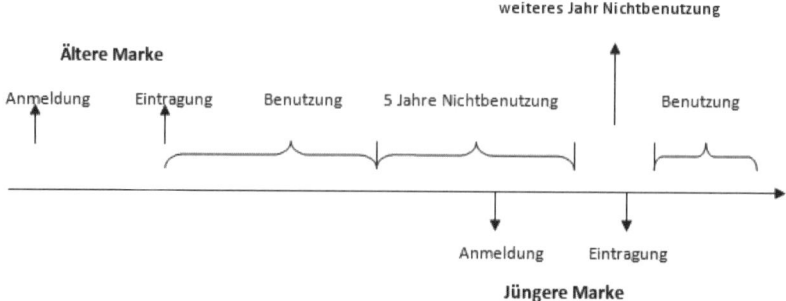

1106 Will der Inhaber des jüngeren Kennzeichens verhindern, dass das Recht an der älteren Marke durch **Wiederaufnahme der Benutzung** wieder auflebt, die Löschungsreife also geheilt wird, so muss er dem Inhaber der älteren Marke noch während des Zeitraumes der Nichtbenutzung (vgl Rn 1292 ff) die Löschung der Marke ankündigen, und sodann innerhalb von 3 Monaten einen Löschungsantrag bei dem Deutschen Patent- und Markenamt oder dem Harmonisierungsamt stellen. Bei deutschen Marken muss dann – bei rechtzeitigem Widerspruch des Inhabers der älteren Marke[115] – innerhalb von weiteren 3 Monaten nach Zustellung der Mitteilung über den Widerspruch Löschungsklage beim ordentlichen Gericht erhoben werden. Bei Gemeinschaftsmarken besteht insoweit ein Unterschied, als die Löschung wegen Verfalls nur entweder im Wege der Widerklage gem. Art. 100 GMV oder durch Stellung eines Löschungsantrages gem. Art. 56 GMV erfolgen kann; im Unterschied zum Löschungsantrag beim Deutschen Patent- und Markenamt, infolge dessen kein Löschungsverfahren stattfindet, wenn der Markeninhaber rechtzeitig widerspricht, findet auf den Löschungsantrag beim Harmonisierungsamt für den Binnenmarkt ein echtes Löschungsverfahren statt, bei dem das Harmonisierungsamt die Voraussetzungen der rechtserhaltenden Benutzung auch materiell prüft. Werden die voranstehenden Voraussetzungen erfüllt, dann bleiben Benutzungshandlungen des Inhabers der älteren Marke, die nach Erhalt der Löschungsandrohung begonnen wurden, außer Betracht (§ 49 Abs. 1 MarkenG, Art. 51 Abs. 1 lit. a GMV).

1107 Die relativ bessere Priorität kann der Inhaber des jüngeren Kennzeichens aber nur vor einem ordentlichen Gericht geltend machen, weil im Widerspruchsverfahren der Zeitraum, für den die Benutzung nachgewiesen werden muss, förmlich festgelegt wird: Ein Nachweis der rechtserhaltenden Benutzung kann bei bestehendem Benutzungszwang nur für den Zeitraum von 5 Jahren vor dem Tag der Veröffentlichung der jüngeren Marke (§ 43 Abs. 1 MarkenG bzw Art. 42 Abs. 2 GMV) oder der Entscheidung über den Widerspruch verlangt werden (§ 43 Abs. 1 MarkenG; vgl Rn 1293 f). Dem Inhaber der jüngeren Marke bleibt in solchen Fällen nur die Eintragungsbewilligungsklage gem. § 44 MarkenG.

---

115 Frist: 2 Monate ab Zustellung der Mitteilung über den Löschungsantrag, § 53 Abs. 3 MarkenG.

Zwischen den einzelnen **Kennzeichenrechten** gibt es Unterschiede im Schutzumfang; so   1108
reicht der Schutz einer eingetragenen Marke im MarkenG beispielsweise meist weiter
als der einer Firma[116] oder eines Werktitels[117] (vgl Rn 1421 und 1443).

Im Hinblick auf die **Kollision mit sonstigen älteren Rechten Dritter** wie zB Namens-   1109
rechte, Rechten an der eigenen Abbildung, Urheberrechten, Sortenbezeichnungsrech-
ten, geografischen Herkunftsangaben oder sonstigen gewerblichen Schutzrechten (§ 13
MarkenG), die nicht im Widerspruchsverfahren vor dem Deutschen Patent- und Markenamt, sondern nur vor den ordentlichen Gerichten geltend gemacht werden können
(§§ 42 Abs. 2, 51 Abs. 1 MarkenG), richtet sich die Priorität nach den jeweiligen Gesetzen, die den Schutz gewähren.

D. Eintragungsfähigkeit: absolute Schutzhindernisse

Rechtsgrundlage: §§ 8, 9 und 10 MarkenG; Artt. 7, 8 GMV

I. Allgemeines

Das Deutsche Patent- und Markenamt akzeptiert eine Marke nur dann zur Eintragung,   1110
wenn ihr keine **absoluten Schutzhindernisse** entgegenstehen, dh die Marke als solche
absolut einem Schutz zugänglich ist, § 8 MarkenG. Im Gegensatz hierzu stehen die
relativen Schutzhindernisse, dh das Bestehen besserer Rechte Dritter, § 9 MarkenG. Sie
sind deshalb relativ, weil sie nur dann die endgültige Eintragung verhindern, wenn der
Dritte sie geltend macht (vgl Rn 1182 ff) und zwar entweder im Wege der Löschungsklage (§ 51 Abs. 1 MarkenG) oder innerhalb einer bestimmten Frist nach Eintragung
im Wege des Widerspruchs (§ 42 MarkenG).

Bei der Eintragung der Gemeinschaftsmarke werden von Amts wegen durch das Har-   1111
monisierungsamt für den Binnenmarkt ebenfalls nur absolute Schutzhindernisse nach
Art. 7 GMV berücksichtigt. Relative Schutzhindernisse können im Widerspruchsverfahren geltend gemacht werden und werden dann bereits im Stadium des Eintragungsverfahrens berücksichtigt, Artt. 8 iVm 41 f GMV. Außerdem kann nach Eintragung ein
Löschungsverfahren wegen Bestehens älterer Rechte vor dem Harmonisierungsamt
eingeleitet werden, Art. 53 GMV.

II. Absolute Schutzhindernisse, § 8 MarkenG und Art. 7 GMV

1. Grafische Darstellbarkeit

Rechtsgrundlagen: § 8 Abs. 1 MarkenG; Art. 4 und 7 Abs. 1 lit. a GMV

Marken können nur dann in die Markenrolle eingetragen werden, wenn sie **grafisch**   1112
darstellbar sind (§ 8 Abs. 1 MarkenG; Art. 4 und 7 Abs. 1 lit. a GMV). Die Grundsätze
für die grafische Darstellbarkeit und die Kriterien sind im nationalen Recht als auch im
Gemeinschaftsrecht identisch.

---

116   Z. B. wegen eines nur örtlichen Gebrauchs – die Marke besitzt immer einen bundesweiten Schutz.
117   Schutz idR nur für dieselbe Werkart – der Schutzumfang der Marke richtet sich zB nach den im Warenver-
      zeichnis genannten Waren.

Grafisch darstellbar ist ein Zeichen dann, wenn es mit Hilfe von Figuren, Linien oder Schriftzeichen, geschriebenen Buchstaben oder Abbildungen identifizierbar wiedergegeben werden kann.[118] Der Grund für die Notwendigkeit des Erfordernisses der grafischen Darstellbarkeit ist leicht nachvollziehbar: Nur dann nämlich, wenn man sich relativ einfach mit der nötigen Klarheit und Eindeutigkeit darüber informieren kann, was als Marke eingetragen und damit geschützt ist, kann man im Vorfeld des Beginns der Benutzung eines Zeichens oder einer Markenanmeldung beurteilen, ob das neue Zeichen bzw die Markenanmeldung die ältere Marke verletzt oder nicht.[119] Dies ist bei allen „herkömmlichen" Marken wie Wortmarken, Bildmarken und Wort-/Bildmarken unproblematisch der Fall.[120] **Dreidimensionale Marken** können nicht durch die Einreichung von Mustern oder Modellen grafisch „dargestellt" werden (§ 13 S. 1 MarkenV), sondern müssen zweidimensional grafisch wiedergegeben werden, zB durch Fotografien oder grafische Strichzeichnungen (§ 9 MarkenV; Art. 1 Regel 3 DurchführungsVO GMV). Zur Verdeutlichung der Dreidimensionalität dürfen allerdings Darstellungen von bis zu 6 verschiedenen Ansichten eingereicht werden, § 9 Abs. 1 S. 2 MarkenV.[121] **Hörmarken** werden gemäß § 11 MarkenV bzw Art. 1 Regel 3 Abs. 6 DurchführungsVO GMV durch Wiedergabe in einer üblichen Notenschrift oder, falls dies wegen der Art der Marke nicht möglich ist, durch ein Sonagramm (Klangspektrogramm) dargestellt.[122] Eine sprachliche Beschreibung wie etwa „die ersten 9 Töne der Klaviersonate „Für Elise" von Ludwig van Beethoven" oder das „Bellen eines Hundes" genügen hierfür nicht.[123] Zusätzlich muss der Anmeldung eine klangliche Wiedergabe beigefügt werden, zB auf CD.

1113 Ob **Geruchsmarken** grafisch darstellbar sind, war umstritten: Während das BPatG hieran solche Zweifel hatte, dass es die Frage dem EuGH zur Vorabentscheidung vorlegte, akzeptierte das HABM eine Geruchsmarke *Der Geruch frisch geschnittenen Grases* für die Ware „Tennisbälle" als grafisch darstellbar durch diese Geruchsbeschreibung.[124] Der EuGH hat den Streit inzwischen im Sinne des BPatG entschieden: Geruchsmarken sind mit heute bekannten Mitteln nicht grafisch darstellbar, so dass etwa eine Marke „der Duft einer reifen Erdbeere" nicht eintragungsfähig war, weil sie weder durch eine Beschreibung noch durch das Abbild einer Erdbeere noch durch eine chemische Formel noch durch die Hinterlegung einer Geruchsprobe hinreichend wahrnehmbar gemacht werden konnte.[125]

1114 Trotz gewisser Schwierigkeiten bei der grafischen Darstellbarkeit von reinen **Farb- und Farbkombinationsmarken**, also konturlosen konkreten Farben und Farbzusammenstellungen, ist davon auszugehen, dass diese ebenfalls grundsätzlich grafisch darstellbar gem. § 8 Abs. 1 MarkenG und Art. 4 iVm Art. 7 Abs. 1 lit. a GMV sind, zB durch Hin-

---

118 Vgl EuGH GRUR 2003, 145, 147, Tz. 43 und 46 *Siemann*.
119 Vgl insoweit auch EuGH GRUR 2003, 145, 147 f, Tz. 41 ff. *Siemann*.
120 EuGH GRUR 2002, 804, 806, Tz. 39 f. *Philips*.
121 Das Verfahren der Anmeldung dreidimensionaler Marken ist dargestellt bei Eichmann GRUR 1995, 184 ff.
122 HABM GRUR 2006, 343, 343, Tz. 9 ff. *Schallmarke Hexal*.
123 Vgl EuGH GRUR 2004, 54, 58, Tz. 64 *Shield Mark/ Kist*.
124 BPatG GRUR 2000, 1044, 1046 ff. *Riechmarke* und HABM WRP 1999, 681, 682 f. *The smell of fresh cut grass*.
125 EuGH GRUR 2003, 145, 149, Tz. 69 ff. *Siemann*; EuG GRUR Int. 2006, 134, 136 f, Tz. 39 ff*Odeur de fraise mûre*.

terlegung eines Farbmusters und Angabe von RAL- oder Pantone-Nummern.[126] Einzelne konturlose Farbtöne können so als Marke eintragungsfähig sein. Die form- und konturlose Zusammenstellung zweier oder mehrerer Farben kann jedoch nur dadurch hinreichend konkret grafisch dargestellt werden, dass sie systematisch angeordnet und in vorher festgelegter Weise miteinander verbunden worden sind.[127] Da zwei oder mehr Farbtöne ohne eine solche konkrete und festgelegte Verbindung in nahezu unendlichen Kombinationen und Verhältnissen zueinander verwendet werden können, wäre es ansonsten nicht möglich, den Schutzumfang der Marke anhand der Registereintragung zu erkennen.[128]

Bei der **Benutzungsmarke** nach § 4 Nr. 2 MarkenG gilt das Erfordernis der grafischen   **1115**
Darstellbarkeit übrigens nicht; vielmehr richtet sich ihr Schutz nach der konkreten Gestaltung, wie sie dem Publikum entgegentritt.[129] Allerdings muss auch bei solchen Benutzungsmarken das Zeichen klar und eindeutig bestimmt sein, dh der Markeninhaber, der aus einer solchen Benutzungsmarke vorgeht, muss genau definieren, welche Merkmale seine Benutzungsmarke ausmachen und dann nachweisen, dass er für diese konkreten Merkmale Verkehrsgeltung als Marke im Sinne von § 4 Nr. 2 MarkenG besitzt.[130] Bei Farben muss deshalb beispielsweise konkret angegeben werden, wie sie systematisch angeordnet sind und in welchem flächenmäßigen Verhältnis sie zueinander stehen;[131] insoweit bestehen dann also für Benutzungsmarken nach § 4 Nr. 2 MarkenG im Falle der Beanspruchung einer Farbkombination letztendlich doch wieder dieselben Anforderungen wie an die grafische Darstellbarkeit von angemeldeten Farbkombinationsmarken. Insoweit darf auch bezweifelt werden, dass Geruchsmarken, deren Schutz als Benutzungsmarke nach § 4 Nr. 2 MarkenG ebenfalls nicht an der fehlenden grafischen Darstellbarkeit scheitern würde, hinreichend konkret definiert werden können; man denke insoweit nur an den typischen Parfümgeruch, an dem man in jedem Einkaufszentrum in den USA die Bekleidungsgeschäfte der Kette *Abercrombie & Fitch* erkennen und auch „der Nase nach" finden kann. Dieser Geruch käme sicherlich bei Verwendung auch in Deutschland und entsprechender Verkehrsgeltung als Benutzungsmarke gem. § 4 Nr. 2 MarkenG in Betracht. Es erscheint allerdings als problematisch, ob es möglich ist, diesen Geruch so konkret zu beschreiben, dass daraus nicht nur geklagt, sondern später auch aus einem Urteil vollstreckt werden könnte.

2. Unterscheidungskraft, Freihaltebedürfnis, beschreibende Angaben und Freizeichen

Rechtsgrundlagen: § 8 Abs. 2 Nr. 1-3 MarkenG; Art. 7 Abs. 1 lit. b-d GMV

Zur absoluten Schutzfähigkeit einer Marke ist deren **Unterscheidungskraft** erforder-   **1116**
lich. Unterscheidungskraft ist die Eignung einer Marke, als betrieblicher Herkunfts-

---

126 EuGH GRUR 2003, 604, 606, Tz. 38 *Libertel*; BGH GRUR 2001, 1154, 1155 *Farbmarke violettfarben*; BGH GRUR 1999, 491, 491 f. *Farbmarke gelb/schwarz*; BPatG WRP 1999, 329, 331 ff *blau/weiß I*; BPatG WRP 1999, 334, 335 ff *blau/weiß II*; anders noch BPatG GRUR 1996, 881, 881 f. *Farbmarke*; BPatG GRUR 1998, 574, 575 f *schwarz/zink-gelb*; BPatG GRUR 1998, 1016, 1017 f *grün/gelb*.
127 EuGH GRUR 2004, 858, 859, Tz. 33 *Heidelberger Bauchemie*.
128 EuGH GRUR 2004, 858, 859, Tz. 35 *Heidelberger Bauchemie*.
129 BGH GRUR 2009, 783, 786, Tz. 30 *UHU*.
130 BGH GRUR 2009, 783, 786, Tz. 32 *UHU*.
131 BGH GRUR 2009, 783, 786, Tz. 33 *UHU*.

hinweis die Waren oder Dienstleistungen des einen Unternehmens zu denen der anderen Unternehmen zu unterscheiden.[132] Dies ist nur dann nicht der Fall, wenn ihr jegliche Unterscheidungskraft für die beanspruchten Waren und/oder Dienstleistungen fehlt (§ 8 Abs. 2 Nr. 1 MarkenG; Art. 7 Abs. 1 lit. b GMV). Im Gegensatz zu den früher unter Geltung des WZG sehr strengen Anforderungen an die Unterscheidungskraft[133] wird durch den Wortlaut von MarkenG und GMV klargestellt, dass „jede, wenn auch noch so geringe Unterscheidungskraft" genügt, um einer angemeldeten Marke zur Eintragungsfähigkeit zu verhelfen.[134] Dies entspricht nach Auffassung der Europäischen Gerichte[135] und des BGH der bisherigen Rechtsprechung,[136] die zwar wohl nicht von allen Senaten des BPatG konsequent umgesetzt wurde, jedoch in der Tat seit Ende der 80er/ Anfang der 90er Jahre eine deutlich eintragungsfreudigere Tendenz zeigte.[137] Bei der Feststellung der Unterscheidungskraft ist also zu beachten, dass von einem **großzügigen Maßstab** auszugehen ist,[138] auch wenn der EuGH in st. Rspr verlangt, dass die Prüfung einer Marke auf ihre Schutzfähigkeit nicht auf ein Mindestmaß beschränkt werden dürfe, sondern streng und umfassend sein müsse;[139] denn der EuGH meint damit nur, dass sich die Markenämter nicht nur auf eine summarische Prüfung beschränken dürfen, sondern alle Gesichtspunkte umfassend würdigen müssen, so dass sich dieses Erfordernis also nur auf den Prüfungsumfang und nicht auch auf den Prüfungsmaßstab bezieht.[140] Der großzügige Maßstab erscheint auch deshalb gerechtfertigt, weil die Verbraucher oder angesprochenen Verkehrskreise Marken grundsätzlich so aufnehmen, wie sie ihnen entgegentreten, ohne sie auf bestimmte Begriffsbedeutungen hin oder in einzelne Bestandteile zerlegt zu analysieren.[141] Wortfolgen sind deshalb auch immer nur in ihrer Gesamtheit zu überprüfen.[142] Denn ob ein Zeichen konkret unterschei-

---

132 EuGH GRUR Int. 2008, 43, 45 f, Tz. 36 ff und GRUR Int. 2004, 631, Tz. 38 *Henkel*; EuGH GRUR Int 2006, 842, 844, Tz. 24 ff. *Form eines Bonbons II*; BGH GRUR 2010, 825, 826, Tz. 17 *Marlene-Dietrich Bildnis II*; BGH GRUR 2004, 502, 504 *Gabelstapler II*; BGH GRUR 2004, 507, 509 *Transformatorengehäuse*; BGH GRUR 1995, 408, 409 *Protech*.

133 Vgl nur *Eisenführ* GRUR 1994, 340 bis 344 mit Nachweisen aus der Rechtsprechung.

134 Vgl die Gesetzesbegründung zu § 8, Bl. f PMZ 1994 Sonderheft, 64 und BGH GRUR 2004, 502, 504 *Gabelstapler II*; BGH GRUR 2004, 507, 509 *Transformatorengehäuse*; BGH Mitt. 1995, 184, 185 *quattro II*.

135 Etwas strenger im Sinne einer umfassenden summarischen Prüfung: EuGH GRUR 2004, 1027, 1030, Tz. 45 *Das Prinzip der Bequemlichkeit*; EuGH GRUR 2004, 674, 680, Tz. 123 *Postkantoor*; EuG GRUR Int. 2009, 518, 521, Tz. 53 f *FUN*; HABM GRUR 2004, 1033, 1034, Tz. 13 f. *Glasgebäude (Smart-Turm)*.

136 BGH WRP 1998, 495, 496 *Today*; BGH GRUR 1995, 408, 410 *Protech*; BGH GRUR 1995, 410, 410 *Turbo*; BGH Mitt. 1995, 184, 185 *quattro II*.

137 Z.B. BGH GRUR 1993, 515 *Vamos*; BGH GRUR 1991, 136 *New Man*; BPatG GRUR 1993, 742 *UHQ*; BPatG GRUR 1992, 607 *Fleur Charme*.

138 BGH GRUR 2010, 138, 140, Tz. 23 *ROCHER-Kugel*; BGH GRUR 2009, 949, 950, Tz. 11 *My World*; BGH GRUR 2002, 64, 64 *INDIVIDUELLE*; BGH GRUR 2001, 334, 336 *Gabelstapler*; BGH GRUR 2001, 240, 241 *SWISS-ARMY*; BGH GRUR 2001, 239, 239 *Zahnpastastrang*; BGH GRUR 2001, 162, 163 *RATIONAL SOFTWARE CORPORATION*; BGH GRUR 2000, 722, 723 *LOGO*; BGH GRUR 2000, 720, 721 *Unter Uns*; BGH GRUR 2000, 323, 323 *Partner with the Best*; BGH GRUR 2000, 321, 322 *Radio von hier*; BGH GRUR 1999, 1093, 1094 *FOR YOU*; BGH GRUR 1999, 1089, 1090 *YES*; BGH GRUR 1999, 728, 729 *Premiere II*.

139 EuGH GRUR 2004, 1027, 1030, Tz. 45 *Das Prinzip der Bequemlichkeit*; EuGH GRUR 2004, 674, 680, Tz. 123 *Postkantoor*; EuGH GRUR 2003, 604, 607 f., Tz. 59 *Libertel*.

140 BGH GRUR 2010, 138, 140, Tz. 23 *ROCHER-Kugel*.

141 BGH GRUR 2001, 162, 163 *RATIONAL SOFTWARE CORPORATION*; BGH GRUR 1999, 1093, 1094 *FOR YOU*; BGH GRUR 1999, 1089, 1090 *YES*; BGH GRUR 1999, 728, 729 *Premiere II*; BGH GRUR 1995, 408, 409 *Protech*; BGH GRUR 1995, 269, 270 *U-Key*; BGH GRUR 1992, 515, 516 *Vamos*. S. auch *Krings*, FS Vieregge, S. 501.

142 BGH GRUR 2001, 162, 163 *RATIONAL SOFTWARE CORPORATION*; BGH BGH GRUR 2000, 323, 323 *Partner with the Best*.

dungskräftig ist und damit auf seinen Ursprung hinweist, bestimmt sich aus der (1) Wahrnehmung des angesprochenen Verkehrskreises und (2) der Durchschnittsperson dieses Verkehrskreises. Hierbei kann bei der Durchschnittsperson des angesprochenen Verkehrskreises je nach Produktart die Aufmerksamkeit unterschiedlich sein. Es ist daher zunächst zu ermitteln, wer der relevante Verkehrskreis des Produktes ist, zB Fachpublikum. Anschließend ist der Eindruck, wie die Durchschnittsperson dieses Verkehrskreises das Zeichen wahrnimmt, zu ermitteln. Dies kann auch durch Verkehrsbefragungen und demoskopischen Gutachten geschehen. Auf die Auffassung einer Minderheit kommt es hierbei nicht an.

Unterscheidungskraft kann etwa fehlen, wenn ein Begriff Eingang in die deutsche Umgangssprache gefunden hat und keinen phantasievoll wirkenden Überschuss enthält, aufgrund dessen der Verkehr darin einen Herkunftshinweis sieht.[143] Ist aber einer Bezeichnung kein für die in Frage stehenden Waren im Vordergrund stehender beschreibender Begriffsinhalt zuzuordnen und handelt es sich auch sonst nicht um ein gebräuchliches Wort der deutschen oder einer bekannten Fremdsprache, das vom Verkehr – etwa auch wegen entsprechender Verwendung in der Werbung – stets nur als solches und nicht als Unterscheidungsmittel verstanden wird, so gibt es keinen tatsächlichen Anlass dafür, einem als Wortmarke verwendeten Wortzeichen die Unterscheidungseignung und damit jegliche Unterscheidungskraft abzusprechen.[144] Insbesondere nicht erforderlich ist ein bestimmter „Eigentümlichkeitsgrad".[145] Ist eine Wortmarke mehrdeutig und interpretationsbedürftig, spricht dies gegen eine fehlende Unterscheidungskraft.[146] Unterscheidungskraft kann sich ferner auch daraus ergeben, dass eine Marke eine gewisse Originalität und Prägnanz besitzt, die sie leicht merkfähig machen.[147]

1117

So ist beispielsweise der Buchstabe „Q" mit spiegelverkehrtem Querstrich unterscheidungskräftig, weil der Buchstabe derart verfremdet wurde und somit diese Variante mit dem spiegelverkehrten Querstrich hervorsticht[148]

1118

oder der Werbeslogan *Vorsprung durch Technik*, weil er ein Mindestmaß an Interpretationsaufwand erfordert, bei den angesprochenen Verkehrskreisen einen Denkprozess

143 BGH WRP 1998, 495, 496 *Today.*
144 BGH GRUR 2002, 64, 64 *INDIVIDUELLE*; BGH GRUR 2001, 162, 163 *RATIONAL SOFTWARE CORPORATION*; BGH GRUR 2000, 722, 723 *LOGO*; BGH GRUR 2000, 720, 721 *Unter Uns*; BGH GRUR 2000, 323, 323 *Partner with the Best*; BGH GRUR 2000, 321, 322 *Radio von hier*; BGH GRUR 1999, 1093, 1094 *FOR YOU*; BGH GRUR 1999, 1089, 1090 *YES*; BGH GRUR 1999, 728, 729 *Premiere II.*
145 BGH GRUR 2000, 722, 723 *LOGO.*
146 EuGH GRUR 2010, 228, 231, Tz. 57 *Vorsprung durch Technik*; BGH GRUR 2001, 1150, 1151 *LOOK*; BGH GRUR 2001, 162, 163 *RATIONAL SOFTWARE CORPORATION*; BGH GRUR 2000, 323, 323 *Partner with the Best.*
147 EuGH GRUR 2010, 228, 231, Tz. 59 *Vorsprung durch Technik.*
148 HABM, 29.9.2005, R 304/2005-2, GRUR-RR 2006, 227 (L) *Q.*

auslöst sowie eine gewisse Originalität und Prägnanz aufweist, die ihn leicht merkfähig machen.[149]

1119 Unterscheidungskräftig ist zB ferner „FUN" für Motorlandfahrzeuge, weil dem Wort nicht lediglich ein beschreibender Charakter zukommt und die Zugehörigkeit zum allgemeinen englischen Wortschatz noch nicht zu einer Ablehnung der Unterscheidungskraft ausreicht, wenn mit „FUN" ein entsprechendes positives Image erreicht werden soll.[150] Nicht unterscheidungskräftig nach Art. 7 Abs. 1 lit. b GMV ist die Marke „intelligent voltage guard" für elektrische und elektronische Geräte, weil dem Begriff lediglich eine Funktion entnommen werden kann, aber kein Herkunftshinweis aus Sicht des angesprochenen Verkehrskreises; denn die Durchschnittsperson sieht darin eine technisch sichere Funktion in Bezug auf den Spannungsschutz bei dem Einsatz von Geräten.[151]

1120 Absolut schutzfähig ist eine Marke ferner nur dann, wenn an ihr **kein Freihaltebedürfnis** der Konkurrenten oder der Allgemeinheit besteht, dh wenn sie nicht ausschließlich aus Zeichen oder Angaben besteht, die im Verkehr zur Bezeichnung der Art, der Beschaffenheit, der Menge, der Bestimmung, des Wertes, der geografischen Herkunft, der Zeit der Herstellung der Waren oder Erbringung der Dienstleistungen oder zur Bezeichnung sonstiger Merkmale der Waren oder Dienstleistungen dienen können (§ 8 Abs. 2 Nr. 2 MarkenG; Art. 7 Abs. 1 lit. c GMV) oder dem allgemeinen Sprachgebrauch zuzuordnen sind (§ 8 Abs. 2 Nr. 3 MarkenG bzw Art. 7 Abs. 1 lit. d GMV); es kann sich um ein aktuelles, derzeit bestehendes oder aber ein zukünftiges Freihaltebedürfnis („dienen können") handeln.[152] **Ein Freihaltebedürfnis besteht also dann, wenn die Allgemeinheit oder die Mitbewerber die angemeldete Marke zur ungehinderten Verwendung etwa in der Werbung oder zur Beschreibung ihrer Waren benötigen.[153] Es kommt auf ein im Einzelfall tatsächlich vorhandenes Freihaltebedürfnis an, das auch für die konkret angemeldete oder eingetragene Marke – und nicht etwa für Abwandlungen davon – sowie für die in der Anmeldung oder Eintragung enthaltenen Waren oder Dienstleistungen – und nicht etwa für ähnliche Waren – bestehen muss.[154]** Es sind also konkrete Nachweise dafür erforderlich, dass die Marke derzeit tatsächlich im Markt beschreibend verwendet wird bzw es sich um einen Fachausdruck handelt (aktuelles Freihaltebedürfnis) oder dass eine künftige Entwicklung zu einem beschreibenden Gebrauch führen kann (zukünftiges Freihaltebedürfnis).[155]

1121 Ein **Freihaltebedürfnis** kann ferner dann angenommen werden, wenn neben den genannten Kriterien eine Angabe vorliegt, die einen für den Warenverkehr wichtige und

---

149 EuGH GRUR 2010, 228, 231, Tz. 57 u. 59 *Vorsprung durch Technik.*
150 EuG GRUR Int. 2009, 518, 521, Tz. 53 f *FUN.*
151 EuG GRUR Int. 2009, 244, 246, Tz. 36 und 39 *intelligent voltage guard.*
152 BGH GRUR 1999, 1093, 1094 *FOR YOU*; BGH GRUR 1998, 813, 814 *CHANGE*; BGH GRUR 1998, 465, 467 *Bonus*; vgl auch EuGH GRUR 2004, 146, 147, Tz. 32 *Doublemint* zur Berücksichtigung des zukünftigen Freihaltebedürfnisses bei Gemeinschaftsmarkenanmeldungen.
153 Z.B. BGH GRUR 2006, 850, 856 f, Tz. 35 f. *Fußball WM 2006*; EuG GRUR Int. 2009, 518, 519, Tz. 23 ff *FUN*; BGH GRUR 1993, 746, 746 *Premiere*; BGH GRUR 1992, 515, 516 *Vamos*; BPatG GRUR 1992, 607, 608 *Fleur Charme*; jeweils mit weiteren Nachweisen.
154 BGH GRUR 1997, 634, 635 f. *Turbo II*; Gesetzesbegründung zu § 8 Abs. 2 Nr. 2, Bl. f PMZ 1994 Sonderheft, 64.
155 BGH GRUR 1995, 408, 409 f. *Protech*; vgl auch EuGH GRUR 2004, 146, 147, Tz. 32 *Doublemint* zur Berücksichtigung des zukünftigen Freihaltebedürfnisses bei Gemeinschaftsmarkenanmeldungen..

für die umworbenen Abnehmerkreise bedeutsamen Umstand mit Bezug auf die Ware direkt beschreibt.[156] **Im Falle nur mittelbar beschreibender Angaben**, also etwa solcher, die Vertriebsmodalitäten oder andere nur mittelbar im Zusammenhang mit der Ware oder Dienstleistung stehende Umstände betreffen oder wenn es sich um allgemeine, in verschiedenen Warenbereichen einsetzbare Ausdrücke handelt, **kann ein Freihaltebedürfnis normalerweise nicht angenommen werden**, weil nach Auffassung des BGH die Annahme eines Schutzhindernisses im Falle nicht unmittelbar beschreibender Umstände den erforderlichen Zusammenhang zwischen Ware und Kennzeichnung sprengen würde und auch Art. 3 Abs. 1 Buchst. c) der Marken-RL keinen Anhaltspunkt dafür liefere, dieses Schutzhindernis erweiternd auch auf nicht unmittelbar beschreibende Umstände anzuwenden.[157] Bei **werblichen Aufforderungen** kommt es vor allem darauf an, ob sie sich auf Eigenschaften von Waren beziehen, zB auf qualitative; wenn nicht, kann es auch bei werblichen Aufforderungen an einem Freihaltebedürfnis fehlen.[158] Bei dreidimensionalen Marken ist zudem das Interesse der Allgemeinheit an einer Freihaltung der Formenvielfalt zu berücksichtigen; was innerhalb der üblichen Formenvielfalt liegt, kann im Interesse der Allgemeinheit freizuhalten sein.[159]

Gemäß § 8 Abs. 2 Nr. 3 MarkenG bzw Art. 7 Abs. 1 lit. d GMV sind freihaltebedürftig auch Zeichen oder Angaben, die im allgemeinen Sprachgebrauch oder in den redlichen und ständigen Verkehrsgepflogenheiten zur Bezeichnung der Waren oder Dienstleistungen üblich geworden sind; das sind die sog. „Freizeichen".[160] Entsprechend den vorangehenden Ausführungen ist auch dieses Schutzhindernis nach der Rspr nur sehr einschränkend anzuwenden, und zwar lediglich dann, **wenn ein an sich unterscheidungskräftiges Zeichen von mehreren Unternehmen zur Bezeichnung bestimmter Waren verwendet wird, also im Grunde genommen zu einer Gattungsbezeichnung oder zur Bezeichnung bestimmter Waren üblich geworden ist.**[161] Für eine erweiternde Anwendung dieses Schutzhindernisses auch auf andere verkehrsübliche Wörter oder Begriffe, die mit den in Frage stehenden Waren nicht direkt zusammenhängen, oder auf Angaben, die für andere als die angemeldeten Waren üblich geworden sind, ist kein Raum.[162] Der EuGH verfolgt insoweit einen etwas anderen Ansatz: Marken sind nur dann von der Eintragung gem. § 8 Abs. 2 Nr. 3 MarkenG bzw Art. 7 Abs. 1 lit. d GMV ausgeschlossen, wenn sie im allgemeinen Sprachgebrauch oder in den redlichen und ständigen Verkehrsgepflogenheiten zur Bezeichnung der Ware oder Dienstleistungen, für die die Marke angemeldet wurde, *üblich* geworden sind; auf eine beschreibende Bedeutung im Hinblick auf Eigenschaften oder Merkmale der Waren kommt es inso-

1122

---

156 BGH GRUR 2006, 850, 856, Tz. 35 *Fußball WM 2006*; BGH GRUR 2010, 642, 644, Tz. 27 f *WM-Marken*; OLG Hamburg GRUR-RR 2008, 50 ff *WM 2010*; BGH GRUR 1999, 1093, 1094 *FOR YOU*; BGH GRUR 1998, 813, 814 *CHANGE*; BGH GRUR 1998, 465, 467 *Bonus*.
157 BGH GRUR 1999, 1093, 1094 *FOR YOU*; BGH GRUR 1998, 465, 467 *Bonus*.
158 BGH GRUR 1998, 813, 814 *CHANGE*.
159 EuGH GRUR 2003, 514, 518, Tz. 73 ff. *Linde, Winward und Rado*; BGH GRUR 2004, 502, 505 *Gabelstapler II*.
160 Beispiele: VASELINE für Mineralfette, der "Äskulapstab" für medizinische und pharmazeutische Waren; Vgl Fezer, § 8 MarkenG, Rn 528 mit weiteren Nachweisen und Beispielen.
161 BGH GRUR 2000, 720, 721 *Unter Uns*; BGH GRUR 2000, 323, 324 f. *Partner with the Best*; BGH GRUR 1999, 1096, 1096 f *ABSOLUT*; BGH GRUR 1999, 1093, 1094 *FOR YOU*; BGH GRUR 1999, 1089, 1090 *YES*; BGH GRUR 1998, 465 *Bonus*.
162 EuG GRUR Int. 2009, 517, 521, Tz. 53 *FUN*; BGH GRUR 1999, 1096, 1096 f *ABSOLUT*; BGH GRUR 1999, 1093, 1094 *FOR YOU*; BGH GRUR 1999, 1089, 1090 *YES*; BGH GRUR 1998, 465, 468 *Bonus*.

weit gar nicht an.[163] Ferner genügt es für Art. 7 Abs. 1 lit. d GMV, wenn das Zeichen verwendet werden kann, ohne dass es bereits beschreibend verwendet worden sein muss, zB „FRESHHH" für u.a. Fleisch, Fisch..., Brot, ... und alkoholfreie Getränke[164] oder „TOOOR!" für Bekleidung.[165]

1123 Lange Jahre standen Marken wie TEMPO für Taschentücher, FÖN für Haartrockner oder WALKMAN für tragbare Kassettenabspielgeräte in der Gefahr, zu solchen Freizeichen zu werden. Auch wenn weite Teile der Verbraucher diese Marken wohl in der Tat wie Gattungsbezeichnungen für eine bestimmte Warenart verwenden, ist es den jeweiligen Markeninhabern dennoch gelungen, den „Absturz" dieser Marken zu echten Freizeichen zu verhindern: Wer beispielsweise in Supermärkten, Kaufhäusern oder Versandhandelskatalogen einmal auf die dort verwendeten Gattungsbezeichnungen achtet, wird schnell feststellen, dass ein Fön tatsächlich nur unter der Dachmarke AEG angeboten wird und auch ein Walkman immer von Sony stammt; alle anderen bieten eben „nur" Haartrockner oder tragbare Kassettenabspielgeräte an.

1124 **Unterscheidungskraft und Freihaltebedürfnis** hängen im nationalen Markenrecht dergestalt voneinander ab, dass bei fehlendem Freihaltebedürfnis nur noch sehr geringe Anforderungen an die Unterscheidungskraft zu stellen sind;[166] umgekehrt fehlt einem Zeichen aber auch regelmäßig jegliche Unterscheidungskraft, wenn es einen das Produkt beschreibenden Inhalt im Sinne von § 8 Abs. 2 Nr. 2 MarkenG bzw Art. 7 Abs. 1 lit. c GMV hat.[167] Es bietet sich daher an, zunächst das Vorliegen eines Freihaltebedürfnisses zu überprüfen. Bei geteilter Verkehrsauffassung hinsichtlich der Unterscheidungskraft, dh dann, wenn anzunehmen ist, dass zB Teile der Verbraucher einen fremdsprachlichen Begriff wegen fehlender Sprachkenntnisse nicht verstehen, andere aber sehr wohl, kann der die Marke nicht als Herkunftshinweis auffassende verbleibende Teil des Verkehrs umso eher vernachlässigt werden, je geringer das allgemeine Interesse an der Freihaltung ist.[168] Regelmäßig kann es zu Überschneidungen der Schutzhindernisse, zB § 8 Abs. 2 Nrn. 1, 2 und 3 MarkenG bzw Art. 7 Abs. 1 lit. b, c) und d) GMV kommen.[169] Es muss aber immer im Einzelfall das einzelne Schutzhindernis für sich – getrennt und unabhängig voneinander – geprüft und festgestellt werden.[170]

1125 Das **Bundespatentgericht** als letzte Tatsacheninstanz im nationalen Anmeldeverfahren und der **Bundesgerichtshof**, der insoweit als nationale Rechtsbeschwerdeinstanz fungiert (vgl Rn 1368), haben in den zurückliegenden Jahren einen durchaus **unterschiedlichen Ansatz** verfolgt: Während das BPatG eine strenge Linie anwendet und die Schutzhindernisse der fehlenden Unterscheidungskraft und des bestehenden Freihaltebedürf-

163 EuGH GRUR 2001, 1148, 1149 f, Tz. 31 und 41 Bravo.
164 EuG GRUR Int. 2009, 516, 518, Tz. 25 Freshhh für die Klassen 29, 30 und 32.
165 BGH GRUR 2010, 1100, Tz. 14 ff TOOOR!.
166 EuG GRUR Int. 2009, 518, 519 ff, Tz. 23 ff und 53 f FUN; BPatG Mitt. 1994, 214, 215 Joy; BPatG Mitt. 1994, 215, 216 I-Stat; BGH GRUR 1991, 136, 137 New Man.
167 BGH GRUR 2010, 825, 826, Tz. 16 Marlene-Dietrich-Bildnis II.
168 BGH GRUR 1992, 515, 516 Vamos; BPatG GRUR 1993, 52, 53 Rien.
169 EuGH GRUR 2008, 608, 610, Tz. 54 Eurohypo; EuG GRUR Int. 2009, 518, 519, Tz. 23 ff FUN; BGH GRUR 2010, 1100, Tz. 14 ff TOOOR!.
170 EuGH GRUR 2008, 608, 610, Tz. 54 Eurohypo; EuG GRUR Int. 2009, 518, 519, Tz. 23 ff und 53 f FUN; EuGH GRUR 2004, 943, 944, Tz. 25 Sat.1./. Sat.2.

nisses eher erweiternd auffasst, ist der BGH insoweit sehr viel großzügiger; die übersichtsartigen Beispiele in Rn 1137 ff zeigen das sehr deutlich. Dies hatte zur Folge, dass nicht nur eine zunehmende Zahl von Entscheidungen des BPatG zur Schutzfähigkeit von Marken durch den BGH wieder aufgehoben worden sind. Vielmehr scheint sich das BPatG teilweise geradezu hartnäckig gegen den BGH zu stellen, um seine eigene Linie durchzusetzen: Anders ist es kaum zu erklären, dass das BPatG in der Sache *Bravo* dem EuGH die Frage direkt zur Vorabentscheidung vorgelegt hat, ob Marken nur dann von der Eintragung ausgeschlossen sind, wenn sie die Waren und Dienstleistungen bzw deren Eigenschaften oder Merkmale unmittelbar beschreiben,[171] obwohl der BGH diese Frage längst bejahend beantwortet hatte.[172] Auf derselben Linie liegt die Entscheidung *Bonus II* des BPatG, in der bereits im Leitsatz ausdrücklich festgestellt wird, dass die Frage mangelnder Unterscheidungskraft nicht von einer Waren beschreibenden Bedeutung der angemeldeten Marke abhänge und überhaupt die Prüfungsanforderungen im Eintragungsverfahren nicht weiter reduziert werden dürften, wo doch der BGH vorher in seinem zurückverweisenden, dieselbe Markenanmeldung betreffenden Beschluss jeweils das glatte Gegenteil vorgegeben hatte.[173] Der BGH hat das BPatG in der selben Sache erneut aufgehoben, weil schon nach der allgemeinen Lebenserfahrung davon auszugehen sei, dass die angesprochenen Verkehrskreise eine Marke BONUS für die in Anspruch genommenen Waren (u.a. chemische Erzeugnisse) als Herkunftsunterscheidung verstehen würden.[174] Ein eigentlich unbegreiflicher Vorgang: Die Markenanmelderin wartete über 14 Jahre (!) darauf, endlich die Eintragung ihrer Marke zu erhalten, **nur weil sich das BPatG beharrlich weigerte, der Rechtsprechung des ihm übergeordneten BGH zu folgen.** Das BPatG hat sich schließlich nach der erneuten Zurückverweisung aus formellen Gründen dem BGH angeschlossen;[175] die Anmeldung der Marke BONUS hat damit nach der Anmeldung am 22. Oktober 1988 schließlich bis zum 15. April 2003 benötigt, um eingetragen zu werden.[176] Glücklicherweise entspricht es übrigens nicht der allgemeinen Lebenserfahrung, dass Marken-Anmeldeverfahren häufiger so viel Zeit in Anspruch nehmen.

Auch bei der Beurteilung des Freihaltebedürfnisses ist nach der Rspr des BGH grundsätzlich Zurückhaltung geboten. Der BGH begründet seine Auffassung, dass ein großzügiger Maßstab erforderlich ist, damit, dass durch das Markengesetz eine weitere Öffnung des Markenregisters angestrebt worden sei; die Vorschriften über ein Eintragungshindernis müssten auch deshalb eng ausgelegt werden, weil durch sie ein an sich gegebenes Recht – der Markenanmelder erwirbt mit Erfüllung der formellen Anmeldevoraussetzungen gemäß § 33 Abs. 2 Satz 2 MarkenG einen Anspruch auf Eintragung § 33 Abs. 2 Satz 1 MarkenG – verweigert werden würde.[177] 1126

---

171 BPatG GRUR 2000, 424 *Bravo*; vgl insoweit aber auch EuGH GRUR 2001, 1148, 1149 f, Tz. 31 und 41 *Bravo* sowie oben Rn 1121 f.
172 Z.B. in BGH GRUR 1998, 466, 467 *Bonus*.
173 BPatG GRUR 1999, 740 *Bonus II* und BGH GRUR 1998, 465, 467 f. *Bonus*.
174 BGH GRUR 2002, 816, 817 *Bonus II*.
175 BPatG Beschluss v. 5.12.2002, 25 W (pat) 75/92, Tz. 6 *Bonus II*.
176 DE02914112 der Bayer AG.
177 BGH GRUR 2000, 722, 723 *LOGO*; BGH GRUR 1998, 465, 467 *Bonus*.

1127 Befürchtungen insb. des BPatG, durch eine zu großzügige Handhabung der Eintragungsvoraussetzungen könne es zu einer unnötigen Erschwerung der Benutzbarkeit von Wörtern im Zusammenhang mit dem Angebot von Waren und Dienstleistungen kommen, begegnet der BGH mit dem Hinweis darauf, dass im Verletzungsverfahren das Erfordernis der Verwechslungsgefahr sachgerecht gehandhabt werden müsse und im Übrigen § 23 Nr. 2 MarkenG die lautere beschreibende Verwendung von Bezeichnungen ausdrücklich erlaube.[178] Im Eintragungsverfahren könne einfach nicht jeden nur denkbaren Behinderungsmöglichkeiten vorgebeugt werden.[179]

3. Überwindung mittels Verkehrsdurchsetzung

Rechtsgrundlagen: § 8 Abs. 3 MarkenG; Art. 7 Abs. 3 GMV

1128 Fehlende Unterscheidungskraft, bestehendes Freihaltebedürfnis oder Freizeichen-Eigenschaft können dadurch überwunden werden, dass der Zeichenanmelder eine **Verkehrsdurchsetzung** nachweist (§ 8 Abs. 3 MarkenG für die nationale Marke und Art. 7 Abs. 3 GMV für die Gemeinschaftsmarke). Dabei ist eine Gesamtschau vorzunehmen, bei der alle maßgeblichen Umstände des Falles heranzuziehen sind; hierzu gehören der Marktanteil, den die mit der Marke versehenen Waren erreichen einschließlich der mit der Markenware erzielten Umsätze, die Intensität, die geografische Verbreitung, die Dauer der Benutzung der Marke sowie der Umfang der Werbeaufwendungen für die Marke und die hierdurch bei den beteiligten Verkehrskreisen erreichte Marktpräsenz.[180] Auch wenn es deshalb auf bestimmte Prozentzahlen grundsätzlich nicht ankommt, sondern prozentuale Bekanntheitsgrade nur eine Indizwirkung neben den anderen genannten Gesichtspunkten entfalten können, wird man wohl von einer Verkehrsdurchsetzung erst bei einem Bekanntheitsgrad von mindestens 50% sprechen können; wenn ein überdurchschnittliches Freihaltebedürfnis an der Marke gegeben ist, muss der Bekanntheitsgrad wohl noch höher liegen.[181] Diese Anforderungen des BGH an die zu berücksichtigenden Kriterien bei der Beurteilung der Verkehrsdurchsetzung im Rahmen von § 8 Abs. 3 MarkenG entsprechen den Anforderungen, die der EuGH für die Beurteilung der Bekanntheit einer Marke im Sinne von § 14 Abs. 2 Nr. 3 MarkenG aufgestellt hat;[182] vgl Rn 1254 ff. Vgl zu den Begriffen der Verkehrsgeltung, -durchsetzung und -bekanntheit auch Rn 1049 f. Eingetragen worden

---

178 BGH GRUR 2009, 669, 671, Tz. 28 ff. *Post II*, BGH GRUR 1998, 813, 814 *CHANGE*; BGH GRUR 1998, 465, 467 *Bonus*; BGH GRUR 1997, 634, 637 *Turbo II*.
179 BGH GRUR 1998, 813, 814 *CHANGE*; BGH GRUR 1998, 465, 467 *Bonus*.
180 BGH GRUR 2004, 331, 332 *Westie-Kopf*.
181 EuGH GRUR Int. 1999, 734, 735, Tz. 24 *Lloyd*; BGH GRUR 2009, 954, 956, Tz. 24 *Kinder III*; BGH GRUR 2010, 138, 142, Tz. 41 ff. *Rocher-Kugel*; BGH GRUR 2009, 672, 676, Tz 31 *Ostsee-Post* bei Post als sehr bekannten beschreibenden Begriff reicht es nicht 50 % anzusetzen, sondern von deutlich über 80%; BGH GRUR 2009, 669, Tz. 18 *Post II*; BGH GRUR 2008, 510, 512, Tz. 23 *Milchschnitte*; BGH GRUR 2004, 331, 332 *Westie-Kopf* (durch Bekanntheitsgrad von 62,43% indizierte Bekanntheit reicht allemal aus); BPatG GRUR 1994, 627, 628 f. *Erdinger*. S.a. BGH GRUR 2009, 954, 955 f, Tz. 18 und 24 *Kinder III* bejaht bei 77,3 und 73,8%; BGH GRUR 2007, 1071, 1072, Tz. 25 ff. *Kinder II*; BGH GRUR 2003, 1040, 1043 *Kinder* zu einer in einem besonderen Maße beschreibenden Bezeichnung *Kinder* für Schokolade, ergangen allerdings im Rahmen des Versuchs einer Durchsetzung von Rechten aus dieser als verkehrsdurchgesetzt eingetragenen Marke.
182 EuGH GRUR Int. 2000, 73, 74, Tz. 25 ff. *Chevy*; zur Art. 8 Abs. 5 GMV und Bekanntheitsmerkmal EuG GRUR Int. 2007, 327, 328, Tz. 49 und 52 ff *TDK* weder ist eine feste Prozentzahl noch die Bekanntheit in einem wesentlichen Teil des betreffenden Gebietes erforderlich.

aufgrund Verkehrsdurchsetzung sind beispielsweise die Wortmarken KINDER für Schokolade[183] ebenso wie ERDINGER für Weißbier.[184]

Das Erlangen der Verkehrsdurchsetzung durch Benutzung muss vor dem Anmeldetag 1129 einer jüngeren ähnlichen oder identischen Marke erfolgen.[185] Bei nationalen Markenanmeldungen verschiebt sich ansonsten die Priorität der Markenanmeldung auf den Tag des Nachweises § 37 Abs. 2 MarkenG; die GMV sieht demgegenüber die Möglichkeit einer Prioritätsverschiebung nicht vor, so dass eine erst nach dem Anmeldetag einer Gemeinschaftsmarkenanmeldung durch Benutzung erlangte Unterscheidungskraft zwingend unberücksichtigt bleibt[186] (Art. 4 GMV).

4. Weitere absolute Schutzhindernisse

Rechtsgrundlagen: § 8 Abs. 2 Nrn. 4 bis 10; MarkenG; Art. 7 Abs. 1 lit. e bis k GMV

Für die **Täuschung** über Art und Beschaffenheit sowie die Herkunft nach § 8 Abs. 2 1130 Nr. 4 MarkenG und Art. 7 Abs. 1 lit. g GMV genügt eine Täuschungseignung, die bei Beeinflussung der Kaufentscheidung des Publikums zu bejahen ist. Abzustellen ist diesbezüglich auf die Auffassung und das Verständnis der Durchschnittsperson des angesprochenen Verkehrskreises.[187] Täuschung liegt bei unzutreffenden Angaben vor und ist wie bei § 5 Abs. 1 S. 2 UWG zu beurteilen.

Beispiele: Produktbeschaffenheit: „[Marken-Name] seit 1895"[188]
Herkunft: Klosterbrauerei[189] und St. Jacob.[190]

Nicht schutzfähig sind ferner Marken, die gegen die **öffentliche Ordnung oder Sitten** 1131 verstoßen, § 8 Abs. 2 Nr. 5 MarkenG bzw Art. 7 Abs. 1 lit. f GMV. Zur Bejahung genügt hier ein Ordnungs- bzw Sittenverstoß in einem Bundesland für die nationale Marke oder in einem Mitgliedstaat (Art. 7 Abs. 2 GMV). Die öffentliche Ordnung und Sitten umfassen alle verfassungsmäßigen Ordnungsprinzipien und Strukturen, so wie dies nach §§ 138, 242, 826 BGB ausgelegt wird[191] und gerade im Hinblick auf Sitten einem Wandel unterliegen kann.

---

183 BGH GRUR 2003, 1040, 1041 und 1043 *Kinder* und BGH GRUR 2007, 1071, 1072 f, Tz. 24, 28 ff. *Kinder II* sowie BGH GRUR 2009, 954, 956 f, Tz. 19 ff. *Kinder III.*
184 BPatG GRUR 1994, 627, 628 f. *Erdinger.*
185 EuGH GRUR Int. 2009, 917, 919, Tz. 42 *PURE DIGITAL;* BGH GRUR 2009, 954, 956, Tz. 24 *Kinder III.*
186 EuGH, Beschluss vom 23. April 2010, in der Rechtssache C-332/09 B HABM./. Frosch Touristik, Rn 52 *Flugbörse;* EuGH GRUR Int. 2009, 917, 919, Tz. 42ff *Imagination.*
187 EuGH GRUR Int. 1998, 795, 797, Tz. 31 f *6-Korn-Eier/Gut Springenheide.*
188 BPatG GRUR 1995, 411, 412, in Abgrenzung zu BPatG Beschluss v. 14.7.1999, 26 W (pat) 84/98 *anno 1660,* das sich auf die Rezeptur und nicht das Gründungsjahr bezog.
189 BGH GRUR 2003, 628, 630 *Klosterbrauerei* (OLG Hamburg WRP 1998, 76 *Klosterbrauerei*) Täuschung bejaht.
190 BPatG GRUR 2007, 791, 792 *ST. JACOB* für Weine Täuschung verneint, obgleich es keinen solchen Weinanbauort gab.
191 BPatG GRUR 1996, 408, 409 *Cosa Nostra;* Fezer MarkenG § 8 Rn 584 f und 592 f.

Beispiele: absolutes Schutzhindernis bejaht: *Messias, Coran* für religiöse Begriffe, ähnlich *BIN LADIN*[192] oder *Schlüpferstürmer* für Getränke;[193] verneint für *Cosa Nostra*.[194]

1132 Als absolutes Eintragungshindernis sieht § 8 Abs. 2 Nrn. 6 und 8 MarkenG bzw Art. 7 Abs. 1 lit. h) GMV die fehlende Genehmigung gemäß Art. 6ter PVÜ (Abs. 1 lit. h) vor und gleichsam die Eintragung von **Zeichen von besonderem öffentlichen Interesse** (zB kommunale Wappen) außerhalb des Art. 6ter PVÜ und die fehlende Zustimmung der zuständigen Stellen zur Eintragung (Abs. 1 lit. i), vgl auch § 8 Abs. 2 Nrn. 6 und 8 MarkenG. Ist daher ein Hoheitszeichen wie das kanadische Ahornblatt oder das Europa-Emblem (Sternenkranz) geschützt (Art. 6ter PVÜ), so ist es einem Inhaber einer Marke für Bekleidung oder Dienstleistung verwehrt, diese auf seiner Ware anzubringen bzw eine Marke anzumelden, deren Teilbestandteil das Ahornblatt oder das Europa-Emblem ist.[195] Das Hoheitszeichen und dessen Schutz ist weit und absolut, so dass es nicht auf eine Verwechslung des angesprochenen Personenkreises ankommt[196] und bereits eine Nachahmung iSd Art. 7 Abs. 1 lit. h) GMV gegeben ist, wenn das Hoheitszeichen nicht exakt wiedergegeben ist und möglicherweise farblich anders dargestellt wird.[197]

Beispiele:

| angemeldete Marke | Hoheitszeichen | Hoheitszeichen | angemeldete Marke |

1133 Hinzuweisen ist ferner darauf, dass die Schutzausschlussgründe der warenbedingten Form, der technisch erforderlichen Form und der wertverleihenden Form gem. § 3 Abs. 2 MarkenG, die nach nationalem Markenrecht schon zu einer fehlenden Markenfähigkeit führen, gem. Art. 7 Abs. 1 lit. e GMV bei der Gemeinschaftsmarke als absolute Schutzhindernisse ausgestaltet sind; Einzelheiten hierzu finden sich bei Rn 1083 ff.

192 HABM v. 29.9.2004, HABM-BK R 176/2004-2 *Bin Ladin arabisch* und weiteres Verfahren EuG, T-487/04, ABl. (EU) 2005 Nr. C 57/33; *Eisenführ*/Schennen GMV Kommentar, Art. 7 Rn 197.
193 DPA Mitt. 1985, 215, 216 *Schlüpferstürmer* oder BGH zu *Busengrapscher* GRUR 1995, 592, 594 f; Fezer MarkenG § 8 Rn 586.
194 BPatG GRUR 1994, 377, 377 *Messias*; BPatGE 28, 41, 42 *CORAN*; BPatG GRUR 1996, 408, 409 f. *Cosa Nostra*.
195 EuGH GRUR Int. 2010, 45, 48, Tz 45 ff. *American Clothing*; EuG GRUR 2004, 773, 773 f, Tz. 39 ff. *Concept-Anlagen, ECA*.
196 EuGH GRUR Int. 2010, 45, 48, Tz. 44 f. *American Clothing*.
197 EuGH GRUR Int. 2010, 45, 48, Tz. 47 ff. *American Clothing*.

5. Besonderheiten und Beispiele aus der Rechtsprechung zu den absoluten Schutzhindernissen

Besonderheiten und Beispiele aus der Rechtsprechung zum MarkenG und GMV, ge-   1134
ordnet nach Markenarten:

III. Marken

1. Wortmarken

Wortmarken dürfen grundsätzlich nicht zergliedert auf ein Schutzhindernis überprüft   1135
werden, sondern immer nur in ihrer Gesamtheit; das gilt für mangelnde Unterscheidungskraft und bestehendes Freihaltebedürfnis[198] (Einzelheiten oben bei Rn 1116 ff).

a) Schlagwörter

Für schlagwortartige Marken wie LOGO, BONUS, YES, LOOK oder FOR YOU gelten   1136
grundsätzlich dieselben Anforderungen wie bei „normalen" Wortmarken.[199] **Sie sind
nur dann schutzunfähig, wenn die Marke die Ware oder Dienstleistung unmittelbar,
also direkt beschreibt oder ein Freizeichen vorliegt.** Im Falle nur mittelbar beschreibender Angaben, also etwa solcher, die Vertriebsmodalitäten oder andere nur mittelbar
im Zusammenhang mit der Ware oder Dienstleistung stehende Umstände betreffen,
kann ein Freihaltebedürfnis normalerweise nicht angenommen werden.[200] Außerdem
ist fehlende Unterscheidungskraft nur anzunehmen, wenn dem Schlagwort ein für die
in Frage stehenden Waren im Vordergrund stehender beschreibender Begriffsinhalt zugeordnet werden kann oder es sich um ein gebräuchliches Wort der deutschen oder
einer bekannten Fremdsprache, das vom Verkehr – etwa auch wegen entsprechender
Verwendung in der Werbung – stets nur als solches und nicht als Unterscheidungsmittel
verstanden wird, handelt;[201] Mehrdeutigkeit und eine dadurch entstehende Interpretationsbedürftigkeit sind Hinweise auf eine hinreichende Unterscheidungskraft.[202] Im
Hinblick auf die Freizeicheneigenschaft, die nur dann vorliegt, wenn ein an sich unterscheidungskräftiges Zeichen zu einer Gattungsbezeichnung oder zur Bezeichnung bestimmter Waren üblich geworden ist, verbietet sich ebenfalls eine erweiternde Auslegung auch auf andere verkehrsübliche Wörter oder Begriffe, die mit den in Frage stehenden Waren nicht direkt zusammenhängen oder auf Angaben, die für andere als die
angemeldeten Waren üblich geworden sind.[203]

---

198 BGH GRUR 2001, 162, 163 *RATIONAL SOFTWARE CORPORATION*.
199 BGH GRUR 2001, 1150, 1150 *LOOK*; BGH GRUR 2000, 722, 723 *LOGO*.
200 Vgl BGH GRUR 1998, 465, 467 *Bonus*.
201 EuGH GRUR 2008, 608, 611, Tz. 69 *Eurohypo*; BGH GRUR 1999, 1093, 1094 *FOR YOU*; BGH GRUR
      1999, 1089, 1090 *YES*; BGH GRUR 1999, 728, 729 *Premiere II*.
202 BGH GRUR 2001, 1150, 1151 *LOOK*.
203 BGH GRUR 1999, 1096, 1096 f *ABSOLUT*; BGH GRUR 1999, 1093, 1094 *FOR YOU*; BGH GRUR 1999,
      1089, 1090 *YES*; BGH GRUR 1998, 465, 468 *Bonus*.

1137 Bei folgenden Marken hat die Rechtsprechung Unterscheidungskraft angenommen und/oder das Freihaltebedürfnis verneint:

Marke	Entschieden durch	Fundstelle	Ergebnis
BONUS für u.a. „Chemische Erzeugnisse"	BGH	GRUR 2002, 816	Unterscheidungskräftig, aber zurückverwiesen – zuvor hatte das BPatG mangelnde Unterscheidungskraft angenommen (GRUR 1999, 740)
CHANGE für u.a. „Zigaretten; Zigarettenpapier"	BGH	GRUR 1998, 813	Nicht freihaltebedürftig, zurückverwiesen wegen nachzuholender Feststellung, ob unterscheidungskräftig
DU DARFST für u.a. „Halbfett-Margarine"	BPatG	GRUR 1997, 532	Schutzfähig, weil nicht freihaltebedürftig und unterscheidungskräftig
FOR YOU für u.a. „Zigaretten"	BGH	GRUR 1999, 1093	Nicht freihaltebedürftig (weder allgemeines Freihaltebedürfnis noch Freizeichen – zuvor BPatG aA, GRUR 1997, 279), wegen mangelhafter Feststellungen zur Unterscheidungskraft zurückverwiesen
Fußball „WM 2006"; Fußball „WM 2010", „South Africa 2010" oder „Südafrika 2010"	BGH	BGH GRUR 2010, 642	Schutzfähig, aber enger Schutzumfang und schwache Kennzeichnungskraft
LOGO für u.a. „Mittel zur Körper- und Schönheitspflege"	BGH	GRUR 2000, 722	Unterscheidungskräftig, wegen fehlender Feststellungen zum Vorliegen eines Freihaltebedürfnisses zurückverwiesen
LOOK für u.a. „Zigaretten"	BGH	GRUR 2001, 1150	Unterscheidungskräftig, im Übrigen zurückverwiesen

Marke	Entschieden durch	Fundstelle	Ergebnis
PARADIES für „Likör"	BPatG	GRUR 1996, 499	Schutzfähig, weil unterscheidungskräftig und nicht freihaltebedürftig (weder allgemeines Freihaltebedürfnis noch Freizeichen)
PREMIERE für u.a. „diffusion d'émissions de télévision"	BGH	GRUR 1999, 728	Unterscheidungskräftig und nicht freihaltebedürftig, zur weiteren Entscheidung zurückverwiesen – zuvor hat das BPatG mangelnde Unterscheidungskraft und Freihaltebedürfnis angenommen, GRUR 1996, 492
TOOOR! für u.a. „Bekleidungsstücke"	BPatG	Beschl. v. 9.2.2011, 29 W (pat) 85/07, BeckRS 2011, 04879	Unterscheidungskräftig
YES für u.a. „Zigaretten"	BGH	GRUR 1999, 1089	Unterscheidungskräftig, wegen fehlender Feststellungen zum Bestehen eines Freihaltebedürfnisses zurückverwiesen – BPatG hat zuvor Unterscheidungskraft verneint und das Eintragungshindernis des § 8 Abs. 2 Nr. 3 MarkenG angenommen

Folgenden Marken sah die Rechtsprechung als schutzunfähig an:

Marke	Entschieden durch	Fundstelle	Ergebnis
AVANTI für „Möbel"	BpatG	GRUR 1996, 411	Schutzunfähig, weil bestehendes Freihaltebedürfnis (Freizeichen)
BENVENUTO für u.a. „Juwelierwaren, Schmuckwaren"	BPatG	GRUR 1996, 355	Schutzunfähig wegen bestehenden Freihaltebedürfnisses (allgemeines Freihaltebedürfnis und Freizeichen)

Marke	Entschieden durch	Fundstelle	Ergebnis
CIAO für u.a. „Zigaretten"	BPatG	GRUR 1996, 978	Schutzunfähig, weil bestehendes Freihaltebedürfnis (Freizeichen)
hey! für Bildträger, Bekleidungsstücke, Spiele, Filmproduktionen, u.a.	BGH	GRUR 2010, 640	Schutzunfähig, da nicht unterscheidungskräftig
MEGA für „Zigaretten"	BGH	GRUR 1996, 770	Schutzunfähig, weil bestehendes Freihaltebedürfnis
PROTEST für u.a. „vêtements, jeux"	BPatG	GRUR 1998, 702	Schutzunfähig, weil nicht unterscheidungskräftig
TAKE POWER für u.a. „Erfrischungsgetränke"	BPatG	Bl.f.PMZ 1999, 229	Schutzunfähig wegen fehlender Unterscheidungskraft
TEST IT für u.a. „Zigaretten; Raucherartikel"	BPatG	GRUR 1999, 168	Schutzunfähig, weil bestehendes Freihaltebedürfnis und fehlende Unterscheidungskraft
TODAY für eine Reihe von Waren des täglichen Bedarfs	BGH	WRP 1998, 495	Schutzunfähig, weil nicht unterscheidungskräftig

b) Werbeslogans

1138 Der BGH und der EuGH sind, im Gegensatz zur früheren Auffassung des BPatG, der Ansicht, dass auch Werbeslogans grundsätzlich schutzfähig sein können. Insbesondere weist ein Werbeslogan dann eine hinreichende Unterscheidungskraft auf, wenn Kürze, Originalität und Prägnanz ihn zu einem eingängigen und aussagekräftigen Werbeslogan machen;[204] auch Mehrdeutigkeit und eine dadurch entstehende Interpretationsbedürftigkeit der Werbeaussage können einen Anhalt für eine hinreichende Unterscheidungskraft des Werbeslogans bieten.[205] Das BPatG hatte demgegenüber noch verlangt, dass ein Werbeslogan entweder einen selbständig kennzeichnenden Bestandteil („Lass Dir raten, trinke Spaten") besitzen oder sonst einen so erheblichen fantasievollen Über-

---

204 EuGH GRUR 2010, 228, 230, Tz. 39, 44 ff und Tz. 56 ff. *Vorsprung durch Technik (Audi)*; EuGH GRUR 2004, 1027, 1030, Tz. 50 für: *Das Prinzip der Bequemlichkeit.*
205 Vgl EuGH GRUR 2004, 1027, 1029, Tz. 32, 35 und 41 für: *Das Prinzip der Bequemlichkeit*; HABM GRUR-RR 2004, 366 L *GO FOR HIGH TECH*; BGH GRUR 2000, 321, 322 *Radio von hier, Radio wie wir.*

schuss in der Aussage oder in der sprachlichen Form aufweisen müsse, dass der angesprochene Verkehr in der Lage sei, mit dem Wiedererkennungseffekt einen Hinweis auf die betriebliche Herkunft zu verbinden.[206] Der BGH sowie der EuGH haben insoweit aber klargestellt, dass bei Werbeslogans keine anderen Anforderungen an die Unterscheidungskraft als bei normalen Wortmarken zu stellen sind.[207] Das BPatG hat inzwischen seine Rechtsprechung entsprechend angepasst.[208]

In folgenden Fällen hat die Rechtsprechung (EuGH, EuG, BGH, BPatG) die Unterscheidungskraft von Werbeslogans bejaht und/oder das Freihaltebedürfnis abgelehnt: **1139**

Marke	Entschieden durch	Fundstelle	Ergebnis
BAR JEDER VERNUNFT für u.a. „Zeitungen und Zeitschriften; Verpflegung von Gästen"	BPatG	GRUR 2003, 1053	Schutzfähig, weil unterscheidungskräftig und nicht freihaltebedürftig
ENERGIE MIT ESPRIT für u.a. div. Waren und Dienstleistungen eines Energieversorgers	BPatG	GRUR 2001, 511	Schutzfähig, weil weder unmittelbar beschreibend noch ohne weiteres verständlich
LEARNING FOR LEADING für Sprachkurse und für Pappe /Papier/Büroartikel u.a.	BPatG	Beschl. v. 27.1.2009, 27 W (pat) 39/09, BeckRS 2009, 06615	für Büroartikel Schutzfähigkeit bejaht, für Sprachkurse hingegen abgelehnt, da beschreibend und Freizeichen
MY WORLD für u.a. Druckereierzeugnisse und für Dienstleistungen Werbung/Veröffentlichungen u.a.	BGH	GRUR 2009, 949	Schutzfähig für Dienstleistungen (Werbung etc.), mangels Unterscheidungskraft aber nicht für Druckerzeugnisse

---

206 Vgl BPatG MarkenR 1999, 245 *Gegen das Vergessen*; BPatG GRUR 1998, 715 *Mit uns kommen Sie weiter*; BPatG GRUR 1998, 57 *Nicht immer, aber immer öfter*.

207 Vgl EuGH GRUR 2010, 228, 229, Tz. 36 *Vorsprung durch Technik (Audi)*; EuGH GRUR 2004, 1027, 1029, Tz. 32, 35 und 41 für: *Das Prinzip der Bequemlichkeit*; EuG GRUR Int. 2004, 944, 946, Tz. 24 f *MEHR FÜR IHR GELD*; BGH GRUR 2010, 935, Tz. 9 *Die Vision*; BGH GRUR 2000, 321, 322 *Radio von hier, Radio wie wir*.

208 Vgl BPatG Beschl. v. 27.1.2009, 27 W (pat) 39/09, BeckRS 2009, 06615 *learning for leading*; BPatG MarkenR 2000, 147, 148 *Ein schönes Stück Natur*.

Marke	Entschieden durch	Fundstelle	Ergebnis
PARTNER WITH THE BEST für u.a. „elektrotechnische und elektronische Geräte"	BGH	GRUR 2000, 323	Unterscheidungskräftig, zurückverwiesen wegen durch das BPatG offen gelassener Frage eines eventuellen Freihaltebedürfnisses
RADIO VON HIER, RADIO WIE WIR für u.a. „Ausstrahlung von Rundfunkprogrammen; Rundfunkunterhaltung, Produktion von Hörfunkprogrammen"	BGH	GRUR 2000, 321	Unterscheidungskräftig, zurückverwiesen wegen durch das BPatG offen gelassener Frage eines eventuellen Freihaltebedürfnisses
TEST IT für u.a. „Raucherartikel; Cigaretten"	BGH	GRUR 2001, 735	Schutzfähig für „Raucherartikel" (unterscheidungskräftig und nicht freihaltebedürftig), schutzunfähig für „Cigaretten" (fehlende Unterscheidungskraft)
UNTER UNS für u.a. „Körperpflegemittel, pharmazeutische Erzeugnisse, fotografische Geräte, Fahrräder, Juwelierwaren, Papier- und Druckereierzeugnisse"	BGH	GRUR 2000, 720	Schutzfähig, weil unterscheidungskräftig und nicht freihaltebedürftig (kein Freizeichen und kein allgemeines Freihaltebedürfnis)
VORSPRUNG DURCH TECHNIK für u.a. Autos und verschiedene andere technikbezogene Waren	EuGH	EuGH GRUR 2010, 228	Schutzfähig, weil unterscheidungskräftig, auch für technikbezogene Waren

In folgenden Fällen hat die Rechtsprechung (EuGH, EuG, BGH, BPatG) die Schutzfähigkeit von Werbeslogans abgelehnt:

114c

Marke	Entschieden durch	Fundstelle	Ergebnis
Mehrfachslogan: Die Vision: EINZIGARTIGES ENGAGEMENT IN TRÜFFEL-PRALINEN Der Sinn: Jeder weiß WAS wann zu tun ist und was NICHT zu tun ist Der Nutzen: Alle tun das RICHTI-GE zur richtigen Zeit	BGH	GRUR 2010, 935	Schutzunfähig, weil nicht unterscheidungskräftig
LOOKS LIKE GRASS...FEELS LIKE GRASS... PLAYS LIKE GRASS für synthetische (Rasen)Beläge (Kl. 27 und 37)	EuG	GRUR Int. 2004, 653, 654, Tz. 30 f	Schutzunfähig, weil nicht unterscheidungskräftig
MEHR FÜR IHR GELD für u.a. Wasch- und Bleichmittel, Fleisch, Wurst u.a., Kaffee, Tee usw und Marketing	EuG	GRUR Int. 2004, 944	Schutzunfähig wegen fehlender Unterscheidungskraft, außer für Marketing (Kl. 35)

c) Fremdsprachliche Wortmarken

Im Bereich der fremdsprachlichen Wortmarken (§ 3 Abs. 1 MarkenG) geht die deutsche **1141** Rechtsprechung davon aus, dass ein Freihaltebedürfnis an ihnen nur dann angenommen werden kann, wenn sie als beschreibende Angaben von den beteiligten Verkehrskreisen **ohne weiteres verstanden oder für den internationalen Warenaustausch als beschreibende Angaben zB als Fachausdrücke, in Betriebsanleitungen oder anderen Produktinformationen benötigt werden.[209] Maßgeblich ist zudem die Verkehrsauffassung in Deutschland und nicht etwa eventuelle Bedürfnisse einer ausländischen Werbesprache.[210] **Ausländischen Voreintragungen** der Marke in dem Sprachgebiet, dem sie entstammt, können indizielle Wirkungen gegen die Annahme eines Freihaltebedürfnisses im Inland entnommen werden, sofern der Begriff nicht mit einem von der Bedeutung in der Fremdsprache abweichenden Bedeutungsgehalt in die deutsche Sprache eingegangen ist.[211] **Mehrdeutigkeit der Übersetzung und eine dadurch entstehende Interpretationsbedürftigkeit sind Hinweise auf eine hinreichende Unterscheidungskraft.**[212] Ist eine fremdsprachliche Marke aus zwei Begriffen gebildet, die beide in die deutsche Umgangssprache eingegangen sind und die sprachüblich zusammengefügt wurden, kann ein im Vordergrund stehender beschreibender Gehalt anzunehmen sein, wenn die beteiligten Verkehrskreise den hinter der Marke stehenden Sinngehalt sofort verstehen; eine Markenanmeldung für *Cityservice* für eine Vielzahl von Dienstleistungen wie etwa Versicherungswesen, Beförderung von Personen oder Hausmeisterdienste war deshalb schutzunfähig wegen Fehlens jeglicher Unterscheidungskraft.[213]

1142 Im Gemeinschaftsmarkenrecht stellt sich diese Problematik auf dieselbe Art und Weise, wobei bereits die Auffassung der Verkehrskreise in einem Mitgliedstaat entgegen stehen können, dh fassen die dort angesprochenen Verkehrskreise die angemeldete Marke als einen Allgemeinbegriff/beschreibende Angabe auf, so steht dies der Schutzfähigkeit schon entgegen.

1143 In folgenden Fällen hat die Rechtsprechung die Unterscheidungskraft von fremdsprachigen Marken bejaht und/oder das Freihaltebedürfnis abgelehnt:

Marke	Entschieden durch	Fundstelle	Ergebnis
COSA NOSTRA für u.a. „parfumerie, vêtements "	BPatG	GRUR 1996, 408	Schutzfähig, weil unterscheidungskräftig und nicht freihaltebedürftig
GILSONITE für „Kohlenwasserstoff/Harz"	BPatG	GRUR 1998, 722	Schutzfähig, weil unterscheidungskräftig und nicht freihaltebedürftig (kein allgemeines Freihaltebedürfnis und kein Freizeichen)

---

209 Vgl BGH GRUR 1988, 379, 380 RIGIDITE; BPatG GRUR 1998, 399, 400 *RACK-WALL*; BPatG GRUR 1997, 286, 287 *VODNI STAVBY*; BPatG MIT 1996, 216, 216 *MASTER*.
210 Vgl BPatG Mitt. 1996, 215, 216 *MOD'elle*.
211 Vgl BGH GRUR 1999, 988, 990 *HOUSE OF BLUES*.
212 BGH GRUR 2001, 1150, 1151 *LOOK*.
213 BGH GRUR 2003, 1050, 1050 f. *Cityservice*.

Marke	Entschieden durch	Fundstelle	Ergebnis
HOUSE OF BLUES für u.a. „Compact Disks, Schallplatten und andere Tonträger"	BGH	GRUR 1999, 988	Nicht freihaltebedürftig (kein allgemeines Freihaltebedürfnis und kein Freizeichen), wegen fehlender Feststellungen zur Unterscheidungskraft zurückverwiesen
INDIVIDUELLE für u.a. „Seifen; Parfümerien; Mittel zur Körper und Schönheitspflege"	BGH	GRUR 2002, 64	Schutzfähig, weil unterscheidungskräftig und nicht freihaltebedürftig
INTERACTIVE WEAR für u.a. medizinische Hilfsmittel	BPatG	GRUR 2006, 1029	Schutzfähig, weil für medizinische Hilfsmittel unterscheidungskräftig und nicht freihaltebedürftig – jedoch für Kleidung keine Unterscheidungskraft
JURIS LIBRI für u.a. „Veröffentlichung und Herausgabe von Büchern, Zeitungen und Zeitschriften"	BPatG	GRUR 1998, 58	Schutzfähig, weil nicht freihaltebedürftig und unterscheidungskräftig
LASTMINIT für u.a. „Vermittlung und Veranstaltung von Reisen "	BPatG	GRUR-RR 2008, 49	Schutzfähig, weil nicht freihaltebedürftig und mit Rücksicht auf Rechtsprechung zum Anmeldezeitpunkt bezüglich Abwandlungen auch noch unterscheidungskräftig
MOD'ELLE für u.a. „Bekleidungen für Herren, Damen und Kinder; Schuhwaren"	BPatG	Mitt. 1996, 215	Schutzfähig, weil nicht freihaltebedürftig und unterscheidungskräftig
RACK-WALL für u.a. „Küchenmöbel, Beschläge"	BPatG	GRUR 1998, 399	Schutzfähig, weil nicht freihaltebedürftig und unterscheidungskräftig

Marke	Entschieden durch	Fundstelle	Ergebnis
RATIONAL SOFTWARE CORPORATION für u.a. „Computer-Software"	BGH	GRUR 2001, 162	Schutzfähig, weil unterscheidungskräftig und nicht freihaltebedürftig
SWISS-ARMY für u.a. „modische Armbanduhren"	BGH	GRUR 2001, 241	Schutzfähig, weil unterscheidungskräftig und nicht freihaltebedürftig
THE OUTDOOR CHANNEL für u.a. „Audio- und Videokassetten, Produktion von Fernsehsendungen"	BPatG	GRUR 1998, 719	Für Waren schutzfähig, weil kein Freihaltebedürfnis und unterscheidungskräftig, für Dienstleistungen schutzunfähig, weil bestehendes Freihaltebedürfnis
TOP-STEEL für u.a. „Pneus"	BPatG	Mitt. 1997, 96	Schutzfähig, weil nicht freihaltebedürftig und unterscheidungskräftig
VODNI STAVBY für u.a. „Baumaterialien und transportable Bauteile, auch aus Metall; Dienstleistungen eines Ingenieurs"	BPatG	GRUR 1997, 286	Schutzunfähig, weil bestehendes Freihaltebedürfnis (Fachausdruck)

1144 Beispiele aus der Rechtsprechung von schutzunfähigen fremdsprachigen Marken:

Marke	Entschieden durch	Fundstelle	Ergebnis
21st CENTURY für u.a. „Parfümerien, Mittel zur Körper- und Schönheitspflege"	BPatG	GRUR 2000, 1049	Schutzunfähig, weil nicht unterscheidungskräftig
CHO-CO'N'MORE für u.a. „Schokolade "	BPatG	GRUR 2006, 766	Schutzunfähig, weil nicht unterscheidungskräftig

Marke	Entschieden durch	Fundstelle	Ergebnis
CITYSERVICE für u.a. „Hausmeisterdienste"	BGH	GRUR 2003, 1050	Schutzunfähig, weil nicht unterscheidungskräftig
COOL MINT für u.a. „zuckerfreie Dragees, Zuckerwaren einschließlich Bonbons"	BpatG	Mitt. 2000, 507	Schutzunfähig, weil nicht unterscheidungskräftig
EUROTAX für Dienstleistungen einer Steuerberatungsgesellschaft	BPatG	GRUR 2001, 509	Schutzunfähig, weil nicht unterscheidungskräftig und hochgradig freihaltebedürftig
GREEN LABEL für u.a. „Bekleidungsstücke, Schuhwaren, Kopfbedeckungen"	BPatG	GRUR 2000, 803	Schutzunfähig, weil fehlende Unterscheidungskraft
http://www.cyberlaw.de/ für u.a. „Telekommunikationsdienstleistungen, Rechtsberatung und -vertretung, Betrieb einer Datenbank"	BPatG	Bl.f.PMZ 2000, 295	Schutzunfähig, weil nicht unterscheidungskräftig
MODERN TALKING für u.a. „CD's, DVD's"	BPatG	Beschl. v. 12.9.2008, 25 W (pat) 1/07, BeckRS 2009, 06606	Schutzunfähig, weil nicht unterscheidungskräftig
RETAIL LINK für u.a. „Computer-Software zum Gebrauch durch Einzelhandelsgeschäfte"	BPatG	GRUR 2003, 714	Schutzunfähig, weil nicht unterscheidungskräftig

Marke	Entschieden durch	Fundstelle	Ergebnis
SMARTWEB für u.a. „Call-Center-Dienstleistungen"	BPatG	GRUR 2003, 157	Schutzunfähig, weil nicht unterscheidungskräftig
STREETBALL für u.a. „Sportschuhe und Sportbekleidung"	BGH	GRUR 2009, 411	Schutzunfähig, weil nicht unterscheidungskräftig und freihaltebedürftig
WELCOME TO THE WEEKEND für u.a. „Unterhaltung, sportliche und kulturelle Aktivitäten"	BPatG	Beschl. v. 15.10.2008, 32 W (pat) 109/07, Beck-RS 2009, 04178	Schutzunfähig, weil nicht unterscheidungskräftig

d) Buchstaben

1145 Reine Buchstabenmarken waren früher unter Geltung des Warenzeichengesetzes grundsätzlich nicht schutzfähig; lediglich dann, wenn eine Verkehrsdurchsetzung vorlag oder aus anderen Gründen der Charakter als Buchstabenzeichen zurücktrat (zB weil die Buchstabenmarke aussprechbar war) wurden solche Marken eingetragen.[214] Erstmals mit **Inkrafttreten des MarkenG am 1. Januar 1995 waren und sind auch reine Buchstabenmarken, die nicht aussprechbar oder verkehrsdurchgesetzt sind, grundsätzlich schutzfähig.** Entsprechendes regelt Art. 4 GMV. Dies gilt auch für einzelne Buchstaben.[215] Insbesondere bei einzelnen Buchstaben sind nicht etwa höhere Anforderungen an die Unterscheidungskraft zu stellen als bei Kombinationen mehrerer Buchstaben oder anderen Marken, so dass auch bei einzelnen Buchstaben jede noch so geringe Unterscheidungskraft ausreicht, um das Schutzhindernis fehlender Unterscheidungskraft zu überwinden.[216] Die Unterscheidungskraft kann nur dann verneint werden, wenn sich aus tatsächlichen Feststellungen ergibt, dass der Verkehr den Buchstaben für bestimmte Waren nicht als Herkunftsbezeichnung versteht, wie dies zB bei dem Buchstaben „D" für Dieselfahrzeuge der Fall ist.[217] An einzelnen Buchstaben oder Buchstabenkombinationen kann ein Freihaltebedürfnis vor allem dann bestehen, wenn sie als Sachangabe oder Abkürzungen für eine Sachangabe verwendet werden, zB eine Buchstabenreihenfolge, die für das chemische Zeichen von Zinn steht mit den weiteren drei Buchstaben für die Metallbeschaffenheit,[218] bzw eine solche Verwendung in der Zu-

---

214 Vgl im einzelnen BGH GRUR 1996, 202, 203 *UHQ*.
215 Vgl BGH GRUR 2003, 343, 344 *Buchstabe "Z"*; BGH GRUR 2001, 161, 161 *Buchstabe "K"*; BPatG Mitt. 1998, 232, 233 f *"M"*; anders noch BPatG GRUR 1998, 710, 711 f. *Buchstabe "K"*.
216 BGH GRUR 2003, 343, 344 *Buchstabe "Z"*.
217 Vgl BGH GRUR 2003, 343, 344 *Buchstabe "Z"*; BGH GRUR 2001, 161, 161 f. *Buchstabe "K"*.
218 EuG GRUR Int. 2005, 484, 485, Tz. 22 ff. *SnTEM, SnPUR, SnMIX / Wieland-Werke*.

kunft vernünftigerweise erwartet werden kann.[219] Für den Bereich der Abkürzungen kann der Nachweis in Abkürzungslexika ein wichtiges Indiz für ein bestehendes Freihaltebedürfnis darstellen; ist eine Abkürzung jedoch für eine Vielzahl verschiedener beschreibender Begriffe nachweisbar, kann ein Schutzhindernis nur dann angenommen werden, wenn konkrete Anhaltspunkte dafür bestehen, dass im Wesentlichen nur eine dieser Bedeutungen ernstlich in Betracht kommt.[220] **Auch für Buchstabenmarken gilt also: Handelt es sich dabei lediglich um gebräuchliche Abkürzungen, zB für Mengenangaben, Gewichtsangaben oder von Fachausdrücken sowie sonst um Gattungsbezeichnungen, sind sie nicht schutzfähig; können im konkreten Einzelfall derartige Feststellungen nicht getroffen werden, darf einer Eintragung nichts im Wege stehen.**

In der Rechtsprechung finden sich insoweit die folgenden Beispiele:　　**1146**

Marke	Entschieden durch	Fundstelle	Ergebnis
α (griechischer Buchstabe a)	EuGH	GRUR 2010, 1096	Vorliegen von Unterscheidungskraft, an HABM zur konkreten Prüfung zurückverwiesen
AC für u.a. „Vitaminpräparate"	BGH	GRUR 2002, 261	Schutzfähig, weil nicht freihaltebedürftig und unterscheidungskräftig
CT *in Entscheidung keine Angaben zu den W+D*	BPatG	Bl.f.PMZ 1999, 41	Schutzfähig, weil nicht freihaltebedürftig und unterscheidungskräftig
E für u.a. „Windkraftanlagen"	BPatG	GRUR 2003, 347	Schutzfähig, weil unterscheidungskräftig und nicht freihaltebedürftig
K für u.a. „Türen und Fenster aus Metall; Baumaterialien aus Metall"	BpatG	GRUR 2003, 345	Schutzunfähig für Fenster und Türen wegen bestehenden Freihaltebedürfnisses und fehlender Unterscheidungskraft; schutzfähig für diverse Baumaterialien, weil insoweit kein Freihaltebedürfnis und auch Unterscheidungskraft vorlag

---

219　BGH GRUR 2003, 343, 344 *Buchstabe "Z"*.
220　Vgl BPatG Bl.f.PMZ 1999, 41, 41 f*CT*.

Marke	Entschieden durch	Fundstelle	Ergebnis
M für „Waren und Dienstleistungen der Klassen 1-9, 11, 12, 14-32, 34-39, 41, 42"	BPatG	Mitt. 1998, 232	Nicht generell schutzunfähig, weil auch aus nur einem Buchstaben bestehende Marken unterscheidungskräftig und nicht freihaltebedürftig sein können; zur weiteren Aufklärung zurückverwiesen
MAC für u.a. „Computer-Hardware, Computer-Software"	BPatG	Mitt. 1998, 103	Schutzfähig, weil nicht freihaltebedürftig und unterscheidungskräftig
Z für u.a. „Tabak, Tabakerzeugnisse"	BGH	GRUR 2003, 343	Schutzfähig, weil unterscheidungskräftig und nicht freihaltebedürftig

e) Zahlen und Zahlwörter

1147 Zahlen und Zahlwörter sind grundsätzlich unterscheidungskräftig.[221] **Auch insoweit bedarf es also konkreter Feststellungen im Einzelfall, dass eine Zahl oder ein Zahlwort für die konkret angemeldeten Waren oder Dienstleistungen vom Verkehr nicht als Unterscheidungsmittel aufgefasst wird. Weil § 3 Abs. 1 MarkenG und Art. 4 GMV grundsätzlich von einer Markenfähigkeit von Zahlen ausgehen und sich jede Zahl dazu eignet, als Mengenangabe zu dienen, muss ein Freihaltebedürfnis als Mengenangabe der konkreten Zahl mit Bezug auf die konkreten Waren, für die sie geschützt werden soll, festgestellt werden, um ein Freihaltebedürfnis annehmen zu können.**[222] Der BGH stellt insoweit konsequenterweise auch auf die Zahl oder das Zahlwort in Alleinstellung ab und lässt eine beschreibende Bedeutung, die sich erst aus der Kombination mit einem weiten Wort ergibt, nicht zur Annahme eines Freihaltebedürfnisses genügen.[223]

1148 Die Rechtsprechung hat folgende Zahlen und Zahlworte als unterscheidungskräftig und/oder nicht freihaltebedürftig angesehen:

---

221 Vgl BGH GRUR 1997, 366, 267 *quattro II.*
222 Vgl BGH GRUR 1997, 366, 367 *quattro II.*
223 Vgl BGH GRUR 1997, 366, 368 *quattro II.*

Marke	Entschieden durch	Fundstelle	Ergebnis
FÜNFER für u.a. „Traubenzucker und Traubenzucker-Präparate"	BGH	GRUR 2000, 231	Unterscheidungskräftig, zur weiteren Beantwortung der Frage, ob ein Freihaltebedürfnis besteht, zurückverwiesen
QUATTRO II für u.a. „Personenkraftwagen"	BGH	GRUR 1997, 366	Schutzfähig, weil unterscheidungskräftig und nicht freihaltebedürftig
Zahl 1 für u.a. „Cigaretten"	BGH	GRUR 2002, 970	Schutzfähig, weil nicht freihaltebedürftig und unterscheidungskräftig
Zahl 6 für u.a. „Cigaretten"	BGH	Beschl. v. 18.4.2002, I ZB 22/99, BeckRS 2002, 06033	Schutzfähig, weil nicht freihaltebedürftig und unterscheidungskräftig
Zahl 442 für „Sturm- und Firstklammern aus Metall"	BPatG	GRUR 1998, 403	Schutzfähig, weil nicht freihaltebedürftig und unterscheidungskräftig
Zahl 9000 für „zahlreiche Waren und Dienstleistungen auf dem Gebiet der elektronischen Datenverarbeitung"	BPatG	GRUR 1998, 572	Schutzfähig, weil nicht freihaltebedürftig und unterscheidungskräftig

1149 Folgende Zahlen und Zahlworte wurden von der Rechtsprechung als nicht schutzfähig angesehen:

Marke	Entschieden durch	Fundstelle	Ergebnis
TRIO für u.a. „Vorrichtungen und Geräte zum Herstellen von pharmazeutischen, medizinischen, chemischen und lebensmittelchemischen Produkten"	BPatG	Mitt. 1996, 250	Schutzunfähig, weil freihaltebedürftig (Freizeichen) und nicht unterscheidungskräftig
Zahl 128 für u.a. „Elektrische und elektronische Datenverarbeitungsgeräte"	BPatG	GRUR 2000, 330	Schutzunfähig, weil freihaltebedürftig und nicht unterscheidungskräftig
Zahl 1000 für u.a. „Broschüren, Zeitschriften"	EuGH	GRUR Int. 2011, 400	Schutzunfähig, weil beschreibend

f) Buchstaben/Zahlenkombinationen

1150 Für kombinierte Buchstaben- und Zahlenmarken gilt dasselbe wie für reine Buchstaben- oder Zahlenmarken: Es besteht kein generelles Eintragungsverbot, sondern es sind in jedem Einzelfall konkret bestehende Schutzhindernisse festzustellen.[224] Das gilt sowohl für das deutsche Markenrecht als auch für die Gemeinschaftsmarke.

1151 Aus der Rechtsprechung gibt es die folgenden Beispiele:

Marke	Entschieden durch	Fundstelle	Ergebnis
A 3 für u.a. „Kraftfahrzeuge"	BPatG	GRUR 1998, 404	Schutzfähig, weil nicht freihaltebedürftig und unterscheidungskräftig
Beauty 24.de (grafisch ausgestaltet) für u.a. Dienstleistungen auf dem Beauty-Sektor	BPatG	GRUR 2004, 336	Schutzunfähig, weil nicht unterscheidungskräftig und freihaltebedürftig

---

224 Vgl BPatG GRUR 1998, 404, 405 f A 3.

Marke	Entschieden durch	Fundstelle	Ergebnis
D- 205 für „unedle Metalle und deren Legierungen sowie daraus hergestellte Maschinenteile, Werkzeuge und Schweißelektroden"	BPatG	GRUR 1999, 1000	Schutzunfähig, weil nicht unterscheidungskräftig
K 50 für „Halbzeug aus Kupfer oder Kupferlegierungen"	BPatG	GRUR 1999, 999	Schutzunfähig, weil freihaltebedürftig und nicht unterscheidungskräftig

g) Titel als Marken

Auch klassische Werktitel im Sinne von § 5 Abs. 3 MarkenG (vgl Rn 1432 ff) wie zB **1152** Buchtitel, Buchreihentitel, Titel von Fernsehsendungen oder Zeitungs- und Zeitschriftentitel sind nach ständiger Rechtsprechung grundsätzlich markenfähig; **für sie gelten die normalen Anforderungen an die Schutzfähigkeit, wobei allerdings zu berücksichtigen ist, dass die Anforderungen an die markenmäßige Unterscheidungskraft grundsätzlich höher anzusetzen sind als die für Werktitel geltenden geringen Anforderungen an die titelmäßige Unterscheidungskraft.**[225] Ein Werktitel kann also als Marke nicht eintragungsfähig sein, obwohl er als Werktitel im Sinne von § 5 Abs. 3 MarkenG Schutz genießt.

Beispiel: Die Marke *Winnetou* war auf einen entsprechenden Antrag hin zu löschen, weil der Name der Romanfigur angesichts ihrer Bekanntheit vom Verkehr als Synonym für einen bestimmten Charakter verstanden wurde, so dass ihm jede Unterscheidungskraft für Druckereierzeugnisse und Dienstleistungen im Medienbereich fehlte;[226] demgegenüber sind die Buchtitel *Winnetou I, Winnetou II* und *Winnetou III* als Werktitel gemäß § 5 Abs. 3 MarkenG schutzfähig, und zwar sogar über den Ablauf der urheberrechtlichen Schutzfrist hinaus.[227]

Vgl zu den unterschiedlichen Anforderungen an die Unterscheidungskraft bei den einzelnen Kennzeichnungsrechten Rn 1036 sowie zum Spannungsverhältnis zwischen urheberrechtlichem Schutzfristablauf und der Fortdauer des Titelschutzrechtes Rn 1504. **1153**

---

225 Vgl BGH GRUR 2003, 342, 343 *Winnetou*; BGH GRUR 2000, 882, 882 f. *Bücher für eine bessere Welt*; BPatG GRUR 2003, 1051, 1052 *Rheuma-World*; BPatG GRUR 1998, 51, 51 f BGHZ; BPatG GRUR 1998, 145, 145 f. *Klassentreffen*; BPatG NJWE-WettbR 1999, 37 f. *Bilderbuch Deutschland*; BPatG GRUR 1996, 980, 980 f. *Berliner Allgemeine.*
226 BGH GRUR 2003, 342, 342 f. *Winnetou.*
227 BGH GRUR 2003, 440, 441 *Winnetous Rückkehr.*

1154 In folgenden Fällen hat die Rechtsprechung Schutzfähigkeit angenommen:

Marke	Entschieden durch	Fundstelle	Ergebnis
BERLINER ALL-GEMEINE für „Zeitungen und Zeitschriften"	BPatG	GRUR 1996, 980	Schutzfähig, weil nicht freihaltebedürftig und unterscheidungskräftig
FACTS für einen Warenkatalog	BGH (Facts II)	GRUR 2005, 959	Titelschutz bejaht, weil dieser zu den Druckschriften gehört wie Romane oder Zeitschriften
LUFTFAHRT WOCHE & WELTRAUM-TECH-NOLOGIE für u.a. „Zeitschriften"	BPatG	GRUR 1998, 718	Schutzfähig, weil nicht freihaltebedürftig und unterscheidungskräftig

1155 Die Rechtsprechung hat folgende Marken als schutzunfähig angesehen:

Marke	Entschieden durch	Fundstelle	Ergebnis
BGHZ für u.a. „Rechtsentscheidungssammlungen"	BPatG	GRUR 1998, 51	Schutzunfähig, weil freihaltebedürftig
BILDERBUCH DEUTSCHLAND für „Veranstaltung und Verbreitung von Hörfunk- und Fernsehsendungen/-programmen"	BPatG	NJWE-WettbR 1999, 37	Schutzunfähig, weil freihaltebedürftig und nicht unterscheidungskräftig
BÜCHER FÜR EINE BESSERE WELT für „Bücher, Broschüren"	BGH	GRUR 2000, 882	Schutzunfähig, weil freihaltebedürftig und nicht unterscheidungskräftig

Marke	Entschieden durch	Fundstelle	Ergebnis
BverwGE für u.a. „Entscheidungssammlungen, Zeitschriften"	BPatG	GRUR 2004, 61	Schutzunfähig, weil Freizeichen und nicht unterscheidungskräftig, aber zurückverwiesen an DPMA zur Prüfung der Verkehrsdurchsetzung
GOURMET für u.a. „Bücher, Zeitschriften, Zeitungen"	BPatG	Mitt. 1997, 224	Schutzunfähig, weil freihaltebedürftig und nicht unterscheidungskräftig
KLASSENTREFFEN für „Produktion und Ausstrahlung einer Fernsehsendung"	BPatG	GRUR 1998, 145	Schutzunfähig, weil freihaltebedürftig und nicht unterscheidungskräftig
WINNETOU für u.a. „Druckereierzeugnisse; Filmproduktion"	BGH	GRUR 2003, 342	Schutzunfähig, weil nicht unterscheidungskräftig

h) Geografische Herkunftsangaben

Geografische Herkunftsangaben sind als Individualmarken gemäß § 8 Abs. 2 Nr. 2 MarkenG und Art. 7 Abs. 1 lit. c GMV **grundsätzlich freihaltebedürftig und damit nicht schutzfähig, weil an ihnen in der Regel ein Freihaltebedürfnis deshalb besteht, da Mitbewerber sie ebenfalls zur Kennzeichnung von Waren benutzen können müssen.**[228] Allerdings ist es erforderlich, in jedem Einzelfall zu überprüfen, ob die aktuellen Gegebenheiten und eine vernünftigerweise in der Zukunft zu erwartende Entwicklung tatsächlich die Annahme eines Schutzhindernisses rechtfertigen.[229] Insoweit ist es möglich, dass eine solche Beurteilung dazu führt, ein Freihaltebedürfnis an einer geografischen Herkunftsangabe im Zusammenhang mit einer konkreten Ware zu verneinen, zB wenn auf dem Biersektor nicht zu erwarten ist, dass sich in einer bestimmten Kleinstadt eine weitere Brauerei ansiedelt. Denn grundsätzlich sind auch an geografische Herkunftsangaben keine höheren Eintragungsanforderungen zu stellen als bei den übrigen Sachangaben des § 8 Abs. 2 Nr. 2 MarkenG bzw Art. 7 Abs. 1 lit. c GMV.[230] Ist einem Teil

1156

---

228 EuGH GRUR Int. 2002, 523, 524 f. *Spreewälder Gurken*; EuGH GRUR 1999, 723, 725 f *CHIEMSEE*; BPatG GRUR 2000, 149, 150 *Wallis*; BPatG GRUR 2000, 1050, 1051 *Cloppenburg*.

229 EuGH GRUR 1999, 723, 725 f *CHIEMSEE*; BGH GRUR 2003, 882, 883 *Lichtenstein*; BPatG GRUR 2001, 741, 742 *Lichtenstein*; BPatG GRUR 2000, 149, 150 *Wallis*.

230 Vgl BGH GRUR 2003, 882, 883 *Lichtenstein* zu einer Anmeldung für pharmazeutische Erzeugnisse sowie Präparaten für die Gesundheitspflege.

des angesprochenen Verkehrskreises das Zeichen als geografischer Ort bekannt, so besteht ein Freihaltebedürfnis nach § 8 Abs. 2 Nr. 2 MarkenG bzw Art. 7 Abs. 1 lit. c GMV. Diesbezüglich reicht für eine Gemeinschaftsmarke, dass einem Teil des Verkehrskreises in Deutschland der Ort bekannt ist, wenn sich das Zeichen auf einen deutschen geografischen Namen bezieht.[231]

1157 Die Rechtsprechung hatte sich beispielsweise mit den folgenden Markenanmeldungen zu befassen:

Marke	Entschieden durch	Fundstelle	Ergebnis
CHIEMSEE	EuGH	GRUR 1999, 723	Schutzunfähig, weil freihaltebedürftig
CLOPPENBURG für „eine Vielzahl von Waren und Dienstleistungen sämtlicher Klassen"	BPatG und HABM	GRUR 2000, 1050 und GRUR 2004, 159	Schutzunfähig, weil freihaltebedürftig
„GERMANY 2006" oder „South Africa 2010" für Fußball-WM	BGH	BGH GRUR 2010, 642	Schutzfähig, aber schwache Kennzeichnungskraft und daher enger Schutzumfang
LICHTENSTEIN für u.a. „pharmazeutische Erzeugnisse"	BGH	GRUR 2003, 882	Schutzunfähig, weil freihaltebedürftig
„OLDENBURGER" für Milch- und Molkereiprodukte, Speiseeis, alkoholfreie Milchmischgetränke u.a.	EuG	GRUR 2004, 148	Schutzunfähig, da freihaltebedürftig
WALLIS für u.a. „Antitranspirantien, Parfümerien und Aftershaves"	BPatG	GRUR 2000, 149	Schutzunfähig, weil freihaltebedürftig

---

231 EuG GRUR 2004, 148, 149, Tz. 33 ff und 50 *OLDENBURGER*.

i) Sonstige Wortmarken

Es existieren in der Rechtsprechung noch einige weitere Beispiele für die Beurteilung   1158
anderer Wortmarken, die nicht in die vorerwähnten Kategorien aufzunehmen waren.
In Folgenden Fällen hat die Rechtsprechung Schutzfähigkeit angenommen:

Marke	Entschieden durch	Fundstelle	Ergebnis
FERROBRAUSE für „pharmazeutische Produkte"	BPatG	GRUR 1997, 639	Schutzfähig, weil nicht freihaltebedürftig und unterscheidungskräftig
JUMBOMOBIL für „Vorrichtungen und Werkzeuge der Förder- und Handhabungstechnik, insbesondere zum Anheben von Lasten, Hebegeräte, Sauggreifer"	BPatG	Mitt. 1997, 98	Schutzfähig, weil nicht freihaltebedürftig und unterscheidungskräftig
RHEUMA-WORLD für u.a. „Druckereierzeugnisse, Lehr- und Unterrichtsmittel, Veröffentlichung und Herausgabe von Informationsschriften für den medizinischen Bereich, ärztliche Versorgung"	BPatG	GRUR 2003, 1051, 1052	teilweise schutzunfähig (zB für Druckereierzeugnisse, Lehr- und Unterrichtsmittel) wegen fehlender Unterscheidungskraft, teilweise schutzfähig (zB für ärztliche Versorgung), weil unterscheidungskräftig
TREPPENMEISTER für „vorgefertigte Treppen aus Holz"	BPatG	Mitt. 1997, 197	Schutzfähig, weil unterscheidungskräftig und nicht freihaltebedürftig

1159 Folgende Marken wurden als schutzunfähig angesehen:

Marke	Entschieden durch	Fundstelle	Ergebnis
ASTHMA-BRAU-SE für „Arzneimittel"	BPatG	GRUR 1997, 640	Schutzunfähig, weil freihaltebedürftig und nicht unterscheidungskräftig
BAUMEISTER-HAUS für u.a. „Ein- und Mehrfamilienhäuser"	BGH	GRUR 2001, 732	Schutzunfähig, weil freihaltebedürftig
BioID ür für Computersoftware, Telekommunikationsdienstleistungen u.a.	EuGH	GRUR Int. 2005, 1012	Schutzunfähig, da beschreibend
DeutschlandCard für Datenträger, Kundenkarten u.a.	BGH	GRUR 2009, 952	Nicht schutzfähig, weil nicht unterscheidungskräftig
FRUNDSBERG für u.a. Stadtbesichtigungen und Stadtfeste	BPatG	GRUR 2004, 432	Schutzunfähig, weil als Name historischer Person freihaltebedürftig
K.U.L.T. für „Bekleidungsstücke, Schuhwaren, Kopfbedeckungen"	BPatG	GRUR 1998, 1023	Schutzunfähig, weil nicht unterscheidungskräftig und freihaltebedürftig (allgemeines Freihaltebedürfnis und Freizeichen)
MARKTFRISCH für u.a. „Fleisch- und Fischwaren, Milchprodukte, Backwaren"	BGH	GRUR 2001, 1151	Schutzunfähig, weil nicht unterscheidungskräftig
SCHMERZ-ASS für „Arzneimittel"	BPatG	GRUR 1998, 577	Schutzunfähig, weil nicht unterscheidungskräftig

Marke	Entschieden durch	Fundstelle	Ergebnis
suchen.de für u.a. „Telekommunikation"	EuG	MMR 2008, 390	Schutzunfähig, weil nicht unterscheidungskräftig
WILLKOMMEN IM LEBEN für u.a. „Bild- und Tonträger"	BGH	GRUR 2009, 778	Schutzunfähig, da nicht unterscheidungskräftig

2. Bildmarken

Bei Bildmarken ist zunächst generell zu beachten, dass bei der Prüfung ihrer Schutzfä- **1160**
higkeit die konkret beanspruchte grafische Darstellung zugrunde zu legen ist.[232] Es
gelten sodann die allgemeinen, großzügigen Beurteilungsmaßstäbe, die die Annahme
eines bestimmten Eigentümlichkeitsgrades als Prüfungsmaßstab verbieten.[233] Eine auf
dem betreffenden Waren- oder Dienstleistungsgebiet ungewöhnlich erscheinende grafische Gestaltung kann dabei die Schutzfähigkeit des gestalteten Wortbestandteiles
überwinden, nicht jedoch eine so banale Gestaltung, die auch für sich betrachtet nicht
als Marke eintragungsfähig wäre.[234] Dasselbe gilt für Farbbestandteile von Bildmarken:
Auch die beanspruchten Farben können zusammen mit weiteren grafischen Gestaltungselementen eine etwa gegebene Schutzunfähigkeit eines Wortbestandteils überwinden.[235] Reine Bildzeichen ohne Wortbestandteile werden jedenfalls dann grundsätzlich schutzfähig sein, wenn sie keinen unmittelbaren Warenbezug aufweisen. An
der Schutzfähigkeit fehlen wird es regelmäßig dann, wenn sich die Bildmarke in einer
bloßen Abbildung der Ware, für die sie angemeldet wird oder bestimmt ist, erschöpft,[236] wenn beispielsweise lediglich die Wirkungsweise einschlägiger Waren bild-
lich wiedergeben wird oder wenn es sich etwa um einfache geometrische Figuren wie
Umrahmungen, Vierecke oder dergleichen handelt.[237] Nicht schutzfähig sind regelmäßig auch Abbildungen allgemein bekannter Kunstwerke.[238] Als Bildmarken können

---

232 BPatG Mitt. 1998, 232, 233 "M".
233 BGH GRUR 2001, 734, 735 *Jeanshosentasche*; BGH GRUR 2001, 239, 239 *Zahnpastastrang* gegen BPatG GRUR 1998, 713, 714 *Zahnpastastrang*.
234 EuGH GRUR 2006, 229, 232 f, Tz. 70 ff. *BioID*; EuGH GRUR Int 2006, 846, 847, Tz. 62 gegen die Eintragung einer goldfarbenen Bonbonverpackung (Wicklerform); BGH GRUR 2001, 1153, 1153 *anti KALK*; BPatG GRUR 2000, 805, 806 f. *Immo-Börse*.
235 BPatG GRUR 1997, 283, 284 *Tax Free*.
236 EuGH GRUR-RR 2008, 303 L *Waschmitteltabs*; BGH GRUR 2004, 331, 332 *Westie-Kopf*; BGH GRUR 2004, 329, 330 *Käse in Blütenform*; BGH GRUR 2001, 734, 735 *Jeanshosentasche*; BGH GRUR 2001, 239, 239 f. *Zahnpastastrang*; BGH GRUR 1999, 495, 495 f. *Etiketten*; BGH GRUR 1997, 527, 529 *Autofelge*.
237 Vgl BPatG GRUR 1997, 530, 530 f. *Rohrreiniger*; BPatG GRUR 1997, 285, 285 f *VISA-Streifenbild*.
238 BPatG GRUR 1998, 1021, 1022 f. *Mona Lisa*. Vgl a. Seifert WRP 2000, 1014, 1015 f; W. Nordemann WRP 1997, 389, 390 f; Osenberg GRUR 1996, 101, 101 f.

ferner auch chinesische Schriftzeichen,[239] Porträt-Fotos des Markeninhabers,[240] Jeanstaschen[241] und Künstlersignaturen[242] schutzfähig sein.

1161 Die Rechtsprechung hat in folgenden Fällen Unterscheidungskraft bejaht und/oder Freihaltebedürfnis abgelehnt:

Marke	Entschieden durch	Fundstelle	Ergebnis
FR. MARC KÜNSTLER-SI-GNATUR für u.a. „Druckereierzeugnisse, Künstlerbedarfsartikel, Bekleidungsstücke, Kopfbedeckungen"	BPatG	Bl.f.PMZ 2000,384	Schutzfähig
JEANSHOSEN-TASCHE	BGH	GRUR 2001, 734	Unterscheidungskräftig, zurückverwiesen
KÜHLERGRILL (DaimlerChrysler)	EuG	GRUR Int. 2003, 462	Schutzfähig, da unterscheidungskräftig (da markant)
MARLENE-DIET-RICH-BILDNIS II für u.a. „Kleidungsstücke, Pappe und Papier"	BGH	GRUR 2010, 825	Unterscheidungskräftig, zurückverwiesen
PORTRÄT-FO-TO MICHAEL SCHUHMA-CHER für „eine große Zahl von Waren und Dienstleistungen unterschiedlicher Klassen"	BPatG	NJWE WettbR 1999, 153	Schutzfähig
ST. PAULI GIRL (fernöstliche Schriftzeichen)	BGH	GRUR 2000, 502	Schutzfähig

---

239 Vgl BGH GRUR 2000, 502, 503 f. *Sankt Pauli*; BPatG GRUR 1997, 53, 53 f *chinesische Schriftzeichen.*
240 BPatG NJWE-WettbR 1999, 153, 153 f. *Michael Schumacher.*
241 BGH GRUR 2001, 734, 735 *Jeanshosentasche*; BPatG GRUR 1998, 819, 820 f. *Jeanstasche mit Ausrufezeichen.*
242 Vgl BPatG Bl.f.PMZ 2000, 384, 385 ff. *Fr. Marc.*

Marke	Entschieden durch	Fundstelle	Ergebnis
VISA-STREIFEN-BILD für u.a. „Dienst-leistungen im Zu-sammenhang mit Kreditkarten"	BPatG	GRUR 1997, 285	Schutzfähig

Die Rechtsprechung ist in folgenden Fällen von Schutzunfähigkeit ausgegangen: **1162**

Marke	Entschieden durch	Fundstelle	Ergebnis
@ für u.a. „Drucke-reierzeugnisse; Le-der und Waren aus Leder; Beklei-dungsstücke"	BPatG	GRUR 2003, 794	Schutzunfähig, weil nicht unterscheidungskräftig und freihaltebedürftig
ARZNEIMIT-TEL-KAPSEL für u.a. „Antide-pressiva"	BPatG	GRUR 2003, 521	Schutzunfähig, weil nicht unterscheidungskräftig und keine hinreichend nachgewiesene Verkehrs-durchsetzung
BÜROGEBÄUDE (fotografische Ab-bildung) für u.a. Immobili-enwesen, Rechts-beratung	BPatG	GRUR 2004, 334	Schutzunfähig, weil nicht unterscheidungskräftig
HEFTEINBAND für u.a. Papier- und Schreibwaren	BGH	GRUR 2011, 158	Schutzunfähig, weil nicht unterscheidungskräftig
HUNDEKOPF (Westie; naturge-treu) für „Hundefutter"	BGH	GRUR 2004, 331	Schutzunfähig, weil nicht unterscheidungskräftig
IMMO-BÖRSE (Grafik) für u.a. „Immobili-enwesen"	BPatG	GRUR 2000, 805	Schutzunfähig

Marke	Entschieden durch	Fundstelle	Ergebnis
MONA LISA für u.a. „Parfümerien, Bekleidungsstücke, alkoholische Getränke, Zigaretten"	BPatG	GRUR 1998, 1021	Schutzunfähig
STANDBEUTEL für Fruchtgetränke	EuGH	GRUR 2006, 233	Schutzunfähig, da arttypisch und nicht unterscheidungskräftig
WASCHMITTEL-TAB für Waschmittel u.a.	EuGH und EuG	EuGH GRUR Int. 2008, 43, EuGH GRUR Int. 2004, 631 und EuG MarkenR 2001, 418	Schutzunfähig, da nicht unterscheidungskräftig
ZAHNPASTA-STRANG für u.a. „Zahnputzmittel"	BPatG	GRUR 2003, 245	Schutzunfähig, weil freihaltebedürftig

3. Farbmarken

1163 Bei der Beurteilung der Unterscheidungskraft von Farben und Farb-Kombinationsmarken ist grundsätzlich zu berücksichtigen, dass die Monopolisierung von Farben oder Farbkombinationen zugunsten eines Unternehmens erhebliche Nachteile im Wettbewerb für die anderen Unternehmen herbeiführen kann, beispielsweise durch die Beschränkung der Farbwahlmöglichkeiten für Produktverpackungen und die Werbung. Der EuGH verlangt deshalb, dass bei der Beurteilung der Unterscheidungskraft von konturlosen Farbmarken grundsätzlich das Allgemeininteresse an der Verfügbarkeit von Farben berücksichtigt werden muss.[243] Weil der Verbraucher nicht ohne weiteres daran gewöhnt sei, in einer Farbe einen Herkunftshinweis (also eine Marke) zu erblicken, sei eine konturlose Farbe nur in ganz besonderen Ausnahmefällen von Hause aus unterscheidungskräftig, was darauf hinausläuft, dass konturlose Farbmarken regelmäßig nur bei nachgewiesener Verkehrsdurchsetzung eintragungsfähig sind.[244] Diese Auffassung des EuGH ist etwas zu relativieren: Es gibt sicherlich Branchen, in denen der Verbraucher daran gewöhnt ist, Waren oder Dienstleistungen auch anhand von Farben zu unterscheiden, beispielsweise weil er seit Jahren an lila Schokolade, grau/magentafarbene Telefonhäuschen oder jeweils verschiedenfarbige Tankstellenketten gewöhnt

---

243 EuGH GRUR 2003, 604, 608, Tz. 60 *Libertel.*
244 EuGH GRUR 2003, 604, 608, Tz. 67 f. *Libertel.*

ist. Es sind deshalb bei der Prüfung jeweils alle maßgeblichen Umstände der einzelnen Branchen in die Prüfung mit einzubeziehen.[245] Wie bei dreidimensionalen Marken ist auch bei konturlosen Farben und Farbkombinationen aber der Nachweis der Unterscheidungskraft erheblich schwieriger als beispielsweise bei Wort- oder Bildmarken (vgl Rn 1170). Bei **konturlosen Farbmarken**, die aus der Kombination von zwei oder mehreren Farbtönen bestehen, besteht das zusätzliche Problem, dass **eine Konkretisierung der Marke durch die Eintragung fehlt:** Insbesondere bei beanspruchten Farbkombinationen sind theoretisch Millionen verschiedene Kombinationen der beanspruchten Farbtöne miteinander möglich, angefangen von einem Verhältnis 1:1 über kariert, gescheckt, gestreift, gepunktet bis hin zu 2:1, 10:1, 7,5:20 oder 1:100.[246] Bei einzelnen konturlosen Farbtönen muss deshalb eine Konkretisierung durch Beifügung eines Farbmusters sowie durch Bezeichnung der Farbe nach einem international anerkannten Kennzeichnungscode erfolgen.[247] Werden konturlose Farbkombinationen als Marke angemeldet, bedarf es zudem einer systematischen Anordnung und einer Verbindung der Farben in einer vorher festgelegten Art und Weise.[248] Im Rahmen eines Verletzungsverfahrens aus einer nicht-eingetragene Marke mit Verkehrsgeltung „schwarz/gelb" gem. § 4 Nr. 2 MarkenG für Klebstoff ist die Klägerin deshalb auch gescheitert, weil sie nicht angegeben hatte, wie die beiden Farben systematisch angeordnet und in welchem Flächenverhältnis sie zueinander stehen sollten.[249]

---

245 Vgl auch EuGH GRUR 2003, 604, 609, Tz. 76 *Libertel*; oder BPatG GRUR 2010, 71, 72 für die *Farbe Lila* für den Tapetenkleister von Metylan, der zwar nicht unterscheidungskräftig aber wegen mind. 10jähriger Nutzung Verkehrsdurchsetzung erlangt habe, § 8 Abs. 3 MarkenG.
246 Vgl hierzu auch Johannes/Zurkinden MarkenR 2000, 153 und Johannes MarkenR 1999, 377.
247 Vgl Rn 1114 und EuGH GRUR 2003, 604, 606, Tz. 33 und 37 *Libertel*; zB Gelb mit der Farbklassifikationsnummer HKS 3 und RAL 0908090 im RAL-Designsystem, BGH GRUR 2010, 637 *Farbe gelb*.
248 Vgl Rn 1114 und EuGH GRUR 2004, 858, 859, Tz. 35 *Heidelberger Bauchemie*.
249 BGH GRUR 2009, 783, 786, Tz. 33 *UHU*.

1164 Aus der Rechtsprechung gibt es die folgenden Beispiele:

Marke	Entschieden durch	Fundstelle	Ergebnis
BLAU/GELB als Farbzusammenstellung für Waren u.a. für Bauzwecke	EuGH	GRUR 2004, 858 (Heidelberger Bauchemie)	nicht unterscheidungskräftig, aber durch Benutzung kann Schutzfähigkeit kraft Verkehrsdurchsetzung erlangt werden
GELB für Dienstleistungen eines Energieversorgungsunternehmens (Yello)	BGH	GRUR 2010, 637	Markenfähig; nicht unterscheidungskräftig für Kl. 9, 37, 38, aber unterscheidungskräftig für die Kl. 35, 36 und 42 (im Wesentlichen Beratungsdienstleistungen im Energiebereich), da spezif. Marktsegment und Unterscheidung eher möglich
GELB/ SCHWARZ für u.a. „elektronische Füllstandsmessgeräte"	BPatG	GRUR 2000, 428	Markenfähig, jedoch schutzunfähig
GELB/ SCHWARZ für u.a. „Mess-, Steuer-, Regel-, Signal-, Kontroll- und Registriergeräte"	BGH	GRUR 1999, 491	Markenfähig, Schutzfähigkeit offen gelassen
GRÜN/GELB für u.a. „Land- und forstwirtschaftliche Arbeitsmaschinen, Sitzrasenmäher"	BPatG	GRUR 1998, 1016	Markenfähig, Schutzfähigkeit offen gelassen

Marke	Entschieden durch	Fundstelle	Ergebnis
LILA für Tapetenkleister (Metylan)	BPatG	GRUR 2010, 71	Markenfähig, aber nicht unterscheidungskräftig aber wegen mind. 10jähriger Nutzung Verkehrsdurchsetzung bejaht, § 8 Abs. 3 MarkenG
ORANGE für Waren und Dienstleistungen im Telekommunikationsbereich	EuGH	GRUR 2003, 604	grds. ist eine Farbe nur eine Eigenschaft, kann aber Marke / Zeichen sein, Tz. 27 und 36, wenn ein Farbmuster einschließlich mit der wörtlichen Beschreibung hinterlegt wird
RAPSGELB für Druckereierzeugnisse	BPatG	GRUR 2009, 170	Markenfähig, aber nicht unterscheidungskräftig, aber Eintragung kraft Verkehrsdurchsetzung (§ 8 Abs. 3 MarkenG)
ROSA ISOLIERMATERIAL für „Isoliermaterial aus Fiberglas zur Isolierung von Gebäuden"	BPatG	GRUR 2000, 147	Schutzunfähig
SONNENGELB für u.a. Elektronische Publikationen	BPatG	GRUR 2009, 167	Markenfähig, aber keine Unterscheidungskraft und daher schutzunfähig, aber kraft Verkehrsdurchsetzung geschützt (§ 8 Abs. 3 MarkenG)
VIOLETT für u.a. „Katzenfutter"	BGH	GRUR 2001, 1154	Markenfähig, grafisch darstellbar, wg. fehlerhafter Anforderungen an die Unterscheidungskraft zurückverwiesen
VIOLETT für „Abformmassen für zahnärztliche und zahntechnische Zwecke"	BPatG	Bl.f.PMZ 2000, 296	Markenfähig, jedoch schutzunfähig, aber eintragungsfähig aufgrund Verkehrsdurchsetzung

4. Hörmarken, Geruchs- und Geschmacksmarken sowie Tastmarken

1165 Nach § 3 MarkenG und Art. 4 GMV ist grundsätzlich auch der Schutz von **Geruchsmarken** (auch Riechmarke[250] oder olfaktorische Marke), Hör- und Geschmacksmarken vorstellbar (vgl Rn 1079, 1074). Eine Konkretisierung muss allerdings anhand von Zeichen erfolgen, weil § 8 Abs. 1 MarkenG bzw Art. 4 GMV die grafische Darstellbarkeit verlangen. Dies gelingt bei Hörmarken mittels eines Klangspektrogramms (Sonogramms)[251] oder von Notenschriften.[252]

1166 Eine **Hörmarke** bietet die notwendige Unterscheidungskraft, wenn sie klanglich besonders hervorsticht, was durch die Häufung unmelodischer Konsonanten und der Nennung des prägnanten Firmennamens, der in mehreren Sprachen ähnlich ausgesprochen wird, erfolgen kann.[253]

Beispiel: Bejaht wurde der Schutz für *„Arzneimittel ihres Vertrauens: HEXAL"* in Bezug auf die Schallfolge, nicht bezüglich des Textes,[254] weitere Beispiele bei Rn 1074.

1167 Bei **Geruchsmarken** genügt die Darstellung anhand von chemischen Formeln in Verknüpfung mit Geruchsproben nicht.[255] Bei **Geschmacksmarken** bieten sich lediglich Beschreibungen und die Hinterlegung einer Probe an, die ebenso wie bei den Geruchsmarken allerdings problematisch ist, weil ein Geschmack kaum mit hinreichender Sicherheit bestimmbar sein wird. Beispiele zur Geruchsmarke finden sich bei Rn 1113.

1168 **Tastmarken** können dadurch beschrieben werden, dass natürliche Stoffe für die Beschreibung herangezogen werden wie das raue Gefühl von Sandpapier, das allerdings mit einer DIN-Norm wegen der Größe der Körnung weiter belegt werden muss. Das bedeutet, dass detailliert Eigenschaften beschrieben werden müssen, die über das Tasten wahrgenommen werden können. Für Tastmarken gelten wegen der zunächst fehlenden visuellen Wahrnehmung bzw deren grafischen Darstellbarkeit wie bei Hör-, Geruchs- und Geschmacksmarken ähnlich strenge Anforderungen. Die Beschreibung muss objektivierbar sein und kann nicht allein auf subjektiven Empfindungen beruhen.[256] Auch genügt für die Unterscheidungskraft nicht, dass der Reiz beim Berühren der Ware zB mit der Getränkeverpackung, die sich anfühlt wie Sandpapier, ein ungewöhnlicher Tastreiz ist.[257] Durch die Ungewöhnlichkeit lässt sich noch nicht zwingend darauf schließen, dass der Durchschnittsverbraucher darin wirklich einen betrieblichen Herkunftshinweis und nicht lediglich ein Ausstattungsmerkmal sieht.[258]

5. Dreidimensionale Marken

1169 Die Beurteilung der Schutzfähigkeit dreidimensionaler Marken war zunächst ebenfalls zwischen BPatG und BGH streitig. Der BGH war insoweit der Auffassung, dass dieselben Maßstäbe wie bei Bildmarken gelten würden. **Aufgrund eines großzügig anzulegenden Maßstabes reiche jede auch noch so geringe Unterscheidungskraft aus, um**

---

250 BGH GRUR 2007, 148, 150, Tz. 16 *Tastmarke.*
251 HABM GRUR 2006, 343, 344, Tz. 15 f. *Arzneimittel Ihres Vertrauens: Hexal.*
252 EuGH EuZW 2004, 57, 59 f, Tz. 60 f.
253 HABM GRUR 2006, 343, 344, Tz. 15 f. *Arzneimittel Ihres Vertrauens: Hexal.*
254 HABM GRUR 2006, 343, 344, Tz. 15 f. *Arzneimittel Ihres Vertrauens: Hexal.*
255 EuGH EuZW 2003, 57, 61, Tz. 73 *Sieckmann.*
256 BPatG v. 21.7.2007, 26 W (pat) 3/05, BeckRS 2007, 13764 *Sandpapier.*
257 BPatG v. 21.7.2007, 26 W (pat) 3/05, BeckRS 2007, 13764 *Sandpapier.*
258 BPatG v. 21.7.2007, 26 W (pat) 3/05, BeckRS 2007, 13764 *Sandpapier.*

das Schutzhindernis zu überwinden; allerdings seien jeweils Feststellungen dazu notwendig, ob sich der Verkehr an der angemeldeten Form herkunftsweisend orientiere. Darüber hinaus gehende Anforderungen, dass etwa nur eine eigentümliche und originelle Form schutzfähig iSv § 8 Abs. 2 MarkenG sein könne, bestünden nicht.[259] Demgegenüber war das BPatG davon ausgegangen, dass dreidimensionale Marken einen bestimmten erforderlichen Grad an Originalität aufweisen müssten.[260] Auch der Auffassung des BPatG, die beteiligten Verkehrskreise orientierten sich bei Verpackungsformen nur bei einer ganz besonders auffälligen, vom Gängigen abweichenden Gestaltung an der Form als Herkunftshinweis, ist der BGH nicht gefolgt, sondern davon ausgegangen, dass zB bei Flaschenformen Abweichungen von der üblichen Gestaltung ausreichen können, wenn dadurch eine Herkunftsfunktion nicht ausgeschlossen werden kann.[261] Jedenfalls muss über die bloße Portionierungsfunktion und dem zwingenden Vertriebserfordernis hinaus das Zeichen gestaltet sein, um einen Herkunftshinweis anzunehmen.[262] Der EuGH hat sich nach einer entsprechenden Vorlage[263] der Auffassung des BGH angeschlossen; bei der Beurteilung der Unterscheidungskraft von dreidimensionalen Marken, die aus der Form der Ware bestehen, ist also kein strengerer Maßstab anzulegen als bei allen anderen Markenarten.[264] **Allerdings ist auf die besonderen Verhältnisse auf dem betroffenen Warengebiet abzustellen. Eine dreidimensionale Marke kann nur dann als unterscheidungskräftig anerkannt werden kann, wenn die beteiligten Verkehrskreise in ihr einen Herkunftshinweis erblicken.**[265] Abzustellen ist dabei auf den durchschnittlich informierten, aufmerksamen und verständigen Durchschnittsverbraucher, der die betreffenden Waren auch ohne analysierende und vergleichende Betrachtungsweise sowie ohne besondere Aufmerksamkeit von den Waren anderer Unternehmen muss unterscheiden können.[266]

---

259 BGH GRUR 2001, 418, 419 *Montre*; BGH GRUR 2001, 416, 417 *Uhrengehäusering*; BGH GRUR 2001, 413, 415 f *SWATCH*; BGH GRUR 2001, 56, 57 *Likörflasche*.
260 Vgl BPatG GRUR 1998, 706, 708 f. *Montre I*; BPatG GRUR 1998, 1018, 1020 *Honigglas*; BPatG GRUR 1999, 56, 57 *Taschenlampen*.
261 Vgl EuG GRUR Int. 2004, 664, 665, Tz. 22 ff. *Flasche mit Zitrone (Corona)*; EuG GRUR Int. 2004, 326, 328, Tz. 41 f. *Form einer Flasche*, Unterscheidungskraft für die Perrier Flasche; BGH GRUR 2001, 56, 58 *Likörflasche* gegen BPatG GRUR 1998, 581 *Weiße Kokosflasche*, BPatG GRUR 1998, 582 *Blaue Vierkantflasche* und BPatG GRUR 1998, 580 *Dimple-Flasche*.
262 EuGH GRUR 2006, 233, 234 f, Tz. 31 ff. *Deutsche SiSi-Werke Standbeutel*; EuG GRUR Int. 2004, 664, 665, Tz. 24 *Flasche mit Zitrone (Corona)*.
263 BGH GRUR 2001, 334, 335 ff. *Gabelstapler*.
264 EuGH GRUR-RR 2009, 238 (L) *Enercon Windenergiekonverter*; EuGH GRUR 2006, 233, 234, Tz. 27 *Deutsche SiSi-Werke Standbeutel*; EuGH GRUR Int. 2006, 842, Tz 24 *Storck (Form eines Bonbons II)*; EuGH GRUR 2003, 514, 517, Tz. 49 *Linde, Winward und Rado* sowie im Anschluss daran BGH GRUR 2004, 502, 504 *Gabelstapler II*; BGH GRUR 2010, 138, 140, Tz. 24 *ROCHER-Kugel*; BGH GRUR 2004, 506, 507 *Stabtaschenlampen*; BGH GRUR 2004, 507, 509 *Transformatorengehäuse*.
265 EuGH GRUR Int. 2006, 842, 844, Tz. 24 f. *Storck (Form eines Bonbons II)*; BGH GRUR 2004, 502, 504 *Gabelstapler II*; BGH GRUR 2004, 507, 509 *Transformatorengehäuse*; BGH GRUR 2001, 413, 415 f *SWATCH*.
266 EuGH GRUR 2006, 233, 234, Tz. 27 ff. *Deutsche SiSi-Werke Standbeutel*; EuGH GRUR Int. 2008, 43, 45 f, Tz. 36 ff und GRUR Int. 2004, 631, Tz. 53 *Henkel*.

Beispiel: Goldhase mit roter Schleife und Glocke ist Herkunftshinweis.[267]

1170 Zumeist stellt sich dies allerdings schwieriger dar als für Bild- oder Wortmarken, denn der angesprochene Verkehrskreis schließt lediglich aus der Form der dreidimensionalen Marke noch nicht zwangsläufig auf die Herkunft der Ware, wenn man grafische oder Wortelemente weg ließe.[268] Die Verpackung einer Ware, die nur in Verpackungen gehandelt werden kann (wie zB Waschmittel), ist bei der Beurteilung der Unterscheidungskraft übrigens der Form der Ware selbst gleichzustellen.[269] Daher muss für die Unterscheidungskraft die dreidimensionale Marke erheblich von der Norm oder Branchenüblichkeit abweichen.[270] Der Nachweis der Unterscheidungskraft einer dreidimensionalen Marke ist also grundsätzlich schwieriger als bei einer Bildmarke, weil der Durchschnittsverbraucher nicht unbedingt daran gewöhnt ist, aus der Form einer Ware oder ihrer Verpackung ohne Logos oder Wortelemente auf die Herkunft einer solchen Ware zu schließen.[271] Denn das, was man als Verbraucher als Marke „erwartet", ist eben normalerweise ein Logo oder eine Wortmarke. Vgl. zu den besonderen Schutzhindernissen bei dreidimensionalen Marken gem. § 3 Abs. 2 MarkenG und Art. 7 Abs. 1 lit. e GMV, Rn 1083 ff.

1171 Eine auf der dreidimensionalen Gestaltung angebrachte weitere (schutzfähige) Marke kann die Schutzunfähigkeit der dreidimensionalen Gestaltung ebenso überwinden wie eine Farbe, die weder technisch noch funktional bedingt ist und auch kein ansprechendes Äußeres verleihen soll.[272]

---

267 EuGH GRUR 2009, 763 ff. *Chokoladenfabriken Lindt & Sprüngli./. Hauswirth.*
268 EuGH GRUR-RR 2009, 238 (L) *Enercon Windenergiekonverter.*
269 EuGH GRUR 2006, 233, 234, Tz. 30 *Deutsche SiSi-Werke Standbeutel;* EuGH GRUR Int. 2008, 43, 45 f, Tz. 36 ff und GRUR Int. 2004, 631, Tz. 52 *Henkel.*
270 EuGH GRUR 2006, 233, 234, Tz. 31 *Deutsche SiSi-Werke Standbeutel.*
271 EuGH GRUR-RR 2009, 238 (L) *Enercon Windenergiekonverter.*
272 BPatG GRUR 2002, 163, 165 *BIC-Kugelschreiber;* BPatG GRUR 2002, 166 *grüne Kartusche.*

Aus der Rechtsprechung gibt es die folgenden Beispiele: **1172**

Marke	Entschieden durch	Fundstelle	Ergebnis
BIC-Kugelschreiber	BPatG	GRUR 2002, 163	Schutzfähig nur wegen auf dreidimensionaler Gestaltung enthaltener Wortmarke BIC
CORONA-Flasche (Flasche mit Zitrone) für u.a. Pappe, Bekleidung, Biere etc.	EuG	GRUR Int 2003, 664	Unterscheidungskraft verneint wegen bloßer Portionierungsfunktion der Flasche und weil die Zitrone nicht zur Unterscheidung beitragen könne, die bereits vielerlei verwendet wird, und daher kein Herkunftshinweis
DIMPLE-FLASCHE für u.a. „Whisky"	BPatG	GRUR 1998, 580	Schutzfähig
Gabelstapler II für u.a. „Gabelstapler"	BGH	GRUR 2004, 502	Markenfähig und zudem unterscheidungskräftig, zurückverwiesen
GESCHIRRSPÜLWASCHMITTELTABS (Tablettenform)	EuGH	GRUR Int 2008, 43/ GRUR 2004, 957/ GRUR Int. 2004, 631	Markenfähig, aber nicht schutzfähig, da Publikum an geometr. Form und farblicher Gestaltung gewöhnt sei – nicht unterscheidungskräftig
PERRIER-FLASCHE von Vittel France (nunmehr Néstle)	EuG	GRUR Int 2004, 326	Unterscheidungskraft bejaht – Schutzfähig

Marke	Entschieden durch	Fundstelle	Ergebnis
ROCHER-Kugel Pralinenform Und andere Pralinenform	BGH BGH	GRUR 2010, 138 WRP 2007, 1090	Markenfähig, aber nicht unterscheidungskräftig; aber Verkehrsdurchsetzung (§ 8 Abs. 3 MarkenG) bejaht und damit Schutz
STORCK-Bonbon	EuGH	GRUR Int 2006, 842	Unterscheidungskraft (Art. 7 Abs. 1 lit. b GMV) verneint und daher nicht schutzfähig
TABLETTEN-FORM für u.a. „Antibiotika"	BPatG	Bl.f.PMZ 2000, 194	Schutzunfähig

E. Benutzungsmarken

Rechtsgrundlage: § 4 Nr. 2 MarkenG

1173 Gem. § 4 Nr. 2 MarkenG entsteht Markenschutz durch die **Benutzung eines Zeichens** im geschäftlichen Verkehr, soweit das Zeichen innerhalb beteiligter Verkehrskreise als Marke **Verkehrsgeltung** erworben hat, wobei auch eine Verkehrsgeltung in einem bestimmten Territorium ausreichen kann, auf das sich der Markenschutz dann beschränken würde.[273] Auch solche Benutzungsmarken müssen das allgemeine Kriterium der Markenfähigkeit gem. § 3 MarkenG erfüllen. Nach deutschem Markenrecht bedeutet Markenfähigkeit die abstrakte Eignung einer Marke, ohne Ansehung der Waren und Dienstleistungen unterscheidend zu wirken (siehe Rn 1065); ferner darf keiner der Schutzausschlussgründe des § 3 Abs. 2 MarkenG vorliegen (Einzelheiten hierzu bei Rn 1083 ff).

1174 Bei der Benutzungsmarke nach § 4 Nr. 2 MarkenG gilt das Erfordernis der grafischen Darstellbarkeit nicht; dieses gilt gem. § 8 Abs. 1 MarkenG nur für zur Eintragung angemeldete Marken. Der Schutz der Benutzungsmarke richtet sich vielmehr nach der konkreten Gestaltung, wie sie dem Publikum entgegentritt, wobei allerdings auch dann das Zeichen klar und eindeutig bestimmt sein muss, dh der Markeninhaber muss genau definieren, welche Merkmale seine Benutzungsmarke ausmachen.[274]

---

273 Fezer § 4 MarkenG Rn 128 ff; Ingerl/ Rohnke § 4 Rn 22.
274 BGH GRUR 2009, 783, 786, Tz. 30ff *UHU*.

Beispiel: Wer aus der Benutzungsmarke an der Farbkombination „schwarz/ gelb" für Klebstoff vorgeht, muss konkret angeben, wie die beiden Farben systematisch angeordnet sind und in welchem flächenmäßigen Verhältnis sie zueinander stehen.[275]

Vgl im Übrigen auch Rn 1114 f.

Der Schutz als Benutzungsmarke nach § 4 Nr. 2 MarkenG setzt allerdings **neben der** **1175** **konkreten Benutzung** für konkrete Waren und Dienstleistungen auch das **Bestehen von Verkehrsgeltung** voraus. Wie zur Ermittlung der Verkehrsdurchsetzung (Rn 1128) ist auch zur Ermittlung des notwendigen Maßes an Verkehrsgeltung eine Gesamtschau vorzunehmen, bei der alle maßgeblichen Umstände des Falles heranzuziehen sind wie der Marktanteil, die unter der Marke erzielten Umsätze, die Intensität, die geografische Verbreitung, die Dauer der Benutzung der Marke sowie der Umfang der Werbeaufwendungen für die Marke.[276] Eine prozentuale Schwelle der Bekanntheit, die überschritten sein muss, um von Verkehrsgeltung zu sprechen, besteht dabei nicht.[277] Denn je nach Waren und Dienstleistungen, für die die Marke benutzt wird, und je nach Markenart können höhere oder niedrigere Erfordernisse an den Grad der Verkehrsgeltung zu stellen sein. Jedenfalls muss es sich um einen nicht nur unerheblichen Teil der angesprochenen Verkehrskreise handeln:[278] Wird beispielsweise für die Farbe Magenta auf dem Gebiet der Telekommunikationsdienstleistungen Schutz als konturlose Benutzungsmarke gem. § 4 Nr. 2 MarkenG beansprucht, muss schon allein deshalb ein höherer Grad an Verkehrsgeltung gefordert werden, weil es nur eine geringe Zahl an tatsächlich verfügbaren Farben gibt und deshalb ein besonderes Freihaltebedürfnis der Mitbewerber besteht; ein Grad der Verkehrsgeltung von 58% war für die Entstehung einer Benutzungsmarke Magenta für Telekommunikationsdienstleistungen bspw. ausreichend,[279] nicht jedoch 47% für orange-schwarz für den Autovermieter Sixt.[280] In einer vorhergehenden Entscheidung hatte der BGH im Falle wettbewerbsrechtlicher Ansprüche einen Bekanntheitsgrad von über 50% gefordert, weil die betroffene Farbkombination grau/ magenta von Haus aus keine betriebliche Herkunftshinweisfunktion besaß.[281] Einen ähnlich strengen Maßstab an die Verkehrsgeltung und damit an den Bekanntheitsgrad wird an allgemein gebräuchliche Begriffe oder Gattungsbegriffe mit geringer Unterscheidungskraft zu stellen sein, die mit anderen Worten kombiniert werden, zB Post bei Ostsee-Post.[282] Hieraus kann man den Umkehrschluss ziehen, dass dann, wenn dem betroffenen Zeichen von Haus aus betriebliche Herkunftshinweisfunktion zukommt, auch ein Bekanntheitsgrad unterhalb der 50 %-Grenze ausreichend sein kann. Bei einem normal kennzeichnungskräftigen Zeichen, an dem kein besonderes Freihaltebedürfnis der Mitbewerber besteht, kann es deshalb genügen, wenn ca. 20%

---

275 BGH GRUR 2009, 783, 786, Tz. 33 *UHU.*
276 BGH GRUR 2008, 917, 921, Tz. 42 f *EROS* bzgl Umsatzzahlen als Anknüpfungspunkt; BGH GRUR 2004, 331, 332 *Westie-Kopf* (zur Registermarke); BGH GRUR 2004, 151, 153 *Farbmarkenverletzung I.*
277 BGH GRUR 2004, 151, 153 *Farbmarkenverletzung I.*
278 BGH GRUR 2008, 917, 920, Tz. 38 *EROS*; höhere Anforderungen bei abstrakten Farbmarken EuGH GRUR 2003, 604, 607 f, Tz. 54, 60 *Libertel.*
279 BGH GRUR 2004, 151, 153 *Farbmarkenverletzung I.*
280 OLG Hamburg WRP 2001, 720, 721 *Sixt.*
281 BGH GRUR 1997, 754, 755 – *grau/ magenta.*
282 BGH GRUR 2009, 672, 676, Tz. 31 *Ostsee-Post* bei Post als sehr bekannten beschreibenden Begriff reicht es nicht 50 % anzusetzen, sondern deutlich über 80%; BGH GRUR 2009, 669, 671, Tz. 25 ff. *Post II*; BGH GRUR 2009, 954, 956, Tz. 24 und 957, Tz. 39 *Kinder III.*

der angesprochenen Verkehrskreise in dem Zeichen eine Herkunftskennzeichnung sehen.[283]

1176 Zu den **beteiligten Verkehrskreisen** gehören alle, für deren Produktentscheidung die Identifizierung des benutzten Zeichens von Bedeutung ist, wozu sowohl Abnehmer wie Händler und Verbraucher, aber auch Hersteller zählen können.[284] Dabei muss eine Bekanntheit nicht innerhalb aller in Frage kommenden Verkehrskreise gegeben sein. Es genügt die Durchsetzung in einem Teil, der für den wirtschaftlichen Verkehr mit dieser Ware nicht unerheblich ist.[285] Da eine Benutzungsmarke Schutz erlangen kann immer nur durch eine **Benutzung für ganz konkrete Waren und/ oder Dienstleistungen**, ist von dem Markeninhaber jeweils zunächst konkret darzulegen, für welche Waren und Dienstleistungen die Marke konkret wie benutzt worden ist; bestehen Zweifel, ob überhaupt eine markenmäßige Benutzung vorliegt, muss ferner dargelegt werden, dass der Durchschnittsverbraucher darin einen Herkunftshinweis erblickt.[286] Sodann muss sich die Darlegung der Verkehrsgeltung wiederum auf den Zusammenhang zwischen Benutzung und Waren oder Dienstleistungen beziehen.[287] Der Nachweis wird regelmäßig durch eine Verkehrsbefragung geführt werden.[288]

1177 Im Gemeinschaftsmarkenrecht sieht die GMV eine Benutzungsmarke nicht vor. Denn der Markenschutz nach der GMV setzt zwingend eine Eintragung voraus, Art. 6 GMV. Die nationale Benutzungsmarke nach § 4 Nr. 2 MarkenG kann indes als relatives Schutzhindernis gemäß Art. 8 Abs. 4 GMV gegen die angemeldete Marke im Widerspruchsverfahren (Artt. 41 f GMV) geltend gemacht werden (vgl Ausführungen zu relativen Eintragungshindernissen unter Rn 1039 f, 1182 ff).

F. Übertragung und Lizenzen

Rechtsgrundlagen: §§ 27 bis 30, 46 MarkenG; Artt. 16 bis 24 GMV

1178 Es besteht Freiheit der **Übertragung des Markenrechtes** (§ 27 MarkenG und Artt. 16 Abs. 1, 17 f GMV) einschließlich der Übertragung von Teilen einer Marke (§§ 27 Abs. 4, 46 MarkenG; Art. 17 Abs. 1 Alt. 2 GMV). Weil sie Eigentum ist, ist sie ein absolutes Recht. Trotz der Einheitlichkeit der Marke, Art. 1 Abs. 2 S. 1 GMV, ist das Separieren einer Marke in eine Vielzahl von Rechten möglich und zwar in Bezug auf einzelne Waren oder Dienstleistungen. Die Möglichkeit der Teilübertragung in Art. 17 Abs. 1 ergänzt Art. 49 Abs. 1 GMV und sieht für die Teilübertragung, die sich nicht mit der bestehenden Eintragung oder anderen Teileintragungen überschneiden darf, eine Erklärung des Markeninhabers vor. Die Übertragung einer Gemeinschaftsmarke bedarf der Schriftform, Art. 17 Abs. 3 GMV. Das MarkenG selbst sieht keine Schriftform für die Übertragung vor; eine schriftliche Vereinbarung empfiehlt sich aber aus Gründen der Rechtssicherheit. Marken durften früher nicht ohne den dazugehörigen Geschäftsbetrieb Dritten überlassen werden (§ 8 WZG), wobei die Hingabe von Re-

---

283 Ingerl/Rohnke § 4 Rn 21.
284 Vgl Fezer, aaO, § 4 Rn 124.
285 BGH GRUR 1969, 681 ff. *Kochendwassergerät.*
286 Vgl EuGH GRUR 2003, 604, 608, Tz. 65 *Libertel.*
287 BGH GRUR 2004, 154, 155 *Farbmarkenverletzung II.*
288 Vgl BGH GRUR 2007, 1071, 1072, Tz. 26, 29 *Kinder II.*

zepturen für die Herstellung der unter dem Zeichen vertriebenen Waren genügte.[289] Seit dem ErstreckungsG ist die sog. **Leerübertragung** einer angemeldeten oder eingetragenen Marke zulässig, sofern die Rechtshandlung nicht vor dem Inkrafttreten des ErstreckungsG am 1. Mai 1992 bzw bei nur dem MarkenG unterliegenden Sachverhalten nicht vor dem Inkrafttreten des MarkenG am 1. Januar 1995 vorgenommen worden ist[290]. Deshalb können auch reine Marken-Händler Marken erwerben. **Eine Firma kann aber nach wie vor nicht ohne den zugehörigen Geschäftsbetrieb übertragen werden (§ 23 HGB);**[291] doch ist der Handel mit GmbH-Firmenmänteln schon immer gebräuchlich.

Von Bedeutung ist des Weiteren das Recht zur **Lizenzvergabe** gemäß § 30 MarkenG **1179** für die nationale Marke und Art. 22 GMV für die Gemeinschaftsmarke. Gemäß § 30 MarkenG kann eine solche Lizenz ausschließlich oder nicht-ausschließlich für alle oder für einen Teil der Waren oder Dienstleistungen und für das Gebiet der Bundesrepublik Deutschland insgesamt oder auch nur einen Teil dieses Gebietes gewährt werden. Entsprechendes gilt für die Gemeinschaftsmarke gemäß Art. 22 Abs. 1 GMV in Bezug auf die ausschließliche oder beschränkte Rechtseinräumung und auf die Reichweite, dh für einen Teil oder den gesamten Binnenmarkt. Lizenziert werden kann nach nationalem Recht sowohl eine eingetragene Marke (§ 4 Nr. 1 MarkenG) als auch eine Benutzungsmarke (§ 4 Nr. 2 MarkenG) und eine notorisch bekannte Marke (§ 4 Nr. 3 MarkenG), nicht jedoch eine vielleicht verwechslungsfähige, von der eingetragenen Form abweichende Marke.[292] Dies schließt natürlich nicht aus, dass der Inhaber einer älteren Marke dem Inhaber einer jüngeren, verwechslungsfähigen Marke Eintragung und Benutzung der Marke gestattet, zB im Wege einer **Abgrenzungs- und Vorrechtsvereinbarung;**[293] dies ist dann aber keine Lizenz, denn bei Abgrenzungs- und Vorrechtsvereinbarungen einigen sich originäre Markeninhaber wegen evtl Kollisionsprobleme. Eine Lizenz geht indes von einem Markeninhaber aus und wird gegenüber einem Nichtinhaber schuldrechtlich eingeräumt. Als Lizenz ist beispielsweise auch die Gestattung der Benutzung eines Kennzeichens im Rahmen wirtschaftlicher Kooperationen zu werten, wenn ein Unternehmen sich gesellschaftsrechtlich an dem anderen beteiligt und diesem dann – ausdrücklich oder konkludent – die Benutzung seiner Kennzeichen gestattet. Eine solche Konstruktion führt in der Folge nicht zu einer freien Widerruflichkeit der Lizenz; vielmehr sind dem Lizenznehmer ohne ausdrückliche anderweitige Regelung großzügige Aufbrauch- und Umstellungsfristen zu gewähren.[294] Weil eine Gemeinschaftsmarke ein Registerrecht ist, kann nur die eingetragene Gemeinschaftsmarke lizenziert werden, Art. 22 Abs. 1 S. 1 GMV, und zwar nur für die Waren und Dienstleistungen, für die sie eingetragen ist.

---

289 Baumbach/Hefermehl, Warenzeichenrecht, 12. Aufl. 1985, § 8 WZG Rn 20 f.

290 BGH GRUR 1995, 117, 119 *Neutrex*; OLG Stuttgart NJWE-WettbR 1999, 260, 261 *ZILGREI*; OLG Nürnberg NJWE-WettbR 1998, 131, 132 f.

291 BGH GRUR 1998, 393, 394 *Ott International* (dort S. 395 auch zur schuldrechtlich wirksamen Erlaubnis zur Mitbenutzung der Firmenbezeichnung). Ist die Firma allerdings ordnungsgemäß übertragen, dann spielt es keine Rolle für die Priorität mehr, ob das veräußernde Unternehmen sodann erlischt, BGH GRUR 1990, 1042, 1044 *Datacolor*. Vgl auch Ahrens GRUR 1995, 635-640 (zu Geschäftsbezeichnungen).

292 BGH GRUR 2001, 54, 55 *SUBWAY/Subwear*.

293 Vgl zB OLG Köln NJWE-WettbR 2000, 136, 137 f. *Logo*; zur Unterscheidung von Abgrenzungsvereinbarungen und Vorrechtserklärungen, Fezer, § 14 MarkenG Rn 1088 ff.

294 OLG Dresden GRUR 1998, 69, 70 *Dachbahnen-Produktion*.

1180 Beachtenswert ist weiter, dass **alle Rechte aus der Marke auch dem vertragsuntreuen Lizenznehmer gegenüber geltend gemacht werden können,** wenn die Dauer der Lizenz, die Form der Benutzung der Marke, die Art der Waren oder Dienstleistungen, das Gebiet der Lizenz oder die Qualität der Waren oder Dienstleistungen von dem Vertragsverstoß betroffen sind (§ 30 Abs. 2 MarkenG; Art. 22 Abs. 2 GMV).[295] Der Lizenznehmer kann, sofern der Lizenzgeber dem zugestimmt hat, selbständig aus eigenem Recht gegen Markenverletzer vorgehen (§ 30 Abs. 3 MarkenG; Art. 22 Abs. 3 GMV),[296] und zwar auch im Widerspruchsverfahren vor dem DPMA oder HABM (vgl Rn 1351 ff, 1357 ff). Ob im nationalen Markenrecht am bürgerlichen Namen eine Lizenz zur gewerblichen Verwendung erteilt werden kann, ist streitig, aber wohl zu bejahen; eine auf Grund dieser Lizenz erwirkte Verkehrsgeltung zugunsten des Lizenznehmers begründet für diesen eine eigene Priorität gegenüber Dritten.[297]

G. Schutzumfang: Relative Schutzhindernisse und Verletzungstatbestände

Rechtsgrundlagen: §§ 9, 14 MarkenG; Artt. 9 bis 14 GMV

1181 Der Schutzumfang einer Marke wird bestimmt von den relativen Schutzhindernissen (§ 9 MarkenG; Artt. 7 f iVm 52 f GMV) und den Verletzungstatbeständen (§ 14 MarkenG; Artt. 9 ff GMV). Ausgangspunkt ist immer der **Prioritätsgrundsatz** (Rn 1090 ff): Die ältere Marke obsiegt gegenüber der jüngeren, sofern einer der Löschungs- oder Verletzungstatbestände erfüllt ist.

I. Allgemeines

1182 Die **relativen Schutzhindernisse** der § 9 MarkenG bzw Art. 8 und 53 GMV können entweder im Rahmen eines amtlichen Widerspruchsverfahrens gem. § 42 MarkenG bzw Art. 53 GMV oder im Wege der Löschungsklage vor den Zivilgerichten gem. § 51 MarkenG bzw im Löschungsverfahren vor dem Harmonisierungsamt oder im Wege der Widerklage im Verletzungsverfahren vor den Gemeinschaftsmarkengerichten gem. Art. 53 GMV geltend gemacht werden,[298] während die korrespondierenden **Verletzungstatbestände** des § 14 Abs. 2 MarkenG und Art. 9 GMV, die in ihren Voraussetzungen den Löschungstatbeständen des § 9 Abs. 1 MarkenG und des Art. 53 GMV gleich zu erachten sind,[299] die Grundlage bilden für die nur vor den Zivilgerichten geltend zu machenden Unterlassungs-, Auskunfts-, Schadensersatz- und Vernichtungsansprüche.[300] Vgl dazu Rn 1509 ff.

1183 Im Gegensatz zu den Löschungstatbeständen des § 9 MarkenG, die an die Registereintragung einer jüngeren Marke anknüpfen, umfassen die Verletzungstatbestände des § 14 MarkenG alle Zeichen, die im geschäftlichen Verkehr benutzt werden. Anknüp-

---

295 Beispielsfälle: KG NJWE-WettbR 1998, 110 *Burger King* und OLG Dresden WRP 1997, 577 *awa-Banderolen.*
296 Beispiel: OLG München Mitt. 1997, 123 *Fan-Artikel.*
297 OLG Zweibrücken BB 1978, 835.
298 Allerdings nur § 9 Abs. 1 Nr. 1 und 2, vgl § 42 Abs. 2 Nr. 1 MarkenG.
299 BGH GRUR 2001, 164, 166 *Wintergarten.* S. a. zu Art. 4 Abs. 1 lit. a und Art. 5 Abs. 1 lit. a der EU-Markenrechtsrichtlinie EuGH GRUR 2003, 422, 424, Tz. 41 *Arthur/ Arthur Et Félicie.*
300 KG Urt. v. 12.10.2010, 5 U 152/08, Tz 86 ff (juris) *clinique happy* Vernichtungsanspruch aus § 1004 BGB bejaht.

fungspunkt ist bei den Löschungstatbeständen des § 9 MarkenG jeweils das formelle Recht in der eingetragenen Form, während bei den Verletzungstatbeständen des § 14 Abs. 2 MarkenG das angegriffene Zeichen in der benutzten Form entscheidend ist.[301]

Die nationale deutsche Marke sowie die Gemeinschaftsmarke gewähren ein **absolutes Recht**, dh ein **Ausschließlichkeitsrecht** (§§ 14 Abs. 1 und 15 Abs. 1 MarkenG bzw Art. 9 Abs. 1 GMV). Die in den §§ 14, 16 und 17 MarkenG geregelten Rechte an der nationalen Marke sowie die in Artt. 9, 10 und 11 normierten Rechte an der Gemeinschaftsmarke entsprechen einander im Großen und Ganzen (vgl dazu unten Rn 1509 ff), wobei aber die Ausgestaltung der Ansprüche im Verletzungsfall ausdrücklich den jeweiligen nationalen Rechtsordnungen vorbehalten wird (Artt. 14 Abs. 1 iVm 101 Abs. 2 GMV). Sie gewähren dem Markeninhaber ein Kontrollrecht, v.a. in Bezug auf den Vertrieb der Ware.[302] Die Wirkungen der nationalen Marke und die Rechte daraus sind in §§ 14 ff. MarkenG und für die Gemeinschaftsmarke in Artt. 9 ff GMV geregelt. **1184**

Für eine verbotene Benutzung und damit eine **Markenrechtsverletzung** nach § 14 MarkenG bzw Art. 9 GMV müssen in der Regel **vier kumulative Voraussetzungen** vorliegen: **1185**

(1) Eine Benutzung im geschäftlichen Verkehr,[303]

(2) ohne Zustimmung des Markeninhabers,[304]

(3) als Marke (markenmäßiger gebrauch) und

(4) das Vorliegen einer der 3 Schutztatbestände des Markensrechts, nämlich
 – des **Identitätsschutzes**
    gem. § 14 Abs. 2 Nr. 1 MarkenG bzw Art. 9 Abs. 1 lit. a GMV,
 – des **Verwechslungsschutzes**
    gem. § 14 Abs. 2 Nr. 3 MarkenG bzw Art. 9 Abs. 1 lit. b GMV oder
 – des **Bekanntheitsschutzes**
    gem. § 14 Abs. 2 Nr. 3 MarkenG bzw Art. 9 Abs. 1 lit. c GMV.

Wenn diese vier kumulativen Voraussetzungen vorliegen, sind insbesondere die folgenden Benutzungshandlungen gem. § 14 Abs. 3 MarkenG und Art. 9 Abs. 2 GMV verboten: **1186**

- das Zeichen auf Waren oder ihre Aufmachung bzw Verpackung anzubringen;
- unter dem Zeichen Waren oder Dienstleistungen anzubieten, in den Verkehr zu bringen oder zu den genannten Zwecken zu besitzen;
- unter dem Zeichen Waren zu importieren oder zu exportieren und schließlich
- das Zeichen in Geschäftspapieren oder in der Werbung zu benutzen.

---

301 BGH GRUR 1999, 164, 166 *JOHN LOBB.*
302 EuGH GRUR 2006, 146, 148 f, Tz. 33, 47, 57 *Class International/Colgate Palmolive.*
303 EuGH GRUR 2010, 445, 450, Tz. 99 *Google France/Louis Vuitton* für Adwords verneint in Bezug auf Google und Schlussantrag (EuGH) des Generalanwalts Jääskinen v. 9.12.2010, C 324/09 für *L'Oréal* gegen *eBay*; EuGH GRUR 2009, 1156, 1157 f, Tz. 42 ff *UDV/Brandtraders*; EuGH GRUR Int. 1999, 438, 441, Tz. 38 *BMW/Deenik*; BGH GRUR 2007, 65, 66 f, Tz. 16 ff. *Impuls* für Metatags; BGH GRUR 2003, 963, 964 *AntiVir/AntiVirus*; BGH GRUR 2002, 809, 811 *FRÜHSTÜCKS-DRINK I*; BGH GRUR 2002, 812, 813 *FRÜHSTÜCKS-DRINK II*; BGH GRUR 2002, 814 *Festspielhaus.*
304 Keine konkludente Zustimmung, sonstige schuldrechtliche Beziehung oder Lizenz.

II. Geschäftlicher Verkehr

Rechtsgrundlagen: §§ 4 Nr. 2, 5 Abs. 2, 14 Abs. 4, 15 Abs. 2 und 3 MarkenG; Artt. 8 Abs. 4, 9 Abs. 1 S. 2, 12 lit. c, 66 Abs. 2 GMV

1187 Unter Handeln im geschäftlichen Verkehr wird jede wirtschaftliche Tätigkeit auf dem Markt verstanden, die der Förderung eines eigenen oder fremden Geschäftszwecks zu dienen bestimmt ist; Handlungen, die keine wirtschaftlichen Zwecke verfolgen oder nicht der Förderung eines Geschäftszweckes dienen, also rein private, wissenschaftliche, politische oder amtliche Handlungen, sind daher markenrechtlich nicht relevant.[305] Wenn zB ein Max-Planck-Institut ein Computerprogramm zu rein wissenschaftlichen Zwecken den bei ihm tätigen Wissenschaftlern unter einem bestimmten „Namen" zur Verfügung stellt, liegt ebensowenig ein Handeln im geschäftlichen Verkehr vor wie etwa dann, wenn die Bundesregierung eine Informationskampagne zur Aufklärung der Bevölkerung durchführt. Auch **Privatpersonen** handeln regelmäßig außerhalb des geschäftlichen Verkehrs, beispielsweise, wenn sie eine Rolex-Uhr tragen oder diese bei einem Juwelier zur Reparatur geben; dies gilt auch zugunsten des Gewerbetreibenden, der Reparaturen oder Veränderungen im Auftrag von Privatpersonen für deren private Zwecke an der Markenware vornimmt.[306]

1188 **Karitative Organisationen** sind demgegenüber regelmäßig im geschäftlichen Verkehr tätig, wenn sie Marken und andere Zeichen benutzen, und zwar auch dann, wenn sie ihre Leistungen zB beim Sammeln von Spenden vordergründig kostenlos erbringen, weil auch sie üblicherweise mit Waren und Dienstleistungen einen Absatzmarkt erschließen und sich anschließend sichern; für die Benutzung im geschäftlichen Verkehr kommt es also nicht darauf an, ob eine Gewinnerzielungsabsicht verfolgt wird.[307]

III. Marken- oder zeichenmäßige Benutzung

Rechtsgrundlagen: § 14 MarkenG; Art. 9 GMV

1189 Ob seit Inkrafttreten des MarkenG noch ein marken- oder zeichenmäßiger Gebrauch für das Vorliegen einer Markenverletzung erforderlich ist, war zunächst höchst umstritten: Beachtliche Stimmen insbesondere in der Literatur waren der Auffassung, dass ein zeichenmäßiger Gebrauch nicht mehr Voraussetzung einer Markenverletzung sei.[308] Inzwischen geht aber jedenfalls die Rechtsprechung davon aus, dass auch § 14

---

305 EuGH GRUR 2003, 55, 57, Tz. 40 *Arsenal Football Club*; BGH GRUR 2004, 241, 242 *GeDIOS*; OLG Köln NJWE-WettbR 2000, 242, 242 *Kampagne gegen die Jagd*; vgl a. Fezer, § 14 MarkenG Rn 40 ff; Ingerl/Rohnke, § 14 MarkenG Rn 35 ff; zu sog. Fake-Werbung zB auf Youtube, und ob diese den Anforderungen des geschäftlichen Verkehrs wie der markenmäßigen Benutzung entspricht: Sosnitza GRUR 2010, 106, 107 f.
306 BGH GRUR 1998, 696, 696 f. *Rolex-Uhr mit Diamanten*.
307 EuGH GRUR 2009, 156, 157, Tz. 17 f. *Radetzky-Orden/ BKFR*.
308 Vgl die Darstellung des Streitstandes und die Kritik am zeichenmäßigen Gebrauch als Schutzvoraussetzung bei Fezer, § 14 MarkenG Rn 30 ff und Ingerl/Rohnke, § 14 MarkenG Rn 46 ff.

MarkenG und die GMV einen zeichenmäßigen Gebrauch voraussetzen.[309] Das ist zutreffend: Die Tatbestandsanknüpfung des § 14 Abs. 2 MarkenG und Art. 9 GMV an ein **Zeichen**, das unter bestimmten Voraussetzungen nicht benutzt werden darf, impliziert, dass eine **marken- oder zeichenmäßige Benutzung** vorliegen muss. Der BGH versteht unter einem zeichenmäßigen Gebrauch eine solche Verwendung der angegriffenen Bezeichnung im Rahmen des Produktabsatzes, die jedenfalls auch der Unterscheidung der Waren eines Unternehmens von denen anderer Unternehmen dient.[310] Der EuGH spricht zwar nicht explizit vom Erfordernis einer marken- oder zeichenmäßigen Benutzung, sondern betont zunächst, dass es der Zweck des durch die eingetragene Marke gewährten Schutzes sei, insbesondere die Herkunftsfunktion der Marke zu gewährleisten, weil die Marke als wesentlicher Bestandteil des Systems eines unverfälschten Wettbewerbs die Gewähr dafür bieten müsse, dass alle Waren oder Dienstleistungen, die sie kennzeichnet, unter der Kontrolle eines einzigen Unternehmens hergestellt und erbracht worden sind, das für ihre Qualität verantwortlich gemacht werden kann.[311] Sodann stellt der EuGH darauf ab, dass der Markeninhaber solche Benutzungen anderer Zeichen nicht untersagen könne, die im Hinblick auf die Funktionen der Marke seine Interessen als Markeninhaber nicht beeinträchtigen könnten[312] (vgl zu den Funktionen der Marke Rn 1060 ff). Ein rechtlich erheblicher Unterschied zu dem Erfordernis des zeichenmäßigen Gebrauchs kann darin nicht gesehen werden. Zwar erscheint es möglich, dass die Interessen des Markeninhabers auch durch nicht-zeichenmäßige Benutzungsformen beeinträchtigt werden. Da der EuGH jedoch zugleich die Herkunftsfunktion der Marke betont und der BGH den zeichenmäßigen Gebrauch darin sieht, dass ein Zeichen im Sinne eines Herkunftshinweises verwendet wird, liegen BGH und EuGH wohl eher auf einer Linie.[313] Ein zeichenmäßiger Gebrauch kann darüber hinaus angenommen werden und folglich auch eine Verletzung, wenn andere Funktionen der Marke beeinträchtigt werden.[314] Die Benutzung muss zu einem wirtschaftlichen Vorteil führen, dh kommerziell sein.[315] Dies ist beispielsweise bei Google und den dortigen

---

309 EuGH GRUR 2010, 445, 448, Tz. 75 ff. *Google France/.Louis Vuitton*; EuGH GRUR 2009, 1156, 1157, Tz. 42 ff *UDV/Brandtraders*; EuGH GRUR Int. 2007, 1007, Tz. 23 und 26 *Céline*; EuGH GRUR 2003, 55, 57, Tz. 40 und 51 ff. *Arsenal Football Club*; Schlussantrag (EuGH) des Generalanwalts Maduro v. 22.9.2009, C-236/08, C-237/08, C-238/08, BeckRS 2009, 71026, *Google./.Louis Vuitton*; HABM GRUR-RR 2006, 227 (L) *Q*; davon ausgehend ohne nähere Begründung HABM GRUR-RR 2002, 166 (L) *euroclassics*; BGH GRUR 2008, 793, 794, Tz. 15 *Rillenkoffer*; BGH GRUR 2008, 254, 256, Tz. 23 und 28 *The Home Store*; BGH GRUR 2004, 154, 155 *Farbmarkenverletzung II*; BGH GRUR 2003, 963, 964 *AntiVir/ AntiVirus*; BGH GRUR 2003, 332, 334 *Abschlußstück*; BGH GRUR 2002, 814, 814 f. *Festspielhaus*; BGH GRUR 2002, 812, 813 *Frühstücksdrink II;*, BGH GRUR 2002, 809, 811 *Frühstücks-Drink I*, BGH GRUR 2002, 171, 173 und 174 *Marlboro-Dach*; BGH GRUR 1999, 238, 240 *Tour de Culture*; zunächst noch offen gelassen in BGH GRUR 1998, 697, 699 *Venus Multi*; BPatG GRUR 2008, 174, 175 *EUROPOSTCOM*; OLG Hamburg GRUR-RR 2009, 224, 226 *Yoghurt-Gums®*.

310 BGH GRUR 2003, 963, 964 *AntiVir/ AntiVirus*; BGH GRUR 2002, 814, 815 *Festspielhaus*; BGH GRUR 2002, 812, 813 *Frühstücks-Drink II*; BGH GRUR 2002, 809, 811 *Frühstücks-Drink I*.

311 EuGH GRUR 2003, 55, 57, Tz. 48 und 50 *Arsenal FC*; EuGH GRUR 1998, 922, 923, Tz. 15 *Canon*.

312 EuGH GRUR 2007, 318, 319 f, Tz. 21 ff, 44 *Adam Opel/Autec*; EuGH GRUR 2003, 55, 58, Tz. 54 *Arsenal FC*; insoweit aber auch die deutsche Rechtsprechung zum Beeinträchtigungsmerkmal BGH GRUR 2008, 793, 794, Tz. 15 *Rillenkoffer*; BGH GRUR 2004, 947, 948 *Gazoz*; OLG Hamburg GRUR-RR 2009, 224, 226 *Yoghurt-Gums®*.

313 So auch ausdrücklich unter Berufung auf die genannte Rechtsprechung des EuGH BGH GRUR 2003, 332, 333 f. *Abschlussstück*.

314 EuGH GRUR 2009, 756, 761, Tz. 63 *L´Oréal/Bellure*.

315 EuGH GRUR 2007, 971, 972, Tz. 17 *Céline*; EuGH GRUR 2005, 153, 154, Tz. 40 *Arsenal Football Club*; Schlussantrag (EuGH) des Generalanwalts Maduro v. 22.9.2009, C-236/08, C-237/08, C-238/08, BeckRS 2009, 71026, Tz. 60 *Google./.Louis Vuitton*.

AdWord-Anzeigen erst dann der Fall, wenn ein Nutzer tatsächlich aufgrund einer Stichwortsuche das AdWord anklickt, wofür Google dann eine Vergütung erhält.[316] Der EuGH sieht die bloße (entgeltliche) Vergabe von AdWords (Schlüsselwörter, die Marken entsprechen) durch Google nicht als zeichenmäßige Benutzung durch Google selbst an.[317] Aber der EuGH stellte klar, dass der Markeninhaber verbieten darf, auf ein mit seiner Marke identisches Schlüsselwort, das von dem Dritten (Werbenden) ohne seine Zustimmung im Rahmen eines Internetreferenzierungsdienstes ausgewählt worden ist, für identische Waren oder Dienstleistungen der Marke zu werben, wenn aus dieser Werbung für den Durchschnittsverbraucher nicht oder nur schwer zu erkennen ist, ob die in der Anzeige beworbenen Waren oder Dienstleistungen von dem Inhaber der Marke oder einem mit ihm wirtschaftlich verbundenen Unternehmen oder vielmehr von einem Dritten stammen.[318] Anders liegt der Fall bei eBay, wenn Nutzer der eBay-Plattform Markenware vertreiben. Denn eBay benutzt zwar im Wege des Links bzw der Schlüsselwörter das Zeichen, allerdings verkauft eBay diese Waren nicht selbst, sondern stellt vielmehr Dienste zur Nutzung durch Dritte zur Verfügung.[319] Bei **Metatags**, in denen eine Fremdmarke zu einer besseren Positionierung der eigenen Marken und Angebote im Auswahlverfahren von Suchmaschinen führen, liegt normalerweise eine markenmäßige Benutzung vor.[320]

1190 Der Begriff des zeichenmäßigen Gebrauches wird von der Rechtsprechung als im Interesse eines umfassenden Kennzeichenschutzes grundsätzlich weit zu fassen bezeichnet.[321] Danach ist jede **Benutzung zeichenmäßig**, die im Rahmen des **Produktabsatzes** zur **Unterscheidung** der Waren eines Unternehmens von denen anderer Unternehmen,[322] zum Zwecke der **Produktidentifizierung**[323] oder zum Zwecke der **Bewerbung** eines Produktes[324] erfolgt. Abzustellen ist auf die Sichtweise des durchschnittlich informierten, aufmerksamen und verständigen Durchschnittsverbrauchers.[325] Der EuGH ging in seinen Entscheidungen zu *Arsenal Football Club* und *Adidas* noch von einer sehr weiten Auslegung des Begriffs „Benutzung" aus, indem eine rechtsverletzende Be-

---

316 Schlussantrag (EuGH) des Generalanwalts Maduro v. 22.9.2009, C-236/08, C-237/08, C-238/08, BeckRS 2009, 71026, Tz. 75 ff. *Google./.Louis Vuitton.*
317 EuGH GRUR 2010, 445, 450, Tz. 99 *Google./.Louis Vuitton*, allerdings kann der Werbende selbst, der das Schlüsselwort aussucht und von Google erwirbt, wegen einer Markenrechtsverletzung in Anspruch genommen werden, wenn dieser das Fremdzeichen zur eigenen kommerziellen Kommunikation nutzt und somit Kunden über den Ursprung des Produktes irren. Dasselbe trifft für die eBay-Kontennutzer zu, die Markenware ohne Lizenz einstellen und eine Verletzung begehen können, hingegen grundsätzlich eBay nicht, es sei denn Kenntnis liegt von dem Verstoß vor.
318 EuGH GRUR 2010, 445, 450, L 1 und Tz. 99 *Google./.Louis Vuitton.*
319 Schlussantrag (EuGH) Generalanwalt Jääskinen v. 9.12.2010, Tz. 99 ff *L`Oréal/eBay.*
320 BGH GRUR 2007, 65, 66 f, Tz. 15 ff. *Impuls*; BGH GRUR 2007, 784, 785, Tz. 18 *AIDOL.*
321 Vgl BGH GRUR 1996, 68, 70 *Cottonline*; OLG München Mitt. 1996, 174, 175 *Fat Tire*; auch Ingerl/Rohnke, § 14 Rn 61 mwN.
322 BGH GRUR 2003, 963, 964 *AntiVir/ AntiVirus*; BGH GRUR 2002, 814, 815 *Festspielhaus*; BGH GRUR 2002, 812, 813 *Frühstücks-Drink II*; BGH GRUR 2002, 809, 811 *Frühstücks-Drink I.*
323 Vgl EuGH GRUR 2010, 445, 448, Tz. 70 und dazu der Schlussantrag (EuGH) des Generalanwalts Maduro v. 22.9.2009, C-236/08, C-237/08, C-238/08, BeckRS 2009, 71026, Tz 60 ff. *Google./.Louis Vuitton*; Schlussantrag des Generalanwalts Colomer, 6.11.2003, C-456/01, Tz. 55 *Henkel*; BGH GRUR 1995, 57, 60 *Markenverunglimpfung II*; BGH GRUR 1991, 609, 610 *SL*; BGH GRUR 1991, 138, 139 *Flacon.*
324 Vgl BGH GRUR 2009, 1167, 1168 f, Tz. 14 ff. *Partnerprogramm*; BGH GRUR 1995, 57, 60 *Markenverunglimpfung II*; BGH GRUR 1994, 808, 812 *Markenverunglimpfung I.*
325 BGH GRUR 2004, 154, 155 *Farbmarkenverletzung I*; BGH GRUR 2003, 963, 964 *AntiVir/ AntiVirus*; BGH GRUR 2003, 332, 334 *Abschlußstück*; GRUR 2002, 814, 814 f. *Festspielhaus*; BGH GRUR 2002, 812, 813 *Frühstücks-Drink II*; OLG Hamburg GRUR-RR 2007, 319, 325 *G-Mail./. GMail.*

nutzung bereits dann anerkannt wurde, wenn lediglich auf Waren oder Dienstleistungen Dritter hingewiesen wurde, ohne zwingend seine Produkte damit zu kennzeichnen und v.a. ohne dass bereits eine Beeinträchtigung stattgefunden haben muss.[326] Erst mit der Entscheidung *Opel/Autec* wird letztendlich auch durch den EuGH verlangt, dass das fremde Zeichen für die Produkte des Markeninhabers beeinträchtigend benutzt werden muss.[327]

Eine Benutzung in Werbemitteln wie Prospekten oder Preislisten ist regelmäßig **als zeichenmäßig anzusehen**,[328] ebenso ein im Internet benutztes geschütztes Zeichen als Suchwort, um auf die eigene Website und eigene ähnliche oder identische Produkte durch eine erhöhte Trefferquote aufmerksam zu machen.[329] Bei grafischen Elementen ist darauf abzustellen, ob sie lediglich als schmückendes Beiwerk oder Zierrat aufgefasst (keine zeichenmäßige Benutzung) oder herkunftshinweisend verstanden werden.[330] Insbesondere bei Farben, die in Werbeanzeigen verwendet werden, ist davon auszugehen, dass sie normalerweise nicht im Sinne eines Herkunftshinweises und damit einer Marke aufgefasst werden.[331] Allerdings kann beispielsweise im Fall der Farbe Magenta für Telekommunikationsdienstleistungen der Durchschnittsverbraucher infolge umfangreicher Benutzung daran gewöhnt sein, in sehr ähnlichen Farbtönen, die in Werbeanzeigen für Telekommunikationsdienstleistungen verwendet werden, dann ebenfalls einen Herkunftshinweis zu erblicken.[332] Ähnlich ist die Situation bei dreidimensionalen Marken: Auch insoweit ist davon auszugehen, dass der Durchschnittsverbraucher der Form einer Ware zunächst eher eine funktionelle oder ästhetische Bedeutung beimisst; eine herkunftshinweisende Funktion wird er normalerweise vor allem dann annehmen, wenn er aufgrund von Kennzeichnungsgewohnheiten damit vertraut ist, auch in Formelementen einen Hinweis auf die Herkunft der Ware zu erblicken.[333] Als produktidentifizierend werden grundsätzlich Bezeichnungen angesehen, die auf der Ware unmittelbar angebracht oder blickfangmäßig herausgestellt sind.[334] Als zeichenmäßige Benutzung ist es zB angesehen worden, die Angabe „Biene Maja" zusammen mit Bildmotiven aus der berühmten Zeichentrickserie auf eine Süßwarenverpackung aufzudrucken oder ein grafisches Element in Winkelform auf einer Zigarettenpackung zu verwenden.[335] Markenmäßig wird auch ein Zeichen benutzt, das in Geschäftspapieren eines Zwischenhändlers auf Rechnung eines Verkäufers verwendet wird, ohne

1191

---

326 EuGH GRUR Int. 2003, 229 ff. *Arsenal*; EuGH GRUR 2004, 58, 60 f. *Adidas/Fitnessworld*; ausführlich zu den Entscheidungen und der Abgrenzung Hertz-Eichenrode, WRP 2008, 1499, 1501 ff.
327 EuGH GRUR 2007, 318, 320, Tz. 44 *Adam Opel/Autec*; BGH GRUR 2010, 726, 727, Tz. 18, 728, Tz. 24 *Opel-Blitz*; Schlussantrag (EuGH) Generalanwalt Jääskinen v. 9.12.2010, C-324/09, Tz. 105 ff *L'Oréal/ eBay*.
328 OLG Hamburg GRUR 2001, 749, 750 *based on STEINWAY*.
329 BGH GRUR 2009, 1167, 1168 f, Tz. 14 f. *Partnerprogramm*.
330 Dekorative Markennnutzung: EuGH GRUR 2007, 318, 320, Tz. 44 *Adam Opel/Autec*; BGH GRUR 2010, 726, 727, Tz. 16 ff *Opel-Blitz*: der EuGH erkannte eine Markennutzung eines Herstellers an, der auf seinen Produkten (Spielzeugautos) die Opel-Blitz anbrachte, die aber nicht markenverletzend war; EuGH GRUR Int. 2003, 229 ff. *Arsenal*, entgegen Opel-Blitz genügte hier für die Benutzung, dass bei Fan-Artikeln nicht erkennbar war, aus wessen Sphäre sie stammen, dh vom Hersteller und dem Fußballclub; BGH GRUR 2002, 171, 173 *Marlboro-Dach*; vgl a. EuGH GRUR 2004, 58, 60, Tz. 39 ff. *Adidas/ Fitnessworld*.
331 BGH GRUR 2004, 154, 155 *Farbmarkenverletzung II*.
332 BGH GRUR 2004, 154, 156 *Farbmarkenverletzung II*.
333 BGH GRUR 2003, 332, 334 *Abschlussstück*; s.a. BGH GRUR 2003, 712, 714 *Goldbarren*.
334 Vgl BGH GRUR 1995, 57, 59 *Markenverunglimpfung II*; BGH GRUR 1991, 609, 610 *SL*.
335 BGH GRUR 1981, 277, 278 *Biene Maja*; BGH GRUR 2002, 171, 173 *Marlboro-Dach*.

dass der Zwischenhändler eigenes Interesse daran hat – er haftet gleichwohl aus Art. 9 Abs. 2 lit. a und Abs. 2 lit. d GMV.[336]

1192   **Nicht zeichenmäßig** benutzt derjenige eine Bezeichnung, die allein zur **Beschreibung** der angebotenen Waren und Dienstleistungen (**beschreibende Angabe**) verwendet wird,[337] und zwar auch dann, wenn eine Verwendung nach Art einer Marke erfolgt: Dann wird sie vom Verkehr in der Regel nur als Sachhinweis zur Unterrichtung des Publikums und nicht als Herstellerangabe verstanden.[338]

Beispiele für beschreibende Markenverwendungen: „Yoghurt-Gums"[339] für Süßwaren, „Double-mint"[340] für Kaugummi oder „Post"[341] für Postdienstleistungen.

1193   Ebensowenig liegt eine rechtsverletzende Benutzung vor, wenn der Hersteller von Spielzeugautos, um das Original so getreu wie möglich verkleinert nachzubilden, das Logo des Originalherstellers (Opel-Blitz) entsprechend auf dem Auto platziert, denn der angesprochene Verkehrskreis versteht dies nicht als Angabe dahingehend, die Spielzeugautos würden von dem PKW-Hersteller stammen oder der Spielzeughersteller sei mit diesem wirtschaftlich verbunden.[342] Die Anbringung selbst ist allerdings eine Benutzung des identischen Zeichens iSd § 14 MarkenG bzw Art. 9 Abs. 1 lit. a GMV, allerdings ohne Beeinträchtigung der Funktionen der Marke.[343] Der EuGH stellt damit seit seiner Entscheidung *Opel/Autec* im Ergebnis zur Feststellung einer rechtsverletzenden Benutzung auf den Herkunftshinweis ab und nicht darauf, ob die Marke als solche bereits vom angesprochenen Verkehrskreis wahrgenommen wird, wie er dies noch in der Entscheidung *Arsenal Football Club* tat.[344] Dort genügte für eine Markenbenutzung nach § 14 Abs. 2 Nr. 1 MarkenG bzw Art. 5 Abs. lit. a Marken-RL, entsprechend Art. 9 Abs. 1 lit. a GMV, dass das Emblem und Logo des Arsenal FC auf Fan-Artikeln zwar nicht als Herkunftshinweis verstanden wurde, aber gleichwohl die Interessen des Markeninhabers beeinträchtigt sein konnten, zB weil später Dritte, die den Fan-Schal bei dem ursprünglichen Käufer sehen, denken könnten, er stamme von dem Markeninhaber.[345]

1194   **Vorsicht** ist aber insoweit geboten, als eine beschreibende Angabe sehr wohl zeichenmäßig benutzt werden und somit auch zu einer Markenverletzung führen kann:[346] Die

---

336   EuGH GRUR 2009, 1156, 1157, Tz. 42 f *UDV/Brandtraders*; EuGH GRUR 2008, 698, 700, Tz. 57 *O2 und O2*; EuGH GRUR 2007, 318, 320, Tz. 44 *Adam Opel/Autec*.
337   BGH GRUR 2009, 1162, 1163 f, Tz 27 ff *DAX*; BGH GRUR 2008, 912, 913, Tz. 19 *Metrosex*; BGH GRUR 2009, 672, 677, Tz. 44 ff *Ostsee-Post*; BGH, Urteil vom 2.4.2009, Az: I ZR 111/06, BeckRS 2009, 12965, Tz 22 f. *Regionalpost Delmenhorst/RegioPost Delmenhorst*; BGH GRUR 2009, 678, 681, Tz. 27 ff. *Regio-Post Deutschland*; BGH GRUR 2002, 814, 814 f. *Festspielhaus*; BGH GRUR 1999, 238, 240 *Tour de culture*; OLG Hamburg GRUR-RR 2009, 339 (L) *Die Rückkehr der Shaolin*; OLG Hamburg GRUR-RR 2009, 224, 226 *Yoghurt-Gums®*.
338   BGH GRUR 2003, 963, 964 *AntiVir/ AntiVirus*; BGH GRUR 1999, 238, 239 *Tour de culture*; BGH GRUR 1998, 930, 930 *Fläminger*.
339   OLG Hamburg GRUR-RR 2009, 224, 226 f. *Yoghurt-Gums®*.
340   EuGH GRUR 2004, 146, 147, Tz. 32 *Doublemint*.
341   BGH GRUR 2009, 672, 677, Tz. 43 ff. *Ostsee-Post*; BGH Urt. v. 2.4.2009, I ZR 111/06, BeckRS 2009, 12965 *Regionalpost Delmenhorst/RegioPost Delmenhorst*; BGH GRUR 2009, 678, 679 f, Tz. 17 ff. *Regio-Post Deutschland*, solange nicht die gelbe Farbe und das Horn abgebildet/verwendet werden.
342   EuGH GRUR 2007, 318, 320, Tz. 44 *Adam Opel/Autec*; BGH GRUR 2010, 726, 728, Tz. 23 *Opel-Blitz*.
343   EuGH GRUR 2007, 318, 319, Tz. 21 ff. *Adam Opel/Autec*; BGH GRUR 2010, 726, 728, Tz. 25 f und 729, Tz. 29 *Opel-Blitz*.
344   Kur GRUR Int. 2008, 1, 4.
345   EuGH GRUR 2003, 55, 58, Tz. 54, 56 ff. *Arsenal Football Club*; Kur GRUR Int. 2008, 1, 5.
346   BGH GRUR 1998, 930, 931 f. *Fläminger*.

auf der Verpackung einer Software nach Art einer Marke mehrfach angebrachte glatt beschreibende Zeichnung *AntiVirus* erfolgte beispielsweise zeichenmäßig, weil keine andere hinreichend erkennbare Marke auf der Software-Verpackung angebracht war, so dass trotz der rein beschreibenden Bedeutung von *AntiVirus* davon auszugehen gewesen ist, dass beachtliche Teile des angesprochenen Verkehrs *AntiVirus* als Herkunftshinweis auffassen.[347] Zeichen- oder markenmäßig benutzt auch, wer als Werkstatt wirbt, ohne Vertragshändler oder Vertragswerkstatt zu sein: „Spezialist für BMW".[348] Ob dies verletzend ist oder nach § 23 Nr. 1 MarkenG bzw Art. 12 lit. a GMV, Art. 6 Abs. 1 lit. a Marken-RL 2008/95/EG gerechtfertigt ist, ist eine nachgelagerte Frage (vgl Rn 1280 f)[349].

Markenmäßig benutzt zwar der **eBay-Nutzer**, der gefälschte Waren einstellt oder markengeschützte Waren über Links auflistet, aber nicht der Marktplatzbetreiber eBay oder Google selbst.[350] Insbesondere der Betreiber eines Marktplatzes wie ebay unterliegt aber einer relativ strengen Haftung für Markenverletzungen als Störer (Einzelheiten bei Rn 1512). **1195**

Strittig ist noch, ob im Rahmen **vergleichender Werbung** (§ 6 UWG, Artt. 2 lit. c und 4 RL 2006/114/EG) die Darstellung des Konkurrenten und seiner Marke eine markenmäßige Benutzung für Waren oder Dienstleistungen ist, oder ob für das Benutzungskriterium des § 14 MarkenG bzw Art. 9 GMV genügt, dass lediglich eine Verbindung zwischen den beiden Marken hergestellt wird, ohne dass eine Anbringung auf dem eigenen Produkt oder ähnliches geschehen muss.[351] Zum Gleichlauf der Beurteilung der Verwechslungsgefahr im Rahmen der wettbewerbsrechtlichen Zulässigkeit vergleichender Werbung und bei Markenverletzungen vgl Rn 690. **1196**

Keine zeichenmäßige Benutzung im geschäftlichen Verkehr stellt die Registrierung eines Domainnamens dar.[352] Sofern eine darauffolgende zeichenmäßige markenverletzende Benutzung ernsthaft möglich erscheint, kann mit einer nachzuweisenden Erstbegehungsgefahr, die mit einer Benutzungsabsicht begründet wird, ein vorbeugender Unterlassungsanspruch begründet sein; das ist aber eher selten der Fall.[353] **1197**

Schwierig wird die Abgrenzung dort, wo **urheberrechtlich geschützte Werke** – beispielsweise (nachgeahmte) Comic-Figuren – auf Merchandising-Artikeln wie etwa T-Shirts, Socken, Aufklebern oder Schulranzen aufgedruckt werden und die **Comic-Figur** als solche auch durch eine eingetragene Marke für eben diese Merchandising-Artikel geschützt ist. Auch wenn in diesen Fällen keine Verwendung der Comic-Figur im Sinne einer klassischen Marke stattfindet (also zB auf einem angehängten oder eingenähten Etikett), übernimmt dennoch das auf dem T-Shirt, den Socken, dem Aufkleber oder dem Schulranzen aufgedruckte urheberrechtlich geschützte Werk die Funktion einer Marke: Es verleiht dem Produkt erst seinen wesentlichen Wert, weil die beteiligten **1198**

---

347 BGH GRUR 2003, 963, 964 *AntiVir/ AntiVirus*.
348 EuGH EuZW 1999, 244, 246 f, Tz. 39 und 41 *BMW/Deenik*.
349 EuGH EuZW 1999, 244, 248, Tz. 59 ff *BMW/Deenik*; mit weiteren Fallgruppen Kur GRUR Int. 2008, 1, 8 f.
350 Schlussantrag (EuGH) des Generalanwalts Jääskinen v. 9.12.2010, C 324/09, Tz. 86 ff *L'Oréal/eBay*; EuGH C-236/08 bis C-238/08, Tz. 99 ff. *Google France*.
351 EuGH GRUR 2008, 698, 699, Tz. 33 ff *O2/H3G*.
352 BGH GRUR 2008, 912, 913, Tz. 24, 26 ff und 33 *Metrosex*.
353 BGH GRUR 2008, 912, 914, Tz. 26 und 29 ff. *Metrosex*.

Verkehrskreise, vor allem die Kinder, das T-Shirt, die Socken, den Aufkleber oder den Schulranzen nur deshalb kaufen, weil das urheberrechtlich geschützte Werk dort aufgedruckt ist und es natürlich auch ganz im Sinne einer Marke auf eine bestimmte Herkunft, nämlich den Verwerter der Original-Comic-Figur als Lizenzgeber, hinweist; das urhebeberrechtlich geschützte Werk übernimmt damit eine Garantiefunktion für eine bestimmte Herkunft und auch eine bestimmte Qualität. **Die Verwendung urheberrechtlich geschützter Werke auf Merchandising-Artikeln erfolgt deshalb regelmäßig auch markenmäßig**, so dass die Verwendung einer identischen oder ähnlichen Comic-Figur für identische oder ähnliche Waren, für die eine Marke Schutz genießt, die die Comic-Figur schützt, eine Markenverletzung darstellt, sofern entweder Markenidentität oder Verwechslungsgefahr vorliegt.

1199   Werden dreidimensionale Aufmachungen aus Markenrechten angegriffen, ist in der Regel grundsätzlich zu unterstellen, dass diese auch markenmäßig benutzt worden sind, weil nach § 3 Abs. 1 MarkenG und Art. 4 GMV auch dreidimensionale Gestaltungen als Marke eintragungsfähig sind.[354]

1200   Fehlt es an einer marken- oder kennzeichenmäßigen Benutzung, ist zwar der Anwendungsbereich des MarkenG oder der GMV nicht eröffnet. Es können jedoch wettbewerbsrechtliche Ansprüche in Betracht kommen, und zwar vor allem solche nach §§ 3 Abs. 1, 4 Nr. 9 und 5 Abs. 2 UWG; vgl im Einzelnen Rn 234 ff, 709 ff.

IV. Identität

Rechtsgrundlagen: §§ 9 Abs. 1 Nr. 1, 14 Abs. 1 und 2 Nr. 1 MarkenG; Artt. 8 Abs. 1 lit. a, 9 Abs. 1 lit. a GMV

1201   Der Markeninhaber genießt zunächst Schutz gegenüber prioritätsjüngeren **identischen** Marken oder Zeichen, die für **identische** Waren oder Dienstleistungen geschützt sind oder benutzt werden (§§ 9 Abs. 1 Nr. 1, 14 Abs. 2 Nr. 1 MarkenG; Artt. 8 Abs. 1 lit. a und 9 Abs. 1 lit. a GMV). **Dies ist ein absoluter Schutz, dh die Frage der Verwechslungsgefahr stellt sich bei Identität sowohl der Marken als auch der Waren und Dienstleistungen nicht.**[355] Man bezeichnet diesen Schutz als **Identitätsschutz.**

Beispiel: Eine Wortmarke HUBERTUSSTOCK, geschützt für „Bewirtung und Beherbergung von Gästen", gegen eine jüngere Internet-Domain www.hubertusstock.de, unter der für Hotel- und Gaststättendienstleistungen geworben wurde.[356]

1202   Der Identitätsschutz des § 14 Abs. 2 Nr. 1 MarkenG für die nationale Marke und der Artt. 8 Abs. 1 lit. a und 9 Abs. 1 lit. a GMV für die Gemeinschaftsmarke ist grundsätzlich nur dann anzuwenden, wenn wirklich Zeichen- und Waren-/Dienstleistungsidentität vorliegen, also insbesondere die beiden sich gegenüberstehenden Zeichen **in jeder Hinsicht identisch** sind, ohne Änderungen oder Hinzufügungen; denn das Kriterium der Identität ist, weil kein Nachweis einer Verwechslungsgefahr erforderlich ist, restriktiv auszulegen.[357] Unter Zeichenidentität versteht sich dann sowohl die Identität

---

354   BGH GRUR 2000, 506, 508 *ATTACHÉ/TISSERAND.*
355   Erwägungsgrund 8 S. 1 letzter Hs der GMV Nr. 207/2009; EuGH GRUR 2003, 422, 424, Tz. 44 *Arthur/ Arthur et Félicie;* EuGH GRUR 1998, 922, 923, Tz. 15 *Canon.*
356   LG Berlin, Urt. v. 31. Juli 2001, Az 16 O 64/01.
357   EuGH GRUR 2003, 422, 425, Tz. 49 ff. *Arthur/ Arthur et Félicie.*

des Zeichens selbst als auch die Identität der Produkte;[358] man bezeichnet dies auch als **Doppelidentität.** Ob eine Zeichenidentität vorliegt, ist aus der Sicht eines durchschnittlich informierten, aufmerksamen und verständigen Durchschnittsverbrauchers zu beurteilen, und zwar aus dessen Erinnerung heraus; der Identitätsschutz kann daher auch dann noch eingreifen, wenn zwischen dem jüngeren Zeichen und der älteren Marke Unterschiede bestehen, diese aber so geringfügig sind, dass sie einem Durchschnittsverbraucher entgehen können.[359]

V. Verwechslungsgefahr

Rechtsgrundlagen: §§ 9 Abs. 1 Nr. 2, 14 Abs. 2 Nr. 2 MarkenG; Artt. 8 Abs. 1 lit. b, Abs. 5, 9 Abs. 1 lit. b GMV

Der Markeninhaber genießt des Weiteren Schutz gegenüber prioritätsjüngeren identischen oder **ähnlichen Marken oder Zeichen,** die für identische oder **ähnliche Waren oder Dienstleistungen** geschützt sind oder benutzt werden, sofern **Verwechslungsgefahr** besteht einschließlich der Gefahr, dass die Marken gedanklich miteinander in Verbindung gebracht werden (§§ 9 Abs. 1 Nr. 2, 14 Abs. 2 Nr. 2 MarkenG; Artt. 8 Abs. 1 lit. b und 9 Abs. 1 lit. b GMV). Man bezeichnet dies als **Verwechslungsschutz.** Die Verwechslungsgefahr ist im Markenrecht einheitlich und richtlinienkonform auszulegen, Artt. 4 Abs. 1 lit. b und 5 Abs. 1 S. 2 lit. b Marken-RL 2008/95/EG. Folgende Varianten der Verwechslungsgefahr kommen in Betracht: | 1203

- Identität des jüngeren Zeichens mit der älteren Marke und Ähnlichkeit der Waren oder Dienstleistungen (*Markenidentität* und *Produktähnlichkeit*),
- Ähnlichkeit des jüngeren Zeichens mit der älteren Marke und Identität der Waren oder Dienstleistungen (*Markenähnlichkeit* und *Produktidentität*) sowie
- Ähnlichkeit des jüngeren Zeichens mit der älteren Marke und Ähnlichkeit der Waren oder Dienstleistungen (*Markenähnlichkeit* und *Produktähnlichkeit*).[360]

1. Allgemeines

Die Herkunftsfunktion der Marke hat im neuen Begriff der Verwechslungsgefahr zwar keinen Ausdruck mehr gefunden,[361] so dass es nicht mehr (allein) darauf ankommt, ob die beteiligten Verkehrskreise zwei Marken im Hinblick auf ihre betriebliche Herkunft miteinander verwechseln; alle Fälle der Gefahr von Verwechslungen zweier Marken werden damit nunmehr erfasst.[362] Gleichwohl ist **nach der Rspr des EuGH eine Verwechslungsgefahr anzunehmen, wenn die Öffentlichkeit glauben könnte, dass die betreffenden Waren oder Dienstleistungen aus demselben Unternehmen oder jedenfalls** | 1204

---

358 Gattungsgleiche Produkte, dh Produkte, die durch gemeinschaftliche Merkmale gekennzeichnet sind, vgl auch § 243 BGB.

359 EuGH GRUR 2003, 422, 425, Tz. 52 ff. *Arthur/ Arthur et Félicie*; Doppelidentität wegen Markenfälschung: BGH GRUR 2004, 860, 863 *Internet-Versteigerung I*; ausführlich zu Fallgruppen von Doppelidentität wie Markenpiraterie, Markenkopie, Vertrieb markierter Originalware, Werbung etc. Fezer Markenrecht, MarkenG § 14 Rn 194 ff.

360 Fezer Markenrecht MarkenG § 14 Rn 316.

361 Vgl die Gesetzesbegründung zu § 9 Abs. 1 Nr. 2 MarkenG, Bl. f PMZ 1994 Sonderheft, 65 f AA offenbar Kliems, GRUR 1995, 198, 201 und – noch deutlich ablehnender – 204; ihm folgend BPatG Mitt. 1995, 250, 251 f. *Sonett.*

362 Vgl die Gesetzesbegründung zu § 9 in Bl.f.PMZ 1994 Sonderheft, 65.

aus wirtschaftlich verbundenen Unternehmen stammen.[363] Außerdem ist es nach der Rspr des EuGH Zweck des durch die eingetragene Marke gewährten Schutzes, insbesondere die Herkunftsfunktion der Marke zu gewährleisten.[364] Die Herkunftsfunktion der Marke besitzt daher auch im Rahmen der Beurteilung der Verwechslungsgefahr nach wie vor eine entscheidende Rolle. Ob Verwechslungsgefahr gegeben ist, hängt dabei von einer Vielzahl von Umständen ab, insbesondere dem Bekanntheitsgrad der Marke im Markt, der gedanklichen Verbindung, die das benutzte oder eingetragene Zeichen zu ihr hervorrufen kann sowie dem Grad der Ähnlichkeit zwischen der Marke und dem Zeichen und den damit gekennzeichneten Waren oder Dienstleistungen; der Begriff der Ähnlichkeit ist dabei immer im Hinblick auf die Verwechslungsgefahr auszulegen.[365] Die Verwechslungsgefahr kann nicht vermutet werden, sondern ist positiv festzustellen.[366]

1205 Die Verwechslungsgefahr ist zudem stets unter Berücksichtigung aller Umstände des Einzelfalls umfassend zu beurteilen hinsichtlich der Ähnlichkeit der betreffenden Marken oder Zeichen in (Schrift-) Bild, Klang oder der Bedeutung.[367] Bei der Beurteilung, ob für die beteiligten Verkehrskreise Verwechslungsgefahr besteht, ist außerdem nicht, wie dies früher der Fall war, vom flüchtigen Verbraucher auszugehen, sondern auf einen **durchschnittlich informierten, aufmerksamen Durchschnittsverbraucher der betreffenden Warenart** abzustellen.[368] Allerdings begegnen auch dem Durchschnittsverbraucher die Marken regelmäßig nicht nebeneinander, so dass er sich auf sein (**unvollkommenes**) **Erinnerungsbild** verlassen muss; außerdem ist zu berücksichtigen, dass seine Aufmerksamkeit je nach Art der in Frage stehenden Waren unterschiedlich hoch sein kann.[369] Richten sich Waren oder Dienstleistungen nicht an allgemeine Verbraucherkreise, sondern an **Fachleute**, kann davon auszugehen sein, dass diese einer Kennzeichnung aufmerksamer gegenübertreten[370] und Verwechslungen nicht so leicht erliegen werden; allerdings bedarf es jeweils konkreter Anhaltspunkte dafür, dass sich solche „besonderen" Verbraucher tatsächlich mit einer von der Sicht des durchschnittlich aufmerksamen, informierten und verständigen Durchschnittsverbrauchers abweichenden Grundhaltung im Geschäftsverkehr bewegen.[371] Hier kann vor allem auf die Rechtsprechung zum Lauterkeitsrecht zurückgegriffen werden.[372] Zunächst ist daher der re-

---

363   EuGH GRUR 2005, 1042, 1043 f, Tz. 26 ff *THOMSON LIFE*; EuGH GRUR Int. 1999, 734, 736, Tz. 17 *Lloyd*; EuGH GRUR 1998, 922, 924, Tz. 29 *Canon*; EuGH GRUR 1998, 387, 389, Tz. 16-18 *SABEL/Puma*; BGH GRUR 2010, 833, Tz. 20 *Malteserkreuz II*; BGH GRUR 2006, 859, 860 f, Tz. 18 f. *Malteserkreuz*.

364   Erwägungsgrund 8 GMV 207/2009; Erwägungsgrund 11 Marken-RL 2008/95/EG; EuGH GRUR 2010, 445, 448, Tz. 77 und dazu der Schlussantrag des Generalanwalts Maduro, 22.9.2009, C-236/08, C-237/08, C-238/08, BeckRS 2009, 71026, Tz. 54, 59 und 69 *Google France./. Louis Vuitton*; EuGH GRUR 2003, 422, 424, Tz. 44 *Arthur/ Arthur et Félicie*; EuGH GRUR 1998, 922, 923, Tz. 15 *Canon.*

365   Erwägungsgrund 8 GMV 207/2009; Erwägungsgrund 11 Marken-RL 2008/95/EG; EuGH 3.9.2009, C-498/07 P, Tz. 59, BeckRS 2009, 70911 *La Española*; EuGH Slg 2007, I-4529, Tz. 34 *HABM/Shaker*; EuGH GRUR Int. 1999, 734, 736, Tz. 19 *Lloyd*; EuGH GRUR 1998, 922, 923, Tz. 15 *Canon.*

366   EuGH GRUR 2010, 445, 448, Tz. 78 *Google./. Louis Vuitton.*

367   EuGH GRUR 1998, 922, 923, Tz. 16 *Canon*; EuGH GRUR 1998, 387, 389, Tz. 22 f *SABEL/Puma.*

368   EuGH GRUR 2004, 943, 944, Tz. 24 *Sat.2*; EuGH GRUR Int. 1999, 734, 736, Tz. 26 *Lloyd*; BGH GRUR 2001, 158, 160 *3-Streifen-Kennzeichnung*; BGH GRUR 2000, 875, 877 *Davidoff.*

369   EuGH GRUR Int. 1999, 734, 736, Tz. 26 *Lloyd*; BGH GRUR 2001, 158, 160 *3-Streifen-Kennzeichnung*; BGH GRUR 2000, 506, 508 *ATTACHÉ/TISSERAND.*

370   BGH GRUR 2000, 603, 604 *Ketof/ETOP*; BGH GRUR 1997, 897, 899 *IONOFIL.*

371   BGH GRUR 2004, 240, 241 *MIDAS/ MedAS.*

372   BGH GRUR 2007, 981, 982, Tz. 20 *150% Zinsbonus*; BGH GRUR 2005, 438, 440 f. *Epson-Tinte*; BGH GRUR 2004, 244, 246 *Marktführerschaft*; BGH GRUR 2007, 605, 606, Tz. 18 *Umsatzzuwachs.*

levante Verkehrskreis (Kinder, Durchschnittsverbraucher oder Fachkreise) zu bestimmen, um anschließend aus deren Sicht eine Verwechslungsgefahr feststellen zu können.

Es gibt mehrere **Arten von Verwechslungsgefahr:**   1206

■ Die **unmittelbare** Verwechslungsgefahr, die vorliegt, wenn die beteiligten Verkehrskreise zwei Marken schriftbildlich, klanglich oder in ihrer Bedeutung direkt miteinander verwechseln und sie für Marken eines Unternehmens halten;[373] hierzu gehört auch die **Verwechslungsgefahr unter dem Aspekt der gedanklichen Verbindung** (s.u. Rn 1208).

■ Die **mittelbare Verwechslungsgefahr,** worunter vor allem die Verwechslungsgefahr unter dem Gesichtspunkt des Serienzeichens gesehen wird; diese liegt vor, wenn zwei Kennzeichen zwar nicht unmittelbar verwechselbar sind, aber in einem Bestandteil übereinstimmen, den der Verkehr als Stamm mehrerer Zeichen eines Unternehmens sieht und deshalb Bezeichnungen, die einen identischen oder wesensgleichen Stamm aufweisen, dem gleichen Markeninhaber zuordnet.[374] Dies kann ausnahmsweise auch bei einem erstmalig verwendeten Zeichen der Fall sein, wird aber regelmäßig die Benutzung mehrerer Marken mit demselben Stammbestandteil voraussetzen.[375]

■ Eine **Verwechslungsgefahr im weiteren Sinne,** die der unmittelbaren Verwechslungsgefahr zugeordnet wird, liegt vor, wenn trotz Erkennens der gegebenen Unterschiede zweier Zeichen wegen teilweiser Übereinstimmung von der Annahme wirtschaftlicher oder organisatorischer Zusammenhänge zwischen den Markeninhabern ausgegangen wird.[376]

Für alle Arten der Verwechslungsgefahr gelten **dieselben Beurteilungsgrundsätze:** Es ist   1207
vom Gesamteindruck auszugehen und zwischen Kennzeichnungskraft, Zeichenähnlichkeit sowie Waren-/Dienstleistungsähnlichkeit besteht eine Wechselwirkung.[377] Bei dem Gesamteindruck und dem Vergleich sind insbesondere die unterscheidungskräftigen und dominierenden Elemente der sich gegenüberstehenden Zeichen zu berücksichtigen.[378] Gerade weil es auf den **Gesamteindruck** für die Beurteilung der Verwechslungsgefahr ankommt, kann die Gegenüberstellung eines zusammengesetzten Zeichens nicht auf die lediglich übereinstimmenden Wörter verkürzt werden, so dass beispielsweise „Leipziger Puppenkiste" nicht verwechselt werden kann mit „Augsburger Pup-

373 BGH GRUR 2004, 779, 782 *Zwilling/Zweibrüder;* BGH GRUR 2000, 875, 877 *Davidoff.*
374 EuGH GRUR 2008, 343, 346, Tz. 63 *Bainbridge;* BGH GRUR 2010, 729, 732, Tz. 40 *MIXI;* BGH GRUR 2000, 608, 609 f *ARD-1;* BGH GRUR 1999, 587, 589 *Cefallone;* BGH GRUR 1999, 240, 241 *Stephanskrone I.*
375 BGH GRUR 1996, 200, 202 *Innovadiclophlont;* BGH GRUR 1996, 777, 778 *JOY.*
376 EuGH GRUR 2007, 700, 701, Tz. 33 *Limonchelo/Limoncello;* BGH GRUR 2010, 833, Tz 20 f. *Malteserkreuz II;* BGH GRUR 2009, 484, 488 Tz 38 *Metrobus;* BGH GRUR 2000, 875, 877 *Davidoff;* BGH GRUR 2000, 608, 609 f *ARD-1.*
377 EuGH GRUR 2008, 343, 345, Tz. 48 *Bainbridge;* EuG GRUR-RR 2009, 420, 422, Tz. 46 *LIBERO/LIBRO;* BGH GRUR 2010, 235, 235, Tz. 15 *AIDA./. AIDU;* BGH GRUR 2010, 642, 644, Tz. 27 f *WM-Marken;* BGH GRUR 2008, 258, 260, Tz. 20 *INTERCONNECT/T-InterConnect;* BGH GRUR 2008, 1002, 1004, Tz. 23 *Schuhpark;* BGH GRUR 2000, 608, 609 f *ARD-1;* BGH GRUR 1999, 587, 589 *Cefallone;* BGH GRUR 1999, 240, 241 *Stephanskrone I;* OLG Hamburg GRUR-RR 2008, 50, 53 *Fußball WM 2006.*
378 EuGH Urt. v. 24.6.2010, C-51/09 P, BeckRS 2010, 90778, Tz. 32 ff. *Barbara Becker;* EuGH Urt. v. 3.9.2009, C-498/07 P, Tz. 60, BeckRS 2009, 70911 *La Española;* EuGH GRUR 2008, 343, 344, Tz. 33 *Bainbridge;* EuGH GRUR 2007, 700, 701, Tz. 35 *Limoncello;* BGH GRUR 2009, 484, 486, Tz. 25 *Metrobus;* BGH GRUR 2008, 1002, 1004, Tz. 23 *Schuhpark.*

penkiste", denn eine Verkürzung auf den übereinstimmenden Wortbestandteil „Puppenkiste" bringt nicht das Charakteristische des Zeichens zum Ausdruck.[379]

1208 Das Tatbestandsmerkmal der **Verwechslungsgefahr aufgrund gedanklicher Verbindung** („einschließlich der Gefahr, dass die Marken gedanklich miteinander in Verbindung gebracht werden"), ist nicht vollständig deckungsgleich mit den unter Geltung des WZG entwickelten Grundsätzen zur mittelbaren Verwechslungsgefahr und zur Verwechslungsgefahr im weiteren Sinne;[380] es stellt auch keine Alternative zum Begriff der Verwechslungsgefahr dar,[381] sondern soll lediglich dessen Umfang genauer bestimmen und ist nicht anwendbar, wenn für das Publikum keine Verwechslungsgefahr besteht.[382] Deshalb reicht auch eine rein assoziative gedankliche Verbindung, die der Verkehr über die Übereinstimmung des Sinngehalts zweier Marken zwischen diesen herstellen könnte, für sich genommen nicht aus, um eine Verwechslungsgefahr unter dem Gesichtspunkt der gedanklichen Verbindung zu begründen.[383] **Der BGH fasst daher unter die Verwechslungsgefahr aufgrund gedanklicher Verbindung zunächst nur die mittelbare Verwechslungsgefahr unter dem Aspekt des Serienzeichens und die Verwechslungsgefahr im weiteren Sinne,**[384] zB weil ein irgendwie gearteter wirtschaftlicher Zusammenhang zwischen einem Weinanbieter und einem Mineralwasserhersteller vermutet oder für möglich gehalten wird.[385] Des Weiteren kommt eine Verwechslungsgefahr wegen gedanklicher Verbindung wohl nur in Betracht, wenn sich für maßgebliche Teile des Verkehrs eine Beziehung unter den Marken aufdrängt.[386]

1209 Die notwendige umfassende Beurteilung der Verwechslungsgefahr führt zu einer **Wechselwirkung** zwischen den in Betracht kommenden **3 Faktoren**, nämlich

- der **Kennzeichnungskraft der älteren Marke,**
- der **Ähnlichkeit der Waren oder Dienstleistungen** und
- der **Ähnlichkeit der Marken,**

so dass ein geringer Grad der Ähnlichkeit der gekennzeichneten Waren oder Dienstleistungen durch einen höheren Grad der Ähnlichkeit der Marken ausgeglichen werden

---

379 BGH GRUR 2009, 772, 774, Tz. 32 f und 776, Tz. 50, 57 ff. *Augsburger Puppenkiste*; ähnlich auch *METRO* und *HVV Metrobus* BGH GRUR 2009, 484, 487, Tz. 30 ff. *Metrobus.*

380 AA die Gesetzesbegründung zu § 9 in Bl.f.PMZ 1994 Sonderheft, 65 und, unter Berufung hierauf, BPatG GRUR 1995, 416, 417 *Rebenstolz.*

381 EuGH GRUR Int. 1999, 734, 736, Tz. 17 *Lloyd.*

382 EuGH GRUR 1998, 387, 389, Tz. 18 *Springende Raubkatze*; daher nicht ganz genau abgegrenzt von BGH GRUR 2009, 484, 488, Tz. 38 *Metrobus*, der mittelbare Verwechslungsgefahr bei Serienzeichen mit dem gedanklichen Inverbindungbringen gleichsetzt.

383 EuGH GRUR 1998, 387, 389, Tz. 26 *Springende Raubkatze*; HABM-BK R 301/2005-2, 19.5.2006, Tz. 31 und 35 *Nike/D'Nikers*; BGH GRUR 2006, 859, 860 f, Tz 18 f. *Malteserkreuz*; BGH GRUR 1999, 240, 241 *Stephanskrone I.*

384 BGH GRUR 2002, 171, 175 *Marlboro-Dach*; BGH GRUR 2000, 608, 609 f *ARD-1*; BGH GRUR 1999, 240, 241 *Stephanskrone I*; EuGH GRUR 2008, 343, 344, Tz. 23 ff und 48 f und insbesondere Tz. 62 f. *Bainbridge.*

385 EuGH GRUR 2008, 343, 346 Tz 63 f. *Bainbridge*; BGH GRUR 2001, 507, 509 *EVIAN/REVIAN.*

386 BGH GRUR 2009, 772, 777, Tz. 69 f. *Augsburger Puppenkiste* Verwechslungsgefahr im weiteren Sinne zwischen „Leipziger Puppenkiste" und „Augsburger Puppenkiste" verneint; BGH GRUR 2008, 903, Tz. 33 f. *Sierra Antiguo*; BGH GRUR 1999, 735, 737 *MONOFLAM/POLYFLAM.*

kann und umgekehrt.[387] Eine Verwechslungsgefahr ist jedenfalls dann zu verneinen, wenn eines der Tatbestandsmerkmale der Marken- oder Waren-/Dienstleistungsähnlichkeit gänzlich fehlt, so dass zur Annahme einer Verwechslungsgefahr genügen kann, wenn Marken und Waren/Dienstleistungen jeweils geringfügig ähnlich sind.[388] Eine Verneinung kommt ferner dann in Betracht, wenn Produktähnlichkeit und Zeichenähnlichkeit nach Klang und Schriftbild zwar gegeben sind, aber der Sinngehalt eines der gegenüberstehenden Zeichen klar und eindeutig ein anderer ist, zB *Aida* als Bezug zu der gleichnamigen Oper von Verdi gegenüber dem Zeichen *Aidu* ohne Bedeutungsinhalt.[389]

Im Rahmen der Beurteilung der Verwechslungsgefahr ist die **Richtung der Verwechs-** **1210** **lung** unerheblich. Es spielt also keine Rolle, ob der Verbraucher die jüngere Marke mit der älteren verwechselt oder umgekehrt die ältere mit der jüngeren. Denn gemäß § 14 Abs. 2 Nr. 2 MarkenG bzw Art. 9 Abs. 1 lit. b GMV genießt eine Marke Schutz vor Verwechslungsgefahr einschließlich der Gefahr, dass das Zeichen mit der Marke gedanklich in Verbindung gebracht wird. Das MarkenG schränkt also die Art der Gefahr von Verwechslungen nicht ein. Der Markeninhaber hat damit Anspruch darauf, dass seine Marke vor Verwechslungen – gleich in welcher Richtung – geschützt wird; bei bestehender Verwechslungsgefahr kommt es allein auf den Grundsatz der Priorität (§ 6 MarkenG; Artt. 29 ff GMV; vgl Rn 1090 ff) an. Dass es auf die Richtung der Verwechslung bei Beurteilung der Frage, ob eine Verwechslungsgefahr besteht, nicht ankommt, bestätigt die Rechtsprechung des EuGH, nach der die Hauptfunktion der Marke darin besteht, dem Verbraucher die Ursprungsidentität der durch die Marke gekennzeichneten Ware oder Dienstleistung zu garantieren, in dem sie ihm ermöglicht, die Ware oder Dienstleistung ohne Verwechslungsgefahr von Waren oder Dienstleistungen anderer Herkunft zu unterscheiden; nur so könne die Marke ihre Aufgabe als wesentlichen Bestandteil eines Systems eines unverfälschten Wettbewerbs erfüllen.[390]

Beispiel: Ein bestimmter Mobilfunk-Tarif wird mit der älteren Marke *CITY PLUS* bezeichnet, also ohne einen Hinweis auf das Netz, in dem dieser Tarif gilt. Ein Mitbewerber verwendet ebenfalls für einen Mobilfunk-Tarif die Bezeichnung *D2-BESTCITY PLUS*. Die beteiligten Verkehrskreise, die den mit der älteren Marke *CITY PLUS* gekennzeichneten Tarif kennen und dieses Produkt nicht notwendig fest mit der Inhaberin der älteren Marke verbinden, werden mutmaßlich die ältere Marke *CITY PLUS* dem Anbieter des mit dem jüngeren Zeichen gekennzeichneten Tarifes *D2-BESTCITY PLUS* zuordnen.[391]

---

387 EuGH GRUR 2006, 413, 414, Tz. 19 ff *ZIRH/SIR*; EuGH GRUR Int. 1999, 734, 736, Tz. 19-23 *Lloyd*; EuGH GRUR Int. 1998, 922, 923, Tz. 17 *Canon*; BGH GRUR 2010, 235, 235, Tz. 15 *AIDA./. AIDU*; BGH GRUR 2010, 642, 644, Tz. 27 ff *WM-Marken*; BGH GRUR 2010, 729, 731, Tz. 23 *MIXI*; BGH GRUR 2008, 258, 260, Tz. 20 *INTERCONNECT/T-InterConnect*; BGH GRUR 2009, 484, 486, Tz. 23 *Metrobus*; BGH GRUR 2004, 239, 239 *Donline*; BGH GRUR 2004, 235, 237 *Davidoff II*; BGH GRUR 2003, 1044, 1045 *Kelly*; BGH GRUR 2003, 428, 431 f. *Big Bertha*; BGH GRUR 2002, 171, 173 *Marlboro-Dach*; BGH GRUR 2002, 65, 67 *Ichthyol*; BGH GRUR 2001, 164, 165 *Wintergarten*; BGH GRUR 2000, 1031, 1031 *Carl Link*; BGH GRUR 2000, 888, 889 *MAG LITE*; BGH GRUR 2000, 883, 884 *Pappagallo*; BGH GRUR 2000, 875, 876 *Davidoff*; BGH GRUR 2000, 605, 606 *Comtes/Comtel*; BGH GRUR 2000, 603, 604 *Ketof/ETOP*; BGH GRUR 2000, 506, 508 *ATTACHÉ/TISSERANT*; BGH GRUR 1999, 731, 732 *Canon II*; BGH GRUR 1993, 118, 119 *Corvaton/Corvasal*; OLG Hamburg GRUR-RR 2008, 50, 53 *Fußball WM 2006*.
388 BGH GRUR 1999, 245, 246 *LIBERO*.
389 BGH GRUR 2010, 235, 236, Tz. 19 ff *AIDA./. AIDU*.
390 EuGH GRUR Int. 2003, 229, 233, Tz. 48 *Arsenal*.
391 BGH GRUR 2003, 880, 882 *City Plus*.

1211 Im Markenverletzungsverfahren ist grundsätzlich von der abstrakten Markenfähigkeit (§ 3 MarkenG; Art. 4 GMV) sowie der absoluten Schutzfähigkeit (§ 8 MarkenG; Art. 7 GMV) einer eingetragenen Marke auszugehen. Die Verletzungsgerichte sind insoweit an die erfolgte Eintragung gebunden; fehlende Markenfähigkeit oder mangelnde Schutzfähigkeit können bei einer nationalen Marke allein gem. § 54 Abs. 1 MarkenG durch einen Löschungsantrag beim Deutschen Patent- und Markenamt geltend gemacht werden.[392] Dies gilt allerdings nicht, sofern nicht die Schutzfähigkeit der angreifenden Marke insgesamt in Frage steht, sondern lediglich hinsichtlich einzelner Bestandteile: Deren Schutzfähigkeit haben die Verletzungsgerichte sehr wohl zu überprüfen, weil aus einzelnen Bestandteilen einer Marke, die nicht schutzfähig sind, keine Rechte hergeleitet werden können.[393] Zu beachten ist ferner § 22 Abs. 1 Nr. 2 MarkenG: Wenn die Löschungsreife der prioritätsälteren Marke wegen Schutzunfähigkeit im Löschungsverfahren vor dem Deutschen Patent- und Markenamt nicht mehr geltend gemacht werden kann, weil die 10-Jahresfrist hierfür gemäß § 50 Abs. 2 Satz 2 MarkenG bereits abgelaufen ist oder ein absolutes Schutzhindernis im Zeitpunkt der Veröffentlichung der prioritätsjüngeren Marke noch bestand, später jedoch weggefallen ist, so dass ein Löschungsantrag gemäß § 50 Abs. 2 Satz 1 MarkenG erfolglos bleiben muss, kann auf einen entsprechenden Einwand des Inhabers der jüngeren Marke vom Verletzungsgericht doch die ursprüngliche Schutzunfähigkeit der prioritätsälteren Marke zu berücksichtigen sein.[394] Im Gemeinschaftsmarkenrecht fehlt eine entsprechende Regelung, weil nach der GMV eine zeitliche Befristung wie in § 50 Abs. 2 S. 2 MarkenG für die Stellung eines Löschungsantrages wegen absoluter Schutzhindernisse nicht besteht.

1212 Im Rahmen der Verwechslungsprüfung kann auch **Meinungsforschungsgutachten** eine indizielle Bedeutung zukommen. Meinungsforschungsgutachten zur Frage der Verwechslungsgefahr haben in der Rechtsprechung zwar bislang nur eine untergeordnete Rolle gespielt, weil der BGH in ständiger Rechtsprechung davon ausgeht, dass die Beurteilung der Frage, ob eine Verwechslungsgefahr vorliegt, eine Rechtsfrage ist, die der BGH aus eigener Sachkunde auch unabhängig von den Feststellungen des Tatrichters entscheiden kann.[395] Jedoch ist in der Rechtsprechung des BGH daneben auch anerkannt, dass die Ergebnisse einer Meinungsumfrage, aus denen sich tatsächlich vorkommende Verwechslungen ergeben, in die Erwägungen zur Beurteilung der Verwechslungsgefahr mit einzubeziehen sind und ihnen eine indizielle Bedeutung für das Bestehen einer solchen Gefahr zukommen kann.[396] Außerdem hat der BGH entschieden, dass insbesondere die tatsächliche Grundlage für die Beurteilung der Verwechslungsgefahr im weiteren Sinne, zwischen zwei Unternehmen bestünden aufgrund einer bestimmten Markenverwendung wirtschaftliche Zusammenhänge (vgl Rn 1206), eine Überprüfung in tatsächlicher Hinsicht notwendig mache, die ohne Beweiserhebung

---

392 BGH GRUR 2003, 1040, 1041 f. *Kinder*; GRUR 2002, 814, 815 *Festspielhaus*; BGH GRUR 2000, 888, 889 *MAG LITE*; OLG Jena GRUR 2000, 435, 435 *Wartburg*.
393 BGH GRUR 2003, 792, 793 *Festspielhaus II*; BGH GRUR 2002, 814, 815 *Festspielhaus*; BGH GRUR 2000, 888, 889 *MAG LITE*.
394 BGH GRUR 2003, 1040, 1042 *Kinder*.
395 BGH GRUR 2007, 1066, 1068, Tz. 23 *Kinderzeit*; BGH GRUR 2008, 714, 717, Tz. 42 *idw*; BGH NJW-RR 1993, 553, 554 *Appetito/ Appitta*; BHG GRUR 1992, 110, 111 *Dipal/ Dib*.
396 BGH GRUR 1992, 48, 52 *frei öl*.

über Vorstellungen des Verkehrs nicht möglich erscheine.[397] Diese Ansatzpunkte des BGH sind auch durchaus konsequent. Selbst wenn es sich bei der Verwechslungsgefahr um einen Rechtsbegriff handelt, bestehen dafür doch tatsächliche Grundlagen, weil nicht auf irgendwelche Ähnlichkeiten zwischen zwei Marken abzustellen ist, sondern es entscheidend darauf ankommt, dass die beteiligten Verkehrskreise zwei Marken aufgrund bestehender Ähnlichkeiten miteinander verwechseln.[398] Bildet aber die Verkehrsauffassung letztendlich die Grundlage für die Beurteilung der Verwechslungsgefahr, muss eine durch ein Meinungsforschungsgutachten belegte tatsächliche Verwechslungsquote auch zumindest indiziell in die Beurteilung der Verwechslungsgefahr einfließen, auch wenn dies nicht im Sinne der Erbringung eines Beweises zu verstehen ist.[399] Ob eine Marke gem. § 14 Abs. 2 Nr. 3 MarkenG als bekannte Marke zu behandeln ist, ist zwar ebenfalls so eine Rechtsfrage; auch diese Rechtsfrage hat aber natürlich eine Tatsachengrundlage, bei der nicht nur Umsatzzahlen, Werbeaufwand, Verbreitung, Dauer der Nutzung und Marktanteil zur Bestimmung beitragen, sondern auch mittels Umfrageergebnissen die Bekanntheit bei dem maßgeblichen Verkehrskreisen in Prozentsätzen ermittelt wird (vgl Rn 1257).

2. Prüfungsreihenfolge

Zur Prüfung erscheint es am sinnvollsten, **zunächst die Kennzeichnungskraft** der älteren Marke festzustellen, weil sie stets die Grundlage für den weiteren Beurteilungsmaßstab bildet.[400] **Anschließend** sollte festgestellt werden, ob es im Bereich der Marken oder der **Waren bzw Dienstleistungen** identische Übereinstimmungen gibt. Liegen nämlich normale Kennzeichnungskraft der älteren Marke und Warenidentität vor, ist bei der Prüfung, ob durch eine markenrechtliche Ähnlichkeit der angegriffenen Marke eine Verwechslungsgefahr begründet wird, ein strenger Maßstab anzulegen.[401] Umgekehrt kann bei identischen sich gegenüberstehenden Marken, deren Kennzeichnungskraft besonders ausgeprägt ist, eine Verwechslungsgefahr nur verneint werden, wenn die einander gegenüberstehenden Waren/Dienstleistungen untereinander absolut unähnlich sind.[402] Sind sowohl Marken als auch Waren bzw Dienstleistungen nicht identisch, bleibt nur, unter Abwägung der jeweiligen Ähnlichkeitsgrade auf der Basis der Kennzeichnungskraft der älteren Marke festzustellen, ob die beteiligten Verkehrskreise die Marken miteinander verwechseln oder nicht. Scheidet eine unmittelbare Verwechslungsgefahr aus, zB wegen unterdurchschnittlicher Kennzeichnungskraft trotz Warenidentität und weil die Zeichenübereinstimmung zu gering ist, so ist nachfolgend in den Fällen von zusammengesetzten Zeichen, die in einem Bestandteil übereinstimmen, an die Verwechslungsgefahr unter dem Aspekt des Serienzeichens zu denken. Denn der

1213

---

397 BGH GRUR 1990, 68, 69 *Vogue-Ski*.
398 Fezer § 14 MarkenG Rn 83; Hasselblatt/Eichmann § 8 Rn 46.
399 Siehe im Übrigen weitere Einzelheiten bei Hasselblatt/Eichmann § 8 Rn 46 ff.
400 Vgl insoweit nur BGH GRUR 2002, 171, 173 f und 175 *Marlboro-Dach*.
401 BGH GRUR 2000, 506, 508 *ATTACHÉ/TISSERAND*; BGH GRUR 1999, 990, 991 *Schlüssel*; BGH GRUR 1999, 241, 243 *LIONS*; BGH GRUR 1998, 1014, 1014 *ECCO II*.
402 BGH GRUR 2003, 428, 431 *Big Bertha*; BGH GRUR 1999, 731, 732 *Canon II*; BGH GRUR 1999, 158, 160 *Garibaldi*.

Verkehr könnte wegen des übereinstimmenden Teiles die Bezeichnung demselben Inhaber zuordnen und so ein gedankliches Inverbindungbringen erzeugen.[403]

1214 Das **Harmonisierungsamt** hat im übrigen im Dezember 2010 ein neues „**Standardformat**" zur Abfassung von Entscheidungen in markenrechtlichen Widerspruchsangelegenheiten veröffentlicht;[404] danach gilt für Widerspruchsentscheidungen des Harmonisierungsamtes der folgende Aufbau:

1. Vergleich der Waren und Dienstleistungen;
2. Vergleich der sich gegenüberstehenden Zeichen;
3. Dominante und kennzeichnungskräftige Elemente in den Zeichen;
4. originäre und gesteigerte Kennzeichnungskraft des älteren Zeichens;
5. relevante Verkehrskreise und der Grad der Aufmerksamkeit;
6. Gesamtbetrachtung und Ermittlung des Bestehens einer Verwechslungsgefahr.

Wer ein Widerspruchsverfahren vor dem Harmonisierungsamt zu führen hat, sollte sich nach Möglichkeit an diesem Aufbau orientieren.

3. Kennzeichnungskraft

1215 Die **Kennzeichnungskraft** einer Marke bestimmt ihren Schutzumfang: **Verwechslungsgefahr liegt umso eher vor, je größer sich die Kennzeichnungskraft der älteren Marke darstellt, so dass Marken, die von Haus aus oder wegen ihrer Bekanntheit auf dem Markt eine hohe Kennzeichnungskraft besitzen, einen umfassenderen Schutz haben als Marken, deren Kennzeichnungskraft geringer ist.**[405]

1216 Sind Marken eng an beschreibende Angaben angelehnt und nur wegen einer geringfügigen Veränderung gegenüber der Originalangabe als Marke eingetragen worden, besitzen sie von Hause aus eine geringe Kennzeichnungskraft und entsprechend auch einen eng zu bemessenden Schutzumfang.[406]

Beispiele: „South Africa 2010", „Fußball WM 2006" oder „Germany 2006";[407] micro focus,[408] MIXI,[409] INTERCONNECT.[410]

1217 Eine unterdurchschnittliche Kennzeichnungskraft oder geringe Kennzeichnungskraft einer älteren Marke führt allerdings noch nicht zur Verneinung der Verwechslungsgefahr, weil sonst andernfalls immer ähnliche oder identische Zeichen des verwechslungsfähigen dominierenden Bestandteils eingetragen werden könnten – dies sieht das Markenrecht allerdings nicht vor. Denn auch eine Abänderung durch Hinzufügen oder Weglassen von Bestandteilen unter Beibehaltung des prägenden Bestandteils kann zur Verwechslung über die betriebliche Herkunft führen, ohne dass eine vollständige Re-

---

403 BGH GRUR 2010, 729, 732, Tz. 40 *MIXI*.
404 Newsletter 12-2010 des Harmonisierungsamtes für den Binnenmarkt vom 15. Dezember 2010.
405 EuGH Urt. 3.9.2009, C-498/07 P, BeckRS 2009, 70911, Tz. 54 f, 64 ff. *La Española*; EuGH GRUR Int. 1999, 734, 736, Tz. 20-22 *Lloyd*; EuGH GRUR 1998, 922, 923, Tz. 18 *Canon*; BGH GRUR 2010, 642, 644, Tz. 27 f *WM-Marken* und vorhergehend OLG Hamburg GRUR-RR 2008, 50, 53 *Fußball WM 2006*.
406 EuG GRUR Int. 2006, 599, 602,Tz. 63 ff. *Echinaid/Echinacin*; BGH GRUR 2003, 963, 965 *AntiVir/ Anti-Virus*.
407 BGH GRUR 2010, 642, 644, Tz. 27 f *WM-Marken* und vorhergehend OLG Hamburg GRUR-RR 2008, 50, 53 *Fußball WM 2006*.
408 EuGH Beschl. v. 11.4.2008, C-344/07, BeckRS 2008, 70630, Tz. 21 und 53 f, *micro focus/FOCUS*.
409 BGH GRUR 2010, 729, 731, Tz. 27 f *MIXI* für Küchengeräte.
410 BGH GRUR 2008, 258, 260, Tz. 24 *INTERCONNECT/T-InterConnect*.

produktion der älteren Marke vorliegen muss.[411] Dies kommt vor allem bei Wort-Bildmarken in Betracht. Die Kennzeichnungskraft einer Marke kann entweder auf ihrer besonderen Eigenart oder Einprägsamkeit oder auf ihrer Bekanntheit beruhen.[412] Je bekannter ein Zeichen ist, umso mehr hat es sich dem Verkehr eingeprägt. Hier liegt der eigentliche Grund für das Erfordernis der Verkehrsdurchsetzung der nicht unterscheidungskräftigen oder freihaltebedürftigen Marken (§ 8 Abs. 3 MarkenG; Art. 7 Abs. 3 GMV): Eine solche Marke braucht eine gewisse Verkehrsdurchsetzung, um erst einmal unterscheidungskräftig zu werden und so auf gleiche Startbedingungen mit den schon ihrer Art nach durchschnittlich kennzeichnungskräftigen Zeichen zu kommen; sodann werden beide Zeichen gleichmäßig bewertet.[413]

Für die Beurteilung der Kennzeichnungskraft sind insbesondere die folgenden Umstände zu berücksichtigen: **1218**

- ursprüngliche Unterscheidungskraft,
- beschreibende Elemente der Marke,
- Marktanteil, den der Markeninhaber für die mit der Marke gekennzeichneten Waren oder Dienstleistungen besitzt,
- Intensität, geografische Reichweite und Dauer der Benutzung,
- Werbeaufwand für die mit der Marke gekennzeichneten Waren oder Dienstleistungen,
- beteiligte Verkehrskreise, die die Waren erwerben oder Dienstleistungen in Anspruch nehmen,
- aber auch Erklärungen von Industrie- und Handelskammern sowie von anderen Berufsverbänden.[414]

Einer Marke kommt **grundsätzlich normale Kennzeichnungskraft** zu,[415] soweit keine   **1219** Anhaltspunkte für eine ursprüngliche Kennzeichnungsschwäche ersichtlich sind und auch der Inhaber der älteren Marke sich nicht auf eine durch intensive Benutzung gestärkte Kennzeichnungskraft seiner Marke berufen hat.[416] Zur Beurteilung der Kennzeichnungskraft einer zusammengesetzten Marke kann es einmal auf den Gesamteindruck ankommen, aber auch auf die das zusammengesetzte Zeichen prägenden Bestandteile. Der EuGH stellt maßgeblich auf den Gesamteindruck ab, während der BGH zum Teil Bestandteile einer Marke herausgreift, wenn diese eine selbständig kennzeich-

---

411 EuGH Beschl. v. 11.4.2008, C-344/07, BeckRS 2008, 70630, Tz. 21, 54 *micro focus/FOCUS*.
412 EuGH GRUR 2008, 343, 345, Tz. 50 *Bainbridge*; EuGH GRUR Int. 1999, 734, 736, Tz. 22 f. *Lloyd*; BGH GRUR 2009, 484, 487, Tz. 29 *Metrobus* „Metro" erlangt nur durchschnittliche Kennzeichnungskraft, die durch die Bekanntheit gesteigert ist.
413 EuGH GRUR Int. 2009, 917, 919, Tz. 42 ff *PURE DIGITAL* stellt hierbei klar, dass die Verkehrsdurchsetzung vor dem Anmeldetag durch Benutzung erworben sein muss; BGH GRUR 2002, 171, 173 *Marlboro-Dach*: Infolge Verkehrsdurchsetzung eingetragene Bildzeichen besitzen von Hause aus normale Unterscheidungs- und damit Kennzeichnungskraft.
414 EuGH GRUR Int. 1999, 734, 736, Tz. 23 *Lloyd*.
415 BGH GRUR 2000, 1031, 1032 *Carl Link*; BGH GRUR 1999, 990, 991 *Schlüssel*; BGH GRUR 1993, 118, 120 *Corvaton/Corvasal*; OLG Frankfurt WRP 1995, 231, 232 *ran*; OLG Köln GRUR 1995, 490, 491 *Staurodorm/Stadadorm*.
416 BGH GRUR 2000, 1031, 1032 *Carl Link*; BGH GRUR 1999, 990, 991 *Schlüssel*; BGH GRUR 1993, 118, 120 *Corvaton/Corvasal*.

nende Stellung aufweisen.[417] Dies kommt vor allem bei bekannten Marken in Betracht, so dass eine Kombination aus bekannter Marke und weiterem Bestandteil zu einem zusammengesetzten Zeichen dazu führen kann, dass der Verkehr nach wie vor darin die Herstellerangabe und dieselbe Produktkennzeichnung sieht.[418] Kommt bei zusammengesetzten Zeichen keinem der Bestandteile eine prägende Funktion zu, so kann Verwechslungsgefahr abzulehnen sein, weil das jüngere zusammengesetzte Zeichen keinen prägenden Bestandteil übernommen hat und somit letztendlich der Verkehr die Marken nicht verwechselt.[419]

1220 **Ihrer Art nach schwach** sind solche Marken, denen geringe Unterscheidungskraft zukommt, zB weil sie sich an eine beschreibende Angabe oder Gattungsbegriffe (zB Post) anlehnen; Zeichen mit normaler Kennzeichnungskraft können auch schwach werden, zB wenn identische oder ähnliche Drittzeichen bestehen und benutzt werden.[420] Deshalb spielen Drittzeichen, die **nur in der Markenrolle eingetragen** sind, aber nicht benutzt werden, bei der Beurteilung der Kennzeichnungskraft durchaus eine Rolle: Wenn nämlich eine Vielzahl von Marken für gleiche oder ähnliche Waren eingetragen worden sind, ohne dass ihre Inhaber gegen jüngere Marken eingeschritten sind, kann dies ein wichtiger Anhaltspunkt dafür sein, dass es sich um nahe liegende, verbrauchte Wortbildungen von geringer Originalität handelt.[421] **Durch intensive Benutzung** bis zum Zeitpunkt der Inbenutzungnahme der angegriffenen Bezeichnung wird die **Kennzeichnungskraft der älteren Marke von Rechts wegen gestärkt**, so dass sie von ursprünglich schwacher zu normaler Kennzeichnungskraft oder von normaler zu erheblicher Kennzeichnungskraft erstarken kann.[422] Marken, die von Hause aus gar nicht unterscheidungskräftig sind, sondern ihre Schutzfähigkeit erst durch Verkehrsdurchsetzung nach § 8 Abs. 3 MarkenG bzw Art. 7 Abs. 3 GMV erhalten haben, erstarken nur zu höchstens normaler Kennzeichnungskraft.[423]

Beispiele: *Telekom* für Telekommunikationsdienstleistungen[424] oder *Kinder* für Schokolade.[425]

1221 Dies verlangt allerdings nach einer offenkundig besonders langfristigen und intensiven Benutzung der Marke.[426] **Bekannte und berühmte Marken** besitzen normalerweise auch eine hohe Kennzeichnungskraft.[427] Zu beachten ist allerdings, dass eine kraft Benutzung gesteigerte Kennzeichnungskraft bei der Beurteilung der Verwechslungsgefahr

---

417 EuGH, Urteil vom 17.4.2008, C-108/07 P, BeckRS 2008, 70504, Tz. 35 ff *FERRERO/FERRO*; EuGH GRUR 2007, 700, Tz. 35 *Limonchelo/Limoncello*; EuGH GRUR 2005, 1042, 1044, Tz. 28 ff *THOMSON-LIFE*; BGH GRUR 2010, 729, 731, Tz. 31 *MIXI*; BGH GRUR 2008, 1002, 1004, Tz. 23 und 33 *Schuhpark (yello Schuhpark)*; BGH GRUR 2006, 859, 860 f, Tz. 18 ff. *Malteserkreuz*.
418 BGH GRUR 2010, 729, 732, Tz. 34 f *MIXI* im Fall *MIXI* gegenüber *KOHLERMIXI* abgelehnt.
419 BGH GRUR 2008, 903, 904, Tz. 24 ff *SIERRA ANTIGUO / 1800 ANTIGUO*.
420 BGH GRUR 1993, 118, 120 *Corvaton/Corvasal*; OLG Köln GRUR 1995, 490, 491 *Staurodorm/Stada-dorm*.
421 BGH GRUR 1999, 241, 243 *LIONS* (vier solche Marken genügten allerdings nicht); BGH GRUR 1999, 586, 587 *White Lion*.
422 BGH GRUR 2005, 427, 429 *Lila-Schokolade*; BGH GRUR 2004, 239, 239 *Donline*; BGH GRUR 2000, 605, 606 *Comtes/Comtel*; BGH GRUR 1998, 935, 936 *Wunderbaum*.
423 BGH GRUR 2004, 514, 516 *Telekom*; BGH GRUR 2003, 1040, 1043 *Kinder*.
424 BGH GRUR 2004, 514, 516 *Telekom*.
425 BGH GRUR 2007, 1071, 1075, Tz. 55 ff. *Kinder II*; BGH GRUR 2003, 1040, 1043 *Kinder*.
426 EuGH GRUR 1999, 723. 727, Tz. 50 *Chiemsee*; BGH GRUR 2007, 1071, 1075, Tz. 59 *Kinder II*.
427 BGH GRUR 2004, 235, 237 *Davidoff II*; BGH GRUR 2000, 875, 876 *Davidoff*.

nur für die Waren und Dienstleistungen Berücksichtigung finden kann, für die die Marke auch tatsächlich so intensiv benutzt worden ist.[428]

Es ist nur die Kennzeichnungskraft der älteren, angreifenden Marke festzustellen; auf die Kennzeichnungskraft der jüngeren Marke bzw des angegriffenen Zeichens kommt es grundsätzlich nicht an.[429] Auch eine Steigerung der Kennzeichnungskraft des jüngeren Zeichens muss bei der Verwechslungsprüfung außer Acht bleiben.[430] Entscheidend ist vielmehr allein der Prioritätsgrundsatz (§ 6 MarkenG; Artt. 29 ff GMV; vgl Rn 1090 ff).   1222

Beruft sich der Inhaber der älteren Marke auf eine gesteigerte Kennzeichnungskraft, so ist für den in die Zukunft gerichteten Unterlassungsanspruch grundsätzlich auf die letzte mündliche Verhandlung in der Tatsacheninstanz als maßgeblichem Zeitpunkt für die Beurteilung der Kennzeichnungskraft der älteren Marke abzustellen; beansprucht der Inhaber der älteren Marke nach dem MarkenG die Löschung der eingetragenen jüngeren nationalen Marke oder auf Widerspruch die Zurückweisung der jüngeren Gemeinschaftsmarkenanmeldung, ist auf den Zeitpunkt der Anmeldung des jüngeren Zeichens abzustellen.[431]   1223

4. Zeichenähnlichkeit

Die **Ähnlichkeit** der sich gegenüberstehenden Zeichen kann   1224

- schriftbildlich/bildlich (visuell),
- klanglich oder
- aufgrund der **Bedeutung** (begrifflich)

gegeben sein, wobei die Erfüllung eines dieser drei Kriterien genügt.[432] Eine Ähnlichkeit in einem Bereich kann allerdings durch Unterschiede in einem anderen Bereich neutralisiert werden. Entscheidend ist darüber hinaus die Kennzeichnungskraft der älteren Marke, die in den Vergleich und die Gesamtbetrachtung mit einzubeziehen ist.

Die Ähnlichkeit ist grundsätzlich im Hinblick auf die Verwechslungsgefahr auszulegen.[433] Dabei ist hinsichtlich der Ähnlichkeit der betreffenden Marken in Bild, im Klang oder in der Bedeutung **immer auf den Gesamteindruck** abzustellen, den die Marken hervorrufen, weil der Durchschnittsverbraucher die Marke normalerweise als Ganzes wahrnimmt und nicht auf die verschiedenen Einzelheiten achtet;[434] dies gilt auch für   1225

---

428 BGH GRUR 2004, 239, 240 *Donline*.
429 Ingerl/Rohnke § 14 Rn 327, 385.
430 OLG Köln GRUR-RR 2002, 293, 295 *T 3*; OLG Köln GRUR-RR 2002, 290, 294 *T – is money*.
431 BGH GRUR 2003, 1044, 1045 *Kelly*; BGH GRUR 2002, 544, 546 f. *Bank 24*.
432 BGH GRUR 1999, 990, 991 *Schlüssel*; BGH GRUR 1999, 733, 734 *LION DRIVER*; BGH GRUR 1999, 241, 243 *LIONS*; BGH GRUR 1992, 110, 112 *dipa/dib*.
433 Erwägungsgrund 8 GMV 207/2009; Erwägungsgrund 11 Marken-RL 2008/95/EG; EuGH GRUR Int. 2009, 397, 401, Tz. 62 *Obelix./. Mobelix*.
434 EuGH Beschl. v. 11.4.2008, C-344/07, BeckRS 2008, 70630, Tz. 51 f *micro focus/FOCUS*; EuGH GRUR Int. 1999, 734, 736, Tz. 25 *Lloyd*; EuGH GRUR 1998, 922, 923, Tz. 17 *Canon*; EuG GRUR-RR 2009, 420, 422 f, Tz. 47 f *LIBERO/LIBRO*; BGH GRUR 2004, 235, 237 *Davidoff II*; BGH GRUR 2001, 158, 160 *3-Streifen-Kennzeichnung*; BGH GRUR 2001, 164, 165 *Wintergarten*; BGH GRUR 2000, 1031, 1031 *Carl Link*; BGH GRUR 2000, 883, 884 *Pappagallo*; BGH GRUR 2000, 888, 889 *MAG LITE*; BGH GRUR 2000, 605, 606 *Comtes/Comtel*; BGH GRUR 2000, 506, 508 *ATTACHÉ/TISSERANT*; BGH GRUR 1999, 731, 732 *Canon II*; BGH GRUR 1996, 198, 199 *Springende Raubkatze*; BGHZ 127, 262, 265 *Neutrex*; BGH GRUR 1991, 319, 320 *Hurricane*, BGH GRUR 1989, 425, 427 *Herzsymbol* und BGH GRUR 1989, 264, 265 *Reynolds R 1/Ereintz*.

die Beurteilung der Verwechslungsgefahr im weiteren Sinne.[435] Außerdem kann der Durchschnittsverbraucher Marken normalerweise nicht direkt miteinander vergleichen, sondern muss sich auf sein Gedächtnis verlassen.[436] Maßgeblich ist daher nicht so sehr auf die Unterschiede, sondern auf die **Übereinstimmungen** von Marken und Zeichen abzustellen; denn im Erinnerungsbild des Verbrauchers treten regelmäßig die übereinstimmenden Merkmale stärker hervor als die Unterschiede.[437] Bei der Beurteilung des Gesamteindruckes ist weiter zu berücksichtigen, dass der Verkehr den Zeichenanfängen in der Regel mehr Beachtung schenkt als den Zeichenendungen.[438] Erfahrungsgemäß werden dem Verkehr unterscheidungskräftige, insbesondere berühmte Kennzeichnungen eher in Erinnerung bleiben. Solche ihm **bekannte Kennzeichen** wird das angesprochene Publikum deshalb auch eher in einer anderen Kennzeichnung wieder zu erkennen glauben.[439]

1226 Die beteiligten Verkehrskreise nehmen ein Kennzeichen also grundsätzlich in seiner **Gesamtheit mit allen seinen Bestandteilen**, wie es ihm bei der konkreten Verwendung entgegen tritt, auf, ohne es einer analysierenden Betrachtungsweise zu unterziehen. Das gilt bei Wortzeichen, soweit diese in einzelnen Bestandteilen einen mehr oder weniger bestimmten Sinn enthalten, ebenso wie bei reinen Bildzeichen, die, soweit sie auch einen Bedeutungsgehalt vermitteln, hierauf auch nicht teilweise reduziert werden dürfen.[440] Der Gesamteindruck einer Marke kann deshalb auch von an sich beschreibenden Bestandteilen mitgeprägt werden, die bei der Beurteilung der Verwechslungsgefahr nicht von vornherein als rechtlich unbeachtlich behandelt werden dürfen, sondern zur Unterscheidung von zwei Zeichen beitragen können.[441]

1227 Der Grundsatz, dass der Gesamteindruck der beiden sich gegenüberstehenden Zeichen über die Verwechslungsgefahr entscheidet, führt grundsätzlich dazu, dass ein Schutz **eines einzelnen**, aus einer Marke **heraus gelösten Elementes nicht gegeben** ist;[442] denn der markenrechtliche Schutz muss von der eingetragenen Gestaltung der Marke ausgehen, so dass eine Ähnlichkeit der Marke mit einem angegriffenen Zeichen nur in Bezug auf die konkrete Form, in der dieses verwendet wird, festgestellt werden kann.[443] Deshalb kann nicht etwa ein Zeichenbestandteil allein einem anderen Zeichen oder einem Bestandteil des anderen Zeichens gegenübergestellt werden, sondern es ist nur der Gesamteindruck der sich gegenüberstehenden Zeichen entscheidend. Dies gilt

435 BGH GRUR 2000, 608, 610 *ARD-1*; BGH GRUR 2000, 605, 606 *Comtes/Comtel.*
436 EuGH Urt. v. 24.6.2010, C-51/09 P, Tz. 33 ff. *Barbara Becker*; EuGH GRUR Int. 1999, 734, 736, Tz. 26 *Lloyd*; EuG GRUR Int. 2009, 603, 604, Tz. 24 *Barbara Becker*; EuG GRUR Int. 2009, 588, 590, Tz. 30 *Limonchelo./. Limoncello.*
437 BGH GRUR 2004, 235, 237 *Davidoff II*; BGH GRUR 2000, 506, 509 *ATTACHÉ/TISSERAND*; BGH GRUR 1998, 924, 925 *salvent/Salventerol.*
438 EuGH GRUR Int. 2009, 397, 399, Tz. 23 und 62 ff. *Obelix./. Mobelix*; BGH GRUR 2001, 507, 508 *EVIAN/REVIAN*; BGH GRUR 1999, 735, 736 *MONOFLAM/POLYFLAM*; BGH GRUR 1998, 942, 943 *ALKA-SELTZER*; BGH GRUR 1998, 924, 925 *salvent/Salventerol.*
439 BGH GRUR 2001, 158, 160 *3-Streifen-Kennzeichnung.*
440 BGH GRUR 2000, 608, 610 *ARD-1*; BGH GRUR 2000, 506, 509 *ATTACHÈ/TISSERAND*; BGH GRUR 1998, 942, 943 *ALKA-SELTZER.*
441 BGH GRUR 1996, 200, 201 *Innovadiclophlont.*
442 BGH GRUR 1998, 815, 816 *Nitrangin*; BGH GRUR 1996, 198, 199 *Springende Raubkatze*; BGH GRUR 1991, 319, 320 *Hurricane*; BGH GRUR 1976, 353, 354 *Colorboy.*
443 BGH GRUR 2000, 233, 234 *Rausch/Elfi Rauch.*

sowohl für das ältere als auch für das jüngere Zeichen.[444] Die dominierenden stärker kennzeichnenden Teile der Marke sind allerdings besonders in der Abwägung und Gegenüberstellung zu berücksichtigen. Eine Ausnahme von diesem Grundsatz besteht jedoch dann, wenn dem einzelnen Bestandteil **eine besondere, das Gesamtzeichen prägende Kennzeichnungskraft** beigemessen werden kann, so dass bei einer Übereinstimmung mit dem so geprägten Gesamtzeichen Verwechslungsgefahr anzunehmen ist.[445] Voraussetzung hierfür ist, dass das Element schutzfähig ist, eine selbständig kennzeichnende Stellung im Gesamtzeichen besitzt und in seiner Stellung im Gesamtzeichen geeignet ist, die Erinnerung des Verkehrs an das Gesamtzeichen wachzurufen,[446] also anzunehmen ist, dass sich ein beachtlicher Teil des Verkehrs an dem verwechselbaren Bestandteil des Zeichens orientieren wird.[447] Ein von Hause aus nur wenig unterscheidungskräftiger Bestandteil einer jüngeren Marke kann durch die infolge intensiver Benutzung gesteigerte Kennzeichnungskraft der älteren Marke herkunftshinweisende Funktion erhalten und so den Gesamteindruck des jüngeren Zeichens prägen.

Beispiel: Gesteigerte Kennzeichnungskraft der älteren Marke *CITY PLUS*, dadurch Prägung des Gesamteindruckes der jüngeren Marke *D2-BEST CITY PLUS* durch den entsprechenden Bestandteil *CITY PLUS*.[448]

Die bloße Mitprägung des Gesamteindrucks eines Zeichens durch einen Bestandteil 1228 reicht ebenso wenig für die Annahme aus, der Verkehr vernachlässige weitere Zeichenbestandteile in einer Weise, dass sie für den Gesamteindruck weitgehend in den Hintergrund treten, wie die Feststellung, der Gesamteindruck eines Zeichens werde von einem Bestandteil wesentlich mitbestimmt.[449]

Einzelne Bestandteile einer Marke können nur dann unberücksichtigt bleiben, wenn sie 1229 für den Verkehr in einer Weise zurücktreten, dass sie für den Gesamteindruck vernachlässigt werden können.[450] Für die Frage, ob einem einzelnen Bestandteil einer Marke eine ihren Gesamteindruck prägende Wirkung zukommt (**Prägetheorie** des BGH), ist allein die Gestaltung der Marke selbst entscheidend; auf die Frage, wie die gegenüber zu stellende Marke gestaltet ist, kommt es dabei grundsätzlich nicht an.[451] Unter Umständen kann die **selbständig kennzeichnende Stellung** eines Elementes als den Gesamteindruck prägend sich auch daraus ergeben, dass das eine Element von den oder dem anderen räumlich abgesetzt ist.[452] Dass in einer Markengestaltung mehrere kennzeichnungskräftige Elemente vorhanden sind, hindert die Annahme mehrerer selbständig prägender Elemente und damit einen Angriff aus oder gegen nur eines dieser Elemente dann nicht, wenn der Verkehr das Element als eigenständig kennzeichnend wahrnimmt, zB weil er an die Verwendung von Zweitmarken oder sonst an die Beachtung einzelner Elemente eines Kennzeichens gewöhnt ist.[453] So kann insbesondere

---

444 BGH GRUR 2003, 880, 881 *City Plus*; BGH GRUR 1986, 72, 73 *Tabacco d'Harar*.
445 BGH GRUR 2000, 233, 234 *Rausch/Elfi Rauch*; BGH GRUR 1998, 815, 816 *Nitrangin*; BGH GRUR 1998, 52, 53 *EKKO BLEIFREI*; BGH GRUR 1996, 198, 199 *Springende Raubkatze*.
446 BGH GRUR 1996, 198, 199 *Springende Raubkatze* mwN.
447 BPatG Mitt. 1994, 23, 24 *Saint Georges/Creation Georges*.
448 BGH GRUR 2003, 880, 881 f. *City Plus*.
449 BGH GRUR 2003, 880, 881 *City Plus*; BGH GRUR 2000, 233, 234 *Rausch/Elfi Rauch*.
450 BGH GRUR 2000, 233, 234 *Rausch/Elfi Rauch*; BGH GRUR 2000 883, 885 *Pappagallo*.
451 BGH GRUR 2000, 233 f. *Rausch/Elfi Rauch*.
452 BGH GRUR 2002, 171, 175 *Marlboro-Dach*; BGH GRUR 1996, 775, 776 f. *Sali Toft*.
453 BGH GRUR 2002, 171, 174 *Marlboro-Dach*.

einem farblich gestalteten Element eine besondere Merkfunktion zukommen, so dass ein solches Element den Gesamteindruck einer Marke neben einem weiteren, den Gesamteindruck ebenfalls prägenden Element selbständig bestimmen kann.[454] Der EuGH folgt dieser Prägetheorie[455] jedenfalls nicht in allen Einzelheiten und betont regelmäßig, dass der Gesamteindruck entscheidend sei, weil der angesprochene Verkehrskreis die Marke regelmäßig als Ganzes wahrnehme.[456] Allerdings kann sich auch nach der Rechtsprechung des EuGH die Ähnlichkeit von zwei Marken aus der Ähnlichkeit einzelner Elemente ergeben, und zwar dann, wenn das übereinstimmende Element eine **selbständig kennzeichnende Stellung** in dem älteren oder dem jüngeren Zeichen innehat.[457]

1230 **Wird aber der Gesamteindruck durch gleichgewichtige Elemente bestimmt**, kommt die Annahme einer Verwechslungsgefahr bei Übereinstimmung mit nur einem Element nicht in Frage.[458] Lehnen sich Zeichenbestandteile – Wörter oder Bilder – an einen beschreibenden Inhalt an, sind strenge Anforderungen an die Verwechslungsgefahr zu stellen;[459] **aus einem schutzunfähigen Bestandteil können niemals Rechte hergeleitet werden**.[460] Sind in einem Zeichen schutzfähige und schutzunfähige Bestandteile vorhanden, ist davon auszugehen, dass den schutzunfähigen Bestandteilen allenfalls eine untergeordnete Bedeutung im Gesamtzeichen zukommt; prägend ist deshalb in der Regel das schutzfähige Element.[461]

1231 Bei der Bestimmung des Schutzumfanges einer Marke bleiben **nicht schutzfähige Bestandteile** ebenso außer Betracht wie bei dreidimensionalen Marken **nicht markenfähige Elemente**.[462] Wenn beispielsweise der Wort- oder Zahlenbestandteil in einer grafisch ausgestalteten Marke nicht schutzfähig ist, weil er entweder nicht unterscheidungskräftig ist oder einem Freihaltebedürfnis unterliegt, kann lediglich noch allein die besondere grafische Gestaltung den Schutzgegenstand der Marke bestimmen.[463] Dennoch kann der Gesamteindruck einer Marke von einem schutzunfähigen Bestandteil geprägt werden, wenn nämlich ein beachtlicher Teil des Verkehrs die Angabe als Warenkennzeichnung und nicht als beschreibende Angabe auffasst.[464] Auch wenn dies nicht dazu führen kann, dem an sich schutzunfähigen Bestandteil Schutz zuzubilligen, kann dies dazu führen, dass eine jüngere Marke, deren Gesamteindruck durch ein an sich schutzunfähiges Element geprägt wird, als verwechslungsfähig einzustufen ist, weil

---

454 BGH GRUR 2002, 171, 175 *Marlboro-Dach.*
455 BGH GRUR 2006, 859, 860 f, Tz. 18 f. *Malteserkreuz*; und entgegen der Neutralisierungslehre des EuGH BPatG GRUR 2010, 78, 79 (am Ende) *Xxero/Zero*; vgl a. Fezer § 14 MarkenG Rn 426 f und 450 ff.
456 EuGH GRUR 2008, 343, 344, Tz. 33 *Bainbridge*; EuGH GRUR 2005, 1042, 1044, Tz. 28 ff. *Thomson Life.*
457 EuGH GRUR 2005, 1042, 1044, Tz. 28, 33 f., 37 *Thomson Life*; BGH GRUR 2008, 905, 908, Tz. 37 f. *Pantohexal*; BHG GRUR 2008, 258, 261, Tz. 33 *INTERCONNECT/ T InterConnect*; BGH GRUR 2006, 859, 860, Tz. 18 *Malteserkreuz.*
458 BGH GRUR 1998, 942, 943 *ALKA-SELTZER.*
459 BGH GRUR 1996, 198, 200 *Springende Raubkatze*; BGH GRUR 1984, 872, 873 *Wurstmühle.*
460 BPatG GRUR 1992, 607, 609 *FleurCharme* mwN.
461 BGH GRUR 2006, 859, 860 f, Tz. 18 ff. *Malteserkreuz*; BGH GRUR 2008, 909, 910, Tz. 27 *Pantogast*; GRUR 2008, 1002, 1004,Tz. 33 *Schuhpark*; BPatG Mitt. 1994, 23, 24 *Saint Georges/Creation Georges.*
462 BGH GRUR 2001, 1158, 1160 *Dorf MÜNSTERLAND*; BGH GRUR 2000, 888, 889 *MAG LITE.*
463 BGH GRUR 2000, 608, 610 *ARD-1*; BGH GRUR 1999, 238, 239 *Tour de Culture.*
464 BGH GRUR 1998, 930, 931 *Fläminger.*

sich auf Schutzunfähigkeit derjenige nicht berufen kann, der die an sich schutzunfähige Angabe selbst wie eine Marke verwendet.[465]

Stehen sich zwei sehr **kurze Markenwörter** gegenüber, kann schon ein Unterschied in einem Buchstaben ausreichend sein, um eine Verwechslungsgefahr auszuschließen, weil derartige Marken einfacher zu unterscheiden sind; bestehende Unterschiede können allerdings durch eine erhöhte Kennzeichnungskraft der Widerspruchsmarke ausgeglichen werden.   **1232**

Beispiel: BIT und BUD wurden – jeweils für Bier – als verwechslungsfähig angesehen.[466]

Bei Wort-/Bildzeichen gilt der Grundsatz, dass die beteiligten Verkehrskreise sich **eher am Wort- als am Bildbestandteil** orientieren werden, weil das Wort in der Regel die einfachste Form ist, das Zeichen zu bezeichnen;[467] Ausnahmen sind jedoch auch hier möglich, wenn der Bildbestandteil eine eigenständige herkunftshinweisende Bedeutung für den Verkehr entfaltet.[468]   **1233**

Dieser Grundsatz gilt jedoch **nur bei der Prüfung der klanglichen Verwechslungsgefahr**, nicht aber auch bei der Beurteilung der bildlichen, weil eine bildliche Gestaltung die visuelle Wahrnehmung anspricht und normalerweise auch bildliche Elemente im Erinnerungsbild des Verkehrs haften bleiben.[469] Entsprechend können vorhandene klangliche Übereinstimmungen durch die unterschiedliche visuelle und begriffliche Gestaltung neutralisiert werden, so dass eine Verwechslungsgefahr ausscheidet, v.a. wenn die Vermarktungsweise der Produkte auch differiert, so dass die Optik der Marke (zB Schriftbild) im Vordergrund steht.[470]   **1234**

Kommt in einer Marke einer **Anfangs- oder Endsilbe** infolge ihrer häufigen Verwendung auf dem in Betracht zu ziehenden Fachgebiet nur eine geringe Unterscheidungskraft zu, kann der Verkehr gezwungen sein, bei der Begegnung mit einer Kennzeichnung, die diesen Bestandteil enthält, besonders auf die sonstigen Unterschiede zu achten.[471]   **1235**

Bei der Beurteilung der **klanglichen** Ähnlichkeit zwischen zwei Marken ist im Prinzip davon auszugehen, dass zusammengeschriebene Wörter in der Regel auch zusammenhängend ausgesprochen werden, weil die beteiligten Verkehrskreise eben erfahrungsgemäß nicht dazu neigen, Marken in einzelne Bestandteile zu zerlegen.[472] Eine ausnahmsweise andere Beurteilung kann allerdings dann gerechtfertigt sein, wenn die Bekanntheit der älteren Marke die Aussprachegewohnheiten so stark geprägt hat, dass   **1236**

---

465   BGH GRUR 1998, 930, 931 f. *Fläminger.*
466   BGH GRUR 2002, 167, 171 *Bit/Bud.*
467   EuGH GRUR 1998, 387, 390 *Sabèl/Puma*; BGH GRUR 2002, 167, 169 *Bit/Bud*; BGH GRUR 2001, 1158, 1160 *Dorf MÜNSTERLAND*; BGH GRUR 1998, 1014, 1015 *ECCO II*; BGH GRUR 1998, 935, 936 *Wunderbaum*; BGH GRUR 1998, 52, 53 *EKKO BLEIFREI*; BGH GRUR 1996, 198, 200 *Springende Raubkatze*; BGH GRUR 1992, 48, 50 *frei öl*; BGH GRUR 1989, 425, 427 *Herzsymbol.*
468   BGH GRUR 1998, 935, 936 *Wunderbaum*; BGH GRUR 1996, 198, 200 *Springende Raubkatze*; BPatG GRUR 1994, 124, 125 *Billy the Kid.*
469   BGH GRUR 2000, 506, 509 *ATTACHÉ/TISSERAND*; BGH GRUR 1999, 241, 243 *LIONS*; BGH GRUR 1999, 733, 734 *LION DRIVER.*
470   EuGH GRUR 2008, 343, 344 f, Tz. 34 und 36 *Bainbridge.*
471   BGH GRUR 2000, 605, 606 *Comtes/Comtel.*
472   BGH GRUR 2004, 240, 240 f *MIDAS/ MedAS.*

auch die jüngere, an sich zusammengeschriebene Marke in zwei Wörtern ausgesprochen wird.

Beispiele: *T-Online* kann die Aussprache ähnlicher Wörter so stark beeinflussen, dass eine jüngere Wortmarke *Donline* wie D-Online ausgesprochen wird.[473]

Im Ergebnis kommt es auf die Silben, Buchstabenfolge zB Vokale, Länge und Betonung an, so dass ein Klangrhythmus zu erkennen und zu vergleichen ist.

1237 Bei einer **Ähnlichkeit in der Bedeutung**, die sich daraus ergibt, dass bei zwei Marken Bilder benutzt werden, die in ihrem Sinngehalt übereinstimmen, kann eine Verwechslungsgefahr dann bestehen, wenn der älteren Marke entweder von Hause aus oder kraft Verkehrsgeltung eine besondere Kennzeichnungskraft zukommt. Besitzt die ältere Marke keine besondere Verkehrsgeltung und besteht sie aus einem Bild, das wenig verfremdete Phantasie aufweist, reicht die bloße Ähnlichkeit in der Bedeutung nicht aus, um Verwechslungsgefahr zu begründen.[474] Unterschiede sich gegenüberstehender Bezeichnungen werden vom Verkehr wesentlich schneller erfasst, wenn eine der Bezeichnungen einen für jedermann **verständlichen Sinngehalt** aufweist oder es sich um Begriffe der Umgangssprache handelt, so dass dann die Verwechslungsgefahr gemindert oder ausgeschlossen sein kann.[475] Eine bloße **Ähnlichkeit im Motiv** reicht für die Annahme einer Verwechslungsgefahr aufgrund übereinstimmenden Sinngehaltes nicht aus; sie kann aber vorliegen, wenn sich ein fest und eindeutig umrissener Bedeutungsgehalt ergibt, der die notwendige Herkunftsfunktion aufweist.[476] Umgekehrt kann eine bestehende klangliche oder schriftbildliche Verwechslungsgefahr nur ausnahmsweise durch den Sinngehalt einer oder auch von beiden sich gegenüberstehenden Marken ausgeschlossen werden, wenn nämlich einem oder beiden Zeichen ein ohne weiteres erkennbarer konkreter Begriffsinhalt zukommt; dieser muss dann allerdings für jedermann verständlich sein, was beispielsweise bei *MIDAS* und *MedAS* (im Sinne von „medizinisches As") nicht der Fall gewesen ist.[477]

1238 Ob die beteiligten Verkehrskreise dazu neigen, **Marken zu verkürzen**, ist in der Rspr des BGH unklar geblieben. So hat der BGH teilweise argumentiert, der Verkehr neige dazu, Bezeichnungen in einer die Aussprechbarkeit und Merkbarkeit erleichternden Weise zu verkürzen, und zwar normalerweise auf einen charakteristischen Bestandteil, was auch bezüglich der jeweils angegriffenen Bezeichnung gelte.[478] An anderer Stelle hat der BGH aber festgehalten, für den Verkehr bestehe im Allgemeinen kein Anlass zu einer Verkürzung von Markenwörtern.[479] Zutreffend kann von einer Verkürzung jedenfalls um so weniger ausgegangen werden, wenn die Marke aus einem einheitlichen Begriff besteht.[480] Kein Erfahrungssatz besteht dahin, dass sich der Verkehr bei Marken, die aus Vor- und Familiennamen bestehen, regelmäßig an dem Familiennamen als

---

473 BGH GRUR 2004, 239, 239 *Donline.*
474 EuGH GRUR 1998, 387, 389, Tz. 24 f. *Springende Raubkatze.*
475 BGH GRUR 2000, 605, 607 *Comtes/Comtel*; BGH GRUR 1999, 240, 241 *Stephanskrone I.*
476 BGH GRUR 1999, 990, 992 *Schlüssel.*
477 BGH GRUR 2004, 240, 241 *MIDAS/ MedAS.*
478 BGH GRUR 2009, 772, 774 ff, Tz. 28 f und 58 *Augsburger Puppenkiste*; BGH GRUR 2000, 233, 234 *Rausch/Elfi Rauch*; BGH GRUR 2000, 605, 607 *Comtes/Comtel.*
479 BGH GRUR 2009, 772, 774 ff, Tz. 28 f und 58 *Augsburger Puppenkiste*; BGH GRUR 1999, 735, 736 MONOFLAM/POLYFLAM.
480 BGH GRUR 1998, 932, 933 *Meisterbrand.*

prägenden Bestandteil orientiert; vielmehr werden solche Marken in der Regel nicht auf einen Namensbestandteil verkürzt.[481] Inwieweit für den Bekleidungssektor die bisherige Rechtsprechung fortgilt, die von einer Prägung durch den Nachnamensbestandteil ausging,[482] ist offen.

Ist eine **Marke zugleich Firmenkennzeichen** (§ 5 Abs. 2 MarkenG), kann eine kennzeichenrechtlich relevante Verwechslungsgefahr zu bejahen sein, wenn der angesprochene Verkehr die Unternehmen der Parteien zwar als verschieden auseinander hält, aufgrund der Ähnlichkeit der angegriffenen Kennzeichnung aber zu der Annahme gelangt, zwischen den Unternehmen der Parteien bestünden wirtschaftliche oder organisatorische Beziehungen.[483]   **1239**

Enthält eine Marke neben anderen Bestandteilen eine **Unternehmenskennzeichnung**   **1240** oder einen wesentlichen Bestandteil einer Firma, achtet der Verkehr dann, wenn er die Unternehmenskennzeichnung als solche erkennt – zB weil sie bekannt oder aus sonstigen Gründen als solche erkennbar ist – normalerweise zur Produktunterscheidung nicht auf die Unternehmenskennzeichnung, sondern auf die weiteren Markenbestandteile.[484] In solchen Fällen ist dann regelmäßig davon auszugehen, dass der weitere Bestandteil neben der Firma in der Marke eine selbständig kennzeichnende Stellung behält (Vgl Rn 1127 ff);

Beispiele: Ältere Marke LIFE verwechslungsfähig mit jüngerer Marke THOMSON LIFE,[485] ebenso wie ältere Marke PANTO und jüngere Marke Pantohexal.[486]

Ansonsten könnte nämlich beinahe jeder älteren Marke einfach eine Unternehmens-   **1241** kennzeichnung vorangestellt werden, um eine Markenverletzung zu vermeiden. Anders ist dies, wenn der Firmenname als solcher nicht bekannt ist und mit einem kennzeichnungsschwachen weiteren Bestandteil kombiniert wurde.[487] Auf dem **Modesektor** wird demgegenüber den Unternehmenskennzeichen mehr Gewicht im Rahmen der Beurteilung des Gesamteindruckes beigemessen; der Verbraucher kauft Bekleidungsstücke regelmäßig aufgrund der Herstellerangabe, nicht aber aufgrund weiterer Markenbestandteile, so dass hier idR eine Orientierung an der Unternehmenskennzeichnung stattfindet.[488] Im Einzelfall kann eine Prägung des Gesamteindrucks durch ein in der Marke enthaltenes Unternehmenskennzeichen sogar dann gegeben sein, wenn es in der Gesamtmarke größenmäßig stark hinter den weiteren Bestandteilen zurücktritt.[489]

Aus einer (flächigen) **Wort-/Bildmarkeneintragung können auch Ansprüche gegen drei-**   **1242** **dimensionale Warenaufmachungen** hergeleitet werden, weil der markenrechtliche

---

481 BGH GRUR 2000, 1031, 1032 *Carl Link*; BGH GRUR 2000, 233, 234 *Rausch/Elfi Rauch*; BPatG GRUR 2002, 70, 71 f. *Noelle Claris/CLARIS*.

482 Vgl dazu BPatG GRUR 2002, 70, 71 f. *Noelle Claris/CLARIS*.

483 BGH GRUR 2000, 608, 610 *ARD-1*.

484 BGH GRUR 2003, 880, 882 *City Plus*; BGH GRUR 2002, 167, 169 *Bit/Bud*; BGH GRUR 2001, 164, 166 *Wintergarten*; BGH GRUR 1998, 815, 817 *Nitrangin*; BGH GRUR 1999, 583, 585 *LORA DI RECOARO*; BGH GRUR 1998, 1014, 1015 *ECCO II*; BGH GRUR 1998, 942, 942 f *ALKA-SELTZER*; BGH GRUR 1998, 925, 927 *Bisotherm-Stein*; BGH GRUR 1996, 774, 775 *falke-run/LE RUN*; BGH GRUR 1996, 404, 405 f. *Blendax Pep*.

485 EuGH GRUR 2005, 1042, 1044, Tz. 28ff *THOMSON LIFE*.

486 BGH GRUR 2008, 905, 908, Tz. 37 f. *Pantohexal*.

487 BGH GRUR 1998, 927, 929 *COMPO-SANA*.

488 BGH GRUR 1998, 815, 817 *Nitrangin*.

489 BGH GRUR 1996, 406, 407 *JUWEL*.

Schutz zwar von der eingetragenen Gestaltung der Marke auszugehen hat, dies aber nicht eine Verwechslungsgefahr zwischen einer flächenhaften Wort-/Bildmarke und einer dreidimensionalen Gestaltung ausschließt.[490]

5. Waren- und Dienstleistungsähnlichkeit

1243   Der Begriff der **Warenähnlichkeit** ist im Gesetz 1995 neu eingefügt worden; der frühere Warengleichartigkeitsbegriff,[491] der „statisch" war, dh eine Prüfung der Verwechslungsgefahr nur ermöglichte, wenn die statische Grenze der Warengleichartigkeit überschritten war, ist nicht mehr einschlägig, weil mit der Wahl eines neuen Begriffes auch eine Neubestimmung des Schutzbereichs vorgenommen werden sollte.[492] Allerdings kann zur Beurteilung der Waren- und Dienstleistungsähnlichkeit durchaus auch auf Umstände zurückgegriffen werden, die bislang für die Bestimmung des Warengleichartigkeitsbereichs Geltung hatten.[493] Feste Kriterien für die Warenähnlichkeit kann es aber unter dem MarkenG und der GMV nicht geben, weil der **Begriff der Ähnlichkeit auch bezüglich der Waren/Dienstleistungen im Hinblick auf die Verwechslungsgefahr auszulegen** ist.[494] Ob eine Waren- oder Dienstleistungsähnlichkeit vorliegt, bestimmt sich aus der Sicht der Durchschnittsperson des angesprochenen Verkehrskreises.

1244   Ähnlichkeit der Waren/Dienstleistungen liegt vor, wenn das Publikum glauben könnte, dass die betreffenden Waren oder Dienstleistungen **aus demselben Unternehmen** oder gegebenenfalls aus wirtschaftlich miteinander verbundenen Unternehmen stammen.[495] Dies können insoweit konkurrierende Waren- oder Dienstleistungen, aber auch einander ergänzende Produkte sein, zwischen denen ein enger Zusammenhang in dem Sinne besteht, dass das eine Produkt untrennbar bzw unentbehrlich für die Verwendung des anderen Produktes ist,[496] so dass aus diesem Grunde auf dasselbe Unternehmen für diese beiden Produkte als Herkunft geschlossen wird, zB Sporttaschen und T-Shirts oder das Erstellen bzw die Software selbst und die Dienstleistungen der anschließenden Pflege und Aktualisierung.

1245   Außerdem besteht nach ständiger Rechtsprechung die **Hauptfunktion der Marke** darin, dem Verbraucher oder Endabnehmer die **Ursprungsidentität der gekennzeichneten Ware oder Dienstleistung zu garantieren**, in dem sie ihm ermöglicht, diese Ware oder Dienstleistung ohne Verwechslungsgefahr von Waren oder Dienstleistungen anderer Herkunft zu unterscheiden; damit die Marke ihre Aufgabe als wesentlicher Bestandteil des Systems eines unverfälschten Wettbewerbs, das der EU-Vertrag errichten will, erfüllen kann, muss sie Gewähr bieten, dass alle Waren oder Dienstleistungen, die mit

---

490   BGH GRUR 2000, 506, 508 *ATTACHÉ/TISSERAND*.
491   Baumbach/Hefermehl, Warenzeichenrecht, 12. Aufl. 1985, Einl. Rn 36 und § 5 Rn 97 ff mit umfangreichen Nachweisen aus der Rechtsprechung sowie Beispielen. Zur Gleichartigkeit von Waren mit Dienstleistungen vgl BGHZ 107, 71 *Microtronic*.
492   Gesetzesbegründung zu § 9 MarkenG, Bl. fPMZ 1994 Sonderheft, 65 f; BGH GRUR 1995, 216, 219 *Oxygenol II*. AA Kliems GRUR 1995, 198, 203 f und BPatG Mitt. 1995, 250, 251 f. *Sonett*.
493   BGH GRUR 1999, 245, 246 *LIBERO*.
494   EuG GRUR Int. 2009, 143, 144, Tz. 16 ff. *The Coca-Cola Company./.HABM (Mezzo, Mezzomix./. Mezzopane)*; BGH GRUR 1999, 731, 732 *Canon II*; BGH GRUR 1998, 925, 926 *Bisotherm-Stein*.
495   BGH GRUR 1998, 922, 923, Tz. 29 *Canon*; EuG GRUR Int. 2009, 594, 595 f, Tz. 23 *QWEB./. Q2WEB*; BGH GRUR 2004, 241, 243 *GeDIOS*.
496   EuG GRUR Int. 2009, 594, 595 f, Tz. 23 *QWEB./. Q2WEB*.

ihr versehen sind, **unter der Kontrolle eines einzigen Unternehmens** hergestellt oder erbracht worden sind, das für ihre Qualität verantwortlich gemacht werden kann.[497]

Bei der Beurteilung der Ähnlichkeit der betroffenen Waren oder Dienstleistungen sind **alle erheblichen Faktoren** zu berücksichtigen, die das Verhältnis zwischen den Waren oder Dienstleistungen kennzeichnen. Zu diesen Faktoren gehören insbesondere deren Art, Verwendungszweck und Nutzung sowie ihre Eigenart als miteinander konkurrierende oder einander ergänzende Waren oder Dienstleistungen,[498] aber auch die Herstellungs-, Verkaufs- und Angebotsstätten,[499] die stoffliche Beschaffenheit, die Anwendungsweise oder die Vertriebswege.[500] Deshalb können beispielsweise die Marken EVIAN für Mineralwasser und REVIAN für Wein miteinander verwechslungsfähig sein, obwohl Mineralwasser und Wein regelmäßig aus unterschiedlichen Herstellerbetrieben stammen, weil sie im Einzelhandel nebeneinander angeboten und beworben und auch alternativ zueinander oder nebeneinander, teilweise sogar miteinander vermischt konsumiert werden, so dass noch eine gewisse Warenähnlichkeit vorliegt.[501] In einem ähnlichen Fall lehnte allerdings das EuG eine Warenähnlichkeit ab, die dazu führte, dass eine Verwechslungsgefahr trotz einer durchschnittlichen visuellen und klanglichen Ähnlichkeit der Zeichen verneint wurde: *„Mezzo"* und *„Mezzomix"* für alkoholfreie kohlensäurehaltige Getränke und *„Mezzopane"* für Wein[502] waren nicht verwechslungsfähig. Ähnlichkeit kann auch zwischen Programmen (Software) und Datenverarbeitungsgeräten bzw Computern bestehen, da sie sich an ein und dasselbe Publikum richten, häufig dieselben Vertriebswege aufweisen und sich gegenseitig für ihren Einsatz bedingen.[503] **Unerheblich** ist aber beispielsweise, zu welchem Preis die Waren vertrieben werden, welche Assoziationen sie wecken oder welchen Alkoholgehalt sie aufweisen (innerhalb der Gattung der Getränke mit Alkohol).[504]

1246

Für die Beurteilung des Vorliegens einer Dienstleistungsähnlichkeit sind **Art und Zweck der Dienstleistung,** dh der Nutzen für den Empfänger, und gegebenenfalls auch noch die Vorstellung des Verkehrs, dass die Dienstleistungen unter der gleichen Verantwortung erbracht werden, maßgeblich, nicht jedoch die regelmäßige betriebliche Herkunft.[505]

1247

---

497 EuGH GRUR 1998, 922, 923, Tz. 28 *Canon*; BGH GRUR 1999, 731, 733 *Canon II*; BGH GRUR 1999, 496, 497 *TIFFANY*.

498 EuGH GRUR-RR 2009, 356, 358, Tz. 65 *Orange*; EuGH GRUR-RR 2009, 356, 358, Tz. 65 *Mobelix/Obelix*; EuGH Slg 2006, I-4237, Tz. 85 *Sunrider/HABM*; EuGH GRUR 1998, 922, 923, Tz. 23 *Canon*; BGH GRUR 2001, 507, 508 *EVIAN/REVIAN*; BGH GRUR 2000, 883, 884 *Pappagallo*; BGH GRUR 1999, 731, 732 *Canon II*; BGH GRUR 1999, 496, 497 *TIFFANY*.

499 BGH GRUR 1999, 158, 159 *Garibaldi*; BGH GRUR 1998, 925, 926 *Bisotherm-Stein*.

500 EuG GRUR-RR 2009, 420, 423, Tz. 55 und S. 425 Tz. 73 *LIBERO/LIBRO*; BGH GRUR 1999, 245, 246 f *LIBERO*.

501 BGH GRUR 2001, 507, 508 *EVIAN/REVIAN*.

502 EuG GRUR Int. 2009, 143, 145, Tz. 37, 41, 44 und S. 146 ff, Tz. 66 und 79 ff. *Coca-Cola Company./. HABM (Mezzo, Mezzomix./. Mezzopane)*, das EuG sieht sogar einen Warenunterschied zwischen Wein und Bier.

503 EuG GRUR-RR 2009, 420, 423, Tz. 55 und S. 425, Tz. 73 *LIBERO/LIBRO*; EuG Urt. v. 22.3.2007, T-364/05, BeckRS 2008, 70208, Tz. 94 *PAM PLUVIAL*.

504 BGH GRUR 2000, 508 *ATTACHÉ/TISSERAND*; BGH GRUR 1999, 245, 247 *LIBERO*; BGH GRUR 1999, 164, 165 *JOHN LOBB*.

505 BGH GRUR 2001, 164, 165 *Wintergarten*.

1248 Eine Ähnlichkeit kann auch dann bestehen, wenn aus Sicht der beteiligten Verkehrskreise die betreffenden Waren oder Dienstleistungen an **unterschiedlichen Orten** hergestellt oder erbracht werden.[506]

1249 Obwohl **Dienstleistungen** generell weder mit den zu ihrer Erbringung verwendeten **Waren** und Hilfsmitteln noch mit den durch sie erzielten Ergebnissen, soweit sie Waren hervorbringen, als ähnlich zu erachten sind, können doch besondere Umstände die Feststellung einer Ähnlichkeit **zwischen Waren und Dienstleistungen** nahe legen, zB wenn der Verkehr der Fehlvorstellung unterliegt, der Hersteller der Waren, für die die ältere Marke Schutz genießt, biete auch „verwandte" Dienstleistungen an, zB eine Bank auch Software, ein Kamerahersteller als Produzent, Verleiher oder Vorführer von Filmen oder ein Spirituosen- und Getränkehersteller als Dienstleister von „Beherbergung und Verpflegung von Gästen".[507]

6. Beispiele für die Beurteilung der Verwechslungsgefahr durch den EuGH, EuG, BGH und BPatG

1250

Ältere Marke	Jüngeres Zeichen	Kennzeichnungskraft	Waren/ Dienstleistungsähnlichkeit	Zeichenähnlichkeit	Ergebnis
AIDA für Reisedienstleistungen/ Veranstaltungen	**AIDU** für Reisen (Internetreiseportal)	Durchschnittlich	Hoch	Ähnlich in Klang und Schrift, aber nicht übereinstimmender Sinngehalt (Bedeutung)	Keine Verwechslungsgefahr[508]
ANTIVIR für „Datenverarbeitungsprogramme"	**ANTIVIRUS** auf Software-Verpackung	Gering	Identität	Nein, wegen enger Anlehnung an beschreibende Angabe	Nicht verwechslungsfähig[509]

---

506 EuGH GRUR 1998, 922, 923, Tz. 30 *Canon*.
507 BGH GRUR 2004, 241, 243 *GeDIOS*; BGH GRUR 2000, 883, 884 *Pappagallo*; BGH GRUR 1999, 586, 587 *White Lion*; BGH GRUR 1999, 731, 733 *Canon II*.
508 BGH GRUR 2010, 235, 235, Tz. 15 ff *AIDA/AIDU*.
509 BGH GRUR 2003, 963, 964 f. *AntiVir/ AntiVirus*.

Ältere Marke	Jüngeres Zeichen	Kennzeich-nungskraft	Waren/ Dienstleis-tungsähn-lichkeit	Zeichen-ähnlichkeit	Ergebnis
ARD-1 (grafisch ge-staltet) u.a. für „Sen-dung und Weitersen-dung von Rundfunk- und Fern-sehprogram-men"	Grafisch ausgestalte-te 1 des Sen-ders Kabel 1 u.a. für „Sendung und Weiter-sendung von Rund-funk- und Fernsehpro-grammen"	Nur grafi-sche Ele-mente, 1 unterliegt erhebli-chem Frei-haltebedürf-nis	Identität	Weder un-mittelbare noch mittel-bare Ver-wechslungs-gefahr, auch nicht unter Ge-sichtspunkt gedankli-ches Inver-bindung-bringen	Nicht ver-wechslungs-fähig[510]
ATTACHÉ (zweidi-mensionale Abbildung einer Wein-brandfla-sche mit Eti-kett) für „Wein-brand"	Dreidimen-sionale Auf-machung ei-ner Wein-brandfla-sche mit Eti-kett mit Schriftzug TES-SERAND für „Wein-brand"	Normal	Identität	Nein, weil sowohl klanglich als auch bildlich der Gesamtein-druck je-weils von den beiden Wörtern ATTACHÉ und TIS-SERAND geprägt wird	Nicht ver-wechslungs-fähig[511]

---

510 BGH GRUR 2000, 608, 609 ff *ARD-1.*
511 BGH GRUR 2000, 506, 508 f *ATTACHÉ/TISSERAND.*

Ältere Marke	Jüngeres Zeichen	Kennzeichnungskraft	Waren/ Dienstleistungsähnlichkeit	Zeichenähnlichkeit	Ergebnis
Becker für elektronische Apparate u.a.	Barbara Becker	Normal bei Familiennamen	Groß	EuG: hoch wegen selbstständig kennzeichnenden Nachnamen (Becker); EuGH: Abwägung des Einzelfalles unter Berücksichtigung der Verbreitung des Namens und Prominenz der Person	Verwechslungsgefahr durch EuG bejaht,[512] aber EuGH hob die Entscheidung auf und EuG muss erneut Verwechslungsgefahr prüfen[513]

---

512 EuG GRUR Int. 2009, 603, 604, Tz. 24 ff. *Barbara Becker*.
513 EuGH Urt. v. 24.6.2010, C-51/09 P, BeckRS 2010, 90778, Tz. 36 ff. *Barbara Becker*; die Verwechslungsgefahr bei Namensmarken ist umstritten: während auf europäischer Ebene tendenziell schon bei der Übereinstimmung des Nachnamens eine Verwechslungsgefahr angenommen wird, urteilt der BGH in Bezug auf den Gesamtnamen, BGH GRUR 2000, 233 *Rausch/Elfi Rauch*.

Ältere Marke	Jüngeres Zeichen	Kennzeichnungskraft	Waren/Dienstleistungsähnlichkeit	Zeichenähnlichkeit	Ergebnis
Bier-Etikett mit **Wortbestandteil SCHLÜSSEL** für „obergäriges Bier"	**Bildliche Darstellung** eines Schlüssels für „Bier"	Normal	Identität	Ja, weil im Sinngehalt übereinstimmend, da jüngere Marke mit dem Wort „Schlüssel" als der nahe liegenden, ungezwungenen und erschöpfenden Bezeichnung benannt werde	Verwechslungsfähig[514]
BIG BERTHA für „Golfschläger und Golftaschen"	**BIG BERTHA** für „Sport- und Golfbekleidung	Durchschnittlich	Geringe Warenähnlichkeit kann nicht ausgeschlossen werden	Identität	Anhaltspunkte für Verwechslungsgefahr gegeben, zurückverwiesen[515]

---

514 BGH GRUR 1999, 990, 991 f *SCHLÜSSEL.*
515 BGH GRUR 2003, 428, 432 *BIG BERTHA.*

Ältere Marke	Jüngeres Zeichen	Kennzeichnungskraft	Waren/ Dienstleistungsähnlichkeit	Zeichenähnlichkeit	Ergebnis
BISO-THERM-STEIN für „Mauersteine aus Bimsbeton"	Fischer ISO-THERM für „Sandwichelemente aus Metalldeckschichten und PUR-Hartschaumkern für Wand- und Dachkonstruktionen"	Normal	Durchaus ähnlich	Ja, weil erkennbare Herstellerangabe Fischer in den Hintergrund tritt und BISO-THERM und ISO-THERM hinreichend ähnlich	Verwechslungsfähig[516]
Budvar für Biere	Budweiser (für Biere aller Art und alkoholfreie Malzgetränke)	Normal – hoch	Starke Ähnlichkeit – identisch, soweit Biere aller Art	Identisch	Verwechslungsgefahr[517]

---

516 BGH GRUR 1998, 925, 926 f *BISOTHERM-Stein.*
517 EuGH Urt. v. 29.7.2010, C-214/09 P, *Anheuser-Busch. /. Budvar*, abrufbar im WWW unter URL: http://eur-lex.europa.eu/LexUriServ/LexUriServ.do?uri=CELEX:62009J0214:DE:HTML, abgerufen am 4.6.2011.

Ältere Marke	Jüngeres Zeichen	Kennzeichnungskraft	Waren/ Dienstleistungsähnlichkeit	Zeichenähnlichkeit	Ergebnis
CARL LINK für „physikalische und elektrotechnische Geräte für den Schulunterricht, Sprechmaschinen, Rechenmaschinen, Büromaschinen, schreib- und Zählkassen"	LINX für „Computersoftware"	Normal	Ja (Identität unterstellt)	Nein, weil Carl Link nicht auf Link verkürzt wird	Nicht verwechslungsfähig[518]
CITY PLUS für „Telekommunikationsdienstleistungen"	D2-BEST-CITY und D2-BEST-CITYPLUS für Mobilfunktarife	Von Hause aus gering, jedoch durch Benutzung gesteigert	Identität	Ja, Prägung der jüngeren Zeichen durch CITYPLUS, D2 tritt dahinter zurück	Verwechslungsfähig, aber zurückverwiesen[519]

---

518 BGH GRUR 2000, 1031, 1032 *CARL LINK*.
519 BGH GRUR 2003, 880, 881 f. *City Plus*.

Ältere Marke	Jüngeres Zeichen	Kennzeichnungskraft	Waren/Dienstleistungsähnlichkeit	Zeichenähnlichkeit	Ergebnis
DRANO für „chemische Erzeugnisse für gewerbliche Zwecke"	P 3-drano für „chemische Erzeugnisse für gewerbliche Zwecke"	Normal	Identität	Ja, weil jüngeres Zeichen von DRANO geprägt, während P 3 keine gleichwertige Aussagekraft besitze und Verkehr P 3 als vielfach benutztem Stammbestandteil wie eine Firmenbezeichnung auffasse	Verwechslungsfähig[520]
FALLINGER für „Weine, Schaumweine, Spirituosen"	Flaschenetikett mit Wortbestandteil FLÄMINGER für „alkoholische Getränke, ausgenommen Biere"	Normal	Identität	Ja, obwohl Gesamteindruck der jüngeren Marke von dem an sich schutzunfähigen Bestandteil (geografische Herkunftsangabe) FLÄMINGER geprägt wird	Verwechslungsfähig[521]

---

520 BGH GRUR 1996, 977, 977 f DRANO/P 3-drano.
521 BGH GRUR 1998, 930, 931 f FLÄMINGER.

Ältere Marke	Jüngeres Zeichen	Kennzeichnungskraft	Waren/ Dienstleistungsähnlichkeit	Zeichenähnlichkeit	Ergebnis
FIRST für Bekleidungsstücke	First-On-Skin	gering	Warenähnlichkeit	Ja, wegen dominierendem Zeichen: FIRST	Verwechslungsfähig, weil „On-Skin" unbedeutend, da FIRST selbständig kennzeichnend[522]
GALA für Tee, Kaffee u.a.	GALAXIA	normal	Identität	keine	Nicht verwechslungsfähig/keine gedankliche Verbindung bzgl desselben Herstellers[523]

---

522 EuG Urteil vom 28.10.2009, T-273/08, Tz. 33-41, 45 f und 48 *FIRST/First-On-Skin*.
523 EuG GRUR Int. 2004, 1024, 1026, Tz. 36 *GALA/GALAXIA*.

Ältere Marke	Jüngeres Zeichen	Kennzeichnungskraft	Waren/ Dienstleistungsähnlichkeit	Zeichenähnlichkeit	Ergebnis
GARIBALDI für „Teigwaren sowie dazugehörende Soßen"	GARIBALDI für „Weine, Schaumweine, Spirituosen und Liköre"	k. A.	Nein, weil Waren aus unterschiedlichen Betrieben stammen und aus verschiedenen Stoffen bestehen, andere Verpackungen und auch kein Verkauf im unmittelbaren räumlichen Zusammenhang	Identität	Nicht verwechslungsfähig[524]
GEDIOS für u.a. „Software" und „Computer"	GeDIOS für u.a. „Werbung" und „Finanzwesen"	Durchschnittlich	Nein	Identität	Nicht verwechslungsfähig[525]
„Germany 2006" und „South Africa 2010" für Veranstaltungen, Dienstleistungen der FIFA	„Deutschland 2006" und „Südafrika 2010"	Schwach	Keine	Übereinstimmende Bedeutung, aber unterdurchschnittliche Ähnlichkeit, insoweit ja	Keine Verwechslungsgefahr wegen ausreichenden Abstands[526]

---

524 BGH GRUR 1999, 158, 159 f *GARIBALDI*.
525 BGH GRUR 2004, 241, 242 f. *Gedios*.
526 BGH GRUR 2010, 642, 644, Tz. 28 *WM-Marken*; BVerfG Beschl. v. 14.9.2010, 1 BvR 1504/10, abrufbar unter URL: http://www.bundesverfassungsgericht.de, abgerufen am 17.12.2010.

Ältere Marke	Jüngeres Zeichen	Kennzeichnungskraft	Waren/Dienstleistungsähnlichkeit	Zeichenähnlichkeit	Ergebnis
GOLD-BARREN-FORM für „Schokolade"	Schokolade in GOLD-BARREN-FORM verpackt	Durchschnittlich	Identität	Gering, Prägung durch Wortbestandteile, die auf der Verpackung aufgedruckt sind	Nicht verwechslungsfähig[527]
Hotel- und Freizeit-Dorf MÜNSTERLAND für u.a. „Beherbergung und Verpflegung von Gästen"	Dorf MÜNSTERLAND Hotel & Freizeitpark	angenommen men unterdurchschnittlich	an Identität grenzende Ähnlichkeit	Prägung durch schutzfähigen Bestandteil Dorf MÜNSTERLAND, an Identität grenzende Ähnlichkeit	verwechslungsfähig[528]
JOHN LOBB für „Schuhe"	JOHN LORD (mit grafischem Element und weiteren Wortbestandteilen) für „Bekleidungsstücke"	k. A.	Nein, wegen erheblicher Unterschiede, die es für den Verkehr eher fern liegend erscheinen lassen, eine Ähnlichkeit anzunehmen	Offengelassen	Nicht verwechslungsfähig[529]

527 BGH GRUR 2003, 712, 713 f. *Goldbarren*.
528 BGH GRUR 2001, 1158, 1160 *Dorf MÜNSTERLAND*.
529 BGH GRUR 1999, 164, 165 f *JOHN LOBB*.

671

Ältere Marke	Jüngeres Zeichen	Kennzeichnungskraft	Waren/ Dienstleistungsähnlichkeit	Zeichenähnlichkeit	Ergebnis
KELLOGG'S für u.a. „Maisprodukte" und „Erdnußkerne"	KELLY für u.a. „Erdnüsse" und „Popkorn"	Von Hause aus normal, durch Benutzung und aufgrund erheblicher Bekanntheit weit überdurchschnittlich	Identität	Gering	Nicht verwechslungsfähig[530]
KELLOGG'S für „aus Getreide hergestellte Frühstücksspeisen"	KELLY'S für „Knabberartikel"	Von Hause aus normal, durch Benutzung und aufgrund erheblicher Bekanntheit weit überdurchschnittlich	Identität	Vorhanden, Gemeinsamkeiten überwiegen die Unterschiede	Verwechslungsfähig[531]

---

530 BGH GRUR 2003, 1044, 1045 f. *Kelly.*
531 BGH GRUR 2003, 1047, 1049 *Kellogg's/ Kelly's.*

Ältere Marke	Jüngeres Zeichen	Kennzeichnungskraft	Waren/ Dienstleistungsähnlichkeit	Zeichenähnlichkeit	Ergebnis
KINDER (Kinderschokolade) für u.a. Schokolade	Kinder-Kram für Zuckerwaren	Durchschnittlich	Ähnlich	Keine	Nicht verwechslungsfähig, auch unter Heranziehung des Serienzeichens, weil die strengen Anforderungen an die Wesensgleichheit der Zeichen nicht erfüllt sind[532]
MIXI für u.a. elektron. Küchengeräte	KOHLER-MIXI	Gering/unterdurchschnittlich, weil beschreibend	Identisch	Nein, keine	Keine Verwechslungsgefahr und auch nicht unter dem Aspekt des Serienzeichens (In-verbindung-bringen)[533]
La Martina für u.a. Bekleidung	Martina by Gebrüder Götz	Normal (bei Vornamen idR gering)	Ähnlich-identisch	Ja	Verwechslungsfähig wegen Dominanz von Martina[534]

---

532 BGH GRUR 2007, 1071, 1073, Tz. 34 und 41 ff *KINDER II*.
533 BGH GRUR 2010, 729, 732, Tz. 35 ff *MIXI*.
534 BPatG GRUR 2007, 596, 598 *La Martina/Martina by Gebrüder Götz*.

Ältere Marke	Jüngeres Zeichen	Kennzeichnungskraft	Waren/Dienstleistungsähnlichkeit	Zeichenähnlichkeit	Ergebnis
LIMON-CHELO für Gallerten und Zitronenlikör	LIMON-CELLO	Gering	Identisch	Ähnlich (gering-hoch)	Verwechslungsgefahr bejaht wegen des gemeinsamen Wortbestandteils[535]
MAGEN-TA (konturlose Farbmarke) für u.a. „Telekommunikationsdienstleistungen" (Benutzungsmarke)	Verwendung einer **Magenta sehr ähnlichen Farbe** in Werbeanzeigen für Telekommunikationsdienstleistungen	k. A. (erforderlicher Grad an Verkehrsgeltung für Benutzungsmarke gem. § 4 Nr. 2 MarkenG gegeben)	Identität	Ja, in Verwendung der Farbe im konkreten Fall in der Werbeanzeige liegt auch Herkunftshinweis und damit zeichenmäßige Benutzung	Verwechslungsfähig[536]
MAGEN-TA (konturlose Farbmarke) für u.a. „Telekommunikationsdienstleistungen" (Benutzungsmarke)	Verwendung einer **Netzbetreiberkennzahl in einer Magentaähnlichen Farbe** in einer Werbeanzeige	k. A. (erforderlicher Grad an Verkehrsgeltung für Benutzungsmarke gem. § 4 Nr. 2 MarkenG gegeben)	Identität	Ja, in Verwendung der Farbe im konkreten Fall in der Werbeanzeige liegt auch Herkunftshinweis und damit zeichenmäßige Benutzung	Verwechslungsfähig[537]

---

535 EuG GRUR Int. 2009, 588, 592, Tz. 56 f. *Limonchelo/Limoncello.*
536 BGH GRUR 2004, 151, 152 ff. *Farbmarkenverletzung I.*
537 BGH GRUR 2004, 154, 155 f. *Farbmarkenverletzung II.*

Ältere Marke	Jüngeres Zeichen	Kennzeichnungskraft	Waren/ Dienstleistungsähnlichkeit	Zeichenähnlichkeit	Ergebnis
MEZZO und MEZZOMIX für alkoholfreie Getränke u.a.	Mezzopane für Wein	Durchschnittlich	Nein	Durchschnittlich in visueller, klanglicher und begrifflicher Hinsicht	Keine Verwechslungsgefahr, weil die fehlende Warenähnlichkeit im Gesamtvergleich eine Verwechslung ausschließen lässt.[538]
Michael Schumacher	Schumi	normal	Identisch	Mittelbare Verwechslungsgefahr/Ähnlichkeit, weil Kosename „Schumi" für Michael Schumacher steht	Verwechslungsgefahr bejaht[539]
MICRO FOCUS für Datenträger, Software u.a.	FOCUS	Unterdurchschnittlich – gering	Dienstleistungsidentität	Zeichenähnlichkeit, ja.	Verwechslung wg bildlicher und begrifflicher Ähnlichkeit ohne **Neutralisation** durch geringe klangliche Unterschiede[540]

---

538 EuG GRUR Int. 2009, 143, 149, Tz. 105 ff *MEZZOMIX/Mezzopane*.
539 BPatG Beschluss vom 16.3.2005, 29 W (pat) 4/03, BeckRS 2009, 00504 *Michael Schumacher/Schumi*.
540 EuGH Beschluss v. 11.4.2008, C-344/07, BeckRS 2008, 70630, Tz. 48 ff *micro focus/FOCUS*; ähnlich bejaht: *FOCUS* als älteres Zeichen gegenüber *TOMORROW FOCUS*, EuG GRUR Int. 2009, 606, 608, Tz. 32 ff.

Ältere Marke	Jüngeres Zeichen	Kennzeichnungskraft	Waren/ Dienstleistungsähnlichkeit	Zeichenähnlichkeit	Ergebnis
MIDAS für „Waren und Dienstleistungen auf dem Gebiet der Datenverarbeitung"	**MedAS** für „Waren und Dienstleistungen auf dem Gebiet der Datenverarbeitung	Normal	Identität	Ja, weil keine zergliederte Aussprache der jüngeren Marke in Med und AS	Verwechslungsfähig[541]
PEP für „Seifen"	**BLENDAX PEP** für „pharmazeutische Erzeugnisse sowie Präparate für die Gesundheitspflege"	Nicht besonders hoch	Ja	Ja, weil Herstellerangabe BLENDAX in jüngerer Marke ohne weiteres als solche erkennbar und bekannt, so dass Gesamteindruck nur von weiterem Bestandteil PEP geprägt wird	Verwechslungsfähig[542]
PICASSO für Fahrzeuge, Apparate u.a.	**PICARO** für KfZ, Omnibusse	Hoch	Ähnlich-identisch	Gering wegen des unterschiedlichen Bedeutungsinhaltes	Nicht verwechslungsfähig[543]

---

541 BGH GRUR 2004, 240, 241 *Midas/ MedAS*.
542 BGH GRUR 1996, 404, 405 f *BLENDAX PEP*.
543 EuGH GRUR Int 2006, 229, 232, Tz. 36 ff und vorher EuG GRUR Int. 2004, 850, 853, Tz. 59 ff *PICASSO/ PICARO*.

Ältere Marke	Jüngeres Zeichen	Kennzeich-nungskraft	Waren/ Dienstleis-tungsähn-lichkeit	Zeichen-ähnlichkeit	Ergebnis
QWEB und QWEB Certified Site für Zertifizierung von kommerziellen Internet-Sites (Kl. 42) und Werbung (Kl. 35)	Q2WEB	Normal	Identisch	Normal bis hoch	Verwechslungsgefahr bejaht[544]
Red Tab (rotes Stofffähnchen) mit Levi´s Schriftzug für u.a. Bekleidungsstücke	Red Tab mit Schriftzug: Colloseum	Hoch (gesteigert durch Benutzung)	Ähnlich-identisch	Gering wegen verschiedener Begriffe bei der Beschriftung	Nicht verwechslungsfähig, da Red Tab nicht allein prägend und die Schrift nicht in den Hintergrund tritt[545]
Thor Steinar	STORCH HEINAR	Durch-schnittlich	z.T. identisch	Zwischen „Storch" und „Thor" bestehe weder bildlich noch im Klang eine Übereinstimmung; vielmehr Persiflage (Art. 5 GG Kunstfreiheit)	Nicht verwechslungsfähig[546]

544 EuG GRUR Int. 2009, 594, 597 f, Tz. 37 ff *QWEB/Q2WEB*.
545 BGH GRUR 2009, 766, 769 f, Tz. 32 und 39 ff. *Stofffähnchen*.
546 LG Nürnberg Urt. v. 11.8.2010, 3 O 5617/09, GRUR-RR 2010, 384, 386 f. *Storch Heinar*.

Ältere Marke	Jüngeres Zeichen	Kennzeichnungskraft	Waren/ Dienstleistungsähnlichkeit	Zeichenähnlichkeit	Ergebnis
VOCO Ionofil für „Zahnzement für Füllungen"	**IONOFIL** für „zahnprothetisches und zahnchirurgisches Material als Zemente..."	Normal	Ja	Ja, weil VOCO erkennbar Firmenkennzeichnung, Verkehr unterscheidet deshalb nach weiterem Bestandteil IONOFIL	verwechslungsfähig[547]
ZERO für Kosmetik u.a.	Xxero	Durchschnittlich bis erhöht wegen langjähriger Benutzung	Identisch	Zeichenähnlichkeit bejaht, obwohl die Zeichenlänge erheblich abweicht, aber klangliche Ähnlichkeit sei überwiegend	Ablehnung der Neutralisierungslehre und Verwechslungsgefahr bejaht[548] entgegen DPMA

---

547 BGH GRUR 1997, 897, 898 f *IONOFIL*.
548 BPatG GRUR 2010, 78, 79 *Xxero/Zero*.

Ältere Marke	Jüngeres Zeichen	Kennzeich-nungskraft	Waren/ Dienstleis-tungsähn-lichkeit	Zeichen-ähnlichkeit	Ergebnis
ZIRH für Kosmetik	SIR	Gering-nor-mal	Ähnliche Kosmetik-Waren	Zwar klangliche Ähnlich-keit, die al-lerdings neutralisiert wird durch die Bedeu-tung der Marke und bildliche Unterschie-de	Nicht ver-wechslungs-fähig (An-wendung der Neutra-lisierungs-these)[549]

VI. Schutz der bekannten Marke

Rechtsgrundlage: §§ 9 Abs. 1 Nr. 3, 14 Abs. 2 Nr. 3 MarkenG; Artt. 8 Abs. 5, 9 Abs. 1 lit. c GMV

Beispiele: Bekannte Marken sind ohne Zweifel: Coca-Cola/Coke, Nike,[550] Apple, Intel[551] oder Red Bull.[552]   1251

1. Voraussetzungen

Der Markeninhaber hat schließlich Löschungs- und Untersagungsansprüche gegenüber   1252
prioritätsjüngeren identischen oder ähnlichen Zeichen, die für **nichtähnliche** Waren
oder Dienstleistungen eingetragen sind oder benutzt werden, **wenn die ältere Marke
bekannt ist** *und* die Benutzung des jüngeren Zeichens die Unterscheidungskraft der
älteren Marke beeinträchtigen oder deren Wertschätzung ohne rechtfertigenden Grund
in unlauterer Weise ausnutzen würde (§§ 9 Abs. 1 Nr. 3, 14 Abs. 2 Nr. 3 MarkenG,
Art. 8 Abs. 5 GMV).[553] Der **Bekanntheitsschutz** der Marke betrifft nach dem Wortlaut
der Vorschriften des MarkenG und der GMV zunächst die Fälle, in denen eine Verwechslungsgefahr deshalb ausscheidet, weil es an einer Waren- oder Dienstleistungs-

---

549 EuGH GRUR Int. 2006, 504, 507, Tz. 34 ff *ZIRH/SIR.*
550 BPatG Beschluss vom 4.12.2007, 27 W (pat) 60/06, BeckRS 2008, 18267, Tz. 23 *Yike/Nike.*
551 EuGH GRUR 2009, 56 ff. *Intel.*
552 OLG Hamburg GRUR-RR 2010, 244 (L) / MR-Int. 2009, 126 ff. *Red Bull/Bullenmeister.*
553 Vgl EuGH MarkenR 1999, 388 *Chevy* und die sehr ausführliche Darstellung bei Sack GRUR 1995, 81-98.
      Noch unter Geltung des WZG unter Anwendung von § 1 UWG aF BGHZ 125, 91 *Markenverunglimpfung
      II:* Verwendung der Marke *Mars* auf einem Kondom "Mars macht mobil bei Sex-Sport und Spiel".

ähnlichkeit überhaupt fehlt,[554] also nicht einmal geringe Ähnlichkeit angenommen werden konnte, die für eine Bejahung der Verwechslungsgefahr grds. ausreicht.[555]

Beispiel: Obwohl „Hundefutter" und „Hamburger" sowie andere in Schnellrestaurants angebotene Waren nicht ähnlich sind, kann ein Schutz gegen Rufschädigung aus berühmten (Serien-) Marken Mc oder Mac der McDonald's Corporation gegen zwei Marken MAC Cat und MAC Dog aus § 14 Abs. 2 Nr. 3 MarkenG bestehen.[556]

Der Bekanntheitsschutz erstreckt sich nach § 9 Abs. 1 Nr. 3 MarkenG und Art. 8 Abs. 5 GMV daher gerade nicht nur auf Kennzeichenähnlichkeit in Verbindung mit Waren- oder Dienstleistungsähnlichkeit (insofern ist bereits Art. 8 Abs. 1 GMV einschlägig), sondern auch auf bloße Kennzeichenähnlichkeit, ohne dass die Ware oder Dienstleistung ähnlich sein muss.[557] Tatbestandsvoraussetzungen sind daher, dass die Marke bekannt und das andere Zeichen ähnlich ist. Eine Produktähnlichkeit oder explizite Unähnlichkeit ist nicht Voraussetzung.[558] Hinzutreten muss für den Bekanntheitsschutz die ungerechtfertigte unlautere[559] Ausnutzung oder Beeinträchtigung der Unterscheidungskraft[560] oder der Wertschätzung[561] der bekannten Marke. Nach dem EuGH sind die letztgenannten spezifischen Schutzvoraussetzungen in drei Fallgruppen[562] zu unterscheiden und nicht in vier, wie sich zunächst aus dem Wortlaut erschließen mag. Denn die Ausnutzung der Unterscheidungskraft oder Wertschätzung kann insoweit zusammengefasst werden, ohne dass diese unterschiedliche Anforderungen enthält.[563]

1253 Der Bekanntheitsschutz ist darüber hinaus auch dann anwendbar, wenn die Waren oder Dienstleistungen identisch oder ähnlich sind, aber die Verwechslungsgefahr ausscheidet, weil die Marken bzw Zeichen als unähnlich einzustufen sind; denn auch in solchen Situationen ist der Markeninhaber entsprechend schutzbedürftig.[564] Voraussetzung ist aber immer, dass es zu einer Beeinträchtigung kommt dadurch, dass sich das wirtschaftliche Verhalten des angesprochenen Personenkreises ändert bzw. ändern kann.[565]

---

554 EuGH GRUR 2009, 1158, 1159, Tz. 17 f *PAGO/Tirolmilch*; EuGH GRUR 2009, 56, 60, Tz. 81 *Intel*; EuGH GRUR 2003, 240, 242, Tz. 23 ff. *Davidoff/Gofkid*; BGH GRUR 2000, 875, 878 *Davidoff*; OLG Hamburg GRUR-RR 2010, 244 L / MR-Int. 2009, 126, 127 *Red Bull/Bullenmeister*.
555 BGH GRUR 1999, 245, 246 *LIBERO*.
556 Offengelassen und zurückverwiesen in BGH GRUR 1999, 161, 163 f *MAC Dog*.
557 EuGH GRUR 2009, 1158, 1159, Tz. 18 *Pago/Tirolmilch*; EuGH GRUR 2003, 240, 242, Tz. 30 *Davidoff/Gofkid*.
558 EuGH GRUR 2010, 445, 446, Tz. 48 *GoogleFrance/Louis Vuitton*.
559 Als parasitäres Verhalten oder Trittbrettfahren zum eigenen Vorteil ohne jegliche Gegenleistung unter Inanspruchnahme der Sogwirkung und wirtschaftlichen Anstrengungen des Markeninhabers bezeichnet, EuGH GRUR 2009, 756, 760 Tz 41 und 50 *L´Oréal/Bellure*.
560 Als Verwässerung oder Schwächung der Marke zur Auflösung der Identität der Marke verstanden, EuGH GRUR 2009, 756, 759, Tz. 39 *L´Oréal/Bellure*.
561 Bezeichnet als Verunglimpfung oder Herabsetzung mit der Wirkung des Verlustes der Anziehungskraft der bekannten Marke, EuGH GRUR 2009, 756, 760, Tz. 40 *L´Oréal/Bellure*.
562 EuGH GRUR 2009, 756, 759, Tz. 38 *L´Oréal/Bellure*.
563 EuGH GRUR 2009, 756, 759 f, Tz. 38 und 41 ff *L´Oréal/Bellure*.
564 EuGH GRUR 2009, 56, 60, Tz. 81 *Intel*; EuGH GRUR 2004, 58, 59, Tz. 13 ff und 22 *Adidas/ Fitnessworld*; EuGH GRUR 2003, 240, 242, Tz. 30 *Davidoff/Gofkid*; BGH GRUR 2004, 235, 238 *Davidoff II*; vor der zuletzt genannten EuGH-Entscheidung str., vgl zum Streitstand BGH GRUR 2000, 875, 878 *Davidoff*.
565 EuGH GRUR 2009, 56, 60, Tz. 81 *Intel*.

2. Grad und Gebiet der Bekanntheit

Der Schutz ist zunächst **quantitativ abhängig** vom Erreichen einer Bekanntheitsschwelle,[566] also dem Erreichen eines nachweisbaren **Grades der Verkehrsbekanntheit.** Dieser Bekanntheitsgrad ist erreicht, wenn die ältere Marke einem bedeutenden Teil des Publikums bekannt ist, ohne dass ein bestimmter Prozentsatz mindestens vorliegen müsste; denn insoweit sind alle relevanten Umstände zu berücksichtigen wie etwa Marktanteil der Marke, Intensität der Benutzung, ihre geografische Ausdehnung und Dauer sowie der Umfang der Investitionen, die in die Marke getätigt wurden.[567] Der erforderliche Bekanntheitsgrad ist immer dann erreicht, wenn davon ausgegangen werden kann, dass die mit der angegriffenen Bezeichnung konfrontierten Verkehrskreise auch bei nicht ähnlichen Waren oder Dienstleistungen eine Verbindung zwischen den Kollisionszeichen herstellen und hierdurch die ältere Marke beeinträchtigt werden könnte.[568] Feste Prozentsätze werden für das Feststellen des Bekanntheitsgrades nicht gefordert, sondern dieser ist einzelfallabhängig und der Abwägung verschiedener Faktoren zu unterwerfen. Wie erwähnt, sind das der Marktanteil, Intensität, Ausdehnung, Dauer der Benutzung, Investitionen, vgl auch Erwägungsgrund 8 GMV und Erwägungsgrund 11 Marken-RL 2008/95/EG.[569] So können auch 30% Bekanntheit in der Gesamtbevölkerung genügen.[570] Abzustellen ist ferner auf die Verkehrskreise, die von den Waren oder Dienstleistungen, für die die Marke verwendet wird, angesprochen werden, was die breite Öffentlichkeit, aber auch Fachkreise sein können.[571]

1254

In welchem **Gebiet** die Bekanntheit vorliegen muss, war lange unklar; während § 14 Abs. 2 Nr. 3 MarkenG insoweit von einer „im Inland" bekannten Marke spricht, heißt es in Art. 9 Abs. 1 lit. c GMV, dass die Marke „in der Gemeinschaft" bekannt sein muss.

1255

Der EuGH hatte zunächst in seiner *Chevy*-Entscheidung, die eine Benelux-Marke betraf, entschieden, dass die Voraussetzung der entsprechenden Vorschrift in Art. 5 Abs. 2 MarkenRL „in dem betreffenden Mitgliedstaat" dahin auszulegen ist, dass sich die Bekanntheit nicht auf das gesamte Gebiet des Mitgliedsstaates erstrecken müsse, sondern es genüge, wenn sie in einem wesentlichen Teil davon vorliege.[572] In seiner aktuellen *Pago*-Entscheidung hat der EuGH inzwischen klargestellt, dass für den Bekanntheitsschutz einer Gemeinschaftsmarke die Bekanntheit in einem Mitgliedsstaat wie Österreich als wesentlicher Teil der Gemeinschaft genügt.[573] Unklar geblieben ist dabei allerdings trotzdem, ob dies auch für (noch) kleinere Mitgliedsstaaten als Österreich wie beispielsweise Luxemburg oder Malta entsprechend gilt und ob auch die Bekanntheit in Teilen größerer Mitgliedsstaaten ausreichend wäre. Man wird insoweit wohl entscheidend auf die jeweiligen Märkte abzustellen haben, auf denen die Parteien tätig sind und die bekannte Marke benutzt wird. Bei einem bundesweit vertriebenen

1256

---

566 EuGH GRUR Int. 2000, 73, 74, Tz. 22 *Chevy*; EuG GRUR Int. 2009, 39, 48 f, Tz. 107 *Boomerang*.
567 EuGH GRUR Int. 2000, 73, 74, Tz. 25 ff. *Chevy*; EuG GRUR Int. 2009, 39, 48 f, Tz. 107 *Boomerang*.
568 EuGH GRUR 2009, 1158, 1159, Tz. 24 *Pago./.Tirolmilch*; BGH GRUR 2003, 428, 432 *Big Bertha*.
569 EuGH GRUR 2009, 1158, 1159, Tz. 23 ff. *Pago./.Tirolmilch*; EuGH GRUR Int. 2000, 73, 75, Tz. 27 *Chevy (General Motors)*.
570 OLG Hamburg GRUR 1999, 339, 341 *YVES ROCHE*.
571 EuGH GRUR 2009, 1158, 1159, Tz. 22 *Pago./.Tirolmilch*; EuGH GRUR Int. 2000, 73, 74, Tz. 24 und 26 *Chevy*; BGH GRUR 2003, 428, 433 *Big Bertha*; BGH GRUR 2002, 340, 341 *Fabergé*.
572 EuGH GRUR Int. 2000, 73, 75, Tz. 28 *Chevy*.
573 EuGH GRUR 2009, 1158, 1159, Tz. 28 f. *Pago./. Tirolmilch*.

Produkt des täglichen Bedarfs wird man sicherlich auch eine bundesweite Bekanntheit verlangen müssen, um den Schutz nach § 14 Abs. 2 Nr. 3 MarkenG zu gewähren. Bei Märkten, die durch gewisse lokale Begrenzungen geprägt sind, kann dies aber anders sein wie beispielsweise bei Radiosendern, die häufig nur regional begrenzt ausstrahlen. Würden nämlich die einzelnen Märkte keine Berücksichtigung finden und nur statisch auf die Bevölkerungszahlen der einzelnen Mitgliedsstaaten abgestellt werden, hätte dies eine erhebliche Benachteiligung von Markeninhabern in großen Mitgliedsstaaten gegenüber Markeninhabern aus kleinen Mitgliedsstaaten zur Folge. Ein irischer, finnischer, dänischer, österreichischer, schwedischer, portugiesischer, belgischer oder griechischer Markeninhaber käme ebenso wesentlich leichter in den Genuss des Bekanntheitsschutzes einer Marke wie etwa ein lettischer, litauischer oder estländischer, während italienische, französische, britische oder deutsche Markeninhaber in einem wesentlich größeren Territorium ihre Markenbekanntheit nachweisen müssten. Denn beispielsweise Dänemark insgesamt hat gerade einmal so viele Einwohner wie ein mittleres deutsches Bundesland. Wenn aber schon ein wesentlicher Teil Dänemarks oder eines der Benelux-Länder oder Österreich für die Annahme des Bekanntheitsschutzes entsprechend ausreichend sein kann,[574] wäre ein solcher Teil Dänemarks oder eines Benelux-Landes sogar noch kleiner als ein mittleres deutsches Bundesland. Zutreffende und nachvollziehbare Ergebnisse lassen sich deshalb wohl nur erzielen, wenn man eben auf die Relevanz der Märkte abstellt: Ein regionaler Markt kann eine durchaus wesentliche Bedeutung in einem Mitgliedsstaat besitzen und im Sinne der *Chevy*-Rechtsprechung des EuGH die entsprechende Relevanz im Sinne eines speziellen Publikums oder eines bestimmten beruflichen Milieus besitzen;[575] ohnehin stellt die GMV grundsätzlich auf die Gemeinschaft ab, ohne in mitgliedsstaatliche Grenzen aufzuteilen.[576]

1257 **Der Bekanntheitsgrad wird normalerweise durch** den Aufwand in Anzeigenwerbung, Vorlage verschiedener Veröffentlichungen, Untersuchungen der GfK[577] und **eine Meinungsumfrage ermittelt werden**; lässt sich jedoch aus den vorgetragenen unbestrittenen Tatsachen mit hinreichender Sicherheit auf einen Bekanntheitsgrad schließen, kann eine Meinungsumfrage entbehrlich sein.[578] Nicht immer ist auch die Festlegung eines konkreten Prozentsatzes erforderlich; vielmehr kann die Feststellung eines „außerordentlich hohen Bekanntheitsgrades" ausreichen.[579]

3. Zeichenähnlichkeit und Ausnutzung oder Beeinträchtigung

1258 Bekanntheit allein reicht aber nicht, um den Tatbestand des Bekanntheitsschutzes zu erfüllen; vielmehr muss qualitativ zusätzlich Zeichenähnlichkeit und eine **Ausnutzung** oder **Beeinträchtigung** vorliegen.

1259 Die Zeichenähnlichkeit (nicht Produktähnlichkeit) ist anhand des Grades der Ähnlichkeit zwischen der bekannten Marke und dem Zeichen zu beurteilen. Eine Zeichenähnlichkeit ist schon dann anzunehmen, wenn die angesprochenen Verkehrskreise die be-

---

574 EuGH GRUR 2009, 1158, 1159, Tz. 30 *Pago./.Tirolmilch*; EuGH GRUR Int. 2000, 73, 75, Tz. 29 *Chevy*.
575 EuGH GRUR Int. 2000, 73, 74, Tz. 24 *Chevy*.
576 Vgl hierzu auch EuGH GRUR Int. 2010, 495, 499 f., Tz. 58ff *Manpower II*.
577 BGH GRUR 2006, 56, 58, Tz. 29 *BOSS-Club*.
578 OLG Hamburg GRUR 1999, 339, 341 *YVES ROCHE*.
579 EuG GRUR Int. 2009, 39, 48 f, Tz. 107 *Boomerang*; OLG München MarkenR 2000, 65, 66 *Allianz*.

kannte Marke und das Zeichen gedanklich miteinander verknüpfen, dh die bekannte Marke in Erinnerung gerufen wird.[580]

Beispiel: Gedanklich miteinander verbunden werden „*Bullenmeister*" und „*Red Bull*" wegen des Bestandteiles „Bull", der nicht prägend sein muss, um einen Bekanntheitsschutz auszulösen.[581]

Bei der Beurteilung sind alle Umstände des Einzelfalles zu berücksichtigen wie der Grad der Ähnlichkeit, Ausmaß der Bekanntheit, Grad der Unterscheidungskraft, etwaige Alleinstellung der bekannten Marke usw.,[582] klangliche und schriftliche Übereinstimmung. Eine Verwechslungsgefahr muss selbst aber gerade nicht vorliegen, sondern es genügt die gedankliche Verknüpfung bei Anblick des Zeichens zu der bekannten Marke. Denn der angesprochene Verkehrskreis verwechselt beide Zeichen gerade nicht, sondern bei Begegnung mit dem jüngeren Zeichen muss der angesprochene relevante Verkehrskreis die bekannte Marke geistig vor seinem Auge präsent haben. Dann, wenn die jüngere Marke bewusst die Aufmerksamkeit wegen der Ähnlichkeit weckt, entsteht eine gedankliche Verbindung. **1260**

Für die Verletzung einer bekannten Marke kommt es ferner noch darauf an, dass eine Ausnutzung oder Beeinträchtigung vorliegt. Dies kann durch **drei Fallgruppen** verwirklicht werden: **1261**

(1) Beeinträchtigung der Unterscheidungskraft der Marke;

(2) Beeinträchtigung der Wertschätzung der Marke oder

(3) unlautere Ausnutzung der Unterscheidungskraft oder der Wertschätzung der bekannten Marke.[583]

Hierbei ist die Ausnutzung oder Beeinträchtigung der Unterscheidungskraft als Schutz vor **Verwässerung** oder Schwächung anzusehen,[584] die Ausnutzung oder Beeinträchtigung der Wertschätzung indes als Schutz vor **Rufausbeutung** (Trittbrettfahren oder parasitäres Verhalten,[585] Verunglimpfung oder Herabsetzung[586]).[587] **1262**

Beispiele: Verunglimpfend sei: „Mars macht mobil, bei Arbeit, Sex und Spiel".[588]

Nicht verunglimpfend ist: „Lusthansa" oder „Storch Heinar" gegenüber „Thor Steinar",[589] da es lediglich eine Persiflage ist und unter dem grundrechtlichen Schutz der Kunstfreiheit steht.

Insoweit ist wegen der Begriffe auf die Ausführungen im Wettbewerbsrecht zu verweisen (Rn 734, 693). Die Merkmale und Eigenschaften der Produkte des Dritten wirken sich negativ auf die bekannte Marke aus, so dass deren Ansehen verringert wird und **1263**

---

580 EuGH GRUR 2009, 756, 759 f, Tz. 36, 39 und 47 *L´Oréal/Bellure*; EuGH GRUR 2009, 56, 58 f, Tz. 44, 54, 60, 63, 67 *Intel*.
581 OLG Hamburg GRUR-RR 2010, 244 (L) / MR-Int. 2009, 126, 127 f. *Red Bull/Bullenmeister*.
582 EuGH GRUR 2009, 56, 58, Tz. 42 ff. *Intel*.
583 EuGH GRUR 2009, 756, 759 f, Tz. 38 ff *L´Oréal/Bellure*.
584 Im Sinne der Schwächung der Eignung der bekannten Marke zur Produktidentifizierung, EuGH GRUR 2009, 756, 759 f, Tz. 39 ff *L´Oréal/Bellure*; vgl zum früheren Recht Baumbach/Hefermehl, Wettbewerbsrecht, 22. Aufl. 2001, § 1 UWG Rn 230 und 17. Aufl. 1993, § 16 UWG Rn 61; Baumbach/Hefermehl, Warenzeichenrecht, 12. Aufl. 1985, § 31 WZG Rn 190 ff.
585 EuGH GRUR 2009, 756, 760, Tz. 41 *L´Oréal/Bellure*.
586 EuGH GRUR 2009, 756, 760, Tz. 40 *L´Oréal/Bellure*.
587 Vgl zum früheren Recht Baumbach/Hefermehl, Wettbewerbsrecht, 22. Aufl. 2001, § 1 UWG Rn 552 ff.
588 BGH GRUR 1994, 808, 810 f. *Markenverunglimpfung*.
589 OLG Frankfurt GRUR 1982, 319, 320 *Lusthansa*; LG Nürnberg Urt. v. 11.8.2010, 3 O 5617/09, GRUR-RR 2010, 384, 386 f. *Storch Heinar*.

eine ernsthafte Gefahr einer künftigen Änderung zu Lasten der bekannten Marke infolge der Benutzung des jüngeren Zeichens besteht.[590]

1264 Die Unterscheidungskraft oder Wertschätzung wird unlauter ausgenutzt, wenn sich der Dritte an die bekannte Marke „anhängt" und somit die Investitionen in die Marke ausnutzt, ohne selbst zu investieren bzw ohne eigene finanzielle Gegenleistung. Mit der Ausnutzung ist also grundsätzlich auch ein Vorteil zugunsten des Dritten verbunden.[591] Dies trifft auch auf Fälschungen zu.[592] **Beides liegt nur vor, wenn Unlauterkeit gegeben ist.** Es gelten daher die Rechtsgrundsätze des Lauterkeitsrechts wie § 9 Abs. 1 Nr. 3 MarkenG sowie Art. 12 GMV dies vorsehen. Unlauter ist die Ausnutzung dann, wenn sie gegen die guten Sitten verstößt (§ 23 **MarkenG**) oder gleichbedeutend nach **Art. 12 GMV** gegen die anständigen Gepflogenheiten in Gewerbe und Handel.[593] Das Bestehen einer **Verwechslungsgefahr** zwischen den beiden Zeichen ist grundsätzlich **nicht erforderlich**; allerdings muss ein solcher Grad der Ähnlichkeit zwischen der bekannten Marke und dem prioritätsjüngeren Zeichen bestehen, dass die beteiligten Verkehrskreise die bekannte Marke und das prioritätsjüngere Zeichen **gedanklich miteinander verknüpfen**.[594] Es genügt grds., wenn der gute Ruf einer bekannten Marke gefährdet wird, zB weil die Kennzeichnung von Hunde- und Katzenfutter auf Fleischbasis mit den Marken *MAC Dog* oder *MAC Cat* negative Assoziationen zu den Produkten von *McDonald's* weckt, ein negativer Imagetransfer bei Kennzeichnung eines billigen „Fuselsektes" mit der Marke *YVES ROCHE* zulasten der bekannten Kosmetik-Marke *Yves Rocher* entsteht oder eine Schmähung der bekannten Marke vorliegt durch Verwendung eines gelben „Postautos" mit der Aufschrift *Deutsche Pest*.[595] Es reicht ferner, wenn durch die Verwendung einer identischen bekannten Marke *ALLIANZ* eines Versicherungskonzerns für eine Popgruppe *Die Allianz* ein Kommunikationsvorsprung erreicht wird.[596] Liegen die Branchen allerdings so weit auseinander wie Gastronomie und chemische Industrie oder Bausparwesen und Waschmittelindustrie, ist eine Beeinträchtigung oder Schwächung der bekannten Marke normalerweise nicht zu befürchten.[597] Wenn die Produktlinien eines Parfumimitators zwar anders benannt werden, sich aber Flacon und Verpackung äußerlich ähneln sowie der Unterschied äußerlich erkennbar ist,[598] aber die Eigenschaften der imitierten Parfums sich negativ auf das Bild der bekannten Marke auswirken, kann ebenfalls eine Beeinträchtigung der bekannten Original-Marken vorliegen.[599]

590 EuGH GRUR GRUR 2009, 56, 57, Tz. 28 f. *Intel*.
591 EuGH GRUR 2009, 56, 60, Tz. 41 und 50 *L´Oréal/Bellure*.
592 EuGH GRUR 2010, 445, 450, Tz. 102 *Google France*.
593 Zu Art. 12 GMV/Art. 6 Marken-RL: EuGH GRUR Int 1999, 438, 442, Tz. *58 ff BMW/Deenik*; EuGH GRUR 2005, 153, 157, Tz. 82 ff *Anheuser-Busch/Budvar*; EuGH GRUR 2005, 509, 512, Tz. 29 ff. *Gillette*; zu § 23 MarkenG: BGH GRUR 2009, 1162, 1163 f, Tz. 27 ff *DAX*.
594 EuGH GRUR 2009, 56, 57, Tz. 29 *Intel*; EuGH GRUR 2004, 58, 60, Tz. 24 ff, 31 *Adidas/ Fitnessworld*.
595 BGH GRUR 1999, 161, 163 f *MAC Dog*; OLG Hamburg GRUR 1999, 339, 343 *YVES ROCHE*; LG Hamburg GRUR 2000, 514, 515 *Deutsche Pest*.
596 OLG München MarkenR 2000, 65, 67 *Allianz*; in der Praxis war das aber unerheblich: besagte Popgruppe war unter dem Namen "Band ohne Namen" anschließend mindestens so erfolgreich wie vorher.
597 OLG Düsseldorf WRP 1997, 588, 590 *McPaint*; OLG Frankfurt GRUR 2000, 1063, 1065 *Spee-Fuchs*.
598 EuGH GRUR 2009, 756, 760, Tz. 17 f und 44 ff *L´Oréal/Bellure*.
599 EuGH GRUR 2009, 756, 760, Tz. 40 *L´Oréal/Bellure*.

Der Schutz vor **Verwässerung**, der jetzt bereits verkehrsbekannten Marken gewährt **1265** wird,[600] ist früher nur berühmten Marken zugestanden worden über §§ 823 Abs. 1, 12 BGB.[601] Der Schutz vor **Rufausbeutung** ist als markenrechtlich ausgestalteter Anspruch ebenfalls neu. Vor Inkrafttreten des MarkenG 1995 bestand ein wettbewerbsrechtlicher Schutz über § 1 UWG aF.[602] Da der Bekanntheitsschutz der §§ 9 Abs. 1 Nr. 3 und 14 Abs. 2 Nr. 3 MarkenG und der Artt. 8 Abs. 5 und 9 Abs. 1 lit. c GMV eine umfassende spezialgesetzliche Regelung darstellt, mit der der bislang in der Rechtsprechung entwickelte Schutz fixiert und ausgebaut werden sollte, **sind § 1 UWG aF, § 3 UWG nF und § 823 Abs. 1 BGB grundsätzlich nicht mehr anwendbar**[603] (vgl Rn 733, 735). Allerdings lässt § 2 MarkenG auch eine Berücksichtigung wettbewerbsrechtlicher Anspruchsgrundlagen neben der Geltendmachung des Markenrechts zu, wenn der Markenschutz versagt.[604] Ansatzpunkte dafür werden jedenfalls dann gegeben sein, wenn die Rufausbeutung oder Verwässerung durch zusätzliche Elemente in der Produktausstattung oder die begleitende Werbung hervorgerufen oder verstärkt werden,[605] also das wettbewerbswidrige Verhalten inhaltlich nicht Gegenstand der markenrechtlichen Regelung ist,[606] zB bei vergleichender Werbung.[607]

Beispiel: Verkaufsangebote mit den Bezeichnungen „à la cartier", „passen wunderbar zu Cartier Schmuck" und „für alle, die Cartier Schmuck mögen" sind markenrechtlich bedenklich und unlauter gemäß § 6 Abs. 1, 2 Nr. 4 UWG.[608]

Der **Bekanntheitsschutz** besteht nur, wenn die Bekanntheit bereits zu dem Zeitpunkt **1266** vorlag, der für die **Priorität** (vgl Rn 1090 ff) des angegriffenen Zeichens entscheidend ist (§ 51 Abs. 3 MarkenG; Art. 53 Abs. 1 lit. a GMV), also bei eingetragenen Marken an ihrem Anmeldetag und bei anderen Kennzeichen am Tage ihres Entstehens (§ 6 MarkenG; Artt. 29, 27 GMV).[609]

Mit der *Pago*-Entscheidung hat der EuGH zwar klargestellt, dass die Bekanntheit einer **1267** Marke in einem (kleineren) Mitgliedsstaat wie Österreich grundsätzlich ausreichend ist, um einer Gemeinschaftsmarke den Bekanntheitsschutz insgesamt gem. Art. 9 Abs. 1 lit. c GMV zuzuerkennen (Vgl Rn 1020).[610] Damit ist jedoch nur die Frage entschieden worden, welche Voraussetzungen der **Bekanntheitsschutz** einer Gemeinschaftsmarke **in territorialer Hinsicht** hat. Offen geblieben ist die Frage, wie weit in territorialer Hinsicht der Schutzumfang einer solchen bekannten Marke reicht, wenn sie nicht in der gesamten Gemeinschaft tatsächlich bekannt ist. Zwar wird vertreten,

---

600 EuGH GRUR 2009, 756, 759, Tz. 39 *L´Oréal/Bellure*.
601 §§ 823 Abs. 1 und 12 BGB sind an sich neben den Bestimmungen des MarkenG weiter anwendbar. Die Notwendigkeit eines Rückgriffs hierauf ist jedoch fraglich. Vgl die Gesetzesbegründung zu § 9 Abs. 1 Nr. 3 MarkenG Bl. f PMZ 1994 Sonderheft 66. Vgl zum Schutz der berühmten Marke nach altem Recht auch Baumbach/Hefermehl, Warenzeichenrecht, 12. Aufl 1985, § 31 WZG Rn 190 ff.
602 Baumbach/Hefermehl, Wettbewerbsrecht, 22. Aufl. 2001, § 1 Rn 559 a ff mit umfangreichen Nachweisen aus der Rspr.
603 BGH GRUR 2009, 871, 874, Tz. 37 *Ohrclips*; BGH GRUR 2004, 235, 238 *Davidoff II*; BGH GRUR 2000, 608, 610 *ARD-1*; BGH GRUR 1999, 161, 162 *MAC Dog*.
604 BGH GRUR 2009, 871, 873 f, Tz. 29 ff. *Ohrclips*; BGH GRUR 1999, 161, 162 *MAC Dog*; BGH GRUR 1998, 935, 936 *Wunderbaum*.
605 Ebenso Ingerl/Rohnke NJW 1994, 1247, 1251.
606 BGH GRUR 2004, 235, 238 *Davidoff II*.
607 BGH GRUR 2009, 871, 873 f, Tz. 29, 31 ff. *Ohrclips*.
608 BGH GRUR 2009, 871, 873, Tz. 31 *Ohrclips*.
609 Vgl a. BGH GRUR 1999, 161, 163 *MAC Dog*.
610 EuGH GRUR 2009, 1158, 1159, Tz. 27ff *Pago./. Tirolmilch*.

dass das Wesentlichkeitserfordernis im Sinne der *Chevy*-Entscheidung des EuGH[611] nur dann Sinn mache, wenn der Schutz auch ungeachtet der geografisch beschränkten Bekanntheit den gesamten Mitgliedsstaat erfasse.[612] Ganz einleuchtend ist das gleichwohl nicht: In Gebieten, in denen die Marke nicht die erforderliche Bekanntheit für die Zuerkennung eines Bekanntheitsschutzes besitzt, kann schon vom Grundsatz her weder die Unterscheidungskraft noch die Wertschätzung der Marke in unlauterer Weise ausgenutzt oder beeinträchtigt werden (dazu Rn 1258 ff), so dass es auch nicht gerechtfertigt erscheint, den Bekanntheitsschutz über das Territorium hinaus auszudehnen, in dem tatsächlich Bekanntheit vorliegt. Außerdem würde ansonsten der Inhaber einer eingetragenen bekannten Marke gegenüber dem Inhaber einer nichteingetragenen bekannten Marke gemäß § 4 Nr. 2 MarkenG oder Art. 8 Abs. 5 GMV bevorteilt werden, für die eine räumlich beschränkte Gewährung des erweiterten Schutzes anerkannt ist.[613] Zwar hat der EuGH im Fall *Pago./.Tirolmilch* ein beschränktes Verletzungsverbot nicht anerkannt, sondern für eine nur in Österreich bekannte Gemeinschaftsmarke für ein Fruchtgetränk in grüner Flasche „Pago" eine gemeinschaftsweite Verletzung angenommen und deshalb auch ein gemeinschaftsweites Verbot akzeptiert.[614] Denn die Benutzung kann für die gesamte Gemeinschaft untersagt werden, ohne dass Artt. 1 Abs. 2 S. 1 aE und 9 Abs. 1 GMV voraussetzt, dass die Bekanntheit gemeinschaftsweit vorliegen muss. Der Generalanwalt stellte aber übereinstimmend mit der Kommission nicht auf Mitgliedstaaten ab, sondern ob das betreffende Gebiet aufgrund aller relevanten Umstände als wesentlicher Teil der Gemeinschaft anzuerkennen sei, ohne die Landesgrenzen heranzuziehen. „Wesentlich" bezieht sich auf die wirtschaftliche Bedeutung und Größe des Gebietes.[615] Auf diese Argumentation ging der EuGH in seiner Entscheidung leider nicht weiter ein. Es sollte deshalb zukünftig in der Tat differenziert werden: Wenn in dem Gebiet, in dem Bekanntheit vorliegt, eine Verletzung der bekannten Marke stattgefunden hat, ist eine gemeinschafsweite Untersagung auszusprechen; das folgt schon aus Art. 1 Abs. 2 GMV. Wenn aber die Handlung ausschließlich in einem Gebiet begangen wird, in dem die ältere Marke nicht bekannt ist, dann liegt schon keine Markenverletzung vor, weil die Voraussetzungen von Art. 9 Abs. 1 lit. c GMV nicht einschlägig sind, so dass dann gar keine Untersagung ausgesprochen werden kann; eine hypothetische Annahme, dass auch eine Benutzung in dem Gebiet der Bekanntheit stattfinden wird, wäre sicherlich nicht angängig. Das folgende Beispiel auf der Basis des Falles *Pago./.Tirolmilch* mag dies verdeutlichen: Da eine Verletzung der älteren Marke *Pago* in Österreich stattgefunden hatte, wo diese ältere Marke bekannt gewesen ist, lag eine Markenverletzung vor, die über Österreich hinaus wegen Art. 1 Abs. 2 GMV ein gemeinschaftsweites Verbot rechtfertigte. Wenn allerdings die von *Pago* beanstandete Handlung nicht in Österreich, sondern ausschließlich in Spanien stattgefunden hätte, wo die ältere Marke *Pago* nicht bekannt ist, könnte *Pago* dort auch nicht den Bekanntheitsschutz für die dort eben nicht bekannte Marke *Pago* in Anspruch

---

611 EuGH GRUR Int. 2000, 73, 75, Tz. 28 *Chevy*.
612 Ingerl/Rohnke § 14 Rn 801.
613 Ingerl/Rohnke § 14 Rn 802.
614 EuGH GRUR 2009, 1158, 1159, Tz. 27 ff. *Pago./.Tirolmilch*; EuGH GRUR Int. 2000, 73, 75, Tz. 28 f. *Chevy (General Motors)*.
615 Schlussanträge der Generalanwältin Eleanor Sharpston, 30.4.2009, C-307/07/BeckRS 2009, 70460, Tz. 32, 34 und 41 *Pago./.Tirolmilch*.

nehmen, weil die Tatbestandsvoraussetzungen des Bekanntheitsschutzes gem. Art. 9 Abs. 1 lit. c GMV in Spanien gar nicht erfüllt wären; eine Vermutung, dass die Benutzung der jüngeren Marke von Spanien aus auch auf Österreich ausgedehnt werden könnte, kann es sicherlich nicht geben. Nur dann, wenn ernsthafte Anhaltspunkte für die Gefahr, so dass die Produkte auch in Österreich angeboten werden, bestehen, dass dort eine Erstbegehungsgefahr angenommen werden kann, sollte der Bekanntheitsschutz nach Art. 9 Abs. 1 lit. c GMV wieder eingreifen und zu einem gemeinschaftsweiten Verbot führen können.

VII. Unzulässige Benutzungshandlungen

Rechtsgrundlage: § 14 MarkenG; Artt. 9 – 11 GMV

Dem Markeninhaber steht ein Ausschließlichkeitsrecht zu, das in seinem Eigentum gründet. Insoweit kann er allen markenrechtsverletzenden Handlungen widersprechen und diese verbieten. **Unzulässige Benutzungshandlungen** sind gemäß § 14 Abs. 3 und 4 MarkenG und Art. 9 Abs. 2 GMV **insbesondere** (dh nicht abschließend)   **1268**

- das Anbringen des Zeichens auf Waren, deren Aufmachung oder Verpackung (§ 14 Abs. 3 Nr. 1 MarkenG; Art. 9 Abs. 2 lit. a GMV),
- das Anbieten, Inverkehrbringen oder Besitzen von Waren unter dem Zeichen (§ 14 Abs. 3 Nr. 2 MarkenG; Art. 9 Abs. 2 lit. b GMV),
- das Anbieten oder Erbringen von Dienstleistungen unter dem Zeichen (§ 14 Abs. 3 Nr. 3 MarkenG; Art. 9 Abs. 2 lit. b GMV),
- die Ein- oder Ausfuhr von Waren unter dem Zeichen (§ 14 Abs. 3 Nr. 4 MarkenG; Art. 9 Abs. 2 lit. c GMV) einschließlich des Transitweges zwischen zwei Staaten, die nicht der Europäischen Gemeinschaft angehören,[616]
- die Benutzung des Zeichens auf Geschäftspapieren oder in der Werbung (§ 14 Abs. 3 Nr. 5 MarkenG; Art. 9 Abs. 2 lit. d GMV).

Das MarkenG kennt außerdem: **1269**

- das Anbringen des Zeichens auf sowie das Anbieten, Inverkehrbringen, Besitzen, Einführen oder Ausführen von Aufmachungen, Verpackungen oder Kennzeichnungsmitteln, die mit einem der Marke identischen oder ähnlichen Zeichen versehen sind, wenn die Gefahr besteht, dass diese rechtswidrig benutzt werden (§ 14 Abs. 4 MarkenG).

Die Benutzung muss allerdings zeichenmäßig erfolgt sein (vgl Rn 1189 ff). Als unzulässige Benutzungshandlung ist es auch anzusehen, wenn eine Marke als sog. „Metatag", dh eines für den Internet-Nutzer nicht sichtbaren, aber für Internet-Suchmaschinen auffindbaren Suchbegriffes, verwendet wird, der Internet-Nutzer also bei Eingabe der Marke in einer Suchmaschine auf eine Seite eines Mitbewerbers des Markeninhabers gelenkt wird.[617] Keine unzulässige Benutzung ist beispielsweise die Anbringung   **1270**

---

616 EuGH GRUR 2004, 501, 502, Tz. 54 ff *Straffreie Rolex-Plagiate*; allerdings nicht der bloße Transit im externen Versandverfahren, dh die bloße Durchfuhr, da keine markenrechtlich relevante Handlung: EuGH GRUR 2007, 146, 147, Tz. 17 ff *DIESEL*.
617 BGH GRUR 2007, 65 – *Impuls*; GRUR 2009, 1167 – *Partnerprogramm*.

der Marken von Automobilherstellern auf Spielzeugautos[618] oder die Zeichen „DDR" oder „CCCP" (für UDSSR) auf Bekleidungsstücken, denn der angesprochene Verkehrskreis knüpft daran nicht die Herkunft von einem bestimmten Hersteller, sondern sieht dies nur als **dekoratives Element**.[619] Eine **Zustimmung zur Benutzung der Marke** liegt beispielsweise vor, wenn eine Alleinvertriebsvereinbarung des Markeninhabers zum Vertrieb von Produkten unter der Marke geschlossen wurde und wiederum ein Dritter Produkte unter diesem Markennamen herstellt, weil dieser durch den Vertragspartner beauftragt wurde.[620] Werden daher von einem Wirtschaftsbeteiligten Waren unter der geschützten Marke in den Verkehr gebracht und ist der Wirtschaftsbeteiligte mit dem Markeninhaber wirtschaftlich verbunden, weil er Lizenznehmer ist, so kann darin eine Zustimmung liegen, die auch zu einer Erschöpfung führt. Dabei kann das Inverkehrbringen auch durch eine Drittperson erfolgen, die nicht Lizenznehmer des Markeninhabers ist.[621] Allerdings muss in dem Fall des Inverkehrbringens durch eine Drittperson darin ein Verzicht des Markeninhabers zu erkennen sein, die erste Handlung des Inverkehrbringens bei der Lizenzerteilung gerade nicht überwachen/ kontrollieren zu wollen.[622] Eine Zustimmung des Markeninhabers zum Inverkehrbringen ist ausgeschlossen, wenn zB auf Erzeugnissen (hier Parfumflakons) der Hinweis „Demonstration" oder „unverkäuflich" angebracht ist.[623] Das Vorliegen einer Zustimmung hat nach allgemein deliktsrechtlichen Regeln der Verletzer darzulegen und zu beweisen.[624] Auch der bloße **Transit** ist dann keine zeichenmäßige Benutzungshandlung, wenn ein Inverkehrbringen wegen der bloßen Durchfuhr der Waren ausscheidet.[625] Eine bloße Durchfuhr findet bei einem externen durchgehenden Versand unter Zollverschluss statt, so dass aufgrund einer rechtlichen Fiktion wegen dieses Verfahrens die Ware so behandelt wird, als sei sie nicht in das Gemeinschaftsgebiet gelangt.[626] Deswegen scheidet ein Inverkehrbringen und damit eine Markenverletzung aus.[627]

H. Schranken des Schutzes

Rechtsgrundlagen: §§ 20 bis 26 MarkenG; Artt. 12, 13, 15, 51, 54 GMV

1271 Der Markenschutz unterliegt rechtlichen Beschränkungen. Das nationale Markenrecht enthält in den §§ 20 bis 26 MarkenG Bestimmungen über die Schranken des Schutzes. Die dem nationalen Recht entsprechenden Schranken für die Gemeinschaftsmarke regeln die Artt. 12 f, 15, 51 und 54 GMV. Sind Schranken in der GMV nicht geregelt, so

---

618 EuGH GRUR 2007, 318, 319, Tz. 21 f und Tz. 44 *Adam Opel/Autec*; BGH GRUR 2010, 726, 727 f, Tz. 16 ff. *Opel-Blitz II*.
619 BGH Urt. v. 14.1.2010, I ZR 82/08, BeckRS 2010, 16047, Tz. 20 ff CCCP und I ZR 92/08, BeckRS 2010, 16516, Tz. 19 f DDR.
620 EuGH GRUR 2009, 1159, 1161, Tz. 9 ff. *Makro u.a./Diesel*.
621 EuGH GRUR 2009, 1159, 1161, Tz. 24 ff. *Makro u.a./Diesel*; EuGH GRUR Int. 2009, 716, 719 f, Tz. 57 ff. *Copad/Dior*.
622 EuGH GRUR 2010, 723, 724, Tz. 28 ff. *Coty Prestige/Simex Trading*; EuGH GRUR 2009, 1159, 1161, Tz. 35 *Makro u.a./Diesel*.
623 EuGH GRUR 2010, 723, Tz. 42 ff. *Dokumentar: bp*.
624 BGH GRUR 2000, 879, 880 *stüssy*; KG Urt. v. 12.10.2010, 5 U 152/08, Tz 28 f (juris) *clinique happy*.
625 EuGH GRUR 2007, 146, 147, Tz. 17 und 19 *DIESEL*.
626 EuGH GRUR 2007, 146, 147, Tz. 17 *DIESEL*.
627 EuGH GRUR 2007, 146, 147, Tz. 19 ff *DIESEL*.

findet allgemein das Recht der nationalen Marken Anwendung, wie sich aus Artt. 14 Abs. 1 S. 2 und 101 Abs. 2 GMV ergibt. Dort heißt es „im Übrigen".

Als Schranken des Markenschutzes sind zunächst die **lautere Benutzung beschreibender** **Angaben** (§ 23 MarkenG bzw Art. 12 GMV)[628] sowie die **Erschöpfung** (§ 24 MarkenG bzw Art. 13 GMV)[629] vorgesehen. Des Weiteren besteht für Marken ein **Benutzungszwang**, der nach fünf Jahren, gerechnet von der Eintragung, beginnt oder (bei nationalen Marken) mit dem Abschluss des Widerspruchsverfahrens (§ 26 MarkenG bzw Art. 15 GMV); mit Ausnahme berechtigter Gründe für die Nichtbenutzung.[630] Für die ernsthafte Benutzung der Gemeinschaftsmarke genügt die Benutzung in einer der Eintragung und Anmeldung entsprechenden Form in einem Mitgliedstaat (s. Rn 1020). Daneben gibt es Vorschriften über die Verjährung (§ 20 MarkenG) und die Verwirkung (§ 21 MarkenG; Art. 54 GMV). **1272**

I. Verjährung

Die Ansprüche aus Rechtsverletzungen nach dem MarkenG und der GMV[631] verjähren innerhalb von 3 Jahren ab Schluss des Jahres, in das das Entstehen des Anspruchs und die Kenntnis aller Umstände fallen (§§ 199 Abs. 1, 195 BGB, 20 MarkenG), bei fehlender Kenntnis in 10 bzw 30 Jahren ab Entstehung bzw Verletzung (§§ 199 Abs. 3 BGB, 20 MarkenG). Hiervon nicht betroffen ist der Anspruch auf Herausgabe einer ungerechtfertigten Bereicherung gemäß §§ 812 ff BGB (§§ 852 BGB, 20 S. 2 MarkenG). **1273**

II. Verwirkung

Die **Verwirkung** der Rechte aus der Marke nach § 21 MarkenG und nach Art. 54 GMV ähneln sich. Die Verwirkung des Markenrechtes setzte früher voraus, dass der Berechtigte über einen längeren Zeitraum untätig geblieben war, obwohl er den Verstoß kannte oder kennen musste, so dass der Verpflichtete mit der Duldung seines Verhaltens durch etwaige Berechtigte rechnen durfte und sich daraufhin einen wertvollen Besitzstand schuf.[632] Durch § 21 MarkenG und Art. 54 GMV sind die Voraussetzungen für die Verwirkung jetzt teilweise abweichend kodifiziert: **Der Rechtsinhaber verwirkt seine Ansprüche, wenn er die Benutzung einer Marke über einen Zeitraum von 5 aufeinander folgenden Jahren geduldet hat** (§ 21 Abs. 1 und 2 MarkenG; Art. 54 Abs. 1 und Abs. 2 GMV); weitere Voraussetzungen wie insbesondere der Nachweis des Erwerbs eines wertvollen Besitzstandes stellen § 21 MarkenG und Art. 54 GMV nicht auf. Angesichts des klaren Wortlauts des § 21 Abs. 1 und 2 MarkenG („geduldet") und des Art. 54 Abs. 1 und 2 GMV kann ein bloßes Kennenmüssen nicht ausreichen, um die **1274**

---

628 Vgl hierzu OLG Hamburg GRUR-RR 2009, 339 (L) *Die Rückkehr der Shaolin*; OLG München GRUR-RR 2002, 12, 13 f. *Mozart*.
629 EuGH GRUR 2009, 1159, 1161, Tz. 21 ff. *Makro u.a./Diesel*; EuGH GRUR Int. 2009, 716 ff. *Copad/Dior*.
630 Vgl Ubertazzi, Bemerkungen zu Benutzungszwang der Gemeinschaftsmarke, GRUR Int. 1995, 474, 481; EuGH GRUR 2009, 410, 410 f, Tz. 17 f, 22 *Silbergquelle/Maselli*.
631 Die GMV enthält keine Regelungen zur Verjährung (außer zur Zahlung der Gebühren, Art. 84 GMV), sondern verweist in Bezug auf Verletzungsfälle und Geltendmachung von Ansprüchen auf die Vorschriften der Mitgliedstaaten, Artt. 101 Abs. 2 und 102 Abs. 2 GMV.
632 BGH Mitt. 1995, 189, 190 *Garant-Möbel* mit weiteren Nachweisen (in GRUR 1995, 156, 157 insoweit nicht abgedruckt); BGH GRUR 1993, 151, 153 *Universitätsemblem*; OLG München NJWE-WettbR 1996, 180, 182 *aliseo*.

Verwirkungsfolgen des § 21 Abs. 1 und 2 MarkenG sowie des Art. 54 Abs. 1 und 2 GMV auszulösen; hierfür ist vielmehr positive Kenntnis der Benutzung der Marke durch den Berechtigten erforderlich.[633] Verwirkung kommt solange nicht in Betracht, wie der Anspruchsinhaber dem anderen die Benutzung der Kennzeichnung gestattet hat; der 5-Jahres-Zeitraum beginnt in solchen Fällen also erst mit Ende der vertraglichen Beziehungen.[634]

1275 Die Verwirkung tritt ferner nicht ein bei unredlicher Benutzung,[635] wenn die Anmeldung der Marke mit jüngerem Zeitrang bösgläubig vorgenommen worden ist oder der Inhaber eines nicht eingetragenen Rechtes im Zeitpunkt des Rechtserwerbs bösgläubig war (§ 21 Abs. 1 und 2 MarkenG; Art. 54 Abs. 1 und 2 GMV). Bösgläubigkeit verlangt immer Absicht und Kenntnis über die Verwendung eines gleichen oder ähnlichen Zeichens, um einen Dritten an der Vermarktung seiner Ware oder Dienstleistung zu hindern.[636]

1276 Zwar bleiben gem. § 21 Abs. 4 MarkenG die allgemeinen Grundsätze über die Verwirkung von Ansprüchen unberührt. Da § 21 Abs. 1 und 2 MarkenG jedoch die Fälle der positiven Kenntnis durch den Verpflichteten bei Duldung während 5 aufeinander folgender Jahre abschließend regeln, sind nur noch 2 Fälle denkbar, in denen die allgemeinen, oben dargestellten Grundsätze der Verwirkung Anwendung finden können: Die Fälle des **Kennenmüssens** und einer **kürzeren Verwirkungsfrist als 5 Jahre** auf Grund besonderer Umstände.[637] Dann sind aber die Voraussetzungen, die schon nach der bisherigen Rspr zur Verwirkung führten,[638] durch den Berechtigten im Einzelnen darzulegen und zu beweisen. Zu beachten ist noch, dass von einem Vertragspartner nach Treu und Glauben eher und schneller erwartet werden kann, dass er eine Verletzung seiner Kennzeichen beanstandet, wenn sie ihn stört, als von einem beliebigen Dritten; Verwirkung kann daher eher gegenüber einem Geschäftspartner als sonst in Betracht kommen.[639]

1277 Korrespondierend zu § 21 MarkenG bestimmt § 51 Abs. 2 MarkenG, dass auch die Eintragung einer jüngeren Marke auf Grund einer Klage nicht mehr gelöscht werden kann, wenn der Inhaber des älteren Rechtes in Kenntnis der Benutzung diese während eines Zeitraumes von fünf aufeinander folgenden Jahren geduldet hat, es sei denn, dass die Anmeldung der jüngeren Marke bösgläubig vorgenommen worden ist.

III. Verfall

1278 Dem Inhaber der jüngeren Marke steht ferner der sog. **Einwand der Löschungsreife** zu, der gestützt werden kann auf einen sog. **Verfall** der Marke, dh ihre Löschungsreife wegen Nichtbenutzung (§ 22 Abs. 1 Nr. 2, 49, 51 Abs. 4 MarkenG; vgl Rn 1292 ff),

633 BGH GRUR 1999, 161, 164 *MAC Dog*.
634 BGH GRUR 2001, 1164, 1166 *buendgens*.
635 BGH GRUR 1999, 161, 164 *MAC Dog*.
636 EuGH GRUR 2009, 763, 765, Tz. 43 und 53 *Lindt & Sprüngli/Franz Hauswirth*.
637 Knapp 3 Jahre: OLG München NJWE-WettbR 1996, 180, 182 *aliseo*.
638 Vgl BGH Mitt. 1995, 189, 190 *Garant-Möbel* mit weiteren Nachweisen (in GRUR 1995, 156, 157 insoweit nicht abgedruckt); BGH GRUR 1993, 151 *Universitätsemblem*; OLG München NJWE-WettbR 1996, 180, 182 *aliseo*.
639 BGH GRUR 2000, 605, 607 *Comtes/Comtel*.

oder auf bestehende absolute Schutzhindernisse, wenn die ältere Marke insoweit bestandskräftig geworden ist, weil 10 Jahre seit der Eintragung vergangen sind (§ 22 Abs. 1 Nr. 2, 50 Abs. 2 S. 2, 51 Abs. 4 MarkenG).

Im Gemeinschaftsmarkenrecht hat der Verfall zum Teil andere Voraussetzungen nach   **1279**
Art. 51 GMV als nach § 22 MarkenG. Auch Art. 51 Abs. 1 lit. a GMV verlangt für den
Erhalt der Gemeinschaftsmarke, dass sie innerhalb eines ununterbrochenen Zeitraumes
5 Jahre lang ernsthaft benutzt wurde (Art. 15 GMV). Andernfalls kann auf Antrag
(Artt. 56, 57 GMV) oder auf Widerklage (Art. 100 GMV) der Verfall erklärt werden.[640]

IV. Beschreibende Benutzung

Als Schranke des Schutzes ist des Weiteren die sog. **Lautere Benutzung beschreibender**   **1280**
Angaben gemäß § 23 MarkenG sowie Art. 12 GMV ausgestaltet.[641] § 23 MarkenG
sowie Art. 12 GMV finden zwar keine Berücksichtigung im Eintragungsverfahren,[642]
aber sie beschränken die Rechte des Markeninhabers im geschäftlichen Verkehr, so dass
sich ein vermeintlicher Verletzer einer nationalen Marke auf § 23 MarkenG und ein
vermeintlicher Verletzer einer Gemeinschaftsmarke auf Art. 12 GMV berufen kann, die
ihm erlauben, beschreibende Angaben oder Ausdrücke zu verwenden.[643] Eine Verwendung als **beschreibende Angabe** liegt immer dann vor, wenn die beteiligten Verkehrskreise in der in Frage stehenden Bezeichnung nicht auch einen Hinweis auf die Herkunft
der Waren oder Dienstleistungen aus einem bestimmten Geschäftsbetrieb sehen.[644] Ob
eine Angabe beschreibend ist, muss nicht lexikalisch nachgewiesen werden.[645] **Allerdings muss die Benutzung lauter sein, dh darf nicht nach MarkenG gegen die guten
Sitten und nach GMV gegen die anständigen Gepflogenheiten in Gewerbe oder Handel
verstoßen.** Hierunter sind auch nach § 23 MarkenG in richtlinienkonformer Auslegung
die anständigen Gepflogenheiten in Gewerbe und Handel unter Berücksichtigung aller
Umstände des Einzelfalles zu verstehen.[646] Nach § 23 Nr. 1 MarkenG sowie nach
Art. 12 lit. a GMV kann der Inhaber einer Marke es Dritten nicht untersagen, im geschäftlichen Verkehr seinen Namen oder die Anschrift zu benutzen. Davon gedeckt ist
aber nur die namensmäßige Verwendung, zB in Form eines Hinweises „Styled by Guccio Gucci";[647] **wer seinen Namen nach Art einer Marke benutzt oder sogar eine Marke
für seinen Namen anmeldet, kann sich auf den Ausnahmetatbestand nicht berufen.**[648]

---

640 EuG 14.5.2009, T-165/06, BeckRS 2009, 70501, Tz. 32 ff *ELIO FIORUCCI.*
641 Vgl zur zulässigen Markenbenutzung aufgrund der Meinungs- und Pressefreiheit gem. Art. 5 Abs. 1 GG: OLG
      Köln NJWE-WettbR 2000, 242, 242 f. *Kampagne gegen die Jagd.*
642 EuG GRUR Int. 2004, 654, 657, Tz. 55 *happy dog.*
643 EuG GRUR Int. 2004, 654, 657, Tz. 56 *happy dog*; BGH GRUR 2009, 1162, 1163 f, Tz. 27 ff *DAX*; BGH
      GRUR 2007, 705, 707, Tz. 21 ff. *Aufarbeitung von Fahrzeugkomponenten*; OLG Hamburg GRUR-RR
      2009, 339 (L) *Die Rückkehr der Shaolin.*
644 BGH GRUR 2007, 705, 707, Tz. 21 und 23 ff. *Aufarbeitung von Fahrzeugkomponenten*; BGH GRUR 2003,
      436, 439 *Feldenkrais*; BGH GRUR 2003, 963, 964 *AntiVir/ AntiVirus.*
645 EuGH GRUR 2004, 674, 678 f, Tz. 96 ff. *Postkantoor*; EuGH GRUR 2004, 680, 681, Tz. 35 ff. *Biomild*;
      OLG Düsseldorf, GRUR-RR 2007, 147, 148 *professional-nails.de.*
646 Richtlinienkonform nach Art. 6 Marken-RL: EuGH GRUR 2004, 234, 235, Tz. 18 ff. *Gerolsteiner/ Putsch*;
      EuGH MarkenR 1999, 84, 87 ff, Tz. 29 und 61 *BMW*; BGH GRUR 2009, 1162, 1164, Tz. 29 *DAX*; BGH
      GRUR 1999, 992, 995 *BIG PACK*; OLG Frankfurt GRUR 2000, 905, 905 f. *Schaftol/Schaftöl.*
647 OLG Hamburg WRP 1997, 106, 110 ff. *Gucci.*
648 OLG Köln GRUR 1999, 66, 68 *DAN/DANNE*; OLG Hamburg GRUR 1997, 659, 660 *KLAUS BREE*;
      Fezer, § 23 MarkenG Rn 23. Vgl a. die ähnliche Problematik beim Recht der Gleichnamigen Rn 1494 ff.

Des Weiteren ist es gemäß § 23 Nr. 2 MarkenG sowie Art. 12 lit. b GMV **zulässig**, eine **beschreibende Angabe** zu verwenden, die einer Marke identisch oder ähnlich ist, zB wenn die Angabe zur Beschreibung von Art und Beschaffenheit, Bestimmung, Wert, geografischer Herkunft oder Zeit der Herstellung der Ware dient.[649]

Beispiel: Eine Zigarettenpackung darf etwa blickfangmäßig mit „BIG PACK" beworben oder ein Gewehrschaftöl blickfangmäßig auf der Verpackung als „Schaftöl" bezeichnet werden, obwohl jeweils entgegenstehende Marken BIG PACK und SCHAFTOL existieren.[650]

1281   Ob die Benutzung der irischen geografischen Herkunftsangabe *KERRY Spring* für Mineralwasser, die klanglich verwechslungsfähig ist mit der Deutschen Marke *GERRI*, in Deutschland gegen die anständigen Gepflogenheiten in Handel und Gewerbe verstößt, hängt nach einer Entscheidung des EuGH davon ab, ob der Hersteller des mit der geografischen Herkunftsangabe versehenen Mineralwassers über die Form und die Etikettierung der Flasche gegenüber dem Markeninhaber unlauteren Wettbewerb betreibt.[651] Zulässig sein kann nach einem Umbau der Ware ein beschreibender Hinweis darauf, unter welcher Marke das Ursprungsgerät verkauft wurde,[652] nicht jedoch eine Verwendung der Ursprungsmarke in der Kennzeichnung für das neue Gerät.[653] Werden in einer Autowerkstatt an Originalprodukten zB Verschleißteile ausgetauscht und neben der Marke des Originalherstellers die Marke des Ersatzteilherstellers des umgebauten Geräts angebracht, so liegt darin nur eine beschreibende Angabe nach § 23 Nr. 2 MarkenG bzw Art. 12 lit. b GMV und kein Herkunftshinweis auf die Originalmarke.[654] Bei einer gespaltenen Verkehrsauffassung über den Herkunftshinweis bzw ob ein solcher vorliegt, bedarf es immer der Einzelfallbetrachtung, um im Weiteren beurteilen zu können, ob eine unlautere Handlung zu erkennen ist. **Unlauterkeit** liegt deshalb zB nicht vor, wenn ein türkisches Wort für Brause „*Gazoz*" verwendet wird und die Produkte in der Türkei und in Deutschland an Geschäfte ausgeliefert werden, deren Sortiment auf das türkische Publikum abgestimmt ist, obwohl eine Gemeinschaftsmarke „*Gazoz*" für Getränke eines anderen Anbieters eingetragen ist.[655] Denn für dieses Publikum ist der Begriff „*Gazoz*" rein beschreibend für Brause. Sofern sich der Anbieter auch in Deutschland auf diesen Absatzmarkt beschränkt, liegt keine unlautere Handlung vor.[656] BGH und EuGH lassen insofern einen Gleichlauf ihrer Rechtsprechung zu § 23 Nr. 2 MarkenG und Art. 12 lit. b GMV erkennen. Für § 23 Nr. 2 MarkenG und Art. 12 lit. b GMV ist die Benutzung nur zulässig, wenn der Dritte nicht den berechtigten Interessen des Markeninhabers in unlauterer Weise zuwiderhandelt.[657] Dies ist nicht der Fall, wenn eine Bank mit einem Wertpapier-Zertifikat auf den Stand des deutschen Aktienindexes DAX Bezug nimmt, weil der Ruf des DAX nicht

---

649   BGH GRUR 1998, 697, 699 *Venus Multi*; OLG Frankfurt MarkenR 2000, 145, 146 f. *Pindjur*; OLG Hamburg MarkenR 2000, 32, 33 *FC Schalke 04*.
650   BGH GRUR 1999, 992, 994 *BIG PACK*; OLG Frankfurt GRUR 2000, 905, 905 f. *Schaftol/Schaftöl*.
651   EuGH GRUR 2004, 234, 235, Tz. 26 *Gerolsteiner/ Putsch*.
652   BGH GRUR 2007, 705, 707, Tz. 21, 23 ff. *Aufarbeitung von Fahrzeugkomponenten*; BGH GRUR 1998, 697, 699 *Venus Multi*.
653   OLG Hamburg GRUR 2001, 749, 751 *based on STEINWAY*.
654   BGH GRUR 2007, 705, 707, Tz. 23 und 26 f. *Aufarbeitung von Fahrzeugkomponenten*; ähnlich BGH NJW-RR 2008, 996, 1000, Tz. 40 *Soda-Club II*; BGH GRUR 2005, 162, 163 *SodaStream*.
655   BGH GRUR 2004, 947, 948 f. *Gazoz*.
656   BGH GRUR 2004, 947, 949 *Gazoz*.
657   EuGH GRUR 2007, 971, 973, Tz. 33 *Céline*; BGH GRUR 2009, 1162, 1164, Tz. 29 *DAX*.

auf die angebotenen Finanzprodukte übertragen wird.[658] Schließlich ist auch die Verwendung einer Marke als Hinweis auf die Bestimmung der Ware, zB im **Zubehör- oder Ersatzteilgeschäft**, erlaubt (§ 23 Nr. 3 MarkenG; Art. 12 lit. c GMV).

Beispiele: Zulässig kann danach beispielsweise eine Angabe „Instandsetzung und Wartung von BMW"[659] oder eine Domain „professional-nails.de" eines Anbieters für Fingernagelkosmetik sein, obwohl die eingetragene Wortmarke („Professional Nails") vom Markeninhaber für chemische Erzeugnisse eingetragen ist.[660]

V. Erschöpfung

Eine der bedeutendsten Schranken des Markenrechts ist die sog. „Erschöpfung", § 24 MarkenG sowie auf Gemeinschaftsebene Art. 13 GMV, identisch geregelt in Art. 7 Marken-RL 2008/95/EG. Dabei handelt es sich um eine allgemeine Rechtsregel, die für das gesamte Gebiet des gewerblichen Rechtsschutzes und Urheberrechts gilt. Kodifiziert ist der Erschöpfungsgrundsatz in § 24 MarkenG, § 17 Abs. 2 UrhG sowie § 48 GeschmMG und entsprechend im Gemeinschaftsrecht in Art. 13 GMV, Art. 7 Marken-RL 2008/95/EG sowie Art. 21 GemeinschaftsgeschmacksmusterVO; für das Patentrecht gilt er gleichwohl auch ohne gesetzliche Regelung.[661] Die Erschöpfung entzieht bestimmte Benutzungshandlungen geschützter Monopolrechte, an denen der Rechteinhaber bereits beim erstmaligen Inverkehrbringen verdienen bzw die er dabei kontrollieren konnte, seiner Verfügungsbefugnis im Interesse der Allgemeinheit und des freien Warenverkehrs. **Marken-, patent-, geschmacksmuster- und urheberrechtlich geschützte Produkte dürfen also, nachdem sie mit Zustimmung des Rechtsinhabers erstmalig in Verkehr gesetzt worden sind, weiterverbreitet werden.**[662]   **1282**

Beispiel: Wenn ein Unternehmen des Bayer-Konzerns in Großbritannien das Arzneimittel ALKA-SELTZER mit der Aufschrift „contains Aspirin" in Verkehr bringt, kann die Bayer AG den Import dieses Arzneimittels nach und den Vertrieb in Deutschland nicht unter Berufung auf ihre Markenrechte an ASPIRIN untersagen, weil sich das Markenrecht gem. § 24 Abs. 1 MarkenG bzw Art. 13 Abs. 1 GMV erschöpft hat.[663]

Das Markenrecht erschöpft sich **nur bei Inverkehrbringen mit Zustimmung des Markeninhabers in einem EU-Mitgliedstaat** auch in den übrigen EU-Mitgliedsstaaten;[664] die Zustimmung kann ausdrücklich oder auch konkludent sein.[665] Ob eine Zustimmung, dh ein Wille vorliegt, der den Verzicht auf das Recht des Inverkehrbringens   **1283**

---

658 BGH GRUR 2009, 1162, 1164, Tz. 31 ff *DAX.*
659 EuGH MarkenR 1999, 84, 87 ff, Tz. 31-42 und 56-64 *BMW.*
660 OLG Düsseldorf GRUR-RR 2007, 147, 148 *professional-nails.de.*
661 Vgl zB BGH GRUR 1997, 116, 117 *Prospekthalter* (Patentrecht).
662 Vgl Benkard/Bruchhausen, § 9 PatG Rn 15 ff; Fromm/Nordemann/Dustmann, § 17 UrhG Rn 2 und 24 ff.
663 Beispiel gebildet nach OLG Frankfurt NJWE-WettbR 1999, 87, 88 *Contains Aspirin;* neuere Rspr zur Erschöpfung vor allem im Pharmabereich: EuGH GRUR 2007, 586, 588, Tz. 16 ff. *Boehringer/Swingelward II;* keine weltweite Erschöpfung EuGH GRUR Int. 1998, 695, 696 Tz. 13 *Silhouette;* BGH GRUR 1996, 271 *gefärbte Jeans.*
664 EuGH GRUR 2009, 1159, 1161, Tz. 21 *Makro u.a./Diesel;* EuGH GRUR 2005, 507, 508, Tz. 34 *Peak Holding/Axolin-Elinor;* EuGH GRUR 2003, 512, 514, Tz. 33 *stüssy;* EuGH WRP 1999, 803, 805, Tz. 17 *Sebago;* EuGH GRUR 1998, 919, 920 f, Tz. 18-26 *Silhouette;* BGH GRUR 2000, 879, 880 *Stüssy.* Weitere Entscheidungen zur Erschöpfung des Markenrechts: OLG Hamburg MarkenR 1999, 302 *Polo;* OLG Köln GRUR 2000, 65 *Jaeger-LeCoultre;* OLG Köln GRUR 2000, 56 *Dachbahnen;* OLG Köln GRUR 1999, 346 *Davidoff Cool Water;* OLG Köln MarkenR 1999, 170 *awa;* OLG Stuttgart NJWE-WettbR 1998, 109 *Musikinstrumente;* OLG Zweibrücken GRUR 2000, 511 *Nachfüllen von Brunneneinheitsflaschen.*
665 EuGH GRUR 2009, 1159, 1161, Tz. 25 *Makro u.a./Diesel;* EuGH GRUR 2002, 156, 159, Tz. 47 *Davidoff.*

äußert, richtet sich nach der Art und Weise der Äußerung und muss bestimmt sein.[666] Dies kann gegeben sein, wenn die Waren von einem mit dem Inhaber der Marke wirtschaftlich verbundenen Beteiligten in den Verkehr gebracht werden, zB einem Lizenznehmer.[667] Eine Erschöpfung kann eintreten, wenn ein Lizenznehmer mit der Marke des Lizenzgebers versehene Waren unter Missachtung der vertraglichen Lizenzbestimmungen in den Verkehr bringt, und zwar dann, wenn die verletzte Bestimmung des Lizenzvertrages einer der in § 30 Abs. 2 MarkenG/Art. 8 Abs. 2 Marken-RL 2008/95/ EG/Art. 22 Abs. 2 GMV genannten Voraussetzungen entspricht.[668] Ein Inverkehrbringen mit Zustimmung ist aber dann nicht gegeben, wenn Parfumtester als unverkäufliche Versionen im nichteuropäischen Ausland vertraglich an Dispositäre im Rahmen des Vertriebes abgegeben werden und diese Dispositäre die Tester an Dritte verkaufen, die die Tester dann in der Gemeinschaft anbieten.[669] Die Zustimmung des Markeninhabers war hier ersichtlich ausgeschlossen, weil die Ware (hier Parfumflakons) mit dem Hinweis „Dokumentation" oder „unverkäuflich" versehen war.[670]

1284 Den EU-Mitgliedstaaten gleichgestellt sind die Vertragsstaaten des Abkommens über den Europäischen Wirtschaftsraum (neben den EU-Mitgliedstaaten sind dies derzeit Island, Liechtenstein und Norwegen; § 24 Abs. 1 MarkenG).

1285 Wer sich auf Erschöpfung des Markenrechts beruft, muss die Ware, die er unter der Marke veräußern will, noch nicht vorrätig haben; es genügt, wenn festgestellt werden kann, dass der werbende Händler die Markenware im Zeitpunkt des Absatzes markenrechtlich zulässig veräußern kann (Beispiel: Werbung mit den Audi-Ringen für Neuwagen, die der Händler erst noch aus einem anderen Mitgliedsland der Europäischen Union importieren und dann veräußern wollte).[671] Wer sich auf Erschöpfung gemäß § 24 Abs. 1 MarkenG oder Art. 13 Abs. 1 GMV berufen kann, ist im Übrigen auch nicht darauf beschränkt, die ältere Marke nur als Wort zu bezeichnen, sondern darf die Marke so verwenden, wie sich das Recht aus ihr erschöpft hat, also auch in Form eines Logos; Beispiele: Audi-Ringe, Mitsubishi-Logo oder Mercedes-Stern.[672]

1286 Die Erschöpfung führt zugunsten des Nutzers dazu, dass beispielsweise ein Weiterverkauf von Markenware möglich ist, ohne dass der Markeninhaber dies kontrollieren könnte; wer erschöpfte Markenware weiterverkauft, verletzt die Rechte an der Marke also nicht.

1287 **Bei einem Inverkehrbringen außerhalb der EU bzw des Europäischen Wirtschaftsraums ordnen das MarkenG oder die GMV keine Erschöpfung an,** so dass ein Parallelimport zB aus den USA aus dem Markenrecht im Gegensatz zur früheren Rechtslage verhindert werden kann; **der Grundsatz der internationalen Erschöpfung des Zeichenrechts exis-**

---

666 EuGH GRUR 2010, 723, Tz. 42 ff. *Coty Prestige/Simex Trading*; EuGH GRUR 2009, 593, 595 f, Tz. 42 *Copad/Dior*; EuGH GRUR 2009, 1159, 1161, Tz. 22 *Makro u.a./Diesel*.
667 EuGH GRUR 2010, 723, 724, Tz. 29 *Coty Prestige/Simex Trading*; EuGH GRUR 2009, 1159, 1161, Tz. 24 und 35 *Makro u.a./Diesel*; EuGH GRUR 2009, 593, 596, Tz. 43 und 57 ff. *Copad/Dior*.
668 EuGH GRUR Int. 2009, 716, 719, Tz. 43 ff. *Copad/Dior*.
669 EuGH GRUR 2010, 723, 725, Tz. 34 *Coty Prestige/Simex Trading*.
670 EuGH GRUR 2010, 723, Tz. 42 ff. *Coty Prestige/Simex Trading*.
671 BGH GRUR 2003, 878, 880 *4 Ringe über Audi*.
672 BGH GRUR 2003, 878, 880 *4 Ringe über Audi*; BGH GRUR 2003, 340, 342 *Mitsubishi*; OLG Düsseldorf GRUR-RR 2001, 249, 300 *Mercedes-Stern*.

tiert damit nicht mehr.[673] Raum für darüber hinausgehende Regelungen, insbesondere eine weltweite Erschöpfung, besitzen die EU-Mitgliedsländer nicht, weil sich ansonsten Behinderungen des freien Warenverkehrs ergeben könnten.[674] Auf Erschöpfung nach nationalem Markenrecht kann sich des Weiteren derjenige nicht berufen, der ein im EU-Ausland erworbenes Arzneimittel, das in Deutschland unter einer anderen Marke als im Erwerbsland vertrieben wird, mit der in Deutschland verwendeten Marke „umkennzeichnet", weil § 24 Abs. 1 MarkenG die Erschöpfung nur für die konkrete Marke anordnet, mit der die erworbene Ware beim Erwerb gekennzeichnet war.[675]

Die Erschöpfung tritt ferner dann nicht ein, wenn berechtigte Gründe des Markeninhabers dem entgegenstehen, insbesondere bei einer **Veränderung des Zustandes der Waren** oder einer Verschlechterung (§ 24 Abs. 2 MarkenG; Art. 13 Abs. 2 GMV).[676] Eine solche Veränderung kann beispielsweise in der Entfernung oder Veränderung einer legitimen Zwecken dienenden Kontrollnummer[677] oder dem Einfärben gebrauchter Jeanshosen,[678] aber auch dem Wiederbefüllen leerer Tonerkartuschen für Laser- und Tintenstrahldrucker[679] oder dem Umbau eines Klavierflügels mit einem Austausch von bis zu 80% der Teile[680] liegen. Veränderungen durch Privatpersonen außerhalb des geschäftlichen Verkehrs sind auch ohne Rückgriff auf die Erschöpfungseinrede markenrechtlich irrelevant, weil es bereits am Tatbestandsmerkmal des geschäftlichen Verkehrs im Verbotsanspruch des § 14 Abs. 2 MarkenG oder Art. 9 Abs. 1 und 2 GMV fehlt; dies gilt auch zugunsten eines Gewerbetreibenden, der Veränderungen im Auftrag von Privatpersonen für deren private Zwecke vornimmt.[681] Eine Privatperson darf deshalb für ihre privaten Zwecke eine Rolexuhr mit Diamanten versehen[682] oder ihre Jeanshose einfärben lassen. Eine Erschöpfung gilt auch nicht für den Fall der Rufschädigung.[683]

1288

Ob auch beim Umverpacken parallel importierter Arzneimittel Erschöpfung eingetreten ist, richtet sich nach der Rechtsprechung des EuGH nach fünf grundlegenden Voraussetzungen, die kumulativ erfüllt sein müssen, damit sich der Parallelimporteur auf die Erschöpfung der Markenrechte berufen kann:[684]

1289

---

673 EuGH GRUR 2009, 1159, 1161, Tz. 21, 30 f. *Makro u.a./Diesel*; EuGH GRUR 2005, 507, 508, Tz. 36 *Peak Holding/Axolin-Elinor*; EuGH GRUR 2003, 512, 513, Tz. 26 *stüssy*; BGH GRUR 2000, 879, 880 *Stüssy*; BGH GRUR 1996, 271, 273 *Gefärbte Jeans*. Vgl auch J. B. Nordemann DZWir 1995, 315, 316 f sowie die Gesetzesbegründung zu § 24 Marken in Bl.f.PMZ 1994 Sonderheft, 75.

674 EuGH WRP 1999, 803, 805, Tz. 17 *Sebago*; EuGH GRUR 1998, 919, 920 f, Tzn. 18-26 *Silhouette*. Vgl auch J. B. Nordemann DZWir 1995, 315, 316 f.

675 OLG Frankfurt GRUR 2001, 246, 246 f. *Markenersetzung I*.

676 Vgl zu früheren Rechtslage BGH GRUR 1996, 271, 274 f. *Gefärbte Jeans*.

677 BGH MarkenR 2000, 211, 215 *Außenseiteranspruch II*. Vgl im Übrigen zu den wettbewerbsrechtlichen Problemen des Entfernens von Kontrollnummern Rn 641, 855.

678 BGH GRUR 1996, 271, 274 f. *Gefärbte Jeans* (insoweit noch zum WZG ergangen; da das WZG keine ausdrückliche, § 24 Abs. 2 MarkenG entsprechende Regelung enthielt, wäre der Fall bei Anwendung von § 24 Abs. 2 MarkenG wohl entsprechend gelöst worden).

679 Vgl OLG Frankfurt GRUR 2000, 1062, 1063 *Wiederbefüllte Toner-Kartusche*.

680 OLG Hamburg GRUR 2001, 749, 751 *based on STEINWAY*.

681 BGH GRUR 1998, 696, 696 f. *Rolex-Uhr mit Diamanten*.

682 BGH GRUR 1998, 696, 696 f. *Rolex-Uhr mit Diamanten*.

683 EuGH GRUR 2007, 586, 590 f, Tz. 40 ff. *Boehringer Ingelheim/Swingward II*; OLG Hamburg WRP 2009, 1296 (L) *sanofi aventis (co-branding)*.

684 EuGH GRUR 2007, 586, 588 f., Tz. 19 u. 21 *Boehringer Ingelheim/ Swingward*; EuGH GRUR 2009, 154, 155, Tz. 23 *The Welcome Foundation Ltd./ Paranova Pharmaceutica Handels GmbH*.

(1) Es kann festgestellt werden, dass die Durchsetzung der Rechte des Markeninhabers zu einer künstlichen Aufspaltung der Märkte zwischen den Mitgliedsstaaten führen würde;

(2) es wird dargelegt, dass das Umverpacken den Originalzustand der Arzneimittel in der Packung nicht beeinträchtigt;

(3) auf der Umverpackung wird klar angegeben, wer das Arzneimittel umverpackt und wer es hergestellt hat;

(4) sie Umverpackung ist also solche nicht dazu geeignet, den Ruf der Marke und ihres Inhabers zu beschädigen, dh darf nicht fehlerhaft, von geringer Qualität oder ungepflegt sein;

(5) der Parallelimporteur informiert den Markeninhaber, bevor das umverpackte Arzneimittel auf den Markt gebracht wird und stellt ihm auf sein Verlangen hin ein Muster des **umverpackten Produktes**, ggf. ein Muster nur der Verpackung zur Verfügung.

1290   Die Beweislast dafür, dass diese fünf Voraussetzungen auch tatsächlich erfüllt sind, trägt grundsätzlich der Parallelimporteur; es bestehen jedoch einige kleinere Beweiserleichterungen.[685] Erfüllt der Parallelimporteur die fünf Voraussetzungen nicht, beispielsweise, weil er den Markeninhaber nicht rechtzeitig vor Vermarktungsbeginn informiert hat, haftet er wegen Markenverletzung für alle Handlungen auch nachträglich, bis er die Voraussetzungen erfüllt hat, also beispielsweise die Information an den Markeninhaber nachgeholt worden ist.[686]

1291   Die **Darlegungs- und Beweislast**, dass Erschöpfung eingetreten ist, liegt nach den Grundsätzen des deutschen Zivilprozessrechts, dass jede Partei die tatsächlichen Voraussetzungen der ihr günstigen Rechtsnormen darlegen und beweisen muss, bei demjenigen, der sich auf den Eintritt der Erschöpfung beruft, also dem als Markenverletzer Angegriffenen.[687] Gegen diese auch von einigen Instanzgerichten vertretene Auffassung[688] hat der BGH allerdings Bedenken: Der Angegriffene müsse nämlich, um sich auf Erschöpfung berufen zu können, unweigerlich seinen gesamten Bezugsweg offen legen, woraufhin der Markeninhaber die „Löcher" in seinem Vertriebssystem sofort stopfen könnte. Der Angegriffene habe bei einem erstmaligen Inverkehrbringen in der EU dann zwar das Recht, die Ware zu verkaufen, werde aber aus derselben Quelle niemals wieder Ware erhalten können. Wegen der daraus folgenden erheblichen Einschränkung der Warenverkehrsfreiheit hat der BGH diese Frage dem EuGH zur Vorabentscheidung vorgelegt.[689] Der EuGH hat die Sache inzwischen klargestellt: Dass derjenige, der sich auf die Erschöpfung gemäß § 24 Abs. 1 MarkenG oder letztendlich auch auf Art. 13 Abs. 1 GMV berufen will, deren Voraussetzungen nach deutschem Zivilprozessrecht grundsätzlich beweisen muss, ist mit dem Gemeinschaftsrecht vereinbar. Um eine Abschottung der nationalen Märkte zu verhindern, kehrt sich die Be-

685   EuGH GRUR 2007, 586, 589, Tz. 54 *Boehringer Ingelheim/ Swingward u.a.*
686   EuGH GRUR 2007, 586, 589, Tz. 64 *Boehringer Ingelheim/ Swingward u.a.*
687   BGH GRUR 2000, 879, 880 *Stüssy.*
688   OLG Karlsruhe GRUR 1999, 343, 345 *Replay-Jeans*; OLG München Mitt. 1998, 186, 188. Vermittelnd OLG Frankfurt GRUR 2000, 1060, 1061 *Marken-Jeans aus den USA*; OLG Düsseldorf Mitt. 1998, 372, 373 f; OLG Hamburg NJW-RR 1998, 402, 403.
689   BGH GRUR 2000, 879, 881 f *stüssy.*

weislast allerdings dann um, wenn der von dem Markeninhaber belangte Dritte nachweisen kann, dass eine tatsächliche Gefahr der Abschottung der nationalen Märkte besteht. Dann muss zunächst der Markeninhaber nachweisen, dass die Waren entweder ohne seine Zustimmung innerhalb des EWR oder (mit seiner Zustimmung) außerhalb des EWR in Verkehr gebracht worden sind. Gelingt ihm dieser Nachweis, würde es wiederum dem Dritten obliegen, nachzuweisen, dass der Markeninhaber dem weiteren Vertrieb der Ware im EWR zugestimmt hat.[690] Unkenntnis darüber, ob sich der Markeninhaber der Einfuhr der außerhalb der EU in Verkehr gebrachten Ware widersetzen wird, hilft übrigens nicht.[691]

VI. Einrede der Nichtbenutzung

Rechtsgrundlagen: §§ 26, 43 MarkenG; Artt. 15 Abs. 1, 42 Abs. 2 und 3, 51 Abs. 1 lit. a, 57 Abs. 2 und 3, 99 Abs. 3 GMV

Schließlich ist als Schranke des Schutzes ausgestaltet die **Einrede der Nichtbenutzung**   **1292** (§§ 25 und 43 Abs. 1 MarkenG; für Gemeinschaftsmarken Artt. 15 Abs. 1, 42 Abs. 2, 51 Abs. 1 lit. a, 57 Abs. 2 und 3 GMV, s.a. Rn 1103 ff) sowie der damit im Zusammenhang stehende **Benutzungszwang** (§ 26 MarkenG; Art. 15 Abs. 1 GMV). Danach sind Rechte aus der Marke nicht durchsetzbar, wenn die Marke innerhalb der letzten 5 Jahre vor Geltendmachung des Anspruches nicht rechtserhaltend benutzt worden ist (§ 25 Abs. 1 MarkenG; Art. 42 Abs. 2 GMV): Niemand soll Rechte aus einer Marke durchsetzen können, die wegen 5-jähriger Nichtbenutzung löschungsreif und damit vernichtbar ist.[692] Die Schranke der Nichtbenutzung ist nicht von Amts wegen zu beachten, sondern muss sowohl im Klageverfahren als auch im Widerspruchsverfahren **einredeweise** geltend gemacht werden (sog. „Nichtbenutzungseinrede", §§ 25 Abs. 2, 43 Abs. 1 MarkenG bzw Artt. 15 Abs. 1, 42 Abs. 2, 99 Abs. 3 GmV).

Im **Verletzungsverfahren vor den ordentlichen Gerichten** ist dann die rechtserhaltende   **1293** Benutzung nachzuweisen entweder für den Zeitraum von 5 Jahren vor Klageerhebung, wenn die Klagemarke zu diesem Zeitpunkt bereits dem Benutzungszwang unterlag (§ 25 Abs. 2 S. 1 MarkenG; Art. 51 Abs. 1 lit. a GMV), oder für den Zeitraum von 5 Jahren vor dem Schluss der mündlichen Verhandlung, sofern der Zeitraum der 5-jährigen Nichtbenutzung erst nach Klageerhebung endet (§ 25 Abs. 2 S. 2 MarkenG). Die GMV unterscheidet im Klageverfahren nach solchen Zeitpunkten nicht; gem. Art. 99 Abs. 3 GMV ist somit die Erhebung der Einrede der Nichtbenutzung zu jedem Zeitpunkt möglich, zu dem die Gemeinschaftsmarke dem Benutzungszwang unterliegt, sie also wegen mangelnder Benutzung für verfallen erklärt werden könnte.

Im **Widerspruchsverfahren** ist der Nachweis der rechtserhaltenden Benutzung inner-   **1294** halb der letzten 5 Jahre vor der Veröffentlichung der angegriffenen Marke zu erbringen, wenn die Widerspruchsmarke zu diesem Zeitpunkt bereits dem Benutzungszwang unterlag;[693] endet der Zeitraum der 5-jährigen Nichtbenutzung erst im Laufe des Wider-

---

690   EuGH GRUR 2003, 512, 514, Tz. 35 ff *stüssy* und im Anschluß daran BGH GRUR 2004, 156, 157 f *stüssy II*.
691   EuGH GRUR 2002, 156, 159, Tz. 66 *Davidoff*.
692   Erwägungsgrund 10 GMV; Erwägungsgrund 12 Marken-RL 2008/95/EG; BGH GRUR 1999, 54, 55 *Holtkamp*; BGH GRUR 1998, 938, 940 *DRAGON*.
693   BPatG Mitt. 1998, 75, 76 *Hoemoren*; BPatG Mitt. 1995, 226, 227 *Jeannette/Annete*.

spruchsverfahrens, ist der Nachweis der rechtserhaltenden Benutzung für den Zeitraum der letzten fünf Jahre vor der Entscheidung über den Widerspruch beizubringen (§ 43 Abs. 1 S. 2 MarkenG). Das mag kompliziert klingen, ist aber letztendlich einfach: Die Nichtbenutzungseinrede kann in jedem Fall erhoben werden, wenn die Klagemarke bei Klageerhebung bzw die Widerspruchsmarke bei Veröffentlichung der jüngeren Marke dem Benutzungszwang unterlag. Sie kann des Weiteren erhoben **oder auch wiederholt** werden, wenn die Klagemarke bei Klageerhebung bzw die Widerspruchsmarke bei Veröffentlichung der jüngeren Marke dem Benutzungszwang noch nicht unterlag oder (noch) rechtserhaltend benutzt wurde, jedoch im Laufe des Klage- oder Widerspruchsverfahrens entweder dem Benutzungszwang unterfiel oder während 5 Jahren vor der letzten mündlichen Verhandlung oder der zu erwartenden Entscheidung über den Widerspruch nicht benutzt wurde.[694] Das BPatG hatte zunächst beide Alternativen als sich ausschließend behandelt und wollte die Wiederholung der Nichtbenutzungseinrede im Laufe des Verfahrens gem. § 43 Abs. 1 S. 2 MarkenG nicht zulassen, wenn gem. § 43 Abs. 2 S. 1 MarkenG die Widerspruchsmarke bereits im Zeitpunkt der Veröffentlichung der jüngeren Marke dem Benutzungszwang unterlag.[695] **Der BGH hat jedoch inzwischen klargestellt, dass beide Alternativen unabhängig voneinander und auch ergänzend geltend gemacht werden können.**[696] Das bedeutet, dass die Nichtbenutzungseinrede auch noch in der Berufungsinstanz erhoben werden kann, sofern die Klagemarke erst nach dem Schluss der mündlichen Verhandlung in der ersten Instanz dem Benutzungszwang unterfallen ist. Ist eine Nichtbenutzungseinrede zu einem Zeitpunkt erhoben worden, als die Widerspruchsmarke noch nicht dem Benutzungszwang unterlag, muss sie mit Eintreten des Benutzungszwanges wiederholt werden; einen Automatismus gibt es nicht.[697] Die Nennung eines bestimmten Zeitraumes der Nichtbenutzung ist bei der Erhebung der Nichtbenutzungseinrede nicht erforderlich; der Nachweis ist im Zweifel entsprechend den in den §§ 25 Abs. 2 und 43 Abs. 1 MarkenG bzw Artt. 15, 51 Abs. 1 lit. a GMV genannten Zeiträumen zu erbringen.[698]

1295 Die GMV ist im Widerspruchsverfahren deutlich weniger flexibel als das MarkenG: Gem. Art. 42 Abs. 2 GMV ist die Einrede der Nichtbenutzung nur zulässig, wenn die Widerspruchsmarke im Zeitpunkt der Veröffentlichung der Gemeinschaftsmarkenanmeldung dem Benutzungszwang unterlag. Beginnt der Benutzungszwang der Widerspruchsmarke erst nach der Veröffentlichung der Gemeinschaftsmarkenanmeldung, bleibt die Einrede der Nichtbenutzung immer unzulässig, und zwar auch dann, wenn der Widersprechende die Widerspruchsmarke eindeutig nicht benutzt hat; dem Markenanmelder bleibt dann nur, parallel zum Widerspruchsverfahren die Löschung der Widerspruchsmarke wegen Nichtbenutzung zB nach Art. 51 Abs. 1 lit. a GMV (oder

---

694 BGH GRUR 2002, 59, 61 *ISCO*.
695 BPatG Mitt. 1995, 226, 227 f. *Jeannette/Annete* mit der Begründung, der Gegner sei auf die Möglichkeit einer Löschungsklage gemäß §§ 49 Abs. 1, 55 MarkenG zu verweisen. Dies widerspricht aber jeglicher Prozessökonomie: Der Zeichenanmelder müsste nach negativem Ausgang des Widerspruchsverfahrens zunächst Löschungsklage und – nach erfolgreichem Ausgang – Eintragungsbewilligungsklage gegen den Widersprechenden erheben.
696 BGH GRUR 2002, 59, 61 *ISCO*; BGH GRUR 1999, 995, 996 *HONKA*; BGH GRUR 1999, 54, 55 f. *Holtkamp*; BGH GRUR 1998, 938, 940 *DRAGON*.
697 BPatG GRUR 2000, 1052, 1054 *Rhoda-Hexan/Sota-Hexal*.
698 BPatG Mitt. 1998, 75, 76 *Hoemoren*; Art. 57 GMV.

den entsprechenden nationalen Vorschriften im Falle nationaler Widerspruchsmarken) zu stellen, woraufhin das Harmonisierungsamt dann das Widerspruchsverfahren regelmäßig aussetzen wird (Regel 20 Abs. 7 c) DV GMV).

Die Nichtbenutzungseinrede ist – wie ausgeführt – nur möglich, wenn die Marke zum **1296** maßgeblichen Zeitpunkt seit mindestens 5 Jahren eingetragen oder – wenn Widersprüche eingelegt waren – das Widerspruchsverfahren seit mindestens 5 Jahren abgeschlossen ist (§§ 25 Abs. 1, 26 Abs. 5, 43 Abs. 1 MarkenG; Art. 15 Abs. 1 GMV); letzteres erfährt man infolge Veröffentlichung im Markenblatt in den einschlägigen Datenbanken oder durch Akteneinsicht beim DPMA. Hieraus folgt, dass jeder eingetragenen Marke eine **Benutzungsschonfrist von 5 Jahren** zusteht.[699] Zu beachten ist, dass die 5-jährige Benutzungsschonfrist bei Internationalen Registrierungen nicht wie bei deutschen Marken mit der Eintragung oder dem Abschluss des Widerspruchsverfahrens beginnt, sondern gemäß § 115 Abs. 2 MarkenG **erst 1 Jahr nach der Internationalen Registrierung** bzw, falls sich ein Schutzbewilligungsverfahren auf Prüfung absoluter Schutzhindernisse (§ 113 MarkenG) oder nach Widersprüchen (§ 114 MarkenG) angeschlossen hat, mit dem Tag des Zugangs der abschließenden Mitteilung über die Schutzbewilligung beim Internationalen Büro der Weltorganisation für Geistiges Eigentum.[700] Internationale Marken mit Schutz in Deutschland genießen also gegenüber deutschen Marken mit ihrer 5-jährigen Benutzungsschonfrist immer eine mindestens 6-jährige Benutzungsschonfrist, gerechnet ab der Internationalen Registrierung. Eine Sonderregelung bestand ferner für ehemalige DDR-Marken und auf das Gebiet der ehemaligen DDR erstreckte Internationale Registrierungen: Ihre Benutzungsschonfrist begann erst am Tag des Wirksamwerdens des Beitrittes der DDR zur Bundesrepublik Deutschland, also am 3. Oktober 1990, und endete damit einheitlich für alle diese Marken am 3. Oktober 1995.[701]

Bestehen **berechtigte Gründe für eine Nichtbenutzung**, ist der Markeninhaber für den **1297** Zeitraum des Bestehens dieser berechtigten Gründe vom Benutzungszwang befreit (§ 26 Abs. 1 MarkenG; Art. 15 Abs. 1 S. 1 aE GMV). Das sind vor allem solche Gründe, die außerhalb der Einflusssphäre des Markeninhabers liegen;[702] eine vertragliche Verpflichtung zur Nichtbenutzung scheidet daher als Rechtfertigung für eine Befreiung aus.[703] Die Gründe sind restriktiv auszulegen und kommen mehr oder weniger nur bei höherer Gewalt in Betracht.[704]

Der Benutzungszwang setzt eine ernsthafte Benutzung voraus (§ 26 Abs. 1 MarkenG; **1298** Art. 15 Abs. 1 S. 1 GMV; auch nach Art. 12 Marken-RL 2008/95/EG) und zwar für die Gemeinschaftsmarke zumindest in einem Mitgliedstaat der Gemeinschaft.[705] **Ernsthaft**

---

699 Vgl zu dem besonderen Problem der Gewährung einer 5-jährigen Benutzungsschonfrist für in der DDR registrierte internationale Marken durch den Einigungsvertrag BGH GRUR 1999, 155, 157 f *DRIBECK's LIGHT*.

700 Beispielsfall: BGH GRUR 2003, 428, 430 *Big Bertha*.

701 Beispiel: BGH GRUR 2003, 1047, 1048 *Kellogg's / Kelly's*.

702 EuGH GRUR 2008, 343, 347, Tz. 102 und L 4 *Bainbridge*; Fezer, § 26 MarkenG Rn 41. Vgl a. BGH GRUR 2000, 890, 891 *IMMUNINE/IMUKIN* (arzneimittelrechtliches Zulassungsverfahren).

703 BGH GRUR 1997, 747, 748 f. *Cirkulin*.

704 EuGH GRUR 2008, 343, 347, Tz. 102 und L 4 *Bainbridge* und Vorinstanz EuG GRUR Int. 2006, 404, 409, Tz.46.

705 BPatG Beschluss v. 24.7.2009, 25 W (pat) 16/08, *Cefotrix/CERVARIX*.

und damit rechtserhaltend gem. § 26 Abs. 1 MarkenG oder Art. 15 Abs. 1 S. 1 GMV ist eine Benutzung dann, wenn die Marke im Rahmen einer normalen wirtschaftlichen Betätigung eingesetzt wird, dh durch Handlungen, die nach einem objektiven Maßstab verkehrsüblich und wirtschaftlich angebracht sind.[706] Die Benutzung sollte in der Form erfolgen, in der die Marke eingetragen ist. Ernsthaft benutzt ist die Marke, wenn sie objektiv tatsächlich, stetig und mit stabilem Erscheinungsbild des Zeichens auf dem Markt präsent ist.[707] Die Bewerbung im Internet bei bestehender Verkaufsabsicht[708] genügt ebenso wie die Verwendung als besondere Bezeichnung im arzneimittelrechtlichen Registrierungsverfahren,[709] **nicht aber bloße Scheinhandlungen** zur Rechtserhaltung, die eher symbolischer Art sind und innerhalb des betreffenden Unternehmens stattfinden, oder solche, die in keinem Verhältnis zur sonstigen Geschäftstätigkeit des Markeninhabers stehen.[710]

1299 Nach der Rechtsprechung des EuGH muss eine Marke grundsätzlich entsprechend ihrer Hauptfunktion benutzt werden, dh so, dass sie die Ursprungsidentität der mit ihr gekennzeichneten Waren oder Dienstleistungen garantiert, um für diese Waren oder Dienstleistungen einen Absatzmarkt zu erschließen oder zu sichern, wobei die Fälle ausgeschlossen sind, in denen die Marke nur symbolisch benutzt wird, um die durch sie begründeten Rechte zu wahren.[711] Eine bestimmte **mengenmäßige Grenze** kann nicht abstrakt festgelegt werden, auch eine nur geringfügige Benutzung genügt, sofern es sich dabei nicht um eine bloße Scheinbenutzung oder eine nur symbolische Benutzung handelt.[712] Entsprechend sind insbesondere die Anforderungen, die der EuGH an den Umfang der rechtserhaltenden Benutzung stellt, denkbar gering:[713] So hat der EuGH in seiner richtungweisenden Entscheidung *VITAFRUIT* eine nationale spanische Marke als rechtserhaltend benutzt angesehen, die nur während eines Zeitraumes von einem Jahr innerhalb des relevanten 5-Jahres-Zeitraumes im Umfang des Vertriebes von ungefähr 300 Kisten mit je 12 Stück konzentrierter Säfte verschiedener Früchte benutzt worden war, was einem Umsatz von nur EUR 4.800,00 entsprach.[714] Entsprechend hat das BPatG im Anschluss an BGH GRUR 2006, 152 *GALLUP I* den kostenlosen Versand von zwei periodisch erscheinenden Zeitschriften in einer Auflage von

---

706 EuGH GRUR 2008, 343, 346, Tz. 72 *Bainbridge*; EuGH GRUR 2006, 582, 584, Tz. 70 *The Sunrider*; EuG Urt. v. 25.3.2009, T-191/07, BeckRS 2009, 70348, Tz. 100 ff. *Anheuser-Busch / Budvar* nachgehend EuGH vom 29.7.2010, C-214/09 P (eur-lex); BGH GRUR 2003, 428, 430 *Big Bertha*; BGH GRUR 2000, 1038, 1039 *Kornkammer*; BPatG Mitt. 2001, 24, 25 *VISION*.
707 EuGH GRUR 2008, 343, 346, Tz 61 ff. *Bainbridge*; EuG GRUR Int. 2009, 609, 610, Tz. 36 ff. *Heinrich-Deichmann-Schuhe (Deitech)*.
708 BPatG Urt. v. 7.5.2008, 26 W (pat) 9/07, BeckRS 2008, 12274 *Heavy Water (für Wodka)*; BPatG Mitt. 2001, 24, 25 *VISION*.
709 BGH GRUR 1998, 570, 571 f. *Sapen*.
710 EuGH GRUR 2006, 582, 584 Tz 70 *The Sunrider*; EuGH GRUR 2003, 425, 427, Tz 36 ff. *Ansul/ Ajax*; BGH GRUR 2003, 428, 430 f. *Big Bertha*; BGH GRUR 2000, 1038, 1039 *Kornkammer*; BGH GRUR 1999, 995, 996 *HONKA*; OLG München GRUR-RR 2002, 9, 10 f *BIG BERTHA*; BPatG Urt. v. 7.5.2008, 26 W (pat) 9/07 *Heavy Water (für Wodka)*; BPatG GRUR 2001, 58, 59 *COBRA CROSS*.
711 EuGH GRUR Int. 2006, 735, 738 f., Tz. 70 *VITAFRUIT*; BGH GRUR 2008, 616, 618, Tz. 23 *AKZENTA*; OLG Frankfurt GRUR-RR 2007, 277, 279 *ISH*; BPatG, Beschluss vom 2.4.2008 – 29 W(pat) 24/05 – Beck RS 2008, 15081, S. 3.
712 EuGH GRUR Int. 2006, 735, 739, Tz. 72 u. 75 *VITAFRUIT*; BGH GRUR 2008, 616, 618, Tz. 23 *AKZENTA*; OLG Frankfurt GRUR-RR 2007, 277, 279 *ISH*.
713 Siehe hierzu auch BPatG, Beschluss vom 15.1.2008 – 33 W(pat) 205/01 – Beck RS 2008, 05316, S. 9 *GALLUP II*.
714 EuGH GRUR Int. 2006, 735, 737, Tz. 19 u. 739, Tz. 70-76 *VITAFRUIT*.

monatlich bis zu 500 Exemplaren sowie die kostenfreie, überwiegend zu Marketingzwecken an potentielle Kunden erfolgte Abgabe von über 800 Exemplaren von 4 Büchern, die einen Bezug zur geschäftlichen Tätigkeit der Markeninhaberin aufwiesen, neben für sich genommen geringen Verkäufen in einem Volumen von unter EUR 300,00 im relevanten Benutzungszeitraum für die Annahme einer ernsthaften Benutzung einer Marke für Zeitschriften und Druckwerke als ausreichend angesehen.[715]

Infolge der *VITAFRUIT* Entscheidung des EuGH sind ältere Entscheidungen der deutschen Gerichte, die teilweise noch strengere Vorgaben an die mengenmäßige Benutzung von Marken gestellt hatten, wohl nicht mehr haltbar, so dass beispielsweise die Belieferung allein des Münchener Olympiastadions mit Knabberartikeln und einem wöchentlichen Umsatz von durchschnittlich rund EUR 1.100,00 wohl heute als rechtserhaltend benutzt angesehen werden müsste.[716] So hat der BGH beispielsweise inzwischen auch den Vertrieb von 300-420 Stück hochpreisiger Küchengeräte mit einem Stückpreis von ca. EUR 1.100,00 in den Jahren 2002 bis 2004 als Nachweis der rechtserhaltenden Benutzung anerkannt.[717]   1300

Nach der Rechtsprechung des EuGH werden ferner solche Benutzungen nicht anerkannt, bei denen der Markeninhaber keinen Marktanteil erhalten oder erlangen will, was beispielsweise dann der Fall ist, wenn die Marke lediglich auf kostenlosen Zugaben zu einer anderen Ware angebracht wird; so ist die Benutzung der Marke WELLNESS zur Kennzeichnung eines alkoholfreien Getränks als Gratisbeigabe zu verkauften Bekleidungsstücken nicht als rechtserhaltende Benutzung der Marke für alkoholfreie Getränke anerkannt worden, weil es sich nur um Werbegegenstände als Belohnung für den Kauf anderer Waren und zur Förderung von deren Absatz gehandelt habe, sich die Markeninhaberin aber nicht auf dem Markt für alkoholfreie Getränke einen Marktanteil habe erhalten oder sichern wollen.[718] Demgegenüber ist allerdings die rechtserhaltende Benutzung der Marke eines ideellen Vereines, der nicht mit Gewinnerzielungsabsicht agiert, anerkannt worden, weil auch solche ideellen Vereine auf einem Markt zB zur Spendeneinwerbung tätig sind und dort einen Marktanteil erlangen bzw sich erhalten können.[719]   1301

Bei Dienstleistungsmarken kommt übrigens die Besonderheit hinzu, dass bei ihnen anders als bei Warenmarken eine körperliche Verbindung zwischen Marke und Produkt nicht möglich ist, so dass als Benutzungshandlungen von Dienstleistungsmarken nur die Anbringung der Marke am Geschäftslokal, auf Geschäftsbriefen, Geschäftspapieren, Prospekten, Preislisten, Rechnungen, Ankündigungen und Werbedrucksachen in Betracht kommt und außerdem bei Dienstleistungsmarken die Marke in vielen Fällen mit der Firma übereinstimmt, so dass die firmenmäßige Benutzung und die markenmäßige Benutzung bei Dienstleistungsmarken regelmäßig ineinander übergehen[720]   1302

---

715   BPatG Beschluss vom 15.1.2008 – 33 W (pat) 205/01 – BeckRS 2008, 05316 *GALLUP II.*
716   Anders noch BGH GRUR 2003, 1047, 1048 *Kellogg's / Kelly's.*
717   BGH GRUR 2010, 729, 730, Tz. 15 *MIXI.*
718   EuGH GRUR 2009, 410, 410 f., Tz. 17 ff *Silberquelle/ Maselli.*
719   EuGH GRUR 2009, 156, 157, Tz. 16 ff *Radetzky-Orden/ BKFR.*
720   BGH GRUR 2008, 616, 617 f. Tz. 13 *AKZENTA.*

1303 Anders als im früheren Recht werden nunmehr im sowohl im nationalen, als auch im Gemeinschaftsmarkenrecht **Benutzungsformen** anerkannt, die **von der Eintragung abweichen**, soweit die Abweichung **nicht den kennzeichnenden Charakter der Marke verändert**, und zwar unabhängig davon, ob beide Benutzungsformen eingetragen sind (§ 26 Abs. 3 S. 1 MarkenG; Art. 15 Abs. 1 S. 2 lit. a GMV).[721] Denn Veränderungen im Laufe der Jahre anhand technischer Zwänge und Modernisierungen müssen möglich sein, solange der Herkunftshinweis und die Unterscheidungskraft gewahrt sind. Dabei ist auf das Verständnis des Verkehrs abzustellen; nur wenn der Verkehr Eintragung und benutzte Form noch als ein und dasselbe Zeichen ansieht, ist von rechtserhaltender Benutzung auszugehen.[722] Auf die Frage des Schutzumfanges der Marke, auf die das BPatG zunächst abgestellt hatte, kommt es insoweit nicht an.[723] Rechtserhaltend kann eine Wortmarke beispielsweise dann benutzt sein, wenn die Schreibweise von Ein- in Zweiwort geändert und/ oder der Marke ein Bildbestandteil[724] oder eine Warenbezeichnung und eine Qualitätsangabe[725] beigefügt wurde.

Beispiele: Nicht verändert und daher benutzt wurde „MIXI" durch „mixi", „original mixi" oder „sensotronic mixi", da die Zusätze als lediglich beschreibend erkannt würden und die Kleinschreibung keine Abweichung vom kennzeichnenden Charakter darstellt.[726]

Nicht verändert wurde der kennzeichnende Charakter einer Marke JOHN LOBB, in dem die Schriftart grafisch etwas verändert und ein aus den beiden Buchstaben JL bestehendes grafisches Element hinzugefügt wurde.[727]

Ferner wurde eine nur aus der Schrift „KAROLUS-MAGNUS" DER RHEINISCHE RIESLING-SEKT bestehende Marke durch eine etikettenartige Verwendungsform rechtserhaltend benutzt, bei der nur noch die Worte KAROLUS MAGNUS Riesling übereinander erschienen und daneben das Bild eines mittelalterlichen Kaisers gesetzt wurde.[728]

Als rechtserhaltend benutzt angesehen wurde des Weiteren die Marke BIT für Bier im Rahmen des Wortes **Bit**burger, wobei der Bestandteil BIT grafisch und drucktechnisch hervorgehoben erschien.[729]

1304 Auch abweichende Benutzungsformen in der grafischen Gestaltung einer Marke und das Fortlassen von Bestandteilen können als rechtserhaltend angesehen werden, immer vorausgesetzt, dass der kennzeichnende Charakter der Marke nicht verändert wird.[730] Besteht allerdings eine Marke aus einem grafisch ausgestalteten beschreibenden Wort, kann infolge einer erheblichen Veränderung der Grafik und der Hinzufügung weiterer Bestandteile eine Veränderung des kennzeichnenden Charakters vorliegen und die rechtserhaltende Benutzung abzulehnen sein.[731] Das Problem vieler Inhaber sehr alter Marken, die nur noch eine möglicherweise nicht eingetragene, aber modernisierte Form ihrer Marke benutzen und über denen bislang das „Damoklesschwert" der Löschungsreife schwebte, schien jedoch mit § 26 Abs. 3 bzw. Art. 15 Abs. 1 lit. a GMV

---

721 BGH MarkenR 2000, 319, 321 *FRENORM/FRENON*; BGH GRUR 1999, 167, 167 *Karolus-Magnus*; BGH GRUR 1999, 54, 54 f. *Holtkamp*; BPatG Mitt. 1995, 226, 226 ff. *Benutzungsform*.
722 BGH GRUR 2000, 1038, 1039 *Kornkammer*.
723 Vgl zB BPatG GRUR 1995, 588, 589 *Jeannette/Annete*.
724 BGH GRUR 2000, 1038, 1039 f. *Kornkammer*.
725 BGH GRUR 1999, 54, 55 *Holtkamp*.
726 BGH GRUR 2010, 729, 730, Tz. 18 und 20 *MIXI*.
727 BGH GRUR 1999, 164, 165 *JOHN LOBB*.
728 BGH GRUR 1999, 167, 167 f. *Karolus-Magnus*.
729 BGH GRUR 2002, 167, 168 *Bit/Bud*.
730 BGH GRUR 1997, 744, 746 f *ECCO I*.
731 BGH GRUR 1999, 498, 499 f. *Achterdiek*.

gelöst sein zu sein,[732] bis der EuGH in seiner *Bainbridge*-Entscheidung zu Art. 15 Abs. 1 S. 2 lit. a GMV auch die Wirksamkeit § 26 Abs. 3 S. 2 MarkenG fraglich werden ließ: Der EuGH führte nämlich aus, dass es nicht zulässig sei, die Benutzung des älteren Zeichens mit der Nutzung einer Marke nachzuweisen, die ebenfalls als Gemeinschaftsmarke eingetragen sei.[733] Das kann zur Folge haben, dass bisherige Anmeldungen der neuen Zeichen als abgewandelte bzw abgeänderte Zeichen keine Benutzung der älteren Marke darstellen und diese folglich gelöscht werden müssten, weil diese gerade nicht benutzt wurden. Die jüngeren Zeichen können dann wiederum dem Prioritätseinwand einer anderen Marke ausgesetzt sein und ebenso dem Löschungseinwand. Fraglich ist, ob Art. 15 Abs. 1 S. 2 lit. a GMV tatsächlich dahingehend auszulegen ist, dass ein abgeändertes Zeichen, das die Unterscheidungskraft der Marke nicht beeinflusst, nicht als Benutzung iSd Art. 15 Abs. 1 S. 1 GMV gilt. Art. 15 Abs. 1 S. 2 lit. a GMV erkennt als Benutzung einwandfrei die abgewandelte Form an. Nicht normiert Art. 15 Abs. 1 S. 2 lit. a GMV diesbezüglich, ob diese abgewandelte Benutzungsform nicht auch eingetragen werden kann. Denn ist der Herkunftshinweis gewahrt und der kennzeichnende Charakter identisch, so weitet der Markeninhaber den Schutzbereich seiner Marke gerade nicht aus und mutiert seine Marke auch nicht zu einer Defensivmarke (Abwehrzeichen ohne Benutzungswillen, um Wettbewerb auszuschalten).[734] Das OLG Köln[735] ist deshalb der *Bainbridge*-Rechtsprechung des EuGH wohl vorschnell gefolgt.

Wird die Marke lediglich für eine **Spezialware** benutzt, kann sie als rechtserhaltend benutzt auch für den die Spezialware erfassenden nicht zu breiten **Oberbegriff** (zB Herrenschuhe für Schuhe) gelten.[736] Dies gilt nach zutreffender Auffassung auch im Bereich der Arzneimittel, weil der Markeninhaber ansonsten nicht verhindern könnte, dass nach Ablauf der Benutzungsschonfrist unter seiner Marke ein in Wirkungsweise und Anwendung verschiedenes Arzneimittel durch ein anderes Unternehmen angeboten wird.[737]   1305

Die Benutzung der Marke auf Waren, die ausschließlich **exportiert** werden, ist rechtserhaltend (§ 26 Abs. 4 MarkenG; Art. 15 Abs. 1 S. 2 lit. b GMV). Ansonsten ist eine Benutzung der nationalen Marke im Inland, also in der Bundesrepublik Deutschland, und der Gemeinschaftsmarke in der Gemeinschaft (wesentlicher Teil genügt) erforderlich. Der EuGH hat noch nicht entschieden, welche geografische Ausdehnung der wesentliche Teil der Gemeinschaft haben muss, in dem die Marke tatsächlich benutzt worden ist, um den Anforderungen an den Benutzungszwang zu genügen. Es jedoch davon auszugehen, dass insoweit die Benutzung in einem Mitgliedsstaat der EU ausreichend ist, weil der EuGH für den Bekanntheitsschutz nach Art. 8 Abs. 5 und 9   1306

---

732 Vgl zum Hintergrund der Regelung a. BGH GRUR 1999, 167, 167 f. *Karolus-Magnus*; BGH GRUR 1999, 54, 54 f. *Holtkamp*.
733 EuGH GRUR 2008, 343, 347, Tz. 86 *Bainbridge*; der BGH lässt dahinstehen, ob § 26 Abs. 3 S. 2 MarkenG europarechtskonform zur Markenrichtlinie und der GMV ist, BGH GRUR 2009, 772, 775, Tz. 43 *Augsburger Puppenkiste*.
734 Im Weiteren zu der Rechtsprechung des EuGH, Eichelberger, WRP 2009, 1490 ff; von Mühlendahl, WRP 2009, 1 ff.
735 GRUR 2009, 958; dagegen Eichelberger WRP 2009, 1491 ff; Fachausschuss für Wettbewerbs- und Markenrecht, GRUR 2010, 809, 811; Ingerl/Rohnke, § 26 MarkenG Rn 197; v. Mühlendahl, GRUR 2009, 960 f.
736 BGH GRUR 1999, 164, 166 *JOHN LOBB*; vgl a. BGH GRUR 2002, 59, 62 f *ISCO*.
737 OLG Köln GRUR 2002, 264, 268 *DONA/ PROGONA* gegen BPatG GRUR 1997, 652, 653 *IMMUNINE*.

Abs. 1 lit. c GMV, für den ebenfalls „nur" eine Bekanntheit in einem wesentlichen Teil der Gemeinschaft erforderlich ist, die Bekanntheit in einem Mitgliedsstaat hat ausreichen lassen, und zwar sogar in einem eher kleinen Mitgliedsstaat wie Österreich.[738] Wer eine Gemeinschaftsmarke in Deutschland bundesweit benutzt, dürfte die Voraussetzungen für den Benutzungszwang also in territorialer Hinsicht in jedem Fall erfüllen; da mutmaßlich auch die rechtserhaltende Benutzung in Österreich für eine Gemeinschaftsmarke in territorialer Hinsicht genügen würde, müsste dies eigentlich auch für einen Teil Deutschlands gelten, beispielsweise eine territoriale Benutzung in Bayern ausreichend sein, das größer ist als Österreich. Heruntergebrochen auf die nationale Marke bedeutet dies in der Konsequenz, dass auch eine nationale Marke keinesfalls bundesweit benutzt werden muss; vielmehr kann auch eine lokale Benutzung genügen, sofern sie ernsthaft ist.

1307 **Achtung:** Aufgrund des Deutsch-Schweizerischen Übereinkommens von 1892 werden Benutzungshandlungen in der Schweiz solchen in Deutschland gleichgestellt (und umgekehrt); die Voraussetzungen des § 26 Abs. 1 MarkenG können also auch dann vorliegen, wenn der Markeninhaber seine Marke nicht in Deutschland, aber in der Schweiz benutzt hat.[739] Daraus ergibt sich zugleich, dass deutsche Markeninhaber mit einer Benutzung ihrer Marke in Deutschland sich zugleich ihr Markenrecht für die gesamte Europäische Gemeinschaft und die Schweiz sichern können: Wenn sie eine Gemeinschaftsmarke besitzen, erfüllt die Benutzung der Gemeinschaftsmarke in Deutschland die Voraussetzungen der rechtserhaltenden Benutzung in territorialer Hinsicht und erhält somit die Gemeinschaftsmarke; zugleich gilt die Benutzung in Deutschland auch als rechtserhaltende Benutzung einer parallelen nationalen Schweizer Marke.

I. Missbräuchlicher Markenerwerb

Rechtsgrundlagen: § 50 Abs. 1 iVm § 8 Abs. 2 Nr. 10 MarkenG, § 3 Abs. 1 UWG; Art. 52 Abs. 1 lit. b GMV

1308 **Das deutsche Markenrecht kennt grundsätzlich kein sog. „Vorbenutzungsrecht"** wie etwa das Patentrecht.[740] Derjenige, der eine Marke benutzt, muss sie daher eintragen lassen, um nicht Gefahr zu laufen, die Markenbenutzung von einem Dritten, der später ein Markenrecht erwirbt, untersagt zu bekommen.[741] Rechte aus einer solchen später erworbenen Marke sind aber dann nicht durchsetzbar, wenn sie rechtsmissbräuchlich oder in sittenwidriger Art und Weise, insb. unter Verstoß gegen die §§ 3 Abs. 1 UWG, 826 BGB, erworben wurden. Rechtsmissbräuchlich oder sittenwidrig kann ein Markenerwerb in drei Fallgruppen sein:

---

738 Vgl Rn 1267 und EuGH GRUR 2009, 1158, 1159, Tz. 27ff *Pago/ Tirolmilch*.
739 Beispielsfall: BGH GRUR 2000, 1035 *PLAYBOY*.
740 BGH WRP 2000, 160, 162 *Classe E*; BPatG GRUR 2001, 744, 746 *S 100*; OLG Karlsruhe GRUR 1997, 373, 374 *NeutralRed*; OLG Hamburg NJWE-WettbR 1996, 61, 61 *XTension*; OLG Hamburg NJWE-WettbR 1996, 254, 255 *Noblesse vario*. Vgl zum Patentrecht Benkard/Bruchhausen, PatG, 9. Aufl. 1993, § 9 PatG Rn 15 ff.
741 Soweit allerdings durch die Markenbenutzung bereits ein durch das MarkenG gewährtes Recht entstanden ist, gilt dies nicht: Verkehrsbekannte, nicht eingetragene Marken gem. § 4 Nr. 2 MarkenG führen daher ebenso zu einer Art „Vorbenutzungsrecht" wie Unternehmenskennzeichen oder Titelschutzrechte gem. § 5 MarkenG.

(1) Sittenwidrig ist ein Markenerwerb,   **1309**
- wenn der Markeninhaber das Zeichen ohne hinreichenden sachlichen Grund für gleiche Waren hat eintragen lassen,
- der Vorbenutzer einen schutzwürdigen Besitzstand an der Marke erlangt hatte und
- die Vernichtung eines schutzwürdigen Besitzstandes des Vorbenutzers nicht lediglich Folge einer Eintragung ist, die in Wahrnehmung eigener schutzwürdiger Interessen vorgenommen wurde, sondern die Eintragung mit dem Ziel erfolgte, den Vorbenutzer in seinem Besitzstand zu stören oder ihm den weiteren Zeichengebrauch zu sperren.[742]

(2) Rechtsmissbräuchlich ist außerdem ein Markenerwerb   **1310**
- in Behinderungsabsicht[743] (Einsatz der Sperrwirkung der Marke zweckfremd als Mittel des Wettbewerbskampfes),
- ohne Vorliegen eigener, berechtigter Interessen;
- ein schutzwürdiger Besitzstand des Angegriffenen ist dann nicht erforderlich.[744]

(3) Schließlich liegt eine missbräuchliche Ausnutzung einer formalen Rechtsstellung   **1311** auch dann vor,
- wenn ein Markeninhaber eine Vielzahl von Marken für unterschiedliche Waren und Dienstleistungen angemeldet hat,
- keinen eigenen ernsthaften Benutzungswillen besitzt und
- die Marken im Wesentlichen zu dem Zweck gehortet werden, Dritte mit Unterlassungs- und Schadensersatzansprüchen zu überziehen.[745]

Der Angegriffene kann den rechtsmissbräuchlichen Markenerwerb als Einwand entgegenhalten (sog. *exceptio doli*).[746] Daneben steht dem Angegriffenen auch die Möglichkeit offen, die Löschung des rechtsmissbräuchlich erworbenen Markenrechts – zB im Wege der Widerklage – zu verlangen;[747] dann muss allerdings nicht nur die Rechtsdurchsetzung aus der Marke, sondern auch der Markenerwerb als solcher rechtsmissbräuchlich gewesen sein.[748] Die Regelung des § 50 Abs. 1 iVm § 8 Abs. 2 Nr. 10 MarkenG oder auch Art. 52 Abs. 1 lit. b GMV, die neben der Löschungsklage wegen rechtsmissbräuchlichen Markenerwerbs vor den ordentlichen Gerichten auch ein Lö-   **1312**

---

742 BGH GRUR 2008, 160, 162, Tz. 21 ff. *Cordarone*; BGH GRUR 2008, 917, 918, Tz. 20 *EROS*; BGH GRUR 2005, 414, 417 *Russisches Schaumgebäck*; BGH GRUR 2004, 428, 431 *Big Bertha*; BGH GRUR 2004, 510, 511 *S 100*; BGH GRUR 2000, 1032, 1034 *Equi 2000*; BGH WRP 2000, 160, 162 *Classe E*; BGH GRUR 1980, 110, 111 *Torch*; OLG Hamburg NJWE-WettbR 1996, 61, 61 *XTension*.

743 Bösgläubigkeit verneint: BGH GRUR 2005, 581, 582 *The Colour of Evidence*; BGH GRUR 2002, 902, 905 *Vanity-Nummern*; OLG Hamburg GRUR-RR 2008, 50, 54 *Fußball WM 2006* (FIFA gegen Ferrero) nachgehend das OLG bestätigend BGH GRUR 2010, 642, 646, Tz. 52 ff *WM-Marken* und auch abgelehnt vom BVerfG Beschl. v. 14.9.2010, 1 BvR 1504/10, Tz. 11 ff, abrufbar unter URL: http://www.bundesverfassungsgericht.de, abgerufen am 17.12.2010; Bösgläubigkeit und Unlauterkeit bejaht: BGH GRUR 2008, 621, 623 f, Tz. 25 ff. *Akademiks*.

744 BGH WRP 2000,160, 162 *Classe E*; BGH GRUR 1998, 412, 414 *Analgin*; BGH GRUR 1998, 1034, 1036 *Makaln*; BPatG GRUR 2001, 744, 746 *S 100*; OLG Hamburg NJWE-WettbR 1996, 61, 61 f *XTension*.

745 BGH WRP 2000,160, 162 f. *Classe E*.

746 OLG Hamburg NJWE-WettbR 1996, 61, 61 *XTension*.

747 EuGH GRUR Int. 2008, 353, 354 *Goldhase*; BGH GRUR 2004, 510, 511 S. 100; BGH GRUR 2000, 1032, 1034 *EQUI 2000*.

748 EuGH GRUR 2009, 763, 765, Tz. 40 ff /GRUR Int. 2008, 353, 354 f. *Goldhase Lindt & Sprüngli/Franz Hauswirth*; BGH GRUR 2008, 621, 623 f, Tz. 25 ff. *Akademiks*; BGH WRP 2000,160, 161 f. *Classe E*; OLG Karlsruhe GRUR 1997, 373, 374 *NeutralRed*; OLG Hamburg NJWE-WettbR 1996, 61, 61 *XTension*.

schungsverfahren wegen bösgläubigen Markenerwerbs vor dem DPMA bzw für die Gemeinschaftsmarke vor dem HABM eröffnet, ist mit den Fallgruppen (1) und (2) weitgehend deckungsgleich, erfasst aber nicht vollständig auch den (sittenwidrigen) Einsatz der erworbenen Marke im Wettbewerbskampf (Fallgruppe 2), weil Bösgläubigkeit bereits im Zeitpunkt der Anmeldung vorliegen muss;[749] vgl a. Rn 1385. **Bösgläubigkeit** ist geregelt in §§ 8 Abs. 2 Nr. 10, 21 Abs. 2, 50 Abs. 1 MarkenG und entsprechend im Gemeinschaftsrecht in Art. 52 Abs. 1 lit. b GMV sowie Art. 3 Abs. 2 Marken-RL 2008/95/EG. Bösgläubig handelt ein Anmelder einer Marke mit Behinderungsabsicht, wenn der Anmelder keinen auf die Erbringung oder Herstellung der beanspruchten Waren gerichteten Geschäftsbetrieb unterhält. Eine bösgläubige Markenanmeldung kann vorliegen, wenn der Anmelder weiß, dass ein anderer dasselbe oder ein verwechselbares Zeichen für dieselben oder ähnliche Waren benutzt, ohne formal den Kennzeichenschutz erworben zu haben, und wenn besondere Umstände hinzukommen, die das Verhalten als sittenwidrig erscheinen lassen.[750] Der BGH nimmt solche besonderen Umstände dann an, wenn der Anmelder in Kenntnis eines schutzwürdigen Besitzstandes des bisherigen Benutzers ohne zureichenden sachlichen Grund die gleiche oder eine zum Verwechseln ähnliche Bezeichnung mit dem Ziel der Störung eben dieses erworbenen Besitzstandes oder in der Absicht, für diesen den Gebrauch der Bezeichnung zu sperren, das Kennzeichen eintragen lässt.[751]

Beispiele: Bösgläubig ist die Anmeldung der Marke „Lady Di" einen Tag nach ihrem Tod ohne Zusammenhang zur Familie der Princess of Wales.[752]

Bösgläubig handelt ein Anmelder, der weiß, dass Arzneimittelprodukte unter demselben Namen bislang nur im Ausland vertrieben werden und nun darauf setzt, dass die Vertriebsaktivität für diese Produkte erweitert wird und der Anmelder daher seine Marken in Deutschland Dritten zur Lizenz oder zum Kauf anbietet, sog. Vorratsmarkenanmeldung.[753]

Nicht bösgläubig handelt ein Süßwarenhersteller, der für seine Sammelbilder in Schokoladen die Marken „Deutschland 2006" oder „Südafrika 2010" anmeldete gegenüber der FIFA und ihren Marken „WM 2006", „Germany 2006", „South Africa 2010".[754]

1313 Im Ergebnis muss der Anmelder damit eine unbillige Behinderung oder eine Störung des Besitzstandes herbeiführen, was mit einer zweckfremden Anmeldung meist gegeben ist.[755] Dies ist der Fall, wenn der Anmelder einer Marke zuvor mit einem Vertragspartner eine Geschäftsbeziehung über eine Produktlinie mit der Bezeichnung „EROS" führt, diesem langjährigen Geschäftspartner kündigt und bereits zu diesem Zeitpunkt

---

749 EuGH GRUR 2009, 763, 765, Tz. 39 *Goldhase Lindt & Sprüngli/Franz Hauswirth*; BGH GRUR 2009, 780, 781, Tz. 13 *Ivadal*; BGH GRUR 2008, 621, 623 f, Tz. 26 ff. *Akademiks*; BGH GRUR 2004, 510, 511 *S 100*; BPatG GRUR 2001, 744, 746 *S 100*; anders meint Fabry (GRUR 2010, 566, 568), der BGH stelle auf den Zeitpunkt der Eintragung ab und zitiert das BGH Urteil Fußball WM 2006. Dem Urteil kann ein solcher Ansatzpunkt nicht entnommen werden, weil der BGH die Anmeldung ausführt und dabei den Wortlaut zitiert, BGH GRUR 2006, 850, 857, Tz. 40 f. *Fußball WM 2006*.
750 BGH GRUR 2010, 1034, Tz. 13 *LIME LOGISTIK*.
751 BGH GRUR 2010, 1034, Tz. 13 *LIME LOGISTIK*.
752 BPatG v. 2.3.2004, 24 W (pat) 36/02, BeckRS 2008, 26492 *Lady Di*.
753 BGH GRUR 2009, 780, 781, Tz. 13 ff. *Ivadal*.
754 BGH GRUR 2010, 642, 645 f, Tz. 51 ff *WM-Marken*; BVerfG Beschl. v. 14.9.2010, 1 BvR 1504/10, abrufbar unter URL: http://www.bundesverfassungsgericht.de, abgerufen am 17.12.2010; BPatG mit mehreren Entscheidungen am 17.1.2007, 32 W (pat) 87-89/05, BeckRS 2008, 11607 und 11692 und BeckRS 2007, 8093.
755 BGH GRUR 2008, 917, 918 f, Tz 20, 23 ff *EROS*; BGH GRUR 2000, 1032, 1033 ff *EQUI 2000*; BGH GRUR 2001, 242, 244 *Classe E*.

die Marke der bezeichneten Produktlinie anmeldet.[756] Die Kündigung ist ein gewichtiges Indiz, eine Behinderungsabsicht anzunehmen, wenn mit der Kündigung die künftige Vermarktung der eigenen Produkte unter der Bezeichnung verbunden oder die Vermarktung wahrscheinlich ist.[757] Dasselbe gilt für Art. 52 Abs. 1 lit. b GMV für den bösgläubigen Erwerb (Anmeldung) einer Marke, die auf Antrag beim HABM oder auf Widerklage bei den Gemeinschaftsmarkengerichten für nichtig erklärt werden kann. Hierunter kann die sittenwidrige Anmeldung bzw Anmeldung mit wettbewerbswidriger Behinderungsabsicht gegenüber Mitbewerbern zu verstehen sein.[758] Dient die Anmeldung einer bisher schon ausgeübten und legitimierten Geschäftstätigkeit, kann in der Regel – Ausnahmen bestehen aber[759] – keine Behinderung angenommen werden.[760]

Die bösgläubige Markenanmeldung kann in Einzelfällen noch die Tatbestände des § 826 BGB und §§ 3 Abs. 1, 4 Nr. 10 und 8 UWG erfüllen.[761] **1314**

J. Ansprüche gegen den untreuen Agenten

Rechtsgrundlagen: §§ 11 und 17 MarkenG; Artt. 8 Abs. 3, 11, 53 Abs. 1 lit. b GMV

Die §§ 11 und 17 MarkenG sowie Artt. 8 Abs. 3 und 11 GMV schützen den Markeninhaber davor, dass ein Agent oder Vertreter seine Marke im Inland (MarkenG) oder in der Gemeinschaft (GMV) anmeldet und ihn – meist nach Ende der Vertragsbeziehung – dann damit blockiert. Dem Markeninhaber stehen gegenüber dem untreuen Agenten Ansprüche auf Löschung (§ 11 MarkenG) oder Übertragung der Marke (§ 17 Abs. 1 MarkenG, Art. 18 GMV) sowie auch auf Unterlassung (§ 17 Abs. 2 MarkenG bzw Art. 11 GMV) und bei Vorsatz oder Fahrlässigkeit auf Schadensersatz (§ 17 Abs. 2 MarkenG) zu. Der Löschungsanspruch kann auch im Widerspruchsverfahren verfolgt werden (§ 42 Abs. 2 Nr. 3 MarkenG; Art. 8 Abs. 3 GMV). **1315**

Der Schadensersatzanspruch im Gemeinschaftsmarkenrecht richtet sich gem. Artt. 101 Abs. 2, 102 Abs. 2 GMV nach nationalem Recht, dh zB nach § 17 Abs. 2 MarkenG. **1316**

Voraussetzung ist zunächst ein älteres Markenrecht. Hierbei wird es sich meist um ein ausländisches handeln;[762] denkbar ist aber auch ein älteres deutsches Markenrecht oder **1317**

756 BGH GRUR 2009, 917, 919, Tz. 24 *EROS*.
757 BGH GRUR 2009, 917, 919, Tz. 24 *EROS*.
758 Verneint: EuGH GRUR 2009, 763, 765, Tz. 40 ff. *Goldhase Lindt & Sprüngli/Franz Hauswirth*; BGH GRUR 2005, 581, 582 *The Colour of Elégance*; OLG Hamburg GRUR-RR 2008, 50, 54 *Fußball WM 2006* (FIFA gegen Ferrero), bestätigt durch BGH GRUR 2010, 642, 646, Tz. 53 *WM-Marken*; anschließend verneinte auch das BVerfG die Sittenwidrigkeit BVerfG Beschl. v. 14.9.2010, 1 BvR 1504/10, Tz. 12 ff, abrufbar unter URL: http://www.bundesverfassungsgericht.de, abgerufen am 17.12.2010; Begr. RegE BT Drucks. 12/6581, S. 95.
759 Ausnahmsweise kann trotz eigener Benutzungsabsicht die Unlauterkeit angenommen werden, wenn der Anmelder Kenntnis von der Markennutzung und baldigen Anmeldung hatte und wesentliches Motiv der Anmeldung der zweckfremde Einsatz zur Beeinträchtigung des Wettbewerbs ist, BGH GRUR 2008, 621, 624, Tz. 32 ff. *Akademiks*.
760 BGH GRUR 2010, 642, 646, Tz. 53 *WM-Marken*; OLG Hamburg GRUR-RR 2008, 50, 54 *Fußball WM 2006*.
761 BGH GRUR 2008, 621, 623, Tz. 21 *Akademiks*; BGH GRUR 2005, 581, 582 *The Colour of Elégance*; BGH GRUR 2002, 622, 626 *shell.de* zur Übertragung eines angemeldeten Domain-Namens von einer Privatperson Shell an den Mineralölkonzern Shell.
762 Wie zB bei OLG Schleswig NJWE-WettbR 2000, 119, 120 (L); OLG Hamburg GRUR-RR 2003, 269 *SNO-MED*.

selbst eine Gemeinschaftsmarke, weil § 11 MarkenG und Artt. 8 Abs. 3 sowie 11 GMV keine Beschränkung auf Inhaber ausländischer Markenrechte enthalten.[763] **Agent ist derjenige, der mit dem Markeninhaber eine über den bloßen Güteraustausch hinausgehende Geschäftsbeziehung unterhielt, die ihm bestimmte Bindungen im Sinne einer Interessenwahrnehmung auferlegte; dies kann etwa bei Einbindung in eine Vertriebsorganisation der Fall sein.**[764] Das Verhältnis ist wirtschaftlich orientiert, dh ob der Agent die Interessen des Markeninhabers zu wahren hat, muss nicht zwingend rechtlich determiniert sein.[765] Hat der Markeninhaber der Anmeldung durch den Agenten zugestimmt, können gleichwohl die Ansprüche aus §§ 11, 17 MarkenG bzw Art. 11 GMV bestehen, weil **die Zustimmung widerrufen werden oder wegfallen kann**, zB durch Beendigung des Vertragsverhältnisses.[766] Daraus folgt zugleich auch, warum die Ansprüche aus §§ 11, 17 MarkenG und Artt. 8 Abs. 3 und 11 GMV nicht nur ausländischen Markeninhabern vorbehalten sein können: Ein Markeninhaber, der es für sinnvoll gehalten hat, dass sein Vertriebspartner die Marke ebenfalls anmeldet, um Markenverletzungen selbst verfolgen zu können, könnte ansonsten nach Vertragsende unter Umständen weder die Löschung noch die Übertragung der Marke verlangen, insbesondere im Falle einer jahrelangen Vertragsbeziehung (vgl § 21 MarkenG). Entscheidend ist, dass der Markeninhaber tatsächlich Inhaber der Marke ist und ein Agentenverhältnis besteht, dass den Agenten gerade nicht befugt bzw rechtfertigt, eine Marke anzumelden, Artt. 8 Abs. 3 aE und 11 aE GMV.[767] Die Agentenmarke muss in jedem Fall identisch sein, um einen Verstoß anzunehmen. Ob darüber hinaus auch verwechslungsfähige Zeichen oder Zeichen, die die bekannte Marke des Markeninhabers beeinträchtigen, unter die Vorschrift fallen, ist strittig und dem Wortlaut der §§ 17 ff. MarkenG bzw der Artt. 8 Abs. 3, 11 GMV nicht eindeutig zu entnehmen, es sei denn durch den Verweis auf § 14 MarkenG werden die dort genannten Varianten mit eingeschlossen.[768] Ähnlich gilt dies für Art. 8 Abs. 3 GMV, der einen Widerspruch „auch" bei der Agentenmarke zulässt. Da Art. 8 Abs. 1 GMV die Varianten eines Widerspruchs aufzählt, kann dies als Grundsatz in Art. 8 Abs. 3 GMV hineingelesen werden.[769]

K. Schutzdauer/Erlöschen des Markenschutzes

Rechtsgrundlagen: §§ 47 und 48 MarkenG; Artt. 46 und 47 GMV

1318 Die Schutzdauer einer eingetragenen deutschen Marke beträgt grundsätzlich **10 Jahre** nach Ablauf des Monats des Anmeldetages (§ 47 Abs. 1 MarkenG). Die Schutzdauer der Gemeinschaftsmarke beträgt ebenso 10 Jahre, allerdings endet diese taggenau mit Ablauf des Anmeldetages, Art. 46 S. 1 GMV. Verlängerungen um jeweils 10 Jahre sind bei beiden Marken möglich (für die nationale Marke nach § 47 Abs. 2 MarkenG und für die Gemeinschaftsmarke nach Artt. 46 S. 2 iVm 47 GMV), und zwar ohne Be-

---

763 Hiervon geht ersichtlich auch OLG Schleswig NJWE-WettbR 2000, 119, 120 (L) aus.
764 OLG Schleswig NJWE-WettbR 2000, 119, 120 (L); OLG Hamburg GRUR-RR 2003, 269 *SNOMED.*
765 Ullmann GRUR 2009, 364, 369; BGH GRUR 2008, 611, 613, Tz. 21 und Tz. 30 ff *audison.*
766 OLG Schleswig NJWE-WettbR 2000, 119, 120 *L.*
767 BGH GRUR 2008, 611, 613 f, Tz. 24 ff *audison*; Ullmann GRUR 2009, 364, 367.
768 Vgl ausführlicher Ullmann GRUR 2009, 364, 368 f.
769 Entgegen Ullmann GRUR 2009, 364, 368, der auf identische Marken abstellt und in dem Verweis auf § 14 MarkenG lediglich die Benutzung als Voraussetzung ansieht und mit einer bösgläubigen Markenanmeldung und den Rechten daraus argumentiert.

schränkung. **Der Markenschutz kann daher bei entsprechender Verlängerung ewig andauern.** Nicht eingetragene Marken sind grundsätzlich so lange geschützt, wie sie benutzt werden und die Verkehrsdurchsetzung gem. § 4 Nr. 2 MarkenG bzw notorische Bekanntheit im Sinne von § 4 Nr. 3 MarkenG und Art. 6 bis PVÜ besteht, wobei notorisch bekannte Marken im Sinne von Art. 6bis PVÜ allerdings im Inland nicht benutzt sein müssen.[770]

Der Schutz von Marken erlischt bei **Nichtverlängerung** nach Ablauf der Schutzdauer **1319** (§ 47 Abs. 6 MarkenG) oder als Folge eines **Verzichts** durch **Löschung** (§§ 48 ff. MarkenG; Art. 50 GMV). Das MarkenG sieht zwar einen Benutzungszwang für eingetragene Marken dergestalt vor, dass sie bei Nichtbenutzung nach 5 Jahren löschungsreif werden (vgl Rn 1292 ff); ohne Antrag eines Dritten oder des Markeninhabers selbst wird aber eine Marke bei bestehender Löschungsreife vom Deutschen Patent- und Markenamt oder vom HABM nur im Falle der Nichtverlängerung der Schutzdauer gelöscht. Dass hierfür Erklärungen des Markeninhabers oder eines Dritten erforderlich sind, ergibt sich aus §§ 48 ff. MarkenG und Artt. 50 Abs. 2, 51 Abs. 1, 52 Abs. 1, 53 Abs. 1 GMV.

L. Verfahrensgang

Rechtsgrundlagen: §§ 32ff MarkenG; Artt. 25ff GMV

Die formellen Verfahren vor dem Deutschen Patent- und Markenamt oder für die Ge- **1320** meinschaftsmarke vor dem Harmonisierungsamt in Alicante, die umfangreich im MarkenG und in der GMV geregelt sind, nehmen den folgenden Gang:

I. Anmelde- und Eintragungsverfahren

1. Nationales Recht – MarkenG

Einzureichen sind die Anmeldungen beim Deutschen Patent- und Markenamt (§ 32 **1321** Abs. 1 MarkenG). Für die **Anmeldung** einer Marke sind zwingend erforderlich Angaben über den Anmelder, eine Wiedergabe der Marke und ein Verzeichnis der Waren bzw Dienstleistungen (§ 32 Abs. 2 MarkenG).

Inhaber, dh Anmelder von Marken, können nur natürliche und juristische Personen **1322** sowie Personengesellschaften sein (§ 7 MarkenG; in Art. 5 GMV: auch Körperschaften des öffentlichen Rechts). Nach § 7 Nr. 3 MarkenG kann auch eine Gesellschaft bürgerlichen Rechts (GbR) entgegen früherer Rechtslage [771] Anmelder einer Marke sein, nachdem der BGH die GbR für partiell rechts- und grundbuchfähig erklärt hat.[772] Inhaber von Marken können nunmehr alle diejenigen Personen sein, deren Rechtsfähigkeit nicht dem Erwerb eines Markenrechtes widerspricht, also beispielsweise auch Stadtwerke, Universitäten, eingetragenen Vereine oder Gewerkschaften[773] und ähnli-

---

770 Vgl auch Sack GRUR 1995, 81, 81 und 90 f.
771 BGH GRUR 2000, 1028, 1030 *Ballermann 6.*
772 BGH NJW 2001, 1056, 1056 ff; BGH NJW 2009, 594, 595 f, Tz. 8 ff; BGH NJW 2002, 1207, 1207 f; BGH DÖV 2010, 240/ BeckRS 2009, 86138, Tz. 10 f *ARGE.*
773 BGH NJW 2008, 69, 74, Tz. 55 *Parteifähigkeit.*

che Verbände, die auch Verwaltungsaufgaben wahrnehmen, wenn der Erwerb des Markenrechtes diesen Aufgaben nicht widerspricht.[774]

1323 Im **Waren- und Dienstleistungsverzeichnis** sind die beanspruchten Waren und Dienstleistungen sachgerecht und eindeutig zu beschreiben.[775] Die Waren- und Dienstleistungen werden in 34 Waren- und 11 Dienstleistungsklassen einklassifiziert (vgl § 19 Abs. 1 MarkenV sowie die Klasseneinteilung von Waren und Dienstleistungen als Anlage hierzu, die dem Nizzaer Klassifikationsabkommen folgt).[776]

1324 Die **offizielle Einteilung der Waren- und Dienstleistungsklassen** ist die Folgende:

Klasse 1	Chemische Erzeugnisse für gewerbliche, wissenschaftliche, fotografische, land-, garten- und forstwirtschaftliche Zwecke; Kunstharze im Rohzustand, Kunststoffe im Rohzustand; Düngemittel; Feuerlöschmittel; Mittel zum Härten und Löten von Metallen; chemische Erzeugnisse zum Frischhalten und Haltbarmachen von Lebensmitteln; Gerbmittel; Klebstoffe für gewerbliche Zwecke
Klasse 2	Farben, Firnisse, Lacke; Rostschutzmittel, Holzkonservierungsmittel; Färbemittel; Beizen; Naturharze im Rohzustand; Blattmetalle und Metalle in Pulverform für Maler, Dekorateure, Drucker und Künstler
Klasse 3	Wasch- und Bleichmittel; Putz-, Polier-, Fettentfernungs- und Schleifmittel; Seifen, Parfümeriewaren, ätherische Öle, Mittel zur Körper- und Schönheitspflege, Haarwässer, Zahnputzmittel
Klasse 4	Technische Öle und Fette; Schmiermittel; Staubabsorbierungs-, Staubbenetzungs- und Staubbindemittel; Brennstoffe (einschließlich Motorentreibstoffe) und Leuchtstoffe; Kerzen und Dochte für Beleuchtungszwecke
Klasse 5	Pharmazeutische und veterinärmedizinische Erzeugnisse; Hygienepräparate für medizinische Zwecke; diätetische Erzeugnisse für medizinische Zwecke, Babykost; Pflaster, Verbandmaterial; Zahnfüllmittel und Abdruckmassen für zahnärztliche Zwecke; Desinfektionsmittel; Mittel zur Vertilgung von schädlichen Tieren; Fungizide, Herbizide
Klasse 6	Unedle Metalle und deren Legierungen; Baumaterialien aus Metall; transportable Bauten aus Metall; Schienenbaumaterial aus Metall; Kabel und Drähte aus Metall (nicht für elektrische Zwecke); Schlosserwaren und Kleineisenwaren; Metallrohre; Geldschränke; Waren aus Metall, soweit sie nicht in anderen Klassen enthalten sind; Erze

---

774 BPatG München DVBl 2010, 64 (L) *Stadtwerke Dachau*; Fezer MarkenG (4. Aufl. 2009) § 7 Rn 30.
775 BPatG GRUR 1998, 65, 66 *REXHAM*; BPatG Mitt. 1997, 371, 372 *Turboclean*.
776 Eine hilfreiche Orientierung bietet das DPMA unter http://www.dpma.de/suche/wdsuche/suchen.html an; vgl a. die "Alphabetische Liste der Waren und Dienstleistungen nach dem Nizzaer Abkommen über die internationale Klassifikation von Waren und Dienstleistungen für die Eintragung von Marken", die über die WIPO bezogen werden kann.

Klasse 7	Maschinen und Werkzeugmaschinen; Motoren (ausgenommen Motoren für Landfahrzeuge); Kupplungen und Vorrichtungen zur Kraftübertragung (ausgenommen solche für Landfahrzeuge); nicht handbetätigte landwirtschaftliche Geräte; Brutapparate für Eier
Klasse 8	Handbetätigte Werkzeuge und Geräte; Messerschmiedewaren, Gabeln und Löffel; Hieb- und Stichwaffen; Rasierapparate
Klasse 9	Wissenschaftliche, Schifffahrts-, Vermessungs-, fotografische, Film-, optische, Wäge-, Mess-, Signal-, Kontroll-, Rettungs- und Unterrichtsapparate und –instrumente; Apparate und Instrumente zum Leiten, Schalten, Umwandeln, Speichern, Regeln und Kontrollieren von Elektrizität; Geräte zur Aufzeichnung, Übertragung und Wiedergabe von Ton und Bild; Magnetaufzeichnungsträger, Schallplatten; Verkaufsautomaten und Mechaniken für geldbetätigte Apparate; Registrierkassen, Rechenmaschinen, Datenverarbeitungsgeräte und Computer; Feuerlöschgeräte
Klasse 10	Chirurgische, ärztliche, zahn- und tierärztliche Instrumente und Apparate, künstliche Gliedmaßen, Augen und Zähne; orthopädische Artikel; chirurgisches Nahtmaterial
Klasse 11	Beleuchtungs-, Heizungs-, Dampferzeugungs-, Koch-, Kühl-, Trocken-, Lüftungs- und Wasserleitungsgeräte sowie sanitäre Anlagen
Klasse 12	Fahrzeuge; Apparate zur Beförderung auf dem Lande, in der Luft oder auf dem Wasser
Klasse 13	Schusswaffen; Munition und Geschosse; Sprengstoffe; Feuerwerkskörper
Klasse 14	Edelmetalle und deren Legierungen sowie daraus hergestellte oder damit plattierte Waren, soweit sie nicht in anderen Klassen enthalten sind; Juwelierwaren, Schmuckwaren, Edelsteine; Uhren und Zeitmessinstrumente
Klasse 15	Musikinstrumente
Klasse 16	Papier, Pappe (Karton) und Waren aus diesen Materialien, soweit sie nicht in anderen Klassen enthalten sind; Druckereierzeugnisse; Buchbinderartikel; Fotografien; Schreibwaren; Klebstoffe für Papier- und Schreibwaren oder für Haushaltszwecke; Künstlerbedarfsartikel; Pinsel; Schreibmaschinen und Büroartikel (ausgenommen Möbel); Lehr- und Unterrichtsmittel (ausgenommen Apparate); Verpackungsmaterial aus Kunststoff, soweit es nicht in anderen Klassen enthalten ist; Drucklettern; Druckstöcke
Klasse 17	Kautschuk, Guttapercha, Gummi, Asbest, Glimmer und Waren daraus, soweit sie nicht in anderen Klassen enthalten sind; Waren aus Kunststoffen (Halbfabrikate); Dichtungs-, Packungs- und Isoliermaterial; Schläuche (nicht aus Metall)

Klasse 18	Leder und Lederimitationen sowie Waren daraus, soweit sie nicht in anderen Klassen enthalten sind; Häute und Felle; Reise- und Handkoffer; Regenschirme, Sonnenschirme und Spazierstöcke; Peitschen, Pferdegeschirre und Sattlerwaren
Klasse 19	Baumaterialien (nicht aus Metall); Rohre (nicht aus Metall) für Bauzwecke; Asphalt, Pech und Bitumen; transportable Bauten (nicht aus Metall); Denkmäler (nicht aus Metall)
Klasse 20	Möbel, Spiegel, Bilderrahmen; Waren, soweit sie nicht in anderen Klassen enthalten sind, aus Holz, Kork, Rohr, Binsen, Weide, Horn, Knochen, Elfenbein, Fischbein, Schildpatt, Bernstein, Perlmutter, Meerschaum und deren Ersatzstoffen oder aus Kunststoffen
Klasse 21	Geräte und Behälter für Haushalt und Küche; Kämme und Schwämme; Bürsten und Pinseln (ausgenommen für Malzwecke); Bürstenmachermaterial; Putzzeug; Stahlwolle; rohes oder teilweise bearbeitetes Glas (mit Ausnahme von Bauglas); Glaswaren, Porzellan und Steingut, soweit sie nicht in anderen Klassen enthalten sind
Klasse 22	Seile, Bindfaden, Netze, Zelte, Planen, Segel, Säcke, soweit sie nicht in anderen Klassen enthalten sind; Polsterfüllstoffe (außer aus Kautschuk oder Kunststoffen); rohe Gespinstfasern
Klasse 23	Garne und Fäden für textile Zwecke
Klasse 24	Webstoffe und Textilwaren, soweit sie nicht in anderen Klassen enthalten sind; Bett- und Tischdecken
Klasse 25	Bekleidungsstücke, Schuhwaren, Kopfbedeckungen
Klasse 26	Spitzen und Stickereien, Bänder und Schnürbänder; Knöpfe, Haken und Ösen, Nadeln; künstliche Blumen
Klasse 27	Teppiche, Fußmatten, Matten, Linoleum und andere Bodenbeläge; Tapeten (ausgenommen aus textilem Material)
Klasse 28	Spiele, Spielzeug; Turn- und Sportartikel, soweit sie nicht in anderen Klassen enthalten sind; Christbaumschmuck
Klasse 29	Fleisch, Fisch, Geflügel und Wild; Fleischextrakte; konserviertes, tiefgekühltes, getrocknetes und gekochtes Obst und Gemüse; Gallerten (Gelees), Konfitüren, Kompotte; Eier, Milch und Milchprodukte; Speiseöle und –fette
Klasse 30	Kaffee, Tee, Kakao, Zucker, Reis, Tapioka, Sago, Kaffeeersatzmittel; Mehle und Getreidepräparate, Brot, feine Backwaren und Konditorwaren, Speiseeis; Honig, Melassesirup; Hefe, Backpulver; Salz, Senf; Essig, Soßen (Würzmittel); Gewürze; Kühleis

Klasse 31	Land-, garten- und forstwirtschaftliche Erzeugnisse sowie Samenkörner, soweit sie nicht in anderen Klassen enthalten sind; lebende Tiere; frisches Obst und Gemüse; Sämereien, lebende Pflanzen und natürliche Blumen; Futtermittel, Malz
Klasse 32	Biere; Mineralwässer und kohlensäurehaltige Wässer und andere alkoholfreie Getränke; Fruchtgetränke und Fruchtsäfte; Sirupe und andere Präparate für die Zubereitung von Getränken
Klasse 33	Alkoholische Getränke (ausgenommen Biere)
Klasse 34	Tabak; Raucherartikel; Streichhölzer
Klasse 35	Werbung; Geschäftsführung; Unternehmensverwaltung; Büroarbeiten
Klasse 36	Versicherungswesen; Finanzwesen; Geldgeschäfte; Immobilienwesen
Klasse 37	Bauwesen; Reparaturwesen; Installationsarbeiten
Klasse 38	Telekommunikation
Klasse 39	Transportwesen; Verpackung und Lagerung von Waren; Veranstaltung von Reisen
Klasse 40	Materialbearbeitung
Klasse 41	Erziehung; Ausbildung; Unterhaltung; sportliche und kulturelle Aktivitäten
Klasse 42	Wissenschaftliche und technologische Dienstleistungen und Forschungsarbeiten und diesbezügliche Designerdienstleistungen; industrielle Analyse- und Forschungsdienstleistungen; Entwurf und Entwicklung von Computerhardware und –software
Klasse 43	Dienstleistungen zur Verpflegung und Beherbergung von Gästen
Klasse 44	Medizinische und veterinärmedizinische Dienstleistungen; Gesundheits- und Schönheitspflege für Menschen und Tiere; Dienstleistungen im Bereich der Land-, Garten- oder Forstwirtschaft
Klasse 45	Juristische Dienstleistungen; von Dritten erbrachte persönliche und soziale Dienstleistungen betreffend individuelle Bedürfnisse; Sicherheitsdienste zum Schutz von Sachwerten oder Personen.

Zu beachten ist allerdings, dass nicht alle der vorgenannten Waren- und Dienstleistungsangaben konkret genug sind, um in einem Waren- und Dienstleistungsverzeichnis vom DPMA auch akzeptiert zu werden; **genaue Bezeichnungen und Erläuterungen zu Oberbegriffen sind daher in vielen Fällen unerlässlich.**[777] 1325

Einzelhandelsdienstleistungen sowie damit vergleichbar Versand- und Großhandelsdienstleistungen konnten nach früherer Auffassung des BpatG als sogenannte „Hilfsdienstleistungen" nicht beansprucht werden.[778] Der EuGH hat jedoch in seiner *Prak-* 1326

---

777 S. a. die Angaben, die vom DPMA in der Praxis akzeptiert wurden, unter http://www.dpma.de/suche/wdsuche/suchen.html.
778 BPatG GRUR 1998, 397, 398 *SUMMIT.*

tiker-Entscheidung grundlegend klargestellt, dass auch Einzelhandelsdienstleistungen beansprucht werden können. Es ist in soweit nicht notwendig, die Dienstleistung oder die Dienstleistungen näher zu konkretisieren, jedoch müssen die Waren oder die Arten von Waren, auf die sich die Dienstleistungen beziehen, zwar nicht im einzelnen, aber doch nach Warenarten oder -gruppen bezeichnet werden.[779] Der EuGH hat entsprechend die Dienstleistungsangabe „Einzelhandel mit Bau-, Heimwerker- und Gartenartikeln und anderen Verbrauchsgütern für den Do-it-yourself-Bereich" akzeptiert.[780] Nach früherer Rechtslage blieb Einzel- und Versandhändlern keine andere Wahl, als ihre Marken für alle Waren eintragen zu lassen, die von ihnen verkauft wurden. Der BGH kannte insoweit trotz der entgegenstehenden Rechtsprechung des BpatG, die ja die Eintragung von Einzel- und Versandhandelsdienstleistungen nicht akzeptiert hatte, keine Gnade und akzeptierte weder die Benutzung der Marke NORMA eines Einzelhändlers noch zahlreicher Marken des Versandhändlers OTTO als rechtserhaltend. Der OTTO-Versand hat dadurch die Löschung einer Vielzahl seiner Marken hinnehmen müssen.[781]

1327 Nach dem Verzeichnis der Waren und Dienstleistungen richten sich auch die für die Anmeldung zu entrichtenden **amtlichen Gebühren**. Sie schließen eine 10-jährige Schutzdauer ab dem Zeitpunkt der Anmeldung ein und betragen seit 1. Januar 2002 für die nationale Markenanmeldung beim DPMA:[782]

1328 Anmeldeverfahren einschließlich der Klassengebühr bis zu drei Klassen

bei elektronischer Anmeldung	€ 290,00
bei Anmeldung in Papierform	€ 300,00
zusätzliche Klassengebühr für jede weitere Klasse ab der vierten	€ 100,00

1329 Die Anmeldung erhält als **Tag der Anmeldung** (= Priorität; vgl Rn 1090 ff) den Tag, an dem die Unterlagen gemäß § 32 Abs. 2 MarkenG vollständig beim DPMA eingegangen sind (§ 33 Abs. 1 MarkenG). Sofern die notwendigen Angaben gem. § 32 Abs. 2 MarkenG – Identität des Anmelders, Wiedergabe der Marke, Verzeichnis der Waren und Dienstleistungen – überhaupt vorhanden sind, können etwaige Mängel, die sie aufweisen, noch später innerhalb einer vom DPMA zu setzenden Frist beseitigt werden, ohne dass dies zu einem Verlust oder einer Verschiebung des Anmeldetages führen würde (§ 36 MarkenG).[783] Die **Inanspruchnahme der Priorität einer identischen ausländischen Anmeldung** ist innerhalb von 6 Monaten nach dem Anmeldetag der ausländischen Anmeldung möglich, sofern diese insbesondere in einem Mitgliedsland der Pariser Verbandsübereinkunft angemeldet worden ist (§ 34 MarkenG, vgl im Einzelnen Rn 1333 ff).

1330 Die Anmeldung einer nationalen Marke begründet einen **Anspruch auf Eintragung** (§ 33 Abs. 2 MarkenG). Das DPMA führt eine **Prüfung** insbesondere auf das Vorliegen der formellen Erfordernisse und der Gebührenzahlung (§ 36 MarkenG) durch. Es prüft

---

779 EuGH GRUR 2005, 764, 767, Tz. 49 f. *Praktiker.*
780 EuGH GRUR 2005, 764, 767, Tz. 50 *Praktiker*; BPatG GRUR 2006, 63, 65 *Einzelhandelsdienstleistung II.*
781 BGH GRUR 2005, 1047, 1048 f. *OTTO*; BGH GRUR 2006, 150, 151 f. *NORMA.*
782 Stand 17.11.2009, abrufbar unter http://www.dpma.de/marke/gebuehren/index.html..
783 BPatG GRUR 1997, 134, 135 f. *Anmeldetag*; BPatG GRUR 1997, 60, 61 *SWF-3 Nachrichten.*

angemeldete Marken des Weiteren auf das Bestehen absoluter Schutzhindernisse (§ 37 MarkenG; vgl Rn 1110 ff). Hier erfolgt auch eine Prüfung, ob – nach Kenntnis des Amtes – eine notorisch bekannte Marke im Sinne von Art. 6bis PVÜ gemäß § 10 MarkenG der Eintragung entgegensteht.[784] Möchte der Anmelder einer deutschen Marke im Anschluss auch eine internationale Marke anmelden und insofern den Anmeldetag der deutschen Marke in Anspruch nehmen, so empfiehlt es sich, gemäß § 38 MarkenG eine beschleunigte Prüfung der Markenanmeldung gegen Zahlung einer zusätzlichen Gebühr zu beantragen, denn ein Antrag auf **Internationale Registrierung nach dem Madrider Markenabkommen** kann erst nach erfolgter Eintragung der deutschen Basismarke gestellt werden (Art. 4 MMA/MMP). In der Regel schließt das DPMA dann seine Prüfungen innerhalb kürzerer Frist ab, so dass der Markeninhaber den Antrag auf internationale Registrierung unter Berufung auf die Priorität seiner deutschen Basismarke noch innerhalb der dafür bestehenden 6-Monats-Frist stellen kann (vgl Rn 1397).

Entspricht die Anmeldung der nationalen Marke den Erfordernissen und wird sie nicht wegen absoluter Schutzhindernisse zurückgewiesen, **wird sie in das Markenregister eingetragen und die Eintragung im Markenblatt veröffentlicht** (§ 41 MarkenG). | 1331

Ist eine Markenanmeldung einmal eingereicht, kann die angemeldete Marke nicht mehr verändert werden, und zwar weder durch Änderung der Marke selbst (zB Veränderung der Grafik oder der Schreibweise) noch durch Änderung der Markenart (zB Wechsel von farbiger zu schwarz-weißer Darstellung oder von zweidimensionaler zu dreidimensionaler Marke).[785] Auch Änderungen, insbesondere Erweiterungen des Waren- und Dienstleistungsverzeichnisses sind unzulässig; Beschränkungen sind allerdings jederzeit möglich, auch noch nach Eintragung. | 1332

Wird eine Marke beim DPMA innerhalb von 6 Monaten nach dem Anmeldetag einer ausländischen Voranmeldung[786] oder nach Zurschaustellung auf einer amtlichen oder internationalen Ausstellung (§ 35 MarkenG)[787] angemeldet, kann die **Priorität der ausländischen Voranmeldung bzw der Ausstellung** in Anspruch genommen werden, **Prioritätsfrist** (§§ 34 und 35 Abs. 1 bis 3 MarkenG). Erfolgt die Anmeldung nicht binnen sechs Monaten nach Anmeldung bzw Zurschaustellung, so verwirkt der Anmelder sein Recht auf die Gewährung der Priorität.[788] | 1333

Im Verhältnis zu Rechten Dritter bestimmt dann nicht der eigentliche Anmeldetag die Priorität, sondern der Tag der ausländischen Voranmeldung bzw der Ausstellung (für die nationale Marke § 6 Abs. 2 MarkenG). | 1334

Beispiel: Ein Franzose meldet am 1. Oktober 2010 in Frankreich eine Marke an; er meldet unter Inanspruchnahme dieser Priorität am 1. April 2011 in Deutschland eine identische Marke für identische Waren/Dienstleistungen an. Die deutsche Marke erhält dann eine Priorität vom 1. Oktober 2010, obwohl sie tatsächlich erst später angemeldet wurde.

---

784 Beispiel: eine angemeldete Marke KOKA-KOLA für Erfrischungsgetränke; hier müsste das Deutsche Patent- und Markenamt die Eintragung wegen der entgegenstehenden, notorisch bekannten Marke Coca-Cola von Amts wegen zurückweisen, also ohne Eingreifen des Rechtsinhabers.
785 Vgl hierzu auch BPatG WRP 2001, 31, 32 *Zahnpastastrang*.
786 Artt. 4 und 4 C PVÜ; Art. 2 Abs. 1 TRIPS.
787 Die insoweit anerkannten Ausstellungen sind bei Fezer, § 35 MarkenG Rn 6 ff aufgelistet.
788 Fezer, § 6 MarkenG Rn 21.

1335 Die Inanspruchnahme der ausländischen bzw Ausstellungspriorität muss nicht sogleich in der Anmeldung erklärt werden; hierfür besteht eine nicht verlängerbare Frist von 2 Monaten ab dem Anmeldetag der nationalen Marke (§§ 34 Abs. 3, 35 Abs. 4 MarkenG). **Es können beide Prioritäten auch nebeneinander beansprucht werden, nicht aber nacheinander** (§ 35 Abs. 5 MarkenG). Die Priorität kann nur in Anspruch genommen werden für eine **identische** Marke.[789] Dies schließt aber nicht aus, die ausländische oder Ausstellungspriorität nur für einen Teil der Waren oder Dienstleistungen in Anspruch zu nehmen,[790] für die die Marke angemeldet wird, so dass dann ein und dieselbe Marke für einen Teil der Waren oder Dienstleistungen die Priorität der ausländischen Voranmeldung bzw der Ausstellung besitzen kann, für den anderen die des (eigenen) Anmeldetages.

2. Gemeinschaftsrecht – GMV

1336 Das **Anmelde- und Eintragungsverfahren** für die Gemeinschaftsmarke ist in den Artt. 25 bis 49 GMV geregelt. Die Einreichung der Anmeldung erfolgt nach Art. 25 Abs. 1 lit. a GMV beim Harmonisierungsamt (Abs. 1 lit. a GMV), bei der Zentralbehörde für gewerblichen Rechtsschutz eines Mitgliedstaates, Art. 25 Abs. 1 lit. b Alt. 1 GMV (in Deutschland das Patent- und Markenamt, DPMA) oder beim Benelux-Markenamt, Art. 25 Abs. 1 lit. b Alt. 2 GMV. Bei einem Eintragungsantrag nach Abs. 1 lit. b hat die Behörde den Antrag innerhalb von 2 Wochen an das Harmonisierungsamt (HABM) in Alicante weiterzuleiten, Art. 25 Abs. 2 GMV, §§ 125 a ff. MarkenG; anderenfalls ist Anmeldetag erst der Tag des Eingangs beim HABM (Art. 25 Abs. 3 GMV). Nach Art. 26 GMV müssen neben der Wiedergabe der Marke selbst und dem Verzeichnis der Waren und Dienstleistungen auch Angaben zur Person des Anmelders gemacht werden; die Vorgaben des MarkenG und der GMV sind ähnlich.

1337 Inhaber von Gemeinschaftsmarken können alle natürlichen oder juristischen Personen einschließlich Körperschaften des öffentlichen Rechts sein (Art. 5 GMV); zudem werden Gesellschaften und andere juristische Einheiten, die nach dem für sie maßgeblichen Recht die Fähigkeit haben, im eigenen Namen Träger von Rechten und Pflichten jeder Art zu sein, Verträge zu schließen oder andere Rechtshandlungen vorzunehmen und vor Gericht zu stehen, juristischen Personen gleichgestellt (Art. 3 GMV). Deshalb können beispielsweise auch deutsche Gesellschaften bürgerlichen Rechts Inhaber von Gemeinschaftsmarken werden (siehe hierzu auch Rn 1322).

1338 Im **Waren- und Dienstleistungsverzeichnis** sind die beanspruchten Waren und Dienstleistungen sachgerecht und eindeutig zu beschreiben[791] – **genaue Bezeichnungen und Erläuterungen zu Oberbegriffen sind häufig notwendig.**[792] Die Waren- und Dienstleistungen werden in 34 Waren- und 11 Dienstleistungsklassen einklassifiziert; nach Art. 28 GMV, Regel 2 der Durchführungsverordnung zur GMV[793] erfolgt die Klassi-

---

789 EuG GRUR Int. 2002, 528, 529 f. *Teleye/Teleeye*; BPatG Mitt. 1998, 309, 311 *SMP*.
790 BPatG Mitt. 1998, 309, 311 *SMP*.
791 BPatG GRUR 1998, 65, 66 *REXHAM*; BPatG Mitt. 1997, 371, 372 *Turboclean*.
792 S. a. die Angaben, die vom DPMA in der Praxis akzeptiert wurden, unter http://www.dpma.de/suche/wdsuche/suchen.html.
793 Verordnung (EG) Nr. 2868/95 der Kommission vom 13. Dezember 1995, abrufbar auf der Seite des HABM unter http://oami.europa.eu/ows/rw/resource/documents/CTM/regulations/2868de-codified.pdf.

fizierung nach dem Nizzaer Klassifikationsabkommen.[794] Die Markenanmeldung ist in einer der Amtssprachen der Europäischen Union einzureichen, die Verfahrenssprache des Anmeldeverfahrens wird; gleichzeitig ist als zweite Sprache eine Sprache des Amtes – Deutsch, Englisch, Französisch, Italienisch oder Spanisch, Art. 119 Abs. 2 GMV – anzugeben, die nach Wahl des dortigen Verfahrensgegners als weitere mögliche Verfahrenssprache für Widerspruchs-, Nichtigkeits- und Löschungsverfahren dient, Art. 119 GMV.

Die Gebühr für die Anmeldung und Eintragung als nunmehr einzige Gebühr der Gemeinschaftsmarke beträgt:[795]   **1339**

bei elektronischer Anmeldung (e-Filing)   € 900,00
bei Anmeldung in Papierform   € 1.050,00

Als **Tag der Anmeldung** gilt auch für die Gemeinschaftsmarke der **Tag der Einreichung** der Unterlagen, sofern alle Angaben enthalten sind und die Anmeldegebühr binnen eines Monats nach Einreichung gezahlt wird, Art. 27 GMV. Die **Inanspruchnahme der Priorität einer identischen nationalen Anmeldung** ist möglich, wenn die Gemeinschaftsmarke innerhalb von 6 Monaten nach dem Anmeldetag des nationalen Zeichens angemeldet wird, sofern dieses insbesondere in einem Mitgliedsland der Pariser Verbandsübereinkunft angemeldet worden ist (Art. 29 Abs. 1 GMV; vgl im Einzelnen Rn 1333 ff). Die Ausstellungspriorität kann der Gemeinschaftsmarkeninhaber für seine Gemeinschaftsmarke binnen sechs Monaten ab dem Tag der erstmaligen Zurschaustellung beanspruchen, Art. 33 Abs. 1 GMV. Es können die Priorität nach Art. 29 f GMV und die Priorität nach Art. 33 GMV auch **nebeneinander beansprucht werden, nicht aber nacheinander** (Art. 33 Abs. 3 GMV).   **1340**

Bei der Anmeldung der Gemeinschaftsmarke prüft das HABM von Amts wegen die Inhaberschaft sowie die Angaben im Waren- und Dienstleistungsverzeichnis (Art. 36 GMV) und absolute Schutzhindernisse nach Art. 7 GMV (Art. 37 GMV).   **1341**

Nach Art. 43 Abs. 2 und **Art. 48 GMV** kann die angemeldete Marke nicht mehr verändert, insbesondere das Verzeichnis nicht erweitert werden (vgl oben Rn 1332 zur nationalen Marke); die Berichtigung von Schreib- oder sprachlichen Fehlern und offensichtlichen Unrichtigkeiten ist jedoch zulässig (Art. 43 Abs. 2 GMV). Einschränkungen des Verzeichnisses sind stets gestattet, Art. 43 Abs. 1 Satz 1 GMV.   **1342**

Darüber hinaus kann auch eine sog. „Seniorität" beansprucht werden (Art. 34 GMV). Diese „Inanspruchnahme des Zeitrangs einer nationalen Marke" bedeutet, dass eine identische ältere nationale Marke, die in einem Mitgliedsland der Europäischen Union für den Markeninhaber eingetragen ist, nach Eintragung der Gemeinschaftsmarke gelöscht werden kann, ohne dass der Markeninhaber dadurch in dem betroffenen Mitgliedsland seine Priorität gegenüber Dritten verliert (Art. 34 Abs. 2, 3 GMV). Die ältere nationale Marke ist dann dauerhaft an die Gemeinschaftsmarke gebunden; sie geht also   **1343**

---

794 Abrufbar über die Seite des HABM unter http://oami.europa.eu/ows/rw/pages/CTM/legalReferences/directives.de.do.
795 Bis Mitte 2009 sah die GMV eine Anmelde- und Eintragungsgebühr vor und war damit deutlich teurer als eine nationale Marke.

gewissermaßen in der Gemeinschaftsmarke auf. Sie kann wieder aufleben, falls die Gemeinschaftsmarke nach Inanspruchnahme der Seniorität untergeht und unter den allgemeinen Voraussetzungen durch Umwandlung (Art. 112 ff GMV; vgl Rn 1392) eine neue nationale Marke entsteht; diese erhält dann wieder den Zeitrang der früheren Marke.[796] Eine Frist für die Inanspruchnahme der Seniorität besteht nicht; sie kann jederzeit (auch viele Jahre) nach der Eintragung der Gemeinschaftsmarke beansprucht werden (Art. 35 GMV).

1344 Wird die **Seniorität** beansprucht, führt dies letztendlich dazu, dass der Fortbestand der nationalen Marke fingiert wird, so dass dem Markeninhaber weiter die selben Rechte zugestanden werden, die er gehabt hätte, wenn die ältere Marke weiterhin eingetragen gewesen wäre. Hierzu gehört auch das Recht, ein aufgrund der nationalen älteren Marke eingeleitetes nationales Widerspruchsverfahren gegen eine jüngere Marke weiterzuführen; der Fortbestand der nach Inanspruchnahme der Seniorität gelöschten nationalen Widerspruchsmarke wird insofern fingiert. Das BPatG hat zwar entschieden, dass in einem solchen Fall die gelöschte nationale Widerspruchsmarke durch die Gemeinschaftsmarke „ersetzt" werde.[797] Indes fingiert Art. 34 Abs. 2 GMV klar und eindeutig den Fortbestand der nach Inanspruchnahme der Seniorität bei einer Gemeinschafsmarke gelöschten älteren nationalen Marke (Art. 34 Abs. 2: „...shall be deemed to continue to have the same rights" / „weiter dieselben Rechte zugestanden werden, die er gehabt hätte"), so dass der Widersprechende im Widerspruchsverfahren so zu behandeln ist, als wäre die Widerspruchsmarke nicht gelöscht worden, sondern würde fortbestehen. Dieser rechtliche Ansatz erscheint auch im Hinblick auf die Voraussetzungen des Benutzungszwanges konsequent: Würde man nämlich die gelöschte nationale Widerspruchsmarke durch die Gemeinschaftsmarke ersetzen und auf deren Grundlage dann das Widerspruchsverfahren fortsetzen, würden sich die Anforderungen an die rechtserhaltende Benutzung der Widerspruchsmarke gem. § 125b Nr. 4 MarkenG nach Art. 15 GMV richten, nicht aber mehr nach § 26 MarkenG.[798]

1345 Die **Formerfordernisse für die Anmeldung** finden sich in Art. 26 GMV:

1. Antrag,
2. Identität des Anmelders, dh Name, Anschrift, Firmierung,
3. Warenverzeichnis/Klassen sind anzugeben,
4. Wiedergabe bzw Darstellung der Marke,
5. Anmeldegebühr nebst evtl anfallenden weiteren Klassengebühren.

1346 Eine weitere Besonderheit gegenüber dem nationalen deutschen Verfahren ist die **Amtsrecherche** (Art. 38 GMV), in deren Rahmen das Amt eine Recherche nach älteren, der Anmeldemarke uU entgegenstehenden Gemeinschaftsmarken durchführt und die nationalen Patent- und Markenämter nach älteren nationalen und in ihren Ländern Schutz genießenden internationalen Marken durchführen lässt;[799] diese Recherche hat

---

796 Ingerl/Rohnke § 125c MarkenG Rn 8.
797 BPatG GRUR 2006, 612, 613 Seniorität; vgl a. Fezer § 42 MarkenG Rn 72 und Ingerl/ Rohnke § 125c Rn 6.; aA dh weder Ersetzung noch Fiktion, so dass der Widerspruch unzulässig werden würde. Ströbele/ Hacker/ Kirschneck § 42 Rn 8.
798 Vgl Ströbele/ Hacker/ Kirschneck § 42 Rn 8.
799 Lediglich Deutschland, Italien und Frankreich führen diese Recherchen nicht durch.

jedoch nicht die Wirkung, dass etwa aufgefundene ältere Markenrechte dann amtsseitig als Eintragungshindernisse geltend gemacht werden würden. Vielmehr übermittelt das Amt lediglich dem Anmelder den Gemeinschaftsrecherchenbericht (Art. 38 Abs. 6 GMV) und unterrichtet die Inhaber der aufgefundenen älteren Gemeinschaftsmarken oder Anmeldungen von Gemeinschaftsmarken (nicht auch die älterer nationaler Markenrechte!) über die Veröffentlichung der Anmeldung der Gemeinschaftsmarke (Art. 38 Abs. 7 GMV).

Nach Abschluss der Prüfung auf die Einhaltung der formellen Erfordernisse (Artt. 36 **1347** und 37 GMV) sowie auf etwa bestehende absolute Eintragungshindernisse (= Prüfung der Schutzfähigkeit, Art. 37 GMV) erfolgt die **Veröffentlichung der Anmeldung** (Art. 39 GMV). Mit Veröffentlichung beginnt eine Frist von drei Monaten für die **Einlegung von Widersprüchen** (Art. 41 Abs. 1 GMV) zu laufen. Eine Besonderheit des Widerspruchsverfahrens vor dem Harmonisierungsamt ist die sog. **Cooling-Off-Frist** (Regel 19 DV GMV):[800] Nach Widerspruchseinlegung und positiver Überprüfung der Vollständigkeit der für den Widerspruch notwendigen Unterlagen gewährt das Amt den Parteien zunächst eine Frist von 2 Monaten vor dem offiziellen Beginn des streitigen Widerspruchsverfahrens, innerhalb derer Vergleichsverhandlungen geführt werden sollen und innerhalb derer sowohl der Markenanmelder als auch der Widersprechende entscheiden kann, ob er die Anmeldung resp. den Widerspruch zurücknimmt; dadurch kann die grundsätzlich im Widerspruchsverfahren vor dem HABM bestehende Kostentragungspflicht der unterliegenden Partei vermieden werden. Die Cooling-Off-Frist kann auf beiderseitigen Antrag beliebig oft – bis zu einer maximalen Dauer von 24 Monaten – verlängert werden, etwa wenn die Vergleichsverhandlungen langwierig sind, Regel 18 Abs. 1 DV GMV. Das HABM verlängert mittlerweile die Cooling-Off-Frist automatisch bis zur maximal zulässigen Dauer, wenn überhaupt ein Verlängerungsantrag gestellt wird; die Parteien können aber jederzeit – auch einzeln – erklären, dass das streitige Verfahren beginnen soll. Das streitige Widerspruchsverfahren beginnt – wie erwähnt – erst, nachdem die Cooling-Off-Frist abgelaufen ist, ohne dass sie verlängert wurde oder Anmeldung resp. Widerspruch zurückgenommen wurden (Regel 20 DV GMV). Die **Eintragung der Gemeinschaftsmarke** erfolgt – im Gegensatz zum Verfahren nach dem MarkenG! (Rn 1331) – erst, nachdem feststeht, dass kein Widerspruch erhoben wurde oder das Widerspruchsverfahren für den Anmelder positiv abgeschlossen worden ist (Art. 45 GMV).

Achtung: Der Lauf von Fristen im Verfahren vor dem HABM richtet sich nicht nach **1348** deutschem Recht, sondern nach Regel 70 ff iVm 65 Abs. 1 S. 2 DV GMV. Dies hat zur Folge, dass der für den Fristbeginn maßgebende Zeitpunkt durch den tatsächlichen Zugang des Telefax beim Empfänger festgelegt wird, egal, ob die Zustellung nachts außerhalb der Geschäftszeiten, an einem Feiertag oder am Wochenende stattfindet (Art. 65 Abs. 1 S. 2 DV: „[...] gilt als an dem Tag zugestellt, an dem [....] eingetroffen ist.").[801]

---

800 Verordnung (EG) Nr. 1041/2005 vom 29. Juni 2005 zur Änderung der Verordnung (EG) Nr. 2868/95 zur Durchführung der Verordnung (EG) Nr. 40/94 über die Gemeinschaftsmarke, ABl. (EU) v. 5.7.2005, Nr. L 172/4 → die DV zur neuen GMV 207/2009 ist noch nicht beschlossen.
801 HABM GRUR-RR 2002, 62, 62 f. *Zustellung durch Telefax.*

II. Widerspruchsverfahren

1. Nationales Recht – MarkenG

Rechtsgrundlagen: §§ 42 ff. MarkenG

1349 Widerspruch kann eingelegt werden gegen deutsche Marken, deren Eintragung veröffentlicht worden ist (§ 42 MarkenG), und gegen international registrierte Marken mit Schutzerstreckung auf Deutschland (§§ 107, 114 MarkenG).[802] Die **Widerspruchsfrist** beträgt 3 Monate ab dem Tag der Veröffentlichung der Eintragung im Markenblatt (§ 42 MarkenG) bzw 3 Monate ab dem dem Erscheinen von LES MARQUES INTERNATIONALES folgenden Monatsersten (§ 114 MarkenG). Entscheidend ist das Datum des Erscheinens des Markenblattes bzw von LES MARQUES INTERNATIONALES, nicht der Zugang der Zeitschriftenexemplare beim Widersprechenden. Der Widerspruch kann auf angemeldete oder eingetragene Marken mit älterem Zeitrang, einschließlich Gemeinschaftsmarken und internationaler Registrierungen mit Schutz in Deutschland (§§ 42 Abs. 2 Nr. 1, 9 MarkenG), auf eine ältere, notorisch bekannte (nicht eingetragene) Marke im Sinne von Art. 6bis PVÜ (§§ 42 Abs. 2 Nr. 2, 10, 9 MarkenG) oder darauf, dass die Eintragung für einen ungetreuen Agenten oder Vertreter erfolgt ist (§§ 42 Abs. 2 Nr. 3, 11 MarkenG), gestützt werden. Seit Inkrafttreten des PatModG kann gegen alle seit 1. Oktober 2009 angemeldeten Marken nunmehr auch auf Grundlage einer Marke mit Verkehrsgeltung, § 4 Nr. 2 MarkenG, sowie aus Rechten an geschäftlichen Bezeichnungen, § 5 iVm § 12 MarkenG (einschließlich Werktiteln!), Widerspruch eingelegt werden. Der Markeninhaber kann sich seit den Reformen durch das PatModG auch auf Verwässerung oder Rufausbeutung berufen (§ 9 Abs. 1 Nr. 3 MarkenG; vgl Rn 1251 ff), was bei der Gemeinschaftsmarke im Widerspruchsverfahren schon immer möglich ist. Auf nicht als Marke eingetragene geografische Herkunftsangaben (§§ 127 ff MarkenG) können Widersprüche nicht gestützt werden. Die Einzahlung der gesetzlichen Gebühren für den Widerspruch ist innerhalb der Widerspruchsfrist zwingend erforderlich (§ § 6 Abs. 1 S. 1 PatKostG); sonst gilt der Widerspruch als nicht eingelegt, § 6 Abs. 2 PatKostG.

1350 Bei einem Widerspruch wegen Identität oder Verwechslungsgefahr aus einer noch nicht eingetragenen Marke oder aus einer eingetragenen Marke, gegen die noch Widersprüche anhängig sind, muss das Widerspruchsverfahren bis zur Eintragung der Widerspruchsmarke bzw bis zum Abschluss des dortigen Widerspruchsverfahrens ausgesetzt werden (§ 9 Abs. 2 MarkenG, § 32 Abs. 2 MarkenV).

1351 **Widerspruchsberechtigt ist grundsätzlich der Inhaber der älteren Marke oder geschäftlichen Bezeichnung** (§ 42 Abs. 1 MarkenG). Im Falle der Übertragung oder des sonstigen Rechtsüberganges eines Markenrechtes auf einen Dritten kann der Rechtsnachfolger nur dann Widerspruch einlegen oder das Verfahren im eigenen Namen fortführen, wenn der Antrag auf Umschreibung des Markenrechtes beim DPMA eingegangen ist (§ 28 Abs. 2 MarkenG); vorher bleibt ausschließlich der ehemalige Inhaber berechtigt. Übernimmt der Rechtsnachfolger das Verfahren, bedarf es keiner Zustimmung der anderen Beteiligten (§ 28 Abs. 2 S. 3 MarkenG). Aufgrund der ergänzenden Anwendbarkeit der zivilprozessualen Bestimmungen kann auch ein Lizenznehmer im Wege der

---

802 Vgl hierzu Ackmann GRUR 1995, 378 f.

gewillkürten Prozessstandschaft (§ 51 ZPO) vom Markeninhaber zur Widerspruchseinlegung, zur Führung und zur Fortführung eines bereits laufenden Widerspruchsverfahrens ermächtigt werden.[803]

Bei einem erfolgreichen Widerspruch löscht das Amt die Marke aus dem Register   1352
(§ 43 Abs. 2 Satz 1 MarkenG). Ist der Widerspruch nur teilweise erfolgreich, weil nach Ansicht des Amtes nur für einen Teil der beanspruchten Waren und Dienstleistungen Verwechslungsgefahr besteht, so löscht das Amt nur den entsprechenden Teil des Verzeichnisses, § 43 Abs. 2 S. 1 MarkenG. Anderenfalls weist es den Widerspruch zurück, § 43 Abs. 2 S. 2 MarkenG.

Der Inhaber der angegriffenen Marke muss sich weder zu einem Widerspruch äußern   1353
noch Anträge stellen; das DPMA oder BPatG **entscheidet von Amts wegen.**[804]

Die **Widerspruchsgründe** zählt § 42 Abs. 2 MarkenG abschließend auf; möglich ist u.a.   1354
ein Berufen auf Identität und Verwechslungsgefahr sowie – gegenüber allen seit dem
1. Oktober 2009 angemeldeten Marken – Verwässerung oder Rufausbeutung, § 42
Abs. 2 MarkenG.

Ein weit verbreiteter Irrtum besteht übrigens dahingehend, dass Markeninhaber sich   1355
durch den erfolgreichen Abschluss eines Widerspruchsverfahrens oder die Zustellung
der Mitteilung des DPMA, es sei kein Widerspruch eingelegt worden, in der Sicherheit
wiegen, ihr erworbenes Markenrecht sei damit nicht mehr angreifbar. Das ist keineswegs der Fall: Niemand ist dazu verpflichtet, zur Wahrung seiner Rechte Widerspruch
gegen eine jüngere Marke einzulegen; zudem kann aus älteren Rechten im Sinne von
§ 13 MarkenG gar kein Widerspruch eingelegt werden. Auch geht der Widerspruch nur
auf Markenlöschung, nicht aber auf Unterlassung, Auskunft oder Schadensersatz. Inhaber älterer Rechte können also ihre Ansprüche jederzeit auf dem Zivilrechtsweg geltend machen (§§ 14 bis 19, 51, 140 MarkenG). Die einzige insoweit bestehende zeitliche Schranke ist die 5-jährige Verwirkungsfrist aus § 21 MarkenG, die allerdings positive Kenntnis voraussetzt (vgl Rn 1274 ff).

Kosten werden einem Beteiligten im nationalen Widerspruchsverfahren **grundsätzlich**   1356
nur in Ausnahmefällen auferlegt (§ 63 MarkenG: „soweit es der Billigkeit entspricht");
dies kann beispielsweise dann der Fall sein, wenn bereits die Widerspruchsmarke in der
Absicht erworben wurde, den anderen wettbewerbswidrig zu behindern und sich deshalb auch die Widerspruchseinlegung als Missbrauch einer formalen Rechtsposition
darstellt.[805] Ansonsten gilt im markenrechtlichen Widerspruchsverfahren grundsätzlich, dass jeder Beteiligte die ihm erwachsenen Kosten selbst trägt (§ 63 Abs. 1 S. 3
MarkenG), und zwar auch im (Rechtsmittel-) Verfahren vor dem BPatG, § 71 Abs. 1
S. 2 MarkenG.

---

803 BPatG GRUR 2000, 815, 817 *turfa*.
804 BPatG GRUR 2000, 897, 898 f CC *1000/Cec*.
805 BPatG NJWE-WettbR 1997, 90, 90 *Stephanskrone*.

2. Gemeinschaftsrecht – GMV

Rechtsgrundlagen: Artt. 41 ff GMV

1357 Das Widerspruchsverfahren im Gemeinschaftsrecht hat zwar grundsätzlich ähnliche Anforderungen, allerdings sind zusätzliche Formalitäten zu beachten, die vor allem auch mit den unterschiedlichen Sprachen der Mitgliedstaaten und nationalen Markensystemen zusammenhängen. Formell müssen neben der Widerspruchserhebung mit einem Formblatt des HABM die materiellrechtlichen Grundlagen des Widerspruchs angegeben werden, so dass sich das Verfahren in Zulässigkeits- und Begründetheitsprüfung aufteilt. Das Amt entscheidet nach Austausch der Schriftstücke und des Vortrages der Beteiligten, indem es den Widerspruch entweder (ganz oder teilweise) zurückweist oder diesem stattgibt. Gleichzeitig wird über die Kostentragung entschieden, wobei nur die Widerspruchsgebühr selbst und eine Pauschalsumme – in aller Regel € 300,- – erstattet werden.

1358 Der Widerspruch kann innerhalb von drei Monaten nach Veröffentlichung gegen eine Gemeinschaftsmarkenanmeldung eingelegt werden, Art. 41 Abs. 1 GMV. Der Widerspruch gilt als erhoben mit Entrichtung der Gebühr gem. Art. 41 Abs. 3 S. 2 GMV (vgl auch Art. 56 Abs. 2 S. 2 GMV für den Nichtigkeitsantrag), so dass diese also unbedingt innerhalb der Widerspruchsfrist zu zahlen ist. Die Widerspruchsfrist ist nicht wieder einsetzbar.

1359 Auch bei einem Widerspruch gegen eine Gemeinschaftsmarke kann der Widersprechende die Bekanntheit seiner Marke im Widerspruchsverfahren geltend machen und damit Widerspruch wegen der Gefahr der Verwässerung oder unlauteren Beeinträchtigung erheben (Art. 8 Abs. 5 GMV).

1360 Der Widerspruch gegen eine Gemeinschaftsmarke kann – ebenso wie im nationalen Recht, das mit dem PatModG an das Gemeinschaftsrecht angepasst wurde – auf **ältere Marken** nach Art. 8 Abs. 2 GMV oder auf **ältere Rechte** iSd Art. 8 Abs. 4 GMV – nicht eingetragene Rechte, die nach nationalem Recht Rechte gegen die jüngere Marke gewähren – gestützt werden, Art. 41 Abs. 1 lit. a und c GMV. Auch gegen eine ohne Zustimmung des eigentlichen Kennzeicheninhabers zugunsten des Agenten angemeldete Marke ist Widerspruch möglich, Art. 41 Abs. 1 lit. b iVm Art. 8 Abs. 3 GMV. Ein Widerspruch kann nach Art. 41 Abs. 2 GMV auch gegen eine geänderte Anmeldung gemäß Art. 43 Abs. 2 S. 2 GMV eingelegt werden, bei einer Änderung in der Wiedergabe der Marke oder des entsprechenden Verzeichnisses, nicht jedoch nach Teilung einer Marke bzw Markenanmeldung gemäß Art. 44 oder 49 GMV.

1361 Als Widerspruchsgründe kann der Markeninhaber die **Identität** der einander gegenüberstehenden Zeichen und Waren bzw Dienstleistungen (Artt. 8 Abs. 1 lit. a iVm 41 Abs. 1 lit. a GMV; vgl Rn 1201 f) oder das Vorliegen von **Verwechslungsgefahr** (Artt. 8 Abs. 1 lit. b iVm 41 Abs. 1 lit. a GMV; vgl Rn 1203 ff) geltend machen, wenn die Zeichen und / oder die jeweiligen Waren bzw Dienstleistungen nicht identisch, sondern ähnlich sind. Der Markeninhaber kann sich im Widerspruchsverfahren auch auf Verwässerung oder Rufausbeutung berufen gem. Artt. 41 Abs. 1 lit. a iVm 8 Abs. 5 GMV; vgl Rn 1252 ff. Neben dem Bestreiten des Vorliegens von Identität oder Verwechslungsgefahr steht dem Inhaber der jüngeren Marke die Einrede der Nichtbenutzung zu (Art. 42 Abs. 2 GMV; vgl Rn 1292 ff).

Widerspruchsberechtigt ist grundsätzlich der Inhaber der älteren Marke bzw sonstigen Rechte (Art. 8 Abs. 1, 2 und 5 iVm Art. 41 Abs. 1 GMV). Auch der Lizenznehmer kann mit Ermächtigung des Inhabers der älteren Marke Widerspruch einlegen (Artt. 41 Abs. 1 lit. a, 8 Abs. 1 und 5 GMV). Wer aus einem älteren, nicht eingetragenen Zeichen iSd Art. 8 Abs. 4 berechtigt ist, insbesondere neben dem Inhaber des Zeichens berechtigt sein kann, ergibt sich aus dem nationalen Recht. Im Falle der Übertragung oder des sonstigen Rechtsübergangs eines Markenrechtes auf einen Dritten kann der Rechtsnachfolger nur dann Widerspruch einlegen oder das Verfahren im eigenen Namen fortführen, wenn der Antrag auf Umschreibung des Markenrechtes beim HABM eingegangen ist (Art. 17 Abs. 7 GMV); vorher bleibt ausschließlich der ehemalige Inhaber berechtigt. **1362**

Bei einem erfolgreichen Widerspruch wird die Markenanmeldung zurückgewiesen; die Eintragung in das Register ist ausgeschlossen (Art. 42 Abs. 5 GMV). Bei einer Gemeinschaftsmarke verhindert also der Widerspruch im Gegensatz zum nationalen Recht (MarkenG) schon die Eintragung der Marke, so dass eine Löschung nicht erforderlich ist, Art. 42 Abs. 5 Satz 1 GMV. Anderenfalls wird der Widerspruch zurückgewiesen, Art. 42 Abs. 5 S. 2 GMV. **1363**

Der Inhaber der angegriffenen Marke muss sich von sich aus weder zu einem Widerspruch äußern noch Anträge stellen; das HABM **entscheidet von Amts wegen**.[806] Allerdings sieht die GMV ein streitiges Verfahren vor, so dass das Amt den Beteiligten eine bestimmte Frist zur Stellungnahme gibt und die Beteiligten auch ersuchen kann, sich zu einigen, Art. 42 Abs. 2 und 4 GMV. **1364**

Ein weit verbreiteter Irrtum ist es allerdings zu glauben, dass durch den erfolgreichen Abschluss eines Widerspruchsverfahrens oder die Zustellung der Mitteilung des HABM, es sei kein Widerspruch eingelegt worden, das erworbene Markenrecht damit nicht mehr angreifbar sei. Das ist keineswegs der Fall: Niemand ist dazu verpflichtet, zur Wahrung seiner Rechte Widerspruch gegen eine jüngere Marke einzulegen, vielmehr kann noch der Antrag auf Nichtigerklärung beim HABM, Art. 53 GMV, für den keine Frist gilt, gestellt oder im Rahmen der Widerklage im Verletzungsverfahren das eigene Recht geltend gemacht werden, Art. 52 GMV. Auch geht der Widerspruch nur auf Zurückweisung der Anmeldung, nicht aber auf Unterlassung, wenn die Marke tatsächlich benutzt wird, oder auf Auskunft oder Schadensersatz. Vielmehr können Inhaber älterer Rechte ihre Ansprüche jederzeit auf dem Zivilrechtsweg geltend machen (Artt. 9 bis 11, 96 ff GMV und Artt. 101 Abs. 2, 102 Abs. 2, 110 Abs. 2 GMV iVm mit den nationalen Rechtsvorschriften, wie zB §§ 14 bis 19 MarkenG). Die einzige insoweit bestehende zeitliche Schranke ist die 5-jährige Verwirkungsfrist aus Artt. 54, 110 Abs. 1 Satz 2 aE GMV, die allerdings positive Kenntnis voraussetzt (vgl Rn 1274). **1365**

Nach dem Gemeinschaftsmarkenrecht werden dem unterliegenden Beteiligten grundsätzlich alle Kosten des Verfahrens auferlegt, Art. 85 Abs. 1 GMV; die auferlegten Kos- **1366**

---

806   BPatG GRUR 2000, 897, 898 f CC *1000/Cec.*

ten beschränken sich jedoch regelmäßig auf die Widerspruchsgebühr, falls der Widersprechende obsiegt, und eine geringe Pauschale für die Anwaltskosten in Höhe von meist € 300,-. Abweichungen von diesem Grundsatz sind nach Art. 85 Abs. 2 GMV unter den dort genannten Voraussetzungen möglich.

III. Rechtsmittel

Rechtsgrundlagen: §§ 64, 66 ff. MarkenG; Artt. 58 bis 65 GMV

1. Nationales Recht – MarkenG

1367 Sowohl im nationalen Anmelde- als auch im Widerspruchsverfahren ist gegen Beschlüsse der Markenstellen und der Markenabteilungen des Deutschen Patent- und Markenamtes, die von einem Angestellten des gehobenen Dienstes oder einem vergleichbaren Angestellten, also auch den mittlerweile zahlreichen „Tarifbeschäftigten" des DPMA, erlassen worden sind, innerhalb einer Frist von einem Monat nach Zustellung das Rechtsmittel der **Erinnerung, wahlweise** auch der **Beschwerde** (§ 64 Abs. 6 Satz 1 MarkenG) gegeben (§ 64 MarkenG). Gegen alle anderen Beschlüsse, also solche, die von einem Beamten im höheren Dienst erlassen werden – das sind regelmäßig auch Beschlüsse im Erinnerungsverfahren –, findet – im Falle der erinnerungsfähigen Beschlüsse **wahlweise** – die **Beschwerde** an das Bundespatentgericht statt (§ 66 Abs. 1 MarkenG). Die Beschwerde ist innerhalb eines Monats nach Zustellung des Beschlusses einzulegen, und zwar beim Deutschen Patent- und Markenamt (§ 66 Abs. 2 MarkenG). Sie gilt ebenso wie die Erinnerung nur dann als erhoben, wenn innerhalb der Rechtsmittelfrist von einem Monat die jeweils einschlägige Gebühr in Höhe von zurzeit EUR 150,- (Erinnerung) bzw € 200,- (Beschwerde) gezahlt worden ist (§ 64 Abs. 2 bzw § 66 Abs. 2 MarkenG jeweils iVm § 6 PatKostG); ansonsten gilt das Rechtsmittel als nicht eingelegt (§ 6 Abs. 2 PatKostG).[807] **Mündlich verhandelt wird im Beschwerdeverfahren vor dem BPatG nur dann, wenn einer der Beteiligten es beantragt hat,** Beweis erhoben werden soll oder das BPatG es für sachdienlich hält (§ 69 MarkenG); die Notwendigkeit der Durchführung einer mündlichen Verhandlung ergibt sich daneben auch nicht aus dem Grundsatz der Gewährung rechtlichen Gehörs.[808] Wird nicht mündlich verhandelt, muss das BPatG alle Schriftsatzeingänge berücksichtigen, die bis zum Erlass der Entscheidung erfolgen, dh bis der Urkundsbeamte den Beschluss der Post zur Beförderung gegeben hat; eine Benachrichtigung der Parteien, wann entschieden wird, muss indes nicht erfolgen.[809]

1368 Die **Rechtsbeschwerde** gegen Beschlüsse des Bundespatentgerichts zum Bundesgerichtshof ist grundsätzlich nur gegeben, wenn das Bundespatentgericht die Beschwerde im Beschluss zugelassen hat (§ 83 Abs. 1 S. 1 MarkenG),[810] wobei allerdings die Rechtsbeschwerde in den in § 83 Abs. 2 MarkenG genannten Fällen – Rechtsfrage von grundsätzlicher Bedeutung, Sicherung einer einheitlichen Rechtsprechung oder Rechtsfortbildung, vgl § 543 Abs. 2 ZPO – zuzulassen ist. Ohne entsprechende Zulassung kann

---

807 Vgl a. BGH GRUR 1997, 636, 636 f. *Makol*; BT Drucks. 12/6581 v. 14.1.1994, S. 104.
808 BGH GRUR 2000, 894, 894 f. *Micro-PUR*.
809 BGH GRUR 1997, 223, 223 f. *Ceco*.
810 Die Möglichkeit einer Nichtzulassungsbeschwerde zum Bundesgerichtshof besteht nicht.

die Rechtsbeschwerde nur auf die in § 83 Abs. 3 Nrn. 1 bis 6 MarkenG genannten Gründe gestützt werden, u.a. auf eine Versagung rechtlichen Gehörs (§ 83 Abs. 3 Nr. 3 MarkenG).[811] Die Rechtsbeschwerdefrist beträgt einen Monat nach Zustellung (§ 85 Abs. 1 MarkenG).

2. Gemeinschaftsrecht – GMV

Im Gemeinschaftsmarkenrecht ist gegen Beschlüsse und Entscheidungen bestimmter Entscheidungsträger die Beschwerde zulässig, dh nur gegen bestimmte Akte des HABM, aber nicht gegen alle möglichen Entscheidungen. Gemäß Art. 58 GMV sind Entscheidungen der Prüfer, der Widerspruchsabteilung, der Markenverwaltungs- und Rechtsabteilung und der Nichtigkeitsabteilungen des HABM anfechtbar. Grundsätzlich kann jeder Verfahrensbeteiligte, der durch eine Entscheidung des HABM beschwert ist, Beschwerde einlegen (Artt. 58 ff GMV) und daraufhin Klage (Art. 65 GMV) erheben, um zB der Anmeldung seines jüngeren Zeichens gegenüber einem älteren nicht benutzten Zeichen zur Eintragung zu verhelfen. Die Beschwerde ist innerhalb von zwei Monaten nach Zustellung schriftlich einzulegen, Art. 60 GMV. Die Beschwerde nach Art. 58 GMV gilt erst dann als eingelegt, wenn die Beschwerdegebühr entrichtet worden ist, Art. 60 S. 2 GMV. Die Beschwerde ist innerhalb von vier Monaten zu begründen, Art. 60 S. 3 GMV. **1369**

Die Stelle, deren Entscheidung angefochten wird, prüft die Beschwerde zunächst selbst – dies ist die erste Verfahrensetappe[812] – und kann ihr ggf abhelfen, Art. 62 Abs. 1 und 2 GMV. Um anderen Beteiligten des Verfahrens, sofern nicht nur die entscheidende Stelle und der Antragsteller betroffen sind, rechtliches Gehör zu verschaffen, muss die betreffende Stelle des HABM, wenn sie der Beschwerde abhelfen will, dem weiteren Verfahrensbeteiligten diese Absicht mitteilen, Art. 62 Abs. 2 GMV. Der Beschwerde kann allerdings nur abgeholfen werden, wenn der weitere Verfahrensbeteiligte dem innerhalb von zwei Monaten zustimmt, Art. 62 Abs. 2 aE GMV. Wird der Beschwerde nicht abgeholfen, so ist sie einer Beschwerdekammer vorzulegen, Artt. 62 Abs. 3 und 4, 63 f GMV. Hilft auch die Beschwerdekammer der Beschwerde nicht ab, so ist Klage zum Europäischen Gericht, dem früheren Gericht 1. Instanz (Art. 65 GMV iVm ex Art. 230 EGV, Art. 263 AEUV)[813] möglich, in zweiter Instanz durch den EuGH überprüfbar. **1370**

IV. Eintragungsbewilligungsklage

Rechtsgrundlagen: § 44 MarkenG

Mit der **Eintragungsbewilligungsklage**[814] kann der Markeninhaber, dessen Eintragung auf Grund eines Widerspruches gelöscht worden ist, vor den ordentlichen Gerichten innerhalb von 6 Monaten nach Unanfechtbarkeit der Entscheidung über den Widerspruch noch eine Eintragung seiner Marke erreichen (§ 44 MarkenG). Vor Abschluss **1371**

---

811 Vgl zB BGH GRUR 2000, 512, 513 f *COMPUTER ASSOCIATES*; BGH GRUR 1998, 817, 818 *DORMA*; BGH GRUR 1998, 396, 396 *Individual*; BGH GRUR 1997, 637, 638 f. *Top Selection.*

812 Eisenführ/*Schennen*, GMV, 2. Aufl. 2007, Art. 60 Rn 4.

813 Vertrag über die Arbeitsweise der Europäischen Union (AEUV) des Vertrages von Lissabon, ABl. (EU) v. 9.5.2008, Nr. C 115/47.

814 Vgl die Einzelheiten bei Munzinger GRUR 1995, 12 ff.

des Widerspruchsverfahrens ist die Eintragungsbewilligungsklage ausnahmsweise dann zulässig, wenn sie bei unterstellter Warenähnlichkeit und Zeichenübereinstimmung, also vorliegender Identität oder Verwechslungsgefahr, wegen bestehender Löschungsreife der Widerspruchsmarke aufgrund Nichtbenutzung oder eines bestehenden Koexistenzrechtes Erfolg haben könnte; zu beantragen ist dann eine Verurteilung zur Rücknahme des Widerspruchs.[815] In der Praxis kommt eine Eintragungsbewilligungsklage vor allem in Betracht, wenn die Widerspruchsmarke ihrerseits keinen Bestand haben kann, zB wegen älterer Urheber- oder Unternehmenskennzeichenrechte oder älterer Marken des angegriffenen Inhabers. Im Widerspruchsverfahren berücksichtigt das DPMA nur die konkret im Verfahren einander gegenüberstehenden Zeichen, nicht ggf bestehende weitere – auch ältere – Rechte der Parteien. Entscheidet das ordentliche Gericht zugunsten des Markeninhabers, wird die Marke unter Gewährung der Priorität der ursprünglichen Anmeldung wieder eingetragen (§ 44 Abs. 3 MarkenG). Die Eintragungsbewilligungsklage kennt nur das nationale Recht. Die GMV sieht derartiges nicht vor.

M. Besondere Verfahrensarten

I. Teilung

Rechtsgrundlagen: §§ 40, 46, 27, 48 ff. MarkenG; Artt. 44, 49 GMV

1372 Als weitere Rechtsinstitute sehen das MarkenG und die GMV die Möglichkeit der **Teilung der Anmeldung** (§ 40 MarkenG bzw Art. 44 GMV) oder **der Eintragung** (§ 46 MarkenG bzw Art. 49 GMV) vor.[816] Für beide Teile der ursprünglichen Anmeldung bzw Eintragung bleibt die ursprüngliche Priorität erhalten, §§ 40 Abs. 1 S. 2 und 46 Abs. 1 S. 2 MarkenG bzw Artt. 44 Abs. 7 und 49 Abs. 7 GMV. Die Teilung bewirkt die Aufteilung des Waren- und Dienstleistungsverzeichnisses einer Marke auf mehrere Marken, sofern diese Klassen sich nicht überschneiden. Es entstehen selbstständige Markenrechte mit gleicher Priorität. Die Teilung einer Anmeldung kann im nationalen Verfahren nach MarkenG jederzeit erfolgen; die Teilung einer eingetragenen deutschen Marke ist hingegen nach MarkenG erst nach Ablauf der Widerspruchsfrist bzw bei eingelegten Widersprüchen nur dann zulässig, wenn der oder die Widersprüche sich nur gegen einen Teil der ursprünglichen Eintragung bzw Anmeldung richten (§ 46 Abs. 2 MarkenG, Art.); diesen Zulässigkeitsbeschränkungen unterliegt die Teilung der Marke auch im anhängigen Löschungsverfahren.[817] Im Gemeinschaftsmarkenverfahren ist wiederum die Teilung der Anmeldung bis zur Veröffentlichung jederzeit, danach nur zulässig, wenn die Widerspruchsfrist abgelaufen ist oder ein Widerspruch sich nur gegen einen Teil der beanspruchten Waren und Dienstleistungen richtet, Art. 44 Abs. 2 GMV. Eine eingetragene Gemeinschaftsmarke kann geteilt werden, soweit nicht ein Nichtigkeitsverfahren oder ein Antrag auf Löschung wegen Verfalls wegen Nichtbenutzung gegen die Marke insgesamt anhängig ist, Art. 49 Abs. 2 GMV. Häufig wird eine Marke gerade geteilt, um bei einem potentiell langwierigen Widerspruchsverfahren

815 BGH GRUR 2002, 59, 61 *ISCO.*
816 Einzelheiten bei Bender MarkenR 2006, 11 ff; Klaka, FS Vieregge, S. 421 = GRUR 1995, 713-721.
817 BPatG Bl.f.PMZ 2000, 345, 347 *PC-Notruf.*

gegen einen Teil der Markenanmeldung wenigstens den nicht betroffenen Teil rasch zur Eintragung zu bringen. Zu den formellen Anforderungen an eine Teilungserklärung vgl Regel 13 a, 25 a DV GMV.[818]

Die Teilung der Anmeldung ist ebenso gebührenpflichtig, § 40 Abs. 2 Satz 2 MarkenG, **1373** Art. 44 Abs. 4 GMV, wie die der eingetragenen Marke, § 46 Abs. 3 Satz 2 MarkenG, Art. 49 Abs. 4 Satz 1 GMV. Die Zahlung der Teilungsgebühr im Verfahren vor dem DPMA muss unbedingt genau überwacht werden, denn die mangelnde Zahlung hat weitreichende Folgen: Sie wird als Verzicht auf den abgetrennten Teil einer eingetragenen Marke gewertet, eine abgetrennte Anmeldung gilt als zurückgenommen. Da Teilungserklärungen nicht widerrufen werden können, sind die abgetrennten Teile der Marke dann unwiderruflich verloren (§§ 40 Abs. 2, 46 Abs. 3 MarkenG). Im Gemeinschaftsmarkenverfahren gilt hingegen lediglich die Teilungserklärung als nicht abgegeben, wenn die Gebühr nicht gezahlt wird (Art. 44 Abs. 4 Satz 2, 49 Abs. 4 Satz 2 GMV); die Anmeldung bzw Eintragung bleibt also ungeteilt erhalten.

II. Übertragung und Lizenzen

Rechtsgrundlagen: §§ 27 bis 30 MarkenG; Artt. 16 bis 18, 22 f, 24 GMV

Die eingetragene Marke kann ebenso wie die Markenanmeldung grundsätzlich **frei** **1374** **übertragen** werden (§§ 27, 31 MarkenG; Artt. 16, 17, 24 GMV). Für die Gemeinschaftsmarke sollte wegen Art. 17 Abs. 6 GMV die Eintragung beantragt werden, Art. 17 Abs. 5 GMV, weil andernfalls die Rechte durch den neuen Rechtsinhaber nicht geltend gemacht werden können. Das gilt so im deutschen Recht nicht. Die Eintragung der Übertragung in das Markenregister ist lediglich deklaratorischer Natur (§ 27 Abs. 3 MarkenG); die wirksame Übertragung der Gemeinschaftsmarke oder der nationalen Marke selbst folgt, wenn deutsches Recht anwendbar ist, den §§ 398 ff BGB und setzt (nur) voraus, dass das übertragene Recht so genau bezeichnet wird, dass es bestimmbar ist (zB durch Angabe der Eintragungsnummer).[819] Allerdings gilt im nationalen Markenrecht gemäß § 28 Abs. 1 MarkenG eine Vermutung der Rechtsinhaberschaft für den im Register als Inhaber Eingetragenen, so dass zur erleichterten Durchsetzung der Rechte eine Umschreibung beim Deutschen Patent- und Markenamt erforderlich ist.[820] Für markenrechtliche Register- und Widerspruchsverfahren vor dem Amt, dem BPatG oder in der Rechtsbeschwerde vor dem BGH muss indes gemäß § 28 Abs. 2 MarkenG ein Umschreibungsantrag gestellt werden, um das Recht aus der Eintragung einer Marke geltend machen zu können (vgl Rn 1351). Gleiches gilt für eine Markenanmeldung; die Stellung des Umschreibungsantrages ist ebenfalls erforderlich, damit der Rechtsnachfolger gem. §§ 31, 28 Abs. 2 MarkenG das Verfahren fortführen kann.[821] Ein Umschreibungsantrag muss ferner auch bei Gesamtrechtsnachfolge gestellt werden.[822] Die Übertragung eines Geschäftsbetriebes zusammen mit der Marke

---

818 Durchführungsverordnung (EG) Nr. 1041/2005 zur GMV v. 29.6.2005, ABl. (EU) v. 5.7.2005, Nr. L 172/4.
819 OLG Stuttgart NJWE-WettbR 1999, 260, 261 *ZILGREI*.
820 Ansonsten müsste der tatsächliche Markeninhaber zur Durchsetzung seiner Rechte die gegen ihn stehende Vermutung positiv widerlegen.
821 Führt er es nicht fort, kann gleichwohl der Rechtsvorgänger dies tun: BGH GRUR 2000, 892, 893 *MTS*.
822 BPatG GRUR 1999, 349, 349 f. *Umschreibungsantrag*.

ist – wie bereits seit 1992 unter Geltung des WZG[823] – nicht erforderlich, § 27 Abs. 2 MarkenG und Art. 17 Abs. 1 GMV. Auch eine Teilübertragung sowohl der Anmeldung als auch der eingetragenen Marke ist möglich, Artt. 17 Abs. 1, 49 Abs. 1 S. 2 GMV.

1375 Das HABM hat die Eintragung des **Rechtsübergangs** der Gemeinschaftsmarke nach Art. 17 Abs. 4 GMV abzulehnen, wenn **damit offensichtlich eine Irreführung einhergeht** und der Rechtsnachfolger die Marke nicht auf die Waren und Dienstleistungen beschränkt, für die die Marke nicht irreführend ist. Das betrifft vor allem die Täuschung über die Beschaffenheit oder geografische Herkunft (siehe insoweit Art. 7 Abs. 1 lit. g GMV). Über Qualitätsmerkmale oder geografische Herkunft kann eine Marke nach einem Übergang nur täuschen, wenn eine enge „inhaltliche" Bindung zu dem vormaligen Inhaber der Marke bestand, so dass das angesprochene Publikum immer noch diesen mit der Marke verbindet. Täuschung liegt allerdings nicht vor, wenn das bezogene Produkt immer noch geografisch aus dem mit der Marke suggerierten Raum kommt und dort hergestellt wird und nur der Inhaber wechselt. Derartige Fälle sind mithin selten, zB wenn die Marke werbende Angaben über Eigenschaften des Inhabers enthält, die in dem neuen Inhaber nicht mehr bestehen und deswegen zur Täuschung beitragen; zB akademische Ehrentitel, persönliche Auszeichnungen, Zeichen des Deutschen Fußballbundes[824] etc.

1376 Neben einer Übertragung kann eine Marke **verpfändet** oder sonst **dingliche Rechte** eingeräumt werden, § 29 MarkenG bzw Art. 19 GMV, wobei dies für die Gemeinschaftsmarke nach nationalem Recht erfolgt. Dingliche Rechte sind beispielsweise der Nießbrauch (§§ 1068 Abs. 1, 1030, 100 BGB) und das Pfandrecht (§ 1273 iVm §§ 1228, 1235, 1247 BGB). Die Eintragung dieser Rechte ist gem. § 29 Abs. 2 MarkenG bzw Art. 19 Abs. 2 GMV möglich und, um Wirkungen zugunsten der Rechtsträger zu entfalten, empfehlenswert, Art. 23 Abs. 1 GMV.

1377 Die **Lizenz** ist normiert in § 30 MarkenG bzw Art. 22 GMV. Als Vermögensrechte können nationale Marken nach § 30 MarkenG und Gemeinschaftsmarken nach Art. 22 Abs. 1 S. 1 GMV an Dritte lizenziert werden. Die Lizenz wird mittels Lizenzvertrag eingeräumt und kann inhaltlich, zeitlich und räumlich beschränkt sein, § 30 Abs. 2 Nrn. 1 bis 5 MarkenG bzw Art. 22 Abs. 2 lit. a bis e GMV. Mit der **ausschließlichen Lizenz** erhält der Lizenznehmer das alleinige Nutzungsrecht an der Marke eingeräumt und kann dies zur wirtschaftlichen Verwertung nutzen. Dabei kann die Lizenz zwar ausschließlich, jedoch nur für eine bestimmte Ware oder Warengruppe oder geografisch beschränkt erteilt werden; dann bestehen ggf weitere Lizenzen parallel. Dies ist auch der Fall bei sog. **einfachen Lizenzen**, bei denen der Markeninhaber mehreren Lizenznehmern für das gleiche Gebiet und die gleichen Waren / Leistungen eine Lizenz gewährt. Wird die Lizenz für alle beanspruchten Waren und Dienstleistungen und für das gesamte Geltungsgebiet der Marke ausschließlich erteilt, so ist auch der Markeninhaber selbst ist nicht mehr befugt, die Marke im geschäftlichen Verkehr zu nutzen.

---

823 Bis 30. April 1992 § 8 Abs. 1 Satz 2 WZG; vgl hierzu Baumbach/Hefermehl, Warenzeichenrecht, 12. Aufl. 1985, § 8 Rn 9 ff; vgl auch die Gesetzesbegründung zu § 27 MarkenG in Bl.f.PMZ 1994 Sonderheft, 78.
824 Eisenführ/*Schennen*, GMV, 2. Aufl. 2007, Art. 17 Rn 49 f.

Auch ein **ausschließlicher Lizenznehmer** kann nach deutschem Recht Klage wegen Ver- 1378 letzung des Markenrechts nur mit Zustimmung des Inhabers erheben, § 30 Abs. 3 MarkenG. Im Gemeinschaftsmarkenrecht, Art. 22 Abs. 3 GMV,[825] kann der Lizenznehmer auch ohne Zustimmung klagen, wenn der Markeninhaber nach Aufforderung nicht selbst binnen angemessener Frist Klage erhoben hat. Diese Möglichkeit besteht nach dem MarkenG für nationale Marken nicht. Die Zustimmung ist allerdings wegen § 30 Abs. 3 MarkenG, der dies anders als Art. 22 Abs. 3 GMV gerade nicht vorsieht, nur einklagbar,[826] wenn die besonderen vertraglichen Regelungen dies rechtfertigen. So darf auch der Markeninhaber den Lizenznehmer nicht in seiner wirtschaftlichen Verwertung hindern; aus dieser Treuepflicht kann sich eine Pflicht zur Zustimmung ergeben, §§ 280 Abs. 1, 241 BGB iVm Lizenzvertrag.[827] Das Zustimmungserfordernis gilt bereits für Abmahnungen und nicht erst für die Klageerhebung.[828] Der Lizenznehmer kann einer Klage des Markeinhabers beitreten, um seinen eigenen Schaden geltend zu machen, § 30 Abs. 4 MarkenG, Art. 22 Abs. 4 GMV; bei einer Markenverletzungsklage, die der Lizenznehmer mit Zustimmung des Markeninhabers erhebt, kann er allerdings nur dessen Schaden geltend machen. Ein eigener Schadensersatzanspruch gegen den Verletzer steht ihm nicht zu.[829] Der BGH gleicht den Schaden des Lizenznehmers über die Drittschadensliquidation und eine entsprechende Abtretung (§ 398 BGB) des Anspruches des Lizenzgebers an den Lizenznehmer aus.[830]

III. Löschung

Rechtsgrundlagen: §§ 48 ff. MarkenG; Artt. 50 ff GMV

Eine Marke kann sowohl im nationalen als auch im Gemeinschaftsrecht aus ganz un- 1379 terschiedlichen Gründen gelöscht werden, nämlich einerseits aufgrund eines **Verzichts** des Markeninhabers (§ 48 MarkenG, Art. 50 GMV), andererseits auf Antrag eines Dritten wegen **Verfalls** (§ 49 MarkenG, Art. 51 GMV) oder wegen **absoluter bzw relativer Nichtigkeitsgründe** (§§ 50, 51 MarkenG; Art. 52, 53 GMV). Bei **Verzicht** des Markeninhabers wird grundsätzlich die Löschung der Marke ausgesprochen; darunter fallen auch von dem Markeninhaber vorgenommene Einschränkungen des Waren- und Dienstleistungsverzeichnisses (§ 48 MarkenG; Art. 50 GMV). Die materiell-rechtliche Verzichtserklärung führt zu einem direkten Rechtsverlust: Die Marke geht unmittelbar unter, der Löschung der Marke im Register kommt nur deklaratorische Wirkung zu.[831] Daraus folgt zugleich, dass die Verzichtserklärung nicht mehr widerrufen werden kann, wenn sie einmal zugegangen ist.

---

825 OLG München NJW-RR 1997, 1266, 1268 *1860 München.*
826 OLG München NJW-RR 1997, 1266, 1268 *1860 München;* vgl BGH NJW 1985, 2411, 2412 und ergibt sich damit aus den Prinzipien der Drittschadensliquidation.
827 OLG Zweibrücken NJOZ 2004, 391, 393 f.
828 OLG Hamburg, Urt. v. 28.4.2005, 5 U 114/04, BeckRS 2005, 30355325 *Jan Ulrich.*
829 BGH GRUR 2007, 877, 879 f, Tz. 27 und 31 ff. *Windsor Estate;* BGH GRUR 2008, 614, 615, Tz. 14 *Acerbon.*
830 BGH GRUR 2007, 877, 880, Tz. 32 *Windsor Estate;* OLG Köln WRP 2009, 1290, 1295 (unter II. 3.) *Aqua Clean Koi;* zu den Voraussetzungen der Drittschadensliquidation siehe Palandt/Grüneberg, Vorb v. § 249 Rn 105 ff; Petry/Schilling WRP 2009, 1197, 1198 f.
831 BPatG Mitt. 2000, 361, 362 *EASYPRESS.*

1. Nationales Markenrecht – MarkenG

1380 Das Löschungsverfahren auf Antrag Dritter nach dem MarkenG differenziert Verfahren vor dem DPMA und vor den ordentlichen Gerichten. Das MarkenG sieht vor allem die Löschung auf Antrag vor; eine Löschung von Amts wegen durch das DPMA gibt es nur im Ausnahmefall (vgl §§ 53 – 55 und § 50 Abs. 3 MarkenG). Für die Löschung wegen mangelnder Benutzung und die Eintragung trotz entgegenstehender absoluter Schutzhindernisse ist ausschließlich das DPMA zuständig (§§ 53, 54 MarkenG). Für die Löschung wegen des Bestehens prioritätsälterer Rechte ist die Löschungsklage vor den ordentlichen Gerichten anzustrengen, § 55 MarkenG.

1381 Dritte können zunächst die Löschung wegen **Verfalls** (dh Löschungsreife) der Marke, insbesondere wegen Nichtbenutzung während eines Zeitraumes von fünf Jahren (§§ 53 Abs. 1, 49 MarkenG) beantragen. Ein teilweiser Verfall mit anschließender teilweiser Löschung kommt dann in Betracht, wenn nur für einen Teil der Waren oder Dienstleistungen, für die die Marke eingetragen ist, die rechtserhaltende Benutzung (dazu Rn 1292 ff) fehlt oder der sonstige Verfallsgrund gegeben ist, § 49 Abs. 3 MarkenG. Die weiteren in § 49 Abs. 2 MarkenG genannten Verfallsgründe – die Marke ist zu einer gebräuchlichen Bezeichnung für die Waren / Dienstleistungen der Marke geworden; die Marke ist infolge ihrer Benutzung zur Täuschung geeignet; eine juristische Person als Inhaber hat die Rechtsfähigkeit verloren oder existiert nicht mehr – sind seltener erfüllt.

1382 Das Deutsche Patent- und Markenamt löscht die Marke jedoch nur dann, wenn der Markeninhaber der Löschung nicht innerhalb von zwei Monaten nach Zustellung einer entsprechenden Aufforderung durch das Amt **widerspricht** (§ 53 Abs. 3 MarkenG). Widerspricht der Markeninhaber der Löschung, so muss der Antragsteller den Antrag auf **Löschung durch Klage** vor den ordentlichen Gerichten geltend machen (§ 53 Abs. 4 MarkenG).

1383 Zweitens kann die Marke wegen **Bestehens absoluter Schutzhindernisse** auf Antrag eines Dritten gelöscht werden, § 50 MarkenG bzw Art. 52 GMV. Darunter fallen gem. § 50 Abs. 1 MarkenG die fehlende Markenfähigkeit im Sinne von § 3 MarkenG (§ 50 Abs. 1 Nr. 1 MarkenG), das Fehlen der Inhabervoraussetzungen gemäß § 7 MarkenG (§ 50 Abs. 1 Nr. 2), absolute Eintragungshindernisse im Sinne von § 8 MarkenG – dh mangelnde Schutzfähigkeit als Marke – (§ 50 Abs. 1 Nr. 3) und Bösgläubigkeit des Anmelders bei der Anmeldung gem. § 50 Abs. 1 Nr. 4 MarkenG. Ein Löschungsantrag gegen eine nationale Marke wegen absoluter Schutzhindernisse kann jedoch grundsätzlich nur innerhalb von 10 Jahren seit dem Tag der Eintragung gestellt werden (§ 50 Abs. 2 S. 2 MarkenG). § 50 Abs. 3 Nr. 1 MarkenG regelt neben dem Antragsverfahren ein Amtslöschungsverfahren für die in § 8 Abs. 2 Nrn. 4 bis 9 genannten absoluten Schutzhindernisse, das sind zB Eignung zur Täuschung, Verstoß gegen die öffentliche Ordnung und weitere. Hier gilt eine Ausschlussfrist von 2 Jahren seit dem Tag der Eintragung. Die Löschung ist zudem nur dann möglich, wenn die Eintragung ersichtlich gegen die genannten Vorschriften vorgenommen worden ist.

1384 Die Schutzhindernisse im Sinne von §§ 3, 7 und 8 MarkenG müssen sowohl zurückbezogen auf den Zeitpunkt der Eintragung als auch im Zeitpunkt der Löschung bestehen. Fälle des bösgläubigen Markenerwerbs sind beispielsweise die Markenerschleichung, die Anmeldung von Spekulationsmarken oder auch von Sperrmarken, die (nur) einen anderen daran hindern sollen, eine schutzfähige oder eine schutzunfähige Bezeichnung zu benutzen.[832] **Bösgläubig** handelt auch derjenige, der eine Marke anmeldet, die ein früherer Vertragspartner für sein Unternehmen geschaffen und zeichenmäßig benutzt hat, wenn der Zeichenerwerb nicht unter dem Gesichtspunkt der Verteidigung eigener (zB nachvertraglicher) Rechtspositionen gerechtfertigt ist.[833]

Beispiel: Ein Anmelder einer Marke, der diese nicht selbst für den eigenen Vertrieb – hier von Arzneimitteln – nutzen will, sondern die Anmeldung nur in dem Wissen und mit der Spekulation vornahm, dass er die Marke an den Hersteller der unter der Marke im Ausland vertriebenen Arzneimittel verkaufen könne, handelt bösgläubig (Verstoß gegen die anständigen Gepflogenheiten in Gewerbe und Handel).[834]

Maßgeblicher Zeitpunkt für die Beurteilung einer Bösgläubigkeit ist grundsätzlich der der Anmeldung der Marke; spätere Gesichtspunkte, die uU eine Bösgläubigkeit zu rechtfertigen vermögen, bleiben unberücksichtigt.[835] Der Löschungsantrag wegen bösgläubiger Markenanmeldung gemäß § 50 Abs. 1 Nr. 4 MarkenG stellt keine abschließende Regelung missbräuchlicher oder sittenwidriger Markenanmeldungen dar und schließt deshalb eine parallele Löschungsklage vor den ordentlichen Gerichten gestützt etwa auf § 3 Abs. 1 UWG nicht aus.[836] Vgl weiter Rn 1308 ff. `1385`

Im **Löschungsverfahren vor den ordentlichen Gerichten** kann zunächst Klage auf Löschung wegen **Verfalls** erhoben werden (§ 55 Abs. 1 MarkenG). Zur Erhebung der Klage befugt ist jede Person, also nicht notwendig ein Markeninhaber (§ 55 Abs. 2 Nr. 1 MarkenG). Ein vorheriger Löschungsantrag beim Deutschen Patent- und Markenamt ist nicht erforderlich (§ 55 Abs. 1 MarkenG), dürfte jedoch aus Kostengründen dann zweckmäßig sein, wenn die Möglichkeit besteht, dass der Inhaber der angegriffenen Marke dem Löschungsantrag nicht widerspricht und dadurch ein Klageverfahren vermieden werden kann. Des Weiteren kann vor den ordentlichen Gerichten Klage auf Löschung wegen bestehender **älterer Rechte** erhoben werden (§§ 55, 51 MarkenG). Hierzu gehören alle in den §§ 9 bis 13 MarkenG genannten Löschungsgründe einschließlich der in § 13 Abs. 2 MarkenG genannten sonstigen Rechte wie etwa Urheberrechte. Unter § 13 MarkenG fallen allerdings nicht wettbewerbsrechtliche Unterlassungsansprüche, weil § 13 MarkenG absolute Rechte, die mit einem Zeitrang erworben werden, voraussetzt;[837] gleichwohl kann eine Löschungsklage auch auf § 3 Abs. 1 UWG gestützt werden, wenn die Markeneintragung rechtsmissbräuchlich oder sittenwidrig ist.[838] `1386`

---

832   BGH GRUR 2010, 642, 645 f, Tz. 51 f *WM-Marken*; BGH PharmR 2009, 469, 473/ BeckRS 2009, 13399, Tz. 24 *Cordarone*; BPatG GRUR 2000, 812, 814 *tubeXpert*.
833   PBatG GRUR 2000, 809, 811 *SSZ*.
834   BGH PharmR 2009, 469, 473/ BeckRS 2009, 13399, Tz. 24 *Cordarone*.
835   BPatG GRUR 2000, 809, 811 *SSZ*.
836   BGH GRUR 2000, 1032, 1034 *EQUI 2000*.
837   BGH GRUR 2000, 1032, 1033 *EQUI 2000*.
838   BGH GRUR 2000, 1032, 1034 *EQUI 2000*; vgl a. Rn 1308 ff.

2. Gemeinschaftsrecht – GMV

1387 Das Nichtigkeits-/Löschungsverfahren vor dem HABM kann von Dritten in zwei Fällen initiiert werden, Art. 56 GMV:

1388 Ähnlich dem nationalen Verfahren kann die Löschung einer Gemeinschaftsmarke vor dem HABM wegen **Verfalls** der Marke, insbesondere wegen Nichtbenutzung während eines Zeitraumes von fünf Jahren seit der Eintragung (Art. 51 Abs. 1 lit. a GMV; vgl Rn 1279), beantragt werden. Das HABM prüft den Antrag, Art. 57 GMV. Sodann fordert das HABM die Beteiligten zur Stellungnahme innerhalb einer durch das HABM gesetzten – nicht in der GMV festgelegten – Frist auf, Art. 57 Abs. 1 GMV. Eine Versäumung der Frist führt nicht automatisch zur Löschung der Marke; jedoch können verspätet eingereichte Anträge und Schreiben unberücksichtigt bleiben, Art. 76 Abs. 2 GMV.

1389 Zweitens kann die Gemeinschaftsmarke wegen Bestehens absoluter Schutzhindernisse auf Antrag eines Dritten gelöscht werden, Art. 52 GMV. Darunter fallen gem. Art. 52 GMV fehlende Markenfähigkeit im Sinne Art. 4 GMV (Art. 52 Abs. 1 lit. a GMV), absolute Schutzhindernisse im Sinne von Art. 7 GMV, dh vor allem fehlende Unterscheidungskraft oder ein bestehendes Freihaltebedürfnis (Art. 52 Abs. 1 lit. a GMV) und Bösgläubigkeit des Anmelders bei der Anmeldung gem. Art. 52 Abs. 1 lit. b GMV (zur Bösgläubigkeit vgl oben Rn 1312). Wiederum müssen die Schutzhindernisse im Sinne von Artt. 7 f GMV sowohl zurückbezogen auf den Zeitpunkt der Eintragung als auch im Zeitpunkt der Löschung bestehen (vgl oben Rn 1384). **Maßgeblicher Zeitpunkt** für die Ermittlung der Bösgläubigkeit ist grundsätzlich wiederum der Zeitpunkt der Anmeldung der Marke; spätere Gesichtspunkte, die eine Bösgläubigkeit zu rechtfertigen vermögen, bleiben unberücksichtigt.[839] Das Löschungsverfahren wegen bösgläubiger Markenanmeldung gemäß Art. 52 Abs. 1 lit. b iVm Art. 56 Abs. 1 GMV ist jedoch keine abschließende Regelung missbräuchlicher oder sittenwidriger Markenanmeldungen und schließt deshalb eine parallele Klage vor den ordentlichen Gerichten gestützt etwa auf Art. 101 Abs. 2 und Art. 102 Abs. 2 GMV iVm § 3 Abs. 1 UWG nicht aus.[840] Auch im übrigen muss im Gemeinschaftsmarkenrecht nicht zwingend ein Antrag auf Löschung beim HABM gestellt werden, bevor eine Löschungsklage zulässig ist; allerdings ist ein Löschungsantrag unzulässig, wenn ein Gericht zwischen denselben Parteien bereits rechtskräftig über die Sache entschieden hat, Art. 56 Abs. 3 GMV.

N. Besonderheiten bei Kollektivmarken

Rechtsgrundlagen: §§ 97 ff. MarkenG; Artt. 66 ff GMV

1390 Bei **Kollektivmarken**[841] ist sowohl nach dem MarkenG als auch nach der GMV gegenüber Individualmarken der Ausgangspunkt ein anderer: Sie werden nicht von einem individuellen Inhaber benutzt, sondern von den Mitgliedern eines Verbandes, ggf auch vom Verband parallel selbst. Abweichend von der Individualisierungs- und Herkunftsfunktion einer Individualmarke dient eine Kollektivmarke deshalb dazu, bestimmte

---

839 BPatG GRUR 2000, 809, 811 *SSZ.*
840 BGH GRUR 2000, 1032, 1034 *EQUI 2000.*
841 *Früher*: Verbandszeichen, geregelt in §§ 17 bis 23 WZG. Vgl Berg, FS Vieregge, S. 61.

Angaben, die für die Mitglieder des Verbandes in ihrer Gesamtheit Unterscheidungskraft besitzen, zu schützen; deshalb bestimmt § 97 Abs. 1 MarkenG und gleichermaßen Art. 66 Abs. 1 S. 1 GMV, dass **Maßstab für die Schutzfähigkeit** die Eignung der Kollektivmarke ist, die Waren oder Dienstleistungen der Mitglieder des Inhabers der Kollektivmarke von denjenigen anderer Unternehmen nach ihrer betrieblichen oder geografischen Herkunft, ihrer Art, ihrer Qualität und ihren sonstigen Eigenschaften zu unterscheiden.[842] Entsprechend gilt für die nationale Marke nach § 99 MarkenG und für die Gemeinschaftsmarke nach Art. 66 Abs. 2 GMV das Schutzhindernis des Freihaltebedürfnisses (§ 8 Abs. 2 Nr. 2 MarkenG bzw Art. 7 Abs. 1 lit. c GMV) nur eingeschränkt: Kollektivmarken können auch aus Zeichen oder Angaben bestehen, die als geografische Herkunftsangaben einzuordnen sind.[843] **Inhaber** von Kollektivmarken können nur rechtsfähige Verbände sein (§ 98 MarkenG bzw Art. 66 Abs. 1 S. 2 GMV).[844] Zu beachten ist noch, dass der Anmeldung einer Kollektivmarke eine Markensatzung beigefügt sein muss (§ 102 Abs. 1 MarkenG bzw Art. 67 Abs. 1 GMV), für die bestimmte Mindestanforderungen gelten (§ 102 Abs. 2 MarkenG bzw Art. 67 Abs. 2 GMV).[845]

Entgegen dem bis zum 30. April 1992 geltenden Recht, das für die Wirksamkeit des Zeichenrechts das Bestehen eines Geschäftsbetriebes voraussetzte und unter dem deshalb ein Verband, der keinen eigenen Geschäftsbetrieb hatte, zwingend auf eine Kollektivmarke angewiesen war,[846] ist die Wahl einer Kollektivmarke für einen Verband nun nicht mehr zwingend erforderlich. Denn da der Inhaber einer Marke nach dem MarkenG keinen parallelen Geschäftsbetrieb haben muss[847] und Benutzungshandlungen Dritter, die mit seiner Zustimmung erfolgen, ihm zugerechnet werden (§ 26 Abs. 2 MarkenG bzw Art. 15 Abs. 2 GMV), kann ein rechtsfähiger Verband ebenso gut eine Individualmarke anmelden und seinen Mitgliedern die Benutzung der Marke dann gestatten. Der Sinn und Zweck der Kollektivmarke dürfte daher in erster Linie darin zu sehen sein, die Eintragung bestimmter beschreibender Angaben wie zB geografischer Herkunftsangaben unter Festschreibung einer abweichenden Definition der Unterscheidungskraft zu ermöglichen.[848] Im Übrigen haben aber bei Wahl einer Kollektivmarke wegen des Bestehens einer für alle Mitglieder geltenden Markensatzung die Markenbenutzer eine bessere Stellung gegenüber dem Markeninhaber als bei einer lediglich lizenzierten Individualmarke, auch stehen in der Regel jedem Mitglied bereits qua Mitgliedschaft die Benutzungsrechte, die sich nach der Markensatzung richten, zu, weshalb es des Abschlusses eines – wenn auch mündlichen – Lizenzvertrages nicht mehr bedarf.

1391

---

842 BGH GRUR 1996, 270, 271 *MADEIRA*; vgl a. den nachfolgenden Beschluss des BPatG Mitt. 1997, 208 *MADEIRA*.
843 Vgl BPatG Mitt. 1997, 208, 208 *MADEIRA*.
844 Das gilt auch für ausländische Verbände: BGH GRUR 1996, 270, 270 *MADEIRA*.
845 Vgl BPatG Mitt. 1997, 208, 209 *MADEIRA*.
846 Vgl Baumbach/Hefermehl, Warenzeichenrecht, 12. Aufl. 1985, § 17 Rn 1 ff und § 18 Rn 3.
847 Vgl § 7 MarkenG und die Gesetzesbegründung hierzu in Bl.f.PMZ 1994 Sonderheft, 63.
848 Die Gesetzesbegründung zu Teil 4 – Kollektivmarken (Bl.f.PMZ 1994 Sonderheft, 102 ff) enthält keinerlei Aussagen darüber, dass für Verbände die Wahl einer Kollektivmarke verpflichtend sein soll.

O. Umwandlung der Markenanmeldung

Rechtsgrundlagen: §§ 125, 125 d MarkenG; Artt. 112 ff GMV

I. Umwandlung in nationale Anmeldung (Konversion)

1392 Gemeinschaftsmarken und –anmeldungen können unter bestimmten Voraussetzungen in Anmeldungen für eine oder mehrere nationale Marken umgewandelt werden (Art. 112 GMV; das entsprechende Verfahren vor dem DPMA ist für Gemeinschaftsmarken in § 125 d Marken G, für IR-Marken in § 125 MarkenG geregelt). Dies kommt dann in Betracht, wenn die Anmeldung einer Gemeinschaftsmarke zurückgewiesen oder zurückgenommen wurde, Art. 112 Abs. 1 lit. a GMV, etwa aufgrund eines Widerspruchs aus einer nationalen Marke oder wenn die Marke in der Sprache eines Mitgliedsstaates glatt beschreibend, in den übrigen oder wenigstens einer EU-Sprache jedoch schutzfähig ist. Eine Umwandlung ist ferner dann möglich, wenn die Gemeinschaftsmarke ihre Wirkung verliert, etwa auf einen Löschungsantrag oder wegen Verfalls/Nichtbenutzung, der Markeninhaber aber meint, dass er nachweisen kann, dass er in dem Mitgliedstaat, für den die Umwandlung beantragt wird, seine Gemeinschaftsmarke rechtserhaltend benutzt hat. Dies kommt wegen der großzügigen Beurteilung der rechtserhaltenden Benutzung der Gemeinschaftsmarke (vgl Rn 1020) in der Praxis wohl nur in Betracht, wo der Nachweis der Benutzung nicht (rechtzeitig oder vollständig) erbracht worden ist, die Marke aber tatsächlich rechtserhaltend benutzt wurde. Weil die umgewandelte Marke die Priorität der Erstanmeldung erhält, Art. 112 Abs. 3 GMV, bietet dies dann zumindest den Vorteil der Wirkung im nationalen Recht gegenüber jüngeren Marken.

II. Antragserfordernisse

1393 Für die Umwandlung der Gemeinschaftsmarke in eine nationale Marke ist ein Antrag beim HABM bzw beim DPMA oder dem sonst zuständigen nationalen Markenamt erforderlich.[849] Der Antrag muss innerhalb von drei Monaten, nachdem die originäre Anmeldung der Gemeinschaftsmarke zurückgewiesen oder zurückgenommen wurde oder die eingetragene Marke ihre Wirkung verloren hat, Art. 112 Abs. 4 – 6 GMV, gestellt werden. Die weiteren Antragserfordernisse richten sich nach Artt. 113, 114 GMV, der insofern den Regelungen der Artt. 26 f GMV für die originäre Anmeldung im wesentlichen entspricht.

1394 Nach § 125 Abs. 1 MarkenG gilt eine Dreimonatsfrist ab Löschung im internationalen Register auch für die Umwandlung der international registrierten Marke.

P. Sitz und Sprache des Amtes

Rechtsgrundlagen: Artt. 2, 115 ff GMV

1395 Das Harmonisierungsamt für den Binnenmarkt (Marken, Muster und Modelle, HABM), hat seinen Sitz in Alicante/Spanien. Die Sprachen des Amtes sind Deutsch,

---

849 Regel 83 DV GMV; Formulare abrufbar unter http://oami.europa.eu/ows/rw/pages/QPLUS/forms/forms.de.do und http://www.dpma.de/marke/formulare/index.html.

Englisch, Französisch, Italienisch und Spanisch (Art. 119 Abs. 2 GMV); jedoch können Anmeldungen von Gemeinschaftsmarken in jeder Amtssprache der Europäischen Union eingereicht werden (Art. 119 Abs. 1 GMV). Dann muss der Anmelder als zweite Sprache eine der Sprachen des Amtes angeben (Art. 119 Abs. 3 GMV).

Ausführungsbestimmungen zu der GMV sieht das deutsche nationale Recht in §§ 125 a – 125 h MarkenG vor. Wichtig ist insoweit insbesondere, dass Gemeinschaftsmarken im Hinblick auf die durch das MarkenG gewährten Rechte und gegebenen Anspruchsgrundlagen nationalen Marken gleichgestellt werden (§ 125 b MarkenG). **1396**

Zweites Kapitel: Schutz von Marken nach dem Madrider Markenabkommen

Rechtsgrundlagen: MMA, MMP, §§ 107 bis 125 MarkenG; Artt. 145 ff GMV

Der **Antrag** auf internationale Registrierung einer deutschen Marke ist grundsätzlich beim **Deutschen Patent- und Markenamt** (§ 108 MarkenG)[1] bzw beim HABM, Art. 146 Abs. 1 GMV, zu stellen. Soll für die internationale Registrierung die Priorität der Heimatanmeldung in Anspruch genommen werden, so empfiehlt es sich für deutsche nationale Marken, einen Antrag auf beschleunigte Prüfung der Anmeldung gemäß § 38 MarkenG zu stellen, denn die IR-Marke kann erst angemeldet werden, wenn die Heimatmarke eingetragen ist. Nähere Bestimmungen zum Antrag und Verfahren finden sich außerdem in Regel 102 ff DV zur GMV. **1397**

Eine IR-Marke, deren Schutz auf Deutschland erstreckt worden ist, hat dieselbe **Wirkung** wie eine eingetragene deutsche Marke (§ 112 Abs. 1 MarkenG), es sei denn, ihr wird für Deutschland der Schutz verweigert (§ 112 Abs. 2 MarkenG). Gleiches gilt für eine auf die EU erstreckte internationale Registrierung, Art. 151 GMV: Sie ist Gemeinschaftsmarken gleichgestellt, es sei denn, der Schutz wird durch das HABM verweigert, Art. 151 Abs. 2 GMV (vgl auch Art. 145 GMV). Wird in einer internationalen Marke Deutschland bzw die EU als Schutzland benannt, so prüft das Deutsche Patent- und Markenamt bzw das HABM diese Marke auf das Bestehen absoluter **Schutzhindernisse** ebenso wie bei der Anmeldung einer deutschen oder einer Gemeinschaftsmarke gemäß §§ 37 und 8 MarkenG (§ 113 MarkenG) bzw Art. 4, 7 GMV (Art. 154 GMV). Das Deutsche Patent- und Markenamt bzw das HABM können den Schutz allerdings nur innerhalb der Jahresfrist des Art. 5 Abs. 2 MMA verweigern; anderenfalls wird der Schutz der Marke auf Deutschland bzw die EU erstreckt. Gegen internationale Marken, deren Schutz auf Deutschland erstreckt worden ist, kann von Inhabern eingetragener deutscher Marken innerhalb von drei Monaten ab dem auf das Erscheinen von LES MARQUES INTERNATIONALES folgenden Monatsersten **Widerspruch** eingelegt werden (§ 114 MarkenG). Auch gegen eine internationale Registrierung, deren Schutz auf die EU erstreckt worden ist, kann Widerspruch eingelegt werden, Art. 156 Abs. 1 GMV. Die Frist weicht allerdings im Ergebnis von der nationale deutschen ab: Der Widerspruch ist innerhalb einer Frist von drei Monaten, die jedoch erst sechs Monate nach der Veröffentlichung durch das HABM – nicht durch die WIPO! – beginnt **1398**

---

1 Die Gebührenzahlung erfolgt allerdings unmittelbar an OMPI, § 109 Abs. 2.

(Art. 156 Abs. 2 iVm Art. 152 Abs. 1 GMV), zu erheben. Häufig veröffentlicht das HABM vor der WIPO, so dass man die Frist unbedingt nur nach dem in der Datenbank des HABM angegeben Datum der Veröffentlichung berechnen sollte.

1399 Im Falle einer Schutzverweigerung muss ein ausländischer – nicht in Deutschland ansässiger – Inhaber einer internationalen Marke, die Schutz in Deutschland beansprucht, innerhalb einer Frist von 4 Monaten ab dem Tag der Absendung der Mitteilung der Schutzverweigerung durch die WIPO/OMPI einen Inlandsvertreter (Patentanwalt, Rechtsanwalt) bestellen (§ 52 Abs. 1 MarkenV). Bei fehlender Inlandsvertreterbestellung innerhalb dieser Frist ist entweder die Erinnerung oder die Beschwerde beim Deutschen Patent- und Markenamt innerhalb eines weiteren Monats gegeben (§ 52 Abs. 2 MarkenV). Wird kein Inlandsvertreter bestellt, wird die Schutzverweigerung endgültig (§ 52 Abs. 2 MarkenV). Gegen eine in Deutschland Schutz genießende internationale Marke kann ein Antrag auf nachträgliche Schutzentziehung wegen Verfalls gemäß § 49 MarkenG, wegen des Vorliegens absoluter Schutzhindernisse gemäß § 50 MarkenG oder wegen bestehender älterer Rechte gemäß § 51 MarkenG gestellt bzw erhoben werden (§ 115 MarkenG). Gleiches gilt im Rahmen der unterschiedlichen Nichtigkeitsverfahren im Gemeinschaftsrecht: Nach Art. 145 GMV sind alle Bestimmungen der GMV und ihrer DV auch auf internationale Registrierungen mit Schutz in der EU anwendbar, soweit Art. 146. ff GMV keine Abweichungen vorsehen.

1400 Die sog. **Madrider Union** aus Madrider Markenabkommen (MMA) sowie dem Protokoll zum Madrider Markenabkommen (MMP) gehören zurzeit die folgenden 85 Mitglieder – einschließlich der EU als solcher – an, von denen 84 (alle außer Algerien) jedenfalls das MMP, 56 auch bzw (Algerien) nur das MMA unterzeichnet haben (s = MMA + MMP, * = nur Protokoll, ohne Vermerk = nur MMA):[2]

u.a. (nicht abschließend): Ägypten (EG), Albanien (AL), Algerien (DZ), Antigua und Barbuda (AG)*, Armenien (AM), Aserbaidschan (Az), Australien (AU)*, Belarus (Weißrussland) (BY), Belgien (BE)ˢ, Bhutan (BT)ˢ, Bosnien-Herzegowina (BA), Bulgarien (BG), China (CN)ˢ, Dänemark (DK)*, Deutschland (DE)ˢ, Estland (EE)*,Europäische Union (EU)*, Finnland (FI)*, Frankreich (FR)ˢ, Georgien (GE)*, Griechenland (GR)*, Großbritannien (GB)*, Iran (IA)ˢ, Irland (IE)*, Island (IS)*, Italien (IT)ˢ, Japan (JP)*, Jugoslawien (YU)ˢ, Kasachstan (KZ), Kenia (KE), Kirgisien (KG), (Nord-)Korea (Dem.Volksrep.) (KP)ˢ, Kroatien (HR), Kuba (CU)ˢ, Lesotho (LS)ˢ, Lettland (LV)ˢ, Liberia (LR), Liechtenstein (LI)ˢ, Litauen (LT)*, Luxemburg (LU)ˢ, Marokko (MA)ˢ, Mazedonien (MK), Moldawien (MD)ˢ, Monaco (MC)ˢ, Mongolei (MN), Mozambique (MZ)ˢ, Namibia (NA)*, Niederlande (NL)ˢ, Norwegen (NO)*, Österreich (AT)ˢ, Polen (PL)ˢ, Portugal (PT)ˢ, Rumänien (RO)ˢ, Russische Föderation (RU)ˢ, Sambia (ZM)*, San Marino (SM), Schweden (SE)*, Schweiz (CH)ˢ, Sierra Leone (SL)ˢ, Singapur (SG)*, Slowakei (SK)ˢ, Slowenien (SI)ˢ, Spanien (ES)ˢ, Sudan (SD), Südkorea (KR)*, Swaziland (SZ)ˢ, Syrien (SY)ˢ, Tadschikistan (TJ), Tschechische Republik (CZ)ˢ, Türkei (TR)*, Turkmenistan

---

2 Stand: 15. April 2011, abrufbar unter http://www.wipo.int/export/sites/www/treaties/en/documents/pdf/madrid_marks.pdf.

(TM)*, Ukraine (UA)^s, Ungarn (HU)^s, Usbekistan (ZU), Vereinigte Staaten von Amerika (USA)*, Vietnam (VN), Zypern (CY)^s.

Belgien, die Niederlande und Luxemburg können nur einheitlich als BeNeLux (BX), die EU kann als solche, aber auch lediglich einzelne Mitgliedsstaaten beansprucht werden. **1401**

Drittes Kapitel: Geschäftliche Bezeichnungen

Als geschäftliche Bezeichnungen werden **Unternehmenskennzeichen** (§ 5 Abs. 2 MarkenG) und **Werktitel** (§ 5 Abs. 3 MarkenG) geschützt (§ 5 Abs. 1 MarkenG). Dieser Schutz besteht nur national und ist nicht gemeinschaftsweit harmonisiert; auch die Gemeinschaftsmarkenverordnung kennt keine vergleichbaren Schutzrechte. Gemäß § 5 Abs. 2 S. 1 MarkenG sind Unternehmenskennzeichen solche Zeichen, die im geschäftlichen Verkehr als Name, Firma oder als besondere Geschäftsbezeichnung eines Unternehmens benutzt werden; hierher gehören auch die **Internet-Domains** (vgl Rn 1452 ff). Werktitel sind demgegenüber gemäß § 5 Abs. 3 MarkenG Namen oder besondere Bezeichnungen von Druckschriften, Filmwerken, Tonwerken, Bühnenwerken oder sonstigen vergleichbaren Werken. Name und Firma werden allgemein, also auch außerhalb des geschäftlichen Verkehrs, durch §§ 12, 823 Abs. 1 BGB bzw § 37 Abs. 2 HGB geschützt. Dabei war die Erwähnung der „Firma" in § 5 Abs. 2 MarkenG überflüssig, denn nach der Legaldefinition des § 17 Abs. 1 HGB ist sie nichts weiter als der Name, unter dem der Kaufmann „im Handel seine Geschäfte betreibt". **1402**

Im Unterschied zu Name und Firma weisen besondere Geschäftsbezeichnung, Geschäftsabzeichen und Werktitel nicht auf den Geschäftsinhaber (Rechtssubjekt), sondern auf das Geschäft selbst (Rechtsobjekt) hin. Dabei schützen § 5 Abs. 2 S. 1 und § 5 Abs. 3 MarkenG die besondere Geschäftsbezeichnung und den Werktitel, falls sie Unterscheidungskraft besitzen, schon ab Ingebrauchnahme, während § 5 Abs. 2 S. 2 MarkenG für die Geschäftsabzeichen und sonstigen Zeichen Verkehrsgeltung fordert. Eine genaue Abgrenzung der Begriffe ist also bedeutsam. **1403**

Der Schutz der Unternehmenskennzeichen und Werktitel erfolgte vor Inkrafttreten des MarkenG über § 16 UWG aF. Die Schutzvoraussetzungen dieser Norm wurden ohne sachliche Änderung in das MarkenG übernommen, so dass auch auf die damalige Rspr Bezug genommen werden kann.[1] **1404**

A. Unternehmenskennzeichen

Rechtsgrundlagen: §§ 5 Abs. 2, 6, 15 MarkenG

Gemäß § 5 Abs. 2 S. 1 MarkenG sind Unternehmenskennzeichen solche Zeichen, die im geschäftlichen Verkehr als Name, Firma oder als besondere Geschäftsbezeichnung eines Unternehmens benutzt werden. Zu den Unternehmenskennzeichen gehören gem. § 5 Abs. 2 S. 2 MarkenG ferner Geschäftsabzeichen und sonstige zur Unterscheidung **1405**

---

1 BGH GRUR 1999, 492, 493 *Altberliner*; BGH GRUR 1998, 391, 392 *Dr. St... Nachf.*; BGH GRUR 1998, 1010, 1011 *WINCAD*; BGH GRUR 1998, 155, 156 *PowerPoint*; BGH GRUR 1997, 902, 903 *FTOS*.

eines Geschäftsbetriebes von anderen Geschäftsbetrieben bestimmte Zeichen, die Verkehrsgeltung erlangt haben.

I. Zeichenfähigkeit

1406 **Name** ist alles, was ein Rechtssubjekt kennzeichnet: Der bürgerliche Name einer natürlichen Person, der Künstlername bzw das Pseudonym,[2] der Name eines rechtsfähigen oder nicht rechtsfähigen Vereins[3] oder einer BGB-Gesellschaft, jede eintragbare oder eingetragene **Firma**, Abkürzungen, neuerdings auch dann, wenn sie nicht aussprechbar sind, (Rn 1409), Schlagworte[4] und Zahlen (Rn 1409). Früher wurden Zahlen nur dann anerkannt, wenn sie sich im Verkehr als Name des Unternehmens durchgesetzt hatten, also Verkehrsgeltung genossen; dies dürfte nun überholt sein, da § 3 Abs. 1 MarkenG Zahlen sogar als mögliche Markenform ausdrücklich anerkennt.[5]

1407 Mit seiner Verwendung in der Firma oder als Marke erlangt der Name **rechtliche Selbständigkeit gegenüber dem Namensträger.** Der Erwerber des Unternehmens oder des Kennzeichens kann ihn weiterführen. Der Insolvenzverwalter kann darüber auch gegen den Willen des Namensträgers verfügen,[6] sofern dadurch allerdings nicht unbillig in das Persönlichkeitsrecht des Namensträgers eingegriffen wird.

1408 **Besondere Geschäftsbezeichnung** ist jedes Kennzeichen, das dem Geschäft einen Namen gibt.[7] Darunter fallen in erster Linie die sog. Etablissementbezeichnungen für Gaststätten, Apotheken, Theater usw., aber auch Bezeichnungen für abgegrenzte Teile eines Erwerbsgeschäfts[8] oder die Bezeichnung für einen (im geschäftlichen Verkehr tätigen) Verein.[9] **Internet-Domains** sind ebenfalls als besondere Geschäftsbezeichnungen aufzufassen, sofern der Verkehr darin nicht nur eine bloße Adresse sieht.[10]

1409 Werden **Buchstabenkombinationen** als Unternehmenskennzeichen eingesetzt, waren sie früher nur dann ohne die zusätzliche Voraussetzung der Verkehrsgeltung geschützt, wenn sie aussprechbar waren.[11] Unter Geltung des MarkenG ist das anders: Da Buchstabenkombinationen auch als Marken grundsätzlich schutzfähig sein können, gilt dies im Sinne einer Einheitlichkeit des Kennzeichenschutzes ebenso für Unternehmenskennzeichen: Auch ohne aussprechbar zu sein, sind Buchstabenkombinationen als besondere

---

2 BVerfG GRUR 2007, 79, 79 *maxem.de*; OLG Stuttgart GRUR-RR 2002, 55, 56 *Ivan Rebroff*; OLG Hamm GRUR 1967, 260, 261 *Irene von Velden*.
3 BGH GRUR 1994, 844, 845 *Rotes Kreuz* für das Deutsche Rote Kreuz e.V.; BGH GRUR 1953, 446, 447 *Verein der Steuerberater* bzw RGZ 78, 101, 102 *Gesangverein Germania*; OLG Frankfurt GRUR 1980, 1002 f. *Saunabau*.
4 BGH GRUR 2005, 871, 871 *Seicom*; BGH GRUR 2001, 344, 345 *DB Immobilienfonds*; BGHZ 24, 238, 240 f. *Tabu*; KG WRP 1980, 409, 412 *Intercity*.
5 Vgl BGH Mitt. 1995, 184, 185 f *quattro II* und Rn 1409.
6 BGHZ 109, 364 ff. *Benner*.
7 BGH GRUR 1963, 430, 431 *Erdener Treppchen*.
8 Beispiel: der "Intercity"-Bereich der Deutschen Bundesbahn, vgl KG WRP 1980, 409, 412 f, und die Christophorus-Stiftung des HUK-Verbandes, BGHZ 103, 171, 172 f.
9 BGH GRUR 2008, 1102, 1103, Tz. 12 *Haus & Grund I*; BGH GRUR 2008, 1104, 1105, Tz. 14 *Haus & Grund II*; BGH GRUR 2008, 1108, 1110, Tz. 29 *Haus & Grund III*.
10 OLG Frankfurt GRURPrax 2010, 438 *y.defy.com*; OLG Hamburg Mitt. 2001, 41, 41 *Kulturwerbung.de*; Fezer, § 3 MarkenG Rn 305; Ingerl/Rohnke, § 5 Rn 19.
11 BGH GRUR 1998, 165, 166 *RBB*.

Geschäftsbezeichnungen ohne zusätzliche Voraussetzungen geschützt;[12] dasselbe gilt für **Zahlen** sowie für **Buchstaben-/Zahlenkombinationen**.[13]

Beispiele: ahd,[14] **t 3** (t 3 Medien GmbH).[15]

Geschäftsabzeichen und sonstige zur Unterscheidung des Geschäftsbetriebes bestimmte Zeichen (§ 5 Abs. 1 S. 2 MarkenG) weisen auf ein Geschäft hin, ohne es zu benennen;[16] ihr Kennzeichen ist, dass sie nicht wie ein Name aussprechbar sind.[17] Darunter fallen Telefonnummern,[18] Fernschreibkennnummern,[19] Signets und ähnliche Bildzeichen wie die rote Farina-Marke[20] oder eine Spielkarte,[21] die besondere Kleidung von Geschäftsangestellten (man denke an die Uniformen der Stewardessen, zB bei easyjet, oder die Kleidung der Angestellten in Schnellimbissrestaurants) oder die besondere Aufmachung von Geschäftswagen (zB die Lieferfahrzeuge der Deutschen Post oder von UPS), unter Umständen auch die Katalognummern des Originalherstellers.[22]   1410

Logos und andere Bildkennzeichen bleiben damit als Unternehmenskennzeichen vom Schutz ausgeschlossen, wenn ihnen keine Verkehrsgeltung zukommt und sie nicht als Marke eingetragen sind. Denn das Argument einer Vereinheitlichung des Kennzeichenschutzes, das den BGH bei den Buchstabenkombinationen zu einer Anpassung seiner Rspr geleitet hat, dürfte für Logos und andere Bilder nicht gelten: Sie wirken nicht ohne weiteres wie ein Name und besitzen damit in der Regel keine Namensfunktion.[23] Sie sind daher grundsätzlich bloße Geschäftsabzeichen, die Schutz gem. § 5 Abs. 2 S. 2 MarkenG nur mit Verkehrsgeltung erlangen.   1411

Inwieweit **Schlagworte** und **Slogans**, die nicht auf eine Ware, sondern auf ein Unternehmen hinweisen, als Geschäftsabzeichen unter § 5 Abs. 2 S. 2 MarkenG fallen und damit erst Schutz mit Verkehrsgeltung besitzen, oder als besondere Geschäftsbezeichnungen gem. § 5 Abs. 2 S. 1 MarkenG qua Benutzung geschützt sind, ist unter Geltung des MarkenG bislang offen geblieben.   1412

Beispiele: „Fernsehkummer? Jäger-Nummer!",[24]

„Just do it" für NIKE oder

„Wohnst Du noch oder lebst Du schon?" für Ikea.

Wenn der Slogan für sich kennzeichnend, also schutzfähig ist, spricht einiges dafür, ihn als besondere Geschäftsbezeichnung und nicht als Geschäftsabzeichen einzuordnen,   1413

---

12 BGH GRUR 2009, 1055, 1058, Tz. 49 ff *aird-dsl*; BGH GRUR 2001, 344 f, *DB Immobilienfonds*; KG NJW E-WettbR 2000, 167, 168 *LH*; OLG München CR 1999, 778, 778 *t-net.de*.
13 Fezer, § 15 MarkenG Rn 124.
14 BGH GRUR 2009, 685, 686, Tz. 18 *ahd*.
15 OLG Köln GRUR-RR 2002, 293, 294 *t 3*.
16 BGH GRUR 1959, 45, 46 f. *Deutsche Illustrierte*; BGH GRUR 1997, 754, 755 *grau/magenta*; daher nicht geschützt: Zentrales Verzeichnis Antiquarischer Bücher (ZVAB), KG GRUR-RR 2009, 61, 61.
17 BGHZ 14, 155, 159 f. *Farina*.
18 BGHZ 8, 387, 389 *Fernsprechnummer*.
19 A.M. BGH GRUR 1986, 475, 476 *Fernschreib-Kennung*.
20 Vgl BGHZ 14, 155, 159 ff. *Farina*.
21 BGH GRUR 1957, 281, 282 *Karo-As*.
22 OLG Hamburg WRP 1979, 65, 66 *Katalognummern*.
23 AA Fezer, § 15 MarkenG Rn 125 und wohl BGH für das ARD-Zeichen, GRUR 2000, 608, 610 *ARD-1*.
24 KG WRP 1980, 623 f. Ferner: Die 10 Meisterkonzerte/Mainzer Meisterkonzerte (OLG Frankfurt NJW 1985, 2142).

weil er dann zweifelsohne auch ohne Verkehrsgeltung Namensfunktion besitzt[25] und wohl auch als Marke eintragungsfähig wäre.

Beispiel: *Vorsprung durch Technik*[26]

II. Entstehung des Schutzes

1414 Der Schutz für Unternehmenskennzeichen entsteht grundsätzlich mit **Inbenutzungnahme im geschäftlichen Verkehr.**[27] Wer zuerst in Gebrauch genommen hat, besitzt die Priorität. Hierfür genügt jede nach außen gerichtete geschäftliche Tätigkeit, sofern sie auf eine dauernde wirtschaftliche Betätigung schließen lässt.[28] **Die Eintragung in das Handelsregister ist hierfür grundsätzlich nicht Voraussetzung.**[29] Umgekehrt dürfte eine bloße Handelsregistereintragung beispielsweise einer Vorrats-GmbH nicht ausreichen, um einen kennzeichenrechtlichen Schutz der Firma entstehen zu lassen; denn eine bloße Handelsregistereintragung ohne geschäftliche Betätigung ist **keine Benutzung im geschäftlichen Verkehr,**[30] ebensowenig eine bloße Domain-Registrierung.[31] Allerdings spricht einiges dafür, der Veröffentlichung einer Handelsregistereintragung eine **prioritätsbegründende Bedeutung** beizumessen: Wie im Falle der Vervielfältigung und Verbreitung urheberrechtlich geschützter Werke bedarf auch die Geschäftsaufnahme eines gewerblichen Betriebes häufig erheblicher organisatorischer Vorkehrungen, so dass nach erfolgter Handelsregistereintragung durchaus noch einige Zeit vergehen kann, bis das neue Unternehmen auch nach Außen geschäftlich tätig wird. Um Unzuträglichkeiten zu vermeiden, die dadurch entstehen können, dass ein Dritter zwischen Veröffentlichung der Handelsregistereintragung und Aufnahme der Geschäftätigkeit nach Außen dieselbe oder eine ähnliche verwechslungsfähige Bezeichnung in Benutzung nimmt und dadurch ein besseres Recht erhält, meinen wir, **dass der Veröffentlichung der Handelsregistereintragung eine Wirkung wie einer Titelschutzanzeige zukommen sollte;** sie wirkt also prioritätsbegründend, wenn die geschäftliche Tätigkeit nach Außen innerhalb angemessener Frist – idR 6 Monate – danach aufgenommen wird. Dass es möglicherweise ältere Rechte anderer Dritter geben könnte, ist übrigens wie bei Marken so lange bedeutungslos, wie diese sie nicht geltend machen.[32]

1415 Sind Unternehmenskennzeichen lediglich **Geschäftsabzeichen,** entsteht der Schutz zusätzlich zur Benutzung erst mit **Verkehrsgeltung** (vgl Rn 1049 ff). Diese Verkehrsgel-

25 Für die Namensfunktion als Abgrenzungskriterium: Fezer, § 15 MarkenG Rn 139.
26 EuGH GRUR 2010, 228, 229 f., Tz. 36 ff *Vorsprung durch Technik.*
27 BGH GRUR 2005, 419, 422 f. *Räucherkate;* BGH GRUR 1997, 749, 751 *L'Orange;* OLG Schleswig MMR 2000, 44, 45 *cubus;* KG GRUR-RR 2009, 61, 62 f *ZVAB.*
28 OLG München GRUR-RR 2002, 9, 10 *BIG BERTHA.*
29 BGH GRUR 1997, 749, 751 *L'Orange.*
30 BGH GRUR 1997, 749, 751 *L'Orange* r. Sp. unten verlangt – allerdings im Zusammenhang mit der Frage, ob ein in der DDR ansässiges Unternehmen Kennzeichnungsrechte an einer Firma in der Bundesrepublik erwerben konnte – ein tatsächliches Auftreten unter der streitgegenständlichen Kennzeichnung im geschäftlichen Verkehr.
31 BGH GRUR 2009, 1055, 1057, Tz. 40 *air-dsl;* BGH GRUR 2009, 685, 688, Tz. 30 *ahd;* BGH GRUR 2008, 687, 688 f *weltonline.de;* OLG Frankfurt GRURPrax 2010, 438 *y.de/y.com;* BGH GRUR 2005, 430 *mho* der einen Schutz allerdings ab Registrierungszeitpunkt annahm, wenn die Benutzung alsbald folgte.
32 OLG Karlsruhe AfP 1986, 246, 247.

tung muss als Unternehmenskennzeichen bestehen, nicht als Marke für eine Ware oder Dienstleistung.[33]

III. Schutzfähigkeit

Unternehmenskennzeichen sind schutzfähig, wenn ihnen **namensmäßige Unterschei-** **dungskraft**[34] zukommt. Diese Art der Unterscheidungskraft ist anders zu beurteilen als die markenmäßige Unterscheidungskraft, weil bei Unternehmenskennzeichen grundsätzlich andere Kriterien zur Unterscheidung gelten als bei Marken. So ist es zB ausreichend, wenn die Bezeichnung geeignet ist, wie ein Name zu wirken[35] oder sich im Verkehr als schlagwortartiger Hinweis durchzusetzen; eine tatsächliche Verwendung in Alleinstellung oder eine tatsächliche Verkehrsdurchsetzung ist nicht erforderlich.[36] Entgegen der früheren Rechtslage zu § 16 UWG aF[37] erkennt die Rechtsprechung seit geraumer Zeit auch die grundsätzliche Schutzfähigkeit von Buchstaben und (nicht als Wort aussprechbaren) Buchstabenkombinationen als Firmenschlagworte an, ohne dass es einer Verkehrsdurchsetzung bedürfte.[38] Nicht unterscheidungskräftig sind lediglich solche Unternehmenskennzeichen, die reine Gattungsbegriffe darstellen, also beschreibend sind.   **1416**

Beispiele: „Telekom"[39] bzw „Telecom",[40] „Online",[41] „Zentrales Verzeichnis Antiquarischer Bücher (ZVAB)"[42] oder „Star Entertainment".[43]

Zur Bejahung der namensmäßigen Unterscheidungskraft reicht es aus, wenn eine beschreibende Bedeutung nicht feststellbar ist.[44] Wie bei Marken reicht also auch bei Unternehmenskennzeichen schon eine geringe Unterscheidungskraft.[45]   **1417**

Daneben darf **kein Freihaltebedürfnis** bestehen, und zwar weder ein gegenwärtiges noch ein zukünftiges.[46] Die Annahme eines **gegenwärtigen** Freihaltebedürfnisses setzt voraus, dass ein klar und eindeutig beschreibender Begriff vorliegt, der für die Allgemeinheit zur freien beschreibenden Verwendung – nicht aber zur firmenrechtlichen Verwendung! – offen gehalten werden muss; für ein zukünftiges Freihaltebedürfnis   **1418**

---

33   Dann kommt aber Markenschutz nach § 4 Nr. 2 in Frage; BGH GRUR 2005, 419, 422 *Räucherkate*; KG GRUR-RR 2009, 61, 61 *ZVAB*; KG GRUR-RR 2009, 65 (L) *EUROPA MÖBEL*.
34   BGH GRUR 2005, 517, 518 *Literaturhaus*; BGH GRUR 2005, 873, 874 *Star Entertainment*; BGH GRUR 2001, 1161, 1161 *CompuNet/ComNet*; BGH GRUR 1999, 492, 494 *Altberliner*.
35   BGH GRUR 2008, 801, 802, Tz. 20 f, 25 *Hansen-Bau*; BGH GRUR 1996, 68, 69 *COTTON LINE*; BGH GRUR 1995, 507, 508 *City Hotel*.
36   BGH GRUR 2009, 685, 686 f, Tz. 18 *ahd.de*; BGH GRUR 2004, 514, 515 *Telekom*; BGH GRUR 2001, 1161, 1161 *CompuNet/ComNet*; BGH GRUR 1999, 492, 493 *Altberliner*; BGH GRUR 1995, 156, 157 *Garant-Möbel*.
37   Vgl BGH GRUR 1998, 165, 166 *RBB* mwN; BGH GRUR 1992, 329, 331 *AS*; zust. OLG Köln MMR 2000, 161, 161 *IPFNet*.
38   BGH GRUR 2009, 685, 696 f, Tz. 18 ff *ahd.de*; OLG Köln GRUR-RR 2002, 293, 294 *t 3 (t 3 Medien GmbH)*; BGH GRUR 2001, 344 f *DB Immobilienfonds*; KG GRUR 2000, 902, 903 f *LH*; OLG Köln MMR 2000, 161, 161 f *IPFNet*; OLG Frankfurt Mitt. 1999, 71 f *DB Immobilienfonds*.
39   BGH GRUR 2004, 514, 115 *Telekom*.
40   OLG München NJWE-WettbR 1998, 113, 113 f. *Telecom*.
41   OLG KÖLN GRUR 2001, 525, 526 f. *Online*.
42   KG GRUR-RR 2009, 61, 62 f *ZVAB*.
43   BGH GRUR 2005, 873, 874 *Star Entertainment*.
44   BGH GRUR 2001, 1161, 1162 *CompuNet/ComNet*; BGH GRUR 1999, 492, 494 *Altberliner*; OLG Köln GRUR 1995, 508, 509 *Sports life*.
45   BGH GRUR 1999, 492, 494 *Altberliner*; OLG Köln WRP 1995, 133, 133 *Hören und Spielen*. Vgl zu Marken o. Rn 1116.
46   BGH GRUR 1999, 492, 494 *Altberliner*.

müssen zudem Tatsachen vorliegen, denen eine nicht völlig fern liegende, über vage Vermutungen hinausgehende künftige Entwicklung entnommen werden kann.[47] Geografische Herkunftsangaben wie etwa „Wartburg" sind grundsätzlich als schutzunfähig anzusehen, weil die ortsansässigen Unternehmer derartige Bezeichnungen regelmäßig als Hinweis auf den örtlichen Ursprung verwenden bzw sie hierfür benötigen.[48] Fehlende Schutzfähigkeit kann durch Verkehrsdurchsetzung überwunden werden.[49] Wie im Bereich der Marken ist auch bei den Unternehmenskennzeichen ein bestehendes Freihaltebedürfnis nur zurückhaltend anzunehmen und ggf der Schutzbereich durch strenge Anforderungen an die Verwechslungsgefahr auf das erforderliche Maß einzuschränken.[50]

1419 Verkehrsdurchsetzung nach § 5 Abs. 2 S. 2 MarkenG liegt vor, wenn sich nach dem Gesamtbild der Umstände ergibt, dass das Zeichen die Eignung erlangt hat, das Unternehmen namensmäßig zu kennzeichnen und von anderen Unternehmen zu unterscheiden.[51] Ob solch eine Verkehrsdurchsetzung vorliegt, bestimmt sich u.a. nach dem Durchsetzungsgrad, der zwar nicht von festen Prozentsätzen abhängt, aber für die Bejahung zumindest den Wert von 50% erreichen sollte.[52] Die Ermittlung des Grades kann durch eine Verkehrsbefragung erfolgen; dies ist nur ein Mittel unter vielen weiteren, wie zB der unter der Bezeichnung gehaltene Marktanteil, die Intensität, die geografische Verbreitung und die Dauer der Benutzung der Bezeichnung, der Werbeaufwand des Unternehmens für die Bezeichnung sowie Erklärungen von Industrie- und Handelskammern oder von anderen Berufsverbänden berücksichtigt werden.[53] Hierbei kommt es auf den angesprochenen Verkehrskreis, auf den sachlich relevanten Markt und das Verhältnis des betroffenen Unternehmens zu seinen Konkurrenten an.

IV. Übertragung und Lizenzen

1420 Zwar sind Übertragung und Lizenzierung nur hinsichtlich der Marken geregelt, jedoch sind auch für eine Geschäftsbezeichnung Übertragung und Lizenzierung möglich. Im Gegensatz zur Marke muss bei der Übertragung einer Geschäftsbezeichnung auch der dazugehörige Geschäftsbetrieb mit übertragen werden,[54] weil ansonsten keine Kontinuität in der Benutzung, keine Fortsetzung des Geschäfts gegeben ist; allerdings kann es genügen, nur diejenigen Werte zu übertragen, in denen sich die Fortsetzung der Geschäftstradition verkörpert.[55] Bei Betriebsveräußerungen durch **Insolvenzverwalter** oder **Liquidatoren** sind keine zu strengen Maßstäbe an die Beurteilung des Erforder-

---

47 BGH GRUR 1999, 492, 494 *Altberliner*.
48 OLG Jena GRUR 2000, 435, 435 f. *Wartburg* mit der Begründung, dass die Unterscheidungskraft zu verneinen sei. Tatsächlich dürfte aber das Freihaltebedürfnis stärker wiegen, worauf auch die Begründung des OLG hindeutet.
49 Vgl BGH GRUR 1995, 156, 157 *Garant-Möbel*; s.a. oben Rn 1128.
50 BGH GRUR 2001, 1161, 1161 *CompuNet/ComNet*.
51 BGH GRUR 2008, 710, 712, Tz. 26 *Visage*; KG GRUR-RR 2009, 61, 61 *ZVAB*.
52 BGH GRUR 2008, 710, 712, Tz. 26 *Visage*; BGH GRUR 2007, 1071, 1073, Tz. 33 *Kinder II*; KG GRUR-RR 2009, 61, 62 *ZVAB*.
53 EuGH GRUR 2005, 763, 764, Tz. 31 *Nestlé/Mars*; EuGH GRUR 2002, 804, 808, Tz. 60 *Philips/Remington*; BGH GRUR 2008, 710, 712, Tz. 28 f. *Visage*; BGH GRUR 2004, 331, 332 *Westie-Kopf*; KG GRUR-RR 2009, 61, 62 *ZVAB*.
54 BGH GRUR 2001, 1164, 1165 *buendgens*.
55 BGH GRUR 1991, 393, 394 *Ott International*; OLG Saarbrücken NJW-WettbR 1999, 284, 285 *H & K*.

nisses des Betriebsüberganges zu stellen; so genügt es beispielsweise, wenn als wesentlicher Unternehmensgegenstand Firmenname, Marken, Rezepte sowie Kunden- und Lieferantenbeziehungen, also der im Betrieb verkörperte *good will*, übertragen werden.[56] Der Rechtsnachfolger kann sich auf die ursprüngliche Priorität des Rechtsvorgängers berufen.[57] Ergibt sich die Gestattung der Führung einer Geschäftsbezeichnung aus der Zusammenarbeit von Unternehmen – zB in Folge eines Handelsvertretervertrages –, bleibt die Gestattung nicht ohne weiteres auch nach Ende der Zusammenarbeit erhalten.[58] Wem von einem anderen gestattet worden ist, eine geschäftliche Bezeichnung zu führen, der besitzt damit ferner nicht ohne weiteres ein Recht, das Kennzeichen als Marke anzumelden.[59] Auch am **bürgerlichen Namen** kann eine Lizenz vergeben werden. Sie hat in der Regel keine dingliche, sondern lediglich eine obligatorische Wirkung, kann Dritten allerdings im Wege der Einrede analog § 986 BGB entgegengehalten werden.[60]

V. Schutzumfang

Geschäftliche Bezeichnungen sind gegenüber prioritätsjüngeren identischen oder ähnlichen Zeichen, die im geschäftlichen Verkehr benutzt werden, grundsätzlich dann geschützt, wenn **Verwechslungsgefahr** besteht (§ 15 Abs. 2 MarkenG).[61] Auch im Bereich der Unternehmenskennzeichen sind für die Beurteilung der Verwechslungsgefahr alle insoweit maßgebenden Umstände zu berücksichtigen, so dass sie im Rahmen einer Wechselwirkung zwischen den 3 Faktoren   **1421**

- **Kennzeichnungskraft/Bekanntheit** der älteren geschäftlichen Bezeichnung,
- **Ähnlichkeitsgrad** der sich gegenüberstehenden Bezeichnungen und dem
- **wirtschaftlichen Abstand** der Tätigkeitsbereiche der Parteien

zu bestimmen ist.[62] Eine Bestimmung der Kennzeichnungskraft sowie des wirtschaftlichen Abstandes der Tätigkeitsbereiche ist daher ebenso notwendig, wie die Annahme einer Verwechslungsgefahr in einer Hinsicht – also klanglich oder schriftbildlich oder inhaltlich – ausreichend ist.[63]

Als **verwechslungsfähig** angesehen wurden beispielsweise „Altberliner Verlag GmbH"   **1422**
und „Altberliner Bücherstube Verlagsbuchhandlung Oliver Seifert, Berlin",[64] „Schu-

---

56 BGH GRUR 1991, 393, 394 *Ott International*; OLG Saarbrücken NJWE-WettbR 1999, 284, 285 *H & K*. Vgl a. BGH GRUR 2001, 1164, 1166 *buendgens*.
57 BGH GRUR 1991, 393, 394 *Ott International*; OLG Saarbrücken NJWE-WettbR 1999, 284, 285 *H & K*.
58 BGH GRUR 2001, 1164, 1166 *buendgens*; BGH GRUR 1997, 903, 907 *GARONOR*.
59 BGH GRUR 2001, 1164, 1166 *buendgens*.
60 BGHZ 122, 71, 73 ff. *Decker*; BGH GRUR 1994, 652, 653 f. *Virion*; OLG Saarbrücken NJWE-WettbR 1999, 284, 285 f *H & K*.
61 Vgl allgemein zum Begriff der Verwechslungsgefahr Rn 1203 ff.
62 BGH WRP 2010, 880, 885 *Peek & Cloppenburg*; BGH GRUR 2008, 1102, 1103, Tz. 14 ff. *Haus & Grund I*; BGH GRUR 2008, 1104, 1105, Tz. 16 ff. *Haus & Grund II*; BGH GRUR 2008, 801, 802, Tz. 20 *Hansen-Bau*; BGH GRUR 2007, 888, 889, Tz. 15 *Euro Telekom*; BGH GRUR 2004, 514, 515 *Telekom*; BGH GRUR 2001, 1161, 1162 *CompuNet/ComNet*; BGH GRUR 2000, 605, 607 *Comtes/Comtel*; BGH GRUR 1999, 492, 494 *Altberliner*; KG GRUR 2000, 902, 904 f *LH*; OLG Frankfurt MarkenR 2000, 101, 102 *Börsengang*; OLG Karlsruhe MarkenR 1999, 205, 207 *Südwestfunk*.
63 BGH GRUR 2008, 1102, 1103, Tz. 15 f. *Haus & Grund I*; BGH GRUR 2008, 1104, 1105, Tz. 16 ff. *Haus & Grund II*; BGH GRUR 2007, 888, 889, Tz. 15 *Euro Telekom*; BGH GRUR 2001, 1161, 1162 f. *CompuNet/ComNet*.
64 BGH GRUR 1999, 492, 493 f. *Altberliner*.

mi" und „Michael Schumacher",[65] „cubus" und „CABUS", jeweils für Unternehmen, die EDV-Anwendungen vertreiben,[66] „IPF Gesellschaft für elektronische Datenverarbeitung" und „IPF.NET-Internet Service Provider GmbH",[67] „Südwestfunk" für eine öffentlich-rechtliche Rundfunkanstalt und „Südwest Online" für einen Internet-Online-Dienst,[68] „KlaFlü Klavier- und Flügeltransporte" mit der schlagwortartigen Herausstellung von „KLAvier FLÜgel Transporte" in einer Werbeanzeige[69] oder „Floratec Garten- und Landschaftsbau" und „Flora-Tec Vertriebsgesellschaft mbH für Gartenwerkzeuge und -ausstattung".[70] Für **nicht verwechslungsfähig** wurden beispielsweise „Nordwest-Zeitung Druck- und Pressehaus" und „Norddeutscher Rundfunk",[71] „CompuNet" und ComNet"[72] oder „Haus & Grund" gegenüber „Holzer Haus + Grund e.K"[73] gehalten.

1423 Selbst bei identischen sich gegenüberstehenden Bezeichnungen ist bei **absoluter Branchenferne** keine Verwechslungsgefahr gegeben, beispielsweise zwischen einem EDV-Systemhaus und einem Unternehmen zur Gewinnung geografischer Informationen oder einem Zulieferer der Kraftfahrzeugbranche und einem EDV-Systemhaus, **auch bei einem Börsengang von letzterem.**[74] Bestehen die sich gegenüberstehenden Firmen aus mehreren Bestandteilen, bleiben die rein beschreibenden, insbesondere solche, die den Unternehmensgegenstand oder die Rechtsform angeben, außer Betracht, so dass es regelmäßig allein auf den Bestandteil ankommt, der geeignet erscheint, sich als Firmenschlagwort durchzusetzen.[75]

1424 Enthält eine Firma **zwei unterscheidungskräftige Bestandteile**, wird eine Verwechslungsgefahr dann ausscheiden, wenn eine Übereinstimmung nur in einem von beiden gegeben ist und dieser nur eine geringe Kennzeichnungskraft besitzt.[76] Neben einer Verwechslungsgefahr im engeren Sinne kann – unter dem Gesichtspunkt, zwischen beiden Unternehmen bestünden organisatorische oder wirtschaftliche Zusammenhänge – auch eine Verwechslungsgefahr im weiteren Sinne in Betracht kommen, insbesondere bei identischen Tätigkeitsbereichen,[77] aber auch bei weitgehend ähnlichen Firmen und einer Betätigung auf verschiedenen Gebieten.[78] Besteht keine Verwechslungsgefahr, so sind geschäftliche Bezeichnungen gegenüber prioritätsjüngeren identischen oder ähnlichen Zeichen dann geschützt, wenn die ältere Geschäftsbezeichnung im Inland **bekannt ist und** die Benutzung des jüngeren Zeichens die Unterscheidungskraft

---

65 BPatG Entscheidung v. 16.3.2005, 29 W (pat) 4/03, BeckRS 2009, 00504 *Schumi/Michael Schumacher*.
66 OLG Schleswig MMR 2000, 44, 44 f *cubus*.
67 OLG Köln MMR 2000, 161, 161 f *IPFNet*.
68 OLG Karlsruhe MarkenR 1999, 205, 207 ff. *Südwestfunk*.
69 OLG Bremen WRP 1999, 215, 217 *KLA-FLÜ*.
70 OLG Saarbrücken NJWE-WettbR 1999, 258, 258 f. *Floratec*.
71 OLG Hamburg GRUR-RR 2001, 5, 6 f. *Nordwest-Zeitung*.
72 BGH GRUR 2001, 1161, 1162 f. *CompuNet/ComNet*.
73 BGH GRUR 2008, 1102, 1103, Tz. 16 f. *Haus & Grund I*.
74 KG GRUR 2000, 902, 904 f *LH*; OLG Frankfurt MarkenR 2000, 101, 102 f. *Börsengang*.
75 BGH GRUR 2000, 605, 607 *Comtes/Comtel*; BGH GRUR 1999, 492, 493 f. *Altberliner*; OLG Köln MMR 2000, 161, 161 f *IPFNet*; OLG Bremen WRP 1999, 215, 217 *KLA-FLÜ*; OLG Saarbrücken NJWE-WettbR 1999, 258, 258 f. *Floratec*.
76 OLG Stuttgart NJWE-WettbR 1997, 18, 18 *Solidbau*.
77 BGH GRUR 1999, 492, 494 *Altberliner*; OLG Schleswig MMR 2000, 44, 44 *cubus*.
78 OLG Stuttgart NJWE-WettbR 1996, 111, 112 *START Ticket/Starticket*.

der älteren bekannten Bezeichnung beeinträchtigen oder deren Wertschätzung ohne rechtfertigenden Grund in unlauterer Weise ausnutzen würde (§ 15 Abs. 3 MarkenG).

VI. Schranken des Schutzes

Die Schranken des Schutzes für Marken gelten ebenso auch für geschäftliche Bezeich- **1425** nungen, so dass hinsichtlich Verjährung (§ 20 MarkenG), Verwirkung (§ 21 MarkenG), Einwand der fehlenden Bekanntheit (§ 22 Abs. 1 Nr. 1 MarkenG), lauterer Benutzung beschreibender Angaben (§ 23 MarkenG) und Erschöpfung (§ 24 MarkenG) auf die Ausführungen zu den Marken verwiesen werden kann (Rn 1271-1307).

VII. Schutzdauer

Geschäftliche Bezeichnungen sind grundsätzlich unbefristet so lange geschützt, wie sie **1426** **benutzt werden.**[79] Die Schutzdauer endet mit **endgültiger Benutzungsaufgabe** dann, wenn das Unternehmen seine geschäftliche Tätigkeit einstellt, unabhängig davon, wie lange die Firma noch als Name im Handelsregister fortbesteht.[80] Die Frage, wann die Benutzung endgültig aufgegeben ist, hat die Gerichte angesichts der Kriegs- und Nachkriegsverhältnisse in Deutschland vielfach beschäftigt.[81] Eine erzwungene Betriebsunterbrechung fällt jedenfalls nicht darunter, wenn die Absicht, den Betrieb baldmöglichst wieder aufzunehmen, gegeben ist; anders war dies bei einer im Jahr 1972 durchgeführten Enteignung und Umwandlung eines Unternehmens in einen VEB in der DDR, die (natürlich) endgültig gemeint war.[82] Je stärker Benutzung oder Verkehrsgeltung des Zeichens zuvor waren, umso nahe liegender ist die Vermutung, dass die Unterbrechung nur zeitweilig ist.[83] Auch kann die Priorität bei einer nicht auf einer selbstbestimmten unternehmerischen Entscheidung beruhenden Betriebseinstellung wieder aufleben, sofern die Bezeichnung überdurchschnittlich hohe Kennzeichnungskraft aufweist und den Verkehrskreisen in Erinnerung ist.[84] Weiter lässt die Befolgung einer gerichtlichen Untersagungsverfügung nicht auf Gebrauchsaufgabe schließen.[85] Ebensowenig ist die Umwandlung einer GmbH in eine KG aus steuerlichen Gründen eine Aufgabe des Gebrauchs, wenn der gleiche Geschäftsbetrieb fortbesteht.[86]

Allein der Wille des Geschäftsinhabers, den Betrieb fortzusetzen, genügt nicht; vielmehr **1427** muss auch eine tatsächliche Möglichkeit ersichtlich sein, die Fortsetzungsabsicht so rechtzeitig zu verwirklichen, dass die beteiligten Verkehrskreise die Betriebs- oder Benutzungsunterbrechung noch als vorübergehend ansehen.[87] Eine Wiederaufnahme der Benutzung kann dann den durch Benutzungsaufgabe eingetretenen Verlust der Priorität einer Firma überbrücken, wenn der Name des Unternehmens dem Verkehr aufgrund

79 OLG Schleswig MMR 2000, 44, 45 *cubus*.
80 BGH GRUR 1997, 749, 752 *L'Orange*.
81 Vgl nur BGH GRUR 2002, 967, 969 *Hotel Adlon*; BGH GRUR 1997, 749, 751 ff *L'Orange* und BGH GRUR 1959, 45, 47 f. *Deutsche Illustrierte*.
82 BGH GRUR 1997, 749, 752 *L'Orange*.
83 BGH GRUR 2002, 967, 969 *Hotel Adlon*; BGH GRUR 1967, 199, 202 *Napoleon II*.
84 BGH GRUR 2002, 967, 969 f. *Hotel Adlon*.
85 BGH GRUR 1991, 313 *Ärztliche Allgemeine*.
86 BGH GRUR 1983, 182 f. *Concordia-Uhren*.
87 BGH GRUR 2002, 967, 969 *Hotel Adlon*; BGH GRUR 1997, 749, 752 *L'Orange*.

seiner Berühmtheit in Erinnerung geblieben ist und dem wiederbelebten Unternehmen zugeordnet wird.[88]

VIII. Verfahren

1428 Die Geltendmachung der Rechte an geschäftlichen Bezeichnungen ist im Widerspruchsverfahren vor dem Deutschen Patent- und Markenamt gegen Markeneintragungen seit dem 1. Oktober 2009 möglich; Einzelheiten bei Rn 1349 ff.

B. Werktitel

Rechtsgrundlagen: §§ 5 Abs. 3, 6, 15 MarkenG; Artt. 4, 8 Abs. 4 GMV

1429 Die Werktitel sind durch das MarkenG zwar grundsätzlich den geschäftlichen Bezeichnungsrechten zugeordnet worden. Im Gegensatz zu den Unternehmenskennzeichen, die Unternehmen voneinander unterscheiden sollen, sind **Werktitel jedoch eher inhaltsbezogen, dh sollen geistige Werke, die immaterielle Leistungen verkörpern, voneinander unterscheidbar machen.**[89]

1430 Der Schutz der Werktitel ist gemeinschaftsweit nicht harmonisiert. Dementsprechend sieht auch die GMV kein gemeinschaftsweites Werktitelrecht vor. Allerdings kann aus einem Werktitel nach Art. 8 Abs. 4 GMV i.V.m. § 5 Abs. 3 MarkenG Widerspruch gegen die Eintragung einer Gemeinschaftsmarke eingelegt werden.[90]

1431 Werktitel erfahren Schutz, wenn (I.) ein Werktitel vorliegt, (II.) der im geschäftlichen Verkehr benutzt wird und (III.) schutzfähig ist.

I. Zeichenfähigkeit als Werktitel

1432 Werktitel iSv § 5 Abs. 3 MarkenG **sind die „Namen" geistiger Werke**, die Bezeichnungen immaterieller Arbeitsergebnisse; der Werktitelschutz schließt deshalb alle denkbaren Arten geistiger Leistungen ein, ohne dass es darauf ankäme, wie sich die geistige Leistung dem Benutzer erschließt. **Ein Computerprogramm ist also ebenso dem Werktitelschutz zugänglich wie ein Buch.**[91]

1433 Da § 5 Abs. 3 MarkenG das Werk ausdrücklich erwähnt und auch beispielhaft Werkkategorien aus dem Bereich des Urheberrechts aufzählt, muss jedenfalls eine Schöpfung als sinnlich wahrnehmbare Gestaltung aus den Bereichen der Literatur, Wissenschaft und Kunst vorliegen (vgl § 1 UrhG); **urheberrechtliche Werkqualität ist dagegen ebenso wenig erforderlich wie das Bestehen eines urheberrechtlichen Schutzes**, so dass ein Werktitelrecht auch an gemeinfreien Werken bestehen kann.[92]

---

88 BGH GRUR 2002, 967, 969 f. *Hotel Adlon*; BGH GRUR 1997, 749, 753 *L'Orange*.
89 BGH GRUR 2000, 504, 505 *FACTS*; BGH GRUR 1998, 155, 156 *PowerPoint*.
90 EuG Urt. v. 30.6.2009, T-435/05, BeckRS 2009, 70726, Tz. 35 ff. *Dr. No.*
91 BGH GRUR 1998, 155, 156 *PowerPoint* mit ausführlicher Auseinandersetzung zu den Stimmen, die sich gegen einen Werktitelschutz für Computerprogramme ausgesprochen hatten.
92 So ausdrücklich BGH GRUR 2003, 440, 441 *Winnetous Rückkehr*. Vgl a. die Gesetzesbegründung zu § 5 Abs. 3 MarkenG in Bl.f.PMZ Sonderheft 1994, 45, 61; OLG Dresden NJW-WettbR 1999, 130, 131 *Dresden-Online*; OLG Hamburg CR 1995, 335, 336 *Titelschutz für Software*.

Als Werktitel iSv § 5 Abs. 3 MarkenG kommen die **Namen oder besonderen Bezeich-** 1434 **nungen von Zeitungen, Zeitschriften, Katalogen,**[93] **Musikwerken, Konzerten,**[94] **Fernsehserien,**[95] **Bühnenwerken, Spielen, Computerprogrammen,**[96] **Filmen und Fernsehsendungen**[97] einschließlich der **Serientitel,**[98] **Titel von Bühnenwerken,**[99] **Spielen,**[100] **Würfelspielen**[101] und auch **Veranstaltungen wie Messen**[102] oder **Weltmeisterschaften (WM 2006, WM 2010, Germany 2006 oder South Africa 2010)**[103] sowie von **Internet-Auftritten, Internet-Angeboten** und **Internet-Diensten** (Domain-Namen) in Frage.[104]

Auch die **Namen von Comic-Figuren** wird man als Werktitel iSv § 5 Abs. 3 MarkenG 1435 auffassen müssen, weil es sich dabei jeweils um die Identifikationskennzeichen urheberrechtlich geschützter Werke handelt.[105] Die Gegenansicht[106] lässt unberücksichtigt, dass Comicfiguren gerade heutzutage auch selbständig außerhalb der Geschichten, in denen sie vielleicht erstmals erschienen sind, verwertet werden; manche, wie zB die „Diddl-Maus", werden gar nicht erst als Bestandteil einer Geschichte vermarktet, sondern sogleich vollkommen allein und ohne den Zusammenhang zu einer Erzählung. Es handelt sich daher bei Comicfiguren regelmäßig um selbständige Werke bzw selbständige Werkteile, die auch einem selbständigen Werktitelschutz zugänglich sind.

Untertitel sind ebenso geschützt wie Obertitel.[107]

II. Entstehung des Schutzes

Das Werktitelschutzrecht entsteht grundsätzlich erst mit der tatsächlichen Benutzungs- 1436 aufnahme des Titels,[108] also dann, wenn er im geschäftlichen Verkehr für ein existentes[109] **Werk in Gebrauch genommen wird**; denn es handelt sich nach der durch das MarkenG vorgenommenen Zuordnung um ein geschäftliches Bezeichnungsrecht. Nicht

---

93 BGH GRUR 2005, 959, 960 *Facts II* Schutz für einen Warenkatalog.
94 OLG Köln GRUR-RR 2008, 82, 82 *Nacht der Musicals* Voraussetzungen des Titelschutzes für Veranstaltungen nicht problematisiert; Titelschutz verneint bei Konzerten BGH GRUR 1989, 626, 627 *Festival Europäischer Musik*.
95 BGH GRUR 1993, 692 ff. *Guldenburg* für „Das Erbe der Guldenburgs".
96 BGH GRUR 2010, 156, 156, Tz. 13 f *EIFEL-ZEITUNG*; BGH GRUR 1998, 1010, 1011 f *WINCAD*; BGH GRUR 1998, 155, 156 *PowerPoint*; BGH GRUR 1997, 902, 903 *FTOS*.
97 BGH ZUM 2003, 393, 395 *Winnetou*; Ulmer/Reimer, S. 169.
98 BGHZ 83, 52, 54 *POINT*; BGH WRP 1989, 91, 93 *Verschenktexte*. Zum Titelschutz bei Rundfunksendungen Borck, Ufita 110 (1989), 35.
99 Fezer, § 1 MarkenG Rn 19 und § 5 MarkenG Rn 6.
100 Vgl BGHZ 121, 157, 158 ff. *Zappel-Fisch*.
101 BGHZ 68, 132, 138 *Der 7. Sinn*.
102 Bejaht LG Düsseldorf WRP 1996, 156, 159 *Paracelsus-Messe*; strittig entschieden für die Industriemesse *ITeG*: LG Stuttgart bejaht Werktitelschutz, Urt. v. 22.11.2007, 17 O 560/07, BeckRS 2008, 19663 und LG Berlin verneint den Schutz, Urt. v. 13.12.2007, 52 O 498/07 (juris).
103 BGH GRUR 2010, 642, 644, Tz. 33 ff *WM-Marken*.
104 Vgl zB BGH GRUR 2009, 1055 ff *airdsl*; BGH GRUR 2000, 70, 72 *Szene*; BGH GRUR 1997, 661, 662 *B.Z./Berliner Zeitung*; OLG Köln GRUR 1997, 663, 663 f *FAMILY*; vgl OLG Dresden NJW-WettbR 1999, 130, 131 *Dresden-Online*; OLG Hamburg CR 1995, 335, 336 *Titelschutz für Software*; Fezer, § 15 MarkenG Rn 154 f–154 m; Ingerl/Rohnke, § 5 MarkenG Rn 42-47.
105 Vgl Fezer, § 15 MarkenG Rn 154; ders. WRP 1997, 887, 890 f; Ingerl WRP 1997, 1127, 1132.
106 Deutsch GRUR 2000, 126, 129; Hertin WRP 2000, 889, 891.
107 RGZ 133, 189, 190 *Kunstseiden-Kurier* als Beilage der „Textil-Zeitung"; BGH GRUR 1970, 141 *Europharma* für die Beilage EUROPHARM von "Die pharmazeutische Industrie"; BGH WRP 1989, 91, 93 *Verschenktexte*.
108 BGH GRUR 2010, 156, 156 f, Tz. 15, 17, 20 und 22 ff *EIFEL-ZEITUNG* – die Benutzung muss befugt geschehen; BGH GRUR 2009, 1055, 1057 f, Tz. 41 *airdsl*; BGH GRUR 1998, 1010, 1012 *WINCAD*.
109 BGH GRUR 1998, 1010, 1013 *WINCAD*.

jede Handlung im geschäftlichen Verkehr genügt jedoch: So ist es beispielsweise nicht ausreichend, ein Computerprogramm bei einem Kunden zu testen oder Werbe- und Vorbereitungshandlungen in Form von Einladungen zu einem Einführungstraining zu treffen; erforderlich ist vielmehr die öffentliche Aufnahme des Vertriebs des fertigen Produktes, seine Auslieferung oder zumindest die unmittelbar vorhergehende werbende Ankündigung, die von den interessierten Kreisen als Inanspruchnahme des Titelschutzes angesehen werden kann.[110] **Da an die Vorverlagerung des Titelschutzes vor Benutzungsaufnahme strenge Anforderungen zu stellen sind, genügen Nennungen in redaktionellen Beiträgen nicht[111] oder auch nicht die Anmeldung einer Domain, wenn das Werk nicht fertiggestellt und abrufbar ist.**[112]

1437 In Werkbereichen, wo dies üblich geworden ist und eine entsprechende Praxis besteht, kann die Priorität des Titelschutzrechtes jedoch auf relativ einfache Art und Weise durch die Schaltung einer **Titelschutzanzeige** vorverlagert werden. Im Filmwesen geschieht dies beispielsweise über die Filmzeitschrift, im Bereich der Druckschriften über das „Börsenblatt des deutschen Buchhandels".[113] Für sämtliche Werkbereiche kann ferner die Zeitschrift „Der Titelschutzanzeiger" verwendet werden. Bei der gewählten Publikation muss es sich allerdings um eine solche handeln, die es den beteiligten Verkehrskreisen ermöglicht, von der Titelschutzanzeige Kenntnis zu nehmen, ohne dass sie etwa gezwungen werden, die allgemeine Presse oder andere Medien auf entsprechende Meldungen zu beobachten;[114] das wird etwa bei ausschließlich im Internet veröffentlichten Titelschutzanzeigen nicht der Fall sein,[115] auch die bloße Teilankündigung des Werktitels auf der eigenen Internetseite reicht für eine Vorverlagerung des Schutzes nicht aus.[116]

1438 Beispiel für eine Titelschutzanzeige: An: [Adressatin/Adressat]

Unter Hinweis auf § 5 Abs. 3 MarkenG nehmen wir für unseren Mandanten, ..., Titelschutz in Anspruch für

A. I. KÜNSTLICHE INTELLIGENZ

CATS AND DOGS – WIE HUND UND KATZ'

DRIVEN

PASSWORT: SWORDFISH

in allen denkbaren Schreibweisen, Schriftarten und -größen, Darstellungsformen, Abkürzungen, Abwandlungen, Wortverbindungen, Titelkombinationen, grafische Darstellungen, Untertiteln und/oder Zusammensetzungen,

---

110 BGH GRUR 1998, 1010, 1012 *WINCAD*; BGH GRUR 1998, 155, 157 *PowerPoint*; BGH GRUR 1997, 902, 903 *FTOS*.
111 BGH GRUR 1998, 1010, 1012 *WINCAD*.
112 BGH GRUR 2009, 1055, 1057 f, Tz. 41 *airdsl*; OLG München GRUR 2001, 522, 524 *Kuecheonline*.
113 BGH GRUR 1998, 1010, 1012 *WINCAD*. Vgl a. Arras GRUR 1988, 356; Ochs WRP 1987, 651 und Teplitzky GRUR 1993, 645.
114 BGH GRUR 1998, 1010, 1012 *WINCAD*.
115 Vgl BGH GRUR 2009, 1055, 1058, Tz. 45 *airdsl*; OLG München GRUR 2001, 522, 524 *Kuecheonline*. S. a. zur Priorität von Internet-Domains Rn 1455.
116 BGH GRUR 2009, 1055, 1058 f, Tz. 48 f und 57 ff *airdsl*.

in allen Medien, insbesondere Zeitungen, Zeitschriften, Bücher und sonstigen Druckerzeugnissen, Tonträger, Bild-/Tonträger, Film, Hörfunk, Fernsehen, digitale Datenträger (wie CD-ROM, CD-I, DVD, MD) und/oder Onlinedienste sowie Internet.

Anwaltssozietät BOEHMERT & BOEHMERT,

Meinekestraße 26, 10719 Berlin.

Die Titelschutzanzeige allein bewirkt entgegen einem weit verbreiteten Irrglauben je- **1439** **doch noch keinen Schutz; sie ist lediglich prioritätsbegründend.** Es muss hinzukommen, dass ernsthafte[117] Anstalten getroffen werden, den Titel alsbald tatsächlich in Gebrauch zu nehmen (Abschluss von Verwertungsverträgen, Produktionsplanung, Versendung des Manuskripts an Interessenten usw.) und – das ist entscheidend – **die tatsächliche Ingebrauchnahme muss in angemessener Zeit danach erfolgen** (etwa 6 bis höchstens 12 Monate). Feste Grenzen hat die Rspr insoweit bislang aber nicht gezogen.[118] Der Sinn der Titelschutzanzeige besteht angesichts der Gefahr, dass ein anderer den Titel schon im geschäftlichen Verkehr benutzt und damit eigene Prioritätsrechte begründet haben könnte, ohne dass dies bemerkt worden wäre, freilich auch darin, diesen zum Widerspruch zu veranlassen. Da niemand zur Beobachtung der Konkurrenz verpflichtet ist, schützt die Anzeige dennoch nicht vor späteren rechtlichen Schritten. Die Schaltung einer Titelschutzanzeige begründet im Übrigen eine Erstbegehungsgefahr, dass der Titel in Benutzung genommen wird.[119]

Vorsicht Anwälte: Wer für einen Mandanten eine Titelschutzanzeige aufgibt, die Kenn- **1440** zeichenrechte Dritter verletzt, haftet als Mitstörer, und zwar sowohl auf Unterlassung als auch auf Erstattung der durch eine Abmahnung entstandenen Anwaltskosten.[120]

III. Schutzfähigkeit

Werktitel sind dann schutzfähig, wenn ihnen **titelmäßige Unterscheidungskraft** zu- **1441** kommt. **Die Voraussetzungen hierfür sind demnach denkbar gering;**[121] nur solche Titel, die reine Gattungsbegriffe darstellen und nicht ein Mindestmaß an Individualität auf- weisen, die eine Unterscheidung von anderen Titeln ermöglicht, sind nicht schutzfä- hig.[122] Dies führt dazu, dass insbesondere im Zeitungs- und Zeitschriftenbereich, zu- nehmend aber auch im Internet-Bereich **fast alle verwendeten Titel schutzfähig** sind, zB „FACTS" für eine Zeitschrift, „Berliner Zeitung" für eine Tageszeitung, „Wheels Ma- gazine" für eine Automobilzeitschrift, „SZENE Hamburg" für ein Stadtmagazin,

---

117 KG GRUR-RR 2004, 303, 306 *test/FINANZtest und automobilTEST*; OLG Hamburg WRP 1981, 30, 32 mwN; dort wird bei gleichzeitiger Inanspruchnahme von 17 Zeitschriftentiteln die Ernstlichkeit der Benut- zungsabsicht für alle Titel verneint. Ebenso OLG Frankfurt GRUR 1987, 563 f. *Vorratstitel*. Anders BGHZ 108, 89, 93 f. *Titelschutzanzeige*: Sammelanzeige für neun Titel begründet vorläufigen Schutz für alle Titel.
118 BGH GRUR 1998, 1010, 1012 *WINCAD*.
119 OLG Frankfurt ZUM 1991, 43 f; LG Hamburg NJWE-WettbR 2000, 296, 298 *PIXI*.
120 OLG Hamburg NJWE-WettbR 2000, 217, 217 f. *Superweib*; ähnlich für eine Domainregistrierung durch einen Online-Dienst, der einen entgeltlichen Domain-Check anbietet und die Registrierung vornimmt, LG Köln ZUM-RD 2001, 409, 411 *guenter-jauch.de*.
121 Für Zeitungs- und Zeitschriftentitel: BGH GRUR 2010, 156, 156, Tz. 14 *Eifel-Zeitung*; BGH GRUR 2002, 176, 176 *Auto Magazin*; BGH GRUR 2000, 70, 72 *SZENE*; BGH GRUR 1999, 236, 237 *Wheels Magazi- ne*; OLG München GRUR-RR 2008, 402, 403 *Leichter Leben* für ein Rubrikteil einer Zeitung. Für Filme: OLG München GRUR-RR 2009, 307, 307 *Der Seewolf*. Allgemein: OLG Köln NJWE-WettbR 2000, 93, 94 *European Classics*.
122 BGH GRUR 2002, 176, 176 *Auto Magazin*; BGH GRUR 2000, 504, 505 *FACTS*; OLG Köln NJWE-WettbR 2000, 93, 94 *European Classics*.

„dresden-online.de" für ein Internet-Informationsprogramm über Dresden[123] oder das Magazin „test" der Stiftung Warentest.[124] **Schutzunfähig** ist demgegenüber ein Titel „European Classics" für eine CD mit klassischer Musik.[125] Bei Buchtiteln ist das etwas anders: Da Buchtitel normalerweise rein inhaltsbeschreibend sind, kommen sie als schutzfähige Werktitel nur dann in Frage, wenn sie aus reinen Phantasietiteln bestehen oder das Werk als aus einem bestimmten Verlag kommend kennzeichnen, wie dies häufig bei Sammelwerken und Enzyklopädien sowie Buchreihen der Fall ist; entsprechend ist einem Belletristik-Titel „Sherlock Holmes" der Werktitelschutz zuerkannt worden.[126] Bei Sachbüchern geht der BGH davon aus, dass eine Gewöhnung des Verkehrs an eine titelmäßige Verwendung von Inhaltsangaben und damit ein Werktitelschutz möglich ist, zB für einen Kochbuch-Titel „Pizza & Pasta".[127]

IV. Übertragung und Lizenzen

1442 Siehe Rn 1420.

V. Schutzumfang

1443 Markenrechtlich gehört der Werktitel zu den geschäftlichen Bezeichnungen; er ist deshalb gem. § 15 Abs. 2 MarkenG gegenüber jüngeren Werktiteln und anderen geschäftlichen Bezeichnungen, aber auch Marken geschützt, sofern **Verwechslungsgefahr** besteht. Die Rechtsprechung des BGH geht davon aus, dass Verwechslungsgefahr nur vorliegt, wenn eine titelmäßige Verwendung gegeben ist und unmittelbare Verwechslungsgefahr vorliegt.[128] Eine **titelmäßige Verwendung** liegt vor, wenn ein nicht unerheblicher Teil der beteiligten Verkehrskreise im Titel die Bezeichnung eines Werkes zur Unterscheidung eines anderen sieht; das kann auch bei Teilen wie zB Rubriken oder Untertiteln der Fall sein.[129] Noch keine titelmäßige Benutzung liegt bei einer Registrierung oder Anmeldung der Marken vor.[130]

1444 Weil Werktitel nur der Unterscheidung eines Werkes von anderen dienen und normalerweise keinen Hersteller- oder Inhaberhinweis beinhalten, sind sie **nur gegen unmittelbare Verwechslungsgefahr** im engeren Sinn geschützt, nicht auch gegen eine unmittelbare Verwechslungsgefahr im weiteren Sinn oder eine mittelbare Verwechslungsgefahr.[131] **Dies bedeutet letztendlich nichts anderes, als dass Titel nur in einem relativ engen Bereich Schutz genießen;** in vielen Fällen nur im Bereich derselben Werkkatego-

---

123 Vgl BGH GRUR 2000, 504, 505 *FACTS*; BGH GRUR 1997, 661, 662 *B.Z./Berliner Zeitung*; BGH GRUR 1999, 236, 237 *Wheels Magazin*; BGH GRUR 2000, 70, 72 *Szene*; OLG Dresden NJWE-WettR 1999, 130, 131 *dresden-online.de*.
124 OLG Hamburg GRUR-RR 2008, 296, 297 *Heimwerker Test*.
125 OLG Köln NJWE-WettbR 2000, 93, 94 *European Classics*.
126 BGH GRUR 1958, 354, 357 *Sherlock Holmes*.
127 Vgl BGH GRUR 1991, 153, 154 *Pizza & Pasta*.
128 BGH GRUR 2010, 642, 644 f, Tz. 37 f *WM-Marken*; BGH GRUR 2009, 1055, 1056, Tz. 22 ff *airdsl*; BGH GRUR 2005, 264, 266 *Das Telefon-Sparbuch*; BGH GRUR 2000, 70, 72 *SZENE*; OLG München GRUR-RR 2009, 307, 307 *Der Seewolf*; BGH GRUR 2000, 70, 72 *SZENE*; OLG Köln GRUR-RR 2008, 82, 83 *Nacht der Musicals*.
129 BGH GRUR 2000, 70, 72 *SZENE*.
130 BGH GRUR 2010, 642, 644 f, Tz. 37 *WM-Marken*.
131 BGH GRUR 2000, 504, 505 *FACTS*; BGH GRUR 2000, 70, 72 *SZENE*; BGH GRUR 1999, 236, 237 *Wheels Magazine*; anders OLG Hamburg GRUR-RR 2008, 296, 297 *Heimwerker Test*.

rie, und als Zeitschriftentitel beispielsweise nicht gegenüber einem Rubriktitel.[132] Es kann allerdings auch Fälle geben, in denen ein Werktitel für den Verkehr **gleichzeitig auf eine bestimmte betriebliche Herkunft** hinweist, vor allem bei bekannten Titeln periodisch erscheinender Zeitungen und Zeitschriften, aber auch, wenn aus anderen Gründen eine Zuordnung des Titels zu einem Unternehmen nahe liegt; dann kommt auch eine unmittelbare Verwechslungsgefahr im weiteren Sinn oder eine mittelbare Verwechslungsgefahr unter dem Gesichtspunkt des Serienzeichens in Betracht.[133] Entsprechend sah das OLG Hamburg auch eine mittelbare Verwechslungsgefahr zwischen den Zeitschriften „test" der Stiftung Warentest und „Heimwerker Test" als ausreichend an.[134]

Für die Beurteilung der Verwechslungsgefahr ist wie bei Marken und Unternehmenskennzeichen der jeweilige Gesamteindruck der sich gegenüberstehenden Titel entscheidend,[135] wobei auch bei Werktiteln die 3 Voraussetzungen

1445

- **Kennzeichnungskraft des älteren Titels,**
- **Ähnlichkeit der Titel und**
- **Nähe der Werke**

in einer **Wechselwirkung** zueinander stehen.[136] Je geringer die Kennzeichnungskraft eines Werktitels ist, um so eher können bereits geringfügige Änderungen zur Verneinung einer Verwechslungsgefahr führen; dasselbe Ergebnis kann sich daraus ergeben, dass auf dem Markt eine Vielzahl von sehr ähnlichen Titeln bestehen, so dass die beteiligten Verkehrskreise daran gewöhnt sind, auf kleine Unterschiede zu achten.[137] Langjährige Benutzung kann zu einer Stärkung einer ursprünglich normalen Kennzeichnungskraft führen, weil der Titel sich den beteiligten Verkehrskreisen dadurch einprägt.[138] Die Frage der Nähe der Werke ist entsprechend der st. Rspr zur Beurteilung der Ähnlichkeit von Waren und Dienstleistungen bei Marken **im Hinblick auf die Verwechslungsgefahr auszulegen**[139] (vgl Rn 1243). Es kann deshalb auch keine starre Grenze zwischen 2 Werkkategorien geben; vielmehr ist jeweils anhand des konkreten Einzelfalles zu bestimmen, ob zwischen zwei Werktiteln Verwechslungsgefahr besteht. Nach der Rechtsprechung des BGH begegnen die beteiligten Verkehrskreise solchen Werktiteln, die einen das jeweilige Werk beschreibenden Begriffsinhalt haben, mit der

---

132 BGH GRUR 2000, 70, 72 *SZENE*. Vgl a. Bosten WRP 2000, 836, 839 f.
133 Zu Serienmarke für Waren: EuGH GRUR 2008, 343, 346, Tz. 63 f. *Bainbridge*; BGH GRUR 2000, 504, 505 *FACTS*; BGH GRUR 2000, 70, 73 *SZENE*; BGH GRUR 1999, 581, 582 *Max*; BGH GRUR 1999, 235, 237 *Wheels Magazine*; oder für „test" von Stiftung Warentest und Zuordnung der Zeitschrift „Heimwerker Test" zu dieser Reihe OLG Hamburg GRUR-RR 2008, 296, 297.
134 OLG Hamburg GRUR-RR 2008, 296, 297 *Heimwerker Test*.
135 BGH GRUR 2000, 504, 505 *FACTS*; BGH GRUR 2000, 70, 72 *SZENE*; BGH GRUR 1999, 236, 237 *Wheels Magazine*.
136 EuGH GRUR 2005, 1042, 1044, Tz. 28 f *THOMSON LIFE*; BGH GRUR 2009, 1055, 1056, Tz. 23 f *airdsl*; BGH GRUR 2005, 264, 265 *Das Telefon-Sparbuch*; BGH GRUR 2001, 1050, 1051 f. *Tagesschau*; BGH GRUR 2003, 440, 441 *Winnetous Rückkehr*; BGH GRUR 2002, 176, 176 *Auto Magazin*; BGH GRUR 2009, 484 Tz 32 *Metrobus*.
137 BGH GRUR 2002, 176, 177 *Auto Magazin*.
138 BGH GRUR 2000, 70, 72 *SZENE*; BGH GRUR 1999, 236, 237 *Wheels Magazine*.
139 EuGH GRUR 2005, 1042, 1044, Tz. 28 f *THOMSON LIFE*; BGH GRUR 1999, 731, 732 *Canon II*; BGH GRUR 1998, 925, 926 *Bisotherm-Stein*.

gebotenen Aufmerksamkeit und können diese daher sehr viel eher voneinander unterscheiden als solche Titel, die keine beschreibenden Anklänge haben.[140]

1446 Bei **zusammengesetzten Titeln** muss ein Bestandteil den Gesamteindruck prägen, wenn aus ihm separat Rechte geltend gemacht oder gegen ihn separat vorgegangen werden soll.[141] Unterscheidende Zusätze wie etwa Untertitel können wohl nur ausnahmsweise zur Verneinung einer Verwechslungsgefahr führen, weil sich die beteiligten Verkehrskreise normalerweise eher den meist griffigeren Haupttitel merken werden.[142] Gerade bei Zeitungs- und Zeitschriftentiteln können auch das optische Erscheinungsbild, Gegenstand/Inhalt, Erscheinungsweise und Vertriebsform Einfluss auf die Beurteilung der Verwechslungsgefahr haben;[143] je ähnlicher die Titel sind, um so deutlicher müssen in diesen Elementen bestehende Unterschiede jedoch hervortreten.[144]

Beispiele zur Verwechslungsfähigkeit:

- „test" der Stiftung Warentest und „Heimwerker Test" für Test-Zeitschriften,[145]
- „DATA-WELT" und „PC-Welt" für Computerfachzeitschriften,[146]
- „FAMILY" als Titel einer Zeitschrift und „for family" bei titelmäßiger Verwendung im redaktionellen Teil eines konkurrierenden Blattes,[147]
- „Neuro Nachrichten" mit „Neurologische Nachrichten" (Serientitel) für medizinische Fachzeitschriften,[148]
- „Blitz" für eine TV-Sendung (Boulevardmagazin) mit „Blitz" für ein nach Art einer Illustrierten aufgemachtes (gedrucktes) Stadtmagazin[149]
- und „Spice-Girls – Girl Power Book" mit „Spice-Girls – Girl Power", jeweils für ein Buch über die Popgruppe „Spice-Girls".[150]

Beispiele – nicht verwechslungsfähig:

- die Titel „Leichte Blitzrezepte" und „Das große Buch der Blitzrezepte", jeweils für Kochbücher,[151]
- „Börse Online" für eine Zeitschrift und „NWP Börse-Online" für einen Online-Börsendienst und ein Datenbankangebot,[152]
- der Zeitschriftentitel „max" mit einer markenmäßig verwendeten Bezeichnung „max" für Schuhe,[153]
- die Buchtitel „Winnetou I", „Winnetou II" sowie „Winnetou III" mit dem Filmtitel „Winnetous Rückkehr"[154] und
- „AIR DE" gegen „airdsl" für Domains.[155]

140 BGH GRUR 2003, 440, 441 *Winnetous Rückkehr.*
141 Nicht verwechslungsfähig daher PAUR und PowerPoint: BGH GRUR 1998, 155, 157 *PowerPoint*; vgl a. BGH GRUR 1999, 236, 237 *Wheels Magazine.*
142 BGH GRUR 2000, 504, 505 *FACTS.*
143 BGH GRUR 2002, 176, 176 *Auto Magazin*; BGH GRUR 2000, 504, 505 *FACTS.*
144 BGH GRUR 2000, 504, 505 *FACTS.*
145 OLG Hamburg GRUR-RR 2008, 296, 297.
146 OLG Köln GRUR 1995, 63, 65 f *PC-Welt.*
147 OLG Köln GRUR 1997, 663, 664 *FAMILY*; zweifelhaft, ob angesichts der jüngeren Entscheidung BGH GRUR 2000, 70, 73 *SZENE* noch haltbar.
148 OLG Köln NJWE-WettbR 1999, 87 *Neurologische Nachrichten/Neuro Nachrichten.*
149 OLG Hamburg MarkenR 1999, 99, 101 f. *Blitz-Magazin.*
150 OLG Hamburg NJWE-WettbR 2000, 15, 15 f. *Spice Girls.*
151 OLG Köln NJWE-WettbR 2000, 214, 215 ff. *Blitzrezepte.*
152 OLG Hamburg NJWE-WettbR 1998, 225, 225 ff. *Börse online.*
153 Keine Verwechslungsgefahr im weiteren Sinne, BGH Bl.f.PMZ 1999, 188, 189 f *max.*
154 BGH GRUR 2003, 440, 441 f. *Winnetous Rückkehr.*
155 BGH GRUR 2009, 1055, 1056, Tz. 19 ff *airdsl.*

Liegt ein **bekannter Titel vor**, kommt ferner der **erweiterte Schutz** des § 15 Abs. 3 MarkenG in Betracht. Voraussetzung einer Werktitelverletzung ist insoweit nicht, dass Verwechslungsgefahr vorliegt, sondern dass die Unterscheidungskraft oder die Wertschätzung des Titels in unlauterer Weise ausgenutzt oder beeinträchtigt wird, also eine Rufausbeutung oder -beeinträchtigung vorliegt.[156] Als rufausbeutend im Sinne eines Imagetransfers wurde beispielsweise die Verwendung des Titels einer Fernsehsendung „Gute Nachbarn, Schlechte Nachbarn" („Realsatire") gegenüber dem bekannten Titel einer Fernsehserie „Gute Zeiten, Schlechte Zeiten" angesehen.[157] Welche Voraussetzungen für die Annahme einer Bekanntheit vorliegen müssen, insbesondere welcher Bekanntheitsgrad, ist noch nicht mit letzter Klarheit entschieden worden; der BGH hat jedenfalls Bekanntheitsgrade zwischen 10,6% und 14,1% nicht für ausreichend gehalten.[158]

1447

Zu beachten ist, dass der Schutz vor einer Verwechslungsgefahr im weiteren Sinne und der erweiterte Schutz für bekannte Werktitel gegen Rufausbeutung und Beeinträchtigung der Unterscheidungskraft zwei verschiedene Paar Schuhe sind: Der Schutz vor einer Verwechslungsgefahr im weiteren Sinne setzt voraus, dass der Werktitel auch die Funktion eines Herstellerhinweises besitzt, was meist nur bei bekannten Werktiteln in Frage kommt (jedenfalls im Zeitungs- und Zeitschriftenbereich); Anspruchsgrundlage ist § 15 Abs. 2 MarkenG, der Verwechslungsgefahr voraussetzt. Der Schutz für bekannte Werktitel gegen Rufausbeutung und Beeinträchtigung der Unterscheidungskraft folgt jedoch aus § 15 Abs. 3 MarkenG; er kommt nur zur Anwendung, wenn keine Verwechslungsgefahr vorliegt.[159]

1448

VI. Schutzdauer

Auch bei Werktiteln erlischt der Schutz erst bei einer endgültigen Aufgabe des Gebrauchs. Bei Büchern, Filmen usw genügt es, dass sie noch lieferbar gehalten werden.[160] Ist aber ein periodisch erscheinendes Nachschlagewerk nach drei Auflagen mehr als 10 Jahre vergriffen, ehe die Folgeauflage in Angriff genommen wird, so liegt darin die **endgültige Aufgabe des Gebrauchs**.[161] Zu beachten ist noch, dass das Titelschutzrecht gemäß § 5 Abs. 3 MarkenG nicht zusammen mit dem Werk, für das der Titel verwendet wird, gemeinfrei wird, sondern das Titelschutzrecht über den Ablauf der urheberrechtlichen Schutzfrist hinaus weiter markenrechtlich geschützt sein kann, wenn die Benutzung im geschäftlichen Verkehr beispielsweise durch den Verlag fortgesetzt wird.[162] Für Einzelheiten zum Konflikt zwischen urheberrechtlicher Gemeinfreiheit und kennzeichenrechtlichem Titelschutz siehe Rn 1505 f.

1449

---

156 Vgl BGH GRUR 2000, 70, 73 *SZENE*; Vorliegen verneint: OLG Hamburg GRUR-RR 2006, 408, 413 f. *Obelix/Möbelix*; OLG Koblenz GRUR-RR 2009, 230, 234 *Tatort (Fadenkreuz)*; auch verneint für „focus money" gegen „money specialist" OLG München GRUR-RR 2005, 191, 193 f.

157 KG GRUR 2000, 906, 907 *Gute Zeiten, Schlechte Zeiten*.

158 BGH Bl.f.PMZ 1999, 188, 189 *max*; ausreichend allerdings 87,9% OLG Hamburg GRUR-RR 2002, 389 ff. Tagesschau gegenüber einer Rubrik in der TAZ „die tagesschau".

159 Diese Trennung kommt deutlich heraus bei BGH Bl.f.PMZ 1999, 188, 189 (Verwechslungsgefahr im weiteren Sinne) und 190 (Schutz gegen Rufausbeutung und Beeinträchtigung der Unterscheidungskraft) *max*.

160 OLG Düsseldorf AfP 1985, 283, 284 f. *Mädchen hinter Gittern*.

161 KG GRUR 1988, 158, 159 *Who`s Who*.

162 BGH GRUR 2003, 440, 441 *Winnetous Rückkehr*.

VII. Schutz von Titeln als eingetragene Marken

1450 Um einen größeren Schutzumfang als beim Werktitelschutz zu erreichen, werden die Titel urheberrechtlich geschützter Werke häufig auch als Marke beim Deutschen Patent- und Markenamt oder dem Harmonisierungsamt für den Binnenmarkt zur Eintragung als Marke angemeldet; nur so ist auch für weniger bekannte Titel ein effektiver Schutz gerade im Merchandising-Bereich möglich. Werktitelschutz und Schutz der eingetragenen Marke bestehen dann – unabhängig voneinander – aufgrund ihrer unterschiedlichen Zielrichtungen nebeneinander.[163] Die Rechtsprechung wendet auf solchermaßen angemeldete Titel die „normalen" markenrechtlichen Schutzfähigkeitsvoraussetzungen an, was vor allem dazu führt, dass unabhängig von der titelmäßigen eben markenmäßige Unterscheidungskraft vorliegen muss und kein Freihaltebedürfnis gegeben sein darf.[164] Zum Problem der urheberrechtlichen Gemeinfreiheit siehe Rn 1505 f.

VIII. Urheberrechtlicher Titelschutz

1451 Unabhängig davon, ob man den Titel eines urheberrechtlich geschützten Werkes als selbständig auffasst oder ihn als Werkteil ansieht, kann er urheberrechtlich nur dann geschützt sein, wenn er als solches eine **persönliche geistige Schöpfung** darstellt. Denn auch **Werkteile** genießen nur unter dieser Voraussetzung selbständig urheberrechtlichen Schutz.[165] Entsprechend der Behandlung kurzer Sprachwerke ist damit zwar ein urheberrechtlicher Schutz als Sprachwerk grundsätzlich möglich, aber in der Regel nicht gegeben, weil Werktiteln wegen ihrer Kürze meist die notwendige Individualität fehlen wird.[166]

C. Internet-Domains

Rechtsgrundlagen: §§ 5 Abs. 2, 6, 15 MarkenG, 12 BGB

1452 Die Internet-Domains[167] haben Rechtsprechung und Literatur seit etwa 1997 zunächst in erheblichem Umfang beschäftigt. Kennzeichenpiraten, die die steigende Bedeutung des Internet erkannt hatten, versuchten in größerem Umfang, Städtenamen, Firmenbezeichnungen und Marken für sich zu reservieren, um entweder dem Rechtsinhaber die Domain teuer verkaufen zu können oder die Bekanntheit des Kennzeichens als Vorspann für ihre eigenen Geschäfte auszunutzen. Auch wenn einige Fälle bekannt wurden, in denen tatsächlich höhere Summen für solchermaßen angeeignete Domains bezahlt worden sind – vor allem aus den USA[168] –, haben die Gerichte dem schon relativ früh Einhalt geboten und – angefangen mit dem durchaus als berühmt zu bezeichnenden

---

163 BGH GRUR 2000, 504, 506 *FACTS*.

164 Schutzfähigkeit als Marke zB verneint bei BGH GRUR 1974, 661 *St. Pauli Nachrichten* (schutzfähig aber wegen Verkehrsdurchsetzung), bejaht bei BPatG GRUR 1996, 980, 980 f. *Berliner Allgemeine*.

165 Vgl BGH GRUR 1990, 218, 219 *Verschenktexte*; Schricker/Loewenheim, § 2 Rn 66 mwN.

166 Vgl BGH GRUR 1990, 218, 219 *Verschenktexte*; BGH GRUR 1958, 354 *Sherlock Homes*; Fromm/Nordemann/A. Nordemann, § 2 Rn 53; Schricker/Loewenheim, § 2 Rn 70.

167 Vgl zum System der Domainnamen Schäfer in: Bröcker/Czychowski/Schäfer, Geistiges Eigentum im Internet, § 6 Rn 3 ff.

168 Vgl A. Nordemann NJW 1997, 1891.

Urteil des LG Mannheim zu *Heidelberg.de*[169] – regelmäßig dem Namens- oder Kennzeichenrechtsinhaber Recht gegeben.[170]

Strittig war am Anfang insbesondere, ob Domains reinen Adressen vergleichbar Telefonnummern sind oder Namensfunktion besitzen können,[171] ob rein generische Domains freihaltebedürftig sind oder ungehindert reserviert werden dürfen[172] oder ob eine Domain selbst ein Kennzeichen sein kann, das eigene Rechte begründet.[173] Ungeklärt sind bislang vor allem die Fragen, wie in Fällen von „gleichberechtigten" Gleichnamigkeiten mit der Domain zu verfahren ist (vgl Rn 1465), welche Priorität eine Domain besitzt (vgl Rn 1455) und ob unbenutzte Domains gegenüber jüngeren Kennzeichenrechten weichen müssen (vgl Rn 1463).[174]

1453

I. Zeichenfähigkeit

Die Zeichenfähigkeit der Internet-Domains ist zunächst streitig gewesen.[175] **Auch wenn ihnen technisch gesehen ausschließlich eine Adressfunktion zukommt,[176] sind Internet-Domains jedoch im Regelfall keine bloßen Adressen, sondern namensartige Kennzeichen, weil sie grundsätzlich dazu geeignet sind, kennzeichnend auf denjenigen hinzuweisen, der als Person oder Unternehmen über sie im Internet erreichbar ist.[177]** Sie können deshalb selbständig Schutz sowohl als besondere Geschäftsbezeichnungen gemäß § 5 Abs. 2 S. 1 MarkenG oder als Namen, § 12 BGB, genießen,[178] aber auch als Werktitel gemäß § 5 Abs. 3 MarkenG geschützt sein, wenn die Domain zugleich als Titel für einen Internet-Auftritt verwendet wird,[179] was bei Informationsangeboten,

1454

---

169 LG Mannheim GRUR 1997, 377 *heidelberg.de* und Anschluss LG Freiburg 27.6.2001, 14 O 539/00 *gengenbach.de*; OLG Karlsruhe MMR 1999, 604, 605 *Bad Wildbad*.

170 Vgl zB OLG Hamburg MMR 1999, 159, 160 *emergency.de*; OLG München GRUR 2000, 519, 520 *rollsroyce.de*; OLG München CR 1999, 778 *tnet.de* (Revision nicht angenommen: BGH, Beschl. v. 24. Mai 2000 – I ZR 269/99); OLG Düsseldorf WRP 1999, 343, 346 *ufa.de*; OLG Dresden NJWE-WettbR 1999, 133, 135 *cyberspace.de*; OLG Hamm ZUM-RD 1998, 566, 567 *krupp.de*; KG NJW 1997, 3321, 3322 *concert.concept.de*; LG Köln ZUM-RD 2001, 409, 411 f *guenter-jauch.de*.

171 Vgl zum Streitstand OLG Hamburg MMR 1999, 159, 160 f *emergency.de* und OLG Dresden NJWE-WettbR 1999, 133, 135 f *cyberspace.de* zur Annahme einer Namensanmaßung im Rahmen von § 12 BGB siehe BGH GRUR 2003, 897, 898 *maxem.de*.

172 Vgl für freie Reservierbarkeit zunächst OLG Frankfurt WRP 1997, 341, 342 *wirtschaft-online.de* und dagegen OLG Hamburg CR 1999, 779 *mitwohnzentrale.de*. Aktuell für freie Reservierbarkeit BGH GRUR 2001, 1061, 1062 ff *mitwohnzentrale.de*.

173 Dafür: KG GRUR 2000, 902, 904 *LH*; OLG München CR 1999, 778 *tnet.de* (Revision nicht angenommen: BGH, Beschl. v. 24. Mai 2000 – I ZR 269/99).

174 BGH WRP 2010, 880, 887 f. *Peek & Cloppenburg* Nutzung von Internet-Domains von gleichnamigen Unternehmen als nicht rechtsverletzend erachtet.

175 Vgl zum Streitstand OLG Hamburg MMR 1999, 159, 160 f *emergency.de* und OLG Dresden NJWE-WettbR 1999, 133, 135 f *cyberspace.de*.

176 Vgl A. Nordemann NJW 1997, 1891, 1892; Schäfer in: Bröcker/Czychowski/Schäfer, Geistiges Eigentum im Internet, § 6 Rn 23.

177 OLG Hamburg GRUR 2001, 838, 839 *1001buecher.de*; OLG Hamburg ZUM-RD 2001, 131, 135 *derrick.de*; OLG Hamburg Mitt. 2001, 41, 41 *Kulturwerbung.de*; OLG Hamburg MMR 1999, 159, 160 *emergency.de*; OLG München GRUR 2000, 519, 520 *rolls-royce.de*; OLG München CR 1999, 778 *tnet.de* (Revision nicht angenommen: BGH, Beschl. v. 24. Mai 2000 – I ZR 269/99); OLG Düsseldorf WRP 1999, 343, 346 *ufa.de*; OLG Dresden NJWE-WettbR 1999, 133, 135 *cyberspace.de*; OLG Hamm ZUM-RD 1998, 566, 567 *krupp.de*; KG NJW 1997, 3321, 3322 *concert.concept.de*.

178 BGH GRUR 2008, 912, 915, Tz. 36 *Metrosex*; KG GRUR 2000, 902, 904 *LH*; OLG München CR 1999, 778 *tnet.de* (Revision nicht angenommen: BGH, Beschl. v. 24. Mai 2000 – I ZR 269/99); BGH GRUR 2008, 912, 915, Tz. 33 ff. *Metrosex*; BGH GRUR 2005, 687, 689 *weltonline.de*; LG Köln ZUM-RD 2001, 409, 411 f *guenter-jauch.de*.

179 OLG Dresden NJWE-WettbR 1999, 130, 132 *dresden-online.de*; OLG München GRUR 2001, 522, 524 *Kuecheonline*. Vgl a. Schäfer in: Bröcker/Czychowski/Schäfer, Geistiges Eigentum im Internet, § 6 Rn 27 f.

Datenbanken und Suchmaschinen im Internet erfahrungsgemäß der Fall ist. Denn die Marke und der Domainname sind in dem heutigen Zeitalter kaum wegzudenken, miteinander verknüpft und ebenso durch Investition in die Domain als Investitionsschutz dem Markenrecht zugänglich.

II. Entstehung des Schutzes und Wirkung der Registrierung

1455 Internet-Domains gehören grundsätzlich zu den geschäftlichen Bezeichnungsrechten. **Ein selbständiger Schutz als besondere Geschäftsbezeichnung oder als Werktitel kann deshalb nur dann entstehen, wenn sie auch im geschäftlichen Verkehr benutzt werden.** Die Benutzungsaufnahme einer Domain im geschäftlichen Verkehr ist damit **prioritätsbegründend.**[180] Aus einer bloß registrierten, aber nicht benutzten Domain kann **niemand Rechte herleiten; sie ist auch gegenüber einer später angemeldeten Marke nachgiebig.**[181] Gleichwohl sollte auch dem Registrierungstag einer Internet-Domain eine prioritätsbegründende Wirkung zukommen: Da die Interessenlage vergleichbar der bei Werktiteln ist, weil zuerst der Name des Internet-Auftrittes, unter dem er im Netz erreichbar sein soll, „gesichert" und erst anschließend mit der Umsetzung begonnen wird, an deren Ende dann die tatsächliche Benutzung steht, **sollte die Registrierung einer Internet-Domain wie eine Titelschutzanzeige gewertet werden.**[182] Erfolgt die Benutzungsaufnahme innerhalb angemessener Frist nach Registrierung der Domain – idR 6 Monate –, sollte daher der Schutz mit der Priorität der Registrierung entstehen; erfolgt die Benutzungsaufnahme später oder gar nicht, bleibt das Registrierungsdatum ohne Wirkung.

1456 Außerhalb des geschäftlichen Verkehrs gilt dies gleichermaßen: Ein **Name** gemäß § 12 BGB muss eine Hinweisfunktion auf seinen Namensträger besitzen.[183] Dies liegt aber bei Internet-Domains erst dann vor, wenn unter der Domain ein Internet-Auftritt erreichbar ist, also die Domain auch tatsächlich benutzt wird. **Denn die Domain erzielt nur dann ihre Namensfunktion, die unter der Adresse erreichbare Person oder Einrichtung von anderen Personen oder Einrichtungen abzugrenzen, wenn sie auch zu einer Person oder Einrichtung hinführt.**

III. Schutzfähigkeit

1457 Ein Schutz der Internet-Domain als selbständiges Kennzeichen gemäß § 5 Abs. 2 S. 1 MarkenG, § 12 BGB oder § 5 Abs. 3 MarkenG ist gegeben, wenn das verwendete Zeichen entweder **originäre Kennzeichnungskraft** oder Verkehrsgeltung besitzt;[184] **er scheidet lediglich dann aus, wenn ein reiner Gattungsbegriff gewählt worden ist, der**

---

180 OLG Hamburg ZUM-RD 2001, 131, 135 *derrick.de*.
181 BGH GRUR 2009, 1055, 1057, Tz. 40 *airdsl*; OLG München GRUR 2001, 522, 524 *Kuecheonline*.
182 Ähnlich zur Vorverlagerung des Schutzes auf den Registrierungszeitraum, wenn zeitnah die Benutzung aufgenommen wurde, BGH GRUR 2005, 430 *mho*; aA OLG Frankfurt GRURPrax 2010, 438 *y.de/y.com*; OLG München GRUR 2001, 522, 524 *Kuecheonline*. Registrierung als erste nach Außen gerichtete Handlung im geschäftlichen Verkehr: Schäfer in: Bröcker/Czychowski/Schäfer, Geistiges Eigentum im Internet, § 6 Rn 26. Zur Titelschutzanzeige s. Rn 1437 ff.
183 Vgl BGH GRUR 2008, 912, 915, Tz. 36 *Metrosex*; Fezer § 15 MarkenG Rn 21 f.
184 OLG München CR 1999, 778 *tnet.de*.

keine (namens- oder titelmäßige) Unterscheidungskraft besitzt.[185] Als selbständig schutzfähige Internet-Domains kommen damit alle Domains in Betracht, die Name, Firma oder Marke enthalten, aus (schutzfähigen) Titeln bestehen oder Abkürzungen enthalten.

Beispiele: guenter-jauch.de,[186] shell.de,[187] emergency.de,[188] dresden-online.de[189] oder tnet.de.[190]

Vom Schutz ausgenommen sind rein beschreibende Begriffe („generische Domains") wie beispielsweise mitwohnzentrale.de[191] oder wohl auch „Metrosex".[192]   1458

IV. Kollisionen

Die grundsätzliche Einordnung der Internet-Domains als Kennzeichen bedingt es, dass ihre Verwendung Kennzeichen- und Namensrechte Dritter verletzen kann.[193]   1459

Treffen Internet-Domains und andere Kennzeichnungs- bzw Namensrechte aufeinander, entscheidet der **Prioritätsgrundsatz**, wie er in § 6 MarkenG kodifiziert wurde,[194] so dass sich auch das Kennzeichenrecht aufgrund der Internet-Domain gegenüber eingetragenen Markenrechten durchsetzen kann.[195] Im Übrigen gelten die normalen Grundsätze zur Beurteilung der Verwechslungsgefahr von Kennzeichen,[196] so dass auf die Ausführungen zu den Marken und den anderen geschäftlichen Bezeichnungsrechten verwiesen werden kann (vgl Rn 1203 ff und 1421 ff).   1460

Wer eine Internet-Domain für sich **registrieren** lässt, die mit einem älteren Kennzeichenrecht wie zB einer Marke oder einer Firma kollidiert, benötigt ein eigenes, nachvollziehbares Interesse an der Domain;[197] dieses kann beispielsweise in einer eigenen Marke oder einem eigenen Firmenschlagwort liegen.[198] Ansonsten kann in der **Registrierung** der Domain auch außerhalb des geschäftlichen Verkehrs eine schikanöse, sittenwidrige Behinderung liegen, die Unterlassungs- und Löschungsansprüche gem. §§ 826, 226 BGB auslöst.[199]   1461

---

185 OLG Hamburg MMR 1999, 159, 161 *emergency.de*; OLG München NJWE-WettbR 2000, 238, 239 *us-dental.de*.
186 LG Köln ZUM-RD 2001, 409, 412 *guenter-jauch.de*.
187 BGH GRUR 2002, 622, 623 f *shell.de*.
188 OLG Hamburg MMR 1999, 159, 161 *emergency.de*.
189 OLG Dresden NJWE-WettbR 1999, 130, 132 *dresden-online.de*.
190 OLG München CR 1999, 778 *tnet.de*.
191 BGH GRUR 2001, 1061, 1063 *mitwohnzentrale.de*.
192 BGH GRUR 2008, 912, 915, Tz. 36 *Metrosex*, nicht abschließend entschieden, da es schon an einer Benutzung fehlte.
193 OLG Hamburg Mitt. 2001, 41, 41 *Kulturwerbung.de*; OLG München GRUR 2000, 518, 519 *buecher-de.com*; OLG München MMR 2000, 277 *Intershopping.com*; OLG Dresden NJWE-WettbR 1999, 133, 135 *cyberspace.de*.
194 OLG Hamm ZUM-RD 1998 566, 567 *krupp.de*.
195 OLG München CR 1999, 778 *tnet.de*.
196 OLG Hamburg GRUR 2001, 838, 839 *1001buecher.de*; A. Nordemann NJW 1997, 1891, 1894; Schäfer in: Bröcker/Czychowski/Schäfer, Geistiges Eigentum im Internet, § 6 Rn 59 ff.
197 BGH GRUR 2008, 1099, 1101, Tz. 25 *afilias.de*; BGH GRUR 2003, 897, 898 *maxem.de*.
198 BGH WRP 2010, 880, 886 f. *Peek & Cloppenburg*; KG GRUR-RR 2003, 372 (L) *america2.de*; OLG Frankfurt MMR 2000, 486, 487 *alcon.de*.
199 BGH ZUM 2005, 559, 560 *weltonline.de*, BGH lehnte einen Anspruch ab im Gegensatz zur Vorinstanz; OLG Jena MMR 2005, 776, 778 *deutsche-anwaltshotline.de*; OLG Frankfurt GRUR-RR 2003, 18, 19 f *drogerie.de*; OLG Frankfurt NJWE-WettbR 2000, 160, 160 f *weideglueck.de*. Einzelheiten zum sog. "Domain-Grabbing" bei Schäfer in: Bröcker/Czychowski/Schäfer, Geistiges Eigentum im Internet, § 6 Rn 85 ff.

Beispiele: Ein Unternehmen, das ein Computerspiel mit dem Titel „No Man´s Land" vertreibt und dafür die Domain „america2.de" anmeldet, obwohl bereits ein Jahr zuvor ein Computerhersteller ein Spiel unter dem Titel „Amerika" vertreibt, das zu den Top 5 der besten Computerspiele gehörte, handelt alleinig zu dem Zweck, die Domain für die Klägerin, insbesondere für die Bewerbung einer Nachfolgeversion ihres Computerspieles, zu sperren, ohne selbst ein berechtigtes Interesse vorweisen zu können.[200]

„deutsche-anwalthotline.de" gegenüber „deutsche-anwaltshotline.de", da bei der jüngeren Domain lediglich das „s" fehlt und die jüngere Domain sich unlauter und ohne Grund besonders dicht an die ältere Geschäftsbezeichnung anlehnt und dadurch mit einem unlauteren Mittel Kunden von dem Unternehmen der älteren Domain abzufangen trachtet.[201]

1462 Die bloße **Registrierung** einer Domain stellt aber für sich betrachtet ohne weitere hinzutretende Umstände keine den Vorwurf der Sittenwidrigkeit iSv § 3 Abs. 1 UWG oder § 826 BGB begründende Behinderung dar.[202] Da jedenfalls im geschäftlichen Verkehr verwendete Internet-Domains als besondere Geschäftsbezeichnungen iSv § 5 Abs. 2 S. 1 MarkenG zu behandeln sind, entscheiden im Kollisionsfall im Übrigen die herkömmlichen Grundsätze zur Beurteilung der Verwechslungsgefahr, so dass trotz Marken- und Domainidentität bei Branchenferne keine Verwechslungsgefahr anzunehmen ist – etwa zwischen Telekommunikationsdienstleistungen und der Ware „Tee";[203] allein die Tatsache, dass beide im Internet vertreten sind, kann diese nicht überbrücken.[204] Dasselbe gilt, wenn mangels Benutzung überhaupt nicht feststeht, in welcher Branche oder für welche Waren bzw Dienstleistungen die Domain eingesetzt werden soll.[205]

1463 Im gesamten Kennzeichenrecht gibt es kein dem Patentrecht vergleichbares sog. „**Vorbenutzungsrecht**". Dies bedeutet, dass derjenige, der eine Bezeichnung nur benutzt, ohne auch ein Kennzeichen*recht* daran erworben zu haben, gegenüber den Kennzeichenrechten eines Dritten nachgeben muss (vgl Rn 1308). Dies gilt auch für Internet-Domains: Wer eine an sich kennzeichnungskräftige Domain für sich registrieren lässt, ohne an ihrem kennzeichnungskräftigen Bestandteil ein Kennzeichnungsrecht – zB Marke oder Firma – zu besitzen, muss sie wieder löschen lassen, wenn aus einem an sich jüngeren Kennzeichenrecht dagegen vorgegangen wird, es sei denn, dass die Domain innerhalb angemessener Frist in Benutzung genommen wird; dann entsteht an ihr ein eigenes Kennzeichenrecht (vgl Rn 1455).

1464 Rein **generische Domains**, also solche, die Gattungsbegriffe darstellen wie etwa www.rechtsanwaelte.de und www.wettbewerbsrecht.de, auf denen eine Anwaltskanzlei ihre Dienstleistungen bewirbt, www.autos.de, auf der verschiedene KfZ-Händler Autos anbieten, oder www.nachrichten.de, von der man direkt auf die Homepage des Magazins FOCUS geleitet wird, sind auch ohne eigenes, nachvollziehbares Interesse frei registrier- und benutzbar; hier gilt ausschließlich der Grundsatz „**first come first served**".[206] Rein generische Domains können auch gefahrlos unbenutzt bleiben; da an

---

200 KG GRUR-RR 2003, 372 (L) *america2.de*.
201 OLG Jena MMR 2005, 776, 777 f *deutsche-anwaltshotline.de*.
202 OLG München Mitt. 2000, 512, 514 *teambus.de*.
203 OLG Düsseldorf GRUR-RR 2002, 20, 21 f *T-Box*.
204 OLG Düsseldorf GRUR-RR 2002, 20, 21 f *T-Box*; OLG Frankfurt MMR 2000, 486, 487 *alcon.de*.
205 OLG München Mitt. 2000, 512, 513 *teambus.de*.
206 BGH GRUR 2001, 1061, 1064 *mitwohnzentrale.de*; OLG Frankfurt WRP 1997, 341, 342 *wirtschaft-online.de*. AA OLG Hamburg CR 1999, 779, 781 *mitwohnzentrale.de*.

Gattungsbegriffen keine Kennzeichenrechte entstehen können, können auch Dritte keine Anspruchsgrundlage besitzen, um eine Löschung wegen Kennzeichenverletzung zu verlangen. Etwaige Unzulässigkeiten können nur aus der Art und Weise der Verwendung der Domain folgen und sich dann aus § 3 Abs. 1 UWG ergeben,[207] beispielsweise wenn die Verwendung des fraglichen Begriffes dadurch verhindert wird, dass gleichzeitig auch andere Schreibweisen und/oder dieselbe Bezeichnung unter anderen Top-Level-Domains registriert wurde (Behinderungswettbewerb, § 3 Abs. 1 iVm § 4 Nr. 10 UWG)[208] oder wenn der unzutreffende Eindruck einer Alleinstellung erweckt wird (§ 3 Abs. 1 iVm § 5 Abs. 1 S. 2 Nr. 1 oder Nr. 3 UWG);[209] letzterem kann allerdings durch Hinweise auf der Homepage, dass es noch weitere Mitbewerber gibt, entgegengewirkt werden.[210]

Besondere Probleme bereiten Internet-Domains im Bereich der **Gleichnamigkeit**.[211]   **1465**
Zwar hat der BGH in seiner Entscheidung *mitwohnzentrale.de* ausgesprochen, dass es keine rechtliche Grundlage für ein Mitbenutzungsrecht Dritter an generischen Domains gebe.[212] Das ist für generische Domains sicher auch richtig, weil keine Anspruchsgrundlage ersichtlich ist, die ein Recht auf Inhaberschaft an einer bestimmten generischen Domain gewähren würde. Bei Marken- und geschäftlichen Bezeichnungsrechten ist das aber anders: Eine Marke oder geschäftliche Bezeichnung gewährt dem Inhaber grundsätzlich ein ausschließliches Recht (§§ 14 Abs. 1, 15 Abs. 1 MarkenG). Registriert ein anderer eine mit der Marke oder geschäftlichen Bezeichnung identische oder verwechslungsfähige Domain, kann der Kennzeichenrechtsinhaber Löschung, Unterlassung der Benutzung, Auskunft und Schadensersatz verlangen, ggf sogar Übertragung der Domain.[213] Nun existieren aber durchaus häufig für nicht ähnliche Waren oder absolut branchenferne Unternehmen identische Marken oder Firmenbezeichnungen bzw Firmenschlagwörter, zum Beispiel *Mercedes* für Autos und Zigaretten oder *Winterthur* für die Schweizer Stadt und die gleichlautende Versicherung. Die Marken oder Firmenbezeichnungen bzw Firmenschlagwörter existieren häufig bereits seit Jahrzehnten im Markt vollkommen konfliktlos nebeneinander, eben weil die Waren und Tätigkeitsbereiche zu verschieden sind. Man wird deshalb auch keinem der Kennzeicheninhaber ein besseres Recht oder höherrangiges Interesse an der von beiden erstrebten Domain zubilligen können. Solche Fälle sollte man in der Tat über einen aus dem Kennzeichenrecht kommenden Mitbenutzungsanspruch lösen und über eine Vorschaltseite dann dem Besucher eine Auswahl geben, zu welchem der Kennzeicheninhaber er gelangen möchte.[214]

207 BGH GRUR 2001, 1061, 1064 *mitwohnzentrale.de*; OLG Frankfurt WRP 1997, 341, 342 *wirtschaft-on-line.de*. Vgl a. Schäfer in: Bröcker/Czychowski/Schäfer, Geistiges Eigentum im Internet, § 6 Rn 32 ff.
208 BGH GRUR 2009, 685, 689 f, Tz. 41 ff *ahd.de*; BGH GRUR 2001, 1061, 1063 *mitwohnzentrale*; OLG Jena MMR 2005, 776, 777 *deutsche-anwaltshotline-de.*
209 BGH GRUR 2001, 1061, 1064 *mitwohnzentrale.de.*
210 BGH GRUR 2001, 1061, 1063 *mitwohnzentrale.de.*
211 Vgl ausführlich Schäfer in: Bröcker/Czychowski/Schäfer, Geistiges Eigentum im Internet, § 6 Rn 42 ff; BGH WRP 2010, 880, 885 ff. *Peek & Cloppenburg*; BGH GRUR 2005, 430, 430 f *mho.*
212 BGH GRUR 2001, 1061, 1064 *mitwohnzentrale.de.*
213 S. Rn 1466.
214 So ist dies – allerdings freiwillig – im Fall *Winterthur* geschehen: Vgl "http://www.winterthur.ch". Kein Rechtsanspruch auf Domainsharing: Schäfer in: Bröcker/Czychowski/Schäfer, Geistiges Eigentum im Internet, § 6 Rn 48; BGH WRP 2010, 880, 886 f. *Peek & Cloppenburg* schutzwürdiges Interesse des gleichnamigen aber unabhängigen Unternehmens.

1466 Der Inhaber des älteren Kennzeichenrechts kann – wie oben erwähnt – vom Inhaber einer jüngeren, verwechslungsfähigen Domain **Löschung, Unterlassung der Benutzung, Auskunft und Schadensersatz** verlangen. Ob die **Übertragung** der Domain darüber hinaus verlangt werden kann, ist zweifelhaft.[215] Der Übertragungsanspruch ist wohl abzulehnen: Einerseits ist der Verletzer nämlich nicht dazu verpflichtet, an der Verbesserung der Position des Verletzten mitzuwirken, was aber bei einer Übertragung der Domain eintreten würde, weil andere, möglicherweise auch berechtigte Personen umgangen werden würden; andererseits rückte der Verletzte in die Rechtsposition des Verletzers ein, was gegenüber prioritätsgleichen oder prioritätsbesseren Rechten Dritter zu einer möglicherweise unberechtigten Stellung führen kann.[216] Der Markeninhaber, der einen Verletzer u.a. auf Löschung einer Domain in Anspruch nimmt, kann sich allerdings dadurch absichern, dass er bei der Denic zu der angegriffenen.de-Domain einen sogenannten „Dispute-Eintrag" schalten lässt; dieser hat zur Folge, dass die Domain nicht mehr ohne Zustimmung des Inhabers des Dispute-Eintrages übertragen werden kann und im Falle eines Verzichts durch den Domain-Inhaber automatisch auf den Inhaber des Dispute-Eintrages übertragen wird.

1467 Einige Vergabestellen von Toplevel-Domains sehen in ihren Allgemeinen Geschäftsbedingungen die Unterwerfung des Domaininhabers unter ein **Schiedsverfahren** für den Fall von Streitigkeiten um die Domain vor.[217] Dies betrifft insb. die (eher internationalen) Toplevel-Domains.biz,.com,.info,.name,.net und.org; für die deutsche Toplevel-Domain.de existiert ein Schiedsverfahren nicht.[218]

1468 Neben dem Schutz als geschäftliches Bezeichnungsrecht gemäß § 5 Abs. 2 S. 1 MarkenG sowie der Kollision mit Marken- und anderen Kennzeichnungsrechten kommt immer auch ein Schutz der Internet-Domain gemäß § 12 BGB bzw das Bestehen älterer Namensrechte gemäß § 12 BGB gegenüber einer jüngeren Internet-Domain in Betracht. Vgl hierzu aktuell BGH GRUR 2008, 1099, Tz. 27, 30 ff *afilias.de*, BGH GRUR 2005, 430 *mho.de*, BGH GRUR 2003, 897 *maxem.de* und BGH GRUR 2002, 622 *shell.de*.

V. Schutzdauer

1469 Der kennzeichenrechtliche Schutz einer Internet-Domain erlischt mit endgültiger Aufgabe der Benutzung (vgl auch Rn 1426 f). Dies wird regelmäßig bei Freigabe (Löschung) einer Domain und länger anhaltender Nichterreichbarkeit anzunehmen sein, nicht aber bei einer nur vorübergehenden Abschaltung.

---

215 BGH GRUR 2002, 622, 626 *shell.de*.
216 OLG Hamburg ZUM-RD 2001, 131, 137 *derrick.de*.
217 Ausführliche Darstellung bei Schäfer in: Bröcker/Czychowski/Schäfer, Geistiges Eigentum im Internet, § 6 Rn 100 ff.
218 Vgl Schäfer in: Bröcker/Czychowski/Schäfer, Geistiges Eigentum im Internet, § 6 Rn 103.

Viertes Kapitel: Geografische Herkunftsangaben

Das MarkenG sieht diverse Schutzmöglichkeiten für geografische Herkunftsangaben 1470
vor.[1] So können sie zum einen als **Kollektivmarke** gemäß § 97 Abs. 1 MarkenG eingetragen werden (Rn 1485); aber auch ein Schutz als **Individualmarke** ist denkbar
(Rn 1487). Zum anderen können sie Schutz genießen als **nichteingetragene geografische
Herkunftsangabe** gemäß § 126 Abs. 1 MarkenG. Schließlich können sie in das entsprechende Register der Europäischen Kommission als geografische Angabe oder Ursprungsbezeichnung über §§ 130 ff. MarkenG eingetragen werden.

Vor Inkrafttreten des MarkenG waren die geografischen Herkunftsbezeichnungen nach 1471
§ 3 UWG aF geschützt, sofern die beteiligten Verkehrskreise irregeführt wurden; ergänzend griffen ein erweiterter Schutz bekannter geografischer Herkunftsangaben gegen Anlehnung oder Rufausbeutung gemäß § 1 UWG aF, der strafrechtliche Schutz
gegen irreführende Werbung gemäß § 4 UWG aF sowie die Strafvorschrift des § 26
WZG ein. Die Neuregelungen im UWG (§§ 3 Abs. 1, 5 Abs. 1 S. 2 Nr. 1 UWG) entsprechen im Wesentlichen den von der Rechtsprechung im Rahmen der §§ 3 und 1
UWG aF aufgestellten Grundsätzen,[2] allerdings mit der tatsächlichen Erweiterung, dass
nunmehr ausdrücklich gemäß § 97 MarkenG auch ein Schutz geografischer Kollektivmarken vorgesehen ist.[3]

Liegt ein Schutz als geografische Angabe oder Ursprungsbezeichnung nach der VO (EG)
Nr. 510/2006 vor, so verdrängt die Verordnung den Schutz durch nationale Vorschriften.[4] Dieses Prinzip gilt auch, wenn die Bezeichnung nicht nach der VO (EG)
Nr. 510/2006 in das Register eingetragen ist, aber die materiellen Schutzvoraussetzungen zu bejahen wären (Eröffnung des Anwendungsbereiches).[5] Hintergrund sind die
einzuhaltenden Qualitätsanstrengungen auf europäischer Ebene, so dass ein separater
nationaler Schutz entfallen muss. Dies sind zB in Deutschland: *Bayerisches Bier*[6] oder
Spreewälder Gurken. Bei geografischen Herkunftsangaben nach §§ 126 und 127
MarkenG und VO (EG) Nr. 510/2006 kommt es auf eine Verwechslungsgefahr nicht
an, denn insofern ist schon jede Anspielung auf eine Ursprungsbezeichnung oder geografische Herkunftsangabe für ein vergleichbares Erzeugnis verboten.[7]

A. Begriffsbestimmung

Rechtsgrundlage: § 126 MarkenG; Art. 2 VO (EG) Nr. 510/2006

Geografische Herkunftsangaben sind die Namen von Orten, Gegenden, Gebieten oder 1472
Ländern sowie sonstige Angaben oder Zeichen, die im geschäftlichen Verkehr zur
Kennzeichnung der geografischen Herkunft von Waren oder Dienstleistungen benutzt
werden (§ 126 Abs. 1 MarkenG; Art. 2 VO (EG) Nr. 510/2006). Sie unterscheiden sich

---

1 Vgl Goebel GRUR 1995, 98 ff; Knaack GRUR 1995, 103 ff; Helm, FS Vieregge, S. 335.
2 Vgl die Gesetzesbegründung zu § 126 MarkenG in Bl. f PMZ 1994 Sonderheft, 111, zu § 127 MarkenG in Bl. f
  PMZ 1994 Sonderheft, 112 und zu § 128 MarkenG in Bl. f PMZ 1994 Sonderheft, 113.
3 Vgl Knaack GRUR 1995, 103, 107.
4 EuGH GRUR 2010, 143, 150, Tz. 114 ff. *American Bud II*; EuGH GRUR Int. 2004, 131 Tz 74 *American Bud I*.
5 EuGH GRUR 2010, 143, 150, Tz. 114 ff. *American Bud II*.
6 BGH GRUR 2008, 413, 414, Tz. 21 *Bayerisches Bier*.
7 EuGH GRUR 2008, 524, 525 f, Tz. 42 ff. *Parmesan*; EuGH GRUR 2010, 143, 146 f, Tz. 73 ff. *American Bud II*.

von Marken und geschäftlichen Bezeichnungen dadurch, dass sie nicht auf die betriebliche Herkunft von Waren bzw Dienstleistungen oder auf den Geschäftsinhaber bzw das Geschäft selbst hinweisen, sondern auf die geografische Herkunft einer Ware oder Dienstleistung.

Beispiele: Als berühmtestes Beispiel mag die geografische Herkunftsangabe „Made in Germany" dienen.[8]

Ferner: „Cambridge Institute",[9] „Warsteiner",[10] „Spa"[11] – nunmehr beschreibende Angabe.[12]

B. Schutzfähigkeit

Rechtsgrundlage: § 126 MarkenG; Artt. 2, 3 Abs. 1 VO (EG) Nr. 510/2006

1473 Eine geografische Herkunftsangabe kann sich im Laufe der Zeit von einem Symbol für eine besondere, örtlich gebundene Qualität zu einer **bloßen Kennzeichnung für eine bestimmte Herstellungsart**, ein bestimmtes „Rezept", entwickeln; dann ist sie als bloße Gattungsbezeichnung einem Schutz nicht zugänglich (§ 126 Abs. 2 MarkenG; Art. 3 Abs. 1 VO (EG) Nr. 510/2006).

Beispiel: Im Eintragungsverfahren bzgl „*Münchner Weißwurst*" vorgetragen und entschieden,[13] nicht jedoch gilt dies für *Parmesan*[14] und *Feta*,[15] die keine bloßen Gattungsbezeichnungen sind.

1474 Ob eine geografische Herkunftsangabe zu einer Gattungsbezeichnung wird, richtet sich maßgeblich nicht mehr nur nach dem angesprochenen Verkehrskreis, der in einer Angabe einen Hinweis auf die geografische Herkunft des Produktes sehen müsste. Hierzu konnte es genügen, wenn 10 bis 15% der Angesprochenen in der Angabe einen geografischen Herkunftshinweis sehen.[16] Dies ist nunmehr überholt, weil es auf die objektive Erfüllung der Eintragungskriterien ankommt und nicht maßgeblich auf die Sicht der angesprochenen Verkehrskreise, auch wenn derartige Umfragen als Teilkriterium Berücksichtigung bei der Beurteilung der Eintragungskriterien finden.[17] Zahlreiche Entscheidungen zu geografischen Herkunftsangaben befassen sich deshalb mit der Frage, ob eine bestimmte Herkunftsangabe noch lokalisierenden Charakter habe oder schon zur Beschaffenheitsangabe denaturiert sei; ein solcher Bedeutungswandel (vgl Rn 168) ist freilich erst dann als vollzogen anzusehen, wenn nur noch ein ganz unbeachtlicher Teil des Publikums die Angabe als Hinweis auf die geografische Herkunft

---

8   Gesetzesbegründung zu Teil 6 des MarkenG – geografische Herkunftsangaben, in Bl. f PMZ 1994 Sonderheft, 110.

9   BGH GRUR 2007, 884 ff. *Cambridge Institute*.

10 BGH GRUR 2002, 160, 161 *Warsteiner III*.

11 BGH GRUR 2001, 420, 421 *SPA*.

12 BPatG 10.2.2009, 27 W (pat) 20/09, Spa war eine geografische Herkunftsangabe und hat sich nunmehr zu einer beschreibenden Angabe gewandelt.

13 BPatG GRUR 2009, 506 (L)/ WRP 2009, 472 ff. *Münchner Weißwurst*, gemäß Art. 3 Abs. 1 VO (EG) Nr. 2081/92 handelt es sich um eine Gattungsbezeichnung, die gegen eine Eintragung spricht (WRP 2009, 472, 481 f und 489 f). Die VO (EG) Nr. 2081/92 wurde durch die VO 510/2006 aufgehoben und neu kodifiziert, ABl. (EU) 2006, Nr. L 93/12 und im Weiteren durch Durchführungs-VO (EG) Nr. 1898/2006 weiter ergänzt, ABl. (EU) 2006, Nr. L 369/1.

14 EuGH GRUR 2008, 524, 526, Tz. 51 ff. *Parmesan*.

15 EuGH GRUR 2006, 71, 73, Tz. 70 ff. *Feta II*; EuGH GRUR Int. 1999, 532, 540, Tz. 88 ff. *Feta I*.

16 BPatG GRUR 2009, 506 (L)/ WRP 2009, 472, 482 ff, 486 *Münchner Weißwurst*; BGH GRUR 1981, 71, 74 *Lübecker Marzipan*.

17 BPatG GRUR 2009, 506 (L)/WRP 2009, 472, 486 ff. *Münchner Weißwurst*.

des Erzeugnisses ansieht.[18] Ein bedeutender Fall war die Entscheidung des RG, die „Radeberger Pilsener" als Beschaffenheitsangabe zuließ;[19] gleichwohl dürfte „Pilsener" – ohne **entlokalisierende Hinweise** wie „Radeberger", „Einbecker", „Warsteiner" etc. – nach wie vor eine geografische Herkunftsangabe darstellen,[20] sofern nicht nach der Art der Benutzung der Verkehr auf eine Sortenbezeichnung schließt.[21] Eine spätere Rückentwicklung vom Gattungsbegriff zur geografischen Herkunftsangabe ist zwar möglich, würde vom Bundesgerichtshof mit Rücksicht auf den schutzwürdigen Besitzstand der nicht ortsansässigen Hersteller aber nur dann anerkannt werden, wenn der überwiegende Teil des Publikums die Bezeichnung wieder als Herkunftsangabe auffassen sollte.[22] Dagegen haben Zusätze wie „echt", „alt" oder „original" stets relokalisierende Wirkung (vgl auch Rn 1478): „Echter Steinhäger" darf nur ein Kornbranntwein aus Steinhagen genannt werden;[23] „Urselters" muss nicht nur aus Selters, sondern auch aus der historischen Quelle selbst stammen.[24] „Original" versteht der Verkehr sogar dann als Hinweis auf den Herkunftsort, wenn es diesen gar nicht gibt.[25]

Ein Schutz kann auch über bilaterale Staatsverträge oder für mittelbare geografische **1475** Herkunftsangaben erreicht werden, die keinen geografischen Namen enthalten, aber darauf hinweisen, dass das relevante Produkt aus einer Region oder einem Ort des Ursprungsstaates stammt.[26]
Beispiel: HALLOUMI.[27]

C. Schutzgegenstand

Rechtsgrundlage: § 127 MarkenG; Art. 13 VO (EG) Nr. 510/2006

Geografische Herkunftsangaben dürfen im geschäftlichen Verkehr zunächst dann nicht **1476** zur Kennzeichnung von Waren oder Dienstleistungen benutzt werden, wenn mit der Benutzung eine **Gefahr der Irreführung über die geografische Herkunft** einhergeht (§ 127 Abs. 1 MarkenG). Wiederum kommt es nicht darauf an, ob die Vorstellungen des Publikums, dass ein Produkt sich aufgrund seiner geografischen Herkunft qualitativ von anderen unterscheide, richtig sind oder nicht. Mit dem Zusatz „de Paris" darf deshalb für ein in Deutschland hergestelltes Parfum nicht geworben werden, auch wenn französische Essenzen in Deutschland nach französischen Originalrezepten nur noch konfektioniert, dh mit Alkohol und Wasser verdünnt und verpackt werden.[28] Auch ist

---

18 BGH GRUR 2001, 420, 421 *SPA*; BGH GRUR 1989, 440, 441 *Dresdner Stollen*; BGH GRUR 1982, 564, 565 *Elsässer Nudeln*; BGH GRUR 1981, 71, 72; BGH GRUR 1959, 365, 366 f. *English Lavendel*; OLG Köln GRUR 1983, 384 f bzw WRP 1984, 224 *Lübecker Marzipan I-III*; OLG Köln WRP 1981, 160 *Kölsch*.
19 RGZ 79, 251 *Radeberger Pilsener*; bestätigend RGZ 139, 365 *Herrenhäuser Pilsener*.
20 LG Köln GRUR 1978, 724 *Pilsener Brauerei-Abfüllung*. Köhler/Bornkamm/Bornkamm, Wettbewerbsrecht 28. Aufl. 2010, § 5 UWG Rn 1.84, 4.201 ff.
21 BGH GRUR 1974, 220, 221 f. *Club-Pilsener*.
22 BGH GRUR 1981, 71, 72 *Lübecker Marzipan I* unter Berufung auf BGH GRUR 1965, 317, 319 *Kölnisch Wasser*; BGHZ 106, 101, 103 f. *Dresdner Stollen I*.
23 BGH GRUR 1957, 128, 129 f. *Steinhäger*; BGH GRUR 1982, 111, 114 *Original-Maraschino* (Rückbezug auf eine Region).
24 BGH GRUR 1986, 316, 317 f und 1990, 1035, 1037 f. *Urselters I + II*.
25 DPMA GRUR 1988, 216.
26 EuGH GRUR 2010, 143, 147, Tz 81 f. *American Bud II*; EuGH GRUR Int. 2004, 131, 135, Tz. 99 ff. *American Bud I*; EuGH LMRR 1992, 41, Tz. 28 *Turron de Alicante*.
27 OLG Düsseldorf, 21.2.2006, I-20 U 229/05, Tz. 2 und 16 f (juris) *Halloumi*.
28 BGHZ 44, 16, 22 ff *L'Oreal – de Paris*; OLG Hamburg WRP 1981, 589 f. *Les Baguettes de Paris*.

nur entscheidend, ob die verwendete Angabe beim Verbraucher eine Irreführung über die geografische Herkunft hervorruft; ob die geografische Herkunftsangabe auch kaufentscheidend ist, bleibt unberücksichtigt.[29] Eine Verwechslungsgefahr ist nicht erforderlich.[30]

1477 Bei Bier erweckt die geografische Herkunftsbezeichnung in aller Regel beim Verbraucher bestimmte Qualitätserwartungen, insbesondere weil Bier nach dem Verständnis breiter Verkehrskreise typischerweise auch durch das zu seiner Herstellung verwendete Wasser geprägt wird; ob tatsächlich Qualitätsunterschiede vorhanden sind, ist hierbei nicht entscheidend:[31] „Original Oettinger Bier", das nicht im bayrischen Oettingen, sondern im thüringischen Gotha gebraut wird, ist deshalb ebenso irreführend[32] wie die in Paderborn gebrauten „Warsteiner Light" und „Warsteiner Fresh"[33] oder das in Frankfurt gebraute „Clausthaler".[34] „Serie Westerwald" deutet auf ein in Deutschland hergestelltes Steinzeug hin, darf also nicht für ein Produkt aus Taiwan verwendet werden.[35] „Sweden" darf sich eine Firma aus den USA in Deutschland nicht nennen, auch wenn sie dort so firmiert.[36] „Rüdesheimer Sektkellerei GmbH" für ein Unternehmen aus dem Ort an der Nahe ist unzulässig, weil der Verkehr annimmt, es sei in Rüdesheim am Rhein ansässig.[37] Glühwein „vom Nürnberger Christkindlmarkt" muss dort tatsächlich ausgeschenkt werden.[38] „Deutsches Erzeugnis" muss auf einer deutschen Leistung beruhen.[39] Umgekehrt dürfen deutsche Produkte nicht den Eindruck erwecken, als seien sie im Ausland hergestellt.[40] Orientteppiche mit Ortsangabe müssen auch dort geknüpft sein; dass sie anderswo in gleicher Art und Qualität geknüpft werden, genügt nicht.[41] Allerdings muss überhaupt eine Herkunftserwartung der angesprochenen Verkehrskreise feststellbar sein; hat das Publikum ohnehin keine klaren Vorstellungen, so wird es auch nicht irregeführt.[42]

1478 Irreführungen über die geografische Herkunft können grundsätzlich durch sog. „entlokalisierende Zusätze" vermieden werden. So wird beispielsweise das alkoholfreie Bier „Clausthaler" angeboten unter „Marke Clausthaler" und dem weiteren Hinweis auf dem Etikett „Gebraut in Lizenz der Brauerei Clausthal von der Binding-Brauerei Frank-

---

29 BGH GRUR 2001, 420, 421 *SPA.*
30 EuGH GRUR 2010, 143, 146 f, Tz. 74 ff. *American Bud II*; EuGH GRUR Int. 1999, 443, 445, Tz. 25 f.
   Gorgonzola/Cambozola; BGH GRUR 2008, 413, 414, Tz. 18 *Bayerisches Bier.*
31 Vgl BGH GRUR 2002, 1074, 1076 *Original Oettinger*; OLG Naumburg WRP 1995, 749, 751 *Original Oettinger Bier*; BGH GRUR 2002, 160, 161 *Warsteiner III.*
32 BGH GRUR 2002, 1074, 1076 *Original Oettinger*; OLG Naumburg WRP 1995, 749, 751 *Original Oettinger Bier.*
33 BGH GRUR 2002, 160, 161 *Warsteiner III*; OLG Hamburg, Urteil v. 3. Dezember 1992, 3 U 109/92.
34 LG Hamburg, Urteil v. 8. Juli 1993, 312 O 101/93.
35 OLG Koblenz WRP 1985, 173, 174.
36 BGH GRUR 1974, 781.
37 OLG Frankfurt WRP 1986, 279, 280.
38 OLG Nürnberg GRUR 1987, 538.
39 BGH GRUR 1973, 594, 595 *Ski-Sicherheitsbindung.*
40 BGH GRUR 1981, 666 *Ungarische Salami I*: Verwendung der ungarischen Nationalfarben Rot-Weiß-Grün für eine deutsche Salami. BGH GRUR 1987, 535, 537 *Wodka Worronov*: Herkunft aus der Sowjetunion. OLG Hamburg WRP 1983, 426, 428 *Creme Fraiche*: Französische Bezeichnung für deutschen Sauerrahm. LG München I GRUR Int. 1980, 667 *Alpia*: Werbung in Schweizer Mundart für deutsche Schokolade. BGH GRUR 1982, 564, 566 *Elsässer Nudeln*: Für deutsche Teigwaren.
41 OLG Hamm WRP 1983, 573, 574.
42 OLG Frankfurt WRP 1980, 335 (Klaviere mit deutscher Bezeichnung aus der damaligen CSSR). Vgl Rn 213 Fn 15.

furt". Entlokalisierende Hinweise müssen zwar **deutlich erkennbar und ohne weiteres verständlich** sein, um die Irreführungsgefahr aufzuheben, wobei der Gesamteindruck der konkreten Gestaltung entscheidend ist;[43] wegen des geänderten Verbraucherleitbildes in der Rspr des BGH (vgl Rn 121 ff), die auch im Markenrecht und vor allem auch im Bereich der geografischen Herkunftsangaben gilt, können jedoch inzwischen Hinweise auf dem Rückenetikett einer Bierflasche ausreichend sein.[44] Entsprechend hat die Brauhaus Oettingen GmbH ihr vorerwähntes „Original Oettinger Bier" (Rn 1477) nun mit einem deutlich sichtbaren Hinweis „Gebraut in Gotha" in unmittelbarer Nähe der Herkunftsbezeichnung „Oettinger" versehen und bedarf es für die in Paderborn gebrauten „Warsteiner Light" und „Warsteiner Fresh" (Rn 1477) lediglich eines Hinweises auf dem Rückenetikett „Gebraut in unserer neuen Paderborner Brauerei".[45] Ein Zusatz wie „original" verstärkt übrigens regelmäßig die Irreführung und ist daher grundsätzlich nicht dazu geeignet, zu entlokalisieren.[46]

Sonderfälle ergaben sich aus der Situation im geteilten Deutschland: „Rügenwalder Teewurst" ist Fabrikanten vorbehalten, die zumindest vormals in Rügenwalde ansässig waren (personengebundene Herkunftsangabe).[47] „Dresden" blieb für Porzellan aus Bayern allerdings immer unzulässig;[48] entsprechendes galt für Produkte mit der Bezeichnung „Jena", die nicht aus Jena stammten.[49] „Made in Germany" galt immer für Waren aus beiden Teilen Deutschlands.[50] Soweit nunmehr die gleichen Kennzeichen von Ost- und Westunternehmen gebraucht werden, gilt § 33 ErstreckungsG analog, vgl Rn 1498. **1479**

Aber auch eine zutreffende geografische Herkunftsangabe genügt nicht immer, um jeden Vorwurf der Irreführung auszuschließen. Vielmehr muss das so vertriebene Erzeugnis auch den **Qualitätsvorstellungen** entsprechen, die sich der Verbraucher allgemein von Erzeugnissen dieser Herkunft macht (§ 127 Abs. 2 MarkenG). „Scotch Whisky" muss also nicht nur aus Schottland stammen, sondern muss auch mindestens drei Jahre abgelagert sein.[51] Weil sich ortsansässige Hersteller aber meist an die mit der geografischen Herkunftsangabe verbundenen Qualitätsvorstellungen halten werden, dürfte eine Irreführung relativ selten sein.[52] **1480**

Genießt eine geografische Herkunftsangabe einen **besonderen Ruf**, so darf sie auch dann nicht benutzt werden, wenn keine Irreführungsgefahr besteht, sofern durch die Benutzung für Waren oder Dienstleistungen anderer Herkunft der Ruf der geografi- **1481**

---

43 Vgl Götting/Nordemann/A. Nordemann, UWG 1. Aufl. 2009, § 5 Rn 1.143 ff und 4.201 ff; Fezer, § 127 MarkenG Rn 35; Köhler/Bornkamm/Bornkamm, Wettbewerbsrecht 28. Aufl. 2010, § 5 UWG Rn 4.201 ff; Piper/Ohly/Sosnitza, UWG, 5. Aufl. 2010, § 5 Rn 353 f; OLG München GRUR-RR 2002, 357, 358 *MARKE Ulmer Münster.*
44 BGH GRUR 2002, 160, 162 *Warsteiner III.*
45 BGH GRUR 2002, 160, 162 f. *Warsteiner III.*
46 BGH GRUR 2001, 420, 422 *SPA.* Vgl a. Rn 1474.
47 BGH GRUR 1956, 270, 272; OLG Hamburg GRUR 1987, 923 f (die Bezeichnung ist auch nicht im Wege der Kooperation faktisch auf Dritte übertragbar) und WRP 1993, 333, 336 ff; kritisch Junker WRP 1987, 523.
48 OLG München GRUR 1976, 599 f.
49 BGH GRUR 1981, 57, 58 f. *Jena.*
50 BGH GRUR 1974, 665, 666 *Germany.*
51 BGHZ 51, 295, 297 ff.
52 Knaack GRUR 1995, 103, 107.

schen Herkunftsangabe ohne rechtfertigenden Grund in unlauterer Weise ausgenutzt oder beeinträchtigt werden würde (§ 127 Abs. 3 MarkenG).

Beispiele unlauterer Ausnutzung oder Beeinträchtigung: „Ein Champagner unter den Mineralwässern": Dieser Werbespruch für ein Mineralwasser ist unzulässig, da der überaus gute Ruf von Champagner unbillig ausgenutzt wird;[53] ähnlich; „Champagnerbratbirne";[54] vgl aber auch den Fall der zulässigen Benutzung einer Domain champagner.de.[55]

1482 Die Schutzvorschriften über die geografischen Herkunftsangaben gelten im Übrigen nicht nur bei identischer Benutzung, sondern auch bei der Benutzung ähnlicher Angaben sowie im Falle der Benutzung so genannter „entlokalisierender Zusätze" (s.o. Rn 1478), sofern demnach Irreführungsgefahr besteht oder der Ruf einer berühmten Herkunftsangabe ausgenutzt wird (§ 127 Abs. 4 MarkenG).

D. Entwicklung zum Kennzeichen eines Herstellers

1483 Dass sich eine geografische Herkunftsangabe gar zum Kennzeichen eines bestimmten Herstellers entwickelt, kann wegen des Schutzbedürfnisses etwaiger späterer Mitbewerber am Ort nur angenommen werden, wenn sie als solches nahezu einhellig durchgesetzt ist.[56] Abwehrmaßnahmen der Mitbewerber am Ort gegen Monopolisierungsversuche dieser Art sind zulässig (Rn 746, 992).[57] In kleineren Städten, bei denen nicht mit weiteren gewerblichen Ansiedlungen in der betroffenen Branche zu rechnen ist, ist allerdings nicht von einem überragenden Freihaltebedürfnis der Mitbewerber an der geografischen Herkunftsangabe auszugehen, so dass Bekanntheits-, Kennzeichnungs- und Zuordnungsgrade von über 50 % als ausreichend für die Qualifikation einer geografischen Herkunftsangabe als Kennzeichen eines bestimmten Herstellers angesehen werden.

Beispiel: ERDINGER für Weißbier;[58] BUDWEISER Bier für Bier aus Budvar.[59]

1484 Zur Eintragungsfähigkeit einer geografischen Herkunftsangabe als Individualmarke s. unten Rn 1487.

E. Eintragungsfähigkeit als Kollektivmarke

Rechtsgrundlagen: §§ 97, 8 Abs. 2 Nr. 2 MarkenG; Artt. 66, 7 Abs. 1 lit. c GMV

1485 Zu den Kollektivmarken siehe zunächst oben Rn 1390 f. § 97 MarkenG und Art. 66 GMV sehen die Eintragung einer geografischen Herkunftsangabe als Kollektivmarke vor. **Das Freihaltebedürfnis aus § 8 Abs. 2 Nr. 2 MarkenG bzw Art. 7 Abs. 1 lit. c GMV steht der Eintragung geografischer Herkunftsangaben als Kollektivmarke nicht entgegen** (§ 99 MarkenG; Art. 66 Abs. 2 GMV); im Gegenzug sehen allerdings § 100 Abs. 1 MarkenG und Art. 66 Abs. 2 GMV vor, dass die ortsansässigen Dritten, die nicht Mitglied des Inhabers der Kollektivmarke sind, die geografische Herkunftsangabe im ge-

---

53 BGH GRUR 1988, 453 ff. *Ein Champagner unter den Mineralwässern.*
54 BGH GRUR 2005, 957 ff. *Champagnerbratbirne.*
55 OLG München GRUR-RR 2002, 17, 18 f *champagner.de.*
56 BGH GRUR 1974, 337, 398 f *Stonsdorfer.*
57 Zur Bestimmung des Kreises der in einer geografischen Herkunftsangabe Berechtigten vgl Tillmann GRUR 1980, 487.
58 BPatG GRUR 1994, 627, 629 *Erdinger.*
59 EuGH GRUR 2010, 143 ff. *American Bud II.*

schäftlichen Verkehr benutzen dürfen, sofern dies den guten Sitten entspricht und kein Verstoß gegen § 127 MarkenG vorliegt bzw die Benutzung den anständigen Gepflogenheiten in Handel und Gewerbe entspricht.[60] Des weiteren bestimmen § 102 Abs. 3 MarkenG und Art. 67 Abs. 2 GMV, dass die Markensatzung ein Beitrittsrecht aller ortsansässigen Hersteller, deren Waren oder Dienstleistungen aus dem entsprechenden geografischen Gebiet stammen und den in der Markensatzung enthaltenen Bedingungen für die Benutzung der Kollektivmarke entsprechen, vorsehen muss.

Ist eine Kollektivmarke eingetragen, kann der Inhaber der Kollektivmarke gemäß § 101 Abs. 1 MarkenG und Art. 72 GMV grundsätzlich im Außenverhältnis bei Verletzungen der Kollektivmarke gegen Dritte vorgehen.[61] Allerdings kann der Inhaber der Kollektivmarke entweder individuell oder auch durch die Satzung es einem einzelnen Mitglied oder den Mitgliedern allgemein wie einem Lizenznehmer gestatten, die Rechte aus der Kollektivmarke im Verletzungsverfahren geltend zu machen, § 101 Abs. 1 MarkenG, Art. 72 Abs. 1 GMV. Die Verletzung einer Kollektivmarke kann auch darin liegen, dass ein Mitglied des Markenverbandes sich nicht an die in der Satzung festgelegten Benutzungsbestimmungen hält, zB wenn entgegen einer Satzung neben den Kollektivmarken *Dresdener Christstollen* und einem Qualitätssiegel auch noch eine weitere Marke verwendet wird, die die Dominanz der Kollektivmarken in ihrer optischen Wirkung überlagert.[62] Die Erklärung hierfür ist relativ simpel: Das Mitglied des Markenverbandes soll nicht einerseits die Vorteile aus der Mitgliedschaft mit dem Benutzungsrecht an der Kollektivmarke in Anspruch nehmen dürfen und sich zugleich der Satzung zuwider so verhalten dürfen, als existiere der Schutz der Kollektivmarke gar nicht.[63]

1486

F. Eintragungsfähigkeit als Individualmarke

Eine geografische Herkunftsangabe kann auch als Individualmarke schutzfähig sein, wenn es **nur ein einziges ortsansässiges nutzungsberechtigtes Unternehmen** gibt und auch keine konkreten Anzeichen dafür erkennbar sind, dass sich an dieser Situation in absehbarer Zeit etwas ändern könnte, so dass an der geografischen Herkunftsangabe weder ein aktuelles noch ein konkretes künftiges Freihaltebedürfnis besteht.[64] Dies dürfte am ehesten zutreffen bei den Namen von Weinbergslagen, Bieren und von Mineralwasserquellen.[65] Unter Umständen dürften deshalb bei Mineralwässern und Bieren auch Individualmarken für Ortsbezeichnungen ohne Nachweis der Verkehrsdurchsetzung eintragungsfähig sein, etwa „Fachingen", „Gerolsteiner",[66] „Warsteiner" oder „Bitburger". Gibt es in einem Ort zwar mehrere Brauereien, trägt aber nur eine Brauerei die geografische Herkunftsangabe in ihrem Firmennamen, verwendet nur diese eine Brauerei die geografische Herkunftsangabe als Marke, braut nur diese eine Brauerei am Ort Weißbier und ist darüber hinaus auch nicht zu erwarten, dass sich weitere

1487

---

60 Vgl hierzu EuGH GRUR 2004, 234, 235, Tz. 26 – *Gerolsteiner/ Putsch.*
61 BGH GRUR 2003, 242, 244 *Dresdener Christstollen.*
62 BGH GRUR 2003, 242, 244 f. *Dresdener Christstollen.*
63 BGH GRUR 2003, 242, 245 *Dresdener Christstollen.*
64 BPatG GRUR Int. 1992, 62, 62 f. *Vittel*; Knaack GRUR 1995, 103, 108.
65 So zu Recht Beier GRUR Int. 1992, 243, 249 f und Knaack GRUR 1995, 103, 108. BVerfG GRUR 1988, 610, 612 f. *Esslinger Neckarhalde II.*
66 Knaack GRUR 1995, 103, 108.

Brauereien am selben Ort ansiedeln werden, so genügt für die wegen der Tatsache, dass 2 Brauereien am Ort tätig sind, noch erforderliche Verkehrsdurchsetzung ein Durchsetzungsgrad von nicht viel mehr als 50 %.[67] Im Übrigen dürften aber bei der Eintragung geografischer Herkunftsangaben als Individualmarken deutlich höhere Durchsetzungswerte zu fordern sein.[68]

G. Schutz geografischer Herkunftsangaben auf europäischer Ebene

Rechtsgrundlagen: §§ 130 ff. MarkenG

1488 Hinsichtlich des Eintragungsverfahrens für geografische Ursprungsangaben in das Register der Europäischen Kommission über §§ 130 ff. MarkenG verweisen wir auf die Darstellungen bei Fezer vor §§ 130 ff MarkenG, bei Götting/ Nordemann/ Axel Nordemann § 5 UWG, Rn 1.153ff sowie die Kommentierungen zu §§ 130 ff. MarkenG. Siehe im Übrigen aus der aktuellen Rechtsprechung EuGH GRUR 2010, 143 ff. *Budvar/ American Bud II*, EuGH GRUR 2003, 609 *Grana Padano*; EuGH GRUR 2003, 616 *Prosciutto di Parma*.

1489 Dass sich eine geografische Herkunftsangabe gar **zum Kennzeichen eines Herstellers entwickelt**, kann wegen des Schutzbedürfnisses etwaiger späterer Mitbewerber am Ort nur angenommen werden, wenn sie als solches nahezu einhellig durchgesetzt ist.[69] In kleineren Städten, bei denen nicht mit weiteren gewerblichen Ansiedlungen in der betroffenen Branche zu rechnen ist, ist auch nicht von einem überragenden Freihaltebedürfnis der Mitbewerber an der geografischen Herkunftsangabe auszugehen, so dass Bekanntheits-, Kennzeichnungs- und Zuordnungsgrade von über 50 % als ausreichend für die Qualifikation einer geografischen Herkunftsangabe als Kennzeichen eines bestimmten Herstellers angesehen werden; Beispiel: „ERDINGER" für Weißbier.[70]

1490 Soweit Agrarerzeugnisse und Lebensmittel betroffen sind, besteht ein erweiterter Schutz für geografische Herkunftsangaben auf EU-Ebene durch die VO geografische Angaben und Ursprungsbezeichnungen.[71] Der Schutz nach der VO betrifft nicht einfache geografische Herkunftsangaben; deren Schutz bleibt dem nationalen Gesetzgeber vorbehalten.[72] Vielmehr sind Gegenstand der VO geografische Angaben und Ursprungsbezeichnungen nur **qualifizierte geografische Herkunftsangaben** ausdrücklich in den Anhängen I und II der Verordnung genannter Agrarerzeugnisse und Lebensmittel mit Ausnahme von Weinbau-Erzeugnissen und Spirituosen (Art. 1 der VO geografische Angaben und Ursprungsbezeichnungen). Der Schutz entsteht gem. Art. 13 der VO geografische Angaben und Ursprungsbezeichnungen mit der Eintragung, Inhaber kann gem. Art. 5 nur eine Vereinigung sein. Eintragungsfähig sind gem. Art. 2 Ursprungsbezeichnungen und geografische Angaben. „Ursprungsbezeichnung" ist dabei gem. Art. 2 Abs. 1 lit. a der Name einer Gegend, eines bestimmten Ortes oder in Ausnahme-

---

67 BPatG GRUR 1994, 627, 628 f. *Erdinger*.
68 Knaack GRUR 1995, 103, 109.
69 BGH GRUR 1974, 337, 398 f. *Stonsdorfer*.
70 BPatG GRUR 1994, 627, 629 *Erdinger*.
71 Verordnung (EG) Nr. 510/2006 des Rates v. 20. März 2006 zum Schutz von geografischen Angaben und Ursprungsbezeichnungen für Agrarerzeugnisse und Lebensmittel.
72 EuGH GRUR Int. 2004, 131, 134 f. Tz.74 *American Bud*; EuGH GRUR 2001, 64, 66, Tz. 47ff *Warsteiner*; BGH GRUR 2008, 413, 414, Tz. 23 *Bayerisches Bier*; BGH GRUR 2002, 160, 161 *Warsteiner III*.

fällen eines Landes, der zur Bezeichnung des Agrarerzeugnisses oder eines Lebensmittels dient, das aus dieser Gegend, diesem bestimmten Ort, diesem Land stammt, das seine Güte oder Eigenschaften überwiegend oder ausschließlich den geografischen Verhältnissen einschließlich der natürlichen und menschlichen Einschlüsse verdankt und das in dem abgegrenzten geografischen Gebiet erzeugt, verarbeitet und hergestellt wurde. Demgegenüber unterscheidet sich die „geografische Angabe" gem. Art. 2 Abs. 1 lit. b VO geografische Angaben und Ursprungsbezeichnungen von der Ursprungsbezeichnung dadurch,[73] dass die Güte oder Eigenschaften sich nicht ausschließlich oder überwiegend aus den geografischen Verhältnissen ergeben, sondern dass der geografische Ursprung mit einer bestimmten Qualität, einem bestimmten Ansehen oder einer anderen Eigenschaft verbunden wird.

Beispiele: Parma-Schinken (Prosciutto di Parma),[74] Grana Padano,[75] die Gebiete (Provinzen) Alicante und Jijona[76] sowie Habana.[77]

Wie erwähnt fallen Weinbau-Erzeugnisse und Spirituosen nicht in den Anwendungsbereich der VO geografische Angaben und Ursprungsbezeichnungen. Sie sind allerdings häufig im Wege besonderer zweiseitiger Abkommen und auch der VO für Qualitätsweine geschützt.   **1491**

Beispiele: Champagner[78] und Rioja-Wein.[79]

Ist die geografische Angabe oder die Ursprungsbezeichnung in das bei der Kommission geführte **Register** eingetragen, entsteht ein relativ weitgehender Schutz nach Art. 13 VO geografische Angaben und Ursprungsbezeichnungen gegen jede direkte oder indirekte kommerzielle Verwendung des eingetragenen Namens für Erzeugnisse, die nicht unter die Eintragung fallen, soweit diese Erzeugnisse mit den unter dem Namen eingetragenen Erzeugnissen vergleichbar sind oder soweit durch diese Verwendung das Ansehen des geschützten Namens ausgenutzt wird (Art. 13 Abs. 1 lit. a), und gegen jede widerrechtliche Aneignung, Nachahmung oder Anspielung, selbst wenn der tatsächliche Ursprung des Erzeugnisses angegeben ist oder wenn der geschützte Name in Übersetzung oder zusammen mit Ausdrücken wie **Art, Typ, Verfahren, Fasson, Nachahmung** oder dergleichen verwendet wird; dieser Schutz besteht unabhängig von einer etwa bestehenden Verwechslungsgefahr oder Irreführung.[80] Ergänzend sind geografische Angaben und Ursprungsbezeichnungen gem. Art. 13 Abs. 1 lit. c und d VO geografische Angaben und Ursprungsbezeichnungen aber auch geschützt gegen alle sonstigen falschen oder irreführenden Angaben, die sich auf Herkunft, Ursprung, Natur oder wissenschaftliche Eigenschaften der Erzeugnisse beziehen und auf der Aufmachung oder der äußeren Verpackung, in der Werbung oder in Unterlagen zu den betreffenden Erzeugnissen erscheinen sowie gegen die Verwendung von Behältnissen, die geeignet sind, einen fal-   **1492**

---

73 EuGH GRUR Int. 1993, 76, 77 f., Tz. 11, 28 *Exportur* – m.Anm. Beier, S. 80.
74 EuGH GRUR 2003, 616, 619, Tz. 64 *Prosciutto di Parma.*
75 EuGH GRUR 2003, 609, 611, Tz. 38, 612, Tz. 49 *grana padano.*
76 EuGH GRUR Int. 1993, 76, 77 f., Tz. 11, 28 *Exportur.*
77 OLG München MarkenR 2001, 218 *Habana.*
78 BGH GRUR 2005, 957, 958 *Champagnerbratbirne*; BGH GRUR 1988, 453, 455ff *Ein Champagner unter den Mineralwässern*; BGH GRUR 2002, 426, 427 vorher: OLG Köln GRUR Int. 2000, 796 *Champagner bekommen, Sekt bezahlen.*
79 EuGH GRUR Int. 2000, 750, 754, Tz. 55 *Rioja-Wein.*
80 Vgl EuGH GRUR-Int. 1999, 443, 445, Tz. 25ff *Gorgonzola/Cambozola*; BGH GRUR 2008, 413, 414, Tz. 17ff *Bayerisches Bier.*

schen Eindruck hinsichtlich des Ursprungs zu erwecken, und schließlich gegen alle sonstigen Praktiken, die geeignet sind, den Verbraucher in Bezug auf den tatsächlichen Ursprung des Erzeugnisses irrezuführen.

1493 Die VO geografische Angaben und Ursprungsbezeichnungen **verdrängt** in ihrem Anwendungsbereich das **nationale Recht**, dh eine qualifizierte geografische Herkunftsangabe, die als geografische Angabe oder Ursprungsbezeichnung im Register der Kommission eingetragen ist, unterliegt nur dem Schutz nach der VO, nicht mehr nach § 127 MarkenG (Art. 13 Abs. 3 VO).[81] Zur Klärung der Frage, ob § 127 MarkenG anwendbar bleibt, wenn eine erfolgte Eintragung nach der VO geografische Angaben und Ursprungsbezeichnungen unwirksam ist oder eine qualifizierte geografische Herkunftsangabe nicht zur Eintragung angemeldet wurde, obwohl sie eingetragen werden könnte, hat der BGH den EuGH angerufen.[82] Der EuGH hat jedoch diese Frage nicht beantwortet, weil er der Auffassung war, dass die zugrundeliegende Eintragung der Bezeichnung „Bayerisches Bier" als geografische Angabe wirksam gewesen sei, so dass es auf die Beantwortung dieser Frage nicht ankam.[83]

Dritter Abschnitt:
Besondere Fragen des Kennzeichenrechts

Erstes Kapitel: Das Recht der Gleichnamigen

1494 Grundsätzlich darf jeder unter seinem Namen ein Gewerbe betreiben; das Recht der Gleichnamigen wird beherrscht von dem **Grundsatz**, dass jeder **das Recht** hat, sich **unter seinem Namen als selbständiger Gewerbetreibender im Geschäftsverkehr zu betätigen**.[1] Zwischen zwei Gleichnamigen entscheidet der Grundsatz der **Priorität** (vgl Rn 1090 ff): Der Prioritätsjüngere darf seinen Namen zwar ebenfalls benutzen, muss aber alles Erforderliche und Zumutbare tun, um eine Verwechslungsgefahr mit dem prioritätsälteren Namensträger zu vermeiden.[2]

Beispiel: Peek & Cloppenburg KG in Düsseldorf und Peek & Cloppenburg KG in Hamburg[3] oder „Hufelandklinik" und „Kreiskrankenhaus Christoph Wilhelm Hufeland".[4]

1495 Ein Dritter, dem durch Vertrag die Benutzung eines Namens durch einen prioritätsälteren Gleichnamigen gestattet worden ist, kann sich gegenüber einem prioritätsjünge-

81 EuGH GRUR-Int. 1999, 443, 444, Tz. 18 Gorgonzola/Cambozola; BGH GRUR 2008, 413, 414, Tz. 23 *Bayerisches Bier.*
82 BGH GRUR 2008, 413, 416, Tz. 39 f. *Bayerisches Bier.*
83 EuGH GRUR 2011, 240, 240 f., Tz. 30ff *Bavaria/ Bayerischer Brauerbund.*
 1 BGH WRP 2010, 880, 885 *Peek & Cloppenburg*; BGH GRUR 1998, 391, 393 *Dr. St.Nachf.*; BGH GRUR 1991, 475, 478 *Caren Pfleger*; BGH GRUR 1985, 389, 390 *Familienname*. Entsprechendes gilt bei jahrzehntelanger nebeneinander bestehen gleicher Geschäftsbezeichnungen, BGH GRUR 1984, 378 *Hotel Krone*.
 2 BGH WRP 2010, 880, 885 f. *Peek & Cloppenburg* Verwechslungsgefahr bejaht, weil es an einem Hinweis auf der Website fehlt, auf welcher Unternehmensseite – Hamburg oder Düsseldorf – sich der Kunde befindet, allerdings wurde ein Unterlassungsanspruch wegen schutzwürdiger Verwendung des Unternehmensnamens bejaht.
 3 BGH WRP 2010, 880 ff.
 4 BGH GRUR 2006, 156, 160, Tz. 16 *hufeland.de.*

ren Gleichnamigen analog § 986 Abs. 1 BGB auf die Rechtsposition seines Vertrags-partners berufen.[5]

Das Recht der Gleichnamigen gestattet grundsätzlich nicht die **Anmeldung und Benut-** **1496** zung einer Marke; lediglich in Ausnahmefällen kann dies dann statthaft sein, wenn besonders wichtige Gründe dies zu rechtfertigen vermögen, beispielsweise, wenn die Person, deren Name als Marke Verwendung finden soll, mit der Gestaltung oder Schaffung der Ware so eng verknüpft ist, dass ein Verzicht auf die Verwendung als Marke unzumutbar wäre.[6] Demgegenüber ist es prinzipiell zulässig, wenn der prioritätsjüngere Gleichnamige seinen Namen in einer Firma verwendet, auch ohne dass ein gesetzlicher Zwang dazu besteht, also insbesondere bei einer GmbH; dann treffen ihn aber besondere, weitergehende Obliegenheiten zur Beseitigung oder Verminderung der Verwechslungsgefahr.[7]

Der Missbrauch des eigenen Namens zur **Behinderung** eines Mitbewerbers, insbeson- **1497** dere die **Ausbeutung** von dessen Ruf, ist grundsätzlich unstatthaft.[8] Das liegt vor allem dann vor, wenn jemand in der Absicht handelt, Verwechslungen herbeizuführen;[9] diese Absicht wiederum lässt sich aus der Tatsache schließen, dass für die Benutzung des Namens gerade in dieser Form oder in dieser Branche kein Grund vorlag und der Handelnde nicht im Rahmen der Zumutbarkeit das Geeignete und Erforderliche tut, um Verwechslungen nach Möglichkeit entgegenzuwirken.[10]

Zur Namensgleichheit von Firmen in **Deutschland West und Ost** ist Folgendes zu be- **1498** achten: § 16 Abs. 1 UWG galt auch in der DDR fort.[11] Wer daher in der ehemaligen DDR ein Kennzeichenrecht an Firma, besonderer Geschäftsbezeichnung oder Werktitel erworben hatte oder besaß, dessen Recht ist seit dem 3. Oktober 1990 so anzusehen, als habe niemals eine Trennung Deutschlands bestanden; das Recht erweiterte seinen räumlichen Schutzbereich mit der Herstellung der Einheit Deutschlands von Rechts wegen auf das gesamte (neue) Bundesgebiet.[12] Der Fall einer Kollision der in den unterschiedlichen Rechtsordnungen der alten Bundesrepublik und der ehemaligen DDR entstandenen Kennzeichenrechte kann allerdings nicht über die Regeln der firmen-

---

5 BGH GRUR 1993, 574, 575/BGHZ 122, 71, 73 ff. *Decker.*
6 BGH GRUR 1991, 475, 478 *Caren Pfleger.*
7 BGH GRUR 1998, 391, 394 *Dr. St.Nachf.*
8 BGH GRUR 1966, 623, 625 *Kupferberg.*
9 BGH GRUR 1966, 623, 625 *Kupferberg.*
10 BGH GRUR 1987, 182, 184 *Stoll*; BGH GRUR 1993, 574, 575 *Decker* (in BGHZ 122, 71 insoweit nicht abgedruckt); OLG Hamburg WRP 1986, 407, 410 *Underberg II*; OLG Köln WRP 1983, 640, 641. Näheres Knaack, Das Recht der Gleichnamigen, Köln – Berlin – Bonn – München 1979. Die insoweit erforderliche Interessenabwägung betont BGH GRUR 1993, 579, 580 ff. *Römer GmbH.*
11 BGH GRUR 1997, 749, 751 *L'Orange*; BGH GRUR 1997, 661, 662 *B.Z./Berliner Zeitung*; BGH GRUR 1995, 754, 758 *Altenburger Spielkartenfabrik.*
12 BGH GRUR 1997, 661, 662 *B.Z./Berliner Zeitung*; BGH GRUR 1995, 754, 757 *Altenburger Spielkartenfabrik*; anders der BGH für ein Kreiskrankenhaus in Bad Langensalza mit dem Namen „Kreiskrankenhaus Christoph Wilhelm Hufeland" in der DDR gegenüber einer Therapieeinrichtung mit dem Namen: „Hufelandklinik", denn bei der Bezeichnung des betriebenen Kreiskrankenhauses in der DDR handelte es sich um ein Kennzeichen von regional begrenzter Bedeutung, so dass der Schutz sich nicht auf die alten Bundesländer erstreckte, BGH GRUR 2006, 159, 160, Tz. 15 *hufeland.de*; vgl BGH GRUR 1996, 897/GRUR 1995, 754, 758 f. *Altenburger Spielkartenfabrik*; BGH GRUR 2005, 262, 263 *soco.de.*

rechtlichen Priorität gelöst werden, sondern nur in entsprechender Anwendung des Rechtes der Gleichnamigen.[13]

1499 Für Marken trifft § 30 ErstreckungsG eine Regelung, die im Grundsatz jedem Rechtsinhaber ein Ausschließlichkeitsrecht für das bisherige Eigengebiet gewährt und ihn im jeweils anderen Gebiet von der Zustimmung des dortigen Rechtsinhabers abhängig macht. S. dazu Knaak GRUR 1991, 891 und GRUR Int. 1993, 18 sowie Berg WRP 1993, 297.

1500 **Die Anwendung des Rechtes der Gleichnamigen bedeutet zunächst eine wechselseitige Pflicht der Parteien zur Tolerierung.** Denn die Anwendbarkeit der Regeln des Rechtes der Gleichnamigen bedingt, dass es dem Grundsatz nach jedem Gewerbetreibenden aus den ehemaligen beiden deutschen Staaten freisteht, sich seiner Kennzeichnung auch nach der Vereinigung der beiden deutschen Staaten zu bedienen. Ob und wem unterscheidungskräftige Zusätze beim weiteren Gebrauch der geschäftlichen Bezeichnung zumutbar sind, kann schließlich nur über eine umfassende Interessenabwägung befunden werden.[14] Grundsätzlich trifft eine Pflicht zur Aufnahme unterscheidungskräftiger Zusätze denjenigen, der durch eine Änderung des Kennzeichnungsrechts seiner Art oder seinem Inhalt nach zur Annäherung der beiden gegenüberstehenden Bezeichnungen beigetragen hat.[15] Bei der vorzunehmenden Interessenabwägung ist weiter zu berücksichtigen, dass diese den beiderseits erworbenen Besitzstand weitgehend unberührt lassen muss.[16] Führt die Interessenabwägung im Rahmen des Rechtes der Gleichnamigen dazu, dass keiner der Parteien eine Änderung der Firma zuzumuten ist, ergibt die wechselseitige Pflicht zur Tolerierung, dass ein „Rest an Verwechslungsgefahr" hingenommen werden muss.[17]

Zweites Kapitel: Markenrecht und Urheberrecht

A. Markenschutz und urheberrechtliche Gemeinfreiheit

Rechtsgrundlagen: §§ 5 Abs. 3, 6 Abs. 2, 13 Abs. 2 MarkenG, 2, 64 UrhG

1501 Marken und andere Kennzeichen können nicht nur Ansprüchen der Inhaber von prioritätsälteren Marken und sonstigen Kennzeichenrechten ausgesetzt sein, sondern können auch kollidieren mit anderen Rechten des geistigen Eigentums wie beispielsweise Urheberrechten, verwandten Schutzrechten, Geschmacksmusterrechten oder Namensrechten; dies stellt § 13 MarkenG ausdrücklich klar. Treffen Marken- und Urheberrecht zusammen, entscheidet zunächst der Prioritätsgrundsatz (§ 6 Abs. 2 MarkenG; vgl Rn 1090 ff) über die Rangfolge, wobei zu beachten ist, dass die Priorität des Urheber-

---

13   BGH GRUR 2006, 156, 160 f, Tz. 16 und 20 f *hufeland.de*; BGH GRUR 1997, 749, 751 *L'Orange*; BGH GRUR 1997, 661, 662 *B.Z./Berliner Zeitung*; BGH GRUR 1995, 754, 758 *Altenburger Spielkartenfabrik*.
14   BGH GRUR 2002, 622 *shell.de* mit Überwiegen der Interessen zug. des Mineralölkonzerns wegen der mittlerweile erreichten Bekanntheit gegenüber einer Privatperson mit dem Namen „Shell", der eine domain anmelden wollte; BGH GRUR 1995, 754, 758 *Altenburger Spielkartenfabrik*; BGH GRUR 1997, 661, 662 *B.Z./ Berliner Zeitung*.
15   BGH WRP 2010, 880, 887 f. *Peek & Cloppenburg*; BGH GRUR 1995, 754, 759 *Altenburger Spielkartenfabrik*; BGH GRUR 1997, 661, 662 *B.Z./Berliner Zeitung*.
16   BGH GRUR 1997, 661, 662 *B.Z./Berliner Zeitung*.
17   Vgl Palandt/Ellenberger, § 12 BGB Rn 30.

rechts mit der Schöpfung entsteht (§ 2 Abs. 2 UrhG).[1] Ferner ist zu berücksichtigen, dass die Anmeldung und Eintragung sowie Benutzung einer Marke eines der dem Urheber vorbehaltenen Persönlichkeits- oder Verwertungsrechte tangieren muss, damit auch eine Verletzung des Urheberrechts tatsächlich vorliegt, sofern es prioritätsälter als die Marke ist. Das wird allerdings bereits deshalb regelmäßig der Fall sein, weil schon die Anmeldung einer Marke beim Deutschen Patent- und Markenamt zu einem Vervielfältigungsvorgang im Sinne von § 16 UrhG führt und die Benutzung einer Marke im geschäftlichen Verkehr eine Vervielfältigung und Verbreitung der Marke im Sinne der §§ 16 und 17 UrhG impliziert.[2] Auch wenn die verwandten Schutzrechte in § 13 MarkenG nicht ausdrücklich erwähnt sind, können selbstverständlich auch prioritätsältere verwandte Schutzrechte prioritätsjüngeren Kennzeichenrechten entgegenstehen. Die Priorität der verwandten Schutzrechte wird allerdings nicht begründet mit einer Schöpfung, sondern mit der Erbringung der Leistung, die zu ihrer Gewährung führt.

Beispiele zur Kollision von Urheberrechten und Markenrechten finden sich in der Rechtsprechung nur ganz vereinzelt, so wie das der *Himmelsscheibe von Nebra*: Der Bürgermeister einer sachsen-anhaltinischen Kleinstadt hatte grafische Wiedergaben der *Himmelsscheibe von Nebra*, einem aufsehenerregenden prähistorischen Fund, zum Gegenstand von gleich drei eingetragenen Deutschen Marken gemacht, die für diverse Merchandising-Artikel Schutz genossen. Das infolge des erstmaligen Erscheinenlassens der *Himmelsscheibe von Nebra* entstandene verwandte Schutzrecht des Landes Sachsen-Anhalt gemäß § 71 UrhG war jedoch prioritätsälter und führte zu einer Löschung der drei Marken.[3]   1502

Konflikte zwischen Markenrecht und Urheberrecht entstehen ferner dann, wenn die **Schutzfrist des Urheberrechts abgelaufen** ist. Markenrecht und Urheberrecht unterscheiden sich im Hinblick auf die Schutzfrist ja durchaus fundamental: Zwar beträgt die markenrechtliche Schutzfrist nur 10 Jahre ab Anmeldung, jedoch kann die Schutzdauer der Marke beliebig oft um weitere 10-Jahreszeiträume verlängert werden (vgl Rn 1318). Der Markenschutz kann also theoretisch ewig dauern. Dem gegenüber ist die urheberrechtliche Schutzfrist mit 70 Jahren post mortem auctoris (§ 64 UrhG) zwar auf dem Papier zunächst erheblich länger. Ist die urheberrechtliche Schutzfrist jedoch abgelaufen, wird das Werk gemeinfrei mit der Folge, dass es von jedermann beliebig verwertet und verwendet werden darf,[4] sofern nicht ausnahmsweise an einem solchen gemeinfreien Werk ein verwandtes Schutzrecht wie etwa das der *editio princeps* des § 71 UrhG bestehen sollte (siehe dazu das Beispiel in Rn 1502). Zu Konflikten kann es vor allem in den folgenden beiden Fallgestaltungen kommen: 1503

Ein urheberrechtlich gemeinfreies Werk wird als Marke angemeldet und eingetragen. Beispiele: Wilhelm Buschs Zeichnung von Max und Moritz,[5] Leonardos Mona Lisa[6] oder die ersten neun Töne aus der Klaviersonate Für Elise von Ludwig van Beetho-   1504

---

1 Loewenheim/ A. Nordemann § 83 Rn 33.
2 Loewenheim/ A. Nordemann § 83 Rn 34.
3 LG Magdeburg GRUR 2004, 672 *Die Himmelsscheibe von Nebra*.
4 Vgl Loewenheim/ A. Nordemann § 22 Rn 28 f.
5 W. Nordemann WRP 1997, 389, 390.
6 BPatG GRUR 1998, 1021, 1022 *Mona Lisa* (Anmeldung als schutzunfähig zurückgewiesen).

ven.[7] Es kann wohl kein generelles Eintragungshindernis für urheberrechtlich gemeinfreie Werke als Marken angenommen werden, weil § 8 MarkenG die Eintragungshindernisse abschließend regelt und dort urheberrechtlich gemeinfreie Werke nicht aufgeführt sind. Auch können urheberrechtlich gemeinfreie Werke durchaus unterscheidungskräftig sein; ein Freihaltebedürfnis kann allerdings schon eher bestehen.[8] Die generell bestehende urheberrechtliche Gemeinfreiheit muss allerdings im Rahmen des Eintragungsverfahrens für Marken nur am Rande interessieren, weil die Benutzung urheberrechtlicher Werke und von Marken ganz unterschiedlicher Natur sind: Marken werden *zeichenmäßig* verwendet (vgl Rn 1189 ff), während urheberrechtliche Werke als geistige Werke oder Bestandteile solcher Werke Verwendung finden.[9] Eine Tonfolge, die als Hörmarke verwendet wird, kollidiert deshalb normalerweise nicht mit derselben Tonfolge, wenn diese in einem Konzert vorgetragen oder auf einem Tonträger abgespielt wird. In Fällen, in denen urheberrechtliche Werke doch zeichenmäßig benutzt werden (Beispiel: Comic-Figuren auf T-Shirts; vgl Rn 1198), ist der Konflikt analog § 23 MarkenG aufzulösen: Wer ein urheberrechtlich gemeinfreies Werk, das über ein Markenrecht geschützt ist, zeichenmäßig benutzt, muss dies so tun, dass die Benutzung nicht gegen die guten Sitten verstößt, also insbesondere die Verwendung so gestalten, dass keine Verwechslungen mit dem Inhaber der Marke auftreten können (vgl Rn 1042 ff). Urheberrechtlich gemeinfreie Werke können damit als Marken grundsätzlich eingetragen werden, sofern sie unterscheidungskräftig und nicht freihaltebedürftig sind.[10]

B. Urheberrechtlicher Schutzfristablauf und Fortdauer des Titelschutzrechtes

Rechtsgrundlagen: §§ 5 Abs. 3 MarkenG, 64 UrhG

1505 Zwar nimmt der Werktitel normalerweise nicht am urheberrechtlichen Schutz teil, weil ihm in der Regel die erforderliche Schöpfungshöhe fehlen wird.[11] Problematisch erscheint dennoch, ob die **Gemeinfreiheit des Werkes** auf das Titelschutzrecht durchschlägt. MarkenG und UrhG besitzen zunächst andere Schutzinhalte: Das UrhG schützt den Urheber in seinen geistigen und persönlichen Beziehungen zum Werk und in der Nutzung des Werkes (§ 11 UrhG), das MarkenG hingegen schützt einen Titel vor Verwechslungen mit anderen Titeln (§§ 15 Abs. 2, 5 Abs. 3 MarkenG). Außer Frage steht dabei, dass Werktitel, die zugleich als Unternehmenskennzeichen anzusehen sind, also zB die Titel von Zeitungen, Zeitschriften, Sende- oder Buchreihen von dem Eintritt urheberrechtlicher Gemeinfreiheit nicht tangiert werden, weil in diesen Fällen die Unterscheidungs- und Identifizierungsfunktion des Werktitels sich regelmäßig nicht auf ein bestimmtes Einzelwerk beschränkt, sondern neben der Unterscheidungsfunktion zu anderen Werktiteln auch die Zugehörigkeit der Zeitung, Zeitschrift oder Serie zu einem Unternehmen kennzeichnet;[12] diese Werktitel sind also noch am ehesten „Untorneh-

---

7 EuGH GRUR 2004, 54, 55, Tz. 14 *Shield Mark/Kist*.
8 Vgl a. Seifert WRP 2000, 1014, 1015 f.
9 Vgl a. Loewenheim/A. Nordemann, § 83 Rn 51.
10 Weitere Einzelheiten bei Kouker FS W. Nordemann S. 391 – 397; Loewenheim/ A. Nordemann § 83 Rn 49 ff; W. Nordemann WRP 1997, 389, 390 f; Seifert WLP 2000, 1014, 1015 f.
11 Vgl zum Schutz kurzer Sprachwerke Rn 1451.
12 Zutr. Hertin WRP 2000, 889, 891.

menskennzeichen". § 5 Abs. 3 MarkenG ordnet dem Urheber bzw seinem ausschließlichen Nutzungsrechtsinhaber das Titelschutzrecht zu. Es ist gleichsam akzessorisch: Ohne Werk kein Titelschutzrecht. Räumt der Urheber ein ausschließliches Nutzungsrecht ein, geht das Recht zur Benutzung des Werktitels ebenfalls an den ausschließlich Nutzungsberechtigen:[13] Zur Geltendmachung von Titelrechtsverletzungen muss der ausschließlich Nutzungsberechtigte auch nicht, wie es ein ausschließlicher Lizenznehmer an einer Marke gem. § 30 Abs. 3 MarkenG müsste, die Zustimmung des Urhebers einholen (vgl Rn 1180). Wird das Werk gemeinfrei, entfällt zwar die Zuordnung zum Urheber bzw Nutzungsberechtigten.[14] Damit geht aber noch nicht das Werktitelrecht unter, weil das MarkenG als rechtsgewährendes Gesetz das Entstehen und Erlöschen des Schutzes geschäftlicher Bezeichnungen, zu denen auch die Werktitel gehören, mit ihrer Benutzung verknüpfen (§ 5 MarkenG).

Wird deshalb ein Werktitel mit Eintritt der Gemeinfreiheit weiterbenutzt, besteht das Titelschutzrecht fort.[15] Allerdings muss auch die klare Wertung des UrhG berücksichtigt werden, dass das Werk mit Eintritt der Gemeinfreiheit von jedermann frei benutzt werden kann. Zur Lösung des Konfliktes zwischen fortbestehendem Werktitelschutz gem. § 5 Abs. 3 MarkenG und urheberrechtlicher Gemeinfreiheit ist auf § 23 Nr. 2 MarkenG zurückzugreifen, der die Benutzung bestimmter Angaben grundsätzlich gestattet, wenn dies lauter geschieht: Der Werktitel als Name des gemeinfreien Werkes kann für das gemeinfreie Werk frei benutzt werden,[16] nicht aber in verwechslungsfähiger Art und Weise für ein anderes Werk.[17] Beispiel: Die Werktitel *Winnetou I*, *Winnetou II* und *Winnetou III* sind trotz Gemeinfreiheit der Werke Karl Mays zugunsten des Verlages, der auch während der Dauer der urheberrechtlichen Schutzfrist diese Werke schon verlegt hatte, weiterhin als Werktitel gemäß § 5 Abs. 3 MarkenG geschützt.[18] Ein Filmtitel *Winnetous Rückkehr* ist jedoch mit diesen Werktiteln nicht verwechslungsfähig, weil die Kennzeichnungskraft der älteren Werktitel wegen der großen Bekanntheit der fiktiven Figur des Winnetou nur unterdurchschnittlich ist und der Zusatz „Rückkehr" bei dem Filmtitel deshalb eine genügende Unterscheidung herbeiführt.[19]

1506

Zur Eintragungsfähigkeit von Werktiteln als Marke vgl Rn 1152 ff.

1507

---

13 Vgl BGH GRUR 1990, 218, 220 *Verschenktexte*; Fezer, § 5 MarkenG Rn 168 f; Hertin WRP 2000, 889, 896.
14 Gl.A. Hertin WRP 2000, 889, 896.
15 BGH GRUR 2003, 440, 440 f. *Winnetous Rückkehr*; Vorinstanz: OLG Nürnberg WRP 2000, 1168, 1171 *Winnetou*.
16 BGH GRUR 2003, 440, 441 *Winnetous Rückkehr*; Vorinstanz: OLG Nürnberg WRP 2000, 1168, 1171 *Winnetou*; Fromm/Nordemann/A. Nordemann, § 64 Rn 22; Schricker/Katzenberger, § 64 Rn 74.
17 BGH GRUR 2003, 440, 440 f. *Winnetous Rückkehr*; Vorinstanz: OLG Nürnberg WRP 2000, 1168, 1171 *Winnetou*; im Ergebnis ebenso, allerdings ohne Begründung: Fromm/Nordemann/A. Nordemann, § 64 Rn 22.
18 BGH GRUR 2003, 440, 441 *Winnetous Rückkehr*; Vorinstanz: OLG Nürnberg WRP 2000, 1068, 1073 *Winnetou*.
19 BGH GRUR 2003, 440, 441 *Winnetous Rückkehr*.

Drittes Kapitel: Rechtsfolgen

A. Ansprüche

I. Marken und geschäftliche Bezeichnungen

Rechtsgrundlagen: §§ 9, 11, 12 und 14 bis 19 MarkenG; Artt. 9 ff GMV

1. Ausschlieliches Recht zugunsten des Markeninhabers

1508 Das Markenrecht und das Recht an geschäftlichen Bezeichnungen gewährt dem Inhaber ein subjektives und ausschließliches Recht (§§ 14 Abs. 1, 15 Abs. 1 MarkenG), dessen konkreter Inhalt sich insbesondere aus den §§ 9, 11, 12 und 14 bis 19 MarkenG ergibt.[1] So sind auch für die Gemeinschaftsmarke die sich aus dem ausschließlichen Recht ergebenden Ansprüche, zB Schadensersatz nach den nationalen Rechtsvorschriften zu beurteilen, Artt. 101 Abs. 2, 102 Abs. 2, 110 Abs. 2 GMV. Denn die GMV regelt lediglich den Unterlassungsanspruch in Art. 9 Abs. 1 und 2 GMV ivm Art. 102 Abs. 1 S. 1 GMV.

2. Unterlassungsanspruch

1509 Aus diesem ausschließlichen Recht folgt zunächst gegen Dritte ein verschuldensunabhängiger **Unterlassungsanspruch** (§§ 14 Abs. 5, 15 Abs. 4 MarkenG). Wird aus einer Gemeinschaftsmarke auf Unterlassung gem. Art. 9 Abs. 1 GMV vorgegangen, kann der Markeninhaber regelmäßig ein gemeinschaftsweites Verbot erwirken, sofern es sich bei dem jüngeren Zeichen ebenfalls um eine Gemeinschaftsmarke handelt, Art. 1 Abs. 2 GMV. Für den Unterlassungsanspruch sind entweder das Bestehen einer Wiederholungsgefahr oder einer Erstbegehungsgefahr erforderlich.

1510 Die aus einer Kennzeichenrechtsverletzung abgeleitete ernsthafte Besorgnis, dass der Verletzer in gleicher Weise auch weiter handeln wird (sog. **„Wiederholungsgefahr"**), kann grundsätzlich nur durch eine **strafbewehrte Unterlassungserklärung** des Verletzers ausgeräumt werden (vgl Rn 919, 1530 f). Weder ein bloßes – nicht vertragsstrafebewehrtes – Versprechen, die angegriffene Handlung nicht erneut zu begehen, noch die Geschäftsaufgabe oder die Aufgabe der Betätigung, in deren Rahmen die Verletzung erfolgt ist, nicht einmal der Eintritt des Unternehmens in die Liquidation reichen nach der Rechtsprechung des BGH aus, um die tatsächliche Vermutung der Wiederholung auszuräumen, sofern nicht jede Wahrscheinlichkeit für eine Wiederaufnahme ähnlicher Tätigkeiten durch den Verletzer beseitigt ist.[2] Dies gilt auch für den Geschäftsführer, der neben der GmbH grundsätzlich persönlich für Kennzeichenrechtsverletzungen haftet:[3] Wenn er beispielsweise abberufen wird, entfällt nicht jede Wahrscheinlichkeit für eine Wiederaufnahme ähnlicher Tätigkeiten, so dass bei Nichtabgabe einer strafbewehrten Unterlassungserklärung die Wiederholungsgefahr im Rahmen einer gerichtlichen Auseinandersetzung zu bejahen ist;[4] vgl ferner Rn 911, 919.

---

1 BGH GRUR 2001, 164, 165 *Wintergarten.*
2 BGH GRUR 2009, 1162, 1166, Tz. 64 *Dax*; BGH GRUR 2000, 605, 608 *Comtes/Comtel.*
3 BGH GRUR 1986, 248, 250 *Sporthosen.*
4 BGH GRUR 2000, 605, 608 *Comtes/Comtel.*

Sind noch keine Benutzungshandlungen des Markenverletzers nachweisbar, ist Voraussetzung für den Unterlassungsanspruch das Bestehen einer sog. „**Erstbegehungsgefahr**" (vgl Rn 916). Diese entsteht bereits mit **Anmeldung einer Marke beim DPMA**, weil die Anmeldung es nahe liegend erscheinen lässt, dass die Marke alsbald auch in Benutzung genommen wird.[5] Demgegenüber lässt jedoch die **Anmeldung einer Gemeinschaftsmarke** nach überwiegender Ansicht keine Erstbegehungsgefahr entstehen, weil dem Anmelder nicht Benutzungsabsicht für jeden Mitgliedsstaat unterstellt werden kann.[6] Die Erstbegehungsgefahr kann allerdings auch anders als durch Abgabe einer strafbewehrten Unterlassungserklärung beseitigt werden, zB durch ein entgegengesetztes Verhalten oder eine einfache, aber verbindliche Erklärung (vgl Rn 918). So führt zum Beispiel die Rücknahme der Markenanmeldung wegen nicht gezahlter Anmeldegebühren oder ein Verzicht auf Eintragung der Marke zum Fortfall der Erstbegehungsgefahr.[7]

1511

Der Markeninhaber kann grundsätzlich den **Verletzer** in Anspruch nehmen, § 14 Abs. 6 MarkenG. Verletzer ist der Täter oder Teilnehmer der Markenverletzung. **Täter** ist auch, wer ohne entsprechende Sicherheitsvorkehrungen Zugangsdaten frei zugänglich macht oder diese vor Zugriff nicht schützt, so dass über sein Mitgliedskonto oder seinen Account (zB eBay-Account) Verletzungshandlungen von einem Dritten begangen werden können (*Halzband*-Entscheidung).[8] Eine Haftung allerdings nur auf Unterlassung und nicht auf Schadensersatz greift noch nach den Grundsätzen der **Störerhaftung**, zB für Auktionsplattformbetreiber, wenn Prüfungspflichten verletzt wurden.[9] Diese Prüfungspflichten und ihr Umfang richten sich danach, inwiefern eine Untersuchung jedes Angebotes dem Plattformbetreiber zumutbar ist.[10] Die **Prüfungspflicht** ist dann verletzt, wenn der Plattformbetreiber bereits von einer Rechtsverletzung Kenntnis erlangt hat, aber weder das konkrete rechtsverletzende Angebot sperrt noch Vorsorge trifft, dass es gerade nicht mehr zu derartigen Markenverletzungen kommt, v.a. wenn zB bereits mehrfach vom selben Verletzer gefälschte Rolex-Uhren eingestellt werden.[11] Darüber hinaus ist nach § 14 Abs. 7 MarkenG die Haftung des Inhabers eines Betriebes möglich, wenn dieser zwar selbst nicht handelte, aber ein Angestellter oder Beauftragter in dem Betrieb des Inhabers, vgl § 8 Abs. 2 UWG.[12] Dann wird die Verletzungshandlung zugerechnet. Angestellter oder Beauftragter ist auch ein Werbepart-

1512

---

5 BGH Urt. v. 14.1.2010, I ZR 92/08, BeckRS 2010, 16516, Tz. 24 f *DDR-Logo*; BGH GRUR 2009, 484, 490, Tz. 70 *Metrobus*; OLG Köln GRUR 2001, 424, 426 *Mon Cherie/MA CHERIE*; OLG Köln WRP 1997, 872, 872 *Spring/Swing*; OLG München NJWE-WettbR 1996, 253 *Markenbenutzungsgefahr*.

6 Ingerl/Rohnke, Vorb. zu §§ 14–19 d MarkenG, Rn 119 mwN; OLG München GRUR-RR 2005, 375, 378 *800-Flowers*.

7 BGH Urt. v. 14.1.2010, I ZR 92/08, BeckRS 2010, 16516, Tz. 29 f *DDR-Logo*; BGH GRUR-RR 2009, 299, 300, Tz. 12 *Underberg*; BGH GRUR 2008, 912, 914, Tz. 30 *Metrosex*.

8 BGH GRUR 2009, 597, 598, Tz. 19 f. *Halzband*.

9 BGH GRUR 2004, 860, 862, 864 *Internet-Versteigerung*, auch ein Haftungsprivileg nach TDG aF kam nicht in Betracht, weil dies nicht für Unterlassungsansprüche des Diensteanbieters gilt; Schlussantrag (EuGH) Generalanwalt Jääskinen v. 9.12.2010, C-324/09, Tz. 58 *L`Oréal/eBay* Störerhaftung von eBay abgelehnt, auf deren Plattform markenverletzende Handlungen erfolgen.

10 BGH GRUR 2004, 860, 864 *Internet-Versteigerung*.

11 BGH GRUR 2004, 860, 864 *Internet-Versteigerung*.

12 Der Beauftragte des § 8 Abs. 2 UWG ist weit auszulegen, so bereits BGH GRUR 1990, 1039 *Anzeigenauftrag*; OLG Köln CR 2008, 521 *Direktvertriebssystem (Link)*; BGH GRUR 2007, 995, 995 f. Tz 12 f. *Schuldnachfolge* – nicht Beauftragter ist der frühere Rechtsinhaber einer GmbH, deren Mitarbeiter oder Beauftragte (hier GmbH Geschäftsführer) wettbewerbswidrige Handlungen begangen haben.

ner des Betriebsinhabers, zu dem dieser Betriebsinhaber direkt kein vertragliches Verhältnis unterhält, sondern die Werbepartner nur gegenseitig Links auf die Internetseite des jeweils anderen einrichten und bei Erfolg eines Vertragsabschlusses wegen der Linksetzung eine Provision an den entsprechenden Werbepartner ausgeschüttet wird.[13] Die Werbepartner wiederum unterhalten ein Vertragsverhältnis bzgl des Partnerprogrammes zu einer eigenständigen Gesellschaft bzw Firma, die die rechtliche und finanzielle Abwicklung des Partnerprogramms übernimmt, ohne selbst Werbepartner zu sein.[14] Übt daher einer der Werbepartner die Verletzungshandlung aus, so haftet der andere Werbepartner, der den Link zu der Website des Verletzers gesetzt hat, für dessen Handlung.[15] Andernfalls sind dem Verantwortungsbereich des Betriebsinhabers nicht ohne weiteres die Inhalte fremder Websites zuzurechnen, zB wenn die Website des Werbepartners eine andere bzw eine weitere ist als die bislang angegebene, dh wenn der Werbepartner mehrere Websites betreibt (W1 & W2), nur eine Website (W1) im Partnerprogramm anmeldet und der Verstoß auf einer anderen Website (W2) stattfindet.[16] Zu achten ist daher bei der Haftung auf ein Marketing-Mix einer Website, auch sog. Affiliate-Marketing,[17] bei der eine Haftung durch einen gesetzten Link in Betracht kommt. Grundsätzlich kann zusammengefasst werden, dass Plattformbetreiber nicht haften. Nutzer dieser Plattform haften als Täter oder dann, wenn ein „Zueigenmachen" der verletzenden Inhalte eines Dritten vorliegt.[18] Dies kann bereits durch das bewusste Setzen eines Links mit rechtswidrigen Inhalten geschehen, zB auf Twitter durch einen Nutzer, der über den eigenen Twitter-Account rechtswidrige Inhalte verlinkte und auch das Unternehmenskennzeichen eines Unternehmens angab, über das die wahrheitswidrigen Behauptungen gemacht wurden.[19] Der Linksetzende haftet dann für die Rechtsverletzung des Dritten, wenn dieser sich die fremden Informationen zu Eigen macht. Auf Twitterseiten wird das künftig gleichwohl selten sein, schon wegen der kaum vorhandenen Möglichkeit ausführlicherer Angaben, die ein Zueigenmachen annehmen lassen.

3. Schadensersatzanspruch

1513 Weiter steht dem Inhaber ein verschuldensabhängiger **Schadenersatzanspruch** zu (§§ 14 Abs. 6, 15 Abs. 5 und Abs. 6 iVm § 14 Abs. 7 MarkenG). Es gilt ein strenger Verschuldensmaßstab. Grundsätzlich handelt schon derjenige schuldhaft, der eine eingehende Schutzrechtsrecherche unter Beratung eines Spezialisten (Patentanwalt, Rechtsanwalt) nicht sorgfältig durchgeführt hat.[20] Vgl im Übrigen auch Rn 941 ff. Die

---

13 BGH GRUR 2009, 1167, 1169 f, Tz. 20 ff. *Partnerprogramm.*
14 Im Ansatz ist die Vermittlerrolle dieser Firma/Gesellschaft zu vergleichen mit eBay, die den Kontakt zwischen den späteren Partnern vermittelt und jeder Partner zu eBay eine Bindung unterhält. Nur das Geschäftsmodell des Affiliate-Marketing unterscheidet sich, indem die jeweiligen vermittelten Partner von der Geschäftstätigkeit des anderen profitieren sollen und nicht direkt mit diesem Waren oder Güter austauschen. Der Affiliate-Netzbetreiber wurde im genannten Fall nicht in Anspruch genommen.
15 BGH GRUR 2009, 1167, 1169 f, Tz. 20 ff. *Partnerprogramm.*
16 BGH GRUR 2009, 1167, 1171, Tz. 27 f. *Partnerprogramm.*
17 BGH GRUR 2009, 1167 ff. *Partnerprogramm.*
18 BGH GRUR 2008, 534, 536, Tz. 20 ff *ueber18.de*; LG Frankfurt, Beschluss vom 20.4.2010, 3-08 O 46/10 *Twitter.*
19 LG Frankfurt, Beschluss vom 20.4.2010, 3-08 O 46/10 *Twitter* mit Haftung nach §§ 3 Abs. 1, 4 Nr. 7, Nr. 8, 8, 12, 13, 14 UWG und § 824 BGB.
20 Fezer § 14 MarkenG Rn 515 f mwN.

dreifache Berechnungsmethode für den Umfang des Schadenersatzes gilt hier uneinge-schränkt[21] (dazu im Einzelnen Rn 951 ff).

Die Gemeinschaftsmarkenverordnung und das Gemeinschaftsrecht enthalten keinen **1514** gesondert geregelten Rechtsanspruch auf Schadensersatz. Vielmehr ist bei Verletzung einer Gemeinschaftsmarke für evtl Schadensersatzansprüche auf nationale Regelungen zurückzugreifen, Art. 101 Abs. 2 iVm Art. 102 Abs. 2 GMV iVm MarkenG.

4. Auskunftsanspruch

Neben dem allgemeinen, zur Vorbereitung einer Schadenersatzklage bzw zur Berech- **1515** nung des Schadenersatzes bestehenden, zum Schadensersatzanspruch akzessorischen Auskunftsanspruch (vgl Rn 964 ff) besitzt der Rechtsinhaber gem. § 19 MarkenG einen selbständigen **Auskunftsanspruch** im Hinblick auf die Herkunft und den Vertriebsweg der zeichenverletzenden Gegenstände, auch gegen Dritte (§ 19 Abs. 2 MarkenG, seit 1.9.2008).[22] Dieser Auskunftsanspruch ist – im Gegensatz zum allgemeinen, die Scha-denersatzforderung vorbereitenden Auskunftsanspruch – verschuldensunabhängig.[23] Darüber hinaus ist der Auskunftsanspruch nicht auf Fälle der reinen Markenpiraterie beschränkt, sondern greift bei allen Kennzeichenverletzungen gem. §§ 14, 15 und 17 MarkenG ein.[24]

5. Vernichtung oder Beseitigung

Der Zeicheninhaber kann auch **Vernichtung** der widerrechtlich gekennzeichneten Ge- **1516** genstände verlangen, sofern nicht eine andere Beseitigungsmöglichkeit vorliegt und die Vernichtung nicht unverhältnismäßig ist (§ 18 Abs. 1 MarkenG iVm § 1004 BGB).[25] Der Anspruch auf Vernichtung bildet dabei den Regelfall, andere Maßnahmen die Ausnahme.[26] Zur Durchsetzung des Vernichtungsanspruches kann der Zeicheninhaber normalerweise auch die Herausgabe der zeichenverletzenden Gegenstände zum Zwecke der Vernichtung verlangen.[27] Weiter steht ihm ein **Löschungsanspruch** gegen eingetra-gene Marken zu (Artt. 51 ff GMV; § 51 MarkenG). Der Markeninhaber nach § 4 MarkenG und der Zeicheninhaber nach § 5 MarkenG - Letzterer seit Inkrafttreten des PatModG am 1. Oktober 2009 - können den Löschungsanspruch auch im Wider-spruchsverfahren gegen eingetragene Marken geltend machen, §§ 9, 12 MarkenG (da-

---

21 Es bestehen auch im Markenrecht dreierlei Möglichkeiten der Schadensberechnung – es gilt auch die Lizenz-analogie: (1) übliche Lizenzgebühr, (2) Herausgabe des Gewinns ohne Anerkennung der Gemeinkosten, (3) konkreter Schaden; BGH GRUR 2010, 239, 240, Tz. 20 ff *BTK*; BGH GRUR 2006, 421, 424, Tz. 43, 45 ff. *Markenparfumkäufe*; BGH GRUR 2006, 419, 420, Tz. 14 ff. *Noblesse*.
22 BGBl. I 2008, 1191, geändert aufgrund der Enforcement-Richtlinie.
23 Zu den Anforderungen: BGH GRUR 2006, 504, 505 f, Tz. 32 ff. *Parfumtestkäufe*; OLG Düsseldorf GRUR-RR 2002, 23, 26 *Überkleben von Kontrollnummern*; OLG Frankfurt WRP 1998, 223, 225 *Vollziehung einer Auskunftsverfügung*.
24 OLG Düsseldorf GRUR-RR 2002, 23, 26 *Überkleben von Kontrollnummern*; zum Umfang des Auskunfts-anspruchs BGH GRUR 2008, 796, 797, Tz. 17 ff. *Hollister*.
25 Vgl zum Hintergrund der Norm und zu ihren Voraussetzungen im Einzelnen: BGH GRUR 1997, 899, 900 f. *Vernichtungsanspruch*. Vgl a. OLG Frankfurt GRUR 2000, 1062, 1063 *Wiederbefüllte Toner-Kartusche*; § 18 MarkenG ohne nähere Begründung bejaht von Red Bull gegenüber dem Getränk „Bullenmeister" OLG Hamburg MarkenR 2010, 110 (L)/MR-Int 2009, 126, 127 *Red Bull*; KG Urt. v. 12.10.2010, 5 U 152/08, Tz 86 ff (juris) *clinique happy*.
26 BGH GRUR 1997, 899, 900 *Vernichtungsanspruch*.
27 BGH GRUR 1997, 899, 901 f. *Vernichtungsanspruch*; KG Urt. v. 12.10.2010, 5 U 152/08, Tz 86 ff (juris) *clinique happy*.

zu Rn 1349 ff). Nur dem Inhaber einer eingetragenen Marke stehen die weiteren Ansprüche auf **Veröffentlichung eines Schutzrechtshinweises** gegen Verleger von Nachschlagewerken (Art. 10 GMV; § 16 MarkenG)[28] zu sowie auf Übertragung, Unterlassung und Schadensersatz gegen den **ungetreuen Agenten oder Vertreter** (Art. 11 GMV; § 17 MarkenG), vgl auch Rn 1315 ff.

1517 Für Gemeinschaftsmarken gelten die in Artt. 9, 10, 11 GMV geregelten Ansprüche, die im Großen und Ganzen den in §§ 14, 16, 17 MarkenG geregelten entsprechen, vgl auch Rn 1181 ff. Sofern die GMV wie bei § 17 Abs. 2 MarkenG gerade keinen Schadensersatzanspruch enthält, ist gem. Artt. 101 Abs. 2, 102 Abs. 2 GMV auf nationales Recht zurückzugreifen.

II. Geografische Herkunftsangaben

1518 § 128 Abs. 1 MarkenG gewährt den durch § 8 Abs. 3 UWG Aktivlegitimierten einen **Unterlassungsanspruch**, wobei der Kreis der Waren oder gewerblichen Leistungen gleicher oder verwandter Art weit zu ziehen ist und ein abstraktes Wettbewerbsverhältnis mit einer nicht gänzlich unbedeutenden potenziellen Beeinträchtigung genügt.[29] Ferner sind die berechtigten Benutzer anspruchsberechtigt aus § 128 Abs. 1 MarkenG wegen der rechtskonformen Anwendung der Enforcement-RL,[30] auch wenn kein Wettbewerbsverhältnis besteht. Fällt dem Verletzer darüber hinaus Vorsatz oder Fahrlässigkeit zur Last, besteht auch ein **Schadensersatzanspruch** (§ 128 Abs. 2 MarkenG). Beide Ansprüche können auch gegen den Betriebsinhaber geltend gemacht werden, sofern die Zuwiderhandlung von einem Angestellten oder Beauftragten begangen wurde (§ 128 Abs. 3 MarkenG). Neben § 128 kommen vor allem Ansprüche aus §§ 3, 5 UWG in Betracht.

1519 Im Übrigen bestehen aus § 1004 BGB herzuleitende **Ansprüche auf Rücknahme** einer Markenanmeldung bzw **Löschung** einer Markeneintragung, sofern die Tatbestandsvoraussetzungen des §§ 128, 127 MarkenG gegeben sind; eine Vertreiberin von Mineralwasser aus den Quellen der belgischen Stadt Spa konnte daher von einem Kosmetikunternehmen die Rücknahme diverser deutscher Markenanmeldungen verlangen, die sämtlich einen Bestandteil SPA enthielten;[31] allerdings hat sich im Hinblick auf *SPA* die Bedeutung wohl nunmehr gewandelt, da weite Teile der Durchschnittsverbraucher heute mit „SPA" wohl eher das aus dem Amerikanischen kommende Wort für ein „Bad" bzw ein Erholungszentrum mit Bad, Sauna, Massage- und Kosmetikeinrichtungen verstehen wird,[32] so dass der vom BGH im Jahr 2000 entschiedene Fall heute wahrscheinlich anders ausgehen würde.

III. Verjährung

1520 Zur Verjährung und den weiteren Schranken des Schutzes vgl Rn 1273 ff.

---

28 Vgl OLG Frankfurt GRUR 2000, 1066, 1067 *ACC*.
29 BGH GRUR 2001, 420, 421 *SPA*.
30 BGH GRUR 2007, 884, 886 f, Tz. 33 f. *Cambridge Institute*; Lettl WRP 2008, 446, 452.
31 BGH GRUR 2001, 420, 422 *SPA*.
32 BPatG 10.2.2009, 27 W (pat) 20/09, Spa war eine geografische Herkunftsangabe und hat sich nunmehr zu einer beschreibenden Angabe gewandelt.

B. Grenzbeschlagnahme

Rechtsgrundlagen: §§ 146 bis 151 MarkenG

Die §§ 146 bis 151 MarkenG regeln das Verfahren bezüglich der **Beschlagnahme von** 1521
widerrechtlich gekennzeichneten Waren bei der Einfuhr und Ausfuhr. Die GMV sieht
ein solches Verfahren nicht vor, weil die Grenzbeschlagnahme bzw das Verbot der
Überführung oder Ausfuhr nachgeahmter Waren oder unerlaubt hergestellter Waren
über die VO (EG) Nr. Nr. 1383/2003[33] geregelt ist und außerhalb deren Anwendungsbereiches in den Mitgliedstaaten durch nationale Vorschriften bestimmt wird. Darüber
hinaus folgen die §§ 146 bis 151 MarkenG den Artt. 9 PVÜ, 51-60 TRIPS-Abkommen
und der Enforcementrichtlinie 2004/48/EG.[34] Ob auch der bloße Transit markenverletzend ist und zur Beschlagnahme führen kann, hat der BGH diskutiert und sogar als
wahrscheinlich angesehen, steht aber dennoch dieser Annahme ablehnend gegenüber,
so dass mit der Auslegung der Markenrechtsrichtlinie diese Frage dem EuGH vorgelegt
wurde.[35] Der EuGH lehnte die Beschlagnahme ab, weil der bloße Transit im externen
Versandverfahren, das eine bloße Durchfuhr ist und sich so darstellt, als wäre die Ware
nie in das Gemeinschaftsgebiet gelangt (rechtliche Fiktion), keine Gefahr für eine Markenrechtsverletzung besorgen lässt,[36] v.a., wenn das künftige Bestimmungsland über
einen Markenschutz verfügt. Das bedeutet, dass der Markenrechtsinhaber der Durchfuhr nicht widersprechen kann und ein markenverletzendes Inverkehrbringen nicht gegeben ist.[37] Ist der Import zeichenverletzender Ware zu besorgen, kann ein sog.
„Grenzbeschlagnahmeantrag" gestellt werden (§ 148 Abs. 1 MarkenG). Er bewirkt vor
allem, dass die Zollbehörden nach bestimmten Gesichtspunkten verdächtige Ware
kontrollieren und beim Grenzeintritt in die Bundesrepublik Deutschland beschlagnahmen, sofern nach ihrer Prüfung eine offensichtliche Rechtsverletzung vorliegt (§ 146
Abs. 1 S. 1 MarkenG). Sie unterrichtet dann den Verfügungsberechtigten der Ware und
den Antragsteller über die Beschlagnahme (§ 146 Abs. 2 MarkenG). In Fällen, in denen
die Verletzung nicht offensichtlich ist, kann der Zoll beim Verdacht von Fälschungen
eine „Aussetzung der Überlassung" anordnen. Der Zoll informiert dann den Schutzrechtsinhaber und bittet um Stellungnahme, ob eine Verletzung vorliegt. Zu diesem
Zeitpunkt werden aber Informationen über die Beteiligten nicht mitgeteilt. Erst wenn
der Schutzrechtsinhaber den Fälschungscharakter bestätigt, wird die Ware beschlag-
nahmt. Bei Parallelimporten ist eine Aussetzung der Überlassung nach den internen
Richtlinien des Zolls nicht möglich. Diese unterliegen nur dann der Beschlagnahme,
wenn es sich um offensichtliche Pirateriewaren handelt; dann muss der Zoll auch sofort
beschlagnahmen. Es ist grundsätzlich wichtig, die Zollbehörden mit genügend Erken-
nungsmerkmalen für „offensichtliche" Piraterieware und rechtswidrige Parallelimporte

33 Verordnung (EG) Nr. 1383/2003 vom 22. Juli 2003 über das Vorgehen der Zollbehörden gegen Waren, die im Verdacht stehen, bestimmte Rechte geistigen Eigentums zu verletzen, und die Maßnahmen gegenüber Waren, die erkanntermaßen derartige Rechte verletzen, ABl. (EU) 2003, Nr. L 196/7.
34 Richtlinie 2004/48/EG vom 29. April 2004 zur Durchsetzung der Rechte des geistigen Eigentums, ABl. (EU) 2004, Nr. L 195/16.
35 BGH GRUR 2005, 768, 769 *Diesel;* nachgehend noch EuGH GRUR 2007, 146 ff. *Montex/DIESEL.*
36 EuGH GRUR 2007, 146, 147, Tz. 17 und 19 ff. *Montex/DIESEL;* EuGH GRUR Int 2000, 748, 750, Tz. 34 *Polo/Lauren;* KG Urt. v. 12.10.2010, 5 U 152/08, Tz 30 ff (juris) *clinique happy.*
37 EuGH GRUR 2007, 146, 147, Tz. 19-21, 23 *Montex/DIESEL;* EuGH GRUR 2006, 146, 148 f, Tz. 47, 50 und 55 *Class International/Colgate-Palmolive;* BGH GRUR 2007, 875, Tz 12 *Durchfuhr von Originalware;* KG Urt. v. 12.10.2010, 5 U 152/08, Tz 30 ff (juris) *clinique happy.*

zu versorgen, damit dort zuverlässig und rechtzeitig beurteilt und gehandelt werden kann. In Zweifelsfällen rufen die Zollbehörden die Kontaktpersonen der Antragsteller, zB ihre anwaltlichen Vertreter, auch an, um diese zu klären. Widerspricht der Verfügungsberechtigte der Beschlagnahme, muss der Antragsteller binnen 2 Wochen nach Zustellung der Mitteilung über den erhobenen Widerspruch entweder eine Einstweilige Verfügung vorlegen, die den Vertrieb der beschlagnahmten Waren unterbindet, oder den Antrag zurücknehmen (§ 147 Abs. 2 und 3 MarkenG). Geschieht beides nicht, muss die Zollbehörde 2 Wochen nach Zustellung der Mitteilung über den Widerspruch die Beschlagnahme von sich aus aufheben (§ 147 Abs. 4 MarkenG). Legt der Verfügungsberechtigte über die Ware innerhalb von 2 Wochen nach Zugang der Mitteilung über die erfolgte Beschlagnahme keinen Widerspruch ein, wird die Beschlagnahme endgültig und die Waren werden eingezogen (§ 147 Abs. 1 MarkenG); es bleiben dann aber immer noch die Rechtsmittel nach dem OWiG (§ 148 Abs. 3 MarkenG), für die in Abweichung von § 140 Abs. 1 MarkenG nicht die Landgerichte, sondern die Amtsgerichte und – gegen deren Entscheidungen im Verfahren der sofortigen Beschwerde – die Oberlandesgerichte zuständig sind (§ 148 Abs. 3 S. 3 und 4 MarkenG).

1522 **Grenzbeschlagnahmeanträge für Deutschland sind zu stellen bei der Bundesfinanzdirektion; sie sind jeweils für 1 Jahr gültig** (§ 148 Abs. 1 S. 1 MarkenG). Die Bundesfinanzdirektion gliedert sich in fünf Bundesabteilungen auf: BDF Mitte in Potsdam, BDF Nord in Hamburg, BDF Südost in Nürnberg (der ehemalige Sitz der Oberfinanzdirektion in Nürnberg, Zentralstelle Gewerblicher Rechtsschutz München, die auch die entsprechenden Informationen vorhält),[38] BDF Südwest in Neustadt an der Weinstraße und BDF West in Köln. Der Antrag ist bei der jeweiligen Bundesabteilung zu stellen.[39] Sie erhebt für den Antrag Gebühren (§ 148 Abs. 2 MarkenG) und verlangt – wegen der Schadensersatzverpflichtung des Antragstellers bei ungerechtfertigter Beschlagnahme (§ 149 MarkenG) – die Stellung einer Sicherheit, entweder in bar oder in Form einer Bankbürgschaft. Ein besonderes Antragsverfahren gibt es im Fall der Einfuhr von Waren, die widerrechtlich mit geografischen Herkunftsangaben gekennzeichnet sind nicht bzw nur insoweit, als § 150 MarkenG regelt, dass Rechtsverletzungen, die in den Anwendungsbereich der VO (EG) Nr. 1383/2003 fallen, auf Antrag zu verfolgen sind. Die Zollbehörde wird nach § 151 MarkenG bei geografischen Herkunftsangaben außerhalb des Anwendungsbereiches der VO (EG) Nr. 1383/2003 bei offensichtlichen Rechtsverletzungen von Amts wegen tätig (§ 151 Abs. 1 S. 1 MarkenG) und ordnet die erforderlichen Maßnahmen zur Beseitigung der widerrechtlichen Kennzeichnung an (§ 151 Abs. 2 S. 2 MarkenG). Wird ihrer Anordnung nicht entsprochen oder ist die Beseitigung untunlich, erfolgt die Einziehung der Waren (§ 151 Abs. 3 MarkenG); es bleiben dann nur noch die Rechtsmittel nach dem OWiG, für die in Abweichung von § 140 Abs. 1 MarkenG wiederum nicht die Landgerichte, sondern die Amtsgerichte und – gegen deren Entscheidungen im Verfahren der sofortigen Beschwerde – die Oberlandesgerichte zuständig sind (§ 151 Abs. 4 S. 2 und 3 MarkenG).

---

38 Vormals Oberfinanzdirektion Nürnberg und die Arbeitseinheit dieser vormaligen Oberfinanzdirektion bleibt erhalten: Zentralstelle für gewerblichen Rechtsschutz, Sophienstraße 6, 80333 München, Postfach 20 15 03, 80015 München, die für Anträge nach § 146 MarkenG zuständig ist.
39 Vgl die Zuständigkeiten abrufbar im WWW unter URL: http://www.zoll.de/e0_downloads/f0_dont_show/bfd_standorte.pdf, Stand 22.4.2008, 10.2.2010, abgerufen am 10.2.2010.

C. Sonstige

Das MarkenG sieht ferner ein förmliches **Akteneinsichtsverfahren** (§§ 62, 82   1523
MarkenG) sowie **Straf- und Bußgeldvorschriften** (§§ 143 bis 145 MarkenG) vor.[40] Im
Verfahren selbst sind die **Vorschriften der ZPO entsprechend anwendbar**, soweit das
MarkenG keine Regelung enthält (§ 82 Abs. 1 MarkenG).[41]

Viertes Kapitel: Übergangsvorschriften

Das MarkenG findet grundsätzlich auch Anwendung auf Marken und geschäftliche   1524
Bezeichnungen, die bereits vor seinem In-Kraft-Treten geschützt waren (§ 153
MarkenG) und benutzt wurden (§§ 152, 153 Abs. 1 MarkenG).[1] Verfahrensrechtliche
Besonderheiten, die teilweise eine Anwendung der (alten) Vorschriften des WZG neben
den (neuen) des MarkenG vorsehen, sind in den §§ 153 bis 164 MarkenG geregelt.

---

40 Von der Darstellung von Einzelheiten wird abgesehen.
41 Vgl a. BGH GRUR 1999, 998, 998 *Verfahrenskostenhilfe*.
 1 BGH GRUR 2006, 56, 58, Tz. 22 ff *BOSS-Club*.

Dritter Teil:
Durchsetzung der Ansprüche

1525 Die Durchsetzung der vorstehend behandelten Ansprüche aus Wettbewerbs- und Markenrechtsverstößen lässt sich am einfachsten durch ein Beispiel veranschaulichen:

Beispiel: Die Fa. Lehmann Electronics GmbH aus Berlin wirbt in ganzseitigen Zeitungsanzeigen und auf großflächigen Plakaten mit der Schlagzeile „Weltneuheit" für den Personalcomputer XY zu einem besonders günstigen Preis. Eine Werbeagentur hatte nach den Skizzen des Geschäftsführers der Fa. Lehmann Electronics GmbH die Anzeigen sowie Plakate entworfen und die Werbung geschaltet. Nachfragenden Verbrauchern wird jedoch im Geschäft erklärt, der Personalcomputer XY sei nicht vorrätig, sondern könne nur bestellt werden, Lieferzeit 10 Tage; man könne aber ein fast ebenso gutes Gerät zur sofortigen Mitnahme anbieten, das leider nur um einiges teurer sei.

1526 Die Werbung gegenüber Verbrauchern für nicht vorhandene Ware verstößt gegen § 3 Abs. 3 i.V.m. Nr. 5 Anhang-UWG (Rn 201). Dem konkret betroffenen Mitbewerber (§ 8 Abs. 3 Nr. 1 UWG), den Verbänden der Mitbewerber (§ 8 Abs. 3 Nr. 2 UWG), den Verbraucherverbänden (§ 8 Abs. 3 Nr. 3 UWG) sowie den Kammern (§ 8 Abs. 3 Nr. 4 UWG) – vgl eingehend zur Anspruchsberechtigung Rn 862 ff - stehen aus § 8 Abs. 1 UWG der Unterlassungsanspruch (Rn 914 ff), der Beseitigungsanspruch hinsichtlich der Plakatanschläge (Rn 933 ff) und das Recht auf Richtigstellung (Rn 939) zu, dem Mitbewerber darüber hinaus auch der Schadenersatzanspruch aus § 9 S. 1 UWG (Rn 941 ff) und Verbänden der Gewinnabschöpfungsanspruch nach § 10 UWG (Rn 959 ff). Die GmbH haftet für das Handeln ihres Organs voll nach § 31 BGB analog (vgl Rn 907 f). Der Geschäftsführer selbst haftet als Täter (Rn 890), die Werbeagentur, die die Skizze des Geschäftsführers zum Plakat gestaltet hat, jedenfalls dann als Gehilfin, wenn sie die fehlende Verfügbarkeit des Computers XY kannte (Rn 891).

Die Umsetzung der Richtlinie unlautere Geschäftspraktiken (Rn 17) brachte für die Durchsetzung der Ansprüche im deutschen Recht keine Änderungen. Mit Recht ging der deutsche Gesetzgeber im Grundsatz davon aus, dass die Sanktionssysteme des UWG die Vorgaben der Richtlinie erfüllen.[1] Sie sind, wie dies Art. 13 Richtlinie Unlautere Geschäftspraktiken verlangt, „wirksam, verhältnismäßig und abschreckend". Zweifelhaft erscheint die Richtlinienkonformität des UWG nur bei der Beweislastverteilung für die Wahrheit von Tatsachenbehauptungen, die geschäftliche Handlungen gegenüber Verbrauchern sind (dazu Rn 1633).

I. Abmahnung

Rechtsgrundlagen: §§ 12 Abs. 1 UWG, 9 S. 1 UWG

1527 Das UWG erwähnt – anders als das MarkenG – in § 12 Abs. 1 UWG die Abmahnung ausdrücklich als Mittel der außergerichtlichen Streitbeilegung. In der Tat wird durch Abmahnungen der größte Teil der Streitigkeiten außergerichtlich erledigt.

---

1 Begr. RegE UWG-Novelle 2008, BT DS 16/10145, S. 18.

Durch einen drohenden[2] oder bereits begangenen Wettbewerbsverstoß entsteht ein ge- 1528
setzliches Schuldverhältnis zwischen Verletztem und Anspruchsberechtigtem. Wählt
der Anspruchsberechtigte den Weg der außergerichtlichen Abmahnung, spricht man
zwischen den Parteien vom sog. **Abmahnverhältnis.** Aus dieser wettbewerbsrechtlichen
Sonderbeziehung, die seit der UWG Novelle 2004 in **§ 12 Abs. 1 UWG** auch ausdrücklich gesetzlich anerkannt ist,[3] können sich für beide Beteiligten Treuepflichten gemäß
§ 242 BGB ergeben, die im Abmahngeschäft von Bedeutung sind und bei Verletzung
insbesondere Schadensersatzansprüche begründen können.[4]

Beispiel: Der Schuldner muss den Gläubiger nach Erhalt einer Abmahnung fristgerecht darüber
aufklären, dass er sich einem anderen Gläubiger bereits unterworfen hat, damit der Abmahnende
von der Erhebung einer Klage mit einer ihm ungünstigen Kostenfolge Abstand nehmen kann. Zur
Beantwortung der Abmahnung ist der Abgemahnte in solchen Fällen innerhalb angemessener
Frist stets unabhängig davon verpflichtet, ob er sich unterwirft oder die Eingehung einer Unterlassungsverpflichtung ablehnt.[5]

Eine Rechts*pflicht* zur Abmahnung des Verletzers vor Klageerhebung oder Stellung ei- 1529
nes Verfügungsantrages besteht aber nicht.[6] Doch ist, wenn nicht abgemahnt wurde
und der Beklagte im Prozess den Anspruch sofort[7] unter Protest gegen die Kosten anerkennt, im Rahmen des § 93 ZPO zu prüfen, ob der Beklagte zur Klageerhebung Anlass gegeben hat, d. h. ob nicht auch eine Abmahnung ausgereicht hätte, um ihn zur
Übernahme einer strafbewehrten Unterlassungsverpflichtung (Rn 919) zu veranlassen.
Es kann mittlerweile als anerkannt bezeichnet werden, dass **grundsätzlich der Antragsteller die Kosten der gerichtlichen Auseinandersetzung trägt, wenn er nicht abgemahnt
hat** (Abmahnungslast).[8] **Ausnahmen** gelten nur für solche Fälle, in denen eine Abmahnung unzumutbar oder von vornherein aussichtslos sein würde:

- Bei **besonderer Eilbedürftigkeit,** bei der eine Abmahnung zu einer unbilligen Ver-
  zögerung für den Verletzten führen würde; heute freilich ist fast jeder Gewerbetreibende entweder sofort per Fax oder binnen weniger Stunden mit Hilfe eines Ku-
  rierdienstes erreichbar,[9] und bei besonderer Dringlichkeit lassen sich auch Fristen
  von wenigen Stunden setzen (Rn 1535); der Fall der Entbehrlichkeit der Abmahnung wegen besonderer Eilbedürftigkeit wird deshalb nur noch in seltenen Ausnahmefällen eintreten.

---

2 Dann ist nur ein vorbeugender Unterlassungsanspruch gegeben, dennoch liegt ein gesetzliches Schuldverhältnis
  vor, BGH GRUR 1992, 116 *Topfgucker-Scheck.*
3 Vorher BGH GRUR 1990, 381 *Antwortpflicht des Abgemahnten*; BGH GRUR 1988, 716, 717 *Aufklärungspflicht gegenüber Verbänden*; OLG Stuttgart NJWE-WettbR 1997, 282, 283; eingehend: Schmitz-Fohrmann/
  Schwab in Götting/Nordemann § 12 UWG Rn 27 ff.
4 BGH GRUR 1987, 54, 55 *Aufklärungspflicht des Abgemahnten*; OLG Celle GRUR-RR 2009, 198, 198 *Hinweispflicht nach Zahlung der Abmahnpauschale.*
5 BGH GRUR 1987, 54, 55 *Aufklärungspflicht des Abgemahnten*; OLG Düsseldorf GRUR-Prax 2009, 23, 23
  Ersatzfähigkeit anwaltlicher Abmahnkosten.
6 Begr. RegE UWG-Novelle 2004, BT DS 15/1487, S. 25, abrufbar unter www.nordemann.de. Allerdings kann
  eine Abmahnung das rechtliche Gehör ersetzen, so dass bei fehlender Abmahnung möglicherweise ein Gericht
  eine Einstweilige Verfügung nicht ohne Anhörung des Antragsgegners erlassen kann, vgl Danckwerts GRUR
  2008, 763, 764 mwN. und unten Rn 1569.
7 Darunter versteht KG WRP 1992, 790, 791 auch noch ein Anerkenntnis nach Erörterung der Sach- und Rechtslage vor Stellung der Anträge, OLG Dresden NJWE-WettbR 1996, 138, ein Anerkenntnis in der Klageerwide-
  rung; anders OLG Hamburg WRP 1991, 116 f.
8 Davon geht auch die Begr. RegE UWG-Novelle 2004, BT DS 15/1487, S. 25, abrufbar unter www.nordemann.de,
  aus.
9 Vgl schon OLG Dresden WRP 1997, 1201, 1202; ebenso OLG Jena nach Orth WRP 1997, 700, 703 (zu 1.7).

- Wenn die einstweilige Verfügung im Falle einer Abmahnung vermutlich **ins Leere ginge**. Das ist wichtig vor allem im Markenrecht bei Geltendmachung von Sequestrationsansprüchen (Herausgabe an Gerichtsvollzieher) im Einstweiligen Verfügungsverfahren zur Vorbereitung von Vernichtungsansprüchen. Jedenfalls wenn die Verletzungsgegenstände schnell und ohne große Mühe beiseite geschafft werden könnten („flüchtige Ware"),[10] braucht grundsätzlich wegen der Sequestration, aber auch wegen des gleichzeitig geltend gemachten Unterlassungsanspruchs nicht abgemahnt zu werden.[11] Das Privileg der Entbehrlichkeit der Abmahnung geht allerdings verloren, wenn der Gläubiger zwar eine Einstweilige Verfügung auf Unterlassung und Sequestration erwirkt, dann aber nur die Unterlassungsverfügung vollzieht, ohne für die fehlende Vollziehung der Sequestrationsverfügung eine nachvollziehbare Begründung zu liefern.[12]

- Wenn der Verletzte bei objektiver Betrachtung der Meinung sein durfte, dass eine **Durchsetzung des Anspruchs nur mit Hilfe der Gerichte möglich** sein werde. Das wird noch **nicht** deshalb angenommen, weil ein **nur ähnlicher Verstoß erfolglos abgemahnt** wurde.[13] Eine Abmahnung ist jedoch entbehrlich, wenn gegen eine **von den gleichen Personen geführte andere Firma** nach Abmahnung wegen des gleichen Verstoßes schon gerichtlich vorgegangen werden musste;[14] wenn der gleiche Anwalt für eine **andere Partei** schon erfolglos abgemahnt hatte;[15] wenn sich aus der Art der Werbung ergab, dass diese zuvor von einer Werbeagentur geprüft worden sein musste,[16] was nicht überzeugt, weil sich auch Berater irren können;[17] wenn das **nachträgliche Verhalten** des Verletzers den Rückschluss zulässt, er hätte sich auch zuvor nicht unterworfen;[18] wenn der Verletzer Bedenkzeit erbittet, sein Verhalten während dieser aber fortsetzt, weil das darauf schließen lässt, dass er nur habe Zeit gewinnen wollen;[19] wenn der Verletzer sich zwar unterwirft, dann aber den gleichen Verstoß erneut begeht;[20] bei einer negativen Feststellungsklage des Abgemahn-

---

10 OLG Hamburg WRP 1988, 47; OLG Hamm GRUR 1989, 502, 503; OLG Nürnberg WRP 1995, 427;OLG Düsseldorf NJW-RR 1997, 1064; LG Hamburg GRUR-RR 2004, 191, 192 *Flüchtige Ware*; siehe aber OLG Braunschweig GRUR-RR 2005, 103, 103 f, das eine Abmahnpflicht auch bei flüchtigen Waren annimmt, wenn bestimmte Umstände (wie zB Höhe des aufgewendeten Einkaufspreises und Zuschnitt des Geschäfts) eine Weiterveräußerung unwahrscheinlich machen.

11 KG WRP 1984, 325, 326; OLG Düsseldorf WRP 1997, 471, 472 *Ohrstecker*; etwas einschränkend OLG Hamburg WRP 1985, 40.

12 KG GRUR-RR 2008, 372 (L).

13 OLG Hamburg MD 2008, 667, 669; OLG Hamburg MD 2008, 63, 66; vgl auch Teplitzky, Wettbewerbsrechtliche Ansprüche und Verfahren, Kap. 41 Rn 38; bei Zweitabmahnungen, also Abmahnungen desselben Streitgegenstandes, vgl BGH WRP 2002, 320, 321 f.

14 OLG Hamburg WRP 1973, 537; OLG Saarbrücken WRP 1990, 548 f.

15 OLG Frankfurt WRP 1974, 417.

16 OLG Düsseldorf WRP 1971, 133.

17 So richtig OLG Hamm WRP 1976, 328 für einen Verletzer, dessen ständige Beratung durch eine Anwaltskanzlei des gewerblichen Rechtsschutzes dem Verletzten bekannt war.

18 OLGe Hamm und Köln WRP 1977, 349 und 357: Verstöße noch nach Zustellung der einstweiligen Verfügung.

19 OLG Frankfurt NJW-RR 1987, 37.

20 BGH GRUR 1990, 542, 543 *Aufklärungspflicht des Unterwerfungsschuldners*.

ten,[21] jedoch noch nicht bei Äußerung einer bloßen Rechtsauffassung, weil damit noch nicht gesagt ist, dass man sich darüber auch gerichtlich streiten will.[22]

■ **Nicht** dagegen allein deshalb, weil der Verletzer im **Ausland** ansässig ist,[23] zumal man ihn heute auch dort rasch per Fax oder Kurierdienst erreicht; ferner nicht allein deshalb, weil es sich um einen oder mehrere **andere** Verstöße gehandelt hatte („Serientäter").[24]

■ Auch **Vorsatz** des Verletzers macht eine Abmahnung im Grundsatz **nicht entbehrlich**.[25] Allenfalls dann wird eine vorherige Abmahnung für entbehrlich gehalten, wenn ein Verletzer systematisch vorgeht und es sich außerdem um „böswillige" und „hartnäckige" Verletzungen handelt.[26] Das kann vor allem dann angenommen werden, wenn der Verletzer mit seinem System darauf spekuliert, den billigeren Weg der außergerichtlichen Unterwerfung gehen zu können.

Für eine Abmahnung genügen ein einfacher Brief oder ein Fax.[27] Im Beispielsfall **1530** Rn 1525 könnte der Anwalt der Firma Müller die Abmahnung etwa folgendermaßen formulieren:

Anwaltliche Abmahnungen werden üblicherweise durch die Vertretungsanzeige eingeleitet:
„*Wir schreiben Ihnen im Namen und im Auftrag der Elektronikmarkt Christian Müller GmbH, Hohenzollerndamm 123, 10713 Berlin. Eine auf uns lautende Vollmacht fügen wir diesem Schreiben bei.*[28]"

Sodann kann kurz etwas zur Aktivlegitimation gesagt werden (Rn 1531):
"*Unsere Mandantin handelt wie Sie u.a. mit Personalcomputern; sie bietet sogar den Personalcomputer XY zum Verkauf an. Damit besteht ein konkretes Wettbewerbsverhältnis unserer Mandantin zu Ihnen (§ 2 Abs. 1 Nr. 3 UWG), so dass unsere Mandantin gem. §§ 8 Abs. 3 Nr. 1, 9 S. 1 UWG Ansprüche stellen kann.*"

Daraufhin muss der Sachverhalt, der der Abmahnung zu Grunde liegt, ausreichend geschildert werden (Rn 1531):
„*Meine Mandantin hat Kenntnis von Ihrer Anzeigen- und Plakatwerbung für den Personalcomputer XY, zB in der „Berliner Zeitung" von gestern. Unsere Mandantin hat außerdem ermittelt, dass diese Ware bei Ihnen gar nicht vorrätig ist. Da durch die Werbung in Ihren Ladengeschäften großer Zulauf von Kunden entstanden ist, die sonst möglicherweise andere Unternehmen aufgesucht hätten, ist Ihrer rechtstreuen Konkurrenz, darunter meiner Mandantin, erheblicher Schaden entstanden.*

Angaben zur Rechtsfolge sind nicht zwingend, aber verbreitet:

21 BGH GRUR 2004, 790, 792 *Gegenabmahnung*; OLG Stuttgart WRP 1988, 766; OLG Hamm GRUR 1985, 84; OLG Frankfurt WRP 1981, 282; wie hier KG WRP 1980, 206 und LG Köln GRUR 1989, 542, 543 mwN vgl Rn 1546 und 1608; Teplitzky WRP 2005, 654, 656, verneint die Notwendigkeit der Abmahnung bei negativer Feststellungsklage gegen einen Abmahner.
22 Bornkamm in Köhler/Bornkamm § 12 UWG Rn 1.51.
23 OLG Hamburg WRP 1981, 344 f.
24 OLG Schleswig WRP 2000, 1327, 1328; OLG Stuttgart WRP 1978, 837, 838; OLG Hamburg WRP 1973, 651, 652; aA OLG Frankfurt WRP 1976, 775.
25 OLG Hamburg MD 2002, 115; OLG Hamburg GRUR 1995, 836; OLG München WRP 1996, 930; KG NJW 1993, 3336; Bornkamm in Köhler/Bornkamm § 12 UWG Rn 1.52; Teplitzky Kap. 41 Rn 22; aA wohl OLG Köln MD 2001, 1142. Vgl auch die Darstellung des Meinungsstandes bei den OLGen in den 1980iger Jahren in unserer 10. Auflage Rn 3013.
26 Teplitzky Kap. 41 Rn 35 ff; Bornkamm in Köhler/Bornkamm § 12 UWG Rn 1.53, u.V.a. KG WRP 2003, 101; OLG München WRP 1996, 930; OLG Hamburg WRP 1995, 1037, 1038; für das Urheberrecht genauso Jan Bernd Nordemann in Fromm/Nordemann § 97 a Rn 18.
27 OLG Köln WRP 1984, 40, 41 (Brief) und KG WRP 1994, 39, 40 (Fax). Zu letzterem Schmittmann WRP 1994, 225. Zum Zugangsnachweis siehe unten Rn 1547.
28 Eine Vollmacht muss aber zur Wirksamkeit der Abmahnung grundsätzlich nicht beigefügt werden, vgl eingehend Rn 1533.

„Die Werbung für nicht vorhandene Ware gegenüber Verbrauchern verstößt gegen §§ 3 Abs. 3 i.V.m. Anhang Nr. 5 S. 1 UWG. Unserer Mandantin stehen deshalb Unterlassungs- und Beseitigungsansprüche nach § 8 Abs. 1 UWG, Schadensersatzansprüche nach § 9 S. 1 UWG, die Berechnung des Schadensersatzanspruches vorbereitende Auskunftsansprüche nach §§ 242, 259, 260 BGB sowie Kostenerstattungsansprüche nach § 12 Abs. 1 S. 2 UWG zu."

Üblicherweise bietet der Abmahnende dann verschiedene Erklärungen des Abgemahnten zur Erledigung der Ansprüche an. Das kann innerhalb des Abmahnschreibens oder in einem gesonderten Dokument erfolgen; ein gesondertes Dokument wird häufig in einer Form mitgeschickt, die es dem Abgemahnten ermöglicht, dieses Dokument zu unterzeichnen und an den Abmahnenden zurückzuschicken. Siehe das Beispiel unten.

Für die Abgabe ausreichender Erklärungen wird üblicherweise eine Frist gesetzt. Außerdem müssen gerichtliche Schritte angedroht werden:

„Zur außergerichtlichen Erledigung der Ansprüche unserer Mandantin bieten wir Ihnen die Abgabe der von uns vorbereiteten und aus der Anlage ersichtlichen Unterlassungs- und Verpflichtungserklärung an. Sollten uns bis [Frist einfügen, siehe Rn 1535] keine ausreichenden Erklärungen Ihrerseits vorliegen, werden wir unserer Mandantin empfehlen (vgl Rn 1541), die Angelegenheit gerichtlich weiter zu verfolgen."

Für die angebotene Unterlassungs- und Verpflichtungserklärung kommt folgender Wortlaut in Betracht:

Hiermit erklärt die Fa. Lehmann Electronics GmbH, Berlin, gegenüber der Fa. Elektronikmarkt Christian Müller GmbH:

1) Wir verpflichten uns, es zukünftig zu unterlassen, einen Computer zu bewerben, wenn dieser in unseren Ladengeschäften nicht vorrätig ist.[29]

2) Wir verpflichten uns, für jeden Fall der schuldhaften Zuwiderhandlung gegen die Unterlassungsverpflichtung nach Ziff. 1 eine Vertragsstrafe[30] in Höhe von EUR 6.000,00 zu zahlen.[31]

3) Wir verpflichten uns, die Plakate, die die beanstandete Werbung enthalten, entfernen zu lassen.[32]

4) Wir verpflichten uns, der Fa. Elektronikmarkt Christian Müller GmbH den Schaden zu ersetzen, der ihr durch die Handlung gemäß Ziff. 1 entstanden ist und zukünftig noch entstehen wird.

5) Wir verpflichten uns, Auskunft darüber zu erteilen, in welchen Bezirken Berlins wie viele Plakate mit der eingangs bezeichneten Werbung angebracht wurden, sowie Rechnung über die seit Beginn der Aktion erzielten Umsätze zu legen, und zwar unter Angabe der Umsätze im gleichen Zeitraum des Vorjahres;

6) Wir verpflichten uns, die durch die Einschaltung der Anwaltskanzlei Schulze entstandenen Kosten zu erstatten, wie sie in der Anlage berechnet sind.

Berlin, den_____   _____

                                                                      Fa. Lehmann Electronics GmbH

In der vorbereiteten Unterlassungserklärung betreffen Ziff. 1) und 2) den Unterlassungsanspruch, Ziff. 3) den Beseitigungsanspruch, Ziff. 4) den Schadensersatzanspruch (dem Grunde nach), Ziff. 5 den die Berechnung des Schadensersatzanspruches vorbe-

---

29 Vgl zur Formulierung der Unterlassungsverpflichtung auch unten Rn 1610 ff.
30 Vgl Rn 919.
31 Vgl Rn 920.
32 Die Geltendmachung dieses Anspruches ist nicht zwingend, weil der Schuldner schon aufgrund der Unterlassungsverpflichtung die Plakate entfernen müsste (Rn 915); der Beseitigungsanspruch kann aber zur Klarstellung in die Abmahnung aufgenommen werden.

reitenden Auskunfts- und Rechnungslegungsanspruch[33] sowie Ziff. 6) den Kostenerstattungsanspruch.

Inhaltlich muss die Abmahnung den **Sachverhalt** – nicht aber die rechtliche Würdigung[34] – wettbewerbswidrigen Verhaltens, also die konkrete Verletzungsform (vgl Rn 1611) korrekt und so genau angeben, dass der Abgemahnte den Vorwurf tatsächlich und rechtlich überprüfen kann.[35] Ungenauigkeiten gehen zu Lasten des Abmahners,[36] es sei denn dem Abgemahnten ist klar, worum es geht.[37]   **1531**

Beispiel: Mahnt ein Mitbewerber auf Unterlassung ab, so muss seine Abmahnung das konkrete Wettbewerbsverhältnis, das für eine Anspruchsberechtigung erforderlich ist (§§ 8 Abs. 3 Nr. 1, 2 Abs. 1 Nr. 3 UWG), nachvollziehbar darlegen. Reagiert der Abgemahnte mit einer Bitte um Aufklärung, ohne der Abmahnung ansonsten inhaltlich entgegen zu treten, kann der Abgemahnte sich auf § 93 ZPO berufen, wenn der Abmahner sogleich die Gerichte anruft.[38]

Beweismittel brauchen dagegen in der Abmahnung ebenso wenig angegeben zu werden wie in der Antwort des Abgemahnten.[39]

Die Abmahnung muss ferner den Verletzer unter Fristsetzung und Androhung gerichtlicher Schritte zur Abgabe eines strafbewehrten Unterlassungsversprechens auffordern.[40] Eine bloße Rüge genügt nicht.

Ging die rechtliche Forderung in der Abmahnung **zu weit** (sog. Übermaßverwarnung), so ist sie dennoch innerhalb des sachlich Gebotenen wirksam. Denn es ist dann Sache des Verletzers, eine eingeschränkte Erklärung abzugeben[41]. Das gilt zunächst, falls eine Trennung ohne weiteres – zB durch Streichung einzelner Worte in der Unterwerfungserklärung – möglich ist.[42] Aber auch in anderen Fällen ist es dem Verletzer zuzumuten, eigenverantwortlich eine Unterwerfungserklärung neu zu formulieren.[43] Denn es besteht noch nicht einmal im Abmahnverhältnis eine Rechtspflicht für den Abmahner, dem Verletzer eine vorformulierte Unterlassungserklärung anzubieten. Der Verletzer ist selbst gehalten, den Unterlassungsanspruch durch eine ernsthafte Unterwerfung aus der Welt zu schaffen. Die Ernsthaftigkeit wird aus ex-ante-Sicht zum Zeitpunkt ihrer Abgabe als Prognoseentscheidung beurteilt.[44]   **1532**

Ob der **anwaltlichen Abmahnung** eine **Vollmacht** beigefügt sein muss, war lange höchst streitig.[45] Ein Vollmachterfordernis kommt wegen § 174 S. 1 BGB in Betracht. Der Bundesgerichtshof hat nunmehr entschieden, dass die Abmahnung jedenfalls dann kein einseitiges Rechtsgeschäft gem. § 174 S. 1 BGB ist, wenn die Abmahnung mit einem   **1533**

---

33 Im Regelfall ist ein Schadensersatzanspruch aber nicht bezifferbar; vgl Rn 949.
34 OLG Hamm GRUR 1996, 988, 990; OLG Düsseldorf WRP 1988, 107, 108.
35 OLG Stuttgart WRP 1996, 1229, 1230; OLG Hamburg WRP 1996, 773; OLG Köln WRP 1988, 56.
36 OLG Celle WRP 1996, 757, 759.
37 OLG Hamburg WRP 1995, 125.
38 OLG Hamburg Beschluss vom 22.2.2009, Az. 3 W 161/08 = BeckRS 12389.
39 KG GRUR 1983, 673, 674 *Falscher Inserent*; Schmitz-Fohrmann/Schwab in Götting/Nordemann § 12 UWG Rn 18 mwN.
40 BGH GRUR 2007, 164 Tz. 12 *Telefaxwerbung II*.
41 OLG Stuttgart BB 1987, 2394, 2394.
42 OLG Stuttgart WRP 1983, 362 f.
43 OLG München WRP 1982, 600, 601, das allerdings wie schon OLG Hamburg WRP 1989, 32, 33 eigenverantwortliche Neuformulierung durch Verletzer verlangt (zu weitgehend).
44 BGH GRUR 1997, 382, 385 *Altunterwerfung I*; BGH GRUR 1997, 386, 390 *Altunterwerfung II*.
45 Siehe die Nachweise in der 10. Aufl. Rn 3017 sowie bei BGH GRUR 2010, 1120 Tz. 13 *Vollmachtsnachweis*.

Angebot auf Abschluss eines Unterlassungsvertrages verknüpft ist.[46] Auch deshalb empfiehlt es sich, dem Abgemahnten eine konkrete Unterlassungserklärung anzubieten. Weiterhin dürfte der Abmahnende immer noch die Auferlegung der Kosten nach § 93 ZPO riskieren, wenn der Abgemahnte sich nicht gegen die Abmahnung inhaltlich wehrt und er lediglich Vollmachtsvorlage verlangt, der Abmahnende aber sofort zu Gericht geht.[47] Dabei sind aber die Interessen des Gläubigers an einer raschen Erledigung zu berücksichtigen. Muss er die Vollmachten in einem zeitraubenden Verfahren, zB bei mehreren ausländischen Rechteinhabern, einholen, muss der Schuldner eine Unterlassungserklärung mit auflösender Bedingung für den Fall abgeben, dass der Vollmachtsnachweis nicht innerhalb einer bestimmten Frist erbracht wird.[48] Auch ist für § 93 ZPO kein Raum, wenn der Schuldner die Vollmacht verlangt, ohne eine Unterlassungserklärung anzukündigen.[49]

1534 Die Abmahnung **gegenüber einem Minderjährigen** ist unwirksam.[50] Gleichgültig, ob die Abmahnung als eine rechtsgeschäftliche Erklärung oder rechtsgeschäftsähnliche Erklärung angesehen wird, ergibt sich die Unwirksamkeit aus §§ 131 Abs. 1, 105 Abs. 1 bzw die schwebende Unwirksamkeit aus §§ 108 Abs. 1, 131 Abs. 2 BGB.

1535 Die gesetzte **Frist** muss so bemessen sein, dass dem Verletzer ausreichend Zeit zur Überlegung bleibt.[51] Das können je nach den Umständen, insbesondere nach der Eilbedürftigkeit und den Verhältnissen auf Verletzerseite, wenige Stunden sein,[52] bei Zustellung im Ausland auch mehrere Wochen.[53] Im Regelfall sind jedoch 48 Stunden als ausreichend anzusehen, ein etwa dazwischen liegendes Wochenende nicht eingerechnet;[54] wollte man mit der früheren Rechtsprechung des OLG Stuttgart[55] eine Regelfrist von mindestens einer Woche ansetzen, würden gewitzte Verletzer, die dann erfahrungsgemäß mit solchen Zeiträumen „arbeiten", zu Unrecht begünstigt. Der Bitte des Verletzers um **Fristverlängerung** muss der Anspruchsberechtigte regelmäßig bei verspätetem Zugang,[56] aber auch sonst bei triftigem Grund entsprechen,[57] weil der Abmahner sonst seine Treupflichten aus dem Abmahnverhältnis (Rn 1528) verletzt. Abwesenheit des Geschäftsführers oder anderer mit der Beantwortung von Abmahnungen betrauten Personen sind im Regelfall kein Grund für eine Fristverlängerung. Bei Abwesenheit muss für Vertretung gesorgt werden.[58] Eine ohne Uhrzeitangabe gesetzte

---

46 BGH GRUR 2010, 1120 Tz. 14 f *Vollmachtsnachweis*.
47 So wohl BGH GRUR 2010 1120 Tz. 15 *Vollmachtsnachweis* ; OLG Stuttgart NJW 2000, 125.
48 Teplitzky, Wettbewerbsrechtliche Ansprüche und Verfahren, Kap. 41 Rn 6 a; ferner ders. Teplitzky WRP 2010, 1427, 1432.
49 OLG Hamburg WRP 1986, 106.
50 OLG München ZUM-RD 2001, 561, 563.
51 OLG Koblenz nach Wasserzier WRP 1982, 202, 202.
52 Vgl OLG Hamburg WRP 1976, 180, 181 (24 Stunden); OLG Köln WRP 1976, 786, 789 und OLG Frankfurt NJWE-WettbR 1997, 46 (5 Stunden), OLG Stuttgart WRP 1983, 305 L (2 1/2 Stunden); OLG München WRP 1988, 62, 63 (45 min.); LG Hildesheim WRP 1988, 772 (2 Stunden).
53 OLG Hamburg WRP 1981, 344 f.
54 Dann kann der Verletzer auch einen Rechtsanwalt oder seine Rechtsabteilung um Rat fragen, vgl OLG Hamburg GRUR 1989, 630 L.
55 WRP 1981, 343; so auch Schmitz-Fohrmann/Schwab in Götting/Nordemann § 12 UWG Rn 23 mwN.
56 OLG Hamm WRP 1978, 225, 226. Vgl auch OLG Hamburg GRUR 1991, 80.
57 OLG Frankfurt GRUR 1984, 164 nennt die Bitte des Verletzers um die Darlegung der Rechtslage, verbunden mit der Erklärung, die Unterwerfungserklärung ggf sofort abgeben zu wollen; das kann freilich ein Vorwand für Verschleppung sein.
58 OLG Karlsruhe MD 2009, 331, 333.

Frist läuft bis 24 Uhr; der Verletzte muss allerdings, wenn er einen Faxanschluss in der Abmahnung angegeben hat, aber nicht über einen Nachtbriefkasten verfügt, nicht mehr wie früher bis zum folgenden Mittag warten,[59] weil eilige Korrespondenz heute per Fax erledigt werden kann. Fax-Unterwerfung wahrt die Frist; der Abmahnende hat aber schon aus Beweisgründen Anspruch auf Nachsendung der Erklärung als unterschriebenes Original (Rn 919). War die Frist zu kurz oder hat der Anspruchsberechtigte nicht zugewartet, so bleibt die Abmahnung zwar wirksam;[60] der Anspruchsberechtigte trägt aber die Kosten der erwirkten einstweiligen Verfügung, wenn der Verletzer sich innerhalb eines angemessenen Verlängerungszeitraums unterwirft;[61] hat der Verletzte die einstweilige Verfügung schon innerhalb dieses Zeitraums zugestellt, so kann sich der Verletzer auf den Kostenwiderspruch beschränken.

Der Anspruch des Verletzten auf Erstattung der **Kosten der Abmahnung** ergibt sich als Schadenersatzanspruch[62] für die Mitbewerber in den meisten Fällen direkt aus § 9 S. 1 UWG. § 9 S. 1 UWG deckt nicht nur die Abmahnkosten ab, sondern geht weiter und umfasst alle Kosten der Rechtsverfolgung. Voraussetzung ist dann aber, dass der Abgemahnte schuldhaft gehandelt haben muss, andernfalls kann der Mitbewerber auch nur nach § 12 Abs. 1 S. 2 UWG in Bezug auf die Abmahnkosten vorgehen. Für **Verbände**, die keinen Schadenersatzanspruch haben können (§§ 9 S. 1, 8 Abs. 3 Nr. 2 bis 4 UWG, vgl Rn 878) ergibt er sich aus § 12 Abs. 1 S. 2 UWG (Rn 956). Mitbewerber können auf § 12 Abs. 1 S. 2 UWG im seltenen Fall der schuldlosen Wettbewerbsverletzung ausweichen. Darunter fallen **Anwaltskosten** aber nicht ohne weiteres. **1536**

Für beide Anspruchsarten ist zu prüfen, ob die Einschaltung von Anwälten „erforderlich" war.[63] Vor dem Hintergrund der Verschuldensunabhängigkeit des Erstattungsanspruches aus § 12 Abs. 2 S. 1 UWG überrascht es ein wenig, dass die Kriterien der Erforderlichkeit sich nicht unterscheiden sollen.[64] Zumindest nach der Person des Anspruchstellers ist aber für die Erforderlichkeit zu unterscheiden. **1537**

Verbände und Kammern gemäß § 8 Abs. 3 Nr. 2 bis 4 UWG, zu deren satzungsgemäßen Aufgaben die Verfolgung von Wettbewerbsverstößen gerade gehört, müssen so ausgestattet sein, dass sie typische Wettbewerbsverstöße von durchschnittlichem Schwierigkeitsgrad selbst abmahnen können.[65] Sie erhalten deshalb nur eine Kostenpauschale, die die Gerichte z.Zt. in Höhe von bis zu EUR 195,00 zzgl. 7 % MwSt. anerken-

---

59 So noch KG WRP 1979, 543 f.
60 KG WRP 1977, 582, 584; OLG Köln WRP 1984, 164. Einen Ausnahmefall behandelt OLG Stuttgart WRP 1983, 361.
61 OLG Köln WRP 1984, 164; OLG Hamburg WRP 1995, 1043.
62 BGH GRUR 2007, 631 Tz. 21 *Abmahnaktion*, genauso BGH GRUR 2008, 996 Tz. 9 *Clone-CD*; jedenfalls bei einer Dauerhandlung; bei abgeschlossenen Verletzungshandlungen offengelassen, für eine Anwendung des § 9 UWG auch in diesen Fällen: Teplitzky, Wettbewerbsrechtliche Ansprüche und Verfahren, Kap. 41 Rn 82 mwN zum Streitstand; selbst eine Anwendung des § 9 UWG abgelehnt, kann der Abmahnende allerdings über § 12 Abs. 1 S. 2 UWG Kostenerstattung beanspruchen.
63 BGH GRUR 1984, 691, 692 *Anwaltsabmahnung* für GoA; BGH NJW 1995, 446, 447 für Schadensersatzanspruch; OLG Düsseldorf GRUR-RR 2002, 215, 215 *Serienabmahnung* für GoA und Schadensersatzanspruch; OLG Karlsruhe WRP 1996, 591, 593 *Anwaltsabmahnung bei eigener Rechtsabteilung* für den Schadensersatzanspruch.
64 So ausdrücklich OLG Düsseldorf GRUR-RR 2002, 215, 215 *Serienabmahnung*; wohl auch Melullis Rn 804 ff; zweifelnd OLG Karlsruhe WRP 1996, 591, 593 *Anwaltsabmahnung bei eigener Rechtsabteilung*.
65 Begr. RegE UWG-Novelle 2004, BT DS 15/1487, S. 25; vgl davor schon BGH WRP 1984, 405, 406 *Anwaltsabmahnung*; und jetzt im Ansatz auch BGH GRUR 2010, 354, 355, Tz. 9 *Kräutertee*.

nen.[66] Die einem Verband zustehende Kostenpauschale richtet sich nach den Kosten des Verbandes[67]. Die Verbände dürfen für ihren Kostenerstattungsanspruch die Umsatzsteuer ausweisen.[68] Die Kostenerstattung kann neben den Kosten des nachfolgenden Verfügungsverfahrens geltend gemacht werden, gehört aber nicht in das Kostenfestsetzungsverfahren.

Für **Mitbewerber** sollten etwas großzügigere Regeln gelten, nach denen sie die Einschaltung von Anwälten regelmäßig für erforderlich halten dürfen.[69] Denn für Mitbewerber – anders als für Verbände – gehört die Verfolgung von Wettbewerbsverstößen nicht zu ihren ureigensten Aufgaben.

Die Regel der Erforderlichkeit der Einschaltung von Anwälten gilt daneben auch für Abmahnungen des Zeicheninhabers im **Markenrecht;**[70] hier ist einerseits ein besonders schwieriger Bereich betroffen. Andererseits löst jede unberechtigte markenrechtliche Abmahnung Gegenansprüche des zu Unrecht Abgemahnten aus (Rn 596 ff), weshalb eine anwaltliche Prüfung erst recht sinnvoll ist. Sowohl für das Wettbewerbsrecht als auch für das Markenrecht sollte es daneben unbeachtlich sein, ob der Abmahnende selbst besondere wettbewerbs- oder markenrechtliche Kompetenz besitzt. Die Existenz einer **Rechtsabteilung** beseitigt nach zutreffender Ansicht nicht das Erfordernis der Einschaltung eines externen Anwaltes,[71] weil nicht ohne weiteres davon ausgehen kann, dass sich dort Spezialisten für Wettbewerbs- oder gar für Markenrecht befinden. Über dies erscheint es nicht als gerechtfertigt, die knappen und teuren Ressourcen einer Rechtsabteilung dem Verletzer kostenlos zur Verfügung zu stellen. Ausnahmen sollten auch im Fall von **massenhaften Verletzungen** nicht gelten, wie sie neuerdings gerade im Internet vorkommen: massenhafte Verletzungen erfordern massenhafte Abmahnungen,[72] es sei denn, es läge ein Fall des Rechtsmissbrauches vor (§ 8 Abs. 4 UWG[73]; für das Markenrecht § 242; siehe Rn 987 ff).

1538 Bei **nur in Teilen begründeten Abmahnungen** ist im Hinblick auf die Vollkostenerstattung zu differenzieren zwischen Verbänden und Mitbewerbern. Verbände können die vollen Kosten erstattet verlangen. Dem steht nicht entgegen, dass die Abmahnkosten-

---

66 Vgl LG Berlin Urteil vom 22.02.2011, Az: 15 O 276/10, BeckRS 2011, 17677, 05887 aE; LG Nürnberg-Fürth Urteil vom 19.01.2011, Az: 3 O 819/10, BeckRS 2011, 01638. Dieser Betrag errechnet sich aus den tatsächlichen Kosten, zB der Zentrale zur Bekämpfung des unlauteren Wettbewerbs; siehe zu dem früheren Betrag von DM 295,00 plus 7 % MwSt. WRP 1997, 259 f.
67 Ahrens/Scharen, Der Wettbewerbsprozess, Kap. 11 Rdn. 29 ff.; Teplitzky, Wettbewerbsrechtliche Ansprüche und Verfahren, Kap. 41 Rdn. 95.
68 BFH GRUR 2003, 718 *Aufwendungsersatz*.
69 OLG Karlsruhe WRP 1992, 589, 591, 593 *Anwaltsabmahnung bei eigener Rechtsabteilung*; OLG Stuttgart WRP 1992, 589, 590; LG München GRUR 1990, 311, Teplitzky, Wettbewerbsrechtliche Ansprüche und Verfahren, Kap. 41 Rn 82.
70 OLG Düsseldorf GRUR-RR 2002, 215, 215 *Serienabmahnung*; OLG Hamm MMR 2001, 611, 611 *FTP-Explorer*; Ingerl/Rohnke vor §§ 14 bis 19 Rn 151.
71 BGH Urteil vom 04.02.2010, Az: I ZR 30/08, BeckRS 2010, 17677 Tz. 23 f; BGH GRUR 2008, 928 Tz. 14 ff *Abmahnkostenersatz*; im Ansatz auch BGH GRUR 2010, 354 Tz. 9 *Kräutertee* aber mit anderem Schwerpunkt zu Mehrfachabmahnungen; verneinend bei einfachen Fällen BGH GRUR 2004, 789, 789 *Selbstauftrag*.
72 OLG Hamm MMR 2001, 611, 611 *FTP-Explorer*; Ingerl/Rohnke vor §§ 14 bis 19 Rn 151; aA OLG Düsseldorf GRUR-RR 2002, 215, 215 *Serienabmahnung*, dort allerdings vornehmlich auf Argumente des Rechtsmissbrauches abstellend.
73 Rechtsmissbrauch, wenn mehrere Gläubiger in getrennten Verfahren statt in subjektiver Klagehäufung gegen mehrere Unterlassungsschuldner vorgeht, obwohl Letztere in einer gemeinsamen Anzeige warben, denselben Gerichtsstand und Rechtsbeistand hatten, BGH GRUR 2006, 243 Tz. 15 f *MEGA SALE*.

pauschale, die ein nach § 8 Abs. 3 Nr. 2 UWG klagebefugter Verband beanspruchen kann, auch dann in voller Höhe geschuldet ist, wenn die Abmahnung nur teilweise berechtigt war[74]. Sie fällt daher auch bei einer nur teilweise berechtigten Abmahnung in voller Höhe an und ist deshalb in voller Höhe zu erstatten[75].

Bei Mitbewerbern kommt eine Quotelung in Betracht, und zwar im Hinblick auf den berechtigten und den unberechtigten Teil. Dabei ist nur der auf den berechtigten Teil entfallende Gegenstandswert relevant; aus ihm darf dann die Kostenerstattung berechnet werden.[76] **1539**

Keine Kostenerstattung für die anwaltliche Abmahnung erhält ein **Verband**, der selbst eine wirksame Erstabmahnung ausgesprochen hat und danach die **Zweitabmahnung** durch einen Rechtsanwalt aussprechen lässt und für diese die Kosten geltend macht.[77] Denn die Zweitabmahnung durch Einschaltung eines Rechtsanwaltes wegen ausbleibender Reaktion des Verletzers auf die Erstabmahnung war nicht erforderlich, weil der Verband nach der Erstabmahnung Klage hätte erheben können.[78] Der Bundesgerichtshof betont, dass ein anspruchsberechtigter Verband grundsätzlich in der Lage sein müsse, typische und durchschnittlich schwere Wettbewerbsverstöße selbst zu verfolgen.[79] Damit ist offen, ob auch bei anwaltlichen **Zweitabmahnungen durch Mitbewerber** eine Kostenerstattung ausscheidet. Eine solche Kostenerstattung ist schon deshalb zu befürworten, weil eine nicht-anwaltliche Mitbewerberabmahnung weniger Autorität als eine Verbandsabmahnung hat; das anwaltliche Nachfassen erscheint danach zur Vermeidung unnötiger Rechtsstreite erforderlich. **1540**

Keine Abmahnkostenerstattung erhält derjenige, der bereits zum Zeitpunkt der Abmahnung eine einstweilige Verfügung erwirkt hat (sog. **Schubladenverfügung**)[80]. In den Fällen der nachgeschalteten Erst- oder Zweitabmahnung kommt weder ein Anspruch aus § 12 Abs. 1 S. 2 UWG noch aus Geschäftsführung ohne Auftrag nach §§ 683 S. 1, 677, 670 BGB in Betracht[81].

Das bedeutet zusammenfassend, dass der Ersatzanspruch nur besteht, **1541**

- wenn berechtigt abgemahnt wurde,
- die Einschaltung eines Rechtsanwaltes erforderlich war und
- wenn die Abmahnung vor Einleitung eines gerichtlichen Verfahrens ausgesprochen wurde.

74 BGH GRUR 2010, 644 Tz. 51 *Sondernewsletter*; BGH GRUR 2009, 1064 Tz. 47 *Geld-zurück-Grantie II*; BGH GRUR 2009, 413 Tz. 31 *Erfokol-Kapseln*
75 BGH GRUR 2010, 644 Tz. 51 *Sondernewsletter*.
76 BGH GRUR 2010, 939, 942 Tz. 41 *Telefonwerbung nach Unternehmenswechsel*; BGH GRUR 2010, 644 Tz. 52. *Sondernewsletter*.
77 BGH GRUR 2010, 354, 355 Tz. 8, 10 *Kräutertee*.
78 BGH GRUR 2010, 354, 355 Tz. 9 *Kräutertee*.
79 BGH GRUR 2010, 354, 355 Tz. 9 *Kräutertee*.
80 BGH Urteil vom 19.05.2010, Az: I ZR 177/07 *Folienrollos*; BGH GRUR 2010, 257 Tz. 9, 13, 17 „*Schubladenverfügung*" heißt sie deshalb, weil der Abmahnende bereits einen Verfügungstitel hat und zwar in der Schublade, ohne dass der Gegner Kenntnis davon hat, und der Gegner nach Erlass der Verfügung zunächst erstmal abgemahnt wird.
81 BGH Urteil vom 19.05.2010, Az: I ZR 177/07 *Folienrollos*; BGH GRUR 2010, 257 Tz. 9, 13 *Schubladenverfügung*; BGH GRUR 2010, 354 Tz. 8, 10 *Kräutertee*.

1542 Der **Gegenstandswert** der Abmahnung richtet sich nach dem Wert der Hauptsache, nicht nach dem Wert des Verfügungsverfahrens (dazu Rn 1666), weil die Abmahnung eine endgültige Befriedung anstrebt. Die Praxis der Gerichte ist dennoch uneinheitlich. Während beispielsweise die Hamburger Gerichte im Verfügungsverfahren den gleichen Streitwert wie im Hauptsacheverfahren ansetzen, liegt der Streitwert des Verfügungsverfahrens in Berlin nur bei 2/3 des Hauptsachewertes (siehe Rn 1666).

1543 Die **Höhe der Gebühren** ist nach der Einführung des RVG gestiegen. Es steht ein Rahmen von 0,5 bis 2,5 zur Verfügung (§ 14 RVG). Grundsätzlich ist von einer Mittelgebühr i.H.v. 1,3 auszugehen und eine Geschäftsgebühr darüber nur zu verlangen (Anm. zu Nr. 2400 VV), wenn die Tätigkeit umfangreich oder schwierig ist. Im Regelfall ist jedoch bei wettbewerbsrechtlichen und erst recht bei markenrechtlichen Angelegenheiten von einem hohen Schwierigkeitsgrad auszugehen. Es handelt sich beim Wettbewerbs- und Markenrecht um eine Spezialmaterie, die einer umfassenden Einarbeitung eines nicht darauf spezialisierten Anwalts bedarf. Dass es sich bei Problemen des Gewerblichen Rechtsschutz (Wettbewerbs- und Markenrecht) um Spezialmaterie und komplizierte Rechtsgebiete handelt, zeigt schon die Erstzuständigkeit der Landgerichte. Deshalb bemerkt der Bundesgerichtshof zu Recht, dass „bei einer wettbewerbsrechtlichen Abmahnung in einem Durchschnittlichen Fall nicht von einer unter dem Regelsatz liegenden 1,3fachen Gebühr auszugehen ist."[82] Verschiedentlich sprechen Gerichte aber auch eine 1,8fache Gebühr „wegen der besonderen Bedeutung der Angelegenheit" zu.[83] **In aller Regel** sollte es deshalb zulässig sein, für die Abmahnung eine Gebühr von **1,3** zu verlangen, in komplexeren Angelegenheiten auch 1,8 und mehr.

In aller Regel hat der Anwalt bei Abmahnung noch keinen Prozessauftrag seines Mandanten; schließlich muss erst einmal abgewartet werden, wie der Verletzer auf die Abmahnung reagiert. Der Anwalt sollte das in der Abmahnung auch dadurch betonen, dass er seiner Mandantin empfehlen werde, den Anspruch im Fall des fruchtlosen Fristablaufes gerichtlich geltend zu machen. Formuliert er, dass er ansonsten schon mit der Einleitung gerichtlicher Schritte beauftragt ist, kann der Anwalt nur die gerichtliche Verfahrensgebühr geltend machen; diese liegt nicht über 1,3; überdies ist sie – im Gegensatz zu den außergerichtlichen Geschäftsgebühren –auf später entstehende gerichtliche Anwaltsgebühren anrechenbar (zum Verhältnis Geschäftsgebühr und Verfahrensgebühr auch unten Rn 1645).

1544 Bei **mehreren Abmahnungen** für denselben Wettbewerbsverstoß soll nur die erste Abmahnung einen Kostenerstattungsanspruch auslösen, es sei denn, die Abmahnungen sind gleichzeitig erfolgt.[84] Richtigerweise wird hier zu differenzieren sein: Ist der Kostenerstattungsanspruch ein Schadensersatzanspruch, kann jeder Abmahner eine Erstattung verlangen. Demgegenüber knüpft der Kostenerstattungsanspruch aus § 12 Abs. 2 S. 1 UWG für Verbände an die Grundsätze der GoA an und stellt deshalb auf den wirklichen oder mutmaßlichen Willen des Abgemahnten ab. Dieser kann nur dahin gehen, nicht mehr als eine Abmahnung zu erhalten.

82 BGH GRUR 2010, 1120 Tz. 31 *Vollmachtsnachweis*.
83 LG Köln AGS 2007, 499; siehe auch Günther WRP 2009, 118, 119, mit zahlreichen Beispielen aus der Instanzrechtsprechung, die teilweise oberhalb von 1,3 liegt.
84 BGH WRP 2002, 320.

In **Kennzeichensachen** sind **bei Mitwirkung eines Patentanwaltes** für die Abmahnung **1545** – anders als im Prozess (vgl Rn 1646) – nach der neuen Rechtsprechung des Bundesgerichtshofes entgegen der bisher herrschenden Auffassung unter den Oberlandesgerichten Kosten eines mitwirkenden Patentanwaltes grundsätzlich nicht erstattungsfähig. Eine Kostenerstattung für den mitwirkenden Patentanwalt kann nur verlangt werden, wenn der Abmahnende darlegt und nachweist, dass die Mitwirkung des Patentanwalts erforderlich war. Dafür muss nach dem Bundesgerichtshof der Patentanwalt im Zusammenhang mit der Abmahnung Aufgaben übernommen hat, die zum „typischen Arbeitsgebiet eines Patentanwalts gehören".[85] Solche typischen Arbeiten von Patentanwälten sind sollen Recherchen zum Registerstand oder zur Benutzungslage sein.[86]

Der **zu Unrecht Abgemahnte** hat einerseits keine Aufklärungspflicht,[87] weil sich eine **1546** Antwortpflicht nur aus einem Abmahnverhältnis (Rn 1528) ergeben kann, das mangels Verletzung aber nicht vorliegt. Allerdings hat der zu Unrecht Abgemahnte andererseits regelmäßig (Ausnahme: § 826 BGB und grobe Fahrlässigkeit, Rn 601 f) keinen Kostenerstattungsanspruch. Anders ist das allerdings bei unberechtigten markenrechtlichen Abmahnungen (Rn 596 ff). Will er negative Feststellungsklage erheben, muss er zuvor nicht abmahnen. Eine Ausnahme wird dann gemacht, wenn der Abmahnende von falschen tatsächlichen Voraussetzungen ausgeht.[88]

Kostenwidersprüche gegen einstweilige Verfügungen werden häufig mit der Behauptung begründet, die **Abmahnung** sei **nicht zugegangen**. Lange war streitig, wer die Darlegungs- und Beweislast für den Zugang bzw Nichtzugang der Abmahnung zu tragen hat. Überwiegend ging man davon aus, dass der Verletzer die **Beweislast** (Glaubhaftmachungslast) dafür trage, dass die Abmahnung nicht erfolgt sei, da § 93 ZPO die Ausnahme von der Regel des § 91 ZPO ist;[89] der Verletzte brauchte im Regelfall[90] nur glaubhaft zu machen, dass er das Abmahnschreiben ordnungsgemäß[91] abgesandt hatte.[92] Einige Oberlandesgerichte[93] und Stimmen in der Literatur[94] lehnten diese Ansicht ab und vertraten, dass es Sache des Abmahnenden sei, den Zugang der Abmahnung zu beweisen. Der Bundesgerichtshof hat mit der Entscheidung *Zugang des Abmahnschreibens*[95] für Klarheit gesorgt und sich im Wesentlichen der erstgenannten Meinung angeschlossen. Demnach muss der Abgemahnte beweisen, dass er keinen Anlass zur Klage

---

85 BGH GRUR 2011, 754 Tz. 27 *Kosten des Patentanwalts II*.
86 BGH GRUR 2011, 754 Tz. 35 *Kosten des Patentanwalts II*.
87 BGH GRUR 1995, 167, 168 f *Kosten bei unbegründeter Abmahnung*; OLG Hamm Urteil vom 18.02.2010, Az. 4 U 158/09; OLG Köln GRUR 2001, 525, 529 *Online*; dazu Ulrich WRP 1995, 282.
88 BGH GRUR 2006, 168, 169 *Unberechtigte Abmahnung*; BGH GRUR 2004, 790, 792 *Gegenabmahnung*; Teplitzky, Wettbewerbsrechtliche Ansprüche und Verfahren, Kap. 41 Rn 72 ff; vgl auch Rn 1608.
89 Nachweise bei OLG Dresden WRP 1997, 1201, 1203 und bei Ulrich WRP 1998, 124, 127.
90 Beispiele für Ausnahmen: KG WRP 1992, 716 f (Rückschein war nicht zurückgelangt); OLG Düsseldorf WRP 1995, 40 (Postleitzahl war falsch angegeben).
91 Falsche Adressierung ist nicht ordnungsgemäß, OLG Düsseldorf WRP 1996, 1111 f.
92 OLG Hamburg WRP 1982, 437 L; OLG Hamm 1984, 221, 222; OLG Köln WRP 1984, 230. Anders bei Aufforderungsschreiben, die eine Abmahnung erst vorbereiten sollten, zB zum Beleg einer behaupteten Alleinstellung oder der Herstellereigenschaft, OLG Hamm NJW-RR 1987, 425.
93 OLG Düsseldorf NJWE-WettbR 1996, 256 und GRUR-RR 2001, 199, 200; OLG Dresden WRP 1997, 1201, 1203 f (mit ausführlichen Nachweisen); ebenso Ulrich WRP 1998, 124.
94 Ulrich WRP 1998, 124 ff; Bornkamm in Köhler/Bornkamm, § 12 UWG Rn. 1.33, 25. Aufl.
95 BGH GRUR 2007, 629 Tz. 7 ff *Zugang des Abmahnschreibens*.

gegeben hat, das heißt, dass ihm keine Abmahnung zugegangen ist, auf welche er mit einer Unterwerfungserklärung hätte reagieren können.[96] Jedoch hat der Abmahnende - bei Bestreiten des Zugangs durch den vermeintlich Abgemahnten - nach den Grundsätzen von Treu und Glauben (§ 242 BGB) die genauen Umstände der Absendung vorzutragen und gegebenenfalls unter Beweis zu stellen.[97] Daraufhin hat der Abgemahnte zu beweisen, dass tatsächlich kein Zugang erfolgt ist, wobei jedoch an den Beweis keine übertriebenen Anforderungen gestellt werden dürfen.[98] Anders als die bisher herrschende Auffassung[99] geht der Bundesgerichtshof daher davon aus, dass der Abmahnende das Risiko einer auf dem Postweg abgesandten und verloren gegangenen Abmahnung zu tragen hat.[100]

Unproblematisch ist jedoch, dass eine **Annahmeverweigerung** oder die Nichtabholung der Post trotz Benachrichtigungszettels zwar nicht den Zugang ersetzt, aber der Abgemahnte sich nicht auf fehlenden Zugang berufen darf, § 242 BGB.[101]

II. Anrufung der Einigungsstelle

Rechtsgrundlagen: § 15 UWG

1548   Die Einigungsstellen, deren Einrichtung und Verfahren § 15 UWG ausführlich regelt, sind **keine Schiedsgerichte** im Sinne der §§ 1025 ff ZPO. Sie können daher nur eine Einigung herbeiführen, nicht entscheiden, es sei denn, die Parteien hätten sich auf die Einigungsstelle als Schiedsgericht nach den Vorschriften des § 1027 ZPO geeinigt.

1549   Sachlich zuständig sind die Einigungsstellen in allen Wettbewerbssachen, nicht jedoch in Kennzeichensachen. Sie werden auf Antrag eines Beteiligten tätig. Läuft schon ein gerichtliches Verfahren, so kann das Gericht auf Antrag einer Partei – im Verfügungsverfahren nur mit Zustimmung des Gegners (§ 15 Abs. 10 S. 2 UWG) – die Sache an die Einigungsstelle abgeben, was selten praktisch werden dürfte. Überschreitet die Einigungsstelle ihre gesetzliche oder vereinbarte Zuständigkeit, so sind ihre Amtshandlungen insoweit wirkungslos.[102] Der Antragsgegner ist verpflichtet, vor ihr zu erscheinen (§ 15 Abs. 5 UWG). Das Verfahren vor der Einigungsstelle begründet ein gesetzliches Schuldverhältnis zwischen Gläubiger und Schuldner i.S.v. § 311 Abs. 2 Nr 1 BGB mit entsprechenden Verhaltenspflichten (§ 241 Abs. 2 BGB).[103] Daraus können sich zB Schadensersatzansprüche aus § 280 Abs. 1 BGB für vergeblich aufgewandte Reise- und Anwaltskosten bei unentschuldigtem Fernbleiben des Gegners ergeben.[104] Das gilt auch dann, wenn er vorab erklärt hat, er wolle sich nicht einigen;[105] es ist ja gerade die

96 BGH GRUR 2007, 629 Tz. 11 *Zugang des Abmahnschreibens.*
97 Es handelt sich hierbei um eine sekundäre Darlegungslast: BGH GRUR 2007, 629 Tz. 12 *Zugang des Abmahnschreibens.*
98 BGH GRUR 2007, 629 Tz. 13 *Zugang des Abmahnschreibens.*
99 Bornkamm in Köhler/Bornkamm, § 12 UWG Rn. 1.33 a.
100 BGH GRUR 2007, 629 Tz. 13 *Zugang des Abmahnschreibens.*
101 ständige Rechtsprechung seit BGHZ 67, 271, 276 f; OLG Bamberg Urteil vom 21.05.2010, Az: 4 W 38/10, BeckRS 2010, 13745; Für beides: KG GRUR 1989, 618, 619 f.
102 Köhler in Köhler/Bornkamm, § 15 UWG Rn 6.
103 Köhler in Köhler/Bornkamm § 15 UWG Rn 35.
104 Köhler in Köhler/Bornkamm § 15 UWG Rn 35.
105 OLG Hamm GRUR 1984, 600 f; OLG Koblenz GRUR 1988, 560; LG Hannover WRP 1988, 574; LG Schwerin WRP 1997, 881 f.

Aufgabe der Schiedsstelle, streitende Parteien dazu zu bringen, sich zu einigen. Deshalb kann die Anrufung der Einigungsstelle auch dann nicht rechtsmissbräuchlich sein, wenn der Verletzer jede Einigung abgelehnt und den Anspruchsteller auf den Klageweg verwiesen hat.[106] Allerdings hindert die Bereitschaft des Verletzers, sich einem Verfahren vor der Einigungsstelle zu stellen, die Einleitung eines Verfügungsverfahrens nicht (§ 15 Abs. 10 S. 1 UWG).[107] Die Einigungsstelle kann im Verfahren Ordnungsmittel festsetzen; gegen die Beschlüsse der Gerichte zu Beschwerden hierüber gibt es kein Beschwerderecht.[108] Die Einigungsstellen führen das Verfahren gebührenfrei durch. Lediglich die eigenen Kosten tragen die Parteien selbst, es sei denn der Verletzte hat den Verletzer noch nicht abgemahnt und das Verfahren vor der Einigungsstelle „ersetzt" die Abmahnung, so dass in diesem Fall ein Anspruch aus § 12 Abs. 1 S. 2 UWG gegeben sein kann. Ist bereits eine Abmahnung erfolgt, kommt ein Ersatz aus § 12 Abs. 1 S. 2 UWG weder direkt noch analog noch aus Geschäftsführung ohne Auftrag in Betracht, weil die Anrufung der Einigungsstelle im Interesse des Verletzten (Antragstellers) erfolgt.[109]

Während des Verfahrens vor der Einigungsstelle ist eine negative Feststellungsklage des **1550** Verletzers unzulässig (§ 15 Abs. 10 S. 4 UWG).[110]

Die Anrufung der Einigungsstelle hemmt die Verjährung in gleicher Weise wie die Kla- **1551** geerhebung, § 15 Abs. 9 S. 1 UWG.

Eine zusammenfassende Darstellung zu den Einigungsstellen geben Bernreuther WRP 1994, 853 und Ottofülling WRP 2006, 410.

III. Schutzschrift

Rechtsgrundlage: ungeschrieben

In Wettbewerbs- und Markensachen kann der Verletzer, der sich für zu Unrecht abge- **1552** mahnt hält, der erwarteten einstweiligen Verfügung durch Einreichung einer Schutzschrift[111] zuvorkommen und sich auf diese Weise schon **im Beschlussverfahren rechtliches Gehör** verschaffen. Das Gericht erlässt die Einstweilige Verfügung dann nicht, ohne den Tatsachenvortrag und die Rechtsansichten des Antragsgegners zur Kenntnis zu nehmen.[112] Wegen Art. 103 Abs. 1 GG hat der Antragsgegner gegenüber dem Gericht sogar Anspruch darauf, dass es die Schutzschrift beachtet.[113] Wenn das Gericht sie für unbeachtlich hält, kann es die Einstweilige Verfügung aber dennoch erlassen; es besteht kein Anspruch auf eine mündliche Verhandlung, nur weil eine Schutzschrift vorgelegen hat.[114]

106 OLG Stuttgart NJWE-WettbR 1996, 197, 200.
107 OLG Stuttgart WRP 1980, 508; vgl auch LG Magdeburg WRP 1998, 540 L.
108 OLG Frankfurt GRUR 1988, 150 f.
109 Siehe BGH WRP 2001, 1301, 1305 *Fernflugpreise*; vgl auch Köhler in Köhler/Bornkamm § 15 UWG Rn 29; Ottofülling WRP 2006, 410, 425.
110 OLG Stuttgart WRP 1997, 350.
111 Dazu ausführlich Schulz WRP 2009, 1472.
112 BGH GRUR 2008, 639 Tz. 9 *Kosten eines Abwehrschreibens*.
113 BGH GRUR 2003, 456 *Kosten der Schutzschrift*; Schulz WRP 2009, 1472, 1475 mwN.
114 Zutreffend Schulz WRP 2009, 1472, 1475; Retzer in Harte/Henning § 13 UWG Rn 618.

Die Schutzschrift sollte, um ihren Zweck erfüllen zu können, nicht nur die Sach- und Rechtslage aus der Sicht des Antragsgegners darstellen, sondern **auch die Glaubhaftmachungsmittel** enthalten. Da der Antragsgegner das Aktenzeichen nicht kennt, muss er das volle Rubrum und den erwarteten – aus der Abmahnung zu entnehmenden – Antrag angeben:

Schutzschrift

in dem etwaigen Verfügungsverfahren

der Firma Elektronikmarkt Christian Müller GmbH, vertreten durch ihren Geschäftsführer Christian Müller, Hohenzollerndamm 123, 10713 Berlin,

- Antragstellerin -

Verfahrensbevollmächtigter: Rechtskanzlei Schulze, Tegeler Weg 11, 10589 Berlin,

gegen

die Fa. Lehmann Electronics GmbH, vertreten durch ihren Geschäftsführer Martin Lehmann, Württembergische Straße 25, 10707 Berlin,

- Antragsgegnerin -

Verfahrensbevollmächtigte: Rechtsanwälte Meier, Otto-Suhr-Allee 90, 10585 Berlin,

wegen unlauteren Wettbewerbs

mit dem voraussichtlichen Antrag,

es der Antragsgegnerin bei Meidung der gesetzlichen Ordnungsmittel zu verbieten, einen Computer zu bewerben, der in den Ladengeschäften der Antragsgegnerin nicht vorrätig ist,

vertreten wir die Antragsgegnerin.

Wir beantragen,

den Verfügungsantrag durch Beschluss zurückzuweisen;
hilfsweise: nicht ohne mündliche Verhandlung zu entscheiden.

Mit der Aushändigung von Kopien an den Vertreter der Antragstellerin sind wir einverstanden.

Zur Begründung tragen wir vor: ...

Die Schutzschrift ist wegen § 95 Abs. 1 Nr. 5 GVG nicht nur bei der Zivilkammer, sondern stets auch bei der Kammer für Handelssachen einzureichen und genau zu adressieren, damit sie rechtzeitig vorliegt. Anspruchsberechtigte Mitbewerber können den fliegenden Gerichtsstand in Anspruch nehmen (§ 14 Abs. 2 UWG; vgl Rn 1679), sie können also ggf zwischen verschiedenen zuständigen Landgerichten (§ 13 UWG!) wählen. Aus diesem Grund empfiehlt sich, bei allen ernsthaft in Frage kommenden Gerichten Schutzschriften zu hinterlegen. Im Fall eines bundesweiten fliegenden Gerichtsstandes sind das im Regelfall die großen Wettbewerbsgerichte wie Hamburg, Berlin, Düsseldorf, Köln, Frankfurt am Main, Mannheim, Stuttgart, München I, aber auch Nürnberg oder Leipzig. In jedem Fall sollte – ggf auch bei einem kleineren Landgericht – eine Hinterlegung am Sitz des anwaltlichen Antragstellervertreters und am Sitz des Antragstellers erfolgen.

Seit einiger Zeit bringt **das zentrale Schutzschriftenregister (ZSR, www.schutzschriftenregister.de)** einige Erleichterungen bei der Hinterlegung von Schutzschriften. Viele deutsche Landgerichte nehmen daran teil, aber leider noch nicht alle.[115] Das ZSR erlaubt, eine Schutzschrift elektronisch zentral zu hinterlegen, die dann von den ange-

---

115 Siehe die aktuelle Liste auf www.schutzschriftenregister.de.

schlossenen Gerichten abgefragt wird, sobald ein Antrag auf Erlass einer Einstweiligen Verfügung vorliegt.

Die ausdrückliche Erklärung des Einverständnisses mit der Aushändigung von Kopien **1553** an den Gegner wird im Hinblick auf Art. 103 Abs. 1 GG von manchen Landgerichten (zB Düsseldorf) verlangt.

Dem Rechtsanwalt, der die Schutzschrift eingereicht hat, ist die etwa erlassene einst- **1554** weilige Verfügung vom Gericht zuzustellen,[116] was allerdings die zur Vollziehung erforderliche **Zustellung von Anwalt zu Anwalt** durch den Antragsteller *nicht* überflüssig macht (Rn 1581). Eine Zustellung an die Partei – trotz Schutzschrift – ist nur dann wirksam, wenn der Antragsteller von der Schutzschrift keine Kenntnis hat, sie zB im Beschluss der Einstweiligen Verfügung nicht erwähnt ist und die hinterlegenden Anwälte dort auch nicht als Prozessbevollmächtigte genannt sind.[117]

Die **Kosten der Schutzschrift**[118] sind zu erstatten, wenn der Verfügungsantrag nach **1555** ihrer Einreichung durch Beschluss zurückgewiesen oder vor einer Entscheidung zurückgenommen wird, und zwar im Kostenfestsetzungsverfahren;[119] ob die Schutzschrift vor oder nach Stellung des Verfügungsantrages eingereicht worden ist, spielt insoweit keine Rolle[120], Hauptsache die Schutzschrift liegt vor Rücknahme eines Antrages auf einstweilige Verfügung oder vor Zurückweisung eines solches Antrages vor.[121] Der Bundesgerichtshof hielt früher nach der BundesrechtsanwaltsgebührenO a.F. nur eine halbe Gebühr wegen Gleichstellung mit einer vorzeitigen Beendigung des Auftrages nach § 32 Abs. 1 BRAGO a.f. für erstattungsfähig,[122] was heute einer 0,8 Gebühr nach dem jetzt geltenden RVG (Nr. 3101 VV) entspricht. In einer neueren Entscheidung erkannte der BGH eine 1,3-fache Gebühr nach RVG an.[123] Wird der Verfügungsantrag nicht – oder jedenfalls nicht bei diesem Gericht – gestellt, entsteht allerdings mangels Prozessrechtsverhältnisses kein Erstattungsanspruch aus § 91 ZPO.[124]

IV. Einstweilige Verfügung

Rechtsgrundlagen: §§ 935 ff ZPO, 916 ff ZPO; § 12 Abs. 2 UWG

Leistet der Anspruchsverpflichtete der Abmahnung keine Folge, so ist nunmehr eine **1556** einstweilige Verfügung beim Gericht der Hauptsache (Rn 1677 ff) zu beantragen.[125] Das kann auch durch einen bei diesem Gericht nicht zugelassenen Rechtsanwalt geschehen oder durch eigene Erklärung der Partei zu Protokoll der Geschäftsstelle (§§ 78

---

116 OLG Düsseldorf WRP 1982, 531, 532; aA OLG Hamburg GRUR 1984, 79, 80.
117 Siehe OLG Hamburg WRP 2006, 771; Schulz WRP 2009, 1472, 1478.
118 Eingehend Schulz WRP 2009, 1472, 1477.
119 BGH GRUR 2008, 640 *Kosten der Schutzschrift III*; BGH GRUR 2003, 456 *Kosten der Schutzschrift*; wohl inzwischen allgemeine Meinung, vgl auch die Übersicht bei OLG Düsseldorf WRP 1995, 499, 500 und OLG Frankfurt NJWE-WettbR 2000, 149.
120 OLG Frankfurt WRP 1996, 117 mwN.
121 BGH GRUR 2007, 727 Tz. 16, 17 *Kosten der Schutzschrift II*.
122 BGH GRUR 2003, 456 *Kosten der Schutzschrift*.
123 BGH Beschluss vom 05.11.2008, I ZB 16/08, BeckRS 2008, 24710 Tz. 5; BGH GRUR 2008, 640 Tz. 11 ff. *Kosten der Schutzschrift III*.
124 OLG Saarbrücken nach Beck WRP 1986, 77; für den Fall der „flächendeckenden" Einreichung von Schutzschriften OLG Düsseldorf Mitt. 2000, 306 f.
125 Allgemein zu den prozessualen Besonderheiten der Einstweiligen Verfügung: Schote/Lührig WRP 2008, 1281.

Abs. 3, 79, 920 Abs. 3 ZPO). Allgemein gelten die §§ 935 ff. ZPO. Auch die Arrest-
vorschriften finden wegen § 936 ZPO umfassende Anwendung.

1. Verfügungsgrund

Rechtsgrundlagen: § 12 Abs. 2 UWG

1557 Der Verfügungsgrund für die Einstweilige Verfügung wird in Wettbewerbssachen vermutet. Er braucht daher insoweit weder dargelegt noch glaubhaft gemacht zu werden
(§ 12 Abs. 2 UWG). Der Verfügungsgrund wird häufig mit der sog. Dringlichkeit
gleichgesetzt. Genau betrachtet ist das unpräzise, weil über das Bestehen einer Dringlichkeit hinaus zusätzlich noch eine Interessenabwägung (Abwägung der Interessen der
Parteien) durchzuführen ist. § 12 Abs. 2 UWG vermutet insoweit, dass auch die Interessenabwägung zu Gunsten des Antragstellers ausfällt.[126]

1558 Ob § 12 Abs. 2 UWG auch für Ansprüche aus dem **MarkenG** oder der Gemeinschafts-
markenVO (zumindest analog) gilt, ist umstritten. [127] Die überzeugenderen Gründe
sprechen gegen eine Anwendung von § 12 Abs. 2 UWG auf markenrechtliche Ansprüche. Das Kennzeichenrecht hat sich als Immaterialgüterrecht zu einem eigenständigen
Rechtssystem entwickelt, das eine Analogie mangels Regelungslücke ausschließt.[128]
Genauso wird auch dem Urheberrecht eine analoge Anwendung des § 12 Abs. 2 UWG
verwehrt.[129]

Damit muss im Markenrecht die Dringlichkeit der Einstweiligen Verfügung vorgetragen und glaubhaft gemacht werden. Will der Antragsteller, dass eine Einstweilige Verfügung einseitig ohne Anhörung des Antragsgegners erlassen wird, muss der Antragsteller also von sich aus zur Dringlichkeit vortragen und diesen Vortrag glaubhaft machen. Insbesondere gilt das für den Zeitpunkt der Kenntniserlangung.

1559 Der häufigste Fall einer fehlenden Dringlichkeit ist die sog. **Selbstwiderlegung.** Der
Verletzte gibt durch sein eigenes Verhalten nach Kenntniserlangung über die relevanten
Tatsachen zu erkennen, dass es ihm nicht so eilig war.

Zunächst verlangt man vom Antragsteller, dass er nach Kenntniserlangung unverzüglich tätig wird. Welche „**Frist**" hier **nach Kenntniserlangung** läuft, ist streitig und
schwankt örtlich nicht unerheblich. **Angesichts der etwas unübersichtlichen Praxis ist
dringend zu empfehlen, sich ggf bei einem vor Ort ansässigen, auf Wettbewerbs- und
Markenrecht spezialisierten Kollegen zu erkundigen, wie LG bzw OLG in der Praxis
aktuell verfahren.** OLG München, OLG Nürnberg, OLG Jena, OLG Hamm, OLG

---

126 Eingehend Retzer GRUR 2009, 329, 332; Teplitzky, Wettbewerbsrechtliche Ansprüche und Verfahren, Kap.
54 Rn 15.
127 Dafür KG GRUR-RR 2004, 303, 305 *automobil TEST*; OLG Hamburg WRP 1998, 326: OLG Köln GRUR
2001, 424, 425; OLG Stuttgart WRP 1997, 118, 121; Traub WRP 2000, 1046. Kritisch und aA Teplitzky,
Wettbewerbsrechtliche Ansprüche und Verfahren, Kap. 54 Rn 20 c; ders. WRP 2005, 654, 659; ferner aA
auch OLG München GRUR 2007, 174 *Wettenvermittlung*; OLG Düsseldorf GRUR-RR 2002, 212, 212
TopTicket; OLG Frankfurt WRP 2002, 1457; Köhler in Köhler/Bornkamm § 12 UWG Rn 3.14 mwN.; Büscher in Fezer § 12 UWG Rn 56.
128 Teplitzky WRP 2005, 654, 659 ff; Köhler in Köhler/Bornkamm § 12 UWG Rn 3.14; ferner OLG München
GRUR 2007, 174 *Wettenvermittlung*.
129 KG GRUR-RR 2003, 262 *Harry Potter Lehrerhandbuch*; OLG Hamburg WRP 2007, 816 *Kartenausschnit-
te*; vgl Jan Bernd Nordemann in Fromm/Nordemann § 97 UrhG Rn 199 mwN. aus der OLG-Rechtsprechung
zum UrhG.

Koblenz und OLG Köln sind mit einer grundsätzlich starren Frist von 1 Monat am strengsten.[130] Das Kammergericht arbeitet mit einer festen „Dringlichkeitsfrist" von 2 Monaten.[131] Andere Gerichte wenden flexiblere Fristen von 1 bis 2 Monaten je nach Einzelfall an, bei triftigen Gründen auch länger: Das OLG Karlsruhe betont die 1-Monats-Regel, will aber Abweichung im Einzelfall zulassen.[132] Das OLG Düsseldorf hat im Regelfall bei mehr als 2 Monaten Zweifel an der Dringlichkeit.[133] Das OLG Rostock gesteht 2 bis 3 Monate zu.[134] Das OLG Hamburg verwahrt sich gegen feste Zeitgrenzen,[135] kritisch ist hier schon 1 Monat bei völliger Untätigkeit, 6 Wochen bei zwischenzeitlicher Abmahnung und Weihnachten/Jahreswechsel sind nicht dringlichkeitsschädlich.[136] Ähnlich entscheidet das OLG Frankfurt, das unter besonderen Umständen 4 1/2 Monate noch akzeptiert hat.[137]

Unkenntnis beseitigt die Dringlichkeit grundsätzlich **nicht**; niemand ist zur Beobachtung der Konkurrenz verpflichtet.[138] Das gilt auch dann, wenn der Verletzte die Werbung zwar kennt, aber nicht weiß, dass sie irreführend ist.[139] Die „Frist" beginnt erst ab **positiver Kenntnis der Tatumstände** zu laufen. Ist nur die Werbung bekannt, nicht aber deren Unrichtigkeit, kommt es auf den Zeitpunkt der Kenntniserlangung der Unrichtigkeit an.[140] Umstritten ist, ob auch grob fahrlässige Unkenntnis genügt,[141] was angesichts der auch bei grob fahrlässiger Unkenntnis eintretenden Verjährung allerdings naheliegt. Die Gerichte, die eine grobe Fahrlässigkeit nicht genügen lassen, helfen sich allerdings mit einer großzügigen Annahme einer positiven Kenntnis, wenn eindeutige Anhaltspunkte dafür vorliegen. Beispielsweise geht das OLG Stuttgart von positiver Kenntnis schon dann aus, wenn ein Mitbewerber eine bestimmte Werbeaussage schon jahrelang verwendet.[142] Das OLG Hamburg unterstellt positive Kenntnis, wenn der Verstoß auf der Titelseite einer Zeitschrift zu finden war, die das Unternehmen regelmäßig liest.[143] Teilweise wird auch darauf abgestellt, dass sich ein Unternehmen der

---

130 OLG München GRUR 1992, 328; genauso LG München I ZUM-RD 2001, 203, 205); OLG Jena WRP 1997, 703 nach Orth; OLG Hamm MMR 2009, 628; OLG Hamm NJWE-WettbR 1996, 164; OLG Köln GRUR 2000, 167; OLG Koblenz WRP 2011, 506.
131 KG MD 2009, 427.
132 OLG Karlsruhe WRP 2007, 822, 823.
133 OLG Düsseldorf NJWE-WettbR 1999, 15.
134 Nach Koch WRP 2002, 191, 196.
135 OLG Hamburg WRP 1996, 774.
136 OLG Hamburg GRUR-RR 2008, 383.
137 OLG Frankfurt WRP 2001, 951, siehe auch OLG Frankfurt WRP 1990, 836 f..
138 OLG Hamburg WRP 2008, 149, 150; OLG München MD 2006, 916, 922; OLG Frankfurt NJW 1970, 250; OLG Koblenz GRUR 1985, 300, 301 mwN.; OLG Düsseldorf MD 2006, 1171 und GRUR 1979, 392, 394; Mes, FS Nirk, S. 661, 667 mwN; Büscher in Fezer § 12 UWG Rn 80; Ullmann/juris-PK-UWG/Hess § 12 Rn 93; aA Kehl, FS M. Loschelder, 2010, 139, 145; Spätgens in Handbuch, § 100 Rn 45.
139 LG Berlin WRP 1974, 506 *Knotentest*; OLG Hamburg NJWE-WettbR 1999, 264 *Schoko*. Er muss dann aber, wenn ihm Zweifel kommen, rasch prüfen, OLG Köln NJWE-WettbR 1998, 138 f *Teppich-Hoflieferant*.
140 OLG Hamburg NJWE-WettbR 1999, 264 *Schoko*.
141 Dafür: OLG München MD 2007, 973; Bornkamm in Köhler/Bornkamm § 12 UWG Rn 3.15; Teplitzky FS M. Loschelder, 2010, 391, 393 ff.; Retzer in Harte/Henning § 12 UWG Rn 312. Dagegen: OLG Köln GRUR-RR 2003, 1187, 1188; OLG Hamburg WRP 2008, 149, 150; Büscher in Fezer § 12 UWG Rn 80; Ullmann/juris-PK-UWG/Hess § 12 Rn 93. Offen: OLG Stuttgart MD 2009, 165.
142 WRP 1998, 433, 434.
143 OLG Hamburg GRUR-RR 2007, 302, 303 f. *Titelseite*.

Kenntnis nicht „bewusst verschließen" darf,[144] was der groben Fahrlässigkeit sehr nahe kommt.

Für die Frage der Kenntnis gelten die allgemeinen Grundsätze der **Wissenszurechnung** (§ 166 BGB); maßgeblich ist das Wissen der Personen, die im Unternehmen (oder Verband) für die Geltendmachung von Wettbewerbsverstößen oder deren Ermittlung zuständig sind (sog. Wissensvertreter).[145] Allerdings ist hier auch zu beachten, dass Großunternehmen sich nicht hinter ihrer arbeitsteilige Arbeitsweisen verstecken sollen; der Einzelunternehmer, der alles weiß, soll nicht schlechter fahren als das Großunternehmen.[146] Deshalb erscheint es als zutreffend, in größeren Unternehmen das Wissen zuzurechnen, wenn der Wissensvertreter es bei ordentlicher Unternehmensorganisation gewusst hätte.[147] Zweifelhaft ist, dass das Wissen von Konzernunternehmen grundsätzlich nicht zugerechnet werden soll; es komme allein auf die Kenntnis des Anspruchstellers an, solange nicht Anhaltspunkte für ein missbräuchliches Verschieben der Person des Anspruchstellers aus Gründen der Dringlichkeit vorliegen.[148] Auch wenn ein Verband nachträglich von einem Wettbewerber vorgeschoben wird, für den die Dringlichkeit schon verbraucht ist, soll kein Verfügungsgrund mehr vorliegen.[149]

Dringlichkeitsschädlich ist es nach einer Auffassung, wenn gegen eine **aufgrund Erstbegehungsgefahr drohende Handlung** zunächst **nicht vorgegangen** wird, sondern erst nach Verletzung. Das erscheint als wenig überzeugend; der Gläubiger muss zuwarten können, ob der Schuldner die Verletzung überhaupt begeht.[150] Allerdings besteht kein Verfügungsgrund mehr, wenn ein Gläubiger gegen eine **frühere Verletzung nicht vorgegangen** ist, sofern es sich qualitativ um die gleichartige Rechtsfrage handelt, mag die neue Verletzung auch in einen anderen Sachverhalt eingekleidet sein.[151] Nur wenn die Verletzung sich erheblich intensiviert hat, kann eine neue Dringlichkeit entstehen.

Beispiel: Geht ein Gläubiger gegen eine irreführende Werbung für die Kaufimmobilie X nicht vor, kann er sich später, wenn für Kaufimmobilie Y und unter Verwendung der gleichen irreführenden Angabe geworben wird, nicht mehr auf einen Verfügungsgrund berufen.[152]

Anders kann die Beurteilung ausfallen, wenn eine unlautere Angabe zunächst im Fließtext, später aber im Blickfang verwendet wird.[153]

Die Untätigkeit gegenüber einem Drittverletzer, der dasselbe tut, widerlegt die Dringlichkeit auch gegenüber einem **Newcomer**.[154] Der Newcomer selbst verliert die Dring-

---

144 OLG Hamburg GRUR-RR 2010, 57, 58; Ullmann/juris-PK-UWG/Hess § 12 Rn 93; Büscher in Fezer § 12 UWG Rn 80 mwN.
145 OLG Köln WRP 1999, 222.
146 OLG Frankfurt NJW 2000, 1961, 1962; siehe auch OLG Oldenburg WRP 1996, 461, 464.
147 Kehl, FS M. Loschelder, 2010, 139, 146.
148 OLG Köln, Urteil vom 11.11.2003, Az 6 U 100/03, *skyDSL,* insoweit in GRUR-RR 2004, 184 nicht abgedruckt.
149 OLG Frankfurt GRUR 1991, 471.
150 OLG München Mitt. 1999, 223, 227; OLG Hamburg GRUR-RR 2002, 345, 346 *SAP*; OLG Hamburg CR 2000, 658; ferner Retzer in Harte/Henning § 12 UWG Rn 315. AA OLG Köln WRP 1997, 872; KG NJW-RR 2001, 1201, 1202
151 OLG Hamburg GRUR-RR 2010, 57, 58; auch Retzer in Harte/Henning § 12 UWG Rn 315; eingehend Koch/Vykydal WRP 2005, 688, insbesondere zur Frage, wann eine Gleichartigkeit mit früheren Verstößen gegeben ist.
152 KG WRP 1992, 568, 569; zustimmend Koch/Vykydal WRP 2005, 688, 695.
153 OLG Stuttgart WRP 1997, 355.
154 OLG Frankfurt NJWE-WettbR 1997, 23 f.

lichkeit nicht dadurch, dass ein Wettbewerbsverstoß schon lange auf dem Markt zu beobachten ist, er jedoch bis zum seinem Markteintritt mangels Mitbewerbereigenschaft nicht aktivlegitimiert war; für ihn läuft also die Dringlichkeits-„Frist" erst mit Markteintritt.[155]

Aus Antragstellersicht können neben einem zu langen Zuwarten aber auch andere Verhaltensweisen zu einer Selbstwiderlegung führen. Wer nach erfolgloser Abmahnung erst einmal Hauptklage erhebt, hat es offenbar nicht so eilig.[156] Ebenso widerlegt die Vermutung des § 12 Abs. 2 UWG, wer einen Titel im Verfügungsverfahren erwirken will und ohne Angabe sachlicher Gründe ankündigt, dass er diesen Titel zunächst nicht vollstrecken werde.[157] **1560**

Das eigene Verhalten des Verletzten kann auch noch **während des Verfügungsverfahrens** die ursprünglich gegebene Dringlichkeit wegfallen lassen.[158] So wenn er Versäumnisurteil gegen sich ergehen[159] oder die Frist zur Berufungsbegründung verlängern lässt,[160] einer längeren Vertagung zustimmt[161] oder sie selbst herbeiführt.[162] Die Dringlichkeit geht auch verloren, wenn der Gläubiger ohne sachlichen und unangemessene Verzögerungen ausschließenden Grund erst einmal auf die Vollstreckung verzichtet.[163] Wer beispielsweise auf eine Vollstreckung während 10-monatiger Vergleichsverhandlungen verzichtet, wird mit einem nachträglichen Entfall der Dringlichkeit bestraft.[164] Für kurzzeitige Vergleichsbemühungen darf aber wohl ein Vollstreckungsverzicht ausgesprochen werden.

Fraglich ist, ob der Verfügungsgrund auch dann entfällt, wenn der Antragsteller mit seinem Antrag in der ersten Instanz nicht durchdringt und **bei einem anderen Gericht neu stellt** („Forum-Shopping"). Häufig rufen die Gerichte beim Antragstellervertreter an, wenn sie die Einstweilige Verfügung nicht erlassen wollen, um Gelegenheit zu geben, den Antrag vor Entscheidung zurückzunehmen.[165] Wird in einem solchen Fall der Antrag zurückgenommen und innerhalb der Dringlichkeitsfrist bei einem anderen Gericht neu gestellt, kann das schon deshalb nicht dringlichkeitsschädlich sein, weil der Antragsteller dadurch in besonderem Maße zeigt, wie dringlich ihm der Erlass der Ver-

155 Schulte-Franzheim WRP 1999, 70 mwN.
156 OLG Hamm WRP 1985, 352; OLG Karlsruhe WRP 2001, 425, 426. S. auch OLG Köln GRUR 1977, 220, 221 f.
157 KG MD 2010, 951; OLG Frankfurt Urteil vom 25.03.2010, Az: 6 U 219/09 *Whiskey-Cola*; siehe auch Danckwerts GRUR-Prax 2010, 473.
158 KG Urteil vom 11.05.2010, Az: 5 U 64/09; OLG Frankfurt Urteil vom 25.03.2010, Az: 6 U 219/09 *Whiskey-Cola*; aA Krieger GRUR 1975, 168, 169 f.
159 OLG Hamm GRUR 2007, 171 L *interoptik.de*; OLG Frankfurt WRP 1995, 502.
160 OLG Düsseldorf GRUR-RR 2003, 31; OLG Frankfurt MD 2001, 1380; OLG Frankfurt GRUR 1993, 855 L; OLGe München WRP 1980, 172, 173 f, OLG Hamm NJWE-WettbR 1996, 169 f; Ullmann juris-PK-UWG/ Hess § 12 Rn 103 mwN.; aA OLG Hamburg GRUR-RR 2004, 198; OLG Hamburg WRP 1977, 109.
161 OLG München WRP 1971, 533; OLG Hamm GRUR 1992, 864 und NJWE-WettbR 1996, 164 (2 x).
162 OLG Düsseldorf WRP 1997, 986, 970.
163 KG GRUR-RR 2010, 358 (L); OLG Köln GRUR-RR 2010, 448, 449 f.; Schöner GRUR-Prax 2010, 327 mwN.; Danckwerts GRUR-Prax 2010, 473, 474 mwN..
164 OLG Köln GRUR-RR 2010, 448, 449 f.
165 Das ist rechtlich nicht unbedenklich, wenn dies ohne Beteiligung des Antragsgegners geschieht, OLG Hamburg GRUR 2007, 614; siehe auch Teplitzky GRUR 2008, 34, 38.

fügung ist.[166] Denn der Weg über eine sofortige Beschwerde beim Erstgericht wäre bedeutend langsamer. Jedoch muss dann etwas anderes gelten, wenn das Erstgericht eine mündliche Verhandlung anberaumt hat und der Antrag deshalb zurückgenommen und neu gestellt wird, um eine Beteiligung des Antragsgegners am Verfahren zu verhindern[167] oder wenn ein Verfügungsantrag bei einem Gericht neu gestellt wird, während er noch bei einem anderen Gericht rechtshängig ist.[168] Schließlich begibt sich ein Antragsteller des Verfügungsgrundes, wenn er nach Ablehnung seines Antrages beim Landgericht die sofortige Beschwerde zwar einlegt, aber ausdrücklich mit der Begründung warten will, bis das Erstgericht seine Nichtabhilfeentscheidung begründet hat.[169]

Unschädlich für den Verfügungsgrund ist es jedoch, wenn der Verletzte schon im Beschlussweg eine Einstweilige Verfügung erhalten hat und der Antragsteller der Verlegung des Termins im Widerspruchs- oder Aufhebungsverfahren zustimmt[170] oder der Antragsteller nur die gesetzlichen Fristen ausschöpft.[171] Das OLG Düsseldorf will die Dringlichkeit sogar schon dann als widerlegt ansehen, wenn die Zustellung der einstweiligen Verfügung erst nach etwa zwei Wochen erfolgt;[172] aber über eine vom Gesetzgeber selbst getroffene Entscheidung (§ 929 Abs. 2 ZPO) dürfen sich die Gerichte nicht einfach hinwegsetzen.

2. Verfügungsanspruch

Rechtsgrundlagen: § 8 Abs. 1 UWG

1561 Da das Verfügungsverfahren eine **nur vorläufige Regelung** bezweckt, ist es grundsätzlich für solche Ansprüche ungeeignet, die zur endgültigen Befriedigung des Anspruchsberechtigten führen. Dazu gehören neben dem **Schadenersatzanspruch** auch die meisten Fälle des **Beseitigungsanspruches**. Der Widerruf von Behauptungen lässt sich nicht wieder rückgängig machen. Das Gleiche gilt für die Urteilsveröffentlichung nach § 12 Abs. 3 UWG.[173] Schon der Wortlaut des § 12 Abs. 3 UWG sagt, dass „Klage" erhoben sein muss, was ein Verfügungsverfahren nicht umfasst. Der Verletzte mag das Urteil selbst den Empfängern der unzutreffenden Behauptung bzw Werbung zur Kenntnis bringen, wenn dazu ein besonderes sachliches Bedürfnis besteht (Rn 939, siehe aber für den Regelfall Rn 676). Allenfalls kann im Verfügungsverfahren von ihm die Erklärung verlangt werden, dass er eine bestimmte Angabe vorläufig nicht aufrechterhalte.[174]

166　OLG Düsseldorf (Kartellsenat) GRUR 2006, 782, 785; OLG Hamburg (3. Senat) GRUR-RR 2002, 226; ebenso OLG Hamburg (3. Senat) BeckRS 2010, 11000; zustimmend Ullmann juris-PK-UWG/Hess § 12 Rn 102; Büscher in Fezer § 12 UWG Rn 87; aA OLG München WRP 2011, 364, 366 *Programmpaket LIGA total;* OLG Frankfurt GRUR 2005, 972 *Forum-Shopping;* zustimmend Danckwerts GRUR 2008, 763, 766 mwN.

167　OLG Hamburg GRUR 2007, 614, 614 *forum-shopping;* Ullmann juris-PK-UWG/Hess § 12 Rn 102.

168　OLG Hamburg GRUR-RR 2010, 266, 267 *forum-shopping II.*

169　KG MarkenR 2008, 219 (L).

170　OLG Karlsruhe WRP 1986, 232, 234; aA OLG Düsseldorf GRUR 1992, 189.

171　AA OLG Düsseldorf NJWE-WettbR 1997, 27, 28; auch OLG Saarbrücken nach Beck WRP 1986, 22, 24; dagegen mit Recht KG MD 2005, 140; KG NJW-RR 1993, 555 f mwN; OLG Köln WRP 2003, 541; OLG Köln NJWE-WettbR 1997, 176, 177; OLG München GRUR 1992, 328; OLG Karlsruhe WRP 1997, 811, 812; OLG Hamm NJW-RR 1993, 366, 367.

172　WRP 1999, 865, 867.

173　Köhler in Köhler/Bornkamm § 12 UWG Rn 4.9; Büscher in Fezer § 12 UWG Rn 160; anders früher OLG Düsseldorf GRUR 1954, 73 f.

174　OLG Frankfurt GRUR 1989, 74 (Platzierungsempfehlung) und 298 L (Umzugshinweis). Näheres Martine, FS Traub, S. 113.

Vernichtungsansprüche (§ 8 Abs. 1 UWG, § 18 MarkenG) können aufgrund ihres endgültigen Charakters ebenfalls nicht im Einstweiligen Verfahren geltend gemacht werden. Das gilt zB für die Vernichtung von Werbematerialien. Bei Werbematerial, für das im Hauptprozess ein Vernichtungsanspruch besteht, kann der Gläubiger im Einstweiligen Verfügungsverfahren Sicherstellung durch Herausgabe an einen Gerichtsvollzieher verlangen.[175] Gleiches gilt für markenverletzende Ware.[176] Im Regelfall braucht vor Antrag auf Sequestration nicht abgemahnt zu werden, weil der Schuldner sonst gewarnt würde (vgl Rn 1529).

Auch eine einmal erteilte **Auskunft** kann nicht rückgängig gemacht werden. Im Interesse   **1562** größerer Effektivität bei der Bekämpfung der Produktpiraterie sieht § **19 Abs. 3 MarkenG** aber für Fälle offensichtlicher Rechtsverletzung die Durchsetzung von Auskunftsansprüchen über die Herkunft und den Vertriebsweg von widerrechtlich gekennzeichneten Gegenständen (vgl § 19 Abs. 1 MarkenG) im Wege einstweiliger Verfügung ausdrücklich vor. Nach dem Willen des Gesetzgebers des ProduktpiraterieG sollte eine Auskunftspflicht für *alle* Verletzungen eines gewerblichen Schutzrechts eingeführt werden;[177] deswegen kann Auskunft im Wege einstweiliger Verfügung seither auch bei der Verletzung von Patenten (§ 140 b Abs. 7 PatG), Urheber- und Leistungsschutzrechten (§ 101 Abs. 3 S. 1 UrhG) und von nur wettbewerbsrechtlich geschützten, aber lizenzfähigen sonstigen Vermögenswerten (vgl Rn 952) gefordert werden,[178] dies jedenfalls dann, wenn die Verletzungshandlung die wettbewerbliche Position des Verletzten empfindlich berührt und der Verletzer schuldhaft gehandelt hat.[179]

Löschungsansprüche, wie sie sich vor allem aus Markenrecht auf Löschung von Mar-   **1563** ken oder von Firmen, aber auch aus UWG ergeben können (zB Löschung einer irreführenden Firma), regeln ebenfalls endgültig das Rechtsverhältnis der Parteien und sind grundsätzlich nicht geeignet, im Einstweiligen Verfügungsverfahren geltend gemacht zu werden.

Im wettbewerblichen und markenrechtlichen Verfügungsverfahren kommt demnach in   **1564** erster Linie der **Unterlassungsanspruch** in Betracht. Nur für ihn gilt die Erleichterung des § 12 Abs. 2 UWG (Rn 1557 f). Im Beispielsfall Rn 1525 könnte der Verfügungstenor etwa lauten:

Beispiel: „Der Antragsgegnerin wird bei Meidung eines für jeden Fall der Zuwiderhandlung vom Gericht festzusetzenden Ordnungsgeldes bis zu 250.000, – Euro, ersatzweise Ordnungshaft, oder Ordnungshaft bis zu zwei Jahren, letztere zu vollziehen an ihrem Geschäftsführer, untersagt, den Personalcomputer XY zu bewerben, wenn dieser in den Ladengeschäften der Antragsgegnerin nicht vorrätig ist.[180]"

---

175 OLG Hamburg WRP 1997, 106, 112.
176 KG GRUR-RR 2008, 372 (L); OLG Hamburg WRP 1988, 47; OLG Hamm GRUR 1989, 502, 503; OLG Nürnberg WRP 1995, 427; OLG Düsseldorf NJW-RR 1997, 1064; OLG Braunschweig GRUR-RR 2005, 103, 103 f; LG Hamburg GRUR-RR 2004, 191, 192 *Flüchtige Ware.*
177 OLG Frankfurt WRP 1998, 223, 224.
178 LG Düsseldorf WRP 1996, 253; Ulrich WRP 1996, 135, 138; aA OLG Hamburg WRP 2007, 1253; OLG Frankfurt OLGR 2001, 253; Köhler in Köhler/Bornkamm § 12 UWG Rn 3.10; differenzierend Teplitzky, Wettbewerbsrechtliche Ansprüche und Verfahren, Kap. 54 Rn 11.
179 BGH GRUR 1994, 635, 637 *Pulloverbeschriftung* in einem Hauptklageverfahren; die gleichen Beschränkungen müssen für das Verfügungsverfahren gelten. Näheres zum Auskunftsanspruch Rn 964 ff.
180 Vgl aber zur Abstrahierung ohne Nennung der konkreten Ware Rn 1614; anstelle des Geschäftsführers kann der jeweilige gesetzliche Vertreter benannt werden oder eben „Geschäftsführer" durch „gesetzliche Vertreter" ersetzt werden.

1565 Eine „negative Feststellungsverfügung" wird von der herrschenden Auffassung nicht anerkannt.[181] Das gilt unabhängig davon, ob damit das fehlende Bestehen von Unterlassungsansprüchen oder von anderen Ansprüchen (zB auf Schadensersatz) festgestellt werden soll.

3. Glaubhaftmachung

Rechtsgrundlagen: § 294 ZPO

1566 Glaubhaftmachungsmittel sind faktisch nur Urkunden (§§ 415 ff. ZPO), eidesstattliche Versicherungen (§ 294 Abs. 1 ZPO), die in Faxform genügen,[182] und präsente Zeugen (§ 254 Abs. 2 ZPO); sie können auch durch eine anwaltliche Versicherung ersetzt werden.[183] Verbände machen die *erhebliche Zahl von Gewerbetreibenden* im Sinne des § 8 Abs. 3 Nr. 2 UWG durch die Vorlage von Anschriftenlisten glaubhaft, die auch die Branchen, Umsatzgrößenordnungen und geografischen Tätigkeitsbereiche der Mitglieder ergeben;[184] die Richtigkeit der Listen ist eidesstattlich zu versichern. Die pauschale Versicherung des Antragstellers, der Tatsachenvortrag der Antragsschrift sei zutreffend, reicht nicht aus.[185]

1567 Die **Verkehrsgeltung einer Benutzungsmarke**, eines Geschäftsabzeichens, einer Ausstattung und die Verkehrsbekanntheit einer Marke sowie einer geschäftlichen Bezeichnung werden im Verfügungsverfahren regelmäßig durch ein vom Antragsteller eingeholtes demoskopisches Gutachten glaubhaft gemacht (Rn 1641).[186] Das Gericht kann sie aber auch im Wege des Rückschlusses aus anderen glaubhaft gemachten Umständen entnehmen, wie einem hohen Marktanteil, einem beachtlichen Werbeaufwand und der mehrjährigen Einzigartigkeit der Ausstattung.[187] Bei sehr bekannten Marken kann die Bekanntheit auch bei Offenkundigkeit gem. § 291 ZPO als gerichtsbekannt unterstellt werden.[188]

1568 **Ausländisches Recht** ist im Verfügungsverfahren von demjenigen, der sich darauf beruft, darzulegen und glaubhaft zu machen.[189] Mit Rücksicht auf den Charakter des Eilverfahrens braucht das Gericht **komplizierte Rechtsfragen** nicht abschließend zu klären, darf ihnen allerdings auch nicht einfach ausweichen.[190] Eine Vorlage an den EuGH kann auch im Einstweiligen Verfügungsverfahren erfolgen; Art. 267 AEUV (frü-

---

181 OLG Düsseldorf Mitt. 2006, 187; Retzer in Harte Henning § 12 UWG Rn 283 mwN.: kein unabweisbares Bedürfnis im gewerblichen Rechtsschutz; Teplitzky, Wettbewerbsrechtliche Ansprüche und Verfahren, Kap. 54 Rn 11; aA Bernreuther WRP 2010, 1192 ff mwN.

182 BGH GRUR 2002, 915, 916 *Wettbewerbsverbot in Realteilungsvertrag.*

183 OLGe Koblenz und Köln GRUR 1986, 196.

184 BGH GRUR 1996, 217 f *Anonymisierte Mitgliederliste*; BGH GRUR 2006, 778 Tz. 19 *Sammelmitgliedschaft IV*; BGH GRUR 2006, 873 Tz. 17 *Brillenwerbung.*

185 BGH NJW 1988, 2045 f bezeichnet solche Erklärungen ausdrücklich als „Unsitte".

186 Die Kosten dafür sind als Prozessvorbereitungskosten erstattungsfähig, Rn 1646; EuGH GRUR 1999, 723 Tz. 54 *WINDSURFING CHIEMSEE.*

187 EuGH GRUR 1999, 723 Tz. 54 *WINDSURFING CHIEMSEE*; BGH GRUR 2009, 766 Tz. 30 ff, 66 *Stoff-fähnchen*; OLG Köln WRP 1983, 355, 356.

188 Vgl der Opel-Blitz: BGH GRUR 2010, 726 *Opel-Blitz II*; OLG Frankfurt GRUR 1992, 445, 447 *Mercedes*; OLG Frankfurt WRP 1992, 718, 720 *Ferrari*; OLG München Mitt. 1982, 198 *adidas*; BPatG Beschluss vom 04.12.2007, 27 W (pat) 60/06, Tz. 23 f. (juris) *Yike/Nike*; Ernst-Moll GRUR 1993, 10.

189 OLG Hamm WRP 1970, 77, 78 *Stilschränke* und OLG Frankfurt GRUR 1970, 35, 36 *Rochas*. Insoweit sind dann auch die Kosten eines Privatgutachtens zu Fragen des ausländischen Rechts als Prozessvorbereitungskosten erstattungsfähig, Rn 1646.

190 OLG Hamburg WRP 1974, 45.

her Art. 234 EG) schließt das nicht aus, verpflichtet die Gerichte dazu jedoch auch nicht.[191] In der Regel weigern sich die Gerichte vorzulegen, nehmen dann allerdings eine möglichst europafreundliche Auslegung vor.[192]

4. Erlass der Einstweiligen Verfügung oder Zurückweisung des Antrags

Rechtsgrundlagen: §§ 935 ff. ZPO

Hält das Gericht den Antrag für zulässig und begründet, also für in sich schlüssig, hat   **1569**
es nach § 937 Abs. 2 ZPO in „dringenden Fällen" die Wahl, ob es die Einstweilige Verfügung ohne mündliche Verhandlung oder nach mündlicher Verhandlung erlässt. Liegt ein Verfügungsgrund vor (Rn 1557 ff), ist im Regelfall auch ein „dringender Fall" gegeben. In der deutschen Praxis wird deshalb regelmäßig ohne mündliche Verhandlung entschieden, wenn das Vorbringen des Antragstellers in sich schlüssig ist.[193]

Streitig ist, ob das Gericht eine Einstweilige Verfügung ohne Anhörung des Antragsgegners erlassen darf, wenn der Antragsgegner nicht abgemahnt wurde.[194] Einige deutsche Landgerichte sind deshalb dazu übergegangen, vor Erlass einer Einstweiligen Verfügung ohne Anhörung des Antragsgegners eine mündliche Verhandlung anzuberaumen oder stattdessen die Vorlage der Abmahnkorrespondenz einzufordern. Auch kann eine mündliche Verhandlung dadurch vermieden werden, dass das Gericht dem Antragsgegner die Antragschrift zur schriftlichen Stellungnahme zuschickt.[195] Keine Anhörung des Antragsgegners muss erfolgen, wenn eine Schutzschrift vorliegt, sich daraus aber keine durchgreifenden Anhaltspunkte gegen den Erlass der Verfügung ergeben; eine Schutzschrift führt also nicht zwingend zu einer mündlichen Verhandlung (Rn 1552).

Hält das Gericht den Antrag für unzulässig oder unbegründet und sind die Mängel nicht   **1570**
bis zu einer etwaigen mündlichen Verhandlung behebbar, kann es eine mündliche Verhandlung anberaumen. Im Regelfall wird das Gericht jedoch den Antrag ohne mündliche Verhandlung durch Beschluss zurückweisen (§ 935 Abs. 2 ZPO). Vorher besteht eine gerichtliche Hinweispflicht nach § 139 ZPO.[196] Häufig ruft der zuständige Richter beim Antragstellervertreter an und gibt ihm Gelegenheit, den Antrag zurückzunehmen. Solche telefonischen Hinweise werden teilweise kritisiert; sie müssten bei der zu unterstellenden Eilbedürftigkeit per Telefax oder per E-Mail erfolgen. Nur dann seien sie hinreichend fixiert, damit der Verpflichtung genüge getan werden könne, den Hinweis auch dem Antragsgegner zugänglich zu machen.[197] Nach Rücknahme kann der Antragsteller nach bestrittener Auffassung ohne Verlust des Verfügungsgrundes bei anderen zuständigen Gerichten den Antrag nochmals stellen (Rn 1560).

---

191 EuGH Slg. 1982, 3723, 3734 *Morson/Niederlande*; OLG Hamburg GRUR-RR 2002, 360 *Pigmentiergerät*
192 OLG Hamburg GRUR-RR 2002, 360 *Pigmentiergerät*; siehe auch OLG Frankfurt WRP 1985, 566, 571.
193 Danckwerts GRUR 2008, 763, 764.
194 So Teplitzky, Wettbewerbsrechtliche Ansprüche und Verfahren, Kap. 55 Rn 3; Bornkamm, in: Köhler/Bornkamm § 8 Rn 1.59; in diese Richtung auch OLG Hamburg GRUR 2007, 614; differenzierend Weisert WRP 2007, 804; gegen eine grundsätzliche Abmahnpflicht Danckwerts GRUR 2008, 763, 765.
195 OLG Hamburg GRUR 2007, 614, 616; Danckwerts GRUR 2008, 763, 765 mwN. auch zur Gegenauffassung.
196 Danckswerts GRUR 2008, 763, 766.
197 Teplitzky GRUR 2008, 34, 38 mwN.; Zöller/Vollkommer § 139 ZPO Rn 4, 12.

Sind die Mängel des Antrages allerdings bis zu einer etwaigen mündlichen Verhandlung behebbar, muss das Gericht nach zutreffender Auffassung mündliche Verhandlung anberaumen und den Antragsteller auf die zu behebenden Mängel hinweisen.[198] Das Gericht kann also nicht im Beschlussweg zurückweisen.

Vgl grundlegend zu Entscheidungen über Anträge auf Erlass einer Einsteiligen Verfügung: Danckwerts GRUR 2008, 763 ff.

5. Rechtsmittel des Antragstellers

Rechtsgrundlagen: §§ 511 ff., 567 ff. ZPO

1571 In Betracht kommen grundsätzlich nur zwei Rechtsmittel des Antragstellers: die **Berufung** gegen ein Urteil nach mündlicher Verhandlung (§§ 511 ff ZPO) oder eine **sofortige Beschwerde** nach Abweisung im Beschlussweg (§§ 567 ff ZPO). Ein weiteres Rechtsmittel gegen Entscheidungen der zweiten Instanz ist in Verfügungsverfahren nicht möglich; **der Bundesgerichtshof kann also in Verfügungsverfahren nicht mit der Sache befasst werden.**

Die Beschwerde gegen die Zurückweisung des Verfügungsantrages unterliegt dem **Anwaltszwang, § 571 Abs. 4 ZPO.**[199] Sie wird allerdings unzulässig, wenn Hauptsachenerledigung eintritt.[200]

1572 Eine im Widerspruchsverfahren nach mündlicher Verhandlung **aufgehobene einstweilige Verfügung** ist vom Berufungsgericht gegebenenfalls zu **bestätigen**, nicht neu zu erlassen, weil das Berufungsurteil das erstinstanzliche Urteil ersetzt. Eine im Widerspruchsverfahren aufgehobene einstweilige Verfügung bleibt aber nicht etwa bis zur Rechtskraft des Aufhebungsurteils bestehen. Sie ist vielmehr bis zu diesem Zeitpunkt – oder bis zu ihrer Bestätigung durch das Berufungsgericht – schwebend unwirksam.[201]

1573 Die **Rücknahme des Verfügungsantrages** ist auch ohne Zustimmung des Gegners noch nach mündlicher Verhandlung, selbst noch in der Berufungsinstanz möglich.[202]

6. Kostenwiderspruch des Antragsgegners

Rechtsgrundlagen: § 93 ZPO

1574 Will der Antragsgegner eine gegen ihn im Beschlusswege ergangene einstweilige Verfügung **anerkennen**,[203] aber zugleich gegen die Auferlegung der Kosten vorgehen (vgl Rn 1529), so lässt er etwa folgende Erklärung abgeben (vor dem Landgericht muss das durch einen Rechtsanwalt geschehen, § 78 Abs. 1 ZPO):

---

198 KG GRUR 1991, 944, 946; Danckwerts GRUR 2008, 763, 766.
199 KG GRUR 1991, 944, 945; OLG Karlsruhe WRP 1994, 49; OLG Jena nach Orth WRP 1997, 700, 703 (zu 3.2); OLG Dresden NJWE-WettbR 1997, 184, 185 mwN.
200 OLG Karlsruhe WRP 1998, 429.
201 Insofern abweichend Teplitzky WRP 1987, 149, 150 mwN, der völligen Wegfall mit der Folge annimmt, dass die Verfügung vom Berufungsgericht neu zu erlassen und zuzustellen sei; s. erneut Teplitzky GRUR 1995, 627, 634.
202 OLG Düsseldorf WRP 1982, 654 f.
203 Nur ein Anerkenntnis lässt sich mit dem Kostenwiderspruch verbinden; will der Antragsgegner geltend machen, es habe gar kein Verfügungsgrund vorgelegen, so muss er Vollwiderspruch einlegen, sonst trägt er die Kosten, OLG Hamburg WRP 1996, 442 f.

Muster:

In Sachen Fa. Elektronikmarkt Christian Müller GmbH ./. Fa. Lehmann Electronics GmbH,
Az. 16 O 123/11,
lege ich für die Antragsgegnerin

Widerspruch

gegen die einstweilige Verfügung vom ... ein, soweit dem Antragsgegner darin die Kosten des Verfügungsverfahrens auferlegt worden sind (Kostenwiderspruch). Ich beantrage,

unter teilweiser Abänderung der einstweiligen Verfügung vom ... der Antragstellerin die gesamten Kosten des Verfahrens aufzuerlegen.

Begründung:

Die Antragstellerin hat die Antragsgegnerin nicht abgemahnt. Wäre das geschehen, so hätte die Antragsgegnerin die übliche Unterlassungsverpflichtung unter Versprechen einer angemessenen Vertragsstrafe übernommen.

Im Übrigen verzichte ich für den Antragsgegner auf den Widerspruch gegen die einstweilige Verfügung vom ... (§ 924 ZPO) und auf das Recht aus § 926 ZPO. Auf die Rechte aus § 927 ZPO wird mit Ausnahme solcher Einwendungen verzichtet, die auch einem rechtskräftigem Hauptsachetitel entgegengesetzt werden könnten.[204]

Der Verzicht auf den Widerspruch hat die Wirkung eines Anerkenntnisses.[205] War die **1575** Beschränkung auf die Kosten im Widerspruchsschriftsatz jedoch nicht eindeutig erklärt oder gar Aufhebungsantrag angekündigt, so liegt bei nachträglicher Klarstellung ein „sofortiges" Anerkenntnis im Sinne des § 93 ZPO nicht mehr vor.[206] Umgekehrt schließt ein zunächst bedingungslos abgegebenes Anerkenntnis auch den nachträglichen Kostenwiderspruch aus.[207] Beides muss also stets zusammen erklärt werden. Für die Höhe der vom Gegner gegebenenfalls zu erstattenden Verfahrensgebühr ist beim Kostenwiderspruch nicht auf den ursprünglichen Gegenstandswert, sondern auf den Wert der in Streit stehenden Kosten abzustellen.[208]

Der Übernahme einer strafbewehrten Unterlassungserklärung bedarf es nach Abgabe **1576** der Erklärung in Rn 1574 nicht mehr.[209] War umgekehrt die Unterlassungserklärung bereits abgegeben, als die einstweilige Verfügung zugestellt wurde, wie das bei verspäteter Reaktion des Abgemahnten leicht passieren kann, so ist *Voll*widerspruch einzulegen, weil anderenfalls dem Gläubiger eine ungerechtfertigte Doppelsanktion zur Verfügung stünde.[210] Die Parteien werden dann übereinstimmend für erledigt erklären und ggf um die Kosten gem. § 91 a ZPO streiten. Dabei können die Wertungen des § 93 ZPO berücksichtigt werden.

---

204 Vgl Rn 1598.
205 OLG München NJOZ 2006, 2526; OLG Hamburg WRP 1976, 180; OLG Frankfurt WRP 1982, 226 mwN; OLG Stuttgart NJWE-WettbR 2000, 125. Das einmal abgegebene Anerkenntnis kann aber auch nicht etwa durch den späteren Übergang zum Vollwiderspruch rückgängig gemacht werden, OLG Hamm GRUR 1991, 633, 634.
206 KG WRP 1982, 530, 531; OLG Frankfurt WRP 1979, 726, 727; OLG Stuttgart WRP 1977, 821; inzwischen auch OLG München NJWE-WettbR 1996, 139 f; aA OLG Düsseldorf NJWE-WettbR 1996, 256.
207 OLG Hamm WRP 1981, 475 f.
208 OLG Karlsruhe WRP 2007, 1501, 1501 *Kostenwiderspruch*.
209 KG Köln WRP 1969, 423, 424.
210 OLG München MD 2010, 546, 547 f; OLG Karlsruhe MD 2009, 331, 331 f; OLG Hamburg GRUR 1989, 151; Zöller/Vollkommer, ZPO, 27. Aufl., § 925 Rn 11 mwN.

1577 In diesem Zusammenhang wird gelegentlich streitig, ob die Unterwerfungserklärung dem Abmahnenden überhaupt zugegangen ist. Der Verletzer trägt dafür die Beweislast.[211]

1578 Gegen die Entscheidung über den Kostenwiderspruch kann sofortige Beschwerde eingelegt werden (§ 567 Abs. 1 S. 1 i.V.m. § 99 Abs. 2 ZPO analog).[212]

7. Vollziehung

Rechtsgrundlagen: § 929 ZPO

1579 Einstweilige Verfügungen müssen **binnen Monatsfrist vollzogen** sein (§ 929 Abs. 2, § 936 ZPO).

Die Monatsfrist beginnt

- bei **Beschlussverfügungen** mit der **Zustellung** des Beschlusses an den Antragsteller,[213]
- bei einstweiligen Verfügungen, die erst nach mündlicher Verhandlung durch Urteil erlassen werden (sog. **Urteilsverfügungen**), aber **schon mit** der **Verkündung** des Urteils.

Der insoweit eindeutige Gesetzestext birgt die wohl am häufigsten zuschnappende **Anwaltsfalle** des Wettbewerbs- und Markenrechts, weil, wenn nicht sogleich nach dem Termin vorab die Übersendung einer sog. abgekürzten Ausfertigung des Urteils erbeten wird, dieses erst nach der Absetzung der vollständigen Urteilsgründe und der Unterzeichnung des Urteils durch die beteiligten Richter zugestellt wird; in diesem Zeitpunkt ist aber die Vollziehungsfrist oft schon abgelaufen.

1580 Eine bereits vollzogene Verfügung ist **erneut zuzustellen,** wenn sie im Widerspruchs- oder Beschlussverfahren inhaltlich abgeändert oder sogar erweitert[214] oder von einer Sicherheitsleistung abhängig gemacht,[215] nicht aber dann, wenn die Beschlussverfügung unter ihrer Aufhebung im Übrigen eingeschränkt wird.[216]

1581 Auch wenn das vollständige Urteil beiden Parteien, also auch dem Antragsgegner, noch innerhalb der Vollziehungsfrist von Amts wegen zugestellt worden ist, hilft das nichts: **Vollziehung heißt** zumindest **Zustellung im Parteibetrieb,** wie der Bundesgerichtshof angesichts der Uneinheitlichkeit der Rechtsprechung der Oberlandesgerichte inzwischen klargestellt hat;[217] zur Heilung bei Amtszustellung – nicht bei fehlender Partei-

---

211 OLG Hamm GRUR 1991, 254; OLG Karlsruhe WRP 1997, 477 f.

212 So wohl alle OLGe mit Ausnahme nur noch von Oldenburg (WRP 1980, 341, 342 mwN), nachdem München sich der hM angeschlossen hat (GRUR 1990, 482).

213 Stellt das Gericht nur eine einfache Beschlussabschrift zu, beginnt der Fristlauf nicht, OLG Hamburg WRP 2001, 720, 721.

214 OLG Stuttgart GRUR-RR 2009, 194, 195 *Zustellungserfordernis;* OLG Koblenz WRP 1981, 479; OLG Düsseldorf WRP 1981, 150 f und GRUR 1984, 75, 77; OLG Köln GRUR 1999, 89, 90; OLG Hamm WRP 1981, 222, 223; OLG Hamburg WRP 1997, 53, 54; einschränkend OLG Karlsruhe WRP 1997, 57, 58 und KG NJWE-WettbR 2000, 197 mwN: nur bei *wesentlicher* inhaltlicher Änderung.

215 OLG Frankfurt WRP 1980, 422, 423 mwN; wohl auch OLG Stuttgart WRP 1983, 647 L Nr. 1.

216 OLG Stuttgart GRUR-RR 2009, 194, 195 *Zustellungserfordernis* mwN.; OLG Köln WRP 2003, 738; Teplitzky, Wettbewerbsrechtliche Ansprüche und Verfahren, Kap. 55 Rn 49.

217 BGHZ 120, 73, 78 ff. (IX. Zivilsenat) *Straßenverengung* mwN.; OLG Oldenburg WRP 2011, 508, 509; Teplitzky WRP 1998, 935 ff. Dagegen noch OLG Stuttgart NJWE-WettbR 1997, 43, das sogar die Urteilsverkündung als Vollziehung ansehen will, jetzt aber korrigiert in OLG Stuttgart GRUR-RR 2009, 194 f.

zustellung, nur im Fall einer fehlerhaften Parteizustellung - unten Rn 1588. Für die Vollziehung von einstweiligen Verfügungen auf **Auskunft** verlangt das OLG Hamburg[218] darüber hinaus, dass innerhalb der Vollziehungsfrist auch ein Zwangsvollstreckungsantrag nach § 888 ZPO gestellt wird; der Bundesgerichtshof hatte aber nur darauf hingewiesen, dass der Vollziehungswille des Gläubigers auch durch einen Vollstreckungsantrag zum Ausdruck gebracht werden könne.[219] Die Hamburger Entscheidung ist bisher zwar noch vom OLG Rostock geteilt worden,[220] im Übrigen aber ohne Gefolgschaft geblieben,[221] und dies zu Recht, weil sie die Rechtsverfolgung ohne sachlichen Grund für den Gläubiger erschwert[222] und für den Schuldner verteuert.

Nur bei **Auslandszustellungen** genügt es zur Wahrung der Vollziehungsfrist, wenn das Gesuch zu deren Vermittlung rechtzeitig gestellt und die Zustellung „demnächst" bewirkt wird.[223]   1582

Die Zustellung nur einer **einfachen Abschrift** der Verfügung reicht **nicht** aus;[224] es muss eine beglaubigte Abschrift der Ausfertigung oder eine Ausfertigung selbst zugestellt werden.   1583

Adressat der Zustellung ist, wenn sich für den Antragsgegner bei Gericht – zB in einer Schutzschrift – schon ein Anwalt bestellt hat, nur dieser, § 172 ZPO.[225] Die Zustellung an die Partei selbst wird in diesem Falle überwiegend für *unwirksam* gehalten,[226] was nur schwer verständlich ist, weil der Sinn der Zustellung in erster Linie die Verdeutlichung des Vollziehungswillens des Gläubigers ist. Gleichwohl wird der Anwalt des Antragstellers zur Vermeidung unnötiger Haftungsrisiken entsprechend verfahren müssen. Bei Beantwortung einer Abmahnung durch einen Anwalt kann hingegen nur dann von einer Zustellungsvollmacht dieses Anwalts ausgegangen werden, wenn er dies in seinem Antwortschreiben ausdrücklich erklärt oder eine Vollmacht beifügt, aus der sich die Zustellungsvollmacht ausdrücklich ergibt.[227] **In Zweifelsfällen sollte eine Zustellung sowohl an den Anwalt als auch an die Partei erfolgen.**   1584

Die Vollziehung ist **nur dann entbehrlich**, wenn der Antragsgegner zwischenzeitlich ein Vertragsstrafeversprechen (Rn 919), die Abschlusserklärung (Rn 1598) abgegeben oder ein Anerkenntnis (Rn 1575) erklärt hat.[228]   1585

---

218 WRP 1996, 1047 f.
219 BGHZ 120, 73, 79 *Straßenverengung.*
220 OLG Rostock MDR 2006, 1425.
221 Wie hier OLG München ZUM-RD 2003, 92; OLG Frankfurt WRP 1998, 223, 224; LG Düsseldorf WRP 1997, 253; LG Koblenz WRP 1997, 986; wohl auch Ahrens WRP 1999, 1, 6.
222 Ulrich WRP 1996, 1048, 1049.
223 OLG Hamm GRUR 1991, 944; OLG Düsseldorf WRP 2001, 53, 54 (am letzten Fristtag!).
224 OLG Hamm WRP 2001, 299.
225 OLG Köln GRUR 2001, 456 *Wahrung der Vollziehungsfrist;* OLG Düsseldorf WRP 1982, 531 f; OLG Karlsruhe WRP 1986, 166, 167; OLG Hamburg WRP 1993, 823 f; OLG Celle GRUR 1998, 77; KG WRP 1998, 410, 411; OLG Frankfurt WRP 2000, 411. Zuzustellen ist eine beglaubigte Kopie der Ausfertigung, OLG Hamm GRUR 1989, 262, 263.
226 OLG Koblenz WRP 1998, 227, 228; Ahrens WRP 1999, 1, 4 f.
227 OLG Hamburg GRUR 1998, 175.
228 OLG Hamm WRP 1979, 563; allerdings muss die Erklärung vor Ablauf der Vollziehungsfrist zugegangen sein.

1586 Ist die Vollziehung von einer **Sicherheitsleistung** abhängig gemacht, so ist auch diese innerhalb der Frist zu erbringen,[229] was bedeutet, dass der Nachweis darüber zugestellt sein muss (§ 751 Abs. 2 ZPO).

1587 Nimmt die Verfügung auf **Anlagen** Bezug, so sind auch diese mit zuzustellen; eine Ausnahme gilt allenfalls dann, wenn der Beschluss auch ohne die Anlagen ohne weiteres verständlich ist.[230] **Farbige Anlagen**, auf die eine Beschlussverfügung wörtlich Bezug nimmt, müssen für eine wirksame Vollziehung farbig zugestellt werden, wenn sich durch die schwarz-weiß Kopie der Verbotsumfang erweitern würde.[231]

1588 Die **Nichteinhaltung der Vollziehungsfrist** ist in jeder Lage des Verfahrens von Amts wegen zu beachten,[232] führt materiell zu ihrer Unwirksamkeit[233] und formell zu ihrer Aufhebung (nachfolgend Rn 1590). Die Versäumung der Vollziehungsfrist war nach früherem Recht (§ 187 ZPO a.f.) nicht heilbar, weil es sich um keine Notfrist handelte. Heute kann eine in Bezug auf die Zustellung mangelhafte Vollziehung nach § 189 ZPO geheilt werden,[234] allerdings nur **innerhalb der Vollziehungsfrist.**[235] Eine Amtszustellung innerhalb der Vollziehungsfrist heilt deshalb eine fehlerhafte Parteizustellung (jedoch nicht eine völlig fehlende Parteizustellung!) genauso wie die Zustellung an den falschen Adressaten, wenn der richtige Adressat Kenntnis in der Frist erhält. Wird der Mangel der Vollziehung erst vor dem Berufungsgericht offenbar, so darf dieses mangels Zuständigkeit keine neue einstweilige Verfügung erlassen;[236] für den erneuten Erlass durch die erste Instanz wird es häufig an der Dringlichkeit fehlen (Rn 1557 ff).[237] Die Kosten des verunglückten Verfügungsverfahrens erhält der Antragsteller auch nach gewonnenem Hauptprozess nicht erstattet.[238]

8. Weitere Rechtsmittel des Antragsgegners

Rechtsgrundlagen: § 924 ff. ZPO

1589 Der Antragsgegner kann einer Einstweiligen Verfügung, die im **Beschlussweg** ergangen ist, zunächst mit dem **Widerspruch** begegnen, §§ 924, 936 ZPO. Hat das Rechtsmittelgericht die Verfügung im Beschlussweg erlassen, ist der Widerspruch dennoch an das Ausgangsgericht zu richten.[239] Gegen eine im **Urteilsweg** nach mündlicher Verhandlung erlassene Einstweilige Verfügung steht dem Antragsgegner die **Berufung** zu, §§ 511 ff ZPO.

---

229 OLG Stuttgart WRP 1983, 647 L; KG WRP 1981, 275; aA OLG Hamm WRP 1982, 609 L.
230 OLG Celle WRP 1984, 149, 150; OLG Düsseldorf GRUR 1984, 78 f *Vollziehung ohne Anlagen*; OLG Köln WRP 1995, 506, 507.
231 OLG Frankfurt GRUR 2009, 995 *farbige Skulpturen*; siehe auch OLG Hamburg GRUR-RR 2007, 406 *farbige Verbindungsanlage*.
232 OLG München WRP 1982, 602.
233 BGH GRUR 1999, 1038 L unter Berufung auf BGHZ 112, 356; OLG Köln WRP 1987, 403, 404.
234 Klute GRUR 2005, 924; Anders WRP 2003, 204, 206.
235 OLG Koblenz GRUR 1980, 1022, 1023.
236 OLG Köln WRP 1979, 817; OLG Koblenz GRUR 1981, 91, 92 *Vollziehungsfrist* mwN Heymanns WRP 1984, 120 hält die Begründung der Zuständigkeit durch Anschlussberufung für möglich.
237 OLG Karlsruhe NJW-RR 1988, 1469, 1470 f; einschränkend OLG Schleswig WRP 1995, 346 und OLG München NJW-RR 1986, 999, 1000.
238 BGH GRUR 1995, 169, 170 f *Kosten des Verfügungsverfahrens bei Antragsrücknahme.*
239 KG WRP 2008, 253, 254; OLG Düsseldorf MDR 1984, 324; OLG Hamm MDR 1987, 593; Zöller/Vollkommer § 924 Rn 6 mwN; aA Schuschke/Walker § 924 Rn 9.

Einstweilige Verfügungen werden bei **Vorliegen veränderter Umstände** (§ 927 Abs. 1 **1590** ZPO) oder bei **Nichteinhaltung der Klagefrist** (§ 926 Abs. 2 ZPO) aufgehoben. Ebenso wie die Änderung der höchstrichterlichen Rechtsprechung[240] ist auch die **Nichteinhaltung der Vollziehungsfrist** ein veränderter Umstand,[241] der allerdings erst nach rechtskräftigem Abschluss des Verfügungsverfahrens mit einem Aufhebungsantrag, vorher – wie jeder andere veränderte Umstand – jedoch mit dem Widerspruch bzw der Berufung geltend zu machen ist.[242] Ist Letzteres versäumt worden, fehlt dem späteren Aufhebungsantrag das Rechtsschutzbedürfnis.[243] Bei versäumter Klagefrist (§ 926 Abs. 2 ZPO) kann die Klageerhebung wegen § 231 Abs. 2 ZPO noch nach Fristablauf bis zum Schluss der mündlichen Verhandlung im Aufhebungsverfahren nachgeholt werden.[244] Vor Stellung des Aufhebungsantrags muss der Schuldner abmahnen.[245]

Durch **Abweisung der Hauptsacheklage** wird die einstweilige Verfügung nicht etwa von selbst wirkungslos; sie bedarf vielmehr der Aufhebung.[246] Ein aufhebendes Urteil erster Instanz im Klageverfahren nötigt das Berufungsgericht im Verfügungsverfahren keineswegs zur Aufhebung der Verfügung; es hat vielmehr zu prüfen, ob es rechtlich zutreffend begründet und ein etwaiges Rechtsmittel dagegen aussichtslos ist.[247] Auch veränderte Umstände (§ 927 ZPO) können im Berufungsverfahren geltend gemacht werden.[248]

Materielle **Gegenanträge** sind im Verfügungsverfahren schon wegen der Eigenart des **1591** Eilverfahrens als unzulässig anzusehen;[249] der Antragsgegner kann jederzeit selbst einen Verfügungsantrag stellen.[250]

Die **Kosten des Aufhebungsverfahrens** trägt der Gläubiger, wenn dem Aufhebungsan- **1592** trag entsprochen wird (§ 91 ZPO). Die Kostenentscheidung des formell rechtskräftig abgeschlossenen Verfügungsverfahrens bleibt davon unberührt (s. aber Rn 1574). Jedoch trägt der Antragsteller auch die Kosten des Verfügungsverfahrens, wenn die Verfügung mangels Vollziehung (Rn 1579 ff) aufgehoben wird.[251] Etwas anderes gilt auch, wenn der Aufhebungsgrund im Widerspruchs- oder Berufungsverfahren geltend gemacht wird; dann ist über die Kosten einheitlich zu entscheiden. Ein **Verzicht des Titelgläubigers** auf seine Rechte beseitigt das Rechtsschutzinteresse für den Aufhebungsantrag erst, wenn er auch den Titel herausgibt.[252]

---

240 KG WRP 1990, 330, 331 f; OLG Hamburg will sogar die *Aufhebung nach nicht rechtskräftiger* Abweisung der Hauptklage zulassen, GRUR-RR 2001, 143 f.
241 OLG Düsseldorf WRP 1982, 531.
242 OLG Frankfurt GRUR 2009, 995, 996 *farbige Skulpturen*; OLG Karlsruhe WRP 1981, 285 mwN.; OLG Düsseldorf WRP 1987, 676, 677.
243 OLG Düsseldorf nach Schulze zur Wiesche WRP 1982, 400, 401.
244 OLG Frankfurt WRP 1982, 96 mwN.
245 OLG München GRUR 1985, 161 (Aufhebung wegen Versäumung der Vollziehungsfrist).
246 BGH GRUR 1987, 45, 46 f *Berühmung*.
247 OLG Düsseldorf WRP 1987, 252, 253 mwN.
248 OLG Koblenz GRUR 1989, 373, 374.
249 Weber WRP 1985, 527.
250 Einzelheiten bei Ahrens WRP 1999, 1.
251 Str, dafür: OLG Hamm NJW-RR 1990, 1214 mwN; OLG Düsseldorf NJW-RR 2000, 68; OLG Karlsruhe WRP 1996, 121; Ulrich WRP 1996, 86. Dagegen: OLG München NJW-RR 1986, 999 und WRP 1996, 1052; Schuschke/Walker § 927 Rn 22 mwN.
252 OLG Hamm GRUR 1992, 888 f.

9. Schadenersatz wegen ungerechtfertigter Verfügung

Rechtsgrundlagen: § 945 ZPO

1593 Die Kosten des Verfügungsverfahrens für den Antragsgegner sind bei anders lautender Hauptsacheentscheidung nicht über § 945 ZPO, sondern nur im Aufhebungsverfahren nach § 927 ZPO – nach Antrag auf Abänderung auch der ursprünglichen Kostenentscheidung – erstattungsfähig; über § 945 ZPO werden dem Schuldner aber die Kosten zusätzlicher Werbemaßnahmen erstattet, die erforderlich waren, um die Folgen des Verbots seiner Werbung zu mindern.[253] Außerdem sind nach § 945 ZPO alle sonstigen konkreten Schäden des Antragsgegners zu ersetzen.

V. Abschlussschreiben

Rechtsgrundlagen: § 93 ZPO

1594 Verfügungsantrag und Hauptsacheklage wurden zwar früher für grundsätzlich nebeneinander zulässig gehalten, und zwar unabhängig von der Reihenfolge.[254] Inzwischen hat sich aber die Erkenntnis durchgesetzt, dass jedenfalls nach der Geltendmachung eines **Unterlassungsanspruchs** im Verfügungsverfahren der Antragsteller zunächst die Reaktion des Antragsgegners abwarten, ihm also nach Vollziehung der einstweiligen Verfügung noch angemessene Zeit zur Entscheidung lassen muss, ob er die Sache ausfechten oder klein beigeben will.[255] Erst danach kann er das sog. Abschlussschreiben an den Verletzer richten lassen:

Muster für Abschlussschreiben:

Wir schreiben Ihnen im Namen und im Auftrag der Elektronikmarkt Christian Müller GmbH, Hohenzollerndamm 123, 10713 Berlin.

Für unsere Mandantin haben wir gegen Ihr Unternehmen eine Einstweilige Verfügung des Landgerichts Berlin vom ..., Az. 16 O 123/11, erwirkt. Diese Einstweilige Verfügung wurde Ihnen am ... zugestellt und damit Ihnen gegenüber vollzogen. Diese Einstweilige Verfügung hat nur vorläufigen Charakter. Sie hemmt insbesondere die Verjährung nicht endgültig. Unsere Mandantin hat deshalb ein berechtigtes Interesse an einer endgültigen Regelung.

Wir geben Ihnen Gelegenheit, durch Abgabe einer ausreichenden Abschlusserklärung bis spätestens

[Datum einsetzen, im Regelfall 2 Wochen ab Absendung[256]]

ein gerichtliches Hauptsacheverfahren zu vermeiden. Wir bieten die Abgabe der von uns vorbereiteten und aus der Anlage ersichtlichen Abschlusserklärung an. Wird die Erklärung nicht fristgerecht abgegeben, werden wir unserer Mandantin empfehlen, sogleich Hauptsacheklage zu erheben.

Sie haben über dies die Kosten für dieses Abschlussschreiben gem. § 280 Abs. 1 BGB zu tragen (BGH GRUR 2010, 1038 Tz. 27 *Kosten für Abschlussschreiben*).[257] Auch dies ist in der vorbereiteten Erklärung berücksichtigt.

---

253 BGHZ 122, 172, 179 *Verfügungskosten* m. Anm. Gröning in WRP 1993, 768. S. auch Teplitzky GRUR 1993, 857, 861, 863. A.M. für den Fall, dass der Schuldner keinen Widerspruch gegen die Verfügung eingelegt hat: OLG München NJWE-WettbR 1996, 257, 258. Die BGH-Rspr dazu referiert Ulrich WRP 1999, 82.

254 BGH GRUR 1964, 274, 275 *Möbelrabatt*; OLG Hamm GRUR 1991, 336 mwN.

255 OLG Dresden NJWE-WettbR 1996, 138; OLG Karlsruhe WRP 1996, 922 f; OLG München NJWE-WettbR 1998, 255.

256 So der Ausgangspunkt vom OLG Hamm GRUR-RR 2010, 267, 268 *Zweiwöchige Wartefrist*.

257 Vgl Rn 1606.

[*Über dies können Ausführungen zu anderen Ansprüchen, die neben Unterlassungsansprüchen bestehen, zB Schadensersatzansprüchen (vgl Rn 941 ff), hier erfolgen und in die vorbereitete Erklärung mit aufgenommen werden.*]

Hochachtungsvoll
Rechtsanwalt

Muster für vorbereitete Abschlusserklärung:

Hiermit erklärt die Fa. Lehmann Electronics GmbH, Berlin, gegenüber der Fa. Elektronikmarkt Christian Müller GmbH, Berlin („Christian Müller"):

1. Wir erkennen die Einstweilige Verfügung des LG Berlin vom ..., Az. 16 O 123/11, als nach Bestandskraft und Wirkung einem rechtskräftigem Hauptsachetitel gleichwertig an und verzichten demgemäß auf das Recht zur Einlegung eines Widerspruchs aus § 924 ZPO, auf das Recht auf Aufforderung aus § 926 ZPO und auf die Rechte aus § 927 ZPO, soweit auch ein Vorgehen gegen einen rechtskräftigen Hauptsachetitel ausgeschlossen wäre.[258]

2. Wir verpflichten uns, Christian Müller die Anwaltskosten für die Versendung eines Abschlussschreibens in Höhe einer 1,3 Rechtsanwaltsgebühr aus einem Streitwert von EUR 50.000 zuzüglich EUR 20 Kostenpauschale netto ohne Umsatzsteuer zu erstatten.[259]

Berlin, den _____   _____

Fa. Lehmann Electronics GmbH

Wird die Hauptsacheklage erhoben, ohne dass dem das Abschlussschreiben voranging, so riskiert der Kläger die Auferlegung der Kosten nach § 93 ZPO, wenn der Beklagte den Anspruch sofort, dh innerhalb der Frist für die Verteidigungsanzeige (§ 271 Abs. 2 ZPO), anerkennt. **1595**

Wie bei der Abmahnung trägt der Verletzer nach der bisher herrschenden Meinung (vgl aber Rn 1547) die Beweislast dafür, dass kein Abschlussschreiben an ihn gerichtet wurde, da § 93 ZPO gegenüber der Regel des § 91 ZPO die Ausnahme darstellt.[260] Aber der Gläubiger trägt eine sekundäre Darlegungslast, so dass er gehalten ist, substantiiert die Absendung vorzutragen. Dem kann der Schuldner durch Zeugenaussagen, dass in seinem Büro keine Abmahnung oder Abschlussschreiben zugegangen ist, begegnen.[261] Wartet der Verletzte, dessen Abschlussschreiben erfolglos blieb, dennoch den Ausgang des Verfügungsverfahrens ab, so muss er dem Verletzer danach ein zweites Abschlussschreiben schicken.[262] **1596**

Die Wartefrist beträgt nach der herrschenden Auffassung grundsätzlich **zwei Wochen** ab Zustellung der Einstweiligen Verfügung,[263] nach anderer Auffassung 1 Monat.[264] Das ist allerdings keine starre Frist, weil besondere Umstände den Gläubiger dazu veranlassen können, das Abschlussschreiben später (Schuldner hat signalisiert, alsbald **1597**

---

258   Rn 1598.
259   Rn 1606.
260   BGH GRUR 2007, 629 Tz. 13 *Zugang des Abmahnschreibens*; OLG Düsseldorf WRP 1979, 862.
261   BGH GRUR 2007, 629 Tz. 13 *Zugang des Abmahnschreibens.*
262   OLG Hamburg WRP 1986, 289, 290.
263   Inzwischen wohl allgemein anerkannt, s. OLG Hamm GRUR-RR 2010, 257, 258 *Zweiwöchige Wartefrist* mwN.; OLG Frankfurt GRUR-RR 2003, 294 *Wartefrist*; OLG Celle WRP 1996, 757, 758. Ferner OLG Dresden NJWE-WettbR 1996, 138; OLG Karlsruhe WRP 1996, 922 f; OLG München NJWE-WettbR 1998, 255. BGH GRUR-RR 2008, 368 Tz. 12 *Gebühren für Abschlussschreiben* bezeichnet 3 Wochen als „im Rahmen zweckentsprechender Rechtsverfolgung", sagt jedoch nichts zu kürzeren Zeiträumen.
264   OLG Stuttgart WRP 2007, 688.

Abschlusserklärung freiwillig abzugeben) zu versenden.[265] Läuft die Berufungsfrist für den Antragsgegner, ist die Wartefrist mindestens genauso lang;[266] die gegenteilige Auffassung führt zu dem wenig befriedigenden Ergebnis, dass der Antragssteller (kostenpflichtig) ein Abschlussschreiben versenden darf, obwohl der Antragsgegner noch gar nicht entscheiden muss, ob er Berufung einlegt. Ein sorgfältiger Anwalt des Antragsgegners müsste sich dann zwei Fristen notieren: die Berufungsfrist (mit Berufungsbegründungsfrist) und die Zweiwochenfrist zur Vermeidung eines Abschlussschreibens.

Einer unaufgeforderten Bitte des Antragsgegners, er benötige länger als die zweiwöchige Wartefrist Zeit, um die Abgabe der Abschlusserklärung zu prüfen, muss der Antragsteller entsprechen, soweit dafür ein sachlicher Grund gegeben ist; insoweit gilt nichts anderes als für Fristverlängerungen zur Beantwortung von Abmahnungen (Rn 1535).

Es wird deshalb für die **anwaltliche Praxis des Antragsgegnervertreters** empfohlen, dass eine **Frist von etwas weniger als 2 Wochen nach Zustellung der Einstweiligen Verfügung** notiert wird, um ohne Aufforderung eine Abschlusserklärung abzugeben und ein (kostenpflichtiges, Rn 1606) Abschlussschreiben zu vermeiden.

1598 Die Abschlusserklärung verfolgt das **Ziel, den Titel aus dem Verfügungsverfahren**, das nur vorläufig ist, **einem endgültigen Titel gleichzustellen**. Damit wird ein langwieriger Prozess in der Hauptsache vermieden. Deshalb muss der Schuldner umfassend auf seine möglichen Rechtsmittel verzichten. Es genügt nicht lediglich ein Verzicht auf die Rechte nach § 924 ZPO (Widerspruch) und § 926 ZPO (Anordnung Klageerhebung), sondern der Verzicht muss sich auch auf die Rechte nach § 927 ZPO (Aufhebung der Verfügung wegen veränderter Umstände) erstrecken.[267] Allerdings ist der Schuldner auch nicht gezwungen, vollständig auf alle Rechte aus § 927 ZPO zu verzichten, weil sein Verzicht nur so weit gehen muss, wie auch ein rechtskräftiger Hauptsachetitel gehen würde.[268] Gegenüber einem rechtskräftigen Hauptsachetitel kann der Schuldner noch die Einwendungen erheben, die eine Vollstreckungsgegenklage aus § 767 ZPO erlauben. Deshalb sollte der Schuldner formulieren, dass er die Einstweilige Verfügung „**als nach Bestandskraft und Wirkung einem rechtskräftigem Hauptsachetitel gleichwertig anerkennt und demgemäß auf alle Rechte verzichtet, soweit auch ein Vorgehen gegen einen rechtskräftigen Hauptsachetitel ausgeschlossen wäre**".[269]

Eine solche Erklärung gibt dem Schuldner die Möglichkeit, bei Änderung des Gesetzes oder höchstrichterlichen Rechtsprechung gegen den Hauptsachetitel vorzugehen.[270] Nicht ausreichend ist aber eine Erklärung, dass auf die Rechte aus § 927 ZPO wegen veränderter Umstände verzichtet wird, „soweit diese zum Zeitpunkt der Abgabe der Erklärung vorliegen". Denn damit ist insbesondere der spätere **Einwand der Verjäh-**

265 OLG Frankfurt GRUR-RR 2003, 294 f *Wartefrist.*
266 Offengelassen von BGH GRUR 2006, 349 *Anwaltshaftung,* der aber „gute Gründe" für die hier vertretene Auffassung annimmt. AA OLG Hamm GRUR-RR 2010, 267, 268.
267 BGH GRUR 2009, 1096 Tz. 15 f *Mescher weis*; BGH GRUR 1991, 76, 77 *Abschlusserklärung*; BGH GRUR 1989, 115 *Mietwagenmitfahrt*; Teplitzky Kap. 43 Rn 6 mwN.
268 BGH GRUR 2009, 1096 Tz. 27 *Mescher weis.*
269 Teplitzky Kap. 43 Rn 8; Jan Bernd Nordemann in Fromm/Nordemann § 97 UrhG Rn 213.
270 BGH GRUR 2009, 1096 Tz. 18 ff, 27 *Mescher weis.*

rung nicht ausgeschlossen.[271] Auch auf eine Abschlusserklärung, deren Bestand vom Ergebnis eines Parallelverfahrens abhängig gemacht wird, braucht sich der Verletzte nicht einzulassen, weil sie seine prozessuale Position beeinträchtigt.[272]

Oftmals vermag der Verletzer nach Zustellung der einstweiligen Verfügung noch nicht recht einzusehen, dass er im Unrecht sein soll; er will wenigstens eine **Entscheidung des Berufungsgerichts abwarten**. Da dies am kostengünstigsten im Verfügungsverfahren möglich ist, hatte sich für solche Fälle eine bedingte Abschlusserklärung des Verletzers dahin eingebürgert, **1599**

- er erkenne ein künftig rechtskräftig werdendes Urteil zu seinen Lasten im Verfügungsverfahren an und verzichte auf das Widerspruchsrecht und die Rechte aus den §§ 926, 927 ZPO, letzteres für solche Einwendungen, die bei Schluss der letzten mündlichen Verhandlung bereits entstanden waren; für den Fall, dass der Verletzte unterliege, verzichte er auf die Dauer eines Monats nach Zustellung des vollständigen Urteils auf die Einrede der Verjährung.

Das Kammergericht hatte dergleichen ursprünglich sogar empfohlen,[273] ist aber im Einklang mit der Rechtsprechung des Bundesgerichtshofes[274] dann davon mit der Einschränkung wieder abgerückt, eine solche Erklärung reiche nur aus, wenn sich der Verletzte darauf einlasse.[275] Dazu hätte es freilich keiner Rechtsprechung bedurft; wenn die Parteien sich einig sind, können sie alles Mögliche vereinbaren. Der Rückzieher des Kammergerichts leistet ungewollt Prozessen Vorschub, die vorwiegend im Gebühreninteresse der Anwälte des Verletzten geführt werden: Welches *sachliche* Interesse könnte der Verletzte haben, sogleich ein Hauptsacheklageverfahren zu beginnen, wenn er die sichere Aussicht auf eine abschließende Klärung schon im – billigeren – Verfügungsverfahren hat, ihm aber für den Fall des eigenen Unterliegens trotzdem die Anrufung des Bundesgerichtshofes über das Hauptsacheklageverfahren bleibt? Die Neuregelung der Verjährung (Rn 978) wird solche Fälle seltener werden lassen, weil während der Dauer des Verfügungsverfahrens und sechs Monate danach ohnehin nichts verjährt. Wenn die aufschiebende Bedingung eingetreten ist, bestehen keine Bedenken mehr hinsichtlich der Wirksamkeit der Abschlusserklärung, weil sie dann bedingungsfrei ist.[276]

Lässt sich Gläubiger – unter Berufung auf die Rechtsprechung - nicht auf die vorgenannte Abrede ein, sollte es indes für den Schuldner möglich sein, zumindest eine Fristverlängerung für die Abgabe der Abschlusserklärung zu erreichen, bis die Berufungsfrist für den Schuldner ausgelaufen ist (Rn 1597).

Nach Abschluss der Berufungsinstanz muss der Gläubiger ggf ein weiteres Abschlussschreiben versenden, wenn nicht klar ist, ob der Schuldner sich weiter streiten möchte. Der Schuldner sollte also schon zur Kostenvermeidung nach Abschluss der Berufungs-

---

271 LG Mannheim WRP 1998, 236.
272 BGH GRUR 1991, 76 f *Abschlusserklärung*; s. auch BGH GRUR 1993, 677, 679 *Bedingte Unterwerfung*.
273 KG WRP 1984, 547. Der Verjährungsverzicht ist – wegen § 21 UWG – nur gegenüber den Verbänden und Kammern des § 13 Abs. 2 Nr. 2 bis 4 UWG von Bedeutung.
274 BGH GRUR 1991, 76 *Abschlusserklärung*.
275 NJW-RR 1987, 816.
276 BGH GRUR 1991, 76 *Abschlusserklärung*.

instanz innerhalb der zweiwöchigen Wartefrist eine Abschlusserklärung abgeben oder unaufgefordert dem Gläubiger mitteilen, dass er nicht bereit ist aufzugeben.

1600 Nach der Rechtsprechung des Bundesgerichtshofes **muss die Abschlusserklärung dem Inhalt der einstweiligen Unterlassungsverfügung entsprechen.** Sie dürfe „allenfalls" auf einzelne in der Entscheidung selbständig tenorierte Streitgegenstände beschränkt werden, damit sie die angestrebte Gleichstellung des vorläufigen mit dem Hauptsachetitel erreichen kann und das Rechtsschutzbedürfnis für eine Unterlassungsklage entfallen lässt.[277] Danach kann die Abschlusserklärung also stets nur auf einen selbständigen Streitgegenstand beschränkt werden; weitergehende Beschränkungen sind unzulässig (zum Streitgegenstand Rn 1621 ff).

Das kann Probleme bei der Abgabe einer Abschlusserklärung verursachen, wenn die vom Gläubiger erstrittene Einstweilige **Unterlassungsverfügung in unzulässiger Weise unbestimmt** ist (dazu Rn 1611 ff). Dann besteht eigentlich ein berechtigtes Interesse des Schuldners, die Abschlusserklärung so zu fassen, dass sie nur eine zulässige Unterlassungsverfügung anerkennt. **Der Bundesgerichtshof hat solche Beschränkungen der Abschlusserklärung** jedoch **abgelehnt.**[278] Der Schuldner müsse eine Einstweilige Verfügung so akzeptieren, wie sie erlassen worden sei. Demgegenüber ließ das OLG Köln klarstellende Hinweise insoweit zu, als sie sich nur auf die Reichweite des Verbotes beziehen; insoweit bezieht sich der Hinweis nicht auf den Bestand und die Wirkung des titulierten Anspruchs, sondern nur auf dessen Vollstreckungsmöglichkeit.[279]

Alternativ bleibt dem Schuldner die Abgabe einer ausreichenden Unterlassungserklärung, für die die vorgenannte Rechtsprechung des Bundesgerichtshofes nicht gilt. Die Unterlassungserklärung kann insbesondere in einer hinreichend bestimmten Form abgeben werden, ohne dass ihre erledigende Wirkung verloren geht. Die Abgabe einer Unterlassungserklärung hat jedoch aus Schuldnersicht einige Nachteile (dazu Rn 1675).

1601 Eine nur mündlich abgegebene Abschlusserklärung ist nicht ausreichend.[280]

1602 Ein **Fax** des Verletzers wahrt zwar die ihm gesetzte Frist; der Gläubiger hat aber Anspruch auf Nachsendung eines unterschriebenen Originals (Rn 919).[281]

1603 Der Gläubiger muss aber dem Schuldner bei mangelhafter Abschlusserklärung Gelegenheit zur Nachbesserung geben.[282]

1604 Eine wirksame Abschlusserklärung beseitigt das Rechtsschutzinteresse an der Hauptsacheklage.[283] Das Rechtsschutzbedürfnis fehlt dann für alle Streitgegenstände, auf die sich die Abschlusserklärung bezieht.[284]

---

277 BGH GRUR 2005, 692, 694 „statt"-Preis.
278 BGH GRUR 2005, 692, 694 „statt"-Preis.
279 OLG Köln WRP 1998, 791, 794 Regional beschränkte Abschlusserklärung.
280 KG GRUR 1991, 258 Mündliche Abschlusserklärung.
281 KG KG-Rspr 1994, 116.
282 OLG Stuttgart WRP 1996, 152, 153.
283 BGH GRUR 2010, 855 Tz. 16 Folienrollos; BGH GRUR 2010, 454 Tz. 12 Klassenlotterie; BGH GRUR 2009, 1096 Tz. 14 Mescher weis; BGH GRUR 2005, 692, 694 „statt"-Preis.
284 BGH GRUR 2010, 855 Tz. 15 ff Folienrollos.

Beispiel: Eine Abschlusserklärung erfasst unterschiedliche, in einem ersten Werbeschreiben enthaltene unlautere Äußerungen. In einem zweiten Werbeschreiben sind die von dem Abschlussschreiben erfassten Äußerungen enthalten, jedoch auch zusätzliche andere Äußerungen. Der Gläubiger klagt wegen des zweiten Werbeschreibens auf Unterlassung. Für ein Rechtsschutzbedürfnis der zweiten Klage kommt es auf den Streitgegenstand an:

- Klagt der Gläubiger nur auf Unterlassung der zusätzlichen anderen Äußerungen im zweiten Werbeschreiben, erfasst die Abschlusserklärung den Streitgegenstand der Klage nicht. Ein Rechtsschutzbedürfnis ist gegeben.
- Klagt der Gläubiger jedoch nicht isoliert auf Unterlassung der zusätzlichen anderen Äußerungen, sondern pauschal auf Unterlassung aller Äußerungen im zweiten Werbeschreiben, fehlt es an einem Rechtsschutzbedürfnis für die Klage. Denn das Verbotsbegehren ist vom Streitgegenstand der Abschlusserklärung erfasst.[285]

Zum Begriff des Streitgegenstandes Rn 1621 ff.

Eine gegenüber einem **Drittgläubiger** abgegebene Abschlusserklärung wirkt im Regelfall auch allen anderen Gläubigern gegenüber,[286] ebenso wie die Drittunterwerfung (Rn 925 ff). **1605**

Kosten des (anwaltlichen) Abschlussschreibens sind erstattungsfähig, wenn **1606**

- die Wartefrist eingehalten wurde (Rn 1597) und
- die Versendung des Abschlussschreibens erforderlich war.[287] Seine Erforderlichkeit entfällt noch nicht durch eine Zurückweisung der Abmahnung vor Beginn des Verfügungsverfahrens.[288] Jedoch ist ein Abmahnschreiben entbehrlich, wenn sich der Antragsgegner eindeutig geäußert hat, dass er die Sache im Hauptsacheverfahren ausstreiten möchte. Das Gleiche gilt in umgekehrter Richtung: Hat der Schuldner eine ausreichende Unterlassungserklärung abgegeben, ist ein Abschlussschreiben nicht erforderlich.[289]

Anspruchsgrundlage für die Kostenerstattung ist nicht § 12 Abs. 1 S. 2 UWG analog, sondern § 280 Abs. 1 BGB.[290]

Die Kosten berechnen sich nach Nr. 2300 RVG VV je nach Umfang, Schwierigkeit und dem Wert der Hauptklage. Anerkannt wurden eine Geschäftsgebühr von 0,8, weil ein Abschlussschreiben kein einfaches Schreiben i.S.v. Nr. 2402 VV a.F. (jetzt Nr. 2302) sei,[291] oft wird aber sogar eine Geschäftsgebühr von 1,3 zugesprochen,[292] mehr allenfalls bei ungewöhnlich schwierigen Sachen.[293] Im Einzelfall kann auch lediglich eine

---

285 BGH GRUR 2010, 855 Tz. 17 ff *Folienrollos.*
286 OLG Zweibrücken NJWE-WettbR 1999, 66, 67; OLG Frankfurt WRP 1997, 44, 46 mwN.
287 BGH GRUR 2010, 855 Tz. 26 *Folienrollos* mwN.
288 BGH GRUR-RR 2008, 368 Tz. 12 *Gebühren für Abschlussschreiben.*
289 Büscher in Fezer § 12 UWG Rn 183; Teplitzky, Wettbewerbsrechtliche Ansprüche und Verfahren, Kap. 43 Rn 33.
290 BGH GRUR 2010, 1038 Tz. 19 *Kosten für Abschlussschreiben.*
291 OLG Düsseldorf v. 30.10.2007, Az. 20 U 52/07, zit. nach juris Rn 25; Günther WRP 2010, 1440, 1442; OLG Hamburg ZUM-RD 2009, 382, 386 *Yacht II*; siehe auch OLG Hamburg GRUR-RR 2010, 87 (L): dort waren jedoch keine höheren Gebühren – zB 1,3 – eingeklagt; genauso in BGH GRUR-RR 2008, 368, 369 *Gebühren für Abschlussschreiben.*
292 OLG Hamm WRP 2008, 135 *Mühewaltung bei Abschlussschreiben* mit durchschnittlicher Geschäftsgebühr von 1,3; KG (10. Senat für Pressesachen) v. 3.4.2008, Az. 10 U 245/07; genauso LG Bochum (sofern Klageauftrag fehlt), LG Düsseldorf, AG Hamburg, jeweils zit. nach Günther WRP 2010, 1440, 1441 f.
293 Str.; Günther WRP 2010, 1440, 1442, geht davon aus, dass eine Geschäftsgebühr von mehr als 1,3 „nicht in Betracht" komme.

Gebühr für ein Schreiben einfacher Art nach Nr. 2302 VV RVG anfallen, dh eine Gebühr von 0,3.[294]

Dass auch Verbände, zu deren satzungsmäßigen Aufgaben die Überwachung des Wettbewerbs gehört, sich für das Abschlussschreiben stets anwaltlicher Hilfe bedienen dürfen, kann nicht angenommen werden;[295] das Abschlussschreiben ist nichts weiter als eine wiederholte Abmahnung,[296] die der Gesetzgeber grundsätzlich von nach § 8 Abs. 3 Nr. 2 bis 4 UWG Anspruchsberechtigten auch ohne anwaltliche Hilfe erwartet.[297]

VI. Klage und negative Feststellungsklage

Rechtsgrundlagen: §§ 253 ff. ZPO

1607 Auch wenn die Durchsetzung von **Unterlassungsansprüchen** im Einstweiligen Verfügungsverfahren im Wettbewerbs- und Markenrecht wahrscheinlich an erster Stelle steht, ist es selbstverständlich legitim, allein im Wege der Hauptsacheklage vorzugehen. Bei vorheriger Durchführung eines Einstweiligen Verfügungsverfahrens muss der Gläubiger allerdings vorher ein **Abschlussschreiben** versenden (Rn 1594). Teilweise wird auch der im Verfügungsverfahren unterlegene Antragsgegner dem Antragsteller **Frist zur Erhebung der Hauptklage** nach § 926 ZPO setzen lassen, wenn er sich davon etwas verspricht (andere Beweislage, günstigere BGH-Rechtsprechung).

Von vornherein nicht für das Verfügungsverfahren eignen sich Ansprüche, die ein Rechtsverhältnis nicht nur vorläufig, sondern endgültig regeln. Zu nennen sind hier insbesondere alle **Zahlungsansprüche**, die meisten **Beseitigungsansprüche** sowie teilweise **Auskunftsansprüche** (im Einzelnen Rn 1561 ff).

1608 Auch eine **negative Feststellungsklage** des Verletzers, der sich zu Unrecht angegriffen fühlt, kann nur im Klagewege geltend gemacht werden (vgl Rn 1565 zur „negativen Feststellungsverfügung"). Das **Feststellungsinteresse** (§ 256 Abs. 1 ZPO) besteht grundsätzlich nur, wenn dem subjektiven Recht des Klägers eine gegenwärtige Gefahr der Unsicherheit dadurch droht, dass der Beklagte ein Recht ernstlich bestreitet oder er sich eines Rechts gegen den Kläger berühmt.[298] Damit kann negative Feststellungsklage erhoben werden, um eine etwaige Schadensersatzpflicht des zu Unrecht Abmahnenden dem Grunde nach zu klären, außerdem wenn die Klärung der angeblichen Unterlassungsansprüche dazu dient, Rechtssicherheit zB für erneute, gleichartige Sachverhalte in der Gegenwart und in der Zukunft zu erlangen.[299] Das negative Feststellungsinteresse entfällt nachträglich, wenn der Anspruchsteller ebenfalls (ggf durch Widerklage) klagt und seine Klage nicht mehr einseitig zurückgenommen werden kann.[300] Eine

---

294 BGH GRUR 2010, 1038 Tz. 30 f *Kosten für Abschlussschreiben.*
295 Str.; wie hier Büscher in Fezer § 12 UWG Rn 184; Ullmann/juris-PK-UWG/Hess § 12 Rn 142; Teplitzky, Wettbewerbsrechtliche Ansprüche und Verfahren, Kap. 43 Rn 33; aA LG Köln GRUR 1987, 655.
296 Ähnlich schon LG Hamburg WRP 1982, 434, 435 f.
297 Begr. RegE UWG-Novelle 2004, BT DS 15/1487, S. 25; vgl davor schon BGH WRP 1984, 405, 406 *Anwaltsabmahnung;* BGH GRUR 2008, 928 Tz. 15 *Abmahnkostenersatz.*
298 Zöller/Greger § 256 ZPO Rn 7.
299 BGH GRUR 1985, 571, 572 „Feststellungsinteresse".
300 BGHZ 99, 340, 342 Parallelverfahren.

Abmahnung vor Klageerhebung ist **nur in Ausnahmefällen** erforderlich.[301] Umstände, unter denen ausnahmsweise eine Gegenabmahnung als erforderlich angesehen wurde, sind:

- offensichtlich unzutreffende Ausgangsannahmen in der ursprünglichen Abmahnung, bei deren Richtigstellung mit einer Revision der Auffassung des angeblich Verletzten (=zu Unrecht Abmahnenden) gerechnet werden kann;[302]
- eine längere Zeitspanne seit der Abmahnung, in der entgegen der Androhung keine gerichtlichen Schritte erfolgt sind;[303]
- Zurückweisung eines auf Erlass einer einstweiligen Verfügung gerichteten Antrags durch das Gericht und fehlende Weiterverfolgung des behaupteten Unterlassungsanspruchs durch den Abmahnenden.[304]

Stellt der Beklagte den Kläger zwischen Klageeinreichung (Anhängigkeit) und Klagezustellung (Rechtshängigkeit) klaglos, etwa durch verspätete Übersendung der Abschlusserklärung, so kann zwar Hauptsacheerledigung nicht eintreten, jedoch hat das Gericht seit dem 01.01.2002 gemäß § 269 Abs. 3 S. 3 ZPO nach billigem Ermessen über die Kostentragungspflicht zu entscheiden. Zudem kann die Klage, wenn eine Billigkeitsentscheidung nach § 269 Abs. 3 S. 3 ZPO, etwa bei unklarer Sachlage, nicht vorteilhaft erscheint, auf Feststellung der Kostentragungspflicht des Beklagten umgestellt werden.[305] **1609**

VII. Antragsfassung

Rechtsgrundlagen: § 253 ZPO

Im Beispielsfall Rn 1525 wären die **Anträge** in einem Klageverfahren etwa wie folgt zu formulieren; im Einstweiligen Verfügungsverfahren könnten grundsätzlich nur die Unterlassungsanträge geltend gemacht werden (Rn 1561 ff.): **1610**

Beispiel: Es wird beantragt,

1. die Beklagte zu verurteilen, es bei Meidung eines für jeden Fall der Zuwiderhandlung vom Gericht festzusetzenden Ordnungsgeldes bis zu 250.000, – Euro, ersatzweise Ordnungshaft, oder Ordnungshaft bis zu zwei Jahren, letztere zu vollziehen an ihrem Geschäftsführer, zu unterlassen, einen Computer zu bewerben, wenn dieser in den Ladengeschäften der Beklagten nicht vorrätig ist;[306] (dazu Rn 1611 ff)

2. der Klägerin

a) Auskunft darüber zu erteilen, in welchen Tageszeitungen in welchen Ausgaben mit welchen verbreiteten Auflagen die in Ziff. 1 beschriebene Werbung geschaltet wurde und in welchen Bezirken Berlins wie viele Plakate mit der in Ziff. 1 beschriebenen Werbung angebracht wurden,

---

301 BGH GRUR 2006, 168, 169 *Unberechtigte Abmahnung*; BGH GRUR 2004, 790, 792 *Gegenabmahnung*.
302 BGH GRUR, 168, 169 *Unberechtigte Abmahnung*; BGH GRUR 2004, 790, 792 *Gegenabmahnung*; Teplitzky, Wettbewerbsrechtliche Ansprüche und Verfahren, Kap. 41 Rn 74 mwN.
303 BGH GRUR 2004, 790, 792 *Gegenabmahnung*; siehe auch OLG Stuttgart NJWE-WettbR 2000, 100, 101, wo 5 Monate zwischen Abmahnung und Klageerhebung als zu kurz angesehen wurde, um einen solchen Fall anzunehmen.
304 OLG Oldenburg WRP 2004, 652, 653.
305 KG GRUR 1991, 78, 79 im Anschluss an BGHZ 83, 12, 16; von der neben § 269 Abs. 3 S. 3 ZPO bestehenden Möglichkeit der Kostenfeststellungsklage geht BGH NJW 2006, 775 Tz. 10 ohne Begründung aus.
306 Vgl aber zur Abstrahierung ohne Nennung der konkreten Ware Rn 1614; anstelle des Geschäftsführers kann der jeweilige gesetzliche Vertreter benannt werden oder eben „Geschäftsführer" durch „gesetzliche Vertreter" ersetzt werden.

b)   Rechnung darüber zu legen, welche Umsätze die Beklagte seit dem ... (Beginn der Aktion) erzielt hat, und zwar unter Angabe der Umsätze im gleichen Zeitraum des Vorjahres; (dazu Rn 1626)

3. festzustellen, dass die Beklagte verpflichtet ist, der Klägerin allen Schaden zu ersetzen, der ihr aus den in Ziff. 1 beschriebenen Handlungen entstanden ist und noch entstehen wird; (dazu Rn 1627)

4. die Beklagte zu verurteilen, an die Klägerin EUR 689,90 nebst 5% p.a. Zinsen über dem Basissatz seit Rechtshängigkeit zu zahlen. (dazu Rn 1628)

1. Unterlassungsantrag

Rechtsgrundlagen: § 8 Abs. 1 UWG, § 253 ZPO

1611   Der Gläubiger hat grundsätzlich Anspruch darauf, dass der Schuldner die konkrete Verletzung zukünftig unterlässt. Es gehört jedoch zu den schwierigen anwaltlichen Aufgaben im Wettbewerbs- oder Kennzeichenprozess, diese konkrete Verletzung in die Form eines zulässigen und begründeten Unterlassungsantrages zu bringen. Es ist nicht selten, dass die Antragsformulierung genauso viel Zeit beansprucht wie dessen Begründung.

a) Identische Verletzungshandlung

1612   Allerdings kann es sich der Gläubiger leicht machen und nur Unterlassung **der identischen Handlung verlangen,**[307] mithin „so, wie sie begangen worden ist".[308]

Beispiele: Der Kläger erstrebt das Verbot einer Werbeanzeige, und der Unterlassungsantrag enthält lediglich eine Kopie dieser Werbeanzeige.[309]

Ein Werbeschreiben des Mitbewerbers enthält verschiedene unlautere bezugnehmende Äußerungen über den Kläger. Beantragt der Kläger lediglich, das Werbeschreiben zu verbieten, isoliert aber die verschiedenen Äußerungen im Antrag nicht von einander, wird nur das Werbeschreiben in dieser Form verboten.[310]

Der **Vorteil** für den Gläubiger liegt darin, dass solche auf die identische Verletzungsform gerichteten Unterlassungsanträge im Regelfall keinen Bedenken im Hinblick auf Begründetheit (dazu nachfolgend Rn 1613 ff) oder Zulässigkeit (dazu nachfolgend Rn 1620) begegnen. Der **Nachteil** besteht allerdings darin, dass der Verbotsbereich klein ist und insbesondere bloß gleichartige Verletzungen nicht erfasst. Das Verbot kann also vom Schuldner leicht umgangen werden. Anträge, die lediglich die konkrete Verletzungsform zu ihrem Gegenstand machen, sind grundsätzlich auch nicht durch Auslegung erweiterbar.[311]

b) Verallgemeinerung: Grenzen der Begründetheit („Kerntheorie")

1613   Jedoch wird eine **gewisse Verallgemeinerung** des Unterlassungsantrages zugelassen, solange der Verbotsrahmen klar umrissen bleibt, weil gleichartige Handlungen sonst nicht

---

307   BGH GRUR 2010, 454 Tz. 12 *Klassenlotterie*; BGH GRUR 2009, 1075 Tz. 10 *Betriebsbeobachtung*; BGH GRUR 2002, 75, 76 „SOOOO ... BILLIG!"?; BGH GRUR 2001, 453, 454 *TCM-Centrum*.

308   BGH GRUR 2009, 1075 Tz. 10 *Betriebsbeobachtung*.

309   BGH GRUR 2009, 1075 Tz. 10 *Betriebsbeobachtung*.

310   BGH GRUR 2010, 865 Tz. 22 *Folienrollos*.

311   BGH GRUR 2010, 454 Tz. 12 *Klassenlotterie*; BGH GRUR 2010, 865 Tz. 22 *Folienrollos*. Das widerspricht der Praxis bei einigen deutschen Instanzgerichten, nur Anträge zu akzeptieren, die die identische Verletzungsform abschließend in Bezug nehmen (zB „wie nachfolgend widergegeben"), dann jedoch solche Anträge nach der Kerntheorie über die identische Verletzungsform hinaus auszulegen.

erfasst würden. Der Antrag muss so gefasst werden, dass er den Kern der Verletzungshandlung umschließt (sog. **Kerntheorie**), also ein Verhalten untersagt, das in seinem Wesen dem gleicht, was sich bereits zugetragen hat. Verallgemeinerungen sind danach zulässig, sofern darin **das Charakteristische der Verletzungshandlung zum Ausdruck kommt**.[312] Leider unternimmt die Rechtsprechung bislang selten Versuch, allgemein zu definieren, was dieses Charakteristische ausmacht. Jedenfalls wird das Charakteristische der Verletzungshandlung maßgeblich von der rechtlichen Bewertung als verletzend geprägt. Kerngleich ist danach das, was als gleichwertiger Sachverhalt anzusehen ist, weil es keine neue rechtliche Bewertung erfordert. Mit anderen Worten: **Kerngleich ist das, was als Sachverhalt schon implizit Gegenstand der Prüfung bei Entscheidung über den Antrag war**.[313]

Das bedeutet konsequenterweise, dass sich die für den Unterlassungsanspruch erforderliche Wiederholungsgefahr über die konkrete Verletzungshandlung hinaus auch auf kerngleiche Verletzungsformen erstreckt.[314] Der Unterlassungsanspruch geht also so weit, wie eine Wiederholungsgefahr für kerngleiche Verletzungen besteht.

Beispiel: In der Formulierung von Klageantrag 1. (Rn 1610) erfolgt eine Verallgemeinerung dadurch, dass nicht auf die konkrete Werbung für den Personalcomputer XY in der Zeitung oder auf Plakatwänden abgestellt wird, sondern allgemein jede Werbung für den Personalcomputer XY untersagt werden soll, solange er nicht vorrätig ist. Weiter erfolgt eine Verallgemeinerung noch dahingehend, dass generell auf Computer und nicht auf den Personalcomputer XY abgestellt wird (siehe dazu auch Rn 1614); ansonsten wäre das Verbot wertlos, sobald der Personalcomputer XY nicht mehr vom Schuldner vertrieben wird. Bei wertender Betrachtung besteht im Umfang der Verallgemeinerungen auch eine Wiederholungsgefahr: Wer in Zeitungen oder auf Plakatwänden wirbt, wird im Zweifel genauso in Flyern oder im Internet werben; wer für den nicht vorrätigen Personalcomputer XY Anzeigen schaltet, wird im Zweifel genauso für andere Computer werben. Da keine andere rechtliche Bewertung erforderlich ist, sind die Verallgemeinerungen auch kerngleich.

Im Beispielsfall (Rn 1610) bestehen aber beispielsweise folgende Grenzen für die Formulierung eines begründeten Antrages: Ein generelles Verbot, Artikel zu bewerben, die am Tag des Erscheinens der Werbung nicht vorrätig sind, ginge schon deshalb zu weit, weil es Handlungen einbezieht, die nicht wettbewerbswidrig sind (vgl Rn 1614 „adidas"-Fall).[315] Die konkrete abschließende Nennung des unlauter beworbenen Produktes kann dann erforderlich sein, wenn die Wiederholung wettbewerbswidriger Werbung nicht allgemein, sondern nur im Hinblick auf das spezielle Produkt droht, zB bei Dispositionsfehlern nur im Hinblick auf ein einzelnes Produkt; die Darlegungs- und Beweislast liegt hier freilich beim Verletzer.[316]

Weitere Beispiele für Verallgemeinerungen (Abstrahierungen), die aus Gründen des Gläubigerschutzes akzeptiert wurden: 1614

- Ein Anbieter von Handy-Klingeltönen warb in der Jugendzeitschrift „BRAVO GIRL" und gab dort lediglich die nicht unerheblichen Minutenpreise an, nicht jedoch die voraussichtlich entstehenden höheren Kosten; das war unlauter nach § 4

---

312 BGH GRUR 2010, 454 Tz. 12 *Klassenlotterie*; ferner BGH GRUR 1987, 371, 373 *Kabinettwein*; BGH GRUR 1999, 509, 511 *Vorratslücken*; BGH WRP 2001, 1182, 1183 *Jubiläums-Schnäppchen*.
313 Sehr schön deutlich OLG Köln MD 2005, 670, 673; OLG Düsseldorf WRP 2000, 1420; OLG Frankfurt WRP 1996, 570, 571; alle zurückgehend auf Teplitzky, Wettbewerbsrechtliche Ansprüche und Verfahren, Kap. 57 Rn 12 mwN..
314 BGH GRUR 2004, 437 *Fortfall einer Herstellerpreisempfehlung*; BGH GRUR 2003, 899 *Olympiasiegerin*; Ullmann/juris-PK-UWG/Heß § 12 UWG Rn 59.
315 BGH GRUR 2002, 187, 188 *Lieferstörung*.
316 Vgl BGH GRUR 1987, 52 *Tomatenmark*.

Nr. 2 UWG. Der Bundesgerichtshof erlaubte dem Gläubiger, den Antrag generell auf „Jugendzeitschriften" zu verallgemeinern, weil für die Unlauterkeit das Erscheinen der Werbung in der „BRAVO GIRL" nicht charakteristisch war.[317]

- Ein Händler warb unter dem Motto „adidas-Woche in B." für preisgünstige adidas-Sportschuhe, -Sporthosen und -Sportdresses, hatte die Ware aber am Erscheinungstag der Anzeige nicht vorrätig. Der Kläger konnte angesichts der Beschränkung der Werbeaktion auf die (bekannte, zugkräftige) Marke „adidas" nicht die Unterlassung der Werbung für nicht vorrätige „Sportartikel einschließlich Sportbekleidung" schlechthin beanspruchen, sondern musste seinen Antrag auf „adidas-Sportartikel" konkretisieren, was immerhin schon eine gewisse Verallgemeinerung gegenüber der konkreten Verletzungshandlung bedeutete, die nur ganz bestimmte adidas-Artikel umfasst hatte.[318]

- Ein Reiseveranstalter kündigte in seinem Reisekatalog für einen Bauernhof in Österreich „Warmwasser" an, das es dort aber nur auf dem Flur, nicht in den Zimmern gab. Die Verallgemeinerung des Klageantrages dahin, dass dem Beklagten untersagt würde, in Reisekatalogen Zimmer mit Warmwasser anzubieten, wenn dieses nicht im Zimmer selbst zur Verfügung stehe, war zulässig; eine Beschränkung auf den Bauernhof hätte die Gefahr gleichartiger Wiederholungen bei anderen Reisezielen nicht ausgeschlossen.[319]

- Ein Elektrohändler warb unlauter für einen Radiorecorder, eine Waschmaschine und einen Kühlautomaten, indem er unzulässige unverbindliche Preisempfehlungen seinen aktuellen Preisen gegenüber stellte. Ihm konnte deshalb abstrahierend verboten werden, in dieser Form für Unterhaltungselektronik und für Haushaltsgeräte zu werben. Das Verbot konnte aber nicht auf Markenartikel allgemein erweitert werden.[320]

- Das Verbot unerbetener E-Mail-Werbung muss sich nicht auf die konkret angemailten Adressen beziehen, sondern kann ein allgemeines Verbot, unerbetene Werbe-E-Mails zu versenden, enthalten,[321] weil die einzelne Adresse nicht charakteristisch für die verbotene Handlung war.

- Bei der Blickfangwerbung (Rn 162 ff), die dadurch charakterisiert ist, dass die irreführende Schlagzeile durch den übrigen Text der Werbung korrigiert wird, kann nur verboten werden, „mit der Formulierung XY zu werben, wenn nicht in gleich großer Schrift und im unmittelbaren optischen Zusammenhang damit klargestellt wird, dass ...".

- Die Werbung mit einer irreführenden Leistungsangabe bei einem Mikrowellen-Gerät rechtfertigt einen Unterlassungsantrag, der auf „Haushaltsgeräte" verallgemeinert ist.[322]

- Eine KFZ-Reparaturwerkstatt verstößt gegen § 4 Nr. 1 UWG, wenn sie ein Teil der Selbstbeteiligung bei Unfallschäden gegen Gutschein erstattet, weil dann der Ver-

317 BGH GRUR 2006, 776 Tz. 28 *Werbung für Klingeltöne.*
318 BGH GRUR 1984, 593, 594 *adidas-Sportartikel;* vgl auch BGH GRUR 1985, 980, 981 *Tennisschuhe.*
319 OLG Köln WRP 1981, 415.
320 BGH GRUR 2003, 446, 447 *Preisempfehlung für Sondermodelle.*
321 BGH GRUR 2004, 517, 520 *E-Mail-Werbung.*
322 OLG Stuttgart GRUR-RR 2005, 93, 93 *Haushaltsgeräte.*

sicherte dazu verleitet wird, den erstatteten Betrag nicht an den Versicherer weiter zu geben. In solchen Fällen besteht die Wiederholungsgefahr auch für andere Formen der Vorteilgewährung als durch Gutschein.[323]

Räumlich richtet sich ein Verbot grundsätzlich auf die gesamte Bundesrepublik, auch wenn der Verletzer als Mitbewerber oder als Verband nur regional begrenzt Klageberechtigung hat.[324]   1615

Ein **„insbesondere"**-Zusatz wird regelmäßig eine relevante Konkretisierung nicht mit sich bringen, weil damit nur eine beispielhafte und keine abschließende Aufzählung verbunden ist.[325] Jedoch kann eine Verurteilung mit dem ausschließlichen Gegenstand des „insbesondere"-Zusatzes erfolgen, wenn er für sich genommen begründet ist.[326] Allerdings muss der Antragsteller dann auch regelmäßig mit einer Kostenquote rechnen, weil sein Antrag im Übrigen abgewiesen werden muss.   1616

Eine **zu allgemeine (abstrakte) Fassung des begehrten Verbots**, die über die Wiederholungsgefahr hinausgeht, führt deshalb   1617

- zur **vollständigen Klageabweisung als unbegründet**, wenn die konkret beanstandete Werbemaßnahme nicht zweifelsfrei ohne Schwierigkeiten als Minus von dem zu weit gefassten Klageantrag abgespalten werden kann,[327]
- oder jedenfalls zur **teilweisen Zurückweisung** des Klageantrags als unbegründet, wenn dem Klagebegehren zu entnehmen ist, dass jedenfalls diese konkret beanstandete Werbemaßnahme untersagt werden soll,[328] und zwar im Hauptsacheklageverfahren auch noch in der Revisionsinstanz.[329]

Im **Markenrecht** ist im Rahmen der Antragsfassung zu beachten, dass grundsätzlich die **konkrete Verletzungsform**, also die angegriffene Bezeichnung so, wie sie vom Antragsgegner oder Beklagten tatsächlich verwendet wird, bezeichnet werden muss.[330] Unbegründet wäre deshalb beispielsweise ein Antrag, der zu einem Schlechthinverbot der Benutzung einer bestimmten Bezeichnung führen würde wie folgt:[331]   1618

- Es wird beantragt,
  die Beklagte unter Androhung von Ordnungsmitteln zu verurteilen, es zu unterlassen, in ihrer Firma den Bestandteil GARONOR zu führen und zu benutzen.

---

323 BGH GRUR 2008, 530 Tz. 23 *Nachlass bei Selbstbeteiligung.*
324 BGH GRUR 2000, 907, 909 *Filialleiterfehler*; BGH GRUR 1999, 509, 510 *Vorratslücken.*
325 BGH GRUR 1997, 476 *Geburtstagswerbung II*; BGH WRP 1999, 509 *Kaufpreis je nur 1 DM*; vgl auch Kurtze, FS Nirk, S. 571 und BGH GRUR 2002, 86, 88 *Laubhefter.*
326 BGH GRUR 2008, 702 Tz. 26 *Internetversteigerung II*; BGH GRUR 2003, 886, 887 *Erbenermittler*; Ullmann/juris-PK-UWG/Hess § 12 Rn 60.
327 BGH GRUR 2000, 239 *Last-Minute-Reise*; BGH GRUR 1999, 509, 511 f *Vorratslücken*; instruktiv Ullmann/juris-PK-UWG/Hess § 12 UWG Rn 60
328 BGH GRUR 2004, 247, 248 *Krankenkassenzulassung*; BGHZ 126, 287, 296 *Rotes Kreuz*; BGH GRUR 1997, 308, 311 *Wärme fürs Leben*; BGH GRUR 1999, 760 f *Auslaufmodelle II.*
329 BGH GRUR 1992, 561, 562 *Unbestimmter Unterlassungsantrag II*; BGHZ 126, 287, 295 f *Rotes Kreuz.*
330 Vgl BGH WRP 1997, 1081, 1083 *GARONOR.*
331 Beispiele gebildet nach BGH WRP 1997, 1081 *GARONOR.*

Der BGH verlangt demgegenüber eine konkrete Bezeichnung der tatsächlichen verwendeten Verletzungsform wie folgt:

- Es wird beantragt,

    die Beklagte unter Androhung von Ordnungsmitteln zu verurteilen, es zu unterlassen, die Firma „GARONOR Deutschland GmbH" zu führen und zu benutzen.

Der BGH begründet dies damit, dass ein Schlechthinverbot, wie es die erstgenannte Antragsfassung beinhalten würde, grundsätzlich deshalb nicht begründet sei, weil nicht ausgeschlossen werden könne, dass eine zulässige Verwendung der angegriffenen Bezeichnung bei Mitverwendung eines weiteren kennzeichnungskräftigen Bestandteiles in einer Form, die die Prägung der Gesamtbezeichnung durch den angegriffenen Bestandteil ausschließe, möglich ist.[332]

1619 Im Markenrecht ist außerdem als Teil der konkreten Verletzungsform stets die Ware oder Dienstleistung (§ 14 MarkenG) bzw die Branche (§ 15 i.V.m. § 5 Abs. 2 MarkenG) oder die Werkart (§ 15 i.V.m. § 5 Abs. 3 MarkenG) aufzuführen, für die die Verletzung erfolgte, also

... die Firma „GARONOR Deutschland GmbH" für Bausachverständigendienstleistungen zu führen und zu benutzen.

c) Verallgemeinerung: Grenzen der Unzulässigkeit (Bestimmtheit)

1620 Wie gesehen, kann ein Antrag, der über die drohende Wiederholungsgefahr hinaus zu sehr verallgemeinert, ein gerichtliches Vorgehen unbegründet machen. Daneben kann eine zu große Verallgemeinerung aber auch zu einer **Unzulässigkeit** der Klage oder des Verfügungsantrages wegen mangelnder Bestimmtheit führen, **§ 253 Abs. 2 ZPO.** Unterlassungsantrag und Verfügungsverbot dürfen nicht so weit gefasst sein, dass ihnen Handlungen unterfallen, deren rechtliche Erlaubtheit im Rechtsstreit nicht geprüft worden ist. **Gegenüber zu abstrakten Anträgen könnte sich einerseits der Beklagte nicht erschöpfend verteidigen; andererseits wäre die Entscheidung darüber, was dem Beklagten denn nun konkret verboten sein soll, letztlich vom Vollstreckungsgericht zu treffen.**[333] Dabei erfolgt eine Gratwanderung zwischen dem Interesse des Schuldners, genau zu wissen, was ihm verboten ist (Rn 1611 ff) und dem Interesse des Gläubigers, einen effektiven Titel zu haben, der nicht durch jede kleine Änderung in der Verletzungsform umgangen werden kann. Es lässt sich nicht stets vermeiden, dass im Vollstreckungsverfahren in gewissem Umfang auch Wertungen vorgenommen werden müssen.[334]

- Deshalb kann bei **unzulässiger getarnter redaktioneller Werbung** beispielsweise ein Verbot von Handlungen, „die inhaltlich Werbung sind", oder von Zeitungsberich-

332 Vgl BGH WRP 1997, 1081, 1083 GARONOR mwN, sowie zur „Prägetheorie" des BGH Rn 1227 ff.
333 BGH GRUR 2007, 607 Tz. 16 *Telefonwerbung für Individualverträge*; BGH GRUR 2003, 886, 887 *Erbenermittler*; BGH WRP 1997, 735, 737 *Brillenpreise II*; BGH GRUR 1998, 489, 491 *Unbestimmter Unterlassungsantrag III.*
334 BGH GRUR 2002, 1088, 1089 *Zugabenbündel.*

ten, die sich in der „überwiegend pauschalen Anpreisung des Firmenangebots" erschöpfen,[335] nicht verlangt werden.

- Das Gleiche gilt bei der vermeidbaren Herkunftstäuschung oder **Kennzeichenverletzung** für ein Verbot von Gestaltungen, die „zu Verwechslungen geeignet" sind.[336]

- Auch die Verwendung von Begriffen wie *„unmissverständlich"*, *„unüberhörbar"*, *„eindeutig"*[337], „regulärer Preis"[338], „unübersehbar"[339] oder „systematisches" Ausspähen[340] im Klageantrag macht diesen im Regelfall unbestimmt und damit unzulässig (vgl aber Rn 1614). Das gilt auch für „deutlich sichtbar".[341] Teilweise meinte der Bundesgerichtshof an anderer Stelle, dass „unübersehbar" oder „inhaltlich eindeutig" nicht zu beanstanden seien, weil sie ohne rechtliche Bedeutung seien.[342] Man fragt sich nur, warum die Hinweise überhaupt erfolgen mussten, wenn sie doch eigentlich irrelevant gewesen sein sollen.

- Anträge, die Angaben „der nachfolgend eingeblendeten Art"[343] oder **„ähnlich wie"** verbieten wollen, sind nicht hinreichend bestimmt und damit unzulässig[344] (vgl aber Rn 1614).

- Lediglich **gesetzeswiederholende Unterlassungsanträge** sind grundsätzlich zu unbestimmt.[345] Auch die Bezugnahme auf Anlagen zu Gesetzen reicht nicht, wenn die Zuordnung der dort genannten Produkte zum Verbot nicht eindeutig ist.[346] Abweichendes kann dann gelten, wenn entweder bereits der gesetzliche Verbotstatbestand selbst entsprechend eindeutig und konkret gefasst oder der Anwendungsbereich einer Rechtsnorm durch eine gefestigte Auslegung geklärt ist.[347] Außerdem kann ein gesetzliches Tatbestandsmerkmal in den Antrag aufgenommen werden, wenn der Kläger hinreichend deutlich macht, dass er nicht ein Verbot im Umfang des Gesetzeswortlauts beansprucht, sondern sich mit seinem Unterlassungsbegehren an der konkreten Verletzungshandlung orientiert. Die Bejahung der Bestimmtheit setzt in solchen Fällen allerdings grundsätzlich voraus, dass zwischen den Parteien kein Streit besteht, dass das beanstandete Verhalten das fragliche Tatbestandsmerkmal erfüllt.[348]

---

335 BGH GRUR 1993, 565, 566 *Faltenglätter* bzw BGH GRUR 1998, 489, 491 *Unbestimmter Unterlassungsantrag III.* Gegenfall: BGH GRUR 1996, 502, 507 *Energie-Kosten-Preisvergleich.*
336 BGH GRUR 2002, 86, 88 *Laubhefter*; BGH GRUR 1999, 235 *Wheels-Magazin.*
337 BGH GRUR 2003, 886, 887 *Erbenermittler.*
338 BGH GRUR 2004, 344 *Treue-Punkte.*
339 BGH GRUR 2005, 692, 693 *„statt"-Preis.*
340 BGH GRUR 2009, 1075 Tz. 11 *Betriebsbeobachtung.*
341 BGHZ 124, 230, 233 *Warnhinweis.*
342 BGH GRUR 2003, 253, 253 *Widerrufsbelehrung IV*; BGH GRUR 1999, 1017, 1018 *Kontrollnummernbeseitigung.*
343 BGH GRUR 2001, 453.
344 BGH GRUR 2002, 86, 88 *Laubhefter*; BGH GRUR 1991, 254, 256 *Unbestimmter Unterlassungsantrag I.*
345 BGH GRUR 2009, 977 Tz. 21 *Brillenversorgung*; BGH GRUR 2008, 84 Tz. 14 *Versandkosten*; BGH GRUR 2007, 607 Tz. 16 *Telefonwerbung für Individualverträge*; BGH GRUR 2000, 438, 440 *Gesetzeswiederholende Unterlassungsanträge*; OLG Hamm NJWE-WettbR 2000, 63; OLG Köln MMR 2002, 122, 124; Zum Ganzen: Teplitzky WRP 1999, 75; Borck WRP 2000, 824; Brandner/Bergmann WRP 2000, 842.
346 BGH GRUR 2004, 247, 248 *Krankenkassenzulassung.*
347 BGH GRUR 2007, 607 Tz. 16 *Telefonwerbung für Individualverträge*; BGH GRUR 2003, 886, 887 *Erbenermittler*; OLG München WRP 2008, 1471, 1472 *Affiliate-Werbung auf jugendgefährdenden Internetseiten.*
348 BGH GRUR 2007, 607 Tz. 16 *Telefonwerbung für Individualverträge*; BGH GRUR 2003, 886, 887 *Erbenermittler.*

■ Die Aufnahme des kennzeichenrechtlichen Tatbestandsmerkmals „im geschäftlichen Verkehr" kommt danach nur in Betracht, wenn über sein Vorliegen zwischen den Parteien kein Streit besteht; da die Abgrenzung auf zwischen privatem und geschäftlichem Handeln auf der Versteigerungsplattform eBay schwierig ist, muss ein Verbot insoweit konkreter gefasst sein.[349] Die Formulierung „wenn aufgrund von hinweisenden Merkmalen erkennbar ist, dass der Anbieter im geschäftlichen Verkehr handelt" wurde nur dann zugelassen, wenn zB eine konkrete Zahl an Feedbacks (26 bzw. 75) des Verkäufers Teil des Antrages war; abstrakte Begriffe wie „wiederholtes Auftreten", „häufige Feedbacks" oder „Fehlen eindeutig auf ein privates Geschäft hinweisender Angaben" waren demgegenüber zu unbestimmt.[350] Unzulässig ist auch die Formulierung zum Verbot unerbetener Werbeanrufe gegenüber Unternehmern gem. § 7 Abs. 2 Nr. 2 UWG: „zumindest Umstände vorliegen, auf Grund deren das Einverständnis mit einer solchen Kontaktaufnahme vermutet werden kann."[351]

■ Niemals zulässig sollte eine Verurteilung sein, „ähnliche" Gegenstände nicht beizugeben.[352] Es ging in diesem Fall um Zugaben eines Apothekers. Auch wenn es im konkreten Fall ein Interesse des Gläubigers gegeben haben sollte, einen effektiven Titel zu erlangen, ist eine solche Formulierung derart undeutlich, dass der Schuldner nicht weiß, was ihm genau verboten ist. Dies gilt umso mehr, als das Urteil selbst die Möglichkeit anführt, Oberbegriffe von Gegenständen nach Art. des Gegenstandes zu bilden („Notizblöcke", „ein Stück Seife", „Vitamin-Brausetabletten"). Ferner erscheint es möglich, den Antrag nach dem Wert der Zugabe zu konkretisieren.

■ Eine **auslegungsbedürftige Antragsformulierung** kann jedoch dann hinzunehmen sein, wenn dies **zur Gewährleistung des Rechtsschutzes** im Hinblick auf eine bestimmte geschäftliche Handlung **erforderlich** erscheint.[353] Ein Paradebeispiel sind Unterlassungsanträge gegen Internetauktionsplattformen (zB eBay), die zu **zumutbaren Filtermaßnahmen** verpflichtet werden. Um die zumutbaren Maßnahmen nicht konkret in den Antrag aufnehmen zu müssen (und bei zB bei technischem Fortschritt das Verbot nicht wertlos zu machen), hat der Bundesgerichtshof es als zulässig angesehen, die Plattform nur zu zumutbaren Filtermaßnahmen zu verpflichten: „Die von der Revisionserwiderung beklagte Verlagerung eines Teils des Streits in das Vollstreckungsverfahren ist daher nicht zu vermeiden, wenn nicht der auf einen durchsetzbaren Unterlassungstitel zielende Rechtsschutz geopfert werden soll."[354]

■ „Werbung wie"[355] oder „wie geschehen in"[356] sind stets zulässig, weil sie nur die darauf folgende konkrete Verletzungsform einbeziehen. Die Formulierung „wört-

---

349 BGH GRUR 2007, 708 Tz. 50 *Internetversteigerung II*.
350 BGH GRUR 2008, 702 Tz. 35 f *Internetversteigerung III*; siehe auch Büscher in Fezer § 12 UWG Rn 300.
351 BGH GRUR 2007, 607 Tz. 17 *Telefonwerbung für Individualverträge*.
352 AA BGH GRUR 2002, 1088, 1089 *Zugabenbündel*.
353 BGH GRUR 2007, 708 Tz. 50 *Internetversteigerung II*; BGH GRUR 2007, 607 Tz. 16 *Telefonwerbung für Individualverträge* ; BGH GRUR 2005, 604, 605 *Fördermittelberatung*; BGH GRUR 2005, 443, 445 *Ansprechen in der Öffentlichkeit II*; einschränkend Teplitzky, Wettbewerbsrechtliche Ansprüche und Verfahren, Kap. 51 Rn 8.
354 BGH GRUR 2007, 708 Tz. 48 *Internetversteigerung II*.
355 BGH GRUR 2002, 177, 178 *Jubiläumsschnäppchen*.
356 BGH GRUR 2004, 72, 72 *Coenzym Q 10*; OLG Jena GRUR-RR 2006, 247, 248 „*in der Ausgabe...*".

lich oder sinngemäß" ist ebenfalls zulässig;[357] damit wird lediglich zum Ausdruck gebracht, dass nicht nur die wörtliche Wiedergabe der betreffenden Angabe in den Kern des Verbotes fällt. Allgemeine, aber eindeutig umgrenzte Begriffe wie „Jugendzeitschrift"[358] sind ebenfalls hinreichend bestimmt.

c) Streitgegenstand

Die Antragsfassung hat maßgebliche Bedeutung für den **Streitgegenstand**.[359] Der Streit-gegenstand entscheidend darüber, ob eine neue Klage möglich ist (entgegenstehende Rechtshängigkeit gem. § 261 ZPO; Rechtskraftwirkung gem. § 322 ZPO) oder ob eine Klageänderung vorliegt (§ 263 ZPO). Ferner ist der Streitgegenstand auch dafür von Bedeutung, was das Gericht wegen der Bindung an die Parteianträge zusprechen darf (§ 308 ZPO). **1621**

Der Streitgegenstand bildet sich aus **Unterlassungsantrag** und dem zugrunde liegenden **Lebenssachverhalt** (teilweise auch „Klagegrund").[360] Die Zweigliedrigkeit des Streit-gegenstandes wird im Wettbewerbs- und Kennzeichenprozess allerdings in einer anderen Hinsicht enger gehandhabt als sonst üblich. Als Lebenssachverhalt akzeptiert der Bundesgerichtshof nämlich nur das, was der Kläger auch vorgetragen hat; im übrigen Zivilrecht kann dagegen durchaus auch das unter den Lebenssachverhalt fallen, was der Kläger zum Antrag hätte vortragen können oder er unterlassen hat vorzutragen, so dass dem Kläger ein neuer Prozess mit solchem Vortrag versperrt ist (§§ 261, 322 ZPO).[361] **1622**

Durch die Entscheidung des Bundesgerichtshofes *Markenparfümverkäufe*[362] ist die Reichweite des Streitgegenstandes in Streit geraten. Davor war es ständige Rechtspre-chung des mit Wettbewerbs- und Kennzeichensachen befassten I. Zivilsenates des Bun-desgerichtshofes, dass der Streitgegenstand auch kerngleiche Verletzungsformen er-fasst,[363] sofern der Antrag nicht von vornherein ausschließlich auf die konkrete Ver-letzungsform beschränkt ist (siehe zu solchen nur auf die konkrete Verletzungsform beschränkten Fällen Rn 1612). In *Markenparfümverkäufe* stellte sich der Senat nun auf den Standpunkt, Streitgegenstand sei nur die konkrete Verletzungshandlung, nicht aber kerngleiche Abweichungen.[364] Im konkreten Fall war es danach möglich, zunächst ge-gen einen markenverletzenden Import aus der Türkei und später noch gegen einen wei-teren markenverletzenden Import aus den USA vorzugehen. In beiden Fällen stellte sich die (wohl) kerngleiche Frage der fehlenden Erschöpfung, die konkrete Verletzungs- **1623**

357 BGH GRUR 1977, 114, 115 VUS; OLG Koblenz GRUR 1988, 142, 143.
358 BGH GRUR 2006, 776 Tz. 16 *Werbung für Klingeltöne*.
359 Ausführlich Berneke WRP 2007, 579; Götz GRUR 2008, 401; v. Ungern-Sternberg GRUR 2009, 901 und 1009, dazu Teplitzky WRP 2010, 181.
360 BGH GRUR 2011, 521 Tz. 3 *TÜV*; BGH GRUR 2009, 783 Tz. 18 *UHU*; BGH GRUR 2009, 672 Tz. 57 *OSTSEE-POST*; BGH GRUR 2008, 187 Tz. 15 *Telefonaktion*; BGH GRUR 2003, 798, 800 *Sanfte Schön-heitschirurgie*; BGH GRUR 2003, 716, 717 *Reinigungsarbeiten*.
361 BGH NJW-RR 2001, 310; BGH NJW 1995, 1757; BGH BGH-Report 2002, 939; siehe die Nachweise bei Teplitzky Kap. 46 Rn 2 m. Fn 2; ferner ders. GRUR 2003, 272, 279.
362 BGH GRUR 2006, 421; dazu teilweise sehr kritisch: Teplitzky WRP 2007, 1 und 397, ferner ders. WRP 2010, 181; v. Ungern-Sternberg GRUR 2009, 1009; Götz GRUR 2008, 401, 404; Kamlah/Ulmar WRP 2006; Trepper in Götting/Nordemann vor § 12 UWG Rn 23; dem BGH zustimmend: Lehment WRP 2007, 237; instruktiv Büscher in Fezer § 12 UWG Rn 282 ff.
363 BGH GRUR 1993, 157, 158 *Dauernd billig*; ferner BGH GRUR 1954, 123, 126 *NSU-Fox/Auto-Fox*.
364 BGH GRUR 2006, 421 Tz. 22 ff *Markenparfümverkäufe*.

handlung war jedoch unterschiedlich. Der BGH ließ deshalb auch die zweite Klage zu. In neueren Entscheidungen hat der I. Zivilsenat sich jedoch möglicherweise wieder einem weiteren Verständnis des Streitgegenstandes zugewandt, der für die Unterscheidung von Streitgegenständen auf deren „Kern" abstellt,[365] also offensichtlich bloß kerngleiche Handlungen einem Streitgegenstand zurechnet. Alles andere würde auch in schwierige Konflikte mit der für den Gläubiger bestehenden Möglichkeit der Verallgemeinerung des Verbotes innerhalb der Kerngleichheit geraten.

Es sollte also dabei bleiben, dass Streitgegenstand alle kerngleichen Sachverhalte sind, also **alle Sachverhalte, die implizit bereits nach Antrag und Lebenssachverhalt rechtlich zu bewerten waren** (zur Kerngleichheit Rn 1613). Der Bundesgerichtshof formuliert, dass sich die zur Begründung des Antrages vorgetragenen Lebenssachverhalte „grundlegend unterscheiden" müssen,[366] was gleichbedeutend sein sollte. Das liegt im Regelfall bei der Berufung auf unterschiedliche Schutzrechte vor (§ 97 UrhG und §§ 4, 14 MarkenG; §§ 4, 14 MarkenG und §§ 5, 15 MarkenG). Auch in der Geltendmachung verschiedener Unlauterkeitsgründe ist im Regelfall ein unterschiedlicher Streitgegenstand zu erblicken; aber auch innerhalb eines Unlauterkeitsgrundes kann es unterschiedliche Streitgegenstände geben, wenn unterschiedliche rechtliche Bewertungen erforderlich sind. Das Gleiche gilt für die Geltendmachung unterschiedlicher Verletzungstatbestände innerhalb eines Zeichenrechts. Eine Verletzung wegen Verwechslungsgefahr (§ 14 Abs. 2 Nr. 2 MarkenG) ist danach ein anderer Streitgegenstand als eine Verletzung der Tatbestände zum Schutz der bekannten Marke (§ 14 Abs. 2 Nr. 3 MarkenG).[367] Der Identitätsschutz des § 14 Abs. 2 Nr. 1 MarkenG erfordert allerdings keine andere rechtliche Bewertung als der Verwechslungsschutz des § 14 Abs. 2 Nr. 2 MarkenG, so dass kein anderer Streitgegenstand vorliegt. [368]

Beispiele: Der Kläger beantragt, dem Beklagten die Verwendung der Bezeichnung „Klosterbier" für Bier zu verbieten. Er kann diesen Antrag auf zwei unterschiedliche Lebenssachverhalte, also zwei Streitgegenstände, stützen: Zum einen ist der Beklagte keine Brauerei, die etwas mit einem Kloster zu tun hat, sondern liegt nur neben einem ehemaligen Kloster[369] (§§ 3 Abs. 1, 5 Abs. 1 UWG). Zum anderen verletzt die Bezeichnung auch seine Rechte aus einer älteren deutschen Marke: „Klosterbier" für Bier (§§ 4, 14 MarkenG). Beide Sachverhalte sind schon deshalb unterschiedliche Streitgegenstände, weil sie andere Tatbestandsvoraussetzungen haben, also unterschiedlich rechtliche Wertungen erfordern. Beruft sich der Kläger in seiner Klagebegründung nur auf die Marke, ist der Irreführungsaspekt nicht Streitgegenstand geworden. Der Kläger kann später noch eine neue darauf gestützte Klage erheben, ohne dass eine Rechtshängigkeit gem. § 261 ZPO oder eine Rechtskraft gem. § 322 ZPO dies hindern würde.

Unterschiedliche Streitgegenstände liegen auch vor, wenn sich der Kläger auf unterschiedliche „TÜV"-Marken beruft oder der Kläger geltend macht, es liege eine Verletzung wegen Verwechslungsgefahr (§ 14 Abs. 2 Nr. 2 MarkenG) und wegen Verletzung der Tatbestände zum Schutz der bekannten TÜV-Marke (§ 14 Abs. 2 Nr. 3 MarkenG) vor.[370]

---

365 BGH GRUR 2009, 672 Tz. 57 *OSTSEE-POST*. Siehe auch BGH GRUR 2008, 186 Tz. 15 *Telefonaktion*; BGH GRUR 2007, 605 Tz. 22 ff *Umsatzzuwachs*.
366 BGH GRUR 2011, 521 Tz. 3 *TÜV*.
367 Offen, aber in der Tendenz genauso ("könnte"): BGH GRUR 2011, 521 Tz. 3 f *TÜV*.
368 BGH GRUR 2011, 521 Tz. 4 *TÜV*.
369 Beispiel abgewandelt nach BGH GRUR 2003, 628 *Klosterbrauerei*. Ähnliche Konstellation in BGH GRUR 2009, 672 Tz. 57 OSTSEE-POST: Irreführungsanspruch nach UWG ist gesonderter Streitgegenstand neben einem markenrechtlichen Anspruch wegen Verwechslungsgefahr.
370 BGH GRUR 2011, 521 Tz. 4 *TÜV*.

Der Kläger will dem Beklagten verbieten, für die Erteilung einer Einzugsermächtigung mit der Teilnahme an einer Verlosung zu werben, und zwar erstens aus dem Gesichtspunkt der Irreführung und zweitens aus dem Gesichtspunkt der unzulässigen Koppelung von Warenabsatz und Gewinnspiel.[371] Auch hier liegen zwei Streitgegenstände vor.

Zwei Streitgegenstände liegen vor, wenn Verstöße gegen die Preisangabenverordnung und gegen das Irreführungsverbot geltend gemacht werden.[372] Hier sind schon die Tatbestandsanforderungen unterschiedlich, so dass nicht von Kerngleichheit, also auch nicht von gleichen Streitgegenständen auszugehen ist.

Der Kläger beruft sich für seinen Antrag als Lebenssachverhalt auf eine Irreführung des Verkehrs durch eine Werbeangabe unter zwei verschiedenen Aspekten, und zwar einmal auf eine Irreführung wegen fehlender Verfügbarkeit und einmal wegen Täuschung über die Zwecktauglichkeit. Auch wenn beide Aspekte den Tatbestand des § 5 Abs. 1 Nr. 1 UWG erfüllen, handelt es sich um unterschiedliche Streitgegenstände. Bei der Irreführung ist der Streitgegenstand eingeengt auf die jeweilige Art der Fehlvorstellung, die der Kläger geltend macht.[373]

Diese Beispiele zeigen, dass **ein** Unterlassungsantrag **mehrere** Streitgegenstände tragen kann.[374] Man kann insoweit auch von einem **doppelten Streitgegenstand bei einheitlichem Antrag** sprechen. Daraus ergeben sich eine ganze Reihe von Konsequenzen für den Wettbewerbsprozess: **1624**

Das Gericht darf nicht den Antrag aus einem Streitgegenstand zusprechen, den der Kläger gar nicht eingeführt hat (**§ 308 ZPO**). So ist es beispielsweise unzulässig, eine Anzeige wegen irreführender Angaben zu verbieten, wenn der Kläger zwar die Anzeige insgesamt zum Gegenstand seines Verbotsantrages gemacht hat, aber nicht auf die vom Gericht für irreführend gehaltenen Angaben abgestellt hatte.[375] Bei der Irreführung darf das Gericht nicht wegen einer anderen Fehlvorstellung der Klage zusprechen, als sie der Kläger geltend gemacht hat.[376] Genauso wenig darf das Gericht bei namentlicher Nennung eines Produktes im Klageantrag das gerichtliche Verbot auf ein unter anderer Bezeichnung auf dem Markt befindliches anderes Produkt ausdehnen.[377] Das Gericht kann nicht die Verbreitung eines Produktes auf §§ 3 Abs. 1, 4 Nr. 9 lit. a) UWG stützen, wenn der Kläger sich nur auf Urheberrecht oder Markenrecht gestützt hat.[378] Die Abwandlung einer konkreten Verletzungshandlung, die allein Gegenstand des Prozesses ist (ohne Einbeziehung kerngleicher Handlungen), ist ein veränderter Streitgegentand und darf ohne Antrag nicht zugesprochen werden.[379]

Liegen einem **einheitlichen Antrag zwei Streitgegenstände** zu Grunde, **muss der Kläger beide Streitgegenstände (kumulativ) zur Entscheidung stellen. Das ist** seit der *TÜV*-Entscheidung des Bundesgerichtshofes **neu.** Früher ließ der Bundesgerichtshof auch die alternative Berufung auf beide Streitgegenstände zu; das Gericht hatte dann die Wahl, aus welchem Streitgegenstand es den Antrag zusprechen wollte. Heute lehnt der Bun-

---

371 Beispiel nach OLG Stuttgart NJWE-WettbR 1998, 223.
372 BGH GRUR 2002, 287, 288 *Widerruf der Erledigungserklärung.*
373 Vgl auch BGH GRUR 2006, 429 Tz. 22 *Schlank-Kapseln;* BGH GRUR 2005, 886 *Glückshon-Tage;* BGH GRUR 2003, 798, 800 *Sanfte Schönheitschirurgie.*
374 BGH GRUR 2008, 443 Tz. 23 *Saugeinlagen;* BGH GRUR 2009, 783 Tz. 18 *UHU.* Dazu ausführlich Bergmann GRUR 2009, 224.
375 BGH GRUR 2001, 181, 182 *Dentalästhetika.*
376 BGH GRUR 2001, 181 *Dentalästhetika;* BGH GRUR 2003, 798, 800 *Sanfte Schönheitschirurgie.*
377 BGH WRP 2001, 44 *Mehrfruchtsaft-Test.*
378 BGH GRUR 2001, 755, 756 *Telefonkarte.*
379 Vgl BGH WRP 2006, 1247 Tz. 15 ff *Anschriftenliste.*

desgerichtshof das unter Hinweis auf die in Fällen einer alternativen Klagebegründung fehlende Bestimmtheit nach § 253 Abs. 2 Nr. 2 ZPO ab.[380] Der Kläger muss sich also nach der neuen Rechtsprechung des Bundesgerichtshofes entscheiden, ob er seinen Antrag doppelt begründet und dann auch das (Kosten-)Risiko trägt, dass er nur mit einem Streitgegenstand durchdringt.[381] Will er das nicht, darf er seinen Antrag von vornherein nur mit einem Streitgegenstand begründen. Andere Streitgegenstände können dann hilfsweise geltend gemacht werden. Die hilfsweise Geltendmachung erfolgt in der Antragsbegründung (also im Schriftsatz), nicht im Antrag; denn der Antrag ist ja für alle Streitgegenstände *ein* identischer Antrag.

Taktisch bietet sich an, den erfolgversprechendsten Streitgegenstand als Hauptstreitgegenstand geltend zu machen und die übrigen hilfsweise, äußerst hilfsweise usw. Gleichrangig nebeneinander muss der Kläger die Streitgegenstände demgegenüber geltend machen, wenn er sie alle entschieden wissen will. Das kann Sinn machen, wenn dadurch das Verbot weitergeht als bei einem Verbot aus nur einem Streitgegenstand. Auch die Rechtskraftwirkung gem. § 322 ZPO kann relevant sein.

Beispiel: Begründet der Kläger im obigen Beispiel „Klosterbier" seinen Antrag mit verschiedenen Streitgegenständen, so muss das Gericht über beide Streitgegenstände entscheiden. Der Kläger obsiegt nur dann vollständig, wenn der Antrag nach beiden Streitgegenständen zugesprochen wird; hält das Gericht lediglich einen Streitgegenstand für hinreichend substantiiert und ggf bewiesen, wird das Gericht die Kosten 50:50 verteilen, weil beide Streitgegenstände den gleichen Wert haben. Scheut der Kläger das Kostenrisiko und kommt es ihm auch nicht wegen eines etwa größeren Verbotsumfanges auf ein Verbot aus allen Streitgegenständen an, sollte der Kläger den erfolgversprechendsten Streitgegenstand hauptsächlich geltend machen und die übrigen nur hilfsweise.

Für den Beklagten kann eine Verurteilung aus verschiedenen Streitgegenständen trotz einheitlichen Antrages unterschiedliche Anforderungen an sein Verhalten nach sich ziehen: Die Irreführung kann er durch klarstellende Hinweise, zB in Form einer Fußnote, umgehen. Für die Markenverletzung genügt das nicht; insoweit muss er sich umbenennen.

Mit der neuen Rechtsprechung des Bundesgerichtshofes sind die Schwierigkeiten in Einstweiligen Verfügungsverfahren allerdings noch nicht ganz beseitigt. Einstweilige Verfügungen ergehen im Beschlussweg oftmals ohne Begründung. Unterlegt der Antragsteller seinen (einheitlichen) Antrag mit 2 Streitgegenständen, kann der Antragsgegner zwar an der Kostenquote erkennen, dass der Antrag im Hinblick auf einen Streitgegenstand erfolglos war. Er kann jedoch ohne Begründung durch das Gericht nicht erkennen, aus welchem Streitgegenstand das Gericht dem Antrag stattgegeben hat. Deshalb muss das Gericht schon wegen § 253 Abs. 2 Nr. 2 ZPO in einer kurzen Begründung klarstellen, im Hinblick auf welche Streitgegenstände das Verbot erlassen wurde.

Beispiel: Im Beispielfall „Klosterbier" stellt der Antragsteller einen Antrag auf Erlass einer Einstweiligen Verfügung sowohl wegen einer Verletzung des § 5 UWG als auch wegen einer Verletzung

---

380 BGH GRUR 2011, 521 Tz. 8 ff TÜV mwN. zum Streitstand und zu seiner früheren Rechtsprechung in Tz. 6 ff. Für die Möglichkeit einer alternativen Klagehäufung davor OLG Nürnberg GRUR-RR 2008, 55; OLG Köln GRUR-RR 2010, 202; Götz GRUR 2008, 401, 407; eingeschränkt dafür: Vorauflage Rn 3222. Dagegen: OLG München OLG-Rep 2003, 179; OLG Hamm v. 3.8.2009, Az. 8 U 237/07, zit. nach juris Rz. 66; OLG Düsseldorf v. 2.10.2008, Az. 7 U 82/07, zit nach juris Tz. 13, juris; Berneke WRP 2007, 579, 585 f. Siehe auch Bergmann GRUR 2009, 224 ff.
381 Teplitzky Kap. 46 Rn 5 mwN.

des § 14 MarkenG. Das Gericht muss in einer – ggf. auch kurzen - Begründung sagen, aus welchem Streitgegenstand es die Verfügung erlassen hat, sofern es den Antrag nicht aus beiden Streitgenständen zuspricht.

Außerdem sollte der Kläger in einer Klageschrift, um seiner Verpflichtung zur Klageerhebung nach § 926 ZPO nachzukommen, ggf genau spezifizieren, dass er auch den Streitgegenstand aus dem Verfügungsverfahren eingeklagt hat. Ansonsten droht die Aufhebung der Einstweiligen Verfügung.

d) Hinweispflicht des Gerichts

Dem Verletzer für eine zulässige (Rn 1620) und begründete (Rn 1612 ff) Antragsfassung einen entsprechenden Weg zu weisen, war trotz § 139 ZPO nach der früheren Rechtsprechung nicht Sache des Gerichts.[382] Inzwischen folgert der Bundesgerichtshof aus dem Anspruch der Parteien auf ein faires Gerichtsverfahren zu Recht, dass der **Tatrichter dem Kläger Gelegenheit geben** muss, seine Anträge zu überprüfen und ggf neu zu stellen.[383] Die Klage darf ohne einen gerichtlichen Hinweis nicht als unzulässig oder unbegründet abgewiesen werden.[384] Allerdings darf das Gericht, wo eine Beschränkung des Unterlassungsgebots auf die Weiterverwendung der beanstandeten Werbung ohne klarstellenden Zusatz sich aus der Natur der Sache ergibt, weil gerade in der mangelnden Einschränkung das Charakteristische der Verletzungshandlung liegt, auch nur eingeschränkt verurteilen, muss also den weiter gehenden Antrag zurückweisen, andernfalls verletzt es § 308 ZPO.[385] **1625**

2. Auskunftsantrag

Rechtsgrundlagen: § 253 ZPO

Ein **Auskunfts- und Rechnungslegungsantrag** ist nötig, um eine Schätzung des der Klägerin wegen des UWG-Verstoßes entstandenen Schadens nach § 287 ZPO durch das Gericht zu ermöglichen (vgl Rn 964 f): Die Klägerin muss im lauterkeitsrechtlichen Beispielsfall (Rn 1525, 1610) zunächst wissen, wie umfassend die Beklagte geworben hat. Bei der Rechnungslegung ist die Angabe der Vergleichszeiträume des Vorjahres für die Feststellung erforderlich, welche Gewinne die Beklagte infolge der Rechtsverletzung erzielt haben dürfte (vgl Rn 1610). Ergänzt die Klägerin die von den Beklagten gemachten Angaben in dem späteren Schadenersatzprozess sodann um die Darlegung des eigenen Umsatzrückgangs, so hat das Gericht im Hinblick auf den Schadensersatzanspruch aus § 9 S. 1 UWG hinreichende Anhaltspunkte für eine Schadensschätzung nach § 287 ZPO. Damit ein Feststellungsinteresse besteht, muss allerdings der Eintritt des Schadens wahrscheinlich, das heißt mit einiger Sicherheit zu erwarten sein, vgl Rn 968. Dies macht den Auskunftsanspruch zu einem akzessorischen Anspruch, dh er steht in Abhängigkeit zum Schadensersatzanspruch gem. § 9 S. 1 UWG. Liegt ein kalkulierbarer **1626**

382 BGH GRUR 1989, 110, 113 *Synthesizer.*
383 BGH GRUR 2003, 886, 887 *Erbenermittler;* BGH GRUR 1998, 489, 492 *Unbestimmter Unterlassungsantrag III;* BGH GRUR 2000, 438, 441 *Gesetzeswiederholende Unterlassungsanträge;* BGH GRUR 2002, 86, 89 *Laubhefter.*
384 BGH GRUR 2003, 886, 887 *Erbenermittler;* genauso auch Ullmann/juris-PK-UWG/Hess § 12 Rn 60 und Trepper in Götting/Nordemann vor § 12 UWG Rn 52, 56, Richter an den Wettbewerbssenaten des KG bzw des OLG Dresden.
385 BGH GRUR 2001, 181, 182 *dental-ästhetika* und BGH WRP 2001, 44, 45 f *Mehrfruchtsaft-Test.*

Schaden wegen einer nur geringfügigen Irreführung fern, muss der Kläger Näheres zu dem behaupteten Schaden vortragen, beispielsweise in welchem Umfang die Parteien dieselben Kunden ansprechen und wie sich Werbeaktionen des in Rede stehenden Wettbewerbs üblicherweise auf seine Umsätze auswirken.[386] **Wegen der meist – auch nach Auskunft – geringen Erfolgschancen, einen Schadensersatzanspruch nach § 9 S. 1 UWG zu realisieren (Rn 950), wird in vielen Fällen kein Auskunfts- und Rechnungslegungsantrag gestellt.**

Anders ist dies bei **kennzeichenrechtlichen Streitigkeiten**, bei denen die Auskunft regelmäßig erforderlich ist, um Schadensersatzansprüche in Form der angemessen Lizenzgebühr oder in Form des Verletzergewinns zu berechnen.

Betrifft der Auskunfts- und Rechnungslegungsanspruch ein Verhalten, das der Verpflichtete noch während des Prozesses fortsetzt, so ist der Antrag auf den Zeitraum bis zur letzten mündlichen Verhandlung zu beschränken.[387] Zur Formulierung des Auskunftsantrages dann, wenn der Zwang zur Bekanntgabe von Kundenlisten das Interesse des Schuldners verletzt („Wirtschaftsprüfervorbehalt"), siehe Rn 970.

3. Feststellungsantrag

Rechtsgrundlagen: § 256 ZPO

1627 Die zu Klageantrag 3 (Rn 1610) vorgeschlagene **Feststellungsklage** nach § 256 ZPO wird in der Praxis gegenüber der sonst erforderlichen Stufenklage (§ 254 ZPO) bevorzugt und von den Gerichten allgemein zugelassen.[388] Sie hemmt ebenso wie der normale Zahlungsantrag die Verjährung (§ 204 Abs. 1 Nr. 1 BGB), hat aber diesem gegenüber den Vorteil, dass sie die Entscheidung des gesamten Rechtsstreits durch Endurteil ermöglicht, während bei der Stufenklage nur Teilurteil ergehen kann. Sie setzt lediglich die Darlegung einer gewissen Wahrscheinlichkeit eines Schadenseintritts voraus, die bei Markenverletzungen in aller Regel in der Marktverwirrung liegen wird (Rn 947).[389]

Genauso wie für den Auskunfts- und Rechnungslegungsantrag gilt jedoch, dass wegen der meist geringen Erfolgschancen, einen Schadensersatzanspruch gem. § 9 S. 1 UWG zu realisieren (Rn 950), in vielen Fällen kein Feststellungsantrag gestellt wird. Anders ist dies im Kennzeichenrecht, wo bei Auskunftsanträgen auch ein Feststellungsantrag gestellt werden sollte.

4. Zahlungsantrag wegen Abmahnkostenerstattung

Rechtsgrundlagen: §§ 9 S. 1, 12 Abs. 1 S. 2 UWG, § 15 a RVG, § 288 BGB

1628 Zahlungsansprüche sind allein im Wege der Hauptsacheklage durchsetzbar. Deshalb sollten noch nicht erledigte Kostenerstattungsforderungen für die anwaltliche Abmahnung in die Klage aufgenommen werden (vgl Rn 1536 zu den Grundlagen für eine Kostenerstattung). Der im Beispiel genannte Betrag setzt sich aus einer 1,3 Geschäftsgebühr für die Abmahnung bei einem Streitwert von EUR 50.000 und einer Auslagen-

---

386 BGH GRUR 2001, 78, 79 *Falsche Herstellerpreisempfehlung*.
387 OLG Düsseldorf GRUR-RR 2002, 48.
388 Zuletzt mit Nachdruck gegenüber dem Versuch des OLG Jena, § 254 ZPO durchzusetzen: BGH GRUR 2001, 1177, 1178 *Feststellungsinteresse II*.
389 BGH GRUR 1975, 434, 437 f *BOUCHET*; BGH GRUR 1999, 587, 590 *Cefallone*.

pauschale von EUR 20 zusammen. Geltend gemacht wird aber wegen der **Anrechnung der Verfahrensgebühr** gem. § 15 a RVG nur die Hälfte (0,65); dazu ausführlich Rn 1645. Eingeklagt wird der Netto-Betrag ohne **Umsatzsteuer**, sofern der Kläger vorsteuerabzugsberechtigt ist und ihm deshalb in Höhe der Umsatzsteuer keine Aufwendungen entstanden sein können (Rn 1645). Die **Zinsforderung** kann lediglich 5% p.a. über dem Basissatz betragen, weil (deliktische) Abmahnkosten keine Entgeltforderungen gem. § 288 Abs. 2 BGB sind (siehe Rn 1645).

5. Widerrufsantrag

Rechtsgrundlagen: § 253 ZPO

Bei der Formulierung eines etwaigen **Widerrufsantrages** ist zu beachten, dass der Adressat des Widerrufs angegeben werden muss,[390] zB: 1629

> „Es wird beantragt, den Beklagten zu verurteilen, die in seinem Rundschreiben vom ... an die Mitglieder des Fachverbandes Eisenhandel e.V. aufgestellte Behauptung, die Geräte des Klägers seien aus minderwertigem Material hergestellt, den Mitgliedern des Fachverbandes Eisenhandel e.V. gegenüber zu widerrufen."

VIII. Beweislast

Rechtsgrundlagen: §§ 4 Nr. 8, 5 Abs. 4 UWG, Nr. 5 S. 2 Anhang-UWG, ungeschriebene zivilprozessuale Beweislastregeln; Art. 12 Richtlinie unlautere Geschäftspraktiken, Art. 7 Richtlinie irreführende und vergleichende Werbung

Von dem allgemeinen Grundsatz des Zivilprozessrechts, dass der Kläger die Richtigkeit   1630
seiner Behauptung im Bestreitensfall zu beweisen hat, macht das **Wettbewerbs- und Markenrechrecht** einige Ausnahmen.

Allgemein gilt der Grundsatz, dass, **wer Tatsachen behauptet, die ein in der Regel unlauteres Verhalten zulässig oder ein in der Regel erlaubtes Verhalten unzulässig machen, dafür die Beweislast trägt.**[391]

Beispiel: Der Eintritt einer Marktverstopfung ist von demjenigen zu beweisen, der sich durch sie behindert glaubt.[392] Auch trägt derjenige, der Tatsachen behauptet, aus denen sich die Unlauterkeit einer an sich zulässigen Nachahmung ergibt, dafür die Beweislast.[393]

Entsprechendes gilt nach der deutschen Rechtsprechung für das **Irreführungsverbot**   1631
(§ 5 UWG). Grundsätzlich hat der Kläger zu beweisen, dass eine bestimmte Werbebehauptung irreführt. Das wird auch in der Rechtsprechung des Bundesgerichtshofes betont.[394] Der Bundesgerichtshof folgert jedoch aus der Pflicht jeder Partei zu einer redlichen, mit Treu und Glauben zu vereinbarenden Prozessführung, dass den Beklagten eine **Darlegungslast** treffen könne, „wenn dem außerhalb des Geschehensablaufs stehenden Kläger eine genaue Kenntnis der Tatsachen fehlt, der Beklagte sie dagegen hat und leicht die erforderliche Aufklärung beibringen kann, wie das beim dem Kläger

---

390 BGH GRUR 1966, 272, 273 f *Arztschreiber.*
391 BGH GRUR 2004, 246, 247 *Mondpreise?*; BGH GRUR 1985, 140, 142 *Größtes Teppichhaus der Welt.*
392 OLG Köln NJWE-WettbR 1997, 54, 56.
393 OLG Köln GRUR 1999, 765, 767 f *Abziehgerät.*
394 BGH GRUR 2004, 246, 247 *Mondpreise?*; BGH GRUR 1997, 229, 230 *Beratungskompetenz* mwN.; BGH GRUR 1985, 140, 142 *Größtes Teppichhaus der Welt*; BGH GRUR 1978, 445, 446 *4 zum Preis von 3.*

obliegenden Beweis der Unrichtigkeit einer Werbebehauptung oft vorkommt".[395] Das Gleiche gilt in Fällen, in denen zwar auch der Beklagte keine genaue Kenntnis der Tatsachen hat, er jedoch die Behauptung in den Wettbewerb eingeführt hat und deshalb auch das Letztrisiko tragen muss.[396] Die gelegentlich in BGH-Urteilen zu findende Bemerkung, dies sei eine Einschränkung des in Rn 1630 genannten Grundsatzes,[397] darf allerdings nicht dahin missverstanden werden, bei § 5 UWG werde die Beweislast umgekehrt.[398] Dem Beklagten wird vielmehr lediglich die sog. sekundäre (**Darlegungs- und**) **Beweislast** auferlegt, die primäre Darlegungs- und Beweislast bleibt beim Kläger. Der Kläger muss also zunächst bis zur Grenze von ihm nicht zurechenbaren Darlegungs- und Beweisschwierigkeiten schlüssig vortragen. Erst jenseits dieser Grenze muss der Beklagte zur Aufklärung beitragen.

Beispiele:

- BGH GRUR 2004, 246, 247 *Mondpreise?* betraf den Streit der Parteien darüber, wer beweisen müsse, dass eine unverbindliche Preisempfehlung eines Herstellers nicht marktgerecht sei („Mondpreis", vgl Rn 273). Es handelte sich nicht um Tatsachen aus der Sphäre des Beklagten, weil der Kläger – noch dazu als Wettbewerbsverband nach § 8 Abs. 3 Nr. 2 UWG – selbst die erforderlichen Nachforschungen nach dem Marktpreis anstellen konnte. Es war auch nicht ersichtlich, dass dies dem Kläger nicht gelingen könnte; dem Kläger kam demnach keine Beweiserleichterung zu Gute.

- In BGH GRUR 1978, 445 war die Werbung *4 zum Preis von 3* für sich allein noch nicht irreführend, so dass der Beklagte nicht verpflichtet sein konnte, näher darzulegen, dass seine Abnehmer die Endverbraucher nicht getäuscht hätten.

- Die Behauptung einer Vorzugstellung gegenüber anderen Mitbewerbern (**Alleinstellungs- und Spitzengruppenwerbung**) ist nur zulässig, wenn sie wahr ist (vgl Rn 184 ff, 682). Wer behauptet, er sei das größte Unternehmen seiner Branche in einem bestimmten Gebiet („Größtes Teppichhaus der Welt"),[399] muss das bei erheblichem Vortrag der Klägerseite, dass dies nicht zutreffend sein kann, darlegen und beweisen. Es ist dem Kläger auch nicht zuzumuten, die Marktsituation in der gesamten Welt zu untersuchen. Der Beklagte ist damit letztverantwortlich als derjenige, der die Behauptung zum Gegenstand des Wettbewerbs gemacht hat. Für ihn besteht eine prozessuale Aufklärungspflicht.[400]

- Das Gleiche gilt für einen Kräuterlikör-Hersteller, der sich rühmt, sein Produkt sei „nach altem ostpreußischen Familienrezept" hergestellt, und der Kläger Tatsachen vorträgt, die dies zweifelhaft erscheinen lassen.[401]

- Wer sich als Inhaber eines „Kfz-Sachverständigenbüros" bezeichnet, muss die sich aus seinem beruflichen Werdegang – den er ja selbst am besten kennt – ergebende Sachkunde darlegen.[402]

---

395 So wörtlich BGH GRUR 1961, 356 *Pressedienst.* Ähnlich BGH GRUR 2007, 605 Tz. 34 *Umsatzzuwachs* mwN.; BGH GRUR 2004, 246, 247 *Mondpreise?*; BGH GRUR 1999, 757, 760 *Auslaufmodelle I*; BGH GRUR 1997, 758, 760 *Selbsternannter Sachverständiger;* BGH GRUR 1982, 677, 679 *Unentgeltliche Übernahme der Preisauszeichnung.*

396 BGH GRUR 1985, 140, 141 *Größtes Teppichhaus der Welt.* Vgl auch BGH GRUR 2003, 800, 803 *Schachcomputerkatalog.*

397 BGH GRUR 1978, 249, 250 *Kreditvermittlung.*

398 BGH GRUR 1997, 229, 230 *Beratungskompetenz* mwN; BGH WRP 2000, 724, 727 *Space Fidelity Peep Show.* Vgl auch OLG Stuttgart NJW-RR 1987, 677 und Teplitzky GRUR 1997, 691, 698.

399 BGH GRUR 1978, 249 *Kreditvermittlung;* BGH GRUR 1985, 140, 141 *Größtes Teppichhaus der Welt;* OLG Hamburg GRUR-RR 2007, 369, 370 *Der beste Preis der Stadt;* Schmelz WRP 2007, 127, 132; OLG Celle WRP 2008, 1484, 1485 *Die Nr. 1.*

400 So ausdrücklich BGH GRUR 2010, 352 Tz. 22 *Hier spiegelt sich Erfahrung.*

401 BGH GRUR 1963, 270 *Bärenfang.*

402 BGH GRUR 1997, 758, 760 *Selbsternannter Sachverständiger.*

- Der Beklagte bleibt beweisfällig für die Behauptung, ein Schachweltmeister spiele nicht gegen ein bestimmtes Programm, weil er nicht dagegen verlieren wolle, wenn der Schachweltmeister nicht als Zeuge zur Verfügung steht oder nicht von ihm als Zeuge angeboten wird.[403]
- Das OLG Köln[404] folgt dieser Linie, wenn es gegenüber einer Werbung „Mehr können Sie beim Teppichkauf nicht sparen" die Darlegungslast beim Kläger sieht; eine solche Werbung ist weder *per se* unlauter, noch hat die Beklagte einen Wissensvorsprung vor dem Kläger.
- Das OLG Jena[405] hat entschieden, dass bei begründeten Anhaltspunkten für die Fehlerhaftigkeit eines Preisvergleiches über Stromanbieter ausnahmsweise den Werbenden die Beweislast dafür treffen kann, dass der vorgenommene Preisvergleich nicht irreführend war.

Die deutsche Rechtsprechung hat ihre Rechtsprechung zur Beweiserleichterung für bestimmte Fälle des § 5 UWG auf **andere Bestimmungen des UWG** ausgedehnt,[406] so dass die gleichen Grundsätze auch bei den Fallgruppen der §§ 4, 6[407] und 7[408] UWG sowie für die Generalklausel des § 3 UWG gelten. **1632**

Fraglich ist allerdings, ob im Anwendungsbereich der **Richtlinie unlautere Geschäftspraktiken** (irreführende und aggressive geschäftliche Handlungen gegenüber privaten Verbrauchern, vgl Rn 17) und im Anwendungsbereich der **Richtlinie irreführende und vergleichende Werbung** (irreführende geschäftliche Handlungen gegenüber Unternehmen, vergleichende Werbung gegenüber privaten und unternehmerischen Marktbeteiligten, vgl Rn 18) die eben dargestellte **deutsche Praxis europarechtswidrig** ist. Art. 12 Richtlinie unlautere Geschäftspraktiken und Art. 7 Richtlinie irreführende und vergleichende Werbung sehen jedenfalls vor, dass Gerichte „vom Gewerbetreibenden den Beweis der Richtigkeit von Tatsachenbehauptungen" verlangen können. Das wird allerdings dahin eingeschränkt, dass „ein solches Verlangen unter Berücksichtigung der berechtigten Interessen des Gewerbetreibenden und anderer Verfahrensbeteiligter im Hinblick auf die Umstände des Einzelfalls als angemessen erscheint." Der deutsche Gesetzgeber hält die deutschen Regeln zur Beweislast für richtlinienkonform.[409] Davon scheint auch der Bundesgerichtshof auszugehen. Allerdings verpflichtet er im Rahmen der richtlinienkonformen Auslegung den vergleichend Werbenden dazu, die Richtigkeit seiner Werbung in einem Prozess kurzfristig nachzuweisen; er müsse auch außerhalb des Prozesses die angesprochenen Verkehrskreise darüber informieren, auf welche Art sie die Bestandteile des Werbevergleichs leicht in Erfahrung bringen können, um dessen Richtigkeit nachprüfen zu können.[410] **1633**

Eine regelrechte **Umkehr der Beweislast** nimmt der Bundesgerichtshof im Bereich des § 5 UWG dort an, wo es sich um **das überragende Gemeinschaftsgut der Gesundheit** handelt: Wer eine gesundheitsfördernde Wirkung für sein Produkt behauptet und dabei **1634**

---

403 BGH GRUR 2003, 800, 803 *Schachcomputerkatalog*.
404 WRP 1987, 191.
405 GRUR-RR 2006, 291, 292 *Stromanbieterwechsel* (in einem individuellen Beratungsgespräch).
406 BGH GRUR 1993, 572, 573 f *Fehlende Lieferfähigkeit*.
407 Vgl OLG Jena GRUR-RR 2006, 291, 292 *Stromanbieterwechsel*.
408 Vgl OLG Köln NJW 2005, 2786, 2786 *Neue Tarife*.
409 Begr. RegE UWG-Novelle 2008 BT DS 16/10145, S. 19 (Richtlinie unlautere Geschäftspraktiken); Begr. RegE BT DS 14/2959, S. 9 (Richtlinie irreführende und vergleichende Werbung). Genauso OLG Hamburg GRUR-RR 2002, 362, 363 *Beweislast bei vergleichender Werbung*; Köhler in Köhler/Bornkamm § 12 UWG Rn 2.96; Brüning in Harte/Henning Vorb zu § 12 UWG Rn 213. Eine echte Beweislastumkehr fordert Lindacher WRP 2000, 950, 953 f.
410 BGH GRUR 2007, 605 Tz. 34 *Umsatzzuwachs*, unter Verweis auf EuGH, GRUR 2007, 69 Tz. 70 f *Lidl Belgium /Colruyt*.

wissenschaftlich begründete Gegenmeinungen oder auch nur in Fachkreisen geäußerte Zweifel unerwähnt lässt, übernimmt damit die Verantwortung für die Richtigkeit seiner Aussage, trägt also dafür die volle Darlegungs- und Beweislast.[411] Das gilt allerdings nur insoweit, als sich der Behauptende nicht auf das Grundrecht der freien Meinungsäußerung berufen kann.[412]

1635 Auch für **geschäftliche Handlung** (§ 2 Abs. 1 Nr. 1 UWG) kann es zu einer Umkehr der Beweislast kommen. Dafür, dass das Handeln eines Unternehmens **bei Förderung des eigenen Geschäfts** eine geschäftliche Handlung darstellt, spricht eine tatsächliche Vermutung (Rn 66). Bei einer unternehmerischen Handlung, die ein **fremdes Geschäft fördert**, müssen bestimmte Beweisanzeichen vorliegen, um die tatsächliche Vermutung einer geschäftlichen Handlung auszulösen (Rn 70).

1636 Eine **ausdrücklich gesetzlich geregelte Umkehr der Beweislast** findet sich in folgenden Bestimmungen des UWG:

- § 4 Nr. 8 UWG: Der Behauptende handelt unlauter, wenn er nicht beweist, dass die Behauptung wahr ist (vgl Rn 667 f).
- § 5 Abs. 4 UWG: Der mit einer Preisherabsetzung Werbende handelt unlauter, wenn er nicht beweist, dass er den Preis für eine angemessene Zeit gefordert hat.
- Nr. 5 S. 2 Anhang-UWG iVm § 3 Abs. 3 UWG: Der Unternehmer, der die beworbene Ware nicht für zwei Tage vorrätig hat, muss beweisen, dass Gründe vorlagen, die eine geringere Bevorratung rechtfertigen.

  Beispiel: Ein Lebensmitteleinzelhändler warb in Tageszeitungen für irische Butter im Sonderangebot. Die Butter war jedoch am Erscheinungstag der Anzeige zwischen 12 Uhr und 13 Uhr schon ausverkauft. Der Händler muss hier darlegen und ggf. beweisen, dass Gründe vorlagen, die eine so geringe Bevorratung rechtfertigen. Kann er das nicht, ist er wegen fehlender Aufklärung über unzureichenden Warenvorrat (§ 5 UWG) zu verurteilen.[413]

1637 Im Übrigen gelten die allgemeinen Regeln zur Beweislast auch im Wettbewerbs- und Markenrecht:

- Der Anspruchsteller muss die Tatsachen beweisen, die die Anspruchsgrundlage ausfüllen, zB dass eine Preisgegenüberstellung mit einer unverbindlichen Preisempfehlung des Herstellers unzulässig ist, weil die Preisempfehlung ein „Mondpreis" (Rn 273) ist.[414]
- Der Anspruchsgegner muss anspruchsausschließende Tatsachen darlegen und beweisen, zB das Einverständnis des Verbrauchers in E-Mail-Werbung[415] (dazu Rn 532 ff).
- War eine Behauptung **ursprünglich unrichtig**, so hat der Behauptende die Beweislast, wenn er sich darauf beruft, dass sie inzwischen richtig geworden sei.[416]

---

411 BGH GRUR 1991, 848, 849 *Rheumalind II*; BGH GRUR 1958, 485, 486 f *Odol*; OLG Oldenburg Urt. v 25.08.2005, Az: 1 U 60/05 (juris) *Haar-Mineralstoffanalytik*.
412 BVerfG GRUR 2001, 1058, 1059 f *Therapeutische Äquivalenz* (Aufhebung von BGH NJW 1992, 2969 = LM § 1 UWG Nr. 605).
413 BGH GRUR 2011, 340 Rn 19 *Irische Butter*.
414 BGH GRUR 2004, 246, 247 *Mondpreise*.
415 BGH GRUR 2004, 517, 519 *E-Mail-Werbung*.
416 BGH GRUR 1965, 368, 372 *Kaffee C*.

- Zur Frage der Beweislast bei Berufung auf eine **Erschöpfung des Markenrechts** oben Rn 1291.

Auch die Regeln des **Anscheinsbeweises** (*prima-facie*-Beweis) beanspruchen im Wett- **1638**
bewerbs- und Markenrecht normale Geltung.[417]

IX. Beweiserhebung

Rechtsgrundlagen: § 284 ff, 355 ff ZPO

Das Wettbewerbs- und Markenrecht kennt bei der Tatsachenermittlung einige Beson- **1639**
derheiten, die im Zivilprozess sonst nicht geläufig sind. Sie beziehen sich auf die Fälle,
in denen es auf das Verständnis oder die Beurteilung seitens der angesprochenen Verkehrskreise ankommt, also darauf,

- wie der Verbraucher die streitige Werbung versteht (Rn 120 ff),
- ob einer nicht eingetragenen Marke (§ 4 Nr. 2 MarkenG) oder einem Geschäftsabzeichen oder sonst zur Unterscheidung eines Geschäftsbetriebes von anderen bestimmten Zeichen (§ 5 Abs. 2 S. 2 MarkenG) die für ihren/seinen Schutz erforderliche Verkehrsgeltung (Rn 1049 ff) zukommt.
- Nicht dazu zählt jedoch die richterliche Feststellung im Kennzeichenrecht, ob Verwechslungsgefahr vorliegt (dazu Rn 1042 ff). Denn dabei handelt es sich um eine
  Rechtsfrage, die auch der Bundesgerichtshof unabhängig von den Feststellungen
  des Tatrichters entscheiden kann.[418] Allerdings kann Meinungsforschungsgutachten insoweit eine indizielle Bedeutung zukommen (Rn 1212).

Zunächst wurde bislang vielfach von § 291 ZPO Gebrauch gemacht. Wie die ange- **1640**
sprochenen Verkehrskreise die Werbung verstehen oder welche Wirkung sie auf sie hat,
kann in der Regel der Richter aufgrund eigener Sachkunde und Lebenserfahrung feststellen. Damit liegt jedoch keine offenkundige Tatsache im Sinne von § 291 ZPO vor,
wie der Bundesgerichtshof inzwischen unter Aufgabe seiner bisherigen Rechtsprechung[419] festgehalten hat.[420] Vielmehr handelt es sich um **Erfahrungswissen,**[421] das
allenfalls durch Sachverständigengutachten bewiesen werden kann. § 291 ZPO scheidet also als Grundlage zur Feststellung der Verkehrsauffassung aus.

Dennoch muss der **Richter** nicht zwingend stets ein Sachverständigengutachten einholen. Im Allgemeinen kann der Richter vielmehr selbst die Frage des Verkehrsverständnisses beantworten, wenn er **selbst zu dem umworbenen Verkehrskreis gehört** und es
sich um das Angebot von Gegenständen des allgemeinen Bedarfs handelt.[422] Bisher galt
dies schon dann, wenn er glaubte feststellen zu können, dass zumindest ein nicht un-

---

417 OLG Frankfurt GRUR 1999, 371 f (dort als „Beweislastumkehr" bezeichnet); Trepper in Götting/Norde-
mann vor § 12 UWG Rn 92.
418 BGH NJW-RR 1993, 553, 554 *Apetito/Apitta*; BGH GRUR 1992, 110, 111 *dipa/dib*.
419 BGH GRUR 1990, 607, 608 *Meister Kaffee*; BGH GRUR 1992, 406, 407 *Beschädigte Verpackung I*.
420 BGH GRUR 2004, 244, 245 *Marktführerschaft*.
421 BGH GRUR 2007, 1079 Tz. 36 *Bundesdruckerei* mwN.
422 BGH ständig seit GRUR 1982, 431, 432 *POINT* (in BGHZ 83, 52 nicht mit abgedruckt); BGH GRUR 1997,
929, 930 *Herstellergarantie* mwN; BGH WRP 1999, 183, 185 *Die Luxusklasse zum Nulltarif*; BGH GRUR
2000, 911, 914 *Computerwerbung*; BGH GRUR 2004, 244, 245 *Marktführerschaft*. Näheres Bornkamm
WRP 2000, 830.

erheblicher Teil des Verkehrs durch eine Werbeangabe getäuscht werden würde;[423] er selbst brauchte sich nicht irregeführt zu fühlen.[424] Inzwischen kommt es auf den durchschnittlich informierten, aufmerksamen und verständigen Durchschnittsverbraucher an.[425] Damit muss ein falsches Verständnis einer Minderheit von Verbrauchern zurücktreten (Rn 122 ff, 137). Deshalb kann der Richter jetzt auch seine Sachkunde und Lebenserfahrung zur Verneinung einer Irreführung einsetzen,[426] ohne eine Beweiserhebung durchzuführen.

Gehört der Richter nicht zu den angesprochenen Verkehrskreisen, gibt es ebenfalls keinen Rechtssatz, der den Richter stets zu einer Beweiserhebung zwingen würde.[427] Tendenziell ist hier aber größere Zurückhaltung geboten.

1641 Die Regel der richterlichen Feststellungen aufgrund eigener Sachkunde gilt nur dort, wo sie einfach und nahe liegend sind.[428] Liegen Umstände vor, die eine bestimmte **Auffassung als bedenklich** erscheinen lassen,[429] muss das Gericht eine Beweisaufnahme durchführen. Folgende **Beispiele** sind zu nennen:

- Es kommt für die Beurteilung auf die Auffassung bestimmter Verkehrskreise an, zu denen der Richter nicht ohne weiteres gehört und der Richter deshalb das Verkehrsverständnis nicht ebenso gut beurteilen kann wie die Fachkreise.[430]
- Ein Begriff befindet sich im Bedeutungswandel.[431]
- Das Oberlandesgericht will anders als die mit besonderer Sachkunde ausgestattete Kammer für Handelssachen am Landgericht entscheiden (§ 114 GVG).[432]

Bestehen Bedenken, sind die angebotenen Beweise zu erheben.[433] Selbst dann, wenn das Gericht bestimmte, nicht zu seiner Sachkunde gehörige Tatsachen für offenkundig hält (§ 291 ZPO), muss es Gegenbeweisanträgen nachgehen.[434] In diesen Fällen lassen sich zuverlässige Feststellungen meist nur aufgrund **demoskopischer Gutachten** (sog. Meinungsumfragen) treffen. Trotz der damit verbundenen Kosten machen die Gerichte

423 BGH GRUR 1971, 29, 31 *Deutscher Sekt*; BGH GRUR 1992, 450, 452 *Beitragsrechnung*; BGH GRUR 1997, 537, 538 f *Lifting-Creme*; vgl auch KG WRP 1977, 710, 712: Beurteilung einer Modezeitschrift durch männliche Richter.
424 BGH GRUR 1976, 195, 196 *Treffpunkt Mocca-Press*; BGH GRUR 1990, 532, 533 *Notarieller Festpreis*.
425 Vgl Rn 122. Zu dem danach maßgeblichen richterlichen Verständnis Eichmann GRUR 1999, 939.
426 BGH GRUR 2007, 1079 Tz. 36 *Bundesdruckerei*; BGH GRUR 2004, 244, 245 *Marktführerschaft*; BGH GRUR 2002, 182, 184 *Das beste jeden Morgen*; BGH GRUR 2000, 239, 240 *Last-Minute-Reise*; OLG GRUR-RR 2008, 448, 448 *Dolo Extra*; OLG Köln GRUR-RR 2008, 404, 405 *TV-Premiere*; OLG Hamburg GRUR-RR 2006, 285, 285 *DSL-Internetzugang*; OLG Saarbrücken GRUR-RR 2007, 161, 161 *20% auf alles*; BGH GRUR 2002, 550, 552 *Elternbriefe*; Bornkamm WRP 2000, 830, 834.
427 BGH GRUR 2007, 1079 Tz. 36 *Bundesdruckerei*; BGH GRUR 2004, 244, 245 *Marktführerschaft*.
428 BGH WRP 1995, 398, 401 *Rügenwalder Teewurst II* mwN; BGH GRUR 2000, 239, 240 *Last-Minute-Reise*.
429 BGH GRUR 2002, 550, 552 *Elternbriefe*; BGH WRP 2000, 91, 92 *Last-Minute-Reise*; BGH GRUR 1984, 467, 468 *Das unmögliche Möbelhaus* verlangte noch, *dass erhebliche Bedenken* gegen die Richtigkeit der eigenen Auffassung sprächen.
430 BGH GRUR 2004, 244, 245 *Marktführerschaft*. Beispiel: BGH GRUR 1993, 488, 490 f *Verschenktexte II* (maßgeblicher Verkehrskreis bei Verkehrsgeltung eines Titels).
431 BGH GRUR 1984, 465, 467 *Natursaft*.
432 BGH GRUR 1984, 741, 742 *patented*.
433 BGH GRUR 1985, 140, 141 *Größtes Teppichhaus der Welt*; BGH GRUR 1982, 491, 492 *Möbel-Haus*; BGH GRUR 1982, 431, 432 POINT (in BGHZ 83, 52 nicht mit abgedruckt); BGH WRP 1988, 236, 238 *In unserm Haus muss alles schmecken*; BGH WRP 1995, 596, 598 *Neues Informationssystem*; vgl aber BGH GRUR 1983, 245, 247 *naturrot I* und dagegen OLG Köln WRP 1984, 431, 432 *naturrot II*.
434 BGH GRUR 1992, 406, 407 *Beschädigte Verpackung*.

von dieser Möglichkeit Gebrauch,[435] und zwar auch für länger zurückliegende Tatbestände.[436]

Das Risiko dieses Beweismittels liegt in der Gefahr einer bewussten oder unbewussten Manipulation der Befragten durch suggestive, zu eng oder zu weit gefasste, zu „offene" oder zu „geschlossene" Fragen einerseits und in der möglicherweise unzutreffenden Gewichtung der – notwendig subjektiv gefärbten – Antworten andererseits.[437] Nach einer verbreiteten Faustregel sollte man möglichst mit „offenen" Fragen beginnen („Hier sehen Sie ... was denken Sie sich dabei?", „Was verstehen Sie unter dem Wort ...?") und die Fragestellung nach und nach einengen bis zur „geschlossenen" Frage, die nur noch eine Alternative in der Beantwortung zulässt („ja/nein", „es handelt sich um ... oder um ..."). In schwierigen Fällen empfiehlt es sich, die Brauchbarkeit der Fragestellung durch eine Probebefragung zu testen; damit lassen sich auch unklare oder missverständliche Fragen vermeiden.[438]

Auch die Schadensschätzung nach § 287 ZPO aus einem Wettbewerbsverstoß oder der **1642** Verletzung eines Kennzeichenrechts ist von den Gerichten letztlich aufgrund eigener Sachkunde zu leisten. Streitige Ausgangs- oder Anknüpfungstatsachen sind jedoch stets im Wege einer Beweiserhebung zu klären; andernfalls würde der Tatrichter das ihm vom Gesetzgeber zugewiesene Ermessen nicht gleichermaßen in Richtung beider Parteien ausüben.[439]

X. Hauptsachenerledigung

Rechtsgrundlagen: § 91 a ZPO

Oft erledigt sich die Hauptsache zB dadurch, dass der Antragsgegner eine **Unterlas-** **1643** **sungserklärung mit Vertragsstrafeversprechen** abgibt (Rn 919). Eine Erledigung kann auch dadurch eintreten, dass die Wiederholungsgefahr auf andere Weise als durch eine ausreichende Unterlassungserklärung beseitigt wurde (Rn 923). Auch die Verjährung stellt ein erledigendes Ereignis dar; Erledigung tritt aber erst im Zeitpunkt der Erhebung der Einrede ein.[440] Erledigen kann sich die Hauptsache ebenfalls dadurch, dass sich die Rechtslage zu Gunsten des Verletzers ändert wie bei Abschaffung der ZugabeVO[441]

---

435 Beispiele: BGH GRUR 1984, 465, 467 *Natursaft* und 467, 468 *Das unmögliche Möbelhaus*; BGH GRUR 1986, 322, 323 *Modemacher*; OLG Köln WRP 1984, 224 *Lübecker Marzipan III*; OLG Stuttgart WRP 1984, 232 *Kneipp-Mineralquelle*; OLG München GRUR 1984, 885, 886 einerseits, BGH GRUR 1989, 440, 442 f und 1990, 461, 462 f *Dresdner Stollen I und II* andererseits; BGH GRUR 1992, 66, 67 f *Königlich Bayerische Weisse*; BGH GRUR 1992, 70, 71 f *40 % weniger Fett*; BGH GRUR 1991, 852, 854 f *Aquavit*; BGH WRP 1993, 318, 320 *Verschenktexte II*; OLG Köln WRP 1991, 503, 505 f *Apollinaris*; kritisch zur Beweiserhebung durch demoskopische Gutachten und für eine alleinige Beurteilung durch den Richter: J. Westermann GRUR 2002, 403.
436 Vgl OLG Köln GRUR 1985, 559, 561 *CAMEL* (zehn Jahre zurück).
437 Dazu näher Tilmann GRUR 1984, 716 und GRUR 1989, 262 und 301; Böhm GRUR 1986, 290, beide mwN, sowie die Monographien beider und diejenige von Knaak (Lit.Verz.), ferner Ohde GRUR 1989, 88; Teplitzky WRP 1990, 145 und GRUR 1991, 709, 713; Ullmann GRUR 1991, 789, 795; Spätgens, FS Traub, S. 375. Auf den Unterschied Normalsituation/Befragungssituation geht OLG Köln WRP 1986, 354, 355 ff *Suchard* ein, auf das Problem der Suggestivfragen BGH GRUR 1987, 374, 375 f *Suchard-Milka*. Zur Kritik an unzureichenden Erhebungen s. auch BGH GRUR 2007, 1079 Tz. 31 *Bundesdruckerei*; BGH GRUR 1987, 171 f *Schlussverkaufswerbung I* und BGH GRUR 1993, 920, 922 *Emilio Adami II*.
438 Vgl BGH GRUR 1997, 669, 670 f *Euromint*.
439 So fast wörtlich BGH GRUR 1997, 741, 743 *Chinaherde*.
440 BGH (VIII. ZS) NJW 2010, 2422 Tz. 26 ff mwN zum Streitstand.
441 OLG Karlsruhe GRUR 2002, 909, 910 *Geburtstagsgutschein*.

oder der Aufhebung des Verbots der Sonderveranstaltungen in §§ 7, 8 UWG a.F. Dann kann der Verletzte seinen Antrag aber nicht auf eine andere Begründung stützen und nur hilfsweise für erledigt erklären. Er muss vielmehr den Streitgegenstand (Rn 1621 ff), der eine Verletzung des früheren Verbotes umfasst, isoliert für erledigt erklären[442].

Bei der Erledigungserklärung sollte der Antragsteller darauf achten, dass er die Erledigung erst für die Zeit nach Eintritt des erledigenden Ereignisses erklärt, wenn er schon einen gerichtlichen Titel besitzt. Dann kann er als Gläubiger des gerichtlichen Titels in jedem Fall noch Zuwiderhandlungen bis zur Abgabe der Unterlassungserklärung durch Bestrafungsantrag verfolgen[443] (Rn 1649 ff). Allerdings legt der Bundesgerichtshof uneingeschränkte Erledigungserklärungen im Zweifel im Interesse des Gläubigers so aus, dass sie erst für die Zukunft gelten und damit noch eine Vollstreckung aus dem Titel für die Vergangenheit möglich ist.[444]

XI. Kosten

Rechtsgrundlagen: §§ 91 ff. ZPO, RVG, § 140 Abs. 5 MarkenG

1644 Gegenüber den allgemeinen Regeln für die Kostenerstattung gelten für Wettbewerbs- und Kennzeichenprozesse einige Besonderheiten:

1645 Die Abmahnkosten gehen als Geschäftsgebühren seit in Kraft Treten des RVG nicht mehr vollständig in den Verfahrensgebühren auf. Nach Vorb. 3 Abs. 4 VV werden Abmahngebühren nur noch zur Hälfte, höchstens mit einem Gebührensatz von 0,75 angerechnet. Längere Zeit war umstritten, ob die Anrechnung auf die (gerichtliche) Verfahrensgebühr oder auf die (außergerichtliche) Geschäftsgebühr erfolgt. Nach Einführung des § 15a RVG zum 5.8.2009 ist der Bundesgerichtshof auf die einheitliche Linie eingeschwenkt, dass keine Anrechnung auf die Verfahrensgebühr erfolgen muss.[445]

Da bei wettbewerbs- und markenrechtlichen Abmahnungen mindestens eine Gebühr von 1,3 die Regel sein sollte (Rn 1543), erfolgt also zB bei einer Gebühr von 1,3 eine Anrechnung auf die Geschäftsgebühr mit 0,65. Die nicht anrechenbaren und damit einklagbaren Abmahngebühren können allerdings nicht als notwendige Kosten im Kostenfestsetzungsverfahren, sondern müssen als materiell-rechtlicher Zahlungsanspruch in einem Hauptsacheverfahren geltend gemacht werden. Verbände, die satzungsgemäß zumindest *auch* die Überwachung des lauteren Wettbewerbs bezwecken, müssen so ausgestattet sein, dass sie keinen Anwalt für die Abmahnung brauchen;[446] sie können deshalb nur eine Kostenpauschale abrechnen (Rn 1537). In Verfahren vor den Einigungsstellen (§ 15 UWG) fällt eine 1,5 Geschäftsgebühr an (Nr. 2403 Nr. 4 VV); bereits entstandene Abmahngebühren können nur zur Hälfte angerechnet werden (Anm. zu 2403 VV).

---

442 BGH GRUR 2003, 890, 892 *Buchclub-Kopplungsangebot*.
443 BGH GRUR 2004, 264, 266 *Euro-Einführungsrabatt*.
444 BGH GRUR 2004, 264, 267 *Euro-Einführungsrabatt*.
445 BGH v. 7.2.2011, Az. I ZB 95/09 Tz. 11 ff mwN. = MD 2011, 313.
446 OLG Koblenz GRUR 1983, 523; vgl auch BGH WRP 1984, 405, 406 *Anwaltsabmahnung*.

Die **Umsatzsteuer** („**Mehrwertsteuer**"), die der Anwalt erhebt, ist nur dann vom Schuldner zu erstatten, wenn dem Gläubiger in Höhe der Umsatzsteuer ein Schaden entsteht. Das trifft auf denjenigen Abmahnenden zu, der nicht vorsteuerabzuberechtigt ist. In diesen Fällen entsteht in Höhe der anwaltlichen Umsatzsteuer beim Verletzten ein Aufwand. Ansonsten sind die Anwaltskosten netto zu erstatten.

Zinsen auf die Abmahnkosten können nur in Höhe von 5% p.a. über dem Basissatz verlangt werden (§ 288 Abs. 1 S. 2 BGB). Abmahnkosten sind keine Entgeltforderungen gem. § 288 Abs. 2 BGB, so dass eine Verzinsung mit 8% p.a. über dem Basissatz ausscheidet.[447]

Die Kosten von **Patentanwälten** sind in Wettbewerbssachen dann erstattungsfähig, wenn die Erörterung technischer Tatbestände nahe liegt.[448]   **1646**

Bei **Kennzeichenstreitsachen** (dazu oben Rn 1002 ff) sind gem. § 140 Abs. 3 MarkenG zusätzlich zu Rechtsanwaltsgebühren grundsätzlich auch in jeder Instanz Gebühren nach RVG für den **mitwirkenden Patentanwalt** erstattungsfähig, und zwar infolge einer Gesetzesänderung seit dem 1. Januar 2002 nicht mehr nur in Höhe einer vollen Prozessgebühr, sondern nunmehr in Höhe der tatsächlich angefallenen Gebühren.[449] **Dadurch kann neben dem Rechtsanwalt auch der Patentanwalt Prozess-, Verhandlungs- und Vergleichsgebühr erstattet verlangen – vorausgesetzt, sie sind jeweils auch in seiner Person tatsächlich entstanden (Mitwirkung am Verfahren, Teilnahme an mündlicher Verhandlung, Mitwirkung am Zustandekommen eines Vergleiches).** Ein Anwalt, der sowohl Patent- als auch Rechtsanwalt ist, kann danach doppelte Kostenerstattung verlangen, wenn er in beiden Funktionen beauftragt wurde.[450] Markenverletzungsverfahren können also für die unterliegende Partei sehr teuer werden. Das mag auf den ersten Blick ungewöhnlich sein. Tatsächlich gehört es aber auch noch heute zu den patentanwaltlichen Betätigungsfeldern, Marken anzumelden, zu überwachen und zu verwalten, so dass der Gesetzgeber es für sinnvoll gehalten hat, dem Patentanwalt grundsätzlich eine Mitwirkung in Kennzeichenstreitsachen zu ermöglichen. Für die Erstattungsfähigkeit der patentanwaltlichen Mitwirkungsgebühren genügt die **tatsächliche Mitwirkung**, ohne dass Umfang, Schwierigkeitsgrad, Erforderlichkeit oder gar Entscheidungserheblichkeit seiner Mitwirkungshandlungen zu prüfen wären. Der Mitwirkungsanzeige kommt bloß eine indizielle Wirkung zu.[451] Wird die Mitwirkung des Patentanwalts nicht bis zur Beendigung des Rechtsstreits angezeigt, kann dieses Versäumnis im Kostenfestsetzungsverfahren nachgeholt und dessen Mitwirkung glaubhaft gemacht werden.[452] Der Begriff der Kennzeichenstreitsache umfasst nicht nur Ansprüche aus eingetragenen Marken, sondern auch aus geschäftlichen Bezeichnungsrechten sowie wettbewerbsrechtliche Ansprüche, wenn die Streitsache auch unter kennzeichenrecht-

---

447 OLG München MMR 2008, 677 mwN.; OLG Celle GRUR-RR 2007, 111.
448 OLGe Nürnberg GRUR 1976, 389, Düsseldorf WRP 1977, 28 und Frankfurt GRUR 1993, 161; KG NJWE-WettbR 2000, 76; s. schon Traub WRP 1986, 286.
449 Aufgrund des Gesetzes zur Bereinigung von Kostenregelungen auf dem Gebiet des geistigen Eigentums vom 13. Dezember 2001 wurden in § 140 Abs. 5 MarkenG die Worte „bis zur Höhe einer vollen Gebühr" gestrichen.
450 BGH GRUR 2003, 639 *Kosten des Patentanwalts*.
451 OLG Hamburg MDR 2007, 369; OLG Frankfurt GRUR-RR 2003, 125; OLG Nürnberg GRUR-RR 2003, 29.
452 OLG Hamburg MDR 2007, 369 mwN.

lichen Gesichtspunkten zu prüfen war; die patentanwaltlichen Mitwirkungsgebühren sind daher bei solchen Streitigkeiten ebenfalls erstattungsfähig.[453] Bei Mitwirkung ausländischer Patentanwälte kommt es – neben der tatsächlichen Mitwirkung – entscheidend darauf an, ob er nach seiner Ausbildung und dem Tätigkeitsbereich, für den er in Italien zugelassen ist, im Wesentlichen einem in Deutschland zugelassenen Patentanwalt gleichgestellt werden kann.[454] - Für die **Abmahnung** kommt jedoch nur unter engen Voraussetzungen eine Erstattung für die patentanwaltliche Mitwirkung in Betracht (Rn 1545).

Die Kosten für die Beschaffung der **Beweismittel** (z. B. eines unlauter nachgeahmten Produktes) sind im Verletzungsprozess nach § 91 ZPO zu erstatten, jedoch sind die **Testkaufkosten** nur Zug um Zug gegen Übergabe und Übereignung der gekauften Sache festzusetzen.[455] Entsprechendes gilt für die Kosten eines **Privatgutachtens**[456] oder einer **demoskopischer Umfrage**,[457] wenn dessen Ergebnisse vom Gericht verwertet wurden oder nur mit seiner Hilfe die Rechtsverteidigung im Prozess sachgerecht vorbereitet werden konnte. Andere Aufwendungen zur Ermittlung und Rechtsverfolgung können nur als Kostenerstattung nach § 12 Abs. 1 S. 2 UWG oder als Schadensersatz nach § 9 S. 1 UWG geltend gemacht werden.

Reisekosten eines auswärtigen Anwalts (nicht am Sitz der Partei ansässig) sind grundsätzlich dann nicht erstattungsfähig, wenn die Partei an ihrem Sitz verklagt wird.[458] Ausnahmen können sich dann ergeben, wenn die tatsächliche (nicht die zweckmäßige!) Organisation der Partei die Beauftragung eines auswärtigen Anwalts als zweckentsprechend erscheinen lässt.[459] Ein Unternehmen (egal ob mit oder ohne eigene Rechtsabteilung) kann sich aber eines Rechtsanwalts am eigenen Sitz bedienen und diese Kosten bei auswärtigen Prozessen erstattet verlangen.[460] Die nach UWG klagebefugten Verbände müssen sich jedoch grundsätzlich einen Rechtsanwalt am Sitz des Prozessgerichts nehmen und ihn schriftlich instruieren.[461]

Ausländische Parteien dürfen sich in Sachen größeren Umfangs (mehr als ein halber Tag für die Information) eines Verkehrsanwalts in ihrem Heimatland bedienen,[462] der nicht unbedingt an ihrem Sitz ansässig sein muss.[463]

---

453 KG Mitt. 2000, 423, 423 *Erstattungsfähigkeit der Patentanwaltskosten*; OLG Dresden GRUR 1997, 468 *Erstattungsfähigkeit von Patentanwaltskosten*.
454 BGH GRUR 2007, 999 Tz. 14 ff *consulente in marchi*.
455 KGR 2003, 163; OLG Stuttgart NJW-RR 1986, 978.
456 OLG Frankfurt GRUR 1994, 532, 533 *Software-Prozess*.
457 KG GRUR 1987, 473 *Meinungsumfragekosten*.
458 BGH GRUR 2010, 367 Tz. 10 *Auswärtiger Rechtsanwalt VIII*; BGH NJW-RR 2009, 283 Tz. 6; BGH NJW 2003, 901, 902 *Auswärtiger Rechtsanwalt I*.
459 BGH GRUR 2010, 367 Tz. 11 *Auswärtiger Rechtsanwalt VIII* mwN.
460 BGH NJW 2003, 898; BGH GRUR 2003, 725 *Auswärtiger Rechtsanwalt II*.
461 BGH GRUR 2009, 191 Tz. 9 *Auswärtiger Rechtsanwalt VII*; BGH GRUR 2004, 448 *Auswärtiger Rechtsanwalt IV*.
462 OLG Frankfurt WRP 1986, 286.
463 OLG Frankfurt GRUR 1988, 448 L.

XII. Aufbrauchsfrist

Rechtsgrundlagen: § 242 BGB

Auf Antrag[464], aber auch von Amts wegen[465] kann dem Beklagten eine angemessene **1647** Aufbrauchsfrist für vorhandene Werbematerialien oder Produkte aus § 242 BGB zugebilligt werden, wenn ihm einerseits für den Fall einer sofortigen Umstellung unverhältnismäßige Nachteile erwachsen würden und die befristete Weiterbenutzung für den Verletzten keine unzumutbaren Beeinträchtigungen mit sich bringt.[466] Deshalb darf für aufzubrauchende Produkte auch nicht besonders geworben werden. Die Gewährung kann auch noch in der Revisionsinstanz geschehen,[467] dies zumindest dann, wenn die Berufungsentscheidung zugunsten des Beklagten ergangen war.[468] Anderenfalls wird man in der Regel zu erwarten haben, dass der Beklagte sich nach einem ihm ungünstigen OLG-Urteil rechtzeitig auf die Möglichkeit eines Prozessverlustes in der Revisionsinstanz einstellt.[469] Jedenfalls müssen die vom Revisionsgericht zugrunde zu legenden Tatumstände entweder unstreitig oder in den Tatsacheninstanzen festgestellt sein.[470] Auch im Verfügungsverfahren ist die Gewährung einer Aufbrauchfrist denkbar,[471] und zwar, da darüber von Amts wegen zu befinden ist, auch im Beschlussverfahren.[472] Für die isolierte Anfechtung der Aufbrauchsfristenregelung lässt das Kammergericht, wenn im Urteil nichts Näheres über ihren Charakter gesagt ist, wahlweise die Berufung oder die Beschwerde nach § 793 ZPO zu.[473] Denkbar ist stattdessen auch ein Vollstreckungsaufschub.[474]

Von der Aufbrauchsfrist, die nur das befristete Dulden auslaufender Störungen bedeu- **1648** tet, sind systematisch die Beseitigungsfrist, also die Frist, *innerhalb* derer der Schuldner eine fortwirkende Störung zu beseitigen hat,[475] und die Umstellungsfrist zu trennen. Innerhalb der letzteren bleiben dem Schuldner verbotswidrige Maßnahmen erlaubt; das Unterlassungsgebot ist ausgesetzt.[476]

---

464 OLG Karlsruhe GRUR-RR 2010, 234 *Reisebürosoftware*; KG GRUR-Prax 2010, 133; OLG Thüringen MD 2010, 177, 186; OLG Sachsen-Anhalt MD 2009, 678, 695.
465 BGH GRUR 2007, 1079 Tz. 40 *Bundesdruckerei*; BGH GRUR 1985, 930, 932 *JUS-Steuerberatungsgesellschaft*; Bornkamm in Köhler/Bornkamm § 8 UWG Rn 1.66.
466 BGH GRUR 2007, 1079 Tz. 40 *Bundesdruckerei* mwN.; BGH GRUR 1974, 474, 475 *Großhandelshaus*.
467 BGH GRUR 1982, 425, 431 *Brillen-Selbstabgabestellen* (in BGHZ 82, 375 nicht mit abgedruckt).
468 BGH GRUR 1969, 690, 693 *Faber*.
469 BGH GRUR 1968, 431, 433 *Unfallversorgung*.
470 BGH GRUR 1974, 474, 475 *Großhandelshaus*.
471 KG WRP 1972, 143, 144; OLG Stuttgart WRP 1989, 832 f; OLG Düsseldorf AnwBl. 1991, 46; OLG Koblenz NJWE-WettbR 1996, 45; Bornkamm in Köhler/Bornkamm § 8 UWG Rn 1.68; aA OLG Frankfurt GRUR 1988, 46, 49 *Flughafenpassage* (nur ganz ausnahmsweise und nur unter besonderen Umständen); ähnlich OLG Stuttgart WRP 1989, 832, 833; Ulrich WRP 1991, 26, 28 mwN. zum Streitstand. Zur Gewährung einer Aufbrauchfrist im vorprozessualen Abmahnverfahren s. Kisseler WRP 1991, 691; Berlit WRP 1998, 250, 252.
472 Berlit WRP 1998, 250, 252 mwN in Fn 28.
473 WRP 1971, 326 f.
474 KG WRP 1972, 143, 144 und WRP 1983, 523 L. Einschränkend OLG Koblenz WRP 1981, 545 mwN.
475 RG GRUR 1932, 1052, 1055 *Markenschutzbund*.
476 BGH GRUR 1982, 425, 431 *Brillen-Selbstabgabestellen*; BGH GRUR 1966, 495, 496 *Uniplast*; wohl auch OLG Düsseldorf WRP 1986, 92 (die Entscheidungen sprechen von „Aufbrauchfrist").

XIII. Zwangsvollstreckung

Rechtsgrundlagen: §§ 704 ff ZPO, insbesondere §§ 890, 891 ZPO

1649 In Wettbewerbssachen findet die Zwangsvollstreckung in aller Regel aus **Unterlassungstiteln** statt, also im Wege des Ordnungsmittelverfahrens (§§ 890, 891 ZPO). Für eine Zwangsvollstreckung ist ein Ordnungsmittelantrag an das erstinstanzliche Prozessgericht des Erkenntnisverfahrens zu richten. Bei Stellung des Antrages müssen die **allgemeinen Voraussetzungen der Zwangsvollstreckung** (§ 750 Abs. 1 ZPO) vorliegen. **Einstweilige Verfügungen müssen** gem. § 929 ZPO im Parteibetrieb **vollzogen werden** (Rn 1581).

Eine andere Frage ist jedoch, **ab wann Verbotsverfügungen zu beachten** sind. Urteile mit Ordnungsmittelandrohung **im Hauptsacheverfahren** sind ab Vollstreckbarkeit für den Schuldner relevant; die Voraussetzungen gem. § 750 Abs. 1 ZPO müssen erst im Zeitpunkt der Stellung des Ordnungsmittelantrages des Gläubigers, noch nicht im Zeitpunkt der Zuwiderhandlung vorliegen.[477]

Einstweilige Verfügungen müssen unter bestimmten Voraussetzungen schon vor ihrer Vollziehung gem. § 929 ZPO vom Schuldner beachtet werden. Im **Beschlussweg** erlassene Einstweilige Verfügungen sind zwar erst ab dem Zeitpunkt der Vollziehung für den Schuldner von Bedeutung. Für nach mündlicher Verhandlung **durch Urteil ergangene Einstweilige Verfügungen** gilt jedoch etwas anderes. Der Bundesgerichtshof hat hier entschieden, dass die Urteilsverfügung bereits mit der Verkündung des Urteils wirksam wird und vom Schuldner ab diesem Zeitpunkt zu beachten ist, sofern sie – wie im Regelfall - eine Ordnungsmittelandrohung enthält.[478] Bereits ab Verkündung muss der Schuldner also die Urteilsverfügung beachten. Die Festsetzung eines Ordnungsmittels setzt allerdings voraus, dass im Zeitpunkt der Antragstellung des Gläubigers die allgemeinen Voraussetzungen der Zwangsvollstreckung vorliegen und die Urteilsverfügung vollzogen ist.[479] Ist eine **Sicherheit angeordnet**, gehört – auch bei Urteilsverfügungen – jedoch die Zustellung der angeordneten Sicherheit dazu. Folgt der Schuldner dem Gebot vorher, so hat er jedenfalls keinen Schadenersatzanspruch aus § 945 ZPO.[480]

Zu beachten ist, dass der Schuldner nicht dadurch seiner Pflicht zur Beachtung der Verbotsverfügung entziehen kann, dass er den Kontakt zu seinem Anwalt abbricht.

Beispiel: Eine Einstweilige Beschlussverfügung wurde wirksam an den Anwalt des Schuldners zugestellt, also vollzogen (§ 929 ZPO). Der Anwalt konnte jedoch den Schuldner nicht erreichen und ihm den Erlass der Verbotsverfügung mitteilen, weil der Schuldner über die dem Anwalt bekannten Kommunikationswege nicht erreichbar war. Das OLG Frankfurt hat hier den Schuldner mit einem Ordnungsmittel wegen fahrlässiger Nichtbeachtung der Verfügung belegt.[481]

1650 Anlass für eine Bestrafung des Schuldners sind alle **Verstöße gegen das gerichtliche Verbot**. Es umfasst nur **identische Handlungen**, sofern es auf diese abschließend beschränkt ist. Ansonsten können auch Handlungen vom Verbot erfasst sein, die zwar

477 BGH GRUR 2009, 890 Tz. 14 *Ordnungsmittelandrohung*.
478 BGH GRUR 2009, 890 Tz. 9 ff *Ordnungsmittelandrohung* mwN. zum Streitstand.
479 BGH GRUR 2009, 890 Tz. 14 *Ordnungsmittelandrohung*.
480 BGHZ 131, 233, 235 f *Unterlassungsurteil gegen Sicherheitsleistung*; v. d. Groeben GRUR 1999, 674, 675.
481 OLG Frankfurt NJWE-WettbR 2000, 148.

nicht dem Wortlaut des Titels, wohl aber den Charakteristika der durch ihn verbotenen Verletzungshandlung entsprechen[482] („**Kerntheorie**", Rn 1613). Ob das gerichtliche Verbot sich nur auf identische Handlungen oder auch auf kerngleiche Handlungen erstreckt, ist durch **Auslegung des Titels** zu ermitteln.

Die **Darlegungs- und Beweislast für den objektiven Verstoß** trägt nach den allgemeinen Regeln der Gläubiger.[483] Beweiserleichterungen nach den üblichen Regeln sind denkbar. Zwar ist dagegen eingewandt worden, es handele sich beim Ordnungsmittelverfahren um ein Verfahren mit Strafcharakter für den Schuldner, so dass zB die Führung des Anscheinsbeweises durch den Gläubiger für die Feststellung eines Verstoßes nicht genügend sei.[484] Das Bundesverfassungsgericht hat jedoch eine andere Richtung eingeschlagen; es seien auf das Verfahren nach § 890 ZPO keine strafprozessualen Beweisanforderungen anzuwenden, weil das Verfahren nach § 890 ZPO nicht dem Amtsermittlungs-, sondern dem Beibringungsgrundsatz folge.[485] Insbesondere können dem Gläubiger für das Vorliegen des objektiven Verstoßes Beweiserleichterungen zu Gute kommen, wenn sich das Vorliegen eines Verstoßes gegen einen Unterlassungstitel aufgrund von Indizien aufdrängt und es allein dem Schuldner möglich und zumutbar ist, das Gegenteil darzutun.[486] Die Möglichkeit von Beweiserleichterungen bei der Feststellung des objektiven Verstoßes ist von der vollständigen Beweislastumkehr bei der Feststellung des Verschuldens zu trennen (Rn 1652).

Ob bei einer Mehrzahl von Verstößen noch ein **Fortsetzungszusammenhang** zugunsten des Schuldners angenommen werden kann, ist nach einer Änderung in der strafrechtlichen Rechtsprechung[487] verschiedentlich in Zweifel gezogen worden.[488] Inzwischen hat der Bundesgerichtshof nicht nur im Recht der Vertragsstrafe,[489] sondern auch für die Zwangsvollstreckung aus Unterlassungsurteilen das Institut des Fortsetzungszusammenhanges endgültig aufgegeben.[490] Mehrere Handlungen können danach nur zusammengefasst werden, wenn sie aufgrund ihres (zeitlichen und räumlichen) Zusammenhanges so eng miteinander verknüpft sind, dass sie bei lebensnaher Betrachtungsweise als ein einheitliches Tun erscheinen (natürliche Handlungseinheit).[491]

1651

Für die Bestrafung aus den §§ 890, 891 ZPO ist **Verschulden** nötig,[492] und zwar eigenes;[493] § 278 BGB findet keine Anwendung. Regelmäßig kommt es deshalb auf das

1652

---

482 BVerfG GRUR 2007, 618 Tz. 20 *Organisationsverschulden* zur verfassungsrechtlichen Unbedenklichkeit der Kerntheorie; OLG München WRP 2002, 266, 267 f; OLG Düsseldorf WRP 1979, 552 und WRP 2000, 1420, 1421; OLG Köln WRP 1976, 116, 117 m. Anm. Pastor und GRUR 1987, 570.

483 OLG Zweibrücken GRUR 1986, 839. Die Führung des Anscheinsbeweises durch den Gläubiger genügt für die Feststellung eines Verstoßes nicht, KG GRUR 1991, 707 *Beweislast bei Unterlassungspflichtverstoß.*

484 KG GRUR 1991, 707, 708 *Beweislast bei Unterlassungspflichtverstoß.*

485 BVerfG 82, 84 = WRP 1991, 611.

486 OLG Frankfurt GRUR 1999, 371, 372; zustimmend Köhler in Köhler/Bornkamm § 12 UWG Rn 6.8.

487 BGH NJW 1994, 1663; Abschaffung des sog. Fortsetzungszusammenhangs bei der Vertragsstrafe durch BGH GRUR 2001, 758, 759 f *Trainingsvertrag.*

488 Mankowski WRP 1996, 1144; dagegen schon Ulrich WRP 1997, 93 und inzwischen Schuschke WRP 2000, 1008 mwN.; weitere Quellen in BGH GRUR 2001, 758, 759 *Trainingsvertrag.*

489 BGH GRUR 2001, 758 *Trainingsvertrag.* Dazu auch Rn 919.

490 BGH GRUR 2009, 427 Tz. 14 *Mehrfachverstoß gegen Unterlassungstitel*; siehe auch OLG Naumburg WRP 2007, 566, 569 f *Autoglas-Reparatur.*

491 BGH GRUR 2001, 758 *Trainingsvertrag*; Köhler in Köhler/Bornkamm § 12 UWG Rn 6.4.

492 BVerfGE 20, 323 ff und BVerfG NJW 1981, 2457.

493 BVerfGE 84, 82 = WRP 1991, 611.

Organisationsverschulden des Schuldners selbst oder – bei juristischen Personen – auf das Organisationsverschulden der Organe an.

Beispiel: Im eben genannten Beispiel des für seinen Anwalt nicht erreichbaren Schuldners ist also ein etwaiges Verschulden des den Schuldner vertretenden Anwaltes unbeachtlich. Jedoch war dem Schuldner vorzuwerfen, dass er seine Kommunikation mit seinem Anwalt (fahrlässig) schlecht organisiert hatte.[494]

Der Schuldner hat für sein fehlendes Verschulden – nicht jedoch für das Fehlen des objektiven Verstoßes (Rn 1650)– den **Entlastungsbeweis** zu führen.[495] Denn die beanstandete Maßnahme liegt in seinem Verhalten oder dem Verhalten seiner Mitarbeiter, also in seiner Sphäre. Der Schuldner muss also darlegen, welche Maßnahmen er ergriffen hat, um den Verstoß zu verhindern.[496]

Im Hinblick auf diesen Entlastungsbeweis ist **die Rechtsprechung streng:** Der Schuldner muss nicht nur alles unterlassen, was eine Verletzung auslösen könnte, sondern auch alles Zumutbare *tun*, um Verstöße zu verhindern.[497]

Gegenüber seinen Mitarbeitern und Beauftragten muss der Schuldner tätig werden; dabei muss er seinen Mitarbeitern oder Beauftragten schriftlich **mitteilen**, dass ihm die entsprechende Handlung per Androhung von Ordnungsmitteln bis 250.000, – Euro, ersatzweise Ordnungshaft, verboten wurde und auffordern, die relevanten Handlungen zu unterlassen. Nur dann können die Beauftragten und Mitarbeiter die Bedeutung ihres Handelns richtig einschätzen.[498] Der Schuldner muss deshalb auch bereits erteilte Anzeigenaufträge aktiv widerrufen[499] (auch wenn das Geld kostet), wobei der telefonische Widerruf allein nicht genügt,[500] ja ggf der Zeitung rechtliche Konsequenzen androhen,[501] Mitarbeiter kontrollieren[502] und nötigenfalls durch Rundschreiben unterrichten.[503]

Die Berufung auf eine entsprechende Beratung seines Anwalts,[504] auf den Redaktionsschluss bei Anzeigenaufträgen,[505] auf die Überprüfungstätigkeit seiner Werbeagentur[506] entkräften den Schuldvorwurf allein nicht. Es entlastet den Schuldner auch nicht, dass er fälschlich davon ausging, eine Einstweilige Urteilsverfügung sei vor Vollziehung (§ 929 ZPO) von ihm noch nicht zu beachten, auch als das noch nicht höchstrichterlich geklärt war.[507]

---

494   OLG Frankfurt NJWE-WettbR 2000, 148.
495   BGH GRUR 2009, 427 Tz. 16 *Mehrfachverstoß gegen Unterlassungstitel*; OLG Köln WRP 1981, 546.
496   BGH GRUR 2009, 427 Tz. 16 *Mehrfachverstoß gegen Unterlassungstitel*.
497   BGH GRUR 1993, 415 *Straßenverengung*. Ferner BGH GRUR 2009, 427 Tz. 16 *Mehrfachverstoß gegen Unterlassungstitel*.
498   OLG Nürnberg WRP 1999, 1184, 1185; OLG Hamburg NJW-RR 1993, 1392.
499   OLG Stuttgart WRP 1983, 305 L.
500   OLG Düsseldorf GRUR 1985, 81; OLG Köln GRUR 1986, 195; LG Gießen WRP 2001, 743.
501   OLG Hamburg WRP 1997, 52.
502   Zum Organisationsverschulden der juristischen Person und für Organe nach § 31 BGB, BVerfG GRUR 2007, 618 Tz. 11 *Organisationsverschulden*; OLG Köln WRP 1983, 305 L und 1987, 265 (Werbeagentur); OLG Saarbrücken nach Beck WRP 1986, 77, 82.
503   LG Memmingen WRP 1983, 301, 302.
504   OLG Bremen BB 1970, 1320; OLG Frankfurt WRP 1977, 32, 33 und NJW-RR 1996, 1071, 1072; vgl aber KG WRP 1979, 860, 861 (Auskunft des Gerichtsvorsitzenden).
505   KG WRP 1973, 157; vgl auch OLG Köln WRP 1981, 546.
506   KG GRUR 1984, 611 *Werbung durch Agentur*.
507   BGH GRUR 2009, 890 Tz. 18 *Ordnungsmittelandrohung*.

- Der Schuldner ist außerdem gehalten, markenverletzende Produkte oder wettbewerbswidrige Prospekte zurückzuziehen,[508] wenn er darüber noch die Verfügungsgewalt, insbesondere daran Eigentum, hat;[509] der Verkauf bereits ausgelieferter Ware durch Händler verstößt also regelmäßig nicht gegen die Unterlassungspflicht des Herstellers;[510] über die eigenen Vertragspartner im Vertrieb hinaus muss der Schuldner nicht tätig werden; deshalb ist die Verpflichtung zum Rückruf von unlauter vertriebenen Möbeln bei nicht weisungsgebundenen Abnehmern zweifelhaft,[511] jedenfalls zu weit geht ein Rückruf von vermarkteten Arzneimitteln bei Nicht-Vertragspartnern.[512] Genauso wenig ist mangels Verfügungsgewalt ein Rückruf bei Letztabnehmern tunlich.

- Ferner muss der Schuldner sicherstellen, dass nur noch seine korrigierte Homepage abrufbar ist.[513]

Kein Verschulden liegt vor, wenn ein Hostprovider zu zumutbaren Filterverpflichtungen verpflichtet ist und es dann trotzdem zu Verletzungen kommt, der Hostprovider aber keine zumutbaren Filterverpflichtungen verletzt hat.[514] Die Übergänge zum Beseitigungsanspruch sind hier allerdings fließend (Rn 933).

Zur – teils schärferen – Haftung des Schuldners aus einem **Vertragsstrafeversprechen** s. Rn 930 ff. Einzelheiten bei Steinbeck GRUR 1994, 90. Deshalb mag teilweise durchaus überlegenswert sein, einen gerichtlichen Titel gegen sich ergehen zu lassen, anstatt ein strafbewehrtes Unterlassungsversprechen abzugeben (vgl Rn 1675). Zur Verjährung s. Rn 975.

Ausnahmsweise wurde ein **Verschulden verneint,** wo das Unterlassungsgebot mehrere Jahre ordnungsgemäß befolgt und erst dann ein „Ausreißer" passiert war.[515]

Die **Höhe** der Ordnungsstrafe bemaß das OLG Hamburg früher nach dem Streitwert der Hauptsache.[516] Das war allzu schematisch, um richtig sein zu können. Maßgebend sind vielmehr alle Umstände des Einzelfalles,[517] nämlich: **1653**

- Art, Umfang, Dauer des Verstoßes,
- Verschuldensgrad,
- Der Vorteil des Verletzers aus der Verletzungshandlung sowie
- Die Gefährlichkeit der begangenen und möglicher zukünftiger Verletzungshandlungen für den Verletzten.[518]

---

508 OLG Köln GRUR-RR 2008, 365, 365 *Möbelhandel*; OLG Hamburg GRUR 1989, 150 f.; OLG Frankfurt WRP 1989, 724.
509 Vgl BGH GRUR 1974, 666, 669 *Reparaturversicherung*, OLG Hamburg NJWE-WettbR 2000, 15, 16 *Spice Girls*.
510 OLG Hamburg NJWE-WettbR 1997, 56.
511 Einen Verstoß annehmend OLG Köln GRUR-RR 2008, 365, 366 *Handlungspflichten nach Vertriebsverbot*; zustimmend OLG Frankfurt GRUR-RR 2009, 412 *Schreibtischunterlage*.
512 So aber wohl OLG Saarbrücken GRUR 2000, 921 *Chronoslim*. Kritisch Jan Bernd Nordemann in Fromm/Nordemann § 97 UrhG Rn 219.
513 OLG Köln CR 2000, 770.
514 BGH GRUR 2007, 708 Tz. 47 *Internet-Versteigerung II*.
515 OLG Frankfurt NJWE-WettbR 1996, 156.
516 OLG Hamburg WRP 1981, 221, 222 und GRUR 1987, 66: 1/20 für den Erstverstoß.
517 BGH GRUR 2004, 264, 267 f. *Euro-Einführungsrabatt*; KG WRP 1979, 367 f.
518 BGH GRUR 2004, 264, 268 *Euro-Einführungsrabatt*.

■ Eine zuvor gezahlte oder festgesetzte Vertragsstrafe ist mindernd zu berücksichtigen.[519]

Der Tatrichter hat bei der Festsetzung des Ordnungsmittels ein revisionsrechtlich nur eingeschränkt überprüfbares **Ermessen**.[520] Eine titelverletzende Werbekampagne über einen Monat mit hohem Aufwand und großem Beeinträchtigungspotential für den Gläubiger zieht beispielsweise regelmäßig eine beträchtliche Geldstrafe nach sich,[521] wobei das OLG Köln jedenfalls den vollen aus dem Verstoß erzielten Gewinn abschöpft.[522]

Beispiel: In einem allerdings relativ schwerwiegenden Fall mit Verletzung in 184 Filialen und einer Umsatzsteigerung durch die Verletzung im zweistelligen Millionenbereich billigte der Bundesgerichtshof eine Strafe von EUR 200.000.[523]

In der Praxis liegen die Strafen beim Erstverstoß bei ca. EUR 5.000 bis 20.000, teilweise auch bis zu EUR 100.000, im Wiederholungsfall wird die zunächst festgesetzte Strafe oft verdoppelt.

Haftstrafen können im Titel, obwohl § 890 ZPO eigentlich ein Alternativverhältnis zur Geldstrafe vorsieht, auch kumulativ angeordnet werden, ohne dass dies schadet.[524] Ersatzordnungshaft wird bei juristischen Personen an ihrem *derzeitigen* Organ vollzogen;[525] dieses muss deshalb im Anordnungsbeschluss als Person namentlich und mit Anschrift bezeichnet sein.[526]

Die **Vollstreckung** eines Ordnungsmittels ist ausgeschlossen, wenn seit Beginn der Vollstreckbarkeit zwei Jahre verstrichen sind.[527]

1654 Bei **mehreren Titeln** wegen desselben Wettbewerbsverstoßes kann nur aus einem von ihnen vollstreckt werden;[528] ein zweiter Ordnungsbeschluss verstößt selbst dann noch gegen den Grundsatz *ne bis in idem*, wenn die Vollstreckung daraus in Höhe des bezahlten Ordnungsgeldes aus dem ersten Beschluss abgewendet werden kann.[529] Gleiches muss für Ordnungsgeld und Vertragsstrafe gelten, wenn Titel und Vereinbarung nebeneinander bestehen.[530] Deswegen kann es nicht richtig sein, wenn das OLG Hamm die in einer Parallelsache verwirkte Ordnungsstrafe zur Hälfte auf die erneut wegen desselben Verstoßes verhängte Ordnungsstrafe anrechnet.[531]

1655 Ob der Schuldner noch nach **Erledigung der Hauptsache** für eine vorher begangene Zuwiderhandlung bestraft werden kann, war sehr streitig,[532] ist aber zwischenzeitlich

---

519 BGH GRUR 2010, 355 Tz. 32 *Testfundstelle*.
520 BGH GRUR 2004, 264, 268 *Euro-Einführungsrabatt*.
521 OLG Düsseldorf GRUR-RR 2002, 151, 152 *Hartnäckige Zuwiderhandlung* (DM 400.000, – Ordnungsgeld).
522 WRP 1987, 569.
523 BGH GRUR 2004, 264, 267 f *Euro-Einführungsrabatt*.
524 BGH GRUR 2004, 264, 267 *Euro-Einführungsrabatt*.
525 KG GRUR 1983, 795, 796 (nicht am ausgeschiedenen Geschäftsführer).
526 KG WRP 1997, 38.
527 BGH WRP 1995, 820, 823 *Kurze Verjährungsfrist*.
528 OLG Hamm NJW 1977, 1203.
529 Für diesen Fall aber OLG Frankfurt GRUR 1983, 687 f und OLG Köln WRP 1976, 185 f.
530 Vgl KG WRP 1979, 367 f A.M. OLG Köln GRUR 1986, 688, 689.
531 WRP 2000, 413, 415 ff.
532 Vgl die Nachweise bei Hees GRUR 1999, 128, Borck WRP 1994, 656, Melullis, Rn 955 ff, Teplitzky, Wettbewerbsrechtliche Ansprüche und Verfahren, Kap. 57 Rn 38 ff und die Rspr: OLG Hamm GRUR 1990, 306, 307 mwN (verneinend); OLG Hamburg WRP 1987, 260, OLG Karlsruhe GRUR 1992, 207 f und OLG Düsseldorf GRUR-RR 2002, 151 (bejahend).

vom Bundesgerichtshof geklärt worden.[533] Auszugehen ist von dem Grundsatz, dass die Ordnungsmittel des § 890 ZPO die Doppelfunktion einer Sanktion für bereits begangene Verstöße und einer Beugung des Schuldners im Hinblick auf künftige Verstöße haben.[534] Deshalb schließt die Erledigung der Hauptsache eine nachträgliche Bestrafung des Schuldners an sich nicht aus. Gleichwohl scheitert sie bei Erledigung infolge **Unterwerfungsvereinbarung** regelmäßig am Wegfall des Rechtsschutzinteresses des Gläubigers. Zu Unrecht verweisen die Befürworter der Sanktionsmöglichkeit auch für diesen Fall darauf, dass anderenfalls der Verletzer das ihm untersagte Verhalten bis zur Anhängigkeit des Ordnungsverfahrens in zweiter Instanz fortsetzen könne, um dann durch Unterwerfung eine Bestrafung unmöglich zu machen, zumal nach der Rechtsprechung des Bundesgerichtshofes (Rn 921) der Verletzte das Angebot nicht ohne stichhaltigen Grund ablehnen dürfe. Der Unterlassungsgläubiger hat insoweit die Möglichkeit, die Unterlassungserklärung erst ex nunc anzunehmen und dann die Erledigung der Hauptsache auch nur ex nunc zu erklären.[535] Allerdings sollte dies ausdrücklich in die Erledigungserklärung aufgenommen werden, auch wenn die Rechtsprechung bei der Auslegung von insoweit nicht expliziten Erledigungserklärungen großzügig ist.[536] Das Nebeneinander von gerichtlichem Ordnungsmittel und Vertragsstrafe scheitert nicht am Verbot der Doppelbestrafung, weil die jeweiligen Verletzungshandlungen ja nicht zeitgleich erfolgten.[537]

Trifft der Verletzte trotzdem bloß mit Wirkung ex tunc eine Vertragsstrafenvereinbarung, so hat er für den Ordnungsantrag kein Rechtsschutzinteresse mehr.[538] Dagegen beseitigt Hauptsachenerledigung durch **Zeitablauf** das Rechtsschutzbedürfnis für den zuvor gestellten Ordnungsantrag ebenso wenig, wie der Wegfall der Aktualität einer unlauteren Werbung die Wiederholungsgefahr beseitigt (vgl Rn 919).

Nach Aufhebung des Titels kommt eine Bestrafung daraus nicht mehr in Betracht,[539] es sei denn, der Verstoß sei vorher begangen, und der Titel würde im Berufungsverfahren wiederhergestellt.[540]

Ein Insolvenzverfahren gegen den Schuldner hindert die Zwangsvollstreckung gegen ihn wegen Verstoßes gegen eine Unterlassungsverpflichtung nicht.[541]   **1656**

Ist das Ordnungsverfahren rechtskräftig abgeschlossen und die Ordnungsstrafe bezahlt, so ist bei späterer Aufhebung des zugrunde liegenden Titels im Rechtsmittelverfahren auf Antrag die **Rückzahlung** anzuordnen (§§ 775 Nr. 1, 776 ZPO). Dasselbe   **1657**

---

533 BGH GRUR 2004, 264, 266 f *Euro-Einführungsrabatt*. Dazu Ruess NJW 2004, 485 mwN. zum Streitstand.
534 OLG Hamm GRUR 1979, 873, 874 *HiFi-Ausstellung*; KG WRP 1976, 176, 177; OLG Frankfurt WRP 1977, 32, 33 mwN; OLG Saarbrücken nach Beck WRP 1986, 77, 81; OLG Bremen WRP 1975, 157.
535 OLG Nürnberg GRUR 1996, 79 *Titelfortfall*; KG GRUR 1999, 191, 192; OLG Hamm GRUR 1990, 306.
536 BGH GRUR 2004, 264, 267 *Euro-Einführungsrabatt*; vgl auch OLG Düsseldorf GRUR-RR 2002, 151, 152; OLG Nürnberg GRUR 1996, 79 *Titelfortfall*; OLG Frankfurt WRP 1992, 717; strenger offenbar KG GRUR 1999, 191, 192; OLG Köln GRUR 1992, 476, 477.
537 BGH GRUR 1998, 1053, 1054 *Vertragsstrafe/Ordnungsgeld*, ansonsten aber im Hinblick auf den vorgenannten Meinungsstreit offen.
538 OLG Hamm WRP 1987, 566 f und OLG Nürnberg GRUR 1996, 79, beide mwN (es tritt Erledigung der Hauptsache ein). Vgl auch Hees GRUR 1999, 128, 129 f.
539 OLG Frankfurt NJW 1982, 1056; OLG Köln nach Kreft WRP 1982, 199 f; weitere Nachweise bei Jestaedt WRP 1981, 433.
540 OLG München NJWE-WettbR 2000, 147 f.
541 KG GRUR 2000, 1112.

gilt bei Erledigung der Hauptsache.[542] *Vor* dem Abschluss des Verfahrens kann der Ordnungsantrag jederzeit zurückgenommen werden, so dass ein bereits gezahltes Ordnungsgeld zurückzuzahlen ist.[543]

1658 Die **Kosten** des Ordnungsverfahrens sind nicht nach § 788 ZPO, sondern nach § 91 ZPO festzusetzen. Wird also der Ordnungsantrag zurückgewiesen, weil den Schuldner kein Verschulden trifft, so trägt der Gläubiger die Kosten; von einer fehlgeschlagenen Vollstreckungsmaßnahme kann keine Rede sein.[544]

1659 Eine **Änderung der Rechtslage** beeinträchtigt die Wirksamkeit des Vollstreckungstitels – anders als beim Vertragsstrafeversprechen (Rn 932) – an sich nicht. Der Schuldner kann ihn aber im Wege der Zwangsvollstreckungsabwehrklage (§ 767 ZPO) zu Fall bringen.[545] Das gilt beispielsweise für einen Rabattverstoß nach Aufhebung der ZugabeVO[546] oder für einen Verstoß gegen die Sonderveranstaltungsvorschriften nach deren Abschaffung durch die UWG-Novelle 2004. Der bloße Wegfall der Aktivlegitimation des Gläubigers, wie die UWG-Novelle 1994 ihn für die meisten Verbände herbeigeführt hat (Rn 878 ff), betrifft allerdings nur eine Prozessvoraussetzung, aus der sich kein materieller Einwand gegen den titulierten Anspruch herleiten lässt.[547] Eine **Änderung der höchstrichterlichen Rechtsprechung** ist jedenfalls für wettbewerbsrechtliche Unterlassungstitel (nicht jedoch für andere, nicht in die Zukunft gerichtete Titel, zB Schadensersatztitel) ein Einwand iSd § 767 ZPO.[548]

1660 Eine **Änderung der Sachlage**, die das in die Zukunft wirkende Urteil später in dem Sinne „unrichtig" werden lässt, dass das Urteilsgebot nicht mehr aufrechterhalten werden kann, ist in Wettbewerbs- und Markensachen vor allem bei **Unterlassungsurteilen** denkbar.

Beispiele: Das gegenüber einem Verbrauchermarkt ausgesprochene Verbot, sich „Der Größte" zu nennen, verliert seine tatsächliche Rechtfertigung, wenn der Verurteilte inzwischen Marktführer geworden ist.

Entsprechendes gilt für das Verbot der Benutzung einer geografischen Herkunftsbezeichnung („Solinger Kochtöpfe"), wenn der Verurteilte inzwischen dort produziert.

Auch in diesen Fällen lässt sich eine Bereinigung nur mit der Zwangsvollstreckungsabwehrklage aus § 767 ZPO erreichen.[549] Allerdings ist das in der Regel kaum notwendig, weil das Verbot im Lichte des Streitgegenstandes auszulegen ist. Zum Streitgegenstand gehört auch der zugrunde liegende Lebenssachverhalt, so dass kein Verstoß gegen einen Titel vorliegt, wenn der Lebenssachverhalt sich wesentlich geändert hat, zB jetzt die Kochtöpfe tatsächlich in Solingen hergestellt werden. Für den früheren Wettbewerbsverstoß dürfte im Übrigen auch noch Wiederholungsgefahr bestehen (der Schuldner kann ja die Produktion aus Solingen jederzeit wieder herausverlagern), so

---

542 KG GRUR 1999, 191 f.
543 OLG Düsseldorf WRP 1988, 374 f.
544 OLG Hamm WRP 1985, 712, 713.
545 Ulrich WRP 1995, 86, 87; OLG Stuttgart WRP 1997, 245, 247.
546 J. B. Nordemann NJW 2001, 2505.
547 KG GRUR 1995, 115 und GRUR 1996, 997, 998; OLG Köln GRUR 1997, 316, 317 f. *Branchenanzeiger*; aA OLG Stuttgart WRP 1997, 245, 247. S. auch Engler NJW 1995, 2185, 2186.
548 BGH GRUR 2010, 1096 Tz. 21 ff. *Mescher wies.*
549 BGH GRUR 1973, 429, 431 *Idee-Kaffee*; dazu Borck WRP 2000, 9, 10.

dass für eine Aufhebung kein Grund besteht. Etwas anderes gilt jedoch bei **Änderung des Verkehrsverständnisses:** Dies ist ein relevanter Einwand nach § 767 ZPO.[550]

Der **Tod des Schuldners** erledigt das Ordnungsverfahren stets.[551]   **1661**

Das **Ordnungsverfahren** ist **kein Teil des Verfügungsverfahrens** mehr. Der Titelverstoß   **1662** ist daher **nicht glaubhaft zu machen, sondern zu beweisen;**[552] die Einreichung eidesstattlicher Versicherungen ist nicht nur sinnlos, sondern war früher sogar standeswidrig.[553]

XIV. Streitwert

Rechtsgrundlagen: §§ 3 ZPO, 39 ff GKG, 23 RVG, 12 Abs. 4 UWG, 142 MarkenG

Den Streitwert bestimmt das Gericht nach freiem Ermessen (§ 3 ZPO und § 53 Abs. 1   **1663** Nr. 1 GKG).[554] Feste Regeln für die Bewertung des **Unterlassungsanspruchs** als des häufigsten UWG-Anspruchs lassen sich deshalb nicht aufstellen. Maßgebend ist das Interesse des Klägers, künftige Verletzungen zu verhindern. Dies erfolgt aus einer „ex ante"-Sicht. Der **Streitwertangabe des Klägers** kommt indizielle Bedeutung zu,[555] ist aber aufgrund objektiver Faktoren zu überprüfen. Das wichtigste Merkmal ist der sog. **Angriffsfaktor** (wirtschaftliche Bedeutung des Verletzers; drohender Umfang der Verletzung; Qualität der UWG- oder Markenverletzung; Vorsatz oder „nur" Fahrlässigkeit; Verschleierungsversuche; Verhalten nach Abmahnung). Der Angriffsfaktor kann weit über den Umfang der tatsächlichen Verletzung hinausgehen, weil es gerade Sinn des Unterlassungsanspruches ist, nicht nur die vorliegende, sondern auch weitere kerngleiche Verletzungen zu verbieten. Der Gedanke einer wirksamen **Abschreckung** kann sich auch für wenig erhebliche Rechtsverstöße streitwerterhöhend auswirken.

Mit der gebotenen Zurückhaltung lässt sich als **Faustregel** etwa beziffern (Verfügungsverfahren):

- Werbung an einem kleinen Schaufenster eines kleinen Gewerbetreibenden mit 10.000, – Euro, eines „Großen" an der ganzen Front mit 20.000, – Euro;
- Kleinanzeigen mit 10.000, – Euro, selten darunter; mittlere Anzeigen bis 1/4 Seite mit 20.000, – Euro; ganzseitige Anzeigen 50.000, – Euro und mehr;
- Herabsetzende Äußerungen über Mitbewerber bei hinreichender Gefährlichkeit 50.000,- Euro.[556]
- Prospektwerbung je nach Umfang und Art 30.000, – Euro bis 150.000, – Euro und mehr;
- Großwerbung 100.000, – Euro, oft weit darüber;

---

550 BGH GRUR 2008, 726 Tz. 14 *Duftvergleich mit Markenparfüm.*
551 OLG Hamm WRP 1985, 573 f.
552 Sehr deutlich KG GRUR 1991, 707 *Beweislast bei Unterlassungspflichtverstoß.*
553 § 6 Abs. 4 der Grundsätze des anwaltlichen Standesrechts, festgestellt von der Bundesrechtsanwaltskammer am 21. Juni 1973.
554 Zu von den Parteien übereinstimmend angegebenen Streitwerten: OLG Hamburg WRP 2007, 95, 95 *Parteidispositiver Streitwert;* Schätzung im Wege des freien Ermessens OLG Celle Beschluss vom 14.05.2010, Az: 13 W 38/10, BeckRS 2010, 14389; KG WRP 2010, 789, 789 f.
555 BGH GRUR 1986, 93, 94 *Berufungssumme.*
556 KG WRP 2005, 368, 370.

- Werbung mit unzutreffenden Kanzleiort: 10.000,- Euro;[557]
- Unerbetene Telefonwerbung wird bei massiver Beeinträchtigung der Verbraucher-interessen (Persönlichkeitsrechtsverletzung) teilweise hoch bewertet und kann bei 30.000 bis 50.000,- Euro liegen.[558]
- Kennzeichensachen: Marken nicht unter 50.000, – Euro; geschäftliche Bezeichnungen nicht unter 25.000, – Euro; vielfach, je nach Benutzungsintensität, auch wesentlich darüber;[559] nur räumlich begrenzte geltende Kennzeichen vermindern den Streitwert.

In Hamburg, Düsseldorf, Köln, Frankfurt, Stuttgart und München stellen diese Werte allerdings eher die Untergrenze dar, während etwa die Gerichte im Land Brandenburg eine Obergrenze von 50.000, – Euro selbst in größeren Fällen nur selten überschreiten.

1664 Hat der Beklagte sich schon einem Dritten gegenüber unterworfen oder ist er bereits wegen des gleichen Vorgangs anderweit verurteilt, ist das Interesse des Klägers niedriger zu bewerten.[560] Das Gleiche gilt, wenn mehrere Klagen wegen desselben Vorgangs gleichzeitig anhängig sind.[561] Bei mehreren Beklagten werden die Einzelstreitwerte mangels Gesamtschuld addiert.[562] Handelt es sich allerdings um eine Klage gegen ein Unternehmen und gegen dessen Vorstände, Geschäftsführer oder sonst verantwortliche Mitarbeiter wegen eines einheitlich zu beurteilenden Handelns, so kann nur eine diesen Umstand berücksichtigende, maßvolle Erhöhung des Streitwerts in Betracht kommen.[563]

1665 Der Streitwert einer **Verbandsklage** auf Unterlassung entspricht dem Interesse *eines*, allerdings eines „gewichtigen", Mitbewerbers.[564] Bei einem Verbraucherverband ist auf das Interesse der betroffenen Verbraucher abzustellen; das kann in einem besonders schwerwiegenden Fall auf einen höheren Streitwert als bei Mitbewerberklagen hinauslaufen, zB bei Gesundheitsgefährdung des Verbrauchers.[565]

1666 Im **Verhältnis Einstweilige Verfügung/Hauptsacheklage** wird die Streitwertbemessung für den Unterlassungsanspruch sehr unterschiedlich gehandhabt.[566] Das OLG Celle stellt zwar auf den Einzelfall ab, spricht sich jedoch als ungefähre Größe für einen Abschlag von 1/3 von dem Streitwert der Hauptsache aus.[567] Das Kammergericht legte früher in der Regel das Dreifache[568] des Streitwerts des Verfügungsverfahrens zugrunde; mittlerweile geht es ebenfalls von einem Verhältnis vom Verfügungsverfahren zum

557   OLG Celle Beschluss vom 14.05.2010, Az: 13 W 38/10, BeckRS 2010, 14389, allerdings gem. § 12 Abs. 4 UWG reduziert um etwa ein Drittel wegen des einfach gelagerten Falls auf 7.000,- Euro.
558   KG WRP 2010, 789, 789 f.; KG Beschluss vom 09.02.2010, Az: 5 U 200/07.
559   Vgl Ingerl/Rohnke, § 142 Rn 10.
560   OLG München WRP 1975, 46, 47; OLG Frankfurt WRP 1974, 630, 631 und WRP 1983, 523 L; OLG Karlsruhe WRP 1981, 407.
561   OLG Hamm WRP 1976, 488; OLG Frankfurt WRP 1974, 630, 631; OLG Stuttgart nach Pucher WRP 1981, 629.
562   OLG Hamburg GRUR-RR 2006, 392 *Docking Stations*; OLG Koblenz WRP 1985, 45.
563   Traub WRP 1999, 79.
564   BGH GRUR 1998, 958 *Verbandsinteresse*, unter Aufgabe der früheren Rechtsprechung; dem BGH folgend OLG München WRP 2008, 972, 976.
565   KG WRP 2010, 789, 789; Hess in Ullmann/jurisPK § 12 UWG Rn 230 mwN.
566   Rechtsprechungsübersicht bei Retzer in Harte/Henning § 12 UWG Rn 844 ff.
567   OLG Celle Beschluss vom 14.05.2010, Az: 13 W 38/10, BeckRS 2010, 14389; OLG Celle Beschluss vom 04.12.2009, Az: 13 W 95/09, BeckRS 2009, 88795.
568   WRP 1977, 793 und 1982, 157.

Hauptsacheverfahren in Höhe von zwei Dritteln aus.[569] Das OLG Hamburg[570] und das OLG Köln[571] setzen den gleichen Streitwert für Verfügungs- und Hauptsacheverfahren an, das OLG Köln allerdings nur, wenn das Verfügungsverfahren zu einer endgültigen Regelung führt.

Der Streitwert eines **Auskunfts- und Rechnungslegungsanspruchs** beträgt in der ersten Instanz einen Bruchteil des Wertes der damit zusammenhängenden Schadensersatz-, Beseitigungs- oder Unterlassungsansprüche, und zwar in der Regel zwischen 1/10 und 1/5. In den höheren Instanzen bemisst sich die Beschwer des Beklagten durch ein zusprechendes Urteil nach dem Interesse des Beklagten daran, beides nicht erteilen zu müssen,[572] vgl Rn 1674. **1667**

Nach § 12 Abs. 4 UWG ist es von Amts wegen[573] **wertmindernd** für den Gebühren-streitwert (§§ 39 ff. GKG, 23 RVG) zu berücksichtigen, wenn **die Sache nach Art und Umfang einfach gelagert** ist **oder die Belastung** der Parteien mit den Prozesskosten nach dem vollen Streitwert angesichts ihrer Vermögens- und Einkommensverhältnisse **nicht tragbar erscheint.** Damit soll sichergestellt werden, dass die Verfolgung eindeutiger Verstöße nicht wegen zu hoher Streitwerte unterbleibt. Schon wegen dieses gesetzgeberischen Ziels kann bei mangelnder Erfolgsaussicht der Klage keine Streitwertbegünstigung gegeben werden.[574] Nach dem Umfang ist die Sache einfach gelagert, wenn der Streitstoff dem Gericht in wenigen, nicht zu umfangreichen Schriftsätzen unterbreitet werden kann.[575] Nach der Art soll eine Sache einfach gelagert sein, wenn es sich um einen eindeutigen (also ohne aufwändige Beweisaufnahme zu klärenden) Sachverhalt handelt, der für Gerichte und Rechtsanwälte, jedenfalls soweit sie im Wettbewerbsrecht erfahren sind, „tägliche Routinearbeit" darstellt, so etwa bei eindeutigen und offen-sichtlichen Gesetzesverstößen.[576] Das kann kaum zutreffend sein. Es kann nicht auf den Erwartungshorizont eines versierten Spezialisten im Wettbewerbsrecht ankommen. Anderenfalls würden die Verletzer von den Investitionen der Verletzten in deren ad-äquate Rechtsberatung profitieren. **1668**

Die Regelung des § 12 Abs. 4 UWG gilt **nur** für **Unterlassungs- und Beseitigungsan-sprüche,** weil der Gesetzeswortlaut auf § 8 Abs. 1 UWG verweist. Das OLG Köln und das Kammergericht setzen in den Fällen des § 12 Abs. 4 UWG den Streitwert in der Regel auf die Hälfte herab.[577] Der Bundesgerichtshof hat in einem Fall zwei Drittel festgesetzt.[578] Das Kammergericht ist der – zutreffenden – Auffassung, dass in den Fäl-len des § 12 Abs. 4 UWG für beide Parteien der danach ermittelte niedrigere Streitwert

---

569 KG GRUR-RR 2007, 63; KG WRP 2005, 368.
570 NJWE-WetttbR 2000, 247 f.
571 WRP 2000, 650.
572 BGHZ 128, 85, 87; BGH Urteil vom 07.03.2001, Az: IV ZR 155/00, NJOZ 2001, 244; BGH GRUR 1999, 1037 *Wert der Auskunftsklage.*
573 BGH GRUR 1990, 1052, 1053 *Streitwertbemessung.*
574 Anders OLG Frankfurt WRP 1989, 26.
575 KG GRUR-RR 2007, 63, 64 *Streitwertermäßigung;* vgl auch OLG Köln WRP 2000, 650; OLG Koblenz GRUR 1990, 58 *einfach gelagerte Sache.*
576 KG GRUR-RR 2007, 63, 64 *Streitwertermäßigung;* OLG Köln GRUR 1995, 446 *Streitwertherabsetzung;* OLG Köln NJW-RR 1988, 304; vgl auch OLG Frankfurt WRP 2006, 1272; Sosnitza WRP 2008, 1014, 1034.
577 KG WRP 2010, 789, 790; KG GRUR-RR 2007, 63, 64 *Streitwertermäßigung.*
578 BGH GRUR 1994, 385 *Streitwertherabsetzung.*

gilt; der reguläre Streitwert bleibt freilich noch für die Beschwer maßgebend[579] (Rn 1674). § 12 Abs. 4 UWG gilt auch für negative Feststellungsklagen.[580]

1669 Im **Markenrecht** können gemäß § 142 MarkenG Streitwerte, **die die wirtschaftliche Lage einer Partei erheblich gefährden** würden, herabgesetzt werden, soweit es sich um Kennzeichenstreitsachen handelt (§ 140 MarkenG, vgl Rn 1029, 1689). Die Regelung des § 142 MarkenG gilt auch im Verfügungsverfahren.[581] Zu beachten ist, dass der Antrag **rechtzeitig**, dh nach Klageerhebung oder Streitwertheraufsetzung vor der folgenden Verhandlung zur Hauptsache, gestellt werden muss (§ 142 Abs. 3 S. 2 MarkenG). Streitwertbegünstigung wird nicht gewährt, wenn der Antragsteller den für ihn ungünstigen Ausgang des Rechtsstreits selbst herbeiführt[582] oder hinter dem klagenden Verband (§ 129 Abs. 1 MarkenG) ein Wettbewerber steht, der ihm Kostendeckung zugesagt hat.[583]

1670 Die **Abmahnung** hat den Streitwert des Hauptsacheverfahrens, das **Abschlussschreiben** ebenfalls. Für die Abmahnung gilt das insbesondere dann, wenn neben Unterlassungsansprüchen mit der Abmahnung auch Auskunfts- und insbesondere Schadensersatzansprüche geltend gemacht werden, welche nicht im Verfügungsverfahren durchgesetzt werden können.

1671 Im **Ordnungsverfahren** herrscht, was die Streitwertbemessung angeht, alles andere als Ordnung. Einig scheint man sich nur darüber zu sein, dass, wenn im Ordnungsantrag eine bestimmte Geldstrafe vorgeschlagen wurde, das Gläubigerinteresse jedenfalls nicht geringer sein kann als diese.[584] Das Gleiche sollte gelten, wenn eine Strafe festgesetzt wird;[585] spätestens in der Beschwerdeinstanz deckt sich das Gläubigerinteresse mit dem im angefochtenen Beschluss, den der Gläubiger verteidigt, genannten Betrag. Nur wenige Gerichte stellen aber auf das konkrete Gläubigerinteresse ab.[586] Im Interesse einer einfachen Handhabung wird vielmehr überwiegend ein fiktives Gläubigerinteresse aus dem Streitwert der Hauptsache abgeleitet und dieser voll (OLG Frankfurt),[587] zu 1/5 (OLG Hamburg)[588] oder gar nur zu 1/9 (Kammergericht)[589] zugrunde gelegt.

1672 Bei **einseitiger Erledigungserklärung** entspricht der Streitwert nur noch dem Interesse des Klägers an einer ihm günstigen Kostenentscheidung.[590]

1673 Die **Streitwertbeschwerde** ist durch § 68 Abs. 1 S. 3 GKG befristet; sie ist also unzulässig, wenn seit Rechtskraft oder ab sonstiger Erledigung des Verfahrens sechs Monate verstrichen sind. Im Verfügungsverfahren sieht das Kammergericht im Interesse der Rechtssicherheit schon den Erlass der einstweiligen Verfügung als erledigendes Ereignis

---

579 GRUR 1987, 452.
580 KG GRUR 1988, 148.
581 OLG Köln WRP 1976, 261, 262 f.
582 KG WRP 1986, 680. Vgl aber OLG Frankfurt GRUR 1989, 133, das auch bei mangelnder Erfolgsaussicht § 23 b UWG aF anwendet.
583 OLG Stuttgart WRP 1998, 229, 230 mwN.
584 OLG Düsseldorf WRP 1977, 195; OLG Hamburg WRP 1982, 592.
585 OLG Karlsruhe nach Schmid WRP 1985, 135, 140.
586 So etwa OLG Celle nach Schröder WRP 1983, 661, 662 zu 8.18.
587 WRP 1973, 646.
588 OLG Hamburg WRP 1982, 592. OLG München geht von 1/5 bis 1/3 aus (nach Marshall, S. 210).
589 LG Berlin vom 13. 5. 1982 – 16 O 452/75 – „nach der ständigen, vom KG gebilligten Übung der Kammer". In der Sache 15 O 168/86 wurde aber 1/6 angesetzt.
590 BGH GRUR 1990, 530, 531 *Unterwerfung durch Fernschreiben*.

an, wenn dagegen kein Widerspruch eingelegt wird. Eine später als sechs Monate danach erhobene Streitwertbeschwerde ist also unzulässig.[591]

Die **Beschwer** der unterlegenen Partei in der Berufungsinstanz, von deren Höhe die **1674** Zulässigkeit der Revision regelmäßig abhängt (§ 546 Abs. 1 ZPO), kann anders zu bemessen sein als der Streitwert der ersten Instanz. Maßgebend ist das wirtschaftliche Interesse des Rechtsmittelklägers am Erfolg seines Rechtsmittels. Dieses wird allerdings allein am *unmittelbaren* Gegenstand der angefochtenen Entscheidung gemessen; deren tatsächlicher oder rechtlicher Einfluss auf andere Rechtsverhältnisse bleibt außer Betracht.[592] Demgemäß richtet sich die Beschwer eines Klägers, der in erster Instanz mit dem von ihm geltend gemachten Auskunftsanspruch abgewiesen wurde, nicht nach dem insoweit festgesetzten Streitwert (meist 10 bis 20 % des Wertes des Unterlassungsanspruchs, Rn 1667), sondern nach dem Interesse des Beklagten die Auskunft nicht zu erteilen; das gilt selbst dann, wenn der Beklagte in erster Instanz obsiegt hat;[593] die Beschwer des Beklagten bemisst sich insoweit nach dem Aufwand an Zeit und Kosten, die ihm durch die Erteilung der Auskunft entstehen, sowie nach seinem etwaigen Geheimhaltungsinteresse.[594]

XV. Gerichtlicher Titel oder Unterlassungsvertrag?

Rechtsgrundlagen: §§ 890, 891 ZPO, 276, 278 BGB

Taktisch gesehen hat der Schuldner eines Unterlassungsanspruches die Wahl, ob er den **1675** Unterlassungsanspruch durch Abgabe einer ausreichenden Unterlassungserklärung (und daraus meist folgendem Unterlassungsvertrag) erledigt oder ob er einen gerichtlichen Unterlassungstitel gegen sich ergehen lässt. Ein gerichtlicher **Unterlassungstitel** kann aus Schuldnersicht einige **Vorteile, aber auch Nachteile** bieten:

- Die Haftung aus einem Unterlassungstitel ist auf eigenes Verschulden des Schuldners begrenzt, während beim Unterlassungsvertrag auch § 278 BGB gilt (Rn 931, 1652). Es ist für den Schuldner auch nicht möglich, nur eine Haftung bei schuldhafter Zuwiderhandlung im Sinne des § 890 ZPO zu versprechen, sofern sich der Gläubiger darauf nicht einlässt.[595] Allerdings sollte nicht übersehen werden, dass die Praxis relativ leicht bei Verstößen gegen Unterlassungstitel zu einem eigenen Verschulden gelangt. Praktisch gesehen dürften daher insoweit die Unterschiede zwischen Unterlassungstitel und Unterlassungsvertrag nicht besonders groß sein und nur im Ausnahmefall einen Unterlassungstitel als eindeutig vorzugswürdig erscheinen lassen.

- Es spricht im Regelfall auch nicht entscheidend für einen Unterlassungstitel, dass das Gericht je nach Einzelfall die Ordnungsstrafe differenziert festsetzen kann. Eine solche Flexibilität gibt es zwar beim Unterlassungsvertrag mit fester Vertragsstrafe

---

591 KG WRP 1982, 582 mwN.
592 BGH GRUR 1999, 1132 *Kundenfoto.*
593 BGH NJW 2002, 3477; BGH NJW 1970, 1083.
594 BGHZ (GrSZ) 128, 85, 89 f *Rechtsmittelbeschwer gegen Auskunftserteilung* m. Anm. Jacobs; BGH GRUR 1999, 1037 *Wert der Auskunftsklage;* BGH GRUR 2000, 1111 *Urteilsbeschwer bei Stufenklage.*
595 OLG Frankfurt GRUR-RR 2003, 198, 199 *Erlassvertrag;* Teplitzky, Wettbewerbsrechtliche Ansprüche und Verfahren, Kap. 8 Rn 29; aA Traub, FS Gaedertz, S. 563, 572; offen BGH GRUR 1999, 501 *Vergleichen Sie.*

nicht, wohl aber beim Unterlassungsvertrag nach Hamburger Brauch (dazu Rn 920).

■ Allerdings ist die Motivation für den Gläubiger, die Einhaltung zu überwachen, bei einem Vertragsstrafeversprechen ungleich größer als bei einem gerichtlichen Titel, weil ihm die Vertragsstrafe selbst zufließt und nicht – wie bei einer Sanktion nach § 890 ZPO – der Staatskasse.

■ Kostenmäßig wird ein gerichtlicher Titel den Schuldner allerdings mehr belasten als eine strafbewehrte Unterlassungserklärung: Er ist bei berechtigter Abmahnung zur Kostenerstattung wegen der Abmahnung verpflichtet; diese Abmahngebühren sind nur begrenzt auf die in einem gerichtlichen Verfahren entstehenden Anwaltskosten anrechenbar (Rn 1536). Wenn beispielsweise im Verfügungsverfahren die Verfügung durch Beschluss ergeht, hat der Schuldner eine 1,3 Gebühr nach RVG und auch Gerichtsgebühren aufzuwenden; das Entstehen weiterer Kosten kann der Schuldner dadurch vermeiden, dass er von sich aus ohne weitere Aufforderung fristgerecht die Abschlusserklärung abgibt (Rn 1594 ff).

■ Steuerlich ist zu überlegen, dass die Vertragsstrafe geltend gemacht werden kann, während das beim Ordnungsmittel möglicherweise nicht der Fall ist.

1676 Die Rechtsprechung des OLG Köln,[596] nach der der Unterlassungsgläubiger nach Versendung eines Abschlussschreibens (Rn 1594 ff) eine eigentlich ausreichende strafbewehrte Unterlassungserklärung zurückweisen und das Klageverfahren (sowie ggf .das Verfügungsverfahren) fortsetzen könne, ist abzulehnen.[597] Dem Unterlassungsgläubiger steht die Möglichkeit zu, die Unterlassungserklärung nur ex nunc zu akzeptieren und den Rechtsstreit nur ex nunc für erledigt zu erklären (vgl eingehend Rn 1655). Dieser Auffassung folgt im Übrigen sogar das OLG Köln in einer anderen Entscheidung.[598]

XVI. Zuständigkeit der Gerichte

1. Örtliche Zuständigkeit

Rechtsgrundlagen: § 14 UWG, § 141 MarkenG, §§ 12 ff. ZPO

1677 Die Sondervorschrift des § 14 UWG macht die wechselnde Beurteilung von Wettbewerbsstreitigkeiten durch den Gesetzgeber deutlich: Nach der bis zum Änderungsgesetz vom 26.6.1969 (BGBl. I 633) geltenden Urfassung war ausschließlich das Gericht zuständig, in dessen Bezirk der Beklagte seine gewerbliche Niederlassung oder seinen Wohnsitz hatte. War der Kläger durch den Wettbewerbsverstoß unmittelbar verletzt, so konnte er gegen den Beklagten allerdings auch im Gerichtsstand der unerlaubten Handlung (§ 32 ZPO) vorgehen. Seit 1969 stand diese Möglichkeit auch den weiteren Berechtigten aus § 8 Abs. 3 UWG zu. Das hatte zwar den **Nachteil**, dass Gebrauchtwagenhändler und Immobilienmakler aus entlegenen Gebieten der Bundesrepublik, die gegen das UWG verstießen, von den Verbänden zur Bekämpfung unlauteren Wettbewerbs und den Verbraucherverbänden vor die Gerichte an deren Sitz gezogen wurden.

---

596 WRP 1996, 333, 338 *Anzeigenwerbung für Telefaxbuch.*
597 So auch Teplitzky, Wettbewerbsrechtliche Ansprüche und Verfahren, Kap. 43 Rn 37.
598 OLG Köln GRUR 1992, 476, 477.

Der Umstand, dass die überwältigende Mehrheit aller Wettbewerbsprozesse demgemäß auf die Zentren des Bundesgebiets konzentriert war (Berlin, Frankfurt, München, Hamburg, Köln, Düsseldorf, Stuttgart sowie die Einzugsgebiete der OLGe Hamm, Koblenz und Nürnberg), hatte aber auch den großen **Vorteil**, dass bei den dortigen Gerichten spezialisierte und entsprechend fachlich qualifizierte Kammern und Senate entstanden, vor denen ebenso spezialisierte Anwaltskanzleien aufzutreten pflegten. Das lag im wohlverstandenen Interesse auch der jeweiligen Beklagten; ihr Mehraufwand bei der Einschaltung von Prozessbevollmächtigten am Gerichtsort fiel demgegenüber kaum ins Gewicht. Die **Novelle 1994** hat den ursprünglichen Zustand wieder hergestellt: § 14 Abs. 2 S. 1 UWG privilegiert im Regelfall wiederum nur noch den Mitbewerber (§§ 2 Abs. 1 Nr. 3, 8 Abs. 3 Nr. 1 UWG; dazu Rn 1679). Die in § 8 Abs. 3 Nr. 2 bis 4 UWG genannten Verbände und Kammern können sich auf § 14 Abs. 2 S. 1 UWG nur berufen, wenn der Beklagte im Inland weder eine gewerbliche Niederlassung noch einen Wohnsitz oder Aufenthaltsort hat; die klagenden Verbände haben also – anders als die klagenden Mitbewerber – von diesen Ausnahmen abgesehen grundsätzlich keine Wahl beim Gerichtsstand .

§ 14 UWG begründet einen **ausschließlichen** Gerichtsstand. Vereinbarungen darüber sind unzulässig und demgemäß nichtig (§ 40 Abs. 2 ZPO). Die Gerichte haben ihre Zuständigkeit – auch ihre internationale Zuständigkeit[599] – von Amts wegen zu prüfen.[600]   **1678**

Wer Mitbewerber ist, richtet sich danach, ob die im Einzelfall klagende Partei durch das konkrete Wettbewerbsverhalten des Verletzers betroffen sein kann,[601] ob also ein konkretes Wettbewerbsverhältnis zwischen beiden besteht (Rn 107 ff, 865 ff),[602] wie § 2 Abs. 1 Nr. 3 UWG klarstellt. Der Mitbewerber kann den Verletzer zwar an seinem Sitz in Anspruch nehmen, kann aber auch von dem Privileg des § 14 Abs. 2 S. 1 UWG (sog. fliegender Gerichtsstand) Gebrauch machen.[603]   **1679**

Nach § **14 Abs. 2 S. 1 UWG (fliegender Gerichtsstand)** ist für alle Klagen auch das Gericht zuständig, in dessen Bezirk die Handlung begangen wurde.[604] Bei Druckerzeugnissen ist das jeder Ort, an dem das Erzeugnis verbreitet wurde, falls der Handelnde mit der Verbreitung auch an diesem Ort normalerweise rechnen musste (Gerichtsstand der bestimmungsgemäßen Verbreitung),[605] bei Werbemaßnahmen im **Internet** jeder   **1680**

---

599 OLG Hamburg GRUR-RR 2008, 31 *Exklusivitätsklausel.*
600 BGH GRUR 1995, 424, 425 *Abnehmerverwarnung.* Einzelheiten bei Mölling WRP 1990, 1; Beckmann WRP 1993, 651; Schack IPRax 1995, 158; Sack WRP 2000, 269. Zu einstweiligen Verfügungen Braunekämper WRP 1994, 661; zu vorbeugenden Unterlassungsklagen Behr GRUR Int. 1992, 604.
601 BGH GRUR 1966, 445, 446 *Glutamal*; OLG Düsseldorf GRUR 1994, 837, 838 *Fliegender Gerichtsstand.*
602 Statt vieler: BGH GRUR 2006, 1042 Tz. 14 *Kontaktanzeigen*; KG GRUR 1995, 141 mwN; Sack, FS v. Gamm, S. 161, 162.
603 Jedenfalls bis zur Grenze des Rechtsmissbrauchs: KG GRUR-RR 2008, 212, 212 *Fliegender Gerichtsstand.*
604 Vgl OLG Köln WRP 1970, 188 f und GRUR 1988, 148, 149. Auch für die negative Feststellungsklage des Verletzers, OLG Köln GRUR 1978, 658; OLG Hamburg WRP 1995, 851, 852.
605 BGH GRUR 1978, 195, 196 *profil*; BGH GRUR 1988, 318, 319 *Verbreitungsgebiet*; OLG Karlsruhe WRP 1976, 490, 491; vgl auch BGH GRUR 1971, 153, 154 *Tampax* und OLG München WRP 1986, 172. Das gilt auch für die bestimmungsgemäße Verbreitung nur an Behörden, Verbände oder Pressedienste, OLG Hamburg WRP 1985, 351. Gegenfall OLG Köln WRP 1988, 126, 127: Verteilung von Werbeschriften *nur* in einem Bezirk.

Ort, wo die Werbung bestimmungsgemäß abrufbar ist.[606] In Wettbewerbssachen ist ohnehin zusätzliche Voraussetzung, dass die verbreitete Werbung unter Berücksichtigung der Attraktivität des Angebots, der Entfernung und der wettbewerblichen Wirkung, ferner (bei Zeitungswerbung) der Zahl der regelmäßigen Bezieher und der Vorhersehbarkeit der Verbreitung geeignet ist, den Wettbewerb am fraglichen Ort tatsächlich zugunsten des Werbenden zu beeinflussen;[607] wo die Wettbewerbslage nicht beeinflusst wird, entsteht kein Wettbewerbsverhältnis, ohne das eine unerlaubte Handlung gegenüber einem Mitbewerber nicht denkbar ist. Die Wahl eines bestimmten örtlichen Gerichtstandes kann in Ausnahmefällen **rechtsmissbräuchlich** sein, zB wenn ein Massenabmahner den Gerichtsstand stets so wählt, dass er möglichst weit vom Schuldnersitz entfernt liegt.[608]

1681 Für die Anspruchsberechtigten aus § 14 Abs. 2 S. 2 UWG, also die **nicht unmittelbar verletzten Gewerbetreibenden, Verbände und Kammern,** lässt die Regelung der örtlichen Zuständigkeit der Gerichte an Komplexität nichts zu wünschen übrig, zumal § 14 UWG durch die Vorschriften des Europäischen Gerichtsstands- und Vollstreckungsabkommens (**EuGVÜ**) über die gerichtliche Zuständigkeit in Zivil- und Handelssachen teilweise überlagert wird; diese haben den *Vorrang* gegenüber den Vorschriften des nationalen Rechts:

1682 ■ Am einfachsten lässt sich die örtliche Zuständigkeit noch bestimmen, wenn es sich um einen Verletzer handelt, der **in Deutschland ansässig** ist, dh hier einen Wohnsitz im Sinne der §§ 7 bis 11 BGB hat. Er ist am Gerichtsstand dieses Wohnsitzes in Anspruch zu nehmen (Art. 2 Abs. 1 EuGVÜ). Bei Gesellschaften und juristischen Personen, also auch eingetragenen Vereinen, ist deren Sitz maßgebend (Art. 53 EuGVÜ); als solcher gilt, wenn die beanstandete Handlung von einer Zweigniederlassung ausging oder sonst nur diese betrifft, allein deren Sitz.[609] Hat die Verletzungshandlung allerdings *nur* außerhalb Deutschlands stattgefunden, so ist ausschließlich das Gericht des Begehungsortes zuständig (Art. 5 Nr. 3 EuGVÜ).

1683 ■ Ist der Verletzer **nicht in Deutschland ansässig,** aber in der EU (dann EuGVVO) oder gehört er aber einem Vertragsstaat des EuGVÜ[610] an und hat die Verletzungshandlung (auch) hier stattgefunden, so ist *nicht* sein inländischer Aufenthaltsort (§ 14 Abs. 1 S. 2 UWG), sondern der *Begehungsort* maßgebend (Art. 5 Nr. 3 EuGVVO bzw EuGVÜ). Der iranische Teppichhändler mit Wohnsitz in den Nie-

606 Vgl BGH GRUR 2007, 245, 245 Tz. 13 *Schulden Hulp*; BGH GRUR 2006, 513 Tz. 25 *Arzneimittelwerbung im Internet*; BGH GRUR 2005, 431, 432 *Hotel Maritime*.
607 OLG Düsseldorf WRP 1981, 278, 279; eine nähere Begründung dazu gibt v. Maltzahn GRUR 1983, 711; ohne diese Einschränkung wie bisher OLG Hamburg WRP 1982, 40, 41, mit dem sich v. Maltzahn auseinander setzt. Das OLG München ist zunächst dem OLG Hamburg gefolgt (GRUR 1984, 830, 831), hat sich inzwischen aber dem OLG Düsseldorf angeschlossen (WRP 1986, 357). Letzteres gilt auch für das OLG Karlsruhe (GRUR 1985, 556, 557 für 30 – 40 Abonnenten). Das OLG Düsseldorf hat seine Rechtsprechung wieder aufgegeben (WRP 1987, 476 f). Ebenso votieren das KG GRUR 1989, 134, 135 und WRP 1992, 34, 35, sowie das OLG Frankfurt GRUR 1989, 136 f. Der abweichenden Entscheidung des OLG Hamm GRUR 1987, 569, 570 lag ein Missbrauchsfall zugrunde (s. dazu BGH GRUR 1988, 785, 786 *Örtliche Zuständigkeit* m. Anm. Jacobs).
608 KG WRP 2008, 511, 512.
609 OLG Karlsruhe WRP 1998, 329 f.
610 Nur noch Dänemark, alle anderen EU-Mitglieder über EuGVVO; EFTA-Staaten über Lugano-Übereinkommen; vgl Zöller/Geimer, ZPO, Anh. I Art. 1 EuGVVO Rn 1 ff.

derlanden, der von seinem Hotel in Bentheim aus in den deutschen Großstädten unter Missachtung des deutschen Versteigerungsrechts seine Ware versteigert, ist also nicht etwa in Osnabrück, sondern an einem dieser Versteigerungsorte in Anspruch zu nehmen. Kommt er allerdings direkt aus dem Iran, der dem EuGVÜ nicht angehört, ist Osnabrück sogar ausschließlich zuständig. Wie ein Mitbewerber oder die Zentrale zur Bekämpfung des unlauteren Wettbewerbs als Verband nach § 8 Abs. 3 Nr. 2 UWG verlässlich ermitteln können sollen, ob das eine oder das andere zutrifft, und dies noch dazu innerhalb der kurzen Zeit, die ihnen bleibt, um ein gerichtliches Verbot noch durchsetzen zu können, haben die Verfasser des UWG offenbar nicht bedacht; sonst hätten sie die ganz unnötige Abweichung des deutschen Rechts von der internationalen Regelung wohl kaum herbeigeführt. Außerdem kann der Verletzer immer an seinem Sitz im Ausland in Anspruch genommen werden.[611]

Aufenthaltsort im Sinne des § 12 Abs. 1 S. 2 UWG ist der Ort, an dem sich der Verletzte **1684** *tatsächlich* aufhält; ob das freiwillig oder unfreiwillig geschieht (Gefängnis, Abschiebehaft, Krankenhaus), ist gleichgültig.[612]

Zur internationalen Zuständigkeit bei Wettbewerbsverstößen im **Internet** s. Rüßmann **1685** K&R 1998, 422; Bodewig GRUR Int. 2000, 475, 478 ff (zur E-Commerce-Richtlinie), und vor allem Schack MMR 2000, 135. Siehe auch zur Anwendbarkeit deutschen Rechts und zum Herkunftslandprinzip oben Rn 27 ff.

Für **Ansprüche aus dem MarkenG** gilt § 14 UWG auch insoweit **nicht**, als sie zugleich **1686** auf das UWG gestützt werden (§ 141 MarkenG). Der klagende Markeninhaber ist allerdings ohnehin stets unmittelbar Verletzter, so dass er auch ohne diese Regelung von § 14 Abs. 1 S. 1 UWG privilegiert wäre. Der Markeninhaber kann also die Gerichtsstände der §§ 12 ff ZPO wählen, hat danach auch den fliegenden Gerichtsstand (Rn 1679 f) des § 32 ZPO. Für das Gemeinschaftsmarkenrecht gelten spezielle Reglungen zur internationalen Zuständigkeit in Art. 97 und 98 GMV.

Vertragliche Ansprüche (Rn 930 ff) können grundsätzlich nur am Gerichtsstand des **1687** Schuldners geltend gemacht werden. § 14 UWG oder § 32 ZPO regeln nur deliktische Ansprüche. Erfüllungsort für vertragliche Unterlassungsansprüche ist nach § 29 ZPO grundsätzlich der Wohnsitz des Schuldners;[613] eine Ausnahme gilt nur dann, wenn sich die Unterlassungspflicht auf einen bestimmten Ort beschränkt,[614] zB Hamburg. Ausnahmsweise kann sich auch der Kläger im Hinblick auf einen vertraglichen Unterlassungsanspruch den fliegenden Gerichtsstand in Anspruch nehmen, wenn er gleichzeitig einen gleichgerichteten deliktischen Anspruch auf Unterlassung nach § 8 Abs. 1 UWG geltend macht. Denn das nach § 32 ZPO (bzw § 14 UWG) zuständige Gericht kann über andere konkurrierende Anspruchsarten mit entscheiden.[615] Der Anspruch auf Vertragsstrafe muss nach zutreffender Ansicht jedoch, weil es sich nicht um einen An-

---

611 Vgl zum Ganzen Nordemann-Schiffel in Bröcker/Czychowski/Schäfer, § 3 Rn 207 ff mwN.
612 Köhler in Köhler/Bornkamm § 14 UWG Rn 1 unter Hinweis auf OLG Karlsruhe NJW 1973, 1509, 1510.
613 BGH NJW 1974, 410; RGZ 51, 311; Zöller/Vollkommer § 29 Rn 25 „Unterlassungspflicht".
614 BGH NJW 1974, 410.
615 BGH NJW 2003, 828 m. Anm. Kiethe NJW 2003, 1294.

spruch handelt, der mit einem deliktischen Anspruch konkurriert, weiterhin am Sitz des Schuldners eingeklagt werden.[616]

2. Sachliche Zuständigkeit

Rechtsgrundlagen: § 13 UWG, § 140 MarkenG

1688 Für die sachliche Zuständigkeit hat die UWG-Novelle 2004 eine wesentliche Neuerung gebracht: Nunmehr sind nach § 13 Abs. 1 UWG die **Landgerichte** für Streitigkeiten nach dem UWG **ohne Rücksicht auf den Streitwert ausschließlich zuständig**. Es sollte der „Sachverstand und das Erfahrungswissen" für das Wettbewerbsrecht bei den Landgerichten versammelt werden.[617] Das hat vor allem für die Abmahnkostenprozesse (§§ 9 S. 1, 12 Abs. 1 S. 2 UWG) Bedeutung, weil Unterlassungsprozesse ohnehin regelmäßig den Amtsgerichtsstreitwert (§§ 23 Nr. 1, 71 GVG) übersteigen (vgl Rn 1663). Ansprüche „auf Grund" des UWG sollten neben den ausdrücklich in §§ 8 bis 10 UWG geregelten und daran hängenden Auskunftsansprüchen auch Ansprüche aus Bereicherungsrecht (Rn 958) oder unechter Geschäftsführung (Rn 957) sein, weil sie entscheidend von der Bewertung nach UWG abhängen und nur so der Regelungszweck gewährleistet werden kann, Prozesse, die nach UWG zu entscheiden sind, bei den Landgerichten zu versammeln. Für das Einklagen einer **Vertragsstrafe** aus einem Unterlassungsversprechen bestimmt sich die sachliche Zuständigkeit ebenfalls nach § 13 Abs. 1 UWG;[618] die gegenteilige Auffassung hat zwar den Wortlaut des § 13 Abs. 1 UWG für sich. Sie widerspricht jedoch seinem Sinn und Zweck, Streitigkeiten, die durch das UWG dominiert werden, vor die Landgerichte zu ziehen.

§ 13 Abs. 2 UWG erlaubt mit Recht die Konzentration der **Wettbewerbssachen** mehrerer Landgerichte bei der Spezialkammer eines Landgerichts. In Kombination mit § 13 Abs. 1 UWG gewährleistet das regelmäßig in allen UWG-Streitigkeiten die Kompetenz des angerufenen Gerichts. Gebrauch gemacht haben von dieser Regelung bisher Sachsen (LG Leipzig für die LG-Bezirke Chemnitz, Leipzig und Zwickau, LG Dresden für die LG-Bezirke Bautzen, Dresden, Görlitz) und Mecklenburg-Vorpommern (LG Rostock für alle LG-Bezirke). § 95 Abs. 1 Nr. 5 GVG begründet die **Zuständigkeit der Kammern für Handelssachen**; das gilt auch für Ansprüche von Verbraucherverbänden (§ 8 Abs. 3 Nr. 3 UWG).

1689 **Kennzeichenstreitsachen** sind alle Einstweiligen Verfügungsverfahren und Klagen, die einen Anspruch aus einem Rechtsverhältnis zum Gegenstand haben, das im MarkenG geregelt ist (§ 140 Abs. 1 MarkenG). Neben den deliktischen Ansprüchen wegen Marken- oder Kennzeichenverletzung (§§ 14 ff MarkenG) gehören dazu auch Ansprüche wegen geografischer Herkunftsangaben (§§ 127 ff MarkenG) und vertragsrechtliche

---

616 OLG Rostock GRUR-RR 2005, 176 *Vertragsstrafe*; Hess, FS Ullmann 2006, 927, 937; Retzer in Harte/Henning § 14 UWG Rn 13; Köhler in Köhler/Bornkamm § 14 UWG Rn 4 mwN.; aA Büscher in Fezer § 14 UWG Rn 7.

617 Stellungnahme Bundesrat auf Begr. RegE UWG-Novelle 2004, BT DS 15/1487, S. 36, 44, abrufbar unter www.nordemann.de.

618 So auch OLG Jena GRUR-RR 2011, 199 f *Vertragsstrafeandrohung*; Büscher in Fezer § 13 UWG Rn 8; Albert in Götting/Nordemann § 13 UWG Rn 10; Goldbeck WRP 2006, 37. AA OLG Rostock GRUR-RR 2005, 176 *Vertragsstrafe*; Hess, FS Ullmann 2006, 927, 934; Retzer in Harte/Henning § 13 UWG Rn 11; Köhler in Köhler/Bornkamm § 13 UWG Rn 2 mwN.; für Vertragsstrafeschuldner mit Sitz im Ausland LG München I ZUM-RD 2008, 310.

Ansprüche.[619] Für solche Kennzeichenstreitsachen sind zunächst die Landgerichte ohne Rücksicht auf den Streitwert ausschließlich zuständig (§ 140 Abs. 1 MarkenG). Darüber hinaus sind die Landesregierungen gemäß § 140 Abs. 2 MarkenG ermächtigt worden, durch Rechtsverordnung die Kennzeichnungsstreitsachen für die Bezirke mehrerer Landgerichte einem Landgericht zuzuweisen. Dem sind die meisten Bundesländer nachgekommen, so dass die folgenden Zuständigkeiten zu beachten sind:

1690

Für Bundesländer	1. Instanz	2. Instanz
Baden-Württemberg (OLG-Bezirk Karlsruhe)	LG Mannheim	OLG Karlsruhe
Baden-Württemberg (OLG-Bezirk Stuttgart)	LG Stuttgart	OLG Stuttgart
Bayern (OLG-Bezirk München)	LG München I	OLG München
Bayern (OLG-Bezirke Nürnberg und Bamberg)	LG Nürnberg-Fürth	OLG Nürnberg
Berlin	LG Berlin	KG
Brandenburg	LG Berlin	KG
Bremen	LG Bremen	OLG Bremen
Hamburg	LG Hamburg	OLG Hamburg
Hessen	LG Frankfurt am Main	OLG Frankfurt
Mecklenburg-Vorpommern	LG Rostock	OLG Rostock
Niedersachsen	LG Braunschweig	OLG Braunschweig
Nordrhein-Westfalen (OLG-Bezirk Düsseldorf)	LG Düsseldorf	OLG Düsseldorf
Nordrhein-Westfalen (OLG-Bezirk Köln)	LG Köln	OLG Köln
Nordrhein-Westfalen (OLG Hamm)	LG Bochum[620]	OLG Hamm
	LG Bielefeld[621]	OLG Hamm
Rheinland-Pfalz (OLG-Bezirk Koblenz)	LG Koblenz	OLG Koblenz
Rheinland-Pfalz (OLG-Bezirk Zweibrücken)	LG Frankenthal (Pfalz)	OLG Zweibrücken
Saarland	LG Saarbrücken	OLG Saarbrücken

619 Ingerl/Rohnke § 140 MarkenG Rn 5; Hacker in Ströbele/Hacker § 140 MarkenG Rn 3; Köhler in Köhler/Bornkamm § 13 UWG Rn 2.
620 Für die LGe Arnsberg, Bochum, Dortmund, Essen, Hagen, Siegen.
621 Für die LGe Bielefeld, Detmold, Münster, Paderborn.

Für Bundesländer	1. Instanz	2. Instanz
Sachsen	LG Leipzig	OLG Dresden
Sachsen-Anhalt	LG Magdeburg	OLG Naumburg
Schleswig-Holstein	LG Kiel	OLG Schleswig
Thüringen	LG Erfurt	OLG Jena

1691 Es handelt sich hierbei jeweils um ausschließliche Zuständigkeiten. Eine Ausnahme bildet Sachsen, wo das OLG Dresden der Auffassung ist, dass es sich nur um eine einfache Zuständigkeitszuweisung handelt mit der Folge, dass neben dem LG Leipzig auch die anderen Sächsischen Landgerichte (Leipzig, Dresden, Chemnitz, Zwickau, Görlitz, Bautzen) für Kennzeichenstreitsachen zuständig bleiben.[622]

1692 **Kostenerstattungsklagen** sind übrigens stets ebenfalls Kennzeichenstreitsachen i.S.v. § 140 Abs. 1 MarkenG.[623] Sie sind daher ohne Rücksicht auf den Streitwert bei den für Kennzeichenstreitsachen zuständigen Landgerichten anhängig zu machen.

1693 Werden die gerichtlich geltend gemachten Ansprüche nicht nur auf deutsche Kennzeichnungsrechte gestützt, sondern daneben auch auf eine Gemeinschaftsmarke, ist die ggf abweichende Zuständigkeit der Gemeinschaftsmarkengerichte zu beachten; das gilt insb. für Nordrhein-Westfalen, wo nur LG und OLG Düsseldorf Gemeinschaftsmarkengerichte sind (vgl Rn 1697). Ein solches Verfahren gehört dann insgesamt nach Düsseldorf, wenn gerügt wird, dass die Verletzung eines deutschen Kennzeichnungsrechtes zugleich auch die Verletzung einer Gemeinschaftsmarke sei.

1694 Die Durchsetzung der Rechte aus einer **Gemeinschaftsmarke** erfolgt – soweit sie nicht im Widerspruchsverfahren vor dem Amt geltend gemacht werden – vor so genannten Gemeinschaftsmarkengerichten (Art. 95 GMV), die in der ersten und zweiten Instanz von den einzelnen Mitgliedsstaaten jeweils für ihr Gebiet in möglichst geringer Anzahl benannt werden müssen. Diese Gemeinschaftsmarkengerichte sind ausschließlich zuständig für Verletzungs- und Rechtsgültigkeitsklagen (Art. 96 GMV); ihre internationale Zuständigkeit sowie die Reichweite ihrer Zuständigkeit ergeben sich aus Artt. 97 und 98 GMV. Eine Klage zum EuG ist – außerhalb seiner allgemeinen Zuständigkeiten – nur zulässig gegen die Entscheidungen der Beschwerdekammern beim Amt, die im Rahmen der Verfahren vor dem Amt ergangen sind (Art. 65 GMV).

1695 Die Löschungsklage gegen Gemeinschaftsmarken wegen Schutzunfähigkeit oder bestehender älterer Rechte ist nur vor dem HABM möglich (Art. 53 GMV), weil die Entscheidung über die Rechtsbeständigkeit der Gemeinschaftsmarke dem Harmonisierungsamt vorbehalten bleiben soll. Wird man allerdings aus einer Gemeinschaftsmarke angegriffen, kann man Löschungswiderklage vor dem Gemeinschaftsmarkengericht erheben; das ist dann nach Art. 52 Abs. 1 a iVm Art. 7 GMV auch zur Entscheidung über die Schutzfähigkeit mit gemeinschaftsweiter Wirkung berufen.[624]

---

622 OLG Dresden GRUR 1998, 69, 69 *Dachbahnen-Produktion*; OLG Dresden GRUR 1997, 468 *Erstattungsfähigkeit von Patentanwaltskosten*.
623 LG München I MMR 2000, 443, 444 *Webspace*.
624 Fayaz GRUR Int 2009, 459, 464; vgl zum GMV aF OLG München GRUR-RR 2002, 12 f *Mozart*.

Die für Gemeinschaftsmarkenstreitsachen gem. Art. 95 GMV zuständigen Gemein- **1696**
schaftsmarkengerichte (§ 125 d MarkenG) sind die folgenden:[625]

1697

Für Bundesländer	1. Instanz	2. Instanz
Baden-Württemberg (OLG-Bezirk Karlsruhe)	LG Mannheim	OLG Karlsruhe
Baden-Württemberg (OLG-Bezirk Stuttgart)	LG Stuttgart	OLG Stuttgart
Bayern (OLG-Bezirk München)	LG München I	OLG München
Bayern (OLG-Bezirke Nürnberg und Bamberg)	LG Nürnberg-Fürth	OLG Nürnberg
Berlin	LG Berlin	KG
Brandenburg	LG Berlin	KG
Bremen	LG Bremen	OLG Bremen
Hamburg	LG Hamburg	OLG Hamburg
Hessen	LG Frankfurt am Main	OLG Frankfurt
Mecklenburg-Vorpommern	LG Rostock	OLG Rostock
Niedersachsen	LG Braunschweig	OLG Braunschweig
Nordrhein-Westfalen	LG Düsseldorf	OLG Düsseldorf
Rheinland-Pfalz (OLG-Bezirk Koblenz)	LG Koblenz	OLG Koblenz
Rheinland-Pfalz (OLG-Bezirk Zweibrücken)	LG Frankenthal (Pfalz)	OLG Zweibrücken
Saarland	LG Saarbrücken	OLG Saarbrücken
Sachsen	LG Leipzig	OLG Dresden
Sachsen-Anhalt	LG Magdeburg	OLG Naumburg
Schleswig-Holstein	LG Kiel	OLG Schleswig
Thüringen	LG Erfurt	OLG Jena

In der dritten Instanz bleibt gem. Art. 105 Abs. 3 GMV der Bundesgerichtshof für die **1698**
Revision zuständig; ein Rechtsmittel vom Gemeinschaftsmarkengericht zweiter Instanz
zum EuGH, was im Sinne einer einheitlichen Rechtsprechung durchaus nahe gelegen
hätte, sieht die GMV nicht vor. Allerdings ist Art. 267 AEUV zu beachten. Danach
kann ein Instanzgericht dem EuGH vorlegen, der Bundesgerichtshof als letzte deutsche
Instanz muss vorlegen.

---

625 Siehe http://oami.europa.eu/de/office/aspects/tmc/liste_tmc.htm.

3. Funktionale Zuständigkeit

Rechtsgrundlagen: § 13 GVG, § 2 ArbGG, § 51 SGG, § 69 SGB V

1699 Bei Wettbewerbsprozessen, die **mit einem Arbeitsverhältnis in Zusammenhang** stehen, ist die ausschließliche Zuständigkeit der **Arbeitsgerichte** zu beachten (§ 2 Abs. 1 Nr. 3 c und Nr. 3 d ArbGG). Ein solcher Zusammenhang besteht, wenn der UWG-Verstoß zugleich auch eine Verletzung von des zu diesem Zeitpunkt bestehenden Arbeitsverhältnisses oder nachvertraglicher Verpflichtungen darstellt.[626] Das gilt beispielsweise für die Fälle der Werbung bei Kunden des Arbeitgebers (Rn 582 f) oder bei Geheimnisverrat und der Vorlagenfreibeuterei durch – ggf ehemalige – Beschäftigte (Rn 750 ff).[627] Nach § 2 Abs. 3 ArbGG können Klagen (oder Verfügungsanträge), die nicht mit dem Arbeitsverhältnis im Zusammenhang stehen, mit der arbeitsgerichtlichen Sache nicht verbunden werden, selbst wenn ein einheitlicher Sachverhalt vorliegt oder sonstwie ein rechtlicher oder unmittelbar wirtschaftlicher Zusammenhang gegeben ist. Denn die UWG-Gerichtsstände sind ausschließlicher Natur.[628]

Beispiel: Richtet sich eine Klage aus UWG gegen Arbeitnehmer, die während ihres Anstellungsverhältnisses unlauteren Wettbewerb begangen haben, und gegen Dritte, die an der Aktion beteiligt waren, aber niemals Arbeitnehmer der Klägerin waren, müssen die Dritten separat vor dem Landgericht verklagt werden.[629]

1700 Bei der Beurteilung der Wettbewerbsteilnahme der **öffentlichen Hand** kommt es regelmäßig zu einer Gemengelage aus Privatrecht und öffentlichem Recht, wenn die öffentliche Hand in öffentlich-rechtlicher Form handelt. Der Rechtsweg zu den ordentlichen Gerichten bleibt dennoch gewahrt, wenn die Rechtsnatur der Wettbewerbsbeziehung der Streitparteien privatrechtlich ist. Letzteres ist der Fall, wenn sich öffentliche Hand und privater Wettbewerber mit den gleichen Leistungen an den gleichen Kreis von Abnehmern wenden, also Wahlfreiheit für den Bürger besteht und die öffentliche Hand daher trotz öffentlich-rechtlicher Form eine geschäftliche Handlung (§ 2 Abs. 1 Nr. 1 UWG) gegeben sein kann[630] (Rn 59). Dann liegt eine bürgerliche Rechtsstreitigkeit i.S.d. § 13 GVG vor. Die Gemengelage aus öffentlich-rechtlichem Handeln und privatrechtlicher Anspruchsgrundlage führt aber dazu, dass daneben auch der Verwaltungsrechtsweg eröffnet ist.[631]

Ausnahmen von der Zulässigkeit des ordentlichen Rechtsweges sind allerdings im Bereich der **Sozialversicherung** wegen § 51 SGG zu beachten. Für alle „Angelegenheiten der gesetzlichen Krankenversicherung" ist sind danach die Sozialgerichte zuständig, „auch soweit dadurch Dritte betroffen sind". Es kommt nach dem Wortlaut von § 51 Abs. 1 und Abs. 2 SGG nicht darauf an, ob eine privatrechtliche oder öffentlich-rechtliche Streitigkeit vorliegt. Eine „Angelegenheit der Sozialversicherung" ist anzunehmen, wenn die geschäftliche Handlung des Sozialversicherungsträgers unmittelbar seiner Aufgabenerfüllung dient.

---

626 BAG NJW 2010, 3387, 3388 *Zusammenhangsklage*; OLG Brandenburg GRUR-RR 2009, 37; OLG Düsseldorf GRUR-RR 2003, 63.
627 Vgl LAG Frankfurt BB 1970, 710 f und KG NJWE-WettbR 1998, 283, 284.
628 BAG NJW 2010, 3387, 3387 f. *Zusammenhangsklage*.
629 BAG NJW 2010, 3387, 3387 f. *Zusammenhangsklage*.
630 BGHZ 82, 375, 382 *Brillen-Selbstabgabe*; BGHZ GmS-OGB 102, 280, 285; OLG Stuttgart AfP 1999, 513, 514 *Anzeigenblatt*.
631 BGHZ GmS-OGB 102, 280, 285.

Beispiele: Die Zentrale zur Bekämpfung des unlauteren Wettbewerbs klagt gegen eine gesetzliche Krankenkasse, bestimmte Hinweise an ihre Mitglieder zum Bezug von Arzneimitteln aus Internetapotheken zu unterlassen.[632] Für die Zulässigkeit einer Selbstabgabestelle für Dialysehilfsmittel sollen seit der Änderung des § 51 SGG ebenfalls die Sozialgerichte zuständig sein,[633] genauso wie für die Aufforderung an Kassenärzte, bestimmte Arzneimittel nicht mehr zu verschreiben[634] oder für herabsetzende Äußerungen von Vertragsärzten über die öffentlich-rechtlichen Kassen.[635] Sozialgerichte entscheiden auch Prozesse zwischen Sozialversicherungsträgern um unlautere Mitgliederwerbung[636] oder bei Streitigkeiten zwischen Leistungserbringern der gesetzlichen Krankenversicherung über sozialrechtliche Fragen, selbst wenn eine Partei als Repräsentantin von Leistungserbringern auftritt.[637]

Nicht einschlägig ist der **Weg zu den Sozialgerichten** jedoch, wenn der geltend gemachte Anspruch sich auf eine UWG-Norm stützt, die auch jeder private Mitbewerber zu beachten hätte.[638]

Beispiel: Eine gesetzliche Krankenkasse wirbt irreführend um Mitglieder. Im Streit stand aber nicht die Mitgliederwerbung als solche (für deren Beurteilung die Sozialgerichte zuständig wären), sondern nur ihr irreführender Inhalt, wofür UWG-Vorschriften einschlägig waren.[639] Nicht zuständig sind die Sozialgerichte auch bei Prozessen einer privaten Versicherung gegen einen Sozialversicherungsträger.[640]

---

632 BGH GRUR 2003, 549 *Arzneimittelversandhandel*.
633 OLG Zweibrücken NJW 1999, 875, 876 *Selbstabgabestellen für Dialysehilfsmittel*.
634 BGH GRUR 2000, 251, 252 *Arzneimittelversorgung*.
635 KG NJW 2002, 1504, 1505.
636 BGH NJW 1998, 2743; siehe aber auch OLG Düsseldorf WRP 1998, 1091 *Markt für Pflegeleistungen*.
637 BGH GRUR 2004, 444, 445 *Arzneimittelsubstitution*.
638 BGH GRUR 2008 Tz. 14 *Treuebonus*; BGH GRUR 2007, 535 Tz. 13 *Gesamtzufriedenheit*; OLG Celle WRP 2009, 867, 868 *Mitgliederwerbung einer Krankenkasse*.
639 OLG Celle WRP 2009, 867, 868 *Mitgliederwerbung einer Krankenkasse*.
640 BGH NJW 1998, 3418, 3419.

Stichwortverzeichnis

Die Zahlen verweisen auf Randziffern.

Die Namen der gerichtlichen Entscheidungen sind durch Kursivschrift gekennzeichnet. Sie finden sich in der Regel bei den Fußnoten zu den angegebenen Randziffern.